国家出版基金项目
NATIONAL PUBLICATION FOUNDATION

21
世纪以来
国外文化发展文献选编
丛书主编　沈壮海

湖北省学术著作出版专项资金
Hubei Special Funds for Academic Publications

# 21世纪以来
# 韩国
# 文化发展文献选编
## （上）

索丰 等　编译

WUHAN UNIVERSITY PRESS
武汉大学出版社

**图书在版编目(CIP)数据**

21世纪以来韩国文化发展文献选编:全二册/索丰等编译.—武汉:武汉大学出版社,2021.12
21世纪以来国外文化发展文献选编/沈壮海主编
国家出版基金项目 湖北省学术著作出版专项资金资助项目
ISBN 978-7-307-21294-7

Ⅰ.2… Ⅱ.索… Ⅲ.文化发展—研究—韩国 Ⅳ.G131.26

中国版本图书馆CIP数据核字(2019)第268522号

责任编辑:陈 豪 韩秋婷　　责任校对:李孟潇 汪欣怡　　整体设计:涂 驰

出版发行:**武汉大学出版社** (430072 武昌 珞珈山)
(电子邮箱:cbs22@whu.edu.cn 网址:www.wdp.com.cn)
印刷:武汉精一佳印刷有限公司
开本:787×1092 1/8 印张:163 字数:2116千字 插页:4
版次:2021年12月第1版 2021年12月第1次印刷
ISBN 978-7-307-21294-7 定价:1278.00元(全二册)

《21世纪以来韩国文化发展文献选编》

校译人员名单

索　丰　齐　琨　李成实　李嘉琦

# 序　　言

沈壮海

建设社会主义文化强国，是新时代的中国共产党和中国人民奋力推进的创造性实践。自2011年10月党的十七届六中全会明确提出建设社会主义文化强国的战略目标起，创造中华文化新的辉煌、建成社会主义文化强国，便始终是中国共产党带领中国人民实现自己光荣和梦想的重要组成部分，感召、激励着中华民族奋力复兴的不懈探求。2012年11月召开的党的十八大强调："全面建成小康社会，实现中华民族伟大复兴，必须推动社会主义文化大发展大繁荣，兴起社会主义文化建设新高潮，提高国家文化软实力，发挥文化引领风尚、教育人民、服务社会、推动发展的作用"，要"扎实推进社会主义文化强国建设"。2013年11月，党的十八届三中全会通过的《中共中央关于全面深化改革若干重大问题的决定》对社会主义文化强国建设再作出部署，要求"紧紧围绕建设社会主义核心价值体系、社会主义文化强国深化文化体制改革，加快完善文化管理体制和文化生产经营机制，建立健全现代公共文化服务体系、现代文化市场体系，推动社会主义文化大发展大繁荣"。2017年10月召开的党的十九大强调："文化是一个国家、一个民族的灵魂。文化兴国运兴，文化强民族强。没有高度的文化自信，没有文化的繁荣兴盛，就没有中华民族伟大复兴。要坚持中国特色社会主义文化发展道路，激发全民族文化创新创造活力，建设社会主义文化强国。"2020年10月党的十九届五中全会提出了到2035年基本实现社会主义现代化远景目标，其中一个重要方面即建成文化强国。2021年11月，党的十九届六中全会通过的《中共中央关于党的百年奋斗重大成就和历史经验的决议》回顾、再现了党和人民百年奋斗的光辉历程、所写就的恢宏史诗，同时也发出了为实现第二个百年奋斗目标、实现中华民族伟大复兴的中国梦而不懈奋斗的伟大号召。第二个百年奋斗目标，即到21世纪中叶把我国建成社会主义现代化强国。文化的强盛，既是我们实现这一宏伟奋斗目标的重要条件，也是这一宏伟奋斗目标的内在构成。到那时，我国物质文明、政治文明、精神文明、社会文明、生态文明将全面提升，实现国家治理体系和治理能力现代化，成为综合国力和国际影响力领先的国家，全体人民共同富裕基本实现，我国人民将享有更加幸福安康的生活，中华民族将以更加昂扬的姿态屹立于世界民族之林。

建成社会主义文化强国，需要我们锲而不舍地扎实奋斗，同时，也需要我们放眼当今世界，看清文化图强之路上的世界图景，辨大势，明潮流，从容自信，勇毅前行。

## 一、战略纷出：当今世界的文化图景

我们所处的时代，是一个文化战略纷出的时代。文化在综合国力竞争中地位与作用的愈益凸显，越来越成为这个时代的鲜明标识；以战略之举激发文化活力、构建文化优势，越来越成为这个时代各国的战略抉择。

在美国，文化问题始终是其《国家安全战略报告》中的重要战略关注。《国家安全战略报告2006》一如既往以自由的化身自居，声称为了保卫其国家和价值观，“美国寻求在全球推广自由”。《国家安全战略报告2010》，将实现“道德上的领导地位”与军事实力、经济竞争力方面的领导作用一并纳入“重振美国和领导世界”的战略。《国家安全战略报告2015》同样将美国价值观视为其力量和安全的源泉。除在国家安全战略等综合性的国家战略中关注、构划文化战略外，美国也多有专门性的文化战略行动计划。如，2006年，美国国务院发布的《国家安全语言计划》，提出加强青年对“关键语言”的学习，同时，也进一步推进美国文化的输出。同年，美国启动国家艺术政策圆桌会议，基于对艺术之于美国社会发展重要性的认识，着力推动增进公民参与各种艺术活动的机会。2010年，美国出台《国家战略传播构架》，着力谋求提升美国声誉，塑造“美国是值得尊重的搭档”等国家形象。2011年，美国总统艺术与人文委员会发布《对艺术教育的再投资——通过创造性学校来赢得美国的未来》，以求通过加强学生创意能力的培养从而增进其在21世纪竞争中的文化优势。自2012年起，美国国家艺术基金会和美国商务部经济分析局合作的“文化艺术生产卫星账户”定期发布文化艺术对国民经济促进作用的统计报告，为美国文化艺术产业的发展提供宏观数据支持。2016年，美国国家艺术基金会还发起“创意空间营造项目”，旨在以艺术进社区的形式“推动地方经济发展和社会进步”。

在英国，以创造性、创意产业为核心的文化战略接连推出。1993年，英国即发布《创造性的未来》战略文本，以“创造性”为引领，规划文化政策，发展创意产业，扩大文化影响。从1998年起，接连发布《创意产业纲领文件》，力推创意产业发展。21世纪以来，更是力度不减。2008年，发布《创意英国：新经济，新人才》战略文本，以期推动英国成为全球创意中心，为构筑创新型的繁荣经济体提供支撑，被誉为“欧洲意义最深远的计划”。2010年，发布《促进文化数字化发展》报告，以之为数字革命背景下引发文化领域相应变革的推动力和催化剂。2011年，推出“非凡英国”(Great Britain)国家形象品牌计划，以求通过一系列品牌的塑造及推广，扩大英国文化影响，传播其国家文化形象。2016年，在莎士比亚逝世400周年之际，发布《文化白皮书》，其战略用意即在阐明“在建设更加公平、繁荣的英国时，文化如何发挥积极作用，使英国成为国际舞台的引领者”。英国伦敦，也于2004年发布《伦敦文化都市：实现成为世界城市的雄心》、于2010年发布《文化都市：伦敦市长文化战略(2012年及未来展望)》，以期保持伦敦作为世界文化城市的地位。

在法国，文化一向被视为国家的光芒和财富。有评论将法国称为“世界上为支持创意产业发展准备最充分的国家(尤其是通过法规或税收刺激政策)”。2012年，法国发布《文化和媒体2030：文化政策前景展望》战略文本，分析法国文化和媒体领域面对的国际经济、社会、政治等方面的挑战并制定应对方案。半年之后，《文化和媒体2020：新一代文化与通信部》(2012年)随即推出。该报告被视为基于前者这张“地图”而制造的“指南针”，提出了近40项战略方针，“旨在为现在和未来的文化政策提供一个辅助工具：一张地图、一个指南针、一些航线”。2013年，发布《文化例外Ⅱ号法令：对数字时代文化政策的贡献》，强调“文化例外不是经济保护主义的工具，也不是文化防御计划。对于国家来说，文化例外使得对创作者的保护、推动文化多样性和文化供给(包括数字文化供给)的调控成为可能”，并提出80条建议，以期推进创作者和公众之间的对话，促成文化产业和数字产业之间的谈判和建立长久的稳定结构，“使法国文化例外的所有要素都能加快适应应用革命和数字经济的变革”。

在德国，推进文化发展，也同样被置于重要的战略地位。早在2007年，德国联邦政府就发布了《德国联邦政府文化/创意产业倡议》，该倡议将开发文化创意产业的增长潜力作为优先发展战略，把“文化产业作为发展的动力和当务之急”，要求制定更加统一协调、有效的文化产业政策，以图“通过提升文化/创意产业的竞争力及充分开发其创造就业岗位的潜能，为文化/创意产业开创未来良好局面”。2011年，德国外交部发布《全球化时代的对外文化教育政策——赢得伙伴，传递价值，维护利益》报告，指出德国对外政策的三大支柱，并就如何建强这一支柱提出诸多战略举措。2012年，德国联邦政府还发布《2012年联邦政府文化/创意产业倡议——现状及行动领域》和《文化/创意产业倡议——现状和前景》，要求进一步挖掘国内文化创意产业的潜力，以“充分利用文化/创意产业的创新力，推动德国经济复兴”，“扩大文化/创意产业潜能在国外的知名度，提高文化和创意服务出口量”。同年，德国联邦政府还发布了《2011—2012年度联邦政府关于对外文化和教育政策的报告》，就德国2011—2012年对外文化交流的政策行动进行总结，强调对外文化交流的目的是推进跨文化交流、促进德国价值观的传播、塑造现代德国形象。

在欧盟层面，文化问题也始终被视为重要战略议题。2007年，欧盟委员会发布《全球化世界中的欧盟文化行动议程》，探讨全球化世界中文化和欧洲的关系，提出新欧盟文化议程的目标是促进文化多样性和跨文化对话、加强文化推动创新的催化剂作用、促进文化成为欧盟国际关系中的重要组成部分。有评论称该报告“掀开了欧洲文化政策合作新的篇章”。2010年，又发布《释放文化创意产业的潜力》绿皮书，以期“引发一场关于真正能刺激欧盟文化创意产业的创新环境需求的辩论”，推动欧洲文化创意产业潜力的有效释放。2011年，再提出“创造性欧洲”的新计划提议，囊括欧盟诸多文化和传媒领域的资助计划。2012年，批准在2020—2033年启动“欧洲文化中心城市”项目，致力于强调欧洲文化的多元性以及共性，增强欧洲民众间的相互理解和交流。2014年4月，欧洲各国主管文化和欧洲事务的部长们齐聚巴黎参加以“文化的未来，欧洲的未来”为主题的夏乐论坛，发表《夏乐倡议：文化新欧洲》，希望“欧洲能够将吸引更多新的民众和实现文化民主化作为优先发展战略，成为将所有创作者和民众充分联系在一起的真正的欧洲创作和文化平台”。

在俄罗斯，为“巩固俄罗斯作为伟大的文化强国的地位”，进入21世纪以来，在此前《发展和保护俄罗斯联邦文化和艺术(1997—1999年)》的基础上，接连发布《2001—2005年俄罗斯文化联邦专项纲要》《2006—2011年俄罗斯文化联邦专项纲要》《2012—2018年俄罗斯文化联邦专项纲要》，以求推进文化领域的持续改革，图强止退。2014年12月24日，俄罗斯总统弗拉基米尔·普京(Vladimir Putin)签发第808号总统令，批准通过《国家文化政策基础》，明确俄罗斯国家文化政策的目标、战略任务及政策实施的核心原则，强调国家文化政策是国家安全战略不可分割的一部分，并首次将文化置于国家优先发展方向的框架之下。2016年，俄罗斯出台《2030年前俄罗斯联邦国家文化政策战略》。在该战略中，保障国家领土安全和文化安全，维护全俄罗斯文化的统一性；开发俄罗斯各地区的文化潜力，缩小区域文化差距；提高文化政策主体——各种民间社会机构的作用；提高家庭在传播俄罗斯传统文化价值观和规范教育过程中的社会地位等被明确定位为俄罗斯国家文化战略实施的优先领域和战略重点。

在日本，《文化艺术振兴基本法》于2001年12月公布。制定该法，主旨即在“明确文化艺术振兴的基本理念并确定其发展方向、全面推进文化复兴战略”。该法第七条规定，“为了全面推进振兴文化艺术的相关措施，政府必须制定与其相关的基本方针”。根据这一规定，日本政府于 2002 年 12 月、2007 年 2 月、2011 年 2 月接连推出《文化艺术振兴基本方针》第一次、第二次、第三次基本方针，以申明文化艺术振兴的基本理念、基本视点、重点战略、政策举措。第三次基本方针还更加明确地提出：“为了让国民拥有丰富多彩的精神文化生活，同时构建一个充满活力的社会，并增强我国的综合国力，应将文化艺术振兴作为我国一项基本国策，并以‘文化艺术立国’为全新目标。”此外，日本于 2004 年颁布《文化产品创造、保护及活用促进基本法》，于 2007 年颁布《日本文化产业战略》，于 2009 年颁布《日本品牌战略——让软实力产业成为经济增长的原动力》，着力壮大文化产业，推动日本品牌的创造和传播，提升其国家软实力。2010 年，日本又颁布《文化产业大国战略》。2012 年，日本还制定了被定位为“新成长战略”的“酷日本”计划，借以推动增加就业、增强地方活力、提高日本文化的国际影响力。

在韩国，《创意韩国》战略文本于 2004 年正式推出。这一文化蓝图强调要“更明确地设定国民共同追求的未来文化与向往的价值”，“使文化成为社会发展的基础和原动力，使所有国民都享有对新文化社会的希望”，并提出了“创意韩国”建设的三大推进目标，即有创意的文化市民、多元的文化社会、充满活力的文化国家，志在将韩国建设成“在全球社会中发挥与第 12 大经济强国相匹配的文化职能，不仅要面向亚洲，也要面向世界，成为和世界同呼吸的文化国家”。2005 年，韩国又发布《文化强国（C-KOREA）2010——以文化来建立富强幸福的大韩民国的未来战略》。这是一份以创造性与文化为基础，突出强调将文化、旅游、休闲体育的多样化资讯应用于产业发展，以求引领韩国国民向收入达到 3 万美元时代迈进的中长期战略，旨在通过文化建立强大、幸福的大韩民国。其提出的三大政策目标是：成为世界五大文化产业强国；成为亚洲旅游中枢；进入世界十大休闲体育发达国家的行列。2010 年 6 月，韩国完成《文化产业振兴基本法》的修订。该法第一条就开宗明义地指出：“本法以明确扶持和培育文化产业所必需的事项，奠定文化产业发展的基础并提高其竞争力，进而为提高国民文化生活的质量及国民经济的发展作出贡献为目的。”

## 二、文化发展：当今时代的关键概念

文化战略的纷出，建立在各国对文化重要性深刻认识的基础之上、对当代时代文化发展在综合国力竞争中战略意义凸显这一重要时代特征的把握之上。在各国推出的关于文化发展的诸多重要战略、重要文献中，内含着对文化意义与价值的丰富阐论。

文化连接民生幸福。文化是人创造的，也是人之为人的重要基础，是人之权益的重要构成，与人生质量和幸福紧密关联。在英国《文化白皮书》（2016 年）中，文化创造灵感、丰富人们的生活、改变人们的人生观、对个人幸福感产生积极影响等方面的价值被概括为文化的内在价值并予以专门阐述。基于这一认识，该报告强调：“无论背景如何，每个人都应该享有接触文化的权利”；“伟大的机会——受到鼓舞的机会、体验的机会、交流的机会和提升生活品质的机会，蕴涵在国家文化之中”，“唯有这些机会在广大民众之间得到普及，才是人尽其才”；“政府的作用就是成就伟大的文化，推动创造力的发展，并且确保每个人都能接触文化”。从这样的角度出发阐发文化的意义、强调建立文化与民众紧密联系的主张，贯穿在各国许多文化战略、法规等文本中。如，法国《文化和媒体 2020：新一代文化与通信部》(2012 年)强调以“新的参考框架来思考和引领文化民主化政策”，在文化领域建立“面向最广大公众的政策”。俄罗斯《国家文化政策基础》(2014 年)所列之第一条文化政策原则即“在享用文化财富、参与文化生活和使用文化组织的权利方面，公民遵循地域平等和社会平等的原则，其中也包括健康水平受限公民”。日本《文化艺术振兴基本法》(2001 年)强调“享有并创造文化艺术属于基本人权”，“文化艺术的复兴应充分体现国民的内心需求”，要“拉近文化艺术与国民的距离”。

文化事关民族认同、社会凝聚。无论一个民族、一个国家还是一个区域，民众的认同和凝聚都是其良性发展的重要基础，而认同与凝聚，都与文化紧紧地联系在一起。文化之广受关注，这也是要因之一。美国总统贝拉克·奥巴马(Barack Obama)曾言：“无论是启迪我们心灵的音乐或电影，还是让我们感动的文学，抑或我们每天依赖的科技，创造和创新都是我们继续发展经济的重要基础，也是构筑我们文化身份的基础。”《全球化世界中的欧盟文化行动议程》(2007 年)强调：“文化，通过开启对话交流，唤起热情渴望，增进团结，消除隔阂，使人类相聚相和。文化是一个社会和社会群体所特有的精神和物质特性”，“文化不但对实现欧盟繁荣、团结和安定战略性目标不可或缺，而且还能够确保欧盟在国际舞台上强大的影响力”。2004 年，欧洲文化基金会反思小组基于历时两年对“欧洲一体化和欧盟扩大进程的文化维度，深化对欧洲层面文化和文化政策的创新理解”的探索，提出《作为文化工程的欧洲》研究报告，认为“当今，文化是最卓越的安全因素”，文化纽带可以在“仇恨和偏见纵行之地培育出信任和对话”。该报告也基于此，主张实行本质更为强大的欧盟文化项目。俄罗斯联邦公众院报告《俄罗斯文化与未来：新观点》(2007 年)亦指出：“文化是促进社会精神统一的渗透性力量，是整个民族团结友爱和保持生命力的条件。哪里有创造、理解和发展，哪里的人就能感觉到自己是整个民族、国家以及世界历史的一部分，文化就在哪里存在。没有这种力量，社会就不会存在。相反，以文化为基础的社会，自身就是牢不可破的力量。”俄罗斯《国家文化政策基础》(2014 年)指出：“确定文化优先地位能够保证社会更高质量地发展，确保社会走向公民团结与统一，以及确立和实现社会发展的共同目标，培养具有高尚道德、责任意识、独立思考和创造力的个体，是实现社会发展共同目标的主要条件。”

文化推动经济繁荣。在新的时代背景下，文化与经济深层交融，已经越来越成为经济发展的有力推动力量。英国《文化白皮书》(2016 年)强调，文化不仅具有内在价值、社会价值，还具有经济价值，有利于经济的增长，能够创造更多就业机会，不仅能带来直接经济收益，还有可观的间接经济收益。该报告援引数据指出，2014 年，英国博物馆、美术馆、图书馆和艺术对英国经济的贡献达到 54 亿英镑，占英国经济总量的 0.3%。在美国，2014 年，被认定为知识产权密集型的 81 个行业直接创造了 2 790 万个就业岗位，并间接支持 1 760 万个工作岗位；知识密集型行业的总增加值占美国国内生产总值的 38.2%，知识密集型行业的周薪比其他行业高出 47%。此外，知识产权密集型产业的商品出口总额占美国商品出口总额的 52%。《2012—2018 年俄罗斯文化联邦专项纲要》称，俄罗斯联邦现阶段发展的特征是社会对文化的关注度日益提高，“文化在人类资本的形成中被赋予了主导作用；文化环境如今逐渐成为现代社会的关键概念”。日本知识产权战略总部等推出的《日本品牌战略——让软实力产业成为经济增长的原动力》(2009 年)强调：“现如今，无形资产和国家魅力正在全球化竞争中显示出巨大的影响力，而正是因为处于这样一个时代，所以更有必要将作为日本优势的软实力变成扩大海外市场、扩大内需的原动力，并以此作为国家战略认真落实。”韩国民间团体、学术界、文化界等组成的宪章制定委员会发布的《文化宪章》(2006 年)指出:“文化既是引领经济发展的强有力的原动力,也是经济发展的终极目标。经济的发展和繁荣在任何时候都必须指向实现人之为人及有品位的生活这一文化目标,从这一文化目标出发获得可持续发展的动力。”

文化支撑国家实力。文化作为一种软实力,与硬实力一样,都是国家实力不可或缺的组成部分。美国总统约翰·肯尼迪(John F. Kennedy)曾言道:对于我们的国家和我们的文明的未来,没有什么事情比充分承认艺术家的地位更为重要……;我对这样一个美国充满信心,它将赢得全世界的尊敬,不仅仅由于它的力量,还由于它的文明。2013 年 7 月 15 日,法国外交部长洛朗·法比尤斯(Laurent Fabius)和文化与通信部部长奥雷莉·菲莉佩蒂(Aurélie Filippetti)联名发表《21 世纪法国文化外交的雄心》,指出:“对于法国而言,没有文化就不能成就任何大事。法国的外交与对外行动同样也要恪守这一原则。法国因为其独特的价值观、文化遗产和创造力,成就了法国的伟大,也获得了世界的尊崇。文化是法国最主要的王牌,是我们的瑰宝。”俄罗斯《国家文化政策基础》(2014 年)指出:“文化发展和人文发展是维护经济繁荣、国家主权和文明独特性的基础”,“文化在当今世界成了社会经济发展的重要资源,且可保障国家在世界的领先地位”。韩国《文化强国(C-KOREA) 2010 ——以文化来建立富强幸福的大韩民国的未来战略》(2005 年)在论述文化重要性日益凸显之时,也强调“文化不仅作为独立的产业具有重要的地位,也是其他产业发展的原动力”,并将文化定位为“全球化时代左右竞争力的核心力量”。日本《文化艺术振兴基本方针》之第三次基本方针(2011 年)亦在强调文化艺术是无可替代的心灵依托(形成民族自豪感与民族身份认同)、是全体国民的社会财产、是创造性经济活动的源泉的同时,强调文化艺术是软实力、是国际合作得以顺利开展的基础,能增强综合国力,强调“必须将文化艺术振兴摆在用以增强我国综合国力的战略位置上”,呼吁“举全社会之力进行文化振兴”。

文化引领未来。英国文化协会 2013 年发布《影响力与吸引力——21 世纪文化和软实力的竞争》指出:“文化既反映社会,也塑造社会,并且会一直如此,这是不言而喻的事实。但在当今时代,普通民众创造文化以及与他人进行文化沟通的能力正经历着一场革命性的变化。”在德国《2011—2012 年度联邦政府关于对外文化和教育政策的报告》(2012 年)中,文化被称为“引路者和对话工具”“德国战略优势的关键因素”。法国外交部长洛朗·法比尤斯(Laurent Fabius)和文化与通信部部长奥雷莉·菲莉佩蒂(Aurélie Filippetti)联名发表的《21 世纪法国文化外交的雄心》(2013 年)则更直截了当地称文化“是法国未来的重要组成部分”,“对文化的投资同样也是对未来的投资”。欧盟委员会的《全球化世界中的欧盟文化行动议程》(2007 年)也用诗意的语言描述了文化所具有的引领未来的力量:“文化在人类发展和社会文明中居于核心地位。文化,可以激发人类对世界的感知,开拓认识世界的新视角,使人类有所希冀,有所梦想。”《创意韩国》(2004 年)强调:“国家的未来,取决于通过文化实现的可持续发展”,“文化是政治、经济发展的基础和目的。我们的文化不仅会成为政治改革和经济增长的基础,而且也会在实现我们最终向往的理想社会的过程中成为核心因素。不考虑文化的社会发展就像失去灵魂的人一样,即使再有更多的财富也无法追求到人生的终极目标——幸福。以这种思路来看,通过文化实现可持续发展是不可再拖延的国家发展新战略,也是新的发展模式”。2005 年,韩国发布的《文化强国(C-KOREA)2010》,副标题即“以文化来建立富强幸福的大韩民国的未来战略”。该战略指出:“文化是培育韩国所拥有的最伟大的资源——创意的孵化器,通过以创造性为基础的文化的产业化,实现可持续发展,将成为国家发展的新模式。”

## 三、创新创造：文化战略的核心论题

文化的本质在创新创造。离开创新创造，没有文化的产生；离开创新创造，也没有文化的前行。人类社会越是向前发展，创新创造的意义便越是凸显，文化的意义也便越是凸显。综观各国文化战略和相关重要文本，创新创造都是其中核心的论题。

当今时代，是创新创造空前活跃的时代，也是越来越倚重创新创造而前行的时代。美国商务部2019年9月发布的《知识产权和美国经济发展概况(2016年)》指出：创新和创意投入是推动经济增长和发展的要素，是维持美国经济产生强大竞争力的优势所在。在英国，不少人将创新视为"提高国家未来财富创造前景的关键"，是"经济成功的核心驱动力"。2009年，英国战略咨询公司伯恩斯·欧文斯咨询公司(Burns Owens partnership，BOP)和罗伯特·特拉法里尼(Roberto Travaglini)共同组成的研究团队完成欧洲委员会委托的研究任务《文化对创造力的影响》。该研究报告指出："创造力是经济增长的主要因素，推动了社会和技术创新的前进"，"创造力是一个强大的标题。在西方社会，它象征着成功、现代、新奇和令人兴奋的趋势。不论与个人、企业还是城市或地区创造力联系在一起，创造都能引起人们的直接共鸣，并传达了一个具有活力的形象。创造力是社会上具有积极意义的字眼，不断激发创新和'进步'"。德国《2012年联邦政府文化/创意产业倡议——现状及行动领域》(2012年)中写道："创造力是经济发展的核心竞争力和创新的出发点。因此创新常常带来社会和经济的发展"，"创新是经济发展的核心竞争力。如果没有创意，就没有创新，没有创新也就没有经济发展"。《创意韩国》(2004年)以极为开阔的视野，描绘了当今时代创新创造重要性的凸显、各国对创新创造性的普遍关注，分析了创新创造之于经济社会发展等多方面的关键意义，将当今时代称为"创造性成为所有国家话题的时代"，指出：随着以知识为基础的社会的到来，创造性成了很多国家的政策话题。如英国在1998年提出建设"创意英国"、美国在2000年提出建设"创意美国"，许多国家在进入21世纪后，也纷纷发表了建构创意国家的蓝图。"发展的动力在于个人、区域、国家的创造性"，"创造性是以知识为基础的社会所要求的成长动力"，"为什么很多国家都把未来的生死存亡与创造性联系在一起呢?因为创造性不仅被我们社会认为是绝对价值的经济，也是社会的整体生产能力所必需的条件，同时也是引领经济和社会发展的增长动力"。该报告认为："具有21世纪时代特征的'以知识为基础的经济'是指知识并不是经济增长的局外变量，而是成为局内变量的一种经济体制。问题是，此时的知识不是与过去一样可以通过背诵和熟练获得，而是要通过创新性思维和革新来获取。所有国家之所以都如此重视创造性，不仅仅是因为要建设文化国家，更是因为新的经济体制要求创新性"，"创造性的价值并不仅仅体现在经济方面。创造性所具有的文化价值被最大化时产生的是人文科学和艺术，创造性所具有的技术价值被最大化时产生的是科学，创造性所具有的政治价值被最大化时产生的是参与民主主义。创造性所具有的经济价值是在21世纪以知识为基础的社会才全面爆发的这个时代独特的现象"。基于这些分析，该报告强调，"一个国家拥有的最伟大的资源是国民的创造性"。

与创新创造重要意义的时代性凸显紧密关联在一起的，是文化价值的被更深度发现、被更广泛关注。这是因为，在创新创造力的涵养、形成及作用发挥的过程中，文化是重要的源泉、重要的滋养、重要的环境。在诸多关于文化发展的国家战略或重要文本中，都内含着对文化与创新创造关系问题的深刻见解。前文述及的研究报告《文化对创造力的影响》(2009 年)，研究的目的便是为了更好地认识文化对创造力——经济和社会创新的发动机的影响。该报告将文化界定为“人类表达创造力的一般形式”，强调“文化与意义、知识、人才、产业、文明和价值观息息相关”。报告认为：尽管欧洲拥有非常丰富的产业财富，但人们仍未深刻认识到文化对创造力的贡献，在社会和经济发展中，文化仍被视作边缘产业。报告由此指出：“现在，是时候该冒一下创造性的风险，将想象力、诗学、象征、审美或精神性(基于文化的创造力特征)作为促进改革、社会进步和欧洲凝聚力的因素了。”该报告提出的总体建议目标便是“发展一个能刺激并鼓励创造力的欧洲”，“使个体、社会和公共机构及企业都有动力以文化为工具发展社会和经济”。该报告还提出了“提高将文化作为重要创造力之源的意识”“在政策上重视文化创造力以推动改革”等五项行动计划。《创意韩国》(2004 年)称文化为“培养创造性的孵化器”，并指出：“文化之所以能发挥这种功能，是因为文化本身就是创造过程的产物，同时作为精神、物质、情绪及身体活动的最高成就，是可以最直接地认识到创造性的领域。在这个意义上，文化是制造社会、政治、科学、经济创造性的产房。”在建设“创意韩国”的战略中，创造性、多样性、活力是三个紧密关联的核心关键词。从更广的范围看，20 世纪末期涌起、至今方兴未艾的创意产业热潮，其灵魂性内容所在，亦即创造性。最早推动创意产业发展的英国，将创意产业视为“来源于个人创造力、技能和天赋，而且可以通过世代的努力和知识产权的开发来获得财富以及创造就业”的产业，视原创力为“创意产业的生命线”。《遥遥领先：英国创意产业的经济效益》(2007 年)报告中写道：“创意文化领域的特点是，它的主要驱动力量是原创创意内容以及出售创意内容的能力”，“我们国家创造力核心越有创意和活力，创意产业与更广泛的经济和社会领域就越有创意和活力”。报告还指出：“没有任何单一的神奇举措能够推动创新和创意产业的发展”，决策者必须“汇聚”各方面的创造力，“国家如何实施教育以及创意产业如何迫切地拓宽自己的多样性，将成为变革的两大驱动力量。包容的、自信的、多样化的、自由表达的社会是这种创造力的孕育者。因此，创意经济和创意社会紧密地联系在一起”。欧盟委员会 2010 年 4 月 27 日发布的《释放文化创意产业的潜力》绿皮书强调：“如果欧洲想要在不断发展的全球环境中保持竞争力，它需要在一个新的企业文化中将创造力和创新繁荣发展的恰当条件落实到位”，“未来的繁荣在很大程度上取决于我们如何利用资源、知识和创新型人才来激励创新。基于我们丰富多样的文化，欧洲必须开拓创造附加值的新途径，并且还要开拓共同生活、共享资源和享受多样性的新途径”。早在 2008 年 10 月，时任参议员的贝拉克·奥巴马(Barack Obama)也曾专门发表关于支持文化艺术发展的“强有力的纲要”(Platform in Support of the Arts)，要求加大对美国文化艺术的投资，“重塑美国这个伟大国家的创造力和创新力”。

文化孵化创造，文化本身亦始终离不开创造。在各式各样的国家文化发展战略及重要文本中，根据时代提出的新课题，增强文化的创新创造活力，发展创造性文化、推进文化新发展，始终都是重要议题。法国《文化和媒体 2020：新一代文化与通信部》(2012 年)特别分析了数字技术的发展给文化发展带来的影响，强调要加强对文化和通信产业及其创新的支持，推进文物遗产数字化、文化研究和语言技术探索、艺术文化教育、公众政策中数字文化的实践和使用，将数字化的转变渗透到整个文化产业(视听、报刊和信息、图书、音乐唱片、电影、科技工业、电子游戏和广播)的每一个环节，让文化领域和数字工业的聚合体携手共进。在 2014 年新年记者会上，法国文化与通信部部长奥雷莉·菲莉佩蒂(Aurélie Filippetti)在演讲中强调：“文化创造力为法国提供了在世界舞台上崭露头角的能力——这是国家主权的关键所在，同时也为法国提供了对外展示其多样性和丰富性的能力。法国同样欢迎来自世界各地的艺术家并且希望他们能将法国视为好客之地，特别是创造力之地、思想迸发之地。”同时，她特别阐述数字革命背景下文化和艺术发展的思路：“数字技术改变了艺术和文化的传播和获取方式，也使它们的应用发生了巨大的变革。我的雄心就是让每个公民都能按照自己的方式，构建一个属于自己的‘数字资源库’。这是一个数字文化资源库，能让最大数量的人可以在浩如烟海的文化供给中不致迷失自我，熟练掌握各类创新工具，并能带着批判精神发掘所有可能的应用”，“我的目标是让数字革命使文化资本所固有的潜能得到释放，使其更具有现实意义。数字革命应该是创新的革命，全民的革命”。除了关注数字革命等新的时代条件下文化领域的创造性变革、发展之外，文化领域如何培养具有创新创造性的人才等亦是各国高度重视的课题。《创意英国：新经济，新人才》(2008 年)关注的重点即如何“为年轻人提供更多在校外发展自身创造力的机会；为他们提供更多进入创意产业的结构化途径”，报告为此提出了一系列策略举措，并雄心勃勃地展望：“未来十年，创造力将驱动英国大都市经济的发展”，“创造力将成为城镇、城市以及各个地区经济发展的发动机”，该计划“将带来一系列连贯而全面的措施的出台和落实，将英国建设为全球创意中心”。俄罗斯《国家文化政策基础》(2014 年)指出：“俄罗斯联邦面临着历史性的挑战，即要在短期之内实现国家经济和社会的现代化发展，并走向确保国家和社会可回应当今世界需求的集约化发展道路”，“为了战胜这一挑战，唯一的条件只有面向人以及个体为高质量的创新发展提供有计划的持续投资”。在该文本中，“为每一个人创造潜力的实现创造条件”被列为国家文化政策的重要目标之一。日本《文化艺术振兴基本法》(2001 年）指出：“在 21 世纪的当下，在继承、发展迄今为止所培育出的传统文化艺术的同时，推动具有独创性的新型文化艺术的发展，已经成为我们所面临的紧要课题。”该法将“推动文化艺术发展必须尊重其自主性”列为其提出的八项基本理念之首。其所强调的“自主性”，及该法中同样高度重视的“文化艺术的多样性”、著作权保护、相关的税收优惠政策等，都是与推动文化艺术的创新发展紧密关联在一起的。《日本品牌战略——让软实力产业成为经济增长的原动力》(2009 年)在强调创造性的文化艺术人才培养之时，还特别指出：“更重要的是，日本品牌的中坚力量不必限于日本人，应该让来自亚洲甚至世界各国的多样性人才成为日本品牌各个领域的中坚力量。因此，要从海外积极引进人才，将他们作为未来的中坚力量进行培养。”

## 四、文化产业：构筑优势的战略支点

着力推动文化产业的发展，是当今时代各国文化战略中无一例外高度关注的战略重点。甚至在西方有关人士眼中，文化产业被视为“21 世纪国家竞争的最后胜负手”，“文化和创意产业是极珍贵的王牌”，“是国家能进行的一项最佳投资”；它已然不是某一国家的专利，“已经成为全球的主题”。

文化产业之所以如此重要，与其作为文化与经济交融之体、作为文化创造力承载与展现之体等特点是紧密联系在一起的。有论者称，在美国经济中，最具活力的领域是创意产业，“从纽约到洛杉矶，在成百座城市里，依靠数以百计的视觉制作公司、互联网公司、有线电视、数码音乐制作公司、衍生品和软件制作的创业企业，美国经济为艺术家们提供了成千上万的就业机会”；“根据国际货币基金组织、世贸组织、联合国教科文组织以及世界银行的数据显示，美国向各地出口的内容产品约占世界出口总额的 50%”，且这种趋势还在不断强化，美国“文化产品与文化服务每年的出口增速约为 10%”。2021 年 3 月，美国商务部经济分析局发布的《文化艺术生产卫星账户报告——基于 2018 和 2019 年的数据》显示，2019 年美国有 520 万人从事文化和艺术产业，为美国经济贡献了 9 197 亿美元。在为《创意英国：新经济，新人才》(2008 年)所作的序言中，英国首相戈登·布朗(Gordon Brown)写道：“创意产业不仅对国家繁荣具有重要意义，也将决定英国是否有能力把文化和创造力置于国民生活的中心。”在德国，文化产业被视为知识和内容型社会的一部分，视为向以知识为基础的经济过渡过程中具有主导作用的力量，是“发展的动力和当务之急”；以支持和扩大德国创新力为目的的创新经济政策必须使创意产业的发展与自己的经济政策成果相统一。欧洲议会通过《1999—2004 文化产业报告》(2003 年)呼吁欧洲要“制定更积极的文化政策”，且这样的文化政策要充分考虑欧洲文化生产与美国和其他国家文化生产竞争的必要性、内部市场的发展和完善等问题。报告强调：“这些方案加上其他的提议都是为了通过发展欧洲文化产业来支持欧洲文化区的建立，增强欧洲的文化认同以及多样性。这样，欧洲文化中最令人鼓舞、最有创造力的力量就有机会向欧洲公民展示它们的创意。同时，他们还有机会向欧洲外的国家和人民传播欧洲文化认同，这具有特殊的文化和政治价值。”欧盟委员会提出的《全球化世界中的欧盟文化行动议程》(2007 年)也指出：“文化产业和创新领域对提高欧洲国内生产总值和就业发挥着重要的作用”，“在全球化竞争中，欧盟文化产业及创造力是一笔宝贵的财富，它加快了欧洲经济发展和竞争力的提高。在支持和推进革新创造中，必须发掘和促进文化的作用。发挥创造力是社会和技术革新的基础，因此也是促进欧盟发展、提高竞争力和增加就业岗位的重要驱动力”。在韩国，第二届韩国文化产业振兴委员会于 2000 年 2 月审议通过的《文化产业振兴五年计划》中将韩国称为“已经为进入 21 世纪——‘文化的世纪’做好准备的民族”，并分析认为：“世界经济的发展已经由以资本劳动密集型为主向以知识为基础的经济结构转型，文化产业上升为知识经济的核心产业”，“特别是文化资讯产业的培育成为国家文化的身份象征和确保国家竞争力的核心课题”，“文化产业竞争力的缺乏意味着民族文化和国家竞争力的丧失”。基于这样的认识，该计划明确提出要将文化产业发展为 21 世纪新的“国家基干产业”。《日本文化产业战略》(2007 年)也不仅阐述了文化产业的经济效应，同时也强调了文化产业的外交意义，认为文化产业可以增进海外受众对日本生活方式、价值观、审美意识的共鸣，加深其对日本文化、艺术和传统的理解，“这种受众对日本综合文化实力的‘憧憬’，能够为各种产业带来中长期正面效果”。

诸多的关于文化产业发展的国家战略文本、相关重要文献中不仅多维地表达了对文化产业发展重要性的丰富认识，也勾画了当今时代文化产业发展、竞争的世界图景。《遥遥领先：英国创意产业的经济效益》(2007 年)中，便有专门篇幅分析“创意产业的全球图景”。该报告指出：“就全球层面来说，创意产业非常重要，并且在不断增长。联合国教科文组织对基于消费的数据分析表明，文化产品的贸易在过去 10 年间增长了 50%，从 1994 年的 393 亿美元增加到 2002 年的 592 亿美元。这些文化产品包括传统商品、书籍、报纸、杂志、其他印刷品、记录媒体、视觉艺术以及视听媒体。”报告还引述了诸多其他相关数据，以具体呈现创意产业发展的客观状况。如，根据联合国贸易与发展会议的数据，密切依赖创意文化投入的产业的全球市场价值估计达到了 13 000 亿美元，而经济合作与发展组织则指出创意文化产业的年增长率在 5%到 20%之间；随着高附加值、知识密集型行业的出现以及全球可支配收入的增加，市场对创意产业的产品和服务的需求有望进一步增长，继而推动这些创意产业的增长。

联合国教科文组织德国委员会于2007年发布的《德国文化/创意产业发展报告》同样不惜笔墨地描绘各国推动文化产业发展的状况，着力为德国文化产业同欧洲及国际文化产业发展状况之间的对比提供便利。该报告指出，在整个欧洲，文化/创意产业作为独立的经济部门已经被越来越多的人所接受。2005年，英国设立了“创意产业部”，法国特别制定了全面的创意产业框架方案；2006年，欧洲委员会发表了一份长达300页的关于文化产业经济重要性的研究报告，这表明欧洲已经形成了带有突出重点的已经成形的重要政策战略。中国、印度和澳大利亚的相关人员已经组织了全国和世界范围内的专家会议，就创意产业这个主题进行讨论，并针对创意产业成立了新的研究机构。最近，世界经济合作与发展组织、世界银行、世界知识产权组织、国际劳工组织以及联合国教科文组织等许多组织多次提到创意产业。2007年2月，欧洲各国文化部长及媒体汇聚柏林时，多数欧洲国家表示了对文化/创意产业这一主题的重视。数十年来，文化/创意产业第一次成为欧洲议程中优先讨论的主题。《日本品牌战略——让软实力产业成为经济增长的原动力》(2009年)也特别强调“在海外，一直推行着这样一些全国性经济政策——着眼于软实力给经济活动带来的效果，并将文化商品和品牌振兴置于核心地位”，并历数美、英、法、韩诸国文化产业发展的历程与态势，以之为确立日本“软实力产业”的重要参照。这些分析，无一例外地都是为了在文化产业发展、竞争的世界图景中审视自我、制定本国文化产业发展和应对竞争之策。如同2014年8月28日法国总统弗朗索瓦·奥朗德(François Hollande)在第22届使节会议上所讲的那样：“文化不仅仅是影响力的载体、分享的载体，同时也是经济发展的媒介。我们都知道，文化产业的竞争即将开始。从今年秋天开始，各大运营商都将来法推销它们的产品。我们可以一开始就在文化领域内设置壁垒，拉起警戒线，但是这样一来，我们首先就输了”，“如同高等学校和大学的国际化发展一样，文化产业应该成为我们的一张重要王牌”。

在具体推进文化产业发展方面，各国各有自己的敏锐战略、切实举措。如，在美国，“几百个基金会对文化的不懈支持、激励性的税收政策、工会的积极支持、非盈利机构的核心作用和更近时期的企业文化赞助”，形成推动文化产业发展、构筑美国文化霸权的重要机制。为使文化/创意产业在国际上保持领先地位，德国2008年专门启动德国复兴信贷银行启动资金项目，为文化/创意产业的创业者和自由职业者提供融资。德国2012年8月发布的《文化/创意产业倡议——现状和前景》明确指出，联邦政府文化/创意产业倡议的目标是：加强文化/创意产业的竞争力，充分挖掘该产业的就业潜能，除此之外还应给创新型小企业和自由艺术家提供更多的机遇。该报告提出的实施和扩大倡议的举措有：确保文化/创意产业作为一个独立的经济增长部门；继续推进对国民经济的监测，每年都要掌控文化/创意产业的发展状况；继续针对各子市场的结构、挑战、发展路线和需求开展对话；改善文化/创意产业行业内经济联系；为文化/创意产业企业建立联系网；提供关于融资机会的信息，尤其是对于初始认证阶段的创业者们；审查经济和技术项目的可行性，以更好地资助文化/创意企业的发展；促使自由职业者和文化/创意小企业获得贷款的途径更加便捷；完善准入外贸资助项目渠道，以使本土文化/创意产业的潜能能够更好地在国外显现；继续实行艺术家社会保险并确保其稳定；完善数字版权法律框架，维护创作者和使用者之间利益的平衡。《2001—2005年俄罗斯文化联邦专项纲要》(2000年通过决议，2002年修订)提出要“建设强大的俄罗斯电影产业，打造视听产品生产、租赁和放映的完整、平衡体系，在国家生产生活、俄罗斯联邦主体社会经济发展中切实发挥作用”。俄罗斯《国家文化政策基础》(2014年)提出要“支持国家电影业发展，其中包括制作动画片、纪录片、科普类电影、教学影片、针对儿童群体的电影等，为创意产业发展创造条件”。《日本品牌战略——让软实力产业成为经济增长的原动力》(2009 年)提出要“将提升日本软实力的动画、漫画、电影、电视剧、音乐、游戏等内容产品以及饮食、时尚、设计这些与日本特有的品牌价值创造相关联的产业定位为‘软实力产业’，并且应当综合推进其产业振兴和海外发展”。《创意韩国》(2004 年)不仅提出了韩国进入世界文化产业五大强国之列的目标，还更具体地提出：“随着文化全球化的加速，韩国文化产业通过韩流热潮不断扩大进军世界市场的机会，这要求超越现有的有限水平，制作出具有创造性、综合性、多样性、高质量的资讯。为了实现成为世界文化产业五大强国这一目标，要加强文化产业的竞争力基础，改善文化资讯的创作、流通结构，加强国内需求基础与进军海外的能力，扩充文化产业环境的基础设施，强化扶持机构的效率，促进区域文化产业的积极发展。”

## 五、遗产保护：文化新生的重要基石

任何文化的前行，都是在既有历史基础上的前行。在这一过程中，如何对待自己的历史与传统，如何对待自己的文化积淀与遗存，是每一个民族、每一个国家都共同面对的课题。注重对历史文化的开掘，注重对文化遗产的保护，是 21 世纪以来各国文化战略呈现出的又一个显著特征。

文化遗产作为过往文化创造的历史遗存，对于文化的发展、经济的繁荣，对于一个民族、国家的继续前行，都具有极为重要的意义。在英国《文化白皮书》(2016 年)中，文化遗产不仅被视为“国家认同感的关键”，也被视为具有长期经济和社会收益的所在。该报告援引数据指出：英国“遗产旅游每年可以创造 260 亿英镑收益，占国民生产总值的 2%”。法国外交部长洛朗·法比尤斯(Laurent Fabius)和文化与通信部部长奥雷莉·菲莉佩蒂(Aurélie Filippetti)联名发表的《21 世纪法国文化外交的雄心》(2013 年)一文中，称“法国文化与遗产是发展法国旅游的重要王牌。我们将支持博物馆走出国门，最大限度地展出它们的收藏品，让它们更好地被世界所认识。我们的非物质文化遗产是法国吸引力的重要组成部分，并为法国带来了积极的影响。美食、艺术生活、专业知识、品牌(尤其是奢侈品)是法国最充分的代表，它们吸引了来自世界各地的不同人群，他们将法国与这些卓越的品牌联系在一起”。2014 年 4 月 4 日，欧洲各国主管文化和欧洲事务的部长们齐聚巴黎参加以“文化的未来，欧洲的未来”为主题的夏乐论坛。论坛发布的一份重要文件《欧洲、文化、数字化：2014—2019 年战略前景》中也专门论及了文化遗产之于欧洲身份强化、欧洲创新发展的意义。报告强调：“丰富的文化遗产和创造活力铸就了欧洲在世界的影响力，并与欧洲身份紧密相关，欧洲文化的吸引力以及文化创造者和文化产业的影响力同样是欧洲经济的推动力”，对创造性、知识和文化遗产的重视应“成为欧洲未来发展的核心对策”。俄罗斯《国家文化政策基础》(2014 年)指出：“俄罗斯——伟大的文化国度，拥有丰富的文化遗产、多世纪的文化传统和源源不断的创造潜力”，“俄罗斯的历史道路决定了俄罗斯文化的独特性、民族意识的特殊性，以及俄罗斯社会生活的价值基础”，“在国家绵延的历史长河中，民族精神体验正是通过文化被保护、累积和代际传承下来的，也正是通过文化确保了多民族俄罗斯的团结与统一，塑造了俄罗斯的爱国主义情感和民族自豪感，并在国际舞台上巩固了俄罗斯的国家权威”。日本《文化艺术振兴基本方针》第一次基本方针(2002 年)指出：“在历史长河中产生、发展、传承至今的物质以及非物质文化遗产是全体国民的珍贵财产，它们对于了解我国的历史、传统、文化是必不可少的，同时也是未来文化进步和发展的基础”，“文化遗产是在我国的历史发展中形成并传承至今的，它反映我国的自然、风土人情、社会和生活，形成了人们丰富的情感和精神活动的轨迹，是我国现代文化的基石”。这些观点，在此后的历次基本方针中，都被反复述及。《创意韩国》(2004 年)指出：“语言、生活文化、文化遗产等传统文化是时代进行再解释和创造的资源，是产生时代独创性的母体”，并强调文化遗产是与文化认同感紧密相关的领域。该战略中提出的第 11 项“推进课题”，即“文化遗产的保存与传统的现代性继承”指出：“一个国家的文化遗产作为该国家历史的物质、精神的结晶，是形成民族成员在思想上的集体意识，确立每个人的民族认同感的基础。”2021 年，美国总统约瑟夫·拜登(Joseph Robinette Biden, Jr)在荒野月(National Wilderness Month)宣言中也特别指出：美国的公共土地和水资源、令人惊叹的风景和文化遗址反映了我们与自然遗产的深厚而持久的联系……在国家荒野月期间，让我们加强与美国荒野地区的联系，加强对荒野的保护，努力保存它们所蕴含的故事、它们所保留的记忆，它们是我们为子孙后代留下的宝贵遗产。

基于对文化遗产重要意义的认识和把握，在当今世界，文化遗产的保护工作，越来越被置于重要位置，各方面均纷纷确立法规、制定战略、传承保护。2011 年 11 月，欧洲议会和欧盟理事会通过第 1194 号决议，制定了欧洲文化遗产标识。保护和推广欧洲共同文化遗产，特别是向年轻一代开展这方面的工作，被视为欧洲文化合作中最具优先地位的目标。法国《文化和媒体 2020：新一代文化与通信部》(2012 年)称，文化遗产的“历史价值、象征价值和它激起的公众情怀都赋予了它在文化行动中无可争议的重要地位”，文化遗产保护“一直都是文化与通信部的中心基础性任务”。该报告坚持“为传承而保护”的理念，对文化遗产的传承保护提出了许多具体举措，如开展评估历史遗迹的工作，与遗产的参与者建立战略性的对话，提升地区遗产和建筑的重要性，将公众置于遗产政策的中心，迎接数字化的挑战和数字化遗产保护的挑战，将遗产政策拓展到国际层面等。在《2001—2005 年俄罗斯文化联邦专项纲要》(2000 年)中，为保护国家文化潜力和文化遗产创造条件，在支持文化生活多样化和文化创新多元化的同时，确保俄罗斯文化发展的继承性，保证国家统一文化空间，是纲要目标的重要内容。在《2012—2018 年俄罗斯文化联邦专项纲要》(2012 年)所列的“最重要的纲要指标和指数”中，排在首位的即“处于合格状态的联邦所属文化遗产的数量占联邦所属文化遗产总数的比重”。在俄罗斯《国家文化政策基础》(2014 年)中，摆在国家文化政策之任务第一条的便是关于俄罗斯联邦民族文化遗产领域的。具体内容包括：在社会意识中承认作为个体和社会发展必备条件的、祖辈积累至今的历史和文化体验的价值；支持发掘、保护、普及俄罗斯联邦民族文化遗产的社会倡议；在个人和法人财产利益之上，切实实现物质和非物质文化遗产保护的社会优先权；完善俄罗斯联邦民族文化遗产项目，以及博物馆、档案馆藏品和国家图书馆馆藏的国家保护体系；建设全俄非物质文化遗产保护体系；保护民族文化传统，支持基于民族文化传统的民族创作，保护民族文化的多样性，将其视为职业文化的重要源泉之一以及民族认同的重要组成部分；在教育进程中，扩大、完善并促进文化遗产项目的现有使用经验，博物馆藏品和档案馆馆藏的现有使用经验，以及俄罗斯博物馆和保护区博物馆科学和信息潜力现有使用经验的系统化发展；加强文化遗产项目的作用，保护城市和社区的历史环境，其中也包括小型城市，为文化认知类旅游的发展创造条件；支持和发展公民参与民族、地方志和考古考察，以及发掘、研究和保护文化遗产项目的工作。《创意韩国》(2004 年)制定的“文化遗产的保存与传统的现代性继承”推进课题提出：“此前的文物政策把重点放在原貌的保存上，导致人们以为文物是给国民带来不便的对象。今后，在提高文物原貌保存质量的同时，要向‘与国民在一起’的文物政策这一方向转变”，“为了保存文化遗产并现代性地继承传统，要加强系统地保存、管理文化遗产的能力，推进对古都及风纳土城的整理与保存工作，通过保存与开发的协调发展减轻国民的负担，提高文物原貌保存的质量水平，改进文化遗产与自然遗产的保存管理体系，通过对文化遗产的积极利用推进传统的现代性继承与再创造”。日本《文化艺术振兴基本方针》第一次基本方针（2002 年）指出：“面对近年来社会结构的急剧变化，应当立足于文化遗产保护和利用的现状，积极探讨有效保护和合理利用文化遗产的相关方案。与此同时，必须夯实文化遗产的修复以及保护、传承的基础，提供学习体验文化遗产的机会，积极推进相关推广和普及活动。”该方针针对当时日本社会结构以及国民意识的变化等，提出了保护、利用文化遗产的 11 条措施。《文化艺术振兴基本方针》第二次基本方针（2007 年）也列专条阐述“文化遗产的保护与灵活运用”问题，并在第一次基本方针有关要求的基础上进一步强调：“在做好国家和地方公共团体对文化遗产的保护和灵活运用之外，地方社会也应当将文化遗产视为国民共同的财产，悉心爱护，营造长期守护文化遗产的氛围。此外，若一定程度的文化遗产出现群聚，应开展研究，探讨综合掌握文化遗产情况的方法，以更有成效地发挥文化遗产的作用，构建文化氛围浓厚的空间。”“确保下一代继承文化艺术”被列入日本《文化艺术振兴基本方针》第三次基本方针（2011 年）所确定的重点战略，该方针强调“应综合性地对属于国民财产的文化遗产进行保护和利用，有计划地、系统地对将成为下一代文化艺术创造根基的文化艺术品和资料等进行收集与保护（建立档案），以确保文化艺术被下一代继承”。

## 六、国际传播：展现魅力的普遍关注

文化在传播中展现其魅力、实现其影响力；文化也在对传播回馈信息的把握、消化中汲取强劲其生命活力的营养。与此同时，文化在传播过程中所形成的软实力，越来越成为新的历史条件下综合国力的重要构成部分。进入 21 世纪以来，尽管战略出发点不一，但各国对文化国际传播的重视均有增无减。

对文化国际传播的意义的阐发，遍见于各国相关文化战略和相关重要文献之中。英国文化协会的研究报告《影响力与吸引力——21 世纪文化和软实力的竞争》（2013 年）指出：“过去 10 年，各国人民之间文化交流的规模逐渐增大，大多数世界公民置身其他文化之中的事例也呈指数增长，国际交流的很多内容都与文化有关。由此产生的结果就是，当今世界，文化和国际政治存在相互依存的关系，文化在其中既发挥积极作用，也发挥消极作用。在新的全球环境下，民间文化交流为传统的国家外交奠定了基调，有时甚至决定了国家外交的议程，各个国家努力增进对彼此文化的理解，避免文化误解，致力于使本国软实力得到最大化发展。”英国国会议员、外交和联邦事务大臣威廉·海格（Lord William Hague）在为该研究报告撰写的前言中，也专门表达了英国应对这一时代大潮的努力：“英国仍旧是一个现代文化超级大国。但在未来几十年，要保持软实力的竞争力，就意味着要像对待军事、经济和各种外交优势一样，培植和重视文化资产。政府人员决心全力以赴，帮助并展现国民生活的智慧和才华，使之成为世界一流的力量。”英国《文化白皮书》（2016 年）同样浓墨重彩地展现了其在推动英国文化海外传播、提升英国软实力方面的决心和意志，如通过文化出口推广英国，提高英国的世界声誉和软实力，通过“大不列颠推广”计划，利用文化打造“英国品牌”等，以图巩固英国“软实力领导者”的地位。法国也一直不遗余力地推进法语文化的对外传播，保持其魅力攻势。德国外交部的《全球化时代的对外文化教育政策——赢得伙伴，传递价值，维护利益》(2011 年)，面对当今世界格局的发展变化、面对德国在世界上“自然”分量正在减少的挑战，强调对外文化教育政策对保证德国在世界上影响力的重要作用。该报告指出：“以教育、交流和对话为途径，建立以文化上的相互尊重为特征的伙伴关系，我们能直接接触到更多人，从而赢得他们的认同，认同我们的国家、我们的价值观和我们的理念。”报告强调，对外文化教育政策是外交政策的重要组成部分，并且也是为外交政策的目标服务的：巩固欧洲、保障和平、维护旧的友好关系。美国《国家战略传播架构》(2010 年)称：“通过所有的努力发现，有效的战略传播，对维持全球合法性和支持政策目标有重要意义”，“最高水平的政府，必须提倡和实施一个通过机制和程序得到加强的传播文化”。《创意韩国》(2004 年)指出：“一个国家的文化形象，会使人们信任和喜爱这个国家的所有商品，这是即使同样品质的商品也会使人支付更高价格的高附加值经济战略的核心要素。”“文化艺术振兴要以改善国内文化艺术环境为首要目的，进而推动国际文化环境的发展”被写入日本《文化艺术振兴基本法》(2001 年)关于文化艺术振兴的基本理念之中，并被一再重申，该法明确要求：国家应推动文化艺术的国际交流，致力于使日本文化艺术全面走向世界。

基于对文化国际传播重要意义的认识，21 世纪以来，各国纷纷推出战略举措，着力推进各自文化的国际传播，努力提升自己的文化软实力。2005 年，美国总统乔治·W·布什(George W. Bush)指出：“不得不承认，在讲述美国故事和传播真实美国形象方面，我们确实落后了。”在这一背景下，美国负责公共外交与公共事务的副国务卿卡伦·休斯(Karen Hughes)和她的继任者詹姆斯·格拉斯曼(James Glassman)提出“公共外交 2.0”计划，寻求利用社交网站和其他网络媒体来赢得“思想之战”。前文亦曾述及，美国于 2010 年发布《国家战略传播架构》，该战略进一步明确了美国战略传播的重点，并指出：“尽管美国政府实施全球范围内的审慎交流和洽谈，但工作重点应和总体国家安全的重点相一致。如同国家实力的其他元素那样，交流洽谈工作应该支持政策目标，并且达到相应的效果：(1)使外国受众认清与美国的共同利益；(2)使外国受众相信美国在国际事务中发挥的建设性作用；(3)使外国受众明白面对全球复杂挑战时，美国是值得尊重的搭档。”该战略还具体明确了国家安全参谋部、国务院、国防部、广播理事会、美国国际开发署、情报界、国家反恐中心等在美国战略传播中的角色、职责及行动策略。2002 年，美国面向全球尤其重点面向伊斯兰国家推出“向世界营销美国故事”的文化行动，旨在“消除针对美国文化和政策的消极、荒诞的观念，在伊斯兰世界倡导自治、宽容和多元主义的声音”。德国外交部不仅于 2011 年发布《全球化时代的对外文化教育政策——赢得伙伴，传递价值，维护利益》，将文化教育政策作为对外政策的支柱和核心，还为此专门任命了负责对外文化政策的外交部国务部长，明确提出对外文化政策的推行将在外交部得到最优先的财政支持；如资源有限，必要时将限制甚至暂停对国内项目的支持，优先保障对外文化教育政策的需要。《2006—2011 年俄罗斯文化联邦专项纲要》(2009 年)强调文化的国际传播是“国际关系体系中国家一体化战略的组成部分”，提出“要增强俄罗斯文化在国外的地位，形成俄罗斯形象——具有伟大传统文化的国家”。对于如何“发展国际合作，加强与世界文化的联系”，该纲要提出了诸多策略，如通过在国外推广和发展俄罗斯文化成果，拉近其与世界文化的目标与任务；在解决国家文化问题时借鉴外国文化组织的相关经验，积极扩大俄罗斯在世界文化进程中的参与范围；举办国际研讨会、学术会议、艺术节，在世界范围内推广俄罗斯表演艺术，在国外推广俄罗斯影片，加强电影业的国际合作，举办国际展会等。《日本品牌战略——让软实力产业成为经济增长的原动力》(2009年)所确立的日本品牌战略，有两个支点，一个是创造，另一个即是传播。该战略强调，要制定策略，全面支持将海外推广纳入范围的内容产品和商品的制作和开发等；对外传播，不应是片段式的，而应是各个领域同时进行传播，要官民一体形成合力；要明确对外传播的目标和方法，有重点地强化对外传播力度，要多方努力“使‘日本迷’遍布世界各地”。“增强文化传播与国际文化交流”也被列入日本《文化艺术振兴基本方针》第三次基本方针(2011年)所确定的重点战略之中。该战略强调通过积极地将包含从传统文化到现代文化艺术活动在内的日本文化艺术传播到海外，同时推进各领域文化艺术的国际文化交流，为提升日本的国际形象、增进各国间相互理解作出贡献；主张唤醒作为日本强项的动画、漫画、电影等媒体艺术，以及设计、时尚、饮食文化等“酷日本”的潜力，实现向海外的战略性拓展。

推进文化国际传播的路径是多种多样的。但其中，也有各国普遍关注、借重的关键路径。如，语言推广即是其中一个极为重要的方面。2018年3月20日，法国总统埃马纽埃尔·马克龙(Emmanuel Macron)在法兰西学院发表关于法语战略的演讲。他认为，不仅要在法国的领土上进行法语推广，也要跨越国界，在别国的领土上继续进行法语推广以重新塑造法国的影响力和行动能力，“这是法国的责任所在”，“我们的雄心是要建立一个有益的法语、有效率的法语，并将不遗余力地承担起推广法语的责任”。为此，他要求法国文化中心和法语联盟开展积极合作，增进协同作用，共同推进法语的发展，他还寄希望于新一代法语教师的崛起，称法语教师是“伟大的英雄”，“我们国家的历史，是由这些英雄铸就的，是由我们驾驭法语的能力所决定的，是由我们在那些法语已经消退的地区驾驭法语的能力所决定的，通过我们的英雄，我们的法语教师，历史才被成功塑造”。德国《2011—2012年度联邦政府关于对外文化和教育政策的报告》称“推广德语语言是对外文化和教育政策的重点和核心任务”，“语言推广是一项历史使命”，“说德语的人会对我们的国家感兴趣，比普通人更了解德国，更理解德国的立场”。德国外交部研究报告《全球化时代的对外文化教育政策——赢得伙伴，传递价值，维护利益》(2011年)将1 500所伙伴学校、150所歌德学院以及德意志学术交流中心、洪堡基金称为其对外文化教育政策的三大支柱。德国歌德学院院长克劳斯-迪特·莱曼(Prof. Dr. H. C. Klaus-Dieter Lehmann)讲道：“在93个国家的150所歌德学院是德国的宝贵财富”，“语言不仅仅是工具，更是一种文化的载体，使深入了解其他文化成为可能，并为就业和教育的流动性创造了先决条件”，“世界政治的风云变幻赋予了歌德学院新的任务：巩固民间社会，加强合作伙伴关系，民族团结及提供早期教育”。21世纪以来，俄罗斯接连发布《俄罗斯联邦2002—2005年“俄语”专项规划》《俄罗斯联邦2006—2010年“俄语”专项规划》《俄罗斯联邦2011—2015年“俄语”专项规划》，用意即在维护俄语在俄罗斯境内外的地位和影响力。2007年6月21日，弗拉基米尔·普京(Vladimir Putin)签署成立“俄罗斯世界”基金会。该基金会的重要任务之一，即推广俄语、支持境外的俄语学习计划。在文化国际传播的实践推进中，越来越多的国家开始努力更高质量地构建综合性的国际传播体系。如《创意韩国》(2004年)所指出的那样：“为了通过文化宣传来提升国家形象，需要构建长期的、战略性的文化宣传体系，将文化宣传的核心功能整合、集成化，通过积极推进民间参与来加强文化宣传的力度，开发并扩充文化宣传资讯及其实施方式”；要“在积极应对全球化、本土化等国际环境变化的同时，为了形成开放的民族文化，要从国家主导的以发达国家为中心的单向文化交流中摆脱出来，向使地方自治团体和民间团体成为核心，在接受优秀的海外文化的同时，宣传我国的优秀文化的双向文化交流转换，为了增进我国文化的多样性及提高创造性，要使文化部门更多地参与国际机构的活动，推进国家间的战略性文化交流，加强对地方自治团体及民间部门进行国际交流的资助力度”。在推进文化国际传播的同时，世界各国也普遍注重对他国文化相关方面的吸收与借鉴。

综上，我们从六个方面，粗线条地勾勒了21世纪以来诸多国家文化图强、文化竞争的大致图景。尽管是粗线条勾勒，但从中我们仍不难感受到21世纪这一“文化世纪”生动、真切的世界文化图景，不难感受到各国围绕文化发展所倾注的热忱、所寄托的热望、所推进的热战。对当今世界文化图景、各国文化图强方略的深度认识和准确把握，是我国建设进而建成社会主义文化强国的重要基础性工作。为绘制一幅较为清晰的21世纪各国文化战略进路图、世界文化竞争全景图，从2010年起，我们着手辑、译相关文献，以近百人之力，历时十年，汇成了摆在读者诸君面前的这套《21世纪以来国外文化发展文献选编》，凡八卷，近千万言。付梓在即，感慨万千。既深感译事之不易，也更觉做好这一工作富有重要的基础性、战略性意义。同时，我们也深知，受眼界所囿、收集能力所限，以及翻译、出版周期等方面的影响，书中呈现的文献，肯定存在粗精不一等问题，一些新近的重要文献也尚未能够收录进来，译文离信、达、雅，还相距遥遥。但为了让这些带有鲜明时代特征的文献能够及时整体面世，让关注当代中国文化强国建设的人们能够及时从中有所悟、有所得，而不致其整体推出时成为纯粹的回顾性文献，我们决定以目前的形式推出这部译丛。在选文时，出于篇幅等多方面的考虑，我们对一些大家已相对比较熟悉或易得的一些文献，对一些单篇篇幅过大的文献，暂时忍痛割爱，未辑录入目前这部丛书中，待将来再择时机，以相宜形式推出。所收录文献中，一些观点、判断，带有其鲜明意识形态色彩、价值倾向，读者朋友们阅读时需仔细辨识、辩证取舍。我们也将继续做好这方面的辑、译工作，以使文献更丰富、全面，译文更精准、雅致，努力对社会主义文化强国建设有所贡献。

最后，真诚感谢国家出版基金项目、湖北省学术著作出版专项资金资助项目、马克思主义理论与中国实践湖北省协同创新中心的大力支持，感谢武汉大学出版社为这部丛书的编辑出版付出大量心血，感谢所有参与了这项辑、译、校浩大工程持久战的同事和朋友们！

2021年12月1日于珞珈山

# 前　言

本册选编的是21世纪以来与韩国文化发展战略相关的重要文献，收录了11篇有代表性的法律文件、政府计划及年度报告等，较为全面地展示了韩国文化战略的各个方面。对韩国文化发展战略的介绍，对我国文化发展战略的研究会提供一定的借鉴作用。

韩国文化发展战略的核心理念是文化与创意的结合，2004年由韩国文化观光部(现文化体育观光部)发布的《创意韩国》中指出："我们已经到了没有创意就不能前进一步的时代。""创意韩国"这个词里蕴含着从小接受文化教育，在自由的氛围中成长的具有创新意识的文化市民将组成多元的文化社会，建设充满活力的文化韩国这一愿景，成为其后十几年韩国文化政策的基调。2005年发布的《文化强国(C-KOREA)2010——以文化来建立富强幸福的大韩民国的未来战略》也是以创意和文化为基础，制定了培育文化、观光旅游、休闲服务产业的综合蓝图，使文化成为国家发展的新成长动力。2011年发布的《第一个资讯产业振兴基本计划》进一步具化了这一核心理念，提出了5大推进战略：建立全国性的资讯产业培育体系，通过提高国家的创造力创造青年工作岗位，扩大国际市场，营造共同发展的生态系统，加强制作、流通、技术等核心基础。《2011年度资讯产业白皮书》和《2012年度资讯产业统计》则是全面展示了韩国文化产业的发展状况，包括出版、漫画、音乐、游戏、电影、动漫、播放、广告、动漫角色、知识信息、资讯解决、时尚文化等主要行业。

这些文献也反映出韩国全社会对文化战略的重视，构建了一个完整的文化战略设计与实施保障体系。首先从法律层面制订了《文化产业振兴基本法》与《文化产业振兴基本法施行令》，奠定了文化产业发展的基础。其次，由政府各部门发布了一系列的相关政策文件，如文化观光部的《创意韩国》《文化强国》，资讯产业振兴委员会的《第一个资讯产业振兴基本计划》，资讯产业振兴委员会联合教育科学技术(现教育部部)、文化观光部等部门的《2013年度资讯产业振兴实施计划》等，建立了政府部门间的合作框架。此外，2006年5月发布的《文化宪章》是韩国宪章制定史上第一个经由民间制定、政府接纳这一形式和步骤发布的宪章，显示出政府与社会团体在文化发展方面的合作。《文化宪章》是由社会文化团体、学术界和文化界人士组成的宪章制定委员会制定草案后，经过多次公开辩论和听证会后最终确定的，政府方面虽然没有对宪章的内容产生任何影响，但其通过提供必要的事务支持和其他方式参与了宪章的制定。正是由于全社会的共同努力，韩国的文化发展战略取得了积极的成果。

参与本册译校的人员有：索丰、齐琨、李成实、李嘉琦等，最后由索丰进行统稿、修订、完善。武汉大学出版社的陈豪、韩秋婷作为本书的责任编辑付出了辛苦的劳动，对译稿做了大量编校工作，在此表示深深的谢意。由于时间和水平有限，书稿中难免有疏漏和不准确的地方，敬请读者批评指正。

**编译者**

2021.12

# 目　　录

# 21 世纪文化产业挑战

* 本材料是在 2000 年 2 月 24 日第二届韩国文化产业振兴委员会中审议并表决产生的《文化产业振兴五年计划》(《21 世纪文化产业挑战》)的摘要材料。

# 目　录

# 一、计划制定的背景

## (一)世界经济的发展已经由以资本劳动密集型为主向以知识为基础的经济结构转型，文化产业上升为知识经济的核心产业

(1)特别是文化资讯产业的培育成为韩国国家文化的身份象征和确保国家竞争力的核心课题。

(2)Time Warner、Disney 等国际企业通过在文化产业所有领域的纵向系列化和与信息通信企业的合并，强化了对世界文化产业市场的支配力(最近的 Time Warner、AOL、EMI 合并)。

“文化产业是 21 世纪国家竞争的最后胜负手”(Peter Drucker)。

## (二)文化产业培育的国家性、时代性课题

(1)文化产业竞争力的缺乏意味着民族文化和国家竞争力的丧失。

(2)虽然后发展国家可以追随先进国家实现产业化，但信息化是不可能的(知识信息时代通用的是“两极化假设”，而不是“集中假设”)。

(3)我们拥有灿烂的文化遗产，是已经为进入 21 世纪——“文化的世纪”做好准备的民族。

为了振兴文化产业，将其发展为 21 世纪新的“国家基干产业”，制定并推进了实践方案《文化产业振兴五年计划》。

《文化产业挑战 21》从国民政府上台以后开始准备的，由对 1999 年 3 月制定并推进的《文化产业振兴 5 年计划》中的规制进行改革的内容及政府的实际性扶持组成，特别是考虑到国内外文化产业环境的变化，在专家的参与下进行了补充完善。

# 二、1999 年文化产业振兴政策的成果

## (一)为文化产业的振兴奠定了法律、制度的基础

(1)实现了认识上的转换，把文化产业从规制对象转为振兴政策的对象。

在 1999 年国情指标中包含了《文化观光的振兴》，并表现出了持续性的政策意识。

就振兴文化产业的必要性达成了社会共识。

(2)为消除文化产业发展的障碍和振兴文化产业奠定了法律、制度性依据。

制定并修订了《文化产业振兴基本法》《播放法》《电影振兴法》《关于唱片、录像产品及游戏产品的法律》等各种法令。

组建韩国文化产业振兴委员会、电影振兴委员会、影像制品等级委员会，并成立了韩国播放振兴院。

在规制改革事务中，总共 136 项规制中有 91 项进行了改革(72.8%)。

(3)为了营造振兴文化产业的有利条件，改善相关的制度。

废除了关于游戏机(30%)、播放器材(15%)的特别消费税(1999.12)。

改进了税制，免除了关于电子出版物的附加税等税费(1999.5)。

把影像、唱片及游戏产品制造业纳入风险企业的范围内(1999.7)。

在韩国标准产业分类中新设了文化产业的业种细目和特殊分类(1999.12)。

## (二)为了振兴文化产业，划时代地扩充了稳定性的财源

(1)1998 年预算 168 亿韩元→1999 年1 000亿韩元(495%)→2000 年1 787亿韩元(79%增额)。

(2)新设文化产业振兴基金，并筹措了 540 亿韩元(计划到 2003 年为止筹措5 000亿韩元)。

电影振兴金库筹措 270 亿韩元(计划到 2003 年为止筹措1 700亿韩元)。

(3)引导并激活民间的文化产业领域投资。

通过对创业支援规定的修订，在影像制品制作中引入“项目投资概念”。

一新、未来创造投资等 6 家公司投资 321 亿韩元(1998 年 3 家公司投资 113 亿韩元)。

## (三)营造战略领域的重点培养基地，加强对制作、出口的扶持

(1)设立“游戏综合支持中心”(1999.7)，使游戏产业的培育基地化。

(2)设立“影像风险投资中心”(1998.9)，并通过增强其职能，奠定培育风险企业的基础。

(3)设立“动漫学院”(1999.3)等机构，促进专业人才的培养。

(4)对电影综合制片厂数码影像制品制作的支持，逐渐综合基地化(1997—2001 年)。

(5)为发展游戏、影像、唱片、播放节目、学术出版等主要文化产业资讯的制作提供支持(国库、文化产业基金等 350 亿韩元)。

(6)通过对参加 E3(游戏)、MIDEM(唱片)、MIP-TV(播放节目)等重要的国际博览会、展销会提供支持，加强其海外出口。

(7)阿里郎 TV 开始在海外卫星播放(1999.8)。

履行向海外介绍我国文化及作为文化产业海外出口的排头兵的职能。

## (四)文化产业振兴的成果：在国内外确认我国文化产业的潜在发展能力

(1)韩国电影的国内市场占有率接近 40%(1998 年为 25%)。

(2)游戏出口达到 1 亿美元(1998 年为1 500万美元)。

(3)广播电视剧、大众音乐等成功打开中国、东南亚等海外市场。

电视剧：《爱情是什么》——中国，《医家兄弟》——越南。

大众音乐：《克隆》——中国台湾、中国，《热点》——中国。

电影：《鱼》——日本。

演出：《明成皇后》——美国。

# 三、文化产业振兴课题

虽然最近的社会条件逐渐改善，但要把文化产业培育成 21 世纪新兴的国家基础产业，面临的课题依然非常多。

(1)由于投资所带来的收益不稳定，很难吸引大规模的民间投资。
(2)战略性地培育文化产业所需要的基础设施等产业基础的构建不足。
(3)没有构建创造性人才的培养体系，劳动市场缺乏弹性。
(4)过时的物流体系、交易的不透明等问题导致文化商品的流通结构落后。
(5)缺乏关于国际市场动向的信息，营销能力不足。

# 四、各领域[1]的推进战略和主要工作

## (一)影像产业：飞跃发展为 21 世纪的世界主要影像产业国

①以卫星、数字广播为契机，扩充高端影像、播放节目的制作基础。
播放影像制品的制作规模发展到 73 亿美元(国际市场的 4.3%)。
为独立制作公司和专门制片厂的电子化提供支持(2000—2010 年)。
②确保韩国电影的国内市场占有率稳定在 40%以上。
到 2004 年为止，制作 150 部以上(1998 年 25%，1999 年 37%)。
③鼓励动漫产业向以创作为中心的产业结构转换。
表面上是世界第 3 位，但实际上是以转包为主的脆弱结构。

(1)形成新秩序，使播放影像产业具有无限未来。

扩大地面波播放公司的外包比例法定上限(20%→40%)，并扩大主要收看时间段外包制作的编排比例(阶段性地扩大到 15%)。

鼓励大企业、国外资本对播放影像制作产业的投资(缓解限制)。

对播放频道应用企业等新的创业提供支持(2000 年— )。

系统地培育独立制作公司和专门制片厂(110 个→250 个)。

为独立制作公司的数字化提供支持，设立专门支援中心。

设立数字播放实验室，培养专业人才(从 2000 年开始每年培养 600 名)。

扩充电子存档以及构建播放影像信息中心(1999—2002 年)。2000 年 9 月制定《综合播放影像政策》，计划在报告后发表。

(2)培育具有国际竞争力的划时代影像产业。

把“首尔综合电影制片厂”打造为高端的影像扶持基地，并营建影像主题公园。

① 构成文化产业基础土壤的文学、美术、公演等纯粹的文化艺术领域，不包含在“文化产业政策”中，而是在“文化艺术政策”中，故排除在本计划之外。

● 构建录音、冲洗、摄影等电影制作全过程的一条龙服务体系。

● 促进与美国 Kodak、日本 Imagica 等海外知名机构签订技术交流协定。

● 建立把影像和观光连接起来的体验型、亲自然型影像主题公园“电影谷”(Cine Valley)①(2000—2005)。

鼓励成立“企划、制作、发行”专业影像投资行会(10 个以上)。2000 年，通过构建标准电算网络，为验证电影产业政策的推进效果打下基础。

新设电视剧本创作等课程,② 培养影像领域的创作、技术专业人才。

为鼓励动漫的企划、创作，对制作经费进行融资。

建立小型、短片电影的创作工作室和专用放映馆。

为韩、中、日的电影共同制作提供支持。

影像资料的数字资讯化、D/B 化及网络服务化(2002 年)。

扩充影像风险投资中心③的地方基地(2000—2001 年，大田、釜山、广州、大谷等)。

为发展适应小额投资、多渠道的网络电影的制作提供支持。

(3)构建漫画、动画片、动漫形象产业的协同体系。

为了加强韩国动漫的国际竞争力，营建“动漫创作扶持中心”(2000 年，130 亿韩元)。设立动漫专用剧场，构建动漫信息网络中心。

在播放节目中扩大国产动漫的编排(目标是到 2002 年达到 50%)。

为了制作出世界水平的动漫巨作，推进动画片的国家项目④(50 亿~80 亿韩元)。

构建并运营虚拟的“漫画之家”。

(4)通过加强国内外的竞争力，积极开拓海外的播放影像市场。

构建阿里郎 TV 海外卫星播放的全球性网络(2000. 7)。

对音响、效果(M/E)分离等出口用的二次制作提供支持(每年 800 部以上)。

对成立代理中小电影制片厂出口等业务的播放节目流通专业公司提供支持。

提高国际电影节的嘉奖额度(最高 10 亿韩元)，引进制作经费的累积扶持制度。

扩大对参加 MIP-TV 安纳西等海外展销会及庆典的支持。

为了扩展海外市场，对动漫试播节目的制作提供支持(2001 年开始，每年 30 部)。

到 2003 年为止，播放影像制品 1 亿美元、电影/动漫 2 亿美元，出口达到 3 亿美元。

(5)构建能有效支持影像产业的广告产业。

制定关于播放广告销售代理的法律(临时名称)⑤(2000 年)。

引入公共、民营多媒体代理人间的全面竞争体系(2003 年)。

通过促进 ABC 的发展及设立验证收视率的机构等方式，推进广告的科学化、专业化。

为了有效地管理及应用广告资料，对其标准化、代码化提供支持。

---

① 由观光商品(微缩模型展示馆、主题街等)、体验商品、配套设施等构成。

② 在电影振兴委员会运营的影像学院中新开设的课程。

③ 首尔影像风险投资中心 1998 年 9 月建院(共有 43 家企业入驻：电影 19 家，动画片 13 家，游戏 12 家)。

④ 通过创造国际化、高人气的作品，提高我国动漫的国际地位。

⑤ 韩国播放广告公司法的替代立法。

对广告 DB(KOBA 系统，广告信息中心)的行业共享提供支持。

建立广告会馆，将其培育成振兴广告产业的中心(900 亿韩元)。

扩充广告信息中心并推广网络广告讲座，培养广告专业人才。

通过举办广告博览会，使产业、经济发展的协同效果最大化。

## (二)游戏产业：成为世界三大游戏出口强国

2003 年游戏出口达到 5 亿美元，培育 100 个出口企业。

为了提高国际竞争力，促进游戏开发企业的集成化，并设立海外出口中心。

为了开发高端技术和培养专业人才，成立游戏研究所、游戏学院。应用 VR 等高端技术，开发可以引导世界市场的游戏。

(1)扩充"游戏综合扶持中心"的空间、职能。

空间从3 629坪(1999 年)→8 000坪(2003 年)，引入共同装备室和高端游戏开发机等设备。

加强海外出口、营销、经营以及信息扶持等职能。

(2)为了提高竞争力，对基础领域提供支持。

为了培养游戏专业人才，成立"游戏学院"(2000. 9)。包括游戏制作课程等 3 个领域，2 年的课程，培养了 60 名学生。

为了开发高端技术，成立"游戏研究所"(2000 年)。研究开发了游戏平台①、体验型模拟机、高端复合影像终端等设备。

为了开发游戏用虚拟现实(VR)技术，推进产学合作项目。组建并运营"VR21"(临时名称)(2001—2003 年，大学、游戏研究所、电子企业等)。

(3)营建使街机②企业集成化的"游戏产业园区"(2000—2003 年，1 500亿韩元)。

(4)在游戏领域引入兵役特惠制度，并新设游戏技术人员资格制度(2000 年)。

兵役特惠的指定行业：影像游戏机制造业、游戏软件制造业。

与游戏相关的技术资格种类：游戏设计、游戏编程、游戏剧本等。

(5)成立游戏投资行会(2000 年、2002 年各 150 亿韩元规模，吸引基金、民间资金)。

(6)对 2001 年国际游戏博览会(EXPO)及与海外合作的游戏开发提供支持。

---

① 是家庭用录像游戏机设备的制作工具(H/W)，索尼公司的"游戏工作站"、任天堂公司的"NDSI64"、世家公司的"世家土星・梦想广播"等就是通过这一硬件生产出来的。

② 世界游戏市场规模(以 1999 年为标准，1 300 亿美元)的 58%以及国产游戏出口(1999 年年末约 1 亿美元)的 90%以上由街机占据。游戏商品对于流行非常敏感，商品寿命短，短时间在可能的范围内大量生产才利于确保市场，但游戏开发所必需的合作企业(成品的生产需要 70~80 个附件合作企业)分散在全国各个地区。

## (三)音乐产业：进入世界前 10 位(现在 18 位)

构建综合性、效率性的音乐产业培育体系。
通过唱片流通、物流结构的现代化，确保产业竞争力。
设立北京韩国音乐信息中心等机构，通过海外出口基地来保障在中国、东南亚市场的支配力。

(1)设立“音乐产业扶持中心”(2000.10，九宜洞技术市场)。

对唱片企划、制作以及海外出口等国内大众音乐产业提供系统的支持。

把游戏以及动漫扶持中心搬迁到同一地点办公，创造出协同效果。

(2)培养优秀的唱片企划人才及具有高端设计技术的专业人才。

开设音乐学院(2001 年)。

把民间的大众音乐学院选定为音乐人才的培养机构，并提供支持(2001 年—　)。

对优秀录音专业人才的海外进修提供支持(2001 年—　)。

(3)通过流通电子化以及共同配送网络的运营，促进唱片产业流通的现代化。

通过唱片的 BRA 代码化，构建 POS 系统等方式，开发标准软件(2000 年)。

设立物流中心(中央中心：2000 年，5 个地方基地，2001—2002 年)

构建唱片信息 DB，并开设门户网站提供网络服务。

(4)为了推进国内唱片的海外出口，加强韩国歌曲在海外的宣传。

运营海外的唱片信息中心，并派遣音乐代理人。2000 年中国(北京)的唱片信息中心开始运营，将逐渐扩大到日本、美国等国家。

将具有海外竞争力的韩国歌曲制作成英语、中文、日语唱片，并进行推广。

通过在国内举办国际唱片博览会，确保世界出口的跳板地位。对举办世界公演・唱片博览会(2001.7—8)以及 Midem Asia(2002)提供支持。

(5)推进以自然和音乐为主题的“音乐主题公园”的营建(南怡岛)。

运营歌曲博物馆、歌碑花园、名誉的殿堂等(2000—2003 年，170 亿韩元)。

通过申办国际歌谣节等方式，使周边的旅游资源具有高附加值。

## (四)出版产业：国际市场占有率达到 4.4%(1999 年为 3.9%)

为把出版产业发展为 21 世纪知识信息社会的核心产业，进行制度方面的完善。
促进发展网络出版的政策。
通过流通的合理化及标准化，培育可预测的出版产业。

(1)推进《出版文化振兴法》的制定。

为了振兴出版业，计划制定包括出版、书店、印刷、外国出版物专业人才的培养、ISBN 等内容的综合性法制。

(2)培育适应网络经济时代的网络出版产业。

开发综合管理网络出版及服务过程的系统，并建立推进机构。设立“韩国电子出版院”(E-Book of Korea)(推进出版社联盟的组建)。

为了杂志产业的全球化，指定针对“网络电子杂志”(网页)的风险企业，并对文化产业基金的融资提供支持。

(3)营建坡州出版文化信息产业园区。

营建出版/印刷设施、出版流通设施、文化设施(出版文化信息中心)及附属设施。

推进基础工程的竣工(1998—2000 年)及建设工程(1999. 12—2002. 12)。

(4)为了加强出版产业的竞争力，推进流通结构的现代化。

为了出版物流通的批量处理，成立出版物流中心(坡州出版园区内)。

构建出版信息流通电算网络(DB、POS、VAN 等)。

为筹集印刷厂及书店设施现代化所需的资金，进行低息融资。

(5)设立杂志综合信息中心。

对杂志 D/B、进修教育、出版风险企业的培育等提供支持。

## (五)文化商品[①]：推进“文化的商品化、商品的文化化”战略

| |
|---|
| 文化商品出口：达到 5 亿9 000万美元(1998 年为 4 亿美元)。<br>构建开发优秀文化商品的基础。<br>通过开发韩国特色的文化商品及国外市场的开拓，提高文化韩国的形象。 |

(1)营造推进“文化的商品化、商品的文化化”的潮流。

选定“韩国文化百优商品”，并对其销路提供支持(应用政府调配物品制度)。

选定“文化形象 10 大畅销商品”(由相关专家组成委员会) 。为了推进“商品的文化化”，新设“大韩民国文化商品大奖”。

对开发区域的特色化文化产品提供优先支持(统营、泉州、原州等)。

开发并输出应用跆拳道、泡菜等“韩国象征 10 大 CI 物品”[②]的动漫形象商品。

(2)开发体现无形文化的作品、利用博物馆收藏品等传统文化的商品。

对基础设计以及开发经费提供支持(1 000~5 000种)。

① 这里的“文化商品”是指包括动漫形象、时装设计、传统和现代工艺商品等的狭义概念。与此相关的广义概念，包括在文化产业领域创作或制作的所有物品或服务。

② 韩国象征 10 大 CI(Cultural Identity)物品：韩服，韩文，泡菜和烤肉，佛国寺和石窟庵，跆拳道，高丽人参，假面舞，宗庙祭礼乐，雪岳山，世界性艺术家(白南准、郑明勋)。

为迎接 2000 年“新艺术年”、2001 年“韩国访问年”、2002 年世界杯等国际大型活动，开发韩国文化商品。

选定螺钿漆器、陶瓷器、韩纸等为战略性出口商品。

(3)扩展文化商品的制作、销售空间(2000—2003 年)。

对利用原废弃的洞办事处(洞为韩国的区域行政单位——译者注)，开设具有区域特色的工艺工坊提供支持。

开设并运营工艺文化商品的电商交易及综合流通馆。

开设区域性的文化商品销售集市及销售综合中心。

(4)对文化商品的海外出口提供支持(2000—2003 年)。

设立并运营文化商品的海外销售展示馆(在日本、美国、欧洲运营 3 个馆)。

积极支持参与汉诺威 EXPO 等海外博览会、展销会。到 2003 年，达成 6 亿美元以上的出口目标(1998 年为 3 亿6 000万美元)。

## (六)构建文化产业的综合扶持体系：文化产业协同效果的最大化

(1)对营建文化产业园区①提供支持：地方自治团体对园区营建计划进行评价后提供支持。

履行创业与生产、R&D、技术市场、技术公园等综合性职能。

以区域特色化及高端文化产业领域为对象(到 2003 年为止，指定 20 个左右园区并给予支持)。

(2)有效运营文化产业振兴财源(到 2003 年，筹集5 000亿韩元)。

促进文化产业振兴基金、电影振兴金库、出版金库等文化产业振兴财源的联合运营及有效使用。

(3)推进暂定名称为“文化产业振兴财团”(文化产业创业培育扶持中心)的成立(2000—2002 年)。

①构建将文化产业的人力、物力资源和信息网络化，并对创业孵化、R&D、政策开发等文化产业进行全方位支持的系统。

2000 年：成立文化产业振兴财团。履行唱片、动漫领域“文化产业创业孵化扶持中心”的职能。

2001—2001 年：扩展信息、出口扶持、技术、人力、政策开发等职能。

②构建文化产业综合信息网络：文化产业的知识、信息管理系统。

将文化原型②及文化产业的模拟素材信息数字 DB 化，并提供网络服务(与观光资源化计划联合应用：One Source Multi Use)。

文化产业各领域的 DB，通过联结 Mega DB 的运营，创造出协同效果。

“编剧银行”“故事银行”联合运营。

- 刊发《文化产业统计年鉴》，并提供互联网服务(2000 年开始)。
- 通过对出口商品的翻译提供支持，促进韩国文化的准确传播和出口。

---

① 依据《文化产业振兴基本法》《关于产业选址和与开发的法律》，市、道知事向文化观光部长官申请营建产业园区，文化观光部长官向建设交通部部长提出指定园区申请。

② 将非定型、语言形态的文化原型(民间神话、巫术、口传民谣等逐渐消失的声音和影像)数字 DB 化，以便能随时应用为游戏、电影、动漫、动漫形象的素材。

(4)发掘、培育可以引导世界文化产业的文化产业新类型。

培育游戏电影、交互式电影、MP3、在线游戏、在线动漫等[1]新型文化资讯产业。

为了推进创造能力及高端技术的开发，新设“新文化资讯大奖”“文化资讯网站大奖”[2]等奖励。

优先对文化产业各领域间的融合等新的协同项目提供行政、财政上的支持。

(5)为了振兴文化商品的海外出口，新设“文化产业出口大奖”(2000 年)。

对大众音乐、播放节目在东南亚市场的成功事例进行标准化分析，尝试开拓美国、欧洲市场。

同外汇收入一起，对韩国文化的海外传播进行重点审查。

(6)举办“世界新文化产业博览会”(New Contents for New Millennium)(2002 年下半年)。

现有文化产业领域的各种展销会、博览会只举办相关题材的活动，在接纳各题材间的融合方面具有局限性。

可以利用博览会的机会，向国内介绍融合性资讯(fusion contents)等新的文化资讯产业的国际市场动向，促进在线游戏等优势文化产业发展，并开拓海外市场。

---

① 游戏电影：是由游戏和电影融合而成的新型文化产业资讯。依据观众(网民)对游戏问题的解决程度，电影内容的展开也有所不同。是通过写实电影与计算机制图的组合进行制作的。

交互式电影：是由电影院观众的选择和意志(情绪信息)对电影的内容展开进行反馈而制作的新型未来电影。为了其日常化，需要开发情绪信息捕捉技术、即时的大众剧本生产技术等核心技术。

MP3：指电脑的视频压缩技术 MPEG(moving picture experts group)中只单独使用音响的技术，但目前泛指使用这一技术的唱片。

在线游戏：游戏大体上可以分为街机游戏、家庭用视频游戏、PC 游戏和在线游戏，对于在线游戏领域，目前世界性游戏企业的使用也不是很多，相对来说我国具有一定优势，出口的前景也很光明。

在线动漫：是以互联网等新媒体为基础进行制作、流通的观众参与型动画。在电影院用和电视用动漫市场分别由美国和日本主导的现实条件下，有必要关注互联网经济时代在线动漫的发展可能性。

② “新文化资讯大奖”：以该年度发表的文化产业新资讯为对象，对其创新性及作为新文化产业创作、发展的可能性进行评价后给予奖励并提供资助。

“文化资讯网站大奖”：针对提供互联网电子杂志(网站)等文化性资讯网络服务的网站，以其网络设计、内容、文化需求的创出及韩国文化的海外传播性等为中心进行评价，对优秀的网站给予奖励并提供资助。

# 五、各领域经费组成概况

（单位：亿韩元）

| 领域 \ 年度 | 分类 | 1999 | 2000 | 2001 | 2002 | 2003 | 合计 | 比例（%） |
|---|---|---|---|---|---|---|---|---|
| 影像产业（电影、视频、动漫、播放影像/广告） | 公共资金 | 775 | 1 561 | 1 298 | 1 207 | 667 | 5 508 | 18. 8 |
| | 民 资 | 233 | 105 | 117 | 98 | 97 | 650 | 2. 2 |
| | 合 计 | 1 008 | 1 666 | 1 415 | 1 305 | 764 | 6 158 | 21. 0 |
| 游戏产业 | 公共资金 | 123 | 125 | 338 | 426 | 171 | 1 183 | 4. 1 |
| | 民 资 | — | 104 | 20 | 170 | 81 | 375 | 1. 2 |
| | 合 计 | 123 | 229 | 358 | 596 | 252 | 1 558 | 5. 3 |
| 唱片产业 | 公共资金 | 58 | 237 | 268 | 282 | 288 | 1 133 | 3. 9 |
| | 民 资 | 27 | 63 | 143 | 118 | 72 | 423 | 1. 4 |
| | 合 计 | 85 | 300 | 411 | 400 | 360 | 1 556 | 5. 3 |
| 出版产业（出版、印刷、报纸、杂志） | 公共资金 | 121 | 142 | 306 | 751 | 399 | 1 719 | 5. 8 |
| | 民 资 | 503 | 448 | 2 281 | 2 354 | 3 354 | 8 940 | 30. 5 |
| | 合 计 | 624 | 590 | 2 587 | 3 105 | 3 753 | 10 659 | 36. 3 |
| 文化商品（动漫形象、时装设计、传统文化、工艺产业） | 公共资金 | 6 | 72 | 610 | 616 | 429 | 1 733 | 5. 9 |
| | 民 资 | 12 | 31 | 36 | 40 | 44 | 163 | 0. 6 |
| | 合 计 | 18 | 103 | 646 | 656 | 473 | 1 896 | 6. 5 |
| 营建推进基础 | 公共资金 | 500 | 501 | 1 000 | 1 500 | 1 500 | 5 001 | 17. 1 |
| | 民 资 | 40 | 100 | 300 | 600 | 1 460 | 2 500 | 8. 5 |
| | 合 计 | 540 | 601 | 1 300 | 2 100 | 2 960 | 7 501 | 25. 6 |
| 合计 | 公共资金 | 1 582 | 2 509 | 3 800 | 4 763 | 3 434 | 16 276 | 55. 5 |
| | 民 资 | 815 | 851 | 2 897 | 3 380 | 5 108 | 13 052 | 44. 5 |
| | 合 计 | 2 397 | 3 360 | 6 697 | 8 143 | 8 542 | 29 328 | 100. 0 |

※所需预算是在每年编制预算时与预算负责机构协商后确定的。

# 六、2003年文化产业展望

（1＄＝1 200韩元）

| 分类 | 1999年（第一年度） | 2003年（第五年度） | 增长率 |
|---|---|---|---|
| 产业规模（亿韩元） | 216 464 | 358 055 | 65% |
| 出口额（万美元） | 87 207 | 181 318 | 108% |
| 进口额（万美元） | 67 811 | 105 924 | 56% |
| 雇佣人力（千名） | 483 | 616 | 27.5% |

※把韩国文化产业从地方小企业（local minor）培育为地方主导企业（local major）。

# 创 意 韩 国

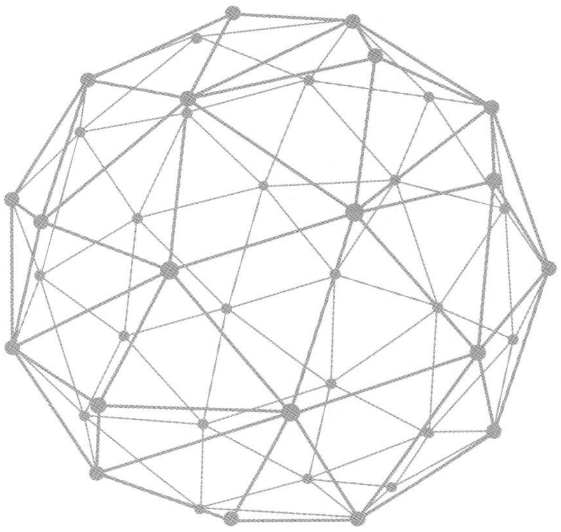

* 韩国文化行政革新委员会 2004 年 6 月发表。

# 目　　录

# 一、文化蓝图的制定目的及其性质

## (一)文化蓝图的制定背景与目的

### 1. 为什么要制定蓝图

新政府上台后，各部处都发表了反映国情方向的中长期计划。其中包括“文化发展 10 年计划”“新韩国繁荣发展 5 年计划”“国民政府的新文化政策”等。这些中长期计划包括在总统任期可以实现或至少可以着手进行的主要工作方案。

但是，我们没有制定中长期计划，而是制定了“中长期蓝图”，我们没有制定计划而是制定蓝图的理由是，只制定在 5 年这一很短的时间内可以实现的几种方式政策，对于解决诸如如何最大限度地提高文化在我国社会中所处的地位及文化的积极性潜力等问题，存在着根本性的局限。

我们的社会由于忙于解决温饱问题，没有思考生活的意义，甚至丧失了生活中所必需的情感上的共识、寻找更好未来的预知能力，只顾着向前奔跑。其结果是，蕴含着我们社会灵魂的文化，没有成为培养创意的泥土，反而成为枯萎的花朵。

### 2. 蓝图是要共同实现的未来设计图

所谓“发展蓝图”，是指我们社会的成员想要共同实现的未来理想。不是个人层面的希望和梦想，而是市民社会共同享有的价值和理想。长期以来，我们看到无数的计划被制定后又被废弃。但是，这样的计划究竟有多少被实现了？更重要的是，这些计划描绘了什么样的未来社会，为了实现这样的未来做了多少深刻的思考？

现在我们真正需要的不是由华丽的调查所装饰的计划书，而是要从根本上对我们社会的文化状态进行反省，重新设计我们最终想要实现的未来。当我们要实现的未来很明确的时候，无数为实现这样的未来的文化计划将会被孕育出来。

我们在制定蓝图的过程中，可以切身感受到我们所面临的现实局限性会使想象力本身受到多少的限制。诸如“这不是我们部门要做的事”“其他部门有关注吗”“这个事业花费得太多了”“这件事花费的时间太多了”“这些事怎么可能都完成”等，每次碰触到限制想象力自身的心墙的时候，我们决定制定蓝图的这一选择都是徒劳的。

我们期待，通过这个蓝图使文化成为社会发展的基础和原动力，使所有国民都享有对新文化社会的希望。

## (二)文化蓝图的性质

### 1. 包括各领域和议题在内的文化部门的政策指南

(1)各领域政策的专业化与相互联系。

参与政府成立后，文化观光部发表了各领域的5年计划。在着手制定文化蓝图时，文化产业甚至已经发表了下层各题材领域的计划。与历届政府在政权初期制定相当于总论的“文化领域综合计划”，到政权末期才提出各领域的计划的情况截然不同，显示出各领域的政策力量与以前相比更加成熟了。

尽管我们各领域的政策在逐渐专业化这方面是值得肯定的，但各政策之间所贯通的价值不明确，且各领域所追求的价值有相互冲突的可能性。更重要的是，在制定及解决政策的最终目的——个人、地区、国家层面的文化课题上，各领域间的相互讨论和业务联系非常脆弱。

(2)对社会议题的文化应对。

不仅如此，由于过分注重各领域的政策，随着时代环境的变化，社会上要求用文化来解决的争论在不断增多。但这些问题却不被认为是必须用文化来解决的问题，或即使在政策上采取应对措施，也只会提出一次性的处方，没有进一步的进展。

事实上，进入21世纪后，社会的变化速度正在加快。但是，我们的社会正处于在被压缩的近代化过程中所派生出的问题还没有得到及时解决时，新的问题又不断涌现出来，社会发展受到限制的状态。区域发展的不均衡、每周5天工作制的引入、老龄化、性别歧视、社会弱势阶层的增加等，不再是与文化无关的问题，反而是需要用文化来治愈的议题。

(3)包括各领域和议题在内的综合性政策指南。

我们要在文化蓝图中更明确地设定国民共同追求的未来文化与向往的价值。同时，此前发表的各领域中长期计划中的内容，虽然被广泛吸纳于蓝图之中，但对于没能包含在各领域中长期计划中的新议题，发掘出来后也要在国定课题中能动地应对。为此，这期间文化观光部要对所推进的20余个特别专业委员会——休闲文化、两性平等、社会弱势阶层、区域均衡发展、空间环境等的主要成果体系化，制定一个包括各领域和议题在内的文化部门相关政策的基本指南。

### 2. 作为能生成新课题的、有生命的政策有机体的蓝图

不是发表后就结束的一次性计划，而是“作为过程的蓝图”。

历届政府的文化部门综合计划在政权初期发表后，会受到媒体的短暂关注，之后就会被遗忘，或因领导的更换而很难保障其连续性。

这次的文化蓝图是从提出“通过这样的事业如何改变我们的文化”“为了解决我们的文化所面对的问题并实现我们所设定的未来文化理想，这些是否充分”“我们要实施的政策，是否会让国民体验到自身生活质量的变化”等这些基本问题开始的。

从这一点来看，虽然部分课题的问题被顺利地提出，但相应的政策开发却没有得到充分的落实。这方面与这一期间的文化行政是一样的，文化政策研究也只能在受限制的框架内完成，因为解决新课题所需的基础数据与研究成果是不充分的。

因此，这次的文化蓝图是从对文化的根本问题意识出发的中间产物，应该理解为为了进行持续的讨论而提出的一个出发点，是这一过程的产物。我们在文化蓝图中提出的各种议题，将通过各领域、各议题的中长期计划具体化，要把它看做一个在环境变化中不断生成新政策课题的“有生命的政策有机体”来推进和管理。

## (三)文化蓝图的制定方法

### 1. 采用综合原则和现场实践的辩证方式

(1)演绎方式的局限性。

历届政府的文化部门综合计划，是以在设定几个反映新政府所向往的国政方向的大原则后，再提出符合这些原则的代表性事业的演绎方式建立起来的。因此，在以前的政府，除了核心事业以外，其他事业都是按照已有的方式进行，中长期计划中所制定的价值没能扩散到整个政策领域。

(2)采用综合原则和现场实践的辩证方式。

正视这样的问题，包括我们对政府常规推进的已有事业及计划的评价，新政府不仅把向往的价值体现在几个核心事业上，而是把重点放在将其扩散到整个政策领域上。从原则到现场，再从现场到原则，同时，从原则到单项事业，再从单项事业到原则，通过这种循环的辩证法方式，使蓝图中的工作具体化。

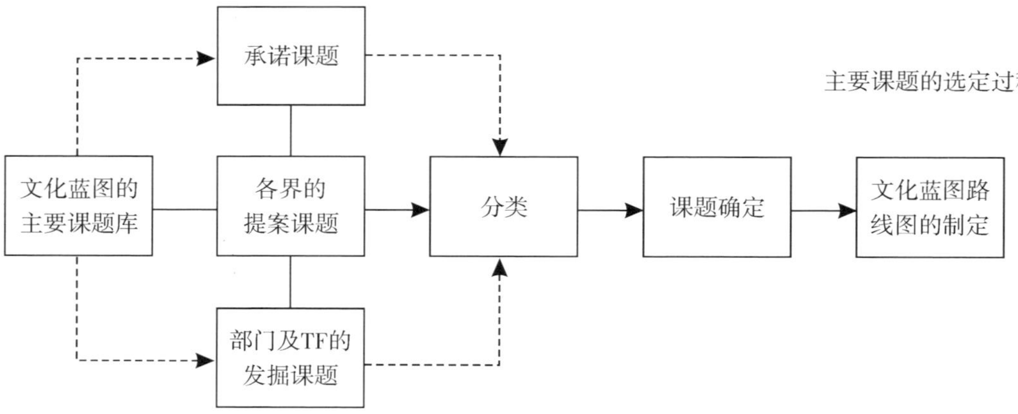


主要课题的选定过程

### 2. 政策研究所、现场专家、公务员的合作与参与

(1)政策研究所、现场专家、公务员的合作体系。

历届政府的中长期计划，是以由部门内的公务员组成“特别专业委员会”制定计划，并向民间专家和下属研究所进行咨询的方式制定的。这种方式不仅在设定最终的政策方向和选定主要事业的过程方面不透明，而且被埋没在政策实现的可能性中。因此，会出现“即使现在面临困难也必须要推进的课题”被遗落的现象。为了改善这一问题，文化蓝图采取了可以保障政策研究所、现场专家、公务员之间的合作与参与的推进方式。

(2)文化蓝图推进班将履行协调现场、政策负责人工作的职责。

“文化蓝图推进班”由确定计划制定方向的小委员会(6人)、政策研究所的研究员和现场专家组成的研究企划组(10人)、文化观光部职员组成的行政支援小组(14人)等约30余名内外部人士组成。其中，研究企划组履行协调现场、政策负责人、政策研究所间工作的职责。

(3)文化蓝图是讨论的产物：通过各种会议和研讨会，约200余名外部专家参与其中。

文化蓝图的核心是讨论的产物。如果没有举办各领域的咨询会议、网络创意征集、公开的研讨会、部长主持的工作研讨会、副部长主持的部门讨论会、推进班的内部研讨会等多种方式的会议及研讨会，文化蓝图的制定是不可能的。

尤其是从2004年3月开始，通过由文化观光部运营的20多个特别专业委员会，200多名外部专家参与其中，持续地对各课题的现状和存在的问题进行研究，并制定出政策方案。

## (四)计划领域与计划时间

### 1. 计划领域

文化蓝图在考虑文化对于个人、地区、国家的发展所作出的贡献时，认为把文化界定为仅由文化观光部掌管的领域是存在局限性的，因此采用了广义的文化概念。这样，文化蓝图所包括的计划领域大体分为以下3个部分。

由文化观光部掌管的领域：国语、文化艺术、文化遗产、文化产业、旅游、体育、青少年领域。

与文化观光部合作时会产生协同效果的领域：教育部、劳动部、保健福利部、女性部、建设交通部、环境部等部门主管的领域中，需要从文化角度进行接触的领域。

对文化部门产生影响的领域：行政自治部、财政经济部、企划预算处等政府部门及地方自治团体主管的领域中，对文化部门产生影响的领域。

### 2. 计划时间

第一个计划时间设定在参与政府时期的2004年至2008年。但作为文化部门革新和发展的基础性

课题，即使在参与政府时期内很难实现，也被作为中长期课题提出来。

## (五)推进经过

2003 年 7 月末组成推进班，从 2003 年 8 月开始到 2004 年 5 月为止的 10 个月期间进行了文化蓝图的制定工作。推进过程如下：

| | |
|---|---|
| 2003. 7 | 在文化行政革新委员会内组建小委员会 |
| 2003. 7. 23 | 组建文化蓝图推进班<br>• 研究企划组：由政策研究院的研究员等 10 人组成<br>• 行政支援组：由各室、局负责人 14 人组成 |
| 2003. 8—11 | 举办小委员会和推进班的联合研讨会<br>制定第一版试行方案<br>召开各领域的咨询会议<br>征集网络创意<br>讨论各领域的计划、TF 的运营结果<br>制定第二版试行方案 |
| 2003. 11—2004. 2 | 推进课题的分类<br>开发具体的推进课题和示范工作<br>收集各室、局的意见<br>制定第三版试行方案 |
| 2004. 2. 18—20 | 公开研讨会(Marronnier 美术馆)<br>收集网络意见 |
| 2004. 2—5 | 副部长主持的各室、局研讨会<br>部长主持的专家研讨会(4 次)<br>制定第四版试行方案 |
| 2004. 6 | 发表 |

# 二、文化概念的扩大与政策领域的整编

## (一)文化部门对政策领域进行整编的必要性

(1)成为国家整体文化蓝图的前提。

文化蓝图不仅是文化观光部的蓝图，而是以整个国家的文化蓝图为目标。当政治、经济、文化作为构成社会的三大轴心时，文化蓝图以把文化所蕴含的多种政策领域联合到一起的文化部门作为目标。

考虑这些目标时我们发现，由文化观光部掌管的几个限定部门按领域严格区分政府所通用的文化概念时，没有一个政策框架可以设定它们之间的关系或容纳需要从文化方面来解决的社会议题。

(2)在重新确立文化概念的基础上整编文化部门的政策领域。

不可避免的是，需要对文化部门整体的政策领域进行重新研究和整编。从对文化概念本身的讨论开始，设定现有政策领域的地位、设立新的政策领域、确立现有及新政策领域之间的关系等问题，都不可能不超越目前的行政组织框架。

## (二)文化概念的扩大：作为领域的文化与作为原理的文化

### 1. 作为领域的文化

(1)狭义文化概念所具有的局限性。

此前，我们一直把文化理解为艺术或文化遗产等特殊领域。历届政府发表的中长期计划也是基于这些狭义的文化概念，把文化艺术、文化遗产、文化产业设定为主要的政策领域。

在这样的文化概念中，由于没能把观光、体育、青少年包括在内，文化观光部作为一个独立部门的认同感一直受到严重的质疑。每当新政府上台的时候，把观光、体育、青少年放在哪个部门才是妥当的，一直是人们不断讨论的问题，这清楚地反映了认同感上的危机。实际上，在没有领悟到必须把这些领域放到同一个部门的理由就在行政方面实现了一体化，这种情况下是不能期待通过相互合作取得协同效应的。

更本质的问题，是无法综合地看待与个人、区域、国家的发展直接或间接相关的文化课题。由于无法把文化对生活产生影响的所有领域都设定为政策对象，在切实需要与文化相联系的建设交通、教育、保健福利、女性、环境等问题上，文化政策能干预的余地就消失了，使人们连各领域间合作的必要性都无法认识到。

结果，以狭义的文化概念为基础的文化政策，缩小了文化对于社会所产生的多样化、积极性的功能，让人们无法正确认识到文化的价值。最终使文化丧失了为个人、区域、国家的发展作出贡献的多种机会。

(2)联合国教科文组织提倡的广义文化概念。

虽然狭义的文化概念具有很大的局限性，但把将文化视为人类生活样式的人类学概念原封不动地应用于政策上也是具有局限性的，因为这种广义的文化概念认为没有不是文化的事物。在这里，我们在克服目前的文化概念所具有的局限性的同时，也必须制定出可以在政策领域实现的新的文化概念，这一答案可以从联合国教科文组织提倡的文化概念中找到。

联合国教科文组织正视各国在实施发展政策的过程中由于不考虑文化而产生的各种问题，长期思考“文化与发展”(culture and development)的问题。在此过程中，世界各国的专家们为了正确地设定文化与发展的关系，得出了“必须首先确定文化本身的概念”这一结论。

在关于文化政策的联合国教科文组织国际会议(UNESCO World Conference on Cultural Policies)中，对文化作了如下定义：“广义的文化是体现某个社会或集团性质的独特的精神性、物质性、知识性、情绪性特征的总的复合体。文化不仅包括艺术和文字，还包括生活方式、人类的基本权利、价值体系、传统、信仰。”

## 2. 作为原理的文化

(1)需要用文化的方法来解决的社会性问题。

我们在制定文化发展蓝图的同时，对于由于没有考虑到文化的发展而派生出来的多种社会问题是否能从文化角度加以解决，展开了多方面的讨论。例如，大邱地铁惨案、围绕新万金开发引发的矛盾、宋斗律教授的访韩和南南矛盾、离婚率激增而导致的家庭解体、移民劳动者歧视、反对设立残疾人设施的邻避现象、无序开发等。

虽然这些问题不包括在作为领域的文化范畴中，但单纯的政治或经济方面的解决方案无法解决，被认为是需要所谓的“文化处方”来解决的社会性议题。要解决这些问题中的大部分意识问题，必须打破不成熟的市民意识、伦理上的不信任感、不想承认差异的划一主义、不关心别人的集体利己主义等在快速的社会发展过程中层层累积起来的心理壁垒。

(2)与其追究利害关系的得失，不如坚持把重心放到共善的态度。

归根结底，用文化来解决这些问题，需要的是与“作为领域的文化”相区分的“作为原理的文化”这一概念。

从文化角度出发，或用文化的方法来解决问题，最终需要的是与经济效益相比把人放在更中心位置上的精神态度，与追究政治上利害关系的得失相比以共善为中心的思考方式。

这种精神上的态度具有感性的基础，与之相随的是生活中所需的对他人的共感能力，即共同体意识。不以此为前提，是无法期待市民意识的成熟的，不以此为前提的发展，也就会像现在许多社会难题层出不穷一样，只会带来新的矛盾。

(3)以感性和想象力为基础的创造性能力。

文化是以感性和想象力为基础的创造性能力。感性为以共善为中心的精神态度提供情绪性的基础,想象力则在制定解决社会性矛盾的对策方面发挥其作用。

因为文化的这种本质特点,在解决引起社会性矛盾的各种问题方面,可以提出更具创造性的解决对策。

## (三)基于广义文化概念的政策领域重组

(1)以广义的文化概念为依据时所包含的领域。

以上述的广义文化概念为依据时,文化中包括如下领域。

民族认同感(ethnic identity):语言、观念、风俗、信任、宗教等。

文化遗产与艺术(heritage and the arts):视觉艺术、工艺、音乐、戏剧、电影、考古学、博物馆、图书馆、文件保管所等。

教育与学习(education and learning):对于儿童、青少年及成人的正式、非正式的教育与学习。

自然及人工景观(natural and man-made landscapes):建筑、公园、田园等。

大众媒体与文化产业(mass media and cultural industries)。

旅游(tourism)。

体育和休闲活动(sports and leisure pursuits)。

(2)在相互联系基础上的政策领域系统化。

利用格雷马斯的四方形来设定各领域之间的关系时,得到如下系统。

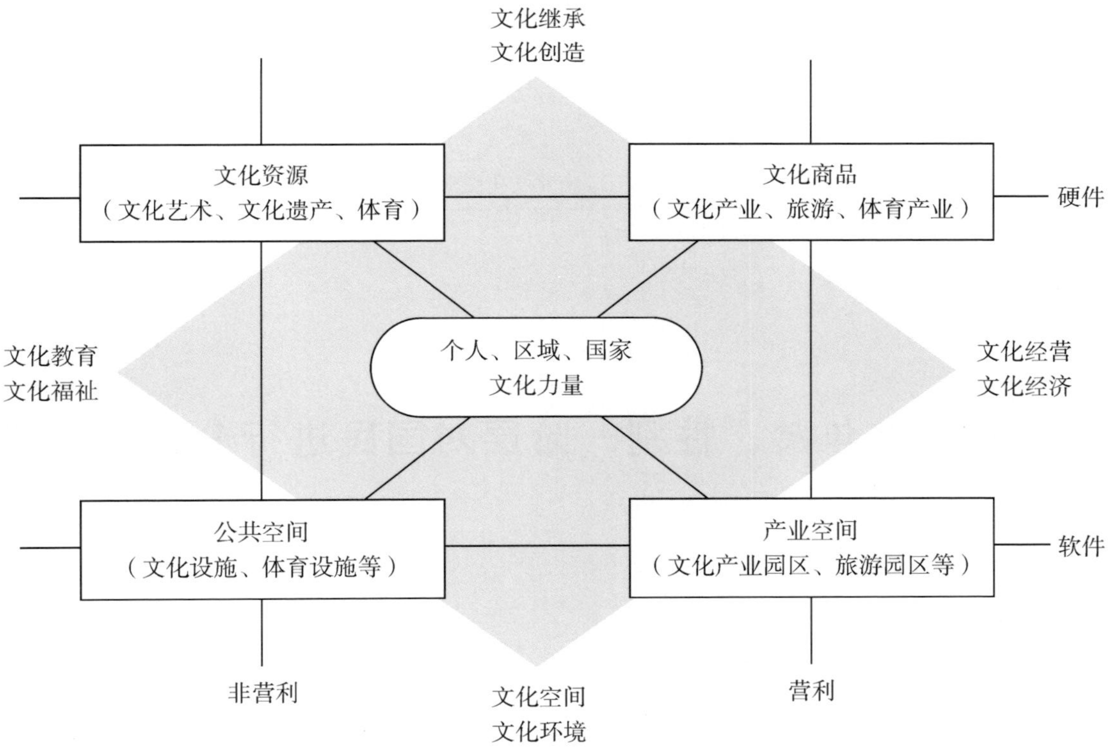

(3)文化部门的政策领域与其他部门间的合作框架。

在上面的格雷马斯四角形中，在中心设定个人、区域、国家的文化力量，意味着这样的四角形是可以从个人层面、区域层面、国家层面来绘制的。

因此，将政策领域系统化时，此前一直被认为是不明确的与其他部门的合作框架将被进一步系统化地展示出来。考虑到这一点，文化部门的政策领域与其他部门间的合作框架可以如下表所示。

各部门间有合作必要的关联领域示例

| 政策领域 | 相关部门 | 主要关联领域的示例 |
|---|---|---|
| 文化教育 | 教育人力资源部<br>教育厅 | 文化艺术教育、媒体/文化资讯教育、学校体育 |
| 文化福祉 | 保健福祉部<br>女性部<br>劳动部<br>行政自治部<br>法务部 | 儿童、残障人、老人、低收入阶层的文化福祉<br>女性文化<br>职场体育、失业者与移民劳动者的文化福祉<br>区域文化<br>在押者的文化福祉 |
| 文化创造 | 教育人力资源部<br>科学技术部<br>国防部 | 文化艺术、文化遗产、文化产业、旅游、体育等专业人员的培养<br>CT 技术<br>艺人、体育人的兵役 |
| 文化经济 | 产业资源部<br>农林部<br>海洋水产部<br>财政经济部 | 文化产业、旅游、体育产业<br>绿色旅游<br>海洋旅游、水上体育<br>与文化相关的税制 |
| 文化环境 | 建设交通部<br>环境部<br>信息通信部 | 城市规划、建筑、旅游基础设施<br>文化遗产保护、生态旅游<br>文化信息化 |
| 文化外交 | 外交通商部<br>国政宣传处<br>统一部 | 国际文化交流、韩民族文化共同体<br>国家形象<br>南北文化交流 |

## (四)引入按年龄、性别、阶层对国民进行分析的框架

### 1. 引入的必要性

(1)以中产市民阶层为主制定政策的局限性。

到目前为止，文化政策一直以中产市民阶层为主来制定。虽然定期进行文化艺术、体育、旅游等

各种调查，但并没有根据年龄、性别、阶层对结果进行科学分析并以此为基础来制定政策。

这种以中产市民阶层为中心的政策，造成“文化在某种程度上是经济上比较富裕的阶层的专有物”这一误解。但文化与年龄、性别、阶层无关，是人类生活中不可缺少的要素，在以知识为基础的社会中，文化可以提供个人成长过程中所必需的创意性的土壤。现在，文化政策要立足于文化民主主义理论，从以中产市民阶层为中心向少数者的文化权利也都可以得到保障的方向转换。

(2)引入按照年龄、性别、阶层进行分析的框架，是在政策中体现文化民主主义的前提。

文化民主主义是打造多元文化社会的核心理论。文化民主主义只有在构成市民社会的多样化集团以文化的方式表现自我的权利得到保障的时候才能实现。

为了实现文化民主主义，文化权作为基本权利必须得到保障。文化的基本权利是指由多样化的集团组成的社会成员，不管从属于哪个群体，在以文化来表现自我时，都有平等地接触所需要的公共资源的权利。

正如文化蓝图所指出的，今后文化部门的国家政策为了把文化民主主义作为原则，必须了解市民社会是由什么样的集团组成的，各个集团能否同等地接触到文化部门的公共资源，如不能那么阻碍因素是什么等问题。因此，引入按照年龄、性别、阶层进行分析的框架，是在政策中体现文化民主主义的前提。

## 2. 年龄、性别、阶层分析框架的示范性应用

适应跨领域议题(cross-cutting issues)的综合政策在拓宽其范围。

由于资料的局限，没能以按年龄、性别、阶层进行的精密分析为基础来制定文化蓝图。但是，对于以前很长一段时间在文化方面接触不多或没有尝试过的阶层，如针对青少年、老人、女性、残疾人、低收入阶层、移民劳动者、在押者等，已经开始着手制定文化政策，从这一点看具有很重要的意义。这意味着文化政策已经超越了未分化的政策而进入了新的阶段。

这一分析框架在文化政策中提出了跨领域议题(cross-cutting issues)这一概念。今后，文化政策将根据不同阶层的特性，在文化艺术、文化遗产、文化产业、旅游、体育政策中促进各阶层政策的分化。同时，还将拓宽各部门间相互联系的综合政策的范围。

## 3. 青少年与文化的关系

(1)青少年是我们社会最具活力的文化集团。

青少年不仅是我们社会中最具活力的文化集团，而且是担负国家未来的社会主力军。从这一点来看，青少年政策在国家层面非常重要。

青少年政策在文化观光部具有特殊的地位。如果说文化艺术、文化遗产、文化产业、旅游、体育是政策领域，那么青少年则是政策对象。由于这种政策范畴上的差异，在文化观光部中，青少年政策很难与其他处室建立起联系。而且，为了把青少年人权保护设定为国家层面的议题，并使各部门间的合作得以顺利进行，另行组建了青少年保护委员会。

(2)保障青少年的文化权利是实现文化民主主义的核心课题。

联合国教科文组织在提出21世纪文化发展蓝图的《创造的多样性》(Creative Diversity)中把"文化与青少年"(culture and youth)和女性、老人一起作为主要的主题进行讨论。之所以在文化中把青少年视为如此重要的议题，是因为青少年是在市民社会中具有自己独特声音的新文化主体，对他们以文化的方式表现自身的认同感给予社会保障，在实现文化民主主义、扩大文化创造的多样性方面具有重要意义。实际上，在参与文化产业、文化艺术、体育的群体中，最积极并占最大比重的阶层不是成年人，而是青少年。

(3)青少年政策需要在最能培养创意的文化土壤中实现。

但我们的青少年在以知识为基础的社会所要求的创意最需要发展的时期，在应试教育的危害下一天天地把创意抹杀掉了。目前的实际情况是，青少年被认为是学校所有的学生或是家庭所有的子女，我国的学校和家庭还没有把青少年视为文化的主体。

因此，依据文化民主主义理论，要认定青少年为文化主体，必须在能使创意自行发展的文化土壤中，将其培养为具有创意的文化市民。参与政府必须在这样的框架内来理解青少年和文化的关系，并促进青少年政策与文化政策的全面结合。

# 三、文化的蓝图与目标

## (一)文化的蓝图

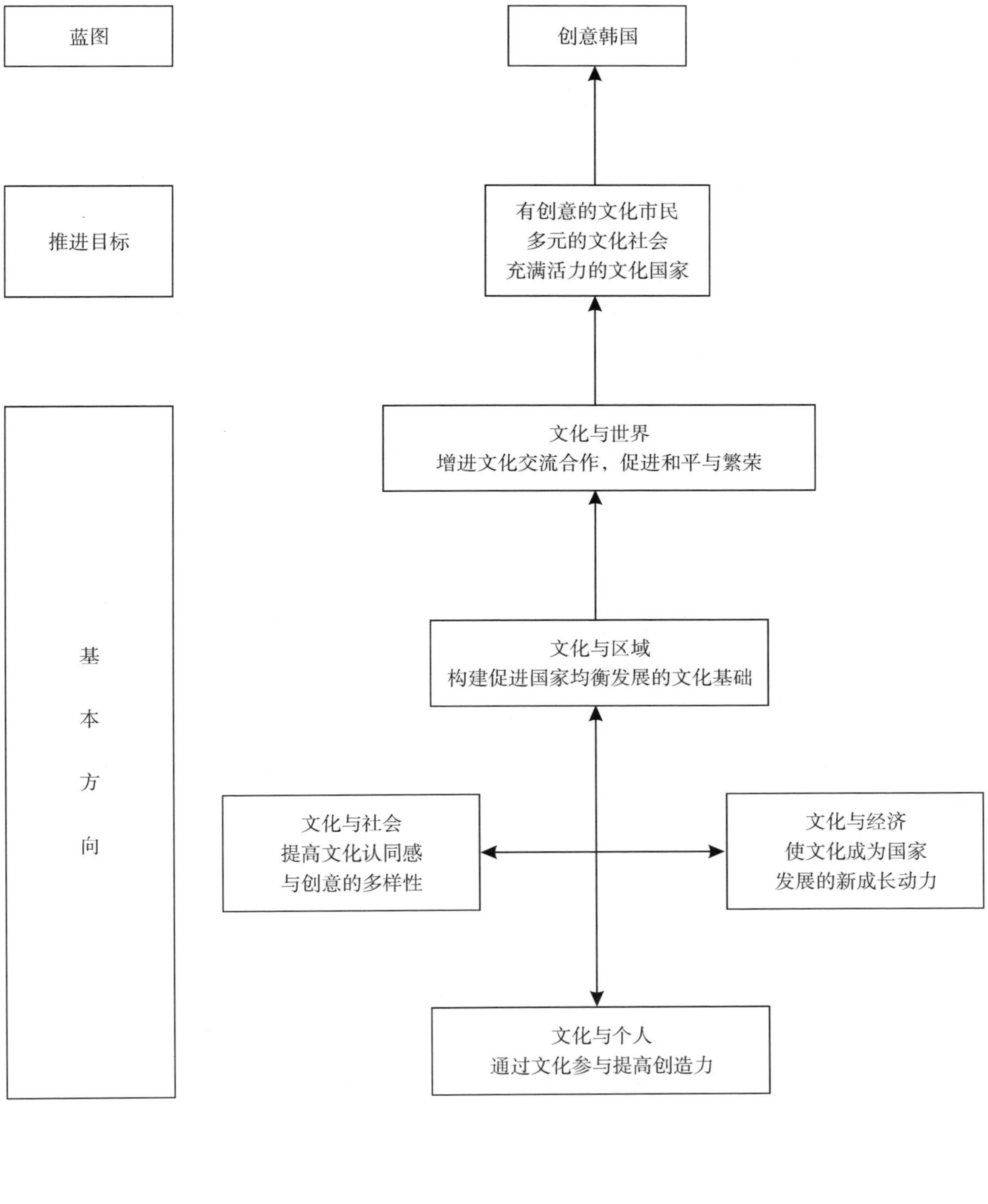

## (二)为什么是“创意韩国”?

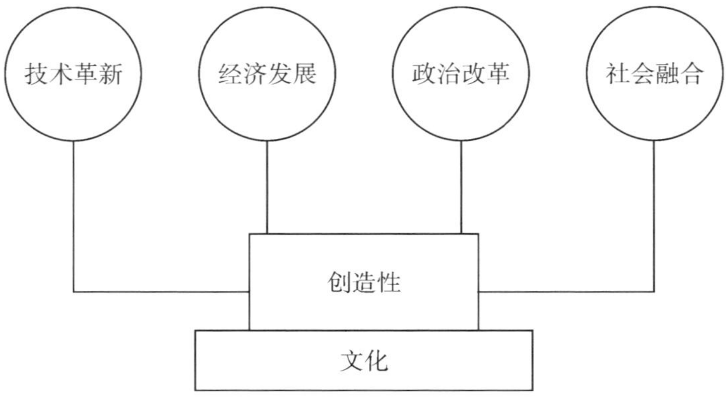


### 1. 国家的未来，取决于通过文化实现的可持续发展

(1)被压缩的近代化，没有灵魂的发展(development without soul)。

一直以来，我国以被压缩的经济增长方式发展，人均国民生产总值(GNP)从 1962 年的 87 美元，增长到 2003 年的 1. 13 万美元，这是世界上任何国家都没有实现的前所未有的增长速度。为了实现这一目标，我们把经济效益作为国家发展的绝对价值，民主主义、区域的均衡发展、悠闲的生活、对社会弱势群体的关怀等个人和共同体幸福生活所必需的价值都被推到了次要的位置上。

在向我们提供可以过上作为人类来说有意义和满意生活的机会这一点上，经济的财富是重要的因素。但经济不能告诉我们什么是人类的人生，从这一点上看，经济只不过是一种手段而已，发展的最终目的只有文化才能告诉我们。

但是，我们一直追求轻视文化的发展、把精神上的满足和共同体的价值放到次要位置上的发展，其结果就是阶层之间、区域之间的不平等现象加剧了，所产生的腐败堕落和相互不信任、机会主义和物质万能主义等各种社会问题反而阻碍了发展。这是没有考虑到文化的发展所带来的结果。

(2)文化是政治、经济发展的基础和目的。

政府决定社会向怎样的方向发展，因此，对我们当前和未来的生活会产生积极或消极的影响。现在，是要继续推进以经济为中心的不平衡发展，还是选择政治、经济和文化相辅相成的均衡发展，我们正站在抉择的十字路口。

至少在政治方面，从文民政府时期开始就已经取得了一定的进展。通过文民政府，从军事政权中摆脱出来；通过国民政府，实现了政权的和平交替；通过参与政府，迈出了走向参与民主主义时代的第一步。

但是，在我国社会，文化仅被从奢侈或浪费层面来理解的倾向依然很严重，与政治和经济相比，其被认为是边缘的、附属的。文化只有对经济发展有直接贡献时才被认为是重要的。代表性的例子是对赚取外汇的旅游、商品销售有直接影响的产业设计，其本身就是具有高附加值的商品——文化产业。

(3)通过文化实现可持续发展。

我们的文化不仅会成为政治改革和经济增长的基础，而且也会在实现我们最终向往的理想社会的过程中成为核心因素。不考虑文化的社会发展就像失去灵魂的人一样，即使有再多的财富也无法追求到人生的终极目标——幸福。

以这种思路来看，通过文化实现可持续发展是不可再拖延的国家发展新战略，也是新的发展模式。

## 2. 发展的动力在于个人、区域、国家的创造性

(1)创造性成为所有国家话题的时代。

随着以知识为基础的社会的到来，创造性成为了很多国家的政策话题。如英国在 1998 年就发表了“创意英国”(Creative Britain)，美国在 2000 年也发表了“创意美国”(Creative America)。此外，其他国家在进入 21 世纪后，也纷纷发表了建构创意国家的蓝图。

(2)创造性是以知识为基础的社会所要求的成长动力。

为什么很多国家都把未来的生死存亡与创造性联系在一起呢？因为创造性不仅被我们社会认为是绝对价值的经济，也是社会的整体生产能力所必需的条件，同时也是引领经济和社会发展的增长动力。

具有 21 世纪时代特征的“以知识为基础的经济”是指知识并不是经济增长的局外变量，而是成为局内变量的一种经济体制。问题是，此时的知识不是与过去一样可以通过背诵和熟练获得，而是要通过创新性思维和革新来获取。所有国家之所以都如此重视创造性，不仅仅是因为要建设文化国家，更是因为新的经济体制要求创新性。

创造性的价值并不仅仅体现在经济方面。创造性所具有的文化价值被最大化时产生的是人文科学和艺术，创造性所具有的技术价值被最大化时产生的是科学，创造性所具有的政治价值被最大化时产生的是参与民主主义。创造性所具有的经济价值是在 21 世纪以知识为基础的社会才全面爆发的这个时代独特的现象。

(3)创造性是一种以不同的观点去观察与思考的能力。

我们时代的创造性不是艺术或科学的专属物，有必要为其下一个更广泛的定义，即意味着在所有可以想象到的领域提出问题及解答问题。

创造性是一种以不同的观点去观察与思考的能力。所谓的创造性，是指能接受不为人知的新挑战并对新问题给予合理解答的能力，对现实中的所有变化都具有高度的感受力，纠正一成不变并变得麻木的技术或处理方式，适应条件变化的能力。

这种创造性对艺术、科学、产业、教育及共同体的发展是至关重要的。因为在迅速的变化中，个人、共同体、社会只有通过具有创造性的想象力，才能适应新的情况并改变现实。

(4)硅谷和好莱坞在以经济为中心的开发模式下是不可能存在的。

以知识为基础的社会所要求的创造性模式把每个人的创造性最大化，从而创造出巨大的财富，其代表是硅谷和好莱坞。我们经济所需要的创造性是可以创造出高附加值的能力，换一种说法，即可以转化为资本价值的创造性。从这个观点来看，我们社会理应对文化产业和尖端科学给予首要的关注。

但是问题在于，如果只按市场竞争的逻辑，那么文化产业和尖端科学领域需要的创造性非常容易枯竭。而且，如以过去培养少数精英的方式来培养创造能力，也许能看到短期的效果，但无法得到长

期有效的方案。我们的时代，如果在“创造性的工具化”，即“效率性”的美名之下只关心少数精英的创造性，将会导致创造性自身的枯竭。这意味着以与过去同样的开发模式，是无法获得创造性人才的。

(5)一个国家拥有的最伟大的资源是国民的创造性。

这里产生了我们时代的悖论。如果想运用创造性的产品获取高附加值，就要使创造性被发现，给予全体国民更多的闲暇保障，尊重多样性的价值，并营造激励自我表现和实验的环境。但就像强制性的父母很难培养出有创造性的子女一样，在只强调统一价值和效率的社会里，有创造性的个人是不可能出现的。

此前，我们一直认为创造性是少数杰出人才的专有物。创造性被最大化的人被称为天才，而所谓的天才一般被认为是出生就具有先天性的能力。随着创造性成为 21 世纪的教育话题，对英才教育的关注在整个社会上凸显，也是因为把创造性理解为一种先天的能力。

但我们的时代不是期待少数天才神话的时代，而是要求所有国民都能创造性地生活的时代，在程度上也许会有差异，但需要所有人都具有开放的能力。即使仅从日常的角度看，所谓有创造性的人不是去做别人指使的事情，而是寻找喜欢的工作去做的人；不是看别人眼色跟着去做的人，而是不断探究、果敢地探索别人想不到的事情的人。

因此，具有创造性的国民不仅会为在个人的层面所遇到的各种冲突寻求到解决方案，对在地区和国家的层面上的冲突也是如此，这是创造美好未来的原动力。

## 3. 文化是培养创造性的孵化器

(1)创造性是在自由的环境中自我培养的能力。

所有的人都具有潜在的创造性，这也是所有教育、文化、艺术的出发点。但是，这个不言自明的真理一进入到学校，一进入到工作岗位就成为虚无的理想，这是什么原因呢？因为，我们的社会此前并没有为创造性提供自由的环境与开放的态度，而是按照一定的规范被动地加以强调。

但是，创造性并不是可以被教授或指定的，而是在能被发现的环境中被培养出来的。在只过分强调理性或强制性的组织结构中，或以往的价值积累深厚的地方，创造性的潜在能力很容易被制约或破坏。

这是因为创造性的本质是“自由”。当我们从想象力和感性的束缚、直观的经济上的穷困潦倒中摆脱出来，从闲暇的不足、僵化的思考方式、枯燥的情感中解脱出来逐渐自由的时候，创造性就会显现出来。

(2)文化是培养创造性的孵化器。

我们如何能让所有国民都处于有创造力的状态呢？这一问题中含有 21 世纪以知识为基础的社会要求文化所担负的新的社会功能。

一个国家拥有的最伟大的资源是国民的创造性。创造性为发明、经济利益、科学发现、技术进步、更好的行政管理、职业、共同体及更安全的社会提供养分。可以说，文化是为每个领域所需要的创造性提供养分的土壤。

文化之所以能发挥这种功能，是因为文化本身就是创造过程的产物，同时作为精神、物质、情绪及身体活动的最高成就，是可以最直接地认识到创造性的领域。在这个意义上，文化是制造社会、政治、科学、经济创造性的产房。

## (三)“创意韩国”所向往的未来文化

> 从垂直的文化转向水平的文化。
> 从排斥与否定的文化转向对话与和解的文化。
> 从权威的均质文化转向多样性与复合性的进步文化。
> 从仓促建立起来的快速文化转向有闲暇的自由文化。
> 从消费性的商业文化转向创造出高附加值的生产性文化。
> 从停滞的落后文化转向充满活力的文化。
> 从被动的文化转向与世界同呼吸的开放文化。

文化提供了创造性可以生长的环境和媒介。我们将可以为所有国民提供创造性养分的未来文化坐标设定如下。

(1)从垂直的文化转向水平的文化。

现在，我们的社会仍然残留着强烈的垂直式等级模式和暗箱式权威主义。但是，正在将这种文化引向开放性的自由、横向、联合文化，预示着新时代的开幕。

“创意韩国”不仅超越了社会关系，也超越了在文化及艺术中残存的等级式思考方式，向往的是任何人都可以享受并创造横向的文化、民主的文化。

(2)从排斥与否定的文化转向对话与和解的文化。

现在，我们的社会对经济、社会、文化上的弱势阶层不仅缺乏细致的关怀，而且对与自己的立场稍有不同，即使对方是怀有好意所做的事情，也会持否定或冷嘲热讽的排斥态度，这种文化正在蔓延。

“创意韩国”在物质文明和竞争社会的无情秩序中，通过维持积极和对话文化的治愈能力和沟通能力，向往对话与和谐的文化。

(3)从权威的均质文化转向多样性与复合性的进步文化。

现在，我们的社会因长期的独裁和根深蒂固的家长制的影响，仍残存着权威文化，越是成年一代越习惯于不表现个性的均质文化。但是，就像在网络文化中已经得到确认一样，直率、堂堂正正、自由的文化正在全社会得到发展。

“创意韩国”可以根据民族与性别、阶层与时代的差异，享有与表现多样性的文化，同时追求促进复合性文化活动的创新与多样性的文化。

(4)从仓促建立起来的快速文化转向有闲暇的自由文化。

现在，我们的社会经过被压缩的近代化过程，无论什么事情都要快速处理，在制定计划的过程中也是如此，比起过程更注重可见的成果，泛滥着以速度和成果为中心的文化。

“创意韩国”是慎重、缓慢、反刍根本的文化，追求的不是消费，而是作为生产性价值得到尊重的有闲暇的自由文化。

(5)从消费性的商业文化转向创造出高附加值的生产性文化。

现在，我们的社会因市场扩大而不能保障文化的质量，导致商业性的消费文化正在蔓延。

“创意韩国”可以通过文化产业、旅游产业、体育产业等，追求能创造出高附加值的生产性文化，实现社会的可持续发展。

(6)从停滞的落后文化转向充满活力的文化。

目前，我们的社会中首都圈和各地区间的文化差距进一步加深，地区内可以生产、流通、享有文化的自生性循环结构受到破坏，使地区文化的停滞和落后现象愈演愈烈。

“创意韩国”使人才向各地区聚集，一起保护地区的文化资源，追求能在各区域创造出独特的充满活力的文化。

(7)从被动的文化转向与世界同呼吸的开放文化。

目前，我们的社会是世界第 12 大经济强国，但在文化领域存在缺乏自信心和心理上的畏缩现象，因此，一直从被动的层面对民族文化与世界文化的关系进行处理。

“创意韩国”在有效、灵活地应对文化领域中全球化所带来的同质化这一负面影响的同时，接受世界各国丰富多样的文化作为民族文化的养分，并把以此为基础创造出的自身文化与全世界分享。

## (四)3 大推进目标

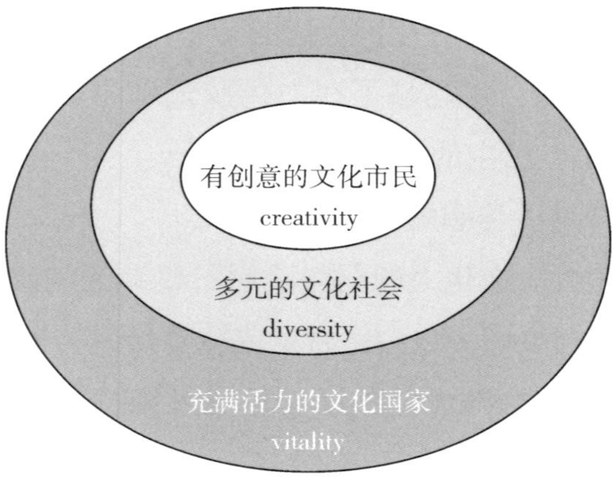


个人的创造性是形成区域社会多样性与国家活力的基础。

“创意韩国”的 3 大推进目标是有创意的文化市民、多元的文化社会、充满活力的文化国家。这是在个人、区域、国家层面要追求的价值和目标。

创造性(creativity)、多样性(diversity)、活力(vitality)是“创意韩国”的 3 大核心关键词。在这里，创造性是产生其他价值的动力，创造性制造了多样性，而多样性又提供了创造性得以发挥的环境。这种多样性聚集在一起就产生了活力。

在这样的关系中，有创意的文化市民聚集在一起构成多元的文化社会，多元的文化社会为有创意的文化市民提供了可以呼吸的环境。这种多元化的文化社会聚集在一起就会形成充满活力的文化国家。总的来说，个人的创造性是形成该区域社会的多样性和国家活力的基础。

### 1. 有创意的文化市民

“创意韩国”以把所有国民培养成为有创意的文化市民为目标。有创意的文化市民是打造多元文化社会和充满活力的文化国家的基础。

有创意的文化市民从小就接受文化性的教育，在自由的氛围中享受和学习文化，在这一过程中成长。

创造性不仅能使个人所具有的多种潜力得到发挥，还能培养理解他人、产生共鸣的沟通能力。在这个意义上，创造性具有开放性和认同性、包容性，这是形成市民文化的心理基础。

### 2. 多元的文化社会

多元的文化社会是工作与休闲相协调的有闲暇的社会，是社会成员可以把自身认同感以文化形式表现出来的个性洋溢的社会。

多元的文化社会是通过文化民主主义形成的。文化民主主义认为差异不是差别，而是要当作多样性来加以尊重，区域或群体以文化形式表现出自身认同感并享有这一认同感的机会不是因为受到优待，而是作为一种文化的权利得到保障时，文化民主主义就体现出来了。

文化民主主义不是个人、区域、性别、时代的利己主义，而是与邻居一起生活、聚集、对话、沟通并自我肯定的文化。在这个意义上，文化民主主义构建了使参与民主主义进一步巩固的心理基础，使真正意义上的社会融合得以实现。

### 3. 充满活力的文化国家

当所有区域都成为多元的文化社会时，多样性的区域文化会绽放，整个国家就会充满活力。这种活力与在被压缩的近代化过程中我们的社会所表现出的活力是不同的。过去的活力是在高速发展过程中社会以极快的速度发生变化所带来的，而“创意韩国”所追求的活力是由来自于社会底层的生命力迸发而来的。

“创意韩国”基于这样的活力，在全球社会中发挥与第 12 大经济强国相匹配的文化职能，不仅要面向亚洲，也要面向世界，成为和世界同呼吸的文化国家。

## (五)5 大基本方向及 27 大推进课题

### 1. 概要

(1)为构建个人、区域、国家发展的文化基础而转变政策核心。

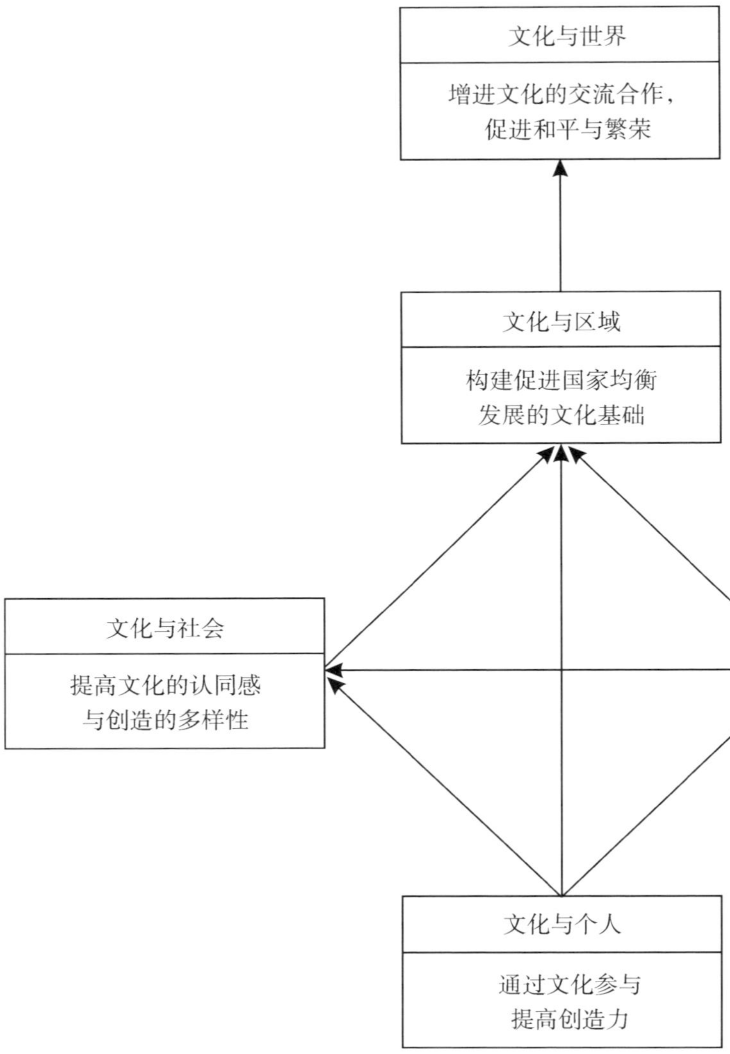


此前，文化部门的政策是以文化创造与文化经济为中心制定的。但是，这些是为实现有创造力的文化市民、多元的文化社会、充满活力的文化国家而必须投入的资源。在这个意义上，文化部门政策的最终目的是个人、区域和国家，政策的核心有必要以此为中心重新改编。

文化创造和文化经济是以个人的创造力为基础形成的，其产物又为培养个人的创造力提供了媒介。

文化创造和文化经济是形成区域文化并促进区域社会发展的两大轴心。在“文化概念的扩大与政策领域的整编”所提出的格雷马斯四方形中，文化创造中包括文化遗产、文化艺术、体育，文化经济中包括文化产业、旅游、体育产业。二者的关系是前者为资源，后者是前者的产业化。当区域内文化资源丰富时，文化经济可以成为区域社会发展的动力。

如果说迄今为止国际文化交流的中心是国家，那么现在有必要将交流的中心扩大到民间和各区域。当所有区域都成为多元文化社会的时候，所有区域都以文化创造和文化经济这两大轴心为中心，具有多样化的地区文化和自发性的发展动力的时候，国际文化交流将成为可能。

(2)区域是实现福祉、创造、成长、交流的空间。

区域社会在个人、区域和国家的关系及文化创造和文化经济的关系中处于核心的位置。因为区域是为培养有创造力的文化市民而实施文化教育和文化福祉，实现多元文化社会的文化创造和文化经济，促进国家向充满活力的文化国家发展而进行文化交流的空间。

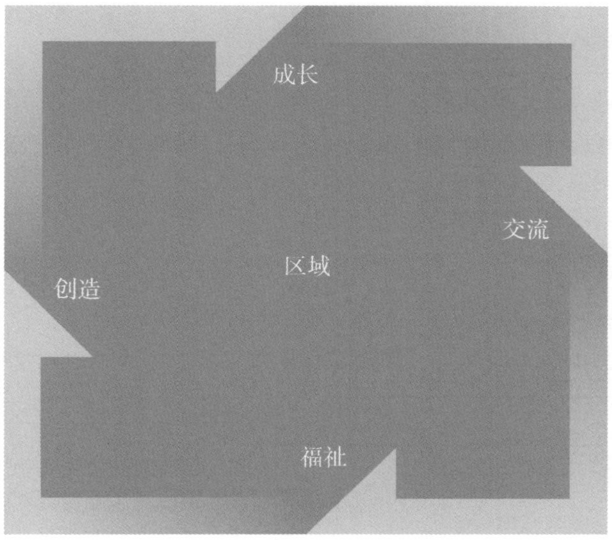


## 2. 文化与个人：通过文化参与提高创造力

(1)基本方向。

个人的创造性是政治、经济、社会、文化发展的基础。创造性是在享受文化和学习的过程中培养的。

因引入每周40小时工作制而增加的闲暇时间扩大了开发创造性的机会。但大多数国民虽然了解文化的好处，却不懂得享受文化的方法。在这种情况下，培养具有创造性的文化市民是遥不可及的。所有的国民都从小就开始拥有与学习文化的权利。“创意韩国”要通过文化教育来提高享有文化的能力，增加以前一直不参与文化活动的市民的文化参与意识，通过多样化的俱乐部活动，不断提高文化体验的质量。

长期以来，文化被误认为是经济富有阶层的专属物。以前的文化政策一直以中产市民阶层为主，因此女性、老人、残疾人、低收入阶层、移民劳动者等的文化权利没能得到保障。“创意韩国”将通过对各年龄、性别、阶层的分析，保障不同阶层的文化权利，使所有国民都能平等地享有文化。

(2)政策领域。

文化教育：文化艺术、媒体/文化资讯、体育领域中的学校教育及终身学习。

文化福祉：文化艺术、文化遗产、文化产业、旅游、体育、青少年领域的文化欣赏部门。

阶层的跨领域议题(cross-cutting issues)：青少年、女性、老人、社会的弱势阶层。

**推进课题1. 通过文化艺术教育加强文化力量**

随着从产业社会向以知识为基础的社会的转变，对于具备创造性地解决问题的能力的人才需求不断增加。因此，创造性理念下的人性教育与感性教育的重要性也在不断增加，感性教育的核心——文化艺术教育的作用变得更加重要。

为了提高市民的文化欣赏能力和创造力，将推进社会文化艺术教育的积极发展，使学校教育从以知识为中心转变为以文化为中心，加强各区域文化资源与学校教育间的联系，构建激活文化艺术教育的制度基础。

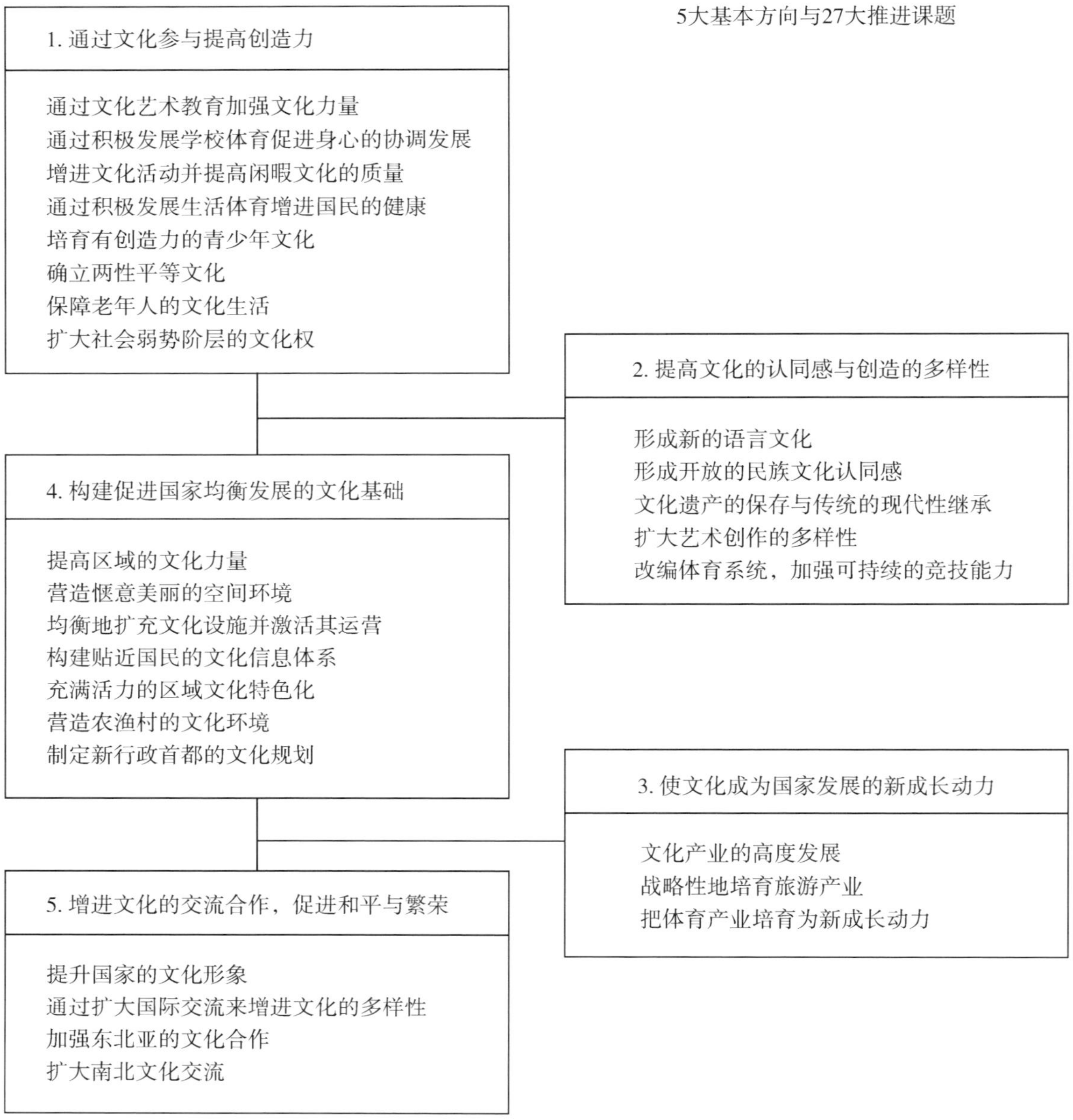


**推进课题 2. 通过积极发展学校体育促进身心的协调发展**

正如“健全的精神寓于健康的体魄之中”这句话所说，身体活动不仅仅是身体的发育，也有助于心灵的净化，促进身心的和谐发展。学校体育是学校教育课程中唯一以身体活动为主的科目，对于学生身体的匀称生长及社会性的发展、创造力的提高都有很大的帮助。

为激活学校体育的发展，将推进学校体育政策的开发与学校体育行政推进体系的构建，确保学校体育的教学时间与体育课的正常运营，扩充学校体育设施、改建学校操场并扩大其职能，激活幼儿体育与小学体育活动，为促进学校体育的发展而加强各学校之间、学校和区域社会之间的联系，把学校运动部转化为自发性的学校体育俱乐部。

**推进课题 3. 增进文化活动并提高闲暇文化的质量**

健全、生产性的休闲活动通过提高个人的创造性及提升企业的生产效率来加强国家竞争力，提高家庭的归属感和社会的联合性，为建设健康安全的社会作出自己的贡献。

为了让人们能和家人、邻居们一起享受休闲、丰富的闲暇生活，要提高大家对闲暇的重要性的认识，营造可以自行规划闲暇时间并进行自己所希望的休闲活动的条件，制定相关规则，使与投机性产业相关的社会副作用最小化，加强综合性休闲政策的职能。

**推进课题 4. 通过积极发展生活体育增进国民的健康**

生活体育是作为社会构成人员的一般国民在闲暇时间，依据自己自发的参与意愿来满足多样的体育需求，享受丰富生活的一种文化活动。对于青少年，生活体育可以宣泄其过剩的精力并达到预防肥胖的效果；对于成年人，可以预防及改掉错误的生活习惯；对于老年人，健康的生活可以带来缩短疾病治疗时间并减少医疗费用等多种效果。

为了积极发展生活体育，将营建可以提高生活体育参与质量的体育俱乐部，积极推进新型休闲体育的发展及管理部门的单一化，构建并普及科学的国民体能管理系统，通过积极发展职场体育保障员工的健康并提高生产效率，培养推广生活体育所需要的体育指导者并提高其质量，探讨扩大非参与者能积极参与生活体育的方案。

**推进课题 5. 培育有创造力的青少年文化**

青少年们拒绝标准化与单一化，以自律与创造、个性为基础形成了只属于他们自己的独特文化。现在，要从单纯地把青少年视为保护对象的视角中摆脱出来，青少年作为生活在当下的社会成员，其权利需要得到保障，并向其提供能对社会发展作出积极贡献的机会。

为了培育自律、有创造力的青少年文化，要在以文化为中心的观念中对青少年政策进行重组，保障青少年的权利并扩大其参与文化的机会，打造青少年闲暇文化活动的基础，通过改善不良环境建立健全的青少年文化，开发针对弱势阶层青少年的文化政策。

**推进课题 6. 确立两性平等文化**

今天的世界，在创造性和多样性、感性和知性等所有方面都在向重视女性视角与能力的方向转变。为了实现把女性的潜力视为有价值的两性平等社会，不仅要使法律制度发生变化，也要重视市民和社会意识的变化。

为了实现两性平等的文化社会，要打造两性平等文化政策的基础，营造两性平等文化艺术的环境，扩大女性的文化性表现与享有的权利，支持女性文化的创造，发掘继承女性文化遗产，并构建发展亚洲文化交流的基地。

**推进课题 7. 保障老年人的文化生活**

幸福的老年生活在于经济稳定、健康及精神满足这三者的和谐，为了保持晚年的“生活质量”，人们对闲暇和健康的关心将会增加。

为了保障作为文化主体的老人的健康的、有文化的生活，要积极发展老人体育、老人文化艺术和休闲活动，扩大老人的社会参与机会，并增进代际之间的理解。

**推进课题 8. 保证社会弱势阶层的文化权**

社会弱势群体一直没有满足文化需求的机会。但是，享受文化生活的愿望并不是满足了经济欲望后才可以追求的附带需求。为了使社会弱势群体成为健全的社会成员，要提高其对文化的可达性，提供更多的支持使其成长为文化主体。

为了形成与社会弱势群体共存的共同体文化，要保障社会弱势群体的文化基本权，确立超越疏离的共同体社会文化，加强能克服内在疏离的文化力量。

## 3. 文化与社会：提高文化的认同感与创造的多样性

(1)基本方向。

文化的创造性取决于兼备实力和独创性的艺术家和专家的能力。这些艺术家与专家的创造性只有在多样化及实验性的文化表现，即由市民来实现的草根艺术、自发形成的区域文化与独立文化、少数人的表现等得到积极发展的时候才能产生。

语言、生活文化、文化遗产等传统文化是时代进行再解释和创造的资源，是产生时代独创性的母体。传统文化必须通过现代的再创造，才能在市民的生活中流通。

(2)政策领域。

与文化认同感相关的领域：语言、民族文化(精神文化与生活文化)、文化遗产。

与多样性的文化创造相关的领域：艺术、专业体育(各自在精神、身体方面创造出最高水平的领域)。

**推进课题 9. 形成新的语言文化**

语言能使没有经历过的新概念与想象成为可能，在学习新的知识，自发地创造新的想法并将其表现出来的过程中，语言发挥着决定性的作用。提高国语的表现力、深度和准确性，是一个国家扩充文化总量所需要的最基本的条件，通过这些条件，可以从被动性的学习文化发展为积极的创造性文化。

为了形成以沟通、社会融合及创造性为取向的新语言文化，要推进从“规范主义的无秩序”到“有秩序的多元化主义”这一语言政策框架的转换，扩充作为文化创造基础的语言资源，改善国民的语言文化，推进对国语文化遗产的整理和积累，促进地方语言的应用，开发泛民族性母语的核心并扩大其在国际上的应用，推进语言处理的信息化。

**推进课题 10. 形成开放的民族文化认同感**

民族文化与其说是固定的本体，不如说是通过历史所形成的，通过日常的生活方式和文化不断更新而形成的。现在，要从以单一民族文化为前提的封闭视角中摆脱出来，以融合的态度接受不同的文化，发扬并重新整理民族文化的核心价值和象征体系，使人们具备开放的文化认同感。

为形成开放的民族文化，要对被歪曲和损坏的民族文化现场及象征体制进行复原和整理，清除国粹主义的民族主义视角，重新设定与世界文化的关系，开发并推广作为民族生活文化基础的情调及休闲的素材与模式，提高民族文化的基础力量并构建其推进体系。

**推进课题 11. 文化遗产的保存与传统的现代性继承**

一个国家的文化遗产作为该国家历史的物质、精神的结晶，是形成民族成员在思想上的集体意识，确立每个人的民族认同感的基础。但是，此前的文物政策把重点放在原貌的保存上，导致人们以为文物是给国民带来不便的对象。今后，在提高文物原貌保存质量的同时，要向“与国民在一起”的文物政策这一方向转变。

为了保存文化遗产并现代性地继承传统，要加强系统地保存、管理文化遗产的能力，推进对古都及风纳土城的整理与保存工作，通过保存与开发的协调发展减轻国民的负担，提高文物原貌保存的质量水平，改进文化遗产与自然遗产的保存管理体系，通过对文化遗产的积极利用推进传统的现代性继承与再创造。

**推进课题 12. 扩大艺术创作的多样性**

艺术是创造过程的产物，也是人类精神活动的最高结晶，作为可以最直接地认识到创造性的一种形式，艺术是培养创造力的最重要的媒介。

为了使艺术在增进个人、区域、国家创造力的过程中发挥其应有的作用，要增进艺术的创造力，提高艺术的自生能力，推进以享有者为中心的艺术活动，构建开放的艺术行政体系。

**推进课题 13. 改编体育系统，加强可持续的竞技能力**

大部分体育发达的国家建立了以积极发展生活体育为基础，促进精英体育发展的体育系统，由于基层选手的数量众多，所以精英选手的选拔非常顺畅。韩国也必须按国家奥林匹克委员会的体制来转换与改编体育团体，使选手的供给体系逐渐多元化，以优势项目为基础，向可以在多种项目中获得奖牌的方向发展。

为了以 21 世纪发达国家的体育系统为基础，培育精英体育，提高国家地位，要构建 21 世纪发达国家型的体育系统，培养具有最高技能的国家队选手，提高体育团体的自生能力，改进国内体育赛事，改善运动员的福祉制度，加强体育兴奋剂的预防活动。

## 4. 文化与经济：使文化成为国家发展的新成长动力

(1) 基本方向。

当今的文化产业，作为测试和培育创造力的正规领域，也成为同艺术一样重要的领域。尤其是要通过不同体裁间的均衡发展来维持多样性，不能按照市场原理只集中于特定的领域。另外，有必要与为推进市场化而提供的资助相区分，通过新的解释，对体现文化独创性的资讯进行有侧重的资助。

同时，制作好的作品并不是只能交付给市场，我们应当以文化公共性哲学为基础来制定与文化流通及征用相关的对策，以使市民能够共享这些作品。旅游商品如何与居民文化交流，同时增进经济与文化的创造性？体育产业如何对市民的文化休闲作出贡献？寻找这些问题的答案也是文化政策的一项内容。

培育以社会创造力为基础的创造产业，并使这种创造产业实现经济增长，就要建立人才培养、市场流通、市场营销等产业的基础。同时，创造产业必须成为市民文化的基础设施，从这一观点出发，建立公共基础是非常必要的。

(2) 政策领域。

文化产业。

旅游产业。

体育中的体育产业部门。

**推进课题 14. 文化产业的高度发展**

随着文化全球化的加速，韩国文化产业通过韩流热潮不断扩大进军世界市场的机会，这要求超越现有的有限水平，制作出具有创造性、综合性、多样性、高质量的资讯。

为了实现成为世界文化产业 5 大强国这一目标，要加强文化产业的竞争力基础，改善文化资讯的创作、流通结构，加强国内需求基础与进军海外的能力，扩充文化产业环境的基础设施，强化扶持机构的效率，促进区域文化产业的积极发展。

**推进课题 15. 战略性地培育旅游产业**

旅游产业在获得外汇收入的同时，也是具有高附加价值，对国民经济发展作出贡献的产业。与文化产业、休闲体育产业一样，要逐渐多样化，积极响应国民更重视高水平体验的要求，发挥作为提高不同阶层国民福祉的手段所应有的作用。

为了实现富有魅力、有创造性的旅游韩国这一目标，要提高旅游资源和商品的品质，积极改进旅游事业的投资环境，通过旅游来推进区域的积极发展，使作为新增长产业的旅游产业高度发展，强化旅游产业的发展基础，推进旅游政策的先进化。

**推进课题 16. 把体育产业培育为新成长动力**

体育产业是把制造业、服务行业、零售业等现有产业和信息技术、多媒体等知识产业连接到一起的综合产业。最近，随着以卫星播放、有线播放、网络等为代表的新媒体时代的来临，媒体获取体育资讯的竞争将会变得更加激烈。随着体育活动的增加，对于体育用品的需求也在扩大，在用品逐渐多样化与尖端化的同时，还将出现与其他服务产业相联系的新型体育产业市场。

为了把体育产业培育为新的战略产业，要加强体育产业各企业的竞争力，积极发展职业体育，建立体育产业的培育基础。

## 5. 文化与区域：构建促进国家均衡发展的文化基础

(1)基本方向。

创造性来自于多样性。多样性必须在个性得到重视的同时，又能感知到对差异的尊重及共存的喜悦时才可能产生。从这一点来看，区域性是实现多样性的基础。从多样性的侧面来看，区域文化的特色化是通过个性文化的参与而形成的市民个人的创造性，随后成为社会创新的基础。

创造性在共同体内能实现情感上的协调，包含着以智慧协调社会关系的力量。它以文化形态表现出来就是文化的创造性。从这一来点看，要在区域内保持固有特色的同时创造出新的文化特色，必须以居民对于区域文化的自豪感和共同体情感为基础。

在区域内，当美丽的空间环境、区域艺术、特色化的文化产业、业余及自发性的居民文化活动、为提高生活质量而修建的文化基础设施的实质性运营等多种因素都实现均衡时，将形成区域的创造力。

居民的文化自治能力是创造性的一个方面，因此培养这种能力才是真正提高区域创造力的方法。要克服区域内由产业竞争原理支配的区域竞争，超越形式上的地方自治，改造以区域生活文化为基础的固有文化而形成新的创造文化自治。同时，通过以尊重其他区域文化及相互理解为基础的融合性居民文化交流，使文化活动更具活力。

(2)政策领域。

与区域均衡发展相关的领域：区域治理体制(governance system)的构建、空间环境、文化设施、文化信息、行政首都迁移。

与区域积极发展相关的领域：文化中心城市、区域文化产业、区域旅游。

与落后区域相关的领域：农渔村文化福祉、农渔村旅游。

**推进课题 17. 提高区域的文化能力**

所有的国民不论居住在哪个地区，都有权利享有一定水平的文化生活。为了在文化部门构建能实现国家均衡发展的区域性文化革新体系，必须首先解决提高中央政府及地方自治团体、民间的文化能力的课题。

为了通过培养区域文化的自生能力而形成有特色、充满活力的区域共同体，要引导区域文化政策的制定与执行体制向以地方自治团体和民间为中心的方向转换，持续地扩充与居民生活密切相关的文化空间，运营以需求者为中心的文化空间，打造开发有地域特色、独立文化项目的基础，加强民间文化力量及培养区域文化的专业人才，扩充培育区域文化的财源，并立足于均衡性与合理性原则来分配财源。

**推进课题 18. 营造惬意美丽的空间环境**

我国的空间环境政策一直没有考虑到空间结构对人类生活质量、人与人之间的沟通所产生的影响。因为只考虑经济原理和效率的无序开发而陷入困境的韩国空间环境，使居住在那里的人们心性变得荒芜、刻薄。现在，空间环境政策要考虑到对人类情感和行动产生影响的空间环境的文化特点，向能提高个人与社会的创造力、使社会沟通顺畅、有助于地区经济发展的方向转变。

为了营造惬意美丽的生活空间环境，要为打造文化空间环境提供制度性基础。为了保存文化现场并促进其积极发展，要建立文化地区及文化带，把街道、广场、公园变成“喜欢行走的街道”及“文化空间”。为了确保城市的文化竞争力，要制定历史文化空间的保存及可持续应用的方案。

**推进课题 19. 均衡地扩充文化设施并激活其运营**

无论是对于文化的生产者还是文化的享受者，文化设施都是文化活动交流的场所，也是决定文化活动质与量的最核心要素。最近，随着文化消费形态逐渐趋向个人化、多样化，对提供反映国民文化需求的、以需求者为中心的文化设施供给体系的要求越来越迫切。为了向全体国民提供可以享有平等文化服务的机会，需要对涉及多样化文化设施的分配与利用的供给体系与利用体系进行综合研究，并制定中长期计划。

为了在全国范围内营造均衡的居民亲环境型文化设施，要推进以下工作：制定全国最低标准和建设文化设施的计划，提高文化设施的数量和质量，扩大各地区、各阶层国民平等地享有文化的机会，通过扩大文化设施功能的多样性及提高利用率，向以区域设施为中心的市场定位推进，建立文化设施安全事故的预防和对应体系等。

**推进课题 20. 构建贴近国民的文化信息体系**

在政策决策、知识积累与利用、行政服务等方面，网络的使用正在普及，由于国民的信息需求水平及信息利用能力的提高，对高品质的多样化文化资讯的需求正在扩大。

为了构建在任何地方都可以轻松地接触到自己想要的文化信息的基础，要创造高品质的多样化文化信息，加强文化信息的可接触性与应用性，通过文化的信息化而达到开放文化行政，加强文化信息的基础环境。

**推进课题 21. 充满活力的区域文化特色化**

为了促进中央与区域文化的均衡发展，在所有地区都能保障最低标准的同时，还需要制定“综合性的均衡与充满活力的均衡的并行战略”，以发现区域间的特色。需要以多样化、丰富的区域文化资源为基础来培育文化、旅游、体育产业，通过文化创造出区域发展的模型。

为了通过文化推进区域的动态发展，要推进符合各区域特色的文化中心城市的建设，强化区域文化产业的基础，开发各区域旅游、休闲体育的特色化项目。

**推进课题22. 营造农渔村的文化环境**

城市和农渔村之间在生活文化的基础方面差距非常大，在仅靠传统的农渔业生产无法维持竞争力的情况下，需要制定通过农渔村的文化福祉与文化来增加收入的方案。农渔村旅游为城市居民提供了休息、休养和新的体验空间，并为农渔村提供了获取收入的机会，为增加地区的活力作出了贡献。

为了实现将农渔村与城市结合到一起的均衡发展社会，要缩小农渔村区域居民的文化差异，通过旅游来扩充居民所得的基础。

**推进课题23. 制定新行政首都的文化规划**

新行政首都的建设事业是与国家均衡发展、地方分权、东北亚经济中心等国政课题相互关联，首都圈和地方相生发展的国家发展新战略。将从现有的城市开发模式中摆脱出来，把新行政首都建造成居民间可以顺畅沟通的城市、美丽而舒适的城市、居民共同参与的城市、以日常生活为中心的城市、使历史得以传承的城市。

为了把新行政首都建造为文化城市，营造惬意文化的同时也要反映韩国文化的特性，新行政首都的建设要以民间为主导，并使其成为国民的庆典，行政首都迁移后要将世宗路区域建设成为市民文化空间。

## 6. 文化与世界：增进文化的交流合作，促进和平与繁荣

(1)基本方向。

在21世纪的国际社会中，创造性是创造地适应快速变化的世界环境的能力。最重要的是，在国际社会中作为文化的同行者，要求具备可以超越文化竞争，为和平与繁荣作出贡献，以弱小国家的立场进行思考的领导能力。

同时，在国内层面上，也要提高与作为少数人的外国人共存及交流的能力，外交不是以西方发达国家为中心，而是通过与多种文化圈的交流增进文化的多样性，提高社会的创造性与国家的创造性。要制定通过个人的创造性和区域文化的潜力等来形成具有活力的文化国家形象的长期战略。

国际社会中文化交流与合作的积极发展，也是提高国内层面个人与社会创造性的重要文化环境及基础设施。这是因为随着国家间的界限逐渐消失，现在的文化环境也变得国际化。

要以引领国际社会的创造性为基础，成为追求和平与繁荣的领导者。无论是抢先占领世界市场还是强调民族的认同感，与展示韩国的方式相比，更应该以文化相对主义为基础，站在他国的立场上思考问题。以对他国的明确理解与认识为基础，发挥率先倡导文化交流与合作的自发性、主导性作用，才是国家层面上的创造性的基本表现。

为了发挥追求和平繁荣这一国际社会层面创造力的职能，从长远的观点出发，要推进自发性、主导性的文化交流与合作事业。与此同时，要制定方案，使这种文化交流与合作成为增进市民个人与社会创造性的基础环境。

(2)政策领域。

文化宣传：在国际文化交流中建立国家形象的综合政策部门。

国际文化交流：文化艺术、文化遗产、文化产业、旅游、体育、青少年的国际交流部门。

东北亚文化交流：文化艺术、文化遗产、文化产业、旅游、体育、青少年的东北亚交流部门。

南北文化交流：文化艺术、文化遗产、文化产业、旅游、体育、青少年的南北交流部门。

**推进课题 24. 提升国家的文化形象**

一个国家的文化形象，会使人们信任和喜爱这个国家的所有商品，这是即使同样品质的商品也会使人支付更高价格的高附加值经济战略的核心要素。为了提升国家的文化形象，需要从以通过舆论进行政府公报为中心的方式，转向以向海外国家介绍本国文化并广泛传播的文化宣传为中心的方式。

为了通过文化宣传来提升国家形象，需要构建长期的、战略性的文化宣传体系，将文化宣传的核心功能整合、集成化，通过积极推进民间参与来加强文化宣传的力度，开发并扩充文化宣传资讯及其实施方式。

**推进课题 25. 通过扩大国际交流来增进文化的多样性**

在积极应对全球化、本土化等国际环境变化的同时，为了形成开放的民族文化，要从国家主导的以发达国家为中心的单向文化交流中摆脱出来，向使地方自治团体和民间团体成为核心，在接受优秀的海外文化的同时，宣传韩国的优秀文化的双向文化交流转换。

为了增进韩国文化的多样性及提高创造性，要使文化部门更多地参与国际机构的活动，推进国家间的战略性文化交流，加强对地方自治团体及民间部门进行国际交流的资助力度。

**推进课题 26. 加强与东北亚的文化合作**

中国、朝鲜、蒙古、越南等社会主义国家圈与韩国、日本、中国台湾、中国香港等资本主义圈之间的文化交流在 1945 年以后的 30 多年间一直是缺失的。但是从 20 世纪 70 年代后期开始的文化交流到现在已经超越了初级阶段，进入到发展和成熟的阶段。要把韩流作为推动东北亚文化全面合作的催化剂，实现多元文化共存的东北亚文化共同体。

为了实现东北亚真正的和平合作及营造互惠的文化环境，要构建能促进东北亚交流积极发展的基础，确立作为东北亚文化交流中心国家的地位，推动东北亚文化产业、旅游、休闲体育的进一步合作。

**推进课题 27. 扩大南北文化交流**

南北文化交流将增进韩半岛和平，促进南北共同繁荣，因此，对于构建和平统一的基础及把韩国发展为东北亚经济中心国家奠定文化基础具有战略性的意义。在政府当局的制度性支持下，要建立以民间团体为中心的多样化南北文化交流渠道，在政治局势影响最小化的条件下，推进南北文化的积极交流。

为了形成由南北双方共同创造的相生的统一文化，要推进为增进相互理解而进行的多样化南北文化交流，推动南北文化交流的制度化，推进文化领域中能促进共同繁荣的南北合作项目，通过消除民族内部矛盾，建立民族和解的基础。

# 文化强国(C-KOREA) 2010

——以文化来建立富强幸福的大韩民国的未来战略

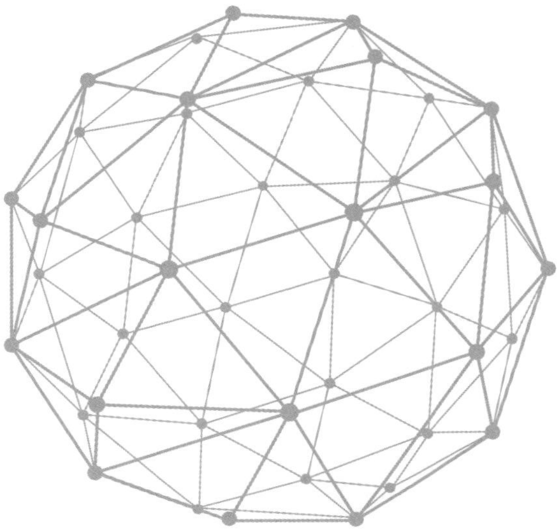

* 韩国文化观光体育部 2005 年 7 月 6 日公布。

# 目　　录

# 第一部分　文化强国(C-KOREA)2010：以文化来建立富强幸福的大韩民国的未来战略

为了成为经济发达体，有必须不断发展的领域，如企业支持服务与高级服务产业、休闲及文化产业的发展。

文化，其自身是生命的质量，同时也是一种产业，已经成为国家发展的新动力。

在上半年，将制定培育文化、旅游、休闲服务产业的综合蓝图，为了在国内满足这些领域急速增长的需求，将尽快在西南海岸等地区扩充大规模的基础设施。

电影、音乐、电视剧等文化资讯产业也将进一步发展。

——总统就任 2 周年国情演说(2005. 2. 25)

## 一、21 世纪国家发展的动力：创造性(Creativity)

(1)社会的先进化在与经济发展紧密联系的同时，一定要伴随着文化的成熟才能达成。

(2)先进国家已经超越了知识信息社会，开始进入到由创造性阶层与创造性产业拉动经济的"以创意文化为基础的经济时代"。① 成长的核心从 20 世纪末的"知识信息"转换到 21 世纪的"创造性"。

(3)创造性作为以创造性文化为基础的经济时代的成长动力，促进了技术改革(Innovation)及其所衍生的资讯的有效应用。

(4)在以创造性文化为基础的经济时代，必须战略性地培育与重视形象、感性、体验的消费倾向相对应的文化、旅游、休闲体育产业。

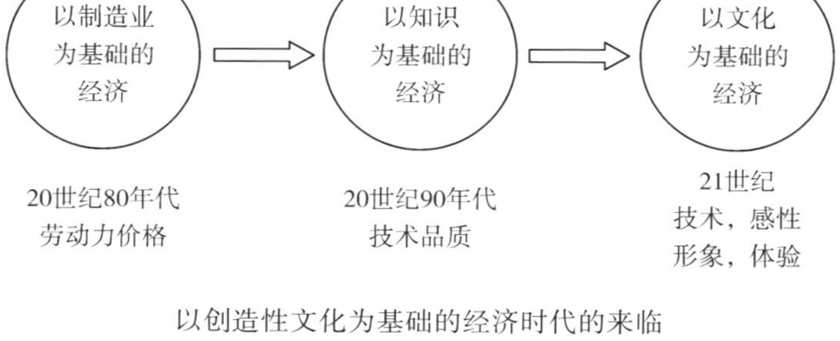


以创造性文化为基础的经济时代的来临

① 全球以创意文化为基础的经济规模推算为 2. 2400 万亿美元(以 1999 年为标准)(R. Florida,《创造性阶层》，2002)。

## 二、全球化时代左右竞争力的核心力量：文化(Culture)

(1)由于经济的发展，基本的衣食住问题得到了解决，与物质的富足相比，人们开始更重视精神的富足，人们的消费形态从整齐划一、批量化逐渐转向个性化、多样化及高档化，文化的重要性逐渐增加。文化不仅作为独立的产业具有重要的地位，也是其他产业发展的原动力。

(2)尤其是韩国自1990年后半期经济增长放缓，受中国与印度等后发国家低廉的劳动力攻势及发达国家技术更新与竞争力不断增强等因素的影响，发掘能主导21世纪国家发展的新的成长动力成为主要的议题。

①虽然在克服IMF经济危机的过程中，旅游产业和文化产业作出了巨大的贡献，但在目前的现实社会中，文化要从艺术这一狭窄的框架中摆脱出来，成为左右国家发展和国际竞争力的核心力量(Core Competence)。

②但从广义的范围来分析文化时，没有被包括在文化内的东西几乎是不存在的。因此，作为国家发展的核心力量，必须以文化产业、旅游产业、休闲体育产业为中心，对其进行政策性议题化及战略性培育。

## 三、无雇佣成长时代的突破口：资讯(Contents)

(1)在很长一段时期内，随着韩国经济的增长，社会的消费与投资被激活，雇佣岗位也逐渐增多。但最近几年，出现了虽然经济还在增长，雇佣岗位反而减少的现象。如制造业的雇佣岗位在2001年以后与经济增长率无关，4年间持续在减少。无雇佣的增长如果持续，民间消费将不断萎缩，将很有可能成为韩国日后经济平稳增长的障碍。

(2)在数码融合时代，资讯的数量与质量左右着国家的竞争力，将创意、情感与资讯结合起来的文化、旅游、休闲体育产业，正成为经济增长的先导产业。

(3)资讯与技术、体验集约而成的文化、旅游、休闲体育产业，是引导复合、高度消费社会的未来型产业，也是能创造出大规模雇佣岗位①的应对新经济时代的方案。

## 四、战略性地培育应用3C(Creativity，Culture，Contents)的文化、旅游、休闲体育产业

(1)目前，韩国经济所需要的是能创造出高附加价值以及向资本价值转换过程中所必需的创造性(Creativity)。

① 每投入10亿韩元所创造的就业机会，文化产业为16个，观光产业为30个，休闲体育产业为17个，大大高于制造业的平均值9.4个。

(2)文化(Culture)是培育韩国所拥有的最伟大的资源——创意的孵化器，通过以创造性为基础的文化的产业化，实现可持续发展(Sustainable Development)，将成为国家发展的新模式。

(3)目前急需制定的战略，就是通过加工并应用与其他产业相比具有高增长率与雇佣效果的文化、旅游、休闲体育领域的多样性资讯，创造出新的高附加价值并抢先占领世界市场。

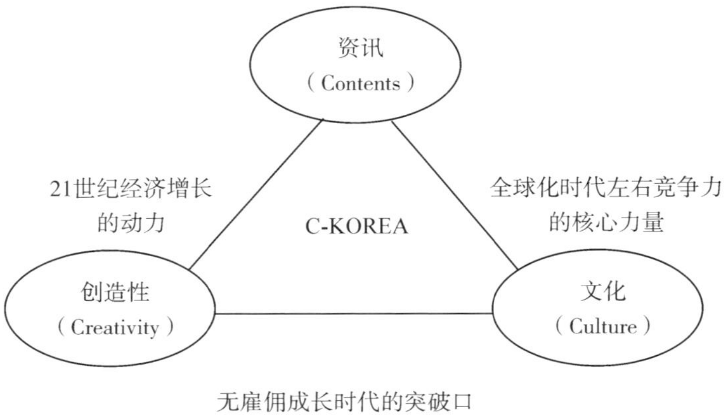


"文化强国(C-KOREA)2010"是以创造性与文化为基础，通过将文化、旅游、休闲体育的多样化资讯应用于产业发展，引领国民向收入达到 3 万美元时代迈进的中长期战略。

## 五、通过文化、旅游、休闲体育产业间的相互联系创造出协同效应

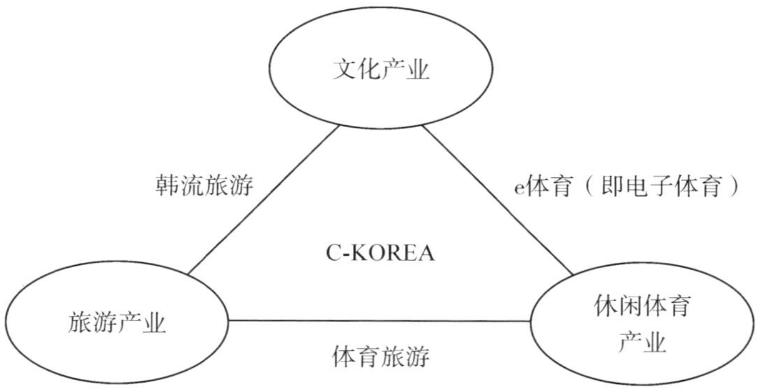


文化、旅游、休闲体育产业间的相互联系

以"韩流"为代表的文化产业的发展，引发了日本、中国等亚洲受"韩流"影响国家的游客持续增加。

同时，通过奥运会、世界杯等大规模国际体育赛事与滑雪等体验旅游，旅游产业与休闲体育产业市场呈现出日益扩大的趋势。

"跑跑卡丁车""魔法飞球"等以休闲体育为素材的国产游戏带来了 e 体育的爆发式增长，也为文化产业的发展作出了巨大贡献。

# 第二部分　文化、旅游、休闲体育产业的现状与展望

## 一、文化、旅游、休闲需求的爆发式增长

随着数字化的加速，开始进入数字融合时代。

随着每周40小时工作制度的引入，以及高龄化的快速发展，正式进入国民旅游、休闲时代。

随着以追求首都圈与地方的相生发展为目标的实质性地方分权时代的到来，对文化、旅游、休闲的需求大幅增加。

### 1. 数字融合时代

(1)数字技术的发展→传送技术的发展→播放网络/通信网络的有机结合等服务自身的共用，实现了宽带化及互动化。

融合现象在服务、网络、终端、经营等所有部门都有体现。

融合事例的分类：

①资讯的融合：与项目联动型数据播放一样，在资讯的制作与流通方面的融合也开始出现(与服务的融合一脉相通)。

②网络的融合：通过播放网提供通信服务，通过通信网提供播放服务，如通过通信网提供的IPTV(iVOD)服务，通过有线电视网提供的超高速互联网、VoIP(网络电话)等服务。

③服务的融合：出现了同时具备播放与通信特征的服务。

通信的播放服务：Webcasting(即网播)，IPTV(即交互式网络电视)，手机播放(June，即SK电信公司的终端机；Fimm，即KTF公司的终端机)。

播放的通信服务：T-Commerce(即使用电视终端在互联网上购物)，T-Government(即变革的政府)，DMB(Digital Multimedia Broadcasting，即数字多媒体广播)等。

由于数字化，播放/通信/互联网媒体间的区别正逐渐变得模糊。

④经营者的融合：通信与播放业经营者开始进入其他领域。

SKT 的卫星 DMB，KT 的卫星播放(KDB)，有线电视的超高速互联网络等。

⑤终端的融合：开始在终端聚合播放与通信服务。

手机上提供的播放信号接收服务(DMB，June，Fimm)；电视上提供的通信信号接收服务(数据播放，T-Commerce)。

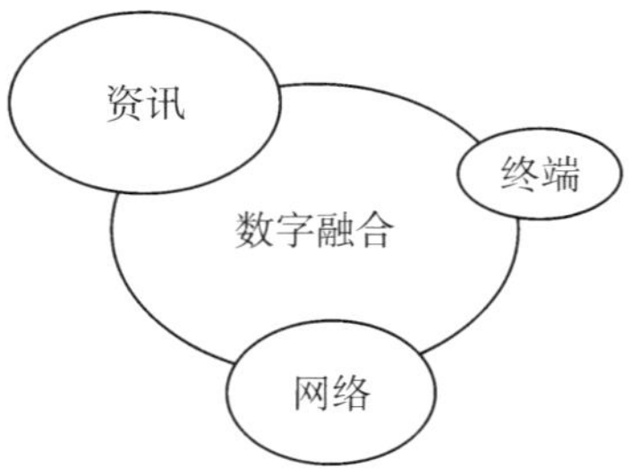


| | 资讯 | 网络 | 终端机 |
|---|---|---|---|
| 语音通信服务 | 语音<br>+ | 语音<br>+ | 电话机<br>+ |
| 播放服务 | 播放<br>+ | 播放<br>+ | TV<br>+ |
| 网络服务 | 数据 | 数据网 | PC |

数字融合

(2)如上所述，预计对文化资讯的需求将大幅增长，文化资讯的数量与质量也将成为左右国家竞争力的主要力量。

目前，预测全世界文化资讯产业以年均 6.3%的速度持续增长，2008 年度世界市场的规模将达到 1 兆7 000亿美元。①

韩国的情况是，随着宽带网的构建及播放、通信的融合所产生的 DMB、IPTV、WiBro 等多种媒体与频道，对新媒体文化资讯的需求大幅增加。2000 年 61 个频道每年对资讯的需求是 44 万小时，但到 2005 年，282 个频道对资讯的需求将达到 73 万小时。

2. 国民旅游、休闲时代

(1)每周 40 小时工作制、老龄化、对健康生活的价值追求等，使国民的旅游、休闲需求急速增加。

如日本，自 1987 年开始实施每周 40 小时工作制后，在最初的 6 年间旅游、休闲需求增加了约 15%，以后每年平均增加了约 10%。

(2)预计休闲形态也将从以在家为主变化为活动式的，即转变为对文化、旅游与休闲的需求。

①随着旅游次数的增加，周末游客数量将会增加。

②与一日游相比，两天一夜以上的滞留型旅游需求将会增加。

③长途旅行(200 公里以上)及旅行时间(4 小时以上)将会增加。

④旅游费用也将会增加。

(3)由于对健康生活价值的追求，为了维持精神上的满足及身体健康，人们开始喜好高品质的服务。

(4)快速的老龄化将使老龄人口从 2005 年占人口总数的 9%增长到 2010 年的 12%，② 预计老龄亲和型的旅游、休闲需求也将会增加。

① Price Waterhouse Coopers，*Global Entertainment and Media Outlook 2003-2007*，2002。

② 老龄人口是指 65 岁以上的人口，准老龄人口(“婴儿潮”一代)约有1 000万人(总统咨询老龄化及未来社会委员会，《老龄亲和产业发展战略》，2005.1)。

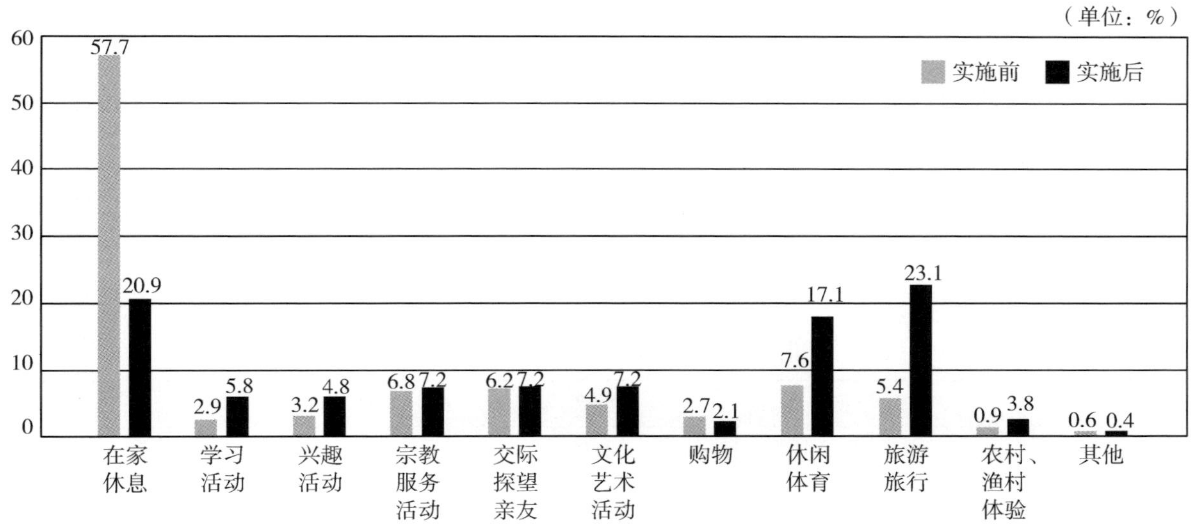


每周 40 小时工作制实施后对城市居民闲暇时间利用的调查结果

出处：国家均衡发展委员会，《新活力区域发展构想》，2004 年。

虽然目前老龄消费者的购买力比较低，但随着“婴儿潮”时期出生的人们开始退休，预计 2010 年以后的老龄消费者将具有相当的经济实力，对高品质的老龄亲和型服务的需求将会增加。

3. 地方分权时代

(1)由于国家均衡发展政策的正式推进，将文化、旅游、休闲体育产业作为战略性产业的地方自治团体的数量在不断增加。

依据《国家均衡发展 5 年计划》(2004 年 8 月)，16 个道、市中，有 9 个道、市将文化、旅游、休闲体育产业选定为区域战略产业。

9 个道、市为：釜山、光州、京畿道、江原道、忠清南道、全罗北道、全罗南道、庆尚北道、济州道。

(2)2004 年，在中期地方财政计划中反映出来的地方自治团体的新投资产业规模为 19 兆5 000亿韩元，其中占总数 17%的 2 兆2 000亿韩元为与文化旅游部相关的产业，仅次于占总数 29. 7%、共 5 兆8 000亿韩元的与建设交通部相关的产业，居第二位。

(3)《新活力区域发展构想》(2004 年 7 月)中，也提出将第一、第二产业与文化、旅游产业的融合作为城市与农村相生发展的解决方案。

## 二、文化、旅游、休闲体育产业的现状

文化、旅游、休闲体育产业的经济规模：总销售额规模为 117 兆韩元；总雇佣规模为 261 万人(2004 年估算)。
目前存在着核心资源不足、产业基础薄弱等阻碍竞争力提升的因素。

### 1. 新一代成长动力

(1)文化、旅游、休闲体育产业的增长率①分别为，文化产业21%，旅游产业11%，休闲体育产业15%，与整体产业平均5.7%的增长率相比大约高2~4倍。

(2)文化、旅游、休闲体育产业是只要有创意，即使投资很少也会创造出高收益的高附加值产业，是能极大地激发其他领域生产的新一代成长动力。

**文化、旅游、休闲体育产业的经济波及效果**

| 分类 | 文化产业 | 旅游产业 | 休闲体育产业 | 制造业平均 |
|---|---|---|---|---|
| 增长率 | 21.1% | 11% | 15% | 5.7% |
| 附加价值激发指数 | 0.8 | 0.8 | 0.9 | 0.6 |
| 生产激发指数 | 2.1 | 1.7 | 2.0 | 1.9 |

### 2. 文化、旅游、休闲体育产业的经济规模

据估算，2004年的总销售额为117兆韩元，雇佣规模为261万人(占就业总人数的12%)。

**文化、旅游、休闲体育产业的销售额与雇佣规模**

| 分类 | 销售规模 | 雇佣规模 |
|---|---|---|
| 文化产业 | 49兆韩元 | 53万人 |
| 旅游产业 | 51兆韩元 | 188万人 |
| 休闲体育产业 | 17兆韩元 | 28万人 |
| 合计(比重) | 117兆韩元 | 261万人 |

出处:《文化产业统计》(2004年),《体育百科》(2004年), www.wttc.org(世界旅游协会)。

## 三、文化、旅游、休闲体育产业的SWOT分析

### 1. 需求方面

(1)由于每周40小时工作制的实施，潜在的需求在增加，预计对数字融合所带来的文化资讯的需求将会逐渐扩大。

(2)期待心理比较高的消费者的海外消费也在增长。

### 2. 供应方面

(1)虽然IT基础设施已经很完备，但文化、旅游、休闲体育产业所需的高级人力、源泉技术等核

① 文化产业所用的是1999—2003年5年间的平均值，旅游产业所用的是2003—2004年2年间的平均值，休闲体育产业所用的是2002—2003年2年间的平均值。

心资源还不充足。

(2)由于初期投资费用过高、风险负担较大，投资并不活跃，而且准入规制过多，导致产业基础薄弱。

3. 政策方面

因为“韩流”的扩散，目前韩国在亚洲市场确保了有利的位置，但随着中国等周边国家都将文化、旅游、休闲体育产业作为国家战略产业来集中培育，东亚地区的竞争已正式展开。

| 优点(Strength) | 不足(Weakness) |
| --- | --- |
| 具有优秀的文化旅游遗产与传统文化<br>具有世界最高水平的IT技术与普适的(Ubiquitous)环境 | 高期待心理消费者的海外消费在增加<br>缺乏高级人才、源泉技术等核心资源<br>投资条件、流通结构、规制等产业基础薄弱 |
| 机会(Opportunity) | 危机(Threat) |
| 数字融合技术带来对文化资讯需求的增加<br>每周40小时工作制增加了人们对文化、旅游、休闲体育的需求<br>将文化、旅游、休闲体育产业作为区域战略性产业的地方自治团体的数量在增加<br>因为“韩流”的扩散，韩国在亚洲市场占据了有利的位置 | 随着中国等周边国家将文化、旅游、休闲体育产业作为国家战略性产业来培育，竞争将越来越激烈 |

# 第三部分　蓝图与推进战略

## 一、文化强国(C-KOREA)2010 年的蓝图

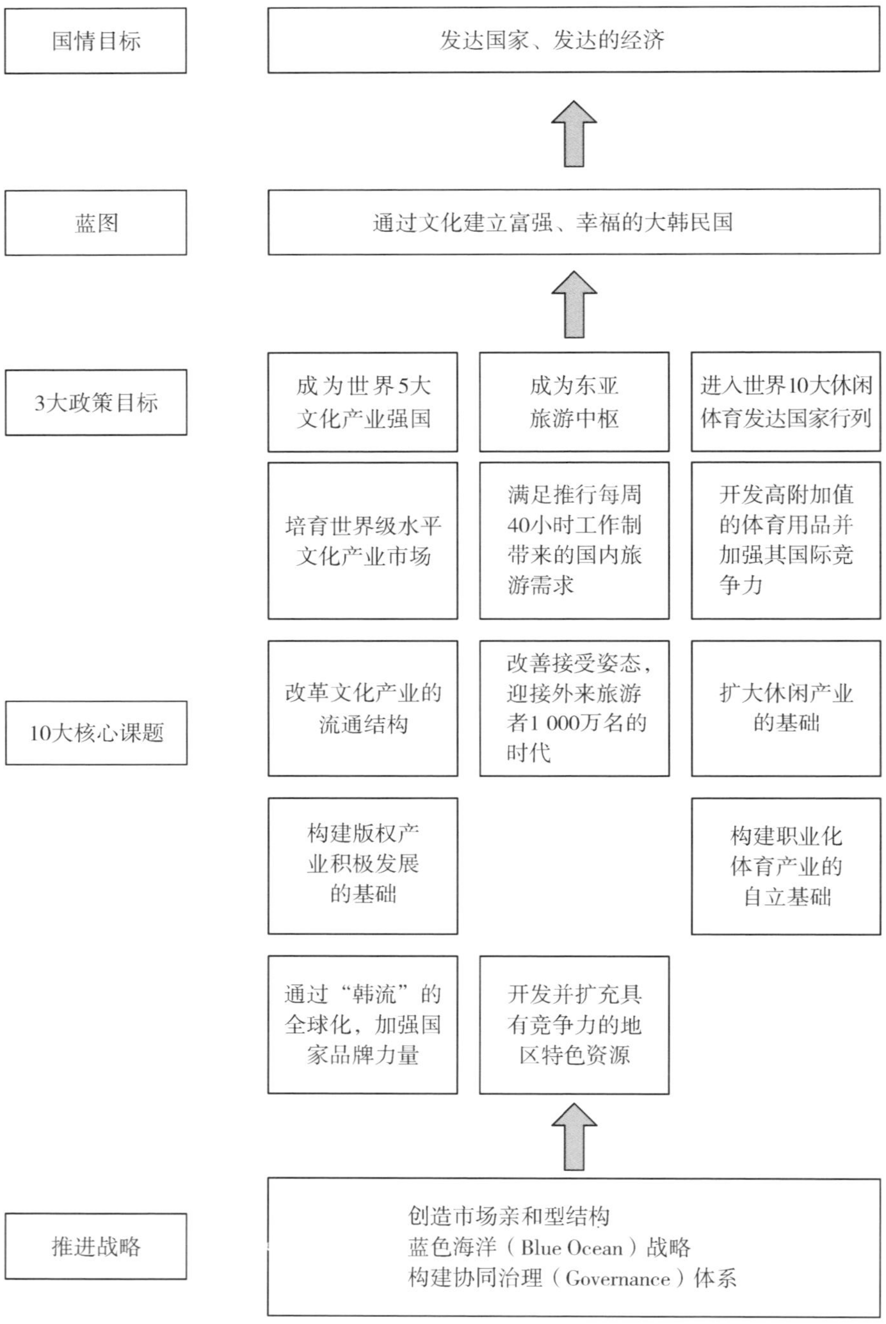

## 二、3大政策目标与10大核心课题

### 1. 成为世界5大文化产业强国

(1)世界经济增长的动力源已经由石油、钢铁、化学、电子转向了文化资讯，其范式正在发生变化(The Economist，2001)。

(2)世界主要发达国家①都在把文化产业作为新一代成长动力进行集中培育。

(3)与世界水平相比，韩国文化产业无论在质量上还是数量上都有很大的差距。②

(4)需要通过国家层面的系统性、综合性支持来确保在与发达国家的竞争中占据优势位置，实现到2010年成为世界5大文化产业强国的目标。

①为应对数字化的快速发展所带来的数字融合时代，对爆发式增长的核心文化资讯(游戏、电影、音乐、播放影像等)进行集中培育。

②考虑到文化产业集约了技术与文化艺术的感性这一特征，构建能使创造力与民间投资最大化的文化产业基础设施。

③缓解亚洲部分国家对“韩流”的抗拒心理，加强使“韩流”向全世界扩散的国家品牌力量。

政策目标：成为世界5大文化产业强国

2010年达成目标：

| | 2004年 | 2010年 |
|---|---|---|
| 国内销售额 | 49兆韩元 | 94兆韩元 |
| 海外出口额 | 6.9亿美元 | 60亿美元 |
| 雇佣人数 | 53万人 | 90万人 |

核心课题：

1.培育具有世界级水平的文化产业市场
2.改革文化产业的流通结构
3.构建版权产业积极发展的基础
4.通过“韩流”的全球化，加强国家品牌力量

### 2. 成为亚洲旅游中枢

根据世界旅游组织(UNWTO)的展望，国际游客的数量正以年均4%的速度增长，预计到2010年

① 美国：将文化产业与军工一起作为两大主力产业进行培育。
英国：文化产业被规定为创新产业(Creative Industries)，作为国家战略产业进行集中培育。
日本：为保持世界第二大文化产业强国地位，在首相之下设立“知识产权战略本部”，对文化产业进行集中支援。

② 据推测，韩国国内文化产业市场以销售额为准，总规模为49万亿韩元(2004年)，约占世界市场的1%(世界第9位)。

将达到 10 亿人，到 2020 年将增加到 15 亿6 000万人。

尤其是在东亚/太平洋地区，国际游客数量将以年平均 7%以上的速度增长，是 UNWTO 所预测的 6 个地区中增长趋势最明显的区域。

(1)中国、日本、马来西亚、新加坡、中国香港等东亚/太平洋地区的国家与地区，为了占领旅游市场正进行激烈的竞争。

(2)韩国的情况是，由于“韩流”的扩散，外来的游客数量正在持续增加。同时，为了满足因国民所得与闲暇时间的增多而快速增长的国内外旅游需求，需要制定包括提供划时代的支持等在内的新的发展战略。

(3)要防止国民旅游需求流向海外，通过扩充具有魅力的旅游基础设施迎接外来游客人数1 000万的时代，到 2010 年努力建成东亚的旅游中枢。

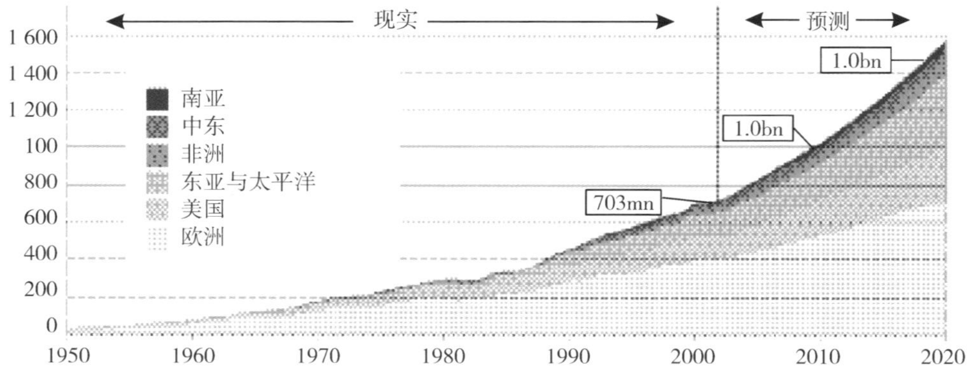


UNWTO 对国际旅游需求的展望

政策目标：成为亚洲旅游中枢

⇧

2010年目标：

| | 2004年 | 2010年 |
|---|---|---|
| 国内游客总量 | 3.8亿人 | 7亿人 |
| 外来游客总量 | 582万人 | 1000万人 |
| 旅游收入 | 57亿美元 | 100亿美元 |

⇧

核心课题：

1.满足因推行每周40小时工作制而带来的国内旅游需求
2.改善接受姿态，迎接外来游客人数1 000万的时代
3.开发并扩充具有竞争力的地区特色资源

3. 进入世界 10 大休闲体育发达国家的行列

(1)随着休闲需求增多带来的休闲体育活动的增长，以及体育的广告工具化、多媒体资讯价值的增加，休闲体育产业呈现出持续发展的趋势。

各年度与体育相关的家庭支出额，从 1996 年的 20 万7 000韩元增长到 2002 年的 32 万5 000韩元

(增加了 56%)。

(2)美国、日本等主要体育强国，都将休闲体育这一快速增长的高附加值产业作为国家战略产业进行培育。

(3)但韩国的休闲体育产业，由于政府层面的政策性支持基础薄弱，专业人员不足，使得无论在质的方面还是量的方面都缺乏国际竞争力。

(4)要通过对开发在国际市场具有竞争力的高附加值体育用品提供支持，将日益增长的休闲需求作为扩大休闲体育产业基础的契机，通过构建职业化体育产业的自立基础，进入世界 10 大休闲体育发达国家的行列。

①集中培育利用 IT 技术的高端体育用品及能占据国际市场的优秀体育产品，并推进其国际品牌化。

②通过转换对休闲体育产业的认识及改进税制，扩大民间投资并构建体育产业的基础设施。

政策目标：进入世界10大休闲体育发达国家的行列

↑

2010年达成目标：

| | 2004年 | 2010年 |
|---|---|---|
| 国内销售额 | 17兆韩元 | 32兆韩元 |
| 体育用品出口额 | 0.9亿美元 | 2亿美元 |
| 职业体育比赛观众 | 590万人 | 1000万人 |
| 生活体育的参与度 | 39.8% | 50% |

↑

核心课题：
1.开发高附加值的体育用品并加强其国际竞争力
2.扩大休闲体育产业的基础
3.构建职业化体育产业的自立基础

# 三、推进战略

## 1. 创造市场亲和型结构

(1)市场亲和型结构是指使政府的作用最小化，激活市场的职能的市场组织框架。

(2)政府要从过去的家长式管理中摆脱出来，承担公正的市场游戏裁判的职责。

(3)政府的支持要能使民间的创造力得到最大程度的发挥，加快改革的速度，把重点放在制度性、间接性的支持上。

①政府要引导文化产业专门基金的筹集，引导创业投资者与普通投资者的自主性参与及投资，发挥作为吸引民间投资的渠道的作用。

②对于播放影像独立制作公司的支持也是如此，与直接的财政补助相比，更好的做法是制定诸如

外包专业频道等制度框架，改善不公正的交易惯例，确保播放节目的多样性。

③在推进大规模的财政事业方面，通过 BTL①(Build-Transter-Lease)等方式，创造出民间资本可以自由进入及投资的结构，缓解政府的财政负担，提高事业推进的效率。

2. 创造出新市场与需求的蓝色海洋(Blue Ocean)战略②

(1)传统上看，政府与那些只有进行激烈的竞争才能生存下来的民间企业不同，其依靠垄断的地位，在已有的领域安于现状，消极地应对变化与革新。

(2)但随着全球化、技术发展、革新的日常化，在国家间的竞争日益激烈的 21 世纪，政府也要打破已有的垄断地位，直接面对与其他国家、民间企业进行竞争的局面。

(3)蓝色海洋战略就是从已有的领域与权限中脱离出来，发掘新的政策领域与需要，革新价值观念，向国民提供新的附加价值。

如在营造未来型旅游休闲城市的事业中，从国内市场中脱离出来，以东北亚为对象，力图创造出新的旅游需要与市场。

3. 构建协同治理(Governance)体系

加强企业、大学、研究所、政府之间的合作，政府内部的相关部门也通过签订业务合作协议(MOU)等方式构建协同治理体系，使政策推进的效能最大化。

①由民间企业、大学、中央及地方政府共同合作，把大学的建筑物打造为游戏等特定文化产业园区的大丘文化产业园区，是产学研官合作体系的代表性成功事例。

②像通过文化观光部与科学技术部签订合作协议而创办的 CT 研究生院等机构为培养文化产业的核心人才打下了基础一样，在政府内部的相关部门之间也有必要构建紧密的合作体系并不断扩大其作用。

① 是指民间投资建设公共设施并由政府租用的一种方式。

② 蓝海战略是增加需求和摆脱竞争的新概念战略，以替代创造了毫无意义的非竞争市场空间，通过效仿竞争对手或与竞争者瓜分不断减少的需求而不断竞争的红海战略(Red Ocean)(金伟灿、Renee Mauborgne,《蓝海战略》，2005)。

# 第四部分 10大核心课题

## 一、培育国际水平的文化产业市场

### (一)集中培育数字融合时代的核心文化资讯产业

#### 1. 游戏产业：到2010年成为世界三大游戏强国(Game Korea)

(1)推进目标与基本方向。

①通过改善产业结构及相关制度，使经济效果最大化。

国内市场：从2004年的4兆3 200亿韩元增长到2010年的10兆韩元。

雇佣人数：从2004年的44 000人增长到2010年的86 000人。

②扩大国际游戏市场。

市场占有率：从2004年的世界第8位提升到2010年的第3位。

出口：从2004年的3亿8 000万美元增长到2010年的10亿美元。

(2)现状与存在的问题。

①由于游戏中毒、与在线游戏相关的网络犯罪等负面影响，对于游戏的社会性、文化性认识处于低潮。2004年国内游戏的利用人数推测为7 000万人，占全部人口的60%以上。

②游戏的开发偏重于在线游戏等特定的类型，深度开发及海外营销的力量不足。

③缺乏成为电子竞技强国的基础设施。目前的运营只偏重于《星际争霸》等一部分人气游戏，缺乏国产游戏，也没有建立振兴电子竞技的支持体系。

(3)推进方案。

①为提高国际竞争力而改善相关条件。

1)修订《游戏产业振兴法》，并改进游戏等级分类制度。通过营造游戏文化环境、确立健康的营业秩序来振兴游戏产业。

2)改善中小游戏企业的经营环境。引导游戏产业走向专业化与分工化，改善投资与融资环境；通过运营中小游戏企业合作中心，促进企业间的信息共享并构建合作体系。

②战略性地开拓美洲、欧洲等海外市场。

1）通过在各区域开展各具特色的市场开拓活动，加强游戏产业的国际竞争力。在中国举办交流洽谈会，在美洲参加相关展示会，在东南亚进行路演等。

2）在不同地区制定符合当地游戏文化特点的游戏资讯制作及市场开拓战略。

③培育电子竞技产业。

1）为了促进与新的主流文化结合在一起的电子竞技产业，要通过制定并实施中长期计划来建设专用竞技场所。

2）对政府间的电子竞技合作、国际电子竞技比赛与学术交流提供支持。

3）通过举办公开赛及对竞技的标准化提供支持，加强基础设施的建设。

（4）各年度投资计划。

（单位：亿韩元）

| 分类 | | 2005 年 | 2006 年 | 2007 年 | 2008 年 | 2009 年 | 2010 年 | 合计 |
|---|---|---|---|---|---|---|---|---|
| 为提高国际竞争力而改善相关条件 | 政府投资 | 83 | 95 | 120 | 120 | 100 | 50 | 568 |
| 战略性地开拓美洲、欧洲等海外市场 | 政府投资 | 30 | 30 | 40 | 40 | 30 | 30 | 200 |
| 培育电子竞技产业 | 政府投资 | 10 | 11 | 60 | 60 | 20 | 20 | 181 |
| | 民间投资 | 230 | 230 | 300 | 300 | 250 | 250 | 1 560 |
| 合计 | | 353 | 366 | 520 | 520 | 400 | 350 | 2 509 |

（5）期待效果。

①为振兴游戏产业并营造健全的文化环境打下法律性、制度性基础。

②通过积极开拓国产游戏的海外市场，使“韩流”持续下去，并通过与其他文化资讯的 OSMU（One Source Multi Use，即同一资源多元应用）式联系，引导游戏产业在进入海外市场时取得积极的效果。

③确立作为电子竞技发源国的游戏强国形象，并主导国际交流。

### 2. 电影产业：到 2010 年跃升为世界 5 大电影强国

（1）推进目标与基本方向。

①通过适应国际化环境来改善市场结构，扩大市场的竞争力。

1）国内市场：从 2004 年的 2 兆8 000亿韩元提高到 2010 年的 4 兆1 000亿韩元。

2）雇佣人数：从 2004 年的41 000人提高到 2010 年的61 000人。

3）出口：从 2004 年的5 800万美元提高到 2010 年的 2 亿5 000万美元。

②加强艺术、独立、数字电影等的多样性及其创作力量。

（2）现状与存在的问题。

①国际电影产业已经向与播放、通信相互融合的数字化电影方向改变，但国内电影产业的技术及系统的普及水平还处于初级阶段。

②最近，国内电影市场虽然有了很大的发展，但附加产品的视频(DVD)销售比重呈减少的趋势，限制了市场规模的进一步扩大。

③由于大制作电影等少数商业化电影控制了放映市场，导致艺术电影缺少上映机会，艺术电影的制作趋于减少。

(3)推进方案。

①构建与数字融合环境相适应的数字电影制作基础。

1)运营开发与测试数字新技术的测试平台。

2)改善数字电影的制作环境，扩充数字电影放映馆。

②加强对播放用电影(Tele-Film)、网络电影的制作支持。

③构建激活独立、艺术电影制作的基础。

1)扩大低预算的独立、艺术电影的制作数量及对其支持的规模。

2)建立并运营艺术电影的专用放映馆，扩大民间电影放映馆中艺术电影专用馆的运营规模(从2004年的17个放映厅扩大到2010年的90个放映厅)。

3)加强电影教育并扩大对电影公园的支持。

(4)各年度的投资计划。

(单位：亿韩元)

| 分类 | | 2005年 | 2006年 | 2007年 | 2008年 | 2009年 | 2010年 | 合计 |
|---|---|---|---|---|---|---|---|---|
| 构建数字电影系统 | 政府投资 | — | 37 | 143 | 145 | 165 | — | 490 |
| 加强对播放用、数字在线电影的支持 | 政府投资 | 20 | 15 | 15 | 15 | 15 | 15 | 95 |
| | 民间投资 | 10 | 10 | 10 | 10 | 10 | 10 | 60 |
| 构建激活独立、艺术电影发展的基础 | 政府投资 | 35 | 35 | 65 | 75 | 15 | 15 | 240 |
| | 民间投资 | 86 | 79 | 83 | 85 | 84 | 85 | 502 |
| | 地方投资 | 20 | 20 | 50 | 60 | — | — | 150 |
| 合计 | | 171 | 196 | 366 | 390 | 289 | 125 | 1 537 |

(5)期待效果。

①通过构建数字电影体系，提高电影制作、发行的经济性。随着通过卫星与超高速互联网同时首映成为可能，胶卷冲印及发行的费用将会减少。

②在数字融合及普适的环境中，电影产业将持续发展。

③扩大韩国电影制作的后备基础与创作力量。

### 3. 音乐产业：到2010年成为亚洲音乐强国(K-Pop)

(1)推进目标与基本方向。

①通过改革产业与流通结构，提高市场的竞争力。

国内市场：从 2004 年的 2 兆3 400亿韩元提高到 2010 年的 4 兆1 000亿韩元。

雇佣人数：从 2004 年的66 000人提高到 2010 年的99 000人。

②加强对战略性地开拓海外市场的支持。

出口：从 2004 年的1 981万美元提高到 2010 年的3 300万美元。

(2)现状与存在的问题。

①虽然互联网、MP3、手机等新媒体开始出现，但唱片制作者的音源信托比例还很低，音源利用的程序不便利，交易的费用在增加。

②由于制作偏重于一些特定的类型，失去了音乐资讯的多样性。由于优秀的独立制作公司在唱片制作与流通方面存在一些局限，非主流音乐的发展停滞不前。

③有必要通过开发新的音乐类型及商品来开拓海外市场。

国内唱片市场的规模 （单位：亿韩元）

| 分类 | 1996 年 | 1997 年 | 1998 年 | 1999 年 | 2000 年 | 2001 年 | 2002 年 | 2003 年 |
|---|---|---|---|---|---|---|---|---|
| 规模 | 4 045 | 4 104 | 3 530 | 3 800 | 4 104 | 3 733 | 2 861 | 1 833 |
| 增长率 | 6.7 | 1.5 | -14 | 7.6 | 8 | -9 | -23.4 | -36 |

出处：韩国音乐产业协会。

(3)推进方案。

①改善数字音乐市场的流通结构。

1)适应线下音乐由唱片产业向以音源为中心的数字音乐产业转变这一产业结构的变化，对构建相应的流通结构提供支持。

通过改革数字音源信托制度，扩大唱片制作者的音源信托比例。

2)通过构建音乐资讯的 DB(即数据库)基础设施来推进流通的电子化，防止民间的重复投资。

从 2005 年 8 月开始，示范性地开展音乐资讯媒体 DB 构建工作(10 万首歌曲)。

②资助独立音乐制作公司(Indi-label)。

1)加强对优秀独立制作公司唱片制作的支持并扩大其流通渠道。

2)鼓励数字单曲唱片的制作并资助其参加海外展示会。

与对独立摇滚庆典等音乐演出的支持工作结合起来进行资助。

③开拓海外音乐市场。

1)为了激活处于停滞状态的音乐产业，对国内音乐的海外宣传提供支持。

鼓励在线音乐服务企业将 IT 强国这一优势与海外市场营销联系起来，参加海外音乐展示会。

将演出从单纯的参与及以宣传为主，变为积极促进出口的营销手段。

2)通过了解国外发达音乐市场的动向及扩大交流来加强国内音乐的竞争力。

3)对有兴趣进入海外市场的国内艺术家在海外举办作品展提供支持。

(4)各年度的投资计划。

（单位：亿韩元）

| 分类 | | 2005 年 | 2006 年 | 2007 年 | 2008 年 | 2009 年 | 2010 年 | 合计 |
|---|---|---|---|---|---|---|---|---|
| 构建音乐资讯的媒体 DB | 政府投资 | 2.2 | 3 | 3 | 3 | 5 | 5 | 21.2 |
| 对培育独立制作公司(Indi-label)提供支持 | 政府投资 | 2.5 | 3 | 3 | 3 | 4 | 4 | 19.5 |
| | 民间投资 | 7.5 | 9 | 9 | 9 | 12 | 12 | 58.5 |
| 对参加海外音乐展示会提供支持 | 政府投资 | 2 | 2 | 3 | 3 | 3 | 3 | 16 |
| 对参加海外著名的音乐演出提供支持 | 政府投资 | 1 | 2 | 2 | 2 | 3 | 3 | 13 |
| | 民间投资 | 1 | 2 | 2 | 2 | 3 | 3 | 13 |
| 对举办海外音乐展示会提供支持 | 政府投资 | 2 | 4 | 4 | 4 | 5 | 5 | 24 |
| | 民间投资 | 2 | 4 | 4 | 4 | 5 | 5 | 24 |
| 合计 | | 20.2 | 29 | 30 | 30 | 40 | 40 | 189.2 |

(5)期待效果。

①通过改进数字音乐产业市场的流通结构及确保其透明性，激活对音乐产业的投资。

②通过对优秀独立唱片制作的资助，鼓励不同类型、不同歌手之间的竞争，加强国内歌谣的竞争力。

③通过资助以亚洲为中心的歌手进入世界舞台，为韩国音乐打入海外市场奠定基础。

### 4. 播放影像产业：到 2010 年成为播放影像先进国家

(1)推进目标与基本方向。

①对新媒体播放资讯提供战略性支持。

国内市场：从 2004 年的 7 兆5 000亿韩元提高到 2010 年的 15 兆5 000亿韩元。

雇佣人数：从 2004 年的40 465人提高到 2010 年的57 685人。

②对播放资讯的海外出口提供系统性支持。

出口：从 2004 年的7 100万美元提高到 2010 年的 3 亿4 000万美元。

(2)现状与存在的问题。

①随着数字化及信息通信技术的发展，多媒体化、多频道化在逐渐加深。

卫星 DMB39 个(广播 11～12 个)，首都圈的地面波 DMB30 个(广播 6～12 个)。

预计以后引入 IPTV(即交互式网络电视)及区域性地面波 DMB 时，频道数将增长到数百个。

②没有对播放节目的出口进行系统性的推进。

目前的出口偏重于亚洲地区(占整体出口的 93.9%)，同时电视剧的出口比重过大(2004 年占 91.8%)。

③没有为 DMB 等新媒体的成长营造充分的条件。

由于新媒体的相关政策依然是以管制为中心，很难形成新的市场。

需要制定符合新媒体特点的资讯制作资助政策。

(3)推进方案。

①建立数字魔幻空间(DMS)。

1)打造可以提供一站式服务的 HETV(即高端电视)高端播放的制作设施。

2)位置(规模)：首尔上岩洞(占地1 000坪①，建筑面积 599 坪，总面积4 872坪)。

① 韩国的面积单位是坪，1 坪 = 3.3057 平方米。为与原文保持一致，全书保留该说法。后同此。——编者注。

3）总工作经费：488 亿韩元（政府投资 276 亿韩元，播放发展基金 212 亿韩元）。

4）预计 2006 年 4 月完工。

②培养数字播放影像的专业人员。

1）构建培养与制作相关的尖端数字 HD（高清）摄影、编辑装备等方面人才的教育体系。运营数字播放的进修课程（35 门课程，600 余名参与者）。

2）构建播放影像网络学院（25 门课程，1 000~2 000名参与者）。

3）培养专业的 DMB 人才（开设线下及网络讲座，100 名参与者）。

4）运营播放影像导演学院。以现场教育为中心培养专业的播放资讯制作及营销人才。

③资助 DMB 等新媒体产业。

1）资助 DMB 专用资讯的开发及创作。

包括资助 DMB 资讯的制作；对 DMB 资讯的制作费用融资提供支持（播放振兴资金每年资助 45 亿韩元）；实施优秀 DMB 资讯奖励制度（从 2005 年下半年开始）。

2）对 HDTV 资讯的制作提供支持。

④加强对播放资讯出口的支持。

1）对举办及参与国际展示会提供支持。

在 2005 年 11 月将举办国际播放影像展销会（BCWW）。

对参与海外优秀播放影像展示会提供支持（如 MIPTV、上海 TV 庆典等）。

2）对用当地语言制作的用来出口的播放节目提供支持。通过对翻译、字幕处理、配音、音响、效果（M&E）分离等方面提供支持，激活出口。

3）推进播放影像资讯制作、流通资助中心的建设工作（2005—2006 年）。

（4）各年度的投资计划。

（单位：亿韩元）

| 分类 | | 2005 年 | 2006 年 | 2007 年 | 2008 年 | 2009 年 | 2010 年 | 合计 |
|---|---|---|---|---|---|---|---|---|
| 建立 DMS | 政府投资 | 154 | 9 | — | — | — | — | 163 |
| | 播放发展基金 | 50 | 162 | — | — | — | — | 212 |
| 培养数字专业人才 | 政府投资 | 30 | 31 | 36 | 38 | 40 | 42 | 217 |
| 支持新媒体产业 | 政府投资 | 1 | 70 | 70 | 70 | 70 | 70 | 351 |
| | 播放发展基金 | 45 | 45 | 45 | 45 | 45 | 45 | 270 |
| 资助播放资讯出口 | 政府投资 | 20 | 30 | 31 | 31 | 34 | 34 | 180 |
| 合计 | | 300 | 347 | 182 | 184 | 189 | 191 | 1 393 |

（5）期待效果。

①随着资讯市场的积极发展，为播放影像产业的发展奠定基础。预计从 2005 年至 2010 年，DMB 服务与装备产业将形成 12 兆2 000亿韩元的生产规模，每年创造出88 000个雇佣岗位。

②通过确保制作源、类型的多样性，增加文化的多样性及视听者的福祉。

③通过提高受“韩流”影响国家的视听者与消费者对韩国的认识，进一步发展旅游等相关产业并扩大商品出口。

## (二)构建文化产业核心人才的培养基础

1. 设立并运营 CT(Culture Technology，文化技术)研究生院

(1)推进目标与基本方向。

培养与以 CT 为基础的资讯企划及经营相关的高级专业人才。

(2)现状与存在的问题。

①虽然数字融合及各类型间的融合等技术变化在加速进行，但在资讯技术、资讯企划、经营战略等方面，并没有形成与此相适应的专业性产业领导人才的培养体系。

②通过跨学科研究、综合性教育，培养在文化资讯的商品企划、技术、经营等领域具有专业性的专门人才，是目前紧迫的任务。

(3)推进方案。

设立并运营 CT 研究生院。

①设立及运营方案。

设立形态：在 KAIST(Korea Advanced Institute of Science and Technology，韩国科学技术院)内开设 CT 研究生院。

人才培养规模：每年 100 人左右(毕业后授予硕士或博士学位)。

从 2005 年 9 月到 2007 年 6 月，将以每年 20~30 人的规模示范性运营，并阶段性地扩大其规模。

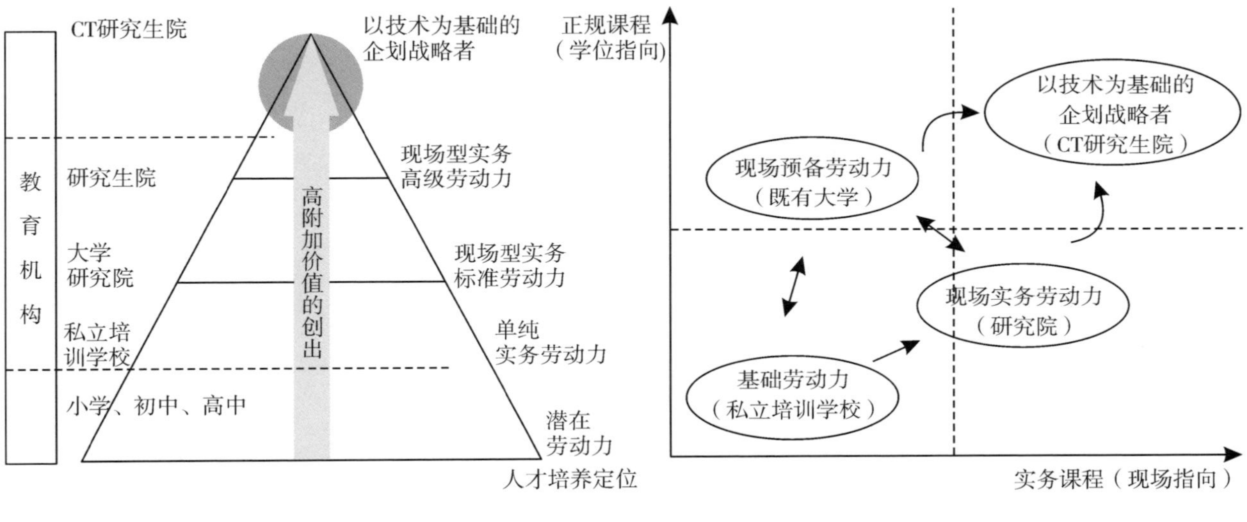


②开院时间：2005 年 9 月。

2007 年 7 月上岩洞文化资讯综合馆(C3)开放后，搬迁到 C3 并扩大运营。

③运营费来源：每年由政府财政资助 50 亿韩元左右。

(4)各年度投资计划。

（单位：亿韩元）

| 分类 | | 2005 年 | 2006 年 | 2007 年 | 2008 年 | 2009 年 | 2010 年 | 合计 |
|---|---|---|---|---|---|---|---|---|
| 设立、运营 CT 研究生院 | 政府投资 | 10 | 78 | 58 | 62 | 49 | 50 | 307 |

(5)期待效果。

①培养适应技术环境变化及全球化的产业现场适应型高级专业人才。

②构建把文化艺术与尖端技术结合起来的跨学科人才的培养模型。

2. 指定、运营文化产业研究中心(CRC，Contents Research Center)

(1)推进目标与基本方向。

①构建并运营以大学及地区的文化产业园区为中心的产、学、研、政府间的创造性合作网络。

②通过对各区域内有潜力的研究人员的组织、系统化，推进创造性的研究活动。

(2)现状与存在的问题。

①预计到2013年，按各地区大学的类别，指定、运营30个左右的文化产业研究中心(每一个中心给予10亿韩元左右的资助)。

②存在与教育、人力资源部等部门推进的研究支援工作(如地方大学革新力量强化事业等)重复及管理主体不明确的现象。

(3)推进方案。

①对2005年的示范工作进行补充完善，并建立各类型的详细模型，制定评价的标准。

②开发CRC资助工作的推进模型，运营TFT。

1)为推进CRC资助工作，对各区域的核心力量进行分析。

2)为提高产学合作模型的适应性与期待价值实现的可能性，提供相关的人才培养与训练项目。

3)借鉴国外类似案例(如麻省理工学院、东京大学、加州艺术学院等)的产学合作运营方式，并制定标准管理方案。

③为推进CRC工作，对其进行评价与审查。

1)与国内类似的研究资助工作进行成果比较。

2)为了选定CRC资助工作的对象，制定包括各阶段的评价标准等内容在内的细部推进计划，并制定各类型的资助方案。

3)确定审查的标准与步骤。

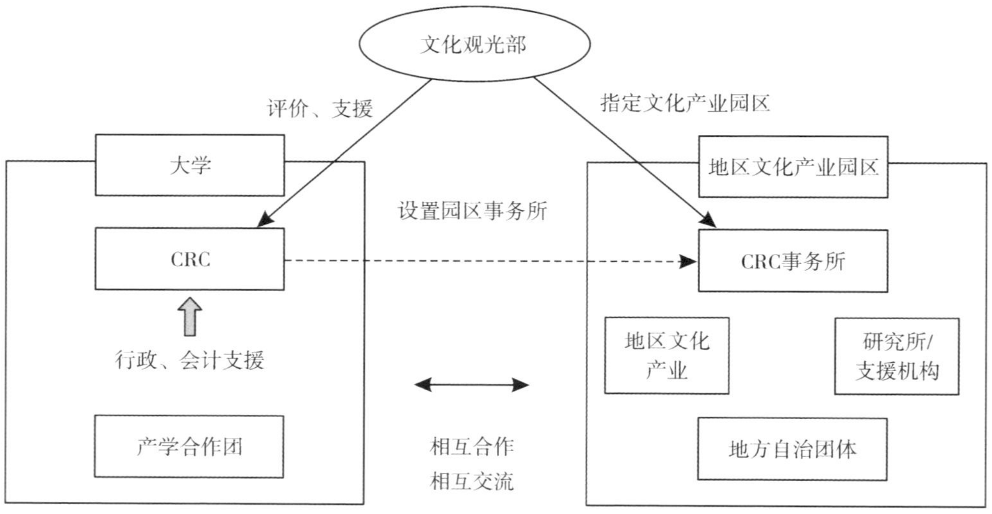


CRC运营体系

(4)各年度投资计划。

(单位：亿韩元)

| 分类 | | 2005 年 | 2006 年 | 2007 年 | 2008 年 | 2009 年 | 2010 年 | 合计 |
|---|---|---|---|---|---|---|---|---|
| 资助 CRC 运营 | 政府投资 | 25 | 25 | 50 | 35 | 35 | 230 | 400 |

(5)期待效果。

①提出对地区文化产业园区的展望，主导该地区的改革，开发出区域文化产业的成功案例。

②通过灵活运用区域的固有学术成果与传统、艺术等多样性资源，形成地区文化产业的特色并确保其竞争力。

3. 资助文化资讯的特色化教育机构

(1)推进目标与基本方向。

①对文化资讯教育所必需的实验实习装备及教育项目的运营给予集中性的资助，改善教育环境并提高教育内容的质量。

②通过运营产学合作项目、产学实习制度等多样化的合作计划，确立有效的文化产业人才培养体系。

(2)现状与存在的问题。

①教学人员在质的方面与量的方面都存在不足，教育课程与设施装备也存在不足。

1)随着市场的快速增长，预计所需要的人才将从 2002 年的 10 万人增长到 2008 年的 19 万人。

2)每年需要对 10 所左右的特色化教育机构提供支持。

②从总体上看，相关教育机构毕业生的能力没能达到产业现场所要求的水平。

(3)推进方案。

对相关教育机构多样化产学合作项目的运营提供支持。

①对可以体验到丰富实务经验的多样化产学合作项目的运营提供支持(如项目型课堂、订单式教育等)。

②对产学合作项目及实习制度提供支持。如与企业界共同推进的项目及现场实习项目等。

③对举办工作坊及研讨会提供支持。扩大与文化资讯相关的计划，由满足各区域与学校的需求构成其内容。以学校为基地，举办与企业界相联系的工作坊与研讨会。

(4)各年度投资计划。

(单位：亿韩元)

| 分类 | | 2005 年 | 2006 年 | 2007 年 | 2008 年 | 2009 年 | 2010 年 | 合计 |
|---|---|---|---|---|---|---|---|---|
| 资助特色化教育机构 | 政府投资 | 30 | 30 | 40 | 40 | 40 | 40 | 220 |

(5)期待效果。

①通过改善教育机构的教育环境以及产学合作的积极开展，培养与实务紧密联系的专业人才。

②通过企业界与大学的职能分担，提高竞争力并增加雇佣机会。

## (三)开发 CT(Culture Technology，即文体技术)核心技术

### 1. 推进目标与基本方向

(1)通过与文化资讯相关企业共同开发、普及必要的核心技术，营造具有竞争力的高品质文化资讯的制作及流通环境。

(2)通过文化资讯相关技术的高端化，为文化产业的长期发展提供稳定的条件。

### 2. 现状与存在的问题

(1)CT 虽然在 2001 年被选定为国家战略技术领域(6T)之一，但在预算及研究人员方面还存在很大的不足。

在 2004 年 6T 领域的 R&D 预算[①](共 1 兆8 022亿韩元)中，与 CT 相关的预算只占 1.4%(243 亿韩元)。6T 各领域的预算分别为：BT(Bio Technology，生命工学技术)5 504亿韩元，IT(Information Technology，信息技术)4 726亿韩元，ET(Environmental Technology，环境工学技术)2 184亿韩元，NT(Nano Technology，纳未技术)2 158亿韩元，ST(Space Technology，宇宙航空技术)2 207亿韩元，CT243 亿韩元。

(2)对开发单纯的制作技术提供支持，是以短期征集课题为中心的技术开发。

### 3. 推进方案

(1)制定 CT 的中长期发展线路图。

①为确定 CT 开发战略，制定中长期蓝图。

②与确定参与政府科学技术政策方向的《构建以科学技术为中心的社会》《科学技术改革的先进化》等方案联系起来。

(2)对 CT 核心技术的开发提供支持。

①为了使 CT 产业成为社会发展的动力，对其核心技术的开发提供支持，并推进其技术转让工作。将工作的重点放在开发符合现场需求的技术以及提高其在企业中的适应性上。

②推进对由 CT 发展蓝图所导出的共同基础技术、各产业类型的资讯制作技术、公共技术等主要领域核心技术的开发。

**CT 发展蓝图中的战略制品及核心技术(示例)**

| 分类 | | 内容 |
|---|---|---|
| 共同基础技术 | 创作 | 互联网知识的共享技术、故事脚本生成技术、纪实自动生成技术 |
| | 表现 | 3D 建模技术、行动分析技术、实感动作生成技术 |
| | 流通/服务 | 信息结构化技术、媒体平台的统合型服务器技术、与流通相关的标准化技术 |

① R&D 即 Research and Development。R&D 预算即技术开发预算。——编者注。

续表

| 分　类 | | 内　容 |
|---|---|---|
| 各产业类型的资讯制作技术 | 动漫 | 3D 立体动漫、交互式动漫、新一代数字动漫制作 S/W |
| | 音乐 | 数字音乐、Interactive Computer Music、Musical Park、未来型音乐流通平台 |
| | 播放 | 双向数字播放、智能型播放、实感播放、统合型网络工作室系统 |
| | 游戏 | 体感型游戏、新一代手机用游戏终端 |
| | 电影 | 交互式电影、感官式电影、数字电影 |
| 公共技术 | 文化遗产 | 文化原型复原系统、文化遗产体验馆 |
| | 文化福祉 | 为有障碍者所提供的通信服务、为营造健康文化环境所提供的服务 |

(3)运营 CT 战略中心。

①接管原游戏产业开发院中与技术相关的职能(人才、预算、相关事业等)，改编并扩大韩国文化资讯振兴院内的技术团队。

②为了培育 CT 产业，加强 CT 战略中心作为连接支援机构、企业界、学术界的“管道”(Pipeline)的这一职能。

③推进将战略中心扩大、改编为 CT 战略研究所的工作。

### 4. 各年度投资计划

(单位：亿韩元)

| 分类 | | 2005 年 | 2006 年 | 2007 年 | 2008 年 | 2009 年 | 2010 年 | 合计 |
|---|---|---|---|---|---|---|---|---|
| 开发 CT 核心技术 | 政府投资 | 96 | 105 | 545 | 615 | 495 | 485 | 2 341 |

### 5. 期待效果

(1)通过确保企业界所必需的技术，为开拓国际市场打下基础。

(2)通过文化资讯产业各类别的集成化及新型融合技术的开发，加强国家的竞争力。

## (四)营建文化产业的投资环境

### 1. 引入特殊目的公司(Special Purpose Company，SPC)①

(1)推进目标与基本方向。

① 与普通法人不同，这是一种没有工作岗位和员工，只以书面形式存在的公司(Paper Company)，是随着项目的启动而成立，随着项目完成而解散的特殊法人。

①通过营建国际水平的文化产业投资市场，建立良性循环的产业结构。

②通过引入特殊目的公司制度，确保对文化产业投资的透明性，并积极鼓励国内外的投资。

(2)现状与存在的问题。

①文化产业与其他产业不同，一般是在特定项目实施后对分配收益的项目进行投资。

②电影等文化资讯的投资，大部分是以制作公司接收投资的资金并运用的形式体现，项目的投资资金与制作公司自身的资金并不分离，因此潜在着投资资金运用不透明等结构性问题。

(3)推进方案。

①通过引入 SPC 制度，确保投资的透明性及资金筹措方式的多样化。

1)通过分离制作公司与项目，使项目投资资金的流向透明化。

2)通过减少项目投资的风险，使投资资金的使用更加透明，增加对特殊收益的期待收益，推进对文化产业领域的投资。

3)通过 SPC，应用 Loan、① Gap Financing② 等多样化的投资方式。

②为引入 SPC 制度，制定并实施相关的法律。

1)在《文化产业振兴基本法》中补充 SPC 的设立依据，并推进《法人税法》等相关法律的修订。

2)为了推进 SPC 制度的实施，修订《税法》等相关规定，并给予税制上的优惠。

(4)期待效果。

①随着项目的独立性得到保障，建立对项目自身的价值进行评价进而投资的体系。

②提高缺乏担保能力的文化产业界筹集资金的可能性。

③继续推进目前不断增加的海外共同制作，开拓海外市场并吸引海外资本。

### 2. 运营文化产业的专门投资基金

(1)推进目标与基本方向。

①通过确保对文化产业领域的稳定性投资池(Pool)及大规模财源的多样化投资来分散风险，激活民间投资。

②通过在中小企业投资综合组合内开设文化产业的特别账户等方式，打造文化产业可以稳定发展的中长期条件。

(2)现状及存在的问题。

①作为新一代成长动力产业的文化产业，对其投资的必要性在逐渐增加。美国、英国、日本等发达国家都把文化产业作为战略性产业来集中培育。

②韩国的情况是，虽然已经具备了人力资源、IT 基础设施等日后占领国际文化产业市场的条件，但因为投资的风险性等问题，民间投资并不活跃。

(3)推进方案。

①在中小企业投资综合基金内建立文化产业特别账户。

1)在废止文化产业振兴基金时，由中小企业投资综合基金接管剩余基金，建立文化产业特别账

① 是指从金融机关贷款用于制作费用，分为由金融机关以保证保险为担保提供贷款的 loan 和预测未来电影收益提供贷款的 loan 两类。

② 电影制作的资金筹措过程分为 2 个阶段，即从策划阶段到制作中间阶段的筹资过程，以及制作中间阶段以后筹措不足资金的过程，Gap Financing 是指后者的筹资方法。

户，应用于文化产业专业基金的筹集。计划到 2010 年文化产业振兴基金与电影振兴金库分别出资 2 700亿韩元与 400 亿韩元。

2)到 2005 年下半年，对《文化产业振兴法》《关于培育风险企业的特别措施法》《基金管理基本法》等相关法律进行修订。就“综合组合运用委员会”“投资审议委员会”“专门的投资专业管理机构”的组建方案与中小企业进行协商，并推进相关法律的修订。

②文化产业的专家参与投资的管理及应用。

1)选定在文化产业与投资管理方面都具备专业素养的专家。

2)使专家的意见能在“综合组合运用委员会”及投资专业管理机构的运营中充分体现出来。

3)筹措大规模的文化产业专门基金并制定全面的事后管理方案。

(4)各年度投资计划。

(单位：亿韩元)

| 分类 | | 2005 年 | 2006 年 | 2007 年 | 2008 年 | 2009 年 | 2010 年 | 合计 |
|---|---|---|---|---|---|---|---|---|
| 运营文化产业的专门投资基金 | 文化产业振兴基金 | — | 500 | 500 | 500 | 500 | 600 | 2 600 |
| | 政府投资 | — | — | 15 | 15 | 15 | 15 | 60 |
| 合计 | | — | 500 | 515 | 515 | 515 | 615 | 2 660 |

(5)期待效果。

①与基金相比，综合基金可以长期、弹性地运营，要最大化地发挥这一优点。

②通过激活投资，加强我国文化产业的国际竞争力，构建稳定的成长基础。

通过吸引民间投资，营造国际水平的文化产业投资环境。到 2010 年，吸引 1 兆韩元以上的民间投资。

### 3. 举办引资说明会及路演(游戏)

(1)推进目标与基本方向。

通过举办邀请海外买家的投资、出口洽谈会及当地的路演，更多地吸引海外的投资。

①引资目标：到 2010 年达到 1 亿美元。

②出口目标：到 2010 年达到 10 亿美元。

(2)现状与存在的问题。

①国内游戏企业虽然具有优秀的技术开发能力，但海外营销的力量不足。

②目前各企业在确保新的贸易伙伴及吸引投资方面，偏好于洽谈会与交流会这些方式。2004 年，在邀请了 26 个国家的买家(包括投资者)的洽谈会上，达成了 220 万美元的出口合同。

(3)推进方案。

①召开与相关机构相连接的投资、出口洽谈会。

1)构建与专业的出口机构紧密联系的合作体系。通过 KOTRA 韩国海外贸易馆进行国产游戏的宣传并选定要邀请的买家。

2)推进与 E3 展示会、G 星(G★)展示会等的联系，创造协同效应。

3)在电影、动漫、音乐、动漫形象、漫画等其他领域，也要关注其海外品牌认知度的提升，共同参与引资说明会、出口路演等活动。

②开拓新市场，举办出口路演。

1)开拓东南亚、南美、北欧、东欧等新市场。与当地的游戏企业及投资企业进行一对一的商业会谈。

2)通过了解新市场的动向，选定最适合当地的游戏资讯(与对本土化的资助同时进行)。

(4)各年度投资计划。

(单位：亿韩元)

| 分类 | | 2005 年 | 2006 年 | 2007 年 | 2008 年 | 2009 年 | 2010 年 | 合计 |
|---|---|---|---|---|---|---|---|---|
| 举办引资说明会及路演 | 政府投资 | 3 | 5 | 5 | 10 | 10 | 10 | 43 |

(5)期待效果。

①通过促进出口和吸引投资资金，为韩国国内游戏产业的发展作出贡献。

从 2005 年至 2010 年的 6 年间，预计通过投资出口洽谈会与路演，实现海外出口 9 亿美元，吸引投资约 2 兆5 000万美元的目标。

②通过与当地主要机构及企业的实际性洽谈，加强网络合作。

③通过开拓新市场，扩大营销渠道，为游戏资讯的多边化作出贡献。

### 4. 鼓励通过国际娱乐展示会、博览会进行的海外出口及引资

(1)推进目标与基本方向。

通过参加海外的娱乐(Entertainment)展示会、博览会，提升韩国文化资讯品牌的价值，并对出口和吸引投资提供支持。

(2)现状与存在的问题。

①虽然拥有优秀的项目，但是由于独立制作公司及影像制作中小企业缺乏海外营销的能力，品牌的认知度比较低。

②在游戏方面，由于没有专业的发行人，海外市场偏重于中国等亚洲市场。

③由于依靠主要文化产业展示会、博览会的不同发行商来进行营销，宣传费用的支出存在重复现象。

(3)推进方案。

①通过举办及参加国内外的国际活动，加强国际竞争力。

1)对在韩国国内举办的国际游戏展示会(G★)、DICON、BCWW、WCG、釜山国际电影节、富川国际电影节等国际活动提供支持。

2)对参加戛纳等主要电影节，E3(美国)、MIPCOM(法国)、MIPTV(法国)等主要海外展示会及营销活动提供支持。将这些活动作为促进韩国文化资讯对外出口及构建买家网络的机会。

②通过与相关机构海外基地的积极合作，促进国际交流的进一步发展。

与韩国文化院、韩国文化资讯振兴院、亚洲文化产业交流财团、KOTRA 等机构合作，邀请海外买

家举办国际会议。

在“E3 2005”(美国，洛杉矶)召开期间进行的国际游戏会议(Korea Challenges the World)上，邀请了 300 余名海外知名游戏企业的相关人士参加。

(4)各年度投资计划。

(单位：亿韩元)

| 分类 | | 2005 年 | 2006 年 | 2007 年 | 2008 年 | 2009 年 | 2010 年 | 合计 |
|---|---|---|---|---|---|---|---|---|
| 举办及参加国际游戏展示会 | 政府投资 | 16 | 18 | 18 | 23 | 25 | 20 | 120 |
| | 民间投资 | 10 | 10 | 10 | 15 | 15 | 20 | 80 |
| 举办投资说明会及路演 | 政府投资 | 3 | 5 | 5 | 10 | 10 | 10 | 43 |
| 参加与动漫、音乐、动漫形象、漫画相关的国际展示会、博览会 | 政府投资 | 44 | 45 | 50 | 50 | 50 | 50 | 289 |
| 举办及参加国际播放影像展销会 | 政府投资 | 20 | 20 | 20 | 20 | 20 | 20 | 120 |
| 参加韩国电影在海外的展销会及举办国际电影节 | 政府投资 | 40 | 40 | 40 | 40 | 40 | 40 | 240 |
| | 电影振兴金库 | 2 | 2 | 2 | 2 | 2 | 2 | 12 |
| 合计 | | 135 | 140 | 145 | 160 | 162 | 162 | 904 |

(5)期待效果。

①为韩国文化资讯的海外出口及吸引投资作出贡献。

在美国洛杉矶召开的“E3 2005”中，韩国的游戏企业(17 个公司)共进行了2 000万美元的投资洽谈并签订了 941 万美元的出口合同。

②提高韩国文化资讯品牌的价值。

## (五)营造区域性的文化产业园区

### 1. 推进目标与基本方向

(1)营造文化资讯的生产与消费相结合的复合型园区，实现文化艺术、文化产业、旅游产业有机结合的区域性发展。

(2)通过对文化产业相关企业、大学、研究所、创业资金等核心设施的集约化与网络化，创造协同效应。

### 2. 现状与存在的问题

(1)目前区域性文化产业园区的建成状况是，有 8 个地区成立了文化产业园区，它们是釜山、大丘、光州、大田、富川、春川、清州、全州。

(2)在构建建筑物与装备等基础设施及履行指定公告所必需的行政程序期间，所需要的国库补助金被过多地结转，园区指定公告的履行存在拖延的现象。

3. 推进方案

(1)第一阶段：营造基础(2002—2005 年)。

①绘制文化产业园区地图(Cluster Map)(2005 年)。

为了给制定政策及进行评价提供基础性的资料，对全国的文化产业革新资源进行精密的调查并制定路线图。

全方位地了解区域内的专业化企业、旅游等关联企业、支援服务机构、大学与研究所、专业人员、技术水平等方面的情况。

制定各区域、各类别的可行性发展路线图，并提出广域的合作园区方案。

②在各地区建立并运营 CRC(10 余个)。

以地方大学为中心，建立文化产业的特色化 R&D 基地。

③推进区域性文化产业园区线上、线下网络的发展。

创办区域性的文化产业论坛及全国文化产业工作坊。

建构区域文化产业园区的在线社区并发行年度报告等。

(2)第二阶段：扩充基础(2006—2007 年)。

①成立并运营各地区的 CRC。

在地方大学成立特色化研究中心，并作为 R&D 的基地。

在 2005 年到 2010 年期间，对区域内各大学的中心给予约 10 亿韩元的资助，共资助约 30 个研究中心。

②建立文化产业平台，并构建产学研合作网络。

在园区内，相关的要素间要形成人力、物力方面的合作。

对大学内的“CONNECT”项目给予支持。

③推动第二期 CT 创业的成功进行，并建立区域内的良性循环结构。

为了加强地方性小企业的自生能力，对地方财源的扩充提供支持。

鼓励资本的赢利部分进行再投资以及区域内 CT 领域的新创业项目。

④鼓励组建民间主导的协会，并促使其与文化产业平台形成联系。

(3)第三阶段：质量的提升(2008—2010 年)。

①吸引外国企业、外国的研究所及跨国企业，并形成网络。

为了确保不被某些特定因素所左右的稳定基础，积极吸引外国企业及其投资。

②形成园区品牌。

通过品牌化减少个别企业的营销费用，并创造品牌的协同效应。

使园区的品牌化成为扩大园区内企业出口及开拓海外市场的机会。

4. 各年度投资计划①

(单位：亿韩元)

| 分类 | | 2005 年 | 2006 年 | 2007 年 | 2008 年 | 2009 年 | 2010 年 | 合计 |
|---|---|---|---|---|---|---|---|---|
| 营造区域性的文化产业园区 | 政府投资 | 150 | 170 | 500 | 500 | 500 | 460 | 2 280 |

① 为遵从原文，本书中对表格数据未作更改。余同。——编者注。

5. 期待效果

(1)通过激励创业及创造就业机会，为地区的经济发展作出贡献。地区性文化产业园区在2004年的销售额为1 299亿韩元，比上年增长了44.5%。

(2)为形成区域的认同感、固有属性、差别性及创造区域品牌形象作出贡献。

(3)形成区域内居民及企业满意的以需求者为中心的社区。

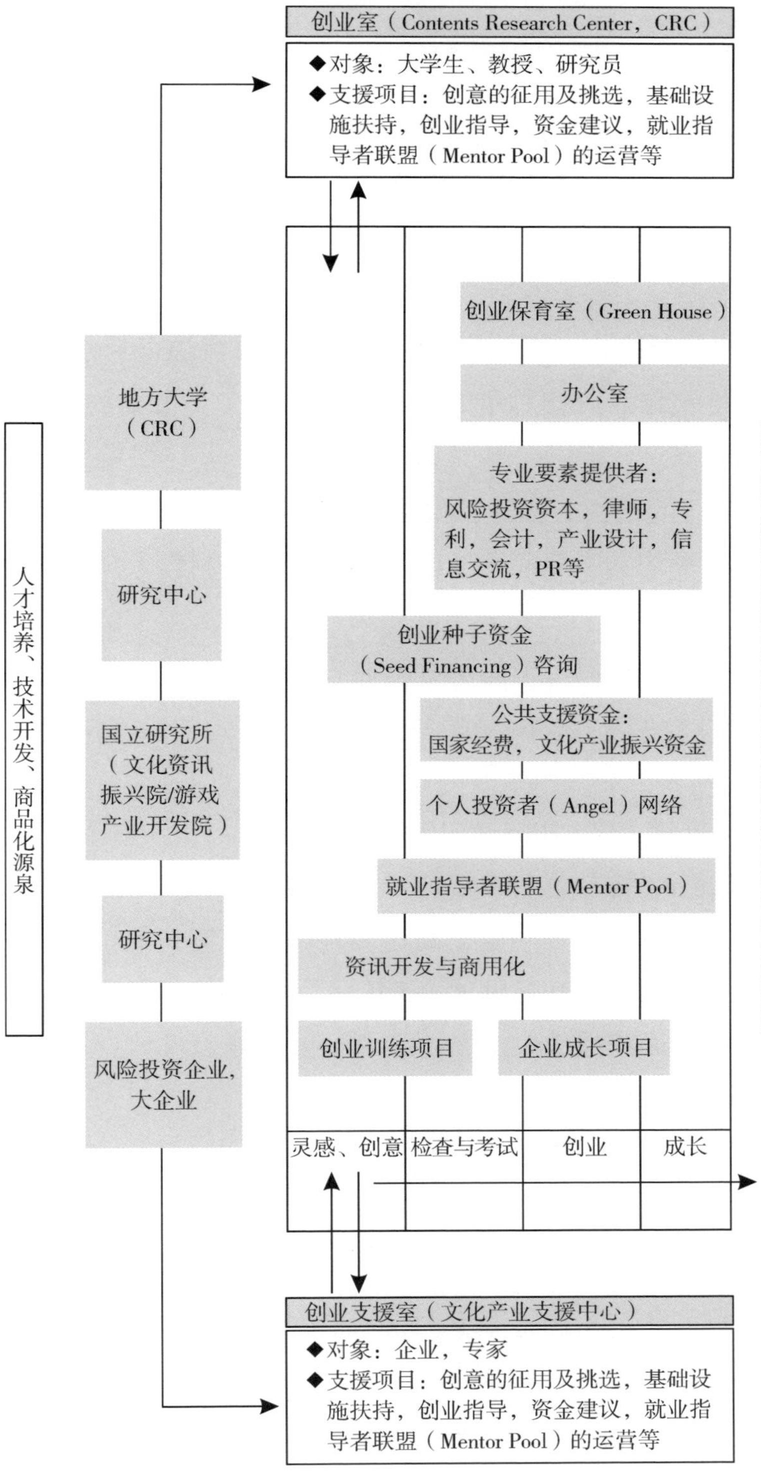


地方文化产业群的革新支援系统

# 二、革新文化产业的流通结构

## (一)通过设立外包专门渠道，培育播放影像资讯产业

### 1. 推进目标与基本方向

(1)通过设立外包专门频道，提高播放节目的多样性，并促进流通结构的升级。

(2)改善以地面波三大公司为中心的流通结构及不公正的外包制作发行。

### 2. 现状及存在的问题

(1)由于三大播放公司的垄断结构，播放影像制品的制作及流通市场不能正常地发展。

目前三大播放公司拥有外包作品版权总量的91.2%，播放广告市场的73.9%，以及68%的市场占有率。

(2)播放影像资讯供应市场的结构不合理，很难确保节目的多样性。

独立制作公司的情况是，平均资本金额为4.8亿韩元，平均制作人员为14名，很难保证高质量地发展。

最近3年间向播放公司交付5种以上节目的独立制作公司不超过总数的20.4%。

### 3. 推进方案

(1)确定外包专门频道的推进方案(2005年10月)。

①从2005年4月开始，成立“播放广告TF”(TF即Task Force，特别工作组)，对于外包专门渠道的必要性、播放形态、所有形式、编制等问题，商讨多种解决方案。

②外包专门频道的规模：早期为800亿韩元→5年后为1 500亿韩元(SBS公司的1/4)。

③区域、形式：首都圈的地面波播放。

④财源(依不同的所有形式而变化)：

成立的财源：由民间及公共团体出资。

运营的财源：广告收益。

⑤重点编制节目(示例)：追求实验性、创造性的节目；针对老人、残疾人等少数阶层的节目及市民参与型节目；文化艺术节目、亚洲文化交流节目等。

(2)在2006年下半年成立电视台并开始试播。

### 4. 期待效果

(1)通过创造新的流通平台，扩充播放影像产业的基础。

(2)通过培育专业性的独立制作公司，确保高品质的播放影像资讯。

(3)促进地区播放产业的发展，确保亚洲区域的播放平台。

## (二)构建、运营文化资讯出口信息系统(CEIS)

### 1. 推进目标与基本方向

(1)以构建海外市场网络为基础，提供与文化资讯出口相关的国内外信息。出口信息的存储及信息服务的件数，将从2004年的15 000件增长到2010年的100 000件。

(2)通过与海外买家的商务匹配，对在线的营销活动提供支持，对企业的一站式海外出口服务提供扶持。

### 2. 现状与存在的问题

由于零散小企业缺乏营销能力，不能积极地应对有购买意向的买家的需求。

### 3. 推进方案

对以海外出口为目的的商务匹配活动提供支持。

通过文化资讯在线出口专家与海外事务所，对小规模企业的出口洽谈提供支持。包括同时对线上、线下的出口提供援助(当地制度及法律咨询等)；对积极利用海外事务所与当地买家进行的商业配对服务等活动提供支持。

### 4. 各年度投资计划

(单位：亿韩元)

| 分类 | | 2005年 | 2006年 | 2007年 | 2008年 | 2009年 | 2010年 | 合计 |
|---|---|---|---|---|---|---|---|---|
| 运营出口信息系统 | 政府投资 | 5 | 5 | 5 | 4 | 4 | 4 | 27 |

### 5. 期待效果

通过建立有效收集海外信息的系统及减少营销所需要的时间、经费，推进文化资讯企业开拓海外市场。

## (三)运营韩国音乐数据银行(KMDB)

### 1. 推进目标与基本方向

(1)通过构建及管理与韩国音乐相关的所有信息的系统性数据库，确保音乐产业的对外竞争力。

(2)将与在线流通相关的版权团体和提供在线音乐服务的网站联系起来，确保音乐流通市场的透明性并加强其竞争力。

2. 现状与存在的问题

(1)由于没有音乐资讯的标准化元数据库，导致重复投资，线上、线下流通的音乐资讯没能电子化。

由于唱片制作者、音乐相关团体都各自建立并运营音乐数据库，导致投资重复、识别困难、兼容性不足等问题。

(2)欠缺与大众音乐资讯相关的基础信息，也缺少系统性的记录及保存。

3. 推进方案

(1)构建音乐资讯标准化元数据库，并提供各种资料。收录企业及学术界等各方面所需求的所有信息，并提供信息服务；保护音乐企业界及相关团体的固有领域及其特殊性。

(2)运营与版权团体及在线音乐网站连接的系统。

(3)将数据库积极应用于与海外数据库网站的连接、海外宣传及营销等方面。

(4)推进以培育音乐产业为目标的音乐产业振兴中心的建立及运营。

4. 各年度投资计划

（单位：亿韩元）

| 分类 | | 2005 年 | 2006 年 | 2007 年 | 2008 年 | 2009 年 | 2010 年 | 合计 |
|---|---|---|---|---|---|---|---|---|
| 资助音乐资讯资料的确保及其存档工作 | 政府投资 | — | 13 | 13 | 10 | 10 | 10 | 56 |
| 构建及运营 KMDB 资料室 | 政府投资 | — | 10 | 5 | 5 | 6 | 6 | 32 |
| 制作韩国大众音乐资讯年鉴 | 政府投资 | — | 2 | 2 | 2 | 2 | 2 | 10 |
| 合计 | | — | 25 | 20 | 17 | 18 | 18 | 98 |

5. 期待效果

通过构建有效的音乐产业信息体系，确保音乐市场流通的透明性并加强竞争力。

## (四)积极推进文化资讯网的运营

1. 推进目标与基本方向

(1)资助网络环境下文化资讯的生产、管理、流通，构建包括使文化资讯版权的管理系统化等在内的适应数字化时代需求的流通环境。

(2)通过构建使韩国文化原型及公共文化资讯应用于产业的流通体系，打造文化资讯产业的创作基础。

2. 现状与存在的问题

(1)为了将文化原型等多样化的公共文化资讯应用为创作素材，开通了在线的流通系统——文化资讯网(2004年7月)。在2004年7月至2005年4月间，共有5 298名会员加入，访问者总计达到2 956 206名。

(2)由于所流通的资讯被限定为数字化的文化原型，以及对创作素材资讯的理解不足等问题，利用者的访问量及应用的实际效果都处于低谷。

一般情况下，成品流通网站在创作素材资讯(图像源、音源、故事来源等)的流通方面还处于不熟悉的状态，限制了其进一步发展。

3. 推进方案

(1)开展诸如对外宣传、与门户网站进行合作等多样化的营销活动。

①开展关于资讯与服务的舆论宣传及在线活动。

②举办文化资讯网的资讯征集活动。

③通过开发具有流通能力的套餐及与外部门户网站的合作，促进委托销售。

(2)以多种形式推进文化资讯网流通资讯的确保方案。

利用公共部门的文化资讯与民间的文化资讯扩大其领域，制定全面促进文化资讯产业流通的方案。

(3)以使用者的便利性为中心，加强对资讯及网站的管理。

①通过阶段性地更新网站信息，提高流通服务的质量。

②进一步提供营销信息，以促进资讯的购买。

4. 各年度投资计划

(单位：亿韩元)

| 分类 | | 2005年 | 2006年 | 2007年 | 2008年 | 2009年 | 2010年 | 合计 |
|---|---|---|---|---|---|---|---|---|
| 文化资讯网站的委托运营 | 政府投资 | 5 | 5 | 5 | 5 | 5 | 5 | 30 |

5. 期待效果

(1)通过全面促进文化资讯产业的流通，建立文化资讯在线流通的成功模型。

(2)利用网络宣传创作素材资讯，进而建立教育及纤维设计、电影、娱乐等方面的应用模型。

### (五)成立数字资讯的产业发展合作团体

1. 推进目标与基本方向

(1)通过文化资讯企业间的有效竞争，提高文化资讯的质量并使其多样化。

(2)制定文化资讯大企业与中小企业间的共同发展(Win-win)战略。

2. 现状与存在的问题

(1)由于包括有线、无线的整合等在内的媒体间的整合、企业间的M&A、版权等问题，摩擦在增加。

(2)由于大企业与中小企业之间在市场支配能力方面存在巨大差距，需要维持有效的竞争力。大企业在进入资讯行业时，垂直子公司化的问题有所抬头。

(3)对于创作者，有必要保护其权利并保证其获取适当的收益。

3. 推进方案

建立并运营“文化资讯振兴政策协商会”(2005 年 6 月 9 日)。

①为资讯产业的发展寻求共同合作的方案，并对未尽事宜进行协商。

②该协商会由网络工作者、资讯流通企业、创作者的代表组成。

4. 期待效果

(1)通过大企业、移动通信公司与中小企业、资讯制作企业间的合作及职能分担，来寻求文化资讯产业的发展。

(2)通过改善文化资讯企业(CP)的收益性，促进资讯市场的发展并扩大海外出口。

## 三、构建促进版权产业的基础

### (一)为促进版权出口，构建支持体系

1. 推进目标与基本方向

(1)由于“韩流”的热潮，韩国从版权进口国家转变为版权出口国家，伴随着这种变化，必须进行政策的转换。

(2)为了对海外的版权侵权申告及权利救助给予支持，应建立统合支持体系并加强国际交流。

2. 现状及存在的问题

(1)在中国及东南亚国家，对韩国文化资讯的版权侵权事件急速增加，这成为“韩流”创造经济效果的绊脚石。

(2)发生在海外的版权侵权，由于各国不同的法律体系、巨大的诉讼费用等因素，在民间层面很难得到解决，因此必须在政府层面制定事先预防的对策。

3. 推进方案

(1)设立并运营“版权振兴中心”。

①在版权审议调解委员会内建立统合支援体系。

对海外版权提供从侵权申报到权利救助的全面支持。

②资助与海外版权相关的法律咨询。

对出口海外的文化资讯的版权咨询提供支持。

加强 MIPTV(戛纳电视节)、国际图书展、国际电影节等资讯的出口洽谈及签约时与版权相关的法律咨询。

③发行并分发海外版权保护手册及案例集。

④在海外版权保护手册及案例集中收录版权的侵权案例、版权签约时的注意事项、救助程序等内容。

⑤发行中国及东南亚等地区的版权侵权年度报告，并在当地举办研讨会。

将年度报告提交给当地的政府机构，提出改正侵权行为的要求。

(2)组建“海外版权保护协商团体”，构建民间与官方共同应对体系。

①以文化观光部、外交通商部、贸易委员会、知识产权厅、韩国文化资讯振兴院、版权委托管理团体及资讯出口企业等为中心，组建民间与官方的协商团体。

提供与资讯出口相关的版权侵权案例及困难事项、应对方案等。

②开通海外版权侵权申报网站。

开通海外版权侵权申报网站，与驻外公馆、文化资讯振兴院、游戏产业开发院、KOTRA 海外分社等相关机构的网站相链接。

(3)与中国、东南亚主要国家签订《版权的保护·合作实务合约》。

①与受“韩流”影响的主要国家签订实务合约，进行版权的保护与合作。

请求当地政府为保护版权而加强管制。

邀请中国、越南、泰国、中国台湾、印度尼西亚等东南亚国家与地区负责版权工作的公务员进行研修。

②通过国家版权委托管理团体与外国的版权管理团体间签订相互管理的合约，鼓励对版权的保护。

目前正在推进韩国音乐版权协会(KOMCA)与日本音乐版权协会(JASRAK)间合约的签订工作。

4. 各年度投资计划

（单位：亿韩元）

| 分类 | | 2005 年 | 2006 年 | 2007 年 | 2008 年 | 2009 年 | 2010 年 | 合计 |
|---|---|---|---|---|---|---|---|---|
| 建立促进版权出口的支持体系 | 政府投资 | — | 20 | 23 | 26 | 28 | 30 | 127 |

5. 期待效果

（1）通过预防海外版权侵权的工作，积极应对国际通商的问题。

（2）通过对民间部门很难胜任的领域提供政府层面的支持，加强韩国作品的出口能力。

## （二）为促进版权产业发展，改善国内外环境

1. 推进目标与基本方向

（1）建立与数字时代相适应的版权管理体系，以促进版权的保护及利用。

（2）改善不公正的合同惯例，通过对版权的宣传与教育，营造健全的作品利用环境，事先预防纠纷的发生。

2. 现状与存在的问题

（1）随着数字技术的快速发展等作品利用环境的变化，网络侵权现象十分严重。

①这恶化了文化资讯产业的收益结构，阻碍了创作意愿，成为引发国际间纠纷的祸根。

②据推测，影像制品与音乐制品分别受到了1 200亿韩元、4 300亿韩元的损失（以2003年以标准）。

（2）虽然一件作品存在多个管理者，但由于管理信息的非标准化，使得网上非法资讯的流通在增多，使用费的支付与分配步骤非常复杂。

3. 推进方案

（1）促进版权管理信息的系统化，运营非法资讯的跟踪系统。

①推进作品权利管理信息的标准化。

通过物品权利管理信息的标准化来构建有效的使用费用征收及分配系统。

通过促进权利管理信息的标准化及数字识别体系，推进版权管理系统（DRM）的标准化。

②运营非法资讯的跟踪系统。

利用韩国电子通信研究院（ETRI）等机构的非法资讯跟踪技术，建立非法作品的自动检索系统。

以“版权保护中心”为中心，对线上与线下的版权侵害行为进行约束与引导。

（2）通过制作及普及标准化的合同指南，改善不公正的合同惯例。

①通过标准化指南的制作，保护小企业及作者的权利。
②通过实施适合网民、创作者等不同人群需求的教育，加强对版权的认识，预防可能产生的纠纷。

4. 各年度投资计划

（单位：亿韩元）

| 分类 | | 2005 年 | 2006 年 | 2007 年 | 2008 年 | 2009 年 | 2010 年 | 合计 |
|---|---|---|---|---|---|---|---|---|
| 为促进版权产业发展，改善国内外环境 | 政府投资 | — | 15 | 20 | 25 | 25 | 25 | 110 |

5. 期待效果

(1)通过版权权利管理信息的标准化，确立有效的使用费用征收及分配系统。
(2)通过约束非法作品，为推广“原价购买”的版权文化及促进文化产业的发展作出贡献。

# 四、通过“韩流”的国际化加强国家品牌力量

## (一)建立韩国购物广场(Korea Plaza)

1. 推进目标与基本方向

(1)加强对“韩流”所涉及的韩国文化、旅游的宣传，加大对“韩流”游客的吸引力度。预计“韩流”游客将从 2004 年的 100 万名增长到 2010 年的 300 万名。
(2)发挥其作为“韩流”推广前沿基地的作用。

2. 现状与存在的问题

(1)“韩流”的类型(以电视剧、大众歌谣为中心)和传播地区(以中国、日本、中国台湾等亚洲国家及地区为中心)都存在偏重现象。
(2)对象国对于单方面的文化进口可能会产生情绪上的抵触现象。

3. 推进方案

在主要的基地区域设置并运营韩国文化、旅游展示橱窗。
(1)在中国、日本、中国台湾、东南亚国家等主要“韩流”扩散国家及地区，以及中南美、东欧等“韩流”有希望扩散的地区按年度依次设置，计划到 2010 年共设置 15 个左右。
(2)活动及展示的主要内容：

①与当地的侨民等共同合作，举办关于韩国文化、旅游的宣传营销活动，并销售旅游商品。
②长期展示、销售电视剧、电影等“韩流”文化商品，并运营体验项目。
③与开设韩国语讲座等和“韩品牌”相关的工作相联合，共同推进“韩流”的发展。

4. 各年度投资计划

（单位：亿韩元）

| 分类 | | 2006 年 | 2007 年 | 2008 年 | 2009 年 | 2010 年 | 合计 |
|---|---|---|---|---|---|---|---|
| 建立并运营韩国购物广场 | 旅游基金等 | 100 | 205 | 220 | 235 | 250 | 1010 |

5. 期待效果

(1)通过“韩流”的扩散，扩大文化商品的出口。
(2)提高国家品牌形象。

## (二)为“韩品牌”的世界化提供支持

1. 推进目标与基本方向

(1)扩大韩国语、韩国学的对外普及程度。
(2)通过推进韩国传统文化资讯的生活化与世界化，创造出雇佣机会与高附加价值。韩国国内市场规模：从 2005 年的 7 兆2 000亿韩元增加到 2010 年的 13 兆9 000亿韩元。
(3)重新发现传统生活文化中包含的健康性与科学性。目前，人们对发酵食品、慢食(Slow Food)、风水摆设等饮食与健康方面的问题给予了更多的关心。

2. 现状与存在的问题

(1)世界各国都在以各自的传统设计为基础推进新的国家品牌化。案例：日本的新日本样式(Neo Japanesque)。
(2)韩纸(也称高丽纸)、韩服等传统文化产业的韩国国内基础存在崩溃的危险。
(3)由于政府的支持职能分散，在系统性支持、人员培养、研究开发等方面存在困难。

3. 推进方案

(1)构建培育传统生活文化资讯的支持体系。
①推进“韩国品牌战略推进委员会”(暂名)的成立与运营。委员长由国务委员担当，委员由相关部处的长官、民间的专家等组成。
②制定、实施不同领域的资助战略，包括扩充基础设施、制定相关制度、积极发展海外出口等方面。

设置并运营韩国语、韩食、韩服等6个领域的分组委员会。

各分组委员会就所管辖的领域制定相关的资助战略并推进其实施。韩国语分组由文化旅游部负责，韩食分组由农林部负责。

(2)通过市场职能，推进“韩品牌”的商品化，并集中培育各领域的区域性基地。

①目前，海外对韩国语与韩食的需求在急速增长，通过与其相适应的商品化，扩大海外需求的基础并创造出附加价值。开发与普及符合各语言圈的韩国语学习教材与视听教育资料，以及符合各地区特色的韩食食谱等。

②通过培育韩食(全南)、韩纸(晋州、原州)、韩屋(首尔、全州)、韩国学(安东)等各领域的基地，构建“韩品牌”产业化的基础。

## 4. 各年度投资计划

(单位：亿韩元)

| 分类 | | 2005年 | 2006年 | 2007年 | 2008年 | 2009年 | 合计 |
|---|---|---|---|---|---|---|---|
| 韩国语 | 政府投资 | 10.7 | 63.1 | 63.1 | 69.1 | 71.1 | 277.1 |
| | 基金 | 10 | 33 | 33 | 36 | 36 | 148 |
| | 地方投资 | 0 | 2 | 2 | 2 | 2 | 8 |
| | 民间投资 | 0 | 15 | 15 | 21 | 21 | 72 |
| 韩食 | 政府投资 | 9.7 | 40.8 | 40.9 | 45.6 | 47.4 | 184.4 |
| | 基金 | 2.5 | 3 | 5 | 5 | 7 | 22.5 |
| | 地方投资 | 0 | 3.8 | 3.8 | 5.2 | 5.2 | 18 |
| | 民间投资 | 0 | 2.8 | 8 | 9.8 | 8 | 28.6 |
| 韩服 | 政府投资 | 4 | 63 | 58 | 62 | 62 | 249 |
| | 基金 | 0 | 5 | 10 | 10 | 10 | 35 |
| | 民间投资 | 0 | 5.5 | 6.5 | 8 | 8 | 28 |
| 韩纸 | 政府投资 | 0 | 30.5 | 72.7 | 37.7 | 38 | 178.9 |
| | 基金 | 0 | 15 | 35 | 35 | 35 | 120 |
| 韩屋 | 政府投资 | 0 | 37 | 39 | 44 | 43 | 163 |
| | 民间投资 | 0 | 1 | 1 | 1 | 1 | 4 |
| 韩国学 | 政府投资 | 85.2 | 106.2 | 77.9 | 76.4 | 76.4 | 422.1 |
| | 基金 | 24.5 | 21.5 | 20 | 20 | 20 | 106 |
| | 地方投资 | 25.8 | 31.8 | 2 | 2 | 2 | 63.6 |
| 合计 | | 172.4 | 480 | 492.9 | 489.8 | 493.1 | 2 128.2 |

注：包括其他部门的管理预算。

5. 期待效果

(1)通过对传统文化的创造性继承，确立文化认同感并提高文化国家的形象。
(2)通过泛政府部门层面的系统性支持，加强相关领域间的联系并提高协同效果。
(3)通过重点培育各领域的基地区域，推进区域经济及旅游的发展。

## (三)确保 10 000 名亚洲文化同行者

1. 推进目标与基本方向

(1)扩大对亚洲地区有发展潜力的文化艺术人员的研修邀请。
(2)通过文化合作，构建与亚洲国家的同行者关系、共存关系。

2. 现状与存在的问题

(1)对于单方向的“韩流”文化渗透，开始引起亚洲各国的警戒与担心。
(2)与韩国的经济规模相比，韩国国家形象被过低评价了。
(3)需要一些信任并宣传韩国的亲善、权威人士。

3. 推进方案

平均每年邀请1 000名、10 年间共邀请10 000名有潜力的文化艺术工作者，扩大相互之间的文化交流。

①项目规模：10 年间邀请10 000人。资助期限：6 个月以上。
②领域：文化政策，传统/现代艺术，文化遗产，文化产业/媒体，旅游，体育，等等。
③对象国家：除日本、中国外的 10 余个亚洲国家。

4. 各年度投资计划

（单位：亿韩元）

| 分类 | | 2005 年 | 2006 年 | 2007 年 | 2008 年 | 2009 年 | 2010 年 | 合计 |
|---|---|---|---|---|---|---|---|---|
| 确保10 000名亚洲文化同行者 | 国家投资 | — | 80 | 100 | 110 | 120 | 130 | 540 |
| | 基金 | 20 | — | — | — | — | — | 20 |
| | 地方投资 | — | 8 | 5 | 7 | 10 | 15 | 45 |
| 合计 | | 20 | 88 | 105 | 117 | 130 | 145 | 605 |

5. 期待效果

(1)通过与亚洲有潜力的文化艺术人员的相互交流，扩大并发展韩国国内文化艺术的力量。

(2)确保大韩民国在亚洲及世界舞台的地位，改善国家形象。

## 五、满足因推行每周40小时工作制而带来的国内旅游需求

### (一)扩充旅游住宿设施并推进其多样化

#### 1. 推进目标与基本方向

(1)为了应对到2010年外来游客达到1 000万名的时代，应构建旅游住宿的基础设施。旅游住宿设施将从2004年的62 000间客房扩充到2010年的100 000间。

(2)为适应正式实行每周40小时工作制的需要，开发并使用适合家庭旅游需求的多样化中低价格旅游住宿设施。

#### 2. 现状与存在的问题

(1)到2005年5月，有575个旅游宾馆企业的62 000间客房在运营。

(2)对旅馆宾馆的新近投资处于低潮：

①早期的投资规模大，但投资的回收需要很长的时间。

②城市中心区域的土地价格非常高，在确保商业区的旅游宾馆住宿设施的用地方面存在诸多困难。

#### 3. 推进方案

(1)通过提高普通住宿设施的服务质量，将其应用为中低价位的旅游住宿设施。

①将汽车旅馆转换为中低价位的旅游宾馆(1~3级)。

1)加强对汽车旅馆向旅游宾馆转换的引导与资助。

2)鼓励其在向旅游住宿设施转换过程中实现差异化，资助设施转换的改造、维修费用。

3)选定优秀的实施案例进行推广。

②古宅、宗宅的旅游资源化。

在古宅、宗宅中选择可以住宿的设施，通过对卫生间、洗漱间、厨房设施的改造与维修，将其作为传统文化的体验性旅游住宿设施来使用。

③推进寺庙体验活动。

对传统寺庙中可以住宿的寺庙，进行寮舍、卫生间、洗漱间等设施的改造与维修，预计到2008年对500余个寺庙提供资助。

④作为新的旅游住宿概念，运营韩屋住宿的体验项目。

⑤实施中低价位住宿设施服务认证制度。

对汽车旅馆、旅社、民宿等普通住宿中可以作为旅游住宿设施使用的设施进行认证，其得到认证后再作为旅游住宿设施使用。

(2)资助旅游宾馆的连锁化，并改善其经营环境。

①资助旅游宾馆的连锁化。

为了加强中低价位旅游宾馆(1~3 级)的竞争力，陆续对韩国全国的连锁化旅馆提供资助。

②对中低价位宾馆雇佣国外人员提供支持。

为了减少 1~3 级旅游宾馆的人工费用负担并提高外语介绍能力及服务质量，推进雇佣东南亚等国人员的工作。

(3)建造能提供低价位宾馆用地的旅游文化园区。

①位置(时间)：京畿道高阳市的獐项洞、大禾洞(2001—2010 年)。

②开发规模：约994 666平方米(约 30 万坪)。

③引入设施：6 000个宾馆房间(中低价位宾馆)，文化、运动设施等。

④所需经费：约 2 兆 522 亿韩元。

⑤推进现状：处于土地购置(94%)、宣传及地面建筑的拆除阶段(预计基础设施工程于 2005 年下半年竣工)。

### 4. 各年度投资计划

(单位：亿韩元)

| 分类 | | 2005 年 | 2006 年 | 2007 年 | 2008 年 | 2009 年 | 2010 年 | 合计 |
|---|---|---|---|---|---|---|---|---|
| 资助中低价位旅游宾馆的连锁化 | 旅游基金 | 1 | 3 | 5 | 6 | 7 | 8 | 30 |
| 资助古宅、宗宅的旅游资源化 | 旅游基金 | 10 | 25 | 60 | 80 | 100 | — | 275 |
| 资助寺庙的积极发展 | 旅游基金 | 15 | 15 | 15 | 15 | — | — | 60 |
| 建造高阳旅游文化园区 | 国家投资 | 100 | — | 150 | — | — | — | 250 |
| | 地方投资 | 697 | 332 | 332 | 332 | — | — | 1 693 |
| | 民间投资 | 3 100 | 2 467 | 2 467 | 2 467 | 2 466 | 2 466 | 15 433 |
| 合计 | | 3 923 | 2 842 | 3 029 | 2 900 | 2 573 | 2 474 | 17 741 |

### 5. 期待效果

(1)解决外来游客住宿难的问题，提高韩国国内旅游住宿设施的价格竞争力。

(2)通过为韩国国内游客提供多样化的住宿设施，引发区域经济的波及效果，谋求区域经济的进一步发展。在高阳旅游文化园区建设期间，将带来 7 兆3 824亿韩元的生产价值，并创造出52 886个工作岗位。

## (二)划时代地改善旅游咨询体系

### 1. 推进目标与基本方向

(1)迎接外来游客1 000万名的时代，减少游客的不便，提高作为旅游国的韩国形象。

各基地的旅游咨询中心将从 2005 年的 450 个增加到 2010 年的1 000个，文化遗产讲解员将从 2005

年的1 200余名增加到2010年的3 000余名。

(2)建立并推广与IT技术相结合、达到发达国家水平的旅游咨询信息系统。

建立旅游资讯信息系统：从2005年的2处(東草、安东)增加到2010年的10处。

### 2. 现状与存在的问题

(1)由于缺乏旅游咨询设施与专业人员，导致咨询体系不完善。

(2)有必要开发应用IT技术的旅游咨询信息系统。

### 3. 推进方案

(1)扩充旅游咨询设施并加强咨询服务。

①提供使各地区的旅游咨询、翻译、预约、货币兑换、休息等服务一体化的新概念下的咨询服务。

②为了减少海外游客在语言方面的不便，积极利用旅游咨询电话"1330"以及文化遗产讲解员、语言翻译电话(BBB)的志愿服务者。

旅游咨询电话"1330"将提供24小时的服务，并进行"BBB"服务(17种语言，2 300名服务者)，为入住中低价位宾馆及参加国际会议的外国人提供免费的手机("BBB"手机)租借服务。

(2)开发并推广具有各地特色的标准化旅游咨询模型。

①开发并推广、普及具有地方特色的旅游咨询模型。预计将开发及普及自然型(农村、渔村、山村)、产业型(大城市型、中小城市型)、历史文化旅游资源型(新罗圈、百济圈)等7种模型。

②开发可以体验到IT强国优势的无线综合咨询信息系统。

### 4. 各年度投资计划

(单位：亿韩元)

| 分类 | | 2005年 | 2006年 | 2007年 | 2008年 | 2009年 | 2010年 | 合计 |
|---|---|---|---|---|---|---|---|---|
| 划时代地改善旅游咨询体系 | 政府投资 | 82 | 72 | 80 | 90 | 90 | 90 | 504 |

### 5. 期待效果

(1)通过早期落实高端性的旅游咨询体系，构建快速、准确、便利的咨询体系。

(2)通过追求旅行的便利性及加强讲解职能，提高旅游目的地的附加价值。

## (三)开发多样化、有特色的旅游商品

### 1. 推进目标与基本方向

(1)集中开发与废矿、农村、山村、渔村、岛屿相关的生态体验型旅游商品(与农林部、海洋水产部等合作)。

(2)扩大常设的韩国固有传统文化的体验性项目，培育工艺商品。
(3)培育具有韩国象征意义的文化旅游庆典。

### 2. 现状与存在的问题

(1)随着体验生态型旅游需要的增长，在与其相适应的高品质商品开发方面存在不足。
(2)与相关部门的农渔山村村庄建造工作缺乏旅游方面的联系。
(3)区域性庆典的多样性不足，缺乏有代表性的文化旅游商品品牌。

### 3. 推进方案

(1)推进利用废矿区域、农渔山村、岛屿资源进行的体验型旅游。
①保存煤矿村、渔村、山村中正逐渐消失的生活类型，并促使其成为旅游资源。
②通过构建农渔山村与旅游的连接系统，开发生活文化体验型的旅游商品。
③开发天然的多岛海域旅游资源化的模型，并资助其旅游发展。
(2)开发韩国固有传统文化的体验型项目并促进其发展。
①在韩国国内外游客最多的景福宫、仁寺洞及机场等地，增加传统文化体验性演出的次数。
②资助应用韩服等传统服饰的韩国文化体验项目的开发。
(3)资助工艺性文化旅游商品的制作、销售及流通。
①资助国家形象商品、代表性商品及公共品牌的开发。
②推进工艺性商品的销售、流通等营销活动。
③构建全国性的旅游纪念品销售流通网，并推进其连锁化及销售店认证制度。
(4)选定可以象征韩国的代表性庆典及有发展潜力的庆典，并给予集中支持。
①以选择与集中相结合的战略，集中培育能代表韩国的代表性庆典。
②选定具有新的主题及内容、具有发展潜力的庆典并给予资助。

### 4. 各年度投资计划

（单位：亿韩元）

| 分类 | | 2005年 | 2006年 | 2007年 | 2008年 | 2009年 | 2010年 | 合计 |
|---|---|---|---|---|---|---|---|---|
| 开发废矿地区的旅游商品 | 旅游基金 | 110 | 10 | 125 | 122 | — | — | 367 |
| | 地方投资 | 45 | 4 | 52 | 52 | — | — | 153 |
| 集中开发农渔山村、岛屿等地的体验型旅游商品 | 国家投资 | — | 30 | 60 | 70 | 80 | 90 | 330 |
| | 地方投资 | — | 30 | 60 | 70 | 80 | 90 | 330 |
| 开发传统文化的体验项目 | 旅游基金 | 30 | 40 | 50 | 60 | 70 | 80 | 330 |
| 培育文化旅游庆典 | 旅游基金 | 25 | 36 | 78 | 115 | 130 | 130 | 514 |
| 开发传统工艺的旅游商品 | 旅游基金 | 57 | 67 | 135 | 150 | 187 | 200 | 796 |
| 合计 | | 267 | 217 | 560 | 639 | 547 | 590 | 2 820 |

5. 期待效果

(1)确立在环境、文化方面可持续发展的方向。
(2)营造有效进行滞留型、体验型旅游的基础，为提高地区居民的生活质量作出贡献。
(2)培育以我国文化为基础的具有高附加价值的旅游商品。

## (四)培养各领域的特色化旅游专业人员

1. 推进目标与基本方向

(1)在数量方面扩充旅游人员的同时，在质量方面培养可以提高旅游服务水平的旅游专业人员。
(2)制定通过产学研的连接教育有效培养专业人员的方案。

2. 现状与存在的问题

(1)具有大学、专科大学、企业人才教育中心等丰富的人才教育体系。目前开设旅游相关学科的大学有150余所。

(2)虽然通过各种教育机构，为不同领域培养出了大量的旅游人才，但由于专业的教育项目与现场连接性教育的缺乏，其在实务能力与专业性方面都存在不足。

3. 推进方案

(1)开设并运营旅游学院。

①通过提供学习与旅游开发相关的理论与实务知识的教育机会，培养能系统开发、管理旅游休闲设施的专业人才。

②由韩国国内具有最高的旅游开发理论及实务水平的专家组成教师队伍，实施各个具体领域的实质性理论与实务教育。

在学习过程中，由各领域专家实施的专业讲座式教育与学习者的团队项目并行。
通过构建网上社区及应用影像学习资料提高学习的效果。
③灵活运用讲座式教育与现场考察、工作坊、讨论与发表等多样化的教育方法。
(2)实施培养展会企划人员的教育。
①为学生提供了解与申办及运营国际会议相关的韩国国内外会议产业现状及学习先进方法的机会。
②加强韩国国内会议与展示、大型活动产业的竞争力，为学生提供政策开发的基础知识等相关教育。
1)在举办国际会议的相关机构和企业间构建相互合作网络并运用这一网络。
2)通过多样化的案例研究与现场考察培养实战感觉。
3)开发二者或多者间协商及合作的方法。
(3)培养文化遗产讲解员。
①为了适应周末旅游等闲暇需求的增加，对系统培养专业的文化遗产讲解员提供支持。
对文化遗产讲解员的需求将从2005年的1 200余名增加到2010年的3 000余名。

实施关于韩国文化、历史、旅游的基本素养教育及与文化遗址的正确讲解相关的专门教育。
鼓励讲解员的志愿服务，帮助韩国国内外的游客理解区域内的文化遗址及旅游地。
②将文化遗产讲解员的活动范围扩大到旅游名胜、博物馆、美术馆等相关领域。
③为了改善其服务环境并振作其士气，制定多种改进方案。

4. 各年度投资计划

（单位：亿韩元）

| 分类 | | 2005 年 | 2006 年 | 2007 年 | 2008 年 | 2009 年 | 2010 年 | 合计 |
|---|---|---|---|---|---|---|---|---|
| 运营旅游学院 | 旅游基金 | 3 | 3 | 5 | 5 | 5 | 5 | 26 |
| 培养会议企划师 | 旅游基金 | 4. 7 | 10 | 12 | 15 | 20 | 20 | 81. 7 |
| 培养文化遗产讲解员 | 旅游基金 | 9 | 12 | 20 | 25 | 27 | 30 | 123 |
| 合计 | | 16. 7 | 25 | 37 | 45 | 52 | 55 | 230. 7 |

5. 期待效果

(1)通过培养各领域的专业人员，提高开发旅游资源及商品的效果。
(2)通过构建产官学及民间的连接体系，确保政策的实效性。

## 六、改善接收姿态，迎接外来旅游者1 000万名的时代

### (一)促进旅游产业的税制合理化并改善相关制度

1. 推进目标与基本方向

(1)通过改善与旅游产业的金融及税制相关的制度，加强旅游产业的竞争力。
(2)划时代地改进签证问题等出入境手续，满足以中国为中心的快速增长的国际旅游需求。

2. 现状与存在的问题

(1)虽然服务出口被包括在《对外贸易法》所规定的贸易范围内，但作为代表性服务产业的旅游产业却被排除在外。

(2)对外国游客的客房费用征收附加价值税，导致跟团旅游的价格上涨，带来外来游客数量减少及旅游收支赤字严重等问题。目前，在韩国一天的滞留费用为 486 美元，居世界第 11 位(宾馆费用居世界第 14 位)。

(3)依据目前的地方税法，旅游住宿行业的用地作为特别的合算征税对象，征收 0. 2%~2%的累积税税率，当征税标准额达到 500 亿韩元时最高征收 2%的税率。工厂用地作为分离征税对象，只征收

0.2%的税率，税率的差异最高达到10倍。

(4)中国作为世界第三大国际游客输出国，游客人数以年平均40%的速度快速增长，但中国游客访韩的增长率呈下滑的趋势。

### 3. 推进方案

(1)指定旅游产业的出口业种。

①将吸引外来游客的旅游产业包含在《对外贸易法》所规定的贸易范围内，给予与制造业的出口产业同等条件的优惠待遇。相关的优惠包括对贸易金融、出口保险的资助及对海外展示的资助等。

②通过与产业资源部等相关部门的协商，推进对《对外贸易法实施令》的修订。

(2)推进旅游宾馆客房费用附加税的零税率制度。

①推进对利用旅游宾馆的外国游客实施客房费用附加税的零税率化。

②通过与财政经济部等相关部门的协商，推进对《附加价值税法实施令》的修订。

(3)对旅游住宿业用地的保有税实行分离征税。

①推进与制造业同等水平，在工业区域内工厂用地只征收0.2%的税率的分离征税制度。工厂用地作为分离征税的对象，财产税率仅为0.2%，不征收综合不动产税。

②通过与行政自治部等相关部门的协商，推进对《地方税法实施令》的修订。

(4)改善中国团体游客的出入境手续。

①扩大多次有效签证的发放对象(针对翻译导游、IT从业者等)。

②对于政府指定的专门负责吸引外来游客的旅行社，缩短其申请签证的时间(从4天缩短到2天)。

③为了更好地实施济州岛免签证入境制度，简化相关的文件。

④为了吸引修学团体旅行，引入免签证制度。

⑤减少对团体旅游标准人数的限制(从5人减少到3人)。

**周边主要国家和地区改善相关手续的现状**

| 分类 | 手续的改善 |
|---|---|
| 中国香港、澳门 | 允许中国北京、上海、广东的居民仅凭身份证办理个人旅游(2002年600万名，2003年1 000万名游客来访) |
| 泰国 | 允许团体游客的落地签证 |
| 新加坡 | 赋予中国北京、上海、广东的优秀旅行社签证手续的代理权 |

### 4. 期待效果

(1)指定旅游产业的出口业种后，在贸易金融、出口保险、海外展示、创汇用原料、器材的进口许可等方面会获得资助的效果。

(2)旅游宾馆的客房费用附加税实施零税率后，以2004年为基准，将会产生额外吸引9万名外来游客的效果。

(3)旅游住宿业在地方税法上的征税分类从特别的合算征税对象转换为分离征税对象时，其价格最高将下降5.9%。

(4)通过改进出入境手续的方便程度，将进一步增加韩国作为旅游目的地的魅力。

## (二)改进对中国、日本等主力市场对象的服务

### 1. 推进目标与基本方向

(1)通过开发以中国、日本等主力市场的游客为对象的特色化旅游产品及改善接收姿态，提高旅游的满意度。

(2)通过对各市场细化的不同营销策略，最大程度地吸引主力市场的游客。日本及中华圈的吸引规模将从2004年的352万人增加到2010年的500万人。

### 2. 现状与存在的问题

(1)与周边竞争国家相比，价格上的竞争力不足，且缺乏制度上的支持。

(2)由于战略性商品的不足，来韩的中国游客的增加趋势在放缓。

### 3. 推进方案

(1)开发健康、医疗等战略性旅游商品及不同市场所喜爱的旅游目的地。

①利用“韩流”的热潮及美容、健康等潮流进行商品开发。

②通过对各主力市场的调查及顾客管理，多方面地开发旅游商品。

(2)为了吸引更多的中国游客，改善接收姿态。

①为了迎接2008年北京奥运会及2010年上海世界博览会的召开，开发连接韩、中、日的旅游商品，并扩大旅游的交流与合作。

②针对青少年这一潜在游客群体，开发修学旅行等针对性旅游商品。

③为中国游客开发食谱，指定专门的饭店并加强语言方面的服务。

(3)开发并扩充以日本游客为对象的与“韩流”相关的商品。

①继《冬季恋歌》《大长今》等主流商品后，继续开发相关的商品与大型活动。

②推进传统文化资讯的旅游商品化，实现以电视剧为中心的“韩流”资讯的多样化。

③通过扩大韩日两国旅游公司及旅游行业间的交流，增进相互之间的理解。

### 4. 各年度投资计划

(单位：亿韩元)

| 分类 | | 2005年 | 2006年 | 2007年 | 2008年 | 2009年 | 2010年 | 合计 |
|---|---|---|---|---|---|---|---|---|
| 吸引日本、中国游客的特别工作(大型活动、商品开发等) | 政府投资 | 9 | 10 | 13 | 15 | 17 | 20 | 84 |
| 改进对中国游客的饮食服务 | 旅游基金 | 2 | 5 | 5 | 5 | — | — | 17 |
| 合计 | | 11 | 15 | 18 | 20 | 17 | 20 | 101 |

5. 期待效果

(1)通过开发多样化资讯及适合不同市场需求的旅游商品，对出入境手续进行划时代的改善，提高旅游的满意度。

(2)通过开发符合不同市场多样化需求的“韩流”旅游商品，使“韩流”热潮持续并继续扩散，提高韩国作为旅游国家的形象。

## (三)加强对韩国旅游的海外营销

1. 推进目标与基本方向

(1)构建有创意、有魅力的韩国旅游形象。

(2)克服韩国旅游宣传、营销的单线性问题，实施多角度的宣传战略。

2. 现状与存在的问题

(1)由于韩国人出国的人次高于外国游客来韩的数量，旅游收支的赤字在扩大。

(2)韩国旅游缺乏代表性品牌及形象，缺乏与周边竞争国的差别化战略。

(3)韩国旅游的宣传、营销预算不足，支持体系的效率比较低。

3. 推进方案

(1)构建并推广韩国旅游品牌。

①通过对韩国旅游的国内外市场调查，开发与周边竞争国家有差别的韩国旅游品牌。

②制定实施各主要海外市场的营销战略。

(2)通过对不同市场的选择与集中，构建韩国旅游的宣传、营销资助体系。

①构建韩国旅游的宣传合作体系。推动与韩国旅游公司、地方自治团体、阿里郎TV、KOTRA、各种协会、民间企业的信息共享及共同项目。

②根据对主要来韩旅游市场的调查、评价，制定有效的市场营销组合方案并推进其实施。

③推进韩国旅游宣传、营销手段的多样化，并确保开拓新市场所需的预算。

④加强对作为海外当地宣传基地的“韩国购物广场”的使用。

(3)海外营销手段的多角度化及健康发展。

①以2008年北京奥运会、2010年上海世界博览会等国际大型活动为契机，加强宣传。对海外舆论人士在韩国取材提供支持，并对文化资讯交流的进一步发展提供相关支持。

②推动与海外的播放、报纸等媒体的共同合作项目。加强对海外TV、报纸、杂志在韩国进行文化旅游项目专辑的取材及制作的支持。

③与VANK等民间机构合作，向海外的主要网站提供韩国旅游的信息。

④通过丰富海外宣传品的内容，促进旅游宣传的健康发展，并对地方自治团体及民间开发和宣传旅游商品提供支持。

4. 各年度投资计划

（单位：亿韩元）

| 分类 | | 2005 年 | 2006 年 | 2007 年 | 2008 年 | 2009 年 | 2010 年 | 合计 |
|---|---|---|---|---|---|---|---|---|
| 构建并推广韩国旅游品牌 | 旅游基金 | 10 | 20 | 30 | 30 | 30 | 30 | 150 |
| 资助吸引外国游客的活动 | 旅游基金 | 59 | 80 | 96 | 115 | 138 | 165 | 653 |
| 宣传韩国旅游 | 旅游基金 | 35 | 85 | 111 | 146 | 184 | 230 | 791 |
| 合计 | | 104 | 185 | 237 | 291 | 352 | 425 | 1 594 |

5. 期待效果

（1）实现与周边竞争国有差别的、多角度的韩国旅游宣传与营销，提升国家形象及对韩国旅游的认同感。

（2）营造到 2010 年吸引1 000万名外国游客的基础。

## （四）战略性地培育会展产业

1. 推进目标与基本方向

（1）积极培育在人力、物力交流方面起到尖兵作用的会展产业，打造东北亚地区旅游、信息、流通的中心。

（2）鼓励符合地区特色的会展专用设施的建设，积极申办大规模的国际会议，并对大型会议专业机构的发展提供支持。

2. 现状与存在的问题

（1）缺乏申办国际会议所需要的宣传、营销活动及专业人才。

（2）在金融资助、税制及负担金的减免方面，缺少中央及地方政府的支持。

（3）缺乏符合区域特色的差别化战略，各区域间存在过剩的设施投资竞争。

3. 推进方案

（1）扩大申办及举行国际会议的数量。

①按国际水平集中培育有潜力的国际会议与展示会。

②加强对大规模、有潜力的会展的财政资助。

③加强对国内举办的国际会议及展示会的海外宣传，对专门承担国际会议的机构提供资助。

国际会议的申办计划

| 2005 年 | 2006 年 | 2007 年 | 2008 年 | 2009 年 | 2010 年 | 合计 |
|---|---|---|---|---|---|---|
| 180 件 | 185 件 | 190 件 | 200 件 | 210 件 | 220 件 | 1 185 件 |

(2)扩充国际会议的专业机构，指定国际会议城市并进行培育。

①建立政府与民间合作的国际会议专业组织，并对其运营提供资助(到2010年为止建立10个)。

②选定国际会议的战略性区域，并指定国际会议城市。

③制订国际会议城市的发展计划，建立并运营申办国际会议的专业组织。

(3)对会展设施的有效运营提供支持。

对国际会议的宣传、营销，数据库的构建，各区域的特色化战略提供支持。

#### 4. 各年度投资计划

(单位：亿韩元)

| 分类 | | 2005年 | 2006年 | 2007年 | 2008年 | 2009年 | 2010年 | 合计 |
|---|---|---|---|---|---|---|---|---|
| 培育会展产业 | 政府投资 | 35 | 100 | — | — | — | — | 135 |
| | 旅游基金 | 43 | 73 | 65 | 57 | 60 | 70 | 368 |
| | 地方投资 | 110 | 140 | 50 | 55 | 57 | 60 | 472 |
| | 民间投资 | 116 | 184 | — | — | — | — | 300 |
| 合计 | | 304 | 497 | 115 | 112 | 117 | 130 | 1 275 |

#### 5. 期待效果

(1)通过区域文化的发展及城市环境的改善，促进区域的世界化。

(2)伴随着联动产业的发展，创造出较好的经济波及效果及更多的雇佣岗位。

预测举办220个国际会议时(2010年)，在生产方面可以创造出6 400亿韩元的效益，创造出8 900个就业岗位。

## 七、开发、扩充具有竞争力的区域特色资源

### (一)开发具有国际竞争力的广域圈旅游资源

#### 1. 推进目标与基本方向

(1)按海洋、山区、儒教文化等广域圈开发具有国际竞争力的旅游资源。

①开发西海、南海的旅游带，智异山旅游区，庆尚北道北部的儒教文化圈。

②把江原道培育为四季旅游、休闲体育的摇篮。

③随着济州特别自治道的建立，对其旅游基础设施及软件的扩充提供支持。

(2)将跆拳道公园打造为我国代表性的旅游资源。

营建将跆拳道作为资讯的体验性主题公园，并使其成为世界性的名胜地。

2. 现状与存在的问题

(1)由于对旅游基础设施的初期投资费用非常多，以及高税率、负担金等原因，很难吸引到民间的投资。由于对开发限制区域的行政解除程序需要 3~5 年的实施时间，带来公共投资的拖延，加上与其他行业相比更高的税率，使得吸引民间投资非常困难。

(2)缺少开发广域圈主题型公园的旅游资讯及项目。目前以硬件为主的开发，导致看点及体验活动不足。

(3)需要制定与建造跆拳道公园相关的特别法等法律依据，并确保其财源。

3. 推进方案

(1)为了广域圈的旅游开发，推进民间的引资。

通过简化行政程序及提高税率减免程度，加强对民间资金的吸引力度。

①通过扩大旅游开发相关法规议题的处理范围，简化行政程序。

②推进对旅游(园)区开发实施企业及入驻设施的税制支持，使之享有与产业(技术)园区同样水平的税制(免除所得税与登记税，减免 50%的综合不动产税与财产税等)。

③允许旅游(园)区内设施的多样化及复合型设施的使用。通过对相关规定的修订，对艺术家村、传统村庄(韩屋村)、家庭旅馆、山庄设施等的引入进行讨论。

(2)完善依据广域圈旅游资源的特征所进行的开发方式。

①扩大帆船、码头、岛屿旅游等南海岸旅游资源的海洋旅游方式。

②制定西海岸圈、智异山圈、东海岸圈等区域的开发计划，推进其健康发展。

③截止到 2010 年，对江原道的“一市一区一旅游、休闲体育”的特色化发展提供支持。

④随着济州特别自治道的建成，扩充中文园区、欢迎中心等旅游基础设施。

(3)完善以软件为中心的旅游投资方式。

对广域圈内旅游资源的看点、体验性活动等软件的开发提供支持。

(4)加快推进跆拳道公园的营建工作。

①促进“跆拳道公园营建准备团”的法人化(2005 年 6 月)。

②推进政府主管项目用地(6 万坪)的购入工作，并推进设施的设计工作(2006 年)。

③中心设施工程的实施与完工(2007 年至 2009 年)。

包括名誉的殿堂、宗主国印章、综合修炼院、生活馆、象征广场、运动场等。

④辅助设施工程的实施与完工(2010 年至 2013 年)。

地方自治团体：自制训练场、野营场、草药栽培园地、森林浴场等。

民间投资：世界文化村、住宿村、传统韩方疗养院、体育中心等。

4. 各年度投资计划

(单位：亿韩元)

| 分类 | | 2005 年 | 2006 年 | 2007 年 | 2008 年 | 2009 年 | 2010 年 | 合计 |
|---|---|---|---|---|---|---|---|---|
| 南海岸旅游带的开发 | 政府投资 | 458 | 333 | 640 | 282 | 533 | — | 2 246 |
| | 地方投资 | 444 | 289 | 1 035 | 538 | 1 113 | — | 3 419 |
| 儒教文化圈旅游资源的开发 | 政府投资 | 473 | 427 | 448 | 336 | 312 | 312 | 2 308 |
| | 地方投资 | 446 | 372 | 501 | 397 | 511 | 510 | 2 737 |
| 跆拳道公园的营建 | 政府投资 | 10 | 50 | 270 | 334 | 336 | | 1 000 |
| | 地方投资 | — | — | — | — | — | 644 | 644 |
| 合计 | | 1 831 | 1 471 | 2 894 | 1 887 | 2 805 | 1 466 | 12 354 |

* 西海岸圈、智异山圈等广域圈的开发计划正在制订中(预计到 2005 年 11 月完成)。

5. 期待效果

(1)通过对广域圈旅游资源的特色化开发，满足国内外的旅游需求。

(2)确立跆拳道宗主国的地位，提高国家形象。

(3)通过国土的均衡发展，促进区域经济的积极发展。

随着广域圈旅游资源的开发及跆拳道公园的营建，将达成如下的经济波及效果：

①南海岸旅游带的开发：创造 1 兆7 465亿韩元的生产效益，以及28 000余个工作岗位。

②儒教文化圈旅游资源的开发：创造8 534亿韩元的生产效益，以及14 000余个工作岗位。

③跆拳道公园的营建：创造3 499亿韩元的生产效益，以及6 000余个工作岗位。

## (二)开发人类与自然和谐相处的社区型旅游资源

1. 推进目标与基本方向

(1)开发有区域特色，应用固有的历史、文化资源的体验型、教育型特色旅游资源。

(2)开发以居民参与及区域社会为中心的环境亲和型旅游资源。通过创建环境亲和型旅游开发模型，制定发达国家型的旅游开发基本方向。

2. 现状与存在的问题

(1)目前的旅游资源开发以设施为主，导致项目与旅游资源在内容上不够丰富。

(2)随着区域旅游开发工作向均衡发展特别会计系统的转换，与最初的事业目标不同，地区的信访等事业也被包含其中，导致部分工作处于低迷的状态。

(3)未与各相关部门共同推进的“农山渔村新村庄建设工作”形成相互联系的系统。

### 3. 推进方案

(1)使文化旅游、绿色生态旅游资源开发事业的推进体系合理化。

①与大规模旅游区的开发不同，为了开发差别化的、各区域独特的小规模旅游区并使其旅游资源化，应对软件的开发提供支持。

②制定项目的选定标准，构建评价与回流系统。

(2)通过对旅游资源的开发评价，加强区域旅游开发的竞争力。

①组建并运营针对区域旅游开发工作的专家评价团，并通过评价进行激励性资助。

②通过对模范案例的宣传及信息的共享，加强区域旅游开发的力量。

(3)通过建立合理的旅游开发模型，谋求可持续发展的旅游开发。

①通过构建农渔村体验型村庄的旅游连接体系，鼓励滞留型、体验型旅游。

②针对依据区域居民、与环境相关的团体与地方自治团体间签订的旅游自治协议推进的旅游开发工作，开发其工作模型，并挖掘优秀案例进行资助。

### 4. 各年度投资计划

(单位：亿韩元)

| 分类 | | 2005 年 | 2006 年 | 2007 年 | 2008 年 | 2009 年 | 2010 年 | 合计 |
|---|---|---|---|---|---|---|---|---|
| 开发文化旅游资源 | 政府投资 | 672 | 750 | 940 | 1 200 | 1 500 | 1 875 | 6 937 |
| | 地方投资 | 672 | 750 | 940 | 1 200 | 1 500 | 1 875 | 6 937 |
| 开发生态、绿色旅游资源 | 政府投资 | 110 | 135 | 180 | 240 | 310 | 403 | 1 378 |
| | 地方投资 | 110 | 135 | 180 | 240 | 310 | 403 | 1 378 |
| 旅游资源的开发评价 | 政府投资 | — | 9 | 5 | 5 | 5 | 5 | 29 |
| 建立合理的旅游开发模型 | 政府投资 | — | 3 | 50 | 50 | 50 | 50 | 203 |
| 合计 | | 1 564 | 1 782 | 2 295 | 2 935 | 3 675 | 4 611 | 16 862 |

### 5. 期待效果

(1)通过开发区域固有的自然资源及反映生活与文化的多样化旅游资源，满足居民不断变化的旅游需求。

(2)通过构建与农山渔村新村庄建设事业间多样化的联系体系，营造有效的滞留型、体验型旅游基础。

## (三)正式推进未来型旅游休闲城市的营建

### 1. 推进目标与基本方向

(1)营建以旅游休闲功能为中心的未来型城市。

(2)营建具有国际竞争力的、东北亚地区最佳的休养城市。

### 2. 现状与存在的问题

(1)由于每周 40 小时工作制的实施等，韩国国内对旅游的需求快速增长。

因为韩国国内条件落后、费用高昂等问题，旅游需求转向国外的现象十分严重。

(2)目前旅游开发的局限：

①包括对选址的规定等各种制约过多，导致确保大规模的旅游休闲用地非常困难。

②各种设施需要分别获取许可，导致行政费用上升、项目的效益性差。

③与产业园区等相比，旅游园区在金融、税制等方面获得的支持不足。

(3)由于目前的城市开发方式是以住宅开发为主，在实施旅游休闲这一功能上存在困难。

### 3. 推进方案

(1)营建以旅游休闲为中心的复合型多功能城市。

在发展城市特色的同时，营造推进旅游、休闲、赛事与体验活动等职能的复合型多功能空间(居住、休养、旅游、休闲体育、教育、医疗等)。

(2)建设具有国际竞争力的未来型旅游休闲城市。

①具有国际竞争力的东北亚最佳的旅游城市(Only&Best)。

②可持续发展的未来型、亲环境、亲地区的城市(Eco&Amenity)。

③韩国中产阶级、市民可以一起享受的旅游休闲城市(Wellbeing City for All)。

(3)通过示范性项目的推进，使居民能在早期就看到该项目的效果，并制定出先导模式。

①示范性项目的申请：5个地区(泰安，海南、灵岩，茂朱，泗川，河东、广阳)。

②专业机构的评价(2005年5—6月末)及"企业城市委员会"的审议、确定(2005年7月)。

③通过可行性调查及开发计划的制订，具体推进该项目(2005年下半年)。

(4)到2010年，指定3~4个旅游休闲城市。

### 4. 期待效果

(1)通过开发以旅游产业为中心的未来型城市所创造雇佣岗位，并促进区域经济的发展。

**建造300万坪规模的旅游休闲城市所产生的经济波及效果(推测)**

| 分类 | 投资及支出额 | 吸引游客 | 波及效果 | |
|---|---|---|---|---|
| | | | 生产 | 雇佣 |
| 城市建造时 | 6兆韩元(建设投资) | 12兆韩元 | 13万名 | |
| 城市建造完成后(年度) | 6 000亿韩元(旅游支出) | 1 100万名 | 1兆韩元 | 2万4 000名 |

(2)扩充闲暇空间，以适应国民快速增长的旅游休闲需求。

(3)开发国际化的旅游基地，以抢占东北亚旅游市场，并改善旅游赤字问题。

## (四)营建作为区域基地的文化城市

### 1. 光州：亚洲文化中心城市

(1)推进目标与基本方向。

①通过文化的特色化，实现国家均衡发展战略。

②创建传统与高端技术和谐共处的未来型文化产业城市。

③以生态、环境、新人文主义的城市形象，提高文化韩国的形象。

(2)现状与存在的问题。

①光州是民主、人权、和平等精神价值的民主化象征，也是具有文化财富的艺术之乡，适合将其营建为文化中心城市。

②由于城市不具备相关的条件，有必要通过产业开发来推动经济的发展。

(3)推进方案。

①项目概要：

1)项目时间：2004 年至 2023 年(国立亚洲文化殿堂的建设到 2010 年完工)。

2)总经费：2 兆韩元以上(政府投资 1 兆韩元，地方投资5 000亿韩元，民间投资5 000亿韩元)。

3)建设国立亚洲文化殿堂(2010 年开馆，纪念"5·18"30 周年)。占地36 000坪，总面积43 000坪，总经费7 200亿韩元。

4)实施与营建亚洲文化中心城市相关的项目(至 2023 年)。制定文化重塑方案，将文化产业与区域特色产业联系起来进行培育的方案等。

②推进现状：

1)组建"文化中心城市营建委员会"与"推进企划团"(2004 年 3 月)。

2)确定国立亚洲文化殿堂的建设用地(全罗南道道厅一带，2004 年 9 月)。

3)着手研究《文化中心城市及殿堂建设的基本计划》(2004 年 9 月)。

4)发表 KDI(Korea Development Institute，即韩国开发研究院)对国立亚洲文化殿堂预算的可行性调查结果，认证可行性(2004 年 11 月)。

5)举办亚洲文化专题研讨会及市民大讨论会(2005 年 3 月)。

③推进计划：

1)制定"国立亚洲文化殿堂的建设总体规划"(2005 年 8 月)及"城市营建的综合性总体规划"(2005 年 10 月)。

2)国立亚洲文化殿堂的建设开工(2005 年 12 月)及完工(2010 年 5 月)。

3)实施与建造亚洲文化中心城市相关的项目(至 2023 年止)。

(4)各年度投资计划。

(单位：亿韩元)

| 分类 | 2004 年 | 2005 年 | 2006 年 | 2007 年 | 2008 年 | 2009 年 | 2010 年 | 合计 |
|---|---|---|---|---|---|---|---|---|
| 国家投资 | 100 | 1 031 | 2 538 | 1 700 | 1 700 | 1 700 | 1 231 | 10 000 |
| 地方投资 | 20 | 46 | 150 | 700 | 700 | 700 | 2 684 | 5 000 |
| 民间投资 | — | — | — | — | 500 | 500 | 4 000 | 5 000 |
| 合计 | 120 | 1 077 | 2 688 | 2 400 | 2 900 | 2 900 | 7 915 | 20 000 |

(5)期待效果。

①克服在产业化过程中产生的城市开发困难问题，并试图提出具有国际竞争力的未来型城市发展

模型。

②预计的区域经济波及效果：创造生产效益约9 877亿韩元，租金约1 920亿韩元，区域内的附加价值约1 890亿韩元，创造出雇佣岗位13 000余个。

2. 釜山影像城市

(1)推进背景与基本方向。

①将釜山培育成主导亚洲电影网络、制作与后期制作的东亚影像产业中心城市。

②通过人员、资本、技术上向地方转移及吸引海外投资，鼓励区域的均衡发展及加强国家的竞争力。

(2)现状与存在的问题。

①从 1996 年开始举办的"釜山国际电影节"已经超过"香港国际电影节"(自 1977 年开始)、"东京国际电影节"(自 1985 年开始)，跃升为亚洲最高级别的电影节。

②釜山广域市将影像产业指定为 4 大产业之一，进行集中培育(自 1999 年 5 月开始)。

(3)推进方案。

①项目概要：

1)建设釜山影像中心(2004 年至 2008 年，468 亿韩元，电影节专用场馆，产学官合作中心等)。

2)营建后期制作基地(2005 年至 2014 年，338 亿韩元，洗印、编辑、CG、录音设施等)。

3)建设电影体验博物馆(2005 年到 2006 年，478 亿韩元，电影博物馆、影像体验馆等)。电影体验馆的建设由 BLT(Build-Transter-Lease，即建设—租赁—转让)项目推进。

②推进现状：

1)制订"釜山影像产业发展基本计划"(Cine Port Busan)(2003 年 9 月)。

2)进行"培育釜山影像城市的综合计划"研究(2005 年 4 月，三星经济研究所)。

3)公开征集关于"釜山影像中心国际洗印"的设计(2005 年 6 月至 9 月)。

③推进计划：

1)釜山影像中心的动工(2005 年 10 月)及完工(2008 年 5 月)。

2)推进后期制作基地、电影体验博物馆的项目建设(2005 年下半年以后)。

(4)各年度投资计划。

(单位：亿韩元)

| 分类 | 2005 年 | 2006 年 | 2007 年 | 2008 年 | 2009 年 | 2010 年 | 合计 |
|---|---|---|---|---|---|---|---|
| 国家投资 | 40 | 67.5 | 93 | 124 | 10 | 38.5 | 373 |
| 地方投资 | 52 | 92 | 124 | 84 | 10 | 11 | 373 |
| 民间投资 | — | 477.7 | — | — | — | — | 477.7 |
| 合计 | 92 | 637.2 | 217 | 208 | 20 | 49.5 | 1 223.7 |

(5)期待效果。

加强釜山电影产业的国际竞争力，促进国家的均衡发展。

经济的波及效果(预测)　　(单位：亿韩元)

| 项目名称 | 全国 | | | 釜山地区 | | |
|---|---|---|---|---|---|---|
| | 生产 | 附加价值 | 工作岗位 | 生产 | 附加价值 | 工作岗位 |
| 建设釜山影像中心 | 679.4 | 580.8 | 7 345 | 431.3 | 406.5 | 7 237 |
| 建设后期制作基地 | 251 | 238 | 1 173 | 164 | 153 | 1 106 |
| 建设电影体验博物馆 | 293.9 | 208.8 | 3 905 | 186 | 171.4 | 3 847 |
| 合计 | 1 224.3 | 1 027.6 | 12 423 | 781.3 | 730.9 | 12 190 |

### 3. 庆州：历史文化城市

(1)推进目标与基本方向。

①通过保存与灵活运用千年古都庆州的文化遗产，展现历史文化城市的风貌。

②将庆州培育成国际水平的历史文化旅游城市。

(2)现状与存在的问题。

①虽然被称为露天的博物馆，具有相当多的文化遗产，但其应用程度不足。国家级宝物31件(占韩国的10.1%)，史迹74件(占韩国的16.3%)。

②没有形成将文化遗产的保存与生活质量的提高协调起来的综合性对策。

(3)推进方案。

推进庆州历史文化城市先导项目的进行。

①首先推进在短期内可以看到效果的核心项目：

确保皇龙寺的复原、古墓公园的建设、月净桥的复原、瞻星台休闲表演、徒步旅游道路等项目。

由文化观光部、文物厅、庆尚北道、庆州市共同资助及推进这些项目。

②从2006年开始到2035年，分为4个阶段，在30年间持续地推进。

(4)各年度投资计划。

(单位：亿韩元)

| 分类 | | 2005年 | 2006年 | 2007年 | 2008年 | 2009年 | 2010年 | 合计 |
|---|---|---|---|---|---|---|---|---|
| 营建庆州历史文化城市 | 国家投资(包括文物厅预算) | — | 267 | 317 | 318 | 338 | 370 | 1 610 |
| | 地方投资 | — | 205 | 205 | 205 | 205 | 210 | 1 030 |
| 合计 | | — | 472 | 522 | 523 | 543 | 580 | 2 640 |

(5)期待效果。

①为有形、无形文化遗产的保存和旅游及文化资讯的利用打下良好的基础。

②提高将文化遗产与旅游联系起来的政策的质量，使财政效果最大化。

### 4. 全州：传统文化城市

(1)推进目标与基本方向。

①营造充分利用全州丰富的传统文化资源的传统文化城市。

②构建能最大化地提高地区居民的生活质量及满足旅客需要的创造性城市(Creative City)。

(2)现状与存在的问题。

没能发展充分利用多样化传统文化资源的区域文化与旅游产业。

(3)推进方案。

推进全州传统文化城市先导项目的实施。

首先推进在短期内就可以看到效果的核心项目：制定全州传统文化城市的基本计划(2005 年 3 月至 10 月)；运营韩屋村的文化厢房项目，修建传统庭院，建立韩屋研究院等。

(4)各年度投资计划。

(单位：亿韩元)

| 分类 | | 2005 年 | 2006 年 | 2007 年 | 2008 年 | 2009 年 | 2010 年 | 合计 |
|---|---|---|---|---|---|---|---|---|
| 营建全州传统文化城市 | 国家投资 | — | 30 | 50 | 70 | 70 | 100 | 320 |
| | 地方投资 | — | 30 | 50 | 70 | 70 | 100 | 320 |
| 合计 | | — | 60 | 100 | 140 | 140 | 200 | 640 |

(5)期待效果。

①提出利用传统文化资源的城市发展良性循环模型。

②培育传统文化城市，使传统与现代、开发与保存得以和谐共存。

# 八、开发具有高附加价值的体育用品，加强国际竞争力

## (一)开发与 IT 结合的高端体育用品，加强国际竞争力

### 1. 推进目标与基本方向

(1)通过开发与 IT 结合的高端体育用品，使附加价值最大化，并扩大国际市场的占有率。

(2)集中培育有竞争优势的体育用品，使国产品牌国际化。集中培育登山用品、健身器材、轮滑鞋等 30 个战略性品种。

### 2. 现状与存在的问题

(1)体育用品的生产企业共8 178个，市场规模为 4 兆5 000亿韩元(2004 年)。

①与体育用品仅9 067万美元的出口额相比，进口额达到 4 亿3 852万美元。

②外国企业占领了韩国国内体育用品市场的大部分(75%)。

(2)具有世界水平的国产用品，大部分为 OEM 生产，因此产品的品牌认知度低下。

①虽然技术能力达到了世界水平，但由于国内生产的费用非常高，生产都转到了国外。如，高尔夫手套，越南产；高尔夫球杆，中国产。

②由于资本能力不足，接受海外著名企业的委托加工。如棒球手套，美国 Eastern 公司生产。

3. 推进方案

(1)开发利用 IT 技术的高端体育用品。

①对技术开发(R&D)提供支持(到 2010 年，为 30 个种类提供 300 亿韩元的资助)。成立集中培育体育用品的选定委员会(由 10 余名学术界、企业界及体育界人士组成)。

②加强对所开发用品的知识产权保护，提高其认知度并推进其国际品牌化。如体力诊断系统、身体成分分析机、远程遥控运动处理器等。

由韩国国内企业生产的身体成分分析机无论在性能还是价格方面都比日本产品更具有优势，得到了认可(国产产品为3 000美元，日本产品为15 000美元)。

(2)集中培育与优势体育项目相联系的用品及具有竞争优势的高级手工制品。

①优势项目种类：射箭、跆拳道、高尔夫球、高尔夫球杆、登山用品等。

②手工制品：高尔夫、棒球、曲棍球项目的运动手套，棒球用球，体育舞蹈鞋等。

4. 各年度投资计划

(单位：亿韩元)

| 分类 | | 2005 年 | 2006 年 | 2007 年 | 2008 年 | 2009 年 | 2010 年 | 合计 |
|---|---|---|---|---|---|---|---|---|
| 对开发高端体育用品提供支持等 | 国家投资 | — | 10 | 20 | 30 | 40 | 50 | 150 |
| | 体育振兴基金等 | — | 10 | 20 | 30 | 40 | 50 | 150 |
| 合计 | | — | 20 | 40 | 60 | 80 | 100 | 300 |

5. 期待效果

(1)通过开发高端的体育用品及使设计达到国际先进水平，确保在与海外著名品牌的竞争中具有竞争力，并开拓出新的市场。

(2)改善 R&D 的投资与收益结构，建立良性循环体系。

## (二)扩大实施国际水平的品质、规格认证制度(KISS)

1. 推进目标与基本方向

(1)通过实施国际水平的体育用品认证制度，提高国产体育用品在国内外的品质信用度。

(2)通过获得国际认可，扩大海外市场。

### 2. 现状与存在的问题

(1)因技术壁垒造成的出口减少额度，约是因反倾销出口限制造成的出口减少额度的13倍，这使得人们开始关注引入国际水平的品质、规格认证制度的必要性。

(2)由于国产用品对品质认证的认识不够及规格开发方面的不足，产品的对外认知度低下，在进入国内外市场时受到限制。

### 3. 推进方案

(1)扩大实施国际水平的品质、规格认证制度：

①加强对体育用品品质认证制度及认证用品的宣传(利用体育明星及演艺人员进行宣传)。

②积极鼓励在全国体育比赛等国内主要竞技比赛中使用已认证的用品。

(2)对开发具有竞争力的竞技用品及获取国际竞技联盟的公认提供支持。

### 4. 各年度投资计划

(单位：亿韩元)

| 分类 | | 2005年 | 2006年 | 2007年 | 2008年 | 2009年 | 2010年 | 合计 |
|---|---|---|---|---|---|---|---|---|
| 实施体育用品认证制度 | 国家投资 | 9 | 9 | 10 | 10 | 10 | 10 | 58 |
| 对获取国际公认提供支持 | 国家投资 | — | — | 3 | 5 | 5 | 5 | 18 |
| | 体育振兴基金等 | — | — | 3 | 5 | 5 | 5 | 18 |
| 合计 | | 9 | 9 | 16 | 20 | 20 | 20 | 94 |

### 5. 期待效果

(1)通过生产国际规格的体育用品，提高产品的认知度，并多方位地开拓国际市场。

(2)鼓励企业提升体育用品的品质，加强体育用品的国际竞争力。在获取品质认证后，会因为技术壁垒的克服而增加15%的出口额(预计)。

## (三)促进引资及营销

### 1. 推进目标与基本方向

(1)体育用品的出口：从2004年的9 000万美元增长到2010年的2亿美元。

(2)国产体育用品的国内市场占有率：从 2004 年的 25%增长到 2010 年的 50%以上。

## 2. 现状与存在的问题

(1)由于国内体育用品企业的规模过小，信息收集、营销能力缺失，目前国外的体育用品占领了 75%的国内市场。外国企业积极利用体育明星、演艺人士展开不同形式的营销；国内企业由于资本能力的不足，在技术开发、投资及营销方面都很薄弱。

(2)与收益相比，过高的开发费用限制了技术的开发。

(3)因为每周 40 小时工作制的实施及收入的增加，参与高尔夫运动的人数在不断增加，但国产高尔夫用品的消费数量却在下降(国产高尔夫用品的市场占有率分别为：高尔夫球杆，15%；高尔夫球，50%)。

## 3. 推进方案

(1)在税制上加大支持力度，减免投资企业开发新产品时的法人税等(与财政经济部进行协商)。

对于开发产品的投资费用，在一定年限(3 年)内减免法人税(最高额度为 5 亿韩元)。

(2)对参加国外著名的博览会给予支持，促进信息收集及营销活动。

①对参加中国体育用品博览会(Sports Show)、美国体育用品博览会(Super Show)等大规模的国际博览会给予支持。高端体育用品企业、获得体育产业大奖的企业产品优先参展。

②通过对国际体育产业市场的调查，开发并推广各区域的战略性用品。如体力诊断系统(中国、日本)、健身器材(美洲、欧洲)等。

③集中培育在国际市场具有高占有率的用品，并扩大其市场。例如，射箭(40%)，帐篷(35%)，高尔夫球、棒球、曲棍球手套(20%)，渔杆(20%)。

## 4. 各年度投资计划

(单位：亿韩元)

| 分类 | | 2005 年 | 2006 年 | 2007 年 | 2008 年 | 2009 年 | 2010 年 | 合计 |
| --- | --- | --- | --- | --- | --- | --- | --- | --- |
| 资助参加海外博览会 | 国家投资 | — | 5 | 10 | 10 | 10 | 10 | 45 |
| 举办国际体育博览会 | 体育振兴基金 | 5 | 5 | 7 | 7 | 8 | 8 | 40 |
| 合计 | | 5 | 10 | 17 | 17 | 18 | 18 | 85 |

## 5. 期待效果

(1)通过促进对新产品开发的投资，加强对高端体育新产品的开发，并加强企业的国际竞争力。

(2)通过参加海外著名的博览会，收集最新的国际信息，开拓海外销路，并提高国际的认知度。

# 九、扩大休闲体育产业的基础

## (一)为了迎接休闲体育人口达到1 000万名的时代，健全相关制度

### 1. 推进目标与基本方向

(1)为了迎接休闲体育人口达到1 000万名的时代，健全相关制度并提供行政、财政的支援。

①配置休闲体育设施并制定其安全标准。

②发展与地方特色相结合的休闲体育项目。

(2)提升每周40小时工作制所带来的生活体育参与率并促进爱好者俱乐部的活动。

生活体育参与率：从2004年的39.8%提升到2010年的50%。

### 2. 现状与存在的问题

(1)促进休闲体育发展的制度基础薄弱。

①虽然种类已经多样化且参与人数也在增加，但设施及其安全标准还不完善。

②水上安全休闲法(海洋水产部)、航空法、建筑法(建设交通部)、观光振兴法(文化观光部)等相关法规处于分散的状态。

(2)生活体育由于活动空间与项目的不足，参与率处于低潮。

(3)由于体育设施不具备便利空间(更衣室、休息设施等)等原因，爱好者俱乐部的活动受到限制。

### 3. 推进方案

(1)完备促进休闲体育积极发展的制度，并在行政、财政方面给予支持。

①通过《休闲体育振兴法》的制定，构建稳定、系统的休闲体育培育基础。

②指定符合区域特色的休闲体育特区，并在行政、财政方面给予支持。如海云台海洋休闲运动特区、仁济漂流运动特区、西海岸区域的航空休闲运动特区等。

③培养并配置休闲体育的专业指导。

④为了促进休闲体育设施的发展，鼓励地方自治团体无偿提供闲置土地并长期租赁(与行政自治部、地方自治团体进行协商)。

⑤对于中小型的休闲体育设备生产企业，加强对其的支持力度(资助设计开发、品质认证等)。

(2)资助韩国型体育俱乐部模式的普及与积极发展。

①制定体育俱乐部登记及培育、资助的法律依据(修订《国民体育振兴法》)。

1)实施体育俱乐部的市、郡、区登记制度，并资助其运营。

2)赋予国家及地方自治团体培育及资助的义务。

②将以个人会员为中心的爱好者俱乐部的活动形态扩展为以家庭、居民为中心的活动形态。

③确保俱乐部会员的活动、服务空间，改善相关条件。

(3)将学校内的自主体育活动及社团活动培育成校内的体育俱乐部体系。

①对体育活动的服务设施及运动器材、保管场所等环境设备提供支持。

②普及并扩大学校内的体育俱乐部及区域社会的青少年体育俱乐部活动。

(4)开展“体育 7330 运动”。

①举办宣传活动，鼓励市民每周进行 3 次以上的运动，或每天运动 30 分钟。

②通过舆论宣传等活动，转变国民对生活体育的认识。

4. 各年度投资计划

（单位：亿韩元）

| 分类 | | 2005 年 | 2006 年 | 2007 年 | 2008 年 | 2009 年 | 2010 年 | 合计 |
|---|---|---|---|---|---|---|---|---|
| 对体育俱乐部的环境设备提供支持 | 国家投资 | — | — | 150 | 200 | 300 | 400 | 1 050 |
| | 体育振兴基金 | — | — | 150 | 200 | 300 | 400 | 1 050 |
| 合计 | | — | — | 300 | 400 | 600 | 800 | 2 100 |

5. 期待效果

(1)适应国民闲暇的需求，推广多样化的休闲体育项目。

(2)为民间的体育设施投资做好基础性准备，并通过积极发展体育俱乐部的活动，为体育产业的发展奠定基础。

## (二)给予民间体育设施以税制上的支持，改善其经营条件

1. 推进目标与基本方向

(1)调整民间体育设施的税制及公共事业费，改善企业的经营条件。

(2)放宽对民间体育设施的相关规定，推进设施的持续性扩充。

2. 现状与存在的问题

(1)由于对高尔夫球场征收特别消费税及过重的地方税，造成使用费用上升，导致对海外高尔夫产品的消费增加。

(2)与类似设施相比，由于被征收了更多的公共事业费，导致企业收益下降，且缺乏对设施进行投资的意愿。

对滑雪场、体育中心的电费按普通用途电费征收，与企业用途电费相比要多负担 30% 以上的费用。滑雪场的使用人数在过去 10 年间增长了 3 倍以上(2004 年为 690 万名)，但设施上只增加了 4 个场地(从 10 个增长到 14 个)。

### 3. 推进方案

(1)废除或降低会员制高尔夫球场的特别消费税(推进与财政经济部的协商)。

(2)降低会员制高尔夫球场的所得税等地方税(推进与行政自治部的协商)。

(3)改善滑雪场、体育中心的电费缴纳方式(推进与产业资源部的协商),从现行的“普通用途”转换为“企业用途”(修订电力供应条款)。

(4)改善游泳馆、体育中心的水费缴纳方式(推进与产业资源部的协商)。从现行的“营业用”转换为“大众洗浴用”。

(5)将民间体育设施等的使用费纳入到年末的所得税减免对象中(推进与财政经济部的协商)。体育道场等体育设施的使用费,认定为100万韩元之内。

(6)为了促进民间体育设施投资的发展,放宽相关规定的限制。

①推进对于设置、利用体育设施的相关法律的修订。

1)将9个登记制体育设施行业(市、道分公司)中除高尔夫球场、滑雪场、赛车场外的6个设施行业转换为申请制设施行业。

2)将体育道场等11个申请制体育设施行业中的网球场、健美操馆、保龄球馆等行业转换为自由业种。

②为了提高公共体育设施的利用程度,扩大民间委托的范围。

### 4. 期待效果

(1)通过降低高尔夫球场的使用费,为高尔夫运动的大众化作出贡献。

(2)通过减少民间体育设施的公共事业费负担,改善其经营条件。

(3)通过放宽对民间体育设施相关规定的限制,促进投资的发展并提高设施的供应能力。

## (三)扩建价格便宜、使用方便的大众高尔夫球场

### 1. 推进目标与基本方向

(1)到2010年为止,扩建40~50个大众高尔夫球场。

(2)扩大大众高尔夫球场的比例:从2005年的20.5%增加到2010年的35%。

### 2. 现状与存在的问题

(1)由于高尔夫球场存在预约难及费用过高等问题,导致每年有30万人次以上的海外高尔夫旅行。

①高尔夫球场的数量:美国170 000个(14 000人/球场),日本2 460个(52 000人/球场),英国2 000个(28 000人/球场),韩国190个(260 000人/球场)。

②使用费:韩国为150~200美元,英国为70美元,中国为60~70美元,泰国为60~70美元,美国为50~60美元。

(2)由于缺少对中低价格高尔夫用品的开发及普及，对高价进口用品的消费在逐渐增加。

(3)为了适应 2010 年高尔夫人口达到 400 万名的时代，最少需要 400 个以上的高尔夫球场，但由于与环境相关的规定及用地的限制，扩建有很大的局限性。

3. 推进方案

(1)扩建以低廉的费用就可以利用的公共型大众高尔夫球场。利用体育振兴基金(高尔夫球场入场费用的附加费)，每年扩建 2 个大众高尔夫球场；鼓励公共机构、团体参与大众高尔夫球场项目。

(2)鼓励在投资费用低、环境问题比较少的旅游休闲城市、围海造田地、填埋地等地方建设大众高尔夫球场(30~40 个)。通过简化高尔夫球场用地的行政程序，鼓励民间投资大众高尔夫球场建设。

项目计划的批准数量：2004 年 17 个球场，2005 年 34 个球场。

4. 各年度投资计划

(单位：亿韩元)

| 分类 | | 2005 年 | 2006 年 | 2007 年 | 2008 年 | 2009 年 | 2010 年 | 合计 |
|---|---|---|---|---|---|---|---|---|
| 扩建公共型大众高尔夫球场 | 体育振兴基金 | — | 30 | 350 | 360 | 370 | 380 | 1 490 |

5. 期待效果

(1)每建造一个 9 洞规模的大众高尔夫球场，将带来 405 亿韩元规模的经济波及效果，并创造出 150 个以上的工作岗位。

(2)通过在国内吸纳对海外高尔夫旅游的需求，改善旅游的收支情况。如每年减少 10%的去海外的高尔夫游客(约 30 万名，海外费用约为 1 兆韩元)，将节约1 000亿韩元的外汇。

(3)促进高尔夫用品、高尔夫广告等高尔夫产业的发展。

## (四)以申办 2010 年春川世界休闲大会、2014 年冬季奥运会为契机，促进休闲体育的发展

1. 推进目标与基本方向

(1)对申办休闲体育的世界大赛及扩充设施设备提供支持。

(2)以申办 2014 年平昌冬季奥运会为契机，将江原道培育成冬季休闲体育的圣地。

2. 现状与存在的问题

(1)虽然对休闲体育的需求在快速增加，但由于设施设备不符合国际规格，申办国际大赛很困难。

(2)由于没有系统的休闲体育用品培育政策，大部分依赖于进口。

(3)对于以江原道地区秀丽的自然风光为资源，培育四季性的休闲体育项目方面，还存在很多不足。有必要充分利用山林、水上及海上、航空等区域环境，培育休闲体育项目。

### 3. 推进方案

(1)利用地区有利的环境申办休闲体育的国际大赛。山地世界杯、国际单排轮滑大赛、山地赛车大赛等。

(2)扩充山地、水上等各类型的设施设备。

(3)开发并培育具有发展可能性的休闲体育用品。

①培育轮滑鞋、手套类等具有竞争优势的用品。

②以申办2010年春川世界休闲大会为契机，对举办世界休闲体育用品博览会给予支持。

(4)将江原道培育成四季性的休闲体育圣地。

①对四季性休闲体育特色化项目予以支持，如仁济(漂流)，雪岳(山地自行车)，龙平、洪川、平昌(滑雪)，东海、束草(海洋运动)等。

②扩充与旅游基础设施相关的体验型休闲体育设施，对项目的开发予以支持。

### 4. 各年度投资计划

(单位：亿韩元)

| 分类 | | 2005年 | 2006年 | 2007年 | 2008年 | 2009年 | 2010年 | 合计 |
|---|---|---|---|---|---|---|---|---|
| 举办国际大赛 | 国家投资(基金) | — | 3 | 5 | 15 | 75 | 17 | 115 |
| | 地方投资 | 5 | 7 | 12 | 12 | 15 | 15 | 66 |
| 开发休闲体育用品 | 国家投资 | — | 2 | 5 | 5 | 5 | 5 | 22 |
| | 民间投资 | — | 5 | 10 | 10 | 10 | 10 | 45 |
| 合计 | | 5 | 17 | 32 | 42 | 105 | 47 | 248 |

注：包括2008—2010年世界休闲总会的支援。

### 5. 期待效果

(1)通过培育反映地方特色的休闲体育项目，谋求区域经济的积极发展。

(2)通过申办国际大赛等活动，为休闲体育用品的战略性培育打下基础。

申办2014年冬季奥运会的经济波及效果(2004年9月首尔大学体育产业研究中心)：

①创造的生产效益：11兆5 166亿韩元(江原道，6兆2 715亿韩元；首尔等其他地区，5兆2 451亿韩元)。

②带来的附加价值：5兆1 366亿韩元(江原道，2兆8 959亿韩元；首尔等其他地区，2兆2 407亿

韩元)。

③创造的工作岗位数量：14.3 万个(江原道，8.5 万个；首尔等其他地区，5.8 万个)。

# 十、构建职业型体育产业的自立基础

## (一)培养体育产业的专业人才

### 1. 推进目标与基本方向

(1)系统地培养具有国际水平的体育产业的专业人才。

(2)加强以地方自治团体、职业俱乐部、体育用品企业的从业者为对象的现场实务教育。

### 2. 现状与存在的问题

(1)缺少体育产业界所需专业人才的培养体系，即可以提供多样化服务及进行有效营销的专业人才。体育科学研究院的人力教育一直以短期课程为主，缺少专业性；发达国家把体育产业专业人才的创造性(Creativity)、才能(Skill)看作体育产业发展的动力。

(2)由于体育预算的不足，以及对体育产业专业人才的认识低下，企业界、地方自治团体、职业俱乐部等机构对于从业者的教育不足。

(3)国际竞赛的申办、运动选手的供求等大部分业务都依赖于海外的体育营销企业。

### 3. 推进方案

(1)大幅度扩大体育营销人员等专业人才的培养。其中，体育营销人员1 000名、体育设施行业经营管理者 750 名、公共体育设施管理者 750 名等。

(2)对体育经营管理者这一国家技术资格获得者进行相关教育。

(3)扩大体育产业专业人才的培养机构。

①在大学的社会教育专业中，开设培养体育产业专业人才的课程。

②对国内 41 所大学的体育科学研究所的学术活动提供支持。

### 4. 各年度投资计划

(单位：亿韩元)

| 分类 | | 2005 年 | 2006 年 | 2007 年 | 2008 年 | 2009 年 | 2010 年 | 合计 |
|---|---|---|---|---|---|---|---|---|
| 培养体育产业的专业人才 | 国家投资 | 3 | 4 | 5 | 5 | 5 | 5 | 27 |

5. 期待效果

(1)通过系统地培养体育产业的专业人才，加强韩国国内体育产业的国际竞争力。
(2)通过培养专业的体育营销人员，对职业俱乐部的顺利运营予以支持。

## (二)提高职业体育的营销能力

1. 推进目标与基本方向

(1)开发并推广将职业体育高水平国家的体育营销方法应用于韩国国内的模型。
(2)培养体育经纪人(Agency)。对企业赞助(Sponner Ship)、销售(Merchandizing)、播放/转播权事业、赛事企划/运营、选手经纪等体育服务行业提供支持。

2. 现状与存在的问题

(1)由于职业体育市场规模整体上相对薄弱，对体育营销的重要性认识不足。
(2)由于缺乏体育营销专业人员，赛事的宣传及营销处于低潮。
(3)由于没有建立体育俱乐部的培育体系，俱乐部的运营在有效的选手管理、宣传及活动、赞助等方面无法进一步发展。

3. 推进方案

(1)加强职业俱乐部管理者的体育营销能力。
①推进对职业俱乐部职员的体育营销教育。
②积极探讨利用大学等机构的社会教育课程的方案。
(2)引进海外体育营销法等优秀案例的经营方法。
①通过增加观众、吸引赞助商、提高设施的利用率等提高收益性的方法，挖掘在品牌战略、媒体合作伙伴、活动及广告、引进赞助商等方面的经营模式。
②销售球场名称使用权(Naming Right)。
(3)指定体育经纪人的培养机构并给予行政上的支持。

4. 期待效果

(1)为韩国国内职业体育的发展奠定基础。
(2)促进韩国国内职业体育服务市场的积极发展及加强国际竞争力。

## (三)扶持圆顶棒球场的建设及改善职业竞技团体的运营条件

1. 推进目标与基本方向

(1)建设具有国际水平的圆顶棒球场。

(2)运营职业足球与职业篮球两大联赛。

(3)增加职业体育的观众数量：从 2004 年的 590 万名增加到 2010 年的1 000万名。

2. 现状与存在的问题

(1)在位置选定、预算确保等方面未与建设圆顶棒球场的相关机构建立合作体系。美国拥有 8 个圆顶棒球场，日本拥有 6 个圆顶棒球场。

(2)国内职业体育的整体市场规模不够。上座率：足球，25%(日本为 70%)；棒球，25%(美国为 62%)；篮球，61%(美国为 87%)。

(3)在职业俱乐部的新建及运营方面，财政负担过重。

①初期的负担金过多，导致企业或市民团体在新建球队时面临困难。

足球方面，联盟加入费(10 亿韩元)、足球发展基金(30 亿韩元)、赛场使用费、运营费、选手年薪等最少需要 300 亿韩元以上。

②缺少能缓解职业球队财政负担的税制支持。

(4)需要扩大地面波播放公司对体育的转播量。

目前地面波播放公司为了确保收视率，在重播方面是以电视剧为主进行编制的。

3. 推进方案

(1)对建设具有国际水平的圆顶棒球场提供支持。

在首尔市、韩国棒球委员会等相关机构和团体间建立合作机制，推进球场的建设。

(2)改善职业竞技团体的运营条件(推进与财政经济部等的合作)。

①制定缓解职业球队税制负担的方案，如对母公司的球队支援金进行税率减免等。

②加强地方自治团体对主场球队的资助。下调地方自治团体所有的竞技场地使用费，放宽对设施使用的限制。

③推进将支持职业球队、职业竞技团体及职业比赛的资助款认定为指定资助款的工作。

④放宽对职业球队新建、改建体育设施的附属、收益事业用建筑物的限制。推进《建筑法》等相关法令的修订，允许设置训练场、训练设施。

⑤推进警察厅棒球队的建立，扩大现役职业选手的职业活动机会。

(3)扩大职业联赛的运营。

①通过新组建棒球、足球等球队，构建两大联赛的运营基础：

职业棒球：从 8 支球队到 12 支球队。

职业足球：从 13 支球队到 16 支球队。

②通过引进两大联盟优胜队之间的系列赛、季后赛、外卡制度、联赛制度等来吸引观众。

通过加强与业余体育的联系，扩大职业体育的基础。

(4)鼓励职业体育与媒体间的战略性合作。

①通过扩大体育转播，进一步吸引比赛的赞助商。

②通过高水平的比赛转播，扩大收视权，并增加广告客户。

③推进地面波播放公司与有线卫星播放的职能分配，积极促进球队与播放公司共同进行企划宣传。

(5)开发与职业体育彩票相联系的竞技项目及令人感兴趣的项目。

与艺人或体育明星一起参与体育彩票活动，举办大型活动，发行比赛套票等。

当销售额达到3 000亿韩元时，竞技团体的分红金额为75亿韩元(总销售额的2.5%)。

4. 期待效果

(1)通过建立圆顶棒球场，促进区域经济的积极发展。美国巴尔的摩球场创造出9 400万美元的经济效益，加拿大多伦多球场创造出3亿美元的经济效益。

(2)以两大联赛的确立，促进职业体育的积极发展并增加观众人数。

(3)扩大体育转播，吸引更多的赞助商与广告客户。

## (四)培育已有的国际大赛及引进战略项目的国际大赛

1. 推进目标与基本方向

(1)通过扩大及改组“A3大会”，创建韩、中、日的跨国联赛(Inter-league)。参赛队伍扩大到位于3个国家职业足球联赛前列的队伍(每国4支球队，共12支球队)。

(2)扩大亚洲足球联盟(AFC)冠军杯联赛。扩大为包括中国及东南亚在内的亚足联(AFC)东西联赛制。

(3)通过吸引高尔夫等优势项目的国际比赛进驻，提高体育的竞争力。

2. 现状与存在的问题

(1)如果“A3大会”只有3个国家职业足球联赛的冠军队参加，转播数量及比赛观众就会很少。在吸引赞助商、出售转播权等营销方面会遇到困难。

(2)AFC冠军杯联赛的日程与各国职业联赛的日程冲突，会影响票房。

(3)虽然韩国高尔夫、棒球等在国际体育界是优势项目，但由于吸引国际大赛的能力不足，影响了竞技能力的提升及体育产业的同步发展。

3. 推进方案

(1)扩大“A3大会”的参赛队伍数量。从2006年的4支球队到2010年的6支球队，再到2010年创建跨国联赛，统一运营。

(2)为了推进AFC东西联赛的运营，构建各国足球联盟协商体。AFC通过扩大冠军联赛的参赛国与参赛球队的数量，举办东西联赛。

①目前，每个国家2支球队，7个组共有14个国家的29支球队(前一年的冠军自动入选)参加。以后每个国家4支球队，分8个组进行，到2010年转换为东西联赛。

②AFC参与国：大韩民国、日本、中国、伊朗、伊拉克、科威特、阿联酋等14个国家。

(3)逐年增加亚洲3国体育大会的项目，对此予以资助。从2005年的足球项目扩大到2007年的篮球项目和排球项目(各3支球队)。

(4)推进在韩国国内举办 PGA、棒球世界杯等比赛。通过与韩国国内外相关机构及团体的协商，制订并推进申办计划。

4. 期待效果

(1)提高韩国国内职业体育的水平及竞技能力。

(2)谋求韩国国内职业体育产业的发展。

# 第五部分　期待效果

## 1. 经济方面的期待效果

如果按照“文化强国(C-KOREA) 2010”蓝图，集中培育文化、旅游、休闲体育产业，就会实现经济的持续增长及经济效果的最大化。

(1)对国家经济增长的贡献。

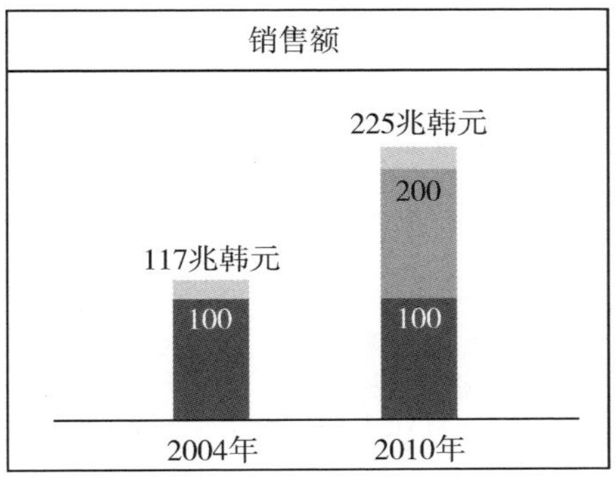


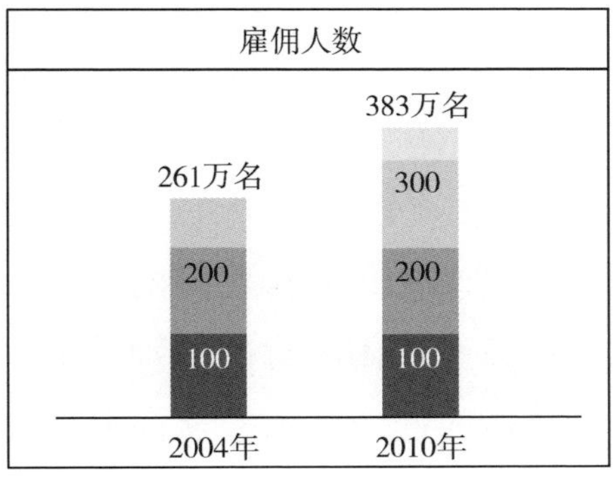


(2)增长率及销售规模预测。

①通过“文化强国(C-KOREA)2010”的有效推进，从2005年到2010年，文化、旅游、休闲体育产业将实现11.5%的增长率，将是韩国年均GDP增长率7.7%的1.5倍。

②按文化、旅游、休闲体育产业11.5%的增长率计算，到2010年，文化、旅游、休闲体育产业的总销售规模将达到225兆韩元。

**各产业类别销售规模的预测**　　　　(单位：兆韩元)

| 年度 | 文化产业 | 旅游 | 休闲体育 | 总计 |
|---|---|---|---|---|
| 2004 | 49 | 51 | 17 | 117 |
| 2010 | 94 | 99 | 32 | 225 |

(3)雇佣规模预测。

文化、旅游、休闲体育产业各领域类别的销售规模，根据不同的雇佣系数预测的结果为，到2010年，文化、旅游、休闲体育产业的总雇佣规模将达到383万人(占总就业人数的比例为16.1%)。

各产业类别雇佣规模的预测

| 年度 | 文化产业（万名） | 旅游（万名） | 休闲体育（万名） | 总计 | 总就业人数（万名） | 占总就业人数的比例（%） |
|---|---|---|---|---|---|---|
| 2004 | 53 | 188 | 20 | 261 | 2 256 | 11. 6 |
| 2010 | 96 | 251 | 36 | 383 | 2 373 | 16. 1 |

总就业人数：使用的是《人口老龄化与宏观经济展望》（KDI，2004）中提出的预测值。

## 2. 社会、文化方面的期待效果

（1）通过文化提高国民生活的质量。

奠定普及性的服务基础，使所有国民在任何时间、任何地点都能享受到价格低廉的文化、旅游、休闲体育活动。

（2）以文化为基础的可持续性区域均衡发展。

①消除文化、旅游、休闲体育活动的区域间差异，缓解人口集中于首都圈的现象，追求国家的均衡发展。

②开始并推广在区域内可以生产、流通及享有文化的可持续性发展模型。

（3）确立健康且具有生产性的消费文化。

①为了应对消费的高端化、多样化倾向及进入老龄化社会所带来的消费形态的变化，扩充具有发达国家水准的文化、旅游、休闲体育的基础设施。

②将不断增长的休闲时间及收入，从商业文化消费转换为可以创造出高附加价值的生产性、健康性休闲活动消费。

（4）加强与世界同步的文化国家形象。

①通过双向的文化交流，消除对“韩流”的抗拒感，增加韩国文化的多样性。

②迈出亚洲，提高韩国与世界同步的文化强国形象。

# 文化宪章

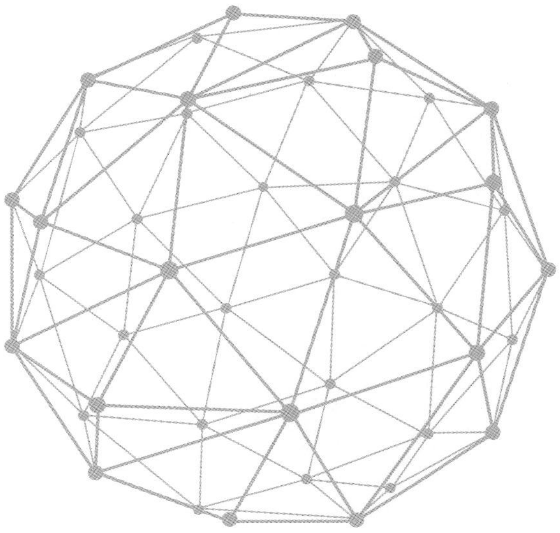

＊ 韩国宪章制定委员会 2006 年 5 月公布。

# 文 化 宪 章

文化是人之为人而活着的社会基础。文化是每个市民实现生活的多种目标和愿望的自由活动基础，是形成共同体的共鸣和认同感的基础，是社会所应追求的价值、意义、美的源泉。文化开启人类的社会，在政治、经济、社会所有领域中，将人类的品位和生命的尊严放在所有价值的中心位置，通过提高市民生活质量让所有人享有生活的乐趣和幸福。

取其精华，去其糟粕，反省和希望交织在一起，使过去和未来在现在这个时段相遇，这就是文化的活力。通过传承传统的精华和巧妙地兼容来自新变化的要求，创造面向未来的开放社会、正义社会、富裕美好社会的创造性动力来自于文化。为了确认生活在这片土地上的所有人都应享有的文化权利，找出成为共同体基石的文化价值，阐明社会发展的文化原则，奠定人性化的生活基础，2006 年 5 月公布此宪章。

## 1. 基本权利

文化权利是市民的基本权利。所有市民都拥有不被不正当地审查、监视、威胁所困扰的权利，拥有良心的自由不被约束的权利，拥有积极实现思想自由和表达自由的权利，拥有在任何地方享受有品位的生活的权利。

## 2. 创造、参与、享受的平等权利

文化权利是市民的平等权利。每一位市民，不论其阶层、地区、性别、学历、身体条件、所属团体、宗教、人种有何差别，都平等地拥有创造文化、参与文化活动、享受文化的权利。市民拥有享受提高生活质量的创造性文化环境和闲暇生活的权利，拥有接受文化教育和艺术教育的权利，拥有追求终身学习来给自己创造机会的权利，拥有平等地接触所有领域的知识信息和传播媒体并掌握自由表达手段的权利，拥有参与到影响自身文化生活的公共政策的决策及其执行过程的权利。

## 3. 共同体的文化基础

社会共同体应不断确认和尊重作为共同生活基础的基本文化价值。

(1) 支撑共同体的基本文化价值包括人和生命的尊严、和平和宽容、对邻里的关怀和善意、公正性和团结、与自然的共生。

(2)尊重美与善、拥护公共价值、共享历史记忆和经验、对是非曲直的理性判断等文化能力也是市民们结成共同体的道德源泉及相互信任、合作、团结的基础。

## 4. 多样性原则

文化多样性是个人的集体认同感、自主性的基础，是使社会丰富的多元性原理，是和平与共存的基本框架。市民通过自由、多样化的方式产生意义并表现价值，对于自我不认同的价值、理念、习惯，不需要无条件地被迫顺从。市民应理解并尊重国内外多样文化之间的差别，并为增进世界文化的多样性和促进世界和平作出贡献。

## 5. 弱者和少数人群的文化权利

要特别保护社会经济方面的弱者和少数人群的文化权利。

(1)必须使所有儿童和青少年都不掉队及不受压迫，在自由、平等、创造性的文化环境中，成长为具有和平、正义以及相互尊重、理解、分享精神的完整、和谐个体。

(2)向精神残疾人士和身体残疾人士提供保障其尊严、促进其自立、积极参与社会和个人发展所需的文化支援。

(3)对于居于不利环境的女性、老弱者、孤儿、独居老人、混血儿、无亲少年等社会经济层面的弱势群体，为了改善其生活水平及提高其生活品位，必须保障其文化福利。

(4)要使包括外国人、移民、流动劳动者等在内的语言、民族上的少数者和少数集团在任何地方都能享有与市民同等的文化权利，即使是在他们享有其固有文化并维持其认同性时也可以享受这一文化权利。

(5)包括性别少数者在内的文化的、宗教的少数者和少数集团，不能强迫其接受违背其自我意愿的文化认同性。

## 6. 文化遗产的保存原则

蕴含着民族经验和愿望的有形的、无形的文化遗产和历史遗迹是生活在这片土地上的所有人的共有财产，是民族认同性的基础，是不可毁损的人类文化遗产的一部分。为了完美地保存传统文化遗产和历史遗迹，并激发对民族创造性成果的尊敬和爱慕之心，这些文化遗产应向所有人开放，并应用为创造新文化和发展文化的基础。广义的文化遗产还包括具有重要文化价值的自然遗产和固有的生态价值。

## 7. 繁荣地区文化的原则

地区文化是促进地区社会发展的活力源泉、凝结地区共同体认同的基础。繁荣地区文化必须遵循居民自主参与和居民自治的原则。地区居民应保存包括自己故乡的语言、民俗、传统等固有表现形式在内的自生性文化资源，并将其创造性地应用于文化发展中。

## 8. 艺术和学术的自由原则

艺术和学术是创造和改革的源泉，是社会知性、感性、伦理发展的基础。所有市民都可以依据自己的能力和才能参与到艺术创作和学术活动中，市民取得的创造性成果应被正当保护。艺术和学术要从过度的商业主义和独善其身的理念弊端中摆脱出来并受到保护，必须保障其积极表达、思想、探究的自由。市民应平等地享受在艺术和科学领域所取得的发展及应用所带来的便利。

## 9. 民主主义文化的基础

发展、维持稳定的民主社会，需要在政治、经济、社会等市民生活所有的领域，具有尊重和培育民主主义原则、制度、价值的文化土壤。政府和地方自治团体要立足于自由、平等、正义、自律和团结的原则，在这片土地上努力打好能促进民主主义生根发芽的文化基础，在国家的主要政策中一直坚持民主主义文化的基调。

## 10. 经济发展的文化目标

文化既是引领经济发展的强有力的原动力，也是经济发展的终极目标。经济的发展和繁荣在任何时候都必须指向实现人之为人及有品位的生活这一文化目标，从这一文化目标出发获得可持续发展的动力。

## 11. 文化产业的均衡原则

文化产业既是产业活动，也是对市民的精神生活及认同感的形成产生影响的文化活动。文化产业要在经济价值和文化价值的适当均衡中提高市民的文化生活水平，促进市民的精神发展，通过国际交流增进国家与国家之间、国民与国民之间的相互尊重和理解，为促进世界的和平和安全作出贡献。对于在市民文化生活中担当重要作用却处于市场竞争劣势的文化产业领域及不能只依靠市场作用的特殊领域，要向其提供适当的社会支援。

## 12. 国家的职责

(1)保障文化权利的职责——国家有义务制定和实施此宪章中阐明的保障市民文化权利的政策。政府和地方自治团体应不断扩充图书馆、博物馆、剧场等公共文化基础设施并强化服务体制，提高文化的公共性和文化福利的水平，从文化角度改善市民的生活环境和活动空间，且在法律和制度中经常引入文化的观点。

(2)扶持文化活动的职责——市民的文化能力是政治、经济、社会等市民生活所有领域所需要的市民能力和幸福生活的基础。政府和地方自治团体应积极奖励和扶持每个市民和民间团体计划开展的教育、自我启发、创作等文化活动，并努力减少地区之间文化发展的差距。

(3)携手合作的原则——政府和地方自治团体应欢迎并尊重意在提高市民生活质量的民间的创造性提案，设计实施与市民文化生活相关的事业时，也应积极探索与民间团体携手合作的方案。

## 13. 实施的约定

政府和地方自治团体必须持续研究并实施体现本宪章精神的法律、制度、政策、财政性措施以及之外的具体、有效的措施。市民社会和市场领域也有义务为实现此宪章所阐明的文化理想而努力。

# 文化产业振兴基本法

* 韩国文化体育观光部 2010 年 6 月 10 日修订。

# 文化产业振兴基本法

［2010. 12. 11 施行］［第 10369 号法律，2010. 6. 10 修订］

## 第一章　总则（2009. 2. 6 修订）

**第 1 条　目的**

本法以明确扶持和培育文化产业所必需的事项，奠定文化产业发展的基础并提高其竞争力，进而为提高国民文化生活的质量及国民经济的发展作出贡献为目的。

**第 2 条　定义**

本法所使用的相关用语解释如下。（2010. 6. 10 修订）

（1）“文化产业”是指从事文化商品的企划、开发、制作、生产、流通、消费及相关服务的产业，包括下列各项中的任意一项。

①与电影、影像制品相关的产业。

②与音乐、游戏相关的产业。

③与出版、印刷、期刊相关的产业。

④与播放影像制品相关的产业。

⑤与文物相关的产业。

⑥与漫画、动漫形象、动漫、娱乐性教育、移动通信文化资讯、设计（不含产业设计）、广告、演出、美术品、工艺品等相关的产业。

⑦数字文化资讯，使用者制作的文化资讯和多媒体文化资讯的收集、加工、开发、制作、生产、存储、检索、流通及与此相关的服务产业。

⑧除以上各项外，还包括传统服饰、食品等利用传统文化资源并由总统令规定的产业。

（2）“文化商品”是指将艺术性、创意性、娱乐性、休闲性、大众性（以下称“文化要素”）具体化，创造出附加价值的有形/无形物质（含文化资讯、数码文化资讯及多媒体文化资讯）、相关服务及它们的复合体。

（3）“资讯”是指符号、文字、图形、色彩、声音、音响、形象及影像等（含它们的复合体）资料或信息。

（4）“文化资讯”是指将文化要素具体化的资讯。

(5)“数字资讯”是指为保存及提高利用效率，以数码形态制作或处理的符号、文字、图形、色彩、声音、音响、形象及影像等(含它们的复合体)资料或信息。

(6)“数字文化资讯”是指将文化要素具体化的数字资讯。

(7)“多媒体资讯”是指将与符号、文字、图形、色彩、声音、音响、形象及影像等(含它们的复合体)相关的媒体有机地结合起来，使其具有新的表现功能及存储功能的资讯。

(8)“公共文化资讯”是指《公共机关信息公开法》第 2 条第 3 号规定的公共机构及《博物馆及美术馆振兴法》第 3 条规定的国立博物馆、公立博物馆、国立美术馆、公立美术馆等机关所保存、制作或管理的文化资讯。

(9)“娱乐性教育”是指将文化资讯有机地结合在一起而企划及制作的、可应用于教育的产品。

(10)“文化产业专业投资联合会”(以下称“投资联合会”)是指《中小企业创业扶持法》第 20 条及《信贷专业金融业法》第 41 条第 3 项规定的联合会中，从自身资产里以高于总统令规定的比例投资给创业者或制作者的联合会。

(11)“制作”是指通过企划、开发、生产等一系列过程，制造有形、无形的文化商品，包括数字化等电子形式的变换和处理。

(12)“制作者”是指制作文化商品的个人、法人、投资联合会等。

(13)“文化产业完成担保”(以下称“完成担保”)是指文化商品制作者为了按合同规定完成并向文化商品流通者交付文化商品，从总统令规定的金融机构获取必要的资金贷款，从而担保所承担的债务。

(14)“流通”是指文化商品从制作者到消费者的传播过程，包括通过《促进使用信息通信网及信息保护法》第 2 条第 1 项第 1 号规定的信息通信网(以下称“信息通信网”)进行的传播。

(15)“文化传播公司”是指为使文化商品顺畅地流通并减少物流费用而设立的公司，是依据第 14 条的规定，向文化体育观光部部长或特别市市长、广域市市长、道知事、特别自治道知事(以下称“市、道知事”)申报的公司。

(16)“价值评价”是指对通过文化商品或文化技术(指在文化商品制作中使用的技巧方法及技术，下同)产业化所带来的或将带来的经济价值，以定价、分等级或打分数等方式表现出来。

(17)“文化产业振兴设施”是指为扶持与文化产业相关的经营者的经营活动，以整体招商的方式吸引与文化产业相关的经营者及配套设施，依照第 21 条第 1 项的规定所认定的设施。

(18)“文化产业园区”作为使企业、大学、研究所、个人等能够进行与文化产业相关的研究开发、技术训练、信息交流、共同制作等活动而建立的土地、建筑物、设施的结合体，指依照第 24 条第 2 项所认定、开发的产业园区。

(19)“文化产业振兴地区”是指文化产业相关企业、大学及研究所等密集度相对较高的地区，为奖励和促进文化产业相关企业、大学及研究所通过集成所进行的营业活动、研究开发、人才培养、共同制作等，依照第 28 条之 2 的规定所指定的地区。

(20)“播放影像独立制作公司”(以下称“独立制作公司”)是指制作播放影像制品，并提供给《播放法》规定的播放企业、转播有线播放企业、音乐有线播放企业、电子屏幕播放企业或外国播放企业(以下称“播放企业”)，依照总统令的规定向文化体育观光部申报的公司。

(21)“文化产业专业公司”是指运用公司资产从事文化产业特定工作，并将其营业收益分配给投资者、员工、股东的公司。

[2009.2.6 全文修订]

**第3条　国家及地方自治团体的责任**

(1)国家及地方自治团体应为振兴文化产业而制定、实施必要的政策。

(2)国家及地方自治团体为振兴文化产业，应努力扶持技术开发及调查、研究工作，构建与外国及文化产业相关国际机构的合作体制。

[2009.2.6 全文修订]

**第4条　制定文化产业中长期基本计划等**

(1)文化产业政策由文化体育观光部部长主管。

(2)为实现本法的宗旨，文化体育观光部部长应制定、实施振兴文化产业的综合性中长期基本计划(以下称“中长期基本计划”)及文化产业各领域阶段性的详细实施计划(以下称“详细实施计划”)。

(3)为制定并实施中长期基本计划及详细实施计划，文化体育观光部部长在必要时有权向地方自治团体及公共机关、研究所、法人、团体、大学、民间企业、个人等提出必要的协助请求。

[2009.2.6 全文修订]

**第5条　年度报告**

政府每年要在国会定期开会日期前，向国会提交文化产业振兴政策及动向报告书。

[2009.2.6 全文修订]

**第6条　与其他法律的关系**

有关振兴及扶持文化产业的规定，除其他法律有特别规定外，均遵从本法的规定。

[2009.2.6 全文修订]

## 第二章　创业、制作、流通

**第7条　扶持创业**

为促进文化产业创业并使创业者迅速成长、发展，文化体育观光部部长可以提供必要的扶持。

[2009.2.6 全文修订]

**第8条　扶持投资公司**

(1)依照《中小企业创业扶持法》第10条规定而登记的中小企业创业投资公司及依照《信贷专业金融业法》第3条第1项、第2项规定而获得许可或登记的信贷专业金融公司(以下称“投资公司”)，经营下列各项业务者，若想获得本法规定的扶持，首先要由文化体育观光部部长确认该公司对文化产业的投资额。

①投资于文化产业及相关制作者。

②投资于文化商品制作者。

③募集并管理文化产业投资者。

④管理投资联合会资金。

⑤为文化商品的制作者寻求担保和资金。

⑥提供与文化产业相关的高端技术、设备及专业人才，并提供经营咨询。

⑦提供创业咨询，并为制作活动提供支持。

⑧为促进文化商品的流通而提供国内外市场营销及著作权的管理。

⑨上述第1项至第8项的相关延伸业务。

(2)关于第1项所规定的文化产业投资股份的认定程序等相关必要事项，以总统令的形式予以规定。

(3)关于第1项之4所规定的投资联合会资金的管理，包括向特定文化商品制作者提供的信用贷款。

(4)依照本法获得扶持的投资公司必须按总统令的规定，向文化体育观光部部长提供当年的会计年度结算表。

[2009.2.6 全文修订]

**第9条　投资联合会**

(1)投资公司有意管理投资联合会的资金时，投资公司与其他公司或个人共同出资成立。此时应对工作概要、出资计划、收益分配计划等进行公告。

(2)投资联合会的范围及组织等与投资公司对文化产业的投资相关的必要事项，以总统令的形式予以规定。

[2009.2.6 全文修订]

**第10条　扶持制作者的制作**

(1)为提高文化产业的竞争力，促进优秀文化商品的制作，文化体育观光部部长或市、道知事可以向制作者提供必要的融资或其他扶持。

(2)与依照本法能够获得扶持的制作范围及制作者等相关的必要事项，以总统令的形式予以规定。

[2009.2.6 全文修订]

**第10条之2　完成担保账户的设立等**

(1)为激活文化商品的制作及文化产业投资，文化体育观光部部长可以在以下从事完成担保业务的机构中，在符合文化体育观光部部长规定标准的机构设立完成担保账户，并委托其管理运营该账户。

①依照《信用担保基金法》设立的信用担保基金。

②依照《技术信用担保基金法》设立的技术信用担保基金。

(2)关于完成担保账户的出捐资金、担保手续费等的收入、运营及管理等必要事项，以总统令的形式予以规定。

(3)管理上述第1项规定的完成担保账户的机构，可以让主要债务人将制作文化商品的工证及会计管理等委托给《公共机关经营法》第4条规定的公共机构中的文化产业振兴机构。

[2009.2.6 增设本条]

**第11条　扶持独立制作公司的制作**

(1)为激活独立制作公司的制作，政府可以依照总统令的规定给予必要的扶持。

(2)播放企业应按照总统令的规定，努力扶持独立制作公司的制作。

[2009.2.6 全文修订]

**第12条　促进流通**

(1)为振兴文化产业，政府应努力激活文化商品的流通，并促进流通的信息化。

(2)为促进第1项所规定的流通信息化，依照总统令的规定可以在文化商品上使用国际标准条码。

(3)必须使用国际标准条码的文化商品，以总统令的形式予以规定。

(4)为保证文化商品的品质并促进流通，文化体育观光部部长或市、道知事可以鼓励对文化商品进行品质认证，并为此提供必要的扶持。

(5)为实施上述第4项所规定的文化商品品质认证，文化体育观光部部长或市、道知事可以依照总统令的规定指定认证机关。

(6)实施上述第4项所规定的文化商品品质认证的必要事项，将以总统令的形式予以规定。

(7)为保护知识产权，政府有权采取相应的措施并给予必要的扶持，如防止非法复制、流通的文化商品，鼓励并引导消费者购买文化商品的正品。

[2009.2.6 全文修订]

**第12条之2　构建公平的交易秩序**

(1)从事文化商品的制作、销售、流通等经营活动者利用职务强制签订不公正合同或获取非法利益，如在没有正当理由的情况下，单方面要求转让知识产权。

(2)为构建文化产业的公平交易机制，文化体育观光部部长有权进行下列各项活动。

①分析及评价文化产业竞争环境的现状。

②建立并运营文化产业经营者共同参与的协商组织。

③营造公平交易环境所需要的其他活动。

(3)为构建文化产业的公平交易秩序，文化体育观光部部长通过与公正交易委员会委员长及播放通信委员会委员长协商，有权制定或修订文化产业标准条款或标准合同，并鼓励其实施。

[2009.2.6 增设本条]

**第13条** 删除(2010.6.10)

**第14条 设立、扶持流通专业公司**

(1)下列从事文化商品流通经营活动的公司，欲获得本法规定的扶持，依照文化体育观光部法令的规定，必须向文化体育观光部部长或市、道知事申请备案。

①运营共同购买及共同销售设施的公司。

②运营共同电子计算机网络(包括电子下单、库存及退货处理)的公司。

③设立、运营共同物流仓库的公司。

④上述第1项至第3项的延伸业务。

(2)流通专业公司的设置、支援所需要的事业由总统令规定。

[2009.2.6 全文修订]

**第15条 指定、标示优秀文化商品**

(1)文化体育观光部部长或市、道知事有权指定优秀文化商品。

(2)上述第1项所指定的优秀文化商品，有权在其产品上标明已获得文化体育观光部部长或市、道知事认定的标示。

(3)文化体育观光部部长或市、道知事有权指令从事振兴文化产业活动的法人或团体代行第1项规定的业务。

(4)优秀文化商品的指定、标示及扶持等相关必要事项，以总统令的形式予以规定。

[2009.2.6 全文修订]

**第15条之2 指定优秀文化项目等**

(1)文化体育观光部部长有权将有原创性及成功可能性较高的文化商品制作项目指定为优秀文化项目，将经济效益好、技术波及面广的文化商品制作者及文化技术开发者指定为优秀文化经营商。

(2)文化体育观光部部长有权推进与发掘、培育优秀文化项目或优秀文化经营商相关的必要事项。

(3)优秀文化项目或优秀文化经营商的指定标准/程序、扶持、指导/监督等所需的事项，以总统令的形式予以规定。

[2009.2.6 增设本条]

**第15条之3 取消优秀文化项目资格**

(1)文化体育观光部部长在发生下列各项的任一情况时，有权取消第15条之2第1项规定的优秀文化项目或优秀文化经营商的资格。如果属于下述第1项的情况，则必须取消其资格。

①以虚假或不正当方式获取优秀文化项目或优秀文化经营商资格的情况。

②未达到第15条之2第3项规定的情况。

(2)文化体育观光部部长依照上述第1项规定取消其指定资格时，依据《行政程序法》的规定，必须召开听证会。

[2009.2.6 增设本条]

# 第三章　奠定文化产业基础

**第 16 条　培养专业人才**

(1)国家或地方自治团体应努力培养振兴文化产业所需的专业人才。

(2)为培养上述第 1 项提到的专业人才，文化体育观光部部长或市、道知事有权依照总统令的规定，将研究所、大学及其他机构指定为文化产业专业人才培养机构。

(3)国家或地方自治团体有权依照总统令的规定，为上述第 2 项指定的文化产业专业人才培养机构提供培养专业人才所需的一部分或全部必要经费。

[2009. 2. 6 全文修订]

**第 16 条之 2　指定价值评价机构等**

(1)为了对文化商品及文化技术进行专业、高效的价值评价，文化体育观光部部长有权指定价值评价机构(以下称"评价机构")。

(2)欲接受文化商品或文化技术价值评价者，可以向上述第 1 项指定的评价机构提出申请。

(3)评价机构受理上述第 2 项提到的价值评价申请后，应对文化商品或文化技术进行价值评价，并及时将结果通报给申请人。

(4)评价机构应将当年的价值评价信息于次年 1 月末前通报给文化体育观光部部长。但总统令规定的保护经营、营业秘密等特别情况除外。

(5)对于下列各项，评价机构的负责人必须与文化体育观光部部长协商确定。

①评价对象。

②评价范围。

③评价手续费。

(6)评价机构的指定标准/指定程序、价值评价的申请程序等必要事项，以总统令的形式予以规定。

[2009. 2. 6 增设本条]

**第 16 条之 3　对评价机构及评价手续费的扶持**

(1)对于下列各项，文化体育观光部部长有权在预算范围内对部分或全部相关费用给予财政扶持。

①培养价值评价专业人才。

②研究价值评价技术和方法。

③收集及提供与价值评价相关的信息。

④总统令规定的、价值评价所需要的其他事项。

(2)依照第 16 条之 2 第 3 项的规定，向评价机构申请价值评价的申请人，文化体育观光部部长有权在预算范围内为其提供部分或全部评价手续费。

[2009. 2. 6 增设本条]

**第 16 条之 4　取消评价机构资格**

(1)价值评价机构发生下列各项中的任何一种情况，文化体育观光部部长均有权取消其资格。如果属于下述第 1 项的情况，则必须取消其资格。

①以虚假或不正当方式取得评价机构资格的情况。

②未达到第 16 条之 2 第 6 项规定的评价标准的情况。

(2)文化体育观光部部长依照上述第 1 项规定取消其资格时，必须依据《行政程序法》的规定，召开听证会。

[2009. 2. 6 增设本条]

**第 17 条　促进技术及文化资讯开发**

(1)为促进文化产业相关技术及文化资讯的开发(以下称“技术开发工作”)，文化体育观光部部长有权在预算范围内，为制定、实施相关政策以及开展技术开发工作等提供财政支援或捐助。

(2)为高效推动技术开发工作，文化体育观光部部长有权在符合下列任何一项规定的法人、机构或团体中，指定能够接受委托、全面承担技术开发业务的机构(以下称“技术开发事业专门负责机构”)。

①第 31 条提到的韩国文化振兴院。

②其他文化产业相关法人、机构或团体。

(3)为高效开展技术开发工作，技术开发工作专业负责机构可以将部分业务交给文化商品制作者或技术开发者(以下称“技术开发事业实施机构”)去实施。

(4)下列各项所需事项，以总统令的形式予以规定。

①有资格获得上述第 1 项财政支援的技术开发工作的范围。

②能够委托给上述第 2 项技术开发工作专业负责机构承担的业务范围。

③上述第 3 项所规定的技术开发工作实施机构的选定方法、程序。

[2009. 2. 6 全文修订]

**第 17 条之 2　征收技术费用**

(1)获得第 17 条第 1 项财政支援或捐助的技术开发工作结束后，文化体育观光部部长有权向技术开发工作实施机构征收由财政支援或捐助而带来的部分或全部收益(以下称“技术费用”)。

(2)技术费用的征收对象、征收金额及征收方法等相关事项，以总统令的形式予以规定。

[2009. 2. 6 全文修订]

**第 17 条之 3　企业附属创作研究所等**

(1)为促进文化产业的创作开发，对于具备总统令规定的人才、设施等标准的企业附属研究机构或企业的专职研究开发部门，文化体育观光部部长有权将其认定为企业附属创作研究所或企业创作专职部门(以下称“创作研究所等”)。

(2)第1项所规定的创作研究所等的认定程序等相关事项，以总统令的形式予以规定。

(3)文化体育观光部部长有权为创作研究所等的运营提供必要的扶持。

(4)发生下列各项中的任何一种情况时，文化体育观光部部长均有权取消其创作研究所等的资格。如果属于下述第1项的情况，则必须取消其资格。

①以虚假或不正当方式取得创作研究所等资格的情况。

②违反第1项规定的认定标准的情况。

[2009.2.6 增设本条]

**第17条之4 《培育风险企业特别措施法》的准用**

关于身为股份有限公司并拥有第17条之3第1项规定的企业附属创作研究所的中小企业(不含《资本市场及金融投资业法》第9条第13项规定的上市法人公司，以下称“中小创作企业”)的战略合作，遵照《培育风险企业特别措施法》第15条、第15条之2至第15条之10及第16条之3的规定执行，此时，将其中的“风险企业”视为“中小创作企业”即可。

[2009.2.6 增设本条]

**第18条** 删除(2010.6.10)

**第19条 促进合作开发、研究等**

(1)为了文化商品的开发、研究，政府应促进人才、设施、器材、资金及信息等的共享，努力促进合作开发及合作研究。

(2)文化体育观光部部长有权为推进第1项所规定的合作开发和合作研究者提供所需的部分或全部费用。

[2009.2.6 全文修订]

**第20条 扶持国际交流及开拓海外市场**

(1)为提高文化商品的出口竞争力，积极开拓海外市场，政府可以对下列工作提供扶持：与外国的共同制作，通过播放节目、网络进行海外市场营销、宣传活动，吸引外国人的投资，参与国际电影节、展销市场及与国内招商，构建与出口相关的合作体系。

(2)为提高第1项中各项工作的扶持效率，文化体育观光部部长依照总统令的规定，有权将相关工作委托给机构或团体代办，并有权为此提供所需的费用。

[2009.2.6 全文修订]

**第21条 指定文化产业振兴设施**

(1)为振兴文化产业，文化体育观光部部长在必要时有权通过与市、道知事的协商，指定文化产业振兴设施，并提供运营该设施所需的部分或全部预算费用。

(2)欲取得第1项所规定的文化产业振兴设施资格者(包括地方自治团体)，需要按照总统令的规定提出申请。

(3)第1项所指定的文化产业振兴设施可同时视为获得了《培育风险企业特别措施法》第18条规定的风险企业集成设施的资格。

(4)文化产业振兴设施的指定条件、扶持等相关事项，以总统令的形式予以规定。

[2009.2.6 全文修订]

**第22条　解除文化产业振兴设施的指定**

文化体育观光部部长在文化产业振兴设施未达到指定条件时，依照总统令的规定有权解除对其的指定。

[2009.2.6 全文修订]

**第23条　文化产业振兴设施的集成化等**

(1)为振兴文化产业，文化体育观光部部长或市、道知事在必要时有权将文化产业振兴设施集中设立在文化产业园区，或将现有建筑物指定为文化产业振兴设施，或鼓励扶持该设施入驻上述建筑物内。

(2)政府有权为民间人士设立文化产业振兴设施提供必要的扶持。

[2009.2.6 全文修订]

**第24条　建立文化产业园区**

(1)国家或地方自治团体有权建立文化产业园区，通过文化产业技术的研究及文化商品的开发、制作以及专业人才的培养等，提高振兴文化产业的效率。

(2)第1项文化产业园区的建立按照《产业用地及开发法》中国家产业园区、一般产业园区或城市高端产业园区的指定、开发程序进行。

[2009.2.6 全文修订]

**第25条　制定文化产业园区计划**

(1)为促进文化产业园区的建立，文化体育观光部部长在必要时有权制定文化产业园区建设计划，听取当地市、道知事的意见，并向国土海洋部部长提出利用该地建立文化产业园区的申请。

(2)地方自治团体负责人有权依照总统令的规定，向文化体育观光部部长提出建立文化产业园区的申请。

(3)制定文化产业园区计划所需的事项，以总统令的形式予以规定。

(4)指定文化产业园区建设计划者(以下称“工作实施者”)的相关事项，依照《产业用地及开发法》第16条的规定执行。

[2009.2.6 全文修订]

**第 26 条　对建立文化产业园区的扶持**

国家或地方自治团体在必要时，有权为建立文化产业园区的工作实施者提供扶持。

［2009. 2. 6 全文修订］

**第 27 条　免除各种费用等**

(1)免除文化产业园区工作实施者的下列各项费用。

①《山地管理法》第 19 条规定的森林资源替代整理费。

②《耕地法》第 38 条规定的农田保护费。

③《草地法》第 23 条第 6 项规定的草地资源替代整理费。

(2)对于文化产业园区内的文化产业振兴设施，按照《城市交通管理促进法》第 36 条的规定，可以免除其交通拥堵费。

［2009. 2. 6 全文修订］

**第 28 条　认可、许可的互为生效**

(1)依据第 25 条第 4 项的规定，获得文化产业园区指定者认定的工作实施者，被同时视为已获得下列各项的许可或认可。

①《下水道法》第 16 条所规定的公共下水道施工的许可。

②《公有水面管理法》第 5 条所规定的占用或使用公有水面的许可。

③《河流法》第 30 条所规定的河流施工许可及同法第 33 条所规定的占用河流的许可。

④《道路法》第 34 条所规定的道路施工许可及同法第 38 条所规定的占用道路的许可。

⑤《港口法》第 9 条第 2 项所规定的港口施工许可。

⑥《私人道路法》第 4 条所规定的开设私人道路的许可。

⑦《耕地法》第 34 条所规定的转用耕地的许可。

⑧《国土的规划及利用法》第 86 条所规定的城市规划设施工作实施者的指定及同法第 88 条所规定的实施工作的认可。

⑨《自来水管道法》第 52 条及第 54 条所规定的设置专用自来水管道及工业用水管道的认可。

(2)若欲被指定为文化产业园区的地方包括上述第 1 项的各项事项，文化产业园区的指定者必须事先与相关机构的负责人协商。

［2009. 2. 6 全文修订］

**第 28 条之 2　指定文化产业振兴地区等**

(1)为振兴文化产业，市、道知事在必要时有权指定辖区内的一定区域为文化产业振兴地区。

(2)市、道知事指定或变更文化产业振兴地区时，必须制定建设或变更文化产业振兴地区的计划，并取得文化体育观光部部长的许可。(2009. 5. 21 修订)

(3)市、道知事必须实施第 2 项中的文化产业振兴地区建设计划。

(4)市、道知事依照第 1 项及第 2 项的规定指定或变更文化产业振兴地区，或依照第 5 项的规定解除指定时，必须按照总统令的规定进行公示。

(5)市、道知事在符合下列各项的任一情况时，有权解除文化产业振兴地区的指定，但必须获得文化体育观光部部长的许可。(2009. 5. 21 修订)

①文化产业振兴地区的建设计划无法实现时。

②由于工作拖延、管理疏忽等原因而无法实现指定目标时。

(6)删除。(2009. 5. 21)

(7)第 1 项所规定的文化产业振兴地区的指定条件及程序等必要事项，以总统令的形式予以规定。

[2009. 2. 6 全文修订]

**第 28 条之 3　对建立文化产业振兴地区的扶持**

(1)国家或地方自治团体在必要时有权向文化产业振兴地区建设计划的实施者提供扶持。

(2)对于第 1 项中的文化产业振兴地区建设计划的实施者，适用第 27 条及第 28 条。

(3)依据第 28 条之 2 第 1 项指定的文化产业振兴地区，依照《培育风险企业特别措施法》第 18 条之 4 的规定，同时视其为风险企业培育促进地区。

[2009. 2. 6 全文修订]

**第 29 条　借贷、使用国有及公有财产等**

(1)为扩充文化产业振兴设施和建立并运营文化产业园区，国家或地方自治团体在必要时可以不受《国有财产法》或《公有财产及物品管理法》规定的影响，以自由合同的方式借贷、使用、出售国有及公有财产或从中获取收益。

(2)第 1 项中的国有及公有财产借贷、使用、从中获取收益、出售等内容及条件，依照《国有财产法》或《公有财产及物品管理法》的规定执行。

[2009. 2. 6 全文修订]

**第 30 条　税务扶持**

(1)为振兴文化产业，对于投资于文化产业的文化产业振兴设施、文化产业园区、制作者、投资公司、投资联合会，政府有权按照税法的规定为其创业者及支援创业的人员提供税务扶持。

(2)对于文化产业振兴设施和直接用于文化产业园区建设及运营的装备、设备及配件等物品，政府有权按照《关税法》的规定为其减免关税。

[2009. 2. 6 全文修订]

**第 30 条之 2　地方自治团体为文化产业振兴设施等提供扶持**

为振兴文化产业，地方自治团体在必要时有权向生产文化产业振兴设施的企业、文化产业园区及文化产业振兴地区的建设者、支援文化产业创业的公共团体等提供捐助，或不受《地方财政法》规定的影响为其投资。

[2009. 2. 6 全文修订]

**第30条之3　调查文化产业统计数据**

(1)为有效地制定、实施中长期基本计划，促进文化产业发展，文化体育观光部部长有权通过国内外的现状调查进行文化产业统计。

(2)文化产业统计的制作、管理所需的事项，以总统令的形式予以规定。

[2009.2.6 全文修订]

**第30条之4　保护消费者**

为了保护《消费者基本法》等相关法令规定的文化产业消费者的基本权益，政府有权制定必要的政策。

[2009.2.6 全文修订]

**第31条　设立韩国文化振兴院**

(1)为有效地扶持文化产业的振兴、发展，政府特设立韩国文化振兴院(以下称“振兴院”)。

(2)振兴院系法人。

(3)按照章程的规定，振兴院由高级管理人员和必要的职员组成。

(4)振兴院从事下列各项工作。

①研究、调查、企划文化产业振兴政策及制度。

②文化产业现状调查及统计制作。

③为培养文化产业专业人才及人员的在职培训提供扶持。

④振兴文化产业所需技术的开发企划、所开发技术的管理及标准化。

⑤为发展文化产业，激活制作、流通。

⑥扶持文化产业的创业、经营及进军海外市场。

⑦扶持与文化原型、学术资料、历史资料等相关的资讯开发。

⑧为激发文化产业活力，建立扶持设施等基础设施。

⑨促进公共文化资讯的保存、流通、利用。

⑩收集、保存、应用国内外资讯资料。

⑪扶持播放影像制品在各播放媒体的多级流通、应用、出口。

⑫扶持播放影像制品的国际共同制作及使用当地语言进行二次制作。

⑬消除游戏的副作用及营造健康的游戏文化。

⑭激活电子竞技运动并增进国际交流。

⑮保护资讯利用者的权益。

⑯实现振兴院的成立目标所需的其他必要事项。

(5)政府有权在预算范围内，为振兴院的成立、所需设施及运营等提供所需的经费。

(6)振兴院有权让欲获得扶持的公共机关承担扶持所需的部分或全部费用。

(7)振兴院应遵守本法和《公共机关运营法》的规定，同时还应遵守《民法》中关于财团法人的规定。

(8)除振兴院外，任何人都无权使用韩国文化振兴院的名称。

[2009.2.6 全文修订]

## 第四章　删除(2009.5.21)

**第32条**　删除(2009.5.21)

**第33条**　删除(2009.5.21)

**第34条**　删除(2009.5.21)

**第35条**　删除(2009.5.21)

**第36条**　删除(2009.5.21)

**第37条**　删除(2009.5.21)

**第38条**　删除(2009.5.21)

## 第五章　删除(2009.2.6)

**第39条**　删除(2009.2.6)

**第40条**　删除(2009.2.6)

**第41条**　删除(2009.2.6)

**第42条**　删除(2009.2.6)

## 第六章　文化产业专业公司(2006.4.28新增)

**第43条　文化产业专业公司**

为完成文化产业的特定工作，可以设立文化产业专业公司。

[2009.2.6 全文修订]

**第44条　公司的形态**

(1)文化产业专业公司为有限公司或股份有限公司。

(2)对于文化产业专业公司，除本法特别规定的事项外，适用《商法》。

[2009. 2. 6 全文修订]

**第 45 条　成员的数量**

文化产业专业公司的成员数量不适用《商法》第 545 条的规定。

[2009. 2. 6 全文修订]

**第 46 条　成员总会**

尽管有《商法》第 577 条第 1 项及第 2 项的规定，但文化产业专业公司成员总会的决议即便没有获得全体成员的同意，亦能够以书面形式达成决议。

[2009. 2. 6 全文修订]

**第 47 条　兼营等的限制**

(1)文化产业专业公司不得从事第 49 条所规定的业务之外的业务。

(2)文化产业专业公司除总部以外，不得设置其他营业场所，亦不得雇用职员或全职高级管理人员。

[2009. 2. 6 全文修订]

**第 48 条　禁止使用类似名称**

(1)文化产业专业公司在其商号里应有文化产业专业公司的字样。

(2)非文化产业专业公司的其他任何个人及团体不得使用文化产业专业公司或与其类似的名称。

[2009. 2. 6 全文修订]

**第 49 条　业务**

文化产业专业公司从事下列各项业务：

①属于文化产业的文化商品的企划、开发、制作、生产、流通及消费等相关服务。

②属于文化产业的文化商品的管理、运用及处理。

③执行上述第 1 项及第 2 项业务时，签订所需合同。

④上述第 1 项至第 3 项业务之附带业务。

[2009. 2. 6 全文修订]

**第 50 条　会计处理**

文化产业专业公司的会计业务依照金融委员会规定的会计处理标准进行处理。(2008. 2. 29 修订)

[2006. 4. 28 新增本条]

**第 51 条　业务的委托等**

(1)文化产业专业公司必须依照工作委托合同，将第 49 条各项业务委托给符合下列各项之一的个人或团体(含法人，以下称“工作管理者”)。

①主营业务与文化产业专业公司即将进行的工作相同的个人或团体。

②该文化产业专业公司的主要投资者。

③其他经成员总会或股东大会决定的个人或团体。

(2)文化产业专业公司必须依照资产管理委托合同，将资金或资产的保管、管理等业务及证明权力关系的材料之保管业务委托给下列各项之一的个人或团体(以下称“资产管理者”)。

①《资本市场和金融投资业法》规定的信托企业。

②《律师法》规定的法务法人或法务法人(有限)。

③《公认会计师法》规定的会计法人。

(3)资产管理者受文化产业专业公司之委托，对其资金或资产进行管理时，必须将这部分资产与第三方的资产区分开来，单独进行会计处理和管理。

(4)工作管理者和资产管理者不可以是同一人(包括法人)。

(5)第 1 项和第 2 项中的委托合同，必须获得成员总会或股东大会的同意。

[2009. 2. 6 全文修订]

**第 52 条　登记等**

(1)文化产业专业公司必须填写包含下列各项的登记申请表，并附加总统令规定的材料，向文化体育观光部部长登记备案。

①章程中的工作目的。

②理事和监事的姓名、居民身份证号码。

③工作管理者的名称。

④资产管理者的名称。

(2)按照第 1 项规定，欲申请登记备案的文化产业专业公司必须具备下列各项条件。

①系依照本法规定而成立的有限公司或股份公司。

②签订了业务委托合同的工作管理者系符合第 51 条第 1 项所规定的管理者，不处于停业状态。

③签订了资产管理委托合同的资产管理者系符合第 51 条第 2 项所规定的管理者，不处于停业状态。

④注册资本应在 1 亿韩元以上。

⑤登记申请表的内容不能违反本法或与本法相关法令的规定。

⑥登记申请表不得填写虚假信息或漏掉重要信息。

(3)文化产业专业公司欲变更第 1 项的登记事项时，必须在 2 周内向文化体育观光部部长做登记变更。

(4)依照第 1 项规定进行登记后，可同时视为已经依照《电影及视频振兴法》第 26 条及第 57 条、《游戏产业振兴法》第 25 条、《音乐产业振兴法》第 16 条进行了登记或申报备案。

[2009. 2. 6 全文修订]

**第 53 条　解散**

(1) 文化产业专业公司在下列任何一项的情况下可以解散。

①存续期间届满或其他章程中规定的事由。

②股东大会或成员大会做出解散决定时。

③破产。

④法院命令或判决解散时。

(2) 与文化产业专业公司签订了工作委托合同的工作管理者必须在该文化产业专业公司解散之日起的 30 日内，将该事项向文化体育观光部部长报告。

[2009. 2. 6 全文修订]

**第 54 条　禁止合并等**

文化产业专业公司不得与其他公司合并或变更为其他公司。

[2006. 4. 28 增设本条]

**第 55 条　监理、检事等**

(1) 为了文化产业专业公司的正常运营，文化体育观光部部长在必要时有权要求文化产业专业公司、业务管理者、工作管理者递交与本法规定业务相关的资料或工作报告书。

(2) 文化体育观光部部长有权让自己下属的公务员对文化产业专业公司、工作管理者、资产管理者的业务事项进行检查。

(3) 执行第 2 项检查任务的人员应开具证明其权限的证明文件，并将其寄给相关人员。

(4) 第 2 项的检查结果若有违反本法(若系第 56 条之 2 第 1 项规定的公募文化产业专业公司，则包括《资本市场和金融投资业法》)的情况，文化体育观光部部长有权针对文化产业专业公司采取下列各项措施。

①取消该文化产业专业公司的登记。

②提请对相关高级管理人员进行处罚。

③总统令规定的整改违反事项所必需的措施。

[2009. 2. 6 全文修订]

**第 56 条　取消登记**

文化体育观光部部长在文化产业专业公司发生下列事项中的任何一项时，有权依照第 52 条的规定取消其登记。

①解散。

②以虚假或其他不正当手段获取登记资格。

③登记后，发生了无法满足本法(若系第 56 条之 2 第 1 项规定的公募文化产业专业公司，则包括《资本市场和金融投资业法》，下同)规定的登记条件的情况。

④违反本法或与本法相关的命令或决定。

[2009. 2. 6 全文修订]

**第 56 条之 2　针对公募文化产业专业公司的特例**

(1)对于符合下列各项条件的公募文化产业专业公司(指不属于《资本市场和金融投资业法》第 9 条第 19 项规定的私募联合投资机构的文化产业专业公司，下同)，可以无视上述第 51 条第 1 项的规定，将第 49 条中的各项业务委托给已在文化体育观光部登记的个人或团体。

①《商法》规定的股份公司。

②拥有 1 亿韩元以上且为总统令所规定金额以上的自有资本。

③作为工作管理者拥有足够的人才和设备。

④具备防止业务管理者与投资者之间以及特定投资者与其他投资者之间发生利害冲突的体系。

(2)与第 1 项规定的登记条件相关的详细事项，以总统令的形式予以规定。

(3)针对公募文化产业专业公司的工作管理者，适用第 55 条第 4 项及第 56 条。

(4)公募文化产业专业公司及工作管理者(只接受文化产业专业公司所委托的第 49 条中各项业务的个人或团体)，不适用于《资本市场和金融投资业法》第 11 条至第 16 条，第 22 条至 27 条，第 28 条(考虑到受托资产的规模，仅限于总统令规定的工作管理者)，第 29 条至第 32 条，第 34 条至第 43 条，第 48 条，第 50 条至第 53 条，第 56 条，第 58 条，第 60 条至第 65 条，第 80 条至第 83 条，第 85 条第 2 号、第 3 号及第 6 号至第 8 号，第 86 条至第 95 条，第 181 条至第 183 条，第 184 条第 1 项、第 2 项及第 5 项至第 7 项，第 185 条至第 187 条，第 194 条至第 212 条，第 229 条至第 253 条及第 415 条至第 425 条的规定。

(5)文化体育观光部部长在登记公募文化产业专业公司或工作管理者(只接受文化产业专业公司所委托的第 49 条中各项业务的个人或团体除外)时，必须与金融委员会进行协商。

(6)为保护公益或公募文化产业专业公司的股东、成员，金融委员会在必要时有权命令公募文化产业专业公司及工作管理者(只接受文化产业专业公司所委托的第 49 条中各项业务的个人或团体除外)提交业务资料或业务报告书，并有权让金融监督院院长对其业务进行检查。

(7)公募文化产业专业公司及工作管理者(只接受文化产业专业公司所委托的第 49 条中各项业务的个人或团体除外)违反本法或与本法相关的命令或决定，或者违反《资本市场和金融投资业法》及与其相关的命令或决定时，金融委员会有权请求文化体育观光部部长采取第 55 条第 4 项规定的各项措施，文化体育观光部部长在接到请求后，如无特殊事由，必须接受该请求。这种情况下，文化体育观光部部长要向金融委员会通报所采取措施的内容。

[2009. 2. 6 全文修订]

## 第七章　附则(2009. 2. 6 修订)

**第 57 条　认可处罚时的公务员身份**

依据第 58 条的规定，授权从事委托事务的人员适用《刑法》第 129 条至第 132 条的规定时，可以将其视为公务员。(2009. 5. 21 修订)

[2009. 2. 6 全文修订]

**第 58 条　委托、权限委任**

文化体育观光部部长有权依照总统令的规定，将本法所规定权限的一部分委托给市、道知事或为振兴文化产业而设立的机构、法人或团体。

[2009. 2. 6 全文修订]

**第 59 条　罚款**

(1)对有下列任一情形的个人或团体，处以 500 万韩元以下的罚金。

①以虚假方式获取第 8 条第 1 项规定的认定者。

②在没有获取第 15 条第 1 项规定认可的情况下，在商品上打上优秀文化商品标示者。

③违反第 31 条第 8 项或第 48 条第 2 项规定，使用类似名称者。

(2)依照总统令的规定，第 1 项的罚款由文化体育观光部部长或市、道知事征收。

[2009. 2. 6 全文修订]

## 附则　(第 10369 号，2010. 6. 10)

**第 1 条　施行日期**

本法自颁布之日起 6 个月后开始实施。(以下内容省略)

**第 2 条　其他法律的修订**

(1)振兴文化产业基本法的一部分作出如下修订。

①将第 2 条第 3 号、第 5 号及第 7 号中的“符号、文字、声音、音响及影像等”分别更改为“符号、文字、图形、色彩、声音、音响、形象及影像等(含它们的复合体)”资料或信息。

②第 13 条 删除。

③第 18 条 删除。

(2)及(3)省略。

**第 3 条　省略**

# 文化产业振兴基本法施行令

* 韩国文化体育观光部 2011 年 3 月 30 日部分修订。

# 文化产业振兴基本法施行令

［2011.3.30 施行］［总统令第 22778 号，2011.3.30 部分修订］

## 第一章　总则(2009.5.6 修订)

### 第 1 条　目的

本施行令旨在对《文化产业振兴基本法》所列事项及在施行时所需的事项加以规定。

［2009.5.6 全文修订］

### 第 2 条　定义

《文化产业振兴基本法》(以下称“法”)第 2 条第 1 项(8)中提到的“总统令规定的产业”指下列各项中的任一项产业。

(1)使用传统素材、技术方法、形象制作服装、食品、住宅、造型物、装饰用品、小物件及生活用品等的相关产业。

(2)与下列各项中任一项相关的企划、运营产业。

①以文化商品为对象举办的展示会、博览会、商品交易会及庆典。

②其他与文化商品相关的企划活动。

③“法”第 2 条第 1 项之亚目(1)~(8)规定的各项文化产业中任意两项以上的交叉产业。

④构建、存储、检索及流通民俗、口传故事等文化原型基础数据库的相关产业。

［2009.5.6 全文修订］

### 第 3 条　成立投资联合会的条件

(1)“法”第 2 条第 10 项中提到的“总统令规定的比例”是指 60%。

(2)成立文化产业专门投资联合会(以下称“投资联合会”)必须经由文化体育观光部部长确认上述第 1 项所规定的投资比例。

［2009.5.6 全文修订］

**第 3 条之 2　金融机构等的范围**

“法”第 2 条第 13 项中“总统令规定的金融机构”是指下列各项之任意一项。(2010. 11. 15 修订)

①《银行法》第 2 条第 1 项第 2 号规定的银行。

②《韩国产业银行法》规定的韩国产业银行。

③《中小企业银行法》规定的中小企业银行。

④《韩国进出口银行法》规定的韩国进出口银行。

⑤《资本市场及金融投资业法》规定的信托企业。

⑥《技术信用保证基金法》第 2 条第 5 项之 9 及《信用担保基金法》第 2 条第 3 项第 10 号规定的金融机构。

[2009. 5. 6 增设本条]

**第 4 条　制定中长期基本计划**

(1)依照“法”第 4 条第 2 项的规定，文化体育观光部部长应制定振兴文化产业的中长期基本计划(以下称“中长期基本计划”)：每 5 年制定中期基本计划，每 10 年制定长期基本计划。

(2)上述第 1 项中的中长期基本计划应包括下列各事项。

①文化产业政策的中期或长期基本方向。

②振兴文化产业所需的制度改善及法令改善事项。

③振兴文化产业所需的财源扩充计划。

④各领域文化产业的详细振兴计划。

(3)为制定并实施中长期基本计划，文化体育观光部部长在必要时有权向相关行政机关的负责人提出协助请求。

(4)文化体育观光部部长制定并确定了中长期基本计划后，应将其通报给相关行政机关负责人及特别市市长、广域市市长、道知事、特别自治道知事(以下称“市、道知事”)。

[2009. 5. 6 全文修订]

**第 5 条　制定详细实施计划**

(1)文化体育观光部部长应依照“法”第 4 条第 2 项的规定，每年制定详细实施计划(以下称“详细实施计划”)，详细实施计划必须包含下列各事项。

①当年度的工作推进方向。

②各项主要工作的推进方针。

③各项主要工作的详细实施计划。

④促进文化商品流通的计划。

⑤其他振兴文化产业所需的事项。

(2)详细实施计划适用第 4 条第 3 项及第 4 项。

[2009. 5. 6 全文修订]

**第 6 条　投资公司的投资文化产业投资额认定程序**

(1)“法”第 8 条第 1 项规定的投资公司(以下称“投资公司”)欲获取文化产业投资额的认定，必须向文化体育观光部部长递交投资额认定申请表，并附上下列各项材料。

①写明文化产业投资业绩及投资计划(包括为文化商品制作者提供信用贷款及出借、租赁设施、器材)的材料。

②该投资的工作收益分析表。

(2)文化体育观光部部长受理投资公司提出的申请时，必须对其申请内容进行确认，并在 15 日内将结果向申请人进行通报。

[2009. 5. 6 全文修订]

**第 7 条**　删除(2009. 5. 6)

**第 8 条　递交结算书**

投资公司依照“法”第 8 条第 4 项的规定，在每个会计年度结束后的 3 个月之内，要向文化体育观光部部长递交结算书，其中应明示扶持文化产业的明细。

[2009. 5. 6 全文修订]

**第 9 条　投资公司的出资股份**

投资公司依照“法”第 9 条第 1 项的规定成立投资联合会时，各投资公司的出资股份应为投资联合会总出资金额的 5%以上。

[2009. 5. 6 全文修订]

## 第二章　创业、制作、流通

**第 10 条　制作者的制作扶持范围**

依据“法”第 10 条的规定，能够获得文化体育观光部部长或市、道知事扶持的制作范围如下。

①“法”第 15 条第 1 项指定的优秀文化商品。

②作为文化商品，将参加具有国际规模的电影节、展示会、博览会、商品交易会、广告节等的作品。

③为出口而制作的文化商品。

④其他具有较高经济附加值并获得文化体育观光部部长或市、道知事认可的作品。

[2009. 5. 6 全文修订]

**第 10 条之 2　完成担保账户的收入和支出**

(1)依照“法”第 10 条之 2 第 1 项的规定而设立的完成担保账户(以下称“账户”)的收入为下列各项。

①政府、完成担保签约者及其他人的出资。

②担保手续费。

③账户的运营收益。

④其他附带收益。

(2)账户的支出为下列各项。

①债务执行金的垫付。

②账户运营、管理所需的费用。

[2009.5.6 新增本条]

**第 10 条之 3　运营账户**

依照“法”第 10 条之 2 第 1 项的规定设立完成担保账户的机构(以下称“完成担保机构”),对于账户内的闲置资金,可以利用下列各项方法进行运营。

①存入金融机构。

②购买国债、地方债及由国家、地方自治团体或金融机构保证支付的债券。

[2009.5.6 新增本条]

**第 10 条之 4　账户的会计及结算等**

(1)完成担保机构必须将账户的会计处理和其运营的基金等与其他会计处理区分开来。

(2)账户的会计年度遵循政府的会计年度。

(3)完成担保机构的负责人,要在每一会计年度编制关于账户总收入和总支出的使用计划,并在会计年度开始一个月前向文化体育观光部长官提交。需要变更时,应当在变更前一个月提出。

(4)完成担保机构负责人必须每个会计年度都制定账户的结算报告书、资产负债表及损益表,并于当年度结束后的 2 个月内将其提交给文化体育观光部部长。

[2009.5.6 新增本条]

**第 10 条之 5　处理收益和亏损**

(1)账户结算有收益时应全额储存。

(2)账户结算有亏损时应使用上述第 1 项的储备金进行弥补。

[2009.5.6 新增本条]

**第 10 条之 6　完成担保机构的业务**

为达到设立账户的目的,完成担保机构履行下列各项业务。

①操作及管理文化产业完成担保(以下称“完成担保”)。

②运用及管理账户资产。

③行使垫付债务执行金所需的代位权。

④完成担保制度的研究。

⑤上述第 1 项至第 4 项业务的附带业务。

[2009.5.6 新增本条]

**第 10 条之 7　提交业务方法书**

完成担保机构必须制定包含下列各事项的业务方法书，并将其提交给文化体育观光部部长，发生变更时亦是如此。

①担保手续费率的相关事项。

②签订完成担保合同的相关事项。

③完成担保操作方法的相关事项。

④垫付债务执行金及由垫付而产生的代位权的相关事项。

⑤其他完成担保业务所需的必要事项。

[2009. 5. 6 新增本条]

**第 10 条之 8　担保手续费率**

确定完成担保的担保手续费率时，应考虑维持账户收入与支出的平衡：文化产业相关企业的信用度及“法”第 16 条之 2 规定的价值评价机构的评价等事项，同时应遵守上述第 10 条之 7 提到的业务方法书规定的担保手续费率等相关事项。

[2009. 5. 6 新增本条]

**第 10 条之 9　完成担保总额的限度**

账户完成担保总额的限度为“法”第 10 条之 2 第 1 项规定的出资资金额及第 10 条之 5 第 1 项规定的储存盈余之和的 20 倍之内。(2009. 12. 21 修订)

[2009. 5. 6 新增本条]

**第 11 条　播放影视独立制作公司的申报**

(1) 欲申报成立播放影视独立制作公司(以下称“独立制作公司”)者必须向文化体育观光部部长递交申报书(含电子申报书)，并附上下列各项材料(含电子文书)。

①制作、出口播放节目的业绩。

②制作、出口播放节目的计划书或摘要。

(2) 依照上述第 1 项申报的独立制作公司的代表或所在地等事项发生变更时，应依照文化体育观光部命令的规定进行变更申报。

(3) 文化体育观光部部长在受理上述第 1 项申报或第 2 项变更申报时，依照《电子政府法》第 36 条第 1 项规定，必须通过行政信息的共同利用渠道对申报人的营业执照内容进行确认。若申报人不同意上述确认程序，则要求其附上申报人的营业执照复印件。(2010. 5. 4 修订)

(4) 文化体育观光部部长在受理上述第 1 项申报或第 2 项变更申报时，必须确认申报材料，出具受理证明，并将申报事实记录在案。

[2009. 5. 6 全文修订]

**第 12 条　扶持独立制作公司的制作**

为鼓励“法”第 11 条第 1 项提到的独立制作公司的制作，文化体育观光部部长有权为其提供下列各项扶持。

①扶持企划、制作、开发优秀播放影像及广告节目。

②扶持培养与制作相关的专业人才。

③协调独立制作公司之间设施、器材的共同使用及租赁等事项。

④制定、实施保护独立制作公司的著作权所必需的政策。

⑤扶持非营利法人、团体制作的播放影像节目中独立制作公司参与的相关事项。

[2009.5.6 全文修订]

**第13条　建立、扶持共同物流中心等**

依照"法"第12条的规定，为促进文化商品的流通及流通的信息化，文化体育观光部部长或市、道知事有权鼓励建立共同物流中心或与流通相关的联合会，并提供必要的扶持。

[2009.5.6 全文修订]

**第14条　标示国际标准条码**

(1)"法"第12条第2项及第3项规定的有权使用国际标准条码的文化商品如下。

①视频制品、唱片、游戏产品。

②出版物、期刊。

③其他文化体育观光部部长规定并公示的文化商品。

(2)上述第1项规定的国际标准条码的标示程序及管理所需的详细事项由文化体育观光部部长规定并公示。

[2009.5.6 全文修订]

**第15条　指定认证机构等**

(1)依照"法"第12条第5项的规定，可以被认定为文化商品品质认证机构(以下称"认证机构")的机构如下。(2009.12.21 修订)

①"法"第31条规定的韩国文化振兴院(以下称"文化振兴院")。

②同时具备下列各项条件，与文化产业相关的法人。

1)系非营利法人。

2)拥有最近3年品质认证相关的实际业绩或拥有类似的业务经验。

3)拥有3名以上从事与品质认证相关或类似业务3年以上的专业人才。

(2)欲申请成为上述第1项规定的认证机构，必须依照文化体育观光部部令的规定向文化体育观光部部长或市、道知事提出申请。(2009.12.21 新增)

(3)文化体育观光部部长或市、道知事指定了认证机构时，必须对此予以公示。(2009.12.21 修订)

[2009.5.6 全文修订]

**第16条　认证文化商品的品质**

(1)欲获取"法"第12条第4项规定的文化商品品质认证，必须向同款第5项规定的已获取资格的认证机构提出认证申请。

(2)上述第1项规定的文化商品品质认证的方法及程序等详细事项，由文化体育观光部部长或市、道知事规定并公示。

[2009.5.6 全文修订]

**第17条** 删除(2011.3.30)

**第18条 扶持流通专业公司**

文化体育观光部部长或市、道知事依照“法”第14条第1项的规定，有权向从事下列各项与文化商品流通相关业务的流通专业公司提供必要的扶持。

①缩短流通环节及扩展流通结构的工作。

②文化商品发行业及批发、零售商的分工合作。

[2009.5.6 全文修订]

**第19条 指定、标示优秀文化商品等**

(1)依照“法”第15条第1项的规定，欲获取优秀文化商品指定资格，必须向文化体育观光部部长或市、道知事递交指定申请书，并附上相关产品的说明书和样本、模型等。

(2)文化体育观光部部长或市、道知事指定优秀文化商品时，必要时可以听取相关专家的意见。

(3)文化体育观光部部长或市、道知事指定优秀文化商品时，必须通过政府公报、日报或网页等进行公示。

(4)为促进优秀文化商品的制作与流通，文化体育观光部部长或市、道知事有权向与制作、流通相关的从业者提供下列扶持。

①制作资金的扶持。

②为开拓作品的销售渠道提供扶持。

③优先入驻文化产业振兴设施及文化产业园区。

(5)依照“法”第15条第1项的规定，获取文化体育观光部部长指定的优秀文化商品资格者有权在其商品或包装上贴上文化体育观光部部令中规定的标志；获取市、道知事指定的优秀文化商品资格者有权在其商品或包装上贴上市、道知事命令中规定的标志。

[2009.5.6 全文修订]

**第20条 促进文化商品的销售**

(1)文化体育观光部部长或市、道知事为促进文化商品的销售，有权扶持下列各项工作或推进必要的政策。

①加强文化商品的海外宣传工作。

②协调共同购买的工作。

③设置、运营常设卖场。

④健全文化商品流通交易秩序的工作。

(2)为促进文化商品的销售，文化体育观光部部长或市、道知事在必要时有权制定文化商品目录，并提供给行政机关或公共团体，鼓励其优先购买。

[2009.5.6 全文修订]

**第20条之2　优秀文化项目等的指定标准**

(1)"法"第15条之2第3项规定的优秀文化项目的指定标准如下。

①制作企划的优秀性。

②完成制作的可能性。

③引资或海外共同制作的可能性。

(2)"法"第15条之2第3项规定的优秀文化经营者的指定标准如下。

①制作、开发能力的优秀性。

②商业化成功的可能性。

③文化商品、文化技术推广的可能性。

④创造就业岗位的可能性。

⑤提高技术水平的可能性(仅限于将文化技术开发者指定为优秀文化经营者的情况)。

(3)指定上述第1项规定的优秀文化项目或上述第2项规定的优秀文化经营者时，若符合下列任何一项，均不能成为优秀文化项目及优秀文化经营者的指定对象。

①侵害他人知识产权。

②损害良好风俗或破坏公共秩序。

(4)上述第1项及第2项规定的指定标准和第3项规定的非指定资格的详细标准，由文化体育观光部部长规定并公示。

[2009.5.6 新增本条]

**第20条之3　指定优秀文化项目等的程序**

(1)欲获取"法"第15条之2第1项规定的优秀文化项目或优秀文化经营者的指定资格，必须向文化体育观光部部长递交文化体育观光部部令中规定的优秀文化项目、优秀文化经营者指定申请书，并附上下列各项材料。

①企业现状。

②工作摘要及详细的工作计划书。

③工作推进日程计划及参与人员的现状。

④资金筹备计划及所需制作费用明细表。

⑤样本或评价所需的其他参考资料。

(2)文化体育观光部部长将上述第1项规定的指定申请书的受理业务委托给文化振兴院。(2009.12.21 修订)

①删除(2009.12.21)。

②删除(2009.12.21)。

(3)文化体育观光部部长指定优秀文化项目及优秀文化经营者时，必要时可以听取相关专家的意见。

(4)文化体育观光部部长指定优秀文化项目或优秀文化经营者时，必须通过政府公报、日报或网页等形式进行公示。

[2009.5.6 新增本条]

**第 20 条之 4　对优秀文化项目的扶持**

文化体育观光部部长有权利用预算向上述第 20 条之 3 指定的优秀文化项目及优秀文化经营者提供下列各项的扶持。

①扶持研究开发、商业化的资金。

②扶持创业及宣传。

③帮助解决经营方面的难处。

④扶持营销、出口。

⑤文化体育观光部部长认为扶持优秀文化项目或优秀文化经营者所必需的其他事项。

[2009.5.6 新增本条]

**第 20 条之 5　指导与监督优秀文化项目等**

文化体育观光部部长依照“法”第 15 条之 2 第 3 项，为了优秀文化项目与优秀文化经营者的健康运营，在认为必要时可以要求提交或报告以下资料。

①工作的进展进度。

②援助金使用明细。

③参与人员的使用现状。

④其他指导和监督所需事项中文化体育观光部部长指定的事项。

[2009.5.6 新增本条]

## 第三章　奠定文化产业基础

**第 21 条　培养专门人才**

(1)文化体育观光部部长或市、道知事有权依照“法”第 16 条第 2 项的规定，可以将符合下列任一条件的机构指定为文化产业专业人才培养机构。

①与文化产业相关的大学、研究机构。

②为振兴文化产业而设立的机构、团体。

③与文化商品的企划、制作、开发、生产、流通相关的法人或团体。

(2)欲获取上述第 1 项规定的专业人才培养机构的指定资格，必须向文化体育观光部部长或市、道知事递交包含下列事项的指定申请书。

①培养专业人才的实际业绩及计划。

②与编制进修课程及讲师相关的事项。

③培养专业人才所需的设施、设备等事项。

④运营经费的筹措计划。

⑤欲聘用实习人员并将其培养为相关领域的专业人才，其聘用及研修计划。

⑥文化体育观光部部长规定的其他事项。

[2009. 5. 6 全文修订]

**第 22 条　经费的负担**

文化体育观光部部长或地方自治团体负责人依照“法”第 16 条第 3 项的规定，可以负担专业人才培养机构下列各项经费中的部分或全部。

①课时费及各种补贴。

②进修教材费及实习器材费。

③其他专业人才培养机构所需的经费。

[2009. 5. 6 全文修订]

**第 23 条　价值评价机构的指定标准及指定程序**

(1)依照“法”第 16 条之 2 第 1 项的规定，可以被文化体育观光部部长指定为价值评价机构(以下称“评价机构”)的机构，必须是同时具备下列各项标准的法人。(2009. 12. 21 修订)

①具有评价文化商品、文化技术的优秀性、技术性及商业性的专业人才。

②掌握评价模式或具体的评价方法。

③具有开展评价业务的必要设施。

④最近 3 年内具有相关评价的实际业绩或类似业务经验。

⑤具有收集、管理流通与评价相关信息的信息网。

⑥如有“法”第 16 条之 4 规定的被取消指定资格的情况，应是自取消之日起 2 年之后。

(2)欲获取评价机构指定资格，必须向文化体育观光部部长递交文化体育观光部命令中规定的评价机构指定申请书，并附上下列各项的材料。

①上述第 1 项之 1~5 规定的条件的证明材料。

②章程。

③工作计划书。

④评价模式体系及该体系的说明书。

(3)文化体育观光部部长指定评价机构时，必须对下列事项进行公示。

①评价机构的名称及经营者的姓名、地址、电话号码。

②如有专业领域，其所属领域。

③指定时若有附带条件，其附带条件的内容。

(4)与上述第 1 项的各项标准相关的详细标准由文化体育观光部部长规定公示。

[2009. 5. 6 新增本条]

**第 23 条之 2　价值评价的申请**

依照“法”第 16 条之 2 第 2 项的规定，欲申请价值评价，必须向上述第 23 条指定的评价机构负责人提出申请，同时递交文化体育观光部命令规定的价值评价申请书，并附上下列各项材料。

①描述文化商品、文化技术内容的材料。

②版权、专利等的登记证明(只限于有登记的情况)。

③描述与同类或类似文化商品、文化技术之间不同点的材料。

④描述文化商品、文化技术的应用领域或应用实例的材料。

⑤描述文化商品、文化技术经济效益的材料。

⑥其他被认为评价时需要的材料中，由文化体育观光部部长规定公示的相关材料。

[2009. 5. 6 新增本条]

**第 23 条之 3　通报价值评价信息的例外事由**

“法”第 16 条之 2 第 4 项中“总统令规定的保护经营、营业秘密等特别事由”是指下列任意一项。

①如价值评价信息流向海外，有可能对国家安保、经济或相关产业造成严重损害。

②因将价值评价信息通报给文化体育观光部部长，价值评价申请人的经营、营业秘密被公开，其正当利益有可能受到明显损害。

[2009. 5. 6 新增本条]

**第 23 条之 4　扶持评价机构费用的事项**

“法”第 16 条之 3 第 1 项之 4 中“总统令规定的事项”是指下列各项工作。

①调查及分析价值评价需求。

②共同使用及推广价值评价相关信息的事项。

③构建及运营价值评价信息数据库。

④文化体育观光部部长认为建立价值评价基础所需的其他事项。

[2009. 5. 6 新增本条]

**第 24 条　技术开发工作的扶持对象**

依据“法”第 17 条第 1 项的规定，文化体育观光部部长有权扶持或捐助的工作，是指下列第 1 项所规定的任一机构所实施的第 2 项中的任意一项工作。

(1)工作实施机构。

①《特定研究机构培育法》规定的特定研究机构。

②《政府捐助研究机构的设立、运营及培育法》规定的政府捐助研究机构。

③《科学技术领域政府捐助研究机构的设立、运营及培育法》规定的科学技术领域政府捐助的研究机构。

④《高等教育法》规定的大学、产业大学、专门大学或技术大学。

⑤为促进技术开发，文化体育观光部部长认为必要的其他机构、团体或经营者。

(2)扶持的工作。

①与开发文化产业相关技术(以下称“技术”)相关的工作。

②调查技术水平及技术研究工作。

③与新开发技术的评价、转让及利用相关的工作。

④与技术合作、技术指导及技术信息流通相关的工作。

⑤与文化资讯开发及制作相关的工作。

⑥其他文化体育观光部部长认为振兴文化产业所需的技术开发工作。

[2009. 5. 6 全文修订]

**第 25 条　向技术开发专职机构委托业务的范围**

依照“法”第 17 条第 2 项的规定，文化体育观光部部长有权将下列各项业务委托给技术开发专职机构。

①为“法”第 10 条第 1 项规定的制作者融资或提供资助。

②为推进“法”第 11 条第 1 项规定的鼓励独立制作公司制作提供所需的资助。

③扶持“法”第 14 条第 1 项规定的流通专门公司。

④制作、实施“法”第 17 条第 1 项规定的技术开发的促进政策对开展技术开发工作所需的资金提供资助。

⑤征收“法”第 17 条之 2 第 1 项规定的技术费。

[2009. 5. 6 全文修订]

**第 25 条之 2　选定技术开发工作实施机构的方法、程序**

(1)依据“法”第 17 条第 3 项的规定，技术开发工作专职机构选定的技术开发工作实施机构必须具备下列各项条件。

①具备开展技术开发工作的人员和技术。

②所开展的工作与其他机构的技术开发工作不重复。

③所开展的技术开发工作优秀，并且社会、经济实用价值高。

(2)技术开发专职机构在审查上述第 1 项的各项事项时，必要时有权组建、运行审议委员会。

(3)技术开发专职机构依照第 1 项的规定，选定技术开发工作实施机构并使其开展技术开发工作时，必须与之签订包含下列各项内容的技术开发协定。

①技术开发工作的课题及负责人。

②扶持金额。

③回收技术开发工作成果及征收技术费的事项。

④其他履行技术开发工作所需的。

[2009. 5. 6 全文修订]

**第 25 条之 3　技术费的征收对象等**

(1)“法”第 17 条之 2 第 1 项规定的技术费的征收对象是指上述第 24 条第 2 项①、⑤、⑥所指的工作(仅限于有收益的工作)。

(2)“法”第 17 条之 2 第 1 项规定的技术费的征收金额限定为给技术开发工作实施机构扶持或捐助金额的 30%。

(3)依照“法”第17条之2第1项的规定，征收技术费时，允许技术开发工作实施机构一次性缴纳应缴费用或分5年缴纳。此时，如果一次性缴纳或在缴纳期限内提前缴纳，则依照文化体育观光部命令的规定，给予部分金额的减免。

(4)依照上述第25条第5项的规定，技术开发专职机构负责征收技术费时，在获得文化体育观光部部长同意的情况下，有权规定技术费征收方法等相关事项。

[2009.5.6 全文修订]

**第26条　企业附属创作研究所等的人员、设施等的标准**

(1)“法”第17条之3第1项规定的企业附属创作研究所进行资格认定时，必备的人力、设施标准如下。

①确保下列各项规定的创作专职人员。

1)《培育风险企业特别措施法》第2条第1项规定的风险企业设立的企业附属创作研究所：3名以上。

2)《中小企业基本法》第2项规定的中小企业者(不含上述第1项提及的风险企业设立的研究所)设立的企业附属创作研究所：5名以上。

3)上述1)、2)以外的企业附属创作研究所：10名以上。但设立在国外的企业附属创作研究所规定为5名以上。

②具备独立的创作设施。

(2)依据第17条之3第1项的规定，企业创作专职部门进行资格认定时，必备的人力、设备标准如下。

①文化产业领域的创作业务系该部门的主要业务。

②拥有1名以上的全职创作人员。

(3)上述第1项及第2项规定的全职创作人员必须是获得《高等教育法》第35条规定的学士以上学位者，或《国家技术资格法》规定的拥有技术、技能领域技师以上技术资格者。

(4)除上述第3项规定外，依照《中小企业基本法》第2条的规定，对于中小企业的企业附属创作研究所及创作专职部门，也可以聘用具有《高等教育法》第2条第4项规定的专门大学或同等学力并在相关领域工作2年以上者作为全职创作人员。

[2009.5.6 新增本条]

**第27条　企业附属创作研究所等的认定程序**

(1)依照“法”第17条之3第1项的规定，欲获取企业附属创作研究所的资格认定，必须向文化体育观光部部长递交由文化体育观光部部令规定的企业附属创作研究所认定申请书，并附上下列各项材料。

①创作工作概要书。

②研究所的组织、职员现状及全职创作人员的资格证明材料。

③创作设施明细表。

④《培育风险企业特别措施法》第25条规定的确认材料(仅限于风险企业者创立的企业附属创作研究所)。

⑤《中小企业基本法》第2条规定的中小企业证明材料（仅限于中小企业者创立的企业附属创作研究所）。

⑥企业附属创作研究所设在国外的证明材料（仅限于设在国外的情况）。

⑦文化体育观光部部长认为认证企业附属创作研究所时必要的其他材料。

（2）依照“法”第17条之3第1项的规定，欲获取企业创作专职部门的资格认定，必须向文化体育观光部部长递交文化体育观光部部令规定的企业创作专门负责部门认定申请书，并附上下列各项材料。

①创作工作概要书。

②企业创作专职部门的职员现状及创作全职人员的资格证明材料。

③创作设施明细表。

④公司组织图。

⑤营业执照复印件。

⑥文化体育观光部部长认为认证企业创作专职部门时必要的其他材料。

（3）文化体育观光部部长认定企业附属创作研究所及企业创作专职部门时，必须依照文化体育观光部部令的规定，颁发企业附属创作研究所认定书及企业创作专职部门认定书。

［2009.5.6 新增本条］

**第28条　对开拓海外市场等的扶持**

依照“法”第20条第2项的规定，可以接受委托或代理国际共同制作、经由指纹节目/网络进行的海外市场营销/宣传活动、吸引外国人投资、参与国际电影节/商品交易会及国内招商、构建出口合作体系等工作的机构或团体如下。

①文化振兴院。

②《电影及视频振兴法》规定的电影振兴委员会。

③《博物馆及美术馆振兴法》规定的博物馆协会或美术馆协会。

④《韩国观光公社法》规定的韩国观光公社。

⑤《大韩贸易投资振兴公社法》规定的大韩贸易投资振兴公社。

⑥其他以振兴文化产业为目的设立的机构或团体中，由文化体育观光部部令规定的机构或团体。

［2009.5.6 全文修订］

**第29条　指定文化产业振兴设施等**

（1）依照“法”第21条第2项的规定，欲获取文化产业振兴设施（以下称“振兴设施”）的资格认定，必须向文化体育观光部部长递交指定申请书，并附上以下第2项规定的指定条件的证明材料。

（2）“法”第21条第4项规定的振兴设施的指定条件如下。

①文化产业相关经营者的入驻数量高于文化体育观光部部令规定的数量。

②在入驻的文化产业相关经营者中，《中小企业基本法》第2条规定的中小企业者所占的比例大于30%。

③文化产业相关经营者的营业场地及扶持设施占据的面积达到振兴设施总面积的50%以上。

④拥有公用会议室及公用装备室等必要的公共设施。

(3)文化体育观光部部长依照“法”第21条的规定，在指定振兴设施后必须予以公示。

(4)本施行令规定事项之外，其他指定、管理振兴设施所需的事项，由文化体育观光部部长规定并公示。

[2009.5.6 全文修订]

**第30条　对振兴设施的扶持**

文化体育观光部部长依照“法”第21条的规定，为建立及培育振兴设施，有权提供下列各项扶持。

①扶持建立、运营振兴设施所需的资金。

②对设立、运营文化产业共同制作设施等公共设施给予扶持。

③其他建立振兴设施所需的扶持。

[2009.5.6 全文修订]

**第31条　解除振兴设施的指定**

依照“法”第22条的规定，文化体育观光部部长欲解除振兴设施的指定，必须事先听取所辖市、道知事的意见，解除指定时需予以公示。

[2009.5.6 全文修订]

**第32条　制定文化产业园区的建造计划**

(1)“法”第25条第1项规定的文化产业园区建立计划必须包含《产业用地及开发法》第6条第5项的各项规定以及下列各事项。

①建造文化产业园区的基本方向及建造标准等事项。

②入驻文化产业园区的文化产业基础设施的相关事项。

③文化商品开发及制作设施等相关事项。

④人才培养机构、大学、研究所或企业等入驻设施的相关事项。

⑤其他培养、扶持文化产业园区所需的事项。

(2)文化体育观光部部长在制定文化产业园区建造计划时，有权计划将文化产业振兴设施集中入驻的地区指定为文化产业园区，或将位于同一特别市、广域市、道、特别自治道内的两个以上文化产业振兴设施指定为文化产业园区。

[2009.5.6 全文修订]

**第33条　地方自治团体建造文化产业园区**

(1)依照“法”第25条第2项的规定，欲申请建造文化产业园区的地方自治团体负责人，必须向文化体育观光部部长递交申请书，并附上包括《产业用地及开发法》第6条第5项各事项及本令第32条第1项各事项的园区建造计划。

(2)文化体育观光部部长在受理上述第1项规定的申请书，审查下列各事项后，在认为必要时有权向国土海洋部部长提出文化产业园区的指定申请。

①文化产业园区的地区间均衡配置。

②与已有文化产业园区的性质、功能进行比较，判断是否存在重复投资。

③对地区间产业的联动效应及地区经济发展的贡献度。

④建造文化产业园区的经费筹措计划。

[2009. 5. 6 全文修订]

**第 33 条之 2　文化产业振兴地区的指定条件等**

(1)"法"第 28 条之 2 第 1 项规定的文化产业振兴地区(以下称"振兴地区")必须同时具备下列各项条件。

①该地区或其周边地区已经聚集了与文化商品的企划、制作、开发、生产、流通相关的设施。

②该地区或其周边地区已经具备了交通、通信、金融等培育文化产业所需的基础设施。

③该地区或其周边地区已拥有与文化产业相关的教育机构、研究设施。

(2)依照"法"第 28 条之 2 第 2 项的规定，文化产业振兴地区的建造计划必须包含下列各事项。

①振兴地区的名称。

②位置及面积。

③指定的目的。

④与振兴文化产业相关的主要基础设施及环境。

⑤今后的扶持、培育计划。

(3)依照"法"第 28 条之 2 的规定，指定、变更或解除振兴地区资格时，必须自指定、变更或解除之日起 1 个月内对此进行公示，并且公示内容必须包含下列各事项。

①振兴地区的名称。

②位置及面积。

③建立计划的概要(仅限于指定时)。

④变更内容的概要(仅限于变更时)。

⑤解除内容的概要(仅限于解除时)。

[2009. 5. 6 全文修订]

**第 33 条之 3**　删除(2009. 12. 21)

**第 33 条之 4　现状调查的对象**

依照"法"第 30 条之 3 的规定进行文化产业统计时，现状调查的事项如下。

①文化产业市场现状的相关事项。

②文化产业进出口相关事项。

③文化产业相关人员及其需求、供给的现状等事项。

④文化产业相关的国际动向等事项。

⑤其他制定、实施文化产业政策所需的事项中，文化体育观光部部令规定的事项。

[2009. 5. 6 全文修订]

## 第四章　删除(2009.12.21)

**第34条**　删除(2009.12.21)

**第35条**　删除(2009.12.21)

**第36条**　删除(2009.12.21)

**第37条**　删除(2009.12.21)

**第38条**　删除(2009.12.21)

**第39条**　删除(2009.12.21)

## 第五章　删除(2006.10.26)

**第40条**　删除(2006.10.26)

**第40条之2**　删除（2006.10.26）

**第41条**　删除(2006.10.26)

**第42条**　删除(2006.10.26)

**第43条**　删除(2006.10.26)

**第44条**　删除(2006.10.26)

**第45条**　删除(2006.10.26)

**第46条**　删除(2006.10.26)

# 第五章之 2　文化产业专业公司(2006. 10. 26 新增)

**第 46 条之 2　登记等**

(1)依照“法”第 52 条第 1 项的规定，欲申请登记成为文化产业专业公司者(包含同条第 3 项所规定的变更登记，本条以下各款同此)，必须向文化体育观光部部长递交包括下列各项内容的登记申请书。

①公司商号。

②公司形态。

③总部所在地。

④法人的姓名、身份证号码及住所。

⑤理事和监事的姓名、身份证号码及住所。

⑥章程的目标工作。

⑦资本金。

⑧工作管理者的名称及其主要办事处。

⑨资产管理者的名称及其主要办事处。

(2)在递交上述第 1 项规定的登记申请书时，还应同时附上下列各项材料。变更申请只需附上证明变更事项的材料即可。

①章程。

②工作计划书。

③资金的缴纳证明材料。

④工作管理者及资产管理者的概况。

⑤与工作管理者签订的工作委托合同的复印件。

⑥与资产管理者签订的资产管理委托合同的复印件。

(3)依照上述第 1 项的规定，文化体育观光部部长在受理上述登记申请后，必须通过《电子政府法》第 36 条第 1 项规定的行政信息共同使用的途径，核实确认该文化产业专门公司的法人登记簿副本之内容。(2010. 5. 4 修订)

(4)文化体育观光部部长依照上述第 1 项及第 2 项规定受理登记申请书后，必须在受理之日起的 15 日内，审核确认是否具备“法”第 52 条第 2 项规定的各项登记条件。如果审核确认符合登记条件，则必须颁发登记证，并在文化产业专门公司登记簿上登记备案。

(5)依照上述第 4 项的规定，颁发登记证后，如相关公司因登记证丢失或损坏无法使用而申请补发时，文化体育观光部部长应依照文化体育观光部部令的规定为其补发。

[2009. 5. 6 全文修订]

**第 46 条之 3　监督**

“法”第 55 条第 4 项第 3 号中“总统令规定的措施”是指下列各项规定措施中的任意一项。

①相关文化产业专门公司的章程变更要求。

②文化产业专门公司与工作管理者或相关文化产业专门公司与资产管理者之间委托合同的变更要求。

③其他违反事项的纠正要求。

[2009. 5. 6 全文修订]

## 第六章　附则(2009. 5. 6 修订)

**第 46 条之 4　权限的委托**

文化体育观光部部长有权依照“法”第 58 条的规定，将“法”第 52 条规定的文化产业专门公司登记、变更登记的业务及第 46 条之 2 第 5 项规定的登记证的补发业务委托给文化振兴院办理。

[2009. 12. 21 增设本条]

**第 47 条　罚款的征收标准**

“法”第 59 条第 1 项规定的罚款的征收标准见附表。

[2011. 3. 30 全文修订]

## 附则　(第 22778 号，2011. 3. 30)

**第 1 条　施行日期**

本令自颁布之日起实施。

**第 2 条　罚款的过渡措施**

(1)对于本令实施前发生的违反行为，仍依照原来规定的标准征收罚款。

(2)对于本令实施前发生的违反行为，已经实施罚款处理的，不计入附表规定的违反行为次数的累加。

# 第一个资讯产业振兴基本计划
# （2011—2013）

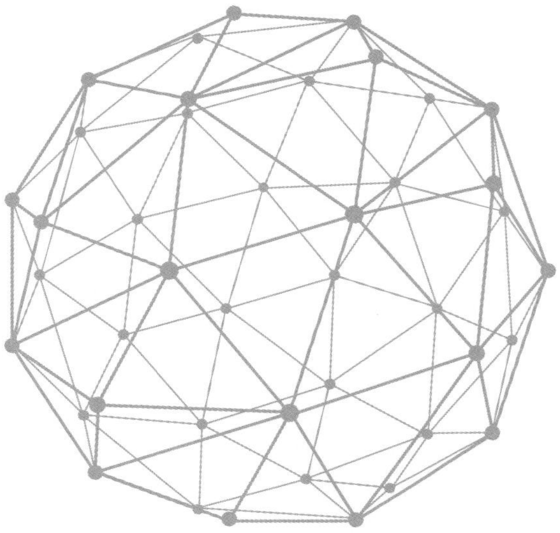

＊ 韩国资讯产业振兴委员会 2011 年 5 月发表。

# 目　　录

# 一、经济结构的变化与资讯产业的重要性

## 1. 韩国经济范式的变化

(1)在韩国，20 世纪 60 年代的钢铁产业、70 年代的汽车产业、80 年代的半导体产业、90 年代的 IT 等产业，逐渐发展成为国家的主力产业。

各时期国家主力产业的发展成就

| 产业 | 培育时期 | 培育依据<br>成就 |
| --- | --- | --- |
| 制钢 | 20 世纪 60 年代末 | 1968 年成立浦项制铁公司，1970 年制定《钢铁工业培育法》 |
| | | 世界第 6 位的钢铁生产国(以 2009 年为标准)<br>占全部出口的 6. 1%(以 2009 年为标准) |
| 汽车 | 20 世纪 70 年代中期 | 1973 年制定《汽车工业长期振兴计划》 |
| | | 1976 年生产最早的国产车(Pony)<br>世界第 5 位的汽车生产国(以 2010 年为标准) |
| 半导体 | 20 世纪 80 年代初期 | 1981 年被指定为国家最优先发展的战略产业 |
| | | DRAM 半导体市场的占有率为 55. 5%(以 2010 年为标准) |
| IT | 20 世纪 90 年代中期 | 1994 年成立信息通信部，1995 年制定《信息化促进基本法》 |
| | | 占 GDP 的比重：由 1980 年的 2. 2%上升到 1998 年的 11. 6% |

(2)最近，韩国的经济结构以服务业在整体发展和雇佣方面所占比重逐渐上升的形式，实现了产业结构的升级。

经济的服务化得到深化，通过服务市场的开放趋势，可以展望服务贸易将会继续增加。

附加价值比重：制造业 40. 6%(2004 年)→39. 2%(2010 年)，服务业 55. 6%(2004 年)→58. 2%(2010 年)。

雇佣比重：制造业 18. 5%(2004 年)→16. 9%(2010 年)，服务业 64. 7%(2004 年)→68. 5%(2010 年)。

(3)所以，为了实现韩国经济再次的跳跃性发展，不仅要保证具有世界性竞争力的制造业，还必须加强服务产业的竞争力。但是，由于韩国服务产业的竞争力低下，每年都会带来大规模的服务业收支赤字。

| |
|---|
| 2009年，韩国服务业收支赤字额为172亿美元，排在德国(233亿美元)、日本(204亿美元)、俄罗斯(199亿美元)等国之后，是世界第6位的服务产业赤字国(IMF，2009年)。<br>世界第1位的服务产业收支盈余国美国(1 340亿美元)，在资讯、咨询、SW等领域具有世界性的竞争力；排在世界第2位的英国(699亿美元)在金融、资讯等领域也具有世界性的竞争力。 |

## 2. 资讯产业将是开启国民所得进入3万美元时代的主要产业

(1)未来产业：资讯产业将是拉动韩国服务产业的核心发展动力产业。

①2010年，世界资讯市场规模为1兆3 566亿美元，是超越了汽车(1.2兆美元)、IT(8 000亿美元)的高速发展的高附加值产业(PWC，2 010)。

②资讯产业将是引领媒体、旅游、体育和教育、医疗等服务产业与IT等制造业共同发展的服务产业的核心领域。

服务产业中，由于教育、医疗等产业具有内需性的特点，国家的控制很强，而金融产业由于需要大规模的资本及必要的经验，在发展速度上也受到限制。

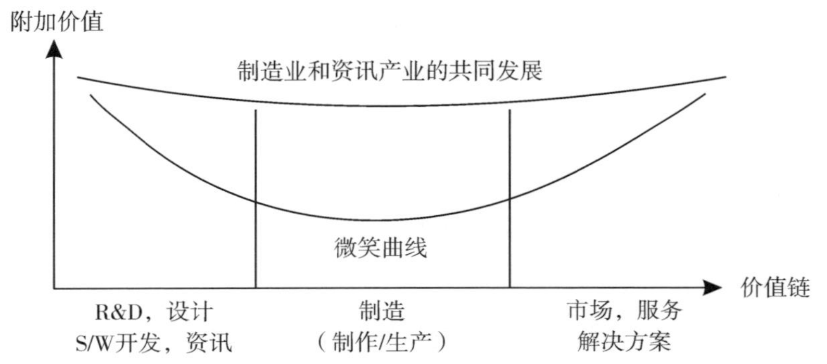


制造业(设备)和服务业(资讯)的共同发展模型：微笑曲线的转换

青瓦台未来规划委员会指出，为了迎接韩国新的“S”形跳跃式发展，将与能源相关的产业、系统化半导体、资讯产业确定为新的发展主题(2011.1，未来委员会)。

韩国产业研究院在《韩国产业发展蓝图2020》中，以成长性、经济性、公共性(普及)为标准，选定了41个有前途的产业，资讯产业被评价为符合这三大要素的产业。

(2)创造工作岗位：资讯产业作为解决无雇佣发展的方案，尤其要对降低已经超过国家整体失业率(3.3%)的青年阶层失业率(8.5%)作出贡献。

资讯产业不仅能提供青年喜欢的工作岗位，而且还是伴随着创造性能力的产业。因此，与其他产业相比，其就业的刺激指数更高。

通过数字设备获取资讯的数字“原住民”一代青年，喜欢游戏、移动资讯等与资讯产业相关的工作岗位。

国内游戏市场的雇佣规模从 2001 年的13 500人，以年均 15.7%的速度增长，到 2009 年已经增长到43 365人，以 NC SOFT 公司(2009 年的销售额为5 147亿韩元)为例，全部1 889名职员中 20~30 岁的占 97%。

**就业刺激指数的对比(每 10 亿韩元)**

| 制造业 | | | 服务业 | | | 全部产业 |
|---|---|---|---|---|---|---|
| 半导体 | 汽车 | 造船 | 文化服务业 | 金融 | 通信 | |
| 3.9 | 8.1 | 9.1 | 12.2 | 6.8 | 8.5 | 9.5 |

* 出处：韩国银行。

(3)提升国家品牌：资讯产业是提升国家品牌的尖兵。

①韩国的经济实力排在世界第 13 位，但国家品牌的排名只排在第 31 位，为了提升国家品牌，必须培育软实力以符合 G20 召集国水平的国家形象(2010 年 GDP 规模，世界银行 2009 年 Anholt-GFK Paper National Brands Index Ranking，LA Times)。

②资讯产业作为软实力的核心，要为提升国家的品牌形象作出贡献。

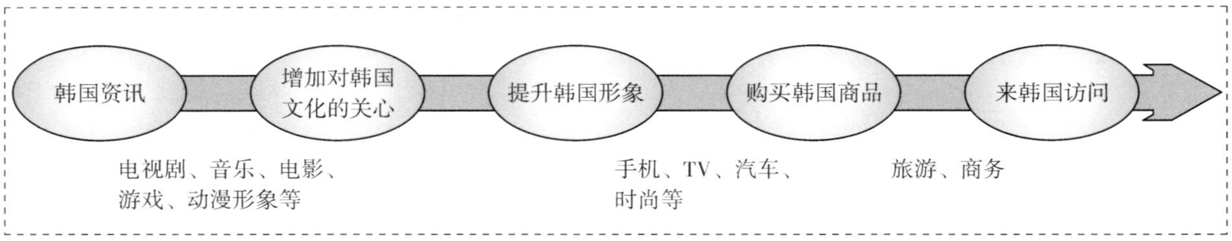


以外国人为对象(31 个国家，8 230人)进行的关于韩国代表性产业形象的调查结果显示，以第 1 位的汽车为代表，包括第 4 位的电视剧、第 8 位的电影、第 11 位的在线游戏、第 13 位的动漫等资讯产业都位于前列(国家品牌委员会，2010 年)。

(4)提高生活质量：资讯产业应对国民生活质量的提高作出贡献。

①与韩国的经济实力及先进国家相比，国民感受到的生活满意度(幸福感)处于相当低的水平。

> 以世界 155 个国家为对象进行的满意度调查结果显示，韩国排在第 56 位(福布斯)。
>
> OECD 国家国民生活的“主观性幸福”指数平均为 63%，而韩国只有 36%，尤其是感到无聊(Boredom)、颓丧(Depression)的人很多，造成满意度低下的主要原因是缺乏游玩的经历及学习(Learnt or did Something Interesting)不足。

②要提高国民生活的质量，重要的是提高闲暇时间的利用率及增加快乐经历，为此必须发展资讯服务。

韩国的家庭支出中，文化娱乐费用占GDP的比重为3.7%(以2007年为标准)，低于OECD国家的平均值(5.0%)。

**OECD国家中家庭文化娱乐费用支出占GDP的比重(2007年OECD统计)**

| 美国 | 日本 | 加拿大 | 西班牙 | 法国 | 德国 | 意大利 | 韩国 |
|---|---|---|---|---|---|---|---|
| 6.5 | 6.1 | 5.4 | 5.3 | 5.1 | 5.1 | 4.0 | 3.7 |

## 3. 最近，由IT产业的智能化、3D化、多渠道化集约而成的范式变化，赋予了资讯产业新的挑战和机遇

(1)苹果、谷歌等国际性企业利用设备—服务—资讯相结合的业务占据全球市场，扩大了资讯的战略重要性。

智能、国际SNS服务的环境，预示了资讯的无国境、无限竞争时代的来临。

①用苹果电视在韩国国内登录到网络，就能通过iTumes非常容易地购买并收看海外的影像资讯(美国电视剧、电影等)。

②最近，YouTube、Hulu等网络影像服务开始从以免费广告为基础的服务模式转变为以保证优质资讯为目的的收费模式，这也表明了优质资讯的重要性。

(2)因此，英国、日本、中国、中国台湾等国家与地区为了占领资讯产业的国际市场，都在推进政府层面的支持政策。

英国在1997年以后，在资讯产业(创造性产业)集中了全国的力量，将其培育成仅次于金融业的国家主导产业，跃升为国际性的资讯强国。

(3)尽管具有这样发展的可能性，但韩国国内资讯产业的环境却存在着许多诸如企业的小型化、企业间相互合作不足及基本设施薄弱等必须克服的课题。

尤其是综合性编制频道的引入，虽然为国际性媒体、资讯产业的出现提供了平台，但要想防止外国资讯的泛滥，提高韩国国内资讯产业的竞争力就成为急迫的课题。

在引入4个综合性编制频道时，预测将创造每年17 520小时的资讯需求及6 000亿元的销售额，并可能提供5 000个雇佣岗位(《资讯产业动向与分析》第1期，韩国资讯振兴院，2011.3.30)

## 4. 为了占领智能环境下的国际市场，必须将资讯产业选定为可以带动韩国经济的核心主导产业，对此倾注全国性的努力

(1)资讯产业虽然被选定为现政府的十大新成长动力产业之一，但在国家资源分配上却处于非常薄弱的地位。

以2011年为标准，资讯领域的总预算是6 004亿韩元(包括文化部、教育科学部、播放通信委员会等部门)，只占国家总预算的0.2%，远未达到已有的国家战略产业(钢铁、汽车、半导体、IT等)的财政投入比例(2%~7%)。

2011 年 4 月 14 日，韩国政府通过“加强新成长动力的战略报告大会”，将资讯产业与系统半导体、生态、海上风力、水处理等一起选定为十大战略项目。

(2)资讯产业以因“韩流”而被认可的文化潜力和世界最高水准的 IT 竞争力为基础，在获得国家性资源的集中性投入后，与制造业结合在一起，将成为引领服务产业的盈利产业。

继 IT 产业之后，资讯产业被选定为引领韩国经济的核心主导产业，将成为倾注全国性努力的焦点。

> 新产业(资讯产业)是融合性的、快速变化的领域，需要政府各部门的支持。因此需要政府制定先发制人的、果断的措施与决策(2011 年 1 月 21 日，未来规划委员会进行 2011 年业务报告时总统的指示事项)。

# 二、资讯产业的动向分析与范式变化

## (一)资讯产业的市场规模与展望

### 1. 国际市场

(1)市场规模。

2010 年国际资讯市场规模为 1 兆3 566亿美元(PWC，即普华永道公司，2010)，随着智能媒体环境的发展，将进入高增长的阶段。

①预计国际资讯市场在未来的 5 年间将以年平均 5%的速度增长，到 2014 年将达到 1 兆6 900亿美元的规模。

②美国占国际市场的份额为 32. 4%(第 1 位)，日本为 12. 3%(第 2 位)，德国为 5. 7%(第 3 位)，韩国为 2. 2%，位于亚洲的第 3 位，世界的第 9 位。

**各国占国际资讯市场规模的比重**

| 位次 | 国家 | 市场规模(比重) | 位次 | 国家 | 市场规模(比重) |
|---|---|---|---|---|---|
| 1 | 美国 | 4 281亿美元(32. 4%) | 6 | 法国 | 619 亿美元(4. 7%) |
| 2 | 日本 | 1 643亿美元(12. 3%) | 7 | 意大利 | 419 亿美元(3. 2%) |
| 3 | 德国 | 885 亿美元(6. 7%) | 8 | 加拿大 | 322 亿美元(2. 4%) |
| 4 | 中国 | 758 亿美元(5. 7%) | 9 | 韩国 | 288 亿美元(2. 2%) |
| 5 | 英国 | 732 亿美元(5. 5%) | 10 | 西班牙 | 286 亿美元(2. 2%) |

③随着资讯数字化的快速发展(2010 年的 26. 1%→2014 年的 33. 1%)，在数字化的价值链中，将会出现新的战略和多样化的收益模式。

(2)振兴政策。

不仅是英国、日本等发达国家，中国(包括中国台湾)也把资讯产业看作是 21 世纪的主要产业，试图将其培育成未来的成长动力产业。

英国从 1997 年开始，在资讯产业(创造产业)集中了全国的力量，将其培育为继金融业后的国家主导产业，从而跃升为资讯强国。

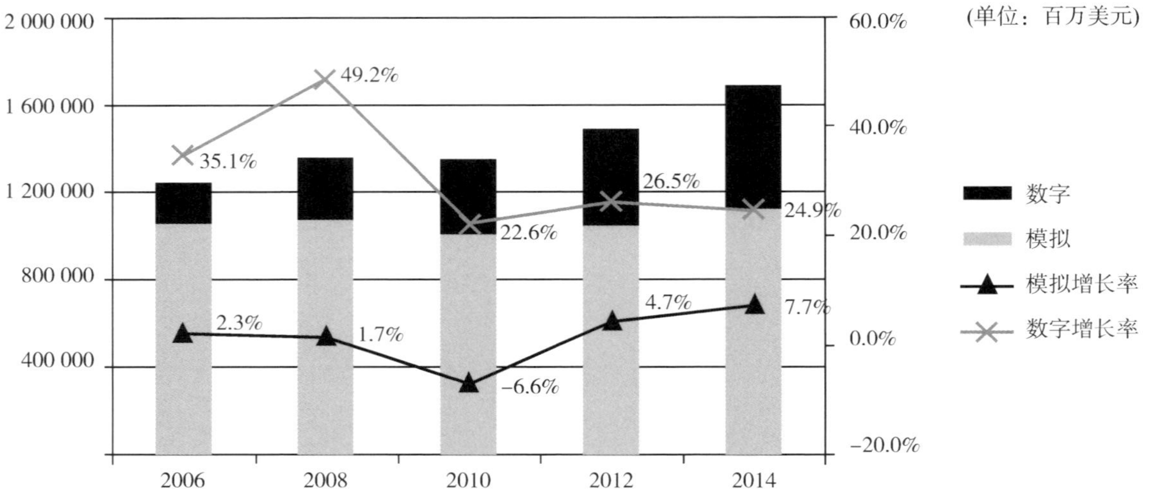


资料来源：PWC，全球娱乐与媒体业市场规模 2010—2014。

全球娱乐和媒体业市场规模

日本将文化产业看作是 21 世纪的领导性产业，将资讯产业培育政策的方向与“文化强国”联系起来(日本经济产业省，2010. 4. 5)。

中国大陆为了适应经济的快速发展及金融环境的变化，把文化事业(意识改革)转变为文化产业(经济发展)，并颁布了文化产业振兴计划(中国国务院，2009. 9. 27)。

中国台湾为了将资讯产业培育成未来战略产业，发表了包括构建资讯产业价值链、扩大与中国大陆的交流、进行投资支持、人才培养 4 大战略在内的资讯产业发展计划(中国台湾“行政院”，2010. 7)

**培育资讯产业的成功案例**

1. 英国的创造产业(Creative Industry)成果(以 2008 年为标准)

通过“创造英国战略”(Creative Britain Strategy，2008)和“数字英国”(Digital Britain，2009)等培育政策，确立了资讯产业作为英国经济中心产业的地位。

附加价值(GDP 的 5. 6%)，出口(总额的 4. 1%)，雇佣(全部岗位的 7. 8%)，企业数量(总数的 8. 7%)。

2. 新西兰的国际 CG 摄影棚培育事例

(1)政府向制作公司提供“高预算的影像制作支援金”(LBSPG，Large Budget Screen Production Grant)(从 2003 年开始至今)。

(2)新西兰本国的 VFX/CG(即视觉特效/计算机动画)企业接受海外订单时，实施补偿(Recoup)制度(将合同金额的 25%以奖金的形式进行支援)。

①支援政策的结果是，新西兰占据了国际 VFX 摄影第 2 名的位置。

②《指环王》《阿凡达》等大制作电影大部分是在新西兰制作的，《指环王》对新西兰的宣传效果是：创造了4 800万美元的利润，使游客年均增长了 5. 6%，创造了 3 万多个新工作岗位。

## 2. 国内市场

(1)市场规模。

韩国资讯市场的规模，2009 年为 69 兆韩元，预计到 2015 年将以年平均 10%的高速度增长，达到 120 兆韩元。

在经济贡献度方面，资讯产业的附加值占 GDP 的比重，2009 年为 2.7%，比上年增长 0.2%，在国家经济中所占的比重有所增加。

各主要产业的年平均(2010—2014 年)增长展望：电子出版，40.3%；数字广告，16.2%；在线音乐，14.9%；移动电视，14.1%；移动游戏，13.6%(PWC，2010)。

**国内资讯市场规模及占 GDP 的比重**

| 单位(百亿韩元,%) | 2005 年 | 2006 年 | 2007 年 | 2008 年 | 2009 年 | 增长率(2008—2009 年) | 年增长率(2005—2009 年) |
|---|---|---|---|---|---|---|---|
| 出版 | 1 939 | 1 988 | 2 160 | 2 105 | 2 061 | △2.1% | 1.5% |
| 漫画 | 44 | 73 | 76 | 72 | 74 | 2.2% | 14.1% |
| 音乐 | 179 | 240 | 236 | 260 | 274 | 5.3% | 11.2% |
| 游戏 | 868 | 745 | 514 | 560 | 658 | 17.4% | △6.7% |
| 电影 | 328 | 362 | 318 | 289 | 331 | 14.6% | 0.2% |
| 动漫 | 23 | 29 | 31 | 40 | 42 | 3.4% | 15.7% |
| 播放 | 864 | 972 | 1 053 | 1 169 | 1 277 | 9.3￥ | 10.3% |
| 广告 | 842 | 912 | 943 | 931 | 919 | △1.3% | 2.2% |
| 动漫形象 | 208 | 455 | 512 | 510 | 536 | 5.1% | 26.8% |
| 知识信息 | 304 | 347 | 430 | 478 | 526 | 10.0% | 14.7% |
| 资讯问题解决 | 128 | 154 | 168 | 187 | 204 | 9.1% | 12.4% |
| 销售额总计 | 5 726 | 6 277 | 6 441 | 6 601 | 6 900 | 4.5% | 4.8% |
| 占 GDP 比重(附加价值额) | 2.4% | 2.6% | 2.7% | 2.5% | 2.7% | — | — |

资料来源：文化体育观光部，《2010 资讯产业统计》；韩国银行，《经济统计系统：名义 GDP》。

各主要领域的现状与展望：

①游戏。2009 年的游戏市场与 2008 年相比增长了 17.4%，达到 6 兆 5 800 亿韩元的规模，在线游戏市场占全部市场的 56.4%。随着高体验感游戏与资讯智能化服务的普及，移动游戏与社交网络游戏市场将快速扩张。

②播放。2009 年的播放市场与 2008 年相比增长了 9.3%，达到 12 兆 7 700 亿韩元的规模，地面波播放公司市场约占全部市场的 35%。播放的数字化将使媒体产业的界限消失，智能电视、3D 电视、数字地面波/网络电视、IP 电视等使网络平台逐渐扩张。

③电影。2009 年的电影市场与 2008 年相比增长了 14.6%，达到 3 兆 3 100 亿韩元的规模，本国电

影的占有率为 46%，居世界第 10 位。韩国电影的投资收益率在逐渐上升(2007—2008 年约为-40%，2009—2010 年约为-13%)，从长远来看，由于 3D 电影等高附加值电影需求的激增，全部市场的规模将会持续增加。

与资讯产业相关的产业规模，以 2008 年为标准，达到 97 兆韩元。

**资讯相关产业的规模**

| 单位(百亿韩元) | 2007 年 | 2008 年 | 备注 |
|---|---|---|---|
| 旅游产业 | 732 | 1 164 | 换汇：1 美元兑换1 200韩元 |
| 体育产业 | 2 327 | 2 636 | 包括设施、用品、服务业 |
| 演出产业 | 29 | 23 | |
| 附加通信服务 | 901 | 1 068 | |
| 播放用家电 | 658 | 696 | 包括模拟电视、数字电视、机顶盒等 |
| PC | 107 | 106 | 包括笔记本、PDA 等 |
| 无线通信设备 | 3 278 | 3 990 | 只包括无线便携式终端机市场 |
| 总计 | 8 032 | 9 683 | |

※出处：旅游产业，旅游产业数值统计(统计厅)；体育产业，体育百科(2010 年)；演出产业，2010 年公演艺术实态调查；附加通信服务、播放用家电、PC、无线通信设备，KAIT。

(2)出口。

2009 年为 26 亿美元，年平均(2005—2009)增长 18.9%，预计到 2015 年，将以年平均 20%的速度持续增长，达到约 75 亿美元。

(3)雇佣。

韩国的资讯市场雇佣规模在 2009 年为 52.2 万人，与上年相比增加了 5.1%，预计到 2015 年将以年平均 2.8%的速度增长，达到约 63 万人。

(4)企业。

由于综合编制企业的选定、大型资讯企业的出现等，媒体、资讯企业的竞争布局也重新确定。

今后，为了保证优质的资讯，将出现以企业间的合作、M&A(即企业并购)、工作多边化等形式组成的综合性媒体、资讯企业。如 CJ 集团将播放、电影、游戏、音乐系列的企业进行整合，形成了大型资讯企业 CJ E&M。

**资讯企业在全部企业中所占比重**

| 分类 | 附加价值额 | 出口 | 雇佣 | 企业数量 |
|---|---|---|---|---|
| 全部企业 | 1 063兆韩元 | 3 635亿美元 | 23 506 千名 | 6 587千个 |
| 资讯企业 | 29 兆韩元 | 26 亿美元 | 522 千名 | 122 千个 |
| 比重 | 2.7% | 0.7% | 2.22% | 1.85% |

* 出处：出口，企划财政部进出口动向(2009.12)；雇佣、企业，统计厅文化产业统计(2009)。

## (二)资讯产业范式的变化

### 1. 资讯企业生态系统的变化

(1)资讯市场的竞争布局由过去的按类型、服务(平台)、设备的竞争结构转变为在统一的市场中进行竞争的结构。

原本属于计算机制造业的苹果公司，将 iPod、iPhone、iPad 通过 iTunes 这一平台与资讯联系起来，形成了新的商务模型。

网络企业谷歌，在智能手机、智能电视中搭载开放型 OS 机器人，使其公司丰富的网络资讯得以最大化的利用。

(2)随着智能环境的扩大，资讯市场正在形成新的商业模式。

**国内外企业动向**

①美国三大地面波公司 ABC(Disney)、NBC(Comcast)、FOX(New Corp)为了形成在线的商务模式，共同出资构建并运营了 hulu 网站。

②Facebook 在 SNS(即社交网络服务)上与游戏企业(Zynga 等)相连接，增加了企业的价值(约 65 兆韩元)。

③计划设立以 SKT 等国内的移动通信公司为中心的公开市场，扩大生态系统。

SKT(T-Store)，KT(Olleh Market)，LGT(OZ Store)。

④三星电子正试图推出独立的资讯平台(Bada)，提供将本公司的移动业务、电视、家电—网络平台—资讯连接起来的服务。

由智能手机、平板电脑 PC、智能电视形成的 IT 范式正在扩展，在其相互融合的环境下，资讯的战略价值将进一步增加。

### 2. 资讯制作与流通方式的变化(3D 化、智能化、N-屏幕化)

(1)3D 化。

资讯产业中的生产、流通、设备企业，为了抢占 3D 资讯市场都在进行激烈的竞争。如电影《阿凡达》成功以后，电影、游戏、动画片等领域都增加了 3D 制作。同时，3D 电影院、3D 电视、3D 移动业务等相关产业也得到了快速的发展。

**3D 资讯的国内外动向**

1. 海外：3D 电影、播放、游戏领域正在快速增长

(1)好莱坞的 3D 电影制作数量从 2008 年的 11 部增长到 2010 年的 29 部，预计全球 3D 屏幕的数量也会从 2008 年的1 660个快速增加到2 011年的28 000个。

(2)主要国家(美国、日本、英国)主要通过卫星电视提供 3D 播放服务，3D 电视也将快速普及，预计其数量将从 2010 年的 420 万台增长到 2015 年的 7800 万台。

(3)游戏领域随着任天堂的 Wii、PS3、Xbox360 等操纵平台的高端化发展，其核心资讯将发展为添加了感应器(如 Kimect，微软对 Xbox360 体感周边外设正式发布的名字)的 3D 体验型资讯。

2. 国内：国内的 3D 资讯制作、服务处于初级发展阶段

(1)目前的 3D 资讯市场，90%以上的资讯用于主题公园、地方自治团体的宣传影像馆，形成了约1 000亿韩元的规模，电影等市场还处于初级阶段。

①预计将以 3D 电影的形式制作《第 7 矿区》《美丽的我们》等多样性主题的 3D 资讯作品。

②最近，依靠由 CG 技术的进一步发展而增强的竞争力，接受中国等海外市场 3D 电影订单的趋势正在扩大。

(2)3D 播放服务由 Skylife 开始，将逐渐正规化。

Skylife 通过 3D 专用频道，从 2011 年 3 月开始正式播放节目；KBS 预计用 3D 技术来转播大丘世界田径锦标赛；EBS 计划在 2011 下半年播放自己制作的《伟大的巴比伦》。

(2)智能化。

从苹果手机引起的智能革命，带来了智能手机、平板电脑、智能电视及开放型市场(App Store)的共同发展，同时促进了资讯的智能服务。

以播放公司等平台运营商为中心的以供应者中心的市场，正逐渐转变为以资讯及使用者为中心的市场，这一变化为资讯企业带来了新的机会。

**智能设备市场的前景**

智能手机：预计到 2013 年，智能手机所占的比重将以年平均 27. 8%的速度快速增长，由 2010 年的 17. 9%达到 27. 7%。

平板 PC(即个人计算机)：将由 2010 年的 1900 万台上升到 2013 年的15 400万台。

智能电视：预计 2014 年，可以连接到因特网的电视将占全部市场的 54%(由 2010 年的2 770 万台提高到 2014 年的 1. 483 亿台)。

(3)N-屏幕化。

随着智能手机的发展、智能电视的开发、云计算的规范化等通信环境的急速变化，资讯产业将发

展无间断、可视的N-屏幕服务。

①预计受N-屏幕融合服务的影响，资讯消费的时间将增加，同时信息型、体感型等智能型资讯的需求将大幅上升。

智能手机应用市场展望：2010年68亿美元→2013年295亿美元。

②资讯需求者的积极参与将使扩大了的SNS接入服务进一步发展。

播放/VOD+SNS、游戏+SNS、MSN+SNS等传统的资讯领域与SNS服务相结合，已有资讯的附加价值将会上升。

## 3. 消费者作用的变化

由于UCC、人人网、推特等社会网络的日常化，同时实现SNG(游戏)、SNC(商务)等资讯的消费、生产、流通等职能的生产兼消费者开始出现。

①随着G20时代的登场，消费者开始对与LBS、地图、区域信息相关的资讯反应敏感，对于DMB、AR资讯等曾与海外消费者表现出差别化的资讯也开始有很多的消费(Initiative，2010)。

②以智能手机的App Store为中心，韩国国内的各个地区开始建造App Center(即苹果中心，以2010年8月为标准，有160余个中心，超过2500人参与其中)，有许多的生产兼消费者在此活动。

资讯产业的智能化、高端化、国际化

⇩

需要构建在资讯、设备、服务间相生、合作、发展的产业生态系统。

需要在3D化、智能化环境中，确立资讯产业的国际化指向。

需要构建可以左右资讯产业竞争力的创造基础(故事情节+高端技术)。

# 三、成就与存在的问题

## (一)2008 年以后资讯政策的主要成就

### 1. 创造市场、岗位

在全球金融危机中(2008—2009 年),市场及岗位的创造保持着持续增长的趋势。资讯市场的销售规模从 2005 年的 57 兆韩元上升到 2009 年的 69 兆韩元,增长了 4. 5%。尤其是出口领域,以游戏为中心,与 2005 年相比,2009 年增长了 22%。

最近,在社会整体失业率增加的情况下,2008—2009 年创造了 2. 6 万个雇佣岗位。

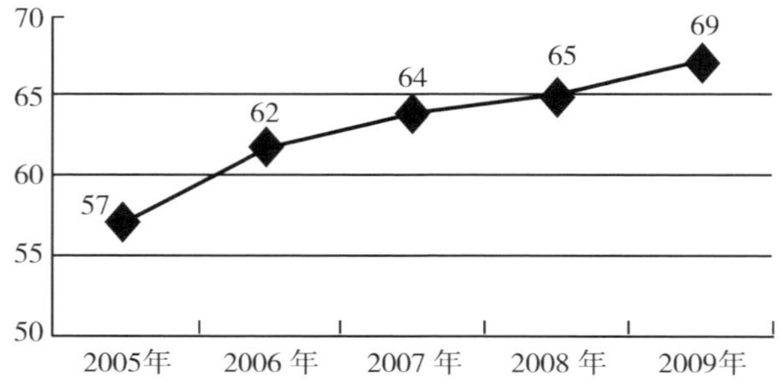

资讯的销售规模(单位:兆韩元)

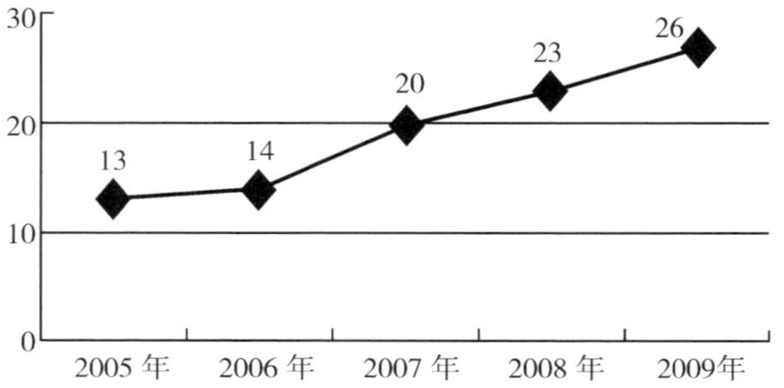

资讯的出口规模(单位:兆韩元)

最近 5 年间资讯销售规模、出口规模的增加趋势

> **从以电视剧、电影为中心的第一代“韩流”向新“韩流”的扩展**
>
> (1)继以前以电视剧为中心的“韩流”后,出现了由 K-pop 主导的所谓新“韩流”,并由东亚地区向阿拉伯地区、中南美洲及英国、法国等欧洲地区扩展。
>
> ①偶像组合的人气上升是因为其在主导文化与消费走向的 10~20 岁年轻人阶层中具有相当的影响力,并在日本及东南亚地区形成了新的文化。
>
> ②尤其是以中国、日本、泰国为对象进行的调查结果显示,首尔连续 3 年被选定为最想去的城市,大多数人是受电视剧和偶像演出广告的影响,“韩流”与游客的增多是相联系的。
>
> (2)目前的新“韩流”是以电视剧、电影、游戏、音乐为中心组成的组合体,可以确保持续的竞争力(Sustainable Competitiveness)。

## 2. 营造发展的基础：为了系统性地培育资讯产业，奠定了相关的基础

(1)通过被选定为17大新发展动力(2009.1)、制定《资讯产业振兴法》(2010.6)及资讯产业培育战略(2010.4)，推动了政府各部门间振兴资讯产业的政策的发展。

(2)通过综合编制频道的引入(2010.12，每日经济TV等4个频道)，为播放资讯产业中国际性媒体的出现奠定了基础。

(3)为了扩大国内外市场，集中培育了新一代的国际性资讯。

通过移动资讯、CG、数字融合(如虚拟世界、虚拟现实等)、跨境项目等，发展韩国国内市场并向海外扩张。

(1) (移动)古代宫殿博物馆 *与文物厅合作

(2) (国际化)游戏《神谕之战》 *预期销售: 8 000亿元

(3) (虚拟现实)屏幕高尔夫 *G-20体验试演

(4) (虚拟世界)Dinokids *打入北美市场

(5) (CG)《田禹治》 *突破610万

最近对资讯的应用提供支持的案例

## 3. 提供激发创作的条件：为了激发资讯企业的创作，扩大了对金融、R&D、情节基础设施的投资

(1)从产业的观点出发，营造激励金融投资的基础。

通过制定完成保证制度(2009.9)、开发价值评价模型(2010.6)、2011年全球基金、贷款支付保证的规范化，注入政策性资金，并多方面吸引民间的投资。

(2)为了加强发展的基础，扩大R&D并进行人才培养。

对新一代资讯技术R&D的支援方式逐渐多样化(产学合作、融合、进军海外，并不断扩大支持力度(从2008年的404亿韩元到2011年的776亿韩元，增加了92%)。

通过企业合作(如与国外大师合作，参与型项目)、雇佣合同型(10所大学，80个企业)等方式培养实践应用型人才(2010年1 172人，就业率约为77%)。

(3)改善资讯的创作条件，扩充挖掘故事情节的基础条件。

目前已构建了国际游戏信息中心(2009.6)、1人创新企业支援中心(2009.11)、故事情节创作中心(2010.7)。

# (二)存在的问题与课题

## 1. 在产业生态系统方面

与资讯产业范式变化相适应的“设备—资讯—服务”，这一产业良性循环生态系统的营造相对

滞后。

苹果、谷歌等国际性企业通过资讯与服务、设备相联系或合作的战略来保证其在全球的竞争力，但韩国资讯企业的环境是，平台企业的实力持续地保持在优势位置，造成交易的不公平，缺乏大中小企业间的相生合作体系。

### 2. 在海外市场的进入方面

局限于狭小的内需市场的产业结构，缺乏打入国际市场的能力。

(1)有必要使以游戏、电视剧为主的出口主题多样化，并开拓中国、日本以外的新兴市场，使出口区域多元化。

为了通过资讯出口的业绩来扩大新"韩流"的影响力，要确保当地的网络化并制定针对出口对象区域的战略对应方案(选择和集中)。

(2)缺乏与目前急速变化的智能化、社交网络化环境相适应的海外市场营销战略。

### 3. 在企业竞争力方面

由于资讯企业的小型化、存在非法复制现象、资讯不能收到回报等市场不成熟因素，资讯企业的自生能力脆弱。

(1)资讯企业的销售额(以2009年为标准)中不超过10亿韩元的占81%，大部分是小型企业，对于以高风险、高收益为特点的项目投资不足。

韩国国内资讯企业(约12万个)的总销售额不过是美国Time Warner(即时代华纳公司)销售额(33兆韩元，2009年)的2倍。网络电视等收费播放方面，与发达国家相比，接收费用低(是澳大利亚的1/9，日本的1/7)，过分依靠广告收入，因而缺乏生产优质资讯的余力。

(2)随着新的数字融合型平台的普及与扩大，预计在线的非法复制品将会进一步增加，但缺乏对此的系统性应对方案。

### 4. 在创作的基础条件方面

相关人员、设施、创作的基本条件恶劣。

(1)缺乏应对影像制作走向大型化、高端化、国际化的设施与创作的基本条件(James Cameron是在设置了高端的情绪捕捉系统及巨型计算机、被称为The Volumer的完美摄影棚中制作的电影《阿凡达》)。

(2)缺乏资讯竞争力的核心——企划、创作的高级人才。

### 5. 在技术水平方面

与发达国家相比，韩国3D、CG等高端影像制作技术约有3年以上的差距。

(1)2011 年度政府的 R&D 预算中，资讯 R&D 预算的比重占 0.6%，与资讯企业的规模、发展可能性等相比，R&D 的投资规模不足。

(2)由于没有文化技术企划评价院及专门研究院等全面负责文化技术的专门组织，对资讯技术快速变化的应对不足。

## 6. 在政策支持方面

缺乏继 IT 之后把资讯企业培育成未来发展动力产业的政策性支持。

国家对于资讯企业的财政投入不足，并且缺少改善资讯企业融资环境的努力。对资讯企业实地调查(2010.9)的结果显示，资讯企业发展的最大障碍是因为担保不足而带来的资金筹措困难(其占全部障碍的 70.2%)。

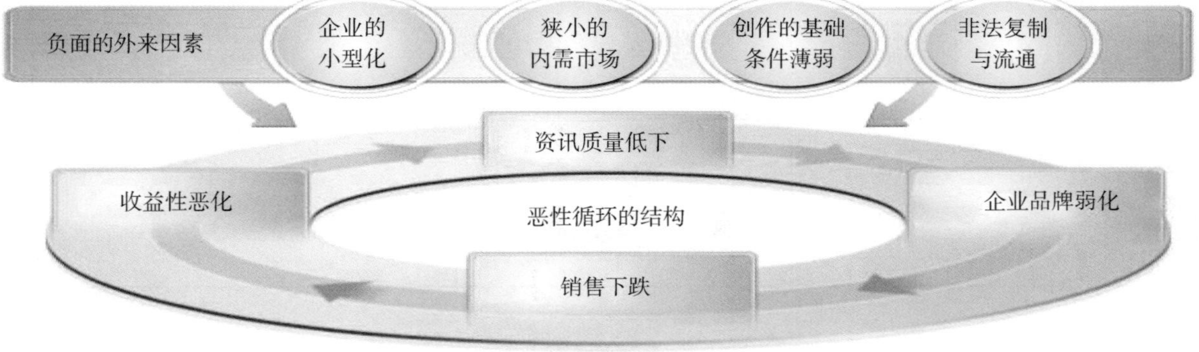


韩国国内资讯企业的薄弱结构

# 四、培育资讯产业的蓝图与目标

| | |
|---|---|
| 蓝图 | 智能资讯韩国的实现 |

| 目标 | 2013年的世界第7→2015年的世界第5 | 2010年 | 2013年 | 2015年 |
|---|---|---|---|---|
| | 市场规模以上（占GDP比重从2009年的2.7%提高至5%以上） | 72兆韩元 | 100兆韩元 | 120兆韩元 |
| | 出口规模（占市场规模的比重从2009年的4.2%提高至7%以上） | 30亿美元 | 52亿美元 | 75亿美元 |
| | 雇佣规模（创造10万个新岗位） | 53万人 | 58万人 | 63万人 |

| 推进战略 | 5大核心推进战略 |
|---|---|
| | 建立全国性的资讯企业培育体系 |
| | 通过提高国家的创造力,创造青年工作岗位 |
| | 扩大国际市场 |
| | 营造共同发展的生态系统 |
| | 加强制作、流通、技术等核心基础 |

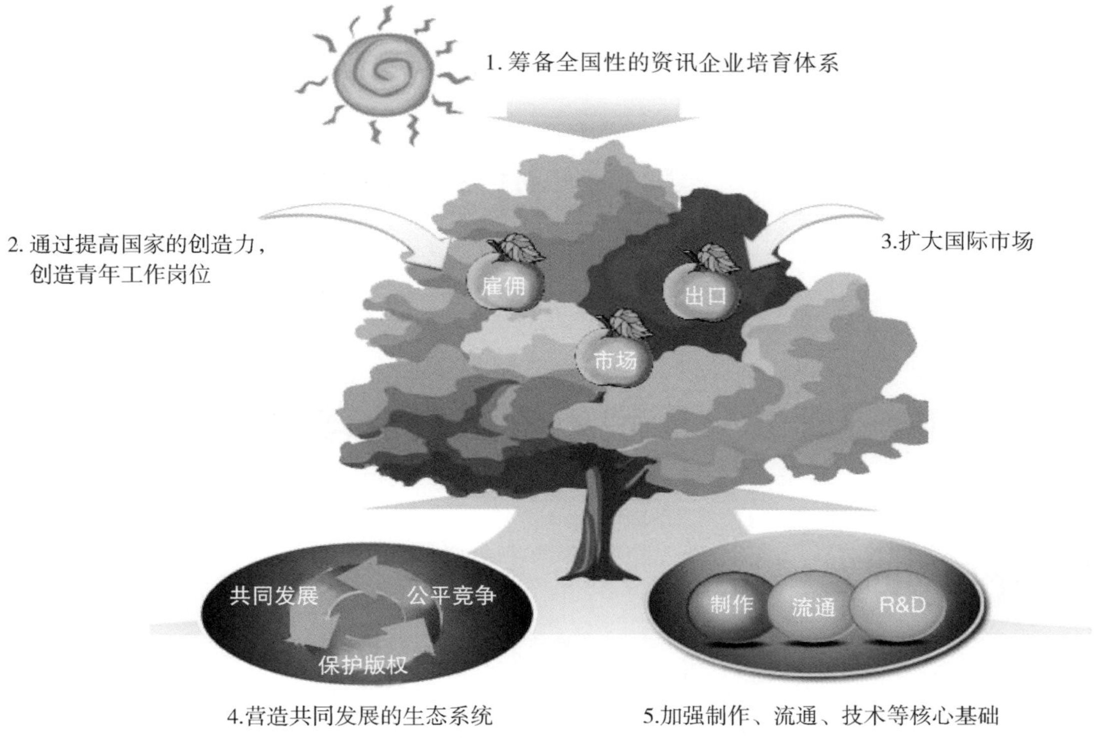


**15 大重点课题**

| | |
|---|---|
| 1. 建立全国性的资讯产业培育体系 | (1)确立资讯产业培育推进体系<br>(2)划时代地扩大对资讯产业的投资<br>(3)开发泛政府的融合资讯(开拓新市场) |
| 2. 通过提高国家的创造力，创造青年工作岗位 | (1)培养 G20 创造性人才<br>(2)扩大以资讯产业为基础的青年就业<br>(3)改善创作条件 |
| 3. 扩大国际市场 | (1)加强符合地区特点的战略性出口<br>(2)构建全球化网络<br>(3)对于国际性的主打资讯给予集中支持 |
| 4. 营造共同发展的生态系统 | (1)促进设备、服务、资讯的共同发展<br>(2)加强对版权的保护并加强应用<br>(3)营造企业间以及企业家与消费者间的公平竞争环境 |
| 5. 加强制作、流通、技术等核心基础 | (1)扩建资讯制作的基本设施<br>(2)营建先进的流通基础<br>(3)开发新一代资讯的先导技术 |

# 五、五大推进战略

## (一)建立全国性的资讯产业培育体系

### 1. 现状与存在的问题

(1)现状。

随着未来经济向服务化的转变(Shift to Service),在经济增长与雇佣中,服务业所占的比重将进一步增加。服务业中,资讯产业将成为引领设备、服务等相关产业共同发展的主导企业,具有重要的意义。

电影《阿凡达》的经济效果:33 亿美元(票房+附加版权费)= 约 16 万台现代汽车索纳塔 YF = 亚细亚航空公司的销售额(3 兆8 000亿韩元,2009 年)。

韩国政府将资讯产业选定为 17 大新发展动力产业之一,为了建立全国性的振兴体系,制定了《资讯产业振兴法》(2010. 6)。

(2)存在的问题。

为了适应智能化、融合化的环境变化,培育资讯产业,必须建立部门间的合作体系,发挥对资讯产业总体调控的作用。目前,在政府层面,缺乏继 IT 产业后将资讯产业培育成国家发展动力产业的战略规划。与大型国策事业的投资相比,对于资讯产业的国家支援不足。

2011 年,对资讯领域的投入只占韩国国家全部预算的 0. 2%,远未达到汽车、IT 等原有国家战略产业的财政投入比例(2%~7%)。

有必要在已有的社会间接资本(SOC)重点投资中,对资讯产业领域进行国家财政与民间资本的集中投入。

### 2. 重点推进课题

政 策 目 标

(1)把资讯产业提到国家日程上。

在中长期,将政府预算中资讯产业预算所占的比重提高 1%左右。到 2015 年,将资讯产业预算占 GDP 的比重从 2. 7%提高到 5%。

(2)各部门进行融复合资讯的开发,创造新的市场。

集中开发部门间的合作项目和新一代核心的五大资讯。

(1)确立培育资讯产业的推进体系。

①构建各部门的合作体系。

1)资讯产业振兴委员会：为了构建有效地推进部门合作及企业间融合的体系，组建并运营资讯产业振兴委员会。

该委员会由国务总理任委员长，11 个部门及 8 名民间专家参与其中。

它履行制定振兴资讯产业中长期基本计划、调整并审议振兴政策等职能，是振兴资讯产业的最高决策机构。

2)业务委员会：在资讯产业振兴委员会中，为了确定审议结果及检查所委托事项的实施效果所召开的定期会议。

该委员会由文化部第一副部长任委员长，委员由 11 个相关部门的的高职位公务员及 8 名由中央行政机构长官推荐的相关专家组成。

定期对实施效果进行检查与评价：对每年所实施的项目进行书面的检查、评价，通过召开业务委员会构建成果分析及反馈系统。

发掘部门间的合作课题：为了推进部门间的合作，设置并运营分委员会，负责发掘议题，为了进行协商可随时召开会议。

分委员会由相关部门及其委任的委员组成并运营。

②改善法律制度。

积极制定并实施符合公正社会的政策基调，适应国内资讯的全球化、智能化、融合化的制度。

**重点推进的制度改进课题**

改善智能环境下的电子出版、版权、公开市场的管制放缓等相关制度。

营造建立国际化资讯—媒体企业的基础。

通过共同发展性合作，改善实现公正社会的制度。

推进激励资讯产业投资的制度。

③为了确立培育资讯产业的推进体系，运营相关的支援机构。

1)创造性资本的开发支援体系：为了对资讯产业的国内外环境进行调查，对有形、无形的创造性资本的开发进行支援，构建国家层面的运营体系。

通过对分散在文化观光研究院的文化产业研究职能及资讯振兴院、电影振兴委员会的资讯政策研究及产业分析职能等的效率性、合理性进行可行性分析，确定运营的方案(依据公共机构运营的相关法律，与企划财政部共同推进)。

2)加强 R&D 推进体系：确立与扩大资讯产业比重相对应的推进体系，如扩大文化技术在其他产业中的应用等。

制定对文化部的 R&D 进行企划、评价、管理的运营方案。将文化技术 R&D(资讯振兴院)、图书馆 R&D(韩国科学技术信息院)、体育 R&D(体育科学研究院)、版权 R&D(韩国版权委员会)等分散的 R&D 管理职能统一在一起，并扩大到观光及艺术领域的 R&D(依据公共机构运营的相关法律，与企划财政部共同推进)。

对与文化艺术领域相联系的融合技术进行研究，实施大型的国策性R&D。依托韩国电子通信研究院(ETRI)、资讯研究本部、“亚细亚文化中心城市营建综合计划”(2007.10)，制定运营方案(企划财政部通过可行性预调查来推进这一方案)。

(2)划时代地扩大对资讯产业的投资。

①扩大政府预算对资讯产业的支持。

1)投入目标：为了对资讯产业提供国家层面的支持，在中长期要确保其约占政府预算的1%。

通过确保资讯领域的预算及集中性支持，到2015年资讯市场的规模占GDP的比重要从目前的2.7%提高到5%。

资讯产业的振兴预算(包括基金)，以2011年为标准，总额为6 004亿韩元(文化部4 868亿韩元，播放通信委员会608亿韩元，教育科学技术部299亿韩元，知识经济部119亿韩元，国土部30亿韩元，行政安全部80亿韩元等)，只占全部政府预算的0.2%。

英国文化媒体体育部(DCMS)2009年的资讯振兴预算为6.2兆韩元，是我国文化部资讯预算的15倍。

2)集中支持领域：对资讯制作的基础领域进行集中性的支持，如培育开拓新市场所需要的公共先导产业及创造性人才，构建国际化的基础设施及创作的根基等。

通过选择和集中及以间接支持为中心等方式对预算结构进行调整，努力实现预算执行的有效性(财政支持的相关事项与2011—2015年中期财政计划相联系并进行商讨后，与企划财政部协商推进)。间接支持的比率：73.7%(2009年)→76.9%(2010年)→80%以上(2011年)。

根据以对人口、社会、文化、技术的综合性预测研究为基础制定的资讯产业长期发展战略进程，进行财源的分配。

②扩大民间对资讯产业的投资。

1)鼓励大型企业进行捐赠：吸引那些通过资讯获得收益的设备制造企业、平台企业扩大对与振兴资讯产业相关的政府基金的捐赠。

通过资讯振兴委员会、共同发展协会的积极协商和所获得的捐赠，对大企业与资讯企业间的共同发展项目提供支持。

2)扩大对市场资金的利用：鼓励市场金融机构与政策资金进入资讯资本市场，扩大国内资讯企业的金融筹措范围。

鼓励政策性金融公司、国民年金管理公司等机构投资者向全球性基金出资。政策性金融公司共计向新成长动力基金(总额为3兆736亿韩元)投资1兆5 000亿韩元。

企业银行要对投资援助制度方案进行研究，如通过金融政策进行信用融资等。

3)吸引海外投资：推进为了扩大印度、中东/阿拉伯地区的新兴市场而进行的投资路演(Road Show)，通过与中国等国家的项目吸引合作投资，积极吸引海外资金。

以韩国与UAE间共同合作的谅解备忘录的签订为契机(2011.3)，加强吸引UAE对我国文化产业的投资。

动漫制作公司OCON(代表作品：*Dibo*，*the Gift Dragon*)在2006年从高盛集团(Goldman Sachs)吸引了1 000万美元的投资。

4)鼓励通过综合基金的投资：对鼓励早期投资而设立的“制作初期投资基金”及体现出综合编制频道资讯需求增加的“电视剧基金”领域进行重点投资。2011 年政府出资的预计额度为 500 亿韩元。

5)实施文化资讯完成保证制：扩大市场民间银行的参与，通过保证对象类型的多样化来提高制度的应用程度。如，(原有)进出口银行/(追加协议中)韩亚银行、友利银行。落实 P&A 费用优先偿还制度，简化审查制度，扩大对象的类型(演出、移动通信等)。

6)推进资讯共济协会的成立：是一种将小型资讯企业作为协会成员，募集款项后向协会成员贷款、投资的方式。

事先提供成立共济协会的研究劳务费用，并制定相关的法律依据(2011 年)。

(3)开发全国性的融合资讯(开拓新市场)。

①示范性地推进部门间的合作项目。

1)合作方案：顺应产业间融合的趋势，将各部门推进资讯制作的工作与文化部的核心力量(文化要素、文化技术)结合在一起，开拓具有高附加值的新市场。

组建各部处的融合课题企划委员会(包括相关部处 CCO、相关的下属团体、外界专家)，确定课题。

为了各部处顺利地推进资讯产业的发展，指定专门的资讯责任官(CCO，Chief Contents Officer)负责委员会的运营。

对于选定的项目，通过各部门间签订的 MOU 来分工并进行合作。

**部门合作项目的开发示例**

| 事业名称 | 推进的内容 |
|---|---|
| 开展数字课堂(电子书)的工作 | • 文化部、教育科学技术部：制订工作计划，并对大学教材电子书的制作提供支持。<br>• 教育科学技术部：选定示范性实施的大学并对其运营进行评价。<br>• 大学：提供终端机，并开设示范性实施的科目。 |
| 体验型智能学习 | • 文化部：对虚拟现实等 CT 技术的应用、资讯的制作提供支持。<br>• 知识经济部、教科部：开发应用的 S/W，使智能学习标准化。<br>• 教育科学技术部：制订资讯开发计划，普及终端的应用。 |
| 开发低碳旅游资讯 | • 文化部：开发适应型的 UI/UX 资讯技术。<br>• 知识经济部：开发与信息相适应的旅游资讯平台 S/WEY HW。 |
| 4D 机器人操纵系统的融合演出资讯工作 | • 文化部：推进与机器人操纵系统应用相关的资讯开发工作，对以 4D 为基础的演出场地提供援助。<br>• 知识经济部：机器人操纵系统的技术开发。 |
| U-health 服务 | • 文化部：促进设备、服务、资讯企业共同提供 U-health 服务，开发相关的资讯。<br>• 福祉部：统筹 U-health 振兴政策，并营造制度性基础。<br>• 知识经济部：开发 U-health 的核心技术，并通过示范项目制作出商业模型。<br>• 行政安全部：实施针对医疗弱势阶层的远距离诊疗。 |

2)支持规模：从 2012 年开始，示范性地选定并推进 2 个大规模的公共部门新市场创新项目，到

2013年开发出5个大型项目。

②推进新一代Top 5融合资讯开发。

1)3D应用领域：在医疗、建筑土木、教育、环境、福祉、旅游等应用领域中发掘可能开拓新市场的新商业模型，并对示范性实施提供支持。

公共部门：与地方自治团体及公共机构的3D影像馆构建工作建立联系，提高支持效果。

民间部门：组建由应用领域与3D相关企业参与的3D融合论坛，推进工作的发展。

**3D应用领域资讯的开发示例**

| 应用领域 | 推进工作的名称 | 效果 |
|---|---|---|
| 医疗 | 开发用于齿科的实时三维空间立体影像CT装置 | 提升治疗效果 |
| 造船 | 开发用于评议舰艇、游轮设计的3D解决方案 | 提高精密度 |
| 教育 | 开发以3D全息微缩存储为基础的实感e-learning(即在线学习)平台 | 提高教育的投入程度 |
| 文物 | 石窟庵、黄龙寺九层木塔等文物的全息照相型恢复及复原工作 | 有助于文物的复原与传承 |
| 旅游 | 济州岛、雪岳山等自然景观的3D摄影、旅游宣传 | 提高对游客的宣传效果 |

2)CG：将在游戏、电影、旅游、播放等资讯领域作为核心基础而被应用的CG技术扩大应用到设计、建筑、制造业等产业。

在电影以外的设计、建筑、制造等领域，促进高品质CG技术的开发、转让，并对项目的基础技术开发提供支持。韩国国内市场的规模预计将从2009年的5 000亿韩元增长到2012年的11兆韩元。

3)e-training(即在线培训)：通过普及、扩大e-training来替代危险程度高、费用高的产业培训，开创出新的网络e-learning市场。

开发焊接、涂饰(粉刷)、原子发电等网络训练需求将会逐渐增加的领域，对其技术开发提供支持。

预计市场规模：焊接，250亿韩元(2015年)；船舶涂饰(粉刷)，450亿韩元(2015年)；原子发电，550亿韩元(2018年)。

4)新一代游戏：为了加强游戏等娱乐资讯的良性功能，要示范性地制作并普及有关残疾人、老年人、环境保护等多样化主题的功能性资讯。

为了检测功能性资讯的科学化效果并累积、应用其成果，制作“功能性资讯的效果检定模型”，并推进其在学校、公共机构的示范性应用。

功能性游戏开发的示例：遵循生活方式的健康管理游戏，预防痴呆游戏，预防小儿糖尿病游戏，游戏成瘾的治疗游戏，心理治疗项目等。

5)智能资讯：集中开发符合智能特性、具有高附加值的多媒体、交互型E-book资讯及定制型、体感型资讯。

与智能装置的制造公司、服务公司合作，公开募集具有高附加值的体感型资讯对象，并对选定的资讯提供一揽子工作支持。

预计到2014年，全球电子出版业将以年平均27.2%的速度急速增长，销售额将达到82亿6 000万美元。

## (二)通过提高国家的创造力，创造青年工作岗位

### 1. 现状与存在的问题

(1)现状。

以2009年为标准，韩国国内资讯产业的从业者为52.2万名。2006—2012年，整体就业的增长率停滞在0.7%，但由于3D等新一代资讯的快速增长，所需要的人员到2015年将增长到约62万。尤其是由于智能手机数量的增长，以相对来说进入门槛较低的移动资讯为中心，1人创新企业的数量将会增加。国内开发者指出，由于*Heavy Mach*这款iPod游戏在北美App Store的游戏部分排名上升到第3位，创造了10万美元以上的收益。

(2)存在的问题。

第一，在3D化、智能化、多频道化导致资讯产业的人员需求激增的情况下，虽然预备人力供大于求，但目前仍处于专业人力不足的状态。已有的对资讯人才培养的支持，与创作、企划教育相比，更集中于以制作的专业技术为重点的教育。

人才的缺失率(2010年资讯企业人才缺失调查结果)：资讯产业(5.9名/100名)，中小制造业(2.7名/100名)，资讯人才中的创作人员(7.1名)，技术人员(6.7名)，制作人员(6.2名)。

第二，自由工作者(非正式职位)的占比高，职业的稳定性差，过长的工作时间和较低的薪水，造成创作性人才很少进入资讯市场，且防碍了职业能力的表现。

非正式职位(占全部职位)的比重：电影，55%；广播，37%；动漫，55%(文化资讯人才现状调查，2008年)。

资讯产业的工资水平在全部16个产业领域中排在第13位(统计厅，2010年)。

第三，在智能环境下，有必要加强能使资讯的所有类型相结合的故事情节创作基础。

如美国电视剧《24小时》中，参与的创作者就达到200余人，各领域的专业人员通过集体讨论创作出全部的故事情节。

### 2. 重点推进的课题

**政 策 目 标**

涌现出可以引领智能时代的青年人才：

到2013年，创造5万个青年工作岗位；到2015年，创造出10万个青年工作岗位。

到2015年，培养出4 000名G20全球性资讯的青年领导者。

(1)培养 G20 创造性人才。

①加强创造性教育。

1)小学：为了激励创造性教育，通过学校正式学科教育与放学后学校教育，实施资讯创作体验教育。

在文化部与教育科学技术技术部的推动下，向中小学派遣的文化艺术讲师要扩大到资讯领域，以“资讯指导者”的名义派遣。

在原有的 8 个领域(国乐、话剧、舞蹈、漫画、动漫、演出、设计、摄影)的基础上，增加移动(智能手机/平板电脑/电子书)、应用程序开发等领域。

英国为了建设“数字英国”，正在构建“新工业、新工作”在高等教育中的应用体系(初等水平为每周 5 小时的创作与文化课程，中等水平为提升数字生活技能的教育课程，高等水平为 IT 及创造性媒体的学位课程)。

2)中学：与资讯特色化的 Meister 高中合作，扩大创造性教育的实施范围，与大学联合开发并普及中等 ACT(Arts，Creative&Technology，即艺术、创意、科技)项目。

3)大学：通过开发符合区域内各大学特色的创造性构思，进行职业创造与业务开发等所有创业阶段的活动，对“大学创新校园化”提供支持。

对大学内实施的教育、医疗、IT(在线)、设计、时装、文化艺术等所有资讯领域的创业课程提供支持。

“大学创新校园”项目由雇佣劳动部主管，由教育科学技术部、女性家庭部、知识经济部、文化部等共同合作，为进行成功的创作提供资金、空间、教育，并构建区域间的网络、咨询、激励等支持体系。

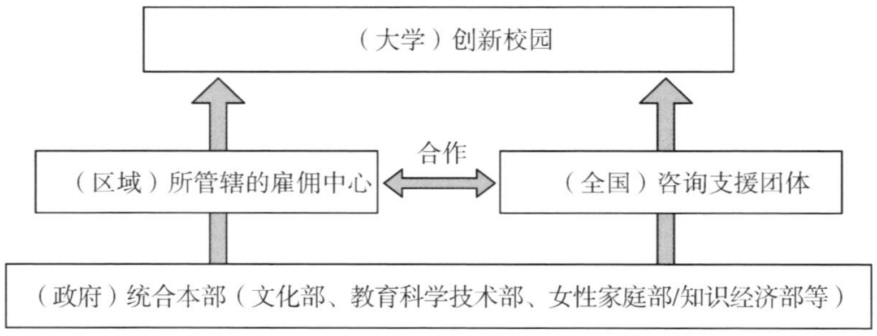


“大学创新校园”支持项目的运营体系

②创新人才伴随工作(学徒的创业)。

1)运营创业学校：运营创业学校，实施在资讯创作领域中形成特色的创意孵化课程——学徒式指导，通过开发创造能力和激励创业来创造青年工作岗位(每年的培养规模为 500 人)。

将集体创作的概念和现场教育实习联系起来(产学一体)，选定并运营创新人才平台机构。

2)在线社区：对社区内学徒关系的形成提供支持，对起到创作力量在线孵化功能的创新活动提供支持，构建在线社区(智能世界)。

建立与创新资源的履历管理及训练信息相关的综合信息系统。

③构建创新人才的培育基础。

1)构建全国性的合作体：为了应对资讯产业环境的变化，组成并运营常设机构“资讯人才培养协议体”。

为了制定符合资讯产业特点的人员培养方案，要加强与教育科学技术部、雇佣劳动部等相关机构的定期性协商。

2)运营专业的教育机构：为了战略性地培养核心人才，推进专业教育机构的运营。

培养创新人才的教育机构：为了应对融合的环境，资讯振兴委员会及电影振兴委员会等相关机构在对人力培养课程的职能进行分析并对其融合的可行性进行研究后，决定运营的方案。英国的Skillset、澳大利亚的AFTRSF都是为了培养创新人才而在国家层面设立并提供支持的机构。

播放通信的专业教育机构：传播播放通信人才开发教育院作为培养播放通信传播领域资讯专业人才的机构，要发展其特色。

(2)增加以资讯产业为基础的青年雇佣岗位。

①对G20全球资讯的青年领导者给予支持。

1)支持全球性就业：在大学的预备毕业生及业界的从业者中，每年支持30人到海外著名教育机构(NYU、CMU等)留学及研修，对相关学校毕业生到全球性资讯制作企业就业(包括实习)提供支持。

在教育过程中，通过与Disney、Dreamworks、Pixar、Kodak等全球性企业实施共同项目，积累现场的适应能力及技术知识。

推进包括政府海外实习在内的统合运营(教育科学技术部的全球化现场学习项目2011年在10个企业共投入215亿韩元)项目。

对海外教育机构的学费、毕业后在当地就业的人员的滞留费用(1年)提供支持。

2)支持海外创业：为了支持海外创业，为那些虽然有好的创意，但由于资金、人力、当地网络的不足而放弃的青年一代组建海外风险创业团(由知识经济部、外交部、KOTRA等合作进行)。

从2012年开始，选拔组建海外创业及文化交流服务团(100人左右)，在示范性推进后，根据成效继续扩大规模(每年500人左右)。初期的创业资金由创业者和政府共同承担，由文化交流服务团研究确定生产成本的支持额度。

选择在当地活动的韩裔与资讯及文化相关的专家作为顾问。在美国Dreamworks、Weta等公司的韩裔专家有28人，在洛杉矶地区的有100余人，一部分韩国的专业人士在美国相当活跃。

在资讯振兴院内部设置总体支持团队，对海外的文化院、资讯振兴院分社提供信息及法律支持，同时为了对创业提供支持，运营报纸广播编辑部(建立与大使馆、KOTRA海外分社的联系网络)。

②构建资讯创新企业的支持系统。

1)创新企业支持中心：整合全球性游戏中心的游戏风险2.0企业(19个)、1人创新企业支持中心(34个)、故事情节创作中心(31个)的入驻空间并扩大对其的支持。

2012年，对100个企业、300人提供支持的中小型资讯创新企业支持中心开始运营，到2015年将支持对象扩大到200个企业、500人。与对创新企业的支持相联系，在文化部(基础设施的营造)和中小企业厅(对个别企业提供支持)间建立有机的合作体系。

提供办公空间援助、专家咨询服务、宣传营销、创业共同教育等综合的、系统性一站式服务。聘请工作企划、会计、法务、营销领域的资深人员在该中心长驻，对企业经营提供实质性的帮助。

2)资讯支持企业间的联结：把对创意商业化的支持和对运营青年创业实习制度的支持连接起来，创造出实质性的商业机会。

通过把故事情节创作中心与 1 人创新企业支持中心连接起来等方式，提高 1 人创新企业作品的附加值。

(3)改善创作条件。

①扩大“讲故事”(Storytelling)的底层设计，培养“讲故事者”(Storyteller)。

1)扩大故事情节市场：加强对故事情节的公开征集、开发及讲故事者之间的国际交流。

扩大韩国的故事情节公开征集展，推进“到 2022 年创造出1 000篇新故事”这一项目。每年集中发掘、培育 100 篇故事。

召开“亚洲讲故事联欢节”，作为进入亚洲与世界讲故事领域的途径，扩大对故事情节的开发与文化的交流。与国立亚洲文化殿堂的“韩-中亚资深创作者公开征集”项目相结合，共同推进其发展。

对将在情节公募中发现的优秀情节转换为业务项目提供资助。制定全球性情节咨询、指导制度，扩大对海外出版的支持及投资等自由销售(Free Sale)。

2)培养讲故事者：开发培养讲故事者的项目并对其提供支持。

对在大学中开设创作专业及把原有的人文系列专业改编为讲故事的专门专业提供支持。开发并认证相关课程，对指导、创作活动提供支持。

对在美国、中国、日本等战略市场中取得成功的资讯故事，帮助分析其成功因素及国际惯例。

②为防止青年创作人才的断档并扩大行业吸引力，实行兵役特惠。

1)将进行 3D、CG 等尖端技术软件领域源技术开发的企业吸纳到产业功能要员①指定企业的选定对象中。

产业功能要员的指定，从 2010 年开始扩大到动漫企业(新聘任者 2 名)。但在全部名额有3 700个的 2011 年，分配到资讯领域的名额只有 8 个。

2)为贯彻优先选定参与产学合作的企业并在人员分配方面给予优惠这一方针，促进以特色化高中、Meister 高中等为对象，通过产学合作进行人才培养的项目。

学校、学生、企业间签订聘用协议，由政府资助器材费、实习费等费用，并资助学生在毕业后去签订协议的企业工作。

③构建文化艺术人员的社会安全网络。

1)改善职工待遇：改善编剧等电影、播放资讯制作人员的待遇。

对于在诸如拖欠工资等恶劣环境中工作的作家、职员，通过间接资助工资的方式，创造出新的工作岗位。

由综合基金、电影发展基金出资的电影、电视剧专门基金，要另外开设工资账户(建议部分投资者参与时也按此办理)。对于拖欠工资的制作公司，政府将不再提供资助，并对其拖欠状况进行定期的实态调查。

研究在例行的休职(失业)期间进行职员教育训练，并仅对结业者提供奖励的方案。由电影发展基金、民间出资、一般基金的母基金等提供激励训练的经费。

---

① 韩国国民的一种转换、替代服务制度，为了提高国家的竞争力，在有服兵役义务的人群中选拔出一部分，通过在研究机构、企业里工作来替代服现役(译者注)。

2)扩充创作空间：扩建已有的故事创作中心，为专业资讯创作者的可持续性创作活动提供资助。

构建创作的专用空间“Writer's Zone”，并对研讨、交流等活动提供资助。

3)设立作家工会：鼓励组建保护创作者权益的团体，按美国作家工会(Writer's Guild of America)的标准设置。

制定标准的合同、工资准则，开展版权的管理等业务。

美国作家工会：1954年，由美国的电影、广播、电视剧作家工会统合而成，制定会员创作作品的经济报酬标准，并组织保障作家权益的活动。

④公共信息的广泛使用。

1)扩大公共信息的提供量：通过加强对公共信息来源的说明和普及，扩大公共信息的提供量。

提供综合性的服务，使可以公开的所有公共信息在同一地方就可以方便地被获取并使用。扩大公共信息的检索服务：350个(2011年)→1 000个(2013年)。

为了能方便地加工公共信息并提供服务，开发并提供以Open API为基础的共享服务。以Open API为基础的共享服务的开发与提供：13个(2011年)→100个(2013年)。

2)促进资讯的开发：推进公共信息的应用和资讯的开发。

| 工作名称 | 主要内容 | 备注 |
|---|---|---|
| 开发利用国家记录物的资讯 | • 向开发者提供主题记录资讯、照片记录资讯、时代记录资讯等国家记录资讯。 | 行政安全部 |
| 开发总统记录物的在线资讯 | • 为了激励总统记录物的使用，构建并提供系统的在线资讯。<br>收藏量(约52万件)与构建的在线资讯量(约17 000件)的比率为3.2%，服务的实际效果并不令人满意。 | 行政安全部 |
| 开发利用空间信息的资讯 | • 创建以空间信息的应用为基础的新产业，构建并运营开放式的平台。<br>• 为开发应用于灾难、能源、旅游等公共领域及游戏、电影、手机的资讯(3D等)提供资助。 | 国土部 |

## (三)扩大国际市场

### 1. 现状与存在的问题

(1)现状。

由于国际性经济危机的余波等原因，以2009年的26亿美元为标准，韩国资讯的出口额与上年相比增长率放慢。出口增长率：2006年为5.4%；2007年为41.6%；2008年为20.6%；2009年为11.1%。但是，得益于资讯出口多边化等政策上的努力及新“韩流”的积极贡献，2010年第三季度与上年同期相比，出口又恢复了上升的趋势。

与上年同期相比，资讯产业中上市企业的出口增长率为(2010年第三季度资讯产业动向分析报告书)：播放，861.8%；音乐，66.4%；动漫/动漫形象，68.1%。

随着由K-pop主导的新“韩流”由东亚地区扩散到东南亚、阿拉伯、南美、欧洲等地区，资讯产业的出口及对韩国文化的关心也随之增加。韩国语考试的应试者在增多(尼泊尔有42 000名应试者)，化妆品的出口增加了30%~40%，来韩国旅游的游客也是历年最多的(2010年为880万名，与上年相比增加了12.5%)。

(2)存在的问题。

第一，没有可以保障新“韩流”得以持续增长的中长期战略。单向的“韩流”传播产生了厌恶等负作用，因此有必要扩大双向的交流。

第二，缺少对适合智能化、SNS网络化环境的海外网络的构建。女子团体2NE1的《鼓掌》发表仅一天，YouTube影像的访问量就达到47万次，扩散到欧洲、中东、南美等地，事先没有做任何宣传的少女时代在东京进行的出道初次表演聚集了22 000人，这一事实也是SNS传播的结果。

第三，对于由于各国的政府政策、市场结构而形成的输入壁障等问题，没有充分地提供符合区域特点的信息并制定相关的输入战略。

## 2. 重点推进的课题

**政 策 目 标**

通过资讯产业来提升文化、制造业等全社会的国家品牌：亚洲→全世界，单一方向→双向，大众文化→产业整体。

提高出口在资讯产业市场规模中所占的比例：4.2%(2009年)→7%(2015年)。

**主要先进国家出口占资讯产业市场规模的比重**

| 分类 | 美国(版权产业，2007年) | 英国(创造产业，2008年) | 韩国(文化资讯产业，2009年) |
|---|---|---|---|
| 出口额/销售额 | 1 100亿美元/8 191亿美元 | 173亿英镑/591亿英镑 | 26亿美元/69兆韩元 |
| 出口比重 | 13.4% | 29% | 4.2% |

(1)强化符合区域特点的战略性出口。

①美国、欧洲等先进国家市场的正式进入。

为了扩大市场，建立共同频道；巩固专门的播放公司、发行公司等人力网络；通过FTA推进合作工作。

1)设立品牌统一的频道：设立由地面波播放公司、PP、综合编制企业、进入当地的韩语播放公司等作为主轴的共同频道，进军海外播放市场。

为了更容易地进入美国等主要海外市场的播放频道，要进行早期的频道推介营销及本土化，为构建实时的资讯传输网络提供经费支持。

对全球性的资讯基金或综合基金中联合法人的投资份额进行分析研究。海外的韩国播放公司都是排他性地各自提供播放频道服务，进入海外市场时在效率方面具有局限性。

2)构建网络：通过与美国、欧洲有影响力的著名制作公司共同举办资讯国际论坛及 VES(Visual Effects Society，美国视觉效果协会)等，以加入著名团体、成为其成员的方式，构建资讯网络。VES：由美国著名的导演、超级用户、制片人等组成，目前其公司分布在全世界 20 个国家。

3)促进共同制作：为了应对韩国-欧盟 FTA 协议的生效，制定共同制作电影、动画片等视听觉资讯的指南；建立发展两国间合作项目的支持体系。

韩国-欧盟 FTA 生效时，满足两方贡献度要求等一定条件的视听作品，可以被认定为共同制作，并给予制度上的优惠。

②亚洲地区的单一市场化。

亚洲地区在短期内是出口的对象，但同时也是合作的伙伴，在中长期要把亚洲市场统合为 One-Asia。

1)短期：构建促进市场统合的交流合作基础。

把“韩中日文化资讯产业论坛”升格为部长级(目前为副部长级)，为三国间的人员交流及共同制作的发展提供保障。通过部长级论坛，可以讨论的内容有：a. 共同市场的调查及市场信息共享的方案；b. 人才培养及扩大人员交流的方案；c. 促进共同制作及调整投资环境的方案；d. 扩大共同营销的方案；e. 关于加强韩、中、日三国间资讯交流合作的多样化合作方案，包括加强版权保护等。

通过成立“亚洲动漫峰会”“亚洲唱片制作者协会”等机构，以合作伙伴关系，加强在进入美洲等主要消费市场方面的合作。亚洲动漫峰会：对韩国、中国、马来西亚、新加坡、泰国等国家召开的共同制作企划案竞赛及选定作品的引资提供支持。

通过在韩、中、日间巡回召开的“亚洲音乐市场”、亚洲巡回 K-pop 大奖赛等，加强亚洲音乐市场的网络构建与交流。“亚洲音乐市场”针对 Pop、Rock、Jazz、世界音乐等大众音乐的所有类型进行娱乐性演出、商业活动、展位展示，并举办学术活动。

2)中长期：成为超越“韩流”的合作伙伴。

韩中日共同成长协会：成立由三国政府和设备、服务、资讯企业组成的协会推进共同投资、流通及营销项目。召开韩、中、日三国间大型资讯会议(评奖、讨论、展示、营销)。

相互开放资讯市场：推进规定资讯流通过程的各种法规、政策的制定及市场开放(如各国对电视剧、地面波播放的限制等)。

共同的资讯基金：建立韩国国内外资讯企业共同投资的基金，推动大规模的项目合作及投资。

对频道输出提供支持：为了扩大地面波、PP 等韩国播放公司在亚洲地区以播放频道为单位的输出，加强对其本土化的支持。

③确保在中南美洲、非洲地区的当地基地。

为了克服“韩流”传播在地理上的局限，积极利用 YouTube 等在线网站，并制定利用当地(人力、物力)基地重点传播的战略。

1)灵活利用社交媒体：确保电影、电视剧、K-pop、游戏等与韩国文化相关的资讯在当地的消费、流通途径(当地的门户网站、YouTube 等)。

提供以南美语言圈的葡萄牙语、西班牙语为中心的语言服务。

2)建立人员基地：在中南美洲和非洲文化界的主要人士、韩国企业的合作伙伴、“韩流”大会的获奖者、粉丝俱乐部的相关人士中选定 300 人，组成集中的网络。

开展韩国文化探访、“韩流”体验旅行，召开韩-中南美洲文化交流研讨会等项目(每年度)。

3)建立物力基地：推进在当地的资讯宣传、海外交流，以及设置负责市场分析的文化院等工作(在墨西哥、巴西、埃及等地)。

与 300 人的人力据点建设相联系，召开电影、电视剧、K-pop 等观赏会。

4)提供文化资讯援助：为了对非洲等发展中国家提供文化资讯方面的援助，企划财政部、外交部、文化部共同合作推进 ODA(Official Development Assistance，政府开发援助)项目。

通过向学校、公共机构提供无偿援助可以解决社会性问题的功能性游戏及介绍韩国文化的资讯，确保潜在的需求阶层。

ODA：指公共机关向发展中国家或国际机构提供的赠品及具有减免性质的贷款。

(2)构建国际性网络。

①改编对海外出口提供支援的机构。

1)服务综合化：为了促进韩国文化的世界化，目前在各主要城市运营的海外韩国文化院，将被培育为提供文化艺术、文化产业、旅游等综合性服务的机构。

选 20 个在外韩国文化院中，4 个区域(LA、北京、上海、东京)的机构在提供综合性的服务，纽约、新加坡、巴黎三个区域计划到 2013 年为止分阶段地推进服务的综合化。

统合海外韩国文化院的形象，并将韩国的代表性文化品牌化。

构建将目前分别运营的旅游公司、韩国资讯振兴院、电影振兴委员会、版权委员会的驻外机构有机联系起来的系统。

2)与 KOTRA 进行合作：积极利用 KOTRA 的海外韩国商业中心(KBC：在全世界的 72 个国家设有 99 个中心)，推进与制造业的连接项目。

与 KOTRA 协商，通过 KBC 进行当地市场动向、竞争现状、流通结构、购买层现状的调查，并提供出口战略。

3)对出口提供支援的协商体：由文化部(资讯振兴委员会、观光公司、电影振兴委员会、“韩流”财团)、外交部(国际交流财团)、知识经济部(KOTRA)、播放通信委员会(KISA、KCA)等相关机构，及主导“韩流”的民间团体、韩国国内外专家组成(2011 年正式启动)。

②构建国际性的平台及网络。

1)运营国际性的综合平台：为了使原来限定在韩国国内服务的个别在线资讯也能方便地应用于海外市场，对将网络流媒体、下载利用、收费、结算等系统完全整合到一起的平台提供支持。

为了将韩国国内 3 家地面波公司联合起来提供的在线服务扩展到海外，海外使用者的注册、收费、结算系统要符合国际标准。

2)SNS 平台的应用：通过利用 YouTube、Facebook、赛我(Syworld，韩国的一个社交服务网站)等 SNS 平台(全世界大约有 11 亿人在使用)，来确保国际流通的基础。

使资讯向符合实时、利用零碎时间消费这一社交网络资讯的消费特性转变，对用当地语言译制等资讯的再加工提供支持。

将主要侧重于韩国国内服务的赛我等网站培育成世界性 SNS 资讯流通平台。

3)亲韩人士培育网络：加强使用“数码一代”的亲韩网络，并通过缓解反“韩流”情绪来培育文化传播的使者。

鼓励通过利用与韩国文化相关的海外权威博客及大学的学报社、记者团来传播韩国文化。

邀请亚洲地区的主要权威博主，开展各种活动。

对于自发传播韩国文化的青年应援团，向其提供与海外的有为青年一起参加“韩流”夏令营、“韩流”体验课程的机会。

在播放领域加强政府间的合作，为了构建亲韩网络，增加以发展中国家的政策决策者等为对象的邀请研修机会。

(3)对全球性主打资讯进行集中支持。

①成立对全球性项目(电影、电视剧、动漫等)投资的基金(到 2012 年为止达到2 000亿韩元，到 2015 年为止，通过扩大吸引民间资金达到 1 兆韩元)。

1)积极吸引韩国的年金基金、美国的好莱坞投资、发行商的追加参与出资，推进国内外的共同制作、投资，并推进在美国全境的电影发行。

美国投资公司参与基金的使用时，金融委员会将对金融投资企业许可(《资本市场法》第 12 条)等法定程序进行追加研究。

通过对中小企业创业支持法实施令的修订，推进对大企业的投资限制等法令上的相关投资限制规定的缓解。

2)在选定基金运用公司(GP)时，作为全球性项目的成功条件，要考虑保证海外营销及发行的当地网络能力。

②挖掘主打资讯并对其提供支持。

1)支持共同制作：对共同制作在全球市场具有成功可能性(OSMU 波及性)及可能创造出派生附加价值的电影、电视剧、动漫提供支持。

对于被认定为国际共同制作的项目，要建立包括企划、制作、R&D、商业化(法律、金融、营销、咨询)等多方面的综合性支持体系。

在资讯振兴委员会、电影振兴委员会及韩国网络振兴院内另外设立并运营国际共同制作支援团。

2)扩大对海外作品的吸引：为了吸引海外大型作品在韩国国内进行摄影，返还其在韩国国内支出部分的 20%的制作费用，并提供人力及设施方面的支持。

制作费用为 30 亿韩元时的经济波及效果：创造 150 亿韩元的国内支出、450 亿韩元的生产效果及 380 个就业岗位。

3)播放资讯版式产业的培育：通过对构思、制作、编制及海外市场营销等制作过程的全球标准化，将其培育为继电视剧后海外播放资讯的主要出口领域。

开发在韩国国内已成功项目的经典版式，推动其海外出口。标准版式：对电影剧本、导演、角色设定、舞台装置、宣传等一系列的专有技术进行整体包装的指南。

通过设立作家、PD① 等开发人员的新版式开发试验室及吸引国际版式学院的入驻，学习全球性的标准。

① 节目制作导演——译者注。

## (四)营造共同发展的生态系统

### 1. 现状与存在的问题

(1)现状。

第一，随着智能化、3D 化及聚合化，在设备、服务、资讯企业间及供应者与利用者之间形成健康的生态系统凸显为产业发展的核心要素。索尼、苹果等国际化企业为了确保市场的主导权，正在加强设备—资讯—服务间的连接战略。如苹果与 ABC、FOX 等主要资讯供应企业建立合作体系，通过以云计算为基础的 Mobile Me 服务及 iTunes，进行资讯的供应。

第二，由于国内的平台企业与中小型资讯企业间力量的不均衡，延缓了设备、服务、资讯产业间相互合作模式的发展。移动通信、有线播放是代表性的准入受限产业；门户网站方面，由于存在向先发展的企业倾斜的现象，前 3 位的公司的市场占用率接近 90%。

第三，由非法复制带来的持续性在线侵权，成为阻碍资讯企业创造收益的最重要因素，这些因素延缓了企业制作—流通—使用这一良性循环的形成。2009 年，对合法市场的侵权中，在线侵权占全部侵权的 63%，达到 1 兆4 000亿韩元，在线侵权现象十分突出。

(2)存在的问题。

首先是不公正的交易惯例，在网络、移动、播放资讯等资讯流通市场中，存在着利用平台企业的优势地位进行不公正交易的惯例。根据资讯企业的实际情况调查结果(2010 年 9 月)，最近从平台企业单方面接到账户变更通报的资讯企业达到 15.6%，收到降低收益或专利使用费要求的资讯企业达到 18.4%。

其次是侵犯版权，随着智能手机、智能电视等新的数字聚合平台的普及、扩大，预计在线的非法复制品将进一步增加。

### 2. 重点推进的课题

**政 策 目 标**

通过在企业主体间营造健康的生态系统，构建良性循环的资讯产业环境。

降低非法复制品对合法市场的侵害率：21.6%(2009)→17.6%(2013)→15%(2015)。对合法市场的侵害率降低到 10%时，能达到增加8 966亿韩元的合法市场收益的效果。

(1)引导设备—服务—资讯企业的共同成长。

①推进大规模的共同成长项目。

1)推进资讯开发企业(中小企业)与作为资讯需求者的设备、服务企业(大企业)及政府共同参与，开拓大规模的市场项目。

2)支持方案：作为资讯需求者的设备、服务企业(资本)与作为开发者的资讯企业(技术、人力)共同组建行业协会，进行资讯的开发，政府从中挑选优秀的协会并对其制作费用提供支持(制作费的20%)。

构建智能资讯、3D资讯、新一代游戏、移动资讯、e-book等设备、服务、资讯相互联系的商业模型。

3)支持规模：到2013年，在之后的3年间推进3 000亿韩元规模的企业间共同合作，进行资讯的开发工作。

②推动设备—服务—资讯企业的共同发展。

1)共同发展协会：以民间为主体运营新一代的“资讯共同发展协会”(2010年10月)，引导其积极地开发协作项目。

在共同开发资讯生态系统(价值链的连接)项目及大中小企业共同开拓海外市场时，对其提供政策资金。

制定营造服务、平台企业及资讯企业间公正交易环境的协约。政府提供支持时，对设备、服务企业在资讯合作中的贡献程度进行评价，并给予奖励。

2)扩大市场的共同开拓：以积累了国际水平专利技术的大企业(智能设备制造商、广播通信服务公司)在设备、服务网中对资讯进行内在化的方式，激活对市场的共同开拓。

通过三星(Bada平台)、SKT(国际化平台)等大企业的技术支持及中小资讯企业的资讯开发、提供，共同开拓海外市场。

将游戏、音乐、电影、电视剧等韩国国内的个别资讯包装到一起，引导其共同进入海外市场。

(2)加强对版权的保护及积极利用。

①加强24小时的版权保护。

1)构建防止著作权受侵害的系统：构建能事先有效阻断作品非法流通的日常监控系统。

构建非法作品的早期警告系统，并扩大非法作品追踪管理系统(ICOP)的运用范围。

引入在线服务提供者(OSP)登记制度，并加强修正命令、修正劝告制度。研究切断那些把服务器设置在海外，但以在韩国国内进行作品的非法流通为主要目的海外网站的方案，并加强对不履行命令的在线服务提供者的处罚。

2)加强版权保护的执行力：通过阶段性地扩充专业的著作权缉查人员及扩大区域性的基地，提高搜查、鉴别能力，加强实质性的执行力。

加强法务部、监察、警察、关税厅、专利厅等与知识产权相关的部处间的信息共享、协同管制等联系职能。特别司法警察官的数量由2011年的32名上升到2013年的69名，区域性基地的数量由2011年的4个上升到2013年的8个。

3)保护海外著作权：构建版权在海外被侵害时能在当地有效应对及得到保护的基础。

构建能有效保护海外版权的治理机构，对侵权案例进行调查与分析，对经常性监测、与当地法律事务所相联系的专业咨询、救济措施提供支持。

在“韩流”不断扩大的区域，增设及扩建Copyright Center(版权中心)，构建以文化院为中心与资讯、版权海外事务所相联系并合作的体系，主要的出口企业参与其中，以民间及政府合作的形式运营。

运营保证“韩流”资讯版权的认证/权利确认、培养海外专业人员的教育项目，为构建、提供海外版权信息打下基础。

在版权方面增加海外版权的信息，发行各“韩流”输入国的版权指南。

4)加强技术性的对应：为了适应智能设备、N-屏幕等新型作品使用环境的变化，加强技术性的对应。

开发在E-book DRM互换技术、智能设备、N-屏幕、云计算等新型流通环境中保护版权并促进其使用的技术。

对在线服务企业为了切断作品的非法传送而使用的版权技术进行性能评价，并对提高版权技术的实用性提供支持。

②促进作品的公正使用。

1)作品流通体系的高度便利化：扩大数字版权交易所，并提供共享作品的权利信息、原文链接的服务。

构建以音乐、语言作品为中心的著作权信息DB，并向有线电视播放作品、美术、照片等领域扩展。

构建可以时时确认版权信息的登记、变更等内容的综合性版权信息管理体系，保障服务性企业的安稳运营。

通过共享作品的虚拟银行确认素材及权利关系后，提供捐赠、CCL、开发公共作品等的权利信息等综合性服务，提高服务的普及性。相关机构(版权交易所、信托管理团体、作品保有机构等)要考虑到权利信息与mata信息等的关系，使其标准化。

2)共享作品的创作资源化：通过扩大对自由利用作品相关信息的提供，扩大其使用的范围并激活市场。

与韩国国内外的作品电子杂志存档机构联系，保障到期作品的日常发现及确保海外的共享作品。美国联邦议会转播播放局(C-SPAN)目前允许对于国会相关影像在非营利用途上的自由使用，英国的BBC也开放了其在本国国内资讯的免费使用。

制定包括向版权捐赠者提供捐赠标记在内的激励方案，通过修订与版权捐赠相关的管理规定，允许捐赠作品的商业性使用。

3)版权信托管理团体的运营专业化：通过提高信托管理团体的透明性、可信性，激活集中性的管理。

通过制定公共机构层面的内部运营规定，提高信托团体的透明度、可信性，引导信托作品数量的增加。

制定可以把版权者不愿意信托的权利或作品在信托中排除出来的制度，保障著作权者的选择权。一部分信托团体在条款中规定将复制权、演出权、展示权、公众传输权等所有版权及作品都进行委托，完全限制了版权拥有者的个别营销机会。

③构建健全的版权保护体系。

1)应对新媒体环境，修订相关的法律、制度：随着资讯制作、流通、使用环境的变化，发现新的法律、制度性版权议题并提出相应对策。

为了发展资讯产业，要重新界定概念，从而把新形态的作品及使用行为都包括在内。改善并推进演出权、影像作品特例及实际演出者报酬的请求权等权利。

要积极应对由开发新技术、新资讯而产生的版权争议。如知名权、TV 版式交易、IPTV 再传送等。

2)激活替代性的纠纷清算制度：为了减少诉讼费用及快速进行权利救济，引入机构仲裁制度，从而提出具有约束力的替代性方案。

重新组建版权委员会，使其成为正式商讨版权法律制度的机构，并将针对著作权侵害的权利救济从以刑事为中心转换到以民事为中心。在韩国版权委员会中新增设仲裁职能，以确保专门的组织及人员。

3)提高生活中对著作权的认识：加强符合需求者水准的版权教育及宣传。

通过在小学、初中、高中教育课程中加强版权教育及构建远距离教育系统，扩大终身教育体系。

展开以大众文化粉丝俱乐部作为主体进行的宣传活动。推进 TV、广播、门户网站等有影响力的媒体的宣传，推进著作中的人物形象及歌曲在 TV、CF 等大众宣传媒体中的积极利用。

4)国际间版权的交流与合作：通过中国、日本等东亚国家间合作频道的发展，巩固合作体系并积极推进与国际机构的共同事业。

通过发展及扩大韩中、韩日等已有的两国间合作频道，构建韩中日三国间的共同合作体系。

扩大与 WIPO(世界知识产权机构)通过信托基金进行的合作，并积极发掘、推进指定教育研修院，刊发产业统计等新型共同事业。

为了在发展中国家营造良好的版权环境，扩大 WIPO 考察访问活动，提高发展中国家对版权的认识，并对法律制度的修订提供支持。

(3)在企业间、企业及消费者间营造公平竞争的环境。

①加强改正不公正行为并防止技术剽窃。

1)改正不公正行为：改正、改进平台企业的不公正行为(公正委员会/播放通信委员会)。

加强对各资讯市场的监控，对相关领域不公正行为的检举、投诉增加时，进行职权行使状态的调查。

文化部等部门在资讯企业提供困难事项及不公正状况资料时，可以将其应用为职权调查资料。《资讯产业振兴法》规定，文化部在认定不公正交易时，可以向相关部门提出采取必要措施的要求。

防止技术剽窃：要制定在转包关系中(原企业与接受企业)防止资讯企业技术被剽窃、挪用的方案(公正委员会)。

2)要求提供技术资料时，必须要有标明目的、保密、权利归属等事项的书面文件(转包法的修订)。案例：网络门户网站强行要求游戏企业无偿提供源代码的使用手册。

技术被剽窃时，为了使企业的被侵害救济能容易地进行，在其提出损失赔偿时，引入判断故意、过失与否的作证责任转换、法院的受损额职权认定制度(转包法的修订)，

通过制定“技术剽窃、挪用行为审查标准”，对违法行为进行事前预防(制定转包法的具体指南)。

②标准合同的制定、普及。

1)播放：鼓励播放公司—制作公司间就播放项目的权力等相关事项，以标准合同的方式规定。

例如，英国文化部在外包制作准则中，强制确定了播放公司的制作经费标准，由 OFCOM(Office of Communications)监督其是否遵守了制作费标准，保证其实效性。

2)电影：制定并普及电影投资、发行、电影剧本、编导人员的雇佣、电影附加市场的流通合同等各领域的合同标准。

由政府基金、制作基金提供支持，对遵守合同标准的企业给予加分。

在电影振兴委员会内设立由文化部、公正委员会、电影振兴委员会、行业人士参与的“营造公平竞争环境特别委员会”，通过对不公平惯例进行调查研究、劝告及调整，制定自身的规约，实施市场内部的自我净化职能。

③制定认定标准及收益分配指南。

1）外包制作的认定标准：分别实施导演、写作、企划等各主要创作职能的制作企业，按其参与程度的多少，制定外包制作项目的认定标准。

2）移动收益分配指南：为了使资讯企业（CP）能获得正当的报酬，通过修订收益分配指南等方式，为移动公司和 CPU 间的公平交易搭建制度性平台（播放通信委员会）。

④优化资讯交易环境。

1）不公正交易的日常监测系统：考虑到资讯企业进行个别的、明确的应对比较困难这一现实条件，运营可以检举、咨询被侵权案例的“资讯公正交易支援中心”。

定期（以 1 年为单位）对各领域资讯企业的整体流通环境进行分析、评价。

现状分析及评价的内容示例：对播放公司和制作公司、移动公司和 CP、大型门户网站和 CP 之间等之间不公正交易案例的现状进行调查分析；对资讯的合理流通进行调查；对收益分配的海外案例进行调查分析。

2）设立资讯纠纷调解委员会：调解资讯企业间、资讯企业与使用者间、使用者与使用者间在资讯交易或使用时产生的纠纷。

该委员会由学术界、企业界、法律界及使用者团体中具备资讯及法律相关专业知识的专业人士代表组成（30 名）。调解纠纷与法律上的和解具有同样的效力。

⑤改善法律制度。

1）为了规制播放市场的不公正行为，在播放法中新增设有关禁止行为的条款，推进营造公正竞争环境的相关法制建设（播放通信委员会，2010 年 8 月完成与公正委员会的协商）。

2）制定播放频道使用企业在支付项目使用费时的比例与对象（是否包括 VOD）的合理标准，推进相关内容的制度化进程（播放通信委员会）。

3）推进相关播放法律的修订，规定播放企业在得到外包制作企业提供的项目时，必须申报适用的标准（供应标准）（播放通信委员会）。

4）推进《演艺产业振兴法案》的制定，包括必须事先预防演艺企划公司所属演艺人间的不公正交易等内容。

引入演艺企划登记制度，制定并普及合同标准，加强对青少年艺人的保护（公正委员会协助进行）。

## （五）加强制造、流通、技术等核心基础

### 1. 现状及存在的问题

（1）现状。

第一，在电影、电视剧的制作中，对具有高端职能的大型摄影棚的需求在增加。由摄影棚摄影和特殊效果连接起来的制作费用占全部制作费用的10%以上，并且预计每年增加10%以上的市场(2002年的11兆韩元→2007年的18兆韩元)(ETRI，2007)。

第二，国际化企业为了占领应对无国境的平台环境而开发的新一代资讯的国际流通市场，加强了并购与战略合作。与此相反，韩国国内的资讯企业大部分是零散的，自我发展的基础薄弱。销售额不满10亿韩元的企业占比为87%，员工人数不到10人的中小型企业占比为92%。

第三，在电影《阿凡达》等资讯的制作中，CG、3D等高品质的文化技术(CT)凸显为成功的要素。韩国国内的技术水平，在数码创作等特定技术与熟练度等方面与先进国家接近。

(2)存在的问题。

第一，在制作的基础设施方面，与影像制作的大型化、高端技术化、国际化相适应的制作基础设施薄弱。韩国国内共有32个摄影棚，以不足500坪的中小型摄影棚为主，仅停留在单纯的制作支持职能上，因此影像制作的竞争力弱，并带来创新能力上的局限。

第二，在流通基础方面，由于针对3D、智能等新兴市场的流通(Window)基础不足，企业的自生能力薄弱，延缓了早期市场的发展。

第三，技术基础设施方面，CG、3D等高级文化技术的需求在增加，但目前文化技术预算只占韩国全部研发预算的0.6%。虚拟现实、3D等主要技术与先进国家相比存在3年的技术差距。

## 2. 重点推进课题

**政策目标**

(1)成为亚洲最大的资讯企划、制作及流通枢纽。

(2)加强资讯制作技术的开发力量。与先进国家相比的平均技术水平，72.1%(目前)→87%(2013年)→90%(2015年)。2009年的平均技术水平为72.1%，其中虚拟现实为69.5%，游戏为74.2%，影像、新媒体为68.2%，聚合为74.2%，创作、演出、展示为72.3%，公共文化服务为74.0%。

(1)扩充资讯制作的基础设施。

①营造资讯城。

以首尔、京畿道西北部为中心，营造巨大的资讯网络城市，将其培育为亚洲最大的资讯制作、流通、旅游带。

1)电影世界：通过营造国际规模的、具有高端技术的影像摄影棚设施和主题公园及“韩流街”，把首尔的上岩DMC改建为韩国版的好莱坞电影世界(与首尔市合作)。

为了到2014年营造11万坪规模的韩国文化资讯中枢(影像文化建筑群、主题公园、“韩流街”等)的计划，推进事先的可行性研究(首尔市，2011年上半年)。

谋求首尔市(提供用地)、文化部(影像文化建筑群的设施、装备)、企业(民间资本)等的合作。

2)数字世界：建立数字播放资讯支援中心，对一山韩国世界内零散的 PP、独立制作公司的对象价值链整体(企划—制作—流通等)提供支持。

预计总面积为56 492坪，投入2 276亿韩元，建造 6 个中小型摄影棚，提供后续的工作设施等，2010—2012 年完成。

3)CT 世界：随着智能化、聚合化的进展，将承担高品质制作中所必需的资讯制作技术的开发及相关教育的机构集成化。

建立对 CG、VR、3D 等所有资讯进行综合 R&D 的机构，培养国际化资讯专业人才的机构，以及与 CT 研究生院及文化技术相关的特色化高中。

4)创意小镇：将文化艺术人士、资讯从业者创作、居住的空间，营造成集文化艺术展示、演出、销售、国际交流及居住为一体的复合空间。

CT 世界及创意小镇以具有相关设施基础的区域为中心，在完成可行性研究后选定具体的地点。

②扩充区域资讯企业的基础设施。

1)对高端摄影棚提供支持：为了提高区域内对高附加值资讯的需求并加强制作力量，对区域内 HD、3D、CG 摄影棚的构建提供支持。

HD 电视剧小镇：在大田展览会公园用地上，建造最大为1 500坪规模的大型电视剧、电影摄影棚，推进影像制作的大型化、国际化。预计总面积37 156坪，共 885 亿韩元的投入(大田市提供用地)，2011—2014 年建造 4 个 500~1 500坪的摄影棚。

3D 摄影棚：在已经指定的文化产业群中，选择有 3D、CG 基础并有产业需求的区域，对建立拥有尖端技术的 3D 摄影棚提供支持。

2)广域圈的重点发展：把文化产业群从以区域为中心扩大发展到以“5+2”广域圈为中心。

从建设基础设施等对硬件的支持转换到对软件的扩充，以及为了提高区域创造能力而进行的区域间合作项目的重点支持。

各区域在指定文化产业振兴机构时，要考虑到所选取的重点申办行业和各广域圈的布局分析(“5+2”广域经济圈的先导产业)，经过圈域内的协商来选定共同研究项目或融合性项目，并对其开发提供支持。

③激活 N-屏幕服务。

1)开发服务模型：发展运用智能手机、TV(TPTV、智能 TV 等)、智能打印机等多样化智能设备的新一代媒体服务(广播通信委员会)。

对由播放公司、通信公司、设备制造公司、CP、网络企业等组成的协会提供支持。

开发新一代智能媒体服务模型，对示范性项目提供支持。

2)构建资讯测试床：构建可以支持 N-屏幕资讯的开发及测试的实验中心(文化部、播放通信委员会)。

对能促使智能设备所具有的职能要素(GPS、界面等)与资讯相结合的专业技术提供支持。

对通过大规模的在线测试而提高资讯相容性的技术提供支持。

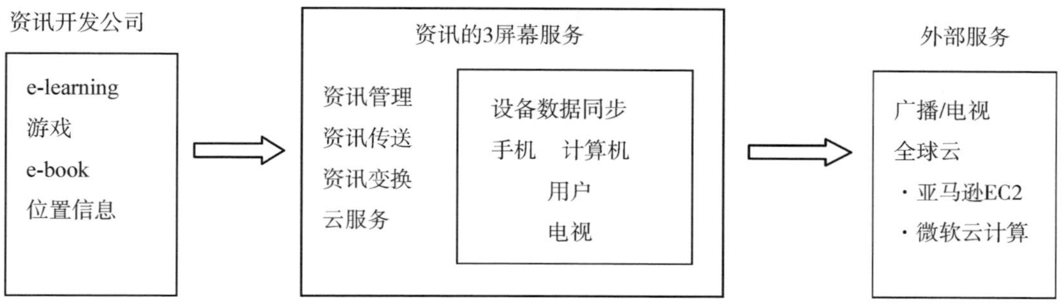


(2)奠定先进的流通基础。

①扩充流通基础设施。

1)设立流通的专业性企业联合体：鼓励三大播放公司、综合编制企业、CJ E&M、独立制作者等共同出资，成立资讯共同销售公司——“高丽资讯企业联合体”(暂称)。

提供相应的支持，使其能履行资讯网络(Contents Aggregator)这一智能时代流通的核心业务。

2)引入公共发行人制度：为了促进新一代移动游戏的开发，使开发企业能专注于开发工作，引入对开发以外的所有职能提供支持的民官合作的公共发行人(Public Publisher)制度。

该制度以移动游戏及出版业绩优秀并能对制作费用提供支持的企业为对象，通过公开征集来选定。

通过移动游戏中枢中心进行测试，提供海外服务的基础设施。

②扩大流通频道。

1)构建智能基础的电影流通网络：通过公共在线流通网络(KOME)对智能服务提供支持，开发并运营能流通独立性、多样性电影的智能 APP。

KOME 是提供所希望的资讯服务的一种开放型电影流通支持系统。

2)扩大动漫的放映：在 KTV 等公共频道增加本国创作的动漫放映时间。

考虑到韩国国内的播放条件、编制计划及需求现状等因素，探讨把动漫播放总量制扩大到综合编制播放企业及动漫专业播放企业的方案。需要对《播放法》第 71 条第 2 项附言与该法施行令第 57 条第 3 项进行修订(播放通信委员会)。

(3)开发新一代资讯先导技术(R&D)

①推进 S. M. A. T. R. T 技术的开发。

1)技术开发战略：构建在多样性的环境中将资讯和设备、基础设施、技术相互作用及融合的新概念——S. M. A. T. R. T 技术开发战略体系。

为了研究及共同推进将资讯和设备、基础设施、技术相互融合的新概念国际化资讯技术开发模型，运营跨部门的资讯课题企划团。

**S. M. A. T. R. T 技术开发战略**

Service(新的资讯模型)+Management(资讯制作、管理工具)+Application(应用技术)+Relation(ui/ux 等新界面)+Technology(科技技术)。

每年制定针对资讯商品(战略商品)的“文化技术前景”。

2)开发高端源头技术：以未来的大型成果为目标，通过选择与集中的方式开发出具有世界水平的资讯源头技术(3D/4D、智能资讯、演出、虚拟现实等)。

3)构建综合信息网：强化对于研究开发产品及专利、论文、商业化信息等进行综合性信息管理的体系。

营造与已构建的CTRD(文化技术研究开发综合信息系统)融合、联系的服务体系。

定期对3P(Paper，Patent，Product)进行先行调查并提供相关服务。

②强化资讯技术的韩国国内外合作体系。

1)国际性的共同研究：为了确保国际性核心资讯技术，构筑战略性的国际技术合作体系。

为了克服韩国国内技术的局限及确保国际性的技术竞争能力，要确保引入海外高端技术并推进其共同研究。

通过制定“资讯技术国际合作地图”，对共同研究对象的核心技术进行调查。

2)资讯技术的标准化：引导移动、电子出版、智能TV等新型平台及3D/4D、全息照相等立体影像领域核心技术的标准化。

韩国国内标准化：通过运营资讯技术标准化论坛及协会，加强以民间为主导的标准化活动。

国际标准化：通过组建以韩、中、日为中心的亚洲标准化论坛，积极参与国际标准团体的活动等方式，确保对于资讯技术国际标准化的主导权。

# 六、三年后的变化

## (一)定量的期待效果

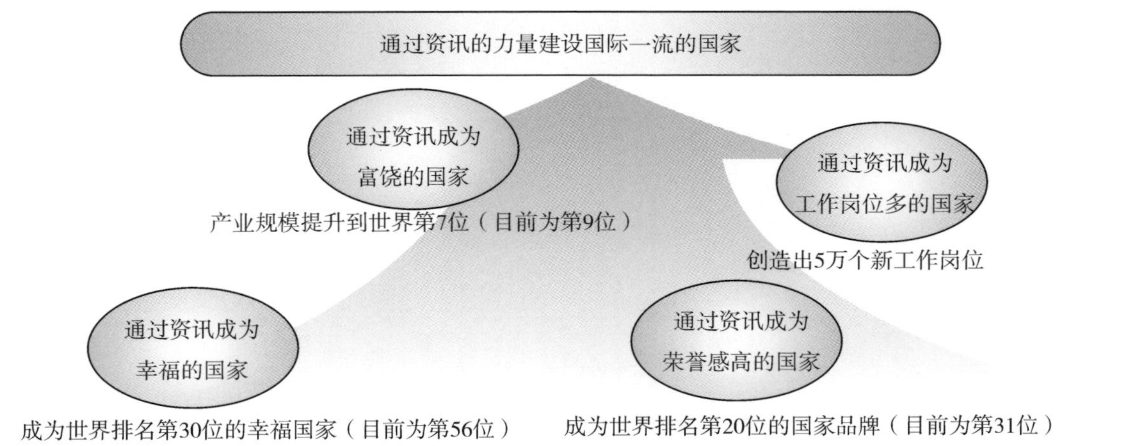

定量的期待效果

## (二)定性的期待效果

(1)将以制造业为主发展起来的国家经济，转换为以游戏、电影等具有高附加值的产业为主，提供第二次经济增长的机会。

服务产业创造的 GDP 中，高附加值所占比重在 OECD 国家排在第 29 位，制造业所占比重排在第一位(2010 年)。

(2)通过提高使用者便利性的 SNS 与智能资讯的普及程度，使各年龄段、各阶层都能愉快沟通的资讯福祉国家得以实现。

(3)通过资讯产业，实现国家创造力划时代的提高。

(4)通过资讯的出口及交流的扩大，使韩国进入到名副其实的经济与文化均衡发展的先进国家行列。

# 2011年资讯产业白皮书

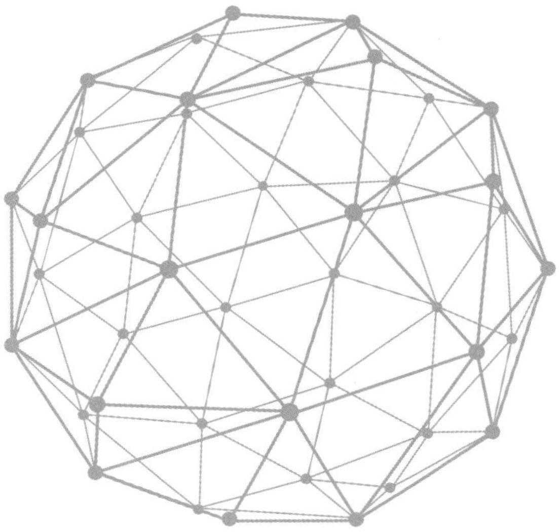

* 韩国文化体育观光部2012年9月发布。

# 发 刊 词

目前世界经济模式正在从制造业朝着服务经济、从信息与知识朝着以创意性与感性为中心的创造经济(Creative Economy)时代转变。创造经济的中心——资讯产业正在以生活富裕的、传统的发达国家为中心迅猛发展，蕴含着多样化的附加价值，远远超越单纯的经济、社会价值。

英国自从在 1998 年创造产业战略报告书中将培育创造产业定为国家课题以来，创造产业已经成长为占国内生产总值(GDP)6%以上的重要产业领域。英国创造产业培育战略给美国、中国、日本等世界各国带来巨大影响，并成为引领英国未来的新增长动力。

创造产业不仅涵盖了传统的文化产业、设计产业、绿色技术产业、观光产业、时尚产业，最近还将感性、创意、想象力、感受等领域产业化，从而扩展成为全新的创造产业群。

如上所述，为了顺应世界经济模式的变化，政府自 2000 年起即全力培育文化产业、资讯产业，相继选定了 17 大新增长动力(2009. 5，政府联席)、资讯产业振兴法的制定(2010. 5，文化部)、未来 3 大饮食产业(2011. 1，未来委员会)等国家主要议题，并正在全力培育。

我国一直受到金融危机、欧债危机等内外危机困扰，导致民间消费增长停滞，即便如此，2011 年(推算)国内资讯产业总销售额仍达 82 兆韩元，比 2010 年的 72 兆韩元增加了 10 兆韩元(13. 7%)。资讯出口方面也没有大幅减少，而是保持了增长的势头，2010 年出口额增加了 15 亿2 888万美元，总额达 32 亿2 609万美元。

上述成果归功于韩流持续升温，文化、资讯产业需求不断扩大。韩流始于电视连续剧，现在正在朝着 K-pop 等领域扩散，并且还呈现出进一步向欧洲、南美等全世界扩散的趋势。不仅如此，韩流也给相关产业带来了连带的促进效果。

我国有着成为文化强国的巨大潜力，如悠久的文化传统、充满活力的国民精神、丰富的人力资源及极高的教育热。不仅如此，我们还拥有传播在线数字资讯所需的世界最尖端的 IT 基础设施和 IT 产业基础，这些完全有可能进一步发展成为将艺术与技术相结合的、充满感性和创意的新一代资讯产业。以移动通信、APP、社交网络、1 人出版等创意与想象力为基础，通过创新创业，还可以创造出很多适合数码时代的原住民——年轻人的新工作岗位。

资讯产业虽备受关注，但也面临着诸多亟待解决的问题。我们应尽快建立国家层面的资讯产业培育体系，营造共同成长的生态系统，增强资讯产业国际竞争力。这些方面还有很多事情需要我们去做，需要政府、民间创作、制作、流通等所有领域、所有部门通力合作，建立国家层面的相生合作体制，并将其有机地结合起来。

每年出版的资讯产业白皮书均对当年相关领域的资料进行了整理，回顾我国文化产业的现状，目的是为我国文化产业的进一步发展奠定基石。《2011 资讯产业白皮书》记录了国民、企业、政府等为发展资讯产业而做出的努力和取得的成果，以此为基础，分析检查不足之处，推动资讯产业的进一步发展。参与白皮书出版工作的各位，你们辛苦了！谢谢！

文化体育观光部部长　崔广植

2012 年 9 月

# 目　　录

（一）2012 年主要业务推进计划

二、2012 年资讯产业政策振兴实施计划

（一）推进战略 1. 建立全面性的资讯产业培育体系

（二）推进战略 2. 通过提高国家创造力，创造青年就业岗位

（三）推进战略 3. 扩大国际市场

（四）推进战略 4. 营造共同发展的生态系统

（五）推进战略 5. 强化制作、流通、技术等核心基础

# 第一部分　2011年资讯产业政策概要

## 一、2011年资讯产业政策目标及推进战略

随着想象力成为国家增长动力的创造经济时代的到来，世界各国为了培育资讯产业，均致力于加强国家层面的战略扶持。以EU为中心，欧洲各国为发掘包括资讯产业在内的文化产业、创造产业的市场潜力，相继出版了绿皮书（Green Paper，2010）、《挖掘文化和创意产业潜力》（Unlocking the Potential of Cultural and Creative Industries），并一再强调创造产业的重要性，将其视为产业革新“欧洲2020”项目的一个重要环节。日本于2009年年初在日本政府的财政咨询会议上提出将资讯领域作为日本经济的三大增长战略之一，2010年文化产业作为软实力，与汽车、电子产业一并被视为牵引日本经济的三大产业之一，并被纳入“新增长战略”，正在大力推进其发展。中国也在中华人民共和国成立60周年的2009年发表了“文化产业振兴计划”，重点推进文化产业8大领域①，实现21世纪文化产业世界市场化，制定了成为文化强国的计划。

如上所述，世界各国都致力于将文化资讯产业培养为国家增长动力产业，在此背景下，文化体育观光部将2011年定为“资讯产业国家议题化元年”，制定了资讯产业销售额74兆韩元、出口额38亿美元、创造就业岗位53.3万名的政策目标。这一目标与2010年相比，销售额将增长5.7%、出口额将增长18.7%，目的是将资讯产业提升到新的阶段，使之更加先进。

放眼世界，随着开放、多元融合、3D等文化模式的变化、智能手机的出现、SNS热而引发了媒体大变革，在这样的时代，资讯产业需要通过新的流通途径来实现增长和尖端化的发展。同时，资讯市场又呈现出资讯多样化的态势，如：尖端技术商用化带来的技术集约型资讯，由世界化而带来的资讯世界化，大规模流通带来的资讯大型化及智能机所需的资讯小型化等。

不仅如此，新一轮韩流热使K-pop文化不仅仅在亚洲，在欧洲、中东、中南美等地也不断扩散。随着数码资讯环境的进步，韩流资讯的扩散借助于国际化流通平台，得以超越了物理的、文化的距离。我们的资讯非常优秀，2010年我国资讯产业的市场规模达338亿美元，占世界市场的2.4%，位于世界第9位。

即便如此，国内市场条件仍存在着一些问题，如：产业的小规模化，整个价值链条的竞争力脆弱，相生合作的基础尚不健全等。为解决上述问题，引导市场发展，实施2011年资讯产业国家政策议题化

① 文化产业8大领域：1）文化创意产业，2）影像制作产业，3）出版/流通产业，4）印刷/复制产业，5）广告产业，6）演出/娱乐产业，7）文化/会展产业，8）数字资讯/动漫产业。

战略，设定了下列目标。第一，通过扩大资讯产业市场规模来创造就业岗位；第二，通过构建公正的市场环境来建立健全的、亲市民的增长基础；第三，实现以增长的主体——业界为中心的现场行政方式；第四，为提高自发增长力量，建立以间接扶持为中心的扶持体系。

图 1-1-1　2011 年资讯产业政策目标及推进战略

出处：文化体育观光部资讯政策官办公室(2011.2)，《2011 年文化政策业务报告》第 5 页。

第一，为扩大资讯产业的市场规模，政府各部门计划通力协作，制定“资讯产业振兴基本计划”，集中国家力量扩充产业增长基础。同时，通过全球基金培育新一代国际文化资讯；为进一步增加海外出口，开拓新市场，推进韩流扩散计划。

第二，为了构筑公正的市场环境，通过成立公平交易支援中心、纠纷调停委员会等机构，建立了纠正不公正交易的扶持体系并提供服务，还计划建立产业增长良性循环机制，如促进共同成长的设备—服务—文化间的合作模式及共同计划等。

第三，目前小型资讯企业占到93%，为了建立以业界为中心的现场行政方式，政府计划依据小型资讯企业的现场要求事项制定政策并实施，如政策资金的筹集、具体困难的解决等。

第四，为确立间接扶持体系，加强业界的自律增长力量，在创作基础设施的建设及通过投融资体系进行的金融扶持、装备扶持等扶持方式方面做了一些改变。将 2011 年资讯产业政策目标及推进战略表格化后，如图 1-1-1 所示。

为了实现上述目标和政策方向，2011 年文化体育观光部的主要课题分为政策性扶持、不同功能方面的扶持、不同类型方面的扶持等方面来实施，并且分别制定了推进计划。下一节是资讯产业振兴战略，将详细地分析 2011 年主要推进课题。

## 二、2011 年资讯产业主要推进课题

### (一)政策性扶持课题

#### 1. 市场创出型新一代资讯的培育

资讯产业正面临着 3D 化、智能化、真实感等新数码资讯革命的模式变化，随着平台的融合化、智能化，以平台企业者为中心、以供应者为中心的市场正在朝着以资讯和使用者为中心的方向重组。由此可以推断，以 3D 等真实感资讯、使用者为中心的体验型资讯、移动通信、智能资讯等新一代资讯的需要将大幅激增，从而创造新的市场。国内 3D 资讯市场规模将从 2010 年的 900 亿韩元，以年均增长 90%的速度，至 2015 年将达到 2 兆5 000亿韩元的市场规模。另外，国内虚拟现实市场规模预计在 2012 年也将达到 1 兆韩元的规模。(KIPA，2008)

但是，与投入的制作费用相比，新一代资讯的发展由于流通窗口的不足，而导致了多样化商务模式难产，资讯—服务—设备等企业间共同成长的合作体系尚不健全。因此，应构建基础配套机制以激活针对新兴市场的民间投资，加强对实验性作品创作活动的扶持，构建民官合作体系，以便建立融合产业的良性循环生态系统。主要推进事业如下：

(1)通过国家议题化，建立发展新一代资讯产业的基础。

(2)构建制作、人力基础设施，集中培育 3D、智能、移动通信资讯。

(3)建立相生的生态系统，积极发展产业间相互融合的资讯项目，并对此给予扶持。

#### 2. 资讯公正交易环境的建立

大多数资讯企业是小规模的(销售额在 10 亿韩元以下的占 87%)，中小型企业(10 人以下的占

92%)占的比重高。因此，由力量不均衡而导致的不公正交易成为一种惯例，不利于通过再投资来建立产业良性循环结构。

不公正问题是一个长期的问题，与其单纯地以法律、制度、强制等手段进行解决，不如凭借大中小企业间的自发合作以及构建健全的生态系统来解决。为引导企业间的共同成长，我们建立了不公正事件咨询窗口，引入了资讯纠纷调停委员会等制度。为此推进的事项如下：

(1)通过资讯领域的共同成长合作来建立公正社会。

(2)构筑针对不公正交易的常设监测体系。

(3)运营快速、公正的资讯纠纷调停委员会。

#### 3. 推进资讯产业制度的改善

为应对剧烈变化的资讯产业环境，通过分析现有制度存在的问题，并对制度受惠者进行问卷调查，发掘改善制度的事项，并建立实施计划。为此，建立并运营了资讯、著作权、媒体领域乃至文化资讯制度改善 TF。制度改善的推进内容如下：

(1)智能环境所需的制度。

(2)通过共同成长合作，构建公正社会所需的制度。

(3)构建强化资讯产业振兴基础所需的制度基础。

(4)改善推进国内资讯世界化所需的制度。

(5)现有政策的合理化及缓和等其他方面。

### (二)不同功能方面的扶持课题

#### 1. 资讯产业金融投资扶持政策的扩大及改编

为扶持资讯产业的金融投资，加强了对综合基金文化账户、电影账户、影像账户等投资的扶持。通过无需物质担保的“资讯完成国家担保”，建立了低利率融资及电影领域贷款支付担保制度。另外，考虑到资讯企业担保能力脆弱、无形资产比重高的特点，积极开发以项目为中心的价值评价模式，以便在确定了投/融资意向后，能够运用这一模式进行操作。

目前，政策性投资金融工作以收益性为主进行运营的局限性，导致现场的实态调查结果显示，资金筹措困难被列在经营障碍的第一位。因此，决定将工作重点放在制定针对小规模资讯企业的政策资金扶持制度，加强对综合基金、全球基金成功实例的宣传，确保价值评价的公信力等方面。业务的推进内容如下：

(1)全球基金的建立、投资。

(2)推进资讯互助会的设立。

(3)建立激活金融、投资所需的专门扶持体系。

#### 2. 新一代资讯核心技术的开发

2011 年，文化技术 R&D 预算大幅增加，总额为 731 亿韩元，比 2008 年增加了 327 亿韩元。主要目的是为了扶持以下领域：智能资讯、移动通信、CG、3D、新一代游戏、虚拟现实、虚拟世界、体验型学习、尖端演出等融合型核心技术领域，海外制作公司等共同参与的国际化R&D项目领域，大学内资讯技术研究所及各地区间的文化技术共同研究中心等统合研究领域，扶持技术转让市场化及建立R&D企划—评价—成果管理的基础等领域。与开发新一代资讯核心技术相关的2011年文化技术主要推进计划如下：

(1)企划、管理、评价、事后管理所需的程序优化及R&D成果的提升。

(2)增设文化技术研究院，以强化推进体系。

### 3. 资讯的海外拓展及韩流扩散

继电视剧、电影后，主导新韩流的K-pop进入全盛期，政府欲以此为契机，推进资讯进军海外的扩散战略。为此，组建进军海外所需的国内、海外及相关企业的协商组织，整合了相关联系体系。另外，扩大了以亲韩流人士为中心的人员交流及合作事项，加强了国际化资讯的制作、流通扶持等。详细情况如下：

(1)整合海外进军+韩流相关国内、海外、协商组织等的推进体系。

(2)扩大人员(亲韩流人士)交流及合作事项。

(3)加强国际化资讯的制作及在线、线下流通等流通扶持。

### 4. 资讯创意人才的培育

以与工作岗位相联系的人才培养工作评价指标研究的内容为基础，研究了资讯人才培养工作的成果评价模型及评价体系。以连续3年以上进行人才培养工作的企业为中心，调查了他们的主要成果，并分析了人才培养工作的现状。

同时，强化了应对产业结构变化的项目，如："产学结合型人才培养""加强资讯创意人才培养""企业参与型教育课程""网络人才培养""3D立体资讯专业人才培养"等项目。特别是随着3D资讯的崛起，新开设了"3D立体资讯专门人才培养"项目。主要业务推进内容如下：

(1)引入资讯人才培养项目的"存废审议制"。

(2)强化应对产业结构变化的项目。

### 5. 通过发掘世界性故事等方式，扩大创作、创业的基础

故事的发掘及故事大王的培养工作是通过运营故事创作中心，以发掘和培养具有国际竞争力的故事、故事大王为目的而进行的。最近随着以智能、移动通信资讯为中心的资讯小型化的发展，任何人都可以进行1人创业，1人创业有望成为激活产业的牵引力。1人创业企业比例占经济活动总人口2 465万名的1%，仅资讯领域就达37 400个。与故事领域1人创意基础工作相关的推进计划如下：

(1)扶持各地区资讯、故事创作中心运营。

(2)通过举办大韩民国故事公募赛，发掘精品故事。

(3)扶持1人创新企业，以创意突破无雇佣的增长。

## (三)不同类型的扶持课题

### 1. 强化韩国电影的产业体系

电影市场既存在着韩国电影观众减少、海外出口持续减少、垄断日益严重等危机，同时也存在着取得成功的电影数量在增加、投资损失率在减小、国际上对韩国电影的关心日益增多等机会。与此同时，电影附加市场也因在线合法下载及 IP-TV 销售额的增加而呈现出恢复增长的态势。为此，正在开展下列扶持工作。

(1)加强韩国电影制作的自生能力及竞争力所需的扶持方式的改组。

(2)扩大宣传使用标准上映合同，以及制定各领域标准合同。

(3)开拓海外新市场及扩大吸引外景拍摄。

(4)强化 3D 技术及培养专业人才。

### 2. 引领资讯产业出口的游戏产业的智能化

国内游戏产业在 2007—2009 年每年的增长达 12.9%。最近市场环境因移动通信网络的大众化、中国在线游戏的崛起等而面临着新的局面。2008 年，中国在世界在线游戏市场占据了第 1 位，流入国内市场的中国游戏在不断增加。但是，国内存在的问题在于：偏重于在线游戏及大企业的产业结构，3D、移动通信、SNG 等新游戏实力较弱，缺乏制度化的协商组织，需要建立健康的游戏文化等。在这样的环境条件下，开展了下列扶持工作。

(1)加强培养新一代游戏的中小企业。

(2)扩充战略性的海外进军体系。

(3)构建健全的游戏文化基础。

(4)促进游戏产业振兴所需的对内对外协商组织的发展。

### 3. 加强动漫产业振兴的基础

国内动漫的市场规模从4 186亿韩元(2009 年)增至5 144亿韩元(2010 年)，出口由8 965万美元(2009 年)增至9 683万美元(2010 年)，呈现出持续增长的态势。不仅如此，动漫产业创作出口也呈现持续增长的态势，从以外包为主的产业结构转向以创作为主的产业发展阶段。开展的振兴工作如下：

(1)对发掘国际化原创动漫的扶持。

(2)对动漫数字化(公开市场)制作的扶持。

(3)运营动漫自动售后扶持项目。

(4)开拓动漫海外市场。

### 4. 加强漫画产业振兴的基础

国内漫画在电视剧、游戏、电影等的制作中被再次利用的同时，作为原创产业，其重要性逐渐扩大。以漫画杂志、单行本为主的现有市场正呈现出停滞状态，门户网络免费连载的竞争日益激烈，公开市场的扩大等，使漫画产业的市场结构发生着巨变。为此，2011 年度的扶持工作在以下领域中进行：

(1)通过发掘优秀企划漫画等方式，加强漫画创作力量。

(2)确保漫画界的自生能力，构建数字流通的基础。

(3)扶持漫画海外出口及国内外市场的开发。

(4)扶持制作在新一代平台的公开市场上使用的漫画。

### 5. 加强动漫形象产业振兴的基础

国内动漫形象产业在相关企业的积极投资和政府的政策性扶持下，自 2004 年起，国内消费和海外出口在持续增长。OEM 方式的出口在减少，成品、特许等出口在增长，但是，目前以“大型减价超市”为中心的、低劣的国内流通结构急需进行现代化的改造。为此，2011 年扶持政策在如下领域推进。

(1)扶持开发优秀动漫形象商品，强化创作基础。

(2)为扩大国产动漫形象商品与消费者间的接触机会，扶持构筑 B2C 形式的流通专门卖场。

(3)扩大国产动漫形象的国际认知度及强化国际竞争力。

### 6. 加强大众音乐创作基础及扩大海外出口

音乐市场随着网络、移动通信音乐服务使用的增加，以及偶像组合海外进军的成功、唱片外收益的增加等，呈现持续增长的态势。偶像组合不断地进军日本、中国、美国，给出口增长带来了正面影响。但是，艺人与所属公司间的纠纷、反韩流报道等令人担心会降低海外信誉度。因此，为建立音乐市场的基础，实施了下列扶持政策。

(1)扶持建立优秀独立音乐人及多类型演出所需的创作基础，构建并运营韩国数据中心、扶持大众音乐官方排行榜、专门演出场所。

(2)通过对制作宣传节目、海外放映及 SNS 市场营销的扶持，开拓新市场。

### 7. 营造演艺产业系统的产业环境

虽然文化资讯产业的发展通过韩流得以实现，但是，与引领产业发展的大众文化艺人相关联的市场却仍旧没有摆脱小规模的模式。由于与企划公司间的纠纷而导致团队面临解散危机的事例等，演艺企划业的产业基础十分脆弱，需要通过法律、制度的改善来培育系统的产业。为此，实施了下列扶持政策。

(1)为提高大众文化艺人的社会认知度，举办政府表彰及相关活动。

(2)开发并实施以艺人、经纪人为对象的教育项目，扶持心理咨询项目。

(3)实施演艺企划业的登记制，制定并普及标准合同，运营支援中心。

## 三、2011 年文化体育观光部资讯产业的振兴预算

2011 年资讯产业的振兴预算重点体现了依据国政哲学、国情基调而制定的资讯产业领域的国情课题，聚焦于新增长动力产业的培育、扩大 R&D 扶持及强化在国际社会中发挥的作用等领域。为此，预

算围绕着培育作为新增长动力的文化资讯及扶持市场优化等工作集中编制。为培育作为新成长动力的文化资讯及优化市场，预算编制的特征是通过优化资讯市场结构，建立持续增长的基础，如改善投资环境、加强资讯的健全流通及著作权保护等。采取的措施包括培养3D等新一代资讯产业所需的人才、扩大基础设施、扩大R&D投资、筹措全球文化基金等。

表1-3-1　　资讯产业部门预算的变迁　　（单位：10亿韩元,%）

| 年度 | 政府预算总额 | 文化体育观光部预算 | | 资讯产业部门预算 | | 媒体政策部门预算 | |
|---|---|---|---|---|---|---|---|
| | | 预算总额 | 占政府预算的比例 | 预算总额 | 占所属部门总预算的比例 | 预算总额 | 占所属部门总预算的比例 |
| 1994 | 47 626.2 | 301.2 | 0.63% | 5.4 | 1.8% | — | — |
| 1995 | 56 717.3 | 383.8 | 0.68% | 15.2 | 4.0% | — | — |
| 1996 | 62 962.6 | 459.1 | 0.73% | 18.9 | 4.1% | — | — |
| 1997 | 71 400.6 | 653.1 | 0.91% | 13.2 | 2.0% | — | — |
| 1998 | 80 762.9 | 757.4 | 0.94% | 16.8 | 2.2% | — | — |
| 1999 | 88 485.0 | 856.3 | 0.97% | 100.0 | 11.7% | — | — |
| 2000 | 94 919.9 | 1 170.7 | 1.23% | 178.7 | 15.3% | — | — |
| 2001 | 106 096.3 | 1 243.1 | 1.17% | 147.4 | 11.9% | — | — |
| 2002 | 116 119.8 | 1 398.5 | 1.20% | 195.8 | 14.0% | — | — |
| 2003 | 115 132.3 | 1 486.4 | 1.29% | 189.0 | 12.7% | — | — |
| 2004 | 120 139.4 | 1 567.5 | 1.30% | 172.5 | 11.0% | — | — |
| 2005 | 135 215.6 | 1 585.6 | 1.17% | 191.1 | 12.1% | — | — |
| 2006 | 146 962.5 | 1 738.5 | 1.18% | 136.3 | 7.8% | 89.0 | 5.1% |
| 2007 | 156 517.7 | 1 425.0 | 0.91% | 128.4 | 9.0% | 69.3 | 4.9% |
| 2008 | 174 985.2 | 1 513.6 | 0.86% | 150.8 | 9.9% | 55.8 | 3.7% |
| 2009 | 196 871.2 | 1 735.0 | 0.88% | 242.2 | 14.0% | 56.2 | 3.2% |
| 2010 | 201 283.4 | 1 876.2 | 0.93% | 256.1 | 13.6% | 83.6 | 4.4% |
| 2011 | 209 930.2 | 1 960.3 | 0.93% | 249.1 | 12.7% | 113.6 | 5.8% |

* 政府预算总额是各年度国家财政（企划财政部）的一般会计预算金额。

** 2011年所属部门预算是文化体育观光部一般会计和特别会计金额之和，不含基金。

*** 2011年资讯产业部门预算是文化资讯产业室（资讯政策官+著作权政策官）和媒体政策局部门的预算规模。

出处：文化体育观光部（2011.1），《2011年度预算基金运用计划概要》；企划财政部（2011.1），《2011国家运营》。

2011年拨给文化体育观光部的预算为1兆9 603亿韩元，占政府总预算金额的0.93%；而2010年的预算为1兆8 762亿韩元，占0.93%。二者相比可以发现，比重没有变化，金额呈现小幅增加。虽然大家认识到作为新增长动力的文化产业的重要性，但是政府层面的预算扶持比重并没有大的增长。

2011年文化体育观光部整体预算中，文化资讯产业室的预算为2 491亿韩元，占文化体育观光部总预算的12.7%；媒体政策局的预算为1 136亿韩元，占总预算的5.8%。两个部门加在一起，也就是文化体育观光部振兴文化的预算总额达3 627亿韩元，占文化体育观光部总预算的18.5%。

如表1-3-1所示，2011年资讯产业预算较2010年减少了70亿韩元，媒体政策预算较2010年增加了30亿韩元。在预算编制中，资讯产业预算自2009年起在逐年减少，媒体政策预算在逐年增加。

表1-3-2体现了2011年各资讯领域的扶持金额，音乐、动漫形象、漫画、动漫、时尚文化、融合

型资讯、数字资讯等文化资讯振兴部门的预算拨款最多，其次是播放影像资讯产业的培育、文化资讯产业技术(CT)的扶持、媒体产业的培育、文化产业机关的扶持、出版产业的培育、文化资讯产业基础设施的扶持、游戏产业的培育、地区文化产业基础的构建等顺序。

表 1-3-2　**2011 年资讯及媒体产业部门各领域预算扶持现状**　(单位：百万韩元,%)

| 主要事业领域 | | 2011 年 | 比例 |
|---|---|---|---|
| 文化资讯产业室 | 振兴文化资讯 | 75 200 | 20.7% |
| | 振兴影像产业 | 850 | 0.2% |
| | 培育游戏产业 | 16 802 | 4.6% |
| | 扶持文化资讯产业技术 | 53 480 | 14.7% |
| | 扶持文化资讯产业基础设施 | 20 400 | 5.6% |
| | 扶持文化产业机构 | 28 089 | 7.7% |
| | 构建地区文化产业基础 | 16 785 | 4.6% |
| | 扶持地区文化产业的培养 | 300 | 0.1% |
| | 提高对著作权的认识及扶持机构 | 13 423 | 3.7% |
| | 加强著作权保护活动 | 9 652 | 2.7% |
| | 建立作品流通环境 | 12 823 | 3.5% |
| | 构筑著作权服务综合支援体系 | 1 355 | 0.4% |
| | 小计 | 249 159 | 68.7% |
| 媒体政策局 | 培育媒体产业 | 34 901 | 9.6% |
| | 培育播放影像资讯产业 | 57 510 | 15.9% |
| | 培育出版产业 | 21 224 | 5.9% |
| | 小计 | 113 635 | 31.3% |
| 合计 | | 362 794 | 100.0% |

* 2011 年的资料参考了文化体育观光部的《2011 预算基金使用计划概要》。

** 基金除外。

从 2011 年资讯领域的文化资讯产业室预算结构来看，可以分为：①文化资讯的振兴，②影像产业的振兴，③游戏产业的培育，④文化资讯产业技术扶持，⑤文化资讯产业基础设施的扶持，⑥文化产业机构的扶持，⑦地区文化产业基础的建构，⑧对培育地区文化产业的扶持。

首先，为振兴文化资讯，核定了 752 亿韩元的资金，其中包括文化产业政策开发及评价 14 亿 4 100万韩元，韩流振兴工作 17 亿5 800万韩元。另外，在大众文化资讯产业的培育方面核定了 190 亿韩元，其中包括动漫产业培育的 57 亿韩元、音乐产业培育的 18.8 亿韩元、时尚产业培育的 17 亿韩元、漫画产业培育的 38.9 亿韩元、动漫形象产业培育的 29.81 亿韩元、资讯产业信息网络运营的 13 亿韩元、资讯专门图书馆运营的 1 亿韩元、加强故事产业的 12 亿韩元等预算。其次，强化文化资讯国内外营销 50 亿韩元，扶持设置 CT 研究生院 24 亿韩元，培育新一代融合型资讯产业 95 亿韩元，加强文化资讯投资 56.5 亿韩元，培育 3D 立体资讯产业 160 亿韩元，培育文化资讯专业人才 17.5 亿韩元。另外，培育数码资讯产业预算为 127 亿韩元，其中建立 DC 生态系统为 80 亿韩元。

为振兴影像产业，核定了 8.5 亿韩元，游戏产业培育 168 亿韩元，文化资讯产业技术扶持 534.8 亿韩元，文化资讯产业基础设施扶持 204 亿韩元，文化产业机构扶持 280.89 亿韩元。特别是文化资讯产业技术扶持预算小幅增加了，其中构建CT基础（R&D）30亿韩元，培养连接国内外的融合型创意人才44.8亿韩元，尖端融、复合型资讯技术开发460亿韩元。

广域市及特别市会计预算方面，构建地区文化产业基础167.85亿韩元，扶持培育地区文化产业3亿韩元。其中包括：建立庆北文化资讯扶持中心24.09亿韩元，培育大邱设计时尚产业20亿韩元，建立地区影像媒体中心10亿韩元，建设釜山文化资讯综合馆90亿韩元，扶持地区文化产业研究中心（CRC）13.76亿韩元。

另一方面，文化资讯产业室所辖著作权政策方面的业务核定额为372.53亿韩元，提高对著作权的认识及机构扶持134.23亿韩元，加强著作权保护活动96.52亿韩元，营造版权流通环境128.23亿韩元，构建版权服务综合扶持体系13.55亿韩元。

2011年媒体政策局的预算总额为1 136.35亿韩元。其中。培育媒体产业349.01亿韩元，培育播放影像资讯产业575.1亿韩元，培育出版产业212.24亿韩元。

首先，为培育媒体产业，构建杂志产业基础、培养专业人才及扶持国家基础通信公司等工作都被包含其中。培育播放影像资讯产业不仅仅要扶持播放影像资讯的制作，还包括扶持播放影像资讯的海外进军、扶持国际播放文化交流、扶持电视剧节、扶持釜山国际广告节、扶持独立制作公司的制作基础设施、建立数字播放资讯扶持中心等。另外，为培育出版产业，对培育出版产业及海外进军进行扶持、扶持韩国刊行物伦理委员会、扶持韩国文学翻译院等工作也都包含在内。

文化体育观光部的一般会计预算主要体现了以治国理念、基本国情为基础的国情课题。因此，首先将财源投入到排序靠前的工作，并有必要对部分工作进行结构调整，如执行不力、财政自律评价欠缺、还需进行工作可行性研讨的工作等。同时，有必要改善财政扶持方式，提高推进工作的效率。有必要推进以成果为中心的财政扶持方式，如有选择性地部分扶持、集中扶持、间接扶持、事后扶持等方式。

# 第二部分　2011 年国内外资讯产业的动向

## 一、世界资讯产业的动向

### (一) 世界资讯产业市场规模的现状

2010 年在世界资讯市场方面是再次迎接挑战的一年。由于 2008 年世界金融危机的影响，2009 年世界资讯市场减少了 2.4%，但 2010 年增长了 4.6%。广告领域对经济是否景气最敏感，广告领域 2010 年比上一年增长了 5.8%，消费者/最终消费的支出也增长了 2.2%。但 2011 年由欧债危机引起的经济动荡再次给世界经济带来影响，预计今后 5 年间资讯市场也将受到目前经济状况的严重影响。虽然还存在着许多不确定因素，但预计自 2011 年开始，今后世界资讯市场仍将呈现年增长 5.7%的态势。

在上述世界资讯市场的变化过程中，预计 2011 年世界资讯产业市场规模与上一年相比将增长 4.32%，达到 1 兆4 808亿 100 万美元；并将以 5.7%的年增长率(CAGR)不断增长，2015 年将达到 1 兆 8 704亿7 500万美元的规模。

以 2011 年为基准，详细分析各领域的市场规模，可以看到自 2010 年以来，广告市场以 456 亿美元占整体资讯市场的 30.8%，所占比重最大。其次是知识信息市场 442 亿1 000万美元(29.9%)、播放 439 亿3 000万美元(29.7%)、出版 342 亿1 000万美元(23.1%)、动漫形象 153 亿4 000万美元(10.4%)。

表 2-1-1　　世界资讯市场各部门的规模及展望　　(单位：10 亿美元)

| 分类 | 2006 年 | 2007 年 | 2008 年 | 2009 年 | 2010 年 | 2011 年 | 2012 年 | 2013 年 | 2014 年 | 2015 年 | 2011—2015 年年均增减率 |
|---|---|---|---|---|---|---|---|---|---|---|---|
| 电影 | 81.1 | 83.1 | 82.2 | 83.4 | 86.2 | 90.6 | 96.4 | 102.7 | 108.9 | 114.8 | 5.9 |
| 动漫 | 13.4 | 13.5 | 12.8 | 14.0 | 17.0 | 15.8 | 16.8 | 17.7 | 18.9 | 19.9 | 3.2 |
| 播放 | 359.2 | 379.5 | 393.0 | 388.5 | 417.7 | 439.3 | 475.1 | 502.9 | 543.5 | 571.0 | 6.3 |
| 游戏 | 34.1 | 42.9 | 51.7 | 52.6 | 55.5 | 59.3 | 64.2 | 69.7 | 75.7 | 82.4 | 8.2 |
| 音乐 | 33.5 | 30.9 | 27.6 | 25.4 | 23.4 | 22.1 | 21.8 | 21.7 | 21.8 | 22.1 | -1.1 |
| 出版 | 371.1 | 379.7 | 371.1 | 340.7 | 341.0 | 342.1 | 349.2 | 357.4 | 366.2 | 376.4 | 2.0 |
| 漫画 | 6.1 | 6.2 | 6.3 | 6.2 | 6.0 | 6.0 | 6.0 | 6.2 | 6.3 | 6.4 | 1.2 |

续表

| 分类 | 2006 年 | 2007 年 | 2008 年 | 2009 年 | 2010 年 | 2011 年 | 2012 年 | 2013 年 | 2014 年 | 2015 年 | 2011—2015 年年均增减率 |
|---|---|---|---|---|---|---|---|---|---|---|---|
| 广告 | 455. 3 | 474. 2 | 469. 5 | 417. 9 | 442. 3 | 456. 0 | 489. 3 | 515. 3 | 552. 8 | 577. 6 | 5. 5 |
| 知识信息 | 329. 4 | 367. 0 | 391. 4 | 395. 3 | 417. 2 | 442. 1 | 474. 3 | 510. 7 | 546. 5 | 582. 9 | 6. 7 |
| 动漫形象 | 109. 0 | 106. 4 | 167. 9 | 149. 8 | 153. 2 | 153. 4 | 156. 3 | 159. 5 | 163. 3 | 168. 7 | 1. 9 |
| 合计 | 1 266. 1 | 1 351. 6 | 1 391. 1 | 1 357. 3 | 1 419. 5 | 1 480. 8 | 1 576. 2 | 1 669. 8 | 1 775. 7 | 1 870. 5 | 5. 7 |

* 电影、播放、游戏、出版、知识信息资讯市场规模系各领域广告市场统计数值之和，此金额包含在广告领域。因此，在合计之中体现的是除去重复部分后的金额。

** 动漫和漫画的市场规模也同时包含在电影、播放、出版市场规模之中。因此，在合计之中体现的是除去重复部分后的金额。

*** 对于动漫形象市场，娱乐、时尚、运动、大学的财产和标志等特许商品的消费市场规模没有包含在整体资讯市场规模之中。

出处：PWC(2011)，MPAA，FCC，EPM，OECD，IFPI，ICV2，The Numbers。

详细分析 2011 年世界资讯市场各地域/部门的规模，可以看到北美圈市场规模以4 989亿美元位居首位，EMEA(欧洲、中东、非洲)市场规模以4 974亿美元位居第二，二者之间相差不大。但北美圈和 EMEA 圈在世界范围内占据 67. 3%的比重，也就是说，它们占据了世界资讯市场的 2/3 以上。

2011 年各地域所占的比重顺序为：北美圈以 33. 7%位居第一，其次依次是：EMEA 占 33. 6%、亚洲圈占 27. 7%、中南美圈占 5. 0%。但是中南美与去年相比增长了 11. 3%，在世界四大地域里，是增长速度最快的地域。特别是中南美地域内的巴西和墨西哥分别达到 375 亿美元和 152 亿美元，占据中南美市场的 71. 4%。

另外，美国占据了北美圈市场的大部分，是世界上最大的资讯市场，其次是日本。预计中国和印度在今后 5 年间的年平均增长率将分别达到 11. 6%和 13. 0%，成为世界资讯市场中发展速度最快的国家。

表 2-1-2　**世界资讯市场各地域/部门的规模及展望**　(单位：10 亿美元)

| 分类 | | 2006 年 | 2007 年 | 2008 年 | 2009 年 | 2010 年 | 2011 年 | 2012 年 | 2013 年 | 2014 年 | 2015 年 | 2011—2015 年年均增减率 |
|---|---|---|---|---|---|---|---|---|---|---|---|---|
| 世界市场合计 | | 1 266. 1 | 1 351. 6 | 1 391. 1 | 1 357. 3 | 1 419. 5 | 1 480. 8 | 1 576. 2 | 1 669. 8 | 1 775. 7 | 1 870. 5 | 5. 7 |
| 北美圈 | 电影 | 38. 8 | 39. 6 | 38. 7 | 38. 7 | 39 | 40. 8 | 43 | 45. 5 | 47. 9 | 50. 3 | 5. 2 |
| | 动漫 | 6. 4 | 6. 4 | 6 | 6. 5 | 7. 7 | 7. 1 | 7. 5 | 7. 8 | 8. 3 | 8. 7 | 2. 6 |
| | 播放 | 165. 3 | 169. 9 | 172. 9 | 166. 5 | 177. 7 | 184. 3 | 199 | 205. 8 | 220. 4 | 229. 1 | 5. 2 |
| | 游戏 | 10. 3 | 13. 1 | 16. 3 | 15. 3 | 15. 2 | 15. 8 | 16. 4 | 17 | 17. 8 | 19. 1 | 4. 6 |
| | 音乐 | 12. 5 | 11. 2 | 9. 2 | 8. 1 | 7. 1 | 6. 9 | 6. 8 | 6. 8 | 6. 8 | 6. 9 | -0. 6 |
| | 出版 | 119. 5 | 118. 4 | 108. 6 | 94. 5 | 92. 9 | 93 | 94 | 95. 7 | 97. 6 | 100 | 1. 5 |
| | 漫画 | 0. 8 | 0. 8 | 0. 8 | 0. 8 | 0. 7 | 0. 7 | 0. 7 | 0. 7 | 0. 7 | 0. 7 | 0. 9 |
| | 广告 | 209. 6 | 209. 9 | 199. 4 | 171. 5 | 180. 9 | 184. 9 | 197. 6 | 203 | 215. 8 | 222. 5 | 4. 2 |
| | 知识信息 | 122. 4 | 129. 7 | 129. 1 | 121. 1 | 124. 8 | 130. 7 | 138. 1 | 146. 4 | 155. 5 | 165. 4 | 5. 7 |
| | 动漫形象 | 71. 3 | 68. 6 | 104. 5 | 92. 5 | 93. 6 | 93. 8 | 94. 2 | 94. 9 | 95. 5 | 97. 2 | 0. 8 |
| | 合计 | 488. 6 | 504. 9 | 498. 6 | 466. 3 | 481. 3 | 498. 9 | 527. 5 | 549. 4 | 580. 4 | 606. 7 | 4. 7 |

续表

| 分类 | | 2006 年 | 2007 年 | 2008 年 | 2009 年 | 2010 年 | 2011 年 | 2012 年 | 2013 年 | 2014 年 | 2015 年 | 2011—2015 年年均增减率 |
|---|---|---|---|---|---|---|---|---|---|---|---|---|
| EMEA | 电影 | 23. 4 | 23. 5 | 23. 3 | 23. 8 | 24. 4 | 25. 6 | 26. 9 | 28. 4 | 29. 7 | 31 | 4. 9 |
| | 动漫 | 3. 9 | 3. 8 | 3. 6 | 4 | 4. 8 | 4. 5 | 4. 7 | 4. 9 | 5. 2 | 5. 4 | 2. 3 |
| | 播放 | 108. 3 | 117 | 121. 7 | 121. 8 | 128. 5 | 135. 1 | 143. 1 | 151. 1 | 159. 8 | 167. 6 | 5. 3 |
| | 游戏 | 11. 5 | 14. 3 | 16. 9 | 16. 5 | 16. 9 | 17. 8 | 18. 9 | 20 | 21. 3 | 22. 8 | 6. 2 |
| | 音乐 | 11. 5 | 10. 3 | 9. 4 | 9 | 8. 5 | 8. 3 | 8. 1 | 8. 1 | 8. 3 | 8. 5 | -0. 2 |
| | 出版 | 140. 9 | 145. 8 | 144. 2 | 133. 2 | 133. 1 | 133. 7 | 135. 3 | 137. 6 | 140. 3 | 143. 2 | 1. 5 |
| | 漫画 | 2. 4 | 2. 5 | 2. 5 | 2. 5 | 2. 4 | 2. 4 | 2. 4 | 2. 5 | 2. 6 | 2. 7 | 1. 9 |
| | 广告 | 127. 9 | 138. 4 | 140. 1 | 123. 1 | 129. 1 | 134. 4 | 141. 5 | 148. 8 | 157. 5 | 165. 3 | 5. 1 |
| | 知识信息 | 108. 4 | 120. 5 | 129. 7 | 131. 8 | 138. 8 | 147. 6 | 159. 4 | 173. 5 | 186. 7 | 200. 4 | 7. 4 |
| | 动漫形象 | 25. 4 | 25. 1 | 38 | 34. 1 | 33. 9 | 33. 1 | 33 | 33. 7 | 34. 7 | 36. 3 | 1. 4 |
| | 合计 | 422. 3 | 454. 1 | 470. 4 | 460. 6 | 477. 1 | 497. 4 | 524 | 553. 9 | 584. 1 | 613. 9 | 5. 2 |
| 亚洲圈 | 电影 | 16. 5 | 17. 3 | 17. 6 | 18. 1 | 19. 8 | 21 | 22. 9 | 25 | 27 | 29 | 8 |
| | 动漫 | 2. 7 | 2. 8 | 2. 7 | 3 | 3. 9 | 3. 7 | 4 | 4. 3 | 4. 7 | 5 | 5. 2 |
| | 播放 | 67. 2 | 71. 6 | 74. 8 | 76. 1 | 83. 6 | 88. 9 | 98 | 107. 4 | 118 | 127. 4 | 8. 5 |
| | 游戏 | 11. 5 | 14. 6 | 17. 4 | 19. 6 | 22. 2 | 24. 4 | 27. 5 | 31. 1 | 34. 9 | 38. 7 | 11. 8 |
| | 音乐 | 8. 5 | 8. 5 | 8. 2 | 7. 7 | 7. 1 | 6. 3 | 6. 2 | 6. 1 | 6. 1 | 6. 1 | -3 |
| | 出版 | 98. 3 | 102. 1 | 104. 3 | 99. 5 | 100. 9 | 100. 8 | 104. 6 | 108. 1 | 111. 4 | 115. 3 | 2. 7 |
| | 漫画 | 2. 7 | 2. 8 | 2. 9 | 2. 8 | 2. 8 | 2. 7 | 2. 8 | 2. 8 | 2. 8 | 2. 8 | 0. 4 |
| | 广告 | 101 | 106. 9 | 109 | 102. 6 | 109 | 111. 6 | 122. 5 | 133. 5 | 144. 3 | 154. 6 | 7. 2 |
| | 知识信息 | 89. 6 | 105. 5 | 119. 3 | 127. 4 | 136. 2 | 143. 2 | 153. 1 | 163. 8 | 173. 6 | 182. 7 | 5. 9 |
| | 动漫形象 | 11. 3 | 11. 6 | 21. 8 | 19. 8 | 21. 8 | 21. 9 | 24 | 25. 4 | 26. 9 | 28. 4 | 5. 4 |
| | 合计 | 310. 1 | 341. 1 | 364. 8 | 371. 3 | 394. 8 | 410. 7 | 442. 7 | 476. 1 | 509 | 540. 7 | 6. 5 |
| 中南美圈 | 电影 | 2. 4 | 2. 6 | 2. 5 | 2. 8 | 3. 1 | 3. 3 | 3. 6 | 3. 9 | 4. 2 | 4. 4 | 7. 6 |
| | 动漫 | 0. 4 | 0. 4 | 0. 4 | 0. 5 | 0. 6 | 0. 6 | 0. 6 | 0. 7 | 0. 7 | 0. 8 | 4. 8 |
| | 播放 | 18. 3 | 21. 0 | 23. 6 | 24. 1 | 27. 8 | 31. 0 | 34. 9 | 38. 5 | 45. 2 | 46. 9 | 10. 6 |
| | 游戏 | 0. 7 | 1. 0 | 1. 2 | 1. 2 | 1. 3 | 1. 4 | 1. 5 | 1. 6 | 1. 7 | 1. 8 | 7. 5 |
| | 音乐 | 1. 0 | 0. 8 | 0. 7 | 0. 7 | 0. 7 | 0. 6 | 0. 6 | 0. 6 | 0. 6 | 0. 7 | -0. 4 |
| | 出版 | 12. 4 | 13. 3 | 14. 0 | 13. 6 | 14. 0 | 14. 6 | 15. 3 | 16. 0 | 16. 9 | 17. 9 | 4. 9 |
| | 漫画 | 0. 2 | 0. 2 | 0. 2 | 0. 1 | 0. 1 | 0. 1 | 0. 1 | 0. 1 | 0. 1 | 0. 1 | 6. 2 |
| | 广告 | 16. 7 | 19. 0 | 21. 0 | 20. 7 | 23. 3 | 25. 2 | 27. 8 | 30. 0 | 35. 2 | 35. 3 | 8. 7 |
| | 知识信息 | 9. 0 | 11. 3 | 13. 4 | 14. 9 | 17. 3 | 20. 6 | 23. 6 | 27. 1 | 30. 7 | 34. 4 | 14. 0 |
| | 动漫形象 | 0. 9 | 1. 1 | 3. 6 | 3. 4 | 4. 1 | 4. 6 | 5. 1 | 5. 6 | 6. 2 | 6. 8 | 10. 4 |
| | 合计 | 45. 2 | 51. 5 | 57. 1 | 59. 1 | 66. 3 | 73. 8 | 82. 0 | 90. 4 | 102. 2 | 109. 1 | 10. 5 |

* 电影、播放、游戏、出版、知识信息资讯市场规模系各领域广告市场统计数值之和，此金额包含在广告领域。因此，在合计之中体现的是除去重复部分后的金额。

** 动漫和漫画的市场规模也同时包含在电影、播放、出版市场规模之中。因此，在合计之中体现的是除去重复部分后的金额。

*** 对于动漫形象市场，娱乐、时尚、运动、大学的财产和标志等特许商品的消费市场规模没有包含在整体资讯市场规模之中。

出处：PWC(2011)，MPAA，FCC，EPM，OECD，IFPI，ICV2，The Numbers。

## (二)世界资讯产业各类型的市场规模及展望

### 1. 世界电影市场的规模及展望

2010 年世界电影市场规模为 862 亿美元，预计 2011 年将同比增长 5.1%，达 906 亿2 200万美元。预计世界电影市场在今后 5 年将达到 5.9%的增长速度，在 2015 年将达到1 147亿5 900万美元。

表 2-1-3 世界电影市场的规模及展望 (单位：百万美元)

| 分类 | 2006 年 | 2007 年 | 2008 年 | 2009 年 | 2010 年 | 2011 年 | 2012 年 | 2013 年 | 2014 年 | 2015 年 | 2011—2015 年年均增减率 |
|---|---|---|---|---|---|---|---|---|---|---|---|
| 票房 | 26 131 | 27 185 | 28 128 | 31 114 | 33 033 | 35 722 | 38 964 | 42 287 | 45 519 | 48 659 | 8.1 |
| 剧场广告 | 1 697 | 1 871 | 1 855 | 1 831 | 2 028 | 2 167 | 2 343 | 2 540 | 2 721 | 2 905 | 7.5 |
| 家庭影碟销售 | 35 746 | 35 657 | 33 783 | 31 087 | 30 434 | 30 708 | 31 661 | 33 066 | 34 661 | 36 128 | 3.5 |
| 家庭影碟租借 | 16 044 | 16 093 | 15 295 | 15 346 | 15 446 | 15 370 | 15 356 | 15 275 | 15 140 | 14 979 | -0.6 |
| 数字发行 | 1 486 | 2 275 | 3 098 | 4 037 | 5 281 | 6 655 | 8 075 | 9 507 | 10 810 | 12 088 | 18.0 |
| 合计 | 81 104 | 83 081 | 82 159 | 83 415 | 86 222 | 90 622 | 96 399 | 102 675 | 108 851 | 114 759 | 5.9 |

出处：PWC(2011)，MPAA，JVA，DFFF，IFC，screendigest。

详细分析世界电影市场各领域所占的比重，可以看到：以 2011 年为基准，票房以 357 亿2 200万美元占整体的 39.4%，所占比重最大。其次是家庭影碟销售占 307 亿 800 万美元(33.9%)、家庭影碟租借占 153 亿7 000万美元(17.0%)、数字发行占 66 亿5 500万美元(7.3%)、剧场广告占 21 亿6 700万美元(2.4%)。

2011 年，世界电影市场在家庭影碟销售领域出现了 0.9%的小幅增长，票房、剧场广告、数字发行也呈现增长态势，整体电影市场规模呈现出全面增长的态势。特别是随着智能机的普及，数字发行领域呈现 26.0%的高速增长态势。预计今后 5 年内，数字发行的不断增长将带动世界电影市场的全面发展。

另外，最近随着华丽的色彩与宽银幕等技术的发展，吸引了部分家庭 TV 的使用者走进电影院。特别是 2009 年电影《阿凡达》在世界范围内获得了巨大的成功后，3D 专用电影院所占的比例增加，3D 电影持续流行，使 3D 电影制作及消费成为世界电影业界的一大亮点。

仔细分析 2011 年世界电影市场各地域的规模，可以看到：由于美国占据绝对优势，而使得北美圈以 407 亿9 800万美元占整体市场的 45.0%，所占比重最大。其次是 EMEA 为 255 亿5 900万美元(28.2%)、亚洲圈为 209 亿5 900万美元(23.1%)、中南美圈为 33 亿 600 万美元(3.7%)。至 2015 年，地域市场规模将全面增长，其中亚洲圈和中南美圈将分别增长 8.0%和 7.6%，增速最快；北美圈、EMEA 增长速度将相对较慢。

### 2. 世界动漫市场的规模及展望

2011 年，世界动漫市场规模预计为 157 亿8 700万美元，预计同比下降 7.1%。预计 2012 年将比

2011 年增长 6.4%，达 168 亿 600 万美元，2011 年上映的动漫销售额预计将比 2010 年有所减少。预计至 2015 年为止，世界动漫市场年平均增长率为 3.2%，将达 198 亿8 800万美元。

表 2-1-4　　世界动漫市场规模及展望　　（单位：百万美元）

| 分类 | 2006 年 | 2007 年 | 2008 年 | 2009 年 | 2010 年 | 2011 年 | 2012 年 | 2013 年 | 2014 年 | 2015 年 | 2011—2015 年年均增减率 |
|---|---|---|---|---|---|---|---|---|---|---|---|
| 播放 | 3 570 | 3 638 | 3 441 | 4 113 | 4 790 | 5 113 | 5 535 | 5 848 | 6 305 | 6 711 | 6.8 |
| 电影 | 3 067 | 3 237 | 3 009 | 3 440 | 4 351 | 3 969 | 4 270 | 4 586 | 4 945 | 5 257 | 3.9 |
| 家庭影碟 | 6 476 | 6 275 | 5 922 | 5 918 | 7 117 | 5 959 | 6 113 | 6 233 | 6 482 | 6 654 | -1.0 |
| 数字发行 | 236 | 330 | 383 | 512 | 744 | 746 | 887 | 1 016 | 1 149 | 1 267 | 10.8 |
| 合计 | 13 350 | 13 480 | 12 756 | 13 982 | 17 002 | 15 787 | 16 806 | 17 684 | 18 881 | 19 889 | 3.2 |

出处：PWC(2011)，MPAA，screendigest，The Numbers，Boxofficemojo，Jetro，Netscribes。

由于 2008 年世界经济危机的影响，世界动漫市场呈现出微弱的减少趋势。但是最近几年，随着 3D 动漫大片的上映，自 2009 年重回增长趋势，2010 年大幅增长。但 2011 年票房动漫与 2010 年相比成绩低迷，预计动漫票房将会减少。虽然梦工厂推出了《穿靴子的猫(Puss in Boots)》(2011 年 10 月 28 日首映)、华纳兄弟推出了《快乐的大脚(Happy Feet)2》(2011 年 11 月 18 日首映)、索尼推出了《亚瑟・圣诞(Arthur Christmas)》(2011 年 11 月 23 日首映)、派拉蒙推出了《丁丁历险记(The Adventures of Tintin)》(2011 年 12 月 21 日首映)，但没有达到 2010 年创下的票房纪录。

2012 年后，世界动漫市场规模预计将重回增长态势。预计好莱坞大亨们正在制作的 3D 动漫大片将相继上映，3D 电影馆也会迅速增多，世界动漫市场将持续增长。与之相反，家庭影碟市场预计暂时会处于停滞状态。这是因为通过多种频道传播的数字发行将会逐步取代家庭影碟市场，特别是线下家庭影碟企业是否会逐步转向数字产业，将决定今后动漫家庭影碟市场的成败。同时，预计智能 TV、3-Screen、N-Screen 的媒体大融合环境也将促使动漫市场的流通环境发生巨变。

在世界动漫市场中所占比重最大的领域是家庭影碟领域，2011 年以 59 亿5 900万美元占整个市场的 37.7%，其次是播放为 51 亿1 300万美元(32.4%)、电影为 39 亿6 900万美元(25.1%)、数字发行为 7 亿4 600万美元(4.7%)。其中，数字发行领域到 2015 年的年均增长率预计将达 10.8%，而家庭影碟领域预计将减少 1.0%。

仔细分析 2011 年各地区动漫市场，可以看到北美圈以 71 亿 700 万美元占整体的 45.0%，其次是 EMEA 为 44 亿5 300万美元(28.2%)、亚洲圈为 36 亿5 100万美元(23.1%)、中南美圈为 5 亿7 600万美元(3.7%)。特别是亚洲圈，预计至 2015 年年增长率将达 5.2%，将比同一时期北美圈和 EMEA 的增长率高 2 倍以上，增幅最大。

### 3. 世界音乐市场的规模及展望

2011 年，世界音乐市场规模达 221 亿1 100万美元，同比减少 5.7%。世界音乐市场在 2012 年也将比 2011 年减少 1.6%，仅为 217 亿5 500万美元，到2015年预计将达 221 亿2 700万美元。

表 2-1-5　　世界音乐市场规模及展望　　（单位：百万美元）

| 分类 | 2006 年 | 2007 年 | 2008 年 | 2009 年 | 2010 年 | 2011 年 | 2012 年 | 2013 年 | 2014 年 | 2015 年 | 2011—2015 年年均增减率 |
|---|---|---|---|---|---|---|---|---|---|---|---|
| 线下 | 29 863 | 25 730 | 21 442 | 18 664 | 16 249 | 14 133 | 12 744 | 11 533 | 10 540 | 9 706 | -9. 8% |
| 数码 | 3 629 | 5 154 | 6 144 | 6 729 | 7 191 | 7 978 | 9 011 | 10 120 | 11 259 | 12 421 | 11. 6% |
| 合计 | 33 492 | 30 884 | 27 586 | 25 393 | 23 440 | 22 111 | 21 755 | 21 653 | 21 799 | 22 127 | -1. 1% |

出处：PWC(2011)，IFPI，RIAA。

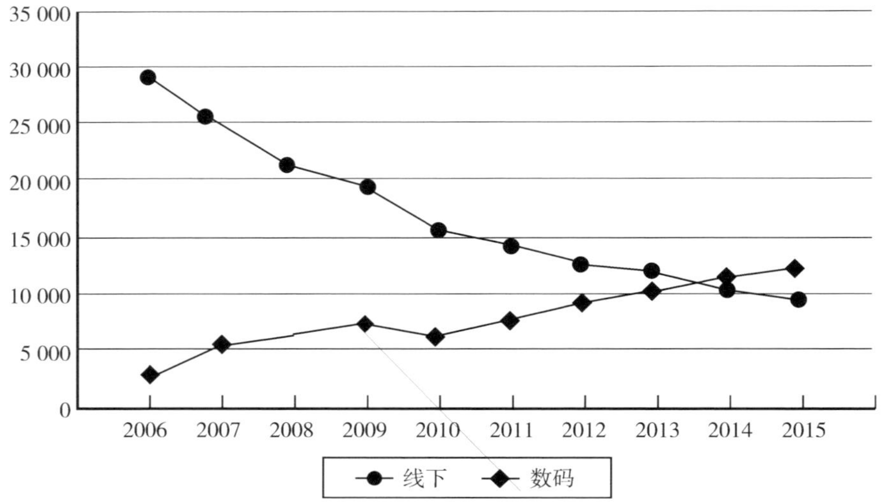


图 2-1-1　2006—2015 年世界音乐市场各配给形态的占有率(单位:%)

出处：PWC(2011)，IFPI，RIAA。

仔细分析各市场情况，可以发现由于音乐产业向数字转换，导致 Vinyl、CD、DVD 等线下唱片市场呈现持续下降态势，仅达 141 亿3 300万美元。相反，网络和移动通信等数字市场预计将达 79 亿7 800万美元。

从 2011 年各地域音乐市场的规模来看，预计 EMEA 达 82 亿7 400万美元，北美圈达 68 亿9 600万美元，亚洲圈达 62 亿9 500万美元，中南美圈达 6 亿4 600万美元。特别是至 2015 年，亚洲圈的减少率将达 3. 0%，负增长最严重。

世界音乐市场自 2005 年后，线下音乐市场呈现持续下滑的趋势。相反，数字音乐流通市场正快速发展，但仍无力逆转整体音乐市场下滑的趋势。因此，世界音乐市场在 2015 年的市场规模将萎缩至 2006 年的 1/3，但得力于数字音乐市场的增长，预计 2014 年后将呈现小幅增长的态势。

### 4. 世界游戏市场的规模及展望

2011 年，世界游戏市场规模预计将达 592 亿9 300万美元，同比增长 6. 8%。2009 年增长势头多少有些放缓，但世界游戏市场自 2006 年以来，一直保持着增长的态势，预计今后也仍将保持增长态势。世界游戏市场今后 5 年间，预计将保持年均 8. 2%的增长率，2015 年将达到 824 亿3 600万美元。

表 2-1-6 世界游戏市场的规模及展望 (单位：百万美元)

| 分类 | 2006 年 | 2007 年 | 2008 年 | 2009 年 | 2010 年 | 2011 年 | 2012 年 | 2013 年 | 2014 年 | 2015 年 | 2011—2015 年年均增减率 |
|---|---|---|---|---|---|---|---|---|---|---|---|
| 主机游戏 | 20 041 | 25 793 | 30 690 | 28 817 | 28 066 | 28 605 | 29 626 | 30 832 | 32 326 | 34 815 | 4. 4 |
| 在线游戏 | 5 458 | 7 500 | 9 866 | 11 858 | 14 190 | 16 327 | 18 945 | 21 972 | 25 224 | 28 396 | 14. 9 |
| 移动游戏 | 3 203 | 4 105 | 5 522 | 6 486 | 7 527 | 8 492 | 9 595 | 10 652 | 11 735 | 12 684 | 11. 0 |
| PC 游戏 | 4 746 | 4 604 | 4 297 | 3 900 | 3 902 | 3 794 | 3 747 | 3 707 | 3 637 | 3 574 | -1. 7 |
| 游戏广告 | 660 | 1 032 | 1 361 | 1 574 | 1 845 | 2 075 | 2 310 | 2 530 | 2 765 | 2 967 | 10. 0 |
| 合计 | 34 108 | 42 944 | 51 736 | 52 635 | 55 530 | 59 293 | 64 223 | 69 693 | 75 687 | 82 436 | 8. 2 |

出处：PWC(2011)，DFC Intelligence，Video Game Industry，screendigest，Markets and Markets。

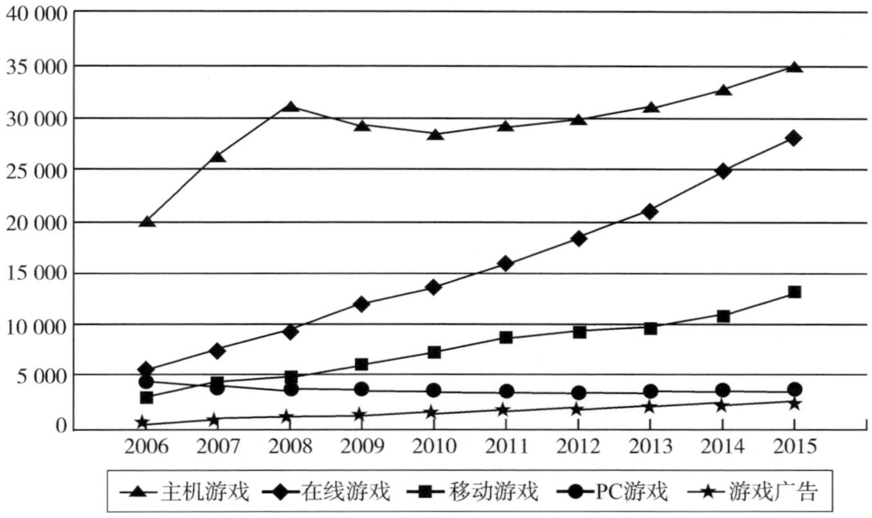


图 2-1-2 2006—2015 年世界游戏各领域的市场规模推测(单位：百万美元)

出处：PWC（2011），DFC Intelligence，Video Game Industry，Screendigest，Markets and Markets。

世界游戏市场在 2007—2008 年创下了 20%的增长率。2009 年，占据整体游戏市场 50%的主机游戏市场减少了约 6%，增长态势放缓了，但因网络游戏的突飞猛进，仍呈现出小幅增长的态势。2010 年市场整体回到稳定状态，游戏市场同比虽然呈现出增长态势，但主机游戏市场下降，导致整体增幅有限。2011 年，除主机、PC 游戏外的领域均呈现出增长态势。主机游戏市场的下降趋势，是技术变化所产生的新平台及使用者的转移而造成的，这也带来了网络/移动社交游戏市场的增长。

从 2011 年世界游戏市场的各地域规模来看，亚洲圈为 243 亿5 800万美元，所占比重最大，其次是 EMEA 为 177 亿5 100万美元、北美圈为 158 亿 900 万美元、中南美圈为 13 亿7 600万美元。特别要强调的是，预计亚洲圈至 2015 年将保持 11. 8%的年均增长率，2015 年将达 387 亿3 700万美元，占据世界游戏市场的 47. 0%。中南美圈也将保持 11. 3%的年均增长率，与此相反，北美圈和 EMEA 的增长率将会放缓。

5. 世界动漫形象市场的规模及展望

2008 年世界动漫形象市场实现了全面大幅度的增长，涨幅约为 57. 8%，而 2009 年同比则下降了

10.8%。2010 年市场规模达1 532亿3 000万美元，同比增长 2.3%，2011 年预计将达1 533亿6 000万美元，同比增幅将仅为 0.1%。世界动漫形象市场至 2015 年年均增长率将达 1.9%，预计将达1 686亿6 000万美元。

表 2-1-7　　世界动漫形象市场的规模及展望　　（单位：百万美元）

| 分类 | 2006 年 | 2007 年 | 2008 年 | 2009 年 | 2010 年 | 2011 年 | 2012 年 | 2013 年 | 2014 年 | 2015 年 | 2011—2015 年年均增减率 |
|---|---|---|---|---|---|---|---|---|---|---|---|
| 北美圈 | 71.30 | 68.60 | 104.50 | 92.45 | 93.45 | 93.55 | 93.84 | 94.22 | 94.87 | 95.53 | 0.8 |
| 欧洲圈 | 25.13 | 24.75 | 36.90 | 32.95 | 32.45 | 31.38 | 30.98 | 31.16 | 31.57 | 32.55 | 0.08 |
| 亚洲圈 | 9.64 | 9.84 | 18.95 | 17.23 | 18.74 | 18.95 | 21.02 | 22.39 | 23.82 | 25.30 | 6.2 |
| 大洋洲圈 | 1.70 | 1.80 | 2.86 | 2.55 | 3.01 | 2.97 | 2.96 | 2.98 | 3.05 | 3.14 | 0.9 |
| 南美圈 | 0.93 | 1.10 | 3.61 | 3.44 | 4.07 | 4.55 | 5.07 | 5.63 | 6.22 | 6.79 | 10.8 |
| 中东/非洲圈 | — | — | 0.70 | 0.75 | 0.99 | 1.25 | 1.62 | 2.07 | 2.64 | 3.27 | 27 |
| 其他 | 0.30 | 0.35 | 0.40 | 0.40 | 0.41 | 0.42 | 0.42 | 0.43 | 0.44 | 0.45 | 1.9 |
| 合计 | 109.00 | 106.44 | 167.92 | 149.77 | 153.23 | 153.36 | 156.29 | 159.53 | 163.27 | 168.66 | 1.9 |

出处：EMP International Licensing。

世界动漫形象市场在最近几年间，仅呈现出小幅增长的态势，分析认为这是由于美国、日本、欧洲主要国家(英国、法国、德国、意大利)等动漫形象市场规模大的国家已呈现出饱和甚至下降的态势。即便如此，美国、日本、澳洲、欧洲主要国家的市场总和仍占世界整体市场的 80%左右。

从 2011 年世界动漫形象市场各地域所占的比重来看，北美圈为 935 亿5 000万美元，占整体市场的 61%，所比重例最大。其次是欧洲圈为 313 亿8 000万美元(20.5%)、亚洲圈为 189 亿5 000万美元(12.4%)、中南美圈为 45 亿5 000万美元(3.0%)、大洋洲圈为 29 亿7 000万美元(1.9%)、中东/非洲圈为 12 亿5 000万美元(0.8%)。

展望今后的市场发展，亚洲、南美、中东/非洲地区的增长值得关注。在亚洲，预计中国、印度将发挥引领市场的作用，特别是中国每年的增长率达 20%左右。但由于占据亚洲市场 63%的日本增长速度放缓，而导致亚洲整体的增长率受到制约。南美和中东/非洲地区刚刚进入市场萌发的阶段，但也存在着产业基础设施不足、贫富差距极大、政治经济的不道德性和腐败、非法复制等现象，这些都成为市场增长的绊脚石。南美市场中，巴西占据南美市场的 50%左右，是那里最大的市场，但也仅占世界市场的 1%而已。

### 6. 世界漫画市场的规模及展望

2011 年，世界漫画市场规模预计达 59 亿7 300万美元，同比减少 0.9%。世界漫画市场今后 5 年间预计年均增长率为 1.2%，2015 年将达 63 亿9 200万美元。

表 2-1-8 **世界漫画市场规模及展望** （单位：百万美元）

| 分类 | 2006 年 | 2007 年 | 2008 年 | 2009 年 | 2010 年 | 2011 年 | 2012 年 | 2013 年 | 2014 年 | 2015 年 | 2011—2015 年年均增减率 |
|---|---|---|---|---|---|---|---|---|---|---|---|
| 印刷 | 6 032 | 6 171 | 6 272 | 6 071 | 5 873 | 5 750 | 5 702 | 5 743 | 5 737 | 5 731 | -0.5 |
| 数字 | 32 | 50 | 73 | 105 | 154 | 223 | 312 | 420 | 537 | 662 | 31.1 |
| 合计 | 6 065 | 6 222 | 6 344 | 6 176 | 6 028 | 5 973 | 6 014 | 6 163 | 6 273 | 6 392 | 1.2 |

出处：PWC(2011)，CNBDI，Simba Information，ICV2，Diamond Comic Distributions Inc.。

漫画市场在 2008—2011 年呈现出减少的趋势，但今后随着经济复苏，预计自 2012 年开始将渐回增长态势，特别是数字漫画市场将急剧增长。

从 2011 年世界漫画市场各地域的规模来看，亚洲圈为 27 亿2 600万美元(45.6%)，其次是 EMEA 为 24 亿3 600万美元(40.8%)、北美圈为 7 亿1 100万美元(11.9%)、中南美圈为 1 亿美元(0.02%)。其中亚洲和 EMEA 占据了整体市场的 86.4%。今后 5 年间，各地域市场规模均将呈现增长态势，其中，中南美市场的年均增长率将达 6.2%，增长率最大。相反，预计亚洲市场的增长率仅为 0.4%，将大幅放缓。亚洲地区的漫画宗主国日本占市场的 70%，为亚洲市场占有率作出了贡献。但日本漫画市场已经进入长期停滞状态，今后市场规模将逐渐减少。相反，由于中国、印度等新兴国家的突飞猛进，今后亚洲市场仍将占据世界市场第一的位置。

### 7. 世界出版市场的规模及展望

世界出版市场由于经济危机的影响，2008 年呈现出 2.3%的下降趋势，2009 年也延续了下降的趋势，2010 年开始呈现 0.1%的增长态势。世界出版市场规模 2010 年为3 410亿1 300万美元、2011 年预计将达3 421亿 400 万美元，预计增长率为 0.3%。至 2015 年，年均增长率将达 2.0%，2015 年预计将达3 763亿7 000万美元。从市场规模来看，以 2011 年为基准，报纸市场占整体市场的 46.6%，所占比重最大；其次是图书市场占 32.0%、杂志市场占 21.4%。但是从各部分的增长率来看，至 2015 年，报纸市场年均增长率仅为 0.2%，相反，杂志和图书市场的增长率将分别达 2.4%和 1.9%。

表 2-1-9 **世界出版市场的规模及展望** （单位：百万美元）

| 分类 | 2006 年 | 2007 年 | 2008 年 | 2009 年 | 2010 年 | 2011 年 | 2012 年 | 2013 年 | 2014 年 | 2015 年 | 2011—2015 年年均增减率 |
|---|---|---|---|---|---|---|---|---|---|---|---|
| 杂志 | 81 481 | 83 321 | 81 756 | 72 575 | 72 618 | 73 060 | 74 949 | 76 908 | 78 977 | 81 565 | 2.4 |
| 报纸 | 185 580 | 186 836 | 179 286 | 159 658 | 159 704 | 159 564 | 162 690 | 166 438 | 170 619 | 175 558 | 0.2 |
| 图书 | 104 061 | 109 569 | 110 072 | 108 499 | 108 691 | 109 480 | 111 593 | 114 047 | 116 650 | 119 229 | 1.9 |
| 合计 | 371 122 | 379 726 | 371 114 | 340 732 | 341 013 | 342 104 | 349 232 | 357 395 | 366 253 | 376 370 | 2.0 |

出处：PWC(2011)，APP，GPBA，BABP，The Publishers Association，AIE，FPBAI，JBPA，GAPP，APA，SNEP。

从占据世界出版市场 47%的报纸市场来看，由于经济停滞的影响，2008 年和 2009 年连续两年分别下降了 4.0%和 10.9%，2010 年呈现出小幅增长态势，达到1 597亿 400 万美元的规模。预计 2011 年又将重回小幅下降的态势，降幅为 0.1%。预计到 2015 年为止，将持续维持在 2%左右的增长率，2015 年报纸市场规模预计将达1 755亿5 800万美元。杂志市场达 730 亿6 000万美元，同比增长 0.6%，预计今后年均增长率约为 2.4%，2015 年将达 815 亿6 500万美元。图书市场为1 094亿8 000万美元，同比增长0.7%，预计今后年均增长率约为1.9%，2015年预计将达1 192亿2 900万美元。

以2011年为基准，各地域世界出版市场规模为：EMEA以1 337亿美元成为最大的市场，其次是亚洲圈(1 008亿美元)、北美圈(930亿美元)、中南美圈(146亿美元)。今后5年间各地域市场规模均将呈现增长态势，其中，中南美圈(4.9%)和亚洲圈(2.7%)将呈现最高的年均增长率。

### 8. 世界播放市场的规模及展望

2011年，世界播放市场规模为4 392亿7 300万美元，同比增长5.2%。播放市场大致可以分成TV和广播两类，其中TV播放领域所占比重为89.5%，广播播放所占比重为10.5%。TV播放市场可以分为收视费收益和广告收益。

世界播放市场按照领域可以分为地面波播放、卫星/有线等收费播放及网络/移动通信播放等。2011年，TV收视费市场规模达2 177亿美元，占整体播放市场的49.6%；TV广告达1 753亿8 000万美元，占整体市场的39.9%；其余的为广播播放。展望今后市场，TV收视费市场和广告市场的增长速度相近，预计广播播放领域的增长率将比TV市场缓慢。

TV收视费市场在过去的5年间从未下降过，一直以年均6%~9%的速度增长。特别是由于国际经济危机而使世界其他产业受到影响的2009年，也实现了6.6%的增长。TV收视费市场今后将与过去5年同样的速度保持市场的持续增长，到2015年为止将维持平均7%的增长速度，预计2015年将达2 852亿1 900万美元。收视费领域的增长预计将体现在视频服务(OTT，Over The Top)和移动通信TV领域。

表2-1-10　　**世界播放市场的规模及展望**　　(单位：百万美元)

| 分类 | | 2006年 | 2007年 | 2008年 | 2009年 | 2010年 | 2011年 | 2012年 | 2013年 | 2014年 | 2015年 | 2011—2015年年均增减率 |
|---|---|---|---|---|---|---|---|---|---|---|---|---|
| TV广告 | 地面波 | 112 066 | 113 463 | 113 661 | 102 944 | 112 844 | 114 185 | 125 226 | 128 493 | 142 274 | 144 156 | 5.0 |
| | 收费频道 | 36 072 | 39 085 | 41 260 | 40 674 | 45 064 | 48 182 | 53112 | 57 582 | 63 361 | 67 627 | 8.5 |
| | 网络TV | 774 | 1 316 | 1 896 | 2 199 | 2 843 | 3 489 | 4 348 | 5 439 | 6 677 | 7 870 | 22 6 |
| | 移动通信TV | 20 | 88 | 354 | 539 | 690 | 939 | 1 315 | 1 809 | 2 338 | 2 873 | 33.0 |
| | 小计 | 158 208 | 163 618 | 166 241 | 154 081 | 169 770 | 175 380 | 192 951 | 202 610 | 224 434 | 232 648 | 6.5 |
| TV收视费 | 收费TV | 120 968 | 132 400 | 142 660 | 153 107 | 163 394 | 176 701 | 191 249 | 205 568 | 220 489 | 235 764 | 7.6 |
| | 国有播放 | 26 684 | 27 474 | 27 622 | 28 708 | 29 205 | 29 350 | 29 751 | 30 233 | 30 474 | 30 697 | 1.0 |
| | OTT | NA | NA | 48 | 119 | 244 | 420 | 641 | 961 | 1 399 | 1 956 | 51.6 |
| | VOD | 2 384 | 3 250 | 4 061 | 4 382 | 4 870 | 5 734 | 6 731 | 7 578 | 8 409 | 9 215 | 13.6 |
| | PPV | 3 880 | 4 211 | 4 533 | 4 381 | 4 273 | 4 239 | 4 227 | 4 199 | 4 200 | 4 224 | －0.2 |
| | 移动通信TV | 267 | 608 | 914 | 1 002 | 1 097 | 1 256 | 1 610 | 2 035 | 2 681 | 3 365 | 25.1 |
| | 小计 | 154 183 | 167 943 | 179 838 | 191 699 | 203 083 | 217 700 | 234 209 | 250 574 | 267 652 | 285 219 | 7.0 |
| 无线电播放 | 国有播放 | 10 751 | 11 025 | 11 174 | 11 409 | 11 545 | 11 593 | 11 671 | 11 897 | 11 976 | 12 067 | 0.9 |
| | 卫星播放 | 1 360 | 1 999 | 2 432 | 2 517 | 2 852 | 3 287 | 3 619 | 3 857 | 4 142 | 4 381 | 9.0 |
| | 广告 | 34 677 | 34 902 | 33 274 | 28 765 | 30 403 | 31 313 | 32 631 | 33 947 | 35 266 | 36 678 | 3.8 |
| | 小计 | 46 788 | 47 926 | 46 880 | 42 691 | 44 800 | 46 193 | 47 921 | 49 701 | 51 384 | 53 126 | 3.5 |
| 合计 | | 359 179 | 379 487 | 392 959 | 388 471 | 417 653 | 439 273 | 475 081 | 502 885 | 543 470 | 570 993 | 6.3 |

出处：PWC(2011)，FCC，BMWI，Ofcom，ARCEP，AGCOM，MIAC，SARFT，MIB，ACMA。

2011年，世界TV广告市场销售规模同比增长3.3%，达1 753亿8 000万美元。展望市场发展，预计至2015年年均增长6.5%，2015年将达2 326亿4 800万美元的规模。2012年和2014年将分别举办世界级体育盛典，预计市场将持续增长。从 TV 广告市场看，在线 TV 和移动通信 TV 市场的增长趋势将十分明显，收费频道广告也将保持高增长。

无线电播放市场不同地域呈现出不同的市场结构。北美圈市场包括无线电播放局、网络广告收益和卫星播放入网手续费，而美国网络数字广告市场业已形成。EMEA 和亚洲圈公营播放许可市场也被包含在无线电播放领域之中。无线电播放市场 2011 年达 461 亿9 300万美元，同比增长 3. 1%。无线电播放市场自 2006 年起呈现出增长停滞态势，2008—2009 年连续两年呈下降态势。但是自 2010 年起至 2015 年止，预计将持续增长。无线电播放市场方面，公营播放市场呈现出极度停滞态势，相反，卫星播放市场预计将以 9%的增长率大幅增长，广告市场增长率预计略同于整体无线电播放市场的增长率。

2011 年世界播放市场各区域规模为：北美圈达1 842亿6 200万美元，占整体的 42%，所占比重最大。其次是 EMEA 达1 351亿 200 万美元(30. 8%)、亚洲圈达 889 亿2 200万美元(20. 3%)、中南美圈达 309 亿8 700万美元(7. 1%)。其中特别是中南美圈，预计至 2015 年年均增长率将达 10. 6%，2015 年预计将达 468 亿5 900万美元；而北美圈增长率预计仅为 5. 2%。

### 9. 世界广告市场的规模及展望

2011 年，世界广告市场规模为4 560亿3 300万美元，预计同比增长 3. 1%。2012 年预计同比增长 7. 3%，将达4 893亿2 500万美元。世界广告市场 2008—2009 年连续两年呈现下降态势，这是由于国际经济停滞、做广告的企业数量减少导致的。

表 2-1-11　　**世界广告市场的规模及展望**　　(单位：百万美元)

| 分类 | 2006 年 | 2007 年 | 2008 年 | 2009 年 | 2010 年 | 2011 年 | 2012 年 | 2013 年 | 2014 年 | 2015 年 | 2011—2015 年年均增减率 |
|---|---|---|---|---|---|---|---|---|---|---|---|
| 网络广告 | 37 912 | 50 234 | 59 434 | 61 381 | 70 515 | 80 122 | 92 287 | 105 033 | 117 388 | 129 865 | 13. 0 |
| TV 广告 | 158 208 | 163 618 | 166 241 | 154 081 | 169 770 | 175 380 | 192 951 | 202 610 | 224 434 | 232 648 | 6. 5 |
| 无线电播放广告 | 34 677 | 34 902 | 33 274 | 28 765 | 30 403 | 31 313 | 32 631 | 33 947 | 35 266 | 36 678 | 3. 8 |
| 剧场广告 | 1 697 | 1 871 | 1 855 | 1 831 | 2 028 | 2 167 | 2 343 | 2 540 | 2 721 | 2 905 | 7. 5 |
| 报纸广告 | 116 077 | 115 080 | 106 149 | 87 124 | 87 247 | 86 998 | 89 013 | 91 584 | 94 276 | 97 598 | 2. 3 |
| 杂志广告 | 34 804 | 36 168 | 35 362 | 28 523 | 29 233 | 29 981 | 31 526 | 33 091 | 34 623 | 36 489 | 4. 5 |
| 游戏广告 | 660 | 1 032 | 1 361 | 1 574 | 1 845 | 2 075 | 2 310 | 2 530 | 2 765 | 2 967 | 10. 0 |
| 目录广告 | 31 829 | 33 025 | 32 163 | 29 440 | 28 025 | 26 984 | 26 264 | 25 749 | 25 465 | 25 471 | -1. 9 |
| 产业杂志广告 | 19 594 | 20 051 | 18 921 | 15 058 | 14 990 | 15 411 | 16 429 | 17 553 | 18 755 | 20 011 | 5. 9 |
| 户外广告 | 27 873 | 29 837 | 29 188 | 25 197 | 26 093 | 26 617 | 28 717 | 30 725 | 32 452 | 34 240 | 5. 6 |
| 合计 | 455 285 | 474 236 | 469 480 | 417 857 | 442 292 | 456 033 | 489 325 | 515 342 | 552 823 | 577 647 | 6. 5 |

出处：PWC(2011)，FCC，BMWI，Ofcom，ARCEP，AGCOM，MIAC，SARFT，MIB，ACMA。

从 2011 年世界广告市场各领域的规模来看，TV 广告为1 753亿8 000万美元，占整体的 38. 5%。其次是报纸广告为 869 亿9 800万美元(19. 1%)、网络广告为 801 亿2 200万美元(17. 6%)、无线电广告为 313 亿1 300万美元(6. 9%)、杂志广告为 299 亿8 100万美元(6. 6%)、目录广告为 269 亿8 400万美元(5. 9%)、户外广告为 266 亿1 700万美元(5. 8%)、产业杂志广告为 154 亿1 100万美元(3. 4%)、电影院广告为 21 亿6 700万美元(0. 5%)、游戏广告为 20 亿7 500万美元(0. 5%)。

从各地区的世界广告市场来看，北美圈为1 848亿5 100万美元，占整体的 40. 5%，所占比重最大。其次是 EMEA 为1 343亿8 300万美元(29. 5%)、亚洲圈为1 116亿2 800万美元(24. 5%)、中南美圈为 251 亿7 100万美元(5. 5%)。其中，中南美圈到 2015 年，预计将以年均 8. 7%的增长率保持高增长。

相反，北美圈增长率预计为 4.2%，增长速度相对较慢。

### 10. 世界知识信息资讯市场的规模及展望

知识信息资讯产业由商务信息①、目录②、产业杂志③、专业书籍④、网络连接等市场构成。国内尚未得到普遍认知的商务信息市场主要分为三个领域，即金融信息、营销信息、产业信息。主要是指企业或政府购买的高价商务信息，一般包括产业数据、产业分析、产业展望等内容，涉及金融、IT、能源、通信、法律、不动产等多个领域。

2011 年，世界知识信息资讯市场规模为4 420亿9 400万美元，其中网络连接市场占了 66.4%。知识信息资讯产业在过去的几年间一直保持着增长态势，2010 年同比增长了 5.5%，预计今后仍将保持增长态势。至 2015 年，年均增长率将维持在 6.7%，2015 年预计将达5 828亿8 200万美元。

从知识信息资讯产业各领域的市场现状来看，在专业信息产业领域中，占最大比重的是商务信息领域，其在 2011 年的市场规模为 779 亿1 100万美元，占整体市场的 17.6%。而在产业杂志领域，数字订阅仅为4 000万美元，仅占整体市场的 0.01%。

表 2-1-12　　**世界知识信息资讯市场的规模**　　（单位：百万美元）

| 分类 | | 2006 年 | 2007 年 | 2008 年 | 2009 年 | 2010 年 | 2011 年 | 2012 年 | 2013 年 | 2014 年 | 2015 年 | 2011—2015 年年均增减率 |
|---|---|---|---|---|---|---|---|---|---|---|---|---|
| 商务信息 | | 83 038 | 86 726 | 84 581 | 75 207 | 76 028 | 77 911 | 81 899 | 86 933 | 92 275 | 97 728 | 5.1 |
| 目录 | 印刷广告 | 30 240 | 30 611 | 29 110 | 25 920 | 23 856 | 22 015 | 20 261 | 18 312 | 16 448 | 14 618 | −9.3 |
| | 数字广告 | 1 589 | 2 414 | 3 053 | 3 520 | 4 169 | 4 969 | 6 003 | 7 437 | 9 017 | 10 853 | 21.1 |
| | 小计 | 31 829 | 33 025 | 32 163 | 29 440 | 28 025 | 26 984 | 26 264 | 25 749 | 25 465 | 25 471 | −1.9 |
| 产业杂志 | 印刷广告 | 18 705 | 18 664 | 17 296 | 13 576 | 13 302 | 13 403 | 14 016 | 14 691 | 15 394 | 16 106 | 3.9 |
| | 数字广告 | 889 | 1 387 | 1 625 | 1 482 | 1 688 | 2 008 | 2 413 | 2 862 | 3 361 | 3 905 | 18.3 |
| | 广告合计 | 19 594 | 20 051 | 18 921 | 15 058 | 14 990 | 15 411 | 16 429 | 17 553 | 18 755 | 20 011 | 5.9 |
| | 印刷订阅 | 8 196 | 8 269 | 8 139 | 7 715 | 7 520 | 7 453 | 7 518 | 7 585 | 7 616 | 7 642 | 0.3 |
| | 数字订阅 | NA | NA | NA | NA | 12 | 40 | 145 | 369 | 737 | 1 227 | 152.3 |
| | 订阅合计 | 8 196 | 8 269 | 8 139 | 7 715 | 7 532 | 7 493 | 7 663 | 7 954 | 8 353 | 8 869 | 3.3 |
| | 小计 | 27 790 | 28 320 | 27 060 | 22 773 | 22 522 | 22 904 | 24 092 | 25 507 | 27 108 | 28 880 | 5.1 |
| 专业书籍 | 印刷 | 18 716 | 20 234 | 20 132 | 19 508 | 19 444 | 19 289 | 19 361 | 19 460 | 19 595 | 19 743 | 0.3 |
| | 数字 | 656 | 810 | 1 007 | 1 086 | 1 215 | 1 409 | 1 722 | 2 108 | 2 583 | 3 189 | 21.3 |
| | 小计 | 19 372 | 21 044 | 21 139 | 20 594 | 20 659 | 20 698 | 21 083 | 21 568 | 22 178 | 22 932 | 2.1 |
| 网络连接 | 宽带 | 98 668 | 118 109 | 135 073 | 146 987 | 160 618 | 175 729 | 192 771 | 211 207 | 228 730 | 246 786 | 9.0 |
| | 拨号呼叫 | 30 396 | 27 846 | 25 659 | 22 428 | 19 410 | 16 395 | 13 273 | 10 225 | 8 032 | 6 224 | −20.3 |
| | 有线合计 | 129 064 | 145 955 | 160 732 | 169 415 | 180 028 | 192 124 | 206 044 | 221 432 | 236 762 | 253 010 | 7.9 |
| | 无线合计 | 38 289 | 51 968 | 65 725 | 77 834 | 89 899 | 101 473 | 114 901 | 129 531 | 142 709 | 154 861 | 11.5 |
| | 小计 | 167 353 | 197 923 | 226 457 | 247 249 | 269 927 | 293 597 | 320 945 | 350 963 | 379 471 | 407 871 | 8.6 |
| 合计 | | 329 382 | 367 038 | 391 400 | 395 263 | 417 161 | 442 094 | 474 283 | 510 720 | 546 497 | 582 882 | 6.7 |

出处：PWC(2011)，FCC，BMWI，Ofcom，ARCEP，AGCOM，MIAC，SARFT，MIB，ACMA。

① Business Information。
② Directory Advertising。
③ Trade Magazines。
④ Professional Books。

从 2011 年知识信息资讯产业各地区的规模来看，EMEA 以1 476亿1 300万美元占整体市场的 33.4%，所占比重最大。其次为亚洲圈1 431亿9 100万美元(32.4%)、北美圈1 307亿3 300万美元(29.6%)、中南美圈 205 亿5 700万美元(4.7%)。特别是中南美圈，至 2015 年预计增长 14.0%，将达到 343 亿6 800万美元；而北美圈的增长率预计为 5.7%，仅达1 653亿7 300万美元。

## 二、国内资讯产业的动向

### (一)国内资讯产业的销售现状

以 2011 年度为基准，韩国资讯振兴院预计我国资讯产业销售额同比增长 14.3%，将达 82 兆4 130 亿韩元。资讯产业销售额 2007 年为 64 兆4 147亿韩元、2008 年为 63 兆6 817亿韩元、2009 年为 66 兆 1 164亿韩元、2010 年为 72 兆1 201亿韩元，5 年间的年均增长率为 6.4%。

我国资讯产业总销售额占 2011 年 GDP 的比重为 6.1%(82 兆韩元/1 348.8 兆韩元①(1 兆1 638亿美元)×100=6.1%)。资讯产业销售规模最大的产业是占据整体资讯产业销售额 25.5%的出版产业，销售规模最小的产业是仅占 0.7%的动漫产业。

表 2-2-1　　国内资讯产业销售额现状　　(单位：10 亿韩元)

| 分类 | 2007 年 | 2008 年 | 2009 年 | 2010 年 | 比重(2010 年) | 同比增减率(2009—2010 年) | 2011 年(预计) | 同比增减率(2010—2011 年) | 年均增减率(2007—2011 年) |
|---|---|---|---|---|---|---|---|---|---|
| 电影 | 3 183.3 | 2 885.5 | 3 306.6 | 3 432.8 | 4.8% | 3.8% | 3 457.2 | 0.7% | 2.1% |
| 动漫 | 311.1 | 404.7 | 418.5 | 514.3 | 0.7% | 22.9% | 551.3 | 7.2% | 15.4% |
| 音乐 | 2 357.7 | 2 602.0 | 2 740.7 | 2 959.1 | 4.1% | 8.0% | 3 869.4 | 30.8% | 13.2% |
| 游戏 | 5 143.6 | 5 604.7 | 6 580.6 | 7 431.1 | 10.3% | 12.9% | 9 202.7 | 23.8% | 15.7% |
| 动漫形象 | 5 115.6 | 5 098.7 | 5 358.2 | 5 896.8 | 8.2% | 10.1% | 7 214.8 | 22.4% | 9.0% |
| 漫画 | 761.6 | 723.2 | 739.0 | 741.9 | 1.0% | 0.4% | 757.0 | 2.0% | -0.2% |
| 出版 | 21 595.5 | 21 052.9 | 20 609.1 | 21 243.7 | 29.5% | 3.1% | 21 024.7 | -1.0% | -0.7% |
| 播放 | 10 534.3 | 9 354.6 | 9 884.9 | 11 176.4 | 15.5% | 13.1% | 13 749.7 | 23.0% | 6.9% |
| 独立制作 | — | 727.4 | 796.1 | 737.0 | 1.0% | -7.4% | 800.4 | 8.6% | — |
| 广告 | 9 434.6 | 9 311.6 | 9 186.8 | 10 323.1 | 14.3% | 12.4% | 11 715.1 | 13.5% | 5.6% |
| 知识信息 | 4 297.3 | 4 777.3 | 5 255.1 | 6 204.1 | 8.6% | 18.1% | 8 041.8 | 29.6% | 17.0% |
| 资讯解决 | 1 679.8 | 1 866.1 | 2 036.3 | 2 196.2 | 7.9% | 8.5% | 2 828.7 | 28.8% | 13.9% |
| 合计 | 64 414.7 | 63 681.7 | 66 116.4 | 72 120.1 | 100.0% | 9.1% | 82 413.0 | 14.3% | 6.4% |

*播放产业销售额仅包含 2008 年以后的播放事业收入。

** 销售额省去千万韩元以下的数额。

出处：文化体育观光部、韩国资讯振兴院(2012)，《2011 资讯产业统计》(2007—2010)；《2011 年 4 季度资讯产业动向分析报告》(2011)。

① 以 2011 年 12 月 30 日外汇银行公示的汇率为标准。

从销售额的同比增减率来看，电影(0.7%)、动漫(7.2%)、音乐(30.8%)、游戏(23.8%)、动漫形象(22.4%)、漫画(2.0%)、播放(23.0%)、播放产业中的独立制作(8.6%)、广告(13.5%)、知识信息(29.6%)、资讯解决(28.8%)领域均呈现出增长态势；只有出版领域(-1.0%)呈现出减少的态势。从 5 年间的年均增减率来看，知识信息产业最高，为 17.0%；其次是游戏产业，为 15.7%。出版产业和漫画产业的年均增减率分别为-0.7%和-0.2%。

2008 年发生了由美国引起的金融危机，导致资讯产业处于停滞状态。之后，随着经济的恢复，年均增减率又重新回到增长态势。这可以归功于我们所采取的多种扶持政策及经济状况的好转，如：我们一直推进的资讯产业扶持预算的早期执行、扩大金融投资扶持、强化资讯创造基础力量、扩大战略性海外进军基础等。预计资讯产业仍将保持持续增长的态势。2011 年销售额的详细情况尚未出台，我们将以 2010 年的资料为标准，来分析详细项目的情况。

1. 各产业的销售额现状

按各产业来具体分析，出版产业为 21 兆2 437亿韩元，占 12 个资讯产业领域整体销售规模的 29.5%，其次是播放产业 11 兆1 764亿韩元(15.5%)、广告产业 10 兆3 231亿韩元(14.3%)、游戏产业 7 兆4 311亿韩元(10.3%)、知识信息产业 6 兆2 041亿韩元(8.6%)、动漫形象产业 5 兆8 968亿韩元(8.2%)、电影产业 3 兆4 328亿韩元(4.8%)、音乐产业 2 兆9 591亿韩元(4.1%)、资讯解决产业 2 兆1 962亿韩元(3.0%)、漫画产业7 419亿韩元(1.0%)、独立制作产业7 370亿韩元(1.0%)、动漫产业5 143亿韩元(0.7%)。其中，动漫产业的销售额同比增长了 22.9%，增长率最高；知识信息产业(18.1%)、播放产业(13.1%)紧随其后。12 个领域资讯产业中，4 个领域的销售额与前一年相比有所增长，但独立制作产业为-7.4%，有所减少。

具体来看，首先，电影产业 2010 年的总销售额为 3 兆4 328亿韩元，比 2009 年的 3 兆3 066亿韩元增加了 3.8%。其中，电影院上映占据最高的比重，占整体的 47.5%，达到 1 兆6 996亿韩元；其次是制作5 068亿韩元(14.2%)、发行4 245亿韩元(11.9%)、进口4 168亿韩元(11.7%)、制作扶持1 685亿韩元(4.7%)、宣传及营销1 585亿韩元(4.4%)、投资联合会 494 亿韩元(1.4%)、DVD/VHS 制作 407 亿韩元(1.1%)、在线上映 285 亿韩元(0.8%)、DVD/VHS 租借 135 亿韩元(0.4%)

动漫 2010 年的总销售额为5 143亿韩元，比 2009 年的4 185亿韩元增长了约 22.9%。其中，动漫制作业为3 437亿韩元，占整体的 66.8%；电影院销售额为1 450亿韩元，占 28.2%。其次是动漫流通发行业为 179 亿韩元(3.5%)、在线动漫服务业 53 亿韩元(1.0%)、播放公司销售额 22 亿韩元(0.4%)。

音乐产业 2010 年的总销售额为 2 兆9 591亿韩元，比 2009 年的 2 兆7 407亿韩元增长了 8%。其中，练歌房运营业为 1 兆3 557亿韩元(45.8%)，销售额最高；其次为网络音乐流通业6 221亿韩元(21.0%)、音乐制作业4 236亿韩元(14.3%)、音乐演出业3 232亿韩元(10.9%)、唱片批发零售业1 298亿韩元(4.4%)、唱片复制及发行业 921 亿韩元(3.1%)、音乐及音像产品出版业 123 亿韩元(0.4%)。

游戏产业 2010 年总销售额为 7 兆4 311亿韩元，比 2009 年的 6 兆5 806亿韩元增长了 12.9%。游戏产业中，游戏制作及发行业以 5 兆5 942亿韩元占整体销售额的 75.3%，游戏流通业以 1 兆8 369亿韩元占据了剩余的 24.7%。

动漫形象产业 2010 年总销售额为 5 兆8 968亿韩元，比 2009 年的 5 兆3 582亿韩元增长了约

10.1%。其中，动漫形象制作业以 3 兆 318 亿韩元占整体销售额的 51.4%，动漫形象商品流通业以 2 兆8 650亿韩元占据了剩余的 48.6%。

漫画产业 2010 年总销售额为7 419亿韩元，比 2009 年的7 390亿韩元增长了约 0.4%。其中，漫画出版业以3 268亿韩元占整体销售额的 44.1%，漫画批发零售业的销售额为2 924亿韩元(39.4%)、漫画书租借业 697 亿韩元(9.4%)、在线漫画制作及流通业 529 亿韩元(7.1%)。

出版产业 2010 年总销售额为 21 兆2 437亿韩元，比 2009 年的 20 兆6 091亿韩元增长了约 3.1%。出版产业的销售额从 2006 年开始持续减少，2010 年小幅增长。出版产业销售额中占据最大比重的是出版业，达 8 兆4 133亿韩元(39.6%)。其次为出版批发零售业 7 兆3 325亿韩元(34.5%)、印刷业 4 兆1 322亿韩元(19.5%)、在线出版流通业 1 兆3 093亿韩元(6.2%)、出版租借业 563 亿韩元(0.3%)。

播放产业 2010 年总销售额为 11 兆1 764亿韩元，比 2009 年的 9 兆8 849亿韩元增长了约 13.1%。其中，播放频道应用业比重最大，为 3 兆9 601亿韩元，占整体销售额的 35.4%，地面波播放业以 3 兆6 641亿韩元占 32.8%、有线播放 1 兆9 377亿韩元(17.3%)、卫星播放4 729亿韩元(4.2%)、独立制作产业7 370亿韩元(6.6%)、IPTV 4 043亿韩元(3.6%)。

具体分析独立制作产业，可以发现 2010 年总销售额为7 370亿韩元，比 2009 年的7 961亿韩元增长了 7.4%。向播放公司交付产品为4 525亿韩元，占整体的 61.4%，影像产品发行为1 113亿韩元，占 15.1%，广告/宣传物制作交付为 669 亿韩元，占 9.1%，比重较高。

广告产业 2010 年总销售额为 10 兆3 231亿韩元，比 2009 年的 9 兆1 868亿韩元增长了约 12.4%。广告产业中，广告(综合)代理为 6 兆1 408亿韩元，占整体销售额的 59.5%，此外，服务 1 兆3 370亿韩元(13%)、广告制作9 453亿韩元(9.2%)、网络8 894亿韩元(8.6%)、印刷5 495亿韩元(5.3%)、其他4 608亿韩元(4.5%)。

知识信息产业 2010 年总销售额为 6 兆2 041亿韩元，比 2009 年的 5 兆2 551亿韩元增长了约 18.1%。其中，门户网站及其他网络信息媒介服务业为 3 兆 1.328 亿韩元，占整体销售额的 50.5%，比重最大，e-learning 业 2 兆3 080亿韩元(37.2%)，其他数据库及网络信息提供业7 632亿韩元(12.3%)。

资讯解决产业 2010 年总销售额为 2 兆1 962亿韩元，比 2009 年的 2 兆 363 亿韩元增长了约 7.9%。其中，移动问题解决5 289亿韩元(24.1%)、收费/结算3 026亿韩元(13.8%)、制作工具2 965亿韩元(13.5%)、CDN(Content Delivery System，分散使用者的流量、减轻网上服务器载入的虚拟主机服务) 1 692亿韩元(7.7%)、资讯保护1 462亿韩元(6.7%)、CMS(Cash Management Service，资金管理服务) 1 213亿韩元(5.5%)、其他领域6 313亿韩元(28.7%)。

### 2. 各事业形态的销售额现状

把 2010 年资讯产业的销售额按事业形态来划分，总额为 40 兆3 462亿韩元。此金额不含无法以事业形态来划分的动漫(剧场、播放)、游戏、播放(独立制作除外)、广告、电影领域的销售额。从产业类别来看各事业形态的销售额，出版产业最多，为 21 兆2 437亿韩元，其次为知识信息产业 6 兆2 041亿韩元、动漫形象产业 5 兆8 968亿韩元、音乐产业 2 兆9 591亿韩元、资讯解决产业 2 兆1 962亿韩元、漫画产业7 419亿韩元、独立制作产业7 370亿韩元、动漫产业3 670亿韩元。

从形态类别来看资讯产业的销售额，流通发行为 18 兆7 509亿韩元(46.4%)、创作及制作为 15 兆

8 982亿韩元(39.4%)、单纯复制为4兆5 317亿韩元(11.2%)、其他为9 641亿韩元(2.4%)、制作扶持为2 461亿韩元(0.6%)。各事业形态的销售额在各产业整体销售额中的比重如下：创作及制作比重最高的产业是资讯解决(96.6%)，其次是独立制作(94.1%)、动漫(87.8%)。制作扶持比重高的产业是动漫形象(2.2%)、独立制作(1.8%)、音乐(1.4%)。单纯复制领域比较高的顺序为出版(20.3%)、动漫形象(2.9%)、音乐(1.5%)。流通/发行领域比较高的顺序为音乐(72.4%)、知识信息(71.5%)、漫画(53.3%)。

从销售额的现状看，在8个产业中，音乐、动漫形象、漫画、出版、知识信息产业中的流通/发行的销售额与创作及制作的销售额相比占有更高的比重。因此，为了加强创作者的创作力量，增强资讯产业的整体竞争力，要改善大型流通/发行企业产生高收益的不均衡收益结构，探索相关的方案。

表 2-2-2　**资讯产业各事业形态的销售额现状(以2010年为基准)**　(单位：百万韩元)

| 产业 \ 事业形态 | 创作及制作 | 制作扶持 | 单纯复制 | 流通/发行 | 其他 | 合计 | 比重 |
|---|---|---|---|---|---|---|---|
| 动漫 | 322 394 | 3 093 | — | 32 937 | 8 610 | 367 034 | 0.9% |
| 音乐 | 451 963 | 41 888 | 44 087 | 2 141 800 | 279 405 | 2 959 143 | 7.3% |
| 动漫形象 | 2 514 491 | 131 266 | 173 275 | 3 012 031 | 65 834 | 5 896 897 | 14.6% |
| 漫画 | 335 357 | 2 217 | 675 | 395 279 | 8 419 | 741 947 | 1.8% |
| 出版 | 7 797 743 | 19 976 | 4 313 760 | 8 646 057 | 466 262 | 21 243 798 | 52.7% |
| 独立制作 | 693 537 | 13 568 | — | 19 751 | 10 236 | 737 092 | 1.8% |
| 知识信息 | 1 660 189 | 13 041 | — | 4 436 410 | 94 487 | 6 204 127 | 15.4% |
| 资讯解决 | 2 122 567 | 21 106 | — | 21 676 | 30 883 | 2 196 232 | 5.4% |
| 合计 | 15 898 241 | 246 155 | 4 531 797 | 18 705 941 | 964 136 | 40 346 270 | 100.0% |
| 比重 | 39.4% | 0.6% | 11.2% | 46.4% | 2.4% | 100.0% | |

* 动漫(剧场销售额、播放公司出口额)、游戏、播放(独立制作除外)、广告、电影领域的销售额除外。

** 销售额省去千万韩元以下的数额。

出处：文化体育观光部、韩国资讯振兴院(2012)，《2011资讯产业统计》。

### 3. 各地区的销售额现状

从各地区的销售额来看，首尔最高，为41兆2 397亿韩元(68.2%)，其次为京畿道11兆758亿韩元(18.3%)、釜山1兆3 420亿韩元(2.2%)、大邱1兆797亿韩元(1.8%)、仁川8 696亿韩元(1.4%)、光州6 554亿韩元(1.1%)、庆尚南道6 326亿韩元(1.0%)、大田6 292亿韩元(1.0%)、庆尚北道5 768亿韩元(1.0%)、忠清北道4 339亿韩元(0.7%)、忠清南道4 279亿韩元(0.7%)、全罗北道3 585亿韩元(0.6%)、江原道3 147亿韩元(0.5%)、济州道3 043亿韩元(0.5%)、蔚山2 908亿韩元(0.5%)、全罗南道2 525亿韩元(0.4%)。

从产业类别来看各地区的销售额，首尔的电影产业为2兆8 213亿韩元，占各地区电影产业销售规模的78.9%，动漫2 475亿韩元(67.4%)、音乐产业1兆5 439亿韩元(52.7%)、游戏产业4兆803亿韩元(54.9%)、动漫形象产业3兆194亿韩元(51.2%)、漫画产业3 447亿韩元(50.0%)、出版产业12兆6 684亿韩元(61.5%)、独立制作产业6 414亿韩元(87.0.%)、广告产业9兆7 493亿韩元(94.4%)、知识信息产业4兆8 009亿韩元(77.4%)、资讯解决产业1兆6 221亿韩元(73.9%)。在调查的10个产业领域中，首尔占据销售总额的68.2%。

表2-2-3　**资讯产业各地区销售额现状(以2010年为基准)**　(单位：10亿韩元)

| 地区 \ 产业 | | 电影 | 动漫 | 音乐 | 游戏 | 动漫形象 | 漫画 | 出版 | 独立制作 | 广告 | 知识信息 | 资讯解决 | 合计 | 比重 |
|---|---|---|---|---|---|---|---|---|---|---|---|---|---|---|
| 首尔 | | 2 821.3 | 247.5 | 1 543.9 | 4 080.3 | 3 019.4 | 344.7 | 12 368.4 | 641.4 | 9 749.3 | 4 800.9 | 1 622.1 | 41 239.7 | 68.2% |
| 6个广域市 | 釜山 | 84.9 | 12.6 | 120.8 | 127.3 % | 241.4 | 23.2 | 553.7 | 5.3 | 74.2 | 51.3 | 46.7 | 1 342.0 | 2.2% |
| | 大邱 | 35.2 | 6.3 | 107.0 | 112.2 | 180.8 | 11.3 | 478.9 | 3.3 | 64.6 | 41.5 | 38.2 | 1 079.7 | 1.8% |
| | 仁川 | 33.7 | 4.8 | 105.0 | 109.5 | 156.0 | 13.0 | 327.1 | 2.6 | 38.9 | 39.2 | 39.4 | 869.6 | 1.4% |
| | 光州 | 39.0 | 12.5 | 57.0 | 67.6 | 105.4 | 8.3 | 249.2 | 4.1 | 49.9 | 30.8 | 31.0 | 655.4 | 1.1% |
| | 大田 | 38.8 | 1.5 | 56.6 | 90.7 | 113.1 | 9.7 | 227.7 | 1.0 | 23.9 | 39.0 | 26.8 | 629.2 | 1.0% |
| | 蔚山 | 8.6 | — | 44.1 | 43.7 | 50.9 | 4.8 | 94.0 | 0.3 | 16.0 | 15.6 | 12.3 | 290.8 | 0.5% |
| | 小计 | 240.4 | 37.8 | 490.7 | 551.4 | 847.9 | 70.6 | 1 930.7 | 16.9 | 267.7 | 217.7 | 194.6 | 4 866.9 | 8.0% |
| 9个道 | 京畿道 | 301.4 | 62.7 | 455.8 | 2 347.0 | 1 288.8 | 230.2 | 4 855.4 | 73.8 | 226.8 | 1 005.7 | 227.6 | 11 075.8 | 18.3% |
| | 江原道 | 21.8 | 7.2 | 48.9 | 49.1 | 52.8 | 4.9 | 76.7 | 1.5 | 11.9 | 19.3 | 19.8 | 314.7 | 0.5% |
| | 忠清北道 | 62.6 | 3.7 | 50.4 | 44.6 | 104.0 | 5.7 | 106.5 | 0.9 | 1.3 | 30.4 | 23.4 | 433.9 | 0.7% |
| | 忠清南道 | 19.1 | 1.7 | 59.0 | 78.5 | 61.7 | 5.8 | 142.4 | 0.6 | 10.5 | 27.5 | 20.6 | 427.9 | 0.7% |
| | 全罗北道 | 13.7 | 3.3 | 42.0 | 55.7 | 73.6 | 4.4 | 91.5 | 0.1 | 31.6 | 19.9 | 19.4 | 358.5 | 0.6% |
| | 全罗南道 | 27.6 | 0.2 | 47.6 | 50.9 | 45.3 | 4.1 | 39.5 | 0.3 | 1.2 | 17.8 | 17.5 | 252.5 | 0.4% |
| | 庆尚北道 | 22.3 | — | 85.9 | 67.7 | 88.5 | 8.4 | 250.8 | 0.5 | 3.3 | 27.7 | 21.3 | 576.8 | 1.0% |
| | 庆尚南道 | 28.9 | 1.9 | 89.6 | 79.3 | 129.7 | 8.8 | 224.4 | 0.4 | 14.8 | 30.7 | 23.6 | 632.6 | 1.0% |
| | 济州道 | 18.4 | 0.6 | 16.6 | 25.9 | 184.6 | 1.4 | 40.2 | 0.2 | 4.3 | 6.0 | 5.7 | 304.3 | 0.5% |
| | 小计 | 516.1 | 81.6 | 896.1 | 2 799.2 | 2 029.4 | 274.1 | 5 827.7 | 78.6 | 306.1 | 1 185.5 | 379.4 | 14 374.3 | 23.8% |
| 合计 | | 3 577.9 | 367.0 | 2 930.8 | 7 431.1 | 5 896.8 | 689.6 | 20 126.9 | 737.0 | 10 323.1 | 6 204.1 | 2 196.2 | 60 481.0 | 100.0% |

* 各地区销售额不含动漫(剧场、播放)、音乐(网络唱片零售业)、漫画(网络书店(漫画部分))、出版(网络书店(漫画除外))、播放(独立制作除外)领域的销售额。

** 销售额省去千万韩元以下的数额。

出处：文化体育观光部(2012),《2011资讯产业统计》。

京畿道的电影产业为3 014亿韩元，占各地区电影产业销售规模的8.4%，动漫627亿韩元(17.1%)、音乐产业4 558亿韩元(15.6%)、游戏产业2兆3 470亿韩元(31.6%)、动漫形象产业1兆2 888亿韩元(21.9%)、漫画产业2 302亿韩元(33.4%)、出版产业4兆8 554亿韩元(24.1%)、独立制作产业738亿韩元(10.0%)、广告产业2 268亿韩元(2.2%)、知识信息产业1兆57亿韩元(16.2%)、资讯解决产业2 276亿韩元(10.4%)。继首尔之后位居第二位。

如上所述，首尔和京畿道地区所占的销售额为52兆3 155亿韩元，占整体比重的86.5%。按区域来划分，首尔为41兆2 397亿韩元(68.2%)、6个广域市为4兆8 669亿韩元(8.0%)、9个道为14兆3 743亿韩元(23.8%)，可以看出地域差异较大。这是因为人力、物力资源均集中在首都圈，而导致资讯企业也随之集中于此。这表明，地方需要为经营资讯产业的企业提供补贴和扶持政策。

4. 在线及数字文化资讯的销售额现状

从 2010 年所调查的在线及数字文化资讯的销售额规模来看，2010 年总额为 17 兆4 864亿韩元，同比 2009 年的 15 兆1 145亿韩元增长了 15.7%，自 2005 年起，年均增长约为 15.8%。

从各产业来看，知识信息产业以 6 兆2 041亿韩元占整体销售额的 35.5%，其次为游戏产业 5 兆5 941亿韩元(32%)、资讯解决产业 2 兆1 962亿韩元(12.6%)、出版产业 1 兆3 093亿韩元(7.5%)、广告产业8 894亿韩元(5.1%)、音乐产业6 504亿韩元(3.7%)、播放(独立制作除外)产业5 013亿韩元(2.9%)、漫画产业1 052亿韩元(0.6%)、电影产业 285 亿韩元(0.2%)、动漫产业7 430亿韩元(0.04%)。

以 2009 年的调查为基准，增长率最高的是电影产业、游戏产业和知识信息产业，分别增长了 27.8%、22.4%、18.1%。电影产业从 223 亿韩元增至 285 亿韩元，游戏产业从 4 兆5 720亿韩元增至 5 兆5 941亿韩元，知识信息产业从 5 兆2 551亿韩元增至 6 兆2 041亿韩元。

表 2-2-4 在线及数字文化资讯销售规模现状 (单位：10 亿韩元)

| 分类 | 电影 | 动漫 | 音乐① | 游戏 | 漫画② | 出版③ | 播放④ | 广告 | 知识信息 | 资讯解决 | 合计 |
|---|---|---|---|---|---|---|---|---|---|---|---|
| 2005 年 | 146.8 | — | 267.2 | 2，855.1 | 31.9 | 136.7 | 368.9 | 274.8 | 3 040.8 | 1 275.0 | 8 397.5 |
| 2006 年 | 90.3 | 7.7 | 368.2 | 2 879.6 | 75.5 | 676.4 | 484.9 | 780.9 | 3 467.7 | 1 541.7 | 10 373.4 |
| 2007 年 | 38.2 | 9.5 | 441.5 | 2 982.4 | 86.4 | 812.1 | 515.7 | 841.0 | 4 297.3 | 1 679.8 | 11 704.2 |
| 2008 年 | 18.5 | 10.2 | 543.0 | 3 588.4 | 86.8 | 954.6 | 491.9 | 1 248.0 | 4 777.3 | 1 866.1 | 13 585.2 |
| 2009 年 | 22.3 | 7.8 | 589.8 | 4 572.0 | 100.8 | 1 149.4 | 502.4 | 878.0 | 5 255.1 | 2 036.3 | 15 114.5 |
| 2010 年 | 28.5 | 7.4 | 650.4 | 5 594.1 4 | 105.2 | 1 309.3 | 201.3 | 889.4 | 6 204.1 | 2 196.2 | 17 486.4 |
| 比重 | 0.2% | 0.04% | 3.7% | 32.0% | 0.6% | 7.5% | 2.9% | 5.1% | 35.5% | 12.6% | 100.0% |
| 同比增减率 | 27.8% | -5.1% | 10.3% | 22.4% | 4.4% | 13.9% | -59.9% | 1.3% | 18.1% | 7.9% | 15.7% |

①音乐(网络唱片零售)销售额除外。 ②漫画(网络书店(漫画部分))销售额除外。

③2005 年出版(网络书店(漫画除外))销售额除外。 ④播放不含播放影像独立制作的销售额。

* 销售额省去亿韩元以下的数额。

出处：文化体育观光部(2012)，《2011 资讯产业统计》。

音乐产业从 2009 年的5 898亿韩元增至 2010 年的6 504亿韩元，增长了 10.3%；漫画产业从1 008亿韩元增至1 052亿韩元，增长了 4.4%；出版产业从 1 兆1 494亿韩元增至 1 兆3 093亿韩元，增长了 13.9%；广告产业从8 780亿韩元增至8 894亿韩元，增长了 1.3%；资讯解决产业从 2 兆 363 亿韩元增至 2 兆1 962亿韩元，增长了 7.9%。与此相反，动漫产业从 78 亿韩元减至 74 亿韩元，同比减少了 5.1%；播放产业也从5 024亿韩元减至2 013亿韩元，减少了 59.9%。

## (二)国内资讯产业的企业及从业者现状

2011 年资讯产业总从业人数为595 889人，比 2010 年的581 276人增长了 2.5%。播放产业同比增长了 12.1%，增幅最大；漫画产业同比减少了 4.1%，减幅最大。从各产业来看，电影产业(0.7%)、动漫产业(7.4%)、音乐产业(2.5%)、游戏产业(2.5%)、动漫形象产业(6.0%)、播放产业中的独立制作产业(0.1%)、广告产业(9.5%)、知识信息产业(6.8)、资讯解决产业(6.3%)等均有所增长。相反，漫画产业(-4.1%)、出版产业(-1.3%)同比有所下降。

2011 年资讯产业从业者人数方面，出版产业为200 588人，占整体从业者的 38.7%，游戏产业97 387人(16.3%)，音乐产业78 581人(13.2%)，知识信息产业51 507人(8.6%)，播放产业38 204人(6.41%)，广告产业37 711人(6.3%)，电影产业30 763人(5.2%)，动漫形象产业26 598人(4.5%)，资讯解决产业19 538人(3.3%)，漫画产业10 340人(1.7%)，播放产业中的独立制作产业4 713人(0.8%)，动漫产业4 672人(0.8%)。

表 2-2-5　　国内资讯产业从业者现状　　(单位：名)

| 分类 | 2007 年 | 2008 年 | 2009 年 | 2010 年 | 比重(2010 年) | 同比增减率(2009—2010 年) | 2011 年(预计) | 比重(2011 年) | 同比增减率(2010—2011 年) |
|---|---|---|---|---|---|---|---|---|---|
| 电影 | 23 935 | 19 908 | 28 041 | 30 561 | 5.3% | 9.0 | 30 763 | 5.2% | 0.7% |
| 动漫 | 3 847 | 3 924 | 4 170 | 4 349 | 0.7 | 4.3 | 4 672 | 0.8% | 7.4% |
| 音乐 | 75 027 | 66 475 | 76 539 | 76 654 | 13.2 | 0.2 | 78 581 | 13.2% | 2.5% |
| 游戏 | 92 572 | 95 292 | 92 533 | 94 973 | 16.3 | 2.6 | 97 387 | 16.3% | 2.5% |
| 动漫形象 | 21 846 | 21 092 | 23 406 | 25 102 | 4.3 | 7.2 | 26 598 | 4.5% | 6.0% |
| 漫画 | 11 772 | 11 093 | 10 748 | 10 779 | 1.9 | 0.3 | 10 340 | 1.7% | -4.1% |
| 出版 | 225 347 | 210 084 | 206 926 | 203 226 | 35.0 | -1.8 | 200 588 | 33.7% | -1.3% |
| 播放 | 28 913 | 34 393 | 34 714 | 34 584 | 5.9 | -0.4 | 38 204 | 6.4% | 12.1% |
| 独立制作 | — | 4 724 | 4 748 | 4 706 | 0.8 | -0.9 | 4 713 | 0.8% | 0.1% |
| 广告 | 29 416 | 30 700 | 33 509 | 34 438 | 5.9 | 2.8 | 37 711 | 6.3% | 9.5% |
| 知识信息 | 38 192 | 41 279 | 44 897 | 48 226 | 8.3 | 7.4 | 51 507 | 8.6% | 6.8% |
| 资讯解决 | 13 414 | 14 679 | 15 967 | 18 384 | 3.2 | 15.1 | 19 538 | 3.3% | 6.3% |
| 合计 | 564 281 | 548 919 | 571 450 | 581 276 | 100.0 | 1.7 | 595 889 | 100.0% | 2.5% |

出处：文化体育观光部、韩国资讯振兴院(2012)，《2011 资讯产业统计》(2007—2010)；《2011 年 4 季度资讯产业动向分析报告》(2011)。

### 1. 各地区从业者的现状

2010 年各地区从业者人数方面，首尔为268 202人(51.4%)，比重最大，其次是京畿道109 241人

(20.9%)、釜山19 473人(3.7%)、大邱16 721人(3.2%)、仁川14 528人(2.8%)、庆尚南道13 235人(2.5%)、庆尚北道11 375人(2.2%)、光州11 422人(2.2%)、大田10 826人(2.1%)、忠清南道8 194人(1.6%)、全罗北道7 954人(1.5%)、忠清北道7 758人(1.5%)、江原道7 272人(1.4%)、全罗南道6 614人(1.3%)、蔚山5 881人(1.1%)、济州道3 566人(0.7%)。

表 2-2-6　　**国内资讯产业各地区从业者现状(以 2010 年为基准)**　　(单位：名)

| 地区 \ 产业 | | 电影 | 动漫 | 音乐 | 游戏 | 动漫形象 | 漫画 | 出版 | 播放 | 独立制作 | 广告 | 知识信息 | 资讯解决 | 合计 | 比重 |
|---|---|---|---|---|---|---|---|---|---|---|---|---|---|---|---|
| 首尔 | | 20 569 | 3 078 | 18 864 | 39 705 | 12 555 | 4 591 | 68 467 | 23 776 | 3 851 | 27 162 | 36 164 | 13 271 | 268 202 | 51.4% |
| 6个广域市 | 釜山 | 915 | 149 | 4 978 | 3 133 | 1 183 | 517 | 5 382 | 1 115 | 46 | 949 | 756 | 396 | 19 473 | 3.7% |
| | 大邱 | 514 | 81 | 4 536 | 2 609 | 887 | 349 | 4 762 | 1 114 | 30 | 892 | 615 | 362 | 16 721 | 3.2% |
| | 仁川 | 326 | 49 | 4 659 | 2 759 | 770 | 334 | 4 101 | 300 | 28 | 279 | 613 | 338 | 14 528 | 2.8% |
| | 光州 | 412 | 132 | 2 485 | 1 744 | 523 | 240 | 3 487 | 617 | 43 | 1 111 | 429 | 242 | 11 422 | 2.2% |
| | 大田 | 396 | 19 | 2 479 | 2 287 | 504 | 235 | 2 821 | 636 | 12 | 770 | 471 | 208 | 10 826 | 2.1% |
| | 蔚山 | 88 | — | 2 111 | 1 054 | 262 | 149 | 1 142 | 495 | 4 | 216 | 222 | 142 | 5 881 | 1.1% |
| | 小计 | 2 651 | 430 | 21 248 | 13 586 | 4 129 | 1 824 | 21 695 | 4 277 | 163 | 4 217 | 3 106 | 1 688 | 78 851 | 15.1% |
| 9个道 | 京畿道 | 4 639 | 620 | 15 630 | 29 676 | 5 339 | 2 475 | 37 995 | 1 989 | 612 | 1 804 | 6 877 | 2 197 | 109 241 | 20.9% |
| | 江原道 | 302 | 79 | 2 285 | 1 378 | 290 | 128 | 1 370 | 850 | 32 | 212 | 219 | 159 | 7 272 | 1.4% |
| | 忠清北道 | 510 | 47 | 2 188 | 1 249 | 457 | 145 | 2 001 | 585 | 7 | 84 | 320 | 172 | 7 758 | 1.5% |
| | 忠清南道 | 207 | 21 | 2 823 | 1 901 | 273 | 211 | 2 034 | 176 | 9 | 49 | 311 | 188 | 8 194 | 1.6% |
| | 全罗北道 | 469 | 42 | 1 970 | 1 563 | 363 | 141 | 2 059 | 707 | 5 | 225 | 232 | 183 | 7 954 | 1.5% |
| | 全罗南道 | 388 | 5 | 2 214 | 1 461 | 242 | 142 | 1 255 | 459 | 6 | 60 | 217 | 171 | 6 614 | 1.3% |
| | 庆尚北道 | 327 | — | 4 131 | 1 732 | 386 | 236 | 3 514 | 517 | 5 | 26 | 321 | 185 | 11 375 | 2.2% |
| | 庆尚南道 | 334 | 20 | 4 414 | 2 004 | 585 | 351 | 3 791 | 744 | 12 | 517 | 358 | 117 | 13 235 | 2.5% |
| | 济州道 | 165 | 7 | 715 | 718 | 483 | 39 | 699 | 504 | 4 | 82 | 101 | 53 | 3 566 | 0.7% |
| | 小计 | 7 341 | 841 | 36 370 | 41 682 | 8 418 | 3 868 | 54 718 | 6 531 | 692 | 3 059 | 8 956 | 3 425 | 175 209 | 33.5% |
| 合计 | | 30 561 | 4 349 | 76 482 | 94 973 | 25 102 | 10 283 | 144 880 | 34 584 | 4 706 | 34 438 | 48 226 | 18 384 | 522 262 | 100.0% |

出处：文化体育观光部、韩国资讯振兴院(2012),《2011 资讯产业统计》。

根据产业来自各地区的从业者人数，首尔的从业者中，电影产业20 569人(67.3%)、动漫3 078人(70.8%)、音乐产业18 864人(24.7%)、游戏产业39 705人(41.8%)、动漫形象产业12 555人(50.0%)、漫画产业4 591人(44.6%)、出版产业68 467人(47.3%)、播放产业23 776人(68.7%)、播放产业中的独立制作产业3 851人(81.8%)、广告产业27 162人(78.9%)、知识信息产业36 164人(75.0%)、资讯解决产业13 271人(72.2%)。首尔的从业者比例占 11 个产业领域整体从业者人数的51.4%，特别是独立制作产业首尔的比重占 81.8%，占比最大。

京畿道的从业者中，电影产业4 639人(15.2%)、动漫产业 620 人(14.3%)、音乐产业15 630人(20.4%)、游戏产业29 676人(31.2%)、动漫形象产业5 339人(21.3%)、漫画产业2 475人(24.1%)、出版产业37 995人(26.2%)、播放产业1 989人(5.8%)、播放产业中的独立制作产业 612 人(13.0%)、广告产业1 804人(5.2%)、知识信息产业6 877人(14.3%)、资讯解决产业2 197人(12.0%)。京畿道的从业者人数占 11 个产业领域整体从业者人数的 20.9%，继首尔之后所占比重位居第二。

总结资讯产业的 11 个产业领域，首尔和京畿道地区从业者人数为377 443人，占整体从业者人数的 72.3%。总体来看，首尔为268 202人(51.4%)、6 个广域市为78 851人(15.1%)、9 个道为175 209人(33.5%)。

2. 各职位的从业者现状

调查显示，动漫、音乐、动漫形象、漫画、出版、知识信息、资讯解决 7 个领域从业者的各职位的从业者人数分别为：从事制作的人数为112 412人，占总从业者人数的 43.3%，从事其他(流通)的人数为61 188人(23.6%)，从事管理的人数为45 767人(17.6%)，从事事业企划的人数为22 790人(8.8%)，从事营销/宣传的人数为12 261人(4.7%)，从事研究开发的人数为5 350人(2.1%)。

资讯产业 7 个领域中，从事制作与管理相关工作的从业者人数达 60.9%，再加上从事流通的人数，则达 84.4%。相反，从事事业企划与研究开发的人数仅占 10.8%，为培育资讯产业，今后应该扩大从事研究开发及企划领域的从业者人数。从各产业来看，漫画产业的其他(流通)领域的从业者人数最多，而音乐、出版、动漫、动漫形象、知识信息、资讯解决等产业制作领域的从业者人数更多。

表 2-2-7 **国内资讯产业各职位的从业者现状(以 2010 年为基准)** (单位：名)

| 职位＼产业 | 动漫 | 音乐 | 动漫形象 | 漫画 | 出版 | 知识信息 | 资讯解决 | 合计 | 比重 |
|---|---|---|---|---|---|---|---|---|---|
| 事业企划 | 294 | 1 281 | 1 826 | 321 | 12 610 | 4 298 | 2160 | 22 790 | 8.8% |
| 管理 | 402 | 1 236 | 2 721 | 2 351 | 28 852 | 8 207 | 1998 | 45 767 | 17.6% |
| 制作 | 2 917 | 2 845 | 9 673 | 1 232 | 60 764 | 22 113 | 12 868 | 112 412 | 43.3% |
| 营销/宣传 | 289 | 853 | 1 144 | 343 | 7 486 | 1 673 | 473 | 12 261 | 4.7% |
| 研究开发 | 149 | 239 | 774 | 123 | 3 119 | 564 | 382 | 5 350 | 2.1% |
| 其他(流通) | 298 | 2 090 | 8 964 | 5 913 | 32 049 | 11 371 | 503 | 61 188 | 23.6% |
| 合计 | 4 349 | 8 544 | 25 102 | 10 283 | 144 880 | 48 226 | 18 384 | 259 768 | 100.0% |

出处：文化体育观光部、韩国资讯振兴院(2012),《2011 资讯产业统计》。

## (三)国内资讯产业的进出口现状

从 2011 年资讯产业进出口现状来看，出口额为 43 亿 27 万美元，比 2010 年增长了 33.3%。① 各产业出口比重分别为：游戏产业 23 亿 550 万美元，占整体的 53.6%，规模最大；电影产业2 906万美元(0.7%)、动漫 1 亿3 580万美元(0.4)、音乐 1 亿8 411万美元(4.3%)、动漫形象 3 亿8 317万美元(8.9%)、漫画1 635万美元(0.4%)、出版 3 亿2 243万美元(7.5%)、播放 2 亿4 606万美元(5.7%)、播放中的独立制作1 838万美元(0.4%)、广告 1 亿 857 万美元(2.5%)、知识信息 4 亿2 099万美元(9.8%)、资讯解决 1 亿4 819万美元(3.4%)。

进口额 2010 年为 16 亿9 720万美元，比 2009 年减少了 4.1%。进口方面，广告产业以 7 亿3 716万

① 本书在表示出口、进口额时，1 000美元以下均省略。

美元占整体的 43.4%，比重最大；其次为出版产业 3 亿3 981万美元(20.0%)、游戏产业 2 亿4 253万美元(14.3%)、电影5 337万美元(3.1%)、动漫 695 万美元(0.4%)、音乐1 033万美元(0.6%)、动漫形象 1 亿9 045万美元(11.2%)、漫画 528 万美元(0.3%)、播放 1 亿1 049万美元(6.5%)、播放中的独立制作 819 万美元(0.5%)、知识信息 44 万美元(0.03%)、资讯解决 35 万美元(0.02%)。

表 2-2-8　　**国内资讯产业进出口现状**　　(单位：千美元)

| 分类 | | 2007 年 | 2008 年 | 2009 年 | 2010 年 | 比重(2010 年) | 同比增减率(2009—2010 年) | 2011 年(预测) | 比重(2011 年) | 同比增减率(2010—2011 年) | 年均增减率(2007—2011 年) |
|---|---|---|---|---|---|---|---|---|---|---|---|
| 出口额 | 电影 | 24 396 | 21 037 | 14 122 | 13 583 | 0.4% | -3.8% | 29 065 | 0.7% | 114.0% | 4.5% |
| | 动漫 | 72 770 | 80 583 | 89 651 | 96 827 | 3.0% | 8.0% | 135 802 | 3.2% | 40.3% | 16.9% |
| | 音乐 | 13 885 | 16 468 | 31 269 | 83 262 | 2.6% | 166.3% | 184 113 | 4.3% | 121.1% | 90.8% |
| | 游戏 | 781 004 | 1 093 865 | 1 240 856 | 1 606 102 | 49.8% | 29.4% | 2 305 508 | 53.6% | 43.5% | 31.1% |
| | 动漫形象 | 202 889 | 228 250 | 236 521 | 276 328 | 8.6% | 16.8% | 383 173 | 8.9% | 38.7% | 17.2% |
| | 漫画 | 3 986 | 4 135 | 4 209 | 8 153 | 0.3% | 93.7% | 16 350 | 0.4% | 100.5% | 42.3% |
| | 出版 | 213 100 | 260 010 | 250 764 | 357 881 | 11.1% | 42.7% | 322 437 | 7.5% | -9.9% | 10.9% |
| | 播放 | 150 953 | 171 348 | 184 577 | 228 633 | 7.1% | 23.9% | 246 061 | 5.7% | 7.6% | 13.0% |
| | 独立制作 | — | 11 228 | 14 349 | 13 691 | 0.4% | -4.6% | 18 381 | 0.4% | 34.3% | — |
| | 广告 | 93 859 | 14 212 | 93 152 | 75 554 | 2.3% | -18.9% | 108 577 | 2.5% | 43.7% | 3.7% |
| | 知识信息 | 275 111 | 339 949 | 345 693 | 363 282 | 11.3% | 5.1% | 420 990 | 9.8% | 15.9% | 11.2% |
| | 资讯软件 | 112 678 | 107 746 | 113 418 | 116 487 | 3.6% | 2.7% | 148 195 | 3.4% | 27.2% | 7.1% |
| 合计 | | 1 944 631 | 2 337 603 | 2 604 232 | 3 226 092 | 100.0% | 23.9% | 4 300 271 | 100.0% | 33.3% | 21.9% |
| 分类 | | 2007 年 | 2008 年 | 2009 年 | 2010 年 | 比重(2010 年) | 同比增减率(2009—2010 年) | 2011 年(预测) | | | 年均增减率(2007—2011 年) |
| 进口额 | 电影 | 67 527 | 78 775 | 73 646 | 53 374 | 3.1% | -27.5% | — | | | — |
| | 动漫 | 8 148 | 6 132 | 7 397 | 6 951 | 0.4% | -6.0% | — | | | — |
| | 音乐 | 9 831 | 11 484 | 11 936 | 10 337 | 0.6% | -13.4% | — | | | — |
| | 游戏 | 389 549 | 386 920 | 332 250 | 242 532 | 14.3% | -27.0% | — | | | — |
| | 动漫形象 | 225 257 | 198 679 | 196 367 | 190 456 | 11.2% | -3.0% | — | | | — |
| | 漫画 | 5 901 | 5 937 | 5 492 | 5 281 | 0.3% | -3.8% | — | | | — |
| | 出版 | 354 404 | 368 536 | 348 336 | 339 819 | 20.0% | -2.4% | — | | | — |
| | 播放 | 64 939 | 149 396 | 183 011 | 110 495 | 6.5% | -39.6% | — | | | — |
| | 独立制作 | — | 71 135 | 61 277 | 8 193 | 0.5% | -86.6% | — | | | — |
| | 广告 | 2 225 807 | 780 696 | 610 277 | 737 167 | 43.4% | 20.8% | — | | | — |
| | 知识信息 | 398 | 415 | 432 | 442 | 0.03% | 2.3% | — | | | — |
| | 资讯解决 | — | — | 387 | 352 | 0.02% | -9.0% | — | | | — |
| 合计 | | 3 351 761 | 1 986 970 | 1 769 531 | 1 697 206 | 100.0% | -4.1% | — | | | — |

出处：文化体育观光部、韩国资讯振兴院(2012)，《资讯产业统计 2011》(2007—2010)；韩国资讯产业振兴院(2011)，《2011 年 4 季度资讯产业动向分析报告》。

资讯产业出口额除出版产业外，均呈现出同比增长态势。特别是音乐产业由 K-pop 热带来了同比 121.1%的增长，占整体资讯出口额的 53.6%。引领资讯产业出口的游戏产业也同比增长了 43.5%，涨幅较大。另外，自 2007 年起出口额逐年减少的电影产业同比也增长了 114.0%。

再看 2010 年进口额，除广告、知识信息领域外，其他产业与前一年相比均有所减少。特别是播放中的独立制作产业进口额大幅减少了 86.6%，从而导致播放产业也下降了 39.6%。另外，分别占整体资讯进口额 20.0%、14.3%的出版产业和游戏产业的降幅也分别达 2.4%、27.0%，整体的进口额明显地减少了。

对 2010 年资讯产业 11 个领域的进口额进行比较，可以看到：出口额(32 亿2 609万美元)较进口额(16 亿9 720万美元)高出 15 亿2 888万美元，出现了贸易顺差。资讯产业的出口额自 2007 年后，呈现出持续增长的态势。相反，进口额呈现出持续减少的态势，从而形成贸易顺差。今后，为扩大进军海外市场，如强化国内代理业及参与海外市场等多方面的政策一直持续下去，资讯产业的贸易顺差态势也将一直保持。以 2010 年为基准，各具体项目的现状如下。

### 1. 各地区的进出口现状

从 2010 年资讯产业各地区的出口规模来看，日本为 8 亿 23 万美元(26.2%)，规模最大；其次为中国 7 亿4 766万美元(24.5)、东南亚 6 亿7 190万美元(22.0%)、北美 4 亿 393 万美元(13.2%)、欧洲 2 亿6 768万美元(8.8%)、其他地区 1 亿5 755万美元(5.2%)。

从增减率方面来看，中国同比增长了 29%，年均增长 35%；日本同比增长了 21%，3 年年均增长 21.5%；东南亚同比增长了 46.6%，年均增长 13.5%；北美同比增长了 4.2%，年均增长 4.3%；欧洲同比增长了 23.1%，年均增长 15%；其他地区同比增长了 24.7%，年均增长 5.8%。

表 2-2-9 **资讯产业各地区出口额现状(以 2010 年为基准)** (单位：千美元)

| 产业分类 | 中国(含香港) | 日本 | 东南亚 | 北美 | 欧洲 | 其他 | 合计 |
|---|---|---|---|---|---|---|---|
| 电影 | 966.0 | 2 258.0 | 3 488.0 | 1 421.0 | 4 518.0 | 932.0 | 13 583.0 |
| 动漫 | 1 577.0 | 18 810.0 | 1 151.0 | 52 463.0 | 19 527.0 | 3 299.0 | 96 827.0 |
| 音乐 | 3 627.0 | 67 267.0 | 1 1321.0 | 432.0 | 396.0 | 219.0 | 83 262.0 |
| 游戏 | 595 864.0 | 435 254.0 | 242 521.0 | 147 761.0 | 138 125.0 | 46 577.0 | 1 606 102.0 |
| 动漫形象 | 49 368.0 | 16 457.0 | 27 226.0 | 85 327.0 | 59 668.0 | 38 282.0 | 276 328.0 |
| 漫画 | 568.0 | 1 527.0 | 2 004.0 | 1 723.0 | 2 258.0 | 73.0 | 8 153.0 |
| 出版 | 23 790.0 | 30 204.0 | 149 984.0 | 88 009.0 | 20 976.0 | 4 4918.0 | 357 881.0 |
| 播放(不含独立制作) | 20 954.8 | 49 712.8 | 49 554.8 | 2 814.8 | 2 317.6 | 1 702.1 | 127 074.9 |
| 知识信息 | 33 621.0 | 141 322.0 | 168 063.0 | 8 611.0 | 3 398.0 | 8 267.0 | 363 282.0 |
| 资讯解决 | 17 331.0 | 37 426.0 | 16 593.0 | 15 376.0 | 16 497.0 | 13 264.0 | 116 487.0 |
| 合计 | 747 666.8 | 800 237.8 | 671 905.8 | 403 937.8 | 267 680.6 | 157 551.1 | 3 048 979.9 |
| 比重(%) | 24.5% | 26.2% | 22.0% | 13.2% | 8.8% | 5.2% | 100.0% |

* 播放产业(海外侨胞播放扶持及影碟销售、时间模块销售、独立制作)及广告产业的销售额除外。

出处：文化体育观光部、韩国资讯振兴院(2012)，《2011 资讯产业统计》。

从 2010 年资讯产业各地区的进口额来看，北美为 2 亿7 592万美元(38.9%)，所占比重最大，其次为中国 1 亿3 600万美元(19.2%)、日本 1 亿1 038万美元(15.6%)、欧洲8 639万美元(12.2)、东南亚6 476万美元(9.1%)、其他地区3 557万美元。

从增减率来看，中国同比增长 2.9%，3 年年均增长为 0.1%；日本同比增长 3.8%，年均减少了 8.5%。东南亚同比增长 2.3%，年均减少了 0.5%；北美同比减少 17.6%，年均减少了 0.9%；欧洲同比减少 7.8%，年均减少了 7.1%；其他地区同比增长 2.9%，年均增长了 1.8%。

表 2-2-10 **资讯产业各地区进口额现状(以 2010 年为基准)** (单位：千美元)

| 产业分类 | 中国(含香港) | 日本 | 东南亚 | 北美 | 欧洲 | 其他 | 合计 |
|---|---|---|---|---|---|---|---|
| 电影 | 1 754.0 | 1 229.0 | 78.0 | 42 085.0 | 5 038.0 | 3 190.0 | 53 374.0 |
| 动漫 | 11.0 | 6 905.0 | — | 35.0 | — | — | 6 951.0 |
| 音乐 | 93.0 | 2 135.0 | 52.0 | 2 166.0 | 5 455.0 | 436.0 | 10 337.0 |
| 动漫形象 | 81 569.0 | 20 342.0 | 40 337.0 | 21 692.0 | 3 528.0 | 22 988.0 | 190 456.0 |
| 漫画 | 85.0 | 4 862.0 | — | 263.0 | 71.0 | — | 5 281.0 |
| 出版 | 51 452.0 | 69 137.0 | 24 171.0 | 120 197.0 | 66 653.0 | 8 209.0 | 339 819.0 |
| 播放(不含独立制作) | 1 036.5 | 5 777.5 | 128.6 | 88 833.8 | 5 595.6 | 664.2 | 102 036.2 |
| 知识信息 | — | | | 301.0 | 57.0 | 84.0 | 442.0 |
| 资讯解决 | — | — | — | 352.0 | — | — | 352.0 |
| 合计 | 136 000.5 | 110 387.5 | 64 766.6 | 275 924.8 | 86 397.6 | 35 571.2 | 709 048.2 |
| 比重(%) | 19.2% | 15.6% | 9.1% | 38.9% | 12.2% | 5.0% | 100.0% |

* 播放产业(海外侨胞播放扶持及影碟销售、时间模块销售、独立制作)及广告产业的销售额除外。

出处：文化体育观光部、韩国资讯振兴院(2012)，《2011 资讯产业统计》。

## 2. 海外进军方式

调查显示，出版、漫画、音乐、动漫、动漫形象、知识信息、资讯解决 7 个领域的海外进军方式依次为：特许(45.2%)、成品出口(39.9%)、OEM 出口(12.7%)、技术服务(1.9%)、其他(0.3%)。

结果显示，资讯产业海外进军方式以特许和成品出口为主。特许方式自 2007 年起出持续增长，与此相反，OEM 出口自 2007 年起持续减少。这表明国内资讯产业的出口正在从以外包为中心向纯创作为中心转换。

表 2-2-11 **资讯产业海外进军形态** (单位:%)

| 海外进军方式 | 2006 年 | 2007 年 | 2008 年 | 2009 年 | 2010 年 | 同比增减率 |
|---|---|---|---|---|---|---|
| 特许 | 26.7 | 27.7 | 31.5 | 44.4 | 45.2 | 0.8% |
| 成品出口 | 42.2 | 44.7 | 45.9 | 37.2 | 39.9 | 2.7% |
| OEM 出口 | 24.1 | 21.9 | 19.7 | 15.3 | 12.7 | -2.6% |
| 技术服务 | 6.4 | 4.4 | 2.8 | 2.5 | 1.9 | -0.6% |
| 其他 | 0.6 | 1.3 | 0.1 | 0.6 | 0.3 | -0.30% |
| 合计 | 100 | 100 | 100 | 100 | 100 | - |

出处：文化体育观光部、韩国资讯振兴院(2012)，《2011 资讯产业统计》。

### 3. 海外进军的途径

从 7 个产业的海外进军途径来看，接触海外流通公司占 26. 4%，比重最大；其次为利用国内代理(21. 7%)、利用海外代理(20. 1%)、参加海外展示会及活动(19. 6%)、利用海外法人(6. 6%)、其他(2. 5%)、在线海外销售(3. 1%)。

表 2-2-12　　资讯产业海外进军途径　　(单位:%)

| 出口方法 | 进军途径 | 2006 年 | 2007 年 | 2008 年 | 2009 年 | 2010 年 | 同比增减率 |
|---|---|---|---|---|---|---|---|
| 直接出口 | 参加海外展示会及活动 | 15. 2 | 14. 7 | 18 | 20 | 19. 6 | -0. 4% |
| | 接触海外流通公司 | 27 | 26. 7 | 25. 5 | 24. 3 | 26. 4 | 2. 1% |
| | 在线海外销售 | 1. 1 | 2. 6 | 2. 8 | 2. 7 | 3. 1 | 0. 4% |
| | 利用海外法人 | 9. 4 | 8. 6 | 8 | 7. 1 | 6. 6 | -0. 5% |
| 间接出口 | 利用国内代理 | 22 | 25. 2 | 25. 6 | 23 | 21. 7 | -1. 3% |
| | 利用海外代理 | 13 | 16 | 16 | 19. 9 | 20. 1 | 0. 2% |
| 其他 | | 12. 3 | 6. 2 | 4. 1 | 3 | 2. 5 | -0. 5% |
| 合计 | | 100 | 100 | 100 | 100 | 100 | — |

出处：文化体育观光部、韩国资讯振兴院(2012)，《2011 资讯产业统计》。

直接出口部分 2009 年占了 54. 1%，2010 年占 55. 7%，呈现小幅增长。2006 年直接出口方式比重为 52. 7%，相比间接出口及其他(47. 3%)方式高出约 5%，但 2010 年却高出 10%。特别是，参加海外展示会及活动的比重由 2006 年的 15. 2%增长至 2010 年的 19. 6%。

资讯产业海外进军途径中，接触海外流通公司同比增长了 2. 1%，在线海外销售同比增长了 0. 4%，利用海外代理同比增长了 0. 2%，除此之外，其他的途径均呈现减少态势。特别是，利用国内代理同比减少了 1. 3%，降幅最大；利用海外法人和利用海外代理同比减少了 0. 5%，参加海外展示会及活动同比减少了 0. 4%。

## (四)国内资讯产业的附加价值现状

动漫、音乐、动漫形象、漫画、出版、独立制作、知识信息、资讯解决产业的附加价值额是通过实态调查，依照韩国银行企业经营分析的附加价值计算方式，将经常收益、人工费、纯金融费用、租赁费用、折旧费、税费等相加计算得出的。电影、播放产业的附加价值额引用了电影振兴委员会和播放通信委员会的实态调查资料。另外，对于没有进行实态调查的游戏、广告产业，是在其销售额的基础上，依据韩国银行企业经营分析的附加价值率计算方式，计算得出其附加价值额。

2010 年资讯产业附加价值额为 29 兆7 971亿韩元，附加价值率为 41. 6%。从各产业来看，游戏产业的附加价值率最高，为 50. 7%，其后依次为独立制作 44. 7%、知识信息 43. 1%、出版 42. 4%、动漫 42. 2%、动漫形象 42. 0%、漫画 40. 1%、播放 39. 8%、资讯解决 39. 7%、音乐 38. 6%、广告 38. 1%、电影 32. 7%。

从整体附加价值额的比重来看，出版为 9 兆 99 亿韩元(30. 2%)，比重最大。其后依次为：播放

4 兆 2 849亿韩元(14.4%)、广告 3 兆9 320亿韩元(13.2%)、游戏 3 兆7 683亿韩元(12.6%)、知识信息 2 兆6 724亿韩元(9.0%)、动漫形象 2 兆4 755亿韩元(8.3%)、音乐 1 兆1 428亿韩元(3.8%)、电影 1 兆1 218亿韩元(3.8%)、资讯解决8 725亿韩元(2.9%)、独立制作3 297亿韩元(1.1%)、漫画2 976亿韩元(1.0%)、动漫2 171亿韩元(0.7%)。

表 2-2-13　**资讯产业的附加价值现状**　(单位：百万韩元)

| 分类 | 2006 年 | | 2007 年 | | 2008 年 | | 2009 年 | | 2010 年 | | |
|---|---|---|---|---|---|---|---|---|---|---|---|
| | 附加价值额 | 附加价值率 | 附加价值额 | 附加价值率 | 附加价值额 | 附加价值率 | 附加价值额 | 附加价值率 | 附加价值额 | 附加价值率 | 比重 |
| 电影 | 1 752 217 | 48.4% | 880 819 | 27.7% | 349 442 | 12.1% | 1 087 895 | 32.9% | 1 121 854 | 32.7% | 3.8% |
| 动漫 | 70 333 | 24.4% | 122 506 | 39.4% | 167 287 | 41.3% | 175 213 | 41.9% | 217 101 | 42.2% | 0.7% |
| 音乐 | 765 297 | 31.9% | 787 709 | 33.4% | 946 635 | 36.4% | 1 022 766 | 37.3% | 1 142 896 | 38.6% | 3.8% |
| 游戏 | 3 655 175 | 49.1% | 2 487 445 | 48.4% | 2 808 000 | 50.1% | 3 348 867 | 50.9% | 3 768 320 | 50.7% | 12.6% |
| 动漫形象 | 1 238 309 | 27.2% | 1 801 217 | 35.2% | 1 956 376 | 38.4% | 2 202 786 | 41.1% | 2 475 517 | 42.0% | 8.3% |
| 漫画 | 264 505 | 36.2% | 282 052 | 37.0% | 283 600 | 39.2% | 290 833 | 39.3% | 297 632 | 40.1% | 1.0% |
| 出版 | 6 337 507 | 31.9% | 8 949 107 | 41.4% | 8 972 761 | 42.6% | 8 736 207 | 42.4% | 9 009 976 | 42.4% | 30.2% |
| 播放 | 3 972 844 | 40.9% | 4 267 646 | 40.5% | 3 151 368 | 33.7% | 3 931 437 | 40.7% | 4 284 985 | 39.8% | 14.4% |
| 独立制作 | — | — | — | — | 295 833 | 40.7% | 328 343 | 41.2% | 329 760 | 44.7% | 1.1% |
| 广告 | 3 343 592 | 36.7% | 4 002 168 | 42.4% | 4 062 666 | 43.6% | 3 445 079 | 37.5% | 3 932 096 | 38.1% | 13.2% |
| 知识信息 | 1 393 658 | 40.2% | 1 729 680 | 40.3% | 1 964 438 | 41.1% | 2 237 658 | 42.6% | 2 674 251 | 43.1% | 9.0% |
| 资讯解决 | 583 269 | 37.8% | 642 524 | 38.3% | 731 698 | 39.2% | 802 734 | 39.4% | 872 553 | 39.7% | 2.9% |
| 合计 | 23 376 706 | 37.2% | 25 952 873 | 40.3% | 25 394 271 | 39.9% | 27 281 475 | 41.4% | 29 797 181 | 41.6% | 100.0% |

* 自 2008 年起播放销售就只包含播放事业的收入，因此，考虑到这一点进行了上述附加价值额的计算。

出处：文化体育观光部、韩国资讯振兴院(2012)，《2011 资讯产业统计》。

从各个产业 2010 年同比附加价值率来看，除减少了 0.9%的播放产业、0.2%的游戏和电影产业外，其他所有产业的附加价值率都增长了。特别是，独立制作产业在播放产业减少的情况下，仍从 2009 年的 41.2%增长至 2010 年的 44.7%，增长了 3.5%，增长幅度最大。其他依次为音乐增长了 1.3%、动漫形象增长了 0.9%、漫画增长了 0.8%、广告增长了 0.6%、知识信息增长了 0.5%、动漫增长了 0.3%、资讯解决增长了 0.3%、出版增长了 0.02%、独立制作增长了 0.6%。可以看出，资讯产业作为高附加价值产业，今后增长潜力巨大。

# 第三部分　2011 年主要政策推进成果

## 一、构建资讯产业基础

### (一) 加强对故事创作的扶持

#### 1. 2011 年大韩民国故事公募大赛

第 3 届新故事创造项目——"2011 年大韩民国故事公募大赛"，旨在发掘、培育电影、电视剧、动漫等媒体资讯领域的世界性原创故事，总奖金达 4 亿5 000万韩元(大奖 1 亿韩元)，是国内规模最大的公募大赛。这一大赛要求参赛作品正文为 A4 纸 30~60 页，参赛作品的水平被认为提升到更高的一个层次，获得好评。共征集参赛作品1 107篇，得到了产业界的热烈反应。大奖由反映朝鲜时代历史的法律惊悚类作品《朝鲜律师》获得，最优秀奖由瞄准国际市场的、在多种时空登场的动漫形象组成的谍报暗杀类作品《终极孩子》获得。另有 15 篇取材独特、充满个性的作品获得了优秀作品奖。

表 3-1-1　　2011 年大韩民国故事公募大赛获奖作品

| 奖项 | 作品名 | 作家(法人)名 |
|---|---|---|
| 大奖 | 朝鲜律师 | 权基庆、崔香美 |
| 最优秀奖 | 终极孩子 | 张勇民 |
| 优秀奖 | 古董岛之梦 | 赵正姬 |
| | 怪物的诞生 | 李世运 |
| | 没有国境的议事会 | (株)正义之手 |
| | 好奇 | 金圭泰 |
| | 务必 | 白善姬 |
| | 被偷走的书 | 刘善童 |
| | 机器人 Nicol | 金江德 |
| | 百万富翁伍迪与美丽的西尧丽塔 | 张仁圭 |
| | 红鼻子鹿 | 金钟日 |
| | 试食别监 | 金正姬 |
| | 哎嗨唷——上沙堆呦 | 赵明珠、朴大英 |
| | 哎嗨唷——我的爱 | 韩宝静 |
| | 蔡秀英 | 吴英锡 |
| | 惠明太子粉女挑选记 | 赵主英 |
| | 紫檀春梦 | 白南准 |

### 2. 2010 年故事公募大赛获奖作品的商业化扶持

大韩民国故事公募大赛的特点是不仅仅止于颁发奖金，而是会扶持其将故事完成并推进商业化，为此会持续对资讯制作、投资、营销乃至进军海外市场等进行扶持。

(1)对故事创作中心创造空间的扶持。

为了给予大韩民国故事公募大赛获奖作品稳定的商业化扶持及培养小说家，成立了“故事创作中心”，2010 年故事公募大赛获奖作品的 8 个项目、11 位创作者已经进入该中心，埋头于电影剧本、脚本等故事的创作当中。故事创作中心位于韩国播放会馆的 13 楼，总面积为 $743m^2$(约 225 坪)，设有 8 个项目室、研讨会议室、资料阅览室、休息室等写作、开会、共同创作设施，能提供 30 位作家同时创作使用的桌椅、网络等便利设施。

(2)与专业指导者的对接。

2010 年故事公募大赛获奖作品选择了长篇商业电影、电视剧、动漫等类型和媒介，制定了发展计划。为了完成电影剧本并使之商业化，按项目类别配备了专业的指导者。指导者每个月与其当面商谈 4~5 次，为其分析故事发展方向，提供寻找并选定制作公司所需要的专业知识、信息、运作技巧等咨询服务。获奖的 11 个作品中，除去法人出品的作品外，其余的 8 个作品都通过专业指导者获得了发展方向等方面实实在在的咨询服务。

表 3-1-2　**2010 年故事公募大赛获奖作品指导配备现状**

| 项目名称 | 作家姓名 | 专业指导者 | |
|---|---|---|---|
| | | 姓名 | 所属单位/职位 |
| 零点地带 | 金道亨 | 金泰源 | 前 CJ 传媒电视剧局长<br>绿色夏天资讯控股代表 |
| 魔法师影业 | 文景焕、朴治亨 | 金刚 | 作家/大众文化作家协会会长 |
| 坐鸿里谍影 | 郑海敏 | 车成载 | 前 Sidus 代表<br>现东国大学教授<br>电影制作人及作家协会会长 |
| 天使之晨 | 崔元泰、金泰映 | 崔在原 | 前无限投资理事<br>N. E. W 代表<br>现 Withers 胶片代表 |
| FIVE | 郑延植 | 金秀珍 | 丝路电影公司代表 |
| 说是今晚上去 | 李柱松 | 韩成根 | 绿色夏天出版公司企划室室长 |
| 宦官崔判继 | 尹准亨 | 黄组润 | 编剧 |
| 玩偶包心菜历险记 | 文成制 | 李柱益 | 宝蓝娱乐代表 |

(3)与 BCWW2011 神话创造项目的对接。

扶持故事公募大赛获奖作品商业化的核心是孵化，即通过与制作公司对接，使其由一个想法发展为具体的商业项目。其中，公开向制作公司、投资公司相关人员说明项目的概念、故事概要及发展方向，通过商业洽谈，摸索相互合作的可能性，这种“对接制度”对于仍处于企划开发阶段的创造新故事公募大赛获奖作品来说，是一个非常有实用价值的制度。

在韩国资讯振兴院主办的亚洲最大规模的播放资讯市场 2011 BCWW(Broadcast Worldwide)的特别活动上，大韩民国故事公募大赛获奖作品中，正在开发为电视剧的《零点地带》《朝鲜枪手》《更夫日志》3 篇作品参加了对接活动，国内外主要播放公司、投资公司的 80 多名相关人员参加了该活动，共进行了 20 多次的商务洽谈。

(4)釜山国际电影节亚洲电影市场 KOCCA 创造新故事项目的对接。

与 KOCCA 创造新故事项目的对接作为亚洲电影市场的一个正式活动，是由釜山国际电影节组织委员会与(社团法人)韩国电影出品人联合会合作举办的，于 2011 年 10 月 10 日在釜山会展中心第一展示厅的活动大厅里举办的本次对接活动中，有 6 篇正在开发为长篇商业电影、动漫的 2010 年故事公募大赛获奖作品参加，包括《说是今晚上去》《天使之晨》《宦官崔判继》《FIVE》《坐鸿里谍影》《七个小矮人》。有 200 余名国内外主要投资公司、制作公司的出品人、导演、制作人、买家等企业界相关人士参加，表现出了极大的热情。对接活动结束后，共进行了 45 次商务洽谈，就投资、共同制作等事宜进行了具体的商谈。

(5)创造新故事项目日本的对接。

为达到创造新故事项目进军国际市场的目标，计划从 2009 年、2010 年公募大赛获奖作品中，推出适合日本市场的 4 个电视剧项目作品，在与 KOCCA 日本事务所(所长金永德)长期沟通与准备的基础上，于 2012 年 2 月 15 日在日本东京新宿彩虹大厦举办了“创造新故事项目日本对接会 & 商谈会”。本次活动中，通过与制作公司的对接而正式开发成电视剧的《零点地带》《更夫日志》《朝鲜枪手》《IDOI-DO》等作品参加，制作公司代表、出品人等也参与了对接活动。100 余名 NHK、TBS、登士柏国际、博报堂、SPO 等日本播放产业的相关人士参观了本次活动，并对韩国电视剧表现出了极大的兴趣，达成了 40 余次商务会谈。虽然之前多次参加过以促进成品的海外销售为目的的电影市场、参展等营销活动，但是，举办以预售处于企划开发阶段的项目、寻求共同制作、招商引资等为目的的海外对接及商务会谈，这还是第一次。

通过这样的商业化扶持，2012 年 6 月末至今，11 个作品中的 7 个项目已经完成了与制作公司的对接，开始着手资讯制作，期待 2013 年通过 TV、电影院，以电视剧、电影的形式一睹“创造新故事项目”的芳容。

表 3-1-3　**2010 年大韩民国故事公募大赛获奖作品商业化现状**

| 项目名称 | 作家(法人)名 | 领域 | 商业化现状 |
|---|---|---|---|
| 七个小矮人 | (株)Locus | 3D<br>动漫 | 已选定出品人(车承载)<br>正在修改、补充故事 |
| 零点地带 | 金道亨 | TV<br>电视连续短剧 | 对接的制作公司：绿色夏天资讯控股<br>BCWW2011 创造新故事项目已对接 |
| 说是今晚上去 | 李柱松 | 3D<br>电影、小说 | 对接的制作公司：绿色夏天资讯控股<br>正在改编为电影剧本(河基浩导演) |
| 玩偶包心菜历险记 | 文成制 | 3D<br>动漫 | 翻译成英文、绘制动漫形象<br>正在寻求进军北美市场 |
| 更夫日志 | 方志英 | TV<br>电视连续短剧 | 对接的制作公司：(株)莱蒙莱茵<br>正在编写台本、协商编辑 |

续表

| 项目名称 | 作家(法人)名 | 领域 | 商业化现状 |
|---|---|---|---|
| 魔法师影业 | 朴治亨<br>文景焕 | 小说、动漫 | 对接的制作公司：High 1 娱乐<br>正在着手开发动漫、小说 |
| 朝鲜枪手 | 箕承泰 | TV<br>电视连续短剧 | 对接的制作公司：(株)Twin Seven 娱乐<br>着手编写台本、地面波、终结篇编辑协商中 |
| 坐鸿里谍影 | 郑海敏 | 电影 | 对接的制作公司：Nomade 胶片<br>正在改编剧本 |
| 天使之晨 | 崔元泰 | 电影 | 已完成电影剧本初稿<br>正在物色共同制作公司 |
| FIVE | 郑延植 | 电影 | 对接的制作公司：电影服务<br>已完成 Daum Webtoon(网络漫画)连载 |
| 宦官崔判继 | 尹准亨 | 电影 | 正在编写电影剧本初稿 |

### 3. 运营培养小说家的教育项目

(1)故事创作学校。

故事创作学校创建于 2010 年，目的是培育科幻、SF、传奇、武侠、推理等题材文学领域的小说家。这是因为，我们的原创资讯在国际市场上获得普遍认可，但是这几个领域的国内创作基础却十分薄弱。2011 年开设了 2 次 5 个月的培训课程，增加了教育机会。由韩国大众文学作家协会会长、锦江小说家担任主讲教授，宋贤武作家担任主讲讲师，选拔了 42 名具有基础实力的题材文学创作者进行了培训。最初的 4 周，集中进行了资讯市场、题材文学理解等基础教育，之后每人编写一部作品，由主讲教授、主讲讲师进行一对一辅导，实施了高强度的训练。共有 40 人结业，其中《绝对十盟》《疾风记者团》《露丝》《无敌行》4 篇优秀作品已完成了出版签约，《Exciter》《无敌行》已于 2012 年春出版，并进行了试卖。

(2)2011 资讯创意工作室。

资讯创意工作室是韩国资讯振兴院以在一线活动的专业创作者为对象，为发掘未来资讯素材，邀请医生、心理分析师、调查官、科学家等相关部门的顶级专家，通过讲课、对话、讨论、现场访问一线等形式，传授新知识、新信息、灵感的新概念教育项目。2009 年开始试行，至 2010 年为止，得到了现场的热烈好评。

2011 年，在现有的“现代社会与精神病理”“犯罪与侦查”“未来社会与科学技术”课程的基础上，又开发了应急医学专家、临终关怀医院护士等平时很难接触到的专业医生们参加的“综合医院 24 小时”“法学家的人文学教室”“音乐治疗”等新教育课程，受到普遍关注。选拔了金光植(电影《我的野蛮女友》等)导演、金敏植(电视剧《贤内助女王》《荣誉赞美诗》等)导演、金仁英(电视剧《想结婚的女人》《阳光的女子》等)作家等 100 余名曾经导演、执笔、出品过 1 部以上长篇商业电影、电视连续剧的专业创作人员，邀请了天主教医科大学精神科专业的崔宝文教授、韩国警察大学的心理分析师袁昌元教授、CHABIO&DIOSTECH CO., Ltd 以研究干细胞而具有世界权威的郑亨民教授等作为讲师授课。共进行了 6 周的授课，公开了一些图书馆、网络查不到的最新、最高级的信息，通过与专家的多次交流，为学员解开了心中的疑惑，结业率达 90%(95 名)，教育满意率达 88 分，获得了热烈的反响。最值得关注的是，课程打破了电影、电视剧、漫画、动漫等媒体与类型及出品人、导演、作家等职位的界限，进行了多样化的人员交流，并形成了互动联系网，有望在今后逐渐形成新的资讯大融合。同时，在“发掘未来创作素材”课程中，作为特别项目，邀请了日本的著名漫画小说作家兼编辑浦泽直树(《20世纪少年》《Master Keaton》《Pluto》等的作者)，与韩国创作者进行了深度对话。

资讯创意工作室是以专业创作者为对象、发掘未来素材的课程，作为一种新概念教育服务形式，富有创意地反映了现场的需要，并促使其商业化，获得了认可和好评。今后将扩展到新教育课程的发掘、图书发行等领域。

(3)扶持培养地区小说家的工作

为培养以地缘为基础，利用各地区固有资源创作故事的小说家，选定了 3 个地区的大学、资讯产业振兴院等机构，扶持他们推广符合地区特色和现状的项目。选定的地区分别设定了科学素材、饮食、传统文化、口传故事等符合地区特征的基础主题，举办了故事教育、公募赛、研讨会等活动。

表 3-1-4　**扶持培育地区小说家工作的现状**

| 主管机构名称 | 课题名称 |
|---|---|
| 大邱数码产业振兴院 | 2011 扶持培养地区小说家工作 |
| 全州大学产学合作团 | 通过运营专业创作课程，构筑当地故事网络 |
| 忠南文化产业振兴院 | 培育忠南故事创意人才 |

### 4. 运营故事创作中心

为培养小说家，并为大韩民国故事公募大赛获奖作品提供稳定的商业化扶持，2010 年 7 月成立了媒体资讯领域的首个创作空间“故事创作中心”，紧接着于 2011 年 5 月正式成立了为播放作家提供的专业创作空间，位于韩国播放会馆 13 楼，总面积达 248$m^2$(75 坪)。设有可以同时容纳 30 位播放作家创作的 4 人间、3 人间、1 人间等工作室。通过公募，经过对项目的优秀性、商业化可能性的评估后，选择了 28 位创作者，向他们提供使用这些设施的机会。另外，除大韩民国故事公募大赛获奖作家外，还选择了电影、漫画、动漫、题材文学创作者 12 人，为他们提供 1 人创作空间，从而使故事创作中心成为资讯创作者的专用空间。

### 5. 2011 故事公募大赛获奖作品咨询

2011 年公募大赛不分媒体类别、体裁，只要是 A4 纸 60 页左右的原创故事，皆可参赛。为了帮助具有企划、构思及创意价值的作品在获奖后设定其商业化发展方向，请专家为其提供咨询是必需的工作。把获奖的 17 篇作品委托给(株)All That Story(法人代表：金喜在作家)，组成了由电视剧 PD、编剧、制作公司代表等各领域专家参与的咨询小组。咨询小组针对 17 篇作品分别指出其优缺点，找出各故事要素存在的不足或多余的部分，进行了立体化的分析；然后，以此为基础，为其提出了向电影、电视剧、动漫、游戏、出版等多种方向发展的可行性方案。咨询小组认真研究各作品的角色、构思、风格、题材及适用性媒体等因素，通过最终报告书，为其指出商业化发展方向，从而为故事创作者在故事开发、制定商业化战略等方面提供了很大的帮助。为了促进大韩民国故事产业的发展，首先必须促进可以客观地、科学地分析、评价作品，并为其提出具体建议的故事咨询领域的发展，这也是设置故事公募大赛获奖作品咨询小组的意义所在。

## (二)培养资讯创意人才

### 1. 培养3D立体资讯专门人才

现有3D资讯产业的世界市场规模，2010年是7亿美元，预计至2015年将增长122%。国内市场正在形成760亿韩元的产业，预计自2009年起至2015年止，年均增长将达90%。特别是今后将需要奥运会等活动所需的大规模3D立体人才，因而需要加强人才培养。

为此，3D立体资讯教育课程正在实施将制作技术与项目连接起来的教育，目的是培养能够引领当今主要影像潮流的3D立体制作的现在与未来。为此构建了能够进行3D立体制作的立体教育体系，其规模达200坪，其中包括试映室、Quantel iQ 2K等与3D立体相关的各种设备与设施。

2011年举办了41个3D立体制作技术人才培养课程，培训了418人；举办了5个与项目相关联的3D立体领导人才培养课程，培训了69人，合计培养了487名3D立体专业人才。另外，为了促进教育的发展，开发普及了3D立体影像制作基本工作流程指导线、Avid MC6 S3D Editing教育教材、Nuke 3D立体综合教材等。

### 2. 韩国资讯学院

为了发展资讯咨询，必须要协调发展制作技术、企划等，并形成分工合作。韩国资讯学院开展了深刻理解各题材的属性和特征，并使之相互分工合作、互相融合的教育。特别是，为了提高实践性，开展了以项目为中心的教育活动，指导教育活动的教师也均是拥有丰富实践经验的人员。

由播放影像、游戏制作、企划创作课程等构成的韩国资讯学院为了使各领域的教育更有效率，把各领域集中在一起进行教育活动，从垂直关系的教育运营方式中摆脱出来，使横向的创意设想与制作成为可能。通过发展这种以融合、分工合作形式进行的项目，展示了今后资讯教育领域迅速发展的蓝图，以及在培育创意人才等方面的主导作用。

(1)运营播放影像制作课程。

播放影像制作课程是以培养具有未来型影像资讯制作技术及富有极高创作能力的“产业界定制型专业人才”为目的的课程，2011年共进行了VFX、动态影像、数字影像编辑等6个课程，培养了69名创意人才。

教育课程反映了3D、CG、4K级播放影像资讯及最新发展方向，通过最高端数字播放制作教育体系、20余年的教育经验、以少数核心人才为对象的Hand-on教育体系来实施。通过这一课程培养的创意人才活跃于与播放影像、电影相关的CG制作公司，以2D、3D为基础的动态影像制作公司，音乐资讯企划制作播音室等相关公司，同时也致力于国内播放影像资讯进军海外市场。

(2)运营游戏制作课程。

游戏制作课程由游戏设计(企划)、游戏程序、游戏画面等各专业的细部专业教育及游戏项目课程2条线运营。在这2条线互相连接的结构中，细部专业教育主要是掌握各领域的制作能力，而游戏项目主要是组成团队，制作具有商业化水平的游戏。这种互相补充式的教育课程在过去11年间创造出了平均就业率95%、在公募赛上获奖109次的成果。

在2011年，共进行了4个游戏制作课程，培养了53人，在5次游戏公募赛上获奖。在项目课程中，运用了与游戏开发公司相同的开发程序，如通过服务器发布alpha版本、beta版本、硬件测试等，从而最大限度地提高了在游戏开发公司现场工作的适应能力。另外，受训生开发的游戏《Link》成功进入具有世界最高权威的国际游戏公募赛——IGF决赛，取得了优秀的成绩。

(3)运营企划创作课程。

企划创作课程是以多种多样题材的融合及有创意的故事为基础，进行新的尝试并制定新的创作框架的课程，也是能够听到各界各领域顶级专家讲课和专题的课程。

为培养创意企划者及PD的企划创作课程，通过完成自己的项目可以获得新经验。在完成项目期间，可以随时得到相关领域专家的咨询和评价，完成的项目将通过障碍体系(hurdle system)进行鉴定，再经由最终对接等活动推进商业化，从而打下进入制作阶段的基础。

当今世界是超越融合、走向统合的世界，企划创作课程作为顶级的导师和教育体系，2011年度通过2门课程，培养了17名资讯企划创作人才和5名资讯项目人才，共22名创意人才。他们所完成的作品及获奖作品有：《发射露露菲菲爱之波》(已出版、全国书店销售)、《萨满故事》(在Daum网站连载)、《黑白人的诞生》(被选定为首尔产业通商振兴院的漫画制作扶持事业)、《女神在看着呢》(获三星文化财团新人PD奖)等。

### 3. 培养资讯人才

(1)战略地区专家课程。

战略地区专家研修分别在电视剧及K-pop两个领域进行。首先，电视剧部分以“美国电视剧集体创作及制作程序的理解”为题，组织了21名研修生在美国洛杉矶进行研修。集体创作是美国电视剧最大的特点，因此，请当地作家、PD等给大家讲解这一集体创作过程，并组织探访拍摄现场、作家协会、代办公司等，创造了理解美国电视剧的制作结构及程序的机会。

K-pop部分在具有最高人气和出口业绩的国家之一——日本以商务研修的形式进行。与日本最大的唱片公司Sony、Universal、Avex、King Records、Teichiku Entertainment等建立了联系网，听取了当地市场现状、宣传方法、商务现状等，对于制定K-pop进军日本市场的战略提供了极大的帮助。另外，通过了解日本著作权、作品的使用实例，也为今后进军日本市场时如何灵活使用我们的作品和权利等方面提供了参考。日本的研修活动共有20人参加。

(2)运营产业界专业人才研修。

以文化资讯领域产业界专业人才为对象的职务课程是进行各领域所需教育的短期培训课程，在2011年，划为文化资讯、游戏、播放等领域分别实施。特别是2011年新开设了以青少年为对象的创意课程(创造快乐的媒体世界)，不仅进行了针对现有企业的职务教育，而且实施了以青少年为对象的弱势阶层教育，拓展了教育的范围。产业界专业人才研修通过11个课程，培训了227人，满意度为

92. 5 分。

表 3-1-5　　产业界专业人才研修课程名及人数

| 课程名 | 时间 | 人数 |
|---|---|---|
| 文化资讯领域公务员教育课程 | 6. 13—15 | 16 人 |
| SNS——媒体、出版的方向性研究课程 | 6. 22—23 | 22 人 |
| 游戏领域公务员教育课程 | 6. 20—22 | 13 人 |
| APP 创作课程 | 7. 25—8. 5 | 11 人 |
| 游戏领域教学研修课程 | 7. 18—19 | 15 人 |
| 播放领域教学研修课程 | 8. 30—31 | 13 人 |
| 青少年创意课程——创造快乐的媒体世界 | 10. 6—12. 8 | 16 人 |
| 创意性思考(公益、电影、广告、演出)课程 | 10. 18 | 43 人 |
| 文化资讯成功事例(OSMU)课程 | 10. 26 | 19 人 |
| 多文化资讯制作的理解 | 11. 17—18 | 14 人 |
| 音乐剧走向百姓 | 2012. 2. 28 | 45 人 |
| 合计 | | 227 人 |

#### 4. 运营网络资讯学院

2011 年，网络资讯学院为运营多种多样的授课课程，新开发、补充了 4 个资讯企划、3 个流通、7 个制作共 14 个课程；并邀请专家以特别讲座的形式开发了 18 个视频讲座。这些课程均以各领域最新技术及动向为主题进行，并增补了漫画阅读、移动 APP 商务、3D 游戏等级设计、动向观察、SNS 商务战略、创意设计等反映最新动向及技术的讲座。特别是，为顺应移动环境，增加了移动 Web/APP 开发及 Web 与移动资讯管理所需的 LMS(学习管理体系)功能。

除了开发上述具有一线实践性、趋势性、专业性的教育内容之外，还致力于开发防止个人信息泄露等技术保护措施，如引进公共 I-PIN、手机认证、网站安全标志、个人信息保护优秀网站认证等，以便开展更安全可靠的网络教育。

2011 年，在文化资讯、播放影像、游戏 3 个领域，共有 155 个在线课程每月运营 2 次，共有 26 314人参与了教育培训。

#### 5. 培养连接国内外的融合型创意人才

(1)企业参与型项目教育。

海外专家项目型教育事业是通过运营邀请海外现场专家参与的项目，来培养具备国际竞争力的实务人才的一项工作，自 2009 年始开始实施。首先，选拔出品人、导演、作家等海外现场专家以及企划制作/运营项目的企业(机构)，从他们那里获取经验技术，然后为参与人员及普通人提供教育机会。

资讯创意人才辅助工作是通过发掘资讯创作领域具有特色的导师及选拔、对接学员，实施以项目为中心的实务型教育课程，共进行了 38 个项目。通过这项工作，使学员直接参与了一些影视剧的实际拍摄，推进了实质性的现场教育，如参与了第 24 届 KBS TV 电视剧独幕剧本公募赛获奖作品《鼠火游戏》、电影《啪啪》的辅助创作，阶段性参与电影《歌婢》等的摄制。

同时，为了培养缺乏教育机会的地方专业人才，通过在釜山、大邱、全州设立资讯学院进行扶持，共培养了 84 名地方资讯专家；还邀请海外技术指导等海外专家传授国际经验，共培养了 555 名人才。

表 3-1-6　　邀请海外专家参与项目的主要工作业绩

| 分类 | 2009 年 | 2010 年 | 2011 年 |
| --- | --- | --- | --- |
| 工作名称 | 运营邀请海外巨匠参与的教育 | 国内外巨匠参与项目的教育 | 企业参与型教育 |
| 工作内容 | 直接教育<br>（1 周，举办工作坊及研讨会）<br>间接教育<br>（1 周~3 个月，19 个项目支援） | 运营国内外专家项目型教育 | 资讯创意人才辅助工作<br>扶持地区学术研讨会<br>邀请海外专家的教育 |
| 工作业绩 | 共培养 1 521 名<br>直接教育 605 名<br>间接教育 916 名 | 共运营 8 个课程<br>（海外 6 个，国内 2 个）<br>项目培养 254 名(3 个月) | 导师 21 名，培养学员 48 名<br>3 个地区学术研讨会，培养 84 名<br>邀请海外专家的教育 3 次，培养 555 名 |

(2)扶持培养产业界定制型人才。

产业界定制型人才培养的扶持工作是通过依据《产业教育振兴及产学合作促进法》，与企业等签约而实施、运营的学部及学科来实施的。该工作向文化资讯领域的融合技术领域提供实务型产学项目扶持，培养定制型人才。目前运营两类学科，一类是以雇用为前提的雇佣条件型签约学科，即在企业和大学间签署毕业后即雇用的合同，学生毕业后直接去企业就职；另一类是再教育型签约学科，即为了向企业所属职员提供在职教育机会，或提高职务能力、转职教育的机会，以承担费用或委托教育的形式而开设的在职教育型签约学科。

签约学科所选拔的学员一直到毕业为止，都将以奖学金获得者的身份学习，毕业后即就业于签约企业。签约学科的扶持始于 2009 年，当年培养了 40 名学员，至 2011 年共扶持了 10 所大学，培养了 487 名学员。

表 3-1-7　　签约学科扶持现状

| 大学/学科 | 学生数(名) | | | |
| --- | --- | --- | --- | --- |
| | 2009 年 | 2010 年 | 2011 年 | 合计 |
| 嘉泉大学 | | 40 | 60 | 100 |
| 光云大学 | | 15 | 30 | 45 |
| 大林大学 | 20 | 20 | 20 | 60 |
| 东釜山大学 | | 20 | 40 | 60 |

续表

| 大学/学科 | 学生数(名) | | | |
|---|---|---|---|---|
| | 2009 年 | 2010 年 | 2011 年 | 合计 |
| 艺苑艺术大学 | | 15 | 15 | 30 |
| 龙仁大学 | | | 12 | 12 |
| 韩国产业技术大学 | 20 | 20 | 40 | 80 |
| 韩独媒体大学院大学 | | | 10 | 10 |
| 翰林大学 | | 20 | 40 | 60 |
| 湖西大学 | | 10 | 20 | 30 |
| 合计 | 40 | 160 | 287 | 487 |

(3)大力扶持资讯创意人才的培养。

扶持运营国内合作大学资讯创意课程的工作是为了引导现有制度下教育的革新和变化，以扶持开设融合型创意人才教育课程、培养资讯企划/制作领域的统摄型创意人才为目的而企划的项目，自2009 年开始，通过与国内大学的合作推进课程的实施。2011 年，首尔大学、延世大学、高丽大学、韩国艺术综合大学的 870 名学生受益于与企业合作进行的融合型教育。

扶持海外硕士课程的工作是以培育新一代国家成长动力产业——资讯领域的国际化高级创意人才为目的，将国内资讯学院及海外优秀大学(Carnegie Mellon University ETC，CMU ETC，卡内基梅隆大学)联系起来，扶持其硕士课程的运营，培养具有创意精神的企划者及优秀的技术开发人才。2010 年、2011 年各有 7 人入学于 CMU ETC，共有 14 人正在海外攻读硕士课程，促进了向资讯产业输入优秀人才，并推进了资讯人才的高层次化。特别是 2009 年入学于 CMU ETC 的第一届毕业生，有 87.5%就业于 Disney、Aeria Games、Stereo D、三星 UX 设计等国际化资讯企业，正在成长为资讯领域的领导级人才。

表 3-1-8 **2011 年人才培养工作的主要工作业绩**

| 分类 | 具体工作名称 | 主要工作业绩 |
|---|---|---|
| 培养 3D 立体资讯专业人才 | 培养 3D 立体资讯专业人才 | ①培养 3D 立体资讯专业人才：46 个课程，487 人结业；满意率：97.02<br>3D 立体制作技术人才培养课程：41 个课程，418 人<br>与项目相连的 3D 立体领导人才培养课程：5 个课程，69 人<br>②3D 立体教材的开发(3 种)<br>3D 立体影像制作基本工作流程指南教材<br>Avid MC6 S3D Editing 教育教材<br>Nuke 3D 立体综合教材<br>③3D 立体制片领域立体教育系统的构建<br>(试映室、照明设施、Quantel iQ 2K 等)<br>④对外获奖<br>作品《27 年后》获得 LA 3D Movie 庆典大奖<br>《萤火虫的草丛》获得 I3DS 庆典大奖 |

续表

<table>
<tr><th>分类</th><th>具体工作名称</th><th>主要工作业绩</th></tr>
<tr><td rowspan="3">运营韩国资讯学院</td><td>播放影像领域</td><td>①VFX 建模、动漫 15 人，满意率 90<br>②VFX 合成渲染 9 人，满意率 98<br>③动态图像 11 人，满意率 96<br>④数码音响制作 8 人，满意率 94<br>⑤C4D for Motiongrapher 11 人，满意率 98.5<br>⑥国际资讯商务课程 15 人，满意率 90.6<br>⑦对外获奖<br>《Eiffel & Leffie》作品获得大韩民国 3D 资讯公募赛金奖<br>被选定为 EBS 加油新人(EBS/KOCCA)9 月份加油新人</td></tr>
<tr><td>游戏制作领域</td><td>①游戏制作课程 53 人结业，满意率 94.7<br>游戏设计(企划)9 人，游戏编程 9 人，游戏画面 14 人，游戏项目课程 21 人<br>②2011 年共在 5 次游戏公募赛上获奖<br>IGF 国际游戏公募赛(世界最具权威的大赛)进入决赛<br>2011 年独立游戏(Indie Game)公募赛获得银奖、鼓励奖<br>2011 年 NAVER 文学奖入选<br>2011 年 NEXON 艺术庆典获得最佳新人奖</td></tr>
<tr><td>企划创作领域</td><td>①资讯企划创作 17 人，资讯项目 5 人，满意率 92.9<br>②项目及获奖业绩<br>《发射露露菲菲爱之波》出版——全国书店销售中(2011.11)<br>《萨满故事》——Duam 网络连载已结束，正在准备第 2 季<br>《黑白人的诞生》——入选首尔产业通商振兴院漫画制作扶持事业<br>《女神看着呢》——获得三星文化财团新人 PD 奖</td></tr>
<tr><td rowspan="2">培养文化资讯人才</td><td>战略地区<br>专家课程</td><td>①美国电视剧集体创作及制作过程的理解 21 人结业，满意率 97.1<br>②日本 K-pop 商务专家研修 20 人结业，满意率 99.0</td></tr>
<tr><td>职务课程</td><td>①文化资讯领域职务教育 11 个课程，227 人结业，教育满意率 92.5<br>②实习教育项目 29 人</td></tr>
<tr><td rowspan="2">扶持工作</td><td>电视剧出品人学校</td><td>①电视剧出品人培养课程 37 人结业<br>企划出品人课程：18 人，制作出品人课程：19 人<br>教育满意度 94 分，就业率 75%<br>②《手指 rand》获得 2011 年大韩民国智能媒体 APP 公募赛大奖</td></tr>
<tr><td>纪录片导演学校</td><td>纪录片导演学校 51 人结业<br>制作导演：41 人，营销指导课程：10 人<br>教育满意度 84 分，就业率 98%</td></tr>
</table>

续表

| 分类 | 具体工作名称 | 主要工作业绩 |
|---|---|---|
| 运营网站 | 网络资讯学院 | ①资讯开发及升级：开发了 14 个课程<br>②企划财政部顾客满意度 87 分(同比上升了 0.6 分)<br>③运营远程教育课程：155 个科目，26 314人结业<br>④举办开放特别讲座及 B/L 特别讲座共 29 次(共1 853人参加)<br>⑤通过获得信息保护及品质认证，提升网络资讯学院的地位<br>获得网络安全网站标志、个人信息保护优秀网站认证(2011. 12)<br>获得资讯提供服务品质认证书(KOCCA，2011. 12) |
| | 运营综合<br>人力信息体系 | ①媒体实习项目：24 个企业，44 人对接<br>②雇用信息、人才信息登记：共26 428件<br>简历4 653份，档案6 129份，雇用信息15 646件<br>③举办线上/线下扶持就业活动：2 025人参加<br>线下就业特别讲座/导师之日：281 人参加<br>线上活动：1 744人参加 |
| 培养建立国内外<br>联系的融合型<br>创意人才 | 企业参与型项目教育 | ①资讯创意人才辅助工作：发掘导师 21 人，培训了 48 人<br>②扶持地区学院：釜山 36 人，大邱 20 人，全北 28 人，培训了 84 人<br>③邀请海外专家参与的教育：进行了 3 次，培训了 555 人 |
| | 扶持培养企业界<br>定制型人才 | ①签约学科：10 所大学 287 人接受培训<br>②签约学科运营务实化：教学满意率 80%<br>③教育环境的改善：学生满意率 80% |
| | 大力扶持强化资讯<br>创意人才培养 | ①扶持与学院建立联系的海外硕士课程(共 14 人)<br>运营国内教育课程(新生 7 人，6 个月)、海外硕士 14 人的学费支援<br>②扶持国内合作大学资讯创意课程的运营(38 个课程，培训 870 人) |

### 6. 运营电视剧出品人学校

电视剧出品人学校的目的是培养能够成为资讯产业的核心，并持续引领韩流的、具有创意精神的电视剧出品人。教育课程由企划出品人课程和制作出品人培养课程(每周 4 天，共 10 个月)组成，2011 年度共有 37 名学员完成了这 2 个课程。

企划出品人课程以电视剧的概念构想、商务及管理、宣传及营销为中心实施，制作出品人课程实施电视剧制作所需的摄影、音响、照明、编辑等深层次的导演教育培训。特别是开展了在电视剧制作公司进行的一对一师徒现场实习教育、与电视剧制作协会所属会员公司建立联系的就业扶持项目，2011 年，75%的结业者(继续攻读研究生者除外)进入了电视剧制作一线工作。另外，本课程的学员在“2011 年大韩民国智能媒体 APP 公募赛”上获得了 UCC 大奖。

### 7. 运营纪录片导演学校

纪录片导演学校以制作高品质播放资讯及提高独立制作公司竞争力为目的，开设培养纪录片等影像资讯制作及营销专业人才的课程。为了培养具备企划能力和创意能力的专业导演，运营了制作导演课程、营销导演课程(每周 5 天，共 10 个月)。2011 年度制作艺术导演课程有 41 人结业，营销导演课程有 10 人结业。

制作导演课程由播放修养及演出理论、节目制作实习、毕业作品制作、现场教育等构成，营销导演课程通过营销理论及实习、参加 BCM(釜山资讯市场)展销会等方式致力于营销及商务能力的培养。特别是通过以现场为中心的实习活动，在现场培养了具有竞争力的制作、流通人才，在 2011 年结业的 51 人中，有 50 人成功就业(就业率 98%)。

### 8. 加强对雇佣的扶持

当前国内年轻人失业率特别是大学毕业生的失业率居高不下，为缓解就业压力，施行了资讯产业领域多种多样创造就业岗位的政策。在雇佣劳动部的青年实习制度占大部分的现实情况下，2011 年运营了为资讯领域定制的实习制度——媒体实习，为小型资讯企业提供扶持资金，为希望就业于资讯领域的年轻人提供现场实习的机会。媒体实习网有 24 个企业参与，共选拔了 44 人实习，其中 21 人已经转为正式员工。

表 3-1-9　**就业扶持活动的就业业绩**

| 分类 | 活动内容 | 实施次数 | 就业业绩 |
|---|---|---|---|
| 就业扶持活动 | 资讯领域就业特别讲座 | 4 次 | 231 人 |
| | 师徒制项目(导师之日) | 2 次 | 50 人 |
| 大型就业活动 | 在线活动 | 4 次 | 1 744 人 |
| 合计 | | | 2 025 人 |

以希望就业于资讯领域的人员为对象，实施了多样化的就业项目，如为了向他们提供了解一线情况的机会，选择游戏、电影、播放、音乐领域的专家为导师，实施了 2 次师徒制项目；邀请资讯领域的专家，提供关于就业实务信息的资讯领域就业特别讲座，共进行了 4 次(游戏、播放、动漫、作家领域)。

此外，为了强化综合人才信息体系，举办了多种多样的在线活动，建立了人才银行 DB，提供了多种多样的就业信息。

表 3-1-10　**综合人才信息体系的主要业绩**

| 工作内容 | 分类 | 之前累计 (—2007. 12) | 2008 年 (2008. 1—12) | 2009 年 (2009. 1—12) | 2010 年 (2010. 1—12) | 2011 年 (2011. 1—12) | 总计 |
|---|---|---|---|---|---|---|---|
| 简历 | 简历 | 4 366 | 3 574 | 7 838 | 17 351 | 4 653 | 37 782 |
| 档案 | 档案 | 31 | 99 | 8 168 | 7 173 | 6 129 | 21 600 |
| 雇用公告 | 雇用公告数量 | 38 381 | 12 417 | 15 864 | 37 323 | 15 646 | 119 631 |

## (三)对制作基础设施的扶持

### 1. 制作基础扶持工作的推进现状

(1)运营现状。

①播放会馆制作中心的运营现状。

播放会馆位于首尔市阳川区木洞，占地面积 4 653.5m$^2$，地上 21 层、地下 6 层，播放影像资讯制作的扶持设施位于 4~6 楼，共有 3 层，主要制作设施有 HD/SD TV 演播室、后期制作扶持设施、HD 制作扶持中心等。

表 3-1-11 **播放会馆制作中心的主要设施**

| 分类 | 主要设施 |
|---|---|
| TV 演播室 | 大小：第 1 演播室 518.1m$^2$<br>第 2 演播室 138.6m$^2$<br>演播室、副控制室、照明设备等 |
| HD/SD<br>后期制作扶持设施 | HD 综合编辑室 2 个，SD 综合编辑室 1 个<br>录音室 1 个，混音专用演播室 1 个，编辑室 6 个 |
| HD<br>制作扶持设施 | NLE 综合编辑室 3 个，HD ENG 照相机 6 台<br>色彩修正室及录音演播室正在增设(2012 年) |

这些扶持设施是从 2002 年开始，为了国内的小型独立制作公司、播放影像资讯外包制作公司等顺利地进行资讯制作与资讯供求而给予的支持。这其中也包括构筑了能够共同使用的间接扶持基础设施，以便为更多的制作公司提供廉价使用昂贵播放影像资讯制作设备的机会。另外，这些设施同时还被应用为韩国资讯振兴院推进的专业人才培养工作的实习设施，通过在播放影像资讯制作一线进行实习，为提高教育的质量作出了贡献。

播放会馆制作中心自 2002 年构建以来，一直通过委托运营公司运营这些设施。但自 2009 年开始，推进了将制作中心老旧设备替换成 HD 设施的工作，全面改善了系统运营的方式，自 2011 年 6 月开始，已经完成向 HD 转换的 TV 演播室直接运营。

②DMS 制作中心的运营现状。

位于首尔市麻浦区上岩洞的数字魔幻空间(以下称为 DMS)制作中心是为了应对政府方针，即 2012 年数字播放在全国的实施及多频道时代影像产品的出现，通过构筑最尖端的播放影像资讯制作扶持设施，扶持制作条件不足的国内小型制作公司的制作，从而促进播放影像产业的均衡发展及数字播放的早期实现而营造的。

TV演播室层

TV演播室、副控制室

Digital录音演播室

Linear综合编辑室

图 3-1-1　播放会馆制作中心

占地面积为3 305. 8m$^2$，地上 12 层、地下 2 层，2004 年开始动工，2006 年竣工，至 2007 年构筑了播放影像制作基础设施并运营至今。DMS 的全部设施中，播放影像资讯制作中心位于地上 1~5 层，6~12 楼入驻了播放相关的企业。

表 3-1-12　**DMS 制作中心主要设施**

| 分类 | 主要设施 |
| --- | --- |
| 第 1 演播室 | 大小：597m$^2$<br>演播室、副控制室、照明设备等 |
| 第 2 演播室 | 大小：198m$^2$<br>演播室、副控制室、照明设备等(可以进行虚拟演播) |
| 第 3 演播室 | 大小：475m$^2$<br>演播室、副控制室、照明设备等 |
| 后期制作扶持设施 | 综合编辑室 2 个(Linear 综编室 1 个，NLE 综编室 1 个)<br>录音室 1 个、编辑室 10 个、媒体变换室 1 个 |

制作中心是亚洲首个 Full HD(全高清)共同制作扶持设施，在当初设计时，考虑到国内的播放环境，是按照可以同时制作 HD 及 SD 级播放影像资讯的标准构建的。该设施主要是扶持 HD 的制作，因此在构建演播室时，建为适合 HD 播放资讯的宽轴结构。

综合编辑室与个人编辑室作为后期制作扶持设施，是国内首个设计、构建的经由中央服务器的 NPS (Network Production System)，并引入了以文件为基础的 Tapeless System，该系统在用户需要时，可以在没有录像带的情况下，以文件的形式完成演播室制作、临时编辑、音响作业、最终母带后期处理等。

HDTV演播室层

HDTV演播室、副控制室

7.1 Surround Digital录音演播室

HD Linear综合编辑室

图 3-1-2　DMS HDTV 制作扶持中心

DMS 制作中心自 2007 年建成以来运营至今，运营初期实施了委托给运营公司运营的模式，但为了使更多的制作公司能够有机会使用，提高设施的利用率，于 2010 年年中开始，试着进行 TV 演播室的直接运营，2011 年 2 月开始实现了 3 个 TV 演播室全部直接运营的运营体制。

③构建及运营 3D 立体影像制作扶持中心。

2010 年上半年开始，全世界进入了电影《阿凡达》开创的 3D 立体影像资讯时代，国内制作公司为了与海外 3D 立体影像资讯竞争，开始对 3D 立体影像资讯制作产生了极大的兴趣。但是，由于国内的制作公司是小规模的，在向 HDTV 制作转换都面临困难的情况下，更难以引进昂贵的 3D 立体影像资讯制作的基础设施及 3D 立体影像专业人才。

因此，韩国资讯振兴院为了提供能促进 3D 立体影像发展及制作优秀资讯所需的制作基础设施，自 2010 年开始大力推进 3D 立体影像制作基础设施的建设，2011 年年末逐步完成了 3D 立体影像摄影、编辑、母带后期处理等所需的一系列扶持设施的建设，通过这些设施，积极促进了 3D 制作基础设施扶持事业。

3D母带后期处理及试映室

3D摄影系统

图 3-1-3　DMS 3D 立体影像制作扶持中心

### 2. 主要工作推进成果及今后的计划

(1)2011 年工作推进现状。

①中长期大型资讯制作基础设施的构筑。

自 2010 年开始，文化体育观光部与播放通信委员会共同推进的数码播放资讯扶持中心的建设工作(以下称“扶持中心”)正由韩国资讯振兴院在一山的韩流大世界进行构建。目的是为了应对未来播放市场环境的变化，构建与播放影像资讯产业直接相关的设施，扶持资讯产业的培育及其积极发展。正在构建的扶持中心总投资为2 276亿韩元(文化体育观光部1 172亿韩元，播放通信委员会1 104亿韩元)，总占地面积为10 702m$^2$，建筑面积为56 492m$^2$(地下 4 层、地上 20 层)，主要设施如下：

表 3-1-13　　**数码播放资讯扶持中心的主要设备**

| 设施 | | 数量 | 具体功能 |
|---|---|---|---|
| 企划(开发) | 孵化 | 5 间 | 为构思的实现、新概念资讯创作、制式开发、共同制作项目所需的实习设施扶持 |
| 制作 | 演播室 | 6 间 | 525 坪 1 间，313 坪 1 间，150 坪 4 间 含副控制室 |
| | 编辑室 | 17 间 | HD 综合编辑室 7 个，个人编辑室 10 个 |
| | 录音配音棚 | 4 间 | 5. 1CH 杜比录音及音响配音功能 |
| 输送 | 输送设施 | 15CH | 将 15 个 PP 频道的资讯以数码的形式输送给平台企业 |
| 流通(灵活使用) | 制式转换室 | 1 间 | 支持国内、海外 OSMU 所需的多功能制式转换 |
| | 综合测试台 | 1 间 | 数字播放等双向资讯的新媒体平台的具体体现及测试扶持 |
| | 存档、在线流通 | 各 1 间 | 为资讯的保存、灵活使用所需的数据库及在线流通提供系统扶持 |
| 广域制作扶持 | HD 转播车 | 1 台 | 全国范围的 HD 制作、输送扶持 |
| 商务 | 教育、办公室 | 15 间 | 资讯创作/企划、制作新技术、流通/营销领域等的教育、办公设施扶持 |
| 其他 | 商街、体验馆 | | 入驻及来访企业所需的便利设施，为普通公众提供的体验设施 |

扶持中心 2009 年实施了初步可行性调查，2010 年 4 月成立了共同工作推进团，2010 年 7 月制定了基本计划，2011 年开始了主体工程，2011 年 12 月大约完成了总构建工程的 14%，计划 2013 年 7 月完工。

此外，韩国资讯振兴院还正在推进“HD 电视剧城组建工作”，目的是构建推进电视剧专业题材特色化共同制作的扶持设施。该项工作正在组建制作具有竞争力的国内电视剧所需的、以大型演播室为主的制作园区，目的是增强韩流的核心题材——电视剧的海外竞争力。正在推进把建设地点定在大田广域市儒城区的世博会科学公园内，总体规模为占地面积66 118m$^2$，建筑面积33 421m$^2$。预计构建的主要设施有以大型外景地为中心的大型演播室(4 959m$^2$(1 500坪)、3 306m$^2$(1 000坪)、1 653m$^2$(500坪)等)、特效演播室、特殊设施演播室、美术中心、野外摄影地等。2010 年进行了初步可行性调查，2011 年 2 月确定了 HD 电视剧城的建设地点，2011 年制定了基本计划，计划于 2015 年上半年竣工。

图 3-1-4　数字播放资讯扶持中心俯瞰图

②构建 3D 立体影像制作扶持基础设施。

韩国资讯振兴院为了提供可以促进 3D 立体影像发展及制作优秀资讯所需的基础设施，自 2010 年开始大力推进 3D 立体影像制作扶持基础设施的建设。2010 年构建了 3D 立体影像拍摄系统 2 套、立体影像编辑扶持设施、试映室等，为扶持国内 3D 立体影像资讯制作扶持提供了所需的基础设施。2011 年，为加强 3D 立体影像制作所需的设施扶持，在上岩洞 DMS 制作中心内设立了 3D 立体影像制作中心。为扶持多种题材的 3D 立体影像资讯制作及增强与海外 3D 立体影像资讯的竞争力，在此构建了多样化的拍摄系统加固及 3D 色彩校正、母带处理等设施，从而构建了 3D 立体影像的拍摄—编辑—母带处理的一站式扶持体系。该设施不同于一般的租借，而是为了活跃国内 3D 立体影像资讯初级市场的资讯制作，通过评估、选定后，仅以相当于设备维护费用的超低价格，即可租用 3D 立体影像制作设备。另外，在 2012 年为了扶持号称 3D 立体影像主打资讯的体育赛事、演出的影像资讯制作，计划引入 3D 立体影像转播车，将对国内 3D 立体影像播放的发展作出巨大贡献。

表 3-1-14　　3D 立体影像制作中心拥有的设备

| 3D RIG 拍摄体系 | |
|---|---|
| Set 1 | Freestyle RIG，Sony P1 HD Camera，Fujinon Lens |
| Set 2 | Freestyle RIG，Sony P1 HD Camera，Fujinon Lens |
| Set 3 | Quasar Rig，Sony F3 2K Camera，Angenuex Lens |
| Set 4 | Pulsar Rig，Sony F3 2K Camera，Angenuex Lens |
| Set 5 | 3Ality TS2 Rig，RED Epic 4K Camera，Angenuex Lens |
| Set 6 | 3Ality TS2Rig，RED Epic 4K Camera，Angenuex Lens |
| 3D 后期制作扶持体系 | |
| Mastering | Quatel Pablo 4K 3D |
| Editing | Autodesk Smoke on Mac System |
| Editing | Apple FCP System For 3D |

③扩建播放影像资讯制作基础设施。

自 2002 年起在木洞播放会馆内构建、运营的播放影像资讯制作扶持中心，自 2006 年起由韩国资讯振兴院在 DMS 制作中心构建、运营 HD 制作扶持设施。播放会馆的制作中心建于 2002 年，全部都是 SD 制作设施，且均已老化，独立制作公司在制作播放影像资讯时有很多困难。因此，自 2009 年起，开始推进“独立制作公司制作基础设施扶持工作”，即针对 2013 年地面波向数字的转换，将播放会馆制作中心的 SD 制作扶持设施转换成最新的 HD 制作扶持设施。2009 年首先将老化最严重的 SD 综合编辑室和录音演播室转换成了 HD 的，2010 年进行了 SDTV 1 演播室（$514m^2$）和副控制室的 HD 转换，2011 年进行了 SDTV 2 演播室（$142m^2$）和老化的 VCR 编辑扶持设施的 HD NLE（Non-Linear Editing System，非线性编辑系统）转换。HD 共同制作扶持设施的扩大，为国内独立制作公司提供了以低廉的价格、多样化的方式使用播放影像资讯制作基础设施的条件。在 2012 年经过剩余编辑设施及录音演播室的最新 HD 数字转换后，木洞的播放会馆制作中心完成了全部设施向 HD 数字制作的转换，自 2013 年起，计划推进将上岩洞 DMS 制作中心的老化设备升级为最新设施的工作，使国内播放影像资讯制作公司能够在多样化的环境下，进行高品质的播放影像资讯制作，持续为他们提供良好的制作基础环境。

④其他运营现状。

此外，韩国资讯振兴院还与 KIMAC（韩国产业技术媒体资讯财团）合作，共同运营上岩洞民族梦广场内的共同制作中心。民族梦广场共同制作中心是依据 2008 年 12 月文化体育观光部与知识经济部之间签署的运营 MOU，由韩国资讯振兴院主导运营的设施，通过运营具备国际水准的尖端设备及设施，以增强数字资讯产业的国际竞争力、构建稳定的高附加价值资讯生产体系、活跃海外企业的招商引资为目的，为扶持音乐电视、CF 拍摄、电视剧、电影等资讯的制作提供基础设施。2011 年，为扶持高画质 4K 级数码资讯拍摄，首先构建了 4K 数码拍摄系统、3D 动漫、特效描绘所需的渲染农场（Renderfarm）体系，今后计划通过持续投资于民族梦广场共同制作中心的基础设施建设，来持续进行渲染农场的扩充及尖端 NLE 体系的构建。

特殊拍摄演播室

高端编辑室

HD演播室

媒体转换室、渲染室

图 3-1-5　民族梦广场共同制作中心

(2)今后播放影像资讯制作基础工作的推进计划

提供客户取向的最尖端资讯制作基础设施。

为了提高正在运营的播放会馆制作中心及 DMS 制作中心的制作竞争力及利用率，文化体育观光部正努力保障能够持续提供尖端制作设备。除地面波播放公司外，DMS 制作中心提供了国内最大规模的 HD 播放影像资讯制作基础设施，3D 立体影像制作支援基础设施也是国内最大规模的设施，为了加强 3D 立体影像资讯制作，通过提供多种多样的基础设施来推进制作扶持工作。另外，还在开发和推进前文所提到的建设一山数字播放资讯扶持中心及 HD 电视剧城的新工作，为提高国内播放影像资讯制作公司的制作竞争力，计划持续地推进基础设施扶持工作。

## (四)扶持培育新一代资讯产业

### 1. 概要

文化体育观光部为应对 2011 年资讯产业发展模式的变化，并以此为契机创造出资讯的高附加价值，决定以开拓资讯产业的新市场及抢占国际市场为目标，培育、扶持新一代资讯产业。

表 3-1-15　　**扶持培育 2011 年新一代资讯产业**

| 工作名称 | 数字资讯产业的培育 | 新一代融合型资讯产业的培育 |
|---|---|---|
| 工作内容 | 加强数字资讯制作<br>建立数字资讯生态系统<br>加强数字资讯流通 | 培育电脑制图产业<br>扶持发掘虚拟现实资讯<br>扶持发掘虚拟世界资讯<br>扶持发掘智能资讯 |
| 预算 | 90 亿韩元 | 75 亿韩元 |
| 合计 | 165 亿韩元 | |

### 2. 主要政策

(1)培育数字资讯产业

①建立数字资讯生态系统。

1)扶持新一代资讯的共同成长

2011 年的“新一代资讯共同成长扶持工作”，发掘了大企业与中小企业之间的共同成长项目，筹集了包括 186 亿韩元民间资本在内的共 233 亿韩元工作资金，扶持了中小资讯企业。被选定为新一代资讯企业共同成长扶持工作的项目，在总事业资金中，国库和民间资金的比例将分别为 20%、80%，也就是说与国库扶持资金相比，民间资金的比重多出 4 倍以上，从而为中小企业提供实实在在的优惠，这一工作宗旨需要大企业的认同，并积极参与进来。部分中小资讯企业虽然具有优秀的开发能力，但商业化能力不足，从而使得它们在实现自己的工作时会遇到很多困难。通过该项工作，使它们能够得到大企业的资金和营销扶持，从而可以开创新市场，得到进军国际市场的机会。除了对中小资讯企业给予资金扶持外，还以大、中小企业相关人员为对象，提供“企业间公正交易法律扶持服务”，改变了大企业凭汇票支付的惯例，变成现金支付。另外，参与了“新一代资讯共同成长扶持工作”的中小企业，在利益分配方面也比以前有了很大的提高。

此外，与文化体育观光部组建了“共同成长协会”，在文化资讯产业界努力创造可持续发展的共同成长文化。扶持工作所取得的成果有：LG 电子国际财团制作的游戏、教育性娱乐、数字图书的 3D 教育资讯等在海外成为热点文化资讯；三星电子国际财团将 JYP 所属歌手在日本的演出，黑眼豆豆合唱团(Black Eye Piece)、布兰妮·斯皮尔斯(Britney Spears)等海外著名歌手的演出，制作成富有现场感的 3D 影像，在三星智能 TV 播出；SK 通信国际财团集中扶持了 Cyworld APP 商店使用的 SNG APP 资讯的制作。CJ E&M 国际财团将韩国首部音乐剧《悄悄地来吧》以媒体立面(Media Facade)技法，运用 3D、全息影像等技术重新进行了创作。由此，将音乐剧与尖端技术相结合，使文化资讯的附加价值最大化，展示了今后韩国音乐剧的未来。SK Planet 国际财团构建了支持将应用程序作用于多数智能机和平台的交叉平台，以中小文化资讯企业为对象，扶持它们进行环境开发和技术教育。大桥国际财团将自己拥有的教育资讯重新打造成智能资讯，与参与的中小资讯企业共同进行了营销。另一方面，对于参与制作的中小企业的资讯，大桥还扶持它们利用自己构建的公司网络进行宣传。

韩国资讯振兴院招商来的大企业有三星电子、LG 电子、SK Planet、SK 通信、CJ E&M、大桥等国内有代表性的大企业，参与的中小企业有 100 余个。2012 年“新一代资讯共同成长扶持工作”将继续推进招商大企业及扩大对中小企业的扶持。

表 3-1-16 **2011 年新一代资讯共同成长扶持工作**

| 主管大企业 | 参与企业 | 课题名称 |
|---|---|---|
| 三星电子 | Remedia Rap 等 22 个公司参与 | Korean 3D Wave |
| LG 电子 | Ocon 等 30 个公司参与 | 进军国际市场的智能资讯制作 |
| SK Planet | Mojens Rap 等 10 个公司参与 | 以交叉平台为基础的智能资讯制作 |
| CJ E&M | Musical Haven 等 9 个公司参与 | 以影像技术为基础的音乐剧再创作 |
| 大桥 | 大奥软件等 8 个公司参与 | 教育用智能资讯的制作 |
| SK 通信 | Damon U 等 28 个公司参与 | SNS 平台 APP 资讯制作扶持 |

2)激活移动资讯产业。

为激发移动资讯开发者的创作欲望，通过促进国内外投资来增加进军国际市场的机会，对激活移动资讯产业的工作进行了扶持。主要工作由举办“智能资讯 2011 大奖 & 会议”活动，以及构筑、运营“智能资讯商用化扶持中心”等组成。

已经举办了 6 届的“智能资讯大奖 2011”，作为唯一一个发掘世界优秀智能资讯并为其颁奖的国际庆典，2011 年共有来自美国、日本、韩国等 15 个国家 119 个公司的 154 个智能资讯产品参展，最终选定了 7 个获奖作品，即游戏、娱乐、信息、SNS、教育 5 个领域的大奖，以及创意革新和智能 TV 2 个领域的特别奖。

表 3-1-17　　**智能资讯大奖 2011 获奖作品**

| 领域 | 资讯名称 | 公司名称 | 国家 |
|---|---|---|---|
| 游戏 | Maple Story：Cygnus | NEXON 移动 | 韩国 |
| 娱乐 | The Power of Six | Booktrack | 美国 |
| 信息 | Seoul Safety Guard | UV'S Valley | 韩国 |
| 社交网络 | NewsZapped News Keywords Social Network | NewsZapped Media | 马来西亚 |
| 教育 | SpeakingPal | SpeakingPal Ltd. | 以色列 |
| 创意革新 | Radio Alarm Clock HD | IN Site 媒体 | 韩国 |
| 智能 TV | Angry Ducking | Mini Gate | 韩国 |

“智能资讯 2011 大会”以“Smart Being @ Smarter Life”为主题，包括由 6 个方向组成的研讨会、APP 创作研讨会、投资对接等活动，共有1 000多名企业界相关人员参加，盛况空前。智能资讯商业化扶持中心的构筑、运营工作，由智能资讯难点技术扶持、基础设施扶持、智能资讯商业化扶持、智能资讯专业人才开发及创造就业岗位等工作组成。

②激活数字资讯流通。

1)新一代资讯大奖。

设立这一奖项，是为了发掘并奖励未来新成长动力——电脑制图（CG）、3D 立体影像等新一代优秀资讯产品，以激发业界的制作欲望。2010 年上、下半年共举办了 2 次，在 3D/CG、移动/IPTV、教育/信息等领域选定了数字资讯(DC)大奖；但在 2011 年 12 月将比赛调整为每年进行 1 次虚拟现实/虚拟世界、CG/3D 立体影像、智能资讯等领域的新一代资讯大奖比赛，共有 5 个作品获得了奖项。

通过评估构思的创意性、技术的优秀性、国内外市场竞争力、动向的先导性及产业贡献度，使技术和创意性相融合，选定了新一代资讯中具有发展前景的作品，其中，4D 主题公园 District 控股的 Live Park 获得了最高奖——总统奖。授奖仪式由漫画、动漫形象、动画、播放以及“大韩民国资讯大奖”共同举办，通过报纸广告和展示会等形式对获奖作品的宣传给予了扶持。

表 3-1-18　　**2011 年新一代资讯大奖获奖作品**

| 分类 | 领域 | 作品名称 | 业体名称 |
|---|---|---|---|
| 大奖(总统奖) | 虚拟现实/虚拟世界 | Live Park | District 控股 |
| 优秀奖（文化体育观光部部长奖） | CG | 电影 VFX“Quick” | 数码 IDEA |
| | 3D 立体影像 | 黑眼豆豆在巴黎的音乐会 | Remedia Rap、三星电子共同获奖 |
| | 智能资讯 | 泡泡糖童话 | 时空媒体 |
| 特别奖(院长奖) | CG | 昌德宫数字原型复原影像 | 3D Core |

2012 年也将与 2011 年一样，在 12 月份与其他题材联系起来，以“大韩民国资讯大奖”的形式共同举办。

2)启用资讯提供服务的品质认证制度。

资讯提供服务的质量认证是制定用户在网上购买、使用资讯过程中所接触到的服务应具有的品质标准，使运营商提高认识，改善网上资讯服务的品质，并通过营造高品质的资讯服务环境，来降低网上资讯使用者受损失的概率，从而使资讯的流通更加合理、更加活跃的制度。认证对象是在网上提供资讯服务(收费/免费)的网站，如企业拥有多个资讯服务网站，需要分别进行独立的认证(以 URL 服务为基准)；对网站内个别资讯或对资讯产品自身的认证，以及不包含网上传送的 B2B 交易，不在认证对象之列。

经过 2010—2011 年的试运营，文化体育观光部公示了品质认证评价标准(2011 年 10 月)，正式指定韩国资讯振兴院为品质认证机构，构筑了资讯提供服务的品质认证体系(www. goodcontent. kr)。提供资讯服务品质认证的评价标准分为服务技术、服务基础、客户管理等层面，通过由 7 人组成的专业委员会和由 40 人以上组成的韩国消费者联盟使用者评价团的评价，来选定认证机构。正式开始运营后，选定了音乐、设计等多个领域的共 35 个机构。目前还在为被选定的资讯服务品质认证机构提供防伪网上认证书及认证标志，并计划逐步扩大对它们的优惠政策。

图 3-1-6　网上认证标志及认证书

表 3-1-19　**被选定为“2011 年提供资讯服务品质认证机构”的现状**

| No. | 服务名称 | URL |
| --- | --- | --- |
| 1 | 麟蹄冰鱼节 | www. injefestival. co. kr |
| 2 | 剪贴画韩国 | www. clipartkorea. co. kr |
| 3 | 今日形象 | www. imagetoday. co. kr |
| 4 | 韩国形象 | www. imagekorea. co. kr |
| 5 | 天才儿童 | www. genikids. com |
| 6 | 琉璃人间网 | www. yurinuri. com |
| 7 | 种子儿童 | www. siatkids. com |
| 8 | 好英语网 | good05. com |

续表

| No. | 服务名称 | URL |
|---|---|---|
| 9 | 教育村庄 | www. eduville. co. kr |
| 10 | 托马斯英语学校 | www. thomasschool. co. kr |
| 11 | 自由引擎网 | www. freegine. com |
| 12 | 公务员网络教育中心 | cyber. coti. go. kr |
| 13 | 交易认证服务 | www. cleandc. co. kr |
| 14 | 教育盒子网 | www. edubox. com |
| 15 | 李宝英的会说话的孩子 | www. talkingkids. co. kr |
| 16 | 课程商店 | www. lessonstore. co. kr |
| 17 | 谈话俱乐部 | www. talkingclub. co. kr |
| 18 | 新世界远程终身教育院 | www. sedubank. com/ |
| 19 | 高中生周报 PASS | www. weeklypass. co. kr |
| 20 | 开放网络大学 | www. ocu. ac. kr |
| 21 | 东亚商务网 | www. dongabiz. com |
| 22 | 英语朋友网 | www. englishbuddy. kr |
| 23 | 文化门户 | www. culture. go. kr |
| 24 | T 引路人 | www. tsherpa. co. kr |
| 25 | 熊津思维-U | www. think-u. co. kr |
| 26 | 高清远程终身教育学院 | www. sdacyber. co. kr |
| 27 | ice. khcu. ac. kr | www. khcu. ac. kr |
| 28 | 天才儿童学校 | school. genikids. com |
| 29 | 首尔数字终身教育院学分银行制度 | www. sdulife. com |
| 30 | 冰淇淋 | www. i-scream. co. kr |
| 31 | 韩国资讯学院 | edu. kocca. or. kr |
| 32 | 泡泡龙商店 | www. pororoshop. kr |
| 33 | 声海 | www. soribada. com |
| 34 | ollehmusic | www. ollehmusic. com |
| 35 | 乌托形象 | www. utoimage. com |

(2)培育新一代融合型资讯产业。

正在推进的“新一代融合型资讯产业培育工作”，目的是通过资讯间、媒体间、平台间的融合，发掘、扶持多种多样的新资讯服务，提高资讯竞争力。2011 年，对培育计算机制图产业、发掘虚拟现实与虚拟世界资讯、发掘智能资讯等进行了扶持。

①培育计算机制图产业。

计算机制图产业作为资讯制作的核心技术，通过培育该产业，可以促进资讯产业的共同成长，并且是具有高附加价值的领域。计算机制图灵活应用于电影、动画、游戏、虚拟现实等资讯的所有题材中，最近甚至扩大至制造、医疗等领域。

特别是在电影产业中，计算机制图(CG)作为必需的要素，其重要性日益增加。2011 年世界电影票房的 Top5，均为 CG 比重很高的电影大片，确认了应用 CG 的重要性。

表 3-1-20 **2011 年世界电影票房 Top5**

| 名次 | 电影名 | 发行商 | 销售额(百万美元) |
|---|---|---|---|
| 1 | 哈利波特与死亡圣器 2 | 华纳兄弟 | 1 328 |
| 2 | 变形金刚 3：黑月降临 | 派拉蒙 | 1 123 |
| 3 | 加勒比海盗：惊涛怪浪 | 博伟 | 1 043 |
| 4 | 破晓 | 顶峰 | 702 |
| 5 | 碟中谍 | 派拉蒙 | 671 |

出处：票房 Box Office Mojo(www.boxofficemojo.com)。

同时，国内 CG 产业进军海外的规模也有扩大，2011 年，与电影产业相关的海外订购与前一年相比约增长了 130%，骤增了 2 倍多，总金额达1 000万美元。这在电影领域是除了混音之外，唯一一个呈现增长态势的领域。其原因一是通过扶持工作，增加了国内 CG 企业所接受的海外订购，二是伴随中国电影市场增长而带来的 CG 需求量增加。

最近，通过扶持工作，优秀项目的订购量正在扩大，特别是参与了多数中国重要项目的制作。扶持了中国一流导演冯小刚的力作《1942》、周星驰导演的《西游记》、中国卖座电影系列《画皮 2》的 CG 制作。通过扶持，提升了数字创意制作、数字后台制作等高难度 CG 制作的品质，同时也帮助推广宣传了国内 CG 企业的制作能力。

表 3-1-21 **2010—2011 年各服务领域接受海外作品订购的现状** (单位：美元)

| 服务领域 | 2010 年 | | 2011 年 | | 备注 |
|---|---|---|---|---|---|
| | 接受订购金额 | 比重 | 接受订购金额 | 比重 | |
| VFX/DI | 4 400 750 | 15.36% | 10 125 071 | 85.64% | 既有调查项目 |
| 3D/3D 转换 | 21 750 000 | 75.94% | 664 00 | 5.62% | |
| 特殊效果/特殊化妆 | 1 877 756 | 6.56% | 624 880 | 5.29% | |
| 武术/特技 | 522 000 | 1.83% | 261 703 | 2.22% | |
| 混音 | 87 000 | 0.31% | 145 891 | 1.23% | |
| 合计 | 28 637 506 | 100% | 11 821 845 | 100.0% | |
| 外国影像产品的国内外景拍摄 | — | | 7 219 318 | 37.91% | 新调查项目 |
| 最终合计 | 28 637 506 | 100% | 19 041 163 | 100% | |

出处：2011 年韩国资讯产业决算(电影振兴委员会)。

另外，作为扩大国内 CG 企业接受海外订购的方案，通过参加海外市场，进行了商务对接的扶持。通过扶持与美国电影市场(American Film Market)的商务对接，共促成了 223 件对接及2 242万美元的洽谈金额；通过与香港电影市场的商务对接扶持，共促成了 199 件对接及 617 亿韩元的洽谈业绩。

表 3-1-22　**2011 年 CG 项目扶持现状**

| No | 课题名称 | 执行机构 |
|---|---|---|
| 1 | 西游记 VFX 制作(中国) | Macrograph |
| 2 | 在路上 VFX 制作(中国) | MADMANPOST |
| 3 | 地煞 VFX 制作(中国) | Mopagstudio |
| 4 | 改心魔法 VFX 制作(中国) | Tooele Digital Studio |
| 5 | 青灯院(积功) VFX 制作(中国) | Tooele Digital Studio |
| 6 | 忠烈杨家将 VFX 制作(中国) | Next Visual Studio |
| 7 | 1942 VFX 制作(中国) | Next Visual Studio |
| 8 | 中国电影画皮 2 VFX 制作(中国) | CJ Powercast Art & Technology |
| 9 | 立体 4D 动感电影 Suite Roller Coaster(国内) | CJ Powercast AG Works |
| 10 | 感冒 VFX 制作(国内) | Force |
| 11 | 柏林 VFX 制作(国内) | Force |
| 12 | 神秘之海 Dome Image 影像制作(国内) | KAPF Production |
| 13 | 鬼怪 VFX 制作(国内) | Digital Idea |

预计 2012 年接受海外订购的规模仍将持续扩大，计划通过选拔海外优秀项目并集中进行扶持的政策，持续扶持进军海外。

②扶持虚拟现实、虚拟世界资讯的发掘。

虚拟现实(Virtual Reality，VR)资讯是指以虚拟的形式来体验部分现实情景的资讯。2011 年由研究开发阶段步入市场商用化阶段，并对具有国际竞争力的课题给予了重点扶持。

主要的扶持成果是发掘了世界首个“4D Live Park”，2011 年 12 月开始在一山的 KINTEX(韩国国际会展中心)进行了为期 3 个月的商用化。由全息图表演、360 度 3D 立体影像、Giant Wall 互动型游戏等组成的城市室内型主题公园，在相关业界引起了巨大的反响，预计将于 2012 年出口至新加坡政府推进的一个项目中。同时，在收看动漫时，通过动作识别游戏可以体验到主人公角色的“体验！动感资讯”，有望成为幼儿园托儿所替代/完善口述童话的资讯流通平台。另外，作为在印有代表性 K-pop 明星 KARA 的明星卡上附加了增强现实技术的资讯商品，“AR Star 智能资讯”计划进军中国和日本市场。如上所述，对 6 个拥有进军新市场可能性的先导性课题的扶持现状如下：

表 3-1-23　**2011 年虚拟现实、虚拟世界资讯扶持现状**

| NO. | 课题名称 | 执行机构 |
|---|---|---|
| 1 | 使用智能机的真实感资讯服务 | District 控股 |
| 2 | AR Star 智能资讯服务 | AR Vision |
| 3 | 体验！动感资讯 | 韩国虚拟现实 |
| 4 | 虚拟现实歌舞剧“梦游桃源图” | 韩国传统文化财团 |
| 5 | AR 探险资讯 | MTO Soft |
| 6 | 以智能机为基础的社交网络型韩国语学习 | G NA IN |

预计 2012 年对体验型资讯的需求将会增加，因此，将以在复合型娱乐资讯中应用虚拟现实这一课题为中心进行扶持。

③扶持智能资讯的发掘。

随着智能手机、智能 Pad、智能 TV 的迅速普及，为了提高国内智能资讯制作的力量并予以及时的支持，至 2010 年一直以 IPTV 使用资讯为中心的扶持工作，在 2011 年转换为以智能资讯发掘为中心的扶持工作。

为此，选定了以智能 Pad 为基础的智能图书领域的 5 个课题、以智能 TV 为基础的互动型资讯领域的 3 件进行扶持。

表 3-1-24　**2011 年智能资讯扶持现状**

| No. | 课题名称 | 执行机构 |
|---|---|---|
| 1 | 莫罗托维的奇异历险记 | Tinrobot |
| 2 | 流淌着音乐的素描簿 | Teruten |
| 3 | Clabbi Book | Kaitory |
| 4 | 我们是孩子 | 三个愿望 |
| 5 | 枕头 | Arcreative |
| 6 | 罐头宝贝 TV 的街机游戏 | Vooz Club，Eyes Soft |
| 7 | 智能 TV 用体感型 3D 休闲游戏 | DG 娱乐，Ekloge，You Softation |
| 8 | 智能 TV 掷柶游戏 | UP MAX |

2012 年，获取了单列的智能资讯产业培育预算，计划通过构建智能资讯基础设施及进军海外等多项工作，扶持智能资讯的发展。

## (五)保护使用者及对调解纠纷的扶持

### 1. 资讯使用者保护概要

(1)资讯使用者保护概要。

①保护资讯使用者的差别性。

资讯作为符号、文字、图形、色彩、声音、音响、形象及影像等(包含它们的复合体)的资料或信息(振兴资讯产业法第 2 条第 2 款)，具有非竞争性及非排除性的特点。非竞争性是指同一个资讯，除了自己以外，其他人也可以同时使用，也比较容易复制，原件与复制品几乎没有质的差别，因此具有非竞争性的特点。非排除性是指一旦资讯进入流通环节，在流通或使用过程中，资讯的所有者很难对此进行管理，很难排除其他人的参与。由此可以看出，资讯是一种既非具体的财物，又非服务的第三种形式的财物，它的交易方式大多也不是面对面的，而是在不能直接确认品质的情况下进行的。另外，在线上进行的资讯交易大多是金额小、量大的交易，具有结算货款后立即交付资讯的即时性。也就是说，加入会员、缔结使用合同、结算货款、资讯供应等没有时间间隔，是即刻完成的。而且，最近极速增长的移动资讯还具有移动性、基于位置的服务、客户差别性、个人性等特征。因此，关于资讯使用者的保护，现存的以具体财物为中心的消费者保护法制暴露出其局限性。

②保护移动公开市场的资讯使用者。

资讯使用者在移动开放市场选择欲购买的资讯，支付货款后，即可下载相关资讯产品。这一合同并不是使用者与资讯运营商两者间的交易，而是开放市场的经营者参与其中的三方合同，因而会发生涉及三方的复杂问题。若资讯使用者欲将已购买的资讯产品进行退款处理，那么由谁来负责退款？按照法律，资讯运营商系《关于电子商务交易等的消费者保护的法律》(以下称《电子商务交易消费者保护法》)所规定的通信销售者，应该是第一退款主体。同时，开放市场的经营者作为《电子商务交易消费者保护法》规定的通信销售中介者，也应承担责任。但是，开放市场的经营者在自身直接销售的情况下，同时又是通信销售者。如此复杂的法律关系，致使使用者在购买资讯产品时难以一一确认，大多数使用者认为开放市场的经营者是合同的当事人，这是因为制作、供应资讯的资讯运营商在合同关系中没有明确地显现出来。因此，资讯使用者认为开放市场的经营者是退款的主体，并要求其退款；而开放市场的经营者只是告知资讯事业者的联系电话，不想承担更多的责任。但是，大部分资讯运营商根本联系不上，致使资讯使用者处于问题难以解决的困境。由于开放市场的经营者和资讯运营商互相转嫁责任，使得退款程序变得繁琐。此外，在移动资讯的使用过程中，条款的交付与明示义务、编入受限、撤销申请等相关问题也频频发生。

③保护游戏使用者。

自 2011 年资讯纠纷调停委员会成立的一年多以来，所接收的资讯纠纷调停案件中，游戏方面的纠纷案件占到 86%，其中大部分是与在线游戏有关的纠纷。在线游戏具有这样的特点，即：使用者之间的交易频繁，装备、账户、电子货币具有较高的价值，并且其价值会随着游戏时间的增加而持续增值。因此，游戏纠纷与其他资讯纠纷不同，事实关系复杂，其危害举证困难，且很多时候包含技术上的因素。最典型的事例就是围绕着游戏使用者由于使用自动程序而带来的账户锁定纠纷。

我们所说的自动程序一般是指使用者在游戏内，即便不直接操纵鼠标，也能自动操纵角色，来获得装备或获得经验值，反复进行这种操作的特殊程序就是所谓的自动程序。游戏使用者之间称之为自动狩猎程序，在 MMORPG 中制作了很多这样的自动程序。但是，大部分游戏开发公司将这种程序视为非法程序，依据条款对使用者实施装备回收、账户锁定等制裁措施。由此就引发了“没有法律依据，运营商是否有权对使用者实施制裁?”“如果有权限，什么范围内的制裁是合理的?”之类的问题。虽然禁止用实际货币进行游戏装备或账户的交易，但是，使用者大多认为账户是自己的所有物并具有经济价值，因此，运营商与使用者之间的利害关系就尖锐地对立起来了。

④电子现金的退款。

e-commerce 市场日益活跃，作为新型商务模式而登场的电子货币通用于各种网站。资讯运营商将装备、皮肤、能够当作礼物使用的网络电子现金系统引入自己的网店。依据《电子商务交易消费者保护法》，作为在 3 个以上的网店内使用的结算手段，消费者在支付交易货款之前，结算手段的发行者必须告知该结算手段的信任度等相关事项、使用上的限制或其他注意事项。因此，资讯运营商一般会在条款中针对电子现金的退款作出详细的规定。

但是，最近智能手机的应用程序中，用于结算费用的 In-APP 结算方式的收费体系十分先进，与电子现金的退款相关的问题重新受到关注。2012 年 5 月 29 日，公平交易委员会针对 16 个移动游戏企业违反了限制电子现金撤销申请相关法令的行为，下达了纠正命令并判处罚金。也就是说，对于没有使用的电子现金，必须无条件退款，但是没有言及部分使用后剩余电子现金的退还条件及范围，使得电子现金的法律性质及退款方法、程序等问题，仍旧是今后要解决的课题。

(2)保护资讯使用者工作的推进方向。

①事先预防及事后补救。

随着资讯产业的发展，资讯使用者的损失也在激增，但很难建立起赔偿资讯使用者损失问题的制度性机制。虽然有通过裁判进行的诉讼这一传统的解决纠纷的制度，但裁判需要经济上、时间上的投入，对于交易形成具有数额小、件数多这一特点的资讯使用的赔偿来说，不是合适的解决办法。加之，2011 年由韩国资讯振兴院实施的“数字资讯使用受损现状及经济受损规模调查分析”显示，只有 23. 2%的资讯使用受损者进行了投诉。即 76. 8%的资讯受损事例甚至没有被纳入纠纷调停事例的统计中，其损失原封不动地转嫁到使用者的身上。

从以上这些特征来看，资讯使用者的赔偿对策不仅需要事后的处理，还需要事前的预防。实际上，在解决资讯纠纷方面，花在解决纠纷上的费用远远大于资讯交易的金额。因此，从社会经济角度来看，通过事前预防来防止资讯受损是更有效率的。

②保护资讯使用者工作的详细推进方向。

资讯使用者保护工作将重点放在通过事前预防来保护使用者上。事后赔偿通过 2011 年 4 月 27 日制定的资讯纠纷调停制度来进行。没有事前预防的事后赔偿会导致社会费用的浪费，没有事后赔偿的事前预防是没有实际效果的制度。为此，韩国资讯振兴院为保护资讯使用者的权利，以两方面为核心推进工作，即以事前预防来保护资讯使用者，以事后赔偿来进行资讯纠纷调停工作。资讯使用者保护工作大体分为：资讯使用保护法律制度的改善、资讯使用信访咨询、资讯运营商条款的消费者监督制度、资讯使用保护的教育和宣传等。

### 2. 资讯使用者的保护政策

(1)改善保护资讯使用者的法律制度。

①资讯使用者的保护方针。

资讯产业振兴法第 28 条第 1 项规定，为建立健全的资讯交易及流通秩序并保护使用者，文化体育观光部部长有权制定资讯运营商能够自律遵守的方针。据此，韩国资讯振兴院组织成立了制定资讯使用者保护方针的工作组，召开了 16 次会议，提出了资讯使用者保护方针的草案。这一方针以上述法律施行令第 30 条为中心，对以下事项进行了规定，即条款的适用及变更、签订合同前信息提供的义务及标示/广告的限制、资讯合同的签订及履行、撤销申请等、资讯合同的解除或终止、裁决管辖等。资讯运营商使用的条款如果与使用者指南的内容相比不利于使用者，需要将与使用者保护方针不一致的条款内容以使用者易懂的方式明确标示出来，以便使用者能够很容易地了解。资讯运营商如违反标示义务，文化体育观光部部长可以对其施以劝告改正、改正措施及处罚等措施。文化体育观光部部长通过 2012 年 3 月 26 日文化体育观光部 2012-10 号告示对该方针进行了公示。

②资讯条款的样本。

资讯运营商在主页上公示条款，使用者加入会员时，通过同意条款签订合同。但该条款系运营商单方面制定并提供的，对于使用者来说，没有选择条款内容的余地，而只有签订的自由。如果拒绝条款，就无法签订合同，也无法使用资讯产品，因此，实际上使用者无法拒绝同意该条款。如果条款对运营商有利，那么资讯使用者在签订合同时就已经被置于非常不利的处境了。特别是在产生纠纷时，条款作为解决纠纷的准则，使得使用者能够获得赔偿的可能性大大降低了。

为此，韩国资讯振兴院依据资讯产业振兴法第 28 条第 4 项的规定，制定了资讯条款的样本草案，以此作为保障资讯运营商与使用者之间公正交易的条款。该条款针对总则，会员加入及退出、个人信息保护等，资讯使用合同，撤销申请、解除与终止合同，受害赔偿及解决纠纷等作出了相应规定。包含了从签订合同前的标示、广告，到合同终结为止，能够保证合同各个阶段公平性的导向性内容。另外，条款的样本不仅体现了 2012 年 3 月 26 日公示的资讯使用者保护方针的内容，而且还体现了公平交易委员会制定的资讯运营商制约内容。该条款的样本是涵盖了多个资讯相关法令的合法条款，因此，预计资讯运营商通过使用该条款，能够防止纠纷于未然。

③数字资讯使用受损现状及经济损失规模调查分析。

资讯迅速增长的同时，受害率也在急速增加，因此，为制定以保护资讯使用者为目的的系统性政策，需要对使用者的受损现状进行实态调查。特别是线上的数字资讯交易为非见面交易，是在难以确认资讯产品品质的情况下进行的，因此，交易当事者之间的纠纷不断，并且损失规模也难以估算。为此，韩国资讯振兴院自 2011 年 9 月 9 日至 2011 年 12 月 8 日期间，实施了“数字资讯使用受损现状及经济损失规模调查”。本次调查以10 000名网络使用者为对象，通过门户网站进行了问卷调查，为了确保统计有效标本的数量，同时进行了邮件调查。

本次调查结果显示，数字资讯的使用天数为每周平均 4. 86 天，每天平均使用 4. 31 小时，消费金额为每月平均28 358韩元。数字资讯使用者在经济方面有过受损经历的比例为 29. 4%，以这些经济受损者为基准计算出的受害金额平均为46 776韩元。预计因使用数字资讯而导致的损失总规模为每年4 610亿韩元，数字资讯使用受损将会使市场每个月减少 544 亿韩元的交易额。不同类别的受损事例主要集中在会员加入及签订合同、资讯使用方面；从个别事例来看，个人信息泄露(44. 6%)、服务器连接不畅(43. 6%)、杀毒程序(40. 1%)、黑客(30. 5%)、免费活动(30. 4%)、自动延长合同(23. 9%)等占据多数。与智能手机相关的被调查者中，17. 8%的应答者曾经受损，其中 16. 8%的应答者有过应用程序方面的受损经历，这个数字占所有受损者的 94%。

表 3-1-25　**数字资讯使用受害事例的顺序表**

| 顺序 | 受损内容 | 有过受损经历的比例(%) |
|---|---|---|
| 1 | 个人信息泄露 | 44. 6 |
| 2 | 经常缓冲、服务器连接不畅等 | 43. 6 |
| 3 | 间谍软件检索/杀毒程序 | 40. 1 |
| 4 | 要求输入不必要的个人信息 | 38. 2 |
| 5 | 黑客、病毒入侵 | 30. 5 |
| 6 | 免费活动后自动转为缴费会员 | 30. 4 |
| 7 | 要求必须加入以商业为目的的网站 | 30. 2 |
| 8 | 不经同意就自动延长合同 | 23. 9 |
| 9 | 不能够如实地提供使用条款及个人信息保护政策 | 20. 2 |
| 10 | 不能够如实地说明使用 DC 结算方式及金额等 | 17. 0 |

(2)资讯使用咨询及消费者监督制度。

①资讯使用咨询。

赔偿资讯使用者受损的第一步就是咨询。韩国资讯振兴院通过资讯专业咨询人员，进行了音乐、影像、e-learning、游戏、移动通信等资讯咨询共1 966件。按部门来看，游戏为792件，占40%；移动通信为580件，占30%。

按类型来看，与资讯货款结算相关的受损事例最多，如未经父母同意就使用父母的手机、信用卡进行结算的占257件，自动延长合同、未经同意就转换为正式会员的占123件。其次是与游戏公司的游戏运营相关的受损事例比较多，如对运营商的条款及运营政策不满的占276件，强行锁定账户的占150件。韩国资讯振兴院对上述受损事例进行了通报，为了向资讯使用者提出预防受损的对策，还发行了《资讯使用保护咨询的30个事例》。

表3-1-26 每月资讯使用的信访咨询内容

| 范畴 | 1月 | 2月 | 3月 | 4月 | 5月 | 6月 | 7月 | 8月 | 9月 | 10月 | 11月 | 12月 | 合计 | 比重 |
|---|---|---|---|---|---|---|---|---|---|---|---|---|---|---|
| 音乐 | 4 | 0 | 5 | 1 | 5 | 3 | 13 | 0 | 1 | 2 | 2 | 0 | 36 | 2% |
| 影像 | 7 | 3 | 0 | 0 | 0 | 2 | 1 | 5 | 1 | 0 | 1 | 0 | 20 | 1% |
| e-learning | 4 | 1 | 1 | 2 | 12 | 4 | 3 | 0 | 7 | 9 | 13 | 1 | 57 | 3% |
| 游戏 | 74 | 31 | 49 | 40 | 62 | 61 | 75 | 83 | 58 | 85 | 81 | 93 | 792 | 40% |
| 移动通信 | 52 | 23 | 20 | 24 | 42 | 41 | 25 | 42 | 41 | 74 | 86 | 110 | 580 | 30% |
| 其他资讯 | 26 | 12 | 18 | 21 | 41 | 37 | 35 | 44 | 53 | 47 | 63 | 84 | 481 | 24% |
| 每月合计 | 167 | 70 | 93 | 88 | 162 | 148 | 152 | 174 | 161 | 217 | 246 | 288 | 1 966 | 100% |

表3-1-27 各类型资讯使用的信访咨询内容

| 类型 | 事例 | 总计 |
|---|---|---|
| 未成年人 | 未经父母同意，使用父母的手机、信用卡结算 | 257 |
| | 在聊天或游戏过程中，获取信息后结算 | 5 |
| 结算过程 | 在加入会员时，非法使用认证号码进行自动结算 | 117 |
| | 自动延长合同，未经同意转换为正式会员 | 123 |
| | 以免费会员、活动为诱饵，要求缴费 | 114 |
| | 要求为尚未使用的服务缴费 | 105 |
| | 要求缴纳过高的费用(过失金额、数据通话费用等) | 74 |
| 终止过程 | 企业拒绝或拖延中途终止请求 | 69 |
| | 要求缴纳过多的违约金及不正当的手续费 | 41 |
| | 以非法手段停止使用后，没收装备、金钱 | 22 |
| 服务/品质等使用过程 | 服务器死机、服务器不稳定等使用障碍 | 13 |
| | 对运营商的条款及运营政策不满 | 276 |
| | 资讯不良、品质不良等导致的损失 | 64 |
| | 拒绝要求修复资讯缺陷(含装备、虚拟形象、经验值)的请求 | 39 |
| | 游戏公司随意强行锁定账户等不正当行为 | 150 |
| | 黑客及盗用账户 | 126 |
| | 装备交易及诈骗导致的损失 | 58 |

续表

| 类　型 | 事　　例 | 总　计 |
|---|---|---|
| 法律制度 | 版权咨询 | 41 |
| | 资讯使用者保护相关法令咨询 | 59 |
| | 游戏信访法律咨询 | 63 |
| 其他 | 其他 | 150 |
| 合　　计 | | 1 966 |

②资讯运营商条款的消费者监督制度。

如果使用与资讯使用者保护方针相比不利的条款时，资讯运营商有义务对此进行明确标示。韩国资讯振兴院对游戏、影像、音乐、门户网站等 250 个资讯运营商进行了监测。监测的程序是搜集资讯运营商发布在网站上的条款，与资讯使用者保护方针进行比较、分析后，判断其是否对使用者有利。该监测以撤销请求、技术说明、过失金、解除与终止合同、缺陷受损补偿 5 个项目为基准进行。监测结果将分别通知各个运营商，以便它们修改相应的资讯条款。对于没有遵守资讯使用者保护方针的运营商，将向其发送公文，请其遵守使用者保护方针，并督促其修改条款。每个季度进行 1 次，每年共进行 4 次监测，其结果显示遵守全部 5 个项目的运营商为 39%，遵守 3 项以上的运营商为 73%。

韩国资讯振兴院为预防资讯受损，以大学生为对象，募集资讯监测要员来监测资讯纠纷事例。一期监督员工作至 2011 年 5 月 14 日，二期监督员工作时间为 2011 年 7 月至 11 月。2011 年 7 月举办了大学生监督教育夏令营。资讯监督员利用各种博客、脸书、推特等 SNS 体系，宣传资讯使用保护制度，推广资讯使用保护事例，受到了好评。

(3)保护资讯使用的教育及宣传。

①保护资讯使用的教育。

资讯产品是访问资讯运营商的网站或开放市场，以即时下载的形式接受服务，因而不受时间、地点的制约，随时都可能发生。因此，韩国资讯振兴院访问了釜山、大邱、大田、光州等全国 16 个消费生活中心，以实际接受消费者访问的专家为对象，对资讯产业振兴法、资讯使用者保护方针、条款的样本等资讯使用保护法律制度进行了说明，并介绍了韩国资讯振兴院的主要业务。至此，全国性的资讯使用保护咨询合作体系得以构建。同时，还访问了消费者联盟、消费者市民团体、消费者团体协议会等全国 5 个地区的消费者保护团体，对他们实施了宣传教育。

②资讯使用保护制度的宣传。

资讯使用的保护，事前预防比事后赔偿更有效。为此，韩国资讯振兴院通过线上、线下向资讯使用者宣传资讯使用保护制度，通报频发事例、激增事例、经济损失规模巨大的事例，为防止使用者进一步受损做出了努力。具体来说，在报纸杂志等纸媒上、门户网站上做广告，积极参加动漫形象许可展销会、G-Star 等大规模资讯展示活动，以使用者为对象进行宣传活动。另外，在全国 13 条线路的电动车内放置了角落广告，对全体国民进行宣传。

### 3. 保护资讯使用工作今后的推进课题

(1)提高资讯使用保护专业机构的地位。

保护消费者的法律制度有《消费者基本法》《上门推销销售法》《电子商务等交易中的消费者保护

法》《关于条款限制的法律》等，保护消费者的专业机构有韩国消费者院、各种消费者保护专业团体等。其中，韩国资讯振兴院依据《资讯产业振兴法》，针对资讯使用保护来履行职责。资讯是不同于既有财物或服务的第三种财物，其交易过程也具有独特的特点。并且这种特性随着智能手机应用市场的扩大，显得更加引人注目。围绕着撤销申请或电子现金等使用者保护相关的热点问题，至今仍是保护消费者权益专家们争论的话题之一。同时，发生资讯纠纷时，建立适当的补偿标准，即“资讯纠纷解决标准”是今后的立法课题。

(2)建立振兴产业界的相生意识(共同发展意识)。

资讯作为今后我国新一代增长动力产业，正日益受到瞩目。在钢铁、汽车、半导体、IT 产业后，资讯作为高附加价值产业，正在成长为引领我们未来的产业。从最近韩流文化进军海外市场的趋势来看，这种展望似乎不是单纯的乐观论。国内资讯市场竞争力得到加强的原因之一，是资讯运营商为了满足国内资讯使用者的苛刻要求和期待而不断地做出了努力。从海外企业将国内市场作为游戏测试平台的事例中也可以看出，韩国资讯市场已经成为衡量资讯是否成功的尺度。因此，应该制定相关政策，使国内资讯企业不疏忽于国内资讯使用者的损失预防和赔偿，同时，在资讯使用者的层面也能营造出健康的资讯使用环境。也就是说，奖励以合法的条款来保护使用者的企业，使用不公正条款、忽视受损赔偿的企业，要被市场淘汰。只有建立这样的资讯使用文化，才能使得资讯市场持续地发展。为此，政府应努力建立资讯运营商与使用者和谐相处、共同发展的资讯使用文化。

## (六)建立大众文化艺术产业环境

### 1. 构建并运营大众文化艺术工作者扶持中心

作为韩流核心增长动力的大众文化艺术领域，与表面增长相比，产业环境还十分脆弱，大众文化艺术工作者与产业从业者的人权保护、不公正惯例的改善等痼疾难以改变，很难形成系统的环境。为此，文化体育观光部为了确立大众文化艺术产业的市场秩序，保护大众文化艺术者的权益并增进其福祉，构筑了“大众文化艺术工作者扶持中心”，并促使其试运营。

大众文化艺术工作者扶持中心 2011 年 5 月 12 日开始运营，位于韩国播放会馆 12 楼(约 48 坪)，是系统扶持大众文化艺术工作者的教育、心理咨询、法律咨询、活动的综合扶持中心。为了有效地运营大众文化艺术工作者扶持中心，选定 10 名相关协会、团体的专家组成了运营委员会，搜集产业界的必需事项，并运营相关的扶持项目。

(1)教育扶持。

受引领韩流的 K-pop 和电视剧的影响，大众文化艺术工作者的海外进军十分活跃，他们的素养和言行对国家形象产生了很大影响。大众文化艺术工作者教育项目是由于大众文化艺术工作者和志愿生等预备人员教育的重要性而设立的。

以大众文化艺术产业界从业者为对象，实施了教育内容需求调查，共开发了 18 个定期的日常教育课程，分为以正活跃于舞台的歌手、演员等为对象的教育，和以青少年演艺人员、实习生为对象的教育两类进行。以青少年演艺人员、实习生为对象的教育，通过访问 JYP、CUBE 娱乐等主要演艺企划公司，实施青少年演艺人员、实习生所需的人性、精神健康、性教育等相关教育。以喜剧演员、大众音乐演奏者、经纪人等为对象，为提高他们对大众文化艺术产业的理解，实施了共同素质教育和不同职位的在职教育。

表 3-1-28 **大众文化艺术工作者教育项目运营的实际业绩**

| 教育对象 | | 教育时间 | 教育内容 |
|---|---|---|---|
| 大众文化艺术工作者 | 经纪人(40 人) | 5. 17—6. 7(共 4 次) | 演艺产业仲裁制度的重要性，海外娱乐市场动向等 |
| | 配音演员(10 人) | 9. 5—11. 18(共 20 次) | 大众文化艺术工作者的权利和义务，动漫演技，声音分析、矫正等 |
| | 演奏者(32 人) | 11. 16—12. 14(共 5 次) | 大众文化艺术工作者的权利和义务，演出产业现状及海外音乐市场的进军方法等 |
| | 喜剧演员(150 人) | 12. 8—12. 23(共 4 次) | 大众文化艺术工作者的权利和义务，喜剧表达方法，笑和幽默的实质等 |
| 青少年演艺人员、实习生(55 人) | | 9. 24—11. 26 | 大众文化艺术工作者的姿态，明星的精神健康等基础素养教育 |

除大众文化艺术工作者教育外，还以青少年演艺人员、志愿生的父母为对象进行了 2 次研讨会。最近由于选秀的流行，希望成为大众文化艺术工作者的青少年数量激增，与此相反，却没有正确了解出道的方法、演艺企划公司信息等大众文化艺术产业相关信息的途径，因此政府举办了说明会。以青少年演艺人员、志愿生的父母为对象的研讨会，是在具有公信力的政府机构举办的首个关于如何成为大众文化艺术工作者的研讨会，受到了参会父母的好评。

(2)咨询扶持。

大众文化艺术工作者普遍由于私生活暴露于公众视线、恶意留言等而导致精神压力巨大，甚至还会得抑郁症。为了预防这样的现象，大众文化艺术工作者扶持中心常设了大众文化艺术工作者心理咨询项目，并日常运营，随时提供咨询。心理咨询项目与(社团法人)韩国预防自杀协会合作，派遣精神科专业医师前往请求咨询的地点，进行非公开的一对一心理咨询。另外，为了能够提供与娱乐法相关的专业知识及正确的信息，还向包括志愿生在内的大众文化艺术人提供法律咨询。法律咨询项目与(社团法人)韩国娱乐法学会合作推进，从初期专属合同书的制作到企划公司与大众文化艺术工作者之间的纠纷，所有事项均可向与娱乐相关的专业律师进行直接咨询。2011 年共援助了 42 次心理咨询和法律咨询。

(3)活动扶持。

为了向活动舞台相对较小的元老级大众文化艺术工作者提供工作岗位，并为了向与首都圈相比，享受大众文化演出机会较少的地方市民提供多种多样的大众文化演出，成立并运营了“寻访大众文化艺术演出团——福 GO 俱乐部”。由约 20 名元老级歌手、喜剧演员、演奏者组成的大众文化艺术工作者演出团——福 GO 俱乐部，与地方自治团体合作，在地方文化会馆等基础设施内举办了演出。韩明淑的《穿着黄衣服的小伙子》、金麝香的《香港小姐》、贾妮丽的《热烈的问候》等歌曲勾起了对那个时期的回忆，南哲、南诚男等元老级喜剧演员的幽默短剧等，在大田、青州、兴城等地共演出了 5 次。从与地方自治团体合作、文化交流、创造就业岗位等层面看，元老级大众文化艺术工作者演出团福 GO 俱乐部是一个很好的模式，今后将加强与地方自治团体的合作，持续、扩大这样的活动。

### 2. 举办大众文化艺术庆典

大众文化艺术工作者对大众文化发展作出了贡献，为激励他们而设立的“大韩民国大众文化艺术奖”是大众文化艺术领域唯一的政府表彰制度。大众文化艺术奖以对大众文化发展和韩流扩散作出贡献的大众文化艺术人及产业从业人员为对象进行表彰，为了广泛地发掘获奖候选人，以两种方式进行推选，一种是以国民为对象进行的普通公募，另一种是通过由大众文化艺术领域专家组成推荐委员会进行推荐。

首先审查普通公募与由推荐委员会推荐的获奖候选人的功绩，审查相关领域的业绩和对产业发展作出的贡献等，然后由评审委员会表决选出最终获奖者。2011 年，申英均、刘浩、吴胜龙、申中贤等第一代大众文化艺术工作者及韩流明星少女时代等共 33 人被选为获奖者。

表 3-1-29 **2011 年大韩民国大众文化艺术人表彰获奖者名单**

| 勋章类别 | 表彰获奖者 |
|---|---|
| 文化勋章(6 人) | 何春花、申英均、李数满、刘浩、申中贤、吴胜龙 |
| 总统表彰(7 人) | 朴振英、南哲、洪尚数、都信友、金建模、李秉宪、梁贤锡 |
| 国务总理表彰(8 人) | 刘东根、金树姬、申哲、郑树罗、李振锡、沈成乐、金基德、少女时代 |
| 文化体育观光部部长表彰(12 人) | 金炳满、李景实、全仁花、宋一国、金基彪、李泰景、张根锡、BEAST、After School、CNBLUE、帝国的孩子们、徐慧婷 |

选定表彰获奖者后，授奖仪式于大众文化艺术工作者之日(每年 11 月第 4 周的周一，2010 年指定、公布)——2011 年 11 月 19 日在奥运会公园内的奥林匹克大厅内举行。为了向获奖的前辈们表示祝贺，还举办了庆祝演出，以及由 Wonder Girls、少女时代、BEAST 等后辈明星呈献的祝贺演出，成为大众文化艺术工作者和大众共同庆祝、欢度的庆典。

# 二、扩充文化技术(CT)R&D

## (一)制定文化技术(CT)战略

### 1. 文化技术(CT)的概念和重要性

资讯是文化与技术的结合体。文化技术(CT)的人文社会学要素提供了引导人类的感性意识和想象力，并使其物化的道具；文化技术(CT)的理工学要素提供了表现被物化的感性和想象力，并使其现实化的工具。两种工具相结合，被物化后表现出来的人类想象力就成为被称作资讯的文化商品，创造了经济价值，并提供给消费者，最终为人类提供文化价值，创造出社会文化的辐射效果。这里的文化技术(CT)作为广泛使用于资讯创作、企划、制作、表现、流通等领域的技术，不仅仅是单纯的技术，而是可以定义为融合了“文化”“艺术”等人文社会学要素的创造技术。

表 3-2-1 文化技术的概念及用语背景

| |
|---|
| ①狭义概念：广泛使用于电影、游戏、播放影像、虚拟现实等资讯创作、企划、制作、表现、流通等领域，或使用于相关服务的技术。<br>②广义概念：包含理工学技术与人文社会学、设计、艺术领域的知识和经验在内，提高文化生活质量的全部技术。<br>文化技术除了单纯性的理工学技术外，也包含提高想象力和创意，有效地传递感性意识的文化社会学的方法与理论等概念。<br>文化技术这一用语于 1994 年首次在国内出现，2001 年在国民经济咨询会议上，被包含在新一代战略技术中，2002 年科学技术基本计划中，将其归入未来新兴技术 6T 中的一个，开始进行集中培育。<br>在英国称之为创造技术(Creative Technologies)，在美国称之为娱乐技术(Entertainment Technology)，主要的文化产业先进国家里均有类似的定义。 |

在资讯中，技术所占的比重在持续增加，并出现了必须有尖端技术才能制作成功的资讯，如电影《阿凡达》《人猿星球》。尖端 CG、3D 等技术成为热点，也成为资讯成功的核心要素。另外，如果说现有的技术是资讯制作和流通的道具，那么最近的故事处理等技术能够将人的想象力和创意有体系地具体化，从而制作出更具竞争力的资讯产品，成为制作的源泉。并且，随着最近资讯的智能化、融合化、复合化、3D 化、频道的 N-Screen 化等技术变化，诞生了设备—服务—资讯相结合的服务模式，使得资讯产业的消费模式发生了变化。如此看来，文化技术(CT)的技术在加速变化，作为资讯竞争力的核心要素，它的重要性也将日益突出。

### 2. 文化技术(CT) R&D 的主要推进过程

2001 年 8 月，在青瓦台举行的国家经济咨询会议上，文化技术(CT)与 IT、BT、NT、ST、ET 一同被选定为 21 世纪新一代战略技术。在 2002 年的科学技术基本计划中，文化技术(CT)被包含在未来新兴技术 6T 之中，从而奠定了培育文化技术(CT)的基础。

2003 年 8 月，文化技术(CT)被包括在“新一代增长动力产业”中的“数字资讯/SW Solution”领域。2005 年 8 月，国家科学技术委员会将“感性型文化资讯技术”选定为“未来国家新兴技术 21(2015—2030 年)”之一。(原)文化观光部于 2005 年 7 月提出了“通过 CT 来引领文化产业强国”的发展战略，发表了“CT 发展蓝图及路线图”，至此确立了文化技术(CT)的概念，并开始正式推广。

2007 年 8 月，“文化(快乐生活)”作为 10 大领域之一，被包含在“生活质量的综合对策”之中。“感性文化资讯开发”及“虚拟现实技术”被选定为 22 个重点推进要素之一，文化技术(CT)成为提高生活质量的核心要素。同年，(原)文化观光部为了有系统地、综合地培育文化技术(CT)，以现有的路线图为基础，以制定实质性的施行计划为目的，制定了“文化技术(CT)开发 5 年计划”，建构了培育 CT 的中长期框架。

2008 年，由(原)信息通信部和文化体育观光部共同主管的振兴资讯二元体系，改为由文化体育观光部主管的一元化体系，从而建立了更有效率、从基础开发到应用开发、系统的文化技术(CT)培育体系。2008 年 12 月，文化体育观光部和韩国资讯振兴院制定并发表了“CT R&D 基本计划”，从而开启了培育 CT R&D 的步伐，对于文化技术(CT) R&D 的政府投资也在持续增长。

除此之外，2008 年将文化技术(CT)纳入“国家融合技术发展基本计划”之中，2009 年将文化技术(CT)文化技术的代表性技术之一——虚拟现实技术列入绿色技术研究开发综合对策的 27 大重点技术之中。2009 年，作为 17 大新增长动力之一的资讯领域中的“游戏”“影像、新媒体”“虚拟现实”“创作、演出、展示”“融/复合资讯”，作为 5 大战略领域被包含在新增长动力技术路线图之中。2010 年，通过第 4 次国家雇佣战略会议，制定了所有部门的资讯—媒体 3D 产业发展战略报告。2011 年，在所有部门的资讯产业振兴基本计划中，都包含了“新一代资讯先导技术开发”，政府的各种基本计划及培育计划中均包含了文化技术(CT)，并且正在综合培育。

3. 文化技术(CT)R&D 的推进体系

自 2008 年将资讯振兴体系划归文化体育观光部一元化管理以来，文化技术(CT)R&D 管理体系引进了多种先进的管理方法，从 2009 年开始，依据 3P(PO、PD、PM)建立了系统的企划、管理、运营体系。3P 制度是以 R&D 各主体(政府、管理机构、执行机构)为单位指定技术企划负责人，整个 R&D 全过程均进行系统化的企划、管理、运营，使效率最大化的运营方法。

表 3-2-2 **CT R&D 3P 制度概要**

| 3P 分类 | | 专门负责人 | | 主要作用 |
|---|---|---|---|---|
| PO | Plan Officer | 政府 | 技术政策负责人 | 蓝图、目标、政策方向的设定 |
| PD | Program Director | 管理机构 | 技术企划负责人 | 重点技术开发事业的选定 |
| PM | Project Manager | 执行机构 | 研究课题负责人 | 核心研究开发课题的执行 |

另外，自 2009 年起，在“企划→选定→执行及管理→评价→应用”整个周期内，构建了技术革新体系，推进系统的 R&D 振兴。2010 年，为了制定文化技术(CT)R&D 革新方案，企划国家政策性课题，同时进行了自下而上式(top-down)的课题企划和之前主要以需求调查为主自上而下式(bottom-up)的课题企划，让两种方式并行。同时，为了引导取得优秀的成果，改革了现有的阶段性评价方式，导入了强制退出的相对评价制度，即在评价中处于末位 10%的课题将会被勒令退出。由此建立了系统的振兴和提高成果质量的大框架插进体系，并不断地改善、施行各种运营方式。

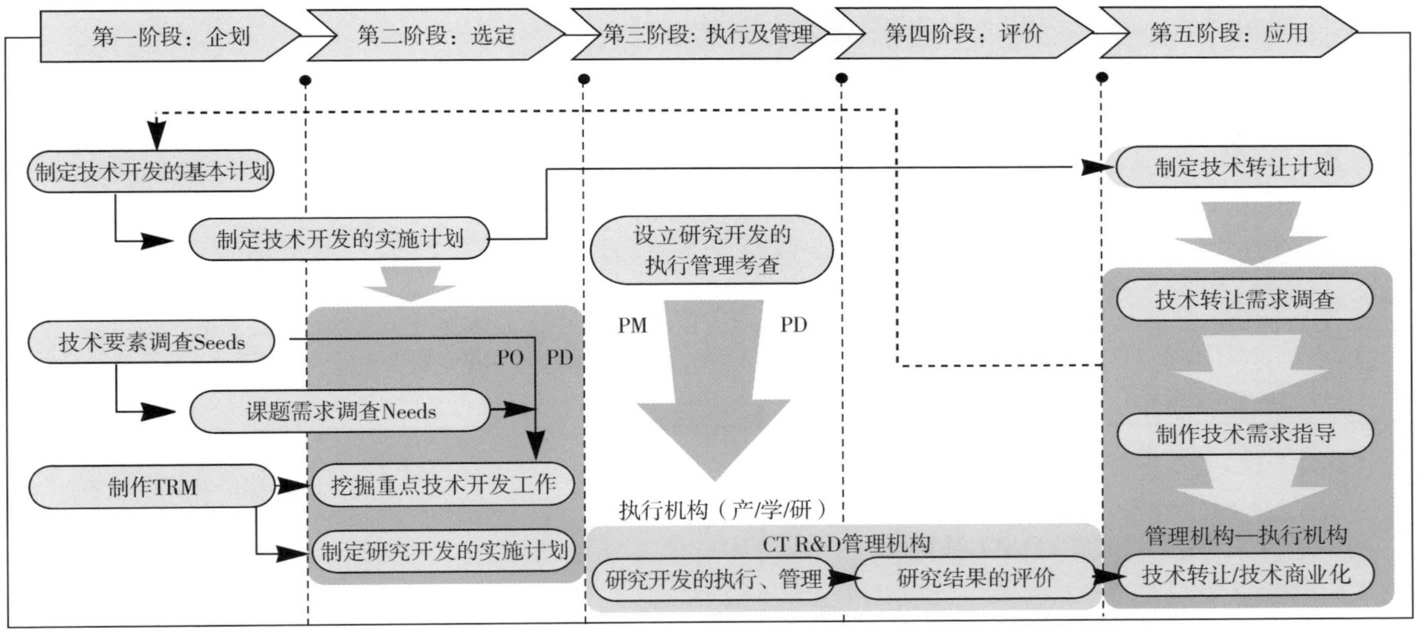


* TRM(Technology Road Map)，TDM(Technology Demand Map)，PO(Plan Officer)，PD(Program Director)，PM(Project Manager)，IPR(Intellectual Property Rights)。

图 3-2-1 CT R&D 全周期的管理程序

文化技术(CT)R&D 扶持工作大体分为尖端融合资讯技术开发和数字资讯基础技术开发。尖端融合资讯技术开发主要是指以应用、开发阶段为中心，各产业类型的特色化技术；数字资讯基础技术主要是指基础、源泉阶段所有领域的共同核心技术。上述两项工作的课题企划均由 PD(Program Director)统合承担，从而能够有效地进行企划、管理，并充分发挥两项工作之间的协同效应。

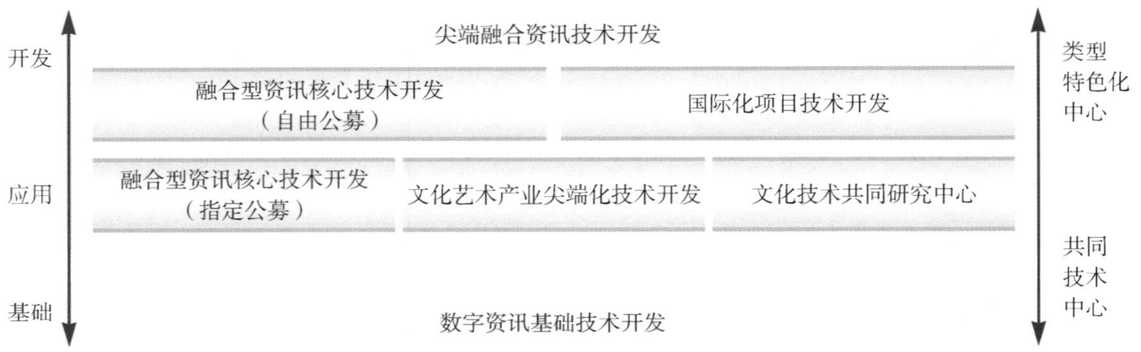


图 3-2-2　CT R&D 事业组合

具体来说，为了文化技术(CT)的振兴及资讯产业的发展，依据目标和工作特性的不同，扶持工作划分为指定公募、自由公募、国际化项目等详细工作来执行。

表 3-2-3　**CT R&D 详细工作构成(2012 年)**

| 工作分类 | | 工作内容 |
|---|---|---|
| 尖端融合资讯技术开发 | 融合型资讯核心技术开发（指定公募） | 开发游戏、电影、动漫、动漫形象、播放、移动通信、出版/漫画、U-学习、娱乐教学等资讯产业革新所需的各类型的核心技术 |
| | 融合型资讯核心技术开发（自由公募） | 开发能够立刻运用于资讯产业一线的、以商业化为中心的技术（与资讯相关的应用、商用化技术开发） |
| | 国际化项目技术开发 | 开发与可进军国际市场相关的大型资讯项目相关的、以项目为基础的技术 |
| | 文化技术共同研究中心 | 为促进地方资讯产业的发展，推进与地方资讯企业的共同 R&D，扶持与广域圈特色化产业相关的文化技术共同研究中心 R&D |
| | 文化艺术产业尖端技术开发 | 加强演出、展示、国乐、工艺等文化艺术产业的创作力量，开发高附加价值商业化所需的尖端技术开发 |
| 数字资讯基础技术开发 | | 开发能够灵活使用于各种资讯领域的新一代影像、感性/UX、流通/服务、讲故事等资讯领域的通用核心技术 |

### 4. 建立文化技术(CT)R&D 基地

2011 年，文化体育观光部制定了“资讯产业振兴基本计划”，建立了所有部门的资讯 R&D 体系(2011.6)，通过制定文化技术 PD 扩大方案(2011.3)，举办“摸索文化产业 R&D 新模式的国会研讨会”(2011.6)，“创造文化 R&D 政策推进(案)”报告(2011.10)等工作，完成了 R&D 政策推进体系的整理和建立。另外，为了积极应对资讯产业环境变化，还完成了与相关部门合作推进的计划，如制定智能媒体标准化基本计划(技术标准院，2011.4)，制定所有部门第 4 代 IT 革新项目详细企划(所有部门，2011.5)等。

2011 年，为积极推进文化技术(CT)R&D，还进行了相关法律的修订。推进了文化产业振兴基本法的修订，补充了文化技术研究主管机构的设立及运营等相关条款，建立了成立文化技术研究院(拟称)的法律基础(修订，2012.1)。目前正在积极推进文化技术研究院的建设工作，它作为文化技术的专业研究机构，针对以科学技术、设计、文化艺术、人文社会等多学科领域间的交流和融合为基础的复合技术进行研究开发。

在实施上述改善性政策的同时，为了改善具体的运营体系，还同时进行了“文化技术(CT)评价制度改善方案的研究”“文化技术(CT)课题企划及执行管理改善方案的研究”等，通过这些研究，持续地改善推进体系。另外，还在试图研究 CT 市场的未来发展方向，发布了“CT Outlook 2011”，展示了基于未来发展方向和多种想象力的战略产品。

2011 年，将现有的文化技术(CT)R&D 工作的范围扩大至文化艺术领域，也就是将现有的以游戏、电影、播放等尖端资讯为中心的 R&D，扩展至投资相对不足的演出、展示、国乐、工艺等文化艺术领域。通过各种努力，已经争取到了 70 亿韩元的相关预算，预计政府将正式对文化艺术领域进行投资。由此可以预计，文化艺术产业的尖端化和高附加价值产业化将会实现，现有的以资讯为中心的文化技术(CT)作为创造产业，它的范围将会进一步扩大，对其他领域产生的辐射效果也会越来越强。

通过这些努力和各种尝试，文化技术(CT)的技术水平正在持续提高。教育科学技术部实施的 2010 年度技术水平评价报告书(2011.2)显示，与拥有“融合型资讯及知识服务”领域世界顶尖技术的国家相比，技术水平差距由 3.1 年(2008 年)缩小至 2.7 年(2010 年，缩短了 0.4 年)；与世界顶尖技术水平相比，技术水平由 85.4%(2008 年)追至 87.8%(2010 年)。另外，自 2008 年始，正式投资于基础、源泉技术的开发；自 2010 年始，全面开展应用、开发研究的“将 2D 影像转换为 Full 3D 的还原技术”，在国家科学技术委员会实施的第 4 次科学技术预测调查(2012.2)中，成为我国拥有的最高技术。此外，还取得了很多其他成果。

### 5. 文化技术(CT)R&D 未来战略

2008 年以后，随着对文化技术(CT)R&D 投资的大幅增长，我们有能力应对资讯产业整体技术需要的增长。在新增长动力、绿色技术、融合技术、科学技术基本计划等主要的国家 R&D 政策中，均包含了文化技术，因此，文化技术作为国家必须确保的战略技术，获得广泛认可。关于文化技术(CT)的 R&D 预算持续增长，但政府对文化技术(CT)领域的投资 2011 年为 776 亿韩元，仅占国家 R&D 总预算投资的约 0.5%，与其他技术领域相比还远远不足。另外，与其他部门不同，没有负责企划、评价、管理的专职机构，韩国资讯振兴院的 R&D 专职人员也非常不足，难以应对迅速发展变化的国内外 R&D。因此，为实施系统的 R&D，首先应该尽快增加人力、改善推进体系。到目前为止，我们的 R&D 仅仅是追赶先进国家的追赶型技术开发，以及多课题分散性的 R&D 扶持，而并不是以国家政策性课题为中心的选择和集中式的扶持，因此，难以培育出对资讯产业产生巨大辐射效果的大规模成果。这些是我们今后需要重点解决的事项。

在国内外环境侧面来看，随着电影《阿凡达》、演出《太阳的杂技》等与技术相结合的成功资讯事例不断增加，对技术的需求也在激增，预计文化技术方面的国际竞争将会日益加剧。另外，随着资讯的智能化、融合化、3D 化及频道的 N-Screen 化，预计将会有新的资讯服务模式诞生并扩散。“提高生活质量”等有关国民福祉的焦点问题将增加，演出、展示等文化艺术领域的尖端化需求也将会不断增长。同时，为了应对最近愈演愈烈的韩流危机说，技术成为解决方案之一，我们要试着将经过检验的资讯——韩流与技术相结合，创造出新的“韩流 3.0”。

随着上述政策焦点问题和国内外环境的变化，我们计划持续扩大文化技术(CT)R&D 投资的同时，将建立先进的 R&D 推进体系。另外，计划持续推进扩大文化艺术领域的投资、国际共同研究、服务 R&D 等文化技术(CT)R&D 的工作组合。通过这些体系的革新和多样化的文化技术 R&D 投资，努力促进文化技术(CT)的发展，使其为实现资讯产业强国的目标起到中枢作用。

## (二)扶持文化技术(CT)的技术开发

### 1. 概要

文化资讯产业技术扶持(CT)工作通过面向国际市场的中长期技术开发，实现国内资讯产业成为世界强国，进入文化技术先进国家行列的目标。为此，将重点放在持续增加 CT 领域 R&D 投资、开发核心资讯技术、扶持促进商业化、构建以成果为中心的管理体系等方面。

为扩大 CT R&D 领域，将现有的文化资讯产业技术扶持名称改为“资讯产业技术扶持”，将融合型资讯核心技术开发、国际项目技术开发、文化技术(CT)共同研究中心 3 项具体工作，确定为尖端融合资讯技术开发工作，予以扶持。

### 2. 开发尖端融/复合资讯技术

(1)开发融合型资讯核心技术。

2011 年，通过开发游戏、影像、新媒体、虚拟现实、创作/演出/展示、融/复合、资讯保护流通、公共文化、服务等文化资讯核心战略领域的技术，向奠定尖端战略资讯的企划、制作、服务的基础，加强国际市场竞争力的方向推进各项工作。

指定公募课题以需求调查和课题企划为基础，确定工作内容并进行公布，作为 2 年以上的多年课题进行推进。

表 3-2-4　**2009 年指定公募连续课题**

| 领域 | 课题名称 | 主管机构 |
|---|---|---|
| 影像 | 表现大规模液体、爆炸、粒子型自然现象所需的模拟实验装置技术开发 | (株)FXGear |
| 虚拟现实 | 以移动通信混合现实为基础的体验旅游技术开发 | 韩国电子通信研究院 |
| 保护流通 | 遵照 DCI 规格的数字影院的发行管理及版权保护所需的技术开发 | 韩国电子通信研究院 |
| 创作<br>演出<br>展示 | 开发加强资讯“乐趣”的创作扶持体系 | 全州大学产学合作团 |
| | 融合了 Megatronics 技术的巨型及着衣式幻想动漫形象、木偶演出技术开发 | 韩国生产技术研究院 |
| | 以自然风景及地区传统文化为基础的数字模拟演出制作技术开发 | 韩国综合艺术学校产学合作团 |
| 融/复合 | 医疗融合型多模式协调资讯及模拟实验装置技术开发 | 韩国科学技术院研究院 |
| 虚拟世界 | 以使用者为中心的开放型及进化型描述现实的虚拟世界框架技术开发 | (株)三星电子 |

表 3-2-5　　**2010 年指定公募持续课题**

| 领域 | 课题名称 | 主管机构 |
|---|---|---|
| 游戏 | 体育街机游戏所需的旋转轨迹识别技术 | 韩国电子通信研究院 |
| | 以自然交互为基础的健康、康复功能性游戏技术 | The GATE(株) |
| 影像 | 将 2D 视频转换为高清 3D 立体视频的自动化技术 | 韩国科学技术院 |
| | 以主-副照相为基础的实时立体影像获得及修补、合成、制作技术 | 韩国电子通信研究院 |
| 虚拟现实 | 使用穿着型电脑的徒手使用者接口技术 | 韩国电子通信研究院 |
| 创作<br>演出<br>展示 | 电影及动漫故事处理的支援工具 | 梨花女子大学产学合作团 |
| | 以 CT 为基础的演出、展示所需的真实感制动模型及 Wire Flying 系统技术 | 韩国生产技术研究院 |
| 公共文化 | 参与型公共服务所需的交互型、真实感资讯制作工具 | (株)Macrograph |
| R&D | 数码文化资讯融/复合服务所需的语义网聚合应用平台技术 | (株)Top Quadrant Korea |
| 服务 | 定制型资讯服务所需的实时感性分析及共享技术 | (株)Daumsoft |

利用指定公募工作的剩余预算进行的自由公募主要是一年的课题，但是 2010 年选定的 5 个多年课题延续到 2011 年。

表 3-2-6　　**2010 年自由公募持续课题**

| 领域 | 课题名称 | 主管机构 |
|---|---|---|
| 高清影像 | Super Bernand 制作所需的流体、毛发、交叉模拟实验装置技术开发 | R. G 动漫 Studio |
| | “Woolf 2060”制作所需的流体/气体、群众模拟实验装置 ICE 数据切换点模块化及空间捕获数据动机化技术开发 | (株)Kinomotive |
| 功能性/体感型游戏 | 支援复合媒体的多重空间体感型社交游戏制作技术 | (株)Motion Blue |
| 移动通信资讯 | 使用 DAISY 国际标准的移动通信出版物简报资讯 | (株)OT&C |
| | 智能语音识别和 Hybrid TTS 及融合了人工智能的 Language Free Talking 引擎技术 | (株)Union & EC |

表 3-2-7　　**2011 年自由公募课题**

| 领域 | 课题名称 | 主管机构 |
|---|---|---|
| 游戏 | RealRobot 游戏资讯所需的 Tangible UI 装置技术开发 | Robo-Builder |
| | 卡拉 OK Dancing 资讯制作所需的色度键及 Kinect 连动虚拟 Dancing Stage 技术开发 | (株)dalim vision |
| 影像/新媒体 | 以环境识别为基础的 3D 动漫形象影像 | (株)RAY GREEP |
| 虚拟现实 | 3D 恐龙 Talk 体验馆所需的数码 Perfect 技术开发 | (株)Glo Entech |
| 创作/演出/展示 | ROBOTATA 演出资讯制作所需的音乐演奏 Robot 综合控制技术开发 | KO I AN |
| | Interactive 展示环境所需的统合媒体框架开发 | Polo |
| 融/复合 1 | 使用传统打糕的“混合打糕制作” e-learning 体验型学习资讯 | 麻雀春米坊 |
| | 以云计算为基础的智能型社会网络学习游戏制作技术及服务体系开发 | (株)LAON 娱乐 |
| 融/复合 2 | 电子乐谱歌曲伴奏机资讯制作所需的伴奏再生文件的乐谱转换技术开发 | (株)金荣首尔分店 |
| 公共文化服务 | 加强在线资讯安保所需的认证框架技术开发 | Vision Tech |
| | 智能旅游、移动通信 Photo Book 资讯制作所需的水印移动通信打印技术开发 | Avize |

续表

| 领域 | 课题名称 | 主管机构 |
|---|---|---|
| 游戏 | “哥哥，帮帮我！”在线制作所需的 Massively Realtime Interactive Simulation Engine(大规模实时交互仿真引擎)技术开发 | (株)Giant Dream |
| 影像/新媒体 | 游戏内广告实时结果报告及事前预测体系开发 | (株)Second Commercial |
| 虚拟现实 | 使用“可变加强现实技术”的数码模拟 board game“智能棱镜”传送技术开发 | (株)U I TO |
| | 网络竞速游戏开发所需的游戏引擎的活用及 motion platform 控制技术开发 | 紫薇 |
| 创作/演出/展示 | 白犀牛的旅程，应用增强/虚拟现实技术的雕刻展示 | Museum People |
| 融/复合 | 使用 image mapping 引擎的智能教育技术开发 | (株)Union & EC |
| | 智能设备依存型 5D Robot 资讯 | (株)genikids |
| | 构建具有人工智能的超大型数字水族馆所需的核心引擎及资讯制作技术开发 | T 1 Systems |
| | Multi 平台 g-learning 资讯制作所需的游戏引擎及资讯制作工具的开发 | (株) IOS20 天 |
| 公共文化服务 | 以集团智能为基础的语言变换网络技术开发 | (株)菠萝控股 |
| 游戏 | CODEX 资讯制作所需的进化型 RPG(角色扮演游戏)动漫形象 AI 技术开发 | (株)Sog ware |
| | Mobage Town 平台所需的中间件 M-Bridge 开发 | (株)Big for Games |
| 虚拟现实 | 儿童教育资讯制作所需的三维模特组立技术开发及其商用化 | (株) Sams International |
| 创作/演出/展示 | 交互型盘所里(韩国固有的一种说唱艺术——译者注)资讯制作及演出所需的数码媒体体系及技术开发 | (株)HI V |
| 融/复合 | 按照理解模式水平提供中等数学题库所需的数码笔和 OID 应用的个性化资讯反馈技术开发 | (株)Pun Edu |
| | 以事物识别为基础的社交网络资讯制作所需的目标识别及检索系统 | (株)First hands 娱乐 |
| 公共文化服务 | 具有韩国传统文化色彩的资讯制作所需的韩国传统色彩再现技术开发 | (株)文恩培色彩设计 |

特别是，在选定 2011 年新的指定公募课题时，考虑了世界范围内迅猛增长的智能设备——智能手机、平板电脑、智能 TV 等大众普及化和多样化服务的扩大，而对适用于 N-Screen 环境的智能资讯制作和服务所需的核心技术课题进行了扶持，扶持该课题的目的是为了让国内资讯企业抢先占领国际市场中的 N-Screen 市场。该课题通过确保智能设备的 H/W 制造能力和 S/W 平台的国际竞争力，普及多样化的智能资讯，为国内资讯产业的发展作出贡献。

表 3-2-8 **2011 年指定公募课题**

| 领域 | 课题名称 | 主管机构 |
|---|---|---|
| 战略课题 | 以 N-Screen 为基础的智能资讯制作及服务技术开发 | KT HI TEL(株) |
| | 高效制作高清 3D 影像所需的流水线管理及全台事前视觉化技术开发 | (株)数码 Alias |
| | 以数码全息图像(DH)资讯为基础的技术开发 | 韩国电子通信研究院 |
| 影像 | 乐高积木型统合 VFX 模拟实验装置技术开发 | 东国大学产学合作团 |
| | CG 影像制作用数码自然写作技术开发 | 韩国电子通信研究院 |
| 游戏 | 儿童用提高自我调节能力所需的个性化、功能性、体感型游戏技术开发 | (株)M 游戏 |
| 虚拟现实 | 以 3D 空间虚拟形象为基础的真实感装扮模拟实验装置技术开发 | 韩国电子通信研究院 |

续表

| 领域 | 课题名称 | 主管机构 |
|---|---|---|
| 融/复合 | 以情况认知为基础的智能 3D 立体 GUI(图形用户界面)技术开发 | (株)数字 Alias |
| | 移动通信混聚 Web APP 资讯提供技术开发 | 韩国电子通信研究院 |
| 演出/展示 | 能够应对观众反应的进化型、交互式展示统合控制技术开发 | 庆熙大学产学合作团 |
| 基础源泉 | 低疲劳、超真实 3D 资讯制作所需的融合技术开发 | 天主教大学产学合作团 |
| | 以故事为基础的国际化文化编码技术开发 | 檀国大学产学合作团 |

同时，5 年来，自 2009 年开始正在进行的“开放型、进化型虚拟世界架构技术开发”课题，作为中长期开发技术，目的是在有线及无线网络环境下，使与国民生活密切相关的文化及公共领域等多种产业领域能够与服务相联系，实现资讯共享。2012 年(第 3 年)，在核心技术(以使用者为中心的虚拟世界制作工具、虚拟世界运营/统合的管理技术等)的开发与虚拟世界领域国际标准化的推进等方面，在中期就已经取得了令人瞩目的成果，预计今后对虚拟世界领域的国内外市场将产生巨大的辐射效果。

(2)国际化项目的技术开发工作。

发掘能够进军国际市场的资讯制作项目，通过扶持与之相关的技术开发，确保其创造出国际化的成功资讯产品及技术能力。2011 年选定 3 个战略领域(动漫、电影、尖端演出)进行集中扶持，以加强各个领域的产业活力及确保技术优势。

特别是，正在制作的 Full 3D 立体动漫形象电影《高先生》，以 2013 年 7 月首映为目标，作为 3D 电影，对于真实地表现动漫形象表情所需的面部表情、云模拟实验装置等 CG 开发方面的研究开发，给予了大力扶持，并且还吸引了来自中国的 500 万美元的制作费投资。预计不仅将对国内 3D 电影产业发展作出贡献，还会提高进军海外市场的成果。

表 3-2-9 **2011 年国际化项目**

| 领域 | 课题名称 | 主管机构 |
|---|---|---|
| 动漫 | 七个小矮人 | (株)Locus |
| | 以 Machinema 技术为基础，制作 3D 立体剧场用动漫《蚂蚁》(*Empire of the Ants*) | Wonder World Studio(株) |
| 电影 | Full 3D 立体/3D 动漫形象电影《高先生》 | (株)Dexter Film |
| 尖端演出 | 为极大地表现歌剧《图兰朵》(*Turandot*)的创造性演出效果所需的智能型舞台演出技术 | (株)BINAL |

(3)文化技术(CT)研究所及 CT 共同研究中心

为了通过加强各地区的 CT R&D 力量来提高地区的发展潜力，将扶持培育大学内 CT 研究所的工作扩展至 CT 共同研究中心，并予以扶持。在履行区域综合性 R&D 职能的同时，以各地区特色化领域为对象，为了加强全面涉及资讯产业的感性、艺术、工学等尖端融合新技术的研究，正在战略性地培育与地区资讯企业、大学、研究所共同进行 R&D 所需的人力、设施、网络等共同研究中心。

表 3-2-10　　**文化技术共同研究中心(2010 年的持续课题)**

| 领域 | 课题名称 | 主管机构 |
|---|---|---|
| 影像 | 3D 立体影像制作的研究开发 | (财)釜山信息产业振兴院 |
| 虚拟现实 | 以 UX 为基础的、体现智能空间的技术开发 | 全州大学产学合作团 |

表 3-2-11　　**各地区的特色化扶持文化技术研究所(2009 年的持续课题)**

| 分类 | 领域 | 课题名称 | 主管研究机构 |
|---|---|---|---|
| 文化技术(CT)研究所 | 感性资讯 | 能做出感性反应和交互反应的实时感性文化资讯的表现及服务技术开发 | 祥明大学产学合作团 |
| | 虚拟现实/虚拟世界 | 虚拟水下环境的体感模拟实验装置技术开发 | 东新大学产学合作团 |
| | 著作权保护/公平使用 | 著作权保护及公平使用研究中心 | 高丽大学产学合作团 |
| | 新一代融合型资讯 | 以低碳绿色增长为基础的传统建筑文化资讯的资源化所需的智能亲环境建筑设计模块开发 | 大田大学产学合作团 |
| | 移动通信/新媒体资讯 | 可视化通信所需的新一代真实感微博、推特资讯制作技术研究 | 天主教大学产学合作团 |

## (三)积极发展文化技术(CT)

### 1. 概要

发展文化技术工作的目的是将“文化技术(CT)开发工作”开发出的文化技术，运用到多种类型的资讯产业中。为了把技术开发工作的成果运用到国内外资讯产业现场，做出了多方面的努力。以技术开发课题为中心的国内外展示会、论坛、研讨会、技术转让说明会等活动，提供了把研究开发的成果对外推广的机会。

这样的“发展文化技术(CT)”工作不仅让技术直接与市场接触，而且还建立了扶持企业资讯 R&D 的制度性措施。“企业下设创作研究所/专职部门认证制度”是一项致力于保证技术开发产业稳定性的工作，通过制度性的扶持工作，来推进文化技术的开发及推广。与此同时，一方面，为了能够对文化技术研究开发成果进行全周期的管理，实施了成果调查、分析；另一方面，为了灵活使用、推广 R&D 成果，把重点放在现有成果的技术转让及促进国内中小资讯企业技术的商业化工作上。

### 2. 运营企业下设创作研究所的认定制度

2011 年是主要致力于启用企业下设创作研究所及创作专职部门认证制度(以下称“创作研究所认证制度”)的一年。2009 年 5 月 6 日，修订了文化产业振兴基本法，构建了创作领域的技术研究框架；2010 年 4 月 20 日，修订了税务特例限制法，由此，构建了在税务扶持等方面的实质性法律扶持体系；2011 年，为了能够更好地执行这些制度，充实了审议标准。

企业下设创作研究所与教育科学部施行的企业下设研究所认证制度相比，虽然在物质、人力方面的条件几乎相同，但考虑到创作研究的特点，没有对创作专职人员的专业进行限制。但是，作为具有创作研究特点的认证条件之一，施行的业务必须要在创作研究开发的范围之内。为此，审议委员会加强了现场审查及综合审查等环节的工作，通过这些审查，来决定是否给予认证资格。

2011 年，改善了创作研究所认证条件中比较模糊的事项，并与企划财政部就认证审查阶段的简化程序等进行了协商，以保证创作研究所认证制度的稳定性。但该制度虽然已经施行了 3 年，却只有 28 个企业获得了认证资格，因此，有人指出应该针对这样不理想的结果进行分析，并制定相应的对策。

2009 年是实施这一制度的第一年，有 3 个企业(游戏企业 2 个、出版企业 1 个)获得了认证资格；2010 年有 15 个企业，2011 年有 10 个业体(创作研究所 5 个、专职部门 5 个)获得了认证资格。目前的创作研究所与教育科学部的企业研究所不同，如要获得税收优惠，除了要获得文化体育观光部的认证外，还需要通过企划财政部的公示来确定。即使获得了认证资格，如果没有被公示，也无法获得税收优惠。2011 年年末，在所有 28 个获得认证资格的企业中，这样的企业占 22 个。所以，为了激发资讯企业的技术开发意愿，必须尽早改善目前的制度。

此外，创作研究所虽然采取了与企业研究所几乎相同的认证设施条件及人才要求条件，但是专业研究员的兵役优惠、研究所专用不动产的地方税减免等却被排除在外，在这些方面也需要法律上的完善。为此，文化体育观光部与主管税收优惠的企划财政部共同探索在培育资讯产业方面的政策性合作，并不断探讨相关法令的修订。

表 3-2-12 **2011 年企业下设创作研究所及专职部门的认证现状**

| 序号 | 业体名称 | 认证 No. | 认证日期 | 领域 |
|---|---|---|---|---|
| 1 | (株)Ntreev Soft | 01 | 2009. 12. 31 | 游戏 |
| 2 | (株)Ironnos | 02 | 2009. 12. 31 | 游戏 |
| 3 | (株)Gitan 教育 | 03 | 2009. 12. 31 | 出版 |
| 4 | (株)Daekyo | 04 | 2010. 07. 16 | 出版 |
| 5 | (株)体育朝鲜 | 05 | 2010. 07. 16 | 报纸、出版 |
| 6 | (株)R's Company | 01(专门部门) | 2010. 10. 18 | 影像制作、设计 |
| 7 | (株)嫩芽娱乐 | 06 | 2010. 10. 18 | 动漫 |
| 8 | (株)Book 21 | 07 | 2010. 11. 03 | 出版、动漫 |
| 9 | (株)Toiion | 08 | 2010. 11. 03 | 动漫 |
| 10 | (株)B. I. Group | 09 | 2010. 11. 03 | 播放影像物 |
| 11 | (株)好书新思考 | 10 | 2010. 11. 25 | 出版 |
| 12 | (株)SM English | 11 | 2010. 11. 25 | 娱乐教育 |
| 13 | (株)Onson Soft | 12 | 2010. 11. 25 | 游戏 |
| 14 | (株)预感 | 13 | 2010. 12. 03 | 演出 |
| 15 | (株)CJ 娱乐 | 02(专门部门) | 2010. 12. 03 | 电影 |
| 16 | (株)韩松教育 | 14 | 2010. 12. 22 | 出版 |

续表

| 序号 | 业体名称 | 认证 No. | 认证日期 | 领域 |
| --- | --- | --- | --- | --- |
| 17 | (株)Ctoon | 15 | 2010. 12. 22 | 动漫 |
| 18 | (株)Little Fox | 03(专门部门) | 2010. 12. 22 | 动漫 |
| 19 | (株)Neoviz 网络 | 16 | 2011. 01. 07 | 音乐 |
| 20 | (株)Kiss Interactive | 17 | 2011. 01. 07 | 游戏 |
| 21 | (株)环球网 | 04(专门部门) | 2011. 01. 07 | 广告 |
| 22 | (株)CJ E&M | 18 | 2011. 12. 28 | 动漫、电影 |
| 23 | (株)Woori Media | 19 | 2011. 12. 28 | 影像源泉来源、CG |
| 24 | Two Way Co. Ltd. | 20 | 2011. 12. 28 | 动漫形象、移动通信 |
| 25 | (株)Petaframe | 05(专门部门) | 2011. 12. 28 | 智能应用 |
| 26 | (株)Por Digital Studio | 06(专门部门) | 2011. 12. 28 | 动漫 |
| 27 | (株)Culture and Road | 07(专门部门) | 2011. 12. 28 | 文化遗产 Storytelling |
| 28 | (株)Funny Fish | 08(专门部门) | 2011. 12. 28 | 韩文艺术商品开发 |

### 3. 推广 CT 成果

(1)评价 CT 开发课题的成果。

2011 年，针对 2003 年至 2011 年所扶持的文化技术(CT)R&D 课题，进行了成果搜集、调查、分析工作。成果评价针对文化技术扶持工作各领域、各工作类别、各年度的课题等进行分类分析、年度的趋势分析、技术成果及经济成果的分析等，同时掌握受惠企业的满意度及其难处，进而提出扶持工作的改进方向以及进一步提高成果的方案。

CT R&D 扶持工作以 2007 年为基点，扶持的规模和每个课题的扶持金额都在持续扩大，持续课题的比重也在不断增加，进行了多样化的不同工作类型课题的选定、扶持，这样做的结果是 2010 年各项成果呈现全面上升的态势。虽然与 2010 年相比，2011 年的成果整体有小幅下降，但如果考虑到 2011 年下半年(第 4 季度)新增课题的比重(16%)较高，还是可以认为整体的成果有所改善。特别是 SCI 级论文的比重逐步增加，登记的知识产权及雇用人力等方面的成果达到了最高值，在质的方面产生了优秀成果。

作为综合成果，2003—2011 年，CT 扶持工作的技术成果有论文1 328篇、专利 672. 7 件、项目及其他登记成果 458 件。从经济成果来看，调查显示取得的成果有技术应用 425 件、销售额 657 亿韩元、新雇用人员1 547人。

总结 2011 年 CT 扶持工作的成果，技术成果有论文 316 篇、专利 180. 7 件、项目及其他登记 135 件；经济成果有技术应用 101 件、销售额 93. 7 亿韩元、节省费用 106. 4 亿韩元、新雇用人员 731 人。与前一年相比，为减少失业率作出巨大的贡献。

今后，为了进行有效的成果管理，有必要通过更加实际的扶持来满足课题执行机构的需要。为此，扶持工作从企划阶段到评价阶段的全过程，都必须反映执行机构的需要，从而建立成果管理良性循环结构。

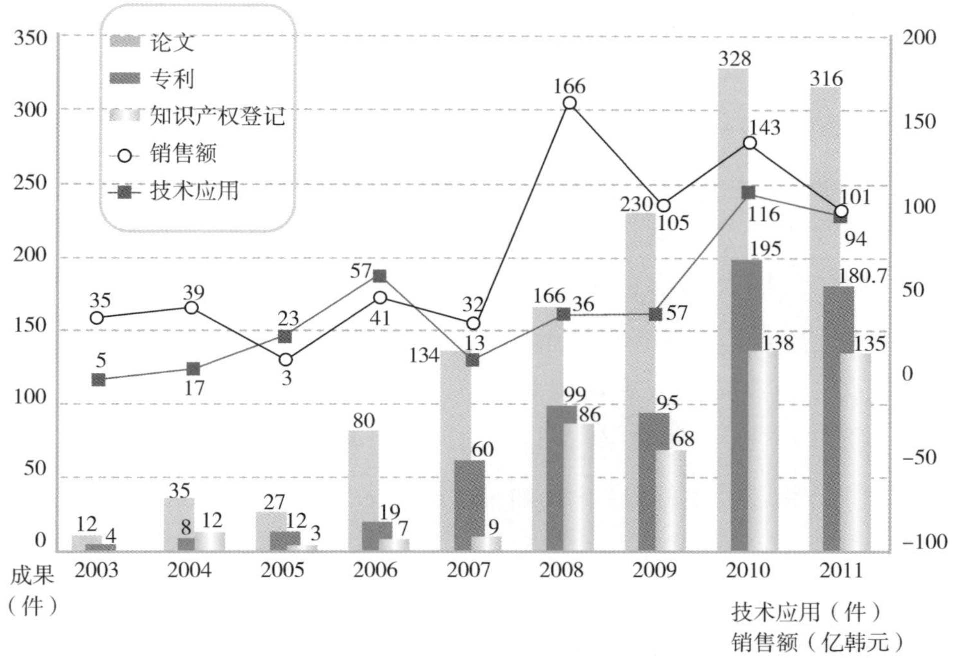


图 3-2-3　各年度 CT R&D 扶持综合成果变化

出处：2011 CT/DC R&D 成果调查分析报告书

(2)宣传及展示 CT 成果

2011 年的成果宣传及展示工作，将重点放在以政府扶持或民间自行开发的文化技术为对象，挑选那些能够与文化资讯相结合或能够应用于其他产业的技术进行大力宣传和展示，使其能够应用于国内外市场。为此，以资讯制作业界的从业人员为对象，通过举办技术转让说明会及其他相关活动，为他们提供介绍文化技术的机会，为了开拓文化技术的海外市场，还参与了国际性的展示会。

技术转让说明会共举办了 3 次，分别是 2011 年 6 月(大邱)、9 月(光州，国际文化创意产业展)、10 月(一山，韩国电子产业庆典)，宣传了由国库支援开发的文化技术，创造了将技术转让至资讯制作业界的机会。

作为以常驻地方的机构及企业为对象，为提高对资讯技术的理解并宣传技术应用的场所，在大邱有 70 多名相关企业的负责人参加了说明会，在光州和一山同时进行了展示会和技术转让说明会，有数千人参观了展示活动，200 多人参加了说明会。

图 3-2-4　技术转让说明会

扶持参与展示会的工作也进行了 3 次，重点放在通过参加不同类型的国际展示会，大力推进我们的文化技术进军海外。对参加 10 月在日本东京举办的 2011 数字资讯博览会(Digital Content EXPO 2011),11 月在釜山举办的国际公开游戏展 G-Star,2012 年 3 月在旧金山举办的国际游戏开发者联盟(GDC)提供了扶持。

2011 数字资讯博览会是日本经济产业省主办的,是展示数字资讯技术(CG/3D 虚拟现实、增强现实等)及交换信息的重要场所。在该展示会上,以“韩国资讯技术馆(Content Technology of Korea)”的名称组建了共同展位,提供了对外介绍通过韩国资讯振兴院获得 R&D 扶持而开发的国内具有代表性的文化技术的机会。(株)素素(使用人体信息接口的功能性资讯)、KAIST(3D 立体转换解决)、(株)Real the Square(3D 立体转换解决)、CG Wave(Wave 3D)、Studio Loft(2D、3D 转换)5 个研究开发机构参与了此次活动,以普通观众、企业及专家观众为对象,宣传了韩国资讯技术,取得了 30 亿韩元以上的洽谈和签约成果。通过这些活动,与日本企业签订了合同(素素/西奇达项目、NAMCO BANDAI GAMES),有的企业与它们签订了业务合约(Real the Square/Q-Tec),我国的文化资讯技术在日本市场获得了高度关注。

图 3-2-5　DC EXPO

在釜山举办的国际游戏展示会 2011 G-Star 上,10 个机构通过韩国资讯振兴院获得扶持而开发的游戏技术,在文化技术商业化馆内组建了“文化技术转让游戏资讯”展台进行展示。参加机构通过与参展的国内外企业、机构的商务会谈,以及举行 B2C 会议等活动,构建了联系网络,创造了互相交流游戏技术动向分析及研究的契机。参加企业中,(株)素素的 BCI 控制及(株)SELL BIG 的体感型游戏引起了普通消费者的极大兴趣,在使用者亲和型、体感型平台方面获得了很高的满意度。

图 3-2-6　2011 G-Star

在美国旧金山举办的国际游戏开发者联盟(GDC),全世界有19 000多名游戏专家参与了此次活动,举办了 400 次以上的演讲活动,可谓是一场联盟展示活动。韩国资讯振兴院为了促进我国的游戏技术进军国际市场,以建立宣传、开辟销路及与海外知名开发者和企业建立国际网络为目的,组织 6 个企业参加了 GDC 国际展示馆的展示活动。致力于进军海外市场的 Kuno Interactive(3D 图像及引擎技术)、Sog Ware(服务器负荷网络技术)、Pay Letter(平台联动计费方案)、数字加载中心(3D 服装表现体系)、Play Plus(社会网络游戏)、LAON 娱乐(着色器技术)等企业通过宣传和商务会谈，共实现了 101 件、相当于 900 万美元的洽谈成果，其中 3 个企业还取得了签署 134 万美元合同的成果。

图 3-2-7　GDC

(3) 刊发深层报告。

每个月为资讯企业、文化技术 R&D 企业、资讯学界及从事现实业务的人提供一次具有一定深度的信息，包括资讯、资讯 R&D 动向分析等文化技术(CT)产业的主要焦点问题等。

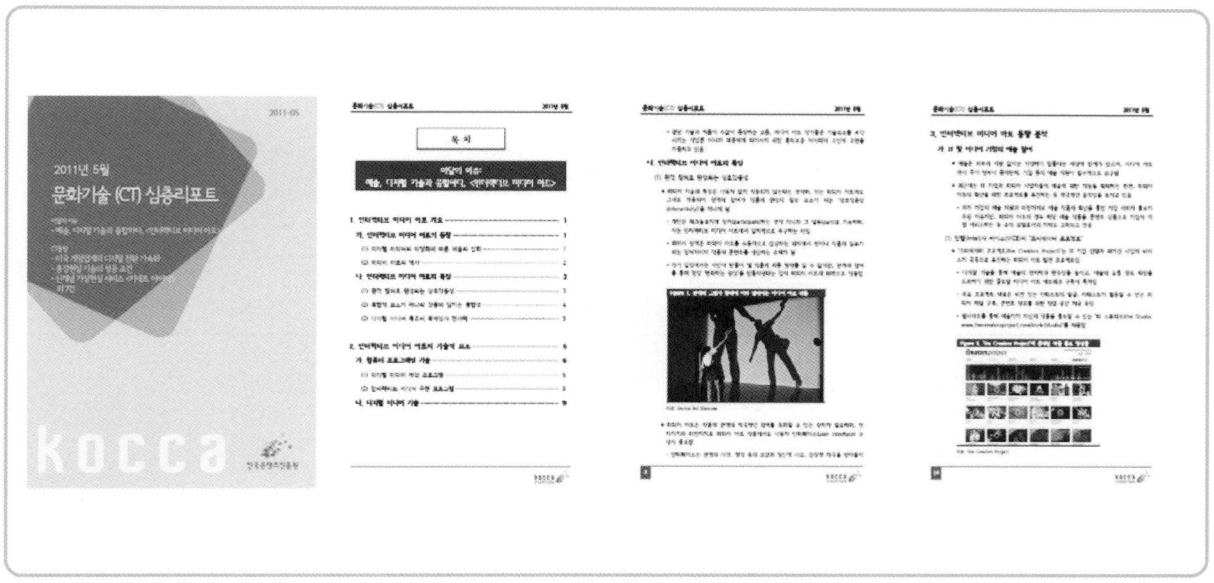


图 3-2-8　GDC

表 3-2-13　　**深层报告的发刊内容**

| 刊号 | 题　目 | 内　容 |
| --- | --- | --- |
| 1 号 | 艺术与数字技术相结合(交互型媒体艺术) | 数字媒体技术分析及产业动向分析 |
| 2 号 | 移动云服务所带来的资讯流通革命 | 随着智能手机和平板电脑等移动通信终端的普及，在多样化的终端中，提供同一作业环境的移动云服务技术分析 |
| 3 号 | 尖端演出技术的动向及实例 | 在演出产业里融入新技术的实例及动向分析 |

续表

| 刊号 | 题　　目 | 内　　容 |
|---|---|---|
| 4 号 | 透过 2011 SIG GRAPH 看最近文化技术的研究动向 | 由世界最大规模的计算机图像联盟——美国计算机学会(ACM, Association for Computing Machinery)主办的 SIGGRAPH 上，展示了各种技术及今后产业动向分析 |
| 5 号 | 将舞台移至移动通信的 3D 技术与资讯的未来展望 | 随着智能手机的发展，与移动通信 3D 技术、终端、资讯相关的技术、产业动向分析 |
| 6 号 | 数字演员 | 《最终幻想》的主人公 AKI、《指环王》的咕噜、金刚、贝奥武甫等计算机图像(CG)技术的发展<br>对能够代替主演演员的数字演员的展望分析及技术动向分析 |
| 7 号 | 语音识别技术的动向及展望 | 随着苹果 iPhone 4S 装载的语音识别功能"Sily"的公开，对语音识别服务的关心大增<br>对语音识别技术的市场规模分析及产业动向分析 |
| 8 号 | 3D 立体影像正在朝着全息图发展，相关技术的动向及使用实例 | 关于立体全息图的国内外市场规模分析及今后展望等深层分析 |
| 9 号 | 将游戏与电影相结合的资讯——游戏电影 | 最近 CG 电影的游戏电影作品的出现<br>计算机与动漫的合成词——游戏电影(Machinima)的相关技术分析及今后展望 |
| 10 号 | 故事创作工具研究动向及实例分析 | 好莱坞使用的剧本创作软件(Dramatica Pro)、最终稿(Final Draft)等脚本写作程序，及其他辅助故事创作的技术、工学方面的研究实例分析 |
| 11 号 | 数字教材的升级、最新动向及展望 | 使用 Ibook 2.0 等数字教材的平台的技术特点、实例分析<br>国内外数字教材的动向及展望分析 |
| 12 号 | 音乐信息检索技术动向 | 随着网络的发展，数字唱片市场也在成长<br>在线、线下庞大的唱片信息搜索所需的技术分析及通过检索技术进行的产业动向分析 |

### 4. 对技术转让及促进其商业化的扶持工作

最近以文化技术(CT)为基础，很多产业的资讯化都在快速发展，融合型资讯作为新增长动力备受瞩目，融合型资讯产业加入了以想象力和创造力为基础的文化要素，作为"没有竞争的市场"，将会成为国家商务革新的突破口。

政府为实现文化资讯强国的目标，将资讯领域选定为 17 大新增长动力(2009.5)、未来 3 大基础产业(2011.1)之一，制定了产业培育及 CT R&D 战略，作为国家重要政策，还发表了培养全国性资讯产业的振兴基本计划(2011.5)。

但是，大部分国内中小文化资讯企业由于规模小、专业人才不足，工作不透明，很难创造出高附加价值。加之金融机构对它们的关注度低，因此项目融资也很困难。这些企业即便拥有优秀的技术和资讯，由于商业化经验及人才的不足，而导致商业化的成功率低，在推进商业化及追加开发、进军海外等方面存在着融资困难。

因此，要为这些国内中小资讯企业进军国内外市场提供所需的持有技术或应用技术商业化的相关咨询，通过促进优秀文化技术的产业化应用及技术转让、技术商业化，帮助中小资讯企业摸索出路，必须为它们提供体系化的、持续的扶持。

因此，韩国资讯振兴院推进了“技术商业化咨询扶持”的工作，目的是为国内中小资讯企业进军国内外市场提供所需的持有技术或应用技术、资讯等商业化咨询服务，使企业取得实际的成果。为此掌握了企业需求，制定了诊断及咨询计划，系统地为企业提供符合它们需求的技术转让与商业化、招商引资活动，为企业提供了针对性的咨询服务，并取得了实际效果。

该项工作包括文化技术企业的商业化咨询、文化技术的价值评价、扶持招商引资活动、搜集加工与文化技术相关的专利信息、研究大中小企业间的合作方案及商业化指南等。

| | |
|---|---|
| 访问企业进行面谈 | 企业的一般情况调查——主打产品、知识产权现状<br>掌握咨询请求事项，确认技术开发的完成进度<br>掌握主要的核心事业内容 |
| ⇩ | |
| 技术及需求分析 | 通过访问企业进行面谈，获得咨询请求事项，以此为基础，对企业的持有技术及资讯进行分析<br>研究企业咨询需求的可行性和可能性 |
| ⇩ | |
| 制定咨询实施计划 | 制定符合需求的咨询计划<br>针对已制定的计划，与客户商讨其合理性 |
| ⇩ | |
| 咨询 | 依照咨询实施计划推进招商引资、技术商业化、营销等<br>此外，进行符合商业化企划及扶持专利申请等要求事项的咨询 |
| ⇩ | |
| 成果 | 企业间的合作关系、招商引资、技术商业化、技术转让等<br>共同开发、追加开发协议、与 KOCCA 扶持事业的配对等<br>发行合同、出版合同、取得销售成果等 |

图 3-2-9　商业化咨询程序

技术商业化咨询是与 EEN(Enterprise Europe Network)相联系，向欧洲介绍技术的企业密切型扶持工作，主要目的是：①掌握企业和市场环境及动向，提供相关资料；②发掘需要技术的企业及合作伙伴，提供合作机会；③扶持企业制定营销战略；④提供政府课题的相关信息及扶持制作工作计划书；⑤扶持发掘商务模式；⑥扶持合同业务；⑦扶持申请专利；⑧扶持国际化商务。参与该扶持工作的企业，在将它们持有的技术及资讯进行商业化的过程中，由于缺乏人才、时间、经验而导致虽有需求但无法执行的部分，将由技术商业化咨询为其提供针对性的咨询服务。同时，系统地推进技术转让、合作、商业化等工作，帮助企业解决在推进商业化过程中遇到的困难。预计今后在企业进行商业化活动时，技术商业化咨询将发挥更大的作用。

如将该项工作的成果按照企业的业绩形态进行分类的话，付货及开发合同 6 件，商务合作合同 9 件，承担政府课题 1 件，专利及服务上市 2 件，共 18 件成果，具体内容如下。

表 3-2-14　　**商业化咨询成果内容**

| 业绩形态分类 | 企业名称 | 成果内容 |
|---|---|---|
| 交货(供应)合同、开发(含共同开发)合同、制作劳务合同(6 件) | Kuno Soft | 付货合同(提供英语 MUMU 与 USB 资讯产品) |
| | Studio Loft | 劳务合同(北京进口汽车展的现代汽车 3D 影像制作) |
| | 游戏 SLAP | 美赞臣植牙齿科专用 CT 及 CAM 3D 分析及说明软件开发(预计 2012. 3. 15 签订合同)——总计 10 亿韩元 |
| | Cellvic | 与大韩科学签订软件开发及供应合同(2011. 6)，开发费用3 300万韩元 |
| | SOSO | 与美丽山谷医院签订提供 300 台成品的合同(2011. 7) |
| | | 示范设置合同(示范性地设置在日本 SIQIDA 学院) |
| 商务合作合同、MOU(谅解备忘录)(9 件) | Studio Loft | 委托营业合同(与 AVA 娱乐签订服务委托合同，2011. 9—2012. 9) |
| | | 业务协定(KAIST 文化技术研究院，5 年的合同，2012. 2. 1) |
| | Cellvic | 委托开发合同(与清江文化大学签订委托开发合作合同，2011. 7) |
| | Dawon Communication | IF 娱乐(智能手机 APP 及 IT 开发)(2011. 7) |
| | SOSO | 与日本 SIQIDA 学院签订 MOU 协定(2012. 1. 26) |
| | BitPlus | 业务协定(与 Whois 控股签订投资协议 MOU，2011. 12. 12) |
| | REDROVER | 业务协定(与大宇 Lucoms 签订业务协定，2012. 1) |
| | 世昌 Instrument | 业务协定(与印度的商业化专业公司——Prognosys Pvt Ltd 签订业务协议，2011. 12. 10) |
| | | 合作设立法人(与美国的 Game Design 及开发企业——Say Design 正在推进在国内设立法人) |
| 承担政府课题(1 件) | Dawon Communication | 承担 TIPA 课题——提供食品综合信息的服务(2011. 9)<br>技术开发费用：7 600 万韩元 |
| 专利、服务上市(2 件) | Chala Bros | 专利合同(与 Lev Communication 签订动漫形象及资讯产品的专利许可，Lev 仍保留独家专利权，2011. 8) |
| | Alticast | 服务上市合同(使用 LG U+家庭频道进行“儿童英语 OLO”服务的上市合同，2011. 9) |
| 18 件 | — | 18 件 |

# 三、提高资讯企业竞争力

## (一)激活资讯创造企业

### 1. 概要

目前世界经济正在从知识经济(Knowledge Based Economy)转变为创造经济(Creative Economy)，创造新的就业岗位和青年失业已经超越国界，成为全球性的经济话题。为此，文化体育观光部致力于培育以人的创造力和创意作为生产要素投入生产，能够产生无形价值(Virtual Value)的创造企业，以解决高学历青年的失业问题，并找到创造就业岗位的新突破口。自 2009 年起至今，通过韩国资讯振兴院展开了培育资讯创造企业的扶持工作。

为此，以漫画、动漫形象、动漫、游戏、播放影像、电影、音乐、出版(电子)、融/复合等资讯领域的多个类型的预备创业者及未满三年的初期创业企业为对象，在资讯开发制作中进行宣传营销、商务对接等创业扶持工作。

## 2. 主要政策

(1)强化创业并运营基础设施扶持项目

①运营知识服务领域创意商业化的扶持项目。

知识服务领域创意商业化的扶持项目以预备创业者及未满三年的初期创业企业为对象，将漫画、动漫形象、动漫、游戏、播放影像、电影、音乐、出版(电子)、融/复合等资讯领域的多种类型确定为扶持领域。该项目将为资讯制作提供最高 4 000 万韩元的资金扶持，同时还开展多种形式的扶持项目，如消费者反映的评价、宣传营销、商务对接等，来帮助创业取得成功。

以 2011 年资讯领域最终选定课题的 44 个创业项目为基准，竞争比例为 18：1，竞争十分激烈。受理的课题数量也比前一年增长了 2 倍以上，显示出创业很高的热情。从扶持领域的比重来看，与 IT 相结合的融/复合资讯、游戏等成为最受关注的资讯类型。

表 3-3-1　　课题受理对象的资讯类型分析

| 分类 | 漫画 | 动漫形象 | 动漫 | 游戏 | 播放影像 | 电影 | 音乐 | 出版(电子) | 融/复合 | 总计 |
|---|---|---|---|---|---|---|---|---|---|---|
| 预备创业者 | 27 | 23 | 11 | 56 | 23 | 23 | 26 | 86 | 104 | 379 |
| 初期创业者 | 23 | 34 | 22 | 56 | 15 | 12 | 30 | 101 | 144 | 437 |
| 合计 | 50 | 57 | 33 | 112 | 38 | 35 | 56 | 187 | 248 | 816 |

分析受理课题申请人的年龄，可以看出 20 岁、30 岁的青年层占 69.5%，他们对资讯领域创业的热情最高。从预备创业者和创业未满 3 年的初期创业者的比重来看，预备创业者占 46.4%，显示出对创业的高度热情。以受理课题为对象，进行性别分析的结果显示，与女性相比，男性占 75.9%，约高出女性 3 倍多。

表 3-3-2　　课题受理对象的年龄段分析

| 年龄 | 课题数量 | 比重(%) | 预备创业者 | 创业者 |
|---|---|---|---|---|
| 10 岁段 | 4 | 0.5 | 3 | 1 |
| 20 岁段 | 192 | 23.5 | 106 | 86 |
| 30 岁段 | 436 | 53.4 | 192 | 244 |
| 40 岁段 | 160 | 19.6 | 66 | 94 |
| 50 岁段 | 19 | 2.3 | 9 | 10 |
| 60 岁段 | 4 | 0.5 | 2 | 2 |
| 70 岁段 | 1 | 0.1 | 1 | 0 |
| 合计 | 816 | 100.0 | 379 | 437 |

表 3-3-3

课题受理对象的性别分析

| 性别 | 课题数量 | 比例(%) | 预备创业者 | 创业者 |
|---|---|---|---|---|
| 男 | 619 | 75.9 | 275 | 344 |
| 女 | 197 | 24.1 | 104 | 93 |
| 合计 | 816 | 100.0 | 379 | 437 |

分析受理课题在首尔及广域市、其他地区分布的结果显示，首尔、京畿、仁川等首都圈比重较高，达 83.7%，其他地区仅占 2%。

表 3-3-4

课题受理对象的地区分析

| 地区名 | 课题数量 | 比例(%) | 预备创业者 | 创业者 |
|---|---|---|---|---|
| 首尔 | 501 | 61.4 | 235 | 266 |
| 京畿 | 159 | 19.5 | 75 | 84 |
| 大田 | 23 | 2.8 | 10 | 13 |
| 釜山 | 20 | 2.5 | 12 | 8 |
| 大邱 | 12 | 1.5 | 5 | 7 |
| 仁川 | 23 | 2.8 | 12 | 11 |
| 光州 | 19 | 2.3 | 8 | 11 |
| 忠南 | 9 | 1.1 | 4 | 5 |
| 忠北 | 7 | 0.9 | 2 | 5 |
| 江源 | 10 | 1.2 | 4 | 6 |
| 全南 | 3 | 0.4 | 3 | 0 |
| 全北 | 9 | 1.1 | 4 | 5 |
| 庆南 | 9 | 1.1 | 4 | 5 |
| 庆北 | 10 | 1.2 | 1 | 9 |
| 济州 | 2 | 0.2 | 0 | 2 |
| 合计 | 816 | 100.0% | 379 | 437 |

对于最终被选定的 44 个课题，第 1 批次提供了 60%的资讯制作扶持费用，通过中间评价后，第 2 次又提供了 40%的制作扶持费用。通过专业的新闻频道——YTN，为 11 个创业资讯提供了宣传扶持，并帮助他们参加了韩国资讯振兴院举办的 2011 动漫形象博览会和 2011 G-Star。此外，还扶持他们参加了中小企业厅举办的大韩民国创业大展。针对全部 44 个课题，通过专业评价机构进行了消费者反映评价，提高了资讯制作的完成程度。

为了保障专利等知识产权，韩国资讯振兴院的常驻专家还举办了咨询会，共举办了 45 次法律、专利、会计等相关领域的咨询，通过这些咨询活动，帮助 2 项专利获得批准。

为了实现可持续创业，把着眼点放在商务对接上，提供了通过技术保证基金给予的贷款资金扶持、吸引投资及合同、网络化等项目。为了扶持创业者的资讯宣传，还制作并分发了额外的宣传营销资料集。

"以独特的动漫形象品牌来决负"
(2012.1.23)

"1人创新企业，怀揣梦想"
(2011.10.17)

图 3-3-1　利用创意进行营销的画面

②运营资讯 1 人创新企业商务中心。

资讯 1 人创新企业商务中心为 1 人创新企业提供创业空间、会议室、办公用品等创业基础设施，同时还为其提供教育、研讨会等创业相关特色项目的扶持工作。在韩国资讯振兴院驿三分院内，对整个 4 层进行了改造，共建立了 8 个独立型创业空间(2 人室 2 个、4 人室 3 个、5 人室 1 个、6 人室 2 个)、会议室 2 个(中会议室、小会议室各 1 个)、咨询台等设施，自 2009 年 11 月开始运营至今。

资讯 1 人创新企业商务中心的创业空间，为了事业的独立性及保护营业秘密，以独立的形式运营，并且无偿提供全部办公用具及一体机、网络等办公基础设施。不仅是入驻的 1 人创新企业、预备创业者或其他 1 人创新企业，只要获得了中小企业厅颁发的相关信用卡，就可以通过申请无偿使用会议室，并可以免费接受咨询服务。

2011 年，全部 8 个创业空间都入驻了企业，为帮助他们成功创业，提供了实实在在的创业基础设施。特别是，Sellco 韩国语教育研究所在入驻后，成功注册成为法人，并创造出 2 亿韩元的销售额；IT 领域的 1 人创新企业——BitPlus 获得了风投企业认证书。

作为入驻创业者的针对性扶持项目，推进了媒体宣传营销，利用国民日报、明日报及都市报等免费报纸，进行了事业宣传造势，还利用地铁播放在 5 条地铁线路进行了为期 1 个月的资讯营销活动。特别是，邀请了海外创业专家——英国 Herder's Field 理事长 Phil Woods 先生，举办了"创造经济时代，创造就业岗位"的专家研讨会，通过这项活动，文化体育观光部、雇佣劳动部为激活创业，改进了多种联系方式的方案。

(2)资讯创新企业的工作成果。

2009 年文化体育观光部通过了《资讯 1 人创新企业培育示范工作》，2010 年和 2011 年中小企业厅通过了《知识服务领域创意商业化扶持工作》，在 3 年间，共投入了 48 亿6 000万韩元的工作预算，选

邀请海外创业专家，举办国际研讨会(2011. 11. 25，Pelem Tower Pelem Holl)

图 3-3-2　邀请海外专家举办研讨会

定并扶持了漫画、游戏、播放等资讯领域共 133 人的创业，创造出了累计销售额 41 亿9 800万韩元的成果。提供创业基础设施的资讯 1 人创新企业商务中心自 2009 年 11 月开始运营以来，共取得 24 个创新企业、94 名人员入驻，总销售额达 2 亿7 000万韩元的工作成果。

2011 年，除了现有的漫画、动漫形象、动漫、游戏、播放影像、电影、融/复合等资讯外，还将扶持工作扩大至出版(电子)及音乐领域，扶持文化产业资讯的多个类型的创业。

特别是，在动漫领域，2011 年首次创业的力量资讯的尹贤镇代表创作、演唱的蝌蚪之歌——《奥比的大冒险》样本获得了 EBS 的共同投资，并签订了放映合同，取得了令人惊叹的成果。尹贤镇代表作为蝌蚪之歌的版权所有者，以其专业性及创业前在相关领域工作 10 多年的经验为基础，创作出优秀的作品，取得了巨大的成功，这一点值得关注。尹贤镇代表还在中小企业厅举办的大韩民国创业大展中，获得了国务总理奖。另外，动漫形象领域的金正善代表作为未满 3 年的初期创业者，自行开发出“Clan-C”品牌，该品牌系 7 岁以下幼儿用的幼儿个性品牌，其商标及知识产权不仅在韩国，而且在中国也获得了批准。2011 年，该品牌不仅进入国内卖场，而且进军中国杭州百货店，取得了超过 8 亿韩元销售额的惊人成果。

20 岁年龄段的青年创业家极乐软件的金载现代表，开发出了符合智能手机时代要求，广受年轻人喜欢的游戏应用软件。他开发并推向市场的以奶酪的味道来诱杀老鼠的益智游戏《捕捉老鼠》，在 2011 年 10 月取得了位居国内游戏应用软件第一位的成果。他在初期开发阶段就与专业出版企业建立联系，通过流通营销取得了优秀的成果。玉承哲代表使用版画技巧，加入亲和自然的色彩，以儿童为对象，制作了感性童话书《我们小区有非洲哦》，与学山文化社、飞龙所等专业出版机构签订了合同，预计将于 2012 年出版发行。该资讯将版画这一美术作品融入整部童话书，与现有的插图方式完全不同，由此获得巨大成功。

另外，Book in the Gap 的安炳律代表出版了关于世界史素养的学习用漫画 Peter Historia，帮助现在不太知晓提问的孩子重新找回人文学想象力。该书获得了《韩民族》《中央日报》等优秀媒体的好评，并成为优秀推荐图书。朴贤淑代表为缓解 ADHD(注意力缺失多动障碍)儿童的症状，制作了治疗用唱片资讯，他拥有专业音乐知识，并成功将这一知识商业化，这也是一个优秀的成功案例。

表 3-3-5　　资讯领域创业的优秀事例

| 姓名(企业名称) | 事业内容 | 推进成果 |
| --- | --- | --- |
| 尹贤镇代表<br>(力量资讯) | 动漫<br>以会唱歌的蝌蚪奥菲为主人公，融入了愉快的童谣和成长故事的资讯<br>国内首次将音乐剧制成 App book，导入了可以参与到故事中去的交互方式 | 与 EBS 签订了投资于样本及播放的合同<br>销售达7 000万韩元<br>获得国务总理奖(创业庆典，中小企业厅) |
| 金正善代表<br>(儿童是天才) | 动漫形象<br>以 Clan-C 命名的自有动漫形象品牌，开发并上市了服装、文具、玩具、装嫩族装备、小物件等商品<br>成立时间虽然很短，但是不仅占有国内市场，还进军到了中国 | 进入国内 29 个代理店<br>进入中国杭州百货店<br>销售额达 8 亿韩元 |
| 玉承哲代表<br>(出版企划界) | 出版<br>以独特的材料和版画技巧绘制的新型感性童话书<br>使用版画技巧，呈现出在木板上感受到的亲和自然的感觉，并融入了很好的故事素材 | 与学山文化社、飞龙所等出版专门业体缔结了出版合同(预计 2012 年出版) |
| 金载现代表<br>(极乐软件) | 游戏<br>在国内以新的形式展现了用奶酪味诱杀老鼠的益智游戏<br>为了进军国际市场，签订了语音及国内外移动通信出版合同 | 位居国内游戏应用软件第一位(2011. 10) |

3. 今后的课题

漫画、游戏、播放等文化产业资讯，是最重视创作者乃至制作者创造性的领域，需要不同于一般制造产业领域的创业扶持制度。因此，资讯领域的创业扶持需要构建一个切实体现多个创业阶段及创业者多种需求的、具有针对性的弹性体系。不仅要提供创业资金，还应通过品牌化、专利及流通营销，建立有效的、系统化的扶持体系，包括扶持海外市场的开拓、确保资金所需的招商引资及贷款担保制度等。

不仅如此，如能将数千万的扶持资金分几年或在一段时期内提供的方式，转换为在创业初期的 3 年内随时提供扶持的体系，将会大幅提高创业者的成功率或稳固率。对于各阶段的创业扶持项目，如能针对预备创业者、1 年期初期企业、未满 3 年的初期企业，在分析其现实与条件、制约因素的基础上，引入并实施一旦需要即予以扶持，能更有效地执行预算的针对性创业扶持体系，将会产生更多优秀的成功事例。

## (二)韩国文化原型数字资讯化

韩国传统文化中各个领域的文化原型要素，可以成为文化产业所需要的创作素材。我们所谓的文化原型资讯，以提供文化产业所需的创作素材为目的，自 2002 年开始至今，通过韩国资讯振兴院总共开发了 209 个课题(约 30 万件)资讯，向文化资讯网站提供服务。但外部机构(国会及监事院)

认为过去的 10 年间开发构建的、与文化原型资讯服务相关的资讯使用率不高，因此，自 2011 年起放弃了新资讯的开发，为了提高资讯的使用率，将工作重点放在了改善使用环境上，并正在推进该项工作。

1. 改善文化原型资讯使用环境的工作

(1)构建文化原型课题网络统合门户网站。

文化原型课题统合门户网站的构建及运营工作，统合了 2002—2010 年的个别文化原型课题信息，通过加强检索功能，提高了信息的可访问性，使需要文化原型资讯的使用者能够很容易、很快地获得相关信息。重新构建了现有的文化资讯网站，目的是提供稳定的文化原型统合门户网站服务，加强针对国民的信息提供服务。统合了以现有选定课题为中心的扶持工作网站，构建了统合门户网站，将 209 个课题的内容以 14 个主题词为中心进行了改编，自 2012 年 2 月 1 日起，通过“文化资讯网站(www. culturecontent. com)”提供服务。

表 3-3-6　文化原型课题统合门户网站的服务现状

| 分类 | 课题年度 | 课题数量 | 统合除外 | 同恶化课题数量 |
|---|---|---|---|---|
| 文化原型 | 2002—2010 | 193 | 0 | 193 |
| 民族文化原型 | 2007—2010 | 18 | 2 | 16 |
| 全体 | 2002—2010 | 211 | 2 | 209 |

* 文化原型：由韩国资讯振兴院施行；民族文化原型：由文化体育观光部施行。

(2)取消文化原型资讯版权。

文化原型数字资讯工作的成果是开发出来的资讯产品，为了提高其大众使用率，对目前版权归属关系的调查结果及使用版权可能出现的问题进行探讨后，对解决这些问题的权利关系进行了分析。231 个创作素材课题的开发成果都是与民间企业共同开发的，由于是共同持有股份，会与共享版权者发生版权问题。为了解决这一问题，推进了使用协议使用许可等程序，已经获得了对版权的全面使用同意(77%)。另一方面，针对共同拥有版权的人如果因为停业等事由而无法联系，因而无法获得作品使用同意的情况，探讨了版权法上的法定许可制度。但是，由于该制度把焦点放在保护版权者上，所以对构成个别课题的数百、数千个资讯产品，必须一一进行法定许可申请。因此，这一问题仍是一个待解决的课题。

2. 对应用文化原型资讯的宣传

(1)文化原型总览集(2002—2010)。

韩国资讯振兴院开发的 30 万余件文化原型课题，因为版权权利关系方面存在问题及宣传不到位，导致资讯使用率不高。因此，为了广泛宣传优秀的文化原型资讯，促进这些资讯在多个领域的应用，推进了相应的工作。建立了在线/线下及直接宣传、利用媒体进行宣传等文化原型资讯详细的宣传计划，制作并分发了宣传物(文化原型资讯总览集、文化资讯使用指南、传单式广告)，还进行了线下广告(12 个地铁站的屏蔽门)宣传，并在主要日刊报纸及经济类报纸上刊登了纪实文章，发掘关于使用文

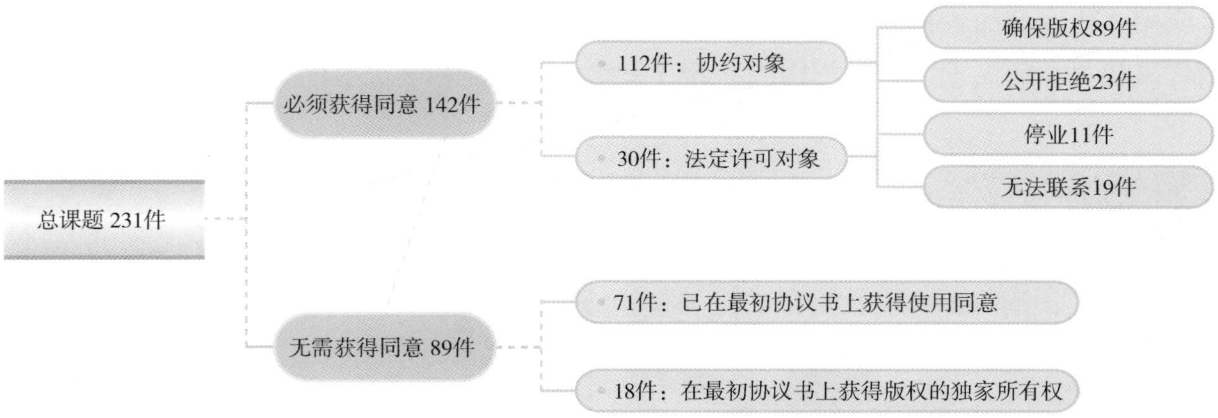


图 3-3-3　获得使用同意的现状

出处：《版权取消服务报告书》，韩国资讯振兴院。

化原型资讯的成功事例，并进行热点讨论。另外，通过线上宣传（运营博客）、运营 SNS（推特、脸谱）、举办网络活动（通过博客记者团），来吸引国民对文化原型资讯的关注。今后，将通过持续的宣传，努力创造条件，不断增加使用传统文化的电视剧、电影等多种类型的资讯制作。

图 3-3-4　文化原型总览集（2002—2010）制作分发

（2）利用文化原型的历史教育课程的教师进修。

将文化原型事业的成果灵活应用到历史教育的第一线，培养教师的教学能力，使学生们能够听到有趣的历史课。以一线历史教师为对象，开展了“历史教师进修项目”（2011 年 1 月寒假、11 月秋季学期、2012 年寒假），引起了教师在历史教育一线灵活应用多种数字资讯的兴趣。

3. 鼓励文化原型的应用

（1）文化原型联盟。

为了提高对文化原型的认识，宣传并促进文化资讯网站的发展，举办了“2012 文化原型通 &Talk

联盟”，进行了与文化原型工作的内外环境分析及传统文化应用中的主要争议问题相关的主旨发言，并发表了应用文化原型的各种事例(时装、网络动漫、传统建筑、漫画、文化商品、媒体艺术等)，从而为吸引资讯相关企业人士、相关机构、学界、大学生的关注和响应提供了交流的平台。

李相奉设计师　　朱浩民作家

图 3-3-5　发表应用文化原型的事例

(2)文化原型公募大赛。

为了提高大众对传统文化的认识，促进将传统文化原型作为创作素材进行应用，于 2012 年 4 月 18 日—5 月 2 日举办了与文化原型相关的照片、背景画面、宣传资讯 3 个领域的“2012 文化原型应用公募大赛”。虽然时间较短，但参赛作品达到了 724 篇。通过第一次预备审查和第二次决赛审查，最终选定了 30 余篇作品获奖，并颁发了奖金。

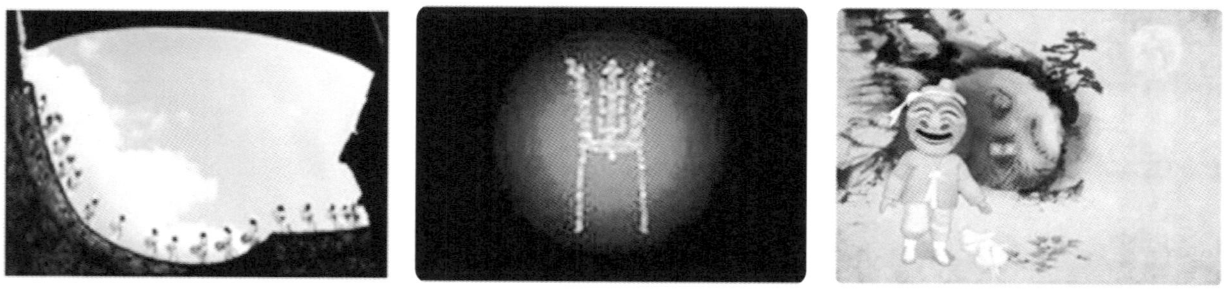

邢正淑“Tapseong游戏”照片部分（大奖）　　韩东锡“在新罗金冠的生命树上铭刻韩文和赞耆婆郎歌”背景画面部分（大奖）　　金保庆“民俗博物馆之夜”宣传资讯部分（大奖）

图 3-3-6　获奖作品现状

(3)制作放映文化原型纪录片。

为了鼓励应用文化原型，在 EBS 纪录片时段播放以文化原型为素材制作的纪录片，广泛地宣传了文化原型创作素材的重要性。纪录片回顾了自 2002 年起开始的文化原型资讯工作的历程，为制定今后的发展方案，发展重要性更加突出的未来创造产业，还听取了各界专家的意见，为今后的发展创造了契机。应用文化资讯网站上优秀的作品及资源，将它们运用到纪录片中，在相关的纪录片节目中放映；或介绍应用了文化原型创作素材的电影、电视剧、出版、演出等事例；采访文化原型在海外使用的成功事例和国际化的韩流现象，等等。通过这些活动，让大家认识到文化原型是创作素材的宝库。

表 3-3-7　**文化原型资讯纪录片的放映**

| 构成 | 主要内容 | 放映频道 |
| --- | --- | --- |
| 1 集作品 | 文化原型资讯“创作的源泉”<br>突出文化原型资讯的优秀性，提高应用层面的认知度<br>以使用文化原型的专家团体和一般国民为对象，介绍资讯<br>(介绍及采访与文化原型资讯相关的机构) | EBS 纪录片时段 |
| 2 集作品 | 文化原型资讯的“国际化成功条件”<br>通过调查先进国家应用文化原型的事例，进行国内产业现状分析及产业发展所需的政府和产业界的课题(作用) | |

表 3-3-8　**文化原型资讯的主要应用事例**

| 事例(作品名) | | 应用的课题 | 应用机构 | 应用效果 |
| --- | --- | --- | --- | --- |
| 电影 | 摩登男孩 | 复原首尔的近代空间<br>数字资讯开发 | KnJ 娱乐 | 朝鲜总督府、京城站、南大门等的 3D 及明信片资讯(70 种)的应用 |
| | 王的男人 | 朝鲜后期汉阳都城<br>朝鲜后期宫殿 | (株)老鹰图片 | 观众达 1 230 万人 |
| | 神奇展 | 全部课题 | KnJ 娱乐 | 应用朝鲜时代相关的文化原型资讯 |
| 播放 | KBS 文化地带文化资讯发掘项目“氏” | 全部课题 | KBS 韩国播放 | 全部文化原型资讯 |
| | KBS<br>榉树 | 全部课题 | (株)I&T 数字 TV | 全部文化原型资讯 |
| | MBC 电视剧<br>别巡检 | 再现朝鲜时代办案记录的刑侦记录 | MBC 电视剧 NET | 有线史上首次超过 4%的收视率<br>2008 年 10 月起开始放映第 2 季<br>正在以多种题材推进 OSMU |
| | MBC 电视剧<br>朱蒙 | 古代国家的建国神话<br>高句丽古坟壁画 | (株)Olive | 收视率 46. 2%(2006. 12. 24) |
| | MBC 电视剧<br>黄真伊 | 朝鲜时代妓女文化<br>韩国的传统装饰品 | (株)Olive | 收视率 26. 8%(2006. 12. 31) |
| | 五感的诱惑——我们的酒(2 集) | 韩国酒文化的数字资讯化 | 数字 Evolution<br>(自行企划) | 在中央播放“他的故事”频道放映<br>播放销售版权费收入约1 400万韩元(2008 年 7 月) |
| | SBS 电视剧<br>根深的大树 | 龙图腾 | 云谷 Provision | 用于使用花纹的幔帐制作 |
| | KBS 名作<br>丑闻 | 阿里郎乐谱<br>数字文件 | KBS 韩国播放电视台 | 重新审视韩国代表性的传统民谣——阿里郎，并赋予新的主题 |
| 设计 | 开发纤维设计 | 丹青花纹<br>刺绣花纹<br>菱花纹<br>宫中花纹 | 大邱庆北<br>纤维产业协会 | 签订了 92 万美元的出口合同(预计将达 600 万美元) |
| | 制作贺年卡 | 刺绣花纹 | (株)右手卡片 | 销售 30 万张 |

续表

| 事例(作品名) | | 灵活使用的课题 | 试用机构 | 使用效果 |
|---|---|---|---|---|
| 展示 | 庆州世界文化世博会<br>(韩国数字文化原型展) | 全部课题 | 庆州世界文化世博会<br>2007 组织委员会 | 共有 471 231 人观看 |
| | 安东传统文化资讯博物馆 | 使用朝鲜时代维新时期等 8 个课题 | 安东市 | 应用安东开发的资讯进行展示(共 371 件) |
| | 国立演出艺术博物馆<br>(常设展示室) | 韩国近代音乐的原型 | 国立中央剧场 | 应用与展示影像产品相关的文化原型资讯 |
| | 国立话剧团 57 年展 | 韩国史上记载的情报活动<br>首尔的近代空间 | 国立剧场 | 应用与富人相关的照片资讯 |
| | 高句丽古坟壁画展 | 高句丽古坟壁画 | 东北亚历史财团 | 在美国(LA)、日本(别府)、越南(河内)当地的展示，展示高句丽古坟壁画数字资讯及制作说明作品的影像 |
| | SICAF2011<br>国际数字漫画展 | 韩国的鬼怪<br>机山风俗图<br>建国神话故事 | 首尔国际漫画动漫<br>庆典组织委员会 | 喜欢漫画的韩国传统文化、数字流通展示台 |
| 动漫形象 | Buka Miao&Ga | 刺绣花纹<br>菱花纹 | (株)BUZ | 与新加坡、印度尼西亚、泰国等共签订了 60 万美元的合同<br>进军 170 多个国家，应用于动漫形象商品及时装方面<br>海外版权费收入达 160 亿韩元 |
| 门户网站 | 主题韩国学<br>(善德女王) | 我们历史上第一个女王，善德女王 | (株)SK Communications | 应用善德女王相关资讯 |
| 游戏 | 在线游戏<br>(RPG)巨商 | 从史前到朝鲜时代止，海上船舶及海战 | (株)JOYON | 400 万名(会员人数) |
| 出版 | Elixir<br>(VIP Magazine) | 与韩国传统游戏相关的课题 | (株)CSD | 在杂志制作时，应用与传统游戏相关的文化原型资讯 |
| 教育 | 红笔<br>(教材) | 韩国美术中展现的吉相 | (株)教员 | 应用与动物(喜鹊、老虎等)相关的文化原型资讯 |
| 公共领域 | 国史教科书 | 使用新女性教育等 26 个资料 | 国史编撰委员会 | 每年 60 万卷(5 年，共 300 万卷) |
| | 英语网页<br>(Homepage) | 我们音乐的原型、韩国的支石墓文化、网络传统韩式村落等共 33 个 | 国会 | 国会官方英语网页 |
| | Hi Seoul Festival 2009 | 与朝鲜时代的汉阳及近代音乐唱片相关的课题 | 首尔文化财团 | 制作庆典宣传物时，应用文化原型资讯 |
| | 韩国观光及文化宣传网络<br>(以外国人为对象) | 朝鲜时代遗产记等 9 个课题 | 韩国观光公社 | 准备在网站(www.visitkorea.or.kr)上加入韩国古代美术相关元素 |
| | 首尔市 GIS 门户网站体系 | 首尔的近代空间 | 首尔市 | 应用崇礼门 3D 资讯的主题观光服务 VR(虚拟现实)体验 |
| | 联合国教科文组织的<br>世界文化开幕演出 | Digilog 4D Performance 演出 | District 控股 | 4D Digilog 演出 |
| | 首尔 4 大间安路<br>QR Code(二维码)服务 | 开发名字由来故事 | 韩国产业信息研究所 | QR Code(二维码)20 条路的服务 |

## （三）对资讯产业的金融扶持

### 1. 概要

在过去的 10 年间，与其他产业相比，文化资讯产业取得了飞速的发展，但大部分仍是零散企业或中小企业，自身的财务状况和筹措资金的条件相对薄弱，能够进行信用担保的资产不足，在资讯制作所需的资金筹措方面面临着巨大的困难。另外，在制作完成及票房价值等方面也面临着很多失败的风险，因而难以成功地吸引投/融资。

目前的金融扶持体系也是以制造业为中心，在对作为无形资产的资讯进行全面评价和扶持方面存在一定的局限。特别是，最近的发展方向是以进军海外为目的，制作费用在 100 亿韩元以上的大规模项目所需的财源筹措也遇到了困难。

政府为了向这样的大规模项目提供资金扶持，成立了扶持国际化资讯基金。并且将仅限于对进军海外的资讯提供扶持的资讯完成度担保制度的范围拓展至内需产品的制作，从而扩大了对资讯企业的金融扶持。另外，还致力于将合理评价播放、电影、游戏、动漫、动漫形象 5 个领域资讯价值的资讯价值评价制度推广普及。

### 2. 主要政策

（1）运营综合基金。

综合基金（Fund of Funds），即投资者不直接投资于企业，而是向投资于企业的个别投资基金出资，规避直接投资的风险而从中获益，为此，从很多投资人（出资者）那里获取资金，来组成一个母基金，再由母基金向个别投资基金出资的基金。综合基金（母胎组合）是依据《培育风险企业特别措施法》第 4 条之第 2 项的规定，从“中小企业振兴及产业基础基金”那里获取资金成立的。

表 3-3-9　**各年度综合基金组成现状**　（以 2011 年 12 月末为基准，单位：亿韩元）

| 分类 | 2005 | 2006 | 2007 | 2008 | 2009 | 2010 | 2011 | 计 |
|---|---|---|---|---|---|---|---|---|
| 中振账户 | 1 700 | 1 100 | 900 | 800 | 2 850 | 1 000 | 345 | 8 695 |
| 文化账户 | — | 500 | 1 000 | — | 1 200 | — | 520 | 3 220 |
| 专利账户 | — | 550 | 550 | — | 330 | — | — | 1 430 |
| 电影账户 | — | — | — | — | — | 110 | 60 | 170 |
| 播放通信账户 | — | — | — | — | — | 100 | — | 100 |
| 韩国风险投资 | 1 | — | — | — | — | — | — | 1 |
| 计 | 1 701 | 2 150 | 2 450 | 800 | 4 380 | 1 210 | 925 | 13 616 |
| 累计 | 1 701 | 3 851 | 6 301 | 7 101 | 11 481 | 12 691 | 13 616 | |

出处：韩国风险投资。

到 2011 年为止，综合基金财源有核心账户（中企厅下属的中小企业振兴管理工团）8 695亿韩元，文化账户(文化体育观光部)3 220亿韩元，专利账户(专利厅)1 430亿韩元，电影账户(电影振兴委员会)170 亿韩元，放通账户(播放通信委员会)100 亿韩元，业务执行组合——韩国风险投资 1 亿韩元，由上述账户组成了综合基金，该综合基金的总资金规模达 1 兆3 616亿韩元。

特别是，文化账户通过综合基金出资2 889亿韩元、民间资本5 255亿韩元的对接，共筹集了8 144亿韩元资金，自 2006 年起至 2011 年止，共成立了 38 个组合。这样组成的子基金分别投资于电影、演出艺术、游戏、唱片、展示、动漫、电视剧、CG/3D 制作等，总投资金额达6 793亿韩元。

表 3-3-10　**各资讯领域投资现状**

| 分类 | 电影 | 演出 | 游戏 | 唱片 | 展示 | 动漫 | 电视剧 | 网络/移动通信 | 其他 | 合计 |
|---|---|---|---|---|---|---|---|---|---|---|
| 件数 | 551 | 170 | 95 | 80 | 19 | 62 | 35 | 23 | 21 | 1 056 |
| 金额 | 345 606 | 82 434 | 103 955 | 16 703 | 12 465 | 48 907 | 41 107 | 13 850 | 14 309 | 679 337 |
| 比重(金额) | 50. 9% | 12. 1% | 15. 3% | 2. 5% | 1. 8% | 7. 2% | 6. 1% | 2. 0% | 2. 1% | 100. 0% |

出处：韩国风险投资。

(2)实施完成担保制度。

完成担保制度是完成担保公司向金融机构提供担保的制度，担保的内容为保证资讯产品能够在预定的时间和预算范围内完成，并按最初的计划准时交给流通公司，目前，美国、英国也在运营该制度。一般的信用评价都是以企业现有的资产来估算其偿还能力，但是，完成担保制度则是以正在制作的个别资讯产品为基础来进行评价并提供担保。

2009 年 2 月修订了文化产业振兴基本法，完备了与完成担保制度相关的条款和施行令，紧接着 2009 年 9 月，文化体育观光部、韩国进出口银行、技术担保基金、韩国资讯振兴院签订了“完成担保制度及资讯价值评价所需的业务协定”。自 2009 年 11 月实施了首次完成担保贷款以后，3 年间没有发生一例不良贷款，该制度运营得十分成功。借助这一成功运营，2011 年 3 月，文化体育观光部与韩国资讯振兴院除了技术担保基金、韩国进出口银行以外，还与国民/企业/友利/韩亚银行签订了完成担保业务协定，拓展了该制度的实施范围。这一方面克服了只能通过进出口银行才能获得贷款，从而导致内需用资讯产品不能获得积极扶持的弱点，另一方面也取得了帮助资讯企业在贷款方面获得商业银行信任这样令人鼓舞的成果。

2009 年 6 月，文化体育观光部与技术担保基金以签订的“通过特别捐助来扶持文化资讯制作企业的业务协定”为依据，各自捐出了一定的资金，技术担保基金以该资金为财源，以文化资讯制作公司贷款金额的 95%为限度，发放部分担保单。2011 年 3 月以后，参与完成担保贷款的国内各银行也分别与技术担保基金签订了业务协定，开始实施部分保单贷款。该制度的全盘管理由韩国资讯振兴院负责。韩国资讯振兴院担负着完成担保扶持管理机构及资讯价值评价主管机构的职责，它组建推荐委员会，使获得推荐的企业获取技术担保基金的担保扶持，并组建、运营管理委员会，以便管理担保对象作品，使其能够完成制作。

到 2012 年 6 月为止，为了运营完成担保制度，文化体育观光部向技术担保基金共出资 100 亿韩元，各银行的特别资金共为 170 亿韩元(进出口银行 100 亿韩元、企业银行 40 亿韩元、国民/友利/韩亚银行各 10 亿韩元)。通过这些资金，可以获得文化体育观光部出资额的 5 倍、银行出资额的 10 倍的保证金，为企业提供约2 200亿韩元的担保。完成担保制度规定，每个企业最高能够获取 30 亿韩元的融资(高附加价值资讯制作企业的最高额度为 50 亿韩元)。至 2010 年 6 月，共向 49 个企业的 52 件资讯制作提供了 556 亿韩元的贷款。

(3)开发资讯价值评价模型。

资讯企业具有与一般制造业不同的特点，在进行价值评价时，也要考虑到这些不同。即：①由于具有高风险高回报的产业特点，要考虑到由此带来的风险因素；②也必须要重视经营者评价等定性评价；③与市场环境相比，要更重视创收能力；④要认识到，以评价模型的信任度为基础的相关评价信息也是非常重要的因素。开发出来的资讯价值评价模型分为融资型和投资型两种。融资模型以资讯制作过程的成功要素为评价基准，由制作基础设施、资讯竞争力、创造价值等组成。投资模型是选定与类型特性相符的变量，通过事例分析，核算出预期现金流的模型。

资讯价值评价模型目前在播放、电影、游戏、动漫、动漫形象 5 个领域实施。首先，电影的评价指标与制作公司整个基础设施相比，提高了对电影制作的核心人才及资讯的评价比重。同时，将定量评价和定性评价的比重尽量维持在 1 : 1 的水平，共制定了 23 个细目，细目由 5 个企业共同指标和 18 个资讯个别指标组成。播放评价指标也和电影一样，在相同原则下进行了开发，由经营者能力(25%)和资讯制作能力(75%)两大项组成。共有 20 个个别指标，由 11 个定量指标和 9 个定性指标组成，适当地分配了主观性和客观性指标。游戏评价指标有 24 个细目，其中的 16 个开发为量化的定量指标，提高了客观性。游戏评价指标由 10 个共同指标和 14 个个别指标组成，加权值设定采取了与其他类型同样的方法。动漫评价指标也是依据企业规模来全盘考虑是否适用、评价容易性等因素，最终制定了 24 个评价指标。最后，动漫形象评价指标共由 19 个指标组成，分为评价企业基础设施的 11 个原型指标和评价资讯的 5 个个别指标。

通过该模型的评价，最终得分由作品的完成可能性 40%和作品的发行可能性 60%来进行加权核算后得出。评价等级共由 10 个阶段(A 级 3 个阶段、B 级 3 个阶段、C 级 3 个阶段、D 级 1 个阶段)组成，符合扶持资格的等级必须在 B 级以上。2011 年完成开发的融资模型，实际上只针对取得了完成担保制度推荐委员会推荐资格的作品进行评价。如获得 B 级以上等级就都可获得最高 30 亿韩元的担保，而 C 级以下则无法获得担保。目前，评价模型实施的时间不长，正在不断搜集企业界的意见，以便不断补充完善该制度。值得信赖的评价指标将在未来各种文化资讯投资、信贷、担保方面起到积极的作用。

(4)文化产业专业公司。

为了激活资讯产业的投/融资及流通，最重要的问题就是资讯产业会计的透明性和制作管理的透明性。为此，文化体育观光部意欲通过保障资讯产业投资资金的透明性及效率性来激活投资，在 2006 年修订文化产业振兴基本法时，制定了设立文化产业专业公司的依据条款。

文化产业专业公司作为以《商法》规定的有限公司或株式会社形式设立的名义公司(Paper Company)，是为了执行特定项目而设立的其他法人，项目完成或结束后即解体。文化产业专业公司的运营结构为：将“项目工作管理业务”委托给从事与本公司相同业务的人(业务管理公司)，将“项目资产管理业务”委托给会计法人(资产管理公司)。

文化产业专业公司集中了项目权限，从而能够有效地防止资金的挪用，有利于新的制作公司或规

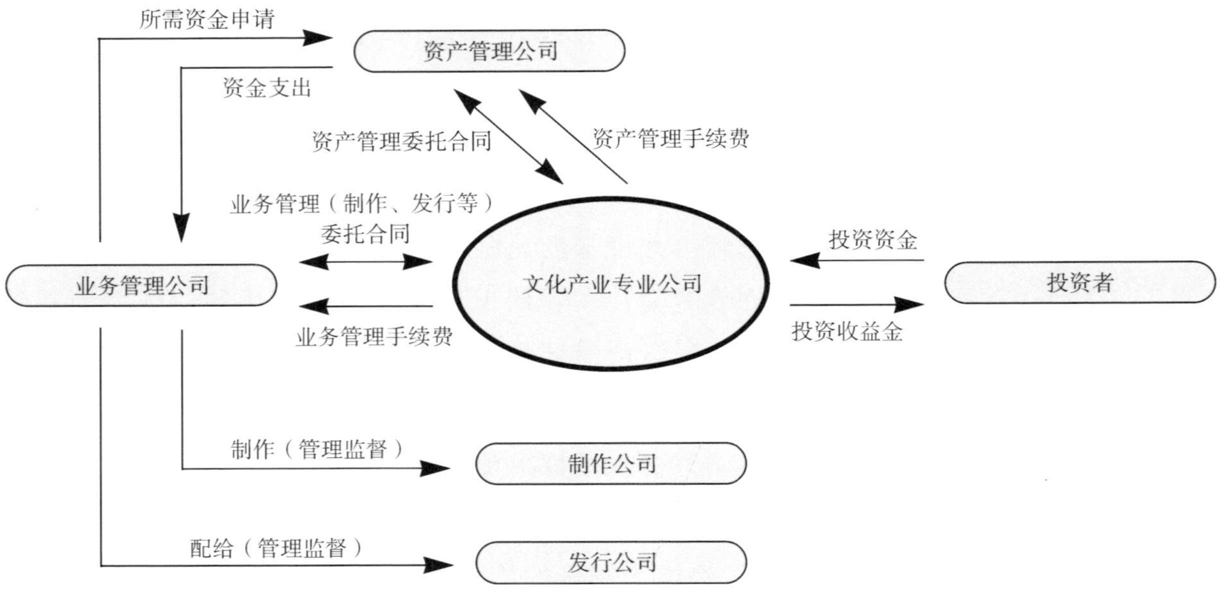


图 3-3-7　文化产业专业公司的运营结构

模小的制作公司进军市场，因此呈现每年持续增加的态势。

由于拥有上述这些优势，2006 年年末，为电视剧《太王使臣记》的制作而组建了 TSG 制片，以此为开端，文化产业专门公司的组建逐渐活跃起来，2007 年 12 个，2008 年 9 个，2009 年 10 个，2010 年 11 个，2011 年 15 个，共 57 个(至 2011 年末为止)文化产业专门公司进行了登记。类型包括音乐银行的全球巡演等海外演出等，电视剧《城市猎人》《风之国》《善德女王》《济众院》《光与影子》《公主的男人》，电影《情侣》《播放岁月》《如火花如蝴蝶》，音乐剧《云彩面包》，动漫《魔法千字文》《乘坐小小公汽》等，涉及多种多样的资讯产品。

韩国文化产业的成长，最迫切的是要解决投资资金的问题。为此，需要推动普通投资者的参与，激活投资的前提条件是按照想要参与的项目。对于项目的总体管理及运营、资金的筹措及管理、业务费用的执行、投资成果的评估及成果的分配等一系列过程，从投资者的立场保证整个过程的独立性、稳定性和透明性。

从这点可以看出，文化产业专业公司通过以特定项目为单位，组建、运营单独的公司，提高了资金及会计的独立性、稳定性、透明性，积极吸引普通投资者参与，最终起到了引领文化产业持续发展的引擎作用，因此，韩国文化产业及韩国文化资讯的无限发展备受期待。

(5)建立全球基金。

我国资讯制作水平与世界级水平或欧洲、美国相比，国内资讯企业在资本能力和市场方面还属于微小企业。因此，有必要成立专门投资于国际化项目的基金，以便激发企业进军海外的热情。

全球基金是指向电影、电视剧、动漫等以进军海外为目的的国内企业制作的国际化项目或国内企业参与的海外大规模项目进行投资的基金。文化体育观光部计划到 2012 年为止，将出资 800 亿韩元，再加上民间资本，将成立总额为 2 000 亿韩元规模的全球基金，以加强国内资讯业体的制作力量，打造进军海外的桥头堡。到 2011 年 12 月为止，共筹集了1 230亿韩元(政府 400 亿韩元、民间及海外投资者 830 亿韩元)资金。

另外，为提高国际化竞争力和收益率，采用与现有的综合基金不同的运营方式，成立了1 000亿韩元的单一基金(2011 年、2012 年各 1 个)，与综合基金相比降低了管理维护比例(2. 0%→1. 6%)。同时，以成果报酬的方式(超出基准收益率部分的 20%以内)奖励运营公司的投资成果，制定了采用随时缴付出资资金这一方式的运营计划。

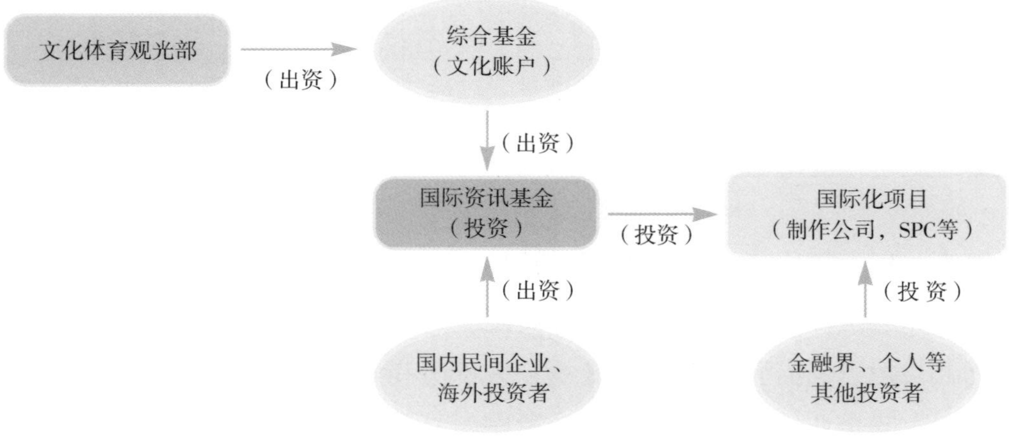


图 3-3-8　全球资讯基金的结构

(6)设立资讯共济组织。

文化体育观光部和韩国资讯振兴院在现有金融制度下，为了解决难以获得资金或担保的微小资讯企业的困难，正在推进资讯共济组织的组建工作，使其立足于共济方式，承担资金借贷、债务担保、各种履行担保、其他个人抵免等业务。

对于没有物质担保的国内微小资讯业体，很难通过一般金融制度(银行的担保贷款、企保/信保等担保)获取资金，处于金融扶持的死角地带。国内资讯企业中约有 87%的销售额不足 10 亿韩元，92%为从业者人数不足 10 人的中小企业，也从侧面证实了它们难以达到金融贷款、担保审查的标准(财务报表、设施的持有、担保能力等)。

表 3-3-11　**企业经营遇到的困难事项分布(2011 年资讯中小企业经营调查结果)**　(单位：名,%)

| 分类 | | 应答数 | 招商引资及筹措资金 | 确保销路 | 人力不足 | 资讯价值评价 | 知识产权保护 | 其他 | 无 |
|---|---|---|---|---|---|---|---|---|---|
| 全部 | | 473 | 47. 6 | 24. 9 | 16. 1 | 6. 6 | 2. 3 | 1. 7 | 0. 8 |
| 日常从业人数 | 5 人以下 | 111 | 49. 5 | 29. 7 | 7. 2 | 8. 1 | 2. 7 | 1. 8 | 0. 9 |
| | 5~9 人 | 114 | 47. 4 | 36. 0 | 8. 8 | 3. 5 | 1. 8 | 0. 9 | 1. 8 |
| | 10~19 人 | 109 | 46. 8 | 20. 2 | 14. 7 | 11. 9 | 2. 8 | 2. 8 | 0. 9 |
| | 20~49 人 | 87 | 52. 9 | 16. 1 | 25. 3 | 3. 4 | 2. 3 | 0. 0 | 0. 0 |

在 1999—2006 年运营文化产业振兴基金时，共提供了2 400亿韩元的资讯融资扶持，但随着这一基金的废止，产生了所有资讯的融资财源也都逐渐消失这样的问题。

表 3-3-12　**旧文化产业振兴基金的融资扶持业绩(1999—2006 年)**　(单位：百万韩元、个)

| 分类 | | 1999 年 | 2000 年 | 2001 年 | 2002 年 | 2003 年 | 2004 年 | 2005 年 | 2006 年 | 累计 |
|---|---|---|---|---|---|---|---|---|---|---|
| 文化商品开发 | 融资额 | 1 997 | 9 667 | 18 576 | 22 231 | 17 118 | 21 240 | 21 546 | 25 856 | 138 231 |
| | 企业数 | 56 | 119 | 140 | 62 | 76 | 46 | 54 | 41 | 594 |
| 流通结构、设施现代化 | 融资额 | 5 370 | 14 907 | 16 336 | 15 535 | 11 945 | 12 790 | 6 537 | 18 365 | 101 785 |
| | 企业数 | 60 | 68 | 30 | 24 | 6 | 20 | 14 | 21 | 243 |
| 合计 | 融资额 | 7 367 | 24 574 | 34 912 | 37 766 | 29 063 | 34 030 | 28 083 | 44 221 | 240 016 |
| | 企业数 | 116 | 187 | 170 | 86 | 82 | 66 | 68 | 62 | 837 |

为了建立能够给业界提供实质性帮助的金融扶持制度，培养资讯领域所需的专业审查人才，实施符合资讯产业实际情况的担保、融资工作，有必要设立共济组织。

去年实施的资讯共济组织需要调查结果显示，大部分持肯定态度(93.5%)，正在考虑是否加入共济组织，必要时将加入的企业数最多(50.2%)，考虑商品等因素后再加入的企业紧随其后(36.3%)。

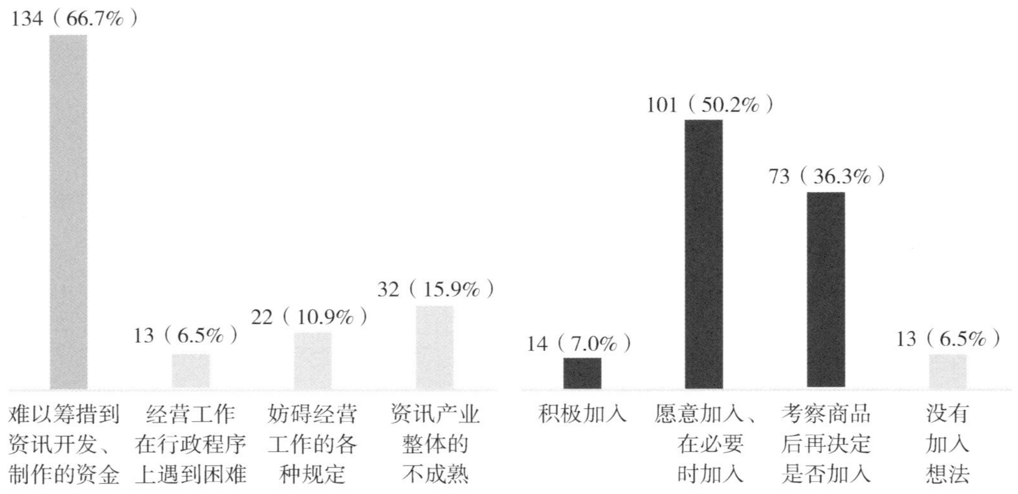


图 3-3-9　资讯产业金融扶持相关的调查问卷

为了培育并发展资讯产业，有必要通过运营符合资讯经营者需求的共济组织，来迅速地提供金融服务。

为了通过政府的初期扶持和资讯大、中小企业间的共同发展合作来组建资讯共济组织，政府修订了《文化产业振兴法》(2012.2.17)，制定了法律依据。

共济组织设立初期，资金借贷和履约担保等必需的经费远远超过收入(组织的会员出资)，目前急需由文化体育观光部和资讯大企业共同出资，来建立初期财源(Seed Money)。初期财源的目标是三年内(2013—2015)筹措1 000亿韩元(国库500亿韩元、民间500亿韩元)。从年度来看，计划国库投资为2013年200亿韩元、2014年200亿韩元、2015年100亿韩元，三年共投资500亿韩元，尽早确保财源稳定。如果能够按计划筹措到财源，共济组织的融资、担保扶持预想金额将达到1兆9 000亿韩元的规模，将取得三年内创造38 600多个新就业岗位的效果。

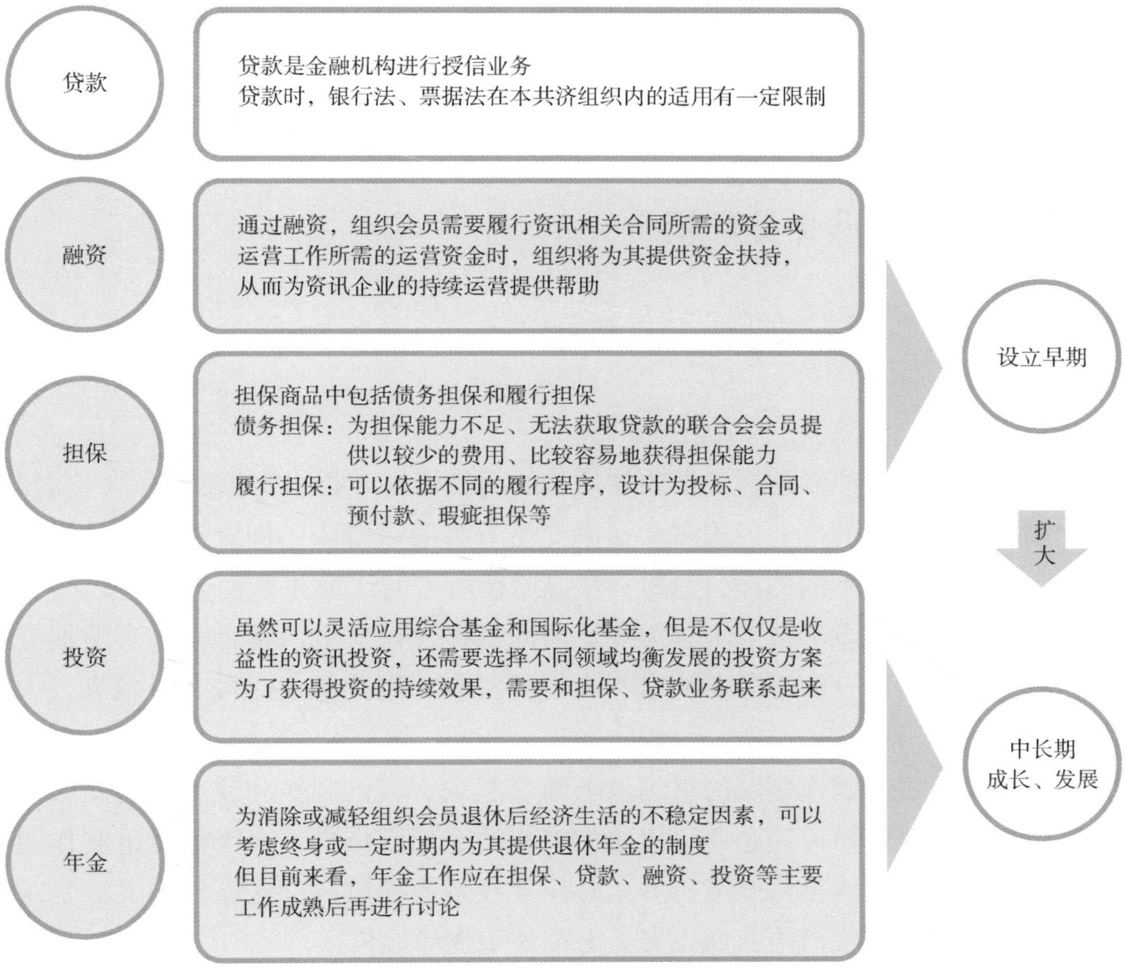


图 3-3-10　资讯共济组织的主要功能

### 3. 展望

如上所述，政府为了激活资讯企业的制作热情，正在推进各项金融扶持政策，以促进国际化资讯企业的成长。

但是，当前最紧迫的是要建立一站式的综合金融扶持体系，以应对急剧变化的国际发展趋势，使资讯企业能够在期望的时间得到需要的金融扶持。为了实现这一点，首先要仔细研究目前金融扶持制度存在的以下几点问题。

第一，虽然正在开展以资讯企业的专业性为基础，以激活资讯制作热情为目的的制作费扶持工作，但由于财源(预算)有限，无法为其提供充足的制作费。因此，应建立综合金融体系，以便企业在获得小额的初期财源后，能够与追加融资、投资连接，得到进一步的综合金融扶持。

第二，国内资讯企业由于规模小和投资失败风险高等原因，很难通过现有的金融制度获得资金、担保等扶持。这是因为，目前在资金筹措方面发挥重要作用的金融机构审查、评价人员对资讯各类型的特性缺乏足够的专业性了解，所以回避扶持工作。为了解决这一问题，有必要加强针对金融机构从业人员的资讯产业教育项目。

第三，对于文化资讯产业来说，通过制作完成的可能性、发行的可能性/销售贷款，针对还款(解除担保)能力进行的项目评价十分重要。虽然为此开发了“文化资讯评价模型”，来合理地评价资讯的价值，但由于信赖度不高，其他金融机构应用得不多，并未脱离现有的企业评价体系。为解决这一问题，今后必须提高评价模型的信赖度，使其能够广泛地应用于更多的领域。

第四，目前综合基金总投资额的一半以上投资于电影，倾斜现象严重，分析认为，这是因为战略投资者(Strategic Investor)的参与，存在运用资本杠杆作用的偏向投资。解决这一问题最重要的是，吸引公正纯粹的财务投资人(Financial Investor)的参与，使得各种类型都能获得金融扶持。

## (四)营造公正的资讯交易环境

1. 概要

(1)资讯产业的交易特性。

资讯产业是指所有从事于能够创造经济附加价值的各种资讯或提供资讯服务(含它们的复合体)的制作、流通、使用等相关业务的产业。这时，资讯交易分为两个阶段，即资讯制作阶段和提供给消费者的流通阶段。与一般制造业不同的是，原材料供应阶段所占的比重并不大，这是资讯产业的特点。

在资讯制作阶段，由于创意和技术十分重要，因此制作领域从业门槛低，大多是拥有技术竞争力的中小企业；在资讯流通阶段，由于需要网络和大规模资本，因此从业门槛相对较高，大多是拥有一定资本的大企业。

最近，资讯流通企业进入制作领域的事例也渐渐多起来，资讯制作和流通间的交融领域呈现日益增加的趋势。这引起人们对资讯流通企业以流通为中心的企划制作是否会降低资讯制作的多样性的忧虑，即资讯制作者的资讯若想传至一般消费者，必须要经过流通阶段，这就使得无论是对资讯制作者还是消费者来说，流通阶段的资讯运营商在交易上都处于优势地位。

在资讯制作部分，虽然劳动及技术集约性强、所需费用不高，但由于与一般制造业相比，难以预测资讯产品的商业化前景及销售额，因此在与流通运营商交易时很难处于优势，这就使得资讯产品的价格很难获得公平的估算。这样的话，很多时候是由资讯流通阶段的运营商确定资讯的价格，资讯制作者在构建商品模式方面仅仅处于辅助者的地位。

因此，资讯流通运营商与资讯制作者相比，更具有交易关系上的持续性(durability)、垂直性(verticality)、排外性(exclusivity)，这使得资讯产业界一直以来都固守着需要垄断性交易结构。特别是，制作企业对流通企业的资金依赖度高，制作者的设备及制作平台均专属于流通企业的设计，很难转换交易方，因而从属型制作形态日益增加。这使得在交易阶段的地位及资金、技术依赖度、经济实力及交涉能力等所有方面，产生制作者和流通企业间力量不对称、不平衡的现象，使得交易条件很有可能只对流通企业和大企业有利。

认真研究数字资讯不公平交易实态调查及激活流通方案的研究报告可以看出，资讯企业大约只有3.9%是大企业，其他96.1%均为中小企业①。这说明大部分资讯企业是小企业，以开发者为主的中小企业比重较高。②

(2)营造资讯公正交易环境的必要性。

营造资讯公正交易环境工作的法律依据是文化产业振兴法第19条、第24条、第25条。其中文化产业振兴法第24条“建立公正的流通环境等”规定，为营造多样化的资讯制作环境，要警惕资讯流通企业滥用其优越的交易地位。首先看第1款，信息通信网运营商没有合理的理由，不能拒绝资讯运营

① 中小企业基本法施行令第3条规定，中小企业的范围如下：对于出版、影像、播放通信及信息服务业来说，常勤人数不足300人，销售额不足300亿韩元；对于艺术、体育及休闲相关的服务业来说，常勤人数不足200人，销售额不足200亿韩元。

② 销售额不足10亿韩元的占87%，10人以下的中小型企业占92%。

商使用信息通信网等中介设施的要求(法第 24 条第 1 项)。

不仅是信息通信网运营商，而且包括附加通信运营商①，以及其他从事资讯商品制作、销售、流通等工作的从业者，没有合理的理由，均不得利用其职务便利，单方面要求资讯制作者出让其知识产权，不得强迫其签订不公正的合同，或获取非正当利益(法第 24 条第 2 项)。

如果从事资讯商品制作、销售、流通的从业者被拒绝提供中介设施，无合理的理由就被要求单方面出让资讯知识产权，以及其他强迫签订不公正合同，或获取不正当利益，文化体育观光部长官有权向相关机构的负责人提出采取必要措施的请求(法第 24 条第 3 项)。为提高资讯中小企业的竞争力，营造公正的流通环境，文化体育观光部部长还应进行以下各项工作(法第 24 条第 4 项)。

①资讯产业流通环境的现状分析及评价；

②构建及运营由资讯产业相关运营商参与的合作团体；

③针对第 25 条规定的标准合同书的使用情况进行实态调查；

④其他为营造公正的流通环境所需的工作。

此外，政府在制定文化产业振兴所需的政策时，还应向中小资讯业主提供行政性、财政性的特别扶持，以确保他们能够顺利地开展工作(《文化产业振兴法》第 19 条)。

(3)资讯的不公正交易及公正交易法。

与资讯不公正交易相关的公正交易一般法——《反垄断及公正交易法》(以下称“公正交易法”)，主要定义并规定了 4 个大的限制类型，即限制垄断、限制企业联手操纵、限制企业垄断集团、限制不公正交易行为。

表 3-3-13 **公正交易法第 1 条的结构**

| 手　段 | 直接目的 | 最终目的 |
| --- | --- | --- |
| 限制滥用市场支配性地位 | 促进公正、自由的竞争 | 鼓励创意性的企业活动 |
| 限制经济能力的过度集中 | | 保护消费者 |
| 限制不正当的共同行为 | | 促进国民经济均衡发展 |
| 限制不公正的交易行为 | | |

公正交易法的主要制度中，为促进业主间公正交易而对不公正交易行为的限制主要是通过垄断、企业联手操纵、共同行为等手段，达到维持正常、自由的市场结构，保护正当竞争的目的。与之相比，限制不公正交易行为领域还将不公正的竞争手段或方法当作问题，通过对这些行为的限制，既保护竞争本身，也内含着保护竞争者乃至交易对象的理念。

资讯产业内，资讯制作者与流通业主间发生的不公正交易惯例，是大企业与中小企业间发生的常见类型，一般这种不公正交易行为都集中在交易贷款的支付和资讯相关知识产权的归属方面。这样的交易惯例，可以被视为公正交易法第 23 条的不公正交易②中的不利益提供行为，或公正交易法第 3 条

① 电子通信法第 2 条第 6 项、第 12 项规定，“附加通信服务”是指期间通信服务之外的电子通信服务。另外，“电子通信服务”是指使用电子通信设备，为他人的通信提供媒介，或为他人提供电子通信设备。

② 所谓的不公正交易，就是指妨碍公正交易的行为，公正交易法规定的行为有：拒绝交易、歧视性对待、排斥竞争业主、用不正当手段吸引客户、强制交易、滥用交易地位、预设条件的交易、妨碍营业活动、不正当的资金/资产/人力扶持等。

之 2 规定的滥用市场支配地位行为①。同时，如果这样的交易具有外包合同的形式，则可以直接成为《关于外包交易公正化的法律》(以下称“外包法”)的适用对象。此外，在资讯流通过程中，还存在着联手操纵使用者的使用资讯价格的情况②。

表 3-3-14　**不公正交易行为的类型**

| 不公正交易行为的类型 | |
|---|---|
| 拒绝交易 | 拒绝共同的交易 |
| | 拒绝其他交易 |
| 区别对待 | 价格歧视 |
| | 交易条件歧视 |
| | 对子公司的歧视 |
| | 集体歧视 |
| 排斥竞争企业 | 倾销 |
| | 非正当高价买入 |
| 以非正当手段吸引顾客 | 利用非正当利益吸引顾客 |
| | 利用骗术吸引顾客 |
| | 利用其他非正当手段吸引顾客 |
| 强制交易 | 捆绑销售 |
| | 员工销售 |
| | 其他强制交易 |
| 滥用交易地位 | 强制购买 |
| | 强迫提供利益 |
| | 强制完成销售目标 |
| | 不利益提供 |
| 约束性交易 | 预设排他性条件的交易 |
| | 限制交易地区、交易对象 |
| 妨碍营业活动 | 非正当使用技术 |
| | 非正当吸引采用人才 |
| | 阻止贸易伙伴迁移 |
| | 其他妨碍营业的活动 |
| 非正当的资金、资产、人力扶持 | 非正当的资金扶持 |
| | 非正当的资产扶持 |
| | 非正当的人力支援 |

① 市场支配地位是指一定交易领域的供应者或需求者，单独或与其他业主一道，处于有权决定、维持或变更商品或服务的价格、数量、品质等交易条件的市场地位。具有代表性的滥用地位的行为的例子有：滥用价格(随意定价——译者注)、操纵出库、妨碍其他业主的营业活动、以不正当的方式阻止新入市场、排斥竞争业主、侵害消费者利益的行为等。

② 关于价格联合操纵，2011 年 2 月网上音源联合操纵首先被告发。2011 年 2 月 23 日、25 日，公正交易委员会召开了全体会议和小型会议，对涉及参与 2 个网上音乐价格操纵事件的 15 个网络音乐相关企业给予了共 188 亿韩元的罚金，下达了整改命令，并移交至检察院。

## 2. 主要政策

(1)运营资讯公正交易法律咨询团。

文化体育观光部与韩国资讯振兴院为加强中小资讯企业的交易力量，防止不公正交易行为的发生，与大韩律师协会协商，委任了中小资讯业主法律咨询委员，与 6 个地方振兴院①签订了协约，为地方资讯业主提供法律咨询服务。

表 3-3-15 **2011 年中小资讯业主法律咨询委员名单**

| 序号 | 姓 名 | 所属单位 | 备 注 | 地区 |
|---|---|---|---|---|
| 1 | 洪大植 | 西江大学 法学专业研究生院 教授 | 前任公正交易负责法官 | 首尔 |
| 2 | 崔成宰 | 庆北大学 法学专业研究生院 教授 | 前微软律师 | 首尔 |
| 3 | 李稿永 | 汉阳大学 法学专业研究生院 教授 | 前公正交易委员会 科长 | 首尔 |
| 4 | 朴柱永 | 法务法人 世宗 律师 | 前公正交易委员会 科长 | 首尔 |
| 5 | 申相勋 | 法务法人 太平洋 律师 | 前公正交易委员会 事务官 | 首尔 |
| 6 | 崔起禄 | 法务法人 金 & 张 律师 | 前公正交易委员会 事务官 | 首尔 |
| 7 | 金权会 | 法务法人 和友 律师 | 前产业资源部 顾问 | 首尔 |
| 8 | 朱贤英 | 法务法人 广场 律师 | 前公正交易委员会 事务官 | 首尔 |
| 9 | 卞雄载 | 法务法人 太平洋 律师 | 资讯合同 多数对应 | 首尔 |
| 10 | 李权岵 | 法务法人 I PAC 律师 | 资讯纠纷 多数对应 | 首尔 |
| 11 | 金亨镇 | 法务法人 政世 律师 | 资讯纠纷 多数对应 | 首尔 |
| 12 | 车成镐 | 法务法人 一心 律师 | 京畿中央地方律师协会 理事 | 京畿 |
| 13 | 车振 | 车振、林昌贤 法律事务所 律师 | 资讯纠纷 多数对应 | 京畿 |
| 14 | 金敏奎 | 金敏奎 法律事务所 律师 | 京畿北部地方律师协会 公报宣传理事 | 京畿 |
| 15 | 柳佳亨 | 和温 法律事务所 律师 | 前首尔中央地方法院 调停委员 | 仁川 |
| 16 | 金勤宰 | 金勤宰 法律事务所 律师 | 前水源、清州、仁川地方检察院 检查官 | 仁川 |
| 17 | 权珪 | 权珪 法律事务所 律师 | 资讯纠纷 多数对应 | 仁川 |
| 18 | 韩浩东 | 韩浩东 法律事务所 律师 | 国民权益委员会 专门委员 | 大田 |
| 19 | 李钟骏 | 合同法律事务所 幸福 律师 | 韩国著作权委员会 版权讲师 | 大田 |
| 20 | 宋在祜 | 宋在祜 法律专利事务所 律师 | 中小企业振兴工团 资讯制作公司<br>法律指导委员 | 大田 |
| 21 | 宋镇润 | 宋镇润 法律事务所 律师 | 国民投诉处理委员会 专门委员 | 忠南 |
| 22 | 白鸿基 | 罗友 综合法律事务所 律师 | 中小企业 NPL 咨询委员 | 忠南 |
| 23 | 具滋康 | 法务法人 架桥 律师 | 大田市 西区 顾问委员 | 忠南 |
| 24 | 洪钟甲 | 法务法人 使命 律师 | 中小企业法律咨询委员 | 忠南 |

① 忠南文化产业振兴院、仁川信息产业振兴院、济州技术园、釜山信息产业振兴院、大田文化产业振兴院、江源信息文化产业振兴院。

续表

| 序号 | 姓　名 | 所属单位 | 备　　注 | 地区 |
|---|---|---|---|---|
| 25 | 朴亨埈 | 法务法人 使命 律师 | 中小企业法律咨询委员 | 忠南 |
| 26 | 田贞淑 | 法务法人 情脉 律师 | 釜山、蔚山中小企业 咨询委员 | 釜山 |
| 27 | 李东峻 | 法务法人 青律 律师 | 前釜山支院、高法、蔚山支院 法官 | 釜山 |
| 28 | 李相根 | 法务法人 广开土 律师 | 前釜山支院、高法 法官 | 釜山 |
| 29 | 卞熙三 | 朴浩瑞、卞熙三 法律事务所 律师 | 收视者委员会 委员 | 江源 |
| 30 | 张哲元 | 法律事务所 富庆 律师 | 资讯纠纷 多数对应 | 济州 |

2011 年一年间，共完成了法律咨询 114 件。从主要利用领域来看，占总件数 35%的 40 件是来自于知识产权管理困难方面的要求。大多是关于资讯制作方面付出努力的制作权、知名权、专利权、设计权等知识产权保护措施及工作方向等的质疑。其次是合同书合理性方面的咨询请求(32 件，25%)，也就是利害当事人签订合同时，咨询自己主张的交易条件是否得到了如实的反映等。在签订合同方面，大部分中小资讯业主遇到的困难是：合同书用词模糊及解释问题、对流通所有流域的收益精算贷款的妥当性问题。也就是在知识产权和贷款支付方面，为了使自己的企业不受损失，在合同书上慎重地填写交易条件。继知识产权管理和合同书审核之后，很多事例是关于对方如果不履行合同，自己采取什么应对措施最为合适的提问(18 件，16%)。此外，还有对急剧变化的资讯相关法令的解释是否妥当、如何应对有不法行为的第三者、对税金的质疑等。

表 3-3-16　**中小资讯企业的法律咨询服务现状(2011 年)**

| 类型 | 知识产权 | 合同书 | 法律解释 | 不法行为的应对 | 知名权 | 税金 | 条款 | 债务不履行的应对 | 肖像权 | 其他 |
|---|---|---|---|---|---|---|---|---|---|---|
| 件数 | 40 | 29 | 4 | 4 | 1 | 1 | 3 | 18 | 1 | 12 |

(2)运营资讯公正交易的教育项目。

文化体育观光部和韩国资讯振兴院为了使资讯企业了解公正交易制度，在实际制定合同书和条款时有所帮助，运营了“资讯公正交易教育项目”。在釜山、仁川、济州、忠南、首尔 5 个地区实施的资讯公正交易教育项目，共举办了 24 次，有 911 名学员参加，受到了广泛关注。资讯公正交易教育项目共有 3 个学习科目：对公正交易制度的理解、合同书制定实务、条款制定实务。2011 年的工作成果是，学员的平均满意度为 80%以上，得到很高的评价，2012 年将进一步扩大这一教育项目。

表 3-3-17　**2011 年资讯公正交易教育项目的运营明细**

| | 地区 | 日程 | 次数(次) | 学员(名) | 地点 | 满意度 |
|---|---|---|---|---|---|---|
| 1 | 首尔 | 8. 18—8. 19 | 1 | 35 | 首尔科学技术会馆 | 81. 6% |
| 2 | | 9. 15—9. 16 | 2 | 40 | | |
| 3 | | 10. 6—10. 7 | 3 | 40 | | |

续表

| | 地区 | 日程 | 次数(次) | 听课人数(名) | 地点 | 满意度 |
|---|---|---|---|---|---|---|
| 4 | 釜山 | 8. 29 | 1 | 30 | CentumIS 大厦大讲堂 | 84. 84% |
| 5 | | 9. 2 | 2 | 20 | | |
| 6 | | 9. 26 | 3 | 15 | | |
| 7 | | 10. 31 | 4 | 20 | | |
| 8 | | 11. 4 | 5 | 16 | | |
| 9 | | 12. 2 | 6 | 69 | | |
| 10 | 仁川 | 9. 6 | 1 | 80 | 仁川海港公园酒店 2 楼 | 82. 89% |
| 11 | | 12. 5 | 2 | 50 | 仁荷大学 5 号楼南侧 125 室 | |
| 12 | | 12. 16 | 3 | 90 | 仁川乐园酒店 8 楼 | |
| 13 | 济州 | 10. 14 | 1 | 36 | 济州汉拿大学 | 82. 89% |
| 14 | | 10. 17 | 2 | 13 | 济州大学 | |
| 15 | | 10. 19 | 3 | 13 | 济州影像媒体中心 | |
| 16 | | 10. 24 | 4 | 16 | 济州风险大厅研讨室 | |
| 17 | | 10. 25 | 5 | 110 | 济州风险大厅会议室 | |
| 18 | | 10. 27 | 6 | 16 | 济州残疾人综合福祉会馆 | |
| 19 | 忠南 | 10. 27 | 1 | 35 | 祥明大学 | 75. 22% |
| 20 | | 11. 2 | 2 | 42 | 公州大学 | |
| 21 | | 11. 7 | 3 | 38 | 檀国大学 | |
| 22 | | 11. 8 | 4 | 21 | 公州大学 | |
| 23 | | 11. 9 | 5 | 44 | 湖西大学 | |
| 24 | | 11. 16 | 6 | 22 | 南首尔大学 | |
| 总听课人数 | | | | 911 | 总满意度 | 81. 49% |

(3)为中小资讯企业制作合同指南。

在资讯制作及流通过程中，一旦卷入纠纷，就会浪费很多时间、人力、金钱。事先预防纠纷的最好办法之一，就是制定一个能够充分反映合同双方当事者利益的完成度较高的合同。大部分业界从业者认为，在合同的制定方面，资讯制作者和流通企业没有对等的交涉能力，合同只是一个形式而已。实际上，在交易条件和货款支付方面，资讯制作者是没有话语权的。如果这样的不公正交易日益严重，制作者制作资讯的意愿就会降低，只有资讯流通企业的企划制作会增加，那么最终的结果就是无法满足使用者多样化的需求，导致使用者将目光转向海外市场。因此，文化体育观光部和韩国资讯振兴院为了向资讯企业提供合同制定方面的帮助，决定制作资讯公正交易所需的合同制作指南。此后，2011 年与大韩商社仲裁院签订了业务协约，共同制作了不公正交易事前预防所需的合同制作指南①。该项工作的成果是制定了电视节目制作合同、电视剧本执笔及使用合同、电视节目摄制人员雇用合同、歌手电视节目演出合同、唱片制作及演唱合同、音乐资讯供应合同、影像资讯供应合同、娱乐资讯供应合同等的指南。

(4)为保护资讯制作者利益，进行交易事实认证工作。

① 韩国文化振兴院研究报告书第 11-23 页，是关于资讯标准合同书制定及修订的研究。

①工作推进方向的转换。

2002 年 1 月 14 日制定的《在线数字资讯产业发展法》(法律 6603 号，2002. 1. 14)第 11 条(促进流通)规定：“信息通信部部长为促进数字资讯的网络流通，有权开展交易认证及品质认证等必要的工作。”依据这条法律规定，推进了交易认证的相关工作，2006 年发布了交易认证业务准则告示案，在该告示案的解释书中解释到：“交易认证工作”，是“在线资讯交易认证机构对在线资讯企业与使用者之间在网络上进行在线资讯交易的明细和交易事实，给予确认、证明的工作，通过这一认证工作，使网络环境更透明，进而促进在线资讯产业的流通”。此项工作的目的是：当网络服务企业与消费者之间产生与资讯交易相关的纠纷时，通过交易认证机构颁发的交易明细确认书，来解决消费者的纠纷。

但是，随着网络流通环境的变化，通过网络进行交易的资讯也可以通过 Web、邮箱、移动手机文字等多种途径获得核算收据，网络结算服务得到了很大的改善。因此，以帮助消费者减少损失为目的的交易明细确认书的作用就不大了。由于在线服务企业较低的参与率及消费者的需求不足，导致现有交易认证服务工作的必要性逐渐降低。这种情况下，是否要重新制定交易认证制度的方向这一问题被提了出来。

因此，2010 年 12 月，对现有的《在线数字资讯产业发展法》进行了综合修订，制定了《资讯产业振兴法》，该法第 21 条规定，现有交易认证工作的内容修改为：“为确保在线流通资讯交易的透明性、公正性、效率性，并促进优秀资讯的流通，文化体育观光部部长有权保管资讯交易事实的相关资料，实施确认、证明资讯交易事实的资讯交易事实认证工作。”因此，交易认证工作不再局限于资讯企业与使用者之间的交易认证工作，而是全面扩大至资讯企业之间的交易认证，该制度的名称也由现有的“交易认证”变更为“交易事实认证”。即如果说现有的交易认证工作是以赔偿消费者的损失为目的，那么新定义的交易事实认证工作则是从资讯流通价值链结构出发，为了保证所有交易的透明性、公正性、效率性，而改变了确认、证明交易事实的认证工作方向，提供了能够以新的服务形式推进工作的法律依据。

根据这样的变化，文化体育观光部和韩国资讯振兴院为了探索交易事实认证服务的改进方向，于 2011 年 4—6 月召集播放公司、在线服务企业、权利者团体及相关专家，召开了 3 次改进会议。通过这 3 次会议，包括播放公司在内的资讯制作者提出：有必要构建资讯流通过程所需的透明、公正的支付核算基础设施，也应从这一方向考虑构建交易事实认证工作的基础。

2011 年 6—8 月运营的“资讯交易事实认证制度研究工作组”将重点放在资讯制作者身上，探索交易事实认证工作的推进方向。大家普遍认为，资讯制作者核算漏报最严重的领域是网络硬盘服务等特殊类型的网络服务企业，并决定在交易事实认证服务工作中，首先解决网络硬盘企业的故意核算漏报问题。工作组要求该制度能够保证，通过网络运营商或大型门户网站运营商的流通平台，从事资讯流通的小资讯制作公司能够管理监督与支付货款相关的核算漏报。由网络硬盘企业引发的故意漏报销售或漏报核算等资讯流通过程中不透明的资讯交易惯例，即处于交易优势地位者漏报交易货款支付核算的交易惯例，是必须解决的问题，以便营造国内健全的、可持续发展的数字资讯流通环境，保护资讯制作者的收益。

交易事实认证制度是在错综复杂的资讯流通价值链结构中，为保障交易事实的透明性和公正性，而对交易事实给予确认、证明的认证工作。确立了新的工作方向的交易事实认证服务，计划将初期工作聚焦于防止在线服务企业漏报销售或漏报核算，改善处于市场支配地位企业的不公正核算处理惯例，建立透明公正的交易环境。

②工作推进内容。

1)举办推进交易事实认证工作方向转换的专家会议。

为了交易的透明性、公正性和效率性，资讯产业振兴法为确认、证明交易事实的交易事实认证制度提供了法律依据。资讯振兴院作为交易事实认证工作的主管机关，为探摸索交易事实认证服务的改善方向，于 2011 年 4—6 月，召集播放公司、在线服务运营商、权利者团体及相关专家举办了 3 次改进会议。在会议中，包括播放公司在内的资讯制作者提出在资讯流通过程中，扶持透明的支付核算基础设施，并且提出也应沿这一方向奠定交易事实认证工作的基础。资讯制作者的这一要求，与交易事实认证的“确保在线资讯交易的透明性、公正性、效率性”的目的相符，为此，2011 年 6 月，文化体育观光部和韩国资讯振兴院经协商，将交易事实认证工作由现有的使用者保护工作转换为资讯制作者保护工作。

2)资讯交易事实认证制度研究工作组的活动。

在决定变更交易事实认证工作的工作方向后，资讯振兴院自 2011 年 6 月起，运营了“资讯交易事实认证制度研究工作组”，聚焦于资讯制作者，摸索改进交易事实认证工作的推进方向，开展了改进方向的研究活动。研究认为，了解资讯流通过程中的核算实际情况和解决存在的问题，是亟待解决的课题。特别是，网络硬盘服务等特殊类型的在线服务运营商故意漏报销售、网络硬盘运营商与过滤服务运营商之间故意漏报核算，被视为需要优化解决的问题。除此之外，还应向解决通过网络运营商或大型门户网站运营商的流通平台从事资讯流通的小资讯制作公司困难的方向发展。

3)交易事实认证服务所需的技术规格设计及制定路线图的研究。

交易事实认证制度研究工作组认为，防止网络硬盘运营商故意漏报销售和漏报核算，是最亟须解决的问题。因此，为扶持构建资讯流通过程中透明的支付核算体系，开展了交易事实认证工作的具体服务模式及技术规格的开发、制定中长期推进工作的路线图等研究工作。通过研究，分析了数字资讯交易环境的现状及存在的问题，并建立了解决这些问题的改善课题及推进战略，设计了防止网络服务业主漏记销售和漏记精算的交易事实认证工作的服务模式及体系的技术规格。

4)召开交易事实认证制度说明会。

通过交易事实认证工作服务体系的开发及制定路线图的研究，建立了服务模式及技术规格。对此，2011 年 11 月 30 日，在 COEX MALL 会议室(南)403 号举办了说明会。资讯相关机关及协会、资讯流通运营商、普通人士等共 92 人参加了说明会，进行了针对交易事实认证工作的答疑及问卷调查。

图 3-3-11　2011 年交易事实认证制度的工作说明会

③交易事实认证工作的服务模型。

目前，资讯产业界最重要的悬而未决的问题是网络硬盘运营商故意漏报销售或漏报核算，交易事实认证工作以防止这一问题为目的，建立了如下的服务模式，主要服务构成要素为分发交易认证对象目录、发行交易认证令牌、交易认证监测。

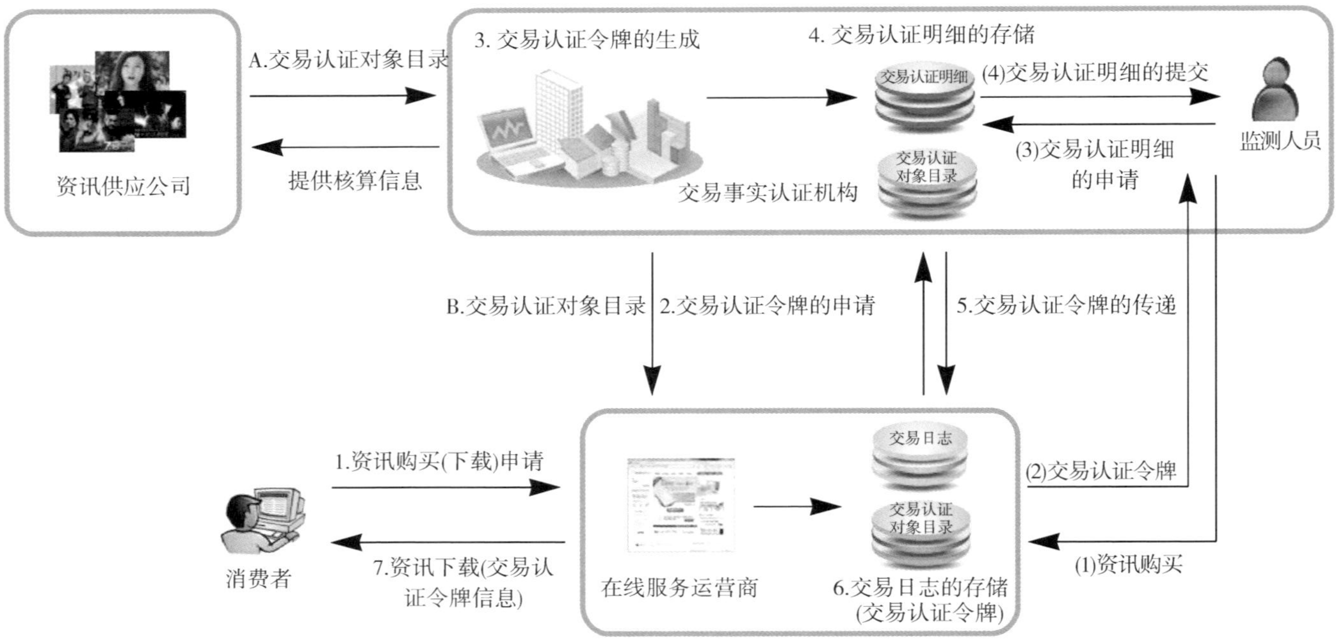


图 3-3-12 交易事实认证服务模型

1) 分发交易认证对象目录。

交易认证对象目录是为了让线上服务运营商能够识别资讯这一交易事实认证对象而提供的资讯目录信息。由资讯提供者制作，经交易事实认证机构传达给线上服务运营商。线上服务运营商针对包含在交易认证对象目录中的资讯进行交易时，必须从交易事实认证机构获得相应资讯的交易认证。

2) 发行交易认证令牌。

交易认证令牌是证明线上服务运营商和消费者间发生的特定交易已获得交易事实认证机构认证的一种手段，是交易认证监测服务的重要要素。在消费者欲购买的资讯属于交易认证对象目录时，线上服务运营商向交易事实认证机构传达相关资讯的交易信息，并申请交易认证令牌。交易事实认证机构以相关资讯信息为基础，生成交易认证令牌，与交易信息一起存储为交易认证明细，并将交易认证令牌传达给线上服务运营商。线上服务运营商将相关交易认证令牌与交易信息一起存储为交易日志，向消费者传送其欲购买的资讯时，与交易认证令牌一起提供给消费者。

3) 交易认证监测制度。

交易认证监测是确认线上服务提供者是否正常使用交易事实认证服务的方法，通过这一过程，可以有效地监督线上服务运营商是否漏报销售及漏报核算。交易认证监测人员与普通消费者一样，向线上服务运营商购买属于交易事实认证对象目录的资讯，并获取相关资讯的交易认证令牌。如果没有提供交易认证令牌，那么，就可以知道线上服务运营商有故意漏报销售的行为。交易认证令牌发行后，监测人员把相关交易认证令牌传送给交易事实认证机构，并申请交易认证明细；从交易事实认证机构获取相关交易认证明细后，与自己购买的资讯明细相比较。如果没有交易认证明细，那么就可以知道线上服务运营商有故意漏报核算的行为。

(5)设立纠纷调解委员会。

①调解委员会的设置背景。

2000 年后，随着网络使用者的激增和资讯收费的快速发展，使用者日益关注对资讯的使用，但同时使用者受损失的情况也呈现不断增加的趋势。资讯交易与普通商品不同，在购买阶段无法在事前确认商品的品质或内容，特别是数字资讯，具有通过互联网等网络等直接传送和使用的无形特性，因此，具有与有形商品非常不同的特性。

网络上，运营商和使用者不见面就进行交易，因此难以确定运营商对交易及相关商品表述的诚意，责任问题不明确，可能通过免费体验、一定时间后自动延长合同等手段，违背使用者的意愿，诱导其延长合同或缴纳使用费用。另外，由于数字资讯商品通过网络进行交易，因此存在着由操作失误而带来的意愿表达方面的错误、传送障碍、由外部非法黑客带来的个人信息泄露、垃圾邮件等问题。货款支付也大多是以电子手段进行的预付，因此一旦发生没有提供服务等问题时，退款就变得很难。

以数字文件形式制作的资讯是无形且可以复制的，因此从业主的角度考虑，可能会遭到大量复制带来的经济损失。对于线上游戏，从商品特性上看，游戏者之间会频频发生角色、账户等的交易，但游戏公司等运营商规定这样的交易属于非法交易，被发现后，将会被永久地废除账户，因此也会发生这方面的纠纷。同时，数字中心通过网络传送，在交易各阶段都会有不同的运营商参与进来提供帮助，因此使用者遇到的问题也十分复杂。即 ISP、公认认证等本人确认的装置、电子结算相关公司、保安公司等相互交叉，使用者发生问题时，很难分清并证明这些公司各自应该分别承担多大的责任。

表 3-3-18　**主要纠纷事例**

| | 范畴 | 主要事例 |
|---|---|---|
| 1 | 一般资讯 | 返还使用费(未成年人的资讯使用、盗用名义)<br>由服务不良、服务器连接不畅、资讯品质低下引起的纠纷等 |
| 2 | 在线游戏 | 由于违反禁止装备交易的规定而导致账户停用<br>由于违反使用协约而获得的装备交易<br>游戏运营商以非法手段解除使用合同<br>游戏公司查封账户、装备，恢复非法删除的装备<br>个人间的装备交易纠纷，与装备中介网的纠纷<br>游戏服务障碍引发的损失补偿等 |
| 3 | 娱乐教育 | 解除网络学习合同<br>学习资讯不良、服务低下引发的解除合同及违约金<br>与合同并行支付的赠品等引起的纠纷 |
| 4 | 资讯制作 | 资讯制作、流通相关运营商间的纠纷(对合同内容的解释纠纷)等 |
| 5 | 成为社会热点的资讯纠纷等 | 收益分配、专属合同条款的解释纠纷等演艺企划公司与所属艺人之间的纠纷<br>资讯运营商与该资讯创作者之间的劳务纠纷<br>演员取消演出的纠纷等 |

因此，考虑到资讯产业界的特殊性，为提出有公信力的纠纷调解方案，迅速公正地解决纠纷，有必要设立专门负责机构。2010 年 6 月，将从前的《在线数字资讯产业发展法》全面修订为《资讯产业振

兴法》，规定将引入纠纷调解制度，并新设专门负责机构——“资讯纠纷调解委员会”(法第 29 条)。同年 12 月，随着该法的实施，韩国资讯振兴院设置了事务局，为出台纠纷调解委员会做准备。紧接着，2011 年 4 月 27 日在江南区驿三洞韩国资讯振兴院分院举行了调解委员会成立仪式，并开始展开调解业务。

表 3-3-19　**推进过程**

| | 时　间 | 内　容 |
|---|---|---|
| 1 | 2010. 6 | 资讯产业振兴法(法律第 10369 号)<br>法的名称变更及全面修订(《在线数字资讯产业发展法》变更而来)：第 29 条(纠纷调解委员会的设置)——第 36 条(保守秘密) |
| 2 | 2010. 8 | 批准资讯纠纷调解扶持工作计划(文化体育观光部) |
| 3 | 2010. 12 | 召开资讯纠纷调解会议 |
| 4 | 2011. 4 | 成立资讯纠纷调解委员会(委任调停委员、选出委员长等) |

调解委员会作为解决资讯纠纷的专门调解机构，调解委员经司法律师界、学术界、资讯产业界及使用者保护团体推荐，由文化体育部部长委任，最终组成了由法官、检察官、律师等 7 名法调界人士以及 3 名大学教授、8 名各领域资讯专家、2 名使用者保护团体人士共 20 人构成的调解委员会。委员长从调解委员会委员中推选，委员为非常任，只可连任一次。2011 年 4 月 26 日，在召开的第一次调解委员会全体会议中，首尔大学法学院教授成洛仁当选为第一任委员长，通过了调解规定。

调解委员会作为一个主管资讯运营商间、资讯运营商与使用者间、资讯使用者间资讯交易及使用方面纠纷的机构，所有国民在发生资讯纠纷时，都有权申请调解，双方当事人均认可的调解方案具有裁判上和解书的效力。但是，与版权相关的纠纷应依据《版权法》解决，播放通信相关的纠纷中，如果是《播放法》第 35 条第 3 款规定的纠纷调解对象，或是《电子通信业法》第 45 条规定的裁定对象，则分别按照相关法律的规定解决。

表 3-3-20　**调解委员会的法律依据**

| 条　款 | 主要内容 |
|---|---|
| 第 29 条(纠纷调解委员会的设置) | 调解委员会主管的业务<br>委员构成、委员长选出、任期、事务局 |
| 第 30 条(纠纷的调解) | 调解期间、调解方法 |
| 第 31 条(委员的排除、规避、回避) | 排除对象、规避及回避程序与方法 |
| 第 32 条(资料的申请等) | 资料申请的权限依据、陈述方法 |
| 第 33 条(调解的效力) | 调解的效力(裁判上的和解效力) |
| 第 34 条(调解的拒绝及终止) | 拒绝和终止程序 |
| 第 35 条(调解的费用等) | 调解委员会运营经费等 |
| 第 36 条(保守秘密) | 调解的非公开 |

调解委员会受理资讯纠纷调解申请后，要求被申请人提出答辩、确认及进行事实调查后，向调解会议提交调解申请。自调解申请受理之日起的 60 日内，提出调解方案，交给当事者。另外，为纠纷咨询、介绍调解程序、调解申请书的受理及通报、调解会议支援、调解书决定书的制作及调解书的送达等调解全过程提供扶持，在韩国资讯振兴院内设立运营了资讯纠纷调解委员会事务局，并运营了网页（www. kcdrc. kr），以便进行在线调解申请及提供各种资料。

②特征和预期效果。

调解委员会具有下述 4 个特点。第一，具有资料申请权。调解委员会有权要求纠纷当事者、资讯运营商、相关证人等提供纠纷调解所需的资料。在这种情况下，纠纷当事者无正当理由，必须予以回应（资讯产业振兴法第 32 条）。

第二，运营分科委员会。按照游戏等资讯种类来设立分科委员会（同法第 29 条第 7 项），负责扶持相关领域扶持解决、预防纠纷所需的专门研究。目前，分科有调解第 1 分科（游戏）、调解第 2 分科（娱乐教学）、调解第 3 分科（播放、影像资讯）、调解第 4 分科（资讯综合——出版、音乐、演出、美术、动漫形象、漫画、动漫、广告、时装、工艺品、数据库产业等的资讯交易及使用相关的一切事项），调解委员会也是按照各分科组成。

第三，引入了使用信息通信技术的纠纷解决扶持方式（Online Dispute Resolution，ODR）。调解委员会会议可以以电子的方式进行远程会议，此时可视为资讯纠纷调解委员会的委员、纠纷当事人或相关证人出席同一会议场所（同法施行规定第 5 条第 1 项）。

最后，具有裁判上和解的效力。在调解过程中，当事人同意调解方案，调解委员会制作调解书并通报给当事人时，该纠纷调解内容则与裁判上述的和解书具有同等效力（同法第 33 条第 4 项）。

调解委员会为了使争讼能力弱的资讯使用者、中小资讯运营商能够便利地使用该项服务，简化了申请程序。资讯纠纷调解制度谋求使用者及运营商自律协商解决问题，因此，不仅大大降低了裁判过程中的心理压力，而且节省了当事人解决纠纷所需的时间和费用。这样迅速、公正、圆满、有效的资讯纠纷解决方法，在建立公正可信任的资讯流通环境及资讯产业振兴方面作出了贡献。

③调解委员会的纠纷处理明细。

2011 年 4 月正式开展工作的资讯纠纷调解委员会，到这一年 12 月末为止，共受理了 626 件调解申请，其中共进行了 85 件申请的调解工作，319 件申请的当事人之间达成了圆满的协议。

从各资讯领域来看，所有调解申请中，与游戏相关的申请占压倒性的多数（84%），其次是资讯综合（12%）、娱乐性教育（3%）、播放影像等，全部 626 件申请中，资讯使用者与运营商间的申请为 600 件（96%），资讯使用者间 13 件（2%），资讯运营商间 13 件（2%），可以看出，使用者与运营商间的纠纷申请占压倒性多数。调解前即达成协议及接受调解方案，获得圆满解决的申请为 397 件，纠纷解决比例约为 63%。

从纠纷类型来看，可以分为 4 个部分，2011 年各部门详细的类型如下。第一，在游戏部分，主要纠纷类型为以滥用 bug、游戏现金交易、利用非法程序等理由终止账户，对使用条款或服务政策不满，智能手机等的未成年者结算，资讯瑕疵引起的服务不满，游戏币流失等黑客入侵，个人间装备交易等。第二，在娱乐性教育部分，主要纠纷类型为资讯瑕疵引起的退款、解除合同引起的违约金纠纷等。第三，在播放影像部分，主要纠纷类型为未支付作家的稿费、资讯制作相关的劳务费用支付要求等。最后，其他部分的主要纠纷类型为运营商间网站资讯制作的纠纷。

表 3-3-21　　**2011 年资讯纠纷调解处理明细**

| 分类 | 调解申请 | | | | 调解处理结果 | | | | | | | | 备注 |
|---|---|---|---|---|---|---|---|---|---|---|---|---|---|
| | 计 | B2C | B2B | C2C | 计 | 撤销调解 | 拒绝调解 | 移交相关机构 | 终止调解 | 调解前达成协议 | 调解会议决议 | | |
| | | | | | | | | | | | 发放调解书(接受调解方案) | 调解不成立(未接受调解方案) | |
| 1 分科(游戏) | 528 | 514 | 2 | 12 | 528 | 24 | 51 | 3 | 102 | 268 | 74 | 6 | |
| 2 分科(娱乐性教育) | 16 | 16 | 0 | 0 | 16 | 3 | 0 | 0 | 5 | 7 | 1 | 0 | |
| 3 分科(播放影像) | 4 | 1 | 3 | 0 | 4 | 0 | 0 | 0 | 1 | 1 | 2 | 0 | |
| 4 分科(总括) | 78 | 69 | 8 | 1 | 78 | 6 | 12 | 1 | 14 | 43 | 1 | 1 | |
| 总计 | 626 | 600 | 13 | 13 | 626 | 33 | 63 | 4 | 122 | 319 | 78 | 7 | |

④构建国内外合作通道及改进惯例。

调解委员会在成立后，首先召开了由资讯产业相关的各协会团体相关人士、产业部门从业人员、资讯专业律师等参加的书面座谈，从产业部门一线搜集了调解委员需要的各种意见。从这些意见出发，再商讨振兴资讯产业，建立公正的资讯流通、交易环境所需的调解委员会的前进方向，针对未来调解委员会合适的 TO-BE 模式或作用，认为应将重点放在引导相关产业部门向健全的交易惯例转变上。

同时，构建国内合作通道，通过资讯产业界客户端个别企业内的信访处理部门，掌握最新纠纷动向，并确定应对方向，迅速地发送、接收调解申请的受理通知或调解业务所需的资料，并将主要企业信访处理部门的负责人委任为调解委员会助理，举行了成立仪式(2011 年 9 月)。还分别委任了调解委员会的专业委员，协助开展与各资讯领域相关的主要纠纷案件的处理和预防工作，依据《电子交易基本法》成立的电子交易纠纷调解委员会与我国的仲裁专业机构——大韩商社仲裁院分别于 2011 年 10 月和 12 月签订了 MOU(Memorandum of Understanding，谅解备忘录)，构建了更加积极地解决资讯纠纷调解案件的合作通道。

最近，随着我国 K-pop、亚洲国家间动漫共同制作推进的资讯进军海外，以及国际化合作的日益活跃，为保护国内中小企业的利益，帮助它们应对国际纠纷，有必要为它们提供圆满的纠纷解决扶持。因此，调解委员会有必要分享由资讯进军海外而引起的国际纠纷事例和扶持解决等知识，引入先进的纠纷解决技巧。其中提到的“不通过诉讼解决纠纷的方法”(Alternative Dispute Resolution，ADR)，是通过民事调解、各种行政调解委员会等来解决纠纷的办法，在海外被广泛使用。为此，调解委员会访问了香港国际仲裁中心(Hong Kong International Arbitration Center，HKIAC)①、新加坡国际仲裁中心(The

① 该机构系非营利法人，是 1985 年成立的。主要开展建筑、贸易、金融、网络等领域的仲裁业务。调解业务由下属部门香港调解委员会(The Hong Kong Mediation Council)来承担，该机构的特点是：(a)调解、仲裁人可以在 HKIAC 所属的专家组中，根据纠纷当事人的协议个别指定。如果双方当事人没有达成协议，则由 HKIAC 指定。(b)具备仲裁程序迅速、仲裁效果好的法治制度，法律专家及各领域的专家构成了范围广阔的仲裁者联盟。(c)香港的仲裁判决(Arbitral Award)在中国大陆以及所有东亚国家均具有强制执行的效力(香港加入了承认并执行外国仲裁判决的纽约协约)。(d)另外，香港国际仲裁中心除仲裁外，还进行调解，仲裁委员不会特别指定，而是由很多人员以专家组的形式管理，任何人都可以接受相关教育后成为仲裁、调解人。特别是由一个机构同时进行调解和仲裁服务，也使得纠纷解决效率大大提高了。

Singapore International Arbitration Center)①、新加坡调解中心(The Singapore Mediation Center)②等亚洲的主要 ADR 机构，研究了各机构的特点、优势，同时宣传了大韩民国资讯纠纷解决专门机构——调解委员会，积极学习了海外先进 ADR 相关机构解决纠纷的程序和调解人或仲裁人的教育方法等先进经验。

另外，还将 2011 年纠纷调解的协议内容和调解内容作为案例编辑成册出版，以便为资讯产业从业人员提供交易方面的参照，为建立更加公正正确的惯例而努力。

### 3. 今后推进计划

今后，为建立公正的交易环境，交易事实认证工作将分成 4 个阶段来推进。第一阶段将推进建立全新方向的交易事实认证服务的工作基础。第二阶段将以播放和电影资讯为对象，为保障交易的透明性而在本领域推广这项工作，促成交易事实认证工作的成功事例。第三阶段将在播放和电影资讯以外的领域推广交易事实认证工作。第四阶段为将交易事实认证工作构建为资讯流通产业的主要基础设施的阶段。

| | 构建工作基础阶段（2011—2012年） | 进入正式服务阶段（2013—2014年） | 服务发展阶段（2015—2016年） | 服务高端化阶段（2017—） |
|---|---|---|---|---|
| 各阶段工作目标 | 转换交易事实认证工作方向<br>改善模式及开发技术规格<br>检验改善模式的可行性<br>制定中长期推进计划<br>加强与相关机构、团体的合作 | 营造交易事实认证的基础环境<br>加强宣传<br>通过示范工作来构建成功事例 | 确立交易事实认证在所有资讯领域都是保障交易透明性和信赖性的基础这一地位<br>营造市场自律的交易事实认证基础设施运营环境 | 通过交易事实认证，建立先进的流通基础设施，并促进资讯产业的发展 |
| 推进战略 | 分析资讯流通环境中交易事实认证服务的需求<br>提高对交易事实认证服务价值的认识<br>推进交易事实认证改进模式的实效性检验<br>交易事实认证服务模式及技术规格的稳定化<br>组建并运营交易事实认证论坛 | 指定交易事实认证机构（优先考虑播放、电影领域）<br>构建交易事实认证服务所需的基础体系<br>营造扩大交易事实认证服务所需的基础环境(推进引用 SW 及评价技术 R&D)<br>通过示范工作推进并引领交易事实认证服务 | 追加指定交易事实认证机构<br>以环境恶劣的资讯产业领域为对象，扩大交易事实认证服务的采用<br>营造个人及小业主所需的公正交易环境<br>以交易事实认证服务为基础，推进以收益为基础的商务模式 | 以交易事实认证为基础，开发并推进多样化的服务模式 |

图 3-3-13　交易事实认证工作的各阶段推进战略

交易事实认证工作的第一阶段，为构建交易事实认证工作的基础，将于 2011—2012 年推进下述各

① 该机构系 1991 年设立的非营利法人，主要进行国际贸易、建设、金融等相关国际纠纷的仲裁服务及各种纠纷的仲裁，设有 14 个仲裁审理室和 12 个会议室，依据各个案件的特点，提供最合适的仲裁服务，该仲裁中心只进行仲裁，与下面提及的新加坡调解中心有着密切的联系，调解中心无法解决的事项，通过仲裁协议，由仲裁中心解决。

② 该机构系 1997 年成立的非营利法人，以得到认证的 200 余名各领域调解专家组为中心，提供调解和斡旋服务，也根据体态申请的价值来计算各阶段的调解费用。特别是，(a)调解进行程序迅速(14 日内)，一旦进入调解程序，纠纷解决比例相当高(调解成功率约为 74%)。(b)运营调解人教育训练项目，通过进行协商、调解、解决分歧等教育训练，培养专家，外国专家也参与该训练项目。(c)另外，与调解相关纠纷当事人的个人信息保护严密，甚至为保护个人信息，不设置 CCTV，以保证不留下任何记录。

项工作。

①指定及运营交易事实认证机构。

为推进全新方向的交易事实认证工作，将制定交易事实认证机构的指定基准及评价指南、运营指南等相关规定，构建推进交易事实认证服务的基本体系。

②检验交易事实认证服务可行性的工作。

针对 2011 年研究出台的交易事实认证服务改进模式及技术规格，通过构建及试运营原型体系，检验其在技术、商业等方面的可行性，改进并补充不足之处。

③推进交易事实认证服务的示范工作及扩大工作。

通过交易事实认证服务模式的示范工作，一旦具备基本的交易事实认证体系并显示出服务的效用性，就将交易事实认证服务推广至所有领域，为此制定了推广战略。

④开发交易事实认证服务所需的新服务模式并进行政策研究。

为分析解决资讯产业界新的待解决焦点问题，制定了发掘交易事实认证新服务模式及推进计划。

⑤组建及运营交易事实认证论坛。

为了交易事实认证工作的持续发展，并加强交易事实认证服务，组建并运营交易事实认证论坛，以便为交易事实认证机构、资讯制作者(包括权利者)、资讯流通运营商、信托团体、中介代理运营商、其他专家提供参与协商的平台。

⑥加强交易事实认证工作的宣传。

为加强交易事实认证制度及交易事实认证服务，在资讯产业所有领域推进宣传工作，以便提高对交易事实认证服务的了解，并积极参与其中。

另外，调解委员会应将下列 3 种情况选定为工作的大方向。首先，完善补充资讯产业振兴法内与纠纷调解相关的部分内容。对于调解委员会的决策法定人数或分科委员会下达决定的效力，应有明确的规定。特别是，同法将纠纷调解的对象定义为资讯运营商间、资讯运营商与使用者间、使用者间的资讯交易或使用方面的纠纷。但是，如果按照这一定义，资讯运营商或使用者以外的第三方主体(如公共部门等)，他们发生的资讯纠纷或国际资讯纠纷是否在调解委员会的业务范围内？这在解释上会发生模糊不清的问题。第二，需要具备多样的纠纷解决方法。一般不通过诉讼的纠纷解决方法有斡旋、调解、仲裁等。纠纷事件各有特点，因此有必要完善制度，以便使当事者可以选择多种多样的纠纷解决方法。最后，需要不断地向资讯生态界提供与纠纷解决相关的商谈、解决事例及相关法令知识，以便建立健康安全的生态系统。

## 四、扶持资讯产业进军海外市场

### (一)扶持参与游戏市场

扶持参与游戏市场由扶持参与口洽谈会和展示市场两大部分组成。出口洽谈会是指帮助以开发公司为主的国内游戏企业与海外买家(发行公司)见面，推进其出口国产游戏的商务会谈。2011 年，为那些尚不具备参与海外展览市场条件的国内中小企业游戏公司，邀请国外买家来我国举办一次出口洽谈会。出口洽谈会也可以在海外举办，即使是有名的展示会，国内游戏企业也可以参与聚焦于一般观众(B2C)的活动，并以当地买家为对象举办出口洽谈会；也可以不与特定的活动连接，在海外举办仅以开拓市场为目的的出口洽谈会。前者主要是在中国等出口业绩好的战略市场举办，后者主要是在新兴市场举办，目的是为了开拓新市场。今年在首尔召开了"5月 ITS GAME 2011"，邀请海外买家前来我国参加国内出口洽谈会；海外出口洽谈会是与7月份的中国国际数字互动娱乐展览会(China Joy)相连接，在中国上海举办的。

参与展览市场，主要是反映国内参与公司的需求，以参与出口业绩一直很好的亚洲、欧洲等战略市场举办的知名市场为主。一般是在相关展览会的商务馆(B2B)租借韩国共同馆展位，进行国内外企业间的商务洽谈。2011年，参与了上海的ChinaJoy和德国的科隆国际游戏展(Gamescom)。ChinaJoy以前是以B2C为主，但是今年主办方首次提供了B2B馆，因此我们举办了上面提到的单独的出口洽谈会，同时也参与了韩国共同馆的活动。为了扶持与在线游戏相比，处于弱势的街机游戏、棋牌游戏等国内游戏领域进军海外，还积极参与了在新加坡举办的IAAPA亚洲街机游戏展览会和在德国艾森(Essen)举办的SPIEL棋牌游戏展览会，设立了韩国共同馆。相关协会再次发放预算，扶持他们参加了上述街机游戏、棋牌游戏的相关展览会。

1. 举办 ITS GAME 2011 in Korea(邀请国际化游戏发行公司参加的出口洽谈会)

在线游戏是韩国游戏出口的主力，为了扶持其进军海外，以邀请海外买家(发行公司)来到首尔参加国内游戏企业出口洽谈会为目的，于5月16—17日在首尔希尔顿饭店举办了为期两天的"ITS GAME 2011"。在活动期间，除出口洽谈会外，还举办了与3D技术相关的研讨会、买家与网络招待会等附带活动。

共有151个以游戏开发公司为主的国内企业及77个海外买家公司参加了该活动。两天内，国内外企业间共进行了1 000多件业务的洽谈，并签订了合同。与通过在海外设立韩国共同馆来参与的方式相比，邀请海外买家来韩国参加的活动，由于大多数拥有优秀游戏的韩国游戏公司都能参加，因而与参加海外展览活动相比，取得了更多的业绩。

2. 举办中国出口洽谈会(与ChinaJoy联合举办)

为了扶持在线游戏进军海外，在国产在线游戏最大的市场——中国举办了出口洽谈会。中国出口洽谈会是与中国最大的游戏展览会——ChinaJoy联合举办的，7月26—27日在ChinaJoy举办地——上海的市内宾馆举办了出口洽谈会，28—29日在ChinaJoy提供的B2B项目展览厅内运营了韩国共同馆。26日还以参加当地活动的国内企业为对象，举办了进军中国市场的战略研讨会(ChinaJoy 2011共有20个国家的317个公司、157 000名访问者参与)。

为了进军中国这一战略市场，出口洽谈会和韩国共同馆这两种参与方式双轨并行，共有20个国内公司参与了这两项活动。以B2C为中心的ChinaJoy，在2011年首次设立了B2B馆，考虑是初次设立，商务洽谈还是进行得比较顺利的，与单独的出口洽谈会相辅相成，对提高出口业绩起到了很大的帮助。

### 3. 在德国 Gamescom 上，运营韩国共同馆

Gamescom 作为世界最大规模的游戏市场，是为购买或发行新游戏，网络游戏买家自发参与的、为数不多的知名活动之一。因此，意欲进军欧洲市场的国内游戏企业参与的意愿很高。

韩国资讯振兴院考虑到欧洲地区网络游戏的市场规模，在德国 Gamescom 上与 15 个国内游戏企业组建了韩国共同馆，于 8 月 17—19 日参与了该活动。与韩国贸易投资振兴公社(KOTRA)共同主管，集中支援国内外企业间的 B2B 洽谈，其结果是国内外企业共就 201 件合作事项进行了洽谈，签订了共计约 21.5 万美元的合同(Gamescom 2011 共有 39 个国家的 557 个公司、275 000名访问者参与)。

特别是，Gamescom 主办方高度评价了韩国网络游戏产业的发展，并决定邀请韩国作为主宾国参加将于 2012 年举办的 Gamescom。主宾国每年只有一个，2010 年是加拿大，2011 年是英国，主宾国的游戏企业及游戏产业将在当年的 Gamescom 上备受瞩目。

### 4. 在 IAAPA Asia Attractions EXPO 2011 上，运营韩国共同馆(街机游戏)

与网络游戏相比，国产街机游戏处于弱势地位，为了摸索其进军海外市场的销路，国内 8 个企业共同组建了韩国共同馆，参加了于 6 月 22—24 日在新加坡举办的 IAAPA 亚洲街机游戏展览会。IAAPA 在美国奥兰多举办的是主体活动，另外还在亚洲地区单独举办分支活动，一年来，以 IAPPA 品牌举办的街机游戏展览会规模可以说是世界上最大的。

8 个国家的街机游戏开发公司与海外买家进行 300 余项洽谈，签订了 185.7 万美元的合同额。参与 IAAPA 亚洲的活动，是通过相关协会——韩国游戏文化产业合作联合会进行的(IAAPA 2011 共有 236 个企业、约3 500名买家参与)。

### 5. 在 SPIEL 国际棋牌游戏博览会上，运营韩国共同馆(棋牌游戏)

与网络游戏相比，棋牌游戏也是比较弱势的领域，因此 6 个国内棋牌游戏开发公司共同组建了韩国共同馆，参与了在德国艾森(Essen)举办的世界最大规模的 SPIEL 棋牌游戏展览会。与海外买家就 51 项事宜进行了洽谈，签订了金额为 57.3 万美元的合同。此次共同馆的参与是通过向韩国棋牌游戏产业协会再次交付预算进行的(SPIEL 每年有 400 多个企业参加，15 万多人参观)。

2011 年，通过扶持企业参与游戏市场，对以网络游戏为中心的国内游戏出口作出了巨大的贡献，并获得了好评。特别是，举办 ITS GAME 2011 in Korea(邀请国际游戏发行公司参加的出口洽谈会)时签订的合同金额同比增加了 340%，通过中国出口洽谈会(与 ChinaJoy B2B 同时进行)也签订了超预期的合同。参加各活动的成果如表 3-4-1、表 3-4-2。

表 3-4-1　**游戏资讯海外出口的扶持**

| 活动名称 | 举办日期/地点 | 国内参与企业 | 海外买家(洽谈)企业 | 洽谈件数 | 出口合同额 |
|---|---|---|---|---|---|
| ITS GAME 2011 in Korea | 5.16—17<br>首尔希尔顿 | 151 个企业 | 77 个公司 | 1 080件 | 5 053万美元 |
| 举办中国出口洽谈会<br>(与 ChinaJoy B2B 同时进行) | 7.26—29<br>中国上海 | 20 个企业 | 26 个公司 | 396 件 | 975 万美元 |

续表

| 活动名称 | 举办日期/地点 | 国内参与企业 | 海外买家(洽谈)企业 | 洽谈件数 | 出口合同额 |
|---|---|---|---|---|---|
| 在德国 Gamescom 上运营韩国共同馆 | 8. 17—19 德国科隆 | 15 个企业 | 42 个公司 | 210 件 | 21. 5 万美元 |

* 以国内邀请、中国、德国、网络游戏为中心。

表 3-4-2　　扶持薄弱平台游戏的海外出口

| 活动名称 | 举办日期/地点 | 国内参与企业 | 海外买家(洽谈)企业 | 洽谈件数 | 出口合同额 |
|---|---|---|---|---|---|
| IAAPA Asian EXPO 2011 韩国共同馆的运营 | 6. 22—24 新加坡 | 8 个公司 | 82 个公司 | 300 件 | 185. 7 万美元 |
| SPIEL 国际棋牌游戏博览会韩国共同馆的运营 | 11. 20—23 德国艾森 | 6 个公司 | 37 个公司 | 51 件 | 57. 3 万美元 |

* 街机、棋牌。

除业绩部分外，在举办 ITS GAME 2011 in Korea 和中国出口洽谈会时，还对参与企业进行了问卷调查，结果显示，对于 ITS GAME，约 77%的应答者对活动的整体运营表示“非常满意”或“满意”；对于中国出口洽谈会，100%的受惠企业表示“非常满意”或“满意”。

另外，还与世界最大的游戏展览会——德国 Gamescom 主办方签署了 MOU，2012 年韩国将作为主宾国受邀参加 2012 Gamescom，预计将对明年国产游戏(企业)的宣传及进军欧洲市场作出巨大的贡献。

因此，ITS GAME 和中国出口洽谈会明年也将以同样的方式举办下去。另外，还将充分利用 2011 年取得实效的 ChinaJoy B2B 馆，将出口洽谈集中于参与 ChinaJoy 方面，为此应该制定专门的方案。同时，参与 2012 年德国 Gamescom 时，也要充分利用主宾国的地位，推进国内参与企业和国产游戏进军欧洲市场。

最后，通过该项工作，应促进网络游戏领域及其他平台领域的均衡发展。首先，在举办 ITS GAME 2012 in Korea 时，不仅要以网络游戏为对象，还应包括街机、棋牌、移动游戏等整个领域，针对街机游戏和棋牌游戏，分别扶持它们参与海外展览会。考虑到薄弱平台领域的持续性扶持需求，2012 年将继续维持今年的扶持水平。

## (二)扶持参与漫画市场

为了通过形成固定的消费者群体和提高韩国资讯的海外认知度来促进出口，推进了通过构建韩国共同馆来扶持参与国际性漫画展示市场的工作。对于有意参与“日本博览会 2011(Japan EXPO 2011)”和“法兰克福书展 2011(Frankfurt Book Fair 2011)”等国际性漫画展示市场的与漫画相关的国内企业，扶持其构建与海外产业界的联系网、开拓新市场及进行宣传活动。

2011 年 6 月末至 7 月初，在法国巴黎北郊维勒班展览中心举办了第 12 届“Japan EXPO 2011”，这是法国与漫画相关的最大规模的展览会，全世界 20 多万相关人员参展，展示了多种多样的漫画资讯。韩国资讯振兴院打出了“韩国创造(Created by Korea)”的标语，运营了有 5 个国内漫画相关企业参与的韩国共同馆，取得了约 9 万美元的洽谈及合同金额的业绩。另外，还举办了朴振换、全极振、宋炳恩等韩国漫画作家与读者的见面会，分发了介绍韩国漫画的资料，进行了多种多样的宣传活动。

2011 年 10 月，在德国莱茵河畔法兰克福举办了第 63 届“法兰克福书展(Frankfurt Book Fair 2011)”，这是世界上规模最大的出版展览会，漫画等各种出版、多媒体相关产业的作家、制作公司、代理商等 106 个国家的7 384个展示公司参加了此次展示会，共举行了3 200多场相关的活动。韩国资讯振兴院组织 11 个国内漫画相关企业组建的韩国共同馆，取得了金额约8 009 000美元的洽谈及合同业绩。特别是，按照数码出版相关的国际发展方向，制作并分发了宣传韩国漫画资讯的电子书，开展了与往年相比更加积极的宣传工作。

## (三)扶持参与动漫市场

以 2002 年法国戛纳的 MIPTV 为起点，通过构建韩国共同馆，开始了扶持动漫海外出口的工作。对于有意参与“戛纳电视节(MIPTV 2011)”“国际儿童及青少年节目放映市场和国际娱乐资讯交易市场(MIPCOM & MIPJUNIOR 2011)”“全球儿童银幕资讯峰会(Kidscreen Summit 2011)”国际性动漫展示市场的国内相关企业，为其提供分析海外展示市场、实施项目咨询计划及资讯的战略宣传等方面的扶持。

2011 年 2 月，在美国纽约希尔顿饭店举办了第 12 届北美与儿童节目相关的最大的研讨会——“全球儿童银幕资讯峰会 2011(Kidscreen Summit 2011)”，全世界 43 个国家1 500多名儿童 TV 节目及电影相关的制作、发行、编辑、授权、宣传和销售的相关人员参加了此次研讨会，并展开了联网活动。以北美地区的动漫及 TV 播放节目为主的专家集团大规模地参加了此次研讨会，以高级专家为对象，进行了资讯的事前营销及目标市场营销。自 2011 年起，研讨会由 3 天延长至 4 天，虽然是以研讨会为中心的活动，但逐渐向儿童节目特别是动漫相关的市场转变。韩国共有 19 个企业参与，进行了 337 项商务会谈，创下了 335 万美元出口洽谈金额的纪录。

原定于 2011 年 3 月在日本东京台场(Odaiba)举办的第 10 届“东京国际动漫展”(Tokyo International Anime Festival)，由于 3 月 11 日发生的日本大地震而被取消了。

2011 年 4 月，在法国戛纳举办了“Palais de Festival”，其中第 48 届 MIPTV 2011 是具有国际代表性的影像作品展销市场，共有 107 个国家、1 558个展示公司、11 491人参加。打出“Created by Korea”口号的韩国，组织了 19 个企业参与，进行了 440 项事宜的洽谈，洽谈金额达 1 亿2 073万美元，达成了出口金额约为 552 万美元的合同。

2011 年 10 月，在法国戛纳举办了“MIPCOM&MIP Junior 2011”。MIP Junior 是一个专门放映和洽谈儿童节目(主要是动漫)的活动，在 MIPCOM 活动前 2 天举办。通过 Kids Jury 及 Licensing Challenge 等附带活动，发掘并宣传竞争力强的动漫。Kids Jury 与 Billy Web 共同举办，由未就学(3～6 岁)、小学生(7～10 岁)、少年(11～14 岁)组成的 20 人儿童评审委员来选出优秀的节目，在活动的最后一天公布评选结果并授奖。2010 年我国 Booze Club 的《Canimals》曾获得未就学部分的第一名。

Licensing Challenge 每年在从世界范围内接收的 500～600 部动漫中选出 5 部新动漫，在 MIP Junior

活动厅进行公开对接，2010 年 Roy Visual(代表：李东宇)的《Robo Car Poly》曾获得第一名。在此项活动中获得第一名的动漫将获得版权相关人员及频道相关人员的关注，可以认为为获得成功取得了保障。2011 年的 MIP Junior 上，《走出院子的母鸡》获得韩国资讯振兴院的扶持，进行了首映，成为闭幕会的压轴戏。

随着与 MIPCOM 相临近的 MIP Junior 的逐渐发展，与动漫相关的人员更多地参与 10 月的 MIPCOM，而不是具有传统优势的 4 月的 MIPTV。在 MIPCOM 中，与 MIPTV 一样，以“Created by Korea”为口号，运营了韩国共同馆，这是每年有 30 个以上韩国动漫企业参与的主要市场，这是我们组织参加的主要市场。2011 年，该活动迎来了第 27 届，世界 104 个国家、1 698个公司的12 220名买家参与了该活动，韩国有 35 个动漫企业参加，进行了 778 项事宜的洽谈，取得了 3 亿1 800万美元的洽谈业绩，共签订了金额为2 600万美元的出口合同。

## (四)扶持参与动漫形象市场

### 1. 扶持海外出口及激活国内外授权

“首尔动漫形象博览会”旨在以构筑国际文化资讯商务市场、激活国内文化资讯出口、活跃国内文化资讯授权、大力宣传优秀国产资讯。在迎来 10 周年之际，将展示规模扩大至 COEX 1 层全部展示馆。作为国内外授权产业的营销场所，不仅是动漫形象，还包括了漫画、动漫、游戏等，已经成为亚洲最大的文化资讯授权展览会。

共有 14 个国家、60 个海外公司及 134 个(如包含个人作家的话，为 225 个)国内企业的3 000多名买家参会，共达成了114 636 808美元的洽谈金额，当场签订了 11 项合同，获得了2 911 200美元的合同金额。普通人士的参加数量也继续增加，2011 年“首尔动漫形象·授权博览会”的参观人数为 21 万人。

### 2. 扶持参与海外展示市场

为了通过设立韩国共同馆，扶持商务洽谈并进行战略宣传活动，进而形成韩国资讯出口基础，推进了扶持参与海外展示市场的工作。对于有意参与“授权博览会 2011(Licensing EXPO 2011)”“品牌授权 2011(Brand Licensing 2011)”“中国授权展(China Licensing Show)”等国际性动漫形象展示市场的国内动漫形象企业，为其提供分析海外展示市场、实施项目咨询及资讯的战略宣传等方面的扶持。

2011 年 6 月，在美国的拉斯维加斯会展中心举办的第 31 届“授权博览会(Licensing EXPO 2011)”，是世界最大的授权专门展示会，全世界 90 个国家、600 多个资讯企业参会，展示了7 000多个动漫形象和品牌。韩国资讯振兴院打出“Created by Korea”的标语，设立了韩国共同馆，使 25 个与动漫形象展示及授权相关的国内企业得以参与，并获得了2 190万美元的洽谈及签约。

2011 年 10 月，在英国伦敦奥林匹克 The Grand Hall 举办了第 10 届“品牌授权 2011(Brand Licensing 2011)”，这是欧洲最大的授权活动，是动漫、动漫形象、品牌、艺术等相关授权企业及从业者云集的授权商务国际展示会。韩国资讯振兴院组织了 9 个国内与动漫形象授权相关的企业参会，设立了韩国共同馆，获得了 65 万美元的合同金额。

另外，同年 10 月中国上海举办了“中国授权展(China International Licensing Show 2011)”，也设立了韩国共同馆，共有 13 个国内企业参与，获得了 88 万美元的合同金额。

## (五)扶持参与播放市场

韩国资讯振兴院为扶持播放资讯进军海外，将资助展览场地整体租用，布置、运营展台，国内资讯企业与海外买家进行出口洽谈及资讯宣传等活动；必要时，还将举办专门的“商务交流会”等活动，为韩国企业与外国买家构建工作关系网提供机会。

2011 年，共在 8 个主要市场运营了韩国共同馆，大力提高宣传效果，为国内资讯进军海外提供机会，并大力扶持其扩大出口。特别是，在日本最大的播放商品交易会——TIFFCOM(日本，10. 24—26)举办了商务交流会，为国内资讯企业与新买家构建工作关系网提供了机会。

此外，在 FILMART(中国香港，3. 21—24)、MIPTV(法国，4. 4—7)、STVF(中国，6. 6—9)、DISCOP(匈牙利，6. 21—23)、TTF(中国台湾，9. 21—23)、MIPCOM(法国，10. 4—7)、TIFFCOM(日本，10. 24—26)、ATF(新加坡，12. 7—9)8 个市场上，共有 130 多个企业通过韩国共同馆获得了出口洽谈的扶持。

表 3-4-3　**2011 年主要海外播放市场现状**

| 展销市场 | 举办地点 | 举办日期 | 活动性质 |
|---|---|---|---|
| FILMAR | 中国・香港 | 3. 21—24 | 从电影市场开始，后扩展至 TV、新媒体、影像技术等领域，是正在增长中的中华圈、东南亚的目标市场<br>54 个国家、5 000多人参会 |
| MIPTV | 法国・戛纳 | 4. 4—7 | 与世界最大的播放影像展示市场 MIPDOC 共同举行<br>107 个国家、115 200多人参会 |
| STVF | 中国・上海 | 6. 6—9 | 中国最大的播放展示市场<br>13 个国家、3 000多人参会 |
| DISCOP | 匈牙利・布达佩斯 | 6. 21—23 | 以东欧为中心的播放资讯市场 |
| TTF | 中国・台北 | 9. 21—23 | 中国台湾最大规模的播放影像国际市场 |
| MIPCOM | 法国・戛纳 | 10. 1—7 | 与世界最大的播放影像展示市场 MIP Juior 共同举行 |
| TIFFCOM | 日本・东京 | 10. 24—26 | 亚洲太平洋地区影像相关的资讯市场<br>20 个国家、220 多个公司参会 |
| ATF | 新加坡 | 12. 7—9 | 新加坡播放影像新媒体相关的资讯展示会<br>52 个国家、951 个公司参会 |

除韩国共同馆内的出口洽谈活动外，还扶持了 16 个企业、50 个项目在专门的放映市场(MIPDOC，JUNIOR)注册，以便进行宣传。在各个市场上制作并分发了韩国资讯指南，在韩国资讯认知度比较低的地区，还通过主办方分发了宣传资料，为主要买家制作并分发了纪念品。

海外播放市场的参与，已经扩大至 3D 资讯制作公司、CG/VFX 技术企业、移动资讯公司等其他领域的企业，市场本身也在向资讯综合市场的方向发展。今后，在扩大扶持领域的同时，有必要探讨与其他领域一起参与市场时如何统一位置和设计，以创造出协同效应的方法。

## (六)扶持开拓新兴市场

我国的 K-pop 已经走出亚洲，在全世界范围内都十分受欢迎。同时，电影、电视剧、游戏等也已达到世界级水平。仅在几年前，我国很多领域的市场都被好莱坞(Hollywood)资讯产品占领着，而随着经济实力的增长，资讯制作水平也在提高，正在成长为未来资讯产业新的中心。

所谓新兴市场，字典里的解释是在资本市场领域快速增长的市场，一般是指发展中国家中，经济增长率较高、产业化速度较快国家的市场。

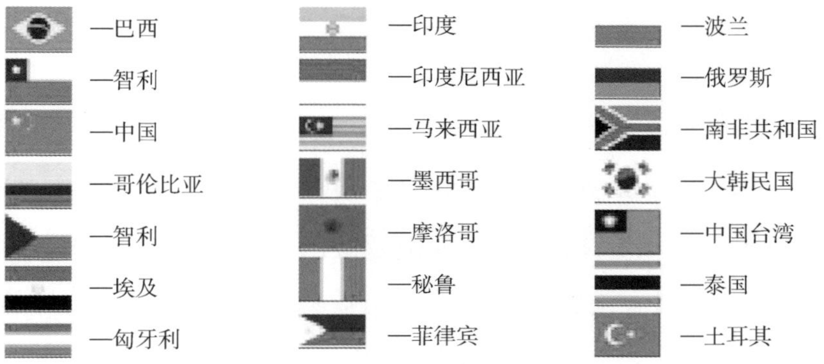


图 3-4-1　2010 年 MSCI 选定的 21 个新兴市场国家

目前，BRICs、NEXT-11、E7 等单词都是新兴市场的意思，其中 BRICs 一词是 2001 年美国投资银行高盛首次提出的，是巴西、俄罗斯、印度、中国 4 个新兴市场国家首个字母的大写。10 年过去了，现在这 4 个国家也正在引领着世界经济的增长。金砖四国的成员——巴西、俄罗斯、印度、中国四国也是与美国、日本、欧洲抗衡的世界经济新的中心轴。

扶持开拓新兴市场的工作，首选了金砖四国之中韩流处于初期进入阶段的国家——媒体增长率最高的印度和游戏产业正在兴起的俄罗斯，我们大力扶持国内企业进军这两个国家。我国与印度缔结了 CEPA(一揽子经济合作关系协定)，正努力促进两国的经济发展。俄罗斯的网络游戏市场规模为 2 亿 6 300万美元，是金砖四国中的第二大市场，正在成长为欧洲游戏强国。

表 3-4-4　　扶持开拓新兴市场工作中各国媒体市场规模

| 国家 | 媒体市场规模 | 媒体市场增长率(%) | 与我国的贸易规模 | GDP(百万美元) | 韩流进展程度 |
|---|---|---|---|---|---|
| 俄罗斯 | 22 076 | 3.7 | 9 983 | 122 923 | 初级进入阶段 |
| 印度 | 20 149 | 10.7 | 12 155 | 123 598 | 初级进入阶段 |
| 美国 | 439 270 | 1.2 | 66 689 | 1 425 628 | 初级进入阶段 |
| 日本 | 145 008 | 1.0 | 71 198 | 506 806 | 扩散/进行中 |
| 中国 | 88 298 | 9.5 | 140 949 | 490 898 | 扩散/进行中 |
| 印度尼西亚 | 6 295 | 12.9 | 15 264 | 539 377 | 扩散/进行中 |

### 1. 举办印度海外路演

为把韩国优秀资讯介绍到印度，于 2011 年 7 月 7—8 日在印度新德里举办了为期 2 天的资讯路演

“相约韩国”，盛况空前。在印度路演活动中，举办了有10个韩国资讯企业和30多名印度主要买家参加的商务出口洽谈会，签订了与印度的首个合同，即“SBS资讯中心”与印度最大的商业播放公司“印度明星TV”签订的电视剧《他笑了》的翻拍授权合同。另外，游戏企业“Intersave”与印度最大的移动游戏流通企业“Access Mobile”签订了安卓本地市场的游戏服务合同。

特别是，此次活动不仅在韩流热度高的印度米佐拉姆(Mizoram)、曼尼普尔(Manipuri)、阿萨姆(Assam)等印度东北部地区，而且在新德里、孟买等韩流认知度不高的地区，也创造了扩大韩流影响的机会，可谓是意义重大。

另外，在新德里最大的演出场所“Sili Port Auditorium”进行了K-pop演出，为此次活动画上了完美的句号。约有800多人现场观看了演出，印度的知名歌手2 team与韩国的人气组合南贤俊、Jewelry等进行了华丽的演出，通过脸书、推特等网络媒体形成的印度韩流粉丝也积极观演，使演出气氛达到了高潮。

2. 俄罗斯游戏出口洽谈会

俄罗斯游戏出口洽谈会于2011年9月18—20日举办了3天，有7个国内游戏企业公司参与。18日举办了“韩俄游戏产业说明会”，19日举办了“韩俄游戏出口洽谈会”，20日访问了当地的游戏企业。参加此次活动的国内企业通过出口洽谈会及受俄罗斯企业邀请参加的当地出口洽谈，取得了提高进军俄罗斯游戏市场的可能性这一成果。没能参加“韩俄游戏出口洽谈会”的俄罗斯最大门户网站“Mail. Ru”及俄罗斯第二大游戏企业“Nikita Online”等主要游戏公司，直接邀请我国企业去自己的公司访问，显示出了希望获得国内企业开发的游戏信息的热情。

另外，在召开出口洽谈会的前一天，举办了“韩俄游戏产业说明会”，俄罗斯最大的发行商“Innova Systems”的代表理事Gevork Sarkisyan发表了题为“确保俄罗斯游戏用户的本公司战略”的演讲。“Nikita Online”的制片人Vitaly Kozlov以“俄罗斯游戏市场的特点及本公司的成功秘诀”为主题进行了演讲，获得了国内参与企业及俄罗斯当地游戏相关人士的一致好评。

韩国资讯以亚洲为中心迅猛发展，通过推特扩散至欧洲、美国等发达国家，但要发展成为世界级产业水平，还需要克服很多困难。为了韩国资讯产业的持续发展和不断进军海外，还需要不断发掘新市场，活跃现有市场，并进行综合的、体系化的分析。韩流给不熟悉韩国文化的当地人留下了亲切感和感动，提高了他们对韩国资讯的关心，正在成为两国文化产业交流的基石。在新兴市场与当地人融为一体的韩流文化活动，如果能与商务活动结合起来，将为国内资讯企业提供巨大的帮助。

## 五、保护版权及确立公正使用作品的文化

### (一)版权政策及教育、宣传

1. 版权法的制定修订沿革

被称为文化基本法的《版权法》，目的是“保护作者的权利及邻接权，谋求作品的公正使用，以便

为文化及相关产业的发展作贡献”。1957 年初次制定后，1986 年为加入世界版权协约而对《版权法》做了修订；1996 年，由于加入 WTO/TRIPS 协定，国内外条件发生了变化，而进行了进一步的修订；2006 年，为了在数字及网络等新环境下保护版权，又进行了修订。此外，还进行了大大小小 20 多次的修订，才形成现在的《版权法》。2011 年，随着韩—EU FTA(2011 年 7 月 1 日实施)及韩—美 FTA(2012 年 3 月 15 日实施)的签署而进行的修订，对我国版权的使用秩序产生了巨大的影响。主要制定及修订内容如表 3-5-1 所示。

表 3-5-1 **版权法制定、修订沿革**

| 分类 | 主要内容 | 颁布日期 |
|---|---|---|
| 制定 | 首次制定 | 1957. 1. 28 |
| 第 1 次 | 为加入世界版权协约等国际条约，而引入了国际公认的制度 | 1986. 12. 31 |
| 第 2 次 | 随着政府组织法的修订而修改了相关条款 | 1989. 12. 30 |
| 第 3 次 | 随着政府组织法的修订而修改了相关条款 | 1990. 12. 27 |
| 第 4 次 | 随着图书馆振兴法的制定而修改了相关法律名称 | 1991. 3. 8 |
| 第 5 次 | 随着政府组织法的修订而修改了相关条款 | 1993. 3. 6 |
| 第 6 次 | 延长作品邻接权保护时间、提高处罚力度等 | 1994. 1. 7 |
| 第 7 次 | 随着图书馆及读书振兴法的修订而修改了相关法律名称 | 1994. 3. 24 |
| 第 8 次 | 为反映 WTO TRIPs 的内容及加入伯尔尼公约而进行的修改，使著作保护与国际水平相适应的修改 | 1995. 12. 6 |
| 第 9 次 | 批准或取消版权委托管理业资格时，引入听证制度 | 1997. 12. 13 |
| 第 10 次 | 赋予版权拥有者以传播权，扩大图书馆免责范围、提高处罚力度等 | 2000. 1. 12 |
| 第 11 次 | 保护 DB 制作者、明确网络服务提供者的责任范围等 | 2003. 7. 10 |
| 第 12 次 | 赋予失去联系者及唱片制作者以传播权 | 2004. 10. 16 |
| 第 13 次 | 随着图书馆法修订而修改了相关法律名称 | 2006. 10. 4 |
| 第 14 次 | 引入公共传播及数字音乐语音发送的概念<br>将名称改为版权委员会，并加强委员会的作用<br>引入针对非法复制物回收、废除及删除、中断等的命令制度 | 2006. 12. 28 |
| 第 15 次 | 随着政府组织法的修订而修改了相关条款 | 2008. 2. 29 |
| 第 16 次 | 国立中央图书馆以保存为目的搜集网络资料时，享有免责权<br>明确视觉残疾人等专用记录方式的范围<br>赋予失去联系者及唱片制作者以演出补偿请求权等 | 2009. 3. 25 |
| 第 17 次 | 统合了版权法和计算机程序保护法<br>设立韩国版权委员会，并加强委员会的作用<br>加强防止网络非法复制的对策等 | 2009. 4. 22 |
| 第 18 次 | 随着报纸等振兴法的修订而修改了相关法律名称 | 2009. 7. 31 |
| 第 19 次 | 反映韩—EU FTA 协议事项 | 2011. 6. 30 |
| 第 20 次 | 反映韩—美 FTA 协议事项 | 2011. 12. 2 |

### 2. 韩—EU 及韩—美 FTA 相关著作权法修订内容

(1)与履行韩—EU FTA 相关的《版权法》主要内容。

《大韩民国和欧洲联盟及其会员国之间的自由贸易协定》批准动议案分别于 2011 年 2 月 17 日在欧洲议会获得通过，于 2011 年 6 月 4 日在我国国会获得通过，并于 2011 年 7 月 1 日生效实施。我国于 2011 年 6 月 30 日以法律第 10807 号公布了修订后的《版权法》，这是为了履行协议中与保护版权相关的协定义务而做的修订。

①延长作品版权的保护时间。

版权保护时间一般是以作者的寿命为基准，或者是以作品发表为标准(无名/佚名作品、委托作品、影像作品的保护时间等)，现无条件地将保护时间由 50 年延长为 70 年。

②赋予播放运营商播放权。

利用可以收听收看播放电视的设施，直接收取门票等收视费获得回报时，赋予播放电视运营商以播放该播放电视的排他性权利，但只限定于收取门票的情况。例如，不以播放电视为由收取门票时，在普通营业场所(饭店、酒家等)放映节目就不适用此规定。

③明确网络服务提供者的责任及限制条件。

通过网络交换作品等信息时，网络服务提供者(OSP)承担着媒介的作用，为将该服务可能引起的著作权侵害降到最小，同时保障其业务能够稳定地进行，而将网络服务提供者细分为网络连接服务(单纯导管)、结算服务、存储服务、信息检索工具服务，并按照各个服务类型，将免责条件具体化。

④加强技术性保护措施的保护。

在技术性保护措施的规定中，增加了对原有使用限制的邻接限制；还新增设了包括邻接限制技术性保护措施在内的、禁止使技术性保护措施无效化的规定。但是，对于邻接限制技术性保护措施的过度保护，会限制欲正当地使用作品的人们接触作品，从而阻碍了作品的公正使用。因此，为将这种情况减到最少，一一列举了具体的例外条款。

⑤扩大没收对象。

对于没收对象来说，没收其侵权复制物的同时，还扩大至没收其在进行非法复制时所使用的工具或材料等。

(2)与韩—美 FTA 相关的《版权法》主要内容。

为了履行 2011 年 6 月 30 日公布的《大韩民国和欧洲联盟及其会员国之间的自由贸易协定》而修订的《版权法部分修订法律案(法律第 10807 号)》，已经体现了延长版权保护时间等双方协定的共同事项。因此本修订案除了这部分之外，按照现行版权法的体系修订了确认一时性存储的复制、延长著作邻接权的保护时间及引入公正使用的制度等必要的相关规定，目的是保护版权拥有者的权利及作品的公正使用。另外，还改善、补充了现行制度在执行过程中发生的部分不足之处。

①明确一时性复制的保护。

作品的复制物由“通过所有来使用”发展为“通过连接来使用”，随着作品使用及流通环境的变化，为了恰当地保护权利人，有必要将通过网络或计算机使用作品时发生的一时性存储认定为复制而加以保护。为此，明确规定复制的概念中包括一时性复制，并且，对于满足一定标准的多种形态的一时性复制，还以例外的形式进行了规定。无正当的使用许可(包括法定许可)或版权限制事由以外的使用行为，被认为是版权法规定的侵害版权的作品使用行为等，即便允许一时性复制，但若属于“该作品的使用是侵害版权的情况”，则也不适用于例外条款。

②引入公正使用规定。

随着作品的数字化及流通环境的变化，仅依据现有版权法列举的著作产权限制规定，无法涵盖多种情况下著作物使用方面的所有情景。因此，除目前列举的有限的版权限制事由以外，为了应对环境变化，有必要制定一揽子著作产权限制规定。在现有的著作产权限制规定(第 23 条至第 35 条之 2、第 101 条之 3 至第 101 条之 5)以外，在不与作品的通常使用发生冲突、不损害著作者合理利益的范围内，新增设了一揽子公正使用条款，以确保作品在报道、评论、教育、研究等方面的使用。并举例说明了在判断特定使用是否属于公正使用时，应予以考虑的标准。

③引入排他性发行权。

根据规定，目前只在作品的出版和计算机程序领域才被认定的排他性权利，将扩大至各种作品其他形态的发行之中，并将发行的范围扩大至传输领域。同时，电子出版还可以认定与现有出版权相类似的准实物权。

④延长作品邻接权的保护时间。

除播放作品外，作品邻接权的保护时间由 50 年延长至 70 年，并于 2013 年 8 月 1 日起实施。

⑤引入要求提供非法侵害者信息的制度。

权利主张人要求终止复制、传输自己被发布在网络上的作品，并获取版权受到侵害的补偿时，需要掌握侵害嫌疑人的身份，因而可能会出现滥用刑事程序的现象。为改善这一不当做法，有必要建立相应的程序，以便权利主张人能够在诉讼所需的范围内，从网络服务提供者那里获得被主张为侵权者的用户身份信息。对此，权利主张人为了提起民/刑事诉讼，可以要求 OSP 提供所需的最小限度信息的要求，如果 OSP 拒绝该要求，则有权请求文化体育观光部部长命令 OSP 提供相关信息。

⑥扩大权利管理信息的保护范围。

现有的版权法把条形码、QR Code(二维码)等排除在外，只把电子形态的权利管理信息列为保护对象，因而有必要扩大权利管理信息保护对象。为此，权利管理信息的保护对象不仅仅包括电子形态，还包括非电子形态的信息，并且还将散布虚假权利管理信息行为本身包含在禁止行为之列。

⑦禁止伪造和非法商标的流通。

购买者一般通过唱片、电影 DVD、计算机程序 CD 等产品上的商标或认证书来判断该产品是否为正品，因此，有必要通过管控伪造或非法买卖商标或认证书等行为，从而把版权者的损失减到最小。因此，禁止伪造唱片、DVD 等商标以及在许可范围之外交易相关商标的行为。

⑧禁止电影的偷拍行为。

对于电影来说，通过在电影院上映、发行 DVD、网络传送等不同载体分别推出时，会有时间差。但是，随着携带式数字影像摄制器材的发展，在电影首映的同时，影像作品会被观众不经许可录制，并通过网络等途径无差别地传播。这将给影像制作者等相关权利人带来巨大的损失，因此有必要禁止这样的行为。为此，在电影院里，未经作品权利人许可，禁止使用录像器材录制影像作品并进行公共传播。

⑨引入法定损害赔偿制度。

侵权行为系对无形产权的侵害，一般情况下，权利人由于侵权行为遭受的实际损失金额是难以正确计算的，并且难以举证。为了减轻举证损失金额的难度，保障损失赔偿的实效性，引入了法定损害赔偿制度，这样就可以事前在一定的范围内，申请法律上规定的赔偿金额。但作品必须在发生侵害之前已经完成了登记，才可以申请法庭损害金。

⑩扩大公诉的对象。

网络环境下，大规模或反复发生的侵权行为，不仅侵害了权利人的合法利益，而且也侵害了社会整体的合法利益。因此，有必要扩大公诉的适用范围，以便检察机构可以不受权利人是否提起诉讼的影响。为此，公诉的适用范围由“为了盈利而经常性地(盈利并经常)”侵权，扩大至“以盈利为目的或经常性地(盈利或经常)”侵权。

### 3. 2011 年版权政策展望及改善法律制度所需的努力

2011 年 2 月 22 日，文化体育观光部举办了版权政策领域的国民现场业务报告会，提出了版权政策的基本方向。通过这样的活动，文化体育观光部提出了 4 项主要版权政策的方向：①构筑 24 小时版权保护体系，②改善生活中对版权的认识，③促进作品被公正且便捷地使用，④改善符合数字环境的法律制度，并报告了详细的实施计划。

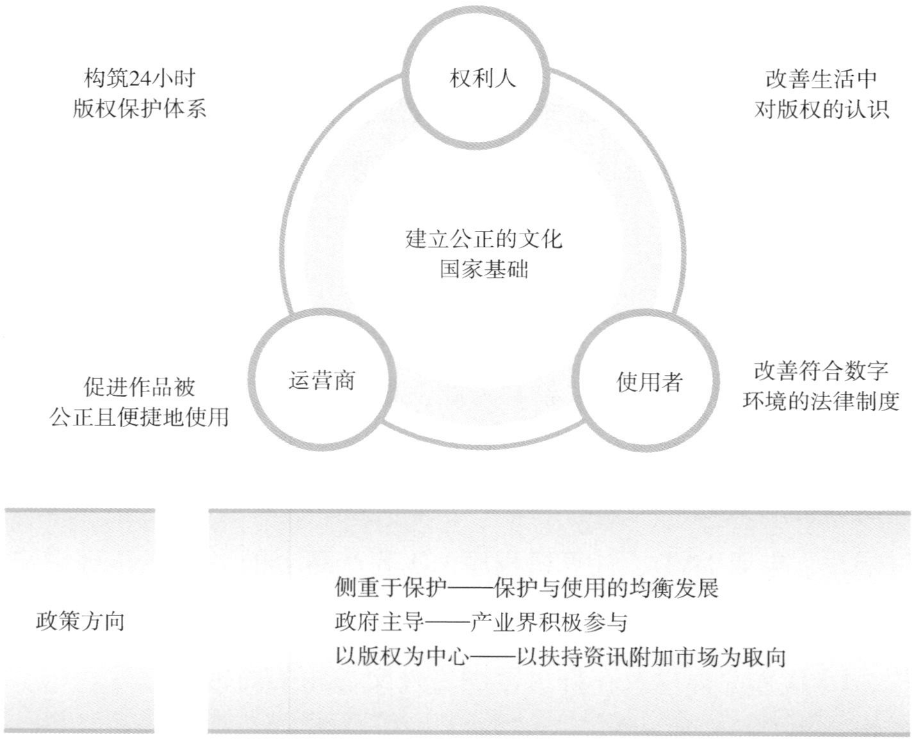


图 3-5-1　2011 年版权政策业务报告中的工作推进战略

智能技术环境创造了多种多样的资讯流通市场，也使得收益模式多样化，但参与创作的作家或演员们却没有获得与他们的贡献相符的报酬。特别是不良的报酬体系正在降低创作人士的参与欲望，也对资讯产业的发展带来了不利影响，因此迫切需要改善法律制度。另外，产业界一直认为，现有的版权法由于没有充分考虑到数字环境，因而成为制约权利人行使权利和附加市场发展的因素。

为此，文化体育观光部在 4—5 月期间共举办了 5 次集中讨论会，听取了文化艺术界一线从业人员对版权法修订事项的意见和建议。分别以“资讯附加市场的培育及权利保护”“加强共享作品的使用”“改善激活公立教育所需的版权制度”“权利信托制度的改善方案”“云计算与版权”为主题，进行了集中讨论。之后，按照各个主题，运营了利害关系人和版权专家参与的实务研究班，还提出了具体的版权法律制度改善方案。

图 3-5-2　第 1 次版权集中讨论会

4. 版权教育

(1)目的及背景。

为了能创作出更多的作品并被充分使用，最需要做的就是营造尊重版权的社会氛围。因此，普及版权认识的教育工作成为版权政策最重要的轴心。文化体育观光部通过韩国版权委员会开展了多种多样的教育活动，以期普及人们对著作权的认识，使正确使用版权的文化能够扎根。版权教育根据接受教育对象的不同，开发、运营了几个教育课程，并以加强开发优良的教育资讯和构筑相关体系这两个基础为轴心开展工作。

(2)运营版权教育课程。

①以青少年为对象的著作权教育。

为研究、开发在中小学进行版权教育的方法及资料，找出普遍适用的版权教育方案，我们运营了版权研究学校。2007 年是引入这一制度的第一年，从首都圈的 15 所学校(共12 050人)开始的此项工作，2010 年扩大至全国 50 所学校(共42 923人)、2011 年为 43 所学校(共36 120人)。

表 3-5-2　　各年度研究学校运营现状

| 分类 | | 2007 年 | 2008 年 | 2009 年 | 2010 年 | 2011 年 | 合计 |
|---|---|---|---|---|---|---|---|
| 学校数 | | 15 所学校 | 23 所学校 | 27 所学校 | 50 所学校 | 43 所学校 | 158 所学校 |
| 教育人员 | 学生 | 12 000 人 | 18 400 人 | 21 600 人 | 42 856 人 | 34 400 人 | 129 256 人 |
| | 教师 | 50 人 | 41 人 | 1 080 人** | 67 人* | 1 720 人** | 2 958 人 |
| | 合计 | 12 050 人 | 18 441 人 | 22 680 人 | 42 923 人 | 36 120 人 | 132 214 人 |

* 在计算统计数值时，其他年度统计了研究学校全体教师的人数，但 2010 年不同于其他年度，以“教育研修”替代了研究学校，只统计了研修人员中从事教师工作的人数。

** 2009 年、2011 年分别包括了参与研究学校运营的教师。

另外，以年级和社团指导教师为中心，充分利用校内自由活动时间，运营版权体验教室，使学生们进行创作活动的同时，能自己感受到版权保护的必要性。2006 年开始的该项工作，以首都圈为中心，在 20 所学校里展开，并不断扩大运营范围，增加了参与的学校，2010 年在全国 198 所学校开展了该项工作，2011 年为了充实教育内容，只在全国 99 所学校开展了该项工作。

图 3-5-3　著作权体验教室的活动现场

表 3-5-3　　各年度体验教室的运营现状

| 分类 | | 2006 年 | 2007 年 | 2008 年 | 2009 年 | 2010 年 | 2011 年 | 合计 |
|---|---|---|---|---|---|---|---|---|
| 教室数 | | 20 个 | 20 个 | 79 个 | 117 个 | 198 个 | 99 个 | 533 个 |
| 教育人员 | 学生 | 921 人 | 763 人 | 3 479 人 | 4 095 人 | 10 669 人 | 5 827 人 | 25 754 人 |
| | 教师 | 20 人 | 20 人 | 80 人 | 120 人 | 151 人 | 79 人 | 470 人 |

另外，还运营了“版权寻访教育”项目，即学校、企业、福祉设施、公共机关等申请为其提供教育活动时，讲师会直接前往这些地方，为他们开展版权教育。韩国版权委员会培育的著作权青年讲

师直接前往小、中、高学校，进行免费教育，运用青少年易于接受的标准化程序，提高了教育的效率。

表 3-5-4　各年度“版权寻访教育”的运营现状（学生）

| 分类 | 2008 年 | 2009 年 | 2010 年 | 2011 年 | 合计 |
|---|---|---|---|---|---|
| 教育人数 | 14 265 人 | 74 938 人 | 254 130 人 | 294 035 人 | 637 368 人 |
| 教育次数 | 19 次 | 130 次 | 2 028 次 | 3 008 次 | 5 185 次 |

图 3-5-4　“版权寻访教育”现场

②以成人为对象的版权教育。

以成人为对象的“版权寻访教育”，依照企业和公共机构工作现场的需求，按不同对象进行了针对性的版权教育。韩国版权委员会以律师、社会福祉师、军法务官、国会公务员、采访记者以及企业运营的记者团、门户网站内有影响力的博主等网络上较活跃的资讯创作阶层为对象，进行了细分化的版权教育活动。

表 3-5-5　各年度“版权寻访教育”的运营现状（成人）

| 分类 | 2008 年 | 2009 年 | 2010 年 | 2011 年 | 合计 |
|---|---|---|---|---|---|
| 教育人数 | 7 340 人 | 19 039 人 | 28 926 人 | 21 473 人 | 76 578 人 |
| 教育次数 | 103 次 | 294 次 | 431 次 | 403 次 | 1 231 次 |

另外，委员会通过大众媒体，还以能给普通国民带来直接和间接影响的播放作家为对象，自 2010 年开始，每年进行版权教育，并将版权内容作为播放素材来使用，从而使国民对版权的认识自然而然地扎根于生活之中。同时，还运营了不受时间和地点限制，能方便地接受教育的网络教育课程，2010

年有 361 人、2011 年有 258 人结业。

(3)培养版权专业人才。

①培养一线版权专业人才，运营版权学院。

为培养版权专业人才，以文化产业领域从事实务工作的人为对象，运营了著作权学术研究院，开展以实际业务为主的各领域专业教育。分为音乐、出版、法务从业者、播放、图书管理员、公务员等 10 个领域的内、外课程，以提高版权意识、培养预防纠纷于未然等实际业务能力为目的，进行了权利处理方法、介绍实际发生的纠纷事例及纠纷对应方案等实际业务的教育。

表 3-5-6 **版权学院运营现状**

| 分类 | 2006 年 | 2007 年 | 2008 年 | 2009 年 | 2010 年 | 2011 年 |
|---|---|---|---|---|---|---|
| 结业人员 | 261 人(11 次) | 229 人(10 次) | 259 人(10 次) | 250 人(12 次) | 202 人(10 次) | 287 人(11 次) |

另外，韩国版权委员会为了克服线下教育在时间上、地域上的限制，提高普通国民的版权保护意识，于 2010 年设立了远程教育研究院(www. edu-copyright. or. kr)，实施了 e-learning 版权教育。以网络为基础的网络版权产业从业者课程，于 2010 年以音乐、出版、网络从业者及普通人为对象开展了教育，于 2011 年扩大了教育选择的范围，增加了软件、游戏、播放从业者、版权概要 4 个教育课程，目前开展的教育课程共有 7 个课程。

②培养预备版权专业人才，运营版权文化学校。

以初学者为对象，通过版权文化学校，针对版权法进行了全面而集中的授课。以版权相关领域的从业者及创作者等为对象，开展了版权法、国际协约及相关法律、实际发生的事例等专家授课及现场学习等教育活动。每年各开展一次一般课程、短期课程、夜间课程，以文化产业界从业者、公务员等为对象，开展了集中教育。

表 3-5-7 **版权文化学校各年度的结业现状**

| 分类 | 2006 年 | 2007 年 | 2008 年 | 2009 年 | 2010 年 | 2011 年 |
|---|---|---|---|---|---|---|
| 结业人员 | 179 人(4 次) | 175 人(4 次) | 178 人(4 次) | 182 人(7 次) | 69 人(3 次) | 61 人(2 次) |

③培养及应用版权讲师。

韩国版权委员会为满足激增的版权教育需求，自 2007 年起，开展了培养各领域、各阶层的版权讲师的工作。版权讲师分为入门讲师、专门讲师、青少年讲师，在接受了版权基本教育和讲课时所需的讲课方法和技巧的教育学习后，在一线现场开展授课活动。另外，还以大学毕业未就业人员为对象，培养版权青年讲师，为解决青年失业问题也作出了贡献。2011 年，经过 4 次培训，共有 83 人成为版权青年讲师。

表 3-5-8　　版权讲师委任现状

| 分类 | 专业 | 入门 | 青少年 | 青年 | 计 |
|---|---|---|---|---|---|
| 人数 | 73 人 | 194 人 | 63 人 | 83 人 | 413 人 |

④教师职务研修。

以教师为对象进行的“教师职务研修”，是使教师能充分发挥传达者作用的项目，即首先使教师认识到版权的重要性，再由他们让青少年了解正确使用作品的文化。2006 年，首尔特别市教育研修院(首尔市教育厅指定的)指定韩国版权委员会为特殊领域教师研修机构，每年进行线下的教师研修。

教师职务研修每年举办两次(夏季、冬季)，课程为期 5 天(30 个小时)，每次参加人数在 40 人以内，结业时获得 2 学分。主要课程以版权制度概要、版权侵害及纠纷解决方案、版权及引用法等学校教育现场所需要的内容为主。

另外，在线教师职务研修与线下教师职务研修一样，由首尔市教育厅指定为特殊领域教师研修机构，自 2007 年起开展了相关工作。2010 年起由教育科学技术部认定为“版权远程教育研修院”，开展了相关工作。2011 年共对10 526人实施了教育。

表 3-5-9　　各年度教师职务研修运营现状

| 分类 | 2008 年 | 2009 年 | 2010 年 | 2011 年 | 计 |
|---|---|---|---|---|---|
| 线下 | 75 人 | 76 人 | 79 人 | 79 人 | 309 人 |
| 在线 | 2 727 人 | 3 305 人 | 3 308 人 | 10 526 人 | 19 866 人 |

(4)开发版权教育资讯。

①研究版权授课内容及开发青少年资讯。

对青少年进行版权相关知识的教育，最有效的方法就是将版权内容反映到正规教学课程之中。为此，韩国版权委员会自 2006 年起进行了教材内容研究，以便从教科书中提取版权学习的要素，提出改编课程时适用的学习方案。2006 年，从社会、道德、实科、美术等科目的教学内容研究开始，每年根据教育科学技术部修订的教育课程，进行相应的教科书开发工作。2011 年研究分析了中等国语、道德等 6 个科目，研究了在正规教材及教师用指导书中加入版权内容的方案。

表 3-5-10　　2011 年反映到教学内容中的现状

| 分类 | 科目 | 反映相关内容的页数 |
|---|---|---|
| 国定、核定图书(小学) | 国语、道德等 14 个科目 | 357 页 |
| 国定、核定图书(初中、高中) | 技术、家庭等 61 个科目 | 999 页 |
| 合计 | 75 个科目 | 1 356 页 |

图 3-5-5　2011 年反映到教学内容中的例子(《国语 1-2》教科书的封面及附录)

如上所述，为向青少年传授简单易懂的版权教育内容，展开了开发青少年易于接受的设计和有趣的多样化教育资讯产品的工作。2009 年，开发了可以用于学校教育的、不同主题的 3 种教育电视剧及 4 种动画。2010 年，制作了小学生用(贴纸书形式)、中学生用(工作手册形式)、学生家长用(Q&A 形式)3 种版权标准教育教材。2011 年，还开发了以 DVD 的形式在幼儿园使用的版权教育资讯，分发给全国约4 500个国立、公立幼儿园。

另外，韩国版权委员会为向青少年提供多种多样的信息和服务，帮助他们树立正确的版权意识，于 2007 年 1 月开放了“青少年版权教室(1318. copyright. or. kr)”网站，于 2011 年将其进一步升级，改编为“版权教室(youth.  copyright. or. kr)”，正在提供各项服务。该网站每年开发、登载青少年版权教育资讯，同时也为教师提供版权教育程序的使用方法，为学习教育一线提供各种视频、动画、学习资料等方方面面的资料。

表 3-5-11　**版权教室网站每年的访问人数**

| 分类 | 2007 年 | 2008 年 | 2009 年 | 2010 年 | 2011 年 | 计 |
|---|---|---|---|---|---|---|
| 访问人数 | 94 152 人 | 397 353 人 | 514 819 人 | 318 390 人 | 328 584 人 | 1 653 298 人 |

②制作、普及版权音乐剧资讯。

2010 年，为了把不容易理解的版权相关内容与公演这一形式相结合，以易懂、有趣的方式传达给

图 3-5-6　版权教室网站(画面存储)

观众，进行了剧团的示范运营。以首尔、仁川地区 20 个学校的8 125名青少年为对象推进的该项工作与片面地传授版权相关知识相比，使其直接感受到了版权保护的重要性，为提高版权保护意识提供了契机。2011 年，还利用音乐剧这一演出媒体，进一步提高了版权意识。为了向居住在地方的学生提供体验版权文化的机会，先后以 5 个地方广域市(大邱、大田、蔚山、釜山、光州)47 所学校的学生为对象，进行了 27 次(10 273人观演)演出。

图 3-5-7　版权音乐剧演出现场

③开发成人教育资讯。

随着智能手机的普及与大众化，2011 年开发了 2 款移动专用资讯，以便提供移动 e-learning 服务，扩大并加强了智能手机使用者的版权教育机会。另外，所开发的教师用移动 e-learning 资讯(15 次时)按照不同的情景将学校教育的实际事例进行了体系化的分类，并取得了韩国教育学术信息院的资讯品质认证(e-learning 品质认证第 2011-D188 号)。普通人用移动 e-learning 资讯(15 次时)以 Q&A 的形式，介绍了详细的实际事例、判决事例等生活中正确使用版权的方法等。

学校内版权热点问题及事例　　生活中版权Q&A（普通人用）

图 3-5-8　移动 e-learning 资讯示例

为了吸纳教师对版权教育的要求并将其运用到学校教育中，开发反映实际事例的实用型版权教育资讯，来扩大教师研修课程的稳定性运营，并提高教师的版权理解水平，我们开发了网络教育用资讯。2009 年开发出一款以教师为对象的资讯(60 次时)，2011 年追加开发了另一款(60 次时)。

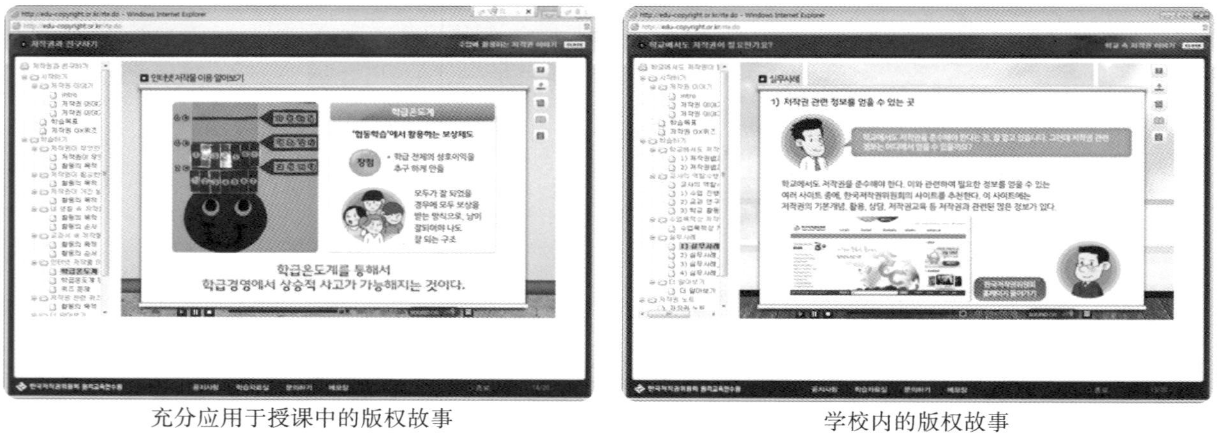

充分应用于授课中的版权故事　　学校内的版权故事

图 3-5-9　以教师为对象的资讯示例

④构建、运营版权教育门户网站及远程教育研修院网站。

韩国版权委员会于 2011 年构建了版权教育门户网站(portal. edu-copyright. or. kr)，将委员会拥有的丰富的版权教育相关信息统合后，建立了统一的窗口，提供一站式服务，目的是提供综合的、系统化的、面向全体国民的版权教育服务。

图 3-5-10　版权教育门户网站

另外，韩国版权委员会为突破线下教育在时间上、地域上的限制，满足激增的版权教育需求，于2010 年对 2009 年构建的版权远程教育体系进行了升级改造。随后在 2011 年分别以教师、普通人为对象，按照学习者的群体将网页分类。为构建适用于不同群体对象的网页，推进了版权远程教育体系的二元化，为版权远程终身教育院的建立奠定了基础。

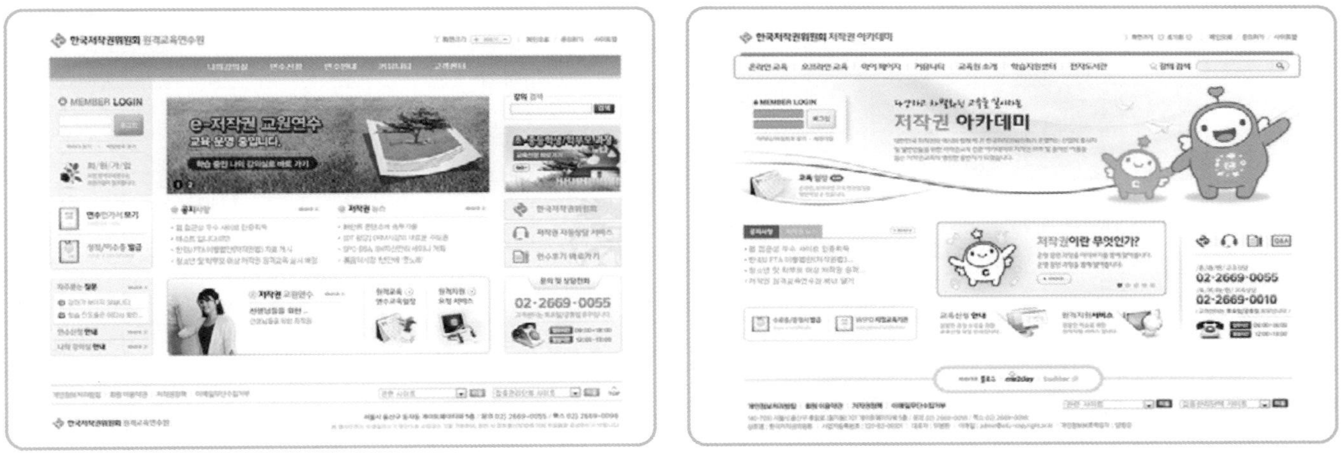


图 3-5-11　版权远程教育研修院网页

## (二)版权的国内外保护

### 1. 国内侵权现状

美国贸易代表部(USTR)按照特殊301条(Special 301 Report)将我国定为知识产权侵权国家以来的20年间，我国一直被视为监视对象国或首先监视对象国，但2009年起连续4年没有被列入监视对象国。这可以说是政府多方面努力的结果，如加强了对非法复制物的管制，并且在世界上首次引入了所谓的“三振出局制”的账户终止命令制度等。

但是，在线、线下的非法复制物仍旧在流通着，由此而带来的经济、社会损失也不断地累积。特别是，出现了种子文件这样形式更加先进的非法复制物流通渠道，在封闭性较强的网络俱乐部内部，非法复制物流通的情况也日益增加，对此的制裁变得更加困难了。

韩国版权团体联合会发表的《2012版权保护年度报告书》显示，我国非法复制物的流通量由2010年的18亿9 571万个增加至2011年的21亿27万个，增加了10.8%。合法市场所蒙受的损失规模也由2010年的2兆1 173亿韩元增至2011年的2兆4 987万韩元，增加了18.0%。分析认为，非法复制物流通量增加的原因是，被列入新的调查对象的种子文件导致非法复制物的市场逐渐扩大，随着智能手机等便携式播放器使用的普及，对资讯的需要也在增加，从而导致非法复制物的流通量也随之增加了。

表3-5-12　**非法复制的流通量及合法作品市场被侵权的规模**

| 年度 | 分类 | 非法复制流通量(单位：百万个) | | | 合法著作物市场受侵害规模(单位：亿韩元) | | |
|---|---|---|---|---|---|---|---|
| | | 在线 | 线下 | 合计 | 在线 | 线下 | 合计 |
| 2010年 | 音乐 | 891 | 229 | 1 120 | 736 | 4 718 | 5 453 |
| | 电影 | 225 | 15 | 240 | 580 | 6 353 | 6 933 |
| | 播放 | 338 | 12 | 351 | 435 | 2 395 | 2 830 |
| | 出版 | 131 | 29 | 159 | 739 | 2 850 | 3 589 |
| | 游戏 | 23 | 3 | 26 | 258 | 2 110 | 2 368 |
| | 合计 | 1 608 | 288 | 1 896 | 2 748 | 18 425 | 21 173 |
| 2011年 | 音乐 | 1 041 | 250 | 1 292 | 322 | 5 588 | 5 910 |
| | 电影 | 241 | 10 | 251 | 1 260 | 6 682 | 7 941 |
| | 播放 | 343 | 8 | 351 | 461 | 1 504 | 1 965 |
| | 出版 | 142 | 31 | 174 | 989 | 2 810 | 3 800 |
| | 游戏 | 28 | 5 | 33 | 2 031 | 3 340 | 5 371 |
| | 合计 | 1 796 | 304 | 2 100 | 5 063 | 19 924 | 24 987 |

出处：韩国版权团体联合会，《2012版权保护年度报告书》。

从合法市场所受到的侵权规模来看，在线非法复制物的侵权规模达2兆848亿韩元，占整个侵权规模的83.4%，由此可以看出，在线的侵害仍十分严重。

表 3-5-13　　**在线、线下流通途径分别对合法市场的侵害规模**　　（单位：亿韩元）

| 年度 | 分类 | 合法著作物市场受侵害规模 | | |
|---|---|---|---|---|
| | | 在线非法复制物带来的侵害 | 线下非法复制物带来的侵害 | 合计 |
| 2010 年 | 音乐 | 4 713 | 740 | 5 453 |
| | 电影 | 6 249 | 684 | 6 933 |
| | 播放 | 2 518 | 312 | 2 830 |
| | 出版 | 2 245 | 1 344 | 3 589 |
| | 游戏 | 1 910 | 458 | 2 368 |
| | 合计 | 17 635 | 3 537 | 21 173 |
| 2011 年 | 音乐 | 5 156 | 754 | 5 910 |
| | 电影 | 7 354 | 587 | 7 941 |
| | 播放 | 1 735 | 229 | 1 965 |
| | 出版 | 2 433 | 1 367 | 3 800 |
| | 游戏 | 4 169 | 1 201 | 5 371 |
| | 合计 | 20 848 | 4 138 | 24 987 |

出处：韩国版权团体联合会，《2012 版权保护年度报告书》。

另外，办公用软件联合会(BSA)发表的“2011 BSA 世界软件非法复制现状报告书(Global Software Piracy Study)”显示，我国 2011 年软件非法复制率与上一年相同为 40%，没有持续减少的迹象。

软件非法复制率亚太地区平均为 60%，世界平均为 42%，国内虽然低于它们的比例，但却远远超出了发达国家 OECD 34 个国家的平均值 26%，显示出我国软件非法复制仍十分严重。另外，国内软件非法复制的受害规模比前一年增加了约 420 亿韩元，达到8 900亿韩元(约合 8 亿1 500万美元)。分析认为，这是由于我国经济规模的扩大及高价软件的非法复制增加导致的。

表 3-5-14　　**各年度 SW 非法复制率及受害规模**

| 分类 | | 2002 年 | 2003 年 | 2004 年 | 2005 年 | 2006 年 | 2007 年 | 2008 年 | 2009 年 | 2010 年 | 2011 年 |
|---|---|---|---|---|---|---|---|---|---|---|---|
| 非法复制率(%) | 韩国 | 50 | 48 | 46 | 46 | 45 | 43 | 43 | 41 | 40 | 40 |
| | 世界 | — | 36 | 35 | 35 | 35 | 38 | 41 | 43 | 42 | 42 |
| | 亚洲 | — | — | — | 54 | 55 | 59 | 61 | 59 | 60 | 60 |
| 受害金额(百万美元) | | 428 | 462 | 506 | 400 | 440 | 549 | 622 | 575 | 722 | 815 |

出处：办公用软件联合会，《2011 BSA 世界软件非法复制现状报告书》。

### 2. 加强对非法复制物的管制

(1)非法复制物的管制体系。

自 2008 年 9 月始，依据《执行司法警察管理职务者及其职务范围相关的法律》，引入了版权特别司法警察制度。版权特别司法警察在全国 5 个地区(首尔、釜山、大田、光州、大邱)设立了事务所，执行侵害版权违法行为的调查工作。

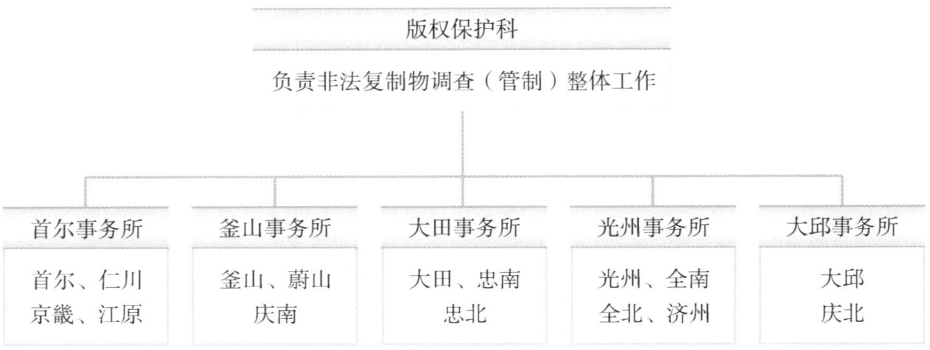


图 3-5-12　版权特别司法警察组织图

2009 年 7 月，计算机程序保护委员会与版权委员会统合后设立了韩国版权委员会依据版权法第 133 条之 3，其主要工作为调查网络服务提供者的信息通信网，发现有传输非法复制物时，对此进行审议，并提请网络服务提供者实行整改措施①。

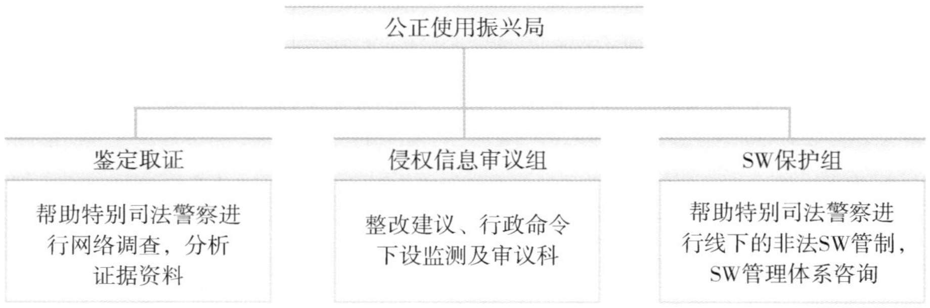


图 3-5-13　韩国版权委员会公正使用振兴局的组织图

(社)韩国版权团体联合会版权保护中心(以下称“版权保护中心”)依据版权法第 133 条的规定，受文化体育观光部部长的委任，执行针对线下非法复制物的回收、废弃及删除业务。另外，对于在线非法复制物，受版权者的委任，执行其要求的删除、中断等业务。

(2)管制非法复制物及行政处罚现状。

2011 年，版权保护中心增加了居家监测要员，加强了夜间及公休日等网上非法活动频发时间段的网络监督工作。另外，在非法复制物流通的主要据点——龙山电子商街设立了管制哨所，持续推进对线下非法复制物的企划管制工作。

① 1)对非法复制物的复制、传输人员给予警告，2)终止非法复制物的复制或传输，3)对经常进行非法复制物的复制或传输人员给予终止账户的惩罚

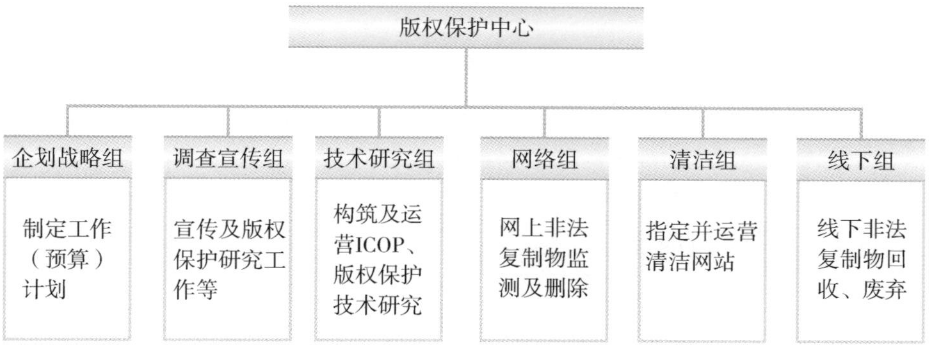


图 3-5-14　韩国版权团体联合会版权保护中心的组织图

2011 年，线下非法复制物回收、废弃的数量约为 27 万件，比前一年减少了 66%。虽然线下非法复制物自身呈现逐渐减少的趋势，但 2010 年针对超大型非法复制物制作工厂的管制行动取得了重大成果是数量下降的主要原因。另外，勒令删除或中断网上非法复制物等方面的业绩为8 634件，比前一年约增加了 151%，可以认为是增加居家监测人员及针对人气作品企划监测等工作所取得的成果。

表 3-5-15　**非法复制物回收、废弃及删除措施的现状**

| 分类 | | 2008 年 | | 2009 年 | | 2010 年 | | 2011 年 | |
|---|---|---|---|---|---|---|---|---|---|
| | | 件数 | 数量 | 件数 | 数量 | 件数 | 数量 | 件数 | 数量 |
| 网上 | 音乐 | 24 380 | 12 874 262 | 4 802 | 1 011 707 | 16 240 | 1 220 551 | 28 993 | 2 039 991 |
| | 影像 | 67 063 | 3 101 990 | 150 444 | 4 413 859 | 221 382 | 2 436 669 | 277 559 | 2 705 055 |
| | 出版 | 7 049 | 12 156 342 | 5 553 | 14 387 822 | 7 929 | 20 244 886 | 22 466 | 28 048 143 |
| | 游戏 | 1 461 | 17 030 | 16 991 | 101 724 | 28 969 | 168 579 | 25 958 | 179 672 |
| | 漫画 | — | — | 2 327 | 7 179 732 | 3 888 | 10 324 682 | 16 430 | 53 337 106 |
| | SW | — | — | — | — | — | — | 5 069 | 28 331 |
| | 小计 | 99 953 | 28 149 624 | 180 117 | 27 094 844 | 278 408 | 34 395 367 | 376 475 | 86 338 298 |
| 线下 | 音乐 | 304 | 34 806 | 367 | 35 163 | 310 | 458 522 | 150 | 41 227 |
| | 影像 | 786 | 329 451 | 873 | 380 769 | 430 | 310 355 | 435 | 211 491 |
| | 出版 | 615 | 17 811 | 541 | 11 956 | 704 | 18 902 | 489 | 16 541 |
| | 游戏 | — | — | 2 | 1 480 | 9 | 6 529 | — | 150 |
| | 小计 | 1 705 | 382 068 | 1 783 | 429 368 | 1 453 | 794 308 | 1 074 | 269 409 |
| 合计 | | 101 658 | 28 531 692 | 181 900 | 27 524 212 | 279 861 | 35 189 675 | 377 549 | 86 607 707 |

版权保护中心每年在首尔及首都圈地区进行非法复制物集中管制活动——“首尔 Clean 100 天项目”，在大学开学时，以大学城为中心，进行防止非法复制的特别管制行动。在 2011 年“首尔 Clean 100 天项目”活动中，共破获了约 8 万件非法复制物，在大学城附近进行的非法出版物管制活动中，也

缴获了约13 000多件非法复制物。

表 3-5-16　　**“首尔 Clean 100 天项目”的管制现状**　　（单位：件）

| 年度 | 合计 | 缴获种类 | | | | | | |
|---|---|---|---|---|---|---|---|---|
| | | DVD | VCD | 游戏 | 其他 | 录像带 | 音乐 CD | 书 |
| 2008 年 | 172 071 | 140 836 | — | — | 18 109 | 6 447 | 6 360 | 319 |
| 2009 年 | 214 199 | 191 620 | 324 | 1 480 | 5 297 | 8 267 | 7 188 | 23 |
| 2010 年 | 519 434 | 85 055 | 173 | 2 | 1 382 | 3 969 | 426 664 | 2 189 |
| 2011 年 | 79 909 | 51 230 | — | — | 15 371 | 2 872 | 10 004 | 432 |

表 3-5-17　　**大学城附近出版物非法复制物的管制现状**　　（单位：件）

| 分类 | 2008 年 | | | 2009 年 | | | 2010 年 | | | 2011 年 | | |
|---|---|---|---|---|---|---|---|---|---|---|---|---|
| | 上半年 | 下半年 | 小计 | 上半年 | 下半年 | 小计 | 上半年 | 下半年 | 小计 | 上半年 | 下半年 | 小计 |
| 件数 | 295 | 203 | 498 | 273 | 246 | 519 | 224 | 341 | 565 | 228 | 213 | 441 |
| 数量 | 6 070 | 10 481 | 16 551 | 5 992 | 5 761 | 11 753 | 6 108 | 8 553 | 14 661 | 7 430 | 5 782 | 13 212 |

版权保护中心依据版权法第 104 条的规定，自 2007 年 7 月开始，进行了特殊类型网络服务提供者(OSP)是否履行了技术性措施①的调查。2011 年共进行了 5 次是否履行了技术性措施的监测活动，未履行技术性措施的特殊类型 OSP 共有 99 个，文化体育观光部对此共征收了 10 亿3 385万韩元的罚金。

另外，韩国版权委员会针对网络非法复制物的整改建议现状为：2011 年一年间共执行了107 724件(警告 54 504件，删除、终止传输53 106件，终止账户 114 件)整改建议措施，这与 2010 年相比增加了约 26.6%。从各 OSP 类型来看，与 2010 年相比，网络硬盘方面增加了 23.0%，包括种子文件和门户网站在内的其他 OSP 方面增加了 900.8%，但是在 P2P 方面却减少了 51.4%。分析认为，这是由于 P2P 使用者改为种子文件，而导致通过种子文件的侵权大幅增加了，因此针对种子文件的整改建议措施也大幅增加。

表 3-5-18　　**网络非法复制物的删除等整改建议现状**

| 分类 | | 合计 | 建议整改 | | |
|---|---|---|---|---|---|
| | | | 警告 | 删除/终止传输 | 终止账户 |
| 2009 年 | 小计 | 35 345 | 13 466 | 21 840 | 39 |
| | 网络硬盘 | 33 644 | 12 612 | 20 995 | 37 |
| | P2P | 773 | 579 | 194 | — |
| | 其他 | 928 | 275 | 651 | 2 |

① 所谓的技术性措施，是指“为了有效地防止或遏制针对除著作权外、本法所规定的应予以保护的权利的侵害行为，权利人和取得权利人同意的人员所适用的技术性措施”(著作权法第 2 条第 28 款)。

续表

| 分类 | | 合计 | 建议整改 | | |
|---|---|---|---|---|---|
| | | | 警告 | 删除/终止传输 | 终止账户 |
| 2010 年 | 合计 | 85 085 | 42 794 | 42 200 | 91 |
| | 网络硬盘 | 82 413 | 41 458 | 40 864 | 91 |
| | P2P | 2 140 | 1 070 | 1 070 | — |
| | 其他 | 532 | 266 | 266 | — |
| 2011 年 | 合计 | 107 724 | 54 504 | 53 106 | 114 |
| | 网络硬盘 | 101 359 | 51 282 | 49 963 | 114 |
| | P2P | 1 041 | 522 | 519 | — |
| | 其他 | 5 324 | 2 700 | 2 624 | — |

由于数字技术及互联网的发展，作品流通的平台也变得多样化，各种针对版权的犯罪行为也逐渐呈现智能化、尖端化、高度化的趋势，因此，政府为了有效地进行版权搜查工作，在韩国版权委员会内设立了“数字版权证据分析室”，2011 年通过相关机构之间的 MOU，进一步扩大了数字版权证据分析调查体系。

同时，修订后的电子通信事业法规定了“网络硬盘登记制度”，随着这一法律的实施，为了预防皮球效应，2011 年共破获了 237 个非法复制物流通网站，并向播放通信委员会申请了切断的措施。但是，尽管采取了上述行政措施，种子文件网站仍以更换 IP 地址或将服务器设置在国外等方式进行运营，因此，文化体育观光部进一步加强了对种子文件网站的管制，通过扣押搜查和追踪 IP 等版权特别司法警察的调查，将进一步加强司法处理。

3. 海外版权保护环境

2011 年，全世界都加强了对版权的保护。韩国、美国、日本、澳大利亚、摩洛哥、新西兰、加拿大等 8 个国家为加强国际版权保护体系，于 2011 年 10 月在“防止伪造及非法复制协定(ACTA)”上签字，只剩下了批准程序。该协定加强了世界贸易机构知识产权协定(TRIPs)中的执行(民事执行、刑事执行、边境措施)规定，规定了有效应对互联网知识产权侵权的执行程序。

美国向议会提交了以制裁侵害版权的网站为目的的“防止网络侵权法案(SOPA)”及“知识产权保护法案(PIPA)”等，但 OSP 及网络服务企业等批评这些法案赋予了美国政府和知识产权所有者太多的权限，议会也正在讨论制定一个法律标准，这一标准既不会损害合法经营的网络企业的利益，也能切实地保护著作权。

中国政府在 2011 年进行了管制网络非法复制物的行动“第 7 次剑网行动”，共处理了1 148件网络权侵权事件，这是自 2005 年开始剑网行动以来取得的最好成果，其中约 72%是通过中国政府构建的侵权投诉专线实现的。另外，6 月份制定了“信息网络传输权保护指导意见”，规定了网络服务提供者有采取版权保护措施的义务。指导意见规定，网络服务提供者必须记录向网站上传资讯者的信息，并保存 1 年，对于上传非法著作物者将采取警告措施。同时规定，在接到版权者请求删除或中断非法复制物的要求后，必须及时删除相关内容。

在欧洲，德国、法国、西班牙、荷兰警察为切断当时在欧洲最具人气的流式传输网站“Kino. to”上的版权侵权行为，展开了线上、线下的联合管制行动，没收了该网站的域名。本次管制行动是欧洲有史以来最大的一次侵权管制行动，特别是在德国，由 250 多名警察、海关公务员及电脑专家联合行动，逮捕了 13 名嫌疑人。

如上所述，在北美、欧洲、亚洲等世界各地，为保护版权，制定了国际条约，建立了法律制度，加强了管制，进行了多方面的努力，但我国的作品在海外依然被侵权，企业遭受的损失正在不断积累。特别是世界对我国资讯的需求不断增加，我国作品的出口呈现急剧增加的趋势，但在当地的非法流通也在不断增加，正在成为扩大海外市场的绊脚石。

实际上，韩国版权委员会在 2011 年以中国和泰国为对象，进行了国内作品的侵权情况调查，结果显示，中国 28 个主要网站流通的韩国电视剧、电影等8 053个资讯中的 43. 5%，即3 500个作品被侵权。与 2010 年的 41. 5%相比，增加了 2. 0%。

泰国是东南亚地区的主要国家，对在泰国 15 个网站上的 500 多个韩国作品(门户网站、收益型博客、个人网络硬盘等)进行监测的结果显示，韩国19 177个音乐资讯中的18 683个受到侵权。与 2010 年的调查相比，侵权率由 98. 1%略减至 2011 年的 97. 4%，虽有小幅降低，但侵权率仍居高不下。因此，应持续进行海外版权保护活动。

4. 加强海外的国产版权保护

(1)海外侵权的对应及救济措施的扶持。

政府为向进军海外的企业提供著作权咨询及通过当地法务法人加强权利保护，在韩国著作权委员会下面设立了海外版权中心。海外版权中心通过网上监测，掌握海外版权侵权实际情况后，将相关侵权情况提供给相应资讯企业。如果需要救济措施，则会采取向侵权网站发出警告书，向当地政府机构发出行政处罚的申请等积极的应对措施。2006 年 4 月，首先在中国设立了北京版权中心；随后，于 2007 年 5 月设立了泰国曼谷版权中心；并于 2010 年 10 月开始向中国上海文化院派遣版权专家，开展保护及振兴我国版权等业务。

2011 年一年间，韩国版权委员会进行的针对救济措施的咨询及检查合同标准等专门法律咨询工作，与 2010 年相比增加了 32. 9%，达到 489 件，为安全的海外出口及有效的侵权对应提供了大力的扶持。另外，向网上非法复制物流通企业发送了 347 个案件的警告书，向中国政府申请了 18 个案件的行政处罚请求。并与中国版权中心建立了联系，对 17 部韩国电影、电视剧(约 200 部)实施了实时监测，删除了11 145个非法复制物。

2012 年又在菲律宾马尼拉设立了马尼拉版权中心，对韩流作品进军东南亚市场及其合法流通的扶持有望活跃起来，并期待能扩大、加强东南亚地区有关版权的国际合作及交流。韩国版权委员会将以韩流扩散国等海外主要国家为对象，继续持续推进设立海外版权中心的工作。

(2)营造在当地合法流通的环境。

为营造作品在海外合法流通及使用的环境，政府通过对我国作品的权利认证服务，为签订合法使用合同及要求损害赔偿方面的工作提供帮助。权利认证服务在我国作品非法流出时，通过迅速地发行权利认证书来展开有效的法律应对。不仅能够满足交易双方希望签订安全的版权合同的愿望，而且能

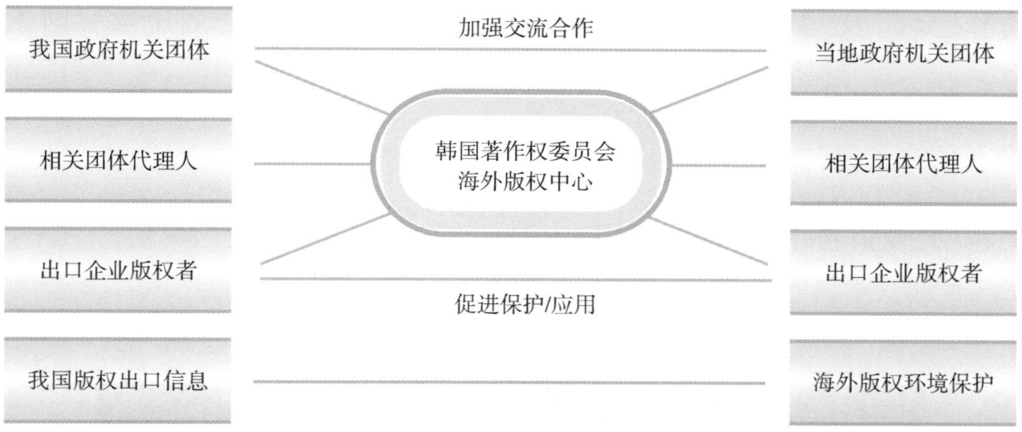


图 3-5-15 海外版权中心介绍图

出处：韩国版权委员会(海外版权信息 Plus)网页。

够简化在当地登记出版合同时的权利认证手续。2011 年，中国北京版权中心提供了2 571件权利认证服务，与 2011 年的1 853件相比，增加了约 40%，并为我国 34 件著作物使用合同的签署提供了服务。

除此之外，韩国版权委员会为防止版权侵权行为，引导进军海外的企业进行持久的努力。为寻求构建政府机关和民间企业间顺畅的信息交流及紧密的合作关系，组建并运营了由进军海外的国内权利人组成的民间协商组织。同时，还展开了多种多样的信息提供活动，如：开发标准合同书及解释书，在当地举办版权说明会等。并通过运营上海图书馆韩国馆展位，为国内出版社和中国企业间专利合同的签署提供服务。总之，展开了多种多样的扶持工作。

(3)加强国际版权的交流合作。

政府为了营造有利于保护我国资讯的良好环境，加强了与世界各国及国际机构构建版权合作网络。2011 年 4 月，韩国版权委员会参加了菲律宾知识产权厅(IPOPHL)举办的“韩・菲律宾版权交流合作研讨会”，介绍了两国版权法制及版权登记体系，讨论了版权产业现状和版权集中管理团体等问题。5 月还与菲律宾版权登记机构——菲律宾国立图书馆探讨了建立版权登记协作体制的合作方案。

6 月与中国共同举办了“第 7 次韩中版权论坛”，8 月与中国上海市版权局下属的版权服务中心签署了版权相关问题的一揽子合作谅解备忘录(MOU)。双方通过签署该协约，构建了版权登记及纠纷调解领域的共同合作体系，并决定进一步推进学术研究工作。同时，为了培养与版权相关的人才，双方决定共同合作，并计划建立定期交流版权信息的体制。

7 月与印度尼西亚知识产权事务所(DGIPR)共同举办了“韩・印度尼西亚版权交流合作研讨会”。研讨会上，发表了两国的法制现状及版权负责机构的作用与功能等方面的演讲，还探讨了针对网络版权侵权的应对方案等方面问题。除此之外，11 月与越南、12 月与日本也举办了论坛及研讨会，加强了合作关系。

另外，2011 年下半年，还在国内举办了“国际版权技术会议”(ICOTEC)，由文化体育观光部主办，世界知识产权机构(WIPO)协办，韩国版权团体联合会及 ICOTEC 组织委员会承办。ICOTEC 通过国家间版权保护技术的交流，加强了全世界的版权保护力量，成为确立我国版权保护先进国家地位的桥头堡。虽然是首次举办这样的活动，仍有 22 个国家的1 000余人参加了该活动，海外演讲者及国内顶级技术专家等针对版权相关热点话题进行了演讲。除此之外，韩国版权团体联合会还与日本资讯海外流通促进机构(CODA)签署了 MOU 协约，举办了“韩国、印度尼西亚版权政策合作会议”“韩国、中国版权保护合作会议”及“数字版权亚洲网络国际会议”，建立了与周边重要国家交流、合作的平台。

5. 韩流扩散及国产资讯的海外保护

1997 年，电视剧《爱情是什么》首次在中国上映，人气火爆并引发了“韩流”，之后，2010 年 K-pop 在亚洲乃至欧洲、美洲、南美等世界范围内扩散开来。

图 3-5-16　2NE1 在菲律宾阿拉木图圆形露天剧场的演出现场(2011. 6)

至 2012 年，韩流已扩散到 235 个国家，超过了 189 个建交国家的数量，法国著名学者士 · 索尔孟(Guy Sorman)评价指出，“能够做到商品与文化同时出口的国家只有美国、法国、德国、日本和韩国”，由此可以看出，韩流已然成为一种世界文化现象。

韩流虽然扩散至全世界，文化资讯的出口规模 2010 年约为 32 亿美元，但是，同年我国出口总额为4 670亿美元，仅占出口总额的 0. 7%，不过是汽车出口额的 1/10 而已。而世界文化资讯市场规模为 1 兆4 000亿美元，是超过 1 兆2 000亿美元汽车市场的巨大规模，这样比较来看，韩流资讯出口规模相对来说还是非常小。

表 3-5-19　**文化资讯产业出口现状**　(单位：千美元)

| 分类 | 出口额 | | | | | | | | |
|---|---|---|---|---|---|---|---|---|---|
| | 2005 年 | 2006 年 | 2007 年 | 2008 年 | 2009 年 | 2010 年 | 比重(%) | 同比增减率(%) | 年均增减率(%) |
| 出版 | 191 346 | 184 867 | 213 100 | 260 010 | 250 764 | 357 881 | 11. 1 | 42. 7 | 13. 3 |
| 漫画 | 3 268 | 3 917 | 3 986 | 4 135 | 4 209 | 8 153 | 0. 3 | 93. 7 | 20. 1 |
| 音乐 | 22 278 | 16 666 | 13 885 | 16 468 | 31 269 | 83 262 | 2. 6 | 166. 3 | 30. 2 |
| 游戏 | 564 660 | 671 994 | 781 004 | 1 093 865 | 1 240 856 | 1 606 102 | 49. 8 | 29. 4 | 23. 3 |
| 电影 | 75 995 | 24 515 | 24 396 | 21 037 | 14 122 | 13 583 | 0. 4 | ▽3. 8 | ▽29. 1 |
| 动漫 | 78 429 | 66 834 | 72 770 | 80 583 | 89 651 | 96 827 | 3. 0 | 8. 0 | 4. 3 |

续表

| 分类 | 出口额 | | | | | | | | |
|---|---|---|---|---|---|---|---|---|---|
| | 2005 年 | 2006 年 | 2007 年 | 2008 年 | 2009 年 | 2010 年 | 比重（%） | 同比增减率（%） | 年均增减率（%） |
| 播放 | 121 763 | 133 917 | 150 953 | 171 348 | 184 577 | 228 633 | 7. 1 | 23. 9 | 13. 4 |
| 独立制作 | — | — | — | 11 228 | 14 349 | 13 691 | 0. 4 | ▽4. 6 | — |
| 广告 | 9 359 | 75 981 | 93 859 | 14 212 | 93 152 | 75 554 | 2. 3 | ▽18. 9 | 51. 8 |
| 动漫形象 | 163 666 | 189 451 | 202 889 | 228 250 | 236 521 | 276 328 | 8. 6 | 16. 8 | 11. 0 |
| 知识信息 | 34 764 | 5 016 | 275 111 | 339 949 | 345 693 | 363 282 | 11. 3 | 5. 1 | 59. 9 |
| 资讯解决 | 35 608 | — | 112 678 | 107 746 | 113 418 | 116 487 | 3. 6 | 2. 7 | 26. 7 |
| 合计 | 1 301 136 | 1 373 158 | 1 944 631 | 2 337 603 | 2 604 232 | 3 226 092 | 100. 0 | 23. 9 | 19. 9 |

出处：文化体育观光部(2012)，《2011 资讯产业统计》。

如上所述，与韩流的热度相比，实际出口却并未达到预期效果，原因之一是在主要的韩流国家中，针对我国资讯的非法使用依然很多。韩国版权委员会 2011 年调查了中国主要网站播放韩国电影的实际情况，结果显示，在所调查网站中流通的韩国电影，68%是没有获得正式使用许可的盗版，系非法流通。泰国等东南亚国家的 90%以上是非法的，尚未形成合法的流通市场。

因此，为了扩大韩流的世界市场，防止由海外侵权而带来的业界损失，在海外营造保护自己权利的合法流通环境，就变得更有必要。

### 6. 为在海外保护国产资讯所做的努力及成果

(1)运营海外版权中心(Copyright Center)。

为在海外保护我国版权及促进合法交易，文化体育观光部与韩国版权委员会从 2006 年开始，展开了“海外版权保护项目”。2006 年 4 月在中国北京、2007 年 5 月在泰国曼谷设立并运营了海外版权中心，构建了韩流主要地区的版权保护基础，之后，于 2010 年 10 月向中国上海韩国文化院派遣了版权专门官员，于 2011 年 12 月在菲律宾马尼拉设立了版权中心。通过这些努力，在韩流资讯进军的主要地区加强了保护我国版权的当地扶持体系。

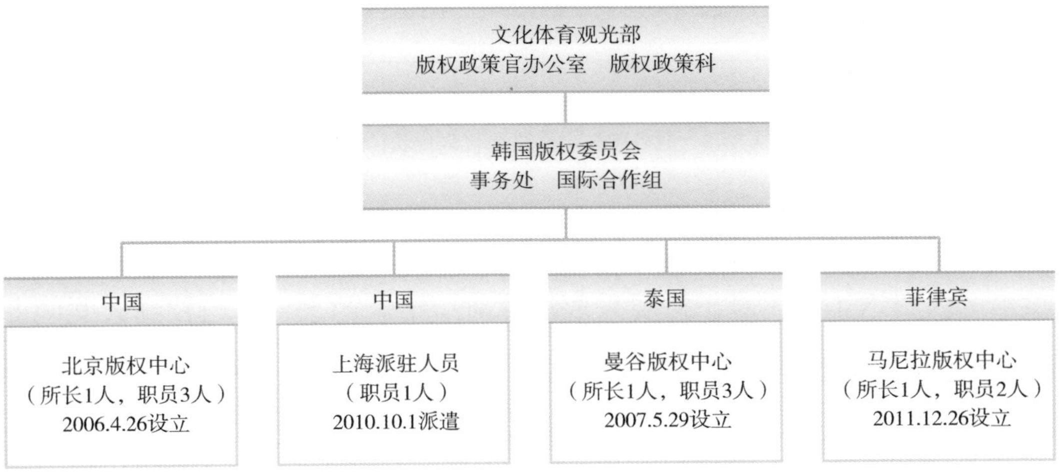


图 3-5-17　韩国版权委员会海外版权中心

海外版权中心为保护进军当地的我国资讯企业的权利，与当地法务法人签署合同，为企业提供从咨询到救济措施的一站式侵权应对服务。并且，通过当地国家的网络掌握侵权行为的实际情况，为了采取有效的应对措施，还实施了现场监测，将相关侵权信息提供给相关资讯企业，当需要采取救济措施时，将采取发送警告书、向当地政府提出行政处罚的申请等积极的对应措施。

与此同时，考虑到中国及东南亚地区的版权保护体系尚不健全这一特性，还与当地政府及主要相关机构建立了紧密合作的关系，以帮助保护我国版权。不仅在中国和泰国，在日本、菲律宾、马来西亚、印度尼西亚、越南等国家也相继举行了研讨会、工作坊等活动，扩大了国际合作网络。2011 年年末，随着菲律宾马尼拉版权中心的设立，东南亚的版权交流合作的基础得到了进一步的拓展。

另外，去年还发行了《中国版权流通标准合同书及解释》和《马来西亚版权指南》，2008 年以来先后发行了 15 种研究报告及相关资料，还通过网站(海外版权信息 Plus)随时提供当地动向信息，为我国资讯企业进军海外及在当地的权利保护等提供了必要的信息。

(2)在当地营造保护及合法使用版权的环境。

海外版权中心在进行韩国资讯交易及发生侵权行为时，与当地法律事务所合作，为企业提供专门的法律咨询服务。另外，针对主要的侵权事件，还提供一系列的救济扶持措施，如保护相关法律证据、发送警告书、申请行政处罚、提供民事诉讼时所需要的法律帮助。

2007 年开始提供相应服务以来，海外法律咨询的数量呈现每年增加约 20%的势头，但 2011 年比前一年激增了 113%。可以看出，随着新韩流的兴起，我国进军海外的资讯企业在增加，为获取当地保护的法律咨询需求也在迅速增加。

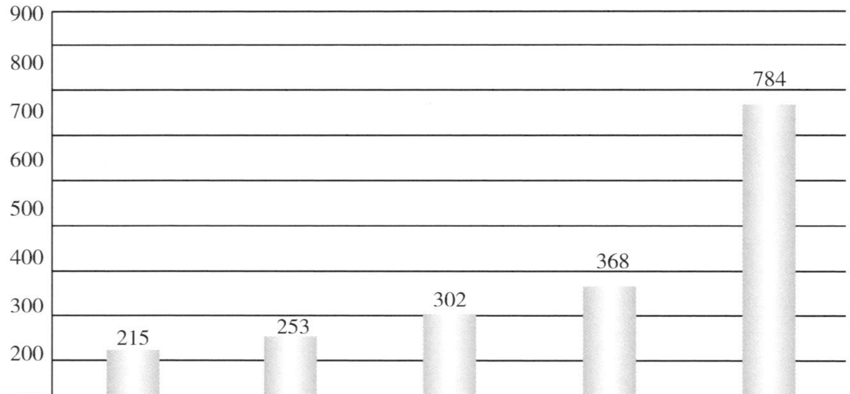


图 3-5-18　海外版权中心法律咨询现状(单位：件)

同时，以设立海外版权中心的地区为中心，每年在当地实施韩国资讯流通现状的网络调查，将相关侵权信息提供给国内资讯企业，对于需要采取法律对应措施的事件，与权利人共同商讨应对措施。2011 年，对通过流通现状调查发现的非法网站，采取了发送警告书和刑事处罚申请等共 365 件救济措施。

特别是，从 2011 年起，通过网络流通现状调查采取应对侵权措施的同时，为及时应对中国国内的版权侵权行为，充分利用中国版权保护中心的监测体系，针对侵害韩国资讯的侵权行为进行实时监测，

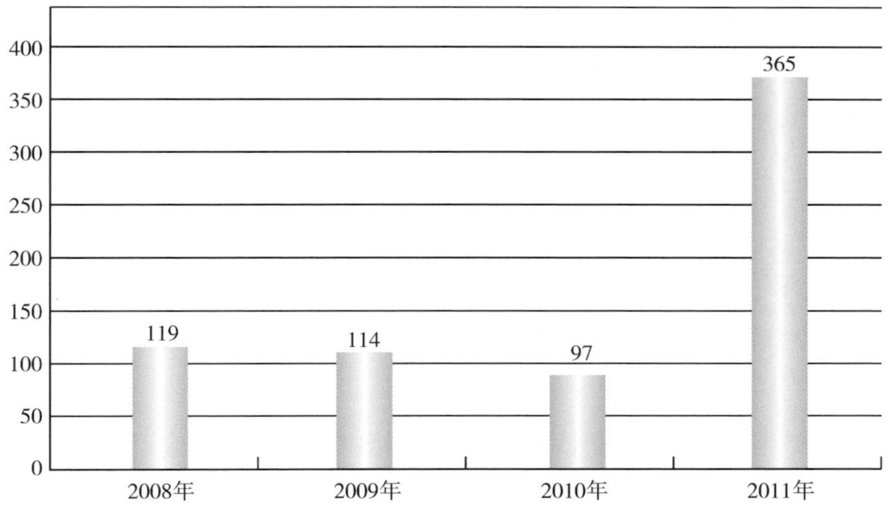


图 3-5-19　海外侵权救济措施扶持现状(单位：件)

并采取删除措施。2011 年，对电影《大叔》、电视剧《是讨厌还是喜欢》等 17 部韩国的主要电影、电视剧作品(200 部)实施了监测，共删除了11 145个非法音像产品，为减少我国资讯企业因非法流通而产生的损失助了一臂之力。

与此同时，国内成立了由文化体育观光部和韩国版权委员会，以及电影、播放、游戏、音乐等各领域资讯企业参与的“构建海外版权侵权应对体系的民官合作共同体”，主要业务为提供海外流通现状信息，并确认资讯权利关系，共同应对当地非法流通等。

2011 年，韩国版权委员会北京版权中心的自我调查结果显示，2007 年在中国主要网站播放的韩国电视剧的非法流通比率高达 91%，2011 年已大幅降至 24. 7%；电影方面，同一时期的非法流通比率也降低了约 20%。可以说，是持续进行的海外保护工作带来了这样的成果。

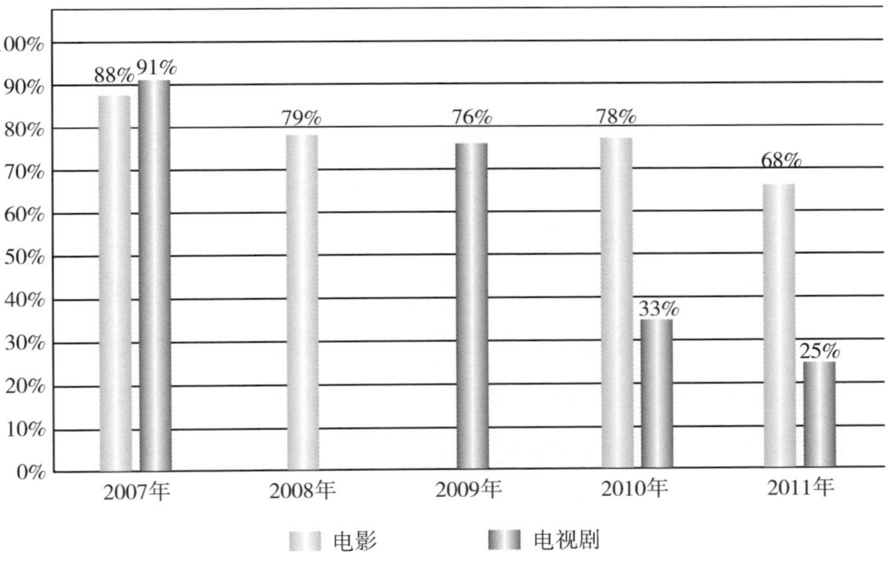


图 3-5-20　中国主要网站上韩国电影、电视剧的非法流通比率

(3)在中国认证韩国资讯的权利。

韩国版权委员会北京版权中心于 2006 年 11 月获得中国国家版权局的批准，成为在中国开展确认

韩国版权信息等业务的唯一认证机构。获得批准后，开展了针对韩国电影、音乐、电视剧等版权利人信息和专利信息进行确认的认证业务。

中国国内版权信息确认申请在下述情况下可以提出，即为查处版权侵权行为需要确认权利人时，为登记海外作品出版合同及版权需要权利认证时，为签署作品使用同意合同需要当事人之间的权利确认时。在查处侵权行为和行政处罚及进行诉讼的整个过程中，权利认证可以作为确认权利人的证明材料使用。

在中国，海外电影、音乐、TV 电视剧等欲在中国出版发行，需要向中国版权保护中心登记相关合同内容，这时必须提供权利确认证明材料。对于韩国作品，递交北京版权中心的认证书即可，因此证明手续非常简便。

由于北京版权中心的权利认证业务能够及时迅速地出具认证书，使有效的法律应对成为可能，不仅能够保障交易合同的安全性，而且能够简化音像产品的当地出版手续，为我国资讯企业进军中国市场，保护权利、加强合同管理等提供了很大的帮助。

我国通过北京版权中心取得权利认证及专利信息的作品数量，自该业务开展的 2007 年始至 2011 年为止，年平均增长 40%以上，预计今后该项需求也将持续增加。

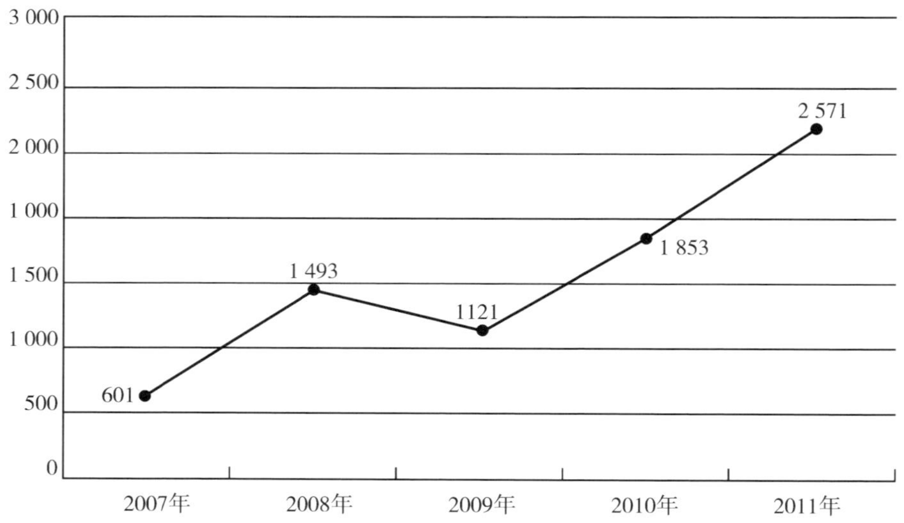


图 3-5-21　中国国内韩国资讯权利认证业务处理现状(单位：部)

(4)为保护海外资讯，营造友好环境。

随着韩流在世界范围内受到热捧，我国文化资讯的海外保护工作也成为一个重要的课题。但是，韩国仍是版权保护不足的国家，这一认识成为我们在海外保护权利的障碍。所幸的是，政府持续进行的国内版权保护政策和努力取得了巨大的效果，2009 年至 2011 年，韩国连续未被列入美国贸易部(USTR)的监视对象国名单，从而摆脱了原有的形象，成为版权保护先进国家。

与此相适应，加强版权领域的国际交流合作，成为提高我国在版权领域的国际地位、保护我国版权、奠定国际社会互助基础的有效方法。为此，文化体育观光部和韩国版权委员会每年举办韩中、韩日、韩泰版权论坛和与菲律宾、印度尼西亚、越南等国家的研讨会、工作坊等活动，为在海外各国保护我国版权和相应国家版权制度的发展提供了帮助。

与国家之间的交流合作一起，从 2007 年开始，与 WIPO(世界知识产权机构)共同开展了“WIPO

Study Visit”①项目。去年，参与者由 6 个国家扩大至 10 个国家，不仅包括既有的东南亚国家，还包括墨西哥、牙买加等中南美国家，使各国的版权政策负责人均接受了全面的韩国版权制度教育，在传授我国制度的同时，还培养了对韩国的友好认识。

(5)提供海外版权信息。

随着国内文化资讯企业进军海外的增加，对预防当地侵权等问题的版权相关信息的需求也日益增加。文化体育观光部和韩国版权权委员会 2006 年构建了海外版权保护及贸易扶持所需的网络基础设施——“海外版权信息 Plus(http：//www. koreacopyright. or. kr)”，提供美国、中国、东南亚等 13 个主要国家的版权相关信息和在线海外版权法律咨询、知识社区、信息资料室等服务。

#### 7. 评价与课题

新韩流的世界性传播，既是我国资讯产业的机会，同时也是保护资讯并创造新经济价值方面的新挑战。亚洲国家是韩流的中心国家，但它们的版权保护水平仍不足，为了扩大市场，需要持续应对非法使用的问题。对于正在向欧洲、美国、中南美等地区传播的新韩流，需要掌握当地的流通现状，并据此建立中长期保护和合法使用的方案。

为此，首先要寻求保护韩流兴盛且非法流通严重的东南亚国家方案，同时，对于新韩流国家，以掌握非法流通现状研究为目的的基础信息调查工作也迫在眉睫。

另外，为营造友好的海外环境，在扩大与各国和国际项目的交流合作的同时，针对版权保护落后的国家，从合作伙伴的角度，传播我国的版权制度，从而营造韩流能够扩大发展的版权环境。

### (三)加强作品的使用

#### 1. 概要

随着数字技术的发展，作品流通渠道变得多样化，权利管理也越来越复杂，因此使用者就更加难以获得权利人的使用许可。并且，现有的模拟环境下，作品的非法复制和传播正在以难以想象的速度激增，版权人受到侵害的现象也非常严重。

为摆脱这种局面，应该使使用者能够在数字环境下方便稳定地使用作品，方便容易地检索到作品及版权人等版权权利管理的相关信息。并且，在权利人的立场上，也只有确立这样的信息管理体系，才能够使作品的使用合法化，并且使版权交易透明化，从而能够充分行使版权利人的权利。

但是，目前的网上版权市场，版权信息不仅是复杂分散的，而且也很难对权利信息进行确认。另外，各个公司乃至团体都有着各自的管理体系，版权信息没能形成系统和综合的管理、运营。因此，使用作品时，存在着无法确保交易的稳定性和可信度、使用者难以掌握权人的权利关系及无法处理权利关系等现象。

为了消除这样的困难，文化体育观光部和韩国版权委员会正在从多方面改善版权使用环境。特

① “Study Visit to the Korea Copyright Commission in the Republic of Korea”，每年与 WIPO 共同邀请亚洲发展中国家高级版权政策负责人，传授我国的经验，并讨论相关问题，2011 年是第 5 次。这一活动的主旨是传授我国版权方面先进的法律制度经验，帮助参与国家改善并提高版权法律制度及管理体制。

别是，正在运营数字版权交易所，以便可以网上搜集、提供体系化的版权信息及签订版权使用许可合同。

2. 主要政策

(1)扩大运营数字版权交易所。

数字版权交易所(http://www.clms.or.kr)是将作品相关的复杂版权信息统合起来，构建并提供用这些信息实现网上签订使用许可合同的扶持体系。交易所处于权利人和使用者之间，由管理版权信息的统合版权信息管理体系、版权专利管理体系、版权查找网站组成，其概念图如下。

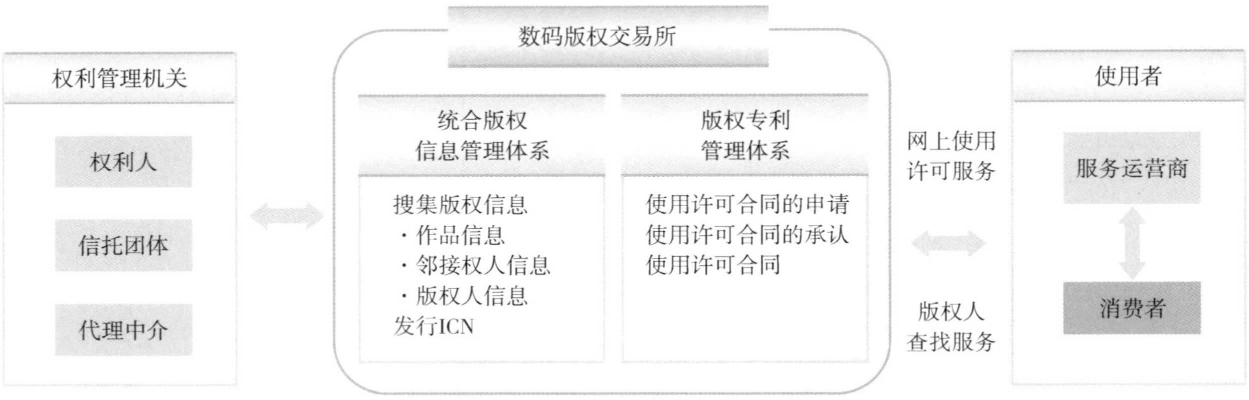


图 3-5-22　数字版权交易所概念图

①搜集及提供正确的版权信息。

交易所为系统化地搜集、提供版权信息，以每个作品为对象，赋予其固有的识别号码，并对其进行系统化的管理。这一号码被称为"统合版权管理号码(Integrated Copyright Number, ICN)"，目前正通过与相关机构合作，扩大以版权信息 DB 为基础的 ICN。

表 3-5-20　**统合版权信息 DB 的构建及 ICN 的发行件数**　(单位：件)

| 分类 | 2008 年 | 2009 年 | 2010 年 | 2011 年 | 合计 |
|---|---|---|---|---|---|
| 合计 | 770 000 | 525 089 | 531 790 | 2 769 314 | 4 596 193 |

2011 年，除了现有的音乐、文学、播放剧本领域外，还新增了新闻报道、电影、形象领域，加速了统合版权 Meta DB(元数据库)及发行 ICN 的工作，共发行了 276 万余件，累计提供了 459 万余件的发行服务。

既有的主要参与机构有：音乐方面的权利人团体——韩国音乐版权协会、韩国音乐实际演出人员联合会；写作方面的韩国文艺学术版权协会、韩国复制传输权协会、韩国出版人会议；播放剧本方面的韩国播放作家协会等。新参与的机构有：新闻报道方面的版权信托管理团体——韩国舆论振兴财团，电影方面的公共机构——电影振兴委员会，形象(动漫形象)方面的也是公共机构——首尔动漫中心。

统合版权信息由多种元数据组成，大体分为作品信息和著作(权)人信息。其中作品信息又分为共同要素和各个作品类型的固有要素。

为扩大、发展交易所，应与版权信托管理团体、流通运营商等拥有版权信息的团体建立联系。为此，需要相关机构的协助，韩国版权委员会2007年以音乐和文学方面的4个机构为开端签署了业务协约(MOU)，2009年与2个、2010年与6个机构持续签署了业务协约(MOU)，2011年与韩国有线TV播放协会、韩国播放作家协会、韩国播放实际演出人员联合会、首尔通商产业振兴院(首尔动漫中心)、上元美术馆5个机构签署了业务协约，共有17个合作机构为交易所业务提供支持。

②扶持签订合法的网络版权使用许可合同。

交易所除提供版权信息以外，为能够在网上帮助权利人和使用者之间签订版权使用合同，并提供一站式的使用明细管理服务，开发并运营了“版权专利管理体系”(Copyright License Management System，CLMS)。

CLMS由2008年的音乐传输权合同体系开始，2009年构建了音乐复制权、演出权、播放权合同体系，2010年构建了音乐领域的播放使用及演出报酬合同、新闻报道使用许可合同体系。

特别是，2011年构建了文学领域的图书馆报酬、授课使用报酬、复制使用费的网络合同体系。同时，完成了韩国音乐实际演出人员联合会的播放权、演出权、数字语音发送报酬合同体系的构建，并开始投入服务。另外，还为与3个音乐团体签署了正式使用许可合同的服务运营商提供下述“使用许可认证标志”的相关服务。

(图中文字为：www. website. com 系经韩国音乐版权协会、韩国音乐实际演出人员联合会、韩国音源制作者协会允许，可以使用音乐的网站。)

图 3-5-23　使用许可认证标志

因此，2011年通过CLMS签订版权使用许可合同的数量，比2010年增加了45%。

③运营查询版权所有者的网站。

由于权利关系不清楚或没有权利人的联系方式而无法支付的报酬，为了能够将其交给权利人和相关人员，于2008年构建了版权查找网站(www. right4me. or. kr)。该网站将连接网站搜索版权信息，进入该网站找到相关版权信息后，即可申请领取报酬。之后相关机构团体将确认相关权利关系，完成申请处理。

该网站宣传版权的重要性，目的在于让版权人能够得到应有的权利报酬，为此，每年通过门户网站、地铁、杂志等进行“寻找版权”活动，充分发挥了向权利人及普通大众宣传版权的窗口作用。

2011年通过国内有名的门户网站，实施了“寻找版权”的宣传活动，还制作了交易所宣传资料在相关活动中分发。特别值得瞩目的是，对于虽然几经努力寻找版权人但仍无法找到，或即便知道版权人也无法找到其住所，因而无法获得其作品使用许可的情况，我们建立了法定许可制度，可以在网上申请法定许可，并在版权查找网站内追加了相应功能。另外，考虑到法定许可程序的复杂性，为推进法定许可简化制度，进行了系统化的内容开发，并把它反映到了制度的执行之中。

④其他业务。

交易所作为一种基础设施工作，为了加强相关业务，还在多个领域进行了研究。首先，开展了“数字版权交易所运营战略的树立”这一研究课题，以便掌握交易所现存的问题，并确立今后的发展方向。此外，还开展了“权利人未确定作品的管理方案”这一研究课题，以便有效地管理因找不到权利人而无法使用的作品。

另外，为运营交易所，需要参与机构的持续合作。为了提高交易所参与机构实务工作人员的专业性、共享信息、加强网络建设，定期与合作机构举办 TF 工作坊，在 2011 年 TF 工作坊上还讨论了交易所现状和各领域合作方案。

(2)充分利用共享作品。

随着农耕社会、产业社会、信息化社会等社会的历史性发展变化，主导价值也在发生着变化。随着这样的变化，未来社会的核心资源乃至核心价值也将更加注重个人的创意性及作品等创造性资源。随着这样的变化，全世界都在努力确保能充分利用的创造资源，并加强其产业化使用，我国也为把共享作品应用为资源而正在推进各项工作。

①运营“共享著作物创造资源化论坛”。

由于新媒体的出现及数字技术的发展，为应对爆发式增长的资讯创作需求，需要制定将共享作品作为资讯创造资源来应用的政策，为此，2011 年 7 月组建了由民—官共同组成的“共享作品创造资源化论坛”。

该论坛由包括民—官共同代表在内的 100 名运营委员组成，内设“搜集、分享科”“建立制度基础科”“社会分工合作科”3 个科，为通过搜集、发掘共享作品及提供服务来活跃创作活动，正在企划多种创意战略。

2011 年 7 月成立以来，通过定期全体总会和 3 个科的分科会议(共 19 次)，制定了版权到期作品的民间、公共需求路线图、公共许可(KOGL，Korea Open Government License)，共享作品创造资源化宪章及民—官合作指南。

②充分利用保护时限到期的作品

从 2007 年开始运营了应用共享作品的窗口——自由使用网站(http://freeuse. copyright. or. kr)，向个人和企业提供版权到期的作品的使用服务。虽然与国外有名的共享网站相比还有许多不足之处，但通过持续的努力，正在扩大其范围，并不断加强服务功能。

自由使用网站的数据库构建现状如下：2011 年年末累计已达36 000多件，主要由语句文学、美术、音乐、照片作品等组成。使用者的点击数也在 2011 年达到945 000多件，同比增加了 43.2%，2010 年这一数字仅为 66 万余件。另外，下载数量也激增，由 2010 年的127 000多件增至 55 万多件，增加了 4.3 倍。由此也可看出，自由使用网站已被广泛使用。

表 3-5-21 自由使用网站数据库现状

| 分类 | 2006 年 | 2007 年 | 2008 年 | 2009 年 | 2010 年 | 2011 年 | 合计(件) |
|---|---|---|---|---|---|---|---|
| 合计 | 17 331 | 5 091 | 2 084 | 11 578 | 332 | 311 | 36 725 |

2011 年，随着作品使用环境急剧转变为智能环境，我们还构建了移动网（http：//mfreeuse. copyright. or. kr），使自由使用作品的途径多样化，并为使用者提供不受时间及空间限制的服务。

另外，还将自由使用网站升级、扩大、改版，建立了能够综合管理共享作品的门户网站（暂名"虚拟银行"）所需的基础，通过"海外共享作品搜集及信息链接所需的相关制度调查研究"，针对海外共享作品的数字化及管理现状进行了调查。通过这一研究，与海外共享作品项目（EU 的"欧洲数字图书馆"）以 Open API 的方式链接后，通过自由使用网站提供共享作品服务。今后，通过与海外欧洲数字图书馆签署业务协约，将提供共享作品的无数据链接服务。

③加强公共作品的使用。

随着国家发展模式向创造经济转变，资讯已经成为个人或企业在竞争力方面的重要因素。其中，国家、地方自治团体、公共机构等生产、管理的公共作品，以信赖性为基础，被应用为资讯开发的核心本源素材，跃升为主要的产业资源。

为了将这样的公共作品向民间开放并充分加以利用，制定了《公共作品版权管理指南》《公共作品版权管理方针》，并下发给各公共机关，内容包括：公共作品版权的判断标准、权利内容、保护时间，以及允许民间使用时条款及合同书的制作方法等。另外，还引入了公共作品自由使用许可标识制度——公共版权（KOGL，Korea Open Government License）制度，即将公共作品自由使用许可的范围、条件并使其标准化的制度。由此，公共机构即便没有使用许可合同，也可以选定相应的作品，制定使用条件，贴上公共版权的标识即可；而使用者在规定的使用条件下，可以自由使用贴有自由版权标识的公共作品。目前，公共版权网站（www. kogl. or. kr）正在提供适用于公共版权作品的元数据。

（3）版权认证。

版权认证制度是在作品交易时证明版权人是正当权利的拥有者的一种制度。制定该制度的主旨是以保护版权交易的安全性和可信度为基础，促进资讯交易的发展。这是因为电影、电视剧、游戏等资讯产业领域的权利关系复杂，流动性强，难以确定到底谁才是真正的权利人，而且，由于数字技术的发展，著作物的非法复制变得很容易，难以区分正品和复制品，难以进行可信赖的交易。

为了落实版权认证制度，其间进行了很多研究工作，2011 年为活跃版权认证制度，进行了专门的研究，包括制定相关法律制度的改善方案，制定运营专门认证机构时所需的业务规定等。

为了落实版权认证制度，还构建了相关的认证体系。版权认证体系的基本概念是在综合认证机构内设立专门认证机构，综合认证机构和专门认证机构分别构建并运营各自的体系。为此，2008 年和 2009 年构建了版权使用许可认证体系（http：//clas. copyright. or. kr），2010 年构建了版权认证统合管理体系（http：//icas. copyright. or. kr）。特别是，2011 年构建了版权管理认证体系（http：//cras. copyright. or. kr），该体系作为确认作品的权利事实、发行认证书的体系，是与使用许可认证体系一起在专门认证机构内充分利用的体系。

另外，2011 年年末，为扶持韩流出口企业，防止由非法复制、发行而导致资讯产业竞争力的减弱，韩国版权委员会被指定为版权认证机构，负责相关业务。

### 3. 今后计划

（1）推进以使用者为中心的网络版权交易。

数字版权交易所系统化地搜集、提供音乐、语句写作、播放等多个领域的版权信息，建立了能够在网上方便地使用及处理版权的基础，为推进作品的正确使用作出了贡献。但交易所的参与机构仍然有限，因此计划引导更多的权利人和使用者参与其中。

另外，随着智能环境的发展，版权交易变得更加复杂，需要为此制定相应对策。为了提高版权不明作品的产业使用率，计划制定统合管理相关版权信息的方案。

交易所为构建版权交易基础设施，将不断搜集多种类型的版权信息；为使普通国民也能够很容易地进行复杂的版权交易，将强化多种方便功能，为营造正确的版权使用文化发挥核心作用。

(2)建立促进共享作品充分利用的多种方案。

当今的数字环境，不仅为制定保护权利人所需的措施提供了契机，也为使普通国民能够更容易地使用作品，并将其运用于产业界提供了契机。因此，文化体育观光部和韩国版权委员会为了使共享作品能够成为创造资源，正在推进多样化的作品保护政策，以发掘保护时限到期的作品，并使其得以自由使用。

为此，必须转变对共享作品的认识，计划展开各种提高版权认识的活动，并制定服务升级方案，即开发通过共享作品门户网站提供的服务模式，使共享作品能够被充分应用为创造资源。

另外，还将持续推进能使普通国民易于接触作品、使用他人作品而不必担心侵权的方案，如民间使用共享作品指南等。

# 六、整顿资讯产业政策的推进体系

## (一)资讯相关政策

### 1. 审议、批准 2012 年资讯产业振兴计划

2011 年 11 月 24 日，在金滉植国务总理的主持下，政府召开了“第 2 次资讯产业振兴委员会(以下称‘委员会’)会议”，审议、批准了“2012 年资讯产业振兴施行计划”(以下称“施行计划”)，指出了明年资讯产业政策的主要方向。资讯产业振兴委员会由国务总理担任委员长，其他委员由企划财政部、教育科技部、知识经济部、文化体育观光部、播放通信委员会等 11 个部门的长官及 KT 会长李锡采、KBS 社长金仁奎、三星电子社长尹福根、檀国大学校长张浩成等 8 位民间委员组成。“施行计划”是依据资讯产业振兴法第 6 条，为履行以 3 年为单位的基本计划而在各部门制定的年度详细工作计划，遵循了 2011 年 5 月制定的“第 1 次资讯产业振兴基本计划(2011—2013)”的方向。

在这次委员会议上，出台了为了应对智能环境资讯，必须加强政策力量相关的 2 份报告，即《智能资讯产业培育战略(相关部门联合)》《加强智能学习所需的版权制度改善方向(教育科学技术部、文化体育观光部)》。《2012 年资讯产业振兴施行计划》以智能、共同发展、创意与创造就业岗位、进军国际市场为核心基调，涵盖了 5 大推进战略的具体内容，即建立“基本计划”里设定的全国范围内的培育体系，通过提高国家创造力来创造青年就业岗位，扩大进军国际市场，营造共同发展的生态系统，强化制作、流通、技术的核心基础。

政府希望通过顺利地推进这一资讯产业振兴实施计划，在 2012 年实现销售额 80 兆韩元、出口 45 亿美元、创造 56 万就业岗位的目标，为成为资讯强国打下基础。

### 2. 发表智能资讯产业培育战略

政府在智能市场不断扩大，国际竞争更加激烈的情况下，为提高国内智能资讯产业的国际竞争力，发表了“智能资讯产业培育战略”。该战略系 2011 年 10 月 13 日政府选定的 10 大生态系统发展型新增长动力课题，内容包括 6 大重点推进课题的各项政策，目的是到 2015 年，使国内智能资讯市场达到 3 兆韩元的规模。6 大重点推进课题为：构建新产业生态系统、活跃智能资讯投资及制作、加强国内文化技术(CT)力量、扩大进军国际市场、培育创意人才及有发展潜力的小企业、改进符合智能环境的版权制度。

首先，政府与京畿道和安养市计划共同投入 100 亿韩元的预算，建立规模达2 475$m^2$(750 坪)的智能资讯园区。为 100 多个 1 人创造企业或中小资讯企业提供入驻空间，他们只要有创意即可入驻该智能资讯园区，并为他们提供各种孵化器、试验平台、招商引资等扶持。同时，通过指导使其获取成功企业经营者的经验和技术诀窍，为他们提供共享这些经验的机会。

政府为使国内网络流通平台提供顺畅的海外服务，扶持企业使用海外当地网络、服务器等基础设施及开展市场营销。为了扶持创业，政府出资 70%，成立了规模达 100 亿韩元的制作初期专门基金，并计划改善针对青年创业等智能资讯创业者的担保制度。担保手续费最高将会减少至 0.5%，担保比率也从之前的 85%扩大至 100%。

另外，在新的智能环境下，为解决易引起争议的版权保护及使用问题，计划推进版权法的修订工作，以便应对使用云服务时发生的一时性复制的版权侵权与否，以及网络服务运营商(OSP)的责任认证范围等热点问题，改善数字教科书、电子出版等作品使用制度。

政府表示，希望这一智能资讯培育战略能够引导民间积极投资，成为牵引新韩流 3.0 时代持续发展的契机，以便把在智能手机竞争中被苹果抢先一步的错误，从资讯领域中弥补回来。

### 3. 发表 2011 年出版文化产业振兴主要政策

文化体育观光部为振兴出版文化产业，于 2011 年 2 月 16 日发表了 2011 年主要政策，内容包括：推进设立出版振兴机构、活跃电子出版产业、加强对地区书店的扶持、加强韩国文学及图书进军海外等。文化体育观光部积极应对日益国际化及数字化的出版环境，为综合地、系统地振兴出版文化产业，制定了设立出版振兴机构的方案，该方案计划以废止韩国出版物伦理委员会、设立韩国出版文化产业振兴院为骨架，为了给这一方案的实施提供法制依据，决定推进《出版文化产业振兴法》的修订工作。

新设立的韩国出版文化产业振兴院大大加强了与出版文化产业相关的调查研究、电子出版等数字出版的培育、出版产业进军海外等出版振兴功能，并发挥振兴出版文化产业所需的综合功能，如刺激奖励优秀图书及发展读书文化等出版需求、培养出版人才、活跃制作、优化流通环节等。另外，为了执行有害出版物的审议功能，在韩国出版文化产业振兴院内设置了独立的出版物伦理委员会，负责保证出版文化产业的社会及伦理责任。

文化体育观光部计划上半年结束法制化程序，下半年为成立振兴院做准备，年内完成成立韩国出版文化产业振兴院这一目标。韩国出版文化产业振兴院设立后，即可积极扶持作为知识文化基础产业的出版文化产业，将会对我国出版文化产业的持续发展作出贡献。

另外，文化体育观光部还发表了活跃2011年度电子出版产业的工作计划。电子出版产业作为以出版资讯为中心的未来新增长产业，也是与IT相关的产业，是亲环境绿色产业。到2014年，世界电子出版市场将以年均27.2%的速度快速增长(PwC，Global Entertainment and Media Outlook：2009-2013)，是增长可能性极大的产业之一。国内电子出版产业规模也不断地增长，但与以美国为中心的国际市场的爆发式增长相比，增长速度还是比较慢。

因此，文化体育观光部为活跃国内电子出版产业，发表了电子出版产业培养方案，依据该培养方案，自2010年起将推进以下工作：优秀电子书资讯制作的扶持(8 000种)、电子出版专业人才的培养(550余名)、共同制作中心制作扶持室的扩充、电子书制作/转换解决方案的开发、国立中央图书馆电子书采购规模的扩大(25 000余本)等。2011年为推进电子出版的大众化，将“扩大供应值得一读的电子书资讯”作为重点课题，推进了各种扶持政策的实施。同时，为推广适应新媒体环境的电子书资讯，计划与韩国资讯振兴院合作，扶持多媒体及交互型电子书资讯的制作，并扶持与电子出版相关的文化技术(CT)的研究开发工作。

另一方面，为适应新媒体环境及活跃电子出版，还推进了相应制度的改善。为创造稳定的电子书出版环境，计划推进《版权法》的修订，以便能够设定电子书的出版权；同时还将进行《出版文化产业振兴法》的修订工作，以制定反映电子书特性的独立图书定价制度的适用标准。

文化体育观光部在新媒体环境下，将电子出版视为包括纸质出版在内的整个出版产业的新挑战和发展机会，为了整个出版产业的共同提升与发展，计划将持续推进电子出版产业培育政策。

#### 4. 发表杂志产业振兴5年计划

文化体育观光部于2011年4月7日在新闻中心(Press Center)与韩国杂志协会(会长：李昌义)一起发表了“杂志产业振兴5年计划(2012—2016)”，表示将全面扶持处于停滞状态的杂志产业，为其注入新的活力。为此，文化部计划逐渐提高扶持额度，在之后的5年内将共投入433亿韩元，2012年投入50亿韩元(2013年90亿韩元、2014年94亿韩元、2015年95亿韩元、2016年104亿韩元)。所需的预算经费来自于国库184亿韩元、舆论振兴基金226亿韩元、民资17亿韩元。

一直以来，杂志与电视、报纸、广播一起被认为是4大媒体，但随着网络、智能媒体的崛起及杂志市场的萧条，已退居至第5媒体的地位。为此，文化部在最大限度地保障杂志自主发展的前提下，对内、对外展开了提高杂志产业竞争力的工作。

杂志产业振兴5年计划以“通过振兴杂志产业来构建创造文化的社会”为目标，包含4大课题16个详细工作。4大课题为：①杂志产业振兴基础设施的构建(44亿韩元)；②杂志资讯品质的提高及数字化的扶持(240亿韩元)；③流通结构的改善及读者基础的扩大(77亿韩元)；④国际化竞争力的强化(71亿韩元)。

依据此计划成立的“杂志产业培育委员会”，将促进民官合作，协助制定有实际效果的政策。该培育委员会由与杂志相关的主要部门、地方自治团体、专家、杂志业界从业者等组成，下设5个小委员会(国际化战略、资讯、流通及文化消费、技术、活跃地区杂志)，计划在推进政策咨询的同时，制定详细工作的施行计划。

发表了本次“杂志产业振兴5年计划”的朴善奎第2副部长，强调了杂志产业的可持续发展，同时指出将重点推进4大课题及16个详细工作，以此来丰富国民的文化生活，引领创造性知识文化的发展。

5. 为激活智能学习改善版权制度

教育科学技术部和文化体育观光部为激活智能教育，推进了《版权法》的修订。该法修订后，将能够以开发、普及数字教科书及报道、批评、教育、研究等非营利性公益为目的，合法地使用部分作品。为确立公共作品的管理体系，计划进行以下工作：指定并运营教育领域版权的集中管理中心，负责管理教育科学技术部的作品，为教育机构开发教育用资讯提供必要的作品；开展作品的捐赠、分享工作，确保能够自由使用及传输的作品数量。

另外，国家知识产权管理委员会制定了"知识产权基本计划"，其中包括制定作品公正使用指南，通过与版权管理信托团体达成协议，推进关于在以公共教育为目的的使用范围内，如何正确地使用作品及版权的权利保护等问题的共同研究。

## (二)构建资讯产业振兴政策的推进体系

1. 成立资讯产业振兴委员会

最近随着全球性智能革命的扩散，将设备、服务、资讯相结合的新型服务模式(苹果、谷歌等)改变了现有产业的格局，适用于新型智能机的各种资讯的重要性也日益突出。2011年4月13日，成立了总理室下属的资讯产业振兴委员会，以全面地调整资讯产业振兴政策，目的是积极应对资讯产业模式的变化，在全国范围内培育资讯产业。

资讯产业振兴委员会委员长为国务总理，官方委员为11个部门的部长及8位民间专家，共由20人组成。官方委员是国务总理(委员长)、企划财政部部长、教育科学技术部部长、国防部部长、行政安全部部长、文化部部长(监事)、知识经济部部长、福祉部部长、雇佣部部长、国土部部长、播放通信委员长、公正交易委员长12人。金滉植国务总理依据2011年4月13日出台的《资讯产业振兴法》第7条的规定，委任了8名资讯产业振兴委员会的民间委员，考虑到资讯产业的融/复合发展趋势，这8名委员包括：资讯相关的播放通信服务领域(李锡采KT会长、金仁奎KBS社长)、设备领域(尹福根三星电子影像事业社长)及资讯各领域(技术：张浩成，檀国大学校长；电影：金贞儿(女)，CJ E&M社长；游戏：朴智暎(女)，Com2uS社长；学界：金永锡，延世大学教授；金融投资：朴现泰，Sobig创投代表)。根据政府委员会应扩大女性委员的方针，优先考虑了2位女性委员。委员会隶属于国务总理管理，任期3年，只能连任一次。

委员会作为负责综合、调整资讯政策等工作的资讯产业振兴最高决策机构，主要审议以下工作：资讯产业振兴中长期基本计划与施行计划的制定、资讯产业振兴政策的综合调整、资讯产业振兴政策的开发及咨询、资讯产业的地区特色化相关事项、调整对资讯产业的重复管制政策等事项及活跃融合资讯的措施。委员会为了培育未来服务产业的核心，由政府部门全面参与的我国经济增长的新动力——资讯产业，制定并发表了"资讯产业振兴基本计划"，其作为培育资讯产业的总指挥，必将发挥更大的作用。

2. 成立播放通信资讯调解协商体

为协商、调解播放通信资讯及播放通信广告相关事项而成立的播放通信资讯调解协商体，于2011年4月开始开展相关业务。文化体育观光部(部长：郑炳国)与播放通信委员会(委员长：崔时仲)根据播放通信发展基本法施行令的规定，组建了"播放通信资讯调解协商体"(以下称"调解协商体")，并于4月21日在韩国新闻中心19楼召开了首次会议。调解协商体共同委员长由文化部第1副部长牟喆和播放通信委员会常务委员申龙燮担任，在当日举行的播放通信资讯调解协商体第一次会议中，被委任为调解协商体委员的两个部门负责的办公室级、局级、科长级公务员12人参会，讨论了今后调解协商体的运营方案及协商事项等。

会议决定，调解协商体每季度定期召开一次会议，也可应共同委员长中一人的提议，召开临时会议。另外，为系统地执行协商体已达成协议的事项，顺畅地进行事务协商，分别在播放通信资讯及播放通信广告领域成立了分科委员会，以便随时沟通协商具体事务。各分科委员会分别由两个部门的局长级人员负责。

今后，调解协商体将根据播放通信发展基本法施行令的规定，以协商、调解播放通信资讯及播放通信广告相关事项为中心开展工作。依据该施行令，协商体将主要负责协商、调解以下事项：①对播放通信资讯制作、流通、出口等的扶持及与播放通信资讯振兴计划相关的事项；②播放通信资讯的国际合作事项；③通过播放通信发展基金推进与播放通信资讯政策相关的事项；④播放通信广告方面的措施及扶持相关事项等。

文化部和播放通信委员会通过运营播放通信资讯调解协商体，谋求解决以下问题，即播放通信资讯及播放通信广告相关的重复业务及事业调整，发掘、推进合作事业，政府对现有方案的共同努力等，期待以此来为相关产业的发展作出贡献。

紧接着，播放通信资讯调解协商体于2011年9月30日召开了第2次会议，协商了活跃国内电视剧和动漫产业所需的共同扶持方案，以及"播放通信基本计划(案)"(参照播放通信委员会正在制定的播放通信发展基本法进行)。

首先，为改善国内电视剧的制作环境及活跃单集电视剧的制作，通过改进现有的制作费支付惯例等问题，引导业界自主引进，计划加强对业界已达成的"保护外包制作参与者协议书"(2010年10月，KBS—MBC—SBS与电视剧制作者协会签订)履行与否的监督。同时，为发掘有创意的实验性作品、新艺人、作家，扶持独幕剧的制作，为活跃事前的制作，对于独立制作人制作的系列微剧，可以为其提供50%以上的预制费用(根据作品数量，如10集系列微剧，则为其提供5集以上的制作费用——译者注)。同时，扩大运营"电视剧出品人学校""网络播放影像学院"等，播放通信委员会和文化部计划立即共同推进数字播放资讯扶持中心的建立等基础设施的构建工作。

其次，为培育国内动漫制作产业，增加播放时间，计划共同努力促使国会搁置的播放法修订案通过。同时，计划将播放公司增加国内动漫播放时间的财政扶持方案反映到"2012年播放节目制作扶持工作基本计划"之中。

今后，文化部和播放通信委员会将通过调解协商体，调解播放通信资讯及播放通信广告方面的重复业务，为培育资讯产业共同合作。

### 3. 召开第 2 届新一代资讯共同成长协商会

确保资讯产业国际化竞争力的核心是“建立良性循环的生态系统”，为此，于 2011 年 10 月 24 日召开了新一代资讯共同成长协商会第 2 次会议，讨论了制造业、播放通信服务业、资讯业之间共生发展的合作事项。

随着资讯产业模式朝着融/复合化、3D 化、智能化的方向发展，政府认为有必要建立不只是资讯产业，而是设备—服务—资讯 3 个产业相互结合、共同发展的生态系统，并于 2010 年 10 月成立了新一代资讯共同成长协商会。协商会由三星电子、LG 电子等设备制造企业，KBS、MBC、SBS 等播放公司，SKT、KT、LGU+3 个移动通信公司，韩国 Real 3D 资讯制作者协会，新一代融合型资讯产业协会等 18 个相关企业及团体组成。政府希望借协商会成立的契机，使其能够成为大企业(设备及服务)与中小企业(资讯)互助发展的基石。该协商会负责：①政府扶持资讯生态系统项目工作的共同开发，②探索中小企业共同进军海外的方案，③服务、平台运营商及资讯企业之间公正交易的环境，④推进其他多种类型的合作工作，如开发中小企业间新一代资讯商务模式等。该协商会计划为 3D、CG 智能资讯等新一代资讯产业提供积极的金融及制度性扶持，以提高它们的国际竞争力；同时，发掘互助发展模范事例，使其成果能够得到共享和推广，为此制定了推进相应行政立法的计划。

随着 2010 年政策的推进，第 2 届协商会于 2011 年 10 月 24 日在新闻中心(首尔中区)举行，20 余名设备—服务—资讯相关业界的代表及文化体育观光部部长崔广植出席了会议。会上总结了过去 1 年的工作，与会者之间还讨论了资讯生态系统公正交易环境的营造、大/中小企业间分工合作项目、智能资讯基金的成立等资讯领域共同成长所需的政府政策方向等问题。

去年 10 月成立的协商会，致力于探索在智能设备和 N-Screen 等环境变化下，制造业、播放通信服务、资讯业者三者之间共生发展的合作方案。所取得的成果之一就是于 2011 年 5 月共筹资 312 亿韩元(国库 47 亿韩元、大企业出资 248 亿韩元)，并投入到中小企业的新一代资讯开发之中，共有1 200多种资讯开发获得资助，并计划自 2013 年起陆续进军海外市场。

崔广植部长在会上强调，营造大、中小企业共同发展的良性循环生态系统，是在智能环境下提高我国资讯产业国际竞争力的核心钥匙，并希望协商会能够发挥实质性合作窗口的作用。文化部将搜集第 2 届会议中业界提出的各项意见，并将其反映到明年的政策制定当中。

## (三)改善资讯相关法制制度

### 1. 资讯产业振兴法

2010 年 12 月 11 日起施行的《资讯产业振兴法》，以建立资讯产业基础、提高资讯竞争力、提高国民文化生活水平、发展健全的国民经济为目标(第 1 条)，定义了资讯、资讯产业、资讯制作者等概念(第 2 条)。该法作为在资讯产业振兴方面优先于《文化产业振兴基本法》适用的法律(第 4 条)，在资讯产业振兴方面是最基本的法律。

该法曾于 2012 年 2 月 17 日做了部分修订，为促进资讯产业的持续发展，提出有必要构建稳定的财源筹措基础，为此需成立资讯共济联合会。同时，为确立资讯商品在流通过程中的合法秩序，还规定附加通信运营商中总统令规定的人员，不得利用职务强迫他人签订不公正的合同或获取不当利益。为提高标准合同书的使用率，文化体育观光部部长还制定了对标准合同书使用现状进行调查的法律依据。

该法的主要内容如下：在资讯产业振兴方面，为了确立泛政府的资讯产业振兴体系，设立了国务总理直接领导的资讯产业振兴委员会，负责制定以 3 年为单位的资讯产业振兴中长期基本计划。基本计划允许审议有关政策的基本方向、各部门的振兴施行政策、建立产业的基础、标准化、公正竞争、使用者的权益保护、确保财源、改善制度、中央行政机构的分工等事项(第 5 条)。同时，为了激活资讯的制作等方面(第 9 条)，合理地进行资讯流通，还规定了推进资讯交易事实认证(第 21 条)、资讯提供服务的品质认证(第 22 条)等工作；在资讯识别体系方面，以独立条款的形式做了修订(第 23 条)。改善了营造公正的流通环境以保护制作者的条款，如规定了文化体育观光部部长有权进行资讯产业流通环境现状分析及评价(第 24 条)，以使信息通信网运营商能够中立并公正地提供资讯流通服务(第 24 条)。

为保护使用者权益，针对开展各种使用者保护的工作(第 26 条)、取消合同(第 27 条)、制定使用者保护指南(第 28 条)等进行了规定。另外，为调解资讯运营商间、资讯运营商与使用者间、使用者与使用者间的资讯交易或使用纠纷，制定了设置“资讯纠纷调解委员会”的法律依据，并规定纠纷调解的效力具有法律裁判的同等效力(第 29 条至第 36 条)。

为保护资讯制作者，资讯制作者在其制作的资讯产品或包装上明确标明制作日期、制作者姓名及依据本法被保护的事实时，将受到 5 年的保护(第 37 条第 1 项)，并规定相关竞争运营商不得为了盈利而擅自复制、分发、播放、传输部分或全部获得保护的资讯。同时，为防止资讯的非法复制，禁止从事阻止技术性保护措施的技术、服务、装置的制造、提供、进口等活动(第 37 条第 2 项)。违反相关规定的人，将处以 1 年以下的监禁或2 000万韩元以下的罚款，此为自诉罪(第 40 条)。

另外，在资讯产业振兴方面，该法优先于《文化产业振兴基本法》适用，资讯制作者在受到《版权法》保护的情况下，优先适用于该法(第 4 条)。

### 2. 文化产业振兴基本法

《文化产业振兴基本法》制定于 1999 年，目的是建立文化产业发展基础，加强竞争力。该法的意义在于是为发展文化产业而制定的第一部纯振兴法。该法规定：“文化产业”是指“从事文化商品的企划、开发、制作、生产、流通、消费以及与其相关服务的产业”(第 2 条第 1 款)。文化商品包括文化资讯、数字文化资讯及多媒体文化资讯，即将文化要素具体化，创造出附加价值的有形、无形财物、服务及其复合体(第 2 条第 2 款)。

2011 年 5 月 25 日曾进行了部分修订，主要修订内容如下：第一，将总统令中规定的、使用传统文化资源的文化产业类型，直接以法律的形式予以了规定(第 2 条第 1 款中新增了第 8、9、10 项)。第二，规定国家和地方自治团体在制定、实施各种文化产业振兴政策时，必须尽力为残疾人士参与相关活动提供相应的便利措施(新增设了第 3 条第 3 款)。第三，将设立文化产业专门公司的注册资金由现有的“1 亿韩元以上”下调至“1 000万韩元以上”(第 52 条第 2 款第 4 项)。第四，明确规定了文化产业专门公司的登记期限，如在登记期限内没有进行登记申请，且没有登记就以文化产业专门公司的名义开展业务或筹集资金，将对其进行罚款处理(新增设了第 52 条第 1 款、第 59 条第 2 款第 4 项及第 59

条第 2 款第 4 项)。第五，如果资产管理者没有将受托资金与自身固有资产分离开来进行管理，将会处以罚金(新增设了第 59 条第 1 款第 2 项)。第六，对于拒绝、妨碍文化体育观光部部长要求提供资料、提交报告或进行检查，或者提供、报告虚假资料者，将对其处以罚金(新增设了第 59 条第 2 款第 5 项)。

2012 年 1 月 17 日再次做了部分修订。这之前，独立制作公司停业时没有申报的义务，导致难以正确地掌握独立制作公司的实际状况，进而给制定及实施扶持独立制作公司的政策带来困难，因此，增设了独立制作公司停业时应在 14 日内进行申报的内容(新增设了第 11 条之 2)。为研究开发文化产业复合技术，指定光州科学技术院为文化技术研究主管单位(新增设了第 17 条之 5)。为活跃地区优秀文化商品的制作，将优秀文化商品的指定权限扩大至市长、郡守、区厅长(第 15 条第 1 款)。

其间，该法所做出的重要修订内容如下：2002 年随着数字化的发展，进行了大幅度的修订，把文化产业的范围拓展至数字文化资讯及其相关产业，出台了品质认证、制定和公布了数字文化资讯的相关标准等支持数字文化资讯网络流通的法律依据。2006 年，再一次明确了与文化产业范围及资讯相关的定义，重新规定了文化资讯、公共文化资讯、文化产业振兴机构等定义，明确将漫画、娱乐性教育及移动文化资讯领域归属于文化产业。同时，将现有的优秀工艺文化商品相关规定扩大至全部类型的优秀文化商品，强调知识产权的重要性，追加了与知识产权相关的保护事项，为相关工作提供了法律依据。另外，还新设了指定文化产业振兴机构及扶持其组建的事项，引进了专门从事文化产业相关业务的文化产业专门公司及相关规定，使文化产业领域 SPC(特殊目的公司)的设立成为可能。

2009 年 2 月 6 日再次进行了大幅的修订，包括完成担保制度的引入、构建公正交易秩序所需的措施、资讯价值评价制度的引入、优秀文化项目及优秀文化运营商的指定、企业下属创作研究所及企业的创作专门部门认证制度的引入、韩国文化振兴院的设立等。另外，2009 年 5 月 21 日又进行了修订：为确立以部门为中心的责任行政体制，加快决策的速度，废止了文化产业振兴机构审议委员会和韩国文化产业振兴委员会。2010 年 6 月 10 日，随着资讯产业振兴法的制定，将文化产业振兴基本法中与资讯相关的规定(第 2 条第 3 款、第 5 条及第 7 条)中的“符号、文字、声音、音响及影像等”修改为“符号、文字、图形、色彩、声音、音响、形象及影像等(含它们的复合体)”。删除了《文化产业振兴基本法》和《资讯产业振兴法》中重复的部分，即数字识别标志的粘贴、奖励(第 13 条)及数字文化资讯标准化的推进(第 18 条)等内容。

### 3. 与音乐产业振兴相关的法律

为积极应对从以唱片为中心向以通过网络、移动设备传播音乐文件为中心的音乐服务产业急剧变化的音乐产业环境，于 2006 年制定了《音乐产业振兴法》。2010 年 3 月 17 日进行了修订，运营商如果对从业人员履行了管理、监督上的注意义务，则可免于处罚，在两罚制中规定需贯彻责任注意原则(第 35 条)。

此外，该法的主要内容如下：为规定网络音乐服务层面的唱片概念，扩大了唱片的定义。该法将唱片分别定义为：将音频或音频的表现固定在有形物上并能够重复播放的作品，以及以电子的形式制作并可重复播放的作品。并将数字形态的音源和音乐影像制品包含在音乐产业振兴法的扶持范围之内。新增设了振兴音乐产业发展的条款，以便制定、实施包括音乐产业发展政策的基本方向，建立产业基础相关事项在内的与音乐产业相关的振兴政策。为形成健全的流通文化，新增设了将唱片识别标志义务化的规定。文化体育观光部为促进唱片的流通，规定粘贴识别标志，以起到防止非法流通及促进精算的合理化、信息提供等。同时，新增设了网络音乐服务提供行业的相关内容，将之前还是自由行业的网络音乐服务提供行业转换成必须向市长、郡守、区厅长进行申报的“申报行业”。随着音乐产业结构由以唱片复制行业为中心转变为以企划制作行业为中心，规定唱片的“企划制作业”也属于申报对象。制作或发行音乐影像制品和音乐影像文件者，应接受影像制品等级委员会的等级分类。市长、郡守、区厅长应对练歌房运营商进行遵守事项、防灾、制度变化等方面的教育，以便建立健全的练歌房文化，在练歌房内与客人一起喝酒或以歌舞助兴的行为都将获得刑事处罚。

4. 与游戏产业振兴相关的法律

为了游戏产业的振兴，2006 年制定了《游戏产业振兴法》。该法的主要内容是：通过制定振兴游戏产业综合计划，构建系统的政策扶持体系，将游戏产品等级分类制度与唱片、影像制品的等级分类分离开来，由游戏产品等级委员会来负责该项业务。

2011 年 4 月 5 日对该法进行了修订，规定在制作主体或流通过程的特性上，不适宜由游戏产品等级委员会进行事前等级分类的游戏产品(如开放市场游戏产品等)，由流通者自行进行等级分类；建立针对妨碍正常游戏使用的行为(如游戏产品的投机性运营方式及非法项目等)进行制裁的法律依据；如果运营商对从业人员尽到了管理、监督上的注意义务，即可免除处罚，在两罚制规定上也贯彻了责任注意原则。

最近，网络游戏等游戏产品使用者人数急剧增加，青少年沉迷于游戏及游戏成瘾等现象正在成为社会问题，因此，在 2011 年 7 月 21 日对该法进行了部分修订，明确规定了在预防沉迷于游戏和游戏成瘾方面，游戏产品相关运营商和政府各自的义务，为进行正确使用游戏的教育提供法律扶持依据。据此，于 2012 年 7 月 1 日开始，以未满 18 周岁的青少年为对象实施“游戏时间选择制”，即在本人或法定代理人、监护人的要求下，可以限制游戏使用时间。

2011 年 12 月 31 日对该法进行了部分修订，为活跃游戏产业，可以对业余游戏产品制作者的非营利目的的活动提供扶持；为提高游戏产业的民间自律性，提高游戏产品等级分类业务的效率，除青少年游戏提供业提供的游戏产品外，其他游戏产品的等级分类业务可以由文化体育观光部部长指定的等级分类机构负责；并规定了等级分类机构必须遵守的事项、等级分类机构取消指定资格的相关事项；为使游戏产品等级委员会能够持续履行公共业务，将到 2011 年 12 月 31 日为止的对该委员会的国库资金扶持的时限延长至 2012 年 12 月 31 日。

此外，该法的主要内容如下。在游戏产业振兴方面，由文化体育观光部长官负责制定、施行游戏产业振兴综合计划(第 3 条)。在制作方面，扶持促进开发优秀游戏商品等创业活动(第 4 条)。在流通方面，禁止非法游戏产品的流通(第 32 条)，游戏产品的流通者有明示商号、等级、游戏产品内容信息等的义务(第 33 条)。在使用方面，规定应保护使用者的权益(第 14 条)。另外，还制定了与音乐产业法相同的知识产权保护条款(第 12 条)。此外，与限制相关的内容有：游戏产品等级委员会的等级分类(第 16 条至第 24 条)，营业的申报、登记、运营(第 25 条至第 31 条)，取消登记等行政措施(第 35 条至第 38 条)等。另外，该法的一大特点是，为防止游戏的社会性副作用，还规定了建立游戏文化的基础(第 12 条),预防过度沉迷于游戏(第 12 条之 2)。针对赌博性游戏产品的扩散,以及游戏提供场所的商品券非法兑换现金等助长了赌博心理,产生了一大批赌博中毒者,导致赌博行为扩散到赌博性网吧的问题,2007 年对该法进行了修订,对赌博性游戏产品做出了定义,细分了游戏产品的等级分类并加强了事后管理,如果被判定为赌博性游戏,则有权拒绝为其分类,并禁止在市场上流通。采取了对于提供普通游戏产品的企业,实行许可制;对于网络计算机游戏设施提供业(PC 游戏厅)实行登记制,以此加强管理;禁止为青少年不得使用的游戏产品提供奖品,并禁止将游戏成果换成现金等一系列措施,以此杜绝赌博性游戏产品。另外,2008 年修订的该法中,还制定了强行中止网络上流行的赌博性非法游戏及未获等级分类的游戏产品、与等级分类内容不符的游戏产品的法律依据。

### 5. 与振兴 e-sports(电子竞技)相关的法律

虽然 e-sports 是发展潜力巨大的高附加价值文化产业,但却缺乏扶持它的法律、制度上的根据,在施行长期的、系统的 e-sports 振兴政策时遇到了很多困难。因此,为了制定、实施发展 e-sports 的中长期振兴基本计划及各领域、各年度详细施行计划,确定与指定 e-sports 产业扶持中心,培养专业人才,加强国际交流及扶持进军海外市场等相关事项,建立 e-sports 及 e-sports 产业基础,提高竞争力,于 2012 年 2 月 17 日制定了《e-sports(电子竞技)振兴法》,将于 2012 年 8 月 18 日起开始实施。

主要内容如下。第一,该法规定了 e-sports 振兴所需的相关事项,谋求建立 e-sports 文化和产业的基础并提高竞争力,目的在于通过 e-sports 扩大国民有效利用余暇时间的机会,并为国民经济的健康发展作贡献(第 1 条)。第二,地方自治团体为谋求丰富地区居民的余暇生活并增进亲睦关系,要活跃 e-sports 活动,要为建立 e-sports 设施等基础建设、设立与运营 e-sports 团体、举办 e-sports 大赛提供扶持(第 5 条)。第三,为促进 e-sports 的发展,文化体育观光部部长要制定、实施中长期振兴基本计划及各领域、各年度详细实施计划(第 6 条)。第四,为制定、实施 e-sports 相关政策,政府要进行 e-sports 实态调查(第 7 条)。第五,为有效地推进基本计划及实施计划,国家和地方自治团体要为筹集必要的资金做出努力(第 8 条)。第六,在 e-sports 振兴方面,为响应文化体育观光部部长的咨询,还设立了隶属于文化体育观光部部长的 e-sports 振兴咨询委员会(第 9 条)。第七,文化体育观光部部长应该为培养振兴 e-sports 所需的专业人才做出努力,可以指定大学为专业人才培养机构并予以扶持(第 10 条)。第八,文化体育观光部部长为有效地扶持与 e-sports 产业发展相关的研究开发及咨询等活动,有权指定国公立研究机关、大学等作为 e-sports 产业扶持中心(第 13 条)。第九,政府为有效地扶持加强国际交流及进军海外市场等相关工作,有权在预算范围内,为其提供全部所需费用或部分所需费用(第 14 条)。第十,国家为谋求 e-sports 的发展,丰富国民健康的余暇活动,应该研究培育专业及日常生活 e-sports 所需的实施(第 15 条)。

### 6. 与振兴电影及影像制品相关的法律

电影和影像产品虽然是同一内容的影像制品,过去却分别制定了《电影振兴法》和《关于唱片、影像制品及游戏产品法》进行管理。现有的以线下制作、流通为基础所进行的媒体分类,显然已经不适应目前数字及网络技术发展所带来的影像媒体融合及多元化。为此,2006 年制定了包括电影和影像制品在内的《电影及影像制品振兴法》。

该法主要内容及修订事项如下。在定义规定方面，由于“点播视频”(VOD，Video on Demand)也具备以数字方式进行压缩存储、容易复制等影像制品的特点，因此将其划归影像制品范围内(第 2 条第 12 款)，并将其作为影像制品视听提供业的一种，新设了“网络影像制品视听提供业”(第 2 条第 16 项)。在流通方面，电影运营商向其他电影运营商供应电影时，应该以公正合理的市场价格，文化体育观光部部长判定其电影流通秩序违反了反垄断法，可以将相关事实通报给公正交易委员会(第 28 条)。另外，对放映电影中韩国电影占 60%以上的专门电影院给予扶持(第 38 条)，规定了电影配额(第 40 条)。在规定限制方面，规定了电影运营商的申报、上映等级分类、广告与宣传限制、电影院的登记、预防灾害的措施等。

2007 年，制定了以政府的出捐款、个人或法人的捐款捐物以及电影院售票中的附加费为财源，设立电影发展基金的法律依据；2008 年，数字电影院由于具有节省电影产业的经济费用、技术革新、增加附加价值及对其他产业的辐射效果等特点，成为电影产业新增长动力，为此，制定了振兴数字影院所需的法律依据，如构建数字影院产业的基础、确保财源、数字影院的品质认证等。2009 年，在提供电影及影像制品内容煽动性、暴力性程度的相关信息，以确保电影产品等级分类制度有效执行的同时，将电影及影像制品的申报、登记机构统一规定为市长、郡守、区厅长，减轻了营业者的不便与负担。同时，还在法律上明确规定了“限制上映电影”等级的内容，并在法律上明确规定了电影上映等级分类标准的大纲，具体的分类标准在现行的电影产品等级委员会规定中以总统令的形式确定，过去被排除在青少年有害性确认对象之外，利用信息通信网拍摄的电影及影像制品的广告/宣传产品，也必须获得电影产品等级委员会对其是否对青少年有害的确认。另外，废止了影像制品的等级分类保留制度，新设了“限制观看影像制品”这一等级，为保护青少年，对提供视听、广告/宣传等做出了一定的限制；本来由总统委任的影像制品等级委员会委员，也改为由大韩民国艺术院会长推荐，由文化体育观光部部长委任，具体的构成标准以总统令的形式予以规定。2010 年，规定电影院经营者必须加入电影振兴委员会运营的电影院电影统合电算网，若加入统合电算网，则享受不必进行电影名称、上映时间等电影上映申报的权利，简化了行政手续，同时，明确规定文化体育观光部部长有义务为振兴电影产业及保护知识产权做出努力。

### 7.《出版文化产业振兴法》①

《出版文化产业振兴法》制定于 2007 年，目的是规定与出版相关的事项及对出版文化产业的扶持/培育、出版物的审议及确立健全的流通秩序等必要事项。

2012 年 1 月 26 日曾做了大幅修订，主要内容如下。第一，为确保与国内出版物审议制度的协调性，消除国民的不方便事项，废除了外国出版物进口推荐制度(删除了第 12 条至第 15 条)。第二，为有效地扶持出版文化产业，设置了韩国出版文化产业振兴院，该院接收并扩大了韩国出版物伦理委员会的功能，执行下列功能，即研究、调查、企划振兴出版文化产业所需的政策及制度，为发展出版文化产业而对加强制作及提高流通水平给予扶持，奖励优秀图书及振兴读书活动等促进出版需求方面的工作(第 16 条至第 16 条之 4)。第三，在韩国出版文化产业振兴院下设了出版物伦理委员会，由其来

① 除此之外，虽然有 2007 年制定的《印刷文化产业振兴法》，但自 2009 年以后就没有修订的事项，因此此次白皮书中没有提及。

执行前韩国出版物伦理委员会所执行的出版物是否有害的审议工作(第 17 条之第 20 条)。第四，电子出版物与纸质出版物不同，没有具体的物理实体，是通过网络销售的，因此，规定纸质出版物的出版公司将定价标示在纸质书上，销售电子出版物的运营商必须将定价明确地标示在购买者能够识别的销售网站上(第 22 条第 2 款)。第五，纸质出版物自发行日期起 18 个月后，即可以不按定价销售，这时，同一内容的电子出版物也可以被排除在定价销售对象之外，进行打折销售或采取其他各种销售方式(第 22 条第 4 款第 4 项)。第六，以提高出版物销售量为目的，出版公司或作者如有非正当购买行为，对其进行处罚的金额上限由 300 万韩元调高至1 000万韩元(第 28 条第 1 款及第 2 款第 6 项)。第七，如果不标示出版物定价者或不按照定价销售或降价销售的幅度超过定价的 10%，将会对其进行罚款、没收等处罚，该项工作现由文化体育观光部部长转交给所辖区域内的特别自治道知事、市长、郡守、区厅长(第 28 条第 3 款)。

此外，该法的主要内容及相关修订事项如下。该法为扶持、培育出版文化产业，规定文化体育观光部部长有权奖励、扶持优秀图书的出版；每 5 年制定扶持国际交流的振兴政策，并负责其实施；为确立出版物的流通秩序，出版物的出版者依据图书馆法获得国际标准资料号码时，必须将此号码标示在相应出版物上。另外，国家或地方自治团体在扩充出版文化产业的基础设施或建设园区时，也必须遵守文化产业振兴基本法的规定；欲以发行为目的进口朝鲜的漫画、小说、摄影集、画报集、杂志等出版物的人或出版公司，如果不能确定该出版物是否属于有害出版物，或是否为《青少年保护法》规定的对青少年有害的出版物，可以事先向出版物伦理委员会进行问询予以确认。文化体育观光部部长或市、道知事为保证出版物的健康流通秩序，有权向出版公司等发出必要的命令；为体现出版物的伦理、社会责任，审议出版物是否有害，成立了出版物伦理委员会。另外，为营造健全的出版流通环境，文化体育观光部部长、市/道知事、市长、郡守、区厅长对于非法复制出版物及有害出版物有权没收或销毁。特别是，删除了过去 5 年限时条款——图书定价制时限的有关规定，继续保留图书定价制；为提高图书定价制的效果，将定价制的适用期限由原来的发行日起 1 年改为 18 个月，规定可以在图书定价的 10%范围内进行打折销售。

2008 年又做了修订。以前的规定是在接受出版物有害性审议时，出版公司应向文化体育观光部部长递交两份出版物，但这会导致预算、行政上的浪费，对于出版界来说也是一种负担，因此，废除了递交出版物的规定，并废止了出版流通审议委员会，构筑以部门为中心的责任行政体系。2010 年，将现行的韩国文学翻译院的法律管辖由《文化艺术振兴法》移至该法管辖，其业务领域也由文学领域扩大至文学及出版领域，同时，制定了由国库资金扶持韩国文学翻译院的法律依据。

#### 8.《知识产权基本法》

《知识产权基本法》作为第 10629 号法律，制定于 2011 年 5 月 19 日，自 2011 年 7 月 20 日起实施，目的是将发明、商标、图书/唱片、游戏产品、半导体设计、植物的品种等许多以个别法律为依据的与知识产权相关的政策统一起来，并按照一贯的原则来推进该项工作。该法直接规定了政府知识产权相关政策的基本原则和主要政策方向，同时，为制定政府层面的国家知识产权基本计划，审议、调整相关政策，设置了国家知识产权委员会，建立了推进体系，目的是在我国营造能够最大限度发挥知识产权价值的社会环境和制度性基础。主要内容如下。

第一，将知识产权定义为依据人类的创造性活动或经验而创造出来或发现的知识/信息/技术、思想或感情的表现、营业或物品的标示、生物的品种或遗传资源，以及除此之外无形的、能够实现财产价值的东西(第 3 条)。第二，为审议、调整知识产权相关政策和计划，检查、评价其推进事项，设置了总统下属的国家知识产权委员会，委员会的委员长由国务总理和民间委员共同担任，为了扶持委员会的业务，还设置了事务机构(第 6 条、第 7 条及第 11 条)。第三，政府每 5 年制定、实施确定知识产权的中长期政策目标及基本方向，并据此制定、实施国家知识产权施行计划，以确定各机构、各年度的推进计划(第 8 条及第 9 条)。第四，政府扶持知识产权及新知识产权的创造，并扶持将研究开发成果转化为优秀的知识产权，并保障知识产权创造者能够获得正当的报酬(第 17 条至第 19 条)。第五，政府必须将知识产权迅速、正确地确定为权利，并有效地予以保护；为迅速、公正地解决知识产权纠纷，要整顿相关制度，努力使我国国民的知识产权在海外得到保护(第 20 条至第 24 条)。第六，政府必须促进知识产权的转让、交易、商业化等应用，培育知识产权服务产业，保证共同研究创造的知识产权能公正地分配，并推进大企业和中小企业共同发展，为知识产权的合理使用做出努力(第 25 条至第 28 条)。第七，推进建立创造、保护及应用知识产权所需的政策基础，以营造尊重知识产权的社会环境，扶持知识产权的国际标准化，保障知识产权信息的顺畅流通，培育知识产权专业人才及研究机构(第 29 条至第 35 条)。第八，推进知识产权相关规范的国际化以及加强对发展中国家的扶持，加强与朝鲜在知识产权领域的交流(第 36 条至第 38 条)。第九，通过委员会及专门委员会的委员、事务机构的职员及委员会的委任而执行委员会业务者，不是公务员的人，如果适用于《刑法》第 129 条至第 132 条的规定，则视为公务员(第 40 条)。第十，通过修订其他法律，将“智的产权”变更为“知识产权”，统一了法律用语(附则第 1 条及第 2 条)。

### 9.《播放通信发展基本法》

《播放通信发展基本法》阐明了能够应对播放和通信相融合的新传媒环境下的播放通信政策的基本理念，规定了播放通信振兴等相关事项及播放通信灾难管理等相关事项，为发展播放通信、增进国民福利作贡献，于 2010 年 3 月 22 日制定并自 2010 年 9 月 23 日起施行。

2012 年 1 月 17 日对该法做了部分修订，播放通信委员会在有权申请进行灾难播放的对象中，追加了网络多媒体播放运营商，扩大了传播灾难信息的手段，并且在现有的灾难外，国民防卫状态时也追加了警报播放，扩大了针对突发的安保威胁进行灾难播放的范围，以便让国民能够进行有效的应对(第 40 条及第 48 条)。

其他的主要内容如下。第一，新设了“播放通信”“播放通信资讯”等统合概念(法第 2 条)。首先，为应对播放和通信融合的新模式，需要克服现有的将播放、通信分离的二元化概念的限制，定义“播放通信”这一更概括性的概念。为此，将“播放通信”定义为：依据“有线、无线、光纤或其他电子方式，传送(包括向公众传送)或接收播放通信资讯，以及与之相关的系列活动等，包括《播放法》第 2 条规定的播放、《网络多媒体播放事业者法》第 2 条规定的网络多媒体播放、《电子通信基本法》第 2 条规定的电子通信”(法第 2 条第 1 款)。将“播放通信资讯”定义为依据“有线、无线、光纤或其他电子方式，传送或接收的符号、文字、声音、音响及影像”(法第 2 条第 2 款)。另外，由“播放通信”派生出的概念，还有播放通信服务、播放通信运营商、播放通信设备等，对它们进行了再定义(法第 2 条第 3 款至第 6 款)。

第二，设定了播放通信政策的基本方向(法第 3 条及第 4 条)。提出播放通信的长期愿景，并制定、推进有效的政策，规定了播放通信基本政策及理念，以及以此为基础的措施；同时还提出了通过提高播放通信的公共性与公益性、保护收视者和使用者权益等来完善播放通信这一基本政策理念。

第三，规定了与制定播放通信基本计划相关的事项(法第 8 条及第 11 条)。为了播放通信的顺利发展及增进国民的福利，需要制定并实施基本的、综合的播放通信计划。为此，播放通信委员会制定了播放通信基本计划，内容包括播放通信服务的播放通信咨询、播放通信设备及播放通信技术、提供普遍的播放通信服务及确保其公益性等相关事项。

第四，规定了与振兴播放通信相关的事项(法第 16 条至第 21 条)。为了有效应对剧变的播放通信环境，需要制定与振兴播放通信技术及培养人才等相关的措施。为此，需要进行播放通信相关技术水平的调查，制定振兴播放通信技术所需的措施，管理播放通信相关的技术信息，培养播放通信专门人才，通过这些来谋求播放通信的持续发展。

第五，规定了播放通信发展基金的设置事项(法第 24 条至第 27 条)。为推进开发播放通信融合技术及服务、保护视听者的权益等符合播放通信融合环境的新政策，有必要统合播放通信的财政体系。为此，《电波法》规定的频谱价值等由播放通信事业者组建的财源，与现有的播放发展基金统合起来，设置了播放通信发展基金，用于播放通信相关研究开发工作，播放通信相关标准的开发与制定、普及等工作。

第六，规定了播放通信的技术标准(法第 28 条至第 33 条)。播放和通信的应用及使用目的根据需要会有所差异，但播放和通信相关技术具有中立的性质，因此如将它们统合管理效率会更高。为此，通过设定、管理及监督播放通信技术标准、标准化等统合标准，来加强播放通信技术的竞争力，确保国际化标准。

第七，规定了播放通信灾难管理事项(法第 35 条至第 40 条)。发生灾害、灾难等国家性的紧急情况时，播放通信是负责国民安危的核心要素，应该制定相关的统合性政策。为此，将现有的播放和通信分离的二元化播放通信灾难管理体系合为一体，构筑统合的播放通信灾难管理系统，通过这一系统，在国家紧急状态时，保护国民的安全，启动有效的国家统合管理系统。

### 10.《播放法》

《播放法》以保障播放的自由和独立，提高播放的公共责任，以此来保护视听者的权益，谋求民主化舆论氛围的形成及提高国民的文化生活，为促进播放的发展及增进公共福利作贡献为目的(第 1 条)，规定了播放运营商的持股限制(第 8 条)、许可/承认/登记(第 9 条)、韩国播放公社(第 43 条至第 68 条)、播放节目编辑等播放事业的运营(第 69 条至第 85 条)、视听者的权益保护(第 86 条至第 90 条)等内容。从运营商的角度看，播放法限制的内容更多一些，但这反映了播放的公益性这一特性。

2011 年 7 月 14 日做出了部分修订，将负责处理视听者不满事项、搜集意见、审议请愿事项的视听者不满处理委员会的名称变更为视听者权益保护委员会；在审议对象中，追加了网络多媒体播放；新制定了评价播放市场竞争状态的法律依据，同时播放运营商必须提供残疾人播放节目，以帮助残疾人收视收听；还新设立了禁止播放运营商侵害视听者权益行为的规定。

另外，为活跃国内动漫产业，2012 年 1 月 17 日对播放法进行了修订。主要内容：进行综合编辑的使用播放频道的运营商，以及动漫占编辑节目一定比例以上的使用播放频道的运营商，也被要求承担编辑国内制作新动漫的义务(新设第71条第3款)。播放运营商如果将国内制作的动漫编辑在主要视听时段，在计算编辑比例时，依据总统令的规定，可以加上加权值(新设第71条第5款)。还规定综合有线播放运营商和卫星播放运营商有义务为增进残疾人福祉而设立频道(第70条第3款)。播放通信委员会为使视听者参与播放，增进视听者权益，设立了视听者媒体中心，目的是促进关于媒体的教育、体验及宣传，扶持视听者制作的播放节目，对各种播放制作设备的使用予以支持(第90条之2新设)。

其他修订内容如下。2009年，为适应报纸、播放、通信、网络相融合的新媒体环境，应对国际市场的开放潮流，提高播放产业的竞争力，营造适合媒体产业发展的环境，放宽了现行法律上规定的1人股份持有限制，以及对大企业、报纸、新闻通信及外国资本综合编辑或报道专门编辑资讯产业的兼营或股份持有限制等的规定。另外，还规定地面波播放运营商及进行综合编辑或报道专门编辑的使用播放频道的运营商的股票，无论是谁，所持有的股份均不得超过40%(法第8条第2款)；大企业或报纸、新闻通信的经营者，所持有的地面波播放运营商的股份不得超过10%，所持有的进行综合编辑或报道专门编辑的播放频道运营商的股份不得超过30%(法第8条第3款)。经营日刊报纸的法人，如果想要持有地面波播放运营商及进行综合编辑或报道专门编辑的使用播放频道运营商的股份，需要向播放通信委员会递交并公开全部发行份数等资料，日刊报纸的阅读率达20%以上时，禁止其开展兼营事业或持有股份(法第8条第4款)，以上是主要修订内容。另外，新增了对虚拟广告与间接广告的定义规定，即在制作播放节目时，使用计算机制图插入虚拟图片的广告(虚拟广告)，以及在播放节目中将商品作为道具而使其出现在节目中的广告(间接广告)，在修订中对上述两种广告也新设了定义规定；为保障播放的舆论多样性，还在播放通信委员会下新设立了“媒体多样性委员会”。

11.《网络多媒体播放产业法》

随着数字技术的发展，播放和通信相融合已经成为趋势，我国也拥有了将播放和通信相融合，能够提供新服务的技术。因此，奠定了引入播放通信融合服务的基础，为了保护使用者权益，促进相关技术及服务的开发，于2008年制定了《网络多媒体播放产业法》。

2011年7月14日做了部分修订。为了构建播放市场有效的竞争体制，营造公正的竞争环境，成立了播放市场竞争状况评价委员会，同时对网络多媒体播放产业实施竞争状况评价，据此，对该法规定的评价委员会相关事项进行了修订。

该法的主要内容及修订内容如下。网络多媒体播放是指“使用宽带域统合信息通信网等，以具有双向功能的网络协议方式，通过电视等接收器，向使用者提供包括实时播放节目在内的资讯播放”(第2条第1款)。与此相关的网络多媒体播放业分为将相应资讯提供给使用者的“网络多媒体播放提供产业”和“网络多媒体播放资讯产业”(第2条第4款)。在资讯制作方面，无论是播放运营商、通信运营商，还是依照其他法律规定制作、供应资讯的运营商，均有权向网络多媒体播放提供运营商提供网络多媒体播放用资讯，但必须要遵照播放通信委员会关于登记、承认等的条件(第18条)。在流通方面，规定为构建网络多媒体播放提供产业的公平竞争体制，保护使用者的权益，需要营造公平竞争环境(第12条)。限制市场占有率(第13条)，同等提供电子通信设备(第14条)。在使用者保护方面，对使用条款的申报(第15条)及向使用者提供信息保护、不满处理、损失补偿等方面进行了规定(第16条)。另外，对于主要播放节目，规定了资讯同等接触权，即提供相应播放节目的网络多媒体播放资讯运营商，为了能让普通视听者收看到这些节目，必须以合理的价格提供给其他传送运营商(第 20 条)。另外，该法还规定播放节目编辑及播放的再传送还应遵守播放法(第 21 条第 4 款)。此外，作为限制性内容，对网络多媒体播放提供产业的许可(第 4 条)；网络多媒体播放提供事业将全国作为一个事业区域，定期通信运营商在一定的时期内，在所有的播放区域内开始提供服务的事业区域(第 6 条)；禁止网络多媒体播放运营商兼营播放频道产业，为限制日刊报纸、新闻通信、外国资本等持有网络多媒体播放产业，对禁止兼营及限制外国人持有股份等内容进行了规定(第 8 条及第 9 条)。

2009 年 5 月 21 日进行了部分修订。网络多媒体播放提供事业取消许可时，由于缺少实施听证的法律依据，导致网络多媒体播放提供运营商的权益有受到侵害的可能，因此，新制定了实施听证的法律依据，将目前施行令中规定的事项直接以法律的形式予以规定。2009 年 7 月 31 日又进行了部分修订。为适应报纸、播放、通信、网络相融合的新媒体环境，应对国际市场开放的潮流，提高我国播放产业竞争力，营造适合媒体产业发展的环境，放宽了现行法律上禁止大企业、报纸、新闻通信及外国资本兼营综合编辑或报道专门编辑资讯产业及禁止持有股份的规定。

### 12.《电子通信产业法》

《电子通信产业法》是以通过合理运营电子通信事业，有效地管理电子通信来促进电子通信产业健康发展为目的而制定。

2011 年 5 月 19 日所做的修订中，作为杜绝非法资讯及淫乱作品流通所做努力的一个环节，引入了网络硬盘登记制度。这是由于社会认识到了通过网络硬盘进行非法复制、传送的严重性。至今为止，通过《版权法》对网络硬盘的限制只是单纯的“先侵害后采取措施”方式，由于对非法资讯的监督及应对需要一定的时间，而在这一段时间非法复制、传送已经完成，因此很难有效应对。为此，为改善对非法复制、传送的应对，将网络硬盘登记制作为法律制度性措施引入。

网络硬盘服务的目的是在网络上向使用者提供存储空间，让使用者在网络环境下，能够在任何地方通过网络上传、浏览、编辑、下载文件，是一种云计算服务(被称为“存储型网络硬盘服务”)，但目前与知识产权相关的问题是：与网络硬盘服务所具备的上述目的相比，更进一步的是其他使用者也可以下载相关文件，因此文件就可以共享，也就是所谓的“共享型网络硬盘服务”。所谓“共享型网络硬盘服务”，作为版权法上的“网络服务提供者”这一类型，相当于“特殊类型的网络服务提供者”(“特殊类型的 OSP”)。

修订后的《电子通信产业法》第 2 条第 13 款将网络硬盘等特殊类型的网络服务提供者提供的附加通信服务定义为“特殊类型的附加通信服务”；为加强网络硬盘服务的准入限制，规定欲经营特殊类型的附加通信服务者，需要具备一定的条件，并向播放通信委员会进行登记(第 22 条第 2 款)。同时，对于经常违反相关法令的运营商，将取消其登记资格(第 27 条)，被取消登记资格的运营商将会被限制进行再登记(第 22 条之 2)。

修订后的电子通信事业法第 22 条第 2 款中规定的登记条件为：①《关于促进信息通信网使用及信息保护的法律》第 42 条、第 42 条之 2、第 42 条之 3、第 45 条以及《版权法》第 104 条规定的技术性措施实施计划；②业务所需要的人力及设施；③财务的健全性；④产业计划书等总统令所规定的其他事项等。其中，第 1 项规定的技术性措施实施计划是确保网络硬盘登记制实效性的最重要的要件。

### 13. 青少年保护法

《青少年保护法》制定于 1997 年，目的是保护、救助青少年远离有害媒体物等各种有害环境，使青少年成长为具有健全人格的人。该法将“青少年有害媒体物”定义为：保健福祉家庭部部长所属的青少年保护委员会裁定或确认为对青少年有害并公示的媒体物，各审议机关议决或裁定为对青少年有害，并由青少年保护委员会公示或依据同法第 12 条规定确认为对青少年有害，并由青少年保护委员会公示的媒体物(第 8 条第 1 款)。《青少年保护法》中的媒体物是指：“影像制品、游戏产品、唱片、电影、话剧、音乐/舞蹈、其他娱乐性观赏品、通过电子通信传播的符号、文字语句、声音或影像信息、播放节目、报纸、杂志、漫画、摄影集/画报/小说等图书类、电子出版物、商业性广告宣传品等。”(第 7 条)。因此，事实上所有的资讯只要对青少年有害，就可以被认定为有害媒体物。

2011 年 5 月 19 日做了部分修订。由于过度沉迷于网络游戏而导致的游戏成瘾问题日益严重，但仅凭家庭、学校等的努力很难对此采取适当的应对措施，因此，规定在午夜 0 点至早晨 6 点之间的深夜时间段内，禁止向未满 16 岁的青少年提供网络游戏，以预防青少年网络游戏成瘾。2011 年 7 月 28 日也做出了部分修订，规定媒体物的制作者、发行者或流通者如果对青少年保护委员会的审议、决定有异议，有权在接到通知之日起的 30 日内，向青少年保护委员会提请重新审议，赋予了当事人充分解释的机会。

另外，现有的唱片审议虽然由女性家庭部所属的青少年保护委员会的唱片审议委员会负责进行，但是对于委员会的组成却没有明确的法律依据，这种情况下，其组成内容也没有公开，在审议的责任性和组成的多样性方面存在局限性。为此，2012 年 1 月 17 日又做了部分修订，在法律中明确了唱片审议委员会等有害媒体物审议分科委员的设置依据；同时考虑到电影、游戏的等级重新分类审议时限为 15 日这一点，将有害媒体物的重新审议时限由现行的 60 日缩短至 30 日，目的是为了与宪法的增进青少年福祉及保障自由表达的价值观相符。2011 年 9 月 15 日对该法做了大幅修订，采取了多种保护青少年免受有害环境侵害的措施，如扩大对青少年有害营业场所认定的范围，并规定在销售或租借青少年有害媒体物时，要确认是否是本人，青少年有害媒体物提供者有违法行为时，要将其违法内容进行公示，未满 16 岁的青少年加入网络游戏会员时，需要获得监护人的同意，禁止向青少年提供青少年有害媒体物等；制定了预防有害媒体物的误/滥用及消除其危害，预防青少年受到有害药物侵害及治疗、康复等工作的依据，制定了事后管理对策。

### 14.《演出法》

《演出法》制定于 1961 年，目的是在保障艺术自由的同时振兴健康的演出活动，规定了与演出相关的事项。

2011 年 5 月 25 日做出了部分修订。第一，为了解决演出练习场所不足的问题，规定了国家和地方自治团体有权设置并运营演出练习场所；在委托运营演出练习场所时要提供必要经费补助，为此制定了设置、运营演出练习场所的依据(第 2 条第 5 款新设及第 8 条)。第二，在国内演出外国剧目的推荐限制事由中，删除了根据主观价值观可以随意解释的“有伤害国民感情之忧”这一项，整顿了外国剧目在国内演出的限制事由(第 7 条第 1 款第 1 项)。第三，将现行施行令规定的演出场所舞台设施安全诊断检查运营规定提升到法律这一高度，为了演出场所舞台设施的安全，由文化体育观光部部长指定了舞台设施安全诊断专门机构，没有满足指定要求时，有权取消其制定资格；为防止安全诊断机构做不实检查，可进行现场确认及评价(第12条及第12条之2至第12条之4新设)。

该法的主要内容及修订事项如下。“演出”是指“将音乐、舞蹈、话剧、演艺、国乐、曲艺等艺术观赏品的实际演出向公众开放的行为”。依据该法，禁止年幼者(未满18岁)观看有害的演出，也禁止分发与此相关的宣传品或广告。对于外国人的演出，需要获得影像制品等级委员会的推荐，可以向影像制品等级委员会申请确认其是否有害。如担心其伤害国家利益、国民感情、公序良俗时，有权不予推荐。另外，对演出场所的许可、检查、取消，以及演出人员、演出场所经营者、观众的遵守事项等相关规定和罚则也做了规定。

2006年也做出了部分修订，规定了设置野外演出场所时需要进行登记，确保演出场所的设施及观众的安全，可以对相应演出场所提供政策性扶持及培育。另外，废止了依照舞台艺术领域实务经历进行资格认证的制度，确保资格鉴定的客观性和可行性，通过提高资格证持有者的专业技术能力水平，提高了相应资格证的可信度和公平性；还废除了舞台艺术专业人才教育机构的指定制度，之前，只有在舞台艺术专业人才教育机构学完相关课程的人才能接受资格鉴定的做法，变为只要具备总统令规定的应试资格就可以进行资格鉴定。

# 第四部分　2011 年资讯产业各部门的成果及展望

## 一、电　　影

### (一) 现状

#### 1. 2011 年韩国电影产业概况

2011 年韩国电影产业可以说是重新大放异彩。2010 年虽然销售额增加了，但电影院观众数与前一年相比大幅减少，使得 2011 年从一开始就面临着巨大的压力。但是，与预期相反，2011 年观众数与前一年相比增长了 8.7%，总数达 1 亿5 979万人次，电影院销售额也增长了 7.4%，达 1 兆2 362亿韩元。

韩国电影《终极兵器：弓》《阳光姐妹淘》《少年菀得》《熔炉》等不仅大为热播，而且还引起了复古热潮、参与政治的热潮，成为社会热烈讨论的中心话题。这使得韩国电影主导了国内市场，4 年来市场占有率首次超过 50%，2011 年韩国电影的市场占有率达 52%。

(1) 电影院观众及销售额重新呈现增长趋势。

2011 年，电影票房收入达 1 兆2 362亿韩元，与 2010 年的 1 兆1 514亿韩元相比，增长了 7.4%，创造了历年的最高值。2010 年销售额的增加主要是由电影票涨价及票价较贵的 3D 电影带来的，而 2011 年销售额的增加则是由观众数的增加带来的，因此意义更大。也就是说，更多的观众开始重回电影院观看电影。由于智能设备和 IPTV 等新媒体的出现和终篇亮相等观看环境的变化，曾预测电影院观众数难以增加，但是电影院观众数量和销售额均增加了，这再一次印证了常说的那句话："好的电影一定会吸引大量观众"。

每人看电影的次数也达 3.15 次，与 2010 年的 2.92 次相比，有小幅增加。但放映厅数仅为1 982个，4 年以来首次跌破2 000个。

表 4-1-1　　各年度韩国电影产业主要指标

| 年度 | | 2004 | 2005 | 2006 | 2007 | 2008 | 2009 | 2010 | 2011 |
|---|---|---|---|---|---|---|---|---|---|
| 首尔观众数(万名) | | 4 704 | 4 698 | 5 055 | 4 869 | 4 711 | 4 883 | 4 629 | 4 788 |
| | 增减率(%) | 7.0 | -0.1 | 7.6 | -3.7 | -3.2 | 3.7 | -5.2 | 3.4 |
| | 韩国电影占有率(%) | 54.2 | 54.9 | 60.4 | 45.0 | 39.6 | 46.0 | 43.9 | 47.9 |

续表

| 年度 | 2004 | 2005 | 2006 | 2007 | 2008 | 2009 | 2010 | 2011 |
|---|---|---|---|---|---|---|---|---|
| 全国观众数(万名) | 13 517 | 14 552 | 15 341 | 15 877 | 15 083 | 15 696 | 14 707 | 15 979 |
| 增减率(%) | 13. 1 | 7. 7 | 5. 4 | 3. 5 | -5. 0 | 4. 1 | -6. 3 | 8. 6 |
| 韩国电影占有率(%) | 59. 3 | 58. 7 | 63. 8 | 50. 0 | 42. 1 | 48. 7 | 46. 6 | 52. 0 |
| 电影院销售额(亿韩元) | 8 498 | 8 981 | 9 257 | 9 918 | 9 794 | 10 940 | 11 514 | 12 362 |
| 电影院销售额同比增减率(%) | 18. 5 | 5. 7 | 3. 1 | 7. 1 | -1. 3 | 11. 7 | 5. 7 | 7. 4 |
| 全国放映厅数(个) | 1 451 | 1 648 | 1 880 | 1 975 | 2 004 | 2 055 | 2 003 | 1 982 |
| 观览次数(次) | 2. 78 | 2. 98 | 3. 13 | 3. 22 | 3. 03 | 3. 15 | 2. 92 | 3. 15 |

出处：电影振兴委员会(2012)，《2011 韩国电影产业结算》。

(2)电影企业数量增加。

2011 年电影企业数量比 2010 年有所增加，制作企业增加了 200 多个，其他部门也呈现出增加的态势。但目前没有规定停业时必须进行申报，因此，该统计可能包括那些已经停业或实际上不再营业的情况，会与实际情况有一定的出入。

表 4-1-2　**各年度电影企业数量**　(单位：个)

| 分类 | 制作企业 | 进口企业 | 发行企业 | 上映企业 | 合计 |
|---|---|---|---|---|---|
| 2002 | 1 081 | 428 | 290 | 557 | 2 356 |
| 2003 | 1 218 | 469 | 302 | 611 | 2 600 |
| 2004 | 1 375 | 509 | 315 | 654 | 2 853 |
| 2005 | 1 965 | 785 | 405 | 893 | 4 048 |
| 2006 | 2 154 | 820 | 435 | 983 | 4 392 |
| 2007 | 1 967 | 629 | 425 | 773 | 3 794 |
| 2008 | 2 747 | 984 | 607 | 983 | 5 321 |
| 2009 | 2 365 | 741 | 559 | 715 | 4 380 |
| 2010 | 2 465 | 755 | 575 | 817 | 4 612 |
| 2011 | 2 664 | 813 | 641 | 829 | 4 947 |

出处：电影振兴委员会(2012)，《2011 韩国电影产业结算》。

(3)韩国电影的收益性提高。

韩国电影收益率在 2008 年创下了史上最差纪录(-43. 5%)，2009 年开始逐渐呈现回转的态势。虽然 2011 年的收益率仍为-4. 6%，但与 2010 年的-11%相比增长了 6. 4%，是 2006 年以来的最佳收益率。另外，超过收支平衡点的电影数约为 16 部，大约每 4 部商业电影中有 1 部产生收益。特别是，收益率超过 100%的作品有 9 部，由此看来，整体收益率有所改善。

2011 年首映的韩国电影中，有 65 部①商业电影是投资收益性分析的对象，它们的平均总制作费为 48. 1 亿韩元(平均纯制作费 32. 5 亿韩元，平均营销费用 15. 6 亿韩元)，与全部首映电影的平均制作费

① 韩国电影投资收益性分析通常是以商业企划制作、发行的电影作为调查对象，2011 年电影院首映的 146 部韩国电影中，总制作费低于 10 亿韩元，全国首映场次少于 100 场的作品除外。

相比，高出近 2 倍。该结果显示，全部首映电影中总制作费低于 10 亿韩元的低预算电影占一半以上。

表 4-1-3　**2011 年韩国电影首映作品投资收益率(推测数值)**

| 分　类 | | 韩国电影首映作品① | 备　注 |
|---|---|---|---|
| 收益性分析对象作品的部数 | | 65 部 | |
| 平均总制作费(A) | 平均纯制作费 | 32.5 亿韩元 | |
| | 平均营销费用 | 15.6 亿韩元 | |
| | 合计 | 48.1 亿韩元 | |
| 平均总销售额(B) | | 45.9 亿韩元 | |
| 平均收益金额(C=B-A) | | -2.2 亿韩元 | |
| 平均收益率 | | -4.6% | |
| 超过收支平衡点(BEP)的部数 | | 16 部 | |
| 超过收支平衡点(BEP)的比例 | | 24.6% | |
| 收益率超过 50%的部数 | | 13 部 | 含收益率超过 100%的部数 |
| 收益率超过 50%的比例 | | 20% | 含收益率超过 100%的比例 |
| 收益率超过 100%的部数 | | 9 部 | |
| 收益率超过 100%的比例 | | 13.8% | |

出处：电影振兴委员会(2012)，《2011 韩国电影产业结算》。

(4)销售额增加。

2011 年，韩国电影成品的出口额与 2010 年相比增长了 16.5%，达15 828 662美元，系 6 年来首次由负增长转变为正增长。出口部数达 366 部，为历史最多。对日本和中国的出口额增长，使得在亚洲地区的出口额比重增加，占整体出口额的 56.9%，特别是中国，出口额同比增长了 94.8%。VFX(视觉效果)、DI(数字修正)、3D 转换、特殊效果、武术、混音等后期制作或服务部门的出口，与 2010 年的28 637 506美元相比减少了 58.7%，仅为11 821 845美元，特别是 3D 转换领域的出口额大幅减少了。虽然技术服务领域的出口减少了，但成品的出口却重回增长态势。

(5)网络市场呈现恢复态势。

电影网络市场是电影附加版权市场的新称呼。这是由于电影院上映后，电影就会进入使用有线、无线通信的互联网，并通过网络提供各种服务，开始在市场站稳脚跟。网络市场以 IPTV、VOD(下载及流式传输等)、移动服务为中心，持续发展扩大，三星电子和 LG 电子的智能 TV 自 2011 年开始销售，现在仍处于初级阶段，但也提供电影服务。另外，通过应用程序向移动和智能 TV 提供电影服务的业务也在持续扩大。

2011 年，通过 IPTV、网络 VOD、移动设备建立的电影网络市场崛起，使得几乎消失了的电影附加版权市场重新获得了活力。2011 年总销售额规模预计为1 411亿韩元，其中，IPTV 为 910 亿韩元、VOD 为 440 亿韩元、移动为 61 亿韩元。这一数值与附加版权市场最活跃的 2005 年的5 600亿韩元相比，虽然仅为其 1/4，但也是令人振奋的数值。

(6)纪录片活跃的多样化电影市场。

《走出院子的母鸡》这部电影吸引了 200 万观众观看，各种电影观众的总数重新增至6 542 930人

① 2011 年电影院首映的韩国电影 146 部中，除去总制作费少于 10 亿韩元、在全国上映场次不足 100 场的 81 部作品，仅针对 65 部进行了调查。

次。虽未达到 2009 年《牛铃之声》的火爆水平，但与 2010 年相比，仍增长了 2 倍以上。

所有上映的电影中，韩国纪录片达 22 部之多。《Tones，不要哭》在 2010 年吸引了 26 万观众，2011 年仍吸引了 18 万观众。虽未能和《牛铃之声》同样火爆，但与《最后的冻土带》及《关于酒剧场版》一样，在 TV 播出后进行了改编，又以剧场版的形式在电影院上映。另外，《钟路奇迹》《古巴恋人》《猫咪之舞》等独立长篇纪录片不断被制作播放，也是令人鼓舞之事。

表 4-1-4 **最近 5 年间各种类型电影的观众数**

| 年度 | 艺术电影认定部数(部) | 首尔观众数(人) | 全国观众数(人) | 备　注 |
|---|---|---|---|---|
| 2007 | 97 | 1 676 374 | 4 364 749 | |
| 2008 | 140 | 1 781 625 | 4 055 168 | |
| 2009 | 153 | 2 864 812 | 7 048 885 | 含《牛铃之声》(全国 299 万人次) |
| 2010 | 192 | 1 301 800 | 2 807 018 | |
| 2011 | 230 | 2 492 001 | 6 542 930 | 含《走出院子的母鸡》(全国 220 万人次) |

出处：电影振兴委员会(2012)，《2011 韩国电影产业结算》。

## 2. 制作、进口及上映部门

(1)韩国电影的制作现状。

据调查，2011 年制作的 216 部韩国电影(以影像制品等级委员会等级分类作品数为标准)中，上映的作品为 150 部。2011 年上映的 146 部①韩国电影的总制作费预计为3 312. 4亿韩元②。由此可以计算得出：韩国电影的平均总制作费为 22. 7 亿韩元，与 2010 年的 21. 6 亿韩元相比，增加了 1. 1 亿韩元；但与 2003—2004 年的 41. 6 亿韩元相比，减少了 18. 9 亿韩元。

表 4-1-5 **各年度韩国电影的制作部数及平均制作费现状** (单位：部、亿韩元)

| 分　类 | | 2004 年 | 2005 年 | 2006 年 | 2007 年 | 2008 年 | 2009 年 | 2010 年 | 2011 年 |
|---|---|---|---|---|---|---|---|---|---|
| 制作部数 | | 82 | 87 | 110 | 113 | 124 | 138 | 152 | 216 |
| 上映部数 | | 74 | 83 | 108 | 108 | 112 | 118 | 140 | 146 |
| 平均制作费 | 合计 | 41. 6 | 39. 9 | 40. 2 | 37. 2 | 30. 1 | 23. 1 | 21. 6 | 22. 7 |
| | 纯制作费 | 28. 0 | 27. 3 | 25. 8 | 25. 5 | 20. 7 | 15. 6 | 14. 2 | 15. 5 |
| | P&A | 13. 6 | 12. 6 | 14. 4 | 11. 7 | 9. 4 | 7. 5 | 7. 4 | 7. 2 |

出处：电影振兴委员会(2012)，依据《2011 韩国电影产业结算》编制。

2011 年电影院上映的韩国电影中，低预算电影呈现明显增加的态势，总制作费低于 10 亿韩元的电影有 82 部(56. 2%)，低预算电影的比重自 2006 年以来最高。其他特点为大制作电影及低预算商业电影之外的中等规模预算电影呈现增加态势，按照总制作费区间分布来划分的话，30 亿~70 亿韩元这样中等水平的电影共 44 部(30. 1%)，与 2010 年的 33 部(23. 6%)及 2009 年的 27 部(22. 9%)相比，呈

① 上映的 150 部电影中，不包括《阳光姐妹淘导演版》《终极兵器：弓导演扩展版》《珍贵日子的梦想》《完美搭档导演版》的数值。

② 2011 年韩国电影制作费总额(推算)= 2011 年上映部数×2011 年平均总制作费。

现持续增加的趋势。分析认为，由于 2007—2008 年投资收益率为-40%，因而倾向于投资收益率高的大制作电影或能降低投资风险的低预算商业电影；而随着投资收益率的改善，又重新倾向于投资中等规模电影的制作。

表 4-1-6　　各年度上映的韩国电影总制作费分布情况

| 分类 | | 0~10 | 10~20 | 20~30 | 30~40 | 40~50 | 50~60 | 60~70 | 70~80 | 80~90 | 90~100 | 100~ | 合计 |
|---|---|---|---|---|---|---|---|---|---|---|---|---|---|
| 2007 | 部数(部) | 35 | 5 | 4 | 9 | 21 | 24 | 11 | 0 | 0 | 1 | 2 | 112 |
| | 比重 | 31.3% | 4.5% | 3.6% | 8.0% | 18.8% | 21.4% | 9.8% | 0.0% | 0.0% | 0.9% | 1.8% | 100% |
| 2008 | 部数(部) | 38 | 10 | 14 | 9 | 12 | 9 | 9 | 1 | 2 | 0 | 4 | 108 |
| | 比重 | 35.2% | 9.3% | 13.0% | 8.3% | 11.1% | 8.3% | 8.3% | 0.9% | 1.9% | 0.0% | 3.7% | 100% |
| 2009 | 部数(部) | 64 | 10 | 9 | 10 | 4 | 7 | 6 | 0 | 2 | 3 | 3 | 118 |
| | 比重 | 54.2% | 8.5% | 7.6% | 8.5% | 3.4% | 5.9% | 5.1% | 0.0% | 1.7% | 2.5% | 2.5% | 100% |
| 2010 | 部数(部) | 73 | 16 | 12 | 7 | 12 | 9 | 5 | 1 | 1 | 1 | 3 | 140 |
| | 比重 | 52.1% | 11.4% | 8.6% | 5.0% | 8.6% | 6.4% | 3.6% | 0.7% | 0.7% | 0.7% | 2.1% | 100% |
| 2011 | 部数(部) | 82 | 10 | 6 | 10 | 14 | 10 | 6 | 3 | 1 | 1 | 3 | 146 |
| | 比重 | 56.2% | 6.8% | 4.1% | 6.8% | 9.6% | 6.8% | 4.1% | 2.1% | 0.7% | 0.7% | 2.1% | 100% |

出处：电影振兴委员会(2012)，依据《2011 韩国电影产业结算》编制。

(2)外国电影的进口现状。

外国电影的上映也遇到了困难。进口并通过审查的作品共 551 部，而实际上映的作品仅为 289 部，进口部数虽然同比增长了 43.8%，但上映部数与前一年几乎相同。这就需要我们进行分析，看是因为 2 000多个放映厅 1 年 52 周能消化的作品数量有限，还是因为制作、进口的作品数量过多。

表 4-1-7　　各年度外国电影进口及上映部数　　(单位：部、美元)

| 分类 | 2004 | 2005 | 2006 | 2007 | 2008 | 2009 | 2010 | 2011 |
|---|---|---|---|---|---|---|---|---|
| 进口部数 | 285 | 253 | 289 | 404 | 360 | 311 | 383 | 551 |
| 上映部数 | 194 | 215 | 237 | 280 | 272 | 243 | 286 | 289 |
| 进口总额 | 46 830 799 | 58 865 358 | 66 183 005 | 67 526 855 | 73 645 664 | 78 775 016 | — | - |

* 进口部数，在进口推荐制度废止(2006 年)之前，以影像制品等级委员会的进口推荐部数为标准；自 2006 年 11 月起以等级分类部数为标准。

** 进口额是以影像制品等级委员会海外等级分类申请时，申请公司记载的进口额为标准计算的。与实际的进口额多少会有差异，2010 年后没有统计该数字。

出处：依据电影振兴委员会(2011)《2011 年版韩国电影年鉴》，及电影振兴委员会《2011 年韩国电影产业结算》编制。

(3)电影等级的分类。

从 2011 年上映的电影等级分类情况来看，数量分布并未出现特别倾向某一等级的情况。15 岁以上可以观看的电影，不论是韩国电影还是外国电影均占 1/4 以上。但是，从实际销售额来看，各等级的差异巨大。

韩国电影方面，普通级电影的销售额仅占整体销售额的 5.3%，12 岁及 15 岁以上两个保护级电影的销售额最多，占 83.4%。与此相反，外国电影中全面观看级电影销售额占整体的 35.6%，12 岁及 15 岁以上两个保护级电影的销售额则占 58.5%。即韩国电影市场上，全家人可以一起观看的电影更多的是外国电影，作为潜在观众的孩子们在小时候很容易接触到的并不是本国电影，而是外国的电影，从这一点来看，韩国电影正在失去潜在观众这一事实令人担忧。

表 4-1-8　**2011 年上映电影各等级的部数及销售额占有率**

| 等级 | 韩国电影 | | 外国电影 | | 合计 |
|---|---|---|---|---|---|
| | 部数(部) | 销售比重(%) | 部数(部) | 销售比重(%) | |
| 全面级 | 31 | 5.3 | 68 | 35.6 | 99 |
| 12 岁保护级 | 30 | 24.4 | 66 | 43 | 96 |
| 15 岁保护级 | 56 | 59 | 86 | 15.5 | 142 |
| 青少年禁看 | 33 | 11.3 | 69 | 5.9 | 102 |
| 限制上映 | 0 | 0 | 0 | 0 | 0 |
| 等级分类合计 | 150 | 100 | 289 | 100 | 439 |

出处：电影振兴委员会(2012)，依据《2011 韩国电影产业结算》编制。

### 3. 电影院上映部分

(1)全国电影院及多厅电影院。

2011 年，全国电影院数量由前一年的 301 个减少至 292 个。2006 年以后，与电影院数量呈现持续减少的趋势相同，从 2010 年开始放映厅的数量也减少了。2011 年，放映厅的数量为1 974个，较 2010 年的2 003个减少了 29 个。2011 年休馆、闭馆的剧场数为 15 个，放映厅数为 69 个。

表 4-1-9　**各年度全国电影院、放映厅数**

| 年度 | 全国人口(万名) | 总观众(万名) | 电影院数(个) | 放映厅数(个) | 座位数(个) |
|---|---|---|---|---|---|
| 2005 | 4 878 | 14 552 | 301 | 1 648 | 322 110 |
| 2006 | 4 899 | 15 341 | 321 | 1 880 | 354 691 |
| 2007 | 4 926 | 15 877 | 314 | 1 975 | 365 034 |
| 2008 | 4 954 | 15 083 | 309 | 2 004 | 362 657 |
| 2009 | 4 977 | 15 696 | 305 | 2 055 | 360 796 |
| 2010 | 5 052 | 14 681 | 301 | 2 003 | 349 640 |
| 2011 | 5 073 | 15 979 | 292 | 1 974 | 341 905 |

出处：电影振兴委员会(2012)，依据《2011 韩国电影产业结算》编制。

2011 年，全国电影院的 82.2%是多厅电影院①，与 2009 年的 78.0%、2010 年的 79.1%相比多厅电影院的比重在逐年增加。多厅电影院的放映厅数比重为 93.4%，与去年的 92.8%相比，增长了 0.6%。从各地区的情况来看，江源、全南、济州的所有电影院均为多厅电影院(100%)，全南 7 个电

① 电影振兴委员会将全国乐天电影院、Megabox、Sunnys、Primus、CGV 的直营或委托经营支店及其他 7 个馆以上的所有电影院，均按照多厅电影院来进行统计。

影院中的 49 个放映厅是多厅电影院。多厅电影院的市场占有率不断增加，其观众总数比重达 98.1%，高于 2010 年的 97.6%，总销售额比重也达 98.4%，这导致单馆电影院处境艰难。

主要连锁多厅电影院为 CJ-CGV(株)(以下称 CGV)、Primus 电影院(以下称 Primus)①、乐天电影院、Megabox②，共 4 个。全部电影院中，4 大连锁多厅电影院的数量为 226 个，占 77.4%；放映厅数为1 712个，占 86.7%，占据绝对优势。除 4 大连锁电影院外，全国多厅电影院仅有 14 个电影院、132 个放映厅而已。

表 4-1-10　　**2011 年 4 大多厅电影院**　　（单位：个）

| 分类 | | | 2010 | | | 2011 | | | | | | | | | 运营形态 | | | |
|---|---|---|---|---|---|---|---|---|---|---|---|---|---|---|---|---|---|---|
| | | | 电影院数 | 放映厅数 | 座位数 | 电影院数 | 增减数 | 同比增减率(%) | 放映厅数 | 增减数 | 同比增减率(%) | 座位数 | 增减数 | 同比增减率(%) | 直营电影院数 | 直营比重 | 委托电影院数 | 委托比重 |
| 多厅电影院 | CGV | CGV | 77 | 623 | 109 869 | 85 | 8 | 10.4% | 673 | 50 | 8.0% | 116 643 | 6 774 | 6.2% | 51 | 60% | 34 | 40% |
| | | Primus | 25 | 183 | 27 273 | 23 | -2 | -8.0% | 161 | -22 | -12.0% | 24 024 | -3 249 | -11.9% | 7 | 30% | 16 | 70% |
| | | 小计 | 102 | 806 | 137 142 | 108 | 6 | 5.9% | 834 | 28 | 3.5% | 140 667 | 3 525 | 2.6% | 58 | 54% | 50 | 46% |
| | 乐天电影院 | | 65 | 478 | 83 400 | 68 | 3 | 4.6% | 500 | 22 | 4.6% | 87 835 | 4 435 | 5.3% | 41 | 60% | 27 | 40% |
| | Megabox | | 49 | 373 | 64 320 | 50 | 1 | 2.0% | 378 | 5 | 1.3% | 64 277 | -43 | -0.1% | 20 | 40% | 30 | 60% |
| | 小计 | | 216 | 1 657 | 284 862 | 226 | 10 | 4.6% | 1 712 | 55 | 3.3% | 292 779 | 7 917 | 2.8% | 119 | 53% | 107 | 47% |
| | 其他多厅电影院 | | 22 | 199 | 38 228 | 14 | -8 | -36.4% | 132 | -67 | -33.7% | 25 152 | -13 076 | -34.2% | — | — | — | — |
| 以上合计 | | | 238 | 1 856 | 323 090 | 240 | 2 | 0.8% | 1 844 | -12 | -0.6% | 317 931 | -5 159 | -1.6% | — | — | — | — |
| 非多厅电影院 | | | 62 | 147 | 26 130 | 52 | -10 | -16.1% | 130 | -17 | -11.6% | 23 974 | -2 156 | -8.3% | — | — | — | — |
| 电影院总计 | | | 300 | 2 003 | 349 220 | 292 | -8 | -2.7% | 1 974 | -29 | -1.4% | 341 905 | -7 315 | -2.1% | — | — | — | — |

出处：电影振兴委员会(2012)，《2011 韩国电影产业结算》。

(2)发行部分。

CJ 娱乐在 2011 年 3 月更名为“CJ E&M 株式会社”(以下称 CJ)。CJ 在 2011 年仍独占鳌头，是继 2003 年后的第 9 年。一年之中发行了 44 部电影的 CJ 吸引了57 858 841名观众，占有率为 36.4%，与 2010 年的 27.8%相比增长了 8.2%，发行了 2011 年上映的 10 部票房最高影片中的 6 部：《变形金刚 3》《阳光姐妹淘》《少年菀得》《功夫熊猫 2》《碟中谍：幽灵协议》《熔炉》。

第 2 位是“乐天购物(株)乐天娱乐”(以下称乐天)，发行了《终极兵器：弓》《走出院子的母鸡》《特殊搜查本部》等韩国电影及《三个火枪手 3D》《丁丁历险纪：独角兽号的秘密》等作品，共发行了 29.5 部作品，其中与发行公司“(株)Synergy House”共同发行的作品按 0.5 个计算。乐天吸引的观众数为24 468 138名，观众占有率为 15.4%。“(株)NEXT 娱乐世界”(以下称 NEW)与 2010 年相比，上升了 2 位，成为第 3 位，NEW 的市场占有率为 9.0%。第 4 位是“韩国索尼 picture 电影(株)”，发行了《致命伴侣》《铁甲钢拳》《长发公主》等，吸引了13 493 304名观众，占有率为 8.5%。第 5 位是 SHOWBOX，

① Primus 电影院包含在 CJ 连锁中。

② Megabox 与 Sunnys 于 2011 年合并，将名称定为 Megabox。

发行了《朝鲜名侦探：高山乌头花的秘密》《高地战》等，市场占有率为 8.3%。

20 世纪福克斯韩国(株)在 2010 年发行公司中排名第 2 位，但 2011 年退至第 6 位，发行了《逃离星球：进化的开始》《格列佛游记》《黑天鹅》等。虽然整体来看，前 10 位发行公司的排名没有太大的变化，但“Sidus FNH”掉出前 10 位，取而代之的是“(株)HWA&DAM E&D”。由于票价较高的 3D 电影发行量高，2010 年好莱坞直营公司的观众人均销售额比较高，但 2011 年观众数占有率和销售额占有率差异不大。

表 4-1-11 **2011 年各电影发行公司占有率**

| 分类 | | 发行公司 | 部数（部） | 全国观众数（名） | 全国占有率 | 全国销售额（元） | 全国占有率 |
|---|---|---|---|---|---|---|---|
| 整体 | 1 | CJ E&M 株式会社 | 44.0 | 57 858 841 | 36.4% | 461 027 433 000 | 37.5% |
| | 2 | 乐天购物<br>(株)乐天娱乐 | 29.5 | 24 468 318 | 15.4% | 180 766 807 000 | 14.7% |
| | 3 | (株)NEXT 娱乐世界 | 20.5 | 14 258 000 | 9.0% | 108 231 724 500 | 8.8% |
| | 4 | 韩国索尼 picture 电影(株) | 19.0 | 13 493 304 | 8.5% | 109 408 667 200 | 8.9% |
| | 5 | SHOWBOX(株)媒体 Plus | 14.5 | 13 253 576 | 8.3% | 99 052 417 850 | 8.1% |
| | 6 | 20 世纪福克斯韩国(株) | 14.5 | 12 613 777 | 7.9% | 97 741 414 950 | 7.9% |
| | 7 | 华纳兄弟韩国(株) | 14.0 | 8 191 016 | 5.2% | 63 274 931 000 | 5.1% |
| | 8 | Universal 韩国(株)International<br>韩国(株) | 11.0 | 2 485 454 | 1.6% | 18 600 999 500 | 1.5% |
| | 9 | (株)Synergy House | 6.5 | 2 424 281 | 1.5% | 19 310 013 500 | 1.6% |
| | 10 | (株)HWA&DAM E&D | 11.0 | 1 400 080 | 0.9% | 10 902 154 500 | 0.9% |
| | 其他 | | 301.5 | 8 410 960 | 5.3% | 61 557 337 700 | 5.0% |
| | 合计 | | 486.0 | 158 857 607 | 100.0% | 1 229 873 900 700 | 100.0% |
| 韩国电影 | 1 | CJ E&M 株式会社 | 19.5 | 34 074 306 | 41.2% | 253 930 121 900 | 41.5% |
| | 2 | 乐天购物<br>(株)乐天娱乐 | 21.5 | 21 711 506 | 26.3% | 158 596 292 750 | 25.9% |
| | 3 | SHOWBOX(株)媒体 Plus | 10.5 | 12 859 623 | 15.6% | 95 816 527 350 | 15.6% |
| | 4 | (株)NEXT 娱乐世界 | 10.5 | 10 169 314 | 12.3% | 76 116 482 500 | 12.4% |
| | 5 | SK Planet | 0.5 | 793 021 | 1.0% | 5 906 919 500 | 1.0% |
| | 其他 | | 103.5 | 3 073 189 | 3.7% | 22 238 417 000 | 3.6% |
| | 合计 | | 166 | 82 680 959 | 100 0% | 612 604 761 000 | 100.0% |
| 外国电影 | 1 | CJ E&M 株式会社 | 25 | 23 784 536 | 31.2% | 207 097 311 110 | 33.6% |
| | 2 | 韩国索尼 picture 电影(株) | 19 | 13 493 304 | 17.7% | 109 408 667 200 | 17.7% |
| | 3 | 20 世纪福克斯韩国(株) | 14 | 12 232 142 | 16.1% | 94 754 889 700 | 15.4% |
| | 4 | 华纳兄弟韩国(株) | 14 | 8 191 016 | 10.8% | 63 274 931 000 | 10.3% |
| | 5 | (株)NEXT 娱乐世界 | 10 | 4 088 687 | 5.4% | 32 115 242 000 | 5.2% |
| | 其他 | | 239 | 13 017 343 | 18.9% | 110 618 098 700 | 17.9% |
| | 合计 | | 320 | 76 176 648 | 100.0% | 617 269 139 700 | 100.0% |

* 以电影院电影票统合电算网为基准。

** 顺序是依据观众占有率统计的。

韩国电影发行中，CJ 仍为第一位，发行了 19.5 部韩国电影，吸引了34 074 306名观众，市场占有率达 41.2%。虽然票房最高的电影不是 CJ 发行的，但《阳光姐妹淘》《少年菀得》位居票房榜第 2、3 位，《熔炉》《快递惊魂》位居第 5、6 位，《毛骨悚然的爱情》《第 7 矿区》位居第 8、9 位。

2010 年乐天市场占有率为 20%，观众占有率为 26.3%，发行了 21.5 部电影，上升为韩国电影发行的第 2 位。特别是 2011 年韩国电影票房第 1 的《终极兵器：弓》，为其吸引了 747 万名观众，为乐天上升为第 2 位起到了关键作用。但是除《终极兵器：弓》外，只有《危险的礼物》进入了前 10 位。

SHOWBOX 以《朝鲜名侦探：高山乌头花的秘密》和《高地战》位居第 3 位；NEW 仍与去年一样，位于第 4 位，NEW 发行了《我爱你》《盲证》《家门的荣光 4》等作品。第 5 位是 SK Planet，与 CJ 共同投资、发行了《我的路》，并以该电影票房收入的一半位居第 5 位。由此可以看出，主要发行公司占据了很大的市场份额，这一现象比 2010 年更加严重。2010 年，除 5 大发行公司外，其他发行公司的市场占有率为 12.6%，但 2011 年却仅为 3.7%。

外国电影的发行顺序：去年位于第 2 位的 CJ 发行了《变形金刚 3》《功夫熊猫 2》《碟中谍：幽灵协议》等票房高的作品，因而击败了好莱坞直营公司，上升为第 1 位，CJ 共吸引了23 784 536名观众，并占据了进口外国电影市场的 31.2%。由此，CJ 在韩国电影、外国电影发行方面均位居第 1 位。

直营公司中，2010 年发行了《阿凡达》而位居第 1 位的 20 世纪福克斯下降至第 3 位，索尼位居第 2 位。索尼吸引了13 493 304名观众，占据了进口外国电影市场的 17.7%。20 世纪福克斯韩国(株)吸引了12 232 142名观众，市场占有率为 16.1%。华纳兄弟韩国(株)成功地发行了《哈利波特与死亡圣器 1、2》两部影片而位于第 4 位。第 5 位是(株)NEXT 娱乐世界，发行了《破晓》和《诸神之战》。

最近 5 年，各年度整体电影发行公司的观众占有率分别为：连续 3 年位居第 2 的 SHOWBOX 在 2010 年跌出排名，2011 年重又进入排名，位居第 5 位。一直位居第 4~5 位的乐天升至第 2 位，NEW 第一次进入排名。另外，4 个发行公司排名不稳，跌入进入反复进行，呈现混战的局面。

### 4. 票房部分

(1)电影院主要指标。

2011 年电影院观众数为159 792 026名，同比增加了 8.7%。韩国电影的观众数为8 286万名，同比增加了1 457万名(21.3%)，外国电影的观众数由 2010 年的7 851万减少至 2011 年的7 692万名，减少了 159 万名，连续 2 年下降。国民人均观影次数由 2010 年的 2.9 次增加至 2011 年的 3.15 次。

表 4-1-12　**各年度韩国、外国电影票房主要指标**

| 分类 | 韩国电影 | | | 外国电影 | | | 总观众数（万名） | 人均观影次数（次） |
|---|---|---|---|---|---|---|---|---|
| | 观众数（万名） | 占有率 | 人均观影数（次） | 观众数（万名） | 占有率 | 人均观影数（次） | | |
| 2005 | 8 544 | 58.71% | 1.75 | 6 008 | 41.29% | 1.23 | 14 552 | 2.98 |
| 2006 | 9 791 | 63.80% | 2.00 | 5 549 | 36.20% | 1.13 | 15 341 | 3.13 |
| 2007 | 7 939 | 50.00% | 1.61 | 7 938 | 50.00% | 1.61 | 15 877 | 3.22 |

续表

| 分类 | 韩国电影 | | | 外国电影 | | | 总观众数（万名） | 人均观影次数（次） |
|---|---|---|---|---|---|---|---|---|
| | 观众数（万名） | 占有率 | 人均观影数（次） | 观众数（万名） | 占有率 | 人均观影数（次） | | |
| 2008 | 6 354 | 42.13% | 1.28 | 8 729 | 57.87% | 1.76 | 15 083 | 3.04 |
| 2009 | 7 641 | 48.68% | 1.54 | 8 055 | 51.32% | 1.62 | 15 696 | 3.15 |
| 2010 | 6 829 | 46.59% | 1.35 | 7 851 | 53.50% | 1.55 | 14 706 | 2.92 |
| 2011 | 8 287 | 52.00% | 1.63 | 7 692 | 48.00% | 1.51 | 15 979 | 3.15 |

出处：电影振兴委员会(2012)，《2011韩国电影产业结算》。

(2)卖座电影。

这是韩国电影主导市场的一年，但进入票房前10位的韩国电影只有5部，与2010年相比反而减少了。进入前10的韩国电影是《终极兵器：弓》《阳光姐妹淘》《少年菀得》《朝鲜名侦探：高山乌头花的秘密》《熔炉》，它们不仅创造了票房价值，并与各种社会、政治现象相互作用，形成了巨大的舆论效果，使得观众对韩国电影的信任度和喜爱大幅增加。进入前10位的好莱坞电影是《变形金刚3》《功夫熊猫2》《碟中谍：幽灵协议》《哈利波特与死亡圣器2》《铁甲钢拳》5部电影。

表4-1-13　**2011年整体票房榜前10位**

| 序号 | 电影名 | 上映日期 | 发行公司 | 全国放映厅数 | 全国观众数 | 全国销售额 |
|---|---|---|---|---|---|---|
| 1 | 变形金刚3 | 2011/06/29 | CJ E&M电影事业部门 | 1 409 | 7 784 944 | 74 842 716 500 |
| 2 | 终极兵器：弓 | 2011/08/10 | 乐天购物(株)乐天娱乐 | 615 | 7 470 633 | 55 827 861 500 |
| 3 | 阳光姐妹淘 | 2011/05/04 | CJ E&M电影事业部门 | 472 | 7 362 657 | 54 035 565 100 |
| 4 | 少年菀得 | 2011/10/20 | CJ E&M电影事业部门 | 500 | 5 309 928 | 38 526 161 500 |
| 5 | 功夫熊猫2 | 2011/05/26 | CJ E&M电影事业部门 | 948 | 5 062 722 | 44 298 724 500 |
| 6 | 碟中谍：幽灵协议 | 2011/12/15 | CJ E&M电影事业部门 | 1 038 | 5 042 164 | 38 258 970 000 |
| 7 | 朝鲜名侦探：高山乌头花的秘密 | 2011/01/27 | SHOWBOX(媒体Plus) | 611 | 4 786 259 | 35 841 769 500 |
| 8 | 熔炉 | 2011/09/22 | CJ E&M电影事业部门 | 643 | 4 662 822 | 35 566 854 800 |
| 9 | 哈利波特与死亡圣器2 | 2011/07/13 | 华纳兄弟韩国 | 757 | 4 400 298 | 34 507 819 000 |
| 10 | 铁甲钢拳 | 2011/10/12 | 韩国索尼电影 | 960 | 3 579 666 | 26 566 677 000 |

* 以电影院电影票统合电算网为标准。

** 放映厅数以正式上映日期为标准，统计了一周内最多的放映厅数。

出处：电影振兴委员会(2012)，《2011韩国电影产业结算》。

2011年没有出现《阿凡达》《怪物》《海云台》这样吸引了1 000万人次以上观众的电影，但是，进入前10位的作品观众数均超过了300万人次，显示出各作品均匀分散的样态。2011年整体票房处于第1位的是《变形金刚3》，2011年6月首映的第一周就创下了1 409个放映厅排片均次的最大规模，全国观众数为7 784 944人次。

韩国电影《终极兵器：弓》位居第 2 位，8 月首映，在全国吸引了747 633名观众，与第 1 位的观众数相比仅少 31 万名。第 3 位是《阳光姐妹淘》，吸引了7 362 657名观众，与第 2 位仅相差 10 万名。但从配售规模来看，《变形金刚 3》的排片场次最多，为1 409个，《终极兵器：弓》的排片场次为 615 个，《阳光姐妹淘》的排片场次仅为 472 个。

今年在票房上成功的韩国电影的共同点是：直到上映都被质疑是否会热卖的作品却成为“意外的卖座作品”。在电影的企划和投资阶段，由于演员阵容、故事、类型、素材等要素都与卖座相距甚远，经历了种种困难的作品，在上映后却取得了巨大的成功，这就是它们的共同特点。这与 2011 年韩国社会的整体氛围和 SNS 新媒体所创造的口碑影响力等有着密切的联系。

除了 3 部超过 700 万观众的作品外，超过 500 万观众的作品有 3 部，分别排第 4、5、6 位，其中，《少年菀得》观众数为5 309 928人次，《功夫熊猫 2》为5 062 722人次，《碟中谍：幽灵协议》为5 042 164人次。其中，《碟中谍：幽灵协议》12 月 15 日上映至 2012 年 1 月，总观众数达 755 万人次。

超过 400 万观众的作品中，《朝鲜名侦探：高山乌头花的秘密》的观众数为4786 259人次，位于第 7 位；《熔炉》的观众数为4 662 822人次，位于第 8 位；《哈利波特与死亡圣器 2》的观众数为4 400 298人次，位于第 9 位。这样的观众规模在 2010 年能进入前 5 位。虽然没有观众数达到1 000万的作品，但是前几位的作品均吸引了大量的观众，使得整个市场的观众规模增加了。第 10 位是《铁甲钢拳》，观众数为3 579 666人次。

### 5. 出口及进军海外部分

2011 年对于韩国电影是意义重大的一年，不仅国内市场令人振奋，而且海外出口也摆脱了多年停滞不前的状态。虽然还不能跟出口活跃的 2000 年代中期相比，但出口额与前一年相比增加了 16. 5%，这对于长期处于停滞状态的韩国电影来说，是令人惊喜的消息。2011 年，韩国电影成品的海外出口额达15 828 662美元，比 2010 年的13 582 850美元增长了 16. 5%。2011 年出口部数为 366 部，是进入 2000 年后出口部数最多的一年，之前出口最多的一年是 2008 年为 361 部。另外，用合同金额除以出口部数得出的平均出口值为40 479美元。总合同金额的上升及出口部数的增加，导致平均出口值有所下降。

表 4-1-14　**各年度韩国电影成品出口额变化**　（单位：美元）

| 年度 | 2004 | 2005 | 2006 | 2007 | 2008 | 2009 | 2010 | 2011 |
|---|---|---|---|---|---|---|---|---|
| 海外出口总额 | 58 284 600 | 75 994 580 | 24 514 728 | 24 396 215 | 21 036 540 | 14 122 143 | 13 582 850 | 15 828 662 |
| 合同金额（MG+Flat+其他） | 58 284 600 | 75 994 580 | 24 514 728 | 12 283 339 | 20 541 212 | 13 930 262 | 13 166 280 | 14 815 146 |
| 追加收益 | — | — | — | 12 112 876 | 495 328 | 191 881 | 416 570 | 1 013 516 |
| 同比增减率 | 88. 14% | 30. 39% | -67. 74% | -0. 48% | -13. 77% | -32. 87% | -3. 82% | 16. 53% |
| 出口部数（部）* | 194 | 202 | 208 | 321 | 361 | 251 | 276 | 366 |
| 平均出口值** | 300 436 | 376 211 | 117 859 | 38 266 | 56 901 | 55 499 | 47 704 | 40 479 |

* 出口部数不含产生追加收益的作品数。

** 平均出口值=合同金额/出口部数。

出处：电影振兴委员会（2012），《2011 韩国电影产业结算》。

从各地域的出口业绩来看，出口亚洲的比重依然最大。2011 年，全部出口额中的 56. 9%是在亚洲实现的，这一地区的出口额也同比增加了 34. 3%，达到9 012 061美元。由此可见，对亚洲地区出口的依赖度比 2010 年增加了。其中，向日本和中国出口额的增加起到了很大的作用。

另外，向欧洲的出口额为3 522 333美元，与 2010 年相比减少了 22. 0%，在整个出口额中所占的比重也减少了 11%，与亚洲的增长情况正相反。这是由于欧洲经济处于停滞状态，出口单价下降，以及在欧洲地区比较有名的作家、导演等与往年相比新作品不多等原因导致的。其他地区的出口额与往年相比没有大的变化。

表 4-1-15 **2010—2011 年韩国电影成品各地域的出口业绩**

| 地域 | 出口金额(美元) | | | | 同比增减率 |
|---|---|---|---|---|---|
| | 2010 年 | 比重 | 2011 年 | 比重 | |
| 亚洲 | 6 712 061 | 49. 42% | 9 012 061 | 56. 94% | 34. 27% |
| 欧洲 | 4 518 034 | 33. 26% | 3 522 333 | 22. 23% | -22. 04% |
| 北美 | 1 421 297 | 10. 46% | 1 672 677 | 10. 56% | 17. 69% |
| 大洋洲 | 207 038 | 1. 52% | 309 891 | 1. 96% | 49. 68% |
| 中南美 | 157 500 | 1. 16% | 147 000 | 0. 93% | -6. 67% |
| 中东 | 193 600 | 1. 43% | 132 000 | 0. 83% | -31. 82% |
| 非洲 | 3 000 | 0. 02% | 53 000 | 0. 33% | 1666. 67% |
| 其他 | 370 320 | 2. 73% | 979 700 | 6. 18% | 164. 55% |
| 合计 | 13 582 850 | 100. 00% | 15 828 662 | 100. 00% | 16. 64% |

出处：电影振兴委员会(2012)，《2011 韩国电影产业结算》。

以出口额为标准来看 2011 年韩国电影热销的国家，韩国电影向日本地区的出口额为 366 万3 437美元，占总出口额的 23. 1%，远超其他国家，与 2010 年的 225 万7 517美元相比增加了 62. 3%。原本出口比重超过 40%的对日本的电影出口，逐年下降到 2010 年的 16. 6%，但 2011 年呈现恢复态势。

从向各国出口的现状来看，向中国的出口额为 2010 年的 2 倍(增长了 94. 8%)，达 100 万4 000美元，由此成为韩国电影出口额排名第 4 位的国家。如果包括香港地区的出口额(62 万3 950美元)，中国就成为继日本和美国之后进口韩国电影第 3 多的国家。这主要是因为中国大量购买了从韩国电影热播金库到最新作品的网络版权。韩国电影在中国电影市场票房方面取得好成绩的同时，再加上网络版权市场的增长，预计向中国地区出口的比重会进一步增加。

表 4-1-16 **2010—2011 年韩国电影向 10 个主要国家和地区的出口现状**

| 分类 | 2010 | | 2011 | | 1 年间出口额增减率 |
|---|---|---|---|---|---|
| | 出口额(美元) | 比重 | 出口额(美元) | 比重 | |
| 日本 | 2 257 517 | 16. 6% | 3 663 437 | 23. 1% | 62. 3% |
| 美国 | 1 421 297 | 10. 5% | 1 652 594 | 10. 4% | 16. 3% |
| 德国 | 876 518 | 6. 5% | 1 490 930 | 9. 4% | 70. 1% |
| 中国 | 515 500 | 3. 8% | 1 004 000 | 6. 3% | 94. 8% |

续表

| 分类 | 2010 | | 2011 | | 1 年间出口额增减率 |
|---|---|---|---|---|---|
| | 出口额(美元) | 比重 | 出口额(美元) | 比重 | |
| 法国 | 1 781 860 | 13. 1% | 940 980 | 5. 9% | -47. 2% |
| 中国台湾 | 1 297 900 | 9. 6% | 931 000 | 5. 9% | -28. 3% |
| 新加坡 | 612 264 | 4. 5% | 799 600 | 5. 1% | 30. 6% |
| 英国 | 582 500 | 4. 3% | 780 000 | 4. 9% | 33. 9% |
| 泰国 | 943 500 | 6. 9% | 715 000 | 4. 5% | -24. 2% |
| 中国香港 | 451 000 | 3. 3% | 623 950 | 3. 9% | 38. 3% |
| 其他 | 2 842 994 | 20. 9% | 3 227 171 | 20. 4% | |
| 合计 | 13 582 850 | 100. 0% | 15 828 662 | 100. 0% | |

出处：电影振兴委员会(2012)，《2011 韩国电影产业结算》。

2011 年，服务领域的订购金额为19 041 163美元，共签订了 56 个合同。除今年新展开调查的外国影像物在国内的外景拍摄部分外，各领域的情况如下：视觉效果/数字信息(VFX/DI)领域的业绩为10 125 071美元，整体占有率(85. 6%)最高。3D/3D 转换部分为664 300美元，特殊效果/特殊化妆部分为624 880美元，二者比重为 5%左右，位居第二。另外，据统计，外国作品在国内拍摄外景时的费用总计为7 219 318美元，占总额的 37. 9%，所占比重较大。

随着风靡一时的 3D 电影泡沫破灭，3D 与 3D 转换领域的企业遭受了打击，导致服务领域整体订购金额减少。这一现象不仅仅是因为泡沫破灭，还与世界金融市场不景气有关，因此预计以后也很难恢复。但在亚洲圈处于技术领先的 VFX/DI 企业的增长趋势值得关注，调查结果显示，企业间的业务量较均衡，因此可以认为这一领域将会比较稳定地增长。

表 4-1-17　**2010—2011 年各服务领域海外作品订购现状**　(单位：美元)

| 服务领域 | 2010 年 | | 2011 年 | | 备注 |
|---|---|---|---|---|---|
| | 订购金额 | 比重 | 订购金额 | 比重 | |
| VFX/DI | 4 400 750 | 15. 36% | 10 125 071 | 85. 64% | 已有的调查项目 |
| 3D/3D 转换 | 21 750 000 | 75. 94% | 664 300 | 5. 62% | |
| 特殊效果/特殊化妆 | 1 877 756 | 6. 56% | 624 880 | 5. 29% | |
| 武术/特技动作 | 522 000 | 1. 83% | 261 703 | 2. 22% | |
| 混音 | 87 000 | 0. 31% | 145 891 | 1. 23% | |
| 合计 | 28 637 506 | 100% | 11 821 845 | 100. 00% | |
| 外国影像物在国内的外景拍摄* | — | | 7 219 318 | 37. 91%** | 新增调查项目 |
| 综合合计 | 28 637 506 | 100% | 19 041 163 | 100% | |

* 该数值是外国影像制品在韩国进行外景拍摄时，在国内使用的费用统计。

** 在已有的调查项目与 2011 年新增调查项目的总和19 041 163美元中所占的比例

出处：电影振兴委员会(2012)，《2011 韩国电影产业结算》。

### 6. 网络市场①

如果说 2010 年是实现合法下载开启并增长的一年，那么 2011 年就是网络市场中 IPTV 3 大公司和家庭选择服务飞跃的一年。家庭选择提供数字线缆服务尚不足 3 年，用户已超过 400 万名，包括家庭选择在内的整个 IPTV 用户已达 850 多万名，它的兴盛改变了韩国人看电影的方式，在一直以来受到非法下载困扰的网络市场中占据的比重大增。IPTV 的服务方式由一次性的销售，逐渐增加了定额制、打折活动、积分制等多种收费服务，提供观看电影的数量也逐渐增加，能够观看到大部分国内外经典电影和短片电影。

表 4-1-18 **2011 年电影网络市场规模**

| 种类 | 销售额 |
| --- | --- |
| IPTV | 910 亿韩元 |
| VOD | 440 亿韩元 |
| 移动设备 | 61 亿韩元 |
| 合计 | 1 411 亿韩元 |

出处：电影振兴委员会(2012)，《2011 韩国电影产业结算》。

如果说网络 VOD 市场在 2010 年的核心工作是合法下载的开始及扩大，那么 2011 年则进入了稳定期，并预示着 OSP 硬盘市场的变化。从 11 月份开始实施网络硬盘登记制度开始，OSP 通过并购等方式进行重组，各种规定也与之并行，因此能够感受到很多变化。今年年初开始，检察院和文化体育观光部为根除非法下载而开展了强有力的搜查，We Disk 等几家企业因此而受到指控，案件正在审理中。网络 VOD 市场经过这样的过渡期，正在朝着正常的电影流通市场转变，相信其会从现在的混乱中摆脱出来，并得到发展。

2011 年除 IPTV 的发展外，随着 IT 环境变化，新的市场也正在形成。随着智能手机等移动设备的登场及资讯市场的出现，也逐渐开始对电影产生影响。SK Planet 的 T-Store 和 SK Hoppin 即是以移动设备为中心，包括网络下载的一种 N-Screen 方式的服务。之所以一定要以移动设备为中心来进行讨论，是因为使用者以移动手机为中心进行结算，利用 3G 等通信数据的不限制费用制度，不经过繁琐程序直接用随身携带的智能手机进行消费的倾向大约占到 90%。三星的 Galaxy3 上市销售后 T-Store 就变得活跃起来，新型智能机种类增多的同时，结算也变得更加方便、稳定，使得销售额呈现逐步上升的趋势。同时，SK Hoppin 也呈现逐步增加的趋势。移动设备除了以大企业为中心进行的工作之外，还提供经由运营的应用程序进行的移动下载服务。此外，以移动手机的流式传输服务为中心进行的多个应用程序相继被开发出来，并正在提供服务。2011 年，移动手机市场经过初始阶段后缓慢增长，并正在成为扩大外延的元年。

① 2011 年，电影网络市场结算的资料来自 KT Olleh TV、SK Btv、LG U+、Homechoice、Cine21i、M Baro、Candle 媒体、KTH、Contents Road、Indie Plug、SK Hoppin、SK T-Store 等，以它们提供的资料为标准制成。该资料只用于各公司销售额等综合统计和排名方面，目的是了解整个市场的情况，并没有公开详细的销售额资料。因此，预测数值和制成的产业销售额统计等资料仅供参考，只能作为网络市场的指南。

## (二)主要政策

围绕电影产业的政策规划，主要在 3 个领域遇到困难。首先，作为振兴工作基础的相关法律(电影及影像制品振兴法)，没有跟上数字技术及媒体环境的变化。第二，由于 2014 年电影发展基金税款募集的中断，必然使振兴财源减少。第三，即将向地方转移的振兴机构和政府、电影产业界相互联系的治理体系将被弱化。为此，2011 年必须制定建立今后 5 年的振兴政策框架，即为了加强电影政策的产业先导作用，必须制定中长期的统合性政策。

1. 制定电影振兴工作中长期计划

目前以电影院为中心的内需电影市场已经到了极限，因此迫切需要进军海外市场。随着中国电影市场的发展，进军中国市场的可能性大大增加，但也存在着韩国电影产业会被中国市场牵着鼻子走的危险，因此，有必要制定实质性的、直接的对策，以便稳定地进军国际市场。同时，为提高韩国电影产业的国际化水平，也有必要建立国内市场稳定的生态系统，提高创作、技术力量的质量。特别是，改善国内市场的垄断结构以及改善电影人才的雇佣环境，是目前最迫切的课题。电影产业本质上是以创意为基础的产业，因此扶持作为创作源头的企划开发部门和其他相关部门的工作，也是不可忽视的课题。

电影振兴委员会(以下称影振委)、影像制品等级委员会等即将迁往釜山，为此需要克服地区限制。为迎接国际化时代，必须要探索应对国际化时代所需的未来战略，以建立未来产业的开发、综合摄影场、电影学院等电影产业核心基础设施。同时，需要加强总管这一工作的政府—影振委之间薄弱的政策网络，提高应对政策悬案及解决问题的能力。

为此，文化部和影振委制定了今后 5 年间针对振兴工作的电影振兴工作中长期计划。开展了大型的电影人讨论会、电影产业环境分析、现有的电影振兴工作分析、电影产业内部及外部专家采访等活动，共总结出了 189 个热点问题。通过 SWOT 分析上述热点问题，选定了 12 个战略方向的课题。

表 4-1-19　**189 个热点问题分析结果的 SWOT 战略方案**

| 内部力量 / 经营环境 | | 优势(S) | 劣势(W) |
|---|---|---|---|
| | | 40 多年积累的振兴工作经验<br>一线专家领袖<br>与电影界悠久的纽带关系 | 百货公司式的工作，政策力量分散<br>基金运营的自律权利及政策权限不足<br>在迁往釜山的相关问题上，与政府间缺乏协调 |
| 机会(O) | 扩大东亚等新市场<br>扩大网络附加市场<br>增加产业内政策疏导及调解的必要性 | 制定电影产业系统的普及战略<br>扩大东亚地区韩国电影市场的占有率<br>确定稳定的扶持制度及完备基础设施 | 设计战略工作组合，确保作为合作产业的合作财源<br>确保迁往釜山的应对方案及专业力量 |
| 风险(T) | 市场的局限性导致产业生态系统弱化<br>与电影界的沟通不足<br>两极分化的电影产业结构 | 激活与电影界的沟通渠道<br>构建电影产业良性循环结构并进行积极引导<br>积极扶持企划制作创意基础 | 设计一站式连接型扶持项目<br>加强日常监测及企划力量<br>提高多样化电影扶持工作的质量 |

出处：电影振兴委员会(2011)，《树立电影振兴工作中长期计划的研究》。

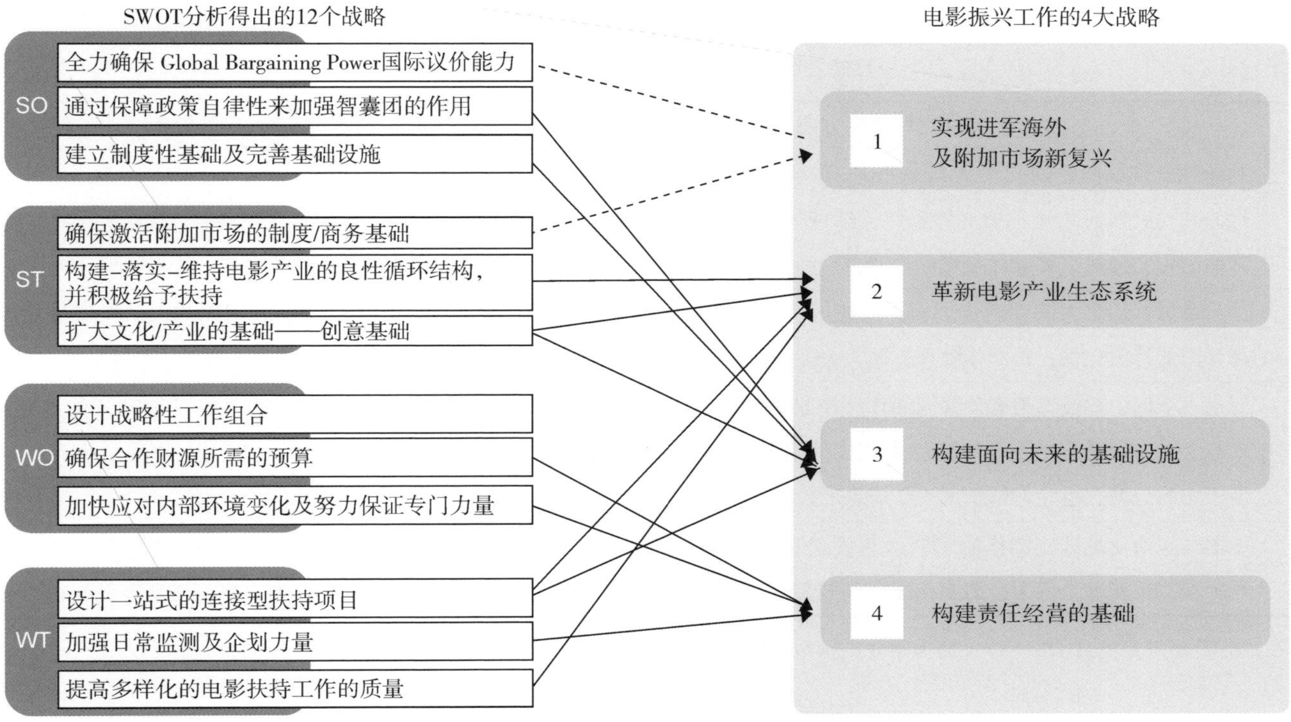


出处：电影振兴委员会(2011)，《树立电影振兴工作中长期计划的研究》。

图 4-1-1　SWOT 分析得出的 12 个战略方向及电影振兴工作的 4 大战略

### 2. 扩大韩国电影进军国际市场，激活国际共同制作

国际化政策最大的变化是，一直以来都是以出口为中心的 Out-Bound 一边倒，现在又引入了扶持鼓励外国影像制品来国内进行外景拍摄的 In-Bound 工作，并且颇受关注。世界各国都在努力加强政府层面的政策扶持，如对电影制作费用实行税额减免、制定吸引外景拍摄的政策等。与之相比，我国不仅没有吸引外景拍摄的综合扶持窗口，中央政府层面的组织性扶持制度及吸引政策也不足，为吸引外景拍摄的国际网络宣传的力度也不够。为此，以新西兰的现金扶持制度(LBSP)为样本，我们引进了符合国内实际情况的外景拍摄现金扶持制度，即对于在国内进行外景拍摄的电影及电视剧等海外影像制品，其在国内进行外景拍摄所需执行费用的 25%以内，为其提供现金扶持。与 10 个地区影像委员会进行了与奖励相关的集中宣传，至 2011 年年末，成功地吸引了《白瓷人》《路上》等 4 部作品进行外景拍摄。

(1)激活以当地办事处为联络点的国际共同制作。

2010 年 9 月发起成立了国际共同制作扶持团，但由于缺乏专门负责的人力和财力，未能积极开展活动。政府和电影振兴委员会考虑到对国内电影企业偏爱国家的需求调查，对进入各国家面临障碍的研究，海外机构及政府协助等问题，制定了适合各地区的战略计划。

在国际共同制作方面，配合所制定的各地区战略，扩大了海外事务所的人力和业务权限，使其能够发挥进军海外市场、加强国际共同制作、吸引来国内进行外景拍摄等核心基地的作用。特别是随着对中国的关注上升，到 2011 年 12 月为止，韩中共同制作项目已达 81 部。因此，中国事务所作为共同制作联络基地，发挥着巨大的作用，为了将中国严格的进口配额、审查制度等各种政策限制最小化，应对签订韩中共同制作协定及对个别项目的商务对接提供扶持的要求不断增加，成为 2012 年重点推进的工作之一。2012 年，以签订韩中共同制作协定为目标，政府和电影振兴委员会不断地与中国政府建

立工作网络，并运营了中国商务中心，为国内电影人才在中国开展共同制作活动提供方便。

表 4-1-20　　**反映各国家特性的共同制作战略及工作方向**

| 国家 | 共同制作战略方向 | 扶持工作方向 |
|---|---|---|
| 美国 | 共同投资作品的企划开发从 Free Production 到 Production，在国内进行的共同制作模式呈现增加的趋势。这种情况下，国内将承担一部分的制作，同时需要确保合理的投资金额和收益分配方式的合理性 | 脱离翻拍版权的销售方式，必须改善投资条件，以保证从企划开发阶段就开始参与；邀请好莱坞有影响力的人士来国内举办商务会议；提供法律咨询等 |
| 欧洲 | 在与法国、加拿大共同制作方面，以我国政府扶持工作为基础，提高韩国的持股比例；在制作管理方面，关键是建立对等的条件 | 持续举办 KO-Production(国际共同制作项目对接工作名称)；需要集中介绍韩国有名的导演 |
| 日本 | 与过去不同，积极参与海外共同制作。在此情况下，与日本的媒体、发行公司、市场营销企业等建立大规模的国际财团，进军美洲、欧洲市场的战略，也是能够扩大工作成果的模式 | 为扶持后期制作的订购，需要做充分的准备；KO-Production 参与作品选定时，需要吸引优秀项目、选定担任实职的当地顾问 |
| 中国 | 中国与东南亚地区在制作的完成度和管理等方面存在障碍因素，但作为新兴市场潜力巨大，因此在战略上需要建立共同制作网络 | 需要签订共同制作协定；构建进军中国当地的联络点及当地网络；提供法律咨询及语言等服务 |

出处：电影振兴委员会(2011)，《加强国际工作所需的中期行动计划》。

(2)开拓新市场。

传统上，美国、日本、中国、欧洲是韩国电影主要的出口市场。但最近受到韩流影响的中东和中南美国家多了起来，对于韩国电影来说，开拓新市场的需求和大众基础已经建立了起来。

表 4-1-21　　**符合各国特性的新市场开拓战略**

| 中　东 | 中南美 |
|---|---|
| 资讯消费呈现增加的趋势 | 需要西班牙语配音 |
| 好莱坞巨片强势 | 以“韩国电影特别展→展示会→播放放映”的顺序逐步进入 |
| 需要构建当地高层的网络 | 与 K-pop 联系起来 |
| 俄罗斯 | 印　度 |
| 利用高级美术馆内的剧场 | 作为世界最大的电影生产国，本国电影更受追捧 |
| 需要攻占 DVD 市场 | 电影非法改编的危险 |
| 推进将韩国电影编入 TV 电影频道的节目中 | 争取进入当地有线 TV |

通过这样的活动，2011 年韩国电影进军海外的相关工作成果如下：共促成了 10 件共同制作对接项目，扶持企业开拓海外市场的数量与前一年相比增加了 24%，扶持参加国际电影节展销的数量与前一年相比增加了 117%，培养进军中国市场的人才 672 名，鼓励外景拍摄工作吸引了国际项目 4 部。

### 3. 改善电影产业的垄断结构

国内电影产业是主要大企业垄断的结构，资本、收益、工作机会等相对集中，中小企业很难占据一席之地。在垂直序列化导致市场垄断的情况下，保护和培育中小企业的法律制度并不健全。如果难以立刻引入法律制度，就应该扩大大企业和中小企业间的沟通，通过切实可行的扶持政策谋求共同发展。

表 4-1-22　　**韩国电影发行 3 大公司的市场占有率**

| 发行公司 | 部数 | 部数占有率 | 全国观众数 | 观众占有率 |
|---|---|---|---|---|
| CJ 娱乐 | 19.5 | 11.7% | 34 074 306 | 41.2% |
| 乐天购物(株)乐天娱乐 | 21.5 | 12.9% | 21 711 506 | 26.3% |
| SHOWBOX | 10.5 | 6.3% | 12 859 623 | 15.6% |
| 合计 | 51.5 | 30.9% | 68 645 435 | 83.1% |
| 整体 | 166 | 100% | 82 680 959 | 100% |

* 依据《公正交易法》的规定，若排名第一的公司占有率超过 50%或前 3 个公司的占有率之和超过 75%，即定义为市场支配性运营商。
** 因此韩国电影发行市场 3 大公司的市场支配性地位得到认可。

表 4-1-23　　**前 3 大多厅电影院的市场占有率**

<table>
<tr><th colspan="2">分类</th><th>2007</th><th>2008</th><th>2009</th><th>2010</th><th>2011</th><th>备注</th></tr>
<tr><td rowspan="3">CGV</td><td>CGV</td><td>23%</td><td>25%</td><td>28%</td><td>31%</td><td>34%</td><td rowspan="3">2005 年合并</td></tr>
<tr><td>Primus</td><td>14%</td><td>13%</td><td>11%</td><td>9%</td><td>8%</td></tr>
<tr><td>计</td><td>37%</td><td>38%</td><td>40%</td><td>40%</td><td>42%</td></tr>
<tr><td colspan="2">乐天电影院</td><td>16%</td><td>18%</td><td>20%</td><td>24%</td><td>25%</td><td></td></tr>
<tr><td rowspan="2">Magabox</td><td>Magabox</td><td>6%</td><td>6%</td><td>6%</td><td>7%</td><td rowspan="2">19%</td><td rowspan="2">2011 年合并</td></tr>
<tr><td>Sidus</td><td>—</td><td>—</td><td>—</td><td>12%</td></tr>
<tr><td colspan="2">总计</td><td>60%</td><td>62%</td><td>66%</td><td>83%</td><td>86%</td><td></td></tr>
</table>

* 2011 年 Magabox 与 Sidus 合并，因此 2011 年前 3 大公司的市场占有率达 86%。
** 2010 年公正交易法规定，成为市场支配性运营商的标准是超过 75%，剧场 3 大公司超过了这一标准。

(1)开发和推广标准合同书，以营造公正交易的环境。

在目前电影产业的合同关系中，标准上映合同书、标准投资合同书、标准劳务合同书是纠纷最多的部分。为此，政府通过电影振兴委员会，开发了 2011 年上映、投资、职员雇用方面的标准合同书，并通告业界。标准上映合同书是关于改善韩国电影和外国电影差别适用的分红比例、结算每月上映收益、最短上映期间、交叉上映等方面的指南；标准投资合同书是为投资公司和制作公司之间协商著作权垄断收益产出时间等的调整、共同费用及投资公司负担费用等方面的协议提供指南。另外，标准劳务合同书规定了加入 4 大保险的义务，并在合同时间、工作时间、工资支付等方面做出了明确的规定，与各种制作扶持工作联合进行。

由此取得的直接成果如下：2011 年 12 月，电影《两江道孩子们》制作成员针对大企业多厅电影院未遵守最短上映期间、未张贴宣传海报、延迟开通预售网站等事项，向电影振兴委员会不公正行为申报中心进行了举报。对此，建立公正环境特别委员会，委员们召开会议，对相关的 2 个多厅电影院提出了“遵守标准上映合同书”“保障公平的宣传机会”等劝告，CGV 和乐天于 12 月 29 日起延长了该电影的上映期间。

(2)组建并运营共同成长协商会。

改善垄断结构及建立公正交易环境因利害关系尖锐，若业界的代表人士不能够通过持续协商达成共识，是难以解决的。为此，文化部、电影振兴委员会、电影界组建了“共同成长协商会”。主要有以前釜山国际电影节执行委员长金东浩为会长的电影团体联合会议(理事长李春渊)、韩国电影制作人协会(会长车承载)、全国电影产业劳动联合会(委员长崔振旭)等 14 个电影团体和 CJ E&M 电影事业部门(代表吉钟哲)、乐天购物(株)乐天娱乐(代表孙广益)等 8 个企业参与组建。10 月 21 日文化部部长崔广植出席了成立大会，分别组建了基础建立分科、标准合同书分科、创作人力分科等实务协商体，并对相关事务进行具体的讨论。

表 4-1-24 **共同成长协商会各分科的主要议题**

| 分科 | 实践课题 | 主要事例 | 改善方案 |
|---|---|---|---|
| 基础建立分科 | 改善垂直序列化及垄断结构 | 特定电影占有过多的排片场次<br>发行公司尚未形成多样的竞争格局 | 禁止兼营投资、发行业与上映企业 |
| | 指定中小企业的业务种类 | 调解投资公司与制作公司间由不公正的共同制作而带来的作者人格权受侵害及强制调整收益分配比例(8∶2)<br>存在着投资公司骗取制作公司企划开发作品的可能性 | 将电影制作业指定为中小企业的业务种类 |
| | 改善附加市场交易环境 | 发行公司由于网络平台和 RS 合同①、与版权者签订一次性合同导致的收益结构恶化 | 建立缓和附加市场垄断结构的对策 |
| | 限制大企业的后期工作 | 大企业物色核心人才导致中小企业竞争力减弱<br>投资阶段开始即为子公司提供捆绑式的供应 | 为增强中小型后期制作公司的竞争力，建立制度性机制 |
| 标准合同书分科 | 改善投资发行公司的自律政策 | 企划开发费用由制作公司负担，版权归投资公司拥有<br>为应对 P&A 费②较短的投资期间，采取同样的投资股份 | 扩大企划开发费用的投资<br>P&A 费以先于发行商成本处理投资扣除③的方式进行补偿 |
| | 标准投资合同书 | 畅销程度分红(演员等)只能从制作公司的收益中支付<br>合同规定版权由投资公司和制作公司永久性地共同拥有，因此不能主张权 | 使标准合同书在业界落实<br>就共同费用及投资公司负担的费用进行协商<br>调整版权的垄断性收益创造期限 |
| | 标准上映合同书 | 对韩国电影实行差别化的分红比例<br>分红金额计算时限延迟及不公正的利息预扣 | 使标准上映合同书在业界落实<br>使韩国电影与外国电影适用同样的分红比例<br>落实每月或早期税款核算 |
| 创作人力分科 | 标准劳务合同书 | 不为电影职工支付失业救济金 | 使标准劳务合同书在业界落实<br>将加入 4 大保险义务化 |
| | 标准电影剧本合同书 | 没有保护创作人创意的制度<br>预付/投资后不按照合同支付余额的情况频发 | 区分从讨论到终稿的合同阶段<br>将制作公司的预先支付义务化，并保留制作公司的 Drop 权限 |
| | 标准技术合同书 | 以一揽子合同的方式，频繁地追加作业并使收益减少 | 制定各业务种类的标准单价/指导价 |
| | 保护创作人著作权 | 不公正的信用标记导致作者的人格权受到侵害<br>不分配创作者的 2 次版权收益 | 制定标准信用标记的各职务标准及引入裁定体系<br>建立创作者的 2 次版权收益分配保障制度 |

① RS 合同(Revenue Share，收益分配)：韩国电影出口时的合同方式之一，完全没有合同金额，只规定以后再支付收益的合同。
② P&A 费(Print&Advertisement，印刷品及宣传费用)：电影上映时，发行及上映所需的费用，主要是印刷品制作及宣传费用。
③ 先扣除(Recoup)：最先回收投资或融资金额。

具体成果也立即显示出来，随着发行公司及制作公司暂时达成协议，将主要剧场的分红金额结算时限由现在的45日缩短至30日之内，收益分配的时间缩短了。另外，以创作人力分科为中心，制定了“标准电影剧本合同书(案)”，2012年上半年正在收集电影界人士的意见。影像专门投资联合会将会优待采用标准投资合同书的项目，职工工资扶持工作也有义务遵守标准劳务合同书，电影剧本市场买卖作品时也有义务遵守标准电影剧本合同书。

另外，为培育中小制作公司，还引入了一系列制度，以谋求建立健全的电影产业生态系统。如依据上映业绩为中小制作公司提供下一个作品的企划开发费用的扶持制度(积分式的扶持制度)，处于4大保险盲区的电影职工在结束教育训练后，为其提供失业津贴的奖励扶持制度(教育训练奖励制度)等。

## (三)展望

这是话题作品较多的一年。出现了很多引起话题的大片，电影引领了社会整体的文化和话题，如：《我的路》《快递惊魂》《高地战》《第7矿区》等韩国式大片，《变形金刚3》《加勒比海盗：惊涛怪浪》《功夫熊猫2》等好莱坞系列大片，以及《少年莞得》《阳光姐妹淘》《终极兵器：弓》《熔炉》等出乎意料的流行大片。由此带来的结果就是观众数大增，销售额也大幅增加。收益率稍有提高，出口也终于呈现增长态势。长期以来处于困境的电影产业开始出现恢复态势。

2012年上映市场方面较为乐观。虽然电影院观众的增长呈现停滞状态可以被看做是负的，但近10年电影院观众数规模均为1亿5 000万人次，韩国电影占有率为50%，每年新制作的电影均维持在约100部左右。因此，韩国电影产业，特别是上映市场部分，应该不会有太大的变化。另外，从2012年预计将上映的作品来看，业界大多预测与2011年相比，观众数量绝对不会减少。好莱坞电影虽然没有2011年《变形金刚3》这样的大制作，但《复仇者》这样中等规模的电影也不少；韩国电影的爱情剧、喜剧等以各年龄层为对象，制作了多种素材的电影，与《摩天楼》《小偷们》等韩国电影大片一道构成了强大的电影阵容。

预计大企业将直接进入网络市场。IPTV预计将增加30%以上的使用者，也将努力建立更加便利的观影环境。这是由于智能TV的亮相，要求IPTV必须加强自身的竞争力。智能TV将提供与IPTV不同形态的电影服务，将会为扩大电影消费市场作出贡献。由三星和LG引领的智能TV预计将会向在移动环境中也可以同时提供服务的N-Screen转变。结果就是，可以预测在任何条件下，网络市场都将创造出利用通信进行不间断电影消费的环境。更容易获得接触更多电影的机会，将不会在各平台和Windows之间出现干扰现象，反而会进一步扩大电影市场。

但是，也存在几种危险因素。虽然实行了网络硬盘登记制度，但非法下载等问题仍未完全消除，给消费者带来了价格差异方面的混乱和负担。另外，在网络VOD市场方面，提供合法下载服务运营商的收益正在恶化，预计会对产业产生影响。再加上音乐版权团体过分强调《版权法》中的传播权，如果向电影公司方面强制征收著作费用的话，那么经过数年艰辛创造出来的网络市场将会遭到巨大的打击。

韩国电影产业的生态系统革新，恐怕在2012年仍将成为热点话题。2011年组建的韩国电影共同成长协商会，针对大企业、中小企业、个人创作者之间互助相生的讨论依然会持续下去，要想达成实质性的成果需要政府制定对策。

与K-pop主导的全球性韩流热潮相结合，对韩国电影国际化的要求也将会提高。政府与电影振兴委员会一起，将从只关注成品出口的国际化战略中走出，推进向接受海外作品订货、吸引外景拍摄等国际化战略的转换。但作为新开发的具有潜力的出口源，后期制作和技术服务领域的出口仍不太稳定。

在扩大内需市场的同时，发掘并拓展海外市场仍旧是必需的课题。

为使 2012 年韩国电影前景光明的展望能够成为现实，仍需要韩国电影界团结一致，这点值得关注。

# 二、动　　漫

## (一)现状

### 1. 动漫行业概况

(1)总体情况。

据调查，2010 年动漫产业的企业数量为 308 个，从业人数为4 349人。动漫产业销售额由于动漫剧场销售额和动漫创作制作业销售额的增加而达5 143亿韩元，附加价值率为 42. 2%①。出口额为9 682万美元，进口额较低，仅为 695. 1 万美元。动漫产业 2005 年约有 200 个企业，到 2010 年增加至 308 个，年均增加率为 9. 0%。销售额由 2005 年的2 338亿韩元增至 2010 年的5 143亿韩元，增加了约 2. 2 倍；附加价值金额也由 2005 年的 422 亿韩元增至 2010 年的2 171亿韩元，增加了约 5. 14 倍。这显示出动漫产业已经成长为高附加价值产业，是增长可能性很大的产业。

表 4-2-1　　动漫产业总体情况

| 分类 | 企业数量(个) | 从业者(名) | 销售额(百万韩元) | 附加价值(百万韩元) | 附加价值率(%) | 出口额(千美元) | 进口额(千美元) |
|---|---|---|---|---|---|---|---|
| 2005 年 | 200 | 3 580 | 233 855 | 42 214 | 18. 05 | 78 429 | 5 458 |
| 2006 年 | 260 | 3 412 | 288 564 | 70 333 | 30. 96 | 66 834 | 5 095 |
| 2007 年 | 283 | 3 847 | 311 166 | 122 506 | 39. 37 | 72 770 | 8 148 |
| 2008 年 | 276 | 3 924 | 404 760 | 167 287 | 41. 33 | 80 583 | 6 132 |
| 2009 年 | 289 | 4 170 | 418 570 | 175 213 | 41. 86 | 89 651 | 7 397 |
| 2010 年 | 308 | 4 349 | 514 399 | 217 101 | 42. 20 | 96 827 | 6 951 |
| 同比增减率(%) | 6. 6 | 4. 3 | 22. 9 | 23. 9 | 0. 8 | 8. 0 | ▽6. 0 |
| 年均增减率(%) | 9. 0 | 4. 0 | 17. 1 | 38. 8 | 18. 5 | 4. 3 | 5. 0 |

出处：文化体育观光部(2011)，《2011 动漫产业白皮书》。

(2)销售额。

2010 年动漫产业销售额为5 143亿韩元，同比增长 22. 9%，年均增长率为 12. 7%。从各中分类来看，动漫制作业为3 437亿韩元，同比增长 2. 1%，年均增减率为 6. 1%。动漫流通、发行及营销、宣传部门为 179 亿韩元，同比增长 9. 9%，年均增减率为 7. 4%。另外，网络动漫服务业为 53 亿韩元，同比增长 3. 4%，年均增减率为-20. 4%。电影院销售额为1 450亿韩元，同比增长 158. 4%，年均增减率达

① 本章所有数字的记述均省略千万韩元单位以下的数字。

44.9%。播放公司出口额为 22 亿韩元，同比减少了 41.7%，年均增减率为-38.8%。动漫产业的创作制作业由 2008 年的1 683亿韩元增长至 2010 年的2 279亿韩元，动漫外包制作业由 2008 年的1 353亿韩元减少至 2010 年的1 136亿韩元，呈现出持续减少的趋势。

表 4-2-2 **动漫产业各小分类的销售额现状**

| 中分类 | 小分类 | 销售额(百万韩元) | | | 比重 | 同比增减率 | 年均增减率 |
|---|---|---|---|---|---|---|---|
| | | 2008 年 | 2009 年 | 2010 年 | (%) | (%) | (%) |
| 动漫制作业 | 动漫创作制作 | 168 396 | 211 949 | 227 961 | 44.3 | 7.6 | 16.3 |
| | 动漫外包制作 | 135 356 | 122 412 | 113 695 | 22.1 | ▽7.1 | ▽8.4 |
| | 网络动漫制作 | 1 880 | 2 301 | 2 108 | 0.4 | ▽8.4 | 5.9 |
| | 小计 | 305 632 | 336 662 | 343 764 | 66.8 | 2.1 | 6.1 |
| 动漫流通及发行业 | 动漫流通、发行及营销、宣传 | 15 558 | 16 332 | 17 948 | 3.5 | 9.9 | 7.4 |
| | 小计 | 15 558 | 16 332 | 17 948 | 3.5 | 9.9 | 7.4 |
| 网络动漫流通业 | 网络动漫服务业 | 8 407 | 5 509 | 5 322 | 1.0 | ▽3.4 | ▽20.4 |
| | 小计 | 8 407 | 5 509 | 5 322 | 1.0 | ▽3.4 | ▽20.4 |
| 中间统计 | | 329 597 | 358 503 | 367 034 | 71.4 | 2.4 | 5.5 |
| 电影院销售额 | 电影院销售额 | 69 052 | 56 143 | 145 077 | 28.2 | 158.4 | 44.9 |
| | 小计 | 69 052 | 56 143 | 145 077 | 28.2 | 158.4 | 44.9 |
| 播放公司出口额 | 播放公司出口额 | 6 111 | 3 924 | 2 288 | 0.4 | ▽41.7 | ▽38.8 |
| | 小计 | 6 111 | 3 924 | 2 288 | 0.4 | ▽41.7 | ▽38.8 |
| 动漫产业合计 | | 404 760 | 418 570 | 514 399 | 100.0 | 22.9 | 12.7 |

出处：文化体育观光部(2011)，《2011 动漫产业白皮书》。

2010 年，动漫产业人均销售额为8 400万韩元，企业平均销售额为 11 亿9 200万韩元。另外，动漫制作业人均销售额为8 300万韩元，其中动漫创作制作业为 1 亿韩元，动漫外包制作业为6 300万韩元，创作制作业比外包制作业人均销售额高出约3 700万韩元。企业平均销售额也同样是创作制作业比外包制作业高出约 1 亿2 700万韩元，这显示出在韩国动漫产业中，创作制作比外包制作具有更高的销售结构。

表 4-2-3 **动漫产业平均销售额现状**

| 中分类 | 小分类 | 企业数(个) | 销售额(百万韩元) | 从业人员(名) | 人均销售额(百万韩元) | 企业平均销售额(百万韩元) |
|---|---|---|---|---|---|---|
| 动漫制作业 | 动漫创作制作 | 182 | 227 961 | 2 282 | 100 | 1 253 |
| | 动漫外包制作 | 101 | 113 695 | 1 815 | 63 | 1 126 |
| | 网络(互联网、移动)动漫制作 | 8 | 2 108 | 38 | 55 | 264 |
| | 小计 | 291 | 343 764 | 4 135 | 83 | 1 181 |
| 动漫流通及发行业 | 动漫流通、配售、营销、宣传 | 9 | 17 948 | 121 | 148 | 1 994 |
| | 小计 | 9 | 17 948 | 121 | 148 | 1 994 |
| 网络动漫流通业 | 网络动漫服务业(互联网、移动) | 8 | 5 322 | 93 | 57 | 665 |
| | 小计 | 8 | 5 322 | 93 | 57 | 665 |
| 动漫产业合计 | | 308 | 367 034 | 4 349 | 84 | 1 192 |

出处：文化体育观光部(2011)，《2011 动漫产业白皮书》。

动漫制作业销售额为3 437亿韩元，同比增长 2.1%，年均增长率为 6.1%。其中，动漫创作制作销售额为2 279亿韩元(66.3%)，动漫外包制作销售额为1 136亿韩元(33.1%)，网络(互联网、移动)动漫制作销售额为 21 亿韩元(0.6%)。动漫创作制作销售额 2008 年为1 683亿韩元，2009 年为2 119亿韩元，2010 年为2 279亿韩元，一直保持增长态势，同比增长 7.6%，年均增长率达 16.3%。动漫外包制作销售额 2010 年为1 136亿韩元，同比减少了 7.1%。网络(互联网、移动)动漫制作销售额由 2008 年的 18 亿韩元增长至 2010 年的 21 亿韩元。

表 4-2-4　　**动漫制作业各小分类销售额现状**

| 小分类 | 销售额(百万韩元) | | | 比重(%) | 同比增减率(%) | 年均增减率(%) |
|---|---|---|---|---|---|---|
| | 2008 年 | 2009 年 | 2010 年 | | | |
| 动漫创作制作 | 168 396 | 211 949 | 227 961 | 66.3 | 7.6 | 16.3 |
| 动漫外包制作 | 135 356 | 122 412 | 113 695 | 33.1 | ▽7.1 | ▽8.4 |
| 网络(互联网、移动)动漫制作 | 1 880 | 2 301 | 2 108 | 0.6 | ▽8.4 | 5.9 |
| 小计 | 305 632 | 336 662 | 343 764 | 100.0 | 2.1 | 6.1 |

出处：文化体育观光部(2011)，《2011 动漫产业白皮书》。

作为产业成长指标的动漫创作制作销售额 2010 年为1 986亿韩元，其中 TV 用制作销售额为1 482亿韩元，比重为 74.6%，同比增长了 25.5%，年均增减率达 31.3%。电影院动漫销售额为 55 亿韩元，与 2009 年的 56 亿韩元相比，减少了 1.2%；家庭影像制品销售额为 166 亿韩元，同比增长了 2.2%，年均增减率 1.5%。网络动漫同比减少了 3.8%，年均增减率为 1.0%。新媒体动漫为 183 亿韩元，与 TV 动漫一样一直呈现增长态势。

表 4-2-5　　**动漫创作制作的各媒体销售额现状**　　(单位：百万韩元)

| 分类 | 年度 | TV | 电影院 | 家庭影像制品(VHS，DVD) | 互联网(VOD，Flash) | 新媒体(移动，DMB) | 其他 | 合计 |
|---|---|---|---|---|---|---|---|---|
| 国内 | 2008 年 | 61 256 | 5 961 | 11 148 | 5 206 | 7 151 | 1 695 | 92 417 |
| | 2009 年 | 84 138 | 4 322 | 10 126 | 5 306 | 17 254 | 2 133 | 123 279 |
| | 2010 年 | 104 703 | 4 125 | 9 637 | 5 107 | 18 332 | 2 625 | 144 529 |
| | 同比增减率(%) | 24.4 | ▽4.6 | ▽4.8 | ▽3.8 | 6.2 | 23.1 | 17.2 |
| | 年均增减率(%) | 30.7 | ▽16.8 | ▽7.0 | ▽1.0 | 60.1 | 24.4 | 25.1 |
| 国外 | 2008 年 | 24 746 | 1 168 | 4 968 | — | — | 1 833 | 32 715 |
| | 2009 年 | 34 022 | 1 322 | 6 125 | — | — | 1 958 | 43 427 |
| | 2010 年 | 43 585 | 1 451 | 6 977 | — | — | 2 133 | 54 146 |
| | 同比增减率(%) | 28.1 | 9.8 | 13.9 | — | — | 8.9 | 24.7 |
| | 年均增减率(%) | 32.7 | 11.5 | 18.5 | — | — | 7.9 | 28.6 |

续表

| 分类 | 年度 | TV | 电影院 | 家庭影像制品（VHS，DVD） | 互联网（VOD，Flash） | 新媒体（移动，DMB） | 其他 | 合计 |
|---|---|---|---|---|---|---|---|---|
| 合计 | 2008 年 | 86 002 | 7 129 | 16 116 | 5 206 | 7 151 | 3 528 | 125 132 |
| | 2009 年 | 118 160 | 5 644 | 16 251 | 5 306 | 17 254 | 4 091 | 166 706 |
| | 2010 年 | 148 288 | 5 576 | 16 614 | 5 107 | 18 332 | 4 758 | 198 675 |
| | 同比增减率(%) | 25.5 | ▽1.2 | 2.2 | ▽3.8 | 6.2 | 16.3 | 19.2 |
| | 年均增减率(%) | 31.3 | ▽11.6 | 1.5 | ▽1.0 | 60.1 | 16.1 | 26.0 |

出处：文化体育观光部(2011)，《2011 动漫产业白皮书》。

(3)进出口现状。

2010 年动漫产业出口额为9 682万美元，同比增长了 8.0%，年均增减率为 9.6%。进口额为 695 万美元，同比减少了 6.0%，年均增减率为 6.5%。其中，动漫创作制作出口额为6 057万美元，与 2009 年的5 060万美元出口额相比，增长了约 19.7%。相反，外包制作出口额为3 625万美元，与 2009 年的3 904万美元出口额相比，减少了约 7.2%。由此可以看出，创作制作的出口额增加了，而外包制作的出口额减少了。

表 4-2-6 **动漫产业出口额及进口额现状** （单位：千美元）

| 分类 | 出口额(千美元) | | | | |
|---|---|---|---|---|---|
| | 2008 年 | 2009 年 | 2010 年 | 同比增减率(%) | 年均增减率(%) |
| 动漫产业 | 80 583 | 89 651 | 96 827 | 8.0 | 9.6 |
| 合计 | 80 583 | 89 651 | 96 827 | 8.0 | 9.6 |
| 分类 | 进口额(千美元) | | | | |
| | 2008 年 | 2009 年 | 2010 年 | 同比增减率(%) | 年均增减率(%) |
| 动漫产业 | 6 132 | 7 397 | 6 951 | ▽6.0 | 6.5 |
| 合计 | 6 132 | 7 397 | 6 951 | ▽6.0 | 6.5 |

出处：文化体育观光部(2011)，《2011 动漫产业白皮书》。

表 4-2-7 **动漫产业创作出口额及外包出口额对比** （单位：千美元）

| 分类 | 动漫出口额比较 | | | | |
|---|---|---|---|---|---|
| | 2008 年 | 2009 年 | 2010 年 | 同比增减率(%) | 年均增减率(%) |
| 动漫创作制作 | 43 837 | 50 602 | 60 575 | 19.7 | 17.6 |
| 动漫外包制作 | 36 746 | 39 049 | 36 252 | ▽7.2 | ▽0.7 |
| 合计 | 80 583 | 89 651 | 96 827 | 8.0 | 9.6 |

出处：文化体育观光部(2011)，《2011 动漫产业白皮书》。

(4)从业者现状。

2010 年，动漫产业的总从业人数为4 349名，同比增长了 4. 3%，年均增减率为 5. 3%。动漫制作业(含创作制作和外包制作)从业人数为4 135名，占总人数的 95. 1%。流通和发行业从业人数为 121 名，仅占 2. 8%。网络动漫流通业从业人数为 93 名，占 2. 1%。

表 4-2-8 **动漫各媒体销售额现状** (单位：百万韩元)

| 分类 | 年度 | TV | 电影院 | 家庭影像制品(VHS，DVD) | 互联网(VOD，Flash) | 新媒体(移动，DMB) | 其他 | 合计 |
|---|---|---|---|---|---|---|---|---|
| 国内 | 2008 年 | 61 256 | 5 961 | 11 148 | 5 206 | 7 151 | 1 695 | 92 417 |
| | 2009 年 | 84 138 | 4 322 | 10 126 | 5 306 | 17 254 | 2 133 | 123 279 |
| | 2010 年 | 104 703 | 4 125 | 9 637 | 5 107 | 18 332 | 2 625 | 144 529 |
| | 同比增减率(%) | 24. 4 | ▽4. 6 | ▽4. 8 | ▽3. 8 | 6. 2 | 23. 1 | 17. 2 |
| | 年均增减率(%) | 30. 7 | ▽16. 8 | ▽7. 0 | ▽1. 0 | 60. 1 | 24. 4 | 25. 1 |
| 国外 | 2008 年 | 24 746 | 1 168 | 4 968 | — | — | 1 833 | 32 715 |
| | 2009 年 | 34 022 | 1 322 | 6 125 | — | — | 1 958 | 43 427 |
| | 2010 年 | 43 585 | 1 451 | 6 977 | — | — | 2 133 | 54 146 |
| | 同比增减率(%) | 28. 1 | 9. 8 | 13. 9 | — | — | 8. 9 | 24. 7 |
| | 年均增减率(%) | 32. 7 | 11. 5 | 18. 5 | — | — | 7. 9 | 28. 6 |
| 合计 | 2008 年 | 86 002 | 7 129 | 16 116 | 5 206 | 7 151 | 3 528 | 125 132 |
| | 2009 年 | 118 160 | 5 644 | 16 251 | 5 306 | 17 254 | 4 091 | 166 706 |
| | 2010 年 | 148 288 | 5 576 | 16 614 | 5 107 | 18 332 | 4 758 | 198 675 |
| | 同比增减率(%) | 25. 5 | ▽1. 2 | 2. 2 | ▽3. 8 | 6. 2 | 16. 3 | 19. 2 |
| | 年均增减率(%) | 31. 3 | ▽11. 6 | 1. 5 | ▽1. 0 | 60. 1 | 16. 1 | 26. 0 |

出处：文化体育观光部(2011)，《2011 动漫产业白皮书》。

### 2. 动漫放映情况

(1)地面波放映(电视台)现状。

国内地面波播放 4 个公司 5 个频道(KBS1、KBS2、MBC、SBS、EBS)在 2010 年一年间，播放动漫的总放映时间为110 450分钟，约为1 841小时，这是国内制作的动漫和海外制作的动漫上映时间的总和。国内动漫总放映时间为46 110分钟，约 769 小时，占总体放映时间的 41. 75%；海外动漫总放映时间为64 340分钟，约1 072小时，占总体放映时间的 58. 25%。其中，2010 年地面波 5 个频道播放新作品的总时间为20 675分钟，约 345 小时；重播时间为25 435分钟，约 424 小时。另外，2010 年动漫播放时间与 2009 年相比减少了 17. 61%，2010 年与 2009 年相比，国内动漫的播放时间和海外动漫的播放时间均减少了。

| | 整体 | 国内 | 海外 |
|---|---|---|---|
| 时间（分） | 110 450 | 46 110 | 64 340 |
| 比重（%） | 100 | 41.75 | 58.25 |

图 4-2-1　2010 年动漫播放现状(单位：分)

出处：文化体育观光部(2011)，《2011 动漫产业白皮书》。

表 4-2-9　**国内动漫的首播及重播时间(2010)**

| | 国内整体 | 首播 | 重播 |
|---|---|---|---|
| 时间(分) | 46 110 | 20 675 | 25 435 |
| 比重(%) | 100. 00 | 44. 84 | 55. 16 |

出处：文化体育观光部(2011)，《2011 动漫产业白皮书》。

表 4-2-10　**动漫播放时间的增减(2008—2010)**　(单位：分)

| 总播放时间变化 | 整体 | 国内 | 海外 |
|---|---|---|---|
| 2008 年 | 128 725 | 49 470 | 79 255 |
| 2009 年 | 134 065 | 54 930 | 79 135 |
| 与 2008 年相比播放时间增减 | 5 340 | 5 460 | -120 |
| | 4. 15% | 11. 04% | -0. 15% |
| 2010 年 | 110 450 | 46 110 | 64 340 |
| 与 2009 年相比播放时间增减 | -23 615 | -8 820 | -14 795 |
| | -17. 61% | -16. 06% | -18. 70% |

出处：文化体育观光部(2011)，《2011 动漫产业白皮书》。

从 2010 年各频道一年的总播放时间来看，KBS2 播放时间最多，为427 955分钟；SBS 最少，为401 527分钟。2010 年 SBS 总播放时间与 2009 年相比减少了 4. 91%。EBS 播放时间增长了 2. 10%，是 5 个频道中增长最多的。KBS1 的动漫播放时间减少了，KBS2 与 EBS 的播放时间有小幅增长。2010 年 5 个频道动漫总的播放时间与 2009 年相比减少了18 557分钟，减少了约 0. 88%。

表 4-2-11　**各频道一年间总播放时间的对比(2008—2010)**　(单位：分)

| | KBS1 | KBS2 | MBC | SBS | EBS |
|---|---|---|---|---|---|
| 2008 | 412 605 | 420 515 | 416 690 | 418 639 | 421 163 |
| 2009 | 411 950 | 427 715 | 425 700 | 422 238 | 418 516 |
| 2010 | 411 765 | 427 995 | 418 990 | 401 527 | 427 285 |

出处：文化体育观光部(2011)，《2011 动漫产业白皮书》。

2010 年，地面波 5 个频道整体动漫播放时间中的 41. 75%播放的是国内动漫，58. 25%播放的是海外动漫。MBC、SBS 全部动漫播放时间里播放的均是国内动漫，KBS1 动漫总播放时间的 96. 19%、KBS2 的 66. 52%、EBS 的 25. 57%播放的是国内动漫。EBS 动漫总播放时间的 74. 43%播放的是海外动漫，是播放海外动漫最多的频道。KBS2 动漫总播放时间的 33. 48%、KBS1 的 3. 81%播放的是海外动漫。KBS1 的动漫总播放时间为4 720分钟，约 79 小时，其中国内动漫播放时间为4 540分，约 76 小时，占总播放时间的 96. 19%，海外动漫的播放时间为 180 分，共 3 小时，约占 3. 81%。

KBS2 动漫总播放时间为11 590分，约 193 小时，其中国内动漫播放时间为7 710分，约 128 小时(66. 52%)；海外动漫播放时间为3 880分，约 65 小时(33. 48%)。MBC 动漫总播放时间为5 485分，约 92 小时；SBS 2010 年动漫总播放时间为7 665分，约 128 小时。EBS 动漫总播放时间为80 990分，约 1 350小时，其中国内动漫播放时间为20 710分，约 345 小时，比重为 25. 57%。海外动漫播放时间为 60 280分钟，约1 005小时，比重为 74. 43%。

表 4-2-12　　**各频道的国内及海外动漫播放时间(2010)**　　(单位：分)

| 电视台 | | KBS1 | KBS2 | MBC | SBS | EBS | 综合 |
|---|---|---|---|---|---|---|---|
| 整体动漫 | | 4 720 | 11 590 | 5 485 | 7 665 | 80 990 | 110 450 |
| 国产动漫 | | 4 540 | 7 710 | 5 485 | 7 665 | 20 710 | 46 110 |
| | | 96. 19% | 66. 52% | 100. 00% | 100. 00% | 25. 57% | 41. 75% |
| 海外动漫 | | 180 | 3 880 | — | — | 60 280 | 64 340 |
| | | 3. 81% | 33. 48% | — | — | 74. 43% | 58. 25% |

出处：文化体育观光部(2011)，《2011 动漫产业白皮书》。

2010 年，地面波 5 个频道播放国内新动漫作品共 47 部，重播作品为 36 部，2010 年播放的作品总数为 83 部。

表 4-2-13　　**各频道首播及重播作品数量(2008—2010)**　　(单位：部)

| 分类 | 年度 | 合计 | KBS1 | KBS2 | MBC | SBS | EBS |
|---|---|---|---|---|---|---|---|
| 新作品数 | 2008 | 54 | 9 | 9 | 14 | 7 | 15 |
| | 2009 | 50 | 9 | 7 | 13 | 8 | 13 |
| | 2010 | 47 | 7 | 9 | 12 | 7 | 12 |
| 重播作品数 | 2008 | 38 | 4 | 6 | 4 | 2 | 22 |
| | 2009 | 1 | 4 | 1 | 6 | 21 | 21 |
| | 2010 | 36 | 2 | 8 | 0 | 5 | 21 |

续表

| 分类 | 年度 | 合计 | KBS1 | KBS2 | MBC | SBS | EBS |
|---|---|---|---|---|---|---|---|
| 与 2009 年相比，2011 年新作品数量的变化 | | -3 | -2 | 2 | -1 | -1 | -1 |
| 与 2009 年相比，2011 年重播作品数量的变化 | | 3 | 1 | 4 | -1 | -1 | 0 |
| 与 2009 年相比，2011 年整体作品数量的变化 | | 0 | -1 | 6 | -2 | -2 | -1 |

出处：文化体育观光部(2011)，《2011 动漫产业白皮书》。

(2)动漫专门频道(有线/卫星)的动漫放映现状。

2010 年，有线/卫星动漫专门频道——Anione、Champ、Tooniverse、Animax、Anibox 5 个频道的总播放时间分别为525 600分，约8 760小时。Animax 一年的总播放时间为525 600分钟，全部用来播放动漫；Anibox 总播放时间的 89. 28%(469 260分，约7 821小时)用来播放动漫；Anione 总播放时间的 90. 24%(474 300分，约7 905小时)用来播放动漫；Champ 总播放时间的 87. 55%(460 185分，约7 670小时)用来播放动漫；Tooniverse 总播放时间的 99. 23%(521 550分，约8 693小时)用来播放动漫。2010 年播放动漫最多的频道是 Animax，其次是 Tooniverse(521 550分钟)，播放最少的频道是 Champ(460 185分钟)。

表 4-2-14　**专门频道的动漫播放现状(2008—2010)**　(单位：分)

| 2008 年 | Animax | Anibox | Anione | Champ | Tooniverse |
|---|---|---|---|---|---|
| 总播放时间 | 527 040 | 527 040 | 527 040 | 527 040 | 527 040 |
| 动漫总播放时间 | 522 900 | 496 380 | 473 515 | 488 400 | 523 740 |
| | 99. 21% | 94. 18% | 89. 84% | 92. 67% | 99. 37% |
| 其他 | 4 140 | 30 660 | 53 525 | 38 640 | 3 300 |
| | 0. 79% | 5. 82% | 10. 16% | 7. 33% | 0. 63% |
| 2009 年 | Animax | Anibox | Anione | Champ | Tooniverse |
| 总播放时间 | 525 600 | 525 600 | 525 600 | 525 600 | 525 600 |
| 动漫总播放时间 | 525 600 | 492 390 | 466 640 | 483 070 | 523 950 |
| | 100. 00% | 93. 68% | 88. 78% | 91. 91% | 99. 69% |
| 其他 | 0 | 33 210 | 58 960 | 42 530 | 1 650 |
| | 0. 00% | 6. 32% | 11. 22% | 8. 09% | 0. 31% |
| 2010 年 | Animax | Anibox | Anione | Champ | Tooniverse |
| 总播放时间 | 525 600 | 525 600 | 525 600 | 525 600 | 525 600 |
| 动漫总播放时间 | 525 600 | 492 390 | 466 640 | 483 070 | 523 950 |
| | 100. 00% | 93. 68% | 88. 78% | 91. 91% | 99. 69% |
| 其他 | 0 | 56 340 | 51 300 | 65 415 | 4 050 |
| | 0. 00% | 6. 32% | 11. 22% | 8. 09% | 0. 31% |

出处：文化体育观光部(2011)，《2011 动漫产业白皮书》。

另外，2010 年，5 个动漫专门频道国内动漫总播放时间为707 095分，其中比重最多的频道是 Tooniverse。Tooniverse 播放国内动漫的总时间为168 490分，占整体的 23. 83%。播放最少的频道是 Anione，为124 560分，比重为 18. 64%。

表 4-2-15　**专门频道播放国内动漫现状(2008—2010)**　(单位：分)

| | Animax | Anibox | Anione | Champ | Tooniverse |
|---|---|---|---|---|---|
| 2008 年国内 | 152 335 | 166 320 | 160 885 | 71 280 | 167 715 |
| 2009 年国内 | 143 325 | 157 440 | 144 605 | 158 860 | 164 500 |
| 与 2008 年相比 | -9 010 | -8 880 | -16 280 | 87 580 | -3 215 |
| | -5. 91% | -5. 34% | -10. 12% | 122. 87% | -1. 92% |
| 2010 年国内 | 146 540 | 126 420 | 121 560 | 144 085 | 168 490 |
| 与 2009 年相比 | 3 215 | -31 020 | -23 045 | -14 775 | 3 990 |
| | 2. 24% | -19. 70% | -15. 94% | -9. 30% | 2. 43% |

出处：文化体育观光部(2011)，《2011 动漫产业白皮书》。

2010 年，动漫专门频道播放的国内动漫总作品数为 119 部。播放作品数最多的是 Tooniverse，播放了 36 部，占国内作品总数的 30. 25%；Animax 和 Anione 分别播放了 18 部，比重都为 15. 13%；Anibox 播放了 25 部，比重为 21. 01%；Champ 播放了 22 部，比重为 18. 49%。

表 4-2-16　**各专门频道播放国内动漫作品数(2008—2010)**　(单位：部)

| 年度 | 作品数 | Animax | Anibox | Anione | Champ | Tooniverse |
|---|---|---|---|---|---|---|
| 2008 年 | 175 | 28 | 31 | 25 | 38 | 53 |
| 2009 年 | 150 | 26 | 29 | 26 | 27 | 42 |
| 2010 年 | 119 | 18 | 25 | 18 | 22 | 36 |

出处：文化体育观光部(2011)，《2011 动漫产业白皮书》。

从各频道编排节目的时间档来看，国内动漫编排最多的时间档是早上 6 点档，然后是早上 5 点档和早上 9 点档。从凌晨 2 点开始逐步增加时间，到早上 6 点达到最高潮后，从 7 点急剧减少，过了下午 1 点后，再次开始减少。可以看出，凌晨 2 点开始至早上 7 点为止，形成一个组合，在这 6 个小时内编排了大约 50. 22%的节目，国内作品编排最多的时间档是早上 5 点、6 点、9 点，比重为 30. 78%。

5 个频道的共同点是，在下午时间档，特别是儿童最常看电视的下午 5 点档，很少播放国内动漫作品，播放时间档均集中在凌晨时间档。

2010 年，5 个频道播放了 9 个国家制作的动漫，编排日本作品的时间最多。虽然播放日本作品时间最多的频道是 Anione，但播放日本作品比率最高的频道是 Champ。大部分频道播放第二多的是美国作品，这两个国家也是世界范围内动漫市场占有率最高的国家。

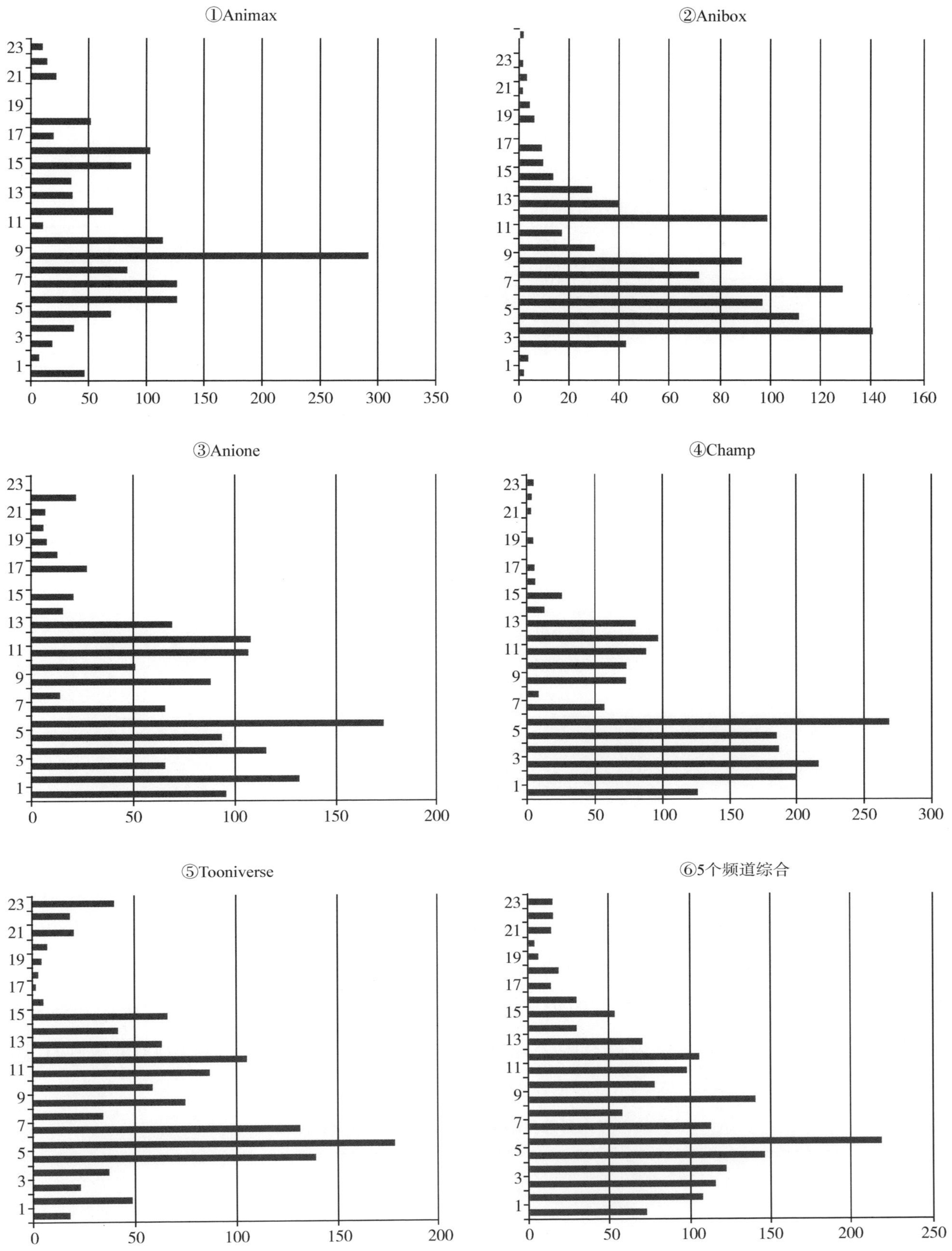


图 4-2-2　各专门频道国内动漫编排分布图

＊竖轴：播放时间档，横轴：各时间档编排的次数。

出处：文化体育观光部(2011)，《2011 动漫产业白皮书》。

表 4-2-17　　**专门频道播放各国家动漫的现状(2010)**　　(单位：分)

| 国家 | Animax | Anibox | Anione | Champ | Tooniverse |
| --- | --- | --- | --- | --- | --- |
| 总播放时间 | 379 060 | 324 540 | 340 530 | 302 650 | 353 060 |
| 俄罗斯 | — | 1 170 | 450 | 90 | — |
| | — | 0. 36% | 0. 13% | 0. 03% | — |
| 美国 | 37 290 | 77 790 | 34 030 | 20 930 | 118 530 |
| | 9. 84% | 23. 97% | 9. 99% | 6. 92% | 33. 57% |
| 西班牙 | — | 13 650 | 21 020 | 8 580 | — |
| | — | 4. 21% | 6. 17% | 2. 83% | - |
| 英国 | — | 5 310 | 16 020 | 14 520 | 570 |
| | — | 1. 64% | 4. 70% | 4. 80% | 0. 16% |
| 意大利 | — | 4 200 | 6 105 | 19 750 | — |
| | — | 1. 29% | 1. 79% | 6. 53% | — |
| 日本 | 228 280 | 215 190 | 240 135 | 225 970 | 229 530 |
| | 60. 22% | 66. 31% | 70. 52% | 74. 66% | 65. 01% |
| 中国 | 39 810 | — | — | — | — |
| | 10. 50% | — | — | — | 0. 00% |
| 加拿大 | — | 360 | — | — | 1 950 |
| | — | 0. 11% | — | — | 0. 55% |
| 法国 | 23 730 | 68 870 | 21 330 | 12 810 | — |
| | 6. 26% | 21. 22% | 6. 26% | 4. 23% | - |
| 合作 | 49 950 | — | 1 440 | — | 2 480 |
| | 13. 18% | — | 0. 42% | — | 0. 70% |

出处：文化体育观光部(2011)，《2011 动漫产业白皮书》。

(3)电影院用动漫现状。

2010 年，《魔法千字文》这一出版漫画创造了超过1 000万本的销售纪录，以它为原著制作的动漫《魔法千字文——阻止大魔王的复活》创造了 12 万观众数的票房纪录。2011 年，电影院用动漫目前最大的成果是，以创造了 100 万部销售纪录的童话书为原著制作的电影院用长篇动漫《走出院子的母鸡》，首次吸引了 200 万名以上的观众，取得了票房的成功。《走出院子的母鸡》在国内大卖的基础上，与中国电影发行公司大地时代文化传播有限公司签订了发行合同，9 月 30 日在1 000个放映厅上映了。

表 4-2-18　　**2010 年电影院用动漫现状(以观众数为标准)**

| 顺序 | 电影名 | 国家 | 发行公司 | 上映日期 | 上映馆 | 观众数(名) | 销售额(百万韩元) |
| --- | --- | --- | --- | --- | --- | --- | --- |
| 1 | 驯龙高手 | 美国 | CJ 娱乐 | 05/20 | 562 | 2 562 412 | 27 040 |
| 2 | 怪物史瑞克 | 美国 | CJ 娱乐 | 07/01 | 561 | 2 225 362 | 22 815 |
| 3 | 玩具总动员 | 美国直接发行 | 韩国索尼 PICTURE 韩国 | 08/05 | 394 | 1 461 209 | 14 327 |
| 4 | 借东西的小人 | 日本 | CJ 娱乐 | 09/09 | 337 | 1 066 496 | 7 651 |

续表

| 顺序 | 电影名 | 国家 | 发行公司 | 上映日期 | 上映馆 | 观众数（名） | 销售额（百万韩元） |
|---|---|---|---|---|---|---|---|
| 5 | 卑鄙的我 | 美国直接发行 | UPI 韩国 | 09/16 | 321 | 1 027 288 | 9 718 |
| 6 | 美食从天而降 | 美国直接发行 | 韩国索尼 PICTURE 韩国 | 02/11 | 281 | 654 510 | 5 413 |
| 7 | 萨米大冒险 | 比利时 | CJ 娱乐 | 12/15 | 311 | 603 435 | 5 700 |
| 8 | 守卫者传奇 | 美国直接发行 | 华纳兄弟韩国 | 10/28 | 268 | 302 327 | 2 614 |
| 9 | 哆啦 A 梦剧场版——人鱼大海战 | 日本 | CJ 娱乐 | 07/28 | 144 | 260 701 | 1 741 |
| 10 | 精灵宝可梦 DP 剧场版——幻影的霸者索罗亚克 | 日本 | CJ-CGV | 12/23 | 140 | 221 688 | 1 544 |
| 11 | 航海王剧场版——Strong World | 日本 | 全媒体 Tooniverse | 02/11 | 76 | 143 431 | 972 |
| 12 | 超级战队系列 剧场版——炎神战队 VS 兽拳战队 | 日本 | CJ 娱乐 | 01/07 | 125 | 135 498 | 963 |
| 13 | 魔法千字文——阻止大魔王的复活 | 韩国 | CJ 娱乐 | 08/19 | 179 | 121 572 | 788 |
| 14 | 青蛙军曹 5——神奇的 4 次元岛 | 日本 | 全媒体 Tooniverse | 04/29 | 75 | 115 130 | 789 |
| 15 | 公主与青蛙 | 美国直接发行 | 韩国索尼 PICTURE 韩国 | 01/21 | 81 | 103 972 | 705 |
| 16 | 埃拉历险记 2——驯服白雪公主 | 美国 | KED 媒体 | 02/25 | 84 | 62 841 | 432 |
| 17 | 51 号星球 | 西班牙、英国 | SHOWBOX(株) 媒体 Plus | 10/21 | 67 | 45 527 | 287 |
| 18 | 豚鼠特工队 | 美国直接发行 | 韩国索尼 PICTURE 韩国 | 04/22 | 80 | 39 522 | 405 |
| 19 | 凉宫春日的消失 | 日本 | AONE 娱乐 | 11/11 | 30 | 24 055 | 166 |
| 20 | 太空黑猩猩的逆袭 | 美国 | KED 媒体 | 08/19 | 82 | 22 655 | 210 |
| 21 | 托马斯和朋友们剧场版 2 | 英国、美国、加拿大 | AONE 娱乐 | 06/10 | 92 | 15 928 | 112 |
| 22 | 游戏王 | 日本 | ANNE 娱乐 | 01/28 | 64 | 14 101 | 93 |
| 23 | 乐高：玩具的冒险之旅 | 美国 | UPI 韩国 | 06/10 | 56 | 12 430 | 86 |
| 24 | 东方伊甸园剧场版——伊甸园之王 | 日本 | Anibox 娱乐 | 01/28 | 53 | 12 162 | 83 |
| 25 | 火影忍者剧场版 4——The Lost Tower | 日内 | Anibox 娱乐 | 12/02 | 60 | 11 042 | 74 |
| 26 | 阳光巴星与迪斯科蚯蚓 | 丹麦 | AONE 娱乐 | 02/04 | 48 | 10 885 | 72 |
| 27 | 神谕之战 3D——人类最后的战争 | 美国 | 大山 PICTURE | 11/04 | 48 | 9 863 | 104 |
| 28 | 空中杀手 | 日本 | 礼之林娱乐 | 10/28 | 2 | 1 804 | 13 |

出处：依据电影振兴委员会的电影产业统计编制。

## (二)主要政策

### 1. 动漫主要政策

韩国动漫正在向美洲、欧洲、日本、中国等海外主要媒体进军，海外共同制作也不断扩大，海外收益一直在增加。同时，在播放和通信融为一体的新媒体环境下，新动漫资讯的开发和商业化也在不断进行，国内动漫产业的优势主要在创意性制作人才、数字制作技术、设计、新媒体环境等方面。

国内动漫产业的产业结构正在从外包产业向高附加价值的创作产业结构转变，超越内需市场的局限，积极向海外市场进军。特别是，3D 等以计算机制作为中心的新数字制作体系的构建成为重要的基础，扩大了韩国国内幼儿动漫的制作和进军海外市场，3D 动漫的高品质和完成度，具备了进军美洲、欧洲市场主要媒体的国际竞争力。

但是，国内动漫产业也面临着一定的困难，如国内内需市场狭小导致的创收局限性，加之国内电视台编排节目的限制，导致动漫的媒体流通环境恶劣，播放公司和投资基金投资消极，从而造成难以筹资等。

文化体育观光部为克服上述国内动漫面临的国内市场局限性，通过海外出口、海外共同制作等方式推进进军海外的工作，鼓励海外共同制作。另外，为了推进国内动漫与游戏、出版、电视剧、娱乐性教育、演出、演出相关的资讯领域和动漫形象商品等附加产业的联系，构建多样性的共同体，扩大收益，推进各种相关的扶持工作。

特别是，要使国内动漫与各类企业联系，企划开发复合资讯来扩大项目规模，加强其商业性，促进动漫与出版、游戏、动漫形象、网络、娱乐性教育资讯、电视剧、电影等各种资讯领域相结合，开发复合资讯。通过这样的努力，最近在国内企划、制作的韩国动漫在海外市场大受好评，在各种庆典活动中也取得了好成绩。

### 2. 主要工作内容及推进业绩

(1)对激活动漫创作基础的扶持(对发掘、制作优秀动漫的扶持)。

2008—2011 年，扶持了 106 部优秀动漫的开发及制作(国际化动漫正片 17 部、pilot 31 部、短片 58 部)，并对有可能在美国、中国市场取得成果的动漫培育提供了扶持。另外，2011 年推进了动漫后续作品的扶持工作，以前一部作品取得的成果为基础，选定了 3 部动漫并给予它们后续作品的制作扶持，通过扩充稳定的动漫制作基础，持续创造动漫的成功事例，并强化资讯的生命力，计划发掘《小企鹅啵乐乐》和《中国娃娃》之 2。

另外，2009—2010 年，选定并扶持了 8 部动漫产学共同项目，扶持动漫相关学科和动漫企业共同企划、制作的剧场用、TV 系列用等创作动漫制作，培养了 120 名实务型优秀人才。

特别是，“国际化动漫项目扶持工作”是之前明星项目扶持工作的延续，也是对有望进军海外市场的国内动漫项目提供大规模制作扶持的工作。提高国产文化资讯的竞争力，创建海外市场成功的商务模式，以此来建立活跃国内民间投资的基础，通过选择和集中，提供高效的扶持，以进军国际市场为目标，发掘有国际竞争力的项目，以加强国内文化资讯产业的生存能力。

表 4-2-19　**扶持动漫制作的预算**

| 工作名称 | 工作预算(项目预算，韩元) |
|---|---|
| 发掘 2008 国际化动漫项目 | 2 640 000 000 |
| 发掘 2009 国际化动漫项目 | 3 040 000 000 |
| 扶持 2009 产学动漫共同制作 | 1 000 000 000 |
| 发掘 2010 国际化动漫项目 | 3 788 000 000 |

续表

| 工作名(项目名) | 工作预算(项目预算，韩元) |
|---|---|
| 扶持 2010 国际化动漫产学共同制作 | 1 200 000 000 |
| 发掘 2011 国际化动漫项目 | 2 000 000 000 |
| 扶持 2011 智能市场型 pilot 动漫制作 | 1 000 000 000 |
| 扶持 2011 动漫后续作品的制作 | 1 000 000 000 |
| 总计 | 15 668 000 000 |

(2)对开拓海外市场及改善制度的扶持。

2011 年举办了亚洲动漫共同论坛及洽谈会(2011. 7. 19—7. 21，COEX)，亚洲 6 个国家的主要动漫播放公司、发行公司、投资公司、制作公司等 80 个公司参加了此次活动，并带来了 27 部作品，扩大了动漫的招商引资。另外，还运营了动漫/动漫形象专门基金(2 个)，吸引了对动漫/动漫形象领域 52 件作品的 416 亿韩元投资，通过动漫市场的海外共同制作、共同投资，扩大了产业规模，建立了进军世界市场的桥头堡。特别是，通过参加世界范围的主要影像市场，宣传了韩国动漫的优秀性，奠定了持续进军海外的基础，扶持参与 MIPTV、MIPCOM、Kids Summit 等动漫海外市场，获得了约2 506亿韩元(合同金额)的出口业绩，在美国圣莫妮卡举办的国际动漫扶持项目美国展示会(2011. 2—11. 3)上，取得了 504 万美元的合同、100 万美元洽谈金额共 604 万美元的业绩。

在法国戛纳举办的世界最大的展销会 MIPTV 和 MIPCOM 上，韩国企业展台经常成为与海外买家洽谈业务的场所，甚至一位难求。《小企鹅啵乐乐》在 Cartoons on the Bay(意大利)这一屈指可数的海外动漫庆典上获奖，并在全世界 100 多个国家上映。最近，Roi Visual 的《变形警车珀利》在 2010 年 10 月 4 日法国戛纳举办的 MIP Junior 中，成为首个获得“幼儿部分”一等奖的韩国动漫作品。Vooz Club 的《罐头宝贝》也在同一活动中获得 Kids Jury 选出的“最佳节目”。在欧洲最大的版权活动“Brand Licensing Europe 2010”上，获得了海外买家的好评，并与意大利最大的民营播放公司 Mediaset 成功签订了动漫形象商品化及项目播放合同。

表 4-2-20　**动漫海外共同制作现状**

| 年度 | 作品名 | 国内制作公司 | 国内机构 | 扶持项目 | 海外制作公司 | 国家 |
|---|---|---|---|---|---|---|
| 2008 | 拉拉的明星日记 2 | G&G | | | Synergy SP | 日本 |
| | | Independence | | | ShowPro | 日本 |
| | Vicky & Johnny | Tuva 娱乐 | | | BRB International | 西班牙 |
| | Power Quantum Man | Independence | | | Mike Yong Studio | 美国 |
| | | | | | Method Films | 法国 |
| | | | | | KIKA | 德国 |
| | 贝肯熊 2 | LG 动漫 | | | BRB International | 西班牙 |
| | 砰砰！自然探险队 | 善友娱乐 | | | National Wildlife Federation | 新加坡 |
| | | | | | Peach Blossom Media | 美国 |
| | Tic Toe House | Funny Flux | KOCCA | 明星项目 | RDF | 英国 |
| | 墓 & 家 | Vooz Club | KOCCA | 明星项目 | IMIRA | 西班牙 |
| | Bott & Blip | Red Rover | KOCCA | 明星项目 | Toonbox | 加拿大 |

续表

| 年度 | 作品名 | 国内制作公司 | 国内机构 | 扶持项目 | 海外制作公司 | 国家 |
|---|---|---|---|---|---|---|
| 2009 | Rocket Boy 与 Toro | Image Stone | KOCCA | 明星项目 | Course Grove | 英国 |
| | | | | | BBC | 英国 |
| | Magination | 大源媒体 | | | Cooky Jar | 加拿大 |
| | Meta Jets | 善友娱乐 | 综合基金出资<br>KIPA | Stone Bridge<br>投资组合<br>国际化 DC<br>共同开发 | Cooky Jar | 加拿大 |
| | 我的大朋友 | 三志动漫 | KOCCA | 明星项目 | Timon 动漫 | 法国 |
| | Noonbory and Super7 | 大源媒体、Design Stop | KOCCA | 明星项目 | Cooky Jar | 加拿大 |
| | 绿洲 | Tuban 娱乐 | KOCCA | 明星项目 | TEAMTWO | 法国 |
| | Element Hunters | 熙园 | | | NHK、Bandai 等 | 日本 |
| | 绑架圣诞老人计划 | Enemes | GITCT | CGI 制作扶持 | Cooky Jar | 加拿大 |
| | 小神仙 TAO | G & G | KOCCA | 优秀 Pilot | Motion Magic | 中国 |
| | 冬季恋歌 | KeyEast | | | Total Promotion | 日本 |
| | 云彩面包 | DPS | GIMC | 投资及配售 | 卡隆 | 中国 |
| | | GIMC | | | | |
| | 变形警车珀利 | Toonzip | KIPA | 国际化 CG 项目 | Cartoon One | 加拿大 |
| | | | | | Centrar LINE | 马来西亚 |
| | 走出院子的母鸡 | Myung Film | KOCCA | 国际化动漫 | CCTV6 | 中国 |
| | 罐头宝贝 | Vooz Club | KOCCA | 国际化动漫 | Ardman Studio | 英国 |
| | | | | | BRB 国际 | 西班牙 |
| 2010 | GON | 大源媒体 | KOCCA | 国际化动漫 | 讲谈社 | 日本 |
| | The Nuts Job | Red Rover | KOCCA | 国际化动漫 | Toonbox | 加拿大 |
| | Scan 2 Go | SBS 资讯中心 | KOCCA | 国际化动漫 | D-Rights Inc. | 日本 |
| | | | | | NewBoy Inc. | 阿拉伯、迪拜 |
| | 嘟嘟救援队 | Big's Creative | KOCCA | 韩中共同制作 | 中国电影集团 | 中国 |
| | 小企鹅啵乐乐<br>——令人兴奋的<br>冰车比赛 | OCON | KOCCA | 韩中共同制作 | Uyoung Media Group | 中国 |

特别是，2010 年、2011 年韩中共同制作进一步扩大，国内动漫进军中国取得了具体的成果。中国动漫市场由于各种政策限制，推进播放和附加市场事业时有一定的困难。但是，国内动漫企业努力通过各种共同制作及其他工作方式来克服这些困难。与中国进行共同制作的初期，主要方式是将国内企划作品的部分纯制作工程外包给中国制作公司，吸引其进行实物出资。但最近国内动漫制作公司除与中国动漫制作公司合作外，还努力与中国播放公司、中国电影集团等传媒企业、玩具制造商及流通公司等企业合作，吸引投资公司的制作投资，以期建立新的联合体。

表 4-2-21　**2010 年后韩中共同制作的主要作品**

| 作品名 | 国内制作及投资公司 | 中国制作及投资公司 |
|---|---|---|
| Let's Go! MBA<br>(TV 系列) | DPS，SBS 资讯中心<br>江原信息文化振兴院 | 卡龙影视动漫有限公司<br>常州动漫基地 |
| 云彩面包<br>(TV 系列) | DPS，韩松教育<br>江原信息文化振兴院 | 卡龙影视动漫有限公司<br>常州动漫基地 |
| 变形警车珀利<br>(TV 系列) | Roy Visual，韩国资讯振兴院<br>SK Broadband，现代汽车 | 香港 Silberlig |
| 嘟嘟救援队<br>(TV 系列) | Big's Creative<br>韩国资讯振兴院<br>Sovik 创业投资(综合基金投资组合) | 中国电影集团<br>北京影院动画制作分公司 |
| 嘟嘟救援队<br>(剧场用) | Big's Creative<br>光州信息文化产业振兴院，Sovik 创业投资 | 中国电影集团<br>北京影院动画制作分公司 |
| 小神仙 TAO2 | G&G 娱乐，韩国资讯振兴院 | 沈阳天鹏 |
| 咕噜咕噜和朋友们<br>(剧场用) | Mango 娱乐 | 中国电影集团北京影院动画制作分公司<br>杭州华伦动漫，台湾明一集团 |
| 小企鹅啵乐乐<br>——令人兴奋的冰车比赛(剧场用) | OCON<br>韩国资讯振兴院<br>首尔动漫中心 | 中国动漫集团 |
| 云彩面包 2 | DPS，韩松教育<br>江原信息文化振兴院 | 卡龙影视动漫有限公司<br>常州动漫基地 |
| 嘟嘟救援队 2<br>(TV 系列) | Big's Creative<br>韩国资讯振兴院 | 中国电影集团<br>北京影院动画制作分公司 |
| 咕噜咕噜和朋友们 2<br>(TV 系列) | Mango 娱乐 | 广州奥飞文化传播有限公司<br>北京梵高传媒有限公司 |
| 奇奇泡泡 | Mango 娱乐 | 广州奥飞文化传播有限公司<br>北京梵高传媒有限公司 |

出处：文化体育观光部(2011)，《2011 动漫产业白皮书》。

2010 年、2011 年韩中共同制作的作品大多数是 2 集系列剧，或是用于 TV、剧场的长篇作品，这表明与中国的合作不是一次性的共同制作，而是有着长远的战略考虑，加强共同制作体系的建立和合作模式的设定。目前正与中国共同制作的《小企鹅啵乐乐————令人兴奋的冰车比赛》《嘟嘟救援队》《咕噜咕噜和朋友们》等剧场用长篇作品，均是 3D 立体制作，随着中国 3D 电影院的增加，预计会取得较理想的成果。

《小神仙 TAO》是国内制作公司 G&G 娱乐与中国沈阳天鹏合作，共同制作的 3D 动漫系列，第 1 系列自 2009 年 7 月始在 KBS 播放，第 2 系列被选定为韩国资讯振兴院的"韩中动漫共同制作扶持项目"，获得了制作费的扶持。神仙故事是中国传统文化要素，设计也融入了中国传统服饰和建筑物等因素，瞄准了中国市场并考虑了后续工作的开展。《嘟嘟救援队》是 TV 系列和剧场长篇同时投入制作的 3D 动漫，自 2010 年 10 月始在 KBS 播放的第 1 系列得到了韩国资讯振兴院的扶持，中国最大的电影制作发行集团、中国电影集团下属的动漫分公司——北京影院动画制作分公司参与了共同制作。该作品由国内的企划、自由制片人和中国主制片人共同合作，国内的导演、编导、工作人员等被直接派往中国参与共同制作。Big's Creative 与中国电影集团合作的《嘟嘟救援队》剧场版的共同制作也正在进行。《嘟嘟救援队》的 TV 第 2 系列也被选定为韩国资讯振兴院 2011 年"后续作品制作扶持项目"，正在与中国电影集团进行共同制作。《小企鹅啵乐乐——令人兴奋的冰车比赛》是 TV 系列《小企鹅啵乐乐》的剧场版，由国内制作公司 OCON 与中国文化部设立的动漫制作及商务法人中国动漫集团签约合作，目前正在进行共同制作。《小企鹅啵乐乐——令人兴奋的冰车比赛》被选定为韩国资讯振兴院的韩中动漫共同制作扶持项目，计划在中国上映剧场版，同时开展主题公园等各种相关工作。

## (三)展望

至 2011 年上半年为止，韩国还没有专门在应用程序使用的动漫，但考虑到 APP 在视觉体现上的局限性，动漫可以通过 APP 开创出新市场。具体的事例有：《云彩面包》的时间计划表应用程序、《小企鹅啵乐乐》的儿童用韩文单词游戏应用程序、《中国娃娃》的任天堂 DS 游戏发行宣传应用、《Hello Cocomong》的拼图游戏应用程序等。这种游戏和动漫相结合的样态在使用计算机推广网络游戏的初创期就已经是公认的了，就像 APP 一样，动漫成为开发游戏最强有力的手段。另外的例子就是教育用 APP，在教育用 APP 中，融入了教育资讯的动漫作品将会被直接应用，这对于想充分利用儿童的移动时间和余暇时间对其进行教育的父母来说，是颇有吸引力的。2011 年梦工厂在全世界范围内发行并上映的《功夫熊猫 2》，是好莱坞电影在上映前就通过 APP 发布内容的首例，韩国动漫界也可以考虑这种方式。

VR(Virtual Reality，虚拟现实)是展现并不存在的虚拟环境，令人有与现实同样的感受，一般是利用立体画面、3D 立体音响、数据装备等，设计者或使用者可以在虚拟现实环境中，用各种方式让物体移动或相互作用。由于在 VR 方面主要使用 3D 动漫资讯，因此在资讯制作时，需要 3D 动漫人才。特别是，VR 向飞机或汽车模拟实验装置、CAI(以计算机为基础的教育)、虚拟体验购物中心、虚拟军事训练等领域拓展的可能性非常大，因此，随着 VR 普适时代的到来，预计与 VR 相关的 CT 技术和动漫人才的需求将会大大增加。由于数字媒体的发展，媒体也将会变得多样化。

另外，伴随着政府的政策扶持，自 2000 年初期开始，游戏产业持续开拓海外市场，很快地适应了国际化商务环境。特别是，国内游戏产业从业者总数在 2009 年达到43 365名，其中，从事平面设计的相关从业人员数约为10 928名，这一数字约占全部游戏产业从业者人数的 25.2%，通过动画师在游戏产业中所占的比例，可以看出在游戏制作过程中动漫师所处的地位。实际上，2000 年初期，参与剧场用 3D 动漫《极乐空间》《Ark》制作的人才大幅流动，占据国内游戏制作人才基础的一大部分。游戏制作方面需要与动漫制作相连的渠道，因此，游戏领域是动漫制作者很容易进入的领域。中国甚至把游戏、漫画、动漫相关产业视为一个产业群，将动漫和游戏密切地联系起来。

在电影领域，动漫主要是体现现实中难以实现的视觉效果或感觉，电影视觉效果(VFX)也和游戏领域一样，有相当多的动漫师活跃在这一领域。在这些领域，数字演员等技术力量得到认可，2007 年，韩国 VFX 工作室聚在一起形成的联合体，完成了罗伯·明可夫导演的好莱坞电影《功夫之王》中的 VFX 制作。最近国内电影使用 VFX 技术的频率逐步增大，其重要性也在增加，国内电影《海云台》(2009)、《国家代表》(2009)、《田禹治》(2009)中均有成功的 VFX 制作事例。广告业界也掀起了使用

CG 技术制作动漫形象模特的热潮。与明星级艺人相比，CG 技术制作费低廉，并且企业可以通过使用 CG 技术在广告中创造出自己需要的模特，因此，其价值得到认可。特别是，动漫形象广告由于传达信息的效果显著，预计今后使用 CG 技术的广告会进一步增加，印刷制品或使用 CG 技术的多样化广告将成为主流。由于广告的特点是 VFX 部分多，预计会与电影 VFX 领域一起积极共享资源。

如上所述，动漫与其他资讯相比 OSMU 更容易，是一旦成功就会产生较大影响力的类型；从中长期来看，能够创造出巨大的市场价值。我国有幸拥有能够开发出世界性动漫的创意企划人才，进入 2000 年中后期之后，就开始产生了一些成功事例。特别是，以韩国有名的网络游戏或热播的韩国电视剧为原型制作的动漫，开始向世界各地出口。我们不仅在国内，也在海外搜集优秀的原著，在韩国制作成动漫后，将其作为韩国作品再向世界各地出口。动漫产业成功，产业环境的影响不容忽视，因此，要首先适应世界性的结构变化和媒体的多元化。在不断地进行有创意的创作活动，开发优秀作品的同时，政府和企业共同努力构建良好的国内外动漫产业环境，为了动漫的复兴积极合作。那样，动漫产业就一定会成为韩流的一个轴心，成为代表韩国的又一类型，也必将会令世人刮目相看。

## 三、音　　乐

### (一) 现状

#### 1. 音乐产业整体销售现状

国内音乐产业的总销售额在 2008 年以后呈现持续增长的态势。2008—2010 年年均增减率达 6.6%。2008 年总销售额为 2 兆6 020亿韩元，2009 年增至 2 兆7 407亿韩元，2010 年同比增长了 8.0%，达 2 兆9 591亿韩元。

表 4-3-1　**2010 年国内音乐产业销售额现状**　(单位：百万韩元,%)

| 分　类 | 销售额(百万韩元) | | | 比重 | 同比增减率 | 年均增减率 |
|---|---|---|---|---|---|---|
| | 2008 年 | 2009 年 | 2010 年 | (%) | (%) | (%) |
| 音乐制作业 | 321 088 | 360 329 | 423 632 | 14.3 | 17.6 | 14.9 |
| 音乐及影像制品出版业 | 11 506 | 10 100 | 12 374 | 0.4 | 22.5 | 3.7 |
| 唱片复制及发行业 | 95 090 | 83 026 | 92 159 | 3.1 | 11.0 | ▽1.6 |
| 唱片批发零售业 | 119 828 | 120 039 | 129 845 | 4.4 | 8.2 | 4.1 |
| 网络音乐流通业 | 526 445 | 569 601 | 622 162 | 21.0 | 9.2 | 8.7 |
| 音乐演出业 | 241 652 | 257 662 | 323 249 | 10.9 | 25.5 | 15.7 |
| 练歌房运营业 | 1 286 466 | 1 339 996 | 1 355 722 | 45.8 | 1.2 | 2.7 |
| 合计 | 2 602 076 | 2 740 753 | 2 959 143 | 100.0 | 8.0 | 6.6 |

出处：文化体育观光部、韩国资讯振兴院(2011)，《2011 文化产业统计》。

练歌房运营业在2010年国内音乐产业整体销售额中占据了最大的比重(45.8%)。练歌房运营业之后，是网络音乐流通业比重较大(21.0%)，音乐制作业和音乐演出业的比重分别为14.3%和10.9%。与此相反，以线下为中心的音乐及音像制品出版业、唱片复制及发行业、唱片批发零售业销售额比重分别为0.4%、3.1%、4.4%，比重较低。网络音乐流通业中，网络音乐服务业增加了26.1%，但移动音乐服务业和网络/移动音乐资讯制作及提供业(CP)分别下降了27.6%、32.2%，呈现出负增长。智能手机的普及打破了移动音乐服务的界限。

同比销售额增减率最高的业务种类是音乐演出业(25.5%)，音乐及音像制品出版业和音乐制作业分别为22.5%和17.6%，在2010年音乐产业整体的同比增减率中是较高的。这一结果显示，音乐演出业和音乐制作业成为2010年国内音乐产业的增长动力。

国内音乐产业的线下唱片产业虽长期处于停滞状态，但正处于实现收益多元化的过程。为了国内音乐产业的发展，必须解决非法市场问题，并确保音乐的多样性。逐渐成为音乐产业主要收入来源的移动及网络音乐产业，目前仍备受非法市场的困扰。另外，整体音乐市场主要是由偶像组合等特定领域的音乐支配着，这样的结构导致音乐形式单一。

### 2. 音乐制作业

2010年，音乐制作业销售额为4 236亿韩元，同比增长17.6%，年均增长14.9%。从小分类来看，唱片及音源销售额为846亿韩元(20.0%)，同比增长15.2%，年均增长2.7%。唱片以外的收益为3 032亿韩元(71.6%)，同比增长19.2%，年均增长22.6%。唱片(音源)录音设施运营业销售额为356亿韩元(8.4%)，同比增长10.3%，但年均减少4.7%。音源制作业中，唱片及音源销售额比2009年增加了111亿韩元。这是由于销量达10万张以上唱片的销售量由2009年的89万张增加至2010年的107万张，增长20.2%。唱片以外的收益是指唱片及音源销售以外的销售额(音乐企划公司所属歌手们的广告演出或活动等获得的销售额)，同比增加了488亿韩元，达3 032亿韩元，每年都在大幅增加。这是因为，随着音乐企划公司所属歌手认知度的上升，他们的广告模特费及活动的出场费也在增加。唱片(音源)录音设施运营业的唱片销售额也增加了，同比增长10.3%，但与2008年相比，销售额规模有所减少。这是由于部分偶像组合的唱片销售占据了唱片销售的大部分。

表4-3-2　**2010年音乐制作业销售额现状**　(单位：百万韩元，%)

| 分类 | | 销售额 | | | 比重 | 同比增减率 | 年均增减率 |
|---|---|---|---|---|---|---|---|
| | | 2008年 | 2009年 | 2010年 | (%) | (%) | (%) |
| 音乐企划及制作 | 唱片及音源 | 80 231 | 73 528 | 84 692 | 20.0 | 15.2 | 2.7 |
| | 唱片外收益 | 201 611 | 254 459 | 303 278 | 71.6 | 19.2 | 22.6 |
| 唱片(音源)录音设施运营业 | | 39 246 | 32 342 | 35 662 | 8.4 | 10.3 | ▽4.7 |
| 计 | | 321 088 | 360 329 | 423 632 | 100.0 | 17.6 | 14.9 |

出处：文化体育观光部、韩国资讯振兴院(2011)，《2011文化产业统计》。

### 3. 音乐批发零售业

2010年，音乐批发零售业销售额为1 298亿韩元，同比增长8.2%，年均增长4.1%。从小分类来看，唱片批发业为 372 亿韩元(28. 7%)，同比增长 1. 7%；唱片零售业为 642 亿韩元(49. 5%)，同比增长 1. 8%；唱片批发业和零售业的总销售额年均减少 0. 8%；网络唱片零售业为 283 亿韩元(21. 8%)，同比增长 39. 8%，年均增长 30. 5%，销售增幅较大。

线下唱片批发业和零售业与 2009 年相比有小幅增加，但网络唱片零售业的增幅远远高于线下，呈现出直线上升的趋势。这是由于像过去那样在线下商店购买唱片的消费形态呈现减少的趋势，而网上购买唱片的消费形态呈现增加的趋势，并且这一消费形态将会持续下去。

表 4-3-3　**2010 年音乐批发零售业销售额现状**　(单位：百万韩元,%)

| 分　类 | 销　售　额 | | | 比重 | 同比增减率 | 年均增减率 |
|---|---|---|---|---|---|---|
| | 2008 年 | 2009 年 | 2010 年 | (%) | (%) | (%) |
| 唱片批发业 | 103 195 | 36 655 | 37 262 | 28. 7 | 1. 7 | ▽0. 8 |
| 唱片零售业 | | 63 117 | 64 258 | 49. 5 | 1. 8 | |
| 网络唱片零售业 | 16 634 | 20 267 | 28 325 | 21. 8 | 39. 8 | 30. 5 |
| 计 | 119 829 | 120 039 | 129 845 | 100. 0 | 8. 2 | 4. 1 |

出处：文化体育观光部、韩国资讯振兴院(2011)，《2011 文化产业统计》。

## 4. 网络数字音乐市场

2010 年网络数字音乐流通业销售额为6 221亿韩元，同比增长 9. 2%，年均增长 8. 7%。从小分类来看，网络音乐服务业为4 539亿韩元(73. 0%)，比重最大，同比增长 26. 1%，年均增长 33. 9%。音源代理中介业为 635 亿韩元(10. 2%)，同比增长 5. 3%，年均增长 26. 5%；移动音乐服务业为 553 亿韩元(8. 9%)，同比减少 27. 6%，年均增减率为-20. 5%；网络/移动音乐资讯制作及提供业(CP)为 493 亿韩元(7. 9%)，同比减少 32. 2%，年均减少 41. 9%，销售额呈现持续下降的趋势。

网络音乐流通业整体呈现增长的态势，随着智能设备的普及和扩大，也带来了销售结构的变化。过去以功能手机为主导时，移动音乐服务与移动通信公司共同将音源加工后提供给 CP，这种方式处于主导地位；但 2010 年后，随着智能机的普及和扩大，开始以智能设备为基础转变。预计在 2011 年，功能手机形式的移动音乐服务销售额将会进一步减少。

表 4-3-4　**2010 年网络数字音乐销售额现状**　(单位：百万韩元,%)

| 分　类 | 销　售　额 | | | 比重 | 同比增减率 | 年均增减率 |
|---|---|---|---|---|---|---|
| | 2008 年 | 2009 年 | 2010 年 | (%) | (%) | (%) |
| 移动音乐服务业 | 87 650 | 76 502 | 55 388 | 8. 9 | ▽27. 6 | ▽20. 5 |
| 网络音乐服务业 | 253 082 | 359 969 | 453 919 | 73. 0 | 26. 1 | 33. 9 |
| 音源代理中介业 | 39 671 | 60 331 | 63 528 | 10. 2 | 5. 3 | 26. 5 |
| 音乐资讯制作/中介业 | 146 042 | 72 799 | 49 327 | 7. 9 | ▽32. 2 | ▽41. 9 |
| 合计 | 526 445 | 569 601 | 622 162 | 100. 0 | 9. 2 | 8. 7 |

出处：文化体育观光部、韩国资讯振兴院(2011)，《2011 文化产业统计》。

## 5. 音乐演出产业

2010 年，音乐演出产业的销售额为3 232亿韩元，同比增长 25.5%，年均增长 15.7%。从音乐演出业销售额结构来看，音乐演出企划及制作业为2 869亿韩元，占整体音乐演出业销售额的 88.8%。其他音乐演出服务业(售票等)的销售额为 362 亿韩元，比重为 11.2%。音乐演出企划及制作业 2008 年销售额为2 138亿韩元、2009 年为2 243亿韩元、2010 年为2 869亿韩元，同比增长 27.9%，年均增长 15.8%。其他音乐演出服务业(售票等)2008 年销售额为 278 亿韩元、2009 年为 333 亿韩元、2010 年为 362 亿韩元，同比增长 9.0%，年均增长 14.2%。

音乐演出的销售额自 2007 年(2 235亿韩元)起逐年增长。过去，接触音乐演出的机会并不是很多，但随着地方自治团体及机关团体一直不断地举办各种音乐演出庆典，音乐演出渐渐增多，使得音乐演出与从前相比更加大众化。不仅如此，过去只有部分有名的歌手才能举办大型演出，但是随着偶像团体等认知度的上升及音乐演出企划能力有了质的飞跃，大规模的演出逐渐多了起来，音乐演出将会更加大众化。音乐演出虽然比过去逐增加了很多，但由于音乐演出企划公司的销售额中与售票相比赞助商所占的比例更大，一旦找不到赞助商，举办音乐演出就会有很大的负担。音乐演出业如果要进一步发展，就应该努力提高销售额的比重。为此，需要培养更多的音乐演出企划的高级人才。另外，还需要建立使各种类型同时发展的实质性的扶持体系。

表 4-3-5 **2010 年网络音乐演出产业销售额现状** (百万韩元,%)

| 分　类 | 销　售　额 | | | 比重 | 同比增减率 | 年均增减率 |
|---|---|---|---|---|---|---|
| | 2008 年 | 2009 年 | 2010 年 | (%) | (%) | (%) |
| 音乐演出企划及制作业 | 213 851 | 224 359 | 286 962 | 88.8 | 27.9 | 15.8 |
| 其他音乐演出服务业 | 27 801 | 33 303 | 36 287 | 11.2 | 9.0 | 14.2 |
| 合计 | 241 652 | 257 662 | 323 249 | 100.0 | 25.5 | 15.7 |

出处：文化体育观光部、韩国资讯振兴院(2011)，《2011 文化产业统计》。

音乐演出销售中，音乐剧所占比重最大。音乐剧在 2008 年和 2009 年呈现停滞状态，但 2010 年增长了 16.5%，达1 657亿韩元。这是因为大型音乐剧的登场和创作音乐剧的成功，预计 2011 年将会比 2010 年发展得更好。

大众音乐会与 2009 年相比增长 74.1%，达 760 亿韩元。2008 年大众音乐会约占音乐剧销售额的 27%左右，2010 年这一比例增至 46%左右。这是由偶像团体的认知度上升及大众音乐会企划能力的提升引起的，预计大众音乐会在 2011 年大幅增长的可能性很高。歌剧也一直呈现增长态势，同比增加了 55 亿韩元。

## 6. 练歌房业

2010 年，练歌房运营业销售额比 2009 年增长 1.2%，年均增长 2.7%。自 2008 年起一直呈现增长态势，但考虑到物价上涨的因素，很难判断其是否有实质性增长。

练歌房产业中，自 2008 年起豪华练歌房一直持续增长，2010 年也呈现增长态势。从练歌房运营业从业者规模来看，5 人以上的销售额比 2009 年的 774 亿韩元增加了 36 亿韩元，达 810 亿韩元，同比增长 4.7%。

7. 音乐产业进出口规模

2010 年，音乐产业的出口额为8 326万美元，同比增长 166.3%，年均增长 124.9%。进口额为1 033万美元，同比减少 13.4%，年均减少 5.1%。从各年度销售额来看，出口额方面，由 2008 年的1 646万美元增至 2009 年的3 126万美元，2010 年达8 326万美元，约为 2008 年出口额的 5 倍；进口额方面，2008 年为1 148万美元，2009 年为1 193万美元，2010 年为1 033万美元。

音乐产业的出口额每年都大幅增长，增幅也在不断扩大。过去音乐产业的出口需要付出很多努力和时间，才能让部分偶像歌手进军日本及东南亚，但现在除了过去的方式外，出现了 YouTube、推特等便于全球性营销的手段，为进一步促进进军海外提供了契机。不仅是国内的偶像团体出口海外，在演出方面，具有国际竞争力的国内创作音乐剧等也获得世界的认可，出口很活跃。音乐剧规模大、演出时间长，一旦出口，出口规模就会很大。为此，不仅要扶持偶像团体，还应该建立扶持音乐剧等具有国际竞争力的音乐资讯大举进军海外的相关政策。

表 4-3-6　**2010 年音乐产业出口及进口额现状**　（百万韩元，%）

| 分类 | 销售额 | | | 同比增减率（%） | 年均增减率（%） |
|---|---|---|---|---|---|
| | 2008 年 | 2009 年 | 2010 年 | | |
| 出口额 | 16 468 | 31 269 | 83 262 | 166.3 | 124.9 |
| 进口额 | 11 484 | 11 936 | 10 337 | ▽13.4 | ▽5.1 |

出处：文化体育观光部、韩国资讯振兴院(2011)，《2011 文化产业统计》。

## （二）主要政策

2011 年，音乐产业由于偶像团体的高人气而再一次引起了海外市场的韩流热潮。第一，K-pop 引起的新韩流热潮冲出亚洲走向了世界。2011 年 6 月，以 SM 娱乐所属歌手在法国巴黎举办的共同演出——“SM Tower Live 世界之旅”为契机，K-pop 在欧洲、美国、澳大利亚、南美洲掀起热潮，并产生了 K-pop 发烧族。

第二，以《如此美好》为代表的 1970 年度民谣和 MBC《我是歌手》《伟大的诞生》等音乐选秀节目的流行，使大家对木吉他音乐和各种大众音乐的关注达到高潮。

第三，YG 娱乐通过上市使股票价值增加到1 000亿韩元以上，预计今后将有更多的音乐企划公司上市。

第四，由于“PETN for Festival(2006)”“Grand Mint Festival(2007)”“甲鱼岛国际爵士音乐会(2004)”“芝山山谷摇滚庆典(2009)”“Green Plugged Music Festival(2010)”“Beautiful Mint Festival

(2010)”等大型现场音乐庆典的成功举办，使得演出市场获得巨大的发展。现场音乐庆典的成功在此后也促进了一些新型现场音乐庆典的登场，如“Green Groove Festival(2011)”“Evergreen Festival(2011)”“Rainbow Festival(2011)”“Summer Breeze Festival(2011)”等。

音乐产业在由线下向网络发展时，由于非法复制问题和低价数字唱片流通，而使音源产业从业者的收益基础弱化，正在动摇着唱片产业生态系统的基础。为此，政府应该尽快制定并实施相关扶持政策，以便加强创作基础，激活内需市场。

1. 发掘及扶持多种类型的优秀独立音乐人

为了解决音乐市场偏重于部分类型的歌手和超级歌手的问题，作为政府政策的一环，自 2008 年起开始发掘、扶持具有潜力的优秀独立音乐人。2011 年发掘的优秀独立音乐人有“再见蝙蝠侠”“东部伙伴”“夏雨年纪”等，扶持他们在地面波 TV 及网上和线下的宣传、参加国内庆典活动等。

优秀独立音乐人的选定扶持工作，不是培育舞蹈、爱情歌曲等特定热门类型的大众歌曲，而是为了培育非主流音乐和多样化类型的音乐，选定优秀独立音乐人，并为其提供演出机会，通过播放节目和演出向大众宣传优秀独立音乐人的音乐。2011 年，在 6 个月内共接受了 354 个团队的申请，平均每月扶持约 100 个团队，通过第一轮专家评价、第二轮公开试演(弘益大学 V 厅)评价后，每月选定 2~3 个优秀独立音乐人。

表 4-3-7 **2011 年优秀独立音乐人选定结果**

| 分类 | 优秀独立音乐人 |
|---|---|
| 6 月 | 崔高恩，再见蝙蝠侠 |
| 7 月 | Boni，东部伙伴，夏雨年纪 |
| 8 月 | 曹吉祥，Super 8 Bit |
| 9 月 | Ishtar，No Respect of Beauty |
| 10 月 | 梦中拿来相机，秋刀鱼片 |
| 11 月 | Electric Visor，PATiENTS，Nickea |

2. 通过提供独立专门演出场所扶持大众音乐演出

大众音乐演出扶持工作是通过扶持多样化类型的大众音乐演出，消除大众音乐的类型偏重现象，激活演出市场的一项工作。

2011 年 6 月，专门为非主流及独立乐队建立的拥有 240 个座位的独立专门演出场所“奥林匹克音乐演播大厅”正式开馆。为充分利用这一演出场所，共举办了 28 次摇滚、布鲁斯、爵士等多种类型的大众音乐演出。

第一，为活跃多种类型的大众音乐演出，选定有实力的大众音乐演出，扶持了 15 个节目在奥林匹克音乐演播大厅内进行演出。

表 4-3-8 **韩国大众音乐演出扶持工作**

| 日 程 | 演出名称及演出人员 | 体 裁 |
|---|---|---|
| 8/20(周六) | 演出名称：Love Rock Concert-击打<br>演出人员：Telefly、The Freaks、Pavlov、Galaxy Express、Eastern Sidekick | 摇滚(独立) |
| 8/27(周六) | 演出名称：Green Plugged Stage of Tomorrow<br>演出人员：Raonjena、Lips-Bite、Victor View、Song of Luna、Pop Record House、Joaband、The Finnn | Indie Pop，Indie Rock |
| 9/17(周六) | 演出名称：Round & Round<br>演出人员：Linus' Blanket、Debb、The Freaks、Big Baby Driver | Busking，Folk Song，Rock |
| 9/18(周日) | 演出名称：Shall We Dance<br>演出人员：Oh Brothers、Mimisisters、Tantaradancehall | Rock & Roll，Swing Dance，Girl Dance |
| 9/24(周六) | 演出名称：Beat in Wonderland<br>演出人员：Tafka Buddah、IDA Grandas-Rhee、Lobotomy、PIKA、Swagger、Woopy、9C、All that、Youngin & New Champ、亲切的语调 | Hiphop & Electronica |
| 10/1(周六) | 演出名称：夜夜音乐会<br>演出人员：夜夜、高向志 | World Music Pop |
| 10/7(周五) | 演出名称：与 Jazz 一起走进秋天<br>演出人员：爵士第一代(申宽雄、李东基、金秀烈、崔善培、林元秀、全成植、柳福成)、金俊 | Jazz(crossover) |
| 10/9(周日) | 演出名称：Real R&B<br>演出人员：ReBorn、高恩、Kelly Ryu、K-jun、KEIN、Soulman、Naomi | R&B |
| 10/15(周六) | 演出名称：Echo Prism Music Festival<br>演出人员：Band SINSUM、尹美进、朴昌根 | Acoustic |
| 10/29(周六) | 演出名称：韩国 Hiphop 之进化——GARION with Soul Steady Rockers<br>演出人员：GARION、Soul Steady Rockers、DJ SKIP、Zion Luz | Hiphop，Reggae |
| 11/5(周六) | 演出名称：Ruby Salon Record Show-rock Kid 的天路历程<br>演出人员：李长赫、Gate Flowers、The Moonshiners、赵德焕 | Rock |
| 11/11(周五) | 演出名称：Deer Cloud 小剧场国内巡回音乐会<br>演出人员：Deer Cloud | Rock |
| 11/18(周五) | 演出名称：Prelude's Sweet Winter Concert<br>演出人员：Prelude、许素英、全英朗、吴知恩 | Jazz |
| 11/19(周六) | 演出名称：Rubato Jazz Festa "Swing，Swing，Swing!"<br>演出人员：李善智组合、KC Bridge、Neo Traditional Jazz Trio、李富英 | Jazz |
| 11/26(周六) | 演出名称：Mirror Ball Big Show<br>演出人员：Butterfly Sleep、Symmetry、Hanumpa、Milk Tea、Yery Band、ICYCIDER、TOXIC | Rock，Hiphop & Electronica，Jazz，Folk |

第二，共举办了 7 场与奥林匹克大厅重新开放相关的大众音乐企划演出，由能够代表各类型的高品质大众音乐演出(朋克摇滚、布鲁斯、爵士、民谣等)组成。

表 4-3-9　　韩国大众音乐企划演出

| 日　　程 | 演出名称及演出人员 | 体　　裁 |
| --- | --- | --- |
| 6/24(周五) | 演出名称：The Band of Soul Brothers<br>演出人员：金钟振、韩尚元 | 灵魂乐，朋克摇滚 |
| 6/25(周六) | 演出名称：The Band of Blues Brothers<br>演出人员：李贞善、严仁浩 | 布鲁斯 |
| 6/26(周日) | 演出名称：谈一谈 21 世纪的韩国爵士乐<br>演出人员：Malo、朴周元 | 爵士 |
| 7/1(周五) | 演出名称：独立乐队，歌唱现在这里的青春<br>演出人员：OKDAL、Mongoose | 不插电摇滚，流行电音 |
| 7/2(周六) | 演出名称：用心歌唱我们时代的音乐家<br>演出人员：李承烈、安宁的海洋 | 现代摇滚 |
| 7/3(周日) | 演出名称：闪光的女性传统创作型歌手<br>演出人员：张弼顺、吴素英 | 民谣 |
| 7/3(周日) | 演出名称：Art Folk，自由婚姻所在的地方<br>演出人员：金斗洙、Left Effect | 民谣 |

第三，2011 年共扶持每月选定的优秀独立音乐人和独立乐团进行了 6 次演出。

表 4-3-10　　优秀独立音乐人演出

| 日　　程 | 演出名称及演出人员 | 体　　裁 |
| --- | --- | --- |
| 7/9(周六) | 演出名称：7 月 Hello Rookie'day<br>演出人员：崔高银、Bye Bye Badman、清晨 | 不插电摇滚，现代摇滚 |
| 8/12(周六) | 演出名称：8 月 Hello Rookie'day<br>演出人员：Boni、Eastern Sidekick、Jambinai | R&B，车库摇滚，混合国乐 |
| 9/3(周六) | 演出名称：9 月 Hello Rookie'day<br>演出人员：曹吉祥、Super 8 Bit、THE KOXX | 不插电摇滚，朋克摇滚，电子摇滚 |
| 10/8(周六) | 演出名称：10 月 Hello Rookie'day<br>演出人员：No Respect for Beauty、Ishtar、Telepathy | 后摇滚，交响乐摇滚，后朋克 |
| 11/12(周六) | 演出名称：11 月 Hello Rookie'day<br>演出人员：GWAMEGI、把相机带到梦里、POE | 重金属，自赏摇滚 |
| 12/3(周六) | 演出名称：12 月 Hello Rookie'day<br>演出人员：Electric Visor、PATiENTS、Nicaea、Siwa | 电子摇滚，朋克摇滚，民谣 |

## (三)展望

### 1. 预计 K-pop 热潮会持续、扩散

K-pop 以前主要在日本、中国台湾、越南等亚洲地区具有高人气，但 2011 年 K-pop 扩散至南美、欧洲、北美等世界各地，预计 2012 年度，以偶像团体为中心的 K-pop 热潮仍将继续在世界范围内流行。

如 Miss A 的中国成员孟佳、王菲菲，Super Junior-M 的加拿大成员 Henry、中国成员周觅等，有其他国家艺人参与组成的超高人气韩国偶像团体，对于特定国家的 K-pop 热潮起到了一定的推动作用。预计今后偶像团体将会继续招募外国成员。

### 2. 练歌房的前景不明朗

2010 年，练歌房的产业规模达 1 兆3 500亿韩元，包括练歌销售额和饮料销售额，同比小幅增长。但这是随着豪华练歌房的出现而增长的，分析认为主要是由涨价因素带来的，并不是因为练歌房实现了实际性的增长。预计 2012 年也会与 2011 年相似。

### 3. 唱片制作产业的两极化将持续下去

大型企划公司旗下的歌手占据了大多数播放频道的同时，中小企划公司旗下的歌手却难有在播放节目上露面的机会。这是由于除大型企划公司旗下歌手外，其他人很难有播放宣传的途径，中小企划公司很难培养新人歌手。预计这种唱片制作产业的两极化现象 2012 年还会持续下去，由于选秀节目的流行，中小企划公司的新人们在演播中露面的机会将会更少，更加难以取得成功。

除偶像歌手的唱片外，唱片销售业绩低迷，目前的唱片制作过分偏重于偶像歌手。民歌、摇滚等多类型的唱片制作及艺术家的培养变得更加困难，随着唱片类型单一化的持续，唱片制作产业的两极化也将持续下去。

### 4. 播放公司所制作的音源将持续强势

2011 年，播放公司凭借自身媒体影响力，在《我是歌手》《超级明星 K3》等音乐相关节目中制作的音乐占据了音源排名的前列。特别是金范秀演唱的《拜托》，位于 2011 年“Gaon Charts”上半年第 1 位，取得了与普通歌手的正规专辑销售类似的成果。这是无线电所具有的强大广告宣传力度和节目完成度相结合的结果，2012 年也将会持续下去。考虑到播放公司持续进行音乐节目制作的意愿，以及 2010 年综合节目频道的播放公司积极制作音乐节目的意愿，预计 2012 年播放公司制作音乐的强势将会持续。

### 5. SNS 和音乐服务相结合的音乐事业模式的发展

通过社交网络服务进行的 K-pop 营销正在增加，预计 K-pop 将会在更广泛的范围快速扩散。在国内社交网络服务和音乐服务的结合方面，最具代表性的是“赛我网(Cyworld)”，它创造了与迷你主页

相连的背景音服务，开创了新的音乐市场。在背景音服务取得成功以后，还计划通过下载服务、流媒体服务及移动APP和智能手机服务等来持续开发新产业模式。

以海外的“MySpace”为例，其提供下载服务、流媒体服务，以及创作者和业务用户直接上传并销售音乐的开放市场服务；另外，还提供音乐会售票服务等多样的音乐服务，预计今后以IT基础设施为基础的多种音乐产业模式将会越来越活跃。

# 四、游　　戏

## (一)现状

### 1. 国内游戏市场动向

2010年，国内游戏市场的规模推算约为7兆4 312亿韩元。这一数字较2009年的6兆5 806亿韩元增长了12.9%，显示出市场呈现持续增长态势。与2008年同比增长9.0%的增长率相比，呈现恢复态势。2009年创下了17.4%的两位数的增长率，重回6兆韩元时代，呈现全面增长势头。2011年也仍保持两位数的增长，同比增加了约1兆韩元，进入了7兆韩元时代，正在快速增长。

除网吧和街机游戏外，以平台为单位的游戏制作及发行市场规模为5兆5 943亿韩元。与2009年的4兆5 720亿韩元相比，增加了1兆韩元左右，显示出游戏制作及发行市场急剧增长的势头。2007年整体游戏市场中，游戏制作及发行市场的规模约占50%以上，之后每年都呈现增长态势，至2010年已占75%以上。可以看出，以2007年为起点，国内游戏市场的主要销售源头由网吧和街机游戏主打的流通及消费市场，转向制作及发行市场，并已基本固定下来。

从各领域来看游戏市场规模，网络游戏达4兆7 673亿韩元，占有率为64.2%，在整体游戏市场中的比重呈现逐年增加的趋势。这显示出包括游戏流通及消费业体在内的整体市场偏重于网络游戏的现象更加严重了。除网吧和街机游戏场外，如果只考虑以平台为单位游戏，网络游戏的市场占有率达85.2%，网络游戏领域正在主导市场。网络游戏有着世界一流的稳固基础，因此内需市场一直保持增长，并积极寻求进军海外出口市场，预计今后将继续主导国内游戏市场。

其次，网络游戏代表性的消费市场——网吧的销售额为1兆7 601亿韩元，占有率为23.7%。虽然占有率是第二位，但网吧的销售额同比减少了9.0%，失去了增长动力，预计将进入市场下滑的局面。

虽然比网络游戏和网吧的占有率低，但视频游戏的销售额为4 268亿韩元，占有率为5.7%；移动游戏销售额为3 167亿韩元，占有率为4.3%。考虑到视频游戏和街机游戏分别占世界市场的39.8%和27.7%，是规模最大的平台这一点，我们有必要制定多样化的、周密的国内游戏产业进军海外的战略。

街机游戏销售额为715亿韩元，占有率为1.0%，街机游戏场(含视频游戏场)销售额为768亿韩元，占有率为1.0%，与过去相比所占比重不大。PC游戏销售额为120亿韩元，占有率仅为0.2%，呈现持续下降的态势，未来也看不到能够引领其增长的因素。预计随着媒体环境的变化，平台将会重组，通过这一点可以预测，PC 游戏很有可能会被并入到网络游戏市场。

表 4-4-1　　**2010 年国内游戏市场规模及占有率**

| 分　　类 | 销售额(亿韩元) | 占有率 |
|---|---|---|
| 网络游戏 | 47 673 | 64. 2% |
| 视频游戏 | 4 268 | 5. 7% |
| 移动游戏* | 3 167 | 4. 3% |
| PC 游戏 | 120 | 0. 2% |
| 街机游戏 | 715 | 1. 0% |
| 网吧 | 17 601 | 23. 7% |
| 街机游戏场** | 768 | 1. 0% |
| 合计 | 74 312 | 100. 0% |

* 自 2009 年调查开始，仅把除去移动通信公司的数据通话费用后的游戏开发公司(CP)的销售额算入视频游戏的销售额。

** 是核算了视频游戏场销售额的金额。

出处：文化体育观光部、韩国资讯振兴院(2011)，《2011 大韩民国游戏白皮书》。

### 2. 进出口现状和国内市场比重

(1)进出口现状。

2010 年，国内游戏市场出口同比增长 29. 4%，为 16 亿 610 万美元①。这远远高于 2006 年以后的年均增长率，国内出口额超过 15 亿美元，进入 16 亿美元时代，这是令人刮目相看的成果。进口同比减少 27. 0%，为 2 亿4 253万美元(合韩元2 804亿韩元)。自 2009 年之后，2010 年进口额减少的理由是，占国内游戏进口大部分比重的视频游戏市场，海外主要运营商没有推出革新性的机种，以及现在流通的新机种推迟了在国内的流通。

2010 年进出口领域的主要特点是，出口集中于网络游戏，这一现象进一步深化。虽然网络游戏的占有率从 2009 年的 97. 6%小幅减少至 2010 年的 96. 2%，但从销售额来看，增加了 3 亿美元以上，网络游戏这一单一平台的销售额就超过了 15 亿美元。特别是，NEOWIZ 的销售额与 2008 年相比增加了1 495亿韩元，占整体销售额的 37. 7%，这是由于为进军中国市场而大力宣传的《穿越火线》人气不减。“NEXON”的出口额由 2008 年的1 026亿韩元增长至 2010 年的2 664亿韩元，增加了1 638亿韩元，为出口作出了贡献。

2011 年，国内游戏产业的出口规模将超过 2010 年，预计将继续呈现增长态势。随着新的网络游戏全力进军海外市场、游戏服务的转移、海外出口合同的推进变得普通化，海外出口将会呈现明显的增长态势。另外，随着出口多元化的努力及出口地区的扩大，预计 2011 年出口额将同比增长 34. 8%，达 22 亿美元左右。相反，视频游戏由于 2010 年没有独特的新视频游戏上市及新机种推迟在国内流通，

① 合韩元 1 兆8 571亿韩元，汇率按照外汇银行 2010 年年均买卖标准率1 156. 26韩元计算。

导致进口额下降；2011 年，随着任天堂 3DS 将在国内上市，以及现有机器的降价，预计需求会增加，进口额将增长 10%左右。

从各平台的进出口规模及比重来看，网络游戏出口额为 15 亿4 485万美元，占整体游戏出口额的 96. 2%(2009 年为 97. 6%)，仍旧引领了国内游戏的海外出口。进口额为3 797万美元，同比减少 11. 6%，比重为 15. 7%。网络游戏在出口方面处于主导地位，但视频游戏进口额为 1 亿8 300万美元，占整体游戏进口额的 75. 5%(2009 年为 81. 2%)，主导了进口市场。视频游戏的进口同比减少了 32. 2%，占整体进口的比率仍较低。视频游戏的出口额为 396 万美元，仅占整体出口额的 0. 3%。

此外，移动游戏出口额为 848 万美元(0. 5%)、进口额为 254 万美元(1. 0%)。街机游戏出口额为 4 874万美元(3. 0%)、进口额为 733 万美元(3. 0%)。值得关注的是，国产街机游戏基本摆脱了被否定的认识和强有力的限制，将出口作为应对方案。PC 游戏出口额为65 000美元(0%)、进口额1 169万美元(4. 8%)。

表 4-4-2　**国内游戏产业的进出口现状及展望**　(千美元)

| 分类 | | 2003 | 2004 | 2005 | 2006 | 2007 | 2008 | 2009 | 2010 | 2011(E) |
|---|---|---|---|---|---|---|---|---|---|---|
| 出口 | 出口额 | 172 743 | 387 692 | 564 660 | 671 994 | 781 004 | 1 093 865 | 1 240 856 | 1 606 102 | 2 164 970 |
| | 增减率 | 22. 7% | 124. 4% | 45. 6% | 19. 0% | 16. 2% | 40. 1% | 13. 4% | 29. 4% | 34. 8% |
| 进口 | 进口额 | 166 454 | 205 108 | 232 923 | 207 556 | 389 549 | 386 920 | 332 250 | 242 532 | 266 785 |
| | 增减率 | 3. 4% | 23. 2% | 13. 6% | -10. 9% | 87. 7% | -0. 67% | -14. 1% | -27. 0% | 10. 0% |

出处：文化体育观光部、韩国资讯振兴院(2011)，《2011 大韩民国游戏白皮书》。

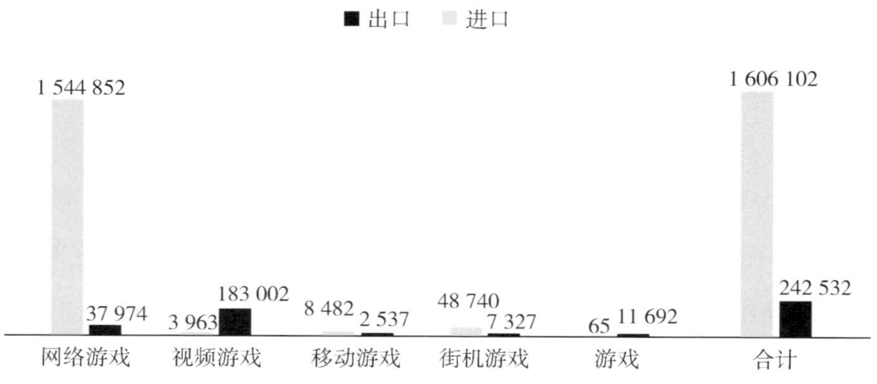


出处：文化体育观光部、韩国资讯振兴院(2011)，《2011 大韩民国游戏白皮书》。

图 4-4-1　2010 年国内游戏各平台的出口/进口规模变化(单位：千美元)

(2)各个国家的出口比重。

2010 年，国产游戏出口最多的国家是中国，占整体的 37. 1%。其次是日本 27. 1%、东南亚 15. 1%、北美 9. 2%、欧洲 8. 6%、其他 2. 9%。2008 年以后，中国超过日本成为国产游戏最大的出口国，自 2009 年之后，2010 年的占有率同比增长 2. 2%，保持了最大出口国的地位。日本也同比增长

0.6%，与中国一起成为国内游戏出口的两大市场。

2010 年以中国和日本为对象，国产游戏的出口呈现良好势头，约占整体出口规模的 64%，相反美国和其他国家的比重呈现下降的态势。美国由 2008 年的 16.9%下降至 2009 年的 12.3%，2010 年调查北美圈的结果显示，出口额下降了 9.2%，说明国内游戏进军北美圈市场仍存在很多困难因素。因此，从长远来看，有必要摸索多边化的出口战略，以应对亚洲圈的出口偏重日益加深的现象及北美圈市场的停滞状态。另外，欧洲市场同比增长 0.4%，由此可以看出，海外出口多边化的机会还是有很多的。

从主要平台来看出口国家的比重，网络游戏方面，与整体出口市场的比重变化相似，也是对中国和日本的出口最多。相反，美国市场同比下降了 3.1%，这一点值得关注。移动游戏方面，与网络游戏不同，美国市场占了 57.2%，成为最大出口对象国，其后是日本占 28.7%。2008 年仅占 6.4%的欧洲市场，2009 年、2010 年分别占 9.4%、9.7%，呈现逐渐恢复的态势。

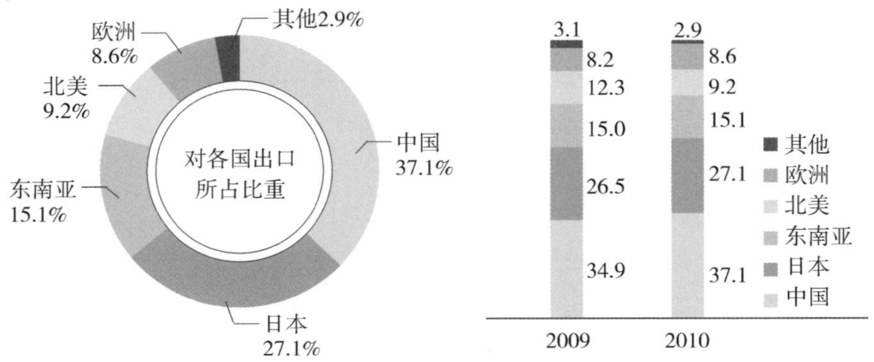


图 4-4-2　2010 年国内游戏出口海外各国的比重(单位:%)

出处：文化体育观光部、韩国资讯振兴院(2011)，《2011 大韩民国游戏白皮书》。

(3)国内市场占世界游戏市场的比重。

以 2010 年销售额为标准，国内游戏市场(49 亿 500 万美元)在世界游戏市场(848 亿1 800万美元)的占有率为 5.8%。与 2009 年的 3.1%相比，增加了 2.7%。由此可以看出，国内游戏市场的增长速度比世界游戏市场的增长速度要快。另外，世界市场中国内游戏市场的占有率有所提高的原因，可以认为是世界市场规模，特别是视频游戏市场规模的统计进行了大幅修正、调整后，获得了间接利益。着眼于世界市场和国内市场的增长趋势，预计国内游戏市场的世界市场占有率 2011 年为 6.8%、2012 年为 8.3%、2013 年为 9.7%，在世界市场中所占的比重将会逐年增加。

从各平台在世界游戏市场所占的比重来看，国内网络游戏在世界市场中的比重为 25.9%，是继中国(30.4%)之后世界第二大网络游戏强国。韩国同比增长了 2.9%，相反中国却下降了 0.9%，显示出韩国开始呈现追赶态势。韩国网络游戏的市场规模曾称霸世界，但 2008 年后，由于中国网络游戏市场的爆发式增长，第一的位置让位于中国，一直处于第二位。

另外，除网络游戏外，其他平台在世界游戏市场中的比重非常小，这是一直困扰我们的问题。世界游戏市场中视频游戏和街机游戏比重最大，但在这两个领域，国内游戏市场比重却仅为 1.0%左右。视频游戏占有率为 1.1%，虽呈现小幅上升趋势，但这是由于世界游戏市场规模统计上的调整而使得占有率增加了。移动游戏由2009年的2.8%小幅增加至2010年的3.2%，分析认为这是由于智能手机的普及和积极利用流通途径的结果。

表4-4-3　**2010年世界游戏市场中国内市场所占的比重(以销售额为标准)**　(单位：百万美元)

| 分类 | 网络游戏 | 视频游戏 | 移动游戏 | PC游戏 | 街机游戏 | 整体 |
|---|---|---|---|---|---|---|
| 世界游戏市场 | 15 913 | 33 788 | 8 569 | 3 068 | 23 481 | 84 818 |
| 国内游戏市场 | 4 123 | 369 | 274 | 10 | 128 | 4 905 |
| 占有率 | 25.9% | 1.1% | 3.2% | 0.3% | 0.5% | 5.8% |

*街机游戏市场规模为街机游戏机销售额与游戏场运营收营之和。

*包括在北美街机游戏市场的节奏游戏销售额，依据国内街机游戏市场的实际情况，没有包括在内。

*PC游戏方面，只适用于网页游戏。

*海外网络游戏市场规模包括会员费、装备购买费、广告收入等，韩国未包含购买装备购买费及网吧的销售额。

*移动游戏只适用于手机或平板等移动设备。

*视频游戏市场规模为电视游戏和移动游戏的销售额之和，从今年开始，统计欧洲市场时，包含了东欧市场。

*视频游戏方面，统计发布机构IDC与过去数值相比，将市场规模调整了50%以上，因此与2010年游戏白皮书相比，数值有很大的变化。

*在PWC和DFC等统计发布机构变更过去市场规模数据的情况下，本报告书也随之进行了统计数值的修正。

*汇率标准：-USD/KRW=1 156.26，1美元=1 156.26韩元；-USD/CNY=0.147 8，1美元=0.147 8人民币；-USD/JPY=114.23，1美元=114.23日元。

*资料：DFC 2011；Enterbrain 2011；IDC 2011；informa 2005-2007；in-Stat 2006；iResearch 2011；JAMMA 2007-2010；JOGA 2011。

出处：文化体育观光部、韩国资讯振兴院(2011)，《2011大韩民国游戏白皮书》。

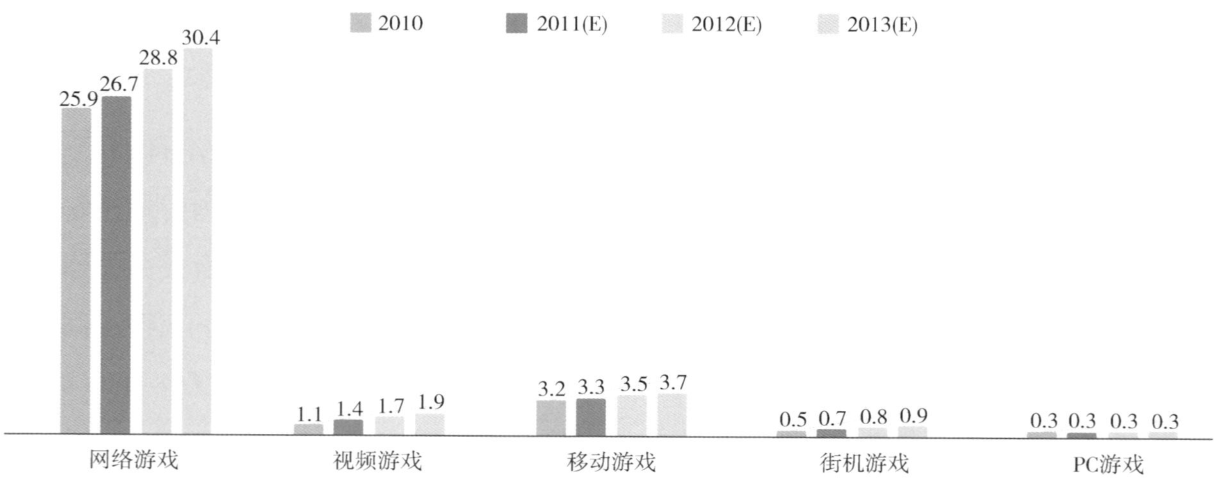


图4-4-3　国内游戏市场占世界市场比重的展望(2010—2013)(单位:%)

出处：文化体育观光部、韩国资讯振兴院(2011)，《2011大韩民国游戏白皮书》。

### 3. 从业者及教育机关现状

(1)游戏产业从业者现状。

2010年，游戏产业从业者人数统计为94 973名。游戏制作及发行产业从业人数为48 585名，占整体的 51. 2%，今年新开始调查的游戏流通及消费产业从业人数为46 388名，所占比重为 48. 8%。

2010 年游戏制作及发行产业从业人数同比增长 12%，为48 585名，这是由于市场规模的增长，而带来从业人数的增长。虽然从业人数增加了，但与游戏产业销售额的增长相比，增幅略小。这是因为随着国内网络游戏的海外版税的增加，对新从业者的需求不大。2010 年，游戏流通及消费企业从业人数达46 388名，预计同比减少 5. 7%，这是由企业数量减少带来的。

表 4-4-4　**游戏产业从业人数(2008—2010 年)**　(单位：名)

| 分类 | 2008 年 | 2009 年 | 2010 年 | 2009—2010 年同比增减率 | 2008—2010 年均增减率 | 比重 |
|---|---|---|---|---|---|---|
| 游戏制作及发行 | 42 730 | 43 365 | 48 585 | 12. 0% | 6. 6% | 51. 2% |
| 游戏流通及消费 | 52 562 | 49 168 | 46 388 | -5. 7% | -6. 1% | 48. 8% |
| 合计 | 95 292 | 92 533 | 94 973 | 2. 6% | -0. 2% | 100% |

出处：文化体育观光部、韩国资讯振兴院(2011)，《2011 大韩民国游戏白皮书》。

从游戏制作及发行产业的各业务形态从业人数现状来看，每个产业的平均从业人数 2010 年为 44. 4 名，与 2009 年的 28. 0 名相比，增加了 16. 4 名。这是由于 2010 年持续推进的大企业与中坚企业的 M&A，以及统计厅的企业调查资料显示，企业数量减少了，因此平均从业人数增加了。

比较各业务形态的比重，客服(CS)、系统工程师、声音设计师、编剧、游戏 PD 等大幅增加，与之相反，仅品质管理(QA)有所减少。这是因为游戏企业之间通过 M&A，使游戏企业规模变大，管理的必要性增强的同时，更看重顾客满意度。另外，考虑到国际化竞争中的生存及游戏使用者的高要求，为了提高游戏资讯的质量，有必要充实该领域的人才。

表 4-4-5　**各业务形态从业者现状**　(单位：名)

| 分类 | 总职员数 | | 各产业平均从业人数 | | 比重 | |
|---|---|---|---|---|---|---|
| | 2009 年 | 2010 年 | 2009 年 | 2010 年 | 2009 年 | 2010 年 |
| 游戏 PD | 1 301 | 1 550 | 0. 8 | 1. 4 | 3. 0% | 3. 2% |
| 企划 | 4 423 | 5 057 | 2. 9 | 4. 6 | 10. 2% | 10. 4% |
| 平面设计师 | 10 928 | 11 327 | 7. 1 | 10. 4 | 25. 2% | 23. 3% |
| 计算机程序员 | 8 933 | 10 345 | 5. 8 | 9. 5 | 20. 6% | 21. 3% |
| 编剧 | 304 | 388 | 0. 2 | 0. 4 | 0. 7% | 0. 8% |
| 声音设计师 | 260 | 340 | 0. 2 | 0. 3 | 0. 6% | 0. 7% |
| H/W 开发 | 694 | 782 | 0. 4 | 0. 7 | 1. 6% | 1. 6% |
| 系统工程师 | 1 778 | 2 419 | 1. 1 | 2. 2 | 4. 1% | 5. 0% |
| 游戏运营者(GM) | 2 125 | 2 383 | 1. 4 | 2. 2 | 4. 9% | 4. 9% |
| 宣传/营销 | 3 729 | 3 799 | 2. 4 | 3. 5 | 8. 6% | 7. 8% |
| 一般管理者 | 4 770 | 5 458 | 3. 1 | 4. 9 | 11. 0% | 11. 2% |
| 品质管理(QA) | 2 212 | 2 119 | 1. 4 | 1. 9 | 5. 1% | 4. 4% |
| 客服(CS) | 1 908 | 2 618 | 1. 2 | 2. 4 | 4. 4% | 5. 4% |
| 合计 | 43 365 | 48 585 | 28. 0 | 44. 4 | 100. 0% | 100. 0% |

出处：文化体育观光部、韩国资讯振兴院(2011)，《2011 大韩民国游戏白皮书》。

(2)游戏教育机构现状。

开设游戏相关课程的正规教育机构大体分为特色高中、专科大学、4 年制大学(普通、远程)、研究生院。2009 年游戏教育机构的数量大幅减少，自 2010 年起又呈现出恢复态势，2011 年游戏教育机构的数量同比有所增加。详细来看，共有 6 所特色高中、29 所专科大学(含专科学校)、26 所 4 年制大学、8 所研究生院。

表 4-4-6 **游戏教育机构现状(2005—2011)** (单位：个)

| 分类 | | 2005 年 4 月 | 2006 年 4 月 | 2007 年 4 月 | 2008 年 4 月 | 2009 年 4 月 | 2010 年 4 月 | 2014 年 4 月 |
|---|---|---|---|---|---|---|---|---|
| 高中 | | 4 | 5 | 6 | 6 | 6 | 6 | 6 |
| 专科大学(含专科学校) | | 36 | 33 | 33 | 32 | 29 | 29 | 29 |
| 大学 | 普通 | 18 | 20 | 21 | 19 | 18 | 20 | 22 |
| | 远程 | 3 | 3 | 4 | 4 | 4 | 3 | 4 |
| 研究生院(硕士/博士) | | 8 | 10 | 11 | 10 | 3 | 7 | 8 |
| 整体 | | 69 | 71 | 75 | 71 | 60 | 65 | 69 |

出处：文化体育观光部、韩国资讯振兴院(2011),《2011 大韩民国游戏白皮书》。

2010 年 50 个教育机构的整体就业率为 71. 5%，较 2009 年的调查数据下降了 16. 1%。各领域的就业率分别为：游戏相关企业(网络、移动游戏相关企业)50. 4%，一般企业 40. 3%。在所有学制中，游戏相关企业(网络、移动游戏相关)的就业率最高，4 年制在一般企业的就业率也较高。游戏相关企业(网络、移动游戏相关)就业率高是由于目前游戏教育机构的重点教育领域为网络(以休闲游戏 & MMO 为中心)和移动手机。

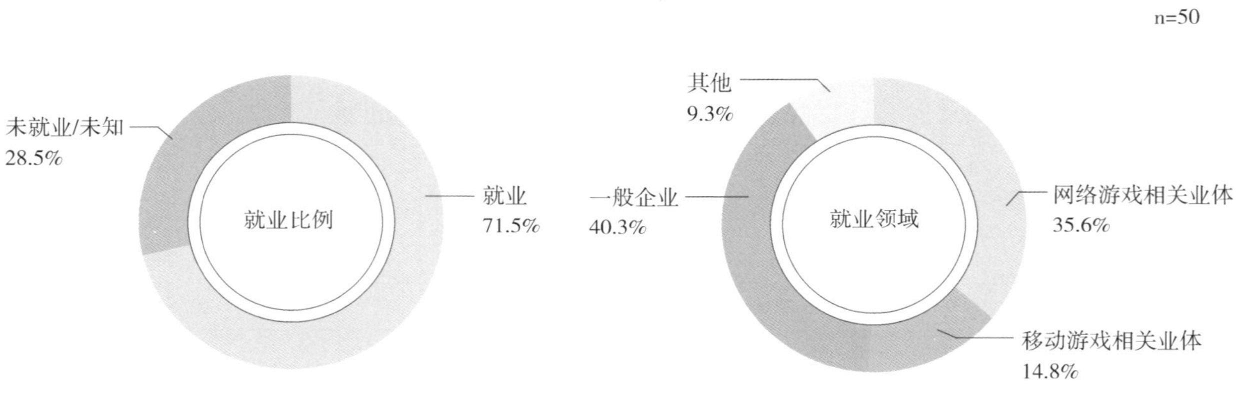


图 4-4-4 各领域就业现状(单位:%)

出处：文化体育观光部、韩国资讯振兴院(2011),《2011 大韩民国游戏白皮书》。

## 4. 国内电子竞技动向

(1)职业游戏选手现状。

职业游戏选手是指依据韩国电子竞技协会的制度进行比赛，在公认的游戏大赛中获奖 2 次以上，接受职业游戏选手素养教育后，正式注册为职业游戏选手。到 2011 年 7 月为止，共有职业游戏选手 431 名。其中，《星际争霸》拥有最多的职业游戏选手，达 249 名；准备成为职业游戏选手的准职业游戏选手达 141 名。2010 年，由于将《星际争霸》中操纵比赛的相关选手除名，以及职业游戏团体的解散、吸收合并等，导致职业游戏选手数量减少，且部分选手转向《星际争霸 2》，是新旧交替十分剧烈的一年。

其次，注册在《特种部队》下的职业游戏选手为 89 名。此外，变化比较大的是《铁拳》的职业游戏选手，由前一年的 0 名增加至今年的 11 名。分析认为这是持续播放《Tacan Crash》的结果。

表 4-4-7　**KeSPA 公认游戏名称和职业游戏选手现状(2011.7 止)**

| 序号 | 游戏名称(选定年度) | 开发公司 | 流通公司 | 类型 | 使用者 | 职业游戏选手 | 注册对象 | 准职业游戏选手 |
|---|---|---|---|---|---|---|---|---|
| 1 | 星际争霸(2000) | 暴雪 | 暴雪韩国 | RTS | 12 岁 | 249 | | 141 |
| 2 | FIFA(2000) | EA | EA 韩国 | Sports | 全体 | 6 | 0 | 19 |
| 3 | 反恐精英(2001) | Valve Corporation | — | FPS | 18 岁 | 3 | 0 | 20 |
| 4 | 铁拳(2000) | Bandai Namco Games | Bandai Namco Partners | Fighting Action | 全体 | 11 | 1 | 13 |
| 5 | 实现足球(2000) | KONAMI | KONAMI 韩国 | Sports | 全体 | 0 | 0 | 0 |
| 6 | 魔兽争霸(2002) | 暴雪 | 孙悟空 | RTS | 15 岁 | 13 | 1 | 31 |
| 7 | 跑跑卡丁车（2005) | NEXON | NEXON SD | Racing | 全体 | 2 | 2 | 53 |
| 8 | 特种部队(2005) | DragonFly | DragonFly | FPS | 15 岁 | 89 | 2 | 215 |
| 9 | 热血英豪（2005) | WindySoft | WindySoft | Fighting Action | 全体 | 6 | 1 | 23 |
| 10 | 突击风暴(2006) | GAMEHI | NEXON | FPS | 15 岁 | 21 | 1 | 164 |
| 11 | Taiz Runner(2006) | RHAON 娱乐 | Nowcom | Action Racing | 全体 | 0 | 0 | 8 |
| 12 | 地下城与勇士（2007) | Neople | NEXON | Action MMORPG | 12 岁 | 7 | 1 | 29 |
| 13 | 在线拍摄(2007) | Onnet | Onnet | Sports | 15 岁 | 0 | 0 | 0 |
| 14 | 战地之王(2007) | Redduck | NEOWIZ GAMES | FPS | 15 岁 | 7 | 0 | 39 |
| 15 | Slugger（2008) | NEOWIZ GAMES | NEOWIZ GAMES | Sports | 全体 | 0 | 0 | 14 |
| 16 | 反恐精英在线版(2008) | Valve Studio | NEXON | FPS | 15 岁 | 3 | 0 | 4 |
| 17 | 龙飞凤舞(Pump It Up NX2)(2008) | Andeiro | Andeiro | Rhythm Action | 全体 | 0 | 0 | 0 |
| 18 | 苍天在线版(2008) | Wemade 娱乐 | Wemade 娱乐 | MMORPG | 12 岁 | 2 | 0 | 42 |
| 19 | 军营格斗(2008) | On Media | Cloud Interactive | Fighting Action | 全体 | 1 | 0 | 13 |
| 20 | FIFA 在线版(2008) | NEOWIZ GAMES/EA 韩国 | NEOWIZ GAMES | Sports | 全体 | 6 | 0 | 27 |
| 21 | 魔球魔球(2009) | ANIPARK | CJ 网络 | Sports | 全体 | 0 | 0 | 0 |
| 22 | 迷你围棋(2009) | ePlayon | ePlayon | Board Game | 全体 | 0 | 0 | 0 |
| 23 | Avalon On-Line(2009) | MOVON | Wemade 娱乐 | RTS | 15 岁 | 5 | 0 | 42 |
| 合计 | | | | | 统合 | 431 | 9 | 897 |

出处：文化体育观光部、韩国资讯振兴院(2011)，《2011 大韩民国游戏白皮书》。

(2)职业游戏团体的运营现状。

自 2007 年空军 ACE 队建立以后，由 12 支队伍运营的“星际争霸游戏团”，在 2010 年由于“eSTRO”队的解体，以及“Hite Star Kids”被“CJ Antus”合并，而剩下 10 支职业队伍。“特种部队职业游戏团”方面，2009 年 4 月“特种部队游戏联盟”建立时，有 6 支职业队伍和 2 支半职业队伍。但与《星际争霸》一样，随着 2010 年“eSTRO”队的解体及“On-Game Net”将名字改为“CJ”，团的数量就减少了，只剩下“KT”“SK Telecom”“STX”“CJ”“MBC Game”5 支队伍。此外，职业游戏团体还有《魔兽争霸 3》和《反恐精英》这 2 个游戏队伍。在现有的专业游戏团体呈现停滞的情况下，《星际争霸 2》等新游戏团体的创建和后援较为活跃，由此可以看出，对电子竞技职业游戏团体的市场需求在变化，及时应对大众和市场的变化，是职业游戏团体运营方面的核心因素。

表 4-4-8 **职业游戏团运营现状**

| 游戏团体 | 所属公司 | 建立日期 | 教练 | 活动状况及介绍 | 网址 |
|---|---|---|---|---|---|
| 三星电子 Can | 三星电子 | 2000 年 6 月 | 金秋天 | 星际争霸：朱永达、李镇宪，车明焕，柳俊熙，张智洙，韩智元，宋炳具，许永武，任泰奎，俞炳浚，金镇，赵起硕，金俊贤，金基贤，池东元等<br>＊2008. 8 新韩银行职业联赛 2008 优胜 | www. samsungkhan. co. kr |
| 和承 OZ | 和承 | 2006 年 3 月 | 韩尚永 | 星际争霸：丘成勋，金泰均，朴俊午，方泰洙，白承赫，孙周兴，孙灿雄，李济东，天空，金宇镇，朴成俊，白东俊，金道旭，金智勋，李炳烈，李永雄等<br>＊2008. 8 新韩银行职业联赛 2007 加赛优胜<br>＊2008. 8 新韩银行职业联赛 2007 综合冠军赛优胜 | www. hsoz. co. kr |
| 熊津 Stars | 熊津控股 | 2008 年 9 月 | 李在根 | 星际争霸：尹容泰，金胜铉，申在旭，白东健，尹智勇，金明云，金成云，金民哲，洪镇杓，朴相宇，卢俊奎，李在勋等<br>＊2005. 2 SKY 职业联赛 2004 总决赛优胜 | www. wjstars. com |
| Wemade FOX | Wemade 娱乐 | 2007 年 9 月 | — | 2011 年 8 月 31 日游戏团解体 | — |
| Hite Star Kids | Hite 啤酒 | 2006 年 6 月 | — | 2010 年 10 月被 CJ Antus 合并 | — |
| KT Rolster | KT | 1999 年 12 月 | 李志勋 | 星际争霸：金大烨，姜贤宇，朴在英，禹正浩，朴正硕，南承贤，黄方英，李英浩，高江民，金成泰，崔龙柱，林正贤<br>＊新韩银行优胜者联盟 09-10<br>新韩银行职业联赛 09-10<br>新韩银行职业联赛 10-11<br>特种部队：林正民，田炳宪，郑勋，李正焕，金灿秀<br>＊T SF 职业联赛 2010. 2 优胜 | sports. kt. com |

续表

| 游戏团体 | 所属公司 | 建立日期 | 教练 | 活动状况及介绍 | 网址 |
| --- | --- | --- | --- | --- | --- |
| MBC Game HERO | MBC Game | 2006 年 3 月 | 成学胜 | 星际争霸：廉宝成，金在勋，朴秀范，金东铉，高锡宪，徐景宗，文世一，吴世基，吴正焕，郑宰洙，夏宰尚，郭基成，金基勋<br>＊2006 SKY 职业联赛后期联赛<br>2006 SKY 职业联赛 综合冠军赛<br>2007 年第 2 次 KeSPA 杯 星际争霸部分 | www.mbcgame.co.kr |
| | | | 林洙罗 | 特种部队 | |
| STX-Soul | STX | 2000 年 7 月 | 金垠东 | 星际争霸：金道宇，金东健，金成贤，徐志洙，李信亨，金九贤，金云中，边贤宰，赵成浩，金耀焕，金贤宇，申大根，赵一璋等<br>＊庆南-STX 杯大师赛 2008 优胜<br>庆南-STX 杯大师赛 2007<br>特种部队成员名单<br>＊特种部队 世界锦标赛-优胜<br>＊T SF 职业联赛 2010-1st 优胜 | www.bestsoul.com |
| SK Telecom T1 | SK Telecom | 2004 年 4 月 | 朴永云 | 星际争霸：郑明勋，金泽龙，朴在赫，崔浩善，都在旭，李承锡，郑永宰，郑允钟，鱼允秀，郑宇成<br>＊2003 KTF EVER 杯职业联赛/<br>2004 LG IBM MBC 游戏 队联赛<br>2004 Tucson 杯 MBC 游戏 队联赛/<br>2005 SKY 职业联赛 前期联赛<br>2005 SKY 职业联赛 后期联赛/<br>2005 SKY 职业联赛 总决赛<br>2006 SKY 职业联赛 前期联赛/<br>新韩银行职业联赛 08-09<br>庆南-STX 杯大师赛 2009<br>庆南-STX 杯大师赛 2010<br>新韩银行优胜者联盟 10-11/<br>庆南-STX 杯大师赛 2011 | www.sksports.net |
| | | | 崔炳勋 | 特种部队：李尚勋，金东浩，裴周镇，赵元宇，沈永宇，赵贤钟<br>＊T SF 职业联赛 2009-2nd 优胜 | |

续表

| 游戏团体 | 所属公司 | 建立日期 | 教练 | 活动状况及介绍 | 网址 |
| --- | --- | --- | --- | --- | --- |
| CJ Antus | CJ 体育 | 2006 年 4 月 | 金东友 | 星际争霸：徐志勋，申成文，赵炳世，郑宇勇，刘永镇，尹亲熙，申东元，韩志元，俞基相，韩斗烈，宋永镇，孙宰范，陈荣华，李庆民，张允哲，蔡奎胜<br>＊新韩银行优胜者联盟 08-09<br>特种部队：赵京勋，郑俊焕，刘成哲，朴成云，都敏洙 | www. cjentus. com |
| eSTRO | EG | 2006 年 10 月 | | 2010 年 10 月解体 | — |
| 空军 ACE | 空军 | 2007 年 4 月 | 宋东国 | 星际争霸：朴英民，金京模，安基孝，孙石熙，李圣垠，金泰勋，卞炯泰，任镇泽，高仁奎，权洙宪，李贞宪<br>＊2007 年 4 月空军 ACE（Airforce Challenge 电子竞技）团创建 | www. airforce. mil. kr/ace/main. do |

出处：文化体育观光部、韩国资讯振兴院（2011），《2011 大韩民国游戏白皮书》。

## （二）主要政策

2010 年的游戏政策延续了 2009 年的政策，在内容上进行强化和拓展。政策以年为单位制定，同时也会考虑连续性，但从 2009 年、2010 年到 2011 年上半年为止，游戏政策动向的连续性非常强。

2009 年开始，“游戏痴迷”开始成为社会问题，2010 年这个问题又一次成为社会热点话题，关于游戏痴迷管制政策的争论一直是 2010 年最大的热点话题。游戏政策的两个主要轴心是振兴游戏产业和营造游戏文化，而这一热点话题已经对此造成了相当大的负面影响，动摇了这一游戏政策。最终，振兴游戏产业和营造游戏文化这一政策不得不让步于政策争论，在需要管制游戏的社会潮流中被暂时搁置起来。但这并不意味着就不再讨论制定关于游戏产业、游戏文化、电子竞技等的政策，而是因为政策争论无论是对于游戏政策本身还是吸引社会的关注，都是不够的。本章将以 2010 年热点问题为中心观察游戏政策的动向。

### 1. 游戏痴迷的管制政策：对强制关机制法案的争论

2010 年 2 月，发生了与游戏痴迷相关的社会问题，因此游戏痴迷问题又一次成为社会热点问题。2009 年下半年，文化体育观光部开始准备制定预防游戏痴迷的各种方案，并把它作为今后重要的政策议题。2010 年 4 月，发表了包括游戏业体自律参与活动的游戏痴迷预防政策。这一政策是以往发表的游戏痴迷预防政策中内容最为严厉的一个，并且接纳了大部分与游戏痴迷相关的社会讨论内容。政策的方向性在于扩大游戏使用的社会自律性，即以基本的制度和加强运营商的自律为基础，在家长—运营商—政府间构建一种三方的合作体制。

政策的争论起因在于，《青少年保护法》修订案中强制性地规定了青少年玩游戏的时间，也就是

“法律规定的强制关机制”，而不是由游戏政策的基础《游戏产业振兴法》规定。这一内容公布后，引起激烈的争论。所谓的关机制，是指深夜 12 点至凌晨 6 点禁止青少年玩游戏，准确地说是禁止网络游戏的链接。

作为防止青少年游戏痴迷的方案，关机制这一政策手段并非首次提出。2005 年，作为限制青少年使用网络游戏的法律曾在国会提议过，内容上与现在的关机制几乎一样。当时在国会常务委员会——信息通信委员会进行了讨论，结果最终还是废弃了。这也就意味着强制性地关机制作为防止青少年游戏痴迷的政策手段并不合适。

《青少年保护法》修订案的关机制，使得之前主管游戏的文化体育观光部推进的防止游戏痴迷的政策基调和方向成了无用之物。特别是，2010 年 4 月发表的游戏痴迷综合对策，包含了大部分防止游戏痴迷的方案和手段，关机制法案带来的结果是搁置了综合对策的政策、文化意义。

另一方面，对关机制的反对意见也不断被提出来。虽然有必要预防青少年游戏痴迷，但关机制对解决这一问题并没有实际效果。事实上，逃避或应对关机制的手段有很多，不仅如此，除了网络游戏外，通过游戏资讯和互联网也可以接触到很多游戏，而针对这些却完全没有应对方案，这就有失公正。2011 年 2 月，韩国立法学会所进行的问卷调查结果显示，很多家长和青少年认为，与法律上强制施行关机制相比，游戏运营商参与提供的家庭内自律管制或指导方法更加实用。另外，还有人提出游戏痴迷现象产生的原因是否仅仅在于游戏本身这样的问题；也有人指出游戏痴迷的原因尚不能说与游戏本身有因果关系，相反，游戏痴迷现象产生的原因是围绕着青少年的社会环境问题。在法律强制关机制这一立法过程中，虽然出现了上述各种不同的声音和反对意见，但最终还是于 2011 年 4 月在国会全体会议上获得了通过。

关机制规定，除博彩业外，对于其他可以使用的资讯依法进行强制性使用限制，这是在其他产业几乎没有的制度。支持关机制的海外事例之一是中国正在施行的“防沉迷系统”和泰国的关机制。中国的“防沉迷系统”属于义务事项，是没有实际效果的政策。泰国的关机制是规定青少年出入 PC 厅的时间，对于网络没有实际效果。国内的关机制恐怕是世界上首次对网络使用时间进行规定的事例，成为政府将游戏定义为有害媒体的、象征性的事例。但我们要清楚，中国和泰国都曾限制青少年使用网络游戏是因为韩国网络游戏所占的市场比重太高了。稍有不同的海外事例是，2004 年希腊曾经实施《禁止使用游戏法》，之后被判违宪而撤销，当时此事成为国际社会的一大笑谈。

在提议之初，关机制对象的范围是“在互联网提供服务的游戏”，规定的范围十分广，但移动游戏却并未包含在其中。在法案争论的过程中，是否要包括移动游戏这一问题成为热点，最终决定在 2 年的宽限期之后再决定移动游戏是否适用于此法。

在 2009 年年末以来，随着智能手机市场的开放，国内对于智能手机资讯国际化流通体系的关注也大大提高了。移动生态系统的变化将与现有的、以单一国家为中心的制度发生冲突，如果世界上唯一实行的关机制也应用于移动设备，将会成为具有代表性的冲突事例，今后移动和在线的区分将会越来越模糊，这恐怕也会成为关机制的另一个争论焦点。

### 2. 修订市场用游戏产品的审议制度

关于公开市场用游戏产品的审议，在国内智能手机市场开放之前曾经讨论过，但智能手机市场正式开放后，公开市场用游戏产品的审议问题并未得到解决，还是在沿用既有的审议制度。其间，对改善公开市场用游戏产品审议程序的呼声越来越高。

要求改善的背景有以下几点。第一，随着环境的变化，现有的制度难以完全适用现实。像以前的移动通信市场一样，具有局部性特点，以此为基础建立的系统分别可以根据各国家、各地区的制度运营；但现在，智能手机时代是国际化服务体系，以此为基础建立的系统就会与各国家、各地区的制度发生冲突。国内规定，所有的游戏资讯必须依法进行事前申请年龄等级，智能手机游戏资讯，也就是应用程序，无论是个人还是企业都可以开发，并在可以进行全球商务的应用程序市场上注册。各种种类的游戏开发和流通都是可能的，因此，现有的事前审议程序就变得没有实际利益，反而成为妨碍激活市场的障碍。

第二，在快速变化的数字环境下，国内产业和企业反而被逆向歧视，结果就是丧失国际竞争力。韩国即便拥有非常优越的 IT 环境和使用者以及企业，但是由于制度限制，无法发挥它的优势。

第三，智能资讯市场是创造青年就业岗位的突破口。如上所述，开放系统能够产生促进小规模创业的效果，如果一直维持现有制度，其效果会大打折扣。

对公开市场用游戏产品审议的改善，在现有法律规定的事前审议框架下，具有等级分类的例外性质，不从属于等级分类的特例。也就是自律地进行事前等级分类，而不是不进行事前等级分类。从这一意义上看，公开市场用游戏产品审议的改善有可能带来游戏产品审议制度的变化，改善后的公开市场用游戏产品审议制度将于 2011 年下半年开始实施。

在公开市场用游戏产品审议制度的改善中，主要关心事项之一是苹果、谷歌等海外跨国企业是否会参与改善后的制度。这里主要有两个变数。一是在讨论改善公开市场用游戏产品审议制度的过程中，规定了限制青少年玩游戏的关机制，其中移动领域也将在 2 年后实行关机制。即在韩国提供服务的海外企业是否能接受关机制这一制度，这一点会成为变数。另外一点是对于特定的游戏资讯，国内和海外的年龄标准不同，如智能电子白板类移动游戏的年龄等级。国内规定为禁止青少年使用的年龄等级，但在海外却是允许青少年使用的年龄等级。即在韩国市场需要另外进行分类。

### 3. 加强游戏运营商的自律活动：成立游戏文化财团和建立游戏痴迷咨询治疗中心

韩国社会对游戏的负面印象自 2000 年初期开始，以游戏运营商参与社会公益活动为契机得到了改善。2000 年初期，文化体育观光部为改善社会对游戏的认识，作出政策性的努力，设定了“营造健全的游戏文化”的政策方向。游戏运营商的各种社会公益活动也可以说是与政府的政策方向同出一辙。

游戏企业的社会公益活动在两个方面与其他产业的社会公益活动不同，一方面是文化资讯产业中几乎只有游戏企业在持续进行需要投入大量财源的社会公益活动。社会唯独对游戏产业进行社会公益活动有着很高的要求，这是由社会对游戏的认识和自身地位引起的，因此，游戏产业界的社会公益活动与其产业规模相比，可以说做了相当多的公益活动。另一方面是即便投入了相当规模的财源做了社会公益活动，但社会认知度仍旧低迷。这是由于游戏企业在进行社会公益活动时，不愿意让人觉得是其企业营销手段之一，因此没有对外大力宣传。实际上也是考虑到社会对游戏和游戏企业的负面认识，为了避免引起不必要的误会而这样做的。

在没有进行充分的讨论和研究的情况下，2010 年，以网络游戏企业捐赠筹集的 90 亿韩元财源为基础，于当年 8 月成立了游戏文化财团。社会普遍认为游戏业界应该积极参与营造健全的游戏文化等活动，游戏业界 2009 年开展了综合的游戏文化活动，2010 年发表了预防游戏痴迷的综合对策，并主动捐资成立了游戏文化财团。

2010 年成立的游戏文化财团，具有将游戏业界的社会公益活动和建立游戏文化等活动正式化的意义。其间，游戏文化政策虽然一直在推进，但由于预算不足和规模变动而导致无法持续进行活动，难以取得政策效果。游戏文化财团可以在一定程度上弥补这一不足，因此它的建立具有政策意义。加之以游戏文化财团为后援，于 2011 年 6 月成立了“游戏痴迷咨询治疗中心”，该中心专门研究、咨询、治疗游戏痴迷，而游戏痴迷也一直是社会对游戏产生负面印象的主要原因。一直以来，游戏痴迷是社会焦点问题，以至于制定了关机制这样依据法律来强制限制游戏使用的制度。与此相比，社会整体对游戏痴迷的原因及对策的关注十分不足。“游戏痴迷咨询治疗中心”将会科学地、专业地、持续地对此进行研究，探索应对游戏痴迷的方案，起到核心基础设施的作用。

### 4. 增加对功能性游戏的关注与扶持

2010 年可以视为对功能性游戏的政策性关注进一步增加的一年。2010 年虽然并没有出台关于功能性游戏的开发扶持或专门政策，但政策性关注反而增加了。运营了 2 届功能性游戏论坛，12 月举办了功能性游戏政策和工作研讨会。文化体育观光部与法务部、消费者院共同签订了功能性游戏开发 MOU。

对功能性游戏的政策关注增加的原因是，功能性游戏的良性功能性效果得到认可。2010 年，关于关机制的法律化争论持续不断，对游戏的负面认识甚嚣尘上，在这种情况下，功能性游戏的良性效果对于改善对游戏的认识是有效的。因此，除文化体育观光部外，其他政府部门也为扩大对国民的服务范围及改善认识做了相关宣传，提高了对功能性游戏的关注度。

2010 年，对功能性游戏关注的提高直接反映在 2011 年的政策工作上。文化体育观光部增加了扶持功能性游戏制作工作的种类和预算规模。直到首次提出必须制定功能性游戏政策 10 年之后，才开始大力推进功能性游戏的政策性工作。另外，首次与国际机构合作共同开发的功能性游戏《Echo Friends》，于 2011 年 2 月开始提供服务(韩语、英语)，7 月开始提供多种语言(汉语、法语、西班牙语)服务，这是韩国扶持的第一个国际化功能性游戏。

对功能性游戏的社会关注、政策和扶持不断增加的过程中，也要注意防止对功能性游戏的过度解释和赋予过多的意义，从而给功能性游戏的扩散带来负面影响。

第一，过分看重功能性游戏的功能性效果。例如，英语教育用游戏，以为只要依靠这一游戏就不需要再接受其他的英语教育了。功能性游戏是为了获得特定的功能性效果而使用游戏原理制作的，其功能性只是游戏的一部分而已。另外，不同的使用者获得的效果也不一样。因此，如果过分看重功能性游戏的使用效果，反而会对功能性游戏的政策运用产生限制或歪曲的结果。

第二，认为功能性游戏是好游戏，不是功能性的游戏就不是好游戏。如过分强调功能性，稍有不慎就可能歪曲游戏资讯。功能性游戏不是依据价值判断来进行分类的，而是依据游戏的素材和目进行分类，因此没有好或坏之分。在制定功能性游戏政策和推进相关工作时，这是容易犯的错误，应该格外注意这一点。

### 5. 电子竞技外延及内涵的不一致：发表中长期展望

韩国电子竞技经过 10 年的努力，提高了大众的关注度和国际地位。2004 年 12 月，文化体育观光部发表了“电子竞技中长期展望”，阐明了电子竞技是游戏政策的主要政策对象，以第 2 届电子竞技协会的成立为契机，推进电子竞技更系统地发展。“釜山广安里 10 万观众”作为显示韩国电子竞技大众基础和潜力的一个象征，成为海外各国电子竞技相关人员羡慕的对象。随着国内游戏产业的发展，作为数字休闲的代表，电子竞技的文化意义得到了扩大。

尽管如此，国内电子竞技仍面临着危机，固有市场没有得到扩张，需要重新确立全盘的政策方向。如果说 2004 年的“电子竞技中长期展望”是首次制定的政策方向，那么 2010 年 7 月“电子竞技中长期发展计划(2010—2014 年)”的发表，就是制定了需要迎接挑战的电子竞技长期战略。副标题是“电子竞技 Innovation 2. 0”，具体展示了本次电子竞技发展计划的方向性。以电子竞技新的政策愿望为基础，向革新体制转换，意欲将电子竞技培育成能够实现数字时代文化沟通的大众休闲文化。

另外，电子竞技界的夙愿之一是建立一个电子竞技专用竞技场。虽然现在龙山有一个竞技场，但与其说是专用竞技场，不如说是建立专用竞技场的过渡竞技场。首尔市正在积极推进电子竞技工作，制定了在上岩洞建立 IT Tower 和电子竞技专用竞技场的计划，目前文化体育观光部和首尔市在共同促进此事。一旦完工，将会是世界首个电子竞技专用竞技场，十分具有象征意义。

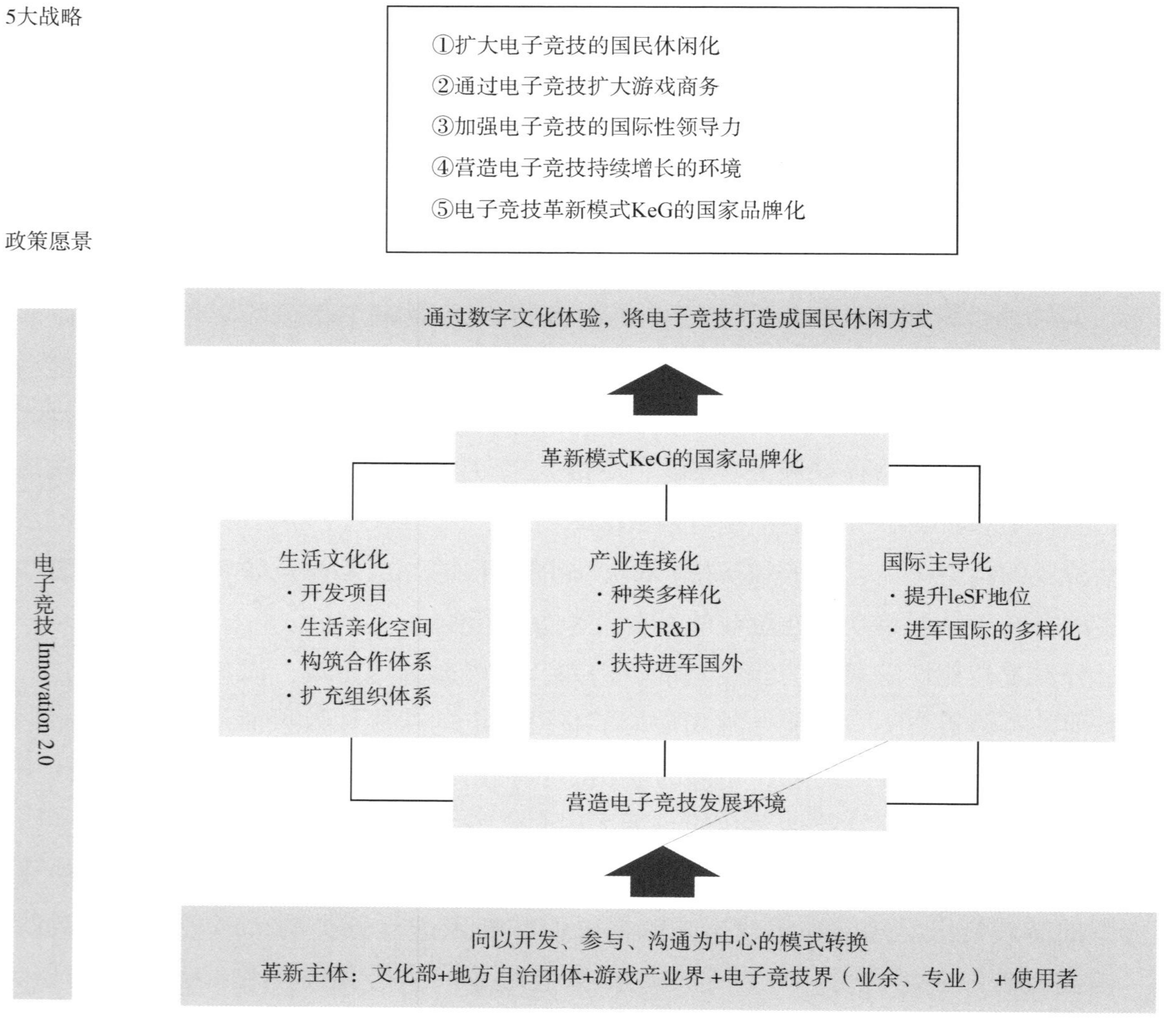


图 4-4-5　电子竞技中长期发展计划的 5 大战略和政策愿景

出处：文化体育观光部、韩国资讯振兴院(2011)，《2011 大韩民国游戏白皮书》。

### 6. 改变游戏产品等级审议制度的可能性：自律审议制度的导入与否

游戏产品在进入市场销售之前标示年龄等级，可以说是世界性的要求。但是，美国、日本、欧洲等游戏产业发达国家大部分施行的是自律等级制，而韩国采用的是法定等级制，在这一点上是有差别的。

国内对自律审议制度的政策研究，在 2003 年发表的游戏产业中长期计划中就已经包括了，在影像制品等级委员会进行游戏产品等级审议时就已经开始了。2006 年制定了《游戏产业振兴法》，依据该法，设立了游戏产品等级委员会，当时规定提供 3 年的预算扶持，即当时就有 3 年后实施游戏产品自律等级制的政策意图。但是，2006 年 8 月由于“Sea Story”事件，使游戏的博彩性问题上升为巨大的社会性问题，致使对自律等级制的讨论和研究无法进行下去。

对于导入游戏产品自律等级制的讨论和研究得以重新开始有两个理由，一是公开市场用游戏产品审议制度的改善是以自律等级制为基础的，今后自律等级制必将扩大至所有的游戏产品。另一个是游戏产品等级委员会能够接受的法定预算扶持是有年限的，因此无论以何种方式实施，都必须从政策上考虑自律等级制。

自律等级制按照内容和方法可以考虑多种方式，如全面实施、部分实施、阶段性实施、实质性的自律等级制和形式上的自律等级制，还可以依据社会对游戏认识的成熟度，接受或不接受自律等级制。因此，游戏产品审议的自律等级制作为一项文化政策，具有非常重要的意义，但同时也不得不考虑社会氛围以及与其他制度(法律)的关系。

### 7. 加强对游戏资讯的扶持

(1)国际化游戏中心的工作成果。

国际化游戏中心是为了给以网络游戏为中心发展起来的国内游戏产业提供的智能手机移动游戏、网络街机、SNG(Social Network Game，社交游戏)等各领域的发展基础而设立的孵化器设施，能够入驻 40 个以上的企业，目前正在推进制作扶持、基础设施扶持等各种工作。特别是，2011 年又新建立了移动游戏中心，加强了智能手机移动游戏的扶持政策。

①基础设施扶持。

图 4-4-6 国际化服务平台的扶持工作

国际化游戏中心具有代表性的工作是国际化服务平台(GSP)的扶持工作。为国内游戏提供网络基础设施和服务器及部分海外营销扶持，使其在海外稳定地进行服务。Neoact 的《天君岛》、LiniWorks 的 *Cafeteria*、Zemi Interactive 的 *Travia 2*、Blue Side 的 *Kingdom under Fire2* 等共 26 个游戏获得了支持，并创造了约 400 万美元的海外出口业绩。

也为中小国产游戏的国内服务提供了基础设施和营销扶持，(株)Manang Soft 的《热血侠客》等 5 个游戏通过“gamengame. co. kr”这一公用平台获得了支持。共得到 203 件报道资料和 750 件病毒式营销扶持，面向 47 万使用者展示了游戏。

②制作扶持。

不仅提供基础设施的扶持，还提供优秀游戏的制作扶持，为此正在推进“新一代游戏资讯制作扶持”工作。共投入 44 亿韩元的预算，分为进军战略市场和未来型新一代领域两个部分，对 15 个课题给予扶持。扶持开发了(株)Kuno Interactive 的 3D 立体电视游戏 *Moro Moro Train*、(株)Uniana 的射击网络游戏、(株)SOSO 的脑波应用新概念体感游戏、(株)Innodis 的 TV 和 Web 联动型 SNG 游戏等各种类型的游戏。

图 4-4-7　新一代游戏资讯制作的扶持工作

③其他扶持。

此外，举办了新一代游戏开发大赛，共选定了 10 个优秀作品并为其颁奖。为扶持国产游戏的质量检测，与全南、光州、釜山、京畿 4 个地区的振兴机构合作，为 42 个国产游戏提供了质检扶持。

图 4-4-8　新一代游戏开发大赛

另外，选定了 10 个全国新一代游戏专业人才教育机构，即嘉泉大学、圣洁大学、东国大学、西江大学、韩国产业技术大学、釜山信息产业振兴院、大邱数字产业振兴院、木浦大学、又松大学、亚洲大学。为使其能够培养出优秀人才，扶持它们学习开发教程及教育器材的应用等。通过这些扶持，共培养了 800 名游戏专业人才。

(2)设立移动游戏扶持中心。

智能手机市场在游戏政策中也成为充分体现移动重要性的契机。其间，关于移动游戏的政策与其他平台一样，没有脱离一般扶持的水平。相反，移动游戏产业内的热点问题核心是改善与移动通信公司的从属关系，而实际的政策扶持可以说没有多大效果。随着智能手机市场的活跃，移动资讯的开放商务体系逐渐形成，在此环境下，移动游戏开发公司和移动通信公司，也就是资讯运营商(CP)和平台运营商之间的从属关系是否能够完全解除，还需要进一步观察。但与之前相比，环境还是有所改善。另外，随着数字设备的发展，现有的移动和网络之间的区分和差异变得模糊起来。从这一点可以很容易地预测，今后移动游戏、移动资讯市场将发展和扩大。

2011 年 6 月成立的移动游戏中心，作为国际化游戏中心管理的智能手机移动游戏企业的专门孵化设施，(株)Load Complete 等共 22 个移动游戏公司入驻其中，并获得了全额租金和 50%管理费的扶持。

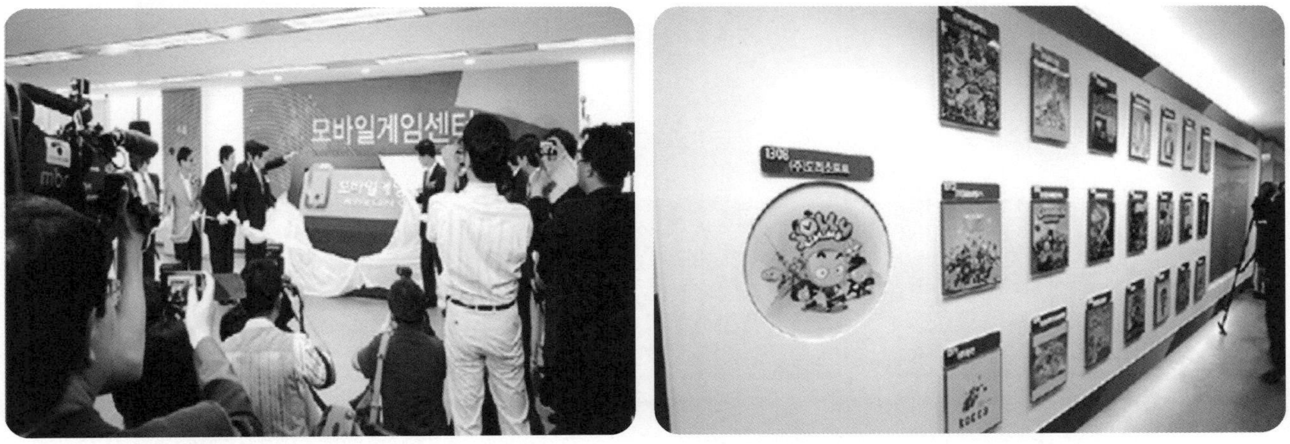

图 4-4-9　移动游戏中心

特别是，为了推进移动游戏企业进军海外，推进了“国际化移动游戏发行扶持工作”，组织了国内最好的移动游戏发行公司 GAMEVIL、Com2uS 和 16 个中小移动游戏企业，携手进军海外公开市场。

此外，为提高国内游戏开发者和经营者的技术能力和经营能力，推进了各种技术研讨会和教育活动，为提高中小游戏企业的综合能力尽了最大努力，举办了促进中小游戏企业和投资者、发行公司参与的投资说明会。还在最大的游戏展示会 G-Star 上设置了中小企业共同馆，共达成了 200 亿韩元的投资洽谈成果。

图 4-4-10 移动游戏中心的各种教育及研讨会

图 4-4-11 加强投资洽谈及说明会的举办和宣传

可以说，加强对移动游戏的政策扶持是十分有意义的。目前移动游戏是具有巨大发展可能性的新一代产业。就像通过对新一代游戏的开发扶持，作为抢占未来市场的政策支援，建立了游戏中心一样，移动游戏扶持中心以开放、扩张的概念和范畴为基调，必将取得政策效果。

## (三)展望

预计 2011 年国内游戏市场与 2010 年相比增长 13.8%，将达 8 兆4 549亿韩元。网络游戏同比增长 20%，预计除 PC 游戏和网吧外，其他领域都将呈现正增长。预计 2011 年视频游戏将增长 25%，达 5 335亿韩元；移动游戏将增长 20%，达3 800亿韩元；街机游戏将增长 6.0%，达 758 亿韩元。

2011 年的增长态势预计在 2012 年和 2013 年也将会持续下去。预计 2012 年整体游戏市场同比增长 17.7%，将达到 9 兆9 525亿韩元的规模，是否能达到 10 兆值得关注。预计 2013 年同比增长 15.2%，将达 11 兆4 666亿韩元，国内游戏市场将进入 10 兆韩元时代。在国内游戏市场比重最大的网络游戏预计在 2012 年将达 7 兆1 510亿韩元，2013 年将达 8 兆5 811亿韩元，保持高速增长态势。

表 4-4-9 **国内游戏市场的规模和展望(2009—2013)** （单位：亿韩元）

| 分类 | 2009 年 | 2010 年 | | 2011 年(E) | | 2012 年(E) | | 2013 年(E) | |
|---|---|---|---|---|---|---|---|---|---|
| | 销售额 | 销售额 | 增长率 | 销售额 | 增长率 | 销售额 | 增长率 | 销售额 | 增长率 |
| 网络游戏 | 37 087 | 47 673 | 28.5% | 57 208 | 20.0% | 71 510 | 25.0% | 85 811 | 20.0% |
| 视频游戏 | 5 257 | 4 268 | -18.8% | 5 335 | 25.0% | 6 402 | 20.0% | 7 042 | 10.0% |
| 移动游戏* | 2 608 | 3 167 | 21.4% | 3 800 | 20.0% | 4 636 | 22.0% | 5 796 | 25% |
| PC 游戏 | 150 | 120 | -20.0% | 112 | -6.7% | 106 | -5.4% | 104 | -1.9% |
| 街机游戏 | 618 | 715 | 15.6% | 758 | 6.0% | 815 | 7.5% | 872 | 7.0% |
| 网吧 | 19 342 | 17 601 | -9.0% | 16 545 | -6.0% | 15 221 | -8.0% | 14 156 | -7.0% |
| 街机游戏场** | 744 | 768 | 3.3% | 791 | 3.0% | 835 | 5.5% | 885 | 6.0% |
| 合计 | 65 806 | 74 312 | 12.9% | 84 549 | 13.8% | 99 525 | 17.7% | 114 666 | 15.2% |

* 2009 年以后，移动游戏销售额是以除去数据通话费的纯信息使用费(购买游戏及使用金额)为标准计算的。

** 2009 年以后，街机游戏场的销售额是街机游戏场和视频游戏场销售额之和。

出处：文化体育观光部、韩国资讯振兴院(2011)，《2011 大韩民国游戏白皮书》。

# 五、动 漫 形 象

## (一)现状

### 1. 主要市场现状

(1)动漫形象产业规模。

2010 年，动漫形象产业的整体销售额为 5 兆8 968亿韩元，同比增长 10. 1%，年均增长 7. 5%。特别是，动漫形象开发及授权产业同比增长 29. 1%，年均增长 16. 0%，增幅较大。这是国内的创作动漫形象在国内外的价值及认知度上升的结果。从各业种来看，动漫形象制作业为 3 兆 318 亿韩元，占整体销售额的 51. 4%；动漫形象流通业为 2 兆8 650亿韩元，占整体销售额的 48. 6%。动漫形象商品流通业中，没有包含销售动漫形象商品的网店销售额，如果包含网上销售的动漫形象商品，这一数值将会更大。

表 4-5-1　　**动漫形象产业规模**　　（单位：亿韩元,%）

| 中分类 | 小　分　类 | 销　售　额 | | | 比重 | 同比增减率 | 年均增减率 |
|---|---|---|---|---|---|---|---|
| | | 2008 年 | 2009 年 | 2010 年 | (%) | (%) | (%) |
| 动漫形象制作业 | 动漫形象开发及授权产业 | 344 485 | 358 862 | 463 221 | 7. 9 | 29. 1 | 16. 0 |
| | 动漫形象商品制造业 | 2 267 506 | 2 354 597 | 2 568 587 | 43. 6 | 9. 1 | 6. 4 |
| | 小计 | 2 611 991 | 2 713 459 | 3 031 808 | 51. 4 | 11. 7 | 7. 7 |
| 动漫形象商品流通业 | 动漫形象商品批发业 | 2 486 722 | 941 749 | 998 762 | 16. 9 | 6. 1 | 7. 3 |
| | 动漫形象商品零售业 | | 1 703 064 | 1 866 327 | 31. 6 | 9. 6 | |
| | 小计 | 2 486 722 | 2 644 813 | 2 865 089 | 48. 6 | 8. 3 | 7. 3 |
| 动漫形象产业合计 | | 5 098 713 | 5 358 272 | 5 896 897 | 100. 0 | 10. 1 | 7. 5 |

出处：文化体育观光部(2012)，《2011 动漫形象产业白皮书》。

(2)消费者喜欢的动漫形象。

2011 年以 10~49 岁年龄段为对象进行了动漫形象认知度消费者调查。认知度最高的动漫形象是“啵乐乐”，达 50. 1%。其次是“蜡笔小新”32. 2%、“凯蒂猫” 26. 5%、“多利”22. 3%、“米老鼠” 16. 2%。“啵乐乐”2010 年的认知度为 19. 8%，位居第五，2011 年上升了 30. 3%，位居第一。另一国产动漫形象“多利”2010 年为 25. 9%，位居第二位，但 2011 年下降了 3. 6%，为 22. 3%，位居第四位。进入前 10 位的国产动漫形象只有“啵乐乐”和“多利”，比重为 37. 1%，与 2010 年相比增长了 13. 7%。

表 4-5-2　　**国内 Best Top 10(2010 年、2011 年各年龄段认知度变化)**　　（单位:%）

| 序号 | 2010(N=1 200 名) | | 2011(N=1 226 名) | |
|---|---|---|---|---|
| 1 | 凯蒂猫 | 38. 4 | 啵乐乐 | 50. 1 |
| 2 | 多利 | 25. 9 | 蜡笔小新 | 32. 2 |
| 3 | 蜡笔小新 | 25. 8 | 凯蒂猫 | 26. 5 |
| 4 | 米老鼠 | 25. 3 | 多利 | 22. 3 |
| 5 | 啵乐乐 | 19. 8 | 米老鼠 | 16. 2 |
| 6 | 哆啦 A 梦 | 18. 2 | 小熊维尼 | 11. 3 |
| 7 | 小熊维尼 | 12. 1 | 哆啦 A 梦 | 10. 9 |
| 8 | 海绵宝宝 | 10. 5 | 口袋妖怪 | 9. 2 |
| 9 | Keroro 军曹 | 9. 7 | 蓝精灵 | 8. 8 |
| 10 | 皮卡丘 | 9. 6 | 海绵宝宝 | 7. 8 |

出处：文化体育观光部(2012)，《2011 动漫形象产业白皮书》。

(3)动漫形象产业从业者现状。

2010 年，动漫形象产业从业人数与 2009 年相比，增加了1 696名，达25 102名。

表 4-5-3　　**动漫形象产业各业种从业人员现状**　　(单位：名)

<table>
<tr><th rowspan="2">中分类</th><th rowspan="2">小分类</th><th colspan="3">从业人数</th><th rowspan="2">比重(%)</th><th rowspan="2">同比增减率(%)</th><th rowspan="2">年均增减率(%)</th></tr>
<tr><th>2008 年</th><th>2009 年</th><th>2010 年</th></tr>
<tr><td rowspan="3">动漫形象制作业</td><td>动漫形象开发及授权产业</td><td>2 728</td><td>2 938</td><td>3 267</td><td>13. 0</td><td>11. 2</td><td>9. 4</td></tr>
<tr><td>动漫形象商品制造业</td><td>8 650</td><td>8 963</td><td>9 719</td><td>38. 7</td><td>8. 4</td><td>6. 0</td></tr>
<tr><td>小计</td><td>11 378</td><td>11 901</td><td>12 986</td><td>51. 7</td><td>9. 1</td><td>6. 8</td></tr>
<tr><td rowspan="3">动漫形象商品流通业</td><td>动漫形象商品批发业</td><td rowspan="2">9 714</td><td>2 049</td><td>2 321</td><td>9. 2</td><td>13. 3</td><td rowspan="2">11. 7</td></tr>
<tr><td>动漫形象商品零售业</td><td>9 456</td><td>9 795</td><td>39. 0</td><td>3. 6</td></tr>
<tr><td>小计</td><td>9 714</td><td>11 505</td><td>12 116</td><td>48. 3</td><td>5. 3</td><td>11. 7</td></tr>
<tr><td colspan="2">动漫形象产业合计</td><td>21 092</td><td>23 406</td><td>25 102</td><td>100. 0</td><td>7. 2</td><td>9. 1</td></tr>
</table>

出处：文化体育观光部(2012),《2011 动漫形象产业白皮书》。

(4)动漫形象产业进出口规模。

2010 年，动漫形象产业的出口额最多的地区是北美地区，预计出口额为8 532. 7万美元，占整体出口额的 30. 9%。欧洲地区的出口额为5 966. 8万美元，比重为 21. 6%。中国的出口额为4 936. 8万美元，比重为 17. 9%。其他地区为3 828. 2万美元，比重为 13. 9%。其中东南亚地区为2 722. 6万美元，比重为 9. 8%。日本为1 645. 7万美元，占 6. 0%，比重较低。

表 4-5-4　　**动漫形象产业出口现状**　　(单位：千美元,%)

| 年度 / 地区 | 2008 年 | 2009 年 | 2010 年 | 比重(%) | 同比增减率(%) | 年均增减率(%) |
|---|---|---|---|---|---|---|
| 中国 | 38 346 | 43 593 | 49 368 | 17. 9 | 13. 2 | 13. 5 |
| 日本 | 12 782 | 14 631 | 16 457 | 6. 0 | 12. 5 | 13. 5 |
| 东南亚 | 20 771 | 21 332 | 27 226 | 9. 9 | 27. 6 | 14. 5 |
| 北美 | 74 410 | 74 513 | 85 327 | 30. 9 | 14. 5 | 7. 1 |
| 欧洲 | 50 443 | 51 338 | 59 668 | 21. 6 | 16. 2 | 8. 8 |
| 其他 | 31 498 | 31 114 | 38 282 | 13. 9 | 23. 0 | 10. 2 |
| 整体 | 228 250 | 236 521 | 276 328 | 100. 0 | 16. 8 | 10. 0 |

出处：文化体育观光部(2012),《2011 动漫形象产业白皮书》。

从各年度来看，向日本的出口额在 2008 年为1 278. 2万美元，2009 年为1 463. 1万美元，2010 年为1 645. 7万美元，同比增长 12. 5%，年均增长 13. 5%。向中国的出口额在 2008 年为3 834. 6万美元，在 2009 年为4 359. 3万美元，在 2010 年为4 936. 8万美元，同比增长 13. 2%，年均增长 13. 5%，增幅较大。东南亚在 2008 年为2 077. 1万美元，在 2009 年为2 133. 2万美元，在 2010 年为2 722. 6万美元，同比增长 27. 6%，年均增长 14. 5%。北美在 2008 年为7 441. 0万美元，在 2009 年为7 451. 3万美元，在 2010 年为8 532. 7万美元，同比增长 14. 5%，年均增长 7. 1%。欧洲在 2008 年为5 044. 3万美元，在 2009 年为5 133. 8万美元，在 2010 年为5 966. 8万美元，呈现出持续增长的态势。但其他地区出口额由

2008 年的3 149. 8万美元小幅下降至 2009 年的3 111. 4万美元，2010 年又增长至3 828. 2万美元，同比增长 23. 0%，年均增长 10. 2%。

动漫形象产业出口额不仅在北美和欧洲，在中国、日本、东南亚等国家均呈现增长态势，由此可以看出，国内动漫形象即便是在不同文化背景下也能够引发共鸣，可以说是颇具竞争力的。国内动漫形象产业出口增长的另一要素，可以认为是智能机的普及。随着国内动漫形象运营商开发并普及适用于智能机的应用商店项目，其成为新动漫形象进军海外市场新的营销环节之一。由于这些积极的因素，动漫形象产业的出口前景将十分广阔。

### 2. 2011 年核心热点及主要动向

2011 年动漫形象产业的核心热点及主要动向如下。

第一，“来自拉斯卡星的 Myoo”是掀起新的韩流热潮，在海外人气超高的动漫形象，在中国传播后，由于山寨品而吃尽苦头。在中国最大的公开市场淘宝网上检索“Myoo”，会出现无数动漫形象产品。《秘密花园》在中国电视台正式放映之前，也出现了山寨品泛滥和流通的现象。

第二，与现有的大型流通或一般流通相比，动漫形象产业自身应该谋求建立专门的流通体系，这样的呼声越来越高。因此建立了国产动漫形象流通专门卖场“肩并肩”，计划今后每年增设 1~2 个国产动漫形象流通专门卖场。这种线下的动漫形象流通专门卖场是销售各种动漫形象商品的新窗口，卖场所摆设的所有产品都是动漫形象商品，通过不同产品群之间的有机结合，使之与现有卖场的产品展示不同。另外，通过建立稳定的、长期的国产动漫形象流通网，使动漫形象消费市场充满活力，扩大国产动漫形象流通专门卖场，来发展国产动漫形象产业，并推进其向海外进军。

第三，积极开展在电视剧中插入动漫形象的间接广告(PPL)。2005 年，MBC 电视剧《我的名字叫金三顺》主人公的动漫形象玩偶“三顺”曾一度热卖，预示着动漫形象玩偶盛行的开始。此后，2008 年，SBS 电视剧《爱情正在直播》中的“来自拉斯卡星的 Myoo”，在 SBS 电视剧《秘密花园》中再次登场，这一电视剧自 2010 年年末开始至 2011 年年初一直是收视率最高的电视剧，反响很热烈。2011 年，SBS 早间剧场《大妈小姐》再一次出现了 Myoo。另外，2008 年 SBS 电视剧《食客》的“草莓”、2009 年 SBS 电视剧《原来是美男啊》的“猪兔子”、KBS2 电视剧《花样男子》的“小猫玩偶”和“羊偶”、2010 年 SBS 电视剧《我的女友是九尾狐》的“肉娃娃”、MBC 电视剧《玛丽外宿中》的“脸猫”等相继登场，消费者反应热烈。

最近，值得瞩目的动漫形象是 2011 年 MBC 电视剧《最佳爱情》和 KBS2 电视剧《童颜美女》中的“梦妮”。“梦妮”是在 2011 年夏季 MBC 电视剧《再见美丽小姐》中登场的，2011 年正在进行积极的 PPL 营销。

第四，国内动漫形象市场偏重于幼童、儿童的现象很严重，符合各年龄层喜好的动漫形象创作越来越难，自 2010 年年末开始，以各种插图为基础的设计动漫形象市场出现了活跃的征兆。国内动漫形象中“Youk Shim Won”“Jetoy”“Cellta”等以插图为基础的设计动漫形象大受热捧；海外动漫形象中日本插图作家申智加藤的设计动漫形象成为热门话题。特别是“申智加藤”依据设计形态，在国内运营着 2 个以上的代理处，可以说是国内插图作家开展各种产业化活动的例子。

第五，各种新平台随着消费者的动态而持续不断快速地变化着。如同动漫形象商品消费者由过去的线下流通转向网络流通一样，现在的资讯消费也由地面波播放等单向资讯转变为各种网络平台的双向资讯。“T3 娱乐”开发的跳舞游戏《劲舞团》中使用了“流氓兔”“多利”等作为游戏的宠物；以童话为背景的舞台中，人物动漫形象躲避障碍物奔跑的游戏《超级跑跑》也使用了“流氓兔”“马布”“草莓”，并且超越了宠物的概念，作为装备应用于开发过程中。《罐头萌兽》通过智能手机APP的制作及发布，获得了约100万次的下载业绩。动漫形象产业自2010年以来，从2011年第二季度之后，通过OSMU形成了各种收益模式，预计这样的趋势今后将进一步扩大。

第六，企业为了提高自身形象而在广告或营销中使用动漫形象的事例不断增多。最近，以动漫形象为素材的广告备受瞩目，它不同于以人物为主的广告，广告效果很好。最近企业银行使用Tuva娱乐的“小蜥蜴奥斯卡”动漫形象拍摄了广告。另外，银行业界也纷纷发行了使用动漫形象的存折业务，如国民银行的“啵乐乐”存折、新韩银行的“迪波”存折、韩亚银行的“香肠猴”存折、农协的“胡图”存折等。此外，面包/饼干食品企业、建筑行业等企业也开始在广告及企业形象营销中使用动漫形象。

第七，时装业界和美容业界也在掀起动漫形象热潮。特别是，使用漫画动漫形象的产品上市广告如潮水般涌现。这说明企业更喜欢使用感性的，令消费者感到亲切的动漫形象进行营销。亲切而可爱的漫画动漫形象不仅受到儿童的喜爱，也颇受成年人的喜爱，因此，迪斯尼的动漫形象化妆品和T恤、轻松小熊的化妆品、中国娃娃的化妆品和时装等企业的漫画动漫形象产品不断面市。

第八，动漫形象主题公园、儿童咖啡馆产业作为新概念家庭空间，正蒸蒸日上。自2009年开办了“儿童农夫”“草莓好啊”等动漫形象主题咖啡馆后，2010年动漫形象产业的主题咖啡馆及大规模主题馆相继开馆，成为潮流。2011年4月“啵乐乐公园”在东滩开园，首尔儿童大公园内运营的动漫形象大世界也于4月新开设了济州分馆，在仁川广域市常设游戏体验馆“蚂蚁儿童乐园”，“香肠猴”的动漫形象主题公园“香肠猴儿童乐园”在花园5号新开馆。预计以动漫形象为主题的各种主题公园、儿童咖啡馆等将会继续大量开馆。

第九，目前，大部分韩国食品产业面临着无限竞争的环境，作为激活市场和竞争战略的一个环节，最近，正在进行着所谓的动漫形象食品的新营销战略合作。这样的战略合作不仅对食品产业有利，而且对于动漫形象产业来说，也能够获得最大限度地提高商品竞争力的效果，也可以看做是双赢战略的一个环节。CJ Food Ville出品了“啵乐乐蛋糕”、巴黎面包房出品了“罐头萌兽面包”、Braed&Co出品了“啵乐乐蛋糕”“Alomi蒸糕”“Kero玛德琳蛋糕”等。

## （二）主要政策

文化体育观光部在2003年树立了国内动漫形象产业相关政策的基础——“第一个动漫形象产业振兴5年计划（2003—2007）”，于2008年11月对该计划取得的成果进行了总结，并以此为基础，制定了“动漫形象产业中期计划（2009—2013）”，以应对新的产业环境变化。

“动漫形象产业中期计划（2009—2013）”以2013年成为世界5大动漫形象强国为目标，设定了4项中期课题，即发掘国际化明星动漫形象及构建基础设施、加强授权商务、改善动漫形象商品流通结构、加强国际竞争力。2011年是资讯产业国家议题化的元年，将把加强动漫形象产业的振兴基础作为目标，扶持动漫形象产业的大众化和进军海外，改善国内动漫形象产业恶劣的流通结构。

### 1. 加强动漫形象创作力量及构建基础

集中扶持国内动漫形象的设计创作及高附加价值动漫形象的开发，以使动漫形象商品高级化、品牌化。同时，停止统一的定额扶持，通过对商品的差别化扶持提高扶持效果。

2011 年“加强动漫形象创作力量及构建基础的工作”核心，是扶持优秀动漫形象商品开发工作，扶持开发主打动漫形象商品，扶持优秀动漫形象手册制作工作。

(1)扶持开发优秀动漫形象商品。

扶持开发优秀动漫形象商品工作的扶持对象及申请资格只限于与国产动漫形象相关的开发、制作、流通公司。针对选定的项目，将会为其提供进军国际市场的动漫形象战略商品开发的部分经费扶持，原则上最大扶持限度不超过总费用的 90%。

该项工作依据商品范畴来进行不同等级的扶持，IT 产品类为 1 亿韩元、玩具类为9 500万韩元、服装及箱包类为7 000万韩元。审查基准为动漫形象的认知度、商品制作及营销企划、制作日程计划等，审查结果是目前选定了 5 个项目作为扶持对象。

表 4-5-5　**2011 年优秀动漫形象商品开发扶持作品**

| 课题名称 | 动漫形象名称 | 企业名称 |
|---|---|---|
| 咘隆家族(Vroomiz)制动游戏套餐 | Vroomiz | (株)永实业 Young Toys |
| 蚂蚁的漫威旅行 | 蚂蚁 | 李钟旭玩具 |
| 枫木乐队第二弹 | 冒险岛 | (株)Monster Planet |
| 变形警车珀利——珀利 RX | 变形警车珀利 | (株)学院科学 |
| 宠物排泄物的回收用品 | 梅罗(Mihael Keehl) | Camp for Dog |

(2)扶持开发主打动漫形象商品。

扶持开发主打动漫形象商品的工作是建立专家团，通过市场分析筛选类型，最终找出符合消费者需求并能引领市场方向的主打项目，发掘并扶持具有高流通性的动漫形象商品。

扶持对象及申请资格仅限于国产动漫形象相关开发、制作、流通公司。针对选定的项目，将会为其提供进军国际市场动漫形象战略商品开发费用的部分扶持，原则上最大扶持限度不超过总费用的 90%。另外，为最大限度地减少商品开发失败的几率，在开发商品样本前，会对消费者团体进行访谈，以便将消费者的需求反映到样本、商品开发之中。

该项工作的扶持领域为韩流、玩具、娱乐三个领域。审查基准是动漫形象商品的企划、商品制作及营销、制作日程计划等，审查结果是共选定了 6 个项目作为扶持对象。

表 4-5-6　**2011 年主打动漫形象商品开发扶持作品**

| 课题名称 | 动漫形象名称 | 企业名称 |
|---|---|---|
| 韩文照明，韩文启瓶器 | 韩文“星・月・花” | Funny Fish(株) |
| Broomiz Program RC Car | Broomiz | (株)具源儿童商社 |
| 魔法千字文 千字弹(TCG) | 魔法千字文 | XO Soft |
| Little Future Book | 云彩面包，月亮爷爷 | (株)Toy Tron |
| Faddy Robot“点唱机”商品 | Faddy Robot | (株)Rozet Mall 传媒 |
| 流氓兔耳机，两用机 | 流氓兔 | (株)Rosette World |

(3)扶持制作优秀动漫形象手册。

扶持制作优秀动漫形象手册的工作是为了给具有潜力的国产动漫形象提供授权商务机会，而为其提供优秀动漫形象手册的部分制作费用。

扶持对象及申请资格仅限于国产动漫形象相关创作、代理、制作公司等版权及事业权拥有者。针对选定的项目，扶持部分优秀动漫形象手册的部分制作费用，原则上最大扶持限度不超过总费用的 90%。

审查标准是获得动漫形象特许的可能性、商品化目标、手册制作计划等，审查结果是共有 5 个项目被选定为扶持对象。

表 4-5-7　**2011 年优秀动漫形象手册制作扶持作品**

| 课题名称 | 企业名称 |
|---|---|
| 幽灵使者动漫便览 | (株)Studio Beast |
| 小蜥蜴奥斯卡便览 | (株)Synergy Media |
| 变形警车珀利便览 | (株)Roi Visual |
| 咣当当 哎呦便览 | (株)MARO STUDIO |
| 小海女梦妮 | (株)ArtPQ |

## 2. 扶持海外出口及激活国内外授权

(1)将“首尔动漫形象博览会”办成亚洲最大的资讯授权展示会。

以构建国际文化资讯商务市场、增加国产文化资讯出口和激活国内文化资讯授权、最大限度地宣传优秀国产资讯为目标的“首尔动漫形象博览会”，在迎来 10 周年之际，扩大了展示规模，在 COAX 1 楼展馆举办。作为国内外授权产业的卖场，不仅是动漫形象，也是漫画、动漫、游戏等领域亚洲最大的文化资讯展示会。

共 14 个国家 60 个公司的海外企业和 134 个国内企业(含个人作家则为 225 个公司)的3 000多名买家参会，总洽谈金额为114 636 808美元，当场签约 11 件，共达2 911 200美元。普通观众的参与人数也在逐年增加，2011 年“首尔动漫形象・授权博览会”的参与观众数达 21 万名。

(2)扶持参与海外展示市场。

为构建韩国资讯出口的基础，推进扶持参与海外展示市场的工作，通过构筑韩国共同馆，扶持企业进行商务洽谈和战略宣传。针对希望参加“授权世博会 2011(Licensing EXPO 2011)”“品牌授权 2011(Brand Licensing 2011)”“中国授权展(China Licensing Show)”等国际动漫形象展示市场的国内动漫形象企业，为其提供海外展示市场分析及项目咨询程序、资讯战略宣传等方面的扶持。

2011 年 6 月，在美国“拉斯维加斯会展中心”举办了第 31 届世界最大规模的授权专门展示会“授权世博会 2011(Licensing EXPO 2011)”，有全世界 90 个国家的 600 多个资讯企业参展，展示了7 000个动漫形象和品牌。韩国资讯振兴院打出“Created by Korea”的标语，运营了韩国共同馆，有 25 个国内动漫形象展示和授权相关的企业参展，并达成了2 190万美元的洽谈及合同业绩。

2011 年 10 月，在英国伦敦奥林匹克大礼堂举办的第 10 届“品牌授权 2011(Brand Licensing 2011)”，是欧洲最大的授权活动，也是动漫、动漫形象、品牌、艺术等授权相关的企业及从业人员共聚一堂的授权商务国际展示会。韩国资讯振兴院运营了韩国共同馆，有 9 个国内动漫形象授权相关的企业参展，并达成了 65 万美元的合同业绩。

同年 10 月在中国上海举办的"中国授权展(China Licensing Show)"，也运营了有 13 个企业参展的韩国共同馆，达成了 88 万美元的合同业绩。

3. 扩大国产动漫形象的基础及消费切入点的多边化战略

(1)构建动漫形象的专门流通卖场。

国内动漫形象市场是以市场热卖的动漫形象为主，将其商品化后进行流通。特别是以大型超市为中心所销售的玩具、文具、生活用品等动漫形象主导了市场。因此，历尽艰辛制作出来的动漫形象在市场上毫无反响的事例比比皆是。另外，由于项目商品化，国内只有为数不多的商品能够进入流通环节，与美国和日本等动漫形象发达的国家相比，商品种类也不够多样化。

为此，扶持了构建国产动漫形象商品流通专门卖场的工作。首先在家庭及儿童经常到访的釜山"玩具博物馆"内开设了"肩并肩伙伴"卖场。该卖场面积达 $360m^2$，设有宣传馆，其中展示有代表性的国产动漫形象"啵乐乐""多利""流氓兔""变形警车珀利""罐头萌兽""甘布"等；还设有销售馆，其中销售根据国产动漫形象制作的玩偶、玩具、文具、精品装饰品、钟表等1 000多种动漫形象商品。自 2010 年后，持续不断地推进该项工作，每年建立 1~2 个国产动漫形象流通专门卖场，成为国产动漫形象的新流通窗口。

(2)设置大韩民国动漫形象大奖。

为激发动漫形象创作意愿，提高国民对国产动漫形象的认知度与关注度，为活跃国内动漫形象市场，举办了"2011 大韩民国动漫形象大赛"的评选及颁奖典礼。参赛资格为大韩民国国民个人或法人所创作的所有动漫形象，一个公司可以递交多个动漫形象参赛。由产业界、学界、舆论界等动漫形象专家组成评审委员会，针对动漫形象进行"动漫形象开发企划""动漫形象设计""事业企划及战略""商品化可能性""市场性"等多项综合评价，最终选定获奖作品。

对于获奖的作品，为其制作并分发根据获奖作品制作的纪念品，在申请各种制作扶持时为其提供获奖认证，允许在宣传物上标明获奖内容，并为其提供在报纸、播放、杂志等舆论媒体进行宣传的优惠。2011 年获奖作品如下。

表 4-5-8　**2011 年大韩民国动漫形象大奖**

| 分　类 | 动漫形象名称 | 获奖者 |
|---|---|---|
| 大奖(总统奖) | 罐头萌兽 | (株)Vooz Club |
| 优秀奖(文化体育观光部部长奖) | 变形警车珀利 | (株)Roi Visual |
| | 香肠猴 | (株)Olive Studio |
| | 小公汽，坐吧 | (株)Iconix |
| 特别奖(韩国资讯振兴院院长奖) | 罐头萌兽 | (株)Vooz Club |

## (三)展望

国产动漫形象市场中，"啵乐乐""变形警车珀利""罐头萌兽"等进行了大力宣传，占据了婴幼儿市场；其他市场方面，“流氓兔”“中国娃娃”等在奋力抢占市场；但大部分市场仍掌握在“米奇”“小熊维尼”“凯蒂猫”等国外动漫形象手上，呈现出偏重于特定人气儿动漫形象的现象。

但是，由于持续的经济停滞，消费萎缩将给动漫形象商品制造及流通业带来影响，预计上述偏重现象仍将持续。

与新媒体结合、进行多样化经营等活动的动漫形象企业逐渐增多了。过去只有通过 TV 用动漫才能接触到的动漫形象，现在通过电视剧中插入的动漫形象间接广告(PPL)、智能手机 APP、游戏、企业广告、面包/饼干食品等各种授权，动漫形象与消费者接触的机会越来越多。

今后，将有更多国内动漫形象通过与新媒体结合而形成新体系的市场。特别是，利用智能手机、平板电脑、智能 TV 等新媒体平台，积极开发各种应用程序的项目正蓬勃发展，预计媒体的多样性将为国内动漫形象市场的多样化作出巨大贡献。

从 2000 年开始，政府的扶持、培育政策逐渐形成体系并不断发展，但与美国、日本等动漫形象产业相比历史还不长。为开发制作出像“米老鼠”或“凯蒂猫”这样经久不衰的动漫形象，需要通过高品质的资讯来持续创造和改善动漫形象，超越单纯地模仿制造国外动漫形象商品的方式，不断地付出努力去开发制造出具有国际竞争力的动漫形象商品。如果这样，动漫形象的寿命将延长 10 年、20 年，创造出更高的价值，并不断发展下去。

# 六、漫　　画

## (一)现状

### 1. 漫画产业主要动向

2010 年漫画产业的主要动向如下。

第一，国内漫画一直在不断地努力开拓海外市场，中南美漫画市场作为新的出口市场备受瞩目。过去几年，以东亚、欧洲、美国等为中心进行了海外出口，但最近主要的漫画市场已经呈现饱和状态，需要开拓新市场。我们持续地向中南美市场介绍韩国的电视剧、电影、游戏等资讯产品，最近以巴西、阿根廷为中心，K-pop 也大受欢迎，形成了对韩国文化颇有好感的氛围。大源、首尔文化社、学山三大主要漫画出版公司也通过“法兰克福国际图书展”“博洛尼亚图书展”等国际展示会，向中南美市场展示了《诸神的黄昏》《千秋》《尤里卡》等各种作品，预计今后国产漫画在中南美市场将会得到进一步拓展。

第二，随着智能手机、智能平板电脑等新便携式设备的出现，公开市场日益活跃，因此漫画 1 人创造企业也日益受到重视。2009 年年末后登场的 iPhone、Galaxy S 等智能机备受追捧，使得 App Store、安卓市场等公开市场也日益活跃。2010 年 App Store 的资讯下载数为 30 亿次左右，而 2011 年上半年就已经突破 150 亿次。另外，到 2011 年 10 月为止，在 App Store 登记的应用程序达 47 万个，在安卓市场登记的达 20 万个。漫画界也推出了“Naver Books”“Nate 漫画”等漫画应用程序，主要出版公司也在计划出品应用程序，预计今后公开市场内的漫画资讯将会日益活跃。公开市场作为向消费者直接销售资讯的市场，可以为作家带来新的附加收入来源，漫画界对 1 人创业企业的关注也日益提升。有像“团队风景”这样连载了《Estancia》，以团队形态运营的方式，也有像“Flying Toon”的代表作家那样，在创作作品的同时开展动漫形象市场营销工作的方式。政府也在积极扶持 1 人创业企业，预计今后会更加活跃。

第三，漫画原作的多元化工作正在积极进行，特别是数字漫画日益强势，网络漫画的影响力日益增大。漫画作为核心故事而备受瞩目，正在成为电影、电视剧、游戏等各种类型的原作资讯。2011 年，在美国和韩国上映的好莱坞电影《驱魔者》(邢民友)、《我爱你》(姜浦)、《武士白东秀》(李宰贤/洪基友)、《假面新娘》(许英满)等电影、电视剧中很容易就能看到漫画原作。特别是《惹人喜爱》《衣领树》《时尚王》《与神同行》等很多网络漫画作品正在与电影、电视剧、音乐剧等签订版权合同，国内漫画市场上，网络漫画的影响力将会日益增强。2010 年起，有名的漫画家也进军网络漫画市场，《不下马的武士》(许英满)、《肉毒素》(黄美娜)等作品同时在门户网站连载。

### 2. 漫画市场规模

我国漫画市场规模 2010 年约为7 419亿韩元，其中漫画出版业为3 268亿韩元，所占比重为 44.1%；漫画批发业为2 924亿韩元(39.4%)、漫画租借业为 697 亿韩元(9.4%)、网络漫画制作与流通业为 529 亿韩元(7.1%)[①]。

国内漫画产业的总销售额与 2009 年(7 391亿韩元)相比，小幅增加了 0.4%，若考虑到物价上涨的因素，可视为处于停滞状态。

表 4-6-1　**2010 年漫画产业市场规模**　(单位：亿韩元,%)

| 分类 | 2005 年 | 2006 年 | 2007 年 | 2008 年 | 2009 年 | 2010 年 | 2011 年(推测) | 2010 年占有率 | 同比(2010 年) |
|---|---|---|---|---|---|---|---|---|---|
| 漫画单行本 | 922 | 879 | 807 | 936 | 902 | 1 007 | 1 048 | 28.7% | 11.6% |
| 儿童漫画 | 2 316 | 2 111 | 2 334 | 2 065 | 2 361 | 2 309 | 2 434 | 65.8% | -2.2% |
| 日日漫画 | 283 | 205 | 198 | 163 | 150 | 120 | 129 | 3.4% | -20.0% |
| 漫画杂志 | 36.0 | 24.0 | 16.9 | 15.1 | 13.4 | 11.8 | 11.9 | 0.3% | -11.9% |
| 儿童漫画杂志 | 53.1 | 57.8 | 66.2 | 66.4 | 69.4 | 62 5 | 71.7 | 1.8% | -9.9% |
| 市场规模(推测值) | 3 610.1 | 3 276.8 | 3 422.1 | 3 245.5 | 3 495.8 | 3 510.3 | 3 494.6 | 100% | 0.4% |

出处：文化体育观光部(2011),《2011 漫画产业白皮书》。

从漫画产业的价值链来看 2010 年的销售额，企划及制作的销售额规模为3 404亿韩元，其中网络为 136 亿韩元，线下为3 268亿韩元，网络同比减少了 7.1%，线下增加了 3.2%。流通的销售额规模为4 014亿韩元，高于企划及制作所占的比重。其中线下流通及服务同比减少了 3.6%，呈现持续减少的态势，显示出漫画产业的流通结构正在由线下向网络转换。

① 以上数值均不计千万韩元以下的数字。

表 4-6-2　　**2010 年漫画产业各价值链销售额现状**　　（单位：百万韩元）

| 价值链 | | 小分类 | 销售额 | | | 比重 | 同比增减率 | 年均增减率 |
|---|---|---|---|---|---|---|---|---|
| | | | 2008 年 | 2009 年 | 2010 年 | （%） | （%） | （%） |
| 企划/制作 | 网络企划/制作 | 网络及移动漫画资讯的制作及提供 | 12 550 | 14 682 | 13 641 | 1.8 | ▽7.1 | 4.3 |
| | | 小计 | 12 550 | 14 682 | 13 641 | 1.8 | ▽7.1 | 4.3 |
| | 线下企划/制作 | 漫画出版公司（漫画杂志、日日漫画、连环画等） | 95 559 | 92 361 | 92 739 | 12.5 | 0.4 | ▽1.5 |
| | | 一般出版公司（漫画部分） | 205 706 | 224 281 | 234 103 | 31.6 | 4.4 | 6.7 |
| | | 小计 | 301 265 | 316 642 | 326 842 | 44.1 | 3.2 | 4.2 |
| | 合计 | | 313 815 | 331 324 | 340 483 | 45.9 | 2.8 | 4.2 |
| 流通 | 网络流通及服务 | 网络漫画资讯服务 | 24 120 | 28 521 | 29 631 | 4.0 | 3.9 | 10.8 |
| | | 移动漫画资讯服务 | 10 748 | 11 348 | 9 635 | 1.3 | ▽15.1 | ▽5.3 |
| | | 网络书店（漫画部分） | 39 382 | 46 341 | 52 328 | 7.1 | 12.9 | 15.3 |
| | | 小计 | 74 250 | 86 210 | 91 594 | 12.3 | 6.2 | 11.1 |
| | 线下流通及服务 | 漫画租借 | 25 647 | 25 291 | 24 872 | 3.4 | ▽1.7 | ▽1.5 |
| | | 书籍租借（借阅、漫画部分） | 47 623 | 47 686 | 44 857 | 6.0 | ▽5.9 | ▽2.9 |
| | | 漫画书籍及杂志类批发 | 84 924 | 79 489 | 76 218 | 10.3 | ▽4.1 | ▽5.3 |
| | | 漫画书籍及杂志类零售 | 177 027 | 169 094 | 163 923 | 22.1 | ▽3.1 | ▽3.8 |
| | | 小计 | 335 221 | 321 560 | 309 870 | 41.8 | ▽3.6 | ▽3.9 |
| | 合计 | | 409 471 | 407 770 | 401 464 | 54.1 | ▽1.5 | ▽1.0 |
| 总计 | | | 723 286 | 739 094 | 741 947 | 100.0 | 0.4 | 1.3 |

出处：文化体育观光部（2011），《2011 漫画产业白皮书》。

漫画出版业销售额年均增加了 4.2%，2010 年为3 268亿韩元，比 2009 年的3 166亿韩元增加了 3.2%。漫画出版业的销售额与 2009 年相比有小幅增长，但尚未恢复到 2008 年的销售额。相反，儿童、学习漫画的普通出版一直呈现增长态势。

表 4-6-3　　**漫画产业中漫画出版业销售额现状**　　（单位：亿韩元，%）

| 小分类 | 销售额 | | | 比重 | 同比增减率 | 年均增减率 |
|---|---|---|---|---|---|---|
| | 2008 年 | 2009 年 | 2010 年 | （%） | （%） | （%） |
| 漫画出版公司（漫画杂志、日日漫画、连环画等） | 95 559 | 92 361 | 92 739 | 28.4 | 0.4 | ▽1.5 |
| 一般出版公司（漫画部分） | 205 706 | 224 281 | 234 103 | 71.6 | 4.4 | 6.7 |
| 合计 | 301 265 | 316 642 | 326 842 | 100.0 | 3.2 | 4.2 |

出处：文化体育观光部（2011），《2011 漫画产业白皮书》。

网络漫画制作流通业年均增长了 5.6%，但 2010 年较 2009 年的 545 亿韩元减少了 3.0%，为 529 亿韩元。

表 4-6-4 **漫画产业中网络制作流通业销售额现状** （单位：百万韩元）

| 小 分 类 | 销 售 额 | | | 比重 | 同比增减率 | 年均增减率 |
|---|---|---|---|---|---|---|
| | 2008 年 | 2009 年 | 2010 年 | （%） | （%） | （%） |
| 网络漫画资讯服务 | 24 120 | 28 521 | 29 631 | 56. 0 | 3. 9 | 10. 8 |
| 移动漫画资讯服务 | 10 748 | 11 348 | 9 635 | 18. 2 | ▽15. 1 | ▽5. 3 |
| 网络及移动漫画资讯的制作及提供 | 12 550 | 14 682 | 13 641 | 25. 8 | ▽7. 1 | 4. 3 |
| 小计 | 47 418 | 54 551 | 52 907 | 100. 0 | ▽3. 0 | 5. 6 |

出处：文化体育观光部(2011)，《2011 漫画产业白皮书》。

2010 年，漫画批发零售业的销售额为2 924亿韩元，减少了 0. 8%，年均减少了 1. 5%。网络书店虽呈现增加态势，但批发零售业自 2007 年起呈现持续下降趋势。

表 4-6-5 **2010 年漫画产业中漫画批发零售业销售额现状** （单位：百万韩元）

| 小 分 类 | 销 售 额 | | | 比重 | 同比增减率 | 年均增减率 |
|---|---|---|---|---|---|---|
| | 2008 年 | 2009 年 | 2010 年 | （%） | （%） | （%） |
| 漫画书籍及杂志类批发 | 84 924 | 79 489 | 76 218 | 26. 1 | ▽4. 1 | ▽5. 3 |
| 漫画书籍及杂志类零售 | 177 027 | 169 094 | 163 923 | 56. 0 | ▽3. 1 | ▽3. 8 |
| 网络书店(漫画部分) | 39 382 | 46 341 | 52 328 | 17. 9 | 12. 9 | 15. 3 |
| 小计 | 301 333 | 294 924 | 292 469 | 100. 0 | ▽0. 8 | ▽1. 5 |

出处：文化体育观光部(2011)，《2011 漫画产业白皮书》。

2010 年漫画租借销售额同比减少了 4. 5%，为 697 亿韩元，年均减少了 2. 4%。漫画租借业呈现持续减少的态势，预计短期内这种持续减少的趋势将会持续下去。

表 4-6-6 **2010 年漫画产业中漫画书租借业销售额现状** （单位：百万韩元）

| 小 分 类 | 销 售 额 | | | 比重 | 同比增减率 | 年均增减率 |
|---|---|---|---|---|---|---|
| | 2008 年 | 2009 年 | 2010 年 | （%） | （%） | （%） |
| 漫画租借 | 25 647 | 25 291 | 24 872 | 35. 7 | ▽1. 7 | ▽1. 5 |
| 书籍租借(漫画部分) | 47 623 | 47 686 | 44 857 | 64. 3 | ▽5. 9 | ▽2. 9 |
| 小计 | 73 270 | 72 977 | 69 729 | 100. 0 | ▽4. 5 | ▽2. 4 |

出处：文化体育观光部(2011)，《2011 漫画产业白皮书》。

### 3. 漫画产业进出口现状

2010 年，漫画产业的出口额为 815 万美元，进口额为 528 万美元。出口额同比大幅增加 93. 7%，相反，进口额减少了 3. 8%，自 2008 年起呈现持续减少的态势。国内漫画产业虽处于停滞期，但在海外市场韩国漫画获得好评，因此韩国漫画的出口一直呈现持续增长的态势。

从各地区来看，向欧洲的出口额为 225. 8 万美元(27. 7%)，比重最大；其次为东南亚、北美洲、日本、中国。特别是东南亚地区，由于儿童、学习漫画大受热捧，因此 2010 年出口额达2 004万美元，比 2009 年(525 万美元)增加了 281. 7%。

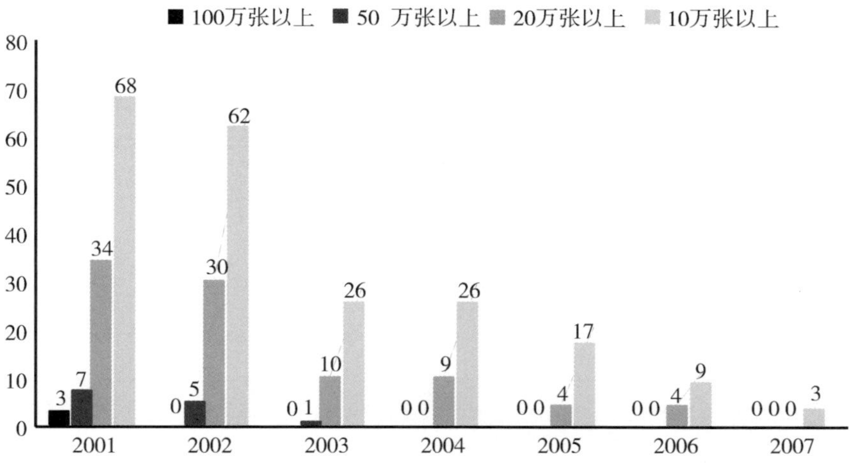


出处：文化体育观光部(2011)，《2011 漫画产业白皮书》。

图 4-6-1　漫画产业出口及进口额现状(单位：张)

表 4-6-7　**漫画产业各地区出口现状**　(单位：千美元)

| 分类 | 出口额 | | | | | |
|---|---|---|---|---|---|---|
| | 2008 年 | 2009 年 | 2010 年 | 比重(%) | 同比增减率(%) | 年均增减率(%) |
| 中国 | 421 | 432 | 568 | 7.0 | 31.5 | 16.2 |
| 日本 | 616 | 597 | 1 527 | 18.7 | 155.8 | 57.4 |
| 东南亚 | 507 | 525 | 2 004 | 24.6 | 281.7 | 98.8 |
| 北美 | 936 | 943 | 1 723 | 21.1 | 82.7 | 35.7 |
| 欧洲 | 1 623 | 1 667 | 2 258 | 27.7 | 35.5 | 18.0 |
| 其他 | 32 | 45 | 73 | 0.9 | 62.2 | 51.0 |
| 合计 | 4 135 | 4 209 | 8 153 | 100.0 | 93.7 | 40.4 |

出处：文化体育观光部(2011)，《2011 漫画产业白皮书》。

进口额方面，日本为 486 万美元，占整体进口额的 90%以上，其次是北美洲、中国、欧洲。

表 4-6-8　**漫画产业各地区进口额现状**　(单位：千美元)

| 分类 | 进口额 | | | | | |
|---|---|---|---|---|---|---|
| | 2008 年 | 2009 年 | 2010 年 | 比重(%) | 同比增减率(%) | 年均增减率(%) |
| 中国 | 109 | 97 | 85 | 1.6 | ▽12.4 | ▽11.7 |
| 日本 | 5 432 | 5 041 | 4 862 | 92.1 | ▽3.6 | ▽5.4 |
| 东南亚 | — | — | — | — | — | — |
| 北美洲 | 297 | 278 | 263 | 5.0 | ▽5.4 | ▽5.9 |
| 欧洲 | 99 | 76 | 71 | 1.3 | ▽6.6 | ▽15.3 |
| 其他 | — | — | — | — | — | — |
| 合计 | 5 937 | 5 492 | 5 281 | 100.0 | ▽3.8 | ▽5.7 |

出处：文化体育观光部(2011)，《2011 漫画产业白皮书》。

2010 年，漫画产业海外出口的主要方式是通过国内代理，所占比重为 54.6%；通过海外展示会及参与活动等方式占 41.2%，同比增加 1.6%。

表 4-6-9 漫画产业海外出口方式 （单位:%）

| 出口方法 | 进军途径 | 2008 年调查 | 2009 年调查 | 2010 年调查 | 同比增减(%) |
|---|---|---|---|---|---|
| 直接出口 | 参与海外展示会及活动 | 36.3 | 39.6 | 41.2 | 1.6 |
| | 与海外流通公司接触 | 3.2 | 2.3 | 2.1 | ▽0.2 |
| | 网络海外销售 | — | — | — | — |
| | 通过海外法人 | — | — | — | — |
| 间接出口 | 通过国内代理 | 55.6 | 55.9 | 54.6 | ▽1.3 |
| | 通过海外代理 | 4.1 | 2.2 | 2.1 | ▽0.1 |
| 其他 | | 0.8 | — | — | — |
| 合计 | | 100.0 | 100.0 | 100.0 | — |

出处：文化体育观光部(2011)，《2011 漫画产业白皮书》。

漫画产业的海外出口形态方面，授权同比增加 6.8%，占 73.7%；其次是出口成品，占 26.3%。

表 4-6-10 漫画产业海外进军形态 （单位:%）

| 进军海外形态 | 2008 年调查 | 2009 年调查 | 2010 年调查 | 同比增减率(%) |
|---|---|---|---|---|
| 成品出口 | 49.3 | 31.7 | 26.3 | ▽5.4 |
| 授权 | 50.1 | 66.9 | 73.7 | 6.8 |
| OEM 出口 | — | — | — | — |
| 技术服务 | — | — | — | — |
| 其他 | 0.6 | 1.4 | 0 | ▽1.4 |
| 合计 | 100 | 100 | 100 | -1.4 |

出处：文化体育观光部(2011)，《2011 漫画产业白皮书》。

## 4. 漫画产业从业者现状

2010 年，漫画产业从业者人数为10 799名，其中正式员工占 81.3%，比重较大。从各业种来看，漫画出版业从业者比例达 20.1%；从各职位来看，其他(流通)职位的人员占 57.5%，比重最大。漫画产业的从业人数与 2009 年相比增加了 0.3%，但除网络漫画制作、流通业外，所有领域的从业人数均呈减少态势，特别是线下漫画批发零售业从业者人数在持续减少。

表 4-6-11 漫画产业各业种从业者现状 （单位：名）

| 中分类 | 小分类 | 从业人数 | | | 比重 | 同比增减率 | 年均增减率 |
|---|---|---|---|---|---|---|---|
| | | 2008 年 | 2009 年 | 2010 年 | (%) | (%) | (%) |
| 漫画出版业 | 漫画出版公司<br>(漫画杂志、日日漫画、连环画等) | 605 | 571 | 614 | 5.7 | 7.5 | 0.7 |
| | 一般出版公司(漫画部分) | 1 499 | 1 436 | 1 553 | 14.4 | 8.1 | 1.8 |
| | 小计 | 2 104 | 2 007 | 2 167 | 20.1 | 8.0 | 1.5 |

续表

| 中 分 类 | 小 分 类 | 销 售 额 | | | 比重 | 同比增减率 | 年均增减率 |
|---|---|---|---|---|---|---|---|
| | | 2008 年 | 2009 年 | 2010 年 | (%) | (%) | (%) |
| 网络漫画制作、流通业 | 网络漫画资讯服务 | 232 | 285 | 293 | 2.7 | 2.8 | 12.4 |
| | 移动漫画资讯服务 | 15 | 18 | 16 | 0.1 | ▽11.1 | 3.3 |
| | 网络及移动漫画资讯的制作及提供 | 131 | 165 | 161 | 1.5 | ▽2.4 | 10.9 |
| | 小计 | 378 | 468 | 470 | 4.4 | 0.4 | 11.5 |
| 漫画书租借业 | 漫画租借 | 963 | 912 | 903 | 8.4 | ▽1.0 | ▽3.2 |
| | 书籍租借(借阅)(漫画部分) | 3 665 | 3 457 | 3 367 | 31.2 | ▽2.6 | ▽4.2 |
| | 小计 | 4 628 | 4 369 | 4 270 | 39.6 | ▽2.3 | ▽3.9 |
| 漫画批发零售业 | 漫画书籍及杂志类批发 | 825 | 792 | 773 | 7.2 | ▽2.4 | ▽3.2 |
| | 漫画书籍及杂志类零售 | 2 774 | 2 695 | 2 603 | 24.1 | ▽3.4 | ▽3.1 |
| | 网络书店(漫画部分) | 384 | 417 | 496 | 4.6 | 18.9 | 13.7 |
| | 小计 | 3 983 | 3 904 | 3 872 | 35.9 | ▽0.8 | ▽1.4 |
| 漫画产业合计 | | 11 093 | 10 748 | 10 779 | 100.0 | 0.3 | ▽1.4 |

出处：文化体育观光部(2011)，《2011 漫画产业白皮书》。

从雇佣形态来看从业者现状，正规职位同比增长 1.6%，为8 355名；非正规职位为1 928名。详细来看，漫画租借业正规职位为3 391名，非正规职位为 879 名，从业人数最多；其次是漫画批发零售业正规职位为2 854名，非正规职位为 522 名。

表 4-6-12　**漫画产业各雇佣形态、各业种从业人数现状**　(单位：名)

| 中 分 类 | 小 分 类 | 从业人数 | | 合 计 |
|---|---|---|---|---|
| | | 正规职位 | 非正规职位 | |
| 漫画出版业 | 漫画出版公司<br>(漫画杂志、日日漫画、连环画等) | 529 | 85 | 614 |
| | 小分类比重(%) | 86.2 | 13.8 | 100.0 |
| | 一般出版公司(漫画部分) | 1 170 | 383 | 1 553 |
| | 小分类比重(%) | 75.3 | 24.7 | 100.0 |
| | 小计 | 1 699 | 468 | 2 167 |
| | 中分类比重(%) | 78.4 | 21.6 | 100.0 |
| 网络漫画制作、流通业 | 网络漫画资讯服务 | 249 | 44 | 293 |
| | 小分类比重(%) | 85.0 | 15.0 | 100.0 |
| | 移动漫画资讯服务 | 13 | 3 | 16 |
| | 小分类比重(%) | 81.3 | 18.8 | 100.0 |
| | 网络及移动漫画资讯的制作及提供 | 149 | 12 | 161 |
| | 小分类比重(%) | 92.5 | 7.5 | 100.0 |
| | 小计 | 411 | 59 | 470 |
| | 中分类比重(%) | 87.4 | 12.6 | 100.0 |

续表

| 中分类 | 小分类 | 从业人数 | | 合计 |
|---|---|---|---|---|
| | | 正规职位 | 非正规职位 | |
| 漫画书租借业 | 漫画租借 | 713 | 190 | 903 |
| | 小分类比重(%) | 79.0 | 21.0 | 100.0 |
| | 书籍租借(漫画部分) | 2 678 | 689 | 3 367 |
| | 小分类比重(%) | 79.5 | 20.5 | 100.0 |
| | 小计 | 3 391 | 879 | 4 270 |
| | 中分类比重(%) | 79.4 | 20.6 | 100.0 |
| 漫画批发零售业 | 漫画书籍及杂志类批发 | 656 | 117 | 773 |
| | 小分类比重(%) | 84.9 | 15.1 | 100.0 |
| | 漫画书籍及杂志类零售 | 2 198 | 405 | 2 603 |
| | 小分类比重(%) | 84.4 | 15.6 | 100.0 |
| | 网络书店(漫画部分) | — | — | — |
| | 小计 | 2 854 | 522 | 3 376 |
| | 中分类比重(%) | 84.5 | 15.5 | 100.0 |
| 漫画产业合计 | | 8 355 | 1 928 | 10 283 |
| 漫画产业比重(%) | | 81.3 | 18.7 | 100.0 |

出处：文化体育观光部(2011)，《2011 漫画产业白皮书》。

从各职位的从业者来看，其他(流通)职位的从业人数达5 913名，占整体从业者的 57.5%，所占比重最大；其次是管理职位的从业者为2 351名，制作职位的从业者为1 232名，营销/宣传职位的从业者为 343 名，事业企划职位的从业者为 321 名，研究开发职位的从业者为 123 名。

表 4-6-13 **漫画产业各职位形态从业者现状** (单位：名)

| 中分类 | 小分类 | 从业人数 | | | | | | 合计 |
|---|---|---|---|---|---|---|---|---|
| | | 事业企划 | 管理 | 制作 | 营销/宣传 | 研究开发 | 其他(流通) | |
| 漫画出版业 | 漫画出版公司(漫画杂志、日日漫画、连环画等) | 61 | 85 | 348 | 45 | 27 | 48 | 614 |
| | 一般出版公司(漫画部分) | 189 | 207 | 684 | 263 | 75 | 135 | 1 553 |
| | 小计 | 250 | 292 | 1 032 | 308 | 102 | 183 | 2 167 |
| 网络漫画制作、流通业 | 网络漫画资讯服务 | 42 | 46 | 133 | 15 | 12 | 45 | 293 |
| | 移动漫画资讯服务 | 3 | 3 | 3 | — | 1 | 6 | 16 |
| | 网络及移动漫画资讯的制作及提供 | 26 | 25 | 64 | 20 | 8 | 18 | 161 |
| | 小计 | 71 | 74 | 200 | 35 | 21 | 69 | 470 |
| 漫画书租借业 | 漫画租借 | — | 321 | — | — | — | 582 | 903 |
| | 书籍租借(漫画部分) | — | 511 | — | — | — | 2 856 | 3 367 |
| | 小计 | — | 832 | — | — | — | 3 438 | 4 270 |

续表

| 中分类 | 小分类 | 从业人数 | | | | | | 合计 |
|---|---|---|---|---|---|---|---|---|
| | | 事业企划 | 管理 | 制作 | 营销/宣传 | 研究开发 | 其他(流通) | |
| 漫画批发零售业 | 漫画书籍及杂志类批发 | — | 141 | — | — | — | 632 | 773 |
| | 漫画书籍及杂志类零售 | — | 1 012 | — | — | — | 1 591 | 2 603 |
| | 网络书店(漫画部分) | — | — | — | — | — | — | — |
| | 小计 | — | 1 153 | — | — | — | 2 223 | 3 376 |
| 漫画产业合计 | | 321 | 2 351 | 1 232 | 343 | 123 | 5 913 | 10 283 |
| 漫画产业比重(%) | | 3. 1 | 22. 9 | 12. 0 | 3. 3 | 1. 2 | 57. 5 | 100. 0 |

出处：文化体育观光部(2011)，《2011 漫画产业白皮书》。

从 2010 年漫画产业从业者的学历来看，大学学历的从业者为5 566名(54. 1%)，所占比重最大；其次是高中以下学历的从业者为2 748名(26. 7%)。详细来看，漫画出版业和网络漫画制作、流通与漫画批发零售业中大学学历的从业者人数最多，但漫画租借业中高中以下学历的从业者人数为2 078名，所占比重最大。

表 4-6-14 **漫画产业各学历的各业务种类从业者现状** (单位：名)

| 中分类 | 小分类 | 从业人数 | | | | 合计 |
|---|---|---|---|---|---|---|
| | | 高中以下 | 专科毕业 | 大学毕业 | 研究生以上 | |
| 漫画出版业 | 漫画出版公司(漫画杂志、日日漫画、连环画等) | 55 | 93 | 456 | 10 | 614 |
| | 一般出版公司(漫画部分) | 105 | 247 | 1 102 | 99 | 1 553 |
| | 小计 | 160 | 340 | 1 558 | 109 | 2 167 |
| | 中分类比重(%) | 7. 4 | 15. 7 | 71. 9 | 5. 0 | 100. 0 |
| 网络漫画制作、流通业 | 网络漫画资讯服务 | 10 | 26 | 226 | 31 | 293 |
| | 移动漫画资讯服务 | — | 2 | 12 | 2 | 16 |
| | 网络及移动漫画资讯的制作及提供 | 7 | 20 | 115 | 19 | 161 |
| | 小计 | 17 | 48 | 353 | 52 | 470 |
| | 中分类比重(%) | 3. 6 | 10. 2 | 75. 1 | 11. 1 | 100. 0 |
| 漫画书租借业 | 漫画租借 | 501 | 119 | 283 | — | 903 |
| | 书籍租借(漫画部分) | 1 577 | 822 | 963 | 5 | 3 367 |
| | 小计 | 2 078 | 941 | 1 246 | 5 | 4 270 |
| | 中分类比重(%) | 48. 7 | 22. 0 | 29. 2 | 0. 1 | 100. 0 |
| 漫画批发零售业 | 漫画书籍及杂志类批发 | 22 | 31 | 715 | 5 | 773 |
| | 漫画书籍及杂志类零售 | 471 | 422 | 1 694 | 16 | 2 603 |
| | 网络书店(漫画部分) | — | — | — | — | — |
| | 小计 | 493 | 453 | 2 409 | 21 | 3 376 |
| | 中分类比重(%) | 14. 6 | 13. 4 | 71. 4 | 0. 6 | 100. 0 |
| 漫画产业合计 | | 2 748 | 1 782 | 5 566 | 187 | 10 283 |
| 漫画产业比重(%) | | 26. 7 | 17. 3 | 54. 1 | 1. 8 | 100. 0 |

出处：文化体育观光部(2011)，《2011 漫画产业白皮书》。

从年龄结构来看，40 岁以上的从业者同比减少 1.6%，为3 919名(38.1%)，所占比重最大；其次为 29 岁以下从业者，同比增加 1.7%，为2 764名(26.9%)。从业种来看，漫画出版业和网络漫画制作、流通业 29 岁以下从业者所占比重较大，漫画书租借业和漫画批发零售业 40 岁以上从业者所占比重较大。

表 4-6-15　　**漫画产业各年龄段各业种从业者现状**　　(单位：名)

| 中分类 | 小分类 | 从业人数 | | | | 合计 |
|---|---|---|---|---|---|---|
| | | 29 岁以下 | 30~34 岁 | 35~39 岁 | 40 岁以上 | |
| 漫画出版业 | 漫画出版公司(漫画杂志、日日漫画、连环画等) | 166 | 172 | 157 | 119 | 614 |
| | 一般出版公司(漫画部分) | 471 | 376 | 346 | 360 | 1 553 |
| | 小计 | 637 | 548 | 503 | 479 | 2 167 |
| | 中分类比重(%) | 29.4 | 25.3 | 23.2 | 22.1 | 100.0 |
| 网络漫画制作、流通业 | 网络漫画资讯服务 | 113 | 85 | 73 | 22 | 293 |
| | 移动漫画资讯服务 | 6 | 5 | 3 | 2 | 16 |
| | 网络及移动漫画资讯的制作及提供 | 61 | 49 | 35 | 16 | 161 |
| | 小计 | 180 | 139 | 111 | 40 | 470 |
| | 中分类比重(%) | 38.3 | 29.6 | 23.6 | 8.5 | 100.0 |
| 漫画书租借业 | 漫画租借 | 156 | 85 | 199 | 463 | 903 |
| | 书籍租借(漫画部分) | 889 | 361 | 536 | 1 581 | 3 367 |
| | 小计 | 1 045 | 446 | 735 | 2 044 | 4 270 |
| | 中分类比重(%) | 24.5 | 10.4 | 17.2 | 47.9 | 100.0 |
| 漫画批发零售业 | 漫画书籍及杂志类批发 | 31 | 192 | 38 | 512 | 773 |
| | 漫画书籍及杂志类零售 | 871 | 572 | 316 | 844 | 2 603 |
| | 网络书店(漫画部分) | — | — | — | — | — |
| | 小计 | 902 | 764 | 354 | 1 356 | 3 376 |
| | 中分类比重(%) | 26.7 | 22.6 | 10.5 | 40.2 | 100.0 |
| 漫画产业合计 | | 2 764 | 1 897 | 1 703 | 3 919 | 10 283 |
| 漫画产业比重(%) | | 26.9 | 18.4 | 16.6 | 38.1 | 100.0 |

出处：文化体育观光部(2011)，《2011 漫画产业白皮书》。

## (二)主要政策

文化体育观光部把 2008 年树立的“100 年感动之主打资讯培育战略”的一个环节，发表为《漫画产业振兴中长期计划(2009—2013 年)》，以扩充基础以促进漫画原作的产业化、革新漫画产业结构以适应新媒体时代、促进读者多元化及开拓国际化市场 3 大核心战略为基础，展开了各种扶持政策。

### 1. 加强漫画创作力量

为活跃韩国漫画的创作，目前正在开展长篇漫画创作扶持、漫画连载扶持、漫画连接扶持等工作。

2011 年选定扶持了 9 篇长篇漫画、10 篇媒体连载漫画、3 篇与漫画资讯相接的项目进行扶持。自 2002 年至 2011 年共扶持了 268 篇漫画。

另外，为发掘新人作家，通过与国内门户网站运营商共同合作，推进了管理工作，2011 年扶持了 9 篇作品，2008 年开始至今共发掘了 28 名新人作家。

#### 2. 扩大优秀国产漫画移动公开市场的服务

为提高创作作家的收益，开发了在公开市场内使用的漫画应用程序，选择了 66 篇 202 卷韩国的代表性作品，以全世界消费者为对象直接提供服务。在大部分网络门户网站免费提供漫画服务的情况下，为了活跃漫画市场、改善消费者的认识，正在推进收费服务。另外，为发掘适合新智能平台的漫画资讯、活跃漫画制作，正在进行国际化智能漫画制作的扶持工作，发掘了 3 篇成功模式，选定了 10 篇提供制作扶持，通过国内外公开市场的漫画应用程序，提供收费连载服务。

#### 3. 扶持漫画原作、原画的宣传

为将漫画原作所蕴含的故事和作为美术作品的漫画原画向国内外进行宣传，以创造新的商务模式，进行了漫画原作、原画的宣传工作。以“漫画，满和画”为题，在首尔和 LA 分别举办了巡回漫画原作推介会和漫画原画展示会。漫画原作推介会是为了与游戏、动漫、电影、电视剧等相关业界构建联系网络而进行的，漫画原画展示会主要是展示漫画作家创作的美术作品展示会。此次活动再一次确定了漫画故事作为资讯事业核心所具有的价值，通过在不同种类资讯间积极地建立关系网络与交流，成为提高漫画原作产业化可能性的一个重要契机。另外，漫画原画展示会通过与国内最大的美术拍卖业体的合作，为漫画原画进军美术市场及确认其作为美术作品的价值提供了机会。

### (三)展望

漫画作为电视剧、电影等各种资讯的原作日益受到热捧，由于公开市场的活跃，移动漫画也迅速发展，因此漫画市场将充满活力。出版漫画产业也将借力于学习漫画、与电视剧相连的原作漫画等的人气，呈现持续增长态势。国内儿童学习漫画不仅成为国内出版市场的动力，在海外市场也大受欢迎，这也将会为漫画作家进军海外带来积极的影响。

预计被制作成电视剧、电影等多种资讯的网页动漫的人气将会逐渐提升。门户网站上连载的网页动漫从年轻一代那里获得了超高人气，并被制作成图书、电影、电视剧、TV 动漫等各种资讯，甚至被制作成商品化的动漫形象，所涉及的领域广阔。最近正在进行多种尝试，与多媒体要素相结合制作出被称为“声音网页动漫”的新资讯，不仅给网页动漫，也将给漫画界带来新鲜的刺激。

随着智能手机、智能平板电脑等以智能为基础的平台日益活跃，预计移动漫画市场的规模也将随之扩大。同时，由于能够很容易地接触到网页动漫等资讯，预计一些表现方面的限制也将会成为焦点。2012 年 2 月，播放通信委员会向 23 个网页动漫发送了“依据青少年保护法裁定为有害媒体作品的事前通知书”，由此而引起的审议争论直到 2012 年 4 月播放通信委员会和韩国漫画家协会签订了“网页动漫自律管制合作”业务协约才告一段落。过去的 10 年间，网络漫画特别是网页动漫，是所有人都可以

观看的形式，没有明示限制或等级分类、成人认证等设置，但通过此次 MOU，漫画界将会直接构建自律审议模式，并制定出切实可行的具体方案。

# 七、出版（书籍）

## （一）现状

### 1. 出版产业销售规模

《2011 资讯产业统计》显示，包括书籍、报纸、杂志、印刷及流通等在内的 2010 年出版产业整体销售规模为 21 兆2 438亿韩元，与 2009 年的 20 兆 609 亿韩元相比，增加了 3.1%，过去 3 年间（2008—2010 年）年均增长了 0.5%。详细来看，出版业为 8 兆4 133亿韩元，占整体的 39.6%；出版批发零售业为 7 兆7 326亿韩元（34.5%）、印刷产业为 4 兆1 323亿韩元（19.5%）、网络出版流通业为 1 兆3 093亿韩元（6.2%）、出版租借业为 563 亿韩元（0.3%）。出版业和出版批发零售业的销售呈现持续减少的态势，而电子出版和网络出版流通却呈现出较高的增长态势。

表 4-7-1　　出版产业销售额现状　　（单位：百万韩元，%）

| 分类 | | 2008 | 2009 | 2010 | 比重 | 增减率 |
|---|---|---|---|---|---|---|
| 出版业 | 书籍出版业 | 3 575 955 | 3 782 047 | 3 894 584 | 18.3 | 2.9 |
| | 报纸发行业 | 3 075 201 | 2 589 128 | 2 789 823 | 13.1 | 7.8 |
| | 定期刊物发行业 | 1 080 190 | 1 006 885 | 1 103 525 | 5.2 | 9.6 |
| | 定期广告刊物发行业 | 417 555 | 420 268 | 432 823 | 2.0 | 3.0 |
| | 其他印刷品出版业 | 234 080 | 232 346 | 192 551 | 0.9 | △17.1 |
| | 出版业合计 | 8 382 981 | 8 030 674 | 8 413 306 | 39.6 | 4.8 |
| 出版批发零售业 | 印刷业 | 4 107 153 | 4 073 941 | 4 132 273 | 19.5 | 1.4 |
| | 书籍及杂志批发业 | 3 225 862 | 3 156 547 | 2 963 227 | 13.9 | △6.1 |
| | 书籍及杂志类零售业 | 4 333 975 | 4 149 611 | 4 369 331 | 20.6 | 5.3 |
| | 出版批发零售业合计 | 7 559 837 | 7 306 158 | 7 732 558 | 34.5 | 0.4 |
| 网络出版流通业 | 网络/移动电子出版制作业 | 71 175 | 97 829 | 113 267 | 0.5 | 15.8 |
| | 网络/移动电子出版服务业* | 47 702 | 68 212 | 79 251 | 0.4 | 16.2 |
| | 网络书店（不含漫画） | 710 718 | 983 440 | 1 116 816 | 5.3 | 13.6 |
| | 网络出版流通业合计 | 954 654 | 1 149 481 | 1 309 334 | 6.2 | 13.9 |
| 出版租借业 | 书籍租借（不含漫画） | 48 311 | 48 869 | 56 327 | 0.3 | 15.3 |
| 合计 | | 21 052 936 | 20 609 123 | 21 243 798 | 100.0 | 3.1 |

* 电子出版产业规模中，只计算了电子书服务销售额。

出处：文化体育观光部（2012），《2011 资讯产业统计》。

其中，书籍出版销售规模为 3 兆8 945亿韩元，占整体出版产业销售额的 18.3%，同比增长了 2.9%。详细来看，教科书及学习用书出版业的销售额虽然增长了 5.8%，但普通单行本书籍出版业同比减少了 1.6%。学习教材市场的良好势头，若是考虑到统计上的基数效应(Base Effect)，则书籍出版业在市场呈现两极化的同时，可以看出整体图书市场处于停滞状态，需要新的市场增长动力。

2. 出版公司现状

(1)备案现状。

2011 年，依据《出版文化产业振兴法》进行备案的国内出版公司为38 170个，与 2010 年相比增加了 7.1%。1987 年 10 月，政府颁布了活跃出版的措施，依据此项措施，登记因此变得自由化，当时仅有3 000个左右的出版公司，1988 年一下子激增至4 397个(增加了 46.4%)，并且每年都呈现出增长态势。依据 2003 年 2 月 27 日开始实施的《出版及印刷振兴法》，出版公司及印刷公司的设立由登记制转变为备案制，出版公司的数量仍一直呈现持续增长态势。但是，全国出版公司的 79.5%，即30 329个公司集中在首都圈(首尔、仁川、京畿)，显示出我国出版产业过于偏重首都圈的现象严重。

表 4-7-2　　**各年度出版公司增加数量的变迁(2000—2010)**　　(单位：个公司,%)

| 年度 | 2001 | 2002 | 2003 | 2004 | 2005 | 2006 | 2007 | 2008 | 2009 | 2010 | 2011 |
|---|---|---|---|---|---|---|---|---|---|---|---|
| 出版公司数 | 17 239 | 19 135 | 20 782 | 22 498 | 24 580 | 27 103 | 29 977 | 31 739 | 35 191 | 35 626 | 38 170 |
| 同比增减率 | 7.3 | 10.9 | 8.6 | 8.2 | 9.3 | 10.3 | 10.6 | 5.9 | 10.9 | 1.2 | 7.1 |

出处：文化体育观光部。

表 4-7-3　　**2011 年各地区出版公司现状**　　(单位：个公司,%)

| 地区＼分类 | 出版公司数 | 比重(%) | 地区＼分类 | 出版公司数 | 比重(%) |
|---|---|---|---|---|---|
| 首尔 | 24 687 | 64.6 | 忠北 | 427 | 1.1 |
| 釜山 | 1 157 | 3.0 | 忠南 | 441 | 1.2 |
| 大邱 | 1 066 | 2.8 | 全北 | 557 | 1.5 |
| 仁川 | 724 | 1.9 | 全南 | 399 | 1.0 |
| 光州 | 836 | 2.2 | 庆北 | 483 | 1.3 |
| 大田 | 930 | 2.4 | 庆南 | 631 | 1.7 |
| 蔚山 | 172 | 0.4 | 济州 | 222 | 0.6 |
| 京畿 | 4 918 | 12.9 | 合计 | 38 170 | 100.0 |
| 江原 | 520 | 1.4 | | | |

出处：文化体育观光部。

(2)出版业绩。

2011 年一年间，经大韩出版文化协会向国立中央图书馆提交新刊样书的公司，按实际业绩的类别来看其数量，出版了 5 种以下图书的出版公司为1 315个，占出版公司总数的 50.3%；其次是出版了 6~10 种的公司为 446 个(17.1%)，11~20 种的公司为 365 个(13.9%)。提交样书的2 615个出版公司，有 81. 3%每年发行 20 种以下的图书，由此分析，有发行业绩的出版公司年均发行种类数在 20 种左右。可以看出，2011 年，38 170种图书的出版发行是由 6. 9%的出版公司来完成的。

另外，虽然备案成立了出版公司，但在 2011 年一本书都没有出版的出版公司数量达出版公司总数的 93. 1%，为35 555个公司，与 2011 年相比小幅下降，但仍维持差不多的水平，仍然是个问题。像这种没有业绩的出版公司增加的现象，自 1987 年以来每年不断地累积，1988 年达到整体出版公司的 50. 7%，开始超过一半，之后也大体保持持续增加的态势。

表 4-7-4 **2011 年按发行业绩来看出版公司数量分布** （单位：个,%）

| 发行种数 | 5 种以下 | 6～10 | 11～20 | 21～30 | 31～40 | 41～50 | 51～100 | 101～150 | 151～200 | 201～500 | 501 以上 |
|---|---|---|---|---|---|---|---|---|---|---|---|
| 出版公司数 | 1 315 | 446 | 365 | 167 | 86 | 44 | 100 | 43 | 13 | 24 | 12 |
| 比重 | 50. 3 | 17. 1 | 13. 9 | 6. 4 | 3. 3 | 1. 7 | 3. 8 | 1. 6 | 0. 5 | 0. 9 | 0. 5 |

出处：大韩出版文化协会。

表 4-7-5 **各年度无业绩出版公司比例(2001—2011)** （单位:%）

| 年度 | 2001 | 2002 | 2003 | 2004 | 2005 | 2006 | 2007 | 2008 | 2009 | 2010 | 2011 |
|---|---|---|---|---|---|---|---|---|---|---|---|
| 比例 | 91. 0 | 92. 2 | 92. 7 | 92. 4 | 90. 8 | 92. 0 | 90. 8 | 91. 3 | 91. 8 | 93. 5 | 93. 1 |

出处：大韩出版文化协会。

### 3. 图书发行现状(以国立中央图书馆新刊样书为标准)

2011 年的新刊图书发行量总数为44 036种、1 亿 955 万 227 册，每种图书平均约有2 488册、平均定价为13 010韩元。新刊发行种类数同比(2010 年)增加 9. 3%，新刊册数增加 3. 0%。

表 4-7-6 **各年度图书发行种类数、发行册数现状**

| | 发行种类数 | | 发行册数 | |
|---|---|---|---|---|
| | 总发行种类(种) | 增减率(%) | 总发行册数(种) | 增减率(%) |
| 2001 | 34 279 | -1. 9 | 117 172 347 | 3. 7 |
| 2002 | 36 185 | 5. 5 | 117 499 547 | -0. 2 |
| 2003 | 35 371 | -2. 2 | 111 450 224 | -5. 1 |
| 2004 | 35 394 | 0. 1 | 108 958 550 | -2. 3 |
| 2005 | 43 598 | 23. 2 | 119 726 681 | 9. 8 |
| 2006 | 45 521 | 4. 4 | 113 139 627 | -5. 5 |
| 2007 | 41 094 | -9. 7 | 132 503 119 | 17. 1 |
| 2008 | 43 099 | 4. 9 | 106 515 675 | -19. 6 |
| 2009 | 42 191 | -2. 1 | 106 214 701 | -0. 3 |
| 2010 | 40 291 | -4. 5 | 106 309 626 | 0. 1 |
| 2011 | 44 036 | 9. 3 | 109 550 227 | 3. 0 |

出处：大韩出版文化协会(2012)。

(1)各领域发行种类数。

2011 年，在44 036种新刊图书中，漫画(34.7%)和儿童(28.9%)领域同比大幅增加了。新刊图书持续两年减少后出现了小幅增长，分析认为这是由于儿童领域图书的发行种类达到近年来的最大数量，以及出现减少态势的漫画领域也大幅增加。此外，依次是纯科学 19.6%、技术科学 13.2%、哲学 9.2%、综合 1.7%、宗教 1.4%等出现了增长；相反，语言学减少了 14.8%，减幅最大，其次是学习参考书(14.1%)、历史(4.1%)、艺术(2.0%)、社会科学(1.6%)。

从各领域来看，文学(8 184种)连续两年减少，而儿童以9 546种占整体发行种类数量的 21.7%，发行量最大，自 2002 年以来首次超过了文学领域。此外，依次是社会科学(5 919种)、技术科学(3 628种)、学习参考书(2 159种)、宗教(1 925种)。相反，纯科学发行量仅为 547 种，综合为 715 种、历史为 989 种、哲学为1 152种，均是发行量较小的领域。

表 4-7-7　**各领域发行种类数、发行册数现状**

| 分类 | 新刊发行种类数 | | | | 新刊发行册数 | | | |
|---|---|---|---|---|---|---|---|---|
| | 2010 年 | 2011 年 | 增减率 | 比重 | 2010 年 | 2011 年 | 增减率 | 比重 |
| 综合 | 703 | 715 | 1.7 | 1.62% | 1 404 515 | 1 336 156 | -4.9 | 1.22% |
| 哲学 | 1 055 | 1 152 | 9.2 | 2.62% | 1 980 295 | 2 153 299 | 8.7 | 1.97% |
| 宗教 | 1 899 | 1 925 | 1.4 | 4.37% | 3 789 983 | 3 997 136 | 5.5 | 3.65% |
| 社会科学 | 6 017 | 5 919 | -1.6 | 13.44% | 10 765 405 | 9 363 704 | -13.0 | 8.55% |
| 纯科学 | 541 | 647 | 19.6 | 1.47% | 726 909 | 1 113 374 | 53.2 | 1.02% |
| 技术科学 | 3 206 | 3 628 | 13.2 | 8.24% | 4 396 833 | 4 976 884 | 13.2 | 4.54% |
| 艺术 | 1 382 | 1 354 | -2.0 | 3.07% | 2 115 632 | 2 150 832 | 1.7 | 1.96% |
| 语言学 | 1 625 | 1 385 | -14.8 | 3.15% | 4 337 766 | 2 720 431 | -37.3 | 2.48% |
| 文学 | 8 192 | 8 184 | -0.1 | 18.58% | 17 279 904 | 15 836 935 | -8.4 | 14.46% |
| 历史 | 1 031 | 989 | -4.1 | 2.25% | 1 828 818 | 1 816 338 | -0.7 | 1.66% |
| 学习参考书 | 2 512 | 2 159 | -14.1 | 4.90% | 22 007 016 | 17 216 632 | -21.8 | 15.72% |
| 儿童 | 7 352 | 9 546 | 29.8 | 21.68% | 26 199 626 | 37 705 148 | 43.9 | 34.42% |
| 小计 | 35 515 | 37 603 | 5.9 | — | 96 832 702 | 100 386 869 | 3.7 | — |
| 漫画 | 4 776 | 6 433 | 34.7 | 14.61% | 9 476 924 | 9 163 358 | -3.3 | 8.36% |
| 合计 | 40 291 | 44 036 | 9.3 | 100.00% | 106 309 626 | 109 550 227 | 3.0 | 100.00% |

出处：大韩出版文化协会(2012)。

(2)各领域发行册数。

2011 年，新刊初版发行册数共计109 550 227册，与 2010 年(106 309 626册)相比增加了 3.0%。同比发行册数增加最多的领域是纯科学领域，增加了 53.9%。此外，儿童 43.9%、技术科学 13.2%、哲学 8.7%、宗教 8.7%同比发行册数都有所增加。语言学减少了 37.3%，减幅最大；其次分别是学习参考书 21.8%、社会科学 13.0%、文学 8.4%、综合 4.9%，呈现减少的态势。

初版发行册数最多的是儿童领域，达3 770万部，占整体的 34.42%，与去年相比增加了 43.9%。此外，各出版领域册数占有率依次为：学习参考书(15.72%)、文学(14.46%)、社会科学(8.55%)、技术科学(4.54%)。

(3)平均发行册数、平均定价及平均发行页数。

2011 年，每种图书平均发行册数为2 488册，同比(2 639册)减少了 151 册。每种平均发行册数最多的领域是学习参考书领域，为7 974部，最少的领域是技术科学领域，为1 372册。

图书的平均定价为13 010韩元，同比(12 820韩元)增加了 190 元，近 10 年来呈现小幅增加的态势。最贵的领域是技术科学(21 647韩元)，其次分别是纯科学(20 916韩元)、艺术(19 928韩元)、社会科学(19 855韩元)；最便宜的领域是漫画(4 541韩元)、儿童(9 813韩元)、学习参考书(10 314韩元)、文学(10 887韩元)。

每本书的平均页数在 2009 年之前一直呈现增加态势，自 2010 年起呈现减少态势，2011 年减少至 260 页，与上一年的 272 页相比减少了 12 页。页数最多的领域是社会科学领域，平均为 404 页，其次分别是历史(401 页)、总类(381 页)、技术科学(378 页)、纯科学(369 页)。相反，包括画册在内的儿童书平均仅有 98 页，是页数最少的领域。

表 4-7-8　　图书的平均发行册数、平均定价及平均页数

| 分类 | 平均册数 | | | 平均定价 | | | 平均页数 | | |
|---|---|---|---|---|---|---|---|---|---|
| | 2010 年 | 2011 年 | 增减率 | 2010 年 | 2011 年 | 增减率 | 2010 年 | 2011 年 | 增减率 |
| 综合 | 1 998 | 1 869 | -6. 5 | 18 456 | 18 932 | 2. 6 | 379 | 381 | 0. 6 |
| 哲学 | 1 877 | 1 869 | -0. 4 | 16 061 | 16 883 | 5. 1 | 340 | 348 | 2. 2 |
| 宗教 | 1 996 | 2 076 | 4. 0 | 13 497 | 13 778 | 2. 1 | 334 | 336 | 0. 6 |
| 社会科学 | 1 789 | 1 582 | -11. 6 | 19 108 | 19 855 | 3. 9 | 398 | 404 | 1. 3 |
| 纯科学 | 1 344 | 1 721 | 28. 1 | 19 963 | 20 916 | 4. 8 | 368 | 369 | 0. 3 |
| 技术科学 | 1 371 | 1 372 | 0. 0 | 21 459 | 21 647 | 0. 9 | 380 | 378 | -0. 3 |
| 艺术 | 1 531 | 1 589 | 3. 8 | 18 600 | 19 928 | 7. 1 | 251 | 278 | 10. 9 |
| 语言学 | 2 669 | 1 964 | -26. 4 | 14 263 | 16 710 | 17. 2 | 293 | 322 | 10. 1 |
| 文学 | 2 109 | 1 935 | -8. 3 | 10 352 | 10 887 | 5. 2 | 310 | 309 | -0. 4 |
| 历史 | 1 774 | 1 837 | 3. 5 | 18 733 | 19 666 | 5. 0 | 365 | 401 | 10. 0 |
| 学习参考书 | 8 761 | 7 974 | -9. 0 | 9 365 | 10 314 | 10. 1 | 208 | 208 | 0. 3 |
| 儿童 | 3 564 | 3 950 | 10. 8 | 9 427 | 9 813 | 4. 1 | 112 | 98 | -12. 0 |
| 小计 | 2 727 | 2 670 | -2. 1 | 13 965 | 14 459 | 3. 5 | 286 | 278 | -2. 7 |
| 漫画 | 1 984 | 1 424 | -28. 2 | 4 309 | 4 541 | 5. 4 | 168 | 153 | -8. 8 |
| 总计 | 2 639 | 2 488 | -5. 7 | 12 820 | 13 010 | 1. 5 | 272 | 260 | -4. 5 |

出处：大韩出版文化协会(2012)。

(4)外国图书翻译出版现状。

2011 年整体图书发行种类数中，翻译书籍所占比重为 26. 5%(11 548种)。翻译书籍比重在最近 10 年间，2008 年比重最大(31. 1%)，之后小幅减少，2011 年的比重也同比减少了 3. 4%。其中，文学发行了2 324种，占有率 21. 6%，所占比重最高；其次分别是漫画(2 248种)、儿童(2 137种)、社会科学(1 274种)。

表 4-7-9　　**翻译图书各领域的发行种类数**　　（单位：种,%）

| 领域＼分类 | 翻译种类数 | | | | | | | 占有率 | | | | | | |
|---|---|---|---|---|---|---|---|---|---|---|---|---|---|---|
| | 2005 | 2006 | 2007 | 2008 | 2009 | 2010 | 2011 | 2005 | 2006 | 2007 | 2008 | 2009 | 2010 | 2011 |
| 总类 | 33 | 32 | 78 | 126 | 122 | 118 | 117 | 0. 4 | 0. 3 | 0. 6 | 0. 9 | 1. 0 | 1. 1 | 1. 0 |
| 哲学 | 301 | 334 | 572 | 569 | 512 | 547 | 654 | 3. 4 | 3. 2 | 4. 6 | 4. 2 | 4. 3 | 5. 1 | 5. 6 |
| 宗教 | 319 | 459 | 796 | 889 | 859 | 683 | 724 | 3. 6 | 4. 4 | 6. 5 | 6. 6 | 7. 4 | 6. 3 | 6. 2 |
| 社会科学 | 883 | 1 257 | 1 433 | 1 646 | 1 528 | 1 274 | 1 246 | 9. 9 | 12. 0 | 11. 6 | 12. 2 | 13. 0 | 11. 8 | 10. 7 |
| 纯科学 | 153 | 195 | 221 | 236 | 202 | 216 | 272 | 1. 7 | 1. 9 | 1. 8 | 1. 7 | 1. 7 | 2. 0 | 2. 3 |
| 技术科学 | 289 | 352 | 487 | 549 | 550 | 578 | 740 | 3. 2 | 3. 4 | 4. 0 | 4. 0 | 4. 8 | 5. 4 | 6. 4 |
| 艺术 | 196 | 303 | 444 | 383 | 345 | 340 | 321 | 2. 2 | 2. 9 | 3. 6 | 2. 8 | 2. 9 | 3. 2 | 2. 8 |
| 语言学 | 103 | 109 | 192 | 102 | 125 | 103 | 82 | 1. 2 | 1. 0 | 1. 6 | 0. 7 | 1. 0 | 1. 0 | 0. 7 |
| 文学 | 1 833 | 2 057 | 2 349 | 2 478 | 2 425 | 2 324 | 2 415 | 20. 5 | 19. 6 | 19. 1 | 18. 5 | 20. 8 | 21. 6 | 20. 7 |
| 历史 | 244 | 327 | 290 | 347 | 283 | 202 | 237 | 2. 7 | 3. 1 | 2. 3 | 2. 6 | 2. 5 | 1. 9 | 2 |
| 学习参考书 | 17 | 36 | 3 | 8 | 2 | 1 | 0 | 0. 2 | 0. 3 | 0. 0 | 0. 0 | 0. 0 | 0. 0 | 0 |
| 儿童 | 1 923 | 2 290 | 2 811 | 3 586 | 2 330 | 2 137 | 2 545 | 21. 5 | 21. 8 | 22. 8 | 26. 7 | 20. 0 | 19. 8 | 21. 9 |
| 漫画 | 2 644 | 2 731 | 2 646 | 2 472 | 2 398 | 2 248 | 2 295 | 29. 6 | 26. 1 | 21. 5 | 18. 5 | 20. 6 | 20. 9 | 19. 7 |
| 合计 | 8 938 | 10 482 | 12 322 | 13 391 | 11 681 | 10 771 | 11 648 | 100. 0 | 100. 0 | 100. 0 | 100. 0 | 100. 0 | 100. 0 | 100. 0 |

出处：大韩出版文化协会(2012)。

经进口海外图书版权而在国内出版的翻译图书，其比重呈现持续增加态势。在整体图书发行种类数中，翻译图书比重在 1990 年代中期还处于 15%左右，随着翻译出版占有率的增高，2000 年代以后大幅增至 30%以上。即新刊图书每 3 本中就有 1 本是翻译图书，翻译出版的比重非常高。过去 10 年间，翻译图书发行种类数由5 000种左右增至 1 万种，增加了 2 倍，其比重也自然就翻番了。

2011 年，受到过度预付款的负担、书籍销售册数减少等因素的影响，翻译图书比重也同比小幅减少。但最近 5 年间，综合排名畅销书目的一半是翻译图书。除去学习参考书等部分领域外，出版资讯的自给自足率非常不足。按语言类别来看，翻译图书的发行量依次为日本(4 552种)、美国(3 396种)、英国(1 098种)、德国(560 种)、法国(523 种)、中国(434 种)。翻译图书中日本和美国占 67%，比重很大，呈现出偏重于日本和美国的现象。

表 4-7-10　　**翻译图书比重的变迁**　　（单位：种,%）

| 年度 | 2000 | 2001 | 2002 | 2003 | 2004 | 2005 | 2006 | 2007 | 2008 | 2009 | 2010 | 2011 |
|---|---|---|---|---|---|---|---|---|---|---|---|---|
| 总发行种类数 | 34 961 | 34 279 | 36 186 | 35 371 | 35 394 | 43 598 | 45 521 | 41 094 | 43 099 | 42 191 | 40 291 | 44 036 |
| 翻译图书 | 8 839 | 9 680 | 10 444 | 10 294 | 10 088 | 8 938 | 10 482 | 12 322 | 13 391 | 11 681 | 10 771 | 11 648 |
| 比重 | 25. 3 | 28. 2 | 28. 9 | 29. 1 | 28. 5 | 20. 5 | 23. 0 | 30. 0 | 31. 0 | 27. 6 | 26. 7 | 26. 5 |

出处：大韩出版文化协会(2012)。

表 4-7-11 **2011 年各领域、各主要国家的翻译出版现状** （单位：种,%）

| 领域 | 综合 | 哲学 | 宗教 | 社会科学 | 纯科学 | 技术科学 | 艺术 | 语言学 | 文化 | 历史 | 学习参考书 | 儿童 | 漫画 | 计 |
|---|---|---|---|---|---|---|---|---|---|---|---|---|---|---|
| 总发行种类数 | 715 | 1 152 | 1 925 | 5 919 | 647 | 3 628 | 1 354 | 6 433 | 1 385 | 8 184 | 989 | 2 159 | 9 546 | 44 036 |
| 翻译种类数 | 117 | 654 | 724 | 1 246 | 272 | 740 | 321 | 2 295 | 82 | 2 415 | 237 | 0 | 2 545 | 11 648 |
| 翻译图书比重 | 16% | 57% | 38% | 21% | 42% | 20% | 24% | 36% | 6% | 30% | 24% | 0% | 27% | 26% |
| 日本图书 | 31 | 88 | 20 | 248 | 49 | 267 | 91 | 18 | 863 | 39 | 0 | 560 | 2 278 | 4 552 |
| 美国图书 | 72 | 289 | 447 | 644 | 145 | 345 | 110 | 25 | 533 | 60 | 0 | 721 | 5 | 3 396 |

* 除美国、日本外，翻译出版了 100 种以上图书的国家的发行种类数及主要领域为：英国1 098(儿童 404、文学 242)、德国 560(儿童 211、文学 107)、法国 523(儿童 204、文学 190)、中国(文学 175、社会科学 64)、东欧 185(儿童 64、文学 39)、意大利 130(儿童 78、文学 15)、北美/中美 119(儿童 47、文学 31)。

出处：大韩出版文化协会(2012)。

### 4. 出版版权出口现状

在文化体育观光部扶持下，韩国出版研究所在大韩出版文化协会网页上构建了“出版版权出口DB”，其针对版权出口所进行的统计显示，最近 3 年间(2009—2011 年)版权出口总数为5 202件，主要以儿童书籍为主，其中，漫画、文学、语言等相关书籍的比重很高。最近 3 年间出口主要集中在亚洲圈，其中向泰国、马来西亚、印度尼西亚、俄罗斯、东欧等地的出口比重与之前相比有所增加。

依据“出版版权出口 DB”统计，国内出版版权的出口业绩按各地区来看，亚洲地区占整体出口的80.7%，其次依次为欧洲(11.1%)、北美(美国、加拿大，2.8%)、中南美(1.8%)、中东及非洲(1.9%)、其他(0.7%)。值得关注的是随着韩流的扩散，2009 年以后，版权开始出口中东、非洲。国内出版的版权出口是以亚洲圈及儿童书籍为中心的，中国、泰国和中国台湾地区占 80%左右。各领域出版版权的出口比率为儿童书籍占 48%，之后依次为漫画(13%)、文学(10%)、语言(10%)、社会科学(4%)、学习参考书(4%)等。学习漫画等与教育相关的资讯和儿童书比重较高，语言学(英语)、实用及自我完善类等书籍主要出口至受韩流影响大的亚洲圈国家。

以 2011 年为标准，大约出口了 2000 件出版版权。与约为 1 万种的出版版权进口(发行翻译图书)相比，在出口一直呈现增加态势的同时，出版版权贸易走低的现象正在慢慢改善。最近，申庆淑作家的《妈妈，拜托啦》的版权出口至 33 个国家，《因为痛，才是青春》的版权出口至 9 个国家，出版界的韩流也十分活跃。

### 5. 印刷公司现状

依据《印刷文化产业振兴法》备案的印刷企业在 2011 年年末为10 870个，同比增加 0.2%。从地区来看，首尔地区为2 343个，占整体的 21.6%；其次是京畿地区，为1 756个；然后是大邱 703 个、大田 652 个、釜山 594 个，规模相当。自 2006 年开始，印刷公司的数量激增，但最近几年变化不大。

表 4-7-12　　**各年度印刷公司数量的变迁(2000—2010)**　　(单位：个,%)

| 年度 | 2001 | 2002 | 2003 | 2004 | 2005 | 2006 | 2007 | 2008 | 2009 | 2010 | 2011 |
|---|---|---|---|---|---|---|---|---|---|---|---|
| 印刷公司数 | 5 795 | 6 051 | 6 269 | 6 738 | 7 066 | 8 030 | 8 980 | 10 102 | 10 933 | 10 852 | 10 870 |
| 增减率 | 3. 3 | 4. 4 | 3. 6 | 7. 5 | 4. 9 | 13. 6 | 11. 8 | 12. 5 | 8. 2 | -0. 7 | 0. 2 |

* 依据《印刷文化产业振兴法》的规定，向市、郡、区备案的印刷公司数。

出处：大韩出版文化协会(2012)。

表 4-7-13　　**2011 年各地区印刷公司现状**　　(单位：个,%)

| 地区名称 | 印刷公司数 | 比重 | 地区名称 | 印刷公司数 | 比重 |
|---|---|---|---|---|---|
| 首尔 | 2 343 | 21. 6 | 忠北 | 387 | 3. 6 |
| 釜山 | 594 | 5. 5 | 忠南 | 440 | 4. 0 |
| 大邱 | 703 | 6. 5 | 全南 | 517 | 4. 7 |
| 仁川 | 321 | 2. 9 | 全北 | 559 | 5. 1 |
| 光州 | 583 | 5. 4 | 庆北 | 592 | 5. 4 |
| 大田 | 652 | 6. 0 | 庆南 | 563 | 5. 2 |
| 蔚山 | 220 | 2. 0 | 济州 | 230 | 2. 1 |
| 京畿 | 1 756 | 16. 2 | 合计 | 10 870 | 100. 0 |
| 江原 | 410 | 3. 8 | | | |

* 依据《印刷文化产业振兴法》的规定，向市、郡、区备案的印刷公司数。

出处：大韩出版文化协会(2012)。

### 6. 书店现状

韩国书店联合会 2012 年的调查结果显示，2011 年全国书店的数量为2 577个，除去兼营文具店的数量后，纯粹书店的数量为1 752个。中小型书店自 2000 年以后持续减少。与中小型书店减少相反，网络书店和公开市场的市场占有率增加了，大型书店的分店也有所增加，显示出图书的流通环境在剧变。全国主要城市的书店数量每年都在减少，2008 年以后减少至2 000个以下，2011 年由于网络书店主导的降价竞争日益严重，导致很多地区中小型书店经营不振，大量倒闭。

表 4-7-14　　**各年度书店数量的变迁**　　(单位：个,%)

| 年度 | 书店数量 | 增减率 | 年度 | 书店数量 | 增减率 |
|---|---|---|---|---|---|
| 1997 | 5 407 | 0. 5 | 2004 | 2 205 | -1. 9 |
| 1998 | 4 897 | -9. 4 | 2005 | 2 103 | -4. 6 |
| 1999 | 4 595 | -6. 1 | 2006 | 2 065 | -1. 8 |
| 2000 | 3 459 | -24. 7 | 2007 | 2 042 | -1. 1 |
| 2001 | 2 646 | -23. 5 | 2008 | 1 916 | -6. 2 |
| 2002 | 2 328 | -12. 0 | 2009 | 1 825 | -4. 7 |
| 2003 | 2 247 | -3. 5 | 2010 | 1 752 | -4. 0 |

出处：韩国书店联合会(2012)。

从规模来看，中大型书店的数量在增加，小型书店则呈现减少的趋势。到 2011 年年末为止，100 坪以上的大型书店扩大连锁店，增加了 30 个，而 50 坪以下的小书店大幅减少至1 912个，占整体书店的 74. 2%。2011 年，除首都圈和广域市外，地方书店的比重仅为 28. 9%。作为文化空间的中小型书店的大幅减少，将使地方居民与图书的接触减少，使中小型出版公司丧失主要的销售途径，从而威胁到出版市场的长期稳定。

表 4-7-15　**2011 年各规模书店现状**　（单位：个,%）

| | 20 坪以下 | 20～50 坪 | 50～100 坪 | 100～500 坪 | 500 坪以上 | 合计 |
|---|---|---|---|---|---|---|
| 书店数 | 958 | 954 | 348 | 282 | 35 | 2 577 |
| 比率(%) | 37. 2 | 37. 0 | 13. 5 | 10. 9 | 1. 4 | 100. 0 |

出处：韩国书店联合会(2012)。

小规模书店的销售额在持续减少。资讯产业统计显示，“书籍及杂志类零售业”销售额规模在 10 亿韩元以下的运营商每年都在减少，特别是销售额在 1 亿韩元以下的小型书店，其销售额以年均 25. 2%的速度在减少。

表 4-7-16　**各销售额规模书店的销售额(2006—2010)**　（单位：百万韩元）

| 年度 | 1 亿韩元 | 1 亿～10 亿韩元 | 10 亿～100 亿韩元 | 100 亿韩元以上 | 合计 |
|---|---|---|---|---|---|
| 2006 | 88 399 | 1 067 878 | 1 841 023 | 1 259 789 | 4 257 087 |
| 2007 | 44 126 | 768 477 | 1 999 533 | 1 623 149 | 4 435 285 |
| 2008 | 32 276 | 730 937 | 1 994 929 | 1 575 833 | 4 333 975 |
| 2009 | 29 083 | 719 065 | 1 909 873 | 1 491 590 | 4 149 611 |
| 2010 | 27 651 | 721 572 | 1 936 911 | 1 683 197 | 4 369 331 |

出处：综合文化体育观光部、文化产业统计(2007—2009)及资讯产业统计(2010—2011)所得出的数据。

相反，网络书店持续增长，2009 年以来图书销售规模已接近 1 兆韩元。统计厅统计的书籍部分电子商务交易额 2011 年为 1 兆2 743亿韩元，相比2 010年的 1 兆1 691亿韩元增加了 9. 0%。网络书店的市场规模急剧增长，预计将占出版流通市场的 30%以上，网络图书交易的占有率在世界范围内也是最高的。但与目前的高增长率和出版市场占有率相反，由于公开市场对图书市场的蚕食及价格竞争的激化，使得网络书店的营业盈利率急剧减少，预计难以继续维持高增长。

表 4-7-17　**网络书店销售现状**　（单位：亿韩元）

| 分类 | 2001 年 | 2002 年 | 2003 年 | 2004 年 | 2005 年 | 2006 年 | 2007 年 | 2008 年 | 2009 年 | 2010 年 | 2011 年 |
|---|---|---|---|---|---|---|---|---|---|---|---|
| 销售规模 | 1 834 | 2 956 | 3 444 | 3 743 | 4 957 | 6 277 | 7 442 | 8 752 | 10 298 | 11 691 | 12 743 |

出处：统计厅国家统计门户网站(KOSIS)，电子商务及网络购物动向(2011)。

### 7. 数字出版现状

韩国数字出版协会将数字出版产业市场规模分为电子书、电子字典、移动读物、专业知识/学术论文/图书正文检索、有声书、资讯解决方案、其他数字出版物等，对此进行分析显示，国内数字出版产业市场规模为：2006 年3 393亿韩元、2007 年5 110亿韩元、2008 年5 551亿韩元、2009 年5 786亿韩元、2010 年6 908亿韩元、2011 年8 328亿韩元，年均增长 19. 67%。

自 2010 年始，随着智能手机、平板电脑等智能机的普及扩大，ePub 电子书和应用程序电子书急剧增长，进口海外杂志数字出版物市场也在扩大，显示正在发生新的机构性变化。

表 4-7-18　　**数字出版产业市场规模**　　（单位：亿韩元,%）

| 分类 | 2006 年 | 2007 年 | 2008 年 | 2009 年 | 2010 年 | 2011 年 | 年均增长率 |
|---|---|---|---|---|---|---|---|
| 市场规模 | 3 393 | 5 110 | 5 551 | 5 786 | 6 908 | 8 328 | 19. 67% |

出处：韩国数字出版协会(2012)。

数字出版物发行现状是，自 2004 年 7 月至 2011 年 12 月为止，为获得附加价值税免税，获得韩国数字出版协会认证的数字出版物总数达到了2 743 302件。

其中，纸质书单行本转换为电子书的约为 10 万余件，比重不足 5%；占据 95%比重的电子书主要为电子字典、电子版学术论文、杂志、数据库出版物、教育用交互型数字出版物、应用电子书等各种类型。之前的教育用多媒体出版物最近被重新编制为应用程序开发出来，随着终端机类型和数字出版体系、软件技术等的发展，资讯类型也在不断地以各种形式发展着。

表 4-7-19　　**数字出版物发行现状**　　（单位：部，美元）

| | 2005 年 | 2006 年 | 2007 年 | 2008 年 | 2009 年 | 2010 年 | 2011 年 | 总计 |
|---|---|---|---|---|---|---|---|---|
| 综合 | 207 | 27 594 | 4 020 | 2 695 | 61 581 | 114 216 | 4 790 | 215 103 |
| 哲学 | 21 | 472 | 12 | 4 406 | 38 270 | 7 569 | 234 | 50 984 |
| 宗教 | 34 | 165 | 90 | 3 532 | 109 439 | 19 008 | 198 | 132 466 |
| 社会科学 | 351 | 2 862 | 132 | 34 537 | 469 610 | 53 008 | 5 131 | 565 631 |
| 纯科学 | 270 | 368 | 243 | 28 675 | 215 357 | 9 792 | 251 | 254 956 |
| 技术科学 | 256 | 1 035 | 224 | 114 886 | 800 573 | 84 118 | 8 699 | 1 009 791 |
| 艺术 | 49 | 546 | 100 | 6 876 | 107 003 | 29 069 | 7 282 | 150 925 |
| 语言学 | 204 | 1 665 | 177 | 10 848 | 67 330 | 6 053 | 1 674 | 87 951 |
| 文学 | 1 825 | 9 403 | 1 775 | 27 792 | 85 466 | 28 192 | 16 753 | 171 206 |
| 历史 | 64 | 919 | 214 | 12 635 | 80 332 | 9 815 | 310 | 104 289 |
| 合计 | 3 281 | 45 029 | 6 987 | 246 882 | 2 034 961 | 360 840 | 45 322 | 2 743 302 |

出处：韩国数字出版协会(2012)。

## (二)主要政策

### 1. 建立出版事业振兴的基础

(1)扶持建立坡州出版文化信息产业园区①。

1997 年被指定为国家产业园区的坡州出版园区，于 2005 年 5 月完成了第一阶段的工程。坡州出版园区集结了从出版企划到生产、流通等出版产业的核心要素，通过与相关产业的分工合作及流通结构的改善，达到加强对外竞争力的目的。在京畿道坡州市交河面文发里一带建立的面积约为 48 万坪的坡州出版园区，是出版、影像等相关企业入驻的文化产业园区。

坡州出版园区是在出版界的共同愿望和政府的扶持下建设的综合出版城，入驻了经营出版与印刷设施的出版物流通中心、亚洲出版文化信息中心等。至 2011 年年末止，以主导国内出版业的大型出版社为首，共有印刷公司、纸类公司、物流公司、流通企业等共 300 多个公司入驻。

文化体育观光部为了将坡州出版园区建成优秀的文化产业园区，认为在招商时就吸引优秀的企业是非常重要的，并为此制定了招商方案，将这些内容反映在《坡州出版文化信息国际产业园区管理基本计划》中，并完成了修改。2007 年坡州出版城第一阶段工作结束，自 2008 年起，开始第二阶段工作，计划于 2014 年完工。坡州出版文化信息产业园区事业合作社为使第二阶段的工作能够与第一阶段的工作有机结合，协调规划，分析了第一阶段工作的成果和成功因素，正在通过与相关机构的持续性合作，建设第二阶段园区。

第二阶段园区设在坡州出版城北部地区，占地面积约 19 万坪，除出版、印刷业外，还包括影像、软件业等文化知识产业设施，以及印刷出版博物馆、书店街、演出场所等文化空间，预计出版城将会发展成为世界性的文化园区。

(2)推进图书共用 DB 的构建工作。

出版流通振兴院得到文化体育观光部的国库扶持，2011 年推进了构建图书共用 DB 的工作，构建了包含 2011 年发行的48 115种新刊图书在内，达 79 万种信息的 DB。为了快速收录流通图书信息，从主要流通公司入库的新刊图书立即建立相关图书信息，为流通公司、书店、图书馆提供服务。

2010 年，出版流通振兴院的出版流通信息系统的会员公司增加到3 281个，构建的图书 DB 包含 EXCEL、KORMARC、XML 等多种形式，正在为图书馆、网络书店、图书流通公司、图书信息使用企业等机构提供服务。

一直在推进与国立中央图书馆的国家资料共用目录系统(KOLIS-NET)相连接的工作，为 600 多个公共图书馆提供服务，使其可以检索并下载新刊图书信息；与韩国教育学术信息院的中央数字图书馆系统相连接，为 450 多个私立大学图书馆及 1 万多个中小学数字图书馆系统提供新刊图书信息链接服务。另外，与韩国出版物伦理委员会的读书人网相连接，登录图书信息时，通过检索图书的 ISBN 即可自动获得图书信息。

以图书 DB 系统为基础，构建并持续运营与文化体育观光部推荐图书选定工作相关的网络登录系统。2011 年，将8 635种新刊优秀图书收录到 DB，正在升级连接应用方案。同时与出版物流 RFID 系

① 以下称为“坡州出版园区”。

统也连接起来，个别图书馆要求发放标准代码时，将 ISBN 和图书共享 DB 图书信息(图书名、作者、出版公司、价格)提供给使用者，并同步提供给标准代码发放系统。

为了方便使用者利用新刊图书 DB，还提供"新刊图书目录下载服务"，实时以 excel 的形式为使用者提供每日收录的新刊信息。通过构建标准化的流通图书目录 DB，以提供流通图书信息的方式，不断扩大使用者的范围，并提供稳定的服务，文化体育观光部的推荐图书通过网络受理实现了申请图书的 DB 化，极大地促进了信息的应用。以此为基础，通过对出版流通信息系统的宣传，使得使用者人数增加，并通过改善 DB 构建项目，营造了统计及移动 APP 的服务环境。

(3)扶持激活订购型(POD)出版的工作。

将出版物的编辑内容存为数字文件，根据使用者的需要来提供、供应的出版形态——POD(Print on Demand)方式，与现在的大量印刷的方式相比，是更环保的印刷方式。通过无库存出版、多品种的少量可变印刷来减少制作、流通、库存费用，解决退货、过量库存、绝版等问题，使得个性化出版变成可能，通过扩充和供应可用出版资讯来提高效率，更容易与电子书相连接。

出版流通振兴院在文化体育观光部的支持下，于 2010 年推进了订购型出版(POD)的示范工作，并于 2011 年继续推进订购型出版的激活工作，在韩国出版合作社内开设了 POD 中心。购置了数字印刷机和后期加工机器，构建了一站式服务体系。为了宣传订购型出版，在首尔国际图书展上，运营了"Print On Demand 出版宣传馆"，进行了数字印刷设备和 POD 中心、POD 相关技术和市场现状的演示和咨询。另外，为了加深出版公司对此的理解，举办了 2 次研讨会，以期他们能够访问 POD 中心并在今后多加利用。为全面加强作为未来出版的一个便利手段而备受关注的订购型出版(POD)，计划今后持续开展扶持工作。

通过政府和民间合作建立的 POD 中心，为提高对 POD 的认识及其进一步发展奠定了基础，使出版社节约了印刷费和仓储管理费，进而可以出版更多种类的出版物，增加新人、不知名作家的出版机会。POD 中心将通过 POD 出版来扩大出版领域，并确保以数字资讯为基础提供服务的电子书和出版生产技术之间的数字转换关联性。

### 2. 培育数字出版事业

数字出版产业作为以出版资讯为核心基础的新增长动力产业，是引领新媒体时代的尖端产业，是环保绿色产业，也是世界范围内备受关注的迅猛发展的朝阳产业。但由于优秀资讯的不足及法律、制度方面的扶持不够，与电子书相关的技术标准化不完善等原因，目前尚未得到系统的发展。为此，文化体育观光部为积极应对数字环境的快速变化，培育未来战略产业——数字出版产业，于 2010 年 4 月发表了"数字出版产业培育方案"，依据该培育方案，将灵活应对时代变化，积极推进培育扶持政策，激活数字出版产业的发展。

2004 年，文化体育观光部制定了针对数字出版样本的缴送制度及建立认证体系，对网络数字出版物实施免除附加价值税的优惠政策，为数字出版发展提供了转机，并持续推进了相关的扶持培育工作。2012 年为韩国数字出版协会拨款(国库补助金)约 4 亿4 000万韩元，扶持其进行了下列工作：运营数字出版共同制作中心及扶持 1 人数字出版创业(参观2 000多名，使用设施及洽谈1 500多件)、培养数字出版专门人才(487 人结业)、举办第 5 届大韩民国数字作家奖公募赛(公募了 180 多篇、选定了 13 篇)、参与海外图书展等。另外，文化体育观光部还支援韩国出版人会议，开发了制作优秀电子书的

“电子书制作转换问题解决方案”和“电子书专用书体”，并免费分发。

(1)运营数字出版共同制作中心。

数字出版共同制作中心于 2008 年 11 月开馆，目的是扶持出版公司进行数字出版领域，支持青年失业者或 1 人创业。2009 年设置了优秀电子书阅览室，2010 年又建立并运营了电子书制作扶持工作室。今后，通过改善制作、教育中心的条件，随着尖端终端机的不断增加，为其开发并提供更加多样化的资讯。为了扩大数字出版共同制作中心的使用，通过杂志、邮箱、DM 发送等手段进行了大力宣传，2011 年共有3 400多人使用了该中心，80 多个企业机关也使用了相关设施。通过电子书制作扶持工作和优秀资讯选定等资讯常设展示工作，促进相关企业进军数字出版产业，与数字出版教育中心相联系，为接受教育的学生提供直接参与制作的机会。

(2)认证数字出版物及提供样本。

为激活电子书，文化体育观光部与(原)财政经济部达成共识，在《附加价值税法》施行规定中加入了数字出版物，并于 2004 年 1 月 26 日公布、实施了《附加价值税法》施行规定修订令，自 2004 年 7 月 1 日起，通过韩国电子出版认证中心获得认证的电子书可以免收附加税。另外，2008 年还公布、实施了《附加价值税法》施行规定和《数字出版物免附加价值税对象的告示》，将免税范围扩大至有声书、多媒体图书，奠定了培育相关产业的基础。

这一政策的成果是，2005 年受理了3 281件、2006 年受理了45 029件、2007 年受理了6 987件、2008 年受理了246 882件、2009 年受理了2 034 961件、2010 年受理了360 840件，累计共受理了2 697 980件，呈现几何级数式的增长。至今为止，约有1 600多个业体获得了电子出版物认证，享受了免收附加税优惠。

(3)实施普适性出版学院教育。

为向出版公司进军数字出版事业提供一站式的扶持，自 2006 年起实施的“数字出版学院”教育，在 2006 年培养 l70 名、2007 年 205 名、2008 年 198 名、2009 年 214 名、2010 年 834 名、2011 年 487 名出版人、数字资讯相关企业在职人员、预备创业人员、作者/作家等共1 758名学员。数字出版学院培养学员企划以智能手机为基础的电子书和以平板电脑为基础的电子书，并且培养他们直接制作的实际业务能力。2011 年开设了电子书创业扶持、数字出版企划及设计、数字出版制作及实习、电子出版战略商务 4 门课程，培养专业人才。不仅开发了教材，还延长了教育课程学习时间，细分为在职者业务能力提升教育和新职员培养教育。2009 年新设了创业课程，2010 年起加强了以制作实习为主的教育，2012 年计划持续进行以实际业务为中心的专业人才培养。

(4)选定并扶持高品质资讯，发掘优秀资讯。

第 6 届数字作家奖公募赛的目的是发掘以数字为基础的优秀资讯，共公募了 368 篇作品，大奖是《完美的审判》，优秀奖是《Holmes 寄的信》等 2 篇，特别奖是《1 人间、樱花和你的礼物》，鼓励奖由《来自宇宙》等 4 篇获得。获奖作品将被制作成电子书发行，并且会为作者提供扶持，使其能够持续地以数字作家的身份进行创作。特别是，应募的作品即便是没有获奖，也会应应募者的要求对电子书的出版及流通提供扶持。大韩民国数字作家奖从第 1 届开始到第 6 届，共有 51 人作为新人作家脱颖而出，通过门户网站和网络书店内的“数字作家奖电子书选集”栏目和数字获奖作家连载等掀起电子书资讯创作的高潮。特别是，2011 年的获奖作品出版了纸质书，并决定将大奖作品拍成电影。

（5）参与海外图书展。

为了掌握海外数字出版市场的动向，扶持开拓海外市场，参加了德国法兰克福图书展，向全世界展示了优秀的数字出版资讯和终端机。2011 年，还展示了交互型资讯和 ePub2. 0、ePub3. 0 资讯等电子书制作平台。在法兰克福图书展上，进行了 110 多次洽谈和 30 余件出口手续的办理，获得了热烈的反响，特别是，“Meglue”与 7 个海外企业讨论了具体的合作方案，反响热烈。2011 年，我国以韩国馆的方式参与了该图书展，但今后为了更好地进行对外宣传，建立出口平台，有必要联合数字图书馆设立一个单独的展区，参与该图书展。

（6）扶持开发电子书制作的解决方案。

韩国出版人会议为推进加强数字出版的工作，2011 年受文化体育观光部的委托，开展了“数字资讯制作、转换及解决方案的开发工作”和“数字出版共用书体开发工作”，自 2011 年起，开始在出版公司内免费分发电子书共用书体和电子书制作转换解决方案。出版公司在 IT 环境下处于弱势，为了使出版公司能够持续扩大电子书资讯的供应，成为生产电子书资讯的主导力量，为其提供生产技术的基础设施，提供不亚于纸质书的具有可读性和视觉效果的免费书体，为强化数字出版产业的发展基础作出了贡献。

今后，为扩大出版公司制作电子书和电子书资讯，首先要扶持需要高额投资的电子书阅读器的开发和免费书体的进一步开发、普及。

### 3. 为促进出版文化发展，加强出版物伦理并奖励优秀图书

韩国出版物伦理委员会主要执行下列业务：选定、扶持文化体育观光部优秀图书，发掘、扶持优秀作品，扶持出版公司的青年实习，奖励优秀图书等振兴出版文化产业的工作，运营读书教育机构——读书学院，振兴弱势群体读书活动，活跃地区图书文化的工作，开展年中读书运动等增进国民读书文化的工作，以及审议青少年有害出版物的工作。

（1）选定、扶持 2011 年度文化体育观光部优秀学术、素养图书。

为激活营利性较弱的学术出版，激发出版公司出版优秀图书的意愿，促进全体国民的读书生活化活动，2011 年，文化体育观光部推进了优秀图书扶持工作。学术领域的选定对象为 2010 年 4 月 1 日至 2011 年 2 月 28 日期间发行的新刊图书，素养图书的选定对象为 2010 年 8 月 1 日至 2011 年 7 月 31 日期间发行的新刊图书，经过由学界及相关专家组成的评审文员会进行的预审、各领域的专业审评、全体专家的正审及最终审评 4 个阶段公正而严格的评审后，最终选定出优秀图书。2011 年选定了 10 个领域 387 种学术图书、12 个领域 410 种素养图书。

另外，对于被选定为优秀学术图书的图书，文化体育观光部将会每种购买1 000万韩元左右，分发给全国的专门图书馆、公共图书馆、海外文化院、兵营图书馆等。为消除弱势阶层的文化两极分化现象及扩大图书接触范围，被选定为优秀素养图书的图书，将会从公共图书馆这一中心，扩大至小图书馆、偏僻的教育机关、非传统学校、青少年休息所（类似于我国的收容所——译者注）、兵营图书馆、海外文化院、矫正设施等文化弱势阶层，为提高国民的知识接触权提供了契机。

表 4-7-20　　**各领域优秀学术、素养图书选定现状(2010)**　　(单位：种)

| 分　类 | | 选定种类数 | 领域 | 选定种类数 |
|---|---|---|---|---|
| 学术 | 综合 | 8 | 艺术 | 16 |
| | 哲学 | 21 | 语言 | 18 |
| | 宗教 | 15 | 文学 | 43 |
| | 社会科学 | 147 | 历史 | 31 |
| | 纯科学 | 15 | 计 | 387 |
| | 技术科学 | 73 | | |
| 素养 | 综合 | 10 | 语言 | 6 |
| | 哲学 | 12 | 文学 | 81 |
| | 宗教 | 14 | 历史 | 25 |
| | 社会科学 | 73 | 大众文化 | 33 |
| | 纯科学 | 14 | 儿童、青少年 | 101 |
| | 技术科学 | 16 | 计 | 410 |
| | 艺术 | 25 | | |

出处：文化体育观光部。

(2)扶持优秀作品出版工作。

为促进出版市场的发展，通过发掘优秀作者来活跃国内创作，提供制作优秀资讯的机会，韩国出版物伦理委员会自 2008 年起实施了“扶持优秀作品出版工作”。

2008 年首次开始实施的“公募优秀出版企划案及扶持优秀作品出版工作”，以发掘创意优秀，但由于条件限制无法出版的资讯为主旨，共提供了7 000万韩元的扶持资金，给出版市场注入了活力。2009 年，除素养领域外又增加了学术领域，将工作范围扩大为“优秀著作及出版扶持工作”，为每篇提供 1 000万韩元(作品奖金 500 万韩元，出版扶持金 500 万韩元)的扶持资金，共为 20 篇提供了扶持，扶持资金共达 2 亿韩元。同时还扩大了选定的作品数，2010 年共选定了 30 篇、2011 年选定了 35 篇作品给予扶持。优秀作品及出版扶持工作在活跃出版物的创作，改善优秀图书的制作环境方面取得了超出预期的效果，受到好评。

由于出版扶持工作获得出版相关人士及作者的好评，2011 年还实施了出版文化产业振兴追加扶持工作。为发掘小资本出版公司的创意资讯，并为其提供制作费的扶持，推进了“1 人出版公司(除发行人外，正式职员 2 人以下)优秀图书出版扶持”工作，为每篇优秀学术、素养作品提供 500 万韩元的扶持资金，共选定了 20 篇提供扶持。为提振出版编辑者和书籍设计者的士气，通过设计开创新书的未来，举办了优秀出版编辑设计公募赛，选定了“设计优秀图书”，并将选定的 9 种书在首尔国际图书展和坡州出版城的书展上进行了展示，将出版物的美学价值和优秀性展示给大众，为增强出版竞争力作出了贡献。

(3)人力扶持工作。

国内大部分出版公司由于规模小，普遍倾向于招聘能立即投入工作的有经验者，而不是新入职的职员。为了改善这一现状，以将优秀人才吸引到出版产业为目的，开展了人力扶持工作。出版物伦理委员会自 2010 年起，为了使出版公司能够录用优秀人才，为其支付了实习扶持金。开展了青年实习扶持工作，以便为准出版人提供积累出版一线经验的机会。该项工作是：青年实习生在相应出版公司工作 6 个月，在此期间，为其提供出版公司所支付工资的 50%的扶持，扶持资金上限为每个月不超过 60 万韩元。该项工作共扶持了 20 人，其中 15 人在 3~6 个月之内转为了正式职员。

韩国出版人会议为了进行新员工的入职教育，以及为出版各项业务的从业人员提供在职培训，进一步扩大并改编了自 1999 年起运营的出版学院课程，并于 2005 年 5 月正式成立了首尔图书研究所（SBI），开始讲授正规课程。通过 SBI，在希望进入出版界工作的新员工和希望再就业的出版从业者以及想招聘人才的出版企业之间建立联系网络，构建出版界具有代表性的产学合作人才供求体系，为出版界培养所需的出版专业人才。这几年结业的人数量如下：2005 年 534 人、2006 年 953 人、2007 年 1 128人、2008 年1 218人、2009 年1 415人、2010 年 133 人、2011 年1 373人。

韩国书店联合会得到文化体育观光部的扶持，获得了 6 套提高书店经营者营销技巧及经营书店信息化能力的教材，以及书店学校所需的教育器材。为培养书店经营者的经营能力和营销能力，于 2007 年 11 月开设了"书店学校"，并且每年都在扶持推进这项工作。自 2008 年起，依次进行了"书店的社会作用及发展方案""书店的读书运动""未来书店"等活动。2011 年以"书店的生存战略"为主题，召开了书店论坛。通过这些专门教育活动，书店经营者学习了相关专业知识，激发了他们的科学经营愿望。

韩国文学翻译院为培养优秀的韩国文学专业翻译，运营了韩国文学翻译学院。2003 年，从"培育准翻译家短期研修项目"开始的专业翻译培育扶持工作，在 2008 年正式成立了"韩国文学翻译学院"，2012 年设有正规课程、特别课程、深化课程 3 类课程，共培育了 113 名新翻译家。另外，2010 年为了给翻译学术研究院的优秀结业者提供获得经验和知识的机会，新设了翻译工作室，目前共有 33 名翻译在这里活动。翻译学院在国内最高水平文学翻译讲师们的指导下，共设有英、法、德、西、俄、中、日 7 种语言圈的文学翻译实习讲座，为提高翻译质量，同时还进行着韩国文学/文化讲演、翻译理论等特别讲座、与专业翻译的访谈、与作家一道进行的文学纪行/翻译营等项目。

（4）读书振兴活动。

文化体育观光部计划通过读书生活化活动，提高国民幸福指数及国家知识竞争力，于 2008 年制定了读书文化振兴基本计划后，持续地推进读书振兴工作。2011 年依据读书文化振兴基本计划，开展了各种读书振兴工作，包括对弱势阶层读书的多元化扶持，系统地扶持地区读书文化，营造读书生活化环境，以全体国民为对象的免费读书教育活动等各种读书振兴工作。另外，将 2012 年定为"读书年"，为有效地开展这一工作，以英国、日本、澳大利亚为参考榜样，进行了"读书年推进方案研究"，收集了读书团体、图书馆、出版界等相关人士的各种意见。2011 年的主要读书振兴活动如下：

①制定及推进振兴读书文化施行计划。

文化体育观光部依据读书文化振兴法第 5 条的规定，通过活跃读书文化这一方式，提高国民健全的精神涵养，通过读书来建立终身教育的基础，进而提高国民的知识水平及国家的知识竞争力。为此，制定了读书文化振兴基本计划，并于 2008 年 6 月发表了这一计划。读书文化振兴基本计划是以 5 年为单位树立的法定计划，由中央机关和地方自治团体提出制定年度施行计划的根据及方向，是国家层面的基本计划，包括了 2009 年至 2013 年的计划。

此外，为活跃地方的读书活动，还开展了"读书的城市""一个城市，读一本书"等自发参与型读书活动，并使这一活动扩大至地方的社会全体市民文化活动，地方自治团体对读书的关心也日益高涨。

此外，为了掌握读书环境中存在的问题及制定改善方案，还进行了《2011 年国民读书实态调查》。以全国满 18 岁以上的成人（2 000名）和中小学学生（3 000名）为对象，实施了问卷调查，并以调查结果为基础，推算出读书率、读书量、读书时间、读书倾向等各种读书指标。

表 4-7-21　　**文化体育观光部国民读书文化振兴工作的业绩（2011）**

| 工作名称 | 工作业绩 |
|---|---|
| 营造读书环境 | |
| “读书年”的推进准备 | 研究《国民读书年的推进方案》<br>举办读书文化国际专题讨论会 |
| 读书起跑线 | 扶持以婴幼儿为对象的读书起跑线活动（153 个机构、约 11 万名） |
| 派遣课后读书指导教师 | 40 个地区儿童中心、560 余人参与 |
| 扶持培养全国图书馆读书专家 | 8 个全国基础图书馆、440 余人参与 |
| 推进读书生活化工作 | |
| 构建读书相关网络 | 收录了全国读书活动1 030余件、各机构推荐图书9 520余件、读书会及博客等 4 080余件 |
| 实施以全体国民为对象的个性化读书教育 | 运营一般及专门教育课程（10 次、430 余名）<br>网络教育课程（74 次、3 600余人） |
| 开展每天阅读 10 分钟书活动 | 制作、分发幼儿园读书教育指导书（18 000部） |
| 开展读书活动 | |
| 利用媒体进行读书活动 | 运营读书分享音乐会（5 次）及读书列车（2 次） |
| 活跃地区读书文化 | 制作营造地区读书环境事例集（203 个机构、132 000部） |
| 加强参与型读书活动 | 海选读书照片及宣传海报（选定了 41 个作品、进行了 37 次巡回展示）<br>开发智能手机读书应用程序 |
| 读书月的活动 | 制作分发读书月宣传海报（2 万份）<br>在公交车和地铁上粘贴宣传海报、在路灯上设置宣传广告 |
| 扶持弱势阶层读书活动 | |
| 扶持弱势儿童读书活动 | 以小学低年级学生为对象进行的“书之旅”（6 次、3 950余名） |
| 扶持矫正设施的读书活动 | 扶持读书及实施相关项目（教导所 45 处、3300 余名） |
| 扶持兵营的读书活动 | 提供兵营读书对接项目（40 处、9000 余名） |
| 老人读书文化服务团 | 每年3 600人次参加服务活动，45 000人受惠 |
| 进行调查研究以发展读书文化 | 关于读书振兴的年度报告书<br>国民读书实态调查 |

出处：文化体育观光部图书馆信息政策企划。

②推进“读书年”准备工作及活跃图书文化。

为营造读书环境，文化体育观光部将 2012 年指定为读书年，韩国出版物伦理委员会得到文化体育观光部的扶持，为提高国民读书能力及对读书的兴趣，开展了各种准备工作。如邀请国内外相关人士举办“谈谈读书年”国际研讨会，分析读书文化活动的事例；探索“读书年”的推进方案；为营造“读书年”的氛围，与 EBS 共同企划、制作名为“2012 读书之声震撼韩国”的素养纪录片。

特别是，为活跃地区读书文化，与全国 8 个基础图书馆建立了读书教育合作关系，为扶持读书教育项目，将读书学院教育工作的范围扩大至全国，以便扩充与首都圈相比相对不完善的地方读书基础设施。通过向读书教育基础设施不完善的地区提供系统化的综合读书教育服务，引导其对读书教育的认识和参与度，为构建国民读书文化的振兴基础做出贡献。

③营造读书生活化的环境。

为推进全体国民读书生活化活动，出版物伦理委员会开展了运营读书 DB、海选及展示“爱书在手”读书照片、运营读书学术研究院、开发智能手机读书应用程序等工作。

“读书人”作为国内唯一的读书专门 DB，自 2009 年起，以网页日历的形式全国读书活动的日程，并同时在门户网站 Daum 上提供服务，全年更新了10 540余件各种国内外读书信息及各机构推荐图书。2011 年，与读书学院的网站进行了统合，建立了一站式读书信息网络服务，据统计，一年间有 400 万以上的人访问了该网站。选拔各地区的读书人志愿者，进行各种工作的宣传并提供读书信息，每月向 13 200多人提供读书相关的邮件信息服务。

另外，为了向国民宣传读书的重要性和必要性，提高国民读书的兴趣，还加强了各种参与型读书活动，如“爱书在手”的海选及展示、智能手机读书应用的开发等。“爱书在手”海选赛除照片外，还增设了宣传海报部分，为鼓励普通国民的读书活动，共选定了 30 个照片作品(大奖张冠祥)和 11 个宣传海报作品，共计 41 个作品获奖。获奖作品分别在教保文库、全国公共图书馆、读书相关活动场所共进行了 37 次展示，有 5 万人以上参观了这些作品。还选定了以富有创造力、自发的形式生产各种读书资讯的“Power Book Logger”，并提供扶持。开发了包含 29 个推荐机构、团体的各领域图书检索功能及附近图书馆查询等功能的读书应用程序，并向普通人分发。

为了在学校、企业、家庭等营造读书的社会氛围，扩大了对普通人影响较大的“专家读书教育项目”，开展了个性化的读书教育。网络读书教育课程以没有地区差异、没有经济差异的读书教育为目的进行，将仅限于首都圈的读书学院的读书教育活动扩大至全国范围，获得好评。

④扶持弱势群体及偏远地区的图书活动。

韩国出版物伦理委员会以矫正设施的收治人员、偏远地区及军人等难以接触到书籍的读书弱势群体为对象，大幅拓展了扶持工作范围，为以读书作为媒介来实现文化福祉和社会团结作出贡献。

为扶持矫正设施(类似于我国的劳教所等矫正错误行为或习惯的地方——译者注)的读书活动，由法务部矫正本部推荐，以全国 44 个矫正设施和 1 个民间感化所共 45 处的收容者为对象展开了扶持工作，特别是以有婴幼儿子女的收监人员为对象，制作了原声 CD 寄到他们家里，为恢复家庭关系也作出了贡献。一年间共举办了 6 次“书之旅”活动，以便为没有读书环境的偏远地区小学低年级学生提供体验各种读书文化的机会，并对以弱势阶层儿童为对象的地区儿童中心读书指导教师培养活动提供支援。

特别是，2011 年还为没有读书环境的兵营战士提供了读书项目和体验读书的机会，扶持了这些兵营读书活动。与国防部达成协议，选定了 40 个扶持对象部队，向各个部队派遣讲师，在两个月间运营了 4 个读书项目，还对读书活动优秀的官兵和优秀部队进行了奖励，丰富了军队的生活精神生活，并为其退役后融入社会提供了帮助。

⑤青少年图书审议活动。

韩国出版物伦理委员会为体现出版物的社会伦理责任，审议其是否有害，并保护青少年不受有害出版物的影响，承担了审议业务。韩国出版物伦理委员会审议、裁定的青少年有害出版物将会限制发行人和流通者销售给青少年，并赋予其进行标示、包装、分类、隔离等义务，被裁定为有害出版物的出版物，相关公务员有权下令没收废弃或直接没收销毁。2011 年国内外出版物审议、裁定现状如下。

表 4-7-22　**出版物审议情况**　（单位：件,%）

| 年度 | 审议件数 | 裁定件数 | | |
|---|---|---|---|---|
| | | 有害出版物 | 青少年有害出版物 | 合计 |
| 2010 | 36 380 | 81 | 4 852 | 4 933 |
| 2011 | 36 297 | 41 | 5 408 | 5 449 |
| 增减率(%) | △0. 2 | △49. 4 | 11. 5 | 10. 5 |

出处：2011 韩国出版物伦理委员会审议年鉴。

表 4-7-23　**2011 年各类媒体出版物审议情况**　（单位：件）

| 媒体 | 审议件数 | 有害出版物 | 青少年有害出版物 |
|---|---|---|---|
| 图书 | 4 123 | — | 121 |
| 数字出版物 | 4 892 | — | 1 091 |
| 漫画单行本及杂志 | 6 078 | — | 1 839 |
| 定期刊物 | 4 468 | — | 75 |
| 外国刊物 | 16 736 | 41 | 2 282 |
| 合计 | 36 297 | 41 | 5 408 |

出处：2011 韩国出版物伦理委员会审议年鉴。

2011年共审议了36 297本，与上一年度的36 380本相比，同比减少了 0. 2%，但被裁定为青少年有害出版物的总数为5 449本，增加了 10. 5%。其中，青少年有害出版物为5 408本，与上一年的4 852本相比，增加了 11. 5%；与此相反，有害出版物的数量仅为 41 本，与上一年的 81 本相比，减少了 49. 4%。

国内单行本图书及租书店用每日漫画连载的发行种类数虽然增加了，但整体审议数量减少了。分析认为，这是因为 2011 年 3 月日本大地震后，日本出版物的进口有所减少。被裁定为有害出版物的数量，随着外国出版物进口企业自律管理意识的提高，呈现减少的趋势。但有害出版物的内容依旧是对受虐、施虐等变态性行为和近亲相奸、残忍杀人等情节进行太过逼真的描写，对此，需要持续地关注和审议。特别是，被裁定为青少年有害出版物的数量同比增加了 11. 5%，这是因为发行种类数不断增加的国内作家所写的租书店用每日漫画连载，由于竞争激烈，其描写也越来越露骨，对青少年的危害也进一步加深。

4. 扶持培育印刷产业

大韩印刷文化协会于 2011 年获得文化体育观光部 5 亿3 000万韩元的扶持，开展了加强印刷品国际竞争力、举办国际印刷产业展示会及建立韩国印刷馆、举办古印刷文化宣传展示会、开展印刷专业人才的培养教育、制定印刷文化产业 5 年振兴计划等相关工作。

(1)印刷文化产业振兴政策。

依据印刷文化产业振兴法第 4 条的规定，为制定《印刷文化产业振兴综合计划》，在文化体育观光部的扶持下，大韩印刷文化协会成立了 TF，并于 2009 年 11 月制定了“印刷文化产业培育方案”。2011 年，在分析印刷文化产业的国际竞争力指标和各领域现状的基础上，制定了印刷文化产业振兴 5 年计划。

文化体育观光部的印刷文化产业振兴工作，在分析我国印刷文化产业的国际竞争力指标和各领域现状的基础上，提出了产业振兴的愿景和核心振兴政策的短期及长期推进计划，目的是提供制定实现知识文化强国政策所需的基础资料，最终成为世界印刷强国。另外，2011 年进行了环保印刷认证制度的研究，为提高国家竞争力作出了贡献，同时也响应了“低碳绿色发展”这一国家课题。

(2)加强印刷品的国际竞争力。

为宣传我国印刷文化，增加印刷品的出口，由文化体育观光部后援、大韩印刷文化协会主管，积极参加海外印刷及图书展示会，并设立韩国印刷馆。2011 年，参加了中国最大规模的印刷机器展示会——第二届中国国际印刷技术展示会和世界最大的图书展——法兰克福图书展，并设立了韩国印刷馆，展示了宣传材料和优秀印刷品等，通过示范古印刷术，宣传了印刷文化。另外，在展示会的韩国印刷馆内还设立了个别企业的展示馆和商务洽谈馆，扶持他们圆满地进行了出口洽谈。

另外，派遣了海外市场开拓团前往日本，在扶持国内印刷企业向海外出口印刷品的同时，还以“世界印刷市场的动向和愿景”为主题举办了国际印刷论坛，探索促进国内印刷产业发展、加强国际竞争力的方案，调查了海外各国印刷产业现状，并发行、分发了国际市场印刷文化产业动向等相关资料。

(3)举办国际印刷产业展示会及建立韩国印刷馆。

2011 年举办了有 23 个国家、210 个世界优秀企业参加的“2011 国际印刷产业展示会(KIPES)”，展示了印刷与 IT 融合的印刷品及特殊印刷等最新印刷设备、印刷技术及信息。还召开了国内外专家参加的、与 15 个主题相关的会议，提供了获取最新信息和探索未来愿景的机会，同时也为从特殊技术领域的世界引领者那里听取发展倾向和最新信息提供了平台，为探索国内印刷产业的发展方向提供了宝贵的机会。同时，建立了印刷文化馆，展示了出口海外的印刷品和与古印刷相关的展示品，宣传了从古至今的优秀印刷文化和技术，取得了很好的成果。

(4)扶持建立直指(韩国古代的一种印刷方式——译者注)宣传馆。

为了向国内外宣传韩国最早发明金属活字印刷的宗主国地位，在文化体育观光部和青州市的后援下，大韩印刷文化协会和青州古印刷博物馆共同主办，在国内外大规模国际庆典及博览会上设立了直指宣传馆。

向参加展示会的外国人宣传我国比德国的古登堡更早地发明了金属活字印刷的事实，令访问者对我国文化产生兴趣，还在现场向他们展示影印本，并当场为他们演示直指这一方法，提高了展示效果。

(5)印刷专业人才的培养教育。

由文化体育观光部后援，大韩印刷文化协会在印刷文化教育馆实施了培养数字印刷环境所需的专业人才和印刷品出口专家的培养教育。2011 年开设了印刷品出口专家的培养、印刷品编辑校正实务、数字印刷实务等教育课程，培养了 120 余名印刷专业人才，提高了企业的竞争力和印刷业从业者的业务能力，为预备就业者提供了学习机会。

5. 扩大出版产业的国际交流

2011 年通过举办或参加国内外国际图书展，扶持国内出版物的海外普及及进行活跃的国际交流，开展了各种提高我国出版产业国际竞争力的工作。

文化体育观光部扶持的出版国际交流活动有：扶持出版物的海外普及工作(大韩出版文化协会)、举办坡州儿童图书展、坡州图书文城国际出版论坛、东亚图书交流国际专题讨论会(出版图书文化财团)、韩中出版学术会议(韩国出版学会)、邀请海外出版人的研讨会(韩国出版人会议)等。

(1)举办 2011 首尔国际图书展。

由首尔国际图书展组织委员会主办、文化体育观光部后援的 2011 首尔国际图书展活动，于 2011 年 6 月 15 日至 19 日在 COEX A 厅和 B 厅(14 733$m^2$，约合4 500坪)举行，为期 5 天，以“书，展望未来的千双眼睛”为口号。其中，“与作者的对话”和“人文学书吧”获得好评，数字出版馆、图书艺术馆、各种特别展和附带活动等融会贯通，也大受欢迎，2011 年首尔国际图书展有 23 个国家的 572 个公司参加，13 万人参观了该书展。

特别是，韩国以参与 2011 年阿布扎比国际图书展为契机，第一次设立运营了阿联酋(Arab Emirates)国家馆，南非共和国出版公司也是第一次参加，成为活跃国际出版交流的新契机。

表 4-7-24 **2011 首尔国际图书展的参与规模**

| 分类 | 参与国家数 | 参与公司数 | 展台数 |
|---|---|---|---|
| 国内馆 | — | 371 | 460 |
| 国际馆 | 23 | 163 | 77 |
| 图书艺术馆 | 7 | 32 | 42 |
| 数字出版物馆 | — | 6 | 8 |
| 附带活动 | — | — | 187 |
| 计 | 23 | 572 | 774 |

出处：大韩出版文化协会。

(2)在海外国际图书展上设置运营韩国馆。

文化体育观光部为了积极引导国内出版公司进军海外市场，扶持图书及版权的出口，提高韩国出版的国际竞争力，扶持在海外知名的国际图书展内设置并运营韩国馆。

在法兰克福、博洛尼亚、北京、台北等主要国际图书展上设置并运营了国家馆，对与参展的出版公司及版权代理共同展示韩国优秀图书，进行版权洽谈提供支持。同时，宣传首尔国际图书展，吸引外国优秀出版公司前来参展。特别是，在 2011 年中东地区和北非大部分阿拉伯国家参加的阿布扎比国际图书展上，首次以“市场焦点(Market Focus)”的身份受邀参展，韩国出版的优秀性受到海外各国的关注，并在当地掀起了韩流热潮。

表 4-7-25 **2011 年在海外国际图书展设置韩国馆的现状**

| 分类 | 台北国际图书展 | 阿布扎比国际图书展 | 博洛尼亚儿童图书展 | 东京国际图书展 | 北京国际图书展 | 法兰克福图书展 | 瓜达拉哈拉国际图书展 | 蒙特勒伊儿童图书展 |
|---|---|---|---|---|---|---|---|---|
| 地点 | 中国<br>台北 | 阿联酋<br>阿布扎比 | 意大利<br>博洛尼亚 | 日本<br>东京 | 中国<br>北京 | 德国<br>法兰克福 | 墨西哥<br>瓜达拉哈拉 | 法国<br>蒙特勒伊 |
| 期间 | | | | | | | | |
| 举办规模 | 59 个国家<br>856 个公司 | 53 个国家<br>840 个公司 | 69 个国家<br>1 200个公司 | 30 个国家<br>1 200个公司 | 60 个国家<br>2 000个公司 | 106 个国家<br>7 384个公司 | 43 个国家<br>1 935个公司 | 330 个公司 |
| 展台规模 | | | | | | | | |
| 参加次数 | 第 15 次 | 第 1 次 | 第 9 次 | 第 18 次 | 第 16 次 | 第 46 次 | 第 6 次 | 第 3 次 |

出处：大韩出版文化协会。

(3)扶持国内出版物的海外普及。

文化体育观光部自 1990 年开始，一直在开展“韩国图书海外传播工作”(前身是“向海外同胞送爱的图书工作”)，以居住在海外的侨胞及韩国相关教育机构为对象，该项工作作为活跃文化交流及扩大出版物交流方案的一环，由大韩出版文化协会和文化播放共同推进。

通过该项工作，以海外侨胞聚集地区的韩国学校为对象，向他们赠送宣传我国文化、历史、语言、艺术的图书。另外，不仅向当地韩人会等侨胞，还向当地国家具有代表性的图书馆、设有韩国学等相关学科的大学、研究机构、文化院等机构赠送图书，广泛地宣传我国的发展现状，为扩大与该国的交流创造条件。

2011 年，韩国图书海外传播工作迎来了第 21 个年头，向 25 个国家 34 个地方赠送了10 032部图书，获得了国库9 000万韩元和民资9 000万韩元共 1 亿8 000万韩元的预算扶持。依据获赠图书对象的特点分类赠送图书，力图最大限度地发挥图书的作用。另外，直接访问越南、中国香港、日本等地，研究当地图书使用实际状况，搜集与普及韩国图书相关的意见。

(4)举办坡州出版城的国际交流活动。

自 2006 年起，坡州出版城亚洲出版文化信息中心举办的“坡州图书城国际出版论坛”在文化体育观光部的扶持下，成为汇聚世界出版界人士共同探讨出版界面临的课题，共同思考互相沟通的场所。第一届至第三届是以亚洲为中心，奠定合作的基础，并探索进军西方出版市场的方案。第四届至第五届以“图书的发展和数字出版的未来”“交融，新媒体和出版资讯的扩张”为主题，讨论了数字时代出版资讯的开发和发掘等生产性问题。2011 年，第六届国际出版论坛以“国际化出版市场和文化韩流的可能性”为主题，讨论了国际化时代韩国文学的世界化问题，探讨了文学出版出口的可能性和方向。

出版城文化财团举办的“东亚图书交流”国际专题研讨会，由文化体育观光部扶持，自 2005 年开始举办。国际出版论坛探讨了促进韩国出版产业全面发展的战略并推进国内外出版人士的交流；而东亚图书专题研讨会则是在数字层面研究资讯的会议，探讨东亚图书设计师们共同关心的事项，为了设计的发展而交换各种想法。2011 年第七届研讨会上，展示了东亚各国图书设计师的作品，还发挥着在出版城信息图书馆建档的作用。图书设计专题研讨会既是寻求图书设计进军世界舞台方案的工作坊，也是各国顶级专家参与的盛会，构建了国内外图书设计者交流和合作的基础，并为培养新的图书设计者提供了教育机会。

另外，自 2003 年起，着眼于儿童书的多样性和为儿童提供接近图书的机会，每年都会在坡州举办具有代表性的儿童书活动——“坡州出版城儿童书盛典”。该活动每年以书为中心进行展示、体验、演出等活动，有 200 多个公司参加，7 万多人参与该活动，并且随着坡州及附近地区交通条件的改善，活动规模日益扩大。

(5)扶持亚洲出版人士的国际交流。

文化体育观光部扶持韩国出版人会议举办了“2011 年亚洲编辑人员联谊会”，这是邀请海外出版人士参加的国际出版交流活动的一环。邀请海外出版人士参加的时代研讨会，在出版的价值和领域发生变化扩张的数字出版时代，把我国及亚洲国家的出版编辑人士聚集在一起，研究当今出版现状，探索未来出版的方向。2011 年以韩流文化进军世界为契机，以“亚洲各国出版现状与课题：以韩流出版为中心”为主题，举办了公开论坛，针对韩国出版物，认真地探讨了亚洲 9 国的出版现状和优秀出版资讯的出口方向。

另外，文化体育观光部为增进对出版的理解，研究韩、中、日出版倾向并加强交流，继 2010 年在中国举办之后，2011 年扶持举办了韩、日出版学术会议。2011 年以“出版版权交流”为主题，韩国和日本著名的出版人士和学者展开了讨论，出版公司代表和出版界从业者积极参与，进行了实质性的出版信息交流并增进友谊。

### 6. 激活版权出口

为促进韩国图书进军海外，自 2008 年起，每年由韩国文学翻译院作为主办单位，以国内外出版公司为对象，提供出版提案书翻译及制作扶持、出版涉外扶持、海外翻译出版扶持、海外出版营销活动扶持等进军海外出版市场全过程的系统化服务。另外，为介绍韩国图书的现状，定期(隔周)向海外出版相关人士发送季刊和网络时事通讯，加强了版权出口的基础。

(1)扶持出版提案书的翻译和制作。

过去的 6 年间，为活跃国内图书出版版权的出口，扶持出版提案书翻译及 PDF 的制作，包括图书的基本信息和原文样本、作家及作品介绍、出版公司的介绍等。2011 年，出版公司和代理公司更加强调出版提案书的时效性，因此，将现有每月一次的扶持改为随时受理、随时扶持。共为 47 个出版公司、237 种图书提供了 5 种语言(英语、中文(简体/繁体)、日语、法语、西班牙语)的翻译样书 128 件，摘抄翻译 245 件，PDF 制作 156 件，积极扶持了国内人文、文学及中小出版公司的海外出版涉外活动。另外，在首尔国际图书展上，还特别制作了用于版权出口宣传的摘抄 121 件，与国立儿童青少年图书馆一起，以向多元文化家庭分发为目的，翻译了附录 50 件、原文感想 50 件。

(2)扶持海外出版。

过去的 6 年间，以准备进口出版各种类型韩国图书的海外出版公司为对象，开展了扶持出版工作。将部分扶持费用直接提供给海外出版公司，减轻了当地出版公司的负担，从而保证了优秀图书的出版，进而起到积极鼓励购买韩国图书版权的效果。2011 年一年间，共为 11 个国家、30 个出版公司的 67 种共 104 本书提供了扶持，扩大了扶持国家、出版公司的数量、图书种类数等。通过这项工作，引导海外出版公司持续进口韩国图书。

(3)扶持海外出版营销。

海外出版营销扶持工作正在通过参加海外图书展，洽谈著作权出口，研究海外动向，举办具有特色和战略意义的韩国图书企划展，来构建促进版权出口的人际网络。2011 年，参加了阿布扎比图书展、博洛尼亚儿童图书展、首尔国际图书展、北京国际图书展、法兰克福图书展、瓜达拉哈拉图书展6个海内外图书展，开展了密集的韩国图书出版涉外活动。还扶持了海外出版物营销(2011年，6个国家7个公司的8件)，加强了促进海外出版图书销售的宣传工作。

(4)发行季刊《List_Books from Korea》及网络报道。

翻译院为向对国内出版物缺乏了解的海外出版公司和读者提供可信赖的信息，自2008年8月开始发行外语定期刊物。2011年，从11期到14期止，将定期号数增为4期，并特别发行了翻译院创立10周年的特别纪念号。配合主要国际图书展的举办时间，在博洛尼亚儿童图书展、首尔国际图书展、东京图书展、北京图书展、法兰克福图书展、瓜达拉哈拉图书展上分发，并向全世界6万多个出版公司和代理公司、相关机构发送。季刊List以介绍图书为中心，由企划报道、出版文化相关的报道等构成，每期介绍160多本图书。List不仅介绍文学、人文、儿童图书，还通过与作家的访谈、探访出版公司、讨论文化热点问题、特辑等活动，使世界读者能够实时了解并体会到韩国文学和文化、出版界的所有动态，获得了好评，随着不断地发行，List已经成为非常有趣的、具有公信力的信息媒体。另外，季刊List的所有报道均通过网站www. list. or. kr提供韩文、英文、中文服务。

另外，为提供韩国图书的最新信息，在隔周的周三发送网络新闻报道《Plus_list Books from Korea》。自2008年11月创刊以来，2011年1月12日至12月28日，共向7 000多个海外出版公司及代理公司分发了26期。新闻报道Plus_list隔周介绍各类型的新刊图书，吸引海外出版人士持续关注，成为提供国内畅销书排行榜，预测图书销售量及读者反映的一个窗口。

(5)海外出版信息提供网页(OPIA)。

虽然海外对我国图书版权出口的兴趣有所增加，但国内关于海外出版市场动态的信息是零碎的，或不能广泛共享的，从这一问题意识出发设计了OPIA(Overseas Publication Information Access)网页。2010年10月创建的OPIA网页，在2011年从第3期到第8期共发行了6期，向国内600多个出版相关人士发送。

OPIA网页通过世界范围内的韩国图书、进军海外基本知识、海外出版公司的介绍、世界出版潮流、各国出版文化、国际图书展风景、数字出版的现在和展望等栏目，传播各种海外出版市场信息。特别是，2011年调查、整理了在海外出版的韩国翻译图书的图书目录信息，并以此为基础，实施了关于韩国图书在主要海外图书馆的馆藏现状及流通现状的调查工作。调查的成果是，通过OPIA网页，提供了在15个国家出版的共3 272件韩国图书的信息和购买网站的信息。

## (三)展望

### 1. 构建振兴出版、印刷产业所需的基础设施

政府计划将世界唯一一个出版城，国内唯一的建筑城、生态城——坡州出版园区进一步培育成国际出版、印刷、影像、商务中心。随着2007年坡州出版园区第一阶段工程的竣工，马上推进了第二阶段工程。坡州出版园区第二阶段位于第一阶段的北部，占地总规模为685 814m$^2$(207 000坪)，其中产业用地为201 781m$^2$(61 000坪)，文化商业及居住用地为105 726m$^2$(32 000坪)。今后将在各个推进阶段最大限度地发挥联动效果，坡州出版园区有望跃升为“综合媒体城”。

为有计划地实施坡州出版园区第二阶段工程，文化体育观光部作为管理者，不断地与国土海洋部、知识经济部、韩国土地住宅公社、韩国产业人才公社、坡州市、出版园区工程联合会等协商。为建设第二阶段工程，已经完成了开发基本计划的变更、管理基本计划的变更等，2009年开始建设第二阶段的用地，2010年开始进行产业用地的招商，2012年开始进行文化设施用地的招商，正在加快开发的速度。

文化体育观光部为构建出版流通统计的基础设施，计划构建并提供应用出版流通信息系统的图书共享DB服务，并以此为基础，持续开发、运营面向出版公司、流通公司、书店、图书馆的附加服务，最终将其发展为出版统计综合信息系统，奠定出版产业统计的基础。另外，为使出版公司、书店、图书馆可以共享图书DB，推进了扩大联系系统的工作，不仅将RFID技术应用于图书馆，还计划应用于出版流通业，并为此提供扶持。

同时，持续推进激活订购型出版，通过节约绝版图书或断货图书的复刊印刷费及仓库保管费等各种费用，减少不必要的库存等方式，解决我国出版界的痼疾：与实际需要相比的过度印刷、不具备少量图书的制作及供应系统、绝版图书的复刊及使用不足等，并确保以数字资讯为基础提供服务的电子书和出版生产技术之间数字转换的关联性。

为应对活跃的电子出版产业，将电子出版产业培育成未来增长动力，文化体育观光部于2010年制定、推进了电子出版产业培育计划，为了推进电子出版的大众化，在文化体育观光部的扶持下开发完成的数字出版制作解决方案和共用书体，正在向企业普及。今后，为应对国际企业进军国内，营造以读者和出版界为中心的电子书使用环境，将系统地推进建立数字出版系统的政策。另外，现有相关法律均是以纸质书为基础制定的，还需要建立振兴数字出版产业所需的电子出版相关的出版法及版权方案，推进法律的修订工作。

电子书市场具有将资讯和解决资讯的硬件终端机、有/无线通信相结合的融/复合媒体的特性，预计电子书市场将会与相关产业共同创造出良性循环的发展结构，并创造出高增长率。

出版产业不仅是知识信息社会的根基，还是文化资讯产业价值链原点上的创造力源泉，从这一点可以判断出其波及效果和重要性。要想应对不断变化的媒体环境，发挥纸质书和电子书各自的优势，通过共同发展来促进出版产业的整体发展，必须为出版产业提供政策层面的关注和扶持，因为出版产业是电子出版资讯的根本，是未来竞争所需的必备条件之一，同时也是资讯产业发展的基础。

#### 2. 为提高出版产业竞争力创造条件

(1)研究出版文化产业的中长期方案振兴。

文化体育观光部为从战略层面上培育出版产业，依据《出版文化产业振兴法》，继2011年“出版产业中长期振兴方案研究”之后，于2012年发表了出版产业振兴5年计划，并计划分阶段推进该计划。特别是，为应对数字国际化的环境，今后出版文化产业振兴院要发挥出版政策中心指挥塔的作用，通过制定培育出版产业基本的、中长期的政策，为出版产业的可持续发展打下坚实的基础。

为了制定、实施合理的出版产业振兴政策，使出版产业在数字环境下也能够持续发展，需要解决各种主要政策性课题，如激活优秀出版资讯、改善流通结构及扩大需要、构建基础设施和培育新增长动力、扩大韩流的国际化出版、构建各种统计信息系统、完善各种法律及制度等。

特别是，为提高出版产业的价值经营和出版政策的效果，形成高附加价值产业结构，需要首先保证出版统计的正确性和科学性。统计是客观体现出版现状和结构特征的指标，也是制定、实施、评价政策和发展文化产业必需的基本资料。为此，2011年，出版流通振兴院在文化体育观光部的国库资金扶持下，实施了关于构建图书流通统计调查系统的研究工作。文化体育观光部为建立出版产业统计基础，今后计划通过扶持构建系统化的出版统计信息，逐步实施综合性的出版文化产业培育扶持政策。

(2)活跃出版文化振兴财团的活动，设立出版振兴机构。

出版产业是传统文化产业的核心领域，是所有以知识为基础的创意商品的根源。出版是生产体现一个国家文化的出版物的文化资讯产业，也是知识创造产业，因此，积极培育出版产业是发展以知识为基础的经济的关键。为此，需要加强韩国出版文化振兴财团的运营，通过发掘优秀作者和筹集优秀图书出版资金，使其充分发挥出版界银行的作用。

为应对知识信息社会，建立韩国出版业发展的知识基础，制定我国出版进军海外市场的战略，对出版市场的调查及信息的获得就显得十分重要。为此，有必要加强出版的专业调查功能，开发出版产业发展的方案。为了开展稳定的研究工作，需要政府和出版界制定并推进长期的财源筹集计划和振兴政策。

文化体育观光部于2005年11月设立了“韩国出版振兴机构(暂称)”，并选定为2007年4月制定的“出版知识产业培育方案”(出版、印刷、文化产业振兴5年计划)的10大课题之一，推进了以设立出版振兴机构为中心的“建立全面培育出版知识产业所需的政策基础”这一研究工作(2007.12—2008.3)，2010年，运营了制定出版振兴机构设立方案所需的T/F(2010.8—2010.11)，最终决定由韩国出版物伦理委员会来设立出版振兴机构。2011年12月相关法律获得通过，2012年1月随着《出版文化产业振兴法》的修订，经过设立准备，于2012年7月成立了“韩国出版文化产业振兴院”。为应对数字环境的变化和出版市场环境的世界化，有效地扶持出版文化产业，成立了这个综合的、系统的出版振兴机构，将会奠定出版知识产业持续发展的基础。

(3)寻求书店发展方案。

从目前我国出版流通现状来看，网络书店以网络购买的大众化和高折扣率为基础，每年都呈现出两位数的增长率；大型书店也随着全国连锁店数量的增加，市场占有率呈现增加的态势。但是这种增长率的背后，一方面存在着以过度价格竞争结构为基础的收益率减少，另一方面也带来了出版批发业比重减少导致的流通结构的变化。特别是中小型线下书店，由于竞争力不足，导致销售额急剧减少，停业的企业数量不断增加。

文化体育观光部自2009年起，为扶持地区中小型书店的发展，开展了模范书店和书店的读书文化活动等扶持工作，以营造地区社会读书文化，并提高书店的竞争力。2011年选定并扶持了50多个地区书店，2012年扶持开展了与地区书店相联系的读书会活动，将为推进地区居民的读书生活化作出贡献，并将地区书店建成读书文化空间。

另外，为确立出版流通秩序，运营了“出版物非法流通投诉中心”，针对违反图书定价制和操纵畅销书排名、囤积出版物等行为，该中心将执行监督、调查及接受投诉等业务，并将持续探讨维持健全出版物流通秩序的方案。

书店不应是单纯的销售出版商品的中介，应同时作为地区文化中心的替代性角色，通过加强收益性，使其成为实现地区居民沟通的未来型书店，并成为出版产业基础的基地。从国民的需要来看，也需要网络、线下书店均衡发展，中小型书店稳定地经营。为此，政府持续推进培育书店人力资源及扶持地区书店等工作。书店既是共享文化资讯的社区基地，也是宣传读书文化和地区文化基础设施的中心，为加强书店的这种作用，有必要开展书店实态调查，制定综合性的书店培育方案。为了发展出版

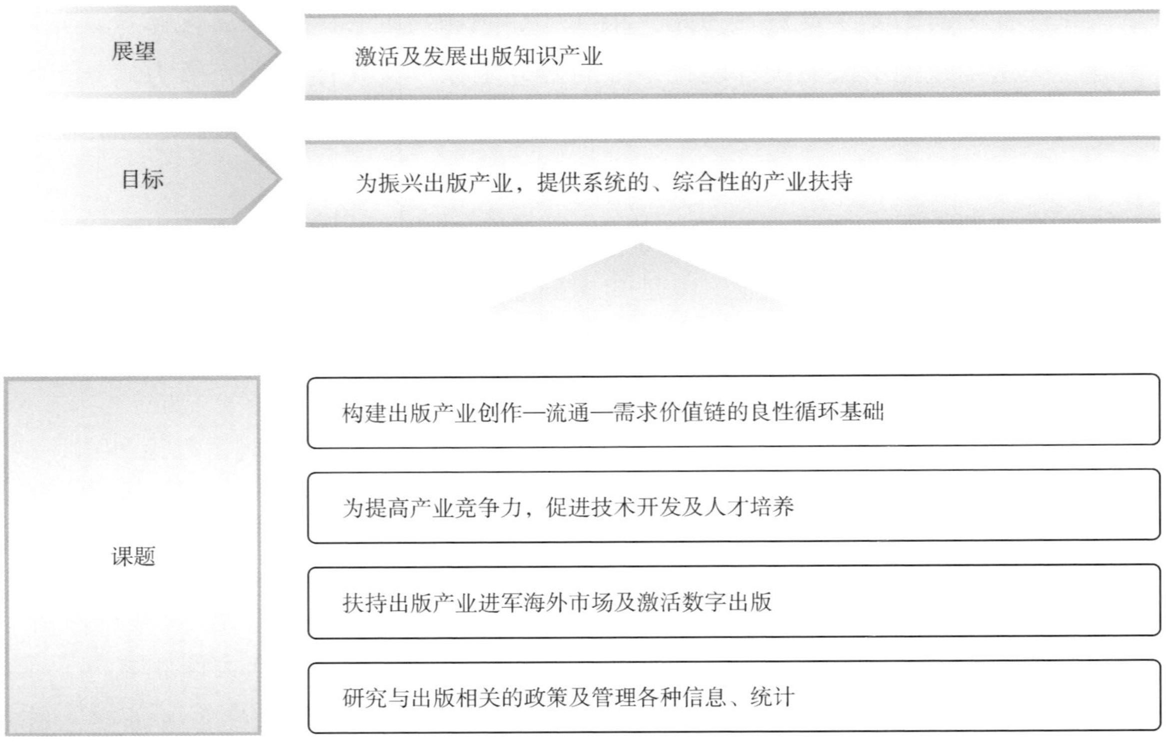


| 政策领域 | 功能 |
|---|---|
| ①与出版相关的调查研究及政策开发 | 研究与出版相关的法律制度、开发振兴出版产业所需的政策 |
| | 管理与出版相关的统计数据及信息（调查、搜集、分析） |
| ②扶持出版产业进军海外市场 | 扶持出版版权出口及海外市场流通、营销 |
| | 国内出版物的海外市场调查 |
| | 构筑国际教育及合作网络 |
| ③扶持培育数码出版 | 扶持电子出版、有声书、POD系统等数字出版 |
| | 运营数字出版管理中心（暂称）及改善数字出版流通系统 |
| | 数字出版物的制作扶持及激活创作 |
| | 综合管理出版物及电子出版物DB、版权新信息等出版相关的信息 |
| ④构筑出版产业基础设施及不断升级 | 改善出版物创作条件及扶持优秀出版资讯的创作 |
| | 推进图书定价制、流通信息标准化等改善流通基础的工作 |
| | 培养出版专业人才及为出版产业从业者提供在职教育 |
| | 运营读书振兴项目及改善读书环境等工作 |
| ⑤审议出版物的有害性 | 审议图书、漫画、电子出版物等出版物的有害性 |

图 4-7-1　韩国出版文化产业振兴院设立概要

出处：文化体育观光部(2011)，2011 年出版文化产业振兴主要政策。

产业和宣传读书文化，需要出台使大型书店、中小型书店、网络书店和线下书店共存并相互促进发展的合理方案。

(4)改善图书定价制度。

我国的图书定价制依据出版、书店业界的自律决议，于 1977 年 12 月 1 日开始在全国范围内施行，并从 2003 年 2 月随着《出版及印刷振兴法》的颁布而进入法制化阶段，到目前为止，它们一起被认为是确立图书流通秩序和发展出版文化的基础政策。1980 年 12 月制定了《反垄断及公正交易法》(1981. 4. 1 施行)，该法第 20 条第 2 款规定，总统规定的作品可以作为特例，有权维持再销售价格，这为《公正交易法》中的图书定价销售提供了法律保障。作为文化商品，对于图书特殊性的认识很重要，图书定价制的确立和出版产业振兴政策的推进落实就是以此为基础，《出版文化产业振兴法》的施行和修订也是以此为宗旨。

自 2010 年起就开始推进图书定价制度的改善工作，目的是改善、补充现行图书定价制度的不足之处。2010 年，在该法关于图书定价制度的第 22 条第 2 款的补充规定中，明确规定了降价方法等详细条款，除直接降价以外，对于商品的提供、积分、打折券、商品券的提供等涉及经济利益的内容做出了新的规定；还修订了施行令，将文化体育观光部部长拥有的征收罚金的部分权限，委任给了市、道知事。电子书没有定价制及标示销售价格的标准，2011 年，为了改善这一不足之处，提议修订相关法案，规定在电子出版物中标明出版社规定的图书价格，并于 2012 年 1 月进行了修订，自 7 月开始实施。

如上所述，政府为了对现行图书定价制运营过程中出现的部分不足之处进行改善、补充，对相关内容进行了修订。但出版业界针对修订实施规则提出了宪法申诉请求，定价制还有需要进一步改善的地方。即便是处于国际经济不景气的时候，出版市场相对来说还是比较稳定地发展着，仍保持着出版强国的地位。为了维持非英语圈国家的出版流通秩序和均衡发展、提高出版竞争力，图书定价制的重要性日益显现，按法国、德国型图书定价法进行修改的呼声高涨。

3. 数字出版环境的变化和应对

随着整体社会文化结构正向数字化、影像化发展，文化资讯也以多种形式消费流通着，但出版是文化资讯的基础和根源，是承担滋养整体文化这一职责的基础产业。几个世纪里，传统出版为作者和作家提供各种环境，起着文化、商业促成因素的作用；今后，随着时代的变化，这种作用也不会消失。

出版产业作为价值导向产业，正在不断发生着变化，为了能够与各种产业技术相融合，系统地发展，就必须构建高水平的出版产业基础，同时还需通过扶持发掘、制作优秀资讯、提高专业性及加强研究开发的能力，不断地增强竞争力。在从“Web 2. 0”向普适性的“3. 0”进化的同时，需要制定对应急速变化的环境的出版政策。如构建移动社交网络服务和网络信息存档、管理数字版权、开发促进出版物资讯普及的出版资讯多媒体平台等。政府的出版政策和出版界自发的革新，应该像莫比乌斯带一样，有机地合作应对，持续探索我国出版产业的方向和普及新产业模式的可能性，不断开拓发展。

为积极应对媒体快速融合的数字环境，文化体育观光部 2010 年发表了数字出版产业培育方案，2011 年制定了出版知识产业中长期发展方案，2012 年发表了出版产业 5 年计划；制定一系列培育、振兴出版的政策方案，今后也将持续进行补充和完善。特别是在新媒体环境下，对于包括电子出版和纸质出版的整体出版产业来说，既是新的挑战，也是发展的机会，政府将积极扶持出版产业整体的同步提升和共同发展。

通过这样的努力，韩国出版产业谋求进军海外市场。为了使出版物能够进军世界市场，首先要进行文化接触。这种文化接触，不仅有利于韩国出版文化产业的发展，而且对其他经济领域的发展和世界化也是大有帮助的。因此，政府有必要对此给予关心并提供积极的扶持。目前，在亚洲地区应着眼于“市场地图”，研究高水平的战略政策手段，将由各个领域进军海外而形成的韩流扩散至出版领域，通过对颇具国际竞争力的儿童图书提供战略性的出口扶持，使儿童书籍进军欧美市场。

我们不仅要通过外语出版直接进军海外市场，还要充分发挥每年举办的首尔国际图书展的作用，使其成为各国出版文化交流及国际版权交易的场所。为了确立其亚洲最重要图书展的地位，需要研究革新性的替代方案，如长期设置运营首尔国际图书展组织委员会，并举办全国性的文化活动及开展读书运动；开发具有国内外影响力和吸引力的项目；为了产生综合效应，同时推进各种活动等。另外，由于语言的限制、缺乏具有国际竞争力的资讯等原因，出版版权出口的国际竞争力和出口战略都不足。为扶持其出口，需要培养优秀的国内外翻译家，扶持出口用出版资讯的翻译出版及营销活动，加强出版产业的国际竞争力。2012 年，韩国将作为主宾国家参加北京国际图书展，预计将成为摆脱内需市场的限制，向海外广泛宣传优秀资讯、活跃出口的契机。

文化体育观光部为促进韩国文学及图书进军海外，计划在 2012 年开展扶持构建振兴版权出口所需基础的工作，为了培养新一代翻译家及海外翻译家，将以英语圈为中心，加强与居住在海外当地的翻译者建立网络，构建、扶持海外翻译家社区。

4. 振兴优秀图书的出版及培养专业人才

(1)激活人文学等基础学术的出版及振兴优秀图书的出版。

目前，我国与 OECD 国家相比，人文学等基础学科领域的出版比重和出版市场规模处于落后状态，与此相反，教育及学习出版比重却过大。由于学术出版领域收益率低、销量少、经济低迷等原因，人文学等出版领域呈现出两极分化日益加深的态势。

为了消除这一现象，政府扶持开展了多样化的优秀图书出版工作，如文化体育观光部进行的优秀学术图书和素养图书的选定工作、优秀著作及出版的扶持工作等。同时，还要大力推进针对文化弱势阶层的扶持工作，即购买一定量的选定图书，分发给全国公共图书馆、岛屿等偏僻的教育机构、小图书馆、村庄文库、青少年收容所等。特别是，虽然重点推进了对已出版的图书给予扶持的政策，但从法国国立图书中心(CNL)的事例来看，为使各种图书获得出版的机会，有必要完善现行的优秀著作出版扶持工作，将其扩大为事前、事后并行的扶持制度。同时，为了促进国内作者的创意性资讯生产，应该持续推进发掘有实力的优秀资讯作者，鼓励缺乏盈利可能性，作为知识社会基础的学术出版工作。

文化体育观光部为激活国内出版创作，消除出版界两极化现象，扩大文化弱势阶层接触图书的机会，将积极制定各种出版扶持政策。通过开展扶持工作，提高国民读书文化的质量，激活优秀图书的出版，这样不仅能够激发出版优秀图书的意愿，还能够满足国民日益增长的对知识、信息的需求，也必将会为提高知识竞争力以及以知识为基础的信息社会的发展作出贡献。

(2)培养出版专业人才。

为了出版产业的发展，需要持续培养优秀的出版专业人才。目前，正规教育机构中的专科大学为培养出版专家，应依据自身的特点，设置相应的出版教育课程，通过细分的实务教育，培养能够为创造性出版活动作出贡献的人才。

另外，在 4 年制本科大学和研究生院设立出版专业，推进出版专业研究生大学的设立，并在培养文化资讯专业人员的课程中增加与出版资讯相联系的新课程，以进一步扩充出版专业人员的培养基础。但目前设有出版专业的 2 年制大学大部分处于无法持续的危机之中，而 4 年制大学根本就没有出版系，只有 6 个特殊研究生院设有为在职人员提供的学位课程。出版资讯产业是知识信息社会的基础产业，为了它的发展，必须要加强相关的公共教育，这需要政府制定特殊的政策，建立各政府部门之间的合作和大学—业界之间的联系网络。

除正规教育课程外，韩国出版人会议还设立运营了首尔图书研究所(Seoul Book Institute，SBI)，培养新从业的出版专业人员，并为在职出版从业人员提供在职教育的机会，通过出版物伦理委员会，扶持中小出版公司录用青年人实习。但为了将教育范围扩大至规模较小的出版公司，实施更持续、更健全的专业人员教育，还需要更广泛的扶持工作。特别是为应对数字出版生态系统的变化，出版界需要培养能应对这些变化的数字出版专家，加强人员、信息网络建设，以便引领出版产业实现可持续的、稳健的发展。

# 八、定期出版物(报纸、杂志)

## (一)现状

### 1. 定期出版物登记现状

(1)报纸现状。

依据文化体育观光部的统计，至 2011 年 12 月 31 日为止，现有定期出版物的数量为6 784种。从出版物的种类来看，日刊报纸为 352 种，周刊报纸为2 891种，其他日刊出版物 336 种，网络报纸3 193种，通讯 12 种。2011 年较 2007 年增加了2 343种，其中网络报纸为2 292种，增长最快。

表 4-8-1　**各年度定期出版物登记现状(2011 年)**　(单位：种)

| 年度 | 日刊报纸 | 周刊报纸 | 其他日刊出版物 | 网络报纸 | 通讯 | 计 |
|---|---|---|---|---|---|---|
| 2007 | 282 | 2 891 | 364 | 901 | 3 | 4 441 |
| 2008 | 264 | 2 847 | 362 | 1 315 | 3 | 4 791 |
| 2009 | 299 | 2 658 | 360 | 1 698 | 4 | 5 019 |
| 2010 | 338 | 2 868 | 339 | 2 484 | 5 | 6 034 |
| 2011 | 352 | 2 891 | 336 | 3 193 | 12 | 6 784 |

出处：文化体育观光部(2012)，《定期出版物登记现状》。

到 2011 年 12 月 31 日为止，各登记政府机构的现状是：首尔3 147种，占整体的 46.4%，数量最多；其次依次是：京畿1 086种、庆南 366 种、庆北 289 种、仁川 269 种、全南 252 种、忠南 230 种、釜山 177 种、江原 149 种、光州 148 种、大田 144 种、忠北 131 种、全北 112 种、蔚山 101 种、大邱 97 种、济州 74 种、文化体育观光部 12 种。另外，包括首尔(3 147种)、京畿(1 086种)、仁川(269种)在内的首都圈共有4 502种，占整体的 66.4%。

表 4-8-2　　各登记政府机构定期出版物登记现状(2011 年)　　(单位：种)

| 分类 | 日刊 | 周刊 | 网络报纸 | 通讯 | 计 |
|---|---|---|---|---|---|
| 合计 | 688 | 2 891 | 3 193 | 12 | 6 784 |
| 首尔 | 229 | 1 411 | 1 507 | 0 | 3 147 |
| 釜山 | 20 | 76 | 81 | 0 | 177 |
| 大邱 | 11 | 36 | 50 | 0 | 97 |
| 仁川 | 23 | 161 | 85 | 0 | 269 |
| 光州 | 28 | 42 | 78 | 0 | 148 |
| 大田 | 19 | 49 | 76 | 0 | 144 |
| 蔚山 | 17 | 40 | 44 | 0 | 101 |
| 京畿 | 148 | 420 | 518 | 0 | 1 086 |
| 江原 | 27 | 46 | 76 | 0 | 149 |
| 忠北 | 17 | 48 | 66 | 0 | 131 |
| 忠南 | 22 | 89 | 119 | 0 | 230 |
| 全北 | 31 | 49 | 32 | 0 | 112 |
| 全南 | 11 | 111 | 130 | 0 | 252 |
| 庆北 | 27 | 106 | 156 | 0 | 289 |
| 庆南 | 46 | 171 | 149 | 0 | 366 |
| 济州 | 12 | 36 | 26 | 0 | 74 |
| 市、道合计 | 688 | 2 891 | 3 193 | 0 | 6 772 |
| 文化 | 0 | 0 | 0 | 12 | 12 |

出处：文化体育观光部(2012),《定期出版物登记现状》、日刊(其他日刊)。

(2)杂志现状。

我国杂志中 38.1%由团体或法人发行，29%由株式会社发行，28.2%由个人发行。从各地区来看，首尔发行的杂志占 71.6%，11.3%的杂志在 6 大广域市发行。结果就是，82.9%的杂志在首尔和 6 大广域市发行，显示出亟须发展地方杂志。

表 4-8-3　　杂志发行主体

| 分类 | 株式会社 | 个人发行 | 团体、法人发行杂志 | 其他 |
|---|---|---|---|---|
| 比重 | 29.0% | 28.2% | 38.1% | 4.7% |

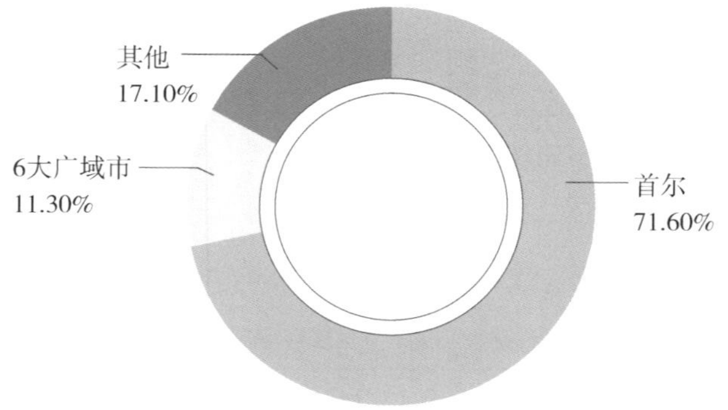


图 4-8-1　各地区杂志发行分布

另外，从发行形态来看，杂志专门发行公司所占比重为 23.6%，普通企业发行所占比重为 44.0%。这是因为发行社内杂志、机构杂志、协会杂志的企业或机构较多的原因，而它们是包括在杂志统计范围内的。另外，图书出版公司也同时发行杂志，所占比重为 17.6%，报社或播放公司发行杂志所占比重为 4.5%。

从各杂志社发行杂志的种类数来看，绝大多数只发行 1 种杂志，发行 2 种杂志的杂志社占 7.7%，发行 3 种以上杂志的杂志社仅占 2.5%。

表 4-8-4　　杂志发行形态

| 分类 | 杂志专门发行公司 | 图书出版公司发行的杂志 | 报社、播放公司发行的杂志 | 普通企业发行的杂志 | 其他 |
| --- | --- | --- | --- | --- | --- |
| 比重 | 23.6% | 17.6% | 4.5% | 44.0% | 10.3% |

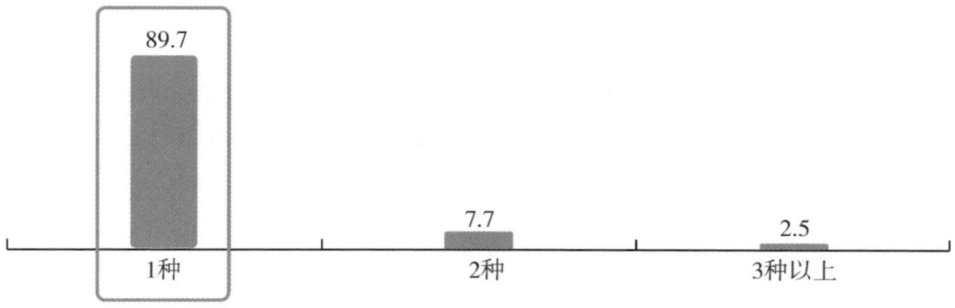


图 4-8-2　各杂志社发行杂志的种类数

从我国杂志的内容领域来看，文化/文学/艺术类最多，占 17.2%。其次依次为：教养/生活信息类 12.5%；教育/学术研究类 12.4%；社内杂志/机关杂志/会报类 11.5%；时事/经济类 11.1%。

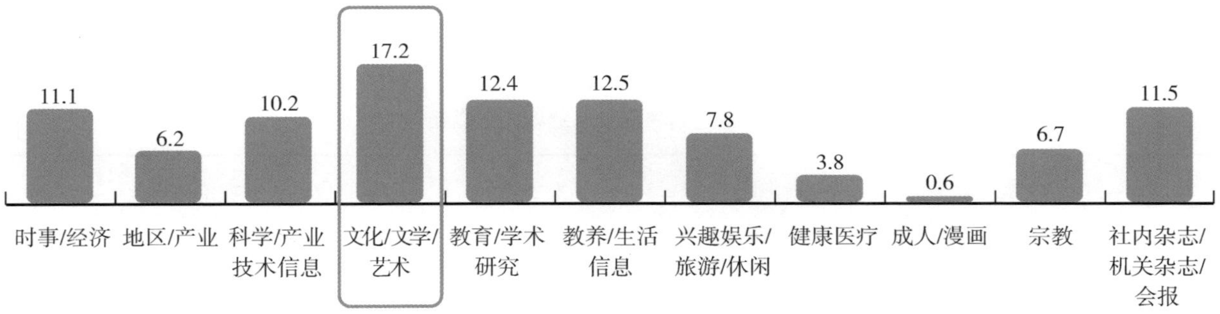


图 4-8-3　我国杂志各领域占有率(单位:%)

另外，从杂志版面中内容与广告的比例来看，报道的平均比例为 85.3%，与广告的平均比例 14.7%相比高出很多。从业者和发行数量小的杂志，发行周期越长广告比例越小。虽然部分女性杂志和时尚杂志内的广告过多，备受诟病，但宗教杂志、文化/文学/艺术杂志等我国多数杂志的整体版面中，广告所占的比例并不高。

我国杂志发行的平均页数为 155 页。详细来看，整体杂志中页数在 100~200 页的杂志占 36.6%，页数在 50~100 页的杂志占 21.7%，页数在 50 页以下的杂志占 15.7%，页数在 200~300 页的杂志占 14.6%，300 页以上的杂志占 10.7%。

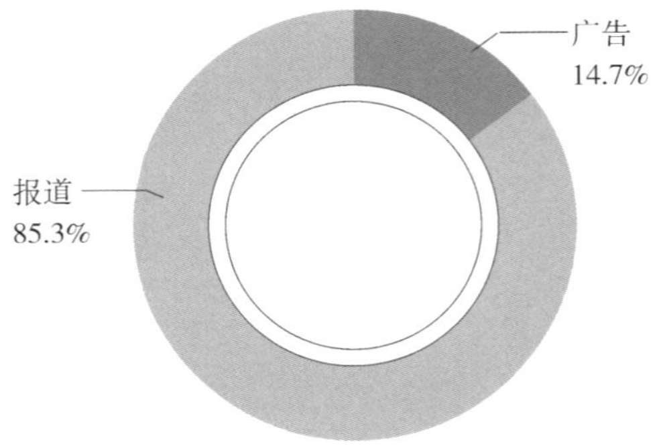


图 4-8-4 版面中报道与广告的比例

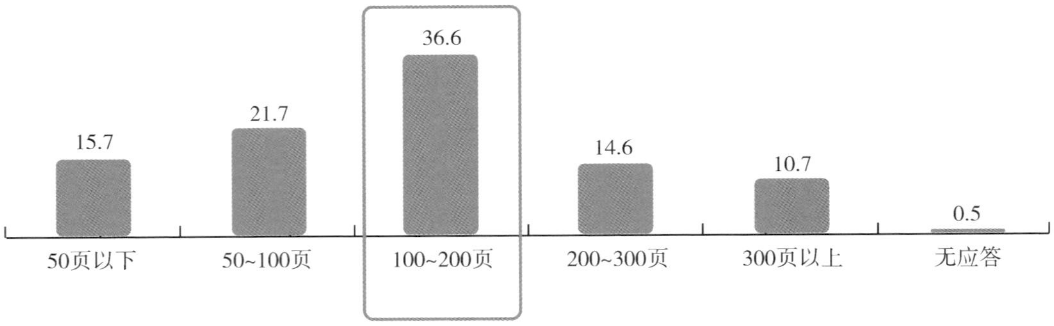


图 4-8-5 杂志的发行页数(单位:%)

2011 年实施的杂志产业实态调查显示，2010 年我国杂志产业的销售额为 1 兆 953 亿韩元，从业者人数为10 289名。各企业平均销售额为 10 亿 200 万韩元，人均销售额为 1 亿 600 万韩元。与《2010 资讯产业白皮书》内的杂志相关部分相比，销售额和从业者人数多少有所增加。

但是，这是以实态调查的1 093个公司(不含非营利杂志社)为对象调查的结果，而我国杂志媒体的实际数量推测约为6 400多个，考虑到这一点，杂志产业的销售额和从业者数量还会更多。

表 4-8-5 杂志产业的销售额和从业者人数变迁*

| 分类 | 杂志社数量(个) | 销售额(百万韩元) | 从业者数量(名) | 每个杂志社平均销售额(百万韩元) | 人均销售额(百万韩元) |
|---|---|---|---|---|---|
| 2009 年** | 1 088 | 1 006 885 | 9 425 | 925 | 107 |
| 2010 年 12 月止 | 1 093 | 1 095 348 | 10 289 | 1 002 | 106 |

* 以杂志产业实态调查的资料为基础，根据抽样对象(1 093 个公司)推测出的数据

** 2009 年数值来自于《2010 资讯产业白皮书》。

另外，杂志的登记现状也在发生着巨大的变化。到 2011 年 12 月为止，在各市、道登记的杂志数量为6 484种，月刊为4 209种，隔月刊为 584 种，季刊为1 266种，每年 2 期的期刊为 425 种。这与 2010 年登记的杂志数量(6 047种)相比，增加了 7.2%。杂志的登记现状自 2000 年开始持续增加，但 2010 年曾大幅减少，2011 年开始又重回增加趋势。

表 4-8-6 **杂志的登记现状**

| 年度 | 月刊 | 隔月刊 | 季刊 | 每年 2 期刊 | 计 |
|---|---|---|---|---|---|
| 2011 | 4 209 | 584 | 1 266 | 425 | 6 484 |
| 2010 | 3 936 | 542 | 1 161 | 408 | 6 047 |
| 2009 | 5 262 | 670 | 1 514 | 510 | 7 956 |
| 2008 | 3 870 | 504 | 1 158 | 379 | 5 911 |
| 2007 | 3 272 | 455 | 969 | 319 | 5 015 |
| 2006 | 3 028 | 431 | 904 | 298 | 4 661 |

出处：定期出版物现状，文化体育观光部(2011. 12)重新编制。

依据调查。最近 1 年间，有 9. 4%的国内杂志社有过停刊的经历，分析认为，由于杂志整体的经营困难，杂志休刊的情况会更多。也就是说，去年每 10 个杂志社中有 1 个杂志社有过休刊的经历，经历过停刊的杂志社，其自动停刊的理由包括财政恶化(64. 5%)、销售不力(10. 5%)、人员不足(9. 2%)等。

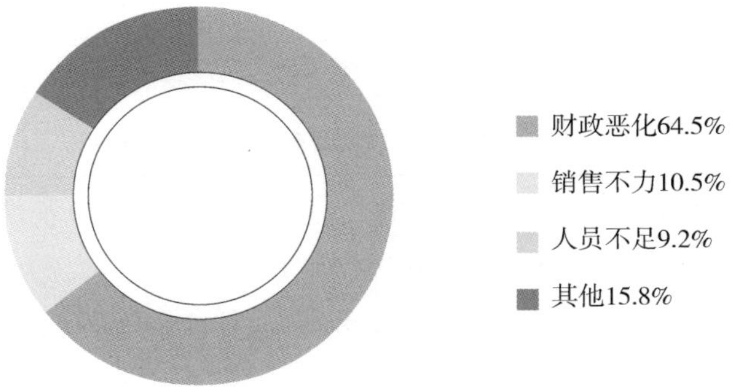


图 4-8-6 杂志发行休刊的原因

另外，各杂志社平均从业人数为 7. 8 名，如果只看收费杂志，平均从业者人数为 10. 6 名，可以看出收费杂志从业人数比免费杂志的从业人数多。从杂志从业者的男女比例来看，男性为 58. 5%，女性为 41. 5%。最近虽然杂志界女性从业者人数在增加，但仍是男性从业者人数居多。

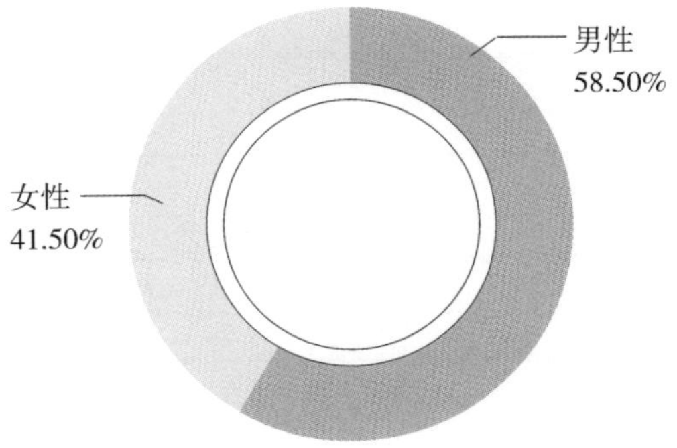


图 4-8-7 杂志从业者的男、女性别比例

2. 经营现状

(1)增长性分析(销售额)。

①报纸总体分析。

2011 年依据企业财务公开的数据，31 家报社的销售额为 2 兆4 204亿韩元，与 2010 年的 2 兆3 190亿韩元相比，增加了1 105亿韩元，增长了 4.4%。2011 年的业绩与 2008 年和 2009 年相比虽然小幅增加了，但与 2007 年相比却减少了1 260亿韩元。2009 年至 2011 年虽呈现出持续增长的趋势，但由于报纸产业的外部环境发生着剧变，与新媒体、综合媒体的竞争日益激化，可能与预期有所差距。

表 4-8-7　**各报纸销售额的变迁现状(2007—2011，5 年)**　(单位：百万韩元)

| 分类 | 对象 | 2007 年 | 2008 年 | 2009 年 | 2010 年 | 2011 年 | 同比 | |
|---|---|---|---|---|---|---|---|---|
| | | | | | | | 增减额 | 增减率 |
| 全国日刊 | 11 | 1 793 838 | 1 536 632 | 1 459 745 | 1 526 130 | 1 594 669 | 68 539 | 4.5% |
| 经济日刊 | 8 | 484 704 | 508 607 | 495 125 | 526 461 | 550 920 | 24 459 | 4.6% |
| 体育报 | 1 | 41 297 | 41 708 | 38 411 | 40 903 | 41 570 | 667 | 1.6% |
| 地区日刊 | 11 | 226 632 | 218 761 | 212 412 | 225 467 | 233 271 | 7 804 | 3.5% |
| 合计 | 31 | 2 546 471 | 2 305 708 | 2 205 693 | 2 318 961 | 2 420 430 | 101 469 | 4.4% |

* 对象：11 个全国日刊报社(京乡新闻、国民日报、明日新闻、东亚日报、文化日报、世界日报、首尔新闻、朝鲜日报、中央日报、韩国日报、韩民族)；8 个经济日刊报社(数字时代、每日经济、Money Today、首尔经济、亚洲经济新闻、电子新闻、韩国经济、The Herald Business)；1 个体育报社(体育朝鲜，另外，体育首尔没有公开财务，日刊体育也因企业合并而没有列入分析对象)；11 个地区日刊报社(江原日报、庆南新闻、京仁日报、国际新闻、光州日报、大田日报、每日新闻、釜山日报、岭南日报、济州日报、全南日报)。按字音字母的顺序排列。

出处：依据金融监督院电子财务公示系统(DART)、媒体经营研究所的数据重新整理。

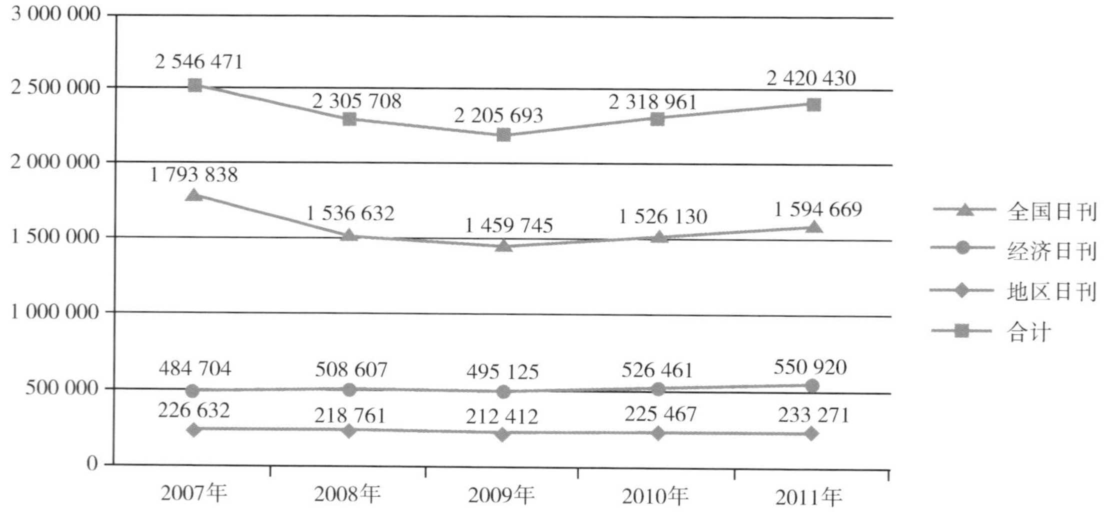


图 4-8-8　各报纸销售额的变迁现状(2007—2011，5 年)(单位：百万韩元)

出处：依据金融监督院电子财务公示系统(DART)、媒体经营研究所的数据重新整理(不含体育报纸)。

1)全国日刊。

11 个全国日刊报社 2011 年销售额为 1 兆5 947亿韩元，与 2010 年的 1 兆5 261亿韩元相比，增加了 685 亿韩元，增长了 4. 5%。与 2007 年相比，则减少了1 992亿韩元，尚未恢复到 2007 年的销售额。从规模来看，销售额达1 000亿韩元以上的 3 个报社 2011 年销售额为 1 兆 538 亿韩元，比 2011 年增加了 679 亿韩元，增长了 6. 9%；但销售额不足1 000亿韩元的 8 个报社 2011 年的销售额为5 408亿韩元，与 2010 年相比，增加了 6. 4 亿韩元，增幅仅为 0. 1%。由此可看出，全国日刊整体的增长率实际上是由销售额在1 000亿韩元以上的报社主导的。

表 4-8-8　**全国日刊销售额的变迁现状(2007—2011，5 年)**　(单位：百万韩元)

| 分类 | 2007 年 | 2008 年 | 2009 年 | 2010 年 | 2011 年 | 同比 | |
|---|---|---|---|---|---|---|---|
| | | | | | | 增减额 | 增减率 |
| 朝鲜日报 | 403 147 | 372 160 | 348 126 | 373 866 | 376 062 | 2 196 | 0. 6% |
| 中央日报 | 335 427 | 305 564 | 282 462 | 332 514 | 382 981 | 50 467 | 15. 2% |
| 东亚日报 | 280 257 | 265 872 | 264 825 | 279 543 | 294 777 | 15 234 | 5. 4% |
| 首尔新闻 | 92 000 | 95 495 | 80 827 | 95 393 | 95 212 | -181 | -0. 2% |
| 韩国日报 | 97 723 | 85 143 | 80 287 | 82 784 | 78 816 | -3 968 | -4. 8% |
| 韩民族 | 76 285 | 76 419 | 67 509 | 81 115 | 84 147 | 3 032 | 3. 7% |
| 文化日报 | 70 847 | 70 125 | 66 462 | 70 190 | 70 635 | 445 | 0. 6% |
| 国民日报 | 48 819 | 56 210 | 53 826 | 54 180 | 48 237 | -5 943 | -11. 0% |
| 明日日报 | 49 787 | 52 100 | 46 450 | 51 652 | 55 597 | 3 945 | 7. 6% |
| 世界日报 | 254 728 | 34 404 | 31 845 | 32 803 | 35 641 | 2 838 | 8. 7% |
| 京乡新闻 | 84 818 | 123 140 | 137 126 | 72 090 | 72 564 | 474 | 0. 7% |
| 11 个报社 | 1 793 838 | 1 536 632 | 1 459 745 | 1 526 130 | 1 594 669 | 68 539 | 4. 5% |

出处：金融监督院电子财务公示系统(DART)。

2)经济日刊。

8 个经济日刊报社 2011 年销售额为5 509亿韩元，与 2010 年的5 265亿韩元相比，增加了 245 亿韩元，增长了 4. 6%。与 2007 相比增加了 662 亿韩元，而全国日刊销售额比 2007 年减少了，二者形成鲜明的对照。从规模来看，1 000亿韩元以上的 2 个报社2011年销售额为3 394亿韩元，比 2010 年增加了 182 亿韩元，增长了 5. 7%；1 000亿韩元以下的 6 个报社 2011 年销售额为2 115亿韩元，比 2010 年增加了 63 亿韩元，增长了 3. 1%。

表 4-8-9　**经济日刊销售额的变迁现状(2007—2011，5 年)**　(单位：百万韩元)

| 分类 | 2007 年 | 2008 年 | 2009 年 | 2010 年 | 2011 年 | 同比 | |
|---|---|---|---|---|---|---|---|
| | | | | | | 增减额 | 增减率 |
| 每日经济 | 184 400 | 193 632 | 187 524 | 197 679 | 212 114 | 14 435 | 7. 3% |
| 韩国经济 | 120 699 | 123 962 | 118 898 | 123 525 | 127 275 | 3 750 | 3. 0% |
| The Herald Business | 51 538 | 52 064 | 51 977 | 54 666 | 54 970 | 304 | 0. 6% |
| 首尔经济新闻 | 40 420 | 40 622 | 37 364 | 40 786 | 40 968 | 182 | 0. 4% |

续表

| 分类 | 2007 年 | 2008 年 | 2009 年 | 2010 年 | 2011 年 | 同比 | |
|---|---|---|---|---|---|---|---|
| | | | | | | 增减额 | 增减率 |
| Money Today | 31 825 | 34 941 | 34 138 | 39 272 | 41 878 | 2 606 | 6. 6% |
| 亚洲经济 | 16 585 | 22 923 | 24 634 | 26 778 | 28 930 | 2 152 | 8. 0% |
| 电子新闻 | 28 105 | 29 069 | 29 392 | 32 673 | 32 923 | 250 | 0. 8% |
| 数字时代 | 11 132 | 11 394 | 11 198 | 11 082 | 11 862 | 780 | 7. 0% |
| 8 个报社 | 484 704 | 508 607 | 495 125 | 526 461 | 550 920 | 24 459 | 4. 6% |

出处：金融监督院电子财务公示系统(DART)。

3)地区日刊。

11 个地区日刊报社 2011 年销售额为2 333亿韩元，与 2010 年的2 255亿韩元相比，增加了 78 亿韩元，增长了 3. 5%。从圈域来看，中部地区(京畿、江原、忠清)2011 年销售额为 611 亿韩元，比 2010 年增加了 48 亿韩元，增长了 8. 5%；岭南地区(庆尚南北道)2011 年销售额为1 354亿韩元，比 2010 年增加了 57 亿韩元，增长了 4. 4%；湖南地区(全罗南北道、济州)2011 年销售额为 368 亿韩元，比 2010 年减少了 27 亿韩元，是所有地区中唯一一个减少的地区，大约减少了 6. 8%。

表 4-8-10 **地区日刊销售额的变迁现状(2007—2011，5 年)** (单位：百万韩元)

| 分类 | 2007 年 | 2008 年 | 2009 年 | 2010 年 | 2011 年 | 同比 | |
|---|---|---|---|---|---|---|---|
| | | | | | | 增减额 | 增减率 |
| 釜山日报 | 53 365 | 48 871 | 44 364 | 44 524 | 47 757 | 3 233 | 7. 3% |
| 每日新闻 | 38 327 | 34 021 | 29 340 | 33 175 | 32 793 | -382 | -1. 2% |
| 江原日报 | 17 435 | 18 554 | 19 953 | 22 829 | 23 501 | 672 | 2. 9% |
| 京仁日报 | 19 551 | 20 127 | 20 210 | 21 935 | 26 279 | 4 344 | 19. 8% |
| 国际新闻 | 22 493 | 22 422 | 21 086 | 20 768 | 22 832 | 2 064 | 9. 9% |
| 光州日报 | 17 739 | 16 084 | 18 617 | 18 376 | 16 460 | -1 916 | -10. 4% |
| 岭南日报 | 17 584 | 17 951 | 17 613 | 19 958 | 20 219 | 261 | 1. 3% |
| 济州日报 | 11 039 | 10 880 | 11 847 | 12 619 | 12 316 | -303 | -2. 4% |
| 大田日报 | 9 837 | 10 393 | 11 085 | 11 518 | 11 312 | -206 | -1. 8% |
| 庆南新闻 | 10 038 | 10 846 | 10 718 | 11 312 | 11 802 | 490 | 4. 3% |
| 全南日报 | 9 224 | 8 612 | 7 579 | 8 453 | 8 000 | -453 | -5. 4% |
| 11 个报社 | 226 632 | 218 761 | 212 412 | 225 467 | 233 271 | 7 804 | 3. 5% |

出处：金融监督院电子财务公示系统(DART)。

②杂志总体分析。

主要杂志社销售额的增加在 2011 年多少有些放缓。在金融监督院进行企业财务公开的 9 个主要杂志社，从其销售额的变迁来看，伽倻媒体、The Book Company、Design House 等销售额有所增加；首尔文化社、施工社、HM Korea、尖端等销售额有所减少。另外，中央 M&B 因为 2011 年中央日报下属的资讯公司合并改编为 J Conten Tree，其销售额才呈现大幅增长的态势。

表 4-8-11　　**主要杂志社销售额的变化**　　（单位：百万韩元）

| 分类 | 2006 年 | 2007 年 | 2008 年 | 2009 年 | 2010 年 | 2011 年 |
|---|---|---|---|---|---|---|
| 伽倻媒体 | — | 17 219 | 17 538 | — | 18 182 | 20 488 |
| The Book Company | 9 590 | 11 049 | 11 540 | 14 377 | 17 365 | 19 930 |
| Design House | 41 936 | 41 234 | 37 499 | 33 557 | 37 549 | 40 234 |
| 首尔文化社 | 56 878 | 57 188 | 52 017 | 49 170 | 52 630 | 51 342 |
| 施工社 | 59 508 | 53 476 | 49 063 | 51 220 | 49 297 | 42 185 |
| HM Korea | 21 551 | 25 667 | 25 255 | 26 964 | 30 807 | 30 031 |
| 中央 M&B | 48 529 | 54 267 | 55 926 | 58 663 | 65 974 | 136 847 |
| 尖端 | 6 391 | 6 357 | 5 712 | 4 573 | 3 821 | 3 748 |
| 学院社 | 13 909 | 13 135 | 11 567 | 7 931 | 8 353 | — |

* 中央 M&B 于 2011 年改编为 J Conten Tree。

** 金融监督院电子财务公示系统(DART)中，没有伽倻媒体 2006 年和 2009 年的监察报告书。

(2)收益性分析(营业利益)。

①报纸总体分析。

以 2011 年为标准，企业财务公开的 31 家报社的营业利益为 705 亿韩元，与 2010 年的 764 亿韩元相比，减少了 59 亿韩元，盈利有所减少。与 2007 年相比，减少了 164 亿韩元，因各年度、报纸种类及个别报纸的不同，整体营业利益的趋势起伏很大。

表 4-8-12　　**各报纸种类营业利益的变迁现状(2007—2011，5 年)**　　（单位：百万韩元）

| 分类 | 2007 年 | 2008 年 | 2009 年 | 2010 年 | 2011 年 | 同比 | |
|---|---|---|---|---|---|---|---|
| | | | | | | 增减额 | 变迁 |
| 全国日刊 | 69 408 | −7 286 | −2 487 | 60 510 | 57 253 | −3 257 | 赤字减少 |
| 经济日刊 | 27 573 | 18 967 | 18 339 | 21 324 | 19 398 | −1 926 | 赤字减少 |
| 体育报 | 674 | −1 740 | −1 937 | −1 530 | −2 307 | −777 | 赤字减少 |
| 地区日刊 | −10 742 | −9 180 | −5 223 | −3 867 | −3 806 | 61 | 赤字减少 |
| 合计 | 86 913 | 761 | 8 692 | 76 437 | 70 538 | −5 899 | 赤字减少 |

* 对象、出处：与表 4-8-3 相同，营业利益是除去营业外收入的纯报纸收入。

1)全国日刊。

11 个全国日刊报社 2011 年的营业利益为 573 亿韩元，与 2010 年的 605 亿韩元相比，减少了 33 亿韩元，显示盈利在减少。与上一年相比，盈利增加的报社有中央日报、韩民族、明日新闻 3 个报社，盈利减少的报社有朝鲜日报、首尔新闻、文化日报、京乡新闻 4 个报社。由赤字转为盈利的报社是世界日报，赤字减少的报社是韩国日报，赤字增加的报社是国民日报，由盈利转为赤字的报社是东亚日报。

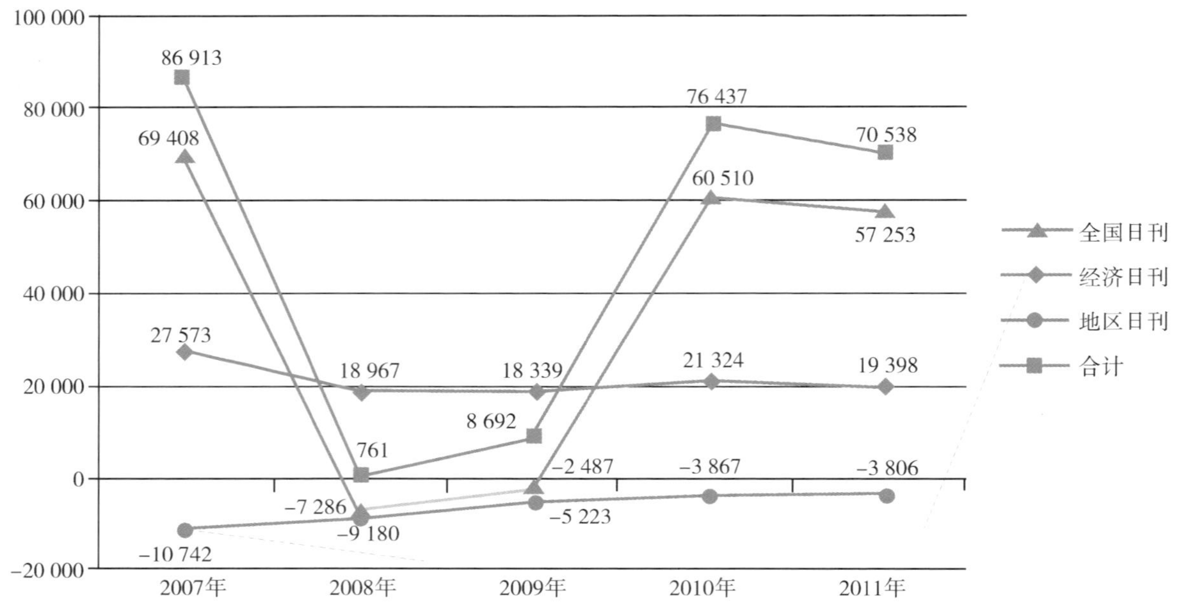


图 4-8-9　各报纸种类营业利益的变迁现状(2007—2011，5 年)

出处：依据金融监督院电子财务公示系统(DART)、媒体经营研究所的数据重新整理(不含体育报纸)。

表 4-8-13　**全国日刊营业利益的变迁现状(2007—2011，5 年)**　(单位：百万韩元)

| 分类 | 2007 年 | 2008 年 | 2009 年 | 2010 年 | 2011 年 | 同比 | |
|---|---|---|---|---|---|---|---|
| | | | | | | 增减额 | 变化 |
| 朝鲜日报 | 22 399 | 16 690 | 21 908 | 42 275 | 35 778 | −6 497 | 盈利减少 |
| 中央日报 | 8 243 | −21 253 | −18 275 | 1 024 | 13 499 | 12 475 | 盈利增加 |
| 东亚日报 | −6 700 | −12 886 | −12 219 | 6 744 | −8 229 | −14 973 | 变成赤字 |
| 首尔新闻 | 3 856 | 6 971 | 40 | 7 019 | 2 549 | −4 470 | 盈利减少 |
| 韩国日报 | 6 854 | −6 501 | −10 018 | −9 421 | −924 | 8 497 | 赤字减少 |
| 韩民族 | 1 780 | −6 107 | −549 | 3 710 | 3 908 | 198 | 盈利增加 |
| 文化日报 | 1 799 | 1 644 | 3 171 | 3 341 | 2 236 | −1 105 | 盈利减少 |
| 国民日报 | 5 425 | −1 319 | −2 591 | −2 378 | −3 269 | −891 | 赤字增加 |
| 明日新闻 | 7 699 | 8 134 | 8 006 | 7 081 | 7 960 | 879 | 盈利增加 |
| 世界日报 | 61 726 | −8 093 | −5 912 | −1 538 | 1 266 | 2 804 | 转为盈利 |
| 京乡新闻 | −11 403 | 15 434 | 13 952 | 2 653 | 2 479 | −174 | 盈利减少 |
| 11 个报社 | 69 408 | −7 286 | −2 487 | 60 510 | 57 253 | −3 257 | 盈利减少 |

出处：金融监督院电子财务公示系统(DART)。

2)经济日刊。

8 个经济日刊 2011 年营业利益为 194 亿韩元，与 2010 年的 213 亿韩元相比，减少了 19 亿韩元，呈现盈利减少的趋势。与上一年相比，盈利增加的报社有每日经济、韩国经济、The Herald Business、首尔经济、数字时代 5 个报社，盈利减少的报社有 Money Today、亚洲经济、电子新闻 3 个报社。

表 4-8-14　经济日刊营业利益的变迁现状(2007—2011，5 年)　(单位：百万韩元)

| 分类 | 2007 年 | 2008 年 | 2009 年 | 2010 年 | 2011 年 | 同比 | |
|---|---|---|---|---|---|---|---|
| | | | | | | 增减额 | 变化 |
| 每日经济 | 8 134 | 6 723 | 4 340 | 5 648 | 6 064 | 416 | 盈利增加 |
| 韩国经济 | 7 221 | 3 526 | 3 862 | 2 729 | 3 520 | 791 | 盈利增加 |
| The Herald Business | 2 921 | 1 478 | 1 554 | 2 152 | 2 692 | 540 | 盈利增加 |
| 首尔经济新闻 | 3 455 | 1 553 | 1 229 | 738 | 1 834 | 1 096 | 盈利增加 |
| Money Today | 4 761 | 3 512 | 3 556 | 4 310 | 3 538 | -772 | 盈利减少 |
| 亚洲经济 | 93 | 1 124 | 2 710 | 2 957 | 9 | -2 948 | 盈利减少 |
| 电子新闻 | 386 | 442 | 207 | 1 599 | 459 | -1 140 | 盈利减少 |
| 数字时代 | 602 | 609 | 881 | 1 191 | 1 282 | 91 | 盈利增加 |
| 8 个报社 | 27 573 | 18 967 | 18 339 | 21 324 | 19 398 | -1 926 | 盈利减少 |

出处：金融监督院电子财务公示系统(DART)。

3)地区日刊。

11 个地区日刊 2011 年营业利益的赤字为 38 亿韩元，与 2010 年 39 亿韩元的赤字相比，虽然减幅很小，但毕竟是赤字减少了。与前一年相比，盈利增加的有大田日报、全南日报 2 个报社，盈利减少的有江原日报、岭南日报、庆南新闻 3 个报社，由赤字转成盈利的有京仁日报、国际新闻 2 个报社，赤字减少的有釜山日报、每日新闻 2 个报社，赤字增加的是光州日报、济州日报 2 个报社。

表 4-8-15　地区日刊营业利益现状(2007—2011，5 年)　(单位：百万韩元)

| 分类 | 2007 年 | 2008 年 | 2009 年 | 2010 年 | 2011 年 | 同比 | |
|---|---|---|---|---|---|---|---|
| | | | | | | 增减额 | 变化 |
| 釜山日报 | -6 117 | 117 | -2 610 | -2 569 | -2 475 | 94 | 赤字减少 |
| 每日新闻 | -1 726 | -4 636 | -1 755 | -1 132 | -472 | 660 | 赤字减少 |
| 江原日报 | 138 | 70 | 159 | 1 792 | 673 | -1 119 | 盈利减少 |
| 京仁日报 | -882 | -663 | -857 | -2 851 | 547 | 3 398 | 转为盈利 |
| 国际新闻 | -836 | -1 792 | -382 | -489 | 101 | 590 | 转为盈利 |
| 光州日报 | -388 | -1 570 | 748 | -350 | -3 056 | -2 706 | 赤字增加 |
| 岭南日报 | 150 | -326 | -203 | 19 | 2 | -17 | 盈利减少 |
| 济州日报 | 106 | 15 | -319 | -154 | -1 211 | -1 057 | 赤字增加 |
| 大田日报 | 451 | 247 | 88 | 211 | 377 | 166 | 盈利增加 |
| 庆南新闻 | 47 | 17 | 55 | 496 | 303 | -193 | 盈利减少 |
| 全南日报 | -783 | -659 | -147 | 1 160 | 1 405 | 245 | 盈利增加 |
| 11 个报社 | -10 742 | -9 180 | -5 223 | -3 867 | -3 806 | 61 | 赤字减少 |

出处：金融监督院电子财务公示系统(DART)。

②杂志总体分析。

主要杂志社 2011 年营业利益多少呈现出增加的趋势。在金融监督院进行企业财务公开的 9 个主要杂志社的营业利益与 2010 年相比，有 6 个杂志社增加了。特别是《中央 M&B》改编扩大为《J Conten Tree》后，营业利益大幅增加了。

表 4-8-16　　**主要杂志社的营业利益变化情况**　　（单位：百万韩元）

| 分类 | 2006 年 | 2007 年 | 2008 年 | 2009 年 | 2010 年 | 2011 年 |
|---|---|---|---|---|---|---|
| 伽倻媒体 | — | 1 850 | 2 643 | — | 3 049 | 4 340 |
| The Book Company | 1 514 | 2 200 | 2 061 | 2 7700 | 4 058 | 3 640 |
| Design House | 324 | 1 753 | 2 822 | 2 305 | 3 869 | 5 944 |
| 首尔文化社 | 5 131 | 5 890 | 1 732 | 2 635 | 2 913 | 3 854 |
| 施工社 | 3 165 | 209 | -3 227 | 1 103 | 883 | 1 247 |
| HM Korea | 1 689 | 2 546 | 1 618 | 2 189 | 1 528 | -2 734 |
| 中央 M&B | 97 | 2 219 | 1 687 | 2 275 | 7 060 | 17 736 |
| 尖端 | 485 | 506 | 179 | -129 | 12 | 32 |
| 学院社 | 1 509 | 1 610 | 776 | -28 | 312 | — |

* 中央 M&B 于 2011 年改编为 J Conten Tree。

** 金融监督院电子财务公示系统（DART）中，没有伽倻媒体 2006 年和 2009 年的监察报告书。

## （二）主要政策

### 1. 报纸领域

（1）韩国新闻振兴财团。

①加强媒体工作者的专业工作能力。

虽然从事新闻业所需的媒体工作者的专业工作能力得到了大幅提高，但随着报纸进军播放事业，需要为报纸记者提供制作播放新闻所需的教育，为此，韩国新闻振兴财团为 20 多个与综合节目频道建立联盟的地区报纸提供了教育扶持活动。随着推特、脸书等 SNS 的扩大，还增加了利用社区媒体的教育，提高灵活使用新媒体的多种能力。还扶持媒体企业制定新的市场营销战略，以及制定新闻资讯收益模式的开发战略和蓝海战略等。此外，由于媒体公司的经营危机日益严重，还扶持进行经营及管理专业化的教育，开设了 3 次经营管理领域的教育课程，讲授经营稳定化及收益多元化的技巧和方法，每年有 125 人接受这一教育。特别是财团通过对退休媒体工作者的再教育，将新闻的专业性回馈给社会，与宽勋俱乐部（韩国设在首尔宽勋洞的记者俱乐部——译者注）签订了 MOU，以元老级媒体工作者为对象，实施了计算机、SNS 教育。接受了教育的元老级媒体工作者为学校、社会团体等传授写作技能和正确阅读报纸等讲座，在 172 个地方，共有10 763人听取了特别讲座。财团为加强国际化力量，在现有的韩—美、韩—俄、韩—欧、韩—中媒体工作者交流之外，还增加了韩—印媒体工作者交流。通过这些媒体工作者的国际交流，提高了对国际热点问题的理解，提高了国际报道力量和新闻资讯的品质，并在对象国内提高了对我国的认识。

②提高媒体工作者的可信度。

韩国新闻振兴财团为提高舆论的可信度，对媒体自主提高可信度活动提供了扶持，并为“可信赖的新闻业”活动提供公开讨论的场所，加强了媒体工作者的伦理教育。特别是，还在媒体界首次引入网络新闻自律审议制度。目前，国民越来越多地使用网络新闻，媒体的影响力也日益增加，但其可信度却不断下降。另外，由于新闻的特殊性，政府很难直接介入为提高新闻可信度而进行的活动。为此，韩国新闻振兴财团扶持运营了网络新闻自律审议协会，制定了网络新闻伦理纲领，扶持运营了读者权益委员会和投诉处理机构，以提高读者的信赖度。还通过举办讨论社会热点问题的讨论会和研讨会，提出了战时/紧急状况时采访报道、灾难报道存在的问题分析和讨论等发展方案。通过扩大舆论伦理、法制的教育，尽力提高新闻报道的可信度。见习记者教育课程中，法制伦理讲座数量由 2010 年的 11 个(共 90 个讲座)，增至 2011 年的 44 个(共 201 个讲座)，还新设了网络新闻和门户网站编辑教育课程。

③加强新闻业研究体系及其可操作性。

韩国新闻振兴财团为克服新闻业的危机，认为有必要开发并共享应对危机的实际方案。为此，制定了应对媒体环境变化的战略，大体有综合编辑频道的应对战略、智能媒体的应对战略、统一环境的应对战略、媒体现状的分析等。随着综合编辑频道的出现，广告市场发生变化，为此我们探索了相应的方案。随着智能媒体的扩散，推进了制定新闻产业振兴政策的研究工作。为准备统一，共发行了 3 期“统一与新闻”系列报道，以分析朝鲜舆论环境，提供政策基础资料；为研究韩国的媒体环境并探索应对方案，举办了“韩国的新闻媒体 2011：多媒体时代的新闻业讨论会”。

④转换报纸流通扶持工作的方向。

韩国新闻振兴财团自 2010 年成立以来，针对过去 5 年间的新闻流通工作实施了综合性研究和评价的工作。以民官学合作进行的改善新闻流通特别工作组的研究结果和专业咨询企业的咨询结果为基础，实施了审计工作，并以审计的结果为基础，于 2010 年 12 月 31 日关闭了全国 22 个一直处于经营不良和长期赤字等运营效率不高的直营共同发行中心。另外，因报纸法的生效，还取缔了失去法律依据的出版物工作。同时，自 2011 年起，成立了报社的自律性组织——报纸流通协议体，报纸流通工作的重要事项将与报纸流通协议体协商推进，之前由政府主导的方式转变成民间自律的方式。随着直营共同发行中心的取缔，韩国新闻振兴财团为开展民营共同发行中心的工作，临时运营了广域型地区管理中心，填补了直营共同发行中心的业务空白，加强了民营共同发行中心的自律管理体系。

⑤发表应用报纸进行教育(NIE)的基本计划。

文化体育观光部 2011 年 4 月 20 日发表了“NIE 基本计划(2011—2013)”，显示了激活 NIE 的决心。该计划旨在以 2010 年“克服报纸危机大讨论会”的结论为基础，以政策的形式实践“振兴阅读文化”这一课题，从培养成熟而有责任的市民意识，扩大将来报纸读者的层面上看，意义是十分重大的。该计划包括“以学校一线为中心的 NIE”“激活社会 NIE”“构筑 NIE 基础设施”3 个领域的 9 项工作，文化体育观光部计划通过推进该项计划，提高大众对报纸媒体的亲近感，将 NIE 生活化，振兴全体国民的阅读文化，建立报纸产业可持续发展的长期基础。

(2)地区报纸发展委员会。

①第3届委员会的成立和行动目标。

随着2010年对《地区报纸发展扶持特别法》①的部分修订，将法律有效期延长至6年，紧接着2010年年末成立了第3届委员会。第3届地区报纸发展委员会于2011年1月召开了上年度被选定为优先扶持对象报社的恳谈会，将全国划分为6个地域，在11个地区召开了巡回恳谈会，搜集了地区报社对地区报纸发展新方向的意见，重新确立了今后的政策方向和阶段性任务。随后，委员会以“将地区放在中心位置”为口号，将“深入地区(地方)”“走近地区报纸的移动委员会(Commission on the Move)”确定为行动目标。

②选定2011年度优先扶持对象报社。

地区报纸发展委员会在2011年2月17日至2月21日期间，接受2011年度优先扶持对象的选定申请，地方报纸反应热烈，有120个报社提出了申请，与2010年的91个报社相比，增加了31.9%。与2010年相比，日刊报纸由31个增加至41个，增加了32.3%；周刊报纸由60个增加至79个，增加了31.7%，是自2005年开展该项工作以来，申请报社最多的一年。委员会通过审查材料、实际考察报社等工作，于4月12日公布了2011年度优先扶持对象报社名单，其中，日刊报社30个、周刊报社51个，共选定了81个报社，是2005年开展该项工作以来，选定最多的一年。地区报纸申请优先扶持对象的激增，是由于地区报纸对该项扶持工作的认识提高了，同时也证明地区报纸发展基金工作为报社提供了实质性的帮助。

另外，委员会公开了2011年的审查原则。第一，修改了审查标准和实地考察等事项，新加入了作为地区报纸应具有的可持续发展性、与地区发展相关的创意性工作计划等评价指标。第二，努力继承并发展过去6年间地区报纸发展委员会的工作成果。第三，遵循委员会一直坚守的两大原则，即“选择与集中”及“依据绝对评价而不是相对评价的扶持”。结果就是，被选定为优先扶持对象报社的数量虽然增加了，但与2010年相比，选定比例降低了。2010年选定比例为日刊报纸83.9%、周刊报纸71.7%，但2011年日刊报纸的选定比例为73.2%、周刊报纸为64.6%，选定比例降低了7%~10%。另外，2011年首次被选定为优先扶持对象的日刊报社有6个、周刊报社有8个，显示出报社参评的范围扩大了。委员会与文化体育观光部、韩国新闻振兴财团一起，积极推进为被选定为优先扶持对象的地区报社提供地区报纸发展基金的扶持工作。

③发表中长期地区报纸发展扶持计划。

地区报纸发展委员会与文化体育观光部、韩国新闻振兴财团一起，于2011年2月14日就地区报纸发展扶持3年计划召开了记者会，发表了地区报纸中长期发展计划、2011年优先扶持对象审查原则和工作方向等事项。地区报纸发展扶持3年计划是文化体育观光部依法每3年制定的发展扶持计划，本次扶持计划将对2010年年末成立第3届委员会的前期工作进行评价，通过对工作计划的咨询，由文化体育观光部最终确定。本次地区报纸发展扶持3年计划最大的特点是构建地区报纸实质性自立基础的“发动机”，而第1届和第2届的扶持计划只是谋求稳定地开展工作。

④2011年度主要工作成果。

地区报纸发展委员会2011年扶持工作的原则和审查方向，如对选定结果的公告所示，强调以地区报纸为中心的扶持工作。2011年度各项工作的成果如下：在扶持加强地区报纸竞争力工作方面，扶持

① 《地区报纸发展扶持特别法》(2010.6.10施行)(法律第10368号，2010.6.10，部分修订)。

企划采访——77 个报社(2009 年 53 个，2010 年 42 个)，扶持自由撰稿人的工作——73 个报社(2009 年 55 个，2010 年 63 个)，扶持改善资讯版面——73 个报社(2009 年 55 个，2010 年 42 个)，扶持启用市民记者——65 个报社(2009 年 47 个，2010 年 50 个)，还扶持进行了 3 次共同企划采访活动。在营造多媒体环境方面，持续开展了扶持报道资料的数字化与共用 DB 化、数字设备租借等工作。2011 年，针对弱势阶层进行的购书扶持工作，共向 75 个报社提供了购买50 603册图书(2009 年 56 个报社、33 591册，2010 年 66 个报社、36 339册)的扶持。NIE 示范学校购书费扶持工作也向 74 个报社提供了购买44 390册图书(2009 年 56 个报社、33 329册，2010 年 66 个报社、36 325册)的扶持，同比上一年，无论是在质量还是数量上，均加强了扶持力度。扶持工作加强了公益性，对阅读扶持工作的扩大，是消除弱势阶层的信息封闭及奠定中小学学生阅读文化基础的一个契机。

另外，在活跃地区报纸运动中，时隔 2 年又举办了地区报纸讨论会，在 11 月 3 日的自由讨论中，提出了委员会的愿景，并听取了地区报社的需求；4 日，发表了在智能时代的媒体战略、报道及编辑、亲读者型报纸制作及地区贡献、经营/广告/组织革新 4 个领域的 12 项工作方面，30 个报社的 42 件优秀事例。另外，在优秀事例发表作品和创意 & 广告公募赛参赛作品中，评出了文化体育观光部部长奖、大奖、最优秀奖、优秀奖、鼓励奖，共享了地区报纸的优秀事例，推广了扶持工作的成果。另外，加强了地区报纸的监测工作，全面整改了现有的监测方式和组织，引入并实施了更加严密的地区报纸应用方案。

⑤2012 年优先扶持对象报社的申请公告。

地区报纸发展委员会为选定 2012 年度优先扶持对象报社，于 2011 年 12 月 20 日公布了选定公告，自 2011 年 12 月 20 日至 2012 年 1 月 3 日期间接受申请，2 月初确定了优先扶持对象报社。委员会计划以 2012 年的工作为基础，2012 年 12 月开始发布优先扶持对象报社选定公告，尽早评选、确定 2013 年优先扶持对象报社，争取积极有效地推进该项工作。另外，2012 年的选定标准在现有委员会选定标准的基础上，还充分地体现了第 3 届委员会成立以来所进行的各种恳谈会、讨论会、研究调查工作所搜集到的地区报纸从业者的意见。

### 2. 杂志领域

(1)扶持优秀资讯杂志的工作。

优秀资讯杂志扶持工作是一项以满足弱势地区和阶层对知识信息的需求、追求文化上的均衡发展为目的的工作，主要是扶持内容优秀的杂志，引导杂志资讯提高品质，由国库出资购买被选定的杂志分发给图书馆、学校等公共机构及文化弱势地区。

由国库扶持购买部分杂志，对杂志社的经营是一个很大的帮助。另外，被选定为优秀资讯杂志时，当年可以在杂志上使用“文化体育观光部选定优秀资讯杂志”的标志，也能够成为对外宣传杂志品质的一个契机。因此，这项工作能够为杂志提高读者和广告主的信赖度，是杂志领域非常重要的政策性扶持工作。

2005 年开始的优秀资讯杂志扶持工作至 2010 年为止，共获得了 11 亿6 000万韩元的扶持资金，向 444 个地方分发了 262 种杂志。2011 年选定了 50 种杂志，利用 4.5 亿韩元的预算购买后，分发给 195 个地方的公共图书馆及文化弱势地区。

表 4-8-17　　优秀资讯杂志选定种类数及扶持金额　　（单位：个）

| | 2005 年 | 2006 年 | 2007 年 | 2008 年 | 2009 年 | 2010 年 | 2011 年 |
|---|---|---|---|---|---|---|---|
| 选定种类数 | 57 | 30 | 30 | 42 | 50 | 53 | 50 |
| 分发地区 | 55 | 38 | 39 | 44 | 73 | 195 | 195 |
| 扶持金额 | 1 亿韩元 | 1 亿韩元 | 1 亿韩元 | 1. 56 亿韩元 | 2. 38 亿韩元 | 4. 7 亿韩元 | 4. 5 亿韩元 |

出处：2011 杂志产业实态调查(韩国舆论振兴财团)。

(2)培养杂志专业人才的工作。

杂志产业需要兼具企划能力和资讯生产能力的高级人才，但目前大学里却几乎没有杂志相关的专业及课程。亟须培养能够迅速适应快速变化的媒体环境，在逐步开放的市场环境下拥有国际竞争力的杂志专业人才。

杂志产业的人才培养主要以韩国杂志协会内设立的韩国杂志教育院为中心进行。韩国杂志教育院获得国库等的扶持，培养杂志产业所需的新入职人员，并对中坚人才实施在职教育，致力于杂志专业人员的培养工作。自 2003 年杂志教育院开设以来，至 2010 年为止，共有3 355人(新入职人员1 658名、在职人员1 477名)接受了杂志专业教育。

另外，2011 年共有 260 人获得新闻振兴基金的扶持接受了杂志专业教育，其中，新入职人员教育 40 名，在职人员教育 120 名，青年实习等其他教育 100 名。

表 4-8-18　　韩国杂志教育院人才培养业绩

| 分类 | 2003 年 | 2004 年 | 2005 年 | 2006 年 | 2007 年 | 2008 年 | 2009 年 | 2010 年 | 2011 年 |
|---|---|---|---|---|---|---|---|---|---|
| 新入职人员的培养 | 111 | 249 | 330 | 258 | 200 | 180 | 210 | 120 | 40 |
| 在职人员的教育 | 198 | 193 | 164 | 165 | 160 | 218 | 179 | 200 | 120 |
| 其他 | 30 | — | — | — | — | 100 | 90 | — | 100 |

(3)古杂志的数字化工作。

韩国古杂志作为历史和传统的结晶，虽然具有很高的文化价值，但很多人是难以接触到的。1896 年开始发行的韩国杂志，在日帝占领时期宣扬鼓动独立自主思想，解放后又为我国的民主化做出了贡献，历史价值非常高。但这些杂志大多收藏在位于汝矣岛的韩国杂志博物馆，民众必须前往实地才能参观。因此，需要将古杂志进行数字化处理，在网络上提供服务，提高国民接触古杂志的机会。另外，将汉字和复杂的文体转换成简单易懂的内容，也是古杂志数字化工作的一部分。

古杂志的数字化工作自 2010 年开始，当年完成了 60 卷古杂志的数字化转换工作，2011 年完成了 45 卷古杂志的数字化转换工作。

表 4-8-19　　完成数字化转换的古杂志目录

| 工作年度 | 古杂志目录 |
|---|---|
| 2010 年 | 金星、文艺家、玫瑰村、三千里、儿童杂志、少年、家庭杂志、红衣等 60 卷 |
| 2011 年 | 亲睦会报、大朝鲜独立协会报、大韩自强会月报、青春、新星、惟心、白潮、金星等 45 种 |

(4)杂志产业实态调查工作。

由于之前对杂志产业的关注不足，因此缺乏对产业整体的统计资料及基础数据等的调查研究。过去 10 年间，关于杂志产业的实态调查只有 2006 年新闻财团进行的基础统计调查，即便是资讯振兴院做的《资讯产业统计》和新闻振兴财团做的《韩国新闻年鉴》，也仅有杂志产业的销售额、广告费、从业规模等资料而已。因此，2011 年，韩国新闻振兴财团为获取我国杂志产业的基础统计数据，研究杂志产业的实际状况，设定有体系的杂志产业振兴方向，对杂志产业实施了实态调查。

杂志产业实态调查以杂志发行现状、从业者现状、记者及纪实相关事项、流通及销售现状、网络及数字服务现状、产业景气指数、财务现状、发行人现状等内容为中心进行。通过调查获取的杂志产业相关数据，将作为文化体育观光部企划、推进的“杂志产业振兴 5 年计划”等的基础资料使用，实态调查的结果可以参照本白皮书杂志部分的“1. 现状”。

(5)发表杂志产业资讯 5 年计划。

为了全面培育之前被忽视的杂志产业，在文化体育观光部、韩国杂志协会、学界及相关机关的准备下，于 2011 年 4 月 7 日发表了“杂志产业振兴 5 年计划”。杂志产业振兴 5 年计划是依据《杂志等定期出版物振兴法》第 7 条第 1 款的规定制定的，包含杂志产业振兴的基本方向、构建产业基础及培养专业人才、促进杂志的阅读及加强流通、杂志产业进军海外等具体内容。

2011 年发表的杂志产业振兴 5 年计划包含 4 大课题和 16 项具体工作，今后 5 年将依据该计划积极推进培育杂志产业的政策。

4 大课题 16 项具体工作

| | |
|---|---|
| 1. 构建振兴杂志产业的基础设施 | 1-1 设置、运营杂志产业培育委员会<br>1-2 发掘创意人才及实现业务人才专业化<br>1-3 扶持教育基础设施的现代化<br>1-4 杂志产业实态调查及研究 |
| 2. 提高杂志资讯品质并扶持其数字化 | 2-1 构建 U-Magazine 平台<br>2-2 扶持编辑、制作系统的现代化<br>2-3 扶持企划采访及经营咨询<br>2-4 扶持杂志奖励制度<br>2-5 选定、普及优秀资讯杂志<br>2-6 扶持古杂志的数字化 |
| 3. 改善流通结构及扩大读者群 | 3-1 升级流通机构<br>3-2 激活杂志广告<br>3-3 发掘、发展潜在读者<br>3-4 扶持杂志后援制度及弱势阶层 |
| 4. 提高国际竞争力 | 4-1 构建国际网络及扶持合作<br>4-2 发掘韩流杂志及扶持翻译工作 |

图 4-8-10　杂志产业振兴 5 年计划

## (三)展望

### 1. 概况

2010 年是依据《报纸等振兴法》的修订①而成立韩国新闻振兴财团的第 3 年，是依据《地区报纸发展扶持特别法》有效期的延长而成立第 3 届委员会的第 2 年，是 2011 年制定的杂志产业振兴 5 年计划②的第 1 年，对于报纸产业来说是十分重要的一年。

### 2. 发展课题

(1)持续推进韩国新闻振兴财团的重点课题。

①战略性地扩大新闻的有偿化工作。

2011 年，首次为政府机构购买新闻资讯划拨 24 亿韩元的预算，以 48 个国家机构为对象，加强了新闻资讯的合法使用(版权保护层面)。今后，将以地方自治团体及公共机关为对象，通过加强宣传及教育活动，持续推进有偿购买新闻资讯的工作，建立媒体、专家参与的协议体(Consultative Group)，全力开发新的服务模式。

②加强 NIE 等阅读文化的扩散。

现有的 NIE 工作是按学校、项目分别实施，将依据“选择与集中”的原则，在全国选定 100 所主要学校(研究学校 10 所、工读学校 90 所)，把按学校进行的 NIE 授课扶持、报纸制作体验教育、教师及家长研修等整合起来，以提高扶持工作的效率。为营造亲近报纸的文化氛围，计划举办社会各界领导者的巡回特别讲座——领导者的音乐会，以提高年轻人对阅读文化的关注；计划举办应用报纸的辩论比赛，提高整个社会的关注度。为建立亲近报纸的基础设施，计划开设报纸阅读博客、推特，构建与脸书相连的振兴阅读综合 SNS 宣传网。从 2011 年开始实施的弱势阶层购书费用扶持工作，其预算将增加 5 亿5 000万韩元(2011 年为 15 亿5 000万韩元)，以便进一步加强弱势阶层的信息主权。

③改善政府广告服务体制。

为提高政府广告广告主的满意度，扩大了民间广告代理公司的部分代理(AOR)及协作体系。民间代理公司负责宣传战略和广告企划，财团负责制定媒体战略及购买。另外，为了系统地分析政府广告的效果，计划构建媒体效果分析体系，以便能够针对各媒体进行政府广告效果的定量分析；为了防止政府广告的直接交易，还计划构建常设监测体系。

(2)构建健全的地区报纸发展基础，加强扶持制度。

①通过将选定、审查标准系统化并提供预算的早期支持，加强地区报纸扶持工作。

2012 年是第 3 届委员会成立的第 2 年，提出了更加完善的选定和审查工作标准，客观地评价已取得的成果和问题，使审查及选定标准系统化，并进一步简化。因此，与往年不同，果断地取消了审查及评价项目中形式化和缺乏客观性的部分，增加了能够客观地辨别好坏的项目。同时，对于申

---

① 报纸等振兴法(2010. 2. 1 施行)(法律第 9974 号，2010. 1. 25，依据特别法而进行的修订)。

② 杂志等定期出版物振兴法(2008. 12. 6 施行)(法律第 9098 号，2008. 6. 5 制定)，施行令(2012. 5. 23)(总统令第 23807 号，2012. 5. 23，依据别的法律而进行的修订)。

请书的样式和附件，还大幅减少了不必要或可能引起异议的附加资料，简化了申请报社的行政手续。另外，委员会于 2012 年 2 月 2 日即完成了 2012 年优先扶持对象的选定工作，通过对条件恶劣的地区报社的早期预算扶持，使其能够制定系统的工作计划，推进了地区报社发展扶持基金工作的顺利进行。

②通过“沟通的机会”，开展“移动的委员会”工作。

第 3 届地区报纸发展委员会在 2011 年成立时曾强调，2012 年以“将地区放在中心位置”为口号，确定了“深入地区”“走近地区报纸的移动委员会”的行动目标。特别是 2012 年为积极实现“沟通的机会”，举办了地区报纸革新研讨会，正在扩大与地区报纸沟通的机会，积极搜集地区报纸一线的声音。另外，地区报纸一线的声音将会反映到下一年度的预算编制及工作扶持方式的改善等地区报纸扶持政策的制定当中。

③推进扶持工作的合理性、实效性。

地区报纸发展委员会计划修订及完善现有的工作和扶持制度。这是由于现有的大部分工作是按 2005 年地区报纸发展委员会成立时制定的标准进行的，部分工作已经完成了既定目标，并且，为了能够适应现在的媒体环境，有必要对各领域的工作作出符合现实的调整。因此，委员会分析了之前扶持工作的实态调查、效果，顺应新媒体时代的要求完善工作内容。充分体现法律的基本精神，以地区性、创意性、扶持的公正性、效率性为基础，提高工作的合理性和实用性，构建地区报纸的自立基础。

(3)通过杂志产业振兴 5 年计划，扩大扶持。

杂志与其他媒体不同，提供的信息相对专业，特别是在传播汇集文化价值的信息这一点上，杂志具有与报纸等其他新闻媒体不同的价值取向。因此，杂志产业就是文化产业，是信息化时代的根基产业，特别是杂志产业的文化价值及传播力非常高。另外，杂志一般是多品种少量生产的专业期刊，应该说是最适合信息化时代的媒体，甚至可以说是保障文化多样性的最终手段，是效用性很高的媒体。正因如此，杂志提供了普通媒体无法提供的多方面的知识和信息。但最近在韩国，由于网络的兴起和杂志市场的停滞，杂志的媒体地位日益下降，正经历着广告收益减少、销售数量减少、销售额下降的困难。还有就是至今为止，杂志与报纸或播放、影像产业相比，其作为文化和信息资讯产业的重要性尚未得到正确的评价。

如上所述，随着 2011 年杂志产业振兴 5 年计划的发表，杂志产业培育政策正在逐步推进。为培育杂志产业，2012 年将主要推进如下工作：优秀资讯杂志的扶持工作、举办 FIPP 数字杂志讨论会、古杂志数字化工作、杂志专业人才的培养扶持工作、企划报道的扶持工作、设施现代化的融资工作等。尽管制定了 2012 年杂志产业培育计划，但是相关的预算尚未落实，因此虽然事态紧急，但没能正式推进的课题很多。第一，为激活逐渐减少的广告，进行政策性、制度性的研究及制定扶持政策迫在眉睫；第二，在剧烈变化的数字化媒体环境下，必须尽快扶持构建数字杂志平台，以促进杂志产业的数字化发展；第三，为将混乱的杂志流通市场系统化，减少杂志社的物流费用，需要提供政策扶持；第四，为提高杂志媒体的使用率，还亟须推进激活阅读文化、发掘潜在读者等各种工作。此外，激活地区杂志、开发培育韩流杂志等工作，也是培育杂志产业所必需的工作。

虽然杂志产业尚处于困境，预算也不足，但政府对杂志产业的关注和扶持意向很强，因此，杂志产业堆积的课题有望得到解决。

# 九、播　　放

## (一) 现状

### 1. 播放产业销售现状

2010 年，播放产业的企业数量为 926 个，从业人数为34 584人。销售额为 11 兆1 764亿韩元，附加价值额为 4 兆2 849亿韩元，附加价值率为 39. 81%。出口额为 2 亿2 863万美元，进口额为 1 亿1 049万美元。

播放产业的企业数量由 2005 年的 525 个增加至 2010 年的 926 个，年均增加了 12. 0%，销售额和从业者人数年均增长分别为 5. 3%、3. 1%。除去进口额外，增长最大的是出口额，年均增长 13. 4%。出口额自 2005 年以后不断增长，年均增长 13. 4%。2010 年进口额与 2009 年相比减少了 39. 6%。

表 4-9-1　**各企业的平均销售额及每个从业者的平均销售额现状(2010)**　(单位：百万韩元)

| 分类 | 企业数量(个) | 销售额 | 从业者数量(名) | 各企业平均销售额 | 人均销售额 |
|---|---|---|---|---|---|
| 地面波企业 | 54 | 3 649 683 | 13 403 | 67 587 | 272 |
| 地面波 DMB | 19(3) | 14 516 | 105 | 4 839 | 138 |
| 综合有线 | 94 | 1 928 473 | 4 899 | 20 516 | 394 |
| 转播有线 | 100 | 9 284 | 261 | 93 | 36 |
| 一般有线 | 1 | 351 540 | 290 | 351 540 | 1 212 |
| 卫星 DMB | 1 | 121 372 | 116 | 121 372 | 1 046 |
| 家庭购物 PP | 5 | 2 161 614 | 3 244 | 432 323 | 666 |
| 一般 PP(TV/电台) | 174 | 1 798 556 | 7 090 | 10 337 | 254 |
| IPTV | 3 | 404 303 | 470 | 134 768 | 860 |
| 独立制作公司 | 475 | 737 092 | 4 706 | 1 552 | 157 |
| 整体平均 | 926 | 11 176 433 | 34 584 | 12 070 | 323 |

出处：文化体育观光部、韩国资讯振兴院(2011)，《2011 文化产业统计》。

### 2. 人员现状

2010 年播放产业从业者人数为34 584人，同比减少 0. 4%，年均增长 0. 3%。从各年度看，2008 年为34 393人，2009 年为34 714人，2010 年为34 584人。与播放业的销售额相反，从业者人数持续减少，特别是综合有线播放产业从业者人数由 2008 年的5 376人减少至 2010 年的4 899人，减少了 477 人，是从业者人数减少最多的。

播放产业从业者中，地面波从业者人数为13 403人(38.8%)，所占比重最大；其次依次为：播放频道使用业从业者人数为10 334人(29.9%)、综合有线从业者人数为4 899人(14.2%)、播放影像独立制作从业者人数为4 706人(13.6%)、一般卫星播放从业者人数为 290 人(0.8%)。

从增减率来看，地面波从业者人数同比减少 1.8%，年均减少 1.7%。播放频道使用业从业者人数同比增加 6.3%，年均增加 4.2%。播放频道使用业从业者人数与 2008 年相比增加了 824 人，与其他媒体相比，从业者人数增加较多。

表 4-9-2　　**播放产业各业种从业者现状**　　(单位：名,%)

| 分类 | 2008 年 | 2009 年 | 2010 年 | 比重(%) | 同比增减率(%) | 年均增减率(%) |
|---|---|---|---|---|---|---|
| 地面波 | 13 877 | 13 646 | 13 403 | 38.8 | ▽1.8 | ▽1.7 |
| 地面波 DMB | 136 | 111 | 105 | 0.3 | ▽5.4 | ▽12.1 |
| 综合有线 | 5 376 | 5 332 | 4 899 | 14.2 | ▽8.1 | ▽4.5 |
| 转播有线 | 319 | 310 | 261 | 0.8 | ▽15.8 | ▽9.5 |
| 卫星播放 | 285 | 284 | 290 | 0.8 | 2.1 | 0.9 |
| 卫星 DMB | 166 | 159 | 116 | 0.3 | ▽27.0 | ▽16.4 |
| 使用频道 | 9 510 | 9 718 | 10 334 | 29.9 | 6.3 | 4.2 |
| IPTV | — | 406 | 470 | 1.4 | 15.8 | — |
| 独立制作公司 | 4 724 | 4 748 | 4 706 | 13.6 | ▽0.9 | ▽0.2 |
| 播放产业合计 | 34 393 | 34 714 | 34 584 | 100 | ▽0.4 | 0.3 |

出处：文化体育观光部、韩国资讯振兴院(2011)，《2011 文化产业统计》。

### 3. 收费播放加入者现状

以 2010 年 12 月为标准，收费播放的加入者人数为2 336万人，与上一年的2 206万人相比，增加了 5.9%，这得益于 IPTV、综合有线数字播放、一般卫星播放服务的加入者人数增加。综合有线播放中模拟播放的加入者人数为1 144万人，同比减少了 7.6%，但数字播放加入者人数为 342 万人，增加了 28.0%。转播有线播放加入者人数为 18 万人，与上一年基本持平。一般卫星播放加入者人数为 283 万人，同比增加了 15.0%。个人用移动收费播放——卫星 DMB 加入者人数为 185 万人，同比减少了 7.6%。IPTV 的加入者人数为 365 万，同比增加了 53.6%。

### 4. 独立制作公司现状

2010 年与 2009 年相比，仅企业的数量增加了，从业者人数、销售额、出口及进口额均有所减少。2010 年，播放影像独立制作公司的总销售额为7 370亿韩元，同比减少 7.4%；从业者人数为4 706人，同比减少 0.9%；出口额为1 369.1万美元，同比减少 4.6%。特别是各产业平均销售额减少了 23.4%，减幅最大；销售额为 10 亿韩元以上、100 亿韩元以下的产业和销售额为 100 亿韩元以上的产业的销售额比例分别下降了 12.4%、6.9%。与 2009 年相比，2010 年播放影像独立制作公司的销售额减少，是由影像制品进口发行收入的减少和赞助费收入的减少带来的。但与 2008 年相比，销售额规模是增加的，维持着年均 0.7%的增长率。

表 4-9-3　**2008—2010 年播放影像独立制作公司总体现状**　（单位：人，百万韩元，%）

| 分类 | 企业数 | 从业者 | 销售额 | 各企业平均销售额 | 人均销售额 | 各企业平均从业者人数 | 附加价值 | 附加价值率 | 出口额 | 进口额 |
|---|---|---|---|---|---|---|---|---|---|---|
| 2008 年 | 391 | 4 724 | 727 411 | 1 860 | 154 | 12 | 295 838 | 40.67 | 11 228 | 71 135 |
| 2009 年 | 393 | 4 748 | 796 175 | 2 026 | 168 | 12 | 328 343 | 41.24 | 14 349 | 61 277 |
| 2010 年 | 475 | 4 706 | 737 092 | 1 552 | 157 | 10 | 329 760 | 44.7 | 13 691 | 8 193 |
| 同比增减率 | 20.9% | ▽0.9% | ▽7.4 | ▽23.4% | ▽6.5% | ▽16.7% | 0.4% | 8.4% | ▽4.6% | ▽86.6% |
| 年均增减率 | 10.2% | ▽0.2% | 0.7% | ▽8.7% | 1.0% | ▽8.7% | 5.6% | 4.8% | 10.4% | ▽66.1% |

出处：文化体育观光部、韩国资讯振兴院（2011），《2011 文化产业统计》。

### 5. 节目制作设施现状

2010 年播放运营商的设施现状如下：演播室方面，地面波（含 TV、电台）为 469 个，综合有线播放为 76 个。综合编辑室方面，地面波为 154 个、播放频道使用业为 274 个、综合有线播放为 83 个、地面波 DMB 为 5 个。个人编辑室方面，地面波为 781 个、综合有线播放为 241 个、地面波 DMB 为 25 个。

表 4-9-4　**各媒体设施现状**　（单位：个数，$m^2$）

| 分类 | | 制作设施 | | | | | 制作设施总面积 |
|---|---|---|---|---|---|---|---|
| | | 演播室 | 综合编辑室 | 个人编辑室 | 录音室 | 转播车 | |
| 地面波整体 | TV | 122 | 80 | 728 | 35 | 77 | 95 873 |
| | 电台 | 347 | 45 | 53 | 39 | 18 | 24 147 |
| | 合计 | 469 | 125 | 781 | 74 | 95 | 120 020 |
| 地面波 DMB | | 6 | 5 | 25 | 1 | 0 | 2 331 |
| 综合有线播放 | | 76 | 83 | 241 | 27 | 25 | 20 295 |
| 一般卫星播放 | | — | — | 1 | — | — | 33 |
| 卫星 DMB | | — | 1 | 4 | — | — | 46 |
| 播放频道事业者 | | 177 | 274 | 787 | 76 | 46 | 60 103 |

出处：播放通信委员会（2011），依据《2011 播放产业实态调查报告书》综合编辑。

### 6. 节目流通现状

(1)各媒体进出口额现状。

2010 年播放产业出口额为 2 亿2 863万美元，同比增加 23.9%，年均增长 15.5%。2008 年至 2009 年间有小幅增长，但 2010 年由于国内电视剧出口的好势头而大幅增加。

2010 年播放产业进口额为 1 亿1 049万美元，同比减少了 39.6%，年均减少了 14.0%。播放产业进口额由 2008 年的 1 亿4 939万美元增长至 2009 年的 1 亿8 301万美元，但 2010 年为 1 亿1 049万美元，与 2008 年相比有所减少。

表 4-9-5 **播放产业各媒体出口额现状** (单位：千美元)

| 分类 | 2008 年 | 2009 年 | 2010 年 | 比重(%) | 同比增减率(%) | 年均增减率(%) |
|---|---|---|---|---|---|---|
| KBS | 34 315 | 33 926 | 41 848 | 18.3 | 23.4 | 10.4 |
| MBC | 22 268 | 31 298 | 33 522 | 14.7 | 7.1 | 22.7 |
| EBS | 223 | 822 | 517 | 0.2 | ▽37.1 | 52.3 |
| SBS | 34 125 | 35 310 | 45 784 | 20.0 | 29.7 | 15.8 |
| 其他民营播放 | 200 | 23 | 98 | 0.04 | 326.1 | ▽30.0 |
| 播放频道运营商 | 2 789 | 2 867 | 6 043 | 2.6 | 110.8 | 47.2 |
| 海外侨胞播放扶持 | 15 306 | 24 513 | 44 970 | 19.7 | 83.5 | 71.4 |
| VIDIO /DVD 销售 | 33 362 | 20 900 | 15 301 | 6.7 | ▽26.8 | ▽32.3 |
| Time Block、Format 销售 | 17 533 | 20 569 | 26 859 | 11.7 | 30.6 | 23.8 |
| 播放影像独立制作公司 | 11 228 | 14 349 | 13 691 | 6.0 | ▽4.6 | 10.4 |
| 合计 | 171 349 | 184 577 | 228 633 | 100.0 | 23.9 | 15.5 |

出处：文化体育观光部(2010),《2011 资讯产业统计》。

表 4-9-6 **播放产业各媒体进口额现状** (单位：千美元)

| 分类 | 2008 年 | 2009 年 | 2010 年 | 比重(%) | 同比增减率(%) | 年均增减率(%) |
|---|---|---|---|---|---|---|
| KBS | 1 414 | 1 605 | 1 791 | 1.6 | 11.6 | 12.5 |
| MBC | 270 | 267 | 477 | 0.4 | 78.7 | 32.9 |
| EBS | 2 145 | 1 287 | 1 982 | 1.8 | 54.0 | ▽3.9 |
| SBS | 1 089 | 171 | — | — | — | — |
| 其他民营播放 | 702 | 282 | 109 | 0.1 | ▽61.3 | ▽60.6 |
| 播放频道运营商 | 72 641 | 118 039 | 97 677 | 88.4 | ▽17.3 | 16.0 |
| Time Block、Format 销售 | — | 83 | 266 | 0.2 | 220.5 | — |
| 播放影像独立制作公司 | 71 135 | 61 277 | 8 193 | 7.4 | ▽86.6 | ▽66.1 |
| 合计 | 149 396 | 183 011 | 110 495 | 100.0 | ▽39.6 | ▽14.0 |

出处：文化体育观光部(2010),《2011 资讯产业统计》。

## (二)主要政策

### 1. 扶持优秀播放影像资讯的制作

自 2002 年起，开展了“扶持优秀试播节目”工作，直接扶持各领域创意播放资讯的制作工作，至 2008 年为止，7 年间为原创的实验性纪录片、素养、教育资讯提供了 80 亿韩元的制作扶持。2009 年开始，改名为“扶持制作播放影像资讯”，3 年间为迷你系列剧、单集剧、纪录片等类型的扶持工作提供了 146 亿韩元的经费。至 2011 年为止，10 年间获得扶持的作品共有 248 篇，从类型来看，纪录片为 141 篇，电视剧为 37 篇，教养/教育、DMB 资讯等其他资讯为 35 篇。

播放影像资讯扶持工作通过公募，选定扶持对象，为其提供制作费。在选定扶持作品时，组织由各领域专家组成的评价委员会，进行客观公正的评价，选出优秀播放资讯，为其提供扶持。不仅仅是扶持制作费，还通过持续的管理，看其是否按照最初的企划进行了制作，并努力帮助其提高成品的品质。在事后管理层面，为成品提供国内外营销扶持，为了能让获得扶持的作品得到实质性的收益，还扶持其参与 BCMM 等国内展示会及海外播放市场，还举办成品上映会和公开对接活动等多种扶持活动。

(1)扶持播放影像的制作。

2011 年，制作扶持工作的目标是发掘具有进军国际市场可能性的资讯并予以扶持。为实现这一目标，改善了扶持作品的选定和管理的多个环节。第一，为了确保独立制作公司的版权，在提交的材料中，不再要求提供与播放公司编辑相关的材料。第二，为了改善拖欠播放制作工作人员工资的问题，全面实施了将扶持资金的 50%以上首先支付给辅助演员和工作人员的制度；在电视剧方面，为了预防剧本的不完整性，需要建立事前制作制度，为此要求在放映前要完成 50%以上的事前制作。第三，不再以播放公司的编辑为前提，取而代之的是加强中间评价和结果评价，对成品品质实施了管理。

2011 年制作扶持工作中，扩大了对单集剧领域的扶持，以全面培育播放产业，如检验实验性素材和各种技法，培养新人演员和作家等。为扶持单集剧制作作品的编辑和国内外预售等，在 2011 年国际播放影像展销会(BCWW2011)上设立了单集剧宣传展台，以国内外买家为对象，开展了“单集剧对接”宣传活动。这使得优秀的单集剧得到有效的宣传，开拓了制作扶持作品完成以后的销路，唤起了播放产业相关人员对单集剧的关注，同时也成为提高商业成功可能性的一个契机。不仅如此，2011 年还在流动人口多、对外宣传效果好的三星洞 COEX 内，为 35 个制作扶持作品举办了成品上映会，直接提供了国内营销扶持，开展了全方位的扶持工作，同时还制作了海外销售用的 DVD 宣传套装，在海外市场分发。

至 2012 年 6 月为止，2011 年制作扶持工作的成果为在全部的 35 篇扶持作品中，有 22 篇已经上映，其余作品也正处于编辑协商中。制作扶持作品在 2011 年获得了 200 亿韩元以上的国内外销售额。迷你系列制作扶持作品——“IHQ”的《根基深深的大树》和“Curtain Call Media”的《雷普利小姐》在国内外获得了很高的人气，收视率颇高，分别占据了各自时间段收视率的第 1 位。单集剧扶持作品——“Broad Storm”的《法子，去首尔》在日本举办了收费上映会，共演出了 8 次，创造了5 800个座位全满的纪录，为探索单集剧上映后再次利用的可能性提供了契机。

表 4-9-7　**2011 年播放影像制作扶持作品现状**　（单位：百万韩元）

| 分类 | 作品名称 | 企业名称 | 扶持金额(百万韩元) | 上映情况 |
|---|---|---|---|---|
| 迷你系列 | 雷普利小姐 | (株)Curtain Call Media | 500 | MBC |
| | 根基深深的大树 | (株)IHQ | 500 | SBS |
| 单集剧 | 法子，去首尔 | (株)Broad Storm | 100 | KBS |
| | 奶奶是一年级 | (株)Apia Studio | 100 | 5.24 上映 |
| | 爱情子夜 | D&G Star | 90 | |
| | 岛上的孩子 | (株)苹果树 Pictures | 100 | |
| | *Holly Wawan* | (株)周五娱乐 | 100 | |
| | 迷路 | Good Pictures | 99 | |
| | 我活着 | East Sky Film | 100 | MBC |
| | 妖怪独孤达 | (株)D. Dtion 娱乐 | 89 | SBS |
| | 凤溪的时速 30KM | Tech Thin Production | 100 | OBS |
| | 妻子不见了 | (株)IMTV | 100 | KBS |
| 纪录片 | 最后的鲨鱼再比 | I&T Digital(株) | 80 | |
| | 盐的战争 | (株)Monster Republic | 130 | |
| | 大障碍 | 优秀 Production(株) | 50 | |
| | 跑马故事 | Fortune Media | 80 | |
| | 美丽的诱惑，Make Up | (株)四季 B&C | 150 | 频道 A |
| | 东海玉筋鱼列传 | Ocean Planet | 50 | MBN |
| | 精神之路，文明之路，Tower Road | Media Choice | 130 | TJB |
| | 2 集作品，琵鹭奇幻历险 | Indivision | 130 | |
| | 韩国漫画遇上巴西 | (株)Creek & River 韩国 | 80 | KBS |
| | HD 人物纪录片，去 Blue Zone(4 集作品) | (株)Star-E 娱乐 | 100 | MBN |
| | 伟大的开始——孕胎 | (株)韩国 Cinetel | 140 | 频道 A |
| | 火的使用说明书(2 集作品) | (株)Anmedia | 70 | SBS |
| | 结婚的进化——玛利亚尹的第 51 次结婚仪式 | 第 3 蓝图 | 100 | KBS |
| | 进化的动物园 | Unique Media | 100 | KBS |
| | 不可思议！欧洲动画村见闻录 | (株) 三雄制作 | 100 | |
| | 丢失的故乡 | (株)Trump Media | 80 | 频道 A |
| | 睁开眼睛！非洲 | (株)E-Cube Media | 100 | 频道 A |
| | 从战争的记忆中看和平 | 火星 21 | 100 | |
| | 25 美元的奇迹 | (株)Miracle Pictures | 70 | |
| | 探究韩中饺子 | 亚洲新闻集团 | 70 | 国会播放，济州播放 |
| | 优雅地老去 | 株式会社金振赫工作室 | 120 | KBS |
| | 韩半岛生命之河——汉江 | 常绿雨(株) | 100 | |
| | 韩国的精神——花坛 | Indicom media | 100 | KBS |

出处：韩国资讯振兴院(2011)，《2011 工作推进业绩报告书》。

(2)扶持播放影像资讯的版式制作。

2011 年“播放资讯版式制作扶持”是以过去两年间的工作成果为基础，将工作方向转为开发和培育新版式，共选定了 4 个试播节目提供制作扶持。2011 年通过工作公告，在受理的各种创意项目中选定了 7 篇，成立了由国内综艺节目专家组成的咨询团，与制作扶持公司一起，召开了 35 次版式开发会议，提高了节目的完成度。通过传帮带，经过国内专家和海外专家严格的评审，最终从完成的企划案中选定了 4 篇版式制作扶持作品。另外，在这些扶持作品的选定过程中，以播放公司编辑负责人为对象进行了对接，通过节目在企划阶段的公开竞争，来检验编辑状况。该项工作的结果是扶持作品——“ATEAM 娱乐”的《您的选择——苏打水》在 KBS1 放映，创造了 10.6%的收视率，所扶持的作品有 3 篇编辑成试播作品。另外，2012 年 3 月在海外有名的播放市场——MIPFormats 上，举办了推介会，有几个扶持作品获得了 BBC、TF1 等海外知名频道的关注。

考虑到国内版式领域的基础薄弱，推进了培育专业人才的工作。扶持最高层次的版式专业教育机构——娱乐高级讲习班的版式学院，其邀请 4 名国内专家参与，于 12 月末进行了版式传授教育，很多作家、PD 等播放相关从业者积极参与，并在参与的过程中分享了获取的知识和经验。

表 4-9-8 **2011 年播放影像版式制作扶持的作品** （单位：百万韩元）

| 作品名称 | 制作公司 | 编辑 | 备注 |
|---|---|---|---|
| 1 亿的招待 | (株)Nmedia | KBS 编辑 | |
| 您的选择——苏打水 | ATEAM 娱乐 | MBC 编辑 | |
| 竞技场 | 制片闪 | MBC 编辑 | |
| 运气 | (株)imTV | | |

出处：韩国资讯振兴院(2011)，《2011 工作推进业绩报告书》。

(3)加强构建播放创作基础。

自 2009 年开始，政府将由韩国播放作家协会主管的工作交给了韩国资讯振兴院去做，主要是搜集具有较高史料价值的播放剧本，为新作家建立创作基础，并于 2011 年 11 月 11 日开放面向全体国民的播放剧本 DB 服务(db. kocca. kr)。另外，为能够有效使用搜集到的31 904卷播放剧本，正在持续搜集关于播放剧本放映信息和全体演员的元数据，以便提供更加有效的服务，为此正在做着不懈的努力。与此相联系，还进行了编制播放节目总目录的工作，目的是确认、研究我国播放公司的发展轨迹。播放剧本服务还与提供资讯综合信息的韩国资讯振兴院网站相连接，提高了使用效率。2011 年，韩国资讯振兴院与韩国播放作家协会、国家记录院签订了“TV、播放电台播放剧本捐赠、使用协约”，决定共同合作，以保存具有播放史料价值的播放剧本。

表 4-9-9 **2011 年构建播放剧本方面的业绩**

| DB 化对象剧本的种类 | 试播剧本 | 印刷剧本 | 手写原稿 | 合计 |
|---|---|---|---|---|
| DB 化对象作品数 | 91 篇 | 271 篇 | 6 篇 | 368 篇 |
| DB 化对象卷数 | 867 卷 | 6 568 卷 | 150 卷 | 7 585 卷 |
| DB 化对象页数 | 25 167 页 | 106 867 页 | 7 500 页 | 139 531 页 |

出处：韩国资讯振兴院(2011)，《2011 工作推进业绩报告书》。

(4)举办播放影像大奖。

“播放影像大奖”是2011年12月13日举办的播放影像领域唯一的政府颁奖活动。2011年播放影像大奖与之前需要递交申请书的做法不同，是以2010年10月—2011年9月上映的所有国内制作的播放资讯为对象(电视剧部分217篇、非电视剧部分1 619篇)，扩大了播放影像大奖审查对象的范围，提高了大奖的地位。由各领域专家组成的委员会通过公正而严格的审查，对作品的完成度和是否有创新、社会影响力、收视率、对播放资讯产业的贡献度等进行综合评价，选出了2011年获奖作品和获奖者。评选结果是，Golden Thumb 的电视剧《信号》、EBS 的纪录片《学校是什么》获得了总统表彰，EBS 的金裕烈 PD、MBC 的金泰浩 PD、Hwa & Dam Pictures 的作家金恩淑获得了国务总理表彰。

表 4-9-10　**2011 年播放影像大奖获奖者**

<table>
<tr><th>获奖名称</th><th>获奖领域</th><th>作品名称</th><th>获奖者(所属公司)</th></tr>
<tr><td rowspan="2">总统表彰</td><td>电视剧</td><td>信号</td><td>Golden Thumb</td></tr>
<tr><td>非电视剧</td><td>学校是什么</td><td>EBS</td></tr>
<tr><td rowspan="3">国务总理表彰</td><td>制作</td><td>学校是什么</td><td>金裕烈</td></tr>
<tr><td>导演</td><td>无限挑战</td><td>金泰浩</td></tr>
<tr><td>作家</td><td>秘密花园</td><td>金恩淑</td></tr>
<tr><td rowspan="6">文化体育观光部部长表彰</td><td>电视剧</td><td>秘密花园</td><td>尹夏林代表/(株)Hwa & Dam Pictures</td></tr>
<tr><td>纪录片</td><td>最后的冻土</td><td>张炅秀 PD/(株)SBS</td></tr>
<tr><td rowspan="2">教养艺能</td><td>我是歌手</td><td>申正秀 PD/(株)文化播放</td></tr>
<tr><td>韩国的遗产</td><td>李济燮 PD/韩国播放公司</td></tr>
<tr><td rowspan="2">社会综合</td><td>Love in Asia</td><td>全兴烈 CP/韩国播放公司</td></tr>
<tr><td>听到我的心声了吗</td><td>文熙贞作家/LogosFilm(株)</td></tr>
<tr><td rowspan="2">韩国资讯振兴院院长奖</td><td>摄像</td><td>绿色地球最后的遗产——刚果</td><td>郑熙千(韩国播放公司)</td></tr>
<tr><td>美术</td><td>信号</td><td>金峰千(株)SBS Art</td></tr>
</table>

### 2. 对播放资讯进军海外的扶持

2011年的出口节目再制作扶持工作是以持续扩大海外出口、开拓新市场、使类型多样化为目标，为促进国内播放资讯进军海外市场，每年提供10亿韩元的预算资金，扶持翻译、字幕、配音、音乐/效果(M/E)分离、综合编辑等。2011年的扶持工作将扶持规模细分为是否签订了出口合同、是否得到凭证、营销、各类型的扶持范围等，使扶持资金能够运用到合适的地方；对于评价基准和评价内容，提供了具体的信息，确保了评价的明确性和客观性。另外，简化了申请材料，只需递交申请作品的资料，不再需要递交申请业体的资料，减轻了不必要的负担。还举办了几次恳谈会，通过各个阶段的联系，交换并讨论了业界对该项工作的意见，对再制作合作企业的管理和扶持企业的成果等也持续进行了监测。

2011年是开展再制作扶持工作的第5年，共选定了39个企业的68篇作品进行扶持。扶持对象有电视剧、纪录片、音乐、娱乐、素养等不同类型，它们所创造的出口业绩是扶持金额的 40 倍——34 669 000美元(约 400 亿韩元)，整体销售额的 78%以上是在中国等亚洲国家获得的。

## (三)展望

### 1. 形成健全的资讯产业生态系统

2011 年的播放产业，地面波及民营播放在现有社会地位和市场支配力的基础上，显示出对收费播放和 OTT 服务等收益结构多样化和主打资讯制作方面的兴趣。再加上兼营报纸、播放的综合编辑频道的出现，地面波的收费播放再传送问题日益突出，以有限的观众和广告市场为对象，各种媒体的竞争日益白热化。地面波和收费播放、收费播放和收费播放之间大大小小的纠纷，显示出播放市场的竞争正在日益加剧。不仅在国内播放市场，在韩—美 FTA 签订之后，随着播放市场的开放，在与海外超级媒体企业的竞争中，也必须探索建立培养自我生存能力的方案。

资讯产业的核心是资讯。加强优秀播放资讯的制作力量，才是夯实我国播放生态系统的办法。播放影像制作扶持工作的目的是，加强优秀独立制作公司的力量，使独立制作公司脱离目前的外包制作，能够具备独立的自生能力，从而建立投资—获益—再投资的良性循环生态系统。播放产业需要很多的资本、人力和时间，必须通过制作扶持工作，创造播放公司—独立制作公司之间向垂直结构变化的契机。

另外，单集剧具有培育整体播放产业的功能，因此需要扶持单集剧站稳市场的制度。单集剧类型具有帮助新作家和导演及新人演员超越已取得的成果，进行实验性创新，积累制作经验的功能，但由于市场规律，曾有一段时间消失了。最近，得益于播放影像制作扶持工作等政策性扶持，单集剧呈现出逐步复苏的迹象。为了使单集剧能够站稳市场，需要进一步扩大制作扶持的规模，建立能够促进创意性构思的政策和机制。为了发掘新人演员，建立新作家发展的基础，迫切需要播放界和政府对单集剧的关注和重视。

### 2. 2012 年制作扶持工作的推进方向

2012 年韩国文化振兴院的播放影像制作扶持工作，将以单集剧和纪录片为中心，扶持、发掘优秀播放影像资讯，培育具有国际竞争力的资讯。为了激活相对薄弱的纪录片类型，与 2011 年相比，扩大了制作扶持规模，将现有的对总制作费为 3 亿韩元以上作品的扶持额度提高到 4 亿韩元。另外，在整体制作扶持工作方面，与去年一样，为改善播放环境，仍继续坚持将扶持资金的 50%作为工资，优先支付给除作家、主演外的工作人员和辅助演员这一原则。

在播放产业新领域——播放版式领域内，2011 年也进一步发展其工作模式，以开发具有竞争力的版式为目标推进这项工作。主要工作包括：通过与国内 6 个播放公司签订协约，举办“版式制作扶持工作”所扶持的制作企业参与的开发会议；为培养国内版式领域专家，开发优秀播放节目的版式，举办以制作扶持公司为对象的版式工作坊；举办海外有名专家参与的咨询活动。

# 十、广　　告

## (一) 现状

### 1. 世界广告费与我国的情况

如表 4-10-1 所示，2010 年我国广告产业规模在亚洲国家中，继日本、中国之后处于第 3 位，在世界上处于第 12 位。

表 4-10-1　　**各国广告费排名**　　（单位：百万美元）

| 排名 | 2000 年 | | 2010 年 | | | | 2014 年 | |
|---|---|---|---|---|---|---|---|---|
| | 国家 | 广告费 | 国家 | 广告费 | 韩国 100 | 美国 100 | 国家 | 广告费 |
| 1 | 美国 | 156 667 | 美国 | 151 665 | 2 060 | 100 | 美国 | 173 165 |
| 2 | 日本 | 52 241 | 日本 | 46 153 | 627 | 30 | 日本 | 48 825 |
| 3 | 德国 | 26 478 | 中国 | 26 122 | 355 | 17 | 中国 | 46 381 |
| 4 | 英国 | 16 311 | 德国 | 23 789 | 323 | 16 | 德国 | 26 309 |
| 5 | 法国 | 12 437 | 英国 | 18 086 | 246 | 12 | 英国 | 20 345 |
| 6 | 意大利 | 10 642 | 巴西 | 14 716 | 200 | 10 | 巴西 | 18 442 |
| 7 | 西班牙 | 7 492 | 法国 | 12 564 | 171 | 8 | 法国 | 13 827 |
| 8 | 澳大利亚 | 7 387 | 澳大利亚 | 11 246 | 153 | 7 | 澳大利亚 | 13 035 |
| 9 | 加拿大 | 6 716 | 意大利 | 10 296 | 140 | 7 | 俄罗斯 | 12 592 |
| 10 | 韩国 | 5 890 | 加拿大 | 10 041 | 136 | 7 | 加拿大 | 12 458 |
| 11 | 中国 | 5 865 | 西班牙 | 7 748 | 105 | 5 | 意大利 | 10 718 |
| 12 | 巴西 | 5 601 | 韩国 | 7 362 | 100 | 5 | 韩国 | 9 171 |
| 13 | 荷 兰 | 5 134 | 俄罗斯 | 6 688 | 91 | 4 | 印度尼西亚 | 8 879 |
| 14 | 瑞士 | 4 175 | 南非 | 5 956 | 81 | 4 | 南非 | 8 483 |
| 15 | 墨西哥 | 2 581 | 墨西哥 | 5 578 | 76 | 4 | 西班牙 | 8 021 |
| 16 | 瑞典 | 2 576 | 印度 | 5 351 | 73 | 4 | 印度 | 7 447 |
| 17 | 波兰 | 2 576 | 荷兰 | 5 043 | 69 | 3 | 墨西哥 | 6 987 |
| 18 | 奥地利 | 2 509 | 比利时 | 4 592 | 62 | 3 | 荷兰 | 5 238 |
| 19 | 比利时 | 2 412 | 瑞士 | 4 440 | 60 | 3 | 瑞士 | 5 193 |
| 20 | 挪威 | 2 138 | 印度尼西亚 | 4 298 | 58 | 3 | 比利时 | 5 119 |

出处：ZenithOptimedia(2011)，*Advertising Expenditure Forecasts*，Dec，2011。

ZenithOptimedia 预测，2014 年韩国的广告费支出规模将与 2010 年一样，位居世界第 12 位。从排名来看，与 2000 年相比，2010 年首次进入前 20 的国家有俄罗斯、南非共和国、印度、印度尼西亚等。另外，与 2000 年相比，2010 年排名上升的国家有中国、巴西、比利时等。但同一时期排名下降的国家有德国、英国、法国、意大利、加拿大、西班牙、韩国、荷兰、瑞士等，显示出最近的欧债危机也对广告市场造成了影响。依据 ZenithOptimedia 的展望，2014 年与 2010 年相比，俄罗斯和印度尼西亚在排名方面会有所上升，意大利、西班牙、墨西哥、荷兰、比利时等国家的排名将会下降。

## 2. 各媒体广告费

如表 4-10-2 所示，2011 年国内总广告费约为 9.5 兆韩元，同比增长了 10.9%。自 2008 年年末以来，由美国开始的金融危机横扫我国，直至 2009 年为止，国内广告产业经历了极度的不景气，而 2010 年首次以 16.8%的增长率出现了第一次反弹，2011 年持续了这样的势头，增长了 10.9%。

从表 4-10-2 中的各媒体来看，2011 年地面波播放的广告费为 2 兆3 479亿韩元，占整体广告市场的 24.4%。地面波播放的广告费占有率自 1996 年后，至 2006 年为止，一直维持在 30%以上，但 2007 年首次低于 30%，并一直持续到 2011 年。有线 TV 2011 年首次超过 1 兆韩元，比重为 11.9%，同比增长率为 18.4%，与地面波相比，它一直维持着增长的态势。综合 PP 于 2011 年 12 月成立，1 个月的广告费仅为 320 亿韩元，远远低于当初业界的期望。IPTV、Sky Live、DMB 等广告市场的比重也较低，没有什么明显的增长。另外，第一企划调查显示，自 2011 年开始纳入统计的 SO 广告费，每年约为 500 亿韩元。从播放广告市场整体来看，2011 年为 3 兆6 343亿韩元，同比增长了 11%。从构成比来看，与 2010 年相同，2011 年占有率也为 38%。

表 4-10-2　　**各媒体国内广告费**　　（单位：亿韩元,%）

| 分类 | 媒体 | 广告费 | | | 增长率(%) | | 构成比 | |
|---|---|---|---|---|---|---|---|---|
| | | 2011 年 | 2010 年 | 2009 年 | 2011 年 | 2010 年 | 2011 年 | 2010 年 |
| 播放 | 地面波 TV | 20 775 | 19 307 | 16 709 | 7.6 | 15.5 | 21.7 | 22.4 |
| | 广播 | 2 604 | 2 565 | 2 231 | 1.5 | 15.0 | 2.7 | 3.0 |
| | 有线 TV | 11 421 | 9 649 | 7 794 | 18.4 | 23.8 | 11.9 | 11.2 |
| | 综合编辑频道 | 320 | — | — | — | — | 0.3 | 0.0 |
| | IPTV | 170 | 205 | 114 | -17.1 | 79.8 | 0.2 | 0.2 |
| | Sky Live | 122 | 153 | 95 | -20.3 | 61.1 | 0.1 | 0.2 |
| | DMB | 267 | 271 | 176 | -1.4 | 53.4 | 0.3 | 0.3 |
| | SO | 664 | 590 | 524 | 12.5 | 12.6 | 0.7 | 0.7 |
| | 播放合计 | 36 343 | 32 740 | 27 643 | 11.0 | 18.4 | 38.0 | 38.0 |
| 印刷 | 报纸 | 17 092 | 16 729 | 15 007 | 2.2 | 11.5 | 17.9 | 19.4 |
| | 杂志 | 5 236 | 4 889 | 4 388 | 7.1 | 11.4 | 5.5 | 5.7 |
| | 印刷合计 | 22 328 | 21 618 | 19 395 | 3.3 | 11.5 | 23.4 | 25.1 |
| 网络 | 检索 | 12 440 | 10 440 | 8 250 | 19.2 | 26.5 | 13.0 | 12.1 |
| | 弹出 | 6 120 | 5 030 | 4 180 | 21.7 | 20.3 | 6.4 | 5.8 |
| | 网络合计 | 18 560 | 15 470 | 12 430 | 20.0 | 24.5 | 19.4 | 17.9 |

续表

| 分类 | 媒体 | 广告费 | | | 增长率(%) | | 构成比 | |
|---|---|---|---|---|---|---|---|---|
| | | 2011 年 | 2010 年 | 2009 年 | 2011 年 | 2010 年 | 2011 年 | 2010 年 |
| 移动 | | 600 | 5 | — | 11 900 | — | 0.6 | 0.0 |
| 户外 | | 8 448 | 7 494 | 6 248 | 12.7 | 19.9 | 8.8 | 8.7 |
| 4 大媒体 网络广告制作 其他 | | 9 327 | 8 881 | 8 115 | 5.0 | 9.4 | 9.8 | 10.3 |
| 总计 | | 95 606 | 86 207 | 73 831 | 10.9 | 16.8 | 100 | 100 |

出处：第一企划(2012)，“2011 年广告费，史上首次突破 9 兆韩元”，2012 年 2 月 27 日报道资料。

如表 4-10-2 所示，印刷媒体广告费为 2 兆2 328亿韩元，虽然自 2009 年以后，每年的绝对金额是增加的，但与播放媒体相比，增长率在下降。与报纸相比，杂志的增长率更高。

与播放媒体和印刷媒体不同，网络呈现出急剧增长的态势。如表 4-10-2 所示，2011 年检索广告和弹出广告为 1 兆8 560亿韩元，首次超过了报纸广告市场，几乎与地面波 TV 广告市场持平。1990 年代中期开始进入国内广告市场的网络，自 2000 年代中期以后，呈现出急剧增长的态势，业界预测这种增长态势短期内将会持续下去。

最近国内广告业界关注的是移动广告市场。随着智能手机的快速普及，出现了各种类型的移动广告市场。2011 年移动广告市场如表 4-10-2 所示，虽然仅为 600 亿韩元，但移动业界预计 2012 年广告费将会达到2 000亿~3 000亿韩元；第一企划也预测将会达到2 000亿韩元的规模。虽然移动广告市场将会部分替代网络广告市场，但国内广告业界预测，今后 3~5 年内移动广告市场将会发生爆发式的增长。

另外，目前仍然是主要媒体的地面波广告市场，其各媒体的详细情况如下。依据 KOBACO 的播放广告业绩分析报告，我国地面波播放公司的广告费及构成比如表 4-10-3 所示。

表 4-10-3 **各播放公司广告费** (单位：亿韩元,%)

| 分类 | 2007 年 | | 2008 年 | | 2009 年 | | 2010 年 | | 2011 年 | |
|---|---|---|---|---|---|---|---|---|---|---|
| | 金额 | 构成比 | 金额 | 构成比 | 金额 | 构成比 | 金额 | 构成比 | 金额 | 构成比 |
| 3 家地面波播放公司 | 20 900 | 87.3 | 18 986 | 86.9 | 16 459 | 86.3 | 19 106 | 86.5 | 20 348 | 86.2 |
| 地区民营播放公司 | 1 979 | 8.3 | 1 769 | 8.1 | 1 522 | 8.0 | 1 606 | 7.3 | 1 757 | 7.5 |
| 宗教播放等其他 | 1 064 | 4.4 | 1 100 | 5.0 | 1 083 | 5.7 | 1 377 | 6.2 | 1 511 | 6.3 |
| 合计 | 23 943 | 100 | 21 855 | 100 | 19 064 | 100 | 22 089 | 100 | 23 616 | 100 |

出处：KOBACO 2011 年营业业绩相关内部资料。

地面波整体广告费中，包括 MBC 在内的 3 家地面波公司所占的构成比在 2007—2011 年 5 年间几乎都在 86%~88%。即至 2011 年为止，一直是 3 家地面波公司垄断式的结构。2011 年，地区民营播放的地面波播放占有率为 7%，宗教播放等其他播放占有率为 6%左右。当然，随着 2012 年年初 SBS 的媒体实验室——SBS MC 的独资运营，今后这一结构将会发生变化。

### 3. 各业种的广告费

2011 年各业种的广告费如表 4-10-4 所示。构成比方面，比重最高的为金融、保险及证券，所占比重为 11.6%。其次依次为：计算机及信息通信(9.0%)、食品(8.6%)、服务(8.5%)、时尚(7.8%)、化妆品及保健用品(7.7%)、运输设备(6.7%)、家用电器(5.4%)，在构成比方面均高于 5%。

表 4-10-4　**2011 年各业种 4 大媒体的广告费**　(单位：百万韩元,%)

| 业种 | TV | 广播 | 报纸 | 杂志 | 合计 | 同比增长率 | 构成比 | 2010 年广告费 |
|---|---|---|---|---|---|---|---|---|
| 基础材料 | 23 789 | 8 407 | 14 860 | 2 341 | 49 398 | -19.5 | 1.1 | 61 332 |
| 食品 | 237 104 | 16 499 | 126 048 | 12 406 | 392 057 | 1.0 | 8.6 | 388 155 |
| 饮料及零食 | 170 642 | 13 597 | 26 090 | 13 958 | 224 288 | 6.5 | 4.9 | 210 551 |
| 制药及医疗 | 92 244 | 18 310 | 98 642 | 10 628 | 219 824 | 9.5 | 4.8 | 200 675 |
| 化妆品及保健用品 | 166 352 | 7 182 | 69 969 | 106 510 | 350 012 | 9.5 | 7.7 | 319 610 |
| 出版 | 27 871 | 7 419 | 92 532 | 3 462 | 131 284 | 2.4 | 2.9 | 128 260 |
| 时尚 | 53 009 | 6 933 | 122 409 | 176 043 | 358 394 | 14.8 | 7.8 | 312 099 |
| 产业设备 | 20 889 | 671 | 10 084 | 5 105 | 36 749 | 15.9 | 0.8 | 31 719 |
| 精密设备及办公设备 | 3 583 | 1 613 | 27 946 | 38 921 | 72 063 | 3.0 | 1.6 | 69 947 |
| 家用电器 | 127 901 | 3 732 | 100 675 | 14 383 | 246 691 | 6.0 | 5.4 | 232 767 |
| 计算机及信息通信 | 273 809 | 15 739 | 108 410 | 12 964 | 410 922 | 2.8 | 9.0 | 399 680 |
| 运输设备 | 166 482 | 25 468 | 91 934 | 22 363 | 306 246 | 20.1 | 6.7 | 255 015 |
| 家庭用品 | 111 198 | 11 226 | 69 269 | 31 818 | 223 510 | 19.2 | 4.9 | 187 465 |
| 化学工业 | 11 756 | 3 809 | 1 125 | 1 518 | 18 207 | -15.6 | 0.4 | 21 569 |
| 建设、建材及不动产 | 46 255 | 10 357 | 60 275 | 5 811 | 122 698 | 4.1 | 2.7 | 117 833 |
| 流通 | 67 657 | 9 686 | 87 169 | 8 792 | 173 304 | 1.9 | 3.8 | 169 999 |
| 金融、保险及证券 | 278 285 | 66 019 | 169 474 | 14 289 | 528 067 | -3.6 | 11.6 | 547 935 |
| 服务 | 121 436 | 20 158 | 216 053 | 30 345 | 387 992 | 3.2 | 8.5 | 375 783 |
| 公共机关及团体 | 13 301 | 3 991 | 102 938 | 5 767 | 125 997 | 9.5 | 2.8 | 115 026 |
| 教育及福祉厚生 | 20 384 | 9 442 | 76 712 | 3 783 | 110 321 | 6.1 | 2.4 | 103 941 |
| 集团及企业广告 | 43 591 | 96 | 36 577 | 2 372 | 82 637 | -17.1 | 1.8 | 99 635 |
| 合计 | 2 077 540 | 260 356 | 1 709 187 | 523 578 | 4 570 661 | 5.1 | 100 | 4 348 996 |

出处：第一企划(2012)，“2011 年广告费，史上首次突破 9 兆韩元”，2012 年 2 月 27 日报道资料。

从增长率方面来看，与 2010 年相比，2011 年运输设备(20.1%)、家庭用品(19.2%)、产业设备(15.9%)、时尚(14.8%)等的增长超过了 10%。相反，基础材料(-19.5%)、集团及企业广告(-17.1%)、化学工业(-15.6%)、金融/保险及证券(-3.6%)呈现出减少的态势。其他的所有业种均呈现增长态势。

4.《2011 广告产业统计》的主要现状

文化体育观光部发布的《2011 广告产业统计》中，各广告业种的经营额如表 4-10-5 所示。

表 4-10-5

各广告业种的经营额比较

| 分类 | 2009 年 | | | 2010 年 | | |
|---|---|---|---|---|---|---|
| | 企业数量（个） | 经营额（百万韩元） | 平均经营额（百万韩元） | 企业数量（个）* | 经营额（百万韩元） | 平均经营额（百万韩元） |
| 广告(综合)代理 | 1 501 | 5 414 852 | 3 607 | 1 538 | 6 140 875 | 3 993 |
| 广告制作 | 684 | 749 895 | 1 096 | 1 127 | 945 362 | 839 |
| 服务 | 335 | 1 208 074 | 3 606 | 471 | 1 337 063 | 2 839 |
| 印刷 | 2 001 | 482 796 | 241 | 2 340 | 549 515 | 235 |
| 网络 | 331 | 878 088 | 2 653 | 360 | 889 493 | 2 471 |
| 其他 | 2 199 | 453 173 | 206 | 2 153 | 460 864 | 214 |
| 合计 | 4 532 | 9 186 878 | 2 027 | 5 011 | 10 323 172 | 2 060 |

* 如果某企业同时进行几项业务的话，企业数量统计会重复。因此，企业数量及构成比中，个别业种的总和会大于整体。

出处：文化体育观光部(2012)，《2011 广告产业统计》。

如表 4-10-5 所示，2010 年广告产业5 011个企业的产业规模为 10 兆3 231亿韩元，达到了 10 兆韩元以上。从各业种来看，广告(综合)代理为 6 兆1 408亿韩元，所占比重最大。其次是广告制作业、服务业、印刷、网络，其他业种的经营额为 4 兆1 823亿韩元。企业的平均经营额方面，广告(综合)代理业最高，为 40 亿韩元，其次是服务、网络，分别为 28 亿韩元和 25 亿韩元。

表 4-10-6 是各地区企业数量和经营额，可以看出，广告产业主要集中于首尔。2010 年位于首尔的企业数量占整体企业数量的 50%，经营额也几乎达到 95%。企业的平均经营额也是首尔的企业最多，约为 6 个广域市或 9 个道的 2~3 倍。

表 4-10-6

各地区经营额比较

| 分类 | 2009 年 | | | 2010 年 | | |
|---|---|---|---|---|---|---|
| | 企业数量（个） | 经营额（百万韩元） | 平均经营额（百万韩元） | 企业数量（个） | 经营额（百万韩元） | 平均经营额（百万韩元） |
| 首尔 | 2 025 | 8 613 806 | 4 254 | 2 541 | 9 749 302 | 3 837 |
| 6 个市 | 1 586 | 342 690 | 1 497 | 1 496 | 267 730 | 1 273 |
| 9 个道 | 921 | 230 382 | 2 307 | 974 | 306 140 | 1 677 |
| 整体 | 4 532 | 9 186 878 | 2 027 | 5 011 | 10 323 172 | 2 060 |

出处：文化体育观光部(2011)，《2011 广告产业统计》。

依据《2011广告产业统计》对雇佣形态进行整理的结果，如表4-10-7所示。广告产业从业者人数由2009年的33 509人增至2010年的34 438人，增长了2.8%。其中，正式职员人数由29 903人增至31 409人，增长了5.3%，非正式职员人数由2009年的3 606人减少至2010年的2 948人，减少了-18.2%，显示出雇佣的质量有所改善。从性别来看，男性由2009年的20 413人小幅减少至2010年的20 395人，女性由2009年的13 096人增至2010年的14 043人，增加了7.2%。从雇佣形态来看，2010年与2009年相比，正式职员的雇佣比非正式职员的雇佣增加了，显示出雇佣的质量有所改善；与男性相比，女性就业人数增加了。

表4-10-7　**各雇佣形态不同性别的从业者人数比较**

| 分类 | 2009年 | | | 2010年 | | |
|---|---|---|---|---|---|---|
| | 整体(名) | 男性(名) | 女性(名) | 整体(名) | 男性(名) | 女性(名) |
| 正式职位 | 29 903 | 18 316 | 11 587 | 31 490 | 18 944 | 12 546 |
| 非正式职位 | 3 606 | 2 097 | 1 509 | 2 948 | 1 451 | 1 497 |
| 合计 | 33 509 | 20 413 | 13 096 | 34 438 | 20 395 | 14 043 |

出处：文化体育观光部(2011)，《2011广告产业统计》。

以《2011广告产业统计》为标准对价值链进行整理，其结果如表4-10-8所示。整体5 011个企业中，生产为2 925个、基础设施为2 727个、流通为1 546个，构成比分别为54%、58%、31%。经营额的排序为流通(78%)、生产(68%)、服务(59%)、基础设施(14%)。各企业平均经营额的排序由高至低分别为服务、流通、生产、基础设施等。

表4-10-8　**价值链各领域的经营额比较**

| 分类 | 2009年 | | | 2010年 | | |
|---|---|---|---|---|---|---|
| | 企业数量（个） | 经营额（百万韩元） | 平均经营额（百万韩元） | 企业数量（个） | 经营额（百万韩元） | 平均经营额（百万韩元） |
| 基础设施 | 2 435 | 1 182 626 | 486 | 2 727 | 1 473 218 | 540 |
| 生产 | 2 582 | 6 461 548 | 2 503 | 2 925 | 7 049 556 | 2 410 |
| 流通 | 1 504 | 7 161 580 | 4 762 | 1 546 | 8 093 372 | 5 235 |
| 服务 | 335 | 5 299 608 | 15 820 | 471 | 6 078 589 | 12 906 |
| 整体 | 4 532 | 9 186 878 | 2 027 | 5 011 | 10 323 172 | 2 060 |

* 如果某企业同时进行几项业务的话，企业数量统计会重复。因此，企业数量及构成比中，个别业种的总和会大于整体。

出处：文化体育观光部(2011)，《2011广告产业统计》。

## (二)主要政策

由于内需停滞，国内广告市场也处于停滞的困境，但广告市场一直都有新的媒体参与，如 IPTV、综合 PP、以智能手机为基础的移动广告等。进入市场的大部分媒体的收益模式依赖于广告，因此，国内广告产业如果不能顺利发展，各种媒体的运营财源也会随之产生问题。负责广告业务的文化体育观光部为了使广告产业能够顺利运转，与 KOBACO 等相关团体或协会共同开展了各种振兴广告产业的工作。

### 1. 通过 KOBACO，努力激活广告产业

通过 KOBACO 开展的各种广告振兴工作，大体可以分为通过广告振兴资金扶持国内广告企业、培养广告专业人才、改善公益广告业务和改善各种基础设施等。

(1)运营广告振兴基金。

文化体育观光部一直在通过广告振兴资金，向广告团体联合会、广告业协会、影像制作公司协会等企业及与广告相关的各种学会提供扶持。为振兴广告产业，自 2007 年开始，KOBACO 每年以该资金的税后利息收益为广告界的发展提供资金扶持。扶持工作的领域大体分为：刊行工作、提高创意、其他等。2011 年的刊行工作方面，扶持了广告学研究、广告界动态、广告业协会报、广告公司 BTL 报酬系统等研究工作。通过这项工作，研究了广告界最新热点的问题和亟须解决的问题，为广告产业的科学化及加强竞争力作出了贡献。为了提高创意水平，扶持了世界优秀广告节获奖作品集的 DVD 制作、广告大奖作品集的制作、广告照片年鉴的制作及数字存档的构建。通过这些工作，向国内介绍了海外及国内的优秀广告创意作品，为提高我国广告作品的质量水平作出了贡献。另外，以全国中小学教师为对象，扶持开展了广告研修、开发及制作应用广告的教育资讯、全国交通广告审议工作等。通过这些工作，培养广告预备力量，以保障广告产业的发展动力，减少有害广告，为改善国民的生活环境作出了贡献。

(2)培养广告专业人才。

2011 年全面改编了 KOBACO 的教育课程，目的是引入体验学习型及解决问题型教育、开设反映业界需求及教育结果的讲座、扩大预备广告人才教育及就业扶持、加强地区及弱势阶层扶持等。做出这些改编的背景是为了应对智能媒体时代，促进预备广告人才的就业，图谋各地区的均衡发展。如新开设了针对未就业者实务及就业教育的短期住宿教育项目。通过这一项目，共对 520 余名大学生实施了广告专业教育，特别是“Hope Project with KOBACO”获得了预备广告人的好评。还与广告业界合作，构建并运营了有系统的就业扶持计划。通过构建的就业扶持系统，实施了广告公司人事部门负责人的恳谈会、进行实习、举办广告公司就业说明会、实施就业指导等计划。这些工作的成果是，与 2010 年相比，预备广告人才就业教育增加了 56.2%，实习雇佣增加了 40%，实际就业人员增加了 22%。

加强了对地区及弱势阶层的扶持。如为扶持教育条件脆弱的地区广告界的发展，向地区广告工作

人员、地区大学生提供了优质的教育计划，就业扶持计划也扩大至地方。即首次实施了地区实习，签订就业扶持地区协约书的公司由 2010 年的 3 家公司大幅扩大至 2011 年的 22 家公司。也扩大了对弱势阶层的奖学金扶持，弱势阶层广告人才奖学金扶持比例由 2010 年的 20%提高至 2011 年的 30%。

(3)改善公益广告业务。

2011 年的公益广告业务，重点放在加强公益广告的制作力量、提高公益广告媒体运营的专业性、通过各种营销普及公益广告等方面。

首先，在努力加强公益广告制作力量方面取得了很多成果，获得了各种奖项。包括在“2011 年首尔影像广告节 TV-CF AWARDS”上，《家族的价值》获得了银奖，《低碳绿色发展》和《改善饮食文化》2 篇作品进入决赛；在第 47 次中央广告大奖的“公共机关/团体”部分，《不破不立》获得最优秀奖；在釜山国际广告节上，《低碳绿色发展》和《改善饮食文化》2 篇作品进入决赛。公益广告作品还被引入电视剧中，如 MBC 的周末电视剧《一闪一闪》第 25 集(2011. 5. 7)的用餐场景中，出现的台词“食品垃圾带来的经济损失每年为 20 兆韩元，就等于是扔掉了 100 万台中型车啊。该扔掉的不是食品垃圾，而是错误的饮食文化”就是引用了公益广告《改善饮食文化》中的广告稿全文。公益广告《内外不同的家族》也数次被东亚日报的专栏(10. 20)、明日新闻(11. 25)、Uncut News(11. 9)的报道所引用。

为提高公益广告媒体运用的专业性，除既有的电视播出外，还在全国3 900 多个机关刊登了公益广告海报；为提高公益广告的认知度，在首尔广场、清溪川等流动人口聚集的 8 个首尔标志性地点新设了户外电子屏幕。为通过剧场公益广告的协同效应来提高公益广告记忆度和认知度，还在电影票自动售票机的操作屏幕上加载了公益广告。除此之外，还挖掘多种方式引导媒体加强公益广告的登载，如制作及使用纸制手袋、个人病床的平板电脑、公共汽车站站牌、医院内的信息指示屏幕等各种媒体，还开发了在线免费网站登载公益广告。

为了通过各种宣传活动来普及公益广告，还邀请了更多的海外机构参与公益广告节，参与国际研讨会的国家由 2010 年的 3 个国家扩大至 2011 年的 5 个国家，与美国、日本、中国台湾等建立了公益广告国际网络。国际交流展示也由 6 个国家增至 8 个国家。以“森林防火”“家族的价值”“改善饮食文化”等为主题，开展了各种宣传活动，努力提高社会实践意识。为激活地区的宣传活动，举办了公益广告节的地区特别展示及 KTX 地区巡回展示会。

(4)改善各种基础设施。

文化体育观光部通过位于蚕室的广告博物馆、广告图书馆，努力扩充广告产业基础设施。首先，2011 年广告博物馆改善了项目运营。即引入了适合青少年的多媒体方式的课程，同时实施了直接体验教育。另外，为了向使用者提供特色体验，还通过广告集训营实施从广告企划到制作的直接体验教育。为向学生提供广告相关学科的入学咨询，还邀请大学广告宣传系学生会，开展了入学咨询活动。以普通市民为对象，举办了“4 国国际公益广告特别企划展”，通过展示有公益影响力的广告，在进行健康的国民意识教育的同时，加强了与国际公益广告节的合作，产生了良好的协同效应。

11 月，在广告文化会馆展示了国际公益广告节获奖作品、世界 3 大广告节获奖作品、韩国/美国/日本/中国台湾 4 地公益广告等共 184 个作品。博物馆实施了评选儿童大奖、构建与地区博物馆·美术馆的合作体系及共同项目等活动。共同运营了由 7 个地区机构参与的“参观松波区博物馆”项目，加强了与地区博物馆、美术馆的联系，为地区居民提供了欣赏各种文化艺术的机会，加强了公益性。特别是，广告博物馆在 2011 年成为第 1 类专门博物馆，在首尔市厅文化遗产科完成了国家登记手续。通过这一登记，确立了其国家公认公益性教育文化基础设施的地位。

广告图书馆 2011 年扶持了广告影像制作设施，新设立了能够摄制及编辑公募赛作品、课题、毕业作品、讲义资料、CM 素材的 UCC 演播室。广告相关学科的大学生和教授、中小广告企业的从业者、对广告感兴趣的青少年均可使用该设施。另外，还扩充了广告图书及广告作品数据库。广告图书方面，提供了通过网页检索主要图书原文的服务，提高了接触信息、使用信息的便利性。广告作品方面，系统地搜集、保存了韩国近现代广告作品，为广告研究及制作提供方便。

位于杨平的 KOBACO 研修院，至 2011 年止，每年有约55 000人使用了该院的设施。不仅是广告界，也向新闻界和普通人提供了使用的机会。依照与广告相关的机构及相关学科、与播放运营商的相关度等，使用者被分为 4 个团体，使其可以以十分低廉的价格使用相关设施。即一级正式会员可以100%地免费教室及客房的设施；二级正式会员享受 50%、一级预备会员享受 30%、二级预备会员享受20%的降价优惠。另外，还在推进利用 KOBACO 研修院内的部分设施设立艺术特区的工作。为设立艺术特区，2011 年进行了设计公募活动，三友建筑公司事务所当选，正在依据基本计划的变更进行设计变更工作，预计 2012 年开始施工。该设施完工后，位于杨平和加平附近的各种艺术团体及设施将会创出协同效应。

### 2. 其他为激活广告产业所做的努力

如上所述，文化体育观光部除 KOBACO 外，还通过广告振兴资金，对广告协会、广告业协会、广告自律审议机构、广告影像制作公司协会等与业界和广告相关的各种学会提供了全方位的扶持。与此同时，文化体育观光部还通过国库对釜山国际广告节提供了扶持。釜山国际广告节于 2011 年 8 月 25—27 日举办，由釜山国际广告节组织委员会主办，文化体育观光部、釜山广域市、KOBACO 等作为后援，在釜山海云台格兰特酒店和海云台海水浴场举行。该广告节共有韩国、日本、中国等 46 个国家的7 130个作品参与，成为名副其实的亚洲最大的广告节。与 2010 年相比规模增加了 31%，新设的公共品牌宣传馆吸引了很多市民共同参与。

至 2011 年 6 月 30 日为止，在网络上经过预赛，接着进行了决赛，除此之外还进行了 3 天的各种展示活动和会议及附带活动。具体地说，6 月 25 日以“国际化时代公共品牌管理及未来展望”为主题开展了国际特别研讨会，进行了“展示馆之旅”及开幕式活动。6 月 26 日由广告界巨匠、本次活动的审查委员长主持了“与 Neil French 对话”，还举行了 KOBACO 主管的预备广告人就业说明会，以及产品/服务广告、普通人、工艺品、互动部分及网民奖、特别奖的颁奖仪式。6 月 27 日举行了就业说明会、与审查委员们的对话，以及产品/服务广告、公益广告、公共品牌、青年之星部分、特别奖、大奖等最终颁奖仪式，还举办了闭幕式。在颁奖仪式上，除现有的产品/服务、公益广告部分外，还展示了新设立的互动、公共品牌部分的很多作品，竞争十分激烈。特别是，世界大学生广告大赛——青年明星大赛上，有 5 个国家 37 个大学的 136 人参加，展开了激烈的争夺，与前一年一样，为获得普通人部分和青年之星部分的获奖者提供了在国内顶级广告公司实习的机会。另外，世界级广告专家们在 3 天的活动中，举办了多次研讨会，研究了广告界的发展方向和未来，是一个非常有意义的活动。

另外，文化体育观光部调查出版了 2011 广告产业统计。广告产业虽然是高附加价值产业，但由于它是由广告客户—广告公司—媒体公司及广告制作企业等构成的复合市场，因此难以确定它的规模，现有的统计资料无法代表整个产业，也无法作为制定政策或进行深入研究的依据。因此，从公益层面出发，文化体育观光部于 2005 年获得统计厅的同意，2011 年调查、发行了第 7 次国家认可的统计——广告产业统计。2011 年，广告产业统计调查以研究广告产业的整体现状和核算产业规模为主要目标，除 4 大媒体外，还对资料不完整的有线、卫星、移动等领域进行了统计。另外，随着媒体的发展，广告产业的领域也随之扩大，考虑到这一点，将网络广告业作为一个业种开展了单独调查，努力掌握实际统计量。为研究广告产业实质规模，还调查了软件使用现状、职员教育现状、雇佣规模现状等，尽量得出可信度高、实用性强、稳定的统计结果。

最后，文化体育观光部为了加强广告产业竞争力，继 2010 年后，2011 年也运营了广告产业发展论坛。论坛由学界 3 人、业界 3 人、广告及新闻团体 4 人参与。广告产业发展论坛的目的是为了解决国内广告业界面临的各种急需解决的问题，搜集广告业界和学界的意见。论坛讨论的主要内容如下。首先，探索加强广告产业竞争力的方案，如激活新型广告、培养广告专业人才、促进广告产业的国际化等。论坛对虚拟间接广告现状进行了研究，并谋求应对策略，还讨论了将 KOBACO 构建并运营的 KODEX 应用为公共基础设施的方案。为了完善规范国内近 300 个与广告相关的法律，研究了广告法体系，讨论了如何完善广告相关的法律等事项。另外，针对因国内制度的变化而产生各种问题的广告审议制度，分析了主要国家的制度，听取了专家的意见，探索了建立综合审议的指导原则。论坛的这些讨论结果被文化体育观光部作为制定广告政策的基础资料来加以使用。

## (三)展望

2012 年，几个方面的变化给广告界带来了影响。经济方面，欧洲债务危机持续，国内经济增长放缓，预计将会给内需市场造成不利影响。因此，恐难以期待有大幅增长。但是，在 7 月召开的伦敦奥运会上，如果金融/保险及证券业、智能手机、智能 TV 等信息通信业，以及传统的食品、服务、汽车业等能够投入引人注目的大笔广告费，2012 年广告市场规模与 2011 年相比，预计将会增长 5%~6.3%，达 10 兆 400 亿~10 兆1 600亿韩元。

展望 2012 年国内广告业界各媒体的主要变化，大体情况如下。首先，地面波播放方面，广告市场的占有率预计将会停滞或保持平稳势头，但 2012 年年初开始，媒体实验室将会实质性地进入竞争体制，预计这将成为又一个市场变数。印刷媒体由于读者的减少和主要报社参与综合编辑 PP，预计部分广告将会转出，市场萎缩是不可避免的。2011 年 12 月播出的综合编辑 PP 在开播之初，作为新生媒体尚未得到足够的关注，预计短期内不会有大的发展。因此，虽然在开播之前就预测综合编辑 PP 将会蚕食有线 TV 的收视率和广告市场，从而导致大型 MPP 和一般 PP 之间的两极化加重，但是，综合编辑 PP 尚未站稳市场，因此尚未观察到有线 TV 市场有什么特别的变化。2000 年年中以后每年大幅增长的网络市场，在 2012 年以后，预计仍会在相当长的时间内持续其增长势头。另外，最近智能手机的普及给生活带来了巨大的变化，预计移动广告也将会给国内广告业界带来一定的影响。

负责广告业务的文化体育观光部在 2012 年也将继续通过与下属机关、团体、协会、学界等的合作，持续推进广告相关的各项扶持政策。

# 十一、知识信息

## (一)现状

2010 年资讯产业统计中追加的知识信息产业分类体系，是将现有的文化产业统计的教育性娱乐部分和数字资讯产业统计的信息、e-learning、资讯交易及中介部分统合后，新设立的“知识信息产业”。知识信息产业分为 e-learning 业、其他数据库及网络信息提供业、门户网站及其他网络信息媒介服务业，各个业务的定义如下。

表 4-11-1　　**知识信息产业分类体系与定义**

| 大分类 | 中分类 | 小分类 | 分类体系定义 |
|---|---|---|---|
| 知识信息产业 | e-learning 业 | e-learning 企划业 | 企划向幼儿、小初高、成人等所有年龄层提供网络/流媒体存储型学习项目的企业 |
| | | e-learning 网络/移动服务业 | 利用网络和移动，提供网络/流媒体存储型学习项目服务的企业 |
| | | 网络/移动 e-learning 制作及提供业(CP) | 制作网络/流媒体存储型学习项目，提供给服务企业的企业(CP) |
| | | 教育性娱乐企划及制作业 | 以提高教育效果为目的，制作研制学习游戏、创作帮手、多媒体图鉴、视频教材等资讯的企业 |
| | 其他数据库及网络信息提供业 | 其他数据库及网络信息提供业 | 搜集组合第一手资料，依据一定的格式对资料进行加工，然后将其收录入计算机，以电子媒体的方式提供服务的企业(不含通过网络及移动设备提供的出版、漫画、音乐、游戏、电影、动漫、播放、广告、动漫形象、e-learning 服务) |
| | 门户网站及其他网络信息媒介服务业 | 门户网站及其他网络信息媒介服务业 | 通过网络上的检索、社区、电子邮件、博客等服务，对媒介金融、生活信息、新闻等使用者制作的资讯及数字化的各种信息进行传播的企业 |

### 1. 知识信息产业市场规模及现状

2010年知识信息产业的企业数量为2 459个，从业者人数为48 226人。销售额为 6 兆2 041亿韩元，附加价值额为 2 兆6 742亿韩元，附加价值率为 43. 10%。出口额为 3 亿6 328万美元，进口额为 44 万美元。

2010 年知识信息产业的销售额为 6 兆2 041亿韩元，同比增长 18. 1%，2005—2010 年年均增长率一直为 15. 3%①。销售额中，“门户网站及其他网络信息媒介服务业”“e-learning 业”所占比重最大。从各价值链的知识信息产业形态来看，流通、发行销售额占整体的 71. 5%，创作及制作的销售额所占比重为 26. 8%。2010 年知识信息产业中流通、发行销售额所占比重最大，并且可以看出其比重呈现出逐步扩大的趋势。

2010 年知识信息产业的企业数量为2 459个，年均增长 16. 9%。知识信息产业作为成长产业，与 2005 年相比，企业数量约增加了 2 倍以上，预计今后企业数量仍将持续增加。知识信息产业显示，大型企业销售额的增加引领了整个产业的增长，大型企业的比重也在逐渐增加。另外，知识信息产业的从业者人数年均增长为 9. 0%，这样的增长趋势将会随着智能学习时代的到来而进一步扩大。

知识信息产业的出口额年均增长为 59. 9%，进口额年均增长为 4. 2%，由此可以看出，知识信息产业是出口比重相当高的产业领域。从出口地域来看，向东南亚的出口比重最大，为 46. 3%；其次为日本 38. 9%、中国 9. 3%、北美 2. 4%、欧洲 0. 9%，向亚洲的出口占整体出口的 94. 5%。

附加价值额同比增加了 19. 5%，在资讯产业中呈现出最大的增长，人工费和经常利润也持续增长。因此，知识信息产业是销售额、出口额、附加价值额、从业者人数均持续增长的产业，是今后资讯产业中持续保持增长态势的产业之一。

### 2. 数据库服务市场的规模及现状

DB(Data Base，数据库)服务产业是知识信息产业的一部分，2010 年企业数量为1 808个，市场规模为 4 兆2 242亿韩元，与 2009 年相比，增长了 3. 9%。另外，DB 服务产业市场的从业者②人数为 121 038人，其中，DB 相关职位的从业者人数为23 760人。

DB 服务产业可以分为通过直接提供、销售 DB 构建的信息，来获取收益的信息销售服务(以下称“信息服务”)，以及在信息流通过程中，进行间接销售的广告服务市场。依据信息的内容，可以分为文化/艺术、经济/金融等 9 个主题领域。

信息服务市场规模 2010 年为 2 兆1 726亿韩元，虽然目前是最大的市场，但是与 2009 年相比，仅增长了 0. 4%；相反，广告服务市场与 2009 年相比增长了 8. 0%，达 2 兆 515 亿韩元。最近 4 年，信息服务市场年均增长 19. 5%，但 2010 年业绩低迷；而广告市场的增长及比重则持续增加，预计今后几年内在 DB 服务产业，广告服务市场将会超越信息服务市场。

DB 服务产业的各主题市场现状为门户网站领域 2010 年为 1 兆5 525亿韩元，占 DB 服务市场的 36. 8%，同比增长了 13. 6%。大部分主题领域的市场规模均呈现出同比增长的态势，但经营、商务领域 2010 年为2 406亿韩元，同比呈现出-35. 2%的增长。

① 本页的年均是指 2005—2010 年的平均值。

② 以 2010 年 6 月为标准，DB 服务产业的2 515个企业中的从业者人数(2010 年度、2011 年度国内数据库产业市场分析结果报告书，2011 数据库白皮书，韩国数据库振兴院)

## (二)主要政策

### 1. e-learning 产业

(1)制定发展及激活 e-learning 产业的基本计划。

依据《e-learning 产业发展及应用促进法》，为发展及激活 e-learning 产业，制定了泛政府的系统化、中长期综合计划——“发展及激化 e-learning 产业的基本计划(2011—2015)”。

e-learning 产业作为融合了信息技术(IT)和教育的知识服务产业，是急剧成长的高附加价值新增长动力产业。在这样的认识下，制定该基本计划的目的是：促进国家产业的知识信息化及培养优秀人才，完善公共教育及实现终身教育，消除地区间、阶层间的知识信息差异，为实现社会的公正及加强国家整体的创造性知识力量作出贡献。

以“成为全球 4 大智能学习强国”为目标，提出至 2015 年使产业规模达到 3. 5 兆韩元，雇佣规模达到 3. 7 万人。为此，明确了 4 大政策课题。具体内容为：通过改善 e-learning 服务企业和资讯企业间的不合理合同惯例，营造 e-learning 产业公正的环境；通过推进源泉、融/复合资讯的 R&D，进行技术革新及培养创意人才；促进产业领域、公共领域、弱势阶层灵活应用 e-learning；通过激活 e-learning 出口及扩大交流，扩大 e-learning 产业进军海外。

(2)e-learning 国际会议。

能够同时了解 e-learning 产业的现在与未来的国际活动——“e-learning Korea 2011”，由教育科学技术部、文化体育观光部、外交通商部、知识经济部共同主办，于 9 月份开幕。该活动由“e-learning 国际博览会”和“e-learning 国际会议”两个部分组成，以“Smart Learning，Smart World”为主题，介绍了最近的话题——以智能手机、电子书、IPTV、DMB 等移动、多媒体设备为基础的 e-learning 的发展可能性，以及 e-learning 最新的发展方向，反映出关注点由 e-learning 转向智能 e-learning。另外，还进行了出口洽谈会、教育用移动应用公募赛、第 7 届 e-learning 优秀企业大赛等各种附带活动。

在政策宣传馆内，教育科学技术部、文化体育观光部、知识经济部构建了主题馆，提供各部门的 e-learning 体验馆。在文化体育观光部体验馆内，同时展示了为促进资讯产业的智能化、前沿化、国际化而扶持制作的 3D/CG 资讯、移动/IPTV 资讯、教育/信息资讯、教育性娱乐数字资讯，在这里能够看到未来成长动力产业——资讯—智能机—服务之间相生、合作、发展的资讯产业的生态系统样态。在国际企业馆内，按照 Future School、Smart Campus、Smart Work、Job&HRD 4 个部分，展示了国内外参与企业的最新 e-learning 解决方案、资讯、硬件等。

在国际会议上，e-learning 领域的泰斗和专家们欢聚一堂，讨论了革新性的教育方法和未来教育的方向，以“教育改革新方向”为主题，通过短信与参与人员交换了各种意见，展开了真挚的综合讨论。此外，还举办了“第 7 届 e-learning 优秀企业大赛”“移动应用展评会”“e-learning 出口洽谈会及商务对接服务”等多种多样的附带活动。

### 2. 其他数据库及网络信息提供业

(1)提升 DB 品质管理的工作。

为对改善公共机构及民间企业的数据库品质提供扶持，扩大管理体系的引入范围，提高DB应用率及面向国民的信息服务的品质，自2003年起，开展了“提升DB品质管理工作”。该项工作分为4个阶段，第一阶段是准备期(建立推进数据库品质评价工作的基础)，第二阶段是引入期(提高对数据库品质重要性的认知度)，第三阶段是扩张期(为扩大数据库品质管理体系的引入范围打下基础)，第四阶段是落实期(为落实数据库品质管理进行制度准备)。目前已完成前3个阶段的工作，进入到第四阶段工作。为了推进第四阶段的工作，正在开发品质管理方法论，进行数据库品质检测。

数据库品质分析是客观、定量地为数据库提供品质检测，目的是研究数据库运营的问题，扶持制定改善方案。依据数据品质、数据管理品质、数据安保品质检测来划分扶持领域，以公共机关及民间企业为对象，实施DB品质检测。依据结构、数据品质管理过程、数据品质管理成果测定等来划分扶持领域，以公共机构及民间企业为对象，实施了数据库品质检测。

另外，DB品质认证是为了确保公共、民间开发使用的信息体系的数据品质，审查、认证数据本身的品质和管理体系的品质，以提高整个国家的数据品质及将其尖端化为目的，依照《文化体育观光部告示第2010-33号(2010.10.11)，数据库品质认证制度运营指南》规定的认证种类及审查标准进行认证审查，并赋予认证水平的一项工作。认证种类分为数据认证、数据管理认证。同时，为积极应对频发的个人信息泄露等安保事故，以及2011年9月发表的个人信息保护法等热点问题，还在推进对告示进行修订的工作，以期在DB品质认证种类中，新增加“数据安全认证”一项。

(2)提供DB技术信息。

为向DB业界工作人员提供与DB构建、运营相关的专业技术信息，扶持产学共享DB技术，提高DB产业的技术水平，通过实施DB专业人才培养教育，培养能够应对IT环境变化的工作人员，正在运营着DB指南网(www.dbguide.net)。

通过延长与国内DBMS(Database Management System，数据库管理系统)公司及世界4大DBMS公司之间的合作，搜集国内外最新DB技术信息，并通过网络提供这些信息，为DB相关专家分工合作提供了场所。另外，构建了通过智能设备实时浏览最新DB专门信息的移动网页，并提供服务；为加强数据体系结构技术人员的力量，还举办了第9届“大韩民国DA设计公募大赛”。

不仅如此，为活跃国产DB解决方案市场，制作、分发了可以一目了然地了解国产DB解决方案现状的图谱，包括国产DBMS、检索引擎、DB分析、数据品质检测等；大学和国产DB解决方案企业合作，持续推进产学合作DB技术研讨会的召开。另外，提供国内外各DBMS的网络咨询及解决方案的服务，通过实时监测、SQL(Structured Query Language)分析、支持优化的网络DB优化服务(自动咨询系统)，在DB运营发生问题时，实时提供帮助。服务运营的结果是构建运营DB发生问题时，可以减少解决问题所需的费用和时间，通过运营产品宣传馆，宣传国产解决方案的优势，为提高国产解决方案的认知度及扩大市场占有率作出了贡献。

另外，积极利用国内外DBMS和DB咨询企业的工程师和顾问这些资源，开设了DB设计、运营相关教育及研讨会等56个网络课程。2011年，学习网络课程的人员有12.3%就业或转职，21.5%获得了资格证，为DB专业人才的培养作出了贡献。

(3)扶持公共DB的民间应用工作。

以扶持应用公共DB为目标，自2004年起推进了“扶持民间应用公共DB”的工作，2011年建立了高附加价值DB服务的流通基础，在智能媒体环境下，加强了推进创造新的商务模式及提高市场竞争力等工作的力度。同时，为了推进公共文化 DB 及资讯的新应用并创造附加价值，同时并行推进了开发公共文化资讯 Open API，将文化资讯转为移动服务的扶持工作。

智能媒体的普及、扩散，增加了对新 DB 服务的开发，对 DB 的需求也随之增加，也凸显了 DB 作为基础信息的价值，以及作为一种资产的经济价值，因此在全世界备受关注。但由于尚未建立评价 DB 价值和确保公正流通的定价、公平交易环境等体系，因此 DB 应用及流通中的问题依然存在。

为此，2011 年构建并运营了一站式 DB 流通体系——DB Store（http：//www. dbstore. or. kr），可以应用 DB 来扩大网络、线下商务。2011 年的主要业绩为：在构建、运营 DB Store 的第一年，与公共版权信托管理体系相连，以公共机构信托作品的共29 636个资讯为基础，通过扶持构建 DB 和地方自治团体 API 的工作，确立了 DB API，并将其在网上展示、流通。

另外，推进了开发智能媒体混合技术的扶持工作，扶持国内民间 DB 服务企业在智能媒体环境下更有效地发掘新商务模式，加强在新平台内的服务竞争力。为了能够应用公共或民间企业所保有的文化、体育、观光相关的 DB 或资讯，公开征集了智能 TV 应用程序开发课题，选定后予以扶持。

另外，为引导公共/民间 DB 的多样化应用，发掘、普及民间企业的新商务模式，举办了“2011 年大韩民国智能媒体 APP 公募赛”，在 APP 开发部分的 95 件作品中，有 22 件通过免费/付费的注册方式在国内外公开市场中正活跃地流通着。

## （三）展望

虽然这期间努力宣传了建立 DB 品质管理体系的重要性，但至今为止，DB 品质管理体系尚未在全国普及，低品质的 DB 流通及不公正的流通环境，已经成为妨碍产业发展的因素，并且这一问题至今未能得到解决。为此，应该在国家层面上，扶持制定、管理、普及 DB 管理体系的所有工作，以便使 DB 的应用最大化，推进知识信息社会的进一步发展。

另外，需要扩大对最近快速成长的信息服务 DB 的扶持，计划扩大目前偏重于业务应用 DB 的品质检测扶持工作，提高作为知识信息社会根基的信息资讯及文化艺术 DB 的品质水平。另外，不仅要重视公共领域，还要重视民间领域的 DB 流通，2012 年将构建 DB 的流通、应用扶持体系，推进“公共/民间 DB 应用扶持工作”，以适应智能技术环境应用 DB 并创造附加价值。为此，将升级 DB 流通体系，使民间企业能够很容易地应用 DB，扩大符合民间 DB 需求的流通 DB，构建并运营 B2B/G2B 交易中介扶持体系。

与此同时，在快速变化的智能环境下，将发掘、扶持国内 DB 服务企业的新商务模式，推进“应用 DB 进行智能资讯开发的扶持工作”，扩大推进多样化的智能媒体资讯，与 DB 流通体系相连接，提供并应用 DB，构建开发新资讯的良性循环体系。

另外，随着 DB 产业的快速增长，为消除人力供需不平衡的现象，将以产学相生合作为基础，推进 DB 技术信息提供及基础设施构建工作，以培养实务型大学人才、产业领导者型高级人才、DB 专家。希望通过这些工作，满足快速增长的 DB 产业对人才的需求，为减少青年失业、创造新的就业岗位作出贡献。

另外，过去的方针是将国际会议和国际展示活动分开举办，而现在转换为两个领域同时举办的方式。因此，在 e-learning 领域方面，计划在更加实际的环境和类似的条件下，向国际参与人员展示并宣传韩国的 e-learning。同时，还应提高国民对 e-learning 的关心和兴趣，并在政策上进一步加强合作，以巩固在国际社会中 e-learning 领先国家的地位。

# 十二、时尚文化

## (一)现状

### 1. 定义与检测

(1)韩国时尚的概念范围。

时尚是满足消费者时尚生活需求的产业，因此可以通过消费者日常生活的空间来讨论时尚的范围。作为文化体育观光部政策的对象，在考虑到各种标准后，时尚的概念性定义为狭义的时尚产业(表内阴影部分)。

表 4-12-1　　时尚产业的概念范围

<table>
<tr><th colspan="3">时尚产业的范围</th><th>4 大分类</th><th>对应的产业</th></tr>
<tr><td rowspan="5">最广义的时尚产业</td><td rowspan="4">广义的时尚产业</td><td></td><td>第 1 生活空间<br>(health & beauty)</td><td>与美相关的产业(化妆品、香水、美容美发)<br>运动用品产业<br>健康器械、健康用品产业<br>医疗产业</td></tr>
<tr><td rowspan="2">狭义的时尚产业</td><td>最狭义的时尚产业</td><td>服装产业<br>服饰产业、配饰产业</td></tr>
<tr><td>第 2 生活空间<br>(wardrobe)</td><td>时尚零售业<br>纤维产业、皮革产业<br>辅料产业<br>毛皮产业<br>软时尚扶持产业(时尚软家居/店面装饰、时尚传媒)</td></tr>
<tr><td></td><td>第 3 生活空间<br>(interior)</td><td>室内装饰、家具、生活杂货、寝具<br>照明器具、家电、照相机、杂货、玩具</td></tr>
<tr><td></td><td></td><td>第 4 生活空间<br>(community)</td><td>住宅、汽车、宾馆、休闲、休闲体育、饮食服务产业、广告产业</td></tr>
</table>

出处：朴光喜、金正元、刘花淑(2003)，《纤维、时尚产业》，教学研究社。

(2)从创造性的观点来看政策范围：设计者的时尚产业。

为避免将文化艺术与文化产业分割来看的二分法视角，需要确定新的政策范围。特别是从创造产业的观点出发，核心扶持对象不应仅停留于产品或结果上，还要着眼于能够引领创造产业发展的创造性人才，通过扶持人才这一引领产业发展的核心动力，主导产业的长期发展。与创造产业的范围相比，国内的文化艺术和资讯产业①分类标准方面的范围还是较窄的。海外对时尚设计师产业做了如下的定义。

表 4-12-2　**时尚设计师产业的定义**

| 分　类 | 设计师时尚产业的定义 |
|---|---|
| 英国文化媒体体育部（DCMS） | 时尚设计师产业，作为以创意性和独创性进行企划、拥有独立商标的系列时装，包括拥有国际名声或品牌的知名设计师，以及站在流行最前沿的新人设计师 |
| 新西兰 | 从规模方面来看，是小规模的；从作业方式来看，是有创意、具有独创性的，同时又是以设计师为中心的时尚产业 |

出处：英国文化媒体体育部网站（http：//www. culture. gov. uk）。

国内目前没有关于时尚设计师产业的明确定义，各种时尚辞典里也很难找到关于时尚设计师产业的明确定义。国内与之相似的用语是“高级时装设计师”，但这一用语更多是指高级时尚。我们需要一个不仅包括高级时尚，还包括以东大门设计师为代表的专指时尚设计师这一职业的个体营业者概念。

时尚设计师是指受雇于大型时尚企业，负责企划、制作时尚商品的所有时尚设计师个体，因此我们需要一个区别于时尚设计师的用语。不管是高级时装设计师，还是东大门设计师，都是强调设计师个人而不是产业的概念，因此，需要一个既包含设计师又包含产业的用语。

2. 产业现状

（1）国内时尚产业的规模。

以 2009 年为标准，我国时尚产业规模（以上市价格为标准）同比增加了 6.4%，为 37 兆8 923亿韩元。2007 年为 32 兆9 318亿韩元，2008 年为 35 兆4 751亿韩元，2009 年为 37 兆8 923亿韩元，呈现出持续增长的态势。

具体地看各个产业，纤维产业为 17 兆5 324亿韩元，服装产业为 16 兆2 893亿韩元，其他产业为 4 兆706 亿韩元，由此可以看出，纤维产业和服装产业占据了主导地位。特别是，传统时尚产业是以纤维产业为中心的，但服装产业的重要性日益增加，2009 年纤维产业增减率同比仅增加了 3.6%，而服装产业却由 2008 年的 14 兆5 019亿韩元增至 2009 年的 16 兆2 893亿韩元，增长了 11%。

表 4-12-3　**各年度时尚产业规模**　（单位：百万韩元）

| 分类 | | 2005 | 2006 | 2007 | 2008 | 2009 |
|---|---|---|---|---|---|---|
| 时尚产业 | 规模 | 38 500 275 | 38 219 170 | 32 931 819 | 35 475 144 | 37 892 315 |
| | % | -2.6% | -0.7% | -16.1% | 7.2% | 6.4% |
| 纤维产业 | | 21 944 391 | 21 189 970 | 15 939 910 | 16 894 692 | 17 532 418 |
| 服装产业 | | 12 351 015 | 12 859 162 | 13 427 729 | 14 501 870 | 16 289 270 |
| 其他产业 | | 4 204 869 | 4 170 038 | 3 564 180 | 4 078 582 | 4 070 627 |

出处：统计厅《矿业制造业调查报告书》各年度的数据。

① 法律、制度上的用语应该是“文化产业”。

国内时尚产业的规模占整体制造业的 3.4%，但企业数量却占 11.4%，从业者人数占 7.6%。国内时尚产业在制造业上市价格中的比重由 2002 年的 6.8%逐年减少至 2009 年的 3.4%；企业数量在制造业中的比重由 2000 年的 21.5%降至 2009 年的 11.4%；从业者人数也由 2002 年的 14.3%降至 2009 年的 7.6%，呈现出持续下降的态势。

(2)韩国时尚文化产业进军海外的现状。

2011 年，纤维制品的出口同比增加了 10%，为 30 亿3 000万美元，进口服装为 58 亿7 700万美元，同比增加了 38.4%。由于气候频繁变化，国内服装销售减少，导致缝纫制作企业的成衣生产订单减少，面临的困难进一步加深。

2011 年，韩国时尚产业的出口规模约为 159 亿美元，进口规模约为 126 亿美元，预计贸易收支约为 33 亿美元。

表 4-12-4　**各年度纤维、时尚领域的进出口规模**　(单位：千美元)

| 分类 | 2005 | 2006 | 2007 | 2008 | 2009 | 2010 | 2011 |
|---|---|---|---|---|---|---|---|
| 出口规模 | 13 945 747 | 13 232 007 | 13 446 373 | 13 317 087 | 11 634 257 | 13 899 090 | 15 931 620 |
| 进口规模 | 6 765 296 | 8 037 392 | 8 909 373 | 8 800 078 | 7 407 093 | 9 924 339 | 12 627 724 |
| 收支 | 7 180 451 | 5 194 615 | 4 537 000 | 4 517 009 | 4 227 164 | 3 974 751 | 3 303 896 |

出处：韩国贸易协会进出口统计(2010)。

与韩国整体出口额相比，时尚产业的出口比重在逐渐下降，进口比重小幅增加，整体呈现出停滞状态。国内时尚产业虽然在 2000 年占整体出口额的 12.3%，发挥了产业动力的作用，但 2010 年下降到仅占整体出口额的 3.3%。时尚产业的进口规模在 2000 年占整体进口额的 4.5%，2010 年减至 3.2%，呈现出持续减少的态势，但降幅不大。

(3)韩国时尚产业动向。

2011 年，包括制鞋和杂货在内的整体时尚市场预计同比增长 8.3%，推测将达 32 兆7 000亿韩元。2012 年，各种预测指标均显示民间消费将增长 2.5%，服装市场将增长至 33 兆5 000亿韩元。预计将与经济增长速度类似，上半年仍处于较低水平，下半年逐步增加，呈现出恢复态势，总体将呈现出“上低下高”的趋势。

①宏观经济指标：预计 2011 年增长 3.7%~4.0%，2012 年增长 3.4%~4.4%。

2011 年，受上半年海外不利因素以及下半年金融危机的影响，世界经济的不确定性进一步加大，国内经济增长也处于停滞状态。为克服世界经济危机而采取的各种紧急措施也带来了副作用，从 2011

年下半年开始，随着这些副作用浮出水面，世界经济亮起了红灯。预测认为，2012 年世界经济增长率将连续两年下降 3.5%；发达国家为了克服巨大的财政支出带来的后遗症，不可避免地要采取紧缩财政，以克服财政危机；新兴国家在克服危机的过程中，为了应对供应的全球性流通导致的物价上升，也将实施金融紧缩政策，因此预测世界经济的萎缩将会持续。

2012 年，出口这一韩国经济增长的主动力受世界经济放缓、韩元强势等因素的影响，增长趋势呈现大幅放缓的态势，而作为辅助动力的内需，也缺乏可以弥补出口减缓的增长主导能力，面对这种情况，政府的经济扶持能力也在减弱，很难期待经济的恢复。国内经济的增长率也降至约 3.6%，增长速度以上半年为低谷，到下半年将缓慢恢复，预计会出现上低下高的现象。

②由于经济恢复态势放缓，预计增长势头将放缓。

2011 年，预计包括制鞋和杂货的整体时尚市场将同比增长 8.3%，约为 32 兆7 000亿韩元。2011 年上半年受经济复苏的影响，时尚市场将会呈现出较高的增长率，但由于金融危机后遗症的全面爆发，经济增加了不确定性，将会使下半年消费心理萎缩，预计增长态势将大幅减弱。

各种预测指标认为 2012 年民间消费增加水平约为 2.5%，2012 年服装市场的增长将与这一数据相似，为 33 兆5 000亿韩元。将与经济增长速度一样，上半年仍处于较低水平，下半年将呈现出恢复态势，总体将体现出上低下高的趋势。

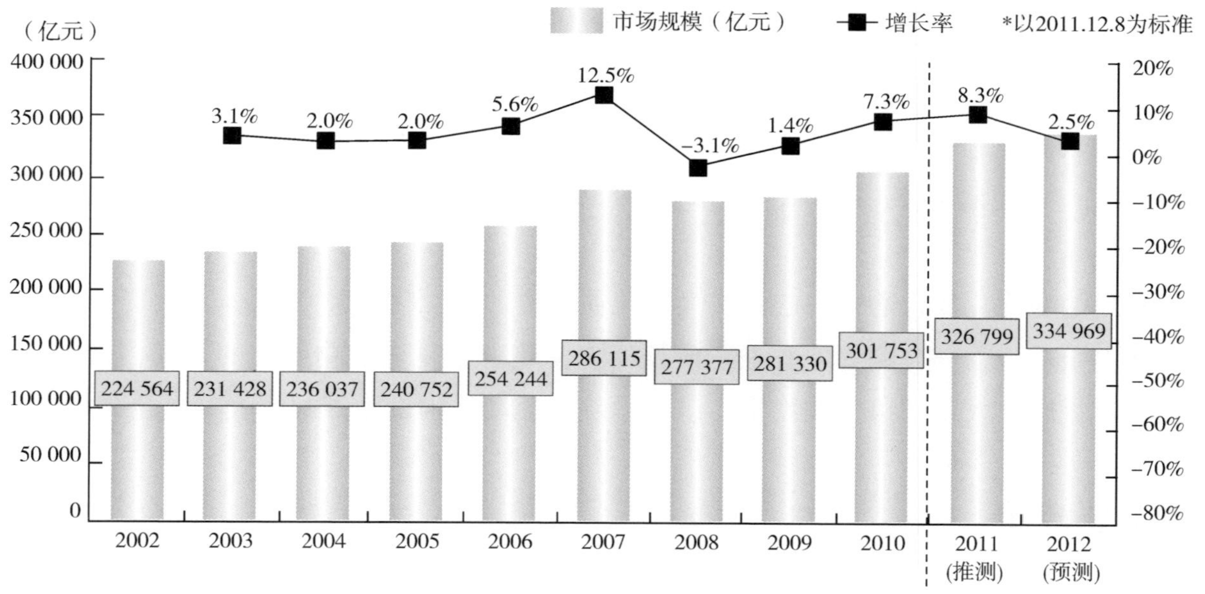


图 4-12-1　时尚市场规模变迁及市场增长率

* 至 2010 年，只公开了服装市场的规模，但 2011 年扩大至包括制鞋和杂货类的时尚市场。

* 包括保税、市场、个性化等 Non-Brand。

出处：以每半年内消费者购买的时尚商品为标准，三星时尚研究所(F1 调查)。

③由于经济停滞，进入紧缩经营。

在经营战略方面，有 26%的应答企业认为，与通过开拓新事业扩张公司势力相比，将会制定相对保守的经营战略，更注重提高经营效率，关闭效率不高的卖场，提高收益等；在品牌经营方面，有 34%的应答企业认为与扩大流通网相比，更注重品牌形象的确立，强化商品设计的竞争力。另外，如果要扩大时尚事业，38%的应答企业将会进军中国等海外市场，打开品牌市场，扩张公司势力；其次，

25%的应答企业将会进军运动系列品牌发布会，9%的应答企业将会进军零售业。

④体育、户外仍将处于强势。

预计今年户外仍将与去年一样，维持增长势头。自 2001 年以后，户外一直维持着年均增长 20%以上的势头，特别是最近，户外生活方式受到热捧，使得最近几年推出的户外品牌的市场占有率正在提高。另外，除现有登山产品外，户外市场还扩展到电动自行车、旅游、水上运动等领域，预计今后户外市场的增长将会持续下去。

特别是，随着消费者生活方式的变化，女性服装、休闲服装等不同服装种类与户外方式相结合的形态在不断增多。

⑤预计今年仍将持续国际 SPA 热潮。

国际 SPA 品牌对休闲装客户的蚕食情况更加严重，相对来说竞争力比较弱的休闲装可能会受到冲击。特别是最近，随着大型购物中心的增多，预计 ZARA、H&M 等国际 SPA 品牌的流通网将不断扩大。另外，据了解，今年 Top Shop 等尚未进军国内的国际 SPA 品牌正在策划进军国内市场，预计国际 SPA 品牌的扩张趋势将会持续下去。

⑥流通业今年的增长可能性不明朗。

大韩工商总会考虑到国内外经济复苏的放缓，预计 2012 年零售市场规模与 2011 年相比将增长 6.3%，为 229 兆韩元。如果再考虑到 3.5%左右的消费者物价上涨率，实际增长仅为 3%左右，预计流通企业将进入低增长期。在 2012 年 10 大消费者关键词的调查中，自己赋予价值或对所需商品果断消费的倾向——“价值消费”和“移动手机”入选，预计今年各流通渠道的销售额，除电视购物外，大部分渠道均将维持在个位数的增长水平。最近 3 年间一直保持 10%左右增长的百货店预计增长率仅为 7.0%，大型超市为 4.9%，超市为 4.3%，便利店为 9.8%，网店为 9.5%，电视购物为 10.9%。

⑦流通模式的变化：复合购物中心的扩大，流通渠道的多元化。

最近流通大企业认为复合购物中心是新成长动力，热衷于复合购物中心的开发，计划在全国主要城市建立包含百货店、大型超市、购物中心、电影院、运动休闲设施等的超大型复合购物中心。

## (二)主要政策

### 1. 韩国时尚政策

(1)中央部门。

①文化体育观光部。

文化体育观光部将建立时尚的文化根基放在政策的首位，以“影像资讯产业科”为中心，推进时尚政策的实施。政府于 2007 年发表了“第二阶段强化服务产业竞争力的综合对策”，为发展时尚产业，推进构建文化体育观光部、知识经济部、地方自治团体等泛政府的合作网络，积极推进文化体育观光部制定时尚相关政策。特别是，作为“各类型文化产业中期振兴计划”的一部分，文化体育观光部于 2010 年 5 月发表了“时尚韩国 2015 时尚文化产业中期计划”，制定了各种提高时尚文化产业附加价值的政策。

②知识经济部。

知识经济部也将建立时尚的文化根基放在政策的首位，设立了“未来生活纤维科”，推进制定培育及振兴纤维、时尚及生活用品产业的政策。在知识经济部的时尚相关政策中，多元推进的代表性扶持政策是“建立激活纤维生活产业的基础”“扶持专业生产技术研究所”“纤维产业链之间合作技术的开发工作”等。此外，还展示了与时尚产业相关的前景并制定详细计划，按不同的扶持目的发表了相关政策。

(2)地方部门。

①首尔特别市。

首尔特别市于2006年发表的“市政运营4年计划”中，将时尚产业选定为6大新增长动力产业之一，以“时尚组”为中心推进时尚相关政策。首尔市为打造创意文化城市的框架，将时尚、设计、观光、数字资讯、R&D、会展指定为6大新增长动力产业，并正在将它们培育成创造高附加值的文化、知识资本。

②釜山广域市。

釜山广域市正在以“制鞋纤维组”为中心推进时尚政策，将具有地区特色的制鞋产业包含在纤维、时尚产业之中。特别是，釜山广域市正在同时推进、培育制鞋产业和培育纤维时尚产业的工作，其中，集中培养制鞋产业是它的一大特色。

③大邱广域市。

大邱广域市将地区优势文化资讯产业——纤维IT与传统文化资讯相结合，以加强时尚纤维产业的竞争力为目的，将培育纤维、时尚产业和培育地区特色产业——眼镜产业放在政策的首位，正在以“纤维时尚科”为中心推进时尚政策。

### 2. 文化体育观光部主要推进工作

(1)作为确立韩式风格工作的一环，通过韩服的世界化来提高国家地位①(2006—)。

确立韩式风格的工作是以韩国的固有性为基础，发掘并培育具有世界普遍性的资讯的一项工作，该工作选定了韩服、韩文、韩食、韩屋、韩纸、韩国音乐(国乐)6大领域，进行系统的扶持。文化体育观光部2007年制定了“文化强国、文化创造幸福的大韩民国”的文化政策目标，其中之一就是“我国文化的战略性世界化”政策，通过对我国文化的保存、使用促进其世界化，目前正在推广韩服。另外，2007年还制定了“韩式风格综合培育计划”，2008年主要在国内外进行了宣传活动，在国内举办了爱韩服庆典，在海外举办了韩服时装秀，系统地促进了韩式风格的国内外宣传。与此同时，也努力提升韩服、韩食、韩国音乐等的地位。

(2)作为培育地方文化产业工作的一环，推进大邱地区时尚产业的培育政策。

为改善地区时尚产业的不足之处，计划开发具有创造性的设计，集中培育有潜力的时尚品牌及设计师。为振兴地区文化产业，自2004年起制定了大邱设计时尚产业培育计划。该项工作包括：扶持应用传统文化DB进行织物图案的设计及其商业化；通过参加国内外订购展，扶持产品开发及宣传；通过传统图案公募赛，开发文化商品等工作。

2009—2013年，推进了第2阶段大邱设计时尚产业培育工作(总工作经费为225亿韩元)，其中与韩国时尚进军海外相关的政策包括：开发应用传统图案数据库的设计及扶持全球化营销、培养未来创

① 文化体育观光部(2011)，《2010文化艺术政策白皮书》。

造设计人才等。

(3)扶持韩国时尚文化进军海外的工作。

为加强韩国时尚文化的海外宣传和帮助我国设计师进军海外市场，文化体育观光部开展了多项工作。特别是，将海外韩国文化院作为我国文化进军当地的基地，推进宣传韩国时尚的文化交流活动，同时，还通过韩国文化振兴院积极扶持设计师战略性地进军海外。

2010—2012 年 2 月，文化体育观光部和韩国资讯振兴院共举办了 5 次“概念韩国”活动，帮助韩国时尚设计师进军纽约，为向世界展示韩国时尚文化的多元化面貌作出了贡献。该活动选在世界 4 大时尚周之一的纽约时尚周举办期间，在正式活动地——林肯中心等地举办，通过入驻当地展厅、时装表演、指导等多种形式的扶持，积极推进进军当地市场、时尚展、Mentoring 等。

美国纽约时报、华尔街日报等当地主要媒体均介绍了该活动，引起了巨大的反响，当地时尚产业界商业领袖、买家、媒体人士和知名明星积极参与，在 5 次活动中，共有4 200余人参与，取得了巨大的成功。随着国内外媒体关注度的提高，新闻报道也逐渐增多，概念韩国 1 有 131 次报道，概念韩国 2 有 222 次报道、概念韩国 3 有 195 次报道、概念韩国 4 有 294 次报道、概念韩国 5 有 304 次报道。

另外，为了提供更加精准的扶持并提高扶持成果，在 2010 年举办的概念韩国 2 上，扶持了针对设计师的指导项目；在 2011 年年初举办的概念韩国 3 上，扶持了当地买家与设计师之间的一对一对接，取得了实质性的成果。

表 4-12-5 **宣传韩国时尚的国际文化交流合作政策**

| 年度 | 活动名称 | 活动概要 |
|---|---|---|
| 2000 | 第 3 届 ASEM 首脑会议 | 地点：韩国 ASEM 会展中心<br>内容：韩国传统宫中服饰及韩服展示 |
| 2011 | 李英姬时装秀 | 地点：朝鲜平壤<br>内容：设计师李英姬韩服时装秀 |
| 2002 | 2002 韩日时尚节 | 地点：韩国奖忠体育馆、日本幕张国际会展中心<br>内容：韩国、日本年轻设计师参与的时装秀 |
| 2003 | 韩国文化月活动<br>韩国时装秀 | 地点：洛杉矶<br>内容：韩服时装秀 |
| 2004 | 时尚艺术香港展示 | 地点：香港设计中心<br>内容：韩国作家时尚艺术介绍 |
| 2005 | 动感韩国 2005<br>韩国文化节、韩服时装秀 | 地点：LA Sport Arena<br>演出内容：韩服(宫中服饰、日常服饰等 80 套)及精装时装秀 |
| | 亚洲—非洲<br>首脑会议艺术节 | 地点：印度尼西亚万隆<br>演出内容：传统服装时装秀、好观武、女性剑舞等 |
| | 德国亚太周刊文化活动<br>时尚艺术展示 | 地点：德国柏林<br>内容：2005 年德国亚太周刊文化活动时尚艺术展示 |
| | 纽约饮食节<br>韩国时装秀 | 地点：曼哈顿<br>内容：韩服时装秀 |

续表

| 年度 | 活动名称 | 活动概要 |
|---|---|---|
| 2006 | 吴哥—庆州世界文化博览会2006，活动庆典 | 地点：柬埔寨吴哥窟遗迹<br>内容：安德烈·金时装秀、韩·柬传统时装秀 |
| | 韩法建交120周年纪念韩法时尚特别展 | 地点：法国巴黎<br>内容：韩国法国设计展示会、与时尚相关的学术研讨会 |
| 2007 | 韩—土耳其友谊年时尚交流展 | 地点：安卡拉、首尔<br>内容：韩文时尚设计展示会、时尚交流展 |
| 2009 | 韩国时装商务学会主办的国际学术活动及时装秀 | 地点：泰国曼谷暹罗博物馆<br>内容：时尚文化是今后“韩流”的新类型，同时也将产业和艺术相连接，通过这一活动探索韩国时尚文化进军东南亚的可能性 |
| | 安德烈·金时装秀 | 地点：泰国曼谷会展中心<br>内容：安德烈·金时装秀 |
| | 韩文=思想 | 地点：驻英韩国大使馆文化院<br>内容：将“韩文”作为时尚、照片、书法、设计等现代表达媒介进行介绍 |
| | 与大众文化相融合的时装秀 | 地点：中国上海<br>内容：将韩国大众文化和韩国时尚相融合的时装秀 |
| 2010 | 扶持韩国时尚文化进军海外：概念韩国1 | 地点：美国纽约<br>内容：运营韩国设计师6人组的时尚组合展厅 |
| | 扶持韩国时尚文化进军海外：概念韩国2 | 地点：美国纽约林肯中心<br>内容：韩国设计师3人组时装秀及扶持进行指导 |
| | 韩—马来西亚建交50周年韩国周 | 内容：韩食庆祝晚餐及韩服时装秀等 |
| | 韩—蒙古建交20周年韩国周 | 内容：时尚艺术展示会 |
| 2011 | 扶持韩国时尚文化进军海外：概念韩国3 | 地点：美国纽约 David Rubinstein Artrium<br>内容：韩国设计师4人组时尚展示及展厅的运营 |
| | 扶持韩国时尚文化进军海外：概念韩国4 | 地点：美国纽约 Avery Fisher Hall<br>内容：韩国设计师5人组时尚展示及展厅的运营 |
| 2012 | 扶持韩国时尚文化进军海外：概念韩国5 | 地点：美国纽约林肯中心<br>内容：韩国设计师5人组时尚展示及展厅的运营 |

出处：文化观光部(2011)，《2010文化产业白皮书》；文化观光部(2009)，《2008文化产业白皮书》；文化观光部(2008)，《2007文化产业白皮书》；文化观光部(2007)，《2006文化产业白皮书》；文化体育观光部(2006)，《2005文化政策白皮书》；文化体育观光部(2005)，《2004文化政策白皮书》；文化体育观光部(2004)，《2003文化政策白皮书》；文化体育观光部(2003)，《2002文化政策白皮书》；文化体育观光部(2002)，《2001文化政策白皮书》；海外文化宣传院（2009)，《驻外文化宣传馆活动报告书》；伦敦韩国文化院网站，韩国资讯振兴院网站。

(4)发表时尚文化产业扶持计划后，正式推进时尚扶持政策的多元化。

文化体育观光部制定的“时尚文化产业培育战略”包括时尚品牌的创造和应用，通过创意性的时尚创造来构建基础设施，传播与生活产生共鸣的时尚文化等。韩国时尚进军海外战略，作为时尚品牌的创造和应用的一个环节，包括扶持韩国时尚文化战略性地进军海外，扶持与大众文化资讯相结合的海外宣传，举办国际性时尚展示活动的扶持计划等。

作为时尚文化活动的一环，2008 年 12 月在原首尔火车站举办了以“当时尚遇见文化”为主题的活动。该活动的目的是提高市民对时尚文化的认识及参与，开发新的时尚文化资讯，将之前独立展现的时尚因素与文化相结合，作为大众资讯来应用。

2009 年，为纪念韩国博物馆开馆 100 周年，举办了“穿出文化”活动，该活动不仅将博物馆的各种资讯灵活应用于产业，而且展示了其用于时尚方面的魅力和价值。2010 年举办的“韩国时尚文化节”，尝试将时尚、文化与媒体艺术相结合，举办了创意性的时装秀和展示会，为确立韩式独创的时尚文化作出了贡献。另外，2012 年举办了将 K-pop 与时尚相结合的“K-Collection”活动，该活动与播放公司合作，通过各种宣传媒体展示了新人设计师的品牌，还通过市场营销进行了实质性的对接活动。通过 K-pop 与时尚的紧密结合，提高了相互作用的协同效应。

## (三)展望

韩国时尚的内需市场在急剧萎缩，国内市场与国际品牌的竞争日益激烈，而在国际市场上，与发展中国家的竞争激烈带来了出口减少及贸易恶化，结果导致韩国时尚的附加价值下降。另外，对时尚的知识产权保护不够、创意性专门人才的供应体系不足、共享的设计企划能力不足等实际情况，在短时期内难以克服。但我们也有优势和机会，即拥有世界顶级的 IT 技术、冲出亚洲走向欧洲的韩流热潮以及位居世界第 5 的纤维出口国地位。我们应该充分利用这些优势，从中长期的观点出发，有机地推进相关政策，完善合作体系，加强中央政府与地方自治团体的合作。

### 1. 为提高国家地位，对进军海外进行统一管理

为了明确韩国时尚独具特色的市场定位，需要摆脱以往不同政策主体的短期的、非连续的政策推进方式，向集中宣传韩国时尚文化的方向发展，为此，制定了如下的具体政策手段。

第一，建设能够代表韩国时尚文化的统合型品牌，通过持续、战略性地深化构建韩国文化认同感的工作，来推进品牌化。在国际时尚展示会方面，以韩国的传统文化及地方特色为基础，通过持续推进韩国时尚文化活动，使韩国时尚文化给人留下独具特色的品牌印象，推进不同阶段的品牌战略。

第二，为建设统合型国家品牌，设置了文化组合性质的“韩国宣传馆”。在海外展示会上设置国家宣传馆是确立一个国家形象的主要手段之一。国家宣传馆虽然很重要，但由于对此的关注和投资不足，使得国家宣传馆在确立韩国时尚认同感方面尚未发挥应有的作用。以韩国时尚独具特色的市场定位为目标，应从 IMC(Integrated Marketing Communications)观点出发，扶持构建及研究开发国家宣传馆网络，以专业人才网的建立和系统化的研究开发为基础，设置、运营国家宣传馆，使之成为韩国时尚文化的综合性形象传播基地。

第三，扶持海外展示会企业展台的统合形象管理。之前是根据企业需要分别提供参展的直接费用，

这样就导致扶持工作缺乏集中性和连贯性，所以在确立韩国时尚形象方面没有取得显著的成果。因此，有必要将韩国的文化和时尚相结合，从所有的资讯能够有机统合的观点出发，推广文化扶持政策。为此，应扶持具有独特概念的企业进行统合形象管理，推进国家宣传馆与企业间的有机联系。

第四，构建韩国时尚文化宣传的合作体系，推进战略性国际宣传。构建由时尚产业、新闻专家、当地宣传专家等组成的宣传合作系统，与个别时尚商品的宣传相比，应在能够为韩国时尚商品提供文化力量的文化层面，将宣传与观光、体育等相结合，推进综合性的国家品牌宣传扶持工作。另外，为了战略性宣传建设品牌，扶持开展“韩国时尚文化宣传指南”制作工作，制作了“Korea Fashion & Culture Road Map”，在海外主要时尚展示会上分发。

### 2. 通过时尚与文化联手进军海外来提高韩国文化的地位

在全球本土主义环境下，发达国家不断推进一些扶持政策，利用文化资产构建地区和国家的时尚认同感。世界进入新文化开发主义时代，在文化交流日益活跃的同时，文化竞争也日益激烈，在不断追求变化和革新的无限竞争时代，构建独具特色的固有价值成为主要的战略手段。日本的“Neo Japanesque”、新西兰的“New Zealand Way”等就是在政府的主导下，利用本国传统价值与文化认同感重新创造时尚的现代价值的例子。对于我们来说，为确立大韩民国时尚的感性价值，发掘韩国的传统价值和文化认同感，打造韩国时尚文化的独创性和固有价值是非常重要的。另外，还需要制定与此相关的强化我国文化地位的方案。

第一，以韩国传统价值和文化根基为基础，发掘时尚文化的认同感，需要成立“概念韩国推进协商组织”，并扶持研究开发(R&D)工作，构建时尚文化原型虚拟存档系统。应该在国家层面长期地、系统地搜集和管理时尚文化相关资讯，使韩国的传统文化与未来相连接，为创造新的知识价值做贡献，但问题是现在还没有专门的时尚存档系统。

第二，韩流是一种文化传播现象，时尚是一种流行文化，尽管二者之间的关系十分密切，但却没有将二者联系在一起的扶持政策。作为替代失败案例的实际案例，应将 2009 年韩国文化振兴院推进的“国际音乐推介会”与韩国时尚持续地联合起来，谋求产生传播文化的协同效应，将韩流核心——大众音乐和电视剧等韩国资讯与韩国时尚相结合，进一步增强韩国文化的魅力。特别是，由于韩流地区对韩流明星 MD 商品的需求很高，这就提高了开拓利基市场的成功可能性，因此需要持续发掘韩流明星和国内知名设计师共同参与的韩流时装秀和韩国音乐推介会协同合作的模式。

第三，应营造独具韩国特色的时尚文化，并以此提高国际竞争力，为此，应该确立体现饮食文化、地区文化的韩国时尚文化特色。发达国家为提升国家品牌，一直对各种文化资产实行统合式管理。美国制定智能力量战略，英国确立“Cool Britainia”形象，均强调了文化的重要性，日本在建设国家品牌时也应用了文化因素，以时尚、饮食文化、地区文化为中心，致力于提高整体魅力，即提高软实力。为此，企划了将韩国传统和感性与文化资讯相结合的“韩国时尚艺术活动”，使参观者能够同时体验韩国的时尚、地区文化、饮食文化，这将对地区时尚产业及观光产业的进一步发展产生协同效应。

第四，有必要设立能够体验和感受时尚文化的国立时尚美术馆。发达国家正在通过时尚博物馆努力扩展时尚文化基础，如时尚强国法国有 19 个时尚博物馆，提高了大众接触时尚的机会，但我们却一个都没有。

### 3. 保护并培育时尚的创造性尝试

国内之前推进的时尚产业扶持政策，重点放在通过生产流通的革新来提高产业竞争力，而不是创造性的开发能力。因此，需要反思以大量生产为主的产业政策是否会导致设计师时尚领域的萎缩及创意设计的低迷，区分以批量生产为基础的时尚产业和与之形成鲜明对比的设计师时尚产业，推进对创造性尝试的政策扶持工作。为了取得明显的经济效果，政府与其直接干涉市场，不如制定保护并培育创造性尝试的政策，具体的政策如下：

第一，有必要构建新人设计师孵化体系。目前，确立韩国时尚认同性所需的创作基础极其薄弱。政府的扶持更多地侧重于以外在经济增长为主的产业政策，而不是投资于创造感性价值所需的创作基础。克服国际危机的根本性解决方案是从长远观点出发，培育新一代设计师，构建加强国际竞争力的“韩国型 ANDAM 计划”，通过推进新一代交流平台“巨匠与新人的交融”活动，确立有创造性的新人设计师培育体系。

第二，应营造分工合作的环境，以发掘设计师的艺术创造性。以历史和传统为基础的海外系列时尚秀，将时尚概念视为艺术作品，这已经成为世界时尚的热点，考虑到这一点，需要艺术构思和艺术创作等各业种之间的分工合作。为此，正在推进资讯产业和时尚相结合的主打资讯征集，制定时尚与艺术分工合作所需的艺术家居住计划，构建时尚工坊园区等扶持工作。

第三，有必要构建保护、扶持设计师时尚产业的基础。通过构建“设计师时尚产业的培育网络”，完善培育设计师时尚产业的扶持体系，同时培养高级时尚设计师和以东大门设计师为代表的个体经营者。

第四，必须构建设计师时尚信息体系。引领流行的时尚应对潮流十分敏感，进军当地时需要文化的接触，因此，获取相关信息就显得十分重要。需要对现有的进军海外信息提供体系进行补充，并国际化时尚文化信息进行分析，并提供相关服务。

# 第五部分　2012 年资讯产业政策主要业务

## 一、2012 年资讯产业政策推进目标及课题

图 5-1-1　2012 年资讯产业政策推进目标及课题

出处：文化体育观光部、资讯政策官室(2011. 11. 20)，《2012 年度主要业务计划报告》，第 7 页。

## (一)2012 年主要业务推进计划

### 1. 培育新一代资讯，以创造新市场

(1)培育 4 大新一代资讯(智能、3D、融/复合、新一代游戏)。

①创造智能资讯产业初期市场。

构建智能资讯中心：加强对智能资讯的开发和产业化过程中所需的创业及企业力量的扶持。

对入驻、构建测试平台、技术/教育、商业化(监测、招商引资、营销等)的扶持。

扶持进军海外：为推进国内智能资讯进军国际市场提供国际化服务，包括基础设施、本土化、营销等方面的整体扶持。

扶持构建海外服务所需的基础设施及推进进军海外所需的翻译、海外市场营销的本土化。

为开拓海外市场，举办智能资讯会议及颁奖活动。

②战略性培育 3D 资讯。

共同制作的基础设施：构建移动式 3D 制作演播室(转播车)系统，以便为业界提供低价租用昂贵 3D 设备的服务。

制作支持：对平昌冬季奥运会、地方自治团体提供 3D 资讯制作方面的支持，创造 3D 资讯市场。

营销支持：对举办国际 3D 会议(与圣菲工作坊相联系)、3D 资讯大赛提供资助。

③培育融复合数字中心。

CG 产业：为加强进军美国、中国等目标市场的力度，积极资助与国际 CG 企业进行一对一的商务对接与共同制作。在制作电影、播放等海外资讯时，资助接受 CG 部分制作的国内企业及参与国内项目的 CG 企业。

虚拟现实：将虚拟现实技术扩展到文化产业以外的观光、医疗、e-training 等领域，创造新的商业模式。

DC 共同制作的设施——全球梦广场：构建并提供渲染农场①体系，以强化中小、零散资讯企业的创作力量。

④强化新一代游戏产业的成长基础。

扩充新一代游戏开发的基础设施：扩大设施投资及游戏出版②，以资助移动等新一代游戏的开发。

扶持运营国际游戏中心及移动游戏中心。

进一步进军国际市场：资助基础设施、营销、结算、客户管理等服务平台，使国产游戏能在海外直接提供服务。

大力发展功能性游戏：加强对最近急剧增长的功能性游戏的制作扶持，以帮助各种游戏的开发上市(预防老年痴呆、残障学生的治疗、e-learning 等)。

(2)战略性培育新一代文化技术(CT)。

①确立文化技术 R&D 推进体系。

---

① 渲染农场：为制作电影或播放等使用的计算机图像(视频)而构建的计算机系统。

② 游戏出版：在游戏策划或开发阶段，通过合作进行投资和签订版权合同，扶持游戏制作及流通。

基本计划：制定了以创造性技术为中心的“第 2 个文化技术 5 年计划”，该技术集成了资讯、文化艺术、版权、体育、观光、图书馆等因素。

成立文化技术研究院：推进文化技术专门研究机构的设置(计划于 2013 年开馆)，以开展与文化技术相关的融合技术研究、大型国家政策性的 R&D 研究。制定运营基本计划(2012 年 1—2 月)，指定研究主管机构，修订文化产业法施行令(2012 年 4 月)。

成立文化 R&D 专业机构：构建综合执行相关研究开发职能的运营体系，将原本分散的资讯(资讯振兴院)、图书馆(韩国科学技术信息院)、体育(体育科学研究院)、版权(韩国版权委员会)等机构整合起来。

②重点推进未来战略性文化技术的 R&D。

开发未来资讯产业所需的基础数字中心源泉技术，开发演出、展示、国乐、工艺等文化技术领域的尖端产业化技术。

开发 3D、实感体验、虚拟现实等游戏、影像/新媒体、融/复合型资讯等领域所需要的产业革新技术。

以区域(5+2 广域经济圈)为单位，与特色产业相结合，扶持发挥研究开发、人才培养、产业化扶持等职能的文化技术研究中心。

以进军国际市场为目标，资助与资讯制作项目相关的研究开发。

③加强资讯制作技术的国际合作。

合作开发韩国、新西兰间的 VFX①、3D 等国际共同技术(3 年)。

推进韩、中、日资讯技术的标准化(组建、运营民间与官方参与的论坛)。

2. 建立共同发展型的产业生态系统

(1)推进资讯的共同发展。

①推进“新一代资讯共同发展扶持工作”。

推进“扶持发掘大中小企业连接型项目”工作：开发智能 TV、N-Screen 等新一代资讯(2011 年有 6 家大企业(三星电子、LG 电子、SKT 等)、100 多个中小企业参与)。

扩大扶持对象项目：从 2011 年的1 200多种扩大到 2012 年的1 500多种。

扩大扶持规模及民间资本的比例：从 2011 年的 312 亿韩元(国库 47 亿韩元，民资 265 亿韩元)扩大到 2012 年的 500 亿韩元(国库 71 亿韩元，民资 429 亿韩元)。

②推动“各领域共同发展协商会”取得实质性的成果

新一代资讯共同发展协商会从 2013 年开始，推进由民间主导的这项工作，促进协商会成为常设机构(组建事务局)，并建立共同发展基金。事务局于 2010 年 10 月组建，负责运营各业务工作小组(3D、智能播放、N-Screen、SNG 等)，建立市场秩序(推广标准合同书等)，引入、推广成果共享制度，开发大中小企业协作项目等。

韩国电影共同发展协议会：计划在 2012 年上半年颁布并实施综合“共同发展方案”与“共同事业提案”的“共同发展协议会的推进及协议(案)”，负责运营 e-sports 等资讯产业各领域的共同成长协议体，制定共同发展方案。

① VFX(Visual Effect)：使用计算机绘图(CG)制作的特殊影像或视觉效果。

各地区的协议会：通过运营首尔市、京畿道等自治团体的资讯企业协议会，制定具有各地区特色的共生合作方案。

(2)资讯流通的合理化及营造公正的交易环境。

①确保资讯交易的透明性及纠纷的事前预防、迅速处理。

激活交易事实认证制度，以消除网络流通运营商和使用者的纠纷，确保与资讯制作者(CP)交易的透明度。

构建资讯纠纷 24 小时自动应答系统。

迅速处理资讯使用者与运营商之间(B2C)、使用者之间(C2C)、运营商之间(B2B)发生的纠纷，加强对使用纠纷调解的宣传。

【参考】资讯纠纷调解委员会(2011. 4. 27 成立，委员长：成乐仁)

运营 4 个分科(游戏、娱乐性教育、播放影像、综合)。

受理调解申请 347 件，调解表决 53 件(接受 48 件，未接受 5 件，以 2011 年 11 月为标准)，调解处理中 106 件，其他(协议、撤回、拒绝等)188 件。

②为营造公正交易环境，扶持进行不公正交易的现状调查。

加强对不公正交易惯例的调查及监测。

扩大法律咨询团的运营，加强诉讼扶持等服务。

监测是否使用标准合同书，并加强其与政府的扶持、投资等工作的联系。

③通过改善流通环境，扩大电影的附加市场。

通过建立版权保护系统的有效实施基础，根除非法流通。

构建能有效切断非法影像物流通的系统(2012. 1，以电影 DNA① 及 Hash② 技术为基础)，运营一站式监测服务窗口(电影振兴委员会)。

持续推进合法下载活动，进行网络流通现状调查(2012 年 5—7 月)。

通过公共网络流通网(KOME，网络电影交易市场，为运营商提供版权保护措施等公用基础设施的扶持系统)，加强对合法商务的扶持。

(3)保护资讯使用者及从业者的权益。

①提高资讯使用者的便利性。

为使用者的便利性(保证资讯的品质)及促进流通，实施资讯服务品质认证制度。2011 年正在推进 10 项认证。

为引导使用公正条款，实施条款监测。

②提高大众文化艺术家的社会地位及加强权益保护。

为振兴大众文化艺术、完善法制基础、全面修订标准专属合同书，推进播放演出标准合同书(与

① 将音频或视频具有的特征变成数值化的数据，将 DNA 与原著相比较，以确定是否一致。

② 指每个文件与指纹类似的固定编码，在没有物理变化的情况下，与指纹一样总是不变的。

公正交易委员会、播放公司等协商)的制定。

运营针对青少年演艺人士(志愿生)及经理人的教育/咨询项目，对法律咨询、解决与协作团体相关的分歧及纠纷等提供支持。

不断扩大对大众文化艺术作出贡献人士的奖励，并加强对成为社会榜样的优秀大众艺术家的宣传，鼓励制作关于他们事迹的纪录片。

③改善一线电影职员的工作环境，提高其专业性。

通过扩大使用标准工作合同书，改善一线电影人士的工作条件，把投资组合及综合基金电影账户的投资适用范围扩大到电影。

推进与《艺术福祉法》(2011. 10. 28 制定)相关的电影人福祉制度的改善(2012. 3—)，把福祉制度与电影人福利基金会和现场电影人培训奖励等联系起来。

通过对一线职员及演员的工作环境现状调查(2012. 3—7)，制定改善政策，并通过运营“电影人士信访处理中心”，强化现场应对机制。

【参考】各领域标准合同书的制定现状

已施行：播放节目制作标准合同书(2004)，影像、音乐、大众艺术家专属标准合同书(2009. 7)，e-learning 资讯供应标准合同书(2009. 11)，电影产业职员标准合同书(2011. 4)。

制定中：电影产业标准投资合同书，播放演出标准合同书，唱片制作标准合同书，播放职员雇用标准合同书。

### 3. 积极促进韩流的国际推广及海外进军

(1)加强向各地区的战略性进军并强化基础。

①韩流普及地区(亚洲圈)：制定“One Asia ”资讯领导者战略。

在交流合作的基础方面：签订促进人才交流、共同制作/投资/营销等领域合作的 MOU，推进将“韩中日文化产业论坛”升格为部长级的工作(为韩中电影产业发展，推进签订共同制作协定的工作)。

在亚洲音乐网络方面：通过举办亚洲音乐市场，构建亚洲音乐市场网络中心并扩大相互交流。

设置并运营展示、销售展位(B2B)，举办学术活动及国内外知名艺术家的联合演出。

扶持开办亚太音乐网络(世界音乐)。

在亚洲伙伴方面：通过亚洲电视剧大会，建立与旅游观光宣传的联系，通过扩大亚洲歌谣庆典，构建音乐中心。

②在韩流新兴地区(欧洲、中南美)，加强交流合作与宣传。

文化交流活动：积极参与海外国际电影节、市场、有影响的庆祝活动等，扶持海外营销，提高品牌形象。

扶持 15 个大众文化演出团体参加欧洲、北美等海外有影响的庆祝活动。如正在推进参与加拿大的音乐周(加拿大/3. 21—25)、德累斯顿音乐节(德国/5—6 月)、塞万提斯国际艺术节(墨西哥/11—12 月)等。

以巴西桑巴节、伦敦奥运会等海外大规模的庆典活动为契机，宣传韩国。与巴西桑巴节相关的扶持活动包括桑巴流行(2012. 2. 17)、巴西的韩国人之夜(2012. 2. 10)、阿根廷的韩国人之夜(2012. 2. 22)等。

韩—欧文化合作委员会：将中小型 K-pop 企划公司的当地演出与该地区的主要出口企业的营销活动相结合，共同进军海外市场。

韩—欧文化合作委员会：充分利用以韩—EU FTA 为契机成立的两国共同委员会(执行文化领域共同协定的局长级委员会，我方议长：资讯政策长官)，为文化产业提供共同制作视听作品等全面的、实质性的合作机会。

加强国际共同制作：扶持国际共同制作的国际项目，吸引外资活动，鼓励外国影像制品(电影/电视剧)在韩国进行外景拍摄。

确保向欧洲地区出口游戏的桥头堡：通过韩国 G-Star(韩国国际游戏展示会)与德国国际游戏展示会之间的合作，加强国内游戏进军欧洲市场(正在推进 2012 年作为主宾国参加的项目)。

③在韩流潜在地区(中东、非洲)，援助公共开发(ODA)，扩大人际交流。

向不发达国家无偿提供资讯：通过与致力于海外社会公益事业的企业合作，创造协同效应。抢占潜在的新型资讯市场，强化韩国的国际地位。

开拓新市场：通过参与针对潜在市场的战略性市场，扶持播映、翻译等活动，开拓韩国资讯新市场。

④加强推广韩流所需的当地基础，扩大基础性研究调查。

构建基石性社区：扶持当地社区的韩国文化活动(演讲比赛、韩食体验等)，通过邀请与韩流相关的超级博主访问韩国，提供文化体验的机会。加强由海外留学生、驻外人员组成的海外韩流通信院的运营。

研究持续推广韩流的战略，举办韩流论坛，并出版韩流战略地图。

推进关于建立大众文化演出场所基本计划的研究。

调查各国对韩流资讯的需求、进军海外市场的障碍及应对方案。

(2)构建国际网络并推广智能流通。

①提高战略出口扶持网络的使用效率。

国内：通过国际化资讯中心，进行营销、金融、法律教育等方面的日常咨询、专家培训及指导工作，举办有关进军战略性市场的研讨会。

海外：通过事务所来消除资讯振兴院、电影振兴委员会、版权委员会等海外分社之间的重复设置，制定有效开展共同工作的方案。

全国性的协议体：将相关部门及机构参与的“扩大出口战略会议”常规化，发掘并推进全国性的合作工作。

与 KOTRA 海外商务中心建立联系，构建合作的基础。

②构建应对智能流通环境的国际网络。

构建国际平台：对我国智能资讯在海外提供服务时所需的共同设备基础设施、本土化、营销提供支持，推进向国际市场的进一步深入。

提供构建平台所需的网络、服务、安全/结算等技术支持，扶持与当地企业之间的分工合作，并建立合作伙伴关系。2012 年首先扶持战略性市场(美国、日本等)，从 2013 年开始扩大到基础区域(中国、英国等)。

积极应用 SNS 平台：通过积极应用 YouTube、脸书、赛我等 SNS 平台(全世界约有 11 亿人使用)，确保国际流通的基础。

社交网络服务主要是实时、零碎时间的消费，依据这样的资讯消费特点进行转换，对当地语言的配音等资讯再加工提供支持。

游戏的国际服务平台：运营海外当地的服务器(美国等 6 个地区)，对建立能够在海外直接提供服务的基础设施、营销、结算、客户管理等方面的工作提供支持，如海外共同预付卡流通、共同结算系统等。

(3)确保国际资讯，加强对基础类型的扶持。

①通过加强漫画产业的创作力量，推进国际化项目。

扶持个性化漫画创作：扶持符合各媒体特色的创作，如公开市场用漫画、网页动漫创作等，并对将数字漫画技术大众化的工作提供支持。

建立漫画进军国际市场的基础：对国际共同创作提供资助，并通过对我国原创漫画营销的资助，推进韩国漫画进军国际市场。

②对开发创造性的新动漫形象并加强其流通提供支持。

国产动漫形象开发项目：开发新的优秀动漫形象，制作相关资讯，发掘并扶持制作具有地区特色的动漫形象。

扩充国产动漫形象的流通基础：为扩充国产优秀动漫形象商品的内需基础及提升其形象，追加建立国产动漫形象的流通专门卖场。

③通过加强动漫的创作基础，积极推进海外市场的进入。

扩大动漫海外出口：加大对优秀动漫项目参与海外展示市场的支持力度。

资助国际动漫的共同制作：新增对包括中国在内的国际动漫共同制作的资助。

### 4. 强化持续发展所需的战略性扶持基础

(1)积极推进对资讯产业金融、投资的扶持。

①制定综合基金的中长期运营方案，并引导扩大对资讯的投资。

通过综合基金出资，建立1 700亿韩元规模的基金。

其中国际资讯1 000亿韩元，在资讯制作初期加强对冷门类型的引领600 亿韩元。

通过电影账户，追加建立 100 亿韩元的电影多元化投资基金(电影发展基金 50 亿韩元)

②强化能反映资讯产业特性的金融扶持制度。

完成担保制度及价值评价：简化完成担保程序并积极推进担保制度，构建各类型的价值评价模式数据库。

资讯互助组织：推进法律修订、预算保障等工作，以争取在年内设立互助组织，为小微资讯企业提供资金借贷、担保、投资等扶持。

积极发展文化产业专门公司：超过一定金额的制作扶持项目，必须在文化产业专门公司登记，构建事后管理体系。

对青年创业的金融扶持：与针对资讯创业者孵化器教育相结合，推动在担保、贷款(完成担保制度)等方面给予其优惠条件的工作。如建立资讯振兴院—企业银行—企业合作的“资讯青年创业专用贷款、担保”项目。

| 账户 | | 出资领域 | | | | | 合计 |
|---|---|---|---|---|---|---|---|
| | | 动漫/动漫形象 | 音源/演出 | 制作初期 | 国际资讯 | 韩国电影 | |
| 文化账户 | 出资规模 | 120 | 120 | 140 | 400 | — | 780 |
| | 成立规模 | 200 | 200 | 200 | 1 000 | — | 1 600 |
| 电影账户 | 出资规模 | — | — | — | — | 50 | 50 |
| | 成立规模 | — | — | — | — | 100 | 100 |

(2)培养资讯创新型人才及扶持创造就业岗位。

①制定中长期计划及完善改进体系。

制定、发表中长期战略，以消除人才培养与就业喜好之间的差异。

通过对现有工作的评价，引入存废审议制度。

建立与市场需求相符的扶持体系，推进工作程序的改进(扶持合同专业等)。

②实施能创造出创新性岗位的教育。

创意人才伴随项目：通过运营与企业(平台机构)、专家相联系的导师制创作指导学校(导师 96 人，学员 240 人)，引导创业、创造就业岗位。

创意商业化：中小开发公司及 1 人创新企业以创意为基础进行合作，构建可以共同发展的分工合作体系。

1 人创新企业：征集漫画、电影、动漫形象等 6 个领域的创意，通过入驻“1 人创新企业扶持中心”，扶持创业并实施相关教育。

③集中培养产业界的定制型人才及 3D 专业人才。

培养定制型人才：加强产业界专业人才的技术力量，培养符合现场要求的定制型人才。

扶持与企业签订雇用条件型及再教育型教育合同的专业。

扶持资讯人才前往海外优秀大学攻读硕士学位。

实施海外专家参与的项目教育。

培养数据库专门人才。

培养国家的战略性职业领域(游戏、播放影像、智能等)的人才。

培养 3D 专业人才：通过集中培养 3D 立体影像资讯专业人才，构建 3D 产业的早期培育基础，创造青年就业岗位。

(3)加强与文化的融/复合。

①通过与文化的融合，扩充创作素材及资讯基础。

推进将传统文化素材与尖端技术相结合的资讯制作 R&D 工作，推进对国际化电影资讯剧本的发掘及征集工作，推进功能性游戏等战略(推进与文物厅、博物馆等的协商)。例如，祠堂牌游戏的尖端化、国宝级文化遗产的激光全息图制作技术、国乐音源的数字音效化、传统漆料“树漆”的品质标准化等。

通过运营故事创作中心，发掘并培育具有国际竞争力的故事、故事大王。

通过故事公募大赛，唤起大家对此的关心，通过将优秀故事商业化(扶持制作、出口)，创造成功模式。

推进与资讯振兴院和文物厅等以历史、人文学为基础的机构签订 MOU。

合作制作与传统历史、人文学相关的资讯(播放、游戏、数字等)。

支持文化专家全员参与资讯扶持审查委员库，并对制作咨询团提供支持。

## 二、2012 年资讯产业政策振兴施行计划

| 愿景 | 构建智能资讯韩国 |
|---|---|

| 目标 | 2011（预测） | 2012（目标） |
|---|---|---|
| 销售额 | 76兆元 | 80兆元 |
| 出口 | 36亿美元 | 45亿美元 |
| 岗位 | 54万名 | 56万名 |

2012推进方向

| 推进战略 | 重点实践课题 | 预算 |
|---|---|---|
| 1.建立全国性的资讯产业培育体系 | 引导扩大综合基金、国际基金等民间投资<br>推进设立咨询互助组织<br>扩大对融合资讯的开发及其商业化的扶持<br>推进设立文化技术专业机构 | 708亿韩元<br>（同比增加112亿韩元） |
| 2.通过提高国家创造力，创造青年就业岗位 | 引入师徒创作等新概念，创造就业岗位工作<br>扩大对海外硕士课程及就业派遣的扶持<br>扩大对资讯领域1人创新企业的扶持<br>引导公共、共享信息的发展 | 414亿韩元<br>（同比增加178亿韩元） |
| 3.扩大国际市场 | 建立新市场互惠基础所需的资讯ODA<br>强化亚洲音乐网络等伙伴关系<br>扶持发掘共同制作等超国界资讯<br>构筑国际整合平台 | 800亿韩元<br>（同比增加206亿韩元） |
| 4.建立共同发展的生态体系 | 扩大大中小企业相联系的扶持工作<br>强化共同发展协商会的作用<br>改善应对新技术的版权环境<br>积极推进资讯纠纷调解委员会活动的正规化 | 330亿韩元<br>（同比增加64亿韩元） |
| 5.强化制作、流通、技术等核心基础 | 扩大扶持开发新一代先导技术（R&D）<br>成立流通专门财团<br>完善以智能设备为基础的电影、游戏等流通渠道<br>积极推进资讯技术国际标准化工作的正规化 | 1 765亿韩元<br>（同比增加178亿韩元） |

图 5-2-1　2012 年资讯产业政策愿景及实践课题

出处：文化体育观光部（2011. 11. 24），《2012 年度资讯产业振兴施行计划（案）》，第 3 页。

## (一)推进战略 1. 建立全面的资讯产业培育体系

| 分类 | 课题名称 | 推进时期 | | 负责机构 |
|---|---|---|---|---|
| | | 开始 | 结束 | |
| 重点课题 | 1-1. 确立资讯产业培育推进体系 | | | |
| 实践课题 | 1. 全国性合作体系的构建 | | | |
| | ①资讯产业振兴委员会 | 2011 | 持续 | 文化部 |
| | ②实务委员会 | 2011 | 持续 | 文化部 |
| | 2. 改善法律制度 | 2011 | 持续 | 文化部 |
| | 3. 运营扶持机构 | | | |
| | ①制定文化技术企划评价运营方案 | 2011 | 2012 | 文化部 |
| | ②执行与文化艺术相结合的大型国家政策性 R&D | 2011 | 2012 | 文化部 |
| 重点课题 | 1-2. 大幅扩充资讯产业的投资财源 | | | |
| 实践课题 | 1. 扩大政府预算对资讯的扶持 | 2011 | 持续 | 整体 |
| | 2. 扩大民间对资讯的投资 | | | |
| | ①扩大利用市场资金 | 2011 | 持续 | 文化部 |
| | ②通过综合基金激活投资 | 2011 | 持续 | 文化部<br>播放通信委员会 |
| | ③激活文化资讯完成担保制度 | 2011 | 持续 | 文化部 |
| | ④推进资讯互助组织的成立 | 2012 | 2015 | 文化部 |
| 重点课题 | 1-3. 开发全国性的融合资讯 | | | |
| 实践课题 | 1. 推进部门间合作项目的示范工作 | 2012 | 持续 | 整体 |
| | 2. 促进新一代融合资讯的开发 | | | |
| | ①3D 应用 | 2011 | 持续 | 文化部<br>知识经济部<br>播放通信委员会 |
| | ②CG，虚拟现实 | 2011 | 持续 | 文化部 |
| | ③e-training | 2011 | 持续 | 知识经济部 |
| | ④e-learning | 2011 | 持续 | 教育科学技术部<br>知识经济部 |
| | ⑤新一代游戏 | 2011 | 持续 | 文化部 |
| | ⑥智能资讯 | 2011 | 持续 | 文化部<br>播放通信委员会<br>教育科学技术部 |

## (二)推进战略 2. 通过提高国家创造力，创造青年就业岗位

| 分类 | 课题名称 | 推进时期 | | 负责机构 |
|---|---|---|---|---|
| | | 开始 | 结束 | |
| 重点课题 | 2-1. 培养 G20 创意人才 | | | |
| 实践课题 | 1. 推广创意教育 | 2012 | 持续 | 文化部 |
| | 2. 大学创造的校园化 | 2011 | 持续 | 雇佣部 |
| | 3. 创意人才伴随项目 | 2012 | 持续 | 文化部 |
| | 4. 构建创意人才培养基础 | | | |
| | ①组建泛政府协议体 | 2011 | 持续 | 文化部 |
| | ②运营专门教育机构 | 2011 | 持续 | 文化部<br>播放通信委员会 |
| 重点课题 | 2-2. 扩大以资讯产业为基础的青年雇佣 | | | |
| 实践课题 | 1. 加强资讯的产学联系 | | | |
| | ①特性化高中-企业合作进行的实务型教育 | 2011 | 持续 | 文化部 |
| | ②扶持合同专业 | 2011 | 持续 | 文化部 |
| | ③扶持创意人才培养工作 | 2011 | 持续 | 文化部 |
| | ④运营企业参与型教育课程 | 2011 | 持续 | 文化部 |
| | 2. 培养新一代资讯专业人才 | | | |
| | ①培养 3D 专业人才 | 2011 | 持续 | 文化部 |
| | ②海外 3D 研修 | 2012 | 持续 | 文化部 |
| | 3. 改善创新企业的扶持体系 | | | |
| | ①对资讯创新企业的扶持专业化 | 2011 | 持续 | 中小企业厅 |
| | ②以地方自治团体为单位，培育创新企业 | 2011 | 持续 | 京畿道 |
| | ③加强与创新企业扶持中心之间的联系 | 2011 | 持续 | 文化部<br>中小企业厅 |
| 重点课题 | 2-3. 改善创作条件 | | | |
| 实践课题 | 1. 扩充故事创作的基础，培养小说作者 | | | |
| | ①扩大故事市场 | 2011 | 持续 | 文化部 |
| | ②培养小说作者 | 2011 | 持续 | 文化部 |
| | 2. 扶持资讯领域的优秀产业技能人才 | 2011 | 持续 | 兵务厅 |
| | 3. 构建文化艺术家的社会安全网 | | | |
| | ①改善电影工作人员待遇 | 2012 | 持续 | 文化部 |
| | ②设立作家行会 | 2012 | 2013 | 文化部 |
| | 4. 通过应用公共信息使用，扩充创意资产 | | | |
| | ①扩大提供公共信息 | 2011 | 持续 | 文化部<br>行政安全部<br>播放通信委员会 |
| | ②促进公共资讯的开发 | 2011 | 持续 | 行政安全部 |
| | ③构建运营空间信息的开放平台 | 2011 | 持续 | 国土部 |

## （三）推进战略3. 扩大国际市场

| 分类 | 课题名称 | 推进时期 | | 负责机构 |
|---|---|---|---|---|
| | | 开始 | 结束 | |
| 重点课题 | 3-1. 强化符合各地区特色的战略性进军 | | | |
| 实践课题 | 1. 积极进入美国、欧洲等发达国家市场 | | | |
| | ①构建发达国家市场网络 | 2011 | 持续 | 文化部<br>播放通信委员会 |
| | ②建立共同制作的促进基础 | 2011 | 持续 | 文化部 |
| | 2. 亚洲地区的单一市场化 | | | |
| | ①运营韩中日资讯产业论坛 | 2011 | 2012 | 文化部 |
| | ②构建亚洲音乐网络 | 2012 | 持续 | 文化部 |
| | ③强化亚洲域内的合作伙伴关系 | 2011 | 持续 | 文化部 |
| | 3. 扩大进军新兴市场的基础 | | | |
| | ①建立当地常设扶持基地 | 2012 | 持续 | 文化部 |
| | ②对进军新兴市场的资讯提供扶持 | 2011 | 持续 | 文化部<br>播放通信委员会<br>外交部 |
| | ③构建互惠基础：资讯援助 | 2012 | 持续 | 文化部<br>教育科学技术部<br>播放通信委员会 |
| 重点课题 | 3-2. 构建国际网络及平台 | | | |
| 实践课题 | 1. 改编海外出口扶持机构 | | | |
| | ①强化海外扶持基地 | 2012 | 2013 | 文化部 |
| | ②强化国内扶持基地（GCC） | 2011 | 持续 | 文化部 |
| | ③激活全国性的合作 | 2011 | 2011 | 文化部<br>知识经济部 |
| | 2. 构建国际流通平台 | | | |
| | ①运营国际整合平台 | 2012 | 2012 | 文化部 |
| | ②运营游戏国际服务平台 | 2011 | 持续 | 文化部 |
| | ③应用SNS平台 | 2012 | 持续 | 文化部<br>播放通信委员会 |
| 重点课题 | 3-3. 集中培育国际主打资讯 | | | |
| 实践课题 | 1. 建立国际资讯基金 | 2012 | 持续 | 文化部 |
| | 2. 扶持发掘国际主打资讯 | | | |
| | ①促进国际共同制作 | 2011 | 持续 | 文化部<br>播放通信委员会 |
| | ②扩大吸引海外作品 | 2011 | 持续 | 文化部 |
| | ③培育播放资讯版式产业 | 2011 | 持续 | 文化部 |
| | 3. 加强对基础类型的扶持 | 2011 | 持续 | 文化部 |

## (四)推进战略4. 建立共同发展的生态系统

| 分类 | 课题名称 | 推进时期 | | 负责机构 |
|---|---|---|---|---|
| | | 开始 | 结束 | |
| 重点课题 | 4-1. 引导智能设备—服务—资讯的共同发展 | | | |
| 实践课题 | 1. 扶持共同发展项目 | 2011 | 持续 | 文化部 |
| | 2. 加强共同发展协议会的工作 | | | |
| | ①新一代资讯共同发展协议会 | 2011 | 持续 | 文化部 |
| | ②韩国电影共同发展协议体 | 2011 | 持续 | 文化部 |
| 重点课题 | 4-2. 加强对版权的保护及使用 | | | |
| 实践课题 | 1. 加强对版权的24小时保护 | | | |
| | ①构筑防止侵权的体系及加强保护执行力度 | 2011 | 持续 | 文化部<br>播放通信委员会 |
| | ②保护海外版权及加强国际合作 | 2011 | 持续 | 文化部 |
| | ③加强技术性应对 | 2011 | 持续 | 文化部 |
| | 2. 加强对作品的公正使用 | | | |
| | ①升级作品流通体系 | 2011 | 持续 | 文化部 |
| | ②共享作品的创造资源化 | 2011 | 持续 | 文化部<br>教育科学技术部 |
| | ③提高版权信托管理团体的透明度 | 2011 | 持续 | 文化部 |
| | 3. 构建先进的版权基础 | | | |
| | ①改善应对新媒体环境的法律、制度 | 2011 | 2012 | 文化部 |
| | ②激活基本的纠纷解决制度 | 2011 | 持续 | 文化部 |
| | ③在生活中提高对版权的认识 | 2012 | 持续 | 文化部 |
| 重点课题 | 4-3. 建立运营商之间、运营商与消费者之间的公平竞争环境 | | | |
| 实践课题 | 1. 改正不公正惯例及防止技术窃取 | | | |
| | ①改正不公正惯例 | 2011 | 持续 | 公正交易委员会<br>播放通信委员会 |
| | ②防止技术窃取 | 2011 | 2012 | 公正交易委员会 |
| | 2. 加强标准合同书的使用 | | | |
| | ①播放 | 2011 | 2012 | 文化部 |
| | ②电影 | 2011 | 2012 | 文化部 |
| | 3. 制定认证标准及收益分配指南等 | | | |
| | ①外包制作认证标准 | 2011 | 2012 | 播放通信委员会<br>文化部 |
| | ②移动收益分配指南 | 2011 | 2012 | 播放通信委员会 |
| | 4. 升级资讯交易环境 | | | 文化部 |
| | 5. 改善法律制度 | | | |
| | ①播放法新增了禁止行为 | 2011 | 2011 | 播放通信委员会 |
| | ②制定PP项目使用费用支付比例和对象的合理标准 | 2011 | 2011 | 播放通信委员会 |
| | ③外包提供标准的申报义务化 | 2011 | 2012 | 播放通信委员会 |
| | ④改善大众文化艺术家的福祉 | 2011 | 2012 | 文化部 |

## (五)推进战略 5. 强化制作、流通、技术等核心基础

| 分类 | 课题名称 | 推进时期 | | 负责机构 |
|---|---|---|---|---|
| | | 开始 | 结束 | |
| 重点课题 | 5-1. 扩充资讯制作基础设施 | | | |
| 实践课题 | 1. 构建多用途的国际制作基础设施 | 2010 | 2013 | 文化部<br>播放通信委员会 |
| | 2. 扩充地区资讯产业基础设施 | | | |
| | ①以地区为基础构筑尖端演播室 | 2011 | 2014 | 文化部 |
| | ②扶持以广域圈为中心的发展 | 2012 | 2013 | 文化部 |
| | 3. 加强对 N-Screen 服务的扶持 | | | 播放通信委员会 |
| 重点课题 | 5-2. 建立先进的流通基础 | | | |
| 实践课题 | 1. 扩充流通基础设施 | | | |
| | ①推进流通专门财团的成立 | 2012 | 2012 | 播放通信委员会 |
| | ②引进公共发行商 | 2011 | 2011 | 文化部 |
| | 2. 扩大流通渠道 | | | |
| | ①构建以智能为基础的电影流通网 | 2011 | 持续 | 文化部 |
| | ②扩大国产动漫总量指标 | 2011 | 2012 | 播放通信委员会 |
| 重点课题 | 5-3. 开发新一代资讯先导技术(R&D) | | | |
| 实践课题 | 1. 推进 S. M. A. R. T 技术开发 | | | |
| | ①运营全国性的战略推进体系 | 2011 | 持续 | 文化部 |
| | ②开发高端本源技术 | 2011 | 持续 | 文化部 |
| | ③构建综合信息网及加强相互联系 | 2011 | 持续 | 文化部 |
| | 2. 加强资讯技术国际共同研究 | 2011 | 持续 | 文化部 |
| | 3. 推进资讯技术国际标准化 | 2011 | 持续 | 文化部<br>知识经济部 |

# 出版文化产业振兴5年计划(2012—2016年)

* 韩国文化体育观光部2011年9月26日发表。

# 出版文化产业振兴 5 年计划(2012—2016 年)

> 文化部发表“出版文化产业振兴 5 年计划(2012—2016 年)”
> ①为创造出版需求提供支持，设立“出版出口支援中心”。
> ②培育地区书店，为制作 1 万种优秀电子书提供支持。

文化体育观光部(部长崔光植)9 月 26 日(周三)发表了以跃进为国际性出版资讯的文化强国为蓝图的“出版文化产业振兴 5 年计划(2012—2016 年)”。

这个计划以跃进为国际出版文化强国为蓝图，把通过加强出版资讯的竞争力，营造先进的流通环境，促进海外出口的进一步发展，以及发掘新成长动力来加强出版产业的竞争力设定为目标，提出了 5 大政策性课题和 23 个详细的执行课题。

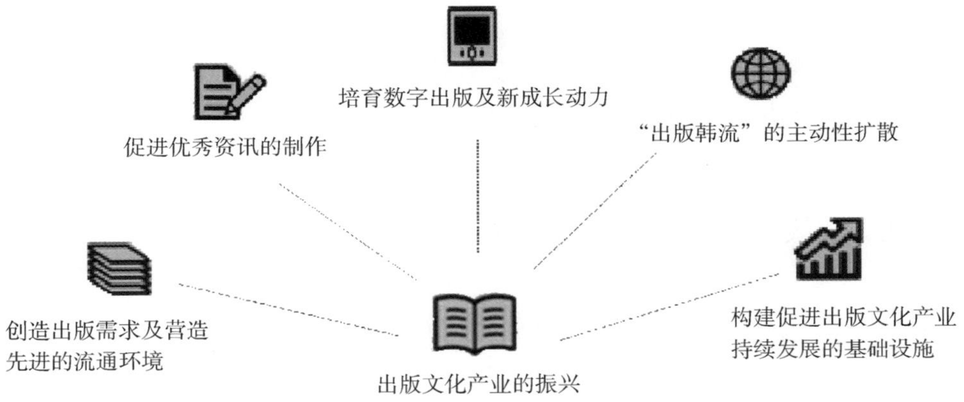


## 一、计划制定的背景：制定应对出版需求停滞及数字化环境的战略

作为源泉资讯的出版业，其重要性正在逐步增大，但考虑到以纸质书为中心的传统出版产业的需求处于停滞、逐步减少的状况，为了积极地应对电子出版快速发展，海外对于我国出版物的需求正在增加这一环境的变化，制定了此 5 年计划。

新刊发行册数：1. 02 亿册(2010 年)→1 亿册(2011 年)，减少了约 2. 4%。

平均发行册数：2 641册(2010 年)→2 507册(2011 年)，减少了约 5.1%。

韩国电子出版市场：2.8 亿美元(2011 年)→4 亿美元(2015 年的展望)。

| 出版环境的变化 | 应对战略 |
|---|---|
| 出版市场停滞 | 创造出版需求，加强出版业的基础设施 |
| 电子书市场的急速增长 | 营造数字出版的生态系统 |
| 全球化出版环境 | 运营“出版出口支援中心” |

## 二、计划的内容：提出创造出版需求及资助出版出口等 5 大政策课题

### (一) 创造出版需求及营造先进的流通环境

(1) 营造全民读书的消费环境，为了扩大停滞的出版需求，将推进对于“家庭购买图书费用的税制优惠”政策，引进以青少年为对象的“购书券”制度，成立由图书捐献者和图书需求者组成的“图书分享中心”(暂定)。同时，将通过提供盲文书、电子书等适合于弱势阶层的出版物等方式，扩大弱势阶层享有知识文化的机会。

成人读书率(1 年间读 1 本书以上的比率，以一般图书为基准)：86.8%(1994 年)→66.8%(2011 年)。

(2) 调查、分析在快速变化的图书流通结构中图书的流通过程及与价格相关的实际状态，使其为确立健全的图书流通秩序作出贡献，推进《出版文化产业振兴法》等法令的修订，资助作者的演讲，通过资助地方书店的在线、离线统合服务系统的构建，扩大书店作为文化空间的职能，并资助其进一步发展。

### (二) 促进优秀出版资讯的制作

(1) 为了确保出版文化产业竞争力的源泉——优秀的出版资讯的制作，将对公开征集优秀的出版企划及优秀原稿提供支持，通过资助 1 人出版公司来扩大类别的多样性，扩大对优秀图书的资助并改进出版方式，资助学术、知识社会发展的基础——东西方经典著作，资助国内发行的与韩国学相关的外语图书。

(2) 开发并提供使企业能以多种形式参与出版文化资助的文化资助项目，营造企业参与出版文化资助活动的基础。同时资助为参与企业颁奖等相关的宣传活动，强化企业内外部的参与动机。此外，资助地方出版文化产业的设施建设，通过扩大对地方出版公司的资助，培育地方的出版文化产业。

## (三)培育数字出版及新成长动力

(1)加强电子书资讯的创作力量，构建制作的基本设施，营造能生产出优质资讯的环境。为此，将资助电子书资讯大奖赛、1万种优秀电子书的制作及共享作品虚拟银行的构建。另外，还将构建电子书形式多样化的制作环境，促进电子书共同制作中心(OSMF)的发展，并资助产学合作专业人员的培养。

(2)为了确立电子出版市场的流通秩序，构建以读者为中心的电子书生态系统，构建追查并终止电子书非法复制系统及信息统计系统，通过构建电子书的资讯数据DB，资助订单型出版(POD)，加强电子书的宣传。

## (四)“出版韩流”的全球性推广

(1)为了营造推广“出版韩流”的基础，在韩国出版文化产业振兴院设立“出版出口支援中心”，提供全球出版市场的信息，实施对版权负责者的教育，资助中小出版公司的出口业务，按语言圈、类型、领域构建翻译专业人员系统。

(2)将首尔国际图书展培育成亚洲出版交流的中心，通过进一步参加海外主要图书展来强化出口网络，运营有作家、编辑、代理商等参与的全球合作论坛，不断加强韩国出版的国际宣传。

## (五)构建促进出版文化产业持续发展的基础设施

(1)构建综合地提供出版产业统计、出版市场动向分析等相关信息的综合统计系统，通过开设专业性的长期人才培养课程，培养能引导科学经营的高级人才，持续地资助中小出版公司的青年实习项目。

(2)把坡州出版园区培育成出版、印刷、影像等共同发展的国际出版贸易及知识文化产业的基地，在韩国出版文化产业振兴院内设置并运营出版产业综合支援中心，加强对出版产业的支持。

**出版文化产业的政策变化(2012/2016)**

| 2012年 | 2016年 |
|---|---|
| 选定该月值得阅读的书籍<br>资助地方书店的文化空间化 | 推进图书采购费的税制优惠<br>引进“购书券”制度<br>扩充图书馆的图书购买费用 |
| 选定优秀图书<br>资助优秀作品的公开征集 | 资助优秀出版的企划、制作<br>资助东西方经典作品的翻译、出版<br>促进企业对出版的资助活动 |

续表

| 2012 年 | 2016 年 |
| --- | --- |
| 资助电子书优秀资讯的制作<br>运营数字出版共同制作中心 | 资助 1 万种优秀电子书的制作<br>构建追查、终止电子书非法复制的系统<br>开放型电子书商品目录的标准化 |
| 运营介绍韩国图书的网站<br>运营首尔国际图书展主宾国项目 | 设立、运营出版出口支援中心<br>构建翻译专业人才库系统<br>扩大韩国馆对海外图书展的参与 |
| 设立韩国出版文化产业振兴院<br>营建并运营坡州出版园区 | 构建出版统计信息系统<br>设立出版产业综合支援中心<br>把坡州出版园区建设成为知识文化的基地 |

## 三、计划的启示：资助 K-book 的推广

政府计划“将出版产业培育成引领知识社会的持续成长，提高国家品牌形象的新成长动力”，强调“如果说 K-pop 和 K-style 曾引导了韩流的发展，现在将由蕴含着韩国的历史和传统、价值和精神的 K-book 来继续深化”，那么“出版韩流的推广，将成为提升韩国作为世界文化强国形象的决定性契机”。

同时，通过这次 5 年计划，出版产业作为提供文化源泉来源的产业，将为新一代成长动力——文化资讯产业的发展作出贡献，通过打造出版韩流，提升文化强国的国家形象。

“出版文化产业振兴五年计划”的期待效果

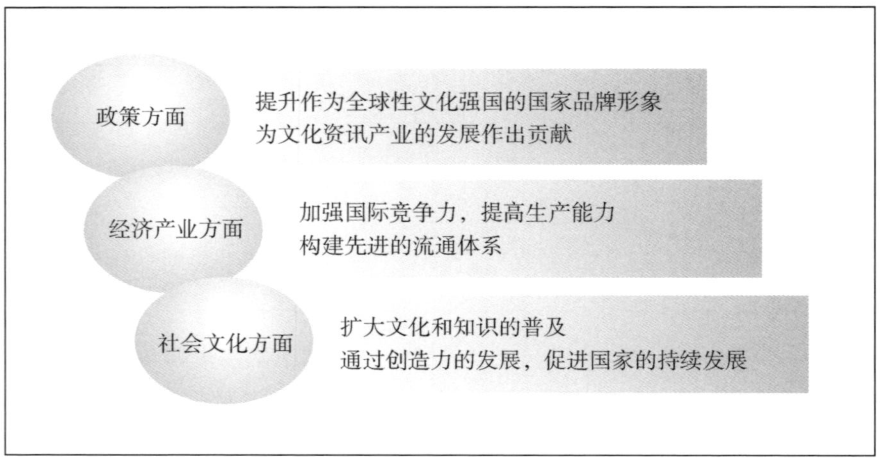

## 附录:

**“出版文化产业振兴5年计划”所需预算**

| 政策课题 | 所需预算(亿韩元) |
| --- | --- |
| 创造出版需求及营造先进的流通环境 | 80 |
| 促进优秀出版资讯的制作 | 534 |
| 培育数字电子出版新成长动力 | 216 |
| “出版韩流”的全球性推广 | 614 |
| 构建促进出版文化产业持续发展的基础设施 | 594 |
| 合计 | 2 038 |

国家出版基金项目
NATIONAL PUBLICATION FOUNDATION

21
世纪以来
国外文化发展文献选编

丛书主编　沈壮海

湖北省学术著作出版专项资金
Hubei Special Funds for Academic Publications

# 21世纪以来
# 韩　国
# 文化发展文献选编

## （下）

索丰 等　编译

WUHAN UNIVERSITY PRESS
武汉大学出版社

# 2013年资讯产业振兴实施计划

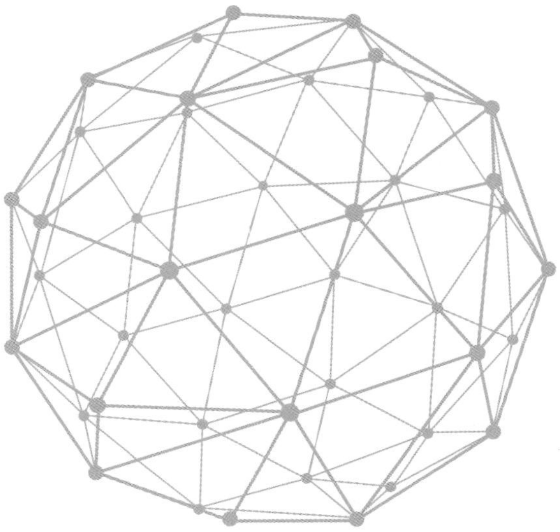

* 韩国资讯产业振兴委员会2012年11月发表。

# 目　　录

（一）培养 G20 创新人才
（二）扩大以资讯产业为基础的青年就业
（三）改善创作条件
三、扩大国际市场
（一）加强符合地区特点的战略性出口
（二）构建全球化网络及平台
（三）对于全球性的主打资讯给予集中支持
四、营造共同发展的生态系统
（一）促进设备—服务—资讯的共同发展
（二）加强对版权的保护并加强应用
（三）营造企业间、企业与消费者间的公正竞争环境
五、加强制作、流通、技术等核心基础
（一）扩建资讯制作的基本设施
（二）营建先进的流通基础
（三）开发新一代资讯的先导技术(R&D)

# 第一部分　2013 年资讯产业振兴实施计划概要

## 一、实施计划制定概要

### (一)制定背景

为了实施 2011 年依据《资讯产业振兴法》制定的《资讯产业振兴基本计划》，各部门制定并推进各年度的实施计划。

《资讯产业振兴法》：每 3 年制定一个“资讯产业振兴基本计划”(法律第 5 条)；每年年末制定各年度的“实施计划”(法律第 6 条)。

第一个资讯产业振兴基本计划(2011—2013)(2011. 5. 23 通过)

| | |
|---|---|
| 蓝图 | 智能资讯韩国的实现 |

| | | | | |
|---|---|---|---|---|
| 目标 | 目标：从 2013 年的世界第 7 强国→2015 年的世界第 5 强国 | 2010 年 | 2013 年 | 2015 年 |
| | 1. 市场规模(占 GDP 比重从 2009 年的 2.7%→5%以上) | 72 兆韩元 | 100 兆韩元 | 120 兆韩元 |
| | 2. 出口规模(占市场规模的比重从 2009 年的 4.2%→7%以上) | 30 亿美元 | 52 亿美元 | 75 亿美元 |
| | 3. 雇佣规模(创造 10 万个新岗位) | 58 万名 | 61 万名 | 63 万名 |

| | 五大推进战略 | 15 大中心课题 |
|---|---|---|
| 推进战略 | 1. 筹备全国性的资讯企业培育体系 | 1-1. 确立资讯产业培育推进体系<br>1-2. 扩大对资讯产业的投资财源<br>1-3. 开发泛政府的融合资讯 |
| | 2. 通过提高国家创造力创造青年工作岗位 | 2-1. 培养 G20 创造性人才<br>2-2. 扩大资讯产业所提供的青年工作岗位<br>2-3. 改善创作条件 |
| | 3. 扩大国际市场 | 3-1. 加强符合地区特点的战略性出口<br>3-2. 构建全球化网络<br>3-3. 对于国际性的主打资讯给予集中支持 |
| | 4. 营造共同发展的生态系统 | 4-1. 促进设备—服务—资讯的共同发展<br>4-2. 加强对版权的保护并加强应用<br>4-3. 营造企业间、企业与消费者间的公正竞争环境 |
| | 5. 加强制作、流通、技术等核心基础 | 5-1. 扩建资讯制作的基本设施<br>5-2. 建立先进的流通基础<br>5-3. 开发新一代资讯的先导技术(R&D) |

## （二）对象机构和工作

1. 对象机构

与资讯产业的政策、业务相关的中央行政机构：企划财政部，教育科学技术部，国防部，行政安全部，文化体育观光部，知识经济部，保健福祉部，雇佣劳动部，国土海洋部，播放通信委员会，公正交易委员会。

法第 6 条（实施计划）：与资讯产业相关的中央行政机构的负责人，为了振兴所管辖的资讯产业，要依据基本计划制定每年的实施计划。

实施令第 3 条（实施计划的制定）：……行政安全部所管辖的实施计划中，必须综合地方自治团体的意见并将其反映出来。

2. 对象工作

与《第一个资讯产业振兴基本计划（2011—2013）》中的 5 大推进战略、15 大中心课题及实践课题相关联的政策和工作。

3. 所包含的内容

所管辖的各实施计划包含下一年度工作的主要推进方向和详细计划。

实施令第 3 条：……实施计划中包含以下各款的事项。

①该年度的工作推进方向；②各主要工作的推进方针；③各主要工作的详细实施计划；④资讯流通的推进计划；⑤各领域、各种形式资讯的制作及推进措施等。

## （三）制定程序

由中央行政机构负责人制定，文化体育观光部负责人综合后提交，通过资讯产业振兴委员会审议后确定（《资讯产业振兴法》第 6 条和实施令第 3 条）。

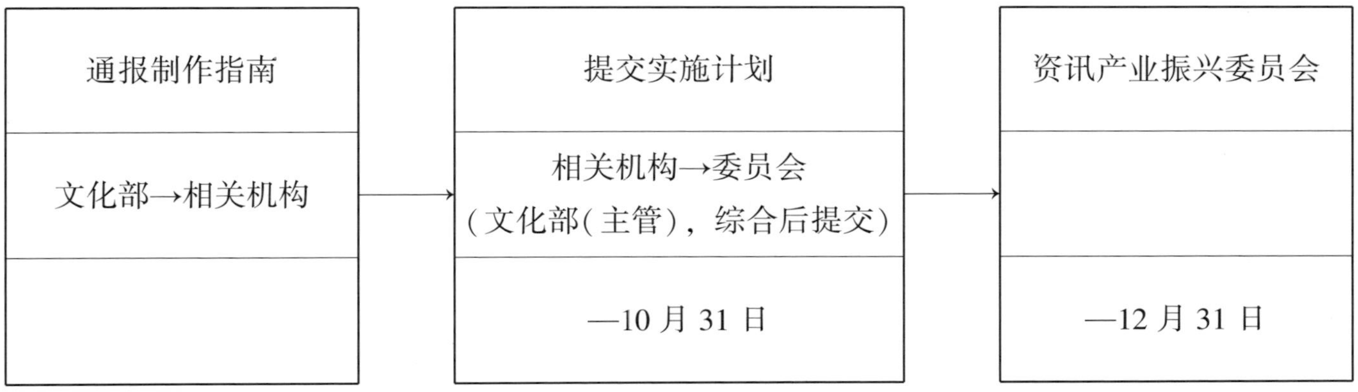


## 二、《2012 年资讯产业振兴实施计划》的成果及课题

### (一)成果

1. 构建了强化资讯产业自生能力的基础

(1)扩充了资讯金融、投资的财源。

综合基金(文化账户)共向资讯产业投资8 773亿韩元(累积，以 2012 年 9 月为标准)。通过为了向播放资讯产业投资而组建的行会(200 亿韩元)，投资了 67 亿韩元(7 件，播放通信委员会)。

改善并发展了完成保障制度(64 个项目，696.6 亿韩元的规模，以 2012 年 10 月为标准)。

为了扩大对文化资讯产业的投资，与公开市场的金融机构签订了投资协定。文化部与企业银行间签订了培育 100 个优秀中小企业的协议，与 Artix 签订了投资备忘录。

(2)为了产业主体的共同发展，构建了公正的交易环境。

提高了中小资讯制作公司和从业人员的权利。包括：扩大了电影/播放标准合同书、国产动漫总量制(播放法修订，2012 年 1 月)的使用范围，制定了外包制作的认证标准，改进了 PP 项目使用费用的支付标准，扩大了“移动资讯公开市场共生合作指南”的适用范围。

扩大了大中小企业间的合作项目，对中小企业和资讯开发提供支持。2012 年总业务经费 493 亿韩元中，大企业出资 423 亿韩元(85.8%)。

资讯纠纷调解委员会接收了纠纷调停案件2 728件，处理了2 100件，提供了法律咨询服务 99 件(知识产权、合同书检查、非法行为的应对等)。

(3)通过改善版权保护体系，保护了资讯的价值和创作的意愿。

①引入并实施了网络硬件、P2P 企业的登记制(2012 年 5 月)，修订了关于在线音乐传送使用费的规定(2012 年 6 月)，实施了简化法律规定及所管理的制作物品义务登记制度(2012 年 10 月)。

②加强了对非法作品的监测和改正措施，扩大了对海外版权的保护。

监测：到 2012 年 9 月共782 842件(2011 年345 907件)；改正劝告：2012 年 9 月156 341件(2011

年107 724件）

加强对海外侵权的救济措施提供支持：95 件；加强对海外版权的相关法律咨询和商谈提供支持：347 件。

2. 营造了智能产业化的基础设施

（1）加强了文化资讯的技术力量。

强化了 R&D 力量：制定了设立文化技术研究院的依据（文化产业振兴基本法和施行令的修订），为了促进区域资讯企业的 R&D，对文化技术共同研究中心提供支持（釜山、全州、大邱 3 个中心）。

技术开发：推进了产业革新技术开发（71 个课题，560 亿韩元）、源泉技术开发（16 个课题，223 亿韩元）、3D 立体影像领域的韩国—新西兰研究课题。

（2）培养定制型的创造性人才。

专业人才：通过学徒式的教育培养创造性人才（252 名），专业领域的特殊性人才（播放领域2 434名，3D 领域1 000名，情节创作领域 135 名）。

定制型人才：通过与国内大学签订合约的专业（260 名），海外优秀大学的硕士课程（11 名），专家和企业参与的技术进修（1 320名），与产业技能人才的合作（149 名）来培养定制型人才。

（3）构建了发展新一代资讯的基础设施，并支援其制作。

法令：为数字教科书制度提供了依据，并营造了流通环境。对于可以在线传送的教学用图书的范围，各部门间有权进行协商和解释（2012. 3. 2）。对《小学、初中教学用图书分类通告》（2012. 8. 29）和《版权法》的修订正在推进中。

基础设施：建造 3D 转播车，设置 3D 共同制作工作室（釜山），开设智能资讯中心（安阳，34 个公司入驻），构建移动项目开发的支援中心（5 大广域圈），运营 1 人创造企业支援中心，建构并运营以智能为基础的电影流通网（公共在线流通网）。

资讯：CG 项目（10 件），虚拟现实资讯（5 种），e-训练技术和服务的开发（5 件），e-学习（技术开发 5 件，279 种资讯的开发）等。

共享资源的发展：扩大了共享信息的服务，发展了空间信息开放平台的服务，并建造了 6 大广域圈的三维空间信息，激活了共有作品的制作，与民间、公共机构就著作的教育捐献签订了协议（9 个机关）。

3. 提高了国际竞争力

（1）扩大了新市场，为开拓新兴市场提供支持。

①实施与好莱坞主要协会、团体的合作项目。

包括美国视觉效果协会（全球 CT 论坛）、美国艺术家协会（韩国 CG、VFX 企业展示会）、户外广告联盟（K-pop 联盟会议）、全美制作者协会等。

②通过举办首尔国际音乐博览会（展示会、商业洽谈、研讨会等）、韩国品牌 & 韩流商品博览会等方式，开拓亚洲共同市场。

400 个日本买方/投资者公司参加了韩流附带商品、相关产业展示商谈会（由韩国贸易投资促进社、资讯振兴委员会等共同举办)。

③对新兴市场当地的销售(展示会、出口商谈会)提供支持，推介电视剧、电影、K-pop 等韩国资讯(驻外公共机构主导的电影节、演出等)。

包括中东(保加利亚、土耳其、约旦、迪拜)、南美(哥伦比亚)、中亚细亚(哈萨克斯坦、乌克兰)等地区。

④对发展中国家的资讯发展提供支持(多媒体器材、文化/教育资讯等)，并提供人员的研修(教师：16 个国家 370 名；播放通信人员：16 个国家 43 名)。

浦项建设公司(利用当地出口企业)通过文化活动，签订了社会服务活动的业务协约(2012. 9)。

⑤构建发展智能资讯海外服务的平台，并对战略市场的当地营销提供支持。

第一期向声音海洋、潘多拉频道等 5 家公司，第二期向蓝鳍等 3 家公司提供支持。

美国 Tech Crunch 参加了韩国联合馆(8 个公司)，日本参加了展示会和 DC 博览会(7 家公司)。

(2)制作可能开拓国外市场的优秀资讯。

促进电影(15 部)、播放节目(8 部)等通过国际合作而进行的共同制作，对出口国际市场的漫画(优秀漫画，美国当地项目等 38 部)、动漫形象(4 个)、动漫(6 部)提供支持。

开发播放资讯经典版式(3 篇)、版式程序(10 篇)、新报纸版式(11 篇)。在提供支持的作品中，《我们结婚了》销售给了土耳其 Show TV(3 万欧元)，《挑战金铃铛》销售给了越南 WWP 制片厂(15 000 美元，2 年)。

## (二)课题

(1)应对资讯产业环境的融/复合化。

①不足：以数字媒体为基础的资讯产业正在不断发展，但与作为其源泉的基础科学、可以产生关联效果的已有产业的连接不足。

课题：需要扩大适合资讯特色的文化、服务 R&D，推进与业界等与实际现场相联系的项目，并构建反馈系统。

②不足：和智能设备的发展相比，教育、医疗、老年服务等使用者所需要的资讯不足。

课题：扩大与 IT 技术的融合，并加强以生活为基础的融合资讯的开发。

(2)适应逐渐深化的国际竞争。

①不足：约 94%的资讯企业是销售额不到 10 亿韩元的中小企业，很难确保优秀人力和提供投资的财源，不公平交易依然存在。

2007 年以后，文化资讯基金的 73%由综合基金出资，2008 年以后，韩国电影的 69%由综合基金出资的基金投资。

课题：营造亲和的资讯产业金融、投资环境及相生的市场结构。

②不足：内需市场及以亚细亚一部分地区为中心的海外市场的开拓存在局限。

课题：为了扩大产业规模，必须进军发达国家的市场并开拓新兴国家市场。

世界资讯产业的规模为 1. 6 兆美元(PWC，2012)，但韩国资讯市场的比重仅为 2. 3%。

资讯产业作为一种未来产业，能引导由创造性和想象力支配的未来创造时代，使国民进入和谐愉快的社会。

为了扩大国家战略层面的投资，营造民营企业可以发展的产业基础，扩大海外市场，需要集中的、持续的努力。

## 三、《2013 年资讯产业振兴实施计划》的基本方向

| 蓝图 | 智能资讯韩国的实现 |
|---|---|

| 目标 | | 2012(估算) | 2013(目标) |
|---|---|---|---|
| | 销售额 | 88 兆韩元 | 100 兆韩元 |
| | 出口 | 45 亿美元 | 52 亿美元 |
| | 工作岗位 | 60 万名 | 61 万名 |

| 2013 推进方向 | 推进战略 | 重点实践课题 | 预算 |
|---|---|---|---|
| | 1. 构建泛国家的资讯产业培育体系 | 构建资讯产业培育推进体系<br>扩大对资讯产业的投资与资助资金<br>开发泛政府的融合资讯并开拓市场 | 1 139亿韩元 |
| | 2. 通过提高国家创造力创造青年工作岗位 | 培养现场定制型人才<br>支持资讯领域的就业、创业<br>夯实资讯创作人员的基础 | 420 亿韩元 |
| | 3. 扩大国际市场 | 开拓新市场<br>支持国际宣传、网络化等促进市场开拓的工作<br>发掘全球化企业并制作定制型资讯 | 429 亿韩元 |
| | 4. 营造共同发展的生态系统 | 改善国外的版权保护体系<br>营造公正的竞争环境<br>促进共享作品的创作资源化 | 371 亿韩元 |
| | 5. 加强制作、流通、技术等核心基础 | 促进以智能为基础的融合服务的发展<br>资助移动游戏的全球市场出口<br>开发核心技术及普及标准化 | 1 600亿韩元 |

为执行《2013 年资讯产业振兴实施计划》所投入的预算是3 960. 8亿韩元(2012 年为3 960. 9亿韩元，维持前一年的水准)。

## 四、《2013 年资讯产业振兴实施计划》的主要内容(摘要)

### (一)构建全国性的资讯产业培育体系

**主要内容**

| 5 大推进战略 | 15 大重点课题 | 实践课题 |
|---|---|---|
| 1. 构建全国性的资讯产业培育体系 | 1-1. 确立培育资讯产业的推进体系<br>1-2. 扩充资讯产业的投资资源<br>1-3. 开发泛政府的融合资讯 | 16 个实践课题 |

重点实践课题：

①构建文化技术 R&D 综合推进体系。

构建与文化技术企划—研究开发—产业化相联系的综合振兴体系，营造源泉技术开发—实用化—商用化等各发展周期的特色化支援系统。设立韩国文化技术研究院，推进文化技术企划评价院的设立。

②扩大资讯产业的投资、支援资金。

通过综合资金的新规出资，追加形成1 200亿韩元规模的基金，对完成保证追加出资(20 亿韩元)。

成立并运营资讯互助组织。对零散性资讯企业的资金借贷、保证、投资提供支持。

③开发泛政府的融合资讯，并开拓相关市场。

扩大对 e-学习、e-训练、教学用功能性游戏、智能资讯等泛政府的融合性资讯的技术开发及制作的支持。

#### 1. 确立文化资讯的技术开发体系

(1)确立文化 R&D 综合运营体系：确立一个在将资讯、文化艺术和科学技术相结合的文化领域内总揽所有研究开发工作的体系。

为文化技术企划评价院的设立提供法律基础方面的准备。履行文化 R&D 的企划、评价、管理等全部职能。

在光州科学技术院内设立文化技术研究院，履行融合性研究的职能。

(2)推进人文融合的 R&D：扩大对资讯、文化艺术、科学技术相结合的融合性研究。

文化艺术R&D的预算：2012年70亿韩元→2013年76亿韩元。

2. 扩充资讯产业的投资资源

（1）扩大公开市场资金的使用：推广民间金融机构对资讯投资的案例，落实“资讯金融投资协会”（政府、金融、投资机构、制作者等）的运营。

2012年7月，推进文化部—企业银行之间的文化资讯优秀中小企业项目（计划3年间投资1 388亿韩元）。

（2）激活综合基金：利用综合基金的新出资（500亿韩元）成立文化产业投资协会，并激活对资讯产业的金融投资。

激活播放资讯专业投资协会（播放通信委员会）的投资。组建2个播放资讯投资协会（2010年），对播放通信的资讯企业进行投资（7件，2012年8月到现在共投资67亿韩元）。

（3）发展完成保证制：通过国库对完成保证账户追加出资（20亿韩元），提高保证效果（2 200亿→2 300亿韩元的保证效果）。

（4）成立资讯互助组织：成立组建互助组织的推进委员会，为互助组织的运营准备财源，着手互助工作（10亿韩元）。

为了使大型资讯企业能够出资，开发大—中小企业的共同合作项目。

3. 开发融合性资讯

推进融合性资讯的开发，并开拓相关市场。

（1）3D应用：扩充3D资讯的制作基础设施，并对商业模型的开发提供支持（143亿韩元）。

发掘3D领域试制品的开发课题及智能TV领域的服务模型创意，对选定的中小企业联盟提供支持。

构建3D共同制作的基础设施（构建3D的后期工作系统），对3D资讯的制作及营销提供支持（国际研讨会、咨询支持、信息服务）。

（2）CG：对国内外CG项目的制作提供支持（CG总制作费的25%以内），并进一步开拓美国、中国等战略市场。

（3）虚拟现实：对动作认知、全息图像等触觉型资讯的制作及市场化提供支持（25亿韩元）。

（4）e-学习：开发小学4年级至中学3年级的家庭网络学习用资讯，扩大大学e-学习资讯的共同开发及应用（113.6亿韩元）。

（5）e-训练：开发医疗、运动等e-训练服务模型开发系统、训练用模拟技术、服务模型（10亿韩元）。

（6）新一代游戏：开发学科学习用功能性游戏，对移动游戏领域中小企业的培育及游戏的制作提供支持（59亿韩元）。

（7）智能资讯：对智能资讯中心的中小企业孵化、移动APP开发支援中心的资讯开发教育及以有/

无线互联网为基础的双向程序制作提供支持，开发国定数字教科书并运营研究学校(177.5 亿韩元)。

## (二)通过提高国家创造力来创造青年工作岗位

### 主要内容

| 5 大推进战略 | 15 大重点课题 | 实践课题 |
|---|---|---|
| 2. 通过提高国家创造力来创造青年工作岗位 | 2-1. 培养创造性人才<br>2-2. 扩大以资讯产业为基础的青年就业<br>2-3. 改善创作条件 | 20 个实践课题 |

重点实践课题：

①培养现场定制型专业人才。

通过学徒式教育，持续性地培养熟练人力(2012 年 240 名→2013 年 270 名)。

推进播放、移动、3D 等领域的特色化，实施与项目相联系的教育。对预备人力进行与就业相联系的教育，对现从业人员进行新技术、尖端设备方面的教育。

②支持年轻一代在其喜欢的资讯领域就业、创业。

当资讯企业雇用实习生时，对其在补助金方面提供支持(3 个月 50%)，并在该实习生进入创造性岗位或创业时提供成功支持金。

对培养企业定制型人才的课程提供支持，并促进与合作企业的就业联系，提供参与 1 人创造性企业项目的机会。

③强化资讯创作的人力基础。

对大奖赛的多样化(新设故事改编公开征集大赛)，故事情节的企划、开发及市场开拓提供支持。

运营故事情节创作学院来培养专业的“讲故事者”，开办由专家、作家等人员共同参加的创意专题研讨会来提高创作能力。

#### 1. 培养创造性人才

(1)培养专业人才：通过产学合作、定制型教育培养专业人才。

现场定制型人才：持续地进行现场的专业指导教师和资讯产业预备人员间的学徒式熟练教育(44.8 亿韩元)。在 9 个平台机构中实施创造性人才(270 名)教育，运营用于协作的在线社区。

培养国际优秀人才：在国内优秀大学运营资讯课程，对去海外优秀大学(美国卡内基梅隆大学等)的研修提供支持，实施企业参与型的项目教育(50 亿韩元)。

(2)强化各区域的专业教育：实施播放、移动通信、3D 等特色化教育。

播放通信：实施播放新技术、播放各职位(PD、记者、作家等)的特色化教育，培养移动通信、融合技术领域的专业人员(48 亿韩元)。

3D：通过预备人员课程(4 个课程，60 名)、与项目的连接(10 个课题，100 名)培养专业人员(43

亿韩元)。通过实施 Team Teaching 教育项目与就业相联系，对 S3D 导演、S3D DOP、S3D 编辑、S3D CG 课程的实施及尖端 3D 立体教育设备的构建提供支持。

2. 扩大以资讯产业为基础的青年就业

(1)支持就业、创业：对培训资讯领域人力及创造工作岗位的企业提供奖励。

青年就业学院：企业、企业主团体开设定制型教育课程时，对教育费提供支持，并通过合作企业与就业相联系，实施在校生学分认证制度(20 亿韩元)。每人 347 万韩元(运营机关匹配 20%，政府支援 278 万韩元)。

创业实习制度：文化资讯领域被认证为能手、名匠的独立职业人或项目管理者，在风险企业实习时，提供 3 个月 50%的工资资助(65 亿韩元)。若在风险企业实习结业后创业成功，将提供创业支援资金(200 万韩元)。

(2)改善创新企业支援体系。

对资讯领域中具有特色的 1 人创新企业的商务提供支持(1 亿韩元)。1 人创新企业的商务中心确保外部的工作，为入驻的 1 人创新企业提供可以独立工作或合作的机会。

构建全球游戏枢纽中心、电子移动游戏枢纽中心、故事创作中心等对各资讯领域的中小企业业务活动提供支持的体系(25 亿韩元)。

3. 改善创作条件

(1)支持讲故事的发展。

扩大故事市场：通过大韩民国故事征集作品展(“新故事创作”工作)，讲故事征集作品展，对征集作品中获奖作品的商业化提供支持，开拓故事市场等方式，扩大故事市场(21.6 亿韩元)。

培养讲故事者：运营创作故事的学院，举办创意研讨会(10.2 亿韩元)。

(2)构建创作者的社会安全网络。

改善全体员工的待遇：在创作者失业期间，向其提供与现场电影人委托教育相关的，具有生计补助性质的教育训练津贴(5 亿韩元)。

4. 通过应用公共信息，扩充创新资产

(1)扩大公共信息的提供。

扩大公共信息的目录服务(信息名称、提供范围、提供形态等)，强化公共信息的接触方法和共享基础(15 亿韩元)。

(2)扩大利用公共信息的资讯开发。

利用国家记录物的资讯：扩大国家主要记录物的资讯开发(1.4 亿韩元)。利用国家的主要记录物，推进各领域(主题、照片、时代、学术)图书的发行和网络资讯服务(14 件)。

空间信息开放平台：构建移动服务，3D 空间信息构建对象扩大到 82 个市级地方自治团体(109 亿韩元)。

## (三)扩大国际市场

### 主要内容

| 5 大推进战略 | 15 大重点课题 | 实践课题 |
|---|---|---|
| 3. 扩大国际市场 | 3-1. 加强符合地区特点的战略性出口<br>3-2. 构建全球化网络<br>3-3 对于国际性的主打资讯给予集中支持 | 20 个实践课题 |

重点实践课题：

①通过创造新市场，扩展韩国资讯产业的时间与空间。

在发达国家市场，参与重要市场并扩张网络；在新兴国家市场，通过互惠交流创造出潜在市场。

②通过国际宣传及网络化，为开拓海外市场提供契机。

扩大韩国资讯振兴院、KOTRA 等海外出口援助机构所提供的定制型服务，并加强联系。通过韩流的中小企业共同宣传品牌、韩国品牌 & 韩流商品博览会等进行。

③发掘国际性企业，对定制型资讯的制作提供支持。

选定并扶持以生产培育世界一流商品为目标的企业(世界市场出口占有率 5%以上，或出口额 500 万美元以上)。

扩大通过国际共同制作进行的市场定制型资讯制作(激活全球资讯资金投资，签订国家间的电影共同制作协约)，扩大播放资讯的版式出口。

资助基础类型的海外出口。包括漫画(全球性的长篇 6 篇，国际共同制作 20 篇等)，动漫(全球性出口的正片 3 篇，企划及短篇 13 篇等)，动漫形象(OSMU 作品 10 个等)。

#### 1. 加强符合地区特点的战略性出口

(1)正式进入发达国家市场。

①构建网络：持续扩大对美国、欧洲等发达国家市场的资讯出口(13 亿韩元)。

通过在与新一代资讯相关的全球性制作公司中进行的进修、教育，加强国内资讯人员的能力。

通过参与 MIPTV、MIPCOM、3D Entertainment Summit 等海外市场，提供开展新业务的机会及建立伙伴关系的场所。

②营造全球性音乐网络：把亚洲音乐市场提高到国际水平(15 亿韩元)。

2013 年的目标是举办国际性会议、展示会、业务洽谈会等业务商谈 300 件，100 余个团队参加展示会。

(2)扩大新兴国家市场的出口基础。

①开拓市场：扩大对民间进出口不活跃地区的初期出口资助(25. 2 亿韩元)。

举办出口协商会，以扩大 BRICs、中东、南美等新兴市场的国产资讯营销切入点及加强网络化。

以中南美西班牙语圈和非洲法语圈地区为对象，将韩国电视剧(《梦想飞起》《秘密花园》)译制后放映。

通过驻外公馆，对举办与韩国电影、K-pop 等韩流相关的活动提供资助。非洲、中东、中南美等是民间出口相对困难的区域。

②资讯 ODA：扩大对不发达国家在产业发展所必要的资讯资源方面的资助(19.7 亿韩元)，为进入不发达国家的市场打造基础。

文化资讯：追加 4 个具有韩流潜力的区域(已有的 4 个→8 个)。

教育资讯：向交流合作国家提供优秀资讯，通过派遣国内专家，对资讯的应用进修、教育信息化所需要的器材提供资助。

播放资讯：邀请发展中国家广播资讯政策决定者和购买担当者参加进修(授课，市场参加)。

### 2. 构建全球化网络

(1)加强与海外出口支援机构的联系。

①扩大全球性资讯中心的职能：提供海外企业及 Key-Man 网络，并提供各国家的指南(13 亿韩元)。

②资助海外出口：对全球性的韩流出口进行各阶段的系统性资助，并提供各领域的定制型服务(81 个国家的 119 个 KOTRA 海外贸易馆)(30 亿韩元)。

调查全球的韩流动向及出口战略，扩大应用韩流的“中小企业共同宣传品牌”工作及“韩国品牌 & 韩流商品博览会”(每年 2 次)。

扩大各领域先导企业的数量(2012 年的 40 家企业→2015 年的 50 家企业)。其中，游戏(5 个企业)，动漫(6 个企业)，设计(7 个企业)，动漫形象(3 个企业)，播放、音乐(5 个企业)，医疗服务(6 个企业)，e-学习(3 个企业)，特约经营(5 个企业)。

(2)构建全球性的流通平台。

运营全球性的整合平台：对全球性服务的基础设施提供资助，并对 B2B 在线市场等以智能资讯为基础的平台提供资助(68 亿韩元)。

### 3. 对于国际性的主打资讯给予集中支持

(1)组建国际资讯基金：创建第二期国际基金(400 亿韩元，2012 年持续)。即以在国际市场发行为目的进行的资讯投资。

(2)发掘国际性的主打资讯并提供资助。

①促进国际共同制作：加强国际化力量并扩大海外市场的出口(43.8 亿韩元)。

电影：对企划、开发提供资助(译制、指导、商务洽谈等)，开展吸引海外战略地区投资的工作，激励国际共同制作并提供资助(资助国内制作费的 25%)，推进在韩—中/印度/澳大利亚间签订电影共同制作协议。

播放：资助与签订了共同制作协议的国家在海外共同制作的 4 部播放节目(1.6 亿韩元)，在韩流潜在市场(新兴市场)中共同制作并交替放映 K-pop 组合演出及相关纪实节目、文化交流型纪实节目等。

签订协议的国家(33 个国家)：欧洲自由贸易联合(EFTA)4 个国(2006 年，挪威、冰岛、列支敦士登、瑞士)，新加坡(2007 年)，柬埔寨(2009 年)，欧洲 27 个国家(2011 年 7 月)。

②扩大对海外作品的吸引：每年吸引5部以上的海外影像拍摄(15亿韩元)。

外国资本超过纯制作费用80%的外国长篇剧、电影和TV系列片在国内摄影时，以现金的形式资助国内制作费用的25%。

③培育播放资讯的版式产业：通过构建国内播放版式制作的基础设施对制作提供资助，构建并运营APP，来激活市场。

④培育世界一流商品：发掘世界市场的出口占有率5%以上或出口额达到500万美元以上的优秀资讯企业并给予资助。

(3)为了确保全球性资讯，加强对基础类型的资助。

①漫画：资助海外市场出口用的长篇漫画制作(6篇)，资助国际漫画的国内外共同制作(20篇左右)，发掘原作原画的成功事例(2件左右)等(40.6亿韩元)。

②动漫：资助韩国型动漫及后续作品(6篇)，资助国际动漫正片(3篇)，资助国家间的共同制作(3篇)，免费制作及短片(13篇)等(65亿韩元)。

③动漫形象：发掘生活中的动漫形象商品、国际性动漫形象商品、区域传统素材的动漫形象等优秀的国产动漫形象商品并提供资助(18篇)，资助与漫画、游戏等资讯相关的作品(10个)(50亿韩元)。

## (四)形成共同发展的生态系统

**主要内容**

| 5大推进战略 | 15大重点课题 | 实践课题 |
|---|---|---|
| 4. 形成共同发展的生态系统 | 4-1. 促进设备—服务—资讯的共同发展<br>4-2. 加强对版权的保护并加强应用<br>4-3. 营造企业间、企业家与消费者间的公正竞争环境 | 19个实践课题 |

重点实践课题：

①随着资讯出口及使用的扩大，改善版权保护体系。

调查海外当地的韩流资讯在线流通实际状态，开发在新媒体环境下保护版权和促进资讯使用的技术。

引入“事权调解制度”，快速解决不断增加的版权纷争。

②持续地营造公正的市场竞争环境。

调查已经制定的标准合同书(电影、播放等)的实际执行状况，制定确保实效性的制度(与政府的支援工作相联系)。

通过加强对其他国家IT企业的执法，加强对智能市场交易的监测，营造新一代成长市场的公平竞争环境。

③通过发掘共享作品并促进其流通，促进创新的资源化。

扩大收集共享作品的基础，扩大共享作品的自由使用(强化公共分享网址的职能，扩大宣传)。共享作品：版权到期，通过赠予、公开等方式能无限制地利用版权的作品。

### 1. 促进设备—服务—资讯的共同发展

(1)共同发展的项目：为了开发移动通信、智能TV、N-Screen等新一代资讯，扩大大、中小企业连接型项目的发掘、支援。

资助大、中小企业联盟(原则上由大企业出资 50%以上)项目中的资讯开发(62 亿韩元)。2012 年总工作经费 493 亿韩元，其中大企业 423 亿韩元(85.5%)，国库 70 亿韩元(14.2%)，120 个以上的中小企业参与其中，开发了新一代资讯1 600种以上。

(2)各领域的协议会：作为新一代资讯共同发展协议会的常设机构，电影产业共同发展协议体为了确保其运营的实效性，对其执行情况进行检查。

电影产业共同发展协议体签订了“韩国电影共同发展履行协议”(2012.7.6)，为了进行实态调查并确保其实效性，正在推进政策的制定。

### 2. 加强版权的保护并加强应用

(1)强化 24 小时的版权保护。

①强化侵害预防体系：强化监测及删除请求、纠正措施、版权特别司法警察的调查和司法处理(39.4 亿韩元)。

目标：在线非法复制品监测件数(880 000件)，与在线非法复制品流通相关的改正劝告件数(200 000件)，版权特别司法警察调查及司法处理件数(1 700件)。

②海外版权的保护及国际交流：签订海外版权合法使用合约，并扩大资助(2012 年 34 件→2013 年 41 件)(17 亿韩元)。

新设海外版权中心：5 个地区(2012 年)→6 个地区(2013 年，马来西亚)，进行海外当地的韩国作品在线流通实态调查(4 个国家：中国、泰国、菲律宾、越南)等工作。

③技术应对：对版权技术及标准化提供支持，开发在云计算和移动环境中保护版权及积极利用的技术(77.5 亿韩元)。

(2)促进作品的公正使用。

①优化流通系统：对收集、提供版权权利信息的使用合同服务，结算、分配透明的版权交易提供支持(17.3 亿韩元)。

统合 ICN、UCI，并扩大版权信息的收集标准 OPEN API 的应用。

为了提高使用者的便利程度，建立认证系统的替代系统(引入私人认证)

举办寻找版权所有者运动，提供版权信息检索网站服务，开发 APP 并提供相关服务。

②共享作品的创作资源化：调查并构建共享作品的权利信息，运营门户网站的共享空间并强化其职能，收集开放性源代码 SW 的许可综合信息系统 DB(源代码标准5 000万件)，促进共享版权的信托制度(96.5 亿韩元)。

推进公共机构及民间企业(出版教学用图书及参考书的出版社)签订教育捐赠 MOU，为了增加其使用，构建共享、流通体系。

③营造信托团体的竞争环境：推进各主要信托团体在其信托合同条款中引入“信托范围选择制”。

(3)构建先进的版权基础。

①对新媒体环境的应对：完善电脑程序版权的限制性规定。

制定能反映出电脑程序的制作、流通、使用环境及只有程序所具有的特殊性的版权法修订案。

②引入替代性仲裁制度：通过引入事权调解制度，快速应对不断增长的与版权相关的纷争。

③提高生活中的认识：加强以青少年、产业工作者为对象的教育，扩大通过媒体的多边化而进行的宣传(45 亿韩元)。

不断推进在教科书中反映与版权相关的内容，扩大版权教育。

3. 营造企业间、企业和消费者间的公正竞争环境

(1)加强对不公正行为的纠正。

加强对其他国家 IT 企业的执法，加强对智能手机 APP、S/W 等资讯交易中的公正交易进行监测。

推进对播放企业不正当营业行为的日常监测及制度的改善。

继续使用 SO 以资讯报酬的形式向 PP 支付的程序使用费支付标准(2013 年 1 家公司再次成为许可对象 SO )。对于 2012 年再次获得许可的 66 家公司，应用改善后的条件：“根据数字转换率，支付年度总播放收益的 25%~28%作为 PP 程序使用费”。

(2)制定、普及标准合同。

在播放、电影等领域落实标准合同的使用，并开发新的标准合同(录音)，修订大众文化艺术人士的标准专属合同(歌手/演员领域)。

在电影领域，为了扩大标准劳务合同的适用范围，加强与电影发展基金所进行的支援工作的联系(除直接支援的工作外，扩大适用到投资组合及综合基金)。

(3)优化资讯交易环境。

纠纷调解委员会：加强调解委员及事务局的调解能力(实施专门教育等)，加强对纠纷调解的理解(纠纷调解会演大会，刊发案例集)(8 亿韩元)。

免费法律咨询团：扩大与区域内相关机构的联系，运营与公正交易相关的法律咨询服务，研究公正交易的法律制度(8.5 亿韩元)。

(4)改善法律、制度，应用相关的指南。

移动收益分配指南：通过对“移动资讯公开市场共生合作指南”执行情况的检查，提高实效性。2012 年，应用“移动资讯公开市场共生合作指南”的公开市场企业者扩大到终端机制造公司，国内所有的相关企业都应用。

保护演艺人的人权：推进“大众文化艺术产业发展支援方案”的制定，包括演艺企划企业的登记制度、对青少年演艺人的保护等内容。

## (五)加强制作、流通、技术等核心基础

**主要内容**

| 5 大推进战略 | 15 大重点课题 | 实践课题 |
|---|---|---|
| 5. 加强制作、流通、技术等核心基础 | 5-1. 扩建资讯制作的基本设施<br>5-2. 建立先进的流通基础<br>5-3. 开发新一代资讯的先导技术(R&D) | 11 个课题 |

重点实践课题：

①激活以智能为基础的融合服务。

开发与 N-Screen、实感影像、移动云计算等 IT 技术相结合的服务模型。

通过“公共网络流通网”，激活电影在多样化媒体设备中的流通，使数字电影的流通透明化。

②对移动游戏的全球出口提供支持。

发掘移动游戏中枢中心的优秀移动游戏(16 个)，并对全球性发行提供支持(市场调查、提供指南、品质管理、提供测试等)。

③开发革新技术及推广标准化。

开发新一代影像技术(4D、全息照相等)，电影、游戏等以资讯为基础的技术，大数据、感触型康复资讯等未来技术。

开发 HTML5、EPUB 等新一代媒体技术的标准，加强对民间机构的援助，开发、普及标准化的框架。

### 1. 扩建资讯制作的基础设施

(1)构建创作的基础设施。

数字播放资讯支援中心竣工(574 亿韩元，2013. 3→2013. 7)，HD 电视剧小镇建设工程动工(94 亿韩元，2014 年完工)。

数字播放资讯支援中心：在一山韩流世界内，总面积56 492m$^2$，有摄影棚、转播车、编辑室、传送室等设备，共2 208亿韩元(文化部1 172亿韩元，播放通信委员会1 036亿韩元)。

HD 电视剧小镇：在大田 EXPO 公园内，面积20 000坪，由摄影棚(4 个)、特殊布景、美术中心等组成。2011—2015 年共需投资 884 亿韩元，2011 年完成基本计划的制定。

(2)加强区域资讯的开发 R&D：援助各广域圈成立文化技术共同研究中心，为了扩大发展文化产业群，发掘合作项目(30. 6 亿韩元)。

(3)发展 IT 融合服务：开发并检验与 N-Screen、实感影像、云计算技术等相联系的新型服务(2012 年持续投资 12 亿韩元)。

地方自治团体的统合媒体服务(市民参与型播放服务)、文化演出服务(由手机及智能 TV 提供)、手机的生活播放服务(通过手机、电视屏幕等发送灾难、环境信息等服务)。

### 2. 营建智能流通的基础

(1)全球发行移动游戏。

发掘优秀移动游戏(16 个)，并就其全球性发行提供咨询，为移动游戏中心入驻企业的孵化项目提供支持(40 亿韩元)。通过本土化和营销，达到 40 亿韩元的销售目标。

(2)激活以智能为基础的电影流通。

电影：通过激活公共在线流通网络，营造适应手机、平板电脑等智能设备的合法的在线市场，并营建可以确保数字在线市场统计数据透明性的基础设施(25. 2 亿韩元)。

### 3. 开发新一代资讯的先导技术

(1)技术战略、国际合作：确保先进国家水平的 R&D 企划能力。

①技术企划：考虑到智能技术的变化，推进 2013 年的课题企划，并制定第 3 个文化技术展望(CT

Outlook 2013)(32.6亿韩元)。

②连接综合信息网：为了提高研究开发信息管理系统(CTRD)使用者的效率，扩大与国家科学技术知识信息服务(NTIS)的联系(45亿韩元)。

③韩—新国际共同研究：推进与具有先进影像技术的新西兰之间的战略性共同研究(18亿韩元)。

第一阶段(2012—2013)：开发立体影像转换技术，并推进国内企业共同参与到应用这一技术的资讯制作中。

第二阶段(2014—2015)：开发新一代3D影像转换及合成技术，为了能得到全球的资讯订单，深化合作体系的构建。

(2)为开发核心技术提供支持：为研究开发产业革新技术、核心源泉技术、尖端文化艺术技术提供支持(745.5亿韩元)。

产业革新技术：为了游戏、影像/新媒体、虚拟现实、融合型资讯、公共文化、创作/服务R&D领域的产业革新而开发的核心技术。

核心源泉技术：可以应用于多种资讯领域的新一代影像、感触型/UX、流通/服务、故事创意等未来资讯的共同核心技术。

尖端的文化艺术技术：为了演出、展示、国乐等文化艺术产业的尖端化所必需的企划、制作、实演(展示)及实证工作所开发的核心技术。

(3)主导国际标准：构建标准化框架①基础的整合体系，开发先导性的标准，通过对各国标准化的援助推进标准的使用及普及。

开发并普及智能媒体的标准化框架，加强主导HTML5、EPUB等新一代技术标准开发的民间机构的活动(36亿韩元)。

## 参考：各课题所需预算

| 分类 | 课题名 | 所需预算(部门：亿韩元) | | | |
|---|---|---|---|---|---|
| | | 2011年 | 2012年 | 2013年 | 与前一年对比 |
| 推进战略1　构建全国性的资讯产业培育体系 | | | | | |
| 重点课题 | 1-1. 确立培育资讯产业的推进体系 | 0.8 | 10 | 30 | 200% |
| 重点课题 | 1-2. 划时代性地扩大对资讯产业的投资财源 | 65.6 | 55 | 531.5 | 866.4% |
| 重点课题 | 1-3. 开发泛政府的融合资讯 | 529.1 | 566.5 | 578.2 | 2.1% |
| 小计 | | 595.5 | 631.5 | 1 139.7 | 80.5% |
| 推进战略2　通过提高国家创造力创造青年工作岗位 | | | | | |
| 重点课题 | 2-1. 培养创意人才 | 71.9 | 117.9 | 145.6 | 23.5% |

① 标准化框架可以理解为标准化的设计图，由概念模型、参照模型、用例、标准目录等组成。

续表

| 分类 | 课题名 | 所需预算(部门：亿韩元) | | | |
|---|---|---|---|---|---|
| | | 2011 年 | 2012 年 | 2013 年 | 与前一年对比 |
| 重点课题 | 2-2. 扩大以资讯产业为基础的青年就业 | 103.8 | 135.1 | 111.7 | △17.3% |
| 重点课题 | 2-3. 改善创作条件 | 61 | 152.3 | 162.7 | 6.9% |
| 小计 | | 236.7 | 405.3 | 420 | 3.6% |
| 推进战略 3　扩大国际市场 | | | | | |
| 重点课题 | 3-1. 加强符合地区特点的战略性出口 | 52.4 | 86.8 | 89.4 | 3.0% |
| 重点课题 | 3-2. 构建全球化网络与平台 | 40 | 91 | 111 | 22.0% |
| 重点课题 | 3-3. 对于国际性的主打资讯给予集中支持 | 501.3 | 640.5 | 228.9 | △64.3% |
| 小计 | | 593.7 | 818.3 | 429.3 | △47.5% |
| 推进战略 4　营造共同发展的生态系统 | | | | | |
| 重点课题 | 4-1. 促进设备—服务—资讯的共同发展 | 47 | 71 | 62 | △12.7% |
| 重点课题 | 4-2. 加强对版权的保护并加强应用 | 214.5 | 220.4 | 292.6 | 32.8% |
| 重点课题 | 4-3. 营造企业间、企业与消费者间的公正竞争环境 | 10.5 | 10.5 | 16.5 | 57.1% |
| 小计 | | 272 | 301.9 | 371.1 | 22.9% |
| 推进战略 5　加强制作、流通、技术等核心基础 | | | | | |
| 重点课题 | 5-1. 扩建资讯制作的基本设施 | 775.5 | 877.6 | 698.6 | △20.4% |
| 重点课题 | 5-2. 营建先进的流通基础 | 64.8 | 69.2 | 65.2 | △5.8% |
| 重点课题 | 5-3. 开发新一代资讯的先导技术(R&D) | 746.8 | 857.2 | 836.8 | △2.4% |
| 小计 | | 1 587.1 | 1 804 | 1 600.6 | △11.3% |
| 计 | | 3 285 | 3 961 | 3 961 | — |

## 推进战略 1. 构建全国性的资讯产业培育体系

| 分类 | 课题名 | 推进时期 | | 承担者 |
|---|---|---|---|---|
| | | 开始 | 结束 | |
| 重点课题 | 1-1. 确立培育资讯产业的推进体系 | | | |
| 实践课题 | (1)构建泛政府的合作体系 | | | |
| | 资讯产业振兴委员会 | 2011 | 持续 | 文化部 |
| | (2)改善法律制度 | 2011 | 持续 | 文化部 |
| | (3)运营支援机构 | | | |
| | ①制定文化技术企划评价的运营方案 | 2011 | 2013 | 文化部 |
| | ②实施与文化艺术相联系的大型国策性 R&D | 2011 | 持续 | 文化部 |

续表

| 分类 | 课题名 | 推进时期 | | 承担者 |
|---|---|---|---|---|
| | | 开始 | 结束 | |
| 重点课题 | 1-2. 划时代性地扩大对资讯产业的投资财源 | | | |
| 实践课题 | (1)扩大政府预算对资讯的支援 | 2012 | 持续 | 全部 |
| | (2)扩大民间的资讯投资 | | | |
| | ①扩大公开市场资金的使用 | 2011 | 持续 | 文化部 |
| | ②通过综合基金激活投资 | 2011 | 持续 | 文化部<br>播放通信委员会 |
| | ③推进文化资讯的完成保证制度 | 2011 | 持续 | 文化部 |
| | ④推进资讯互助组织的成立 | 2012 | 2015 | 文化部 |
| 重点课题 | 1-3. 开发泛政府的融合资讯 | | | |
| 实践课题 | (1)示范性地推进部门间的合作项目 | 2012 | 持续 | 全部 |
| | (2)促进新一代融合资讯的开发 | | | |
| | ①3D 应用<br>播放通信委员会到 2012 年完成 3D 在 TV 领域的应用 | 2011 | 持续 | 文化部<br>知识经济部 |
| | ②CG，虚拟现实 | 2011 | 持续 | 文化部 |
| | ③e-训练 | 2011 | 持续 | 知识经济部 |
| | ④e-学习 | 2011 | 持续 | 教育科学技术部<br>知识经济部 |
| | ⑤新一代游戏 | 2011 | 持续 | 文化部 |
| | ⑥智能资讯<br>播放通信委员会追加课题 2 件(为移动 APP 中心、播放项目提供支持) | 2011 | 持续 | 文化部<br>播放通信委员会<br>教育科学技术部 |

## 推进战略 2. 通过提高国家创造力创造青年工作岗位

| 分类 | 课题名 | 推进时期 | | 承担者 |
|---|---|---|---|---|
| | | 开始 | 结束 | |
| 重点课题 | 2-1. 培养 G20 创新人才 | | | |
| 实践课题 | (1)推广创意教育 | 2012 | 持续 | 文化部 |
| | (2)大学创新校园化<br>变更为“支援青年就业、创业”工作 | 2011 | 2012<br>(结束) | 就业部 |
| | (3)创意人才伴随工作 | 2012 | 持续 | 文化部 |
| | (4)构建培养创意人才的基础 | | | |
| | ①组建泛政府的合作体 | 2011 | 持续 | 文化部 |
| | ②运营专职的教育机构 | 2011 | 持续 | 文化部<br>播放通信委员会 |
| 重点课题 | 2-2. 扩大以资讯产业为基础的青年就业 | | | |

续表

| 分类 | 课题名 | 推进时期 | | 承担者 |
| --- | --- | --- | --- | --- |
| | | 开始 | 结束 | |
| 实践课题 | (1)加强资讯行业的产学合作 | | | |
| | ①实施特色化高中—企业相连接的行业实务型教育 | 2011 | 2012（结束） | 文化部 |
| | ②对订单专业提供支持 | 2011 | 持续 | 文化部 |
| | ③支援国内外优秀大学培养资讯人才 | 2011 | 持续 | 文化部 |
| | ④实施企业参与型的教育课程 | 2011 | 持续 | 文化部 |
| | (2)培养新一代资讯专业人才 | | | |
| | ①培养 3D 专业人才 | 2011 | 持续 | 文化部 |
| | ②实施海外的 3D 进修 | 2011 | 2012（结束） | 播放通信委员会 |
| | (3)改善创新企业的支持体系 | | | |
| | ①对资讯创新企业的专业化支援 | 2011 | 持续 | 中小企业厅 |
| | ②以地方自治团体为单位培育创新企业 | 2011 | 持续 | 京畿道 |
| | ③加强创新企业与支援中心间的联系 | 2011 | 持续 | 文化部<br>中小企业厅 |
| 重点课题 | 2-3. 创造条件改善 | | | |
| 实践课题 | (1)扩大讲故事的后备力量，培养讲故事的人 | | | |
| | ①扩大故事的市场 | 2011 | 持续 | 文化部 |
| | ②培养讲故事的人 | 2011 | 持续 | 文化部 |
| | (2)资助资讯领域的产业技能要员 | 2011 | 持续 | 兵务厅 |
| | (3)构建文化艺术人员的社会安全网 | | | |
| | ①改善电影员工的待遇 | 2012 | 持续 | 文化部 |
| | ②成立作家协会 | 2012 | 2013 | 文化部 |
| | (4)通过使用公共信息，扩充创新资产 | | | |
| | ①扩大公共信息的提供 | 2011 | 持续 | 文化部<br>行政安全部<br>播放通信委员会 |
| | ②促进公共信息的开发 | 2011 | 持续 | 行政安全部 |
| | ③构建并运营空间信息开放平台 | 2011 | 持续 | 国土部 |

## 推进战略 3. 扩大国际市场

| 分类 | 课题名 | 推进时期 | | 承担者 |
| --- | --- | --- | --- | --- |
| | | 开始 | 结束 | |
| 重点课题 | 3-1. 加强符合地区特点的战略性出口 | | | |
| 实践课题 | (1)正式进入美国、欧洲等发达国家市场 | | | |
| | ①构建发达国家的市场网络 | 2011 | 持续 | 文化部<br>播放通信委员会 |
| | ②资助新一代资讯专业制作者的进修 | 2011 | 持续 | 播放通信委员会 |

续表

| 分类 | 课题名 | 推进时期 | | 承担者 |
|---|---|---|---|---|
| | | 开始 | 结束 | |
| 实践课题 | (2)使亚洲区域单一市场化 | | | |
| | ①运营韩中日资讯产业论坛 | 2011 | 持续 | 文化部 |
| | ②构建亚洲音乐网络 | 2012 | 持续 | 文化部 |
| | ③加强亚洲区域内的伙伴关系 | 2011 | 持续 | 文化部 |
| | (3)扩大新兴市场的出口基础 | | | |
| | ①在当地建立日常性的支援机构 | 2012 | 持续 | 文化部 |
| | ②对新兴市场早期的出口提供支持 | 2011 | 持续 | 文化部<br>播放通信委员会<br>外交部 |
| | ③构建互惠的基础：资讯援助 | 2012 | 持续 | 文化部<br>教育科学技术部<br>播放通信委员会 |
| 重点课题 | 3-2. 构建全球化网络与平台 | | | |
| 实践课题 | (1)改编海外的出口支援机构 | | | |
| | ①加强海外支援基地的作用 | 2012 | 2013 | 文化部 |
| | ②加强国内支援基地的作用(GCC) | 2011 | 持续 | 文化部 |
| | ③推进泛政府的合作 | 2011 | 持续 | 文化部<br>知识经济部 |
| | (2)构建全球化的流通平台 | | | |
| | ①运营全球化的整合平台 | 2012 | 持续 | 文化部 |
| | ②运营游戏的全球化服务平台 | 2011 | 持续 | 文化部 |
| | ③应用 SNS 平台 | 2012 | 持续 | 文化部<br>播放通信委员会 |
| 重点课题 | 3-3. 对于国际性的主打资讯给予集中支持 | | | |
| 实践课题 | (1)设立全球性资讯基金 | 2012 | 持续 | 文化部 |
| | (2)发掘国际性主打资讯并给予支持 | | | |
| | ①推进全球的共同制作 | 2011 | 持续 | 文化部<br>播放通信委员会 |
| | ②扩大对海外作品的引入 | 2011 | 持续 | 文化部 |
| | ③培育播放资讯的版式产业 | 2011 | 持续 | 文化部 |
| | ④培育资讯领域的世界一流产品 | 2012 | 2015 | 知识经济部 |
| | (3)加强对基础类型的支持 | 2011 | 持续 | 文化部<br>知识经济部 |

## 推进战略 4. 营造共同发展的生态系统

| 分类 | 课题名 | 推进时期 | | 承担者 |
|---|---|---|---|---|
| | | 开始 | 结束 | |
| 重点课题 | 4-1. 促进设备—服务—资讯的共同发展 | | | |
| 实践课题 | (1)对共同发展的项目提供支持 | 2011 | 持续 | 文化部 |
| | (2)促进共同发展协会的发展 | | | |
| | ①新一代资讯共同发展协议会 | 2011 | 持续 | 文化部 |
| | ②韩国电影共同发展协议体 | 2011 | 2012(结束) | 文化部 |
| 重点课题 | 4-2. 加强对版权的保护并加强应用 | | | |
| 实践课题 | (1)加强 24 小时的版权保护 | | | |
| | ①构建版权侵害预防体系，加强保护的执行力 | 2011 | 持续 | 文化部<br>播放通信委员会 |
| | ②加强海外版权的保护及国际合作 | 2011 | 持续 | 文化部 |
| | ③加强技术上的应对 | 2011 | 持续 | 文化部 |
| | (2)促进作品的公正使用 | | | |
| | ①优化作品流通体系 | 2011 | 持续 | 文化部 |
| | ②共享作品的创作资源化 | 2011 | 持续 | 文化部<br>教育科学技术部 |
| | ③提高版权信托管理团体的透明度 | 2011 | 持续 | 文化部 |
| | (3)构建先进的版权基础 | | | |
| | ①改善应对新媒体环境的法律制度 | 2011 | 持续 | 文化部 |
| | ②推进替代性纠纷调解制度的实施 | 2011 | 持续 | 文化部 |
| | ③提高生活中对版权的认识 | 2011 | 持续 | 文化部 |
| 重点课题 | 4-3. 营造企业间、企业与消费者间的公正竞争环境 | | | |
| 实践课题 | (1)纠正不公正行为及防止技术窃取 | | | |
| | ①纠正不公正行为 | 2011 | 持续 | 公正交易委员会<br>播放通信委员会 |
| | ②防止技术窃取 | 2011 | 2012(结束) | 公正交易委员会 |
| | (2)推进标准合同的应用 | | | |
| | ①播放 | 2011 | 持续 | 文化部 |
| | ②电影 | 2011 | 持续 | 文化部 |
| | (3)制定认证标准及收益分配指南 | | | |
| | ①外包制作的认证标准 | 2011 | 2012(结束) | 播放通信委员会<br>文化部 |
| | ②移动收益分配指南 | 2011 | 持续 | 播放通信委员会 |
| | (4)改善资讯交易环境 | 2011 | 持续 | 文化部 |
| | (5)改善相关法律制度 | | | |
| | ①在播放法中新增关于禁止行为的条款 | 2011 | 持续 | 播放通信委员会 |
| | ②制定 PP 程序使用费用的支付比例及对象的合理标准 | 2011 | 持续 | 播放通信委员会 |
| | ③外包供应标准申报的义务化 | 2011 | 2012(结束) | 播放通信委员会 |
| | ④改善大众文化艺术人员的福祉 | 2011 | 2013 | 文化部 |

## 推进战略 5. 加强制作、流通、技术等核心基础

| 分类 | 课题名 | 推进时期 | | 承担者 |
|---|---|---|---|---|
| | | 开始 | 结束 | |
| 重点课题 | 5-1. 扩建资讯制作的基本设施 | | | |
| 实践课题 | (1)建设多目的的国际化制作基础 | 2010 | 2013 | 文化部<br>播放通信委员会 |
| | (2)扩建各地方的资讯产业基础设施 | | | |
| | ①构建以区域为基础的尖端摄影棚 | 2011 | 2014 | 文化部 |
| | ②对广域圈的中心发展提供支持 | 2012 | 2013 | 文化部 |
| | (3)开发 IT 融合服务模型(名称变更) | 2012 | 2013 | 播放通信委员会 |
| 重点课题 | 5-2. 营建先进的流通基础设施 | | | |
| 实践课题 | (1)扩建流通的基础设施 | | | |
| | ①推进流通领域专业财团的成立 | 2012 | 2012<br>(结束) | 播放通信委员会 |
| | ②引入公共发行商制度 | 2011 | 持续 | 文化部 |
| | (2)扩大流通渠道 | | | |
| | ①构建以智能为基础的电影流通网络 | 2011 | 持续 | 文化部 |
| | ②扩大实施国产动漫总量制度 | 2011 | 2012<br>(结束) | 播放通信委员会 |
| 重点课题 | 5-3. 开发新一代资讯的先导技术(R&D) | | | |
| 实践课题 | (1)推进 S.M.A.R.T 技术的开发 | | | |
| | ①运营所有部门的战略推进体系 | 2011 | 持续 | 文化部 |
| | ②开发尖端源泉技术 | 2011 | 持续 | 文化部 |
| | ③构建综合信息网络并加强连接 | 2011 | 持续 | 文化部 |
| | (2)推进资讯技术的国际共同研究 | 2011 | 持续 | 文化部 |
| | (3)推进资讯技术的国际标准化 | 2011 | 持续 | 文化部<br>知识经济部<br>播放通信委员会 |

# 第二部分　2013年资讯产业振兴实施计划

## ——各实践课题的详细计划

## 一、构建全国性的资讯产业培育体系

| 分类 | 课题名 | 推进时期 | | 承担者 |
|---|---|---|---|---|
| | | 开始 | 结束 | |
| 重点课题 | 1-1. 确立培育资讯产业的推进体系 | | | |
| 实践课题 | (1)构建泛政府的合作体系 | | | |
| | 资讯产业振兴委员会 | 2011 | 持续 | 文化部 |
| | (2)改善法律制度 | 2011 | 持续 | 文化部 |
| | (3)运营支援机构 | | | |
| | ①制定文化技术企划评价的运营方案 | 2011 | 2013 | 文化部 |
| | ②实施与文化艺术相联系的大型国策性R&D | 2011 | 持续 | 文化部 |
| 重点课题 | 1-2. 划时代性地扩大对资讯产业的投资财源 | | | |
| 实践课题 | (1)扩大政府预算对资讯的支援 | 2012 | 持续 | 全部 |
| | (2)扩大民间的资讯投资 | | | |
| | ①扩大公开市场资金的使用 | 2011 | 持续 | 文化部 |
| | ②通过综合基金激活投资 | 2011 | 持续 | 文化部<br>播放通信委员会 |
| | ③推进文化资讯的完成保证制度 | 2011 | 持续 | 文化部 |
| | ④推进资讯互助组织的成立 | 2012 | 2015 | 文化部 |
| 重点课题 | 1-3. 开发泛政府的融合资讯 | | | |
| 实践课题 | (1)示范性地推进部门间的合作项目 | 2012 | 持续 | 全部 |
| | (2)促进新一代融合资讯的开发 | | | |
| | ①3D应用<br>播放通信委员会到2012年完成3D在TV领域的应用 | 2011 | 持续 | 文化部<br>知识经济部 |
| | ②CG，虚拟现实 | 2011 | 持续 | 文化部 |
| | ③e-训练 | 2011 | 持续 | 知识经济部 |
| | ④e-学习 | 2011 | 持续 | 教育科学技术部<br>知识经济部 |
| | ⑤新一代游戏 | 2011 | 持续 | 文化部 |
| | ⑥智能资讯<br>播放通信委员会追加课题2件(为移动APP中心、播放项目提供支持) | 2011 | 持续 | 文化部<br>播放通信委员会<br>教育科学技术部 |

## (一)确立培育资讯产业的推进体系

### 构建泛政府合作体系[1-1-1]

| 主管部门 | 文化体育观光部(文化产业政策科) | 分类 | 非预算 |
|---|---|---|---|
| 工作时间 | 2011—持续 | 合作部门 | 相关部门 |

(1)工作概要。

工作目的：制定资讯产业培育的中长期蓝图，为了检查实施方案细节的实施效果，构建各政府部门的合作体系。

工作时间：2011 年—持续。

工作实施主体：文化部及相关部门。

工作内容：通过召开资讯产业振兴委员会和事务委员会会议，研讨、制定资讯领域的主要政策。

(2)2013 年的推进计划。

工作目标：发掘各部门间的合作项目，并制定实施计划。

主要推进内容：

根据所发掘的部门间合作项目，建立合作体系。

以 2011—2013 年的成果和反思为基础，制定第二个基本计划(2014—2016)。

推进日程：

| 时期 | 推进内容 | 备注 |
|---|---|---|
| 1 季度 | 检查第一个资讯产业振兴基本计划的实施效果 | |
| 2 季度 | 制定第二个资讯产业振兴基本计划 | 召开资讯振兴委员会及事务委员会会议 |
| 3 季度 | 制定并调整 2014 年度资讯产业振兴实施计划 | |
| 4 季度 | 制定 2014 年度资讯产业振兴实施计划 | 召开资讯振兴委员会及事务委员会会议 |

所需预算：非预算。

(3)期待效果。

为了培育资讯产业而组建各部门间的合作体系。

### 改善法律、制度[1-1-2]

| 主管部门 | 文化体育观光部(文化产业政策科) | 分类 | 非预算 |
|---|---|---|---|
| 工作时间 | 2011 年—持续 | 合作部门 | 相关部门 |

(1)工作概要。

工作目的：积极发掘和实施符合公平社会的政策基调，与国内资讯的全球化、智能化、融合化相对应的制度。

工作时间：持续。

工作实施主体：文化体育观光部。

工作内容：通过分析已有制度存在的问题和收集现场意见，快速地发掘、推进可以积极应对剧变的资讯产业环境的制度改善课题。

(2)2012 年度的推进实绩。

推进现状(经过)：

| 时期 | 推进内容 | 备注 |
|---|---|---|
| 1 季度 | 发掘资讯领域规制改革和制度改善的课题(11 件) | |
| 2 季度 | 发掘减税的课题(延长 2 件，新设 7 件)<br>检查制度改善课题的推进状况(继续) | |
| 3 季度 | 发掘暂缓规制的课题(1 件)<br>检查制度改善课题的推进状况(继续) | 关于免除小规模电影院税收的课题 |
| 4 季度 | 检查制度改善课题的推进状况(继续) | |

所需预算：非预算。

主要成果：

发掘了 11 件规制和制度改善课题(7 件结束，4 件完善中)。

通过收集业界的意见，发掘反映现场意见的制度改善课题。

需要补充的问题及改善方案：

对于通过收集现场意见和政策研究所发掘的制度改善课题，需要制定关于如何提高其政策适用性的具体细节计划，并进行后续研究。

为了推进制度改善课题，需要不断地与相关机构进行协商。

(3)2013 年度的推进计划。

工作目标：不断地发掘、推进符合实际的制度改善课题。

主要推进内容：通过持续地收集业界的现场意见，发掘、推进适合资讯产业环境的制度改善课题。

推进日程：

| 时期 | 推进内容 | 备注 |
|---|---|---|
| 1 季度 | 通过现场检查及监测，发掘制度改善课题(持续) | |
| 2 季度 | 通过现场检查及监测，发掘制度改善课题(持续) | |
| 3 季度 | 通过现场检查及监测，发掘制度改善课题(持续) | |
| 4 季度 | 通过现场检查及监测，发掘制度改善课题(持续) | |

所需预算：非预算。

(4)期待效果。

构建可以应对资讯产业的全球化、融合化、智能化的制度性基础。

## 制定文化技术企划评价的运营方案[1-1-3-①]

| 主管部门 | 文化体育观光部(数字资讯产业科) | 分类 | 预算 |
|---|---|---|---|
| 工作时间 | 2011—2012 年 | 合作部门 | 相关部门 |

(1)工作概要。

工作目的：加强文化技术(CT)的计划、评价、管理。

工作时间：2011—2012 年。

工作实施主体：文化体育观光部。

工作内容：为整合原来分散于资讯(资讯振兴院)、图书馆(韩国科学技术信息院)、运动(体育科学研究院)等领域的 R&D 管理体系，构建相关基础。

(2)2012 年度的推进实绩。

推进现状(经过)：

| 时期 | 推进内容 | 备注 |
|---|---|---|
| 1 季度 | 确定 2012 年专门机构统合进行 R&D 的实施计划 | |
| 2 季度 | 新任副部长作关于推进计划的报告 | |
| 3 季度 | 专门机构(资讯、版权、运动等)的统合课题计划<br>——需求调查 | |
| 4 季度 | 专门机构(资讯、版权、体育运动等)的统合课题计划<br>——召开课题协调会议，研究开发协调委员会议 | |

* 2011 年完成对设立全权负责机构的基本研究及部长决策。

所需预算：非预算。

主要成果：为了成立专职文化技术的机构，由事前管理体系企划了专职机构的统合课题企划(课题需求调查——确定下一年度课题)。

需要补充的问题及改善方案：需要确保成立机构所需的财源

(3)2013 年度的推进计划。

工作目标：推进韩国文化技术企划评价院(暂定名称)的成立。

主要推进内容：

第一阶段：通过补充文化技术 PD 室的人员，加强文化技术企划的力量。

第二阶段：文化部作为 R&D 的代表性机构，分阶段成立专职机构。

推进日程：

| 时期 | 推进内容 | 备注 |
| --- | --- | --- |
| 1 季度 | 组成并运营“成立准备组”，制定成立的基本计划 | |
| 2 季度 | 开发相关设施及业务系统 | |
| 3 季度 | 通过统合 KOCCA 人员、招募新人等方式，确保运营人员 | |
| 4 季度 | 建立文化技术企划评价院(暂定名称) | |

* 根据下届政府的组织改编情况正式地推进。

所需预算：

（单位：亿韩元）

| 分类 | 2012 | 2013 | 2014 | 合计 |
| --- | --- | --- | --- | --- |
| 国库 | 制度 | 制度 | 制度 | — |
| 基金(其他) | — | — | — | — |
| 合计 | — | — | — | — |

(4)期待效果。

有效地促进把目前分散的相关文化研究、开发机构统合为一个专职机构。

通过企划、评价、管理的专业化、体系化，使文化技术 R&D 的成果尽可能地最大化。

## 实施与文化艺术相联系的大型国策性 R&D[1-1-3-②]

| 主管部门 | 文化体育观光部(数字资讯产业科) | 分类 | 预算 |
| --- | --- | --- | --- |
| 工作时间 | 2011—2013 年 | 合作部门 | 相关部门 |

(1)工作概要。

工作目的：推进韩国文化技术研究院(暂定名称)的设立。

工作时间：2011—2013 年。

工作实施主体：文化体育观光部。

工作内容：新设具备培养人才功能的与文化技术相关的国策研究院，进行资讯、文化艺术和科学技术相结合的交叉学科综合研究及大型国策性 R&D。

(2)2012 年度的推进实绩。

推进现状(经过)：

| 时期 | 推进内容 | 备注 |
| --- | --- | --- |
| 1 季度 | 通过修订文化产业振兴基本法，提供设立的依据<br>组建设立准备委员会并召开第一次会议 | 1. 17 实施<br>3. 7 |
| 2 季度 | 修订文化产业振兴基本法实施令<br>召开设立准备委员会第二次会议 | 4. 18 实施<br>4. 10 |
| 3 季度 | 召开设立准备委员会第三次会议 | 8. 1 |
| 4 季度 | 政策研究(研究组织机构及运营方案)<br>实施政策指定课题(收集舞台演出观众反应的技术)<br>为了 2013 年 CT 研究院正式实施研究、开发课题而进行课题企划 | 2011. 9—2011. 2<br>2012. 7—2013. 3<br>2012. 7—2013. 2 |

所需预算：10 亿韩元。

主要成果：

通过修订《文化产业振兴基本法》及同法的实施令，提供了设立的法律基础。

通过召开设立预备委员会的会议(3 次)，收集了光州地区的意见。

通过政策研究，确定了设立战略和方向，实施了示范性研究(1 个课题)。

需要补充的问题及改善方案：需要通过 2013 年国会预算审议，确保追加的相关研究费预算(目前为 30 亿韩元)。

(3)2013 年度的推进计划。

工作目标：推进文化技术的政府出资专业研究机构——韩国文化技术研究院(暂定名称)的成功设立。

主要推进内容：

构建研究基础：确保器材、行政人员、研究空间等。

在光州科学技术院内，完善与 CT 研究院相关的规定。

推进日程：

| 时期 | 推进内容 | 备注 |
| --- | --- | --- |
| 1 季度 | 确保器材、行政人员、研究空间等<br>在光州科学技术院内，完善与 CT 研究院相关的规定 | |
| 2 季度 | 确保器材、行政人员、研究空间等<br>在光州科学技术院内，完善与 CT 研究院相关的规定<br>实施 2013 年度 CT 研究院的研究开发课题 | 2013. 6—2014. 5 |
| 3 季度 | 建院仪式 | |
| 4 季度 | — | |

所需预算：

（单位：亿韩元）

| 分类 | 2012 | 2013 | 2014 | 合计 |
|---|---|---|---|---|
| 国库 | 10 | 30 | 80 | 120 |
| 基金(其他) | — | — | — | — |
| 合计 | 10 | 30 | 80 | 120 |

* 2012 年：建立 CT 基础时，研究主管机构支援工作的预算。

(4)期待效果。

设立国内唯一能引导创造经济时代的文化技术专门研究机构。

激活与资讯、人文、技术领域的联系及与其他产业的融合研究。

## (二) 划时代性地扩大对资讯产业的投资财源

### 扩大公开市场资金的使用[1-2-2-①]

| 主管部门 | 文化体育观光部(文化产业政策科) | 分类 | 非预算 |
|---|---|---|---|
| 工作时间 | 2011 年—持续 | 合作部门 | 相关部门 |

(1)工作概要。

工作目的：通过注入公开市场金融资本及政策资金，资助资讯产业的金融筹措。

工作时间：2011 年—持续。

工作实施主体：文化部、韩国资讯振兴院、公开市场金融机构、政策金融机构等。

工作内容：扩大对政策金融机构的资讯基金出资及投资银行的资讯融资、相关咨询的资助，运营资讯金融投资协议会。

(2)2012 年度的推进实绩。

推进现状(经过)：

| 时期 | 推进内容 | 备注 |
|---|---|---|
| 1 季度 | | |
| 2 季度 | 与“Artix 投资”签订 MOU(4. 18) | |
| 3 季度 | 为了培育“文化资讯 100 强小企业”，文化部与企业银行签订业务协议(7. 9) | |
| 4 季度 | 选定优秀小资讯企业(10 月，37 个)<br>举办金融投资协议会第三次会议(12 月) | |

所需预算：1 亿韩元。

主要成果：通过由政府、金融/投资机关、资讯制造者等组成的金融投资协议会，商议扩大投资银行对资讯领域的支援。

为了培育“文化资讯 100 强小企业”，与文化部—企业银行签订业务协约。

通过与“Artix 投资”签订 MOU，扩大了对国内资讯企业的资本投资。

(3)2013 年度的推进计划。

工作目标：扩大公开市场资金及政策资金对资讯领域的支持。

主要推进内容：组建资讯基金时扩大投资银行及机构投资者的参与，运营资讯金融投资协议会等。

推进日程：

| 时期 | 推进内容 | 备注 |
| --- | --- | --- |
| 1 季度 | 为了制定吸引公开市场资金的方案，收集相关机构的意见(持续) | |
| 2 季度 | 就吸引投资银行及政策资金进行协商(持续) | |
| 3 季度 | 就吸引投资银行及政策资金进行协商(持续) | |
| 4 季度 | 召开资讯金融投资协议会 | |

所需预算：

（单位：亿韩元）

| 分类 | 2012 | 2013 | 2014 | 合计 |
| --- | --- | --- | --- | --- |
| 国库 | 1 | 1 | 1 | 3 |
| 基金(其他) | — | — | — | — |
| 合计 | 1 | 1 | 1 | 3 |

(4)期待效果。

通过在资讯领域引入民间投/融资的资金，促进制作公司筹集制作资金。

## 通过综合基金激活投资[1-2-2-②]

| 主管部门 | 文化体育观光部(文化产业政策科)<br>播放通信委员会(播放通信振兴政策科) | 分类 | 预算 |
| --- | --- | --- | --- |
| 工作时间 | 2007 年—持续 | 合作部门 | |

### 1. 通过综合基金激活投资(文化体育观光部)

(1)工作概要。

工作目的：通过组建向中、小规模资讯制作投资的专门基金，激活资讯的制作。

工作时间：2007 年—持续。

工作实施主体：韩国风险投资者株式会社。

工作内容：通过综合基金的出资，组成文化产业投资者协会并进行投资。

(2)2012 年度的推进实绩。

推进现状(经过)：

| 时期 | 推进内容 | 备注 |
|---|---|---|
| 1 季度 | 综合基金第一期出资公告(2 月) | |
| 2 季度 | 选定综合基金子组合(4 月) | |
| 3 季度 | 发布综合基金文化账户第 3 期出资公告(7 月)并选定<br>组建音源、演出领域的重点基金<br>应用综合基金的子组合(持续) | |
| 4 季度 | 制定 2013 年综合基金的应用计划(12 月) | |

所需预算：450 亿韩元(文化账户 400 亿韩元，电影账户 50 亿韩元)。

主要成果：组成所选定的子组合，到年末累计形成共8 714亿韩元(包含政府出资3 719亿韩元)的规模。

到 2012 年 9 月组成并运营了共 42 个组合，8 714亿韩元规模(文化账户8 344亿韩元，电影账户370 亿韩元)的基金。

通过所组建的组合，目前为止共向1 366个项目投资了8 773亿韩元。

**综合基金在文化账户及电影账户领域的投资明细(累计金额)**

(单位：百万韩元，以 2012 年 9 月末为基准)

| 分类 | 电影 | 演出 | 游戏 | 音源 | 展示 | 动漫/动漫形象 | 电视剧 | 网络/移动 | 其他 | 合计 |
|---|---|---|---|---|---|---|---|---|---|---|
| 件数 | 757 | 202 | 115 | 86 | 24 | 75 | 42 | 30 | 35 | 1 366 |
| 金额 | 460 459 | 102 113 | 121 041 | 20 303 | 14 755 | 64 037 | 52 442 | 17 670 | 24 524 | 877 344 |
| 比率 | 52. 48% | 11. 64% | 13. 8% | 2. 31% | 1. 68% | 7. 3% | 5. 98% | 2. 01% | 2. 8% | 100% |

(3)2013 年度的推进计划。

工作目标：预计向综合基金出资 500 亿韩元，促进新文化产业投资组合的成立。

主要推进内容：通过综合基金的出资，组建投资组合并进行投资。

推进日程：

| 时期 | 推进内容 | 备注 |
|---|---|---|
| 1 季度 | 综合基金第一期出资公告 | |
| 2 季度 | 选定综合基金组合并促进其组建 | |
| 3 季度 | 综合基金第三期出资公告<br>运营综合基金的投资组合(持续) | |
| 4 季度 | 制定 2014 年综合基金运营计划 | |

所需预算：

（单位：亿韩元）

| 分类 | 2012 | 2013 | 2014 | 合计 |
|---|---|---|---|---|
| 国库 | 400 | 400 | 400 | 1 200 |
| 基金（其他） | 50 | 100 | 100 | 250 |
| 合计 | 450 | 500 | 500 | 1 450 |

(4)期待效果。

通过扩充资讯领域的投资财源，激活民间投资。

### 2. 通过综合基金来激活投资(播放通信委员会)

(1)工作概要。

工作目的：向播放企业提供制作播放资讯的机会，促进民间资本的流入，促进播放资讯产业的发展。

工作时间：持续。

工作实施主体：播放通信委员会。

工作内容：政府出资，与民间机构共同推进播放资讯投资组合的组建。

(2)2012年度的推进实绩。

推进现状(经过)：

| 时期 | 推进内容 | 备注 |
|---|---|---|
| 1季度 | 2012年2月，投资5亿韩元（密歇根播放资讯投资组合） | |
| 2季度 | 2012年6月，投资12亿韩元（密歇根播放资讯投资组合）<br>2012年6月，投资5亿韩元（密歇根播放资讯投资组合） | |
| 3、4季度 | 协商播放资讯投资者组合的追加投资 | |

所需预算：无。

主要成果：向播放通信资讯企业投资(7件，至2012年8月共67亿韩元)。

(3)2013年度的推进计划。

工作目标：鼓励播放资讯专门投资组合的积极投资，使其能为发展播放通信资讯作出贡献。

主要推进内容：为了在2014年追加组建专门的投资组合，确保预算及播放资讯投资组合的追加投资。

所需预算：

（单位：亿韩元）

| 分类 | 2012 | 2013 | 2014 | 计 |
|---|---|---|---|---|
| 国库 | — | — | — | — |
| 基金（其他） | — | — | 50 | 50 |
| 计 | — | — | 50 | 50 |

(4)期待效果。

重点向非电视剧形式的播放资讯、3D 播放资讯、播放通信融合型资讯及与播放资讯有关的播放通信服务基础企业及项目投资，以便从以电视剧为中心的投资方式中摆脱出来。发掘具有收益性和全球竞争力的非电视剧、双向资讯。

扩大投资对象，扩大到播放资讯的实现技术、基础设施、服务流通、播放资讯构成要素等方面。

创建以播放资讯企业为中心，与其他产业相联系的多样化商业模型，以激发资讯制作、流通的发展。

## 推进文化资讯的完成保证制度[1-2-2-③]

| 主管部门 | 文化体育观光部(文化产业政策科) | 分类 | 预算 |
|---|---|---|---|
| 工作时间 | 2009 年—持续 | 合作部门 | |

(1)工作概要。

工作目的：通过关于资讯制作的完成保证制度，确保稳定的资金激活资讯制作。

工作时间：2009 年—持续。

工作实施主体：韩国资讯振兴院，技术保证基金，进出口银行，韩亚、友利、国民、企业银行。

工作内容：运营资讯完成保证推荐委员会、管理委员会，并实施完成保证制度。

2009—2011 年，文化部、进出口银行各出资 100 亿韩元，共计 200 亿韩元。2011 年企业银行出资 40 亿韩元，韩亚、友利、国民银行各出资 10 亿韩元，共追加 70 亿韩元，产生了2 200亿韩元的保证效果。

(2)2012 年度的推进实绩。

推进现状(经过)：

| 时期 | 推进内容 | 备注 |
|---|---|---|
| 1 季度 | 召开完成保证推荐委员会会议 | |
| 2 季度 | 召开完成保证推荐委员会会议<br>放宽完成保证的申请条件限制(筹措到 30%→40%以上制作费用的企业),<br>提高支援的上限额度(30 亿→50 亿韩元) | |
| 3 季度 | 召开完成保证推荐委员会和管理委员会会议<br>对完成保证企业的会计资金管理实际状况进行调查 | |
| 4 季度 | 对完成保证企业的会计资金管理实际状况进行调查<br>召开完成保证推荐委员会会议 | |

所需预算：4 亿韩元。

主要成果：通过投资银行对完成保证的追加参与，扩大对内需项目的资助，扩大完成保证制度的支援类型(演出领域)，放宽申请条件，提高了支援的上限额度等，对完成保证制度进行改善，激活了完成保证制度。

到 2012 年 10 月，推进了对 64 个项目的 696.6 亿韩元贷款。

(3)2013 年度的推进计划。

工作目标：激活完成保证制度(贷款目标 350 亿韩元，国库追加出资 20 亿韩元)。

主要推进内容：向完成保证账户追加出资(2 200亿→2 300亿韩元保证效果)，运营资讯完成保证推荐委员会、管理委员会，并实施完成保证制度。

推进日程(经过)：

| 时期 | 推进内容 | 备注 |
|---|---|---|
| 1 季度 | 召开完成保证推荐委员会会议<br>国库向完成保证账户追加出资(20 亿韩元) | |
| 2 季度 | 召开完成保证推荐委员会会议 | |
| 3 季度 | 召开完成保证推荐委员会会议及管理委员会会议 | |
| 4 季度 | 召开完成保证推荐委员会会议 | |

所需预算：

(单位：亿韩元)

| 分类 | 2012 | 2013 | 2014 | 合计 |
|---|---|---|---|---|
| 国库 | 4 | 20.5 | 30.5 | 55 |
| 基金(其他) | — | — | — | — |
| 合计 | 4 | 20.5 | 30.5 | 55 |

(4)期待效果。

通过资讯完成保证制度，减少中小资讯制作企业在资金筹措方面遇到的困难，促进资讯制作的发展。

## 推进资讯互助组织的成立[1-2-2-④]

| 主管部门 | 文化体育观光部(文化产业政策科) | 分类 | 预算 |
|---|---|---|---|
| 工作时间 | 2012—2014 年 | 合作部门 | |

(1)工作概要。

工作目的：成立以利用普通金融券很困难的资讯企业为对象，提供低息资金贷款、债务保证、执行保证等金融服务的互助组织。

工作时间：2013—2015 年。

工作实施主体：文化部、韩国资讯振兴院、资讯互助组织。

工作内容：完善资讯互助组织所需的法律制度，成立并运营资讯互助组织。

2013—2015 年，成立总规模为1 000亿韩元的互助组织(政府 500 亿韩元，民间 500 亿韩元)。

(2)2012 年度的推进实绩。

推进现状(经过)：

| 时期 | 推进内容 | 备注 |
|---|---|---|
| 1 季度 | 为设立资讯互助组织而进行相关研究 | |
| 2 季度 | 为设立资讯互助组织而举办行业听证会(5 月) | |
| 3 季度 | 修订《资讯产业振兴法实施令》(8 月)<br>关于成立资讯互助组织的认证程序、运营、监督规定等 | |
| 4 季度 | 确保 2013 年设立互助组织的运营预算(220 亿韩元) | |

所需预算：无。

主要成果：为资讯互助组织的成立提供法律依据，并确保预算。

(3)2013 年度的推进计划。

工作目标：成立资讯互助组织。

主要推进内容：为成立资讯互助组织提供初期财源，鼓励加入互助组织并进行宣传，组建成立互助组织的推进委员会，为了鼓励资讯大企业出资而发掘大、中小企业共同合作项目，成立互助组织并开始互助工作。

推进日程(经过)：

| 时期 | 推进内容 | 备注 |
|---|---|---|
| 1 季度 | 组建成立资讯互助组织的推进委员会(3 月)<br>开发互助商品，开始着手构建金融电算系统 | |
| 2 季度 | 开发互助商品(持续)<br>开发互助商品，构建金融电算系统(持续) | |
| 3 季度 | 召开资讯互助组织创立总会(8 月)，成立互助组织(9 月) | |
| 4 季度 | 开始互助工作(继续) | |

所需预算：

(单位：亿韩元)

| 分类 | 2012 | 2013 | 2014 | 合计 |
|---|---|---|---|---|
| 国库 | — | 10 | 220 | 230 |
| 基金(其他) | — | — | — | — |
| 合计 | — | 10 | 220 | 230 |

(4)期待效果。

通过成立立足于相互帮助和共同救济这一精神理念的资讯互助组织，构建能促使分散的资讯企业可以自主发展的金融基础设施。

## (三)开发泛政府的融合资讯

### 示范性地推进部门间的合作项目[1-3-1]

| 主管部门 | 文化体育观光部(数字资讯产业科) | 分类 | 预算 |
| --- | --- | --- | --- |
| 工作时间 | 2012 年—持续 | 合作部门 | 相关部门 |

(1)工作概要。

工作目的：把文化部的核心力量(智能资讯和文化技术)结合起来，构建培育所有部门资讯产业的基础。

工作时间：2014 年—持续。

工作实施主体：文化部及相关部门(教育科学部、行政安全部、知识经济部等)。

工作内容：实施运用新一代 CT 技术的职业训练、安全教育等各部门合作型资讯开发项目。

①文化部制定计划，实施资讯开发及相关部门的需求调查，进行课题企划及普及工作。

组建“资讯韩国课题企划 TF”(文化部、各部门 CCO、企业、民间专门家等)，发掘公共领域资讯的部门间合作项目。

各部门指定资讯负责官员(CCO，Chief Contents Officer)负责相关业务。

②把 3D、虚拟现实、CG 等 CT 技术扩散到已有娱乐节目(电影、游戏等)领域之外的教育、国防、医疗、建设、制造业等领域。

(2)2012 年度的推进实绩。

2012 年由于没有保证预算，没有推进的实绩。

(3)2013 年度的推进计划。

工作目标：为了工作的推进，确保 2014 年的预算。

主要推进内容：按合作项目的类别进行部门间的协商，并制定详细计划。

①以 2012 年所发掘的 8 个候选项目为中心，进行可行性检验，并追加发掘。

②发掘部门合作型的候选项目(8 个)。

第一期候选项目：开发、普及 e-训练资讯，以虚拟现实为基础的安全教育资讯，文化遗产全息影像复原。

第二期候选项目：开发公共信息的贴近生活型 APP，开发、普及设计项目的 3D 解决方案，机器人控制系统的演出资讯，开发为提高社会弱者适应性的体验资讯，互动的融合型感触性资讯等。

推进日程：

| 时期 | 推进内容 | 备注 |
| --- | --- | --- |
| 1 季度 | | |
| 2 季度 | 推进 2013 年新预算的确保 | |
| 3 季度 | 推进 2013 年新预算的确保 | |
| 4 季度 | 发掘共同项目并进行部门间的协商 | |

所需预算：无。

(4)期待效果。

创造出新一代资讯的新商业领域，加强资讯产业全球竞争力，并确保新的成长动力。

## 开发新一代的融合资讯：3D 应用[1-3-2-①]

| 主管部门 | 文化体育观光部(数字资讯产业科)<br>知识经济部(电子产业科)<br>播放通信委员会(电波播放管理科，播放通信振兴政策科) | 分类 | 预算 |
| --- | --- | --- | --- |
| 工作时间 | 2011 年—持续 | 合作部门 | 相关部门 |

### 1. 对发掘 3D 先导资讯提供支持(文化体育观光部)

(1)工作概要。

工作目的：集中培育作为新一代影像产业核心的 3D 资讯产业。

工作时间：2011 年—持续。

工作实施主体：文化部(资讯振兴院)。

工作内容：构建 3D 共同制作的基础设施，培养专业人员，发掘 3D 先导资讯，并对 3D 营销等流通领域提供支援。

(2)2012 年度的推进实绩。

推进现状：

| 时期 | 推进内容 | 备注 |
| --- | --- | --- |
| 1 季度 | 制定详细计划及工作公告 | |
| 2 季度 | 对地方自治团体、公共领域 3D 资讯的制作提供支持<br>公告 3D 转播系统的调配期 | |
| 3 季度 | 培养 3D 专业人员(持续) | |
| 4 季度 | 培养 3D 专业人员(持续) | |

所需预算：125 亿韩元。

主要成果：

①构建基础设施：在上岩洞 DMS 内构建 3D 转播系统(转播车)，对在釜山设置、运营“3D 共同制作摄影棚”提供援助。

②培养人才：运营 3D 资讯学院(2012 年，1 000人毕业)。

③资助制作：

对地方自治团体的 3D 资讯制作提供支持(2012.5，7 个地方自治团体)。选定区域：安东市(3.6 亿韩元)，丹阳郡(3.6 亿韩元)，襄阳郡(3.6 亿韩元)，蔚山南区(3.6 亿韩元)，高敞郡(3.1 亿韩元)，太白市(1 亿韩元)，光州南区(1.5 亿韩元)。

对公共领域的 3D 资讯制作提供支持(2012.6)。对建设平昌冬季奥林匹克“4D 虚拟体验馆”提供支持。

(3)2013 年度的推进计划。

工作目标：构建 3D 基础设施，培养人才，通过对制作的资助促进 3D 资讯产业的初期发展。

主要推进内容：

构建 3D 共同制作的基础设施：30 亿韩元。在上岩洞 DMS 内构建 3D 后期制作系统，对釜山的 3D 基础设施建设提供支持。

培养 3D 人才：45 亿韩元。培养播放等领域的在职人员和预备就业者(35 门课程，500 人)。

对 3D 资讯的制作及营销提供支持：45 亿韩元。包括：对地方自治团体的 3D 影像馆资讯及公共领域的制作提供支持；召开关于 3D 资讯的国际会议，并与美国、中国等构建海外网络。

推进日程：

| 时期 | 推进内容 | 备注 |
|---|---|---|
| 1 季度 | 进行 3D 转播系统的市场调查并制定构建计划 | |
| 2 季度 | 选定 3D 先导资讯的资助课题，举办 3D 国际会议 | 公共机构/地方自治团体 |
| 3 季度 | 培养 3D 资讯人才(持续) | |
| 4 季度 | 培养 3D 资讯人才(持续) | |

所需预算：

(单位：亿韩元)

| 分类 | 2011 | 2012 | 2013 | 合计 |
|---|---|---|---|---|
| 国库 | 110 | 185 | 120 | 415 |
| 基金(其他) | — | — | — | — |
| 合计 | 110 | 185 | 120 | 415 |

(4)期待效果。

加强 3D 资讯产业的全球竞争力，促进 3D 设备制造业的共同发展。

### 2. 发掘、援助 3D 及智能 TV 商业模型(知识经济部)

(1)工作概要。

工作目的：将 3D 及智能 TV 领域的技术应用于产业，发掘新的商业模型，并对中小企业所开发制品的适用性进行检验，对其商业化提供支持。

3D技术不仅应用于播放、电影领域，也能应用于医疗、广告、建筑、教育等多样的产业群中，市场前景明朗。

工作时间：2011—2015年。

工作实施主体：信息通信产业振兴院。

工作内容：

发掘、援助3D及智能TV商业模型：发掘3D领域开发试制品的课题，并发掘智能TV领域服务模型的新创意，资助选定的中小企业联盟。

营造生态系统并资助其商业化：资助为了推进技术指导和营销等商业化进程而进行的咨询，并提供信息服务。我国的3D产业还处于初创期，企业规模小，急需营建基础设施。

(2)2012年度的推进实绩。

推进现状(经过)：

| 时期 | 推进内容 | 备注 |
| --- | --- | --- |
| 1季度 | 进行工作企划及与专职机构签订协议，公告新的工作计划(3月) | |
| 2季度 | 对2011年支援的7个课题进行现场访问及实态检查(4月)<br>结束工作计划书的接收工作(9个领域，共35件，5月)<br>对申请的课题进行评价(发表书面、现场评价，5月)<br>选定企业，就4个新课题签订协议并支付工作经费(6月) | |
| 3季度 | 召开以IT VC为对象的投资说明会(每周1家公司，6月)<br>召开工作的执行管理(RCMS等)说明会(7月)<br>通过项目的监测活动，推进CS的提升(9月) | |
| 4季度 | 召开"全球3D技术论坛"(10月，韩国国际会展中心)<br>实施通过对执行机构的直接访问而进行的事前服务(10月)<br>召开中期实际成绩发表会(12月) | |

所需预算：40亿韩元。

主要成果：

①2011—2012年，发掘商业模型11个，对技术指导以及营销等商业化的支援持续进行中。

**各领域的支持现状**

| 分类 | 3D领域 | | | | | 智能TV领域 | | | 合计 |
| --- | --- | --- | --- | --- | --- | --- | --- | --- | --- |
| | 医疗 | 广告 | 教育 | 建设 | 其他 | 播放 | 家庭 | 公共 | |
| 2011年 | 1 | 2 | 2 | — | 2 | | | | 7 |
| 2012年 | 1 | — | — | | 1 | 2 | — | — | 4 |

*根据2011年的中期评价结果，一个课题被提前终止。

②创造工作岗位：在主管以及参与企业中，共新雇用 30 名员工。2011 年 18 名、2012 年 12 名新录用员工(以 2012 年 8 月末为标准)。

③扩大市场：制作出 2 个 3D 领域的产品，带来 52.1 亿韩元的销售额。

④商业化咨询：为了帮助所支援机构克服技术上的困难，了解商业化所需的技术和经营内容，共提供咨询 45 件(9 个企业×5 件)。

需要补充的问题及改善方案：

加强事前的企划：要通过对商业引导战略、需求渠道等系统的事前企划，事先制定出内容充实的提案要求书，使中小企业能找出实用的商业模型援助课题。

加强企业间的信息交流：在已有领域之外的 3D、智能 TV 等新领域中，为了开拓市场，加强各业务协议体间的信息交流。如开发 3D 显示器、显微镜的公司(Incruit Corporation)尝试进入“3D+医疗”领域，但不了解医疗市场的信息(综合负责人座谈会，2012 年 9 月)。

(3)2013 年度的推进计划。

工作目标：新发掘 8 个 3D 及智能 TV 领域的商业模型，并对通过商业服务咨询运行的商业化模型提供支持。

主要推进内容：

发掘 3D 及智能 TV 商业模型，并提供支持：发掘 3D 领域的试制品开发课题，并发掘智能 TV 领域服务模型的新创意，资助所选定的中小企业联盟。

营造生态系统并资助其商业化：资助为了推进技术指导和营销等商业化进程而进行的咨询，并提供信息服务。

推进日程：

| 时期 | 推进内容 | 备注 |
|---|---|---|
| 1 季度 | 进行事先企划，并与专职机构签订协议(3 月)<br>发布关于应用 3D 及智能 TV 技术的示范项目的新工作计划(3 月) | |
| 2 季度 | 对前一年所支援的课题进行现场访问与实态检查，并实施中期、最终评价(5—6 月)<br>对新课题的项目计划书进行评选并签订协议(6 月) | |
| 3 季度 | 召开工作执行管理(RCMS 等)说明会(7 月)<br>通过专家的技术指导、教育、营销等对企业提供支持(8 月)<br>推进工作的监测活动(9 月) | |
| 4 季度 | 举办“全球 3D 技术论坛”(10 月)<br>实施通过对执行机构的直接访问而进行的事前服务(10 月)<br>召开中期实际成绩发表会(12 月)<br>提供产业动向及市场调查等知识服务(持续) | |

所需预算：

（单位：亿韩元）

| 分类 | 2012 | 2013 | 2014 | 合计 |
|---|---|---|---|---|
| 国库 | 40 | 38.18 | 40 | 118.18 |
| 基金(其他) | — | — | — | — |
| 合计 | 40 | 38.18 | 40 | 118.18 |

(4)期待效果。

通过对 3D 及智能 TV 技术与双重产业间的融合提供支持，实现传统产业的高附加值化，进而达到增加新产品的销售及出口的效果。

通过发掘应用 3D 及智能 TV 领域应用技术的商业模型并对其产业化提供支持，培育相关产业并开拓新市场。

发掘通过国际合作进行的多样化合作领域，并通过构建网络向国内企业提供开拓海外市场的机会。

3. 资助 3D TV 资讯的制作(播放通信委员会)

(1)工作概要。

工作目的：为了迎接三维立体播放(3D TV)时代，通过对国内 3D 播放方式的国际标准化及对 3D 资讯制作的资助，为国内 3D 播放的初期发展及抢占世界 3D TV 与播放市场奠定基础。

工作时间：2010 年—持续

工作实施主体：播放通信委员会，韩国传播振兴协会。

(2)2012 年度的推进实绩。

资助制作与培养人才：对 3D 制作的资助扩展到电影、动漫、演出、运动等多样化的领域，扩大人员供求和后备力量。2011 年制作了高画质 3D 播放用标准资讯 8 篇。

推进与 I3DS 的合作：通过与 I3DS 美国、欧洲、亚洲等地区的社区及国内协会间的合作，构建海外 3D 资讯网络。

(3)2013 年度的推进计划。

工作目标：

资助 3D 资讯的制作：通过资助 3D 资讯的制作，落实早期的 3D 播放通信服务，并谋求产业的发展。

国内 3D 播放方式的 ATSC 国际标准化：通过国内高画质 3D 播放方式的国际标准化，确保抢占国际市场的机会。ATSC(Advanced Television Systems Committee)：美国播放标准委员会。

主要推进内容：

资助 3D 资讯的制作：以 3D 制作公司和联盟为对象，通过对其制作费的匹配性支援及在海外市场(全球资讯市场)销售、流通方面的支援，营造促进有创意、多样化、高品质 3D 资讯制作发展的基础。

国内 3D 播放方式的 ATSC 国际标准化：对国内“地面波高画质 3D 播放收发方式”的 ATSC 标准认证提供支持，为此运营相关的业务并积极进行对外宣传。

所需预算：

（单位：亿韩元）

| 分类 | 2011 | 2012 | 2013 | 合计 |
|---|---|---|---|---|
| 国库 | | | | |
| 基金(其他) | 21 | 30 | 30 | 81 |
| 合计 | 21 | 30 | 30 | 81 |

(4)期待效果。

对具有成功可能性的项目进行企划开发、制作、流通及出口等所有阶段提供总体的、一贯性支援，发掘 3D 资讯的成功故事。

期待在以国际标准认证的 ATSC 方式来推进国家的 3D 播放时，能产生引进国内播放技术及系统的海外出口效果。

## 开放新一代融合资讯：CG[1-3-2-②]

| 主管部门 | 文化体育观光部(数字资讯产业科) | 分类 | 预算 |
|---|---|---|---|
| 工作时间 | 2011 年—持续 | 合作部门 | 相关部门 |

(1)工作概要。

工作目的：加强电脑制图(CG)产业的海外出口力量。

工作时间：2011 年—持续。

工作实施主体：文化部(资讯振兴院)。

工作内容：资助国内外的 CG 项目制作，对参加与海外市场相关的商谈会等营销活动提供资助。

(2)2012 年度的推进实绩。

推进现状：

| 时期 | 推进内容 | 备注 |
|---|---|---|
| 1 季度 | 制定工作的详细计划<br>为参加香港电影市场 CG 洽谈会者提供资助 | |
| 2 季度 | 选定支援项目(第一期公开招募) | |
| 3 季度 | 选定支援项目(第二期公开招募) | |
| 4 季度 | 选定支援项目(第三期公开招募)<br>为参加与 AFM(美国电影市场)有关的 CG 洽谈会者提供资助。 | |

所需预算：50 亿韩元。

主要成果：

资助国内外的 CG 项目制作(10 件)。选定领域：中国电影《CZ12》《狄仁杰》，美国电影《The Monkey King》等。

对与海外市场相联系的国内企业的海外营销提供支持(好莱坞、华语圈)。为中国香港电影市场(3月)以及美国影片市场(11 月)的参加者提供资助。

(3)2013 年度的推进计划。

工作目标：促进国内 CG 企业对中国、好莱坞等战略市场的出口。

主要推进内容：

资助国内外 CG 项目的制作(总 CG 制作费用的 25%以内)。

对参加与海外市场相关的洽谈会等营销活动提供支持(好莱坞、华语圈)。

推进日程：

| 时期 | 推进内容 | 备注 |
|---|---|---|
| 1 季度 | 制定详细的工作计划<br>对参加中国香港电影市场 CG 洽谈会者提供资助 | |
| 2 季度 | 选定支援项目(第一期公开招募) | |
| 3 季度 | 选定支援项目(第二期公开招募) | |
| 4 季度 | 为参加与 AFM(美国电影市场)有关的 CG 洽谈会者提供资助 | |

所需预算：

(单位：亿韩元)

| 分类 | 2011 | 2012 | 2013 | 合计 |
|---|---|---|---|---|
| 国库 | 50 | 50 | 50 | 150 |
| 基金(其他) | — | — | — | — |
| 合计 | 50 | 50 | 50 | 180 |

(4)期待效果。

加强国内 CG 企业的制作竞争力，通过提高获得海外项目订单的可能性来增加向好莱坞、中国等主要战略市场的出口。

## 开发新一代的融合资讯：虚拟现实[1-3-2-②]

| 主管部门 | 文化体育观光部(数字资讯产业科) | 分类 | 预算 |
|---|---|---|---|
| 工作时间 | 2011—2013 年 | 合作部门 | 相关部门 |

(1)工作概要。

工作目的：通过对新一代资讯(虚拟现实)的集中支援，培育资讯产业。

工作时间：单年度的持续工作。

工作实施主体：文化体育观光部(韩国资讯振兴院)。

工作内容：推进对能够应用虚拟现实技术创造出新兴资讯市场的资讯提供支持的事业（总项目费的40%）。

（2）2012年度的推进实绩。

推进现状：

| 时期 | 推进内容 | 备注 |
| --- | --- | --- |
| 1季度 | 制定详细的工作计划并进行工作公告（3月） | |
| 2季度 | 工作说明会（4月），课题选定（5月），参加VR EXPO（6月） | |
| 3季度 | 签订合约（7月），开发课题并对执行过程进行检验（9月） | |
| 4季度 | 各课题的中期评价（12月） | |

所需预算：25亿韩元。

主要成果：

资助5种应用动作感应、全息照相等新UX的虚拟现实资讯的制作。

对“VR K-pop体验馆”“Smart Virtual Arts”“AR语学资讯”等提供支持。

（3）2013年度的推进计划。

工作目标：对虚拟现实资讯提供帮助，虚拟现实资讯是指与动态识别、全息照相等快速变化的资讯相关的技术及商业环境相适应的资讯。

主要推进内容：

对可以用虚拟的影像来体验部分现实的新资讯的制作及其商业化提供支持。

对于已完成课题中的优秀资讯，通过资助其参加虚拟现实专业展示会（VR EXPO，日本东京），增加海外出口的可能性。

推进日程：

| 时期 | 推进内容 | 备注 |
| --- | --- | --- |
| 1季度 | 制度详细的工作计划并发布工作公告（3月） | |
| 2季度 | 工作说明会（4月），选定课题（5月），参加VR EXPO（6月） | |
| 3季度 | 签订合同（7月），开发课题并对执行过程进行检验（9月） | |
| 4季度 | 各课题的中期评价（12月） | |

所需预算：

（单位：亿韩元）

| 分类 | 2011 | 2012 | 2013 | 合计 |
| --- | --- | --- | --- | --- |
| 国库 | 25 | 25 | 25 | 75 |
| 基金（其他） | — | — | — | — |
| 合计 | 25 | 25 | 25 | 75 |

(4)期待效果。

促进有益于实际生活的虚拟现实资讯市场的发展。

### 开发新一代的融合资讯：e-训练[1-3-2-③]

| 主管部门 | 知识经济部(知识服务科) | 分类 | 预算 |
|---|---|---|---|
| 工作时间 | 2011年—持续 | 合作部门 | 相关部门 |

(1)工作概要。

工作目的：通过普及、扩展在虚拟现实中提供技术训练服务的e-训练，创造出新的智能学习市场。

工作时间：2011—持续。

工作实施主体：信息通信产业振兴院，电子元器件研究院。

工作内容：

技术开发：对开发增强/虚拟现实、交互技术等提供e-训练服务的基础技术及训练系统提供资助。

开发服务模型：通过对产业现场的教育训练需求进行分析，对在有接受e-训练意愿的领域开发训练模型和服务模型提供支持。

(2)2012年度的推进实绩。

推进现状：

| 时期 | 推进内容 | 备注 |
|---|---|---|
| 1季度 | 企划e-训练服务模型的课题(3月) | |
| 2季度 | 选定开发e-训练服务模型的企业(5月) | |
| 3季度 | 着手开发实习型数控加工中心服务模型(7月)<br>完成与虚拟结合的e-训练系统制品的开发(9月)<br>着手开发单一使用者e-训练系统(9月) | |
| 4季度 | 着手开发车辆驾驶训练模拟装置(10月)<br>着手开发CAVE型e-训练系统雏形(11月)<br>完成实习型数控加工中心服务模型的开发(12月) | |

所需预算：12.3亿韩元。

开发e-训练技术4件(11.8亿韩元)，开发服务模型1件(0.5亿韩元)。

主要成果(2012年)：

技术开发：正在推进单一使用者e-训练系统、车辆驾驶训练模拟装置、CAVE型e-训练系统雏形三种技术的开发。

开发服务模型：通过对各产业训练需求的分析，选定了“数控加工中心e-训练服务模型”这一课题并进行开发(预定2012年12月结束)。

制品开发、示范性服务：开发与虚拟技术相结合的e-训练系统产品，并在韩国理工大学进行示范性服务(2012年10月结束)。

需要补充的问题和改善方案：

扩大 e-训练的适用领域，为了训练装备以及训练方法的多元化，需要开发必要的 e-训练要素技术。

(3)2013 年度的推进计划。

工作目标：通过开发 e-训练的要素技术，提高服务的完成程度，通过不断发掘有潜力的服务模型，扩大 e-训练的需求群体。

主要推进内容：

技术开发：对开发多重使用者参与型 e-训练系统、CAVE 型 e-训练系统、医疗训练模拟装置 3 个课题提供资助。

**2013 年 e-训练技术的开发内容**

| 分类 | 主要内容 |
|---|---|
| 开发多重使用者参与型 e-训练体系 | 开发与多重参与者联动，实施模拟功能的 e-训练系统(适用于港湾起重机领域) |
| 开发 CAVE 型 e-训练系统 | 开发以 CAVE 显像为基础的 e-训练系统(适用于运动领域) |
| 开发医疗训练模拟装置 | 开发多视角的医疗影像透视及再生技术、触觉装置技术等适用于医疗训练的模拟装置 |

开发服务模型：资助 e-训练服务模型的开发(1 个行业)。

**进行 e-训练服务模型开发支援工作的步骤**

公开招募产业训练领域 → 选定课题 → 开发服务模型 → 事后管理(开发、运营课程)

推进日程：

| 时期 | 推进内容 | 备注 |
|---|---|---|
| 1 季度 | e-训练服务模型的开发公告<br>着手开发 CAVA 型 e-训练系统技术 | |
| 2 季度 | 选定 e-训练服务模型开发企业<br>着手开发多重使用者参与型 e-训练系统 | |
| 3 季度 | 着手开发医疗训练 e-训练系统 | |
| 4 季度 | 完成 e-训练服务模型的开发<br>完成对 e-训练技术开发的资助工作 | |

所需预算：

(单位：亿韩元)

| 分类 | 2012 | 2013 | 2014 | 合计 |
|---|---|---|---|---|
| 国库 | 12.3 | 10 | 15 | 37.3 |
| 基金(其他) | — | — | — | — |
| 合计 | 12.3 | 10 | 15 | 37.3 |

(4)期待效果。

通过加强 e-训练供应商的竞争力并激活对 e-训练需求的资助，为培育 e-训练产业奠定早期的基础。

用虚拟训练来替代或缓解高风险、高费用的技术训练，减少各种能源消费、环境污染，节省用于健康方面的经济、社会费用。

## 开发新一代的融合资讯：e 学习[1-3-2-④]

| 主管部门 | 教育科学技术部(e-学习科等)<br>知识经济部(知识服务科) | 分类 | 预算 |
|---|---|---|---|
| 工作时间 | 2003 年—持续 | 合作部门 | 相关部门 |

1. 支援家庭网络学习的运营(教育科学技术部)

(1)工作概要。

工作目的：通过向小学、初中学生提供与学科相关的不同水平的学习资讯，促进公共教育的内在发展，减少私下教育费用，并缩小各地域、各阶层间的教育差距。

工作时间：2004—持续。

工作实施主体：教育科学技术部，17 个市、道教育厅。

工作内容：

以小学 3 学年至初中 3 学年学生为对象，向其提供以主要科目(国语、数学、社会、科学、英语)的自我主导学习为目标的学习资讯。

通过 LMS(Learning Management System，学习管理系统)的进度管理和指定网络科任教师的方式，提供学习管理服务。

(2)2012 年度的推进实绩。

推进现状(经过)：

| 时期 | 推进内容 | 备注 |
|---|---|---|
| 1 季度 | 制定工作推进计划(收集市、道教育厅的意见) | |
| 2 季度 | 运营 T/F，制定出适应 2009 修订教育课程的资讯运营方案 | |
| 3 季度 | 关于应对 2009 修订教育课程资讯的开发方式，由专家组成研究团队研究相关方案<br>着手开发技术、家政科资讯<br>激活资讯管理的流通体系，发行新资讯 | |
| 4 季度 | 完成关于应对 2009 修订教育课程资讯的开发方式的研究<br>制定 2013—2014 年服务改善方案的基本计划 | |

所需预算：地方经费 11.11 亿韩元。

主要成果：

①开发应对 2009 修订教育课程的资讯：2013 年初中 1 年级的课程中，从与 2007 修订教育课程对比内容变化幅度大的学科资讯(社会、科学)开始着手开发(预计 2012 年 10 月至 2013 年上半年提供)。

②以需求为基础提供资讯：考虑到由集中履修制度而产生的对未履修补充课程的需求及利用率，来开发学科资讯并发行已开发的资料。

技术、家政科：初中 1~3 学年群，以影像为中心，共 175 学时，开发学生用的书籍型教材，并开发学科教学用移动资讯(2012. 6—2013. 2，9 个月间)

初中社会科(1~3 学年，家庭网络学习用)：江源教育厅开发音乐、美术学科(各 68 学时，远程教育用影像)资讯，在市、道间共享(2012. 10—)。

③激活资讯管理流通系统：无论是由中央还是地方提供的资讯资源，都在中央系统中统一管理，由市、道系统共享和发行。

2007 修订教育课程(小学 4 年级至初中 3 年级：国语、数学、社会、科会、英语；小学至高中：信息通信伦理)中的 185 个学科，5 002个学时，16 个市、道厅共享，在本系统开发以前采用网络硬盘方式共享。

(3)2013 年度的推进计划。

工作目标：开发并提供应对 2009 年修订教育课程的资讯。

主要推进内容：由中央和地方共同投资，开发并共享应对 2009 修订教育课程的及时且利用率高的资讯。

**应对 2009 修订教育课程的资讯开发明细(总预算 69 亿韩元)**

| 科目 | 国语 | 数学 | 社会 | 科学 | 合计 |
|---|---|---|---|---|---|
| 学年 | 小 4—中 3 | 小 4—中 3 | 小 4—中 3 | 小 4—中 3 | |
| 合计 | 6 套 | 6 套 | 6 套 | 6 套 | 24 套 |

* 1 套 = 对于 1 个学年的 1 个学科，包含 2 种资讯。学生用资讯 1 种+教师用资讯 1 种 = 1 套。

* 学科教学用资讯：可以在课堂教学中使用的被分段的教学用资讯、多媒体要素资料等。

推进日程：

| 时期 | 推进内容 | 备注 |
|---|---|---|
| 1 季度 | 制定工作推进计划(收集市、道教育厅的意见)<br>发掘优秀教育厅及优秀学校模型 | |
| 2 季度 | 开发并共享 2009 修订教育课程资讯 | 小 4，中 1、2 |
| 3 季度 | 开发并共享 2009 修订教育课程资讯 | 小 4，中 1、2 |
| 4 季度 | 完成 2009 修订教育课程资讯的开发及共享 | 小 4，中 1、2 |

* 2014 年开发小学 5、6 年级及初中 3 年级的资讯，2015 年发行。

所需预算：

（单位：亿韩元）

| 分类 | 2012 | 2013 | 2014 | 合计 |
| --- | --- | --- | --- | --- |
| 国库 | — | — | 未定 | — |
| 特别拨款 | — | 34.50 | 未定 | 34.50 |
| 地方经费 | 11.11 | 34.50 | 未定 | 45.61 |
| 合计 | 11.11 | 69.00 | 未定 | 80.11 |

(4)期待效果。

通过提供修订教育课程所要求的以学习者为中心的分层定制型资讯及学习经历管理服务，加强学校课程间的联系，扩大补充学习机会，进而促进了公共教育的内在发展。同时，为减少私教育经费，缩小区域、阶层间的教育差距作出贡献。

家庭网络学习通过圆满地应用新一代 LMS/LCMS、学习诊断、视频咨询并运营学历评价管理系统，提高了教育需求者的满足度和教育质量。

2. 资助大学 e-学习支援中心的资讯开发(教育科学技术部)

(1)工作概要。

工作目的：资助大学 e-学习支援中心的资讯开发及积极运营，促进大学与地区间资讯的共同应用。

工作时间：2003 年—持续。

工作实施主体：中央运营总部(济州大学)和 10 个圈域中心。

工作内容：

确保大学 e-学习的基础设施和技术，资助各圈域内教育用资讯的共同开发。

将所开发资讯传送到 KOCW，向所有人公开。

(2)2012 年度的推进实绩。

推进现状(经过)：

| 时期 | 推进内容 | 备注 |
| --- | --- | --- |
| 1 季度 | 制定工作推进计划<br>大学 e-学习支援中心公开征集并开发资讯 | |
| 2 季度 | 对 e-学习支援中心中央运营总部进行实绩评价，并确定正规本部<br>召开大学 e-学习会议 | |
| 3 季度 | 资助 e-学习国际博览会的宣传馆，并召开 APP 公开招募会 | |
| 4 季度 | 对大学 e-学习支援中心的运营进行评价 | |

所需预算：国库 4.5 亿韩元。

大学 e-学习支援中心的资讯开发费用：3.6 亿韩元。

中央运营总部的运营费：0.9 亿韩元。

主要成果：

10 个 e-学习支援中心正在推进 32 个资讯的开发。

举办大学生移动 APP 公开招募会及 e-学习会议。

运营 e-学习讲座 997 个，131 682人参加学习(2 012年第一学期)。

举办以区域居民为对象的终身学习讲座 46 个，1 230人参加学习(2012 年第一学期)。

2009—2011 年所开发资讯的公开比率：86%(公开了 147 件中的 126 件)。

学习者满足度由 2009 年的 71. 6%、2010 年的 72%，上升到 2011 年的 73. 1%。

所开发的资讯传送到 KOCW(Korea Open Course Ware)中公开，使所有人都可以使用。524 个讲座的7 339个讨论材料传送、运营中(至 2012 年 10 月)。

(3)2013 年度的推进计划。

工作目标：为了发展大学的 e-学习，资助教育用资讯的共同开发，并将所开发的资讯传送到 KOCW，向普通人公开。

主要推进内容：

资助圈域内大学间 e-学习资讯的共同开发。

参加 e-学习国际博览会并举办会议。

通过传送到 KOCW 及公开资讯，促进资讯的共同使用。

推进日程：

| 时期 | 推进内容 | 备注 |
|---|---|---|
| 1 季度 | 制定工作的推进计划<br>大学 e-学习支援中心公开征集并开发资讯 | |
| 2 季度 | 对 e-学习支援中心中央运营总部进行实绩评价，并确定正规本部<br>召开大学 e-学习会议 | |
| 3 季度 | 资助 e-学习国际博览会的宣传馆，并召开 APP 公开招募会 | |
| 4 季度 | 对大学 e-学习支援中心的运营进行评价 | |

所需预算：

(单位：亿韩元)

| 分类 | 2012 | 2013 | 2014 | 合计 |
|---|---|---|---|---|
| 国库 | 4. 5 | 4. 5 | 4. 39 | 13. 39 |
| 基金(其他) | — | — | — | — |
| 合计 | 4. 5 | 4. 5 | 4. 39 | 13. 39 |

(4)期待效果。

开发并确保 e-学习的教学—学习资源，发掘、普及优秀的教育项目。

提高教授、学生、职员等对于 e-学习的认识，为了促进资讯的共同利用及学分交流，构建国家层面的高等教育授课信息共同应用体系。

3. 资助网络大学的资讯开发(教育科学技术部)

(1)工作概要。

工作目的：

资助符合网络大学特点的各领域在职教育资讯的开发；为工作和学业并行的成人学习者提供接受高品质高等教育的机会。

鼓励网络大学通过开发优秀资讯的经验改善资讯的质量，通过资讯的共同使用促进网络大学间的合作。

工作时间：2003—2012 年(结束)。

工作实施主体：教育科学技术部。

工作内容：

与远程高等教育国际学术研讨会联动，以网络大学为对象公开征集及选定优秀资讯。

被选定为网络大学特色化工作支援对象的大学，要确保其在新增学科或对学科进行改编时产生的教育用优秀资讯。推进该工作过程中确保优秀资讯的公开及共同使用。

(2)2012 年度的推进实绩：

推进现状(经过)：

| 时期 | 推进内容 | 备注 |
|---|---|---|
| 1 季度 | 制定基本计划，并向专门机构交付预算 | 教育科学技术部 |
| 2 季度 | 制定实施计划，发布工作公告，进行评价及签订协议 | 教育科学技术部，专门机构 |
| 3 季度 | 公开征集优秀资讯 | 专门机构，网络大学 |
| 4 季度 | 制作网络大学的特色化资讯(4 所大学) | 特色化支援大学 |

所需预算：国库 4 亿韩元。

主要成果：

伴随着对网络大学的特色化扶持，确保反映技师高中与特色高中毕业生需求的相关学科的优秀资讯(4 个学科)。包括：永进网络大学(信息通信学科)，高丽网络大学(电气电子工学科)，首尔网络大学(新媒体资讯工学科)，大邱网络大学(电子信息通信工学科)。

通过公开征集与网络大学国际学术研讨会相关的优秀资讯，确保高品质的资讯(2 种)。包括："现代生活与法律"(首尔数字大学)，"地震防灾论"(崇实网络大学)。

(3)2013 年度的推进计划。

转换为"推进网络大学竞争力的强化"工作。从以资讯开发为主的援助，向加强特色化的方向转变。

4. 资助新一代的 e-学习技术，确保其竞争力(知识经济部)

(1)工作概要。

工作目的：通过开发适应智能设备的普及、实感多媒体技术不断发展等剧变的 IT 环境的未来型 e-学习技术，强化作为 e-学习技术先导国家的形象。

工作时间：2011 年—持续。

工作内容：资助下一代 e-学习(实感体验型、智能型、感触型 e-学习等)领域的源泉技术的开发，确保技术竞争力。

(2)2012 年度的推进实绩。

推进现状：

| 时期 | 推进内容 | 备注 |
|---|---|---|
| 2011 年 3 季度 | 制定产业技术蓝图，实施技术需求调查(8 月) | |
| 2011 年 4 季度 | 企划对象的课题企划(10—12 月)<br>检验企划对象的课题目标，网络公示，听证会(12 月) | |
| 2012 年 1 季度 | 确定并公告新选定的支援对象课题(1 月)<br>选定新扶持对象课题的承担者(3 月) | |
| 2012 年 2 季度 | 签订新课题的协议(4 月) | |
| 2012 年 3 季度 | 2012 年追加企划对象的课题企划(7—8 月)<br>确定并公告 2012 年追加确定的支援对象课题(9 月) | |
| 2012 年 4 季度 | 选定 2012 年追加扶持对象课题的承担者(11 月)<br>签订 2012 年追加新课题的协议(12 月) | |

所需预算：40.1 亿韩元。

主要成果：2012 年共资助 5 个课题

| No. | 课题名 | 2012 年预算(亿韩元) |
|---|---|---|
| 1 | 年长者认知能力测定技术的开发 | 10.2 |
| 2 | 以复合知识为基础的 e-学习开放框架的开发 | 6.43 |
| 3 | 汽车修理训练的自我主导体验型 e-训练服务技术的开发 | 8.5 |
| 4 | 为培养创造性人才的智能型辅导系统的开发 | 8.5 |
| 5 | 自我主导学习的社区学习用教育资讯及专家实时推荐/连接技术的开发 | 6.5 |

(3)2013 年度的推进计划。

主要推进内容：

①对持续课题(3 个)进行持续的援助(2 个课题已完成)。

持续课题：

为进行汽车修理训练的自我主导体验型 e-训练服务技术的开发。

为培养创造性人才的智能型辅导系统的开发。

为自我主导学习的社区学习用教育资讯及专家实时推荐/连接技术的开发。

完成课题：

年长者认知能力测定技术的开发。

以复合知识为基础的 e-学习开放框架的开发。

②发掘新的课题(1 个)。

企划中的课题：

为了激活新一代的玩具产业，开发智能 ToyWeb 服务技术。

推进现状及计划：

| 时期 | 推进内容 | 备注 |
|---|---|---|
| 2012 年 3 季度 | 实施新课题的需求调查(7 月) | |
| 2012 年 4 季度 | 选定企划对象的课题(10 月)并推进企划 | |
| 2013 年 1 季度 | 确定新扶持对象的课题 | |
| 2013 年 2 季度 | 签订新课题协议 | |

所需预算：

(单位：亿韩元)

| 分类 | 2011 | 2012 | 2013 | 合计 |
|---|---|---|---|---|
| 国库 | 59. 5 | 40. 1 | 40. 1 | 139. 7 |
| 基金(其他) | — | — | — | — |
| 合计 | 59. 5 | 40. 1 | 40. 1 | 139. 7 |

(4)期待效果。

从以往以 PC、影像为主的单纯的知识传递方式中走出来，创造出以多样化设备为基础的学习者定制型、实感/体验型学习等智能学习的新市场，为 e-学习产业的高附加值化作出贡献。

## 新一代融合资讯的开发：新一代游戏[1-3-2-⑤]

| 主管部门 | 文化体育观光部(游戏资讯产业科) | 分类 | 预算 |
|---|---|---|---|
| 工作时间 | 2011 年—持续 | 合作部门 | 相关部门 |

(1)工作概要。

工作目的：制作、推广优秀的功能性游戏，强化游戏的正向功能作用。

工作时间：2013. 1. 1—2013. 2. 28(持续)。

工作实施主体：韩国资讯振兴院。

工作内容：

资助功能性游戏的制作(持续课题和新课题)

资助功能性游戏的宣传，运营功能性游戏的综合门户网站。

资助功能性游戏的基础研究，并对举办功能性游戏的庆典提供支持。

(2)2012 年度的推进实绩。

推进现状(经过)：

| 时期 | 推进内容 | 备注 |
|---|---|---|
| 1 季度 | 制定工作计划，提出国库资金申请<br>制定基本计划<br>实施对功能性游戏制作持续资助课题的第一年度结果评价 | |
| 2 季度 | 选定 1 季度的每月优秀游戏，并进行颁奖仪式<br>与竞技资讯振兴院签订业务协议<br>签订功能性游戏制作继续资助课题的第二年度协议<br>选定功能性游戏综合门户网站的委托公司，签订协议<br>间接地交付竞技资讯振兴院制作学科学习功能性游戏的资助费用，召开运营委员会会议<br>间接地资助韩国桌面游戏产业协会功能性桌面游戏的发展<br>对资助学科学习用功能性游戏制作进行公告、接收 | 签订 3 个持续课题的制作合约：痴呆症认知能力的提高，障碍学生语言训练，多文化家庭韩国语教育<br><br>选定 3 个优秀游戏作品：《喜欢咖啡》《起源》《机器猴星星》 |
| 3 季度 | 选定学科学习用功能性游戏<br>召开 2012 年大韩民国功能性游戏大会<br>公告、接收功能性游戏新课题，召开项目说明会<br>签订资助学科学习用功能性游戏制作的协议(2 个课题)<br>签订功能性游戏制作的新资助课题协议(5 个课题)<br>选定 2 季度的每月优秀游戏，并进行颁奖仪式<br>间接交付竞技资讯振兴院召开功能性游戏大会的费用<br>进行功能性游戏制作资助课题(继续课题)的第二年度中期评价<br>召开功能性游戏大会<br>对功能性游戏的现状和发展方案进行研究评价，并签订协议(游戏开发者协会)<br>公告并接收 3 季度的每月优秀游戏<br>对功能性游戏制作的继续资助课题进行第二年度中期评价 | 选定 5 个新课题制作：自由主题 2 个，传统 1 个，桌面 2 个<br><br>选定 2 个学科学习制作：数学课题 1 个，科学课题 1 个<br><br>选定 3 个优秀游戏作品：《灵魂之源》《猴子对决》《生态城市》 |
| 4 季度 | 对功能性游戏的继续课题进行中期评价<br>选定 3 季度的每月优秀游戏，并进行颁奖仪式 | 选定 3 个优秀游戏作品：《消消乐》《汉字主题公园》《舞者之星》 |

所需预算：18 亿韩元。

主要成果：

资助了与传统文化、教育、痴呆症、多文化等多样主题及类型相联系的 10 个功能性游戏的制作。

已开发完成的消费者安全功能性游戏正在由青年 NAVER、儿童 Daum(NAVER、Daum 均为韩国网站——译者注)、韩国消费者院提供服务并进行普及(2012. 2)。

找出正在韩国、中国、法国、西班牙、美国等全世界各地区都提供服务的《EcoFriendz》等产业性、政策性的成功案例，减少对游戏的消极认识。

需要补充的问题和改善方案：

有必要通过对企业、使用者的调查了解对功能性游戏的需求，筛选集中资助的课题。

(3)2013 年度的推进计划。

工作目标：

制作并推广优秀的功能性游戏，找出产业性、政策性的成功案例。

通过与多样性产业群及类型的联系，明确功能性游戏的功能性。

主要推进内容：

①扩大对功能性游戏制作的资助及推广：

实施对优秀功能性游戏的指定征集以及自由征集。

继续资助学科学习用功能性游戏(2012—2013 年)

为了发掘优秀功能性游戏的需求者，资助相关商业洽谈。

②宣传功能性游戏：

通过运营 G-Star 功能性游戏联合馆等方式，资助优秀功能性游戏的宣传。

资助参加海外功能性游戏展示会、会议。

资助功能性游戏的新闻宣传及广告宣传。

选定每月的优秀游戏，持续地运营功能性游戏的门户网站。

③进行功能性游戏的基础研究：

进行功能性游戏使用者实态调查和动向调查。

推进日程：

| 时期 | 推进内容 | 备注 |
|---|---|---|
| 1 季度 | 交付国库资金及提交基本计划的申请报告 | |
| 2 季度 | 公开征集资助制作的功能性游戏指定课题<br>公开征集资助制作的功能性游戏自由课题 | |
| 3 季度 | 选定并制作功能性游戏的制作资助课题<br>进行功能性游戏使用者实态调查及动向调查<br>实施与功能性游戏相适合的宣传营销，运营功能性游戏网站 | |
| 4 季度 | 进行功能性游戏使用者实态调查及动向调查<br>实施与功能性游戏相适合的宣传营销，运营功能性游戏网站 | |

所需预算：

（单位：亿韩元）

| 分类 | 2012 | 2013 | 2014 | 合计 |
|---|---|---|---|---|
| 国库 | 18 | 19 | 20 | 57 |
| 基金(其他) | — | — | — | — |
| 合计 | 18 | 19 | 20 | 57 |

(4)期待效果。

通过制作及推广多种功能性游戏资讯，增加游戏的社会效用。

## 新一代融合资讯的开发：新一代游戏[1-3-2-⑤]

| 主管部门 | 文化体育观光部(游戏资讯产业科) | 分类 | 预算 |
|---|---|---|---|
| 工作时间 | 2009 年—持续 | 合作部门 | 相关部门 |

(1)工作概要。

工作目的：通过开发新一代游戏资讯为国内游戏产业提供突破口，并通过抢占新一代游戏的海外市场加强国际竞争力。

工作时间：2009 年—持续。

工作实施主体：韩国资讯振兴院。

工作内容：孵化新一代游戏企业，并资助其制作。

(2)2012 年度的推进实绩。

推进现状(经过)：

| 时期 | 推进内容 | 备注 |
|---|---|---|
| 1 季度 | 运营第 3 期"游戏风险投资 2.0"(9 个组，30 名)<br>发布 2012 年新一代游戏资讯制作资助课题选定公告(2 月) | |
| 2 季度 | 举办全球游戏中枢中心会员公司工作坊(6 月)<br>选定 2012 年新一代游戏资讯制作资助课题，并签订协议(4 月，20 个课题) | |
| 3 季度 | 举办全球游戏中枢中心会员公司投资说明会(7 月) | |
| 4 季度 | 举办全球游戏中枢中心会员公司就业博览会(10 月)<br>资助参加国际游戏展示会 G-Star 2012(B2C，B2B)<br>对 2012 年新一代游戏资讯制作资助课题进行中期评价(11 月) | |

所需预算：

50 亿韩元(游戏企业孵化：11 亿韩元；资助新一代游戏资讯制作：39 亿韩元)。

主要成果：

运营游戏风险投资 2.0。与 LG U+签订了投资及公开发行协议(智慧竞技)；与 Gamevil(韩国的移动游戏开发公司)签订了发行协议(Playmaroo)。

举办全球游戏中枢中心会员公司工作坊。投资者、发行者、游戏企业等约 100 人参加(促进与发行者的合作)。

举办全球游戏中枢中心会员公司的投资说明会。达成约 135 亿韩元的合同洽谈额。

举办全球游戏中枢中心会员公司的就业博览会。约 350 名招聘、求职者参加/在现场进行了约 70 人的面试。

资助新一代游戏资讯的制作。课题接收：288个课题；课题选定：选定20个课题(每个课题最多资助2.5亿韩元，最少0.9亿韩元)。

需要补充的问题和改善方案：

随着对新一代游戏资讯制作资助工作预算的减少，对各课题的资助额也在缩减，自己承担的比例在扩大。

(3)2013年度的推进计划。

工作目标：

发掘并培育国内开发新一代游戏的中小游戏开发公司(入驻19个公司)

资助中小游戏企业新一代游戏资讯的制作(每个课题最高2亿韩元，15个课题左右)

主要推进内容：

①孵化游戏企业。

管理及运营入驻设施：以会员公司为对象，管理并运营入驻设施。

②会员公司的资助工作。

资助国内外游戏IR(投资者、发行者等)，举办就业博览会等。

资助国内外的游戏开发引擎、S/W、产业动向研讨会(教育)等。

资助会员公司参加2011 G-Star共同宣传馆。

③举办全球游戏制作竞赛。

激活在多样化的新一代游戏平台(苹果、安卓、大华7等)环境下的游戏制作。为了培养人才，举办开发竞技大会。

④资助新一代游戏资讯的制作。

支援对象：与已有游戏平台相区别，在未来游戏市场中具有全球竞争力，进而可以向南美、东南亚等战略市场出口的新一代游戏和未来型新一代游戏。

推进日程：

| 时期 | 推进内容 | 备注 |
|---|---|---|
| 1季度 | 运营游戏风险投资2.0第4期<br>发布2013年新一代游戏资讯制作资助课题的选定公告(2月) | |
| 2季度 | 举办全球游戏中枢中心会员公司的工作坊(6月)<br>选定2013年新一代游戏资讯制作援助课题(4月，15个左右) | |
| 3季度 | 举办全球游戏中枢中心会员公司的投资说明会(7月) | |
| 4季度 | 举办全球游戏中枢中心会员公司的就业博览会(10月)<br>资助参加国际游戏展示会G-Star 2012(B2C，B2B)<br>对2013年新一代游戏资讯制作资助课题进行中期评价(11月) | |

所需预算：

（单位：亿韩元）

| 分类 | 2012 | 2013 | 2014 | 合计 |
|---|---|---|---|---|
| 国库 | 50 | 40 | 40 | 130 |
| 基金(其他) | — | — | — | — |
| 合计 | 50 | 40 | 40 | 130 |

(4)期待效果。

通过孵化游戏企业，奠定新一代游戏的开发基础。

在偏重在线游戏的开发环境中，通过游戏平台、游戏类型制作环境的多元化，加强在海外游戏市场中的竞争力。

## 新一代融合资讯的开发：智能资讯[1-3-2-⑥]

| 主管部门 | 文化体育观光部(数字资讯产业科)<br>播放通信委员会(网络政策科)<br>教育科学技术部(教科书企划组) | 分类 | 预算 |
|---|---|---|---|
| 工作时间 | 2011 年—持续 | 合作部门 | 相关部门 |

### 1. 培育智能资讯(教育科学技术部)

(1)工作概要。

工作目的：通过对智能资讯制作基础设施及海外出口的支持，培育智能资讯产业。

工作时间：2012 年—持续。

工作实施主体：韩国资讯振兴院、韩国电子通信研究院等。

工作内容：构建智能资讯测试平台，提供技术支持、孵化、支持海外出口等。

(2)2012 年度的推进实绩。

推进现状(经过)：

| 时期 | 推进内容 | 备注 |
|---|---|---|
| 1 季度 | 设立并运营智能资讯中心，制定基本计划<br>构建测试平台，开始资助在线技术<br>签订与运营智能资讯中心相关的业务合约 | |
| 2 季度 | 征集、选定智能资讯中心的入驻企业<br>智能资讯中心正式成立<br>推进智能资讯中心的海外营销以及本土化工作 | |
| 3 季度 | 实施智能资讯中心的孵化项目(咨询、指导、专业教育、网络化等)<br>推进智能资讯的海外战略市场共同营销(美国 Tech Crunch 参加韩国联合馆，8 家公司) | |
| 4 季度 | 实施智能资讯中心的孵化项目(咨询、指导、吸引投资、海外营销等)<br>推进智能资讯的海外战略市场共同营销(参加日本东京展示会及 DG 博览会，7 家公司)<br>举办 2012 年智能资讯大会与颁奖大会 | |

所需预算：120 亿韩元(国库 80 亿韩元，地方费用 40 亿韩元)。

主要成果：

| 序号 | 企业名称 | 课题内容 | 成果 |
|---|---|---|---|
| 1 | 收音机闹钟 | 国内外网络收音机播放及闹钟功能 | 美国、日本、法国应用商店第一位<br>下载 700 万件 |
| 2 | 射箭世界杯 | 射箭移动游戏 | 美国等全球 16 个国家免费 APP 第一位 |
| 3 | 布丁面部识别 | 照片面部识别，查找相似的演艺人 | 中国应用商店免费 APP 第一位 |
| 4 | 职业棒球 2012 | 移动棒球游戏 | 美国、加拿大、日本谷歌应用商店运动第一位<br>美国谷歌应用商店整体销售第 17 位 |
| 5 | 照片文件夹 | 照片文件夹管理功能 | 2010 年 4 月上市以后，在日本连续 2 年销售最多的 iPhone APP<br>全世界 100 万美元以上的收益 |
| 6 | 帕劳狗骑士 | 移动塔防游戏 | 国内最初被英国知名网络杂志《玩家口袋》评定为黄金大奖的游戏，国内应用程序商店连续 8 周居第一位 |
| 7 | 植物大作战 | 移动 AOS 游戏 | 美国等 50 个国家免费 RPG，战略游戏第一位 |
| 8 | 满锅扑克 | 扑克游戏 | 国内外年度销售额达 200 亿韩元 |
| 9 | 无聊地 | 在线聊天装置<br>自动应答使用者的聊天 | 美国应用程序商店总体第二位，娱乐领域第一位 |
| 10 | Line | 全球性的通信应用，带动了照相机、线卡等的联动服务 | 全世界使用者：3 000 万名<br>日本使用者：1 000万名 |
| 11 | 马儿快跑 | 养马的社交网络游戏 | 中国香港应用程序商店第二位<br>越南应用程序商店第一位 |
| 12 | 卡通战争 | 移动塔防游戏 | 美国安卓市场七位<br>安卓市场上市 15 天下载达 200 万 |
| 13 | HDR FX | 照相机功能 | 美国应用程序商店整体第十位 |
| 14 | SORAGI<br>实时对讲机 | 具有传呼机、聊天功能的通信应用 | 安卓市场下载量 100 万件以上<br>应用程序商店下载中，海外使用者占 70%以上 |
| 15 | 布丁照相机 | 照相机功能 | 海外下载：500 万件以上 |

需要补充的问题及改善方案：需要构建海外出口的一站式服务体系，把海外测试、以翻译等方式进行的本土化、海外营销等整合起来提供援助。

(3)2013 年度的推进计划。

工作目标：扩大智能资讯的市场规模，扩大海外出口。

主要推进内容：实施智能资讯中心的中小企业孵化项目，扩大对海外出口的援助。

推进日程：

| 时期 | 推进内容 | 备注 |
| --- | --- | --- |
| 1 季度 | 参加移动世界大会(MWC)韩国馆(对设立展位、创业投资、商务会议等提供支持)<br>公示对海外出口的资助项目 | |
| 2 季度 | 选定资助项目对象并提供资助 | |
| 3 季度 | 对资助项目进行中期评价 | |
| 4 季度 | 举办 2013 智能资讯大会 | |

所需预算：

(单位：亿韩元)

| 分类 | 2012 | 2013 | 2014 | 合计 |
| --- | --- | --- | --- | --- |
| 国库 | 80 | 70 | 70 | 220 |
| 基金(其他) | 40(地方经费) | 40(地方经费，未定) | 40(地方经费，未定) | 120(地方经费) |
| 合计 | 120 | 110 | 110 | 340 |

(4)期待效果。

谋求促进新一代成长动力产业——智能资讯产业的初期发展，为国内资讯产业的持续发展奠定基础。

2. 构建并运营智能移动 APP 开发援助中心(播放通信委员会)

(1)工作概要。

工作目的：为了营造良性循环的移动生态系统，进而加强国内无线网络产业的竞争力，对 IT 中小风险企业的核心——APP 的开发及测试环境提供支持。

工作时间：2012 年—持续。

工作实施主体：韩国网络振兴院，韩国无线网络产业联合会。

工作内容：为了资助移动应用服务的开发，在非首都圈区域构建“智能移动 APP 开发援助中心(SMAC)”。

(2)2012 年度的推进实绩。

推进现状(经过)：

| 时期 | 推进内容 | 备注 |
| --- | --- | --- |
| 1 季度 | 举行区域基地中心建成仪式 | |
| 2 季度 | 资助各区域的智能终端设备 | |
| 3 季度 | 运营开发智能移动 APP 的教育项目 | |
| 4 季度 | 制作开发智能移动 APP 的教育资讯 | |

所需预算：无。

主要成果：在非首都圈(5 个广域经济圈)运营了 APP 开发支援区域基地中心。

(3)2013 年度的推进计划。

工作目标：为了满足非首都圈区域移动 APP 开发的资助需求，通过运营区域基地中心来促进智能移动生态系统的发展。

主要推进内容：通过运营测试平台、进行 APP 开发教育及对营销的资助，提高非首都圈企业开发 APP 的能力。

推进日程：

| 时期 | 推进内容 | 备注 |
|---|---|---|
| 1 季度 | 与区域基地中心签订协约 | |
| 2 季度 | 资助各区域的智能终端设备 | |
| 3 季度 | 运营开发智能移动 APP 的教育项目 | |
| 4 季度 | 资助开发智能移动 APP 的营销 | |

所需预算：

（单位：亿韩元）

| 分类 | 2012 | 2013 | 2014 | 合计 |
|---|---|---|---|---|
| 国库 | — | 7.45 | 15 | 22.45 |
| 基金(其他) | — | — | — | — |
| 合计 | — | 7.45 | 15 | 22.45 |

(4)期待效果。

通过测试平台，向中小企业提供其很难独自拥有的高价试验及开发装备，缩减开发产品的经费和时间。

在开发环境相对恶劣的非首都圈区域，营造开发智能移动应用服务的生态系统，促进区域经济的发展。

通过对网络新产业领域中的中小风险企业的发展及新技术教育提供支持，增加雇佣岗位。

### 3. 资助创意性、实用性互动播放节目的制作(播放通信委员会)

(1)工作概要。

工作目的：通过开发适应播放通信融合环境及智能媒体化的的互动性播放节目及服务模型，促进相关产业的发展。

工作时间：2009 年—持续。

工作实施主体：韩国网络振兴会。

工作内容：把智能技术与互动播放结合起来，改善视听环境，资助包括市场先导型新商务模式在内的互动播放节目的制作。

(2)2012 年度的推进实绩。

推进现状(经过)：

| 时期 | 推进内容 | 备注 |
|---|---|---|
| 1 季度 | 制定基本计划，发布工作公告，选定所资助的播放公司 | |
| 2 季度 | 制作所资助的播放节目 | |
| 3 季度 | 进行工作中期报告及对制作现场的实地调查 | |

所需预算：35 亿韩元。

主要成果：

资助 6 个创意性、实用性互动播放节目的制作。资助制作与智能技术连接的互动播放节目 3 个，新商务模型的互动播放节目 2 个，版式试验互动播放节目 1 个。

资助 1 个互动性多语言字幕服务节目的制作。

需要补充的问题和改善方案：无相关事项。

(3)2013 年度的推进计划。

工作目标：通过发掘商业模型、连接智能设备及资助以网络为基础的互动资讯的制作，促进互动资讯产业的发展。资助 6 个创意性、实用性互动播放节目的制作。

主要推进内容：

以制作互动播放节目的企业为对象，发掘适合互动媒体的创意性、实用性互动播放节目，并给予制作费上的资助。

为了使国内居住的外国人能安心居住，并提高其对国内社会、文化环境的理解程度，提供他们所喜爱节目的互动性多语言字幕服务。

推进日程：

| 时期 | 推进内容 | 备注 |
|---|---|---|
| 1 季度 | 制定基本计划，发布工作公告，选定资助的播放公司 | |
| 2 季度 | 制作所资助的播放节目 | |
| 3 季度 | 进行工作中期报告及对制作现场的实地调查 | |
| 4 季度 | 进行工作结果报告以及结算报告 | |

所需预算：

（单位：亿韩元）

| 分类 | 2012 | 2013 | 2014 | 合计 |
|---|---|---|---|---|
| 国库 | — | — | — | — |
| 基金(其他) | 3 500 | 3 500 | 5 000 | 12 000 |
| 合计 | 3 500 | 3 500 | 5 000 | 12 000 |

（4）期待效果。

以优秀的播放企业为对象，向其提供制作互动播放节目的机会，确保优质的播放节目，并使积累相关的专利技术成为可能。

由技术、服务、产业间的快速融合，扩大融合领域中的核心——播放、通信互动节目市场的规模，提高在海外的竞争力。

4. 数字教科书的开发及应用（教育科学技术部）

（1）工作概要。

工作目的：克服现有纸质教科书的局限，为了培养知识社会所要求的自我主导型、创造性人才，推进作为未来型教科书——数字教科书的开发及应用。

工作时间：2007 年—持续。

工作实施主体：教育科学技术部。

工作内容：开发并应用数字教科书，在现有学科内容上添加丰富的学习材料及学习支持功能。

参考：依据《智能教育推进战略》所制定的“数字教科书开发及应用计划”

①开发智能学习模式并运营研究学校（2012—2015 年）。

②开发数字教科书（2011—2015 年）：

确立数字教科书的开发方向（2011—2012 年）→制定数字教科书的开发标准（2012—2013 年）→开发数字教科书（2014—2015 年）。

与纸质教科书并行，阶段性地开发和应用数字教科书。

（2）2012 年度的推进实绩。

推进现状（经过）：

| 时期 | 推进内容 | 备注 |
|---|---|---|
| 1 季度 | 召开数字教科书研究学校负责者协议会（3 月）<br>制定 2012 年度数字教科书开发及应用的推进计划（2 月） | |
| 2 季度 | 召开数字教科书业务负责者会议（3 月）<br>制定 2012 年度研究学校运营计划书（3 月） | |
| 3 季度 | 在小学、初中教学用图书分类公告中增设数字教科书类（8 月）<br>发布数字教科书检定实施公告并召开说明会（8—9 月）<br>举办各市、道研究学校的运营报告会（10—11 月） | |
| 4 季度 | 预计召开数字教科书研究学校的综合评价会（12 月） | |

所需预算：特别拨款 11.5 亿韩元。

主要成果：

通过运营研究学校，探索有效的应用数字教科书的教学方式。

从 2014 年开始，首先在数字教科书显示出高效果的科目(社会、科学、英语)及学年(小学 3 年级~高中 2 年级)应用，之后逐年扩大其应用范围。

根据《教学用图书的利用补偿金》的标准，对于能在线传送的教学用图书的范围，各部门间有权进行解释及合议(2012. 3. 2)。

在《小学、初中教学用图书分类告示》中增设数字教科书类，提供了制度依据(教育科学技术部告示第 2012-17 号，8. 29)。

(3)2013 年度的推进计划。

工作目标：

推进 2014 年所应用的数字教科书的开发及检定、认证。

为了提高数字教科书的应用程度，开发教学、学习模型。

推进内容：

推进国定数字教科书(小学 3~4 年级，社会、科学)的开发。

推进对 2014 年所应用的各检定、认证类数字教科书的审查。

开发应用数字教科书的教学、学习模型，并运营研究学校(每个市、道各 2 所)。

推进日程：

| 时期 | 推进内容 | 备注 |
| --- | --- | --- |
| 1 季度 | 制定 2013 年度项目推进的基本计划<br>开发国定数字教科书<br>开发应用数字教科书的教学、学习模型，并运营研究学校 | |
| 2 季度 | 着手国定数字教科书的开发<br>开发应用数字教科书的教学、学习模型，并运营研究学校 | |
| 3 季度 | 资助检定、认证类数字教科书的开发<br>开展数字教科书研究学校的教师实务研修<br>开发应用数字教科书的教学、学习模型，并运营研究学校 | |
| 4 季度 | 完成国定数字教科书的开发工作<br>审查检定、认证类数字教科书<br>召开数字教科书研究学校的综合评价会 | |

所需预算：

(单位：亿韩元)

| 分类 | 2012 | 2013 | 2014 | 合计 |
| --- | --- | --- | --- | --- |
| 国库 | — | 13. 78 | 89. 00 | 102. 78 |
| 基金(其他) | 11. 50 | 11. 24 | 314. 00 | 336. 74 |
| 合计 | 11. 50 | 25. 02 | 403. 00 | 439. 52 |

(4)期待效果。

通过对数字教科书资讯的应用，改善课堂教学，提高对公共教育的满意度。

减轻学生书包的重量，希望能减少学生家长们额外购买学习辅导资料与参考书的负担。

为培养 21 世纪知识社会中的自我主导型、创造性人才作出贡献。

通过主导与数字教科书相关技术的标准，确保海外出口的竞争力，并提高知识韩国(Knowledge Korea)的国家形象。

5. 发展应用 IPTV 的教育服务(教育科学技术部)

(1)工作概要。

工作目的：通过向正规学科及放学后学校提供可以应用于播放和通信的融合媒体——IPTV 的多样化资讯，提高小学、初中一线学校的教育质量，减少私人教育费用。

工作时间：2009 年—持续。

工作实施主体：教育科学技术部，17 个市、道教育厅。

工作内容：

以有应用 IPTV 意向的学校为对象，对所有希望应用的班级提供服务使用经费的资助。

确保优秀资讯，提高使用者的便利性，资助教师培训。

(2)2012 年度的推进实绩。

推进现状(经过)：

| 时期 | 推进内容 | 备注 |
| --- | --- | --- |
| 1 季度 | 制定激活 IPTV 的推进计划<br>确保各企业可以应用于学科及放学后学校、创意性体验活动的多样化资讯<br>推进教学科目研究会的选定工作 | |
| 2 季度 | 举办各圈域的 IPTV 工作坊<br>推进各企业确保主打资讯 | |
| 3 季度 | 举办推进 IPTV 应用教育服务的促进方案报告会<br>加强 IPTV 应用领域资讯教师的活动(资讯验收、教学设计案、教案制作)<br>持续地确保新资讯 | |
| 4 季度 | 报告 IPTV 学科研究会的成果，普及 IPTV 应用教学模型<br>教育信息化研究大会(教学分科、IPTV 领域)的审查<br>提供 IPTV 远程进修资讯服务 | 应用创意性教育网络 |

所需预算：非预算。

主要成果：

①IPTV 的内在发展：3 家 IPTV 公司的服务资讯总量在不断增加，尤其是随着对“学科用资讯”和“放学后学校、创意性体验活动用资讯”需求的增加，确保了相关资讯。

服务资讯：总计118 226篇(2010 年)→总计389 497篇(2012 年)，其中学科用资讯87 570篇(2010 年)→180 234篇(2012 年)，放学后学校及创意性体验学习用资讯26 420篇(2010 年)→112 121篇(2012 年)。

50.9%的教师(n=6 463)认为有必要在放学后学校和创意性体验活动时间应用 IPTV(2011 年 IPTV 应用状况调查，KESRIS)。

②促进 IPTV 应用的发展：通过每月召开 6 次协议会，进行满足度调查(10—12 月)，举办教师工作坊(上半年 1 次)，举办教育信息研究大会的 IPTV 分科会议及学科研究会，改善资讯并制定应用方案。

(3)2013 年度的推进计划。

工作目标：

持续地推进应用 IPTV 所进行的教育服务的发展。

主要推进内容：

资助使用费用及内在发展：资助应用 IPTV 教育服务的使用费用，并通过资助 IPTV 资讯的开发，推进资讯的内在发展。确保小学教师的进修资讯(2 学时)，确保职业教育科开发并推广"e-前途频道资讯"，持续确保需求量多的创意性体验活动领域的资讯。

发展方案：推进每月的 IPTV 协议会、教育信息化研究大会 IPTV 分科会议，为开发应用资讯的教学模型，推进学科研究会的活动。

推进日程：

| 时期 | 推进内容 | 备注 |
|---|---|---|
| 1 季度 | 资助 IPTV 应用教育服务的发展<br>构建 IPTV 支援中心，并促进其发展 | |
| 2 季度 | 不断开发与智能教育相联系的 IPTV 应用项目，不断加强教师的能力，强化支援中心的职能 | |
| 3 季度 | 加强与第 2 季度工作的连接<br>持续对 IPTV 应用教育服务的发展提供支持 | |
| 4 季度 | 加强与第 3 季度工作的连接<br>持续对 IPTV 应用教育服务的发展提供支持 | |

所需预算：无。

此工作由 IPTV 服务使用费资助，资讯由三大公司提供。

(4)期待效果。

通过在学科中应用多样化资讯，为促进公共教育的内在发展，减少私人教育费用等教育的良性循环作出贡献。

通过对以应用 IPTV 进行教学的教师为对象进行的远程进修，引导其发展，提高 IPTV 应用能力。

# 二、通过提高国家创造力创造青年工作岗位

| 分类 | 课题名 | 推进时期 | | 承担者 |
|---|---|---|---|---|
| | | 开始 | 结束 | |
| 重点课题 | 2-1. 培养 G20 创新人才 | | | |
| 实践课题 | (1)推广创意教育 | 2012 | 持续 | 文化部 |
| | (2)大学创新校园化<br>变更为“支援青年就业、创业”工作 | 2011 | 2012<br>(结束) | 就业部 |
| | (3)创意人才伴随工作 | 2012 | 持续 | 文化部 |
| | (4)构建培养创意人才的基础 | | | |
| | ①组建泛政府的合作体 | 2011 | 持续 | 文化部 |
| | ②运营专职教育机构 | 2011 | 持续 | 文化部<br>播放通信委员会 |
| 重点课题 | 2-2. 扩大以资讯产业为基础的青年就业 | | | |
| 实践课题 | (1)加强资讯行业的产学合作 | | | |
| | ①实施特色化高中—企业连接的行业实务型教育 | 2011 | 2012(结束) | 文化部 |
| | ②对订单专业提供支持 | 2011 | 持续 | 文化部 |
| | ③支援国内外优秀大学培养资讯人才 | 2011 | 持续 | 文化部 |
| | ④实施企业参与型的教育课程 | 2011 | 持续 | 文化部 |
| | (2)培养新一代资讯专业人才 | | | |
| | ①培养 3D 专业人才 | 2011 | 持续 | 文化部 |
| | ②实施海外的 3D 进修 | 2012 | 2012(结束) | 播放通信委员会 |
| | (3)改善创新企业的支持体系 | | | |
| | ①对资讯创新企业的专业化支援 | 2011 | 持续 | 中小企业厅 |
| | ②以地方自治团体为部门培育创新企业 | 2011 | 持续 | 京畿道 |
| | ③加强创新企业与支援中心间的联系 | 2011 | 持续 | 文化部<br>中小企业厅 |
| 重点课题 | 2-3. 创造条件改善 | | | |
| 实践课题 | (1)扩大讲故事的后备力量，培养讲故事的人 | | | |
| | ①扩大故事的市场 | 2011 | 持续 | 文化部 |
| | ②培养讲故事的人 | 2011 | 持续 | 文化部 |
| | (2)资助资讯领域的产业技能要员 | 2011 | 持续 | 兵务厅 |
| | (3)构建文化艺术人员的社会安全网 | | | |
| | ①改善电影员工的待遇 | 2012 | 持续 | 文化部 |
| | ②成立作家协会 | 2012 | 持续 | 文化部 |
| | (4)通过使用公共信息，扩充创新资产 | | | |
| | ①扩大公共信息的提供 | 2011 | 持续 | 文化部<br>行政安全部<br>播放通信委员会 |
| | ②促进公共信息的开发 | 2011 | 持续 | 行政安全部 |
| | ③构建并运营信息开放平台 | 2011 | 持续 | 国土部 |

## (一)培养 G20 创新人才

### 推广创意教育[2-1-1]

| 主管部门 | 文化体育观光部(数字资讯产业科) | 分类 | 预算 |
|---|---|---|---|
| 工作时间 | 2011 年—持续 | 合作部门 | 相关部门 |

(1)工作概要。

工作目的：通过应用资讯的以创意性体验为中心的教育，运营能在早期发展创造能力的系统性教育项目。

工作时间：单年度的持续项目。

工作实施主体：韩国资讯振兴院。

工作内容：

①运营“培养资讯希望之星的创意教育资助项目”。

扩大在正规学科和放学后学校中进行的资讯创作体验教育。运营电影制作体验、动画片的故事板制作、音乐剧体验等项目。

②资助“培养资讯创造力的创意教育项目”。

加强对技师高中、特色高中资讯教育的支持。为了动漫、演出(音乐剧)、音乐等项目的发展，为其运营提供支持。

③构建教育基础设施，资助课程开发和邀请专家进行特别讲座。

(2)2012 年度的推进实绩。

制定培养资讯专业人才中长期计划案(2013—2017)的推进计划。

(3)2013 年度的推进计划。

所需预算：

(单位：亿韩元)

| 分类 | 2012 | 2013 | 2014 | 合计 |
|---|---|---|---|---|
| 国库 | — | — | 16 | 16 |
| 基金(其他) | — | — | — | — |
| 合计 | — | — | 16 | 16 |

* 与教育科学技术部等相关部门协商，制定详细的推进计划。

(4)期待效果。

不断地涌现出能引导创造经济的创新人才。

## 支持青年就业、创业［2-1-2］

| 主管部门 | 雇佣劳动部(青年雇佣企划科) | 分类 | 预算 |
|---|---|---|---|
| 工作时间 | 2011 年—持续 | 合作部门 | 相关部门 |

(1)工作概要。

工作目的：

创造校园：通过青年们富有挑战性的创意性活动，提高创造性的职业能力，营造能创造出社会新岗位的基础。

创业实习制度：提供实习机会，使实习者在 IT、设计等文化资讯领域积累了实际经验后，能在相关领域中成功就业、创业。

青年就业学院：提供符合企业、业主团体产业现场要求的定制型教育课程，鼓励大学根据产业的需求改编学科课程，创造出青年就业机会。

工作时间：持续。

工作实施主体：

创造校园：2 个志愿团和 24 所大学(1 所高中)。

创业实习制度：通过公开征集，选定 14 个运营机构。

青年就业学院：委托产业人力公团运营。

工作内容：

创造校园：通过公开征集创业创意，资助项目经费与空间，并通过创业能力强化教育、导师制等方式，为成功的项目提供支持。对各组的支持限额为 600 万韩元。

创业实习制度：对文化资讯领域的独立职业人或项目管理者、被认证为名人或名匠者，在其开始创业 10 年内，有在风险企业的实习经历时，资助其在企业实习期间 3 个月工资的 50%。如在实习结束后创业成功，向其提供创业支援金(200 万韩元)。

青年就业学院：企业、业主团体开设定制型教育课程时，资助教育经费，并通过合作企业与就业联系起来，认证在校生的学分。每人 347 万韩元(运营机关匹配 20%，政府支援 278 万韩元)。

(2)2012 年度的推进实绩。

推进内容(经过)：

| 时期 | 推进内容 | 备注 |
|---|---|---|
| 1 季度 | 创造校园：公告并选定创造校园项目的资助大学及志愿团<br>创业实习制度：公开征集并选定实施创业实习制度的机构<br>青年就业学院：举办青年就业学院的业务说明会，签订青年就业学院资助协议，并支付支援经费 | |
| 2 季度 | 创造校园：征集各大学的创业创意，选定并组建项目团队<br>创业实习制度：推进创业实习制度的实施<br>青年就业学院：开设青年就业学院的课程，并开始实施 | |

续表

| 时期 | 推进内容 | 备注 |
|---|---|---|
| 3 季度 | 创造校园：以创造校园参与者为对象进行教育及咨询<br>创业实习制度：推进创业实习制度的实施<br>青年就业学院：开设青年就业学院的课程，并开始实施 | |
| 4 季度 | 创造校园：举办创造校园创业创意颁奖仪式，实施成果评价<br>创业实习制度：评价创业实习制度的成果<br>青年就业学院：以青年就业学院为对象，实施机构成果评价 | |

所需预算：106 亿韩元(创造校园 15 亿韩元，创业实习制度 80 亿韩元，青年就业学院 11 亿韩元)，为该工作的整体预算。

主要成果：

创造校园：为 2011 年 10 所大学的 201 个组，2012 年 24 所大学(1 所高中)的 410 个组实现其创意提供资助。

创业实习制度：共约5 000人通过实习，获得资讯领域的实务经验，提高了能力。

青年就业学院：实施了播放资讯领域等 6 个课程的教育。

需要补充的问题和改善方案：

因为创造校园项目被指出与中小企业厅的创业资助项目重复，为了提高项目的效率而被撤销，希望通过中小企业厅的技术创业学院等项目加强创业能力。

(3)2013 年度的推进计划。

工作目标：

创业实习制度：使3 000名青年未就业者获得资讯领域的现场经验后，鼓励其在相关领域就业、创业。

青年就业学院：向播放通信领域等约14 000人提供定制型教育课程。

主要推进内容：

创业实习制度：文化资讯领域的独立职业人或项目管理者、被认证为名人或名匠者，在其开始创业 10 年内，有在风险企业的实习经历时，资助其在企业实习期间 3 个月工资的 50%。如在实习结束后创业成功，向其提供创业支援金(200 万韩元)。

青年就业学院：企业、业主团体开设定制型教育课程时，资助教育经费，并通过合作企业与就业联系起来，认证在校生的学分。每人 347 万韩元(运营机构匹配 20%，政府支援 278 万韩元)。

推进日程：

| 时期 | 推进内容 | 备注 |
|---|---|---|
| 1 季度 | 创业实习制度：公开征集并选定实施创业实习制度的机构<br>青年就业学院：举办青年就业学院的业务说明会，签订青年就业学院资助协议，并支付支援经费 | |
| 2 季度 | 创业实习制度：推进创业实习制度的实施<br>青年就业学院：开设青年就业学院的课程，并开始实施 | |

续表

| 时期 | 推进内容 | 备注 |
| --- | --- | --- |
| 3 季度 | 创业实习制度：推进创业实习制度的实施<br>青年就业学院：开设青年就业学院的课程，并开始实施 | |
| 4 季度 | 创业实习制度：评价创业实习制度的成果<br>青年就业学院：以青年就业学院为对象，实施机构成果评价 | |

所需预算：

（单位：亿韩元）

| 分类 | 2012 | 2013 | 2014 | 合计 |
| --- | --- | --- | --- | --- |
| 国库 | 106 | 53 | 53 | 212 |
| 基金(其他) | — | — | — | — |
| 合计 | 106 | 53 | 53 | 212 |

①包括资讯产业的项目整体预算为 459 亿韩元。

创业实习制度：65 亿韩元(资讯领域的需求 33 亿韩元)。

青年就业学院：394 亿韩元的 5%，即 20 亿韩元为资讯领域的需求。

②整体工作预算是考虑到参与者情况进行的估算。

(4)期待效果。

通过提供定制型训练、实习，提高青年的创造性职业能力，进而打造培养资讯领域人才及创造新工作岗位的基础。

## 创新人才伴随工作[2-1-3]

| 主管部门 | 文化体育观光部(数字资讯产业科) | 分类 | 预算 |
| --- | --- | --- | --- |
| 工作时间 | 2012 年—持续 | 合作部门 | 相关部门 |

(1)工作概要。

工作目的：为了使资讯创作领域中的专业导师和创新人才之间产生成熟的创意，实施师徒式的精熟课程，通过开发创作能力和发展创作活动，创造出青年工作岗位。

工作时间：2012 年—单年度持续。

工作实施主体：韩国资讯振兴院。

工作内容：

在资讯领域的国内专家和创新人才之间，实施师徒式的精熟教育。

为了实施导师与学员的 DB 管理及持续的网络化等教育支持，构建在线社区。

(2)2012 年度的推进实绩。

推进内容(经过)：

| 时期 | 推进内容 | 备注 |
|---|---|---|
| 1 季度 | 制定工作计划<br>公开征集、选定平台机构 | |
| 2 季度 | 招募选定学员<br>举行创新人才伴随工作的启动仪式(6.5) | |
| 3 季度 | 开展工作(2012.6—2013.2，9 个月)<br>实施中期评价 | |
| 4 季度 | 持续运营项目(2012.6—2013.2，9 个月)<br>举办创新人才伴随工作的统合工作坊 | 2013 年 2 月进行评价 |

所需预算：45 亿韩元。

主要成果：

选定 8 个可以实施师徒式教育的资讯平台机构，选定导师 105 名、学员 252 名，教育进行中。

需要补充的问题和改善方案：

①需要构建事后援助体系，以便通过发掘学员接受教育后的优秀作品，资助其商业化。

运营资助毕业生完成优秀创作的项目。

通过激活导师与学员间的在线社区(Q/A、在线指导等)，登记作品集，构建创新人才 DB，提供特别讲座(影像)等方式，实施持续性的管理工作。

②不断地检定项目的运营效果。

推进成果分析和实施路径的开发研究。

(3)2013 年度的推进计划。

主要推进内容：

①运营导师与创新人才间的师徒式精熟教育课程(42.75 亿韩元)。

运营体系：把资讯领域可以运营创意精熟课程的学校(企业)选定为“平台机构”，并运营课程(每门课程运营 10 个月)。

规模：平台机构 9 个(每个机构资助 4.75 亿韩元)，导师 108 名，创新人才 270 名。

领域：可以适用师徒体系的资讯制作及文化艺术创作领域。

对象：具备创作素质和素养的预备就业者。通过平台机构进行公开征集，以书面审查和面试审查的方式评选作品集。

②运营专家、学员 DB 及协作系统等在线社区(2 亿韩元)。

运营专家、学员 DB 以及协作系统等在线社区(1.5 亿韩元)，进行成果分析研究(0.5 亿韩元)。

推进日程：

| 时期 | 推进内容 | 备注 |
|---|---|---|
| 1 季度 | 制定工作计划，公开征集、选定平台机构(3 月) | |
| 2 季度 | 公开召募、选定学员，启动仪式 | |
| 3 季度 | 通过平台机构进行教育(持续) | |
| 4 季度 | 通过平台机构进行教育(持续) | 2014 年 2 月进行评价 |

所需预算：

（单位：亿韩元）

| 分类 | 2012 | 2013 | 2014 | 合计 |
| --- | --- | --- | --- | --- |
| 国库 | 45 | 44.75 | 50 | 139.75 |
| 基金(其他) | — | — | — | — |
| 合计 | 45 | 44.75 | 50 | 139.75 |

(4)期待效果。

在企划、创作等需要创造力的资讯领域中，通过最小的社会保障和对发展创造力的支援，促进青年的就业并充实高级专业人才。

通过对在线经历管理及合作系统的援助，促进创作的发展。

## 构建创新人才的培养基础[2-1-4]

| 主管部门 | 文化体育观光部(数字资讯产业科)<br>播放通信委员会(播放通信振兴政策科) | 分类 | 预算 |
| --- | --- | --- | --- |
| 工作时间 | 2012 年—持续 | 合作部门 | 相关部门 |

(1)工作概要：

工作目的：为了应对急剧变化的资讯环境，构建战略性地培养核心人才的支援基础。

工作时间：2012 年—持续。

工作实施主体：韩国资讯振兴院。

工作内容：

组建并运营“优化资讯人才培养协议会”，资助推进人才培养政策。通过产、学、研合作，推进资讯人才培养项目的顺利进行。

设置并运营“资讯创新人才开发院”(暂定名称)。对具备应对融合环境，研究、开发教育资讯，培养教学人员，资助教育设施及设备，支持就业等职能的综合性人才培养支援机构的设置进行探讨(在资讯振兴院内附设)。

(2)2012 年度的推进实绩。

反映在“培养资讯专业人才的中长期计划案(2013—2017 年)”中，制定推进计划。

(3)2013 年度的推进计划。

所需预算：

（单位：亿韩元）

| 分类 | 2012 | 2013 | 2014 | 合计 |
| --- | --- | --- | --- | --- |
| 国库 | — | — | 70 | 70 |
| 基金(其他) | — | — | — | — |
| 合计 | — | — | 70 | 70 |

* 与教育科学技术部等相关部门及专家进行协议，制定详细的推进计划。

(4)期待效果。

综合、系统地推进各项资讯人才培养工作间的联系，通过加强与相关机构的合作，提高人才培养工作的效果。

2. 运营专职的教育机构(播放通信委员会)

(1)工作概要。

工作目的：通过播放新技术、播放领域各职务类别(PD、记者、作家等)的特色化教育，加强播放领域从业者的专业性，并培养新一代移动、融合技术领域的专业人才。

工作时间：2009 年—持续。

工作实施主体：韩国传播振兴协会。

工作内容：

以播放领域从业者为对象，根据最新播放技术(智能多媒体、N-Screen、3D、特殊摄影等)及新的教育需求，实施定制型教育及各职务类别(PD、记者、作家、技术人员等)工作中所必需的以需求者为中心的技能教育。

以移动领域在职者为对象，实施高级、特级水平的新一代移动技术、服务平台战略等方面的教育。

以风险企业者等相关领域的在职者为对象，实施物与物智能通信(M2M，Machine to Machine——译者注)、移动网络服务、未来网络等定制型现场教育。

(2)2012 年度的推进实绩。

推进现状：

| 时期 | 推进内容 | 备注 |
|---|---|---|
| 1 季度 | 开发各领域的人才培养教育课程<br>选定实施播放领域各职务类别特色化教育的机构 | |
| 2 季度 | 实施各领域的专业教育 | |
| 3 季度 | 进行各领域教育课程的中期检查 | |
| 4 季度 | 评价各领域的教育课程，结算执行预算<br>报告并评价、分析工作成果 | |

所需预算：47.93 亿韩元。

主要成果：截止到 2012 年 9 月为止，共培养了2 434名人员。

| 分类 | 目标人数 | 毕业人数<br>(截至 9 月末) | 达成率(%) | 备注 |
|---|---|---|---|---|
| 新技术共同教育 | 580 | 518 | 89% | — |
| 各职务类别的特色化教育 | 1 670 | 1 225 | 73% | — |
| 培养新一代移动专业人员 | 450 | 320 | 71% | — |
| 培养融合技术人员 | 560 | 371 | 66% | — |
| 合计 | 3 260 | 2 434 | 74% | — |

需要补充的问题和改善方案：

预定扩大播放领域各职务类别特色化教育对象的职务范围。

有必要从以趋势为主的短期性教育课程中脱离出来，通过引入中长期教育课程，加强播放通信人员的专业性。

(3)2013年度的推进计划。

工作目标：通过播放新技术、播放领域各职务类别(PD、记者、作家等)的特色化教育，加强播放领域从业者的专业性，并培养新一代移动、融合技术领域的专业人才。

主要推进内容：

以播放领域从业者为对象，根据最新播放技术(智能多媒体、N-Screen、3D、特殊摄影等)及新的教育需求，实施定制型教育及各职务类别(PD、记者、作家、技术人员等)工作中所必需的以需求者为中心的技能教育。

以移动领域在职者为对象，实施高级、特级水平的新一代移动技术、服务平台战略等方面的教育。

以风险企业等相关领域的在职者为对象，实施物与物智能通信、移动网络服务、未来网络等定制型现场教育。

推进日程：

| 时期 | 推进内容 | 备注 |
|---|---|---|
| 1季度 | 开发各领域的人才培养教育课程<br>选定实施播放领域各职务类别特色化教育的机构 | |
| 2季度 | 实施各领域的专业教育 | |
| 3季度 | 进行各领域教育课程的中期检查 | |
| 4季度 | 评价各领域的教育课程，结算执行预算<br>报告并评价、分析工作成果 | |

所需预算：

(单位：亿韩元)

| 分类 | 2011 | 2012 | 2013 | 合计 |
|---|---|---|---|---|
| 国库 | — | — | — | — |
| 基金(其他) | 32.9 | 47.9 | 50.9 | 145.8 |
| 合计 | 32.9 | 47.9 | 50.9 | 145.8 |

(4)期待效果。

通过以在职从业人员为对象的播放通信教育加强播放人员的专业性，通过培养融合技术领域的专业人员应对快速变化的IT技术。

播放领域在职人员的专业教育(2 310人)，培养新一代移动专业人员(600人)，培养融合技术人员(500人)，培养智能传播专业人员(40人)。

## (二) 扩大以资讯产业为基础的青年就业

### 资助融合型资讯教育的发展[2-2-1]

| 主管部门 | 文化体育观光部(数字资讯产业科) | 分类 | 预算 |
|---|---|---|---|
| 工作时间 | 2011 年—持续 | 合作部门 | 相关部门 |

(1)工作概要。

工作目的：提高资讯产业界专业人员的技术力量，确保资讯产业的全球竞争力。

工作时间：2009 年—单年度持续。

工作实施主体：韩国资讯振兴院。

工作内容：资助国内优秀大学运营资讯课程，资助海外的硕士课程。

(2)2012 年度的推进实绩。

推进现状(经过)：

| 时期 | 推进内容 | 备注 |
|---|---|---|
| 1 季度 | 制定工作计划，选拔支援对象及学校 | |
| 2 季度 | 对海外硕士课程的资助对象提供免费的国内教育<br>资助国内大学的资讯学科 | |
| 3 季度 | 支援对象赴美(美国卡内基梅隆大学)，并资助其学费<br>资助国内大学的资讯学科 | |
| 4 季度 | 持续资助，进行 2012 年的成果评价，并制定 2013 年的计划 | |

所需预算：9 亿韩元。

主要成果：

①选拔 2012 年 CMU ETC 硕士课程第 4 期(4 名)资助者，在国内进行教育(3—7 月)后资助其海外硕士课程学费(50%)，目前共资助 11 人(包含在校生)。

| | |
|---|---|
| CMU ETC 第 1 期<br>毕业生就业现状 | 姜智元(Disney，CA)，金范植(2K Sports，Novato)，金润观(Sterero D，CA)，刘美娜(Samsung UX Design America，SF)，刘尚贤(Revolix，Seoul)，郑智贤(Aeria Games，San Jose)，崔元贤(W&Y Systems，CA)<br>7 名 |
| 2012 备受瞩目的成果 | 2012 丽水国际博览会(2012. 5. 12—8. 12)<br>第 1 期学生们(刘尚贤、刘美娜)参与的 CMU ETC 项目(Oceanus)作为主要体验展示设施进行展示<br>展示了交互式的展示空间(The EXPO Digital Gallery/EDG)的概念以及资讯设计作品<br>巨大的 LED 顶棚展示组成拱廊形式的空间，放映与海洋相关的交互式资讯 |

②资助国内大学运营资讯课程(6 所学校)。

需要补充的问题和改善方案:

有必要扩大海外合作教育机构的数量,并促进合作领域多样化。现只有 1 个海外合作教育机构(美国卡内基梅隆法学),在多个领域培养领导者受到限制。

示范性地运营与海外优秀教育机构相联系的非学位课程(短期课程)后,推进向学位课程的扩展。包括讲故事领域(USC、NYU、MIT 等),3D、CG 领域(AAU、VFS 等)。

(3)2013 年度的推进计划。

工作目标:充实针对国内优秀人才的海外硕士课程,扩大对国内大学的资助。

主要推进内容:

招募优秀人员,资助其海外硕士课程(16 名),资助国内大学运营资讯课程(8 所学校)。

推进日程:

| 时期 | 推进内容 | 备注 |
|---|---|---|
| 1 季度 | 制定工作计划,选拔海外硕士课程的资助对象<br>选拔国内大学资讯学科的资助对象 | |
| 2 季度 | 对海外硕士课程的资助对象提供免费的国内教育<br>继续资助国内大学 | |
| 3 季度 | 支援对象赴美(美国卡内基梅隆大学),并资助其学费<br>继续资助国内大学 | |
| 4 季度 | 评价、制定下一年度的计划 | |

所需预算:

(单位:亿韩元)

| 分类 | 2012 | 2013 | 2014 | 合计 |
|---|---|---|---|---|
| 国库 | 9 | 8.4 | 9 | 26.4 |
| 基金(其他) | — | — | — | — |
| 合计 | 9 | 8.4 | 9 | 26.4 |

(4)期待效果。

引导国内优秀人员流向资讯产业,培养国内外资讯产业的领导者,并促进产业的发展。

## 培养 3D 专业人员[2-2-2-①]

| 主管部门 | 文化体育观光部(数字资讯产业科) | 分类 | 预算 |
|---|---|---|---|
| 工作时间 | 2011 年—持续 | 合作部门 | 相关部门 |

(1)工作概要。

工作目的：为了引导国内 3D 资讯产业的初期发展，培养 3D 立体影像制作各领域的专业人员。

工作时间：单年度持续。

工作实施主体：韩国资讯振兴院。

工作内容：

为了培养全球 S3D 领导级人才，进行 3D 资讯先进制作技术方面的教育。

为了建立 3D 立体制作教育的基础设施，构建尖端的教育系统。

(2)2012 年度的推进实绩。

推进现状：

| 时期 | 推进内容 | 备注 |
|---|---|---|
| 1 季度 | 制定详细的工作计划并公布 | |
| 2 季度 | 运营教育课程 | |
| 3 季度 | 运营教育课程 | |
| 4 季度 | 运营教育课程并进行结果评价 | |

所需预算：60 亿韩元。

主要成果：正在对 1 000 名 3D 资讯制作人员进行教育。

培养播放等现场工作人员的课程(35 个课程，840 人，1~2 周)

与项目相关的教育课程(10 个项目×10 人=100 人/2 个月)。

培养 3D 预备人员的课程(4 个课程，60 人，8 个月)。

(3)2013 年度的推进计划。

工作目标：培养全球性 3D 立体资讯制作人才。

主要推进内容：为 500 名 3D 资讯制作人员提供相关教育。

①与项目相关的教育课程(10 个项目×10 人=100 人/2 个月)。

对于参与 3D 立体资讯制作的人员，运营“与项目匹配的定制型”教育项目。

②培养播放等现场工作人员的课程(35 个课程，340 人，1~2 周)。

为了加强 3D 立体资讯的制作力量，集中培养 Rig Enginner、Editor、VFX 等 S3D 技术工程制作领域的专业技术人员。

③培养 3D 预备人员的课程(4 个课程，60 人，8 个月)。

通过运营 Team Teaching 教育项目与就业相联系，运营 S3D、Director、S3D DOP、S3D Editor、S3D CG 等课程。

④构建尖端的 3D 立体教育装置。

成套设备、照相机、镜头、监测系统、立体编辑及制图用工作站、立体监测、编辑制图软件等。

推进日程：

| 时期 | 推进内容 | 备注 |
|---|---|---|
| 1 季度 | 制定详细的工作计划并发布公告 | |
| 2 季度 | 运营教育课程 | |
| 3 季度 | 运营教育课程 | |
| 4 季度 | 运营教育课程并进行结果评价 | |

所需预算：

（单位：亿韩元）

| 分类 | 2011 | 2012 | 2013 | 合计 |
|---|---|---|---|---|
| 国库 | 35 | 60 | 42 | 137 |
| 基金(其他) | | — | | |
| 合计 | 35 | 60 | 42 | 137 |

(4)期待效果。

为了应对未来将爆发性增长的对 3D 资讯的需求，通过培养制作人才来确保国际竞争力。

## 资助资讯创造企业的特别化[2-2-3-①]

| 主管部门 | 中小企业厅(知识服务创业科) | 分类 | 预算 |
|---|---|---|---|
| 工作时间 | 2011 年—持续 | 合作部门 | 相关部门 |

(1)工作概要。

工作目的：通过对办公空间、法律与税务、宣传营销等方面的综合经营提供支持，培育文化资讯领域的 1 人创新企业，并促进其发展。

工作时间：持续。

工作实施主体：中小企业厅，韩国资讯振兴院。

工作内容：通过提供办公空间、会议室等商务空间和对法律、税务、教育等方面的经营提供支持，创造文化资讯的商业机会，并为其商业化提供支持。

(2)2012 年度的推进实绩。

推进现状(经过)：

| 时期 | 推进内容 | 备注 |
|---|---|---|
| 1 季度 | 制定详细的推进计划并签订协议 | |
| 2 季度 | 对办公空间及法律、会计等综合经营提供支持 | |
| 3 季度 | 对定制型创业教育、宣传营销等方面的经营提供支持 | |
| 4 季度 | 举办研讨会，进行工作成果评价 | |

所需预算：1.05 亿韩元(2012 年中心的整体预算：40 亿韩元)。

主要成果：

为文化资讯领域的 1 人创新企业的成功创业及稳定发展提供商业环境。

| |
|---|
| 通过入驻企业联系外界项目(4 件)、选定政府的援助产业(4 件)共 8 个合约，实现共计 3.39 亿韩元的销售额。<br>提供教育/研讨会、专利/法律专家咨询等综合经营服务 350 件。 |

需要补充的问题及改进方案：

有必要开发资讯领域的定制型支持项目，以利于开拓市场及打开销路的宣传营销。

构建以商务为中心形成的需求者与企业间的网络及预备创业者与 1 人创新企业间的合作网络。

(3)2013 年度的推进计划。

工作目标：联系外部项目(10 件)，资助综合经营(350 件)。

主要推进内容：

扩大引资说明会(IR)、展示会(SC)等适合激励 1 人创新企业发展的资助项目。

为文化资讯领域特色化的 1 人创新企业提供商务环境，并发挥网络中心的作用。

中心确保外部项目，为入驻的 1 人创新企业提供单独或合作的工作机会，向产业化资助中心的职能转换。

推进日程：

| 时期 | 推进内容 | 备注 |
|---|---|---|
| 1 季度 | 制定详细推进计划，签订协约，招募入驻者 | |
| 2 季度 | 提供办公空间，对专家咨询、教育等经营及商业化提供支持 | |
| 3 季度 | 提供办公空间，对专家咨询、教育等经营及商业化提供支持 | |
| 4 季度 | 提供办公空间，对专家咨询、教育等经营及商业化提供支持，评价成果 | |

所需预算：

(单位：亿韩元)

| 分类 | 2012 | 2013 | 2014 | 合计 |
|---|---|---|---|---|
| 国库 | 1.05 | 1.0 | 1.5 | 3.55 |
| 基金(其他) | — | — | — | — |
| 合计 | 1.05 | 1.0 | 1.5 | 3.55 |

（4）期待效果。

通过提供文化资讯领域的各种基础设施，向 1 人创新企业提供创出收益的机会，并促进其商业化。

## 加强创新企业与支援中心间的联系［2-2-3-③］

| 主管部门 | 文化体育观光部（文化产业政策科） | 分类 | 预算 |
|---|---|---|---|
| 工作时间 | 2011 年—持续 | 合作部门 | 相关部门 |

（1）工作概要。

工作目的：通过为资讯领域的创作者营造稳定的创作环境，创出优质的工作岗位，并提供综合的、系统的一站式服务。

工作时间：2009 年—持续。

工作实施主体：韩国资讯振兴院。

工作内容：扩大创新企业支援中心（全球游戏中枢中心，1 人创新企业支援中心，故事创作中心）的运营，资助创意的商业化。

（2）2012 年度的推进实绩。

推进现状（经过）：

| 时期 | 推进内容 | 备注 |
|---|---|---|
| 1 季度 | 制定“定制型创业的商业化资助工作”的计划<br>招募全球游戏中枢中心“游戏风险投资 2.0”第 3 期会员，并完成入驻（1 月）<br>完成故事创作中心上半年入驻作者的入驻（1 月） | |
| 2 季度 | 公告“定制型创业的商业化资助工作”（5 月）<br>确定“1 人创新企业支援中心”的入驻机构，举行入驻仪式（6 月）<br>运营全球游戏中枢中心“游戏风险投资 2.0”第 3 期（持续）<br>招募故事创作中心的下半年入驻作者（6 月） | |
| 3 季度 | 确定“定制型创业的商业化资助工作”的资助对象并签订协议（8 月）<br>运营“1 人创新企业支援中心”（持续）<br>运营全球游戏中枢中心“游戏风险投资 2.0”第 3 期（持续）<br>运营故事创作中心（持续） | |
| 4 季度 | 资助“定制型创业的商业化资助工作”（持续）<br>运营“1 人创新企业支援中心”（持续）<br>运营全球游戏中枢中心“游戏风险投资 2.0”第 3 期（持续）<br>招募故事创作中心的下年度入驻作者（12 月） | |

所需预算：21.4 亿韩元。

主要成果：通过实施“定制型创业的商业化资助工作”项目，资助资讯领域 1 人企业的创业（40 个课题)；通过运营“1 人创新企业支援中心”，提高资讯领域创业的一站式服务(8 家企业 33 人入驻)；通过全球游戏中枢中心的“游戏风险投资 2.0”项目，资助游戏开发的创业(30 人)；运营故事创作中心，并对作家提供资助(60 人入驻)。

(3)2013 年度的推进计划。

工作目标：为资讯领域的创作者营造稳定的创作环境，加强各资讯援助工作间的联系。

主要推进内容：对资讯领域创意的商业化提供支持，运营“1 人创新企业支援中心”，构建资讯创造工作室等。

推进日程：

| 时期 | 推进内容 | 备注 |
|---|---|---|
| 1 季度 | 公告“定制型创业的商业化资助工作”(3 月)<br>招募全球游戏中枢中心“游戏风险投资 2.0”第 4 期会员，并完成入驻(1 月)<br>运营故事创作中心(持续)，招募第 1 期入驻作者(1 月) | |
| 2 季度 | 确定“定制型创业的商业化资助工作”资助对象并签订协议(5 月)<br>确定“1 人创新企业支援中心”的入驻机构，举行入驻仪式(6 月)<br>运营全球游戏中枢中心“游戏风险投资 2.0”第 4 期(持续)<br>招募故事创作中心第 2 期入驻作者(6 月) | |
| 3 季度 | 运营“定制型创业的商业化资助工作”(持续)<br>运营“1 人创新企业支援中心”(持续)<br>运营全球游戏中枢中心“游戏风险投资 2.0”第 4 期(持续)<br>运营故事创作中心(持续) | |
| 4 季度 | 运营“定制型创业的商业化资助工作”(持续)<br>运营“1 人创新企业支援中心”(持续)<br>运营全球游戏中枢中心“游戏风险投资 2.0”第 4 期(持续)<br>运营故事创作中心(持续) | |

所需预算：

(单位：亿韩元)

| 分类 | 2012 | 2013 | 2014 | 合计 |
|---|---|---|---|---|
| 国库 | 0.4 | 4 | 4 | 8.4 |
| 基金(其他) | 21 | 21 | 21 | 63 |
| 合计 | 21.4 | 25 | 25 | 71.4 |

(4)期待效果。

通过构建资讯领域的创业基础，激活青年创业。

## （三）改善创作条件

### 扩大故事市场［2-3-1-①］

| 主办部门 | 文化体育观光部（文化产业政策科） | 分类 | 预算 |
|---|---|---|---|
| 工作时间 | 2011 年—持续 | 合作部门 | 相关部门 |

（1）工作概要。

工作目的：发掘、培育在全球市场具有竞争力的原创故事。

工作时间：持续。

工作实施主体：文化体育观光部（韩国资讯振兴院）。

工作内容：举办大韩民国故事公募大会，资助在公募大会中获奖作品的商业化，运营故事创作中心。

（2）2012 年度的推进实绩。

推进现状（经过）：

| 时期 | 推进内容 | 比较 |
|---|---|---|
| 1 季度 | 为 2011 年公募大会获奖作品提供咨询<br>2011 年公募大会获奖作家入驻故事创作中心<br>发布 2012 年大韩民国故事公募大会公告，工作说明会 | |
| 2 季度 | 为 2011 年公募大会获奖作品匹配导师（7 个作品）<br>2011 年公募大会获奖作品参加釜山资讯市场 | |
| 3 季度 | 2011 年公募大会获奖作品在釜山电影节匹配投资（7 个作品）<br>2012 年大韩民国故事公募大会开始接收作品（1 486篇） | |
| 4 季度 | 评审 2012 年大韩民国故事公募大会的获奖作品，颁奖仪式（17 篇） | |

主要成果：

接收2012年大韩民国故事公募大会的资助作品1 486篇。

9 篇 2011 年故事公募大会的获奖作品进入商业化阶段（匹配制作公司）。

（3）2013 年度的推进计划。

工作目标：发掘故事，使商业化方法多样化，并扩大商业化机会。

主要推进内容：

举办 2013 年大韩民国故事公募大会（获奖作品 30 篇）。增加故事公募大会（古典、神话等的现代改编）。

扶持故事的企划开发工作。公开征集优秀企划案，资助创作，完成故事（25 篇）。

资助 2012 年公募大会获奖作品的商业化。
资助 K-故事(韩国故事)的海外市场出口。
开办故事市场。
推进日程:

| 时期 | 推进内容 | 备注 |
| --- | --- | --- |
| 1 季度 | 为 2012 年公募大会获奖作品提供咨询<br>2012 年公募大会获奖作家入驻故事创作中心<br>2011 年公募大会获奖作品在日本匹配投资(电视剧)<br>发布 2013 年大韩民国故事公募大会公告、工作说明会<br>发布故事企划开发扶持项目公告、工作说明会 | |
| 2 季度 | 为 2012 年公募大会获奖作品匹配导师<br>选定故事企划开发的扶持作品、签订协议<br>发布 K-故事海外出口扶持工作公告、工作说明会 | |
| 3 季度 | 2012 年公募大会获奖作品在釜山电影节匹配投资<br>2013 年大韩民国故事公募大会开始接收作品<br>资助 K-故事的海外出口(选定、资助) | |
| 4 季度 | 评审 2013 年大韩民国故事公募大会获奖作品、颁奖仪式<br>开办 2013 年故事市场 | |

所需预算:

(单位:亿韩元)

| 分类 | 2012 | 2013 | 2014 | 合计 |
| --- | --- | --- | --- | --- |
| 国库 | 8.65 | 21.65 | 21.65 | 37.3 |
| 基金(其他) | — | — | — | — |
| 合计 | 8.65 | 21.65 | 21.65 | 37.3 |

(4)期待效果。
通过举办公募大会等方式,发掘优秀故事并促进其商业化,进而加强全球市场的出口。
在资讯市场推广最新故事,为产业发展作出贡献。

## 培养讲故事者[2-3-1-②]

| 主管部门 | 文化体育观光部(文化产业政策科) | 分类 | 预算 |
| --- | --- | --- | --- |
| 工作时间 | 2011 年—持续 | 合作部门 | 相关部门 |

(1)工作概要。

工作目的：培养原创故事的专业创作者，提供发掘未来创作素材的机会。

工作时间：持续。

工作实施主体：文化体育观光部(韩国资讯振兴院)。

工作内容：运营故事创作学院、资讯创意工作坊，研究故事创作的基础，构建并运营故事创作中心，为培育区域性故事创作中心提供支持。

(2)2012 年度的推进实绩。

推进现状(经过)：

| 时期 | 推进内容 | 备注 |
|---|---|---|
| 1 季度 | 招募故事创作中心的入驻作家(第 1 学期)<br>企划资讯创意工作坊 | |
| 2 季度 | 举办资讯创意工作坊(第 1 学期) | |
| 3 季度 | 招募故事创作中心的入驻作家(第 2 学期)<br>举办资讯创意工作坊(第 2 学期) | |
| 4 季度 | 发布故事创作中心 2013 年入驻作者招募公告 | |

所需预算：1.6 亿韩元。

主要成果：为 160 人实施了关于发掘未来资讯创作素材的课程教育。

(3)2013 年度的推进计划。

工作目标：

为了发掘原创故事，推进新项目的开发。

新建或扩大(如居住型)故事创作中心。

为培育区域性故事创作中心提供支持，传授专业技术。

研究故事创作基础。

主要推进内容：

运营故事创作学院，举办资讯创意工作坊。

研究故事创作基础，构建并运营故事创作中心。

为培育区域性故事创作中心提供支持。

推进日程：

| 时期 | 推进内容 | 备注 |
|---|---|---|
| 1 季度 | 发布故事创作学院的工作公告，举办说明会<br>招募故事创作中心的入驻作家(第 1 学期)<br>开始进行关于故事创作基础的研究 | |
| 2 季度 | 选拔故事创作学院的教育生，开始实施项目<br>举办资讯创意工作坊(第 1 学期)<br>构建故事创作中心(一山数字播放支援中心)<br>公告“支援区域性故事创作中心的培育项目”，选定机构 | |

续表

| 时期 | 推进内容 | 备注 |
| --- | --- | --- |
| 3 季度 | 招募故事创作中心(一山、木洞)的入驻作家(第 2 学期)<br>举行一山故事创作中心的启动仪式<br>举办资讯创意工作坊(第 2 学期)<br>对“支援区域性故事创作中心的培育项目”进行中期评价 | |
| 4 季度 | 故事创作学院毕业仪式(选定优秀项目)<br>对“支援区域性故事创作中心的培育项目”进行最终评价<br>发表资讯创作基础研究的结果 | |

所需预算：

(单位：亿韩元)

| 分类 | 2012 | 2013 | 2014 | 合计 |
| --- | --- | --- | --- | --- |
| 国库 | 1. 6 | 12. 3 | 12. 3 | 26. 2 |
| 基金(其他) | — | — | — | — |
| 合计 | 1. 6 | 12. 3 | 12. 3 | 26. 2 |

(4)期待效果。

培养资讯原创故事的专业创作者。

通过发掘未来素材，创作新故事。

## 资助资讯领域的产业技能要员[2-3-2]

| 主管部门 | 兵务厅(产业支援科) | 分类 | 非预算 |
| --- | --- | --- | --- |
| 工作时间 | 2011 年—持续 | 合作部门 | 相关部门 |

(1)工作概要。

工作目的：通过解决资讯领域各行业在项目开发时遇到的技能人才不足的问题，培育资讯产业并促进其发展。

工作时间：持续。

工作实施主体：兵务厅。

工作内容：把游戏 S/W 开发企业、视频游戏机制作企业、动漫制作企业等资讯领域的企业选定为指定企业，为其分配产业技能要员。

(2)2012 年度的推进实绩。

资讯领域各企业产业技能要员的援助现状：

（2012.9.30 现在）

| 分类 | 合计 | 游戏 S/W 开发 | 动漫制作 | 视频游戏机制作 |
| --- | --- | --- | --- | --- |
| 指定企业 | 57 | 53 | 3 | 1 |
| 分配人员 | 63 | 61 | 2 | — |
| 编入人员 | 39 | 39 | — | — |
| 所占比例(%) | 62.0 | 62.0 | — | — |
| 服务人员 | 149 | 148 | 1 | — |

所需预算：无。

主要成果：通过解决资讯领域各企业在项目开发时遇到的技能人才不足的问题，为培育资讯产业并促进其发展作出贡献。

需要补充的问题和改善方案：提高资讯领域各企业所分配人员的编入比例，与 Meister 高中、特色化高中进行积极的产学合作，并签订就业协议。

(3)2013 年度的推进计划。

工作目标：为了促进资讯领域企业的项目开发，提供技能人力方面的支持。

主要推进内容：

选定新的指定企业：2012 年 10 月。

指定行业的人员分配：2012 年 11 月。

产业技能要员的编入：2013 年 1 月 1 日。

所需预算：无。

(4)期待效果。

为了促进资讯各企业的项目开发，解决技能人才不足的问题，及防止由于技能人才履行兵役义务而带来的经历中断问题。

## 改善电影员工的待遇[2-3-3-①]

| 主管部门 | 文化体育观光部(影像资讯产业科) | 分类 | 预算 |
| --- | --- | --- | --- |
| 工作时间 | 2012 年—持续 | 合作部门 | 相关部门 |

(1)工作概要。

工作目的：通过对由于不稳定的雇佣形态而在劳动福祉社会安全网络中处于被疏离状态的电影员工提供生计补助，确保专业人才。

工作时间：2012 年—持续。

工作实施主体：电影振兴委员会、电影产业雇佣福祉委员会(以下简称“影福委”)。

工作内容：在员工失业期间，与现场电影人员委托教育相联系，向其提供具有生计补助性质的教育训练津贴。

(2)2012 年度的推进实绩。

推进现状(经过)：

| 时期 | 推进内容 | 备注 |
|---|---|---|
| 1 季度 | 制定奖励训练的工作计划(组建讲师团队)并实施<br>实施现场电影人员的委托教育并支付训练奖励 | 日常运营体系 |
| 2 季度 | 实施现场电影人员的委托教育并支付训练奖励 | 日常运营体系 |
| 3 季度 | 实施现场电影人员的委托教育并支付训练奖励 | 日常运营体系 |
| 4 季度 | 实施现场电影人员的委托教育并支付训练奖励 | 日常运营体系 |

* 平均每季度向 125 人每人支付 100 万韩元，共计向 500 人支付 5 亿韩元的训练奖励。

所需预算：电影发展基金 5 亿韩元。

主要成果：加强电影行业现场员工的专业性，为了实施教育训练奖励制度，开始实施现场电影人员委托教育工作(2011 年 11 月)。

需要补充的问题改善方案：虽然申请了 2012 年度的相关预算(电影发展基金 30 亿韩元)，但由于相关部门(企划财政部、劳动部)持有异见，只体现了 5 亿韩元。

有必要研究与其他产业领域的平等性及与《艺人福祉法》的联系。2012 年的预算执行后，推进与《艺人福祉法》联系起来的体现方案。

(3)2013 年度的推进计划。

工作目标：通过实施与现场电影人员委托教育相联系的教育训练奖励制度，增进员工的雇佣福祉并加强其专业性。

主要推进内容：实施与现场电影人员委托教育相联系的教育训练奖励制度。

事后，与《艺人福祉法》的实施相联系，对项目的推进进行检查。

推进日程：

| 时期 | 推进内容 | 备注 |
|---|---|---|
| 1 季度 | 设计 2012 年度现场电影人员奖励制度，并做实施准备。确保预算时，与《艺人福祉法》相联系进行检查<br>实施现场电影人员奖励制度并支付训练奖励 | 确保预算时 |
| 2 季度 | 实施现场电影人员奖励制度并支付训练奖励 | 确保预算时 |
| 3 季度 | 实施现场电影人员奖励制度并支付训练奖励 | 确保预算时 |
| 4 季度 | 实施现场电影人员奖励制度并支付训练奖励 | 确保预算时 |

所需预算：

(单位：亿韩元)

| 分类 | 2012 | 2013 | 2014 | 合计 |
|---|---|---|---|---|
| 国库 | — | — | — | — |
| 基金(其他) | 5 | 5 | 30 | 40 |
| 合计 | 5 | 5 | 30 | 40 |

(4)期待效果。

通过预防由于恶劣的雇佣环境及雇佣福祉而产生的专业电影行业员工逃离现象，提高我国电影产业的竞争力。

通过奖励性的教育训练(加强现场电影人专业性的教育)的联系，谋求产业现场的技术提升。

## 成立作家协会[2-3-3-②]

| 主管部门 | 文化体育观光部(文化产业政策科) | 分类 | 预算 |
|---|---|---|---|
| 工作时间 | 2012—2013 年 | 合作部门 | 相关部门 |

(1)工作概要。

工作目的：扩大资讯创作者的权益。

工作时间：2012. 12—2014. 6。

工作实施主体：文化体育观光部(韩国资讯振兴院)。

工作内容：收集创作者团体的意见，研究组建方案。

(2)2012 年度的推进实绩。

推进现状(经过)：

| 时期 | 推进内容 | 备注 |
|---|---|---|
| 1 季度 | | |
| 2 季度 | | |
| 3 季度 | | |
| 4 季度 | 收集创作者团体的意见，研究推进委员会的组建方案 | |

所需预算：15 亿韩元。

(3)2013 年度的推进计划。

工作目标：成立作家协会。

主要推进内容：

①制定成立推进委员会的组建方案，协调各创作者团体的意见。

收集播放作家协会、电视剧剧本作家协会等相关机构的意见。

向与故事产业、讲故事相关的学界专家咨询。

②调查研究先进国家作家协会的案例(美国、日本等)。

调查美国作家协会(WGA，The Writers Guild of America)等标志性组织。

③为成立作家协会做准备。

为了成立作家协会，举办公听会、研讨会等。

推进日程：

| 时期 | 推进内容 | 备注 |
|---|---|---|
| 1 季度 | 制定成立推进委员会的组建方案<br>协调各作家团体的意见。听取播放作家协会、电视剧剧本作家协会等有关机构的意见，并向专家咨询 | |
| 2 季度 | 调查研究先进国家的作家协会(美国、日本等)。调查美国作家协会(WGA)等标志性组织的案例 | |
| 3 季度 | 研讨作家协会的成立方案。为了成立作家协会，举办公听会、研讨会 | |
| 4 季度 | 为成立作家协会做准备 | |

所需预算：

(单位：亿韩元)

| 分类 | 2012 | 2013 | 2014 | 合计 |
|---|---|---|---|---|
| 国库 | — | 0. 5 | 0. 5 | 1 |
| 基金(其他) | — | — | — | — |
| 合计 | — | 0. 5 | 0. 5 | 1 |

(4)期待效果。
保护并扩大资讯创作者的权益。
期待在版权委托管理、稿酬协商、协会成员教育等方面发挥实际的作用。

## 扩大公共信息的提供[2-3-4-①]

| 主管部门 | 文化体育观光部<br>行政安全部(信息资源政策科)<br>播放通信委员会(网络政策科) | 分类 | 预算 |
|---|---|---|---|
| 工作时间 | 2011 年—持续 | 合作部门 | 相关部门 |

扩大公共信息的提供(行政安全部)

(1)工作概要。
工作目的：推进公共信息的开放、共享、应用，提供创造新业务的机会。
工作时间：持续。
工作实施主体：行政安全部，韩国信息化振兴院。
工作内容：扩大公共信息的提供。
(2)2012 年度的推进实绩。
推进现状(经过)：

| 时期 | 推进内容 | 备注 |
| --- | --- | --- |
| 1 季度 | 举办关于援助公共信息应用的政策及优秀案例的说明会(3 月) | |
| 2 季度 | 为了扩充公共信息目录，进行开放性调查(4—10 月) | |
| 3 季度 | 成立公共信息开放协议体，并组建实务协议会 | |
| 4 季度 | 追加提供 600 余种开放目录以及 22 种 Open API(12 月) | |

所需预算：15 亿韩元。

主要成果：

提供原文数据、Open API 等的应用，扩大公共信息的检索服务。

通过公共信息的应用支援中心，共洽谈了1 083件信息的提供援助。扩大了原文数据(约9 000件→约 7 万件)、开放目录(351 种→约 600 种)、Open API(13 种→35 种)。

需要补充的问题和改善方案：有必要扩大具有公开可能性的公共信息目录服务。

(3)2013 年度的推进计划。

工作目标：加强公共信息的可访问性及共享的基础。

主要推进内容：扩大公共信息的目录服务(信息名称、提供范围、提供形态等)。

推进日程：

| 时期 | 推进内容 | 备注 |
| --- | --- | --- |
| 1 季度 | 制定 2013 年度公共信息开放的推进计划 | |
| 2 季度 | 举办促进公共信息应用的说明会(6 月) | |
| 3 季度 | 为扩大公共信息目录服务，实施现状调查(7—10 月) | |
| 4 季度 | 追加公共信息的目录服务(12 月) | |

所需预算：

(单位：亿韩元)

| 分类 | 2011 | 2012 | 2013 | 合计 |
| --- | --- | --- | --- | --- |
| 国库 | 21.0 | 15.0 | 15.0 | — |

(4)期待效果。

应用公共信息，培育资讯、SW 等相关产业，提供创造出新业务及工作岗位的机会。

随着对以标准为基础的共享服务的应用，将带来减少连接费用及缩短业务处理时间，进而节约预算的效果。将产生减少2 936亿韩元的连接费用，节约1 923亿韩元预算的效果(2011—2015 年，5 年的标准)。

## 促进公共资讯的开发[2-3-4-②]

| | | | |
|---|---|---|---|
| 主管部门 | 行政安全部(记录编辑文化科) | 分类 | 预算 |
| 工作时间 | 2011 年—持续 | 合作部门 | 相关部门 |

(1)工作概要。

工作目的：为了使国家的主要记录物知识资源化，开发多样的记录资讯，使之能作为制定政策、学术研究、教育的资料被方便地应用。

工作时间：持续。

工作实施主体：行政安全部，国家记录院，记录信息服务部。

项目内容：使各主题的总论、相关记录物目录/影像/内容说明等资讯化，通过“国家记录门户网站”(http：//contents. archieves. go. kr)提供服务并发行书籍。

(2)2012 年度的推进实绩。

推进现状(经过)：应用国家主要记录物，发行各领域(主题、照片、时代、学术等)书籍，并提供在线资讯服务(15 件)。

| 时期 | | 领域 | 推进内容 | 备注 |
|---|---|---|---|---|
| 1 季度 | 1 月 | — | 制定 2012 年详细业务的推进计划 | — |
| 2 季度 | 6 月 | 主题 | 民族歌曲——阿里郎的相关资讯服务 | 2 件 |
| | | 照片 | 照片中的大韩民国 5(儿童节等 5 个主题)的相关资讯服务 | |
| 4 季度 | 10 月 | 主题 | 在外韩国人的历史、韩文的发展之路的资讯服务 | 4 件 |
| | | 学术 | 日本帝国主义文献解密集(行刑篇)，独立运动判决书资料集 | |
| | 11 月 | 学术 | 海外收集记录物的解密(英国篇)服务 | 7 件 |
| | 12 月 | 主题 | 国庆节和法定纪念日的相关资讯服务 | |
| | | 时代 | 年表和记录 3・4(20 世纪 70—80 年代)的资讯服务 | |
| | | 学术 | 与独立运动相关的收藏服务<br>日本帝国主义时期建造图纸(警察所等)的资讯服务，以发行免费集 | |
| 1—4 季度 | 1—12 月 | 时代 | 本月记录的资讯服务(每月)<br>今日记录的资讯服务(每日) | 2 件 |

所需预算：1. 49 亿韩元。

主要成果：通过把国家主要记录物知识资源化，促进公共信息的使用，并加强知识产业社会的基础。

需要补充和改善的问题：要不断地发掘在国民生活、各级机构中应用度高的资讯素材，将其开发为资讯并提供服务。

(3)2013年度的推进计划。

工作目标：不断地扩大开发应用国家主要记录物的记录资讯。

主要推进内容：开发“本月的记录”“今日的记录”“照片中的大韩民国6(体育大会等)”“国务会议录的目录集”等与主要政策、国民生活相关的资讯，并提供相关服务。

推进日程：通过应用国家主要记录物，推进各领域(主题、照片、时代、学术)书籍的发行及在线资讯服务(14件)。

| 时期 | | 领域 | 推进内容 | 备注 |
|---|---|---|---|---|
| 1季度 | 1月 | — | 制定2012年度详细业务的推进计划 | — |
| 2季度 | 6月 | 主题 | 环境保护的相关资讯服务 | 2件 |
| | | 照片 | 照片中的大韩民国6(体育大会等5个主题)的相关资讯服务 | |
| 4季度 | 10月 | 主题 | 医疗政策资讯、科学技术资讯的相关服务 | 10件 |
| | | 学术 | 发行日本帝国主义文献解密集(光武篇) | |
| | 11月 | 学术 | 发行独立运动判决文资料集3、国务会议案件目录集1、日本帝国主义时期建筑图纸的相关资讯服务 | |
| | 12月 | 主题 | 教育(政策)资讯的相关服务 | |
| | | 时代 | 年表和记录5(1990年代)资讯的相关服务 | |
| | | 学术 | 与独立运动相关的资讯服务<br>日本帝国主义时期建筑图纸解密集 | |
| 1—4季度 | 1—12月 | 时代 | 本月记录的资讯服务(每月)<br>今日记录的资讯服务(每日) | 2件 |

所需预算：

(单位：亿韩元)

| 分类 | 2011 | 2012 | 2013 | 合计 |
|---|---|---|---|---|
| 国库 | 1.44 | 1.49 | 1.43 | 4.36 |
| 基金(其他) | — | — | — | — |
| 合计 | 1.44 | 1.49 | 1.43 | 4.36 |

(4)期待效果。

通过开发多样的时代性资讯，向国民们提供积极的记录信息服务。

通过促进国家主要记录物的资讯开发，为促进公共信息的应用及创造出相关产业的工作岗位作出贡献。

## 构建并运营空间信息开放平台[2-3-4-③]

| | | | |
|---|---|---|---|
| 主管部门 | 国土海洋部(空间信息企划科) | 分类 | 预算 |
| 工作时间 | 2011年—持续 | 合作部门 | 相关部门 |

(1)工作概要。

工作目的：为了使任何人都可以方便地应用国家空间信息，创造出新的产业，构建 3 次元空间信息的基础设施。

工作时间：持续。

工作实施主体：国土海洋部。

工作内容：构建 3 次元空间信息，开发空间信息开放平台。

(2)2012 年度的推进实绩。

推进现状(经过)：

| 时期 | 推进内容 | 备注 |
|---|---|---|
| 1 季度 | 空间信息开放平台的示范性服务(1 月)<br>向 G20 核安保正常会议的警卫工作提供 3D 空间信息(2 月) | |
| 2 季度 | 向丽水博览会提供活动场所的 3D 空间信息服务(4 月) | |
| 3 季度 | 空间信息开放平台正式提供服务(7 月)。土地登记图、标准土地价格、土地利用现状等信息服务<br>朝鲜地区的 3D 影像地图服务(9 月) | |
| 4 季度 | 6 大广域市的 3D 空间信息服务(12 月) | |

所需预算：121 亿韩元。

主要成果：

优化空间开放平台的服务(92 亿韩元)。

构建 6 大广域市的 3D 空间信息服务(28 亿韩元)。

监理空间信息开放平台服务优化项目(1 亿韩元)。

(3)2013 年度的推进计划。

工作目标：通过移动等多样化的服务和构建区域的扩大，提供多边的、安全的空间信息开放平台服务。

主要推进内容：构建空间信息开放平台的移动服务，将构建 3D 空间信息的对象扩大到 82 个市级地方自治团体。

推进日程：

| 时期 | 推进内容 | 备注 |
|---|---|---|
| 1 季度 | 招标空间信息开放平台项目<br>招标 3D 空间信息构建项目 | |
| 2 季度 | 开发移动设备及使用者参与的服务 | |
| 3 季度 | | |
| 4 季度 | 运营移动服务<br>扩大 3D 服务的运营区域 | |

所需预算：

（单位：亿韩元）

| 分类 | 2012 | 2013 | 2014 | 合计 |
|---|---|---|---|---|
| 国库 | 121 | 109 | — | 230 |
| 基金(其他) | — | — | — | — |
| 合计 | 121 | 109 | — | 230 |

(4)期待效果。

为加工、应用国家空间信息的新的民间服务产业提供支持。开发并促进以民间为中心的服务、咨询等新商务，迅速应对技术的变化，促进平台的平稳发展。

在城市规划、抗灾、游戏、旅游等公共以及民间领域中，应用多样化的 3D 空间信息。

**参考：**

| 分类 | 应用内容 | 应用案例 |
|---|---|---|
| 安全 | 火灾应对系统，洪水灾害预防系统，山体滑坡危害分析，CCTV 连接，治安事故应对 | 112 申报系统(警察局)<br>安全控制系统(警卫处) |
| 土木建筑 | 道路建设线路计划模拟实验装置，送电塔线路计划模拟实验装置，设备资产管理，土工量计算 | 送电塔管理系统<br>(韩国电力公司) |
| 行政支援 | 建筑审议，预定开发土地的周边景观分析，以 3D 位置为基础的设施物管理，城市规划，收购业务，犯罪分析业务，产业园区布局分析，基地局的最佳布局选定 | 犯罪统计系统<br>(最高检察院)<br>3D 城市规划<br>(大田广域市) |
| 房地产 | 公寓各楼层的瞭望权、日照权分析，定制型房地产信息服务，地籍及用途地域的 3D 调查 | V World<br>(国土部) |
| 环境 | 风向模拟实验装置，环境污染源扩散分析等 | 风向模拟实验装置<br>(大田广域市) |
| 游戏、休闲 | 3D 游戏和播放，电影资讯，虚拟旅游服务，虚拟自行车，室内高尔夫，虚拟飞行休闲运动等 | 4D 自行车<br>(民间) |
| 国家活动支援 | 3D 丽水世界博览会，核安保正常会议，平昌冬季奥林匹克等 | 3D 丽水世界博览会 |
| 对国民的地图服务 | 开发 3D 空间信息服务，行政及国家空间信息融合服务，应用 Open-API 的服务 | 商业地图<br>(民间) |

# 三、扩大国际市场

| 分类 | 课题名 | 推进时期 | | 承担者 |
|---|---|---|---|---|
| | | 开始 | 结束 | |
| 重点课题 | 3-1. 加强符合地区特点的战略性出口 | | | |
| 实践课题 | (1)正式进入美国、欧洲等发达国家市场 | | | |
| | ①构建发达国家的市场网络 | 2011 | 持续 | 文化部<br>播放通信委员会 |
| | ②资助新一代资讯专业制作者的进修 | 2011 | 持续 | 播放通信委员会 |
| | (2)使亚洲区域单一市场化 | | | |
| | ①运营韩中日资讯产业论坛 | 2011 | 持续 | 文化部 |
| | ②构建亚洲音乐网络 | 2012 | 持续 | 文化部 |
| | ③加强亚洲区域内的伙伴关系 | 2011 | 持续 | 文化部 |
| | (3)扩大新兴市场的出口基础 | | | |
| | ①在当地建立日常性的支援基地 | 2012 | 持续 | 文化部 |
| | ②对新兴市场早期的出口提供支持 | 2011 | 持续 | 文化部<br>播放通信委员会<br>外交部 |
| | ③构建相交互惠的基础：资讯援助 | 2012 | 持续 | 文化部<br>教育科学技术部<br>播放通信委员会 |
| 重点课题 | 3-2. 构建全球化网络与平台 | | | |
| 实践课题 | (1)改编海外的出口支援机构 | | | |
| | ①加强海外支援的作用 | 2012 | 2013 | 文化部 |
| | ②加强国内支援基地的作用(GCC) | 2011 | 持续 | 文化部 |
| | ③推进泛政府的合作 | 2011 | 持续 | 文化部<br>知识经济部 |
| | (2)构建全球化的流通平台 | | | |
| | ①运营全球化的整合平台 | 2012 | 持续 | 文化部 |
| | ②运营游戏的全球化服务平台 | 2011 | 持续 | 文化部 |
| | ③应用SNS平台 | 2012 | 持续 | 文化部<br>播放通信委员会 |
| 重点课题 | 3-3. 对于国际性的主打资讯给予集中支持 | | | |
| 实践课题 | (1)设立全球性资讯基金 | 2012 | 持续 | 文化部 |
| | (2)发掘国际性主打资讯并给予支持 | | | |
| | ①推进全球的共同制作 | 2011 | 持续 | 文化部<br>播放通信委员会 |
| | ②扩大对海外作品的招引 | 2011 | 持续 | 文化部 |
| | ③培育播放资讯的版式产业 | 2011 | 持续 | 文化部 |
| | ④培育资讯领域的世界一流产品 | 2012 | 2015 | 知识经济部 |
| | (3)加强对基础主题的支持 | 2011 | 持续 | 文化部<br>知识经济部 |

## (一)加强符合地区特点的战略性出口

### 构建发达国家的市场网络[3-1-1]

| 主管部门 | 文化体育观光部(文化产业政策科)<br>播放通信委员会(播放通信振兴政策科) | 分类 | 预算 |
|---|---|---|---|
| 工作时间 | 2011年—持续 | 合作部门 | 相关部门 |

1. 激活发达国家市场的网络化(文化体育观光部)

(1)工作概要。

工作目标：持续地扩大对美国、欧洲等主要发达国家市场的资讯出口。

工作时间：持续(2011年—)。

工作实施主体：文化体育观光部。

工作内容：推进应用海外资讯企业和人力网络的产业合作，推进向世界资讯产业主流市场美国和欧洲的出口。

(2)2012年度的推进实绩。

推进现状：

| 时期 | 推进内容 | 备注 |
|---|---|---|
| 1季度 | 制定各区域的网络化工作计划 | |
| 2季度 | 运营商务洽谈、网络化、信息提供等各地区的项目 | |
| 3季度 | 运营商务洽谈、网络化、信息提供等各地区的项目 | |
| 4季度 | 运营商务洽谈、网络化、信息提供等各地区的项目 | |

所需预算：10亿韩元。

主要成果：通过与发达国家市场建立关系网络，为国内资讯产业提供发展的基础。

①扩大与旅居美洲的韩国人及企业间建立工作关系的机会(商务论坛、导师制)。

②与好莱坞的主要企业、团体、媒体结为合作企业，确保核心市场网络。

与美国视觉效果协会(VES)共同举办“全球CT论坛”。

和美国艺术家协会(CAA)合作，以CAA代理人及顾客为对象举办“韩国CG、VFX企业展示会”。

与公告牌(《Billboard》，美国音乐杂志——译者注)大会合作，举办最早的K-pop联盟会话。

参加美国制作者协会(PGA，Produced by Conference)，并进行资讯宣传(6月)。

③举办与欧洲核心市场相联系的资讯读者网络交流会。

与利物浦城市音乐会合作，在英国第一个举办韩国音乐(K-pop)演出(5月)。

韩国 Hugh Keice 接受利物浦城市音乐会邀请，并进行公演(5月)。

(3)2013年度的推进计划。

工作目标：持续地扩大对美国、欧洲等主要发达国家市场的资讯出口。

主要推进内容：

提供海外企业的市场信息，推进工作关系的连接。

推进海外各地区的文化交流活动。

运营核心工作关系论坛。

制作国外优秀资讯的指导手册，海外出口指南等资料。

推进日程：

| 时期 | 推进内容 | 备注 |
| --- | --- | --- |
| 1季度 | 制定各区域的网络化工作计划 | |
| 2季度 | 运营商务洽谈、网络化、信息提供等各地区的项目 | |
| 3季度 | 运营商务洽谈、网络化、信息提供等各地区的项目 | |
| 4季度 | 发放国外优秀资讯的指导手册 | |

所需预算：

(单位：亿韩元)

| 分类 | 2012 | 2013 | 2014 | 合计 |
| --- | --- | --- | --- | --- |
| 国库 | 10 | 10 | 15 | 35 |
| 基金(其他) | — | — | — | — |
| 合计 | 10 | 10 | 15 | 35 |

(4)期待效果。

加强我国资讯产业的全球竞争力，增加出口。

### 2. 资助新一代资讯制作专家的进修(播放通信委员会)

(1)工作概要。

工作目的：通过在美国当地的优秀教育机构中进行最新播放、制作技术的教育，提升国内播放行业从业人员的能力，并促进资讯企划能力达到国际水平。

工作时间：2012年—持续。

工作实施主体：韩国传播振兴协会。

工作内容：通过与海外优秀教育机构共同进行项目的开发，学习先进的制作技术；通过参加3D国际会议，提供新的商务机会及形成合作伙伴关系的场所。

(2)2013 年度的推进计划。

工作目标：通过体验与新一代资讯相关的海外环境，提升国内播放制作人员的能力，促进资讯的全球化。

主要推进内容：

向那些通过国内教育发掘出来的有前途的 3D 资讯制作人员提供先进制作技术的教育及全球性商务进修的机会。

通过与新一代资讯相关的全球性制作公司所实施的进修、教育，提升国内播放人员的能力。

通过参观 MIPTV、MIPCOM、3D Entertainment Summit 等机构，提供海外市场的资讯贸易及以新技术为基础的新商业机会与形成合作伙伴关系的场所。

推进日程：

| 时期 | 推进内容 | 备注 |
|---|---|---|
| 1 季度 | 制定新一代资讯企划制作专家的进修计划 | |
| 2 季度 | 资助参与 MIPTV | |
| 3 季度 | 资助参与 MIPCOM、3D Entertainment Summit | |
| 4 季度 | 通过对参与报告书、成果的研讨，制定下年度教育计划 | |

所需预算：

（单位：亿韩元）

| 分类 | 2011 | 2012 | 2013 | 合计 |
|---|---|---|---|---|
| 国库 | — | — | — | — |
| 基金(其他) | — | 3 | 3 | 6 |
| 合计 | — | 3 | 3 | 6 |

(3)期待效果。

学习关于专用频道的启动等在海外市场需求不断增加的新一代资讯的先进制作技术，为制作优质的资讯作出贡献。

## 运营韩中日资讯产业论坛[3-1-2-①]

| 主管部门 | 文化体育观光部(文化产业政策科) | 分类 | 预算 |
|---|---|---|---|
| 工作时间 | 2011 年—持续 | 合作部门 | 相关部门 |

(1)工作概要。

工作目的：通过促进韩中日三国间资讯产业间的交流，开发实质性的合作方案，并形成人力网络。

工作时间：持续工作(2011年—)。
工作实施主体：文化体育观光部，中国文化部，日本经济产业省(副部长级)。
工作内容：
为了重启论坛，进行韩中日三国业务科长级别的书面协议。
为了协调韩中日三国的立场，推进业务科长级别会议的举行。
推进包括签订韩中文化产业合作实施计划MOU在内的韩中合作。
(2)2012年度的推进实绩。
推进现状(经过)：

| 时期 | 推进内容 | 备注 |
|---|---|---|
| 1季度 | 举办韩中日文化产业论坛的合作TF会议(2月) | |
| 2季度 | 举办韩中优秀创作故事交流会(5月，中国) | |
| 3季度 | 韩中日三国业务科长级别的书面协议 | |
| 4季度 | 举办韩中日业务科长级别的会议，并推进韩中合作 | |

所需预算：0.5亿韩元。
主要成果：为了重启论坛，进行了三国业务科长级别的书面协议，并协调了三方意见。
(3)2013年度的推进计划。
工作目标：
制定韩中日文化产业论坛的举办方向及改善方案。
建立韩中文化部间的文化产业合作网络。
主要推进内容：
举办韩中日文化产业论坛、业务科长级别会议。
签订韩中文化部间的文化产业合作施行计划，举办政策讨论会。
推进日程：

| 日期 | 推进内容 | 备注 |
|---|---|---|
| 1季度 | 签订韩中文化产业合作的施行计划，举办政策讨论会 | |
| 2季度 | 举办韩中日文化产业论坛、业务科长级别会议 | |
| 3季度 | 制定韩中资讯共同发展方案 | |
| 4季度 | 为了促进与亚洲各国共同向第三国出口，发掘合作项目 | |

所需预算：

（单位：亿韩元）

| 分类 | 2012 | 2013 | 2014 | 总计 |
| --- | --- | --- | --- | --- |
| 国库 | 0.5 | 0.5 | 3 | 4 |
| 基金(其他) | — | — | — | — |
| 总计 | 0.5 | 0.5 | 3 | 4 |

(4)期待效果。

为实现国内企业进入中国市场，及促进亚洲资讯市场的共同成长，加强韩中日间的合作。

## 构建全球音乐网络[3-1-2-②]

| 主管部门 | 文化体育观光部(大众文化产业组) | 分类 | 预算 |
| --- | --- | --- | --- |
| 工作时间 | 2011 年—持续 | 合作部门 | 相关部门 |

(1)工作概要。

工作目的：通过为音乐产业相关人士提供全球交流的场所(首尔国际音乐展览会 MU：CON)，奠定亚洲音乐产业的枢纽地位。

工作时间：2012 年—单年度持续。

工作实施主体：韩国资讯振兴院等(与音乐相关协会、团体相联系)。

工作内容：举办亚洲音乐市场(国际性会议、展示会、商业洽谈等)，并对参加韩中日主要市场的艺术节提供支持。

(2)2012 年度的推进实绩。

推进现状(经过)：

| 日期 | 推进内容 | 备注 |
| --- | --- | --- |
| 1 季度 | 为制定基本计划而进行现场的专家咨询(1—2 月)<br>制定详细的工作计划，确定拨款(3 月) | |
| 2 季度 | 组建亚洲音乐市场的执行委员会(4 月)<br>开发 BI，运营执行委员会(4—6 月) | |
| 3 季度 | 成立亚洲音乐市场组织委员会(7 月)<br>公开征集全球性音乐展示会(9 月) | |
| 4 季度 | 举办亚洲太平洋世界音乐会议(APaMm)(10 月，蔚山)<br>举办首尔国际音乐展览会(11.1—11.3，梦想广场及弘益大学) | |

所需预算：15 亿韩元。

主要成果：

通过举办全球性会议(共 16 个主题，学会 & 动向)，加强了音乐产业相关者对于亚洲音乐与世界的交流、亚洲音乐的海外出口战略等方面的能力，并共享主要市场的动向及争论的问题。

由弘益大学附近的俱乐部中具有实力的 80 余个团队进行的展示会，宣传了韩国流行音乐(K-pop)

的多样性潜力。

成功地进行了与海外主要市场 & 制作公司的共同制作、演出等方面的商务洽谈。

对于与海外工作联系不足的中小企划公司，音乐网络成为可信任的海外交流窗口，进而成为促进音乐商务新飞跃的机会。

需要补充的问题及改善方案：

与海外主要市场相比，国内音乐市场是以小规模兴起的，要探索今后逐步扩大参与规模的方案。

调整、研讨开办市场的日程(9—10 月)。

探索与举办音乐市场相关的监控方案。

(3)2013 年度的推进计划。

工作目标：商业商谈 300 件，100 余个团队参加展示会。与 2012 年相比，设定的目标增加了 50%。

主要推进内容：举办全球性大会、展示会、商务洽谈，并举办年终庆典。

推进日程：

| 日期 | 推进内容 | 备注 |
|---|---|---|
| 1 季度 | 制定基本计划<br>确定交付国库拨款 | |
| 2 季度 | 运营事务局<br>制定详细项目，交涉展出事宜 | |
| 3 季度 | 举办亚洲音乐市场 | |
| 4 季度 | 实施工作评价，提出改善方案 | |

所需预算：15 亿韩元。

(单位：亿韩元)

| 分类 | 2012 | 2013 | 2014(内) | 总计 |
|---|---|---|---|---|
| 国库 | 15 | 15 | 30 | 60 |
| 基金(其他) | — | — | — | — |
| 总计 | 15 | 15 | 30 | 60 |

(4)期待效果。

以国内外对 K-pop 的关注为契机，通过举办国内基地的音乐市场，扩大与海外音乐产业相关人士的交流，促进商务洽谈的发展。

通过举办以全球音乐产业的动向及争议问题为主题的会议，加强国内音乐产业的国际竞争力。

## 加强亚洲区域内的伙伴关系[3-1-2- ③]

| 主管部门 | 文化体育观光部(文化产业政策科) | 分类 | 预算 |
|---|---|---|---|
| 工作时间 | 2011 年—持续 | 合作部门 | 相关部门 |

(1)工作概要。

工作目的：把亚洲地区作为共同进军全球市场的合作伙伴，推进其单一市场化。

工作时间：单年度的持续工作(2011 年—)。

工作实施主体：文化体育观光部(韩国资讯振兴院)，韩国文化产业交流财团。

工作内容：促进音乐、游戏、动漫、播放等合作频道的稳定发展。

(2)2012 年度的推进实绩。

推进现状(经过)：

| 时期 | 推进内容 | 备注 |
|---|---|---|
| 1 季度 | 制定构建伙伴关系的基本计划 | |
| 2 季度 | 运营 Chi-Ko 会员论坛(探索韩中资讯企业间的信息共享及合作)<br>运营韩日资讯商业论坛(探索韩日资讯企业间的信息共享及合作) | 每月运营 |
| 3 季度 | 运营 Chi-Ko 会员论坛(持续)<br>运营韩日资讯商业论坛(持续)<br>举办第 7 届亚洲电视剧大会(7 月)<br>举办第 9 届亚洲歌曲节(8 月) | 5 月、8 月、11 月 |
| 4 季度 | 运营 Chi-Ko 会员论坛(持续)<br>运营韩日资讯商业论坛(持续)<br>实施东盟东南亚经济研究所(ERIA)的研究项目 | |

所需预算：亚洲电视剧大会 0.7 亿韩元，亚洲歌曲节 2.25 亿韩元。

主要成果：

①举办了第 7 届亚洲电视剧大会(日本福冈/7.10—15)。

韩国、日本、中国、中国台湾、中国香港、泰国、越南的电视剧制作人、作家、VIP 等相关人士 300 余人参与，为建立工作关系提供了场所。

把交流对象扩大到包括韩中日在内的所有亚洲国家，为共同制作具有竞争力的亚洲合作影像作品奠定了基础。

②举办第 9 届亚洲歌曲节(丽水世博会特设舞台/8.4)。

6 个国家 14 个团队的亚洲顶级歌手们营造出融洽的舞台，促进了韩流的扩散及韩流游客的来访(特设舞台的 3 万个座位全部满席)。

通过与丽水世博会相联系，全世界 100 余个国家共同参与了歌曲节，祝贺世博会的成功落幕。

主管电视台 KBS 及全世界 40 余个国家的主要电视频道播放了关于世博会的节目。

③成立并运营“亚洲动漫联合体”。

韩国(KOCCA)、马来西亚(MDeC)、澳洲(ABC TV)、新加坡(MDA)。

④运营亚洲动漫共同集市。

举办动漫论坛(7 月、首尔)，举办亚洲动漫峰会(12 月、马来西亚)。

主要的全球发行机构资助共同体的 4 个项目创业。

需要补充的问题及改善方案：

通过把交流活动扩大到印度、中东等亚洲全域，对满足当地韩流需求及战略性的韩流出口提供支持。

(3)2013 年度的推进计划。

主要推进内容：

扩大并促进现有的音乐、游戏、动漫、播放等合作频道的发展。扩大对亚洲动画峰会、亚洲电视剧大会、亚洲资讯商务论坛(ACBS)、亚洲歌曲节等亚洲区域内市场的开放。

扩大“韩中日咨询产业合作 TF”的职能，构建 3 国共同平台，推进共同投资、流通、营销项目，3 国市场相互开放，3 国联合资讯基金的组建等。

推进日程：

| 时期 | 推进内容 | 备注 |
|---|---|---|
| 1 季度 | 挖掘韩中资讯产业的合作项目 | |
| 2 季度 | 运营 Chi-Ko 会员论坛(探索韩中资讯企业间的信息共享及合作)<br>运营韩日资讯商业论坛(探索韩日资讯企业间的信息共享及合作)<br>举办动漫论坛 | |
| 3 季度 | 运营 Chi-Ko 会员论坛(继续)<br>运营韩日资讯商业论坛(继续) | |
| 4 季度 | 实施东盟东南亚经济研究所(ERIA)的研究项目<br>举办亚洲动漫峰会 | |

所需预算：

(单位：亿韩元)

| 分类 | 2012 | 2013 | 2014 | 总计 |
|---|---|---|---|---|
| 国库 | 15.95 | 15.95 | 15.95 | 47.85 |
| 基金(其他) | — | — | — | — |
| 总计 | 15.95 | 15.95 | 15.95 | 47.85 |

* 韩中日合作项目 10 亿韩元，亚洲电视剧节 0.7 亿韩元，亚洲歌曲节 3 亿韩元，亚洲动漫峰会 2.25 亿韩元。

(4)期待效果。

推进作为共同进军全球市场合作伙伴的亚洲地区的单一市场化。

## 在当地建立日常性的支援基地[3-1-3-①]

| 主管部门 | 文化体育观光部(文化产业政策科) | 分类 | 预算 |
|---|---|---|---|
| 工作时间 | 2012 年—持续 | 合作部门 | 相关部门 |

(1)工作概要。

工作目的：为了韩流的世界化及扩大资讯的出口，确保在中南美地区等新兴市场当地的基地。

工作时间：2012 年—持续

工作实施主体：文化体育观光部。

工作内容：

确保在中南美地区等战略性新兴市场建立日常性支援机构。

提供当地市场及企业的信息，对商务合作洽谈提供支持。

(2)2012 年度的推进业绩。

推进现状(经过)：

| 时期 | 推进内容 | 备注 |
|---|---|---|
| 1 季度 | 制定在新兴市场当地建立日常性支援机构的基本计划 | |
| 2 季度 | 商议 2012 年度基本计划的各部门预算 | |
| 3 季度 | 商议 2012 年度基本计划的各部门预算，并进行调整 | |
| 4 季度 | | |

所需预算：无。

主要成果：为制定基本计划，刊发了新兴市场的研究调查书。

需要补充的问题及改善方案：有必要制定建立基地的定量依据及与海外文化院加强联系的方案。

(3)2013 年度的推进计划。

工作目标：制定在新兴市场建立日常性支援基地的基本计划。

主要推进内容：对建立基地的区域进行研究，制定基本计划。

推进日程：

| 时期 | 推进内容 | 备注 |
|---|---|---|
| 1 季度 | 研究基地构建区域 | |
| 2 季度 | 可行性研究 | |
| 3 季度 | 现场调查 | |
| 4 季度 | 制定基本计划 | |

所需预算：

(单位：亿韩元)

| 分类 | 2012 | 2013 | 2014 | 总计 |
|---|---|---|---|---|
| 国库 | — | — | 20 | 20 |
| 基金(其他) | — | — | — | — |
| 总计 | — | — | 20 | 20 |

(4)期待效果。

提供当地市场及企业的信息，扩大资讯企业的海外出口。

## 对新兴市场早期的出口提供支持[3-1-3-②]

| 主管部门 | 文化体育观光部(文化产业政策科)<br>播放通信委员会(播放通信振兴政策科)<br>外交通商部(文化交流合作科) | 分类 | 预算 |
|---|---|---|---|
| 工作时间 | 2011 年—持续 | 合作部门 | 相关部门 |

### 1. 开拓新兴市场的推介活动(文化体育观光部)

(1)工作概要。

工作目的：加强对向新兴战略地区扩大国产资讯出口的支持。

工作时间：2011 年—持续。

工作实施主体：文化体育观光部(韩国资讯振兴院)。

工作内容：

支持向 BRICs、中东、南美等韩国资讯新兴区域的出口。

扩大新兴区域内国产资讯经销的切入点。

加强新兴区域内的工作关系的建立。

(2)2012 年度的推进实绩。

推进现状(经过)：

| 日期 | 推进内容 | 备注 |
|---|---|---|
| 1 季度 | 制定参加展示市场等工作的计划(1—3 月) | |
| 2 季度 | 举办中南美(哥伦比亚)出口洽谈会(5. 10—11) | |
| 3 季度 | 筹备中东(迪拜)BES 韩国联合馆的运营<br>筹备韩日交流综合展(KBEE 2012)<br>研究有效进入资讯新兴市场的方案 | |
| 4 季度 | 运营迪拜 BES 市场的韩国联合馆(11. 26—28，UAE 迪拜)<br>韩日交流综合展(11. 14—16，大阪) | |

所需预算：7 亿韩元。

主要成果：

①举办中南美(哥伦比亚)出口洽谈会(5. 10—11)。

国内外共 52 个企业参加(国内 9 个，海外 43 个)，100 余名买主进行了 112 件商务洽谈。

韩—哥伦比亚文化资讯产业交流研讨会(100 余名国内企业、海外买主等参与)。

②计划举办韩日交流综合展(11. 14—16)。

③计划运营中东(迪拜)BES 韩国联合馆(11. 26—28)。

(3)2013 年度的推进计划。

工作目标：为扩大国产资讯向新兴战略区域的出口提供支持。

主要推进内容：洽谈出口业务，与资讯业界核心人士建立工作关系。
推进日程：

| 日期 | 推进内容 | 备注 |
| --- | --- | --- |
| 1 季度 | 印度的文化产业会议主宾国活动(3 月，印度孟买) | |
| 2 季度 | 调查各类型资讯进军新兴市场的案例 | |
| 3 季度 | 举办促进中南美市场发展的出口洽谈会 | |
| 4 季度 | 举办东欧市场出口洽谈会<br>对进军海外各国的成果进行评价，并提供对策 | |

所需预算：

（单位：亿韩元）

| 分类 | 2011 | 2012 | 2013 | 总计 |
| --- | --- | --- | --- | --- |
| 国库 | 5 | 7 | 7 | 19 |
| 基金(其他) | — | — | — | — |
| 总计 | 5 | 7 | 7 | 19 |

(4)期待效果。
通过开拓新兴市场，扩大韩国资讯的海外市场，增加出口。

2. 资助播放资讯的海外出口(播放通信委员会)

(1)工作概要。
工作目的：支援国内播放业企业的资讯出口，对促进出口区域的多边化及开拓新市场提供支持。
工作时间：2005 年—持续。
工作实施主体：播放通信委员会。
工作内容：以韩国播放资讯未开拓区域及战略性区域为对象，举办播放资讯展示会，并加强合作。
(2)2012 年度的推进实绩。
推进现况(经过)：

| 日期 | 推进内容 | 备注 |
| --- | --- | --- |
| 1 季度 | 举办澳洲地区展示会(2 月) | 澳洲，新西兰 |
| 2 季度 | 举办中亚地区展示会(5 月) | 哈萨克斯坦，乌克兰 |
| 3 季度 | 举办欧洲地区展示会(6 月) | 匈牙利，英国 |
| 4 季度 | 举办中东地区展示会(11 月) | 保加利亚，土耳其，约旦 |

所需预算：8.82 亿韩元。
主要成果：

在 CIS、欧洲、中东等国内播放资讯出口业绩较差的地区，通过举办播放资讯展示会，宣传韩国播放资讯，并对出口提供支持。

需要补充的问题及改善方案：

为了扩大韩国资讯的出口及不断推广韩流，需要促进国内资讯产业的发展；同时为了在海外获取协同效果，需要扩大韩流的相关活动(增加预算额度)。

(3)2013 年度的推进计划。

工作目标：资助播放资讯的海外出口，以便能促进播放资讯出口区域的多边化，使资讯出口的业绩可以推动新韩流的传播。

主要推进内容：

以各大洲的基地国家为对象，不断举办展示会，开拓新市场。

推进日程：

| 日期 | 推进内容 | 备注 |
|---|---|---|
| 1 季度 | 举办第 1 期播放资讯展示会 | |
| 2 季度 | 举办第 2 期播放资讯展示会 | |
| 3 季度 | 举办第 3 期播放资讯展示会 | |
| 4 季度 | 举办第 4 期播放资讯展示会 | |

所需预算：

(单位：亿韩元)

| 分类 | 2012 | 2013 | 2014 | 总计 |
|---|---|---|---|---|
| 国库 | — | — | — | — |
| 基金(其他) | 8. 8 | 8. 8 | 12 | 29. 6 |
| 总计 | 8. 8 | 8. 8 | 12 | 29. 6 |

(4)期待效果。

通过资助播放资讯进军海外市场，促进国内播放资讯出口区域的多边化及韩流的传播。

### 3. 资助韩剧的海外播放工作(外交通商部)

(1)工作概要。

工作目的：以与我国的文化交流不足的地区为对象，通过播放电视剧来为我国文化的传播及韩流与公共外交作出贡献。

工作时间：持续。

工作实施主体：韩国国际交流财团(KF)。

工作内容：以中南美西班牙语圈及非洲法语圈地区为对象，播放韩剧(配音)。

(2)2012 年度的推进实绩。

推进现状(经过)：

<table>
<tr><th>日期</th><th>推进内容</th><th>备注</th></tr>
<tr><td>1季度</td><td rowspan="2">在中南美西班牙语圈及非洲法语圈地区，免费播放2部韩国电视剧<br>・KBS的《拜托小姐》，MBC的《贤内助女王》(以中南美西班牙语圈为对象)<br>・MBC的《贤内助女王》(以非洲法语圈为对象)<br>・通过驻外公馆推进与海外播放公司签订播放合同</td><td></td></tr>
<tr><td>2季度</td><td></td></tr>
<tr><td>3季度</td><td>为了选定2012年的新电视剧，以驻外公馆为对象实施喜爱的电视剧调查<br>・以中南美及阿拉伯语圈的驻外公馆为对象(共67个公馆的30个公馆应答)<br>以公馆调查结果为基础，选定1部2012年的新电视剧<br>・KBS的《公主的男人》(以中南美西班牙语圈为对象)</td><td></td></tr>
<tr><td>4季度</td><td>与播放公司(KBS)签订播放合同，进行电视剧配音工作</td><td></td></tr>
</table>

所需预算：1.4亿韩元。

主要成果：

2004—2007年，《冬季恋歌》《秋天童话》在中南美11个国家播放。

2008—2010年，《大长今》在中南美12个国家播放，在非洲6个国家播放。

2010—2014年，《贤内助女王》在中南美西班牙语圈、非洲法语圈播放。

2010—2014年，《拜托小姐》在中南美西班牙语圈播放。

2011—2016年，《梦想起飞》《秘密花园》在中南美西班牙语圈播放。

需要补充的问题及改善方案：

许多文化交流机构重复实施着类似的项目，相关机构需要事先就对象区域及项目内容进行协商和调整。

(3)2013年度的推进计划。

工作目标：

以韩流传播相对不足的非洲、中东地区为对象，通过播放韩剧来促进局限于亚洲、美洲等地区的韩流人气地区的多样化。

通过对爱情、动作、浪漫喜剧、历史剧等多种题材韩剧的播出提供支持，为提高对于韩国文化的深层次的理解及公共外交作出贡献。

主要推进内容：在中南美西班牙语圈免费播放《梦想起飞》《秘密花园》。

推进日程：

| 日期 | 推进内容 | 备注 |
|---|---|---|
| 1季度 | 在中南美西班牙语圈免费播放2部韩国电视剧<br>・KBS的《梦想起飞》、SBS的《秘密花园》<br>・通过驻外公馆，推进与海外播放公司签订播放合同 | |
| 2季度 | 未定 | |
| 3季度 | 未定 | |
| 4季度 | 未定 | |

所需预算：

（单位：亿韩元）

| 分类 | 2011 | 2012 | 2013 | 总计 |
|---|---|---|---|---|
| 国库 | 1.4 | 1.4 | 1.49 | 4.29 |
| 总计 | 1.4 | 1.4 | 1.49 | 4.29 |

(4)期待效果。

韩国电视剧具有强大的推广韩流的能力，在非洲、中南美等民间机构很难进入的地区播放，将提高对韩文化的理解，并且在能源、外交方面也有所帮助。

4. 在民间出口不活跃地区的公馆举办 Visual Korea 电影节(外交通商部)

(1)工作概要。

工作目的：通过在驻外公馆举办韩国电影的放映活动，介绍我国的文化资讯，并对韩国电影的海外出口提供支持。

工作时间：持续。

工作实施主体：韩国国际交流财团(KF)。

工作内容：对驻外公馆举办的韩国电影放映活动提供支持。

(2)2012 年度的推进实绩。

推进现状(经过)：

| 日期 | 推进内容 | 备注 |
|---|---|---|
| 1 季度 | 评价前一年度的活动结果 | |
| 2 季度 | 进行该年度需求调查，并选定对象公馆 | |
| 3 季度 | 在 19 个公馆举办韩国电影节<br>举办的公馆：<br>大使馆(16 个)：津巴布韦、突尼斯、沙特阿拉伯 、乌拉圭、厄瓜多尔、乌干达、危地马拉、澳大利亚、秘鲁、尼加拉瓜、哥伦比亚、加纳、塔吉克斯坦、科威特、巴拿马、玻利维亚<br>总领事馆(3 个)：广岛、温哥华、汉堡 | |
| 4 季度 | ①在 15 个公馆举办韩国电影节<br>举办的公馆：<br>大使馆(13 个)：蒙古、萨尔瓦多、尼泊尔、智利、文莱、阿曼、加蓬、孟加拉国、芬兰(兼任国家爱沙尼亚)、乌兹别克斯坦、约旦、巴西、巴拉圭<br>总领事馆(2 个)：中国香港、法兰克福<br>②预计在 13 个公馆举办韩国电影节<br>预计举办的公馆：<br>大使馆(12 个)：乌克兰、德国、多米尼亚、特立尼达和多巴哥、新加坡、白俄罗斯、吉尔吉斯斯坦、以色列、塞内加尔、阿塞拜疆、利比亚、爱尔兰<br>总领事馆(1 个)：圣彼得堡 | 截至 10.31 |

所需预算：3.66 亿韩元。

主要成果：

共 34 个涉外公馆举办了放映韩国电影的活动(13 个公馆预计在第 4 季度内举办)。

预计有平均1 000名以上的当地观众观览。

需要补充的问题及改善方案：有必要通过扩大工作预算，推进所放映电影的多样化，并加强事先的宣传活动。

(3)2013 年度的推进计划。

工作目标：通过在驻外公馆举办韩国电影的放映活动，介绍我国的文化资讯，并持续地支援韩国电影的海外出口。

主要推进内容：

重点资助亚洲的中东、中南美等民间出口困难的地区所在的驻外公馆。

促进所放映电影的类型及题材的多样化。

推进日程：

| 日期 | 推进内容 | 备注 |
| --- | --- | --- |
| 1 季度<br>2 季度 | 评价前一年度的结果，选定该年度的对象公馆 | |
| 3 季度<br>4 季度 | 在驻外公馆举办韩国电影节 | |

所需预算：

（单位：亿韩元）

| 分类 | 2011 | 2012 | 2013 | 总计 |
| --- | --- | --- | --- | --- |
| 国库 | 1.5 | 3.66 | 3.94 | 9.1 |
| 基金(其他) | — | — | — | — |
| 总计 | 1.5 | 3.66 | 3.94 | 9.1 |

(4)期待效果。

通过放映韩国电影，有效地向海外介绍我国的文化，增进对韩国的了解，并对我国电影产业进入海外市场提供支持。

### 5. 资助在驻外公馆举办 K-pop 演出及竞演(外交通商部)

(1)工作概要。

工作目的：通过资助驻外公馆举办 K-pop 演出，对韩国文化进入海外市场(韩流)及公共外交提供支持。

工作时间：持续。

工作实施主体：外交通商部，全部驻外公馆。

工作内容：对演艺企划公司、播放公司举办的 K-pop 演出及公馆举办的 K-pop 竞演提供支持。

(2)2012 年度的推进实绩。

推进现状(经过)

支援 K-pop 演出的举办：德国(CUBE)、秘鲁、智利(C-JeS)、越南(KBS)、UAE(明星帝国)、中国香港(KBS)、墨西哥(C-JeS)、济州岛(KBS)、智利(KBS)、新加坡(SM Town)、日本神户(MBC)等。

支援 K-pop 竞演大会：以“K-pop World Festival 2012”为契机，在全球 37 个驻外公馆中举办了地区预选赛，其他驻外公馆以和 K-pop 粉丝俱乐部共同主办的形式举办了 K-pop 会演。

所需预算：无

需要补充的问题及改善方案：通过确保项目预算，支援通过 K-pop 所带来的系统性韩流传播及驻外公馆的公共外交活动。

(3)2013 年度的推进计划。

工作目标：通过资助在驻外公馆举办的 K-pop 等与韩流相关的活动，对我国文化产业进入海外市场提供支持。

主要推进内容：

考虑到全世界各地区的特殊性，进行差别化的援助：在发达国家举办的活动尽量使政府介入最小化，主办方(民间机构)提出申请时由驻外公馆提供侧面支持；在发展中国家则最大限度地争取该国政府的协作，政府积极资助，以使民间机构自主地完成活动。

亲韩团体(亲善协会、该国的跆拳道协会等)及韩流联谊会为主导，举办与 K-pop 等韩流相关的活动时，驻外公馆给予侧面的支持(资助活动场地租赁费的一部分，提供相关资讯等)。

推进日程：具体日程未定。

所需预算：约 4 亿韩元。

(4)期待效果。

通过对自发形成的亲韩联谊会及相关团体的侧面支援，扩大公共外交的范围，并对韩流的持续推广作出贡献。

循序渐进地扩大亲韩人士的数量，提升韩国的国家形象，为形成友好的对韩氛围作出贡献。

## 构建互惠的基础：资讯援助[3-1-3-③]

| 主管部门 | 文化体育观光部(大众文化产业组)<br>教育科学技术部(e-学习科)<br>播放通信委员会(国际机构负责官员) | 分类 | 预算 |
|---|---|---|---|
| 工作时间 | 2012 年—持续 | 合作部门 | 相关部门 |

### 1. 无偿援助文化资讯(文化体育观光部)

(1)工作概要。

向海外具备韩流传播潜力的国家给予人力、物力上的韩流资讯互惠性援助。

通过扩大韩流经验，挖掘可以为日后韩流的推广作出贡献的潜力。

工作时间：2012 年—持续。

工作实施主体：民间/韩国文化产业交流财团。

工作内容：为了促进与具备韩流传播潜力的国家间的交流，建构韩流传播的基础，向其资助文化资讯及视听器材，并以构建韩流基础的工作为契机举办文化交流节等活动。

(2)2012 年度的推进实绩。

推进现状(经过)：

| 日期 | 推进内容 | 备注 |
|---|---|---|
| 1 季度 | 确定向韩国文化产业交流财团(民间)提供国库补助(2 月)<br>实施海外各区域的需求调查，并与相关机构(当地企业、KOICA 等)进行协商(3 月) | |
| 2 季度 | 选定援助对象国及援助领域、规模(4 月)<br>收集当地文化院、通信院及进入当地市场的企业的意见(5 月) | |
| 3 季度 | 实施印度尼西亚的韩流基础构建项目(7 月)<br>与进入当地市场的合作企业签订业务协约(9 月) | |
| 4 季度 | 实施中国的韩流基础构建项目(11 月)<br>计划越南的韩流基础构建项目(11 月)<br>计划巴西的韩流基础构建项目(11 月) | |

所需预算：2 亿韩元。

| 文化部 | 支援地区 | 内容 |
|---|---|---|
| 在发展中国家构建韩流基础，共 2 亿韩元 | 印度尼西亚 | 日期及场所：2012. 7. 3—7. 11/芝勒贡市<br>资助视听器材、韩流资讯，并举办韩流文化节 |
| | 中国 | 日期及场所：2012. 10. 31—11. 2/北京外围<br>捐赠乐器、音响设施，建立音乐教室<br>K-pop 明星的才艺捐赠活动 |
| | 越南 | 日期及场所：2012. 11. 3—11. 11/仁泽工业园区<br>资助视听觉器材、韩流资讯，并举办韩流文化节 |
| | 巴西 | 日期及场所：2012. 11(预定)/Pecem 产业园区<br>资助视听觉器材、韩流资讯，建立多媒体室 |

主要成果：

①援助视听多媒体室及韩流资讯。

多媒体室：向印度尼西亚的 7 处、越南的 1 处、巴西的 2 处(计划中)资助电脑、显示器、激光投影仪、话筒等设备。项目实施期间，在各地举行开业典礼。

韩流资讯支援：资助在多媒体室内可以观看的韩剧、电影、动漫 DVD 以及翻译为当地语言的韩国传统童话等资讯。

②改善教育环境，举办相关文化交流活动。

改善教育环境：维修 5 所印度尼西亚的学校，计划在中国建造 1 个音乐教室。

文化交流：举办互动的文化交流节(印度尼西亚、越南)，K-pop 明星的音乐才能捐赠活动(中国)。

③与进入当地市场的合作企业签订业务合约。

浦项制铁建设：通过签订以利用文化为社会作贡献的活动为内容的项目合约(9.12)，为与进入当地市场的企业进行中长期的相互合作奠定基础。

需要补充的问题及改善方案：

充实资讯：由于距离上的限制，很难对当地情况随时进行检查，因此文化院及合作企业需要有机地合作，保证周期性地对现有的援助地区提供韩流资讯。

扩大外延：由于财源上的限制，很难满足所有具有韩流传播潜力地区的需求，需要通过加强与部内其他文化交流项目的联系及与进入当地市场的企业间的合作，扩大韩流基础构建事业的规模。

(3)2013 年度的推进计划。

工作目标：

在拥有韩流潜力的 4 个新入围地区实施韩流基础构建项目。

对 2012 年度 4 个已有的支援地区，为其韩流资讯的维持提供援助。

主要推进内容：

向具备韩流潜力的国家资助视听器材及韩流资讯。

举办与韩流资讯支援项目相关的文化交流活动。

与进入当地市场企业的社会贡献活动相联系，谋求韩流—制造业的共同发展。

推进日程：

| 日期 | 推进内容 | 备注 |
|---|---|---|
| 1 季度 | 确定向韩国文化产业交流财团(民间)提供国库补助(2 月)<br>实施海外各区域的需求调查，并与相关机构(当地企业、KOICA 等)进行协商(3 月) | |
| 2 季度 | 选定援助对象国及援助领域、规模(4 月)<br>通过收集当地的意见，制定详细的支援计划(5 月) | |
| 3 季度 | 购买符合相应需求的文化资讯(6 月)<br>实施海外的韩流基础构建项目(7—9 月) | |
| 4 季度 | 实施海外的韩流基础构建项目(10—11 月)<br>监测及报告国库补助业绩(11 月—) | |

所需预算：

(单位：亿韩元)

| 分类 | 2012 | 2013 | 2014 | 总计 |
|---|---|---|---|---|
| 国库 | 2 | 2 | 4 | 8 |
| 基金(其他) | — | — | — | — |
| 总计 | 2 | 2 | 4 | 8 |

(4)期待效果。

以具备韩流传播潜力的国家为对象，通过向其提供消费韩流资讯所需的与韩流相关的人力、物力资讯，扩大展示及体验韩流的机会。

扩大两国间的文化交流，构建促进韩流持续传播的基础，为提升国家品牌作出贡献。

2. 教育资讯的普及、研修(教育科学技术部)

(1)工作概要。

工作目的：把国内优秀的教育用资讯介绍给交流合作对象国的教育政策制定者与教师，通过研修鼓励其使用这些资讯，提升国家品牌，并为国内企业进入海外市场奠定基础。

工作时间：2005 年—持续。

工作实施主体：教育科学技术部。

工作内容：选定交流合作国，构建尖端 ICT 的示范性教室，对相关资讯的普及及应用进修提供支持，市、道教育厅向已签订 MOU 的 16 个交流合作国提供 PC 等基础设施及先导性教师进修方面的支持。

(2)2012 年度的推进实绩。

推进现状(经过)：

| 时期 | 推进内容 | 备注 |
|---|---|---|
| 1 季度 | 制定基本计划 | |
| 2 季度 | 与 2011 年进行交流合作的 3 个国家协商 2012 年的工作推进内容(资讯的提供及应用进修等)<br>事先与 16 个市、道教育厅协商与先导性教师进修相关的教育内容、日程等 | |
| 3 季度 | 选定参与企业，并签订协议(LG CNS)<br>选定 2 个 2012 年新的交流合作国家(蒙古、菲律宾)<br>推进 16 个交流合作国的先导性教师的邀请/派遣进修，推进组装、新 PC 的援助 | |
| 4 季度 | 向 2011 年的 3 个交流合作国家提供资讯，并推进应用进修<br>与 2012 年的 2 个交流合作国的教育部签订 MOU，推进尖端 ICT 示范性教室的构建 | |

所需预算：国库 17.7 亿韩元(提供资讯及进修的费用)。

主要成果：

2011 年，以 3 个构建了“韩国型尖端 ICT 示范性教室”的交流合作国(布鲁尼亚、哥伦比亚、印度尼西亚)为对象，推进了教育用资讯(数学、科学)的本土化及关于资讯应用的进修。

推进了 2012 年交流合作国先导性教师的“以资讯应用为中心的进修项目”。推进现状：2012 年，16 个交流合作国的 370 名教师参与了进修。

(3)2013 年度的推进计划。

工作目的：

向交流合作国介绍优秀的教育用资讯，建立进入海外市场的基础。

资助教育信息化基础设施，扩大以应用资讯为中心的教师进修。

主要推进内容：

以2个于2012年构建了“韩国型尖端ICT示范性教室”的国家(蒙古、菲律宾)为对象，为其提供优秀的教育用资讯。

派遣国内专家，推进关于资讯应用的进修。

为了促进资讯的应用，资助教育信息化所需要的额外器材。

除16个交流合作国外，对世宗市教育厅及其交流合作国的教师进修提供支持。

推进日程：

| 日期 | 推进内容 | 备注 |
|---|---|---|
| 1季度 | 制定基本计划，评选优秀的教育用咨询，就教师进修与相关市、道教育厅进行协商 | |
| 2季度 | 资讯的本土化，推进教师进修计划的制定 | |
| 3季度 | 提供资讯并推进应用进修，与教育科学技术部、市/道教育厅、交流合作国驻韩大使一同举办e-learning政策协议会 | |
| 4季度 | 提供资讯，分析进修结果，制定2014年计划 | |

所需预算：

（单位：亿韩元）

| 分类 | 2012 | 2013 | 2014 | 总计 |
|---|---|---|---|---|
| 国库 | 17.71 | 15.91 | 15.91 | 49.53 |
| 基金(其他) | — | — | — | — |
| 总计 | 17.71 | 15.91 | 15.91 | 49.53 |

(4)期待效果。

提供国内优秀的教育用资讯进入海外市场的机会。

提升国家品牌价值，并加强与海外的合作。

向发展中国家传播韩国型e-learning，为缩小教育信息化的全球差距作出贡献。

### 3. 邀请发展中国家播放通信人员进行进修(播放通信委员会)

(1)工作概要。

工作目的：为促进发展中国家ICT的发展，共享韩国的成功经验，通过建立亲韩的人力网络，资助国内播放通信企业进入海外市场，并提升作为ICT先进国的国家形象。

工作时间：持续。

工作实施主体：播放通信委员会。

工作内容：作为ODA(公共的开发援助)工作的一环，以发展中国家播放领域的公务员及政策决定者为对象，邀请其进行研修(授课、现场见习、文化体验等)。

(2)2012 年度的推进实绩。

推进现状(经过):

| 日期 | 推进内容 | 备注 |
|---|---|---|
| 1 季度 | — | — |
| 2 季度 | 实施 1 个课程(播放资讯政策及流通Ⅰ) | — |
| 3 季度 | 实施 1 个课程(播放资讯政策及流通Ⅱ) | — |
| 4 季度 | — | — |

所需预算:1.8 亿韩元。

主要成果:实施扩大资讯领域的 2 个课程。

①播放资讯政策及流通Ⅰ。

邀请 16 个国家 22 名相关领域的公务员及政策决定者参加。

时间:5.2—15(13 晚 14 日),所需预算:0.9 亿韩元。

②播放资讯政策及流通Ⅱ。

邀请 16 个国家 22 名相关领域的公务员及政策决定者参加。

时间:8.29—9.11(13 晚 14 日),所需预算:0.9 亿韩元。

需要补充的问题及改善方案:需要通过确保 ODA 预算及人员的增加,来扩大项目的实施。

(3)2013 年度的推进计划。

工作目的:维持与前一年同样的课程数(2 个→2 个课程)。

以发展中国家播放资讯的政策决定者及采购负责人为对象,介绍我国的播放资讯政策及产业现状,宣传 K-pop 等韩流,为国内播放资讯进入海外市场打下基础。

通过实施可以直接参与在国内举办的资讯市场的实习教育,加强工作能力。

主要推进内容:

开设关于数字转换及数字融合时代播放资讯的制作及流通、播放制作技术等的课程。

课程由韩国播放资讯现状的介绍,与参加国播放资讯现状相关的发表及讨论,与国内播放资讯制作公司的面谈及现场见习等构成,提高项目效果。

推进日程:

| 日期 | 推进内容 | 备注 |
|---|---|---|
| 1 季度 | — | — |
| 2 季度 | 实施 1 个课程(播放资讯政策及流通Ⅰ) | — |
| 3 季度 | 实施 1 个课程(播放资讯政策及流通Ⅱ) | — |
| 4 季度 | — | — |

所需预算:

（单位：亿韩元）

| 分类 | 2012 | 2013 | 2014 | 总计 |
|---|---|---|---|---|
| 国库 | — | — | — | — |
| 基金(其他) | 1.8 | 1.8 | 1.8 | 5.4 |
| 总计 | 1.8 | 1.8 | 1.8 | 5.4 |

(4)期待效果。

加强发展中国家的 ICT 力量，通过建构人力资源的网络，向国内企业提供进入发展中国家市场的跳板，并提高国际社会中韩国播放产业的形象。

## (二)构建全球化网络及平台

### 加强国内支援基地的作用(全球资讯中心)[3-2-1-②]

| 主管部门 | 文化体育观光部(文化产业政策科) | 分类 | 预算 |
|---|---|---|---|
| 工作日期 | 2011 年—持续 | 合作部门 | 相关部门 |

(1)工作概要。

工作目的：通过扩大、改编国内外的海外出口支援机构，提高支援机构的效益。

工作时间：持续(2011 年—)。

工作实施主体：文化体育观光部。

工作内容：

运营全球资讯中心(GCC)的商务办公桌。

加强与以海外韩国中心为主的相关机构之间的联系。

组建并运营扩大全球资讯海外出口的协商团体。

(2)2012 年的推进实绩。

推进现状(经过)：

| 日期 | 推进内容 | 备注 |
|---|---|---|
| 1 季度 | 制定工作计划 | |
| 2 季度 | 运营全球资讯中心(GCC)，召开扩大海外出口的会议 | |
| 3 季度 | 与海外韩国中心、大韩贸易振兴公社、电影振兴委员会等有关机构进行协商 | |
| 4 季度 | 举办关于中国等主要海外市场出口战略的研讨会 | |

所需预算：10 亿韩元。

主要成果：

运营全球资讯中心(GCC)的商务办公桌。

召开 4 次韩流资讯的海外出口战略会议。

研究新兴市场资讯产业的动向及出口。

(3)2013 年度的推进计划。

工作目标：通过扩大、改编国内外的海外出口支援机构，提高支援机构的效果。

主要推进内容：

出口及商务洽谈，建立与资讯行业 Key-Man 的工作关系。

制定以海外事务所为中心的扩大海外出口支援的方案。

推进日程：

| 日期 | 推进内容 | 备注 |
|---|---|---|
| 1 季度 | 制定工作计划 | |
| 2 季度 | 推进与全球资讯中心、海外事务所及相关机构的合作项目 | |
| 3 季度 | 推进与全球资讯中心、海外事务所及相关机构的合作项目 | |
| 4 季度 | 推进与全球资讯中心、海外事务所及相关机构的合作项目 | |

所需预算：

(单位：亿韩元)

| 分类 | 2012 | 2013 | 2014 | 总计 |
|---|---|---|---|---|
| 国库 | 10 | 13 | 13 | 33 |
| 基金(其他) | — | — | — | — |
| 总计 | 10 | 13 | 13 | 33 |

(4)期待效果。

通过扩大国产资讯的海外出口，促进国内资讯产业的发展。

## 推进泛政府的合作[3-2-1-③]

| 主管部门 | 知识经济部(贸易振兴科) | 分类 | 预算 |
|---|---|---|---|
| 工作日期 | 2011 年—持续 | 合作部门 | 相关部门 |

### 推进相关部门间的合作工作(知识经济部)

(1)工作概要。

工作目标：通过政府、相关机构的互助，对把文化交流与海外买主及投资者连接起来的海外营销领域提供特色化支援，使其升华为经济韩流。

工作时间：2011 年—持续。

工作实施主体：知识经济部，大韩贸易振兴公社(KOTRA)。

工作内容：

战略：推进韩流全球性出口的各阶段(初期、前景、目标市场)市场开拓。

调查：应用全球性网络，发行《全球韩流动向及出口战略》，使读者快速了解韩流的世界性传播。

代表性工作：扩大作为韩流代表的“韩国品牌 & 韩流商品博览会”的规模，并推进其品牌化。

中小企业的韩流品牌应用：利用韩流明星，推进中小企业的共同宣传及品牌化工作。

提供个性化定制型服务：通过提供韩流各领域、各个别企业的定制型服务，培育先导企业。

扩大全球性买主的招引：扩大文化资讯领域的展示洽谈会对韩流买主的吸引力。

相关机构间的合作：通过加强与 KBS、韩国资讯振兴院、欧洲动漫协会等国内外相关机构的合作，扩大韩流工作的规模，并加强专业性。

(2)2012 年的推进实绩。

推进现状(经过)：

| 日期 | 推进内容 | 备注 |
|---|---|---|
| 1 季度 | 制定韩流工作的推进方案(3 月) | |
| 2 季度 | 在香港举办韩国娱乐商业展示会(6 月，韩流派生商品) | 把 KOTRA 的韩流相关洽谈项目与 KBS 的韩流明星文化演出结合起来，共同合作进行“经济韩流的海外传播、推广” |
| 3 季度 | 应用全球网络，发行《全球韩流动向及出口战略》(9 月) | 调查韩流明星的当地认知度及影响力，韩流资讯及服务的当地出口现状，与韩流传播相关的详细统计等韩流全球动向 |
| 4 季度 | 韩国品牌 & 韩流商品博览会(11 月，大阪，韩流派生商品) | 把 KOTRA 的韩流相关洽谈项目与 KBS 的韩流明星文化演出结合起来，共同合作进行“经济韩流的海外传播、推广” |

所需预算：8 亿韩元。

主要成果：

构建了与 KBS、韩国资讯振兴院等相关机构的合作体制，扩大了韩流海外出口网络，并引导韩流相关企业参与到更多的项目中。

①在香港举办韩流商业展示会(6 月，韩流派生商品)。

中华圈及东南亚 85 个买方公司参加，韩国 15 个企业进行了 158 件洽谈。

②韩国品牌 & 韩流商品博览会

时间 & 场所：2012. 11. 14(星期三)—16(星期五)，大阪。

主办：知识经济部，文化体育观光部，主管：KOTRA，KOCCA。

形式：韩流附加商品、相关产业的单独展示洽谈会(K-pop，播放资讯，动漫，动漫形象，时尚，美容，韩医，特许经营产品)。进行韩流明星宣传大使(JYJ)粉丝见面会、明星收藏品展示及慈善拍卖等附带活动。

规模：110 个公司参加展示(包含日本的 10 个企业)，日本买主、投资者 400 个公司。

成果：出口洽谈额 1. 4 亿美元，合同推进额1 400万美元。

需要补充的问题及改善方案：进一步促进与相关机构的合作体制及韩流明星与企业间合作关系的

体系化，达成韩流海外营销的具体成果。

(3)2013年度的推进计划。

主要推进内容：

①对韩流全球性出口的各阶段提供系统性支持。

把海外市场细划为“早期市场、前景市场、目标市场”分别攻克，与81个国家的119个KOTRA海外贸易机构及相关机构合作，为海外出口提供支持。

②调查“全球韩流动向及出口战略”。

制定各地区的差别化韩流出口战略，刊发韩流商务指南，构建韩流网络，并举办韩流传播的海外营销说明会。

③利用韩流的“中小企业共同宣传品牌”工作。

为利用韩流明星进行实际性韩流海外营销的中小企业提供支持。向希望利用韩流明星制作商品的企划公司及希望利用明星来营销的中小企业间提供商务洽谈的机会，以及通过韩国品牌 & 韩流商品博览会进行营销的机会。

④把代表性工作“韩国品牌 & 韩流商品博览会”扩大到每年举办2次。

推进方向：随着对韩流需求的增加，把韩流博览会扩大到每年举办2次(包含南美)，成为运用韩流的代表性海外营销项目。

展示品种：为时尚、美丽、韩流明星派生商品等利用韩流资讯的产品提供大量出口的机会，对授权商品出口的产业化提供支持。

⑤通过提供韩流各领域的定制型服务，培育先导企业。

共选定各领域先导企业40个，并于2012年6月举行成立仪式，2013年先导企业扩大到50家公司。

游戏(5家)、动漫(6家)、设计(7家)、动漫形象(3家)、播放/音乐(5家)、医疗服务(6家)、e-学习(3家)、特许经营产品(5家)

⑥加强与全球目标性买主的合作项目。

邀请全球目标性企业参与到KMCM(综合资讯)、韩-欧动漫等相关项目，加强分工合作。

⑦强化相关机构间的合作体制。

加强与KBS、韩国资讯振兴院、欧洲动漫协会等相关机构的合作。

推进日程：

| 日期 | 推进内容 | 备注 |
|---|---|---|
| 1季度 | 制定韩流战略及指南，举办说明会<br>建立韩-欧动漫间的连接(3月) | |
| 2季度 | 推进中小企业共同宣传品牌工作<br>开办韩国媒体 & 资讯市场(5月)<br>举办韩国品牌 & 韩流商品博览会(中南美) | |
| 3季度 | 调查全球韩流动向及出口战略 | |
| 4季度 | 举办韩国品牌 & 韩流商品博览会(北美)<br>服务业先导企业的培育工作(每年度) | |

所需预算：

（单位：亿韩元）

| 分类 | 2012 | 2013 | 2014 | 总计 |
|---|---|---|---|---|
| 国库 | 7 | 28 | — | — |
| 基金(其他) | 1 | 2 | — | — |
| 总计 | 8 | 30 | — | — |

(4)期待效果。

①对扩大韩流商品的实质性出口作出贡献。

年度出口洽谈金额 4 亿美元，合同推进额4 000万美元(洽谈金额的 10%)。

创建新的出口企业 30 个，50 个公司可以确保全球性顾客，发掘吸引投资、海外出口项目 5 件。

②韩流的传播营销不仅可以提高国家形象，还可以提高产品的好感度，有益于企业增加销量，从而收到实际经济效果。

大韩商工会议实施的问卷调查(2012. 3)中：83%的人回答“韩流有助于韩国及韩国制品形象的提升”，44%的人回答“也有助于开拓新市场”。

## 运营全球化的整合平台[3-2-2-①]

| 主管部门 | 文化体育观光部(数字资讯产业科) | 分类 | 预算 |
|---|---|---|---|
| 工作日期 | 2012 年—持续 | 合作部门 | 相关部门 |

(1)工作概要。

工作目的：为韩国资讯的持续性、稳定性供给培育有竞争力的全球性服务平台企业。

工作时间：2012 年—持续。

工作实施主体：韩国资讯振兴院等。

工作内容：对全球服务所需要的基础设施、营销、资讯采购费用等提供支持。

(2)2012 年度的推进实绩。

推进现状(经过)：

| 日期 | 推进内容 | 备注 |
|---|---|---|
| 1 季度 | 制定全球化平台支援工作的基本计划<br>收集平台及资讯企业的意见，举办座谈会 | |
| 2 季度 | 招募和选定全球化平台支援工作的对象(5 个公司) | |
| 3 季度 | 选定全球化平台支援工作的第 2 期对象(3 个公司)<br>研究通过平台进行资讯出口的政策 | |
| 4 季度 | 对全球化平台支援工作进行中期评价<br>完成通过平台进行资讯出口的政策研究 | |

所需预算：30 亿韩元。

主要成果：

| 序号 | 企业名称 | 课题内容 | 支援金额 | 成果 |
|---|---|---|---|---|
| 1 | (株)罗伊斯 | 资讯流通平台服务 iBlug | 4.4 亿韩元 | 进入亚洲市场 |
| 2 | 声音海洋 | Facebook Musicstore Tab | 5.1 亿韩元 | 与亚马逊签订流通合约，提供多语言服务 |
| 3 | (株)潘多拉 TV | 韩国型 Youtube 全球多媒体资讯流通平台：韩流 K-Channel 服务 | 5.2 亿韩元 | Everyone TV 上市，并进入海外市场 |
| 4 | 株式会社赛勒斯 | 音箱 | 1.9 亿韩元 | 启动在泰国的服务 |
| 5 | CJ Hello Vision | CJ 集团的 N-Screen 服务 TVing | 5.4 亿韩元 | 进入东南亚市场 |

需要补充的问题及改善方案：支援方式由直接支援向间接支援转变，同时为适应智能环境，扩大工作的支援对象。

(3)2013 年度的推进计划。

工作目标：通过促进国内平台的海外出口，扩大国内资讯的海外出口。

主要推进内容：对全球性服务的基础设施提供支持，研讨 B2B 网络市场项目，支援以智能资讯为基础的平台。

推进日程：

| 日期 | 推进内容 | 备注 |
|---|---|---|
| 1 季度 | 制定 2013 年全球化平台支援工作的计划<br>选定工作对象企业，并提供援助 | |
| 2 季度 | 对 2012 年全球化平台支援工作进行评价<br>征集以智能资讯为基础的平台资助企业 | |
| 3 季度 | 运营 2013 年全球化平台支援工作 | |
| 4 季度 | 对 2013 年全球化平台支援工作进行中期评价 | |

所需预算：

(单位：亿韩元)

| 分类 | 2012 | 2013 | 2014 | 总计 |
|---|---|---|---|---|
| 国库 | 30 | 32 | 35 | 97 |
| 基金(其他) | — | — | — | — |
| 总计 | 30 | 32 | 35 | 97 |

(4)期待效果。

谋求新一代成长动力产业——智能资讯产业的早期发展，为国内资讯产业的持续发展打下基础。

## 应用 SNS 平台[3-2-2-③]

| 主管部门 | 播放通信委员会(智能网络服务组) | 分类 | 预算 |
|---|---|---|---|
| 工作日期 | 2011 年—持续 | 合作部门 | 相关部门 |

(1)工作概要。

工作目的：为促进 SNS 的生产性应用提供系统援助。

工作时间：2012—2014 年。

工作实施主体：播放通信委员会。

工作内容：发掘及普及社交网络服务的公共应用模型。

(2)2012 年度的推进实绩。

推进现状(经过)：

| 日期 | 推进内容 | 备注 |
|---|---|---|
| 1 季度 | 与以 SNS 为基础的公共应用模型相关的机构进行协商 | |
| 2 季度 | 确定公共示范模型(社交学习)的参加对象及资讯 | |
| 3 季度 | 为示范模型的应用实施模拟实验 | |
| 4 季度 | 示范性实施社交学习，并对其效果进行分析 | 以 5 所中小学为对象 |

所需预算：无。

主要成果：发掘并检验 SNS 的公益性应用模型。

在 EBS EDRB 网站上，构建追加了 SNS 职能的“S-学习”社交教育平台，以 5 所中、小学为对象实施示范性服务。EDRB(EBS Digital Resource Bank)：使各领域的影像资讯能够以多种方式应用于教育中，与外部共享服务。

需要补充的问题及改善方案：对于在社交学习的示范性服务运营中所发现的便利性和活用性等问题，需要进行改善。

(3)2013 年度的推进计划。

工作目标：发掘、推广社交网络服务的公共应用模型。

主要推进内容：推进公共应用模型的发掘及发展。

推进日程：

| 日期 | 推进内容 | 备注 |
|---|---|---|
| 1 季度 | 推进公共应用模型的发掘及发展 | |
| 2 季度 | (持续) | |
| 3 季度 | (持续) | |
| 4 季度 | (持续) | |

所需预算：无。

(4)期待效果。

通过支持社交网络服务的公益性应用，将提高民间及公共领域中 SNS 的应用性，使沟通文化的扩散成为可能。

## (三)对于全球性的主打资讯给予集中支持

### 设立全球性资讯基金[3-2-1]

| 主管部门 | 文化体育观光部(文化产业政策科) | 分类 | 预算 |
| --- | --- | --- | --- |
| 工作日期 | 2011—2012 年 | 合作部门 | 相关部门 |

(1)工作概要。

工作目的：通过设立向全球项目(电影、电视剧、动漫等)投资的全球性基金，加强国内资讯行业的制作力量，并促进海外出口的发展。

工作时间：2011—2012 年。

工作实施主体：文化部，韩国风险投资(株)。

工作内容：设立2 000亿韩元规模的全球资讯基金(2011 年1 000亿韩元，2012 年1 000亿韩元)。政府 800 亿韩元，民间及海外投资者1 200亿韩元。

(2)2012 年度的推进实绩。

推进现状(经过)：

| 日期 | 推进内容 | 备注 |
| --- | --- | --- |
| 1 季度 | 制定第 2 期全球基金应用计划(1 月)<br>选定并公告第 2 期全球基金的应用公司(2 月)<br>通过第 1 期全球基金的应用，持续投资(继续) | |
| 2 季度 | 选定全球基金的子组合(4 月) | |
| 3 季度 | 为组成全球基金子组合做准备 | |
| 4 季度 | 为再次选定全球基金子组合做准备 | |

所需预算：400 亿韩元。

主要成果：通过第 1 期全球基金，到目前为止共向 4 个项目、113 亿韩元的全球资讯项目投资。

需要补充的问题及改善方案：要考虑民间投资市场萎缩等市场条件及状况的变化，实施出资项目。随着风险投资市场的萎缩，出资参与者将减少，需要再选定第 2 期基金。

(3)2013 年度的推进计划。

工作目标：通过第 2 期全球基金的再选定及第 1 期基金投资的持续，为促进韩国资讯的海外出口准备投资财源。

主要推进内容：开始第 2 期全球基金的组成及第 1 期基金的应用。

推进日程：

| 日期 | 推进内容 | 备注 |
|---|---|---|
| 1 季度 | 再次选定第 2 期全球基金的运用公司(3 月)<br>通过第 1 期全球基金的应用，持续地投资(持续) | |
| 2 季度 | 为组成第 2 期全球基金做准备 | |
| 3 季度 | 为组成第 2 期全球基金做准备 | |
| 4 季度 | 组成第 2 期全球基金，并开始投资(11 月—) | |

所需预算：

(单位：亿韩元)

| 分类 | 2012 | 2013 | 2014 | 总计 |
|---|---|---|---|---|
| 国库 | 400 | — | — | 800 |
| 基金(其他) | — | — | — | — |
| 总计 | 400 | — | — | 800 |

(4)期待效果。

加强国内资讯行业的全球性制作力量，促进海外出口的发展。

## 推进全球的共同制作[3-3-2-①]

| 主管部门 | 文化体育观光部(影像资讯产业科)<br>文化体育观光部(播放影像广告科)<br>播放通信委员会(播放通信振兴政策科) | 分类 | 预算 |
|---|---|---|---|
| 工作日期 | 2011—2012 年 | 合作部门 | 相关部门 |

### 1. 扶持电影国际共同制作的发展(文化体育观光部)

(1)工作概要。

工作目的：通过国际共同制作的发展，扩大海外市场的出口，并提高韩国电影产业的收益。

工作时间：2012 年—持续。

工作实施主体：电影振兴委员会。

工作内容：扶持国际共同制作的企划开发(翻译、指导、商务洽谈等)，举办吸引海外战略地区投资的项目 KO-Production，运营中国电影商务中心，扶持国际共同制作(资助国内制作费用的 25%)，推进韩中电影共同制作协定的签订。

(2)2012 年度的推进业绩。

推进现状(经过)：

| 日期 | 推进内容 | 备注 |
| --- | --- | --- |
| 1季度 | 1月：制定促进国际共同制作发展的详细推进计划<br>2—3月：扶持国际共同制作的企划开发，对中国电影商务中心(1期)进行公开招募及审查 | |
| 2季度 | 4月：招募并接收激励国际共同制作的作品<br>开启中国电影商务中心，1期入驻<br>在北京举办KO-Production(第1届)<br>开始对国际共同制作企划开发扶持项目的第1期选定作品(每地区各10篇)进行指导<br>5月：选定5篇激励国际共同制作动机的扶持作品<br>选定国际共同制作企划开发扶持项目的第2期作品(每地区各5篇)，资助翻译及脚本改编<br>对中国电影商务中心(2期)进行公开招募及审查<br>6月：签订激励国际共同制作的资助协议，支付资助金<br>电影振兴委员会就韩中电影共同制作协议提出意见 | 仅限于国际共同制作企划开发支援项目(KO-Production)的第二期选定作品，赋予其参加翻译、改编、引资活动的资格 |
| 3季度 | 7月：入驻中国电影商务中心(2期)<br>在北京举办KO-Production(第2届)<br>国际共同制作企划开发的当地改编(美国、日本)<br>8月：对中国电影商务中心(3期)进行公开招募及审查<br>举办韩中电影共同制作论坛<br>9月：在巴黎举办KO-Production<br>韩中电影共同制作协会访华进行实务协商 | |
| 4季度 | 10月：举办KOFIC Industry Forum(与釜山电影节相联系)<br>在洛杉矶举办KO-Production<br>在东京举办KO-Production<br>入驻中国电影商务中心(3期)<br>11月：公告2013年中国电影商务中心工作大纲<br>12月：在北京举办KO-Production(第3届) | |

所需预算：39.82亿韩元。

主要成果：

通过激励国际共同制作动机及对企划开发的扶持，扶持了15个匹配项目(包含海外作品的当地引入，人员、技术的出口等)。

为达成韩中电影共同制作协议的工作合议方案提供支持。

需要补充的问题及改善方案：为促进国际共同制作扶持项目的商务洽谈，扩充海外制作投资者网络，并对日常性的商务会议提供支持。

(3)2013年度的推进计划。

工作目标：促进2012年新项目(激励国际共同制作及扶持其企划开发，开设中国电影商务中心)的稳定运营，达成15个实质性成果。

工作内容：支持国际共同制作的企划开发(翻译、指导、商务洽谈等)，举办海外战略地区引资项目KO-Production，运营中国电影商务中心，扶持国际共同制作(资助国内制作费用的25%)，推进韩—中/印度/澳大利亚间电影共同制作协议的签订。

推进日程：

| 日期 | 推进内容 | 备注 |
| --- | --- | --- |
| 1季度 | 1月：制定促进国际共同制作发展的详细推进计划<br>入驻中国电影商务中心(1期)<br>2—3月：征集并审查国际共同制作企划开发援助项目作品<br>公开征集并接收国际共同制作的扶持项目<br>公开招募及审查中国电影商务中心项目(2期) | |
| 2季度 | 4月：开始对国际共同制作企划开发扶持项目的第1期选定作品(每地区各10篇)进行指导<br>入驻中国电影商务中心(1期)<br>在北京举办KO-Production(第1届)<br>选定5篇国际共同制作的扶持作品<br>5月：选定国际共同制作企划开发扶持项目的第2期作品(每地区各5篇)，资助翻译及脚本改编<br>对中国电影商务中心(3期)进行公开招募及审查<br>6月：签订激励国际共同制作的扶持协议，支付资助金 | 仅限于国际共同制作企划开发支援项目(KO-Production)的第2期选定作品，赋予其参加翻译、改编、引资活动的资格 |
| 3季度 | 7月：入驻中国电影商务中心(3期)<br>国际共同制作企划开发的当地改编(美国、日本)<br>8月：对中国电影商务中心(4期)进行公开招募及审查<br>在北京举办KO-Production(第2届)<br>9月：在巴黎举办KO-Production | |
| 4季度 | 10月：举办KOFIC Industry Forum(与釜山电影节相联系)<br>在东京举办KO-Production<br>入驻中国电影商务中心(4期)<br>11月：公告2014年中国电影商务中心的工作大纲<br>在洛杉矶举办KO-Production | |

所需预算：

(单位：亿韩元)

| 分类 | 2012 | 2013 | 2014 | 总计 |
| --- | --- | --- | --- | --- |
| 国库 | — | — | | — |
| 基金(其他) | 3 982 | 3 097 | 3 300 | 10 379 |
| 总计 | 3 982 | 3 097 | 3 300 | 10 379 |

(4)期待效果。

随着国内电影内需市场、完成品海外出口的减少，作为摆脱国内电影产业发展困境的策略，对国际共同制作的发展值得期待。

通过国际共同制作，谋求加强全球性的制作力量，增加工作岗位等持续性的发展。

2. 资助播放领域国际共同制作的进一步发展(文化体育观光部)

(1)工作概要。

工作目的：通过双向交流层面的国际共同制作，增进对该国的理解，提升韩国的品牌形象。

工作时间：持续。

工作实施主体：韩国资讯振兴院。

工作内容：以发生反韩流、厌韩流现象的国家或有外交契机的国家为对象，为促进文化交流而进行纪录片的共同制作及交叉放映。

(2)2012 年度的推进实绩。

推进现状(经过)：

| 日期 | 推进内容 | 备注 |
|---|---|---|
| 1 季度 | 哥伦比亚：<br>企划在当地的 K-pop 竞演节目及与韩国 K-pop 组合演出相关节目的共同制作(1 月)<br>哥伦比亚 Caracol TV 与阿里郎 TV 协商共同制作问题(2 月)<br>制定共同制作的实施计划，与阿里郎 TV 签订协议(3 月)<br>泰国：<br>确定泰国为纪录片国际共同制作的对象国(2 月)<br>选定并公告国内合作播放公司(3 月) | |
| 2 季度 | 哥伦比亚：<br>哥伦比亚 Caracol TV 与阿里郎 TV 开始制作当地 K-pop 竞演节目及在当地播放(4 月)<br>K-pop 组合“U-Kiss”和 K-pop 竞演节目的决赛选手参加中南美最大音乐节“40 Principales”的演出(5 月)<br>在韩国进行 K-pop 竞演节目的决赛，阿里郎 TV 播放 K-pop 竞演节目，与竞演项目及 U-Kiss 演出相关的 2 部纪录片《中南美的韩流风》《胡安·瓦尔迪兹，韩流来袭》在韩国及当地放映(6 月)<br>泰国：<br>进行国内合作播放公司的评选(6 月) | |
| 3 季度 | 哥伦比亚：<br>汇集项目评价及核算的相关材料(7 月)<br>泰国：<br>EBS 与国内播放公司签订协议(7 月)<br>泰国 TV5 与 EBS 协议共同制作实施计划方案(8 月)<br>TV5、EBS 举办当地启动仪式及工作坊(9 月) | |
| 4 季度 | 泰国：<br>预定拍摄《母亲的江——湄南河》(10—12 月) | |

所需预算：4.2 亿韩元。

主要成果：

①共同制作 4 部纪录片并交叉放映。

哥伦比亚和韩国：《中南美的韩流》《胡安瓦尔迪兹，韩流来袭》。

泰国和韩国：《韩国宗主的饮食》《母亲的江——湄南河》。

②Caracol TV 与阿里郎 TV 共同制作在哥伦比亚的 K-pop 竞演节目并交叉放映。

③赴韩制作哥伦比亚 K-pop 竞演节目的决赛《Simply K-pop》，并在阿里郎 TV 放映。

需要补充的问题及改善方案：

扩大与 K-pop 相关的播放影像的共同制作。

通过多样的方法扩大节目的曝光率。

(3)2013 年度的推进计划。

工作目标：

为了韩流在中南美、中亚、中东地区等韩流潜力市场(新兴市场)的渗透与推广，进行 K-pop 组合演出节目及相关纪录片、文化交流型纪录片的共同制作及交叉放映。

主要推进内容：

在中南美(墨西哥等)、中亚(哈萨克斯坦等)、中东(沙特阿拉伯等)地区，共同制作及交叉放映 K-pop 组合演出节目及从该国视角出发的相关纪录片、文化交流型纪录片。

推进日程：

| 日期 | 推进内容 | 备注 |
|---|---|---|
| 1 季度 | 中南美、中亚、中东：<br>确定纪录片国际共同制作的对象国(1 月)<br>发布国内播放公司的选定公告(2—4 月末) | |
| 2 季度 | 中南美、中亚、中东：<br>进行国内播放公司的选定评价(5 月)<br>选定国内外播放公司，并签订合约(5 月)<br>与国内外播放公司协商共同制作的实施方案，并制定实施计划(6 月)<br>共同制作节目的交叉放映(6 月) | |
| 3 季度 | 中南美、中亚、中东：<br>共同制作 K-pop 组合演出节目及相关纪录片(7—9 月)<br>共同制作文化交流型纪录片(7—9 月) | |
| 4 季度 | 中南美、中亚、中东：<br>共同制作 K-pop 组合演出节目及相关纪录片，交叉放映(10—12 月)<br>共同制作文化交流型纪录片，交叉放映(10—12 月)<br>项目评价及精算(12 月) | |

所需预算：

(单位：亿韩元)

| 分类 | 2012 | 2013 | 2014 | 总计 |
|---|---|---|---|---|
| 国库 | 4. 2 | 6. 2 | 9. 2 | 19. 6 |
| 基金(其他) | 0 | 0 | 0 | 0 |
| 总计 | 4. 2 | 6. 2 | 9. 2 | 19. 6 |

(4)期待效果。

通过建立海外的工作关系和积累共同制作的经验，扩大播放产业海外出口的机会。

通过国家间互惠性交流的发展，促进韩流的持续传播及韩国品牌形象的提升。

3. 资助播放领域国际共同制作的进一步发展(播放通信委员会)

(1)工作概要。

工作目标：通过履行与签署播放相关自由贸易协定(FTA)的国家间的播放领域合作事项，加强国家间播放领域的交流与合作。

工作时间：2007 年—持续 。

工作实施主体：播放通信委员会。

工作内容：以在播放领域签署共同制作协定的国家为对象，对国内播放公司和外国播放公司间的海外共同制作项目提供支持。韩国首先由播放公司对海外共同制作的支援提出申请，选定优秀提案后给予支持。

(2)2012 年度的推进实绩。

推进现状(经过)：

| 日期 | 推进内容 | 备注 |
|---|---|---|
| 1 季度 | 制定基本计划，发布项目公告，接收申请书 | |
| 2 季度 | 选定扶持对象播放公司，并签订协议 | |
| 3 季度 | 扶持对象播放公司进行制作 | |
| 4 季度 | | |

所需预算：7 亿韩元。

主要成果：对 CJ E&M 等 4 家公司的 4 个共同制作播放项目提供扶持。

| 项目名 | 选定公司 | 对象国(播放公司) |
|---|---|---|
| K-pop Star Hunt(第二季) | (株)CJ E&M | 新加坡(Fox Int'l) |
| 设计纪录片 Designer | (株)弗拉斯播放 | 丹麦(阿尔法电影) |
| | | 芬兰(YLE) |
| 新加坡食客遇到韩国食品 | (株)Food TV | 新加坡(LiTV Asia) |
| State of Play | (株)朝鲜播放 | 比利时(VRT) |
| | | 瑞典(SVT) |

需要补充的问题及改善方案：为了使更多的播放公司参与，制作出形式多样的节目，需要强化宣传工作。

(3)2013 年度的推进计划。

工作目标：援助 4 部海外共同制作的播放节目(1.66 亿韩元×4 部)。

主要推进内容：

①计划以签署共同制作协议的国家为对象，使援助国家、参与的播放企业、素材更加多样化，韩—印度视听共同制作协定签署时，共同讨论是否向与印度的共同制作提供支持。

协议签署国(33 个国家)：欧洲自由贸易联合会(EFTA)4 个国家(2006 年，挪威、冰岛、列支敦士登、瑞士)，新加坡(2007 年)，柬埔寨(2009 年)，欧洲 27 个国家(2011 年 7 月)。

②组建由专家组成的审查评估团，选定独创性及出口可能性高的优秀方案予以支持，对于已制作的播放节目，资助其与展示会等联系起来向海外出口。

推进日程：

| 日期 | 推进内容 | 备注 |
|---|---|---|
| 1 季度 | 制定基本计划，发布项目公告，选定作为扶持对象的播放公司 | |
| 2 季度 | 实施播放项目的海外共同制作 | |
| 3 季度 | 对制作的进行事项实施中期检查 | |
| 4 季度 | 对共同制作的作品进行评价等 | |

所需预算：

(单位：亿韩元)

| 分类 | 2012 | 2013 | 2014 | 总计 |
|---|---|---|---|---|
| 国库 | — | — | — | — |
| 基金(其他) | 7 | 6.65 | 9.5 | 23.15 |
| 总计 | 7 | 6.65 | 9.5 | 23.15 |

(4)期待效果。

促进国家间播放领域的交流，通过播放资讯的共同制作，扩大国内播放公司的海外出口基础，并扩大文化的多样性。

## 扩大韩国外景拍摄地对海外作品的吸引力[3-3-2-②]

| 主管部门 | 文化体育观光部(影像资讯产业科) | 分类 | 预算 |
|---|---|---|---|
| 工作时间 | 2011 年—持续 | 合作部门 | 相关部门 |

(1)工作概要。

工作目的：对吸引外国电影及 TV 系列剧来韩国拍摄的工作提供支持，确保国内电影产业的国际竞争力，并产出与旅游相结合的效果。

工作时间：2012年—持续。

工作实施主体：电影振兴委员会。

工作内容：外国资本超过纯制作费用80%投资的外国长篇电影及TV系列剧在国内拍摄时，以现金形式支援国内执行制作费用的25%(预算范围内)。

(2)2012年度的推进实绩。

推进现状(经过)：

<table>
<tr><th>日期</th><th>推进内容</th><th>备注</th></tr>
<tr><td>1季度</td><td>2月：发布项目公告，参加柏林国际电影节并做宣传<br>3月：在“AFCL.org”网站发布在线标语广告</td><td rowspan="4">海外事务所(美国、中国)及驻外人员(法国、日本)在当地进行日常性的宣传</td></tr>
<tr><td>2季度</td><td>4月：参加北京国际电影节并做宣传<br>5月：发布戛纳国际电影节室外广告、海外主要电影杂志(美/日/中)广告<br>6月：参加上海国际电影节、美国AFCI地区博览会并做宣传</td></tr>
<tr><td>3季度</td><td>7月：发送海外制作人大奖的宣传邮件，为吸引泰国、日本主要的电影、电视剧制作公司来韩访问做宣传<br>8月：在世界最大的外景拍摄地信息网站“The Location Guide”发布横幅广告，并发布定期刊物广告，在法国电影杂志《Le Film Francais》上发放整版广告<br>9月：在中国电影杂志《中国银幕》上做整版广告</td></tr>
<tr><td>4季度</td><td>10月：参加釜山国际电影节、日本东京电影节并做宣传<br>11月：参加阿根廷本塔纳斯勒电影市场并做宣传<br>12月：参加迪拜电影市场并做宣传</td></tr>
</table>

所需预算：20亿韩元。

主要成果：成功吸引2部中国、美国电影。

| 支援 | 分类 | 国籍 | 作品名 | 制作公司 | 预定支援金额 |
|---|---|---|---|---|---|
| 支援决定 | 电影 | 中国 | 城市游戏 | 中国电影 | 479 876 250韩元 |
| | 电影 | 美国 | Beyond the Border | YMK Films LLC | 283 422 250韩元 |

需要补充的问题及改善方案：通过对激励项目进行持续的海外宣传，提高该项目的海外认知度，吸引新作品，并推进预算的早期执行。

(3)2013年度的推进计划。

工作目的：通过每年吸引5部以上的外国影像作品，提高预算执行率，并通过稳定的运营促进项目的平稳发展。

工作内容：为了吸引新的国内摄影作品，持续地进行海外宣传以提高吸引业绩，并增进因此而引发的国内旅游效果。

推进日程：

<table>
<tr><th>日期</th><th>推进内容</th><th>备注</th></tr>
<tr><td>1 季度</td><td>1 月：项目公告<br>2 月：制作新广告，参加 EFM(European Film Market)并做宣传<br>3 月：参加香港电影市场并做宣传</td><td rowspan="4">海外事务所(美国、中国)及驻外人员(法国、日本)在当地进行日常性宣传</td></tr>
<tr><td>2 季度</td><td>4 月：参加北京国际电影节并做宣传，海外电影相关人士进行 FAM 之旅<br>5 月：参加戛纳国际电影节并做宣传<br>6 月：参加上海国际电影节、美国 AFCI 外景拍摄地博览会并做宣传</td></tr>
<tr><td>3 季度</td><td>7 月：在主要海外杂志上做广告<br>8 月：在世界最大外景拍摄地信息网络“The Location Guide”上发布横幅广告，并在期刊上发布广告<br>9 月：参加 BCWW 并做宣传</td></tr>
<tr><td>4 季度</td><td>10 月：参加釜山国际电影节、日本东京电影节并做宣传，海外电影相关人士进行 FAM 之旅<br>11 月：参加 AFM(American Film Market)并做宣传<br>12 月：参加迪拜电影市场并做宣传</td></tr>
</table>

所需预算：

（单位：亿韩元）

| 分类 | 2012 | 2013 | 2014 | 总计 |
|---|---|---|---|---|
| 国库 | — | — | — | — |
| 基金(其他) | 20 | 15 | — | 35 |
| 总计 | 20 | 15 | — | 35 |

(4)期待效果。

通过将海外项目吸引到国内，使韩国成为国外影像作品的生产基地，促进国内人员的全球化，创出新工作岗位，并扩大国内电影市场的规模。

作为拉动韩流现象共同发展的牵引车，将为提高国家形象，通过吸引游客增加内需并促进经济发展作出贡献。

## 培育播放资讯的版式企业[3-3-2-③]

| | | | |
|---|---|---|---|
| 主管部门 | 文化体育观光部(播放影像广告科) | 分类 | 预算 |
| 工作时间 | 2011 年—持续 | 合作部门 | 相关部门 |

(1)工作概要。

工作目的：通过在国内构建播放版式的制作基础设施，促进制作的发展。

在全球播放版式市场快速发展的情况下，抢占亚洲版式市场的先导权。

工作时间：2012年(单年度持续)。

工作实施主体：韩国资讯振兴院。

工作内容：

对播放影像资讯的版式制作提供支持。资助经典版式的制作，资助新版式的开发制作。

运营播放资讯版式的APP。为构建人力基础，运营研究/教育课程，并吸引与版式相关的学术团体。

(2)2012年度的推进实绩。

推进现状(经过)：

| 日期 | 推进内容 | 备注 |
|---|---|---|
| 1季度 | 制定基本计划，并选定支援作品 | |
| 2季度 | 向支援作品支付定金，并进行版式及海外版式相关进修 | |
| 3季度 | 进行中期评价后支付试验作品的制作费 | |
| 4季度 | 对完结作品进行评价后支付剩余金额 | |

所需预算：14.5亿韩元。

主要成果：开发经典版式(3篇)，版式项目制作(10篇)，新论文版式(11篇)。

2009—2011年，对19篇经典版式、7篇国际共同试验、9篇新版式等的制作提供支持。文化部所扶持的制作作品中，《我们结婚了》出口销售给土耳其Show TV(3万欧元)，《挑战金贝尔》出口销售给越南WWP制片公司(15 000盾，2年)

(3)2013年度的推进计划。

工作目标：通过在国内构建播放版式制作的基础设施，促进制作的发展。

在全球播放版式市场快速发展的情况下，引导亚洲版式市场。构建并运营播放资讯版式的APP，吸引海外版式学术团体。

主要推进内容：

资助播放影像资讯的版式制作。资助经典版式制作，资助新版式的开发与制作。

运营播放资讯版式的APP。为构建人员基础，运营研究/教育课程，吸引与版式相关的学术团体。

推进日程：

| 日期 | 推进内容 | 备注 |
|---|---|---|
| 1季度 | 制定基本计划 | |
| 2季度 | 选定扶持作品，运营版式APP，吸引海外学术团体 | |
| 3季度 | 为构建人力基础，运营研究/教育课程 | |
| 4季度 | 对所完成的扶持作品进行评价 | |

所需预算：

（单位：亿韩元）

| 分类 | 2012 | 2013 | 2014 | 总计 |
|---|---|---|---|---|
| 国库 | 14.5 | 14.5 | 20 | 49 |
| 基金(其他) | — | — | — | — |
| 总计 | 14.5 | 14.5 | 20 | 49 |

(4)期待效果。

开发在现行播放体制内难以挖掘出来的新颖、实验性创意，通过确保相关行业新项目的来源，促进播放版式制作的发展。

①通过版式开发和经典制作，促进版式产业的发展，并确保相关的开发技术。

②通过对国内编制与海外流通的援助，构建制作公司的新收益模型。

经典版式：把电影剧本、演出、演员挑选、舞台装饰、宣传等整体性专业技术打包到一起的制作指南。

## 培育资讯领域的世界一流产品[3-3-2-④]

| 主管部门 | 知识经济部(贸易振兴科) | 类型 | 非预算 |
|---|---|---|---|
| 工作时间 | 2012—2015 年 | 合作部门 | 相关部门 |

(1)工作概要。

工作目的：将目前销售额与出口都持续增长的资讯产业培育成世界一流商品，发展成为未来出口的发展动力。

通过第 18 届世界一流商品发展审查委员会(2012 年 4 月)，制定资讯等服务领域一流商品的选定标准。

工作时间：2012—2015 年(持续)。

工作实施主体：韩国生产效率本部，KOTRA。

工作内容：

选定世界一流商品的生产企业：认证在世界市场的出口占有率达 5%以上，或出口额度达到 500 万美元以上的资讯相关企业，并进行宣传。

扶持海外营销：通过为参加资讯领域的展示会、商谈会提供支持，对在海外设立分部提供支持，并对社交营销、自我品牌营销等定制型海外营销提供支持，扩大对整体出口的支持。

(2)2012 年度的推进实绩。

推进现状：

| 时期 | 推进内容 | 备注 |
|---|---|---|
| 1 季度 | | |
| 2 季度 | 制定选定服务领域世界一流商品及世界一流商品生产企业的标准<br>发布世界一流商品生产企业的选定公告(制造业、服务业) | |
| 3 季度 | | |
| 4 季度 | 选定世界一流商品的生产企业 | |

所需预算：无相关数据。

主要成果：服务领域世界一流商品选定标准的制定，成为目前以制造业为主的一流商品选定向服务业领域扩大的契机。

需要补充的问题及改善方案：

与其他领域相比，资讯领域的申请被接收的比率相对较低，要扩大与韩国资讯振兴会等相关机构的有机的业务联系。

(3)2013 年度的推进计划。

工作目标：通过发掘、资助优秀的资讯企业，扩大资讯领域世界一流商品的数量，并确保未来的出口增长动力。

主要推进内容：

为了发掘目前申请量不足的资讯产业的新一代世界一流商品，加强与相关机构的业务联系。

**世界一流商品的选定标准：服务领域**

| 类型 | 选 定 标 准 |
|---|---|
| 一流商品 | 世界市场占有率前 5 位或 5% 以上的服务商品<br>年度出口规模在 500 万美元以上的服务商品 |
| 新一代世界一流商品 | 满足下列各项之一者：<br>通过对盈利可能性、发展性、竞争力等方面的评价，被认为在未来 5 年内其世界市场占有率可以进入前 5 位的商品<br>年度出口额能达到 500 万美元以上的服务商品 |

2013 年度的推进日程：

| 时期 | 推进内容 | 备注 |
|---|---|---|
| 1 季度 | 发掘资讯领域的相关机构，讨论业务的联系、选定监事机构 | |
| 2 季度 | 发布世界一流商品与生产企业的选定公告(5—7 月) | |
| 3 季度 | 审议世界一流商品及生产企业(7—10 月) | |
| 4 季度 | 选定世界一流商品的生产企业(11 月)<br>从下一年度开始对所选定的世界一流商品生产企业进行支援 | |

所需预算：无相关数据。

(4)预期效果。

通过培育资讯领域的世界一流企业来确保未来的成长动力，并将以制造业为中心的出口构造转变为以创意为中心的知识服务。

## 为确保国际性资讯，加强对基础主题的支持[3-3-3]

| 主管部门 | 文化体育观光部(影像资讯产业科)<br>文化体育观光部(游戏资讯产业科) | 类型 | 预算 |
|---|---|---|---|
| 工作时间 | 2011 年—持续 | 合作部门 | 相关部门 |

### 1. 培育全球性漫画资讯

(1)工作概要。

工作目的：通过对漫画作家的海外进军及优秀漫画资讯的海外流通提供支持，为韩国型漫画资讯的全球消费打下基础。

工作时间：2012 年—持续。

工作实施主体：韩国资讯振兴院，韩国漫画影像振兴院。

工作内容：资助海外作家与国内作家通过合作制作出具有世界共鸣的漫画作品，并对多种语言转换等世界性营销提供支持。

(2)2012 年度的推进实绩。

推荐现状(经过)：

| 时期 | 推进内容 | 备注 |
|---|---|---|
| 1 季度 | 制定基本计划，发布项目公告，选定支援对象 | |
| 2 季度 | 选定共同制作者，支援课题并签订协议 | |
| 3 季度 | 对各支援课题进行中期评价 | |
| 4 季度 | 评价支援作品并进行国内外营销 | |

所需预算：30 亿韩元。

主要成果：

为了海外版权的出口，对发掘国际优秀漫画提供支持：12 个作品。

与美国主要漫画出版社联系，进行当地的项目：Marvel 等 3 个公司，进行 6 个项目。

对于韩国漫画出口企业，按不同的圈域，在世界漫画市场出口方面给予不同的援助：6 部。

为了促进韩国漫画海外出口的发展，资助国际性长篇漫画的制作：7 部。

资助以世界文化遗产为素材的韩国漫画的制作及出版：7 部。

需要补充的问题及改善方案：

为了应用优秀海外市场的先进制作系统，促进韩国漫画生产出国际性资讯，需要在多年间持续地推进漫画产业的发展，并需要制定市场的多边化战略。

为了加强国内漫画作家及企业的国际竞争力，促进与当地的共同制作，需要扩大预算。

(3)2013 年度的推进计划。

工作目标：加强国内漫画作家及相关企业的国际竞争力，构建韩国漫画的国际化品牌。

主要推进内容：

支援制作 6 部海外市场出口用的国际化长篇漫画。

支援 6 部以韩国为背景素材的韩流漫画的创作及出口。

支援 20 部左右的国内外共同制作的国际化漫画。

参与海外战略市场(5 次)，发掘原创、原画的成功案例(2 个左右)。

推进日程：

| 时期 | 推进内容 | 备注 |
| --- | --- | --- |
| 1 季度 | 制定基本计划，发布项目公告，举办说明会 | |
| 2 季度 | 选定支援对象 | |
| 3 季度 | 对各支援课题进行中期评价 | |
| 4 季度 | 对支援课题进行评价，并进行国内外营销 | |

所需预算：

（单位：亿韩元）

| 分类 | 2011 | 2012 | 2013 | 总计 |
| --- | --- | --- | --- | --- |
| 国库 | 30 | 21 | 30 | — |
| 基金(其他) | — | — | — | — |
| 总计 | — | — | — | — |

(4)预期效果。

通过在日本、美国、欧洲等海外先进漫画市场宣传韩国漫画的实力，培育 K-Comics(韩国漫画)这一国际化品牌。

通过按圈域来收集世界漫画市场的相关信息及对出口企业进行援助，使海外市场的开拓不断系统化。

### 2. 培育国际化动漫形象资讯

(1)工作概要。

工作目的：通过改进对国产动漫形象的认知及积极进行国内外宣传，扩大销售市场，并促进海外出口的发展。

工作时间：2012 年—持续。

工作实施主体：韩国资讯振兴院。

工作内容：对开发可以进入国际市场的优秀动漫形象商品、生活中的动漫形象商品、以各区地域传统为素材的动漫形象给予援助。

(2)2012 年度的推进实绩。

推进现状(经过)：

| 时期 | 推进内容 | 备注 |
| --- | --- | --- |
| 1 季度 | 制定基本计划，发布项目公告，举行说明会 | |
| 2 季度 | 选定支援课题，并签订协议 | |
| 3 季度 | 对各支援课题进行中期评价 | |
| 4 季度 | 对支援作品进行评价，并进行国内外营销 | |

所需预算：50 亿韩元

主要成果：

资助玩具、家具、运动等生活中的动漫形象商品的制作：10 个课题。

资助以进军国际市场为目标的专用动漫形象商品的开发：4 个。

资助应用动漫形象所创作的动漫、漫画、游戏等联结项目的制作：13 个课题。

资助以各地区传统为素材基础的动漫形象商品的开发：10 个课题。

需要补充的问题及改善方案：

为了使以儿童为中心的国内动漫形象产业向多样化年龄段、商品群等扩展，需要长期、持续地促进产业的发展，扩大预算的援助额度。

为了加强国内优秀动漫形象的全球竞争力，需要推进现场宣传及营销等更积极的商品经销方式。

(3)2013 年度的推进计划。

工作目的：通过国产动漫形象的开发向多样化领域扩展及相关资讯的制作，扩大商业领域以提高产业竞争力。

主要推进内容：

援助生活中的动漫形象商品、国际化动漫形象商品、以地区传统为素材的动漫形象等优秀国产动漫形象商品的开发(18 部)。

资助应用动漫形象所创作的动漫、漫画、游戏等联结项目的制作(10 个左右)。

推进日程：

| 时期 | 推进内容 | 备注 |
| --- | --- | --- |
| 1 季度 | 制定基本计划，发布项目公告，召开说明会 | |
| 2 季度 | 选定支援课题，并签订协议 | |
| 3 季度 | 对各支援课题进行中期评价 | |
| 4 季度 | 对支援作品进行评价，并进行国内外营销 | |

所需预算：

（单位：亿韩元）

| 分类 | 2012 | 2013 | 2014 | 总计 |
|---|---|---|---|---|
| 国库 | 50 | 50 | 60 | — |
| 基金(其他) | — | — | — | — |
| 总计 | — | — | — | — |

(4)预期效果。

以儿童为中心的国内动漫形象产业向多样化年龄段、商品群的扩展，将减少动漫形象产业的不均衡，并促进出口的进一步发展。

由消费者的市场趋势反映出来的国内消费的扩大，将加强动漫形象产业规模的扩大及海外竞争力的提高。

### 3. 培育国际化动漫资讯

(1)工作概要。

工作目的：发掘在海外市场成功可能性高的国际化动漫项目。

工作时间：2011 年 1 月—持续。

工作实施主体：韩国资讯振兴院。

工作内容：发掘并扶持国际化动漫项目，援助优秀动漫试验节目的制作，资助动漫续集的制作，对参加海外动漫展示市场及商务洽谈予以援助。

(2)2012 年度的推进计划。

工作目标：发掘在海外市场成功可能性高的国际化动漫项目。

主要推进内容：资助国际化动漫原作及国际共同制作，资助动漫续集的制作，资助免费、短篇动漫的制作，资助海外动漫展示市场，促进亚洲动漫共同市场的发展等。

推进日程：

| 日期 | 推进内容 | 备注 |
|---|---|---|
| 1 季度 | 2 月：制定资助国际化动漫原作及海外共同制作、资助动漫续集的制作、资助产学合作动漫的制作、资助免费及短篇动漫的制作等项目的详细推进计划，对参加 Kidscreen Summit(美国纽约，2012. 2)予以援助<br>3 月：发布动漫制作资助项目的接收公告，对参加 TAF(日本东京，2012. 3)予以援助<br>4 月：对参加 MIPTV(法国戛纳，2012. 4)予以援助 | |
| 2 季度 | 4 月：公开征集并接收资助国际化动漫原作及海外共同制作、资助动漫续集的制作、资助产学合作动漫的制作、资助免费及短篇动漫等项目的课题(2012. 4)<br>6 月：审查、选定动漫援助作品，签订协议(2012. 6) | |
| 3 季度 | 7 月：对动漫制作支援选定作品实施管理教育<br>举办动漫论坛(2012. 7) | |
| 4 季度 | 10 月：对参加 MIPCOM(法国戛纳，2012. 10)予以援助<br>举办亚洲动漫峰会(2012. 12) | |

所需预算：75 亿韩元。

(3)2013 年度的推进计划。

工作目的：发掘在海外及内需市场中成功可能性高的动漫项目。

主要推进内容：资助国产动漫的国际共同制作，资助动漫原作的制作，资助产学合作动漫的制作，资助动漫续集的制作，资助免费、短篇动漫的制作，资助海外的动漫展示市场及商务洽谈，促进亚洲动漫共同市场的发展。

推进日程：

| 日期 | 推进内容 | 备注 |
| --- | --- | --- |
| 1 季度 | 2 月：制定资助国产动漫的国际共同制作、资助动漫原作的制作、资助动漫续集的制作、资助产学合作动漫的制作、资助免费/短篇动漫的制作等项目的详细推进计划，对参加 Kidscreen Summit(美国纽约，2013. 2)予以援助<br>3 月：发布动漫制作资助项目的接收公告，对参加 TAF(日本东京，2013. 3)予以援助<br>4 月：对参加 MIPTV(法国戛纳，2013. 4)予以援助 | |
| 2 季度 | 4 月：公开征集并接收资助国产动漫的海外共同制作、资助动漫原作的制作、资助动漫续集的制作、资助产学合作动漫的制作、资助免费及短篇动漫等项目的课题(2013. 4)<br>6 月：审查、选定动漫援助作品，签订协议(2013. 6) | |
| 3 季度 | 7 月：对动漫制作支援选定作品实施管理教育<br>举办动漫论坛(2013. 7) | |
| 4 季度 | 10 月：对参加 MIPCOM(法国戛纳，2013. 10)予以援助<br>举办亚洲动漫峰会(2013. 12) | |

所需预算：

（单位：亿韩元）

| 分类 | 2012 | 2013 | 2014 | 总计 |
| --- | --- | --- | --- | --- |
| 国库 | 75 | 65 | 100 | 240 |
| 基金(其他) | — | — | — | — |
| 总计 | 75 | 65 | 100 | 240 |

(4)期待效果。

通过对国内优秀动漫企划作品的事先制作予以援助，激发国内动漫业界整体的创作欲望。

培养优秀的企划人员，为进入国际市场强化企划力量。

以成功可能性高的作品为对象，资助其原作的制作，激发投资者已萎缩的投资欲望，扩大海外出口的机会。

资助国际化动漫发掘项目的国内外营销，通过对参加资讯展示会、动漫展示会等国内展示及海外交易会的资助，资助整体的国内外营销，进而资助海外共同制作及吸引投资。

通过续集来延长宣传活动的时间，进而促进动漫角色的商务发展，发掘和培育能创造出持续性附加价值的长线动画。

资助那些处于企划阶段但成功可能性高的动漫制作，吸引国内外的投资，并鼓励共同制作。

发掘能在海外获得成功的国产创作动漫作品，通过吸引海外投资与发行商，提高其出口效果。

通过亚洲唯一的动漫专业性商业洽谈活动确保差别性，通过促进共同制作、投资的发展扩大市场。

## 四、营造共同发展的生态系统

| 分类 | 课题名 | 推进时期 | | 承担者 |
|---|---|---|---|---|
| | | 开始 | 结束 | |
| 重点课题 | 4-1. 促进设备—服务—资讯的共同发展 | | | |
| 实践课题 | (1)对共同发展的项目提供支持 | 2011 | 持续 | 文化部 |
| | (2)促进共同发展协会的发展 | | | |
| | ①新一代资讯共同发展协议会 | 2011 | 持续 | 文化部 |
| | ②韩国电影共同发展协议体 | 2011 | 2012(结束) | 文化部 |
| 重点课题 | 4-2. 加强对版权的保护并加强应用 | | | |
| 实践课题 | (1)加强 24 小时的版权保护 | | | |
| | ①构建版权侵害预防体系，加强保护的执行力 | 2011 | 持续 | 文化部<br>播放通信委员会 |
| | ②加强海外版权的保护及国际合作 | 2011 | 持续 | 文化部 |
| | ③加强技术上的应对 | 2011 | 持续 | 文化部 |
| | (2)促进作品的公正使用 | | | |
| | ①优化作品流通体系 | 2011 | 持续 | 文化部 |
| | ②共享作品创作的资源化 | 2011 | 持续 | 文化部<br>教育科学技术部 |
| | ③提高版权信托管理团体的透明度 | 2011 | 持续 | 文化部 |
| | (3)构建先进的版权保障基础 | | | |
| | ①改善应对新媒体环境的法制制度 | 2011 | 持续 | 文化部 |
| | ②促进替代性纷争调解制度的发展 | 2011 | 持续 | 文化部 |
| | ③提高生活中对版权的认识 | 2011 | 持续 | 文化部 |

续表

| 分类 | 课题名 | 推进时期 | | 承担者 |
|---|---|---|---|---|
| | | 开始 | 结束 | |
| 重点课题 | 4-3. 营造企业间、企业与消费者间的公正竞争环境 | | | |
| 实践课题 | (1)纠正不公正行为及预防技术窃取 | | | |
| | ①纠正不公正行为 | 2011 | 持续 | 公正交易委员会<br>播放通信委员会 |
| | ②预防技术窃取 | 2011 | 2012(结束) | 公正交易委员会 |
| | (2)推进标准合同的应用 | | | |
| | ①播放 | 2011 | 持续 | 文化部 |
| | ②电影 | 2011 | 持续 | 文化部 |
| | (3)制定认证标准及收益分配指南 | | | |
| | ①外包制作的认证标准 | 2011 | 2012(结束) | 播放通信委员会<br>文化部 |
| | ②移动收益分配指南 | 2011 | 持续 | 播放通信委员会 |
| | (4)改善资讯交易环境 | 2011 | 持续 | 文化部 |
| | (5)改善相关法律制度 | | | |
| | ①在播放法中新增关于禁止行为的条款 | 2011 | 持续 | 播放通信委员会 |
| | ②制定关于 PP 程序使用费用的支付比例及对象的合理标准 | 2011 | 持续 | 播放通信委员会 |
| | ③外包供应标准申报的义务化 | 2011 | 2012(结束) | 播放通信委员会 |
| | ④改善大众文化艺术人员的福祉 | 2011 | 2013 | 文化部 |

## (一)促进设备—服务—资讯的共同发展

### 促进设备—服务—资讯的共同发展[4-1-1]

| 主管部门 | 文化体育观光部(数字资讯产业科) | 分类 | 预算 |
|---|---|---|---|
| 工作时间 | 2011 年—持续 | 合作部门 | 相关部门 |

(1)工作概要。

工作目的：通过营造大、中小企业间相互合作的良性循环生态系统，培育资讯产业。

工作时间：2011 年—继续。

工作实施主体：文化部(资讯振兴院)。

工作内容：推进大中小企业(设备—服务—资讯)间的共同发展工作。

①发掘并资助大中小企业的共同发展工作。

条件：原则上总工作经费的 80%以上由大企业出资，大中小企业组成企业联盟。

支援领域：以智能设备(TV、手机)为基础的资讯或 3D、虚拟现实等新一代资讯的制作。

②举办新一代资讯大中小企业的共同发展协议会(每年 1 次)。

(2)2012 年度的推进实绩。

推进现状(经过):

| 日期 | 推进内容 | 备注 |
| --- | --- | --- |
| 1 季度 | 制定工作计划，面向大企业举办工作说明会 | |
| 2 季度 | 发布共同发展支援工作的公告(4 月)，选定课题(5 月) | 10 个联盟 |
| 3 季度 | 完成与各课题签约，进行资讯开发(7 月—) | |
| 4 季度 | 进行各课题的资讯开发(继续)及中期评价，举办第 3 次共同发展协议会(12 月) | |

所需预算：国库 70 亿韩元。

主要成果：使用三星电子等 10 个大企业出资的 423 亿韩元现金，营造大中小企业间的共同发展生态系统。

①大企业的现金出资+国库支援→全额支援中小资讯企业。

②资助以智能设备(TV、手机)为基础的资讯或 3D、虚拟现实等新一代资讯的开发。

③2012 年的总工作经费 493 亿韩元→大企业 423 亿韩元(85.8%)、国库 70 亿韩元(14.2%)。

120 多家中小企业参与，开发新一代资讯 1 600种以上。

对各财团提供最多 20 亿韩元，总项目费的 20%以内的援助(与现金资助额相应比例的资助)。

(3)2013 年度的推进计划。

工作目标：吸引相当于国库支援金额 5 倍以上的大企业现金出资额，用于新一代资讯的开发费用投资。

主要推进内容：积极挖掘大中小企业的联系型大规模项目。

推进日程：

| 时期 | 推进内容 | 备注 |
| --- | --- | --- |
| 1 季度 | 通过实施行业需求调查等方式，发掘课题(1—3 月) | |
| 2 季度 | 发布援助工作公告，选定课题(5 月) | |
| 3 季度 | 与各企业联盟签订协议(6 月)，进行课题开发(7 月) | |
| 4 季度 | 进行各课题的中期评价(12 月) | |

所需预算：

(单位：亿韩元)

| 分类 | 2011 | 2012 | 2013 | 总计 |
| --- | --- | --- | --- | --- |
| 国库 | 47 | 71 | 62 | 180 |
| 基金(其他) | 265 | 423 | 351 | 1039 |
| 总计 | 312 | 494 | 413 | 1219 |

(4)期待效果。

构建大中小企业相生的商务模型，扩大全球市场的出口。

## (二)加强对版权的保护并加强应用

### 构建版权侵害预防体系，加强保护的执行力[4-2-1-①]

| 主管部门 | 文化体育观光部(版权保护科)<br>播放通信委员会(网络政策科) | 类别 | 预算 |
|---|---|---|---|
| 工作时间 | 2011 年—持续 | 合作部门 | 相关部门 |

1. 构建侵害预防体系，加强保护的执行力(文化体育观光部)

(1)工作概要。

工作目的：

加强对非法复制品 24 小时监测及管制的执行力，为资讯产业的振兴打下坚实的基础。

通过加强对版权的保护，保护创作者的权利，营造健全的著作使用环境。

工作时间：持续。

工作实施主体：文化体育观光部、韩国版权委员会、韩国版权团体联合会。

工作内容：

构建在线非法复制品日常监测体系(运营在线家庭监测、非法著作跟踪管理系统等)。

针对在线非法复制品流通在线流通服务提供者的纠正措施。

加强版权特别司法警察对违反版权法者的搜查及司法处理。

(2)2012 年度的推进实绩。

所需预算：39.4 亿韩元。

主要成果：

通过加强对与非法作品的流通相关事项的监测及纠正措施，构建不间断的版权保护体系，为资讯产业的发展打下了基础。

①在线非法复制品监测：2011 年：345 907件→2012 年 9 月：782 842件。

②与在线非法复制品流通相关的“纠正劝告”：2011 年：107 724件→2012 年 9 月：156 341件。

③版权特别司法警察的搜查及司法处理：2011 年：1 115件→2012 年 9 月：1 304件。

需要补充的问题及改善方案：

为了应对由数字技术的发展而产生的侵权环境的多边化，要保证能持续地执行版权保护政策，需要将其费用反映到预算中。

(3)2013 年度的推进计划。

工作目标：

通过持续地执行版权保护政策，为资讯产业的发展打下基础。

| 分类 | 业绩与目标(件) | | | 计算依据 | 备注 |
|---|---|---|---|---|---|
| | 2011 年 | 2012 年 9 月 | 2013 年目标 | | |
| 对在线非法复制品的监测 | 345 907 | 782 842 | 880 000 | 版权保护中心在线监测的件数 | |
| 与在线非法复制物流通相关的“纠正劝告” | 107 724 | 156 341 | 200 000 | 韩国版权委员会纠正劝告件数 | |
| 版权特别司法警察的搜查及司法处理 | 1 115 | 1 304 | 1 700 | 版权特别司法警察搜查和移交检察院件数 | |

主要推进内容：

加强对在线非法复制品的日常监测及删除要求。

强化对在线非法复制品在线流通服务提供者的纠正措施。

加强特别司法警察对违反版权法者的搜查及司法处理。

推进日程：

| 时期 | 推进内容 | 备注 |
|---|---|---|
| 1 季度 | 实施对在线非法复制品的日常监测(—3 月)<br>对非法复制品的在线流通进行纠正劝告(—3 月)<br>版权特别司法警察进行搜查及司法处理(—3 月) | |
| 2 季度 | 实施对在线非法复制品的日常监测(—6 月)<br>对非法复制品的在线流通进行纠正劝告(—6 月)<br>版权特别司法警察进行搜查及司法处理(—6 月) | |
| 3 季度 | 实施对在线非法复制品的日常监测(—9 月)<br>对非法复制品的在线流通进行纠正劝告(—9 月)<br>版权特别司法警察进行搜查及司法处理(—9 月) | |
| 4 季度 | 实施对在线非法复制品的日常监测(—12 月)<br>对非法复制品的在线流通进行纠正劝告(—12 月)<br>版权特别司法警察进行搜查及司法处理(—12 月)) | |

所需预算：

（单位：亿韩元）

| 类别 | 2012 | 2013 | 2014 | 合计 |
|---|---|---|---|---|
| 国库 | 39. 4 | 3. 94 | 36. 0 | 110. 3 |
| 基金(其他) | — | — | — | — |
| 合计 | 39. 4 | 3. 94 | 36. 0 | 110. 3 |

(4)预期效果。

通过构建 24 小时不间断的日常性版权保护体系，营造健全的版权生态系统，为文化资讯产业的发展打下基础。

2. 引入特殊型附加通信运营商的注册制度(播放通信委员会)

(1)工作概要。

工作目的：为了防止非法信息的流通并保护使用者，引进针对提供硬盘、P2P 等特殊类型附加通信运营商的注册制度。

工作时间：2012 年。

工作实施主体：播放通信委员会。

工作内容：对与注册申请相关的技术性措施、人力及物资设施、财务健全性等注册条件进行审查并注册。

(2)2012 年的推进业绩。

推进现状(经过)：

| 时期 | 推进内容 | 备注 |
|---|---|---|
| 1 季度 | 进行硬盘、P2P 注册工作 | |
| 2 季度 | 结束对已有硬盘企业的注册(5.21) | |
| 3 季度 | 检查注册企业履行注册条件的实际状况 | |
| 4 季度 | — | |

所需预算：无相关数据。

主要成果：检查了注册企业履行注册条件的实际情况。

需要补充的问题及改善方案：为了有时效地实施注册制度，需要与文化部等相关机构合作。

(3)2013 年度的推进计划：项目结束。

## 加强海外版权的保护及国际合作[4-2-1-②]

| 主管部门 | 文化体育观光部(版权政策科) | 类型 | 预算 |
|---|---|---|---|
| 工作时间 | 2011—持续 | 合作部门 | 相关部门 |

(1)工作概要。

工作目的：针对出口海外的韩流文化资讯版权所受到的侵害，实施有效的应对及救济措施，加强国际版权的交流合作。

工作时间：持续。

工作实施主体：文化体育观光部，韩国版权委员会。

工作内容：

运营海外版权中心(中国、泰国、菲律宾、越南)。

加强国际版权的交流合作。

海外侵权监测等应对性援助。

促进海外版权信息 plus 网站的发展。

WIPO 信托基金协议的合作工作。

(2)2012 年的推进实绩。

推进现状(经过):

| 时期 | 推进内容 | 备注 |
|---|---|---|
| 1 季度 | 对侵权当地的应对及救济措施(随时)<br>中国地区韩国版权的权利认证(随时)<br>与当地出口资讯业界的座谈会(2 月、3 月、5 月)<br>版权的法律咨询，法务法人合同(3 月、中国) | |
| 2 季度 | 中国、泰国地区的韩国版权在线流通状况调查(5—8 月)<br>菲律宾马尼拉版权中心的启动仪式(5 月)<br>韩泰版权合作论坛(5 月)<br>韩—老挝的版权交流合作工作坊(6 月)<br>东南亚的提高版权认识夏令营(6 月)<br>改善海外版权的在线信息提供(6 月) | |
| 3 季度 | 报告上半年监测结果、救济措施(8 月)<br>中韩版权论坛(9 月) | |
| 4 季度 | 首尔版权论坛(10 月)<br>韩日版权论坛(12 月)<br>在越南河内设立版权中心(12 月)<br>设立越南专利技术版权中心(12 月)<br>签署韩越版权交流合作 MOU(12 月)<br>WIOP Study Visit(12 月) | |

所需预算：17 亿韩元。

主要成果：了解我国作品在海外的流通状况，并对其管理、救济提供帮助，通过交流合作，营造合法的流通文化。

中国、泰国地区的韩国版权(电视剧、电影、音乐)在线流通状况调查：5—8 月。

资助对海外当地韩国作品的侵权救济(发送警告状、行政处罚等)：95 件。

资助海外版权的专业法律咨询及商谈：347 件。

中国地区的韩国版权权利认证：1 027件。

为了促进国际版权的交流合作而举办论坛等活动：13 件。以 2012 年 10 月 31 日的业绩为准。

需要补充的问题及改善方案：

有必要通过把对海外当地韩国作品在线流通状态的监测转换为常态，加强对侵权的应对。3—4 个月一次的临时检测→平时监测(有必要扩大相关的预算、人力等)。

(3)2013 年度的推进计划。

工作目标：

扩大对签订海外版权合法使用合约的援助：34 件(2012)→41 件(2013)。

成立海外版权中心：5 个(2012)→6 所(2013)。

主要推进内容：

海外当地的韩国版权在线流通状况调查(4 个国家)。

海外出口的文化资讯行业在当地召开版权保护说明会。

资助海外当地对韩国作品的侵权应对及救济措施。

加强版权的交流合作，以发展中国家为对象进行版权教育，并提高其认识。

推进日程：

| 时期 | 推进内容 | 备注 |
|---|---|---|
| 1 季度 | 版权的法律咨询，法务法人合同(1 月)<br>海外出口的文化资讯企业在当地召开版权保护说明会<br>资助海外当地对韩国作品的侵权应对及救济措施(随时) | |
| 2 季度 | 调查海外当地的韩国版权在线流通状况(5 月)<br>提高东南亚地区版权认识的教育及夏令营(随时)<br>改善海外版权在线信息的提供(6 月) | |
| 3 季度 | 韩中版权论坛(需要两国的协商)<br>报告流通状况调查的结果，侵权事件的救助措施(8 月) | |
| 4 季度 | 扩大、增设海外版权中心<br>首尔版权论坛(计划)<br>韩日版权论坛(需要两国的协商)<br>WIOP Study Visit(需要协商) | |

所需预算：

(单位：亿韩元)

| 类别 | 2012 | 2013 | 2014 | 合计 |
|---|---|---|---|---|
| 国库 | 17.0 | 17.0 | 21.0 | 55.0 |
| 基金(其他) | — | — | — | — |
| 合计 | 17.0 | 17.0 | 21.0 | 55.0 |

(4)预期效果。

通过实质性的海外侵权应对及救助措施，加强对韩流版权的保护，并促进其利用。

通过加强国际版权的交流合作及宣传，加强韩流传播地区对版权保护的合作，并改善保护环境。

## 加强版权保护的技术性应对[4-2-1-③]

| 主管部门 | 文化体育观光部(版权产业科) | 分类 | 预算 |
|---|---|---|---|
| 工作时间 | 2011 年—持续 | 合作部门 | 相关部门 |

(1)工作概要。

工作目的：加强由作品应用环境的变化所要求的技术性应对。

工作时间：持续。

工作实施主体：文化体育观光部，韩国版权委员会。

工作内容：开发保护版权及促进其应用的技术(R&D)，支援版权技术及其标准化。

(2)2012 年度的推进实绩。

所需预算：71.1 亿韩元。

主要成果：

对硬盘等为了防止作品的非法流通对所应用的版权技术实施性能评价，提高版权的保护水平(8 件，107 个网站应用)

通过构建与亚洲圈国家(中国、越南、马来西亚等)的版权相关机构、团体间的交流网络，为与版权相关的技术行业进入海外市场营造良好的基础环境。

推进与为保护 SW 版权而进行的相关研究，如 SW 版权的归属、计算机程序保护体系的调查与分析等，确保政策制定所需要的基础资料。

随着以数字为基础的作品应用环境的变化，为了加强技术性的应对，扩大版权技术的 R&D(新开发 3 件，持续开发 3 件)。

| 分类 | 课题名 | 所需预算 | 工作时间 |
|---|---|---|---|
| 新开发 | 开发基于清洁云的应用遥控型技术 | 15 亿韩元 | 2012—2014 |
| | 研究开发为提供与作品传送相关的日志信息可信性的技术 | 5 亿韩元 | 2012—2013 |
| | 开发以二进制码动态固有信息为基础的软件相似性感知技术 | 4 亿韩元 | 2012—2014 |
| 持续开发 | 研究开发以系统软件为基础的移动应用 APP 非法复制防止技术 | 9 亿韩元 | 2011—2013 |
| | 研究开发预防与检查侵权的软件技术 | 9 亿韩元 | 2011—2013 |
| | 开发以国际标准的 ePub 为基础的电子书 DRM 标准参考软件 | 5 亿韩元 | 2011—2012 |

(3)2013 年度的推进计划。

工作目标：确保版权利用环境变化所要求的技术性应对力量。

主要推进内容：

①《对版权技术及其标准化的支援》。

对过滤技术进行性能评价，为构建漫画、图片等的性能评价体系做准备。

构建把应用于 OSP 的技术性措施应用到日常的监测体系。

构建提供从技术性措施的申请到运营、管理的一站式统合处理体系。

促进与亚洲圈国家的版权相关团体、企业等的持续性交流与合作。

为了解最新的版权技术动向，探索技术应对方案，举办“国际版权技术大会”(ICOTEC，2013)。

为加强 SW 版权保护基础进行研究。

②《版权保护及应用技术的开发》。

研究开发在云技术与移动环境中的版权保护、网络硬盘日志信息可信性的确保、自我检测软件、软件相似性比较等技术(延续课题)。

开发可以在比特流、SNS 上切断非法流通的技术，研究开发切断图书、图片非法流通的技术(新课题)。

为了构建波及作品的管理、流通、分配、结算等著作物生命周期全过程的生态系统，研究开发服务革新技术。

推进日程：

| 时期 | 推进内容 | 备注 |
|---|---|---|
| 1 季度 | 制定版权技术及标准化援助工作的计划(2 月)<br>发布 2013 年度版权技术 R&D 工作公告，召开工作说明会(3 月) | |
| 2 季度 | 发布版权技术及标准化援助工作的公告，选定对象(4 月)<br>推进 2013 年度版权技术 R&D、技术实用化支援课程协议的签订。<br>召开版权技术海外出口援助工作的说明会(1 次，5 月) | |
| 3 季度 | 版权技术及标准化援助工作的中期报告<br>推进版权技术海外出口援助等方面的交流合作<br>举办国际版权技术大会(9 月)<br>关于 2014 年度版权技术 R&D 新课题的需求调查(7—8 月) | |
| 4 季度 | 推进对版权技术海外出口的援助<br>为了保护软件版权，发行与计算机程序相关的判例集(10 月)<br>对版权技术 R&D 课题重要阶段的检测(10—11 月)<br>推进 2014 年度新 R&D 课题的企划(10—12 月) | |

所需预算：

(单位：亿韩元)

| 类别 | 2012 | 2013 | 2014 | 合计 |
|---|---|---|---|---|
| 国库 | 71.7 | 77.45 | 130.0 | 279.15 |
| 基金(其他) | — | — | — | — |
| 合计 | 71.7 | 77.45 | 130.0 | 279.15 |

(4)预期效果。

通过开发在新的版权应用环境中保护及应用版权的技术，为版权的健康应用及资讯产业的发展作出贡献。

通过应用及推广标准化的技术性措施，确立透明的数字资讯流通秩序。

## 优化作品流通体系[4-2-2-①]

| 主管部门 | 文化体育观光部(版权产业科) | 分类 | 预算 |
|---|---|---|---|
| 工作时间 | 2011年—持续 | 合作部门 | 相关部门 |

(1)工作概要。

工作目的：通过提供系统化的版权权利管理信息、在线申请版权的使用协议等合法的交易申请，引导作品使用的健全发展。

工作时间：持续。

工作实施主体：韩国版权委员会。

工作内容：为构建版权信息及版权使用协议系统提供支持。

(2)2012年度的推进实绩。

所需预算：19.99亿韩元

主要成果：

通过简化法定认可程序及对所管理的作品实施义务注册制度(2012.10)，加强数字版权交易所和相关机构的合作，扩大版权检索服务。

为了提高修订版《在线音乐传送使用费用规定》(2013.1实施)的实效性，推进对构建音乐传送日志征集、分配系统的支援(10—12月)，提高使用费用征收、分配的透明性及公正性。

通过构建版权统合管理系统，权利管理信息的构建将会增加(2011年的2 764 784件→2012年9月末的2 473 271件)，通过改善在线版权使用协议的职能及扩大服务领域，预计使用数量将从2011年的816件增加到2012年9月末的915件(包括第1、2次的更新协议)，超过预定的目标。

需要补充的问题及改善方案：

为了促进数字版权交易所的版权统合管理系统的发展，需要将音乐领域的UCI应用扩大到语言文学、播放领域。

(3)2013年度的推进计划。

工作目标：

通过对收集、提供版权权利信息的版权使用许可，关于透明的结算、分配等版权交易的支援，促进版权的健全应用。

①统合性版权权利信息构建件数的目标值及计算依据。

2012年：400万件→2013年：800万件，考虑各领域的特性后设定的目标。

②版权使用许可件数的目标值及计算依据。

2012年：830件→2013年：1 079件，与前一年相比增加30%的额度。

主要推进内容：

①收集及提供值得信赖的版权信息。

改善并运营版权信息收集系统。扩大ICN、UCI的统合及版权信息收集标准Open API的应用。

为了收集版权信息，向交易所等合作机构派遣青年实习生(15 名)。

②支援版权在线使用许可的服务。

运营版权使用协议服务。为了增进使用者的便利，将运营认证系统的替代方案(导入私人认证)。

强化版权交易支援系统的职能及其服务。构建音乐传送日志的收集信息和 ICN 映射系统。

③运营版权检索服务。

收集法定许可简化对象的资料，改善服务。构建委托管理作品的版权信息及 ICN 映射系统；开发搜索版权信息的网站服务 APP，并提供服务。

推进版权检索夏令营的活动。

尽力支付未分配的赔偿金。

推进日程：

| 时期 | 推进内容 | 备注 |
|---|---|---|
| 1 季度 | 制定数字版权交易所的工作基本计划(1—2 月)<br>提供交易所信息等相关服务(日常) | |
| 2 季度 | 签订构建系统的采购合同，并选定供应商(4 月)<br>录用及派遣青年实习生(15 名，4 月)<br>召开交易所业务协议会，并运营青年实习制度(4 月—) | |
| 3 季度 | 构建与 ICN 相联系的系统，并进行日常监理(6—9 月)<br>推进版权检索夏令营的活动(6—9 月)<br>举办交易所工作坊(9 月)<br>制定交易所与国际识别体系的联系方案(10 月) | |
| 4 季度 | 对交易所工作进行评价和监测(11 月)<br>验收交易所工作并完成报告(11—12 月) | |

所需预算：

(单位：亿韩元)

| 分类 | 2011 | 2012 | 2013 | 合计 |
|---|---|---|---|---|
| 国库 | 19. 99 | 17. 27 | 23. 20 | — |
| 基金(其他) | — | — | — | — |
| 合计 | 19. 99 | 17. 27 | 23. 20 | — |

(4)期待效果。

系统地构建并提供复杂的作品权利管理信息，扩大新企业的市场进入，保障已有企业稳定的营业活动。

构建能方便地进行音乐、语言、新闻版权在线交易的系统，并促进其发展，缩减为处理版权而产生的交易费用。

通过提供检索版权信息的网站服务，促进版权的使用，并为合法的流通打下基础。

## 共享作品的创作资源化［4-2-2-②］

| 主管部门 | 文化体育观光部(版权产业科)<br>教育科学技术部(e-学习科) | 分类 | 预算 |
|---|---|---|---|
| 工作时间 | 2011 年—持续 | 合作部门 | 相关部门 |

(1)工作概要。

工作目的：通过资助共享作品的发掘、流通，及作为创造素材来使用，谋求资讯产业的进一步发展。共享作品：版权到期、赠予、公开等，没有版权的限制而可以自由使用的著作物。

工作时间：持续。

工作实施主体：韩国版权委员会，韩国数据库振兴院。

工作内容：

调查共享作品的版权状况及创建、链接权利信息。

共享作品虚拟银行的构建。

构建开放性资源软件的应用基础。

资助共享作品的管理及民间开放活动。

(2)2012 年度的推进实绩。

所需预算：26.05 亿韩元。

主要成果：

对共享作品在民间领域的商业化提供支持(7 个行业，67 067件)。

运营共享作品的创造资源化论坛，完成相关的政策性课题。共举行分科委员会(收集，分享，改善法律制度，社会性分工合作)11 次。

构建并运营促进共享作品进一步发展的系统。构建能自由检索、使用共享作品的共享作品网站服务(统合免费的作品网站 DB)。

使用 OLIS(版权许可综合管理系统)服务(209 611名)。查看服务(CodeEye)：454 件(有效比较文件数39 474个)。

报告《促进公共作品的民间使用方案》(2012.1，国家知识财产委员会)，并发布“公共分享标注标准”公告(2012.2，文化部部长公告第 2012-29 号)。

构建共享的代表网页(www.kogl.or.kr)，普及共享作品。2012 年 10 月，引入 41 个机构，提供了102 000余件附有共享标识的作品。

为了扩大公共作品的开放，实施以地方自治团体的实务工作者为对象的共享版权管理教育及共享说明会(全国 10 个不同区域的 200 多个机构，700 余人)。

对于公共机构所拥有的作品，资助其为确保版权权利及确定权利关系进行的咨询(2012 年，以政府、地方自治团体、公共机构等 15 个机构为对象，提供了律师、资讯专家等专业人员的援助)。

需要补充的问题及改善方案：

为了开放并公平地使用公共机构所保有的优质资讯，需要为制定促进普及、推广共享作品的法律和制度做准备。

发掘因版权问题而制约民间使用的公共作品，扩大对版权权利处理的支援，发掘符合民间需求的优质公共作品。

加强对有助于公共作品有效管理的国家政策(公共作品自由使用许可制度，公共作品信托制度)的宣传。

(3)2013 年度的推进计划。

工作目标：

通过收集并提供可以应用为资讯产业及普通国民创作活动源泉的、值得信赖的共享作品的素材及权利信息，营造公平的作品使用环境。

以公共作品的素材信息为基础，扩大公共分享的发展，通过持续性地对公共作品的权利进行处理及信托制度的实施，为促进公共作品的公平使用打下基础。

主要推进内容：

①激活关于自由使用作品的服务。

1)调查并建构共享作品的权利信息：

推进民间领域的数字化支援工作(美术、照片领域)。

为促进共享作品的收集、发掘及使用的发展而进行相关研究(2 件)。

运营共享作品网站的共享平台，并强化其职能：

为确认资讯的出处并确保流通的透明性，引入 UCI(12 万件)。

2)普及对共享作品的认识，促进其更多的应用：

举办共享作品创作资源化论坛。

制作并推广关于共享作品的应用及版权的分享文化的教育资料。

为促进共享作品(到期作品等)应用的项目提供支持。

②构建开放源代码软件的应用基础。

采集开放源代码软件版权许可的综合信息系统数据库(源代码 5000 万件)。

通过构建开放源代码软件版权许可的自律查看体系，自动提炼源代码等所采集的数据，并改进应用服务。自动采集的主要网站：Source Forge 等。

提高对开放源代码软件版权许可的认识(国际会议、IT 展示会宣传等)。

对公共机构拥有的作品，提供各类型、各主题类别的素材信息。

以公共作品的素材信息为基础，以拥有版权的作品为对象，鼓励其共享，推广公共作品的自由使用。2012 年 50 个机构、100 万件→2013 年 100 个机构、200 万件。

扩大对公共版权权利处理的支援工作，针对必须进行权利处理的公共作品，向其提供版权转让及使用许可等法律咨询方面的援助。2012 年 15 个公共机构→2013 年 20 个机构。

因商业性应用程度高、需求大、需要集中管理的公共作品，应利用公共版权的信托制度，提高作品的可接触性及使用的便利性。2012 年 25 个机构、10 万件→2013 年 40 个机构、20 万件。

推进日程：

| 时期 | 推进内容 | 备注 |
| --- | --- | --- |
| 1 季度 | ①促进自由使用作品服务的发展<br>推进优化共享作品网站共享平台的工作(3 月)<br>推进对民间领域共享作品数字化的支援(3 月)<br>制定共享作品创作资源化论坛的运营计划(3 月)<br>援助促进共享作品(到期作品等)应用的工作(日常)<br>②构建开放源代码软件的应用基础<br>推进构建开放源代码软件的应用基础的工作(2 月)<br>实施与开放源代码软件版权许可相关的洽谈及走访教育(日常)<br>③了解公共机构所拥有的作品的现状及素材(日常)<br>④宣传公共分享，并对其推广提供支持(日常) | |
| 2 季度 | ①激活关于自由使用作品的服务<br>推进共享作品网站的共享平台工作(4—6 月)<br>推进民间领域共享作品的数字化(4—6 月)<br>运营共享作品创作资源化论坛(4—5 月)<br>②构建开放源代码软件的应用基础<br>改善开放源代码软件版权许可综合信息系统，推进自律查看体系的构建(4 月)<br>实施与开放源代码软件版权许可相关的洽谈及走访教育(日常)<br>③推进对共享作品权利处理的援助工作<br>④宣传公共分享并对其推广提供支持 | |
| 3 季度 | ①激活关于自由使用作品的服务<br>应用共享作品数据处理的国/英文化转换成果的服务(9 月)<br>运营共享作品创作资源化论坛(7—9 月)<br>②构建开放源代码软件的应用基础<br>推进与开放源代码软件版权许可相关的咨询(7—9 月)<br>实施与开放源代码软件版权许可相关的商谈及访问教育(日常)<br>③实施共有作品需求调查<br>④宣传公共分享，并对其推广提供支持 | |
| 4 季度 | ①激活关于自由使用作品的服务<br>改善共享作品网站的共享平台服务(11 月)<br>资助民间领域共享作品的数字化工作(11 月)<br>运营共享作品创作资源化论坛(10 月)<br>②构建开放源代码软件的应用基础<br>推进与开放源代码软件版权许可相关的咨询(10—12 月)<br>实施与开放源代码软件版权许可相关的洽谈及走访教育(日常)<br>③共享作品的素材信息服务<br>④举办关于共享作品应用的大会 | |

所需预算：

（单位：亿韩元）

| 分类 | 2012 | 2013 | 2014 | 合计 |
|---|---|---|---|---|
| 国库 | 26.05 | 34.5 | 31.39 | 91.94 |
| 基金(其他) | — | — | — | — |
| 合计 | 26.05 | 34.5 | 31.39 | 91.94 |

(4)预期效果。

通过扩大收集多样的共享作品，促进应用共享作品的电子书、e-learning、1 人创新企业等关联产业的发展及共享作品数据库的构建，从而创造出新的工作岗位。

通过共享作品的虚拟银行，综合地收集及提供共享作品，促进个人及企业对共享作品的使用。

通过营造开放源代码软件版权许可的公正使用环境，减少企业、公共机构因版权被侵害而产生相关法律责任纠纷的风险。

营造捐赠、分享作品的环境(教育科学技术部)

(1)工作概要。

工作目的：营造捐赠与分享的环境，以便能以教育为目的自由使用作品，进而强化公共教育并促进作品的积极使用。

工作时间：2011 年—持续。

工作实施主体：教育科学技术部。

工作内容：

制定营造捐赠与分享作品的环境的基本计划。

与政府各部处及公共机构签署作品的教育捐赠 MOU。

为了支援捐赠作品应用于教育目的，按科目和主题进行分类及补充。

(2)2012 年度的推进实绩。

推进现状(经过)：

| 时期 | 推进内容 | 备注 |
|---|---|---|
| 1 季度 | 运营大韩民国教育捐赠博览会的国际教育捐赠馆(2012. 3. 16—18，一山，韩国国际展览中心)<br>与韩国项目振兴院等 8 个机构签署作品捐赠 MOU(3. 16) | |
| 2 季度 | 与韩国文化信息中心、DAEKYO、韩国产业人力公团签订作品捐赠 MOU(6. 13—6. 25) | |
| 3 季度 | 确保教育捐赠作品，并按科目、主题进行分类 | |
| 4 季度 | 教育捐赠作品按科目、主题进行分类，并提供服务<br>宣传教育捐赠作品，并支援其应用 | |

所需预算：特别交付金 1. 2 亿韩元。

主要成果：

①为了形成全国性的教育捐赠文化，运营大韩民国教育捐赠博览会的国际教育捐赠馆(2012. 3. 16—18，一山，韩国国际展览中心)。

美国西斯科公司等 3 家企业，知识经济部等 12 个机构参与。

| 分类 | 体验/教育项目 | 运营机构 |
| --- | --- | --- |
| 智能教室 Zone | 智能教室中的智能教学 | CISCO，国立果川科学馆，极地研究所，三洋数据系统 |
| | 体验与 iPad 共同进行的 STEAM 教育 | 斗山东亚 |
| 特别教室 Zone | 智能媒体制作体验馆 | KBS，KBS 媒体，东国大学，知识经济部，阿里郎 TV |
| | 网络学院 | CISCO |
| | 在线指导服务 | Microsoft |
| 社区 Zone | 动作认知型游戏专区 | Microsoft |
| | 电子图书馆体验 | KT |
| | 学习专用电脑体验 | Intel |
| | 地表型动作认知体验 | Infit 媒体 |
| 走向世界的教育捐赠体验 Zone | 向发展中国家介绍各种教育捐赠项目 | KOICA |

②与民间及公共机构签订作品的教育捐赠协议。

包括韩国资讯振兴院，阿里郎国际播放，KBS 媒体，SIGONG 媒体，韩国发明振兴会，SBS 资讯中心，斗山东亚，MiraeN，SK 交流，韩国数据库振兴院，DAEKYO，韩国产业人力公团，韩国文化信息信息中心等。

教育捐赠协议机构的作品捐赠约定目录：

| 目　　录 | 件数(份量) |
| --- | --- |
| 韩国资讯振兴院历史资讯 | 2 753件 |
| 阿里郎国际播放的韩国学播放节目 | 300 篇 |
| KBS 媒体(人性教育、TV 特别讲座) | 800 分钟 |
| 韩国发明振兴院科学教学用资讯 | 129 件 |
| SBS 资讯中心视频(纪录片等) | 10 000分钟 |
| 韩国数据库振兴院东洋画、音源 | 8 857件 |
| DAEKYO 的教学实验室 | 14 000件 |
| 韩国文化信息中心 | 1 600件 |
| 韩国产业人力公团的职业播放节目视频 | 1 600件 |

* 为了确保追加的捐赠作品，正在不断地进行协商。

③为了使捐赠作品应用于教育目的，提供遴选及按学科、主题分类，构建元数据 DB、检索等服务。

需要补充的问题及改善方案：

①为了营造捐赠和分享作品的环境，需要奠定制度性的基础。

对捐赠作品提供减免税金等鼓励措施。

为了提高形成作品捐赠文化的促进力量，要确保专职负责机构(韩国教育技术信息院)作为法定捐款团体的地位。

②通过对捐赠、分享作品的宣传，引导公共与民间团体的自发参与。

(3)2013 年度的推进计划。

工作目标：通过发掘和共享优质的教育用资讯，向教师和学生提供并普及稳定的教学用资讯。

主要推进内容：

①扩充教育资讯：以公共机构和教育捐赠为中心，优先收集及再利用与数字教材相关的资讯，并制定中长期的民间参与战略。

与国际知名机构的教育资讯共享项目(EBS—英 BBC)，回旋型教育资料(EBS ERDB，教育部—播放通信委员会—EBS 间签订 MOU )，市、道教育厅的家庭网络学习、教学支援中心等。

OER(Open Educational Resource)运动：通过扩大教育捐赠、共享，促进共同应用。

推进关于民间教育咨询的流通妥当性分析及法制改善等相关研究。

②开发教育资讯：开发可应用于课堂教学、数字教科书的在线、非在线教学用数字资讯，解决版权问题并促进其共同使用。

小学 5 个学科的约1 400种各主题的资讯。

③构建资讯管理体系：对教育信息进行记录、保存、品质管理，减少版权被侵害的危险并缩减预算。

构建实施教育信息元数据、资料分析、版权信息、技术性保护装置(DRM)等功能的作品综合管理系统，并运营品质验证团。

④构建共享、流通体系：构建在多样性环境(网络及移动等)中可以自由地进行数字教科书的传送、下载、综合检索、应用等的资讯利用环境，并提供相关服务。

2012 年：韩国中央教学中心对资讯进行重新分类→2013 年：构建教育信息流通体系并提供试行服务→2014 年：开始正式服务，并引入多样化的教学资料。

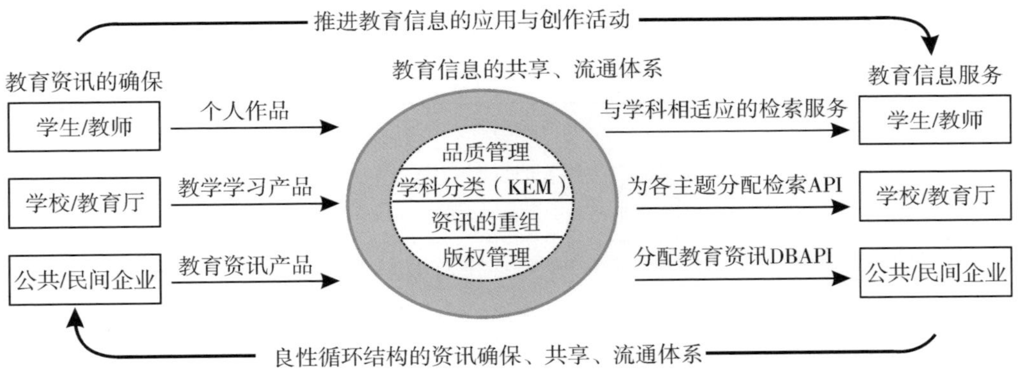


推进日程：

| 时期 | 推进内容 | 备注 |
|---|---|---|
| 1 季度 | 推进与民间企业(出版社)签订教育捐赠 MOU | |
| 2 季度 | 推进与公共机构签订教育捐赠 MOU | |
| 3 季度 | 构建教育捐赠资讯的共享、流通开放 API 系统 | |
| 4 季度 | 援助市、道教育厅部门的开放 API 系统的分配及连接 | |

所需预算：

（单位：亿韩元）

| 分类 | 2012 | 2013 | 2014 | 合计 |
| --- | --- | --- | --- | --- |
| 国库 | — | — | — | — |
| 特别交付金 | 1. 2 | 62. 0 | — | 63. 2 |
| 合计 | 1. 2 | 62. 0 | — | 63. 2 |

(4)预期效果。

通过确保多样化的作品，促进智能教育资讯的进一步开发。

通过对非营利性、教育目的性作品的积极应用，加强公共教育。

## 提高版权信托管理团体的透明性[4-2-2-③]

| 主管部门 | 文化体育观光部(版权产业科) | 分类 | 非预算 |
| --- | --- | --- | --- |
| 工作时间 | 2012 年—持续 | 合作部门 | 相关部门 |

(1)工作概要。

工作目的：提高版权信托管理团体的透明性、可信性以及业务的效率性，保护权利者的权益。

工作时间：持续。

工作实施主体：文化体育观光部。

工作内容：提高版权信托管理团体的透明性。

(2)2012 年度的推进实绩。

推进现状：

| 时期 | 推进内容 | 备注 |
| --- | --- | --- |
| 1 季度 | 举办与电影、音乐版权使用费相关的说明会(3 月)<br>进行关于消费者对在线音乐价格认知的调查(3 月) | |
| 2 季度 | 版权共生协议体就音乐传送使用费进行讨论(4 月)<br>音乐版权 3 大团体修订音乐传送使用费的规定(6 月) | |
| 3 季度 | 音乐版权协会收缴附加税(7 月)<br>协商与电影、音乐版权使用费相关的未解决事项(9 月) | |
| 4 季度 | 检查信托管理团体的业务(10—11 月)<br>举办版权共生协议体会议(12 月) | |

(3)2013 年度的推进计划。

工作目的：提高版权信托管理团体的透明性。

主要推进内容：

推进在主要信托团体的信托合同条款中引入“信托范围选择制”。

从主要信托团体开始，引导其逐步引入“专业经营人”制度。

提高信托团体委员的资格条件，引导信托团体按公共机构的标准运营。

推进日程：

| 时期 | 推进内容 | 备注 |
|---|---|---|
| 1 季度 | 通过修订版权法，整顿信托管理团体的各种规定 | |
| 2 季度 | 实施信托管理团体的经营评价(4—6 月)<br>对业务检查中未履行的事项收缴附加税 | |
| 3 季度 | 信托管理团体的业务检查(7—9 月) | |
| 4 季度 | 举办版权共生协议体会议(12 月) | |

所需预算：无相关数据。

(4)预期效果。

由专业经营人负责运营，将提高信托团体运营的专业性、透明性、可信性。

对委员资格进行限制，提高道德性要求及按公共机构的标准运营，将提高信托团体的透明性。

委托范围选择制的引入，将正式引发信托团体与代理中介行业间的实质性竞争。

## 改善应对新媒体环境的法律制度[4-2-3-①]

| 主管部门 | 文化体育观光部(版权政策科) | 分类 | 非预算 |
|---|---|---|---|
| 工作时间 | 2011 年—持续 | 合作部门 | 相关部门 |

(1)工作概要。

工作目的：伴随着新媒体的登场，通过改进可以积极应对多变的版权环境的法律制度，有效地保护作者的权利，并促进作品的进一步使用。

工作时间：持续。

工作实施主体：文化体育观光部。

工作内容：

①扩大演出权。

对于未经版权所有者允许，依靠可利用的影像作品所进行的演出行为，整顿其范围，一方面保护作者的权利，另一方面通过我国电影产业的发展为利用者最终能使用高质量的作品打下基础。

②允许数字教科书的传送。

明确数字教科书与纸质教科书一样，可以不经版权所有者的允许而使用(复制、传送)，以此来实现公益目的及积极应对媒体的变化。

③制定有效的电脑程序保护方案。

通过制定充分反映电脑程序的制作、流通、使用环境及程序特殊性的版权法修订方案，有效地保护电脑程序制作者的权利。

(2)2012 年度的推进实绩。

推进现状(经过)：

| 时期 | 推进内容 | 备注 |
| --- | --- | --- |
| 1 季度 | — | |
| 2 季度 | 制定版权法修订方案 | 扩大演出权<br>与数字教科书传送许可相关 |
| 3 季度 | 听取各部门对版权法修订方案的意见，立法预告 | |
| 4 季度 | 向国会提交版权法修订方案<br>讨论版权法实施令的修订方案 | |

所需预算：无相关数据。

主要成果：通过制定版权所有者及使用者都可以接受的、合理的修订方案，为制定能积极应对多变的版权环境的法律制度打下基础。

(3)2013 年度的推进计划。

工作目的：

伴随着版权法的修订，制定以扩大演出权为目的的实施令。

倡议在年内制定以整顿电脑程序版权限制规定等为内容的版权法实施令的修订方案。

主要推进内容：收集利益关系者的意见，制定版权法、实施令的修订方案。

推进日程：

| 时期 | 推进内容 | 备注 |
| --- | --- | --- |
| 1 季度 | 讨论版权法令修订方案 | |
| 2 季度 | 制定版权法令修订方案 | |
| 3 季度 | 向国务(副部长)会议提交版权法实施令修订方案 | 与扩大演出权相关 |
| | 由规制、法制处对版权法修订方案进行审查 | 与制定计算机程序的有效保护方案相关 |
| 4 季度 | 向国会提交版权法修订方案 | 与制定计算机程序的有效保护方案相关 |

所需预算：非预算。

(4)预期效果。

通过完备积极应对新媒体的先进的法律制度，有效地保护作者的权利，促进作品的进一步使用，并为营造健全的版权环境及促进相关产业的发展作出贡献。

## 促进替代性纠纷调解制度的发展[4-2-3-②]

| 主管部门 | 文化体育观光部(版权政策科) | 分类 | 非预算 |
| --- | --- | --- | --- |
| 工作时间 | 2011 年—持续 | 合作部门 | 相关部门 |

(1)工作概要。

工作目的：虽然与版权相关的纠纷持续增加，但却没有在通过诉讼进行审判之外制定快速应对方案的制度，致使版权所有者遭到严重的侵犯，为了解决这些问题而引入事权调解制度。

工作时间：持续。

工作实施主体：文化体育观光部，韩国版权委员会。

工作内容：韩国版权委员会提供事权调解的依据，依据修订的版权法组成调解部，并实施事权调解制度。

(2)2012 年度的推进实绩。

推进现状(经过)：

| 时期 | 推进内容 | 备注 |
|---|---|---|
| 1 季度 | — | |
| 2 季度 | 制定版权法修订方案 | |
| 3 季度 | 听取各部门对版权法修订方案的意见，立法预告 | |
| 4 季度 | 向国会提交版权法修订方案 | |

所需预算：无。

(3)2013 年度的推进计划。

工作目的：通过事权调解制度的有效运营，使迅速、经济的权利救济成为可能。

主要推进内容：为了实施事权调解制度而制定运营方案。

推进日程：

| 时期 | 推进内容 | 备注 |
|---|---|---|
| 1 季度 | 根据以后修订版版权法在国会通过的日程，制定实施事权调解制度的具体运营方案 | |
| 2 季度 | | |
| 3 季度 | | |
| 4 季度 | | |

所需预算：无。

(4)预期效果。

因仲裁制度的引入，向国民提供了多种解决与版权相关纠纷的方案，将使迅速、经济、有效的权利救济成为可能。

## 提高生活中对版权的认识[4-2-3-③]

| 主管部门 | 文化体育观光部(版权政策科) | 分类 | 预算 |
|---|---|---|---|
| 工作时间 | 2011 年—持续 | 合作部门 | 相关部门 |

(1)工作概要。

工作目的：通过实施需求者定制型的版权教育及扩大相关宣传，为形成公正的作品使用文化作出贡献。

工作时间：持续。

工作实施主体：文化体育观光部，韩国版权委员会。

工作内容：

加强以青少年和普通人为对象的定制型在线、离线教育。

通过参与型项目及应用多样的大众媒体，加强宣传。

(2)2012年度的推进实绩。

推荐现状(经过)：

| 时期 | 推进内容 | 备注 |
| --- | --- | --- |
| 1季度 | 受理并实施在线、离线的版权教育(全年)<br>通过大众媒体(新闻、有线TV)进行宣传(1—3月)<br>更新应用程序“Hello版权”的信息(全年)<br>发行月刊《版权文化》及学术期刊《版权季刊》(全年) | |
| 2季度 | 实施在线、离线的版权教育(全年)<br>举办以公共机构的教育课程开发者为对象的版权工作坊：<br>教育进修院(4.26—27)，各区域的大学e-learning支援中心(5.31—6.1)，<br>地方自治团体公务员教育进修院(6.21—22)<br>推进网络资讯的移动资讯化(5—11月)<br>把《生活中的版权故事》作为地方自治团体例会的宣传资料，并发布在行<br>政安全部的网页上(4—12月)<br>通过大众媒体(杂志、广播、有线TV)进行宣传(4—6月)<br>制作并分发宣传版权的传单(6月) | |
| 3季度 | 实施在线、离线的版权教育(全年)：<br>“寻找版权教育”等10个课程，1 017次，117 282人；在线版权教育，19<br>个课程，5 069人<br>通过大众媒体(有线TV)进行宣传(7—9月)<br>举办青少年写作大会、家庭参与的海报大奖赛及论文大奖赛(6—11月)<br>运营版权SNS记者团(8—11月，40名)<br>举办在线网站(Daum、NEVER)版权36.5活动(9.17—12.7) | |
| 4季度 | 实施在线、离线的版权教育(全年)<br>完成终身学习支援系统(设施)的构建(11月)<br>完成教师及移动通信用教育资讯的开发(12月)<br>通过大众媒体(广播、有线TV)进行宣传(10—11月)<br>对地铁站的历史活动进行影像宣传(11月)<br>地铁站海报获奖者的循环展示会(11—12月)<br>完成《生活中的版权常识》连载漫画的制作(12月) | |

所需预算：44.85亿韩元。

主要成果：

①扩大针对不同对象的定制型教育课程，提高青少年的版权认识。

通过与相关机构的协议，新设以大学生、公务员为对象的教育课程；蔚山教育进修院(7.31)、全北教育进修院(8.1)实施以教育公务员为对象的教育课程；岭南大学等 5 个大学运营与版权相关的课程(9—12 月，第 2 学期)。

青少年版权认识调查结果为 75.1 分，与前一年相比提高了 1.3 分。

②通过各阶层都参与的大奖赛，提高人们对版权使用文化的关心程度。

大学(研究)生的版权优秀论文大奖赛(受理 30 篇)，青少年版权写作大会(受理2 316篇)，家庭共同参与的版权海报大奖赛(受理 378 篇，参与人员1 332人)。

③随着智能环境的到来，开发进行版权教育、宣传的资讯。

开发远程教育(包含 PC、移动环境)资讯，并运营 SNS 记者团(40 名)。

(3)2013 年度的推进计划。

工作目标：加强以青少年、产业从业者为对象的教育，通过扩大以多边化媒体进行的宣传，提高对版权的认识。

主要推进内容：

持续地推进在教科书中反映有关版权的内容，扩大“寻找版权教育”。

构建援助版权终身学习的体系，开发教育资讯。

通过多样化的媒体，促进版权教育、宣传的进一步发展。

推进日程：

| 时期 | 推进内容 | 备注 |
|---|---|---|
| 1 季度 | 受理并实施“寻找版权教育”(全年)<br>实施“版权守护者”进修(全年)<br>以教师、普通人等各阶层人员为对象进行远程版权教育(全年)<br>对地方中小企业、地方自治团体公务员进行教育(全年)<br>发行月刊《版权文化》及学术期刊《版权季刊》(全年) | |
| 2 季度 | 推进远程教育资讯的开发(5—11 月)<br>举办共同版权运动，进行 SNS 版权宣传(5—12 月)<br>制作、放映 TV 纪录片(6—8 月) | |
| 3 季度 | 举办青少年写作大会和论文大奖赛(6—11 月)<br>版权的媒体(TV、广播等)宣传(9—11 月) | |
| 4 季度 | 完成远程教育资讯的开发(12 月) | |

所需预算：

(单位：亿韩元)

| 分类 | 2012 | 2013 | 2014 | 总计 |
|---|---|---|---|---|
| 国库 | 45.0 | 45.0 | 5.00 | 140.0 |
| 基金(其他) | — | — | — | — |
| 总计 | 45.0 | 45.0 | 5.00 | 140.0 |

(4)预期效果。

养成保护版权的意识，确立正确的作品使用秩序。

## (三)营造企业间、企业与消费者间的公正竞争环境

### 纠正不公正行为［4-3-1-①］

| 主管部门 | 公正交易委员会(服务业监督科) | 分类 | 非预算 |
|---|---|---|---|
| 工作时间 | 2011 年—持续 | 合作部门 | 相关部门 |

#### 1. 加强对不公正行为的监测，改善制度(公正交易委员会)

(1)工作概要。

工作目的：纠正平台运营商对资讯提供企业及消费者的不公正交易行为。

工作时间：持续。

工作实施主体：公正交易委员会。

工作内容：对平台运营商的不公正交易行为进行调查，并改进相关制度。

(2)2012 年度的推进实绩。

推进现状：

| 时期 | 推进内容 | 备注 |
|---|---|---|
| 上半期 | 企业用 S/W：对企业用 S/W 市场进行现状调查，检查其是否违反了法律(2012. 4—)<br>电商交易：针对在智能手机 APP 结算的网络支付拒绝退款的现象，发布纠正命令并收缴罚款(2012. 5) | |
| 下半期 | 工作催促：对 SK 系列公司催促 SK C&C 的系统管理、运营等工作的行为，发布纠正命令，并收缴罚款(2012. 7)<br>电商交易：对于暴雪齿轮游戏妨碍退款的问题，发布纠正命令并收缴罚款(2012. 7)<br>演艺产业：制定、普及演艺产业的模范交易标准(2012. 10) | |

所需预算：无。

主要成果：

加强对全球 IT 企业的不公正行为的监测，在智能手机 APP、游戏等主要资讯市场营造公正交易的基础。

(3)2013 年度的推进计划。

工作目的：加强对 IT 企业的不公正交易行为的监测，改进相关制度。

主要推进内容：强化对他国 IT 企业的执法，加强对智能手机 APP、S/W 等资讯交易中的不公正

交易行为的监视。

推进日程：

| 时期 | 推进内容 | 备注 |
|---|---|---|
| 全年 | IT 企业：对他国企业滥用知识财产权及中小企业的不公正交易行为进行处罚，并纠正其行为<br>资讯开发：加强对 S/W 等资讯交易中的不公正行为的监视 | |

所需预算：最大限度地应用调查、研究领域的预算。

(4) 预期效果。

通过建立在通信、S/W 等 IT 产业中进行公正交易的基础，构建健全的资讯产业基础。

## 推进标准合同书的应用：播放[4-3-2-①]

| 主管部门 | 文化体育观光部(播放影像广告科) | 分类 | 非预算 |
|---|---|---|---|
| 工作时间 | 2011 年—持续 | 合作部门 | 相关部门 |

(1) 工作概要。

工作目的：制定播放公司和外包制作公司间关于播放节目的权利及收益分配的标准，营造播放市场的公正交易环境。

工作时间：2011—2012 年。

工作实施主体：文化体育观光部。

工作内容：制定播放节目制作的标准合同书，并为其在播放节目制作市场中的充分应用提供支持。

(2) 2011—2012 年的推进实绩。

推进现状(经过)：

| 时期 | 推进内容 | 备注 |
|---|---|---|
| 2011 年<br>1—3 季度 | 资讯振兴委员会与版权委员会共同为制定标准合同书(方案)做准备(2011. 1—8) | |
| 4 季度 | 听取相关部门(播放通信委员会、公正交易委员会)的意见，并进行协商(2011. 9—2012. 1)<br>听取播放协会的意见，并进行协商(2011. 11—2012. 2) | |
| 2012 年<br>1—3 季度 | 以相关部门及播放协会的意见为基础，重新讨论标准合约书(2012. 3—8)<br>听取相关协会的意见，并进行协商(2012. 9—10) | |
| 4 季度 | 听取相关部门(播放通信委员会、公正交易委员会)的意见，并进行协商(2012. 10—11)<br>制定并发表标准合同书及鼓励实施(2012. 12) | |

所需预算：无。

主要成果：

收集资讯振兴院、版权委员会等相关机构的意见，为制定播放节目制作的标准合同书做准备。

尤其是包括了版权(对于播放节目的权利)归属和收益分配等条款，为提高外包制作公司的权利作出贡献。

需要补充的问题及改善方案：通过与播放通信委员会的协商，讨论能在业界采纳、应用标准合同书的方案。

(3)2013 年度的推进计划。

工作目的：促进播放节目的制作市场采用标准合同书。

主要推进内容：鼓励外包制作公司和播放企业使用标准合同书，通过与播放通信委员会的协商，积极引导在业界中使用标准合同书。

推进日程：

| 时期 | 推进内容 | 备注 |
|---|---|---|
| 1—4 季度 | 与播放通信委员会协商、研讨企业积极使用标准合同书的方案<br>引导标准合同书的使用 | |

所需预算：无。

(4)预期效果。

在播放公司与制作公司间营造公正的交易环境，改善制作公司的创造条件，创作出高品质的资讯。

## 标准合同书的制作、普及：电影[4-3-2-②]

| 主管部门 | 文化体育观光部(影像资讯产业科) | 分类 | 非预算 |
|---|---|---|---|
| 工作时间 | 2011 年—持续 | 合作部门 | 相关部门 |

(1)工作概要。

工作目的：通过改善电影产业内存在的不公正惯例，营造共生的环境，进而营造共同发展的基础。

工作时间：2008 年—持续。

工作施行主体：电影振兴委员会。

工作内容：为了营造电影产业各领域间公正的交易环境，开发并普及标准投资、放映、劳务、编剧、VFX、导演的标准合同书。

(2)2012 年度的推进实绩。

推进现状(经过)：

| 时期 | 推进内容 | 比较 |
| --- | --- | --- |
| 1 季度 | 开发投资的标准合同书(1 月)，提出标准化条款的审查要求(3 月)<br>开发放映的标准合同书(1 月)<br>编写编剧的标准合同书解说书<br>制定 VFX 标准合同书的开发计划(3 月) | |
| 2 季度 | 收集放映标准合同书的利益相关者意见(3—6 月)<br>发表劳务的标准合同书，并鼓励其应用(5 月)<br>召开编剧的标准合同书听证会<br>收集 VFX 标准合同书的利益相关者意见，召开咨询会(5 月)<br>调查主要 VFX 企业的合同签订现状(6 月) | |
| 3 季度 | 发表放映的标准合同书，并鼓励其应用(7 月)<br>调解产业界对编剧标准合同书的不同意见<br>组建 VFX 标准合同书的咨询委员会及研究团队，制定电影导演标准合同书的实施计划方案(7 月)<br>参评工作人员人工费支援项目时，鼓励其在原则上使用标准劳务合同书(8 月)<br>为了收集对 VFX 标准合同书的意见，举办韩国电脑制图产业协会的座谈会并开发草案，组建电影导演标准合同书的研究团队并进行研究(9 月) | |
| 4 季度 | 组建并运营韩国电影共同发展委员会(2011. 10—)<br>讨论扩大标准合同书的应用等与营造公正环境相关的问题<br>调解关于编剧标准合同书的不同意见，并举行正式应用仪式(12 月)<br>召开 VFX 标准合同书的咨询委员会会议，开发修订案(10 月) | |

所需预算：无。

主要成果：完成对投资、放映、劳务、编剧、VFX、导演标准合同书的开发、普及，推进与电影发展基金支援项目相连接的应用。

需要补充的问题及改善方案：由于开发、普及的标准合同书只具劝告性质而不具有强制性，在扩大其应用方面存在着局限性。

①通过标准合同书(标准劳务合同除外)的条款化(需要公正交易委员会的审查)提高其强制力。

②把电影振兴委员会的营造公正竞争环境特别委员会下属的非公正行为申报中心的申报对象，扩大到与标准合同书有明显差异的合同案例，同时作为共同发展协议会的主要议题进行讨论，引导业内企业自发地使用标准合同，并持续地履行。

(3)2013 年度的推进计划。

工作目的：扩大标准合同书(投资、放映、劳务、编剧等)的普及及使用，并扩大新标准合同书(录音)的开发。

主要推进内容：为了扩大标准劳务合同的应用，加强与电影发展基金援助项目的联系(除了直接援助项目外，扩大到投资组合及综合基金的应用)。通过韩国电影共同发展协议会扩大电影界的自律性应用，为了把标准合同书的开发扩大到技术领域，并扩大已发布的标准合同书的应用，持续地推进此项目的工作。

推进日程：

| 时期 | 推进内容 | 比较 |
|---|---|---|
| 1 季度 | 发布 2012 年电影发展基金支援工作的公告。波及应用标准合同书时是否给予加分等问题的方案<br>运营韩国电影共同发展协议会(1—4 月)，并达成协议。讨论在电影产业界扩大自律性应用的问题<br>发行编剧的标准合同书，并应用于委员会的工作<br>制定新的标准合同书开发计划 | |
| 2 季度 | 研究与《电影及视频法》修订相关的制度改进问题(3—5 月)。为营造公正的环境，研究制度改进方案<br>申请编剧标准合同书的标准条款<br>进行新标准合同书的开发 | |
| 3 季度 | 调查标准合同书的应用状况(7—8 月)<br>结束新标准合同书的开发工作 | |

所需预算：无。

(4)期待效果。

通过改进电影产业界的各种不公正惯例，改善投资环境，并营造共生的环境。

## 外包制作的认证标准[**4-3-3-①**]

| 主管部门 | 文化体育观光部(播放影像广告科)<br>播放通信委员会(编制评价政策科) | 分类 | 非预算 |
|---|---|---|---|
| 工作时间 | 2011 年—持续 | 合作部门 | 相关部门 |

(1)工作概要。

工作目的：防止由于外包认证标准的不完善所带来的冒牌、虚假外包等危害，提高外包制作市场的透明性。

工作时间：2011—2012 年。

工作实施主体：播放通信委员会(文化体育观光部合作)。

工作内容：制定外包认证标准，与播放通信委员会进行协商。

(2)2012 年度的推进实绩。

推进现状(经过)：

| 时期 | 推进内容 | 备注 |
|---|---|---|
| 2011 年<br>3 季度 | 修订播放法施行令，使播放通信委员会可以确定外包制作播放节目的认证标准，并发布公告(2011. 8. 19) | |
| 4 季度 | 文化部、播放通信委员会对播放通信委员会的公告方案进行协商(2011. 10—12) | |
| 2012 年<br>1 季度 | 完成对包括“外包制作播放节目认证标准”在内的《关于编制播放节目的公告》的修订 | |

所需预算：无。

主要成果：

完成对包括“外包制作播放节目认证标准”在内的《关于编制播放节目的公告》的修订(播放通信委员会，2012. 2. 23)。

“外包制作播放节目认证标准(方案)”

外包制作公司具备以下条件的 3 种以上，负责实际性的制作时，被认证为外包制作节目。

①与作家的合同。

②与主要出演者的合同。

③与主要工作人员 2 个以上领域的负责人的合同。

④筹措到制作播放节目所需的 30%以上财源。

⑤负责决策与执行制作费及与管理相关的所有事宜。

(3)期待效果。

通过制定明确的外包认证标准，提高外包制作市场的透明性，进而促进外包制作的进一步发展。

制定外包制作的认证标准(播放通信委员会)

(1)工作概要。

工作目的：通过培育具备制作能力的外包公司，促进节目制作的进一步发展，并为外包制作市场的内在发展打下基础。

工作时间：2011—2012 年。

工作实施主体：播放通信委员会。

工作内容：制定根据导演、作家、演员等各主要创作要素类别制作公司的参与程度，来判断是否进行外包制作的外包制作认证标准。

(2)2012 年度的推进实绩。

推进现状(经过)：

| 时期 | 推进内容 | 备注 |
| --- | --- | --- |
| 1 季度 | 修订与外包制作认证标准相关的编制公告 | |

所需预算：无。

主要成果：通过修订编制公告(2.23)，引入外包制作的认证标准。

(3)期待效果。

通过引入外包制作的认证标准，为培育具备制作力量的外包制作公司及促进节目制作的进一步发展作出贡献。

## 移动收益分配指南[4-3-3-②]

| 主管部门 | 播放通信委员会(通信应用制度科) | 分类 | 非预算 |
| --- | --- | --- | --- |
| 工作时间 | 2011 年—持续 | 合作部门 | 相关部门 |

(1)工作概要。

工作目的：营造移动资讯市场的公正交易环境。

工作时间：持续。

工作实施主体：播放通信委员会。

工作内容：为营造移动资讯公开市场的公正交易及相生合作的环境，制定相关指南。

(2)2012 年度的推进业绩。

推进现状(经过)：

| 时期 | 推进内容 | 备注 |
| --- | --- | --- |
| 1 季度 | 就扩大指南的应用企业进行协商 | |
| 2 季度 | 扩大指南的应用企业 | |
| 3 季度 | 调查指南内容的补充需求 | |
| 4 季度 | 补充指南的内容 | |

所需预算：无。

主要成果：

把应用“移动资讯公开市场相生合作指南”的企业扩大到终端设备制造企业，使所有国内相关的企业都应用此指南。

国内资讯开发者通过国际终端设备制造企业的公开市场，在公正交易及相互信任的基础上，创造了扩大海外出口契机。

(3)2013 年度的推进计划。

工作目标：营造移动资讯市场的公正交易环境。

主要推进内容：通过检查“移动资讯公开市场相生合作指南”的执行情况，提高其时效性。

推进日程：

| 时期 | 推进内容 | 备注 |
| --- | --- | --- |
| 1季度 | 监测与指南相关的市场 | |
| 2季度 | 监测与指南相关的市场 | |
| 3季度 | 检查指南的执行情况 | |
| 4季度 | 体现指南执行情况的检查结果 | |

所需预算：无。

(4)期待效果。

营造移动资讯市场的公正交易环境及与开发者之间的相生发展环境，从而促进国内市场的进一步发展，提高竞争力。

## 改善资讯交易环境[4-3-4]

| 主管部门 | 文化体育观光部(数字资讯产业科) | 分类 | 预算 |
| --- | --- | --- | --- |
| 工作时间 | 2011年—持续 | 合作部门 | 相关部门 |

(1)工作概要。

工作目的：

调解资讯企业间、企业和使用者间、使用者间关于资讯交易或使用的纷争。

通过根除资讯流通市场的不公正交易惯例及对中小资讯企业的保护，营造资讯市场的公正交易环境。

工作时间：2012年—持续。

工作实施主体：韩国资讯产业振兴院。

工作内容：调解资讯纷争，运营资讯公正交易法律咨询团，运营资讯公正交易教育项目，进行资讯公正交易的法律制度改进研究。

(2)2012年度的推进实绩。

推进现况(经过)：

①纠纷调解委员会：

| 时期 | 推进内容 | 备注 |
| --- | --- | --- |
| 1季度 | 制定资讯纠纷调解支援事业的基本计划<br>召开资讯纠纷调解委员会的全体会议 | |
| 2季度 | 举办纪念资讯纠纷调解委员会创立1周年的工作坊<br>召开资讯纠纷调解委员会大会<br>与国民权益委员会国民的在线信访相连接<br>参加UNCITRAL(国际商业交易委员会)的ODR分组会议 | |

续表

| 时期 | 推进内容 | 备注 |
| --- | --- | --- |
| 3 季度 | 开始构建自动洽谈系统<br>首尔中央地方法院指定与法院调解相关的机构<br>指定由修订"关于保护电子商务交易中的消费者的法律"产生的消费者损失调解机构<br>举办加强调解员能力的工作坊<br>发行 2011 年资讯纠纷调解案例集 | |
| 4 季度 | 与韩国消费者院的1 372个消费者中心进行信息链接<br>举办资讯纠纷调解研讨<br>委任资讯纠纷调解的咨询委员<br>完成自动洽谈系统的构建<br>补充资讯纠纷调解委员会的调解委员 | |

②监测不公正交易：

| 时期 | 推进内容 | 备注 |
| --- | --- | --- |
| 1 季度 | 制定 2013 年资讯纠纷调解援助工作的计划<br>开始实施对资讯纠纷调解状况的调查<br>举办加强事务局调解能力的工作坊(1 次) | |
| 2 季度 | 制作、发行 2012 年资讯纠纷调解案例集<br>调解委员会及事务局举办加强调解能力的工作坊(2 次)<br>资讯纠纷调解委员会的专业委员会议(1 次)<br>为了援助资讯纠纷的解决，与外部机构合作(1 次) | |
| 3 季度 | 资讯纠纷调解大会<br>学习国外调解、仲裁的先进案例<br>举办资讯纠纷调解的模拟调解大赛<br>加强事务局的调解能力(3 次) | |
| 4 季度 | 资讯纠纷调解委员会的全体会议<br>资讯纠纷调解委员会的专业委员会议(2 次)<br>加强事务局的调解能力(4 次)<br>为了援助资讯纠纷的解决，与外部机构合作(2 次) | |

所需预算：纠纷调解委员会 5 亿韩元，监测不公正交易 5.5 亿韩元。

主要成果：

①纠纷调整委员会。

纠纷调解的业绩：接收2 728件，受理2 100件，进行中 628 件，召开调解会议 13 次(2012. 1. 1—

2012. 10. 19)。

召开资讯纠纷调解委员会的全体会议(2月)：表决调解规定的修订案。

举办纪念资讯纠纷调解委员会创立1周年的工作坊(4月)。

举办资讯纠纷调解大会(5月)。

参加UNCITRAL(国际商务交易委员会)ODR的分组会议(5月)。

与国民权益委员会的在线信访相链接(6月)。

开始构建自动洽谈系统(7月)。

首尔中央地方法院指定与法院调解相关的机构(7月)。

举办加强调解委员能力的工作坊(7月)。

指定由修订"关于保护电子商务交易中的消费者的法律"产生的消费者损失调解机构(8月)。

举办第一届模拟资讯纠纷调解大赛(8月)。

发行2011年资讯纠纷调解案例集(8月)。

与韩国消费者院的1 372名消费者中心进行信息链接(10月)。

②监测不公正交易。

与釜山、大邱、全南等11个地区振兴院共同提供法律咨询服务。

共提供知识财产权、合同书检查、不法行为应对等方面的咨询99件(截至10. 17)。

开发涉及对公正交易制度的理解、合同书的制作实务、条款制定实务等资讯公正交易的教育项目。

与釜山、大邱、全南等10个地区振兴院共同运营教育项目。

实施有关公正交易的教育项目23个，917人完成进修(截至10. 17)。

研究资讯公正交易的自律遵守准则。

需要补充的问题及改善方案：

随着纠纷调解申请数量的增加，需要补充纠纷调解委员会的委员人数(30名→40名)，有必要建立处理地区性纠纷调解事务的远程会议系统，同时需要提前构建自动洽谈服务系统。

为了使工作的效率最大化，需要进行统计调查，以分析复杂多变的资讯流通环境的现状，并了解不公正交易的现状。

(3)2013年度的推进计划。

工作目标：

调解资讯企业间、企业和利用者间、使用者间关于资讯交易或使用的纠纷(受理调解申请：2 500件)。

通过加强中小资讯企业的自律性力量，改进资讯产业界的不公正交易惯例，并引导公正交易环境的形成。

主要推进内容：

①纠纷调解委员会。

调解委员会的调解会议(15次)，全体会议(1次)，咨询委员会会议(2次)。

资讯纠纷调解大会1次。

强化调解委员及事务处局的调解能力：实施专业教育(4次)，参与外部教育课程。

学习国外调解仲裁的先进案例。

调查资讯纠纷调解现状。
举办第 2 届模拟资讯纠纷调解大赛。
制作、发行 2012 年资讯纠纷调解案例集。
为援助资讯纠纷的解决，与外部机构进行合作(2 件)。
②监测不公正交易。
1)分析并评价资讯的流通环境。
调查国内资讯市场环境下的不公正交易现状。
以国内资讯企业为对象，实施离线问卷调查。
统计分析资讯流通环境的现状资料。
通过政策专家的咨询团队，提出改进公正交易政策的方案。
通过与统计厅的合作，制定确保调查可信度的方案。
2)运营资讯公正交易法律咨询团。
公正交易法律咨询团咨询委员构成的多元化。
考虑地方中小资讯企业家的法律需求，与地方振兴院签订共同运营公正交易法律资讯服务的协议。
提供协会、创业保育中心所需要的公正交易法律咨询服务。
3)运营与资讯公正交易相关的教育项目。
开发并传送与资讯公正交易相关的在线教育项目。
通过与全国各区域的地区振兴院的合作，运营教育项目。
4)研究资讯公正交易的相关法律制度。
研究中小资讯企业的诉讼保险制度。
研究改善资讯公正交易相关法律制度的方案。
推进日程：
①纠纷调解委员会。

| 时期 | 推进内容 | 备注 |
|---|---|---|
| 1 季度 | 制定工作计划(3 月)<br>举办首尔法律咨询团的委任仪式及工作坊(3 月) | |
| 2 季度 | 地方法律咨询团的委任仪式及工作坊(4 月)<br>举办营造公正交易环境的研讨会(4 月)<br>举办关于引入自律遵守指南的座谈会(5 月) | |
| 3 季度 | 完成对德国资讯产业保护政策的研究(6 月)<br>开发公正交易教育项目(9 月)<br>公正交易法律咨询团的中期报告(9 月) | |
| 4 季度 | 工作的进行(持续) | |

②监测不公正交易。

| 时期 | 推进内容 | 备注 |
|---|---|---|
| 1 季度 | 制定年度工作的详细计划(3 月) | |
| 2 季度 | 与地区振兴院签订法律咨询及教育项目的协议(4 月)<br>开发并推进公正交易的在线教育项目(5 月)<br>开始实施资讯流通环境的现况分析及评价(5 月)<br>推进资讯公正交易的法律制度研究(6 月) | |
| 3 季度 | 运营法律咨询及教育项目(7—9 月)<br>资讯公正交易的在线、离线宣传(9 月) | |
| 4 季度 | 完成对资讯流通环境现况的分析及评价(11 月)<br>举办资讯公正交易研讨会(11 月)<br>将在线公正交易教育项目传送到网页上(12 月) | |

所需预算：

（单位：亿韩元）

| 区分 | 2012 | 2013 | 2014 | 合 |
|---|---|---|---|---|
| 国库 | 10. 5 | 16. 5 | — | 27 |
| 基金 | 0 | 0 | — | 0 |
| 合计 | 10. 5 | 16. 5 | — | 27 |

* 2012 年纠纷调解委员会 5 亿韩元，监测不公正交易 5. 5 亿韩元。

2013 年纠纷调解委员会 8 亿韩元，监测不公正交易 10 亿韩元。

(4)期待效果。

通过调解对资讯纠纷的解决提供援助，营造健康的资讯使用、交易环境。

通过提高资讯市场的可信度，为资讯产业的振兴作出贡献。

通过改善法律制度、使用标准合同书等方式，确立营造资讯产业公正交易环境的基础。

不断扩大与公正交易制度相关的教育及宣传，并通过向资讯企业提供与交易相关的法律咨询，培养企业家的公正交易能力，使其自律地遵守相关法律，营造健全的公正交易环境。

## 在《播放法》中新增关于禁止行为的条款[4-3-5-①]

| 主管部门 | 播放通信委员会(调查企划综合科) | 分类 | 非预算 |
|---|---|---|---|
| 工作时间 | 2011 年—持续 | 合作部门 | 相关部门 |

(1)工作概要。

工作目的：营造播放市场的公正竞争环境。

工作时间：2012—2013 年。

工作实施主体：播放通信委员会。

工作内容：把播放企业的公正竞争及禁止损害视听者利益的行为写入《播放法》中。

(2)2012 年度的推进实绩。

推进现状(经过)：

| 时期 | 推进内容 | 备注 |
|---|---|---|
| 1 季度 | 在《播放法》中规定禁止行为 | 2012. 2. 16 |
| 2 季度 | 为收费播放市场播放渠道企业的播放节目提供相关指南 | 2012. 5. 18 |
| 3 季度 | 制定收费播放市场渠道合同的相关指南<br>对有线电视虚假数字转换业务侵害使用者利益的行为征缴罚金，并发布纠正命令 | 2012. 7. 12<br>2012. 9. 20 |
| 4 季度 | 监测播放市场的不公正行为及侵害使用者利益的行为 | |

所需预算：无。

主要成果：为在播放市场引入事后管制制度提供制度基础，营造保护使用者的环境。

(3)2013 年度的推进计划。

工作目的：营造播放市场的公正竞争环境。

主要推进内容：为了纠正播放企业的不当营业行为，保护使用者的利益，推进日常的监测及制度的改善。

推进日程：

| 时期 | 推进内容 | 备注 |
|---|---|---|
| 1 季度 | 制定收费播放市场的监测方案 | |
| 2 季度 | 检查收费播放市场公正竞争的实际情况 | |
| 3 季度 | | |
| 4 季度 | 播放市场利益相关者座谈会 | |

所需预算：无。

(4)期待效果。

能动地应对智能生态系统的登场、PP 市场的发展等国内播放市场的环境变化。

在 SO、卫星播放运营商等平台企业与 PP 运营商间确立公正的竞争秩序，营造相生合作的环境。

对于差别对待视听者、对服务的虚假告知等损害视听者利益的行为，适时地进行应对，保护播放服务使用者的实际权益。

## 制定PP程序使用费用的支付比例及对象的标准[4-3-5-②]

| 主管部门 | 播放通信委员会(新媒体政策科) | 分类 | 非预算 |
|---|---|---|---|
| 工作时间 | 2011年—持续 | 合作部门 | 相关部门 |

(1)工作概要。

工作目的：为了营造收费播放市场公正的竞争环境，改善SO以资讯报酬的形式向PP支付节目使用费的支付标准。

工作时间：2011.5—2011.12。

工作实施主体：播放通信委员会。

工作内容：制定PP节目使用费用支付比例和支付对象的合理标准。

(2)2011年度的推进实绩。

推进现状(经过)：

| 时期 | 推进内容 | 备注 |
|---|---|---|
| 1季度 | | |
| 2季度 | 为了改进PP节目的使用费用制度，组建并运营专家研究班。检查现状及存在的问题 | |
| 3季度 | 运营专家研究班。收集业界的意见，并研讨改进方案 | |
| 4季度 | 制定PP节目使用费用的支付标准及SO-PP指南 | |

所需预算：0.3亿韩元(运营专业研究班及研究经费)。

主要成果：应用改进的制度方案时，目前占SO年度总收视费收益26%(2010年)的PP节目使用费比重，到2015年将扩大到30.7%。

制度改进方案与播放通信委员会的决议案有差异时，成果预测可能有所不同。

(3)2012年度的推进实绩。

推进现状(经过)：

| 时期 | 推进内容 | 备注 |
|---|---|---|
| 1季度 | 以94个SO为对象，进行2011年度PP节目使用费用(25%)支付现状的调查<br>对于重新获得许可的35家SO公司，给予支付25%~28%以上PP节目使用费的支付条件 | |
| 2季度 | 对PP节目使用费用(25%)支付业绩减少的2个企业，下达整改命令 | |
| 3季度 | 对于重新获得许可的31家SO公司，给予支付25%~28%以上PP节目使用费用的支付条件 | |
| 4季度 | 对于未履行整改命令的1家公司，向其通知整改命令的事先预告处分及未履行时的追加整改命令处分 | |

主要成果：

对于 2012 年度重新获得许可的 66 个 SO 公司，使其适用“根据数字转换率，支付年度总收视费收益的 25%~28%以上作为 PP 节目的使用费用”这一改进条件。

对于 PP 节目使用费用的支付业绩减少的 2 个 SO 公司(岭西播放、CCS 忠北播放)，命令其于 2012 年 9 月 30 日前完成未支付的额度。

(4)2013 年度的推进计划。

主要推进内容：对于 2013 年度重新获得许可的 1 家 SO 公司，使其适用于 PP 节目使用费用支付条件(根据数字转换率，支付年度总收视费收益的 25%~28%以上作为 PP 节目的使用费用)。

推进日程：

| 时期 | 推进内容 | 备注 |
|---|---|---|
| 1 季度 | 检查 2012 年度 PP 节目使用费用的支付现状 | |
| 2 季度 | 确定 1 家 SO 公司新的 PP 节目使用费用的支付条件 | |
| 3 季度 | — | |
| 4 季度 | — | |

(5)期待效果。

改进由平台运营商自身的优越地位所产生的诸如减少 PP 的报酬、不当的交易等不公正交易行为，营造播放资讯的公正交易环境，引导资讯交易市场的进一步优化。

## 改善大众文化艺术人员的福祉[4-3-5-③]

| 主管部门 | 文化体育观光部(影像资讯产业科) | 分类 | 非预算 |
|---|---|---|---|
| 工作时间 | 2011 年—持续 | 合作部门 | 相关部门 |

(1)概要。

推进背景：我国大众文化艺术产业虽然达成了快速的良性发展，但仍存在专属合约问题及青少年大众文化艺术人员的人权问题、不公平交易等问题，处于没有确立系统的、公正的营业秩序的状态。

主要内容：

为了在大众文化艺术领域确立公正的交易秩序，制定并普及标准合同书。

为了保护大众文化艺术人员及工作人员、从业者的权利，设立支援中心。

对大众文化艺术产业界实施定期的现状调查。

加强对青少年大众文化艺术人员基本人权的保护。

实行大众文化艺术企划注册制度。

(2)2012 年度的推进实绩。

| 时期 | 推进内容 | 备注 |
| --- | --- | --- |
| 1 季度 | 研究、讨论标准专属合同书（歌手、演员领域）及播放演出标准合同书方案 | |
| 2 季度 | ①推进大众文化艺术领域标准合同书的制定，召开相关的听证会（6 月）<br>②讨论《大众文化艺术产业发展支援法》的制定方案（6 月） | |
| 3 季度 | ①推进《大众文化艺术产业发展支援法》的制定方案（8 月）<br>议员立法（朴昌植议员作为代表提议）<br>②组成并运营各领域的 TF（9 月）<br>提出争议的问题，收集意见 | |
| 4 季度 | ①组成并运营各领域的 TF（10—11 月）<br>提出标准专属合同书及播放演出的标准合同书制定方案<br>②举办听证会（预定 12 月）<br>公开收集争议的问题及对合议案的意见，与公正交易委员会进行协商 | |

所需预算：无。

主要成果：

通过在大众文化领域多样的利益关系者间构建合作网络，共享对产业内部问题及解决课题的认识。

为了营造系统的、长期的产业环境，提出改进法律制度的方案。

（3）2013 年度的推进计划。

工作目的：修订大众文化艺术人员的标准专属合同书（歌手/演员领域），制定关于支援大众文化艺术产业发展的相关法律方案（议员立法）。

主要内容：国会会议、立法支援、修订标准条款等。

推进日程：

| 时期 | 推进内容 | 备注 |
| --- | --- | --- |
| 1 季度 | 制定基本计划 | |
| 2 季度 | 与国会日程相联系，提供立法援助<br>与公正交易委员会协商与标准条款相关的问题 | |
| 3 季度 | 与国会日程相联系，提供立法援助 | |
| 4 季度 | 与国会日程相联系，提供立法援助 | |

所需预算：非预算项目。

（4）期待效果。

通过对大众文化艺术领域法律制度的改进，提高演艺产业的透明度。

改善播放制作的环境，加强对大众文化艺术人员权益的保护。

通过在大众文化艺术领域多样的利益相关者间（播放企业—企划/制作公司—演艺人员）确立公正的交易秩序，营造良性循环的产业生态系统，并强化全球竞争力。

# 五、加强制作、流通、技术等核心基础

| 分类 | 课题名 | 推进时期 | | 承担者 |
|---|---|---|---|---|
| | | 开始 | 结束 | |
| 重点课题 | 5-1. 扩建资讯制作的基础设施 | | | |
| 实践课题 | (1)建设多目的的国际化制作基础设施 | 2010 | 2013 | 文化部<br>播放通信委员会 |
| | (2)扩充各地方的资讯产业基础设施 | | | |
| | ①构建以区域为基础的尖端摄影棚 | 2011 | 2014 | 文化部 |
| | ②对以广域圈为中心的发展提供支持 | 2012 | 2013 | 文化部 |
| | (3)开发 IT 融合服务模型 | 2012 | 2013 | 播放通信委员会 |
| 重点课题 | 5-2. 营建先进的流通基础设施 | | | |
| 实践课题 | (1)扩充流通的基础设施 | | | |
| | ①推进流通领域专业财团的设立 | 2012 | 2012<br>(结束) | 播放通信委员会 |
| | ②引入公共发行商制度 | 2011 | 持续 | 文化部 |
| | (2)扩大流通渠道 | | | |
| | ①构建以智能为基础的电影流通网络 | 2011 | 持续 | 文化部 |
| | ②扩大实施国产动漫总量制度 | 2011 | 2012<br>(结束) | 播放通信委员会 |
| 重点课题 | 5-3. 开发新一代资讯的先导技术(R&D) | | | |
| 实践课题 | (1)推进 S. M. A. R. T 技术的开发 | | | |
| | ①运营泛部门的战备推进体系 | 2011 | 持续 | 文化部 |
| | ②开发尖端的源泉技术 | 2011 | 持续 | 文化部 |
| | ③构建综合信息网络，并加强联系 | 2011 | 持续 | 文化部 |
| | (2)推进资讯技术的国际共同研究 | 2011 | 持续 | 文化部 |
| | (3)推进资讯技术的国际标准化 | 2011 | 持续 | 文化部<br>知识经济部<br>播放通信委员会 |

## (一)扩建资讯制作的基本设施

### 建设多目的的国际化制作基础设施[5-1-1]

| 主管部门 | 文化体育观光部(播放影像广告科)<br>播放通信委员会(播放通信振兴政策科) | 分类 | 预算 |
|---|---|---|---|
| 工作时间 | 2011 年—持续 | 合作部门 | 相关部门 |

(1)工作概要。

工作目的：建设可以一站式地提供数字播放资讯产业的企划、制作、传送、流通所需服务的共同制作设施。中小企业家在制作播放资讯时共同应用这些设施。

工作时间：2010—2013 年。

工作实施主体：播放通信委员会，文化体育观光部(韩国资讯振兴院)

工作内容：

一般现状

建设用地：韩流世界(位于京畿道高阳市獐项洞)。

设施规模：占地面积10 702$m^2$(3 237坪)，总建筑面积56 594$m^2$(17 120坪)，地上 20 层、地下 4 层。

主要设施：摄影棚 6 个(大型 500 坪 1 个，中型 310 坪 1 个，小型 150 坪 4 个)，转播车 2 台，编辑室 17 个。

整体工作经费：4 年间(2010—2013 年)2 208亿韩元。

利用对象：播放频道使用企业(PP)、独立制造者等。

工程率(截至 2012 年 9 月末)：建筑 44%(骨架 20 层)，播放基础设施 20%(合同及订货)。

(2)2012 年度的推进实绩。

推进现况(经过)：

| 时期 | 推进内容 | 备注 |
|---|---|---|
| 1 季度 | ①组建支援中心播放基础设施构建工作的技术咨询委员会<br>②支援中心播放基础设施构建项目的实施设计(1、2 期)<br>中心工程(2 期)：工程率 24.0%(签订国家供应资源的合同并安装) | |
| 2 季度 | ①支援中心支付购买土地费用的余额<br>②举办建设工作推进现状的中期报告会(两部门)<br>中心工程(2 期)：工程率 32.0%(签订国家供应资源的合同并安装) | 土地购买费用(共 137 亿韩元) |
| 3 季度 | 组成并运营支援中心的管理、运营 TF<br>中心工程(2 期)：工程率 45.0%(签订国家供应资源的合同并安装) | 两部门及项目推进团 |
| 4 季度 | ①支援中心举办建设工作推进现状的中期报告会(第 2 次，两部门)。<br>②为了促进支援中心的发展，组建并运营营销专门团队(KCA，KOCCA)<br>中心工程(2 期)：工程率 70.0%<br>签订国家供应资源的合同并安装，签订中心工程(3 期)的合同(12 月) | |

所需预算：808.5 亿韩元(播放通信委员会 396.87 亿韩元，文化部 411.63 亿韩元)。

主要成果：

中心工程(2 期)继续安装国家供应的材料(预计达成工程率 70%)。

数字播放资讯支援中心竣工后，通过 3D、互动等新一代播放资讯制作的进一步发展，播放通信资讯产业的竞争力将得到强化。

需要补充的问题及改善方案：

由于 2012 年的设施工程费(文化部)预算不足，调整了支援中心的竣工日程(2013. 3→2013. 7)，播放基础设施的建设日程也要随之进行合理的调整。

(3)2013 年度的推进计划。

工作目标：截至 2013 年，建筑工程及播放制作设施全部竣工(工程率 100. 0%)，并开始运营。

主要推进内容：

建筑、土木、机械、电气、通信工程等设施建设工程。

正式引进转播车、照相机及编辑设施等主要播放设备及事先使用。

推进日程：

| 时期 | 推进内容 | 备注 |
|---|---|---|
| 1 季度 | 设施建设工程(工程率 85. 5%)<br>正式开始播放制作设施的基础设施安装工程 | |
| 2 季度 | 设施建设工程(工程率 99. 3%)<br>开始应用转播车、摄像机等部分先引进的播放装备 | |
| 3 季度 | 设施建设工程竣工(工程率 100%)<br>播放制作设施(摄影棚、编辑室等)竣工<br>竣工验收(CM 团)及获取使用许可(高阳市)<br>支援中心开馆，并开始管理运营<br>支援中心建设工程完工，完成播放基础设施工程<br>播放基础设施试运行及检查、检修(验收交接)<br>支援中心竣工，并开始运营 | |
| 4 季度 | 管理运营支援中心，并出租部分设施：运营及出租办公室、商铺及播放制作设施 | |

所需预算：

(单位：亿韩元)

| 分类 | 2012 | 2013 | 2014 | 合计 |
|---|---|---|---|---|
| 国库 | 411 | 352 | — | 763 |
| 基金(其他) | 397 | 222 | — | 619 |
| 合计 | 808 | 574 | — | 1 382 |

(4)期待效果。

由于利用与资讯制作、传送、流通、应用等相关的集成设施，将使 HD 的资讯制作、传送、流通部门平均减少 16.7%、14.9%、16.0%的费用。

通过开发创造性播放资讯素材的工作，及利用 HD 播放资讯制作的援助设施所进行的技术教育、创造性人才挖掘与培养工作，促进资讯产业的进一步发展。

通过营建可以进行制作、流通、传送高品质资讯的基础设施，将使视听者享用到多样化和高品质的播放资讯，并赋予经营者更多的商业机会。

**构建以区域为基础的尖端摄影棚[5-1-2-①]**

| 主管部门 | 文化体育观光部(播放影像广告科) | 分类 | 预算 |
|---|---|---|---|
| 工作时间 | 2011 年—持续 | 合作部门 | 相关部门 |

(1)工作概要。

工作目的：营造以大型摄影棚为中心的高品质影像制作环境，培育电视剧产业。

工作时间：2011—2015 年。

工作实施主体：韩国资讯产业振兴院。

工作内容：在大田的世博会科学公园20 000坪的建筑用地上，营建摄影棚(500/1 000/1 300/1 500坪)、特殊内景(手术室等)摄影棚、美术中心等。

(2)2012 年度的推进实绩。

推进现状(经过)：

| 时期 | 推进内容 | 备注 |
|---|---|---|
| 1 季度 | 与大田市、大田营销公司签订项目用地合同 | |
| 2 季度 | 作为大田世博会的重塑项目，重新研究和确定建筑用地 | |
| 3 季度 | 公开招标景观设计，选定 CM 企业 | |
| 4 季度 | 基本设计 | |

所需预算：39 亿韩元。

主要成果：公开招标景观设计并选定企业，完成基本设计。

需要补充的问题和改善方案：世博会科学公园的重塑项目因为研究方面的原因，延误了确定建筑用地的时间(2012.4)，比原计划延迟了 5 个月。

(3)2013 年度的推进计划。

工作目标：营造以大型摄影棚为中心的高品质影像制作环境，培育电视剧产业。

主要推进内容：进行设施设计，选定工程企业并开始实施工程。

推进日程：

| 时期 | 推进内容 | 备注 |
|---|---|---|
| 1 季度 | 审议基本设计，进行设施设计 | |
| 2 季度 | 完成设施设计 | |
| 3 季度 | 审议设施设计，选定参与企业 | |
| 4 季度 | 举行开工仪式，工程开工(工程率 10%) | |

所需预算：

（单位：亿韩元）

| 分类 | 2011 | 2012 | 2013 | 2014 | 2015 | 合计 |
|---|---|---|---|---|---|---|
| 国库 | 10 | 39 | 147 | 412 | 276 | 884 |
| 基金(其他) | — | — | — | — | — | — |
| 合计 | 10 | 39 | 147 | 412 | 276 | 884 |

(4)期待效果。

解决由地面波数字转换与新引进综合编制频道而产生的独立制造公司制作基础设施不足的问题。

通过营造大型电视剧制作园地，减少制作经费，并改善制作环境。

## 对以广域圈为中心的发展提供支持[5-1-2-②]

| 主管部门 | 文化体育观光部(文化产业政策科) | 分类 | 预算 |
|---|---|---|---|
| 工作时间 | 2012—2013 年 | 合作部门 | 相关部门 |

(1)工作概要。

工作目的：把文化产业群的发展从以地区为中心扩大到以“5+2 广域圈”为中心，通过地区间的协同效果强化地区的创造力量。

工作时间：2012 年—持续。

工作实施主体：文化体育观光部，地方自治团体。

工作内容：推进地区间的合作项目，并对共同研究提供援助，以便通过调查、评价、咨询产业群内重点招商行业的现状，并经过广域圈内的协商，扩大软件的开发，强化地区的创造力。

(2)2012 年度的推进实绩。

推进现状(经过)：

| 时期 | 推进内容 | 备注 |
|---|---|---|
| 1 季度 | 追加招募、选定各广域圈的文化技术共同研究中心 | 大邱地区 |
| 2 季度 | 援助各广域圈的文化技术共同研究中心(已有 2 个，新建 1 个) | 已有(釜山、全州)，新建(大丘) |
| 3 季度 | 援助各广域圈的文化技术共同研究中心(持续) | |
| 4 季度 | 确保促进地区文化产业群发展的预算<br>援助各广域圈的文化技术共同研究中心(持续) | |

所需预算：30.6 亿韩元。

主要成果：通过了解地区文化产业群的现状及成果找出今后发展的方向，以广域圈特色领域为中心，对与地区资讯产业共同进行 R&D 时所需的文化技术及共同研究中心(釜山、全州、大丘 3 个中心，各地区每年度 10 亿韩元)提供支持。

需要补充的问题及改善方案：为了促进以广域圈为中心的产业群的发展，需要制定具体的推进课题，并确保其预算。

(3)2013 年度的推进计划。

工作目标：通过扩大发展文化产业群，加强地区的创造力量。

主要推进内容：资助各广域圈的文化技术共同研究中心，发掘各广域圈的合作项目。

推进日程：

| 时期 | 推进内容 | 备注 |
|---|---|---|
| 1 季度 | 援助各广域圈的合作项目，选定对象区域<br>援助各广域圈文化技术共同研究中心(持续) | |
| 2 季度 | 援助各广域圈的合作项目<br>援助各广域圈文化技术共同研究中心(持续) | |
| 3 季度 | 援助各广域圈的合作项目<br>援助各广域圈文化技术共同研究中心(持续) | |
| 4 季度 | 援助各广域圈的合作项目<br>援助各广域圈文化技术共同研究中心(持续) | |

所要预算：

(单位：亿韩元)

| 分类 | 2012 | 2013 | 2014 | 合计 |
|---|---|---|---|---|
| 国库 | 30.6 | 30.6 | 30.6 | 91.8 |
| 基金(其他) | — | — | — | — |
| 合计 | 30.6 | 30.6 | 30.6 | 91.8 |

(4)期待效果。

缓解资讯产业过于集中于首都圈的问题，并缩小地区间的差异，确保资讯产业的地区性再生能力，强化地区的创造力。

## 开发IT融合服务模型[5-1-3]

| 主管部门 | 播放通信委员会(融合政策科) | 分类 | 预算 |
|---|---|---|---|
| 工作时间 | 2011年—持续 | 合作部门 | 相关部门 |

(1)工作概要。

工作目的：以智能设备、融合平台、以个人为中心的新技术为基础，开发并检验新型的服务。

工作时间：2012—2013年。

工作实施主体：播放通信委员会。

工作内容：开发以新的IT融合3大领域(m-cluster、智能电视、电视屏幕)为中心的融合服务模型，并推进其示范工作。

(2)2012年度的推进实绩。

推进现状(经过)：

| 时期 | 推进内容 | 备注 |
|---|---|---|
| 1季度 | 实施融合服务示范工作的需求调查(1—2月) | |
| 2季度 | 发布播放通信融合服务示范工作的公告(3—4月)<br>选定新的IT融合3大领域企业联盟的示范工作(4月) | |
| 3季度 | 开发示范工作模型(5月—) | |
| 4季度 | 试验、检验播放通信的融合服务(11月) | |

所需预算：16亿韩元。

主要成果：开发把新的IT融合3大领域所提供的诸如N-Screen实感影像、云技术等结合起来的服务模型(6个)。

**3大领域融合服务示范工作推进内容**

| 服务名 | 主要内容 |
|---|---|
| 地方自治团体的融合媒体服务 | 以各地方自治团体为单位，把分别运营中的网络播放统合起来，提供以PC、智能电视、智能手机为基础的SNS市民参与型播放服务 |
| 传统市场的营销支援服务 | 在传统市场的主要场所安装LED电子广告牌，通过显示屏字幕广告、e-传单等方式对传统商人的营销服务提供支援。 |
| 文化演出服务 | 利用手机和智能电视，提供地方自治团体正在运营的文化演出信息，并实时传送演出节目 |
| 移动生活播放服务 | 把地方自治团体的CCTV基础设施与播放节目结合起来，对灾难、环境、疾病、施政宣传、演出指南等需要和市民相互交流的事件，通过手机和电视屏幕等提供播放服务 |
| 市民参与型野外摄影播放服务 | 通过在外景安置的相机，把正在进行中的演出信息通过智能终端或安置于附近的电视屏幕进行传送 |
| 公共户外服务 | 在城市山区入口、城市中心的公共汽车等场所设置电视屏幕，提供团体纪念摄影等多样化的公共信息 |

(3)2013 年度的推进计划。

工作目标：发掘利用多样化智能设备所实施的新一代媒体服务。

主要推进内容：对 2012 年选定的 2 个联盟示范项目，经过技术的试验、验证过程后，扩大服务领域。

推进日程：

| 时期 | 推进内容 | 备注 |
|---|---|---|
| 1 季度 | 示范服务准备(技术的补充、宣传等) | |
| 2—4 季度 | 提供常用服务(2—4 季度) | |

所需预算：无。

(4)期待效果。

提供优质的公共资讯，通过新型的融合服务示范项目(传统市场营销支援服务等 6 个)，促进融合服务的进一步发展。

## (二)营建先进的流通基础

### 引入公共发行商[5-2-1-②]

| 主管部门 | 文化体育观光部(游戏资讯产业科) | 分类 | 预算 |
|---|---|---|---|
| 工作时间 | 2011 年—持续 | 合作部门 | 管理部门 |

(1)工作概要。

工作目的：加强国内优秀移动游戏的全球竞争力，增加出口。

工作时间：2011 年—持续。

工作实施主体：韩国资讯产业振兴院。

工作内容：移动游戏的全球公开发行，运营移动游戏中心。

(2)2012 年度的推进实绩。

推进现状(经过)：

| 时期 | 推进内容 | 备注 |
|---|---|---|
| 1 季度 | 制定 2012 年度的工作计划，批准预算交付(2 月) | |
| 2 季度 | ①提供 2011 年公共发行工作的工作岗位(2012. 1—2012. 6)<br>公共发行商及开发公司提供的工作岗位：共 50 个<br>②发布 2012 年度公共发行商及招募发行游戏的项目公告<br>发行商工作的说明会(6 月)<br>③2011 年公共发行工作累计产生 25 亿韩元的销售额<br>发行 16 个移动游戏(2012. 3—2012. 6) | |

续表

| 时期 | 推进内容 | 备注 |
|---|---|---|
| 3 季度 | ①选定 2012 年公共发行工作的运营商(7 月)<br>Gamevil、Com2uS、Pictosoft 3 个<br>②选定 2012 年发行工作的移动游戏开发商(7 月)<br>Sunday Toy、EJ Plus、Manodio 等 20 个<br>③2011 年公共发行工作累计产生 30 亿韩元的销售额<br>发行 16 个移动游戏(2012. 3—2012. 9) | |
| 4 季度 | 发布移动游戏的全球发行指南(11 月)<br>预定公开 2012 年公共发行移动游戏的一部分(12 月—) | |

所需预算：50 亿韩元。

主要成果：

①在移动游戏中引进并运营公共发行商：3 个。Gamevil、Com2us、Pictdsoft。

②对发掘全球发行的移动游戏提供支持：20 个。Manodio、Sunday Toy、Softzen、EJ Plus 等。

发行的游戏到 2012 年 12 月完成开发，预计游戏的销售额将从 2013 年 1 月开始产生。

③改进并运营移动游戏与游戏行业的相生模型。

改善与开发者和发布公司的合同条件，包括收益分配比率等。收益分配率：开发者：发行者 = 80：20(企业的分配比率 50：50)。

需要补充的问题及改善方案：改进前一年(2011 年)的工作内容，并继续推进。

**2012 年工作改进明细**

| 分类 | 2011 | 2012 | 增减 | 期待效果 |
|---|---|---|---|---|
| 发行商总数 | 1 个 | 3 个 | 增加 2 个(300%) | 提高工作投资金额和效率，培育中小发行商 |
| 发行游戏总数 | 16 个 | 20 个 | 增加 4 个(125%) | 扩大国内外出口及提供的岗位数 |
| 发行商发行游戏的平均数 | 8 个 | 6. 6 个 | 减少 1. 4 个 | 提高发行工作的集中程度及效率 |
| 发行商投资总额 | 10 亿韩元 | 24 亿韩元 | 增加 14 亿(240%) | 每个游戏的平均投资额从6 200万韩元增加到 1. 2 亿韩元 |

(3)2013 年度的推进计划。

工作目的：

发掘并发行 16 个优秀移动游戏，达成 40 亿韩元的销售额。

提供公共发行的工作岗位：50 名。

主要推进内容：

①移动游戏全球发行。

> 移动游戏的发行咨询：市场调查分析，提供海外发行手册等。
>
> 援助开发企划及品质管理：对游戏的品质管理、游戏测试等提供支持。
>
> 援助出口市场的本地化：对英语等外语翻译及国外的 CS 使用者提供支持。
>
> 营销援助：制作促销品，海外门户广告，运营 SNS 等宣传频道。

②运营移动游戏中心。

移动游戏中心迁址(书岘洞→板桥)，构建新设施。

资助移动游戏中心入驻公司的孵化项目。

推进日程：

| 时期 | 推进内容 | 备注 |
|---|---|---|
| 1 季度 | 完成详细工作计划的制定，批准预算的交付(2 月)<br>与地方自治团体完成与移动游戏中心迁址相关的协商(—3 月) | |
| 2 季度 | 移动游戏中心的迁址准备(室内设计等)(4—6 月)<br>发布公共发行商及发行游戏的招募公告(4 月)<br>选定公共发行商及发行游戏(6 月) | |
| 3 季度 | 移动游戏中心迁址(城南书岘洞→板桥)(7 月) | |
| 4 季度 | 对参与移动游戏 G 时代的全球发行展示会提供支持(11 月) | |

所需预算：

(单位：亿韩元)

| 分类 | 2012 | 2013 | 2014 | 合计 |
|---|---|---|---|---|
| 国库 | 50 | 40 | 40 | 130 |
| 基金(其他) | — | — | — | — |
| 合计 | 50 | 40 | 40 | 130 |

(4)期待效果。

挖掘具有市场价值的企业及游戏，通过咨询及时制定与企划、制作、营销等各阶段相关的必要事项提供支持。

通过民官合作的发行项目，营造可以增加中小游戏公司收益的良性循环结构。

通过对移动游戏的集中支援，确保在智能环境下也可以维持游戏强国形象的竞争力。

## 构建以智能为基础的电影流通网络[5-2-2-①]

| 主管部门 | 文化体育观光部(影像资讯产业科) | 分类 | 预算 |
|---|---|---|---|
| 工作时间 | 2011 年—持续 | 合作部门 | 相关部门 |

(1)工作概要。

工作目的：提供应对移动手机、平板电脑等智能设备的电子市场及流通的基础设施，对合法的在线商务提供支持。

工作时间：2010 年—持续。

工作实施主体：电影振兴委员会。

工作内容：通过公共在线流通网，提高 N-Screen 流通的基础设施，为切断电影的非法流通构建特色 DB，制定促进数字电影在线市场发展的战略。

(2)2012 年度的推进实绩。

推进现状(经过)：

<table>
<tr><th>时期</th><th colspan="4">推进内容</th></tr>
<tr><td>1 季度</td><td rowspan="4">运营公共在线流通网络，并改进其职能(全年随时)：<br>注册电影，扩大联动网站<br>发展 N-Screen 服务<br>实施移动下载(预定，2012. 11—12)</td><td></td><td rowspan="2">运营促进电影产业附加市场发展的 TFT(2012. 2—5)<br>制定适应媒体环境变化的附加市场发展战略(2012. 3—6)<br>电影产业数字市场发展论坛(2012. 6. 13)</td><td>制定电影特色 DB 的统合构建计划(2012. 2)</td></tr>
<tr><td>2 季度</td><td rowspan="3">通过公共在线流通网络，实施促进合法利用的项目(5—12 月)</td><td>选定电影特色 DB 统合构建的项目实施者(2012. 3—6)</td></tr>
<tr><td>3 季度</td><td rowspan="2"></td><td rowspan="2">统合构建电影特色 DB(2012. 6—10)</td></tr>
<tr><td>4 季度</td></tr>
</table>

所需预算：19. 2 亿韩元。

主要成果：制定通过公共在线流通网络，促进电影 N-Screen 流通及智能媒体时代电影产业数字在线流通的发展战略。

需要补充的问题及改善方案：需要制定在智能设备中有效保护版权的方案，及应对智能平台间全球性竞争的方案。

(3)2013 年度的推进计划。

工作目的：促进电影数字在线流通市场的发展。

主要推进内容：通过公共在线流通网络促进 N-Screen 流通的发展，通过运营特色 DB 阻断电影的非法流通并加强监控，为确保电影数字在线市场统计的透明性打下基础。

推进日程：

| 时期 | 推进内容 | 备注 |
|---|---|---|
| 1 季度 | 运营电影特色 DB(1—12 月)<br>监测电影的非法流通，并进行现状调查(1—6 月)<br>举办 Good Downloader Campaign(1—12 月)<br>公布电影数字在线市场流通统计(3—12 月) | |
| 2 季度 | 扩充公共在线流通网络电影 N-Screen 流通的基础设施，实施促进电影在智能设备上流通的项目(4—10 月)<br>实施独立电影附加市场的宣传、营销项目(4—12 月)<br>援助版权不明晰电影的合法流通(4—12 月) | |

所需预算：

（单位：亿韩元）

| 分类 | 2012 | 2013 | 2014 | 合计 |
|---|---|---|---|---|
| 国库 | — | — | — | — |
| 基金(其他) | 19.2 | 25.9 | 26 | 71.1 |
| 合计 | 19.2 | 25.9 | 26 | 71.1 |

(4)期待效果。

通过促进以智能为基础的电影附加市场的发展，提高国内电影产业的竞争力。

## 扩大实施国产动漫总量制度[5-2-2-②]

| 主管部门 | 播放通信委员会(编制评价政策科) | 分类 | 预算 |
|---|---|---|---|
| 工作时间 | 2011—2012 年 | 合作部门 | 文化体育观光部(影像资讯产业科) |

(1)工作概要。

工作目的：扩大国产动漫的放映。

工作时间：2011—2012 年。

工作实施主体：播放通信委员会。

工作内容：为了扩大国产动漫的放映，把义务编制的适用对象企业从现行的地面波播放企业扩大到综合编制及动漫专业播放频道。

(2)2012 年度的推进实绩。

推进现况(经过)：

| 时期 | 推进内容 | 备注 |
|---|---|---|
| 1 季度 | 修订《播放法》(2012.1.17)<br>组成由学术界、研究机构等参与的研究班(2012.2)<br>向委员会报告《播放法施行令》及《编制公告》的修订案(2012.3.30)<br>为扩大义务编制对象，收集相关意见(2012.3) | |
| 2 季度 | 收集利益相关者的意见(2012.4—5)<br>进行与修订《播放法施行令》及《编制公告》相关的自我规制审查(2012.5.17) | |
| 3 季度 | 规制改革委员会审查《编制公告》修订案(2012.7.5)<br>委员会表决《编制公告》修订案(2012.7.10)<br>修订《播放法施行令》及《公告》(2012.7.18 起施行) | 项目完成 |
| 4 季度 | — | |

所需预算：无。

主要成果：修订《播放法》《播放法施行令》《关于编制播放节目的公告》。

①修订《播放法》(2012. 1. 17. )。

将国产动漫的义务编制对象扩大到综合性作品及专业 PP。

地面波(KBS、MBC、SBS：1%，EBS：0. 3%)→地面波、综合 PP 及年度占有率在一定比率(50%)以上的动漫编制专业 PP。

②修订《播放法施行令》(2012. 7. 18 起施行)。

新的义务编制对象：年度编制 50%以上动漫的专业 PP(第 57 条第 3 项)。

③修订《关于编制播放节目的公告》(2012. 7. 18 起施行)。

依据播放销售额，分等级适用义务编制比率。

扩大国产动漫的新编制义务对象企业

(单位：亿韩元,%，篇)

| | | | | | | |
|---|---|---|---|---|---|---|
| 综合 PP | 播放销售额 | 700 以上 | 600~700 | 500~600 | 不到 500 | 所需篇数 |
| | 义务比率 | 1 | 0. 7 | 0. 5 | 0. 3 | — |
| | 所需篇数 | 7 | 5 | 3 | 2 | 8 |
| | 企业数 | — | — | — | 4 | — |

| | | | | | | |
|---|---|---|---|---|---|---|
| 专业 PP | 播放销售额 | 200 以上 | 150~200 | 100~150 | 50~100 | 所需篇数 |
| | 义务比率 | 1 | 0. 8 | 0. 6 | 0. 3 | — |
| | 所需篇数 | 7 | 5 | 4 | 2 | 21 |
| | 企业 | 1 | — | 2 | 3 | — |

(3)期待效果。

通过将新编制义务对象扩大到综合 PP 及每年编制 50%以上动漫的专业 PP，每年将产生约 29 篇新的动漫需求。

## (三)开发新一代资讯的先导技术(R&D)

### 运营技术开发的战略推进体系[5-3-1-①]

| | | | |
|---|---|---|---|
| 主管部门 | 文化体育观光部(数字资讯产业科) | 分类 | 预算 |
| 工作时期 | 2011 年—持续 | 合作部门 | 相关部门 |

(1)工作概要。

工作目的：构建在多样的智能环境中，资讯与设备、基础设施、技术相互融合生成的 S. M. A. R. T 技术的开发战略体系，并企划相关课题。

工作时间：2011 年—持续。

工作实施主体：文化体育观光部，韩国资讯振兴院。

工作内容：通过发掘资讯与设备、基础设施、技术相互融合生成的新概念全球资讯技术的开发模型，进行战略性研究及企划下一年度的课题。

(2)2012 年度的推进实绩。

推进现状(经过)：

| 时期 | 推进内容 | 备注 |
|---|---|---|
| 1 季度 | 确定 2012 年度文化部 R&D 的实施计划 | 2012. 2 |
| 2 季度 | 推进文化技术展望(CT Outlook 2012)的制定<br>推进文化 R&D 合作系统的研究 | 2012. 5— |
| 3 季度 | 制定有效的成果管理体系构建计划<br>修订文化体育观光的研究开发管理规定<br>2014 年度候补课题的需求调查，对推进对象进行详细研究 | 2012. 7—<br>2012. 9—<br>2012. 7—9 |
| 4 季度 | 修订文化体育观光的研究开发管理规定<br>确定 2014 年度的推进课题，制作 RFP | 2012. 11—2013. 1(预定)<br>2012. 10—2013. 1 |

所需预算：32. 61 亿韩元。

主要成果：通过制定 2013 年文化技术课题的企划及战略，对新一代资讯技术的开发提供支持。

需要补充的问题及改善方案：为了挖掘多样性需求的课题，需要加强超越部门层面的共同企划职能。

(3)2013 年度的推进计划。

工作目标：

发掘应对融合时代的 CT R&D 课题，并优化其体系。

主要推进内容：

为 2014 年度开发新一代资讯技术进行课题企划。

制定第 3 期文化技术展望(CT Outlook 2013)。

发掘可以引导全球的 R&D 课题，并改进 CT R&D 体系。

推进日程：

| 时期 | 推进内容 | 备注 |
|---|---|---|
| 1 季度 | 确定 2013 年度文化部 R&D 的实施计划 | |
| 2 季度 | 推进文化技术展望(CT Outlook 2013)的制定 | |
| 3 季度 | 2014 年度候补课题的需求调查，对推进对象进行详细研究 | |
| 4 季度 | 确定 2014 年度的推进课题，制作 RFP | |

所需预算：

（单位：亿韩元）

| 分类 | 2012 | 2013 | 2014 | 合计 |
|---|---|---|---|---|
| 国库 | 32. 6 | 32. 6 | 33 | 98. 2 |
| 基金(其他) | — | — | — | — |
| 合计 | — | — | — | — |

* 在营造 CT 基础的项目中，有专业机构的援助(文化技术的企划评价管理)。

(4)期待效果。

应对目前的资讯产业范式：资讯—设备—平台的统合环境，建立能引导全球的新资讯的技术开发体系。

## 开发尖端源泉技术[5-3-1-②]

| 主管部门 | 文化体育观光部(数字资讯产业科) | 分类 | 预算 |
|---|---|---|---|
| 工作时间 | 2011 年—持续 | 合作部门 | 相关部门 |

(1)工作概要。

工作目的：通过开发发展潜力大的新一代融/复合资讯技术，实现进入资讯 5 大强国的目标。

工作时间：2003 年—继续。

工作实施主体：文化体育观光部(韩国资讯产业振兴院)。

工作内容：开发有关新一代资讯产业领域(3D/4D、智能资讯产业、演出、虚拟现实等)、数字资讯的世界水平文化技术。

(2)2012 年度的推进实绩。

推进现况(经过)：

| 时期 | 推进内容 | 备注 |
|---|---|---|
| 1 季度 | 发布新推进课题的工作公告，受理提案书 | 2012. 2 |
| 2 季度 | 与新推进课题签订协议，进行开发 | 2012. 5— |
| 3 季度 | 进行推进课题的开发 | — |
| 4 季度 | 进行推进课题的开发，进度检查 | 预定 |

所需预算：共 765. 2 亿韩元。

开发资讯产业革新技术(542. 0 亿韩元，71 个课题)，开发数字资讯源泉技术(223. 0 亿韩元，16 个课题)。

主要成果：共 87 个新一代资讯技术开发课题正在实施中。

需要补充的问题及改善方案：对于文化艺术领域的尖端化等以创意为基础进行的技术开发，需要扩大相关的投资。

(3)2013 年度的推进计划。

工作目的：通过战略性地推进文化技术(CT)的发展，确保资讯产业的全球竞争力。

主要推进内容。

开发游戏、影像/新媒体、虚拟现实、聚合型资讯、公共文化、创作/服务 R&D 领域的产业革新核心技术(指定、自由招募)。

开发演出、展示、国乐等文化艺术产业尖端化所必要的企划、制作、实际演出(展示)及验证项目的核心技术(指定招募)。

开发数字资讯领域的核心源泉技术(核心基金、指定招募)。

推进日程：

| 时期 | 推进内容 | 备注 |
|---|---|---|
| 1 季度 | 发布新推进课题的工作公告，受理提案书 | |
| 2 季度 | 与新推进课题签订协议，进行开发 | |
| 3 季度 | 进行推进课题的开发 | |
| 4 季度 | 进行推进课题的开发，进度检查 | |

所需预算：

(单位：亿韩元)

| 分类 | 2012 | 2013 | 2014 | 合计 |
|---|---|---|---|---|
| 国库 | 542.0 | 531.0 | 558.0 | 1 631 |
| 基金(其他) | 223.2 | 216.5 | 213.7 | 653.4 |
| 合计 | 765.2 | 747.5 | 771.7 | 2 284.4 |

* 国库：尖端融/复合资讯技术开发项目预算，基金：数字资讯源泉技术开发预算。

(4)期待效果。

依据资讯的智能化、尖端化、全球化趋势，引导新一代资讯的范式。

## 构建综合信息网络并加强连接[5-3-1-③]

| 主管部门 | 文化体育观光部(数字资讯产业科) | 分类 | 预算 |
|---|---|---|---|
| 工作时间 | 2011 年—持续 | 合作部门 | 相关部门 |

(1)工作概要。

工作目的：构建信息管理系统，对文化技术从课题企划到成果应用的所有信息进行统筹管理。

工作时间：2009 年—持续。

工作实施主体：文化体育观光部(韩国资讯产业振兴院)。

工作内容：

改进研究开发信息管理系统(CTRD)，并进行开发。

实现与 NTIS(国家科学技术综合信息系统)的高度连接。

(2)2012 年度的推进实绩。

推进现状(经过)：

| 时期 | 推进内容 | 备注 |
|---|---|---|
| 1 季度 | 完成 2011 年研究开发系统改进工作 | 2012. 3 |
| 2 季度 | 实施 2012 年研究开发系统改进工作(委托开发) | 2012. 4— |
| 3 季度 | 与 2012 年 NTIS 信息的连接，应对上半年的数据品质评价 | 2012. 8 |
| 4 季度 | 与 2012 年 NTIS 信息的连接，应对下半年的数据品质评价 | 预定 |

所需预算：2. 7 亿韩元。

主要成果：

上半年数据品质评价：韩国资讯产业振兴院第 3 位(15 个部门)。

进行课题需求调查，并将结果应用于技术开发课题的选定与管理。

“国家科学技术知识信息服务”与课题及人员数据相联系。

需要补充的问题及改善方案：为了与相关部门建立系统联系，有必要组建研究开发信息系统的协议体。

(3)2013 年度的推进计划。

工作目标：增加研究开发系统的使用效率，扩大与国家科学技术知识信息服务(NTIS)的联系。

主要推进内容：

组建资讯研究开发信息系统的协议体。

扩大各相关部门间的实时链接项目，优化信息的应用。

推进日程：

| 时期 | 推进内容 | 备注 |
|---|---|---|
| 1 季度 | 完成 2012 年研究开发系统改进工作 | |
| 2 季度 | 实施 2013 年研究开发系统改进工作(委托开发) | |
| 3 季度 | 与 2013 年 NTIS 信息的连接，应对上半年的数据品质评价 | |
| 4 季度 | 与 2013 年 NTIS 信息的连接，应对下半年的数据品质评价 | |

所需预算：

(单位：亿韩元)

| 分类 | 2012 | 2013 | 2014 | 合计 |
|---|---|---|---|---|
| 国库 | 2. 7 | 2. 7 | 2. 7 | 8. 1 |
| 基金(其他) | — | — | — | — |
| 合计 | 2. 7 | 2. 7 | 2. 7 | 8. 1 |

(4)期待效果。

提高新一代资讯的研究开发在企划、评价、管理方面的系统性及效率。

## 推进资讯技术的国际共同研究[5-3-2]

| 主管部门 | 文化体育观光部(数字资讯产业科) | 分类 | 预算 |
|---|---|---|---|
| 工作时间 | 2011 年—持续 | 合作部门 | 相关部门 |

(1)工作概要。

工作目的：通过国际共同研究构建战略性的国际技术合作体系，通过加强全球技术竞争力，促进我国资讯的海外出口。

工作时间：2011 年—持续。

工作实施主体：文化体育观光部。

工作内容：全球资讯的世界市场出口，推进韩国和新西兰之间的战略性国际共同研究。

> 课题名：依据 3D 场景分析及模型重构方法生成、合成立体 3D 影像的技术。
> 实施机关：韩国电子通信研究院。
> 预算：3 年(2012—2014)期间资助 54 亿韩元。

①第一阶段(2012—2013 年)：

文化部对立体影像变换技术应用于资讯时所必需的技术进行开发。

制作适用于此技术的资讯时，原则上由国内企业共同参与。

②第二阶段(2014—2015 年)：

开发新一代 3D 影像转换及合成技术。

为获取全球的资讯订单，加速韩—新合作体系的构建。

援助国内企业网络等合作体系的构建，推进技术转让及其商业化。

(2)2012 年度的推进实绩。

推荐现状(经过)：

| 时期 | 推进内容 | 备注 |
|---|---|---|
| 1 季度 | 企划国际共同研究(韩国—新西兰)课题 | 2012. 3 |
| 2 季度 | 签订资讯振兴院与 ETRI 间的工作协议 | 2012. 5 |
| 3 季度 | 开发国际共同研究的推进课题 | — |
| 4 季度 | 为了协商共同研究的方向，ETRI 及参加机构举办第 1、2 期工作坊，开发国际共同研究的推进课题 | 预定 |

所需预算：18 亿韩元。

主要成果：为了韩—新的共同合作，确保预算和工作的启动。

(3)2013 年度的推进计划。

工作目标：推进国际共同技术开发的课题，推进新课题的发掘。

主要推进内容：

为了 2014 年度国际共同研究，推进新课题的发掘。

推进从 2012 年开始的韩—新国际共同合作的顺利实施。

推进日程：

| 时期 | 推进内容 | 备注 |
|---|---|---|
| 1 季度 | 对 2012 年执行课题进行阶段性评价，并签订该年度的协议 | |
| 2 季度 | 选定新课题的实施机构，并签订协议<br>开发共同研究的推进课题 | |
| 3 季度 | 开发共同研究的推进课题 | |
| 4 季度 | 开发推进课题，并检查其进度<br>推进 2014 年新课题的发掘 | |

所需预算：

(单位：亿韩元)

| 分类 | 2012 | 2013 | 2014 | 合计 |
|---|---|---|---|---|
| 国库 | 18 | 18 | 18 | 54 |
| 基金(其他) | — | — | — | — |
| 合计 | 18 | 18 | 18 | 54 |

(4)期待效果。

确保国际合作体系和全球技术竞争力。

## 推进资讯技术的国际标准化[5-3-3]

| 主管部门 | 知识经济部(信息通信标准科)<br>文化体育观光部(数字资讯产业科)<br>播放通信委员会 | 分类 | 预算 |
|---|---|---|---|
| 工作时间 | 2011 年—持续 | 合作部门 | 相关部门 |

### 1. 资讯技术标准化(知识经济部)

(1)工作概要。

工作目的：利用技术的融/复合化，通过对原本所属部门分散的资讯产业进行体系的标准化的援助，使其发展成为未来的成长动力。

工作时间：持续。

工作实施主体：研究所、大学、企业等。

工作内容：通过确保智能媒体的相互可操作性、电子出版、e-learning、新一代网站等方面的国际标准化统率力，对开发和普及可以开拓出新市场的战略领域的标准提供支持。

(2)2012 年度的推进实绩。

推进现况(经过)：

| 时期 | 推进内容 | 备注 |
|---|---|---|
| 1 季度 | 建立以国家标准协调者①为中心的标准化组织 | |
| 2 季度 | 开发电子出版领域的标准目录体系 | |
| 3 季度 | 开发 e-learning 领域的标准目录体系 | |
| 4 季度 | 推进标准应用的示范工作 | |

所需预算：32.7 亿韩元。

主要成果：通过信息通信的标准化、认证支援项目及标准技术能力提升项目，推进“开发以智能媒体为基础的信息间相互可操作性标准”等 14 个课题。

需要补充的问题及改进方案：为了应对由智能手机、平板电脑等智能媒体的出现带来的新变化，需要制定资讯技术的标准化战略。

(3)2013 年度的推进计划。

工作目标：以“通过构建以标准化为基础的开放型生态系统，实现智能强国的目标”为蓝图，推进对资讯技术标准化的统合支援、及时支援、全国支援这三大战略。

主要推进内容：构建以标准化框架②为基础的统合体系，开发领先的标准，通过对标准化的全国性扶持，推进标准的应用及推广。

以智能媒体国家标准的协调者为中心，开发并推广智能媒体的标准化框架。

加强主导开发 HTML5、EPUB 等相关资讯及应用标准的 W3C、IDPF、IMS 等民间标准化机构的活动。

各政府部门共同援助产业振兴所必要的标准的开发，通过 SNS 加强政策开发者、标准开发者、标准使用者、消费者之间的沟通。政策开发者包括：知识经济部、教育科学技术部、文化部、播放通信委员会等与智能媒体相关的部门。

推进日程：

① 国家标准协调者项目是运用民间专家对标准化进行综合管理和协调，为促进国家研发结果的成功产业化提供支持。目前正开展智能电网、云计算、智能媒体、智能医疗信息、3D 产业、电子印刷、智能车 7 项国家标准协调者活动。

② 标准化框架可以理解为标准化的设计图，由概念模型、参考模型、使用案例、标准目录等构成，标准化框架的具体内容可以参考“标准化框架的引入方案”(2012.8)和正在开发中的“KATS 标准化框架指南”。

| 时期 | 推进内容 | 备注 |
|---|---|---|
| 1 季度 | 开发标准化框架 | |
| 2 季度 | 强化 W3C、IDPF 等民间标准化机构的活动 | |
| 3 季度 | 及时地开发、推广市场需求的国家标准 | |
| 4 季度 | 各产业在制定政策时，要应对标准化的需求 | |

所需预算：

（单位：亿韩元）

| 分类 | 2012 | 2013 | 2014 | 合计 |
|---|---|---|---|---|
| 国库 | 32. 7 | 30 | 30 | 92. 7 |
| 基金(其他) | — | — | — | — |
| 合计 | 32. 7 | 30 | 30 | 92. 7 |

(4)期待效果。

通过综合性、系统性的资讯标准化，为营造以标准为基础的开放型资讯产业的生态系统和确保全球竞争力作出贡献。同时，也为消费者营造可以方便使用资讯的环境。

## 2. 推进资讯技术的国际标准化(文化体育观光部)

(1)工作概要。

工作目的：提高资讯产业的未来竞争力，开发并推广可以开拓新资讯市场的核心资讯的标准，促进资讯产业的发展。

工作时间：2011 年—持续。

工作实施主体：文化体育观光部，韩国电子通信研究院(新一代资讯研究所)。

工作内容：开发、推广资讯技术标准，构建标准化的基础等。

①课题名称：虚拟世界与真实世界联动服务框架标准的开发。
执行机构：韩国电子通信研究院。
预算：3 年(2010—2012 年)，6 亿韩元。
②课题名称：资讯导航用手势标准的开发。
实施机构：韩国电子通信研究院。
预算：3 年(2012—2014)，8. 9 亿韩元。

(2)2012 年度的推进实绩。

推进现状(经过)：

| 时期 | 推进内容 | 备注 |
| --- | --- | --- |
| 1季度 | 签订该年度的协议 | 2012. 2 |
| 2季度 | 开发国际标准化及参加国际会议(随时) | 2012. 4 |
| 3季度 | 开发国际标准化及参加国际会议(随时) | 2012. 7— |
| 4季度 | 开发国际标准化及参加国际会议(随时) | 预定 |

所需预算：4. 9亿韩元。

主要成果：国际标准化投稿书15件，专利6件，论文2件，技术文件10件等。

需要补充的问题及改善方案：为了圆满地推进资讯技术标准化工作，迫切需要确保追加预算。

(3)2013年度的推进计划。

工作目标：通过国际共同技术的标准化，抢先占领国际市场。

主要推进内容：

持续地推进参加国标准化会议及投稿标准化方面的论文等促进标准化顺利实施的工作。

发掘并推进2014年度新的标准化课题。

推进日程：

| 时期 | 推进内容 | 备注 |
| --- | --- | --- |
| 1季度 | 对所实施课题进行阶段性评价，签订该年度的协议 | |
| 2季度 | 开发国际标准化及参加国际会议(随时) | |
| 3季度 | 开发国际标准化及参加国际会议(随时) | |
| 4季度 | 开发国际标准化及参加国际会议(随时)，检查进度<br>发掘并推进2014年度新的标准化课题 | |

所需预算：

（单位：亿韩元）

| 分类 | 2012 | 2013 | 2014 | 合计 |
| --- | --- | --- | --- | --- |
| 国库 | 4. 9 | 5 | 5 | 14. 9 |
| 基金(其他) | — | — | — | — |
| 合计 | 4. 9 | 5 | 5 | 14. 9 |

* 使用知识经济部“知识经济技术革新”工作的预算。

(4)预期效果。

通过标准化，促进资讯产业的成长，减少资讯的制作费用。

为扩大国际资讯技术市场的占有率，确保其核心IPR。

# 2012 年资讯产业统计

（以 2011 年为标准）

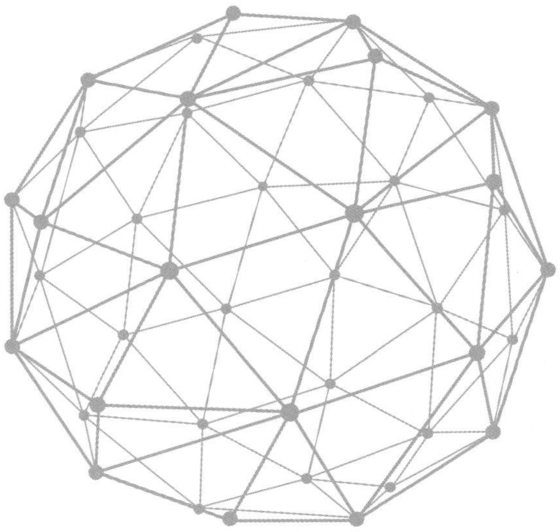

＊ 韩国文化体育观光部、韩国资讯振兴院发布。

# 目　　录

# 第一部分 调查概要

## 一、2012 年资讯产业统计的方向

为了掌握文化产业的实际状况和动向，并有效应用到文化产业的振兴和育成指标中，至以 2008 年为标准的调查为止，文化产业统计共发布了 10 次。其中，用以说明数字资讯产业的数字资讯产业统计，自以 2005 年为标准的调查到以 2008 年为标准的调查，一共发布了 4 次。但是，随着 2008 年政府机构的改编，文化产业振兴政策得到统一，文化产业统计与数字资讯产业统计也被要求合并。

资讯产业统计废止了统计厅过去对数字资讯产业统计的认定，合并了文化产业统计和数字资讯产业统计，2010 年获得统计厅的允许后将原来的文化产业统计更名为资讯产业统计。随后，以 2009 年为标准的调查开始统合为资讯产业统计。当时，通过数据库合并工作(文化产业统计和数字资讯产业统计的合并研究)维持了自 2005 年到 2008 年的统计值(文化产业统计、数字资讯产业统计)的时间序列。

在过去的文化产业统计中，以 2003 年为标准的调查是以构建统计数据库为目的，以 2004 年为标准的调查在以 2003 年为标准的调查的基础上，努力维持时间序列资料。从以 2005 年为标准的调查开始，为了克服以 2004 年为标准的调查的局限性而开发调查管理系统，以 2006 年为标准的调查区分了引领企业和非引领企业，并努力把以前过多估算的部分最小化。以 2006 年调查所掌握的准确的总体情况和经营多种事业的企业等内容为基础，以 2007 年为标准的调查实施了为企业量身定做的调查，同时，为了增加文化产业统计的应用性，还努力维持了以 2006 年为标准的调查中所实施的以小分类为中心的统计值的时间序列。不仅如此，以 2007 年和 2008 年为标准的调查将焦点放在应答率的提高方面，为此实施了代表电话号码的语音提示和代表传真号码、资讯产业统计的信封制作等多种方法。以 2009 年、2010 年和 2011 年为标准的资讯产业统计都以上述内容为基础进行了调查。随着数字技术的发展，以 2011 年为标准的调查还包括了虚拟现实和虚拟世界行业、计算机绘图制作行业等。2012 年的资讯产业统计是以 2011 年为标准，以韩国国内经营资讯产业的企业为对象进行的。

2012 年资讯产业统计的调查方向整理如下。

### (一)资讯产业统计的统合内容

在统合以往的文化产业统计和数字资讯产业统计的统计制作方法、分类体系、结果分析的过程中，把重点放在了按年度和按产业类别进行的比较和分析等容易进行的方面。然而，经营多种行业的企业

的数据，会产生重复计入的现象，资讯产业统计为了尽量避免重复计入，以确保正确的数据而付出了不少努力。以 2009 年为标准的调查，以变更的分类体系为基础，为了维持过去文化产业统计和数字资讯产业统计的数据及合并后的资讯产业统计数据的时间序列，将重点放在构建良好的基础方面。以 2010 年为基准的资讯产业统计则把重点放在巩固此基础上。资讯产业统计通过上述过程成为包含文化产业统计和数据资讯产业统计的资讯产业代表性统计。同时，随着资讯产业概念的变化，虚拟现实、虚拟世界行业和计算机绘图制作行业包含到了以 2011 年为标准的调查中。

### (二) 构建资讯产业统计的最佳数据库

因为以 2009 年为标准的调查开始统合为资讯产业统计，所以对过去的文化产业统计数据库和数字资讯产业统计数据库进行统合成为必需的工作项目。在资讯产业统计数据库构建工作的实施中，通过对文化产业统计和数字资讯产业统计企业列表的一对一比较，整理了重复的部分，并基于整理后的列表确定了以 2009 年为标准的资讯产业统计的总体单位，2010 年则是通过追加 2009 年确定的总体单位和统计厅企业列表及在文化体育观光部登录的新单位列表来掌握总体情况。

统计调查结果以之前构建好的调查管理系统为基础来输入，以输入的结果为基础制作结果表。不仅如此，还可以利用调查管理系统将应答内容按从业者的规模进行群体化查看。按从业者规模群体化的结果，可以分为引领企业和非引领企业来查看，从而得出更加准确的统计值。统计调查中持续应用之前已有的功能，如从业者人均销售额、回收率、输入错误及项目无应答等的实时核对功能等。

### (三) 掌握经营多种行业的企业

经营资讯产业的企业中有很多是经营着多种行业的企业，对这种情况的处理十分重要。为了尽量减少重复计算现象，以 2009 年至 2011 年为标准的资讯产业统计中，通过细化分类标准来努力掌握经营多种行业的企业。

同时，截至以 2008 年为标准的调查，还有些产业没有区分批发和零售，但是在以 2009 年为标准的调查中开始区分批发和零售，为形成各价值链的产业规模打好了基础。在 2010 年和 2011 年的调查中，利用此基础形成了价值链的产业规模。

## 二、2012 年资讯产业统计的分类体系

### (一) 资讯产业特殊分类的制定及修订

资讯产业特殊分类是以文化产业统计、数字资讯产业统计的分类体系及统计厅的韩国标准产业分类体系为基础于 2010 年制定的。资讯产业特殊分类在制定的当时由 8 个大分类、22 个中分类和 64 个小分类构成，随着资讯产业范围的扩大，依据资讯产业专家的意见反馈，2012 年资讯产业特殊分类修订为 12 个大分类、51 个中分类和 131 个小分类。

## (二)资讯产业统计的分类体系

资讯产业特殊分类的 12 个领域包括：①出版行业；②漫画行业；③音乐行业；④游戏行业；⑤电影行业；⑥动漫行业；⑦播放行业；⑧广告行业；⑨动漫形象行业；⑩知识信息行业；⑪资讯解决行业；⑫公演行业。但是，在 2012 年的资讯产业统计中，因考虑到还没有对公演行业做出明确定义这一点，在资讯产业的全部规模中去除了公演行业，只包括了 11 个行业，公演行业的统计以附录的形式记录。预计在 2013 年的资讯产业统计中，将对公演行业做出明确的定义并将其纳入资讯产业统计的全部规模中。

2012 年资讯产业统计的分类体系由 11 个业种构成大分类，11 个大类由 43 个中分类和 111 个小分类构成。

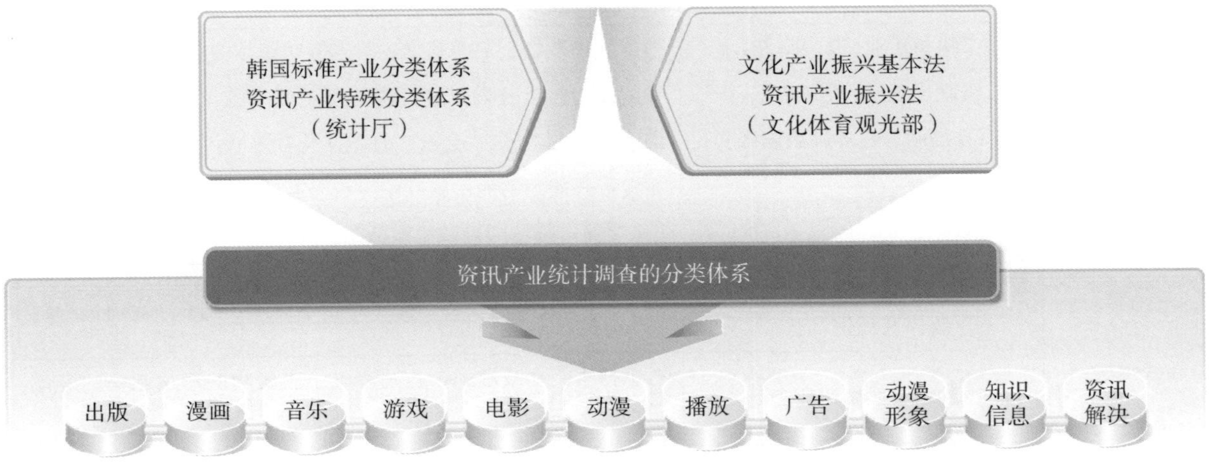


| 大分类 | 出版 | 漫画 | 音乐 | 游戏 | 电影 | 动漫 | 播放 | 广告 | 动漫形象 | 知识信息 | 资讯解决 |
|---|---|---|---|---|---|---|---|---|---|---|---|
| 中分类 | 5个 | 4个 | 7个 | 2个 | 2个 | 3个 | 6个 | 6个 | 2个 | 4个 | 2个 |
| 小分类 | 14个 | 10个 | 16个 | 4个 | 13个 | 5个 | 9个 | 19个 | 4个 | 9个 | 8个 |

图 1-2-1　资讯产业统计分类体系的形成过程

表 1-2-1

**资讯产业的特殊分类**

| 大分类 | 中分类 | 小分类 | 分类体系的定义 |
|---|---|---|---|
| 出版行业 | 出版业 | 书籍出版业(纸质媒体出版业) | 出版报纸、杂志、教科书(学习用)及定期发行物之外的各种书籍和书籍性质的小册子的企业 |
| | | 教科书及学习用书出版业 | 出版小学、初中、高中、大学教科书及儿童课外辅导材料等书籍的企业 |
| | | 杂志及定期刊物发行业 | 发行关于专业性内容或一般性内容的周刊、旬刊、月刊、年刊等杂志及定期刊物的企业 |
| | | 报纸发行业 | 内容涉及社会整体领域，以日刊、周刊、旬刊的形式发行(机构报、专业报、普通商业报)的企业 |
| | | 定期广告刊物发行业 | 发行关于房地产、旧货等各种商品交易指南、产业活动指南、招聘求职等定期广告刊物的企业 |
| | | 其他印刷品出版业 | 出版除以上各类之外的书籍或印刷品的企业 |

续表

| 大分类 | 中分类 | 小分类 | 分类体系的定义 |
| --- | --- | --- | --- |
| 出版行业 | 印刷业 | 印刷业 | 收取手续费或依据合约、依据各种制版技术印刷各种出版物的企业(广告除外)。引用外部资料：统计厅“矿业、制造业调查”，2009；统计厅“全国企业调查”，2009 |
| | 出版批发零售业 | 书籍及杂志类批发业 | 批发各种书籍及杂志的企业(漫画除外) |
| | | 书籍及杂志类零售业 | 零售各种书籍及杂志的企业(漫画除外) |
| | | 约定投递销售业(报纸投递销售) | 投递报纸及定期刊物的企业。引用外部资料：统计厅“全国企业调查”，2011 |
| | 在线出版流通业 | 网络/移动电子出版制作业 | 把单行本、刊物、电子出版物制作成用单独的阅读器或播放器进行阅读的企业(E-book 制作等) |
| | | 网络/移动电子出版服务业 | 把出版物电子化，为所制作的电子出版物提供服务的企业 |
| | | 网络书店(漫画除外) | 运营非线下书店的网络书店企业(如yes24、inter park图书等)。引用外部资料：统计厅“网络购物动向调查”，2012 |
| | 出版租借业 | 书籍租借业(漫画除外) | 租赁各种书籍、定期刊物、杂志等印刷品的企业(漫画除外) |
| 漫画行业 | 漫画出版业 | 漫画出版社(漫画杂志、每日漫画、连环画杂志等) | 专门发行包括漫画杂志在内的漫画图书的出版社(如专门发行漫画的鹤山、大元C. I. 株式会社、首尔文化社等) |
| | | 普通出版社(漫画部门) | 在发行普通图书的出版社中发行漫画图书(包括学习/教养漫画)的出版部门(普通出版社的漫画出版部门) |
| | 在线漫画制作流通业 | 网络/移动漫画资讯制作及提供(CP) | 为了在网络/移动设备上提供单行本漫画、漫画杂志而进行制作的企业 |
| | | 网络漫画资讯服务 | 对单行本漫画或漫画杂志等以电子出版物的形式制作的资讯，通过网络提供服务的企业 |
| | | 移动设备漫画资讯服务 | 对单行本漫画或漫画杂志等以电子出版物的形式制作的资讯，通过移动设备提供服务的企业 |
| | 漫画书租借业 | 漫画租借(漫画屋、漫画咖啡厅等) | 在漫画屋、漫画咖啡厅等店铺中向漫画读者有偿地提供场所或租赁图书的企业 |
| | | 书籍租赁(漫画部门) | 只租赁各种漫画图书、漫画杂志的企业(不提供场所) |
| | 漫画批发零售业 | 漫画书籍及杂志类批发 | 批发各种漫画图书及漫画杂志的企业 |
| | | 漫画书籍及杂志类零售 | 零售各种漫画图书及漫画杂志的企业 |
| | | 网络书店(漫画部门) | 运营非线下书店的网络书店企业(如yes24、inter park图书公司等，只适用于漫画)。引用外部资料：统计厅“网络购物动向调查”，2012 |
| 音乐行业 | 音乐制作业 | 音乐企划及制作业 | 企划、制作唱片及音源的企业(CP除外) |
| | | 经营唱片(音源)录音设施的企业 | 经营可以录制唱片或音源的设施的企业 |
| | 音乐及音像制品出版业 | 音乐音像制品出版业 | 出版相关音乐乐谱的企业 |
| | | 其他音像制品制作业 | 制作其他音像制品的企业(与出版相关) |
| | 唱片复制及发行业 | 唱片复制业 | 复制唱片的企业 |
| | | 唱片发行业 | 向批发零售企业发行唱片的企业 |
| | 唱片批发零售业 | 唱片批发业 | 批发唱片的企业 |
| | | 唱片零售业 | 零售唱片的企业 |
| | | 网络唱片零售业 | 在非线下唱片卖场的网络上销售唱片的企业。引用外部资料：统计厅“网络购物动向调查”，2012 |

续表

| 大分类 | 中分类 | 小分类 | 分类体系的定义 |
|---|---|---|---|
| 音乐行业 | 在线音乐流通业 | 移动音乐服务业 | 从音源代理企业获取音源转让权，通过移动设施提供服务的企业 |
| | | 网络音乐服务业 | 从音源代理企业获取音源转让权，通过网络提供服务的企业 |
| | | 音源代理中介业 | 从音源代理企业获取音源转让权，在线上进行转播的企业 |
| | | 网络/移动音乐资讯制作及提供业(CP) | 制作音源并提供给移动音乐服务企业及网络音乐服务企业的企业 |
| | 音乐演出业 | 音乐演出企划及制作业 | 企划及制作音乐演出(音乐会、大众音乐、古典音乐、歌剧、传统演出)的企业(话剧除外) |
| | | 其他音乐演出服务业 | 提供音乐演出相关服务的企业(票务发行等) |
| | 练歌房经营业 | 练歌房经营业 | 无演奏者，具有能伴随着伴奏进行演唱的影像设备或无影像伴奏设备的企业 |
| 游戏行业 | 游戏制作及发行业 | 游戏企划及制作业 | 企划及制作游戏的企业 |
| | | 游戏发行业 | 对已制作的游戏进行发行的企业 |
| | 游戏流通业 | 计算机游戏厅运营业 | 运营通过网络或刻录机进行计算机游戏的相关设施的企业(网吧) |
| | | 电子游戏场运营业 | 运营具有非计算机的电子游戏机设备的企业(包括单曲外景拍摄) |
| | 游戏的批发零售及租借业 | 游戏机批发零售业 | 批发或零售游戏机的企业 |
| | | 游戏软件批发零售业 | 批发或零售游戏软件的企业(CD、DVD、文档等) |
| | | 游戏机租借业 | 出租游戏机的企业 |
| | | 游戏软件租借业 | 出租游戏软件的企业 |
| 电影行业 | 电影制作、支援及流通业 | 电影企划及制作 | 企划及制作普通电影的企业(普通电影/制作) |
| | | 电影进口 | 进口海外电影的企业 |
| | | 电影制作支援 | 提供与普通电影制作相关的胶片加工、胶片编辑、配音、胶片检查等制作后期服务的企业 |
| | | 电影发行 | 取得普通电影的发行权，向电影院、播放公司及其他上映者进行发行的企业 |
| | | 剧场上映 | 具备在室内或野外放映的设施，并进行电影放映的企业 |
| | | 电影宣传及营销 | 对普通电影进行宣传及营销的企业 |
| | | 电影投资组合 | 为了电影制作而由个人或团体出资成立的组合 |
| | DVD/VHS 制作及流通业 | DVD/VHS 制作 | 企划及制作电影 DVD/VHS 的企业(录像电影) |
| | | DVD/VHS 批发 | 批发电影 DVD/VHS 的企业 |
| | | DVD/VHS 零售 | 零售电影 DVD/VHS 的企业 |
| | | DVD/VHS 租赁 | 购入电影 DVD/VHS 后出租的企业 |
| | | DVD/VHS 上映 | 购入电影 DVD/VHS 后，利用显示器、电视、投影仪等设备经营录像制品观赏室的企业 |
| | | 在线上映 | 通过网络/移动设备提供电影服务的企业 |
| 动漫行业 | 动漫制作业 | 动漫创作制作业 | 企划并直接制作原创动漫的企业 |
| | | 动漫转包制作业 | 外包制作或订单制作、转包制作动漫的企业 |
| | | 在线(网络、移动)动漫制作业 | 制作网络及移动动漫的企业 |
| | 动漫流通及发行业 | 动漫流通、发行及宣传 | 负责剧场用、播放用、家庭录像用动漫的流通、发行、营销与宣传的企业 |
| | 在线动漫流通业 | 在线动漫服务业(网络、移动) | 通过网络与移动设备提供动漫服务的企业 |

续表

| 大分类 | 中分类 | 小分类 | 分类体系的定义 |
|---|---|---|---|
| 播放行业 | 地面波播放 | 地面波播放企业 | 管理、运营以播放为目的的地面广播站，并利用其进行播放的企业(电视、广播) |
| | | 地面波移动媒体播放企业 | 利用以移动传输为主要目的的多个频道，进行复合传送播放的地面波播放企业(地面波 DMB) |
| | 有线播放 | 综合有线播放企业 | 为了进行多频道播放而管理、运营有线广播站设备，利用传送、线路设备进行播放的企业(综合有线) |
| | | 转播有线播放企业 | 转播及进行地面波播放的企业播放(转播有线) |
| | | 音乐有线播放企业 | 播放收录于唱片、录像制品、游戏中的音乐的企业(音乐有线) |
| | 卫星播放 | 普通卫星播放企业 | 拥有或租借人工卫星的无线设备，管理、运营广播站，并以此来进行播放的企业 |
| | | 卫星移动媒体播放企业 | 以在移动中接收信号为主要目的，利用多频道进行复合发射信号形式播放的企业 |
| | 播放频道应用业 | 播放频道应用企业 | 地面波播放企业主、综合有线播放企业主或卫星播放企业主与特定频道的全部或部分时间签订专用的使用合约，以使用其频道的企业(普通、电视购物数据) |
| | 电子屏幕播放 | 电子屏幕播放企业 | 在一段时间内，经常性或持续性地在电子屏幕上播放包括新闻在内的节目的企业 |
| | 播放影像作品制作业 | 播放影像独立制作公司 | 不依靠播放企业在财政上的援助或制作、设备上的支持，独立进行 TV 节目制作的企业 |
| | 网络影像作品提供业 | 网络播放影像作品服务业 | 将播放影像作品资讯化，通过网络提供服务的企业(GOM TV、PANDORA TV、Mncast 等) |
| | | 网络电视播放业 | 通过网络对播放影像作品进行实时或录像播放的企业(SBSi、iMBC、KBSi 等) |
| | | 网络协议电视(PTV) | 利用超高速的网络，提供双向电视服务的企业(KT 的 olleh TV、SK 宽带的 B TV、LG 的 U+TV) |
| | 播放影像作品分配及中介业 | 播放影像制品发行业 | 取得播放影像作品的发行权，向播放公司发行的企业 |
| | | 播放影像作品中介业 | 在播放影像作品的著作权所有者、播放公司及预上映播放影像作品的企业之间进行协调，最终促成合约达成的企业 |
| | | 其他播放影像作品服务业 | 其他提供播放影像作品服务的企业 |
| | 播放相关团体 | 播放影像行业的职能团体 | 经营与播放影像行业相关业务的企业 |
| | | 播放影像行业的专业人员培养机构 | 培养或培训播放影像产业相关人员的机构 |
| 广告行业 | 广告(综合)代理业 | 广告代理、媒体代理 | 代替广告主进行广告产品的企划，并据此制作广告，带着制作完成的广告作品与媒体接触、进行媒体代理的企业 |
| | | 广告企划、战略代理 | 企划广告活动，或设定广告文案、媒体等综合性广告活动基本方向的企业 |
| | 广告制作业 | CM、影像、广告文案、平面设计的制作 | 制作广告主题、广告、广告平面设计等的企业 |
| | | 在线制作 | 制作 Banner、节目单、网站等各种在线广告的企业 |
| | | 广告照片拍摄 | 以广告为目的进行照片、报纸、杂志拍摄，以及海报摄影及样本拍摄的企业 |
| | | CI(Commercial Identity，商业标识)制作 | 制作企业象征、标记、字标、企业特色等的企业(制作广告文案 CI) |

续表

| 大分类 | 中分类 | 小分类 | 分类体系的定义 |
| --- | --- | --- | --- |
| 广告行业 | 服务业 | 营销、调研 | 为了企划、修正、评价营销活动而进行内部及外部信息的收集、分析的企业 |
| | | PR(Public Relations，公共关系) | 为了获取公众对于产品或服务的理解与好感，专门进行各种活动业务(宣传、活动、活动企划、宣传品制作等)的企业(广告 PR) |
| | | SP(Sales Promotion，促销) | 代理不是在大众媒体上投放的广告，而是与销售直接联系的广告的企业(DM 广告、超值服务、样本分发、新型商品、竞赛、消费者教育等)，大众媒体广告的代理除外 |
| | | 活动 | 为促进销售而进行的活动提供企划、演出、制作、设计的企业 |
| | | 空间设计 | 提供展示的企划及制作、展示中布置品的制作及管理、室内布景的设计及施工等服务的企业 |
| | 印刷业 | 印刷 | 制作、编辑手册、产品样本、传单、原色印刷品、册子、包装品及公司报纸等产品的企业 |
| | | 制板 | 提供制板、输出、照片制板、胶片输出、制作等与照片印刷、制板相关的服务的企业(广告制板业) |
| | 在线业 | 广告代理 | 代替广告主企划在线广告，据此制作出有效的广告产品，并为了传播所制作的广告而与媒体接触并进行推广的企业(在线广告代理及替代代理) |
| | | 媒体代理 | 提供代替广告主或广告代理公司，购入在线广告版面业务的企业 |
| | | 广告企划、战略代理 | 企划在线广告活动或设定广告文案、媒体等综合性广告活动基本方向的企业 |
| | | 广告制作 | 制作 Banner(横幅广告)、节目单、网站广告等各种在线广告的企业 |
| | 其他行业 | 广告产品企划、编辑 | 编辑影像或印刷广告的企业(广告企划及编辑) |
| | | 其他(设备办理等) | 提供电子设备的维护及维修、编辑设备的使用、幻灯片的租借等设备销售业务的企业(与广告相关的计算机系统及各种设备的管理服务) |
| 动漫形象行业 | 动漫形象制作业 | 动漫形象开发及许可业 | 设计在小说、漫画、动画、游戏中出现的具有特色的人物或动物形象，并取得许可的企业(动漫形象设计) |
| | | 动漫形象商品制造业 | 支付动漫形象许可费，制作动漫形象的企业(动漫形象制造) |
| | 动漫形象商品流通业 | 动漫形象商品批发业 | 批发已支付动漫形象许可费的动漫形象商品的企业(包括帽子、项链、领带、手帕、胸针、袜子等) |
| | | 动漫形象商品零售业 | 零售已支付动漫形象许可费的动漫形象商品的企业 |
| | 动漫形象游戏设施运营行业 | 运营动漫形象游戏设施的行业 | 运营娱乐型及大多使用独创性动漫形象的幼儿及儿童游戏设施的企业(小企鹅主题公园) |
| | 动漫形象商品在线流通业 | 通过网络及移动设施提供动漫形象服务的行业 | 在线销售已支付动漫形象许可费用的动漫形象或提供相关服务的企业(只限定于动漫形象) |
| 知识信息行业 | e-learning 业 | e-learning 企划业 | 企划针对幼儿、中小学生、成人等所有年龄段人群的在线的贮存型学习项目的企业 |
| | | e-learning 网络/移动服务业 | 通过网络及移动设备提供在线的贮存型学习项目服务的企业(企划在线的学习信息服务) |
| | | 网络/移动 e-learning 制作及提供业 | 制作在线的贮存型学习项目并提供给服务性企业的企业(CP) |
| | | 教育性娱乐企划及制作业 | 为了获取教育效果，制作所研发的学习用游戏、多媒体图谱、广播教材等资讯的企业(企划及制作添加了娱乐性学习信息的企业) |

续表

| 大分类 | 中分类 | 小分类 | 分类体系的定义 |
|---|---|---|---|
| 知识信息行业 | 其他数据库及在线信息提供业 | 其他数据库及在线信息提供业 | 收集及整理一手信息，根据一定的格式进行加工后收录到计算机中，以电子媒体的形式提供给需求企业（通过网络及移动设备进行的出版、漫画、音乐、游戏、电影、动漫、播放、广告、动漫形象、e-learning 服务除外） |
| | 网站及其他网络信息媒介服务业 | 网站及其他网络信息媒介服务业 | 通过网络中的搜索、社区、电子信箱、微博等服务，对金融、生活信息、新闻等使用者制作的资讯及数字化的多种信息进行传播的企业 |
| | 虚拟世界及虚拟现实业 | 屏幕高尔夫系统企划及制作业 | 企划及制作屏幕高尔夫系统的企业 |
| | | 屏幕高尔夫场运营业 | 运营屏幕高尔夫球场的企业 |
| | | 其他虚拟世界及虚拟现实企划及制作业 | 通过三次元影像等，用数字制作出虚拟环境，使利用者在虚拟世界中获得与现实世界相似的感受，企划并制作这种资讯的企业 |
| | | 其他虚拟世界及虚拟现实服务业 | 利用数字化的虚拟世界资讯，向使用者提供可以获得与现实世界相似感受的虚拟现实服务的企业 |
| 资讯解决行业 | 资讯解决业 | 制作工具 | 为了制作及编辑数字资讯所利用的制作工具（影像、游戏、LMS、e-learning 等，但 CG 除外） |
| | | 资讯保护 | 为了阻止有线和无线网络中数字资讯的擅自使用，跟踪流通过程中所发现的资讯非法使用等问题，提供相关的解决方案（DRM，即数字版权管理等），进行资讯保护 |
| | | 移动解决方案 | 为在移动网络中进行资讯服务所提供的所有服务及平台（MMS/SMS 的文字服务，与移动多媒体传送相关的服务及移动平台） |
| | | 收费/结算 | 为了征收在网站或移动网络中的资讯使用费用而利用的所有解决方案（信用卡结算、手机小额结算等） |
| | | 资讯管理系统（CMC） | 以在线的所有资讯为对象，自动对其生产、流通、删除、更新进行管理的解决方案 |
| | | 资讯传送网络（CDN） | 在网络中设置多个缓存服务器（临时储存装置），将 CP 所提供的电影、音乐、游戏等资讯事先存储到这些缓存服务器中，在有需求的时候传递给使用者，进而提高传送速度并阻止数据损失的解决方案 |
| | | 其他 | 资讯储存用检索工具等为进行数字资讯的检索、数字传送所使用的所有方案及网络代理等劳务及服务 |
| | 计算机绘图（CG）制作业 | 计算机绘图（CG）制作业 | 在电影、广告、游戏等影像的制作过程中，使用计算机绘图技术来修补及创作影像的企业 |
| 公演行业（音乐演出除外） | 演出业 | 演出企划及制作业 | 对除音乐演出之外的实际演出剧目进行企划及制作的企业 |
| | | 演出设施运营业 | 除电影院之外，运营演出设施的企业 |
| | 与演出相关的服务业 | 与演出及制作相关的代理业 | 根据与除音乐演出之外的相关演出制作者的合约，替代制作者代理演出场所及合同的企业 |
| | | 经纪业 | 作为代理、管理艺术家、演艺人、体育人等公众人物的企业，为顾客提供合同协商、金钱问题管理、经纪宣传等服务（即艺术家、演艺人、体育人、模特等的经纪人） |

# 三、2012 年资讯产业统计的特征

## (一)确定资讯产业小分类统计体系

根据资讯产业统计分类体系，重新分析文化产业统计和数字资讯产业统计的数据库，保留 2005 年至 2011 年的资讯产业小分类和统计的时间序列，在各行业的流通领域对批发和零售进行区分。这是为了制定与流通相关的政策及强化其应用所做出的努力。

从 2010 年(以 2009 年为标准)资讯产业统计开始，在知识信息行业中加入了虚拟世界和虚拟现实(屏幕高尔夫等)业，在资讯解决行业中加入了计算机绘图制作业并进行了调查，但在 2010 年的报告书中没有反映出该方面的内容。

2012 年(以 2011 年为标准)资讯产业统计在 2009 年和 2010 年的数据上追加了虚拟世界和虚拟现实业及计算机绘图制作业的数据。

## (二)扩大各产业调查表的分类

2012 年资讯产业统计调查表以文化产业统计和数字资讯产业统计调查表为基础重新构成，又以学术界和行业专家的咨询结果为基础，依据各产业的特征修订了统计项目，并按项目追加了说明，使调查内容更容易被应答者理解。

## (三)定义分类体系，获取并整理总体列表

过去的文化产业统计和数字资讯产业统计的制作主要以相同企业为调查对象实施，所以要对总体列表进行整理。整理总体列表后，为了防止分类体系变更带来的混乱，会向各个企业公示分类体系的定义。

为了尽量防止混乱，资讯产业统计分类体系中的出版、漫画、音乐、游戏、电影、动漫、播放、广告、动漫形象延续了之前的文化产业统计分类体系，资讯解决延续了数字资讯产业统计的分类体系。知识信息合并了之前文化产业的教育性娱乐和数字资讯产业统计的 e-learning、信息资讯、资讯交易与中介部分并进行重新设置。文化产业统计的学习娱乐产业小分类中只保留了教育性娱乐企划和制作业，将剩余三种(教育性娱乐批发零售业、在线教育性娱乐批发零售业、在线教育性娱乐服务业)归为 e-learning 服务业的小分类中。在资讯产业统计中，原数字资讯产业统计中的综合信息、专业信息、生活信息、娱乐、位置基础信息、在线资讯服务、包装流通 7 个小分类改为网站及其他网络信息媒介服务和其他数据库与在线信息提供业。

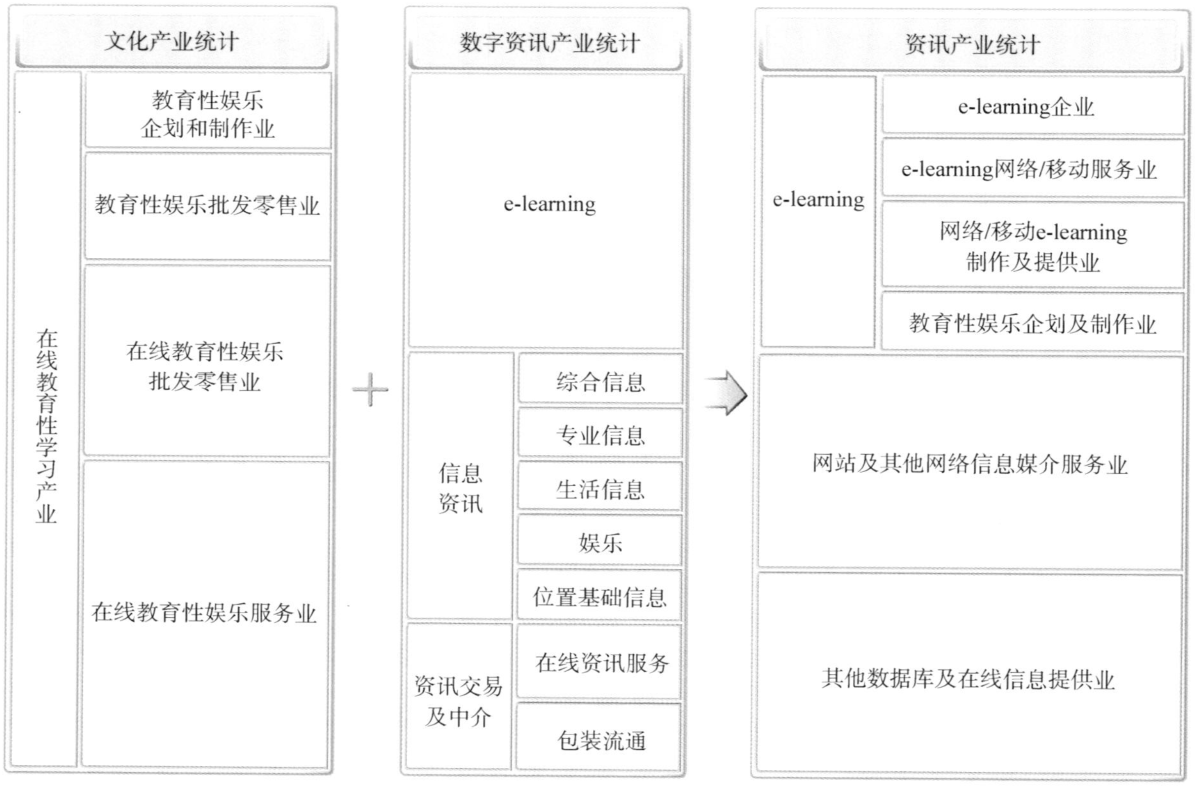


图 1-3-1　2011 年资讯产业统计中变更的知识信息行业分类体系

表 1-3-1　**2011 年资讯统计中变更的资讯解决行业分类体系**

| 大分类 | 中分类 | 小分类 |
| --- | --- | --- |
| 资讯解决行业 | 资讯解决业 | 制作工具 |
| | | 资讯保护 |
| | | 移动解决方案 |
| | | 收费/结算 |
| | | 资讯管理系统(CMC) |
| | | 资讯传送网络(CDN) |
| | | 其他 |

2012 年资讯产业统计的知识信息行业中分类中追加了虚拟世界和虚拟现实行业。虚拟世界和虚拟现实业的小分类中追加了屏幕高尔夫系统企划及制作业、屏幕高尔夫场运营业、其他虚拟世界及虚拟现实企划及制作业、其他虚拟世界及虚拟现实服务业 4 项。资讯解决行业的中分类中追加了计算机绘图(CG)制作业，小分类中追加了计算机绘图制作业。

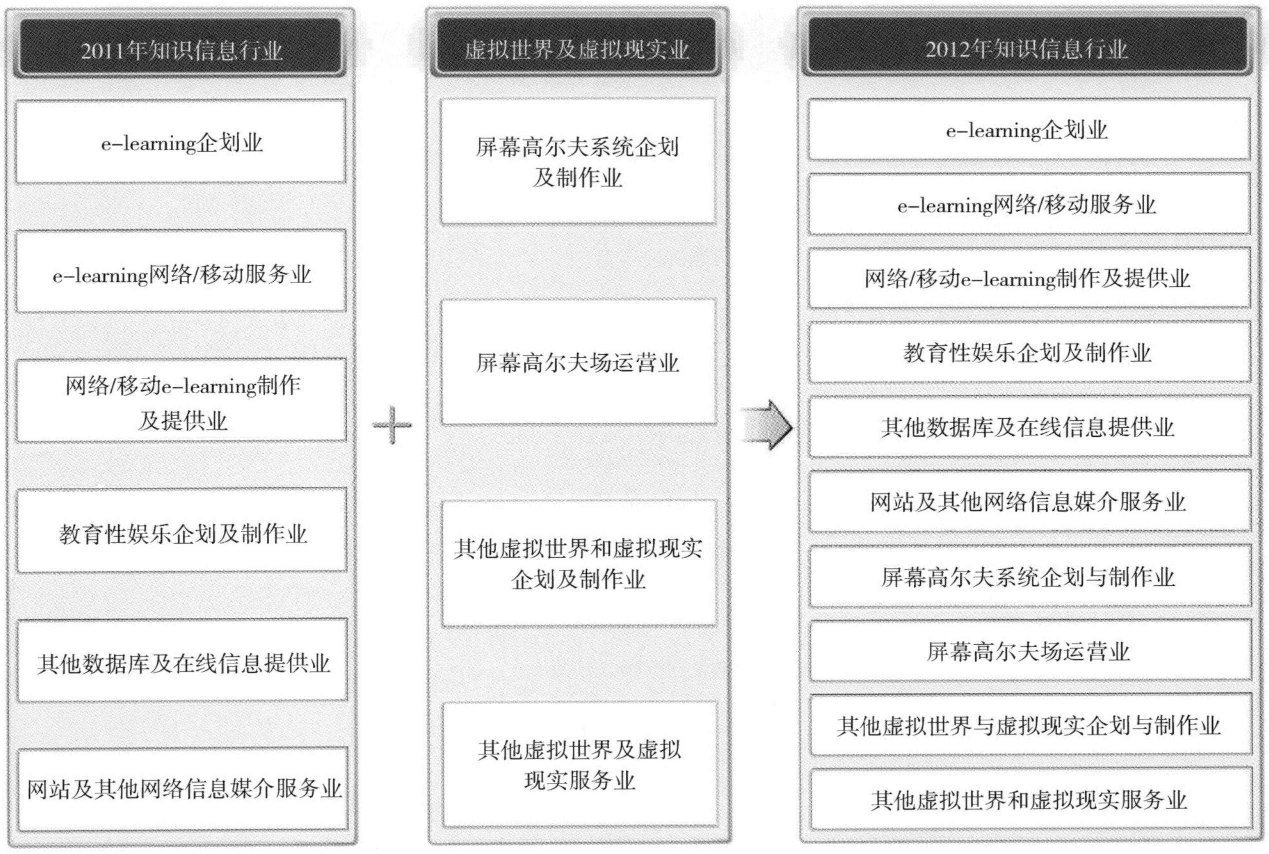


图 1-3-2　2012 年资讯产业统计中变更的知识信息行业分类体系

表 1-3-2　**2012 年资讯统计中变更的资讯解决行业分类体系**

| 大分类 | 中分类 | 小分类 |
|---|---|---|
| 资讯解决行业 | 资讯解决业 | 制作工具 |
| | | 资讯保护 |
| | | 移动解决方案 |
| | | 收费/结算 |
| | | 资讯管理系统(CMC) |
| | | 资讯传送网络(CDN) |
| | | 其他 |
| | 计算机绘图(CG)制作业 | 计算机绘图(CG)制作业 |

# 四、调 查 对 象

## (一)获取资讯产业统计总体列表及选定样本

为了获取资讯产业统计的总体列表，每年要向统计厅和关税厅、文化体育观光部及韩国资讯振兴院

图 1-4-1　确定资讯产业统计总体列表

寻求资讯产业的企业列表。同时，企业在 KT114 电话簿上首次登录电话号码时需要提供企业登录证，通过 KT114 的配合来获得其中与资讯产业相关的企业列表。此外，通过各产业协会网站可以获得在协会中登录的各企业列表。最后，通过获取资讯产业相关杂志的最新版本来获取登录其中的企业列表。通过这一过程所获取的资讯产业总体，被区分为实施全量调查的企业列表和实施样本调查的企业列表。

2012 年资讯产业统计中去除了首次获取的总体列表中重复的企业。如果去除重复企业后的列表中还存有该企业登录号码，就要在国税厅网站上确认该企业是否休业或停业。在此基础上实施电话调查，通过去除因行业变更而不在经营资讯产业的企业来确定总体列表。资讯产业是一个休业、停业、业种变更频繁的产业，在统计中，除了停业的企业以外，曾经休业和变更业种的企业没有被撤销而是保留了下来。

为了 2012 年资讯产业统计的有效实施，最终从实态调查总体列表的 8 个产业、113 942个企业中将全量调查和样本调查的企业数确定为11 693个。

从行业类别来看，在出版行业，以 2010 年统计厅的全国企业调查结果中所掌握的27 132个企业为总体，统计时从其中抽取了1 550个样本，在音乐行业，则从37 774个企业中抽取了 735 个样本。对漫画、音乐、动漫、播放(播放影像独立公司)、动漫、知识信息、资讯解决行业的流通相关领域进行了样本调查，对企划及制作相关领域实施了全量调查。在电影行业，从3 424个企业中抽取了1 762个来进行全量调查和样本调查。在广告行业，基于统计厅以 2010 年为标准的全国企业调查，2011 年的广告行业统计调查，工商业联合会、《每日经济》广告注册企业数据库，广告年鉴数据库，确定以5 625个企业为总体，在其中抽取2 857个样本为调查对象进行了调查。在播放行业(播放影像独立公司除外)，以 2011 年在播放通信委员会注册的 446 个播放事业者(大屏幕播放事业者除外)为总体进行了全量调查。

表 1-4-1　　**资讯产业统计总数及样本数**

| 分类 | 总　数 | | 样本数 |
|---|---|---|---|
| | 实态调查总数① | 引用其他机构的总数② | |
| 出版行业 | 27 132个 | — | 1 550 |
| 漫画行业 | 8 709 | — | 435 |
| 音乐行业 | 37 774 | — | 735 |
| 游戏行业 | 17 344 | — | 2 000 |
| 电影行业 | — | 电影行业：3 424个 | 1 762 |
| 动漫行业 | 341 | — | 300 |
| 播放行业 | — | 播放行业：446 个 | 446 |
| 播放影像独立制作公司 | 628 | — | 828 |
| 广告行业 | — | 广告行业：5 625个 | 2 857 |
| 动漫形象行业 | 1 711 | — | 400 |
| 知识信息行业 | 9 507 | — | 380 |
| 资讯解决行业 | 1 301 | — | 200 |
| 小计 | 104 447 | 9 495 | 11 693 |
| 合计 | 113 942 | | |

以 2006 年为标准的调查至以 2008 年为标准的调查，其调查规模是单纯叠加文化产业统计和数字资讯产业统计样本数的结果，以 2009 年为标准的调查才是第一次以资讯产业统计进行调查的结果。所以，2009 年和 2010 年的调查规模不能直接与 2006 年和 2008 年的调查规模进行比较。2011 年的调查规模为11 693个企业，比 2010 年的调查规模稍有增加。

表 1-4-2　　**资讯产业统计各年度样本规模比较**　　（单位：个）

| 分类 | 2006年 | 2007年 | 2008年 | 2009年 | 2010年 | 2011年 |
|---|---|---|---|---|---|---|
| | 调查规模 | 调查规模 | 调查规模 | 调查规模 | 调查规模 | 调查规模 |
| 出版行业 | 2 500 | 1 000 | 2 200 | 1 850 | 1 735 | 1 550 |
| 漫画行业 | 421 | 300 | 450 | 430 | 448 | 435 |
| 音乐行业 | 697 | 400 | 500 | 600 | 738 | 735 |
| 游戏行业 | 2 250 | 2 315 | 2 201 | 2 000 | 2 000 | 2 000 |
| 电影行业 | 979 | 1 220 | 2 026 | 1 833 | 1 810 | 1 762 |
| 动漫行业 | 160 | 200 | 250 | 230 | 289 | 300 |
| 播放行业 | 473 | 473 | 878 | 838 | 926 | 1 074 |
| 播放影像独立制作公司 | — | — | 391 | 393 | 475 | 628 |
| 广告行业 | 2 957 | 3 005 | 3 375 | 2 441 | 2 762 | 2 857 |
| 动漫形象行业 | 300 | 400 | 400 | 400 | 403 | 400 |
| 知识信息行业 | 617 | 819 | 825 | 350 | 380 | 380 |
| 资讯解决行业 | 380 | 404 | 635 | 200 | 187 | 200 |
| 合计 | 11 734 | 10 536 | 13 740 | 11 172 | 11 678 | 11 693 |

① 以 2010 年为基准的实态调查总数(进行直接调查的总数)。
② 以 2010 年为标准，引用其他机构资料的数据(没有进行直接调查的数据)。

表 1-4-3　　**资讯产业各行业总数(企业数)现状**　　(单位：个)

| 中分类 | 小分类 | 2006年 | 2007年 | 2008年 | 2009年 | 2010年 | 2011年 |
|---|---|---|---|---|---|---|---|
| 出版业 | 书籍出版业(纸质媒体出版业) | 2 245 | 2 329 | 2 011 | 2 023 | 2 018 | 2 002 |
| | 教科书及学习用书出版业 | | | 652 | 659 | 663 | 671 |
| | 报纸发行业 | 403 | 391 | 376 | 387 | 364 | 363 |
| | 杂志及定期刊物发行业 | 965 | 1 107 | 1 080 | 1 088 | 1 092 | 1 088 |
| | 定期广告刊物发行业 | 445 | 375 | 367 | 357 | 343 | 348 |
| | 其他听觉记录媒体出版业 | 22 | 21 | — | — | — | — |
| | 其他印刷品出版业 | 260 | 262 | 228 | 221 | 195 | 202 |
| 印刷业 | 印刷业 | 14 757 | 14 770 | 13 816 | 13 532 | 13 419 | 13 308 |
| 出版批发零售业 | 书籍及杂志类批发业 | 1 928 | 1 965 | 1 920 | 1 899 | 1 832 | 1 713 |
| | 书籍及杂志类零售业 | 5 451 | 5 432 | 5 323 | 5 221 | 5 013 | 4 625 |
| 在线出版流通业 | 网络/移动电子出版制作业 | 77 | 112 | 125 | 136 | 148 | 161 |
| | 网络/移动电子出版服务业① | | | 35 | 38 | 41 | 43 |
| | 网络书店(漫画除外) | — | — | — | — | — | — |
| 出版租借业 | 书籍租借业(漫画除外) | 3 800 | 3 473 | 3 322 | 2 904 | 2 675 | 2 608 |
| 出版行业合计 | | 30 353 | 30 237 | 29 255 | 28 474 | 27 803 | 27 132 |
| 漫画出版业 | 漫画出版社(漫画杂志、每日漫画、连环画杂志等) | 60 | 62 | 81 | 103 | 96 | 93 |
| | 普通出版社(漫画部门) | 130 | 116 | 120 | 123 | 118 | 119 |
| 在线漫画制作流通业 | 网络/移动漫画资讯的制作及提供(CP) | — | — | 45 | 45 | 43 | 42 |
| | 网络漫画资讯服务 | | | | | | |
| | 移动漫画资讯服务 | 27 | 28 | 32 | 32 | 31 | 28 |
| 漫画书租借业 | 漫画租借(漫画房、漫画咖啡厅等) | 1 000 | 950 | 943 | 936 | 902 | 811 |
| | 书籍租借(漫画部分) | 3 800 | 3 473 | 3 322 | 3 302 | 3 132 | 2 827 |
| 漫画批发零售业 | 漫画书籍及杂志类批发 | 325 | 318 | 311 | 301 | 187 | 161 |
| | 漫画书籍及杂志类零售 | 5 451 | 5 432 | 5 323 | 5 264 | 5 122 | 4 625 |
| | 网络书店(漫画部分) | — | — | — | — | — | — |
| 漫画产业合计 | | 10 796 | 10 382 | 10 180 | 10 109 | 9 643 | 8 709 |
| 音乐制作业 | 音乐企划及制作业 | 1 223 | 1 039 | 906 | 1 125 | 1 146 | 1 193 |
| | (音源)录音设施运营业 | 266 | 230 | 158 | 141 | 133 | 129 |
| 音乐及音像制品出版业 | 音乐音像制品出版业 | — | — | 62 | 59 | 53 | 49 |
| | 其他音像制品制作业 | — | — | 7 | 6 | 6 | 8 |
| 唱片复制及发行业 | 唱片复制业 | — | — | 59 | 52 | 48 | 46 |
| | 唱片发行业 | — | — | 15 | 14 | 14 | 15 |
| 唱片批发零售业 | 唱片批发及零售业 | 350 | 310 | 233 | 221 | 199 | 205 |
| | 网络唱片零售业 | — | — | — | — | — | — |
| 在线音乐流通业 | 移动音乐服务业 | 3 | 3 | 3 | 3 | 3 | 3 |
| | 网络音乐服务业 | 227 | 216 | 165 | 189 | 192 | 196 |
| | 音源代理中介业 | 32 | 35 | 38 | 43 | 45 | 43 |
| | 网络/移动音乐资讯制作及提供业(CP) | 120 | 132 | 133 | 101 | 68 | 69 |
| 音乐演出业 | 音乐演出企划及制作业 | 417 | 374 | 377 | 423 | 456 | 481 |
| | 其他音乐演出服务业(票务发行等) | 9 | 15 | 18 | 18 | 18 | 21 |
| 练歌房经营业 | 练歌房经营业 | 34 461 | 37 947 | 35 463 | 35 864 | 35 253 | 35 316 |

① 电子出版企业的数据中只计算了电子书服务企业的规模。

续表

| 中分类 | 小分类 | 2006年 | 2007年 | 2008年 | 2009年 | 2010年 | 2011年 |
|---|---|---|---|---|---|---|---|
| 音乐行业合计 | | 37 108 | 40 301 | 37 637 | 38 259 | 37 634 | 37 774 |
| 游戏制作及发行业 | 游戏企划及制作业 | 2 786 | 2 792 | 3 317 | 3 666 | 1 094 | 1 017 |
| | 游戏发行业 | 845 | 952 | 1 256 | 1 445 | | |
| 游戏流通业 | 计算机游戏厅运营业 | 20 986 | 20 607 | 21 496 | 21 547 | 19 014 | 15 817 |
| | 电子游戏场运营业 | 8 185 | 10 182 | 3 224 | 3 887 | 550 | 510 |
| 游戏行业合计 | | 32 802 | 34 533 | 29 293 | 30 535 | 20 658 | 17 344 |
| 电影制作、支援及流通业 | 电影企划及制作 | 130 | 272 | 599 | 418 | 505 | 387 |
| | 电影进口 | 47 | 56 | 118 | 58 | 72 | 125 |
| | 电影制作支援 | 71 | 78 | 275 | 95 | 103 | 106 |
| | 电影发行 | 24 | 44 | 89 | 57 | 56 | 74 |
| | 剧场上映 | 206 | 183 | 361 | 461 | 428 | 320 |
| | 电影宣传及营销 | 16 | 19 | 39 | 33 | 67 | 74 |
| | 电影投资组合 | — | — | 33 | 21 | 19 | 8 |
| DVD/VHS 制作及流通业 | DVD/VHS 制作 | 28 | 8 | 7 | 5 | 4 | 3 |
| | DVD/VHS 批发 | 32 | 13 | 13 | 9 | 8 | 8 |
| | DVD/VHS 零售 | — | 50 | 35 | 342 | 301 | 349 |
| | DVD/VHS 租借 | 4 000 | 3 000 | 2 200 | 2 089 | 1 694 | 1 562 |
| | DVD/VHS 上映 | 1 000 | 700 | 1 049 | 485 | 429 | 368 |
| | 在线上映 | 16 | 27 | 27 | 36 | 41 | 40 |
| 电影行业合计 | | 5 570 | 4 450 | 4 845 | 4 109 | 3 727 | 3 424 |
| 动漫制作业 | 动漫创作制作业 | 130 | 142 | 151 | 162 | 182 | 183 |
| | 动漫转包制作业 | 110 | 118 | 102 | 102 | 101 | 96 |
| | 在线(网络、移动)动漫制作业 | 5 | 7 | 7 | 8 | 8 | 11 |
| 动漫流通及供应业 | 动漫流通、发行及宣传 | 7 | 8 | 8 | 9 | 9 | 35 |
| 在线动漫流通业 | 在线(网络、移动)动漫服务业 | 8 | 8 | 8 | 8 | 8 | 16 |
| 动漫行业合计 | | 260 | 283 | 276 | 289 | 308 | 341 |
| 地面波播放 | 地面波播放企业 | 43 | 44 | 47 | 54 | 54 | 53 |
| | 地面波移动媒体播放企业 | 6 | 6 | 6 | 6 | 19 | 19 |
| 有线播放 | 综合有线播放企业 | 107 | 103 | 103 | 100 | 94 | 94 |
| | 转播有线播放企业 | 139 | 115 | 108 | 99 | 100 | 97 |
| | 音乐有线播放企业 | 10 | 6 | — | — | — | — |
| 卫星播放 | 普通卫星播放企业 | 1 | 1 | 1 | 1 | 1 | 1 |
| | 卫星移动媒体播放企业 | 1 | 1 | 1 | 1 | 1 | 1 |
| 播放频道应用业 | 播放频道应用企业 | 187 | 188 | 187 | 184 | 179 | 178 |
| 网络影像作品提供业 | 网络协议 TV(IPTV) | — | — | — | 3 | 3 | 3 |
| 播放影像作品业 | 播放影像独立制作公司 | — | — | 391 | 393 | 475 | 628 |
| 播放行业合计① | | 494 | 464 | 844 | 841 | 926 | 1 074 |

① 3 家地面波广播公司被重复包括在地面波播放企业和地面波移动媒体播放企业中。

续表

| 中分类 | 小分类 | 2006年 | 2007年 | 2008年 | 2009年 | 2010年 | 2011年 |
|---|---|---|---|---|---|---|---|
| 广告 | 广告(综合)代理业 | 1 064 | 1 069 | 830 | 1 501 | 1 538 | 1 464 |
| | 广告制作业 | 640 | 795 | 570 | 376 | 1 127 | 1 074 |
| | 服务业 | 250 | 257 | 291 | 154 | 471 | 604 |
| | 印刷业 | 2 043 | 2 013 | 2 302 | 1 553 | 2 340 | 2 139 |
| | 在线业 | 278 | 284 | 280 | 145 | 360 | 423 |
| | 其他行业 | 2 701 | 2 311 | 2 189 | 805 | 2 153 | 2 421 |
| 广告行业合计① | | 4 753 | 4 830 | 4 767 | 4 532 | 5 011 | 5 625 |
| 动漫形象制作业 | 动漫形象开发及许可业 | 250 | 278 | 292 | 295 | 302 | 349 |
| | 动漫形象产品制造业 | 379 | 392 | 398 | 412 | 415 | 448 |
| 动漫形象商品流通业 | 动漫形象产品批发零售业 | 750 | 861 | 831 | 835 | 876 | 914 |
| 动漫形象行业合计 | | 1 379 | 1 531 | 1 521 | 1 542 | 1 593 | 1 711 |
| e-learning 业 | e-learning 企划业 | 621 | 756 | 1 145 | 368 | 373 | 382 |
| | e-learning 网络/移动服务业 | | | | 650 | 655 | 691 |
| | e-learning 网络/移动制作及提供业 | | | | 213 | 224 | 225 |
| | 教育性娱乐企划及制作业 | 140 | 165 | 171 | 182 | 186 | 191 |
| 其他数据库及在线信息提供业 | 其他数据库及在线信息提供业 | 426 | 483 | 541 | 586 | 682 | 725 |
| 网站及其他网络信息媒介服务业 | 网站及其他网络信息媒介服务业 | 258 | 283 | 322 | 331 | 339 | 356 |
| 虚拟世界及虚拟现实业 | 屏幕高尔夫系统企划及制作业 | — | — | — | 13 | 15 | 16 |
| | 屏幕高尔夫场运营业 | — | — | — | 4 043 | 4 386 | 6 819 |
| | 其他虚拟世界及虚拟现实企划与制作业 | — | — | — | 81 | 90 | 102 |
| | 其他虚拟世界及虚拟现实服务业 | — | — | — | — | — | — |
| 知识信息行业合计 | | 1 445 | 1 687 | 2 179 | 6 467 | 6 950 | 9 507 |
| 资讯解决业 | 制作工具 | 559 | 572 | 65 | 66 | 72 | 71 |
| | 资讯保护 | | | 53 | 61 | 63 | 64 |
| | 移动解决方案 | | | 155 | 185 | 192 | 218 |
| | 收费/结算 | | | 53 | 59 | 59 | 58 |
| | 资讯管理系统(CMC) | | | 106 | 116 | 118 | 117 |
| | 资讯传送网络(CDN) | | | 39 | 42 | 43 | 42 |
| | 其他 | | | 550 | 575 | 582 | 595 |
| 计算机绘图(CG)制作业 | 计算机绘图(CG)制作业 | — | — | — | 122 | 132 | 136 |
| 资讯解决业合计 | | 559 | 572 | 1021 | 1226 | 1261 | 1301 |

① 广告行业中企业同时经营多种业种的情况会被重复处理，因此在企业数和企业比重中分类业种的合计大于整体合计。

表 1-4-4 **资讯产业各地区的企业总数现状**① （单位：个）

| 地区 | 年度 | 资讯产业整体 | | | | | | 比重 | 与上年相比增长率 | 年平均增长率 |
|---|---|---|---|---|---|---|---|---|---|---|
| | | 2006 年 | 2007 年 | 2008 年 | 2009 年 | 2010 年 | 2011 年 | （%） | （%） | （%） |
| 首尔 | | 27 657 | 37 854 | 36 477 | 38 777 | 34 235 | 34 315 | 31.0 | 0.2 | 4.4 |
| 6个城市 | 釜山 | 7 047 | 9 596 | 8 502 | 8 465 | 7 849 | 7 810 | 7.1 | -0.5 | 2.1 |
| | 大邱 | 5 357 | 7 009 | 6 459 | 6 718 | 6 298 | 6 228 | 5.6 | -1.1 | 3.1 |
| | 仁川 | 4 343 | 6 240 | 5 390 | 6 413 | 5 663 | 5 839 | 5.3 | 3.1 | 6.1 |
| | 光州 | 3 350 | 5 033 | 4 222 | 4 335 | 4 469 | 4 123 | 3.7 | -7.7 | 4.2 |
| | 大田 | 3 111 | 4 263 | 4 077 | 3 937 | 4 014 | 3 690 | 3.3 | -8.1 | 3.5 |
| | 蔚山 | 1 933 | 2 679 | 2 349 | 2 584 | 2 510 | 2 394 | 2.2 | -4.6 | 4.4 |
| | 小计 | 25 141 | 34 820 | 30 999 | 32 452 | 30 803 | 30 084 | 27.2 | -2.3 | 3.7 |
| 9个道 | 京畿道 | 14 224 | 22 095 | 22 115 | 22 562 | 20 753 | 20 807 | 18.8 | 0.3 | 7.9 |
| | 江原道 | 2 185 | 3 791 | 3 274 | 3 436 | 3 226 | 3 144 | 2.9 | -2.5 | 7.5 |
| | 忠清北道 | 1 929 | 2 509 | 2 688 | 2 771 | 2 563 | 2 429 | 2.2 | -5.2 | 4.7 |
| | 忠清南道 | 2 222 | 3 680 | 3 275 | 3 494 | 3 229 | 3 149 | 2.9 | -2.5 | 7.2 |
| | 全罗北道 | 2 311 | 3 433 | 3 182 | 3 283 | 2 839 | 2 763 | 2.5 | -2.7 | 3.6 |
| | 全罗南道 | 2 519 | 3 701 | 3 115 | 3 213 | 2 972 | 2 958 | 2.7 | -0.5 | 3.3 |
| | 庆尚北道 | 3 555 | 5 328 | 4 964 | 4 954 | 4 469 | 4 445 | 4.0 | -0.5 | 4.6 |
| | 庆尚南道 | 4 612 | 6 459 | 5 848 | 6 130 | 5 671 | 5 522 | 5.0 | -2.6 | 3.7 |
| | 济州道 | 774 | 1 145 | 1 038 | 1 202 | 1 018 | 901 | 0.8 | -11.5 | 3.1 |
| | 小计 | 34 331 | 52 141 | 49 499 | 51 045 | 46 740 | 46 118 | 41.8 | -1.3 | 6.1 |
| 合计 | | 87 129 | 124 815 | 116 973② | 122 274 | 111 778 | 110 517 | 100.0 | -1.1 | 4.9 |

| 地区 | 年度 | 出版 | | | | | | 漫画 | | | | | |
|---|---|---|---|---|---|---|---|---|---|---|---|---|---|
| | | 2006 年 | 2007 年 | 2008 年 | 2009 年 | 2010 年 | 2011 年 | 2006 年 | 2007 年 | 2008 年 | 2009 年 | 2010 年 | 2011 年 |
| 首尔 | | 11 773 | 11 297 | 10 784 | 10 304 | 10 019 | 9 919 | 3 487 | 3 437 | 3 268 | 3 243 | 3 110 | 2 823 |
| 6个城市 | 釜山 | 2 620 | 2 738 | 2 533 | 2 491 | 2 452 | 2 423 | 887 | 810 | 801 | 796 | 778 | 743 |
| | 大邱 | 1 986 | 2 035 | 1 943 | 1 912 | 1 879 | 1 857 | 532 | 517 | 503 | 498 | 475 | 452 |
| | 仁川 | 1 325 | 1 315 | 1 259 | 1 222 | 1 201 | 1 169 | 566 | 603 | 602 | 599 | 582 | 541 |
| | 光州 | 1 174 | 1 225 | 1 169 | 1 141 | 1 122 | 1 088 | 372 | 325 | 335 | 333 | 319 | 288 |
| | 大田 | 1 050 | 1 099 | 1 056 | 1 030 | 1 018 | 976 | 460 | 430 | 421 | 419 | 411 | 383 |
| | 蔚山 | 538 | 543 | 524 | 516 | 508 | 471 | 251 | 225 | 208 | 201 | 192 | 171 |
| | 小计 | 8 693 | 8 955 | 8 484 | 8 312 | 8 180 | 7 984 | 3 068 | 2 910 | 2 870 | 2 846 | 2 757 | 2 578 |
| 9个道 | 京畿道 | 4 405 | 4 335 | 4 477 | 4 457 | 4 325 | 4 213 | 2 090 | 2 140 | 2 196 | 2 199 | 2 032 | 1 832 |
| | 江原道 | 686 | 766 | 732 | 713 | 697 | 661 | 309 | 266 | 253 | 248 | 236 | 199 |
| | 忠清北道 | 440 | 451 | 433 | 424 | 402 | 375 | 230 | 216 | 212 | 209 | 195 | 166 |
| | 忠清南道 | 680 | 690 | 665 | 637 | 623 | 582 | 246 | 208 | 205 | 202 | 191 | 152 |
| | 全罗北道 | 641 | 670 | 651 | 642 | 625 | 588 | 263 | 229 | 221 | 216 | 202 | 163 |
| | 全罗南道 | 758 | 748 | 741 | 724 | 711 | 682 | 228 | 191 | 188 | 187 | 183 | 155 |
| | 庆尚北道 | 970 | 968 | 949 | 935 | 916 | 889 | 304 | 287 | 283 | 279 | 263 | 241 |
| | 庆尚南道 | 1 168 | 1 224 | 1 199 | 1 189 | 1 173 | 1 118 | 501 | 438 | 432 | 431 | 422 | 368 |
| | 济州道 | 139 | 133 | 140 | 137 | 132 | 121 | 70 | 60 | 52 | 49 | 43 | 32 |
| | 小计 | 9 887 | 9 985 | 9 987 | 9 858 | 9 604 | 9 229 | 4 241 | 4 035 | 4 042 | 4 020 | 3 767 | 3 308 |
| 合计 | | 30 353 | 30 237 | 29 255 | 28 474 | 27 803 | 27 132 | 10 796 | 10 382 | 10 180 | 10 109 | 9 634 | 8 709 |

① 2006 年游戏行业的企业数除外，出版〔网络书店（漫画除外）〕、漫画〔网络书店（漫画部门）〕、音乐（网络音像零售业）、电影行业的企业数除外。

② 2008 年广告行业中企业同时经营多种业种的情况会被重复处理，因此细类企业数的合计大于整体合计。

| 地区 \ 年度 | | 音乐 | | | | | | 游戏 | | | | | |
|---|---|---|---|---|---|---|---|---|---|---|---|---|---|
| | | 2006年 | 2007年 | 2008年 | 2009年 | 2010年 | 2011年 | 2006年 | 2007年 | 2008年 | 2009年 | 2010年 | 2011年 |
| 首尔 | | 8 408 | 9 148 | 8 334 | 8 593 | 8 212 | 8 296 | 9 781 | 8 950 | 9 772 | 5 178 | 4 863 | |
| 6个城市 | 釜山 | 2 867 | 3 049 | 2 628 | 2 557 | 2 471 | 2 473 | 2 247 | 1 823 | 1 859 | 1 462 | 1 318 | |
| | 大邱 | 2 310 | 2 548 | 2 380 | 2 337 | 2 308 | 2 309 | 1 267 | 1 020 | 1 133 | 925 | 766 | |
| | 仁川 | 2 343 | 2 540 | 1 712 | 2 394 | 2 422 | 2 426 | 1 634 | 1 471 | 1 480 | 1 026 | 811 | |
| | 光州 | 1 310 | 1 443 | 1 231 | 1 281 | 1 343 | 1 344 | 1 488 | 968 | 909 | 892 | 658 | |
| | 大田 | 1 244 | 1 375 | 1 281 | 1 281 | 1 342 | 1 343 | 926 | 764 | 858 | 612 | 427 | |
| | 蔚山 | 1 058 | 1 113 | 1 056 | 1 104 | 1 067 | 1 069 | 708 | 488 | 576 | 469 | 289 | |
| | 小计 | 11 132 | 12 068 | 10 288 | 10 954 | 10 953 | 10 964 | 8 270 | 6 534 | 6 815 | 5 386 | 4 269 | |
| 9个道 | 京畿道 | 6 753 | 7 853 | 8 111 | 7 929 | 7 822 | 7 829 | 6 798 | 5 961 | 5 711 | 3 975 | 3 708 | |
| | 江原道 | 941 | 1 197 | 1 175 | 1 187 | 1 329 | 1 332 | 1 215 | 846 | 921 | 677 | 466 | |
| | 忠清北 | 1 100 | 803 | 1 084 | 1 120 | 1 148 | 1 152 | 912 | 774 | 808 | 576 | 382 | |
| | 忠清南 | 1 169 | 1 348 | 1 400 | 1 476 | 1 432 | 1 433 | 1 297 | 895 | 959 | 768 | 585 | |
| | 全罗北 | 1 290 | 1 054 | 1 155 | 1 044 | 892 | 911 | 1 297 | 937 | 1 123 | 795 | 613 | |
| | 全罗南 | 1 369 | 1 464 | 1 234 | 1 147 | 1 143 | 1 149 | 1 167 | 850 | 917 | 722 | 501 | |
| | 庆尚北 | 2 067 | 2 336 | 2 177 | 2 142 | 2 056 | 2 058 | 1 567 | 1 415 | 1 267 | 982 | 763 | |
| | 庆尚南 | 2 499 | 2 616 | 2 304 | 2 295 | 2 276 | 2 277 | 1 795 | 1 740 | 1 775 | 1 294 | 1 011 | |
| | 济州道 | 380 | 414 | 375 | 372 | 371 | 373 | 434 | 391 | 467 | 305 | 183 | |
| | 小计 | 17 568 | 19 085 | 19 015 | 18 712 | 18 469 | 18 514 | 16 482 | 13 809 | 13 948 | 10 094 | 8 212 | |
| 合计 | | 37 108 | 40 301 | 37 637 | 38 259 | 37 634 | 37 774 | 34 533 | 29 293 | 30 535 | 20 658 | 17 344 | |

| 地区 \ 年度 | | 动漫 | | | | | | 播放(播放影像独立制作公司) | | | | | |
|---|---|---|---|---|---|---|---|---|---|---|---|---|---|
| | | 2006年 | 2007年 | 2008年 | 2009年 | 2010年 | 2011年 | 2006年 | 2007年① | 2008年 | 2009年 | 2010年 | 2011年 |
| 首尔 | | 137 | 153 | 142 | 149 | 169 | 186 | 185 | 168 | 170 | 171 | 216 | 216 |
| 6个城市 | 釜山 | 18 | 15 | 12 | 12 | 11 | 13 | 26 | 25 | 25 | 25 | 22 | 22 |
| | 大邱 | 12 | 13 | 11 | 11 | 10 | 11 | 16 | 17 | 17 | 17 | 15 | 15 |
| | 仁川 | 5 | 4 | 6 | 6 | 6 | 7 | 13 | 13 | 13 | 13 | 11 | 13 |
| | 光州 | 15 | 18 | 19 | 20 | 20 | 20 | 7 | 7 | 7 | 7 | 8 | 9 |
| | 大田 | 7 | 3 | 2 | 2 | 3 | 4 | 9 | 8 | 8 | 8 | 8 | 9 |
| | 蔚山 | — | — | — | — | — | | 7 | 6 | 6 | 6 | 5 | 4 |
| | 小计 | 57 | 53 | 50 | 51 | 50 | 55 | 78 | 76 | 76 | 76 | 69 | 72 |
| 9个道 | 京畿道 | 45 | 56 | 57 | 61 | 63 | 72 | 37 | 37 | 37 | 38 | 28 | 30 |
| | 江原道 | 7 | 9 | 8 | 9 | 8 | 9 | 19 | 18 | 13 | 13 | 15 | 10 |
| | 忠清北道 | 6 | 5 | 4 | 4 | 3 | 4 | 25 | 21 | 21 | 21 | 14 | 11 |
| | 忠清南道 | — | — | 3 | 3 | 3 | 3 | 8 | 7 | 7 | 7 | 4 | 5 |
| | 全罗北道 | 8 | 7 | 6 | 6 | 6 | 6 | 13 | 13 | 13 | 13 | 10 | 11 |
| | 全罗南道 | — | — | 1 | 1 | 1 | 1 | 37 | 36 | 36 | 35 | 36 | 33 |
| | 庆尚北道 | — | — | — | — | — | | 25 | 19 | 19 | 19 | 15 | 14 |
| | 庆尚南道 | — | — | 3 | 3 | 3 | 3 | 63 | 59 | 57 | 51 | 37 | 37 |
| | 济州道 | — | | 2 | 2 | 2 | 2 | 4 | 4 | 4 | 4 | 7 | 6 |
| | 小计 | 66 | 77 | 84 | 89 | 89 | 100 | 231 | 214 | 207 | 201 | 166 | 157 |
| 合计 | | 260 | 283 | 276 | 289 | 308 | 341 | 494 | 458 | 453 | 448 | 451 | 445 |

① 2007年播放行业(播放影像独立制作公司除外)的企业中，住址不明确的6家企业除外。

| 地区 \ 年度 | | 播放(播放影像独立制作公司) | | | | | | 广告 | | | | | |
|---|---|---|---|---|---|---|---|---|---|---|---|---|---|
| | | 2006 年 | 2007 年 | 2008 年 | 2009 年 | 2010 年 | 2011 年 | 2006 年 | 2007 年 | 2008 年① | 2009 年 | 2010 年 | 2011 年 |
| 首尔 | | — | — | 341 | 339 | 418 | 479 | 1 788 | 1 852 | 1 616 | 2025 | 2541 | 2 845 |
| 6 个城市 | 釜山 | — | — | 4 | 4 | 5 | 28 | 460 | 504 | 468 | 286 | 205 | 259 |
| | 大邱 | — | — | 2 | 2 | 2 | 13 | 391 | 478 | 441 | 451 | 317 | 369 |
| | 仁川 | — | — | 2 | 2 | 2 | 8 | 17 | 30 | 213 | 398 | 104 | 478 |
| | 光州 | — | — | 7 | 7 | 7 | 3 | 397 | 442 | 400 | 379 | 491 | 332 |
| | 大田 | — | — | 1 | 1 | 2 | 8 | 272 | 336 | 456 | 65 | 311 | 163 |
| | 蔚山 | — | — | 1 | 1 | 1 | 3 | 41 | 37 | 19 | 7 | 68 | 41 |
| | 小计 | — | — | 17 | 17 | 19 | 63 | 1 578 | 1 827 | 1 997 | 1 586 | 1 496 | 1 642 |
| 9 个道 | 京畿道 | — | — | 19 | 21 | 22 | 39 | 348 | 259 | 603 | 362 | 500 | 334 |
| | 江原道 | — | — | 4 | 4 | 4 | 13 | 182 | 270 | 192 | 178 | 87 | 159 |
| | 忠清北道 | — | — | — | 1 | 1 | 4 | 72 | 38 | 94 | 7 | 30 | 18 |
| | 忠清南道 | — | — | 2 | 2 | 2 | 2 | 75 | 76 | 42 | 36 | 32 | 54 |
| | 全罗北道 | — | — | 3 | 3 | 3 | 14 | 44 | 104 | 137 | 64 | 123 | 105 |
| | 全罗南道 | — | — | 1 | 1 | 1 | | 89 | 51 | 16 | 47 | 11 | 109 |
| | 庆尚北道 | — | — | 3 | 3 | 3 | 4 | 132 | 83 | 47 | 128 | 45 | 113 |
| | 庆尚南道 | — | — | 1 | 1 | 1 | 5 | 293 | 224 | 8 | 51 | 115 | 211 |
| | 济州道 | — | — | — | 1 | 1 | 5 | 134 | 47 | 17 | 48 | 31 | 35 |
| | 小计 | — | — | 33 | 37 | 38 | 86 | 1 369 | 1 152 | 1 156 | 921 | 974 | 1 138 |
| 合计 | | — | — | 391 | 393 | 475 | 628 | 4 735 | 4 831 | 4 769 | 4 532 | 5 011 | 5 625 |

| 地区 \ 年度 | | 动漫形象 | | | | | | 知识经济② | | | | | |
|---|---|---|---|---|---|---|---|---|---|---|---|---|---|
| | | 2006 年 | 2007 年 | 2008 年 | 2009 年 | 2010 年 | 2011 年 | 2006 年 | 2007 年 | 2008 年 | 2009 年 | 2010 年 | 2011 年 |
| 首尔 | | 508 | 521 | 516 | 528 | 562 | 612 | 1 002 | 1 127 | 1 588 | 2760 | 2 888 | 3 133 |
| 6 个城市 | 釜山 | 121 | 145 | 134 | 135 | 137 | 148 | 31 | 45 | 53 | 271 | 277 | 352 |
| | 大邱 | 71 | 79 | 78 | 78 | 79 | 82 | 23 | 39 | 45 | 255 | 263 | 328 |
| | 仁川 | 42 | 54 | 58 | 59 | 59 | 61 | 22 | 36 | 38 | 218 | 228 | 301 |
| | 光州 | 33 | 38 | 37 | 38 | 38 | 40 | 31 | 34 | 34 | 202 | 211 | 322 |
| | 大田 | 39 | 46 | 45 | 45 | 46 | 48 | 20 | 29 | 30 | 211 | 243 | 311 |
| | 蔚山 | 24 | 28 | 26 | 27 | 27 | 30 | 11 | 16 | 16 | 138 | 165 | 308 |
| | 小计 | 330 | 390 | 378 | 382 | 386 | 409 | 138 | 199 | 216 | 1 295 | 1 387 | 1 922 |
| 9 个道 | 京畿道 | 278 | 322 | 327 | 331 | 342 | 371 | 187 | 213 | 221 | 1 322 | 1 511 | 2 237 |
| | 江原道 | 22 | 25 | 25 | 25 | 25 | 27 | 15 | 20 | 20 | 128 | 137 | 255 |
| | 忠清北道 | 34 | 38 | 38 | 39 | 39 | 41 | 16 | 19 | 19 | 125 | 142 | 263 |
| | 忠清南道 | 23 | 27 | 28 | 28 | 29 | 32 | 15 | 20 | 20 | 132 | 133 | 288 |
| | 全罗北道 | 31 | 34 | 33 | 33 | 32 | 35 | 16 | 19 | 19 | 129 | 141 | 307 |
| | 全罗南道 | 19 | 21 | 22 | 22 | 21 | 23 | 15 | 18 | 20 | 123 | 133 | 295 |
| | 庆尚北道 | 34 | 38 | 38 | 38 | 39 | 41 | 17 | 23 | 25 | 132 | 139 | 311 |
| | 庆尚南道 | 58 | 68 | 67 | 67 | 68 | 69 | 21 | 25 | 26 | 253 | 268 | 408 |
| | 济州道 | 42 | 47 | 49 | 49 | 50 | 51 | 3 | 4 | 5 | 68 | 71 | 88 |
| | 小计 | 541 | 620 | 627 | 632 | 645 | 690 | 305 | 361 | 375 | 2 412 | 2675 | 4 452 |
| 合计 | | 1 379 | 1 531 | 1 521 | 1 542 | 1 593 | 1 711 | 1 445 | 1 687 | 2 179 | 6 467 | 6 950 | 9 507 |

① 2008 年广告行业的企业数与企业比重，由于重复处理，导致细类的合计大于整体的合计。

② 从 2009 年开始，包括虚拟世界与虚拟现实业。

| 地区 \ 年度 | | 资讯解决① | | | | | |
|---|---|---|---|---|---|---|---|
| | | 2006 年 | 2007 年 | 2008 年 | 2009 年 | 2010 年 | 2011 年 |
| 首尔 | | 369 | 370 | 768 | 893 | 922 | 943 |
| 6个城市 | 釜山 | 17 | 18 | 21 | 29 | 29 | 31 |
| | 大邱 | 16 | 16 | 19 | 24 | 25 | 26 |
| | 仁川 | 10 | 11 | 16 | 22 | 22 | 24 |
| | 光州 | 11 | 13 | 15 | 18 | 18 | 19 |
| | 大田 | 10 | 11 | 13 | 17 | 18 | 18 |
| | 蔚山 | 3 | 3 | 5 | 8 | 8 | 8 |
| | 小计 | 67 | 72 | 89 | 118 | 120 | 126 |
| 9个道 | 京畿道 | 81 | 82 | 106 | 131 | 133 | 142 |
| | 江原道 | 4 | 5 | 6 | 10 | 11 | 13 |
| | 忠清北道 | 6 | 6 | 9 | 13 | 13 | 13 |
| | 忠清南道 | 6 | 7 | 8 | 12 | 12 | 13 |
| | 全罗北道 | 5 | 6 | 7 | 10 | 10 | 10 |
| | 全罗南道 | 4 | 5 | 6 | 9 | 10 | 10 |
| | 庆尚北道 | 6 | 7 | 8 | 11 | 11 | 11 |
| | 庆尚南道 | 9 | 10 | 11 | 14 | 14 | 15 |
| | 济州道 | 2 | 2 | 3 | 5 | 5 | 5 |
| | 小计 | 123 | 130 | 164 | 215 | 219 | 232 |
| 合计 | | 559 | 572 | 1 021 | 1 226 | 1 261 | 1 301 |

## (二)资讯产业统计的回收率现状

表 1-4-5　　资讯产业统计回收率　　(单位：个)

| 分类 | | 以 2009 年为标准 | | | 以 2010 年为标准 | | | 以 2011 年为标准 | | |
|---|---|---|---|---|---|---|---|---|---|---|
| | | 调查对象企业数 | 应答企业总数 | 应答率(%) | 调查对象企业数 | 应答企业总数 | 应答率(%) | 调查对象企业数 | 应答企业总数 | 应答率(%) |
| 自我调查 | 出版 | 1 850 | 1 685 | 91. 1 | 1 753 | 1 605 | 92. 5 | 1 550 | 1 325 | 85. 5 |
| | 漫画 | 430 | 351 | 81. 6 | 448 | 368 | 82. 1 | 435 | 383 | 88. 0 |
| | 音乐 | 600 | 539 | 89. 8 | 738 | 648 | 87. 8 | 735 | 625 | 85. 0 |
| | 游戏 | 2 000 | 2 000 | 100. 0 | 2 000 | 2 000 | 100. 0 | 2 000 | 1 435 | 71. 8 |
| | 动漫 | 230 | 200 | 87. 0 | 289 | 228 | 78. 9 | 300 | 263 | 87. 7 |
| | 播放(播放影像独立制作公司) | 393 | 331 | 84. 2 | 475 | 339 | 71. 4 | 628 | 249 | 39. 9 |
| | 动漫形象 | 400 | 308 | 77. 0 | 403 | 326 | 80. 9 | 400 | 346 | 86. 5 |
| | 知识信息 | 350 | 258 | 73. 7 | 380 | 283 | 74. 5 | 380 | 325 | 85. 5 |
| | 资讯解决 | 200 | 171 | 85. 5 | 187 | 163 | 87. 2 | 200 | 176 | 88. 0 |
| | 小计 | 6 453 | 5 843 | 90. 5 | 6 655 | 5 960 | 89. 6 | 6 628 | 5 127 | 77. 4 |

① 从 2009 年开始，包括计算机图形(CG)制作业。

续表

| 分类 | | 以 2009 年为标准 | | | 以 2010 年为标准 | | | 以 2011 年为标准 | | |
|---|---|---|---|---|---|---|---|---|---|---|
| | | 调查对象企业数 | 应答企业总数 | 应答率（%） | 调查对象企业数 | 应答企业总数 | 应答率（%） | 调查对象企业数 | 应答企业总数 | 应答率（%） |
| 引用资料 | 电影 | 1 833 | 720 | 39.3 | 1 810 | 797 | 44.0 | 1 762 | 1 025 | 58.2 |
| | 播放（播放影像独立制作公司除外） | 445 | 418 | 93.9 | 451 | 433 | 96.0 | 446 | 434 | 97.3 |
| | 广告 | 2 441 | 1 709 | 70.0 | 2 762 | 1 956 | 70.8 | 2 857 | 2 020 | 70.7 |
| | 小计 | 4 719 | 2 847 | 60.3 | 5 123 | 3 186 | 62.2 | 5 065 | 3 479 | 68.7 |
| 合计 | | 11 172 | 8 690 | 77.8 | 11 678 | 9 146 | 78.3 | 11 693 | 8 606 | 73.6 |

2012 年资讯产业统计（以 2011 年为标准）结果显示，出版、漫画、音乐、游戏、电影、动漫、播放、广告、动漫形象、知识信息、资讯解决 11 个行业的调查对象企业数为11 693个，其中应答的企业数为8 606个。针对第一次调查中对应答资料不足的情况进行了追加调查以完善其不足。应答率从 2009 年的 77.8%、2010 年的 78.3%到 2011 年的 73.6%，呈现逐渐降低的趋势。

其中，除游戏、播放（播放影像独立制作公司）、电影、广告之外的各个行业的应答率都高达 80%以上。可见各企业对资讯产业统计的认识比统计实施初期逐渐增加了。同时，资讯产业统计的信封制作等多种提高应答率的方法的实施，同一调查员对应答企业的反复邀请，都有助于此次调查的效率和应答率的提高。

## （三）资讯产业统计的调查方法

资讯产业统计的 11 个行业中有 8 个行业的调查结果通过实态调查得出，其余的电影、播放（播放影像独立制作公司除外）、广告这 3 个行业的调查结果则通过引用其他机关的调查结果得出。

资讯企业实态调查领域：

（1）样本调查领域：出版、漫画（流通）、音乐、游戏（流通）、知识信息、资讯解决。

（2）全量调查领域：动漫、漫画（流通领域除外）、游戏（流通领域除外）、动漫形象（流通领域除外）、播放（独立影像制作公司）。

引用其他机关调查结果的领域：电影、播放（播放影像独立制作公司除外）、广告。

表 1-4-6　**资讯产业统计中的引用部分及资料出处**

| 分　类 | | 资料出处 |
|---|---|---|
| 出版 | 出版业 | 实态调查 |
| | 印刷业 | 实态调查 |
| | 出版批发零售业 | 实态调查<br>资料引用部分：约定投递职业（从业人数）→统计厅，“全国企业调查”，2011 |
| | 在线出版流通业 | 实态调查<br>资料引用部分：网络书店（漫画除外）→统计厅，“网络购物动向调查”，2012 |
| | 出版租借业 | 实态调查 |

续表

| 分　类 | | 资料出处 |
| --- | --- | --- |
| 漫画 | 漫画出版业 | 实态调查 |
| | 在线漫画制作流通业 | 实态调查 |
| | 漫画书租借业 | 实态调查 |
| | 漫画批发零售业 | 实态调查<br>资料引用部分：网络书店(漫画部分)→统计厅，“网络购物动向调查”，2012 |
| 音乐 | 音乐制作业 | 实态调查 |
| | 音乐及音像制品出版业 | 实态调查 |
| | 音乐批发零售业 | 实态调查<br>资料引用部分：网络唱片零售业→统计厅，“网络购物动向调查”，2012 |
| | 在线音乐流通业 | 实态调查 |
| | 音乐演出业 | 实态调查 |
| | 练歌房经营业 | 实态调查 |
| 游戏 | | 实态调查 |
| 电影 | | 电影振兴委员会，“韩国电影行业实态调查”，2013 |
| 动漫 | 动漫制作业 | 实态调查<br>资料引用部分：剧场销售额，播放公司销售额→电影振兴委员会，“电影院入场卷整合计算网”，2012；播放通信委员会，“播放行业实态调查报告书”，2012 |
| | 动漫流通及发行业 | 实态调查 |
| | 在线动漫流通业 | 实态调查 |
| 播放 | 播放(播放影像独立制作公司除外) | 播放通信委员会，“播放行业实态调查报告书”，2012 |
| | 播放影像制作业(播放影像独立制作公司) | 实态调查 |
| 广告 | | 韩国播放广告振兴公司，“广告行业统计调查”，2012 |
| 动漫形象 | 动漫形象制作业 | 实态调查 |
| | 动漫形象商品流通业 | 实态调查 |
| | 动漫形象商品在线流通业 | 无调查 |
| 知识信息 | e-learning 行业 | 实态调查 |
| | 其他数据库及在线信息提供业 | 实态调查 |
| | 网站及其他网络信息媒介服务业 | 实态调查 |
| | 虚拟世界及虚拟现实业 | 实态调查 |
| 资讯解决 | 资讯解决业 | 实态调查 |
| | 计算机绘图(CG)制作业 | 实态调查 |

### 1. 资讯产业统计的全量调查和样本调查

表 1-4-7 **资讯产业统计的调查方法**

| 大分类 | 中分类 | 小分类 | 全量调查 | 样本调查 |
|---|---|---|---|---|
| 出版行业 | 出版业 | 书籍出版业 | | ✓ |
| | | 教科书及学习书籍出版业 | | ✓ |
| | | 报纸发行业 | | ✓ |
| | | 杂志及定期刊物发行业 | | ✓ |
| | | 定期广告刊物发行业 | | ✓ |
| | | 其他印刷品出版业 | | ✓ |
| | 印刷业 | 印刷业 | | ✓ |
| | 出版批发零售业 | 书籍及杂志类批发业 | | ✓ |
| | | 书籍及杂志类零售业 | | ✓ |
| | | 约定投递销售业(报纸投递销售) | 引用外部资料 | |
| | 在线出版流通业 | 网络/移动电子出版制作业 | ✓ | |
| | | 网络/移动电子出版服务业 | ✓ | |
| | | 网络书店(漫画除外) | 引用外部资料 | |
| | 出版租借业 | 书籍租借业(漫画除外) | | ✓ |
| 漫画行业 | 漫画出版业 | 漫画出版社(漫画杂志、每日漫画、连环漫画杂志等) | ✓ | |
| | | 普通出版社(漫画部分) | ✓ | |
| | 在线漫画制作流通业 | 网络/移动漫画资讯制作及提供(CP) | ✓ | |
| | | 网络漫画资讯服务 | ✓ | |
| | | 移动漫画资讯服务 | ✓ | |
| | 漫画租借业 | 漫画租借(漫画房、漫画咖啡厅等) | | ✓ |
| | | 书籍租借(漫画部分) | | ✓ |
| | 漫画批发零售业 | 漫画书籍及杂志类批发 | | ✓ |
| | | 漫画书籍及杂志类零售 | | ✓ |
| | | 网络书店(漫画部分) | 引用外部资料 | |
| 音乐行业 | 音乐制作业 | 音乐企划及制作业 | ✓ | |
| | | 唱片录音设施运营业 | ✓ | |
| | 音乐及音像制品出版业 | 音乐音像制品出版业 | ✓ | |
| | | 其他音像制品制作业 | ✓ | |
| | 唱片复制及发行业 | 唱片复制业 | ✓ | |
| | | 唱片发行业 | ✓ | |
| | 唱片批发零售业 | 唱片批发业 | | ✓ |
| | | 唱片零售业 | | ✓ |
| | | 网络唱片零售业 | 引用外部资料 | |
| | 在线音乐流通业 | 网络音乐服务业 | ✓ | |
| | | 移动音乐服务业 | ✓ | |
| | | 音源代理中介业 | ✓ | |
| | | 网络/移动音乐资讯制作及提供业(CP) | ✓ | |
| | 音乐演出业 | 音乐演出企划及制作业 | | ✓ |
| | | 其他音乐演出服务业(音乐装置租借、票务发行等) | ✓ | |
| | 练歌房经营业 | 练歌房经营业 | | ✓ |

续表

| 大分类 | 中分类 | 小分类 | 全量调查 | 样本调查 |
|---|---|---|---|---|
| 游戏行业 | 游戏制作及发行业 | 游戏企划及制作业 | √ | |
| | | 游戏发行业 | √ | |
| | 游戏流通业 | 计算机游戏厅运营业 | | √ |
| | | 电子游戏场运营业 | | √ |
| 电影行业 | 电影制作、支援及流通业 | 电影企划及制作 | √ | |
| | | 电影进口 | √ | |
| | | 电影制作支援 | √ | |
| | | 电影发行 | √ | |
| | | 剧场上映 | | √ |
| | | 电影宣传及营销 | √ | |
| | | 电影投资组合 | √ | |
| | DVD/VHS 制作及流通业 | DVD/VHS 制作 | √ | |
| | | DVD/VHS 批发 | √ | |
| | | DVD/VHS 零售 | √ | |
| | | DVD/VHS 租赁 | | √ |
| | | DVD/VHS 上映 | | √ |
| | | 在线上映 | √ | |
| 动漫行业 | 动漫制作业 | 动漫创作制作业 | √ | |
| | | 动漫转包制作业 | √ | |
| | | 在线(网络、移动)动漫制作业 | √ | |
| | 动漫流通及发行业 | 动漫流通、发行及宣传 | √ | |
| | 在线动漫流通业 | 在线动漫服务业(网络、移动) | √ | |
| 播放行业 | 地面波播放 | 地面波播放企业 | √ | |
| | | 地面波移动媒体播放企业 | √ | |
| | 有线播放 | 综合有线播放企业 | √ | |
| | | 转播有线播放企业 | √ | |
| | | 音乐有线播放企业 | √ | |
| | 卫星播放 | 普通卫星播放企业 | √ | |
| | | 卫星移动媒体播放企业 | √ | |
| | 播放频道使用事业 | 播放频道应用企业 | √ | |
| | 电子屏幕播放 | 电子屏幕播放企业 | √ | |
| | 播放影像作品制作业 | 播放影像独立制作公司 | √ | |
| | 网络影像作品提供业 | 网络播放影像作品服务业 | √ | |
| | | 网络电视播放业 | √ | |

续表

| 大分类 | 中分类 | 小分类 | 全量调查 | 样本调查 |
|---|---|---|---|---|
| 广告行业 | 广告(综合)代理业 | 广告代理、媒体代理 | ✓ | |
| | | 广告企划、战略代理 | ✓ | |
| | 广告制作业 | CM、影像、广告词、图像制作 | ✓ | |
| | | 在线制作 | ✓ | |
| | | 广告照片摄影 | ✓ | |
| | | CI(Commercial Identity)制作 | ✓ | |
| | 服务业 | 营销调研 | ✓ | |
| | | PR(Public Relations) | ✓ | |
| | | SP(Sales Promotion) | ✓ | |
| | | 活动 | ✓ | |
| | | 空间设计 | ✓ | |
| | 印刷业 | 印刷 | ✓ | |
| | | 制版 | ✓ | |
| | 在线企业 | 广告代理 | ✓ | |
| | | 媒体代理 | ✓ | |
| | | 广告企划、战略代理 | ✓ | |
| | | 广告制作 | ✓ | |
| | 其他企业 | 广告作品企划、编辑 | ✓ | |
| | | 其他(设备办理等) | ✓ | |
| 动漫形象行业 | 动漫形象制作业 | 动漫形象开发及许可业 | ✓ | |
| | | 动漫形象产品制造业 | ✓ | |
| | 动漫形象产品流通业 | 动漫形象产品批发业 | | ✓ |
| | | 动漫形象产品零售业 | | ✓ |
| | 动漫形象产品在线流通业 | 网络及移动的动漫形象服务业 | 无调查 | |
| 知识信息行业 | e-learning 业 | e-learning 企划业 | | ✓ |
| | | e-learning 网络/移动服务业 | ✓ | |
| | | 网络/移动 e-learning 制作及提供业(CP) | | ✓ |
| | | 教育性娱乐的企划及制作业 | ✓ | |
| | 其他数据库及在线信息提供业 | 其他数据库及在线信息提供业 | | ✓ |
| | 网站及其他网络信息媒介服务业 | 网站及其他网络信息媒介服务业 | | ✓ |
| | 虚拟世界及虚拟现实业 | 屏幕高尔夫系统企划及制作业 | | ✓ |
| | | 屏幕高尔夫场运营业 | | ✓ |
| | | 其他虚拟世界及虚拟现实企划与制作业 | | ✓ |
| | | 其他虚拟世界及虚拟现实服务业 | | ✓ |

续表

| 大分类 | 中分类 | 小分类 | 全量调查 | 样本调查 |
|---|---|---|---|---|
| 资讯解决行业 | 资讯解决业 | 制作工具 |  | ✓ |
|  |  | 资讯保护 |  | ✓ |
|  |  | 移动解决方案 |  | ✓ |
|  |  | 付费/结算 |  | ✓ |
|  |  | 资讯管理系统(CMC) |  | ✓ |
|  |  | 资讯传送网络(CDN) |  | ✓ |
|  |  | 其他 |  | ✓ |
|  | 计算机绘图(CG)制作业 | 计算机绘图(CG)制作业 |  | ✓ |

## (四)资讯产业统计的调查项目

基本调查项目的构成与以2010年为标准的调查项目的构成相同。

表1-4-8　　**资讯产业统计的细分调查项目**

| Ⅰ. 企业基本信息 | |
|---|---|
| 1. 企业信息 | 企业名称(韩文)<br>联系方式(网址、电话、传真、地址)<br>企业登记号码、成立时间、法人登记号码、是否被指定为风险企业<br>企业形态：个人企业/公司法人/公司外法人<br>有无总公司 |
| 2. 应答者信息 | 部门名称、姓名、电话号码、传真号码、邮箱地址 |
| 3. 公司代表人信息 | 姓名、出生年份、最终学历、经营形态 |
| Ⅱ. 企业现状 | |
| 1. 企业经营类别 | 出版、漫画、音乐、游戏、电影、动漫、播放(包括独立播放影像制作公司)、广告、动漫形象、知识信息、资讯解决、演出 |
| 2. 工作实绩 | ①该企业各经营类别的销售状况<br>·形态分类(创作及制作/制作服务/单纯复制/流通、发行/其他)<br>·在线及线下销售额比重(与数字化销售额相区分) |
|  | ②营业费用<br>·制作财务报表的企业(经常性收益/人工费/纯利息费/折旧费/租金/其他)<br>·没有制作财务报表的企业(缴付附加价值税额) |
|  | ③与资讯相关的费用<br>·分类(作品制作费/版税支出/营销、宣传/研究开发/其他)<br>·资讯制作件数及资讯制作费用与投资相比的收益率 |
|  | ④销售原价及流通毛利率 |
|  | ⑤自我投资及外部引资的比重区分 |

续表

| Ⅱ. 企业现状 | |
|---|---|
| 3. 从业者现状 | ①各经营产业类别的从业者比率<br>出版/漫画/音乐/游戏/电影/动漫/播放(包括独立播放影像制作公司)/广告/动漫形象/知识信息/资讯解决/管理及总务 |
| | ②各形态类别、各性别的从业人数(正式员工/非正式员工，男/女) |
| | ③各职位类别从业者数(事业企划/管理/开发，制作/营销，宣传/研究开发/其他) |
| | ④各学历类别、各年龄段从业人数(高中以下/专科/大学/研究生以上，29 岁以下，30~34 岁，35~39 岁，40 岁以上) |
| | ⑤自由职业者现状 |
| 4. 海外交易现状 | ①各业种的海外交易现状<br>各业种的出口额、各业种的进口额 |
| | ②各区域的海外交易现状<br>各国家的出口额、各国家的进口额(中国/日本/东南亚/北美/欧洲/其他) |
| | ③海外进出口的形态及通道<br>海外进出口形态(成品出口/License/OEM 出口/技术服务/其他)/比重，海外进出口通道(直接出口/间接出口)/比重 |

## (五)资讯产业统计的计算方法

### 1. 资讯产业统计内样本调查结果的计算方法(销售额、营业费用、从业人数)

(1)基本方向：

①充分考虑各小分类销售额规模和各小分类目标总数来设计可推测的最佳样本规模。

②样本单位是以 2011 年为标准调查的从业人数。

③当小分类样本单位数为 10 人以上时，实施全量调查。

④当小分类企业数过少时，充分考虑企业特点后实施全量调查。

⑤次级总体以样本单位为标准分为 5 个层次。

| 样本调查 | | 全量调查+样本调查 | 全量调查 | |
|---|---|---|---|---|
| 1~4 人 | 5~9 人 | 10~49 人 | 50~99 人 | 100 人以上 |

(2)抽样方法：

资讯产业统计以从业人数为标准使用分层抽样法，再通过系统抽样法来抽取最终样本。如资讯产业按小分类进行第一次分层后，再根据从业者规模进行第二次分层。

(3)目标误差：

资讯产业按小分类决定样本大小，整体目标误差是 95%可信度中的 5%。

(4)样本数的确定和分配：

①按小分类决定样本。

包括全量调查在内，区分为 $L$ 个层次，满足变异系数的调查企业数量($n$)由下列公式决定：

$$n_h = N_L + \frac{\sum_{h=1}^{L-n} N_h^2 S_h^2 / a_h}{(N_{cv}\overline{Y})^2 + \sum_{h=1}^{L-1} N_h S_h^2}$$

②小分类内各层样本企业数的分配。

小分类内总调查企业数($n$)在各层次的分配由下列公式决定：

$$n_h = \begin{cases} (n-N_L)a_h & h=1,\ 2,\ \cdots,\ L \\ N_L & h=L \end{cases}$$

$L$：行业内总层次数(包括整体层($L$))

$n$：调查企业总数

$n_h$：$h$ 层的样本企业数($h=1$，2，3，……，$L-1$)

$N$：总体企业数

$N_L$：全量调查对象(整体层 $L$)企业数

$N_h$：$h$ 层的总体企业数

$S_h$：$h$ 层的销售额标准方差

$\overline{Y}$：总体销售额的平均值

$cv$：目标变异系数(变动系数)

$a_h$：$h$ 层的分配比率($=\frac{N_h S_h}{\sum_{h=1}^{L-1} N_h S_h}$)

(5)调查方法：

原则上采取面对面调查、他人记录的填写方法，但也可以通过邮件、传真、电话来进行调查，此时则由自己来填写。

①对调查表题项的检查。

1)检查项目无应答者：

检查调查表时，如果必须调查的项目(销售额、从业者数量、附加价值额、进出口额)中有一部分被遗漏，必须要进行确认并写清楚被遗漏的理由。

如果调查了从业人数却没有调查到销售额，要按以下方式写清理由。

| 企业名称 | 销售额 | 从业人数 | 备　注 |
|---|---|---|---|
| 某某动漫 | 无应答 | 36 人 | 公司机密，无可奉告 |
| 某某漫画 | 无应答 | 12 人 | 即使应答，也无回报 |

为避免遗漏，实地调查管理者应每天检查调查表，如果发现主要项目被遗漏，就应直接致电该企

业，按具体事由解决问题。

如果实地调查管理者进行了两三次以上的反复调查后仍遭到拒绝，就以周为单位将其整合起来后汇报给调查管理者。

| 企业名称 | 第一次调查 | 第二次调查 | 第三次调查 | 备注 | 内容 |
|---|---|---|---|---|---|
| 某某动漫形象 | 2012. 05. 12 | 2012. 05. 16 | 2012. 05. 20 | 调查员记录内容 | 公司机密，无可奉告 |
| | | | | 实地调查管理者记录内容 | 以同样的理由拒绝 |
| 某某漫画 | 2012. 05. 15 | 2012. 05. 17 | 2012. 05. 19 | 调查员记录内容 | 即使应答也没有反馈 |
| | | | | 实地调查管理者记录内容 | 在第三次调查中给予应答 |

2)记录项目无应答率：

无应答率必须按照小分类和项目来记录，尤其是要对主要项目(销售额、从业人数、附加价值额、进出口额)等进行全面的管理。

| 小分类 | 调查对象 | 项目无应答率 | | | | |
|---|---|---|---|---|---|---|
| | | 销售额 | 从业人者 | 附加价值 | 出口 | 进口 |
| 漫画出版行业 | 62 个 | 46/62 | 62/62 | 21/62 | 3/6 | 2/6 |
| | | 74. 2% | 100% | 33. 9% | 50. 0% | 33. 3% |
| : | : | : | : | : | : | : |
| | | : | : | : | : | : |
| 教育性娱乐计划和制作行业 | 165 个 | 96/165 | 99/165 | 58/165 | 4/13 | 3/11 |
| | | 58. 2% | 60. 0% | 35. 2% | 33. 3% | 27. 3% |

* 在出口、进口及各产业项目中存在一些不相符的企业

3)检查项目间的逻辑相关性：

检查调查表时会发现项目间内容相互联系的情况，对此，调查管理者在现场进行第一次检查后要在此基础上进行第二次检查。

| 2011 年销售额总计 | | | | | 360 亿元 | | | |
|---|---|---|---|---|---|---|---|---|
| 行业 | ①创作和制造 | ②制作支援 | ③单纯复制 | ④流通和配置 | ⑤其他 | 行业销售额比例合计 | 行业销售额(亿元) | 行业销售额比例(%) |
| 111 | 60% | 10% | 10% | 15% | 5% | 100% | 190 | 52. 8 |
| 112 | 70% | 3% | 2% | 15% | 10% | 100% | 170 | 47. 2 |
| 合计 | | | | | | | 360 | 100 |

* 销售额总计和行业销售额总计要一致。

要注意在销售额相关项目之间，销售额总计和业种销售额总计应保持一致。

在没有调查各业种的销售额，只用所掌握的各业种销售额比例来计算各业种销售额时，应再次向相关企业确认。

4）掌握和处理异常值：

对于作为代表性调查表题项的销售额和从业人数，一定要掌握其异常值。业种销售额与从业者人数相比过多或过少的标准，要依据异常值处理标准进行确认。异常值处理标准是由各小分类中各层人均从业人数与平均销售额之比形成的数据组，是以调查年度之前的资料为基础的。异常值处理标准因小分类不同而有所差异，但基本标准采取如下方式，即如果小分类中人均销售额比平均值高 1.5 倍以上，就不仅要与上一年度的数值进行比较，还要重新进行调查，如有异常值出现，就不应使用各小分类中的人均销售额，只在计算出最终估值时单纯应用于合计中。

异常值标准：大于平均值-1.5×标准偏差或小于平均值-1.5×标准偏差。

以书籍出版业为例，可以依据以下数据计算出异常值。

| 从业人数 / 引领区分 | | 1~4 人 | | … | 50~99 人 | |
|---|---|---|---|---|---|---|
| | | 引领 | 非引领 | … | 引领 | 非引领 |
| 书籍出版业 | 平均 | 0.45 亿韩元 | 0.29 亿韩元 | | 1.59 亿韩元 | 1.03 亿韩元 |
| | 标准偏差 | 500 万韩元 | 300 万韩元 | | 0.12 亿韩元 | 0.24 亿韩元 |

②权重值处理方法。

1）设计权重值：

依据层次来分配小分类样本数时，如果按照各层次企业数来按比例分配，由于资讯产业中 1~4 人的企业数很多，会导致多数样本分配到 1~4 人这一层次的情况。所以要将适当数量的样本分配到 1~4 人层次，使之成为有效的统计层次并在其他层次分配更多的样本。

设计权重值=1÷（样本数÷总体数）

2）无应答修订权重值：

按小分类来掌握无应答企业的数量并赋予权重值的方法。

无应答修订权重值=应答数÷样本数

3）事后分层权重值：

样本设计中使用了二阶段分层分组抽样方法，由于各小分类总体中各层的企业数量不同，为此采用了赋予权重值的方法。

$$\text{事后分层权重值}=\frac{N_{ij}}{n_{ij}} i=1,\ \cdots,\ 8,\ j=1,\ \cdots,\ 5$$

其中，$i$=业种，$j$=规模。

③全量调查和样本调查的估算方法。

1）全量调查估算方法：

全量调查本应对全部对象进行调查，但实际上却没能实现。对于没能完成调查的企业，要应用单位无应答代替法和项目无应答代替法，在代替结束后将其合并计算。

2）样本调查估算方法：

首先计算出设计权重值、无应答修订权重值和事后分层权重值。设计权重值=$W_1$，无应答修订权重值=$W_2$，事后分层权重值=$W_3$。样本调查估算量再依据这三种权重值来算出最终权重值。

$$W = W_1 * W_2 * W_3, \quad \text{样本调查估算量} = W_{ij}\sum_{k=1}^{n_{ij}} \hat{t_{ijk}}$$

其中，$i$(业种)=1，…，8，$j$(规模)=1，…，5，$k$为企业的销售额。

④最终估算值。

(1)销售额、从业人数、附加价值额估算值的计算：

估算值通过合并全量调查的估算量和样本调查的估算量来计算，如估算销售额=全量调查的估算销售额+样本调查的估算销售额。

2)除销售额、从业者数量、附加价值额外，其他各项目估算值的计算：

各层次比重的计算：与销售额相关的项目，计算出在各应答企业类别销售额中所占的比重后，通过累加所得的数值来计算小分类内的各层次比重。

小分类比重的计算：以各层次比重为基础计算小分类比重。

各项目估算值的计算：利用各层次比重和小分类比重计算得出的最终比重，应用于未应答企业的销售额来估算各项目的值。例如，对未应答的5~9人规模的动漫转包制作企业，其各媒介类别销售实绩的估算方法如下表所示。

| 形态/区域 | TV | 剧场 | 家庭录像(VHS，DVD) | 互联网(VOD，Flash) | 新媒体(移动，DMB) | 其他 | 合计 |
|---|---|---|---|---|---|---|---|
| 5~9人 | 75% | 5% | 2% | 3% | 10% | 5% | 100% |
| 小分类 | 78% | 8% | 5% | 2% | 3% | 4% | 100% |
| 最终 | 76% | 6% | 4% | 2% | 8% | 4% | 100% |

### 2. 无应答处理方法

资讯产业统计中进行实际调查的8个领域中，既有做总体调查的情况也有做样本调查的情况，各个领域都在用不同的方法进行着修订工作。修订工作的对象是各企业的销售额、从业人数、附加价值额，其他项目在编辑应答结果后原封不动地进行了合计。

(1)企业无应答的替代方法

①全量调查中企业无应答的处理方法。

对于在2004—2010年的标准调查中只应答过一次的情况，利用经营业种与从业者人数等辅助变量，形成由与单位无应答企业类似的企业构成的替代群体(imputation class)，并以此为基础分析增减率。通过以单位无应答企业为对象的再调查掌握替代值和实际值的差异程度后，仅在企业认可的情况下使用替代数据，得不到认可的情况则使用各小分类的人均值来代替。

对于在2004—2010年的标准调查中从不应答的情况，掌握各小分类的经营比重和从业人数，并以此为基础与类似的替代群体作比较来分析代替值；通过再调查单位无应答企业来掌握替代值和实际值的差异程度；通过以单位无应答企业为对象的再调查掌握替代值和实际值的差异程度后，仅在经企业认可的情况下使用替代数据，得不到认可的情况则使用各小分类的人均平均值。

对于持续拒绝应答又拒绝提供各小分类经营比重和从业人数的企业，必须掌握拒绝应答企业经营的业种，用各小分类的人均值来代替。

②样本调查中企业无应答的处理方法。

可以通过调查代替样本来处理。在提出 3 次以上的调查邀请后还是遭到拒绝的情况下，可以依据样本替代方法，用其他样本来替代。在无法使用替代样本的情况下，要在日后的估算中进行统一处理。

(2)项目无应答的替代方法

必须区分各小分类各层次之间的引领企业和非引领企业。在未进行销售额调查的情况下，计算各层次引领企业和非引领企业从业者的平均值后使用这一数值。在未完成从业人数调查的情况下，对于提出了 3 次以上的调查邀请依然被拒绝的情况，要向招标部门进行咨询，并向其介绍的经营同类业种的其他企业负责人咨询后处理具体数据，在估算方法中应用事后分层权重值。

### 3. 以 2011 年为标准的资讯产业统计中的无应答事例

表 1-4-9　**以 2011 年为基准的资讯统计无应答事例**　(单位:%)

| 分类 | 企业数(个) | 忙碌 | 无回报 | 与文化体育观光部无关 | 拒绝泄露公司信息 | 已有类似题项 | 其他(希望向税务所询问等) | 合计 |
|---|---|---|---|---|---|---|---|---|
| 出版 | 225 | 61. 3 | 13. 8 | 12. 4 | 5. 8 | 3. 6 | 3. 1 | 100. 0 |
| 漫画 | 52 | 63. 5 | 21. 2 | 3. 8 | 5. 8 | 3. 8 | 1. 9 | 100. 0 |
| 音乐 | 110 | 61. 8 | 14. 5 | 4. 6 | 10. 9 | 5. 5 | 2. 7 | 100. 0 |
| 动漫 | 37 | 56. 8 | 18. 9 | 5. 4 | 10. 8 | 5. 4 | 2. 7 | 100. 0 |
| 动漫形象 | 54 | 55. 6 | 18. 5 | 3. 7 | 13. 0 | 5. 5 | 3. 7 | 100. 0 |
| 知识信息 | 55 | 50. 9 | 25. 5 | 14. 6 | 3. 6 | 3. 6 | 1. 8 | 100. 0 |
| 资讯解决 | 24 | 45. 8 | 12. 5 | 16. 7 | 12. 5 | 8. 3 | 4. 2 | 100. 0 |
| 合计 | 557 | 59. 1 | 16. 5 | 9. 1 | 7. 9 | 4. 5 | 2. 9 | 100. 0 |

从无应答情况来看，557 个企业中，选择“忙碌”的企业最多，占全部企业的 59. 1%；其次是选择“应答无回报”的企业占 16. 5%；选择“与文化体育观光部无关”的企业占 9. 1%；选择“拒绝泄露公司信息”的企业占 7. 9%；选择“已有类似问项”的企业占 4. 5%；选择“其他(希望向税务所询问等)”的企业占 2. 9%。

## (六)资讯产业统计的注意事项

### 1. 出版

随着产业环境的变化，从以 2006 年为标准的调查开始对网络/移动电子出版服务业和网络书店(漫画除外)进行调查，因此，不能将 2006 年前后的出版产业总销售额规模进行直接比较。但是可以对以 2005 年为标准的调查中未被调查部分之外的销售额进行比较。网络/移动电子出版服务业的销售额是电子出版业销售额中只计算电子书服务销售额的结果。

印刷业至 2009 年为止引用了统计厅广告制造业调查结果和全国企业调查结果，从 2010 年起才开始进行独立调查与统计。出版进出口行业中约定投递销售业(报纸投递销售)从业人数引用了统计厅全国企业调查统计数据，网络书店销售额引用了统计厅网购动向调查统计数据。对全部统计做比较时要留意约定投递销售业没有对销售额和企业数的统计，网络书店领域没有对企业数的统计。

对统计表的结果进行解释时要留意约定投递销售业(报纸投递销售)从业人数统计不按销售额规模、从业者规模、地域规模、雇佣形态、性别、职位、学历、年龄来区分，以及网络书店的从业者统计不按地域、雇佣形态、性别、职位、学历、年龄来区分。

书籍租借业的企业数比从业人数要多，原因是书籍租借业的企业在很多时候同时经营出版业和漫画业，所以企业数会被重复计算。

出版行业进出口额统计引用了关税厅各品种进出口额的实绩。

## 2. 漫画

以 2005 年为标准的调查中，儿童、学习漫画的部分内容被包括在出版行业中，然而自 2006 年起，儿童、学习漫画的全部内容被包括到了漫画行业中，所以不能对 2006 年前后的漫画行业统计结果进行直接比较。

网络书店销售额引用了统计厅网购动向调查的统计数据。对全部统计作比较时要留意网络书店只有销售额和从业人数的统计数据，没有企业数的统计数据。对统计表的结果进行解释时要留意网络书店的销售额不按地域区分，网络书店的从业者统计不按地域、雇佣形态、性别、职位、学历、年龄来区分。

书籍和杂志类零售行业的企业数比从业人数要多。其理由是书籍和杂志类零售业的企业在很多时候同时经营出版业和漫画业，所以企业数会被重复计算。

## 3. 音乐

以 2005 年为标准的调查不包括音乐企划及制作业的活动销售额和唱片批发业销售额、音乐演出企划及制作业和其他音乐演出服务业的销售额、网络/移动音乐资讯制作及提供业的销售额，然而自 2006 年后的调查中包括了这些内容，所以不能对 2006 年前后的音乐行业统计结果进行直接比较。

网络唱片零售业的销售额引用了统计厅的网购动向调查的统计数据。对全体统计作比较时要留意网络唱片零售业只有销售额和从业人数的统计数据，没有企业数的统计数据。对统计表的结果进行解释时要留意网络唱片零售业的销售额不按地域区分，网络唱片零售业的从业人数统计不按地域、雇佣形态、性别、职位、学历、年龄来区分。

音乐行业进出口额的统计中，唱片的进出口额数据引用了关税厅各品种进出口额实际业绩的统计数据。

## 4. 游戏

2009 年为止的游戏行业统计引用了游戏白皮书的统计结果，然而游戏白皮书通常不对资讯产业内被其他产业共同调查的项目进行调查，所以按行业进行统计比较时经常会将游戏行业排除在外。然而自 2010 年起，以前被排除在外的共同调查项目大部分也被包含在了游戏行业中。尤其是在以 2011 年为标准的调查中，除了因游戏行业特点难以调查的授权销售额现状调查外，其他共同调查项目都包括在游戏行业的调查项目之中。

游戏行业中按职位类别进行的从业人数统计只是对游戏流通行业之外的游戏制作及发行业从业者进行调查的结果，其中对职位的分类，考虑到游戏行业的特点，与其他行业有分别。

5. 电影

电影行业部分引用了电影振兴委员会的韩国电影行业实态调查。

6. 动漫

以2005年为标准的调查是按动漫行业大分类来进行的，然而自2006年开始按小分类进行调查。但因为动漫行业小分类中动漫创作制作业和动漫转包制作业之外的在线（网络、移动）动漫制作业、动漫流通、发行和宣传行业、在线（网络、移动）动漫服务业的总体数据不明确，只以应答企业为对象进行统计计算，其结果会与相关小分类的实际行业规模有所差异。

计算动漫流通及发行销售额中的剧场销售额时，以2005年和2006年为标准的调查中将电影票价统一规定为7 500韩元，然而以2007年为基准的调查及之后的调查中将电影票的平均价格规定为6 247韩元。自2008年起的标准调查中，动漫流通及发行销售额中的剧场销售额引用了电影振兴委员会的影院入场券综合电算网（www. kobis. or. kr）的统计数据，播放公司进出口额引用了播放通信委员会的播放行业实态调查报告书中的数据。剧场销售额和播放公司进出口额不按事业形态、销售额规模、从业者规模、地域来进行区分，所以要留意该统计表的合计会与动漫行业全部销售额的合计有所差异。

直到2010年，动漫行业销售额中的播放公司销售额引用了韩国资讯振兴院（KOCCA）的播放资讯进出口统计数据，但从2011年起则引用了播放通信委员会的播放行业实态调查报告书中的数据。所以，在对数据进行分析时要留意韩国资讯振兴院的播放资讯进出口统计包括了流通企业和播放影像独立制作公司的出口额。

动漫行业的媒体类别销售额和制作方式类别销售额的统计只是对动漫事业形态销售额中的创作及制作销售额进行再分析的结果，分为动漫创作及制作业、动漫转包制作业、版权等几类。其中动漫创作及制作业销售额的合计相当于将动漫各事业形态销售额中创作及制作的销售额按照小分类分类时，动漫创作及制作行业和动漫转包制作业销售额的合计。

2006年附加价值额和附加价值率是以剧场销售额和播放公司销售额之外的销售额为基础来计算，自2007年起又将剧场销售额和播放公司销售额包含在全部销售额中来计算附加价值额和附加价值率。

7. 播放（包括播放影像独立制作公司）

播放行业中除播放影像独立制作公司之外的其他部分使用了播放通信委员会实态调查报告书的统计数据，播放影像独立制作公司则使用了自己的实态调查结果。对2008年前后的播放行业统计进行比较时要留意播放影像独立制作公司是从2009年才开始进行调查的。播放通信委员会实态调查结果中没有按各事业形态、各销售额规模、各从业者规模、各地区的销售额统计和职位、学历、年龄来进行的统计，相关的统计结果在播放行业中只有针对播放影像独立制作公司的一部分。

在附加价值额方面，直至 2006 年，都是使用韩国银行企业经营分析统计中的附加价值率来计算附加价值额的，从 2007 年起引用了播放通信委员会实态调查报告书的统计数据。2008 年至 2011 年的附加价值额中去除了转播有线电视播放和 IPTV 部分，2008 年至 2011 年的附加价值率是去除有线电视播放和 IPTV 部分的销售额后来进行计算的。

### 8. 广告

附加价值额之外的广告行业数据引用了韩国播放广告振兴公司的 2012 年广告行业统计调查，附加价值额部分是使用了韩国银行企业经营分析统计的附加价值率来计算的。

韩国播放广告振兴公司的广告行业统计调查会对同时经营多种行业的企业数和企业比重进行重复处理，所以会出现细分行业的合计大于整体合计的情况。这是因为从事广告行业的企业普遍经营多种行业，而不是对销售额进行重复计算的结果。

在韩国播放广告振兴公司的广告行业统计调查中，广告行业的进出口额是以美元为单位来统计的，所以统计中依据美元平均汇率以百万元为单位来换算。

### 9. 动漫形象

自 2006 年起才有对动漫形象商品流通行业的调查，所以不能直接对 2006 年前后的动漫形象行业统计结果进行比较。

动漫形象商品流通行业中的网络购物、电视购物、便利店、传统市场、网络/移动/游戏资讯（虚拟形象）、非法复制等部分不包括在调查中。

### 10. 知识信息

知识信息行业是在文化产业统计和数字资讯产业统计的统合过程中派生出来的产业，直到以 2010 年为标准的调查，其中分类包括 e-learning 业、其他数据库及在线信息提供业（出版、漫画、音乐、电影、动漫、播放、广告、动漫形象、e-learning 服务除外）、网站及网络其他信息媒介服务业。但随着知识信息行业范围的扩大，以 2011 年为标准的资讯产业统计中，中分类中又加上了虚拟现实和虚拟世界业。虽然虚拟现实和虚拟世界业的数据没有包含在资讯产业统计中，但自 2010 年起就以非正式统计的形式对它进行了调查，并依据 2012 年资讯产业特殊分类的修订，将 2009 年至 2011 年的数据都包含到了 2012 年资讯产业统计中。

### 11. 资讯解决

资讯解决行业是原文化资讯产业统计中没有而只存在于数字资讯产业统计中的行业，资讯产业统计依据之前数字资讯产业统计中的资讯解决行业分类体系，直至以 2010 年为标准的调查都将小分类分为制作工具、资讯保护、移动解决、罚款/结算、资讯管理系统、资讯传送网络、其他等。在 2012 年的资讯产业统计中，考虑到计算机绘图是在游戏、电影、动漫、播放、广告等多种行业制作资讯时产生重要影响的因素，而且资讯产业存在专门经营计算机绘图（CG）这一无法纳入特定行业的企业，因此在资讯解决行业的中分类和小分类中追加了计算机绘图业。

虽然计算机绘图制作业的数据没有包含在资讯产业统计中，但是以非正式统计的形式进行的调查一直持续着，并依据 2012 年资讯产业特殊分类修订，将 2009 年至 2011 年的数据都包含到 2012 年资讯产业统计中。

本报告书将通过文化教育观光部的文化统计网站、统计厅的国家统计网站、韩国资讯振兴院网站提供相关文件，对此请咨询文化体育观光部文化产业政策科(02-3704-9612)，韩国资讯振兴院的统计信息组(02-3153-3019，3020)。

# 第二部分　应答企业的一般现状

## 一、应答资讯产业企业的一般现状

通过对应答资讯产业企业的设立年度、企业形态、经营形态的类别分布等的考察，大致掌握了资讯产业企业的特点和变化趋势。这只是针对应答企业进行调查分析的结果，与资讯产业企业的实际现状有差距，因此只能作为参考资料来应用。

### (一)应答资讯产业企业的设立年度分布

考察 2012 年资讯产业统计中应答企业的设立年度分布，可以发现 2000 年至 2009 年设立的企业有 1 464个(占 49.2%)，占的比例最大；其次是 1990 年至 1999 年设立的企业有 1001 个，占整体的 33.6%；紧接着是 1989 年之前设立的企业，数量为 331 个(占 11.1%)；2010 年以后设立的企业有 182 个(占 6.1%)。

表 2-1-1　　应答资讯产业企业的设立年度分布　　(单位：个)

| 分类 | | | 1989 年前 | 1990—1999 年 | 2000—2009 年 | 2010 年后 | 全部 |
|---|---|---|---|---|---|---|---|
| 2011 年 | 出版 | 企业数 | 225 | 503 | 397 | 29 | 1 154 |
| | | 比重(%) | 19.5 | 43.6 | 34.4 | 2.5 | 100.0 |
| | 漫画 | 企业数 | 25 | 117 | 211 | 10 | 363 |
| | | 比重(%) | 6.9 | 32.2 | 58.1 | 2.8 | 100.0 |
| | 音乐 | 企业数 | 28 | 116 | 240 | 22 | 406 |
| | | 比重(%) | 6.9 | 28.6 | 59.1 | 5.4 | 100.0 |
| | 动漫 | 企业数 | 6 | 52 | 149 | 24 | 231 |
| | | 比重(%) | 2.6 | 22.5 | 64.5 | 10.4 | 100.0 |
| | 动漫形象 | 企业数 | 18 | 96 | 195 | 43 | 352 |
| | | 比重(%) | 5.1 | 27.3 | 55.4 | 12.2 | 100.0 |
| | 知识信息 | 企业数 | 20 | 89 | 146 | 31 | 86 |
| | | 比重(%) | 7.0 | 31.1 | 51.0 | 10.8 | 100.0 |
| | 资讯解决 | 企业数 | 9 | 28 | 126 | 23 | 186 |
| | | 比重(%) | 4.8 | 15.1 | 67.6 | 12.4 | 100.0 |
| 2011 年 | | 企业数 | 331 | 1 001 | 1 464 | 182 | 2 978 |
| | | 比重(%) | 11.1 | 33，6 | 49.2 | 6.1 | 100.0 |

续表

| 分类 | | 1989 年前 | 1990—1999 年 | 2000—2009 年 | 2010 年后 | 全部 |
|---|---|---|---|---|---|---|
| 2010 年 | 企业数 | 340 | 1 043 | 1 370 | 147 | 2 900 |
| | 比重(%) | 11.7 | 36.0 | 47.2 | 5.1 | 100.0 |
| 2009 年 | 企业数 | 346 | 1 045 | 1 450 | — | 2 950 |
| | 比重(%) | 12.1 | 36.7 | 51.2 | — | 100.0 |
| 2008 年 | 企业数 | 330 | 958 | 1 259 | — | 1 547 |
| | 比重(%) | 13.0 | 37.6 | 49.4 | — | 100.0 |
| 2007 年 | 企业数 | 213 | 587 | 790 | — | 1 590 |
| | 比重(%) | 13.4 | 36.9 | 49.7 | — | 100.0 |
| 2006 年 | 企业数 | 295 | 663 | 959 | — | 1 917 |
| | 比重(%) | 15.4 | 34.6 | 50.0 | — | 100.0 |

从 2006 年开始对资讯产业企业设立年度的分布进行分析，可以发现，1989 年之前设立的企业呈现持续减少的趋势(2005 年，17.0%；2006 年，15.4%；2007 年，13.4%；2008 年，13.0%；2009 年，12.1%；2010 年，11.7%；2011 年，11.1%)；相反，1990 年至 1999 年设立的企业则持续增加至 2008 年，2009 年之后呈现减少的趋势；2000 年以后设立的企业比重在 2006 年以后有小幅度的减少，从 2009 年起呈现增加的趋势。

## (二)应答资讯产业企业的形态类别分布

考察 2012 年应答资讯产业统计中应答企业的企业形态分布，可以发现公司法人所占比重最高，占 66.0%；个人企业占 29.4%；非公司法人占 4.6%。经营资讯产业企业的公司法人比重呈现持续上升的趋势，相反，个人企业比重则从 2006 年起呈现持续减少的趋势。

表 2-1-2 应答资讯产业的企业形态类别分布 (单位：个)

| 分 类 | | | 个人企业 | 公司法人 | 非公司法人 | 全部 |
|---|---|---|---|---|---|---|
| 2011 年 | 出版 | 企业数 | 449 | 630 | 75 | 1 154 |
| | | 比重(%) | 38.9 | 54.6 | 6.5 | 100.0 |
| | 漫画 | 企业数 | 118 | 236 | 9 | 363 |
| | | 比重(%) | 32.5 | 65.0 | 2.5 | 100.0 |
| | 音乐 | 企业数 | 132 | 249 | 25 | 406 |
| | | 比重(%) | 32.5 | 61.3 | 6.2 | 100.0 |
| | 动漫 | 企业数 | 47 | 182 | 2 | 231 |
| | | 比重(%) | 20.3 | 78.7 | 0.9 | 100.0 |
| | 动漫形象 | 企业数 | 93 | 251 | 8 | 352 |
| | | 比重(%) | 26.4 | 71.3 | 2.3 | 100.0 |
| | 知识信息 | 企业数 | 23 | 251 | 12 | 286 |
| | | 比重(%) | 8.0 | 87.8 | 4.2 | 100.0 |
| | 资讯解决 | 企业数 | 15 | 166 | 5 | 186 |
| | | 比重(%) | 8.1 | 89.2 | 2.7 | 100.0 |

续表

| 分　　类 | | 个人企业 | 公司法人 | 非公司法人 | 全部 |
|---|---|---|---|---|---|
| 2011 年 | 企业数 | 877 | 1 965 | 136 | 2 987 |
| | 比重(%) | 29.4 | 66.0 | 4.6 | 100.0 |
| 2010 年 | 企业数 | 872 | 1 891 | 137 | 2 900 |
| | 比重(%) | 30.1 | 65.2 | 4.7 | 100.0 |
| 2009 年 | 企业数 | 877 | 1 835 | 138 | 2 850 |
| | 比重(%) | 30.8 | 64.4 | 4.8 | 100.0 |
| 2008 年 | 企业数 | 899 | 1517 | 131 | 2 547 |
| | 比重(%) | 35.3 | 59.6 | 5.1 | 100.0 |
| 2007 年 | 企业数 | 748 | 930 | 107 | 1 785 |
| | 比重(%) | 41.9 | 52.1 | 6.0 | 100.0 |
| 2006 年 | 企业数 | 962 | 766 | 89 | 1 817 |
| | 比重(%) | 52.9 | 42.2 | 4.9 | 100.0 |

## (三)应答资讯产业企业的经营形态类别分布

考察 2012 年资讯产业统计中应答企业的经营形态类别分布，可以发现创业的比重为 83.5%，所占比重最高。接下来依次为专业经营人 7.2%、企业并购 3.9%、其他 3.3%、家业继承 1.1%、合作经营 1.0%。

表 2-1-3　　应答资讯产业企业的经营形态类别分布　　(单位：个)

| 分类 | | | 创业 | 合作经营 | 家业继承 | 企业并购 | 专业经营人 | 其他 | 全部 |
|---|---|---|---|---|---|---|---|---|---|
| 2011 年 | 出版 | 企业数 | 968 | 4 | 15 | 55 | 74 | 38 | 1 154 |
| | | 比重(%) | 83.9 | 0.3 | 1.3 | 4.8 | 6.4 | 3.3 | 100.0 |
| | 漫画 | 企业数 | 308 | 1 | 6 | 30 | 9 | 9 | 333 |
| | | 比重(%) | 84.8 | 0.3 | 1.6 | 8.3 | 2.5 | 2.5 | 100.0 |
| | 音乐 | 企业数 | 299 | 11 | 1 | 10 | 63 | 22 | 406 |
| | | 比重(%) | 73.6 | 2.7 | 0.3 | 2.5 | 15.5 | 5.4 | 100.0 |
| | 动漫 | 企业数 | 194 | 4 | 2 | 6 | 22 | 3 | 231 |
| | | 比重(%) | 84.0 | 1.7 | 0.9 | 2.6 | 9.5 | 1.3 | 100.0 |
| | 动漫形象 | 企业数 | 285 | 3 | 5 | 6 | 38 | 15 | 352 |
| | | 比重(%) | 81.0 | 0.8 | 1.4 | 1.7 | 10.8 | 4.3 | 100.0 |
| | 知识信息 | 企业数 | 263 | 5 | 4 | 3 | 6 | 5 | 286 |
| | | 比重(%) | 92.0 | 1.7 | 1.4 | 1.1 | 2.1 | 1.7 | 100.0 |
| | 资讯解决 | 企业数 | 170 | 1 | 0 | 6 | 4 | 5 | 186 |
| | | 比重(%) | 91.4 | 0.5 | 0.0 | 3.2 | 2.2 | 2.7 | 100.0 |
| 2011 年 | | 企业数 | 2 488 | 28 | 32 | 117 | 215 | 98 | 2 978 |
| | | 比重(%) | 83.5 | 1.0 | 1.1 | 3.9 | 7.2 | 3.3 | 100.0 |

续表

| 分类 | | 创业 | 合作经营 | 家业继承 | 企业并购 | 专业经营人 | 其他 | 全部 |
|---|---|---|---|---|---|---|---|---|
| 2010 年 | 企业数 | 2 440 | 24 | 26 | 112 | 220 | 78 | 2 900 |
| | 比重(%) | 84.1 | 0.8 | 0.9 | 3.9 | 7.6 | 2.7 | 100.0 |
| 2009 年 | 企业数 | 2 378 | 24 | 27 | 112 | 228 | 81 | 2 850 |
| | 比重(%) | 83.4 | 0.8 | 1.0 | 3.9 | 8.0 | 2.9 | 100.0 |
| 2008 年 | 企业数 | 2 066 | 16 | 28 | 114 | 230 | 93 | 2 547 |
| | 比重(%) | 81.1 | 0.6 | 1.1 | 4.5 | 9.0 | 3.7 | 100.0 |
| 2007 年 | 企业数 | 1 433 | 20 | 24 | 83 | 149 | 61 | 1 770 |
| | 比重(%) | 81.0 | 1.1 | 1.4 | 4.7 | 8.4 | 3.4 | 100.0 |
| 2006 年 | 企业数 | 1 732 | 21 | 25 | 65 | 121 | 78 | 2 042 |
| | 比重(%) | 84.8 | 1.1 | 1.2 | 3.2 | 5.9 | 3.8 | 100.0 |

# 第三部分　资讯产业统计调查整体结果[①]

## 一、概　　况

2011 年资讯产业企业数为113 942个，比上年减少了 1.4%，从 2005 年至 2011 年减少了 3.3%。按行业类别来看，音乐行业的企业数是37 774个，占整体资讯产业企业数的 33.2%，在资讯产业中占最高的比重。该数据比上年增加了 0.4%，年平均减少了 0.2%。出版行业企业数是277 132个，占整体的 23.8%。该数据比上年减少了 2.4%，从 2005 年至 2011 年减少了 3.6%。漫画行业企业数是8 709个，占整体的 7.6%，比上年减少了 9.6%，年平均增加了 3.4%。游戏行业企业数是17 344个，占整体的 15.2%，比上年减少了 16.0%，年平均减少了 13.4%。电影行业企业数是3 424个，占整体的 3.0%，比上年减少了 8.1%，年平均减少了 17.5%。动漫行业企业数是 341 个，占整体的 0.3%，比上年增加了 10.7%，年平均增加了 9.3%。播放行业(播放影像独立制作公司包括在内)企业数是1 074个，占整体的 0.9%，比上年增加了 16.0%，年平均增加了 12.7%。广告行业企业数是5 625个，占整体的 4.9%，比上年增加了 12.3%，年平均增加了 2.6%。动漫形象行业企业数是1 711个，占整体的 1.5%，比上年增加了 7.4%，年平均增加了 18.1%。知识信息行业企业数是9 507个，占整体的 8.3%，比上年增加了 36.8%，年平均增加了 42.7%。资讯解决行业企业数是1 301个，占整体的 1.1%，比上年增加了 3.2%，年平均增加了 11.4%。

2011 年资讯产业销售额从 2010 年的 73 兆3 223亿韩元增加到 82 兆9 678亿韩元，一共增加了 9 兆6 455亿韩元(13.2%)。资讯产业中销售额规模最大的行业是出版行业，占整个资讯产业销售额的 25.6%，达到 21 兆2 445亿韩元。其次是播放行业，为 12 兆7 524亿韩元(15.4%)，接下来依次为广告行业，12 兆1 726亿韩元(14.7%)；知识信息行业，9 兆 457 亿韩元(10.9%)；游戏行业，8 兆8 047亿元(10.6%)；动漫形象行业，7 兆2 095亿韩元(8.7%)；音乐行业，3 兆8 174亿韩元(4.6%)；电影行业，3 兆7 732亿韩元(4.5%)；资讯解决行业，2 兆8 671亿韩元(3.5%)；漫画行业，7 516亿韩元(0.9%)；动漫行业，5 285亿韩元(0.6%)。

2011 年附加价值额从 2010 年的 30 兆2 926亿韩元增加到 33 兆4 104亿韩元，一共增加了 3 兆1 177亿韩元，附加价值率为 40.27%。资讯产业的附加价值额中所占比例最大的是出版行业，其附加价值

---

① 为遵从原文，本部分相关数据、表格均未作更改。本书余同此——编者注。

额为9 460亿韩元(26.8%)。接下来依次是：播放行业，4 兆5 482亿韩元(13.6%)；游戏行业，4 兆1 848亿韩元(12.5%)；广告行业，3 兆9 889亿韩元(11.9%)；知识信息行业，3 兆9 152亿韩元(11.7%)；动漫形象行业，3 兆 652 亿韩元(9.2%)；音乐行业，1 兆5 976亿韩元(4.8%)；电影行业，1 兆4 674亿韩元(4.4%)；资讯解决行业，1 兆1 659亿韩元(3.5%)；播放影像独立制作公司，3 267亿韩元(1.0%)；漫画行业，3 075亿韩元(0.9%)；动漫行业，2 231亿韩元(0.7%)。

附加价值率最高的行业是游戏行业，为 47.53%，其次是知识信息行业，附加价值率为 43.28%。接下来依次是：动漫形象行业，42.52%；动漫行业，42.21%；出版行业，42.11%；音乐行业，41.85%；漫画行业，40.92%；资讯解决行业，40.67%；电影行业，38.89%；播放行业，37.49%；广告行业，32.77%。

2011 年出口额是 43 亿 201 万美元，比上年增加了 34.9%。资讯产业的出口额中所占比例最大的是游戏行业，为 23 亿7 807万美元(55.3%)，该数据比上年增加了 48.1%，自 2005 年至 2011 年平均增加了 27.1%。其次是知识信息行业，出口额为 4 亿3 225万美元，占比为 10.0%。接下来依次是：动漫形象行业，3 亿9 226万美元(9.1%)；出版行业，2 亿8 343万美元(6.6%)；播放行业，2 亿2 237万美元(5.2%)；音乐行业，1 亿9 611万美元(4.6%)。出口额方面，全年增长率最高的行业是音乐行业，偶像团体和音乐剧等活跃的海外进军事业导致其销售额比上年增加了 135.5%。

2011 年进口额为 18 亿4 783万美元，比上年增加了 8.9%。进口总额中，广告行业进口额所占比例最大，为 8 亿 412 万美元(43.5%)，其次是出版行业 19.0%、播放行业 12.7%、游戏行业 11.1%、动漫形象行业 9.9%。

资讯产业全部进出口差额为 24 亿5 418万美元，其中资讯产业的出口额比进口额多。总体上出口显示出利好的态势。从行业类别来看，游戏行业的进出口差额最大；广告行业、知识信息行业和动漫形象行业也呈现出较高的进出口差额。其中，出口额比进口额要少的四个行业为出版行业、电影行业、播放行业、广告行业。

2011 年资讯产业从业人数为604 730人，比上年增加了 1.5%，自 2005 年至 2011 年，年平均增加了 0.8%。出版行业的从业人数为198 691人，其占资讯产业全部从业人数的比例最大。其次为游戏行业，95 015 人(15.7%)。接下来依次是：音乐行业，78 181 人(12.9%)；知识信息，69 026 人(11.4%)；播放行业，38 366 人(6.3%)；广告行业，34 647 人(5.7%)；电影行业，29 569 人(4.9%)；动漫形象行业，26 418人(4.4%)；资讯解决行业，19 813人(3.3%)；漫画行业，10 358人(1.7%)；动漫行业，4 646人(0.8%)。

表 3-1-1 **资讯产业整体概略**

| 分类 | 企业数（个） | 从业人数（名） | 销售额（百万韩元） | 附加价值额（百万韩元） | 附加价值率（%） | 出口额（千美元） | 进口额（千美元） | 进出口差额（千美元） |
|---|---|---|---|---|---|---|---|---|
| 出版 | 27 132 | 198 691 | 21 244 581 | 8 946 093 | 42.11 | 283 439 | 351 604 | ▽68 165 |
| 漫画 | 8 709 | 10 358 | 751 691 | 307 558 | 40.92 | 17 213 | 3 968 | 13 245 |

续表

| 分类 | 企业数（个） | 从业人数（名） | 销售额（百万韩元） | 附加价值额（百万韩元） | 附加价值率（%） | 出口额（千美元） | 进口额（千美元） | 进出口差额（千美元） |
|---|---|---|---|---|---|---|---|---|
| 音乐 | 37 774 | 78 181 | 3 817 460 | 1 597 663 | 41. 85 | 196 113 | 12 541 | 183 572 |
| 游戏 | 17 334 | 95 015 | 8 804 740 | 4 184 893 | 47. 53 | 2 378 078 | 204 986 | 2 173 092 |
| 电影① | 3 424 | 29 569 | 3 773 236 | 1 467 411 | 38. 89 | 15 829 | 46 355 | ▽30 526 |
| 动漫 | 341 | 4 646 | 528 551 | 223 109 | 42. 21 | 115 941 | 6 896 | 109 045 |
| 播放② | 1 074 | 38 366 | 12 752 484 | 4 548 227 | 37. 49 | 222 372 | 233 872 | ▽11 500 |
| 广告 | 5 625 | 34 647 | 12 172 681 | 3 988 988 | 32. 77③ | 102 224 | 804 124 | ▽701 900 |
| 动漫形象 | 1 711 | 26 418 | 7 209 583 | 3 065 286 | 42. 52 | 392 266 | 182 555 | 209 711 |
| 知识信息 | 9 507 | 69 026 | 9 045 708 | 3 915 254 | 43. 28 | 432 256 | 496 | 431 760 |
| 资讯解决 | 1 301 | 19 813 | 2 867 171 | 1 165 985 | 40. 67 | 146 281 | 433 | 145 848 |
| 资讯产业合计 | 113 942 | 604 730 | 82 967 886 | 33 410 467 | 40. 27 | 4 302 012 | 1 847 830 | 2 454 182 |

## 二、企业数量

2011 年资讯产业企业数量比上年减少了 1. 4%，总数为113 942个，自 2005 年到 2007 年减少了 3. 3%。从各行业类别的企业数来看，音乐行业企业数为37 774个，占资讯产业企业总数的 33. 2%，在资讯产业中比例最高。该数据比上年增加了 0. 4%，年平均减少了 0. 2%。出版行业企业数为27 132个，占资讯产业企业总数的 23. 8%，比上年减少了 2. 4%，自 2005 年至 2011 年，平均减少了 3. 6%。漫画行业企业数为8 709个，占资讯产业企业总数的 7. 6%，比上年减少了 9. 6%，年平均增加了 3. 4%。游戏行业企业数为17 344个，占全体资讯产业企业数量的 15. 2%，比上年减少了 16. 0%，年平均减少了 13. 4%。电影行业企业数为3 424个，占资讯产业企业总数的 3. 0%，比上年减少了 8. 1%，年平均减少了 17. 5%。动漫行业企业数为 341 个，占资讯产业企业总数的 0. 3%，比上年增加了 10. 7%，年平均增加了 9. 3%。播放行业(包括独立制作公司)企业数为1 074个，占资讯产业企业总数的 0. 9%，比上年增加了 16. 0%，年平均增加了 12. 7%。广告行业企业数为5 625个，占资讯产业企业总数的 4. 9%，比上年增加了 12. 3%，年平均增加了 2. 6%。动漫形象行业企业数为1 711个，占资讯产业企业总数的 1. 5%，比上年增加了 7. 4%，年平均增加了 18. 1%。知识信息行业企业数为9 507个，占资讯产业企业总数的 8. 3%，比上年增加了 36. 8%，年平均增加了 42. 7%。资讯解决行业企业数为1 301个，占资讯产业企业总数的 1. 1%，比上年增加了 3. 2%，年平均增加了 11. 4%。

① 动漫剧场的销售额(146 783百万韩元)与其产生的附加价值额除外。
② 转播有线电视及网络电视附加价值额除外(在播放产业实际调查报告书中无相关资料)。
③ 韩国银行，《企业经营分析》，2012。

表 3-2-1 **资讯产业企业数量现状** （单位：个）

| 分类 | 2005 年 | 2006 年 | 2007 年 | 2008 年 | 2009 年 | 2010 年 | 2011 年 | 比重（%） | 与上年同比增减率 | 年平均增减率 |
|---|---|---|---|---|---|---|---|---|---|---|
| 出版 | 33 909 | 30 353 | 30 237 | 29 255 | 28 474 | 27 803 | 27 132 | 23. 8 | ▽2. 2 | ▽3. 6 |
| 漫画 | 7 120 | 10 796 | 10 382 | 10 180 | 10 109 | 9 634 | 8 709 | 7. 6 | ▽9. 6 | 3. 4 |
| 音乐 | 38 261 | 37 108 | 40 301 | 37 637 | 38 259 | 37 634 | 37 774 | 33. 2 | 0. 4 | ▽0. 2 |
| 游戏 | 41 062 | 32 802 | 34 533 | 29 293 | 30 535 | 20 685 | 17 344 | 15. 2 | ▽16. 0 | ▽13. 4 |
| 电影 | 10 868 | 8 663 | 5 134 | 4 893 | 4 109 | 3 727 | 3 424 | 3. 0 | ▽8. 1 | ▽17. 5 |
| 动漫 | 200 | 260 | 283 | 276 | 289 | 308 | 341 | 0. 3 | 10. 7 | 9. 3 |
| 播放 | 525 | 494 | 464 | 844 | 841 | 926 | 1 074 | 0. 9 | 16. 0 | 12. 7 |
| 广告 | 4 828 | 4 735 | 4 830 | 4 767 | 4 532 | 5 011 | 5 625 | 4. 9 | 12. 3 | 2. 6 |
| 动漫形象 | 629 | 1 379 | 1 531 | 1 521 | 1 542 | 1 593 | 1 711 | 1. 5 | 7. 4 | 18. 1 |
| 知识信息① | 1 125 | 1 445 | 4 687 | 2 179 | 6 467 | 6 950 | 9 507 | 8. 3 | 36. 8 | 42. 7 |
| 资讯解决② | 679 | 559 | 572 | 1 021 | 1 226 | 1 261 | 1 301 | 1. 1 | 3. 2 | 11. 4 |
| 合计 | 139 206 | 128 594 | 129 954 | 121 866 | 126 383 | 115 505 | 113 942 | 100. 0 | ▽1. 4 | ▽3. 3 |

从销售额规模来看，销售额规模为 1 亿韩元以下的企业数为71 062个，占最大的比重，为 64. 3%；销售额规模为 1 亿韩元以上 10 亿韩元以下的企业数为32 992个，占 29. 9%；销售额规模为 10 亿韩元元以上 100 亿韩元以下的企业数是5 473个，占 4. 9%；销售额规模为 100 亿韩元以上的企业数是 986 个，占 0. 9%。

表 3-2-2 **资讯产业各年度各销售额规模的企业数量现状③** （单位：个）

| 年度 \ 销售额规模 | 不足 1 亿元 | 1 亿～10 亿元 | 10 亿～100 亿元 | 100 亿元以上 | 合计 |
|---|---|---|---|---|---|
| 2006 年 | 82 645 | 31 663 | 4 728 | 832 | 119 868 |
| 2007 年 | 86 787 | 32 254 | 4 876 | 859 | 124 776 |
| 2008 年 | 79 348 | 31 523 | 5 132 | 962 | 116 965 |
| 2009 年 | 80 802 | 35 223 | 5 286 | 963 | 122 274 |
| 2010 年 | 73 809 | 31 719 | 5 274 | 970 | 111 772 |
| 2011 年 | 71 062 | 32 992 | 5 473 | 986 | 110 513 |
| 同比增减率（%） | ▽3. 7 | 4. 0 | 3. 8 | 1. 6 | ▽1. 1 |
| 年平均增减率（%） | ▽3. 0 | 0. 8 | 3. 0 | 3. 5 | ▽1. 6 |

从从业者规模来看 2011 年资讯产业企业数，1 人以上 4 人以下规模的企业数量为95 174个，占全部企业数的 86. 1%；5 人以上 9 人以下规模的企业数量为9 310个，占 8. 4%；50 人以上 99 人以下规模的企业数量为 751 个（0. 7%）；100 人以上规模的企业数量为 480 个，占比最小，为 0. 4%。也就是说，资讯产业中，94. 5%的企业是 9 人以下规模，大多数企业是小规模企业。

① 从 2009 年开始包括虚拟世界与虚拟现实业。

② 从 2009 年开始，包括计算机图形（CG）制作业。

③ 出版〔网上书店（漫画类书籍除外）〕、漫画〔网上书店（漫画部分）〕、音乐（网上音像零售业）、电影、播放〔地面波移动媒体播放企业（重复），转播有线播放企业的无应答〕行业的企业数除外。

表 3-2-3 **资讯产业各年度各从业者规模的企业数量现状**①  (单位：个)

| 年度 \ 从业者规模 | 小型企业 | 中小型企业 | | 中型企业 | 大型企业 | 合计 |
|---|---|---|---|---|---|---|
| | 1~4 人 | 5~9 人 | 10~49 人 | 50~99 人 | 100 人以上 | |
| 2006 年 | 103 924 | 10 790 | 4 181 | 598 | 379 | 119 872 |
| 2007 年 | 108 352 | 11 080 | 4 286 | 646 | 403 | 124 767 |
| 2008 年 | 100 109 | 11 042 | 4 588 | 715 | 479 | 116 933 |
| 2009 年 | 104 606 | 11 616 | 4 800 | 743 | 474 | 122 239 |
| 2010 年 | 96 751 | 9 026 | 4 746 | 752 | 483 | 111 758 |
| 2011 年 | 95 174 | 9 310 | 4 789 | 751 | 480 | 110 504 |
| 同比增减率(%) | ▽1.6 | 3.1 | 0.9 | ▽0.1 | ▽0.6 | ▽1.1 |
| 年平均增减率(%) | ▽1.7 | ▽2.9 | 2.8 | 4.7 | 4.8 | ▽1.6 |

* 根据资讯产业特点并依据中小企业基本法实施令规定范围时，大多数中小企业均符合规定(出版、影像、播放通信和信息服务行业，300 名以下；进出口业，200 名以下)。将其按照资讯产业的产业特点重新分类，预定义为大型企业 100 人以上，中型企业 50~99 人，中小企业 5~49 人，小型企业 1~4 人。

从 2011 年资讯产业各地区企业数现状来看，首尔地区的企业数为34 315个，占总数的 31.0%，比上年增加了 0.2%，从 2006 年至 2011 年共增加了 4.4%。6 个城市中，2011 年资讯产业企业数为30 084个，占总数的 27.2%。9 个道中，京畿道的企业数为20 807个，占总数的 18.8%，位于首尔之后。6 个城市中，2011 年釜山的企业数为7 810个(7.1%)，比其他城市更多。

表 3-2-4 **资讯产业各年度各地区的企业数量现状**②  (单位：个)

| 地区 \ 年度 | | 资讯产业整体 | | | | | | 比重 | 同比增减率 | 年平均 |
|---|---|---|---|---|---|---|---|---|---|---|
| | | 2006 年 | 2007 年 | 2008 年 | 2009 年 | 2010 年 | 2011 年 | (%) | (%) | 增减率(%) |
| 首尔 | | 27 657 | 37 854 | 36 477 | 38 777 | 34 235 | 34 315 | 31.0 | 0.2 | 4.4 |
| 6个城市 | 釜山 | 7 047 | 9 596 | 8 502 | 8 465 | 7 849 | 7 810 | 7.1 | ▽0.5 | 2.1 |
| | 大邱 | 5 357 | 7 009 | 6 459 | 6 718 | 6 298 | 6 228 | 5.6 | ▽1.1 | 3.1 |
| | 仁川 | 4 343 | 6 240 | 5 390 | 6 413 | 5 663 | 5 839 | 5.3 | 3.1 | 6.1 |
| | 光州 | 3 350 | 5 033 | 4 222 | 4 335 | 4 469 | 4 123 | 3.7 | ▽7.7 | 4.2 |
| | 大田 | 3 111 | 4 263 | 4 077 | 3 937 | 4 014 | 3 690 | 3.3 | ▽8.1 | 3.5 |
| | 蔚山 | 1 933 | 2 679 | 2 349 | 2 584 | 2 510 | 2 394 | 2.2 | ▽4.6 | 4.4 |
| | 小计 | 25 141 | 34 820 | 30 999 | 32 452 | 30 803 | 30 084 | 27.2 | ▽2.3 | 3.7 |

① 出版〔网上书店(漫画类书籍除外)〕、漫画〔网上书店(漫画部分)〕、音乐(网上音像零售业)、电影、播放〔地面波移动媒体播放企业(重复)，转播有线播放企业与播放频道运营商的无应答〕行业的企业数除外。

② 出版〔网上书店(漫画类书籍除外)〕、漫画〔网上书店(漫画部分)〕、音乐(网上音像零售业)、游戏(2006 年)、电影、播放(2007 年末确认的 6 个企业、2011 年地面波移动媒体播放企业中重复的 1 个企业)行业的企业数除外。

续表

| 地区 \ 年度 | | 资讯产业整体 | | | | | | 比重(%) | 同比增减率(%) | 年平均增减率(%) |
|---|---|---|---|---|---|---|---|---|---|---|
| | | 2006 年 | 2007 年 | 2008 年 | 2009 年 | 2010 年 | 2011 年 | | | |
| 9个道 | 京畿道 | 14 224 | 22 095 | 22 115 | 22 562 | 20 753 | 20 807 | 18.8 | 0.3 | 7.9 |
| | 江原道 | 2 185 | 3 791 | 3 274 | 3 436 | 3 226 | 3 144 | 2.9 | ▽2.5 | 7.5 |
| | 忠清北道 | 1 929 | 2 509 | 2 688 | 2 771 | 2 563 | 2 429 | 2.2 | ▽5.2 | 4.7 |
| | 忠清南道 | 2 222 | 3 680 | 3 275 | 3 494 | 3 229 | 3 149 | 2.9 | ▽2.5 | 7.2 |
| | 全罗北道 | 2 311 | 3 433 | 3 182 | 3 283 | 2 839 | 2 763 | 2.5 | ▽2.7 | 3.6 |
| | 全罗南道 | 2 519 | 3 701 | 3 115 | 3 213 | 2 972 | 2 958 | 2.7 | ▽0.5 | 3.3 |
| | 庆尚北道 | 3 555 | 5 328 | 4 964 | 4 954 | 4 469 | 4 445 | 4.0 | ▽0.5 | 4.6 |
| | 庆尚南道 | 4 612 | 6 459 | 5 848 | 6 130 | 5 671 | 5 522 | 5.0 | ▽2.6 | 3.7 |
| | 济州道 | 774 | 1 145 | 1 038 | 1 202 | 1 018 | 901 | 0.8 | ▽11.5 | 3.1 |
| | 小计 | 34 331 | 52 141 | 49 499 | 51 045 | 46 740 | 46 118 | 41.8 | ▽1.3 | 6.1 |
| 合计 | | 87 129 | 124 815 | 116 973① | 122 274 | 111 778 | 110 517 | 100.0 | ▽1.1 | 4.9 |

# 三、销　售　额

2011 年资讯产业销售额为 82 兆9 678亿韩元，比上年增加了 13.2%，自 2005 年至 2011 年，年平均增加了 6.4%。根据产业类别划分，出版行业为 21 兆2 445亿韩元(25.6%)，占最大的比重；其次为播放行业，12 兆7 524亿韩元(15.4%)。接着依次为：广告行业，12 兆1 726亿韩元(14.7%)；知识信息行业，9 兆 457 亿韩元(10.9%)；游戏行业，8 兆8 047亿韩元(10.6%)；动漫形象行业，7 兆2 095亿韩元(8.7%)；音乐行业，3 兆8 174亿韩元(4.6%)；电影行业，3 兆7 732亿韩元(4.5%)；资讯解决行业，2 兆 8 671 亿韩元(3.5%)；漫画行业，7 516 亿韩元(0.9%)；动漫行业，5 285 亿韩元(0.6%)。

从 2005 年至 2011 年的年平均增减率来看，11 个资讯行业的销售额都有增加。尤其是动漫形象行业呈现出明显的增长，年平均值共增加了 23.1%，从 2005 年的 2 兆 758 亿韩元增长到 2011 年的 7 兆2 095亿韩元，一共增长了 3.5 倍左右。音乐行业和知识信息行业比上年各增加了 29.0%和 24.9%，在资讯产业中与上年相比增长率最大。

① 2008 年广告企业同时经营多种业种的情况被重复处理，因此细类企业数的合计大于整体合计。

表 3-3-1　　资讯产业的销售额现状　　（单位：百万韩元）

| 分类 | 2005 年 | 2006 年 | 2007 年 | 2008 年 | 2009 年 | 2010 年 | 2011 年 | 比重（%） | 同比增减率 | 年平均增减率 |
|---|---|---|---|---|---|---|---|---|---|---|
| 出版 | 19 392 156 | 19 879 255 | 31 595 539 | 21 052 936 | 20 609 123 | 21 243 798 | 21 244 581 | 25. 6 | 0. 0 | 1. 5 |
| 漫画① | 436 235 | 730 072 | 761 686 | 723 286 | 739 094 | 741 947 | 751 691 | 0. 9 | 1. 3 | 9. 5 |
| 音乐② | 1 789 875 | 2 401 309 | 2 357 705 | 2 602 076 | 2 740 753 | 2 959 143 | 3 817 460 | 4. 6 | 29. 0 | 13. 5 |
| 游戏 | 8 679 800 | 7 448 900 | 5 143 600 | 5 604 700 | 6 580 600 | 7 431 118 | 8 804 740 | 10. 6 | 18. 5 | 0. 2 |
| 电影③ | 3 282 219 | 3 622 528 | 3 183 301 | 2 885 572 | 3 306 672 | 3 432 871 | 3 773 236 | 4. 5 | 9. 9 | 2. 4 |
| 动漫④ | 233 855 | 288 564 | 311 166 | 404 760 | 418 570 | 514 399 | 528 551 | 0. 6 | 2. 8 | 14. 6 |
| 播放 | 8 635 200 | 9 719 862 | 10 534 374 | 9 354 605 | 9 884 954 | 11 176 433 | 12 752 484 | 15. 4 | 14. 1 | 6. 7 |
| 广告 | 8 417 779 | 9 118 059 | 9 434 625 | 9 311 635 | 9 186 878 | 10 323 172 | 12 172 681 | 14. 7 | 17. 9 | 6. 3 |
| 动漫形象⑤ | 2 075 869 | 4 550 932 | 5 115 639 | 5 098 713 | 5 358 272 | 5 896 897 | 7 209 484 | 8. 7 | 22. 3 | 23. 1 |
| 知识信息⑥ | 3 040 869 | 3 467 795 | 4 297 341 | 4 777 330 | 6 071 439 | 7 242 686 | 9 045 708 | 10. 9 | 24. 9 | 19. 9 |
| 资讯解决⑦ | 1 275 000 | 1 541 700 | 1 679 800 | 1 866 100 | 2 182 418 | 2 359 853 | 2 867 171 | 3. 5 | 21. 5 | 14. 5 |
| 合计 | 57 258 881 | 62 768 976 | 64 414 776 | 63 681 713 | 67 078 773 | 73 322 317 | 82 967 886 | 100. 0 | 13. 2 | 6. 4 |

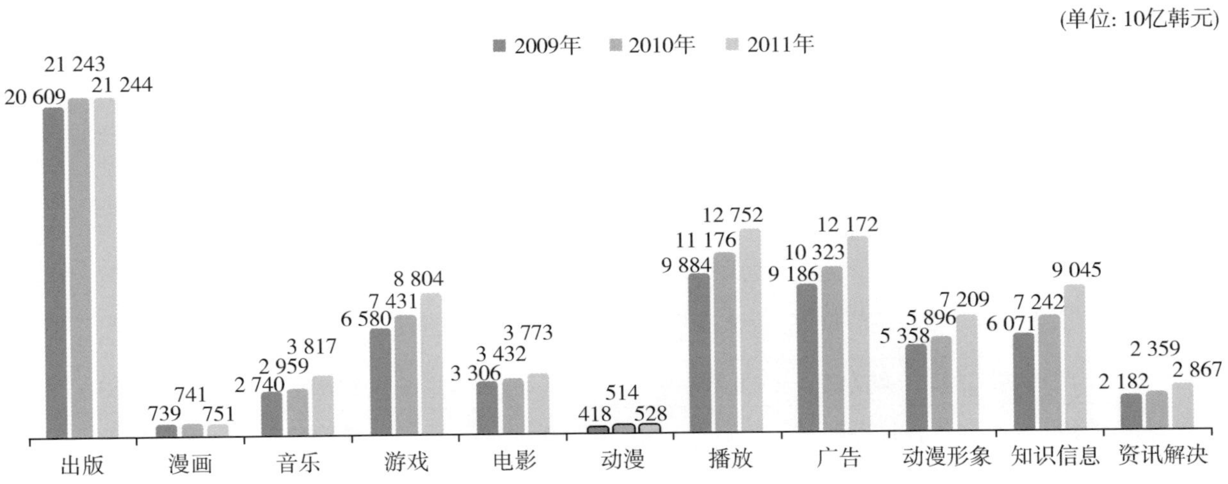


图 3-3-1　资讯产业的销售额现状

① 2005 年度数据不包括儿童、学习漫画的销售额。

② 从 2006 年开始，包括歌舞厅运营业、音乐活动、音乐演出业、网络唱片零售业、唱片批发业、网络/移动音乐资讯制作及提供业(CP)的销售额。

③ 动漫剧场的销售额除外。

④ 从 2006 年开始，包括动漫剧场销售额与播放公司销售额，2005 年仅计算首尔地区观众人数，但从 2006 年开始计算全国观众人数。

⑤ 2005 年卡通形象商品批发零售业销售额被排除在外，但从 2006 年开始其被包括在内。动漫形象流通业的销售额中不包括网络购物、电视购物、便利店和传统市场、网络/移动/游戏资讯(阿凡达等)、与非法复制相关的销售额。

⑥ 从 2009 年开始将虚拟世界与虚拟现实业包括进来。

⑦ 从 2009 年开始将计算机图形(CG)制作业包括进来。

1. 资讯产业各事业形态的企业销售额现状

从 2011 年资讯产业各事业形态的企业销售额统计结果来看，流通/发行企业销售额为 25 兆4 699亿韩元，占全部销售额的 46.3%，居第一位。其次是创作及制作企业销售额，为 23 兆5 186亿韩元，占比为42.7%；单纯复制企业销售额为 4 兆5 128亿韩元，占销售总额的 8.2%；其他的企业销售额为 1 兆1 838亿韩元，占比为 2.2%；制作服务企业销售额所占比例最小，为3 330亿韩元，占比为 0.6%。创作及制作企业销售额中占比第一的行业是出版行业，为 7 兆9 475亿韩元，占比为 33.8%。制作服务企业销售额中动漫形象行业所占比例最高，为1 492亿韩元，占比为 20.1%。单纯复制企业销售额中出版行业占据最高比例，为 4 兆1 919亿韩元，占比为 92.9%，流通/发行企业和其他企业销售额中也是出版行业所占比例最高，依次为 8 兆6 697亿韩元(占比为 34.0%)和4 189亿韩元(占比为 35.3%)。

更加具体地分析各事业形态的企业销售额的统计结果，可以发现韩国国内资讯产业中创作及制作市场和流通市场非常大。流通/发行市场中比重较大的行业是知识信息(74.9%)，其次依次为音乐(68.0%)、漫画(53.3%)、动漫形象(53.3%)、出版(40.8%)；创作及制作市场中比重较高的行业依次是资讯解决(97.3%)、动漫(87.9%)、播放(影像独立制作公司)(78.1%)。也就是说，9 个行业中 5 个行业的流通/发行企业销售额与创作及制作企业销售额相比，占有更高的比重。

表 3-3-2　**资讯产业各事业形态的企业销售额现状(2011 年)**①　(单位：百万韩元)

| 行业 \ 事业形态 | 创作及制作 | 制作服务 | 单纯复制 | 流通/发行 | 其他 | 合计 | 比重(%) |
|---|---|---|---|---|---|---|---|
| 出版 | 7 947 519 | 16 456 | 4 191 900 | 8 669 774 | 418 932 | 21 244 581 | 38.6 |
| 漫画 | 346 003 | 2 004 | 49 | 400 530 | 3 105 | 751 691 | 1.4 |
| 音乐 | 741 445 | 50 013 | 42 905 | 2 597 769 | 385 328 | 3 817 460 | 6.9 |
| 游戏 | 5 685 595 | 16 928 | — | 3 064 792 | 37 425 | 8 804 740 | 16.0 |
| 动漫 | 335 396 | 2 527 | — | 35 322 | 8 393 | 381 638 | 0.7 |
| 播放(影像独立制作公司) | 700 434 | 63 109 | — | 54 584 | 77 642 | 895 769 | 1.6 |
| 动漫形象 | 2 873 854 | 149 247 | 278 043 | 3 839 540 | 68 899 | 7 209 583 | 13.1 |
| 知识信息② | 2 099 601 | 13 138 | — | 6 780 328 | 152 641 | 9 045 708 | 16.5 |
| 资讯解决③ | 2 788 772 | 19 677 | — | 27 265 | 31 457 | 2 867 171 | 5.2 |
| 合计 | 23 518 619 | 333 099 | 4 512 897 | 25 469 904 | 1 183 822 | 55 018 341 | 100.0 |
| 比重(%) | 42.7 | 0.6 | 8.2 | 46.3 | 2.2 | 100.0 | — |

从各事业形态的企业年度销售额来看，流通/发行企业销售额比上年增加了 31.1%，2009 年至 2011 年平均增加了 19.5%。2009 年流通/发行企业销售额为 17 兆8 318亿韩元，2010 年销售额为 19 兆4 335亿韩元，2011 年为 25 兆4 699亿韩元，可见流通/发行企业销售额呈现出持续增长的趋势。创作

① 电影、动漫(剧场销售额，播放公司出口额)、播放(包括播放影像独立制作公司)、广告行业销售额除外。
② 从 2009 年开始虚拟世界与虚拟现实业包括进来。
③ 从 2009 年开始将计算机图形(CG)制作业包括进来。

及制作企业销售额也呈现出相同趋势，2009 年的销售额为 15 兆3 076亿韩元，2010 年的销售额为 16 兆3 320亿韩元，2011 年则达到 23 兆5 186亿韩元。这比上年增加了 44.0%，自 2009 年起的 3 年平均增加了 24.0%。制作服务企业销售额比上年增加了 35.3%，年平均增加了 15.5%。单纯复制企业销售额虽然比上年减少了 0.4%，年平均却增加了 0.5%。其他企业的销售额比上年增加了 17.8%，年平均增加了 8.8%。

表 3-3-3 **资讯产业各事业形态的企业年度销售额现状**① （单位：百万韩元）

| 事业形态 / 年度 | 创作及制作 | 制作服务 | 单纯复制 | 流通/发行 | 其他 | 合计 |
|---|---|---|---|---|---|---|
| 2009 年 | 15 307 618 | 249 519 | 4 466 919 | 17 831 843 | 999 608 | 38 855 507 |
| 比重(%) | 39.4 | 0.6 | 11.5 | 45.9 | 2.6 | 100 .0 |
| 2010 年 | 16 332 065 | 246 213 | 4 531 797 | 19 433 528 | 1 000 847 | 41 548 450 |
| 比重(%) | 39.3 | 0.6 | 10.9 | 46.8 | 2.4 | 100.0 |
| 2011 年 | 23 518 619 | 333 099 | 4 512 897 | 25 469 904 | 1 183 822 | 55 018 341 |
| 比重(%) | 42.7 | 0.6 | 8.2 | 46.3 | 2.2 | 100.0 |
| 同比增减率(%) | 44.0 | 35.3 | ▽0.4 | 31.1 | 17.8 | 32.4 |
| 年平均增减率(%) | 24.0 | 15.5 | 0.5 | 19.5 | 8.8 | 19.0 |

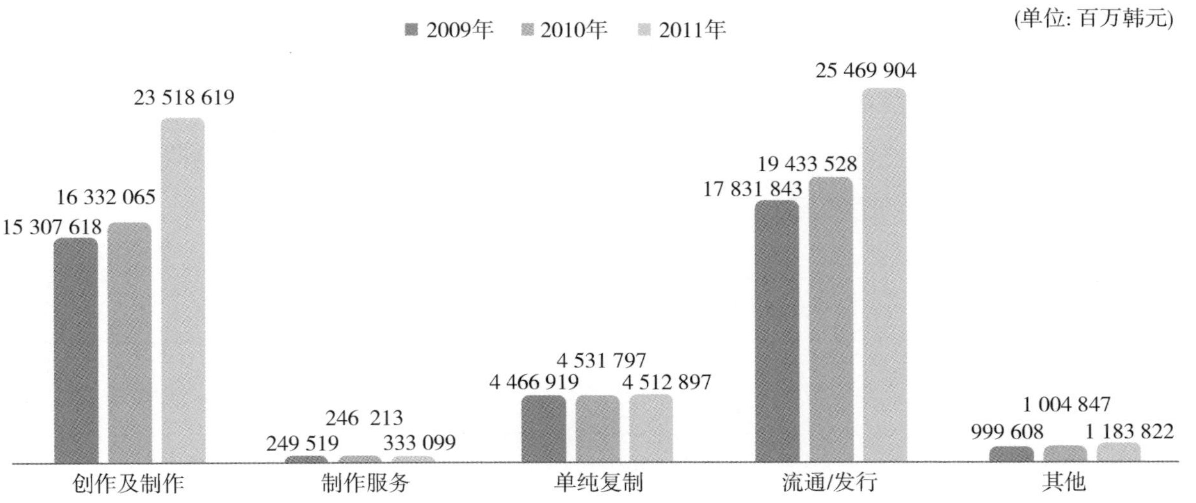


图 3-3-2 资讯产业各事业形态的企业年度销售额现状

## 2. 资讯产业各销售额规模的企业销售额现状

从 2011 年资讯产业各销售额规模的企业销售额来看，销售额规模为 100 亿韩元以上的企业的销售额所占比重最大，为 50 兆5 332亿韩元(60.9%)；接下来依次为 10 亿韩元以上 100 亿韩元以下销售额规模的企业，为 21 兆6 179亿韩元(26.1%)；1 亿韩元以上 10 亿韩元以下销售额规模的企业，为 7 兆8 916亿韩元(9.5%)；1 亿韩元以下销售额规模的企业，为 2 兆9 249亿韩元。

① 游戏(2009 年、2010 年)、电影、动漫(剧场销售额，播放公司出口额)、播放(包括播放影像独立制作公司)、广告行业销售额除外。

表 3-3-4　　资讯产业销售额中各销售额规模的企业销售额现状(2011 年)①　　(单位：百万韩元)

| 行业＼销售额规模 | 不足 1 亿韩元 | 1 亿~10 亿韩元 | 10 亿~100 亿韩元 | 100 亿韩元以上 | 合计 |
|---|---|---|---|---|---|
| 出版 | 457 729 | 2 600 603 | 7 178 485 | 11 007 764 | 21 244 581 |
| 漫画 | 126 045 | 158 234 | 362 148 | 105 264 | 751 691 |
| 音乐 | 1 454 241 | 264 322 | 1 069 866 | 1 029 031 | 3 817 460 |
| 游戏 | 580 037 | 1 334 451 | 791 583 | 6 098 669 | 8 804 740 |
| 电影 | 38 455 | 148 654 | 1 940 013 | 1 792 897 | 3 920 019 |
| 动漫 | 3 848 | 58 484 | 242 591 | 76 715 | 381 638 |
| 播放 | 32 599 | 75 519 | 805 982 | 11 838 384 | 12 752 484 |
| 广告 | 101 203 | 784 829 | 2 160 996 | 9 125 653 | 12 172 681 |
| 动漫形象 | 25 321 | 675 995 | 3 290 251 | 3 218 016 | 7 209 583 |
| 知识信息 | 45 662 | 1 398 617 | 2 351 982 | 5 249 447 | 9 045 708 |
| 资讯解决 | 59 808 | 391 930 | 1 424 048 | 991 385 | 2 867 171 |
| 合计 | 2 924 948 | 7 891 638 | 21 617 945 | 50 533 225 | 82 967 756 |
| 比重(%) | 3. 5 | 9. 5 | 26. 1 | 60. 9 | 100. 0 |

从资讯产业各销售额规模的企业的年度销售额现状来看，销售额规模在 100 亿韩元以上的企业，年度销售额比上年增加了 15. 0%，2009 年至 2011 年，年平均增加了 28. 8%；销售额规模在 10 亿韩元以上 100 亿韩元以下的企业，年度销售额比上年增加了 11. 1%，年平均增加了 9. 7%；销售额规模在 1 亿韩元以上 10 亿韩元以下的企业，年度销售额比上年增加了 10. 2%，年平均增加了 8. 3%；销售额规模在 1 亿元以下的企业，年度销售额比上年增加了 6. 3%，年平均增加了 2. 0%。

表 3-3-5　　资讯产业销售额中各销售额规模的企业年度销售额现状②　　(单位：百万韩元)

| 年度＼销售额规模 | 不足 1 亿韩元 | 1 亿~10 亿韩元 | 10 亿~100 亿韩元 | 100 亿韩元以上 | 合计 |
|---|---|---|---|---|---|
| 2009 年 | 2 809 298 | 6 731 486 | 17 967 399 | 30 477 617 | 57 895 800 |
| 比重(%) | 4. 8 | 11. 6 | 31. 0 | 52. 6 | 100. 0 |
| 2010 年 | 2 751 566 | 7 160 093 | 19 456 176 | 43 952 192 | 73 320 029 |
| 比重(%) | 3. 8 | 9. 8 | 26. 5 | 59. 9 | 100. 0 |
| 2011 年 | 2 924 948 | 7 891 638 | 21 617 945 | 50 533 225 | 82 967 756 |
| 比重(%) | 3. 5 | 9. 5 | 26. 1 | 60. 9 | 100. 0 |
| 同比增减率(%) | 6. 3 | 10. 2 | 11. 1 | 15. 0 | 13. 2 |
| 年平均增减率(%) | 2. 0 | 8. 3 | 9. 7 | 28. 8 | 19. 6 |

① 动漫(剧场销售额，播放公司出口额)行业销售额除外。

② 动漫(剧场销售额，播放公司出口额)、播放(2009 年，包括播放影像独立制作公司)行业销售额除外。

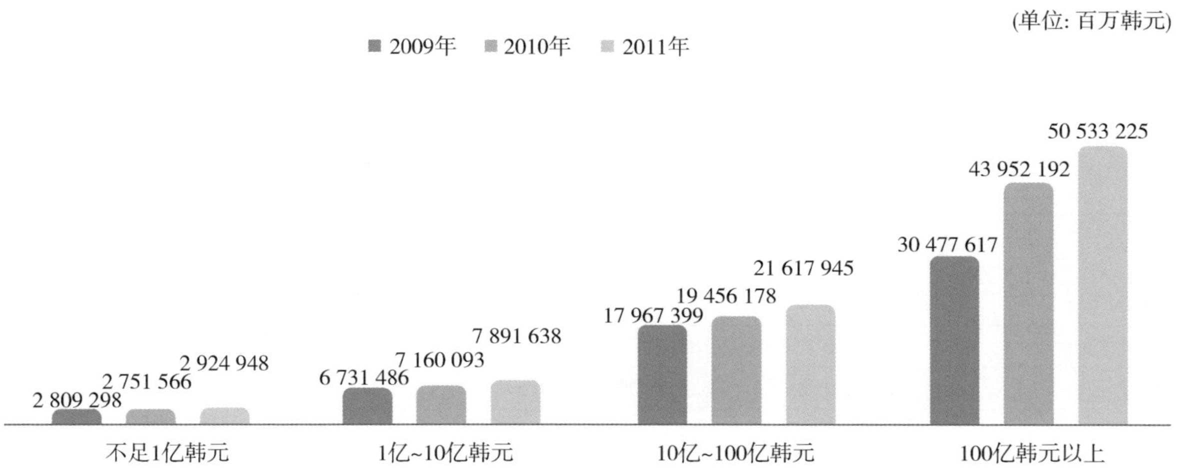


图 3-3-3　资讯产业销售额中各销售额规模的企业年度销售额现状

### 3. 资讯产业各从业者规模的企业销售额现状①

从 2011 年资讯产业各从业者规模的企业销售额来看，拥有 100 人以上从业者规模的企业销售额为 25 兆 390 亿韩元(35.2%)，占比最高；其次是 10 人以上 49 人以下规模的企业，为 17 兆4 225亿韩元(24.5%)；接下来依次为 50 人以上 99 人以下规模的企业，为 12 兆8 236亿韩元(18.0%)；1 人以下 4 人以上规模的企业，为 8 兆8 512亿韩元(12.5%)；5 人以上 9 人以下规模的企业，为 6 兆9 744亿元(9.8%)。

表 3-3-6　　资讯产业各从业者规模的企业销售额现状　　(单位：百万韩元)

| 行业 \ 从业者规模 | 1~4 人 | 5~9 人 | 10~49 人 | 50~99 人 | 100 人以上 | 合计 |
|---|---|---|---|---|---|---|
| 出版 | 2 472 975 | 2 880 357 | 5 128 108 | 3 787 076 | 6 976 065 | 21 244 581 |
| 漫画 | 376 785 | 180 950 | 117 746 | 76 210 | — | 751 691 |
| 音乐 | 1 685 716 | 577 968 | 845 541 | 519 783 | 188 452 | 3 817 460 |
| 游戏 | 1 425 063 | 494 615 | 445 925 | 523 462 | 5 915 675 | 8 804740 |
| 电影 | 207 521 | 249 320 | 1 440 564 | 1 416 751 | 605 863 | 3 920 019 |
| 动漫 | 51 779 | 70 526 | 229 883 | 29 450 | — | 381 638 |
| 播放 | 74 918 | 149 696 | 371 943 | 165 439 | 133 773 | 895 769 |
| 广告 | 725 846 | 1 221 619 | 3 707 652 | 1 303 176 | 5 214 388 | 12 172 681 |
| 动漫形象 | 462 522 | 396 350 | 2 998 861 | 2 723 418 | 628 432 | 7 209 583 |
| 知识信息 | 1 197 154 | 447 824 | 1 272 318 | 1 625 236 | 4 503 176 | 9 045 708 |
| 资讯解决 | 171 003 | 305 223 | 864 045 | 653 661 | 873 239 | 2 867 171 |
| 合计 | 8 851 282 | 6 974 448 | 17 422 586 | 12 823 662 | 25 039 063 | 71 111 041 |
| 比重(%) | 12.5 | 9.8 | 24.5 | 18.0 | 35.2 | 100.0 |

从年度来看，100 人以上从业者规模的企业年度销售额比上年增加了 10.5%，2009 年至 2011 年，年平均增加了 12.6%。50 人以上 99 人以下规模的企业年度销售额则比上年增加了 28.2%，年平均增加了 15.0%。10 人以上 49 人以下规模的企业年度销售额比上年增加了 11.2%，年平均增加了 9.7%。

① 动漫(剧场销售额，播放公司出口额)、播放(包括播放影像独立制作公司)行业销售额除外。

5人以上9人以下规模的企业年度销售额比上年增加了9.5%，年平均增加了5.8%。1人以上4人以下规模的企业年度销售额比上年增加了8.3%，年平均增加了6.5%。

表3-3-7　　**资讯产业各从业者规模的企业年度销售额现状**　　（单位：百万韩元）

| 年度＼从业者规模 | 1~4人 | 5~9人 | 10~49人 | 50~99人 | 100人以上 | 合计 |
|---|---|---|---|---|---|---|
| 2009年 | 7 810 744 | 6 235 024 | 14 475 002 | 9 701 101 | 19 763 929 | 57 985 800 |
| 比重(%) | 13.5 | 10.7 | 25.0 | 16.7 | 34.1 | 100.0 |
| 2010年 | 8 176 102 | 6 369 920 | 15 672 076 | 10 005 570 | 22 657 020 | 62 880 688 |
| 比重(%) | 13.0 | 10.1 | 24.9 | 15.9 | 36.1 | 100.0 |
| 2011年 | 8 851 282 | 6 974 448 | 17 422 586 | 12 823 662 | 25 039 063 | 71 111 041 |
| 比重(%) | 12.5 | 9.8 | 24.5 | 18.0 | 35.2 | 100.0 |
| 同比增减率(%) | 8.3 | 9.5 | 11.2 | 28.2 | 10.5 | 13.1 |
| 年平均增减率(%) | 6.5 | 5.8 | 9.7 | 15.0 | 12.6 | 10.7 |

资讯产业中100人以上规模的大型企业的销售额占整体的35.2%，比重最高。从产业类别来看，大型企业中销售额比重最高的行业是游戏行业，为67.2%；接下来为知识信息行业，49.8%；广告行业，42.8%；出版行业，32.8%。

对资讯产业中大型企业、中型企业、中小型企业、小型企业年度销售额现状的分析结果显示，小型企业的销售额比上年增加了8.3%，年平均增加了6.5%；中型企业则比上年增加了28.2%，年平均增加了15.0%，呈现出最大幅度的增长。

表3-3-8　　**资讯产业中大型企业、中型企业、中小型企业、小型企业销售额现状**　　（单位：百万韩元）

| 企业类型＼行业 | 出版 | 漫画 | 音乐 | 游戏 | 电影 | 动漫 | 广告 | 动漫形象 | 播放影像独立制作公司 | 知识信息 | 资讯解决 | 合计 |
|---|---|---|---|---|---|---|---|---|---|---|---|---|
| 1~4人 | 2 472 975 | 376 785 | 1 685 716 | 1 425 063 | 207 521 | 51 779 | 725 846 | 462 522 | 74 918 | 1 197 154 | 171 003 | 8 851 282 |
| 小型企业比重(%) | 27.9 | 4.3 | 19.1 | 16.1 | 2.3 | 0.6 | 8.2 | 5.2 | 0.9 | 13.5 | 1.9 | 100.0 |
| 5~9人 | 2 880 357 | 180 950 | 577 968 | 494 615 | 249 320 | 70 526 | 1 221 619 | 396 350 | 149 696 | 447 824 | 305 223 | 6 974 448 |
| 10~49人 | 5 128 108 | 117 746 | 845 541 | 445 925 | 1 440 564 | 229 883 | 3 707 652 | 2 998 861 | 371 943 | 1 272 318 | 864 045 | 17 422 586 |
| 中小型企业比重(%) | 32.8 | 1.2 | 5.8 | 3.9 | 6.9 | 1.2 | 20.2 | 13.9 | 2.2 | 7.1 | 4.8 | 100.0 |
| 50~99人 | 3 787 076 | 76 210 | 519 783 | 523 462 | 1 416 751 | 29 450 | 1 303 176 | 2 723 418 | 165 439 | 1 625 236 | 653 661 | 12 823 662 |
| 中型企业比重(%) | 29.5 | 0.6 | 4.1 | 4.1 | 11.0 | 0.2 | 10.2 | 21.2 | 1.3 | 12.7 | 5.1 | 100.0 |
| 100人以上 | 6 976 065 | — | 188 452 | 5 915 675 | 605 863 | — | 5 214 388 | 628 432 | 133 773 | 4 503 176 | 873 239 | 25 039 063 |
| 大型企业比重(%) | 27.9 | — | 0.8 | 23.6 | 2.4 | — | 20.8 | 2.5 | 0.5 | 18.0 | 3.5 | 100.0 |
| 合计 | 21 244 581 | 751 691 | 3 817 460 | 8 804 740 | 3 920 019 | 381 638 | 12 172 681 | 7 209 583 | 895 769 | 9 045 708 | 2 867 171 | 71 111 041 |

* 如按中小企业法实施令的规定，几乎大部分资讯产业都属于中小企业（出版、影像、播放通信及信息服务企业不足300人，批发及零售业不足200人），因此，按照资讯产业的特点重新分类，将资讯产业的大型企业定义为100人以上，将中型企业定义为50~99人，将中小型企业定义为5~49人，将小型企业定义为1~4人。

表 3-3-9 **资讯产业中大型企业、中型企业、中小型企业、小型企业的年度销售额现状** （单位：百万韩元）

| 企业类型 / 年度 | 1~4人（小型企业） | 5~49人（中小型企业） | 50~99人（中型企业） | 100人以上（大型企业） | 合计 |
|---|---|---|---|---|---|
| 2009年 | 7 810 744 | 20 710 026 | 9 701 101 | 19 763 929 | 57 985 800 |
| 比重（%） | 13.5 | 35.7 | 16.7 | 34.1 | 100.0 |
| 2010年 | 8 176 102 | 22 041 996 | 10 005 570 | 22 657 020 | 62 880 688 |
| 比重（%） | 13.0 | 35.1 | 15.9 | 36.0 | 100.0 |
| 2011年 | 8 851 282 | 24 397 034 | 12 823 662 | 25 039 063 | 71 111 041 |
| 比重（%） | 12.5 | 34.3 | 18.0 | 35.2 | 100.0 |
| 同比增减率（%） | 8.3 | 10.7 | 28.2 | 10.5 | 13.1 |
| 年平均增减率（%） | 6.5 | 8.5 | 15.0 | 12.6 | 10.7 |

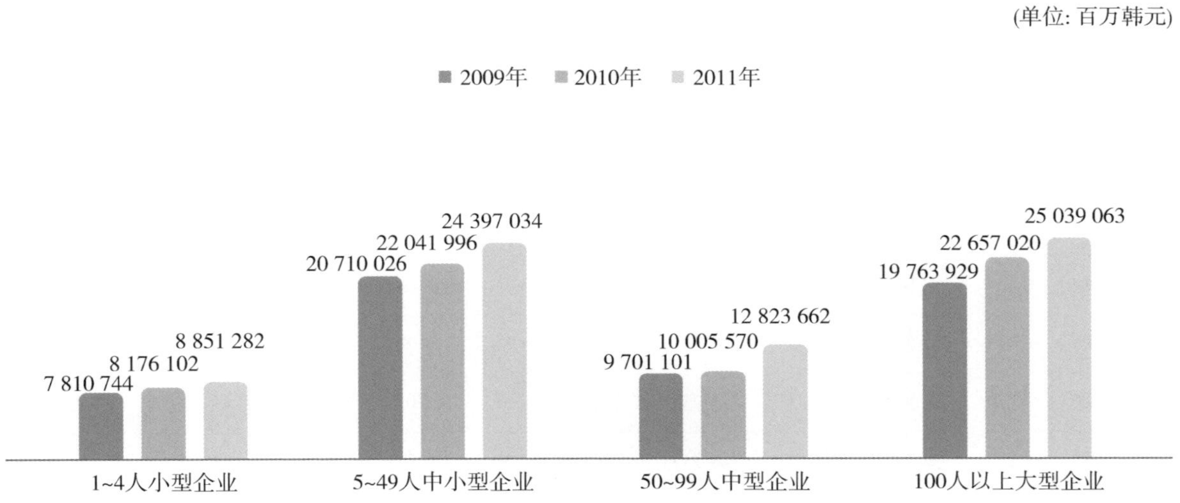


图 3-3-4 资讯产业中大型企业、中型企业、中小型企业、小型企业的年度销售额现状

### 4. 资讯产业各地区的销售额现状①

2011年资讯产业各地区的销售额调查结果显示，首尔位于第一位，为46兆5 767亿韩元（66.7%）；其次是京畿道，为13兆7 291亿韩元（19.7%）。接下来依次是釜山，为1兆5 428亿韩元（2.2%）；大邱，为1兆2 138亿韩元（1.7%）；仁川，为1兆414亿韩元（1.5%）。其他地域的销售额不超过整体的1.5%，可见销售额呈现出地域偏重现象。

从年度来看，首尔在2009年的销售额为38兆1 953亿韩元，2010年为41兆7 079亿韩元，2011年为46兆5 767亿韩元，销售额呈现出持续增加的趋势，2009年比上年增加了11.7%，2009年至2011年，年平均增加了10.4%。6个广域市在2009年为5兆2 217亿韩元，2010年为5兆2 307亿韩元，2011年为5兆7 505亿韩元，比上年增加了9.9%，年平均增加了4.9%。9个道的销售额在2009年为13兆5 186亿韩元，2010年为14兆7 445亿韩元，2011年为17兆4 814亿韩元，呈现出持续增长的趋势，2009年比上年增加了18.6%，年平均增加了13.7%。

① 出版〔网上书店（除漫画外）〕、漫画〔网上书店（漫画部门）〕、音乐（网络唱片零售业）、动漫（剧场销售额，播放公司出口额）、播放（播放影像独立制作公司）行业销售额除外。

表 3-3-10 **资讯产业各地区各年度的销售额现状(2011 年)** (单位：百万韩元)

| 年度 / 地区 | | 出版 | 漫画 | 音乐 | 游戏 | 电影 | 动漫 | 播放影像独立制作公司 | 广告 | 动漫形象 | 知识信息 | 资讯解决 | 合计 | 比重 |
|---|---|---|---|---|---|---|---|---|---|---|---|---|---|---|
| 首尔 | | 12 312 129 | 342 645 | 2 324 361 | 5 060 918 | 2 550 077 | 262 210 | 784 630 | 11 342 906 | 3 844 477 | 5 568 432 | 2 183 993 | 46 576 778 | 66.7 |
| 6个广域市 | 釜山 | 537 346 | 21 735 | 131 863 | 122 614 | 149 191 | 11 087 | 12 105 | 99 444 | 278 808 | 130 413 | 48 255 | 1 542 861 | 2.2 |
| | 大邱 | 476 137 | 11 302 | 112 492 | 112 954 | 90 275 | 6 122 | 7 594 | 67 155 | 201 578 | 88 562 | 39 663 | 1 213 834 | 1.7 |
| | 仁川 | 321 585 | 13 409 | 112 779 | 105 925 | 118 220 | 4 653 | 1 429 | 50 581 | 187 901 | 82 608 | 42 371 | 1 041 461 | 1.5 |
| | 光州 | 245 435 | 8 373 | 15 879 | 65 306 | 65 274 | 13 895 | 357 | 39 617 | 131 983 | 59 611 | 32 582 | 678 312 | 1.0 |
| | 大田 | 224 734 | 9 940 | 58 908 | 88 476 | 62 088 | 1 629 | 3 174 | 54 884 | 117 990 | 275 023 | 28 669 | 925 515 | 1.3 |
| | 蔚山 | 91 083 | 4 605 | 45 417 | 41 389 | 32 181 | — | 439 | 12 932 | 58 214 | 48 762 | 13 523 | 348 545 | 0.5 |
| | 小计 | 1 896 320 | 69 364 | 477 338 | 536 664 | 517 229 | 37 386 | 25 098 | 324 613 | 976 474 | 684 979 | 205 063 | 5 750 528 | 8.2 |
| 9个道 | 京畿道 | 4 875 655 | 238 847 | 536 594 | 2 766 516 | 503 839 | 64 204 | 71 231 | 400 960 | 1 571 297 | 2 381 011 | 318 962 | 13 729 116 | 19.7 |
| | 江原道 | 75 945 | 4 907 | 50 187 | 47 735 | 35 889 | 7 537 | 6 901 | 17 878 | 58 034 | 50 081 | 21 005 | 376 099 | 0.5 |
| | 忠清北道 | 106 455 | 5 685 | 51 816 | 43 841 | 39 369 | 3 622 | 354 | 12 011 | 125 243 | 50 162 | 24 552 | 463 110 | 0.7 |
| | 忠清南道 | 140 084 | 6 154 | 60 065 | 77 684 | 53 508 | 1 763 | 339 | 8 434 | 69 781 | 52 097 | 22 288 | 492 197 | 0.7 |
| | 全罗北道 | 90 850 | 4 418 | 45 235 | 54 368 | 65 231 | 3 125 | 2 780 | 13 222 | 79 218 | 40 023 | 20 337 | 418 807 | 0.6 |
| | 全罗南道 | 39 738 | 4 217 | 48 994 | 48 222 | 24 736 | 212 | — | 11 053 | 49 124 | 41 598 | 19 692 | 287 586 | 0.4 |
| | 庆尚北道 | 235 283 | 8 234 | 86 209 | 65 733 | 48 239 | — | 1 459 | 10 221 | 91 543 | 67 642 | 21 658 | 636 221 | 0.9 |
| | 庆尚南道 | 217 387 | 8 747 | 90 678 | 78 532 | 71 829 | 722 | 2 076 | 28 366 | 131 905 | 100 550 | 23 784 | 754 576 | 1.1 |
| | 济州道 | 37 494 | 1 440 | 18 015 | 24 527 | 10 073 | 857 | 901 | 3 017 | 212 487 | 9 133 | 5 837 | 323 781 | 0.5 |
| | 小计 | 5 818 891 | 282 649 | 987 793 | 3 207 158 | 852 713 | 82 042 | 86 041 | 505 162 | 2 388 632 | 2 792 297 | 478 115 | 17 481 493 | 25.1 |
| 合计 | | 20 027 340 | 694 658 | 3 789 492 | 8 804 740 | 3 920 019 | 381 638 | 895 769 | 12 172 681 | 7 209 583 | 9 045 708 | 2 867 171 | 69 808 799 | 100.0 |

表 3-3-11 **资讯产业各地区的年度销售额现状** (单位：百万韩元)

| 年度 / 地区 | | 2009 年 | 2010 年 | 2011 年 | 同比增减率(%) | 年平均增减率(%) |
|---|---|---|---|---|---|---|
| 首尔 | | 38 195 339 | 41 707 908 | 46 576 778 | 11.7 | 10.4 |
| 6个广域市 | 釜山 | 1 374 052 | 1 392 492 | 1 542 861 | 10.8 | 6.0 |
| | 大邱 | 1 234 990 | 1 113 229 | 1 213 834 | 9.0 | ▽0.9 |
| | 仁川 | 865 234 | 905 947 | 1 041 461 | 15.0 | 9.7 |
| | 光州 | 647 608 | 674 302 | 678 312 | 0.6 | 2.3 |
| | 大田 | 803 756 | 827 040 | 925 515 | 11.9 | 7.3 |
| | 蔚山 | 296 149 | 317 731 | 348 545 | 9.7 | 8.5 |
| | 小计 | 5 221 789 | 5 230 741 | 5 750 528 | 9.9 | 4.9 |

续表

| 地区 \ 年度 | | 2009 年 | 2010 年 | 2011 年 | 同比增减率(%) | 年平均增减率(%) |
|---|---|---|---|---|---|---|
| 9个道 | 京畿道 | 9 976 016 | 11 259 201 | 13 729 116 | 21.9 | 17.3 |
| | 江原道 | 346 484 | 338 806 | 376 099 | 11.0 | 4.2 |
| | 忠清北道 | 456 757 | 449 303 | 463 110 | 3.1 | 0.7 |
| | 忠清南道 | 426 327 | 449 832 | 492 197 | 9.4 | 7.4 |
| | 全罗北道 | 386 344 | 372 824 | 418 807 | 12.3 | 4.1 |
| | 全罗南道 | 268 981 | 273 003 | 287 586 | 5.3 | 3.4 |
| | 庆尚北道 | 640 093 | 611 212 | 636 221 | 4.1 | ▽0.3 |
| | 庆尚南道 | 737 966 | 683 772 | 754 576 | 10.4 | 1.1 |
| | 济州道 | 279 656 | 306 617 | 323 781 | 5.6 | 7.6 |
| | 小计 | 13 518 624 | 14 744 570 | 17 481 493 | 18.6 | 13.7 |
| 合计 | | 56 935 752 | 61 683 219 | 69 808 799 | 13.2 | 10.7 |

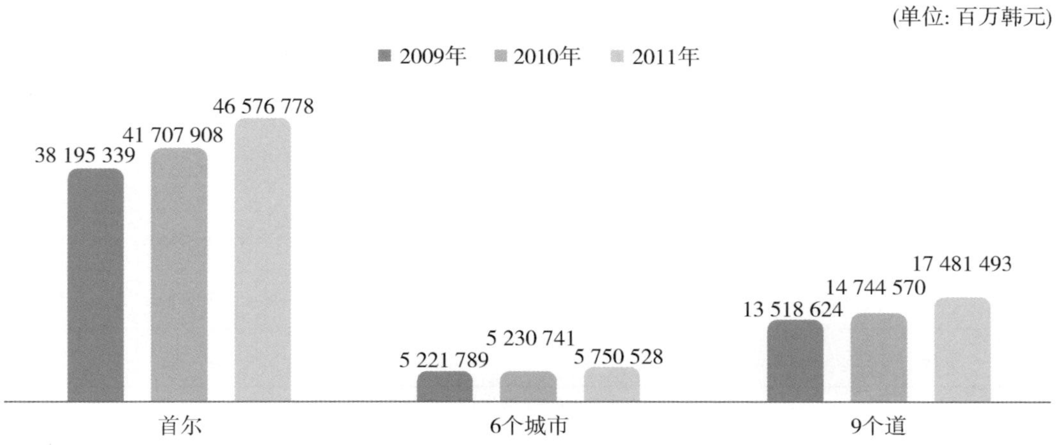


图 3-3-5 资讯产业各地区的年度销售额现状

### 5. 资讯产业中在线及数码资讯销售额现状①

2011 年资讯产业中在线及数码资讯销售额为 23 兆5 655亿韩元，这比 2010 年增加了 26.1%，2009 年至 2011 年平均增加了 18.8%。资讯产业整体销售额中在线及数码资讯销售额所占比例在 2009 年为 24.3%，2010 年为 25.9%，2011 年达到 28.4%，其比重持续增加。

在线及数码资讯销售额中知识信息行业所占比重最高，为 9 兆 457 亿韩元(38.4%)；游戏行业为 7 兆 121 亿韩元(29.8%)，位居第二。与上年相比，在线及数码资讯销售额中增长最大的行业为电影行业，比上年增加了 536.3%(2009 年为 223 亿韩元；2010 年为 285 亿韩元；2011 年为1 818亿韩元)；2005 年至 2011 年，年平均增加了 3.6%。

① 出版〔2005 年网上书店(除漫画外)〕、漫画〔2005 年网上书店(漫画部门)〕、音乐(2005 年网络唱片零售业)、动漫(2005 年)、播放(2005—2007 年地面波系列移动多媒体播放、2005 年地面波移动多媒体播放企业、2005—2011 年播放影像独立制作公司)、动漫形象行业的销售额除外，从 2009 年开始，包括知识信息行业中的虚拟世界及虚拟现实业、资讯解决行业中的计算机图形(CG)制作业的销售额。

表 3-3-12　　**资讯产业中在线及数码资讯的年度销售额现状**　　(单位：百万韩元)

| 分类 | 出版 | 漫画 | 音乐 | 游戏 | 电影 | 动漫 | 播放 | 广告 | 知识信息 | 资讯解决 | 合计 |
|---|---|---|---|---|---|---|---|---|---|---|---|
| 2005 年 | 136 785 | 31 903 | 267 245 | 2 855 100 | 146 820 | — | 368 900 | 274 892 | 3 040 869 | 1 275 000 | 8 397 514 |
| 2006 年 | 676 405 | 75 587 | 368 293 | 2 879 600 | 90 350 | 7 795 | 484 962 | 780 996 | 3 467 795 | 1 541 700 | 10 373 483 |
| 2007 年 | 812 184 | 86 423 | 441 566 | 2 982 400 | 38 225 | 9 504 | 515 721 | 841 094 | 4 297 341 | 1 679 800 | 11 704 258 |
| 2008 年 | 954 654 | 86 800 | 543 079 | 3 588 400 | 18 560 | 10 287 | 491 960 | 1 248 097 | 4 777 330 | 1 866 100 | 13 585 267 |
| 2009 年 | 1 149 481 | 100 892 | 589 868 | 4 572 000 | 22 324 | 7 810 | 502 495 | 878 088 | 6 071 439 | 2 182 148 | 16 076 545 |
| 2010 年 | 1 309 334 | 105 235 | 650 487 | 5 594 165 | 28 575 | 7 430 | 501 350 | 889 493 | 7 242 686 | 2 359 853 | 18 688 608 |
| 2011 年 | 1 481 371 | 118 111 | 907 502 | 7 012 103 | 181 834 | 13 042 | 495 840 | 1 442 905 | 9 045 708 | 2 867 171 | 23 565 587 |
| 比重(%) | 6.3 | 0.5 | 3.9 | 29.8 | 0.8 | 0.1 | 2.1 | 6.1 | 38.4 | 12.2 | 100.0 |
| 同比增减率(%) | 13.1 | 12.2 | 39.5 | 25.3 | 536.3 | 75.5 | ▽1.1 | 62.2 | 24.9 | 21.5 | 26.1 |
| 年平均增减率(%) | 48.7 | 24.4 | 22.6 | 16.2 | 3.6 | — | 5.1 | 31.8 | 19.9 | 14.5 | 18.8 |

表 3-3-13　　**在线及数码资讯销售额占资讯产业全部销售额比重的现状**　　(单位：百万韩元)

| 分类 | 2005 年 | 2006 年 | 2007 年 | 2008 年 | 2009 年 | 2010 年 | 2011 年 | 同比增减率(%) | 年平均增减率(%) |
|---|---|---|---|---|---|---|---|---|---|
| 全部销售额 | 57 258 881 | 62 768 976 | 64 414 776 | 63 681 713 | 67 078 773 | 73 322 317 | 82 967 886 | 13.2 | 6.4 |
| 在线及数码资讯销售额 | 8 397 514 | 10 373 483 | 11 704 258 | 13 585 267 | 16 076 545 | 18 688 608 | 23 565 587 | 26.1 | 18.8 |
| 比重(%) | 14.7 | 16.5 | 18.2 | 21.3 | 24.0 | 25.5 | 28.4 | — | — |

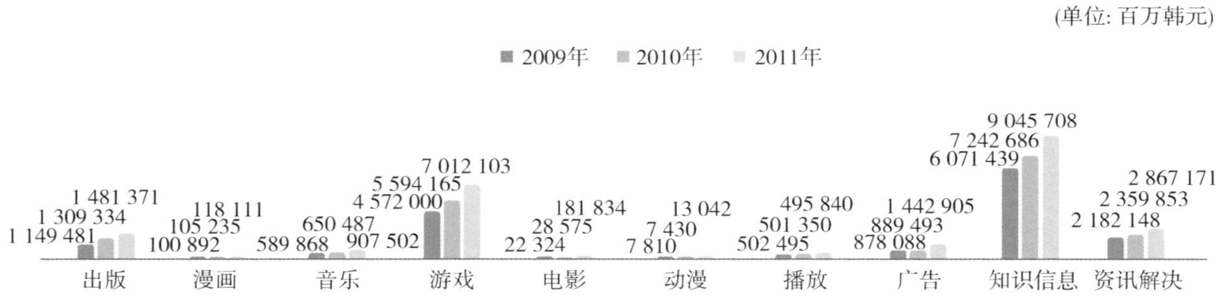


图 3-3-6　资讯产业中在线及数码资讯的年度销售额现状

资讯产业中在线及数码资讯销售额包含了 10 个行业的 19 个中分类和 44 个小分类的销售额。

表 3-3-14　　**资讯产业中在线及数码资讯分类现状**

| 大分类 | 中分类 | 小分类 |
|---|---|---|
| 出版 | 出版业 | 网络/移动电子出版制作业 |
| | 在线出版流通业 | 网络/移动电子出版服务业 |
| | | 网络书店(漫画除外) |

续表

| 大分类 | 中分类 | 小分类 |
| --- | --- | --- |
| 漫画 | 在线漫画制作、流通业 | 网络/移动漫画资讯制作及提供(CP) |
| | | 网络漫画资讯服务 |
| | | 移动设备漫画资讯服务 |
| | 漫画批发零售业 | 网络书店(漫画部门) |
| 音乐 | 唱片批发零售业 | 网络唱片零售业 |
| | 在线音乐流通业 | 移动音乐服务业 |
| | | 网络音乐服务业 |
| | | 唱片代理中介业 |
| | | 网络/移动音乐资讯制作及提供业(CP) |
| 游戏 | 游戏的制作及发行业 | 在线游戏 |
| | | 视频游戏 |
| | | 移动游戏 |
| | | PC 游戏 |
| | | 街机游戏 |
| 电影 | DVD/VHS 制作及流通业 | 在线上映 |
| 动漫 | 动漫制作业 | 在线(网络、移动)动漫制作业 |
| | 在线动漫流通业 | 在线(网络、移动)动漫服务业 |
| 播放 | 地面波播放 | 地面波系列移动媒体播放业 |
| | | 地面波移动媒体播放业 |
| | 卫星播放 | 普通卫星播放业 |
| | | 卫星移动媒体播放业 |
| 广告 | 在线业 | 广告代理 |
| | | 媒体代理 |
| | | 广告企划、战略的代理 |
| | | 广告制作 |
| 知识信息 | e-learning 业 | e-learning 企划业 |
| | | e-learning 网络/移动服务业 |
| | | e-learning 网络/移动制作及提供业(CP) |
| | | 教育性娱乐企划及制作业 |
| | 其他数据库及在线信息提供业 | 其他提供数据库及在线信息提供业 |
| | 网站及其他网络信息媒介服务业 | 网站及其他网络信息媒介服务业 |
| | 虚拟世界及虚拟现实业 | 屏幕高尔夫系统企划及制作业 |
| | | 屏幕高尔夫场运营业 |
| | | 其他虚拟世界及虚拟现实企划及制作业 |
| 资讯解决 | 资讯解决业 | 制作工具 |
| | | 资讯保护 |
| | | 移动问题解答 |
| | | 付费/结算 |
| | | 资讯管理系统(CMC) |
| | | 资讯传送网络(CDN) |
| | 计算机绘图(CG)制作业 | 计算机绘图(CG)制作业 |

### 6. 资讯产业流通(零售与服务)销售额现状

从资讯产业流通(零售与服务)销售额现状来看，线下服务销售额约为 10 兆8 208亿韩元(40.5%)，位居第一；其次是离线零售销售额，约为 6 兆8 458亿元(25.6%)。总体上看，流通(零售和服务)销售额呈现出增长的趋势，尤其是在线服务销售额的增长非常迅速(2005 年约为 2 兆9 604亿韩元，2006 年约为 3 兆3 608亿韩元，2007 年 4 兆1 349亿韩元，2008 年 4 兆5 922亿韩元，2009 年 5 兆1 013亿韩元，2010 年 6 兆 964 亿韩元，2011 年 7 兆7 699亿韩元)。可见，这可以认为是源于以在线服务为主的知识信息行业的增长。线下服务销售规模从 2007 年起呈现出增加的趋势(2007 年 7 兆3 658亿韩元，2008 年 8 兆1 003亿韩元，2009 年 9 兆3 709亿韩元，2010 年 9 兆8 642亿韩元，2011 年 10 兆8 208亿韩元)。

表 3-3-15　**资讯产业流通(零售与服务)销售额现状**　(单位：百万韩元)

| 分类 | | 资讯产业整体 | | | | | | | | | |
|---|---|---|---|---|---|---|---|---|---|---|---|
| | | 2005 年 | 2006 年 | 2007 年 | 2008 年 | 2009 年 | 2010 年 | 2011 年 | 比重(%) | 同比增减率 | 年平均增减率 |
| 零售 | 线下 | 4 531 613 | 6 074 958 | 6 374 719 | 6 226 162 | 6 119 798 | 6 481 726 | 6 845 872 | 25.6 | 5.6 | 7.1 |
| | 在线 | — | 639 777 | 758 124 | 891 793 | 1 050 048 | 1 197 469 | 1 302 242 | 4.9 | 8.7 | — |
| | 小计 | 4 531 613 | 6 714 735 | 7 132 843 | 7 117 955 | 7 169 846 | 7 679 195 | 8 148 114 | 30.5 | 6.1 | 10.3 |
| 服务 | 线下 | 11 090 385 | 9 829 252 | 7 365 869 | 8 100 303 | 9 370 945 | 9 864 295 | 10 820 844 | 40.5 | 9.7 | ▽0.4 |
| | 在线 | 2 960 460 | 3 360 837 | 4 134 962 | 4 592 242 | 5 101 348 | 6 096 423 | 7 769 904 | 29.1 | 27.5 | 17.4 |
| | 小计 | 14 050 845 | 13 190 089 | 11 500 831 | 12 692 545 | 14 472 293 | 15 960 718 | 18 590 748 | 69.5 | 16.5 | 4.8 |
| 合计 | | 18 582 458 | 19 904 824 | 18 633 674 | 19 810 500 | 21 642 139 | 23 639 913 | 26 738 862 | 100.0 | 13.1 | 6.3 |

### 7. 资讯产业许可销售额现状①

2011 年资讯产业许可销售额为 2 兆8 950亿韩元，占整体的 6.4%；许可外的销售额为 42 兆5 696亿韩元(93.6%)。许可销售额和许可外销售额中出版行业所占比例均为最高，出版产业的许可销售额为 1 兆2 362亿韩元，许可外销售额为 20 兆 83 亿韩元。许可销售额中位于第二的是动漫形象行业，为 5 132亿韩元。许可外销售额中居于第二位的是知识信息行业，为 8 兆8 493亿韩元。

表 3-3-16　**资讯产业许可/许可外销售额现状**　(单位：百万韩元)

| 分类 | | 出版 | 漫画 | 音乐 | 动漫 | 动漫形象 | 知识信息 | 资讯解决 | 合计 |
|---|---|---|---|---|---|---|---|---|---|
| 2010 年 | 许可 | 1 213 875 | 138 961 | 246 725 | 117 387 | 412 085 | 172 582 | 258 762 | 2 560 377 |
| | 许可外 | 20 029 923 | 602 986 | 2 712 418 | 397 012 | 5 484 812 | 7 070 104 | 2 101 091 | 38 398 346 |
| | 合计 | 21 243 798 | 741 947 | 2 959 143 | 514 399 | 5 896 897 | 7 242 686 | 2 359 853 | 40 958 723 |
| 2011 年 | 许可 | 1 236 252 | 141 337 | 346 335 | 119 322 | 513 265 | 196 325 | 342 255 | 2 895 091 |
| | 许可外 | 20 008 329 | 610 354 | 3 471 125 | 409 229 | 6 696 318 | 8 849 383 | 2 524 916 | 42 569 654 |
| | 合计 | 21 244 581 | 751 691 | 3 817 460 | 528 551 | 7 209 583 | 9 045 708 | 2 867 171 | 45 464 745 |

① 游戏、电影、播放和广告行业的销售额除外。

从 2011 年资讯产业中的许可销售额比重来看，动漫行业的许可销售额占比最高(22. 6%)；其次为漫画行业，许可销售额比重为 18. 8%；接下来依次为资讯解决行业，许可销售额比重为 11. 9%；音乐行业，许可销售额比重为 9. 1%。许可外销售额比重最高的行业是知识信息行业，为 97. 8%；其次为出版行业，许可外销售额比重为 94. 2%。接下来依次为动漫形象行业，92. 9%；音乐行业，90. 9%。

表 3-3-17　　资讯产业许可/许可外销售额的比重　　(单位:%)

| 分类 | | 出版 | 漫画 | 音乐 | 动漫 | 动漫形象 | 知识信息 | 资讯解决 | 合计 |
|---|---|---|---|---|---|---|---|---|---|
| 2010 年 | 许可 | 5. 7 | 18. 7 | 8. 3 | 22. 8 | 7 | 2. 4 | 11. 0 | 6. 3 |
| | 许可外 | 94. 3 | 81. 3 | 91. 7 | 77. 2 | 93 | 97. 6 | 89. 0 | 93. 7 |
| | 合计 | 100. 0 | 100. 0 | 100. 0 | 100. 0 | 100. 0 | 100. 0 | 100. 0 | 100. 0 |
| 2011 年 | 许可 | 5. 8 | 18. 8 | 9. 1 | 22. 6 | 7. 1 | 2. 2 | 11. 9 | 6. 4 |
| | 许可外 | 94. 2 | 81. 2 | 90. 9 | 77. 4 | 92. 9 | 97. 8 | 88. 1 | 93. 6 |
| | 合计 | 100. 0 | 100. 0 | 100. 0 | 100. 0 | 100. 0 | 100. 0 | 100. 0 | 100. 0 |

## 四、资讯制作费用

2011 年资讯制作费用的构成明细中，用于作品制作的费用为7 271亿韩元(77. 0%)，位居第一，比上年增加了 5. 8%，2009 年至 2011 年，年平均增加了 9. 5%。专利支出费用为 582 亿韩元(6. 2%)，营销宣传费用为 769 亿韩元(8. 1%)，研究开发费用为 440 亿韩元(4. 7%)，其他费用为 379 亿韩元(4. 0%)。

表 3-4-1　　资讯产业中与资讯制作相关的费用　　(单位：个，百万韩元)

| 分类 | 企业数 | 总费用 | 企业的平均费用 | 制作费构成 | | | | |
|---|---|---|---|---|---|---|---|---|
| | | | | 作品制作 | 专利支出 | 营销宣传 | 研究开发 | 其他 |
| 出版 | 582 | 394 464 | 678 | 325 332 | 21 335 | 27 113 | 9 352 | 11 332 |
| 漫画 | 169 | 73 621 | 436 | 54 986 | 6 699 | 6 853 | 2 067 | 3 016 |
| 音乐 | 342 | 96 108 | 281 | 65 322 | 8 635 | 13 558 | 2 938 | 5 655 |
| 动漫 | 162 | 98 494 | 608 | 73 569 | 6 358 | 7 259 | 7 437 | 3 871 |
| 动漫形象 | 255 | 101 585 | 398 | 61 325 | 9 352 | 10 252 | 15 331 | 5 325 |
| 知识信息 | 213 | 104 586 | 491 | 81 335 | 4 322 | 9 357 | 4 315 | 5 257 |
| 资讯解决 | 175 | 75 544 | 432 | 65 325 | 1 537 | 2 533 | 2 612 | 3 537 |
| 全部 | 1 898 | 944 402 | 498 | 727 194 | 58 238 | 76 925 | 44 052 | 37 993 |
| 比重 | | | | 77. 0 | 6. 2 | 8. 1 | 4. 7 | 4. 0 |

从各年度的资讯制作费用来看，作品制作费用在 2009 年为6 065亿韩元，2010 年为6 876亿韩元，2011 年为7 271亿韩元，比上年增加了 5. 8%，从 2009 年至 2011 年，年平均增加了 9. 5%。专利支出费用比上年增加了 8. 6%，年平均增加了 11. 2%。营销宣传费用比上年增加了 6. 5%，年平均增加了

5.9%；研究开发费用比上年增加了 2.2%，年平均增加了 4.0%。其他费用比上年减少了 0.3%，年平均增加了 0.5%。

表 3-4-2　　**各年度资讯产业中与资讯制作相关的费用**　　（单位：百万韩元）

| 分类 | 企业数 | 总费用 | 企业的平均费用 | 作品制作 | 专利支出 | 营销宣传 | 研究开发 | 其他 |
|---|---|---|---|---|---|---|---|---|
| 2009 年 | 1 808 | 800 571 | 443 | 606 581 | 47 058 | 68 633 | 40 718 | 37 581 |
| 比重(%) | | | | 75.8 | 5.9 | 8.6 | 5.1 | 4.7 |
| 2010 年 | 1 898 | 894 715 | 471 | 687 644 | 53 618 | 72 247 | 43 106 | 38 100 |
| 比重(%) | | | | 76.9 | 6.0 | 8.1 | 4.8 | 4.3 |
| 2011 年 | 1 898 | 944 402 | 498 | 727 194 | 58 238 | 76 925 | 44 052 | 37 993 |
| 比重(%) | | | | 77.0 | 6.2 | 8.1 | 4.7 | 4.0 |
| 同比增减率(%) | 0.0 | 5.6 | 5.6 | 5.8 | 8.6 | 6.5 | 2.2 | ▽0.3 |
| 年平均增减率(%) | 2.5 | 8.6 | 6.0 | 9.5 | 11.2 | 5.9 | 4.0 | 0.5 |

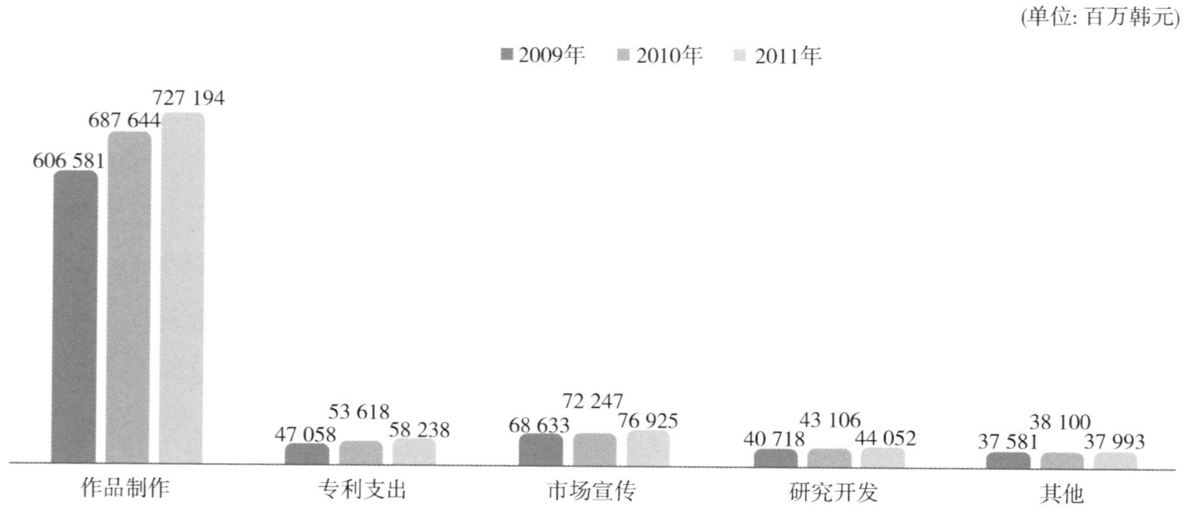


图 3-4-1　各年度资讯产业中与资讯制作相关的费用

# 五、附加价值额

## (一)资讯产业附加价值额的计算方法

附加价值额(value added)的测量数据不是将公司的利益局限地归属于股东，而是衡量广泛的利益相关者应占利润的一种方式。这种附加价值额可从生产方面和分配方面来计算，资讯产业统计是根据韩国银行《企业经营分析》中的附加价值额统计计算方式，通过合算经常性收益、人工成本费用、纯金融费用、租借费、税费、折旧费用等来计算附加价值额的。以 2004 年为标准的调查中通过对 5 个行业的实态调查来实施附加价值额调查，未进行直接调查的 3 个行业使用了韩国银行《企业经营分析》提供的附加价值率，剩余 2 个行业使用了以 2003 年为标准的调查中的附加价值率来计算，因而在附加价值的计算方法上存在着差异。为了克服这种计算方法之间的差异，自 2005 年起采用韩国银行《企业经营分析》中的计算方式实施实态调查，从而计算附加价值额和附加价值率，其余 2 个行业（游戏、广告）则使用当年度韩国银行《企业经营分析》提供的附加价值率来计算。

表 3-5-1　　资讯产业附加价值额的计算方法

| 分类 | 适用行业 | 计 算 方 法 |
|---|---|---|
| 2005 年 | 8 个行业（出版、漫画、音乐、电影、动漫、动漫形象、知识信息、资讯解决）进行实态调查 | 经常性利益+人工成本费用+纯金融费用+租借费+折旧费+捐税 |
| | 3 个行业（播放、广告、游戏） | 销售额×附加价值率<br>（附加价值率：韩国银行，《企业经营分析》，2005） |
| 2006 年 | 7 个行业（出版、漫画、音乐、动漫、动漫形象、知识信息、资讯解决）进行实态调查 | 经常性利益+人工成本费用+纯金融费用+租借费+折旧费+税费（其他） |
| | 1 个行业（电影） | 引用外部资料<br>（电影振兴委员会，《韩国电影行业实态分析》，2006） |
| | 3 个行业（播放、广告、游戏） | 销售额×附加价值率<br>（附加价值率：韩国银行，《企业经营分析》，2006） |
| 2007—2011 年 | 7 个行业（出版、漫画、音乐、动漫、动漫形象、知识信息、资讯解决）进行实态调查 | 经常性利益+人工成本费用+纯金融费用+租借费+折旧费+税费（其他） |
| | 12 个行业（电影、播放） | 引用外部资料<br>（电影振兴委员会，《韩国电影行业实态分析》，2007—2011；<br>播放通信委员会，《播放行业实态调查报告书》，2007—2011） |
| | 3 个行业（广告、游戏） | 销售额×附加价值率<br>（附加价值率：韩国银行，《企业经营分析》，2005） |

## （二）资讯产业附加价值额的现状

2011 年资讯产业附加价值额为 33 兆4 104亿韩元，附加价值率为 40. 27%。附加价值总额中出版行业所占比例最大，为 8 兆9 460亿韩元（26. 8%）；接下来依次为播放行业，为 4 兆5 482亿韩元（13. 6%）；游戏行业，为 4 兆1 848亿韩元（12. 5%）；广告行业，为 3 兆9 889亿韩元（11. 9%）；知识信息行业，为 3 兆9 152亿韩元（11. 7%）；动漫形象行业，为 3 兆 652 亿韩元（9. 2%）；音乐行业，为 1 兆5 976亿韩元（4. 8%）；电影行业，为 1 兆4 674亿韩元（4. 4%）；资讯解决行业，为 1 兆1 659亿韩元（3. 5%）；播放影像独立制作公司，为3 267亿韩元（1. 0%）；漫画行业，为3 075亿韩元（0. 9%）；动漫行业，为2 231亿韩元（0. 7%）。

另外，附加价值率最高的行业是游戏行业，创造了 47. 53%的附加价值率；其次是知识信息行业，为 43. 28%。纵观整体附加价值率，2007 年为 40. 29%，2008 年为 39. 88%，2009 年为 41. 25%，2010 年为 41. 31%，虽然 2008 年有小幅度的下降，但 2009 年起又有所增长。2008 年附加价值率的下降源于世界金融危机，资讯产业一直被认定为有潜力成长为具有高附加价值额的产业，今后也期待其附加价值额和附加价值率的不断增长。

表 3-5-2　　　　资讯产业附加价值额现状　　　　（单位：百万韩元）

| 分类 | 2005 年 | 2006 年 | 2007 年 | 2008 年 | 2009 年 | 2010 年 | 2011 年 | 同比增减率 | 年平均增减率 |
|---|---|---|---|---|---|---|---|---|---|
| 出版 | 6 945 633 | 6 337 507 | 8 949 107 | 8 972 761 | 8 736 207 | 9 009 976 | 8 946 093 | ▽0. 7 | 4. 3 |
| 漫画① | 154 667 | 264 505 | 282 052 | 283 600 | 290 833 | 297 632 | 307 558 | 3. 3 | 12. 1 |
| 音乐② | 572 760 | 765 297 | 787 709 | 946 635 | 1 022 766 | 1 142 896 | 1 597 663 | 39. 8 | 18. 6 |
| 游戏 | 4 381 563 | 3 655 175 | 2 487 445 | 2 808 000 | 3 348 867 | 3 768 320 | 4 184 893 | 11. 1 | ▽0. 8 |
| 电影③ | 841 233 | 1 752 217 | 880 819 | 349 442 | 1 087 895 | 1 121 854 | 1 467 411 | 30. 8 | 9. 7 |
| 动漫 | 42 214 | 70 333 | 122 506 | 167 287 | 175 213 | 217 101 | 223 109 | 2. 8 | 32. 0 |
| 播放④ | 2 834 073 | 3 972 844 | 4 267 646 | 3 151 368 | 3 931 437 | 4 284 985 | 4 548 227 | 6. 1 | 8. 2 |
| 广告 | 2 693 689 | 3 343 592 | 4 002 168 | 4 062 666 | 3 445 079 | 3 932 096 | 3 988 988 | 1. 4 | 6. 8 |
| 动漫形象⑤ | 501 386 | 1 238 309 | 1 801 217 | 1 956 376 | 2 202 786 | 2 475 517 | 3 065 286 | 23. 8 | 35. 2 |
| 知识信息⑥ | 1 206 897 | 1 393 658 | 1 729 680 | 1 964 438 | 2 556 076 | 3 085 977 | 3 915 254 | 26. 9 | 21. 7 |
| 资讯解决⑦ | 476 538 | 583 269 | 642 524 | 731 698 | 875 816 | 956 345 | 1 165 985 | 21. 9 | 16. 1 |
| 合计 | 20 650 653 | 23 376 706 | 25 952 873 | 25 394 271 | 27 672 975 | 30 292 699 | 33 410 467 | 10. 3 | 8. 3 |

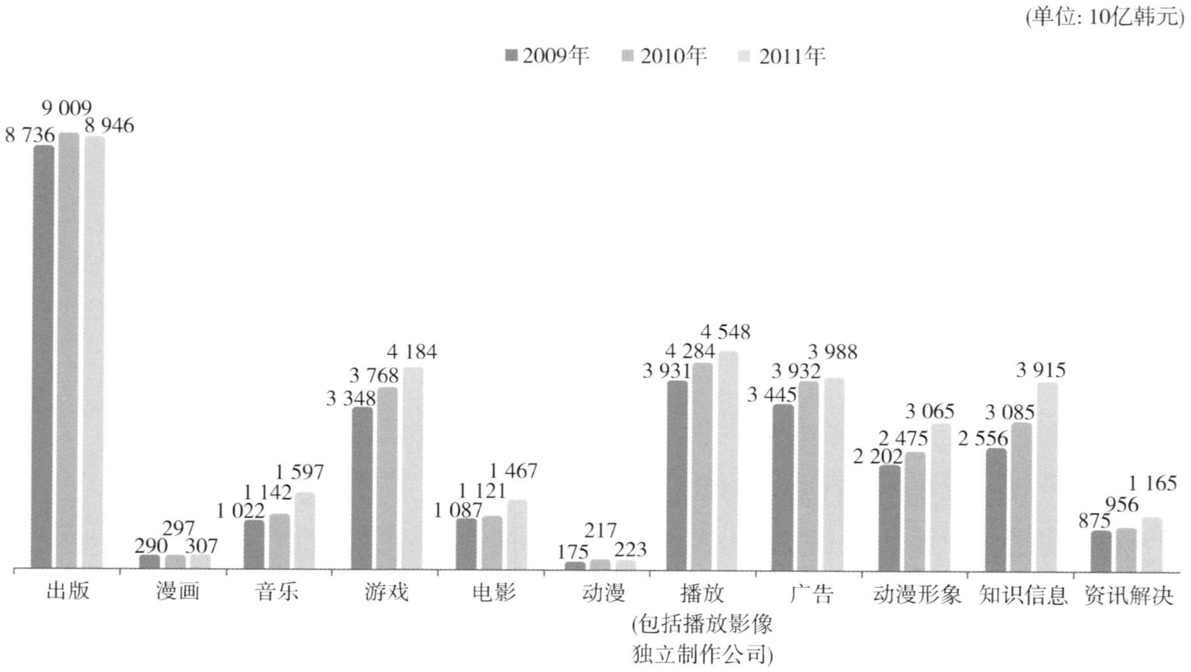


图 3-5-1　资讯产业附加价值额现状

---

① 从 2006 年开始包括儿童、学习漫画的附加价值额。

② 从 2006 年开始包括练歌房运营业、音乐活动、音乐公演业、网络唱片零售业、唱片批发业、网络/移动音乐资讯制作及提供业的(CP)增值额。

③ 与动漫剧场销售额相关的附加价值额除外。

④ 从 2008 年开始，播放产业销售额仅包括播放事业收益，并相应计算附加价值额。2008—2011 年，转播有线播放及 IPTV 附加价值额被排除在外(播放通信委员会的播放产业实态调查报告书中没有相关资料)。

⑤ 2005 年，动漫商品批发零售业的附加价值额被排除在外，但从 2006 年开始包括在内。动漫商品流通业中网络购物、电视购物、便利店、传统市场、网络/移动/游戏资讯(阿凡达等)、与非法复制相关的附加价值额被排除在外。

⑥ 从 2009 年开始将虚拟世界与虚拟现实业包括进来。

⑦ 从 2009 年开始将计算机图形(CG)制作业包括进来。

表 3-5-3　　资讯产业附加价值额占 GDP 的比重

| 分　类 | 2005 年 | 2006 年 | 2007 年 | 2008 年 | 2009 年 | 2010 年 | 2011 年 |
|---|---|---|---|---|---|---|---|
| 资讯产业附加价值额(亿韩元) | 206 507 | 233 767 | 259 529 | 253 943 | 276 730 | 302 927 | 334 105 |
| GDP(亿韩元) | 8 652 409 | 9 087 438 | 9 750 130 | 10 264 518 | 10 650 368 | 11 732 749 | 12 371 282 |
| 资讯产业附加价值额占 GDP 的比重(%) | 2. 39 | 2. 57 | 2. 66 | 2. 47 | 2. 60 | 2. 58 | 2. 70 |

## (三)资讯产业附加价值额的构成现状①

2011 年资讯产业附加价值额的构成中占据最大比例的是人工成本费用，为 15 兆 331 亿韩元(63. 2%)，比上年增加了 13. 4%，从 2009 年至 2011 年，年平均增加了 11. 5%。经常性利益(营业收益加营业外收益)为 3 兆 7333 亿韩元(15. 7%)，位居第二，折旧费为 2 兆3 971亿韩元(10. 1%)，租借费为 1 兆1 722亿韩元(4. 9%)，纯金融费用为7 277亿韩元(3. 1%)，而税费为7 055亿韩元(3. 0%)。

表 3-5-4　　资讯产业附加价值额构成现状(2011 年)　　(单位：百万韩元)

| 附加价值额构成＼行业 | 出版 | 漫画 | 音乐 | 动漫 | 动漫形象 | 播放 | 知识信息 | 资讯解决 | 合计 | 比重(%) |
|---|---|---|---|---|---|---|---|---|---|---|
| 经常性利益 | 1 130 114 | 17 662 | 196 257 | 29 116 | 470 063 | 1 044 414 | 731 452 | 114 267 | 3 733 345 | 15. 7 |
| 人工成本费 | 6 185 891 | 239 774 | 976 652 | 155 380 | 1 911 257 | 2 043 681 | 2 665 825 | 854 667 | 15 033 127 | 63. 2 |
| 纯金融费用 | 307 208 | 9 627 | 70 655 | 7 032 | 192 521 | 46 032 | 35 221 | 59 465 | 727 761 | 3. 1 |
| 租借费 | 627 793 | 11 856 | 213 897 | 21 437 | 276 583 | 991 448 | 172 951 | 81 153 | 2 397 118 | 10. 1 |
| 折旧费 | 472 462 | 19 987 | 105 257 | 5 561 | 125 611 | 165 721 | 241 252 | 36 379 | 1 172 230 | 4. 9 |
| 税费 | 222 625 | 8 652 | 34 945 | 4 583 | 89 251 | 256 931 | 68 553 | 20 054 | 705 594 | 3. 0 |
| 合计 | 8 946 093 | 307 558 | 1 597 663 | 223 109 | 3 065 286 | 4 548 227 | 3 915 254 | 1 165 985 | 23 769 175 | 100. 0 |

2009 年至 2011 年附加价值额年平均增加了 9. 6%，从细化的各年度附加价值额构成比重来看，所有的项目都呈现增加的趋势。经常性利益从 2009 年的 3 兆2 605亿韩元到 2011 年达到了 2 兆7 333亿韩元，年平均增加了 7. 0%；人工成本费比上年增加了 13. 4%，年平均增加了 11. 5%。纯金融费用比上年增加了 4. 1%，年平均增加了 1. 1%。折旧费比上年增加了 7. 9%，年平均增加了 7. 4%，租借费比上年增加了 12. 2%，年平均增加了 6. 4%。税费比上年增加了 10. 7%，年平均增加了 7. 4%。

① 游戏、电影、广告产业的附加价值额除外。

表 3-5-5　　各年度资讯产业附加价值额构成比重　　（单位：百万韩元）

| 年度＼附加价值额构成 | 经常性利益 | 人工成本 | 纯金融费用 | 折旧费 | 租借费 | 税费 | 合计 |
|---|---|---|---|---|---|---|---|
| 2009 年 | 3 260 562 | 12 093 411 | 712 039 | 2 077 798 | 1 035 216 | 612 108 | 19 791 134 |
| 比重(%) | 16. 5 | 61. 1 | 3. 6 | 10. 5 | 5. 2 | 3. 1 | 100. 0 |
| 2010 年 | 3 613 238 | 13 255 000 | 699 189 | 2 220 764 | 1 044 892 | 637 346 | 21 470 429 |
| 比重(%) | 16. 8 | 61. 7 | 3. 3 | 10. 3 | 4. 9 | 3. 0 | 100. 0 |
| 2011 年 | 3 733 345 | 15 033 127 | 727 761 | 2 397 118 | 1 172 230 | 705 594 | 23 769 175 |
| 比重(%) | 15. 7 | 63. 2 | 3. 1 | 10. 1 | 4. 9 | 3. 0 | 100. 0 |
| 同比增减率(%) | 3. 3 | 13. 4 | 4. 1 | 7. 9 | 12. 2 | 10. 7 | 10. 7 |
| 年平均增减率(%) | 7. 0 | 11. 5 | 1. 1 | 7. 4 | 6. 4 | 7. 4 | 9. 6 |

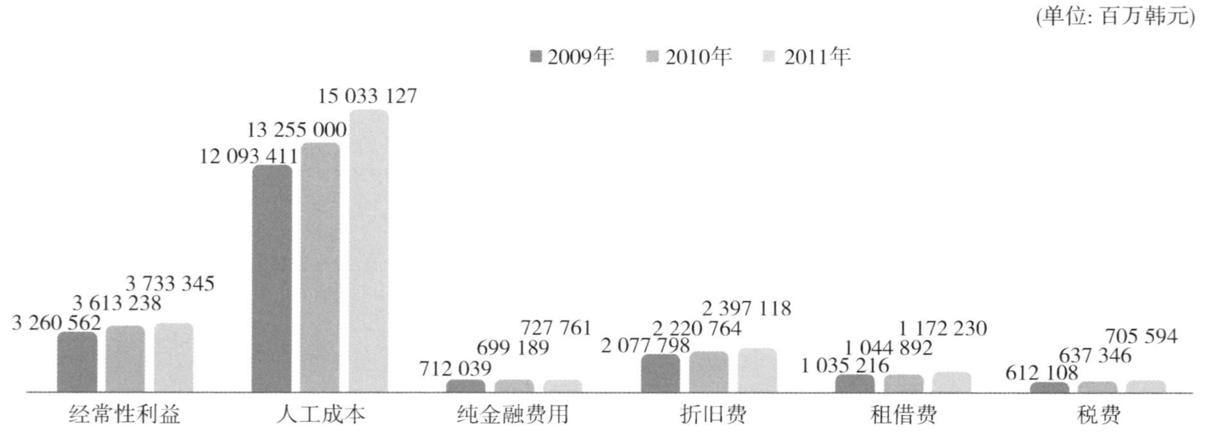


图 3-5-2　各年度资讯产业附加价值额构成比重

# 六、进 出 口 额

统计中的进出口额是未进行估算而直接对所调查资料进行合计的结果，依据行业类别既进行了实态调查也引用了其他机构的资料。11 个行业进出口额的资料来源如下。

## (一)资讯产业各行业类别的进出口额的资料来源

表 3-6-1　　资讯产业各行业类别的进出口额的资料来源

| 行业类别 | 资料来源 |
|---|---|
| 出版 | 关税厅，《各类商品的进出口实绩》 |
| 漫画 | 实态调查 |
| 音乐 | 关税厅，《各类商品的进出口实绩》和实态调查 |
| 游戏 | 实态调查 |

续表

| 行业类别 | 资料来源 |
|---|---|
| 电影 | 电影振兴委员会，《韩国电影行业实态调查》 |
| 动漫 | 实态调查 |
| 播放 | 播放通信委员会，《播放行业实态调查报告书》 |
| 广告 | 韩国播放广告公司《广告行业统计调查》 |
| 动漫形象 | 关税厅，《各类商品的进出口实绩》和实态调查 |
| 知识信息 | 实态调查 |
| 资讯解决 | 实态调查 |

## (二)资讯产业的进出口额现状

从资讯产业进出口额现状来看，出口额为 43 亿 201 万美元，比上年增加了 34.9%，从 2005 年到 2011 年，年平均增加了 22.1%。进口额为 18 亿4 783万美元，比上年增加了 8.9%，年平均增加了 2.2%。资讯产业出口额自 2005 年至 2011 年一直呈现出增加的趋势，接下来资讯产业出口额的规模预计会不断扩大。进口额从 2005 年至 2007 年呈现出持续增加的趋势，但从 2008 年开始减少。

另外，资讯产业出口额中所占比例最大的行业是游戏行业，为 23 亿 7807 万美元(55.3%)，比上年增加了 48.1%，2005 年至 2011 年，年平均增加了 27.1%。音乐行业也因新“韩流热潮”导致偶像团体(女性团体、男性乐队等)、音乐剧等的海外活动日益活跃，出口额比上年增加了 135.5%，年平均增加了 43.7%。

表 3-6-2　　**资讯产业出口额现状**　　(单位：千美元)

| 分类 | 出口额 | | | | | | | | | |
|---|---|---|---|---|---|---|---|---|---|---|
| | 2005 年 | 2006 年 | 2007 年 | 2008 年 | 2009 年 | 2010 年 | 2011 年 | 比重(%) | 同比增减率(%) | 年平均增减率(%) |
| 出版 | 191 346 | 184 867 | 213 100 | 260 010 | 250 764 | 357 881 | 283 439 | 6.6 | ▽20.8 | 6.8 |
| 漫画 | 3 268 | 3 917 | 3 986 | 4 135 | 4 209 | 8 153 | 17 213 | 0.4 | 111.1 | 31.9 |
| 音乐 | 22 278 | 16 666 | 13 885 | 16 468 | 31 269 | 83 262 | 196 113 | 4.6 | 135.5 | 43.7 |
| 游戏 | 564 660 | 671 994 | 781 004 | 1 093 865 | 1 240 856 | 1 606 102 | 2 378 078 | 55.3 | 48.1 | 27.1 |
| 电影 | 75 995 | 24 515 | 24 396 | 21 037 | 14 122 | 13 583 | 15 829 | 0.4 | 16.5 | ▽23.0 |
| 动漫 | 78 429 | 66 834 | 72 770 | 80 583 | 89 651 | 96 827 | 115 941 | 2.7 | 19.7 | 6.7 |
| 播放 | 121 763 | 133 917 | 150 953 | 171 348 | 184 577 | 184 700 | 222 372 | 5.2 | 20.4 | 10.6 |
| 广告 | 9 359 | 75 981 | 93 859 | 14 212 | 93 152 | 75 554 | 102 224 | 2.4 | 35.3 | 49.0 |
| 动漫形象 | 163 666 | 189 451 | 202 889 | 228 250 | 236 521 | 276 328 | 392 266 | 9.1 | 42.0 | 15.7 |
| 知识信息① | 34 764 | 5 016 | 275 111 | 339 949 | 348 906 | 368 174 | 432 256 | 10.0 | 17.4 | 52.2 |
| 资讯解决② | 35 608 | — | 112 678 | 107 746 | 114 675 | 118 510 | 146 281 | 3.4 | 23.4 | 26.6 |
| 合计 | 1 301 136 | 1 373 158 | 1 944 631 | 2 337 603 | 2 608 702 | 3 189 074 | 4 302 012 | 100.0 | 34.9 | 22.1 |

① 从 2009 年开始将虚拟世界与虚拟现实业包括进来。

② 从 2009 年开始将计算机图形(CG)制作业包括进来。

表 3-6-3 **资讯产业进口额现状** （单位：千美元）

| 分类 | 进口额 | | | | | | | | | |
|---|---|---|---|---|---|---|---|---|---|---|
| | 2005 年 | 2006 年 | 2007 年 | 2008 年 | 2009 年 | 2010 年 | 2011 年 | 比重（%） | 同比增减率（%） | 年平均增减率(%) |
| 出版 | 231 741 | 307 184 | 354 404 | 368 536 | 348 336 | 339 819 | 351 604 | 19.0 | 3.5 | 7.2 |
| 漫画 | 900 | 3 965 | 5 901 | 5 937 | 5 492 | 5 281 | 3 968 | 0.2 | ▽24.9 | 28.1 |
| 音乐 | 8 306 | 8 347 | 9 831 | 11 484 | 11 936 | 10 337 | 12 541 | 0.7 | 21.3 | 7.1 |
| 游戏 | 232 923 | 207 556 | 389 549 | 386 920 | 332 250 | 242 532 | 204 986 | 11.1 | ▽15.5 | ▽2.1 |
| 电影 | 46 830 | 45 813 | 67 527 | 78 775 | 73 646 | 53 374 | 46 355 | 2.5 | ▽13.2 | ▽0.2 |
| 动漫 | 5 458 | 5 095 | 8 148 | 6 132 | 7 397 | 6 951 | 6 896 | 0.4 | ▽0.8 | 4.0 |
| 播放 | 43 177 | 72 563 | 64 939 | 149 396 | 183 011 | 110 495 | 233 872 | 12.7 | 111.7 | 32.5 |
| 广告 | 2 292 762 | 2 415 540 | 2 225 807 | 780 696 | 610 277 | 737 167 | 804 124 | 43.5 | 9.1 | ▽16.0 |
| 动漫形象 | 123 434 | 211 909 | 225 257 | 198 679 | 196 367 | 190 456 | 182 555 | 9.9 | ▽4.1 | 6.7 |
| 知识信息① | 360 | 316 | 398 | 415 | 454 | 470 | 496 | 0.0 | 5.5 | 5.5 |
| 资讯解决② | — | — | — | — | 405 | 371 | 433 | 0.0 | 16.7 | 3.4 |
| 合计 | 2 985 891 | 3 278 288 | 3 351 761 | 1 986 970 | 1 769 571 | 1 697 253 | 1 847 830 | 100.0 | 8.9 | 2.2 |

表 3-6-4 **资讯产业中除广告行业外的进出口差额(2011 年)** （单位：千美元）

| 分类 | 出版 | 漫画 | 音乐 | 游戏 | 电影 | 动漫 | 播放 | 动漫形象 | 知识信息 | 资讯解决 | 合计 |
|---|---|---|---|---|---|---|---|---|---|---|---|
| 出口 | 283 439 | 17 213 | 196 113 | 2 378 078 | 15 829 | 115 941 | 222 372 | 392 266 | 432 256 | 146 281 | 4 199 788 |
| 进口 | 351 604 | 3 968 | 12 541 | 204 986 | 46 355 | 6 896 | 233 872 | 182 555 | 496 | 433 | 1 043 706 |
| 出口与进口的差额 | ▽68 165 | 13 245 | 183 572 | 2 173 092 | ▽30526 | 109 045 | ▽11 500 | 209 711 | 431 760 | 145 848 | 3 156 082 |

表 3-6-5 **资讯产业中包括广告行业在内的进出口差额(2011 年)** （单位：千美元）

| 分类 | 出版 | 漫画 | 音乐 | 游戏 | 电影 | 动漫 | 播放 | 广告 | 动漫形象 | 知识信息 | 资讯解决 | 合计 |
|---|---|---|---|---|---|---|---|---|---|---|---|---|
| 出口 | 283 439 | 17 213 | 196 113 | 2 378 078 | 15 829 | 115 941 | 222 372 | 102 224 | 392 266 | 432 256 | 146 281 | 4 302 012 |
| 进口 | 351 604 | 3 968 | 12 541 | 204 986 | 46 355 | 6 896 | 233 872 | 804 124 | 182 555 | 496 | 433 | 1 847 830 |
| 出口与进口的差额 | ▽68 165 | 13 245 | 183 572 | 2 173 092 | ▽30 526 | 109 045 | ▽11 500 | ▽701 900 | 209 711 | 431 760 | 145 848 | 2 454 182 |

① 从 2009 年开始将虚拟世界与虚拟现实业包括进来。
② 从 2009 年开始将计算机图形(CG)制作业包括进来。

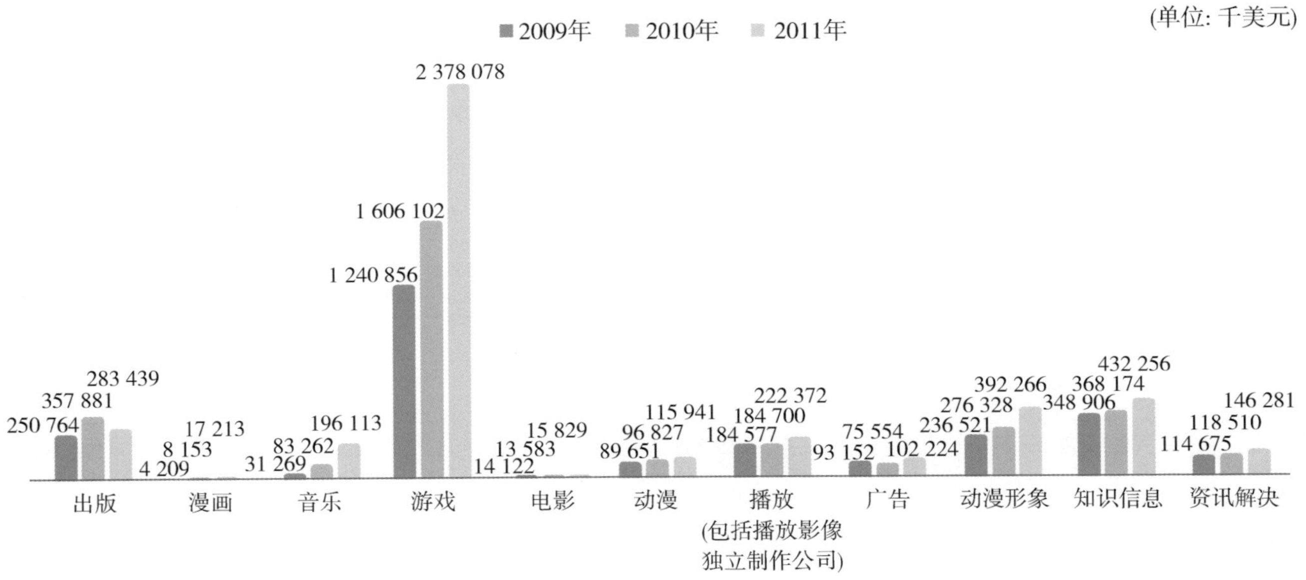


图 3-6-1　各年度资讯产业出口额现状

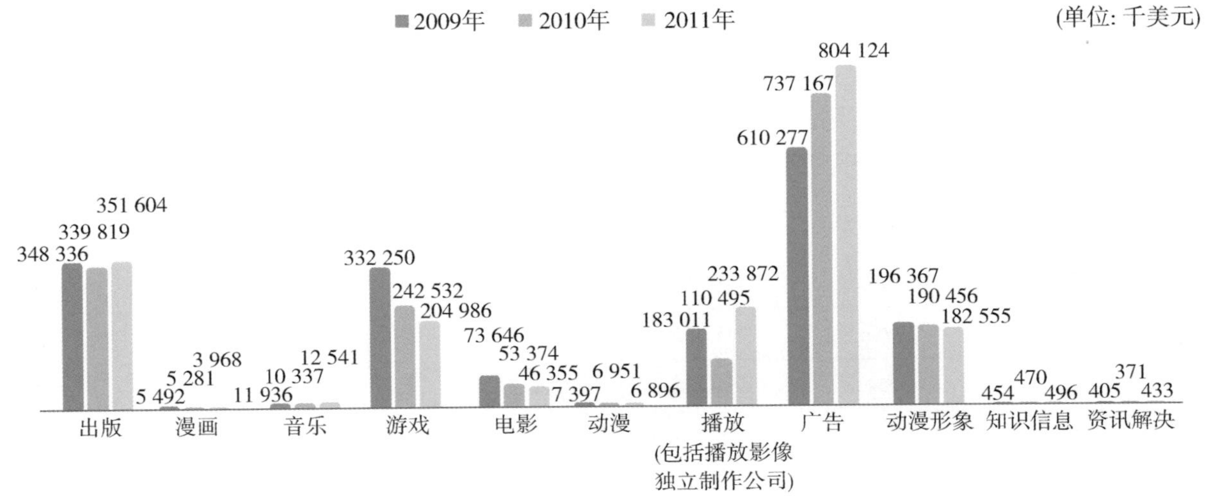


图 3-6-2　各年度资讯产业进口额现状

### 1. 资讯产业各地区的出口额现状①

从 2011 年资讯产业各地区的出口额现状来看，日本为 12 亿4 798万美元(30.1%)，所占比例最大；中国为 11 亿1 890万美元(27.0%)；东南亚为 7 亿9 663万美元(19.2%)；北美为 4 亿6 828万美元(11.3%)；欧洲为 3 亿2 512万美元(7.8%)；其他地区为 1 亿8 941万美元(4.6%)。

从增减率来看，中国比上年增加了 49.3%，2009 年至 2011 年，年平均增加了 38.8%。日本比上年增加了 55.2%，年平均增加了 37.1%。东南亚自 2009 年到 2011 年一直呈现出增长的趋势，比上年增加了 18.5%，年平均增加了 31.8%。北美比上年增加了 15.7%，年平均增加了 9.8%。欧洲比上年增加了 21.3%，年平均增加了 22.2%，其他地区比上年增加了 20.2%，年平均增加了 22.4%。

① 播放(海外侨胞播放援助、音像/DVD 销售、时间模块/格式化销售及播放影视独立制作公司)、广告行业出口额除外。

表 3-6-6　　**资讯产业各地区的出口额现状(2011 年)**　　(单位：千美元)

| 分类 | 中国(包括香港地区) | 日本 | 东南亚 | 北美 | 欧洲 | 其他 | 合计 |
|---|---|---|---|---|---|---|---|
| 出版 | 33 693 | 62 790 | 29 810 | 90 127 | 21 557 | 45 462 | 283 439 |
| 漫画 | 662 | 6 639 | 2 643 | 1 766 | 5 457 | 46 | 17 213 |
| 音乐 | 6 836 | 157 938 | 25 691 | 587 | 4 632 | 429 | 196 113 |
| 游戏 | 907 296 | 652 556 | 428 277 | 181 255 | 152 369 | 56 325 | 2 378 078 |
| 电影 | 1 628 | 3 663 | 1 646 | 1 673 | 3 522 | 3 697 | 15 829 |
| 动漫 | 1 659 | 21 688 | 1 183 | 59 397 | 28 556 | 3 458 | 115 941 |
| 播放 | 21 268. 8 | 102 058. 2 | 38 432. 3 | 3 562. 6 | 1 479. 7 | 2 139. 1 | 168 940. 7 |
| 动漫形象 | 89 257 | 20 256 | 45 255 | 102 565 | 82 358 | 52 575 | 392 266 |
| 知识信息 | 36 287 | 176 925 | 198 372 | 8 802 | 3 528 | 8 342 | 432 256 |
| 资讯解决 | 20 322 | 43 469 | 25 323 | 18 553 | 21 668 | 16 946 | 146 281 |
| 合计 | 1 118 908. 8 | 1 247 982. 2 | 796 632. 3 | 468 287. 6 | 325 126. 7 | 189 419. 1 | 4 146 356. 7 |
| 比重(%) | 27. 0 | 30. 1 | 19. 2 | 11. 3 | 7. 8 | 4. 6 | 100. 0 |

表 3-6-7　　**资讯产业各地区各年度的出口额现状**　　(单位：千美元)

| 分类 | 出　口　额 | | | | | |
|---|---|---|---|---|---|---|
| | 2009 年 | 2010 年 | 2011 年 | 比重(%) | 同比增减率(%) | 年平均增减率(%) |
| 中国 | 581 049. 0 | 749 534. 8 | 1 118 908. 8 | 27. 0 | 49. 3 | 38. 8 |
| 日本 | 664 038. 0 | 803 897. 8 | 1 247 982. 2 | 30. 1 | 55. 2 | 37. 1 |
| 东南亚 | 458 617. 0 | 672 163. 8 | 796 632. 3 | 19. 2 | 18. 5 | 31. 8 |
| 北美洲 | 388 210. 0 | 404 754. 8 | 468 287. 6 | 11. 3 | 15. 7 | 9. 8 |
| 欧洲 | 217 611. 1 | 267 930. 6 | 325 126. 7 | 7. 8 | 21. 3 | 22. 2 |
| 其他 | 126 408. 3 | 157 613. 1 | 189 419. 1 | 4. 6 | 20. 2 | 22. 4 |
| 合计 | 2 435 933. 4 | 3 055 894. 9 | 4 146 356. 7 | 100. 0 | 35. 7 | 30. 5 |

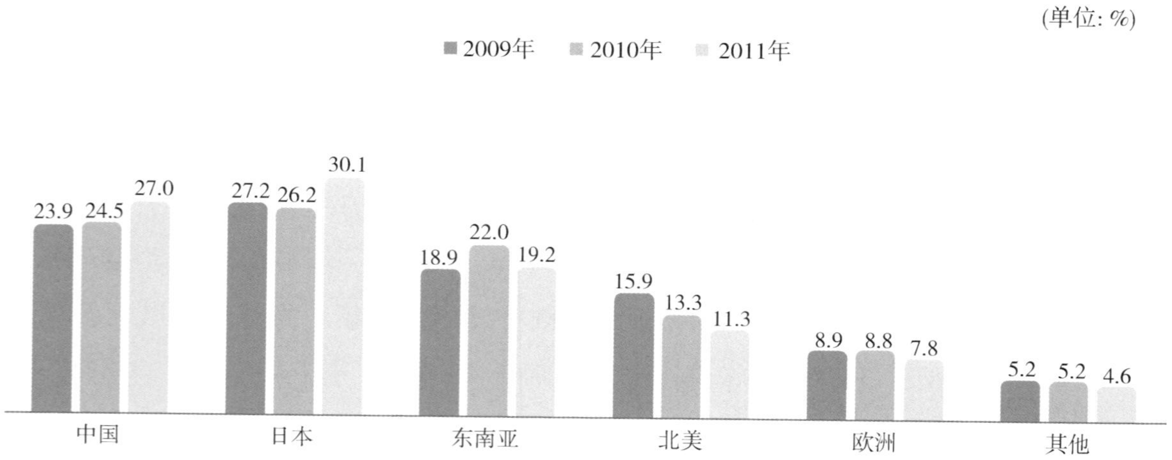


图 3-6-3　资讯产业各地区各年度的出口额所占比重

### 2. 资讯产业各地区的进口额现状

从资讯产业各地区的进口额现状来看，北美所占比重最大，为 3 亿 643 万美元(32.7%)，其次是日本，为 2 亿5 825万美元(27.5%)，中国(包括香港)为 1 亿7 817万美元(19.0%)，欧洲为 1 亿 115 万美元(10.8%)，东南亚为6 160万美元(6.6%)，其他地区为3 213万美元(3.4%)。

从增减率来看，中国比上年增加了 31.0%，2009 年至 2011 年，年平均增加了 16.1%；日本比上年增加了 133.9%，年平均增加了 55.8%；东南亚比上年减少了 4.9%，年平均减少了 1.4%；北美比上年增加了 11.0%，年平均减少了 4.4%；欧洲比上年增加了 17.1%，年平均增加了 3.9%；其他地区比上年减少了 9.7%，年平均减少了 4.9%。

表 3-6-8　　**资讯产业各地区的进口额现状(2011 年)**①　　(单位：千美元)

| 分类 | 中国(包括香港) | 日本 | 东南亚 | 北美 | 欧洲 | 其他 | 合计 |
|---|---|---|---|---|---|---|---|
| 出版 | 59 055 | 56 921 | 24 732 | 125 311 | 81 877 | 3 708 | 351 604 |
| 漫画 | 66 | 3 623 | — | 211 | 68 | — | 3 968 |
| 音乐 | 99 | 2 427 | 58 | 2 246 | 7 213 | 498 | 12 541 |
| 游戏 | 30 625 | 163 582 | — | 10 522 | 134 | 123 | 204 986 |
| 电影 | 1 007 | 1 407 | 70 | 36 302 | 3 044 | 4 525 | 46 355 |
| 动漫 | 11 | 6 852 | — | 33 | — | — | 6 896 |
| 播放 | 1 052.4 | 6 975.1 | 48.9 | 112 789.2 | 4 833.4 | 2 217.5 | 127 916.5 |
| 动漫形象 | 86 257 | 16 436 | 36 693 | 18 265 | 3 926 | 20 978 | 182 555 |
| 知识信息 | — | 29 | — | 321 | 59 | 87 | 496 |
| 资讯解决 | — | — | — | 433 | — | — | 433 |
| 合计 | 178 172.4 | 258 252.1 | 61 601.9 | 306 433.2 | 101 154.4 | 32 136.5 | 937 750.5 |
| 比重(%) | 19.0 | 27.5 | 6.6 | 32.7 | 10.8 | 3.4 | 100.0 |

表 3-6-9　　**资讯产业各地区各年度的进口额现状**②　　(单位：千美元)

| 分类 | 进口额 | | | | | |
|---|---|---|---|---|---|---|
| | 2009 年 | 2010 年 | 2011 年 | 比重(%) | 同比增减率(%) | 年平均增减率(%) |
| 中国 | 132 210.6 | 136 000.5 | 178 172.4 | 19.0 | 31.0 | 16.1 |
| 日本 | 106 373.0 | 110 415.5 | 258 252.1 | 27.5 | 133.9 | 55.8 |
| 东南亚 | 63 311.0 | 64 766.6 | 61 601.9 | 6.6 | ▽4.9 | ▽1.4 |
| 北美 | 334 987.6 | 275 943.8 | 306 433.2 | 32.7 | 11.0 | ▽4.4 |
| 欧洲 | 93 716.8 | 86 397.6 | 101 154.4 | 10.8 | 17.1 | 3.9 |
| 其他 | 35 554.0 | 35 571.2 | 32 136.5 | 3.4 | ▽9.7 | ▽4.9 |
| 合计 | 765 153.0 | 709 095.2 | 937 750.5 | 100.0 | 32.2 | 10.7 |

① 播放(时间模块/格式化销售、播放影视独立制作公司)、广告行业进口额除外。

② 游戏(2009 年、2010 年)，播放(时间模块/格式化销售、播放影视独立制作公司)、广告行业进口额除外。

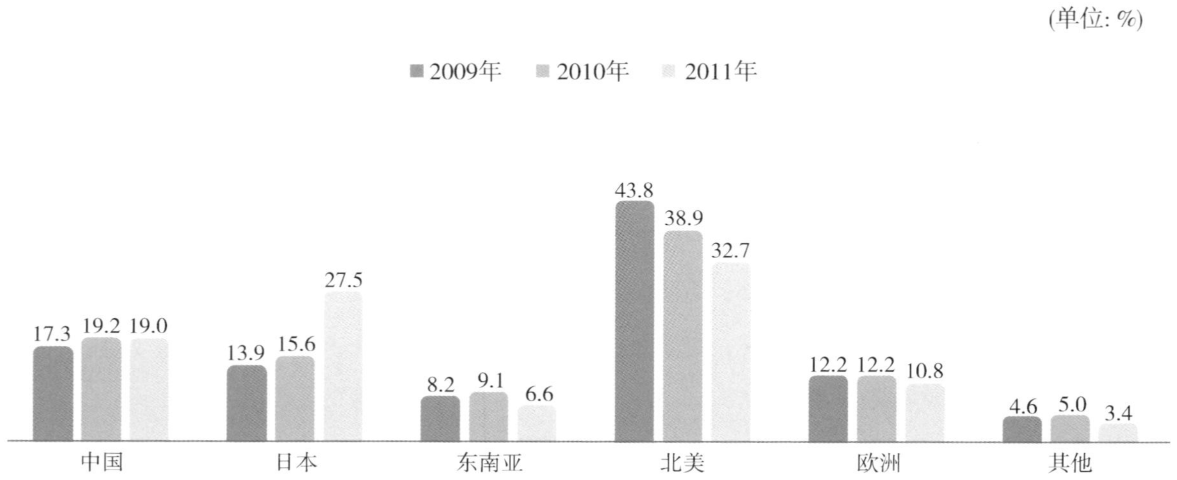


图 3-6-4　资讯产业各地区各年度的出口额所占比重

### 3. 资讯产业海外出口方法

据资讯产业海外出口方法调查数据显示，接触海外流通公司的最多(26.9%)。利用国内经纪公司和参与海外展示会的比例均为 21.4%，利用海外经纪公司的比例是 19.4%，利用海外法人的比例是 6.7%，在线海外销售的比例是 2.9%，利用其他方法的比例 1.3%。

从年度趋势来看，参与海外展示会及活动(2005 年 12.1%，2006 年 15.2%，2007 年 14.7%，2008 年 18.0%，2009 年 20.0%，2010 年 19.6%，2011 年 21.4%)这一方式自 2005 年起呈现出持续增长的趋势，接触海外流通公司的从 2005 年到 2006 年有所增加，但从 2007 年开始呈现出递减趋势，2011 年起又有有小幅增长(2005 年 23.1%，2006 年 27.0%，2007 年 26.7%，2008 年 25.5%，2009 年 24.3%，2010 年 26.4%，2011 年 26.9%)。而且，利用韩国国内经纪公司的比例从 2005 年到 2006 年有所减少，但从 2007 年开始却增加到与 2008 年相似的水平，从 2009 年起又呈现减少的趋势(2005 年 25.3%，2006 年 22.0%，2007 年 25.2%，2008 年 25.6%，2009 年 23.0%，2010 年 21.7%，2011 年 21.4%)。

表 3-6-10　　资讯产业海外出口方法

| 海外出口方法 | | 2005 年 | 2006 年 | 2007 年 | 2008 年 | 2009 年 | 2010 年 | 2011 年 | 同比增减率(%) |
|---|---|---|---|---|---|---|---|---|---|
| 直接出口 | 参与海外展示会及活动 | 12.1 | 15.2 | 14.7 | 18.0 | 20.0 | 19.6 | 21.4 | 1.8 |
| | 接触海外流通公司 | 23.1 | 27.0 | 26.7 | 25.5 | 24.3 | 26.4 | 26.9 | 0.5 |
| | 在线海外销售 | 1.1 | 1.1 | 2.6 | 2.8 | 2.7 | 3.1 | 2.9 | ▽0.2 |
| | 利用海外法人 | 8.6 | 9.4 | 8.6 | 8.0 | 7.1 | 6.6 | 6.7 | 0.1 |
| 间接出口 | 利用国内代理人 | 25.3 | 22.0 | 25.2 | 25.6 | 23.0 | 21.7 | 21.4 | ▽0.3 |
| | 利用海外代理人 | 20.1 | 13.0 | 16.0 | 16.0 | 19.9 | 20.1 | 19.4 | ▽0.7 |
| 其他 | | 9.7 | 12.3 | 6.2 | 4.1 | 3.0 | 2.5 | 1.3 | ▽1.2 |
| 合计 | | 100.0 | 100.0 | 100.0 | 100.0 | 100.0 | 100.0 | 100.0 | — |

从资讯产业各年度海外出口方法的统计来看，2005 年至 2011 年参与海外展示会及活动的比重持续增加的行业是漫画行业和动漫形象行业。2005 年至 2011 年接触海外流通公司的比重持续减少的行业是出版行业和动漫行业。同时，间接出口中利用国内经纪公司出口的行业中，出版行业自 2005 年到 2011 年呈现出持续增加的趋势，动漫行业自 2005 年至 2011 年呈现出持续减少的趋势。

表 3-6-11　**资讯产业各年度各行业的海外出口方法**　（单位：个,%）

| 分类 | 年度 | 企业数量 | 直接出口 | | | | 间接出口 | | 其他 | 合计 |
|---|---|---|---|---|---|---|---|---|---|---|
| | | | 参与海外展示会及活动 | 接触海外流通公司 | 在线海外销售 | 利用海外法人 | 利用国内代理人 | 利用海外代理人 | | |
| 出版 | 2005 年 | 85 | 1. 6 | 21. 2 | 3. 1 | 16. 3 | 24. 1 | 9. 2 | 24. 5 | 100. 0 |
| | 2006 年 | 86 | 6. 5 | 14. 3 | 2. 1 | 14. 3 | 27. 3 | 12. 5 | 23. 0 | 100. 0 |
| | 2007 年 | 86 | 3. 7 | 12. 8 | 2. 2 | 12. 6 | 39. 2 | 11. 2 | 18. 3 | 100. 0 |
| | 2008 年 | 88 | 8. 8 | 11. 6 | 2. 1 | 11. 5 | 41. 3 | 11. 3 | 13. 4 | 100. 0 |
| | 2009 年 | 89 | 8. 2 | 11. 1 | 2. 5 | 11. 4 | 43. 5 | 11. 7 | 11. 6 | 100. 0 |
| | 2010 年 | 91 | 8. 5 | 10. 9 | 2. 6 | 11. 2 | 45. 3 | 10. 3 | 11. 2 | 100. 0 |
| | 2011 年 | 87 | 11. 5 | 10. 4 | 2. 3 | 11. 5 | 47. 1 | 10. 3 | 6. 9 | 100. 0 |
| 漫画 | 2005 年 | 38 | 16. 7 | 12. 5 | — | 1. 2 | 55. 5 | 14. 1 | — | 100. 0 |
| | 2006 年 | 36 | 21. 5 | 7. 1 | — | — | 51. 4 | 5. 7 | 14. 3 | 100. 0 |
| | 2007 年 | 37 | 31. 1 | 5. 5 | — | — | 53. 2 | 8. 8 | 1. 4 | 100. 0 |
| | 2008 年 | 39 | 36. 3 | 3. 2 | — | — | 55. 6 | 4. 1 | 0. 8 | 100. 0 |
| | 2009 年 | 37 | 39. 6 | 2. 3 | — | — | 55. 9 | 2. 2 | — | 100. 0 |
| | 2010 年 | 38 | 41. 2 | 2. 1 | — | — | 54. 6 | 2. 1 | — | 100. 0 |
| | 2011 年 | 38 | 47. 4 | 2. 6 | — | — | 47. 4 | 2. 6 | — | 100. 0 |
| 音乐 | 2005 年 | 36 | 1. 2 | 14. 3 | 1. 5 | 4. 5 | 28. 9 | 36. 1 | 13. 5 | 100. 0 |
| | 2006 年 | 48 | 22. 7 | 71. 8 | 0. 9 | 1. 0 | — | 3. 6 | — | 100. 0 |
| | 2007 年 | 39 | 1. 5 | 75. 7 | 7. 9 | 1. 6 | 2. 3 | 11. 0 | — | 100. 0 |
| | 2008 年 | 42 | 3. 2 | 66. 5 | 8. 1 | 2. 8 | 3. 6 | 15. 8 | — | 100. 0 |
| | 2009 年 | 45 | 3. 4 | 62. 1 | 9. 6 | 4. 5 | 4. 1 | 16. 3 | — | 100. 0 |
| | 2010 年 | 67 | 3. 7 | 60. 8 | 10. 2 | 4. 1 | 4. 3 | 16. 9 | — | 100. 0 |
| | 2011 年 | 73 | 2. 7 | 63. 0 | 8. 2 | 5. 5 | 6. 9 | 13. 7 | — | 100. 0 |
| 动漫 | 2005 年 | 36 | 16. 5 | 28. 5 | — | 10. 9 | 22. 7 | 17. 1 | 4. 3 | 100. 0 |
| | 2006 年 | 37 | 11. 5 | 23. 1 | — | 16. 8 | 17. 1 | 16. 2 | 15. 3 | 100. 0 |
| | 2007 年 | 43 | 22. 3 | 21. 9 | — | 11. 3 | 7. 3 | 36. 8 | 0. 4 | 100. 0 |
| | 2008 年 | 45 | 26. 4 | 19. 5 | — | 9. 8 | 6. 7 | 37. 6 | — | 100. 0 |
| | 2009 年 | 43 | 27. 2 | 18. 7 | — | 8. 2 | 6. 3 | 39. 6 | — | 100. 0 |
| | 2010 年 | 47 | 29. 3 | 17. 9 | — | 8. 1 | 6. 2 | 38. 5 | — | 100. 0 |
| | 2011 年 | 49 | 30. 6 | 16. 3 | — | 8. 2 | 6. 1 | 38. 8 | — | 100. 0 |

续表

| 分类 | 年度 | 企业数量 | 直接出口 | | | | 间接出口 | | 其他 | 合计 |
|---|---|---|---|---|---|---|---|---|---|---|
| | | | 参与海外展示会 | 接触海外流通公司 | 在线海外销售 | 利用海外法人 | 利用国内代理人 | 利用海外代理人 | | |
| 动漫形象 | 2005年 | 48 | 22.2 | 28.5 | — | 12.6 | 19.9 | 16.8 | — | 100.0 |
| | 2006年 | 52 | 23.1 | 27.2 | 1.3 | 11.7 | 19.3 | 15.1 | 2.3 | 100.0 |
| | 2007年 | 59 | 25.2 | 31.5 | 3.8 | 12.1 | 19.1 | 8.1 | 0.2 | 100.0 |
| | 2008年 | 66 | 25.9 | 32.1 | 3.9 | 11.3 | 19.3 | 7.3 | 0.2 | 100.0 |
| | 2009年 | 72 | 26.3 | 33.2 | 3.8 | 11.5 | 19.8 | 5.4 | — | 100.0 |
| | 2010年 | 75 | 26.6 | 34.1 | 3.6 | 11.1 | 19.3 | 5.3 | — | 100.0 |
| | 2011年 | 89 | 30.3 | 32.6 | 3.4 | 10.1 | 18.0 | 5.6 | — | 100.0 |
| 知识信息 | 2009年 | 69 | 27.3 | 19.7 | 0.9 | 3.2 | 8.6 | 39.4 | 0.9 | 100.0 |
| | 2010年 | 69 | 27.2 | 20.1 | 1.2 | 3.8 | 8.2 | 39.2 | 0.3 | 100.0 |
| | 2011年 | 71 | 25.4 | 18.3 | 2.8 | 4.2 | 11.3 | 38.0 | — | 100.0 |
| 资讯解决 | 2009年 | 23 | 13.2 | 34.1 | 0.5 | 1.0 | 12.2 | 37.2 | 1.8 | 100.0 |
| | 2010年 | 42 | 13.6 | 34.2 | 0.6 | 1.2 | 12.7 | 36.3 | 1.4 | 100.0 |
| | 2011年 | 42 | 14.3 | 35.7 | — | — | 11.9 | 38.1 | — | 100.0 |

4. 资讯产业的海外进军方式

从资讯产业的海外进军方式来看，许可出口所占比例最大(46.1%)，其次为成品出口(40.8%)，OEM出口占11.1%，技术服务占2.0%。许可出口从2006年至2011年呈现出持续增加的趋势，比上年增加了0.9%。成品出口自2005年持续增长，到2009年开始减少，再从2011年开始增加。

表3-6-12　　**资讯产业海外进军方式**　　(单位:%)

| 海外进军方式 \ 年度 | 2005年 | 2006年 | 2007年 | 2008年 | 2009年 | 2010年 | 2011年 | 同比增减率(%) |
|---|---|---|---|---|---|---|---|---|
| 成品出口 | 34.6 | 42.2 | 44.7 | 45.9 | 37.2 | 39.9 | 40.8 | 0.9 |
| 许可出口 | 29.8 | 26.7 | 27.7 | 31.5 | 44.4 | 45.2 | 46.1 | 0.9 |
| OEM出口 | 25.7 | 24.1 | 21.9 | 19.7 | 15.3 | 12.7 | 11.1 | ▽1.6 |
| 技术服务 | 8.5 | 6.4 | 4.4 | 2.8 | 2.5 | 1.9 | 2.0 | 0.1 |
| 其他 | 1.4 | 0.6 | 1.3 | 0.1 | 0.6 | 0.3 | — | ▽0.3 |
| 合计 | 100.0 | 100.0 | 100.0 | 100.0 | 100.0 | 100.0 | 100.0 | — |

表 3-6-13　　**资讯产业各年度各行业的海外进军方式**

| 分类 | 年度 | 企业数量 | 成品出口 | 许可出口 | OEM 出口 | 技术服务 | 其他 | 合计 |
|---|---|---|---|---|---|---|---|---|
| 出版 | 2005 年 | 85 | 58. 3 | 18. 6 | 22. 3 | — | 0. 8 | 100. 0 |
| | 2006 年 | 86 | 59. 6 | 18. 9 | 21. 5 | — | — | 100. 0 |
| | 2007 年 | 86 | 58. 7 | 20. 3 | 20. 1 | — | 0. 9 | 100. 0 |
| | 2008 年 | 88 | 59. 2 | 23. 5 | 17. 3 | — | — | 100. 0 |
| | 2009 年 | 89 | 55. 3 | 27. 8 | 16. 9 | — | — | 100. 0 |
| | 2010 年 | 91 | 52. 8 | 29. 6 | 17. 6 | — | — | 100. 0 |
| | 2011 年 | 87 | 52. 9 | 32. 2 | 14. 9 | — | — | 100. 0 |
| 漫画 | 2005 年 | 38 | 26. 3 | 63. 2 | 7. 9 | — | 2. 6 | 100. 0 |
| | 2006 年 | 36 | 41. 2 | 49. 4 | — | 9. 4 | — | 100. 0 |
| | 2007 年 | 37 | 52. 1 | 41. 3 | — | 3. 6 | 3. 0 | 100. 0 |
| | 2008 年 | 39 | 49. 3 | 50. 1 | — | — | 0. 6 | 100. 0 |
| | 2009 年 | 37 | 31. 7 | 66. 9 | — | — | 1. 4 | 100. 0 |
| | 2010 年 | 38 | 26. 3 | 73. 7 | — | — | — | 100. 0 |
| | 2011 年 | 38 | 21. 1 | 78. 9 | — | — | — | 100. 0 |
| 音乐 | 2005 年 | 36 | 52. 8 | 25. 0 | 11. 1 | 8. 3 | 2. 8 | 100. 0 |
| | 2006 年 | 48 | 56. 8 | 23. 2 | 10. 9 | 5. 6 | 3. 5 | 100. 0 |
| | 2007 年 | 39 | 53. 2 | 36. 7 | 4. 2 | 2. 3 | 3. 6 | 100. 0 |
| | 2008 年 | 42 | 61. 8 | 37. 5 | 0. 2 | — | 0. 5 | 100. 0 |
| | 2009 年 | 45 | 62. 7 | 37. 3 | — | — | — | 100. 0 |
| | 2010 年 | 67 | 68. 6 | 31. 4 | — | — | — | 100. 0 |
| | 2011 年 | 73 | 69. 9 | 30. 1 | — | — | — | 100. 0 |
| 动漫 | 2005 年 | 36 | | 25. 8 | 71. 7 | — | 2. 5 | 100. 0 |
| | 2006 年 | 37 | 11. 1 | 24. 0 | 59. 9 | 5. 0 | — | 100. 0 |
| | 2007 年 | 43 | 26. 7 | 20. 3 | 49. 3 | 3. 6 | 0. 1 | 100. 0 |
| | 2008 年 | 45 | 27. 2 | 25. 9 | 45. 6 | 1. 2 | 0. 1 | 100. 0 |
| | 2009 年 | 43 | — | 54. 2 | 44. 8 | 1. 0 | — | 100. 0 |
| | 2010 年 | 47 | — | 63. 8 | 36. 2 | — | — | 100. 0 |
| | 2011 年 | 49 | — | 65. 3 | 34. 7 | — | — | 100. 0 |
| 动漫形象 | 2005 年 | 48 | 31. 8 | 28. 7 | 37. 2 | 2. 3 | — | 100. 0 |
| | 2006 年 | 52 | 36. 7 | 24. 6 | 36. 8 | 1. 9 | — | 100. 0 |
| | 2007 年 | 59 | 39. 2 | 25. 9 | 33. 1 | 1. 8 | — | 100. 0 |
| | 2008 年 | 66 | 39. 3 | 28. 1 | 31. 9 | 0. 7 | — | 100. 0 |
| | 2009 年 | 72 | 39. 9 | 32. 1 | 27. 8 | 0. 2 | — | 100. 0 |
| | 2010 年 | 75 | 41. 3 | 33. 6 | 25. 1 | — | — | 100. 0 |
| | 2011 年 | 89 | 44. 9 | 36. 0 | 19. 1 | — | — | 100. 0 |
| 知识信息 | 2009 年 | 69 | 9. 2 | 73. 5 | 4. 9 | 10. 6 | 1. 8 | 100. 0 |
| | 2010 年 | 69 | 9. 6 | 73. 8 | 4. 1 | 10. 8 | 1. 7 | 100. 0 |
| | 2011 年 | 71 | 8. 4 | 77. 5 | 4. 2 | 9. 9 | — | 100. 0 |
| 资讯解决 | 2009 年 | 23 | 73. 8 | 21. 3 | — | 3. 4 | 1. 5 | 100. 0 |
| | 2010 年 | 42 | 75. 1 | 20. 1 | — | 3. 8 | 1. 0 | 100. 0 |
| | 2011 年 | 42 | 76. 2 | 19. 0 | — | 4. 8 | — | 100. 0 |

# 七、从业人数

2011 年资讯产业从业者为604 730人，比上年增加了 1.5%，2005 年至 2011 年，年平均增加了0.8%。出版行业从业者所占比例最大，为198 691人(32.9%)；其次是游戏行业，为95 015人(15.7%)；音乐行业从业者为78 181人(12.9%)；知识信息行业从业者为69 026人(11.4%)；播放行业从业者为38 366人(6.3%)；广告行业从业者34 647人(5.7%)；电影行业从业者为29 569人(4.9%)；动漫形象行业从业者为26 418人(4.4%)；资讯解决行业从业者为19 813人(3.3%)；漫画行业从业者为10 358人(1.7%)；动漫行业从业者为4 646人(0.8%)。

从增减率来看，出版行业从业者比上年减少了2.2%，年平均也减少了1.3%；漫画行业从业者比上年减少了3.9%，年平均增加了2.3%；音乐行业从业者比上年增加了2.0%，年平均增加了3.0%；游戏行业从业者与上年一致，年平均减少了6.4%；电影行业从业者比上年减少了3.2%，年平均增加了0.3%；动漫行业从业者比上年增加了6.8%，年平均增加了4.4%；播放行业从业者比上年增加了10.9%，年平均增加了4.4%；广告行业从业者比上年增加了0.6%，年平均增加了2.6%；动漫形象行业从业者比上年增加了5.2%，年平均增加了20.1%；知识信息行业从业者比上年增加了11.7%，年平均增加了14.1%；资讯解决行业从业者比上年增加了1.4%，年平均增加了8.1%。

表 3-7-1　　资讯产业从业者现状　　(单位：名)

| 分类 | 2005 年 | 2006 年 | 2007 年 | 2008 年 | 2009 年 | 2010 年 | 2011 年 | 比重(%) | 同比增减率(%) | 年平均增减率(%) |
|---|---|---|---|---|---|---|---|---|---|---|
| 出版 | 214 904 | 218 377 | 225 347 | 210 084 | 206 926 | 203 226 | 198 691 | 32.9 | ▽2.2 | ▽1.3 |
| 漫画 | 9 048 | 12 818 | 11 772 | 11 093 | 10 748 | 10 779 | 10 358 | 1.7 | ▽3.9 | 2.3 |
| 音乐 | 65 346 | 65 431 | 75 027 | 66 475 | 76 539 | 76 654 | 78 181 | 12.9 | 2.0 | 3.0 |
| 游戏 | 141 263 | 105 773 | 92 572 | 95 292 | 92 533 | 94 973 | 95 015 | 15.7 | 0.0 | ▽6.4 |
| 电影 | 29 078 | 25 769 | 23 935 | 19 908 | 28 041 | 30 561 | 29 569 | 4.9 | ▽3.2 | 0.3 |
| 动漫 | 3 580 | 3 412 | 3 847 | 3 924 | 4 170 | 4 349 | 4 646 | 0.8 | 6.8 | 4.4 |
| 播放 | 29 634 | 29 308 | 28 913 | 34 393 | 34 714 | 34 584 | 38 366 | 6.3 | 10.9 | 4.4 |
| 广告 | 29 625 | 27 487 | 29 416 | 30 700 | 33 509 | 34 438 | 34 647 | 5.7 | 0.6 | 2.6 |
| 动漫形象① | 8 825 | 19 889 | 21 846 | 21 092 | 23 406 | 25 102 | 26 418 | 4.4 | 5.2 | 20.1 |
| 知识信息② | 31 327 | 34 779 | 38 192 | 41 279 | 55 126 | 61 792 | 69 026 | 11.4 | 11.7 | 14.1 |
| 资讯解决③ | 12 430 | 13 450 | 13 414 | 14 679 | 17 089 | 19 540 | 19 813 | 3.3 | 1.4 | 8.1 |
| 合计 | 575 060 | 556 493 | 564 281 | 548 919 | 582 801 | 595 998 | 604 730 | 100.0 | 1.5 | 0.8 |

① 动漫商品流通业从业人员中不包括与网络购物中心、电视购物、便利店、传统市场、网络/移动/游戏资讯(阿凡达等)相关的从业人员。

② 从2009年开始将虚拟世界与虚拟现实业包括进来。

③ 从2009年开始将计算机图形(CG)制作业包括进来。

### 1. 资讯产业各行业各销售额规模的企业从业人数现状①

2011 年资讯产业销售额规模在 10 亿韩元以上 100 亿韩元以下的企业中的从业者为163 524人(31.1%)，100 亿韩元以上的企业中的从业者为141 006人(26.8%)，1 亿韩元以上 10 亿韩元以下的企业中的从业者为112 403人(21.4%)，1 亿韩元以下的企业中的从业者为108 826人(20.7%)。在增减率方面，销售额规模在 1 亿韩元以下的企业中的从业者比上年减少了 0.7%，2009 年至 2011 年，年平均减少了 0.2%。1 亿韩元以上 10 亿韩元以下的企业中的从业者比上年增加了 1.3%，年平均增加了 2.9%；10 亿韩元以上 100 亿韩元以下的企业中的从业者比上年增加了 3.7%，年平均增加了 4.7%；100 亿韩元以上的企业中的从业者比上年增加了 1.7%，年平均增加了 1.7%。也就是说，资讯产业中创造 10 亿韩元以上销售额的企业的从业者占全部从业者的 57.9%，多于创造 10 亿韩元以下销售额的企业的从业者(占 42.1%)。

表 3-7-2 **资讯产业各销售额规模的企业从业人数现状(2011 年)** (单位：名)

| 销售额规模 / 产业 | 不足 1 亿韩元 | 1 亿~10 亿韩元 | 10 亿~100 亿韩元 | 100 亿韩元以上 | 合计 |
|---|---|---|---|---|---|
| 出版 | 9 630 | 31 601 | 59 003 | 51 929 | 152 163 |
| 漫画 | 6 004 | 1 718 | 2 457 | 179 | 10 358 |
| 音乐 | 64 947 | 5 992 | 4 674 | 2 568 | 78 181 |
| 游戏 | 14 429 | 30 925 | 11 922 | 37 739 | 95 015 |
| 电影 | 4 941 | 3 006 | 16 345 | 5 277 | 29 569 |
| 动漫 | 145 | 1 592 | 2 706 | 203 | 4 646 |
| 播放 | 1 726 | 953 | 2 051 | 1 193 | 5 923 |
| 广告 | 4 300 | 10 314 | 11 824 | 8 209 | 34 647 |
| 动漫形象 | 1 006 | 2 891 | 13 099 | 9 422 | 26 418 |
| 知识信息 | 1 088 | 19 705 | 29 524 | 18 709 | 69 026 |
| 资讯解决 | 610 | 3 706 | 9 919 | 5 578 | 19 813 |
| 合计 | 108 826 | 112 403 | 163 524 | 141 006 | 525 759 |
| 比重(%) | 20.7 | 21.4 | 31.1 | 26.8 | 100.0 |

表 3-7-3 **资讯产业各销售额规模的企业各年度的从业者现状** (单位：名)

| 销售额规模 / 年度 | 不足 1 亿韩元 | 1 亿~10 亿韩元 | 10 亿~100 亿韩元 | 100 亿韩元以上 | 合计 |
|---|---|---|---|---|---|
| 2009 年 | 109 158 | 106 185 | 149 299 | 136 224 | 500 866 |
| 比重(%) | 21.8 | 21.2 | 29.8 | 27.2 | 100.0 |
| 2010 年 | 109 585 | 110 970 | 157 642 | 138 598 | 516 795 |
| 比重(%) | 21.2 | 21.5 | 30.5 | 26.8 | 100.0 |
| 2011 年 | 108 826 | 112 403 | 163 524 | 141 006 | 525 759 |
| 比重(%) | 20.7 | 21.4 | 31.1 | 26.8 | 100.0 |
| 同比增减率(%) | ▽0.7 | 1.3 | 3.7 | 1.7 | 1.7 |
| 年平均增减率(%) | ▽0.2 | 2.9 | 4.7 | 1.7 | 2.5 |

① 出版〔合同配送销售业(报纸配送销售)〕、播放(包括播放影像独立制作公司)行业的从业人员除外。

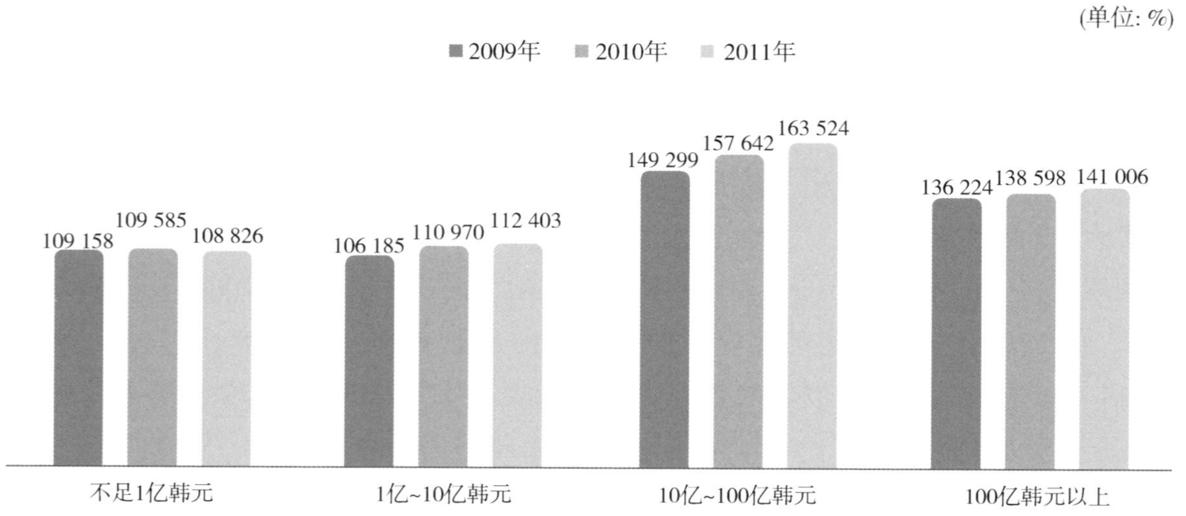


图 3-7-1 资讯产业各年度各销售额规模的企业从业者现状

### 2. 资讯产业各从业者规模的企业的从业者现状①

从资讯产业各从业者规模的企业的从业人数来看，从业者规模在 1 人以上 4 人以下的企业的从业者最多，为164 486人(31.3%)；其次是从业者规模在 10 人以上 49 人以下的企业，从业者为112 508人(21.4%)；从业者规模在 100 人以上的企业，从业者为107 790人(20.5%)；从业者规模在 50 人以上 99 人以下的企业，从业者为71 021人(13.5%)；从业者规模在 5 人以上 9 人以下的企业，从业者为69 954人(13.3%)。

表 3-7-4 资讯产业各从业者规模的企业的从业者人数(2011 年) (单位：名)

| 行业 \ 从业者规模 | 1~4 人 | 5~9 人 | 10~49 人 | 50~99 人 | 100 人以上 | 合计 |
|---|---|---|---|---|---|---|
| 出版 | 26 762 | 26 858 | 38 718 | 20 680 | 39 145 | 152 163 |
| 漫画 | 8 067 | 895 | 1 204 | 192 | — | 10 358 |
| 音乐 | 62 839 | 9 294 | 3 308 | 1 912 | 828 | 78 181 |
| 游戏 | 34 215 | 10 332 | 5 440 | 8 357 | 36 671 | 95 015 |
| 电影 | 3 426 | 1 892 | 8 048 | 12 058 | 4 145 | 29 569 |
| 动漫 | 397 | 746 | 3 360 | 143 | — | 4 646 |
| 播放 | 768 | 1 654 | 1 596 | 1 105 | 800 | 5 923 |
| 广告 | 7 731 | 6 842 | 13 059 | 2 588 | 4 427 | 34 647 |
| 动漫形象 | 1 536 | 1 814 | 16 141 | 5 208 | 1 719 | 26 418 |
| 知识信息 | 17 572 | 6 434 | 15 749 | 14 401 | 14 870 | 69 026 |
| 资讯解决 | 1 173 | 3 193 | 5 885 | 4 377 | 5 185 | 19 813 |
| 合计 | 164 486 | 69 954 | 112 508 | 71 021 | 107 790 | 525 759 |
| 比重(%) | 31.3 | 13.3 | 21.4 | 13.5 | 20.5 | 100.0 |

从增减率来看，从业者规模在 100 人以上的企业的从业者比上年减少了 3.3%，2009 年至 2011 年，年平均增加了 1.7%；从业者规模在 50 人以上 99 人以下的企业的从业者比上年增加了 15.0%，年平均增加了 12.7%；从业者规模在 10 人以上 49 人以下的企业的从业者比上年增加了 1.0%，年平均增

① 出版〔合同配送销售业(报纸配送销售)〕、播放(包括播放影像独立制作公司)行业的从业人员除外。

加了 0.7%；从业者规模在 5 人以上 9 人以下的企业的从业者比上年增加了 5.5%，年平均增加了 1.6%；从业者规模在 1 人以上 4 人以下的企业的从业者比上年增加了 0.5%，年平均增加了 0.7%。也就是说，从资讯产业企业规模来分析从业人数，结果显示，在 50 人以下规模的企业从业者占全部从业者的比重是 66.0%，大部分从业者都在中小型企业工作。

表 3-7-5 资讯产业各年度各从业者规模的企业的从业者现状（2011 年） （单位：名）

| 年度＼从业者规模 | 1~4 人 | 5~9 人 | 10~49 人 | 50~99 人 | 100 人以上 | 合计 |
|---|---|---|---|---|---|---|
| 2009 年 | 162 126 | 67 768 | 110 873 | 55 908 | 104 192 | 500 867 |
| 比重（%） | 32.4 | 13.5 | 22.1 | 11.2 | 20.8 | 100.0 |
| 2010 年 | 163 645 | 66 296 | 113 634 | 61 762 | 111 458 | 516 795 |
| 比重（%） | 31.7 | 12.8 | 22.0 | 11.9 | 21.6 | 100.0 |
| 2011 年 | 164 486 | 69 954 | 112 508 | 71 021 | 107 790 | 525 759 |
| 比重（%） | 31.3 | 13.3 | 21.4 | 13.5 | 20.5 | 100.0 |
| 同比增减率（%） | 0.5 | 5.5 | ▽1.0 | 15.0 | ▽3.3 | 1.7 |
| 年平均增减率（%） | 0.7 | 1.6 | 0.7 | 12.7 | 1.7 | 2.5 |

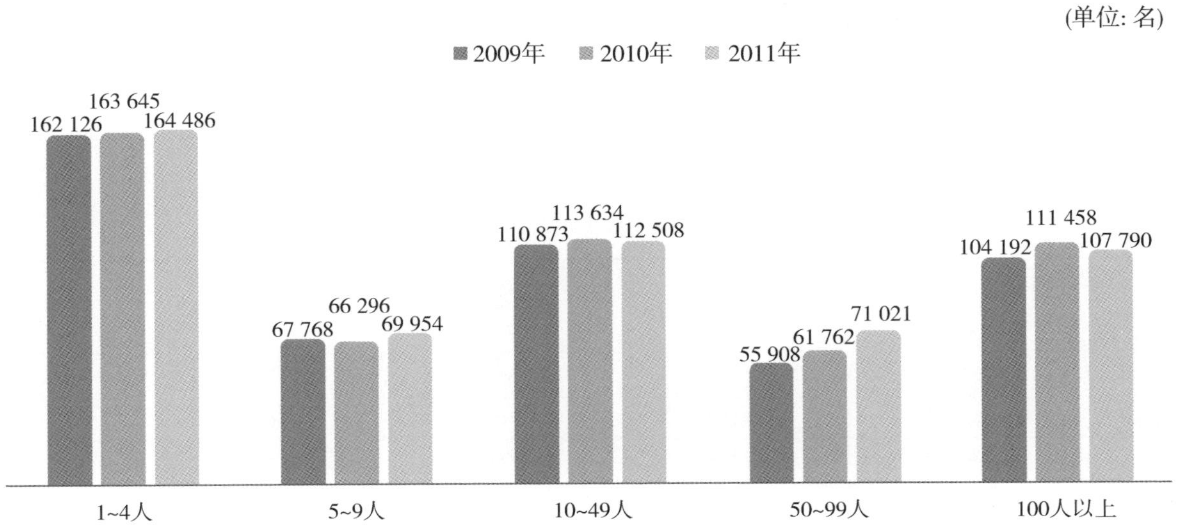

图 3-7-2 资讯产业各年度各从业者规模的企业的从业者现状（2011 年）

3. 资讯产业各地区的从业者现状①

从 2011 年资讯产业各地区的从业人数来看，位于首尔的企业从业者最多，为3 314人（49.8%）；京畿道地区的企业从业者为116 131人（21.2%），位于第二；釜山为21 506人（3.9%），大邱为18 500人（3.4%）。6 个广域市的相关从业者有86 912人，比上年增加了 5.6%，自 2009 年至 2011 年，年平均增加了 2.0%；9 个道为188 271人，比上年增加了 3.9%，年平均增加了 3.2%。也就是说，资讯产业的大多数从业者（71%）集中在首尔和京畿道，资讯产业的地区不均衡现象依旧很严重。

① 出版〔合同配送销售业（报纸配送销售）、网络书店（漫画除外）〕、漫画〔网络书店（漫画部门）〕、音乐（网络音像零售业）行业的从业人员除外。

表 3-7-6　　**资讯产业各地区的从业者现状(2011 年)**　　(单位：名)

| 地区 | | 出版 | 漫画 | 音乐 | 游戏 | 电影 | 动漫 | 播放 | 广告 | 动漫形象 | 知识信息 | 资讯解决 | 合计 | 比重(%) |
|---|---|---|---|---|---|---|---|---|---|---|---|---|---|---|
| 首尔 | | 67 749 | 4 362 | 19 682 | 39 661 | 12 805 | 3 346 | 27 203 | 26 975 | 13 386 | 43 485 | 14 660 | 273 314 | 49.8 |
| 6个城市 | 釜山 | 5 293 | 481 | 5 023 | 3 024 | 1 898 | 144 | 1 131 | 1 235 | 1 216 | 1 664 | 397 | 21 506 | 3.9 |
| | 大邱 | 4 706 | 314 | 4 640 | 2 504 | 1 497 | 79 | 1 157 | 740 | 917 | 1 583 | 363 | 18 500 | 3.4 |
| | 仁川 | 4 109 | 317 | 4 674 | 2 715 | 1 211 | 53 | 338 | 616 | 789 | 1 352 | 339 | 16 513 | 3.0 |
| | 光州 | 3 477 | 226 | 2 490 | 1 640 | 597 | 138 | 605 | 1 051 | 550 | 821 | 245 | 11 840 | 2.2 |
| | 大田 | 2 773 | 228 | 2 474 | 2 157 | 739 | 20 | 682 | 800 | 513 | 1 188 | 211 | 11 785 | 2.2 |
| | 蔚山 | 1 141 | 142 | 2 119 | 986 | 391 | — | 486 | 126 | 269 | 965 | 143 | 6 768 | 1.2 |
| | 小计 | 21 499 | 1 708 | 21 420 | 13 026 | 6 333 | 434 | 4 399 | 4 568 | 4 254 | 7 573 | 1 698 | 86 912 | 15.9 |
| 9个道 | 京畿道 | 37 475 | 2 465 | 16 025 | 30 909 | 5 480 | 634 | 1 903 | 1 150 | 5 568 | 12 306 | 2 216 | 116 131 | 21.2 |
| | 江原道 | 1 322 | 122 | 2 292 | 1 233 | 578 | 84 | 973 | 418 | 308 | 616 | 161 | 8 107 | 1.5 |
| | 忠清北道 | 1 976 | 132 | 2 205 | 1 143 | 643 | 48 | 604 | 141 | 473 | 703 | 173 | 8 241 | 1.5 |
| | 忠清南道 | 2 022 | 211 | 2 829 | 1 835 | 528 | 22 | 165 | 76 | 285 | 659 | 189 | 8 821 | 1.6 |
| | 全罗北道 | 2 051 | 133 | 1 976 | 1 498 | 804 | 43 | 652 | 162 | 377 | 617 | 184 | 8 497 | 1.6 |
| | 全罗南道 | 1 243 | 130 | 2 232 | 1 442 | 421 | 6 | 557 | 209 | 261 | 564 | 175 | 7 240 | 1.3 |
| | 庆尚北道 | 3 433 | 224 | 4 144 | 1 703 | 574 | — | 479 | 137 | 394 | 1 034 | 186 | 12 308 | 2.2 |
| | 庆尚南道 | 3 666 | 336 | 4 474 | 1 878 | 1 095 | 21 | 825 | 724 | 598 | 1 088 | 117 | 14 822 | 2.7 |
| | 济州道 | 690 | 36 | 733 | 687 | 308 | 8 | 606 | 87 | 514 | 381 | 54 | 4104 | 0.7 |
| | 小计 | 53 878 | 3 789 | 36 910 | 42 328 | 10 431 | 866 | 6 764 | 3 104 | 8 778 | 17 968 | 3 455 | 188 271 | 34.3 |
| 合计 | | 143 126 | 9 859 | 78 012 | 95 015 | 29 569 | 4 646 | 38 366 | 34 647 | 26 418 | 69 026 | 19 813 | 548 497 | 100.0 |

表 3-7-7　　**资讯产业各年度各地区从业者现状**　　(单位：名)

| 地区 | | 2009 年 | 2010 年 | 2011 年 | 同比增减率(%) | 年平均增减率(%) |
|---|---|---|---|---|---|---|
| 首尔 | | 261 193 | 273 454 | 273 314 | ▽0.1 | 2.3 |
| 6个城市 | 釜山 | 20 516 | 20 162 | 21 506 | 6.7 | 2.4 |
| | 大邱 | 18 155 | 17 493 | 18 500 | 5.8 | 0.9 |
| | 仁川 | 15 410 | 15 106 | 16 513 | 9.3 | 3.5 |
| | 光州 | 11 660 | 11 663 | 11 840 | 1.5 | 0.8 |
| | 大田 | 11 508 | 11 387 | 11 785 | 3.5 | 1.2 |
| | 蔚山 | 6 238 | 6 529 | 6 768 | 3.7 | 4.2 |
| | 小计 | 83 487 | 82 340 | 86 912 | 5.6 | 2.0 |
| 9个道 | 京畿道 | 106 758 | 112 117 | 116 131 | 3.6 | 4.3 |
| | 江原道 | 7 720 | 7 598 | 8 107 | 6.7 | 2.5 |
| | 忠清北道 | 7 885 | 8 076 | 8 241 | 2.0 | 2.2 |
| | 忠清南道 | 8 465 | 8 477 | 8 821 | 4.1 | 2.1 |
| | 全罗北道 | 8 165 | 8 284 | 8 497 | 2.6 | 2.0 |
| | 全罗南道 | 7 030 | 6 899 | 7 240 | 4.9 | 1.5 |
| | 庆尚北道 | 12 697 | 12 024 | 12 308 | 2.4 | ▽1.5 |
| | 庆尚南道 | 14 118 | 13 916 | 14 822 | 6.5 | 2.5 |
| | 济州道 | 3 819 | 3 799 | 4104 | 8.0 | 3.7 |
| | 小计 | 176 657 | 181 190 | 188 271 | 3.9 | 3.2 |
| 合计 | | 521 337 | 536 984 | 548 497 | 2.1 | 2.6 |

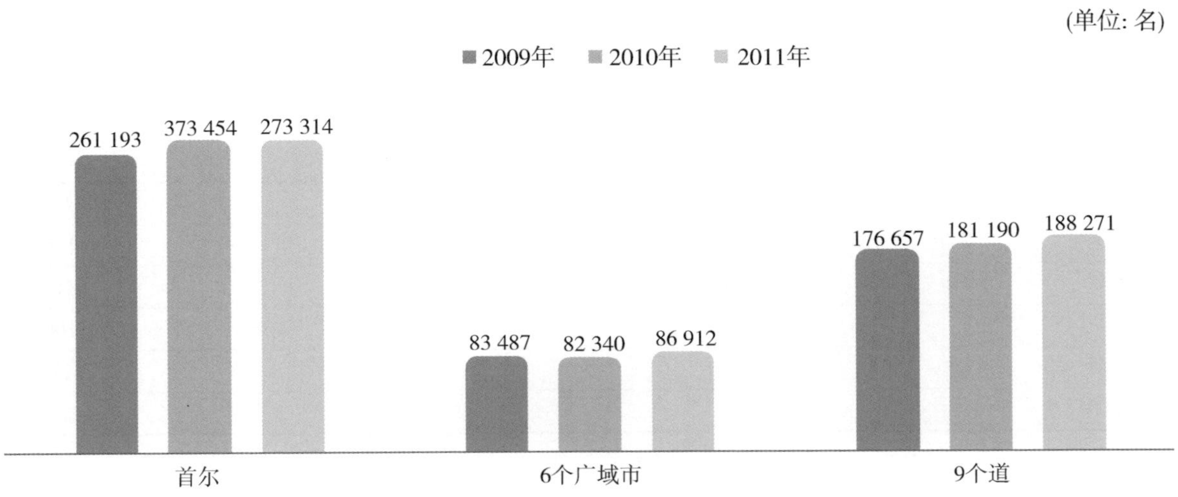


图 3-7-3　资讯产业各年度各地域从业者现状

### 4. 资讯产业各雇佣形态的从业者现状

2011 年资讯产业的从业者中，拥有正式职位的是444 173人(81%)，拥有非正式职位的是104 324人(19.0%)。从增减率来看，拥有正式职位的从业者比上年增加了 19.5%，2009 年至 2011 年，年平均增加了 11.3%；拥有非正式职位的从业者比上年增加了 48.3%，年平均增加了 21.7%。

从资讯产业各行业类别来看，出版行业拥有正式职位的从业者的比例最高(92.6%)，电影行业拥有正式职位的从业者的比例最低(52.7%)。

表 3-7-8　　**资讯产业各雇佣形态的从业者现状**①　　(单位：名)

| 行业＼雇佣形态 | 正式职位 | | 非正式职位 | | 合计 |
|---|---|---|---|---|---|
| | 从业者数量 | 比例(%) | 从业者数量 | 比例(%) | |
| 出版 | 132 528 | 92.6 | 10 598 | 7.4 | 143 126 |
| 漫画 | 8 094 | 82.1 | 1 765 | 17.9 | 9 859 |
| 音乐 | 58 669 | 75.2 | 19 343 | 24.8 | 78 012 |
| 游戏 | 65 901 | 69.4 | 29 114 | 30.6 | 95 015 |
| 电影 | 15 575 | 52.7 | 13 994 | 47.3 | 29 569 |
| 动漫 | 3 513 | 75.6 | 1 133 | 24.4 | 4 646 |
| 播放 | 30 846 | 85.5 | 7 520 | 14.5 | 38 366 |
| 广告 | 31 223 | 90.1 | 3 424 | 9.9 | 34 647 |
| 动漫形象 | 23 357 | 88.4 | 3 061 | 11.6 | 26 418 |
| 知识信息 | 56 380 | 81.7 | 12 646 | 18.3 | 69 026 |
| 资讯解决 | 18 087 | 91.3 | 1 726 | 8.7 | 19 813 |
| 合计 | 444 173 | 81.0 | 104 324 | 19.0 | 548 497 |

① 出版〔合同配送销售业(报纸配送销售)、网络书店(漫画除外)〕、漫画〔网络书店(漫画部门)〕、音乐(网络音像零售业)行业的从业人员除外。

表 3-7-9　　**资讯产业各年度各雇佣形态的从业者现状**①　　（单位：名）

| 年度＼雇佣形态 | 从业者数量 | | 合计 |
|---|---|---|---|
| | 正式职位 | 非正式职位 | |
| 2009 年 | 358 331 | 70 473 | 428 804 |
| 比重(%) | 83.6 | 16.4 | 100.0 |
| 2010 年 | 371 684 | 70 327 | 442 011 |
| 比重(%) | 84.1 | 15.9 | 100.0 |
| 2011 年 | 444 173 | 104 324 | 548 497 |
| 比重(%) | 81.0 | 19.0 | 100.0 |
| 同比增减率(%) | 19.5 | 48.3 | 24.1 |
| 年平均增减率(%) | 11.3 | 21.7 | 13.1 |

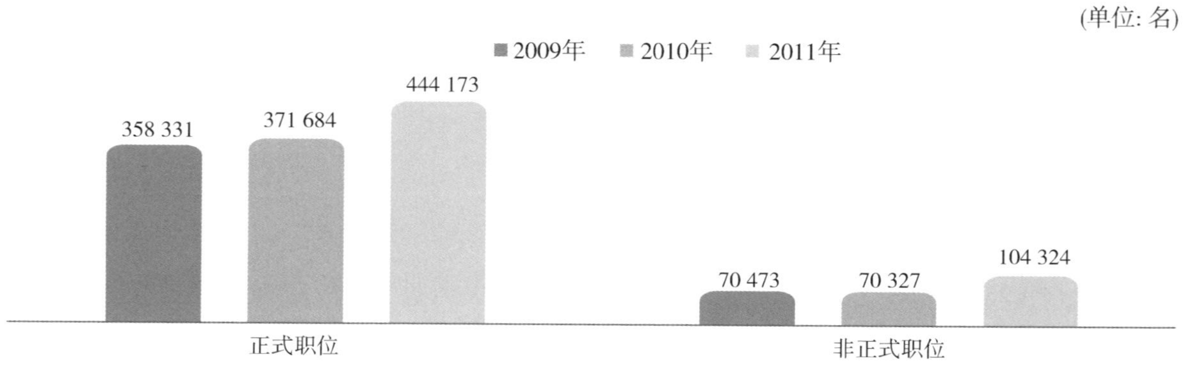


图 3-7-4　资讯产业各年度各雇佣形态的从业者现状

## 5. 资讯产业各雇佣形态中不同性别的从业者现状

2011 年资讯产业从业者中，拥有正式职位的男性为252 107人(49.1%)，拥有正式职位的女性为161 199人(31.4%)；拥有非正式职位的男性为54 702人(10.6%)，拥有非正式职位的女性为45 842人(8.9%)。根据与上年的对比分析，拥有非正式职位的男性数量增加率最大，比上年增加了 69.3%。2009 年至 2011 年的年平均增减率对比情况为：拥有正式职位的男性增加了 15.1%，拥有正式职位的女性增加了 8.0%，拥有非正式职位的男性增加了 31.1%，拥有非正式职位的女性增加了 14.4%。

表 3-7-10　　**资讯产业各雇佣形态中不同性别的从业者现状(2011 年)**②　　（单位：名）

| 行业＼雇佣形态/性别 | 从业者数量 | | | | 合计 |
|---|---|---|---|---|---|
| | 正式职位 | | 非正式职位 | | |
| | 男性 | 女性 | 男性 | 女性 | |
| 出版 | 72 735 | 59 793 | 5 061 | 5 537 | 143 126 |
| 漫画 | 3 519 | 4 575 | 718 | 1 047 | 9 859 |
| 音乐 | 34 530 | 24 139 | 9 110 | 10 233 | 78 012 |

① 出版〔合同配送销售业(报纸配送销售)、网络书店(漫画除外)〕、漫画〔网络书店(漫画部门)〕、音乐(网络音像零售业)、游戏(2009 年、2010 年)行业的从业人员除外。

② 出版〔合同配送销售业(报纸配送销售)、网络书店(漫画除外)〕、漫画〔(网络书店(漫画部门)〕、音乐(网络音像零售业)、广告行业的从业人员除外。

续表

| 雇佣形态/性别<br>行业 | 从业者数量 | | | | 合计 |
|---|---|---|---|---|---|
| | 正式职位 | | 非正式职位 | | |
| | 男性 | 女性 | 男性 | 女性 | |
| 游戏 | 50 714 | 15 187 | 19 884 | 9 230 | 95 015 |
| 电影 | 9 513 | 6 417 | 6 062 | 7 577 | 29 569 |
| 动漫 | 2 139 | 1 374 | 565 | 568 | 4 646 |
| 播放 | 23 439 | 7 408 | 4 101 | 3 418 | 38 366 |
| 动漫形象 | 12 195 | 11 162 | 1 476 | 1 585 | 26 418 |
| 知识信息 | 32 391 | 23 989 | 6 757 | 5 889 | 69 026 |
| 资讯解决 | 10932 | 7155 | 968 | 758 | 19813 |
| 合计 | 252 107 | 161 199 | 54 702 | 45 842 | 513 850 |

表 3-7-11　**资讯产业各年度各雇佣形态中不同性别的从业者现状**①　（单位：名）

| 雇佣形态/性别<br>年度 | 从业者数量 | | | | 合计 |
|---|---|---|---|---|---|
| | 正式职位 | | 非正式职位 | | |
| | 男性 | 女性 | 男性 | 女性 | |
| 2009 年 | 190 334 | 138 095 | 31 816 | 35 050 | 395 295 |
| 比重(%) | 48.1 | 34.9 | 8.1 | 8.9 | 100.0 |
| 2010 年 | 196 499 | 143 695 | 32 302 | 35 077 | 407 573 |
| 比重(%) | 48.2 | 35.3 | 7.9 | 8.6 | 100.0 |
| 2011 年 | 252 107 | 161 199 | 54 702 | 45 842 | 513 850 |
| 比重(%) | 49.1 | 31.4 | 10.6 | 8.9 | 100.0 |
| 同比增减率(%) | 28.3 | 12.2 | 69.3 | 30.7 | 26.1 |
| 年平均增减率(%) | 15.1 | 8.0 | 31.1 | 14.4 | 14.0 |

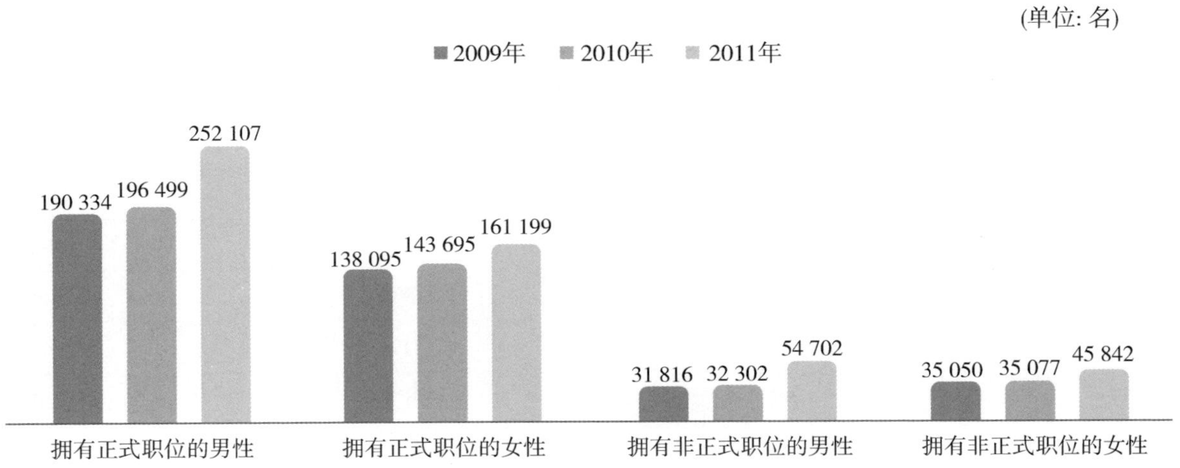


图 3-7-5　资讯产业各年度各雇佣形态中不同性别的从业者现状

① 出版〔合同配送销售业(报纸配送销售)、网络书店(漫画除外)〕、漫画〔网络书店(漫画部门)〕、音乐(网络音像零售业)、游戏(2009 年、2010 年)、广告行业的从业人员除外。

6. 资讯产业各行业不同性别的从业者现状①

2011 年资讯产业从业者中男性为346 148人(58.2%)，女性为248 877人(41.8%)。按年度分析，男性从业者在 2009 年为304 901人，2010 年为314 239人，2011 年为346 148人，呈现出持续性增加的趋势。2011 年比上年增加了 10.2%，2009 年至 2011 年，年平均增加了 6.5%。女性从业者在 2009 年为219 237人，2010 年为225 682人，2011 年为248 877人，也呈现出持续性增加的趋势，比上年增加了 10.3%，年平均增加了 6.5%。

表 3-7-12　　资讯产业各行业不同性别的从业者现状　　(单位：名)

| 分类 | 2009 年 | | | 2010 年 | | | 2011 年 | | |
|---|---|---|---|---|---|---|---|---|---|
| | 男 | 女 | 合计 | 男 | 女 | 合计 | 男 | 女 | 合计 |
| 出版 | 109 356 | 88 653 | 198 009 | 107 918 | 86 287 | 194 205 | 95 792 | 93 862 | 189 654 |
| 漫画 | 4 424 | 5 907 | 10 331 | 4 402 | 5 881 | 10 283 | 4 237 | 5 622 | 9 859 |
| 音乐 | 42 934 | 33 444 | 76 378 | 42 794 | 33 688 | 76 482 | 43 640 | 34 372 | 78 012 |
| 游戏 | 32 307 | 11 058 | 43 365 | 35 448 | 13 137 | 48 585 | 70 598 | 24 417 | 95 015 |
| 电影 | 14 468 | 13 573 | 28 041 | 16 616 | 13 945 | 30 561 | 15 930 | 13 639 | 29 569 |
| 动漫 | 2 420 | 1 750 | 4 170 | 2 532 | 1 817 | 4 349 | 2 704 | 1 942 | 4 646 |
| 播放 | 25 291 | 9 423 | 34 714 | 25 236 | 9 348 | 34 584 | 27 540 | 10 826 | 38 366 |
| 广告 | 20 413 | 13 096 | 33 509 | 20 395 | 14 043 | 34 438 | 20 988 | 13 659 | 34 647 |
| 动漫形象 | 11 995 | 11 411 | 23 406 | 12 942 | 12 160 | 25 102 | 13 671 | 12 747 | 26 418 |
| 知识信息 | 31 008 | 24 118 | 55 126 | 34 217 | 27 575 | 61 792 | 39 148 | 29 878 | 69 026 |
| 资讯解决 | 10 285 | 6 804 | 17 089 | 11 739 | 7 801 | 19 540 | 11 900 | 7 913 | 19 813 |
| 合计 | 304 901 | 219 237 | 524 138 | 314 239 | 225 682 | 539 921 | 346 148 | 248 877 | 595 025 |

表 3-7-13　　资讯产业各年度不同性别的从业者现状　　(单位：名)

| 性别 / 年度 | 从业者数量 | | 合计 |
|---|---|---|---|
| | 男性 | 女性 | |
| 2009 年 | 304 901 | 219 237 | 524 138 |
| 比重(%) | 58.2 | 41.8 | 100.0 |
| 2010 年 | 314 239 | 225 682 | 539 921 |
| 比重(%) | 58.2 | 41.8 | 100.0 |
| 2011 年 | 346 148 | 248 877 | 595 025 |
| 比重(%) | 58.2 | 41.8 | 100.0 |
| 同比增减率(%) | 10.2 | 10.3 | 10.2 |
| 年平均增减率(%) | 6.5 | 6.5 | 6.5 |

① 出版〔合同配送销售业(报纸配送销售)、网络书店(漫画除外)〕、漫画〔(网络书店(漫画部门)〕、音乐(网络音像零售业)行业的从业人员除外。

(单位: 名)

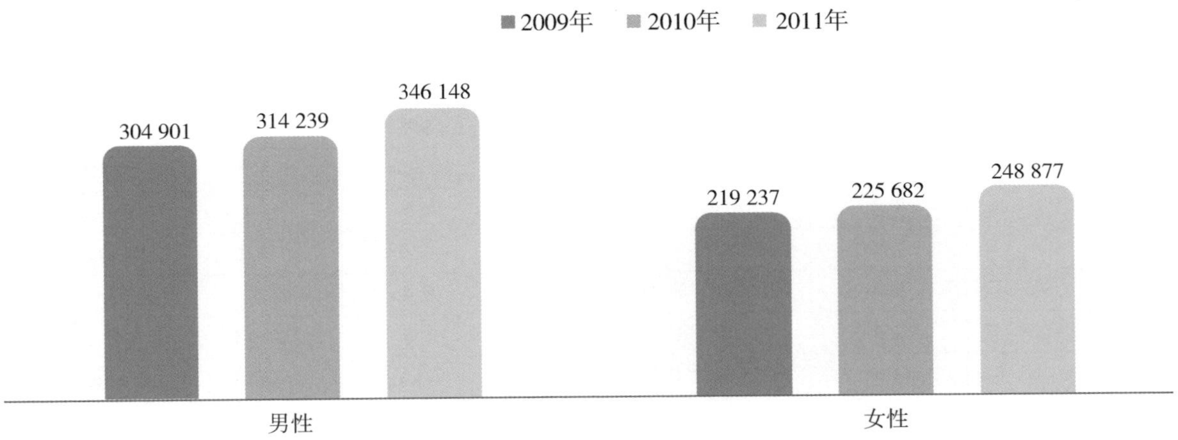


图 3-7-6 资讯产业各年度不同性别的从业者现状

## 7. 资讯产业各职位的从业者现状①

从资讯产业各职位的从业者现状来看，制作职位的从业者所占比例最大，为116 335人(41.2%)。其他(流通)职位的从业者为72 374人(25.7%)，管理职位的为51 865人(18.4%)，事业企划职位的从业者为23 750人(8.4%)，营销宣传职位的从业者为12 358人(4.4%)，研究开发职位的从业者为5 301人(1.9%)。

按年度分析，制作职位的从业者从 2009 年的108 967人增加到 2010 年的114 288人，2011 年为116 335人，比上年增加了 1.8%，2009 年至 2011 年，年平均增加了 3.3%。另外，研究开发职位的从业者比上年减少了 1.3%，年平均减少了 6.6%，2009 年为6 075人，2010 年为5 373人，2011 年为5 301人，呈现出持续性减少趋势。随着资讯产业中事业企划的重要性越来越大，事业企划职位的从业者数量每年都有很大幅度的增加，2011 年比上年增加了 3.4%，年平均增加了 11.0%。

表 3-7-14 **资讯产业各职位的从业者现状(2011 年)** (单位：名)

| 行业 / 职位 | 出版 | 漫画 | 音乐 | 动漫 | 动漫形象 | 知识信息 | 资讯解决 | 合计 | 比重(%) |
|---|---|---|---|---|---|---|---|---|---|
| 事业企划 | 12 651 | 332 | 1 437 | 306 | 1 898 | 4 859 | 2 267 | 23 750 | 8.4 |
| 管理 | 28 448 | 2 239 | 1 274 | 403 | 2 779 | 14 662 | 2 060 | 51 865 | 18.4 |
| 制作 | 60 235 | 1 248 | 3 136 | 3 171 | 10 122 | 24 364 | 14 059 | 116 335 | 41.2 |
| 营销/宣传 | 7 421 | 350 | 835 | 294 | 1 180 | 1 792 | 486 | 12 358 | 4.4 |
| 研究开发 | 2 992 | 124 | 234 | 147 | 800 | 605 | 399 | 5 301 | 1.9 |
| 其他(流通) | 31 379 | 5 566 | 2 179 | 325 | 9 639 | 22 744 | 542 | 72 374 | 25.7 |
| 合计 | 143 126 | 9 859 | 9 095 | 4 646 | 26 418 | 69 026 | 19 813 | 281 983 | 100.0 |

① 出版〔合同配送销售业(报纸配送销售)、网络书店(漫画除外)〕、漫画〔(网络书店(漫画部门))〕、音乐(网络音像零售业、练歌房运营业)、游戏、电影、播放、广告行业的从业人员除外。

表 3-7-15　　**资讯产业各年度各职位的从业者现状**　　（单位：名）

| 职位<br>产业 | 从业者数量 | | | | | | 合计 |
|---|---|---|---|---|---|---|---|
| | 事业企划 | 管理 | 制作 | 营销/宣传 | 研究开发 | 其他（流通） | |
| 2009 年 | 19 272 | 50 847 | 108 967 | 13 121 | 6 075 | 66 367 | 264 649 |
| 比重（%） | 7.3 | 19.2 | 41.2 | 4.9 | 2.3 | 25.1 | 100.0 |
| 2010 年 | 22 970 | 50 468 | 114 288 | 12 288 | 5 373 | 69 103 | 274 490 |
| 比重（%） | 8.4 | 18.4 | 41.6 | 4.5 | 1.9 | 25.2 | 100.0 |
| 2011 年 | 23 750 | 51 865 | 116 335 | 12 358 | 5 301 | 72 374 | 281 983 |
| 比重（%） | 8.4 | 18.4 | 41.2 | 4.4 | 1.9 | 25.7 | 100.0 |
| 同比增减率（%） | 3.4 | 2.8 | 1.8 | 0.6 | ▽1.3 | 4.7 | 2.7 |
| 年平均增减率（%） | 11.0 | 1.0 | 3.3 | ▽3.0 | ▽6.6 | 4.4 | 3.2 |

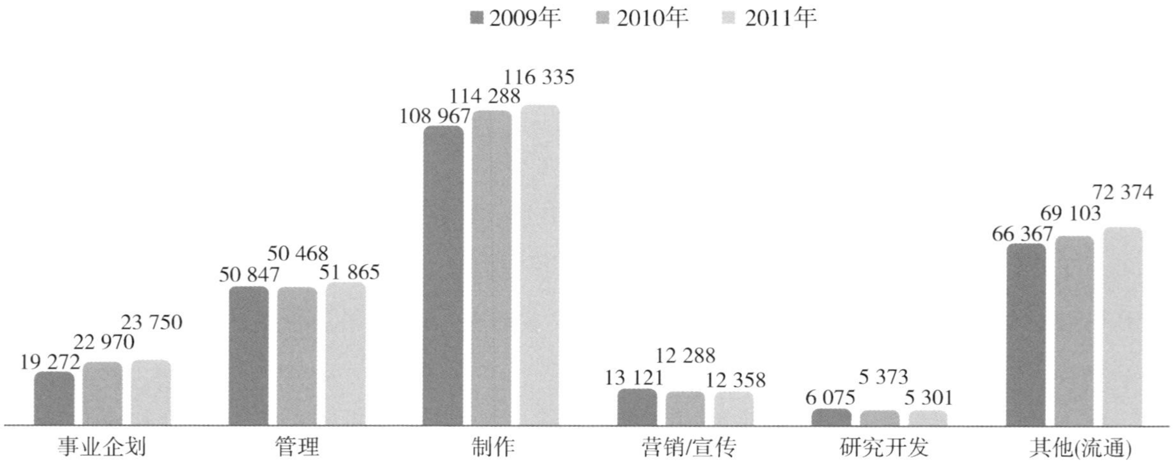


图 3-7-7　资讯产业各年度各职位的从业者现状

## 8. 资讯产业各年龄段从业者现状

从资讯产业各年龄段从业者现状来看，29 岁以下的从业者最多，为13 143人（29.1%），30~34 岁的12 811人（27.0%），40 岁以上的102 430人（22.9%），35~39 岁的93 753人（21.0%）。

从增减率来看，29 岁以下的从业者比上年增加了 65.1%，2009 年到 2011 年，年平均增加了 32.5%。30 岁以上 34 岁以下的从业者比上年增加了 45.8%，年平均增加了 22.4%；35~39 岁的从业者比上年增加了 29.8%，年平均增加了 15.0%；40 岁以上的从业者比上年增加了 28.5%，年平均增加了 15.2%。

表 3-7-16　　**资讯产业各年龄段从业者现状（2011 年）**①　　（单位：名）

| 年龄<br>行业 | 从业者数量 | | | | 合计 |
|---|---|---|---|---|---|
| | 29 岁以下 | 30~34 岁 | 35~39 岁 | 40 岁以上 | |
| 出版 | 26 521 | 36 230 | 33 672 | 46 703 | 143 126 |
| 漫画 | 2 694 | 1 860 | 1 614 | 3 691 | 9 859 |

① 出版〔合同配送销售业（报纸配送销售）、网络书店（漫画除外）〕、漫画〔（网络书店（漫画部门））〕、音乐（网络音像零售业、练歌房运营业）、播放（包括播放影像独立制作公司）行业的从业人员除外。

续表

| 行业＼年龄 | 从业者数量 | | | | 合计 |
|---|---|---|---|---|---|
| | 29 岁以下 | 30~34 岁 | 35~39 岁 | 40 岁以上 | |
| 音乐 | 2 679 | 2 707 | 2 318 | 1 391 | 9 095 |
| 游戏 | 32 123 | 31 025 | 17 549 | 14 318 | 95 015 |
| 电影 | 16 577 | 4 701 | 2 903 | 5 388 | 29 569 |
| 动漫 | 1 473 | 1 538 | 1 103 | 532 | 4 646 |
| 播放影像独立制作公司 | 1 858 | 1 706 | 1 111 | 1 248 | 5 923 |
| 广告 | 8 047 | 7 939 | 7 233 | 11 428 | 34 647 |
| 动漫形象 | 9 985 | 7 837 | 5 454 | 3 142 | 26 418 |
| 知识信息 | 21 494 | 18 907 | 16 057 | 12 568 | 69 026 |
| 资讯解决 | 6 692 | 6 361 | 4 739 | 2 021 | 19 813 |
| 合计 | 130 143 | 120 811 | 93 753 | 102 430 | 447 137 |
| 比重(%) | 29.1 | 27.0 | 21.0 | 22.9 | 100.0 |

表 3-7-17　**资讯产业各年度各年龄段从业者现状**①　（单位：名）

| 年度＼年龄 | 从业者数量 | | | | 合计 |
|---|---|---|---|---|---|
| | 29 岁以下 | 30~34 岁 | 35~39 岁 | 40 岁以上 | |
| 2009 年 | 74 159 | 80 615 | 70 950 | 77 182 | 302 906 |
| 比重(%) | 24.5 | 26.6 | 23.4 | 25.5 | 100.0 |
| 2010 年 | 78 805 | 82 875 | 72 236 | 79 718 | 313 634 |
| 比重(%) | 25.1 | 26.4 | 23.1 | 25.4 | 100.0 |
| 2011 年 | 130 143 | 120 811 | 93 753 | 102 430 | 447 137 |
| 比重(%) | 29.1 | 27.0 | 21.0 | 22.9 | 100.0 |
| 同比增减率(%) | 65.1 | 45.8 | 29.8 | 28.5 | 42.6 |
| 年平均增减率(%) | 32.5 | 22.4 | 15.0 | 15.2 | 21.5 |

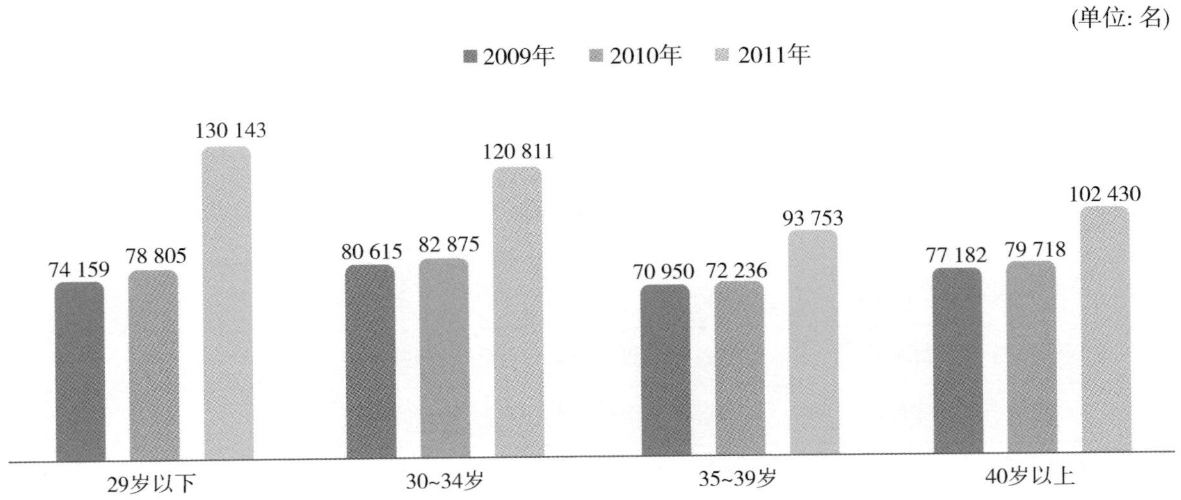


图 3-7-8　资讯产业各年度各年龄段从业者现状

① 出版〔合同配送销售业(报纸配送销售)、网络书店(漫画除外)〕、漫画〔(网络书店(漫画部门)〕、音乐(网络音像零售业、练歌房运营业)、游戏(2009 年、2010 年)、电影(2009 年、2010 年)、播放(包括播放影像独立制作公司)行业的从业人员除外。

# 第四部分　资讯产业各行业的统计调查结果

## 一、出版行业

表 4-1-1　　出版行业分类

| 中分类 | 小分类 | 分类体系的定义 |
|---|---|---|
| 出版业 | 书籍出版业(纸质媒体出版业) | 出版报纸、杂志、教科书(学习用)及定期发行物之外的各种书籍和书籍性质的小册子的企业 |
| | 教科书及学习用书出版业 | 出版小学、初中、高中、大学教科书及儿童课外辅导材料等书籍的企业 |
| | 网络/移动电子出版制作业 | 设置并运行单独的阅读器或播放器，把单行本、刊物、电子出版物制作为可阅读产品的企业(制作 E-book 等) |
| | 报纸发行业 | 报道社会各方面的事情，以日报、周刊、旬刊的形式发行(机关报、专业报、普通商业报等)的企业 |
| | 杂志及定期刊物发行业 | 发行关于专业性内容或一般性内容的周刊、旬刊、月刊、年刊等杂志及定期刊物的企业 |
| | 定期广告刊物发行业 | 发行关于房地产、旧货等各种商品交易指南，产业活动指南，招聘求职等定期广告刊物的企业 |
| | 其他印刷品出版业 | 出版除以上各类之外的书籍或印刷品的企业 |
| 印刷业 | 印刷业 | 收取手续费或依据合约，依据各种制版技术印刷各种出版物的企业(广告除外)(引用外部资料：统计厅，《矿业、制造业调查》，2009；统计厅，《全国企业调查》，2009) |
| 出版批发零售业 | 书籍及杂志类批发业 | 批发各种书籍及杂志的企业(漫画除外) |
| | 书籍及杂志类零售业 | 零售各种书籍及杂志的企业(漫画除外) |
| | 约定投递销售业(报纸投递销售) | 投递报纸及定期刊物的企业(引用外部资料：统计厅，《全国企业调查》，2011) |
| 在线出版流通业 | 网络/移动电子出版服务业 | 把出版物电子化，为所制作的电子出版物提供服务的企业 |
| | 网络书店(漫画除外) | 运营非线下书店的网络书店的企业(yes24，inter park 图书等)(引用外部资料：统计厅，《网络购物动向调查》，2012) |
| 出版租借业 | 书籍租借业(漫画除外) | 租借各种书籍、定期刊物、杂志等印刷品的企业(漫画除外) |

## (一)出版行业的整体概况

2011 年出版行业的企业数为27 132个，从业者为198 691人；销售额是 21 兆2 445亿韩元，附加价值额是 8 兆9 460亿韩元，附加价值率是 42.11%；出口额是 2 亿8 343万美元，进口额是 3 亿5 160万美元。

出版行业的企业数量从 2006 年的30 353个减少到 2011 年的27 132个，年平均减少了 2.2%，从业人数也从 2006 年的218 377名减少到 2011 年的198 691名，年平均减少了 1.9%。年平均增长率最高的是出口额，2006 年至 2011 年的 5 年间，年平均增加了 8.9%，但 2011 年比上一年减少了 20.8%。

表 4-1-2 **出版行业概况**

| 分类 | 企业数(个) | 从业者数量(名) | 销售额(百万韩元) | 附加价值额(百万韩元) | 附加价值率(%) | 出口额(千美元) | 进口额(千美元) |
|---|---|---|---|---|---|---|---|
| 2006 年 | 30 353 | 218 377 | 19 879 255 | 6 337 507 | 31.88 | 184 867 | 307 184 |
| 2007 年 | 30 237 | 225 347 | 21 595 539 | 8 949 107 | 41.44 | 213 100 | 354 404 |
| 2008 年 | 29 255 | 210 084 | 21 052 936 | 8 972 761 | 42.62 | 260 010 | 368 536 |
| 2009 年 | 28 474 | 206 926 | 20 609 123 | 8 736 207 | 42.39 | 250 764 | 348 336 |
| 2010 年 | 27 803 | 203 226 | 21 243 798 | 9 009 976 | 42.41 | 357 881 | 339 819 |
| 2011 年 | 27 132 | 198 691 | 21 244 581 | 8 946 093 | 42.11 | 283 439 | 351 604 |
| 同比增减率(%) | ▽2.4 | ▽2.2 | 0.0 | ▽0.7 | ▽0.30p | ▽20.8 | 3.5 |
| 年平均增减率(%) | ▽2.2 | ▽1.9 | 1.3 | 7.1 | — | 8.9 | 2.7 |

2011 年出版行业的人均销售额是 1 亿4 000万韩元，各企业平均销售额是 7 亿3 800万韩元。出版行业中书籍出版业(纸质媒体出版业)的人均销售额是 1 亿3 400万韩元，教科书及学习书籍出版业的人均销售额是 1 亿8 600万韩元。报纸发行业的各企业平均销售额所占比例最高，为 78 亿9 000万韩元，其次是教科书及学习书籍出版业，为 39 亿6 100万韩元。网络/移动电子出版服务业的人均平均销售额是 2 亿9 400万韩元，各企业平均销售额是 24 亿3 700万韩元。

表 4-1-3 **出版行业各企业的平均销售额及从业者的人均销售额现状(2011 年)**

| 中分类 | 小分类 | 企业数(个) | 从业者数量(名) | 销售额(百万韩元) | 各企业平均销售额(百万韩元) | 人均销售额(百万韩元) |
|---|---|---|---|---|---|---|
| 出版业 | 书籍出版业(纸质媒体出版业) | 2 002 | 9 617 | 1 291 882 | 645 | 134 |
| | 教科书及学习用书出版业 | 671 | 14 295 | 2 658 152 | 3 961 | 186 |
| | 网络/移动电子出版制作业 | 161 | 1 325 | 159 348 | 990 | 120 |
| | 报纸发行业 | 363 | 16 521 | 2 864 131 | 7 890 | 173 |
| | 杂志及定期刊物发行业 | 1 088 | 9 492 | 1 123 076 | 1 032 | 118 |
| | 定期广告刊物发行业 | 348 | 5 441 | 438 255 | 1 259 | 81 |
| | 其他印刷品出版业 | 202 | 1 039 | 192 972 | 955 | 186 |
| | 小计 | 4 835 | 57 730 | 8 727 816 | 1 805 | 151 |

续表

| 中分类 | 小分类 | 企业数（个） | 从业者数量（名） | 销售额（百万韩元） | 各企业平均销售额（百万韩元） | 人均销售额（百万韩元） |
|---|---|---|---|---|---|---|
| 印刷业 | 印刷业 | 13 308 | 52 323 | 4 026 284 | 303 | 77 |
| | 小计 | 13 308 | 52 323 | 4 026 284 | 303 | 77 |
| 出版批发零售业 | 书籍及杂志类批发业 | 1 713 | 10 745 | 2 883 625 | 1 683 | 268 |
| | 书籍及杂志类零售业 | 4 625 | 19 904 | 4 222 508 | 913 | 212 |
| | 小计 | 6 338 | 30 649① | 7 106 133 | 1 121 | 232 |
| 在线出版流通业 | 网络/移动电子出版服务业② | 43 | 356 | 104 782 | 2 437 | 294 |
| | 网络书店（漫画除外） | — | 9 037 | 1 217 241③ | — | 135 |
| | 小计 | 43 | 9 393 | 1 322 023 | 2 437④ | 141 |
| 出版租借业 | 书籍租借业（漫画除外） | 2 608 | 2 068 | 62 325 | 24 | 30 |
| | 小计 | 2 608 | 2 068 | 62 325 | 24 | 30 |
| 整体 | | 27 132 | 152 163 | 21 244 581 | 738⑤ | 140 |

## （二）出版行业的企业数量现状⑥

2011 年出版行业的企业数比上年减少了 2.4%（27 132个），2009 年至 2011 年，年平均减少了 2.4%。从业种来看，2011 年出版行业企业总数中印刷业的企业数量所占比例最大，为13 308个（49.0%），比上年减少了 0.8%，年平均减少了 0.8%。其他依次为书籍及杂志类零售业（17.0%）、书籍租借业（漫画除外）（9.6%）、书籍出版业（纸质媒体出版业）（7.4%）。出版业的网络/移动电子出版制作业与上一年相比，年平均增长率为 8.8%，书籍及杂志类零售业下降幅度最大，比上年减少了 7.7%，年平均减少了 5.9%。

表 4-1-4　　出版行业各年度各业种的企业数量现状　　（单位：个）

| 中分类 | 小分类 | 2009 年 | 2010 年 | 2011 年 | 比重（%） | 同比增减率（%） | 年平均增减率（%） |
|---|---|---|---|---|---|---|---|
| 出版业 | 书籍出版业（纸质媒体出版业） | 2 032 | 2 018 | 2 002 | 7.4 | ▽0.8 | ▽0.7 |
| | 教科书及学习用书出版业 | 659 | 663 | 671 | 2.5 | 1.2 | 0.9 |
| | 网络/移动电子出版制作业 | 136 | 148 | 161 | 0.6 | 8.8 | 8.8 |
| | 报纸发行业 | 387 | 364 | 363 | 1.3 | ▽0.3 | ▽3.2 |
| | 杂志及定期刊物发行业 | 1 088 | 1 092 | 1 088 | 4.0 | ▽0.4 | 0.0 |
| | 定期广告刊物发行业 | 357 | 343 | 348 | 1.3 | 1.5 | ▽1.3 |
| | 其他印刷品出版业 | 221 | 195 | 202 | 0.7 | 3.6 | ▽4.4 |

① 合同配送销售业（报纸配送销售）从业人数（46528 人）除外。
② 电子出版产业规模中只计算电子书服务的销售额规模。
③ 统计厅发布的《网上购物动向调查》，2012。
④ 网上书店（漫画除外）销售额之外的平均销售额。
⑤ 网络书店（漫画除外）销售额之外的平均销售额。
⑥ 网络书店（漫画除外）除外。

续表

| 中分类 | 小分类 | 2009 年 | 2010 年 | 2011 年 | 比重（%） | 同比增减率（%） | 年平均增减率（%） |
|---|---|---|---|---|---|---|---|
| 印刷业 | 印刷业 | 13 532 | 13 419 | 13 308 | 49.0 | ▽0.8 | ▽0.8 |
| 出版批发零售业 | 书籍及杂志类批发业 | 1 899 | 1 832 | 1 713 | 6.3 | ▽6.5 | ▽5.0 |
| | 书籍及杂志类零售业 | 5 221 | 5 013 | 4 625 | 17.0 | ▽7.7 | ▽5.9 |
| 在线出版流通业① | 网络/移动电子出版服务业 | 38 | 41 | 43 | 0.2 | 4.9 | 6.4 |
| | 网络书店（漫画除外） | — | — | — | — | — | — |
| 出版租借业 | 书籍租借业（漫画除外） | 2 904 | 2 675 | 2 608 | 9.6 | ▽2.5 | ▽5.2 |
| 合计② | | 28 474 | 27 803 | 27 132 | 100.0 | ▽2.4 | ▽2.4 |

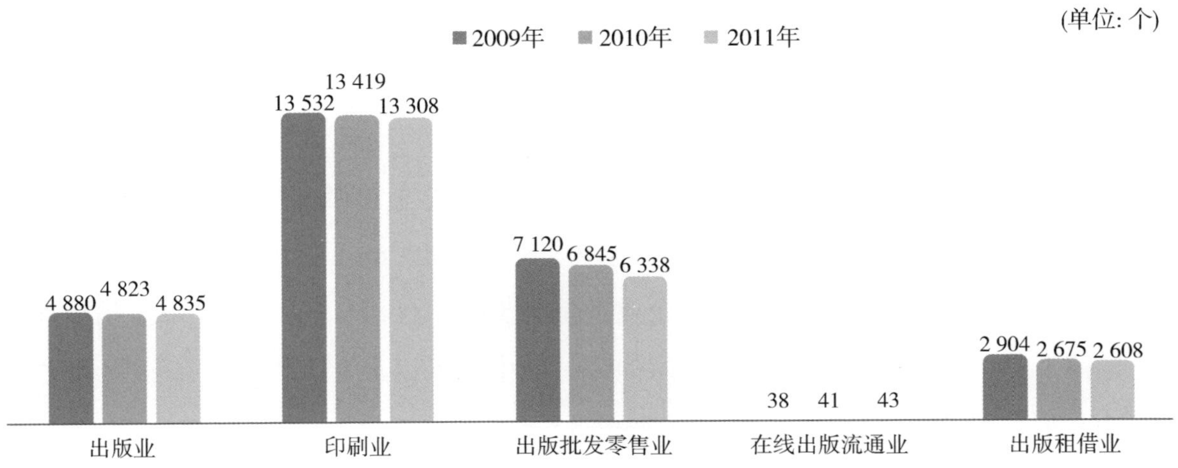


图 4-1-1　出版行业各年度企业数量现状

从销售额规模来看，销售额规模为 1 亿韩元以下的企业数量为12 450个（45.9%），所占比例最大；其次是 1 亿韩元以上 10 亿韩元以下的企业，数量为12 037个（44.4%）；10 亿韩元以上 100 亿韩元以下的企业数量是2 422个（8.9%）；100 亿韩元以上的企业数量为 23 个，所占比例最小（0.8%）。从增减率来看，2011 年 1 亿韩元以下的企业数比上年减少了 4.5%，年平均减少了 4.2%，与其他销售额规模的企业数量相比减少率最大，各企业数量整体上呈减少的趋势。

表 4-1-5　**出版行业各年度不同销售额规模的企业数量现状③**　（单位：个）

| 年度 / 销售额规模 | 2009 年 | 2010 年 | 2011 年 | 比重（%） | 同比增减率（%） | 年平均增减率（%） |
|---|---|---|---|---|---|---|
| 不足 1 亿韩元 | 13 576 | 13 032 | 12 450 | 45.9 | ▽4.5 | ▽4.2 |
| 1 亿~10 亿韩元 | 12 202 | 12 109 | 12 037 | 44.4 | ▽0.6 | ▽0.7 |
| 10 亿~100 亿韩元 | 2 467 | 2 437 | 2 422 | 8.9 | ▽0.6 | ▽0.9 |
| 100 亿韩元以上 | 229 | 225 | 223 | 0.8 | ▽0.9 | ▽1.3 |
| 合计 | 28 474 | 27 803 | 27 132 | 100.0 | ▽2.4 | ▽2.4 |

① 电子出版产业规模中只计算电子书服务的销售额规模。

② 网络书店（漫画除外）除外。

③ 网络书店（漫画除外）除外。

(单位: 个)

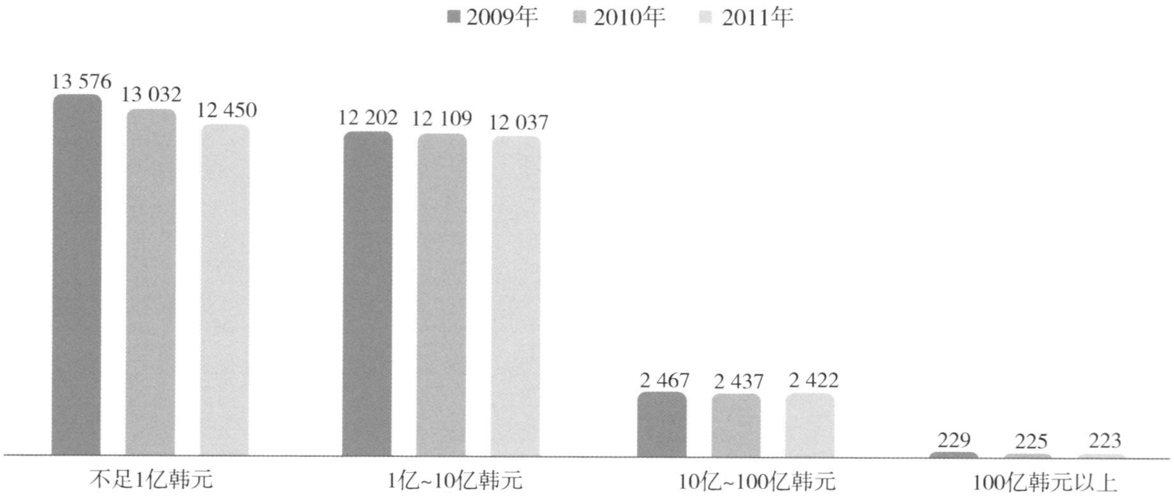


图 4-1-2　出版行业各年度各销售额规模的企业数量现状

从从业者规模来看，1 人以上 4 人以下的企业数量在企业总数中所占比例最大，为21 929个(80.8%)；其次是 5 人以上 9 人以下的企业，数量为2 932个(10.8%)；10 人以上 49 人以下的企业数量为1 966个(7.2%)；50 人以上 99 人以下的企业数量为 184 个(0.7%)；100 人以上的企业数量为 121 个(0.5%)。整体上看，企业数量呈现出减少的趋势，其中 5 人以上 9 人以下的企业数量比上年减少了 3.2%，年平均减少了 3.7%，呈现出最大的减少率。

表 4-1-6　　出版行业各年度各从业者规模的企业数量现状①　　(单位：个)

| 从业者规模 \ 年度 | 2009 年 | 2010 年 | 2011 年 | 比重(%) | 同比增减率(%) | 年平均增减率(%) |
|---|---|---|---|---|---|---|
| 1~4 人 | 22 947 | 22 449 | 21 929 | 80.8 | ▽2.3 | ▽2.2 |
| 5~9 人 | 3 162 | 3 029 | 2 932 | 10.8 | ▽3.2 | ▽3.7 |
| 10~49 人 | 2 046 | 2 014 | 1 966 | 7.2 | ▽2.4 | ▽2.0 |
| 50~99 人 | 191 | 188 | 184 | 0.7 | ▽2.1 | ▽1.8 |
| 100 人以上 | 128 | 123 | 121 | 0.5 | ▽1.6 | ▽2.8 |
| 合计 | 28 474 | 27 803 | 27 132 | 100.0 | ▽2.4 | ▽2.4 |

从 2011 年出版行业各地区的企业数量现状来看，首尔的企业数是9 919个(36.6%)，比上年减少了 1.0%，2009 年至 2011 年，年平均减少了 1.9%。6 个广域市的企业数是7 984个(29.4%)，其中釜山的企业数是2 423个(8.9%)，比其他都市更多。9 个道中京畿道的企业数是4 213个(15.5%)，是除首尔外最多的地区。济州道的企业数呈现出最大的减少率，比上年减少了 8.3%，年平均减少了 6.0%。蔚山、庆尚北道、庆尚南道等地的企业数量也有较大幅度的减少。

① 网络书店(漫画除外)除外。

(单位: 个)

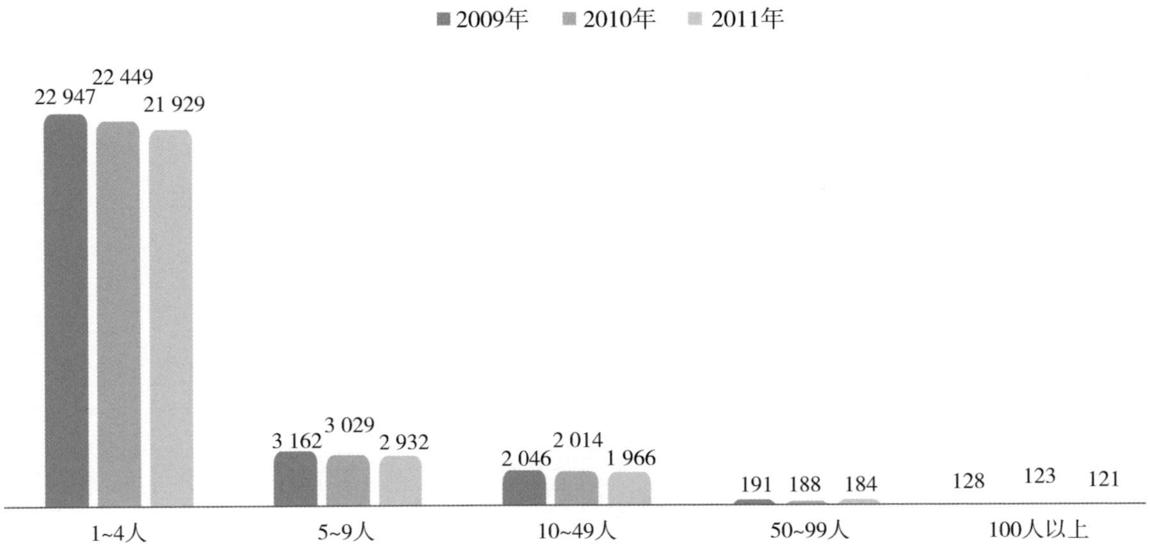


图 4-1-3 出版行业各年度各从业者规模的企业数量现状

表 4-1-7 **出版行业各年度各地区企业数量现状**① (单位：个)

| 地区 \ 年度 | | 2009 年 | 2010 年 | 2011 年 | 比重（%） | 同比增减率（%） | 年平均增减率（%） |
|---|---|---|---|---|---|---|---|
| 首尔 | | 10 304 | 10 019 | 9 919 | 36.6 | ▽1.0 | ▽1.9 |
| 6 个城市 | 釜山 | 2 491 | 2 452 | 2 423 | 8.9 | ▽1.2 | ▽1.4 |
| | 大邱 | 1 912 | 1 879 | 1 857 | 6.8 | ▽1.2 | ▽1.4 |
| | 仁川 | 1 222 | 1 201 | 1 169 | 4.3 | ▽2.7 | ▽2.2 |
| | 光州 | 1 141 | 1 122 | 1 088 | 4.0 | ▽3.0 | ▽2.4 |
| | 大田 | 1 030 | 1 018 | 976 | 3.6 | ▽4.1 | ▽2.7 |
| | 蔚山 | 516 | 508 | 471 | 1.7 | ▽7.3 | ▽4.5 |
| | 小计 | 8 312 | 8 180 | 7 984 | 29.4 | ▽2.4 | ▽2.0 |
| 9 个道 | 京畿道 | 4 457 | 4 325 | 4 213 | 15.5 | ▽2.6 | ▽2.8 |
| | 江原道 | 713 | 697 | 661 | 2.4 | ▽5.2 | ▽3.7 |
| | 忠清北道 | 424 | 402 | 375 | 1.4 | ▽6.7 | ▽6.0 |
| | 忠清南道 | 637 | 623 | 582 | 2.1 | ▽6.6 | ▽4.4 |
| | 全罗北道 | 642 | 625 | 588 | 2.2 | ▽5.9 | ▽4.3 |
| | 全罗南道 | 724 | 711 | 682 | 2.5 | ▽4.1 | ▽2.9 |
| | 庆尚北道 | 935 | 916 | 889 | 3.3 | ▽2.9 | ▽2.5 |
| | 庆尚南道 | 1 189 | 1 173 | 1 118 | 4.1 | ▽4.7 | ▽3.0 |
| | 济州道 | 137 | 132 | 121 | 0.5 | ▽8.3 | ▽6.0 |
| | 小计 | 9 858 | 9 604 | 9 229 | 34.0 | ▽3.9 | ▽3.2 |
| 合计 | | 28 474 | 27 803 | 27 132 | 100.0 | ▽2.4 | ▽2.4 |

① 网络书店(漫画除外)除外。

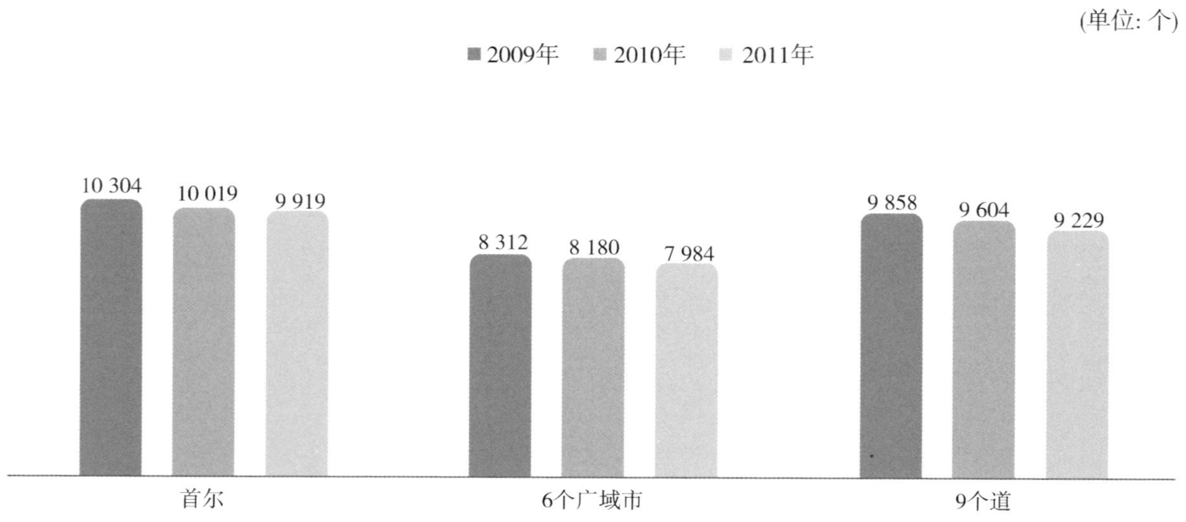


图 4-1-4　出版行业各年度各地区企业数量现状

## (三)出版行业的销售额现状

2011 年出版行业销售额为 21 兆 2445 亿韩元，与上年相比变化不是很明显，2009 年至 2011 年，年平均增加了 1.5%。从业种来看，出版业 2011 年销售额为 8 兆7 278亿韩元(41.1%)，比上年增加了 2.4%，年平均增加了 3.6%；印刷业销售额为 4 兆 262 亿韩元(18.9%)，比上年减少了 2.6%，年平均减少了 0.6%；出版批发零售业销售额为 7 兆1 061亿韩元(33.5%)，比上年减少了 3.1%，年平均减少了 1.4%；在线出版流通业销售额为 1 兆3 220亿韩元(6.2%)，比上年增加了 10.5%，年平均增加了 12.1%；出版租借业销售额为 623 亿韩元(0.3%)，比上年增加了 10.6%，年平均增加了 12.9%。

从年度来看，2009 年出版行业销售额为 20 兆6 091亿韩元，2010 年为 21 兆2 437亿韩元，2011 年为 21 兆2 445亿韩元，呈现出持续增加的趋势。

表 4-1-8　出版行业各年度各业种的企业销售额现状　(单位：百万韩元)

| 中分类 | 小分类 | 销售额 | | | 比重(%) | 同比增减率(%) | 年平均增减率(%) |
|---|---|---|---|---|---|---|---|
| | | 2009 年 | 2010 年 | 2011 年 | | | |
| 出版业 | 书籍出版业(纸质媒体出版业) | 1 429 598 | 1 406 328 | 1 291 882 | 6.1 | ▽8.1 | ▽4.9 |
| | 教科书及学习用书出版业 | 2 352 449 | 2 488 256 | 2 658 152 | 12.5 | 6.8 | 6.3 |
| | 网络/移动电子出版制作业 | 97 829 | 113 267 | 159 348 | 0.8 | 40.7 | 27.6 |
| | 报纸发行业 | 2 589 128 | 2 789 823 | 2 864 131 | 13.5 | 2.7 | 5.2 |
| | 杂志及定期刊物发行业 | 1 006 885 | 1 103 525 | 1 123 076 | 5.3 | 1.8 | 5.6 |
| | 定期广告刊物发行业 | 420 268 | 432 823 | 438 255 | 2.1 | 1.3 | 2.1 |
| | 其他印刷品出版业 | 232 346 | 192 551 | 192 972 | 0.9 | 0.2 | ▽8.9 |
| | 小计 | 8 128 503 | 8 526 573 | 8 727 816 | 41.1 | 2.4 | 3.6 |

续表

| 中分类 | 小分类 | 销售额 | | | 比重（%） | 同比增减率（%） | 年平均增减率（%） |
|---|---|---|---|---|---|---|---|
| | | 2009 年 | 2010 年 | 2011 年 | | | |
| 印刷业 | 印刷业① | 4 073 941 | 4 132 273 | 4 026 284 | 18.9 | ▽2.6 | ▽0.6 |
| | 小计 | 4 073 941 | 4 132 273 | 4 026 284 | 18.9 | ▽2.6 | ▽0.6 |
| 出版批发零售业 | 书籍及杂志类批发业 | 3 156 547 | 2 963 227 | 2 883 625 | 13.6 | ▽2.7 | ▽4.4 |
| | 书籍及杂志类零售业 | 4 149 611 | 4 369 331 | 4 222 508 | 19.9 | ▽3.4 | 0.9 |
| | 小计 | 7 306 158 | 7 332 558 | 7 106 133 | 33.5 | ▽3.1 | ▽1.4 |
| 在线出版流通业 | 网络/移动电子出版服务业 | 68 212 | 79 251 | 104 782 | 0.5 | 32.2 | 23.9 |
| | 网络书店(漫画除外)② | 983 440 | 1 116 816 | 1 217 241 | 5.7 | 9.0 | 11.3 |
| | 小计 | 1 051 652 | 1 196 067 | 1 322 023 | 6.2 | 10.5 | 12.1 |
| 出版租借业 | 书籍租借业(漫画除外) | 48 869 | 56 327 | 62 325 | 0.3 | 10.6 | 12.9 |
| | 小计 | 48 869 | 56 327 | 62 325 | 0.3 | 10.6 | 12.9 |
| 合计 | | 20 609 123 | 21 243 798 | 21 244 581 | 100.0 | 0.0 | 1.5 |

(单位: 百万韩元)

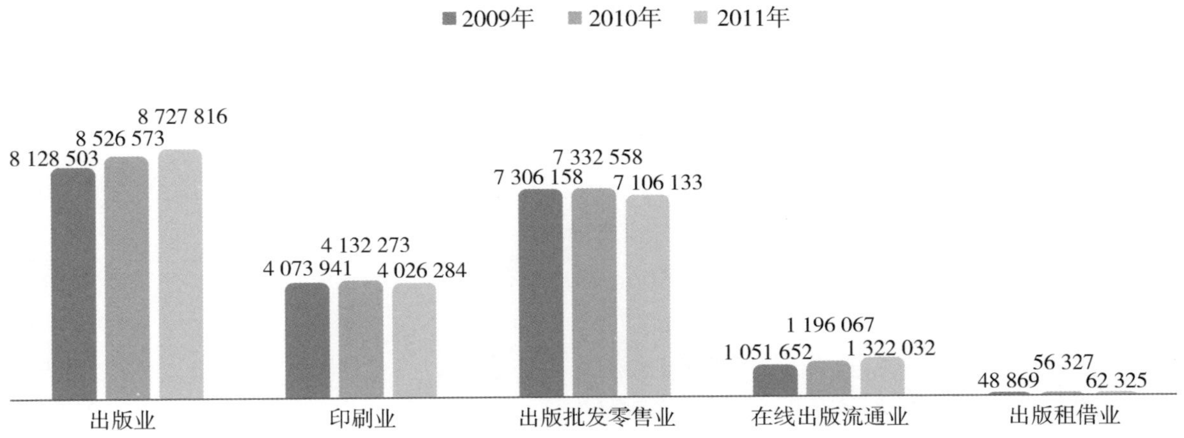


图 4-1-5　出版行业各年度各业种的企业销售额现状

## 1. 出版行业中出版业销售额现状

2011 年出版行业中出版业的销售额为 8 兆7 278亿韩元，比上年增加了 2.4%，2009 年至 2011 年，年平均增加了 3.6%。按行业类别分析，书籍出版业(纸质媒体出版业)的销售额为 1 兆2 918亿韩元(14.8%)，比上年减少了 8.1%，年平均减少了 4.9%。教科书及学习用书出版业的销售额为 2 兆6 581亿韩元(30.5%)，比上年增加了 6.8%，年平均增加了 6.3%。网络/移动电子出版制作业的销售额为 1 593亿韩元(1.8%)，比上年增加 40.7%，年平均增加了 27.6%。报纸发行的销售额为 2 兆8 641亿韩

① 至 2009 年，印刷业的资料为引用(统计厅《矿业制造业调查》、《全国企业调查》)，从 2010 年开始实施实际调查。
② 统计厅发布的《网络购物动向调查》，2012 年。

元(32.8%)，比上年增加了 2.7%，年平均增加了 5.2%。杂志及定期刊物发行业的销售额为 1 兆1 230亿韩元(12.9%)，比上年增加了 1.8%，年平均增加了 5.6%。定期广告刊行物发刊业的销售额为4 382亿韩元(5.0%)，比上年增加了 1.3%，年平均增加了 2.1%。其他印刷品出版业的销售额为1 929亿韩元(2.2%)，比上年增加了 0.2%，年平均减少了 8.9%。

表 4-1-9　　出版行业中出版业的各业种各年度销售额现状　　(单位：百万韩元)

| 中分类 | 小分类 | 销售额 | | | 比重 | 同比增减率 | 年平均增减率 |
|---|---|---|---|---|---|---|---|
| | | 2009 年 | 2010 年 | 2011 年 | (%) | (%) | (%) |
| 出版业 | 书籍出版业(纸质媒体出版业) | 1 429 598 | 1 406 328 | 1 291 882 | 14.8 | ▽8.1 | ▽4.9 |
| | 教科书及学习用书出版业 | 2 352 449 | 2 488 256 | 2 658 152 | 30.5 | 6.8 | 6.3 |
| | 网络/移动电子出版制作业 | 97 829 | 113 267 | 159 348 | 1.8 | 40.7 | 27.6 |
| | 报纸发行业 | 2 589 128 | 2 789 823 | 2 864 131 | 32.8 | 2.7 | 5.2 |
| | 杂志及定期刊物发行业 | 1 006 885 | 1 103 525 | 1 123 076 | 12.9 | 1.8 | 5.6 |
| | 定期广告刊物发行业 | 420 268 | 432 823 | 438 255 | 5.0 | 1.3 | 2.1 |
| | 其他印刷品出版业 | 232 346 | 192 551 | 192 972 | 2.2 | 0.2 | ▽8.9 |
| | 合计 | 8 128 503 | 8 526 573 | 8 727 816 | 100.0 | 2.4 | 3.6 |

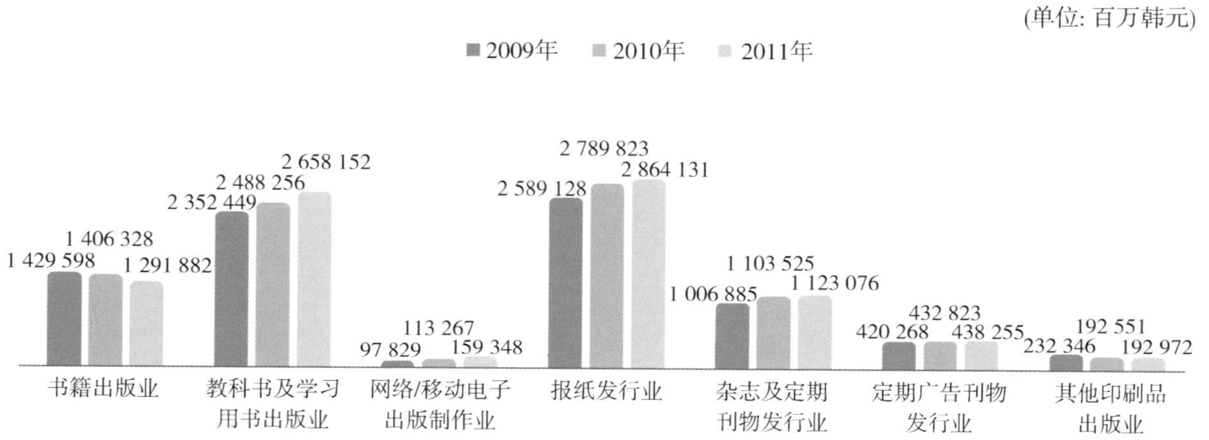


图 4-1-6　出版行业中出版业的各业种各年度销售额现状

## 2. 出版行业中出版批发零售业销售额现状

2011 年出版行业中出版批发零售业的销售额为 7 兆1 061亿韩元，比上年减少了 3.1%，2009 年至 2011 年，年平均减少了 1.4%。

从业种来看，书籍及杂志类批发业的销售额为 2 兆8 836亿韩元(40.6%)，比上年减少了 2.7%，年平均减少了 4.4%；书籍及杂志类零售业的销售额为 4 兆2 225亿韩元(59.4%)，比上年减少了 3.4%，年平均增加了 0.9%。

表 4-1-10　　**出版行业中出版批发零售业各业种各年度的销售额现状**　　（单位：百万韩元）

| 中分类 | 小分类 | 销售额 | | | 比重（%） | 同比增减率（%） | 年平均增减率（%） |
|---|---|---|---|---|---|---|---|
| | | 2009 年 | 2010 年 | 2011 年 | | | |
| 出版批发零售业 | 书籍及杂志类批发业 | 3 156 547 | 2 963 227 | 2 883 625 | 40. 6 | ▽2. 7 | ▽4. 4 |
| | 书籍及杂志类零售业 | 4 149 611 | 4 369 331 | 4 222 508 | 59. 4 | ▽3. 4 | 0. 9 |
| | 小计 | 7 306 158 | 7 332 558 | 7 106 133 | 100. 0 | ▽3. 1 | ▽1. 4 |

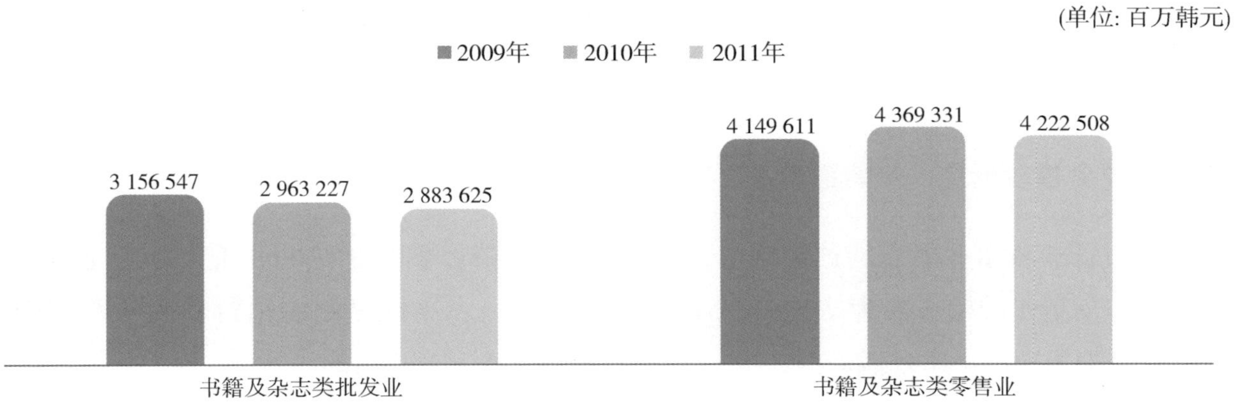


图 4-1-7　出版行业中出版批发零售业各业种各年度的销售额现状

### 3. 出版行业中在线出版流通业及出版租借业销售额现状

2011 年出版行业中在线出版流通业的销售额为 1 兆3 220亿韩元，比上年增加了 10. 5%，2009 年至 2011 年，年平均增加了 12. 1%。出版租借业的销售额为 623 亿韩元，比上年增加了 10. 6%，年平均增加了 12. 9%。

从业种来看，网络/移动电子出版服务业的销售额为1 047亿韩元(7. 9%)，比上年增加了 32. 2%，年平均增加了 23. 9%。网络书店(漫画除外)的销售额为 1 兆2 172亿韩元(92. 1%)，比上年增加了 9. 0%，年平均增加了 11. 3%。

表 4-1-11　　**出版行业中在线出版流通业及出版租借业各业种各年度的销售额现状**　　（单位：百万韩元）

| 中分类 | 小分类 | 销售额 | | | 比重（%） | 同比增减率（%） | 年平均增减率（%） |
|---|---|---|---|---|---|---|---|
| | | 2009 年 | 2010 年 | 2011 年 | | | |
| 在线出版流通业 | 网络/移动电子出版服务业① | 68 212 | 79 251 | 104 782 | 7. 9 | 32. 2 | 23. 9 |
| | 网络书店(漫画除外)② | 983 440 | 1 116 816 | 1 217 241 | 92. 1 | 9. 0 | 11. 3 |
| | 小计 | 1 051 652 | 1 196 067 | 1 322 023 | 100. 0 | 10. 5 | 12. 1 |
| 出版租借业 | 书籍租借业(漫画除外) | 48 869 | 56 327 | 62 325 | 100. 0 | 10. 6 | 12. 9 |
| | 小计 | 48 869 | 56 327 | 62 325 | 100. 0 | 10. 6 | 12. 9 |

① 电子出版产业规模中只计算电子书服务的销售额规模。
② 统计厅发布的《网络购物动向调查》，2012 年。

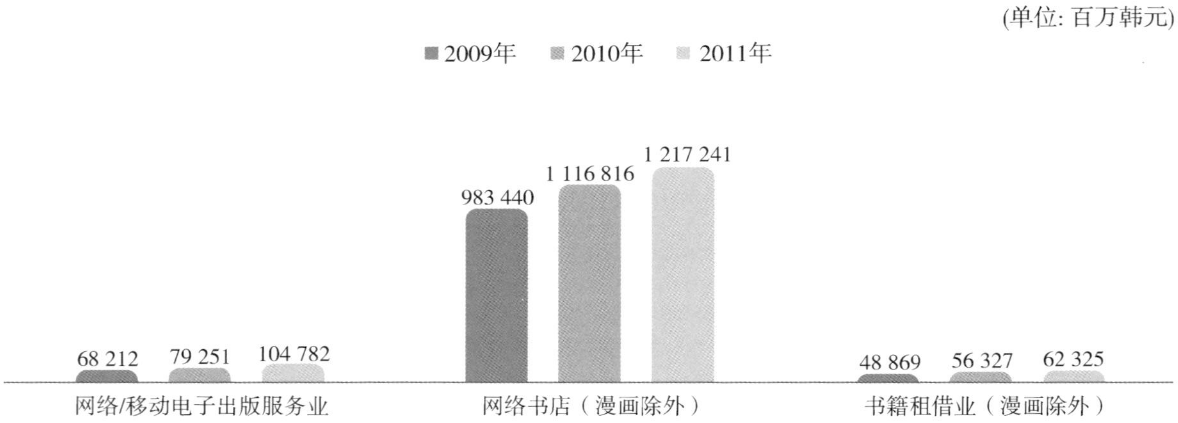


图 4-1-8　出版行业中在线出版流通业及出版租借业各业种各年度的销售额现状

### 4. 出版行业各事业形态的销售额现状

2011 年出版行业各事业形态的销售额中，流通/发行的销售额为 8 兆6 697亿韩元，占全部销售额的 40. 8%；创作及制作的销售额为 7 兆9 475亿韩元(37. 4%)；单纯复制的销售额为 4 兆1 919亿韩元(19. 7%)；其他销售额为4 189亿韩元(2. 0%)；制作服务的销售额为 164 亿韩元(0. 1%)。

表 4-1-12　　出版行业各事业形态中各业种的销售额现状　　(单位：百万韩元)

| 事业形态 / 业种 | 创作及制作 | 制作服务 | 单纯复制 | 流通/供应 | 其他 | 合计 |
|---|---|---|---|---|---|---|
| 书籍出版业(纸质媒体出版业) | 1 137 407 | 8 925 | 30 376 | 88 591 | 26 583 | 1 291 882 |
| 教科书及学习用书出版业 | 2 288 793 | 2 156 | 3 157 | 211 355 | 152 691 | 2 658 152 |
| 网络/移动电子出版制作业 | 143 433 | — | — | 13 587 | 2 328 | 159 34 |
| 报纸发行业 | 2 801 132 | 962 | 1 522 | 13 558 | 46 957 | 2 864 131 |
| 杂志及定期刊物发行业 | 1 072 481 | 3 281 | 2 325 | 19 657 | 25 332 | 1 123 076 |
| 定期广告刊物发行业 | 371 601 | 1 132 | 1 358 | 53 638 | 10 526 | 438 255 |
| 其他印刷品出版业 | 56 588 | — | 126 878 | 6 259 | 3 247 | 192 972 |
| 印刷业 | — | — | 4 026 284 | — | — | 4 026 284 |
| 书籍及杂志类批发业 | 35 668 | — | — | 2 759 305 | 88 652 | 2 883 625 |
| 书籍及杂志类零售业 | 27 535 | — | — | 4 141 714 | 53 259 | 4 222 508 |
| 网络/移动电子出版服务业① | 12 881 | — | — | 82 544 | 9 357 | 104 782 |
| 网络书店(漫画除外)② | — | — | — | 1 217 241 | — | 1 217 241 |
| 书籍租借业(漫画除外) | — | — | — | 62 325 | — | 62 325 |
| 合计 | 7 947 519 | 16 456 | 4 191 900 | 8 669 774 | 418 932 | 21 244 581 |
| 比重(%) | 37. 4 | 0. 1 | 19. 7 | 40. 8 | 2. 0 | 100. 0 |

从增减率来看，创作及制作的销售额比上年增加了 1. 9%，2009 年至 2011 年，年平均增加了 3. 5%，同比增减率和年平均增减率都比其他事业形态更高。流通/发行的销售额比上年增加了 0. 3%，年平均增加了 1. 6%；单纯复制的销售额比上年减少了 2. 8%，年平均减少了 1. 1%。制作服务的销售

① 电子出版产业规模中只计算电子书服务的销售额规模。
② 统计厅发布的《网络购物动向调查》，2012 年。

额比上年减少了 17.6%，年平均减少了 11.7%；其他销售额比上年减少了 10.2%，年平均减少了 7.6%。

表 4-1-13　　出版行业各年度各事业形态的销售额现状①　　（单位：百万韩元）

| 年度 \ 事业形态 | 创作及制作 | 制作服务 | 单纯复制 | 流通/发行 | 其他 | 合计 |
|---|---|---|---|---|---|---|
| 2009 年 | 7 415 749 | 21 116 | 4 287 630 | 8 393 974 | 490 654 | 20 609 123 |
| 2010 年 | 7 797 743 | 19 976 | 4 313 760 | 8 646 057 | 466 262 | 21 243 798 |
| 2011 年 | 7 947 519 | 16 456 | 4 191 900 | 8 669 774 | 418 932 | 21 244 581 |
| 同比增减率(%) | 1.9 | ▽17.6 | ▽2.8 | 0.3 | ▽10.2 | 0.0 |
| 年平均增减率(%) | 3.5 | ▽11.7 | ▽1.1 | 1.6 | ▽7.6 | 1.5 |

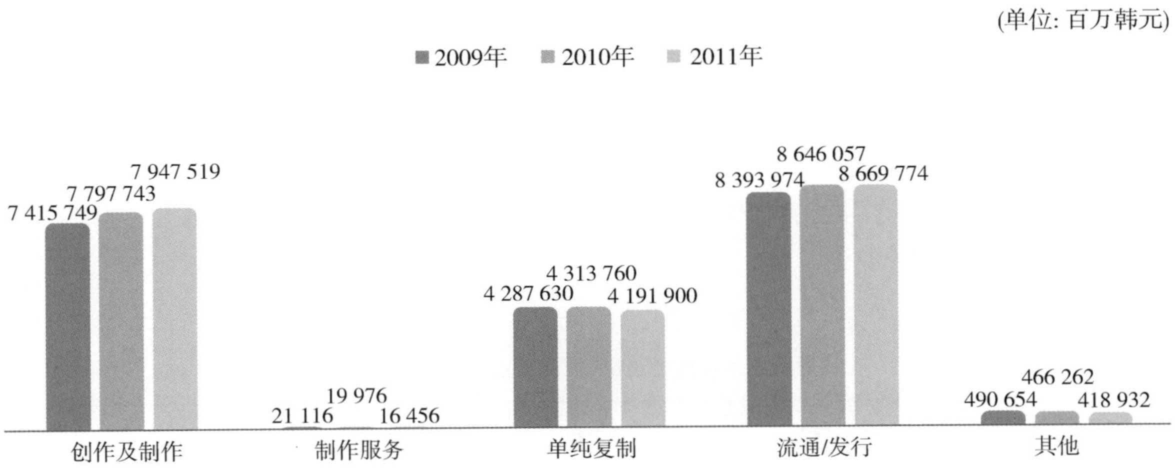


图 4-1-9　出版行业各年度各事业形态的销售额现状

### 5. 出版行业各销售额规模的企业销售额现状

从 2011 年出版行业各销售额规模的企业销售额现状来看，销售额规模在 100 亿韩元以上的企业销售额为 77 亿韩元(51.8%)。销售额规模在 10 亿韩元以上 100 亿韩元以下的企业销售额为 7 兆1 784亿韩元(33.8%)，销售额规模在 1 亿韩元以上 10 亿韩元以下的企业销售额为 2 兆6 006亿韩元(12.2%)，销售额规模在 1 亿韩元以下的企业销售额为4 577亿韩元(2.2%)。

表 4-1-14　　出版行业各销售额规模的企业中各业种的销售额现状(2011 年)　　（单位：百万韩元）

| 业种 \ 销售额规模 | 不足 1 亿韩元 | 1 亿~10 亿韩元 | 10 亿~100 亿韩元 | 100 亿韩元以上 | 合计 |
|---|---|---|---|---|---|
| 书籍出版业(纸质媒体出版业) | 8 753 | 266 251 | 602 527 | 414 351 | 1 291 882 |
| 教科书及学习用书出版业 | 5 985 | 79 652 | 482 339 | 2 090 176 | 2 658 152 |
| 网络/移动电子出版制作业 | 883 | 19 657 | 138 808 | — | 159 348 |
| 报纸发行业 | 1 187 | 29 636 | 209 234 | 2 624 074 | 2 864 131 |
| 杂志及定期刊物发行业 | 10 252 | 155 887 | 556 187 | 400 750 | 1 123 076 |

① 至 2009 年，印刷业的资料为引用(统计厅《矿业制造业调查》《全国企业调查》)，从 2010 年开始实施实际调查。

续表

| 业种＼销售额规模 | 不足 1 亿韩元 | 1 亿～10 亿韩元 | 10 亿～100 亿韩元 | 100 亿韩元以上 | 合计 |
|---|---|---|---|---|---|
| 定期广告刊物发行业 | 2 119 | 75 892 | 258 139 | 102 105 | 438 255 |
| 其他印刷品的出版业 | 6 852 | 61 339 | 62 378 | 62 403 | 192 972 |
| 印刷业 | 342 158 | 855 256 | 1 569 522 | 1 259 348 | 4 026 284 |
| 书籍及杂志类批发业 | 18 525 | 308 723 | 1 322 321 | 1 234 056 | 2 883 625 |
| 书籍及杂志类零售业 | 23 592 | 711 386 | 1 818 977 | 1 668 553 | 4 222 508 |
| 网络/移动电子出版服务业① | 355 | 11 667 | 92 760 | — | 104 782 |
| 网络书店(漫画除外)② | - | — | 65 293 | 1 151 948 | 1 217 241 |
| 书籍租借业(漫画除外) | 37 068 | 25 257 | — | — | 62 325 |
| 合计 | 457 729 | 2 600 603 | 7 178 485 | 11 007 764 | 21 244 581 |
| 比重(%) | 2.2 | 12.2 | 33.8 | 51.8 | 100.0 |

从年度来看，销售额规模在 100 亿韩元以上的企业 2011 年销售额比上年增加了 2.1%，2009 年至 2011 年，年平均增加了 4.6%。销售额规模在 10 亿韩元以上 100 亿韩元以下的企业销售额比上年减少了 2.1%，年平均减少了 1.9%；销售额规模在 1 亿韩元以上 10 亿韩元以下的企业销售额比上年减少了 1.9%，年平均减少了 0.1%。并且，销售额规模在 1 亿韩元以下企业的销售额比上年减少了 5.7%，年平均减少了 2.4%。

表 4-1-15　**出版行业各年度各销售额规模的企业销售额现状**　(单位：百万韩元)

| 年度＼销售额规模 | 不足 1 亿韩元 | 1 亿～10 亿韩元 | 10 亿～100 亿韩元 | 100 亿韩元以上 | 合计 |
|---|---|---|---|---|---|
| 2009 年 | 480 457 | 2 607 638 | 7 463 710 | 10 057 318 | 20 609 123 |
| 2010 年 | 485 483 | 2 650 263 | 7 331 556 | 10 776 496 | 21 243 798 |
| 2011 年 | 457 729 | 2 600 603 | 7 178 485 | 11 007 764 | 21 244 581 |
| 同比增减率(%) | ▽5.7 | ▽1.9 | ▽2.1 | 2.1 | 0.0 |
| 年平均增减率(%) | ▽2.4 | ▽0.1 | ▽1.9 | 4.6 | 1.5 |

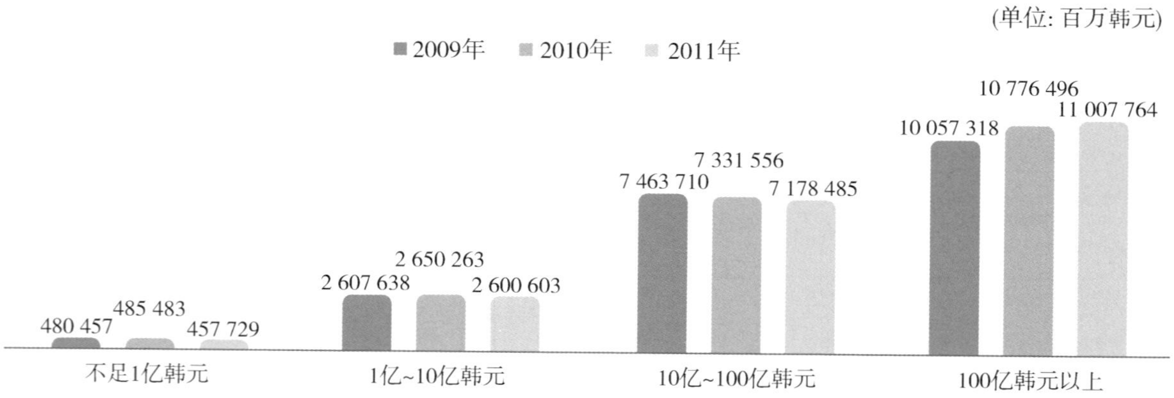


图 4-1-10　出版行业各年度各销售额规模的企业销售额现状

① 电子出版产业规模中只计算电子书服务的销售额规模。
② 统计厅发布的《网络购物动向调查》，2012 年。

### 6. 出版行业各从业者规模的企业销售额现状

从 2011 年出版行业各从业者规模的企业销售额现状来看，从业者规模在 100 人以上的企业销售额为 6 兆9 760亿韩元，占全部企业总销售额的 32.8%。从业者规模在 50 人以上 99 人以下的企业销售额为3 兆7 870亿韩元(17.8%)，10 人以上 49 人以下的企业销售额为 5 兆1 281亿韩元(24.1%)；5 人以上 9 人以下的企业销售额为 2 兆8 803亿韩元(13.6%)；1 人以上 4 人以下的企业销售额为 2 兆4 729亿韩元(11.7%)。

表 4-1-16 出版行业各业种各从业者规模的企业销售额现状(2011 年) (单位：百万韩元)

| 业种＼从业者规模 | 1~4 人 | 5~9 人 | 10~49 人 | 50~99 人 | 100 人以上 | 合计 |
|---|---|---|---|---|---|---|
| 书籍出版业(纸质媒体出版业) | 125 699 | 220 830 | 536 612 | 188 158 | 220 583 | 1 291 882 |
| 教科书及学习用书出版业 | 51 297 | 172 523 | 390 995 | 712 553 | 1 330 784 | 2 658 152 |
| 网络/移动电子出版制作业 | 6 822 | 7 359 | 75 872 | 69 295 | — | 159 348 |
| 报纸发行业 | 1 832 | 2 692 | 88 326 | 313 271 | 2 458 010 | 2 864 131 |
| 杂志及定期刊物发行业 | 188 553 | 154 522 | 379 251 | 282 526 | 118 224 | 1 123 076 |
| 定期广告刊物发行业 | 15 325 | 23 257 | 242 553 | 41 387 | 115 733 | 438 255 |
| 其他印刷品的出版业 | 35 294 | 22 558 | 31 587 | 103 533 | — | 192 972 |
| 印刷业 | 811 557 | 1 248 325 | 961 323 | 382 553 | 622 526 | 4 026 284 |
| 书籍及杂志类批发业 | 511 386 | 536 558 | 942 425 | 893 256 | — | 2 883 625 |
| 书籍及杂志类零售业 | 656 952 | 482 521 | 1 389 527 | 735 251 | 958 257 | 4 222 508 |
| 网络/移动电子出版服务业① | 5 933 | 9 212 | 89 637 | — | — | 104 782 |
| 网络书店(漫画除外)② | — | — | — | 65 293 | 1 151 948 | 1 217 241 |
| 书籍租借业(漫画除外) | 62 325 | — | — | — | — | 62 325 |
| 合计 | 2 472 975 | 2 880 357 | 5 128 108 | 3 787 076 | 6 976 065 | 21 244 581 |
| 比重(%) | 11.7 | 13.6 | 24.1 | 17.8 | 32.8 | 100.0 |

从年度来看，从业者规模在 1 人以上 4 人以下的企业销售额比上年减少了 3.1%，2009 年至 2011 年，年平均减少了 0.7%；5 人以上 9 人以下的企业销售额比上年减少了 3.3%，年平均减少了 2.7%；10 人以上 49 人以下的企业销售额比上年减少了 0.3%，年平均增加了 1.2%；50 人以上 99 人以下的企业销售额比上年增加了 17.8%，年平均增加了 7.0%；100 人以上的企业销售额比上年减少了 5.2%，年平均增加了 1.7%。

表 4-1-17 出版行业各年度各从业者规模的企业销售额现状 (单位：百万韩元)

| 年度＼从业者规模 | 1~4 人 | 5~9 人 | 10~49 人 | 50~99 人 | 100 人以上 | 合计 |
|---|---|---|---|---|---|---|
| 2009 年 | 2 509 324 | 3 045 226 | 5 003 938 | 3 307 189 | 6 743 446 | 20 609 123 |
| 2010 年 | 2 551 610 | 2 977 759 | 5 141 666 | 3 213 890 | 7 358 873 | 21 243 798 |
| 2011 年 | 2 472 975 | 2 880 357 | 5 128 108 | 3 787 076 | 6 976 065 | 21 244 581 |
| 同比增减率(%) | ▽3.1 | ▽3.3 | ▽0.3 | 17.8 | ▽5.2 | 0.0 |
| 年平均增减率(%) | ▽0.7 | ▽2.7 | 1.2 | 7.0 | 1.7 | 1.5 |

① 电子出版产业规模中只计算电子书服务的销售额规模。

② 统计厅发布的《网络购物动向调查》，2012 年。

(单位: 百万韩元)

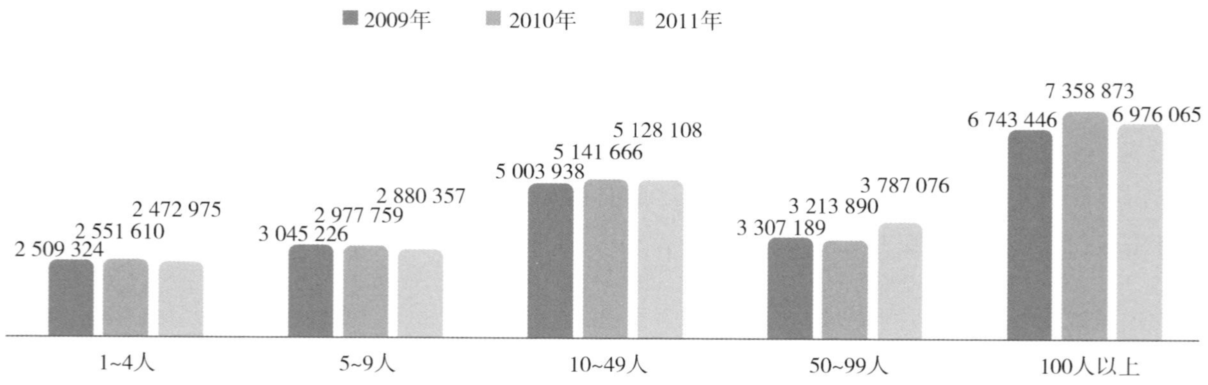


图 4-1-11　出版行业各年度各从业者规模的企业销售额现状

### 7. 出版行业各地区的销售额现状①

从 2011 年出版行业各地区的销售额现状来看，首尔的销售额为 12 兆3 121亿韩元，占整体的 61.5%，比上年减少了 0.5%，年平均增加了 0.7%。京畿道的销售额为 4 兆8 756亿韩元(24.3%)，釜山的销售额为5 373亿韩元，占整体的 2.7%。6 个广域市的销售额为 1 兆8 963亿韩元(9.4%)，比上年减少了 1.8%，年平均减少了 0.8%。9 个道的销售额为 5 兆8 188亿韩元，占整体的 29.1%，比上年减少了 0.2%，年平均增加了 2.3%。

表 4-1-18　　出版行业各地区各业种的销售额现状(2011 年)　　(单位：百万韩元)

| 地区 \ 业种 | | 出版业 | 印刷业 | 出版批发零售业 | 在线出版流通业 | 出版租借业 | 合计 | 比重(%) |
|---|---|---|---|---|---|---|---|---|
| 首尔 | | 6 076 916 | 1 546 252 | 4 565 567 | 100 441 | 22 953 | 12 312 129 | 61.5 |
| 6个广域市 | 釜山 | 189 635 | 90 533 | 252 551 | — | 4 627 | 537 346 | 2.7 |
| | 大邱 | 163 551 | 133 537 | 176 523 | — | 2 526 | 476 137 | 2.4 |
| | 仁川 | 79 979 | 112 886 | 126 252 | — | 2 468 | 321 585 | 1.6 |
| | 光州 | 93 445 | 51 483 | 98 385 | — | 2 122 | 245 435 | 1.2 |
| | 大田 | 73 216 | 44 366 | 105 327 | — | 1 825 | 224 734 | 1.1 |
| | 蔚山 | 24 362 | 20 072 | 45 351 | — | 1 298 | 91 083 | 0.4 |
| | 小计 | 624 188 | 452 877 | 804 389 | — | 14 866 | 1 896 320 | 9.4 |
| 9个道 | 京畿道 | 1 562 864 | 1 802 311 | 1 493 256 | 4 341 | 12 883 | 4 875 655 | 24.3 |
| | 江原道 | 40 811 | 14 922 | 18 687 | — | 1 525 | 75 945 | 0.4 |
| | 忠清北道 | 39 852 | 36 825 | 28 412 | — | 1 366 | 106 455 | 0.5 |
| | 忠清南道 | 67 553 | 42 116 | 28 557 | — | 1 858 | 140 084 | 0.7 |
| | 全罗北道 | 41 882 | 23 667 | 24 052 | — | 1 249 | 90 850 | 0.5 |
| | 全罗南道 | 11 586 | 4 621 | 22 116 | — | 1 415 | 39 738 | 0.2 |
| | 庆尚北道 | 148 215 | 40 383 | 45 087 | — | 1 598 | 235 283 | 1.2 |
| | 庆尚南道 | 96 327 | 61 522 | 57 325 | — | 2 213 | 217 387 | 1.1 |
| | 济州道 | 17 622 | 788 | 18 685 | — | 399 | 37 494 | 0.2 |
| | 小计 | 2 026 712 | 2 027 155 | 1 736 177 | 4 341 | 24 506 | 5 818 89 1 | 29.1 |
| 合计 | | 8 727 816 | 4 026 284 | 7 106 133 | 104 782 | 62 325 | 20 027 340 | 100.0 |

① 网络书店(漫画除外)除外。

表 4-1-19　　出版行业各年度各地区的销售额现状　　（单位：百万韩元）

| 地区 \ 年度 | | 2009 年 | 2010 年 | 2011 年 | 同比增减率（%） | 年平均增减率（%） |
|---|---|---|---|---|---|---|
| 首尔 | | 12 142 293 | 12 368 460 | 12 312 129 | ▽0.5 | 0.7 |
| 6个广域市 | 釜山 | 570 954 | 553 724 | 537 346 | ▽3.0 | ▽3.0 |
| | 大邱 | 475 387 | 478 936 | 476 137 | ▽0.6 | 0.1 |
| | 仁川 | 321 655 | 327 104 | 321 585 | ▽1.7 | ▽0.0 |
| | 光州 | 240 665 | 249 244 | 245 435 | ▽1.5 | 1.0 |
| | 大田 | 223 076 | 227 714 | 224 734 | ▽1.3 | 0.4 |
| | 蔚山 | 95 774 | 94 006 | 91 083 | ▽3.1 | ▽2.5 |
| | 小计 | 1 927 511 | 1 930 728 | 1 896 320 | ▽1.8 | ▽0.8 |
| 9个道 | 京畿道 | 4 598 223 | 4 855 481 | 4 875 655 | 0.4 | 3.0 |
| | 江原道 | 75 274 | 76 798 | 75 945 | ▽1.1 | 0.4 |
| | 忠清北道 | 103 808 | 106 511 | 106 455 | ▽0.1 | 1.3 |
| | 忠清南道 | 137 606 | 142 410 | 140 084 | ▽1.6 | 0.9 |
| | 全罗北道 | 89 051 | 91 544 | 90 850 | ▽0.8 | 1.0 |
| | 全罗南道 | 37 900 | 39 502 | 39 738 | 0.6 | 2.4 |
| | 庆尚北道 | 248 958 | 250 845 | 235 283 | ▽6.2 | ▽2.8 |
| | 庆尚南道 | 225 340 | 224 494 | 217 387 | ▽3.2 | ▽1.8 |
| | 济州道 | 39 719 | 40 209 | 37 494 | ▽6.8 | ▽2.8 |
| | 小计 | 5 555 879 | 5 827 794 | 5 818 891 | ▽0.2 | 2.3 |
| 合计 | | 19 625 683 | 20 126 982 | 20 027 340 | ▽0.5 | 1.0 |

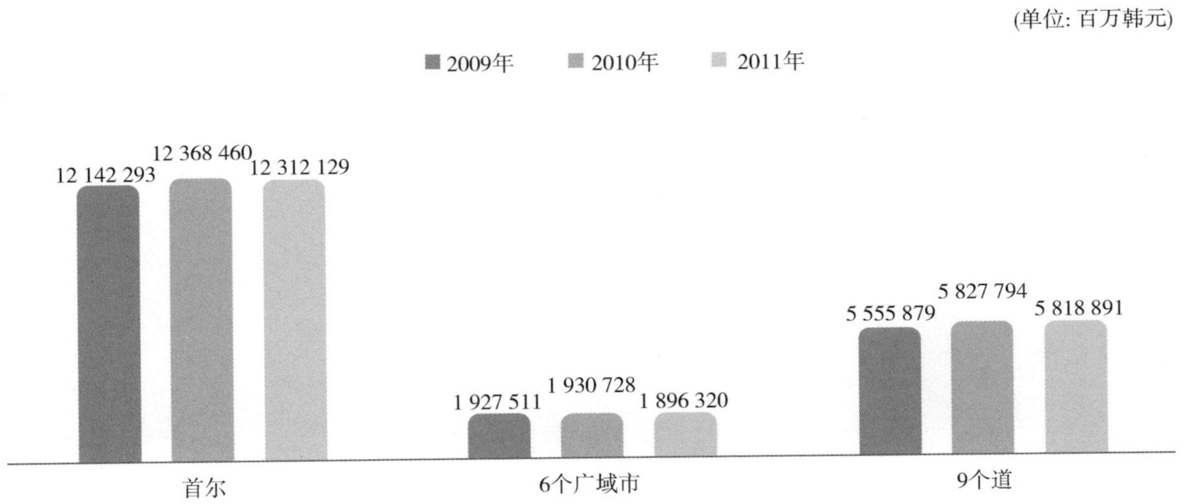


图 4-1-12　出版行业各年度各地区的销售额现状

## (四) 出版行业附加价值额的构成现状

2011 年出版行业附加价值额为 8 兆9 460亿韩元，比上年减少了 0.7%；2009 年至 2011 年，年平均增加了 1.2%，附加价值率是 42.11%。

从附加价值额构成现状来看，人工成本费所占比例最大，为 6 兆1 858亿韩元(69. 1%)。经常性收益为 1 兆1 301亿韩元(12. 6%)，比上年减少了 15. 0%，2009 年至 2011 年，年平均减少了 12. 0%。折旧费用为6 277亿韩元(7. 0%)，比上年增加了 0. 1%，年平均增加了 0. 1%。租借费用为4 724亿韩元(5. 3%)，比上年减少了 0. 5%，年平均增加了 0. 1%。纯金融费用为3 072亿韩元(3. 4%)，比上年减少了 0. 5%，年平均增加了 0. 2%。税费为2 226亿韩元(2. 5%)，比上年减少了 0. 3%，年平均减少了 0. 4%。

表 4-1-20　出版行业附加价值额的构成现状(2011 年)　(单位：百万韩元)

| 分类 | 销售额 | 附加价值额 | 附加价值率(%) | 附加价值额构成 | | | | | |
|---|---|---|---|---|---|---|---|---|---|
| | | | | 经常性收益 | 人工成本 | 纯金融费用 | 折旧费用 | 租借费用 | 税费 |
| 出版行业 | 21 244 581 | 8 946 093 | 42. 11 | 1 130 114 | 6 185 891 | 307 208 | 627 793 | 472 462 | 222 625 |
| 占附加价值额的比重(%) | | | | 12. 6 | 69. 1 | 3. 4 | 7. 0 | 5. 3 | 2. 5 |
| 占销售额的比重(%) | | | | 5. 3 | 29. 1 | 1. 4 | 3. 0 | 2. 2 | 1. 0 |

表 4-1-21　出版行业各年度附加价值额的构成状况　(单位：百万韩元)

| 年度＼附加价值额构成 | 附加价值额构成 | | | | | | 附加价值额合计 |
|---|---|---|---|---|---|---|---|
| | 经常性收益 | 人工成本 | 纯金融费用 | 折旧费用 | 租借费用 | 税费 | |
| 2009 年 | 1 458 953 | 5 661 048 | 305 767 | 614 062 | 471 763 | 224 614 | 8 736 207 |
| 2010 年 | 1 329 651 | 6 046 834 | 308 639 | 626 937 | 474 698 | 223 217 | 9 009 976 |
| 2011 年 | 1 130 114 | 6 185 891 | 307 208 | 627 793 | 472 462 | 222 625 | 8 946 093 |
| 同比增减率(%) | ▽15. 0 | 2. 3 | ▽0. 5 | 0. 1 | ▽0. 5 | ▽0. 3 | ▽0. 7 |
| 年平均增减率(%) | ▽12. 0 | 4. 5 | 0. 2 | 1. 1 | 0. 1 | ▽0. 4 | 1. 2 |

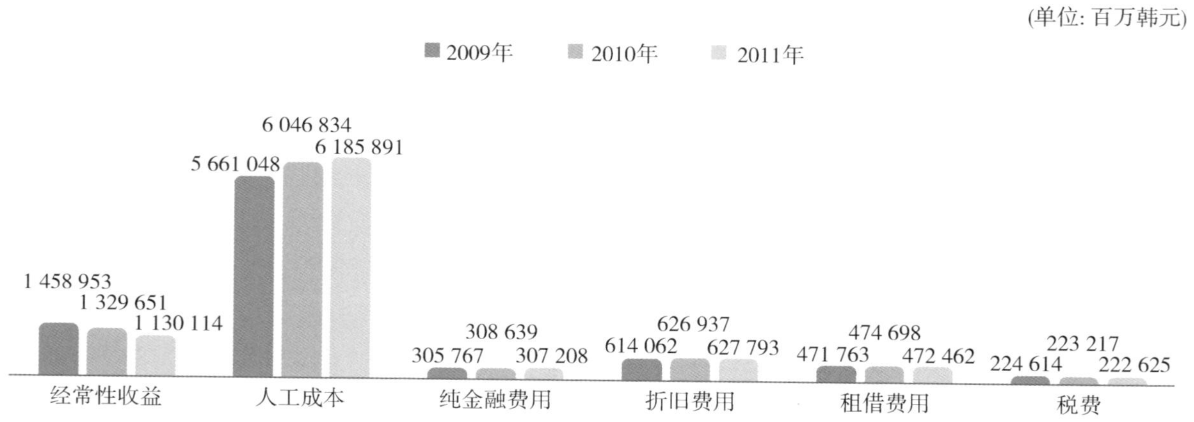

图 4-1-13　出版行业各年度附加价值额的构成现状

## (五)出版行业的进出口额现状①

2011 年出版行业的出口额为 2 亿8 343万美元，比上年减少了 20. 8%，2009 年至 2011 年，年平均

① 关税厅发布的《各品种进出口业绩》，2011 年。

增加了 6.3%；进口额为 3 亿5 160万美元，比上年增加了 3.5%，年平均增加了 0.5%。

从年度来看，出口额从 2009 年的 2 亿5 076万美元增加到 2010 年的 3 亿5 788万美元，再减少到 2011 年的 2 亿8 343万美元。进口额从 2009 年的 3 亿4 833万美元小幅降到 2010 年的 3 亿3 981万美元，2011 年又小幅增加到 3 亿5 160万美元。

表 4-1-22　　**出版行业出口与进口额现状**　　（单位：千美元）

| 分类 | 2009 年 | 2010 年 | 2011 年 | 同比增减率(%) | 年平均增减率(%) |
|---|---|---|---|---|---|
| 出口额 | 250 764 | 357 881 | 283 439 | ▽20.8 | 6.3 |
| 进口额 | 348 336 | 339 819 | 351 604 | 3.5 | 0.5 |
| 进出口差额 | ▽97 572 | 18 062 | ▽68 165 | — | — |

### 1. 出版行业各地区的出口额现状

2011 年出版行业各地区的出口额中，占总出口额比重最多的区域是北美，为9 012万美元，占总额的 31.8%；其次为日本，出口额为6 279万美元，占总额的 22.2%；对其他地区的出口总额为4 546万美元，占总额的 16.0%。此外，对中国的出口额为3 369万美元(11.9%)，对东南亚的出口额为2 981美元(10.5%)，对欧洲的出口额为2 155万美元(7.6%)。

按年度来看，调查显示，2009 年对日本的出口额为3 136万美元，2010 年为3 020万美元，2011 年为6 279万美元，与上年相比增加了 107.9%，年平均增加了 41.5%，呈现出大幅增长的趋势；对东南亚的出口额与上年相比减少了 80.1%，年平均减少了 20.9%；对中国的出口额与上年相比增加了 41.6%，但年平均减少了 5.0%；对北美的出口额与上年相比增加了 2.4%，年平均增加了 4.8%；对欧洲的出口额与上年相比增加了 2.8%，但年平均减少了 2.4%。对其他地区的出口额与上年相比增加了 1.2%，年平均增长了 23.7%。

表 4-1-23　　**出版行业各地区的出口额现状**　　（单位：千美元）

| 年度<br>地区 | 出　口　额 | | | 比重<br>(%) | 同比增减率<br>(%) | 年平均增减率<br>(%) |
|---|---|---|---|---|---|---|
| | 2009 年 | 2010 年 | 2011 年 | | | |
| 中国 | 37 356 | 23 790 | 33 693 | 11.9 | 41.6 | ▽5.0 |
| 日本 | 31 362 | 30 204 | 62 790 | 22.2 | 107.9 | 41.5 |
| 东南亚 | 47 634 | 149 984 | 29 810 | 10.5 | ▽80.1 | ▽20.9 |
| 北美 | 82 068 | 88 009 | 90 127 | 31.8 | 2.4 | 4.8 |
| 欧洲 | 22 639 | 20 976 | 21 557 | 7.6 | 2.8 | ▽2.4 |
| 其他 | 29 705 | 44 918 | 45 462 | 16.0 | 1.2 | 23.7 |
| 合计 | 250 764 | 357 881 | 283 439 | 100.0 | ▽20.8 | 6.3 |

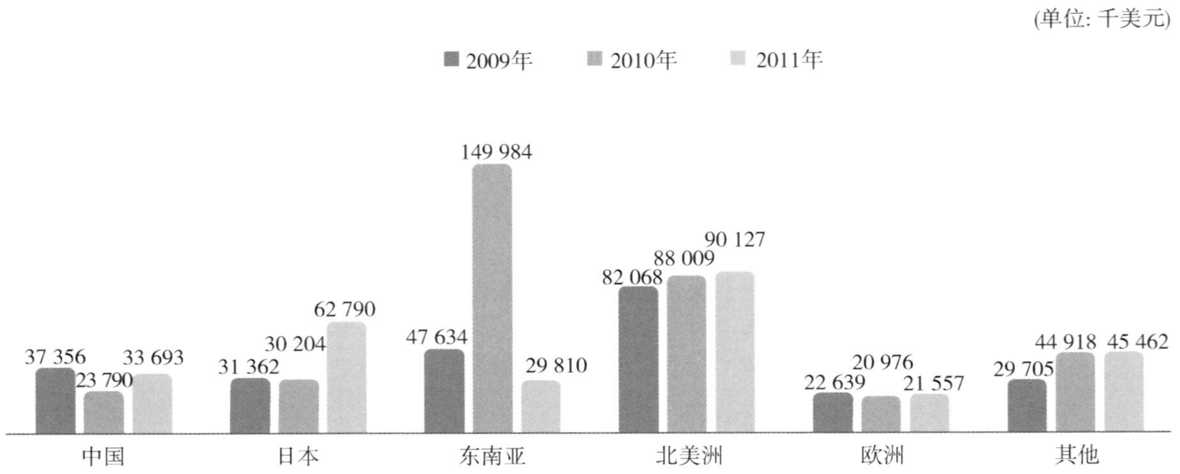


图 4-1-14　出版行业各地区的出口额现状

2011 年出版行业各地区的进口额中，占比最多的地区是北美，为 1 亿2 531万美元，占总进口额的 35. 6%。对欧洲的进口额为8 187万美元，占进口总额的 23. 3%；对中国的进口额为5 905万美元，占进口总额的 16. 8%。对日本的进口额为5 692万美元，占进口总额的 16. 2%；对东南亚的进口额为2 473 万美元，占进口总额的 7. 0%；对其他地区的进口额为 370 万美元，占进口总额的 1. 1%。

表 4-1-24　**出版行业各地区的进口额现状**　(单位：千美元)

| 年度 / 地区 | 进　口　额 | | | 比重 | 同比增减率 | 年平均增减率 |
|---|---|---|---|---|---|---|
| | 2009 年 | 2010 年 | 2011 年 | (%) | (%) | (%) |
| 中国 | 46 001 | 51 452 | 59 055 | 16. 8 | 14. 8 | 13. 3 |
| 日本 | 64 103 | 69 137 | 56 921 | 16. 2 | ▽17. 7 | ▽5. 8 |
| 东南亚 | 21 410 | 24 171 | 24 732 | 7. 0 | 2. 3 | 7. 5 |
| 北美 | 134 090 | 120 197 | 125 311 | 35. 6 | 4. 3 | ▽3. 3 |
| 欧洲 | 76 527 | 66 653 | 81 877 | 23. 3 | 22. 8 | 3. 4 |
| 其他 | 6 205 | 8 209 | 3 708 | 1. 1 | ▽54. 8 | ▽22. 7 |
| 合计 | 348 336 | 339 819 | 351 604 | 100. 0 | 3. 5 | 0. 5 |

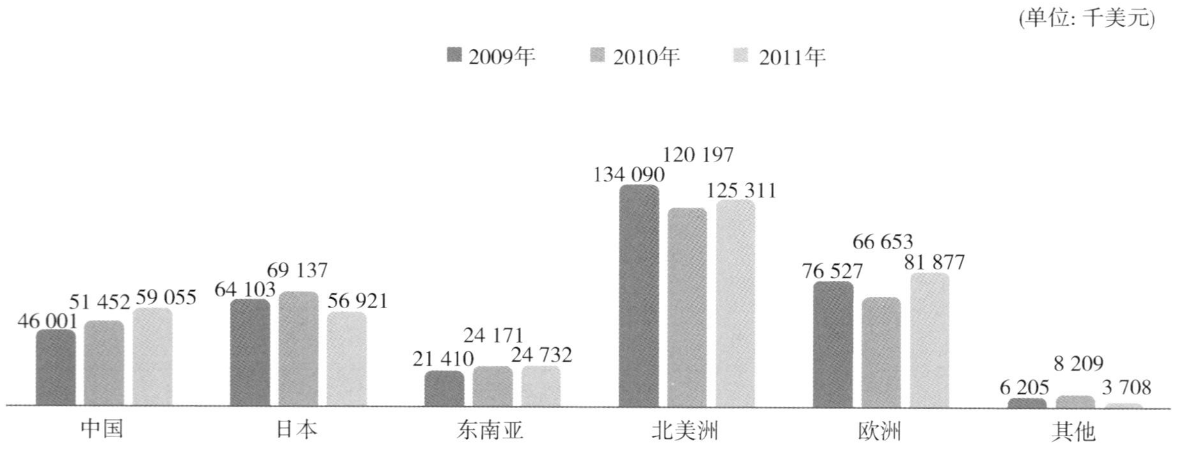


图 4-1-15　出版行业各地区的进口额现状

## 2. 出版行业各商品类别的进出口额现状

2011 年出版行业各商品类别的进出口额中，占比最多的是印刷书籍的出口额，为 1 亿1 786万美元，占出口总额的 41.6%；邮票的出口额为3 985万美元，占出口总额的 14.1%；日历的出口额为3 601万美元，占出口总额的 12.7%；其他印刷品的出口额为3 333万美元，占出口总额的 11.8%；贴花纸的出口额为2 818万美元，占出口总额的 9.9%；图样的出口额为 979 万美元，占出口总额的 3.4%；印刷的明信片的出口额为 841 万美元，占出口总额的 3.0%；报纸、杂志及定期发行物的出口额为 752 万美元，占出口总额的 2.6%。除此之外的商品出口额不超过出口总额的 1.0%。

表 4-1-25 出版行业各商品类别的出口额现状 （单位：千美元）

| 年度<br>商品类别 | 2009 年 | 2010 年 | 2011 年 | 比重（%） | 同比增减率（%） | 年平均增减率（%） |
|---|---|---|---|---|---|---|
| 印刷书籍 | 99 124 | 99 595 | 117 863 | 41.6 | 18.3 | 9.0 |
| 报纸、杂志及定期发行物 | 6 456 | 7 011 | 7 522 | 2.6 | 7.3 | 7.9 |
| 儿童用图画书 | 2 846 | 2 085 | 1 919 | 0.7 | ▽8.0 | ▽17.9 |
| 乐谱 | 15 | 17 | 1 | 0.0 | ▽94.1 | ▽74.2 |
| 地图、海图 | 387 | 379 | 536 | 0.2 | 41.4 | 17.7 |
| 图样 | 2 387 | 2 863 | 9 795 | 3.4 | 242.1 | 102.6 |
| 邮票 | 1 834 | 793 | 39 850 | 14.1 | 4 925.2 | 366.1 |
| 贴花纸 | 14 791 | 20 423 | 28 183 | 9.9 | 38.0 | 38.0 |
| 印刷的明信片 | 8 037 | 9 202 | 8 419 | 3.0 | ▽8.5 | 2.3 |
| 日历 | 26 383 | 33 662 | 36 014 | 12.7 | 7.0 | 16.8 |
| 其他印刷品 | 88 504 | 181 851 | 33 337 | 11.8 | ▽81.7 | ▽38.6 |
| 合计 | 250 764 | 357 881 | 283 439 | 100.0 | ▽20.8 | 6.3 |

表 4-1-26 出版行业各商品类别各地区的出口额现状（2011 年） （单位：千美元）

| 商品类别<br>地区 | 印刷书籍 | 报纸、杂志及定期发行物 | 儿童用图画书 | 乐谱 | 地图、海图 | 图样 |
|---|---|---|---|---|---|---|
| 中国（香港） | 4 255 | 250 | 308 | 0 | 18 | 520 |
| 日本 | 10 839 | 2 753 | 0 | 0 | 355 | 74 |
| 中国（台湾） | 2 710 | 1 412 | 8 | 0 | 34 | 0 |
| 东南亚 | 15 702 | 31 | 22 | 0 | 6 | 3 760 |
| 北美 | 48 442 | 2 162 | 1 312 | 1 | 8 | 27 |
| 欧洲 | 6 209 | 420 | 170 | 0 | 109 | 4 873 |
| 其他 | 29 706 | 494 | 99 | 0 | 6 | 541 |
| 合计 | 117 863 | 7 522 | 1 919 | 1 | 536 | 9 795 |

续表

| 地区＼商品类别 | 邮票 | 贴花纸 | 印刷的明信片 | 日历 | 其他印刷品 | 合计 | 比重(%) |
|---|---|---|---|---|---|---|---|
| 中国(香港) | 11 904 | 10 847 | 1 209 | 326 | 4 056 | 33 693 | 11.9 |
| 日本 | 27 729 | 1 698 | 4 407 | 4 159 | 10 776 | 62 790 | 22.2 |
| 中国(台湾) | 0 | 130 | 43 | 169 | 699 | 5 205 | 1.8 |
| 东南亚 | 2 | 1 999 | 42 | 153 | 2 888 | 24 605 | 8.7 |
| 北美 | 205 | 1 654 | 1 113 | 26 979 | 8 224 | 90 127 | 31.8 |
| 欧洲 | 7 | 2 910 | 1 511 | 2 755 | 2 593 | 21 557 | 7.6 |
| 其他 | 3 | 8 945 | 94 | 1 473 | 4 101 | 45 462 | 16.0 |
| 合计 | 39 850 | 28 183 | 8 419 | 36 014 | 33 337 | 283 439 | 100.0 |

2011 年出版行业各商品类别的进口额中，占比最多的是印刷书籍的进口额，为 1 亿8 568万美元，占进口总额的 52.8%；其他印刷品的进口额为6 469万美元，占进口总额的 18.4%；儿童用图画书的进口额为1 745万美元，占进口总额的 7.8%；贴花纸的进口额为2 710万美元，占进口总额的 7.7%；报纸、杂志及定期发行物的进口额为1 968万美元，占进口总额的 5.6%；邮票的进口额为 678 万美元，占进口总额的 1.9%。

表 4-1-27　**出版行业各商品类别的进口额现状**　（单位：千美元）

| 商品类别＼年度 | 2009 年 | 2010 年 | 2011 年 | 比重(%) | 同比增减率(%) | 年平均增减率(%) |
|---|---|---|---|---|---|---|
| 印刷书籍 | 188 275 | 184 677 | 185 684 | 52.8 | 0.5 | ▽0.7 |
| 报纸、杂志及定期发行物 | 17 962 | 18 639 | 19 681 | 5.6 | 5.6 | 4.7 |
| 儿童用图画书 | 15 926 | 20 383 | 27 459 | 7.8 | 34.7 | 31.3 |
| 乐谱 | 1 539 | 1 395 | 1 538 | 0.4 | 10.3 | 0.0 |
| 地图、海图 | 3 844 | 4 978 | 5 663 | 1.6 | 13.8 | 21.4 |
| 图样 | 940 | 2 786 | 4 406 | 1.3 | 58.1 | 116.5 |
| 邮票 | 22 157 | 10 868 | 6 783 | 1.9 | ▽37.6 | ▽44.7 |
| 贴花纸 | 41 938 | 41 533 | 27 100 | 7.7 | ▽34.8 | ▽19.6 |
| 印刷的明信片 | 4 022 | 5 243 | 6 483 | 1.9 | 23.7 | 27.0 |
| 日历 | 1 872 | 1 935 | 2 117 | 0.6 | 9.4 | 6.3 |
| 其他印刷品 | 49 861 | 47 382 | 64 690 | 18.4 | 36.5 | 13.9 |
| 合计 | 348 336 | 339 819 | 351 604 | 100 | 3.5 | 0.5 |

表 4-1-28　　**出版行业各商品类别各地区的进口额现状(2011 年)**　　(单位：千美元)

| 地区＼商品类别 | 印刷书籍 | 报纸、杂志及定期发行物 | 儿童用图画书 | 乐谱 | 地图、海图 | 图样 |
|---|---|---|---|---|---|---|
| 中国(香港) | 20 580 | 1 030 | 23 432 | 0 | 220 | 4 |
| 日本 | 15 723 | 6 635 | 23 | 32 | 655 | 663 |
| 中国(台湾) | 586 | 26 | 3 | 0 | 93 | 0 |
| 东南亚 | 17 764 | 328 | 697 | 0 | 134 | 325 |
| 北美 | 87 428 | 8 968 | 1 837 | 702 | 248 | 134 |
| 欧洲 | 42 363 | 2 622 | 1 276 | 803 | 4 234 | 3 273 |
| 其他 | 1 240 | 72 | 191 | 1 | 79 | 7 |
| 合计 | 185 684 | 19 681 | 27 459 | 1 538 | 5 663 | 4 406 |

| 地区＼商品类别 | 邮票 | 贴花纸 | 印刷的明信片 | 日历 | 其他印刷品 | 合计 | 比重(%) |
|---|---|---|---|---|---|---|---|
| 中国(香港) | 18 | 644 | 5 671 | 946 | 6 510 | 59 055 | 16. 8 |
| 日本 | 299 | 24 648 | 26 | 397 | 7 820 | 56 921 | 16. 2 |
| 中国(台湾) | 16 | 251 | 5 | 60 | 441 | 1 481 | 0. 4 |
| 东南亚 | 826 | 137 | 23 | 54 | 2 963 | 23 251 | 6. 6 |
| 北美 | 3 503 | 167 | 257 | 84 | 21 983 | 125 311 | 35. 6 |
| 欧洲 | 856 | 1 226 | 488 | 553 | 24 183 | 81 877 | 23. 3 |
| 其他 | 1 265 | 27 | 13 | 23 | 790 | 3 708 | 1. 1 |
| 合计 | 6 783 | 27 100 | 6 483 | 2 117 | 64 690 | 351 604 | 100. 0 |

### 3. 出版行业的海外出口方法

2011 年出版行业的海外出口方法调查显示，利用国内经纪公司的最多，占 47. 1%，比 2010 年增加了 1. 8%。利用海外法人和参与海外展示会及活动均占 11. 5%，接触海外流通公司的占 10. 4%。利用海外经纪公司的占 10. 3%，在线海外销售占 2. 9%，其他占 6. 9%。

表 4-1-29　　**出版行业的海外出口方法**　　(单位:%)

| 海外出口方法 | | 2009 年 | 2010 年 | 2011 年 | 同比增减率(%) |
|---|---|---|---|---|---|
| 直接出口 | 参与海外展示会及活动 | 8. 2 | 8. 5 | 11. 5 | 3. 0 |
| | 接触海外流通公司 | 11. 1 | 10. 9 | 10. 4 | ▽0. 5 |
| | 在线海外销售 | 2. 5 | 2. 6 | 2. 3 | ▽0. 3 |
| | 利用海外法人 | 11. 4 | 11. 2 | 11. 5 | 0. 3 |
| 间接出口 | 利用国内代理人 | 43. 5 | 45. 3 | 47. 1 | 1. 8 |
| | 利用海外代理人 | 11. 7 | 10. 3 | 10. 3 | 0. 0 |
| 其他 | | 11. 6 | 11. 2 | 6. 9 | ▽4. 3 |
| 合计 | | 100. 0 | 100. 0 | 100. 0 | — |

### 4. 出版行业的海外进军方式

出版行业的海外进军方式中，成品出口所占比例最大，为 52. 9%；其次为 LICENSE，占 32. 2%；OEM 出口占 14. 9%。

表 4-1-30　　出版行业的海外进军方式　　（单位：%）

| 海外进军方式 | 2009 年 | 2010 年 | 2011 年 | 同比增减率（%） |
|---|---|---|---|---|
| 成品出口 | 55.3 | 52.8 | 52.9 | 0.1 |
| LICENSE | 27.8 | 29.6 | 32.2 | 2.6 |
| OEM 出口 | 16.9 | 17.6 | 14.9 | ▽2.7 |
| 技术服务 | — | — | — | — |
| 其他 | — | — | — | — |
| 合计 | 100.0 | 100.0 | 100.0 | — |

## （六）出版行业的从业者现状

2011 年出版行业从业者为198 691人，比上年减少了 2.2%，年平均减少了 2.0%。从中分类来看，出版业从业者为57 730人（29.1%）。印刷业从业者为52 323人（26.3%），出版批发零售业从业者为77 177人（38.8%）。在线出版流通业从业者为9 393人（4.8%），出版租借业从业者为2 068人（1.0%）。

从年度来看，出版行业中出版业从业者比上年增加了 0.6%，2009 年至 2011 年，年平均增加了 0.4%。印刷业从业者比上年减少了 1.8%，年平均减少了 1.4%；出版批发零售业从业者也比上年减少了 4.9%，年平均减少了 4.3%。在线出版流通业从业者比上年增加了 0.4%，年平均增加了 0.8%；出版租借业从业者比上年增加了 1.5%，年平均增加了 3.0%。

表 4-1-31　　出版行业各年度各业种的从业者现状　　（单位：名）

| 中分类 | 小分类 | 从业者数量 | | | 比重 | 同比增减率 | 年平均增减率 |
|---|---|---|---|---|---|---|---|
| | | 2009 年 | 2010 年 | 2011 年 | （%） | （%） | （%） |
| 出版业 | 书籍出版业（纸质媒体出版业） | 10 057 | 9 926 | 9 617 | 4.9 | ▽3.1 | ▽2.2 |
| | 教科书及学习用书出版业 | 13 038 | 13 695 | 14 295 | 7.2 | 4.4 | 4.7 |
| | 网络/移动电子出版制作业 | 1 165 | 1 203 | 1 325 | 0.7 | 10.1 | 6.6 |
| | 报纸发行业 | 16 937 | 16 563 | 16 521 | 8.3 | ▽0.3 | ▽1.2 |
| | 杂志及定期刊物发行业 | 9 425 | 9 478 | 9 492 | 4.8 | 0.1 | 0.4 |
| | 定期广告刊物发行业 | 5 526 | 5 487 | 5 441 | 2.7 | ▽0.8 | ▽0.8 |
| | 其他印刷品的出版业 | 1 178 | 1 022 | 1 039 | 0.5 | 1.7 | ▽6.1 |
| | 小计 | 57 326 | 57 374 | 57 730 | 29.1 | 0.6 | 0.4 |
| 印刷业 | 印刷业① | 53 816 | 53 268 | 52 323 | 26.3 | ▽1.8 | ▽1.4 |
| | 小计 | 53 816 | 53 268 | 52 323 | 26.3 | ▽1.8 | ▽1.4 |
| 出版批发零售业 | 书籍及杂志类批发业 | 11 327 | 11 081 | 10 745 | 5.4 | ▽3.0 | ▽2.6 |
| | 书籍及杂志类零售业 | 21 054 | 20 782 | 19 904 | 10.0 | ▽4.2 | ▽2.8 |
| | 约定投递销售业（报纸投递销售） | 51 969 | 49 325 | 46 528 | 23.4 | ▽5.7 | ▽5.4 |
| | 小计 | 84 350 | 81 188 | 77 177 | 38.8 | ▽4.9 | ▽4.3 |

① 至 2009 年，印刷业的资料为引用（统计厅《矿业制造业调查》《全国企业调查》），从 2010 年开始实施实际调查。

续表

| 中分类 | 小分类 | 从业者数量 | | | 比重 | 同比增减率 | 年平均增减率 |
|---|---|---|---|---|---|---|---|
| | | 2009 年 | 2010 年 | 2011 年 | (%) | (%) | (%) |
| 在线出版流通业 | 网络/移动电子出版服务业① | 319 | 338 | 356 | 0. 2 | 5. 3 | 5. 6 |
| | 网络书店(漫画除外) | 8 917 | 9 021 | 9 037 | 4. 6 | 0. 2 | 0. 7 |
| | 小计 | 9 236 | 9 359 | 9 393 | 4. 8 | 0. 4 | 0. 8 |
| 出版租借业 | 书籍租借业(漫画除外) | 2 198 | 2 037 | 2 068 | 1. 0 | 1. 5 | ▽3. 0 |
| | 小计 | 2 198 | 2 037 | 2 068 | 1. 0 | 1. 5 | ▽3. 0 |
| 合计 | | 206 926 | 203 226 | 198 691 | 100. 0 | ▽2. 2 | ▽2. 0 |

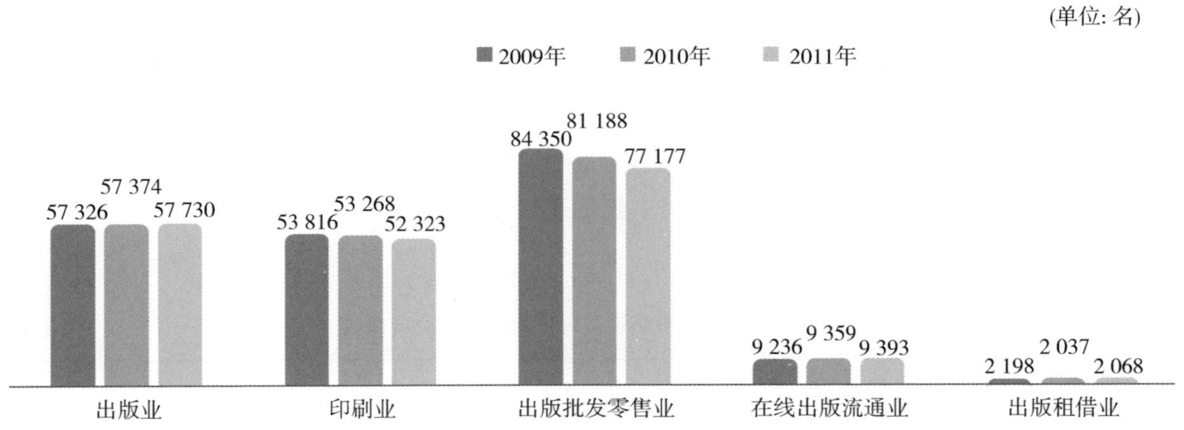


图 4-1-16　出版行业各年度各业种的从业者现状

### 1. 出版行业各销售额规模的企业从业者现状②

从 2011 年出版行业各销售额规模的企业从业者现状来看，销售额规模在 10 亿韩元以上 100 亿韩元以下的企业从业者为59 003人，占从业者的 38. 8%；销售额规模在 100 亿韩元以上的企业的从业者为51 929人，占总数 34. 1%；1 亿韩元以上 10 亿韩元以下的企业从业者为31 601人，占总数的 20. 8%；1 亿韩元以下的企业从业者为9 630人，占总数的 6. 3%。

表 4-1-32　　**出版行业各业种各销售额规模的企业从业者现状**　　(单位：名)

| 业种 \ 销售额规模 | 不足 1 亿韩元 | 1 亿~10 亿韩元 | 10 亿~100 亿韩元 | 100 亿韩元以上 | 合计 |
|---|---|---|---|---|---|
| 书籍出版业(纸质媒体出版业) | 401 | 3 948 | 3 837 | 1 431 | 9 617 |
| 教科书及学习用书出版业 | 205 | 1 209 | 4 712 | 8 169 | 14 295 |
| 网络/移动电子出版制作业 | 48 | 299 | 978 | — | 1 325 |
| 报纸发行业 | 78 | 2 183 | 3 895 | 10 365 | 16 521 |
| 杂志及定期刊物发行业 | 625 | 3 139 | 4 733 | 995 | 9 492 |
| 定期广告刊物发行业 | 154 | 1 754 | 2 551 | 982 | 5 441 |
| 其他印刷品的出版业 | 146 | 385 | 296 | 212 | 1 039 |

① 电子出版产业规模中只计算电子书服务的销售额规模。
② 合同配送销售业(报纸配送销售)从业人数除外。

续表

| 业种 \ 销售额规模 | 不足1亿韩元 | 1亿~10亿韩元 | 10亿~100亿韩元 | 100亿韩元以上 | 合计 |
|---|---|---|---|---|---|
| 印刷业 | 4 863 | 10 092 | 21 354 | 16 014 | 52 323 |
| 书籍及杂志类批发业 | 482 | 2 523 | 5 605 | 2 135 | 10 745 |
| 书籍及杂志类零售业 | 902 | 5 601 | 10 376 | 3 025 | 19 904 |
| 网络/移动电子出版服务业 | 5 | 121 | 230 | — | 356 |
| 网络书店(漫画除外) | — | — | 436 | 8 601 | 9 037 |
| 书籍租借业(漫画除外) | 1 721 | 347 | — | — | 2 068 |
| 合计 | 9 630 | 31 601 | 59 003 | 51 929 | 152 163 |
| 比重(%) | 6.3 | 20.8 | 38.8 | 34.1 | 100.0 |

从年度来看，从2009年到2011年，销售额规模在1亿韩元以下的企业从业者年平均减少了1.7%；1亿韩元以上10亿韩元以下的企业从业者比上年减少了2.0%，年平均减少了0.8%；10亿韩元以上100亿韩元以下的企业从业者比上年减少了1.5%，年平均减少了2.2%。同时，销售额为100亿韩元以上的企业从业者比上年减少了0.4%，年平均增加了0.7%。

表4-1-33　**出版行业各年度各销售额规模的企业从业者现状**　(单位：名)

| 年度 \ 销售额规模 | 不足1亿韩元 | 1亿~10亿韩元 | 10亿~100亿韩元 | 100亿韩元以上 | 合计 |
|---|---|---|---|---|---|
| 2009年 | 9 965 | 32 087 | 61 681 | 51 224 | 154 957 |
| 2010年 | 9 630 | 32 253 | 59 878 | 52 140 | 153 901 |
| 2011年 | 9 630 | 31 601 | 59 003 | 51 929 | 152 163 |
| 同比增减率(%) | 0.0 | ▽2.0 | ▽1.5 | ▽0.4 | ▽1.1 |
| 年平均增减率(%) | ▽1.7 | ▽0.8 | ▽2.2 | 0.7 | ▽0.9 |

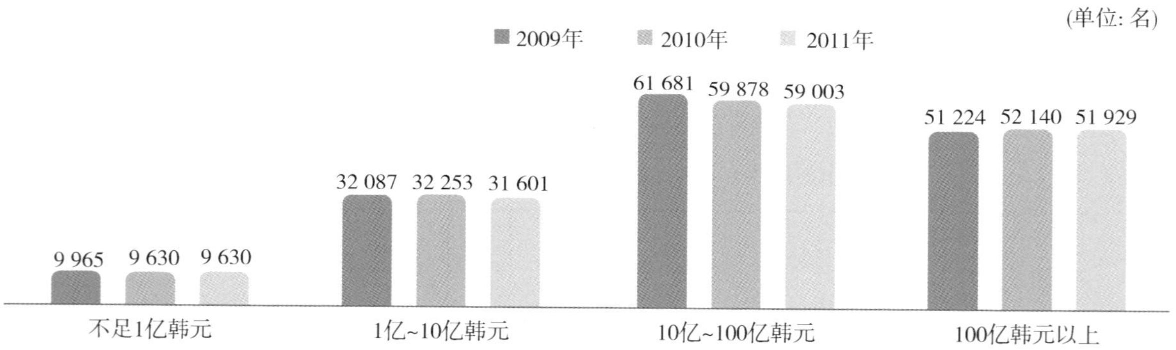


图4-1-17　出版行业各年度各销售额规模的企业从业者现状

2. 出版行业各从业者规模的企业从业者现状①

从2011年出版行业各从业者规模的企业从业者现状来看，从业者规模为100人以上的企业从业者

① 合同配送销售业(报纸配送销售)从业人数除外。

为39 145人，在全部从业者中占比最大，为 25. 7%。从业者规模为 10 人以上 49 人以下的企业从业者为38 718人，占总数的 25. 4%；1 人以上 4 人以下的企业从业者为26 762人，占总数的 17. 6%；5 人以上 9 人以下的企业从业者为26 858人，占总数的 17. 7%；50 人以上 99 人以下的企业从业者为20 680人，占总数的 13. 6%。

表 4-1-34　**出版行业各业种各从业者规模的企业从业者现状(2011 年)**　(单位：名)

| 从业者规模 / 业种 | 1~4 人 | 5~9 人 | 10~49 人 | 50~99 人 | 100 人以上 | 合计 |
|---|---|---|---|---|---|---|
| 书籍出版业(纸质媒体出版业) | 1 653 | 1 891 | 4 358 | 953 | 762 | 9 617 |
| 教科书及学习用书出版业 | 722 | 1 256 | 2 537 | 3 252 | 6 528 | 14 295 |
| 网络/移动电子出版制作业 | 46 | 68 | 279 | 932 | — | 1 325 |
| 报纸发行业 | 4 | 48 | 1 876 | 3 258 | 11 335 | 16 521 |
| 杂志及定期刊物发行业 | 1 521 | 2 035 | 4 023 | 1 568 | 345 | 9 492 |
| 定期广告刊物发行业 | 326 | 508 | 3 225 | 663 | 719 | 5 441 |
| 其他印刷品的出版业 | 332 | 259 | 113 | 335 | — | 1 039 |
| 印刷业 | 12 219 | 14 422 | 12 301 | 4 943 | 8 438 | 52 323 |
| 书籍及杂志类批发业 | 2 757 | 2 839 | 3 165 | 1 984 | — | 10 745 |
| 书籍及杂志类零售业 | 5 058 | 3 455 | 6 618 | 2 356 | 2 417 | 19 904 |
| 网络/移动电子出版服务业 | 56 | 77 | 223 | — | — | 356 |
| 网络书店(漫画除外) | — | — | — | 436 | 8 601 | 9 037 |
| 书籍租借业(漫画除外) | 2 068 | — | — | — | — | 2 068 |
| 合计 | 26 762 | 26 858 | 38 718 | 20 680 | 39 145 | 152 163 |
| 比重(%) | 17. 6 | 17. 7 | 25. 4 | 13. 6 | 25. 7 | 100. 0 |

从年度来看，从业者规模为 1 人以上 4 人以下的企业从业者比上年减少了 2. 8%，2009 年至 2011 年，年平均减少了 2. 8%；5 人以上 9 人以下的企业从业者比上年减少了 1. 9%，年平均减少了 2. 7%；10 人以上 49 人以下的企业从业者比上年减少了 0. 5%，年平均减少了 1. 0%；50 人以上 99 人以下的企业从业者比上年增加了 7. 8%，年平均增加了 3. 1%；100 人以上的企业从业者比上年减少了 4. 3%，年平均减少了 0. 2%。

表 4-1-35　**出版行业各年度各从业者规模的企业从业者现状**　(单位：名)

| 从业者规模 / 年度 | 1~4 人 | 5~9 人 | 10~49 人 | 50~99 人 | 100 人以上 | 合计 |
|---|---|---|---|---|---|---|
| 2009 年 | 28 329 | 28 371 | 39 485 | 19 444 | 39 329 | 154 958 |
| 2010 年 | 27 522 | 27 380 | 38 911 | 19 190 | 40 898 | 153 901 |
| 2011 年 | 26 762 | 26 858 | 38 718 | 20 680 | 39 145 | 152 163 |
| 同比增减率(%) | ▽2. 8 | ▽1. 9 | ▽0. 5 | 7. 8 | ▽4. 3 | ▽1. 1 |
| 年平均增减率(%) | ▽2. 8 | ▽2. 7 | ▽1. 0 | 3. 1 | ▽0. 2 | ▽0. 9 |

(单位: 名)

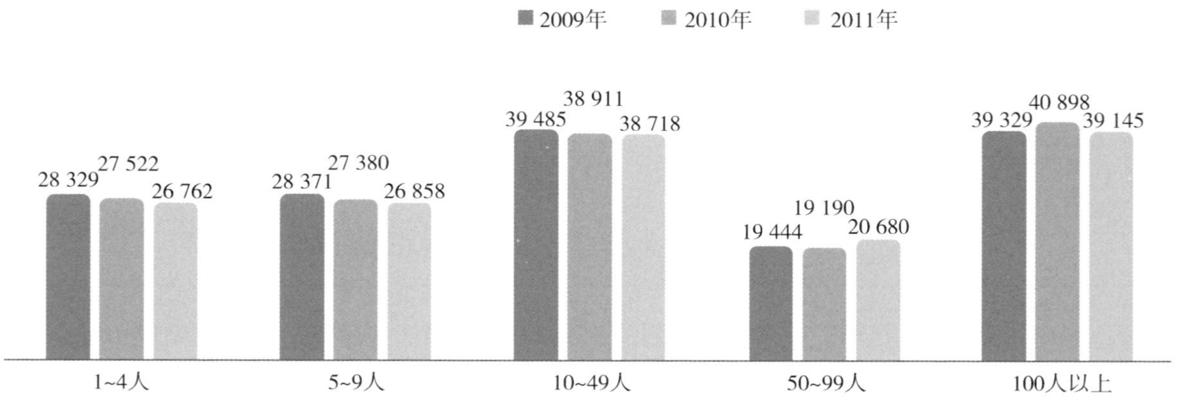


图 4-1-18　出版行业各年度各从业者规模的企业从业者现状

### 3. 出版行业各地区从业者现状①

从 2011 年出版行业各地区从业者现状来看，首尔的从业者为67 749人，占全部从业者总数的 47.3%，这个数据是从 2009 年至 2011 年每年减少 1.0%的结果。京畿道的从业者为37 475人，占总数的 26.2%；釜山的从业者为5 293人，占总数的 3.7%。

6 个广域市的从业者为21 499人，占总数的 15.0%，比上年减少了 0.9%，年平均减少了 1.2%。9 个道的从业者为53 878人，占总数的 37.7%，比上年减少了 1.5%，年平均减少了 1.0%。

表 4-1-36　　**出版行业各地区各业种的从业者现状**　　（单位：名）

| 地区 \ 业种 | | 出版业 | 印刷业 | 出版批发零售业 | 在线出版流通业 | 出版租借业 | 合计 | 比重（%） |
|---|---|---|---|---|---|---|---|---|
| 首尔 | | 36 040 | 19 560 | 11 174 | 340 | 635 | 67 749 | 47.3 |
| 6个广域市 | 釜山 | 1 488 | 1 488 | 2 149 | — | 168 | 5 293 | 3.7 |
| | 大邱 | 1 411 | 1 742 | 1 477 | — | 76 | 4 706 | 3.3 |
| | 仁川 | 795 | 1 986 | 1 215 | — | 113 | 4 109 | 2.9 |
| | 光州 | 1 506 | 817 | 1 092 | — | 62 | 3 477 | 2.4 |
| | 大田 | 1 149 | 633 | 923 | — | 68 | 2 773 | 1.9 |
| | 蔚山 | 357 | 225 | 518 | — | 41 | 1 141 | 0.8 |
| | 小计 | 6 706 | 6 891 | 7 374 | — | 528 | 21 499 | 15.0 |
| 9个道 | 京畿道 | 8 139 | 22 396 | 6 428 | 16 | 496 | 37 475 | 26.2 |
| | 江原道 | 759 | 188 | 325 | — | 50 | 1 322 | 0.9 |
| | 忠清北道 | 679 | 579 | 671 | — | 47 | 1 976 | 1.4 |
| | 忠清南道 | 711 | 572 | 686 | — | 53 | 2 022 | 1.4 |
| | 全罗北道 | 958 | 361 | 688 | — | 44 | 2 051 | 1.4 |
| | 全罗南道 | 342 | 73 | 776 | — | 52 | 1 243 | 0.9 |
| | 庆尚北道 | 1 741 | 601 | 1 028 | — | 63 | 3 433 | 2.4 |
| | 庆尚南道 | 1 223 | 1 088 | 1 263 | — | 92 | 3 666 | 2.6 |
| | 济州道 | 432 | 14 | 236 | — | 8 | 690 | 0.5 |
| | 小计 | 14 984 | 25 872 | 12 101 | 16 | 905 | 53 878 | 37.7 |
| 合计 | | 57 730 | 52 323 | 30 649 | 356 | 2 068 | 143 126 | 100.0 |

① 合同配送销售业（报纸配送销售）及网络书店（漫画除外）从业者除外。

表 4-1-37 出版行业各年度各地区从业者现状 （单位：名）

| 地区 | | 2009 年 | 2010 年 | 2011 年 | 同比增减率（%） | 年平均增减率（%） |
|---|---|---|---|---|---|---|
| 首尔 | | 69 083 | 68 467 | 67 749 | ▽1.0 | ▽1.0 |
| 6 个广域市 | 釜山 | 5 568 | 5 382 | 5 293 | ▽1.7 | ▽2.5 |
| | 大邱 | 4 766 | 4 762 | 4 706 | ▽1.2 | ▽0.6 |
| | 仁川 | 4 142 | 4 101 | 4 109 | 0.2 | ▽0.4 |
| | 光州 | 3 534 | 3 487 | 3 477 | ▽0.3 | ▽0.8 |
| | 大田 | 2 844 | 2 821 | 2 773 | ▽1.7 | ▽1.3 |
| | 蔚山 | 1 159 | 1 142 | 1 141 | ▽0.1 | ▽0.8 |
| | 小计 | 22 013 | 21 695 | 21 499 | ▽0.9 | ▽1.2 |
| 9 个道 | 京畿道 | 37 902 | 37 995 | 37 475 | ▽1.4 | ▽0.6 |
| | 江原道 | 1 378 | 1 370 | 1 322 | ▽3.5 | ▽2.1 |
| | 忠清北道 | 2 037 | 2 001 | 1 976 | ▽1.2 | ▽1.5 |
| | 忠清南道 | 2 060 | 2 034 | 2 022 | ▽0.6 | ▽0.9 |
| | 全罗北道 | 2 102 | 2 059 | 2 051 | ▽0.4 | ▽1.2 |
| | 全罗南道 | 1 277 | 1 255 | 1 243 | ▽1.0 | ▽1.3 |
| | 庆尚北道 | 3 567 | 3 514 | 3 433 | ▽2.3 | ▽1.9 |
| | 庆尚南道 | 3 859 | 3 791 | 3 666 | ▽3.3 | ▽2.5 |
| | 济州道 | 762 | 699 | 690 | ▽1.3 | ▽4.8 |
| | 小计 | 54 944 | 54 718 | 53 878 | ▽1.5 | ▽1.0 |
| 合计 | | 146 040 | 144 880 | 143 126 | ▽1.2 | ▽1.0 |

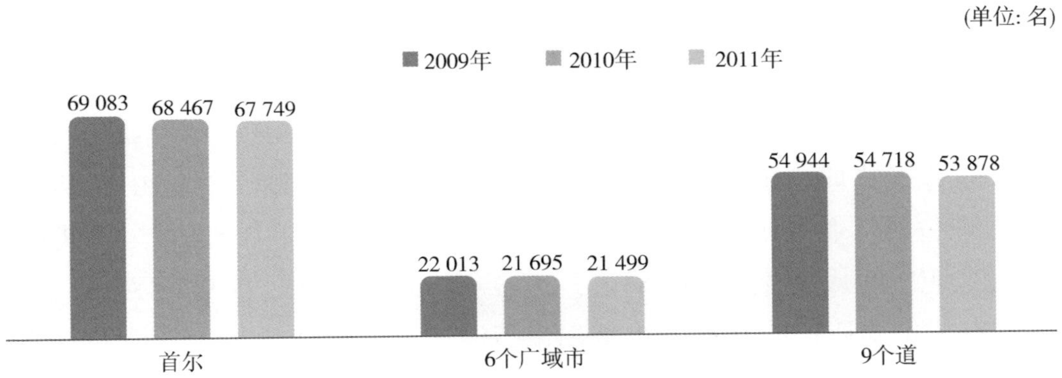


图 4-1-19 出版行业各年度各地区的从业者现状

## 4. 出版行业各雇佣形态的从业者现状[①]

从 2011 年出版行业各雇佣形态的从业者现状来看，拥有正式职位的从业者为132 528人，占全部从业者的 92.6%；拥有非正式职位的从业者为10 598人，占全部从业者的 7.4%。

调查显示，出版行业中，出版业拥有正式职位的从业者为52 252人(90.5%)，拥有非正式职位的从业者为5 478人(9.5%)；印刷业拥有正式职位的从业者为51 038人(97.5%)，拥有非正式职位的从

① 合同配送销售业(报纸配送销售)及网络书店(漫画除外)从业者除外。

业者为1 285人(2.5%);出版批发零售业拥有正式职位的从业者为27 214人(88.8%),拥有非正式职位的从业者为3 435人(11.2%);在线出版流通业拥有正式职位的从业者为 343 人(96.3%),拥有非正式职位的从业者为 13 人(3.7%);出版租借业拥有正式职位的从业者为1 681人(81.3%),拥有非正式职位的从业者为 387 人(18.7%)。

表 4-1-38　**出版行业各业种各雇佣形态的从业者现状(2011 年)**　(单位:名)

| 中分类 | 小分类＼雇佣形态 | 正式职位 | | 非正式职位 | | 合计 |
|---|---|---|---|---|---|---|
| | | 从业者数量 | 比例(%) | 从业者数量 | 比例(%) | |
| 出版业 | 书籍出版业(纸质媒体出版业) | 9 142 | 95.1 | 475 | 4.9 | 9 617 |
| | 教科书及学习用书出版业 | 13 368 | 93.5 | 927 | 6.5 | 14 295 |
| | 网络/移动电子出版制作业 | 1 233 | 93.1 | 92 | 6.9 | 1 325 |
| | 报纸发行业 | 13 808 | 83.6 | 2 713 | 16.4 | 16 521 |
| | 杂志及定期刊物发行业 | 9 045 | 95.3 | 447 | 4.7 | 9 492 |
| | 定期广告刊物发行业 | 4 734 | 87.0 | 707 | 13.0 | 5 441 |
| | 其他印刷品的出版业 | 922 | 88.7 | 117 | 11.3 | 1 039 |
| | 小计 | 52 252 | 90.5 | 5 478 | 9.5 | 57 730 |
| 印刷业 | 印刷业 | 51 038 | 97.5 | 1 285 | 2.5 | 52 323 |
| | 小计 | 51 038 | 97.5 | 1 285 | 2.5 | 52 323 |
| 出版批发零售业 | 书籍及杂志类批发业 | 9 757 | 90.8 | 988 | 9.2 | 10 745 |
| | 书籍及杂志类零售业 | 17 457 | 87.7 | 2 447 | 12.3 | 19 904 |
| | 小计 | 27 214 | 88.8 | 3 435 | 11.2 | 30 649 |
| 在线出版流通业 | 网络/移动电子出版服务业 | 343 | 96.3 | 13 | 3.7 | 356 |
| | 网络书店(漫画除外) | 343 | 96.3 | 13 | 3.7 | 356 |
| | 小计 | 1681 | 81.3 | 387 | 18.7 | 2 068 |
| 出版租借业 | 书籍租借业(漫画除外) | 1 681 | 81.3 | 387 | 18.7 | 2 068 |
| 合计 | | 132 528 | 92.6 | 10 598 | 7.4 | 143 126 |

从年度来看,拥有正式职位的从业者比上年减少了 0.8%,2009 年到 2011 年,年平均减少了 0.8%。拥有非正式职位的从业者比上年减少了 6.3%,年平均减少了 3.5%,与正式职位相比大幅减少。2009 年拥有正式职位的从业者为134 664人,2010 年为133 565人,2011 年为132 528人,呈现出持续减少的趋势。拥有非正式职位的从业者也呈现出持续减少的趋势,2009 年为11 376人,2010 年为11 315人,2011 年为10 598人。

表 4-1-39　**出版行业各年度各雇佣形态的从业者现状(2011 年)**　(单位:名)

| 年度＼雇佣形态 | 从业者数量 | | 合计 |
|---|---|---|---|
| | 正式职位 | 非正式职位 | |
| 2009 年 | 134 664 | 11 376 | 146 040 |
| 2010 年 | 133 565 | 11 315 | 144 880 |
| 2011 年 | 132 528 | 10 598 | 143 126 |
| 同比增减率(%) | ▽0.8 | ▽6.3 | ▽1.2 |
| 年平均增减率(%) | ▽0.8 | ▽3.5 | ▽1.0 |

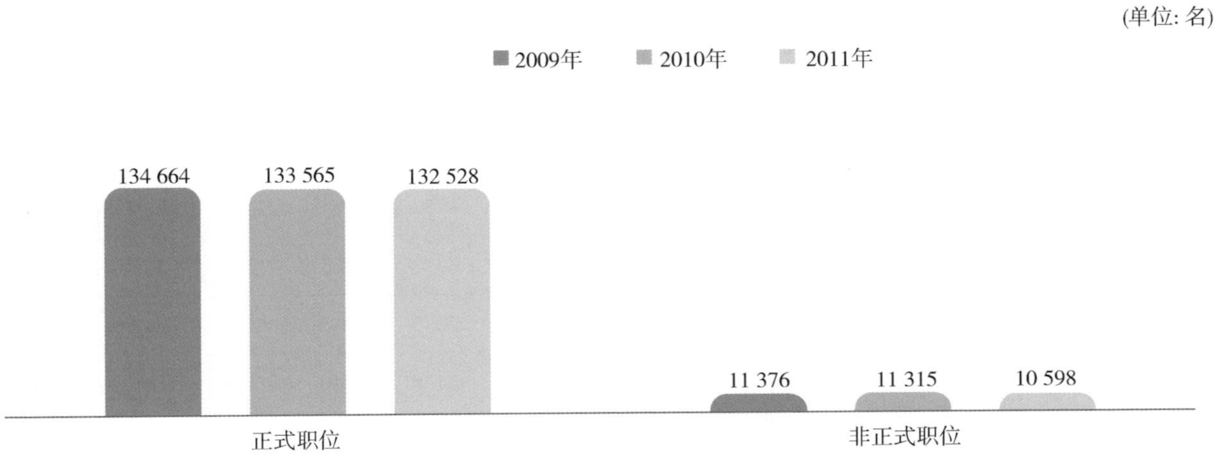


图 4-1-20　出版行业各年度各雇佣形态的从业者现状(2011 年)

### 5. 出版行业各雇佣形态的从业者的性别现状①

从 2011 年出版产业各雇佣形态的从业者的性别现状来看，拥有正式职位的男性从业者为72 735人，占从业者总数的 50. 8%；拥有正式职位的女性从业者为59 793人，占总数的 41. 8%。拥有非正式职位的男性从业者为5 061人，占总数的 3. 5%；拥有非正式职位的女性从业者为5 537人，占总数的 3. 9%。

从中分类来看，出版业拥有正式职位的男性从业者为30 863人，拥有正式职位的女性从业者为21 389人；拥有非正式职位的男性从业者为3 277人，拥有非正式职位的女性从业者为2 201人。印刷业拥有正式职位的男性从业者为27 526人，拥有正式职位的女性从业者为23 512人；拥有非正式职位的男性从业者为 657 人，拥有非正式职位的女性从业者为 628 人。出版批发零售业拥有正式职位的男性从业者为13 494人，拥有正式职位的女性从业者为13 720人；拥有非正式职位的男性从业者为1 047人，拥有非正式职位的女性从业者为2 388人。调查结果显示，拥有正式职位和非正式职位的女性从业者比较多。在线出版流通业拥有正式职位的男性从业者为 191 人，拥有正式职位的女性从业者为 152 人；拥有非正式职位的男性从业者为 9 人，拥有非正式职位的女性从业者为 4 人。出版租借业拥有正式职位的男性从业者为 661 人，拥有正式职位的女性从业者为1 020人；拥有非正式职位的男性从业者为 71 人，拥有非正式职位的女性从业者为 316 人。

从各年度来看，拥有非正式职位的从业者数量的减少幅度非常大，拥有非正式职位的男性从业者比上年减少了 3. 5%，2009 年至 2011 年，年平均减少了 3. 8%；拥有非正式职位的女性从业者比上年减少了 8. 8%，年平均减少了 3. 2%。拥有正式职位的男性从业者比上年减少了 0. 5%，年平均减少了 0. 8%，拥有非正式职位的女性从业者比上年减少了 1. 1%，年平均减少了 0. 8%。可见，拥有正式职位男性从业者和拥有正式职位的女性从业者都有小幅度的减少。

① 合同配送销售业(报纸配送销售)及网络书店(漫画除外)从业者除外。

表4-1-40　　出版行业各业种各雇佣形态的从业者的性别现状　　（单位：名）

| 中分类 | 小分类 \ 雇佣形态/性别 | 正式职位 | | | | 非正式职位 | | | | 合计 |
|---|---|---|---|---|---|---|---|---|---|---|
| | | 男性 | | 女性 | | 男性 | | 女性 | | |
| | | 从业者数量 | 比例（%） | 从业者数量 | 比例（%） | 从业者数量 | 比例（%） | 从业者数量 | 比例（%） | |
| 出版业 | 书籍出版业（纸质媒体出版业） | 4 837 | 50.3 | 4 305 | 44.8 | 263 | 2.7 | 212 | 2.2 | 9 617 |
| | 教科书及学习用书出版业 | 6 152 | 43.0 | 7 216 | 50.5 | 365 | 2.6 | 562 | 3.9 | 14 295 |
| | 网络/移动电子出版制作业 | 812 | 61.3 | 421 | 31.8 | 49 | 3.7 | 43 | 3.2 | 1 325 |
| | 报纸发行业 | 11 045 | 66.9 | 2 763 | 16.7 | 2 046 | 12.4 | 667 | 4.0 | 16 521 |
| | 杂志及定期刊物发行业 | 4 923 | 51.9 | 4 122 | 43.4 | 296 | 3.1 | 151 | 1.6 | 9 492 |
| | 定期广告刊物发行业 | 2 521 | 46.3 | 2 213 | 40.7 | 202 | 3.7 | 505 | 9.3 | 5 441 |
| | 其他印刷品的出版业 | 573 | 55.1 | 349 | 33.6 | 56 | 5.4 | 61 | 5.9 | 1 039 |
| | 小计 | 30 863 | 53.5 | 21 389 | 37.0 | 3 277 | 5.7 | 2 201 | 3.8 | 57 730 |
| 印刷业 | 印刷业 | 27 526 | 52.6 | 23 512 | 44.9 | 657 | 1.3 | 628 | 1.2 | 52 323 |
| | 小计 | 27 526 | 52.6 | 23 512 | 44.9 | 657 | 1.3 | 628 | 1.2 | 52 323 |
| 出版批发零售业 | 书籍及杂志类批发业 | 5 769 | 53.7 | 3 988 | 37.1 | 611 | 5.7 | 377 | 3.5 | 10 745 |
| | 书籍及杂志类零售业 | 7 725 | 38.8 | 9 732 | 48.9 | 436 | 2.2 | 2 011 | 10.1 | 19 904 |
| | 小计 | 13 494 | 44.0 | 13 720 | 44.8 | 1 047 | 3.4 | 2 388 | 7.8 | 30 649 |
| 在线出版流通业 | 网络/移动电子出版服务业 | 191 | 53.7 | 152 | 42.7 | 9 | 2.5 | 4 | 1.1 | 356 |
| | 小计 | 191 | 53.7 | 152 | 42.7 | 9 | 2.5 | 4 | 1.1 | 356 |
| 出版租借业 | 书籍租借业（漫画除外） | 661 | 32.0 | 1 020 | 49.3 | 71 | 3.4 | 316 | 15.3 | 2 068 |
| | 小计 | 661 | 32.0 | 1 020 | 49.3 | 71 | 3.4 | 316 | 15.3 | 2 068 |
| 合计 | | 72 735 | 50.8 | 59 793 | 41.8 | 5 061 | 3.5 | 5 537 | 3.9 | 143 126 |

表4-1-41　　出版行业各年度各雇佣形态的从业者的性别现状　　（单位：名）

| 年度 \ 雇佣形态/性别 | 从业者数量 | | | | 合计 |
|---|---|---|---|---|---|
| | 正式职位 | | 非正式职位 | | |
| | 男性 | 女性 | 男性 | 女性 | |
| 2009年 | 73 859 | 60 806 | 5 466 | 5 909 | 146 040 |
| 2010年 | 73 080 | 60 485 | 5 243 | 6 072 | 144 880 |
| 2011年 | 72 735 | 59 793 | 5 061 | 5 537 | 143 126 |
| 同比增减率（%） | ▽0.5 | ▽1.1 | ▽3.5 | ▽8.8 | ▽1.2 |
| 年平均增减率（%） | ▽0.8 | ▽0.8 | ▽3.8 | ▽3.2 | ▽1.0 |

(单位: 名)

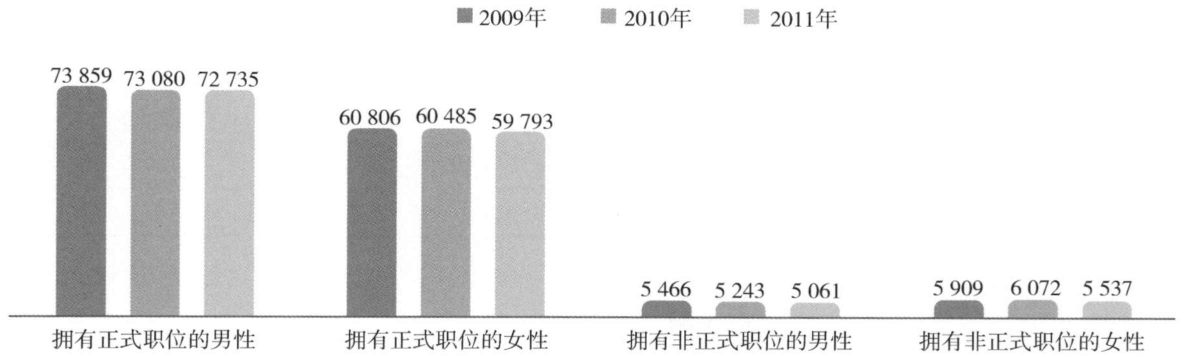


图 4-1-21　出版行业各年度各雇佣形态的从业者的性别现状

### 6. 出版行业不同性别的从业者现状①

从 2011 年出版行业不同性别的从业者现状来看，男性从业者为77 796人，占从业者总数的 54. 4%；女性为65 330人，占从业者总数的 45. 6%。

从中分类来看，出版业的男性从业者为34 140人(59. 1%)，女性为23 590人(40. 9%)；印刷业的男性从业者为28 183人(53. 9%)，女性为24 140人(46. 1%)。出版批发零售业的男性从业者为14 541人(47. 4%)，女性为16 108人(52. 6%)；在线出版流通业的男性从业者为 200 人(56. 2%)，女性为 156 人(43. 8%)。出版租借业的男性从业者为 732 人(35. 4%)，女性为1 336人(64. 6%)。

表 4-1-42　　**出版行业各业种不同性别的从业者现状(2011 年)**　　(单位：名)

| 中分类 | 小分类 \ 性别 | 男性 | | 女性 | | 合计 |
|---|---|---|---|---|---|---|
| | | 从业者数量 | 比重(%) | 从业者数量 | 比重(%) | |
| 出版业 | 书籍出版业(纸质媒体出版业) | 5 100 | 53. 0 | 4 517 | 47. 0 | 9 617 |
| | 教科书及学习用书出版业 | 6 517 | 45. 6 | 7 778 | 54. 4 | 14 295 |
| | 网络/移动电子出版制作业 | 861 | 65. 0 | 464 | 35. 0 | 1 325 |
| | 报纸发行业 | 13 091 | 79. 2 | 3 430 | 20. 8 | 16 521 |
| | 杂志及定期刊物发行业 | 5 219 | 55. 0 | 4 273 | 45. 0 | 9 492 |
| | 定期广告刊物发行业 | 2 723 | 50. 0 | 2 718 | 50. 0 | 5 441 |
| | 其他印刷品的出版业 | 629 | 60. 5 | 410 | 39. 5 | 1 039 |
| | 小计 | 34 140 | 59. 1 | 23 590 | 40. 9 | 57 730 |
| 印刷业 | 印刷业 | 28 183 | 53. 9 | 24 140 | 46. 1 | 52 323 |
| | 小计 | 28 183 | 53. 9 | 24 140 | 46. 1 | 52 323 |
| 出版批发零售业 | 书籍及杂志类批发业 | 6 380 | 59. 4 | 4 365 | 40. 6 | 10 745 |
| | 书籍及杂志类零售业 | 8 161 | 41. 0 | 11 743 | 59. 0 | 19 904 |
| | 小计 | 14 541 | 47. 4 | 16 108 | 52. 6 | 30 649 |
| 在线出版流通业 | 网络/移动电子出版服务业 | 200 | 56. 2 | 156 | 43. 8 | 356 |
| | 小计 | 200 | 56. 2 | 156 | 43. 8 | 356 |

① 合同配送销售业(报纸配送销售)及网络书店(漫画除外)从业者除外。

续表

| 中分类 | 小分类＼性别 | 男性 | | 女性 | | 合计 |
|---|---|---|---|---|---|---|
| | | 从业者数量 | 比重(%) | 从业者数量 | 比重(%) | |
| 出版租借业 | 书籍租借业(漫画除外) | 732 | 35.4 | 1 336 | 64.6 | 2 068 |
| | 小计 | 732 | 35.4 | 1 336 | 64.6 | 2 068 |
| 合计 | | 77 796 | 54.4 | 65 330 | 45.6 | 143 126 |

从年度来看，男性从业者比上年减少了 0.7%，2009 年至 2011 年，年平均减少了 1.0%，女性从业者比上年减少了 1.8%，年平均减少了 1.0%。男性从业者呈现出持续减少的趋势，2009 年为79 325人，2010 年为78 323人，2011 年为77 796人；女性也呈现出持续减少的趋势，2009 年为66 715人，2010 年为66 557人，2011 年为65 330人。

表 4-1-43　**出版行业各年度不同性别的从业者现状**　（单位：名）

| 年度＼性别 | 从业者数量 | | 合计 |
|---|---|---|---|
| | 男性 | 女性 | |
| 2009 年 | 79 325 | 66 715 | 146 040 |
| 2010 年 | 78 323 | 66 557 | 144 880 |
| 2011 年 | 77 796 | 65 330 | 143 126 |
| 同比增减率(%) | ▽0.7 | ▽1.8 | ▽1.2 |
| 年平均增减率(%) | ▽1.0 | ▽1.0 | ▽1.0 |

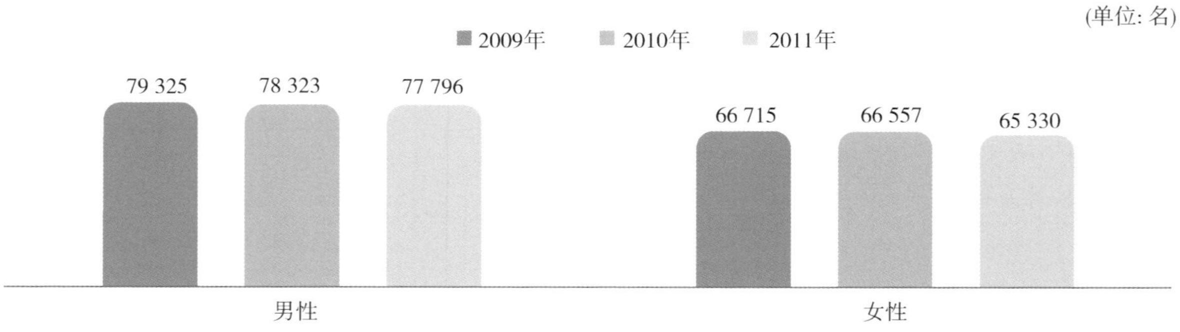


图 4-1-22　出版行业各年度不同性别的从业者现状

7. 出版行业不同职位的从业者现状①

根据 2011 年出版行业不同职位的从业者现状调查，制作职位的从业者为60 235人，占整体从业者的 42.1%，占比最高；其他(流通)职位的从业者为31 379人(21.9%)；管理职位的从业者为27 421人(19.9%)；同时，事业企划职位的从业者为12 651人(8.8%)；营销/宣传职位的从业者为7 421人(5.2%)；研究开发职位的从业者为2 992人(2.1%)。

从增减率来看，事业企划职位的从业者比上年增加了 0.3%，2009 年至 2011 年，年平均增加了

① 合同配送销售业(报纸配送销售)及网络书店(漫画除外)从业者除外。

12.8%。管理职位的从业者比上年减少了 1.4%，年平均减少了 3.7%；制作职位的从业者比上年减少了 0.9%，年平均增加了 0.2%。营销/宣传的从业者比上年减少了 0.9%，年平均减少了 5.5%；研究开发职位的从业者比上年减少了 4.1%，年平均减少了 11.4%；其他(流通)职位的从业者也比上年减少了 2.1%，年平均减少了 2.9%。

表 4-1-44　　**出版行业各业种不同职位的从业者现状(2011 年)**　　(单位：名)

| 中分类 | 职位 / 小分类 | 从业者数量 | | | | | | 合计 |
|---|---|---|---|---|---|---|---|---|
| | | 事业企划 | 管理 | 制作 | 营销/宣传 | 研究开发 | 其他(流通) | |
| 出版业 | 书籍出版业(纸质媒体出版业) | 812 | 1 425 | 4 736 | 883 | 336 | 1 425 | 9 617 |
| | 教科书及学习用书出版业 | 1 218 | 2 048 | 5 987 | 1 352 | 1 587 | 2 103 | 14 295 |
| | 网络/移动电子出版制作业 | 132 | 169 | 588 | 35 | 309 | 92 | 1 325 |
| | 报纸发行业 | 4 198 | 1 055 | 8 087 | 1 376 | 166 | 1 639 | 16 521 |
| | 杂志及定期刊物发行业 | 766 | 1 387 | 4 308 | 1 213 | 252 | 1 566 | 9 492 |
| | 定期广告刊物发行业 | 281 | 1 066 | 2 308 | 842 | 96 | 848 | 5 441 |
| | 其他印刷品的出版业 | 96 | 147 | 670 | 42 | 11 | 73 | 1 039 |
| | 小计 | 7 503 | 7 297 | 26 684 | 5 743 | 2 757 | 7 746 | 57 730 |
| | 比重(%) | 13.0 | 12.6 | 46.2 | 9.9 | 4.8 | 13.4 | 100.0 |
| 印刷业 | 印刷业 | 4 658 | 14 512 | 31 809 | 201 | — | 1 143 | 52 323 |
| | 小计 | 4 658 | 14 512 | 31 809 | 201 | — | 1 143 | 52 323 |
| | 比重(%) | 8.9 | 27.7 | 60.8 | 0.4 | — | 2.2 | 100.0 |
| 出版批发零售业 | 书籍及杂志类批发业 | 199 | 2 138 | 632 | 436 | 35 | 7 305 | 10 745 |
| | 书籍及杂志类零售业 | 253 | 4 136 | 1 059 | 1 018 | 155 | 13 283 | 19 904 |
| | 小计 | 452 | 6 274 | 1 691 | 1 454 | 190 | 20 588 | 30 649 |
| | 比重(%) | 1.5 | 20.5 | 5.5 | 4.7 | 0.6 | 67.2 | 100.0 |
| 在线出版流通业 | 网络/移动电子出版服务业 | 38 | 59 | 51 | 23 | 45 | 140 | 356 |
| | 小计 | 38 | 59 | 51 | 23 | 45 | 140 | 356 |
| | 比重(%) | 10.7 | 16.6 | 14.3 | 6.5 | 12.6 | 39.3 | 100.0 |
| 出版租借业 | 书籍租借业(漫画除外) | — | 306 | — | — | — | 1 762 | 2 068 |
| | 小计 | — | 306 | — | — | — | 1 762 | 2 068 |
| | 比重(%) | — | 14.8 | — | — | — | 85.2 | 100.0 |
| 合计 | | 12 651 | 28 448 | 60 235 | 7 421 | 2 992 | 31 379 | 143 126 |
| 比重(%) | | 8.8 | 19.9 | 42.1 | 5.2 | 2.1 | 21.9 | 100.0 |

表 4-1-45　　**出版行业各年度不同职位的从业者现状**　　(单位：名)

| 职位 / 年度 | 从业者数量 | | | | | | 合计 |
|---|---|---|---|---|---|---|---|
| | 事业企划 | 管理 | 制作 | 营销/宣传 | 研究开发 | 其他(流通) | |
| 2009 年 | 9 948 | 30 650 | 60 012 | 8 310 | 3 815 | 33 305 | 146 040 |
| 2010 年 | 12 610 | 28 852 | 60 764 | 7 486 | 3 119 | 32 049 | 144 880 |
| 2011 年 | 12 651 | 28 448 | 60 235 | 7 421 | 2 992 | 31 379 | 143 126 |
| 同比增减率(%) | 0.3 | ▽1.4 | ▽0.9 | ▽0.9 | ▽4.1 | ▽2.1 | ▽1.2 |
| 年平均增减率(%) | 12.8 | ▽3.7 | 0.2 | ▽5.5 | ▽11.4 | ▽2.9 | ▽1.0 |

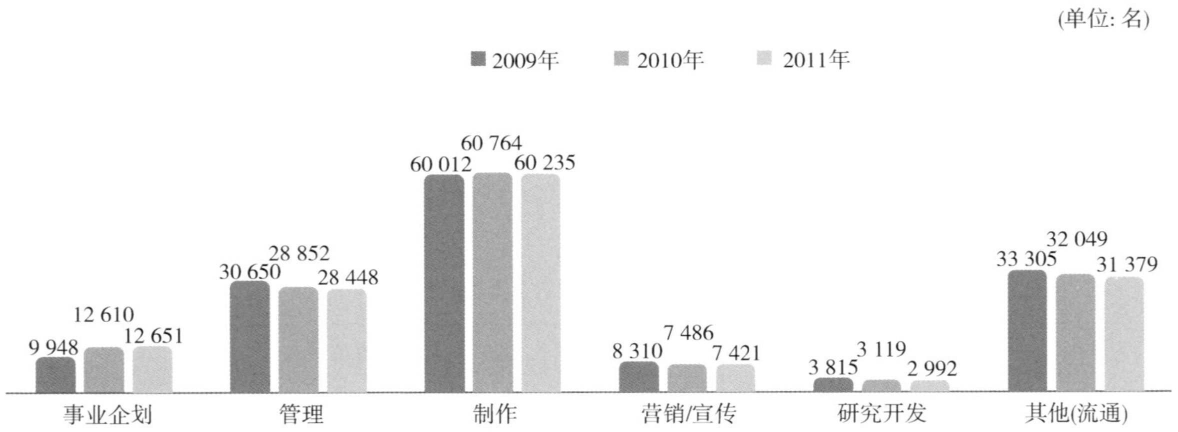


图 4-1-23　出版行业各年度各职位的从业者现状

### 8. 出版行业各学历的从业者现状①

从 2011 年出版行业各学历的从业者现状来看，大学毕业的从业者为81 790人，占从业者总数的比例最高，为 57.2%；高中以下学历的从业者为33 370人，占总数的 23.3%；专科毕业的从业者为23 095人，占总数的 16.1%；研究生以上学历的从业者最少，为4 871人，占总数的 3.4%。

表 4-1-46　**出版行业各业种各学历的从业者现状(2011 年)**　(单位：名)

| 中分类 | 学历 / 小分类 | 从业者数量 | | | | 合计 |
|---|---|---|---|---|---|---|
| | | 高中以下 | 专科毕业 | 大学毕业 | 研究生以上 | |
| 出版业 | 书籍出版业(纸质媒体出版业) | 1 138 | 1 135 | 6 826 | 518 | 9 617 |
| | 教科书及学习用书出版业 | 988 | 1 299 | 10 739 | 1 269 | 14 295 |
| | 网络/移动电子出版制作业 | 82 | 304 | 871 | 68 | 1 325 |
| | 报纸发行业 | 432 | 1 268 | 13 173 | 1 648 | 16 521 |
| | 杂志及定期刊物发行业 | 576 | 975 | 7 552 | 389 | 9 492 |
| | 定期广告刊物发行业 | 898 | 926 | 3 504 | 113 | 5 441 |
| | 其他印刷品的出版业 | 467 | 225 | 332 | 15 | 1 039 |
| | 小计 | 4 581 | 6 132 | 42 997 | 4 020 | 57 730 |
| | 比重(%) | 7.9 | 10.6 | 74.5 | 7.0 | 100.0 |
| 印刷业 | 印刷业 | 21 311 | 10 169 | 20 760 | 83 | 52 323 |
| | 小计 | 21 311 | 10 169 | 20 760 | 83 | 52 323 |
| | 比重(%) | 40.7 | 19.4 | 39.7 | 0.2 | 100.0 |
| 出版批发零售业 | 书籍及杂志类批发业 | 2 018 | 2 427 | 5 974 | 326 | 10 745 |
| | 书籍及杂志类零售业 | 4 153 | 4 068 | 11 272 | 411 | 19 904 |
| | 小计 | 6 171 | 6 495 | 17 246 | 737 | 30 649 |
| | 比重(%) | 20.1 | 21.2 | 56.3 | 2.4 | 100.0 |
| 在线出版流通业 | 网络/移动电子出版服务业 | 19 | 48 | 258 | 31 | 356 |
| | 小计 | 19 | 48 | 258 | 31 | 356 |
| | 比重(%) | 5.3 | 13.5 | 72.5 | 8.7 | 100.0 |

① 合同配送销售业(报纸配送销售)及网络书店(漫画除外)从业者除外。

续表

| 中分类 | 小分类 \ 学历 | 从业者数量 | | | | 合计 |
|---|---|---|---|---|---|---|
| | | 高中以下 | 专科毕业 | 大学毕业 | 研究生以上 | |
| 出版租借业 | 书籍租借业(漫画除外) | 1 288 | 251 | 529 | — | 2 068 |
| | 小计 | 1 288 | 251 | 529 | — | 2 068 |
| | 比重(%) | 62. 3 | 12. 1 | 25. 6 | — | 100. 0 |
| 合计 | | 33 370 | 23 095 | 81 790 | 4 871 | 143 126 |
| 比重(%) | | 23. 3 | 16. 1 | 57. 2 | 3. 4 | 100. 0 |

从年度来看，高中以下学历的从业者比上年减少了 3. 8%，2009 年至 2011 年，年平均减少了 2. 3%；专科毕业的从业者比上年减少了 2. 0%，年平均减少了 1. 6%；大学毕业的从业者比上年增加了 0. 2%，年平均减少了 0. 2%；研究生以上学历的从业者比上年减少了 2. 1%，年平均减少了 1. 7%。

表 4-1-47　**出版行业各年度各学历的从业者现状**　(单位：名)

| 年度 \ 学历 | 从业者数量 | | | | 合计 |
|---|---|---|---|---|---|
| | 高中以下 | 专科毕业 | 大学毕业 | 研究生以上 | |
| 2009 年 | 34 977 | 23 851 | 82 172 | 5 040 | 146 040 |
| 2010 年 | 34 681 | 23 575 | 81 650 | 4 974 | 144 880 |
| 2011 年 | 33 370 | 23 095 | 81 790 | 4 871 | 143 126 |
| 同比增减率(%) | ▽3. 8 | ▽2. 0 | 0. 2 | ▽2. 1 | ▽1. 2 |
| 年平均增减率(%) | ▽2. 3 | ▽1. 6 | ▽0. 2 | ▽1. 7 | ▽1. 0 |

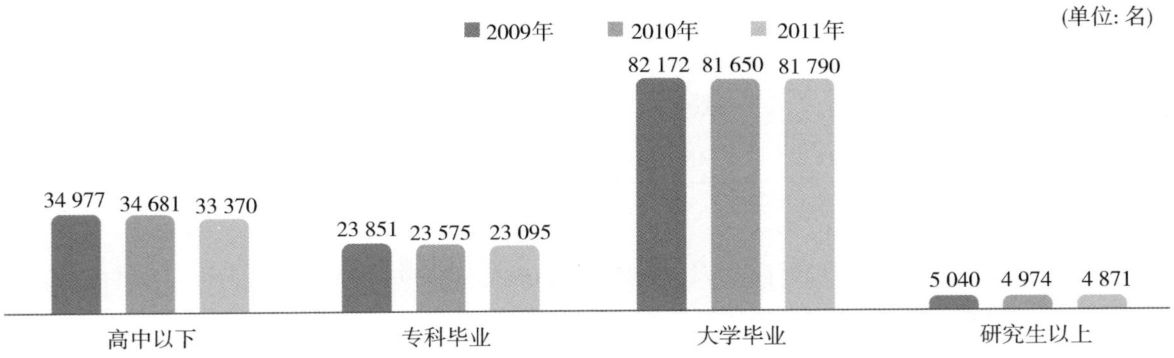


图 4-1-24　出版行业各年度各学历的从业者现状

### 9. 出版行业各年龄段的从业者现状①

根据对 2011 年出版行业各年龄段的从业者的调查，40 岁以上的从业者为46 703人，所占比例最大，占从业者总数的 32. 7%；30 岁以上 34 岁以下的从业者为36 230人，占总数的 25. 3%；35 岁以上 39 岁以下的从业者为33 672人，占总数的 23. 5%；29 岁以下的从业者为26 521人，占总数的 18. 5%。

① 合同配送销售业(报纸配送销售)及网络书店(漫画除外)从业者除外。

表 4-1-48　**出版行业各业种各年龄段的从业者现状(2011 年)**　(单位：名)

| 中分类 | 小分类＼年龄 | 从业者数量 | | | | 合计 |
|---|---|---|---|---|---|---|
| | | 29 岁以下 | 30~34 岁 | 35~39 岁 | 40 岁以上 | |
| 出版业 | 书籍出版业(纸质媒体出版业) | 2 638 | 2 733 | 2 458 | 1 788 | 9 617 |
| | 教科书及学习用书出版业 | 3 819 | 4 458 | 3 787 | 2 231 | 14 295 |
| | 网络/移动电子出版制作业 | 362 | 445 | 306 | 212 | 1 325 |
| | 报纸发行业 | 2 215 | 2 856 | 3 479 | 7 971 | 16 521 |
| | 杂志及定期刊物发行业 | 2 112 | 2 743 | 2 595 | 2 042 | 9 492 |
| | 定期广告刊物发行业 | 1 536 | 1 778 | 1 242 | 885 | 5 441 |
| | 其他印刷品的出版业 | 109 | 211 | 231 | 488 | 1 039 |
| | 小计 | 12 791 | 15 224 | 14 098 | 15 617 | 57 730 |
| | 比重(%) | 22.2 | 26.4 | 24.4 | 27.0 | 100.0 |
| 印刷业 | 印刷业 | 3 211 | 12 217 | 12 771 | 24 124 | 52 323 |
| | 小计 | 3 211 | 12 217 | 12 771 | 24 124 | 52 323 |
| | 比重(%) | 6.1 | 23.4 | 24.4 | 46.1 | 100.0 |
| 出版批发零售业 | 书籍及杂志类批发业 | 3 158 | 3 212 | 2 413 | 1 962 | 10 745 |
| | 书籍及杂志类零售业 | 6 733 | 5 311 | 4 136 | 3 724 | 19 904 |
| | 小计 | 9 891 | 8 523 | 6 549 | 5 686 | 30 649 |
| | 比重(%) | 32.3 | 27.8 | 21.4 | 18.5 | 100.0 |
| 在线出版流通业 | 网络/移动电子出版服务业 | 139 | 121 | 56 | 40 | 356 |
| | 小计 | 139 | 121 | 56 | 40 | 356 |
| | 比重(%) | 39.1 | 34.0 | 15.7 | 11.2 | 100.0 |
| 出版租借业 | 书籍租借业(漫画除外) | 489 | 145 | 198 | 1236 | 2 068 |
| | 小计 | 489 | 145 | 198 | 1236 | 2 068 |
| | 比重(%) | 23.6 | 7.0 | 9.6 | 59.8 | 100.0 |
| 合计 | | 26 521 | 36 230 | 33 672 | 46 703 | 143 126 |
| 比重(%) | | 18.5 | 25.3 | 23.5 | 32.7 | 100.0 |

从年度来看，29 岁以下的从业者比上年减少了 0.3%，2009 年到 2011 年，年平均减少了 0.2%。30 岁以上 34 岁以下的从业者比上年减少了 1.6%，年平均减少了 1.0%，35 岁以上 39 岁以下的从业者比上年减少了 1.7%，年平均减少了 1.3%。40 岁以上的从业者比上年减少了 1.0%，年平均减少了 1.2%。

表 4-1-49　**出版行业各年度各年龄段的从业者现状**　(单位：名)

| 年度＼年龄 | 从业者数量 | | | | 合计 |
|---|---|---|---|---|---|
| | 29 岁以下 | 30~34 岁 | 35~39 岁 | 40 岁以上 | |
| 2009 年 | 26 640 | 36 979 | 34 595 | 47 826 | 146 040 |
| 2010 年 | 26 606 | 36 834 | 34 269 | 47 171 | 144 880 |
| 2011 年 | 26 521 | 36 230 | 33 672 | 46 703 | 143 126 |
| 同比增减率(%) | ▽0.3 | ▽1.6 | ▽1.7 | ▽1.0 | ▽1.2 |
| 年平均增减率(%) | ▽0.2 | ▽1.0 | ▽1.3 | ▽1.2 | ▽1.0 |

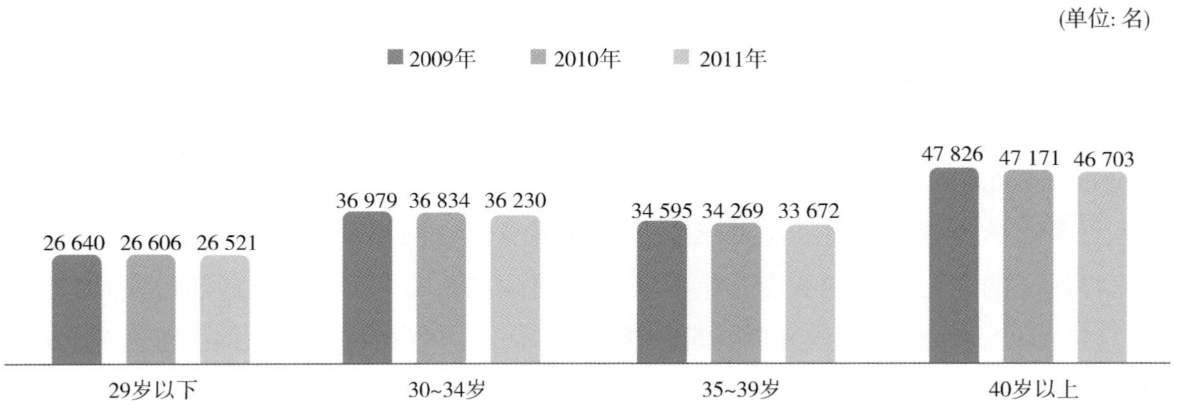


图 4-1-25　出版行业各年度各年龄段的从业者现状

# 二、漫 画 行 业

表 4-2-1　**漫画行业的分类**

| 中分类 | 小分类 | 分类体系的定义 |
|---|---|---|
| 漫画出版业 | 漫画出版社(漫画杂志、每日漫画、连环画杂志等) | 专业发行包括漫画杂志在内的漫画图书的出版社(专业发行漫画的鹤山、大元 C. I. 株式会社、首尔文化社等) |
| | 普通出版社(漫画部门) | 在发行普通图书的出版社会中发行漫画图书(包括学习/教养漫画)的出版社(普通出版社的漫画出版) |
| 在线漫画制作流通业 | 网络/移动漫画资讯制作及提供(CP) | 为了在网络/移动设备上提供单行本漫画、漫画杂志而进行制作的企业 |
| | 网络漫画资讯服务 | 对单行本漫画或漫画杂志等以电子出版物的形式制作的资讯，通过网络提供服务的企业 |
| | 移动漫画资讯服务 | 对单行本漫画或漫画杂志等以电子出版物的形式制作的资讯，通过移动设备提供服务的企业 |
| 漫画书租借业 | 漫画租借(漫画屋、漫画咖啡厅等) | 在漫画屋、漫画咖啡厅等店铺中向漫画读者有偿地提供场所或租借图书的企业 |
| | 书籍租借(漫画部门) | 只租借各种漫画图书、漫画杂志的企业(不提供场所) |
| 漫画批发零售业 | 漫画书籍及杂志类批发 | 批发各种漫画图书及漫画杂志的企业 |
| | 漫画书籍及杂志类零售 | 零售各种漫画图书及漫画杂志的企业 |
| | 网络书店(漫画部门) | 运营非线下书店的网络书店的企业(yes24，inter park 图书等，只适用于漫画)(引用外部资料：统计厅，《网络购物动向调查》，2012) |

## (一)漫画行业的整体概况

2011 年漫画行业中线下部分呈现出整体停滞趋势，考虑到物价上升，线下部分有实质性的下降趋势。这是因为在漫画单行本销售的不确定性中新刊漫画原版发行在减少，儿童学习漫画市场规模在2000—2010 年以后达到了饱和状态。但幸运的是反映漫画特性(以非儿童为对象)的漫画风格实用性书籍(实用漫画)在增加，可见线下漫画行业也并非都是负面的。而且在数字漫画的强势中，特别是随着网络漫画影响力的增强，其中大部分以漫画单行本的形式出版，实际上有很多的销售记录。即使网络漫画资讯服务部分不能包含网络漫画，仍旧保持着持续的增长。如果统计中包含了网络漫画相关销售额，预计会有更多的销售额。网络漫画资讯服务部分不能包含网络漫画，是因为网络漫画大部分是免费服务，因此将通过网络漫画得到的广告销售额算作漫画销售额是不合理的。但是因为对这一部分存在多种意见，以后可以考虑把支付给网络漫画作者的稿费或广告销售额算作网络漫画销售额。

同时，得益于智能机器的普及扩大和网页漫画人气的急速上升，一些与著名公司合作来推出品牌网络漫画的现象也有助于今后网络漫画的产业化发展。

调查显示，2011 年漫画行业企业数量是8 709个，从业人数为10 358人。销售额为7 516亿韩元，附加价值额为3 075亿韩元，附加价值率是 40. 92%。出口额为1 721万美元，进口额与出口额相比差距较大，为 396 万美元。

漫画行业的企业数量在 2011 年为8 709个，比 2006 年的10 796个减少了2 087个，这比上年减少了9. 6%。2006 年到 2011 年，年平均减少了 4. 2%，可见企业数量从 2006 年起一直有所减少。

漫画行业随着流通业的减少，企业数量和从业者数量呈现出持续减少的趋势，但销售额和附加价值额比 2010 年有小幅度增加。出口额比 2010 年增加了 111. 1%，呈现出高增长率。

表 4-2-2　　**漫画行业整体概况**

| 分　类 | 企业数量（个） | 从业者数量（名） | 销售额（百万韩元） | 附加价值额（百万韩元） | 附加价值率（%） | 出口额（千美元） | 进口额（千美元） |
|---|---|---|---|---|---|---|---|
| 2006 年 | 10 796 | 12 818 | 730 072 | 264 505 | 36. 23 | 3 917 | 3 965 |
| 2007 年 | 10 382 | 11 772 | 761 686 | 282 052 | 37. 03 | 3 986 | 5 901 |
| 2008 年 | 10 180 | 11 093 | 723 286 | 283 600 | 39. 21 | 4 135 | 5 937 |
| 2009 年 | 10 109 | 10 748 | 739 094 | 290 833 | 39. 35 | 4 209 | 5 492 |
| 2010 年 | 9 634 | 10 779 | 741 947 | 297 632 | 40. 11 | 8 153 | 5 281 |
| 2011 年 | 8 709 | 10 358 | 751 691 | 307 558 | 40. 92 | 17 213 | 3 968 |
| 同比增减率(%) | ▽9. 6 | ▽3. 9 | 1. 3 | 3. 3 | 0. 81p | 111. 1 | ▽24. 9 |
| 年平均增减率(%) | ▽4. 2 | ▽4. 2 | 0. 6 | 3. 1 | — | 34. 5 | 0. 0 |

2011 年，漫画行业的人均销售额为7 300万韩元，各企业的平均销售额为8 000万韩元。从中分类来看，漫画出版业的人均销售额为 1 亿5 500万韩元，企业平均销售额为 16 亿韩元。在线漫画制作流通业的人均销售额为 1 亿2 300万韩元，企业平均销售额为 8 亿3 700万韩元，比其他业种高；漫画书租借业的人均销售额为1 800万韩元，企业平均销售额为2 000万韩元，在漫画行业中是最低的。漫画批发零售业的人均销售额为5 800万韩元，企业平均销售额为7 800万韩元。

表 4-2-3　　漫画行业各企业的平均销售额及从业者的人均销售额现状(2011 年)

| 中分类 | 小分类 | 企业数量(个) | 从业者数量(名) | 销售额(百万韩元) | 各企业平均销售额(百万韩元) | 人均销售额(百万韩元) |
|---|---|---|---|---|---|---|
| 漫画出版业 | 漫画出版社(漫画杂志、每日漫画、连环画杂志等) | 93 | 619 | 97 727 | 1 051 | 158 |
| | 普通出版社(漫画部门) | 119 | 1 572 | 241 419 | 2 029 | 154 |
| | 小计 | 212 | 2 191 | 339 146 | 1 600 | 155 |
| 在线漫画制作流通业 | 网络/移动漫画资讯制作及提供(CP) | 42 | 173 | 15 262 | 363 | 88 |
| | 网络漫画资讯服务 | 28 | 309 | 34 564 | 1 234 | 112 |
| | 移动漫画资讯服务 | 3 | 16 | 11 252 | 3 751 | 703 |
| | 小计 | 73 | 498 | 61 078 | 837 | 123 |
| 漫画书租借业 | 漫画租借(漫画屋、漫画咖啡厅等) | 811 | 866 | 22 663 | 28 | 26 |
| | 书籍租借(漫画部门) | 2 827 | 3 211 | 49 624 | 18 | 15 |
| | 小计 | 3 638 | 4 077 | 72 287 | 20 | 18 |
| 漫画批发零售业 | 漫画书籍及杂志类批发 | 161 | 754 | 60 126 | 373 | 80 |
| | 漫画书籍及杂志类零售 | 4 625 | 2 339 | 162 021 | 35 | 69 |
| | 网络书店(漫画部门) | — | 499 | 57 033① | — | 114 |
| | 小计 | 4 786 | 3 592 | 279 180 | 46② | 78 |
| 合计 | | 8 709 | 10 358 | 751 691 | 80③ | 73 |

## (二)漫画行业的企业数量现状④

2011 年漫画行业企业数是8 709个，比上年减少了 9. 6%，2009 年至 2011 年平均减少了 7. 2%。从业种类别来看，漫画书籍及杂志类零售企业占一半以上(4 625个，53. 1%)，其次是书籍租借(漫画部分)企业(2 827个，32. 5%)。漫画租借(漫画房、漫画咖啡厅等)企业是 811 个(9. 3%)，此外的企业所占比例不到 2%。从增减率来看，漫画书籍及杂志类批发业整体上呈现减少趋势，比上年减少了 13. 9%，呈现出最大的减少率，2009 年至 2011 年，年平均减少了 26. 9%。

表 4-2-4　　漫画行业各年度各业种的企业数量现状　　(单位：个)

| 中分类 | 小分类 | 2009 年 | 2010 年 | 2011 年 | 比重(%) | 同比增减率(%) | 年平均增减率(%) |
|---|---|---|---|---|---|---|---|
| 漫画出版业 | 漫画出版社(漫画杂志、每日漫画、连环画杂志等) | 103 | 96 | 93 | 1. 1 | ▽3. 1 | ▽5. 0 |
| | 普通出版社(漫画部门) | 123 | 118 | 119 | 1. 4 | 0. 8 | ▽1. 6 |

① 统计厅发布的《网络购物动向调查》，2012 年。
② 漫画产业中除去网上书店(漫画部门)销售额之外的平均销售额。
③ 漫画产业中除去网上书店(漫画部门)销售额之外的平均销售额。
④ 网上书店(漫画部门)除外。

续表

| 中分类 | 小分类 | 2009 年 | 2010 年 | 2011 年 | 比重（%） | 同比增减率（%） | 年平均增减率（%） |
|---|---|---|---|---|---|---|---|
| 在线的漫画制作流通业 | 网络/移动漫画资讯的制作及提供(CP) | 45 | 43 | 42 | 0.5 | ▽2.3 | ▽3.4 |
| | 网络漫画资讯服务 | 32 | 31 | 28 | 0.3 | ▽9.7 | ▽6.5 |
| | 移动漫画资讯服务 | 3 | 3 | 3 | 0.0 | 0.0 | 0.0 |
| 漫画书租借业 | 漫画租借(漫画屋、漫画咖啡厅等) | 936 | 902 | 811 | 9.3 | ▽10.1 | ▽6.9 |
| | 书籍租借(漫画部门) | 3 302 | 3 132 | 2 827 | 32.5 | ▽9.7 | ▽7.5 |
| 漫画批发零售业 | 漫画书籍及杂志类批发 | 301 | 187 | 161 | 1.8 | ▽13.9 | ▽26.9 |
| | 漫画书籍及杂志类零售 | 5 264 | 5 122 | 4 625 | 53.1 | ▽9.7 | ▽6.3 |
| | 网络书店(漫画部门) | — | — | — | — | — | — |
| 合计 | | 10 109 | 9 634 | 8 709 | 100.0 | ▽9.6 | ▽7.2 |

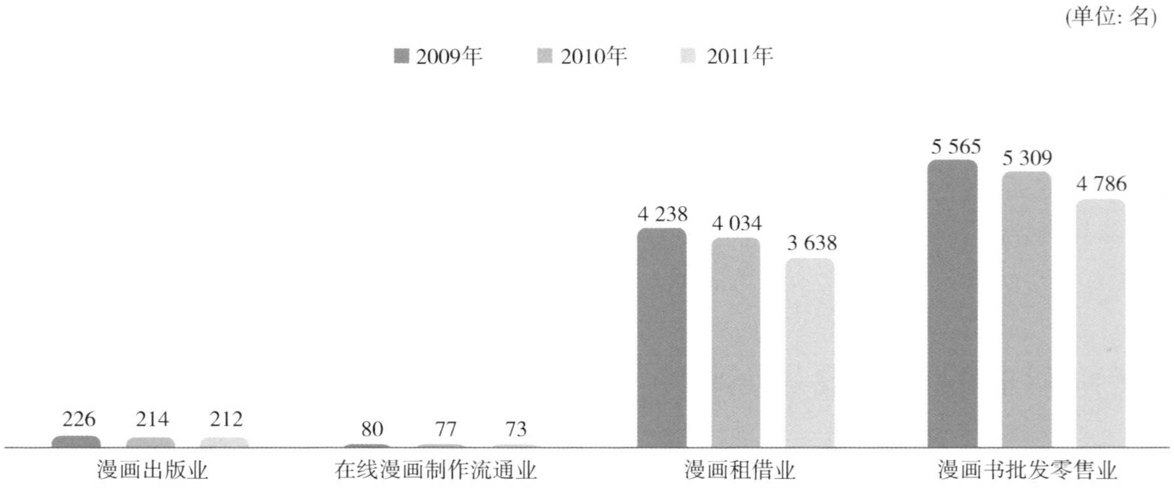


图 4-2-1　漫画行业各年度各业种的企业数量现状

从销售额规模来看，销售额规模不到 1 亿韩元的企业数量最多，为8 155个(93.6%)；其次是销售额规模在 1 亿韩元以上 10 亿韩元以下的企业，为 453 个(5.2%)。接下来依次是 10 亿韩元以上 100 亿韩元以下的企业，其占企业总数的 1.0%；100 亿韩元以上的企业所占比例最小，为 0.2%。从增减率来看，100 亿韩元以上的企业从 2009 年至 2011 年一直是 13 个，没有变化；销售额规模在 1 亿韩元以下的企业比上年减少了 9.8%，年平均减少了 7.3%，呈现出最大的减少率。

表 4-2-5　**漫画行业各年度各销售规模的企业数量现状**　（单位：个）

| 年度 / 销售额规模 | 2009 年 | 2010 年 | 2011 年 | 比重（%） | 同比增减率（%） | 年平均增减率（%） |
|---|---|---|---|---|---|---|
| 不足 1 亿韩元 | 9 497 | 9 042 | 8 155 | 93.6 | ▽9.8 | ▽7.3 |
| 1 亿~10 亿韩元 | 508 | 489 | 453 | 5.2 | ▽7.4 | ▽5.6 |
| 10 亿~100 亿韩元 | 91 | 90 | 88 | 1.0 | ▽2.2 | ▽1.7 |
| 100 亿韩元以上 | 13 | 13 | 13 | 0.2 | 0.0 | 0.0 |
| 合计 | 10 109 | 9 634 | 8 709 | 100.0 | ▽9.6 | ▽7.2 |

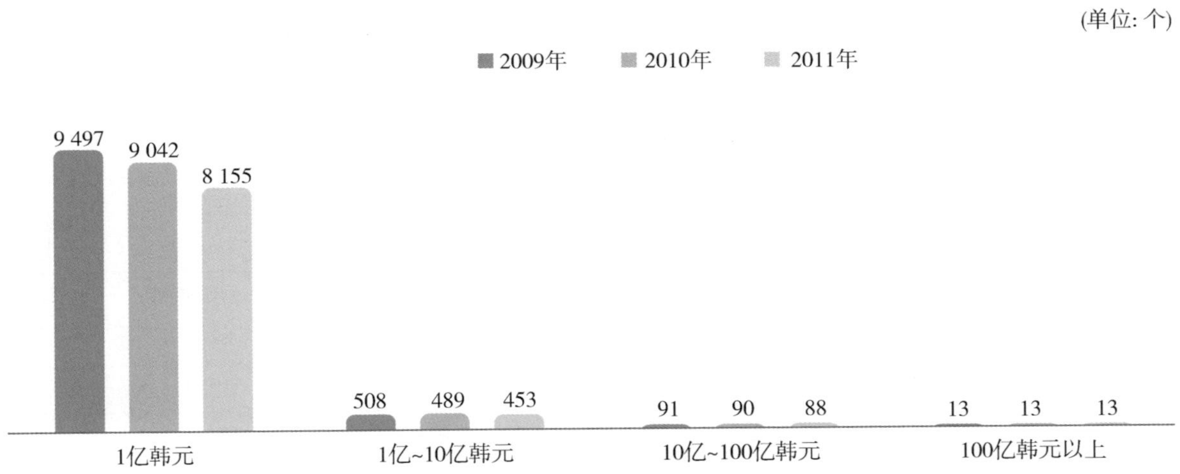


图 4-2-2　漫画行业各年度各销售规模的企业数量现状

从从业者规模来看，从业者规模在 1 人以上 4 人以下的企业所占比例最大，为 8495 个(97.5%)；其次是 5 人以上 9 人以下的企业，数量为 148 个(1.7%)；10 人以上 49 人以下的企业数量为 55 个(0.7%)；50 人以上 99 人以下的企业数量是 11 个(0.1%)。从增减率来看，5 人以上 9 人以下的企业数量比上年减少了 1.4%，2009 年至 2011 年，年平均增加了 1.7%，是唯一增加的类别。10 人以上 49 人以下的企业数量比上年减少了 11.3%，年平均减少了 8.7%，呈现出最大的减少幅度。

表 4-2-6　**漫画行业各年度各从业者规模的企业数量现状**　(单位：个)

| 年度 / 从业者规模 | 2009 年 | 2010 年 | 2011 年 | 比重 (%) | 同比增减率 (%) | 年平均增减率 (%) |
|---|---|---|---|---|---|---|
| 1~4 人 | 9 888 | 9 414 | 8 495 | 97.5 | ▽9.8 | ▽7.3 |
| 5~9 人 | 143 | 146 | 148 | 1.7 | 1.4 | 1.7 |
| 10~49 人 | 66 | 62 | 55 | 0.7 | ▽11.3 | ▽8.7 |
| 50~99 人 | 12 | 12 | 11 | 0.1 | ▽8.3 | ▽4.3 |
| 100 人以上 | — | — | — | 0.0 | — | — |
| 合计 | 10 109 | 9 634 | 8 709 | 100.0 | ▽9.6 | ▽7.2 |

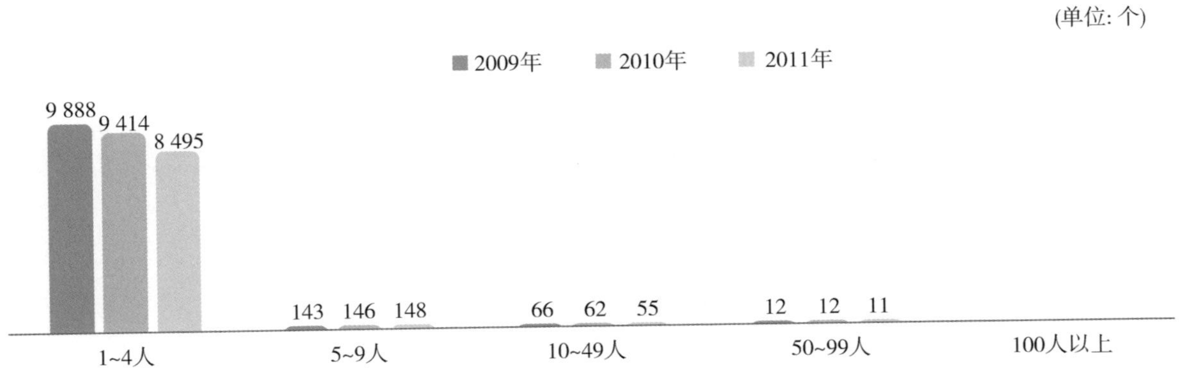


图 4-2-3　漫画行业各年度各从业者规模的企业数量现状

从 2011 年各地区漫画行业的企业数量现状来看，首尔的企业数是2 823个，占总数的 32.4%，比上年减少了 9.2%，从 2009 年至 2011 年，年平均减少 6.7%。2011 年 6 个广域市中漫画行业的企业数量是2 578个，占总数的 29.6%。9 个道中京畿道的企业数是1 832个，占总数的 21.0%，占比是除首尔之外最高的。6 个广域市中釜山企业的占比较高，其企业数量是 743 个，占总数的 8.5%。

表 4-2-7　**漫画行业各年度各地区企业数量现状**　（单位：个）

| 地区＼年度 | | 2009 年 | 2010 年 | 2011 年 | 比重（%） | 同比增减率（%） | 年平均增减率（%） |
|---|---|---|---|---|---|---|---|
| 首尔 | | 3 243 | 3 110 | 2 823 | 32.4 | ▽9.2 | ▽6.7 |
| 6个广域市 | 釜山 | 796 | 778 | 743 | 8.5 | ▽4.5 | ▽3.4 |
| | 大邱 | 498 | 475 | 452 | 5.2 | ▽4.8 | ▽4.7 |
| | 仁川 | 599 | 582 | 541 | 6.2 | ▽7.0 | ▽5.0 |
| | 光州 | 333 | 319 | 288 | 3.3 | ▽9.7 | ▽7.0 |
| | 大田 | 419 | 411 | 383 | 4.4 | ▽6.8 | ▽4.4 |
| | 蔚山 | 201 | 192 | 171 | 2.0 | ▽10.9 | ▽7.8 |
| | 小计 | 2 846 | 2 757 | 2 578 | 29.6 | ▽6.5 | ▽4.8 |
| 9个道 | 京畿道 | 2 199 | 2 032 | 1 832 | 21.0 | ▽9.8 | ▽8.7 |
| | 江原道 | 248 | 236 | 199 | 2.3 | ▽15.7 | ▽10.4 |
| | 忠清北道 | 209 | 195 | 166 | 1.9 | ▽14.9 | ▽10.9 |
| | 忠清南道 | 202 | 191 | 152 | 1.7 | ▽20.4 | ▽13.3 |
| | 全罗北道 | 216 | 202 | 163 | 1.9 | ▽19.3 | ▽13.1 |
| | 全罗南道 | 187 | 183 | 155 | 1.8 | ▽15.3 | ▽9.0 |
| | 庆尚北道 | 279 | 263 | 241 | 2.8 | ▽8.4 | ▽7.1 |
| | 庆尚南道 | 431 | 422 | 368 | 4.2 | ▽12.8 | ▽7.6 |
| | 济州道 | 49 | 43 | 32 | 0.4 | ▽25.6 | ▽19.2 |
| | 小计 | 4 020 | 3 767 | 3 308 | 38.0 | ▽12.2 | ▽9.3 |
| 合计 | | 10 109 | 9 634 | 8 709 | 100.0 | ▽9.6 | ▽7.2 |

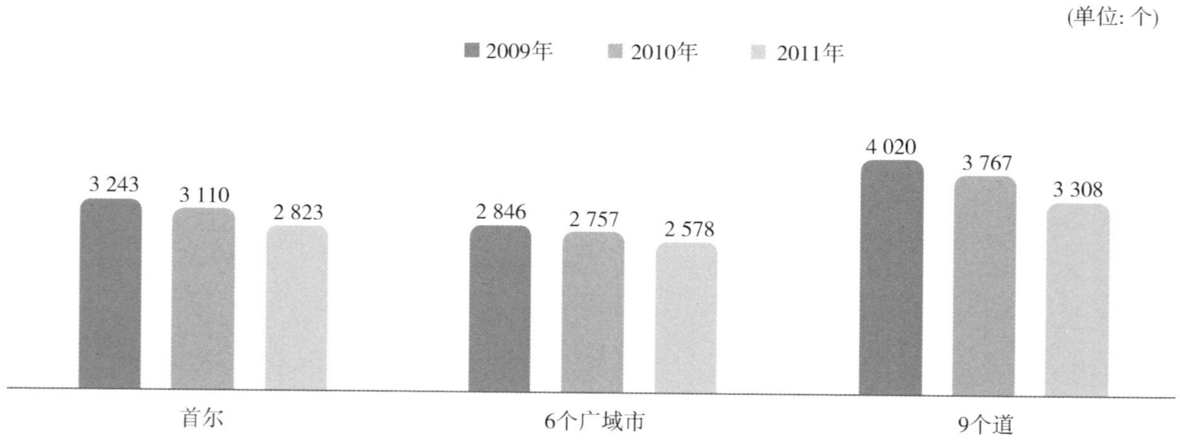


图 4-2-4　漫画行业各年度各地区企业数量现状

## （三）漫画行业的销售额现状①

调查显示，2011 年漫画行业的总销售额为7 516亿韩元，比上年增加了 1. 3%，2009 年至 2011 年，年平均增加了 0. 8%。从中分类来看，漫画出版业销售额为3 391亿韩元，占总额的 45. 1%；漫画批发零售业的销售额为2 791亿韩元，占总额的 37. 2%；同时，漫画书租借业的销售额为 722 亿韩元，占总额的 9. 6%；在线漫画制作流通业的销售额为 610 亿韩元，占总额的 8. 1%。

在增减率方面，漫画出版业的销售额从 2010 年的3 268亿韩元到 2011 年的3 391亿韩元，增加了 3. 8%；在线漫画制作流通业的销售额比上年增加了 15. 4%；漫画租借业的销售额比上年增加了 3. 7%；但是漫画批发零售业的销售额比上年减少了 4. 5%。

2011 年漫画行业的销售额只比上年增加了 1. 3%，与物价上升相比呈现出停滞的状态；但是 2011 年漫画行业令人鼓舞的是新登场漫画 App，随着智能机器数量的增加及普及，快速进入了 Apple App Store 和 Android App Store，逐渐在漫画市场占据了一定的地位。在美国，已经有 App 漫画进入 App Store 图书类销售排行榜的前 5 位，呈现出稳定的销售额。

表 4-2-8　**漫画行业各年度各业种的销售额现状**　（单位：百万韩元）

<table>
<tr><th rowspan="2">中分类</th><th rowspan="2">小分类</th><th colspan="3">销售额</th><th>比重</th><th>同比增减率</th><th>年平均增减率</th></tr>
<tr><th>2009 年</th><th>2010 年</th><th>2011 年</th><th>（%）</th><th>（%）</th><th>（%）</th></tr>
<tr><td rowspan="3">漫画出版业</td><td>漫画出版社（漫画杂志、每日漫画、连环画杂志等）</td><td>92 361</td><td>92 739</td><td>97 727</td><td>13. 0</td><td>5. 4</td><td>2. 9</td></tr>
<tr><td>普通出版社（漫画部门）</td><td>224 281</td><td>234 103</td><td>241 419</td><td>32. 1</td><td>3. 1</td><td>3. 8</td></tr>
<tr><td>小计</td><td>316 642</td><td>326 842</td><td>339 146</td><td>45. 1</td><td>3. 8</td><td>3. 5</td></tr>
<tr><td rowspan="4">在线漫画制作流通业</td><td>网络/移动漫画资讯制作及提供（CP）</td><td>14 682</td><td>13 641</td><td>15 262</td><td>2. 0</td><td>11. 9</td><td>2. 0</td></tr>
<tr><td>网络漫画资讯服务</td><td>28 521</td><td>29 631</td><td>34 564</td><td>4. 6</td><td>16. 6</td><td>10. 1</td></tr>
<tr><td>移动漫画资讯服务</td><td>11 348</td><td>9 635</td><td>11 252</td><td>1. 5</td><td>16. 8</td><td>▽0. 4</td></tr>
<tr><td>小计</td><td>54 551</td><td>52 907</td><td>61 078</td><td>8. 1</td><td>15. 4</td><td>5. 8</td></tr>
<tr><td rowspan="3">漫画书租借业</td><td>漫画租借（漫画屋、漫画咖啡厅等）</td><td>25 291</td><td>24 872</td><td>22 663</td><td>3. 0</td><td>▽8. 9</td><td>▽5. 3</td></tr>
<tr><td>书籍租借（漫画部门）</td><td>47 686</td><td>44 857</td><td>49 624</td><td>6. 6</td><td>10. 6</td><td>2. 0</td></tr>
<tr><td>小计</td><td>72 977</td><td>69 729</td><td>72 287</td><td>9. 6</td><td>3. 7</td><td>▽0. 5</td></tr>
<tr><td rowspan="4">漫画批发零售业</td><td>漫画书籍及杂志类批发</td><td>79 489</td><td>76 218</td><td>60 126</td><td>8. 0</td><td>▽21. 1</td><td>▽13. 0</td></tr>
<tr><td>漫画书籍及杂志类零售</td><td>169 094</td><td>163 923</td><td>162 021</td><td>21. 6</td><td>▽1. 2</td><td>▽2. 1</td></tr>
<tr><td>网络书店（漫画部门）</td><td>46 341</td><td>52 328</td><td>57 033</td><td>7. 6</td><td>9. 0</td><td>10. 9</td></tr>
<tr><td>小计</td><td>294 924</td><td>292 469</td><td>279 180</td><td>37. 2</td><td>▽4. 5</td><td>▽2. 7</td></tr>
<tr><td colspan="2">合计</td><td>739 094</td><td>741 947</td><td>751 691</td><td>100. 0</td><td>1. 3</td><td>0. 8</td></tr>
</table>

以价值链为基准来看 2011 年漫画行业的销售额，企划及制作的销售额为3 544亿韩元（47. 1%），其中在线企划及制作的销售额为 152 亿韩元，线下企划及制作的销售额为3 391亿韩元。在线企划及制作的销售额比上年增加了 11. 9%，2009 年至 2011 年，年平均增加了 2. 0%，线下企划及制作的销售额

① 网上书店（漫画部门）：引用统计厅 2012 年发布的《网络购物动向调查》中的数据。

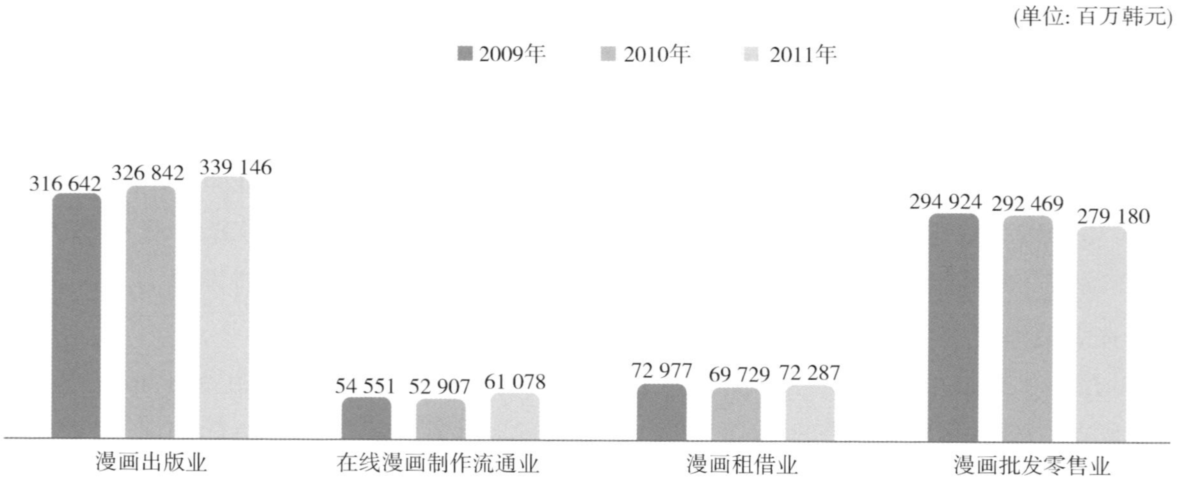


图 4-2-5　漫画行业各年度各业种的销售额现状

比上年增加了 3.8%，年平均增加了 3.5%。企划及制作的销售额因普通出版社(漫画部分)部分销售额的增加比上年增加了 4.1%，年平均增加了 3.4%。2011 年流通的销售额为3 972亿韩元(52.9%)，与 2009 年和 2010 年一样，在漫画行业的销售额中其占销售总额的比例与企划及制作相比更大，但企划及制作的销售额占销售总额的比例每年呈现出持续增加的趋势，流通的销售额比例则呈现出逐年减少的趋势。在流通的销售额中，在线流通及服务的销售额呈现出增加的趋势，但线下流通及服务的销售额比上年减少了 5.0%，年平均减少了 4.3%。

表 4-2-9　　**漫画行业各年度各价值链类别的销售额现状**　　(单位：百万韩元)

| 价值链 | | 小分类 | 销售额 | | | 比重(%) | 同比增减率(%) | 年平均增减率(%) |
|---|---|---|---|---|---|---|---|---|
| | | | 2009 年 | 2010 年 | 2011 年 | | | |
| 企划及制作 | 在线企划及制作 | 网络/移动漫画资讯制作及提供(CP) | 14 682 | 13 641 | 15 262 | 2.0 | 11.9 | 2.0 |
| | | 小计 | 14 682 | 13 641 | 15 262 | 2.0 | 11.9 | 2.0 |
| | 线下企划及制作 | 漫画出版社(漫画杂志、每日漫画、连环画杂志等) | 92 361 | 92 739 | 97 727 | 13.0 | 5.4 | 2.9 |
| | | 普通出版社(漫画部门) | 224 281 | 234 103 | 241 419 | 32.1 | 3.1 | 3.8 |
| | | 小计 | 316 642 | 326 842 | 339 146 | 45.1 | 3.8 | 3.5 |
| | 合计 | | 331 324 | 340 483 | 354 408 | 47.1 | 4.1 | 3.4 |
| 流通 | 在线流通及服务 | 网络漫画资讯服务 | 28 521 | 29 631 | 34 564 | 4.6 | 16.6 | 10.1 |
| | | 移动漫画资讯服务 | 11 348 | 9 635 | 11 252 | 1.5 | 16.8 | ▽0.4 |
| | | 网络书店(漫画部门) | 46 341 | 52 328 | 57 033 | 7.6 | 9.0 | 10.9 |
| | | 小计 | 86 210 | 91 594 | 102 849 | 13.7 | 12.3 | 9.2 |
| | 线下流通及服务 | 漫画租借(漫画屋、漫画咖啡厅等) | 25 291 | 24 872 | 22 663 | 3.0 | ▽8.9 | ▽5.3 |
| | | 书籍租借(漫画部门) | 47 686 | 44 857 | 49 624 | 6.6 | 10.6 | 2.0 |
| | | 漫画书籍及杂志类批发 | 79 489 | 76 218 | 60 126 | 8.0 | ▽21.1 | ▽13.0 |
| | | 漫画书籍及杂志类零售 | 169 094 | 163 923 | 162 021 | 21.6 | ▽1.2 | ▽2.1 |
| | | 小计 | 321 560 | 309 870 | 294 434 | 39.2 | ▽5.0 | ▽4.3 |
| | 合计 | | 407 770 | 401 464 | 397 283 | 52.9 | ▽1.0 | ▽1.3 |
| 合计 | | | 739 094 | 741 947 | 751 691 | 100.0 | 1.3 | 0.8 |

### 1. 漫画行业中漫画出版业的销售额现状

2011 年漫画行业中漫画出版业的销售额为3 391亿韩元，比上年增加了 3. 8%，2009 年至 2011 年，年平均增加了 3. 5%。从漫画出版业的销售额构成来看，漫画出版社(漫画杂志、每日漫画、连环画杂志等)的销售额为 977 亿韩元(28. 8%)，普通出版社(漫画部门)的销售额为2 414亿韩元(71. 2%)。漫画出版社(漫画杂志、每日漫画、连环画杂志等)的销售额比上年增加了 5. 4%，2009 年至 2011 年，年平均增加了 2. 9%，普通出版社(漫画部门)的销售额比上年增加了 3. 1%，年平均增加了 3. 8%。

表 4-2-10 **漫画行业中漫画出版业各年度各业种的销售额现状** (单位：百万韩元)

| 中分类 | 小分类 | 销售额 | | | 比重(%) | 同比增减率(%) | 年平均增减率(%) |
|---|---|---|---|---|---|---|---|
| | | 2009 年 | 2010 年 | 2011 年 | | | |
| 漫画出版业 | 漫画出版社(漫画杂志、每日漫画、连环画杂志等) | 92 361 | 92 739 | 97 727 | 28. 8 | 5. 4 | 2. 9 |
| | 普通出版社(漫画部门) | 224 281 | 234 103 | 241 419 | 71. 2 | 3. 1 | 3. 8 |
| | 合计 | 316 642 | 326 842 | 339 146 | 100. 0 | 3. 8 | 3. 5 |

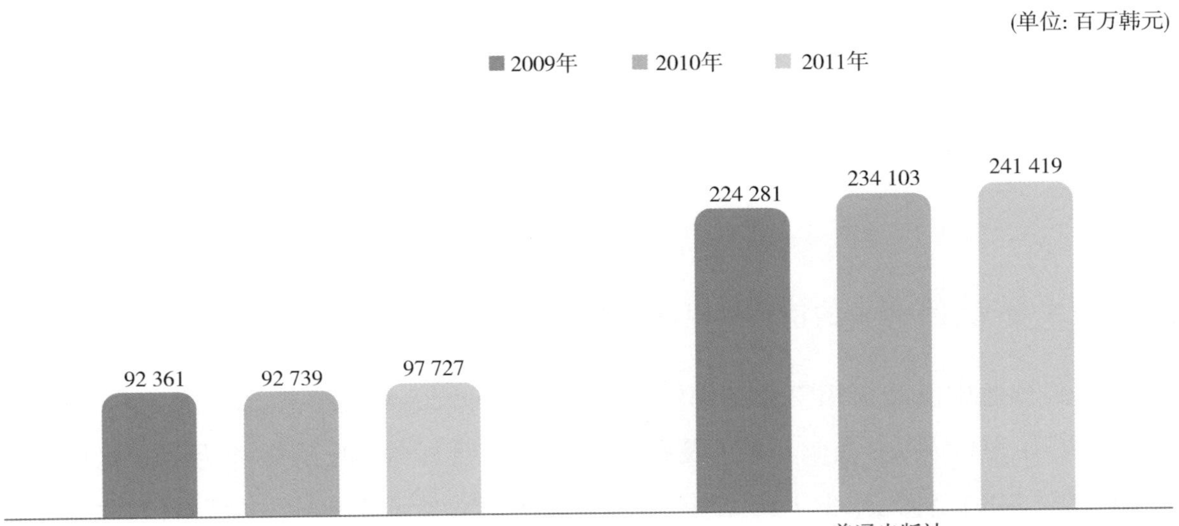


图 4-2-6 漫画行业中漫画出版业各年度各业种的销售额现状

### 2. 漫画行业中在线漫画制作及流通业的销售额现状

2011 年，漫画行业中在线漫画制作及流通业的销售额为 610 亿韩元，比上年增加了 15. 4%，2009 年至 2011 年，年平均增加了 5. 8%。从业种来看，网络漫画资讯服务的销售额所占比例最大，为 345 亿韩元(56. 6%)；其次为网络/移动漫画资讯制作及提供(CP)，其销售额为 152 亿韩元(25. 0%)；移动漫画资讯服务的销售额为 112 亿韩元(18. 4%)。网络资讯服务的销售额呈现出持续性增加的趋势，在 2009 年为 285 亿韩元，2010 年为 296 亿韩元，2011 年为 345 亿韩元，从 2009 年至 2011 年，年平均增加了 10.1%，比上年增加了 16.6%。网络/移动漫画资讯制作及提供(CP)的销售额比上年增加了 11.9%，年平均增加了 2.0%，移动漫画资讯服务的销售额比上年增加了 16.8%，年平均减少了 0.4%。

表 4-2-11　**漫画行业中在线漫画制作及流通业各年度各业种的销售额现状**　(单位：百万韩元)

| 中分类 | 小分类 | 销售额 | | | 比重(%) | 同比增减率(%) | 年平均增减率(%) |
|---|---|---|---|---|---|---|---|
| | | 2009 年 | 2010 年 | 2011 年 | | | |
| 在线漫画制作流通业 | 网络/移动漫画资讯制作及提供(CP) | 14 682 | 13 641 | 15 262 | 25.0 | 11.9 | 2.0 |
| | 网络漫画资讯服务 | 28 521 | 29 631 | 34 564 | 56.6 | 16.6 | 10.1 |
| | 移动漫画资讯服务 | 11 348 | 9 635 | 11 252 | 18.4 | 16.8 | ▽0.4 |
| | 合计 | 54 551 | 52 907 | 61 078 | 100.0 | 15.4 | 5.8 |

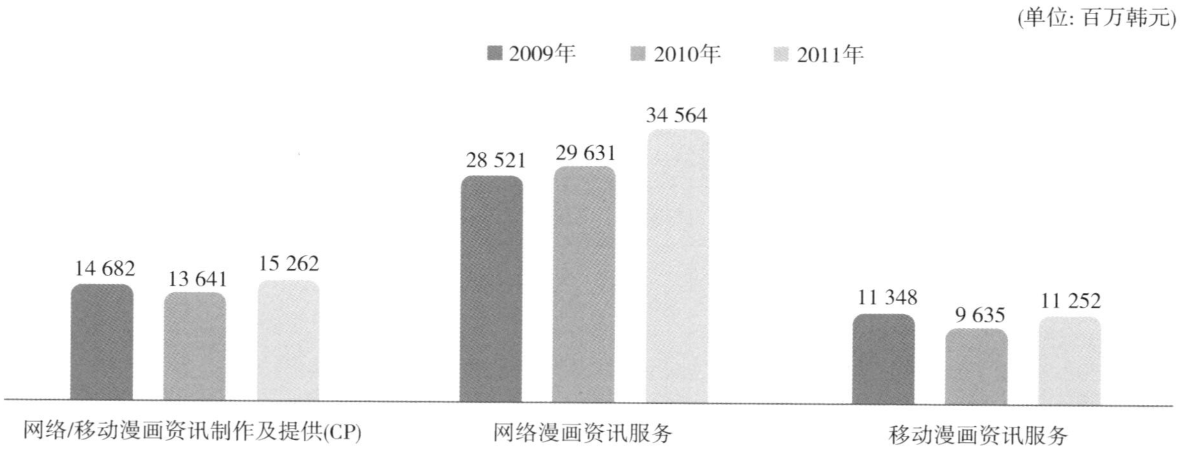


图 4-2-7　漫画行业中在线漫画制作及流通业各年度各业种的销售额现状

### 3. 漫画行业中漫画书租借业的销售额现状

2011 年，漫画行业中漫画书租借业的销售额为 722 亿韩元，比上年增加了 3.7%，2009 年至 2011 年，年平均减少了 0.5%。其中漫画租借(漫画屋、漫画咖啡厅等)的销售额为 226 亿韩元(31.4%)，比 2010 年的销售额 248 亿韩元减少了约 22 亿韩元，比上年减少了 8.9%。书籍租借(漫画部门)的销售额为 496 亿韩元，比上年增加了 10.6%。

表 4-2-12　**漫画行业中漫画书租借业各年度各业种的销售额现状**　(单位：百万韩元)

| 中分类 | 小分类 | 销售额 | | | 比重(%) | 同比增减率(%) | 年平均增减率(%) |
|---|---|---|---|---|---|---|---|
| | | 2009 年 | 2010 年 | 2011 年 | | | |
| 漫画书租借业 | 漫画租借(漫画屋、漫画咖啡厅等) | 25 291 | 24 872 | 22 663 | 31.4 | ▽8.9 | ▽5.3 |
| | 书籍租借(漫画部门) | 47 686 | 44 857 | 49 624 | 68.6 | 10.6 | 2.0 |
| | 合计 | 72 977 | 69 729 | 72 287 | 100.0 | 3.7 | ▽0.5 |

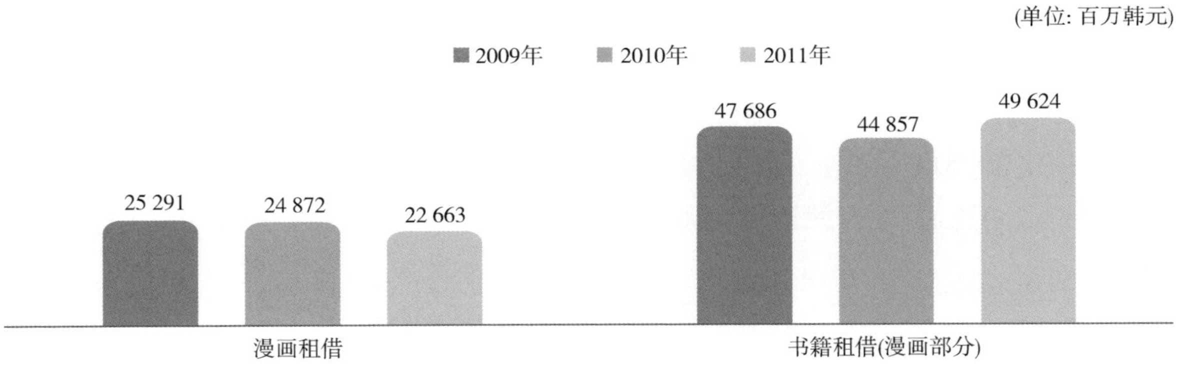


图 4-2-8 漫画行业中漫画书租借业各年度各业种的销售额现状

### 4. 漫画行业中漫画批发零售业的销售额现状

调查显示，2011 年漫画行业中漫画批发零售业的销售额为2 791亿韩元，比上年减少了 4.5%，2009 年至 2011 年，年平均减少了 2.7%。其中漫画书籍及杂志类批发的销售额为 601 亿韩元(21.6%)，漫画书籍及杂志类的零售销售额为1 620亿韩元(58.0%)，网络书店(漫画部门)的销售额为 570 亿韩元(20.4%)。

网络书店(漫画部门)的销售额比上年增加了 9.0%，2009 年至 2011 年，年平均增加了 10.9%。漫画书籍及杂志类批发的销售额从 2009 年至 2011 年持续下降。

表 4-2-13 漫画行业中漫画批发零售业各年度各业种的年度销售额现状 (单位：百万韩元)

| 中分类 | 小分类 | 销售额 | | | 比重 | 同比增减率 | 年平均增减率 |
|---|---|---|---|---|---|---|---|
| | | 2009 年 | 2010 年 | 2011 年 | (%) | (%) | (%) |
| 漫画批发零售业 | 漫画书籍及杂志类批发 | 79 489 | 76 218 | 60 126 | 21.6 | ▽21.1 | ▽13.0 |
| | 漫画书籍及杂志类零售 | 169 094 | 163 923 | 162 021 | 58.0 | ▽1.2 | ▽2.1 |
| | 网络书店(漫画部门) | 46 341 | 52 328 | 57 033 | 20.4 | 9.0 | 10.9 |
| | 合计 | 294 924 | 292 469 | 279 180 | 100.0 | ▽4.5 | ▽2.7 |

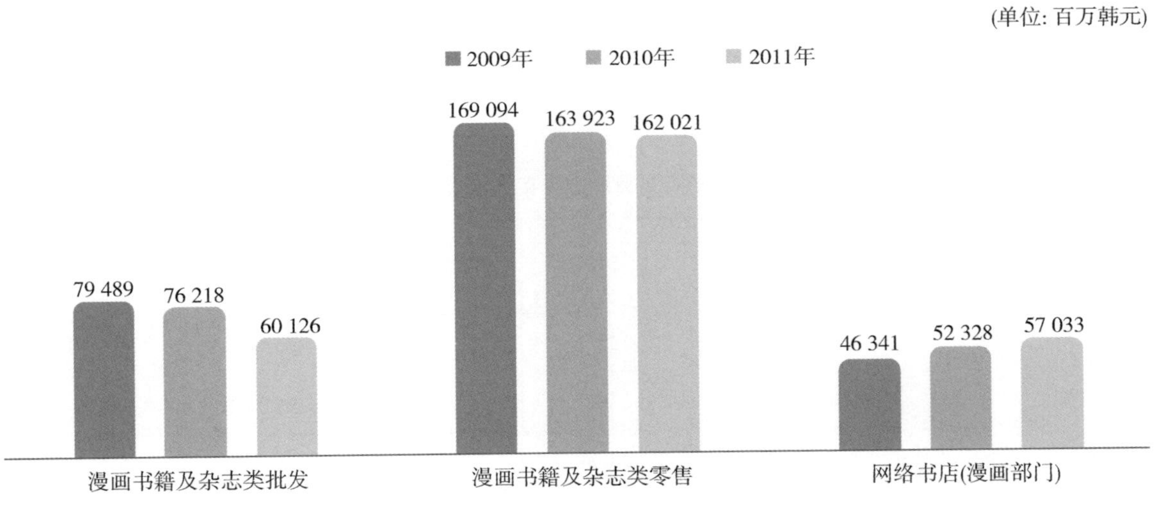


图 4-2-9 漫画行业中漫画批发零售业各年度各业种的销售额现状

### 5. 漫画行业各事业形态的销售额现状

从 2011 年漫画行业各事业形态的销售额现状来看，流通/发行的销售额为4 005亿韩元，所占比例最高，其占全部销售额 7514 亿韩元的 53. 3%。其次是创作及制作的销售额，为3 460亿韩元，占总额的 46. 0%，漫画行业中流通/发行的销售额和创作及制作的销售额占总额的 99. 0%以上。

表 4-2-14　**漫画行业各事业形态中各业种销售额现状**　（单位：百万韩元）

| 业种＼事业形态 | 创作及制作 | 制作服务 | 单纯复制 | 流通/发行 | 其他 | 合计 |
|---|---|---|---|---|---|---|
| 漫画出版社（漫画杂志、每日漫画、连环画杂志等） | 89 589 | 1 308 | 49 | 4 138 | 2 643 | 97 727 |
| 普通出版社（漫画部门） | 234 895 | 199 | — | 6 325 | — | 241 419 |
| 网络/移动漫画资讯的制作及提供（CP） | 8 268 | 497 | - | 6 035 | 462 | 15 262 |
| 网络漫画资讯服务 | 13 251 | — | — | 21 313 | — | 34 564 |
| 移动漫画资讯服务 | — | — | — | 11 252 | — | 11 252 |
| 漫画租借（漫画屋、漫画咖啡厅等） | — | — | — | 22 663 | — | 22 663 |
| 书籍租借（漫画部门） | — | — | — | 49 624 | — | 49 624 |
| 漫画书籍及杂志类批发 | — | — | — | 60 126 | — | 60 126 |
| 漫画书籍及杂志类零售 | — | — | — | 162 021 | — | 162 021 |
| 网络书店（漫画部门） | — | — | — | 57 033 | — | 57 033 |
| 合计 | 346 003 | 2 004 | 49 | 400 530 | 3 105 | 751 691 |
| 比重（%） | 46. 0 | 0. 3 | 0. 0 | 53. 3 | 0. 4 | 100. 0 |

从年度来看，流通/发行的销售额比上年增加了 1. 3%，2009 年至 2011 年，年平均减少了 0. 6%。相反，创作及制作的销售额从 2009 年起呈现出持续增长的趋势，比上年增加了 3. 2%，年平均增加了 4. 3%。制作服务的销售额从 2009 年起呈现出持续减少的趋势，比上年减少了 9. 6%，年平均减少了 24. 4%，单纯复制的销售额及其他事业形态的销售额也呈现出减少的趋势。

表 4-2-15　**漫画行业各事业形态各年度销售额现状**　（单位：百万韩元）

| 年度＼事业形态 | 创作及制作 | 制作服务 | 单纯复制 | 流通/发行 | 其他 | 合计 |
|---|---|---|---|---|---|---|
| 2009 年 | 317 918 | 3 502 | 1 034 | 405 242 | 11 398 | 739 094 |
| 2010 年 | 335 357 | 2 217 | 675 | 395 279 | 8 419 | 741 947 |
| 2011 年 | 346 003 | 2 004 | 49 | 400 530 | 3 105 | 751 691 |
| 同比增减率（%） | 3. 2 | ▽9. 6 | ▽92. 7 | 1. 3 | ▽63. 1 | 1. 3 |
| 年平均增减率（%） | 4. 3 | ▽24. 4 | ▽78. 2 | ▽0. 6 | ▽47. 8 | 0. 8 |

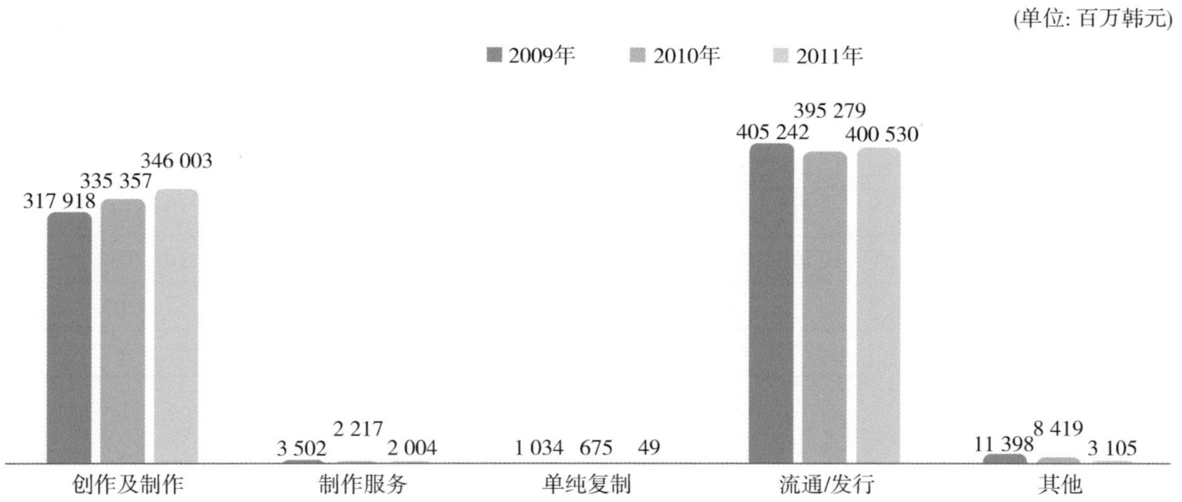


图 4-2-10　漫画行业各事业形态各年度销售额现状

### 6. 漫画行业各销售额规模的企业销售额现状

调查显示，2011 年漫画行业各销售额规模的企业中，销售额规模在 10 亿韩元以上 100 亿韩元以下的企业的销售总额为3 621亿韩元，占全部销售额的 48. 2%；其次是销售额规模在 1 亿韩元以上 10 亿韩元以下的企业，其销售额为1 582亿韩元，占全部销售额的 21. 0%；销售额规模在 1 亿韩元以下的企业的销售额为1 260亿韩元，占全部销售额的 16. 8%；销售额规模在 100 亿韩元以上的企业的销售额为1 052亿韩元，占全部销售额的 14. 0%，所占比例最小。

表 4-2-16　**漫画行业各业种各销售额规模的企业销售额现状(2011 年)**　(单位：百万韩元)

| 销售额规模 / 业种 | 不足 1 亿韩元 | 1 亿~10 亿韩元 | 10 亿~100 亿韩元 | 100 亿韩元以上 | 合计 |
|---|---|---|---|---|---|
| 漫画出版社(漫画杂志、每日漫画、连环画杂志等) | 419 | 14 141 | 43 228 | 39 939 | 97 727 |
| 普通出版社(漫画部门) | 12 615 | 14 302 | 168 827 | 45 675 | 241 419 |
| 网络/移动漫画资讯制作及提供(CP) | — | 2 386 | 12 876 | — | 15 262 |
| 网络漫画资讯服务 | 1 011 | 6 187 | 27 366 | — | 34 564 |
| 移动漫画资讯服务 | — | 1 692 | 9 560 | — | 11 252 |
| 漫画租借(漫画屋、漫画咖啡厅等) | 15 538 | 7 125 | — | — | 22 663 |
| 书籍租借(漫画部门) | 37 675 | 11 949 | — | — | 49 624 |
| 漫画书籍及杂志类批发 | 2 369 | 57 757 | — | — | 60 126 |
| 漫画书籍及杂志类零售 | 56 418 | 42 695 | 43 258 | 19 650 | 162 021 |
| 网络书店(漫画部门) | — | — | 57 033 | — | 57 033 |
| 合计 | 126 045 | 158 234 | 362 148 | 105 264 | 751 691 |
| 比重(%) | 16. 8 | 21. 0 | 48. 2 | 14. 0 | 100. 0 |

从年度来看，销售额规模在 10 亿韩元以上 100 亿韩元以下的企业，其 2011 年的销售额比上年增加了 30. 4%，2009 年至 2011 年，年平均增加了 17. 1%。

表 4-2-17　　漫画行业各年度各销售额规模的企业销售额现状　　（单位：百万韩元）

| 年度＼销售额规模 | 不足 1 亿韩元 | 1 亿～10 亿韩元 | 10 亿～100 亿韩元 | 100 亿韩元以上 | 合计 |
|---|---|---|---|---|---|
| 2009 年 | 133 969 | 177 259 | 264 109 | 163 757 | 739 094 |
| 2010 年 | 119 471 | 172 190 | 277 802 | 172 484 | 741 947 |
| 2011 年 | 126 045 | 158 234 | 362 148 | 105 264 | 751 691 |
| 同比增减率(%) | 5.5 | ▽8.1 | 30.4 | ▽39.0 | 1.3 |
| 年平均增减率(%) | ▽3.0 | ▽5.5 | 17.1 | ▽19.8 | 0.8 |

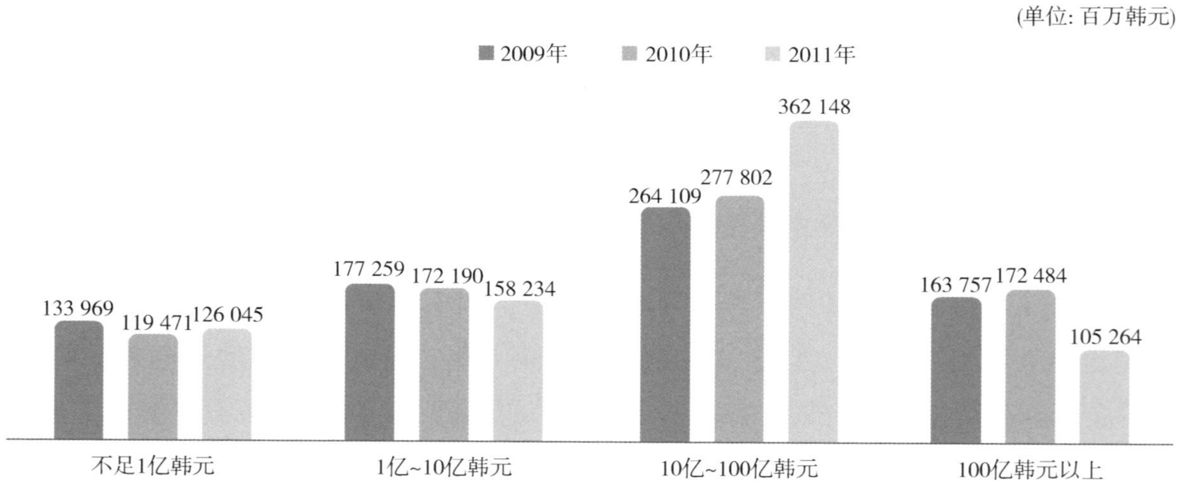


图 4-2-11　漫画行业各年度各销售额规模的企业销售额现状

### 7. 漫画行业各从业者规模的企业销售额现状

从 2011 年漫画行业各从业者规模的企业的销售额现状来看，从业者规模在 1 人以上 4 人以下的企业的销售额为3 767亿韩元，占总额的 50.1%，所占比例最大。接下来依次是 5 人以上 9 人以下的企业，销售额为1 809亿韩元，占总额的 24.1%；10 人以上 49 人以下的企业的销售额为1 177亿韩元，占总额的 15.7%；50 人以上 99 人以下的企业的销售额为 762 亿韩元，占总额的 10.1%。

表 4-2-18　　漫画行业各业种各从业者规模的企业销售额现状(2011 年)　　（单位：百万韩元）

| 业种＼从业者规模 | 1～4 人 | 5～9 人 | 10～49 人 | 50～99 人 | 合计 |
|---|---|---|---|---|---|
| 漫画出版社(漫画杂志、每日漫画、连环画杂志等) | 13 867 | 7 115 | 46 210 | 30 535 | 97 727 |
| 普通出版社(漫画部门) | 37 238 | 101 255 | 57 251 | 45 675 | 241 419 |
| 网络/移动漫画资讯制作及提供(CP) | 7 386 | 6 329 | 1 547 | — | 15 262 |
| 网络漫画资讯服务 | 6 957 | 14 869 | 12 738 | — | 34 564 |
| 移动漫画资讯服务 | 11 252 | — | — | — | 11 252 |
| 漫画租借(漫画屋、漫画咖啡厅等) | 22 663 | — | — | — | 22 663 |
| 书籍租借(漫画部门) | 37 675 | 11 949 | — | — | 49 624 |
| 漫画书籍及杂志类批发 | 43 251 | 16 875 | — | — | 60 126 |
| 漫画书籍及杂志类零售 | 139 463 | 22 558 | — | — | 162 021 |

续表

| 业种 \ 从业者规模 | 1~4 人 | 5~9 人 | 10~49 人 | 50~99 人 | 合计 |
|---|---|---|---|---|---|
| 网络书店(漫画部门)① | 57 033 | — | — | — | 57 033 |
| 合计 | 376 785 | 180 950 | 117 746 | 76 210 | 751 691 |
| 比重(%) | 50. 1 | 24. 1 | 15. 7 | 10. 1 | 100. 0 |

从年度来看，与上年相比销售总额增长最多的是从业者规模在 50 人以上 99 人以下的企业，共增长了 144. 2%。从业者规模在 5 人以上 9 人以下的企业的销售额比上年增长了 5. 1%。从业者规模在 10 人以上 49 人以下的企业的销售额呈现出了最大的减少率，比上年减少了 23. 8%，从 2009 年至 2011 年，年平均减少了 14. 2%。从业者规模在 1 人以上 4 人以下的企业的销售额比上年减少了 1. 9%。

表 4-2-19 **漫画行业各年度各从业者规模的企业的销售额现状** （单位：百万韩元）

| 年度 \ 从业者规模 | 1~4 人 | 5~9 人 | 10~49 人 | 50~99 人 | 合计 |
|---|---|---|---|---|---|
| 2009 年 | 392 404 | 147 255 | 159 880 | 39 555 | 739 094 |
| 2010 年 | 384 077 | 172 128 | 154 536 | 31 206 | 741 947 |
| 2011 年 | 376 785 | 180 950 | 117 746 | 76 210 | 751 691 |
| 同比增减率(%) | ▽1. 9 | 5. 1 | ▽23. 8 | 144. 2 | 1. 3 |
| 年平均增减率(%) | ▽2. 0 | 10. 9 ▽ | 14. 2 | 38. 8 | 0. 8 |

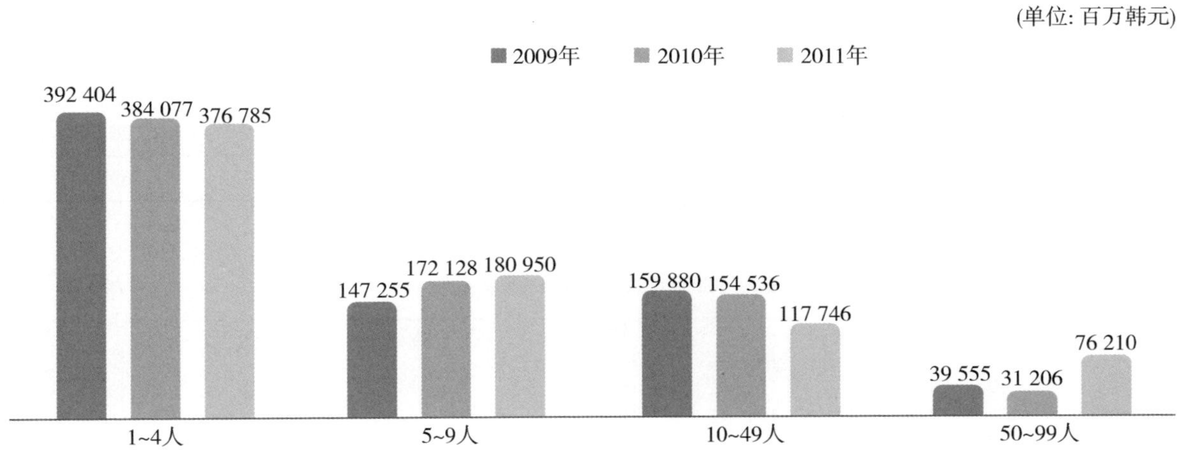


图 4-2-12 漫画行业各年度各销售额规模的企业销售额现状

### 8. 漫画行业各地区销售额现状②

调查显示，2011 年漫画行业各地区销售额中所占比例最大的是首尔，其销售额为3 426亿韩元(49. 3%)；其次是京畿道，销售额为2 388亿韩元(34. 4%)；接下来是釜山，销售额为 217 亿韩元(3. 1%)；其他地区的销售额不超过全部销售额的 2. 0%，可见，地区之间的差距相当大。

① 统计厅发布的《网络购物动向调查》，2012 年。
② 网上书店(漫画部门)除外。

在增减率方面，2011 年首尔的销售额比上年减少了 0.6%，2009 年至 2011 年，年平均减少了 0.9%。6 个广域市的销售额比上年减少了 1.9%，年平均减少了 2.7%。相反，9 个道的销售额因京畿道销售额的增加而增加，比上年增加了 3.1%，年平均也增加了 2.2%。

表 4-2-20 **漫画行业各地区各业种的销售额现状(2011 年)** （单位：百万韩元）

| 地区＼业种 | | 漫画出版业 | 在线漫画制作/流通业 | 漫画书租借业 | 漫画批发零售业 | 合计 | 比重（%） |
|---|---|---|---|---|---|---|---|
| 首尔 | | 156 231 | 60 580 | 19 136 | 106 698 | 342 645 | 49.3 |
| 6个广域市 | 釜山 | — | — | 6 508 | 15 227 | 21 735 | 3.1 |
| | 大邱 | — | — | 4 163 | 7 139 | 11 302 | 1.6 |
| | 仁川 | 486 | — | 3 495 | 9 428 | 13 409 | 1.9 |
| | 光州 | — | — | 2 837 | 5 536 | 8 373 | 1.2 |
| | 大田 | 60 | — | 2 915 | 6 965 | 9 940 | 1.4 |
| | 蔚山 | — | — | 1 463 | 3 142 | 4 605 | 0.7 |
| | 小计 | 546 | — | 21 381 | 47 437 | 69 364 | 9.9 |
| 9个道 | 京畿道 | 182 369 | 100 | 16 087 | 40 291 | 238 847 | 34.4 |
| | 江原道 | — | — | 1 925 | 2 982 | 4 907 | 0.7 |
| | 忠清北道 | — | — | 1 768 | 3 917 | 5 685 | 0.8 |
| | 忠清南道 | — | 398 | 2 611 | 3 145 | 6 154 | 0.9 |
| | 全罗北道 | — | — | 1 596 | 2 822 | 4 418 | 0.7 |
| | 全罗南道 | — | — | 1 969 | 2 248 | 4 217 | 0.6 |
| | 庆尚北道 | — | — | 2 147 | 6 087 | 8 234 | 1.2 |
| | 庆尚南道 | — | — | 3 114 | 5 633 | 8 747 | 1.3 |
| | 济州道 | — | — | 553 | 887 | 1 440 | 0.2 |
| | 小计 | 182 369 | 498 | 31 770 | 68 012 | 282 649 | 40.8 |
| 合计 | | 339 146 | 61 078 | 72 287 | 222 147 | 694 658 | 100.0 |

表 4-2-21 **漫画行业各年度各地区的销售额现状** （单位：百万韩元）

| 区域＼年度 | | 2009 年 | 2010 年 | 2011 年 | 同比增减率（%） | 年平均增减率（%） |
|---|---|---|---|---|---|---|
| 首尔 | | 348 861 | 344 793 | 342 645 | ▽0.6 | ▽0.9 |
| 6个广域市 | 釜山 | 24 706 | 23 273 | 21 735 | ▽6.6 | ▽6.2 |
| | 大邱 | 11 272 | 11 380 | 11 302 | ▽0.7 | 0.1 |
| | 仁川 | 13 923 | 13 040 | 13 409 | 2.8 | ▽1.9 |
| | 光州 | 8 278 | 8 385 | 8 373 | ▽0.1 | 0.6 |
| | 大田 | 9 965 | 9 747 | 9 940 | 2.0 | ▽0.1 |
| | 蔚山 | 5 053 | 4 851 | 4 605 | ▽5.1 | ▽4.5 |
| | 小计 | 73 197 | 70 676 | 69 364 | ▽1.9 | ▽2.7 |

续表

| 区域 | | 2009 年 | 2010 年 | 2011 年 | 同比增减率（%） | 年平均增减率（%） |
|---|---|---|---|---|---|---|
| 9个道 | 京畿道 | 225 725 | 230 200 | 238 847 | 3. 8 | 2. 9 |
| | 江原道 | 5 022 | 4 931 | 4 907 | ▽0. 5 | ▽1. 2 |
| | 忠清北道 | 5 720 | 5 779 | 5 685 | ▽1. 6 | ▽0. 3 |
| | 忠清南道 | 5 957 | 5 840 | 6 154 | 5. 4 | 1. 6 |
| | 全罗北道 | 4 550 | 4 421 | 4 418 | ▽0. 1 | ▽1. 5 |
| | 全罗南道 | 4 294 | 4 192 | 4 217 | 0. 6 | ▽0. 9 |
| | 庆尚北道 | 8 674 | 8 458 | 8 234 | ▽2. 6 | ▽2. 6 |
| | 庆尚南道 | 9 277 | 8 889 | 8 747 | ▽1. 6 | ▽2. 9 |
| | 济州道 | 1 476 | 1 440 | 1 440 | 0. 0 | ▽1. 2 |
| | 小计 | 270 695 | 274 150 | 282 649 | 3. 1 | 2. 2 |
| 合计 | | 692 753 | 689 619 | 694 658 | 0. 7 | 0. 1 |

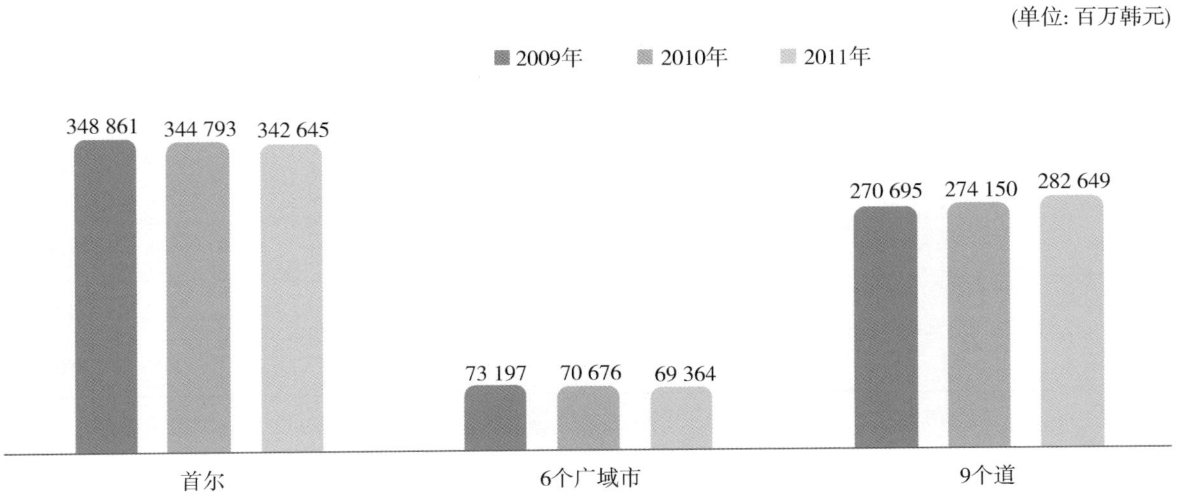


图 4-2-13　漫画行业各年度各地区的销售额现状

## (四)漫画行业的资讯制作费用现状

2011 年，韩国国内漫画行业中与漫画资讯制作相关的总费用是 736 亿韩元，比上年增加了 2. 6%，2009 年至 2011 年，年平均增加了 2. 1%。进一步分析漫画资讯制作相关费用的构成，调查显示，作品制作费用是 549 亿韩元，版权支出费用为 66 亿韩元，营销及宣传费用是 68 亿韩元，研究开发费用是 20 亿韩元，其他费用为 30 亿韩元。其中增加最多的部分是版权支出费用，比上年增加了 5. 4%，2009 年至 2011 年，年平均增加了 14. 2%。

表 4-2-22 漫画行业的资讯制作费用现状 （单位：百万韩元）

| 年度＼与制作相关的费用 | 作品制作 | 版权支出 | 营销及宣传 | 研究开发 | 其他 | 合计 |
|---|---|---|---|---|---|---|
| 2009 年 | 53 178 | 5 137 | 7 015 | 2 321 | 3 013 | 70 664 |
| 2010 年 | 53 361 | 6 358 | 6 908 | 2 112 | 3 028 | 71 767 |
| 2011 年 | 54 986 | 6 699 | 6 853 | 2 067 | 3 016 | 73 621 |
| 同比增减率(%) | 3.0 | 5.4 | ▽0.8 | ▽2.1 | ▽0.4 | 2.6 |
| 年平均增减率(%) | 1.7 | 14.2 | ▽1.2 | ▽5.6 | 0.0 | 2.1 |

## (五)漫画行业制作领域现状

调查显示，2011 年国内漫画行业制作领域中，线下出版制作的比例占 71.5%，与上年相比减少了 1.3%；在线出版制作的比例占 28.5%，与上年相比增加了 1.3%。这意味着漫画产业逐渐从线下制作转变为在线制作。预计以后随着智能机的普及和扩大，这种变化趋势也将加速。

表 4-2-23 漫画行业中漫画出版制作的比重 （单位:%）

| 年度＼比重 | 线下出版 | 在线出版 | 合计 |
|---|---|---|---|
| 2009 年 | 76.3 | 23.7 | 100.0 |
| 2010 年 | 72.8 | 27.2 | 100.0 |
| 2011 年 | 71.5 | 28.5 | 100.0 |

从类型上分析，调查显示，2011 年线下漫画出版制作中儿童及学习用漫画所占比例最大，占整体的 70.8%；其次是漫画单行本，占比为 27.9%；接下来依次为漫画杂志(0.9%)和每日漫画(0.3%)。

表 4-2-24 漫画行业中线下漫画出版制作的比重 （单位:%）

| 分类 | 漫画单行本 | 儿童及学习用漫画 | 漫画杂志 | 每日漫画 | 其他 | 总计 |
|---|---|---|---|---|---|---|
| 2009 年 | 29.3 | 68.1 | 1.9 | 0.4 | 0.3 | 100.0 |
| 2010 年 | 28.3 | 70.2 | 1.1 | 0.3 | 0.1 | 100.0 |
| 2011 年 | 27.9 | 70.8 | 0.9 | 0.3 | 0.1 | 100.0 |

在线漫画的出版制作中，扫描漫画所占比例在 2009 年为 80.7%，2010 年为 81.1%，2011 年为 82.3%，呈现出持续增加的趋势。连载漫画所占比例从 2009 年的 5.3%持续减少到 2011 年的 2.6%。

而移动漫画所占比例从 2009 年的 13. 8%到 2010 年的 14. 6%，持续增加到 2011 年的 15. 1%。

表 4-2-25　**漫画行业中在线漫画出版制作的比重**　（单位:%）

| 分类 | 扫描漫画 | 连载漫画 | 移动漫画 | 其他 | 总计 |
|---|---|---|---|---|---|
| 2009 年 | 80. 7 | 5. 3 | 13. 8 | 0. 2 | 100. 0 |
| 2010 年 | 81. 1 | 3. 8 | 14. 6 | 0. 5 | 100. 0 |
| 2011 年 | 82. 3 | 2. 6 | 15. 1 | — | 100. 0 |

## (六)漫画行业附加价值额的构成现状

2011 年，漫画行业的附加价值额是3 075亿韩元，比上年增加了 3. 3%，从 2009 年至 2011 年，年平均增加了 2. 8%，附加价值率是 40. 92%。

在附加价值额的构成方面，人工成本费最高，为2 397亿韩元(78. 0%)，这比 2011 年的人工成本费(2 323亿韩元)增加了 3. 2%。租借费用是 199 亿韩元(6. 5%)，比上年增加了 1. 8%，年平均增加了 5. 2%。经常性收益是 176 亿韩元(5. 7%)，比上年增加了 6. 0%，年平均增加了 5. 2%。折旧费用是 118 亿韩元(3. 9%)，比上年增加了 9. 1%，年平均增加了 0. 2%。税费是 86 亿韩元(2. 8%)，比上年增加了 1. 1%，年平均增加了 1. 3%。

表 4-2-26　**漫画行业附加价值额的构成现状(2011 年)**　(单位：百万韩元)

| 分类 | 销售额 | 附加价值额 | 附加价值率(%) | 附加价值额构成 | | | | | |
|---|---|---|---|---|---|---|---|---|---|
| | | | | 经常性收益 | 人工成本 | 纯金融费用 | 折旧费用 | 租借费用 | 税费 |
| 漫画行业 | 751 691 | 307 558 | 40. 92 | 17 662 | 239 774 | 9 627 | 11 856 | 19 987 | 8 652 |
| 占附加价值额的比重(%) | | | | 5. 7 | 78. 0 | 3. 1 | 3. 9 | 6. 5 | 2. 8 |
| 占销售额的比重(%) | | | | 2. 3 | 31. 9 | 1. 3 | 1. 6 | 2. 7 | 1. 2 |

表 4-2-27　**漫画行业各年度附加价值额的构成现状**　(单位：百万韩元)

| 年度 \ 附加价值额构成 | 附加价值额构成 | | | | | | 附加价值额合计 |
|---|---|---|---|---|---|---|---|
| | 经常性收益 | 人工成本 | 纯金融费用 | 折旧费用 | 租借费用 | 税费 | |
| 2009 年 | 15 958 | 228 016 | 9 597 | 10 761 | 18 067 | 8 434 | 290 833 |
| 2010 年 | 16 667 | 232 375 | 9 532 | 10 865 | 19 632 | 8 561 | 297 632 |
| 2011 年 | 17 662 | 239 774 | 9 627 | 11 856 | 19 987 | 8 652 | 307 558 |
| 同比增减率(%) | 6. 0 | 3. 2 | 1. 0 | 9. 1 | 1. 8 | 1. 1 | 3. 3 |
| 年平均增减率(%) | 5. 2 | 2. 5 | 0. 2 | 5. 0 | 5. 2 | 1. 3 | 2. 8 |

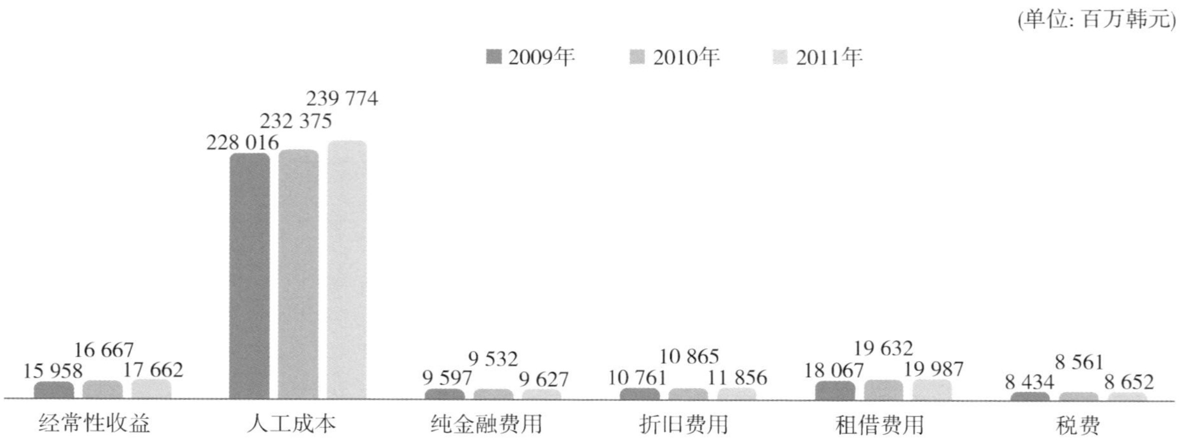


图 4-2-14　漫画行业各年度附加价值额的构成现状

## (七)漫画行业的进出口额现状

2011 年，漫画行业的出口额是1 721万美元，比上年增加了 111. 1%，2009 年至 2011 年，年平均增加了 102. 2%。2011 年漫画行业的进口额是 396 万美元，比上年减少了 24. 9%，2009 年以后呈现出持续减少的趋势。

2011 年的漫画行业，随着国际上对韩国国内制作的儿童学习漫画关注的增加及国内学习漫画的细节化资讯这一优点，其不仅在韩国国内而且在国外也受到很大的欢迎。尤其是生存系列之一的《从地震中生存》，在 2011 年日本大地震之后曾在日本亚马逊网站的儿童学习领域排行榜中占据第一位。如上所述，不光韩国国内漫画以漫画书的形式出口，韩国国内漫画作家们的海外活动也非常活跃。再加上拥有国际竞争力的网络漫画以漫画单行本的形式进行制作并出口至国外，漫画行业的出口规模将会比现在更大。

表 4-2-28　　漫画行业的出口及进口额现状　　(单位：千美元)

| 分类 | 2009 年 | 2010 年 | 2011 年 | 同比增减率(%) | 年平均增减率(%) |
|---|---|---|---|---|---|
| 出口额 | 4 209 | 8 153 | 17 213 | 111. 1 | 102. 2 |
| 进口额 | 5 492 | 5 281 | 3 968 | ▽24. 9 | ▽15. 0 |
| 进出口差额 | ▽1 283 | 2 872 | 13 245 | — | — |

### 1. 漫画行业各地区的进出口额现状

调查显示，2011 年漫画行业各地区的出口额中，对日本的出口额为 663 万美元(38. 6%)，在总额中所占比例最大。其次是对欧洲的出口额，为 545 万美元(31. 7%)，对东南亚的出口额为 264 万美元(15. 3%)，对北美的出口额为 176 万美元(10. 3%)，对中国的出口额为 66 万美元(3. 8%)。不考虑区域，2011 年韩国国内漫画行业的整体出口额与上年相比有大幅度的增加，对日本的出口额甚至比上年增加了 334. 8%。

对北美的出口额呈现停滞的状态，是因为美国大型漫画进口企业——东京流行的倒闭，导致包括日本在内的亚洲漫画流通都有所减少。

表 4-2-29　　漫画行业各地区的出口额现状　　(单位：千美元)

| 分类 | 出口额 | | | 比重 | 同比增减率 | 年平均增减率 |
|---|---|---|---|---|---|---|
| | 2009 年 | 2010 年 | 2011 年 | (%) | (%) | (%) |
| 中国 | 432 | 568 | 662 | 3. 8 | 16. 5 | 23. 8 |
| 日本 | 597 | 1 527 | 6 639 | 38. 6 | 334. 8 | 233. 5 |
| 东南亚 | 525 | 2 004 | 2 643 | 15. 3 | 31. 9 | 124. 4 |
| 北美 | 943 | 1 723 | 1 766 | 10. 3 | 2. 5 | 36. 8 |
| 欧洲 | 1 667 | 2 258 | 5 457 | 31. 7 | 141. 7 | 80. 9 |
| 其他 | 45 | 73 | 46 | 0. 3 | ▽37. 0 | 1. 1 |
| 合计 | 4 209 | 8 153 | 17 213 | 100. 0 | 111. 1 | 102. 2 |

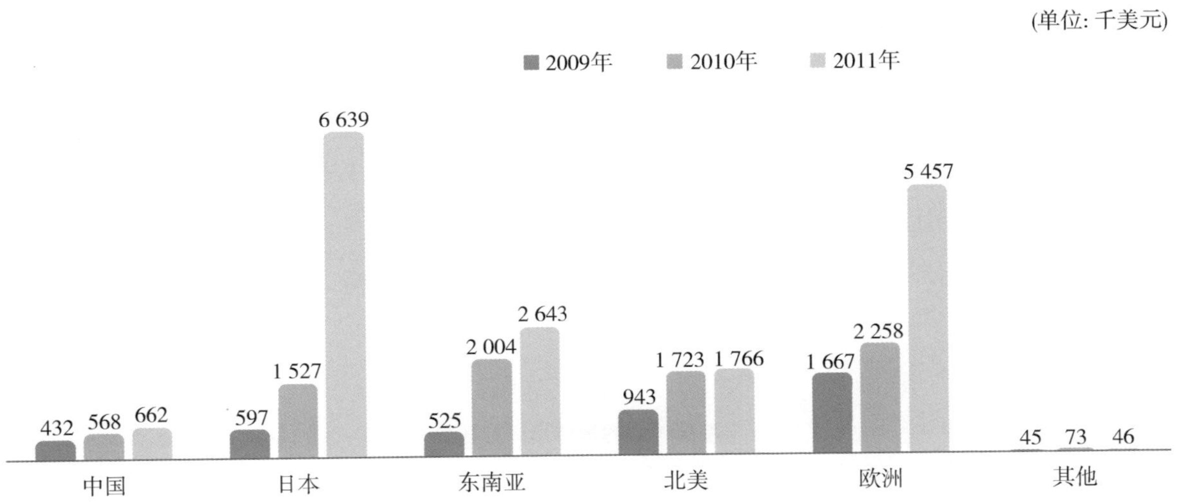


图 4-2-15　漫画行业各地区的出口额现状

2011 年，在漫画行业进口额方面，对日本的进口额为 362 万美元(91. 3%)，所占比例最大，但这一数据比 2010 年减少了 123 万美元。

日本的进口额比上年减少了 25. 0%以上，其原因是网络漫画的发展及与大型漫画相关的出版公司发行种数减少。

表 4-2-30　　漫画行业各地区的进口额现状　　(单位：千美元)

| 分类 | 出口额 | | | 比重 | 同比增减率 | 年平均增减率 |
|---|---|---|---|---|---|---|
| | 2009 年 | 2010 年 | 2011 年 | (%) | (%) | (%) |
| 中国 | 97 | 85 | 66 | 1. 7 | ▽22. 4 | ▽17. 5 |
| 日本 | 5 041 | 4 862 | 3 623 | 91. 3 | ▽25. 5 | ▽15. 2 |
| 东南亚 | — | — | — | — | — | — |
| 北美 | 278 | 263 | 211 | 5. 3 | ▽19. 8 | ▽12. 9 |
| 欧洲 | 76 | 71 | 68 | 1. 7 | ▽4. 2 | ▽5. 4 |
| 其他 | — | — | — | — | — | — |
| 合计 | 5 492 | 5 281 | 3 968 | 100. 0 | ▽24. 9 | ▽15. 0 |

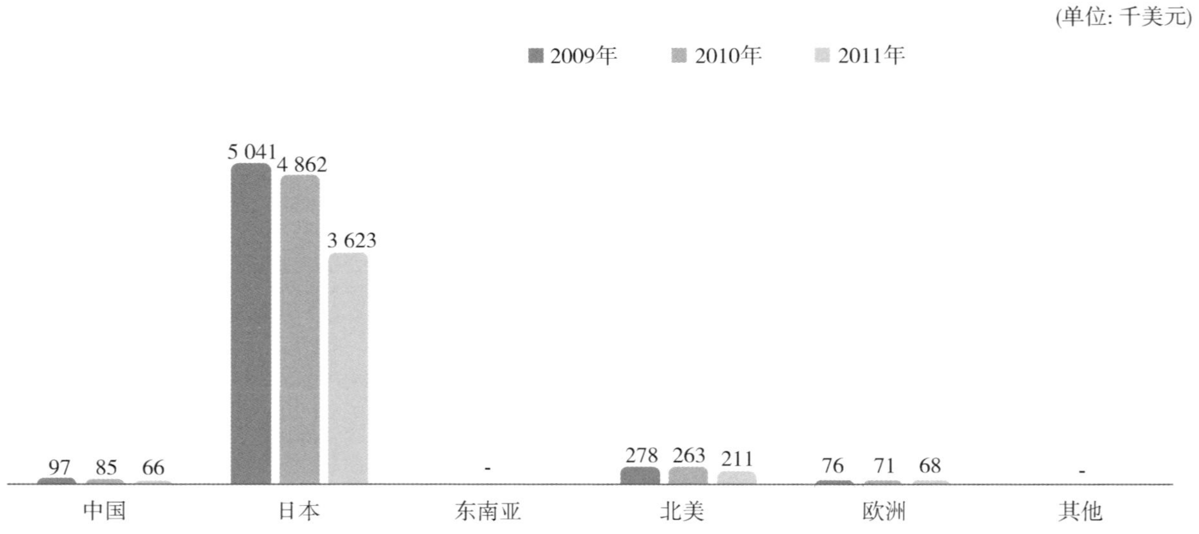


图 4-2-16　漫画行业各地区的进口额现状

2. 漫画行业的海外出口方法

调查显示，2011 年漫画行业的海外出口方法中，利用韩国国内代理人与参与海外展览及活动的比例相同，都为 47.4%，利用这两种方法进行的出口占总出口的 94.8%。尤其是从 2009 年起，韩国国内漫画企业参与海外展览及活动的数量持续增加，比上年增加了 6.2%。接触海外流通公司和利用海外代理人的比例同为 2.6%。

表 4-2-31　**漫画行业的海外出口方法**　（单位:%）

| 海外出口方法 | | 2009 年 | 2010 年 | 2011 年 | 同比增减率(%) |
|---|---|---|---|---|---|
| 直接出口 | 参与海外展示会及活动 | 39.6 | 41.2 | 47.4 | 6.2 |
| | 接触海外流通公司 | 2.3 | 2.1 | 2.6 | 0.5 |
| | 在线海外销售 | — | — | — | — |
| | 利用海外法人 | — | — | — | — |
| 间接出口 | 利用国内代理人 | 55.9 | 54.6 | 47.4 | ▽7.2 |
| | 利用海外代理人 | 2.2 | 2.1 | 2.6 | 0.5 |
| 其他 | | — | — | — | — |
| 合计 | | 100.0 | 100.0 | 100.0 | — |

3. 漫画行业的海外进军方式

2011 年漫画行业的海外进军方式中，许可证出口占 78.9%，比上年增加了 5.2%，成品出口占 21.1%，比上年减少了 5.2%。即韩国国内漫画行业在海外的主要收益都是通过许可出口获得的。

漫画行业中的成品出口主要是在韩国国内制作漫画书籍后直接出口，许可出口是在所出口地区进行制作后只收取版权费用。

表 4-2-32 漫画行业的海外进军方式 （单位:%）

| 海外出口形态 | 2009 年 | 2010 年 | 2011 年 | 同比增减率(%) |
|---|---|---|---|---|
| 成品出口 | 31.7 | 26.3 | 21.1 | ▽5.2 |
| 许可出口 | 66.9 | 73.7 | 78.9 | 5.2 |
| OEM 出口 | — | — | — | — |
| 技术服务 | — | — | — | — |
| 其他 | 1.4 | — | — | — |
| 合计 | 100.0 | 100.0 | 100.0 | — |

## （八）漫画行业的从业者现状

2011 年漫画行业从业者为10 358人，比上年减少了 3.9%，从 2009 年至 2011 年，年平均减少了 1.8%。

从中分类来看，漫画出版业的从业者为2 191人，占行业总数的 21.1%，比上年增加了 1.1%，年平均减少了 4.5%。在线漫画制作流通业的从业者为 498 人，占行业总人数的 4.8%，比上年增加了 6.0%，年平均增加了 3.2%。漫画书租借业的从业者为4 077人，占行业总人数的 39.4%，比上年减少了 4.5%，年平均减少了 3.4%。漫画批发零售业的从业者为3 592人，占行业总人数的 34.7%，比上年减少了 7.2%，年平均减少了 4.1%。

表 4-2-33 漫画行业各年度各业种的从业者现状 （单位：名）

| 中分类 | 小分类 | 从业者数量 | | | 比重 | 同比增减率 | 年平均增减率 |
|---|---|---|---|---|---|---|---|
| | | 2009 年 | 2010 年 | 2011 年 | (%) | (%) | (%) |
| 漫画出版业 | 漫画出版社(漫画杂志、每日漫画、连环画杂志等) | 571 | 614 | 619 | 5.9 | 0.8 | 4.1 |
| | 普通出版社(漫画部门) | 1 436 | 1 553 | 1 572 | 15.2 | 1.2 | 4.6 |
| | 小计 | 2 007 | 2 167 | 2 191 | 21.1 | 1.1 | 4.5 |
| 在线漫画制作流通业 | 网络/移动漫画资讯的制作及提供(CP) | 165 | 161 | 173 | 1.7 | 7.5 | 2.4 |
| | 网络漫画资讯服务 | 285 | 293 | 309 | 3.0 | 5.5 | 4.1 |
| | 移动漫画资讯服务 | 18 | 16 | 16 | 0.1 | 0.0 | ▽5.7 |
| | 小计 | 468 | 470 | 498 | 4.8 | 6.0 | 3.2 |
| 漫画书租借业 | 漫画租借(漫画屋、漫画咖啡厅等) | 912 | 903 | 866 | 8.4 | ▽4.1 | ▽2.6 |
| | 书籍租借(漫画部门) | 3 457 | 3 367 | 3 211 | 31.0 | ▽4.6 | ▽3.6 |
| | 小计 | 4 369 | 4 270 | 4 077 | 39.4 | ▽4.5 | ▽3.4 |
| 漫画批发零售业 | 漫画书籍及杂志类批发 | 792 | 773 | 754 | 7.3 | ▽2.5 | ▽2.4 |
| | 漫画书籍及杂志类零售 | 2 695 | 2 603 | 2 339 | 22.6 | ▽10.1 | ▽6.8 |
| | 网络书店(漫画部门) | 417 | 496 | 499 | 4.8 | 0.6 | 9.4 |
| | 小计 | 3 904 | 3 872 | 3 592 | 34.7 | ▽7.2 | ▽4.1 |
| 合计 | | 10 748 | 10 779 | 10 358 | 100.0 | ▽3.9 | ▽1.8 |

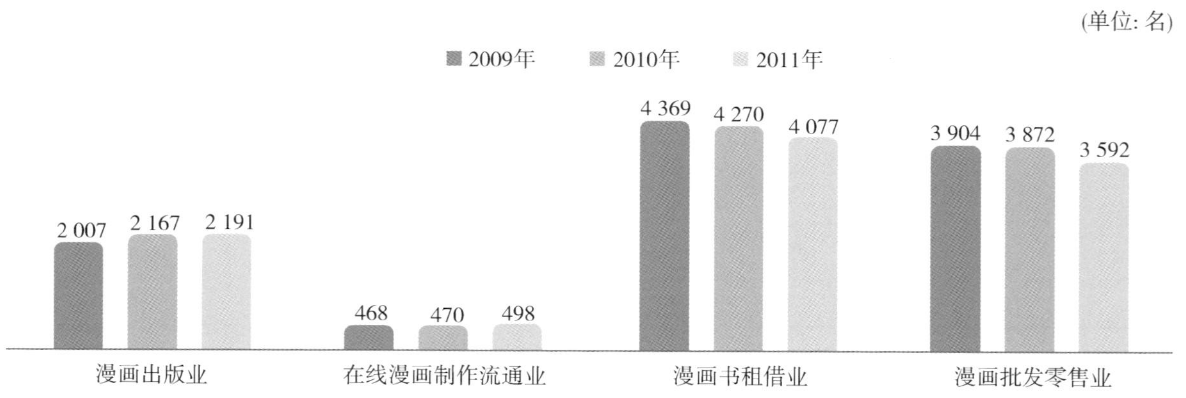


图 4-2-17　漫画行业各年度各业种的从业者现状

### 1. 漫画行业各销售额规模的企业的从业者现状

从 2011 年漫画行业各销售额规模的企业的从业者现状来看，销售额规模在 1 亿韩元以下的企业的从业者为6 004人，占总人数的 58. 0%；销售额规模在 1 亿韩元以上 10 亿韩元以下的企业的从业者为 1 718人，占总人数的 16. 6%；销售额规模在 10 亿韩元以上 100 亿韩元以下的企业的从业者为2 457人，占总人数的 23. 7%；销售额规模在 100 亿韩元以上的企业的从业者为 179 人，占总人数的 1. 7%。

表 4-2-34　**漫画行业各业种各销售额规模的企业的从业者现状(2011 年)**　(单位：名)

| 业种 \ 销售额规模 | 不足 1 亿韩元 | 1 亿~10 亿韩元 | 10 亿~100 亿韩元 | 100 亿韩元以上 | 合计 |
|---|---|---|---|---|---|
| 漫画出版社(漫画杂志、每日漫画、连环画杂志等) | 12 | 216 | 277 | 114 | 619 |
| 普通出版社(漫画部门) | 129 | 221 | 1 165 | 57 | 1 572 |
| 网络/移动漫画资讯制作及提供(CP) | — | 41 | 132 | — | 173 |
| 网络漫画资讯服务 | 16 | 95 | 198 | — | 309 |
| 移动漫画资讯服务 | — | 2 | 14 | — | 16 |
| 漫画租借(漫画屋、漫画咖啡厅等) | 794 | 72 | — | — | 866 |
| 书籍租借(漫画部门) | 3 136 | 75 | — | — | 3 211 |
| 漫画书籍及杂志类批发 | 86 | 668 | — | — | 754 |
| 漫画书籍及杂志类零售 | 1 831 | 328 | 172 | 8 | 2 339 |
| 网络书店(漫画部门) | — | — | 499 | — | 499 |
| 合计 | 6 004 | 1 718 | 2 457 | 179 | 10 358 |
| 比重(%) | 58. 0 | 16. 6 | 23. 7 | 1. 7 | 100. 0 |

从年度来看，销售额规模在 1 亿韩元以下的企业，其 2011 年的从业者比上年减少了 6. 6%，从 2009 年至 2011 年，年平均减少了 4. 8%，呈现出持续的减少趋势。销售额规模在 1 亿韩元以上 10 亿韩元以下的企业的从业者比上年增加了 0. 4%，年平均增加了 0. 6%；销售额规模在 10 亿韩元以上 100 亿韩元以下的企业的从业者比上年增加了 32. 0%，年平均增加了 20. 1%，与其他销售额规模的企业的从业者的增加幅度要大很多。此外，销售额规模在 100 亿韩元以上的企业的从业者呈现出大幅减少的

趋势，比上年减少了 77.0%，年平均减少了 50.0%。

表 4-2-35　　**漫画行业各年度各销售额规模的企业的从业者现状**　　（单位：名）

| 年度 \ 销售额规模 | 不足 1 亿韩元 | 1 亿～10 亿韩元 | 10 亿～100 亿韩元 | 100 亿韩元以上 | 合计 |
|---|---|---|---|---|---|
| 2009 年 | 6 631 | 1 699 | 1 703 | 715 | 10 748 |
| 2010 年 | 6 429 | 1 711 | 1 861 | 778 | 10 779 |
| 2011 年 | 6 004 | 1 718 | 2 457 | 179 | 10 358 |
| 同比增减率(%) | ▽6.6 | 0.4 | 32.0 | ▽77.0 | ▽3.9 |
| 年平均增减率(%) | ▽4.8 | 0.6 | 20.1 | ▽50.0 | ▽1.8 |

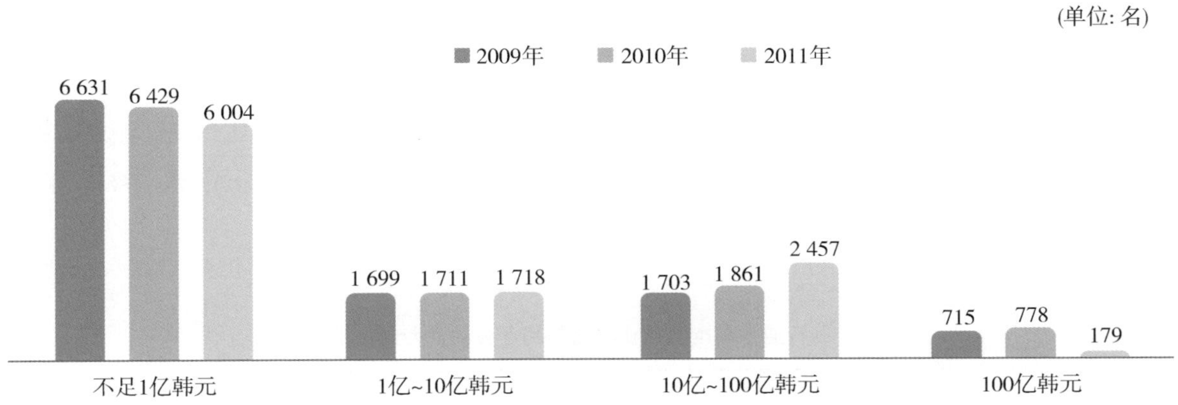


图 4-2-18　漫画行业各年度各销售额规模的企业的从业者现状

### 2. 漫画行业各从业者规模的企业的从业者现状

从 2011 年漫画行业各从业者规模的企业的从业者现状来看，从业者规模在 1 人以上 4 人以下的企业的从业者为8 067人，占总体的 77.9%，所占比例最大。从业者规模在 5 人以上 9 人以下的企业的从业者为 895 人，占总体的 8.6%，从业者规模在 10 人以上 49 人以下的企业的从业者为1 204人，占总体的 11.6%，从业者规模在 50 人以上 99 人以下的企业的从业者为 192 人，占总体的 1.9%。

表 4-2-36　　**漫画行业各业种各从业者规模的企业的从业者现状(2011 年)**　　（单位：名）

| 业种 \ 从业者规模 | 1～4 人 | 5～9 人 | 10～49 人 | 50～99 人 | 合计 |
|---|---|---|---|---|---|
| 漫画出版社(漫画杂志、每日漫画、连环画杂志等) | 101 | 46 | 337 | 135 | 619 |
| 普通出版社(漫画部门) | 385 | 382 | 748 | 57 | 1 572 |
| 网络/移动漫画资讯制作及提供(CP) | 111 | 62 | — | — | 173 |
| 网络漫画资讯服务 | 59 | 131 | 119 | — | 309 |
| 移动漫画资讯服务 | 16 | — | — | — | 16 |
| 漫画租借(漫画屋、漫画咖啡厅等) | 866 | — | — | — | 866 |

续表

| 业种 \ 从业者规模 | 1~4 人 | 5~9 人 | 10~49 人 | 50~99 人 | 合计 |
|---|---|---|---|---|---|
| 书籍租借(漫画部门) | 3 173 | 38 | — | — | 3 211 |
| 漫画书籍及杂志类批发 | 685 | 69 | — | — | 754 |
| 漫画书籍及杂志类零售 | 2 172 | 167 | — | — | 2 339 |
| 网络书店(漫画部门) | 499 | — | — | — | 499 |
| 合计 | 8 067 | 895 | 1 204 | 192 | 10 358 |
| 比重(%) | 77.9 | 8.6 | 11.6 | 1.9 | 100.0 |

从年度来看，从业者规模在 1 人以上 4 人以下的企业的从业者比上年减少了 5.1%，2009 年至 2011 年，年平均减少了 3.2%。从业者规模在 5 人以上 9 人以下的企业的从业者比上年减少了 0.2%，年平均增加了 21.5%；从业者规模在 10 人以上 49 人以下的企业的从业者比上年减少了 4.4%，年平均减少了 7.5%。从业者规模在 50 人以上 99 人以下的企业的从业者比上年增加了 58.7%，年平均增加了 22.0%，呈现出了最大的增加幅度。

表 4-2-37　**漫画行业各年度各从业者规模的企业的从业者现状**　（单位：名）

| 业种 \ 从业者规模 | 1~4 人 | 5~9 人 | 10~49 人 | 50~99 人 | 合计 |
|---|---|---|---|---|---|
| 2009 年 | 8 606 | 606 | 1 407 | 129 | 10 748 |
| 2010 年 | 8 501 | 897 | 1 260 | 121 | 10 779 |
| 2011 年 | 8 067 | 895 | 1 204 | 192 | 10 358 |
| 同比增减率(%) | ▽5.1 | ▽0.2 | ▽4.4 | 58.7 | ▽3.9 |
| 年平均增减率(%) | ▽3.2 | 21.5 | ▽7.5 | 22.0 | ▽1.8 |

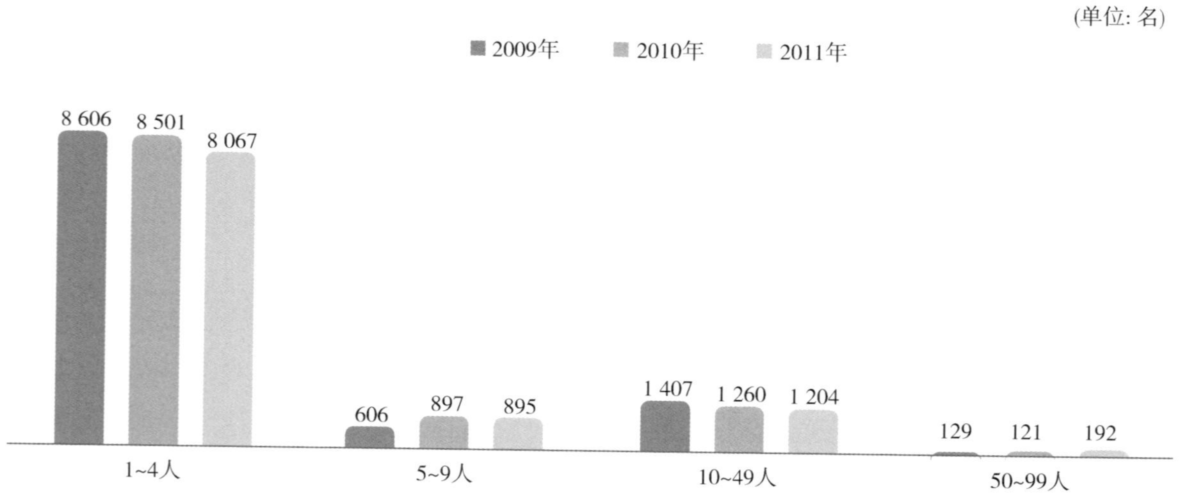


图 4-2-19　漫画行业各年度各从业者规模的企业的从业者现状

### 3. 漫画行业各地区从业者现状①

据 2011 年漫画产业各地区从业者现状，首尔的从业者为4 362人，占全部从业者的 44.2%，这个数据比上年减少了 5.0%，从 2009 年至 2011 年，每年减少 2.0%。6 个广域市 2011 年漫画行业的从业者为1 708人，占总数的 17.4%，9 个道的从业者为3 789人，占总数的 38.4%。6 个广域市中釜山的从业者为 481 人，占总数的 4.9%，所占比例最大；9 个道中京畿道的从业者为2 465人，占总数的 25.0%，仅次于首尔，占据第二位。

表 4-2-38　　**漫画行业各地区各业种的从业者现状**　　(单位：名)

| 区域＼业种 | | 漫画出版业 | 在线漫画出版流通业 | 漫画书籍租借业 | 漫画批发零售业 | 合计 | 比重(%) |
|---|---|---|---|---|---|---|---|
| 首尔 | | 1 431 | 489 | 1 356 | 1 086 | 4 362 | 44.2 |
| 6个广域市 | 釜山 | — | — | 255 | 226 | 481 | 4.9 |
| | 大邱 | — | — | 183 | 131 | 314 | 3.2 |
| | 仁川 | 3 | — | 162 | 152 | 317 | 3.2 |
| | 光州 | — | — | 151 | 75 | 226 | 2.3 |
| | 大田 | 1 | — | 136 | 91 | 228 | 2.3 |
| | 蔚山 | — | — | 87 | 55 | 142 | 1.5 |
| | 小计 | 4 | — | 974 | 730 | 1 708 | 17.4 |
| 9个道 | 京畿道 | 756 | 2 | 882 | 825 | 2 465 | 25.0 |
| | 江原道 | — | — | 95 | 27 | 122 | 1.2 |
| | 忠清北道 | — | — | 89 | 43 | 132 | 1.3 |
| | 忠清南道 | — | 7 | 158 | 46 | 211 | 2.1 |
| | 全罗北道 | — | — | 96 | 37 | 133 | 1.3 |
| | 全罗南道 | — | — | 95 | 35 | 130 | 1.4 |
| | 庆尚北道 | — | — | 122 | 102 | 224 | 2.3 |
| | 庆尚南道 | — | — | 185 | 151 | 336 | 3.4 |
| | 济州道 | — | — | 25 | 11 | 36 | 0.4 |
| | 小计 | 756 | 9 | 1 747 | 1 277 | 3 789 | 38.4 |
| 合计 | | 2 191 | 498 | 4 077 | 3 093 | 9 859 | 100.0 |

表 4-2-39　　**漫画行业各年度各地区从业者现状**　　(单位：名)

| 地区＼年度 | | 2009 年 | 2010 年 | 2011 年 | 同比增减率(%) | 年平均增减率(%) |
|---|---|---|---|---|---|---|
| 首尔 | | 4 545 | 4 591 | 4 362 | ▽5.0 | ▽2.0 |
| 6 个广域市 | 釜山 | 534 | 517 | 481 | ▽7.0 | 5.1 |
| | 大邱 | 361 | 349 | 314 | ▽10.0 | ▽6.7 |
| | 仁川 | 342 | 334 | 317 | ▽5.1 | ▽3.7 |
| | 光州 | 250 | 240 | 226 | ▽5.8 | ▽4.9 |
| | 大田 | 247 | 235 | 228 | ▽3.0 | ▽3.9 |
| | 蔚山 | 155 | 149 | 142 | ▽4.7 | ▽4.3 |
| | 小计 | 1889 | 1824 | 1708 | ▽6.4 | ▽4.9 |

① 网上书店(漫画部门)除外。

续表

| 地区 | 年度 | 2009 年 | 2010 年 | 2011 年 | 同比增减率（%） | 年平均增减率（%） |
|---|---|---|---|---|---|---|
| 9 个道 | 京畿道 | 2 469 | 2 475 | 2 465 | ▽0.4 | 0.1 |
| | 江原道 | 132 | 128 | 12 | ▽4.7 | ▽3.9 |
| | 忠清北道 | 148 | 145 | 132 | ▽9.0 | ▽5.6 |
| | 忠清南道 | 217 | 211 | 211 | 0.0 | ▽1.4 |
| | 全罗北道 | 146 | 141 | 133 | ▽5.7 | ▽4.6 |
| | 全罗南道 | 144 | 142 | 130 | ▽8.5 | ▽5.0 |
| | 庆尚北道 | 244 | 236 | 224 | ▽5.1 | ▽4.2 |
| | 庆尚南道 | 356 | 351 | 336 | ▽4.3 | ▽2.8 |
| | 济州道 | 41 | 39 | 36 | ▽7.7 | ▽6.3 |
| | 小计 | 3 897 | 3 868 | 3 789 | ▽2.0 | ▽1.4 |
| 合计 | | 10 331 | 10 283 | 9 859 | ▽4.1 | ▽2.3 |

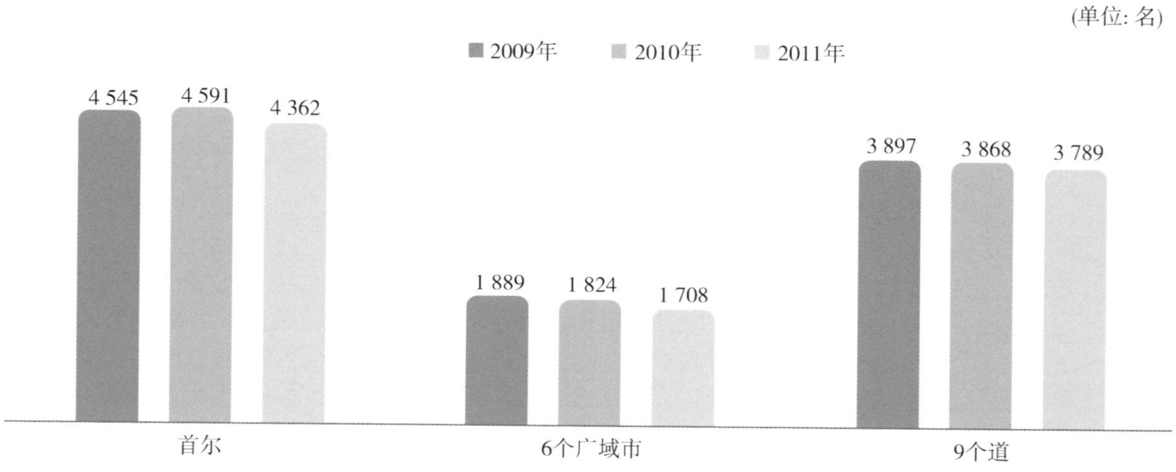


图 4-2-20　漫画行业各年度各地区从业者现状

4. 漫画行业各雇佣形态的从业者现状①

从 2011 年漫画行业各雇佣形态的从业者现状来看，拥有正式职位的从业者为8 094人，占全部从业者的 82.1%，拥有非正式职位的从业者为1 765人，占总数的 17.9%。

调查显示，从中分类来看，漫画出版业拥有正式职位的从业者为1 740人(79.4%)，拥有非正式职位的从业者为 451 人(20.6%)；在线漫画制作流通业拥有正式职位的从业者为 440 人(88.4%)，拥有非正式职位的从业者为 58 人(11.6%)，漫画书租借业拥有正式职位的从业者为3 246人(79.6%)，拥有非正式职位的从业者为 831 人(20.4%)；漫画批发零售业拥有正式职位的从业者为2 668人(86.3%)，拥有非正式职位的从业者为 425 人(13.7%)。

① 网上书店(漫画部门)除外。

表 4-2-40　**漫画行业各业种各雇佣形态的从业者现状(2011 年)**　(单位：名)

| 中分类 | 小分类 \ 雇佣形态 | 正式职位 | | 非正式职位 | | 合计 |
|---|---|---|---|---|---|---|
| | | 从业者数量 | 比例(%) | 从业者数量 | 比例(%) | |
| 漫画出版业 | 漫画出版社(漫画杂志、每日漫画、连环画杂志等) | 538 | 86.9 | 81 | 13.1 | 619 |
| | 普通出版社(漫画部门) | 1 202 | 76.5 | 370 | 23.5 | 1 572 |
| | 小计 | 1 740 | 79.4 | 451 | 20.6 | 2 191 |
| 在线漫画制作流通业 | 网络/移动漫画资讯制作及提供(CP) | 158 | 91.3 | 15 | 8.7 | 173 |
| | 网络漫画资讯服务 | 269 | 87.1 | 40 | 12.9 | 309 |
| | 移动漫画资讯服务 | 13 | 81.3 | 3 | 18.8 | 16 |
| | 小计 | 440 | 88.4 | 58 | 11.6 | 498 |
| 漫画书租借业 | 漫画租借(漫画屋、漫画咖啡厅等) | 691 | 79.8 | 175 | 20.2 | 866 |
| | 书籍租借(漫画部门) | 2 555 | 79.6 | 656 | 20.4 | 3 211 |
| | 小计 | 3 246 | 79.6 | 831 | 20.4 | 4 077 |
| 漫画批发零售业 | 漫画书籍及杂志类批发 | 645 | 85.5 | 109 | 14.5 | 754 |
| | 漫画书籍及杂志类零售 | 2 023 | 86.5 | 316 | 13.5 | 2 339 |
| | 网络书店(漫画部门) | — | — | — | — | — |
| | 小计 | 2 668 | 86.3 | 425 | 13.7 | 3 093 |
| 合计 | | 8 094 | 82.1 | 1 765 | 17.9 | 9 859 |

从年度来看，拥有正式职位的从业者比上年减少了 3.1%，从 2009 年到 2011 年，年平均减少了 0.8%。拥有非正式职位的从业者比上年减少了 8.5%，年平均减少了 8.4%。

表 4-2-41　**漫画行业各年度各雇佣形态的从业者现状(2011 年)**　(单位：名)

| 年度 \ 雇佣形态 | 从业者数量 | | 合计 |
|---|---|---|---|
| | 正式职位 | 非正式职位 | |
| 2009 年 | 8 227 | 2 104 | 10 331 |
| 2010 年 | 8 355 | 1 928 | 10 283 |
| 2011 年 | 8 094 | 1 765 | 9 859 |
| 同比增减率(%) | ▽3.1 | ▽8.5 | ▽4.1 |
| 年平均增减率(%) | ▽0.8 | ▽8.4 | ▽2.3 |

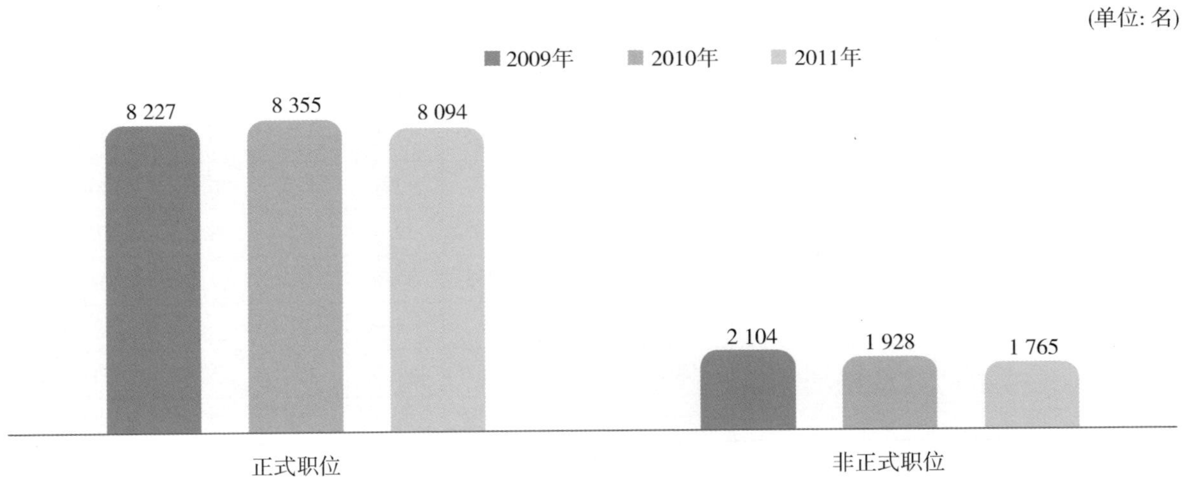


图 4-2-21　漫画行业各年度各雇佣形态的从业者现状

### 5. 漫画行业各雇佣形态的从业者的性别现状①

从 2011 年漫画产业各雇佣形态的从业者的性别现状来看，拥有正式职位的男性从业者为3 519 人，占总人数的 35. 7%，拥有正式职位的女性从业者为4 575人，占总人数的 46. 4%。拥有非正式职位的男性从业者为 718 人，占总人数的 7. 3%，拥有非正式职位的女性从业者为1 047人，占总数的 10. 6%。

调查显示，从中分类来看，漫画出版业拥有正式职位的男性从业者为 820 人，拥有正式职位的女性从业者为 920 人；拥有非正式职位的男性从业者为 248 人，拥有非正式职位的女性从业者为 203 人。在线漫画制作流通业拥有正式职位的男性从业者为 254 人，拥有正式职位的女性从业者为 186 人；拥有非正式职位的男性从业者为 21 人，拥有非正式职位的女性从业者为 37 人。漫画书租借业拥有正式职位的男性从业者为 1244 人，拥有正式职位的女性从业者为 2002 人；拥有非正式职位的男性从业者为 275 人，拥有非正式职位的女性从业者为 556 人。此外，漫画批发零售业拥有正式职位的男性从业者为 1201 人，拥有正式职位的女性从业者为 1467 人；拥有非正式职位的男性从业者为 174 人，拥有非正式职位的女性从业者为 251 人。

表 4-2-42　　**漫画行业各业种各雇佣形态的从业者的性别现状**　　（单位：名）

| 中分类 | 小分类 ＼ 雇佣形态/性别 | 正式职位 | | | | 非正式职位 | | | | 合计 |
|---|---|---|---|---|---|---|---|---|---|---|
| | | 男性 | | 女性 | | 男性 | | 女性 | | |
| | | 从业者数量 | 比例（%） | 从业者数量 | 比例（%） | 从业者数量 | 比例（%） | 从业者数量 | 比例（%） | |
| 漫画出版业 | 漫画出版社(漫画杂志、每日漫画、连环画杂志等) | 281 | 45. 4 | 257 | 41. 5 | 39 | 6. 3 | 42 | 6. 8 | 619 |
| | 普通出版社(漫画部门) | 539 | 34. 3 | 663 | 42. 2 | 209 | 13. 3 | 161 | 10. 2 | 1 572 |
| | 小计 | 820 | 37. 4 | 920 | 42. 0 | 248 | 11. 3 | 203 | 9. 3 | 2 191 |
| 在线漫画制作流通业 | 网络/移动漫画资讯制作及提供(CP) | 83 | 48. 0 | 75 | 43. 4 | 7 | 4. 0 | 8 | 4. 6 | 173 |
| | 网络漫画资讯服务 | 162 | 52. 4 | 107 | 34. 6 | 12 | 3. 9 | 28 | 9. 1 | 309 |
| | 移动漫画资讯服务 | 9 | 56. 3 | 4 | 25. 0 | 2 | 12. | 5 1 | 6. 3 | 16 |
| | 小计 | 254 | 51. 0 | 186 | 37. 4 | 21 | 4. 2 | 37 | 7. 4 | 498 |
| 漫画书籍租借业 | 漫画租借(漫画屋、漫画咖啡厅等) | 328 | 37. 9 | 363 | 41. 9 | 106 | 12. 2 | 69 | 8. 0 | 866 |
| | 书籍租借(漫画部门) | 916 | 28. 5 | 1，639 | 51. 0 | 169 | 5. 3 | 487 | 15. 2 | 3 211 |
| | 小计 | 1 244 | 30. 5 | 2 002 | 49. 1 | 275 | 6. 8 | 556 | 13. 6 | 4 077 |
| 漫画批发零售业 | 漫画书籍及杂志类批发 | 476 | 63. 1 | 169 | 22. 4 | 62 | 8. 2 | 47 | 6. 3 | 754 |
| | 漫画书籍及杂志类零售 | 725 | 31. 0 | 1 298 | 55. 5 | 112 | 4. 8 | 204 | 8. 7 | 2 339 |
| | 网络书店(漫画部门) | — | — | — | — | — | — | — | — | — |
| | 小计 | 1 201 | 38. 8 | 1 467 | 47. 5 | 174 | 5. 6 | 251 | 8. 1 | 3 093 |
| 合计 | | 3 519 | 35. 7 | 4 575 | 46. 4 | 718 | 7. 3 | 1 047 | 10. 6 | 9 859 |

① 网上书店(漫画部门)除外。

从年度分析可知，拥有非正式职位的男性从业者和拥有非正式职位的女性从业者的减少幅度很大，拥有非正式职位的男性从业者比上年减少了 10.3%，从 2009 年至 2011 年，年平均减少了 10.2%，拥有非正式职位的女性从业者比上年减少了 7.2%，年平均减少了 7.1%。拥有正式职位的男性从业者比上年减少了 2.3%，年平均减少了 0.2%，拥有正式职位的女性从业者比上年减少了 3.7%，年平均减少了 1.3%，拥有正式职位的男性从业者和女性从业者有小幅度的减少。

表 4-2-43　**漫画行业各年度各雇佣形态的从业者的性别现状**　（单位：名）

| 雇佣形态/性别<br>年度 | 从业者人数 | | | | 合计 |
|---|---|---|---|---|---|
| | 正式职位 | | 非正式职位 | | |
| | 男性 | 女性 | 男性 | 女性 | |
| 2009 年 | 3 534 | 4 693 | 890 | 1 214 | 10 331 |
| 2010 年 | 3 602 | 4 753 | 800 | 1 128 | 10 283 |
| 2011 年 | 3 519 | 4 575 | 718 | 1 047 | 9 859 |
| 同比增减率(%) | ▽2.3 | ▽3.7 | ▽10.3 | ▽7.2 | ▽4.1 |
| 年平均增减率(%) | ▽0.2 | ▽1.3 | ▽10.2 | ▽7.1 | ▽2.3 |

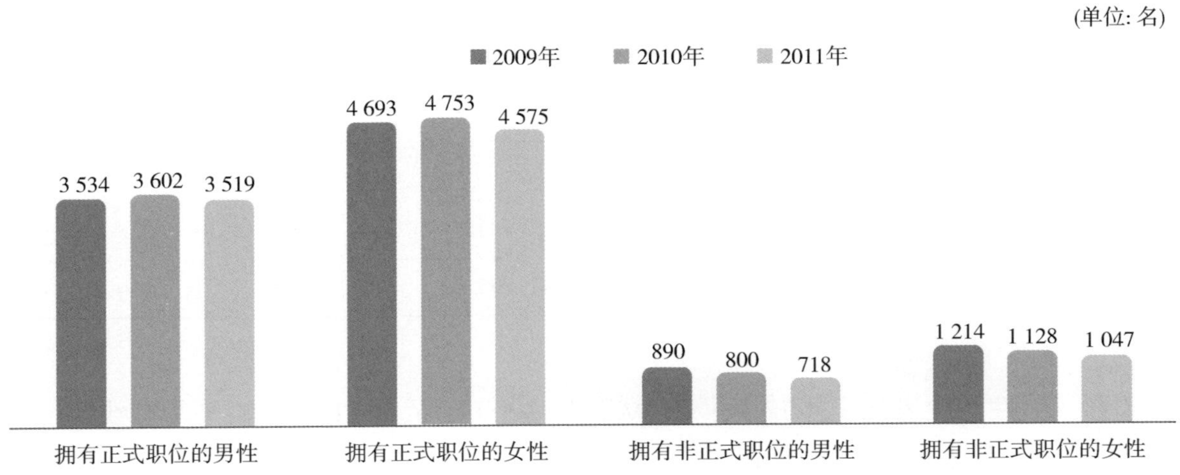


图 4-2-22　漫画行业各年度各雇佣形态的从业者的性别现状

### 6. 漫画行业从业者的性别现状①

从 2011 年漫画行业从业者的性别现状来看，男性从业者为4 237人，占全部从业者的 43.0%；女性从业者为5 622人，占全部从业者的 57.0%。

调查显示，从中分类来看，漫画出版业的男性从业者为1 068人(48.7%)，女性从业者为1 123人(51.3%)；在线漫画制作流通业的男性从业者为 275 人(55.2%)，女性从业者为 223 人(44.8%)；漫画书租借业的男性从业者为1 519人(37.3%)，女性从业者为2 558人(62.7%)；漫画批发零售业的男

① 网上书店(漫画部门)除外。

性从业者为1 375人(44.5%)，女性从业者为1 718人(55.5%)。

表 4-2-44　　漫画行业各业种不同性别的从业者现状(2011 年)　　(单位：名)

| 中分类 | 小分类＼性别 | 男性 从业者数量 | 男性 比重(%) | 女性 从业者数量 | 女性 比重(%) | 合计 |
|---|---|---|---|---|---|---|
| 漫画出版业 | 漫画出版社(漫画杂志、每日漫画、连环画杂志等) | 320 | 51.7 | 299 | 48.3 | 619 |
| | 普通出版社(漫画部门) | 748 | 47.6 | 824 | 52.4 | 1 572 |
| | 小计 | 1 068 | 48.7 | 1 123 | 51.3 | 2 191 |
| 在线漫画制作流通业 | 网络/移动漫画资讯的制作及提供(CP) | 90 | 52.0 | 83 | 48.0 | 173 |
| | 网络漫画资讯服务 | 174 | 56.3 | 135 | 43.7 | 309 |
| | 移动漫画资讯服务 | 11 | 68.8 | 5 | 31.3 | 16 |
| | 小计 | 275 | 55.2 | 223 | 44.8 | 498 |
| 漫画书租借业 | 漫画租借(漫画屋、漫画咖啡厅等) | 434 | 50.1 | 432 | 49.9 | 866 |
| | 书籍租借(漫画部门) | 1 085 | 33.8 | 2 126 | 66.2 | 3 211 |
| | 小计 | 1 519 | 37.3 | 2 558 | 62.7 | 4 077 |
| 漫画批发零售业 | 漫画书籍及杂志类批发 | 538 | 71.4 | 216 | 28.6 | 754 |
| | 漫画书籍及杂志类零售 | 837 | 35.8 | 1 502 | 64.2 | 2 339 |
| | 网络书店(漫画部门) | — | — | — | — | — |
| | 小计 | 1 375 | 44.5 | 1 718 | 55.5 | 3 093 |
| 合计 | | 4 237 | 43.0 | 5 622 | 57.0 | 9 859 |

从年度来看，男性从业者比上年减少了 3.7%，从 2009 年至 2011 年，年平均减少了 2.1%；女性比上年减少了 4.4%，年平均减少了 2.4%。

表 4-2-45　　漫画行业各年度不同性别的从业者现状　　(单位：名)

| 年度＼性别 | 从业者数量 男性 | 从业者数量 女性 | 合计 |
|---|---|---|---|
| 2009 年 | 4 424 | 5 907 | 10 331 |
| 2010 年 | 4 402 | 5 881 | 10 283 |
| 2011 年 | 4 237 | 5 622 | 9 859 |
| 同比增减率(%) | ▽3.7 | ▽4.4 | ▽4.1 |
| 年平均增减率(%) | ▽2.1 | ▽2.4 | ▽2.3 |

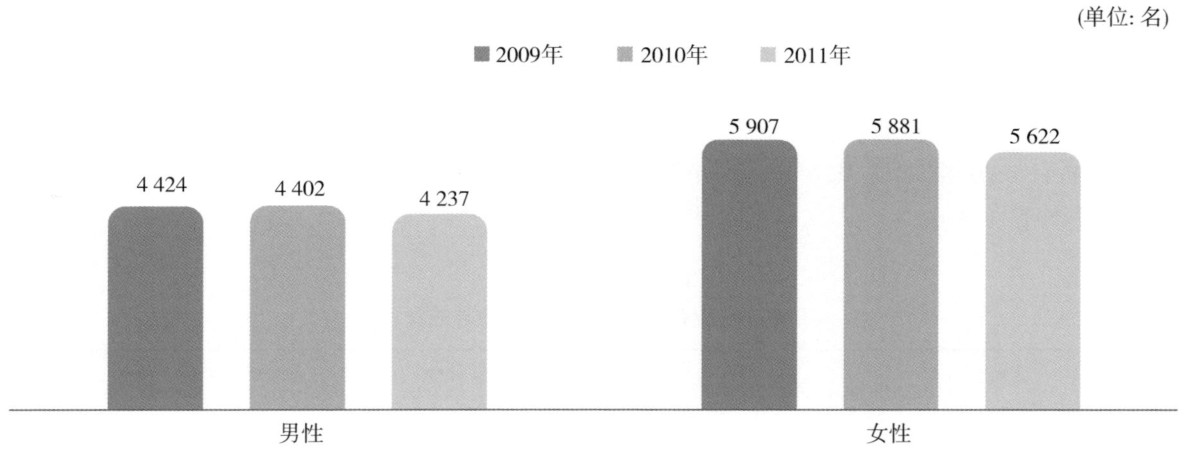


图 4-2-23　漫画行业各年度不同性别的从业者现状

### 7. 漫画行业各职位的从业者现状①

从 2011 年漫画行业各职位的从业者现状来看，其他(流通)职位的从业者为5 566人，超过全部从业者的一半，占 56.4%，所占比例最多。管理职位的从业者为2 239人(22.7%)，制作职位的从业者为1 248人(12.7%)，营销/宣传职位的从业者为 350 人(3.5%)，事业企划职位的从业者为 332 人(3.4%)，研究开发职位的从业者为 124 人(1.3%)。

表 4-2-46　**漫画行业各业种各职位的从业者现状(2011 年)**　(单位：名)

| 中分类 | 职位 / 小分类 | 从业者数量 | | | | | | 合计 |
|---|---|---|---|---|---|---|---|---|
| | | 事业企划 | 管理 | 制作 | 营销/宣传 | 研究开发 | 其他(流通) | |
| 漫画出版业 | 漫画出版社(漫画杂志、每日漫画、连环画杂志等) | 62 | 86 | 349 | 47 | 26 | 49 | 619 |
| | 普通出版社(漫画部门) | 191 | 209 | 691 | 266 | 77 | 138 | 1 572 |
| | 小计 | 253 | 295 | 1 040 | 313 | 103 | 187 | 2 191 |
| 在线漫画制作流通业 | 网络/移动漫画资讯的制作及提供(CP) | 30 | 25 | 66 | 21 | 9 | 22 | 173 |
| | 网络漫画资讯服务 | 46 | 49 | 139 | 16 | 11 | 48 | 309 |
| | 移动漫画资讯服务 | 3 | 3 | 3 | — | 1 | 6 | 16 |
| | 小计 | 79 | 77 | 208 | 37 | 21 | 76 | 498 |
| 漫画书租借业 | 漫画租借(漫画屋、漫画咖啡厅等) | — | 298 | — | — | — | 568 | 866 |
| | 书籍租借(漫画部门) | — | 465 | — | — | — | 2 746 | 3 211 |
| | 小计 | — | 763 | — | — | — | 3 314 | 4 077 |
| 漫画批发零售业 | 漫画书籍及杂志类批发 | — | 136 | — | — | — | 618 | 754 |
| | 漫画书籍及杂志类零售 | — | 968 | — | — | — | 1 371 | 2 339 |
| | 网络书店(漫画部门) | — | — | — | — | — | — | — |
| | 小计 | — | 1 104 | — | — | — | 1 989 | 3 093 |
| 合计 | | 332 | 2 239 | 1 248 | 350 | 124 | 5 566 | 9 859 |
| 比重(%) | | 3.4 | 22.7 | 12.7 | 3.5 | 1.3 | 56.4 | 100.0 |

① 网上书店(漫画部门)除外。

从各年度来看，事业企划职位的从业者比上年增加了 3.4%，从 2009 年至 2011 年，年平均增加了 7.0%；制作职位的从业者比上年增加了 1.3%，年平均增加了 5.4%；管理职位的从业者比上年减少了 4.8%，年平均减少了 4.2%；营销/宣传职位的从业者比上年增加了 2.0%，年平均减少了 4.0%；研究开发职位的从业者比上年增加了 0.8%，年平均增加了 0.4%；其他(流通)职位的从业者比上年减少了 5.9%，年平均减少了 3.5%。

表 4-2-47　**漫画行业各年度各职位的从业者现状**　(单位：名)

| 年度 \ 职位 | 从业者数量 | | | | | | 合计 |
|---|---|---|---|---|---|---|---|
| | 事业企划 | 管理 | 制作 | 营销/宣传 | 研究开发 | 其他(流通) | |
| 2009 年 | 290 | 2 438 | 1 123 | 380 | 123 | 5 977 | 10 331 |
| 2010 年 | 321 | 2 351 | 1 232 | 343 | 123 | 5 913 | 10 283 |
| 2011 年 | 332 | 2 239 | 1 248 | 350 | 124 | 5 566 | 9 859 |
| 同比增减率(%) | 3.4 | ▽4.8 | 1.3 | 2.0 | 0.8 | ▽5.9 | ▽4.1 |
| 年平均增减率(%) | 7.0 | ▽4.2 | 5.4 | ▽4.0 | 0.4 | ▽3.5 | ▽2.3 |

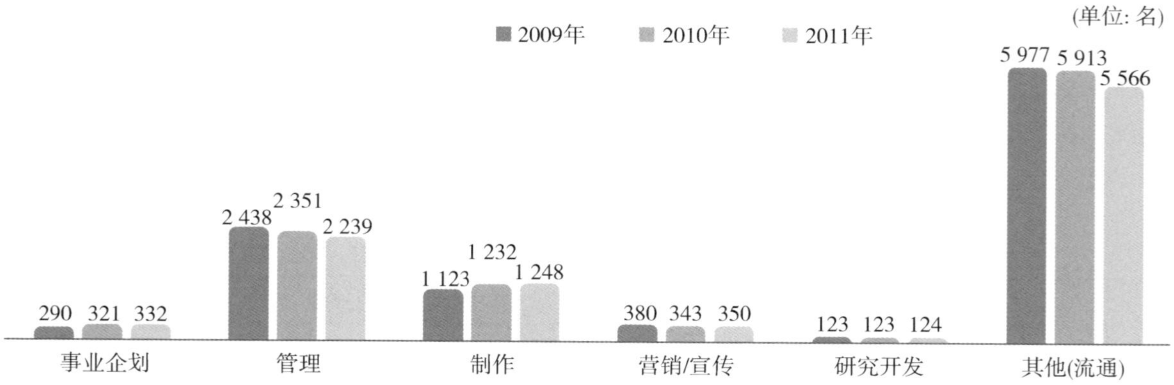


图 4-2-24　漫画行业各年度各职位的从业者现状

## 8. 漫画行业各学历的从业者现状①

从 2011 年漫画行业各学历的从业者现状来看，大学毕业的从业者为5 407人，占全部从业者的 54.9%，占据最大的比例。学历在高中以下的从业者为2 623人，占总数的 26.6%；专科毕业的从业者为1 698人，占总数的 17.2%；研究生以上学历的从业者人数为 131 人，占总数的 1.3%。

表 4-2-48　**漫画行业各业种各学历的从业者现状(2011 年)**　(单位：名)

| 中分类 | 小分类 \ 学历 | 从业者数量 | | | | 合计 |
|---|---|---|---|---|---|---|
| | | 高中以下 | 专科毕业 | 大学毕业 | 研究生以上 | |
| 漫画出版业 | 漫画出版社(漫画杂志、每日漫画、连环画杂志等) | 49 | 85 | 477 | 8 | 619 |
| | 普通出版社(漫画部门) | 101 | 242 | 1 147 | 82 | 1 572 |
| | 小计 | 150 | 327 | 1 624 | 90 | 2 191 |
| | 比重(%) | 6.9 | 14.9 | 74.1 | 4.1 | 100.0 |

① 网上书店(漫画部门)除外。

续表

| 中分类 | 学历<br>小分类 | 从业者数量 | | | | 合计 |
|---|---|---|---|---|---|---|
| | | 高中以下 | 专科毕业 | 大学毕业 | 研究生以上 | |
| 在线漫画制作流通业 | 网络/移动漫画资讯制作及提供(CP) | 5 | 18 | 134 | 16 | 173 |
| | 网络漫画资讯服务 | 6 | 27 | 268 | 8 | 309 |
| | 移动漫画资讯服务 | — | 2 | 12 | 2 | 16 |
| | 小计 | 11 | 47 | 414 | 26 | 498 |
| | 比重(%) | 2.2 | 9.5 | 83.1 | 5.2 | 100.0 |
| 漫画书租借业 | 漫画租借(漫画屋、漫画咖啡厅等) | 465 | 121 | 280 | — | 866 |
| | 书籍租借(漫画部门) | 1 528 | 768 | 915 | — | 3 211 |
| | 小计 | 1 993 | 889 | 1 195 | — | 4 077 |
| | 比重(%) | 48.9 | 21.8 | 29.3 | — | 100.0 |
| 漫画批发零售业 | 漫画书籍及杂志类批发 | 18 | 27 | 707 | 2 | 754 |
| | 漫画书籍及杂志类零售 | 451 | 408 | 1 467 | 13 | 2 339 |
| | 网络书店(漫画部门) | — | — | — | — | — |
| | 小计 | 469 | 435 | 2 174 | 15 | 3 093 |
| | 比重(%) | 15.1 | 14.1 | 70.3 | 0.5 | 100.0 |
| 合计 | | 2 623 | 1 698 | 5 407 | 131 | 9 859 |
| 比重(%) | | 26.6 | 17.2 | 54.9 | 1.3 | 100.0 |

从年度来看，学历在高中以下的从业者比上年减少了4.5%，从2009年至2011年，年平均减少了3.6%。专科毕业的从业者比上年减少了4.7%，年平均减少了4.3%。大学毕业的从业者比上年增加了2.9%，年平均减少了0.4%。研究生以上学历的从业者呈现出最大的减少幅度，比上年减少了29.9%，年平均减少了20.1%。

表 4-2-49　**漫画行业各年度各学历的从业者现状**　(单位：名)

| 学历<br>年度 | 从业者数量 | | | | 合计 |
|---|---|---|---|---|---|
| | 高中以下 | 专科毕业 | 大学毕业 | 研究生以上 | |
| 2009 年 | 2 823 | 1 853 | 5 450 | 205 | 10 331 |
| 2010 年 | 2 748 | 1 782 | 5 566 | 187 | 10 283 |
| 2011 年 | 2 623 | 1 698 | 5 407 | 131 | 9 859 |
| 同比增减率(%) | ▽4.5 | ▽4.7 | ▽2.9 | ▽29.9 | ▽4.1 |
| 年平均增减率(%) | ▽3.6 | ▽4.3 | ▽0.4 | ▽20.1 | ▽2.3 |

(单位: 名)

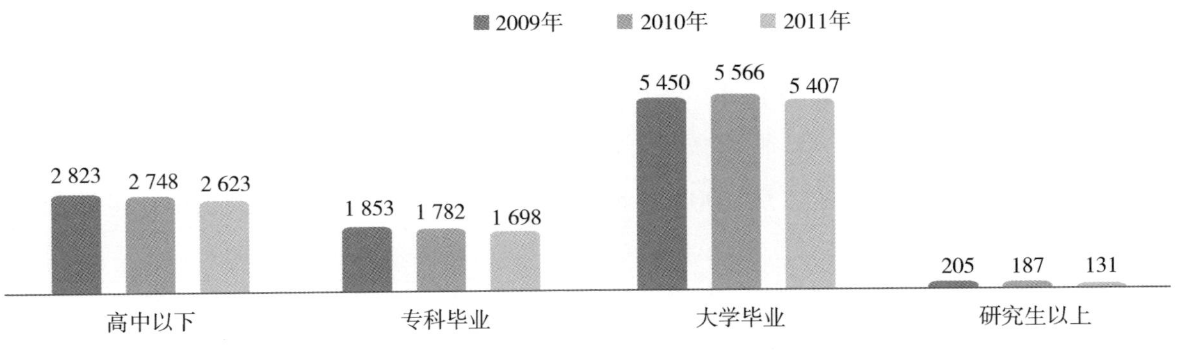


图 4-2-25　漫画行业各年度各学历的从业者现状

9. 漫画行业各年龄段的从业者现状①

从 2011 年漫画行业各年龄段的从业者现状来看，40 岁以上的从业者为3 691人，占总数的 37. 4%，所占比例最大。其次是 29 岁以下的从业者为2 694人，占总数的 27. 3%。30 岁以上 34 岁以下的从业者为1 860人，占总数的 18. 9%。35 岁以上 39 岁以下的从业者为1 614人，占总数的 16. 4%。

表 4-2-50　　漫画行业各业种各年龄段的从业者现状(2011 年)　　(单位：名)

| 中分类 | 小分类＼年龄 | 从业者数量 | | | | 合计 |
|---|---|---|---|---|---|---|
| | | 29 岁以下 | 30~34 岁 | 35~39 岁 | 40 岁以上 | |
| 漫画出版业 | 漫画出版社(漫画杂志、每日漫画、连环画杂志等) | 179 | 175 | 153 | 112 | 619 |
| | 普通出版社(漫画部门) | 472 | 384 | 343 | 373 | 1 572 |
| | 小计 | 651 | 559 | 496 | 485 | 2 191 |
| | 比重(%) | 29. 7 | 25. 5 | 22. 7 | 22. 1 | 100. 0 |
| 在线漫画制作流通业 | 网络/移动漫画资讯制作及提供(CP) | 62 | 54 | 39 | 18 | 173 |
| | 网络漫画资讯服务 | 121 | 89 | 74 | 25 | 309 |
| | 移动漫画资讯服务 | 5 | 6 | 3 | 2 | 16 |
| | 小计 | 188 | 149 | 116 | 45 | 498 |
| | 比重(%) | 37. 8 | 29. 9 | 23. 3 | 9. 0 | 100. 0 |
| 漫画书租借业 | 漫画租借(漫画屋、漫画咖啡厅等) | 142 | 83 | 185 | 456 | 866 |
| | 书籍租借(漫画部门) | 861 | 352 | 512 | 1 486 | 3 211 |
| | 小计 | 1 003 | 435 | 697 | 1 942 | 4 077 |
| | 比重(%) | 24. 6 | 10. 7 | 17. 1 | 47. 6 | 100. 0 |
| 漫画批发零售业 | 漫画书籍及杂志类批发 | 29 | 186 | 37 | 502 | 754 |
| | 漫画书籍及杂志类零售 | 823 | 531 | 268 | 717 | 2 339 |
| | 网络书店(漫画部门) | — | — | — | — | — |
| | 小计 | 852 | 717 | 305 | 1 219 | 3 093 |
| | 比重(%) | 27. 5 | 23. 2 | 9. 9 | 39. 4 | 100. 0 |
| 合计 | | 2 694 | 1 860 | 1 614 | 3 691 | 9 859 |
| 比重(%) | | 27. 3 | 18. 9 | 16. 4 | 37. 4 | 100. 0 |

从年度来看，29 岁以下的从业者比上年减少了 2. 5%，从 2009 年到 2011 年，年平均减少了 0. 5%。30 岁以上 34 岁以下的从业者比上年减少了 2. 0%，年平均减少了 1. 7%；35 岁以上 39 岁以下的从业者比上年减少了 5. 2%，年平均减少了 2. 7%。此外，40 岁以上的从业者也比上年减少了 5. 8%，年平均减少了 3. 7%。可见，从 2009 年起漫画行业从业者在所有年龄段中均呈现出持续减少的趋势。

① 网上书店(漫画部门)除外。

表 4-2-51　**漫画行业各年度各年龄段的从业者现状**　(单位：名)

| 年度＼年龄 | 从业者数量 | | | | 合计 |
|---|---|---|---|---|---|
| | 29 岁以下 | 30~34 岁 | 35~39 岁 | 40 岁以上 | |
| 2009 年 | 2 719 | 1 925 | 1 704 | 3 983 | 10 331 |
| 2010 年 | 2 764 | 1 897 | 1 703 | 3 919 | 10 283 |
| 2011 年 | 2 694 | 1 860 | 1 614 | 3 691 | 9 859 |
| 同比增减率(%) | ▽2.5 | ▽2.0 | ▽5.2 | ▽5.8 | ▽4.1 |
| 年平均增减率(%) | ▽0.5 | ▽1.7 | ▽2.7 | ▽3.7 | ▽2.3 |

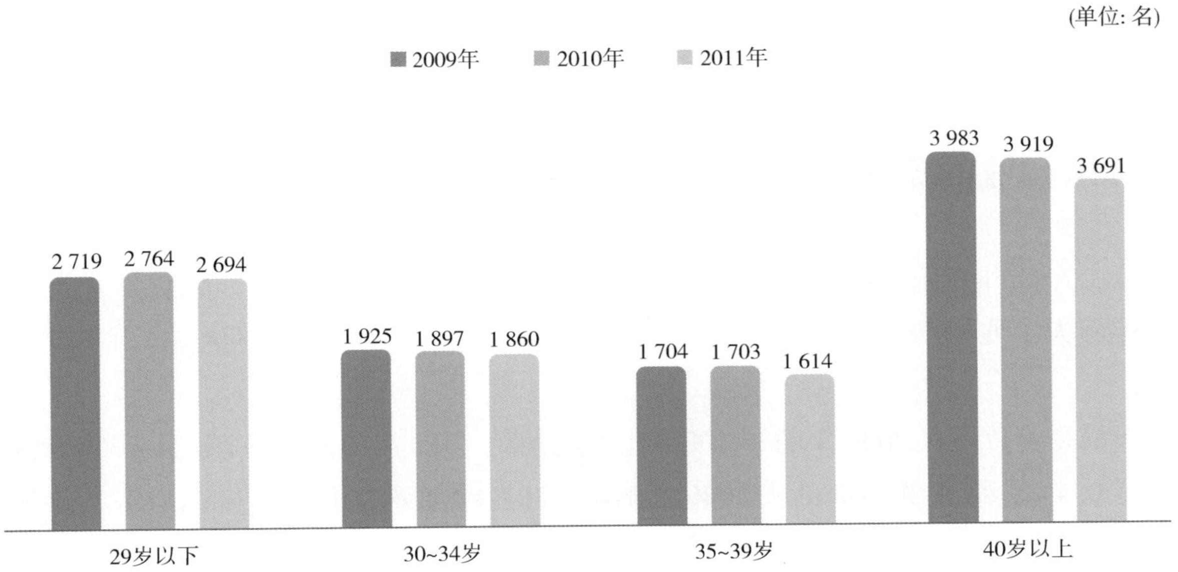


图 4-2-26　漫画行业各年度各年龄段的从业者现状

# 三、音乐行业

表 4-3-1　**音乐行业的分类**

| 中分类 | 小分类 | 分类体系的定义 |
|---|---|---|
| 音乐制作业 | 音乐企划及制作业 | 企划、制作唱片及音源的企业(CP 除外) |
| | (音源)录音设施运营业 | 经营可以录制唱片或音源的设施的企业 |
| 音乐及音像制品出版业 | 音乐音像制品出版业 | 出版音乐相关乐谱的企业 |
| | 其他音像制品制作业 | 制作其他音像制品的企业(与出版相关) |
| 唱片复制及发行业 | 唱片复制业 | 复制唱片的企业 |
| | 唱片发行业 | 向批发零售企业发行唱片的企业 |
| 唱片批发零售业 | 唱片批发业 | 批发唱片的企业 |
| | 唱片零售业 | 零售唱片的企业 |
| | 网络唱片零售业 | 在非线下唱片卖场的网络上销售唱片的企业：引用外部资料(统计厅,《网络购物动向调查》, 2012) |

续表

| 中分类 | 小分类 | 分类体系的定义 |
|---|---|---|
| 在线音乐流通业 | 移动音乐服务业 | 从唱片代理企业获取唱片转让权，通过移动设施提供服务的企业 |
| | 网络音乐服务业 | 从唱片代理企业获取唱片转让权，通过网络提供服务的企业 |
| | 唱片代理中介业 | 从唱片代理企业获取唱片转让权，在线上进行转播的企业 |
| | 网络/移动音乐资讯制作及提供业(CP) | 制作音源并提供给移动音乐服务企业及网络音乐服务企业的企业 |
| 音乐演出业 | 音乐演出的企划及制作业 | 企划及制作音乐演出(音乐会、大众音乐、古典音乐、歌剧、传统演出)的企业(话剧除外) |
| | 其他音乐演出服务业 | 提供与音乐演出相关服务的企业(票务发行等) |
| 练歌房经营业 | 练歌房经营业 | 具有无演奏者而是伴随着伴奏进行演唱的影像或无影像伴奏设备的企业 |

## (一)音乐行业的整体概况

调查显示，2011 年音乐行业的企业数量是37 774个，从业者为78 181人。销售额为 3 兆8 174亿韩元，附加价值额为 1 兆5 976亿韩元，附加价值率是 41. 85%。出口额为 1 亿9 611万美元，进口额为 1 254万美元。

音乐行业的企业数量从 2006 年的37 108个小幅增加到 2011 年的37 774个，从 2006 年到 2011 年，年平均增加了 0. 4%。从业者数量也从 2006 年的65 431人增加到 2011 年的78 181人，年平均增加了 3. 6%。销售额年平均增加了 9. 7%，2006 年为 2 兆4 013亿韩元，2011 年达到了 3 兆8 174亿韩元。附加价值额从 2006 年的7 652亿韩元增加到 2011 年的 1 兆5 976亿韩元，年平均增加了 15. 9%，比上年增加了 39. 8%。出口额呈现出持续增加的趋势，2009 年为3 126万美元，2010 年为8 326万美元，2011 年为 1 亿9 611万美元。

表 4-3-2

**音乐行业的整体概况**

| 分类 | 企业数量(个) | 从业者数量(名) | 销售额(百万韩元) | 附加价值额(百万韩元) | 附加价值率(%) | 出口额(千美元) | 进口额(千美元) |
|---|---|---|---|---|---|---|---|
| 2006 年 | 37 108 | 65 431 | 2 401 309 | 765 297 | 31. 87 | 16 666 | 8 347 |
| 2007 年 | 40 301 | 75 027 | 2 357 705 | 787 709 | 33. 41 | 13 885 | 9 831 |
| 2008 年 | 37 637 | 66 475 | 2 602 076 | 946 635 | 36. 38 | 16 468 | 11 484 |
| 2009 年 | 38 259 | 76 539 | 2 740 753 | 1 022 766 | 37. 32 | 31 269 | 11 936 |
| 2010 年 | 37 634 | 76 654 | 2 959 143 | 1 142 896 | 38. 62 | 83 262 | 10 337 |
| 2011 年 | 37 774 | 78 181 | 3 817 460 | 1 597 663 | 41. 85 | 196 113 | 12 541 |
| 同比增减率(%) | 0. 4 | 2. 0 | 29. 0 | 39. 8 | 3. 23p | 135. 5 | 21. 3 |
| 年平均增减率(%) | 0. 4 | 3. 6 | 9. 7 | 15. 9 | — | 63. 7 | 8. 5 |

音乐行业 2011 年的人均销售额为 1 亿韩元，从业者人均销售额为4 900万韩元。从中分类来看，各企业平均销售额中在线音乐流通业的销售额最高，为 28 亿2 800万韩元，其次是唱片演出业的 10 亿6 000万韩元。接下来是唱片零售业的 7 亿3 300万韩元，音乐制作业的 4 亿6 900万韩元，音乐及音像

制品出版业 2 亿3 900万韩元，最后是练歌房经营业的4 300万韩元。从小分类来看，各企业平均销售额中移动音乐服务业的销售额最高，为 407 亿9 900万韩元，其次是唱片分配业的 37 亿5 000万韩元，接下来是网络音乐服务业的 30 亿2 300万韩元。

从中分类来看，人均销售额中在线音乐流通业的销售额最高，为 1 亿7 000万韩元，其次是音乐及音像制品出版业，为 1 亿9 800万韩元，人均销售额最低的是练歌房经营业，为2 200万韩元。从小分类来看，移动音乐服务业的人均销售额最高，为 47 亿 800 万韩元，其次是唱片代理中介业的 4 亿 7 900万韩元；接下来是唱片发行业的 4 亿 800 万韩元，网络音乐服务业的 3 亿5 300万韩元，唱片批发业的 3 亿2 700万韩元。

表 4-3-3　　**音乐行业各企业的平均销售额及从业者的人均销售额现状(2011 年)**

| 中分类 | 小分类 | | 企业数量（个） | 从业者数量（名） | 销售额（百万韩元） | 各企业平均销售额（百万韩元） | 人均销售额（百万韩元） |
|---|---|---|---|---|---|---|---|
| 音乐制作业 | 音乐企划及制作业 | 唱片及音源 | 1 193 | 692 | 123 925 | 485 | 179 |
| | | 唱片外收益 | | 1 581 | 455 116 | | 288 |
| | (音源)录音设施运营业 | | 129 | 497 | 40 565 | 314 | 82 |
| | 小计 | | 1 322 | 2 770 | 619 606 | 469 | 224 |
| 音乐及音像制品出版业 | 音乐音像制品出版业 | | 49 | 64 | 12 667 | 259 | 198 |
| | 其他音像制品制作业 | | 8 | 16 | 960 | 120 | 60 |
| | 小计 | | 57 | 80 | 13 627 | 239 | 170 |
| 唱片复制及发行业 | 唱片复制业 | | 46 | 149 | 45 233 | 983 | 304 |
| | 唱片发行业 | | 15 | 138 | 56 246 | 3 750 | 408 |
| | 小计 | | 61 | 287 | 101 479 | 1 664 | 354 |
| 唱片批发零售业 | 唱片批发业 | | 46 | 151 | 49 449 | 1 075 | 327 |
| | 唱片零售业 | | 159 | 377 | 72 806 | 458 | 193 |
| | 网络唱片零售业 | | — | 169 | 27 968① | — | 165 |
| | 小计 | | 205 | 697 | 150 223 | 596② | 216 |
| 在线音乐流通业 | 移动音乐服务业 | | 3 | 26 | 122 396 | 40 799 | 4 708 |
| | 网络音乐服务业 | | 196 | 1 679 | 592 449 | 3 023 | 353 |
| | 唱片代理中介业 | | 43 | 181 | 86 662 | 2 015 | 479 |
| | 网络/移动音乐资讯制作及提供业(CP) | | 69 | 469 | 78 027 | 1 131 | 166 |
| | 小计 | | 311 | 2 355 | 879 534 | 2 828 | 373 |
| 音乐演出业 | 音乐演出的企划及制作业 | | 481 | 2 852 | 488 352 | 1 015 | 171 |
| | 其他音乐演出服务业 | | 21 | 223 | 43 905 | 2 091 | 197 |
| | 小计 | | 502 | 3 075 | 532 257 | 1 060 | 173 |
| 练歌房经营业 | 练歌房经营业 | | 35 316 | 68 917 | 1 520 734 | 43 | 22 |
| | 小计 | | 35 316 | 68 917 | 1 520 734 | 43 | 22 |
| 合计 | | | 37 774 | 78 181 | 3 817 460 | 100③ | 49 |

① 统计厅发布的《网络购物动向调查》，2012 年。
② 使用的是音乐行业总销售额中除网上音乐零售业销售额之外的销售额。
③ 使用的是音乐行业总销售额中除网上音乐零售业销售额之外的销售额。

## (二)音乐行业的企业数量现状[①]

2011 年，音乐行业的企业数量比上年增加了 0.4%(37 774个)，从 2009 年至 2011 年，年平均减少了 0.6%。根据小分类，练歌房经营业的企业数量为35 316个，占行业整体的 93.5%，所占比例最大。这一数据比上年增加了 0.2%，年平均减少了 0.8%。音乐企划及制作业的企业数量为1 193个(3.2%)，比上年增加了 4.1%，年平均减少了 3.0%。音乐演出企划及制作业的企业数量是 481 个(1.3%)，比上年增加了 5.5%，年平均增加了 6.6%。与2 010年相比，减少幅度最大的是音乐音像制品出版业，比上年减少了 7.5%，年平均减少了 8.9%；唱片复制业也比上年减少了 4.2%，年平均减少了 5.9%。

表 4-3-4　　音乐行业各年度各业种的企业数量现状　　(单位：个)

| 中分类 | 小分类 | 2009 年 | 2010 年 | 2011 年 | 比重(%) | 同比增减率(%) | 年平均增减率(%) |
|---|---|---|---|---|---|---|---|
| 音乐制作业 | 音乐企划及制作业 | 1 125 | 1 146 | 1 193 | 3.2 | 4.1 | 3.0 |
| | (音源)录音设施运营业 | 141 | 133 | 129 | 0.3 | ▽3.0 | ▽4.3 |
| 音乐及音像制品出版业 | 音乐音像制品出版业 | 59 | 53 | 49 | 0.1 | ▽7.5 | ▽8.9 |
| | 其他音像制品制作业 | 6 | 6 | 8 | 0.0 | 33.3 | 15.5 |
| 唱片复制及发行业 | 唱片复制业 | 52 | 48 | 46 | 0.1 | ▽4.2 | ▽5.9 |
| | 唱片发行业 | 14 | 14 | 15 | 0.0 | 7.1 | 3.5 |
| 唱片批发零售业 | 唱片批发零售业 | 221 | 199 | 205 | 0.5 | 3.0 | ▽3.7 |
| | 网络唱片零售业 | — | — | — | — | — | — |
| 在线音乐流通业 | 移动音乐服务业 | 3 | 3 | 3 | 0.0 | 0.0 | 0.0 |
| | 网络音乐服务业 | 189 | 192 | 196 | 0.5 | 2.1 | 1.8 |
| | 唱片代理中介业 | 43 | 45 | 43 | 0.1 | ▽4.4 | 0.0 |
| | 网络/移动音乐资讯制作及提供业(CP) | 101 | 68 | 69 | 0.2 | 1.5 | ▽17.3 |
| 音乐演出业 | 音乐演出的企划及制作业 | 423 | 456 | 481 | 1.3 | 5.5 | 6.6 |
| | 其他音乐演出服务业 | 18 | 18 | 21 | 0.1 | 16.7 | 8.0 |
| 练歌房经营业 | 练歌房经营业 | 35 864 | 35 253 | 35 316 | 93.5 | 0.2 | ▽0.8 |
| 合计 | | 38 259 | 37 634 | 37 774 | 100.0 | 0.4 | ▽0.6 |

从销售额规模来看，销售额规模在 1 亿韩元以下的企业数量是35 763个(94.7%)，其占企业总数的比例最大；其次是销售额规模在 1 亿韩元以上 10 亿韩元以下的企业，数量为1 683个(4.4%)；销售额规模在 10 亿韩元以上 100 亿韩元以下的企业数量是 299 个(0.8%)；销售额规模为 100 亿韩元以上的企业数量所占比例最小，为 29 个，占总数的 0.1%。从增减率来看，销售额规模在 1 亿韩元以下的企业数量比上年增加了 0.3%，从2009年至2011年，年平均减少了 0.7%。销售额规模在 1 亿韩元以上 10 亿韩元以下的企业数量比上年增加了 1.7%，年平均增加了 1.4%；销售额规模在 10 亿韩元以上 100 亿韩元以下的企业数量比上年增加了 1.0%，年平均增加了 1.2%。销售额规模在 100 亿韩元以上的企业数量比上年增加了 3.6%，年平均增加了 1.8%。

① 网络唱片零售业除外。

(单位: 个)

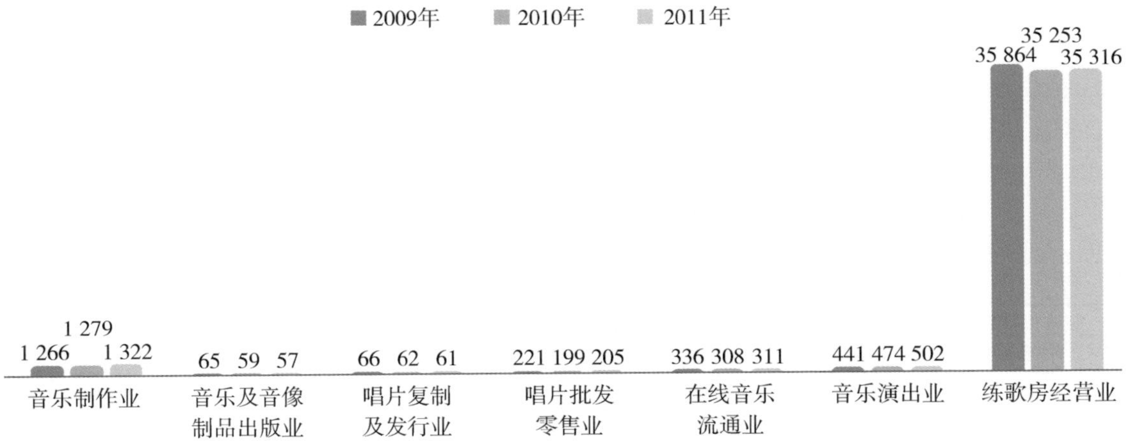


图 4-3-1 音乐行业各年度各业种的企业数量现状

表 4-3-5 **音乐行业各年度各销售额规模的企业数量现状** （单位：个）

| 销售额规模＼年度 | 2009 年 | 2010 年 | 2011 年 | 比重（%） | 同比增减率（%） | 年平均增减率（%） |
|---|---|---|---|---|---|---|
| 不足 1 亿韩元 | 36 301 | 35 655 | 35 763 | 94. 7 | 0. 3 | ▽0. 7 |
| 1 亿~10 亿韩元 | 1 638 | 1 655 | 1 683 | 4. 4 | 1. 7 | 1. 4 |
| 10 亿~100 亿韩元 | 292 | 296 | 299 | 0. 8 | 1. 0 | 1. 2 |
| 100 亿韩元以上 | 28 | 28 | 29 | 0. 1 | 3. 6 | 1. 8 |
| 合计 | 38 259 | 37 634 | 37 774 | 100. 0 | 0. 4 | ▽0. 6 |

(单位: 个)

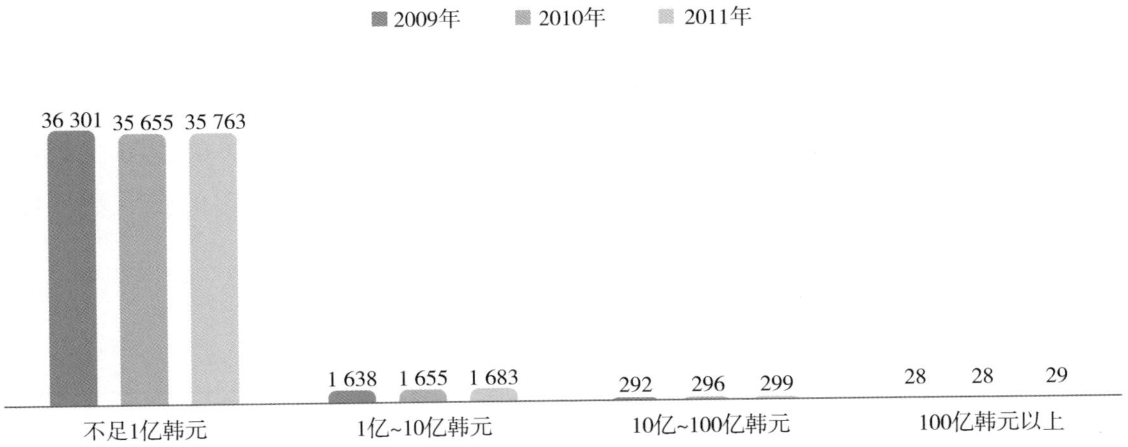


图 4-3-2 音乐行业各年度各销售额规模的企业数量现状

从从业者规模来看，从业者规模为 1 人以上 4 人以下的企业数量为36 011个，占企业总数的 95. 3%，所占比例最大，其数量比上年增加了 0. 3%，从 2009 年至 2011 年，年平均减少了 0. 7%。其次是 5 人以上 9 人以下的企业，数量为1 533个（4. 1%），比上年增加了 0. 5%，年平均增加了 0. 3%。10 人以上 49 人以下的企业数量是 184 个（0. 5%），比上年增加了 2. 8%，年平均增加了 2. 0%。50 人以上 99 人以下的企业数量是 36 个（0. 1%）。100 人以上的企业只有 10 个。

表 4-3-6 音乐行业各年度各从业者规模的企业数量现状 （单位：个）

| 从业者规模＼年度 | 2009 年 | 2010 年 | 2011 年 | 比重（%） | 同比增减率（%） | 年平均增减率（%） |
|---|---|---|---|---|---|---|
| 1~4 人 | 36 517 | 35 886 | 36 011 | 95.3 | 0.3 | ▽0.7 |
| 5~9 人 | 1 523 | 1 526 | 1 533 | 4.1 | 0.5 | 0.3 |
| 10~49 人 | 177 | 179 | 184 | 0.5 | 2.8 | 2.0 |
| 50~99 人 | 33 | 34 | 36 | 0.1 | 5.9 | 4.4 |
| 100 人以上 | 9 | 9 | 10 | 0.0 | 11.1 | 5.4 |
| 合计 | 38 259 | 37 634 | 37 774 | 100.0 | 0.4 | ▽0.6 |

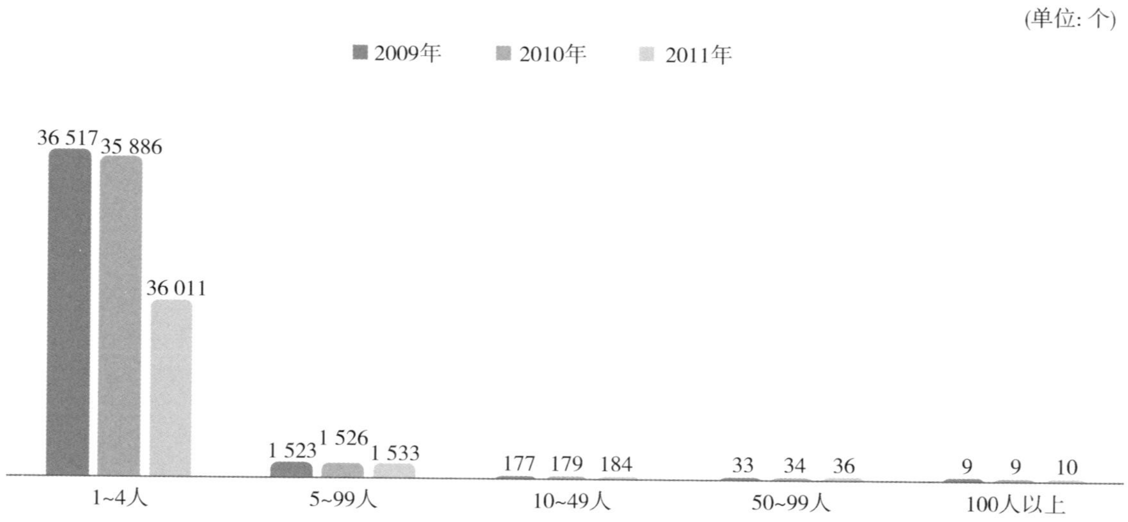


图 4-3-3 音乐行业各年度各从业者规模的企业数量现状

从 2011 年音乐行业各地区的企业数量来看，首尔的企业数量为8 296个，占总数的 22.0%，这比上年增加了 1.0%，从 2009 年至 2011 年，年平均减少了 1.7%。6 个广域市的企业数量为10 964个，占总数的 29.0%，比上年增加了 0.1%。9 个道中京畿道的企业数量为7 829个，占总数的 20.7%，是除首尔外所占比例最高的地区，其数量比上年增加了 0.1%，年平均减少了 0.6%。6 个广域市中釜山的企业数量为2 473个，占全部的 6.5%，与其他广域市相比，占比较高，釜山的企业数量比上年增加了 0.1%，年平均减少了 1.7%。

表 4-3-7 音乐行业各年度各地区的企业数量现状 （单位：个）

| 地区＼年度 | | 2009 年 | 2010 年 | 2011 年 | 比重（%） | 同比增减率（%） | 年平均增减率（%） |
|---|---|---|---|---|---|---|---|
| 首尔 | | 8 593 | 8 212 | 8 296 | 22.0 | 1.0 | ▽1.7 |
| 6 个广域市 | 釜山 | 2 557 | 2 471 | 2 473 | 6.5 | 0.1 | ▽1.7 |
| | 大邱 | 2 337 | 2 308 | 2 309 | 6.1 | 0.0 | ▽0.6 |
| | 仁川 | 2 394 | 2 422 | 2 426 | 6.4 | 0.2 | 0.7 |
| | 光州 | 1 281 | 1 343 | 1 344 | 3.6 | 0.1 | 2.4 |
| | 大田 | 1 281 | 1 343 | 1 344 | 3.6 | 0.1 | 2.4 |
| | 蔚山 | 1 104 | 1 067 | 1 069 | 2.8 | 0.2 | ▽1.6 |
| | 小计 | 10 954 | 10 953 | 10 964 | 29.0 | 0.1 | 0.0 |

续表

| 地区 \ 年度 | | 2009 年 | 2010 年 | 2011 年 | 比重 (%) | 同比增减率 (%) | 年平均增减率 (%) |
|---|---|---|---|---|---|---|---|
| 9 个道 | 京畿道 | 7 929 | 7 822 | 7 829 | 20. 7 | 0. 1 | ▽0. 6 |
| | 江原道 | 1 187 | 1 329 | 1 332 | 3. 5 | 0. 2 | 5. 9 |
| | 忠清北道 | 1 120 | 1 148 | 1 152 | 3. 1 | 0. 3 | 1. 4 |
| | 忠清南道 | 1 476 | 1 432 | 1 433 | 3. 8 | 0. 1 | ▽1. 5 |
| | 全罗北道 | 1 044 | 892 | 911 | 2. 4 | 2. 1 | ▽6. 6 |
| | 全罗南道 | 1 147 | 1 143 | 1 149 | 3. 0 | 0. 5 | 0. 1 |
| | 庆尚北道 | 2 142 | 2 056 | 2 058 | 5. 5 | 0. 1 | ▽2. 0 |
| | 庆尚南道 | 2 295 | 2 276 | 2 277 | 6. 0 | 0. 0 | ▽0. 4 |
| | 济州道 | 372 | 371 | 373 | 1. 0 | 0. 5 | 0. 1 |
| | 小计 | 18 712 | 18 469 | 18 514 | 49. 0 | 0. 2 | ▽0. 5 |
| 合计 | | 38 259 | 37 634 | 37 774 | 100. 0 | 0. 4 | ▽0. 6 |

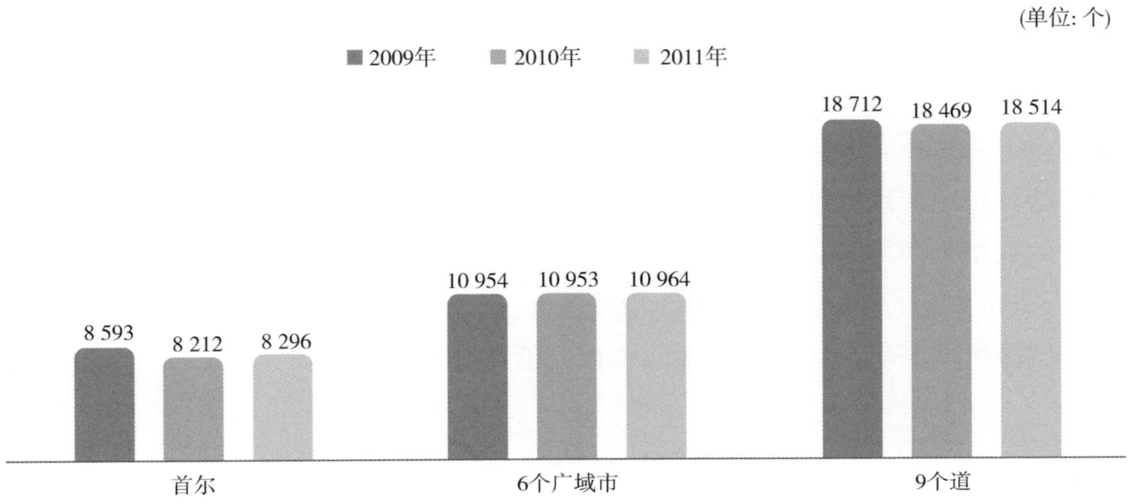


图 4-3-4　音乐行业各年度各地区的企业数量现状

## (三) 音乐行业的销售额现状①

2011 年音乐行业的销售额为 3 兆8 174亿韩元，比上年增加了 29. 0%，从 2009 年至 2011 年，年平均增长了 18. 0%。

从中分类来看，音乐制作业的销售额为6 196亿韩元，比上年增加了 46. 3%，年平均增长了 31. 1%。音乐及音像制品出版业的销售额为 136 亿韩元，比上年增加了 10. 1%，年平均增加了 16. 2%。唱片批发零售业的销售额为1 502亿韩元，比上年增加了 15. 7%，年平均增加了 11. 9%。在线音乐流通业的销售额为8 795亿韩元，比上年增加了 41. 4%，年平均增加了 24. 3%。音乐演出业的销售额为 5 322亿韩元，比上年增加了 64. 7%，年平均增加了 43. 7%；练歌房经营业的销售额为 1 兆5 207亿韩

① 网络唱片零售业：统计厅发布的《网络购物动向调查》，2012 年。

元，比上年增加了 12.2%，年平均增长了 6.5%。中分类中，与上年相比销售额增长率最高的业种是音乐演出业，增加了 64.7%，其次是音乐制作业，增加了 46.3%。各业种的年平均销售额增长率中，也是音乐演出业最高(46.3%)，其次是音乐制作业，增加了 31.1%。

从小分类来看，移动音乐服务业的销售额与上年相比增加了 121.0%，增长幅度最大。音乐演出企划及制作业的销售额比上年增加了 70.2%，网络/移动音乐资讯制作及提供业的销售额比上年增加了 58.2%。从 2009 年至 2011 年，年平均销售额增长率最高的业种是音乐演出企划及制作业，年平均增长了 47.5%。其次是音乐企划及制作业中唱片外收益的销售额，年平均增加了 33.7%；音乐企划及制作业中唱片及音源销售额年平均增加了 29.8%。

2011 年，随着“新韩流”热潮的加速扩展及智能机器的普及扩大，出现了以 APP Store 为中心的音源下载方式，随着智能手机和智能机器的普及和扩大，音源流通市场扩大了，相关企业的销售和收益也增加了。与此同时，选秀节目的成功也对原有的音源流通市场产生了影响，尤其是在针对国际市场的多样化流通频道中新开设了 K-POP 题材，增加了通过谷歌的 YouTube 等渠道向世界宣传韩国音乐的机会。练歌房经营业也因选秀节目的热潮与上年相比增加了 12.2%的销售额。

网络音乐服务业销售额的增长，源于非法下载的减少及智能手机、智能机器的普及和扩大所引进的定额制度。

2011 年音乐演出产业因音乐剧和大众音乐演唱会销售额的增加而比上年有大幅度的增长。音乐剧行业曾因 2008—2010 年国际性经济萧条呈现出停滞的状态，但在 2011 年，由于大型作品的长期演出及多个可以进行这种长期演出的音乐剧专门演出场地的建立和运营，销售额有了大幅度的增加。同时，随着音乐剧规模的大型化和高知名度的偶像歌手们的音乐剧活动，推进了“韩流”热潮，同时导致海外游客的数量增长，这也成为音乐剧销售额增加的因素。大众音乐演唱会销售额的增长源于韩国国内音乐庆典的增加和偶像团体演唱会、原创歌手演唱会的活跃开展。

表 4-3-8 **音乐行业各年度各业种的销售额现状** （单位：百万韩元）

| 中分类 | 小分类 | | 销售额 | | | 比重 | 同比增减率 | 年平均增减率 |
|---|---|---|---|---|---|---|---|---|
| | | | 2009 年 | 2010 年 | 2011 年 | (%) | (%) | (%) |
| 音乐制作业 | 音乐企划及制作业 | 唱片及音源 | 73 528 | 84 692 | 123 925 | 3.3 | 46.3 | 29.8 |
| | | 唱片外收益 | 254 459 | 303 278 | 455 116 | 11.9 | 50.1 | 33.7 |
| | (音源)录音设施运营业 | | 32 342 | 35 662 | 40 565 | 1.1 | 13.7 | 12.0 |
| | 小计 | | 360 329 | 423 632 | 619 606 | 16.3 | 46.3 | 31.1 |
| 音乐及音像制品出版业 | 音乐音像制品出版业 | | 9 424 | 11 653 | 12 667 | 0.3 | 8.7 | 15.9 |
| | 其他音像制品制作业 | | 676 | 721 | 960 | 0.0 | 33.1 | 19.2 |
| | 小计 | | 10 100 | 12 374 | 13 627 | 0.4 | 10.1 | 16.2 |
| 唱片复制及发行业 | 唱片复制业 | | 38 321 | 43 487 | 45 233 | 1.2 | 4.0 | 8.6 |
| | 唱片发行业 | | 44 705 | 48 672 | 56 246 | 1.5 | 15.6 | 12.2 |
| | 小计 | | 83 026 | 92 159 | 101 479 | 2.7 | 10.1 | 10.6 |
| 唱片批发零售业 | 唱片批发业 | | 36 655 | 37 262 | 49 449 | 1.3 | 32.7 | 16.1 |
| | 唱片零售业 | | 63 117 | 64 258 | 72 806 | 1.9 | 13.3 | 7.4 |
| | 网络唱片零售业 | | 20 267 | 28 325 | 27 968 | 0.7 | ▽1.3 | 17.5 |
| | 小计 | | 120 039 | 129 845 | 150 223 | 3.9 | 15.7 | 11.9 |

续表

| 中分类 | 小分类 | 销售额 | | | 比重 | 同比增减率 | 年平均增减率 |
|---|---|---|---|---|---|---|---|
| | | 2009 年 | 2010 年 | 2011 年 | (%) | (%) | (%) |
| 在线音乐流通业 | 移动音乐服务业 | 76 502 | 55 388 | 122 396 | 3.2 | 121.0 | 26.5 |
| | 网络音乐服务业 | 359 969 | 453 919 | 592 449 | 15.5 | 30.5 | 28.3 |
| | 唱片代理中介业 | 60 331 | 63 528 | 86 662 | 2.3 | 36.4 | 19.9 |
| | 网络/移动音乐资讯制作及提供业(CP) | 72 799 | 49 327 | 78 027 | 2.0 | 58.2 | 3.5 |
| | 小计 | 569 601 | 622 162 | 879 534 | 23.0 | 41.4 | 24.3 |
| 音乐演出业 | 音乐演出的企划及制作业 | 224 359 | 286 962 | 488 352 | 12.8 | 70.2 | 47.5 |
| | 其他音乐演出服务业 | 33 303 | 36 287 | 43 905 | 1.2 | 21.0 | 14.8 |
| | 小计 | 257 662 | 323 249 | 532 257 | 14.0 | 64.7 | 43.7 |
| 练歌房经营业 | 练歌房经营业 | 1 339 996 | 1 355 722 | 1 520 734 | 39.8 | 12.2 | 6.5 |
| | 小计 | 1 339 996 | 1 355 722 | 1 520 734 | 39.8 | 12.2 | 6.5 |
| 合计 | | 2 740 753 | 2 959 143 | 3 817 460 | 100.0 | 29.0 | 18.0 |

※ 到2010年为止，移动音乐服务业的销售额不是通过智能 App 取得的销售额，而是3家移动通信公司现有的 pitch phone 音乐的销售额(铃声、通话连接音、流媒体、音乐下载销售额)。通过智能 App 取得的销售虽然被包含在网络音乐服务业，但是从 2011 年开始，通过智能手机(olleh market、T-store、OZ-store 等)取得的销售额被包括在移动音乐服务业的销售额中，因此不能直接比较。

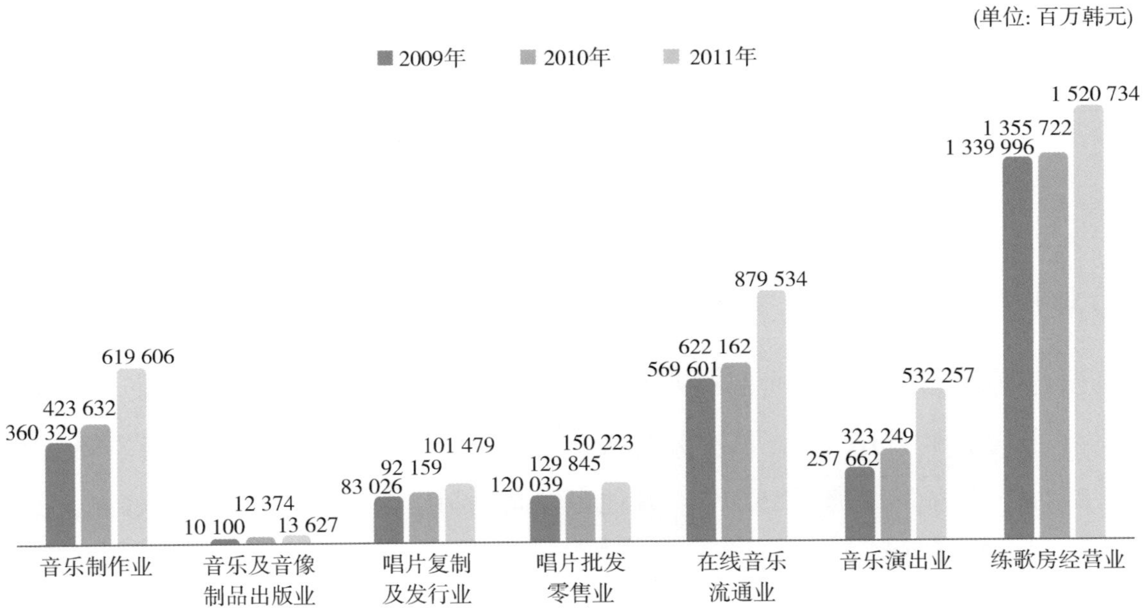


图 4-3-5 音乐行业各年度各业种的销售额现状

### 1. 音乐行业中音乐制作业的销售额现状

2011 年音乐行业中音乐制作业的销售额为6 196亿韩元，比上年增加了 46.3%，从 2009 年至 2011 年，年平均增加了 31.1%。从小分类来看，唱片及音源的销售额为1 239亿韩元(20.0%)，比上年增加了 46.3%，年平均增加了 29.8%。唱片外收益(音乐相关)的销售额为4 551亿韩元(73.5%)，比上年增加了 50.1%，年平均增加了 33.7%。唱片(音源)录音设施经营业的销售额为 405 亿韩元(6.5%)，比上年增加了 13.7%，年平均增加了 12.0%。

表 4-3-9　**音乐行业中音乐制作业的各业种年度销售额现状**　（单位：百万韩元）

| 中分类 | 小分类 | | 销售额 | | | 比重 | 同比增减率 | 年平均增减率 |
|---|---|---|---|---|---|---|---|---|
| | | | 2009 年 | 2010 年 | 2011 年 | （%） | （%） | （%） |
| 音乐制作业 | 音乐企划及制作业 | 唱片及音源 | 73 528 | 84 692 | 123 925 | 20. 0 | 46. 3 | 29. 8 |
| | | 唱片外收益 | 254 459 | 303 278 | 455 116 | 73. 5 | 50. 1 | 33. 7 |
| | （音源）录音设施运营业 | | 32 342 | 35 662 | 40 565 | 6. 5 | 13. 7 | 12. 0 |
| | 合计 | | 360 329 | 423 632 | 619 606 | 100. 0 | 46. 3 | 31. 1 |

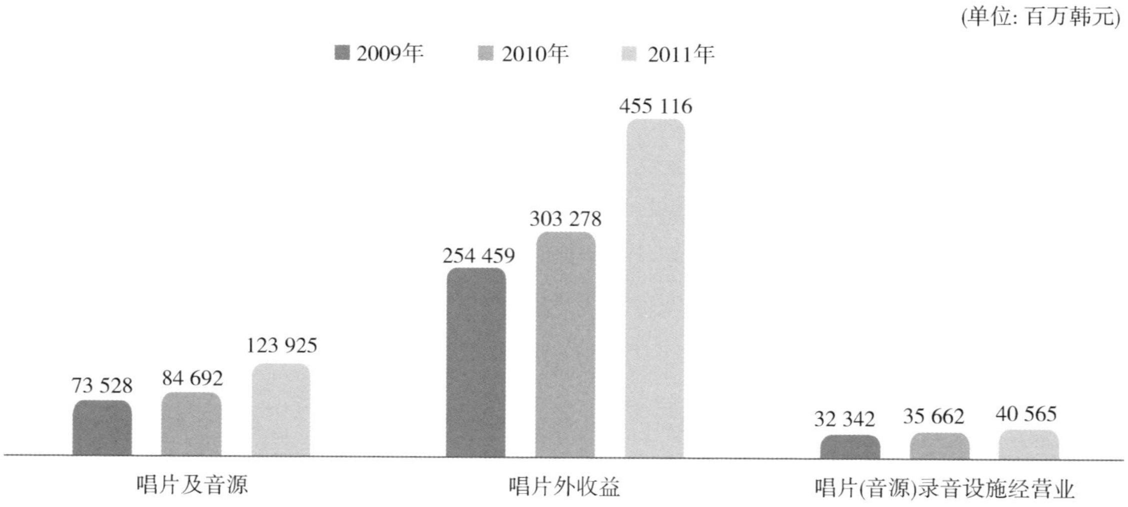


图 4-3-6　音乐行业中音乐制作业各业种的年度销售额现状

## 2. 音乐行业中音乐及音像制品出版业的销售额现状

2011 年音乐行业中音乐及音像制品出版业的销售额为 136 亿韩元，比上年增加了 10. 1%，从 2009 年至 2011 年，年平均增加了 16. 2%。从小分类来看，音乐及音像制品出版业的销售额为 126 亿韩元，比上年增加了 8. 7%，年平均增加了 15. 9%。其他音像制品制作业的销售额为 9 亿韩元，比上年增加了 33. 1%，年平均增加了 19. 2%。

表 4-3-10　**音乐行业中音乐及音像制品出版业各业种的年度销售额现状**　（单位：百万韩元）

| 中分类 | 小分类 | 销售额 | | | 比重 | 同比增减率 | 年平均增减率 |
|---|---|---|---|---|---|---|---|
| | | 2009 年 | 2010 年 | 2011 年 | （%） | （%） | （%） |
| 音乐及音像制品出版业 | 音乐音像制品出版业 | 9 424 | 11 653 | 12 667 | 93. 0 | 8. 7 | 15. 9 |
| | 其他音像制品制作业 | 676 | 721 | 960 | 7. 0 | 33. 1 | 19. 2 |
| | 合计 | 10 100 | 12 374 | 13 627 | 100. 0 | 10. 1 | 16. 2 |

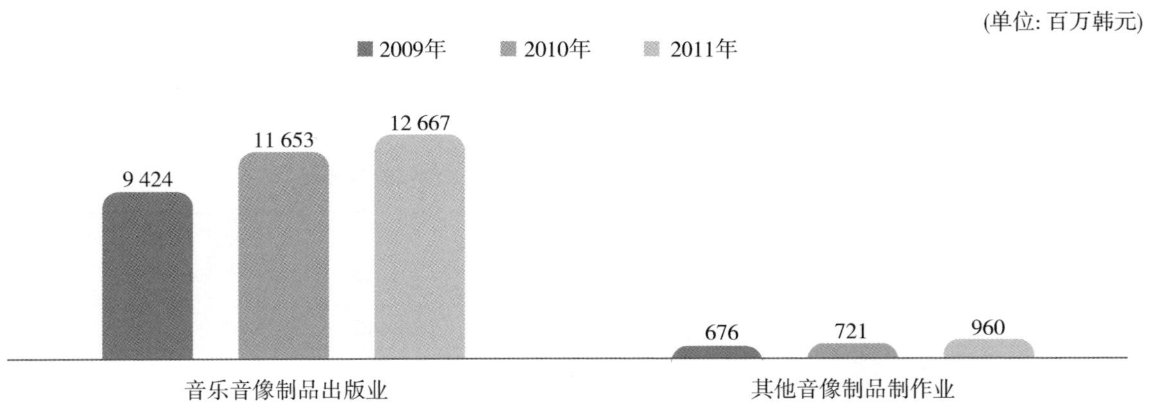


图 4-3-7 音乐行业中音乐及音像制品出版业的各业种年度销售额现状

### 3. 音乐行业中唱片复制及发行业的销售额现状

2011 年音乐行业中唱片复制及发行业的销售额为1 014亿韩元，比上年增加了 10. 1%，从 2009 年至 2011 年，年平均增加了 10. 6%。从小分类来看，唱片复制业的销售额为 452 亿韩元，比上年增加了 4. 0%，年平均增加了 8. 6%。唱片发行业的销售额为 562 亿韩元，比上年增加了 15. 6%，年平均增加了 12. 2%。

表 4-3-11 **音乐行业中唱片复制及发行业的各业种年度销售额现状** （单位：百万韩元）

| 中分类 | 小分类 | 销售额 | | | 比重 | 同比增减率 | 年平均增减率 |
|---|---|---|---|---|---|---|---|
| | | 2009 年 | 2010 年 | 2011 年 | （%） | （%） | （%） |
| 唱片复制及发行业 | 唱片复制业 | 38 321 | 43 487 | 45 233 | 44. 6 | 4. 0 | 8. 6 |
| | 唱片发行业 | 44 705 | 48 672 | 56 246 | 55. 4 | 15. 6 | 12. 2 |
| | 合计 | 83 026 | 92 159 | 101 479 | 100. 0 | 10. 1 | 10. 6 |

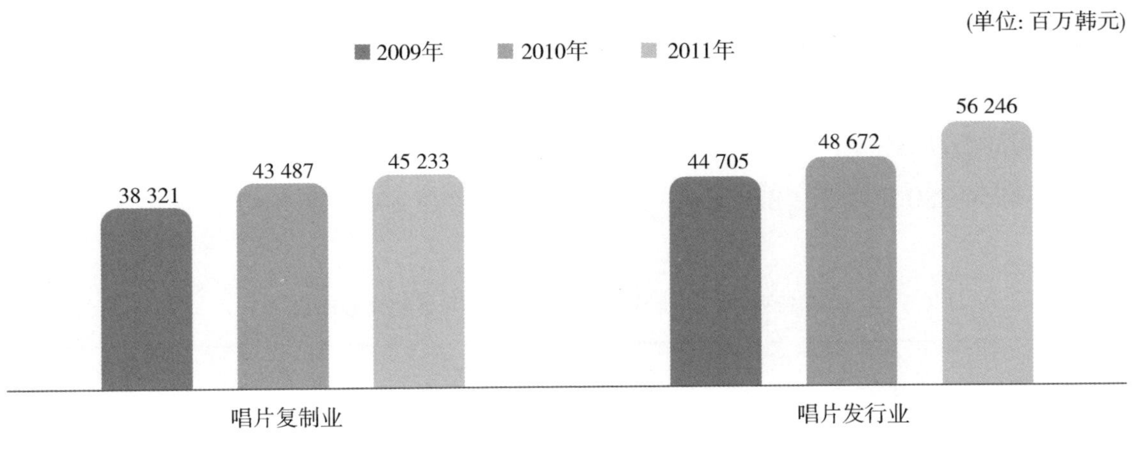


图 4-3-8 音乐行业中唱片复制及发行业的各业种年度销售额现状

### 4. 音乐行业中唱片批发零售业的销售额现状

2011 年，音乐行业中唱片批发零售业的销售额为1 502亿韩元，比上年增加了 15. 7%，从 2009 年至 2011 年，年平均增加了 11. 9%。从小分类来看，唱片批发业的销售额为 494 亿韩元，比上年增加了

32.7%，年平均增加了 16.2%。唱片零售业的销售额为 728 亿韩元，比上年增加了 13.3%，年平均增加了 7.4%，网络唱片零售业的销售额为 279 亿韩元，比上年增加了 1.3%，年平均增加了 17.5%。

表 4-3-12　　音乐行业中唱片批发零售业的各业种年度销售额现状　　（单位：百万韩元）

| 中分类 | 小分类 | 销售额 | | | 比重 | 同比增减率 | 年平均增减率 |
|---|---|---|---|---|---|---|---|
| | | 2009 年 | 2010 年 | 2011 年 | (%) | (%) | (%) |
| 唱片批发零售业 | 唱片批发业 | 36 655 | 37 262 | 49 449 | 32.9 | 32.7 | 16.1 |
| | 唱片零售业 | 63 117 | 64 258 | 72 806 | 48.5 | 13.3 | 7.4 |
| | 网络唱片零售业① | 20 267 | 28 325 | 27 968 | 18.6 | ▽1.3 | 17.5 |
| | 合计 | 120 039 | 129 845 | 150 223 | 100.0 | 15.7 | 11.9 |

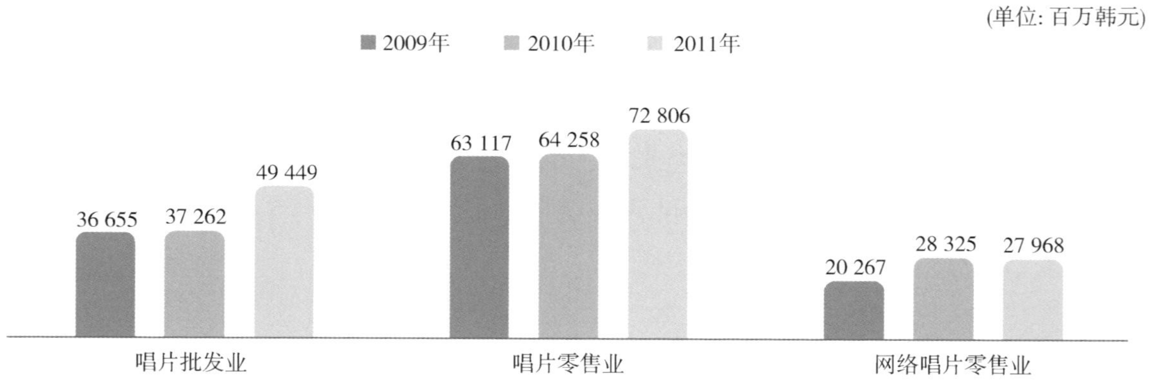


图 4-3-9　音乐行业中唱片批发零售业的各业种年度销售额现状

5. 音乐行业中在线音乐流通业(在线数码)的销售额现状

2011 年音乐行业中在线音乐流通业(在线数码)的销售额为8 795亿韩元，比上年增加了 41.4%，从 2009 年至 2011 年，年平均增加了 24.3%。从小分类来看，网络音乐服务业的销售额为5 924亿韩元，占总额的 67.4%，占据最大的比例，比上年增加了 30.5%，年平均增加了 28.3%。移动音乐服务业和销售额为1 223亿韩元(13.9%)，比上年增加了 121.0%，年平均增加了 26.5%。唱片代理中介业的销售额为 866 亿韩元(9.8%)，比上年增加了 36.4%，年平均增加了 19.9%。网络/移动音乐资讯制作及提供业的销售额为 780 亿韩元(8.9%)，比上年增加了 58.2%，年平均增加了 3.5%。

表 4-3-13　　音乐行业中在线音乐流通业的各业种年度销售额现状　　（单位：百万韩元）

| 中分类 | 小分类 | 销售额 | | | 比重 | 同比增减率 | 年平均增减率 |
|---|---|---|---|---|---|---|---|
| | | 2009 年 | 2010 年 | 2011 年 | (%) | (%) | (%) |
| 在线音乐流通业 | 移动音乐服务业 | 76 502 | 55 388 | 122 396 | 13.9 | 121.0 | 26.5 |
| | 网络音乐服务业 | 359 969 | 453 919 | 592 449 | 67.4 | 30.5 | 28.3 |
| | 唱片代理中介业 | 60 331 | 63 528 | 86 662 | 9.8 | 36.4 | 19.9 |
| | 网络/移动音乐资讯制作及提供业(CP) | 72 799 | 49 327 | 78 027 | 8.9 | 58.2 | 3.5 |
| | 合计 | 569 601 | 622 162 | 879 534 | 100.0 | 41.4 | 24.3 |

① 统计厅发布的《网络购物动向调查》，2012 年。

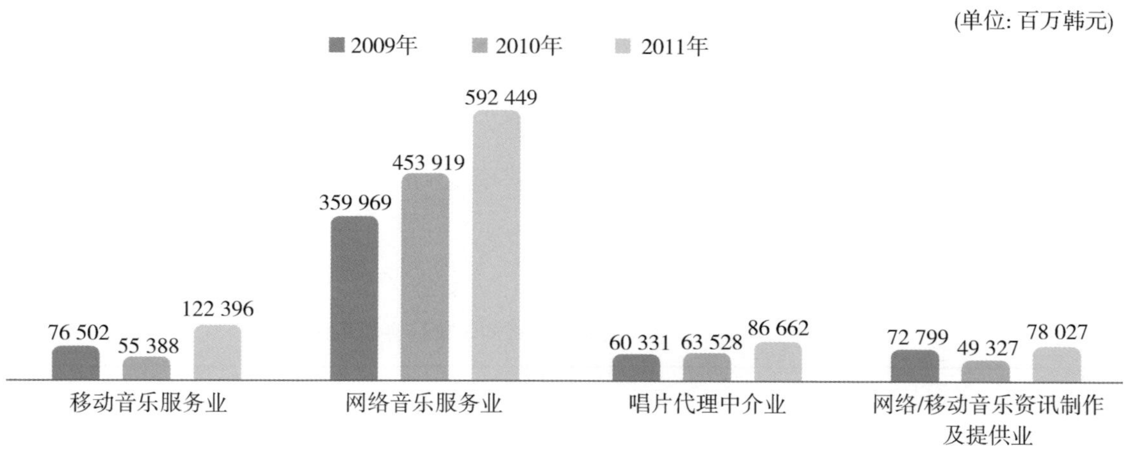


图 4-3-10　音乐行业中在线音乐流通业的各业种年度销售额现状

## 6. 音乐行业中音乐演出业的销售额现状

2011 年音乐行业中音乐演出业的销售额为5 332亿韩元，比上年增加了 64.7%，从 2009 年至 2011 年，年平均增加了 43.7%。从业种来看，音乐演出企划及制作业的销售额为4 883亿韩元，在音乐演出业销售总额中所占比例为 91.8%；其他音乐演出服务业的销售额为 439 亿韩元，占销售总额的 8.2%。音乐演出企划及制作业的销售额在 2009 年为2 243亿韩元，2010 年为2 869亿韩元，2011 年为4 883亿韩元，年平均增加了 47.5%。其他音乐演出服务业的销售额在 2009 年为 333 亿韩元，2010 年为 362 亿韩元，2011 年为 439 亿韩元，比上年增加了 21.0%，年平均增加了 14.8%。

表 4-3-14　　音乐行业中音乐演出业的各业种年度销售额现状　　（单位：百万韩元）

| 中分类 | 小分类 | 销售额 | | | 比重 | 同比增减率 | 年平均增减率 |
|---|---|---|---|---|---|---|---|
| | | 2009 年 | 2010 年 | 2011 年 | (%) | (%) | (%) |
| 音乐演出业 | 音乐演出企划及制作业 | 224 359 | 286 962 | 488 352 | 91.8 | 70.2 | 47.5 |
| | 其他音乐演出服务业 | 33 303 | 36 287 | 43 905 | 8.2 | 21.0 | 14.8 |
| | 合计 | 257 662 | 323 249 | 532 257 | 100.0 | 64.7 | 43.7 |

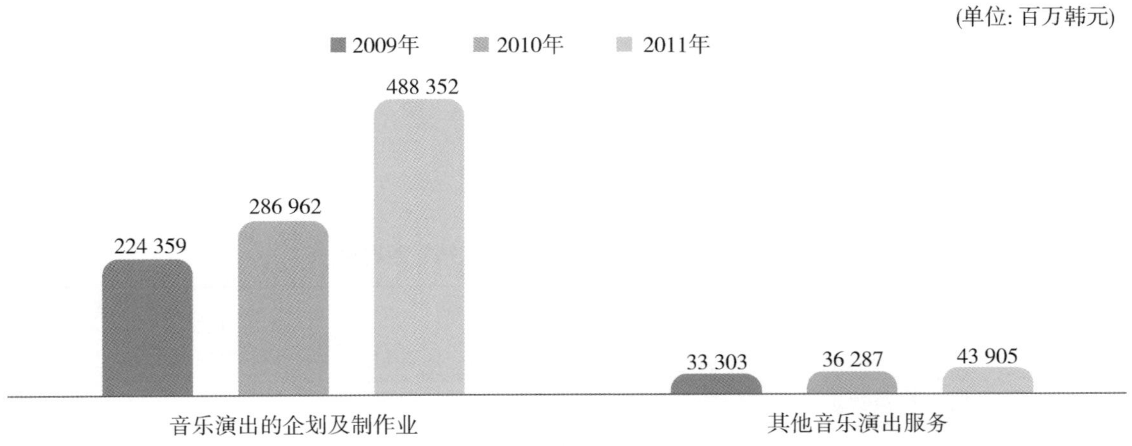


图 4-3-11　音乐行业中音乐演出业的各业种年度销售额现状

从音乐演出业形式来看，在音乐剧、大众音乐演唱会、古典剧、歌剧及其他形式中，音乐剧占据48.0%的比例，所占比例最大。音乐剧 2010 年的销售额比 2009 年有小幅度的增加，2011 年与上年相比增加了 54.1%，达到2 554亿韩元，显示出很高的增加幅度。大众音乐演唱会 2011 年的销售额为1 825亿韩元，占总额的 34.3%，也占据了很高的比例。这一数据与 2010 年相比增加了 140.0%，从2009 年到 2011 年，年平均增长了 104.4%。大众音乐演唱会在音乐演出业中，与上年相比的增减率和年平均增长率都是最高的。

表 4-3-15　　音乐行业中音乐演出业各形式的年度销售额现状　　（单位：百万韩元）

| 分类 \ 形式 | 音乐剧 | 大众音乐演唱会 | 古典剧 | 大歌剧 | 其他 | 合计 |
|---|---|---|---|---|---|---|
| 2009 年 | 142 331 | 43 695 | 41 132 | 14 115 | 16 389 | 257 662 |
| 2010 年 | 165 778 | 76 093 | 43 255 | 19 692 | 18 431 | 323 249 |
| 2011 年 | 255 448 | 182 587 | 49 632 | 23 253 | 21 337 | 532 257 |
| 比重(%) | 48.0 | 34.3 | 9.3 | 4.4 | 4.0 | 100.0 |
| 同比增减率(%) | 54.1 | 140.0 | 14.7 | 18.1 | 15.8 | 64.7 |
| 年平均增减率(%) | 34.0 | 104.4 | 9.8 | 28.4 | 14.1 | 43.7 |

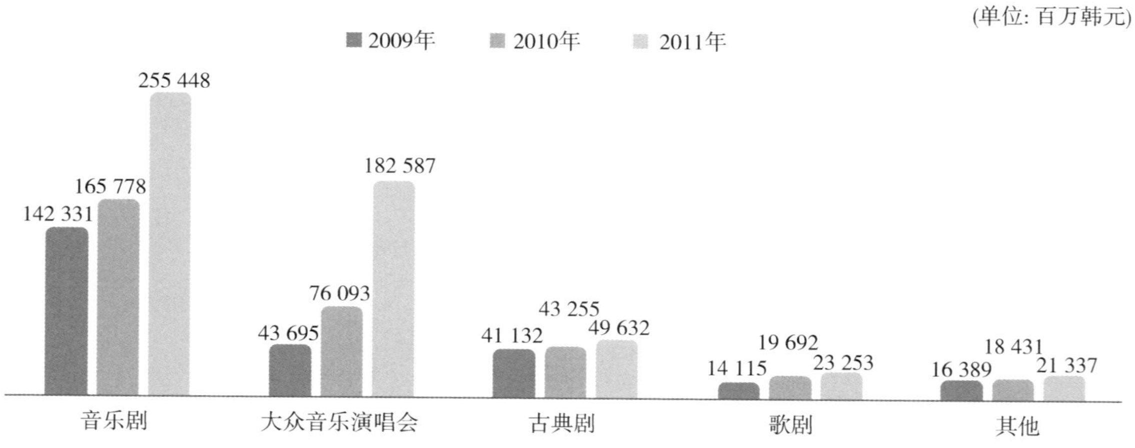


图 4-3-12　音乐行业中音乐演出业各形式的年度销售额现状

## 7. 音乐行业中练歌房经营业的销售额现状

2011 年音乐行业中练歌房经营业的销售额为 1 兆5 207亿韩元，这比 2010 年的 1 兆3 557亿韩元增加了 12.2%，从 2009 年至 2011 年，年平均增加了 6.5%。

表 4-3-16　　音乐行业中练歌房经营业的年度销售额现状　　（单位：百万韩元）

| 中分类 | 小分类 | 销售额 | | | 比重 | 同比增减率 | 年平均增减率 |
|---|---|---|---|---|---|---|---|
| | | 2009 年 | 2010 年 | 2011 年 | (%) | (%) | (%) |
| 练歌房经营业 | 练歌房经营业 | 1 339 996 | 1 355 722 | 1 520 734 | 100.0 | 12.2 | 6.5 |
| | 合计 | 1 339 996 | 1 355 722 | 1 520 734 | 100.0 | 12.2 | 6.5 |

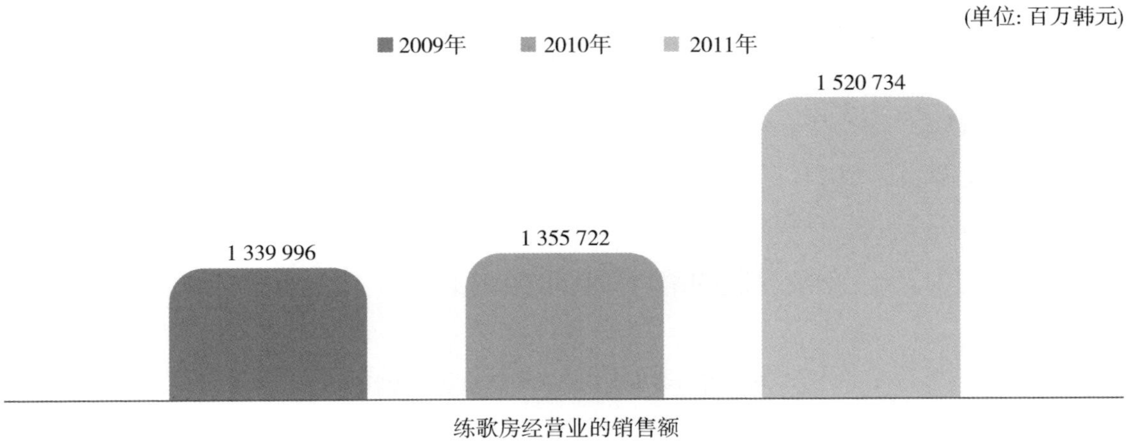


图 4-3-13　音乐行业中练歌房经营业的年度销售额现状

## 8. 音乐行业各事业形态的销售额现状

调查显示，2011 年音乐行业各事业形态的销售额中，流通/发行的销售额为 2 兆5 977亿韩元，占销售总额的 68. 1%。创作及制作销售额为7 414亿韩元，占总额的 19. 4%，其他的销售额为3 853亿韩元，占总额的 10. 1%。单纯复制的销售额为 429 亿韩元(1. 1%)，制作服务的销售额为 500 亿韩元(1. 3%)。

表 4-3-17　**音乐行业各事业形态中各业种的销售额现状**　(单位：百万韩元)

| 业种 \ 事业形态 | 创作及制作 | 制作支援 | 单纯复制 | 流通/发行 | 其他 | 合计 |
|---|---|---|---|---|---|---|
| 音乐企划及制作业 | 196 895 | 7 123 | — | 16 825 | 358 198 | 579 041 |
| (音源)录音设施运营业 | 4 137 | 34 345 | — | 1 327 | 756 | 40 565 |
| 音乐音像制品出版业 | 12 667 | — | — | — | — | 12 667 |
| 其他音像制品制作业 | 453 | — | — | 507 | — | 960 |
| 唱片复制业 | 2 328 | — | 42 905 | — | — | 45 233 |
| 唱片发行业 | — | — | — | 56 246 | — | 56 246 |
| 唱片批发业 | — | — | — | 49 449 | — | 49 449 |
| 唱片零售业 | — | — | — | 72 806 | — | 72 806 |
| 网络唱片零售业① | — | — | — | 27 968 | — | 27 968 |
| 移动音乐服务业 | — | — | — | 122 396 | — | 122 396 |
| 网络音乐服务业 | 43 588 | — | — | 540 704 | 8 157 | 592 449 |
| 唱片代理中介业 | — | — | — | 86 662 | — | 86 662 |
| 网络/移动音乐资讯制作及提供业(CP) | 16 257 | 3 258 | — | 54 588 | 3 924 | 78 027 |
| 音乐演出企划及制作业 | 465 120 | 5 287 | — | 86 662 | 13 621 | 488 352 |
| 其他音乐演出服务业 | — | — | — | 43 233 | 672 | 43 905 |
| 练歌房经营业 | — | — | — | 1 520 769 | — | 1 520 734 |
| 合计 | 741 445 | 50 013 | 42 905 | 2 597 769 | 385 328 | 3 871 400 |
| 比重(%) | 19. 4 | 1. 3 | 1. 1 | 68. 1 | 10. 1 | 100. 0 |

① 统计厅发布的《网络购物动向调查》，2012 年。

从年度来看，创作及制作的销售额从 2009 年的3 495亿韩元，增长到 2010 年的4 519亿韩元及 2011 年的7 414亿韩元，与上年相比增长了 64%；从 2009 年至 2011 年，年平均增加了 45.6%，呈现出最大的增加幅度。流通/发行的销售额在 2009 年是 2 兆 500 亿韩元，2010 年是 2 兆1 418亿韩元，2011 年是 2 兆5 977亿韩元，比上年增加了 21.3%，年平均增加了 12.6%。其他事业形态的销售额在 2009 年是2 627亿韩元，2010 年是2 794亿韩元，2011 年是3 853亿韩元，比上年增加了 37.9%，年平均增加了 21.1%。制作支援的销售额在 2009 年是 389 亿韩元，2010 年是 418 亿韩元，2011 年是 500 亿韩元，同比上年增长了 19.4%，年平均增加了 13.3%。单纯复制的销售额比上年减少了 2.7%，年平均增加了 4.3%。

表 4-3-18 **音乐行业各事业形态的年度销售额现状** （单位：百万韩元）

| 事业形态<br>年度 | 创作及制作 | 制作支援 | 单纯复制 | 流通/发行 | 其他 | 合计 |
|---|---|---|---|---|---|---|
| 2009 年 | 349 579 | 38 979 | 39 451 | 2 050 042 | 262 702 | 2 740 753 |
| 2010 年 | 451 963 | 41 888 | 44 087 | 2 141 800 | 279 405 | 2 959 143 |
| 2011 年 | 741 445 | 50 013 | 42 905 | 2 597 769 | 385 328 | 3 817 460 |
| 同比增减率(%) | 64.0 | 19.4 | ▽2.7 | 21.3 | 37.9 | 29.0 |
| 年平均增减率(%) | 45.6 | 13.3 | 4.3 | 12.6 | 21.1 | 18.0 |

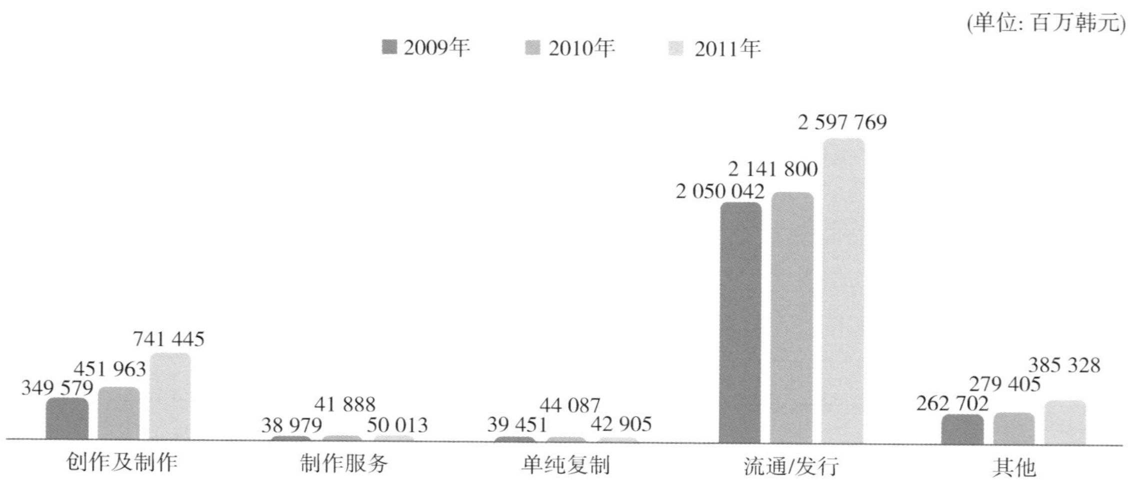


图 4-3-14 音乐行业各事业形态的年度销售额现状

## 9. 音乐行业各销售额规模的企业销售额现状

从 2011 年音乐行业各销售额规模的企业销售额来看，销售额规模在 1 亿韩元以下的企业销售额为 1 兆4 542亿韩元，占销售总额的 38.1%。销售额规模如此小的企业所占比重却很高的原因是，经营小额销售的练歌房业的企业数量非常多。2011年音乐行业的销售额中除去练歌房经营业销售额为 1 兆5 207亿韩元之外的销售额为 2 兆2 967亿韩元，其中销售额规模在 10 亿韩元以上 100 亿韩元以下的企业销售额为 1 兆 698 亿韩元，占销售总额的 46.6%，比例非常高。接下来依次是销售额规模在 100 亿韩元以上的企业，销售额为 1 兆 290 亿韩元，占经营总额的 44.8%；销售额规模在 1 亿韩元以上 10 亿韩元以下的企业销售额为1 705亿韩元，占销售总额的 7.4%；销售额规模在 1 亿韩元以下的企业销售额为 273 亿韩元，占销售总额的 1.2%，所占比例最低。

表 4-3-19　　音乐行业各业种中各销售额规模的企业销售额现状(2011 年)　　(单位：百万韩元)

| 中分类 | 小分类 | 不足 1 亿韩元 | 1 亿~10 亿韩元 | 10 亿~100 亿韩元 | 100 亿韩元以上 | 合计 |
|---|---|---|---|---|---|---|
| 音乐制作业 | 音乐企划及制作业 | 3 823 | 72 597 | 298 795 | 203 826 | 579 041 |
| | (音源)录音设施运营业 | 897 | 9 992 | 29 676 | — | 40 565 |
| 音乐及音像制品出版业 | 音乐音像制品出版业 | 219 | 8 248 | 4 200 | — | 12 667 |
| | 其他音像制品制作业 | 960 | — | — | — | 960 |
| 唱片复制及发行业 | 唱片复制业 | 622 | 1 256 | 43 356 | — | 45 233 |
| | 唱片发行业 | — | 2 193 | 36 757 | 17 296 | 56 246 |
| 唱片批发零售业 | 唱片批发业 | 237 | 4 129 | 45 083 | — | 49 449 |
| | 唱片零售业 | 1 096 | 13 289 | 48 348 | 10 073 | 72 806 |
| | 网络唱片零售业① | — | — | 27 968 | — | 27 968 |
| 在线音乐流通业 | 移动音乐服务业 | — | — | 13 571 | 108 825 | 122 396 |
| | 网络音乐服务业 | 65 | 967 | 74 825 | 516 592 | 592 449 |
| | 唱片代理中介业 | 42 | 1 938 | 52 089 | 32 593 | 86 662 |
| | 网络/移动音乐资讯制作及提供业(CP) | 4 237 | 14 539 | 59 251 | — | 78 027 |
| 音乐演出业 | 音乐演出企划及制作业 | 3 855 | 41 375 | 303 296 | 139 826 | 488 352 |
| | 其他音乐演出服务业 | 11 253 | — | 32 652 | — | 43 905 |
| 小计 | | 27 306 | 170 523 | 1 069 866 | 1 029 031 | 2 296 726 |
| 比重(%) | | 1.2 | 7.4 | 46.6 | 44.8 | 100.0 |
| 练歌房经营业 | 练歌房经营业 | 1 426 935 | 93 799 | — | — | 1 520 734 |
| 小计 | | 1 454 241 | 264 322 | 1 069 866 | 1 029 031 | 3 817 460 |
| 比重(%) | | 38.1 | 6.9 | 28.0 | 27.0 | 100.0 |

从年度来看，销售额规模在 100 亿韩元以上的企业的销售额在 2009 年为7 662亿韩元，2010 年为8 489亿韩元，2011 年为 1 兆 290 亿韩元，呈现持续增长的趋势；2011 年的销售额比上年增加了约1 800亿韩元，增长率为 21.2%；从 2009 年至 2011 年，年平均增加了 15.9%。销售额规模在 10 亿韩元以上不足 100 亿韩元的企业的销售额在 2009 年为5 041亿韩元，2010 年为6 045亿韩元，2011 年为 1 兆 698 亿韩元，也显示出持续增长的趋势。销售额规模在 1 亿韩元以上不足 10 亿韩元的企业的销售额在 2009 年为2 021亿韩元，2010 年增加到2 215亿韩元，2011 年增加到2 643亿韩元，比上年增加了 19.3%，年平均增加了 14.4%。销售额规模在 1 亿韩元以下的企业的销售额在 2009 年为 1 兆2 682亿韩元，2010 年为 1 兆2 841亿韩元，2011 年为 1 兆4 542亿韩元，比上年增长了 13.2%，年平均增加了 7.1%，销售额的增长额度最少。

表 4-3-20　　音乐行业各销售额规模的企业的年度销售额现状　　(单位：百万韩元)

| 年度 \ 销售额规模 | 不足 1 亿韩元 | 1 亿~10 亿韩元 | 10 亿~100 亿韩元 | 100 亿韩元以上 | 合计 |
|---|---|---|---|---|---|
| 2009 年 | 1 268 243 | 202 142 | 504 119 | 766 249 | 2 740 753 |
| 2010 年 | 1 284 160 | 221 501 | 604 516 | 848 966 | 2 959 143 |
| 2011 年 | 1 454 241 | 264 322 | 1 069 866 | 1 029 031 | 3 817 460 |
| 同比增减率(%) | 13.2 | 19.3 | 77.0 | 21.2 | 29.0 |
| 年平均增减率(%) | 7.1 | 14.4 | 45.7 | 15.9 | 18.0 |

① 统计厅发布的《网络购物动向调查》，2012 年。

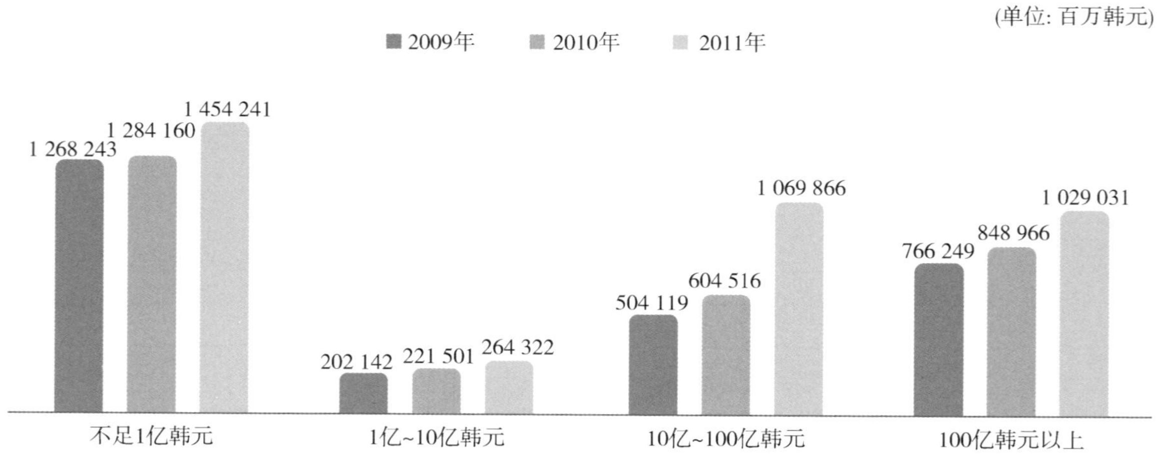


图 4-3-15　音乐行业各销售额规模的企业的年度销售额现状

## 10. 音乐行业各从业者规模的企业销售额现状

从 2011 年音乐行业各从业者规模的企业销售额现状来看，从业者为 1 人以上 4 人以下的企业的销售额所占比例最大，为 1 兆6 857亿韩元，占总额的 44.2%。这是因为与各销售额规模的企业销售额状况一样，销售额规模较小的练歌房经营业的企业居多。

音乐行业的销售额中，除练歌房经营业外的其他销售额为 2 兆2 967亿韩元，从从业者规模来看，从业者规模在 10 人以上 49 人以下的企业销售额为8 455亿韩元，占总额的 36.8%，所占比例最大。其次是 50 人以上 99 人以下的企业，销售额为5 197亿韩元，占总额的 22.6%；5 人以上 9 人以下的企业销售额为4 841亿韩元，占总额的 21.1%。1 人以上 4 人以下的企业销售额为2 587亿韩元，占总额的 11.3%，100 人以上的企业销售额为1 884亿韩元，占总额的 8.2%。

表 4-3-21　**音乐行业各从业者规模的企业中各业种的销售额现状(2011 年)**　(单位：百万韩元)

| 中分类 | 小分类 | 1~4 人 | 5~9 人 | 10~49 人 | 50~99 人 | 100 人以上 | 合计 |
|---|---|---|---|---|---|---|---|
| 音乐制作业 | 音乐企划及制作业 | 49 625 | 113 251 | 292 339 | 123 826 | — | 579 041 |
| | (音源)录音设施运营业 | 13 252 | 13 252 | 14 061 | — | — | 40 565 |
| 音乐及音像制品出版业 | 音乐音像制品出版业 | 6 639 | 3 828 | 2 200 | — | — | 12 667 |
| | 其他音像制品制作业 | 960 | — | — | — | — | 960 |
| 唱片复制及发行业 | 唱片复制业 | 39 292 | — | 5 941 | — | — | 45 233 |
| | 唱片发行业 | 3 225 | 8 826 | 44 195 | — | — | 56 246 |
| 唱片批发零售业 | 唱片批发业 | 6 286 | 21 527 | 21 636 | — | — | 49 449 |
| | 唱片零售业 | 38 255 | 16 926 | 17 625 | — | — | 72 806 |
| | 网络唱片零售业① | 27 968 | — | — | — | — | 27 968 |
| 在线音乐流通业 | 移动音乐服务业 | — | 122 396 | — | — | — | 122 396 |
| | 网络音乐服务业 | 829 | 21 428 | 147 734 | 293 371 | 129 087 | 592 449 |
| | 唱片代理中介业 | 4 263 | 18 500 | 63 899 | — | — | 86 662 |
| | 网络/移动音乐资讯制作及提供业(CP) | 5 681 | 20 949 | 51 397 | — | — | 78 027 |

① 统计厅发布的《网络购物动向调查》，2012 年。

续表

| 中分类 | 小分类 | 1-4 人 | 5~9 人 | 10~49 人 | 50~99 人 | 100 人以上 | 合计 |
|---|---|---|---|---|---|---|---|
| 音乐演出业 | 音乐演出企划及制作业 | 51 253 | 123 286 | 151 862 | 102 586 | 59 365 | 488 352 |
| | 其他音乐演出服务业 | 11 253 | — | 32 652 | — | — | 43 905 |
| 小计 | | 258 781 | 484 169 | 845 541 | 519 783 | 188 452 | 2 296 726 |
| 比重(%) | | 11. 3 | 21. 1 | 36. 8 | 22. 6 | 8. 2 | 100. 0 |
| 练歌房经营业 | 练歌房经营业 | 1 426 935 | 93 799 | — | — | — | 1 520 734 |
| 小计 | | 1 685 716 | 577 968 | 845 541 | 519 783 | 188 452 | 3 817 460 |
| 比重(%) | | 44. 2 | 15. 1 | 22. 2 | 13. 6 | 4. 9 | 100. 0 |

从年度来看，从业者规模在 100 人以上的企业销售额在 2009 年为2 445亿韩元，2010 年为3 237亿韩元，2011 年为 1884 亿韩元，比上年减少了 41. 8%，从 2009 年到 2011 年年平均减少了 12. 2%，呈现出最大的减少幅度。50 人以上 99 人以下的企业销售额在 2009 年为2 400亿韩元，2010 年为2 777亿韩元，2011 年增加到5 197亿韩元，比上年增加了 87. 1%，年平均增加了 47. 2%。10 人以上 49 人以下的企业销售额比上年增加了 56. 2%，年平均增加了 22. 7%。5 人以上 9 人以下的企业销售额比上年增加了 64. 3%，年平均增加了 46. 4%；1 人以上 4 人以下的企业销售额比上年增加了 15. 1%，年平均增加了 8. 8%。

表 4-3-22　**音乐行业各从业者规模的企业的年度销售额现状**　（单位：百万韩元）

| 年度 \ 从业者规模 | 1~4 人 | 5~9 人 | 10~49 人 | 50~99 人 | 100 人以上 | 合计 |
|---|---|---|---|---|---|---|
| 2009 年 | 1 425 225 | 269 632 | 561 285 | 240 042 | 244 569 | 2 740 753 |
| 2010 年 | 1 464 480 | 351 850 | 541 241 | 277 788 | 323 784 | 2 959 143 |
| 2011 年 | 1 685 716 | 577 968 | 845 541 | 519 783 | 188 452 | 3 817 460 |
| 同比增减率(%) | 15. 1 | 64. 3 | 56. 2 | 87. 1 | ▽41. 8 | 29. 0 |
| 年平均增减率(%) | 8. 8 | 46. 4 | 22. 7 | 47. 2 | ▽12. 2 | 18. 0 |

(单位: 百万韩元)

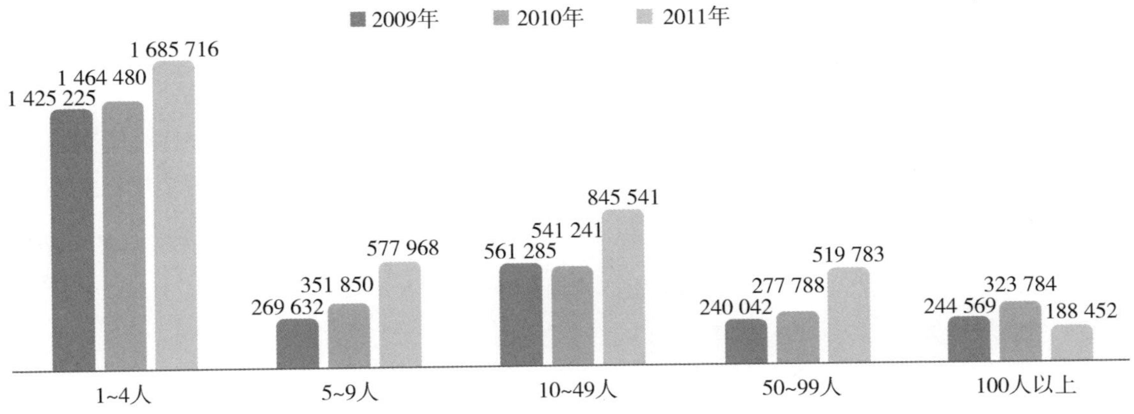


图 4-3-16　音乐行业各从业者规模的企业的年度销售额现状

## 11. 音乐行业地区类别销售额现状①

从 2011 年音乐行业各地区的销售额现状来看，销售额中所占比例最大的地区是首尔，为 2 兆 3 243亿韩元，占总额的 61.3%。其次是京畿道，销售额为5 365亿韩元，占总额的 14.1%。接下来是釜山1 318亿韩元(3.5%)，大邱1 124亿韩元(3.0%)，仁川1 127亿韩元(3.0%)，其他地区的销售额都不超过1 000亿韩元。也就是说，音乐行业的销售额中首尔的销售额(61.3%)比 6 个广域市(12.6%)和 9 个道(26.1%)的销售额之和还要高很多。如果将首尔、仁川、京畿道合起来定义为首都圈，并将首都圈的销售额和非首都圈的销售额分开来看，可以发现地区不均衡现象非常严重。

表 4-3-23　　**音乐行业各地区各业种的销售额现状(2011 年)**　　(单位：百万韩元)

| 地区 | | 音乐制作业 | 音乐及音像制品出版业 唱片复制及发行业 唱片批发零售业 | 在线音乐流通业 | 音乐演出业 | 练歌房经营业 | 合计 | 比重(%) |
|---|---|---|---|---|---|---|---|---|
| 首尔 | | 543 126 | 139 114 | 819 844 | 430 913 | 391 364 | 2 324 361 | 61.3 |
| 6个广域市 | 釜山 | 1 758 | 9 837 | 6 658 | 14 625 | 98 985 | 131 863 | 3.5 |
| | 大邱 | 1 536 | 7 323 | 5 239 | 7 137 | 91 257 | 112 492 | 3.0 |
| | 仁川 | 1 344 | 6 592 | 5 133 | 7 358 | 92 352 | 112 779 | 3.0 |
| | 光州 | 798 | 5327 | 2 358 | 2 459 | 4 937 | 15 879 | 0.4 |
| | 大田 | 632 | 5 163 | 1 627 | 1 264 | 50 222 | 58 908 | 1.5 |
| | 蔚山 | 86 | 1 962 | — | 1 021 | 42 348 | 45 417 | 1.2 |
| | 小计 | 6 154 | 36 204 | 21 015 | 33 864 | 380 101 | 477 338 | 12.6 |
| 9个道 | 京畿道 | 68 325 | 43 325 | 38 675 | 49 682 | 336 587 | 536 594 | 14.1 |
| | 江原道 | 273 | 1 469 | — | 1 364 | 47 081 | 50 187 | 1.3 |
| | 忠清北道 | 231 | 6 842 | — | 2 188 | 42 555 | 51 816 | 1.4 |
| | 忠清南道 | 202 | 2 155 | — | 1 876 | 55 832 | 60 065 | 1.6 |
| | 全罗北道 | 136 | 1 446 | — | 1 851 | 41 802 | 45 235 | 1.2 |
| | 全罗南道 | 244 | 1 642 | — | 2 457 | 44 651 | 48 994 | 1.3 |
| | 庆尚北道 | 259 | 2 143 | — | 2 925 | 80 882 | 86 209 | 2.3 |
| | 庆尚南道 | 168 | 2 428 | — | 2 811 | 85 271 | 90 678 | 2.4 |
| | 济州道 | 488 | 593 | — | 2 326 | 14 608 | 18 015 | 0.5 |
| | 小计 | 70 326 | 62 043 | 38 675 | 67 480 | 749 269 | 987 793 | 26.1 |
| 合计 | | 619 606 | 237 361 | 879 534 | 532 257 | 1 520 734 | 3 789 492 | 100.0 |

从年度来看，首尔的销售额在 2009 年为 1 兆3 753亿韩元，2010 年为 1 兆5 439亿韩元，2011 年为 2 兆3 243亿韩元，销售额持续增加，2011 年比上年增加了 50.5%，从 2009 年至 2011 年，年平均增加了 30.0%。京畿道的销售额在 2009 年为4 210亿韩元，2010 年为4 558亿韩元，2011 年为5 365亿韩元，也呈现出不断增加的趋势，2011 年比上年增加了 17.7%，年平均增加了 12.9%。9 个道的销售额在 2009 年为8 580亿韩元，2010 年为8 961亿韩元，2011 年增加到9 877亿韩元，比上年增加了 10.2%，年平均增加了 7.3%。

① 网络唱片零售业除外。

表 4-3-24　　音乐行业各地区的年度销售额现状　　（单位：百万韩元）

| 地区＼年度 | | 2009 年 | 2010 年 | 2011 年 | 同比增减率(%) | 年平均增减率(%) |
|---|---|---|---|---|---|---|
| 首尔 | | 1 375 330 | 1 543 936 | 2 324 361 | 50. 5 | 30. 0 |
| 6个广域市 | 釜山 | 118 493 | 120 871 | 131 863 | 9. 1 | 5. 5 |
| | 大邱 | 105 446 | 107 020 | 112 492 | 5. 1 | 3. 3 |
| | 仁川 | 106 519 | 105 007 | 112 779 | 7. 4 | 2. 9 |
| | 光州 | 56 724 | 57 031 | 15 879 | ▽72. 2 | ▽47. 1 |
| | 大田 | 56 093 | 56 600 | 58 908 | 4. 1 | 2. 5 |
| | 蔚山 | 43 878 | 44 192 | 45 417 | 2. 8 | 1. 7 |
| | 小计 | 487 153 | 490 721 | 477 338 | ▽2. 7 | ▽1. 0 |
| 9个道 | 京畿道 | 421 025 | 455 871 | 536 594 | 17. 7 | 12. 9 |
| | 江原道 | 47 220 | 48 990 | 50 187 | 2. 4 | 3. 1 |
| | 忠清北道 | 50 068 | 50 459 | 51 816 | 2. 7 | 1. 7 |
| | 忠清南道 | 59 065 | 59 009 | 60 065 | 1. 8 | 0. 8 |
| | 全罗北道 | 42 030 | 42 033 | 45 235 | 7. 6 | 3. 7 |
| | 全罗南道 | 46 644 | 47 622 | 48 994 | 2. 9 | 2. 5 |
| | 庆尚北道 | 84 752 | 85 952 | 86 209 | 0. 3 | 0. 9 |
| | 庆尚南道 | 90 701 | 89 624 | 90 678 | 1. 2 | 0. 0 |
| | 济州道 | 16 498 | 16 601 | 18 015 | 8. 5 | 4. 5 |
| | 小计 | 858 003 | 896 161 | 987 793 | 10. 2 | 7. 3 |
| 合计 | | 2 720 486 | 2 930 818 | 3 789 492 | 29. 3 | 18. 0 |

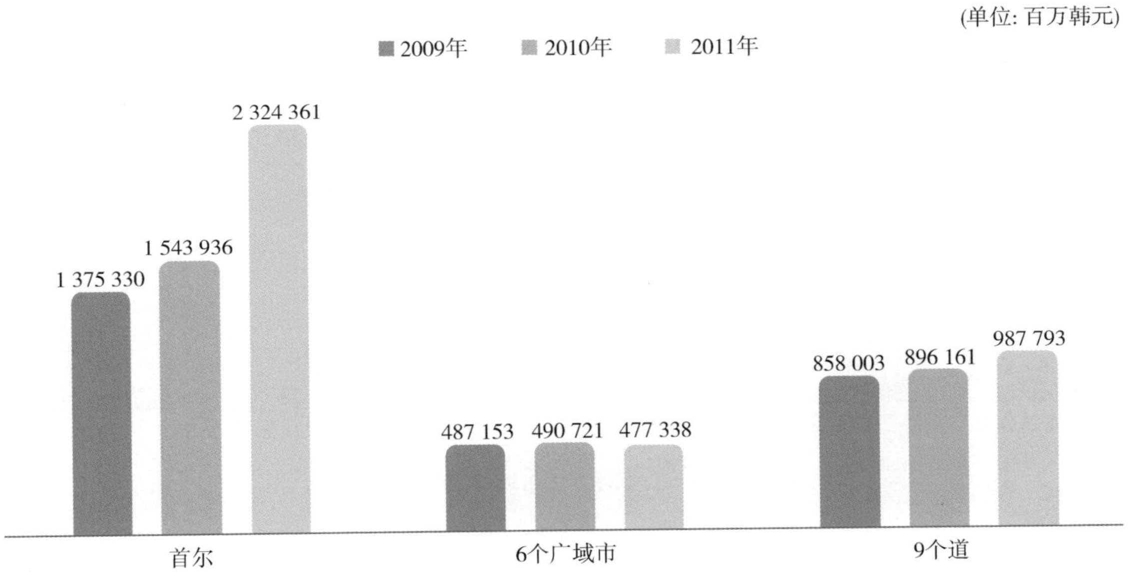


图 4-3-17　音乐行业各年度各地区的销售额现状

## (四)音乐行业附加价值额的构成现状

2011 年，音乐行业的附加价值额为 1 兆5 976亿韩元，比上年增加了 39. 8%，从 2009 年至 2011

年，年平均增加了 25.0%，附加价值率为 41.85%。从附加价值额的构成现状来看，人工成本费为 9 766亿韩元(61.1%)，所占比例最大。经常性收益为1 962亿韩元(12.3%)，比上年增加了 25.6%，年平均增加了 26.9%；折旧费用为2 138亿韩元(13.4%)，比上年增加了 42.9%，年平均增加了 25.4%。租借费用为1 052亿韩元(6.6%)，比上年增加了 47.6%，年平均增加了 23.0%。纯金融费用为 706 亿韩元(4.4%)，比上年增加了 38.5%，年平均增加了 20.1%。税费为 349 亿韩元(2.2%)，比上年增加了 41.7%，年平均增加了 21.9%。

表 4-3-25　**漫画行业附加价值额的构成现状(2011 年)**　(单位：百万韩元)

| 分类 | 销售额 | 附加价值额 | 附加价值率(%) | 附加价值额构成 | | | | | |
|---|---|---|---|---|---|---|---|---|---|
| | | | | 经常性收益 | 人工成本 | 纯金融费用 | 折旧费用 | 租借费用 | 税费 |
| 音乐行业 | 3 817 460 | 1 597 663 | 41.85 | 196 257 | 976 652 | 70 655 | 213 897 | 105 257 | 34 945 |
| 占附加价值额的比重(%) | | | | 12.3 | 61.1 | 4.4 | 13.4 | 6.6 | 2.2 |
| 占销售额的比重(%) | | | | 5.2 | 25.6 | 1.9 | 5.6 | 2.8 | 0.9 |

表 4-3-26　**音乐行业各年度附加价值额的构成现状**　(单位：百万韩元)

| 附加价值额构成 / 年度 | 附加价值额构成 | | | | | | 附加价值额合计 |
|---|---|---|---|---|---|---|---|
| | 经常性收益 | 人工成本 | 纯金融费用 | 折旧费用 | 租借费用 | 税费 | |
| 2009 年 | 121 869 | 622 796 | 49 024 | 136 005 | 69 571 | 23 501 | 1 022 766 |
| 2010 年 | 121 869 | 622 796 | 49 024 | 136 005 | 69 571 | 23 501 | 1 022 766 |
| 2011 年 | 196 257 | 976 652 | 70 655 | 213 897 | 105 257 | 34 945 | 1 597 663 |
| 同比增减率(%) | 25.6 | 41.6 | 38.5 | 42.9 | 47.6 | 41.7 | 39.8 |
| 年平均增减率(%) | 26.9 | 25.2 | 20.1 | 25.4 | 23.0 | 21.9 | 25.0 |

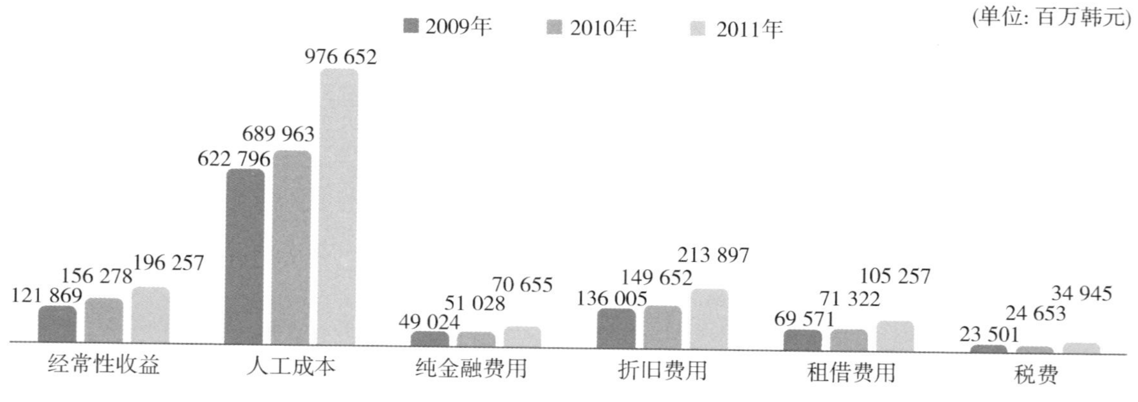


图 4-3-18　音乐行业各年度附加价值额的构成现状

## (五)音乐行业的进出口额现状①

2011 年，音乐行业的出口额为 1 亿9 611万美元，比上年增加了 135.5%，从 2009 年至 2011 年，

① 唱片出口额与进口额：关税厅发布的《各品种进出口业绩》，2012 年。

年平均增加了 150. 4%。2011 年音乐行业的进口额为1 254万美元，比上年增加了 21. 3%，年平均增加了 2. 5%。从年度来看，出口额在持续增加，2009 年的出口额为3 126万美元，2010 年为8 326万美元，2011 年为 1 亿9 611万美元，2011 年的出口额约为 2009 年出口额的 6. 3 倍。2009 年进口额为1 193万美元，2010 年为1 033万美元，2011 年增加到1 254万美元，年平均增加了 2. 5%。

2011 年音乐行业出口额的增加，是 2010 年上半年开始偶像团体不断进军日本市场带来的结果，虽然因为日本大地震，2011 年上半年的出口额有所减少，但从 2011 年下半年开始又有所增加。据 2011 年上半年日本 Orion 的唱片分析，K-POP 单曲唱片市场比 2010 年上半年增长了 12. 9%，2011 年，日本对于 K-POP 的关心和人气不仅在量上而且在质上也有很大的提升。随着女团“少女时代”在 2011 年 6 月通过 SM Town 的巴黎演出进军欧洲市场以及在当地发行正式的唱片，K-POP 突破了亚洲，扩大到了欧洲、北美、南美等地区。

2011 年韩国国内创作的音乐剧也越来越多地进军海外市场，尤其是韩流明星和偶像歌手参演的作品在海外都收获了较好的反响。

表 4-3-27　**音乐行业的出口及进口额现状**　（单位：千美元）

| 分类 | 2009 年 | 2010 年 | 2011 年 | 同比增减率(%) | 年平均增减率(%) |
|---|---|---|---|---|---|
| 出口额 | 31 269 | 83 262 | 196 113 | 135. 5 | 150. 4 |
| 进口额 | 11 936 | 10 337 | 12 541 | 21. 3 | 2. 5 |
| 进出口差额 | 19 333 | 72 925 | 183 572 | — | — |

### 1. 音乐行业对各地区的进出口额现状

2011 年音乐行业对各地区的出口额中，占比最大的国家是日本，出口额为 1 亿5 793万美元，占总额的 80. 5%。接下来依次是对东南亚的出口额，为2 569万美元，占总额的 13. 1%；对中国的出口额，为 683 万美元，占总额的 3. 5%。此外，对北美的出口额为 58 万美元(0. 3%)，对欧洲的出口额为 463 万美元(2. 4%)，对其他地区的出口额为 42 万美元(0. 2%)。也就是说，对日本、中国、东南亚的出口额占总额的 97. 1%，音乐行业的出口集中在亚洲地区。

从年度来看，对欧洲的出口额在 2009 年为 29 万美元，2010 年为 39 万美元，2011 年为 463 万美元，2011 年比上年增加了 1069. 7%，从 2009 年至 2011 年，年平均增加了 293. 6%，有大幅的增加。另外，对主要输出国日本的出口额在 2009 年为2 163万美元，2010 年为6 726万美元，2011 年为 1 亿5 793万美元，比上年增加了 134. 8%，从 2009 年至 2011 年，年平均增加了 170. 2%。对中国的出口额也有大幅增加，比上年增加了 88. 5%，年平均增加了 69. 9%。

表 4-3-28　**音乐行业对各地区的出口额现状**　（单位：千美元）

| 分类 | 出口额 | | | 比重 | 同比增减率 | 年平均增减率 |
|---|---|---|---|---|---|---|
| | 2009 年 | 2010 年 | 2011 年 | (%) | (%) | (%) |
| 中国 | 2 369 | 3 627 | 6 836 | 3. 5 | 88. 5 | 69. 9 |
| 日本 | 21 638 | 67 267 | 157 938 | 80. 5 | 134. 8 | 170. 2 |
| 东南亚 | 6 411 | 11 321 | 25 691 | 13. 1 | 126. 9 | 100. 2 |
| 北美 | 351 | 432 | 587 | 0. 3 | 35. 9 | 29. 3 |

续表

| 分类 | 出口额 | | | 比重 | 同比增减率 | 年平均增减率 |
|---|---|---|---|---|---|---|
| | 2009 年 | 2010 年 | 2011 年 | (%) | (%) | (%) |
| 欧洲 | 299 | 396 | 4 632 | 2.4 | 1 069.7 | 293.6 |
| 其他 | 201 | 219 | 429 | 0.2 | 95.9 | 46.1 |
| 合计 | 31 269 | 83 262 | 196 113 | 100.0 | 135.5 | 150.4 |

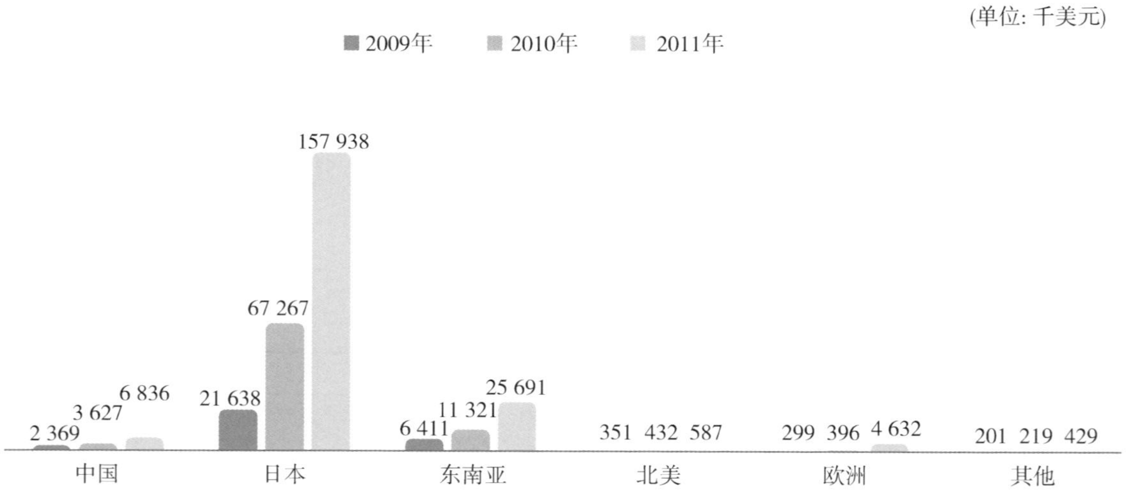


图 4-3-19　音乐行业对各地区的出口额现状

2011 年音乐行业进口额最多的地区是欧洲，其进口额为 721 万美元，占进口总额的 57.5%。对日本的进口额为 242 万美元，占总额的 19.3%，对北美的进口额为 224 万美元，占总额的 17.9%。对其他地区的进口额为 49 万美元，占总额的 4.0%，对中国的进口额为 9 万美元(0.8%)，对东南亚的进口额为 5 万美元(0.5%)。

从年度来看，对日本的音乐进口额在 2009 年为 242 万美元，2010 年为 213 万美元，2011 年为 242 万美元，从 2009 年至 2011 年的年平均增减率几乎没有变化，比上年增加了 13.7%。对欧洲的音乐进口额在 2009 年为 676 万美元，2010 年为 545 万美元，2011 年为 721 万美元，比上年增加了 32.2%，从 2009 年至 2011 年，年平均增加了 3.2%。

表 4-3-29　**音乐行业对各地区的进口额现状**　(单位：千美元)

| 分类 | 进口额 | | | 比重 | 同比增减率 | 年平均增减率 |
|---|---|---|---|---|---|---|
| | 2009 年 | 2010 年 | 2011 年 | (%) | (%) | (%) |
| 中国 | 98 | 93 | 99 | 0.8 | 6.5 | 0.5 |
| 日本 | 2 428 | 2 135 | 2 427 | 19.3 | 13.7 | 0.0 |
| 东南亚 | 53 | 52 | 58 | 0.5 | 11.5 | 4.6 |
| 北美 | 2 151 | 2 166 | 2 246 | 17.9 | 3.7 | 2.2 |
| 欧洲 | 6 768 | 5 455 | 7 213 | 57.5 | 32.2 | 3.2 |
| 其他 | 438 | 436 | 498 | 4.0 | 14.2 | 6.6 |
| 合计 | 11 936 | 10 337 | 12 541 | 100.0 | 21.3 | 2.5 |

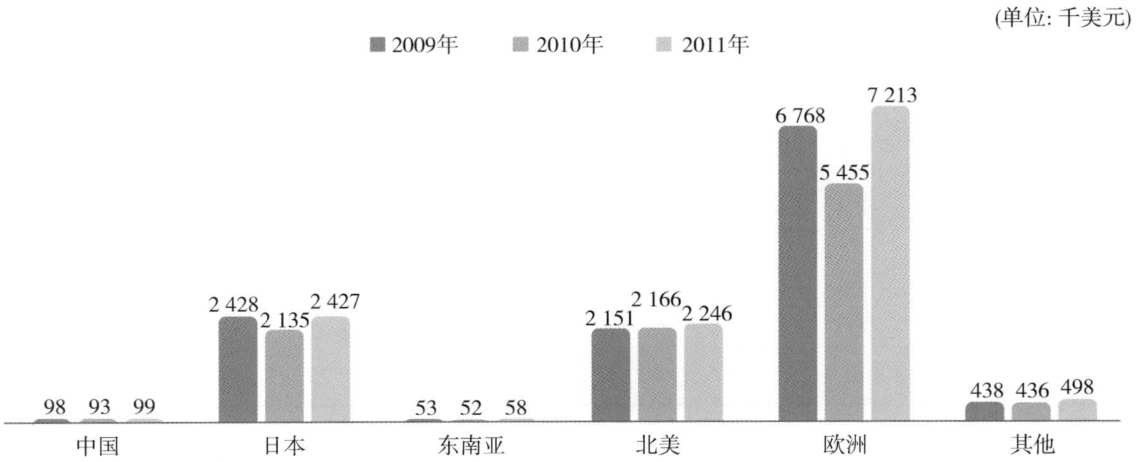


图 4-3-20　音乐行业对各地区的进口额现状

## 2. 音乐行业的海外出口方法

2011 年，音乐行业的海外出口方法中接触海外流通公司的最多，占整体的 63. 0%。这比 2010 年的 60. 8%有小幅度的增加，2011 年依旧是通过海外流通公司获取的出口额。利用海外经纪公司的比例是 13. 7%，与 2010 年的 16. 9%相比减少了 3. 2%。在线海外销售的比例是 8. 2%，利用国内经纪公司的比例是 6. 9%，利用海外法人的比例是 5. 5%。此外，参与海外展示会及相关活动的比例是 2. 7%。同时，间接出口的比例从 2009 年的 20. 4%小幅增长到 2010 年的 21. 2%，2011 年又减少到 20. 6%。

表 4-3-30　**音乐行业的海外出口方法**　(单位:%)

| 海外出口方法 | | 2009 年 | 2010 年 | 2011 年 | 同比增减率(%) |
|---|---|---|---|---|---|
| 直接出口 | 参与海外展示会与活动 | 3. 4 | 3. 7 | 2. 7 | ▽1. 0 |
| | 接触海外流通公司 | 62. 1 | 60. 8 | 63. 0 | 2. 2 |
| | 在线海外销售 | 9. 6 | 10. 2 | 8. 2 | ▽2. 0 |
| | 利用海外法人 | 4. 5 | 4. 1 | 5. 5 | 1. 4 |
| 间接出口 | 利用国内代理人 | 4. 1 | 4. 3 | 6. 9 | 2. 6 |
| | 利用海外代理人 | 16. 3 | 16. 9 | 13. 7 | ▽3. 2 |
| 合计 | | 100. 0 | 100. 0 | 100. 0 | — |

## 3. 音乐行业的海外进军方式

2011 年音乐行业的海外进军方式中，成品出口占 69. 9%，许可出口占 30. 1%。成品出口比上年增加了 1. 3%，许可证出口减少了 1. 3%。

表 4-3-31　　音乐行业的海外进军方式　　（单位:%）

| 海外出口形态 | 2009 年 | 2010 年 | 2011 年 | 同比增减率(%) |
|---|---|---|---|---|
| 成品出口 | 62.7 | 68.6 | 69.9 | 1.3 |
| 许可出口 | 37.3 | 31.4 | 30.1 | ▽1.3 |
| OEM 出口 | — | — | — | — |
| 技术服务 | — | — | — | — |
| 其他 | — | — | — | — |
| 合计 | 100.0 | 100.0 | 100.0 | — |

## (六)音乐行业的从业者现状

调查显示，2011 年音乐行业从业者为78 181人，比上年增加了 2.0%，从 2009 年至 2011 年，年平均增加了 1.1%。

从中分类来看，2011 年音乐制作业的从业者为 2770 人(3.5%)，比上年增加了 12.2%，从 2009 年至 2011 年，年平均减少了 6.8%。音乐及音像制品出版业的从业者为 80 人(0.1%)，比上年增加了 6.7%，年平均减少了 0.6%。唱片复制及发行业的从业者为 287 人(0.4%)，比上年增加了 6.7%，年平均增加了 1.6%。唱片批发零售业的从业者为 697 人(0.9%)，比上年减少了 5.2%，年平均减少了 3.8%，从业人数持续减少。在线音乐流通业的从业者为2 355人(3.0%)，比上年增加了 7.1%，年平均减少了 2.5%。音乐演出业的从业者为3 075人(3.9%)，比上年增加了 4.1%，年平均增加了 8.2%。练歌房经营业的从业者为68 917人(88.2%)，比上年增加了 1.4%，年平均增加了 0.8%。

2011 年音乐行业的销售额和出口额虽然有小幅度的增加，却没能使其从业者数量增加。这是因为，随着音乐行业模式的变化，与唱片相关的业种的从业者人数正在持续地减少，在线音源市场作为以系统为中心的行业，不需要太多的人力资源。与聘用新员工相比，音乐演出业更多的是根据演出作品聘用自由职业者，按作品类别签订聘用合同，因此与销售额相比，创造新雇佣岗位的效果并不好。

表 4-3-32　　音乐行业各年度各业种的从业者现状　　（单位：名）

| 中分类 | 小分类 | | 从业者数量 | | | 比重 | 同比增减率 | 年平均 |
|---|---|---|---|---|---|---|---|---|
| | | | 2009 年 | 2010 年 | 2011 年 | (%) | (%) | 增减率(%) |
| 音乐制作业 | 音乐企划及制作业 | 唱片及音源 | 572 | 578 | 692 | 0.9 | 19.7 | 10.0 |
| | | 唱片外收益 | 1 362 | 1 388 | 1 581 | 2.0 | 13.9 | 7.7 |
| | (音源)录音设施运营业 | | 495 | 502 | 497 | 0.6 | ▽1.0 | 0.2 |
| | 小计 | | 2 429 | 2 468 | 2 770 | 3.5 | 12.2 | 6.8 |
| 音乐及音像制品出版业 | 音乐音像制品出版业 | | 68 | 63 | 64 | 0.1 | 1.6 | ▽3.0 |
| | 其他音像制品制作业 | | 13 | 12 | 16 | 0.0 | 33.3 | 10.9 |
| | 小计 | | 81 | 75 | 80 | 0.1 | 6.7 | ▽0.6 |

续表

| 中分类 | 小分类 | 从业者数量 | | | 比重 | 同比增减率 | 年平均 |
|---|---|---|---|---|---|---|---|
| | | 2009 年 | 2010 年 | 2011 年 | (%) | (%) | 增减率(%) |
| 唱片复制及发行业 | 唱片复制业 | 147 | 151 | 149 | 0.2 | ▽1.3 | 0.7 |
| | 唱片发行业 | 131 | 136 | 138 | 0.2 | 1.5 | 2.6 |
| | 小计 | 278 | 287 | 287 | 0.4 | 0.0 | 1.6 |
| 唱片批发零售业 | 唱片批发业 | 159 | 152 | 151 | 0.2 | ▽0.7 | ▽2.5 |
| | 唱片零售业 | 433 | 411 | 377 | 0.5 | ▽8.3 | ▽6.7 |
| | 网络唱片零售业 | 161 | 172 | 169 | 0.2 | ▽1.7 | 2.5 |
| | 小计 | 753 | 735 | 697 | 0.9 | ▽5.2 | ▽3.8 |
| 在线音乐流通业 | 移动音乐服务业 | 115 | 25 | 26 | 0.0 | 4.0 | ▽52.5 |
| | 网络音乐服务业 | 1 469 | 1 592 | 1 679 | 2.2 | 5.5 | 6.9 |
| | 唱片代理中介业 | 163 | 169 | 181 | 0.2 | 7.1 | 5.4 |
| | 网络/移动音乐资讯制作及提供业(CP) | 732 | 412 | 469 | 0.6 | 13.8 | ▽20.0 |
| | 小计 | 2 479 | 2 198 | 2 355 | 3.0 | 7.1 | ▽2.5 |
| 音乐演出业 | 音乐演出企划及制作业 | 2 412 | 2 732 | 2 852 | 3.7 | 4.4 | 8.7 |
| | 其他音乐演出服务业 | 216 | 221 | 223 | 0.3 | 0.9 | 1.6 |
| | 小计 | 2 628 | 2 953 | 3 075 | 3.9 | 4.1 | 8.2 |
| 合计 | | 8 648 | 8 716 | 9 264 | 11.8 | 6.3 | 3.5 |
| 练歌房经营业 | 练歌房经营业 | 67 891 | 67 938 | 68 917 | 88.2 | 1.4 | 0.8 |
| | 小计 | 67 891 | 67 938 | 68 917 | 88.2 | 1.4 | 0.8 |
| 合计 | | 76 539 | 76 654 | 78 181 | 100.0 | 2.0 | 1.1 |

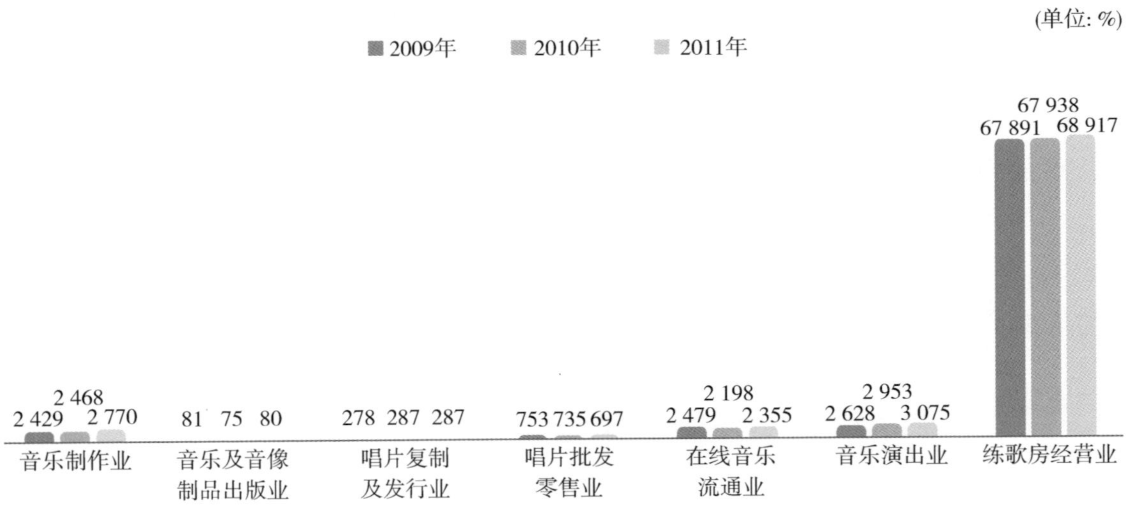


图 4-3-21　音乐行业各年度各业种的从业者现状

### 1. 音乐行业各销售额规模的企业的从业者现状

从 2011 年音乐行业各销售额规模的从业者现状来看，销售额规模在 1 亿韩元以下的企业的从业者为64 947人，占从业者总数的 83.1%；销售额规模在 1 亿韩元以上 10 亿韩元以下的企业的从业者为5 992人，占从业者总数的 7.6%；销售额规模在 10 亿韩元以上 100 亿韩元以下的企业的从业者为4 674

人，占从业者总数的6.0%；销售额规模在100亿韩元以上的企业的从业者为2 568人，占从业者总数的3.3%。

表4-3-33　　音乐行业各业种各销售额规模的企业中的从业者现状(2011年)　　(单位：名)

| 业种＼销售额规模 | 不足1亿韩元 | 1亿~10亿韩元 | 10亿~100亿韩元 | 100亿韩元以上 | 合计 |
|---|---|---|---|---|---|
| 音乐企划及制作业 | 89 | 521 | 1 231 | 432 | 2 273 |
| (音源)录音设施运营业 | 9 | 172 | 316 | — | 497 |
| 音乐音像制品出版业 | 6 | 24 | 34 | — | 64 |
| 其他音像制品制作业 | 16 | — | — | — | 16 |
| 唱片复制业 | 8 | 19 | 122 | — | 149 |
| 唱片发行业 | — | 21 | 54 | 63 | 138 |
| 唱片批发业 | 5 | 28 | 118 | — | 151 |
| 唱片零售业 | 121 | 111 | 127 | 18 | 377 |
| 网络唱片零售业 | — | — | 169 | — | 169 |
| 移动音乐服务业 | — | — | 7 | 19 | 26 |
| 网络音乐服务业 | 5 | 23 | 138 | 1 513 | 1 679 |
| 唱片代理中介业 | 1 | 16 | 73 | 91 | 181 |
| 网络/移动音乐资讯制作及提供业(CP) | 13 | 66 | 390 | — | 469 |
| 音乐演出企划及制作业 | 68 | 669 | 1 683 | 432 | 2 852 |
| 其他音乐演出服务业 | 11 | — | 212 | — | 223 |
| 练歌房经营业 | 64 595 | 4 322 | — | — | 68 917 |
| 合计 | 64 947 | 5 992 | 4 674 | 2 568 | 78 181 |
| 比重(%) | 83.1 | 7.6 | 6.0 | 3.3 | 100.0 |

从增减率来看，2011年销售额规模是1亿韩元以下的企业的从业者比上年增加了0.9%，从2009年至2011年，年平均增加了0.4%。销售额规模是1亿韩元以上10亿韩元以下的企业的从业者比上年增加了8.5%，年平均增加了4.3%。销售额规模是10亿韩元以上100亿韩元以下的企业的从业者比上年增加了15.5%，年平均增加了8.4%。销售额规模是100亿韩元以上的企业的从业者比上年减少了4.6%，年平均减少了2.1%。

表4-3-34　　音乐行业各年度各销售额规模的企业的从业者现状　　(单位：名)

| 年度＼销售额规模 | 不足1亿韩元 | 1亿~10亿韩元 | 10亿~100亿韩元 | 100亿韩元以上 | 合计 |
|---|---|---|---|---|---|
| 2009年 | 64 367 | 5 509 | 3 981 | 2 682 | 76 539 |
| 2010年 | 64 392 | 5 524 | 4 046 | 2 692 | 76 654 |
| 2011年 | 64 947 | 5 992 | 4 674 | 2 568 | 78 181 |
| 同比增减率(%) | 0.9 | 8.5 | 15.5 | ▽4.6 | 2.0 |
| 年平均增减率(%) | 0.4 | 4.3 | 8.4 | ▽2.1 | 1.1 |

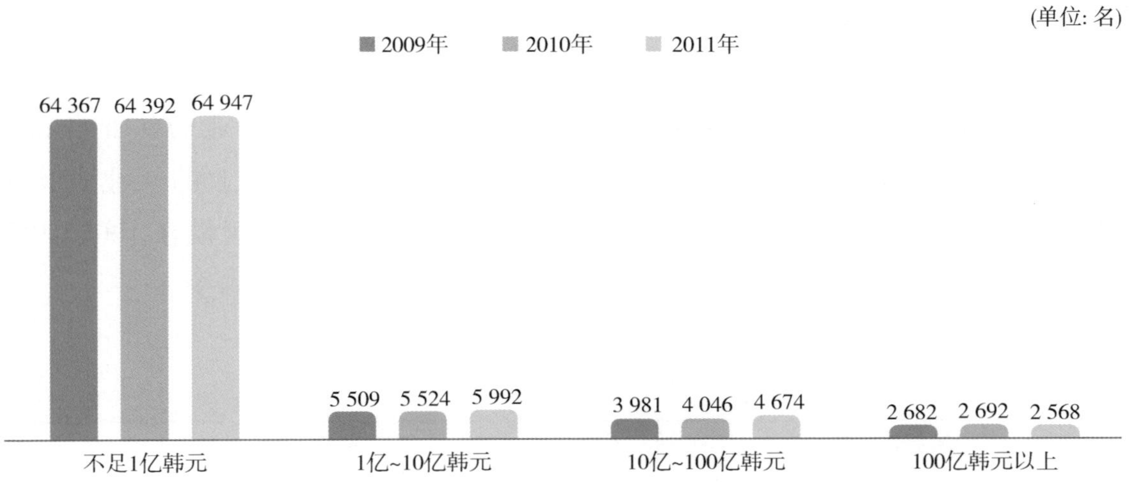


图 4-3-22　音乐行业各年度各销售额规模的企业的从业者现状

## 2. 音乐行业各从业者规模的企业的从业者现状

从 2011 年音乐行业各从业者规模的企业的从业者现状来看，从业者规模在 1 人以上 4 人以下的企业的从业者为62 839人，占从业者总数的 80.4%，所占比例最大。从业者规模在 5 人以上 9 人以下的企业的从业者为9 294人，占从业者总数的 11.9%；从业者规模在 10 人以上 49 人以下的企业从业者为3 308人，占从业者总数的 4.2%；从业者规模在 50 人以上 99 人以下的企业的从业者为1 912人，占从业者总数的 2.4%；从业者规模在 100 人以上的企业的从业者为 828 人，占从业者总数的 1.1%。

表 4-3-35　**音乐行业各业种各从业者规模的企业的从业者现状(2011 年)**　(单位：名)

| 从业者规模 / 业种 | 1~4 人 | 5~9 人 | 10~49 人 | 50~99 人 | 100 人以上 | 合计 |
|---|---|---|---|---|---|---|
| 音乐企划及制作业 | 362 | 583 | 896 | 432 | — | 2 273 |
| (音源)录音设施运营业 | 242 | 183 | 72 | — | — | 497 |
| 音乐音像制品出版业 | 35 | 17 | 12 | — | — | 64 |
| 其他音像制品制作业 | 16 | — | — | — | — | 16 |
| 唱片复制业 | 73 | — | 76 | — | — | 149 |
| 唱片发行业 | 21 | 32 | 85 | — | — | 138 |
| 唱片批发业 | 13 | 37 | 101 | — | — | 151 |
| 唱片零售业 | 223 | 96 | 58 | — | — | 377 |
| 网络唱片零售业 | 169 | — | — | — | — | 169 |
| 移动音乐服务业 | — | 26 | — | — | — | 26 |
| 网络音乐服务业 | 8 | 42 | 428 | 499 | 702 | 1 679 |
| 唱片代理中介业 | 22 | 31 | 128 | — | — | 181 |
| 网络/移动音乐资讯制作及提供业(CP) | 97 | 103 | 269 | — | — | 469 |
| 音乐演出企划及制作业 | 228 | 496 | 1 021 | 981 | 126 | 2 852 |
| 其他音乐演出服务业 | 61 | — | 162 | — | — | 223 |
| 练歌房经营业 | 61 269 | 7 648 | — | — | — | 68 917 |
| 合计 | 62 839 | 9 294 | 3 308 | 1 912 | 828 | 78 181 |
| 比重(%) | 80.4 | 11.9 | 4.2 | 2.4 | 1.1 | 100.0 |

在增减率方面，从业者规模在 1 人以上 4 人以下的企业的从业者比上年增加了 0. 9%，从 2009 年至 2011 年，年平均增加了 0. 4%。从业者规模在 5 人以上 9 人以下的企业的从业者比上年增加了 14. 5%，年平均增加了 7. 2%。从业者规模在 10 人以上 49 人以下的企业的从业者比上年减少了 4. 4%，年平均减少了 5. 2%。从业者规模在 50 人以上 99 人以下的企业的从业者比上年增加了 40. 4%，年平均增加了 20. 4%，呈现出了大幅度的增加。相反，从业者规模在 100 人以上的企业的从业者比上年减少了 41. 0%，年平均减少了 15. 4%，呈现出了大幅度的减少。

表 4-3-36 **音乐行业各年度各从业者规模的企业的从业者现状** （单位：名）

| 从业者规模 / 年度 | 1~4 人 | 5~9 人 | 10~49 人 | 50~99 人 | 100 人以上 | 合计 |
|---|---|---|---|---|---|---|
| 2009 年 | 62 290 | 8 092 | 3 681 | 1 320 | 1 156 | 76 539 |
| 2010 年 | 62 307 | 8 120 | 3 462 | 1 362 | 1 403 | 76 654 |
| 2011 年 | 62 839 | 9 294 | 3 308 | 1 912 | 828 | 78 181 |
| 同比增减率(%) | 0. 9 | 14. 5 | ▽4. 4 | 40. 4 | ▽41. 0 | 2. 0 |
| 年平均增减率(%) | 0. 4 | 7. 2 | 20. 4 | ▽5. 2 | ▽15. 4 | 1. 1 |

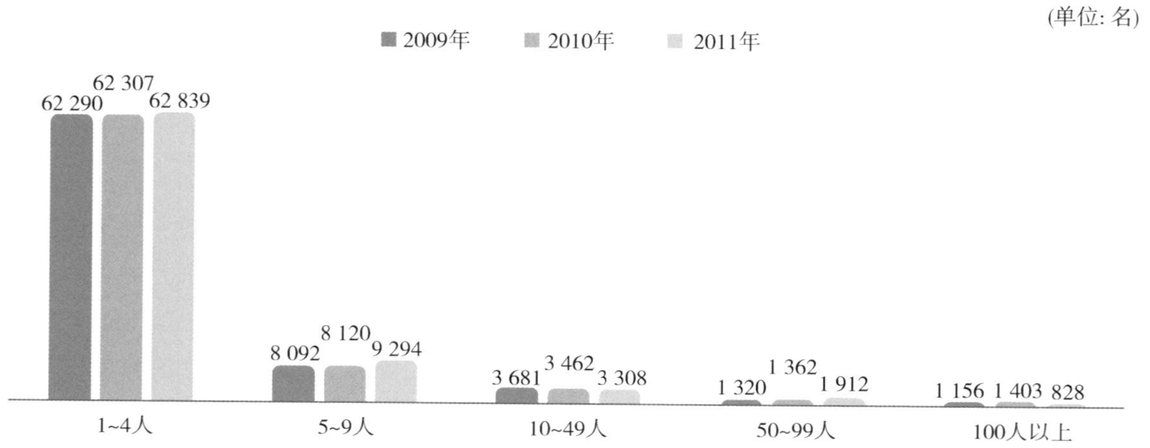


图 4-3-23 音乐行业各年度各从业者规模的企业的从业者现状

### 3. 音乐行业各地区的从业者现状①

从 2011 年音乐行业各地区的从业者现状来看，首尔的从业者为19 682人，占全部从业者的 25. 2%，这一数据比上年增加了 4. 3%，从2009年至2011年，年平均增加了 2. 0%。京畿道的从业者为 16 025人，占总人数的 20. 5%；釜山的从业者为5 023人，占总人数的 6. 5%。

6 个广域市的从业者为21 420人，占总人数的 27. 5%，比上年增加了 0. 8%，年平均增加了 0. 5%。9 个道的从业者为36 910人，占总人数的 47. 3%，比上年增加了 1. 5%，年平均增加了 0. 9%。

① 网络唱片零售业除外。

表 4-3-37　　音乐行业各地区各业种的从业者现状(2011年)　　(单位：名)

| 区域 \ 业种 | | 音乐制作业 | 音乐音像制品出版业/唱片复制及发行业/唱片批发零售业 | 在线音乐流通业 | 音乐演出业 | 练歌房经营业 | 合计 | 比重(%) |
|---|---|---|---|---|---|---|---|---|
| 首尔 | | 2 254 | 357 | 2 012 | 2 090 | 12 969 | 19 682 | 25.2 |
| 6个广域市 | 釜山 | 16 | 46 | 41 | 129 | 4 791 | 5 023 | 6.5 |
| | 大邱 | 12 | 48 | 33 | 81 | 4 466 | 4 640 | 5.9 |
| | 仁川 | 12 | 47 | 34 | 83 | 4 498 | 4 674 | 6.0 |
| | 光州 | 10 | 34 | 28 | 26 | 2 392 | 2 490 | 3.2 |
| | 大田 | 6 | 29 | 21 | 23 | 2 395 | 2 474 | 3.2 |
| | 蔚山 | 4 | 10 | — | 12 | 2 093 | 2 119 | 2.7 |
| | 小计 | 60 | 214 | 157 | 354 | 20 635 | 21 420 | 27.5 |
| 9个道 | 京畿道 | 418 | 177 | 186 | 382 | 14 862 | 16 025 | 20.5 |
| | 江原道 | 6 | 12 | — | 13 | 2 261 | 2 292 | 2.9 |
| | 忠清北道 | 3 | 48 | — | 18 | 2 136 | 2 205 | 2.8 |
| | 忠清南道 | 3 | 14 | — | 27 | 2 785 | 2 829 | 3.6 |
| | 全罗北道 | 4 | 15 | — | 20 | 1 937 | 1 976 | 2.5 |
| | 全罗南道 | 6 | 16 | — | 28 | 2 182 | 2 232 | 2.9 |
| | 庆尚北道 | 5 | 18 | — | 58 | 4 063 | 4 144 | 5.3 |
| | 庆尚南道 | 5 | 18 | — | 63 | 4 388 | 4 474 | 5.7 |
| | 济州道 | 6 | 6 | — | 22 | 699 | 733 | 0.9 |
| | 小计 | 456 | 324 | 186 | 631 | 35 313 | 36 910 | 47.3 |
| 合计 | | 2 770 | 895 | 2 355 | 3 075 | 68 917 | 78 012 | 100.0 |

表 4-3-38　　音乐行业各年度各地区的从业者现状　　(单位：名)

| 地区 \ 年度 | | 2009年 | 2010年 | 2011年 | 同比增减率(%) | 年平均增减率(%) |
|---|---|---|---|---|---|---|
| 首尔 | | 18 910 | 18 864 | 19 682 | 4.3 | 2.0 |
| 6个广域市 | 釜山 | 4 971 | 4 978 | 5 023 | 0.9 | 0.5 |
| | 大邱 | 4 532 | 4 536 | 4 640 | 2.3 | 1.2 |
| | 仁川 | 4 650 | 4 659 | 4 674 | 0.3 | 0.3 |
| | 光州 | 2 484 | 2 485 | 2 490 | 0.2 | 0.1 |
| | 大田 | 2 480 | 2 479 | 2 474 | ▽0.2 | ▽0.1 |
| | 蔚山 | 2 110 | 2 111 | 2 119 | 0.4 | 0.2 |
| | 小计 | 21 227 | 21 248 | 21 420 | 0.8 | 0.5 |
| 9个道 | 京畿道 | 15 479 | 15 630 | 16 025 | 2.5 | 1.7 |
| | 江原道 | 2 275 | 2 285 | 2 292 | 0.3 | 0.4 |
| | 忠清北道 | 2 181 | 2 188 | 2 205 | 0.8 | 0.5 |
| | 忠清南道 | 2 824 | 2 823 | 2 829 | 0.2 | 0.1 |
| | 全罗北道 | 2 001 | 1 970 | 1 976 | 0.3 | ▽0.6 |
| | 全罗南道 | 2 206 | 2 214 | 2 232 | 0.8 | 0.6 |
| | 庆尚北道 | 4 126 | 4 131 | 4 144 | 0.3 | 0.2 |
| | 庆尚南道 | 4 426 | 4 414 | 4 474 | 1.4 | 0.5 |
| | 济州道 | 723 | 715 | 733 | 2.5 | 0.7 |
| | 小计 | 36 241 | 36 370 | 36 910 | 1.5 | 0.9 |
| 合计 | | 76 378 | 76 482 | 78 012 | 2.0 | 1.1 |

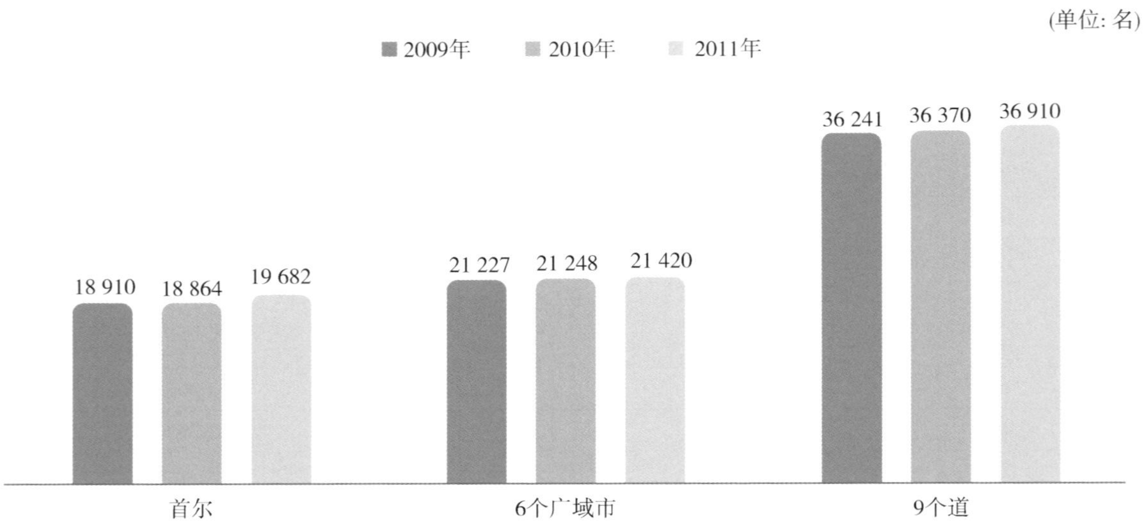


图 4-3-24　音乐行业各年度各地区的从业者现状

### 4. 音乐行业各雇佣形态的从业者现状①

从 2011 年音乐行业各雇佣形态的从业者现状来看，拥有正式职位的从业者为58 669人，占全部从业者的 75. 2%；拥有非正式职位的19 343人，占总人数的 24. 8%。

从中分类来看，音乐出版业拥有正式职位的从业者为2 467人(89. 1%)，拥有非正式职位的从业者为 303 人(10. 9%)；音乐及音像制品出版业拥有正式职位的从业者为 71 人(88. 8%)，拥有非正式职位的从业者为 9 人(11. 3%)。唱片复制及发行业拥有正式职位的从业者为 227 人(79. 1%)，拥有非正式职位的从业者为 60 人(20. 9%)；唱片批发零售业拥有正式职位的从业者为 471 人(89. 2%)，拥有非正式职位的从业者为 57 人(10. 8%)。在线音乐流通业拥有正式职位的从业者为1 945人(82. 6%)，拥有非正式职位的从业者为 410 人(17. 4%)；音乐演出业拥有正式职位的从业者为2 536人(82. 5%)，拥有非正式职位的从业者为 539 人(17. 5%)。练歌房经营业拥有正式职位的从业者为50 952人(73. 9%)，拥有非正式职位的从业者为17 965人(26. 1%)。

表 4-3-39　**音乐行业各雇佣形态中各业种的从业者现状(2011 年)**　(单位：名)

| 中分类 | 小分类 | 正式职位 | | 非正式职位 | | 合计 |
|---|---|---|---|---|---|---|
| | | 从业者数量 | 比例(%) | 从业者数量 | 比例(%) | |
| 音乐制作业 | 音乐企划及制作业 | 2 032 | 89. 4 | 241 | 10. 6 | 2 273 |
| | (音源)录音设施运营业 | 435 | 87. 5 | 62 | 12. 5 | 497 |
| | 小计 | 2 467 | 89. 1 | 303 | 10. 9 | 2 770 |
| 音乐及音像制品出版业 | 音乐音像制品出版业 | 58 | 90. 6 | 6 | 9. 4 | 64 |
| | 其他音像制品制作业 | 13 | 81. 3 | 3 | 18. 8 | 16 |
| | 小计 | 71 | 88. 8 | 9 | 11. 3 | 80 |
| 唱片复制及发行业 | 唱片复制业 | 134 | 89. 9 | 15 | 10. 1 | 149 |
| | 唱片发行业 | 93 | 67. 4 | 45 | 32. 6 | 138 |
| | 小计 | 227 | 79. 1 | 60 | 20. 9 | 287 |

① 网络唱片零售业除外。

续表

| 中分类 | 小分类 | 正式职位 | | 非正式职位 | | 合计 |
|---|---|---|---|---|---|---|
| | | 从业者数量 | 比例(%) | 从业者数量 | 比例(%) | |
| 唱片批发零售业 | 唱片批发业 | 119 | 78.8 | 32 | 21.2 | 151 |
| | 唱片零售业 | 352 | 93.4 | 25 | 6.6 | 377 |
| | 网络唱片零售业 | — | — | — | — | — |
| | 小计 | 471 | 89.2 | 57 | 10.8 | 528 |
| 在线音乐流通业 | 移动音乐服务业 | 22 | 84.6 | 4 | 15.4 | 26 |
| | 网络音乐服务业 | 1 359 | 80.9 | 320 | 19.1 | 1 679 |
| | 唱片代理中介业 | 138 | 76.2 | 43 | 23.8 | 181 |
| | 网络/移动音乐资讯制作及提供业(CP) | 426 | 90.8 | 43 | 9.2 | 469 |
| | 小计 | 1 945 | 82.6 | 410 | 17.4 | 2 355 |
| 音乐演出业 | 音乐演出企划及制作业 | 2 348 | 82.3 | 504 | 17.7 | 2 852 |
| | 其他音乐演出服务业 | 188 | 84.3 | 35 | 15.7 | 223 |
| | 小计 | 2 536 | 82.5 | 539 | 17.5 | 3 075 |
| 练歌房经营业 | 练歌房经营业 | 50 952 | 73.9 | 17 965 | 26.1 | 68 917 |
| | 小计 | 50 952 | 73.9 | 17 965 | 26.1 | 68 917 |
| 合计 | | 58 669 | 75.2 | 19 343 | 24.8 | 78 012 |

从年度来看，拥有正式职位的从业者比上年增加了 2.4%，从 2009 年到 2011 年，年平均增加了 1.2%。拥有非正式职位的从业者比上年增加了 0.8%，年平均增加了 0.6%。

表 4-3-40　**音乐行业各年度各雇佣形态的从业者现状(2011 年)**　(单位：名)

| 年度 \ 雇佣形态 | 从业者数量 | | 合计 |
|---|---|---|---|
| | 正式职位 | 非正式职位 | |
| 2009 年 | 57 261 | 19 117 | 76 378 |
| 2010 年 | 57 299 | 19 183 | 76 482 |
| 2011 年 | 58 669 | 19 343 | 78 012 |
| 同比增减率(%) | 2.4 | 0.8 | 2.0 |
| 年平均增减率(%) | 1.2 | 0.6 | 1.1 |

### 5. 音乐行业各雇佣形态的从业者的性别现状①

从 2011 年音乐行业各雇佣形态的从业者的性别现状来看，拥有正式职位的男性从业者为34 530人，占总人数的 44.3%；拥有正式职位的女性从业者为24 139人，占总人数的 30.9%。拥有非正式职位的男性从业者为9 110人，占总人数的 11.7%；拥有非正式职位的女性从业者为10 233人，占总人数的 13.1%。

从中分类来看，音乐制作业拥有正式职位的男性从业者为1 616人，拥有正式职位的女性从业者为

① 网络唱片零售业除外。

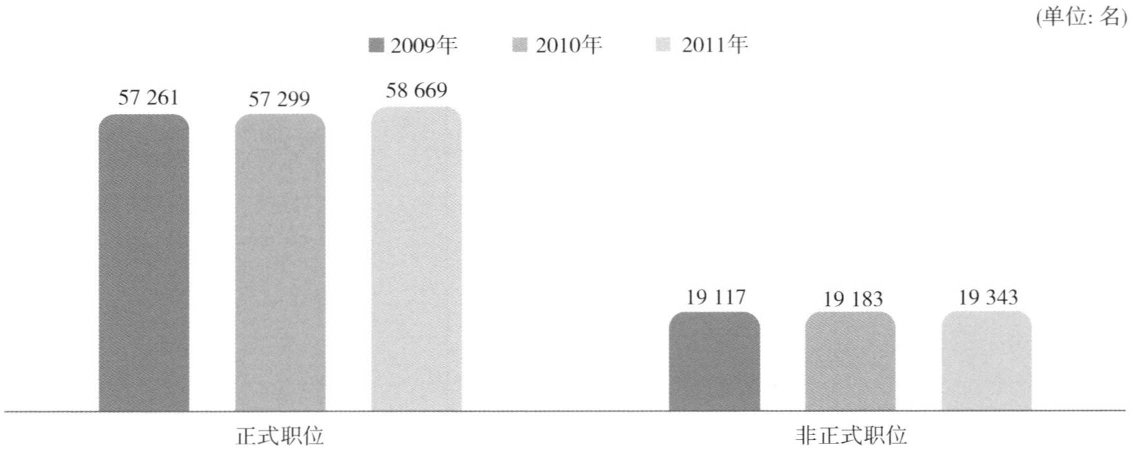


图 4-3-25　音乐行业各年度各雇佣形态的从业者的年度现状(2011 年)

851 人；拥有非正式职位的男性从业者为 164 人，拥有非正式职位的女性从业者为 139 人。音乐及音像制品出版业拥有正式职位的男性从业者为 151 人，拥有正式职位的女性从业者为 54 人；拥有非正式职位的男性从业者为 15 人，拥有非正式职位的女性从业者为 9 人。唱片复制及发行业拥有正式职位的男性从业者为 151 人，拥有正式职位的女性从业者为 54 人；拥有非正式职位的男性从业者为 15 人，拥有非正式职位的女性从业者为 9 人。唱片批发零售业拥有正式职位的男性从业者为 297 人，拥有正式职位的女性从业者为 174 人；拥有非正式职位的男性从业者为 32 人，拥有非正式职位的女性从业者为 25 人。在线音乐流通业拥有正式职位的男性从业者为1 174人，拥有正式职位的女性从业者为 771 人；拥有非正式职位的男性从业者为 240 人，拥有非正式职位的女性从业者为 170 人。音乐演出业拥有正式职位的男性与女性分别为1 327人和1 209人，练歌房经营业拥有正式职位的男性与女性分别为29 887人和21 065人。

表 4-3-41　**音乐行业各业种中各雇佣形态的从业者的性别现状**　(单位：名)

| 中分类 | 雇佣形态/性别<br>小分类 | 正式职位 | | | | 非正式职位 | | | | 合计 |
|---|---|---|---|---|---|---|---|---|---|---|
| | | 男性 | | 女性 | | 男性 | | 女性 | | |
| | | 从业者数量 | 比例(%) | 从业者数量 | 比例(%) | 从业者数量 | 比例(%) | 从业者数量 | 比例(%) | |
| 音乐制作业 | 音乐企划及制作业 | 1 307 | 57.5 | 725 | 31.9 | 126 | 5.5 | 115 | 5.1 | 2 273 |
| | (音源)录音设施运营业 | 309 | 62.2 | 126 | 25.4 | 38 | 7.6 | 24 | 4.8 | 497 |
| | 小计 | 1 616 | 58.3 | 851 | 30.7 | 164 | 5.9 | 139 | 5.0 | 2 770 |
| 音乐及音像制品出版业 | 音乐音像制品出版业 | 42 | 65.6 | 16 | 25.0 | 4 | 6.3 | 2 | 3.1 | 64 |
| | 其他音像制品制作业 | 10 | 62.5 | 3 | 18.8 | 2 | 12.5 | 1 | 6.3 | 16 |
| | 小计 | 151 | 65.9 | 54 | 23.6 | 15 | 6.6 | 9 | 3.9 | 229 |
| 唱片复制及发行业 | 唱片复制业 | 99 | 66.4 | 35 | 23.5 | 9 | 6.0 | 6 | 4.0 | 149 |
| | 唱片发行业 | 78 | 56.5 | 15 | 10.9 | 14 | 10.1 | 31 | 22.5 | 138 |
| | 小计 | 151 | 65.9 | 54 | 23.6 | 15 | 6.6 | 9 | 3.9 | 229 |
| 唱片批发零售业 | 唱片批发业 | 76 | 50.3 | 43 | 28.5 | 21 | 13.9 | 11 | 7.3 | 151 |
| | 唱片零售业 | 221 | 58.6 | 131 | 34.7 | 11 | 2.9 | 14 | 3.7 | 377 |
| | 小计 | 297 | 56.3 | 174 | 33.0 | 32 | 6.1 | 25 | 4.7 | 528 |

续表

| 中分类 | 雇佣形态/性别<br>小分类 | 正式职位 |  |  |  | 非正式职位 |  |  |  | 合计 |
|---|---|---|---|---|---|---|---|---|---|---|
|  |  | 男性 |  | 女性 |  | 男性 |  | 女性 |  |  |
|  |  | 从业者数量 | 比例（%） | 从业者数量 | 比例（%） | 从业者数量 | 比例（%） | 从业者数量 | 比例（%） |  |
| 在线音乐流通业 | 移动音乐服务业 | 15 | 57.7 | 7 | 26.9 | 2 | 7.7 | 2 | 7.7 | 26 |
|  | 网络音乐服务业 | 813 | 48.4 | 546 | 32.5 | 181 | 10.8 | 139 | 8.3 | 1 679 |
|  | 唱片代理中介业 | 85 | 47.0 | 53 | 29.3 | 22 | 12.2 | 21 | 11.6 | 181 |
|  | 网络/移动音乐资讯制作及提供业(CP) | 261 | 55.7 | 165 | 35.2 | 35 | 7.5 | 8 | 1.7 | 469 |
|  | 小计 | 1 174 | 49.9 | 771 | 32.7 | 240 | 10.2 | 170 | 7.2 | 2 355 |
| 音乐演出业 | 音乐演出企划及制作业 | 1 232 | 43.2 | 1 116 | 39.1 | 291 | 10.2 | 213 | 7.5 | 2 852 |
|  | 其他音乐演出服务业 | 95 | 42.6 | 93 | 41.7 | 18 | 8.1 | 17 | 7.6 | 223 |
|  | 小计 | 1 327 | 43.2 | 1 209 | 39.3 | 309 | 10.0 | 230 | 7.5 | 3 075 |
| 练歌房经营业 | 练歌房经营业 | 29 887 | 43.4 | 21 065 | 30.6 | 8 336 | 12.1 | 9 629 | 14.0 | 68 917 |
|  | 小计 | 29 887 | 43.4 | 21 065 | 30.6 | 8 336 | 12.1 | 9 629 | 14.0 | 68 917 |
| 合计 |  | 34 530 | 44.3 | 24 139 | 30.9 | 9 110 | 11.7 | 10 233 | 13.1 | 78 012 |

在增减率方面，拥有正式职位和非正式职位的男性从业者分别比上年增加了 2.3%和 0.7%。拥有正式职位的男性从业者从 2009 年至 2011 年年平均增加了 1.0%，拥有非正式职位的男性年平均增加了 0.2%。拥有正式职位的女性比上年增加了 2.5%，年平均增加了 1.6%；拥有非正式职位的女性比上年增加了 0.9%，年平均增加了 1.0%。

表 4-3-42　**音乐行业各年度各雇佣形态的从业者的性别现状**　（单位：名）

| 雇佣形态/性别<br>年度 | 从业者数量 |  |  |  | 合计 |
|---|---|---|---|---|---|
|  | 正式职位 |  | 非正式职位 |  |  |
|  | 男性 | 女性 | 男性 | 女性 |  |
| 2009 年 | 33 855 | 23 406 | 9 079 | 10 038 | 76 378 |
| 2010 年 | 33 750 | 23 549 | 9 044 | 10 139 | 76 482 |
| 2011 年 | 34 530 | 24 139 | 9 110 | 10 233 | 78 012 |
| 同比增减率(%) | 2.3 | 2.5 | 0.7 | 0.9 | 2.0 |
| 年平均增减率(%) | 1.0 | 1.6 | 0.2 | 1.0 | 1.1 |

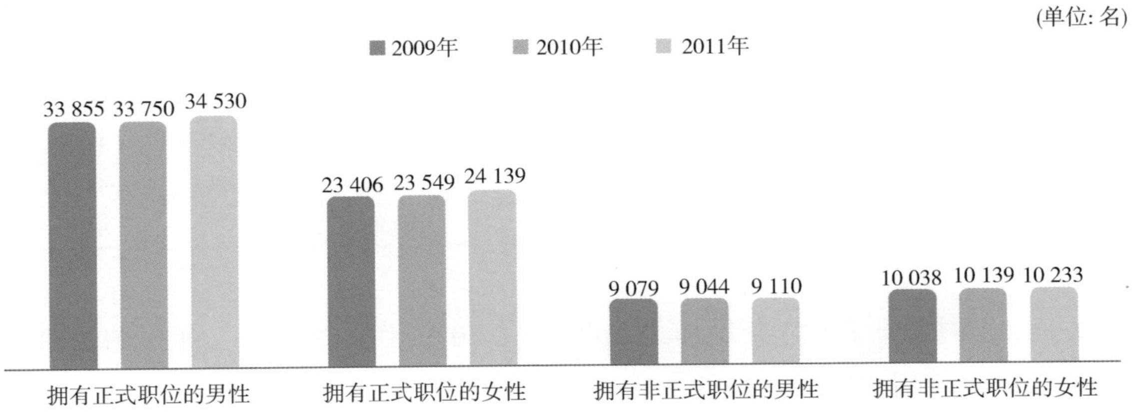


图 4-3-26　音乐行业各年度各雇佣形态的从业者的性别现状

### 6. 音乐行业不同性别的从业者现状①

从 2011 年音乐行业不同性别的从业者现状来看，男性从业者为43 640人，占总人数的 55.9%，女性为34 372人，占总人数的 44.1%，男性比女性稍微多一点。

从中分类来看，音乐制作业的男性从业者为1 780人(64.3%)，女性为 990 人(35.7%)；音乐及影像作品出版业的男性从业者为 58 人(72.5%)，女性为 22 名(27.5%)。唱片复制及发行业中男性 200 人(69.7%)，女性为 87 人(30.3%)。唱片批发零售业的男性从业者为 329 人(62.3%)，女性为 199 人(37.7%)。在线音乐流通业的男性从业者为1 414人(60.0%)，女性为 941 名(40.0%)，音乐演出业的男性从业者为1 636人(53.2%)，女性为1 439人(46.8%)。练歌房经营业的男性从业者为38 228人(55.5%)，女性为30 694人(44.5%)。

表 4-3-43　　音乐行业各业种不同性别的从业者现状(2011 年)　　(单位：名)

| 中分类 | 小分类＼性别 | 男性 | | 女性 | | 合计 |
|---|---|---|---|---|---|---|
| | | 从业者数 | 比重(%) | 从业者数 | 比重(%) | |
| 音乐制作业 | 音乐企划及制作业 | 1 433 | 63.0 | 840 | 37.0 | 2 273 |
| | (音源)录音设施运营业 | 347 | 69.8 | 150 | 30.2 | 497 |
| | 小计 | 1 780 | 64.3 | 990 | 35.7 | 2 770 |
| 音乐及音像制品出版业 | 音乐音像制品出版业 | 46 | 71.9 | 18 | 28.1 | 64 |
| | 其他音像制品制作业 | 12 | 75.0 | 4 | 25.0 | 16 |
| | 小计 | 58 | 72.5 | 22 | 27.5 | 80 |
| 唱片复制及发行业 | 唱片复制业 | 108 | 72.5 | 41 | 27.5 | 149 |
| | 唱片发行业 | 92 | 66.7 | 46 | 33.3 | 138 |
| | 小计 | 200 | 69.7 | 87 | 30.3 | 287 |
| 唱片批发零售业 | 唱片批发业 | 97 | 64.2 | 54 | 35.8 | 151 |
| | 唱片零售业 | 232 | 61.5 | 145 | 38.5 | 377 |
| | 网络唱片零售业 | — | — | — | — | — |
| | 小计 | 329 | 62.3 | 199 | 37.7 | 528 |
| 在线音乐流通业 | 移动音乐服务业 | 17 | 65.4 | 9 | 34.6 | 26 |
| | 网络音乐服务业 | 994 | 59.2 | 685 | 40.8 | 1 679 |
| | 唱片代理中介业 | 107 | 59.1 | 74 | 40.9 | 181 |
| | 网络/移动音乐资讯制作及提供业(CP) | 296 | 63.1 | 173 | 36.9 | 469 |
| | 小计 | 1 414 | 60.0 | 941 | 40.0 | 2 355 |
| 音乐演出业 | 音乐演出企划及制作业 | 1 523 | 53.4 | 1 329 | 46.6 | 2 852 |
| | 其他音乐演出服务业 | 113 | 50.7 | 110 | 49.3 | 223 |
| | 小计 | 1 636 | 53.2 | 1 439 | 46.8 | 3 075 |
| 练歌房经营业 | 练歌房经营业 | 38 223 | 55.5 | 30 694 | 44.5 | 68 917 |
| | 小计 | 38 223 | 55.5 | 30 694 | 44.5 | 68 917 |
| 合计 | | 43 640 | 55.9 | 34 372 | 44.1 | 78 012 |

在增减率方面，男性从业者比上年增加了 2.0%，从 2009 年至 2011 年，年平均增加了 0.8%；女性比上年增加了 2.0%，年平均增加了 1.4%。

① 网络唱片零售业除外。

表 4-3-44　**音乐行业各年度不同性别的从业者现状**　（单位：名）

| 年度＼性别 | 从业者数量 | | 合计 |
|---|---|---|---|
| | 男性 | 女性 | |
| 2009 年 | 42 934 | 33 444 | 76 378 |
| 2010 年 | 42 794 | 33 688 | 76 482 |
| 2011 年 | 43 640 | 34 372 | 78 012 |
| 同比增减率(%) | 2.0 | 2.0 | 2.0 |
| 年平均增减率(%) | 0.8 | 1.4 | 1.1 |

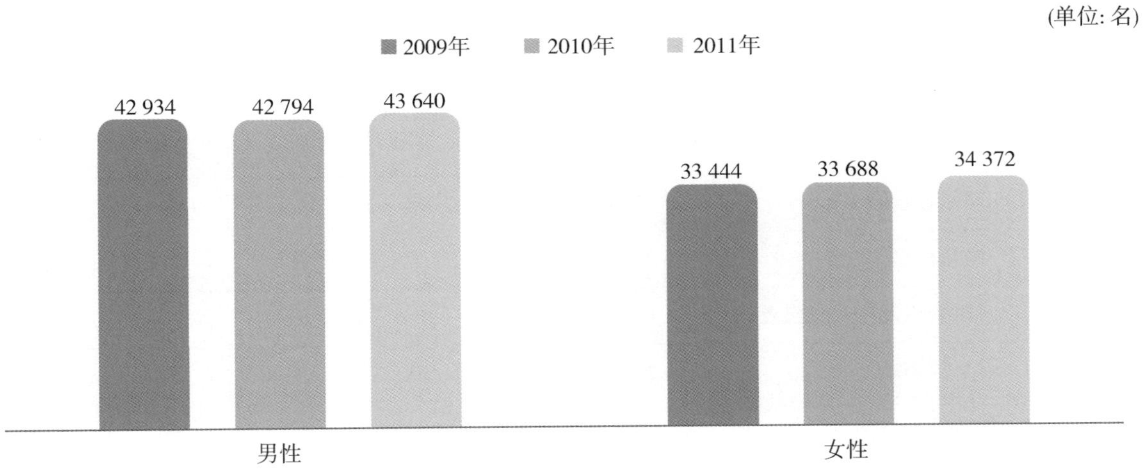


图 4-3-27　音乐行业各年度不同性别的从业者现状

## 7. 音乐行业各职位的从业者现状①

从 2011 年音乐行业各职位的从业者现状来看，制作职位的从业者为3 136人，占全部从业者总人数的 34.5%，所占比例最大。其次是其他(流通)职位的从业者，为2 179人，占总人数的 23.9%；事业企划职位的从业者为1 437人，占总人数的 15.8%；管理职位的从业者为1 274人，占总人数的 14.0%，营销/宣传职位的从业者为 835 人，占总人数的 9.2%，研究开发职位的从业者为 234 人，占总人数的 2.6%。

表 4-3-45　**音乐行业各业种各职位的从业者现状(2011 年)**　（单位：名）

| 中分类 | 小分类＼职位 | 从业者数量 | | | | | | 合计 |
|---|---|---|---|---|---|---|---|---|
| | | 事业企划 | 管理 | 制作 | 营销/宣传 | 研究开发 | 其他(流通) | |
| 音乐制作业 | 音乐企划及制作业 | 412 | 311 | 838 | 292 | 61 | 359 | 2 273 |
| | (音源)录音设施运营业 | 45 | 65 | 303 | 13 | 5 | 66 | 497 |
| | 小计 | 457 | 376 | 1 141 | 305 | 66 | 425 | 2 770 |
| 音乐及音像制品出版业 | 音乐音像制品出版业 | 10 | 13 | 23 | 4 | — | 14 | 64 |
| | 其他音像制品制作业 | — | 4 | 11 | 1 | — | — | 16 |
| | 小计 | 10 | 17 | 34 | 5 | — | 14 | 64 |

① 网络唱片零售业及练歌房运营业除外。

续表

| 中分类 | 职位 / 小分类 | 从业者数量 | | | | | | 合计 |
|---|---|---|---|---|---|---|---|---|
| | | 事业企划 | 管理 | 制作 | 营销/宣传 | 研究开发 | 其他(流通) | |
| 唱片复制及发行业 | 唱片复制业 | 8 | 22 | 113 | — | — | 6 | 149 |
| | 唱片发行业 | 5 | 29 | 24 | 16 | — | 64 | 138 |
| | 小计 | 13 | 51 | 137 | 16 | — | 70 | 287 |
| 唱片批发零售业 | 唱片批发业 | 11 | 30 | 2 | 16 | — | 92 | 151 |
| | 唱片零售业 | 13 | 75 | 11 | 25 | — | 253 | 377 |
| | 网络唱片零售业 | — | — | — | — | — | — | — |
| | 小计 | 24 | 105 | 13 | 41 | — | 345 | 528 |
| 在线音乐流通业 | 移动音乐服务业 | 6 | 3 | 2 | 2 | — | 13 | 26 |
| | 网络音乐服务业 | 224 | 211 | 361 | 125 | 66 | 692 | 1 679 |
| | 唱片代理中介业 | 11 | 34 | — | 11 | 6 | 119 | 181 |
| | 网络/移动音乐资讯制作及提供业(CP) | 59 | 34 | 285 | 16 | — | 75 | 469 |
| | 小计 | 300 | 282 | 648 | 154 | 72 | 899 | 2 355 |
| 音乐演出业 | 音乐演出企划及制作业 | 611 | 393 | 1 097 | 292 | 96 | 363 | 2 852 |
| | 其他音乐演出服务业 | 22 | 50 | 66 | 22 | — | 63 | 223 |
| | 小计 | 633 | 443 | 1 163 | 314 | 96 | 426 | 3 075 |
| 合计 | | 1 437 | 1 274 | 3 136 | 835 | 234 | 2 179 | 9 095 |
| 比重(%) | | 15.8 | 14.0 | 34.5 | 9.2 | 2.6 | 23.9 | 100.0 |

在增减率方面，除营销/宣传职位和研究开发职位外的其他职位，从业者呈现出增加的趋势。营销/宣传职位的从业者比上年减少了2.1%，从2009年至2011年，年平均减少了2.7%；研究开发职位的从业者比上年减少了2.1%，年平均减少了10.0%。相反，事业企划职位的从业者有了大幅度的增加，比上年增加了12.2%，年平均增加了15.0%。管理职位的从业者比上年增加了3.2%，年平均增加了1.0%；制作职位的从业者比上年增加了10.2%，年平均增加了3.2%。其他(流通)职位的从业者比上年增加了4.3%，年平均增加了3.4%

表4-3-46　**音乐行业各年度各职位的从业者的现状**　(单位：名)

| 职位 / 年度 | 从业者数量 | | | | | | 合计 |
|---|---|---|---|---|---|---|---|
| | 事业企划 | 管理 | 制作 | 营销/宣传 | 研究开发 | 其他(流通) | |
| 2009年 | 1 086 | 1 249 | 2 941 | 882 | 289 | 2 040 | 8 487 |
| 2010年 | 1 281 | 1 236 | 2 845 | 853 | 239 | 2 090 | 8 544 |
| 2011年 | 1 437 | 1 275 | 3 135 | 835 | 234 | 2 179 | 9 095 |
| 同比增减率(%) | 12.2 | 3.2 | 10.2 | ▽2.1 | ▽2.1 | 4.3 | 6.4 |
| 年平均增减率(%) | 15.0 | 1.0 | 3.2 | ▽2.7 | ▽10.0 | 3.4 | 3.5 |

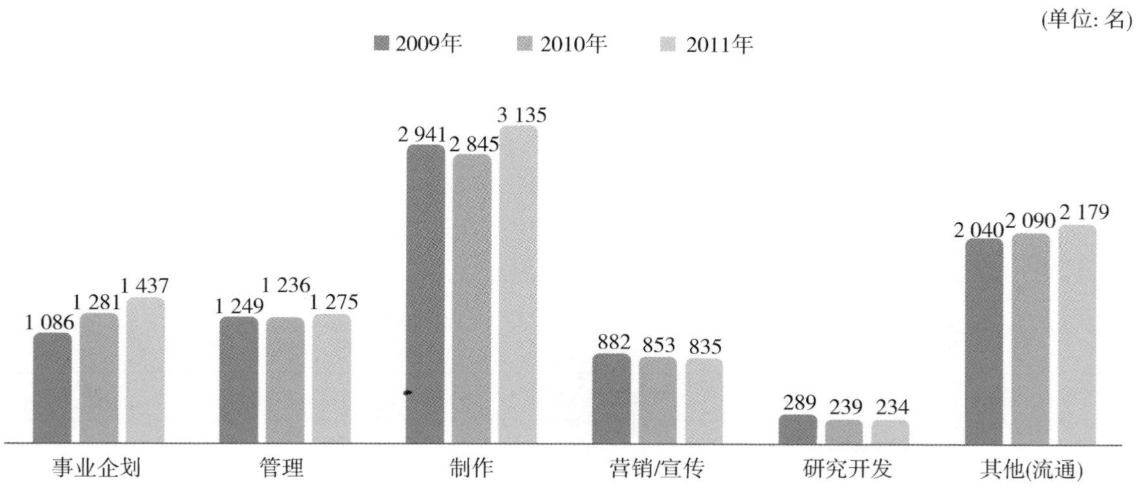


图 4-3-28　音乐行业各年度各职位的从业者现状

## 8. 音乐行业各学历的从业者现状①

从 2011 年音乐行业各学历的从业者现状来看，大学毕业的从业者为7 837人，占总人数的 86.2%，所占比例最大。专科毕业的从业者为 545 人，占总人数的 6.0%；高中以下学历的从业者为 468 人，占总人数的 5.1%；研究生以上学历的从业者为 245 人，占总人数的 2.7%，所占比例最小。

表 4-3-47　**音乐行业各业种中各学历的从业者现状(2011 年)**　(单位：名)

| 中分类 | 小分类 | 从业者数量 | | | | 合计 |
|---|---|---|---|---|---|---|
| | | 高中以下 | 专科毕业 | 大学毕业 | 研究生以上 | |
| 音乐制作业 | 音乐企划及制作业 | 55 | 99 | 2 077 | 42 | 2 273 |
| | (音源)录音设施运营业 | 28 | 65 | 395 | 9 | 497 |
| | 小计 | 83 | 164 | 2 472 | 51 | 2 770 |
| | 比重(%) | 3.0 | 5.9 | 89.3 | 1.8 | 100.0 |
| 音乐及音像制品出版业 | 音乐音像制品出版业 | 3 | 12 | 46 | 3 | 64 |
| | 其他音像制品制作业 | — | 4 | 12 | — | 16 |
| | 小计 | 3 | 16 | 58 | 3 | 80 |
| | 比重(%) | 3.8 | 20.0 | 72.5 | 3.8 | 100.0 |
| 唱片复制及发行业 | 唱片复制业 | 11 | 23 | 115 | — | 149 |
| | 唱片发行业 | 13 | 19 | 103 | 3 | 138 |
| | 小计 | 24 | 42 | 218 | 3 | 287 |
| | 比重(%) | 8.4 | 14.6 | 76.0 | 1.0 | 100.0 |
| 唱片批发零售业 | 唱片批发业 | 21 | 29 | 101 | — | 151 |
| | 唱片零售业 | 109 | 33 | 235 | — | 377 |
| | 小计 | 130 | 62 | 336 | — | 528 |
| | 比重(%) | 24.6 | 11.7 | 63.6 | — | 100.0 |

① 网络唱片零售业及练歌房运营业除外。

续表

| 中分类 | 小分类 | 从业者数量 | | | | 合计 |
|---|---|---|---|---|---|---|
| | | 高中以下 | 专科毕业 | 大学毕业 | 研究生以上 | |
| 在线音乐流通业 | 移动音乐服务业 | — | — | 26 | — | 26 |
| | 网络音乐服务业 | 41 | 66 | 1 541 | 31 | 1 679 |
| | 唱片代理中介业 | 4 | 7 | 169 | 1 | 181 |
| | 网络/移动音乐资讯制作及提供业(CP) | 22 | 34 | 405 | 8 | 469 |
| | 小计 | 67 | 107 | 2 141 | 40 | 2 355 |
| | 比重(%) | 2.9 | 4.5 | 90.9 | 1.7 | 100.0 |
| 音乐演出业 | 音乐演出企划及制作业 | 157 | 151 | 2 405 | 139 | 2 852 |
| | 其他音乐演出服务业 | 4 | 3 | 207 | 9 | 223 |
| | 小计 | 161 | 154 | 2 612 | 148 | 3 075 |
| | 比重(%) | 5.2 | 5.0 | 85.0 | 4.8 | 100.0 |
| 合计 | | 468 | 545 | 7 837 | 245 | 9 095 |
| 比重(%) | | 5.1 | 6.0 | 86.2 | 2.7 | 100.0 |

从年度来看，大学毕业的从业者比上年增加了 7.5%，从 2009 年至 2011 年呈现出不断增加的趋势，年平均增加了 4.1%。研究生以上学历的从业者比上年增加了 6.1%，年平均增加了 1.2%。高中以下学历的从业者有所减少，比上年减少了 5.5%，年平均减少了 0.9%。专业毕业的从业者虽然比上年增加了 3.0%，年平均却减少了 0.1%。

表 4-3-48　**音乐行业各年度各学历的从业者现状**　(单位：名)

| 学历 / 年度 | 从业者数量 | | | | 合计 |
|---|---|---|---|---|---|
| | 高中以下 | 专科毕业 | 大学毕业 | 研究生以上 | |
| 2009 年 | 477 | 546 | 7 225 | 239 | 8 487 |
| 2010 年 | 495 | 529 | 7 289 | 231 | 8 544 |
| 2011 年 | 468 | 545 | 7 837 | 245 | 9 095 |
| 同比增减率(%) | ▽5.5 | 3.0 | 7.5 | 6.1 | 6.4 |
| 年平均增减率(%) | ▽0.9 | ▽0.1 | 4.1 | 1.2 | 3.5 |

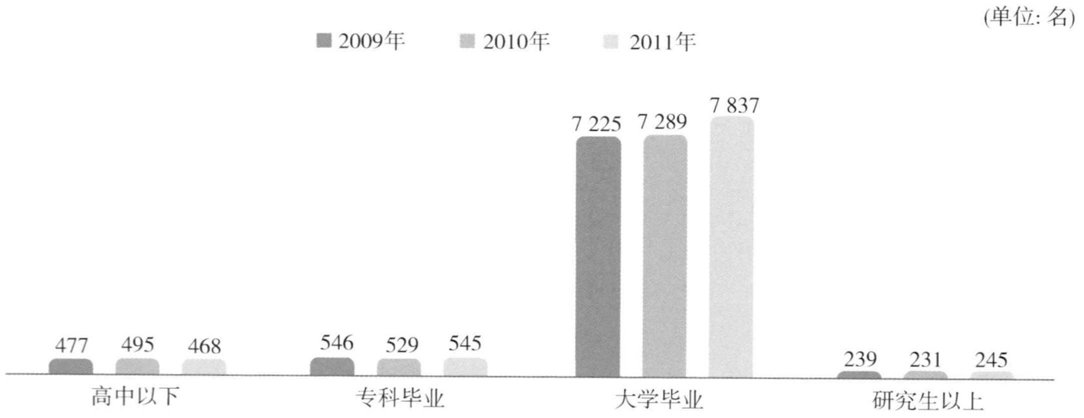


图 4-3-29　音乐行业各年度各学历的从业者现状

## 9. 音乐行业各年龄段的从业者现状①

从2011年音乐行业各年龄段的从业者现状来看，29岁以下的从业者为2 679人，占总人数的29.4%。30岁以上34岁以下的从业者为2 707人，占总人数的29.8%，35岁以上39岁以下的从业者为2 318人，占总人数的25.5%，40岁以上的从业者为1 391人，占总人数的15.3%。从年度来看，29岁以下的从业者比上年增加了1.8%，从2009年到2011年，年平均增加了2.5%；30岁以上34岁以下的从业者比上年增加了14.6%，年平均增加了7.2%；35岁以上39岁以下的从业者比上年增加了4.7%，年平均增加了2.6%；40岁以上的从业者比上年增加了4.2%，年平均增加了0.4%。

表 4-3-49　　**音乐行业各年龄段各业种的从业者现状(2011年)**　　（单位：名）

| 中分类 | 小分类 | 从业者数量 | | | | 合计 |
|---|---|---|---|---|---|---|
| | | 29岁以下 | 30~34岁 | 35~39岁 | 40岁以上 | |
| 音乐制作业 | 音乐企划及制作业 | 699 | 733 | 503 | 338 | 2 273 |
| | (音源)录音设施运营业 | 122 | 166 | 138 | 71 | 497 |
| | 小计 | 821 | 899 | 641 | 409 | 2 770 |
| | 比重(%) | 29.6 | 32.5 | 23.1 | 14.8 | 100.0 |
| 音乐及音像制品出版业 | 音乐音像制品出版业 | 16 | 21 | 13 | 14 | 64 |
| | 其他音像制品制作业 | — | — | 6 | 10 | 16 |
| | 小计 | 16 | 21 | 19 | 24 | 80 |
| | 比重(%) | 20.0 | 26.3 | 23.8 | 30.0 | 100.0 |
| 唱片复制及发行业 | 唱片复制业 | 45 | 42 | 40 | 22 | 149 |
| | 唱片发行业 | 34 | 46 | 35 | 23 | 138 |
| | 小计 | 79 | 88 | 75 | 45 | 287 |
| | 比重(%) | 27.5 | 30.7 | 26.1 | 15.7 | 100.0 |
| 唱片批发零售业 | 唱片批发业 | 25 | 33 | 57 | 36 | 151 |
| | 唱片零售业 | 72 | 89 | 102 | 114 | 377 |
| | 小计 | 97 | 122 | 159 | 150 | 528 |
| | 比重(%) | 18.4 | 23.1 | 30.1 | 28.4 | 100.0 |
| 在线音乐流通业 | 移动音乐服务业 | 4 | 9 | 10 | 3 | 26 |
| | 网络音乐服务业 | 483 | 516 | 469 | 211 | 1 679 |
| | 唱片代理中介业 | 46 | 61 | 42 | 32 | 181 |
| | 网络/移动音乐资讯制作及提供业(CP) | 158 | 156 | 112 | 43 | 469 |
| | 小计 | 691 | 742 | 633 | 289 | 2 355 |
| | 比重(%) | 29.3 | 31.5 | 26.9 | 12.3 | 100.0 |
| 音乐演出业 | 音乐演出企划及制作业 | 932 | 739 | 732 | 449 | 2 852 |
| | 其他音乐演出服务业 | 43 | 96 | 59 | 25 | 223 |
| | 小计 | 975 | 835 | 791 | 474 | 3 075 |
| | 比重(%) | 31.7 | 27.2 | 25.7 | 15.4 | 100.0 |
| 合计 | | 2 679 | 2 707 | 2 318 | 1 391 | 9 095 |
| 比重(%) | | 29.4 | 29.8 | 25.5 | 15.3 | 100.0 |

① 网络唱片零售业及练歌房运营业除外。

表 4-3-50　　音乐行业各年度各年龄段的从业者现状　　（单位：名）

| 年度＼年龄 | 从业者数量 | | | | 合计 |
|---|---|---|---|---|---|
| | 29 岁以下 | 30~34 岁 | 35~39 岁 | 40 岁以上 | |
| 2009 年 | 2 549 | 2 354 | 2 204 | 1 380 | 8 487 |
| 2010 年 | 2 632 | 2 362 | 2 215 | 1 335 | 8 544 |
| 2011 年 | 2 679 | 2 707 | 2 318 | 1 391 | 9 095 |
| 同比增减率(%) | 1. 8 | 14. 6 | 4. 7 | 4. 2 | 6. 4 |
| 年平均增减率(%) | 2. 5 | 7. 2 | 2. 6 | 0. 4 | 3. 5 |

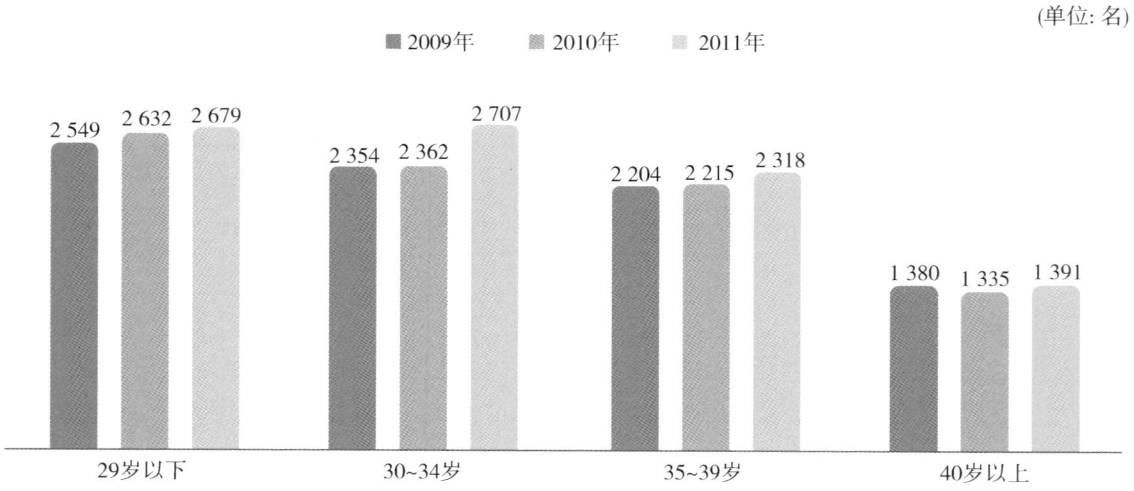


图 4-3-30　音乐行业各年度各年龄段的从业者现状

# 四、游 戏 行 业

表 4-4-1　　游戏行业的分类

| 大分类 | 中分类 | 小分类 | 分类体系的定义 |
|---|---|---|---|
| 游戏行业 | 游戏制作及发行业 | 游戏企划及制作业 | 企划或制作游戏的企业 |
| | | 游戏发行业 | 对已制作的游戏进行分配的企业 |
| | 游戏流通业 | 计算机游戏厅运营业 | 运营通过网络或刻录机进行的计算机游戏所需设施的企业 |
| | | 电子游戏场运营业 | 运营计算机以外的电子游戏机设备的企业 |

## (一)游戏行业的整体概况

调查显示，2011 年游戏行业的企业数量为17 344个，从业者为95 015人。销售额为 8 兆8 047亿韩元，附加价值额为 4 兆1 848亿韩元，附加价值率为 47. 53%。出口额为 23 亿7 807万美元，进口额为

2 498万美元。

游戏行业的企业数量在2006年为32 802个，2011年为17 344个，2006年至2011年，年平均减少了12.0%。游戏行业销售额年平均增加了3.4%，从业者数量年平均减少了2.1%。其中呈现出最大增长的部分是出口额，年平均增加了28.8%。

表4-4-2　**游戏行业的整体概况**

| 分类 | 企业数量（个） | 从业者数量（名） | 销售额（百万韩元） | 附加价值额（百万韩元） | 附加价值率（%） | 出口额（千美元） | 进口额（千美元） |
|---|---|---|---|---|---|---|---|
| 2006年 | 32 802 | 105 773 | 7 448 900 | 3 655 175 | 49.07 | 671 994 | 207 556 |
| 2007年 | 34 533 | 92 572 | 5 143 600 | 2 487 445 | 48.36 | 781 004 | 389 549 |
| 2008年 | 29 293 | 95 292 | 5 604 700 | 2 808 000 | 50.10 | 1 093 865 | 386 920 |
| 2009年 | 30 535 | 92 533 | 6 580 600 | 3 348 867 | 50.89 | 1 240 856 | 332 250 |
| 2010年 | 20 658 | 94 973 | 7 431 118 | 3 768 320 | 50.71 | 1 606 102 | 242 532 |
| 2011年 | 17 344 | 95 015 | 8 804 740 | 4 184 893 | 47.53 | 2 378 078 | 204 986 |
| 同比增减率(%) | ▽16.0 | 0.0 | 18.5 | 11.1 | ▽3.18p | 48.1 | ▽15.5 |
| 年平均增减率(%) | ▽12.0 | ▽2.1 | 3.4 | 2.7 | — | 28.8 | ▽0.2 |

2011年游戏行业各企业的平均销售额为5亿800万韩元，比上年增加了41.1%，年平均增加了53.5%；人均销售额为9 300万韩元，比上年增加了18.4%，年平均增加了14.2%。从业种类别来看，游戏制作及发行业的人均销售额为1亿3 500万韩元；计算机游戏厅运营业的人均销售额为4 100万韩元；电子游戏场运营业的人均销售额为7 700万韩元。游戏制作及发行业的企业平均销售额为68亿9 500万韩元，计算机游戏厅运营业的企业平均销售额为1亿900万韩元，电子游戏场运营业的企业平均销售额为1亿5 000万韩元。

表4-4-3　**游戏行业各企业的平均销售额及从业者的人均销售额现状(2011年)**

| 中分类 | 小分类 | 企业数（个） | 从业者数（名） | 销售额（百万韩元） | 各企业平均销售额（百万韩元） | 人均销售额（百万韩元） |
|---|---|---|---|---|---|---|
| 游戏制作及发行业 | 游戏制作及发行业 | 1 017 | 51 859 | 7 012 103 | 6 895 | 135 |
| 游戏流通业 | 计算机游戏厅运营业 | 15 817 | 42 161 | 1 716 325 | 109 | 41 |
| | 电子游戏场运营业 | 510 | 995 | 76 312 | 150 | 77 |
| 整体 | | 17 344 | 95 015 | 8 804 740 | 508 | 93 |

从各年度的人均销售额来看，2009年为7 100万韩元，2010年为7 800万韩元，2011年为9 300万韩元，呈现出不断增加的趋势。各年度的企业平均销售额分别为：2009年2亿1 600万韩元；2010年3

亿6 000万韩元；2011 年 5 亿 800 万韩元，也呈现出持续增加的态势。

表 4-4-4　　游戏行业各年度各企业的平均销售额及从业者的人均销售额现状

| 分类 | 年度 | 企业数量（个） | 从业者数量（名） | 销售额（百万韩元） | 各企业平均销售额（百万韩元） | 人均销售额（百万韩元） |
|---|---|---|---|---|---|---|
| 游戏制作及发行业 | 2009 年 | 5 111 | 43 365 | 4 572 000 | 895 | 105 |
| | 2010 年 | 1 094 | 48 585 | 5 594 165 | 5 113 | 115 |
| | 2011 年 | 1 017 | 51 859 | 7 012 103 | 6 895 | 135 |
| 同比增减率(%) | | ▽7. 0 | 6. 7 | 25. 3 | 34. 8 | 17. 4 |
| 年平均增减率(%) | | ▽55. 4 | 9. 4 | 23. 8 | 177. 6 | 13. 2 |
| 游戏流通业 | 2009 年 | 25 424 | 49 168 | 2 008 600 | 79 | 41 |
| | 2010 年 | 19 564 | 46 388 | 1 836 953 | 94 | 40 |
| | 2011 年 | 16 327 | 43 156 | 1 792 637 | 110 | 42 |
| 同比增减率(%) | | ▽16. 5 | ▽7. 0 | ▽2. 4 | 16. 9 | 4. 9 |
| 年平均增减率(%) | | ▽19. 9 | ▽6. 3 | ▽5. 5 | 17. 9 | 0. 8 |
| 整体 | 2009 年 | 30 535 | 92 533 | 6 580 600 | 216 | 71 |
| | 2010 年 | 20 658 | 94 973 | 7 431 118 | 360 | 78 |
| | 2011 年 | 17 344 | 95 015 | 8 804 740 | 508 | 93 |
| 同比增减率(%) | | ▽16. 0 | 0. 0 | 18. 5 | 41. 1 | 18. 4 |
| 年平均增减率(%) | | ▽24. 6 | 1. 3 | 15. 7 | 53. 5 | 14. 2 |

## (二)游戏行业的企业数量现状

2011 年游戏行业企业数量为17 344个，比上年减少了 16. 0%，从 2009 年至 2011 年，年平均减少了 24. 6%。从业种类别来看，计算机游戏厅运营业的企业数量为15 817个(91. 2%)，在企业总数中所占比例最大，比上年减少了 16. 8%，年平均减少了 14. 3%。游戏制作及发行业的企业数量为1 017个(5. 9%)，比上年减少了 7. 0%，年平均减少了 55. 4%。电子游戏场运营业的企业数量为 510 个(2. 9%)，比上年减少了 7. 3%，年平均减少了 63. 7%。

表 4-4-5　　游戏行业各年度各业种的企业数量现状　　（单位：个）

| 中分类 | 小分类 | 2009 年 | 2010 年 | 2011 年 | 比重（%） | 同比增减率（%） | 年平均增减率（%） |
|---|---|---|---|---|---|---|---|
| 游戏制作及发行业 | 游戏企划及制作业 | 3 666 | 1 094 | 1 017 | 5. 9 | ▽7. 0 | ▽55. 4 |
| | 游戏发行业 | 1 445 | | | | | |
| 游戏流通业 | 计算机游戏厅运营业 | 21 547 | 19 014 | 15 817 | 91. 2 | ▽16. 8 | ▽14. 3 |
| | 电子游戏场运营业 | 3 877 | 550 | 510 | 2. 9 | ▽7. 3 | ▽63. 7 |
| 合计 | | 30 535 | 20 658 | 17 344 | 100. 0 | ▽16. 0 | ▽24. 6 |

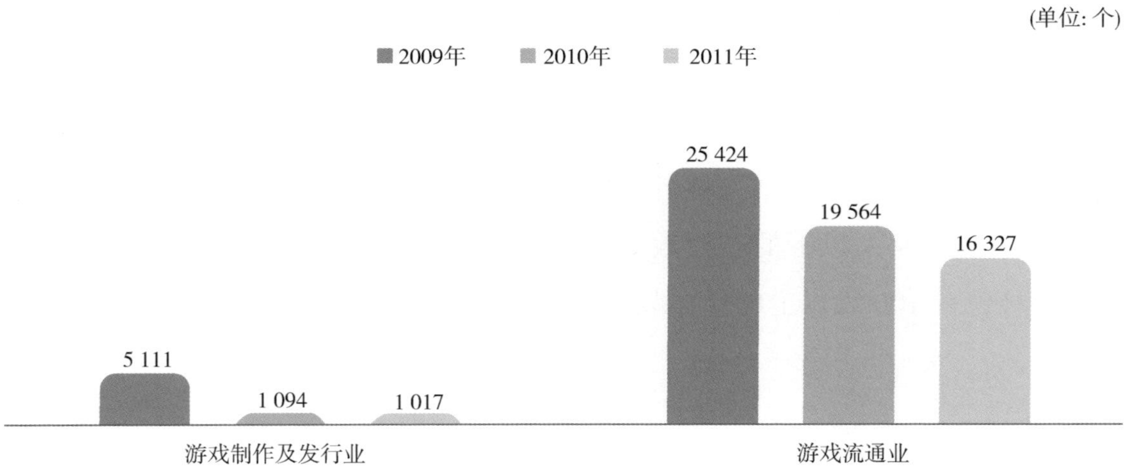


图 4-4-1　游戏行业各年度各业种的企业数量现状

从销售额规模来看，销售额规模在 1 亿韩元以下的企业数量是8 659个(49.9%)，在企业总数中所占比例最大，比上年减少了 18.2%，年平均减少了 27.7%，减少率也最高。其次是销售额规模在 1 亿韩元以上 10 亿韩元以下的企业，数量为8 438个(48.7%)，比上年减少了 14.2%，年平均减少了 21.6%；销售额规模在 10 亿韩元以上 100 亿韩元以下的企业数量是 193 个(1.1%)，比上年增加了 2.7%，年平均增加了 5.6%；销售额规模在 100 亿韩元以上的企业数量在企业总数中所占比例最小，有 54 个(0.3%)，比上年增加了 3.8%，年平均增加了 5.0%。

表 4-4-6　　**游戏行业各年度各销售额规模的企业数量现状**　　(单位：个)

| 年度<br>销售额规模 | 2009 年 | 2010 年 | 2011 年 | 比重<br>(%) | 同比增减率<br>(%) | 年平均增减率<br>(%) |
|---|---|---|---|---|---|---|
| 不足 1 亿韩元 | 16 571 | 10 586 | 8 659 | 49.9 | ▽18.2 | ▽27.7 |
| 1 亿~10 亿韩元 | 13 742 | 9 832 | 8 438 | 48.7 | ▽14.2 | ▽21.6 |
| 10 亿~100 亿韩元 | 173 | 188 | 193 | 1.1 | 2.7 | 5.6 |
| 100 亿韩元以上 | 49 | 52 | 54 | 0.3 | 3.8 | 5.0 |
| 合计 | 30 535 | 20 658 | 17 344 | 100.0 | ▽16.0 | ▽24.6 |

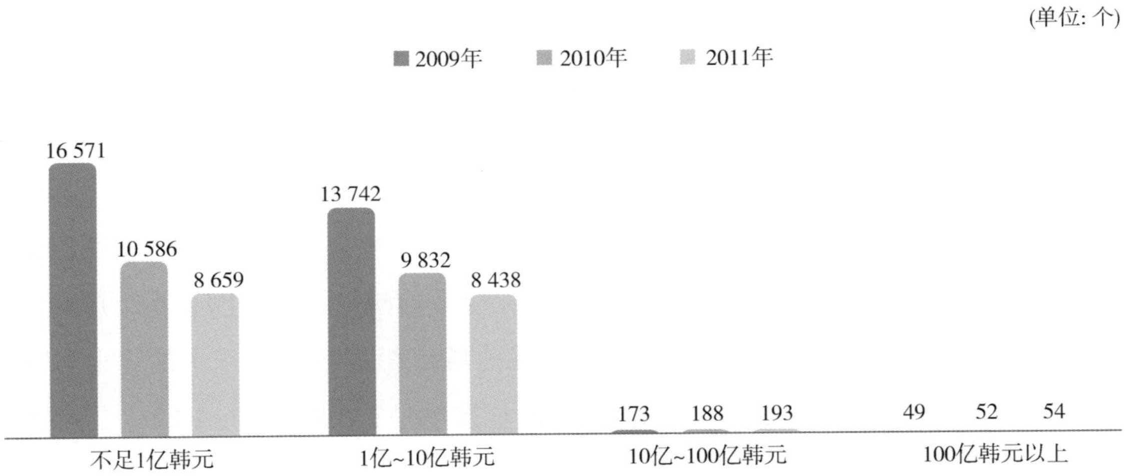


图 4-4-2　游戏行业各年度各销售额规模的企业数量现状

从从业者规模来看，从业者规模在1人以上4人以下的企业数量是15 233个（87.8%），在企业总数中所占比例最大，比上年减少了18.0%，年平均减少了23.2%。其次是从业者规模在5人以上9人以下的企业，数量是1 592个（9.2%），比上年增加了0.4%，年平均减少了38.4%。从业者规模在10人以上49人以下的企业数量是387个（2.2%），比上年增加了4.0%，年平均增加了2.5%。从业者规模在50人以上99人以下的企业数量是78个（0.5%），比上年增加了2.6%，年平均增加了4.8%。从业者规模在100人以上的企业数量是54个（0.3%），比上年增加了3.8%，年平均增加了5.0%。

表4-4-7　**游戏行业各年度各从业者规模的企业数量现状**　（单位：个）

| 从业者规模＼年度 | 2009年 | 2010年 | 2011年 | 比重（%） | 同比增减率（%） | 年平均增减率（%） |
|---|---|---|---|---|---|---|
| 1~4人 | 25 845 | 18 573 | 15 233 | 87.8 | ▽18.0 | ▽23.2 |
| 5~9人 | 4 202 | 1 585 | 1 592 | 9.2 | 0.4 | ▽38.4 |
| 10~49人 | 368 | 372 | 387 | 2.2 | 4.0 | 2.5 |
| 50~99人 | 71 | 76 | 78 | 0.5 | 2.6 | 4.8 |
| 100人以上 | 49 | 52 | 54 | 0.3 | 3.8 | 5.0 |
| 合计 | 30 535 | 20 658 | 17 344 | 100.0 | ▽16.0 | ▽24.6 |

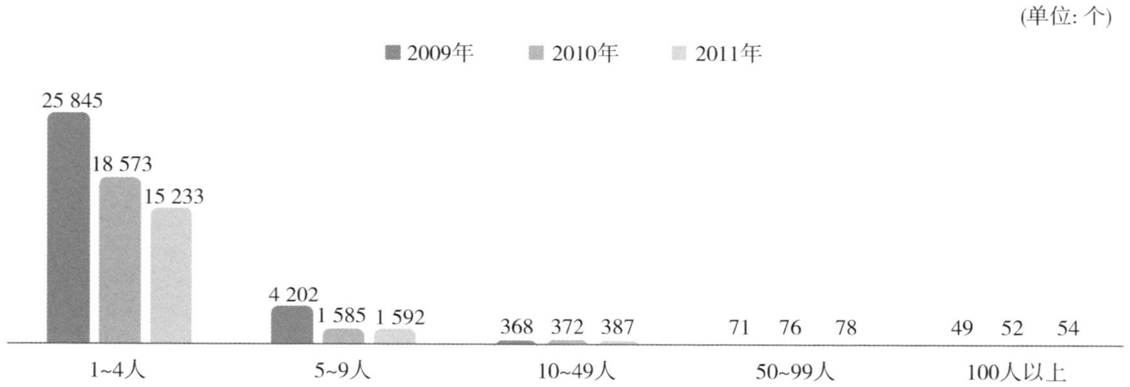


图4-4-3　游戏行业各年度各从业者规模的企业数量现状

从2011年游戏行业各地区的企业数量现状来看，首尔的企业数量是4 863个，占企业总数的28.0%，比上年减少了6.1%，从2009年至2011年，年平均减少了29.5%。6个广域市的企业数量是4 269个，占企业总数的24.7%，比上年减少了20.7%，年平均减少了20.9%。6个广域市中釜山的企业数量是1 318个，占企业总数的7.6%，所占比例与其他城市相比较高，釜山的企业数量比上年减少了9.8%，年平均减少了15.8%。9个道中京畿道的企业数量是3 708个（21.4%），是除首尔外所占比例最高的地区，京畿道的企业数量比上年减少了6.7%，年平均减少了19.4%。

表 4-4-8　　**游戏行业各年度各地区的企业数量现状**　　（单位：个）

| 地区 | | 2009 年 | 2010 年 | 2011 年 | 比重（%） | 同比增减率（%） | 年平均增减率（%） |
|---|---|---|---|---|---|---|---|
| 首尔 | | 9 772 | 5 178 | 4 863 | 28.0 | ▽6.1 | ▽29.5 |
| 6 个广域市 | 釜山 | 1 859 | 1 462 | 1 318 | 7.6 | ▽9.8 | ▽15.8 |
| | 大邱 | 1 133 | 925 | 766 | 4.4 | ▽17.2 | ▽17.8 |
| | 仁川 | 1 480 | 1 026 | 811 | 4.7 | ▽21.0 | ▽26.0 |
| | 光州 | 909 | 892 | 658 | 3.8 | ▽26.2 | ▽14.9 |
| | 大田 | 858 | 612 | 427 | 2.5 | ▽30.2 | ▽29.5 |
| | 蔚山 | 576 | 469 | 289 | 1.7 | ▽38.4 | ▽29.2 |
| | 小计 | 6 815 | 5 386 | 4 269 | 24.7 | ▽20.7 | ▽20.9 |
| 9 个道 | 京畿道 | 5 711 | 3 975 | 3 708 | 21.4 | ▽6.7 | ▽19.4 |
| | 江原道 | 921 | 677 | 466 | 2.7 | ▽31.2 | ▽28.9 |
| | 忠清北道 | 808 | 576 | 382 | 2.2 | ▽33.7 | ▽31.2 |
| | 忠清南道 | 959 | 768 | 585 | 3.4 | ▽23.8 | ▽21.9 |
| | 全罗北道 | 1 123 | 795 | 613 | 3.5 | ▽22.9 | ▽26.1 |
| | 全罗南道 | 917 | 722 | 501 | 2.9 | ▽30.6 | ▽26.1 |
| | 庆尚北道 | 1 267 | 982 | 763 | 4.4 | ▽22.3 | ▽22.4 |
| | 庆尚南道 | 1 775 | 1 294 | 1 011 | 5.8 | ▽21.9 | ▽24.5 |
| | 济州道 | 467 | 305 | 183 | 1.0 | ▽40.0 | ▽37.4 |
| | 小计 | 13 948 | 10 094 | 8 212 | 47.3 | ▽18.6 | ▽23.3 |
| 合计 | | 30 535 | 20 658 | 17 344 | 100.0 | ▽16.0 | ▽24.6 |

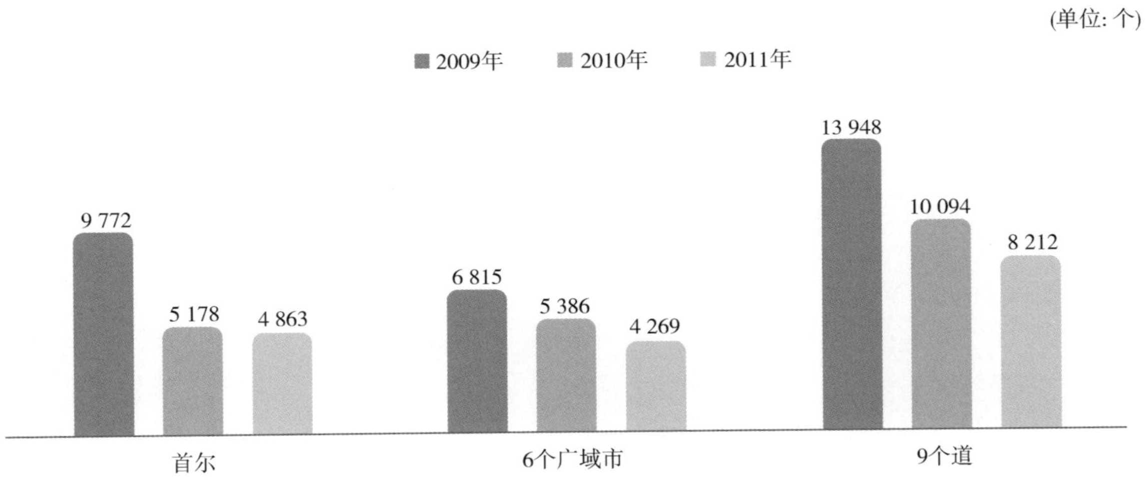


图 4-4-4　游戏行业各年度各地区的企业数量现状

## (三) 游戏行业的销售额现状

2011 年游戏行业的销售额为 8 兆8 047亿韩元，比上年增加了 18.5%，年平均增加了 15.7%。从各年度整体销售额的趋势来看，2009 年为 6 兆5 806亿韩元，2010 年为 7 兆4 311亿韩元，2011 年为 8

兆8 047亿韩元，销售额呈现出持续性的增加。

从中分类来看，游戏制作及发行业为7兆121亿韩元，占全部销售额的79.6%；游戏流通业为1兆7 926亿韩元，占全部销售额的20.4%。按年度分析，游戏制作及发行业在2009年为4兆5 720亿韩元，2010年为5兆5 941亿韩元，2011年为7兆121亿韩元，呈现出了稳定的增加，这比上年增加了25.3%，年平均增加了23.8%。游戏流通业从2009年的2兆86亿韩元减少到2010年的1兆8 369亿韩元，2011年持续减少到1兆7 926亿韩元，比上年减少了2.4%，年平均减少了5.5%。

从小分类来看，在线游戏销售额所占比例最大，为70.8%，在2009年为3兆7 087亿韩元，2010年为4兆7 672亿韩元，2011年为6兆2 368亿韩元，销售额呈现出了持续的增加。比上年增加了30.8%，从2009年至2011年，年平均增加了29.7%，与其他业种相比有着大幅度的增加，其规模也逐年增加。

表4-4-9　**游戏行业各年度各业种的销售额现状**　（单位：百万韩元）

| 中分类 | 小分类 | 销售额 | | | 比重 | 同比增减率 | 年平均增减率 |
|---|---|---|---|---|---|---|---|
| | | 2009年 | 2010年 | 2011年 | (%) | (%) | (%) |
| 游戏制作及发行业 | 在线游戏业 | 3 708 700 | 4 767 253 | 6 236 852 | 70.8 | 30.8 | 29.7 |
| | 视频游戏业 | 525 700 | 426 781 | 268 423 | 3.1 | ▽37.1 | ▽28.5 |
| | 手机游戏业 | 260 800 | 316 665 | 423 567 | 4.8 | 33.8 | 27.4 |
| | PC游戏业 | 15 000 | 12 000 | 9 639 | 0.1 | ▽19.7 | ▽19.8 |
| | 街机游戏业 | 61 800 | 71 466 | 73 622 | 0.8 | 3.0 | 9.1 |
| | 小计 | 4 572 000 | 5 594 165 | 7 012 103 | 79.6 | 25.3 | 23.8 |
| 游戏流通业 | 计算机游戏厅运营业 | 1 934 200 | 1 760 128 | 1 716 325 | 19.5 | ▽2.5 | ▽5.8 |
| | 电子游戏场运营业 | 74 400 | 76 825 | 76 312 | 0.9 | ▽0.7 | 1.3 |
| | 小计 | 2 008 600 | 1 836 953 | 1 792 637 | 20.4 | ▽2.4 | ▽5.5 |
| 合计 | | 6 580 600 | 7 431 118 | 8 804 740 | 100.0 | 18.5 | 15.7 |

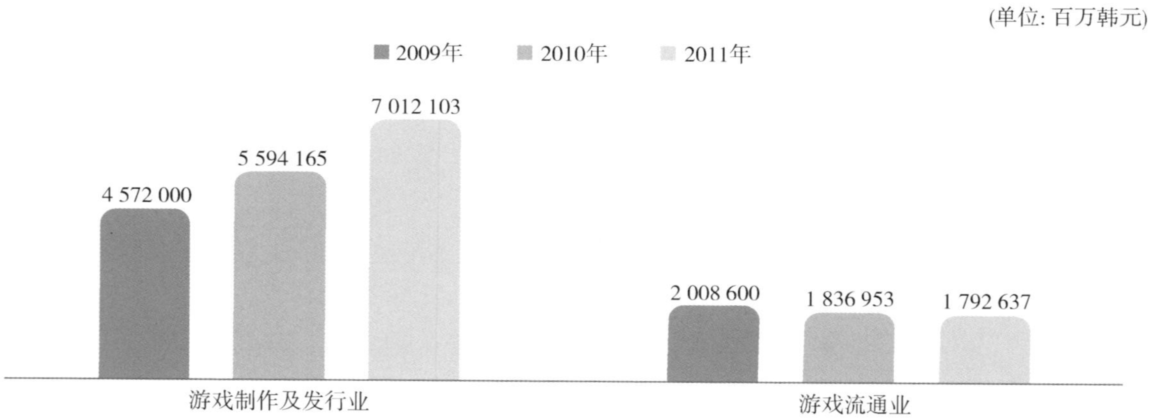


图4-4-5　游戏行业各年度各业种的销售额现状

1. 游戏行业中游戏制作及发行业的销售额现状

2011年游戏行业中游戏制作及发行业的销售额为7兆121亿韩元，比上年增加了25.3%，从

2009 年至 2011 年，年平均增加了 23. 8%。从年度来看，游戏行业中游戏制作及分配业的销售额，在 2009 年为 4 兆5 720亿韩元，2010 年为 5 兆5 941亿韩元，2011 年为 7 兆 121 亿韩元，呈现出持续性增加的趋势。

从小分类来看，调查显示，在线游戏的销售额为 6 兆2 368亿韩元(89. 0%)，在销售总额中所占比例最大。其次是手机游戏，销售额为4 235亿韩元(6. 0%)。视频游戏的销售额为4 235亿韩元(6. 0%)，街机游戏为 736 亿韩元(1. 1%)，PC 游戏的销售额为 96 亿韩元(0. 1%)。

从年度来看，在线游戏的销售额从 2009 年的 3 兆7 087亿韩元增加到 2010 年的 4 兆7 672亿韩元，2011 年又持续增加到 6 兆2 368亿韩元，这比上年增加了 30. 8%，从 2009 年至 2011 年，年平均增加了 29. 7%。视频游戏的销售额则从 2009 年的5 257亿韩元持续减少 2010 年的4 267亿韩元，2011 年为 2 684亿韩元，比上年减少了 37. 1%，年平均减少了 28. 5%。手机游戏的销售额从 2009 年的2 608亿韩元持续增加 2010 年的3 166亿韩元，2011 年为4 235亿韩元，比上年增加了 33. 8%，年平均增加了 27. 4%。街机游戏的销售额在 2009 年为 618 亿韩元，2010 年为 714 亿韩元，2011 年为 736 亿韩元，比上年增加了 3. 0%，年平均增加了 9. 1%。PC 游戏的销售额在 2009 年为 150 亿韩元，2010 年为 120 亿韩元，2011 年为 96 亿韩元，比上年减少了 19. 7%，年平均减少了 19. 8%。

表 4-4-10　**游戏行业中游戏制作及发行业的各业种的年度销售额现状**　(单位：百万韩元)

| 中分类 | 小分类 | 2009 年 | 2010 年 | 2011 年 | 比重 (%) | 同比增减率 (%) | 年平均增减率 (%) |
|---|---|---|---|---|---|---|---|
| 游戏制作及发行业 | 在线游戏业 | 3 708 700 | 4 767 253 | 6 236 852 | 89. 0 | 30. 8 | 29. 7 |
| | 视频游戏业 | 525 700 | 426 781 | 268 423 | 3. 8 | ▽37. 1 | ▽28. 5 |
| | 手机游戏业 | 260 800 | 316 665 | 423 567 | 6. 0 | 33. 8 | 27. 4 |
| | PC 游戏业 | 15 000 | 12 000 | 9 639 | 0. 1 | ▽19. 7 | ▽19. 8 |
| | 街机游戏业 | 61 800 | 71 466 | 73 622 | 1. 1 | 3. 0 | 9. 1 |
| 合计 | | 4 572 000 | 5 594 165 | 7 012 103 | 100. 0 | 25. 3 | 23. 8 |

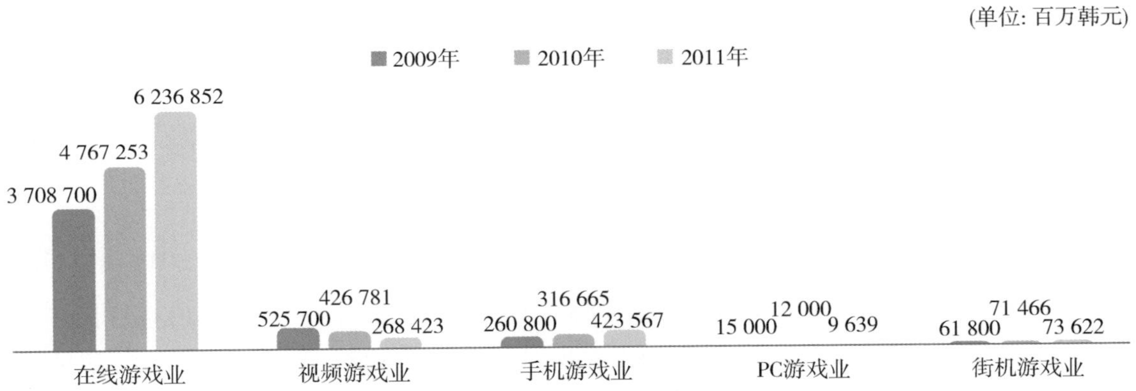


图 4-4-6　游戏行业中游戏制作及发行业各业种的年度销售额现状

## 2. 游戏行业中游戏流通业的销售额现状

2011 年游戏行业中游戏流通业的销售额是 1 兆7 926亿韩元，比上年减少了 2. 4%，从 2009 年至

2011 年，年平均减少了 5.5%。

从小分类来看，计算机游戏厅运营业的销售额是 1 兆7 163亿韩元，占流通业销售额的 95.7%；电子游戏场运营业的销售额是 763 亿韩元，占流通业总额的 4.3%。

从年度来看，计算机游戏厅运营业的销售额在 2009 年是 1 兆9 342亿韩元，2010 年减少到 1 兆7 601亿韩元，2011 年又小幅减少到 1 兆7 163亿韩元。这比上年减少了 2.5%，年平均减少了 5.8%。电子游戏场运营业的销售额从 2009 年的 744 亿韩元小幅增加到 2010 年的 768 亿韩元，2011 年又减少到 763 亿韩元，这比上年减少了 0.7%，年平均增加了 1.3%。

表 4-4-11　**游戏行业中游戏流通业的各业种的年度销售额现状**　（单位：百万韩元）

| 中分类 | 小分类 | 2009 年 | 2010 年 | 2011 年 | 比重（%） | 同比增减率（%） | 年平均增减率（%） |
|---|---|---|---|---|---|---|---|
| 游戏流通业 | 计算机游戏厅运营业 | 1 934 200 | 1 760 128 | 1 716 325 | 95.7 | ▽2.5 | ▽5.8 |
| | 电子游戏场运营业 | 74 400 | 76 825 | 76 312 | 4.3 | ▽0.7 | 1.3 |
| 合计 | | 2 008 600 | 1 836 953 | 1 792 637 | 100.0 | ▽2.4 | ▽5.5 |

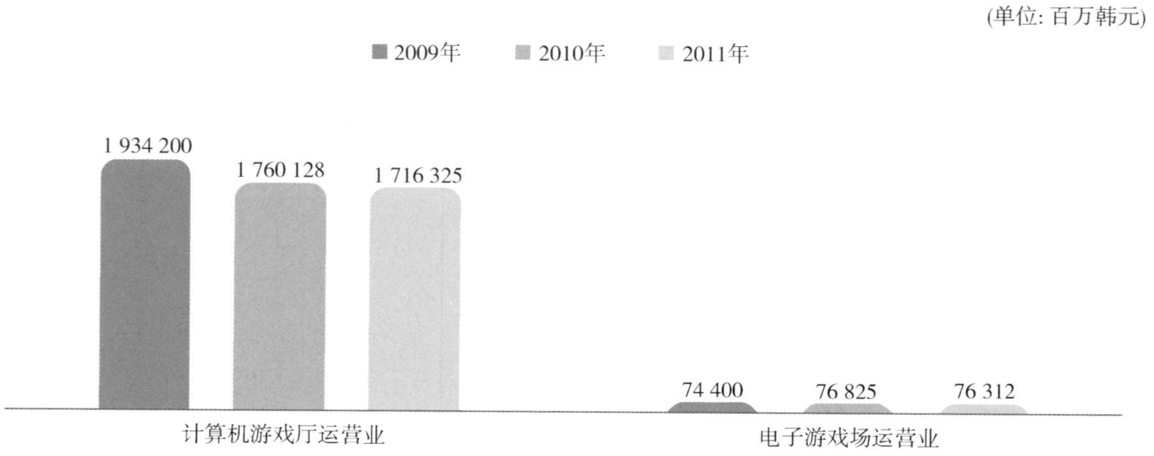


图 4-4-7　游戏行业中游戏流通业的各业种的年度销售额现状

### 3. 游戏行业中在线游戏的销售额现状

2011 年游戏行业中在线游戏的销售额为 6 兆2 368亿韩元，从 2006 年至 2011 年，年平均增加了 28.5%。从年度来看，2006 年的销售额是 1 兆7 768亿韩元，2007 年是 2 兆2 403亿韩元，2008 年是 2 兆6 922亿韩元，2009 年是 3 兆7 087亿韩元，2010 年是 4 兆7 672亿韩元，2011 年是 6 兆2 368亿韩元。

表 4-4-12　**游戏行业中在线游戏的年度销售额及同比增减率变化**　（单位：百万韩元）

| 分类 | 2006 年 | 2007 年 | 2008 年 | 2009 年 | 2010 年 | 2011 年 | 年平均增减率(%) |
|---|---|---|---|---|---|---|---|
| 销售额规模 | 1 776 800 | 2 240 300 | 2 692 200 | 3 708 700 | 4 767 253 | 6 236 852 | 28.5 |
| 同比增减率(%) | 23.4 | 26.1 | 20.2 | 37.8 | 28.5 | 30.8 | — |

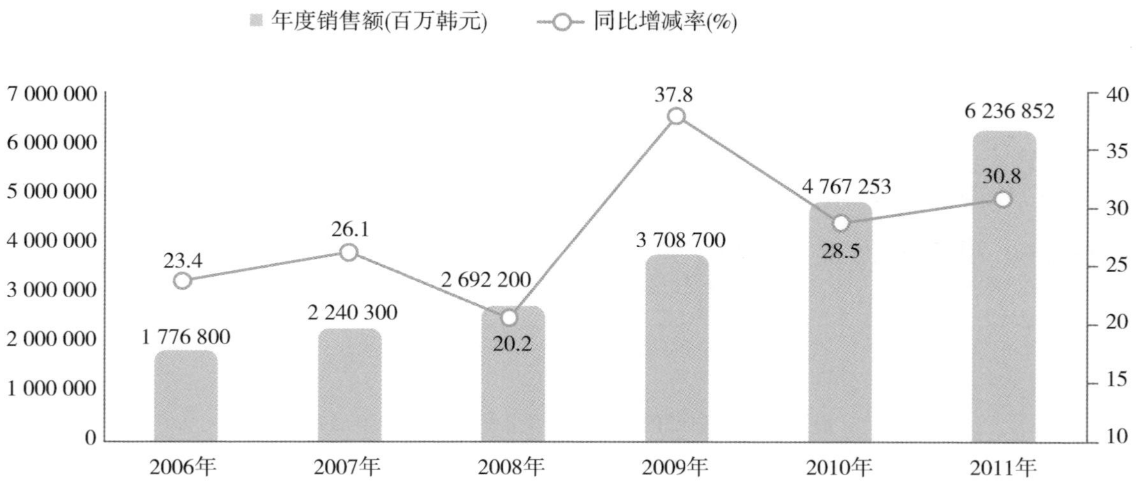


图 4-4-8　游戏行业中在线游戏的年度销售额及同比增减率变化

### 4. 游戏行业中视频游戏的销售额现状

2011 年，游戏行业中视频游戏的销售额是2 684亿韩元，比上年减少了 37. 1%，从 2007 年至 2011 年，年平均减少了 10. 6%。

韩国国内视频游戏的销售额在 2007 年增长到4 201亿韩元，比 2006 年增长了 207. 8%，显示出大幅增长的态势。2008 年是5 021亿韩元，比上年增长了 19. 5%；2009 年是5 257亿韩元，比 2008 年增长了 4. 7%。但 2010 年是4 267亿韩元，比 2009 年减少了 18. 8%，2011 年是2 684亿韩元，比上年减少了将近 37. 1%，呈现出减少的趋势。

表 4-4-13　**游戏行业中视频游戏的年度销售额及同比增减率变化**　（单位：百万韩元）

| 分类 | 2007 年 | 2008 年 | 2009 年 | 2010 年 | 2011 年 | 年平均增减率( % ) |
|---|---|---|---|---|---|---|
| 销售额规模 | 420 100 | 502 100 | 525 700 | 426 781 | 268 423 | ▽10. 6 |
| 同比增减率( % ) | 207. 8 | 19. 5 | 4. 7 | ▽18. 8 | ▽37. 1 | — |

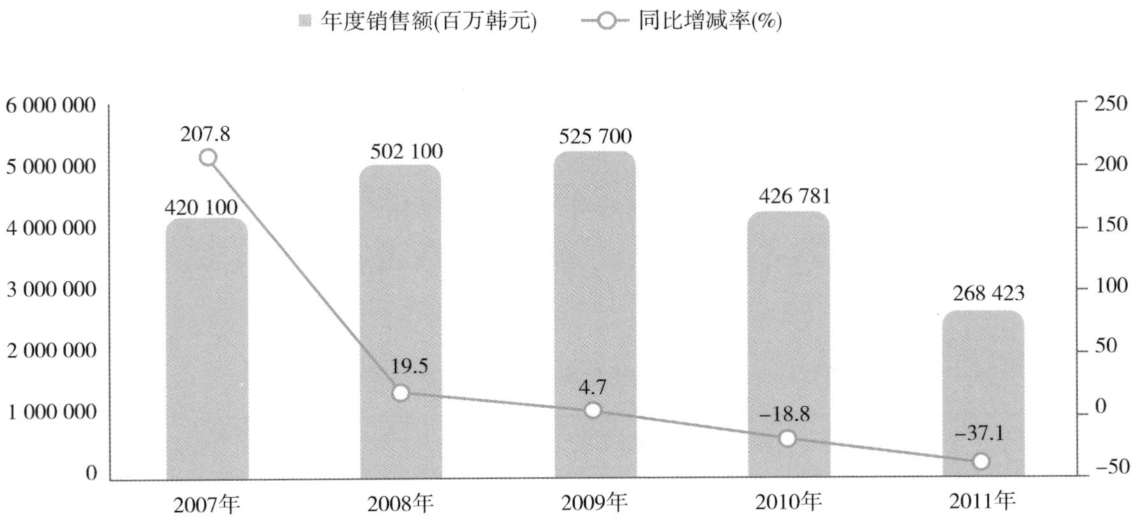


图 4-4-9　游戏行业中视频游戏的年度销售额及同比增减率变化

韩国国内正式发行销售的视频游戏产品大致分为 Xbox 用、Play Station 用、任天堂 Wii 用和任天堂 DS 用，国内正式发行的视频游戏产品数从 2010 年的 604 个减少到 2011 年的 521 个，比上年减少了 13.7%。具体来说，除 PS3 用、Xbox360 用以外的其他视频产品，数量都有所减少。尽管其他视频游戏产品数量在减少，但 PS3 用视频游戏产品在 2010 年发售了 241 个，2011 年发售了 265 个，比上年增加了 10.0%。Xbox360 用视频游戏在 2010 年发售了 109 个，2011 年发售了 128 个，比上年增加了 17.4%。

表 4-4-14　**游戏行业中在国内正式发行销售的视频游戏产品数**　（单位：个）

| 分类 | 2010 年 | 2011 年 | 同比增减率(%) |
|---|---|---|---|
| Wii | 8 | 5 | ▽37.5 |
| NDS | 43 | 16 | ▽62.8 |
| PS2 | 7 | 2 | ▽71.4 |
| PS3 | 241 | 265 | 10.0 |
| PSP | 173 | 79 | ▽54.3 |
| PS VITA | — | 11 | — |
| Xbox | 9 | 7 | ▽22.2 |
| Xbox360 | 109 | 128 | 17.4 |
| GP2X | 5 | 2 | ▽60.0 |
| GP2X WIZ | 1 | 0 | ▽100.0 |
| 其他 | 8 | 6 | ▽25.0 |
| 合计 | 604 | 521 | ▽13.7 |

### 5. 游戏行业中手机游戏的销售额现状

2011 年，游戏行业中手机游戏的销售额是4 235亿韩元，比上年增加了 33.8%，从 2006 年至 2011 年，年平均增加了 12.1%。从年度来看，从 2006 年至 2008 年持续增加，2009 年的销售额(2 608亿韩元)虽有暂时性的下降趋势，但在 2011 年(4 235亿韩元)又比上年增加了 33.8%。

表 4-4-15　**游戏行业中手机游戏的年度销售额及同比增减率变化**　（单位：百万韩元）

| 分类 | 2006 年 | 2007 年 | 2008 年 | 2009 年 | 2010 年 | 2011 年 | 年平均增减率(%) |
|---|---|---|---|---|---|---|---|
| 销售额规模 | 239 000 | 251 800 | 305 000 | 260 800 | 316 665 | 423 567 | 12.1 |
| 同比增减率(%) | 23.3 | 5.4 | 21.1 | ▽14.5 | 21.4 | 33.8 | — |

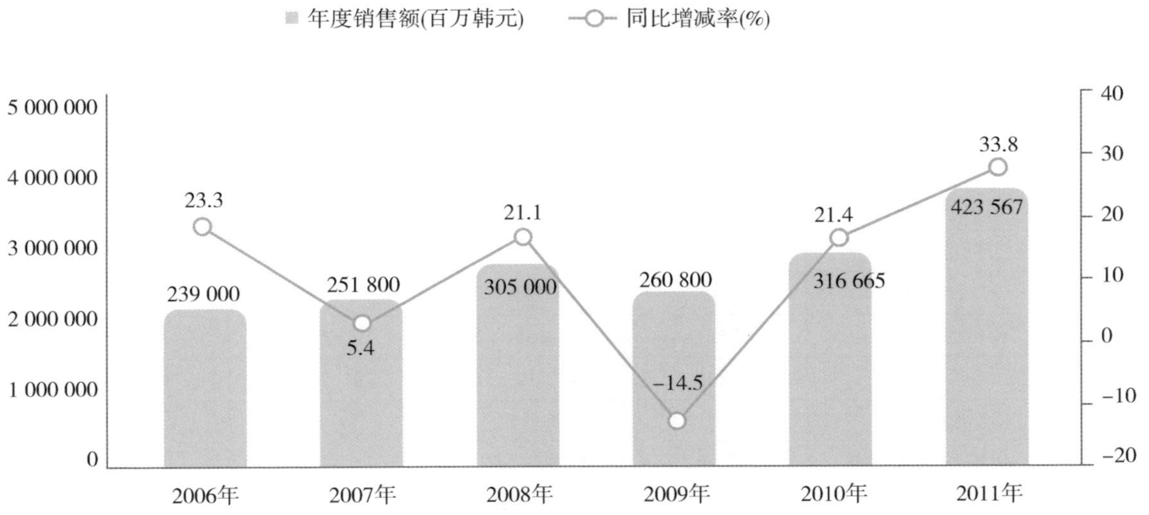


图 4-4-10　游戏行业中手机游戏的年度销售额及同比增减率变化

### 6. 游戏行业各事业形态的销售额现状

2011 年，在游戏行业各事业形态的销售额中，创作及制作的销售额是 5 兆6 855亿韩元，占销售总额的 64. 6%。流通/发行的销售额是 3 兆 647 亿韩元，占销售总额的 34. 8%；其他事业形态的销售额是 374 亿韩元，占销售总额的 0. 4%；制作服务的销售额是 169 亿韩元，占销售总额的 0. 2%。

表 4-4-16　　**游戏行业各事业形态各业种的销售额现状**　　（单位：百万韩元）

| 业种＼事业形态 | 创作及制作 | 制作支援 | 单纯复制 | 流通/发行 | 其他 | 合计 |
|---|---|---|---|---|---|---|
| 在线游戏业 | 5 231 184 | 11 322 | — | 968 659 | 25 687 | 6 236 852 |
| 视频游戏业 | 22 121 | — | — | 240 087 | 6 215 | 268 423 |
| 手机游戏业 | 377 980 | 5 237 | — | 36 821 | 3 529 | 423 567 |
| PC 游戏业 | 1 021 | — | — | 7 875 | 743 | 9 639 |
| 街机游戏业 | 53 289 | 369 | — | 18 713 | 1 251 | 73 622 |
| 计算机游戏厅运营业 | - | — | — | 1 716 325 | — | 1 716 325 |
| 电子游戏场运营业 | — | — | — | 76 312 | — | 76 312 |
| 合计 | 5 685 595 | 16 928 | — | 3 064 792 | 37 425 | 8 804 740 |
| 比重(%) | 64. 6 | 0. 2 | — | 34. 8 | 0. 4 | 100. 0 |

### 7. 游戏行业各销售额规模的企业销售额现状

从 2011 年游戏行业各销售额规模的企业销售额来看，销售额规模为 100 亿韩元以上的企业销售额是 6 兆 986 亿韩元，占总额的 69. 3%。其次是销售额规模在 1 亿韩元以上 10 亿韩元以下的企业销售额，为 1 兆3 344亿韩元，占总额的 15. 1%。销售额规模是 10 亿韩元以上 100 亿韩元以下的企业销售额是7 915亿韩元，占总额的 9. 0%，销售额规模在 1 亿韩元以下的企业销售额是5 800亿韩元，占总额的 6. 6%。

游戏行业中销售额规模在 100 亿韩元以上的大型企业占主导地位，尤其是游戏制作及发行业，其销售额的 87. 0%来自于销售额规模在 100 亿韩元以上的企业，可见游戏制作及发行业中以大型企业为主。

表 4-4-17　　**游戏行业中各业种各销售额规模的企业销售额现状(2011 年)**　　(单位：百万韩元)

| 业种 \ 销售额规模 | | 不足 1 亿韩元 | 1 亿～10 亿韩元 | 10 亿～100 亿韩元 | 100 亿韩元以上 | 合计 |
|---|---|---|---|---|---|---|
| 游戏制作及发行业 | 在线游戏业 | 821 | 49 022 | 532 583 | 5 654 426 | 6 236 852 |
| | 视频游戏业 | 116 | 1 531 | 38 666 | 228 110 | 268 423 |
| | 手机游戏业 | 6 985 | 45 829 | 178 682 | 192 071 | 423 567 |
| | PC 游戏业 | 51 | 9 588 | — | — | 9 639 |
| | 街机游戏业 | 755 | 7 153 | 41 652 | 24 062 | 73 622 |
| | 小计 | 8 728 | 113 123 | 791 583 | 6 098 669 | 7 012 103 |
| | 比重(%) | 0.1 | 1.6 | 11.3 | 87.0 | 100.0 |
| 游戏流通业 | 计算机游戏厅运营业 | 523 757 | 1 192 568 | — | — | 1 716 325 |
| | 电子游戏场运营业 | 47 552 | 28 760 | — | — | 76 312 |
| | 小计 | 571 309 | 1 221 328 | — | — | 1 792 637 |
| | 比重(%) | 31.9 | 68.1 | — | — | 100.0 |
| 合计 | | 580 037 | 1 334 451 | 791 583 | 6 098 669 | 8 804 740 |
| 比重(%) | | 6.6 | 15.1 | 9.0 | 69.3 | 100.0 |

从年度来看，销售额规模在 10 亿韩元以上 100 亿韩元以下的企业销售额比上年增加了 15.6%，从 2009 年至 2011 年，年平均增加了 20.7%；销售额规模在 100 亿韩元以上的企业销售额呈现出高增长率，比上年增加了 27.0%，年平均增加了 23.0%。销售额规模在 1 亿韩元以下的企业销售额比上年增加了 0.4%，销售额规模在 1 亿韩元以上 10 亿韩元以下的企业销售额比上年减少了 2.3%。

表 4-4-18　　**游戏行业各年度各销售额规模的企业的年度销售额现状**　　(单位：百万韩元)

| 年度 \ 销售额规模 | 不足 1 亿韩元 | 1 亿～10 亿韩元 | 10 亿～100 亿韩元 | 100 亿韩元以上 | 合计 |
|---|---|---|---|---|---|
| 2009 年 | 635 329 | 1 373 271 | 543 279 | 4 028 721 | 6 580 600 |
| 2010 年 | 577 680 | 1 366 430 | 684 913 | 4 802 095 | 7 431 118 |
| 2011 年 | 580 037 | 1 334 451 | 791 583 | 6 098 669 | 8 804 740 |
| 同比增减率(%) | 0.4 | ▽2.3 | 15.6 | 27.0 | 18.5 |
| 年平均增减率(%) | ▽4.5 | ▽1.4 | 20.7 | 23.0 | 15.7 |

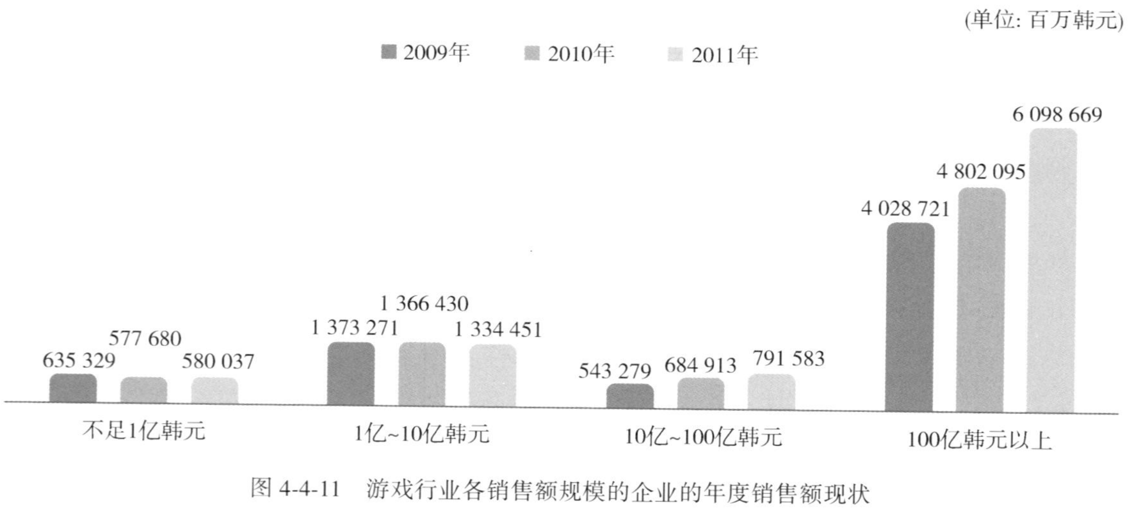


图 4-4-11　游戏行业各销售额规模的企业的年度销售额现状

### 8. 游戏行业各从业者规模的企业销售额现状

从 2011 年游戏行业各从业者规模的企业销售额现状来看，调查显示，从业者规模在 100 人以上的企业销售额最多，为 5 兆9 156亿韩元(67. 2%)。从业者规模在 1 人以上 4 人以下的企业销售额是 1 兆4 250亿韩元(16. 2%)；从业者规模在 5 人以上 9 人以下的企业销售额是4 946亿韩元(5. 6%)；从业者规模在 50 人以上 99 人以下的企业销售额是5 234亿韩元(5. 9%)；从业者规模在 10 人以上 49 人以下的企业销售额是4 459亿韩元(5. 1%)。

表 4-4-19　　**游戏行业各业种各从业者规模的企业销售额现状(2011 年)**　　(单位：百万韩元)

| 业种 | 从业者规模 | 1~4 人 | 5~9 人 | 10~49 人 | 50~99 人 | 100 人以上 | 合计 |
|---|---|---|---|---|---|---|---|
| 游戏制作及发行业 | 在线游戏业 | 9 122 | 19 638 | 126 587 | 412 521 | 5 668 984 | 6 236 852 |
| | 视频游戏业 | 8 527 | 31 786 | 106 098 | — | 122 012 | 268 423 |
| | 手机游戏业 | 12 658 | 33 597 | 165 754 | 86 879 | 124 679 | 423 567 |
| | PC 游戏业 | — | 9 639 | — | — | — | 9 639 |
| | 街机游戏业 | 2 635 | 23 697 | 23 228 | 24 062 | — | 73 622 |
| | 小计 | 32 942 | 118 357 | 421 667 | 523 462 | 5 915 675 | 7 012 103 |
| | 比重(%) | 0. 5 | 1. 7 | 6. 0 | 7. 5 | 84. 3 | 100. 0 |
| 游戏流通业 | 计算机游戏厅运营业 | 1 315 809 | 376 258 | 24 258 | — | — | 1 716 325 |
| | 电子游戏场运营业 | 76 312 | — | — | — | — | 76 312 |
| | 小计 | 1 392 121 | 376 258 | 24 258 | — | — | 1 792 637 |
| | 比重(%) | 77. 7 | 21. 0 | 1. 3 | — | — | 100. 0 |
| 合计 | | 1 425 063 | 494 615 | 445 925 | 523 462 | 5 915 675 | 8 804 740 |
| 比重(%) | | 16. 2 | 5. 6 | 5. 1 | 5. 9 | 67. 2 | 100. 0 |

从年度来看，从业者规模在 100 人以上的企业的销售额，比上年增加了 29. 3%，呈现出最大的增长幅度。其次是 10 人以上 49 人以下的企业的销售额，比上年增加了 22. 2%；50 人以上 99 人以下的企业的销售额比上年增加了 2. 9%。1 人以上 4 人以下企业的销售额比上年减少了 2. 0%，5 人以上 9 人以下的企业的销售额比上年减少了 6. 2%。

表 4-4-20　　**游戏行业各从业者规模的企业的年度销售额现状**　　(单位：百万韩元)

| 年度 \ 从业者规模 | 1~4 人 | 5~9 人 | 10~49 人 | 50~99 人 | 100 人以上 | 合计 |
|---|---|---|---|---|---|---|
| 2009 年 | 1 655 876 | 463 622 | 325 625 | 318 792 | 3 816 685 | 6 580 600 |
| 2010 年 | 1 453 608 | 527 473 | 364 875 | 508 885 | 4 576 277 | 7 431 118 |
| 2011 年 | 1 425 063 | 494 615 | 445 925 | 523 462 | 5 915 675 | 8 804 740 |
| 同比增减率(%) | ▽2. 0 | ▽6. 2 | 22. 2 | 2. 9 | 29. 3 | 18. 5 |
| 年平均增减率(%) | ▽7. 2 | 3. 3 | 17. 0 | 28. 1 | 24. 5 | 15. 7 |

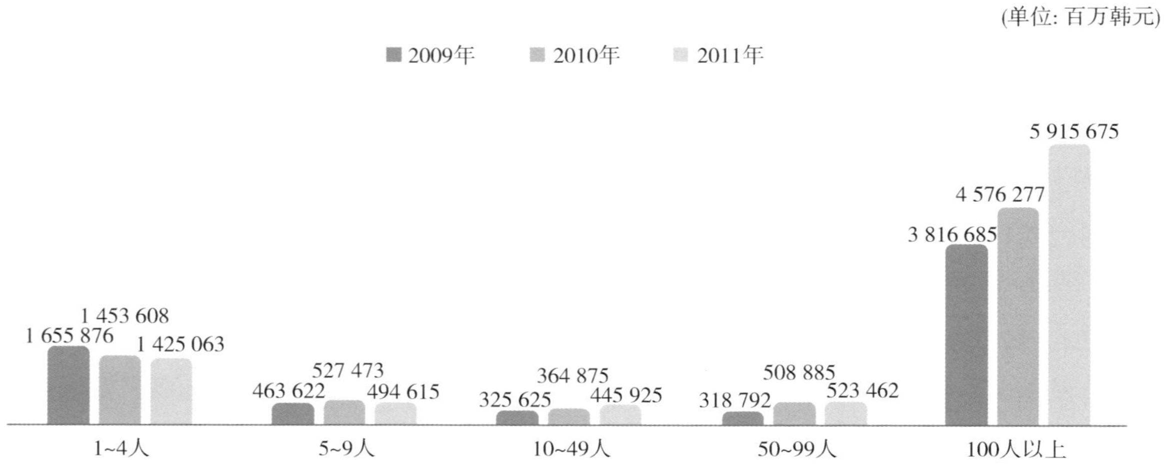


图 4-4-12 游戏行业各从业者规模的企业的年度销售额现状

### 9. 游戏行业各地区的销售额现状

从 2011 年游戏行业各地区的销售额现状来看，调查显示，销售额最高的地区是首尔，为 5 兆 609 亿韩元(57.5%)。其次是京畿道的 2 兆7 665亿韩元(31.4%)，接下来是釜山的1 226亿韩元(1.4%)，大邱的1 129亿韩元(1.3%)，仁川的1 059亿韩元(1.2%)，其他地区的销售额占销售总额的比例在 1.0%以下，地区间不均衡的现象非常严重。

表 4-4-21 **游戏行业各地区各业种的销售额现状(2011 年)** (单位：百万韩元)

| 地区 \ 业种 | | 游戏制作及分配业 | 游戏流通业 | 合计 | 比重(%) |
|---|---|---|---|---|---|
| 首尔 | | 4 603 272 | 457 646 | 5 060 918 | 57.5 |
| 6 个广域市 | 釜山 | 7 358 | 115 256 | 122 614 | 1.4 |
| | 大邱 | 26 397 | 86 557 | 112 954 | 1.3 |
| | 仁川 | 4 253 | 101 672 | 105 925 | 1.2 |
| | 光州 | 2 081 | 63 225 | 65 306 | 0.7 |
| | 大田 | 2 155 | 86 321 | 88 476 | 1.0 |
| | 蔚山 | 131 | 41 258 | 41 389 | 0.5 |
| | 小计 | 42 375 | 494 289 | 536 664 | 6.1 |
| 9 个道 | 京畿道 | 2 353 258 | 413 258 | 2 766 516 | 31.4 |
| | 江原道 | 512 | 47 223 | 47 735 | 0.5 |
| | 忠清北道 | 1 422 | 42 419 | 43 841 | 0.5 |
| | 忠清南道 | 7 296 | 70 388 | 77 684 | 0.9 |
| | 全罗北道 | 3 253 | 51 115 | 54 368 | 0.6 |
| | 全罗南道 | — | 48 222 | 48 222 | 0.6 |
| | 庆尚北道 | 452 | 65 281 | 65 733 | 0.7 |
| | 庆尚南道 | 263 | 78 269 | 78 532 | 0.9 |
| | 济州道 | — | 24 527 | 24 527 | 0.3 |
| | 小计 | 2 366 456 | 840 702 | 3 207 158 | 36.4 |
| 合计 | | 7 012 103 | 1 792 637 | 8 804 740 | 100.0 |

从年度来看，与 2010 年相比，2011 年销售额有所增加的地区只有首尔、京畿道和大邱。这是因为除了首尔和京畿道，其他地区只有与游戏相关的流通企业，这导致了地区间严重不均衡的现象。

首尔的销售额比上年增加了 24.0%，年平均增加了 21.8%。6 个广域市的销售额比上年减少了 2.7%，年平均减少了 4.9%。相反，9 个道的销售额因京畿道销售额的增加而比上年增加了 14.6%，年平均增加了 11.6%。

表 4-4-22　**游戏行业各地区的年度销售额现状**　（单位：百万韩元）

| 区域 \ 年度 | | 2009 年 | 2010 年 | 2011 年 | 同比增减率（%） | 年平均增减率（%） |
|---|---|---|---|---|---|---|
| 首尔 | | 3 410 415 | 4 080 378 | 5 060 918 | 24.0 | 21.8 |
| 6个广域市 | 釜山 | 136 952 | 127 351 | 122 614 | ▽3.7 | ▽5.4 |
| | 大邱 | 119 337 | 112 283 | 112 954 | 0.6 | ▽2.7 |
| | 仁川 | 122 456 | 109 566 | 105 925 | ▽3.3 | ▽7.0 |
| | 光州 | 76 372 | 67 693 | 65 306 | ▽3.5 | ▽7.5 |
| | 大田 | 93 322 | 90 799 | 88 476 | ▽2.6 | ▽2.6 |
| | 蔚山 | 44 588 | 43 788 | 41 389 | ▽5.5 | ▽3.7 |
| | 小计 | 593 027 | 551 480 | 536 664 | ▽2.7 | ▽4.9 |
| 9个道 | 京畿道 | 2 096 587 | 2 347 046 | 2 766 516 | 17.9 | 14.9 |
| | 江原道 | 53 558 | 49 137 | 47 735 | ▽2.9 | ▽5.6 |
| | 忠清北道 | 49 331 | 44 667 | 43 841 | ▽1.8 | ▽5.7 |
| | 忠清南道 | 81 437 | 78 590 | 77 684 | ▽1.2 | ▽2.3 |
| | 全罗北道 | 56 289 | 55 702 | 54 368 | ▽2.4 | ▽1.7 |
| | 全罗南道 | 53 334 | 50 996 | 48 222 | ▽5.4 | ▽4.9 |
| | 庆尚北道 | 71 358 | 67 752 | 65 733 | ▽3.0 | ▽4.0 |
| | 庆尚南道 | 87 698 | 79 382 | 78 532 | ▽1.1 | ▽5.4 |
| | 济州道 | 27 566 | 25 988 | 24 527 | ▽5.6 | ▽5.7 |
| | 小计 | 2 577 158 | 2 799 260 | 3 207 158 | 14.6 | 11.6 |
| 合计 | | 6 580 600 | 7 431 118 | 8 804 740 | 18.5 | 15.7 |

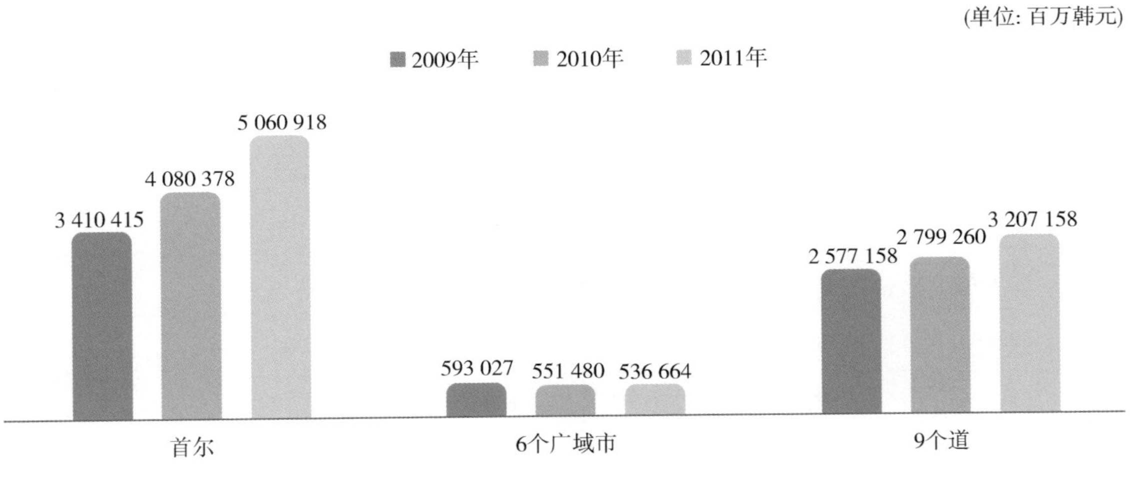


图 4-4-13　游戏行业各地区的年度销售额现状

## (四)游戏行业的进出口额现状

2011 年游戏行业的出口额是 23 亿7 807万美元，比上年增加了 48.1%，从 2009 年至 2011 年，年平均增加了 38.4%。进口额是 2 亿 498 万美元，比上年减少了 15.5%，年平均减少了 21.5%。

从年度来看，出口额在 2009 年为 12 亿4 085万美元，2010 年为 16 亿 610 万美元，2011 年为 23 亿 7807 万美元，从 2009 年开始持续增加。进口额在 2009 年为 3 亿3 225万美元，2010 年为 2 亿4 253万美元，2011 年为 2 亿 498 万美元，呈现持续减少的趋势。

表 4-4-23　　游戏行业的出口及进口额现状　　(单位：千美元)

| 分类 | 2009 年 | 2010 年 | 2011 年 | 同比增减率(%) | 年平均增减率(%) |
|---|---|---|---|---|---|
| 出口额 | 1 240 856 | 1 606 102 | 2 378 078 | 48.1 | 38.4 |
| 进口额 | 332 250 | 242 532 | 204 986 | ▽15.5 | ▽21.5 |
| 进出口差额 | 908 606 | 1 363 570 | 2 173 092 | — | — |

### 1. 游戏行业各地区的进出口额现状

从 2011 年游戏行业对各地区的出口额来看，出口总额中占比最大的地区是中国，对中国的出口额为 9 亿 729 万美元，占出口总额的 38.2%；对日本的出口额是 6 亿5 255万美元，占出口总额的 27.4%；对东南亚的出口额是 4 亿2 827万美元，占出口总额的 18.0%。此外，对北美的出口额是 1 亿 8 125万美元(7.6%)；对欧洲的出口额是 1 亿5 236万美元(6.4%)；对其他地区的出口额为5 632万美元(2.4%)。

表 4-4-24　　游戏行业对各地区的出口额现状　　(单位：千美元)

| 分类 | 出口额 | | | 比重(%) | 同比增减率(%) | 年平均增减率(%) |
|---|---|---|---|---|---|---|
| | 2009 年 | 2010 年 | 2011 年 | | | |
| 中国 | 433 059 | 595 864 | 907 296 | 38.2 | 52.3 | 44.7 |
| 日本 | 328 827 | 435 254 | 652 556 | 27.4 | 49.9 | 40.9 |
| 东南亚 | 186 128 | 242 521 | 428 277 | 18.0 | 76.6 | 51.7 |
| 北美 | 152 625 | 147 761 | 181 255 | 7.6 | 22.7 | 9.0 |
| 欧洲 | 101 750 | 138 125 | 152 369 | 6.4 | 10.3 | 22.4 |
| 其他 | 38 467 | 46 577 | 56 325 | 2.4 | 20.9 | 21.0 |
| 合计 | 1 240 856 | 1 606 102 | 2 378 078 | 100.0 | 48.1 | 38.4 |

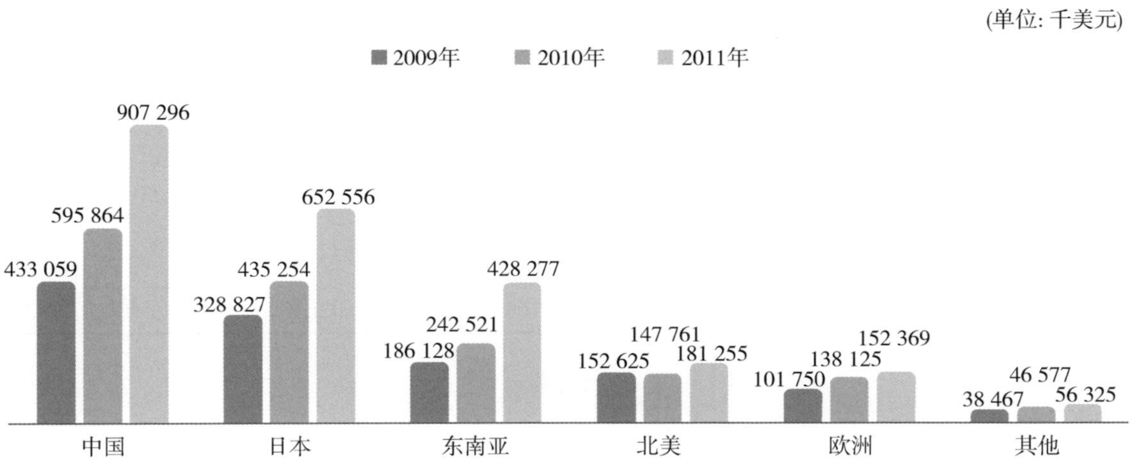


图 4-4-14　游戏行业对各地区的出口额现状

2011 年游戏行业中进口额最多的地区是日本，其进口额是 1 亿6 358万美元，占进口总额的 79. 8%；对中国的进口额是3 062万美元，占进口总额的 14. 9%；对北美的进口额为1 052万美元，占进口总额的 5. 1%；对欧洲的进口额是 13 万美元，占进口总额的 0. 1%；对其他地区的进口额是 12 万美元，占进口总额的 0. 1%。

表 4-4-25　**游戏行业各地区的进口额现状**　（单位：千美元）

| 分类 | 进　口　额 | | | | | | 合计 |
|---|---|---|---|---|---|---|---|
| | 中国 | 日本 | 东南亚 | 北美 | 欧洲 | 其他 | |
| 进口额 | 30 625 | 163 582 | — | 10 522 | 134 | 123 | 204 986 |
| 比重 | 14. 9 | 79. 8 | — | 5. 1 | 0. 1 | 0. 1 | 100. 0 |

## 2. 游戏行业的海外出口方法

2011 年游戏行业的海外出口方法中，直接接触海外流通公司/传播公司的最多，占 32. 0%，比上年减少了 9. 1%。其次是利用在线等方式直接销售的占 25. 1%，参与海外展示会/路演投资洽谈会的占 19. 1%，利用专业代理的占 14. 1%，利用国内企业的海外流通网络的占 8. 0%，利用海外展示合资/设立投资法人的占 1. 7%，其他方式及无方法的没有调查到。

与上年相比，利用在线等方式直接销售的增加了 19. 4%，利用专业代理的增加了 5. 8%，参与海外展示会/路演投资洽谈会的增加了 2. 1%。直接接触海外流通公司/发行公司的减少了 9. 1%，利用国内企业的海外流通网络的减少了 6. 7%，利用海外展示合资/设立投资法人的减少了 5. 7%。

表 4-4-26　**游戏行业的海外出口方法**　（单位:%）

| 海外出口方法 | 2009 年 | 2010 年 | 2011 年 | 同比增减率(%) |
|---|---|---|---|---|
| 直接接触海外流通公司/发行公司 | 34. 7 | 41. 1 | 32. 0 | ▽9. 1 |
| 参与海外展示会/路演投资洽谈会 | 14. 9 | 17. 0 | 19. 1 | 2. 1 |
| 利用国内企业的海外流通网络 | 12. 5 | 14. 7 | 8. 0 | ▽6. 7 |
| 利用专业代理 | 8. 9 | 8. 3 | 14. 1 | 5. 8 |

续表

| 海外出口方法 | 2009 年 | 2010 年 | 2011 年 | 同比增减率(%) |
|---|---|---|---|---|
| 利用海外展示合资/设立投资法人 | 4. 7 | 7. 4 | 1. 7 | ▽5. 7 |
| 利用在线等方式直接销售 | 9. 1 | 5. 7 | 25. 1 | 19. 4 |
| 其他 | 1. 5 | 4. 2 | — | — |
| 无方法 | 13. 7 | 1. 6 | — | — |
| 合计 | 100. 0 | 100. 0 | 100. 0 | — |

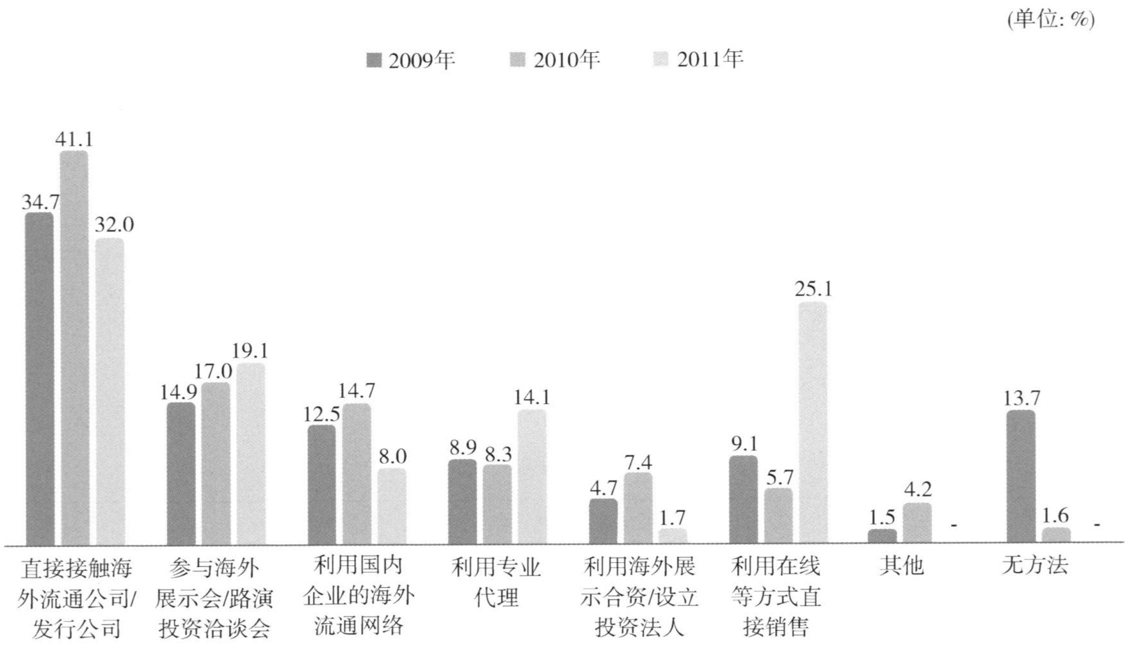


图 4-4-15　游戏行业的海外出口方法

## (五)游戏行业的从业者现状

调查显示，2011 年游戏行业的从业者为95 015人，与上年相比增减率并不大，从 2009 年至 2011 年，年平均增加了 1. 3%。

从中分类来看，游戏制作及发行业的从业者为51 859人，占总人数的 54. 6%，比上年增加了 6. 7%，年平均增加了 9. 4%。游戏流通业的从业者为43 156人，占总人数的 45. 4%，比上年减少了 7. 0%，年平均减少了 6. 3%。

表 4-4-27　**游戏行业各年度各业种的从业者现状**　（单位：名）

| 中分类 | 从业者数量 | | | 比重(%) | 同比增减率(%) | 年平均增减率(%) |
|---|---|---|---|---|---|---|
| | 2009 年 | 2010 年 | 2011 年 | | | |
| 游戏制作及发行业 | 43 365 | 48 585 | 51 859 | 54. 6 | 6. 7 | 9. 4 |
| 游戏流通业 | 49 168 | 46 388 | 43 156 | 45. 4 | ▽7. 0 | ▽6. 3 |
| 合计 | 92 533 | 94 973 | 95 015 | 100. 0 | 0. 0 | 1. 3 |

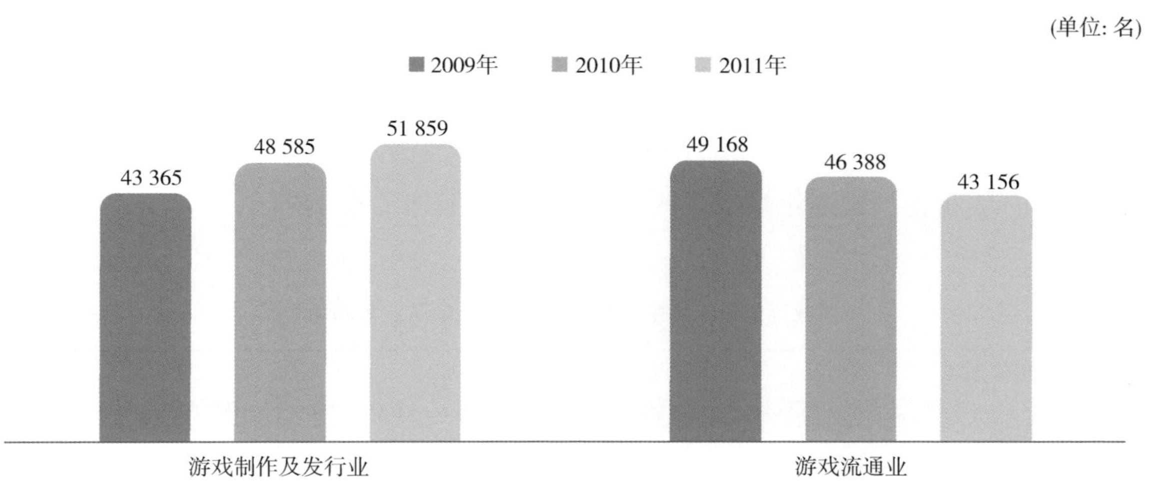


图 4-4-16　游戏行业各年度各业种的从业者现状

## 1. 游戏行业各销售额规模的企业中的从业者现状

从 2011 年游戏行业各销售额规模的企业中的从业者现状来看，销售额规模在 100 亿韩元以上的企业的从业者为37 739人，占全部从业者的 39. 7%；销售额规模在 1 亿韩元以上 10 亿韩元以下的企业的从业者为30 925人，占全部从业者的 32. 5%；销售额规模在 1 亿韩元以下的企业的从业者为14 429人，占全部从业者的 15. 2%；销售额规模在 10 亿韩元以上 100 亿韩元以下的企业的从业者为11 922人，占全部从业者的 12. 5%。

表 4-4-28　**游戏行业各业种各销售额规模的企业中的从业者现状(2011 年)**　(单位：名)

| 业种 \ 销售额规模 | | 不足 1 亿韩元 | 1 亿~10 亿韩元 | 10 亿~100 亿韩元 | 100 亿韩元以上 | 合计 |
|---|---|---|---|---|---|---|
| 游戏制作及发行业 | 在线游戏业 | 46 | 638 | 9 252 | 34 285 | 44 221 |
| | 视频游戏业 | 3 | 18 | 872 | 1 325 | 2 218 |
| | 手机游戏业 | 226 | 1 022 | 1 371 | 1 966 | 4 585 |
| | PC 游戏业 | 2 | 120 | — | — | 122 |
| | 街机游戏业 | 15 | 108 | 427 | 163 | 713 |
| | 小计 | 292 | 1 906 | 11 922 | 37 739 | 51 859 |
| | 比重(%) | 0. 5 | 3. 7 | 23. 0 | 72. 8 | 100. 0 |
| 游戏流通业 | 计算机游戏厅运营业 | 13 536 | 28 625 | — | — | 42 161 |
| | 电子游戏场运营业 | 601 | 394 | — | — | 995 |
| | 小计 | 14 137 | 29 019 | — | — | 43 156 |
| | 比重(%) | 32. 8 | 67. 2 | — | — | 100. 0 |
| 合计 | | 14 429 | 30 925 | 11 922 | 37 739 | 95 015 |
| 比重(%) | | 15. 2 | 32. 5 | 12. 5 | 39. 7 | 100. 0 |

在增减率方面，销售额规模在 1 亿韩元以下的企业的从业者比上年减少了 8.5%，从 2009 年至 2011 年呈现出持续减少的趋势，年平均减少了 6.4%。销售额规模在 1 亿韩元以上 10 亿韩元以下的企业的从业者比上年减少了 4.4%，年平均减少了 4.6%。销售额规模在 10 亿韩元以上 100 亿韩元以下的企业的从业者呈现出大幅度的增加，比上年增加了 16.6%，年平均增加了 17.1%。销售额规模在 100 亿韩元以上的企业的从业者，比上年增加了 3.0%，年平均增加了 6.3%。

表 4-4-29　游戏行业各年度各销售额规模的企业的从业者现状　（单位：名）

| 销售额规模 / 年度 | 不足 1 亿韩元 | 1 亿~10 亿韩元 | 10 亿~100 亿韩元 | 100 亿韩元以上 | 合计 |
|---|---|---|---|---|---|
| 2009 年 | 16 470 | 33 951 | 8 687 | 33 425 | 92 533 |
| 2010 年 | 15 776 | 32 336 | 10 223 | 36 638 | 94 973 |
| 2011 年 | 14 429 | 30 925 | 11 922 | 37 739 | 95 015 |
| 同比增减率(%) | ▽8.5 | ▽4.4 | 16.6 | 3.0 | 0.0 |
| 年平均增减率(%) | ▽6.4 | ▽4.6 | 17.1 | 6.3 | 1.3 |

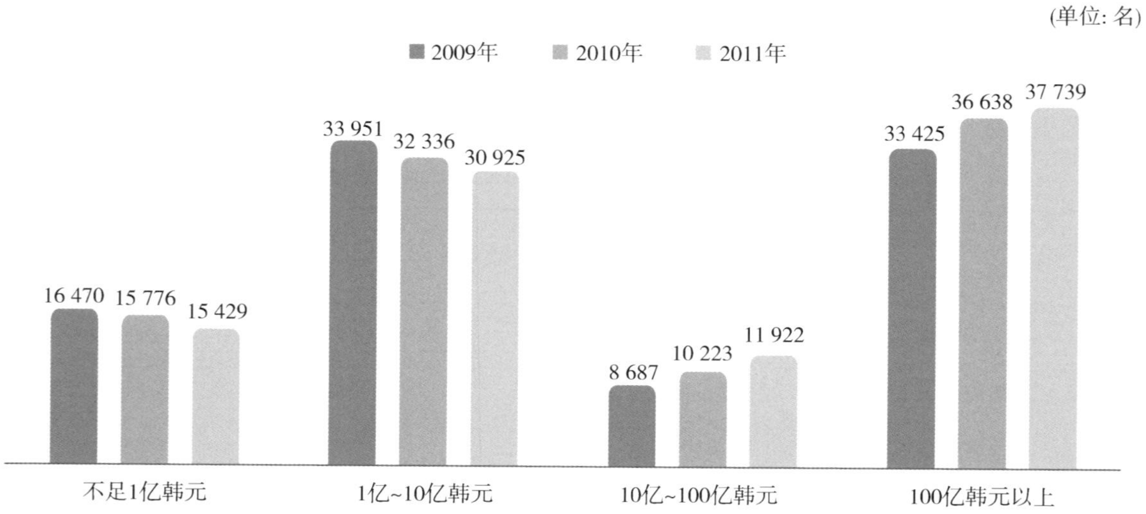


图 4-4-17　游戏行业各年度各销售额规模的企业的从业者现状

## 2. 游戏行业各从业者规模的企业的从业者现状

从 2011 年游戏行业各从业者规模的企业的从业者现状来看，从业者规模为 1 人以上 4 人以下的企业的从业者为34 215人，占全体从业者的 36.0%，所占比例最大。从业者规模在 5 人以上 9 人以下的企业的从业者为10 332人(10.9%)；从业者规模在 10 人以上 49 人以下的企业的从业者为5 440人(5.7%)；从业者规模在 50 人以上 99 人以下的企业的从业者为8 357人(8.8%)；从业者规模在 100 人以上的企业的从业者为36 671人(38.6%)。

表 4-4-30　**游戏行业各从业者规模的企业中各业种的从业者现状(2011 年)**　(单位：名)

| 业种 | 从业者规模 | 1~4 人 | 5~9 人 | 10~49 人 | 50~99 人 | 100 人以上 | 合计 |
|---|---|---|---|---|---|---|---|
| 游戏制作及发行业 | 在线游戏业 | 318 | 562 | 2 328 | 6 829 | 34 184 | 44 221 |
| | 视频游戏业 | 3 | 18 | 1 172 | — | 1 025 | 2 218 |
| | 手机游戏业 | 238 | 332 | 1 227 | 1 326 | 1 462 | 4 585 |
| | PC 游戏业 | — | 122 | — | — | — | 122 |
| | 街机游戏业 | 35 | 231 | 245 | 202 | — | 713 |
| | 小计 | 594 | 1 265 | 4 972 | 8 357 | 36 671 | 51 859 |
| | 比重(%) | 1. 2 | 2. 4 | 9. 6 | 16. 1 | 70. 7 | 100. 0 |
| 游戏流通业 | 计算机游戏厅运营业 | 32 626 | 9 067 | 468 | — | — | 42 161 |
| | 电子游戏场运营业 | 995 | — | — | — | — | 995 |
| | 小计 | 33 621 | 9 067 | 468 | — | — | 43 156 |
| | 比重(%) | 77. 9 | 21. 0 | 1. 1 | — | — | 100. 0 |
| 合计 | | 34 215 | 10 332 | 5 440 | 8 357 | 36 671 | 95 015 |
| 比重(%) | | 36. 0 | 10. 9 | 5. 7 | 8. 8 | 38. 6 | 100. 0 |

在增减率方面，从业者规模为 50 人以上 99 人以下的企业的从业者比上年增加了 20. 5%，年平均增加了 25. 3%，呈现出了最大幅度的增长。从业者规模在 10 人以上 49 人以下的企业的从业者比上年增加了 2. 5%，年平均增加了 11. 3%。从业者规模在 100 人以上的企业的从业者比上年增加了 3. 1%，年平均增加了 6. 7%。相反，从业者规模在 1 人以上 4 人以下的企业的从业者比上年减少了 7. 3%，年平均减少了 6. 6%；从业者规模在 5 人以上 9 人以下的企业的从业者比上年增加了 0. 7%，年平均增加了 4. 6%。

表 4-4-31　**游戏行业各年度各从业者规模的企业的从业者现状**　(单位：名)

| 年度 \ 从业者规模 | 1~4 人 | 5~9 人 | 10~49 人 | 50~99 人 | 100 人以上 | 合计 |
|---|---|---|---|---|---|---|
| 2009 年 | 39 263 | 11 358 | 4 391 | 5 323 | 32 198 | 92 533 |
| 2010 年 | 36 898 | 10 259 | 5 306 | 6 938 | 35 572 | 94 973 |
| 2011 年 | 34 215 | 10 332 | 5 440 | 8 357 | 36 671 | 95 015 |
| 同比增减率(%) | ▽7. 3 | 0. 7 | 2. 5 | 20. 5 | 3. 1 | 0. 0 |
| 年平均增减率(%) | ▽6. 6 | ▽4. 6 | 11. 3 | 25. 3 | 6. 7 | 1. 3 |

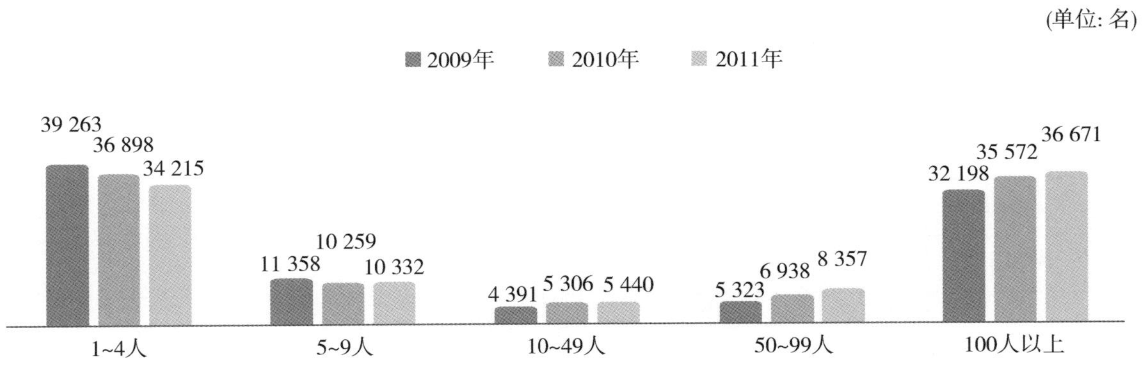


图 4-4-18　游戏行业各年度各从业者规模的企业的从业者现状

### 3. 游戏行业各地区的从业者现状

从 2011 年游戏行业各地区的从业者现状来看，首尔的从业者为39 661人，占全部从业者的 41. 7%，从业者比上年减少了 0. 1%，从 2009 年至 2011 年，年平均增加了 2. 6%。

6 个广域市的从业者为13 026人，占全部从业者的 13. 8%；9 个道的从业者为42 328人，占全部从业者的 44. 5%。9 个道中京畿道的从业者为30 909人，占全部从业者的 32. 5%，与其他地区相比占有较高的比例。6 个广域市中釜山的从业者为3 024人，占全部从业者的 3. 2%，与其他城市相比占有较高的比例。

从游戏制作及发行业的从业者在各地区的分布来看，首尔的从业者在全部从业者中占 59. 1%，京畿道的从业者在全部从业者中占 39. 7%，从业者更多地集中于首都圈。游戏流通业的从业者也是如此，首尔的从业者在全部从业者中占 20. 8%，京畿道的从业者在全部从业者中占 23. 9%，可见首都圈的从业者更多。

表 4-4-32　**游戏行业各地区各业种的从业者现状(2011 年)**　(单位：名)

| 地区 \ 业种 | | 游戏制作及发行业 | 游戏流通业 | 合计 | 比重(%) |
|---|---|---|---|---|---|
| 首尔 | | 30 671 | 8 990 | 39 661 | 41. 7 |
| 6 个广域市 | 釜山 | 73 | 2 951 | 3 024 | 3. 2 |
| | 大邱 | 266 | 2 238 | 2 504 | 2. 6 |
| | 仁川 | 48 | 2 667 | 2 715 | 2. 9 |
| | 光州 | 19 | 1 621 | 1 640 | 1. 7 |
| | 大田 | 24 | 2 133 | 2 157 | 2. 3 |
| | 蔚山 | 3 | 983 | 986 | 1. 1 |
| | 小计 | 433 | 12 593 | 13 026 | 13. 8 |
| 9 个道 | 京畿道 | 20 587 | 10 322 | 30 909 | 32. 5 |
| | 江原道 | 8 | 1 225 | 1 233 | 1. 3 |
| | 忠清北道 | 25 | 1 118 | 1 143 | 1. 2 |
| | 忠清南道 | 82 | 1 753 | 1 835 | 1. 9 |
| | 全罗北道 | 39 | 1 459 | 1 498 | 1. 6 |
| | 全罗南道 | — | 1 442 | 1 442 | 1. 5 |
| | 庆尚北道 | 8 | 1 695 | 1 703 | 1. 8 |
| | 庆尚南道 | 6 | 1 872 | 1 878 | 2. 0 |
| | 济州道 | — | 687 | 687 | 0. 7 |
| | 小计 | 20 755 | 21 573 | 42 328 | 44. 5 |
| 合计 | | 51 859 | 43 156 | 95 015 | 100. 0 |

表 4-4-33　　游戏行业各年度各地区的从业者现状　　（单位：名）

| 地区 \ 年度 | | 2009 年 | 2010 年 | 2011 年 | 同比增减率（%） | 年平均增减率（%） |
|---|---|---|---|---|---|---|
| 首尔 | | 37 672 | 39 705 | 39 661 | ▽0. 1 | 2. 6 |
| 6 个广域市 | 釜山 | 3 248 | 3 133 | 3 024 | ▽3. 5 | ▽3. 5 |
| | 大邱 | 2 712 | 2 609 | 2 504 | ▽4. 0 | ▽3. 9 |
| | 仁川 | 2 876 | 2 759 | 2 715 | ▽1. 6 | ▽2. 8 |
| | 光州 | 1 902 | 1 744 | 1 640 | ▽6. 0 | ▽7. 1 |
| | 大田 | 2 455 | 2 287 | 2 157 | ▽5. 7 | ▽6. 3 |
| | 蔚山 | 1 103 | 1 054 | 986 | ▽6. 5 | ▽5. 5 |
| | 小计 | 14 296 | 13 586 | 13 026 | ▽4. 1 | ▽4. 5 |
| 9 个道 | 京畿道 | 27 771 | 29 676 | 30 909 | 4. 2 | 5. 5 |
| | 江原道 | 1 489 | 1 378 | 1 233 | ▽10. 5 | ▽9. 0 |
| | 忠清北道 | 1 352 | 1 249 | 1 143 | ▽8. 5 | ▽8. 1 |
| | 忠清南道 | 2 013 | 1 901 | 1 835 | ▽3. 5 | ▽4. 5 |
| | 全罗北道 | 1 628 | 1 563 | 1 498 | ▽4. 2 | ▽4. 1 |
| | 全罗南道 | 1 599 | 1 461 | 1 442 | ▽1. 3 | ▽5. 0 |
| | 庆尚北道 | 1 865 | 1 732 | 1 703 | ▽1. 7 | ▽4. 4 |
| | 庆尚南道 | 2 112 | 2 004 | 1 878 | ▽6. 3 | ▽5. 7 |
| | 济州道 | 736 | 718 | 687 | ▽4. 3 | ▽3. 4 |
| | 小计 | 40 565 | 41 682 | 42 328 | 1. 5 | 2. 1 |
| 合计 | | 92 533 | 94 973 | 95 015 | 0. 0 | 1. 3 |

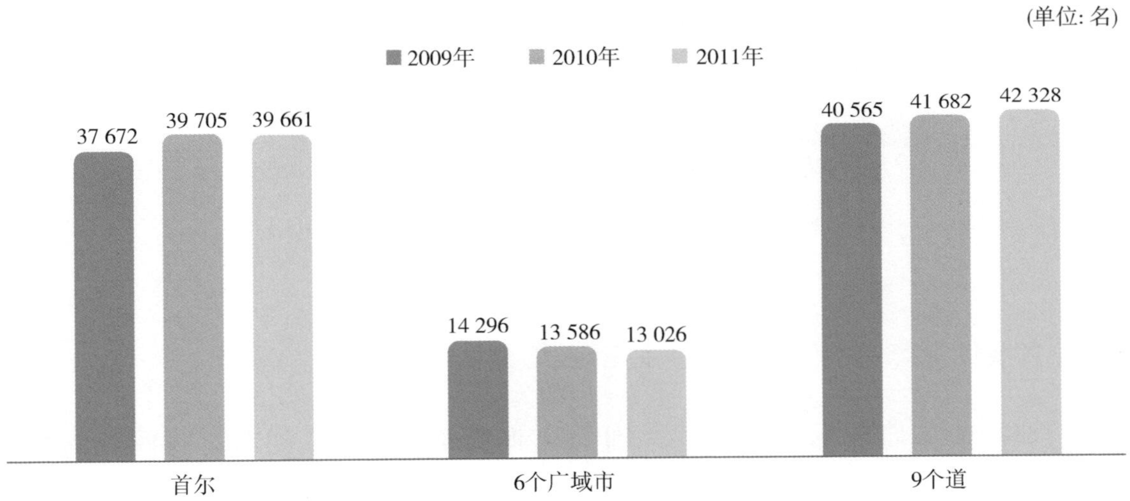


图 4-4-19　游戏行业各年度各地区的从业者现状

4. 游戏行业各雇佣形态的从业者现状

从 2011 年游戏行业各雇佣形态的从业者现状来看，拥有正式职位的从业者为65 901人，占全部从业者的 69. 4%，拥有非正式职位的从业者为29 114人，占全部从业者的 30. 6%。

从中分类来看，调查显示，游戏制作及发行业拥有正式职位的从业者为50 051人(96.5%)，拥有非正式职位的从业者为1 808人(3.5%)；游戏流通业拥有正式职位的从业者为15 850人(36.7%)，拥有非正式职位的从业者为27 306人(63.3%)。

表 4-4-34　**游戏行业各业种各雇佣形态的从业者现状(2011 年)**　(单位：名)

| 中分类 | 小分类＼雇佣形态 | 正式职位 | | 非正式职位 | | 合计 |
|---|---|---|---|---|---|---|
| | | 从业者数量 | 比例(%) | 从业者数量 | 比例(%) | |
| 游戏制作及发行业 | 在线游戏业 | 42 733 | 96.6 | 1 488 | 3.4 | 44 221 |
| | 视频游戏业 | 2 211 | 99.7 | 7 | 0.3 | 2 218 |
| | 手机游戏业 | 4 332 | 94.5 | 253 | 5.5 | 4 585 |
| | PC 游戏业 | 119 | 97.5 | 3 | 2.5 | 122 |
| | 街机游戏业 | 656 | 92.0 | 57 | 8.0 | 713 |
| | 小计 | 50 051 | 96.5 | 1 808 | 3.5 | 51 859 |
| 游戏流通业 | 计算机游戏厅运营业 | 15 515 | 36.8 | 26 646 | 63.2 | 42 161 |
| | 电子游戏场运营业 | 335 | 33.7 | 660 | 66.3 | 995 |
| | 小计 | 15 850 | 36.7 | 27 306 | 63.3 | 43 156 |
| 合计 | | 65 901 | 69.4 | 29 114 | 30.6 | 95 015 |

图 4-4-20　游戏行业各业种各雇佣形态的从业者现状(2011 年)

### 5. 游戏行业各雇佣形态中不同性别的从业者现状

从 2011 年游戏行业各雇佣形态中不同性别的从业者现状来看，拥有正式职位的男性从业者为50 714人，占全部从业者的 53.4%；拥有正式职位的女性从业者为15 187人，占全部从业者的 16.0%。拥有非正式职位的男性从业者为19 884人，占全部从业者的 20.9%；拥有非正式职位的女性从业者为9 230人，占全部从业者的 9.7%。

从中分类来看，调查显示，游戏制作及发行业拥有正式职位的男性从业者为38 069人，拥有正式职位的女性从业者为11 982人；拥有非正式职位的男性从业者为1 214人，拥有非正式职位的女性从业者为 594 人。游戏流通业拥有正式职位的男性从业者为12 645人，拥有正式职位的女性从业者为3 205人；拥有非正式职位的男性从业者为18 670人，拥有非正式职位的女性从业者为8 636人。

表 4-4-35　　**游戏行业各业种各雇佣形态中不同性别的从业者现状(2011 年)**　　(单位：名)

| 中分类 | 小分类 \ 雇佣形态/性别 | 正式职位 | | | | 非正式职位 | | | | 合计 |
|---|---|---|---|---|---|---|---|---|---|---|
| | | 男性 | | 女性 | | 男性 | | 女性 | | |
| | | 从业者数量 | 比例(%) | 从业者数量 | 比例(%) | 从业者数量 | 比例(%) | 从业者数量 | 比例(%) | |
| 游戏制作及发行业 | 在线游戏业 | 32 527 | 73.5 | 10 206 | 23.1 | 966 | 2.2 | 522 | 1.2 | 44 221 |
| | 视频游戏业 | 1 613 | 72.7 | 598 | 27.0 | 4 | 0.2 | 3 | 0.1 | 2 218 |
| | 手机游戏业 | 3 305 | 72.1 | 1 027 | 22.4 | 196 | 4.3 | 57 | 1.2 | 4 585 |
| | PC 游戏业 | 92 | 75.4 | 27 | 22.1 | 2 | 1.7 | 1 | 0.8 | 122 |
| | 街机游戏业 | 532 | 74.6 | 124 | 17.4 | 46 | 6.5 | 11 | 1.5 | 713 |
| | 小计 | 38 069 | 73.4 | 11 982 | 23.1 | 1 214 | 2.3 | 594 | 1.2 | 51 859 |
| 游戏流通业 | 计算机游戏厅运营业 | 12 358 | 29.3 | 3 157 | 7.5 | 18 258 | 43.3 | 8 388 | 19.9 | 42 161 |
| | 电子游戏场运营业 | 287 | 28.9 | 48 | 4.8 | 412 | 41.4 | 248 | 24.9 | 995 |
| | 小计 | 12 645 | 29.3 | 3 205 | 7.4 | 18 670 | 43.3 | 8 636 | 20.0 | 43 156 |
| 合计 | | 50 714 | 53.4 | 15 187 | 16.0 | 19 884 | 20.9 | 9 230 | 9.7 | 95 015 |

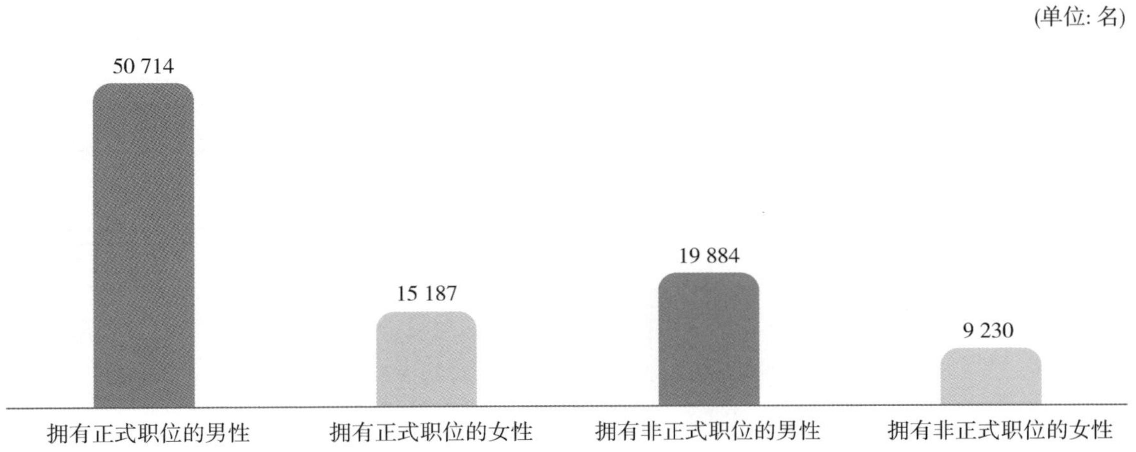


图 4-4-21　游戏行业各业种各雇佣形态中不同性别的从业者现状

### 6. 游戏行业不同性别的从业者现状

从 2011 年游戏行业不同性别的从业者现状来看，男性从业者为70 598人，占全部从业者的74.3%；女性从业者为24 417人，占全部从业者的 25.7%。

从业种类别来看，调查显示，游戏制作及发行业的男性从业者为39 283人(75.7%)，女性从业者为12 576人(24.3%)；游戏流通业的男性从业者为31 315人(72.6%)，女性从业者为11 841人(27.4%)。

从年度来看，男性从业者的比例从 2009 年的 74.5%减少到 2010 年的 73.0%，2011 年则增加到74.3%。相反，女性从业者的比例从 2009 年的 25.5%小幅增加到 2010 年的 27.0%，2011 年又减少到 25.7%。

表 4-4-36　**游戏行业各业种中不同性别的从业者现状(2011 年)**　(单位：名)

| 中分类 | 性别 / 小分类 | 男性 | | 女性 | | 合计 |
|---|---|---|---|---|---|---|
| | | 从业者数量 | 比重(%) | 从业者数量 | 比重(%) | |
| 游戏制作及发行业 | 在线游戏业 | 33 493 | 75.7 | 10 728 | 24.3 | 44 221 |
| | 视频游戏业 | 1 617 | 72.9 | 601 | 27.1 | 2 218 |
| | 手机游戏业 | 3 501 | 76.4 | 1 084 | 23.6 | 4 585 |
| | PC 游戏业 | 94 | 77.0 | 28 | 23.0 | 122 |
| | 街机游戏业 | 578 | 81.1 | 135 | 18.9 | 713 |
| | 小计 | 39 283 | 75.7 | 12 576 | 24.3 | 51 859 |
| 游戏流通业 | 计算机游戏厅运营业 | 30 616 | 72.6 | 11 545 | 27.4 | 42 161 |
| | 电子游戏场运营业 | 699 | 70.3 | 296 | 29.7 | 995 |
| | 小计 | 31 315 | 72.6 | 11 841 | 27.4 | 43 156 |
| 合计 | | 70 598 | 74.3 | 24 417 | 25.7 | 95 015 |

表 4-4-37　**游戏行业各年度不同性别的从业者现状**①　(单位：名)

| 性别 / 年度 | 男性 | | 女性 | | 合计 |
|---|---|---|---|---|---|
| | 从业者数量 | 比例(%) | 从业者数量 | 比例(%) | |
| 2009 年 | 32 307 | 74.5 | 11 058 | 25.5 | 43 365 |
| 2010 年 | 35 448 | 73.0 | 13 137 | 27.0 | 48 585 |
| 2011 年 | 70 598 | 74.3 | 24 417 | 25.7 | 95 015 |
| 同比增减率(%) | 99.2 | | 85.9 | | 95.6 |
| 年平均增减率(%) | 47.8 | | 48.6 | | 48.0 |

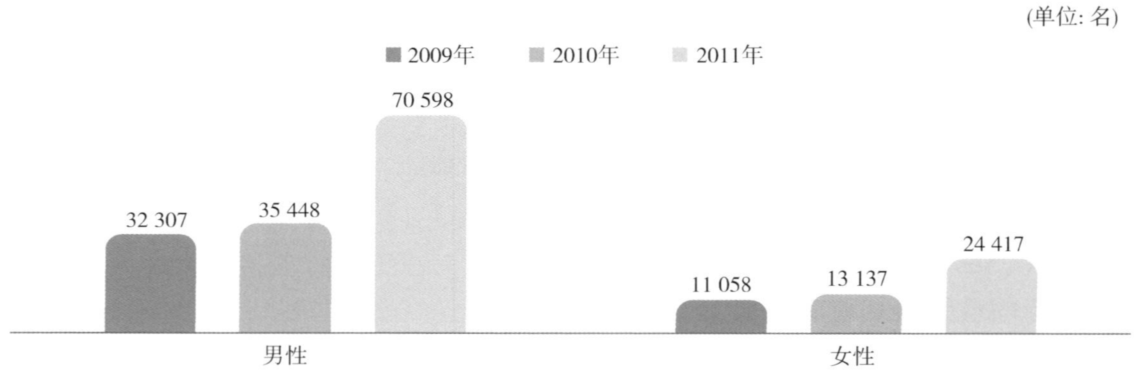


图 4-4-22　游戏行业各年度不同性别的从业者现状

## 7. 游戏行业各职位的从业者现状②

2011 年游戏行业中除游戏流通业之外的从业者为51 859人，比上年增加了 6.7%，年平均增加了 9.4%。

① 从 2011 年开始，包括游戏流通业的从业者。
② 游戏流通业的从业者除外。

从 2011 年游戏行业除游戏流通业之外的各职位的从业者现状来看，调查显示，图像设计职位的从业者为10 322人，占全部从业者的 19.9%，所占比例最高。游戏编程职位的从业者为9 233人，占全部从业者的 17.8%；一般管理职位的从业者为5 822人，占全部从业者的 11.2%；游戏企划职位的从业者为5 092人，占全部从业者的 9.8%。此外，游戏运营者及 QA 职位的从业者为4 511人(8.7%)；客户支持(CS)职位的从业者为2 677人(5.2%)；营销/宣传职位的从业者为2 327人(4.5%)；网页设计的从业者为1 968人(3.8%)；系统工程职位的从业者为1 937人(3.7%)，游戏 PD 职位的从业者为1 765人(3.4%)，网页服务开发职位的从业者为1 733人(3.3%)；发行(流通)职位的从业者为1 611人(3.1%)；UI 设计职位的从业者为1 425人(2.8%)；音效制作职位的从业者为 513 人(1.0%)；其他职位的从业者为 511 人(1.0%)；游戏采购的从业者为 412 人(0.8%)。

从年度来看，音效制作职位的从业者在 2009 年为 260 人，2010 年为 340 人，2011 年为 513 人，呈现出持续增加的趋势，2011 年从业者比上年增加了 50.9%，从 2009 年至 2011 年，年平均增加了 40.5%。游戏 PD 职位的从业者也呈现出持续性的增加，2009 年为1 301人，2010 年为1 550人，2011 年为1 765人，2011 年从业者比上年增加了 13.9%，年平均增加了 16.5%。

表 4-4-38　**游戏行业各年度各职位的从业者现状**　(单位：名)

<table>
<tr><th>年度<br>职位</th><th>2009 年</th><th>2010 年</th><th>2011 年</th><th>比重(%)</th><th>同比增减率(%)</th><th>年平均增减率(%)</th></tr>
<tr><td>游戏 PD</td><td>1 301</td><td>1 550</td><td>1 765</td><td>3.4</td><td>13.9</td><td>16.5</td></tr>
<tr><td>游戏企划</td><td>4 423</td><td>5 057</td><td>5 092</td><td>9.8</td><td>0.7</td><td>7.3</td></tr>
<tr><td>网页设计</td><td rowspan="2">10 928</td><td rowspan="2">11 327</td><td>1 968</td><td>3.8</td><td rowspan="2">8.5</td><td rowspan="2">6.0</td></tr>
<tr><td>图像设计</td><td>10 322</td><td>19.9</td></tr>
<tr><td>UI 设计</td><td>—</td><td>—</td><td>1 425</td><td>2.8</td><td>—</td><td>—</td></tr>
<tr><td>系统工程</td><td>1 778</td><td>2 419</td><td>1 937</td><td>3.7</td><td>▽19.9</td><td>4.4</td></tr>
<tr><td>游戏编程</td><td rowspan="2">8 933</td><td rowspan="2">10 345</td><td>9 233</td><td>17.8</td><td rowspan="2">6.0</td><td rowspan="2">10.8</td></tr>
<tr><td>网页服务开发</td><td>1 733</td><td>3.3</td></tr>
<tr><td>音效制作</td><td>260</td><td>340</td><td>513</td><td>1.0</td><td>50.9</td><td>40.5</td></tr>
<tr><td>游戏运营者及 QA</td><td>4 337</td><td>4 502</td><td>4 511</td><td>8.7</td><td>0.2</td><td>2.0</td></tr>
<tr><td>客户支持(CS)</td><td>1 908</td><td>2 618</td><td>2 677</td><td>5.2</td><td>2.3</td><td>18.4</td></tr>
<tr><td>营销/宣传</td><td rowspan="3">3 729</td><td rowspan="3">3 799</td><td>2 327</td><td>4.5</td><td rowspan="3">14.5</td><td rowspan="3">8.0</td></tr>
<tr><td>发行(流通)</td><td>1 611</td><td>3.1</td></tr>
<tr><td>游戏采购</td><td>412</td><td>0.8</td></tr>
<tr><td>一般管理</td><td>4 770</td><td>5 458</td><td>5 822</td><td>11.2</td><td>6.7</td><td>10.5</td></tr>
<tr><td>其他</td><td>998</td><td>1 170</td><td>511</td><td>1.0</td><td>▽56.3</td><td>▽28.4</td></tr>
<tr><td>合计</td><td>43 365</td><td>48 585</td><td>51 859</td><td>100.0</td><td>6.7</td><td>9.4</td></tr>
</table>

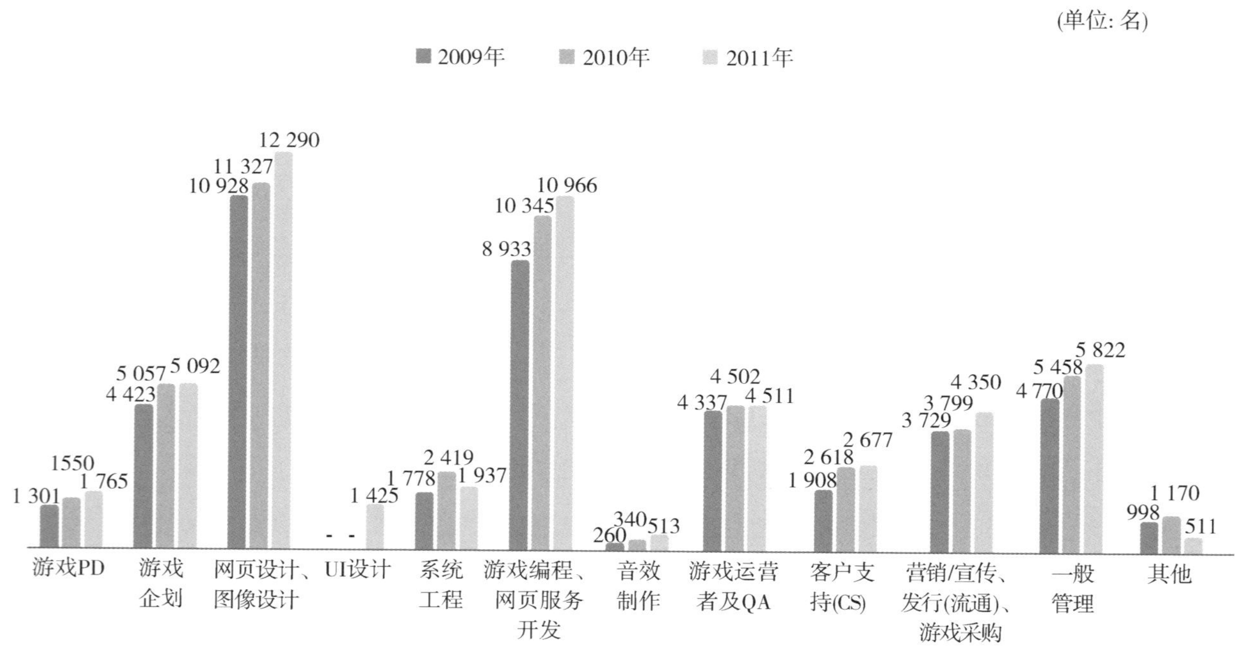


图 4-4-23　游戏行业各年度各职位的从业者现状

## 8. 游戏行业各学历的从业者现状

从 2011 年游戏行业各学历的从业者现状来看，大学毕业的从业者为62 861人，占全部从业者的 66. 2%，所占比例最大。高中以下学历的从业者为10 114人，占全部从业者的 10. 6%，专科毕业的从业者为20 591 人，占全部从业者的 21. 7%，研究生以上学历的从业者为1 449人，占全部从业者的 1. 5%。

表 4-4-39　**游戏行业各业种各学历的从业者现状(2011 年)**　(单位：名)

| 中分类 | 学历 / 小分类 | 从业者数量 | | | | 合计 |
|---|---|---|---|---|---|---|
| | | 高中以下 | 专科毕业 | 大学毕业 | 研究生以上 | |
| 游戏制作及发行业 | 在线游戏业 | 2 291 | 7 688 | 32 921 | 1 321 | 44 221 |
| | 视频游戏业 | 82 | 287 | 1 813 | 36 | 2 218 |
| | 手机游戏业 | 413 | 895 | 3 214 | 63 | 4 585 |
| | PC 游戏业 | 3 | 12 | 107 | — | 122 |
| | 街机游戏业 | 38 | 49 | 618 | 8 | 713 |
| | 小计 | 2 827 | 8 931 | 38 673 | 1 428 | 51 859 |
| | 比重(%) | 5. 4 | 17. 2 | 74. 6 | 2. 8 | 100. 0 |
| 游戏流通业 | 计算机游戏厅运营业 | 6 985 | 11 325 | 23 830 | 21 | 42 161 |
| | 电子游戏场运营业 | 302 | 335 | 358 | — | 995 |
| | 小计 | 7 287 | 11 660 | 24 188 | 21 | 43 156 |
| | 比重(%) | 16. 9 | 27. 0 | 56. 1 | 0. 0 | 100. 0 |
| 合计 | | 10 114 | 20 591 | 62 861 | 1 449 | 95 015 |
| 比重(%) | | 10. 6 | 21. 7 | 66. 2 | 1. 5 | 100. 0 |

从年度来看，调查显示，大学毕业的从业者虽然从 2009 年的 65. 9%增加到 2010 年的 66. 8%，但 2011 年又减少到 66. 2%。专科毕业的从业者从 2009 年的 21. 2%减少到 2010 年的 20. 9%，又增加到 2011 年的 21. 7%，比上年增加了 0. 8%。高中以下学历的从业者从 2009 年的 9. 4%减少到 2010 年的 7. 8%，又增加到 2011 年的 10. 6%，比上年增加了 2. 8%。研究生以上学历的从业者从 2009 年的 3. 5%增加到 2010 年的 4. 6%，2011 年减少到 1. 5%，比上年减少了 3. 1%。

表 4-4-40　**游戏行业各年度各学历的从业者现状**　（单位：名）

| 年度＼学历 | 高中以下 | 专科毕业 | 大学毕业 | 研究生以上 | 合计 |
|---|---|---|---|---|---|
| 2009 年 | 9. 4 | 21. 2 | 65. 9 | 3. 5 | 100. 0 |
| 2010 年 | 7. 8 | 20. 9 | 66. 8 | 4. 6 | 100. 0 |
| 2011 年 | 10. 6 | 21. 7 | 66. 2 | 1. 5 | 100. 0 |
| 同比增减率(%) | 2. 8 | 0. 8 | ▽0. 6 | ▽3. 1 | — |

## 9. 游戏行业各年龄段的从业者现状

从 2011 年游戏行业各年龄段的从业者现状来看，29 岁以下的从业者为32 123人，占全部从业者的 33. 8%。30 岁以上 34 岁以下的从业者为31 025人，占全部从业者的 32. 6%，35 岁以上 39 岁以下的从业者为17 549人，占全部从业者的 18. 5%，40 岁以上的从业者为14 318人，占全部从业者的 15. 1%。

表 4-4-41　**游戏行业各年龄段各业种的从业者现状(2011 年)**　（单位：名）

| 中分类 | 小分类＼年龄 | 从业者数量 | | | | 合计 |
|---|---|---|---|---|---|---|
| | | 29 岁以下 | 30~34 岁 | 35~39 岁 | 40 岁以上 | |
| 游戏制作及发行业 | 在线游戏业 | 17 627 | 18 329 | 5 722 | 2 543 | 44 221 |
| | 视频游戏业 | 481 | 858 | 551 | 328 | 2 218 |
| | 手机游戏业 | 1 789 | 1 725 | 682 | 389 | 4 585 |
| | PC 游戏业 | 11 | 33 | 46 | 32 | 122 |
| | 街机游戏业 | 198 | 226 | 204 | 85 | 713 |
| | 小计 | 20 106 | 21 171 | 7 205 | 3 377 | 51 859 |
| | 比重(%) | 38. 8 | 40. 8 | 13. 9 | 6. 5 | 100. 0 |
| 游戏流通业 | 计算机游戏厅运营业 | 11 936 | 9 752 | 10 148 | 10 325 | 42 161 |
| | 电子游戏场运营业 | 81 | 102 | 196 | 616 | 995 |
| | 小计 | 12 017 | 9 854 | 10 344 | 10 941 | 43 156 |
| | 比重(%) | 27. 8 | 22. 8 | 24. 0 | 25. 4 | 100. 0 |
| 合计 | | 32 123 | 31 025 | 17 549 | 14 318 | 95 015 |
| 比重(%) | | 33. 8 | 32. 6 | 18. 5 | 15. 1 | 100. 0 |

### 10. 游戏行业不同工作经历的从业者现状

从2011年游戏行业不同工作经历的从业者现状来看，工作经历(工作年限)在1年以上3年以下的从业者最多，占全部从业者的37.9%。其次是工作经历在3年以上5年以下的从业者，其占全部从业者的25.4%。工作经历在1年以下的占17.8%，工作经历在5年以上10年以下的占16.1%，工作经历在10年以上的占2.8%。即工作经历不足3年的从业者占全部从业者的55.7%。

表4-4-42　　游戏行业各业种中不同工作经历的从业者现状　　(单位:%)

| 职位＼经历 | 总人数 | 不足1年 | 1~3年 | 3~5年 | 5~10年 | 10年以上 |
|---|---|---|---|---|---|---|
| 游戏PD | 745 | 15.0 | 32.5 | 30.4 | 19.2 | 2.9 |
| 游戏企划 | 1 434 | 20.3 | 37.3 | 25.0 | 16.5 | 0.9 |
| 网页设计 | 556 | 19.9 | 36.8 | 24.6 | 17.0 | 1.7 |
| 图像设计 | 2 861 | 18.1 | 43.5 | 24.6 | 12.6 | 1.2 |
| UI设计 | 389 | 15.9 | 38.1 | 27.6 | 17.8 | 0.6 |
| 系统工程 | 485 | 20.1 | 34.5 | 28.3 | 15.2 | 1.9 |
| 游戏编程 | 848 | 16.7 | 38.8 | 26.0 | 18.0 | 0.4 |
| 网页服务开发 | 3 063 | 14.8 | 40.5 | 26.1 | 17.5 | 1.1 |
| 音效制作 | 166 | 21.3 | 33.9 | 28.3 | 16.5 | 0.0 |
| 游戏运营者及QA | 763 | 24.2 | 40.6 | 21.2 | 9.9 | 4.1 |
| 客户支持(CS) | 564 | 22.4 | 39.6 | 25.4 | 11.4 | 1.1 |
| 营销/宣传 | 754 | 23.9 | 41.2 | 21.3 | 12.7 | 0.9 |
| 发行(流通) | 449 | 16.6 | 27.9 | 36.2 | 15.6 | 3.7 |
| 游戏采购 | 131 | 13.7 | 24.7 | 23.3 | 23.3 | 15.1 |
| 一般管理职位 | 1 865 | 14.3 | 29.9 | 22.8 | 21.6 | 11.4 |
| 其他 | 323 | 19.7 | 35.8 | 27.7 | 13.9 | 2.9 |
| 全部 | 15 396 | 17.8 | 37.9 | 25.4 | 16.1 | 2.8 |

从年度来看，从2009年至2011年，在全部从业者中，工作经历在1年以上3年以下的从业者所占比例都超过了30.0%，数量最多。其次是工作经历在3年以上5年以下的从业者，其占比超过了24.0%，数量居于第二位。值得注意的是，工作经历在1年以上5年以下的从业者所占比例在2009年是55.7%，2010年是62.6%，2011年是63.3%，呈现出持续增加的趋势。

表4-4-43　　游戏行业各年度不同工作经历的从业者现状　　(单位:%)

| 年度＼经历 | 不足1年 | 1~3年 | 3~5年 | 5~10年 | 10年以上 | 合计 |
|---|---|---|---|---|---|---|
| 2009年 | 20.5 | 30.9 | 24.8 | 18.9 | 4.9 | 100.0 |
| 2010年 | 20.0 | 37.8 | 24.8 | 14.3 | 3.1 | 100.0 |
| 2011年 | 17.8 | 37.9 | 25.4 | 16.1 | 2.8 | 100.0 |
| 同比增减率(%) | ▽2.2 | 0.1 | 0.6 | 1.8 | ▽0.3 | — |

## (六)游戏行业的费用投资现状

从 2011 年游戏行业费用投资的现状来看，制作部分的费用最多，占 78.2%，其次是 R&D 费用，占 8.8%。此外，营销/宣传费用和其他费用都占 4.9%，专利费用占 2.4%，教育训练费用占 0.8%。

表 4-4-44 游戏行业各年度的费用投资现状 (单位:%)

| 分类 | 制作 | 专利 | 发行 | 营销/宣传 | R&D | | 教育训练 | 其他 | 总事业费用 |
|---|---|---|---|---|---|---|---|---|---|
| | | | | | 技术 | 企划 | | | |
| 2009 年 | 54.8 | 4.6 | 7.9 | 7.6 | 12.4 | 4.4 | 1.9 | 6.4 | 100.0 |
| 2010 年 | 52.3 | 6.3 | 8.5 | 8.3 | 11.9 | 6.2 | 1.7 | 4.8 | 100.0 |
| 2011 年 | 78.2 | 2.4 | — | 4.9 | 8.8 | | 0.8 | 4.9 | 100.0 |
| 同比增减率(%) | 25.9 | ▽3.9 | ▽8.5 | ▽3.4 | ▽9.3 | | ▽0.9 | 0.1 | — |

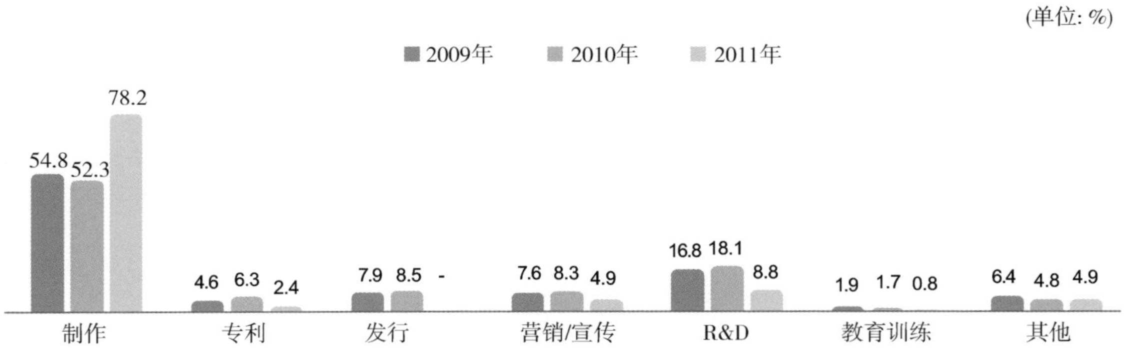


图 4-4-24 游戏行业各年度的费用投资现状

## (七)游戏行业的主力平台现状

调查显示，2011 年游戏行业的主力平台中，在线游戏所占比例最大，为 46.6%；其次是手机游戏，占 33.3%。街机游戏占 11.6%，PC 游戏占 3.7%，视频游戏占 3.4%，便携式游戏占 1.4%。

从年度来看，主力平台中，在线游戏所占比例虽然从 2009 年的 47.2%减少到 2010 年的 43.5%，却又增加到 2011 年的 46.6%。手机游戏的占比呈现出持续性的增加，2009 年的占比是 27.7%，2010 年的占比是 30.7%，2011 年的占比是 33.3%。街机游戏的占比从 2009 年的 16.3%增加到 2010 年的 19.0%，却又减少到 2011 年的 11.6%。便携式游戏的占比从 2009 年的 3.0%减少到 2010 年的 1.4%，2011 年无太大的变化(1.4%)。视频游戏的占比在 2009 年是 4.0%，2010 年是 3.0%，2011 年是 3.4%；PC 游戏的占比在 2009 年是 1.8%，2010 年是 2.5%，2011 年是 3.7%。

表 4-4-45　　**游戏行业各年度主力平台的现状**　　（单位：%）

| 平台 / 年度 | 在线游戏 | 手机游戏 | 街机游戏 | 便携式游戏 | 视频游戏 | PC 游戏 | 合计 |
|---|---|---|---|---|---|---|---|
| 2009 年 | 47. 2 | 27. 7 | 16. 3 | 3. 0 | 4. 0 | 1. 8 | 100. 0 |
| 2010 年 | 43. 5 | 30. 7 | 19. 0 | 1. 4 | 3. 0 | 2. 5 | 100. 0 |
| 2011 年 | 46. 6 | 33. 3 | 11. 6 | 1. 4 | 3. 4 | 3. 7 | 100. 0 |
| 同比增减率（%） | 3. 1 | 2. 6 | ▽7. 4 | — | 0. 4 | 1. 2 | — |

## （八）游戏行业的主要制作/发行类型现状

从 2011 年游戏行业主要制作/发行类型的现状来看，调查显示，MMORPG 所占比例最大，为 26. 3%，其次是街机游戏，占 23. 1%。接下来依次为棋类游戏，占 20. 1%；RTS，占 18. 7%；运动游戏，占 15. 3%；MORPG，占 13. 5%；FPS 和 AOS 各占 9. 4%和 5. 7%，其他游戏占 5. 5%，赛车游戏和节奏游戏都占 4. 3%，企业经营游戏占 3. 4%，教育用游戏占 3. 2%。

表 4-4-46　　**游戏行业主要制作/发行类型的现状**　　（单位：%）

| 类型 / 年度 | 角色扮演游戏 | 动作/格斗/冒险游戏 | 网络棋类游戏 | 运动游戏 | 射击游戏 | 其他模拟游戏 | 教育用游戏 | 战略模拟游戏 | 其他 | 体验游戏 | 功能性游戏 | 有奖游戏 |
|---|---|---|---|---|---|---|---|---|---|---|---|---|
| 2009 年 | 19. 1 | 17. 6 | 12. 1 | 8. 9 | 8. 1 | 8. 1 | 6. 5 | 6. 5 | 4. 0 | 4. 1 | 3. 9 | 1. 2 |
| 2010 年 | 17. 6 | 15. 7 | 12. 5 | 10. 0 | 10. 1 | 8. 0 | 6. 6 | 8. 6 | 5. 0 | — | 4. 2 | 1. 6 |

表 4-4-47　　**游戏行业各平台的主要制作/发行类型现状（2011 年）**　　（单位：%）

| 类型 / 平台 | RTS | MORPG | MMORPG | AOS | 企业经营游戏 | 运动游戏 | 棋类游戏 | 街机游戏 | FPS | 赛车游戏 | 节奏游戏 | 教育用游戏 | 其他 |
|---|---|---|---|---|---|---|---|---|---|---|---|---|---|
| 在线游戏（以客户端为基础） | 15. 4 | 21. 5 | 43. 0 | 4. 0 | — | 14. 1 | 14. 8 | 5. 4 | 10. 1 | 4. 7 | 4. 7 | 2. 0 | 5. 4 |
| 在线游戏（以网页浏览器为基础） | 40. 0 | 9. 1 | 29. 1 | 7. 3 | 1. 8 | 14. 5 | 12. 7 | 5. 5 | — | — | 1. 8 | 3. 6 | 5. 5 |
| PC 游戏 | 12. 5 | 6. 3 | 25. 0 | 18. 8 | 6. 3 | 18. 8 | 12. 5 | 25. 0 | 12. 5 | — | 6. 3 | 6. 3 | 6. 3 |
| 街机游戏 | 9. 8 | 5. 9 | 5. 9 | 2. 0 | 2. 0 | 11. 8 | 27. 5 | 64. 7 | 7. 8 | 3. 9 | 3. 9 | — | 0. 0 |
| 视频游戏 | 13. 3 | — | 20. 0 | 6. 7 | 13. 3 | 26. 7 | 6. 7 | 6. 7 | 33. 3 | 6. 7 | 6. 7 | 6. 7 | 6. 7 |
| 手机游戏 | 17. 8 | 11. 6 | 17. 1 | 6. 8 | 6. 8 | 17. 1 | 28. 1 | 34. 9 | 10. 3 | 5. 5 | 4. 8 | 4. 8 | 8. 2 |
| 便携式游戏 | 33. 3 | 16. 7 | — | — | — | — | 16. 7 | 16. 7 | — | 16. 7 | — | — | — |
| 全部 | 18. 7 | 13. 5 | 26. 3 | 5. 7 | 3. 4 | 15. 3 | 20. 1 | 23. 1 | 9. 4 | 4. 3 | 4. 3 | 3. 2 | 5. 5 |

## (九)游戏行业的游戏销售方式

2011 年游戏行业主要的游戏销售方式中，通过游戏公司销售的最多，占 45.0%，其次是通过自身销售网络销售的，占 44.1%。此外，通过开放市场销售的占 17.8%，通过移动通信公司销售的占 10.3%，通过网络销售的占 2.7%，通过其他方式销售的占 1.5%。

表 4-4-48　　**游戏行业主要的游戏销售方式现状(2011 年)**　　(单位:%)

| 平台＼销售方式 | 通过游戏公司销售 | 通过自身销售网络销售 | 通过开放市场销售 | 通过移动通信公司销售 | 通过网络销售 | 通过其他方式销售 |
|---|---|---|---|---|---|---|
| 在线游戏 | 48.5 | 52.0 | 6.4 | 2.0 | 2.5 | 10.5 |
| PC 游戏 | 62.5 | 37.5 | 0.0 | 12.5 | 0.0 | 6.3 |
| 街机游戏 | 45.1 | 58.8 | 9.8 | 0.0 | 5.9 | 0.0 |
| 视频游戏 | 53.3 | 46.7 | 6.7 | 0.0 | 13.3 | 0.0 |
| 手机游戏 | 37.0 | 28.1 | 39.7 | 26.7 | 0.7 | 5.6 |
| 便携式游戏 | 50.0 | 50.0 | 16.7 | 0.0 | 16.7 | 0.0 |
| 全部 | 45.0 | 44.1 | 17.8 | 10.3 | 2.7 | 1.5 |

* 各销售方式在各平台的分布比例为四舍五入后的结果。

表 4-4-49　　**游戏行业各年度主要的游戏销售方式现状**　　(单位:%)

| 年度＼销售方式 | 通过游戏公司销售 | 通过自身销售网络销售 | 通过开放市场销售 | 通过移动通信公司销售 | 通过网络销售 | 通过其他方式销售 |
|---|---|---|---|---|---|---|
| 2009 年 | 38.9 | 31.3 | 10.4 | 13.7 | 2.2 | 3.5 |
| 2010 年 | 34.8 | 29.5 | 18.7 | 11.5 | 1.8 | 3.7 |
| 2011 年 | 45.0 | 44.1 | 17.8 | 10.3 | 2.7 | 4.9 |
| 同比增减率(%) | 10.2 | 14.6 | ▽0.9 | ▽1.2 | 0.9 | 1.2 |

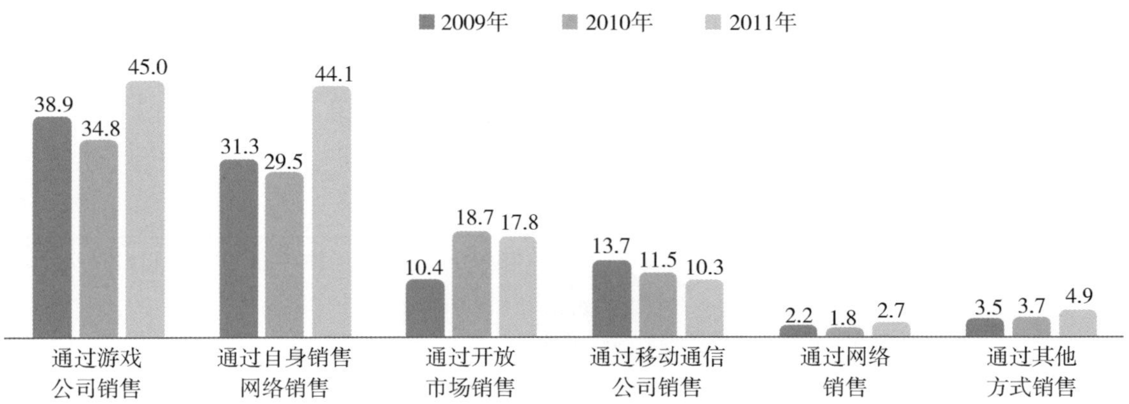


图 4-4-25　游戏行业各年度主要的游戏销售方式现状

# 五、电 影 行 业

表 4-5-1　　电影行业的分类

| 中分类 | 小分类 | 分类体系的定义 |
| --- | --- | --- |
| 电影制作、支援及流通业 | 电影企划及制作 | 企划及制作普通电影的企业(普通电影/制作) |
| | 电影进口 | 进口海外电影的企业 |
| | 电影制作支援 | 进行与普通电影制作相关的胶片加工、胶片编辑、配音、胶片检查等制作后期服务的企业 |
| | 电影发行 | 取得普通电影的分配权，向电影院、播放公司及其他上映者进行分配的企业 |
| | 剧场上映 | 具备在室内或野外放映的设施，放映电影的企业 |
| | 电影宣传及销售 | 对普通电影进行宣传及销售的企业 |
| | 电影投资组合 | 为了电影制作而由个人或团体出资成立的组合 |
| DVD/VHS 制作及流通业 | DVD/VHS 制作 | 企划及制作电影 DVD/VHS 的企业(录像电影) |
| | DVD/VHS 批发 | 批发电影 DVD/VHS 的企业 |
| | DVD/VHS 零售 | 零售电影 DVD/VHS 的企业 |
| | DVD/VHS 租借 | 购入电影 DVD/VHS 后出租的企业 |
| | DVD/VHS 上映 | 购入电影 DVD/VHS 后，利用显示器、电视、投影仪等设备经营录像制品观赏室的企业 |
| | 在线上映 | 通过网络/移动设备提供电影服务的企业 |

电影行业的统计引用了电影振兴委员会的《韩国电影行业实态调查》结果。

## (一)电影行业的整体概况

调查显示，2011 年电影行业的企业为3 424个，从业者为29 569人；销售额是 3 兆9 200亿韩元，附加价值额是 1 兆5 244亿韩元，附加价值率是 38. 89%；出口额是1 582万美元，进口额是4 635万美元。

韩国电影行业的企业数量从 2006 年的8 663个持续减少到 2011 年的3 424个，最近三年正在渡过最艰难的时期。从企业数量的增减率来看，2011 年比上年减少了 8. 1%，从 2006 年至 2011 年，年平均减少了 16. 9%。电影行业的出口额从 2006 年的2 451万美元持续减少到 2011 年的1 582万美元，年平均减少了 8. 4%。另外，从业者人数在 2011 年为29 569名，比上年减少了 3. 2%。销售额比上年增加了 9. 6%，年平均增加了 1. 3%，附加价值额比上年增加了 30. 4%，年平均增加了 3. 1%。

表 4-5-2　　电影行业的整体概况

| 分类 | 企业数量(个) | 从业者数量(名) | 销售额(百万韩元) | 附加价值额(百万韩元) | 附加价值率(%) | 出口额(千美元) | 进口额(千美元) |
| --- | --- | --- | --- | --- | --- | --- | --- |
| 2006 年 | 8 663 | 25 769 | 3 683 627 | 1 781 814 | 48. 37 | 24 515 | 45 813 |
| 2007 年 | 5 134 | 23 935 | 3 204 570 | 886 656 | 27. 67 | 24 396 | 67 527 |
| 2008 年 | 4 893 | 19 908 | 2 954 624 | 357 811 | 12. 11 | 21 037 | 78 775 |

续表

| 分类 | 企业数量（个） | 从业者数量（名） | 销售额（百万韩元） | 附加价值额（百万韩元） | 附加价值率（%） | 出口额（千美元） | 进口额（千美元） |
|---|---|---|---|---|---|---|---|
| 2009 年 | 4 109 | 28 041 | 3 362 815 | 1 106 366 | 32. 90 | 14 122 | 73 646 |
| 2010 年 | 3 727 | 30 561 | 3 577 948 | 1 169 265 | 32. 68 | 13 583 | 53 374 |
| 2011 年 | 3 424 | 29 569 | 3 920 019 | 1 524 495 | 38. 89 | 15 829 | 46 355 |
| 同比增减率(%) | ▽8. 1 | ▽3. 2 | 9. 6 | 30. 4 | 6. 21p | 16. 5 | ▽13. 2 |
| 年平均增减率(%) | ▽16. 9 | 2. 8 | 1. 3 | ▽3. 1 | — | ▽8. 4 | 0. 2 |

电影行业的人均销售额是 1 亿3 300万韩元，各企业的平均销售额是 11 亿4 500万韩元。从各业种来看，调查显示，电影制作、支援及流通业的企业人均销售额为 1 亿4 100万韩元，比 DVD/VHS 制作及流通业的企业人均销售额7 400万韩元要高很多，电影制作、支援及流通业和 DVD/VHS 制作及流通业的人均销售额的差异比较大。从各企业平均销售额来看，电影制作、支援及流通业各企业的平均销售额是 33 亿3 600万韩元，DVD/VHS 制作及流通业各企业的平均销售额是 1 亿1 600万韩元，可见电影制作、支援及流通业和 DVD/VHS 制作及流通业的各企业平均销售额的差距也很大。另外，人均销售额最多的业种是电影投资组合业，为 11 亿3 600万韩元；其次是电影进口业，为 4 亿7 300万韩元。企业平均销售额中电影投资组合业所占比例最高，为 107 亿9 500万韩元，其次是 DVD/VHS 制作业，为 94 亿8 700万韩元。销售额最低的业种是 DVD/VHS 租借业，其企业平均销售额是500 万韩元，人均销售额是400 万韩元。

表 4-5-3　**电影行业各企业的平均销售额及人均销售额现状(2011 年)**

| 中分类 | 小分类 | 企业数量（个） | 从业者数量（名） | 销售额（百万韩元） | 各企业平均销售额（百万韩元） | 人均销售额（百万韩元） |
|---|---|---|---|---|---|---|
| 电影制作、支援及流通业 | 电影企划及制作 | 387 | 3 013 | 549 415 | 1 420 | 182 |
| | 电影进口 | 125 | 867 | 410 198 | 3 282 | 473 |
| | 电影制作支援 | 106 | 1 704 | 184 578 | 1 741 | 108 |
| | 电影发行 | 74 | 1 530 | 485 734 | 6 564 | 317 |
| | 剧场上映 | 320 | 17 723 | 1 755 756 | 5 487 | 99 |
| | 电影宣传及营销 | 74 | 1 008 | 177 802 | 2 403 | 176 |
| | 电影投资组合 | 8 | 76 | 86 360 | 10 795 | 1 136 |
| | 小计 | 1 094 | 25 921 | 3 649 843 | 3 336 | 141 |
| DVD/VHS 制作及流通业 | DVD/VHS 制作 | 3 | 74 | 28 460 | 9 487 | 385 |
| | DVD/VHS 批发 | 8 | 42 | 14 326 | 1 791 | 341 |
| | DVD/VHS 零售 | 349 | 389 | 14 703 | 42 | 38 |
| | DVD/VHS 租借 | 1 562 | 1 812 | 7 722 | 5 | 4 |
| | DVD/VHS 上映 | 368 | 696 | 23 131 | 63 | 33 |
| | 在线上映 | 40 | 635 | 181 834 | 4 546 | 286 |
| | 小计 | 2 330 | 3 648 | 270 176 | 116 | 74 |
| 整体 | | 3 424 | 29 569 | 3 920 019 | 1 145 | 133 |

## (二)电影行业的企业数量现状

2011 年电影行业的企业数量为3 424个，比上年减少了 8.1%，从 2009 年至 2011 年，年平均减少了 8.7%。从小分类来看，DVD/VHS 租借业的企业数是1 562个，占企业总数的 45.6%，所占比例最大，比上年减少了 7.8%，年平均减少了 13.5%。其次是电影企划及制作业的企业数，为 387 个，占企业总数的 11.3%，比上年减少了 23.4%，年平均减少了 3.8%。DVD/VHS 上映业的企业数为 368 个(10.7%)，比上年减少了 14.2%，年平均减少了 12.9%。DVD/VHS 零售业的企业数为 349 个(10.2%)，比上年增加了 15.9%，年平均增加了 1.0%。其他业种的企业数量占比不超过 10.0%。

表 4-5-4　　电影行业各年度各业种的企业数量现状　　(单位：个)

| 中分类 | 小分类 | 2009 年 | 2010 年 | 2011 年 | 比重(%) | 同比增减率(%) | 年平均增减率(%) |
|---|---|---|---|---|---|---|---|
| 电影制作、支援及流通业 | 电影企划及制作 | 418 | 505 | 387 | 11.3 | ▽23.4 | ▽3.8 |
| | 电影进口 | 58 | 72 | 125 | 3.7 | 73.6 | 46.8 |
| | 电影制作支援 | 95 | 103 | 106 | 3.1 | 2.9 | 5.6 |
| | 电影发行 | 57 | 56 | 74 | 2.2 | 32.1 | 13.9 |
| | 剧场上映 | 461 | 428 | 320 | 9.3 | ▽25.2 | ▽16.7 |
| | 电影宣传及营销 | 33 | 67 | 74 | 2.2 | 10.4 | 49.7 |
| | 电影投资组合 | 21 | 19 | 8 | 0.2 | ▽57.9 | ▽38.3 |
| DVD/VHS 制作及流通业 | DVD/VHS 制作 | 5 | 4 | 3 | 0.1 | ▽25.0 | ▽22.5 |
| | DVD/VHS 批发 | 9 | 8 | 8 | 0.2 | — | ▽5.7 |
| | DVD/VHS 零售 | 342 | 301 | 349 | 10.2 | 15.9 | 1.0 |
| | DVD/VHS 租借 | 2 089 | 1 694 | 1 562 | 45.6 | ▽7.8 | ▽13.5 |
| | DVD/VHS 上映 | 485 | 429 | 368 | 10.7 | ▽14.2 | ▽12.9 |
| | 在线上映 | 36 | 41 | 40 | 1.2 | ▽2.4 | 5.4 |
| 合计 | | 4 109 | 3 727 | 3 424 | 100.0 | ▽8.1 | ▽8.7 |

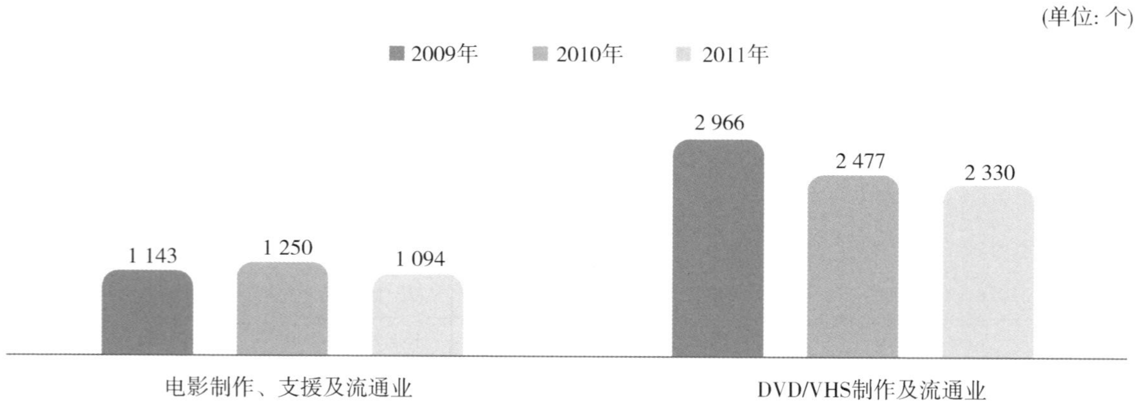


图 4-5-1　电影行业各年度各业种的企业数量现状

## (三)电影行业的销售额现状

2011 年电影行业的销售额是 3 兆9 200亿韩元，比上年增加了 9.6%，从 2009 年至 2011 年，年平均增加了 8.0%。从年度来看，2009 年是 3 兆3 628亿韩元，2010 年是 3 兆5 779亿韩元，2011 年是 3 兆9 200亿韩元。销售额呈现出持续增加的态势。

从中分类来看，电影制作、支援及流通业的销售额是 3 兆6 498亿韩元(93.1%)，比上年增加了 6.6%，年平均增加了 8.2%。DVD/VHS 制作及流通业的销售额是2 701亿韩元(6.9%)，比上年增加了 76.0%，年平均增加了 4.9%。

从小分类来看，调查显示，剧场上映业的销售额为 1 兆7 557亿韩元(44.8%)，所占比例最大。其次是电影企划及制作业的销售额，为5 494亿韩元(14.0%)。接下来依次是：电影发行业的销售额为 4 857亿韩元(12.4%)；电影进口业的销售额为4 101亿韩元(10.5%)；电影制作支援业的销售额为 1 845亿韩元(4.7%)；电影宣传及营销业的销售额为1 778亿韩元(4.5%)；电影投资组合业的销售额为 863 亿韩元(2.2%)。DVD/VHS 制作业的销售额为 284 亿韩元(0.7%)，DVD/VHS 批发业的销售额为 143 亿韩元(0.4%)，DVD/VHS 零售业的销售额为 147 亿韩元(0.4%)，DVD/VHS 租借业的销售额为 77 亿韩元(0.2%)，在线上映业的销售额为1 818亿韩元(4.6%)。

表 4-5-5　**电影行业各业种的年度销售额现状**　(单位：百万韩元)

| 中分类 | 小分类 | 2009 年 | 2010 年 | 2011 年 | 比重(%) | 同比增减率(%) | 年平均增减率(%) |
|---|---|---|---|---|---|---|---|
| 电影制作、支援及流通业 | 电影企划及制作 | 463 840 | 506 823 | 549 415 | 14.0 | 8.4 | 8.8 |
| | 电影进口 | 366 179 | 416 852 | 410 198 | 10.5 | ▽1.6 | 5.8 |
| | 电影制作支援 | 152 979 | 168 506 | 184 578 | 4.7 | 9.5 | 9.8 |
| | 电影发行 | 382 122 | 424 583 | 485 734 | 12.4 | 14.4 | 12.7 |
| | 剧场上映 | 1 588 637 | 1 699 683 | 1 755 756 | 44.8 | 3.3 | 5.1 |
| | 电影宣传及营销 | 145 683 | 158 537 | 177 802 | 4.5 | 12.2 | 10.5 |
| | 电影投资组合 | 17 974 | 49 486 | 86 360 | 2.2 | 74.5 | 119.2 |
| | 小计 | 3 117 414 | 3 424 470 | 3 649 843 | 93.1 | 6.6 | 8.2 |
| DVD/VHS 制作及流通业 | DVD/VHS 制作 | 41 379 | 40 716 | 28 460 | 0.7 | ▽30.1 | ▽17.1 |
| | DVD/VHS 批发 | 50 391 | 28 077 | 14 326 | 0.4 | ▽49.0 | ▽46.7 |
| | DVD/VHS 零售 | 34 912 | 17 887 | 14 703 | 0.4 | ▽17.8 | ▽35.1 |
| | DVD/VHS 租借 | 28 743 | 13 562 | 7 722 | 0.2 | ▽43.1 | ▽48.2 |
| | DVD/VHS 上映 | 67 652 | 24 661 | 23 131 | 0.6 | ▽6.2 | ▽41.5 |
| | 在线上映 | 22 324 | 28 575 | 181 834 | 4.6 | 536.3 | 185.4 |
| | 小计 | 245 401 | 153 478 | 270 176 | 6.9 | 76.0 | 4.9 |
| 合计 | | 3 362 815 | 3 577 948 | 3 920 019 | 100.0 | 9.6 | 8.0 |

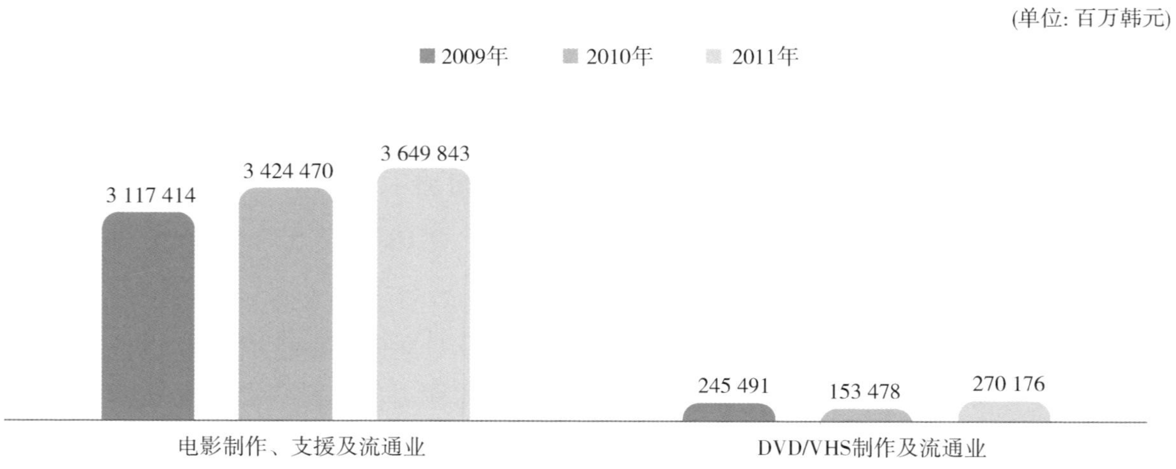


图 4-5-2　电影行业各业种的年度销售额现状

### 1. 电影行业中电影制作、支援及流通业的销售额现状

2011 年电影行业中，电影制作、支援及流通业的销售额是 3 兆6 498亿韩元，比上年增加了 6. 6%，从 2009 年至 2011 年，年平均增加了 8. 2%。从年度来看，2009 年是 3 兆1 174亿韩元，2010 年是 3 兆4 244亿韩元，2011 年是 3 兆6 498亿韩元，呈现出持续性的增加。

从小分类来看，剧场上映业的销售额为 1 兆7 557亿韩元(48. 1%)，所占比例最大。其次是电影企划及制作业的销售额，为5 494亿韩元(15. 0%)。接下来依次是：电影发行业的销售额为4 857亿韩元(13. 3%)；电影进口业的销售额为4 101亿韩元(11. 2%)；电影制作支援业的销售额为1 845亿韩元(5. 1%)；电影宣传及营销业的销售额为1 778亿韩元(4. 9%)；同时，电影投资组合业的销售额为 863 亿韩元(2. 4%)。

在增减率方面，剧场上映的销售额比上年增加了 3. 3%，从 2009 年至 2011 年，年平均增加了 5. 1%，呈现出持续性增加的趋势。电影企划及制作业的销售额比上年增加了 8. 4%，年平均增加了 8. 8%；电影发行业的销售额也比上年增加了 14. 4%，年平均增加了 12. 7%。

表 4-5-6　**电影行业中电影制作、支援及流通业各业种的年度销售额现状**　(单位：百万韩元)

| 中分类 | 小分类 | 2009 年 | 2010 年 | 2011 年 | 比重(%) | 同比增减率(%) | 年平均增减率(%) |
|---|---|---|---|---|---|---|---|
| 电影制作、支援及流通业 | 电影企划及制作 | 463 840 | 506 823 | 549 415 | 15. 0 | 8. 4 | 8. 8 |
| | 电影进口 | 366 179 | 416 852 | 410 198 | 11. 2 | ▽1. 6 | 5. 8 |
| | 电影制作支援 | 152 979 | 168 506 | 184 578 | 5. 1 | 9. 5 | 9. 8 |
| | 电影发行 | 382 122 | 424 583 | 485 734 | 13. 3 | 14. 4 | 12. 7 |
| | 剧场上映 | 1 588 637 | 1 699 683 | 1 755 756 | 48. 1 | 3. 3 | 5. 1 |
| | 电影宣传及营销 | 145 683 | 158 537 | 177 802 | 4. 9 | 12. 2 | 10. 5 |
| | 电影投资组合 | 17 974 | 49 486 | 86 360 | 2. 4 | 74. 5 | 119. 2 |
| 合计 | | 3 117 414 | 3 424 470 | 3 649 843 | 100. 0 | 6. 6 | 8. 2 |

(单位: 百万韩元)

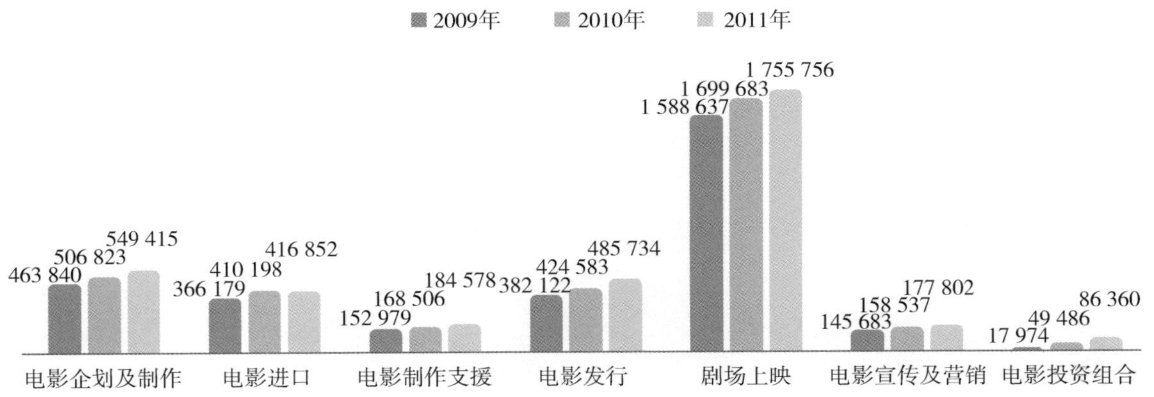


图 4-5-3　电影行业中电影制作、支援及流通业各业种的年度销售额现状

2. 电影行业中 DVD/VHS 制作及流通业的销售额现状

2011 年电影行业中 DVD/VHS 制作及流通业的销售额是2 701亿韩元，比上年增加了 76.0%，从 2009 年至 2011 年，年平均增加了 4.9%。从各年度的销售额来看，DVD/VHS 制作及流通业的销售额在 2009 年是2 454亿韩元，2010 年的销售额减少到1 534亿韩元，2011 年又大幅增加到2 701亿韩元。

从小分类来看，在线上映业的销售额最多，为1 818亿韩元(67.3%)，DVD/VHS 制作业的销售额是 284 亿韩元(10.5%)。此外，DVD/VHS 上映业的销售额是 231 亿韩元(8.6%)，DVD/VHS 零售业的销售额是 147 亿韩元(5.4%)，DVD/VHS 批发业的销售额是 143 亿韩元(5.3%)，DVD/VHS 租借业的销售额是 77 亿韩元(2.9%)。

在增减率方面，DVD/VHS 批发业的销售额比上年减少了 49.0%，从 2009 年至 2011 年，年平均减少了 46.7%，呈现出较大的减少幅度。DVD/VHS 租借业的销售额也比上年减少了 43.1%，年平均减少了 48.2%，呈现出较大的减少幅度。相反，在线上映业的销售额比上年增加了 536.3%，年平均增加了 185.4%，呈现出较大的增加幅度。

表 4-5-7　**电影行业中 DVD/VHS 制作及流通业各业种的年度销售额现状**　(单位：百万韩元)

| 中分类 | 小分类 | 2009 年 | 2010 年 | 2011 年 | 比重 (%) | 同比增减率 (%) | 年平均增减率 (%) |
|---|---|---|---|---|---|---|---|
| DVD/VHS 制作及流通业 | DVD/VHS 制作 | 41 379 | 40 716 | 28 460 | 10.5 | ▽30.1 | ▽17.1 |
| | DVD/VHS 批发 | 50 391 | 28 077 | 14 326 | 5.3 | ▽49.0 | ▽46.7 |
| | DVD/VHS 零售 | 34 912 | 17 887 | 14 703 | 5.4 | ▽17.8 | ▽35.1 |
| | DVD/VHS 租借 | 28 743 | 13 562 | 7 722 | 2.9 | ▽43.1 | ▽48.2 |
| | DVD/VHS 上映 | 67 652 | 24 661 | 23 131 | 8.6 | ▽6.2 | ▽41.5 |
| | 在线上映 | 22 324 | 28 575 | 181 834 | 67.3 | 536.3 | 185.4 |
| 合计 | | 245 401 | 153 478 | 270 176 | 100.0 | 76.0 | 4.9 |

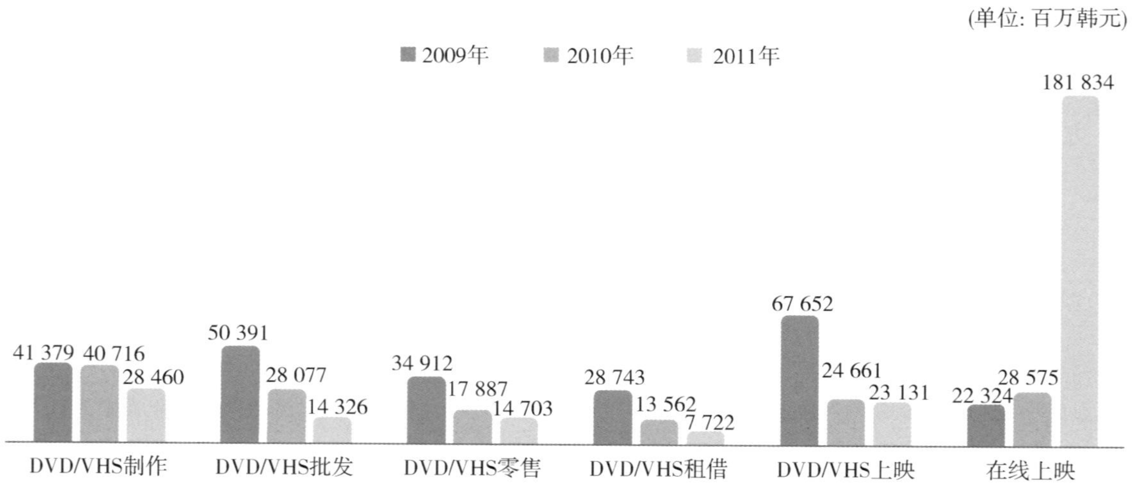


图 4-5-4　电影行业中 DVD/VHS 制作及流通业各业种的年度销售额现状

### 3. 电影行业各销售额规模的企业的销售额现状

从 2011 年电影行业各销售额规模的企业的销售额现状来看，销售额规模在 10 亿韩元以上 100 亿韩元以下的企业的销售额为 1 兆9 400亿韩元，占销售总额的 49. 5%，所占比例最大。其次是 100 亿韩元以上的企业，销售额为 1 兆7 928亿韩元，占销售总额的 45. 7%。销售额规模在 1 亿韩元以上 10 亿韩元以下的企业的销售额是1 486亿韩元，占销售总额的 3. 8%，销售额规模在 1 亿韩元以下的企业的销售额是 384 亿韩元，占销售总额的 1. 0%。

表 4-5-8　**电影行业各业种各销售额规模的企业的销售额现状(2011 年)**　(单位：百万韩元)

| 销售额规模<br>业种 | 不足 1 亿韩元 | 1 亿~10 亿韩元 | 10 亿~100 亿韩元 | 100 亿韩元以上 | 合计 |
|---|---|---|---|---|---|
| 电影企划及制作 | 2 619 | 43 668 | 472 884 | 30 244 | 549 415 |
| 电影进口 | 1 353 | 17 035 | 121 016 | 270 794 | 410 198 |
| 电影制作支援 | 750 | 29 095 | 123 465 | 31 268 | 184 578 |
| 电影发行 | 566 | 3 429 | 8 537 | 473 202 | 485 734 |
| 剧场上映 | 818 | 16 337 | 974 702 | 763 899 | 1 755 756 |
| 电影宣传及营销 | — | 21 947 | 144 585 | 11 270 | 177 802 |
| 电影投资组合 | — | — | 26 280 | 60 080 | 86 360 |
| DVD/VHS 制作 | — | — | 17 454 | 11 006 | 28 460 |
| DVD/VHS 批发 | — | 4 796 | 9 530 | — | 14 326 |
| DVD/VHS 零售 | 4 342 | 1 001 | 9 360 | — | 14 703 |
| DVD/VHS 租借 | 7 722 | — | — | — | 7 722 |
| DVD/VHS 上映 | 20 285 | 2 846 | — | — | 23 131 |
| 在线上映 | — | 8 500 | 32 200 | 141 134 | 181 834 |
| 合计 | 38 455 | 148 654 | 1 940 013 | 1 792 897 | 3 920 019 |
| 比重(%) | 1. 0 | 3. 8 | 49. 5 | 45. 7 | 100. 0 |

从各年度来看，销售额规模在 100 亿韩元以上的企业的销售额在 2010 年有所减少，从 2011 年开

始又有所增加。销售额规模在 100 亿韩元以上的企业的销售额在 2009 年是 1 兆6 039亿韩元，2010 年是 1 兆5 167亿韩元，2011 年是 1 兆7 928亿韩元，2011 年的销售额比上年增加了 18. 2%，从 2009 年至 2011 年，年平均增加了 5. 7%。相反，销售额规模在 10 亿韩元以上 100 亿韩元以下的企业的销售额呈现出持续性增加的趋势，在 2009 年是 1 兆5 007亿韩元，2010 年是 1 兆8 527亿韩元，2011 年是 1 兆9 400亿韩元，比上年增加了 4. 7%，年平均增加了 13. 7%。销售额规模在 1 亿韩元以下的企业的销售额在 2009 年是 743 亿韩元，2010 年是 388 亿韩元，2011 年是 384 亿韩元，2011 年的销售额比上年减少了 1. 0%，年平均减少了 28. 1%。另外，销售额规模在 1 亿韩元以上 10 亿韩元以下的企业的销售额在 2009 年是1 837亿韩元，2010 年是1 695亿韩元，2011 年是1 486亿韩元，2011 年的销售额比上年减少了 12. 3%，年平均减少了 10. 1%。

表 4-5-9　**电影行业各销售额规模的企业的年度销售额现状**　（单位：百万韩元）

| 年度 \ 销售额规模 | 不足 1 亿韩元 | 1 亿~10 亿韩元 | 10 亿~100 亿韩元 | 100 亿韩元以上 | 合计 |
|---|---|---|---|---|---|
| 2009 年 | 74 395 | 183 773 | 1 500 730 | 1 603 917 | 3 362 815 |
| 2010 年 | 38 845 | 169 541 | 1 852 770 | 1 516 792 | 3 577 948 |
| 2011 年 | 38 455 | 148 654 | 1 940 013 | 1 792 897 | 3 920 019 |
| 同比增减率(%) | ▽1. 0 | ▽12. 3 | 4. 7 | 18. 2 | 9. 6 |
| 年平均增减率(%) | ▽28. 1 | ▽10. 1 | 13. 7 | 5. 7 | 8. 0 |

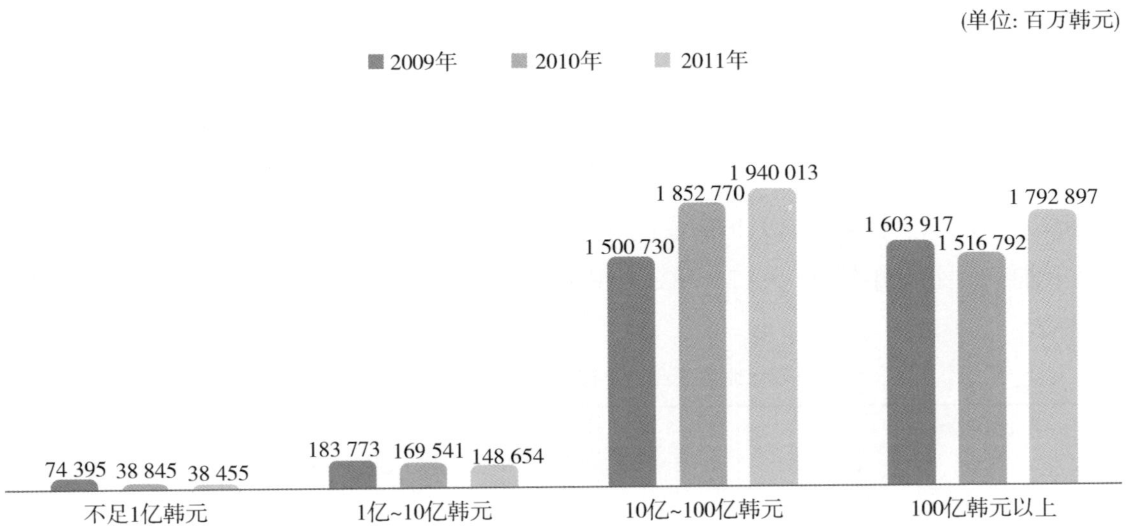


图 4-5-5　电影行业各销售额规模的企业的年度销售额现状

### 4. 电影行业各从业者规模的企业的销售额现状

从 2011 年电影行业各从业者规模的企业的销售额现状来看，从业者规模在 10 人以上 49 人以下的企业的销售额为 1 兆4 405亿韩元，占总额的 36. 7%，所占比例最大。其次是 50 人以上 99 人以下的企业，销售额是 1 兆4 167亿韩元(36. 1%)；100 人以上的企业的销售额是6 058亿韩元(15. 5%)；5 人以上 9 人以下的企业的销售额是2 493亿韩元(6. 4%)；1 人以上 4 人以下的企业的销售额是2 075亿韩元(5. 3%)。

表 4-5-10　　**电影行业各业种各从业者规模的企业的销售额现状(2011 年)**　　(单位：百万韩元)

| 业种＼从业者规模 | 1~4 人 | 5~9 人 | 10~49 人 | 50~99 人 | 100 人以上 | 合计 |
|---|---|---|---|---|---|---|
| 电影企划及制作 | 56 586 | 70 845 | 412 943 | 9 041 | — | 549 415 |
| 电影进口 | 47 359 | 59 764 | 136 700 | 85 496 | 80 879 | 410 198 |
| 电影制作支援 | 10 901 | 13 336 | 118 775 | 36 917 | 4 649 | 184 578 |
| 电影发行 | 2 399 | — | 107 910 | 243 374 | 132 051 | 485 734 |
| 剧场上映 | 26 589 | 19 923 | 431 441 | 889 519 | 388 284 | 1 755 756 |
| 电影宣传及营销 | 13 410 | 23 717 | 129 405 | 11 270 | — | 177 802 |
| 电影投资组合 | — | 34 430 | 51 930 | — | — | 86 360 |
| DVD/VHS 制作 | — | — | 28 460 | — | — | 28 460 |
| DVD/VHS 批发 | 3 996 | 9 530 | 800 | — | — | 14 326 |
| DVD/VHS 零售 | 14 703 | — | — | — | — | 14 703 |
| DVD/VHS 租借 | 7 722 | — | — | — | — | 7 722 |
| DVD/VHS 上映 | 22 856 | 275 | — | — | — | 23 131 |
| 在线上映 | 1 000 | 17 500 | 22 200 | 141 134 | — | 181 834 |
| 合计 | 207 521 | 249 320 | 1 440 564 | 1 416 751 | 605 863 | 3 920 019 |
| 比重(%) | 5.3 | 6.4 | 36.7 | 36.1 | 15.5 | 100.0 |

在增减率方面，调查显示，从业者规模在 50 人以上 99 人以下的企业的销售额比上年增加了将近 270.2%，从 2009 年至 2011 年，年平均增加了 98.3%。相反，5 人以上 9 人以下的企业的销售额比上年减少了 51.3%，年平均减少了 32.4%；1 人以上 4 人以下的企业的销售额比上年减少了 44.8%，年平均减少了 4.6%；10 人以上 49 人以下企业的销售额比上年减少了 29.2%，年平均减少了 2.7%；100 人以上的企业的销售额比上年增加了 121.9%，年平均减少了 7.5%。

表 4-5-11　　**电影行业各从业者规模的企业的年度销售额现状**　　(单位：百万韩元)

| 业种＼从业者规模 | 1~4 人 | 5~9 人 | 10~49 人 | 50~99 人 | 100 人以上 | 合计 |
|---|---|---|---|---|---|---|
| 2009 年 | 228 000 | 545 581 | 1 520 187 | 360 187 | 708 860 | 3 362 815 |
| 2010 年 | 376 253 | 512 170 | 2 033 766 | 382 711 | 273 048 | 3 577 948 |
| 2011 年 | 207 521 | 249 320 | 1 440 564 | 1 416 751 | 605 863 | 3 920 019 |
| 同比增减率(%) | ▽44.8 | ▽51.3 | ▽29.2 | 270.2 | 121.9 | 9.6 |
| 年平均增减率(%) | ▽4.6 | ▽32.4 | ▽2.7 | 98.3 | ▽7.5 | 8.0 |

## 5. 电影行业各地区销售额现状

从 2011 年电影行业各地区销售额现状来看，调查显示，2011 年电影行业的销售总额中的 65.0%

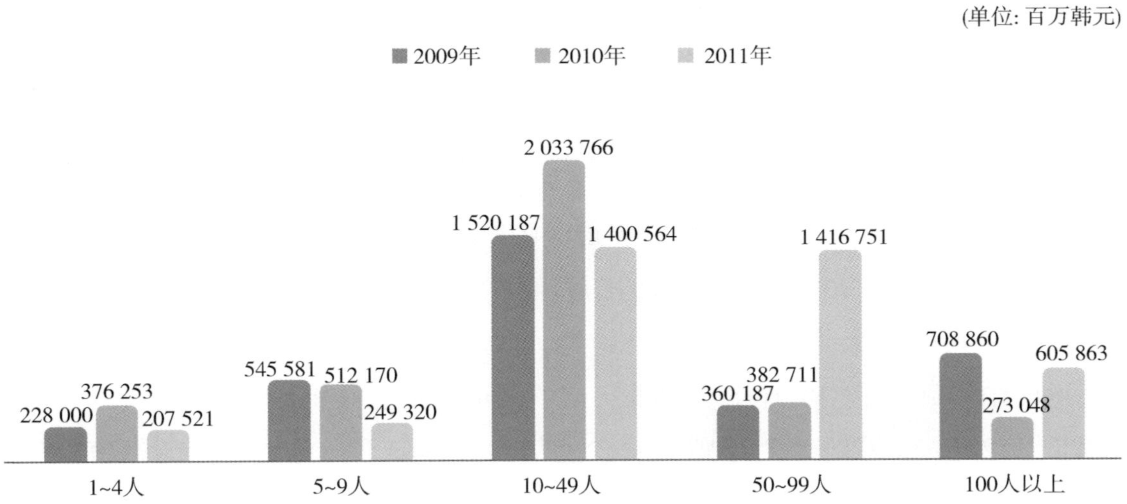


图 4-5-6　电影行业各年度各从业者规模的企业的销售额现状

集中于首尔，其销售额为 2 兆5 500亿韩元。其次是京畿道，其销售额为5 038亿韩元(12.9%)。接下来釜山的销售额是1 491亿韩元(3.8%)，仁川的销售额是1 182亿韩元(3.0%)。其他地区的销售额占比均不超过 3.0%，可以看出地区间的差异非常大。

表 4-5-12　　**电影行业各地区各业种的销售额现状(2011 年)**　　(单位：百万韩元)

| 地区＼业种 | | 电影制作、支援及流通业 | | | | | | | DVD/VHS 制作及流通业 | | | | | | 合计 | 比重(%) |
|---|---|---|---|---|---|---|---|---|---|---|---|---|---|---|---|---|
| | | 电影企划及制作 | 电影进口 | 电影制作支援 | 电影发行 | 剧场上映 | 电影宣传及营销 | 电影投资组合 | DVD/VHS制作 | DVD/VHS批发 | DVD/VHS零售 | DVD/VHS租借 | DVD/VHS上映 | 在线上映 | | |
| 首尔 | | 480 923 | 404 091 | 124 765 | 485 232 | 569 542 | 177 802 | 81 260 | 21 060 | 13 882 | 10 182 | 1 580 | 4 924 | 174 834 | 2 550 077 | 65.0 |
| 6个广域市 | 釜山 | 2 893 | — | 1 307 | — | 138 963 | — | — | — | — | 483 | 921 | 2 624 | 2 000 | 149 191 | 3.8 |
| | 大邱 | 108 | — | — | — | 86 101 | — | — | — | — | 359 | 659 | 1 048 | 2 000 | 90 275 | 2.3 |
| | 仁川 | 3 225 | — | — | 1 | 111 303 | — | — | — | — | 203 | 1 772 | 1 716 | — | 118 220 | 3.0 |
| | 光州 | 4 088 | — | — | — | 60 210 | — | — | — | — | 102 | 133 | 241 | 500 | 65 274 | 1.7 |
| | 大田 | 100 | — | — | — | 60 757 | — | — | — | — | 246 | 48 | 937 | — | 62 088 | 1.6 |
| | 蔚山 | — | — | — | — | 30 062 | — | — | — | — | 102 | 565 | 1 452 | — | 32 181 | 0.8 |
| | 小计 | 10 414 | — | 1 307 | — | 487 396 | — | — | — | — | 1 495 | 4 098 | 8 018 | 4 500 | 517.229 | 13.2 |
| 9个道 | 京畿道 | 57 296 | 6 072 | 58 506 | 1 | 358 559 | — | 5 100 | 7 400 | 444 | 2 278 | 1 023 | 5 160 | 2 000 | 503 839 | 12.9 |
| | 江原道 | — | — | — | 500 | 35 287 | — | — | — | — | 33 | 17 | 52 | — | 35 889 | 0.9 |
| | 忠清北道 | 508 | — | — | — | 38 305 | — | — | — | — | 69 | 60 | 427 | — | 39 369 | 1.0 |
| | 忠清南道 | 8 | 35 | — | — | 52 705 | — | — | — | — | 69 | 415 | 276 | — | 53 508 | 1.4 |
| | 全罗北道 | 258 | — | — | — | 63 501 | — | — | — | — | 136 | 131 | 705 | 500 | 65 231 | 1.7 |
| | 全罗南道 | — | — | — | — | 24 216 | — | — | — | — | 69 | 31 | 420 | — | 24 736 | 0.6 |
| | 庆尚北道 | — | — | — | — | 47 288 | — | — | — | — | 136 | 65 | 750 | — | 48 239 | 1.2 |
| | 庆尚南道 | — | — | — | — | 69 161 | — | — | — | — | 203 | 286 | 2 179 | — | 71 829 | 1.8 |
| | 济州道 | 8 | — | — | — | 9 796 | — | — | — | — | 33 | 16 | 220 | — | 10 073 | 0.3 |
| | 小计 | 58 078 | 6 107 | 58 506 | 501 | 698 818 | — | 5 100 | 7 400 | 444 | 3 026 | 2 044 | 10 189 | 2 500 | 852 713 | 21.8 |
| 合计 | | 549 415 | 410 198 | 184 578 | 485 734 | 1 755 756 | 177 802 | 86 360 | 28 460 | 14 326 | 14 703 | 7 722 | 23 131 | 181 834 | 3 920 019 | |

从年度来看，首尔的销售额从2009年的2兆4 611亿韩元增加到2010年的2兆8 213亿韩元，又减少到2011年的2兆5 500亿韩元，2011年的销售额比上年减少了9.6%，从2009年至2011年，年平均增加了1.8%。京畿道的销售额从2009年的3 198亿韩元减少到2010年的2兆3 014亿韩元，又增加到2011年的5 038亿韩元，2011年的销售额比上年增加了67.1%，年平均增加了25.5%。从2009年至2011年，6个广域市的销售额都有所增加，其中最大的增长来自蔚山，年平均增加了245.5%。其次是仁川的销售额，年平均增加了132.7%；大田的销售额年平均增加了82.2%；釜山的销售额年平均增加了55.5%。9个道中有4个道呈现出增长趋势，具体如下：忠清南道的销售额年平均增加了140.5%；京畿道的销售额年平均增加了25.5%；全罗北道的销售额年平均增加了13.2%；江原道的销售额年平均增加了12.4%。另外5个道则有减少趋势，具体如下：忠清北道的销售额年平均减少了29.3%；济州道的销售额年平均减少了11.1%；庆尚南道的销售额年平均减少了7.8%；全罗南道的销售额年平均减少了7.2%；庆尚北道的销售额年平均减少了7.0%。

表4-5-13　**电影行业各地区的年度销售额现状**　（单位：百万韩元）

| 区域＼年度 | | 2009年 | 2010年 | 2011年 | 同比增减率（%） | 年平均增减率（%） |
|---|---|---|---|---|---|---|
| 首尔 | | 2 461 105 | 2 821 320 | 2 550 077 | ▽9.6 | 1.8 |
| 6个广域市 | 釜山 | 61 719 | 84 982 | 149 191 | 75.6 | 55.5 |
| | 大邱 | 72 456 | 35 216 | 90 275 | 156.3 | 11.6 |
| | 仁川 | 21 829 | 33 741 | 118 220 | 250.4 | 132.7 |
| | 光州 | 55 297 | 39 088 | 65 274 | 67.0 | 8.6 |
| | 大田 | 18 704 | 38 814 | 62 088 | 60.0 | 82.2 |
| | 蔚山 | 2 698 | 8 600 | 32 181 | 274.2 | 245.4 |
| | 小计 | 232 703 | 240 441 | 517 229 | 115.1 | 49.1 |
| 9个道 | 京畿道 | 319 847 | 301 437 | 503 839 | 67.1 | 25.5 |
| | 江原道 | 28 431 | 21 832 | 35 889 | 64.4 | 12.4 |
| | 忠清北道 | 78 834 | 62 619 | 39 369 | ▽37.1 | ▽29.3 |
| | 忠清南道 | 9 254 | 19 160 | 53 508 | 179.3 | 140.5 |
| | 全罗北道 | 50 913 | 13 715 | 65 231 | 375.6 | 13.2 |
| | 全罗南道 | 28 754 | 27 691 | 24 736 | ▽10.7 | ▽7.2 |
| | 庆尚北道 | 55 815 | 22 318 | 48 239 | 116.1 | ▽7.0 |
| | 庆尚南道 | 84 412 | 28 920 | 71 829 | 148.4 | ▽7.8 |
| | 济州道 | 12 747 | 18 495 | 10 073 | ▽45.5 | ▽11.1 |
| | 小计 | 669 007 | 516 187 | 852 713 | 65.2 | 12.9 |
| 合计 | | 3 362 815 | 3 577 948 | 3 920 019 | 9.6 | 8.0 |

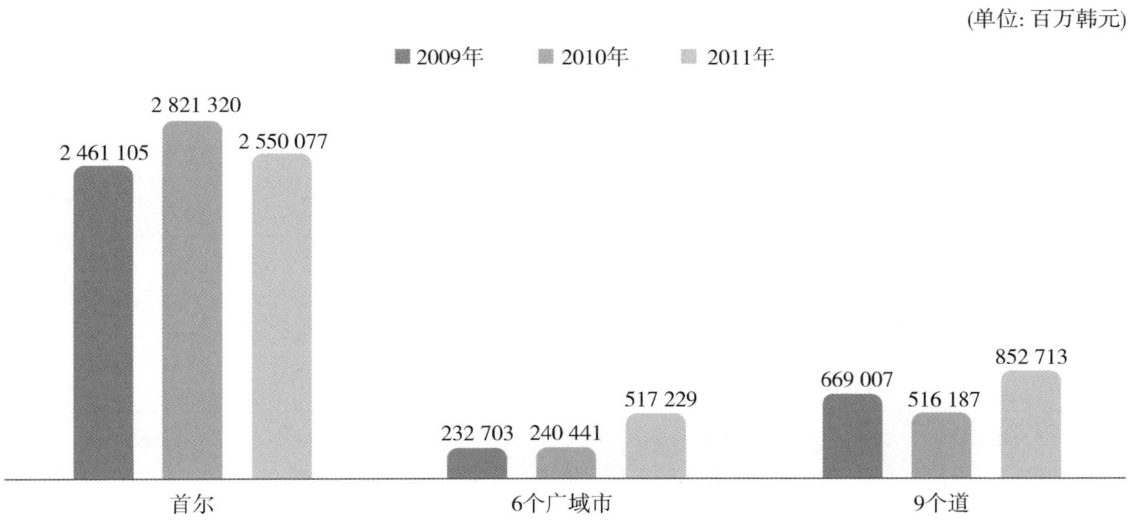


图 4-5-7　电影行业各地区的年度销售额现状

## (四)电影行业的进出口额现状①

2011 年电影行业的出口额是1 582万美元，比上年增加了 16.5%，从 2009 年至 2011 年，年平均增加了 5.9%。2011 年的进口额是4 635万美元，比上年减少了 13.2%，年平均减少了 20.7%。从年度来看，调查显示，出口额从 2009 年的1 412万美元减少到 2010 年的1 358万美元，2011 年又增加到1 582万美元。相反，进口额持续减少，在 2009 年为7 364万美元，2010 年为5 337万美元，2011 年为4 635万美元。

表 4-5-14　　电影行业的进出口额现状　　(单位：千美元)

| 分类 | 2009 年 | 2010 年 | 2011 年 | 同比增减率(%) | 年平均增减率(%) |
|---|---|---|---|---|---|
| 出口额 | 14 122 | 13 583 | 15 829 | 16.5 | 5.9 |
| 进口额 | 73 646 | 53 374 | 46 355 | ▽13.2 | ▽20.7 |
| 进出口差额 | ▽59 524 | ▽39 791 | ▽30 526 | — | — |

从 2011 年电影行业各地区的出口额现状来看，占比最大的国家是日本，出口额为 366 万美元(23.1%)，比上年增加了从 62.2%，从 2009 年至 2011 年，年平均减少了 21.5%。其次是对中国大陆的出口额 100 万美元(6.4%)，比上年增加 95.0%，年平均减少了 2.8%。对中国台湾的出口额是 93 万美元(5.9%)，比上年减少 28.3%，年平均减少了 4.7%；对泰国的出口额是 71 万美元(4.5%)，比上年减少 24.2%，年平均减少了 8.4%。对欧洲的出口额是 366 万美元(23.2%)，比上

① 最近，随着韩国电影出口业绩的不断积累，韩国电影的合同方式也在发生变化。从 2007 年开始，在计算出口额时包含了追加收益。

年减少 21.5%，年平均增加了 20.7%；对北美的出口额是 167 万美元(10.6%)，比上年增加 17.7%，年平均增加了 37.0%。对大洋洲的出口额是 31 万美元(2.0%)，比上年增加 97.2%，年平均增加了 110.1%。

表 4-5-15　　**电影行业各地区的出口额现状**　　(单位：千美元)

| 分类 | | 出口额 | | | | | | 同比增减率(%) | 年平均增减率(%) |
|---|---|---|---|---|---|---|---|---|---|
| | | 2009 年 | 比重(%) | 2010 年 | 比重(%) | 2011 年 | 比重(%) | | |
| 亚洲 | 日本 | 5 945 | 42.1 | 2 258 | 16.6 | 3 663 | 23.1 | 62.2 | ▽21.5 |
| | 中国大陆(内地) | 1 062 | 7.5 | 515 | 3.8 | 1 004 | 6.4 | 95.0 | ▽2.8 |
| | 中国台湾 | 1 026 | 7.3 | 1 298 | 9.6 | 931 | 5.9 | ▽28.3 | ▽4.7 |
| | 泰国 | 609 | 4.3 | 943 | 6.9 | 715 | 4.5 | ▽24.2 | ▽8.4 |
| | 中国香港 | 516 | 3.7 | 451 | 3.3 | 624 | 3.9 | 38.4 | 10.0 |
| | 其他 | 1 071 | 7.6 | 1 247 | 9.2 | 2 075 | 13.1 | 66.4 | 39.2 |
| | 小计 | 10 299 | 72.5 | 6 712 | 49.4 | 9 012 | 56.9 | 34.3 | ▽6.1 |
| 北美洲 | 美国 | 811 | 5.7 | 1 421 | 10.5 | 1 653 | 10.5 | 16.3 | 42.8 |
| | 其他 | 80 | 0.6 | — | — | 20 | 0.1 | — | ▽50.0 |
| | 小计 | 891 | 6.3 | 1 421 | 10.5 | 1 673 | 10.6 | 17.7 | 37.0 |
| 南美 | | 144 | 1.0 | 158 | 1.2 | 147 | 0.9 | ▽7.0 | 1.0 |
| 欧洲 | 法国 | 835 | 5.9 | 1 782 | 13.1 | 941 | 6.0 | ▽47.2 | 6.2 |
| | 德国 | 587 | 4.2 | 877 | 6.4 | 1 491 | 9.4 | 70.0 | 59.4 |
| | 其他 | 951 | 6.7 | 1 859 | 13.7 | 1 090 | 6.9 | ▽41.4 | 7.1 |
| | 小计 | 2 517 | 17.8 | 4 676 | 34.4 | 3 669 | 23.2 | ▽21.5 | 20.7 |
| 大洋洲 | | 228 | 1.6 | 207 | 1.5 | 310 | 2.0 | 49.8 | 16.6 |
| 非洲 | | 4.6 | 0.0 | 3 | 0.0 | 53 | 0.3 | 1 666.7 | 239.4 |
| 其他 | | 252 | 1.8 | 564 | 4.2 | 1 112 | 7.0 | 97.2 | 110.1 |
| 合计 | | 14 122 | 100.0 | 13 583 | 100.0 | 15 829 | 100.0 | 16.5 | 5.9 |

从 2011 年电影行业各地区的进口额现状来看，进口额最多的地区是北美洲，其进口额是3 630万美元(78.3%)，比上年减少了 13.7%，从 2009 年至 2011 年，年平均减少了 24.5%。其次是自欧洲的进口额 304 万美元(6.7%)，比上年减少了 39.8%，年平均减少了 3.3%。自日本的进口额是 140 万美元(3.0%)，比上年增加 14.5%，年平均减少了 10.0%。

表 4-5-16　　**电影行业各地区的进口额现状**　　（单位：千美元）

| 分类 | | 出口额 | | | | | | 同比增减率（%） | 年平均增减率（%） |
|---|---|---|---|---|---|---|---|---|---|
| | | 2009 年 | 比重（%） | 2010 年 | 比重（%） | 2011 年 | 比重（%） | | |
| 亚洲 | 日本 | 1 738 | 2.4 | 1 229 | 2.3 | 1 407 | 3.0 | 14.5 | ▽ 10.0 |
| | 中国大陆(内地) | 2 766 | 3.8 | 1 089 | 2.1 | 329 | 0.7 | ▽ 69.8 | ▽ 65.5 |
| | 中国台湾 | 0 | 0.0 | 31 | 0.1 | 2 | 0.0 | ▽ 93.5 | — |
| | 泰国 | 393 | 0.5 | 71 | 0.1 | 68 | 0.1 | ▽ 4.2 | ▽ 58.4 |
| | 中国香港 | 767 | 1.0 | 634 | 1.2 | 678 | 1.5 | 6.9 | ▽ 6.0 |
| | 其他 | 16 | 0.0 | 56 | 0.1 | 335 | 0.7 | 498.2 | 357.6 |
| | 小计 | 5 680 | 7.7 | 3 110 | 5.9 | 2 819 | 6.0 | ▽ 9.4 | ▽ 29.6 |
| 北美洲 | 美国 | 63 606 | 86.4 | 41 754 | 78.2 | 36 178 | 78.0 | ▽ 13.4 | ▽ 24.6 |
| | 其他 | 50 | 0.1 | 331 | 0.6 | 124 | 0.3 | — | 57.5 |
| | 小计 | 63 656 | 86.5 | 42 085 | 78.8 | 36 302 | 78.3 | ▽ 13.7 | ▽ 24.5 |
| 南美 | | 0 | 0.0 | 19 | 0.0 | 48 | 0.1 | 152.6 | — |
| 欧洲 | 法国 | 1 438 | 1.9 | 2 311 | 4.3 | 286 | 0.6 | ▽ 87.6 | ▽ 55.4 |
| | 德国 | 150 | 0.2 | 131 | 0.3 | 1 807 | 3.9 | 1279.4 | 247.1 |
| | 其他 | 1 266 | 1.7 | 2 611 | 4.9 | 951 | 2.1 | ▽ 63.6 | ▽ 13.3 |
| | 小计 | 2 854 | 3.8 | 5 053 | 9.5 | 3 044 | 6.7 | ▽ 39.8 | 3.3 |
| 大洋洲 | | 12 | 0.0 | 3 007 | 5.6 | 349 | 0.8 | ▽ 88.4 | 439.3 |
| 非洲 | | — | — | — | — | — | — | — | — |
| 其他 | | 1 444 | 2.0 | 100 | 0.2 | 3 793 | 8.2 | 3693.0 | 62.1 |
| 合计 | | 73 646 | 100.0 | 53 374 | 100.0 | 46 355 | 100.0 | ▽ 13.2 | ▽ 20.7 |

## (五)电影行业的从业者现状

调查显示，2011 年电影行业的从业者为29 569人，比上年减少了 3.2%，从 2009 年至 2011 年，年平均增加了 2.7%。从年度来看，电影行业的从业者从 2009 年的28 041人增加到2010年的30 561人，又减少到2011年的29 569人。

从中分类来看，电影制作、支援及流通业的从业者为25 921人(87.7%)，比上年减少了 1.0%，年平均增加了 8.5%；DVD/VHS 制作及流通业的从业者为3 648人(12.3%)，比上年减少了 16.8%，年平均减少了 22.2%。从小分类来看，剧场上映业的从业者最多，为17 723人(59.9%)，比上年减少了 2.4%，年平均增加了 8.2%。DVD/VHS 制作业的从业者为 74 人(0.3%)，比上年减少了 12.9%，年平均增加了 18.2%。DVD/VHS 上映业的从业者为 696 人(2.4%)，比上年减少了 15.8%，年平均增加了 40.8%。此外，DVD/VHS 租借业的从业者为1 812人(6.1%)，比上年减少了 24.9%，年平均减少了 19.5%。即电影行业大多数从业者从事剧场上映业这一业种，除了剧场上映外，其他业种的从业者占比非常小。

表 4-5-17　　**电影行业各年度各业种的从业者现状**　　(单位：名)

| 中分类 | 小分类 | 2009 年 | 2010 年 | 2011 年 | 比重(%) | 同比增减率(%) | 年平均增减率(%) |
|---|---|---|---|---|---|---|---|
| 电影制作、支援及流通业 | 电影企划及制作 | 2 221 | 2 810 | 3 013 | 10.2 | 7.2 | 16.5 |
| | 电影进口 | 696 | 799 | 867 | 2.9 | 8.5 | 11.6 |
| | 电影制作支援 | 1 717 | 1 822 | 1 704 | 5.8 | ▽6.5 | ▽0.4 |
| | 电影发行 | 1 310 | 1 543 | 1 530 | 5.2 | ▽0.8 | 8.1 |
| | 剧场上映 | 15 128 | 18 158 | 17 723 | 59.9 | ▽2.4 | 8.2 |
| | 电影宣传及营销 | 817 | 852 | 1 008 | 3.4 | 18.3 | 11.1 |
| | 电影投资组合 | 126 | 195 | 76 | 0.3 | ▽61.0 | ▽22.3 |
| | 小计 | 22 015 | 26 179 | 25 921 | 87.7 | ▽1.0 | 8.5 |
| DVD/VHS 制作及流通业 | DVD/VHS 制作 | 53 | 85 | 74 | 0.3 | ▽12.9 | 18.2 |
| | DVD/VHS 批发 | 132 | 45 | 42 | 0.1 | ▽6.7 | ▽43.6 |
| | DVD/VHS 零售 | 600 | 468 | 389 | 1.3 | ▽16.9 | ▽19.5 |
| | DVD/VHS 租借 | 2 796 | 2 413 | 1 812 | 6.1 | ▽24.9 | ▽19.5 |
| | DVD/VHS 上映 | 1 985 | 827 | 696 | 2.4 | ▽15.8 | ▽40.8 |
| | 在线上映 | 460 | 544 | 635 | 2.1 | 16.7 | 17.5 |
| | 小计 | 6 026 | 4 382 | 3 648 | 12.3 | ▽16.8 | ▽22.2 |
| 合计 | | 28 041 | 30 561 | 29 569 | 100.0 | ▽3.2 | 2.7 |

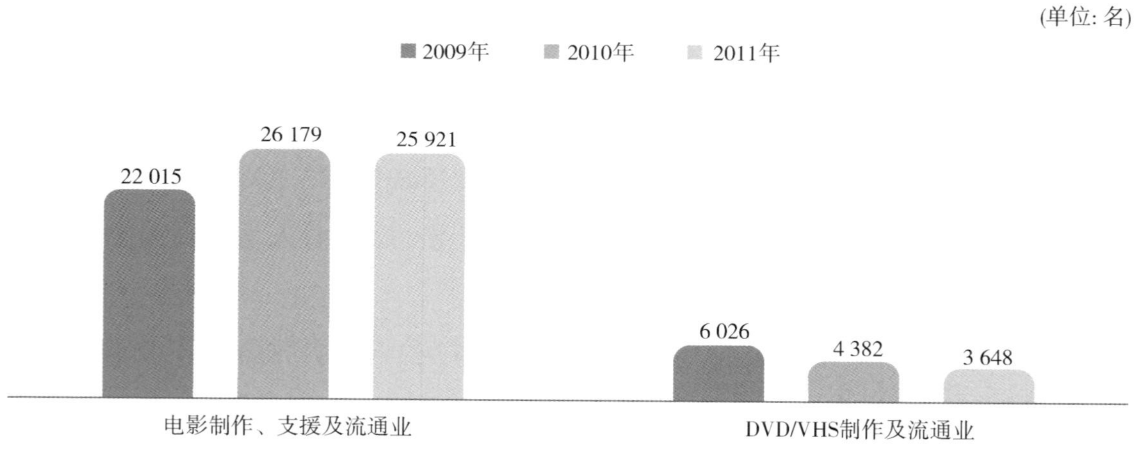


图 4-5-8　电影行业各年度各业种的从业者现状

### 1. 电影行业各销售额规模的企业的从业者现状

从 2011 年电影行业各销售额规模的企业的从业者现状来看，销售额规模在 10 亿韩元以上 100 亿韩元以下的企业的从业者为16 345人，占全部从业者的 55.3%；其次是销售额规模在 100 亿韩元以上的企业，其从业者为5 277人，占全部从业者的 17.8%。销售额规模在 1 亿韩元以下的企业的从业者为4 941人，占全部从业者的 16.7%。销售额规模在 1 亿韩元以上 10 亿韩元以下的企业的从业者为3 006人，占全部从业者的 10.2%。

表 4-5-18　**电影行业各业种各销售额规模的企业的从业者现状（2011 年）**　（单位：名）

| 业种＼销售额规模 | 不足 1 亿韩元 | 1 亿～10 亿韩元 | 10 亿～100 亿韩元 | 100 亿韩元以上 | 合计 |
|---|---|---|---|---|---|
| 电影企划及制作 | 863 | 678 | 1 439 | 33 | 3 013 |
| 电影进口 | 123 | 126 | 198 | 420 | 867 |
| 电影制作支援 | 27 | 454 | 1 138 | 85 | 1 704 |
| 电影发行 | 710 | 166 | 151 | 503 | 1 530 |
| 剧场上映 | 434 | 1 259 | 12 275 | 3 755 | 17 723 |
| 电影宣传及营销 | — | 131 | 814 | 63 | 1 008 |
| 电影投资组合 | — | — | 46 | 30 | 76 |
| DVD/VHS 制作 | — | — | 64 | 10 | 74 |
| DVD/VHS 批发 | — | 30 | 12 | — | 42 |
| DVD/VHS 零售 | 346 | 7 | 36 | — | 389 |
| DVD/VHS 租借 | 1 812 | — | — | — | 1 812 |
| DVD/VHS 上映 | 626 | 70 | — | — | 696 |
| 在线上映 | — | 85 | 172 | 378 | 635 |
| 合计 | 4 941 | 3 006 | 16 345 | 5 277 | 29 569 |
| 比重（%） | 16.7 | 10.2 | 55.3 | 17.8 | 100.0 |

从年度来看，2011 年销售额规模在 1 亿韩元以上 10 亿韩元以下的企业的从业者比上年减少了 45.2%，从 2009 年至 2011 年，年平均减少了 14.4%；2011 年销售额规模在 100 亿韩元以上的企业的从业者比上年增加了 61.6%，年平均减少了 16.0%。2011 年销售额规模在 1 亿韩元以下的企业的从业者比上年增加了 21.3%，年平均减少了 4.2%；2011 年销售额规模在 10 亿韩元以上 100 亿韩元以下的企业的从业者比上年增加了 5.2%，年平均增加了 21.5%。

表 4-5-19　**电影行业各年度各销售额规模的企业的从业者现状**　（单位：名）

| 年度＼销售额规模 | 不足 1 亿韩元 | 1 亿～10 亿韩元 | 10 亿～100 亿韩元 | 100 亿韩元以上 | 合计 |
|---|---|---|---|---|---|
| 2009 年 | 5 389 | 4 105 | 11 072 | 7 475 | 28 041 |
| 2010 年 | 6 282 | 5 482 | 15 532 | 3 265 | 30 561 |
| 2011 年 | 4 941 | 3 006 | 16 345 | 5 277 | 29 569 |
| 同比增减率（%） | ▽21.3 | ▽45.2 | 5.2 | 61.6 | ▽3.2 |
| 年平均增减率（%） | ▽4.2 | ▽14.4 | 21.5 | ▽16.0 | 2.7 |

(单位: 名)

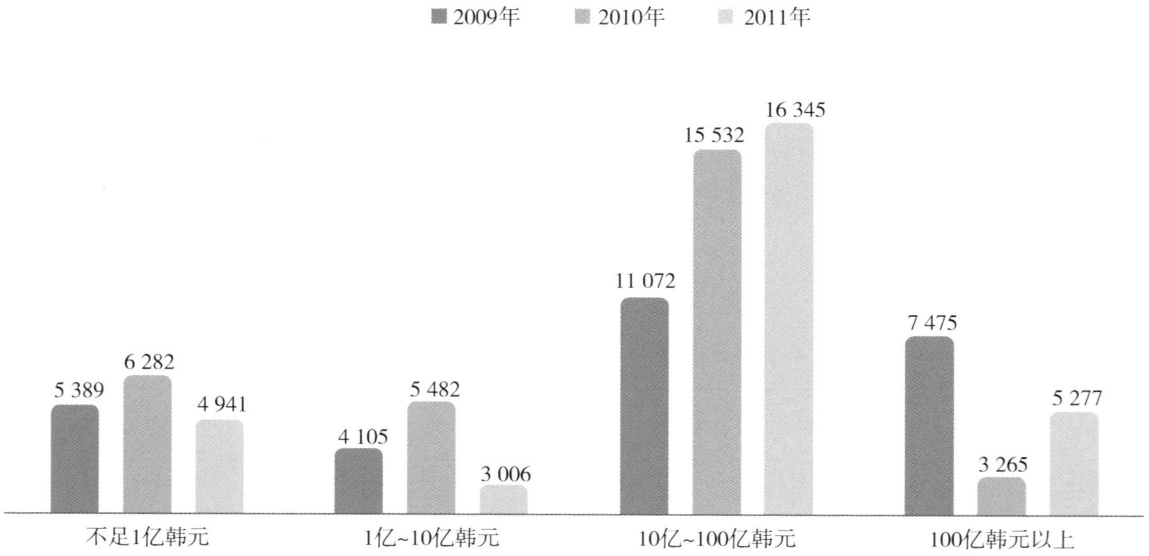


图 4-5-9　电影行业各年度各销售额规模的企业的从业者现状

## 2. 电影行业各从业者规模的企业的从业者现状

从 2011 年电影行业各从业者规模的企业的从业者现状来看，从业者规模在 50 人以上 99 人以下的企业的从业者为12 058人，占全部企业的从业者的 40. 8%。其次是 10 人以上 49 人以下的企业，从业者为8 048人，占全部企业的从业者的 27. 2%。100 人以上的企业的从业者为4 145人，占总人数的 14. 0%；1 人以上 4 人以下的企业从业者为3 426人，占总人数的 11. 6%；5 人以上 9 人以下的企业的从业者为1 892人，占总人数的 6. 4%。

表 4-5-20　**电影行业各业种各从业者规模的企业的从业者现状（2011 年）**　（单位：名）

| 业种 \ 从业者规模 | 1~4 人 | 5~9 人 | 10~49 人 | 50~99 人 | 100 人以上 | 合计 |
|---|---|---|---|---|---|---|
| 电影企划及制作 | 154 | 1 312 | 1 493 | 54 | — | 3 013 |
| 电影进口 | 213 | 65 | 297 | 150 | 142 | 867 |
| 电影制作支援 | 58 | 103 | 1 197 | 205 | 141 | 1 704 |
| 电影发行 | 7 | — | 1 095 | 293 | 135 | 1 530 |
| 剧场上映 | 12 | 65 | 3 004 | 10 915 | 3 727 | 17 723 |
| 电影宣传及营销 | 80 | 136 | 729 | 63 | — | 1 008 |
| 电影投资组合 | — | 19 | 57 | — | — | 76 |
| DVD/VHS 制作 | — | — | 74 | — | — | 74 |
| DVD/VHS 批发 | 18 | 12 | 12 | — | — | 42 |
| DVD/VHS 零售 | 389 | — | — | — | — | 389 |

续表

| 业种 \ 从业者规模 | 1~4 人 | 5~9 人 | 10~49 人 | 50~99 人 | 100 人以上 | 合计 |
|---|---|---|---|---|---|---|
| DVD/VHS 租借 | 1 812 | — | — | — | — | 1 812 |
| DVD/VHS 上映 | 680 | 16 | — | — | — | 696 |
| 在线上映 | 3 | 164 | 90 | 378 | — | 635 |
| 合计 | 3 426 | 1 892 | 8 048 | 12 058 | 4 145 | 29 569 |
| 比重(%) | 11.6 | 6.4 | 27.2 | 40.8 | 14.0 | 100.0 |

从年度来看，2009 年至 2011 年，从业者规模在 50 人以上 99 人以下的企业的从业者年平均增加了 147.7%。2011 年 100 人以上的企业的从业者比上年减少了 33.3%，年平均减少了 25.3%。此外，2011 年 5 人以上 9 人以下的企业的从业者比上年增加了 17.2%，年平均减少了 18.7%。2011 年 10 人以上 49 人以下的企业的从业者比上年减少了 35.8%，年平均减少了 16.2%；1 人以上 4 人以下的企业的从业者比上年减少了 25.4%，年平均减少了 11.1%。

表 4-5-21　**电影行业各年度各从业者规模的企业的从业者现状**　(单位：名)

| 年度 \ 从业者规模 | 1~4 人 | 5~9 人 | 10~49 人 | 50~99 人 | 100 人以上 | 合计 |
|---|---|---|---|---|---|---|
| 2009 年 | 4 336 | 2 864 | 11 449 | 1 966 | 7 426 | 28 041 |
| 2010 年 | 4 592 | 1 615 | 12 536 | 5 599 | 6 219 | 30 561 |
| 2011 年 | 3 426 | 1 892 | 8 048 | 12 058 | 4 145 | 29 569 |
| 同比增减率(%) | ▽25.4 | 17.2 | ▽35.8 | 115.4 | ▽33.3 | ▽3.2 |
| 年平均增减率(%) | ▽11.1 | ▽18.7 | ▽16.2 | 147.7 | ▽25.3 | 2.7 |

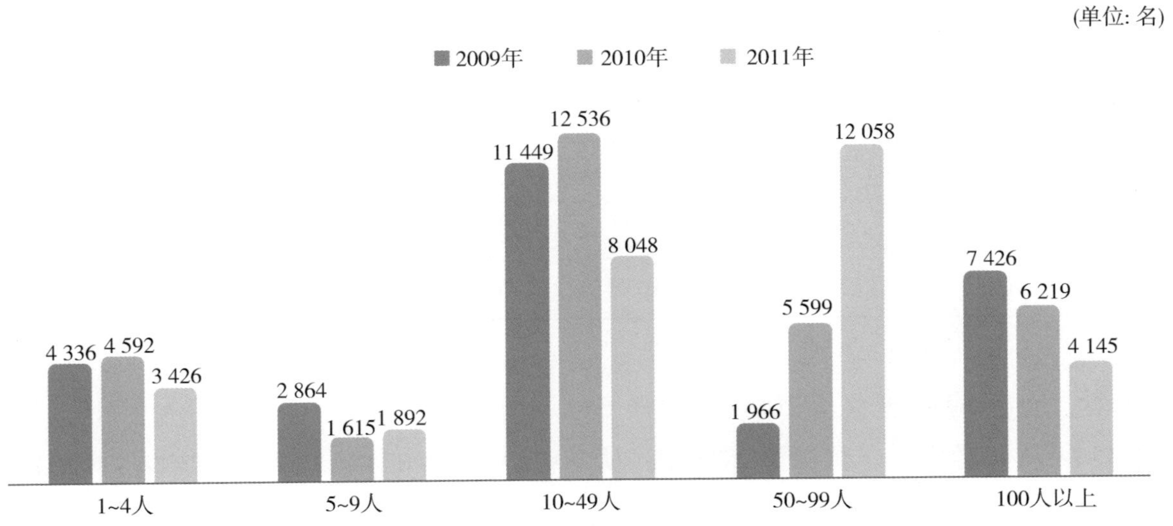


图 4-5-10　电影行业各年度各从业者规模的企业的从业者现状

### 3. 电影行业各地区的从业者现状

从 2011 年电影行业各地区的从业者现状来看，调查显示，首尔的从业者为12 805人，占全部从业者的 43.3%；京畿道的从业者为5 480人(18.5%)。首尔和京畿道以外其他地区的从业者的总和不超过全部从业者的 10.0%，区域间不均衡状况非常明显。

表 4-5-22　　**电影行业各地区各业种的从业者现状(2011 年)**　　(单位：名)

| 业种 / 地区 | | 电影制作、支援及流通业 | | | | | | | DVD/VHS 制作及流通业 | | | | | | 合计 | 比重(%) |
|---|---|---|---|---|---|---|---|---|---|---|---|---|---|---|---|---|
| | | 电影企划及制作 | 电影进口 | 电影制作支援 | 电影发行 | 剧场上映 | 电影宣传及营销 | 电影投资组合 | DVD/VHS制作 | DVD/VHS批发 | DVD/VHS零售 | DVD/VHS租借 | DVD/VHS上映 | 在线上映 | | |
| 首尔 | | 2 639 | 847 | 1 273 | 1 508 | 4 117 | 1 008 | 64 | 54 | 40 | 106 | 393 | 185 | 571 | 12 805 | 43.3 |
| 6个广域市 | 釜山 | 41 | — | 31 | — | 1 553 | — | — | — | — | 24 | 158 | 72 | 19 | 1 898 | 6.4 |
| | 大邱 | 7 | — | — | — | 1 229 | — | — | — | — | 17 | 186 | 42 | 16 | 1 497 | 5.1 |
| | 仁川 | 16 | — | — | 10 | 932 | — | — | — | — | 21 | 189 | 43 | — | 1 211 | 4.1 |
| | 光州 | 11 | — | — | — | 511 | — | — | — | — | 10 | 50 | 10 | 5 | 597 | 2.0 |
| | 大田 | 6 | — | — | — | 645 | — | — | — | — | 13 | 47 | 28 | — | 739 | 2.5 |
| | 蔚山 | — | — | — | — | 247 | — | — | — | — | 8 | 93 | 43 | — | 391 | 1.3 |
| | 小计 | 81 | — | 31 | 10 | 5 117 | — | — | — | — | 93 | 723 | 238 | 40 | 6 333 | 21.4 |
| 9个道 | 京畿道 | 264 | 16 | 400 | 10 | 4 145 | — | 12 | 20 | 2 | 93 | 344 | 155 | 19 | 5 480 | 18.5 |
| | 江原道 | — | — | — | 2 | 546 | — | — | — | — | 10 | 16 | 4 | — | 578 | 2.0 |
| | 忠清北道 | 9 | — | — | — | 581 | — | — | — | — | 10 | 33 | 10 | — | 643 | 2.2 |
| | 忠清南道 | 6 | 4 | — | — | 467 | — | — | — | — | 12 | 31 | 8 | — | 528 | 1.8 |
| | 全罗北道 | 8 | — | — | — | 693 | — | — | — | — | 14 | 64 | 20 | 5 | 804 | 2.7 |
| | 全罗南道 | — | — | — | — | 369 | — | — | — | — | 11 | 32 | 9 | — | 421 | 1.4 |
| | 庆尚北道 | — | — | — | — | 479 | — | — | — | — | 15 | 63 | 17 | — | 574 | 1.9 |
| | 庆尚南道 | — | — | — | — | 936 | — | — | — | — | 20 | 97 | 42 | — | 1 095 | 3.7 |
| | 济州道 | 6 | — | — | — | 273 | — | — | — | — | 5 | 16 | 8 | — | 308 | 1.1 |
| | 小计 | 293 | 17 | 400 | 12 | 7 828 | — | 12 | 20 | 2 | 190 | 931 | 273 | 24 | 10 431 | 35.3 |
| 合计 | | 3 013 | 867 | 1 704 | 1 530 | 17 723 | 1 008 | 76 | 74 | 42 | 389 | 1 812 | 696 | 635 | 29 569 | 100.0 |

从年度来看，首尔的从业者从 2009 年的16 644人增加至 2010 年的20 569人，2011 年又减少至12 805人，2011 年从业者比上年减少了 37.7%，从 2009 年至 2011 年，年平均减少了 12.3%。京畿道的从业者在 2009 年为3 786人，2010 年为4 639人，2011 年为5 480人，2011 年从业者比上年增加了18.1%，年平均增加了 20.3%。

表 4-5-23　　**电影行业各年度各地区的从业者现状**　　（单位：名）

| 地区＼年度 | | 2009 年 | 2010 年 | 2011 年 | 同比增减率（%） | 年平均增减率（%） |
|---|---|---|---|---|---|---|
| 首尔 | | 16 644 | 20 569 | 12 805 | ▽37.7 | ▽12.3 |
| 6 个广域市 | 釜山 | 820 | 915 | 1 898 | 107.4 | 52.1 |
| | 大邱 | 949 | 514 | 1 497 | 191.2 | 25.6 |
| | 仁川 | 654 | 326 | 1 211 | 271.5 | 36.1 |
| | 光州 | 707 | 412 | 597 | 44.9 | ▽8.1 |
| | 大田 | 393 | 396 | 739 | 86.6 | 37.1 |
| | 蔚山 | 121 | 88 | 391 | 344.3 | 79.8 |
| | 小计 | 3 644 | 2 651 | 6 333 | 138.9 | 31.8 |
| 9 个道 | 京畿道 | 3 786 | 4 639 | 5 480 | 18.1 | 20.3 |
| | 江原道 | 540 | 302 | 578 | 91.4 | 3.5 |
| | 忠清北道 | 398 | 510 | 643 | 26.1 | 27.1 |
| | 忠清南道 | 166 | 207 | 528 | 155.1 | 78.3 |
| | 全罗北道 | 546 | 469 | 804 | 71.4 | 21.3 |
| | 全罗南道 | 281 | 388 | 421 | 8.5 | 22.4 |
| | 庆尚北道 | 869 | 327 | 574 | 75.5 | ▽18.7 |
| | 庆尚南道 | 994 | 334 | 1 095 | 227.8 | 5.0 |
| | 济州道 | 173 | 165 | 308 | 86.7 | 33.4 |
| | 小计 | 7 753 | 7 341 | 10 431 | 42.1 | 16.0 |
| 合计 | | 28 041 | 30 561 | 29 569 | ▽3.2 | 2.7 |

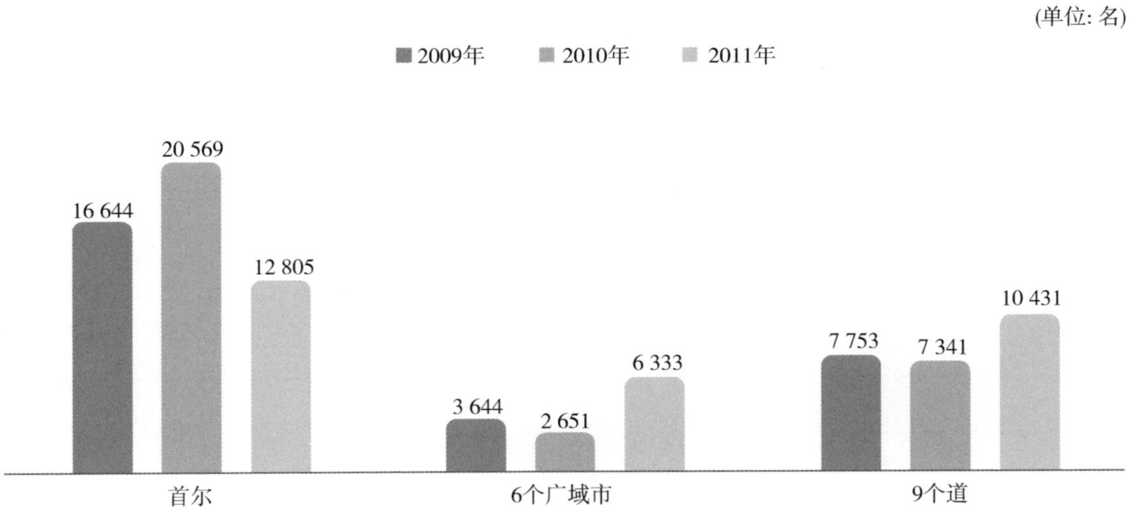


图 4-5-11　电影行业各年度各地区的从业者现状

4. 电影行业各雇佣形态的从业者现状

从 2011 年电影行业各雇佣形态的从业者现状来看，拥有正式职位的从业者为15 575人，占全体从业者的 52.7%；拥有非正式职位的从业者为13 994人，占全体从业者的 47.3%。拥有正式职位的从业者中比例最大的业种是 DVD/VHS 制作业（100%），拥有非正式职位的从业者中比例最大的业种是剧场上映业（66.6%）。

表 4-5-24 电影行业各业种各雇佣形态的从业者现状（2011 年） （单位：名）

| 雇佣形态 \ 业种 | 正式职位 | | 非正式职位 | | 合计 |
|---|---|---|---|---|---|
| | 从业者数量 | 比例（%） | 从业者数量 | 比例（%） | |
| 电影的企划及制作 | 2 297 | 76.2 | 716 | 23.8 | 3 013 |
| 电影进口 | 795 | 91.7 | 72 | 8.3 | 867 |
| 电影制作支援 | 1 592 | 93.4 | 112 | 6.6 | 1 704 |
| 电影发行 | 1 099 | 71.8 | 431 | 28.2 | 1 530 |
| 剧场上映 | 5 928 | 33.4 | 11 794 | 66.6 | 17 722 |
| 电影宣传及营销 | 844 | 83.7 | 164 | 16.3 | 1 008 |
| 电影投资组合 | 75 | 98.7 | 1 | 1.3 | 76 |
| DVD/VHS 制作 | 74 | 100.0 | — | — | 74 |
| DVD/VHS 批发 | 36 | 85.7 | 6 | 14.3 | 42 |
| DVD/VHS 零售 | 135 | 34.7 | 254 | 65.3 | 389 |
| DVD/VHS 租借 | 1 686 | 93.0 | 126 | 7.0 | 1 812 |
| DVD/VHS 上映 | 415 | 59.5 | 282 | 40.5 | 697 |
| 在线上映 | 599 | 94.3 | 36 | 5.7 | 635 |
| 合计 | 15 575 | 52.7 | 13 994 | 47.3 | 29 569 |

从年度来看，调查显示，拥有正式职位的从业者从 2009 年的13 978人增加至 2010 年的17 680人，又减少至 2011 年的15 575人，2011 年从业者比上年减少了 11.9%，从 2009 年至 2011 年，年平均增加了 5.6%。拥有非正式职位的从业者在 2009 年为14 063人，2010 年为12 881人，2011 年为13 994人，2011 年从业者比上年增加了 8.6%，年平均减少了 0.2%。

表 4-5-25 电影行业各年度各雇佣形态的从业者现状 （单位：名）

| 雇佣形态 \ 年度 | 从业者数量 | | 合计 |
|---|---|---|---|
| | 正式职位 | 非正式职位 | |
| 2009 年 | 13 978 | 14 063 | 28 041 |
| 2010 年 | 17 680 | 12 881 | 30 561 |
| 2011 年 | 15 575 | 13 994 | 29 569 |
| 同比增减率（%） | ▽11.9 | 8.6 | ▽3.2 |
| 年平均增减率（%） | 5.6 | ▽0.2 | 2.7 |

(单位: 名)

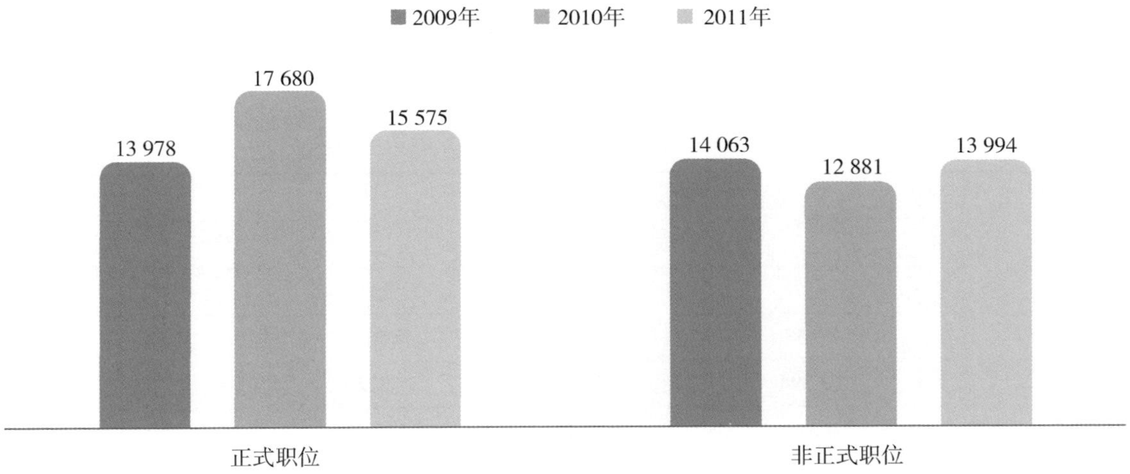


图 4-5-12　电影行业各年度各雇佣形态的从业者现状

### 5. 电影行业各雇佣形态的从业者的性别现状

从 2011 年电影行业各雇佣形态的从业者的性别现状来看，拥有正式职位的男性从业者为9 513人，占总人数的 32.2%，拥有正式职位的女性从业者为6 062人，占总人数的 20.5%。拥有非正式职位的男性从业者为6 417 人，占总人数的 21.7%，拥有非正式职位的女性从业者为7 577 人，占总人数的 25.6%。

表 4-5-26　**电影行业各业种各雇佣形态的从业者的性别现状(2011 年)**　(单位：名)

| 雇佣形态/性别<br>业种 | 男性 | | | | 女性 | | | | 合计 |
|---|---|---|---|---|---|---|---|---|---|
| | 正式职位 | | 非正式职位 | | 正式职位 | | 非正式职位 | | |
| | 从业者数量 | 比例(%) | 从业者数量 | 比例(%) | 从业者数量 | 比例(%) | 从业者数量 | 比例(%) | |
| 电影企划及制作 | 1 489 | 49.4 | 241 | 8.0 | 808 | 26.8 | 475 | 15.8 | 3 013 |
| 电影进口 | 364 | 42.0 | 33 | 3.8 | 431 | 49.7 | 39 | 4.5 | 867 |
| 电影制作支援 | 1 157 | 67.9 | 98 | 5.8 | 435 | 25.5 | 14 | 0.8 | 1 704 |
| 电影发行 | 605 | 39.5 | 166 | 10.8 | 494 | 32.3 | 265 | 17.3 | 1 530 |
| 剧场上映 | 3 751 | 21.2 | 5 482 | 30.9 | 2 177 | 12.3 | 6 312 | 35.6 | 17 722 |
| 电影宣传及营销 | 210 | 20.8 | 12 | 1.2 | 634 | 62.9 | 152 | 15.1 | 1 008 |
| 电影投资组合 | 52 | 68.4 | 0 | 0.0 | 23 | 30.3 | 1 | 1.3 | 76 |
| DVD/VHS 制作 | 52 | 70.3 | 0 | 0.0 | 22 | 29.7 | 0 | 0.0 | 74 |
| DVD/VHS 批发 | 25 | 59.5 | 4 | 9.5 | 11 | 26.2 | 2 | 4.8 | 42 |
| DVD/VHS 零售 | 63 | 16.2 | 68 | 17.5 | 72 | 18.5 | 186 | 47.8 | 389 |
| DVD/VHS 租借 | 903 | 49.8 | 1 | 0.1 | 783 | 43.2 | 125 | 6.9 | 1 812 |
| DVD/VHS 上映 | 388 | 55.7 | 281 | 40.3 | 27 | 3.9 | 1 | 0.1 | 697 |
| 在线上映 | 454 | 71.5 | 31 | 4.9 | 145 | 22.8 | 5 | 0.8 | 635 |
| 合计 | 9 513 | 32.2 | 6 417 | 21.7 | 6 062 | 20.5 | 7 577 | 25.6 | 29 569 |

从年度来看，从 2009 年至 2011 年，拥有正式职位的男性从业者比上年减少了 12.7%，年平均增加了 5.4%；拥有正式职位的女性从业者比上年减少了 10.7%，年平均增加了 5.8%。拥有非正式职位

的男性从业者比上年增加了 12. 1%，年平均增加了 4. 2%；拥有非正式职位的女性从业者比上年增加了 5. 8%，年平均减少了 3. 6%。

表 4-5-27　**电影行业各年度各雇佣形态的从业者的性别现状**　（单位：名）

| 雇佣形态/性别<br>年度 | 从业者数量 | | | | 合计 |
|---|---|---|---|---|---|
| | 正式职位 | | 非正式职位 | | |
| | 男性 | 女性 | 男性 | 女性 | |
| 2009 年 | 8 558 | 5 420 | 5 910 | 8 153 | 28 041 |
| 2010 年 | 10 894 | 6 786 | 5722 | 7 159 | 30 561 |
| 2011 年 | 9 513 | 6 062 | 6 417 | 7 577 | 29 569 |
| 同比增减率(%) | ▽12. 7 | ▽10. 7 | 12. 1 | 5. 8 | ▽3. 2 |
| 年平均增减率(%) | 5. 4 | 5. 8 | 4. 2 | ▽3. 6 | 2. 7 |

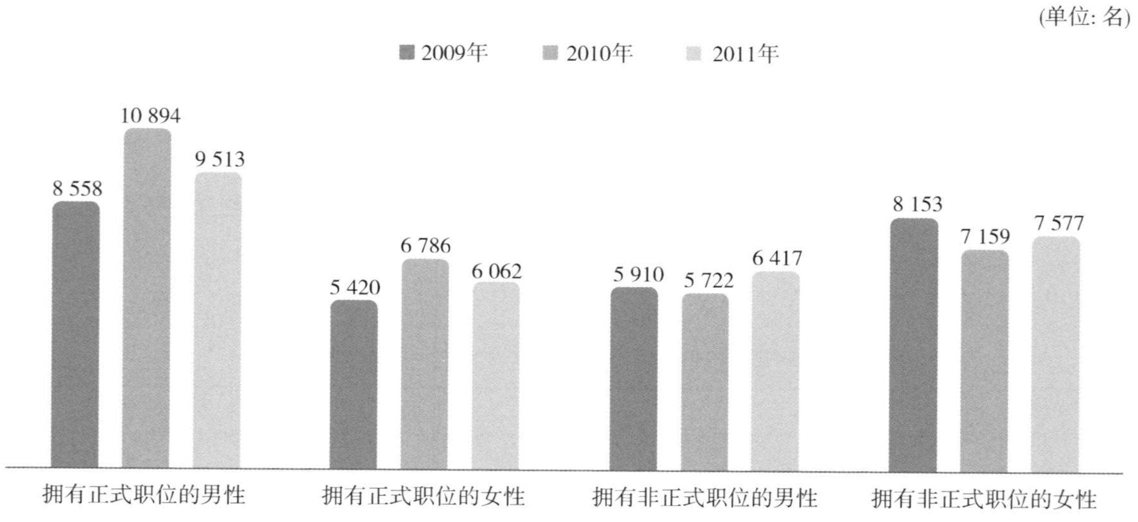


图 4-5-13　电影行业各年度各雇佣形态的从业者的性别现状

### 6. 电影行业不同性别的从业者现状

从 2011 年电影行业不同性别的从业者现状来看，男性从业者为15 930人，占电影行业从业者总数的 53. 9%；女性为13 639人，占总数的 46. 1%。

表 4-5-28　**电影行业各业种不同性别的从业者现状(2011 年)**　（单位：名）

| 性别<br>业种 | 男性 | | 女性 | | 合计 |
|---|---|---|---|---|---|
| | 从业者数量 | 比重(%) | 从业者数量 | 比重(%) | |
| 电影企划及制作 | 1 730 | 57. 4 | 1 283 | 42. 6 | 3 013 |
| 电影进口 | 397 | 45. 8 | 470 | 54. 2 | 867 |
| 电影制作支援 | 1 255 | 73. 7 | 449 | 26. 3 | 1 704 |
| 电影发行 | 771 | 50. 4 | 759 | 49. 6 | 1 530 |
| 剧场上映 | 9 233 | 52. 1 | 8 490 | 47. 9 | 17 723 |

续表

| 业种＼性别 | 男性 | | 女性 | | 合计 |
|---|---|---|---|---|---|
| | 从业者数量 | 比重(%) | 从业者数量 | 比重(%) | |
| 电影宣传及营销 | 222 | 22.0 | 786 | 78.0 | 1 008 |
| 电影投资组合 | 52 | 68.4 | 24 | 31.6 | 76 |
| DVD/VHS 制作 | 52 | 70.3 | 22 | 29.7 | 74 |
| DVD/VHS 批发 | 29 | 69.0 | 13 | 31.0 | 42 |
| DVD/VHS 零售 | 131 | 33.7 | 258 | 66.3 | 389 |
| DVD/VHS 租借 | 904 | 49.9 | 908 | 50.1 | 1 812 |
| DVD/VHS 上映 | 669 | 96.1 | 27 | 3.9 | 696 |
| 在线上映 | 485 | 76.4 | 150 | 23.6 | 635 |
| 合计 | 15 930 | 53.9 | 13 639 | 46.1 | 29 569 |

在增减率方面，电影行业的男性从业者从 2009 年的14 468人增加至 2010 年的16 616人，又减少至 2011 年的15 930人，2011 年电影行业的男性从业者比上年减少了 4.1%，从 2009 年至 2011 年，年平均增加了 4.9%。女性从业者在 2009 年为13 573人，2010 年为13 945人，2011 年为13 639人，2011 年电影行业的女性从业者比上年减少了 2.2%，年平均增加了 0.2%。

表 4-5-29　**电影行业各年度不同性别的从业者现状**　（单位：名）

| 年度＼性别 | 从业者数量 | | 合计 |
|---|---|---|---|
| | 男性 | 女性 | |
| 2009 年 | 14 468 | 13 573 | 28 041 |
| 2010 年 | 16 616 | 13 945 | 30 561 |
| 2011 年 | 15 930 | 13 639 | 29 569 |
| 同比增减率(%) | ▽4.1 | ▽2.2 | ▽3.2 |
| 年平均增减率(%) | 4.9 | 0.2 | 2.7 |

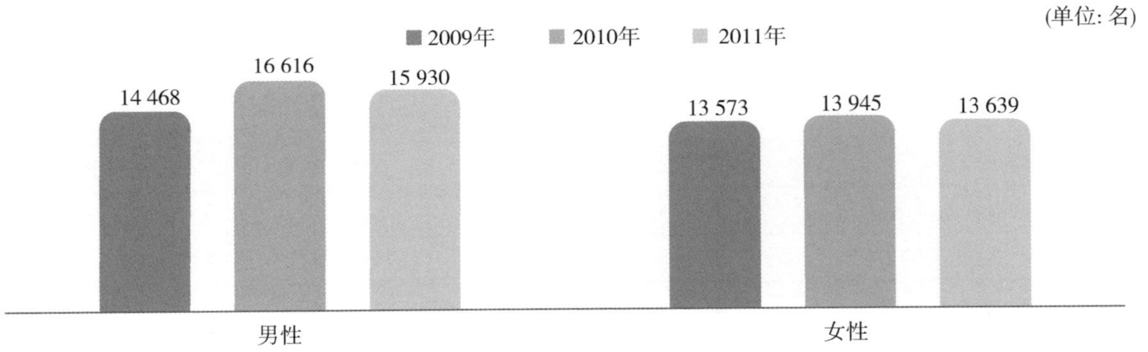


图 4-5-14　电影行业各年度不同性别的从业者现状

7. 电影行业各学历的从业者现状

从 2011 年电影行业各学历的从业者现状来看，大学毕业的从业者为15 175人，占全体从业者的

51.3%，所占比例最大。专科毕业的从业者为6 993人(23.6%)，高中以下学历的从业者为6 286人(21.3%)，研究生以上学历的从业者为1 115人(3.8%)，所占比例最低。

表 4-5-30　**电影行业各业种各学历的从业者现状(2011 年)**　(单位：名)

| 中分类 | 学历 / 小分类 | 从业者数量 | | | | 合计 |
|---|---|---|---|---|---|---|
| | | 高中以下 | 专科毕业 | 大学毕业 | 研究生以上 | |
| 电影制作、支援及流通业 | 电影企划及制作 | 227 | 396 | 2 041 | 349 | 3 013 |
| | 电影进口 | 2 | 110 | 670 | 85 | 867 |
| | 电影制作支援 | 139 | 354 | 1 007 | 204 | 1 704 |
| | 电影发行 | 133 | 331 | 909 | 157 | 1 530 |
| | 剧场上映 | 4 548 | 4 837 | 8 149 | 189 | 17 723 |
| | 电影宣传及营销 | 0 | 265 | 680 | 63 | 1 008 |
| | 电影投资组合 | 3 | 3 | 48 | 22 | 76 |
| | 小计 | 5 052 | 6 296 | 13 504 | 1 069 | 25 921 |
| DVD/VHS 制作及流通业 | DVD/VHS 制作 | 0 | 0 | 60 | 14 | 74 |
| | DVD/VHS 批发 | 0 | 9 | 31 | 2 | 42 |
| | DVD/VHS 零售 | 182 | 153 | 43 | 11 | 389 |
| | DVD/VHS 租借 | 686 | 441 | 685 | 0 | 1 812 |
| | DVD/VHS 上映 | 341 | 45 | 310 | 0 | 696 |
| | 在线上映 | 25 | 49 | 542 | 19 | 635 |
| | 小计 | 1 234 | 697 | 1 671 | 46 | 3 648 |
| 合计 | | 6 286 | 6 993 | 15 175 | 1 115 | 29 569 |
| 比重(%) | | 21.3 | 23.6 | 51.3 | 3.8 | 100.0 |

## 8. 电影行业各年龄段的从业者现状

从 2011 年电影行业各年龄段的从业者现状来看，29 岁以下的从业者为16 577人，占全部从业者的56.1%。其次是 40 岁以上的从业者，为5 388人(18.2%)，30 岁以上 34 岁以下的从业者为4 701人(15.9%)，35 岁以上 39 岁以下的从业者为2 903人(9.8%)。

表 4-5-31　**电影行业各年龄段各业种的从业者现状(2011 年)**　(单位：名)

| 中分类 | 年龄 / 小分类 | 从业者数量 | | | | 合计 |
|---|---|---|---|---|---|---|
| | | 29 岁以下 | 30~34 岁 | 35~39 岁 | 40 岁以上 | |
| 电影制作、支援及流通业 | 电影企划及制作 | 733 | 773 | 640 | 867 | 3 013 |
| | 电影进口 | 277 | 176 | 179 | 235 | 867 |
| | 电影制作支援 | 487 | 538 | 407 | 272 | 1 704 |
| | 电影发行 | 171 | 555 | 302 | 502 | 1 530 |
| | 剧场上映 | 13 695 | 1 967 | 819 | 1 242 | 17 723 |
| | 电影宣传及营销 | 472 | 331 | 149 | 56 | 1 008 |
| | 电影投资组合 | 9 | 9 | 21 | 37 | 76 |
| | 小计 | 15 844 | 4 349 | 2 517 | 3 211 | 25 921 |

续表

| 中分类 | 年龄 / 小分类 | 从业者数量 | | | | 合计 |
| --- | --- | --- | --- | --- | --- | --- |
| | | 29 岁以下 | 30~34 岁 | 35~39 岁 | 40 岁以上 | |
| DVD/VHS 制作及流通业 | DVD/VHS 制作 | 15 | 10 | 15 | 34 | 74 |
| | DVD/VHS 批发 | 9 | 5 | 11 | 17 | 42 |
| | DVD/VHS 零售 | 72 | 118 | 114 | 85 | 389 |
| | DVD/VHS 租借 | 247 | 1 | 2 | 1 562 | 1 812 |
| | DVD/VHS 上映 | 283 | 12 | 56 | 345 | 696 |
| | 在线上映 | 107 | 206 | 188 | 134 | 635 |
| | 小计 | 733 | 352 | 386 | 2 177 | 3 648 |
| 合计 | | 16 577 | 4 701 | 2 903 | 5 388 | 29 569 |
| 比重(%) | | 56. 1 | 15. 9 | 9. 8 | 18. 2 | 100. 0 |

# 六、动漫行业

表 4-6-1 **动漫行业的分类**

| 中分类 | 小分类 | 分类体系的定义 |
| --- | --- | --- |
| 动漫制作业 | 动漫创作制作业 | 企划并直接制作原创动漫的企业 |
| | 动漫转包制作业 | 外包制作动漫或订单制作、转包制作的企业 |
| | 在线(网络、移动)动漫制作业 | 制作网络及移动用动漫的企业 |
| 动漫流通及发行业 | 动漫流通、发行及宣传业 | 负责剧场用、播放用、家庭录像用动漫的流通、发行、宣传与营销的企业 |
| 在线动漫流通业 | 在线动漫服务业(网络、移动) | 通过网络与移动设备提供动漫服务的企业 |

## (一)动漫行业的整体概况

调查显示，2011 年动漫行业的企业为 341 个，从业者为4 646人。销售额随着动漫创作制作业销售额等的增长而增长到5 285亿韩元；附加价值额是2 231亿韩元，附加价值率是 42. 21%。此外，调查显示，出口额是 1 亿1 594万美元，进口额是 689 万美元。

动漫行业的企业数量从 2006 年的 260 个增加到 2011 年的 341 个，从 2006 年至 2011 年，年平均增加了 5. 6%。销售额从 2006 年的2 885亿韩元增加到 2011 年的5 285亿韩元，增加了约 1. 8 倍。附加价值额从 2006 年的 703 亿韩元增加到 2011 年的2 231亿韩元，年平均增加了 26. 0%。

韩国国内动漫行业的销售额呈现出持续性增长的趋势，从过去转包为主的制作转变为以创作为主的制作。近年来国内创作的动漫以电视用动漫为主，然而随着 2011 年原创动漫《走出院子的母鸡》的累计观众数超过 220 万人，国内剧场用原创动漫市场将会进一步扩大。同时，在全世界对 3D 动漫的关注高涨的情况下，韩国国内出色的 3D 技术在国际市场也备受关注。因此，应积极向韩国国内原创动漫从过去积累下来的 3D 技术力量提供支援，使其不仅应用于电视动漫的制作，还要向剧场动漫的制作发展。同时，要提供更多的机会让过去只停留在转包制作的企业转变为创作制作企业，并制定相关政策来缓解创作制作带来的收益不稳定性。

表 4-6-2 **动漫行业整体概况**①

| 分类 | 企业数量（个） | 从业者数量（名） | 销售额（百万韩元） | 附加价值额（百万韩元） | 附加价值率（%） | 出口额（千美元） | 进口额（千美元） |
|---|---|---|---|---|---|---|---|
| 2006 年 | 260 | 3 412 | 288 564 | 70 333 | 30. 96 | 66 834 | 5 095 |
| 2007 年 | 283 | 3 847 | 311 166 | 122 506 | 39. 37 | 72 770 | 8 148 |
| 2008 年 | 276 | 3 924 | 404 760 | 167 287 | 41. 33 | 80 583 | 6 132 |
| 2009 年 | 289 | 4 170 | 418 570 | 175 213 | 41. 86 | 89 651 | 7 397 |
| 2010 年 | 308 | 4 349 | 514 399 | 217 101 | 42. 20 | 96 827 | 6 951 |
| 2011 年 | 341 | 4 646 | 528 551 | 223 109 | 42. 21 | 115 941 | 6 896 |
| 同比增减率(%) | 10. 7 | 6. 8 | 2. 8 | 2. 8 | 0. 01p | 19. 7 | ▽0. 8 |
| 年平均增减率(%) | 5. 6 | 6. 4 | 12. 9 | 26. 0 | — | 11. 6 | 6. 2 |

动漫行业各企业的平均销售额是 11 亿1 900万韩元，人均销售额是8 200万韩元。从中分类来看，动漫制作业的企业平均销售额是 12 亿3 200万韩元，人均销售额是8 100万韩元。动漫流通及发行业的企业平均销售额是 5 亿2 100万韩元，人均销售额是 1 亿4 400万韩元。此外，在线动漫流通业的企业平均销售额是 3 亿9 100万韩元，人均销售额是6 200万韩元。

表 4-6-3 **动漫行业各企业的平均销售额及人均销售额现状(2011 年)**②

| 中分类 | 小分类 | 企业数量（个） | 从业者数量（名） | 销售额（百万韩元） | 各企业平均销售额（百万韩元） | 人均销售额（百万韩元） |
|---|---|---|---|---|---|---|
| 动漫制作业 | 动漫创作制作业 | 183 | 2 585 | 240 186 | 1 312 | 93 |
| | 动漫转包制作业 | 96 | 1 787 | 110 180 | 1 148 | 62 |
| | 在线(网络、移动)动漫制作业 | 11 | 46 | 6 789 | 617 | 148 |
| | 小计 | 290 | 4 418 | 357 155 | 1 232 | 81 |
| 动漫流通及发行业 | 动漫流通、发行及宣传业 | 35 | 127 | 18 230 | 521 | 144 |
| | 小计 | 35 | 127 | 18 230 | 521 | 144 |
| 在线动漫流通业 | 在线动漫服务业(网络、移动) | 16 | 101 | 6 253 | 391 | 62 |
| | 小计 | 16 | 101 | 6 253 | 391 | 62 |
| 合计 | | 341 | 4 646 | 381 638 | 1 119 | 82 |

① 2006 年的附加价值额是根据除去剧场销售额(61 099万韩元)和播放公司出口额(292 万韩元)以外的销售额(227 173万韩元)计算的。2006 年的附加价值率为(70 333÷227 173)×100=30. 96%，从 2007 年开始，剧场销售额和播放公司出口额也被包括在内来计算附加价值额。

② 动漫产业的销售额中，剧场销售额和播放公司出口额除外。

## (二)动漫行业的企业数量现状

2011 年动漫行业的企业数量为 341 个，比上年增加了 10.7%，从 2009 年至 2011 年，年平均增加了 8.6%。从小分类来看，2011 年动漫创作制作业的企业数是 183 个(53.7%)，在企业总数中所占比例最大，比上年增加了 0.5%，从 2009 年至 2011 年，年平均增加了 6.3%。动漫转包制作业的企业数是 96 个(28.2%)，比上年减少了 5.0%，年平均减少了 3.0%。动漫流通、发行及宣传业的企业数量是 35 个(10.3%)，比上年增加了 288.9%，年平均增加了 97.2%。其他业种的企业数量比例不超过 5%。

表 4-6-4 **动漫行业各年度各业种的企业数量现状** (单位：个)

| 中分类 | 小分类 | 2009 年 | 2010 年 | 2011 年 | 比重(%) | 同比增减率(%) | 年平均增减率(%) |
|---|---|---|---|---|---|---|---|
| 动漫制作业 | 动漫创作制作业 | 162 | 182 | 183 | 53.7 | 0.5 | 6.3 |
| | 动漫转包制作业 | 102 | 101 | 96 | 28.2 | ▽5.0 | ▽3.0 |
| | 在线(网络、移动)动漫制作业 | 8 | 8 | 11 | 3.2 | 37.5 | 17.3 |
| 动漫流通及发行业 | 动漫流通、发行及宣传业 | 9 | 9 | 35 | 10.3 | 288.9 | 97.2 |
| 在线动漫流通业 | 在线动漫服务业(网络、移动) | 8 | 8 | 16 | 4.7 | 100.0 | 41.4 |
| 合计 | | 289 | 308 | 341 | 100.0 | 10.7 | 8.6 |

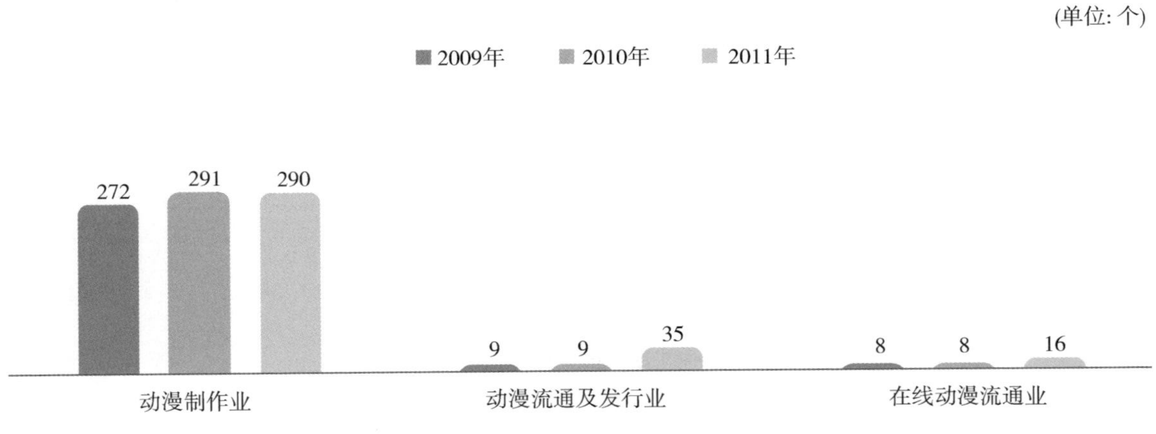


图 4-6-1 动漫行业各年度各业种的企业数量现状

从销售额规模来看，销售额规模在 1 亿韩元以上 10 亿韩元以下的企业数量为 196 个(57.5%)，在企业总数中所占比例最大，比上年增加了 7.7%，从 2009 年至 2011 年，年平均增加了 5.8%。其次是销售额规模在 10 亿韩元以上 100 亿韩元以下的企业，数量为 73 个(21.4%)，比上年增加了 5.8%，年平均增加了 2.9%。销售额规模在 1 亿韩元以下的企业数量为 66 个(19.3%)，比上年增加了 29.4%，年平均增加了 30.1%，呈现出最大的增长率。销售额规模在 100 亿韩元以上的企业数量为 6 个(1.8%)，在企业总数中所占比例最小，从 2009 年开始各年度保持着相同的数量。

表 4-6-5 动漫行业各年度各销售额规模的企业数量现状 （单位：个）

| 销售额规模＼年度 | 2009 年 | 2010 年 | 2011 年 | 比重（%） | 同比增减率（%） | 年平均增减率（%） |
|---|---|---|---|---|---|---|
| 不足 1 亿韩元 | 39 | 51 | 66 | 19.3 | 29.4 | 30.1 |
| 1 亿～10 亿韩元 | 175 | 182 | 196 | 57.5 | 7.7 | 5.8 |
| 10 亿～100 亿韩元 | 69 | 69 | 73 | 21.4 | 5.8 | 2.9 |
| 100 亿韩元以上 | 6 | 6 | 6 | 1.8 | 0.0 | 0.0 |
| 合计 | 289 | 308 | 341 | 100.0 | 10.7 | 8.6 |

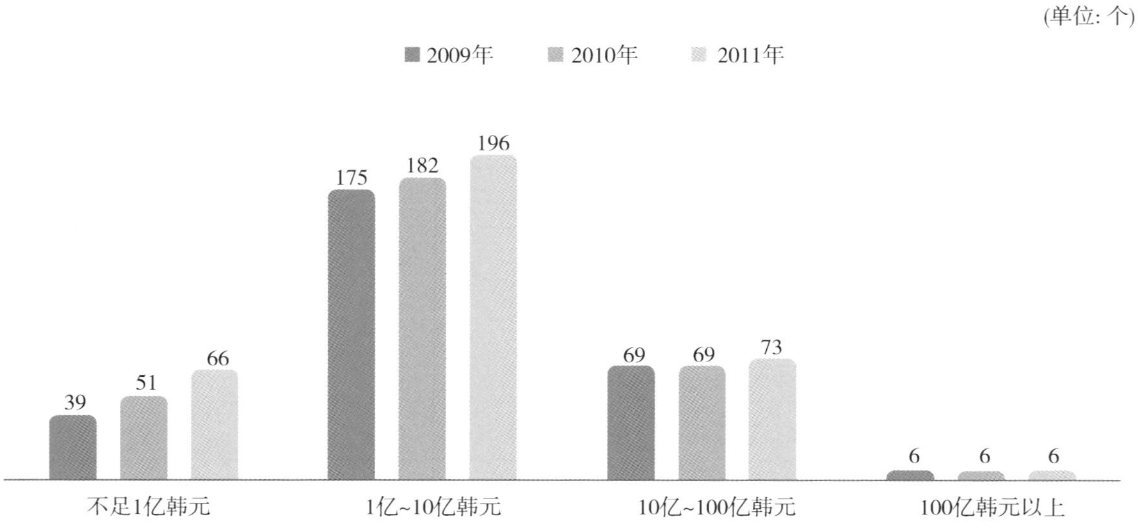


图 4-6-2 动漫行业各年度各销售额规模的企业数量现状

从从业者规模来看，2011 年从业者规模在 1 人以上 4 人以下的企业数为 177 个（51.9%），在企业总数中所占比例最大，比上年增加了 18.0%，从 2009 年至 2011 年，年平均增加了 11.3%。其次是 10 人以上 49 人以下的企业，数量为 87 个（25.5%），比上年增加了 2.4%，年平均增加了 0.6%；5 人以上 9 人以下的企业数量为 61 个（17.9%），比上年增加了 7.0%，年平均增加了 16.4%。50 人以上 99 人以下的企业数量是 16 个（4.7%）。

表 4-6-6 动漫行业各年度各从业者规模的企业数量现状 （单位：个）

| 从业者规模＼年度 | 2009 年 | 2010 年 | 2011 年 | 比重（%） | 同比增减率（%） | 年平均增减率（%） |
|---|---|---|---|---|---|---|
| 1～4 人 | 143 | 150 | 177 | 51.9 | 18.0 | 11.3 |
| 5～9 人 | 45 | 57 | 61 | 17.9 | 7.0 | 16.4 |
| 10～49 人 | 86 | 85 | 87 | 25.5 | 2.4 | 0.6 |
| 50～99 人 | 12 | 16 | 16 | 4.7 | — | 15.5 |
| 100 人以上 | 3 | — | — | — | — | — |
| 合计 | 289 | 308 | 341 | 100.0 | 10.7 | 8.6 |

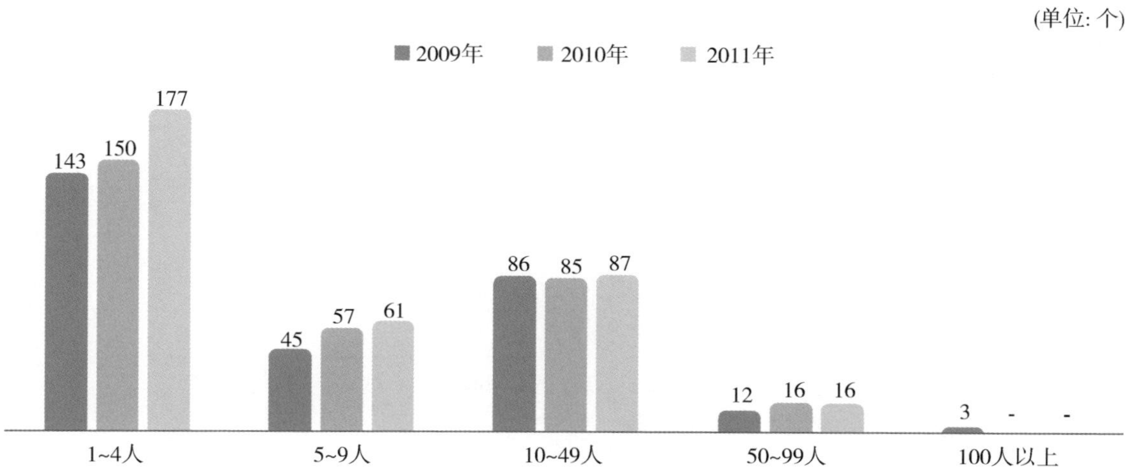


图 4-6-3　动漫行业各年度各从业者规模的企业数量现状

从 2011 年动漫行业各地区的企业数量现状来看，首尔的企业数是 186 个(54. 5%)，比上年增加了 10. 1%，从 2009 年至 2011 年，年平均增加了 11. 7%。2011 年 6 个广域市的企业数是 55 个，占企业总数的 16. 1%，其中光州的企业数为 20 个，占总数的 5. 9%，所占比例最大。2011 年 9 个道中京畿道的企业数为 72 个，占企业总数的 21. 1%，是除首尔外占比最大的地区。2011 年京畿道的企业数比上年增加了 14. 3%，年平均增加了 8. 6%。

表 4-6-7　　**动漫行业各地区各年度的企业数量现状**　　（单位：个）

| 地区＼年度 | | 2009 年 | 2010 年 | 2011 年 | 比重（%） | 同比增减率（%） | 年平均增减率（%） |
|---|---|---|---|---|---|---|---|
| 首尔 | | 149 | 169 | 186 | 54. 5 | 10. 1 | 11. 7 |
| 6 个广域市 | 釜山 | 12 | 11 | 13 | 3. 8 | 18. 2 | 4. 1 |
| | 大邱 | 11 | 10 | 11 | 3. 2 | 10. 0 | 0. 0 |
| | 仁川 | 6 | 6 | 7 | 2. 0 | 16. 7 | 8. 0 |
| | 光州 | 20 | 20 | 20 | 5. 9 | 0. 0 | 0. 0 |
| | 大田 | 2 | 3 | 4 | 1. 2 | 33. 3 | 41. 4 |
| | 蔚山 | — | — | — | — | — | — |
| | 小计 | 51 | 50 | 55 | 16. 1 | 10. 0 | 3. 8 |
| 9 个道 | 京畿道 | 61 | 63 | 72 | 21. 1 | 14. 3 | 8. 6 |
| | 江原道 | 9 | 8 | 9 | 2. 6 | 12. 5 | 0. 0 |
| | 忠清北道 | 4 | 3 | 4 | 1. 2 | 33. 3 | 0. 0 |
| | 忠清南道 | 3 | 3 | 3 | 0. 9 | 0. 0 | 0. 0 |
| | 全罗北道 | 6 | 6 | 6 | 1. 8 | 0. 0 | 0. 0 |
| | 全罗南道 | 1 | 1 | 1 | 0. 3 | 0. 0 | 0. 0 |
| | 庆尚北道 | — | — | — | — | — | — |
| | 庆尚南道 | 3 | 3 | 3 | 0. 9 | 0. 0 | 0. 0 |
| | 济州道 | 2 | 2 | 2 | 0. 6 | 0. 0 | 0. 0 |
| | 小计 | 89 | 89 | 100 | 29. 4 | 12. 4 | 6. 0 |
| 合计 | | 289 | 308 | 341 | 100. 0 | 10. 7 | 8. 6 |

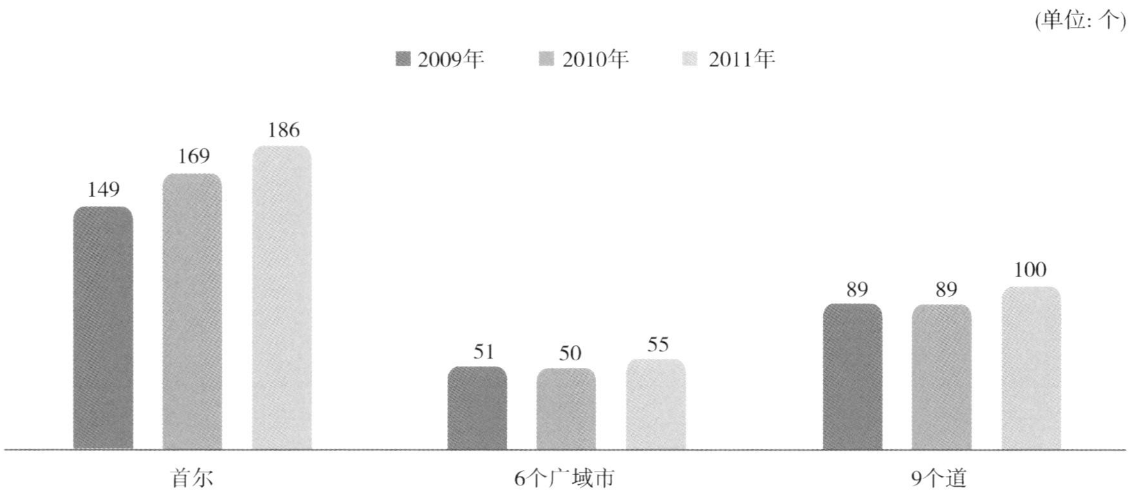


图 4-6-4　动漫行业各年度各地区的企业数量现状

## (三)动漫行业的销售额现状

2011 年动漫行业的销售额是5 285亿韩元，比上年增加了 2.8%，从 2009 年至 2011 年，年平均增加了 12.4%。从中分类来看，2011 年，动漫制作业的销售额是3 571亿韩元，比上年增加了 3.9%，年平均增加了 3.0%。动漫流通及发行业的销售额是1 651亿韩元，比上年减少了 0.1%，年平均增加了 47.0%。在线动漫流通业的销售额为 62 亿韩元，比上年增加了 17.5%，年平均增加了 6.5%。从小分类来看，动漫创作制作业的销售额从 2009 年的2 119亿韩元持续增加到 2011 年的2 401亿韩元，相反，动漫转包制作业的销售额从 2009 年的1 224亿韩元持续减少到 2011 年的1 101亿韩元。

韩国国内动漫制作业可以分为动漫创作制作业和动漫转包制作业，与动漫创作制作业销售额呈现出持续性增加的趋势相反，动漫转包制作业销售额呈现出持续性减少的趋势。但以转包制作为主的企业不能转换为创作制作企业的原因是，如果转为创作制作企业，则其收入没有保障。因此，为了保障收益，其要向多个领域扩大漫画的创作制作。最近，网络人气作品被制作成动漫来播放的情况越来越多，这对于扩大动漫创作制作业市场来说是非常鼓舞人心的。

表 4-6-8　　动漫行业各业种的年度销售额现状　　（单位：百万韩元）

| 中分类 | 小分类 | 销售额 | | | 比重 | 同比增减率 | 年平均增减率 |
|---|---|---|---|---|---|---|---|
| | | 2009 年 | 2010 年 | 2011 年 | (%) | (%) | (%) |
| 动漫制作业 | 动漫创作制作业 | 211 949 | 227 961 | 240 186 | 45.4 | 5.4 | 6.5 |
| | 动漫转包制作业 | 122 412 | 113 695 | 110 180 | 20.9 | ▽3.1 | ▽5.1 |
| | 在线(网络、移动)动漫制业 | 2 301 | 2 108 | 6 789 | 1.3 | 222.1 | 71.8 |
| | 小计 | 336 662 | 343 764 | 357 155 | 67.6 | 3.9 | 3.0 |

续表

| 中分类 | 小分类 | 销售额 | | | 比重 | 同比增减率 | 年平均增减率 |
|---|---|---|---|---|---|---|---|
| | | 2009年 | 2010年 | 2011年 | (%) | (%) | (%) |
| 动漫流通及发行业① | 动漫流通、发行及宣传业 | 16 332 | 17 948 | 18 230 | 3.4 | 1.6 | 5.7 |
| | 剧场销售额 | 56 143 | 145 077 | 146 783 | 27.8 | 1.2 | 61.7 |
| | 播放公司出口额② | 3 924 | 2 288 | 130 | 0.0 | ▽94.3 | ▽81.8 |
| | 小计 | 76 399 | 165 313 | 165 143 | 31.2 | ▽0.1 | 47.0 |
| 在线动漫流通业 | 在线动漫服务业(网络、移动) | 5 509 | 5 322 | 6 253 | 1.2 | 17.5 | 6.5 |
| | 小计 | 5 509 | 5 322 | 6 253 | 1.2 | 17.5 | 6.5 |
| 合计 | | 418 570 | 514 399 | 528 551 | 100.0 | 2.8 | 12.4 |

(单位: 百万韩元)

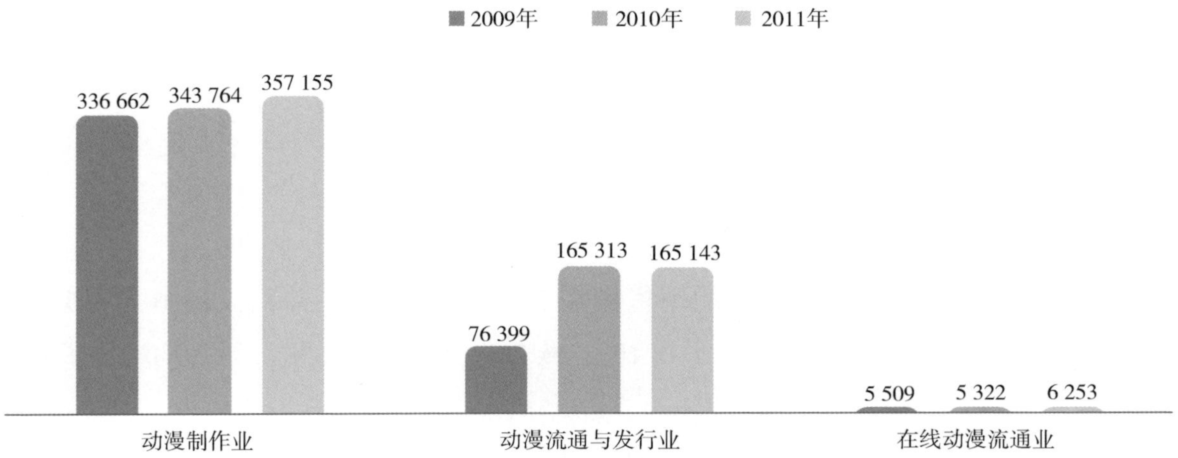


图 4-6-5　动漫行业各业种的年度销售额现状

### 1. 动漫行业中动漫制作业的销售额现状

调查显示，2011年动漫行业中动漫制作业的销售额是3 571亿韩元，比上年增加了3.9%，从2009年至2011年，年平均增加了3.0%。从小分类来看，动漫创作制作业的销售额是2 401亿韩元(67.3%)，动漫转包制作业的销售额是1 101亿韩元(30.8%)，在线动漫制作业的销售额是67亿韩元(1.9%)。动漫创作制作业的销售额在2009年是2 119亿韩元，2010年是3兆2 279亿韩元，2011年是2 401亿韩元，呈现出了持续性的增加，比上年增加了5.4%，年平均增加了6.5%。动漫转包制作业的销售额在2009年是1 224亿韩元；2010年比上年减少了7.1%，为1 136亿韩元；2011年又比上年减少了3.1%，为1 101亿韩元。在线(网络、移动)动漫制作业的销售额在2009年是23亿韩元；2010年比上年减少了8.4%，为21亿韩元；2011年又比上年增加了222.1%，为67亿韩元，呈现大幅增加的趋势。

① 包括剧场销售额、播放公司出口额。

② 至2010年的数据，引用了韩国资讯振兴院的播放资讯进出口统计资料；2011年引用了播放通信委员会播放行业实际调查报告书中的资料。

表 4-6-9　　动漫行业中动漫制作业各业种的年度销售额现状　　（单位：百万韩元）

| 中分类 | 小分类 | 销售额 | | | 比重 | 同比增减率 | 年平均增减率 |
|---|---|---|---|---|---|---|---|
| | | 2009 年 | 2010 年 | 2011 年 | （%） | （%） | （%） |
| 动漫制作业 | 动漫创作制作业 | 211 949 | 227 961 | 240 186 | 67. 3 | 5. 4 | 6. 5 |
| | 动漫转包制作业 | 122 412 | 113 695 | 110 180 | 30. 8 | ▽3. 1 | ▽5. 1 |
| | 在线(网络、移动)动漫制作业 | 2 301 | 2 108 | 6 789 | 1. 9 | 222. 1 | 71. 8 |
| | 合计 | 336 662 | 343 764 | 357 155 | 100. 0 | 3. 9 | 3. 0 |

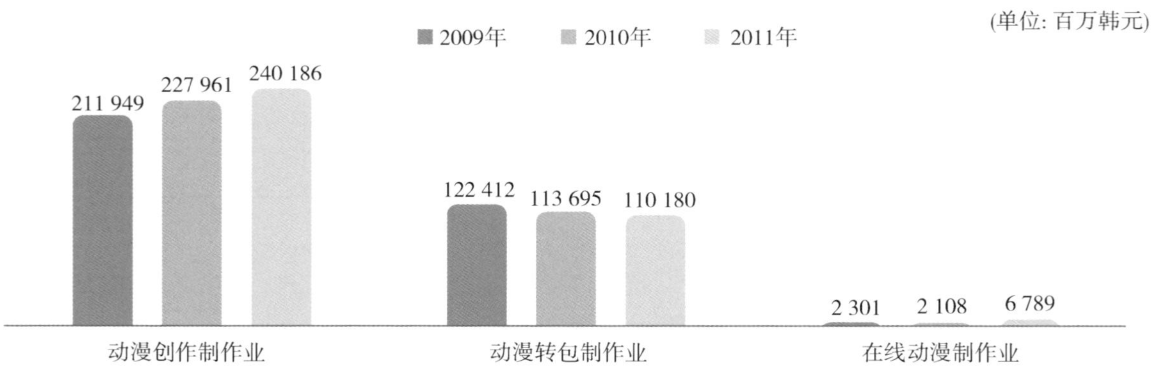


图 4-6-6　动漫行业中动漫制作业各业种的年度销售额现状

## 2. 动漫行业中动漫流通及发行业的销售额现状

2011 年动漫行业中动漫流通及发行业的销售额在 2009 年是 763 亿韩元，2010 年是1 653亿韩元，2011 年是1 651亿韩元，2011 年比上年减少了 0. 1%，从 2009 年至 2011 年，年平均增加了 47. 0%。

表 4-6-10　　动漫行业中动漫流通及分配业各业种的年度销售额现状　　（单位：百万韩元）

| 中分类 | 小分类 | 销售额 | | | 比重 | 同比增减率 | 年平均增减率 |
|---|---|---|---|---|---|---|---|
| | | 2009 年 | 2010 年 | 2011 年 | （%） | （%） | （%） |
| 动漫流通及发行业 | 动漫流通、发行及宣传业 | 16 332 | 17 948 | 18 230 | 11. 0 | 1. 6 | 5. 7 |
| | 剧场销售额 | 56 143 | 145 077 | 146 783 | 88. 9 | 1. 2 | 61. 7 |
| | 播放公司出口额① | 3 924 | 2 288 | 130 | 0. 1 | ▽94. 3 | ▽81. 8 |
| | 合计 | 76 399 | 165 313 | 165 143 | 100. 0 | ▽0. 1 | 47. 0 |

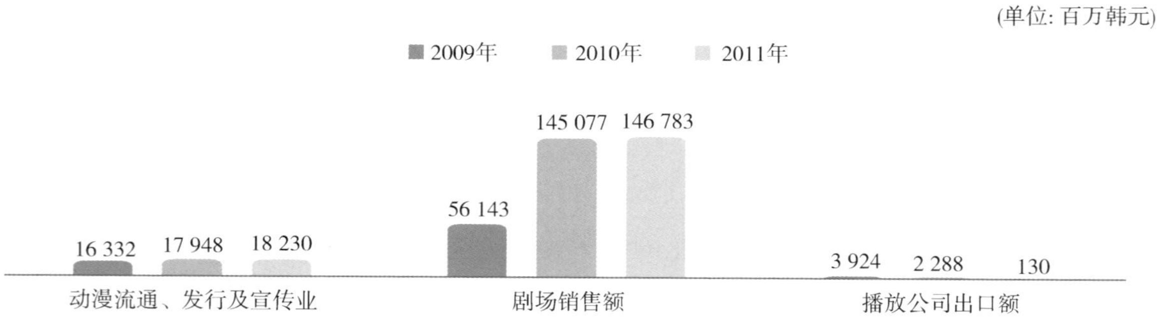


图 4-6-7　动漫行业中动漫流通及发行业各业种的年度销售额现状

① 至 2010 年的数据，引用了韩国资讯振兴院的播放资讯进出口统计资料；2011 年引用了播放通信委员会播放产业实际调查报告书中的资料。

### 3. 动漫行业中在线动漫流通业的销售额现状

2011 年动漫行业中在线动漫流通业的销售额是 62 亿韩元，比上年增加了 17.5%，从 2009 年至 2011 年，年平均增加了 6.5%。在线动漫流通业的销售额在 2009 年是 55 亿韩元，2010 年是 53 亿韩元，2011 年为 62 亿韩元，各年度数据有所波动。

表 4-6-11　**动漫行业中在线动漫流通业各业种的年度销售额现状**　（单位：百万韩元）

| 中分类 | 小分类 | 销售额 | | | 比重（%） | 同比增减率（%） | 年平均增减率（%） |
|---|---|---|---|---|---|---|---|
| | | 2009 年 | 2010 年 | 2011 年 | | | |
| 在线动漫流通业 | 在线动漫服务业（网络、移动） | 5 509 | 5 322 | 6 253 | 100.0 | 17.5 | 6.5 |
| | 小计 | 5 509 | 5 322 | 6 253 | 100.0 | 17.5 | 6.5 |

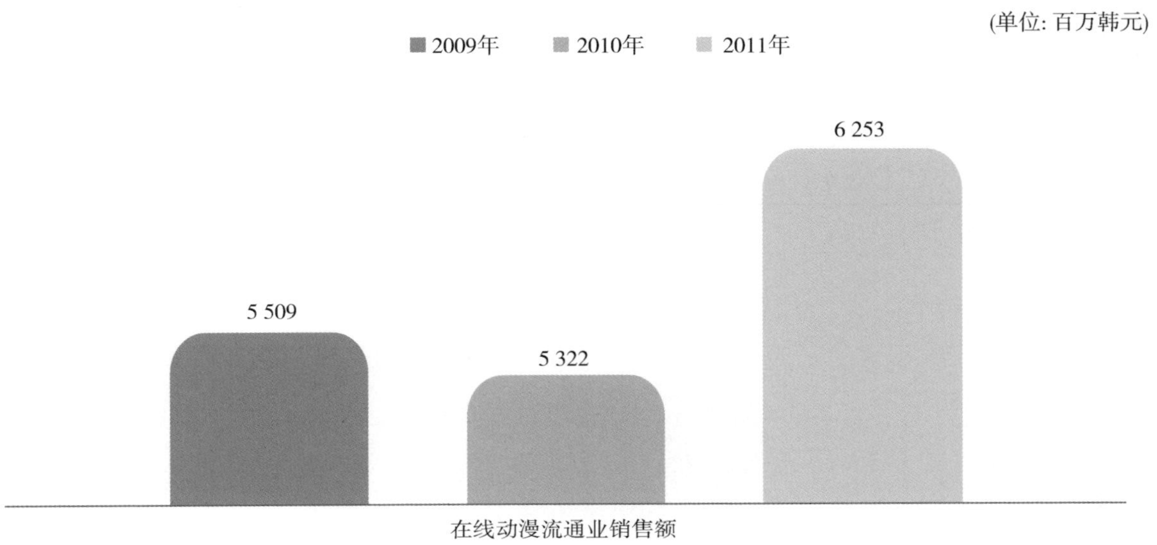


图 4-6-8　动漫行业中在线动漫流通业各业种的年度销售额现状

### 4. 动漫行业各事业形态的销售额现状①

从 2011 年动漫行业各事业形态的销售额现状来看，创作及制作的销售额为3 353亿韩元，占全部销售额的 87.9%，所占比例最大。其次是流通/发行的销售额，为 353 亿韩元，占全部销售额的 9.2%。制作服务的销售额为 25 亿韩元，占全部销售额的 0.7%。其他销售额是 83 亿韩元，占全部销售额的 2.2%。

在增减率方面，创作及制作的销售额在 2009 年是3 000亿韩元，2010 年是3 223亿韩元，2011 年是3 353亿韩元，2011 年比上年增加了 4.0%，年平均增加了 5.7%；2011 年流通/发行的销售额比上年增加了 7.2%；2011 年制作服务的销售额比上年减少了 18.3%，年平均减少了 51.6%。

① 剧场销售额、播放公司出口额除外。

表 4-6-12　　动漫行业各业种各事业形态的销售额现状　　（单位：百万韩元）

| 业种＼事业形态 | 创作及制作 | 制作服务 | 单纯复制 | 流通/发行 | 其他 | 合计 |
|---|---|---|---|---|---|---|
| 动漫创作制作业 | 224 207 | — | — | 11 592 | 4 387 | 240 186 |
| 动漫转包制作业 | 104 631 | 2 527 | — | — | 3 022 | 110 180 |
| 在线（网络、移动）动漫制作业 | 6 558 | — | — | 212 | 19 | 6 789 |
| 动漫流通、发行及宣传业 | — | — | — | 17 265 | 965 | 18 230 |
| 在线动漫服务业（网络、移动） | — | — | — | 6 253 | — | 6 253 |
| 合计 | 335 396 | 2 527 | — | 35 322 | 8 393 | 381 638 |
| 比重（%） | 87.9 | 0.7 | — | 9.2 | 2.2 | 100.0 |

表 4-6-13　　动漫行业各事业形态的年度销售额现状　　（单位：百万韩元）

| 年度＼事业形态 | 创作及制作 | 制作服务 | 单纯复制 | 流通/发行 | 其他 | 合计 |
|---|---|---|---|---|---|---|
| 2009 年 | 300 079 | 10 803 | 761 | 38 326 | 8 534 | 358 503 |
| 2010 年 | 322 394 | 3 093 | — | 32 937 | 8 610 | 367 034 |
| 2011 年 | 335 396 | 2 527 | — | 35 322 | 8 393 | 381 638 |
| 同比增减率（%） | 4.0 | ▽18.3 | — | 7.2 | ▽2.5 | 4.0 |
| 年平均增减率（%） | 5.7 | ▽51.6 | — | ▽4.0 | ▽0.8 | 3.2 |

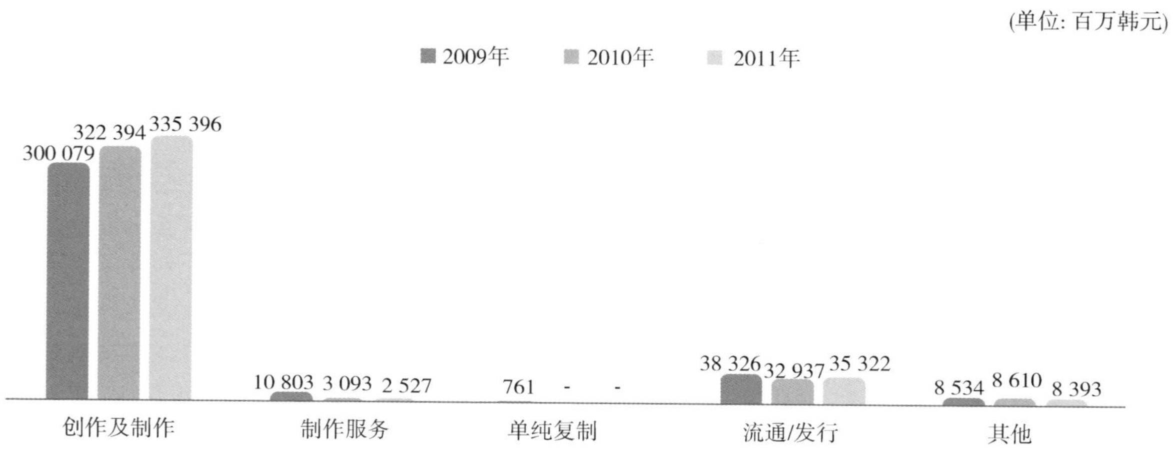


图 4-6-9　动漫行业各事业形态的年度销售额现状

## 5. 动漫行业各销售额规模的企业的销售额现状①

从 2011 年动漫行业各销售额规模的企业的销售额现状来看，销售额规模在 10 亿韩元以上 100 亿韩元以下的企业的销售额为2 425亿韩元，占销售总额的 63.6%，所占比例最高。销售额规模在 100 亿韩元以上的企业的销售额为 767 亿韩元，占销售总额的 20.1%。2011 年销售额规模在 1 亿韩元以上 10 亿韩元以下的企业的销售额为 584 亿韩元，占销售总额的 15.3%；销售额规模在 1 亿韩元以下的企业的销售额是 38 亿韩元，占总销售额的 1.0%。

① 剧场销售额、播放公司出口额除外。

表 4-6-14　**动漫行业各业种各销售额规模的企业的销售额现状(2011 年)**　(单位：百万韩元)

| 业种＼销售额规模 | 不足 1 亿韩元 | 1 亿~10 亿韩元 | 10 亿~100 亿韩元 | 100 亿韩元以上 | 合计 |
|---|---|---|---|---|---|
| 动漫创作制作业 | 2 427 | 29 657 | 155 673 | 52 429 | 240 186 |
| 动漫转包制作业 | 926 | 2 1658 | 63 310 | 24 286 | 110 180 |
| 在线(网络、移动)动漫制作业 | 129 | 1 012 | 5 648 | — | 6 789 |
| 动漫流通发行及宣传业 | 332 | 4 078 | 13 820 | — | 18 230 |
| 在线动漫服务业(网络、移动) | 34 | 2 079 | 4 140 | — | 6 253 |
| 合计 | 3 848 | 58 484 | 242 591 | 76 715 | 381 638 |
| 比重(%) | 1. 0 | 15. 3 | 63. 6 | 20. 1 | 100. 0 |

从年度来看，2011 年销售额规模在 10 亿韩元以上 100 亿韩元以下的企业的销售额比上年增加了 9. 8%，从 2009 年至 2011 年增加了 19. 1%，呈现出最大幅度的增加率。销售额规模在 100 亿韩元以下的企业的销售额比上年增加了 5. 8%，年平均减少了 16. 8%；销售额规模在 1 亿韩元以下的企业的销售额比上年增加了 2. 4%，年平均增加了 16. 1%。销售额规模在 1 亿韩元以上 10 亿韩元以下的企业的销售额比上年减少了 16. 3%，年平均减少了 11%，减少幅度最大。

表 4-6-15　**动漫行业各销售额规模的企业的年度销售额现状**　(单位：百万韩元)

| 年度＼销售额规模 | 不足 1 亿韩元 | 1 亿~10 亿韩元 | 10 亿~100 亿韩元 | 100 亿韩元以上 | 合计 |
|---|---|---|---|---|---|
| 2009 年 | 2 855 | 73 857 | 171 100 | 110 691 | 358 503 |
| 2010 年 | 3 758 | 69 838 | 220 911 | 72 527 | 367 034 |
| 2011 年 | 3 848 | 58 484 | 242 591 | 76 715 | 381 638 |
| 同比增减率(%) | 2. 4 | ▽16. 3 | 9. 8 | 5. 8 | 4. 0 |
| 年平均增减率(%) | 16. 1 | ▽11. 0 | 19. 1 | ▽16. 8 | 3. 2 |

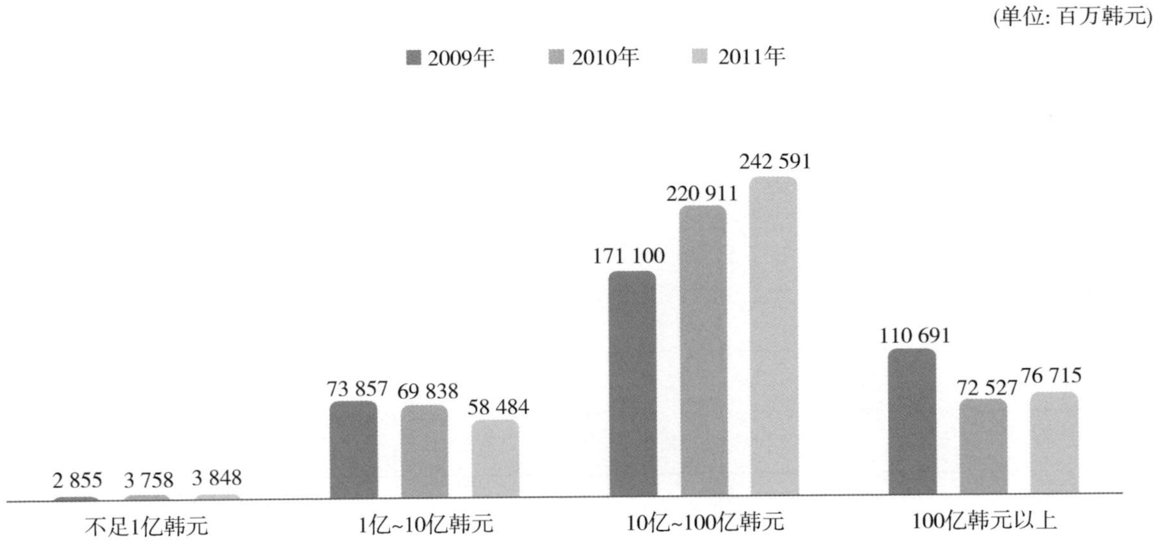


图 4-6-10　动漫行业各销售额规模的企业的年度销售额现状

### 6. 动漫行业各从业者规模的企业的销售额现状①

从 2011 年动漫行业各从业者规模的企业的销售额现状来看，从业者规模在 10 人以上 49 人以下的企业的销售额为2 298亿韩元，占销售总额的 60.2 %，所占比例最大。其次是 5 人以上 9 人以下的企业，其销售额为 705 亿韩元，占销售总额的 18.5%。销售额规模在 1 人以上 4 人以下的企业销售额是 517 亿韩元，占销售总额的 13.6%。销售额规模在 50 人以上 99 人以下的企业的销售额是 294 亿韩元，占销售总额的 7.7%。

表 4-6-16　**动漫行业各业种各从业者规模的企业的销售额现状(2011 年)**　(单位：百万韩元)

| 从业者规模 / 业种 | 1~4 人 | 5~9 人 | 10~49 人 | 50~99 人 | 100 人以上 | 合计 |
|---|---|---|---|---|---|---|
| 动漫创作制作业 | 26 725 | 41 255 | 142 756 | 29 450 | — | 240 186 |
| 动漫转包制作业 | 15 257 | 19 658 | 75 265 | — | — | 110 180 |
| 在线(网络、移动)动漫制作业 | 2 599 | 761 | 3 429 | — | — | 6 789 |
| 动漫流通发行及宣传业 | 6 385 | 3 412 | 8 433 | — | — | 18 230 |
| 在线动漫服务业(网络、移动) | 813 | 5 440 | — | — | — | 6 253 |
| 合计 | 51 779 | 70 526 | 229 883 | 29 450 | — | 381 638 |
| 比重(%) | 13.6 | 18.5 | 60.2 | 7.7 | — | 100.0 |

从年度来看，从业者规模在 1 人以上 4 人以下的企业的销售额比上年增加了 16.5%，从 2009 年至 2011 年，年平均增加了 16.0%。从业者规模在 5 人以上 9 人以下的企业的销售额比上年增加了 12.9%，年平均增加了 18.4%；从业者规模在 10 人以上 49 人以下的企业的销售额比上年增加了 24.2%，年平均增加了 18.2%；从业者规模在 50 人以上 99 人以下的企业的销售额比上年减少了 60.7%，年平均减少了 43.9%。

表 4-6-17　**动漫行业各从业者规模的企业的年度销售额现状**　(单位：百万韩元)

| 从业者规模 / 年度 | 1~4 人 | 5~9 人 | 10~49 人 | 50~99 人 | 100 人以上 | 合计 |
|---|---|---|---|---|---|---|
| 2009 年 | 38 461 | 50 345 | 164 656 | 93 699 | 11 342 | 358 503 |
| 2010 年 | 44 441 | 62 493 | 185 128 | 74 972 | — | 367 034 |
| 2011 年 | 51 779 | 70 526 | 229 883 | 29 450 | — | 381 638 |
| 同比增减率(%) | 16.5 | 12.9 | 24.2 | ▽60.7 | — | 4.0 |
| 年平均增减率(%) | 16.0 | 18.4 | 18.2 | ▽43.9 | — | 3.2 |

① 剧场销售额、播放公司出口额除外。

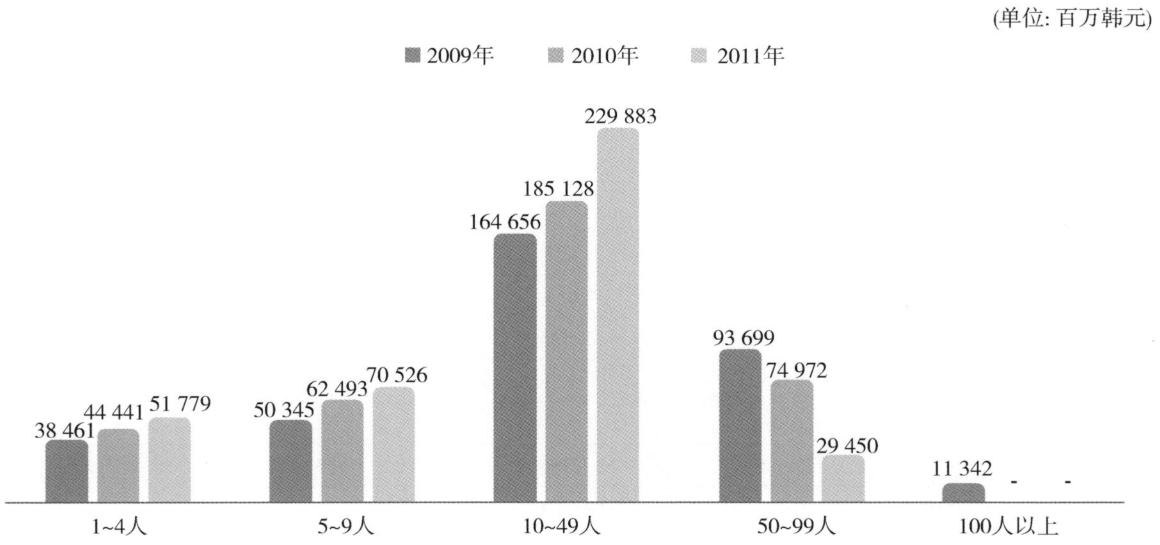


图 4-6-11　动漫行业各从业者规模的企业的年度销售额现状

## 7. 动漫行业各地区的销售额现状①

从 2011 年动漫行业各地区的销售额现状来看，首尔的销售额是2 622亿韩元(68.7%)，比上年增加了5.9%，从2009 年至2011 年，年平均增加了3.4%。京畿道的销售额是642 亿韩元(16.8%)，釜山的销售额是 110 亿韩元(2.9%)。6 个广域市的销售总额是 373 亿韩元(9.8%)，比上年减少了 1.2%，年平均增加了 1.6%；9 个道的销售总额是 820 亿韩元(21.5%)，比上年增加了 0.5%，年平均增加了 3.1%。

表 4-6-18　　**动漫行业各地区各业种的销售额现状(2011 年)**　　(单位：百万韩元)

| 区域＼业种 | | 动漫制作业 | 动漫流通及发行业 | 在线动漫流通业 | 合计 | 比重(%) |
|---|---|---|---|---|---|---|
| 首尔 | | 238 922 | 17 565 | 5 723 | 262 210 | 68.7 |
| 6个广域市 | 釜山 | 10 837 | — | 250 | 11 087 | 2.9 |
| | 大邱 | 6 122 | — | — | 6 122 | 1.6 |
| | 仁川 | 4 628 | 25 | — | 4 653 | 1.2 |
| | 光州 | 13 721 | 140 | 34 | 13 895 | 3.7 |
| | 大田 | 1 629 | — | — | 1 629 | 0.4 |
| | 蔚山 | — | — | — | — | — |
| | 小计 | 36 937 | 165 | 284 | 37 386 | 9.8 |
| 9个道 | 京畿道 | 63 528 | 430 | 246 | 64 204 | 16.8 |
| | 江原道 | 7 467 | 70 | — | 7 537 | 2.0 |
| | 忠清北道 | 3 622 | — | — | 3 622 | 0.9 |
| | 忠清南道 | 1 763 | — | — | 1 763 | 0.5 |
| | 全罗北道 | 3 125 | — | — | 3 125 | 0.8 |
| | 全罗南道 | 212 | — | — | 212 | 0.1 |
| | 庆尚北道 | — | — | — | — | — |
| | 庆尚南道 | 722 | — | — | 722 | 0.2 |
| | 济州道 | 857 | — | — | 857 | 0.2 |
| | 小计 | 81 296 | 500 | 246 | 82 042 | 21.5 |
| 合计 | | 357 155 | 18 230 | 6 253 | 381 638 | 100.0 |

① 剧场销售额、播放公司出口额除外。

表 4-6-19　　**动漫行业各地区的年度销售额现状**　　（单位：百万韩元）

| 区域＼年度 | | 2009 年 | 2010 年 | 2011 年 | 同比增减率（%） | 年平均增减率（%） |
|---|---|---|---|---|---|---|
| 首尔 | | 245 121 | 247 546 | 262 210 | 5. 9 | 3. 4 |
| 6 个广域市 | 釜山 | 12 318 | 12 692 | 11 087 | ▽12. 6 | ▽5. 1 |
| | 大邱 | 6 563 | 6 328 | 6 122 | ▽3. 3 | ▽3. 4 |
| | 仁川 | 4 982 | 4 811 | 4 653 | ▽3. 3 | ▽3. 4 |
| | 光州 | 10 331 | 12 501 | 13 895 | 11. 2 | 16. 0 |
| | 大田 | 2 040 | 1 527 | 1 629 | 6. 7 | ▽10. 6 |
| | 蔚山 | — | — | — | — | — |
| | 小计 | 36 234 | 37 859 | 37 386 | ▽1. 2 | 1. 6 |
| 9 个道 | 京畿道 | 60 576 | 62 752 | 64 204 | 2. 3 | 3. 0 |
| | 江原道 | 5 139 | 7 268 | 7 537 | 3. 7 | 21. 1 |
| | 忠清北道 | 3 668 | 3 713 | 3 622 | ▽2. 5 | ▽0. 6 |
| | 忠清南道 | 1 629 | 1 728 | 1 763 | 2. 0 | 4. 0 |
| | 全罗北道 | 3 328 | 3 312 | 3 125 | ▽5. 6 | ▽3. 1 |
| | 全罗南道 | 296 | 233 | 212 | ▽9. 0 | ▽15. 4 |
| | 庆尚北道 | — | — | — | — | — |
| | 庆尚南道 | 1 885 | 1 961 | 722 | ▽63. 2 | ▽38. 1 |
| | 济州道 | 627 | 662 | 857 | 29. 5 | 16. 9 |
| | 小计 | 77 148 | 81 629 | 82 042 | 0. 5 | 3. 1 |
| 合计 | | 358 503 | 367 034 | 381 638 | 4. 0 | 3. 2 |

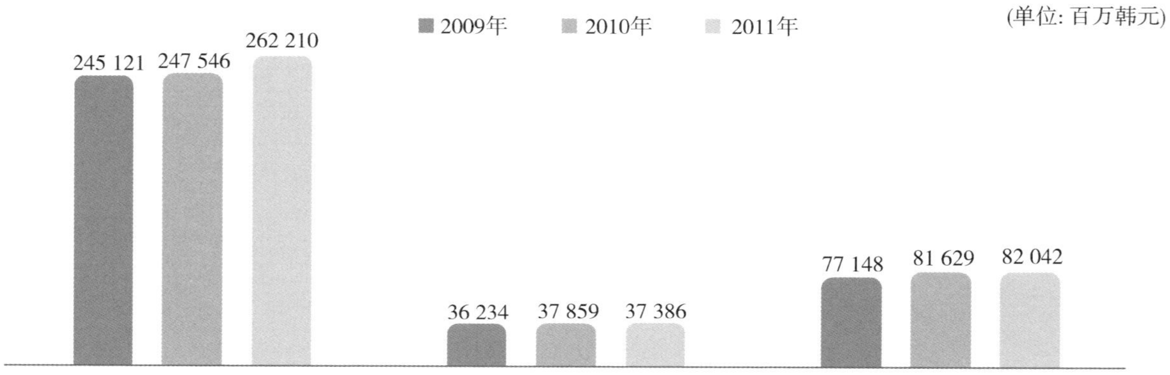


图 4-6-12　动漫行业各地区的年度销售现状

## （四）与动漫资讯制作相关的投资现状

调查显示，2011 年与动漫资讯制作相关的投资额是 984 亿韩元，比上年增加了 6. 5%，从 2009 年至 2011 年，年平均增加了 9. 0%。作品制作费用是 735 亿韩元，比上年增加了 5. 9%，年平均增加了 9. 5%。专利支出费用是 63 亿韩元，比上年增加了 20. 2%，年平均增加了 21. 2%；营销宣传费用是 72 亿韩元，比上年增加了 5. 3%，年平均增加了 5. 0%。研究开发费用是 74 亿韩元，比上年增加了 2. 7%，年平均增加了 2. 2%；教育训练费用是 2 亿韩元，比上年增加了 10. 8%，年平均增加了 11. 4%；其他费用为 36 亿韩元，比上年增加了 6. 7%，年平均增加了 4. 9%。

表 4-6-20　　与动漫资讯制作相关的投资现状　　（单位：百万韩元）

| 年度＼制作相关 | 作品制作 | 专利支出 | 营销宣传 | 研究开发 | 教育训练 | 其他 | 合计 |
|---|---|---|---|---|---|---|---|
| 2009 年 | 61 345 | 4 327 | 6 585 | 7 123 | 174 | 3 322 | 82 876 |
| 2010 年 | 69 473 | 5 291 | 6 892 | 7 238 | 195 | 3 427 | 92 516 |
| 2011 年 | 73 569 | 6 358 | 7 259 | 7 437 | 216 | 3 655 | 98 494 |
| 同比增减率(%) | 5.9 | 20.2 | 5.3 | 2.7 | 10.8 | 6.7 | 6.5 |
| 年平均增减率(%) | 9.5 | 21.2 | 5.0 | 2.2 | 11.4 | 4.9 | 9.0 |

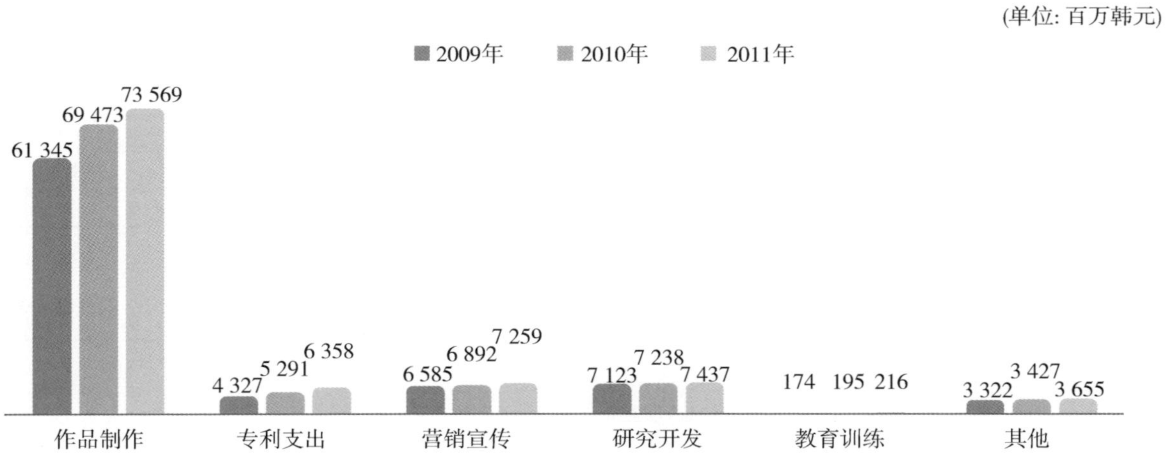


图 4-6-13　与动漫资讯制作相关的投资现状

## (五)动漫行业各媒体销售额现状(创作及制作的销售额)①

### 1. 动漫行业各媒体的销售额现状

动漫行业各媒体的销售额是在对动漫行业的销售额按事业形态类别进行区分时，对创作及制作销售额中动漫创作制作业的销售额和动漫转包制作业的销售额按照媒体类别进行分析得到的结果。其中，动漫创作制作业又分为拥有版权并直接制作的情况及拥有版权但不直接制作的情况。

从 2011 年动漫行业各媒体的销售额现状来看，电视动漫的销售额是2 575亿韩元，占全部媒体销售额的 78. 3%。在动漫行业各媒体的销售额中，韩国国内动漫销售额是2 165亿韩元，海外动漫销售额为1 123亿韩元，韩国国内的销售额多于海外的销售额。相比于剧场动漫、家庭视频(WHS、DVD)、网络动漫的销售额一直减少的情况，2011 年电视动漫的销售额比上年增加了 5. 4%，从 2009 年至 2011 年，年平均增加了 9. 7%。同时，包括移动、IPTV、DMB 等在内的新媒体动漫的销售额是 222 亿韩元，比上年增加了 6. 1%，年平均增加了 5. 4%。

2011 年动漫行业的销售额(5 285亿韩元)中，动漫创作制作业的销售额是2 401亿韩元，将其按事业形态进行分类时，创作及制作的销售额约为2 242亿韩元。值得注意的是，这是动漫创作制作业中拥有版权并直接制作的企业的销售额约为2 071亿韩元，与拥有版权但不直接制作的企业的销售额约 170 亿韩元相累加的数额。

① 仅以动漫行业各事业类型销售额中的创作及制作的销售额为基础进行分析。

表 4-6-21　　动漫行业各媒体的销售额现状(2011 年)　　(单位：百万韩元)

| 分类 | | 地区 | 电视 | 剧场 | 家庭视频（WHS、DVD） | 网络（VOD、闪客） | 新媒体（移动、IPTV、DMB） | 其他 | 合计 |
|---|---|---|---|---|---|---|---|---|---|
| 动漫创作制作业① | 拥有版权并直接制作 | 国内 | 106 914 | 2 657 | 7 253 | 4 256 | 19 608 | 2 628 | 143 316 |
| | | 海外 | 53 685 | 1 562 | 6 537 | — | — | 2 055 | 63 839 |
| | | 小计 | 160 599 | 4 219 | 13 790 | 4 256 | 19 608 | 4 683 | 207 155 |
| | 拥有版权但不直接制作 | 国内 | 7 954 | — | — | 358 | 1 012 | — | 9 324 |
| | | 海外 | 6 803 | — | 925 | — | — | — | 7 728 |
| | | 小计 | 14 757 | — | 925 | 358 | 1 012 | — | 17 052 |
| 动漫转包制作业 | | 国内 | 49 960 | 5 126 | 3 125 | 1 806 | 1 621 | 2257 | 61 638 |
| | | 海外 | 32 253 | 213 | 3 457 | 155 | — | 4 658 | 36 078 |
| | | 小计 | 14 757 | 0 | 925 | 358 | 1 012 | 0 | 17 052 |
| 整体 | | 国内 | 164 828 | 7 783 | 10 378 | 6 420 | 22 241 | 4 885 | 216 535 |
| | | 海外 | 92 741 | 1 775 | 10 919 | 155 | — | 6 713 | 112 303 |
| | | 小计 | 257 569 | 9 558 | 21 297 | 6 575 | 22 241 | 11 598 | 328 838 |
| | | 比重(%) | 78.3 | 2.9 | 6.5 | 2.0 | 6.8 | 3.5 | 100.0 |

表 4-6-22　　动漫行业各媒体的年度销售额现状　　(单位：百万韩元)

| 年度＼媒体 | 电视 | 剧场 | 家庭视频（WHS、DVD） | 网络（VOD、闪客） | 新媒体（移动、IPTV、DMB） | 其他 | 合计 |
|---|---|---|---|---|---|---|---|
| 2009 年 | 214 207 | 12 367 | 24 921 | 8 264 | 20 014 | 11 616 | 291 389 |
| 2010 年 | 244 297 | 11 990 | 24 493 | 7 568 | 20 959 | 11 240 | 320 547 |
| 2011 年 | 257 569 | 9 558 | 21 297 | 6 575 | 22 241 | 11 598 | 328 838 |
| 比重 | 78.3 | 2.9 | 6.5 | 2.0 | 6.8 | 3.5 | 100.0 |
| 同比增减率(%) | 5.4 | ▽20.3 | ▽13.0 | ▽13.1 | 6.1 | 3.2 | 2.6 |
| 年平均增减率(%) | 9.7 | ▽12.1 | ▽7.6 | ▽10.8 | 5.4 | ▽0.1 | 6.2 |

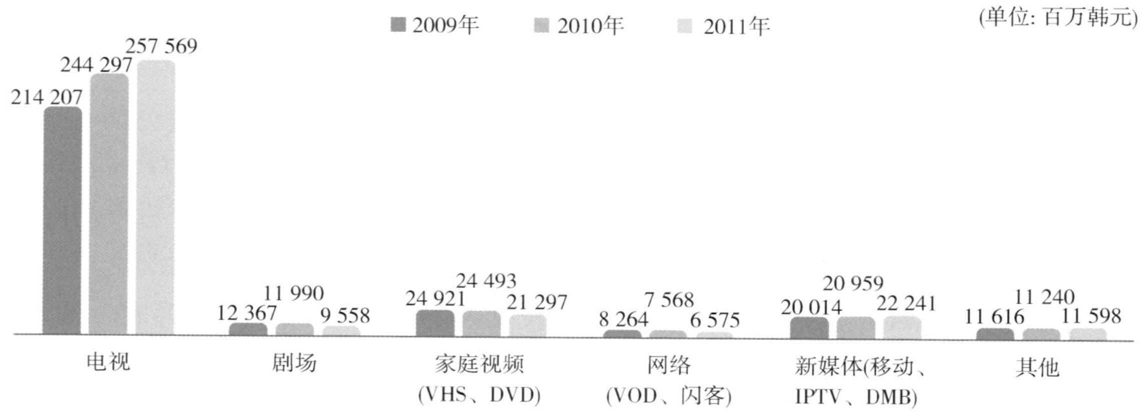


图 4-6-14　动漫行业各媒体的年度销售额现状

## 2. 动漫行业中创作制作业的各媒体销售额现状

按媒体类别来分析 2011 年动漫创作制作业中拥有版权并直接制作的企业的销售额，电视动漫的销售额是1 605亿韩元，占整体的 77.5%，比上年增加了 8.3%，从 2009 年至 2011 年，年平均增加了 16.6%。2011 年剧场动漫的销售额是 42 亿韩元，比 2010 年的 55 亿韩元减少了 24.3%，这种减少现象是从

① 动漫创作制作业分为拥有版权并直接制作和拥有版权但不直接制作两种形态。

2009 年开始一直持续着的。2011 年家庭视频（WHS、DVD）的销售额是 137 亿韩元，比上年减少了 17.0%，年平均减少了 7.9%。网络（VOD、闪客）动漫的销售额比上年减少了 16.7%，年平均减少了 10.4%。2011 年新媒体动漫（移动、IPTV、DMB）的销售额和电视动漫一样呈现出持续性的增加，比上年增加了 7.0%，年平均增加了 6.6%。

按媒体类别来分析 2011 年动漫创作制作业中拥有版权但不直接制作的企业的销售额，电视动漫的销售额是 147 亿韩元，占全部销售额的 86.5%，比重非常高，比上年增加了 18.7%，从 2009 年至 2011 年，年平均增加了 19.6%。将电视动漫的销售额按国内和国外进行区分，2011 年电视动漫的国内销售额是 79 亿韩元，比上年增加了 18.1%；2011 年电视动漫的海外销售额是 68 亿韩元，比上年增加了 19.3%。

表 4-6-23　　**动漫创作制作业各媒体的年度销售额现状**　　（单位：百万韩元）

| 分类 | | | 年度 | 电视 | 剧场 | 家庭视频（WHS、DVD） | 网络（VOD、闪客） | 新媒体（移动、IPTV、DMB） | 其他 | 合计 |
|---|---|---|---|---|---|---|---|---|---|---|
| 动漫创作制作业① | 保有版权并直接制作 | 国内 | 2009 年 | 84 138 | 4 322 | 10 126 | 5 306 | 17 254 | 2 133 | 123 279 |
| | | | 2010 年 | 104 703 | 4 125 | 9 637 | 5 107 | 18 332 | 2 625 | 144 529 |
| | | | 2011 年 | 106 914 | 2 657 | 7 253 | 4 256 | 19 608 | 2 628 | 143 316 |
| | | | 同比增减率(%) | 2.1 | ▽35.6 | ▽24.7 | ▽16.7 | 7.0 | 0.1 | ▽0.8 |
| | | | 年平均增减率(%) | 12.7 | ▽21.6 | ▽15.4 | ▽10.4 | 6.6 | 11.0 | 7.8 |
| | | 海外 | 2009 年 | 34 022 | 1 322 | 6 125 | — | — | 1 958 | 43 427 |
| | | | 2010 年 | 43 585 | 1 451 | 6 977 | — | — | 2 133 | 54 023 |
| | | | 2011 年 | 53 685 | 1 562 | 6 537 | — | — | 2 055 | 63 839 |
| | | | 同比增减率(%) | 23.2 | 7.6 | ▽6.3 | — | — | ▽3.7 | 17.9 |
| | | | 年平均增减率(%) | 25.6 | 8.7 | 3.3 | — | — | 2.4 | 21.2 |
| | | 合计 | 2009 年 | 118 160 | 5 644 | 16 251 | 5 306 | 17 254 | 4 091 | 166 706 |
| | | | 2010 年 | 148 288 | 5 576 | 16 614 | 5 107 | 18 332 | 4 758 | 198 675 |
| | | | 2011 年 | 160 599 | 4 219 | 13 790 | 4 256 | 19 608 | 4 683 | 207 155 |
| | | | 同比增减率(%) | 8.3 | ▽24.3 | ▽17.0 | ▽16.7 | 7.0 | ▽1.6 | 4.3 |
| | | | 年平均增减率(%) | 16.6 | ▽13.5 | ▽7.9 | ▽10.4 | 6.6 | 7.0 | 11.5 |
| | 拥有版权但不直接制作 | 国内 | 2009 年 | 5 497 | — | — | 363 | 898 | — | 6 758 |
| | | | 2010 年 | 6 735 | — | — | 397 | 992 | — | 8 124 |
| | | | 2011 年 | 7 954 | — | — | 358 | 1 012 | — | 9 324 |
| | | | 同比增减率(%) | 18.1 | — | — | ▽9.8 | 2.0 | — | 14.8 |
| | | | 年平均增减率(%) | 20.3 | — | — | ▽0.7 | 6.2 | — | 17.5 |
| | | 海外 | 2009 年 | 4 815 | — | 796 | — | — | — | 5 610 |
| | | | 2010 年 | 5 702 | — | 832 | — | — | — | 6 534 |
| | | | 2011 年 | 6 803 | — | 925 | — | — | — | 7728 |
| | | | 同比增减率(%) | 19.3 | — | 11.2 | — | — | — | 18.3 |
| | | | 年平均增减率(%) | 18.9 | — | 7.9 | — | — | — | 17.4 |
| | | 合计 | 2009 年 | 10 312 | — | 795 | 363 | 898 | — | 12 368 |
| | | | 2010 年 | 12 437 | — | 832 | 397 | 992 | — | 14 658 |
| | | | 2011 年 | 14 757 | — | 925 | 358 | 1 012 | — | 17 052 |
| | | | 同比增减率(%) | 18.7 | — | 11.2 | ▽9.8 | 2.0 | — | 16.3 |
| | | | 年平均增减率(%) | 19.6 | — | 7.9 | ▽0.7 | 6.2 | — | 17.4 |

① 动漫创作制作业分为拥有版权并直接制作和拥有版权但不直接制作两种形态。

### 3. 动漫转包制作业各媒体的销售额现状

按事业形态对 2011 年动漫行业的整体销售额(5 285亿韩元)进行区分，创作制作业销售额(3 353亿韩元)中动漫行业转包制作业的销售额为1 046亿韩元，电视动漫制作的销售额是 822 亿韩元，占整体的 78.6%)。这比上年减少了 1.6%，从 2009 年至 2011 年，年平均减少了 2.1%。动漫行业转包制作业的销售额几乎在所有的媒体类别中都有所减少，尤其是剧场动漫的销售额大幅减少。国内动漫转包制作业的销售额是 638 亿韩元，比上年增加了 5.2%。这得益于国内电视动漫和其他动漫的销售额各增加了 9.6%和 4.7%。此外，其他媒体的销售额都有所减少。海外动漫转包制作业的销售额是 407 亿韩元，比 2010 年的 441 亿韩元减少了 12.3%。

表 4-6-24　　**动漫转包制作业各媒体的年度销售额现状**　　(单位：百万韩元)

| 分类 | | 年度 | 电视 | 剧场 | 家庭视频(WHS、DVD) | 网络(VOD、闪客) | 新媒体(移动、IPTV、DMB) | 其他 | 合计 |
|---|---|---|---|---|---|---|---|---|---|
| 动漫转包制作业 | 国内 | 2009 年 | 40 451 | 6 325 | 3 753 | 2 432 | 1 862 | 2 743 | 57 566 |
| | | 2010 年 | 45 567 | 6 127 | 3 359 | 1 907 | 1 635 | 2 155 | 60 750 |
| | | 2011 年 | 49 960 | 5 126 | 3 125 | 1 806 | 1 621 | 2 257 | 63 895 |
| | | 同比增减率(%) | 9.6 | ▽16.3 | ▽7.0 | ▽5.3 | ▽0.9 | 4.7 | 5.2 |
| | | 年平均增减率(%) | 11.1 | ▽10.0 | ▽8.7 | ▽13.8 | ▽6.7 | ▽9.3 | 5.4 |
| | 海外 | 2009 年 | 45 284 | 398 | 4 122 | 163 | — | 4 782 | 54 749 |
| | | 2010 年 | 38 005 | 287 | 3 688 | 157 | — | 4 327 | 44 147 |
| | | 2011 年 | 32 253 | 213 | 3 457 | 155 | — | 4 658 | 40 736 |
| | | 同比增减率(%) | ▽15.1 | ▽25.8 | ▽6.3 | ▽1.3 | — | 7.6 | ▽12.3 |
| | | 年平均增减率(%) | ▽15.6 | ▽26.8 | ▽8.4 | ▽2.5 | — | ▽1.3 | ▽13.7 |
| | 合计 | 2009 年 | 85 735 | 6 723 | 7 875 | 2 595 | 1 862 | 7 525 | 112 315 |
| | | 2010 年 | 83 572 | 6 414 | 7 047 | 2 064 | 1 635 | 6 482 | 107 214 |
| | | 2011 年 | 82 213 | 5 339 | 6 582 | 1 961 | 1 621 | 6 915 | 104 631 |
| | | 同比增减率(%) | ▽1.6 | ▽16.8 | ▽6.6 | ▽5.0 | ▽0.9 | 6.7 | ▽2.4 |
| | | 年平均增减率(%) | ▽2.1 | ▽10.9 | ▽8.6 | ▽13.1 | ▽6.7 | ▽4.1 | ▽3.5 |

## (六)动漫行业各制作方式的销售额现状(创作及制作的销售额)

动漫行业各制作方式的销售额现状，是按事业形态对动漫行业的销售额进行分类时，对创作及制作的销售额中动漫创作制作业的销售额与动漫转包制作业的销售额进行分析的结果。其中，动漫创作制作业又分为拥有版权并直接制作的情况及拥有版权但不直接制作的情况。

从 2011 年动漫行业各制作方式的销售额现状来看，2D(单元/数码)动漫的销售额是1 811亿韩元，占全部销售额(3 288亿韩元)的 55.1%。这比上年增加了 1.7%，从 2009 年至 2011 年，年平均增加了 5.3%。3D(CGI)动漫的销售额是1 317亿韩元，比 2010 年的1 243亿韩元增加了 5.9%；延时摄影动漫的销售额是 72 亿韩元，比上年减少了 13.6%。闪客动漫的销售额是 37 亿韩元，比上年减少了 16.7%；其他动漫的销售额是 49 亿韩元，比上年减少了 3.2%。

表 4-6-25　　**动漫行业各制作方式的年度销售额现状**　　（单位：百万韩元）

| 分类 | | 年度 | 2D（单元/数码） | 3D（CGI） | 延时摄影 | 闪客 | 其他 | 合计 |
|---|---|---|---|---|---|---|---|---|
| 动漫创作制作业 | 拥有版权并直接制作 | 2009 年 | 85 369 | 69 317 | 5 367 | 4 327 | 2 326 | 166 706 |
| | | 2010 年 | 106 166 | 80 532 | 5 479 | 4 261 | 2 237 | 198 675 |
| | | 2011 年 | 109 625 | 87 125 | 4 625 | 3 627 | 2 153 | 207 155 |
| | | 同比增减率(%) | 3.3 | 8.2 | ▽15.6 | ▽14.9 | ▽3.8 | 4.3 |
| | | 年平均增减率(%) | 13.3 | 12.1 | ▽7.2 | ▽8.4 | ▽3.8 | 11.5 |
| | 拥有版权但不直接制作 | 2009 年 | 9 412 | 2 025 | — | — | 931 | 12 368 |
| | | 2010 年 | 10 754 | 2 937 | — | — | 967 | 15 701 |
| | | 2011 年 | 12 808 | 3 252 | — | — | 992 | 17 052 |
| | | 同比增减率(%) | 19.1 | 10.7 | — | — | 2.6 | 16.3 |
| | | 年平均增减率(%) | 16.7 | 26.7 | — | — | 3.2 | 17.4 |
| 动漫转包制作业 | | 2009 年 | 68 547 | 38 502 | 3 008 | 227 | 2 031 | 112 315 |
| | | 2010 年 | 61 275 | 40 873 | 2 908 | 221 | 1 937 | 107 287 |
| | | 2011 年 | 58 746 | 41 328 | 2 620 | 108 | 1 829 | 104 631 |
| | | 同比增减率(%) | ▽4.1 | 1.11 | ▽9.9 | ▽51.1 | ▽5.6 | ▽2.4 |
| | | 年平均增减率(%) | ▽7.4 | 3.6 | ▽6.7 | ▽31.0 | ▽5.1 | ▽3.5 |
| 合计 | | 2009 年 | 163 328 | 109 844 | 8 375 | 4 554 | 5 288 | 291 389 |
| | | 2010 年 | 178 195 | 124 342 | 8 387 | 4 482 | 5 141 | 320 547 |
| | | 2011 年 | 181 179 | 131 705 | 7 245 | 3 735 | 4 974 | 328 838 |
| | | 同比增减率(%) | 1.7 | 5.9 | ▽13.6 | ▽16.7 | ▽3.2 | 2.6 |
| | | 年平均增减率(%) | 5.3 | 9.5 | ▽7.0 | ▽9.4 | ▽3.0 | 6.2 |

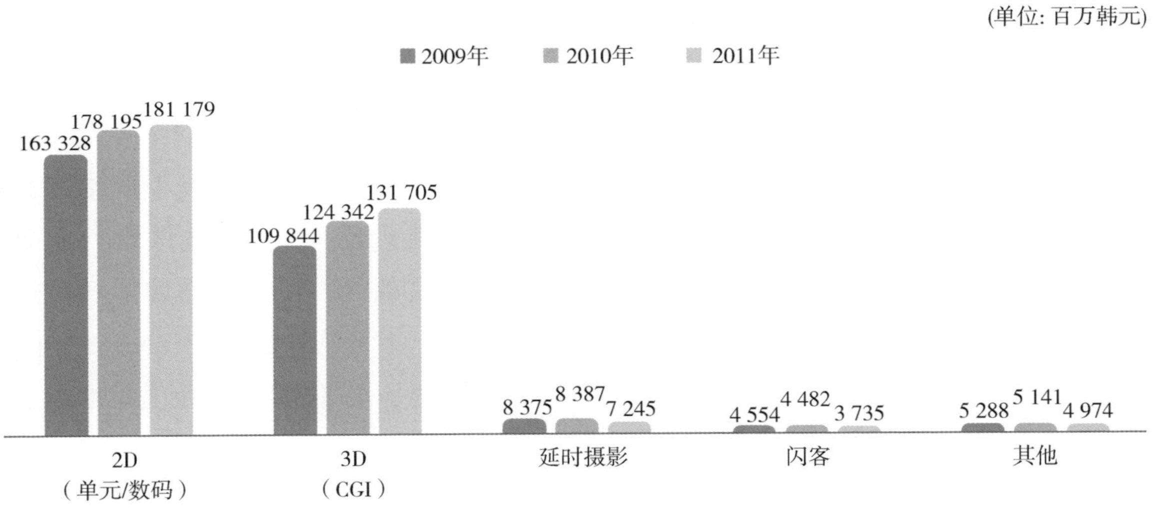


图 4-6-15　动漫行业各制作方式的年度销售额现状

## （七）动漫行业与附加项目的关联现状

从 2011 年动漫行业与附加项目的关联现状来看，附加项目总共为1 741个，与 2010 年相比增加了 2.8%。尤其是与 2010 年相比，与主题公园相关联的项目有所增加。

表 4-6-26　　动漫行业与附加项目的关联现状　　（单位：件）

| 关联行业 | 适用案例 | 2009 年 | 2010 年 | 2011 年 | 同比增减率(%) |
|---|---|---|---|---|---|
| 动漫 | 其他媒体动漫 | 595 | 611 | 614 | 0.5 |
| 动漫形象商品 | 动漫形象及动漫形象商品的开发、制作、许可、流通，网络、移动动漫形象的服务及虚拟形象 | 372 | 398 | 411 | 3.3 |
| 漫画 | 漫画出版(漫画杂志、每日单行本、连环画、学习教养)，数字漫画(在线漫画房/门户网站) | 28 | 28 | 29 | 3.6 |
| 音乐 | 唱片、音乐演出(演奏会、音乐剧)，数码音乐(电话铃声、通话连接音、流媒体、MP3 下载) | 25 | 23 | 25 | 8.7 |
| 游戏 | 游戏开发及发行(PC、在线、街机、视频、移动游戏等) | 42 | 45 | 46 | 2.2 |
| 电影 | 电影的制作、发行、进口，视频制作、流通，数字电影(数字电影的制作，在线电影服务，计算机绘图) | 21 | 19 | 18 | ▽5.3 |
| 播放/电视剧 | 地面波播放(电视、广播、节目制作)、有线播放、卫星播放数字播放(数字卫星播放、网络演出、移动播放) | 141 | 145 | 152 | 4.8 |
| 出版 | 书籍出版、杂志及定期刊物、报纸发行、电子出版(在线杂志、E-book) | 55 | 58 | 59 | 1.7 |
| 广告 | 广告代理、交互式(移动、网络)广告、其他广告业 | 142 | 143 | 152 | 6.3 |
| 其他 | 主题公园 | 29 | 32 | 36 | 12.5 |
| | 网络信息资讯、教育性娱乐资讯(教育用资讯) | 161 | 162 | 167 | 3.1 |
| | 设计、演出(音乐除外)、工艺等以上没有列出的其他文化产业 | 27 | 29 | 32 | 10.3 |
| 合计 | | 1 638 | 1 693 | 1 741 | 2.8 |

## （八）动漫行业附加价值额的构成现状

2011 年动漫行业的附加价值额是2 231亿韩元，比上年增加了 2.8%，从 2009 年至 2011 年，年平均增加了 12.8%，附加价值率是 42.21%。从附加价值额的构成现状来看，人工成本为1 553亿韩元(69.6%)，所占比例最大，从 2009 年至 2011 年，年平均增加了 13.7%。经常性收益为 291 亿韩元，比上年增加了 2.0%，年平均增加了 11.2%。折旧费用是 214 亿韩元，比上年增加了 0.5%，年平均增加了 16.8%。纯金融费用是 70 亿韩元，比上年增加了 1.5%，年平均增加了 2.6%。此外，租借费用是 55 亿韩元，比上年增加了 3.8%，年平均增加了 9.6%。税费是 45 亿韩元，比上年增加了 0.2%，年平均增加了 0.9%。

表 4-6-27　　动漫行业附加价值额的构成现状（2011 年）　　（单位：百万韩元）

| 分类 | 销售额 | 附加价值额 | 附加价值率(%) | 附加价值额构成 | | | | | |
|---|---|---|---|---|---|---|---|---|---|
| | | | | 经常性收益 | 人工成本 | 纯金融费用 | 折旧费用 | 租借费用 | 税费 |
| 动漫行业 | 528 551 | 223 109 | 42.21 | 29 116 | 155 380 | 7 032 | 21 437 | 5 561 | 4 583 |
| 占附加价值额的比重(%) | | | | 13.1 | 69.6 | 3.2 | 9.6 | 2.5 | 2.1 |
| 占销售额的比重(%) | | | | 5.5 | 29.4 | 1.3 | 4.1 | 1.1 | 0.9 |

表 4-6-28　　动漫行业各年度附加价值额的构成现状　　（单位：百万韩元）

| 年度＼附加价值额的构成 | 附加价值额的构成 | | | | | | 附加价值额 |
|---|---|---|---|---|---|---|---|
| | 经常性收益 | 人工成本 | 纯金融费用 | 折旧费用 | 租借费用 | 税费 | 合计 |
| 2009 年 | 23 528 | 120 148 | 6 683 | 15 718 | 4 631 | 4 505 | 175 213 |
| 2010 年 | 28 552 | 150 351 | 6 931 | 21 338 | 5 357 | 4 572 | 217 101 |
| 2011 年 | 29 116 | 155 380 | 7 032 | 21 437 | 5 561 | 4 583 | 223 109 |
| 同比增减率(%) | 2.0 | 3.3 | 1.5 | 0.5 | 3.8 | 0.2 | 2.8 |
| 年平均增减率(%) | 11.2 | 13.7 | 2.6 | 16.8 | 9.6 | 0.9 | 12.8 |

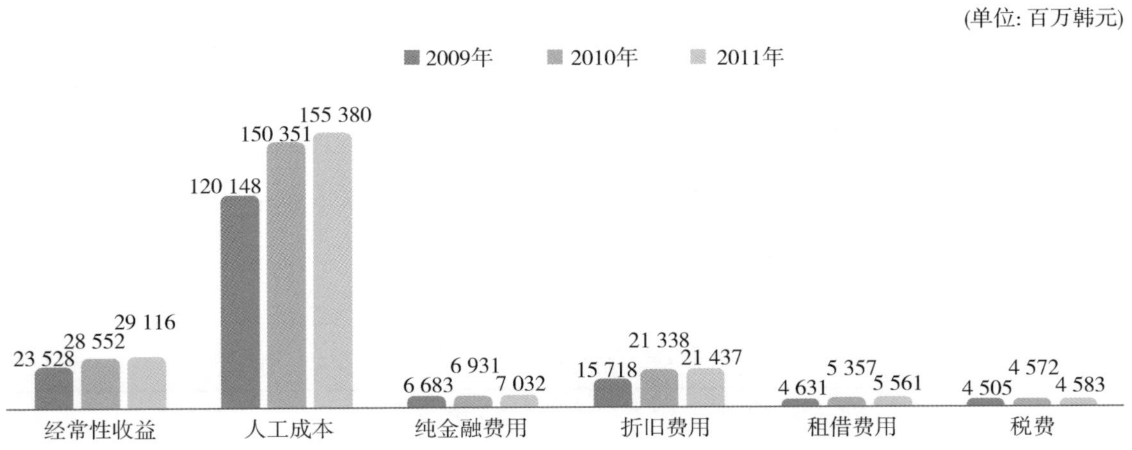


图 4-6-16　动漫行业各年度附加价值额的构成现状

## (九)动漫行业的进出口额现状

2011 年动漫行业的出口额是 1 亿1 594万美元，比上年增加了 19.7%，从 2009 年至 2011 年，年平均增加了 13.7%。进口额是 689 万美元，比上年减少了 0.8%，年平均减少了 3.4%。

2011 年动漫行业中动漫创作制作业的进口额是8 148万美元，与上年的6 057万美元相比增加了 34.5%。但是，动漫转包制作业的出口额是3 445万美元，比上年的3 625万美元减少了 5.0%。2011 年的进出口差额是 1 亿 904 万美元。

由于宣传力度的加大，动漫行业的出口额不断增加。韩国国内创作动漫行业的出口额有所增加的原因是 3D 动漫制作的不断发展以及与海外企业共同制作的增加。同时，国内动漫从规划阶段起以低年龄层为目的制作完成的故事和角色，由于其高完成度而受到越来越多的人的喜爱。动漫转包制作业出口额减少的原因，是作为主要输出国的美国和日本等国家的经济下滑，以及与印度和中国相比缺乏价格上的竞争力。

表 4-6-29　　动漫行业的出口及进口额现状　　（单位：千美元）

| 分类 | 2009 年 | 2010 年 | 2011 年 | 同比增减率(%) | 年平均增减率(%) |
|---|---|---|---|---|---|
| 出口额 | 89 651 | 96 827 | 115 941 | 19.7 | 13.7 |
| 进口额 | 7 397 | 6 951 | 6 896 | ▽0.8 | ▽3.4 |
| 进出口差额 | 82 254 | 89 876 | 109 045 | — | — |

表 4-6-30　　动漫行业创作及转包创作的出口额比较　　（单位：千美元）

| 分类 | 出口额 | | | 同比增减率 | 年平均增减率 |
|---|---|---|---|---|---|
| | 2009 年 | 2010 年 | 2011 年 | （%） | （%） |
| 动漫创作制作业 | 50 602 | 60 575 | 81 485 | 34. 5 | 26. 9 |
| 动漫转包制作业 | 39 049 | 36 252 | 34 456 | ▽5. 0 | ▽6. 1 |
| 合计 | 89 651 | 96 827 | 115 941 | 19. 7 | 13. 7 |

### 1. 动漫行业对各地区的出口额现状

从 2011 年动漫行业对各地区的出口额现状来看，出口额占比最大的地区是北美，出口额为5 939万美元，占出口总额的 51. 2%。对欧洲的出口额为2 855万美元，占出口总额的 24. 6%，比上年增加 46. 2%，从 2009 年至 2011 年，年平均增加了 31. 6%。对日本的出口额是2 168万美元，占出口总额的 18. 7%，比上年增加了 15. 3%，年平均增加了 11. 7%。对中国的出口额是 165 万美元，占出口总额的 1. 0%，比上年增加了 2. 8%，年平均增加了 10. 6%。

表 4-6-31　　动漫行业对各地区的出口额现状　　（单位：千美元）

| 地区＼年度 | 出口额 | | | 比重 | 同比增减率 | 年平均增减率 |
|---|---|---|---|---|---|---|
| | 2009 年 | 2010 年 | 2011 年 | （%） | （%） | （%） |
| 中国 | 1 356 | 1 577 | 1 659 | 1. 5 | 5. 2 | 10. 6 |
| 日本 | 17 369 | 18 810 | 21 688 | 18. 7 | 15. 3 | 11. 7 |
| 东南亚 | 967 | 1 151 | 1 183 | 1. 0 | 2. 8 | 10. 6 |
| 北美 | 50 358 | 52 463 | 59 397 | 51. 2 | 13. 2 | 8. 6 |
| 欧洲 | 16 496 | 19 527 | 28 556 | 24. 6 | 46. 2 | 31. 6 |
| 其他 | 3 105 | 3 299 | 3 458 | 3. 0 | 4. 8 | 5. 5 |
| 合计 | 89 651 | 96 827 | 115 941 | 100. 0 | 19. 7 | 13. 7 |

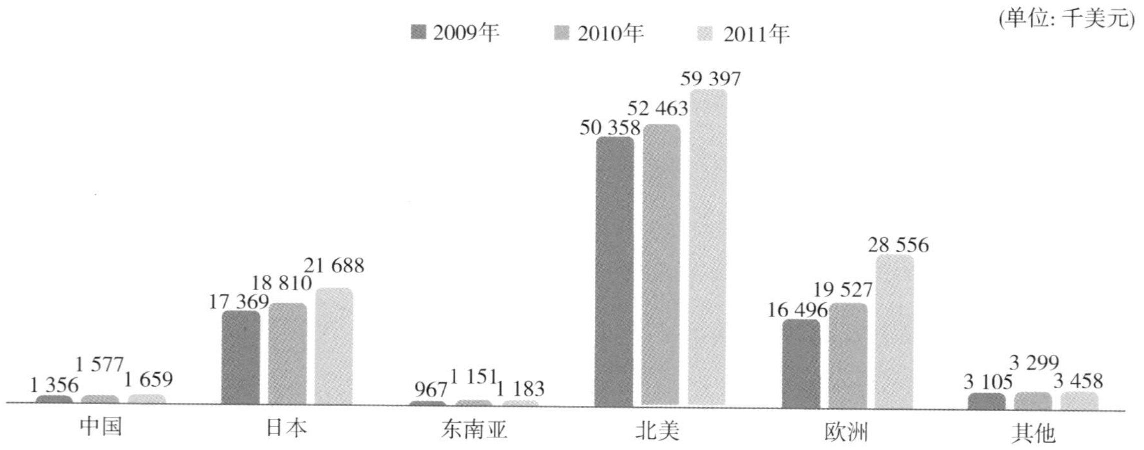


图 4-6-17　动漫行业对各地区的出口额现状

从 2011 年动漫行业各地区的进口额现状来看，对日本的进口额最多，为 685 万美元，占进口总额的 99. 4%，可见大部分动漫进口都来自日本。此外，对北美的进口额是30 000美元（0. 5%），对中国的进口额是10 000美元（0. 1%）。

表 4-6-32　　**动漫行业对各地区的进口额现状**　　（单位：千美元）

| 地区＼年度 | 进口额 | | | 比重 | 同比增减率 | 年平均增减率 |
|---|---|---|---|---|---|---|
| | 2009 年 | 2010 年 | 2011 年 | (%) | (%) | (%) |
| 中国 | 10 | 11 | 11 | 0. 1 | 0. 0 | 4. 9 |
| 日本 | 7 365 | 6 905 | 6 852 | 99. 4 | ▽0. 8 | ▽3. 5 |
| 东南亚 | — | — | — | — | — | — |
| 北美 | 22 | 35 | 33 | 0. 5 | ▽5. 7 | 22. 5 |
| 欧洲 | — | — | — | — | — | — |
| 其他 | — | — | — | — | — | — |
| 合计 | 7 397 | 6 951 | 6 896 | 100. 0 | ▽0. 8 | ▽3. 4 |

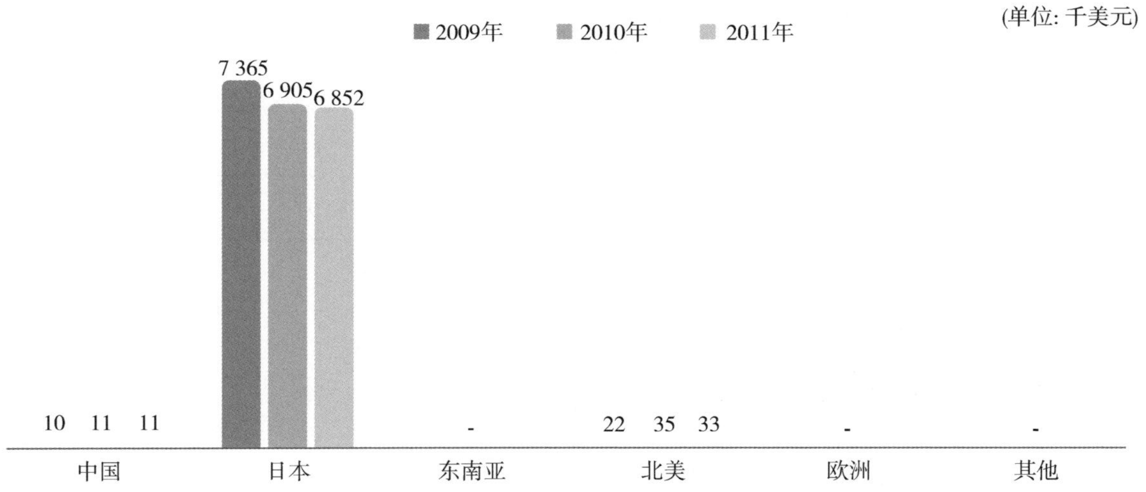


图 4-6-18　动漫行业对各地区的进口额现状

## 2. 动漫行业的海外出口方法

调查显示，2011 年动漫行业的海外出口方法中，占比最大的是利用海外代理人的方法(38. 8%)。此外，参与海外展示会与活动的占比是 30. 6%，接触海外流通公司的占比是 16. 3%，利用海外法人的占比是 8. 2%，利用国内代理人的占比是 6. 1%。

表 4-6-33　　**动漫行业的海外出口方法**　　（单位:%）

| 海外出口方法 | | 2009 年 | 2010 年 | 2011 年 | 同比增减率(%) |
|---|---|---|---|---|---|
| 直接出口 | 参与海外展示会与活动 | 27. 2 | 29. 3 | 30. 6 | 1. 3 |
| | 接触海外流通公司 | 18. 7 | 17. 9 | 16. 3 | ▽1. 6 |
| | 在线海外销售 | — | — | — | — |
| | 利用海外法人 | 8. 2 | 8. 1 | 8. 2 | 0. 1 |
| 间接出口 | 利用国内代理人 | 6. 3 | 6. 2 | 6. 1 | ▽0. 1 |
| | 利用海外代理人 | 39. 6 | 38. 5 | 38. 8 | 0. 3 |
| 其他 | | — | — | — | — |
| 合计 | | 100. 0 | 100. 0 | 100. 0 | — |

3. 动漫行业的海外进军方式

调查显示，2011 年动漫行业的海外进军方式中，许可出口占 65.3%，OEM 出口占 34.7%。许可比上年增加了 1.5%，OEM 出口的海外进出减少了 1.5%。

表 4-6-34　　动漫行业的海外进出口形态　　（单位:%）

| 海外进军方式 | 2009 年 | 2010 年 | 2011 年 | 同比增减率(%) |
|---|---|---|---|---|
| 成品出口 | — | — | — | — |
| 许可出口 | 54.2 | 63.8 | 65.3 | 1.5 |
| OEM 出口 | 44.8 | 36.2 | 34.7 | ▽1.5 |
| 技术服务 | 1.0 | — | — | — |
| 其他 | — | — | — | — |
| 合计 | 100.0 | 100.0 | 100.0 | — |

## (十)动漫行业的从业者现状

2011 年动漫行业的从业者为4 646人，比上年增加了 6.8%，从 2009 年至 2011 年，年平均增加了 5.6%。从中分类来看，动漫制作业的从业者为4 418人，占动漫行业从业者总数的 95.1%。动漫流通及发行业的从业者为 127 人，占总人数的 2.7%；在线动漫流通业的从业者为 101 人，占总人数的 2.2%。

韩国国内动漫行业的从业者数量不包括自由职业者，如果包括自由职业者那么从业者数量将会更多。不包括自由职业者的原因是，有些企业是按项目来聘用自由职业者，这会导致重复计算。动漫行业中动漫创作制作业的从业者呈现出持续性增加的趋势。相反，动漫转包制作业的从业者正在不断减少，这是因为国内动漫行业的制作环境正从转包制作业为主转变为以创作制作业为主。

表 4-6-35　　动漫行业各年度各业种的从业者现状　　（单位：名）

| 中分类 | 小分类 | 从业者数量 | | | 比重(%) | 同比增减率(%) | 年平均增减率(%) |
|---|---|---|---|---|---|---|---|
| | | 2009 年 | 2010 年 | 2011 年 | | | |
| 动漫制作业 | 动漫创作制作业 | 2 025 | 2 282 | 2 585 | 55.6 | 13.3 | 13.0 |
| | 动漫转包制作业 | 1 896 | 1 815 | 1 787 | 38.5 | ▽1.5 | ▽2.9 |
| | 在线(网络、移动)动漫制业 | 41 | 38 | 46 | 1.0 | 21.1 | 5.9 |
| | 小计 | 3 962 | 4 135 | 4 418 | 95.1 | 6.8 | 5.6 |

续表

| 中分类 | 小分类 | 从业者数量 | | | 比重 | 同比增减率 | 年平均增减率 |
|---|---|---|---|---|---|---|---|
| | | 2009 年 | 2010 年 | 2011 年 | (%) | (%) | (%) |
| 动漫流通及发行业 | 动漫流通、发行及宣传业 | 112 | 121 | 127 | 2. 7 | 5. 0 | 6. 5 |
| | 小计 | 112 | 121 | 127 | 2. 7 | 5. 0 | 6. 5 |
| 在线动漫流通业 | 在线动漫服务业(网络、移动) | 96 | 93 | 101 | 2. 2 | 8. 6 | 2. 6 |
| | 小计 | 96 | 93 | 101 | 2. 2 | 8. 6 | 2. 6 |
| 合计 | | 4 170 | 4 349 | 4 646 | 100. 0 | 6. 8 | 5. 6 |

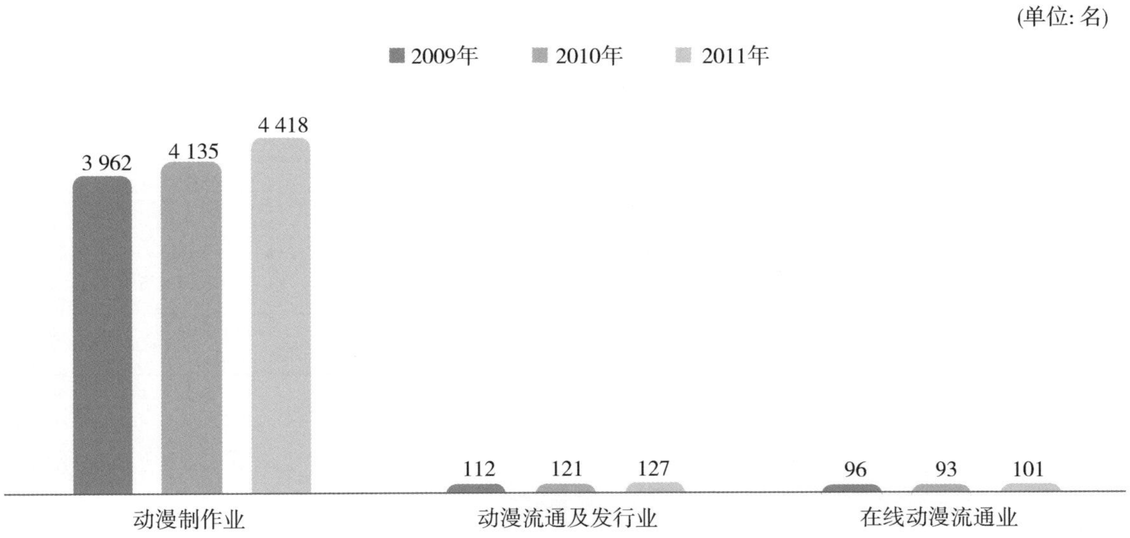


图 4-6-19　动漫行业各年度各业种的从业者现状

## 1. 动漫行业各销售额规模的企业的从业者现状

从 2011 年动漫行业各销售额规模的企业的从业者现状来看，销售额规模在 10 亿韩元以上 100 亿韩元以下的企业的从业者为2 706人，占全部从业者的 58. 2%。销售额规模在 1 亿韩元以上 10 亿韩元以下的企业的从业者为1 592人，占总人数的 34. 3%；销售额规模在 100 亿韩元以上的企业的从业者为 203 人，占总人数的 4. 4%；销售额规模在 1 亿韩元以下的企业的从业者为 145 人，占总人数的 3. 1%。

表 4-6-36　**动漫行业各业种各销售额规模的企业的从业者现状**　(单位：名)

| 销售额规模 / 业种 | 不足 1 亿韩元 | 1 亿~10 亿韩元 | 10 亿~100 亿韩元 | 100 亿韩元以上 | 合计 |
|---|---|---|---|---|---|
| 动漫创作制作业 | 69 | 752 | 1 621 | 143 | 2 585 |
| 动漫转包制作业 | 49 | 712 | 966 | 60 | 1 787 |
| 在线(网络、移动)动漫制作业 | 4 | 27 | 15 | — | 46 |
| 动漫流通、发行及宣传业 | 12 | 58 | 57 | — | 127 |
| 在线动漫服务业(网络、移动) | 11 | 43 | 47 | — | 101 |
| 合计 | 145 | 1 592 | 2 706 | 203 | 4 646 |
| 比重(%) | 3. 1 | 34. 3 | 58. 2 | 4. 4 | 100. 0 |

从年度来看，2011 年，销售额规模在 1 亿韩元以下的企业的从业者比上年增加了 2.1%，从 2009 年至 2011 年，年平均增加了 14.8%。2011 年，销售额规模在 1 亿韩元以上 10 亿韩元以下企业的从业者比上年增加了 1.1%，年平均增加了 2.3%；销售额规模在 10 亿韩元以上 100 亿韩元以下的企业的从业者比上年增加了 10.4%，年平均增加了 9.3%。销售额规模在 100 亿韩元以上的企业的从业者，比上年增加了 11.5%，年平均减少了 14.2%。

表 4-6-37　　**动漫行业各年度各销售额规模的企业的从业者现状**　　（单位：名）

| 销售额规模 / 年度 | 不足 1 亿韩元 | 1 亿~10 亿韩元 | 10 亿~100 亿韩元 | 100 亿韩元以上 | 合计 |
|---|---|---|---|---|---|
| 2009 年 | 110 | 1 520 | 2 264 | 276 | 4 170 |
| 2010 年 | 142 | 1 575 | 2 450 | 182 | 4 349 |
| 2011 年 | 145 | 1 592 | 2 706 | 203 | 4 646 |
| 同比增减率(%) | 2.1 | 1.1 | 10.4 | 11.5 | 6.8 |
| 年平均增减率(%) | 14.8 | 2.3 | 9.3 | ▽14.2 | 5.6 |

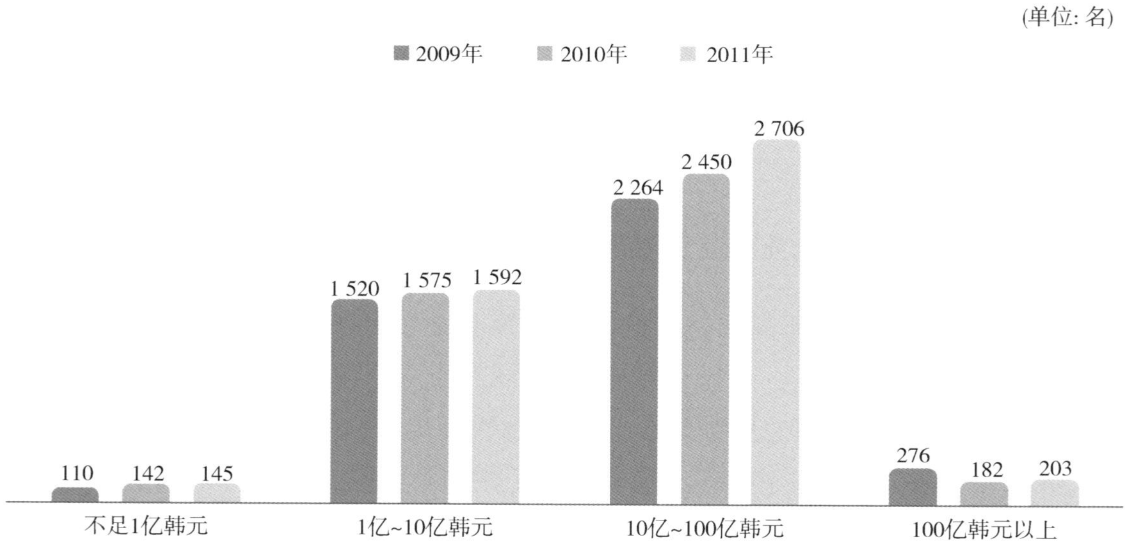


图 4-6-20　动漫行业各年度各销售额规模的企业的从业者现状

## 2. 动漫行业各从业者规模的企业的从业者现状

从 2011 年动漫行业各从业者规模的企业的从业者现状来看，从业者规模在 10 人以上 49 人以下的企业的从业者为3 360人(72.3%)，所占比例最大。从业者规模在 50 人以上、99 人以下的企业的从业者为 143 人，占总人数的 3.1%；从业者规模在 5 人以上 9 人以下的企业的从业者为 746 人，占总人数的 16.1%；从业者规模在 1 人以上 4 人以下的企业的从业者为 397 人，占总人数的 8.5%。

表 4-6-38　　**动漫行业各业种各从业者规模的企业的从业者现状**　　（单位：名）

| 业种＼从业者规模 | 1~4 人 | 5~9 人 | 10~49 人 | 50~99 人 | 100 人以上 | 合计 |
|---|---|---|---|---|---|---|
| 动漫创作制作业 | 218 | 346 | 1 878 | 143 | — | 2 585 |
| 动漫转包制作业 | 101 | 265 | 1 421 | — | — | 1 787 |
| 在线(网络、移动)动漫制作业 | 13 | 18 | 15 | — | — | 46 |
| 动漫流通、发行及宣传业 | 33 | 48 | 46 | — | — | 127 |
| 在线动漫服务业(网络、移动) | 32 | 69 | — | — | — | 101 |
| 合计 | 397 | 746 | 3 360 | 143 | — | 4 646 |
| 比重(%) | 8. 5 | 16. 1 | 72. 3 | 3. 1 | — | 100. 0 |

从年度来看，2011 年，从业者规模在 10 人以上 49 人以下的企业的从业者的增加幅度最大，比上年增加了 64. 7%；从业者规模在 1 人以上 4 人以下的企业的从业者比上年增加了 4. 2%；从业者规模在 5 人以上 9 人以下的企业的从业者比上年增加了 1. 8%。但是，2011 年，从业者规模在 50 人以上 99 人以下的企业的从业者有大幅度的减少，比上年减少了 88. 0%。

表 4-6-39　　**动漫行业各年度各从业者规模的企业的从业者现状**　　（单位：名）

| 年度＼从业者规模 | 1~4 人 | 5~9 人 | 10~49 人 | 50~99 人 | 100 人以上 | 合计 |
|---|---|---|---|---|---|---|
| 2009 年 | 308 | 671 | 2 054 | 933 | 204 | 4 170 |
| 2010 年 | 381 | 733 | 2 040 | 1 195 | — | 4 349 |
| 2011 年 | 397 | 746 | 3 360 | 143 | — | 4 646 |
| 同比增减率(%) | 4. 2 | 1. 8 | 64. 7 | ▽88. 0 | — | 6. 8 |
| 年平均增减率(%) | 13. 5 | 5. 4 | 27. 9 | ▽60. 9 | — | 5. 6 |

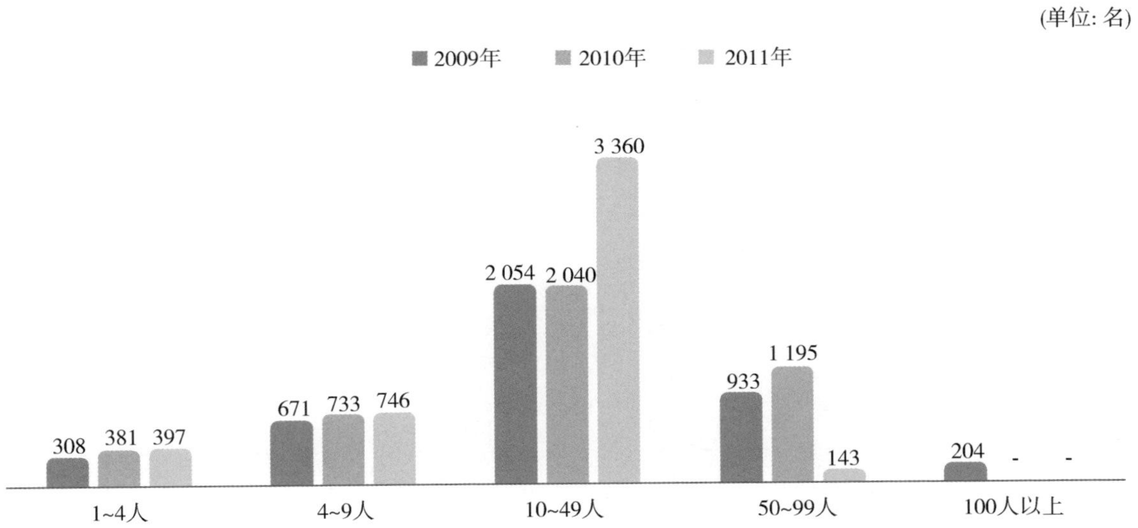


图 4-6-21　动漫行业各年度各从业者规模的企业的从业者现状

### 3. 动漫行业各地区的从业者现状

从 2011 年动漫行业各地区的从业者现状来看，首尔的从业者为3 346人，占全部从业者的 72.0%，比上年增加了 8.7%，从 2009 年至 2011 年，年平均增加了 6.5%。京畿道的从业者为 634 人，占总人数的 13.7%；釜山的从业者为 144 人，占总人数的 3.1%。此外，6 个广域市的从业者为 434 人，占总人数的 9.3%；9 个道的从业者为 866 人，占总人数的 18.7%。

表 4-6-40　　**动漫行业各地区各业种的从业者现状(2011 年)**　　(单位：名)

| 地区 \ 业种 | | 动漫制作业 | 动漫流通及发行业 | 在线动漫流通业 | 合计 | 比重(%) |
|---|---|---|---|---|---|---|
| 首尔 | | 3 173 | 80 | 93 | 3 346 | 72.0 |
| 6个广域市 | 釜山 | 142 | — | 2 | 144 | 3.1 |
| | 大邱 | 79 | — | — | 79 | 1.7 |
| | 仁川 | 49 | 4 | — | 53 | 1.1 |
| | 光州 | 133 | 3 | 2 | 138 | 3.0 |
| | 大田 | 20 | — | — | 20 | 0.4 |
| | 蔚山 | — | — | — | — | — |
| | 小计 | 423 | 7 | 4 | 434 | 9.3 |
| 9个道 | 京畿道 | 592 | 38 | 4 | 634 | 13.7 |
| | 江原道 | 82 | 2 | — | 84 | 1.8 |
| | 忠清北道 | 48 | — | — | 48 | 1.0 |
| | 忠清南道 | 22 | — | — | 22 | 0.5 |
| | 全罗北道 | 43 | — | — | 43 | 0.9 |
| | 全罗南道 | 6 | — | — | 6 | 0.1 |
| | 庆尚北道 | — | — | — | — | — |
| | 庆尚南道 | 21 | — | — | 21 | 0.5 |
| | 济州道 | 8 | — | — | 8 | 0.2 |
| | 小计 | 822 | 40 | 4 | 866 | 18.7 |
| 合计 | | 4 418 | 127 | 101 | 4 646 | 100.0 |

表 4-6-41　　**动漫行业各年度各地区的从业者现状**　　(单位：名)

| 地区 \ 年度 | | 2009 年 | 2010 年 | 2011 年 | 同比增减率(%) | 年平均增减率(%) |
|---|---|---|---|---|---|---|
| 首尔 | | 2 951 | 3 078 | 3 346 | 8.7 | 6.5 |
| 6 个广域市 | 釜山 | 145 | 149 | 144 | ▽3.4 | ▽0.3 |
| | 大邱 | 82 | 81 | 79 | ▽2.5 | ▽1.8 |
| | 仁川 | 48 | 49 | 53 | 8.2 | 5.1 |
| | 光州 | 123 | 132 | 138 | 4.5 | 5.9 |
| | 大田 | 22 | 19 | 20 | 5.3 | ▽4.7 |
| | 蔚山 | — | — | — | — | — |
| | 小计 | 420 | 430 | 434 | 0.9 | 1.7 |

续表

| 地区 \ 年度 | | 2009 年 | 2010 年 | 2011 年 | 同比增减率（%） | 年平均增减率（%） |
|---|---|---|---|---|---|---|
| 9 个道 | 京畿道 | 600 | 620 | 634 | 2. 3 | 2. 8 |
| | 江原道 | 60 | 79 | 84 | 6. 3 | 18. 3 |
| | 忠清北道 | 46 | 47 | 48 | 2. 1 | 2. 2 |
| | 忠清南道 | 19 | 21 | 22 | 4. 8 | 7. 6 |
| | 全罗北道 | 41 | 42 | 43 | 2. 4 | 2. 4 |
| | 全罗南道 | 4 | 5 | 6 | 20. 0 | 22. 5 |
| | 庆尚北道 | — | — | — | — | — |
| | 庆尚南道 | 22 | 20 | 21 | 5. 0 | ▽2. 3 |
| | 济州道 | 7 | 7 | 8 | 14. 3 | 6. 9 |
| | 小计 | 799 | 841 | 866 | 3. 0 | 4. 1 |
| 合计 | | 4 170 | 4 349 | 4 646 | 6. 8 | 5. 6 |

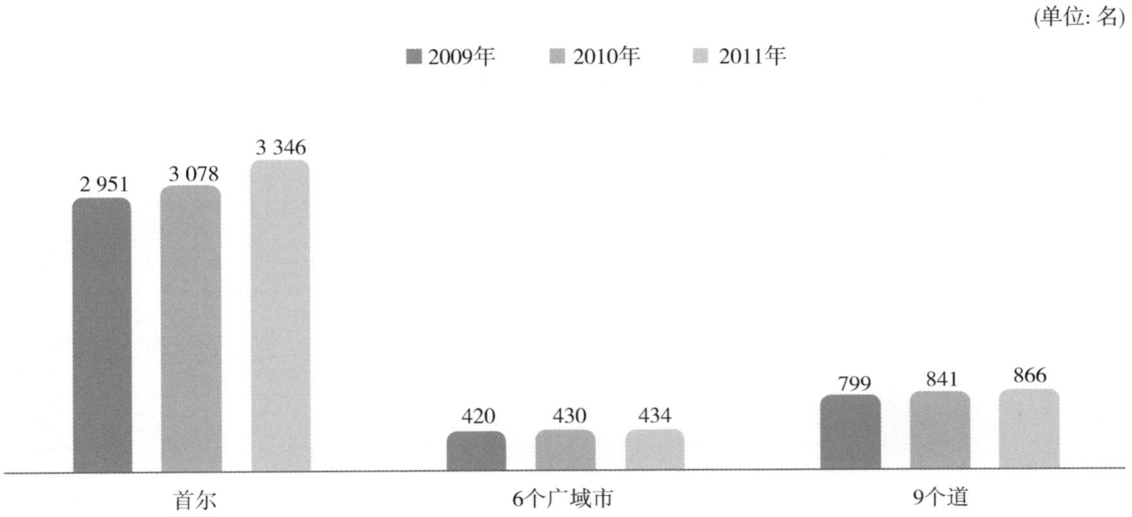


图 4-6-22　动漫行业各年度各地区的从业者现状

### 4. 动漫行业各雇佣形态的从业者现状

从 2011 年动漫行业各雇佣形态的从业者现状来看，拥有正式职位的从业者为3 513人，占全体从业者的 75. 6%，拥有非正式职位的从业者为1 133人，占全体从业者的 24. 4%。调查显示，动漫行业中动漫创作制作业拥有正式职位的从业者为2 043人(79. 0%)，拥有非正式职位的从业者为 542 人(21. 0%)；动漫转包制作业拥有正式职位的从业者为1 238人(69. 3%)，拥有非正式职位的从业者为 549 人(30. 7%)。在线(网络、移动)动漫制作业拥有正式职位的从业者为 41 人(89. 1%)，拥有非正式职位的从业者为 5 人(10. 9%)。动漫流通及发行业拥有正式职位的从业者为 101 人(79. 5%)，拥有非正式职位的从业者为 26 人(20. 5%)；在线动漫流通业拥有正式职位的从业者为 90 人(89. 1%)，拥有非正式职位的从业者为 11 人(10. 9%)。

表 4-6-42　　**动漫行业各雇佣形态各业种的从业者现状(2011 年)**　　(单位：名)

| 中分类 | 雇佣形态 / 小分类 | 正式职位 | | 非正式职位 | | 合计 |
|---|---|---|---|---|---|---|
| | | 从业者数量 | 比例(%) | 从业者数量 | 比例(%) | |
| 动漫制作业 | 动漫创作制作业 | 2 043 | 79.0 | 542 | 21.0 | 2 585 |
| | 动漫转包制作业 | 1 238 | 69.3 | 549 | 30.7 | 1 787 |
| | 在线(网络、移动)动漫制业 | 41 | 89.1 | 5 | 10.9 | 46 |
| | 小计 | 3 322 | 75.2 | 1 096 | 24.8 | 4 418 |
| 动漫流通及发行业 | 动漫流通、发行及宣传业 | 101 | 79.5 | 26 | 20.5 | 127 |
| | 小计 | 101 | 79.5 | 26 | 20.5 | 127 |
| 在线动漫流通业 | 在线动漫服务业(网络、移动) | 90 | 89.1 | 11 | 10.9 | 101 |
| | 小计 | 90 | 89.1 | 11 | 10.9 | 101 |
| 合计 | | 3 513 | 75.6 | 1 133 | 24.4 | 4 646 |

从年度来看，2011 年动漫行业拥有正式职位的从业者比上年增加了 7.7%，从 2009 年至 2011 年，年平均增加了 10.9%；非正式职位从业者比上年增加了 4.3%，年平均减少了 7.1%。

表 4-6-43　　**动漫行业各年度各雇佣形态的从业者现状**　　(单位：名)

| 雇佣形态 / 年度 | 从业者数量 | | 合计 |
|---|---|---|---|
| | 正式职位 | 非正式职位 | |
| 2009 年 | 2 857 | 1 313 | 4 170 |
| 2010 年 | 3 263 | 1 086 | 4 349 |
| 2011 年 | 3 513 | 1 133 | 4 646 |
| 同比增减率(%) | 7.7 | 4.3 | 6.8 |
| 年平均增减率(%) | 10.9 | ▽7.1 | 5.6 |

(单位: 名)

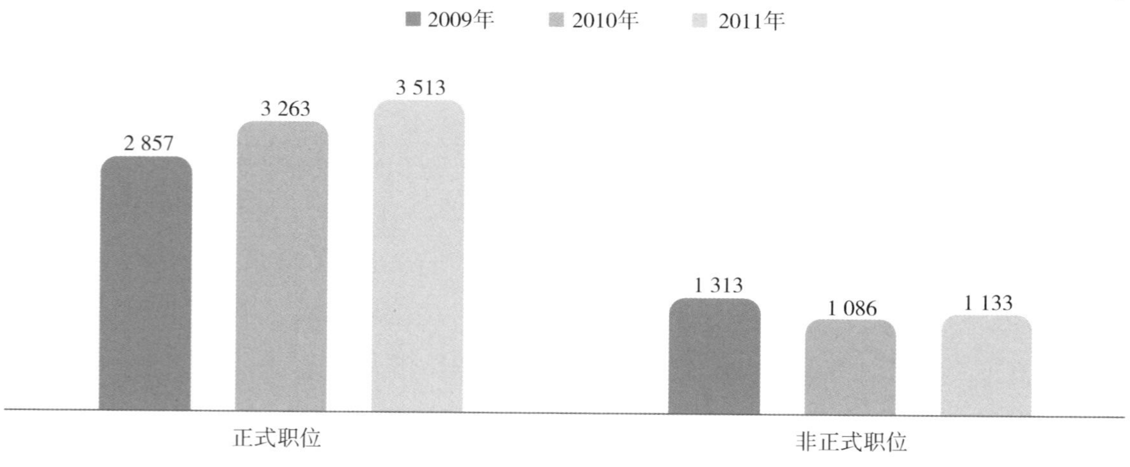


图 4-6-23　动漫行业各年度各雇佣形态的从业者现状

### 5. 动漫行业各雇佣形态中不同性别的从业者现状

从 2011 年动漫行业各雇佣形态中不同性别的从业者现状来看，拥有正式职位的男性从业者为 2 139人，占全体从业者的 46. 0%；拥有正式职位的女性从业者为1 374人，占总人数的 29. 6%。拥有非正式职位的男性从业者为 565 人，占总人数的 12. 2%；拥有非正式职位的女性从业者为 568 人，占总人数的 12. 2%。

从中分类来看，动漫制作业拥有正式职位的男性从业者为2 026人，拥有正式职位的女性从业者为 1 296人；拥有非正式职位的男性从业者为 554 人，拥有非正式职位的女性从业者为 552 人。同时，动漫流通及发行业拥有正式职位的男性从业者为 61 人，拥有正式职位的女性从业者为 40 人；拥有非正式职位的男性从业者为 14 人，拥有非正式职位的女性从业者为 12 人。在线动漫流通业拥有正式职位的男性从业者为 52 人，拥有正式职位的女性从业者为 38 人；拥有非正式职位的男性从业者为 7 人，拥有非正式职位的女性从业者为 4 人。

表 4-6-44 动漫行业各业种各雇佣形态的从业者的性别现状 （单位：名）

| 中分类 | 雇佣形态/性别<br>小分类 | 正式职位 | | | | 非正式职位 | | | | 合计 |
|---|---|---|---|---|---|---|---|---|---|---|
| | | 男性 | | 女性 | | 男性 | | 女性 | | |
| | | 从业者数量 | 比例（%） | 从业者数量 | 比例（%） | 从业者数量 | 比例（%） | 从业者数量 | 比例（%） | |
| 动漫制作业 | 动漫创作制作业 | 1 231 | 47. 6 | 812 | 31. 4 | 284 | 11. 0 | 258 | 10. 0 | 2 585 |
| | 动漫转包制作业 | 771 | 43. 1 | 467 | 26. 1 | 257 | 14. 4 | 292 | 16. 3 | 1 787 |
| | 在线（网络、移动）动漫制业 | 24 | 52. 2 | 17 | 37. 0 | 3 | 6. 5 | 2 | 4. 3 | 46 |
| | 小计 | 2 026 | 45. 9 | 1 296 | 29. 3 | 544 | 12. 3 | 552 | 12. 5 | 4 418 |
| 动漫流通及发行业 | 动漫流通、发行及宣传业 | 61 | 48. 0 | 40 | 31. 5 | 14 | 11. 0 | 12 | 9. 4 | 127 |
| | 小计 | 61 | 48. 0 | 40 | 31. 5 | 14 | 11. 0 | 12 | 9. 4 | 127 |
| 在线动漫流通业 | 在线动漫服务业（网络、移动） | 52 | 51. 5 | 38 | 37. 6 | 7 | 6. 9 | 4 | 4. 0 | 101 |
| | 小计 | 52 | 51. 5 | 38 | 37. 6 | 7 | 6. 9 | 4 | 4. 0 | 101 |
| 合计 | | 2 139 | 46. 0 | 1 374 | 29. 6 | 565 | 12. 2 | 568 | 12. 2 | 4 646 |

从年度来看，2011 年，虽然拥有非正式职位的女性从业者比上年增加了 3. 6%，但年平均减少了 9. 1%；拥有非正式职位的男性从业者比上年增加了 5. 0%，但年平均减少了 4. 9%。拥有正式职位的女性从业者比上年增加了 8. 3%，年平均增加了 13. 7%；拥有正式职位的男性从业者比上年增加了 7. 3%，年平均增加了 9. 2%。

表 4-6-45 动漫行业各年度各雇佣形态的从业者的性别现状 （单位：名）

| 雇佣形态/性别<br>年度 | 从业者数量 | | | | 合计 |
|---|---|---|---|---|---|
| | 正式职位 | | 非正式职位 | | |
| | 男性 | 女性 | 男性 | 女性 | |
| 2009 年 | 1 795 | 1 062 | 625 | 688 | 4 170 |
| 2010 年 | 1 994 | 1 269 | 538 | 548 | 4 349 |
| 2011 年 | 2 139 | 1 374 | 565 | 568 | 4 646 |
| 同比增减率（%） | 7. 3 | 8. 3 | 5. 0 | 3. 6 | 6. 8 |
| 年平均增减率（%） | 9. 2 | 13. 7 | ▽4. 9 | ▽9. 1 | 5. 6 |

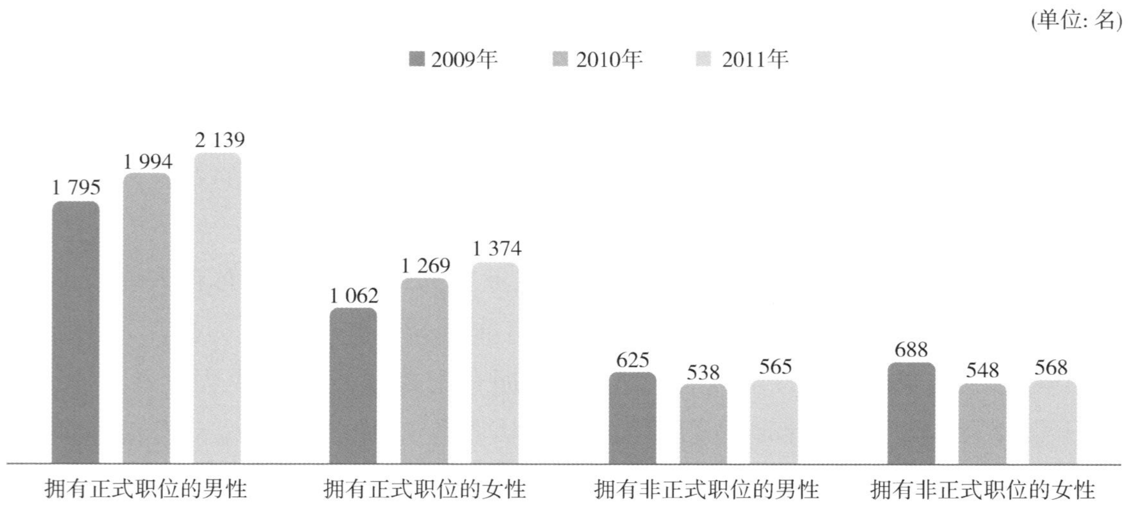


图 4-6-24　动漫行业各年度各雇佣形态的从业者的性别现状

## 6. 动漫行业不同性别的从业者现状

从 2011 年动漫行业不同性别的从业者现状来看，调查显示，男性从业者为2 704人，占全部从业者的 58. 2%，女性为1 942人，占全部从业者的 41. 8%。动漫行业中动漫制作业的男性从业者为2 570人(58. 2%)，女性为1 848 人(41. 8%)。动漫制作业中动漫创作制作业的男性从业者为1 515 人(58. 6%)，女性为1 070人(41. 4%)；动漫转包制作业的男性从业者为1 028人(57. 5%)，女性为 759人(42. 5%)；在线动漫制作业的男性从业者为 27 人(58. 7%)，女性为 19 人(41. 3%)。动漫流通及发行业的男性从业者为 75 人(59. 1%)，女性为 52 人(40. 9%)；在线动漫流通业的男性从业者为 59 人(58. 4%)，女性为 42 人(41. 6%)。

表 4-6-46　　**动漫行业各业种中不同性别的从业者现状(2011 年)**　　(单位：名)

| 中分类 | 小分类 \ 性别 | 男性 | | 女性 | | 合计 |
|---|---|---|---|---|---|---|
| | | 从业者数量 | 比重(%) | 从业者数量 | 比重(%) | |
| 动漫制作业 | 动漫创作制作业 | 1 515 | 58. 6 | 1 070 | 41. 4 | 2 585 |
| | 动漫转包制作业 | 1 028 | 57. 5 | 759 | 42. 5 | 1 787 |
| | 在线(网络、移动)动漫制业 | 27 | 58. 7 | 19 | 41. 3 | 46 |
| | 小计 | 2 570 | 58. 2 | 1 848 | 41. 8 | 4 418 |
| 动漫流通及发行业 | 动漫流通、发行及宣传业 | 75 | 59. 1 | 52 | 40. 9 | 127 |
| | 小计 | 75 | 59. 1 | 52 | 40. 9 | 127 |
| 在线动漫流通业 | 在线动漫服务业(网络、移动) | 59 | 58. 4 | 42 | 41. 6 | 101 |
| | 小计 | 59 | 58. 4 | 42 | 41. 6 | 101 |
| 合计 | | 2 704 | 58. 2 | 1 942 | 41. 8 | 4 646 |

从年度来看，2011 年，男性从业者比上年增加了 6. 8%，从 2009 年至 2011 年，年平均增加了 5. 7%。同时，女性从业者也比上年增加了 6. 9%，年平均增加了 5. 3%。

表 4-6-47 动漫行业各年度不同性别的从业者现状 （单位：名）

| 年度＼性别 | 从业者数量 | | 合计 |
|---|---|---|---|
| | 男性 | 女性 | |
| 2009 年 | 2 420 | 1 750 | 4 170 |
| 2010 年 | 2 532 | 1 817 | 4 349 |
| 2011 年 | 2 704 | 1 942 | 4 646 |
| 同比增减率(%) | 6.8 | 6.9 | 6.8 |
| 年平均增减率(%) | 5.7 | 5.3 | 5.6 |

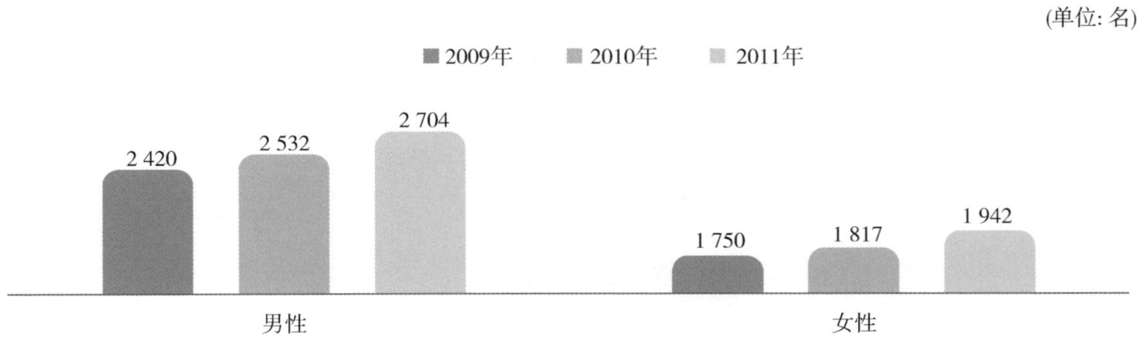


图 4-6-25 动漫行业各年度不同性别的从业者现状

### 7. 动漫行业各职位的从业者现状

从 2011 年动漫行业各职位的从业者现状来看，调查显示，制作职位的从业者为3 171人，占全部从业者的 68.2%，所占比例最大。管理职位的从业者为 403 人(8.7%)，其他(流通)职位的从业者为 325 人(7.0%)，事业企划职位的从业者为 306 人(6.6%)，营销/宣传职位的从业者为 294 人(6.3%)，研究开发职位的从业者为 147 人(3.2%)。

表 4-6-48 动漫行业各业种各职位的从业者现状(2011 年) （单位：名）

| 中分类 | 小分类＼职位 | 从业者数量 | | | | | | 合计 |
|---|---|---|---|---|---|---|---|---|
| | | 事业企划 | 管理 | 制作 | 营销/宣传 | 研究开发 | 其他(流通) | |
| 动漫制作业 | 动漫创作制作业 | 192 | 181 | 1 819 | 142 | 99 | 152 | 2 585 |
| | 动漫转包制作业 | 96 | 195 | 1 270 | 93 | 42 | 91 | 1 787 |
| | 在线(网络、移动)动漫制业 | 5 | 3 | 33 | 2 | 1 | 2 | 46 |
| | 小计 | 293 | 379 | 3 122 | 237 | 142 | 245 | 4 418 |
| 动漫流通及发行业 | 动漫流通、发行及宣传业 | 4 | 12 | 10 | 48 | 2 | 51 | 127 |
| | 小计 | 4 | 12 | 10 | 48 | 2 | 51 | 127 |
| 在线动漫流通业 | 在线动漫服务业(网络、移动) | 9 | 12 | 39 | 9 | 3 | 29 | 101 |
| | 小计 | 9 | 12 | 39 | 9 | 3 | 29 | 101 |
| 合计 | | 306 | 403 | 3 171 | 294 | 147 | 325 | 4 646 |
| 比重(%) | | 6.6 | 8.7 | 68.2 | 6.3 | 3.2 | 7.0 | 100.0 |

从年度来看，2011 年，研究开发职位的从业者比上年减少了 1.3%，从 2009 年至 2011 年，年平均减少了 8.1%；营销/宣传职位的从业者比上年增加了 1.7%，年平均减少了 8.1%。相反，2011 年制

作职位的从业者比上年增加了 8.7%，年平均增加了 9.4%。

表 4-6-49 **动漫行业各职位的从业者现状** （单位：名）

| 年度＼职位 | 从业者数量 | | | | | | 合计 |
|---|---|---|---|---|---|---|---|
| | 事业企划 | 管理 | 制作 | 营销/宣传 | 研究开发 | 其他（流通） | |
| 2009 年 | 319 | 400 | 2 650 | 348 | 174 | 279 | 4 170 |
| 2010 年 | 294 | 402 | 2 917 | 289 | 149 | 298 | 4 349 |
| 2011 年 | 306 | 403 | 3 171 | 294 | 147 | 325 | 4 646 |
| 同比增减率（%） | 4.1 | 0.2 | 8.7 | 1.7 | ▽1.3 | 9.1 | 6.8 |
| 年平均增减率（%） | ▽2.1 | 0.4 | 9.4 | ▽8.1 | ▽8.1 | 7.9 | 5.6 |

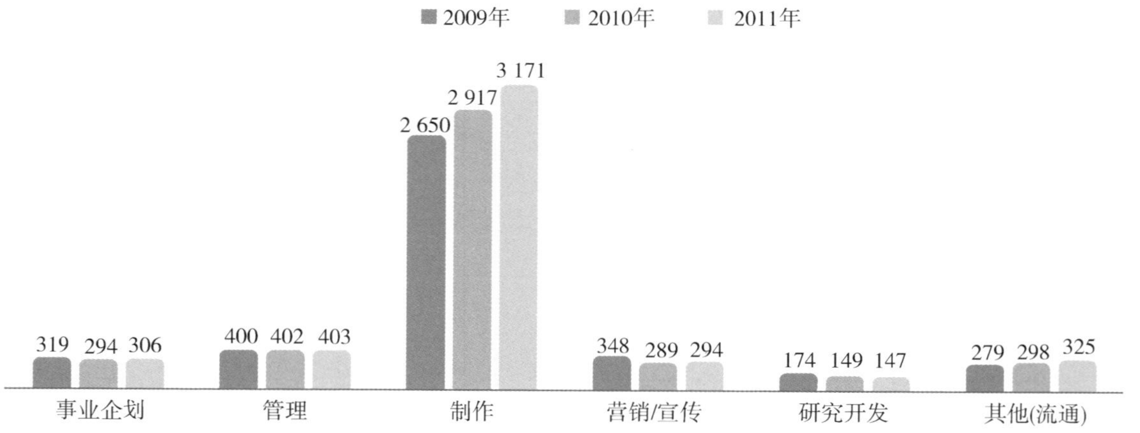


图 4-6-26　动漫行业各年度各职位的从业者现状

## 8. 动漫行业中制作部门的从业者现状

2011年动漫行业从业者（4 646名）中制作职位的从业者为3 171人，其中动漫创作制作业的从业者为1 819人，动漫转包制作业的从业者为1 270人，总计3 089人。对其进一步分析，动漫形象设计部门的从业者最多，为 355 人，接下来依次是企划/演出/导演部门，从业者为 307 人；分镜头/剧本部门，从业者为 283 人；背景设计部门，从业者为 250 人。动漫形象设计、分镜头/剧本和背景设计部门的从业者都比上年有所增加，年平均也都有所增加，尤其是动漫形象设计部门的从业者比上年增加了 22.4%，从 2009 年至 2011 年，年平均增加了 21.6%，增长幅度最大。

表 4-6-50 **动漫行业中制作部门的从业者现状** （单位：名）

| 业种 | 年度＼职务 | 企划/演出/导演 | 编剧 | 概念设计师 | 动漫形象设计 | 背景设计 | 分镜头/剧本 | Lay-out/草图 | 动画 |
|---|---|---|---|---|---|---|---|---|---|
| 动漫创作制作 | 2009 年 | 187 | 63 | 81 | 191 | 51 | 110 | 23 | 47 |
| | 2010 年 | 197 | 76 | 95 | 235 | 66 | 125 | 39 | 65 |
| | 2011 年 | 212 | 86 | 107 | 299 | 78 | 131 | 46 | 69 |
| | 同比增减率（%） | 7.6 | 13.2 | 12.6 | 27.2 | 18.2 | 4.8 | 17.9 | 6.2 |
| | 年平均增减率（%） | 6.5 | 16.8 | 14.9 | 25.1 | 23.7 | 9.1 | 41.4 | 21.2 |

续表

| 业种 | 职务<br>年度 | 企划/演出/导演 | 编剧 | 概念设计师 | 动漫形象设计 | 背景设计 | 分镜头/剧本 | Lay-out/草图 | 动画 |
|---|---|---|---|---|---|---|---|---|---|
| 动漫转包制作 | 2009 年 | 109 | 62 | 43 | 49 | 165 | 150 | 73 | 86 |
| | 2010 年 | 96 | 63 | 42 | 55 | 170 | 153 | 72 | 89 |
| | 2011 年 | 95 | 63 | 41 | 56 | 172 | 152 | 71 | 88 |
| | 同比增减率(%) | ▽1.0 | 0.0 | ▽2.4 | 1.8 | 1.2 | ▽0.7 | ▽1.4 | ▽1.1 |
| | 年平均增减率(%) | ▽6.6 | 0.8 | ▽2.4 | 6.9 | 2.1 | 0.7 | ▽1.4 | 1.2 |
| 合计 | 2009 年 | 296 | 125 | 124 | 240 | 216 | 260 | 96 | 133 |
| | 2010 年 | 293 | 139 | 137 | 290 | 236 | 278 | 111 | 154 |
| | 2011 年 | 307 | 149 | 148 | 355 | 250 | 283 | 117 | 157 |
| | 同比增减率(%) | 4.8 | 7.2 | 8.0 | 22.4 | 5.9 | 1.8 | 5.4 | 1.9 |
| | 年平均增减率(%) | 1.8 | 9.2 | 9.2 | 21.6 | 7.6 | 4.3 | 10.4 | 8.6 |

| 业种 | 职务<br>年度 | 着色 | 效果合成 | 摄影/编辑 | 建模 | 数码动画师 | 编程人员 | 其他 | 合计 |
|---|---|---|---|---|---|---|---|---|---|
| 动漫创作制作 | 2009 年 | 63 | 96 | 82 | 153 | 85 | 59 | 31 | 1 322 |
| | 2010 年 | 75 | 109 | 103 | 167 | 99 | 68 | 48 | 1 567 |
| | 2011 年 | 82 | 132 | 123 | 183 | 122 | 93 | 56 | 1 819 |
| | 同比增减率(%) | 9.3 | 21.1 | 19.4 | 9.6 | 23.2 | 36.8 | 16.7 | 16.1 |
| | 年平均增减率(%) | 14.1 | 17.3 | 22.5 | 9.4 | 19.8 | 25.5 | 34.4 | 17.3 |
| 动漫转包制作 | 2009 年 | 118 | 138 | 66 | 18 | 142 | 13 | 16 | 1 248 |
| | 2010 年 | 121 | 140 | 68 | 19 | 148 | 19 | 18 | 1 273 |
| | 2011 年 | 122 | 141 | 67 | 18 | 151 | 17 | 16 | 1 270 |
| | 同比增减率(%) | 0.8 | 0.7 | ▽1.5 | ▽5.3 | 2.0 | ▽10.5 | ▽11.1 | ▽0.2 |
| | 年平均增减率(%) | 1.7 | 1.1 | 0.8 | 0.0 | 3.1 | 14.4 | 0.0 | 0.9 |
| 合计 | 2009 年 | 181 | 234 | 148 | 171 | 227 | 72 | 47 | 2 570 |
| | 2010 年 | 196 | 249 | 171 | 186 | 247 | 87 | 66 | 2 840 |
| | 2011 年 | 204 | 273 | 190 | 201 | 273 | 110 | 72 | 3 089 |
| | 同比增减率(%) | 4.1 | 9.6 | 11.1 | 8.1 | 10.5 | 26.4 | 9.1 | 8.8 |
| | 年平均增减率(%) | 6.2 | 8.0 | 13.3 | 8.4 | 9.7 | 23.6 | 23.8 | 9.6 |

### 9. 动漫行业各专业的从业者现状

从 2011 年动漫行业各专业的从业者现状来看，动漫专业的从业者为1 493人，所占比例最大，比上年增加了 2.1%，从 2009 年至 2011 年，年平均增加了 2.8%。美术专业的从业者为1 108人，比上年增加了 7.1%；人文/社会专业的从业者为 558 人，比上年增加了 6.5%；商业经济专业的从业者为 260 人，比上年增加了 12.6%。此外，理工专业的从业者为 551 人，比上年增加了 19.3%；艺术体育专业的从业者为 304 人，比上年增加了 7.0%。

表 4-6-51　　**动漫行业各年度各专业的从业者现状**　　（单位：名）

| 分类 | 年度 | 动漫 | 美术 | 人文/社会 | 商业经济 | 理工 | 艺术体育 | 其他 | 合计 |
|---|---|---|---|---|---|---|---|---|---|
| 动漫创作制作 | 2009 年 | 591 | 623 | 276 | 105 | 229 | 145 | 56 | 2 025 |
| | 2010 年 | 662 | 675 | 317 | 123 | 261 | 176 | 68 | 2 282 |
| | 2011 年 | 701 | 745 | 356 | 155 | 352 | 201 | 75 | 2 585 |
| | 同比增减率(%) | 5.9 | 10.4 | 12.3 | 26.0 | 34.9 | 14.2 | 10.3 | 13.3 |
| | 年平均增减率(%) | 8.9 | 9.4 | 13.6 | 21.5 | 24.0 | 17.7 | 15.7 | 13.0 |
| 动漫转包制作 | 2009 年 | 823 | 386 | 213 | 116 | 202 | 125 | 31 | 1 896 |
| | 2010 年 | 801 | 360 | 207 | 108 | 201 | 108 | 30 | 1 815 |
| | 2011 年 | 792 | 363 | 202 | 105 | 199 | 103 | 23 | 1 787 |
| | 同比增减率(%) | ▽1.1 | 0.8 | ▽2.4 | ▽2.8 | ▽1.0 | ▽4.6 | ▽23.3 | ▽1.5 |
| | 年平均增减率(%) | ▽1.9 | ▽3.0 | ▽2.6 | ▽4.9 | ▽0.7 | ▽9.2 | ▽13.9 | ▽2.9 |
| 合计 | 2009 年 | 1 414 | 1 009 | 489 | 221 | 431 | 270 | 87 | 3 921 |
| | 2010 年 | 1 463 | 1 035 | 524 | 231 | 462 | 284 | 98 | 4 097 |
| | 2011 年 | 1 493 | 1 108 | 558 | 260 | 551 | 304 | 98 | 4 372 |
| | 同比增减率(%) | 2.1 | 7.1 | 6.5 | 12.6 | 19.3 | 7.0 | 0.0 | 6.7 |
| | 年平均增减率(%) | 2.8 | 4.8 | 6.8 | 8.5 | 13.1 | 6.1 | 6.1 | 5.6 |

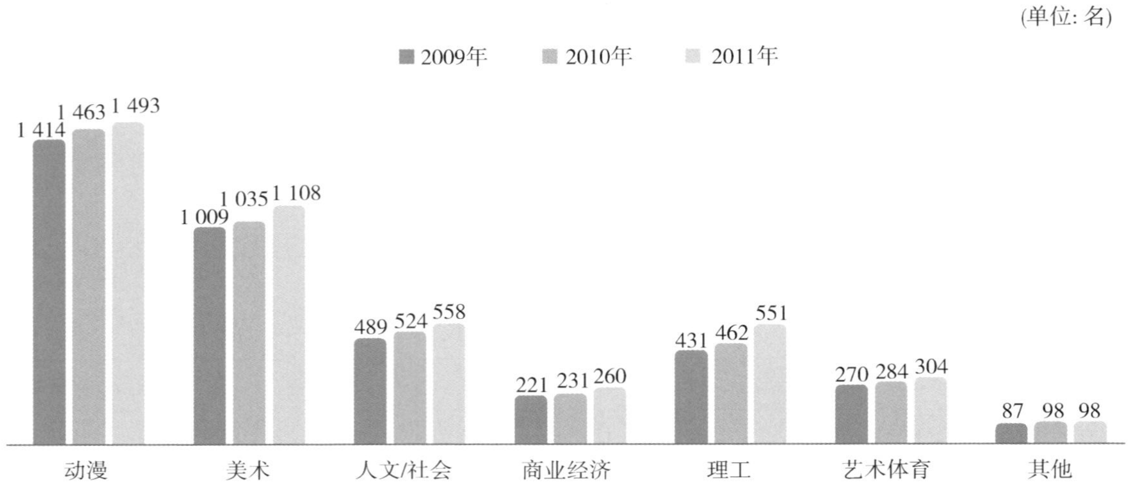


图 4-6-27　动漫行业各年度各专业的从业者现状

### 10. 动漫行业各学历的从业者现状

从 2011 年动漫行业各学历的从业者现状来看，大学毕业的从业者为3 731人，占全部从业者的 80.3%，所占比例最大。专科毕业的从业者为 570 人，占全部从业者的 12.3%；高中以下学历的从业者为 189 人，占全部从业者的 4.1%；研究生以上学历的从业者为 156 人，占全部从业者的 3.3%，所占比例最小。

从年度来看，2011 年，大学毕业的从业者比上年增加了 7.3%，从 2009 年至 2011 年，年平均增加了 6.8%。高中以下学历的从业者比上年减少了 2.1%；专科毕业的从业者比上年增加了 9.6%，年平均增加了 1.6%；研究生以上学历的从业者比上年减少了 1.3%，年平均减少了 1.6%。

表 4-6-52　**动漫行业各业种各学历的从业者现状（2011 年）**　（单位：名）

| 中分类 | 小分类＼学历 | 从业者数量 | | | | 合计 |
|---|---|---|---|---|---|---|
| | | 高中以下 | 专科毕业 | 大学毕业 | 研究生以上 | |
| 动漫制作业 | 动漫创作制作业 | 63 | 236 | 2 192 | 94 | 2 585 |
| | 动漫转包制作业 | 122 | 312 | 1 295 | 58 | 1 787 |
| | 在线（网络、移动）动漫制业 | 2 | 3 | 40 | 1 | 46 |
| | 小计 | 187 | 551 | 3 527 | 153 | 4 418 |
| | 比重（%） | 4. 2 | 12. 5 | 79. 8 | 3. 5 | 100. 0 |
| 动漫流通及发行业 | 动漫流通、发行及宣传业 | 1 | 8 | 115 | 3 | 127 |
| | 小计 | 1 | 8 | 115 | 3 | 127 |
| | 比重（%） | 0. 8 | 6. 3 | 90. 5 | 2. 4 | 100. 0 |
| 在线动漫流通业 | 在线动漫服务业（网络、移动） | 1 | 11 | 89 | — | 101 |
| | 小计 | 1 | 11 | 89 | — | 101 |
| | 比重（%） | 1. 0 | 10. 9 | 88. 1 | — | 100 |
| 合计 | | 189 | 570 | 3 731 | 156 | 4 646 |
| 比重（%） | | 4. 1 | 12. 3 | 80. 3 | 3. 3 | 100. 0 |

表 4-6-53　**动漫行业各年度各学历的从业者现状**　（单位：名）

| 年度＼学历 | 从业者数量 | | | | 合计 |
|---|---|---|---|---|---|
| | 高中以下 | 专科毕业 | 大学毕业 | 研究生以上 | |
| 2009 年 | 189 | 552 | 3 268 | 161 | 4 170 |
| 2010 年 | 193 | 520 | 3 478 | 158 | 4 349 |
| 2011 年 | 189 | 570 | 3 731 | 156 | 4 646 |
| 同比增减率（%） | ▽2. 1 | 9. 6 | 7. 3 | ▽1. 3 | 6. 8 |
| 年平均增减率（%） | 0. 0 | 1. 6 | 6. 8 | ▽1. 6 | 5. 6 |

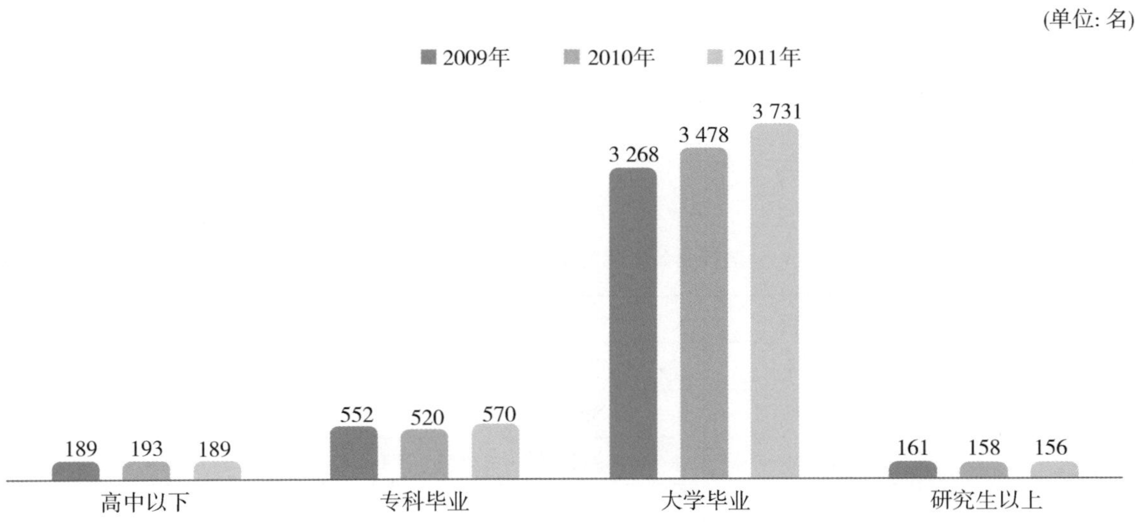


图 4-6-28　动漫行业各年度各学历的从业者现状

### 11. 动漫行业各年龄段的从业者现状

从 2011 年动漫行业各年龄段的从业者现状来看，30 岁以上 34 岁以下的从业者为1 538人，占全部从业者的 33.1%；29 岁以下的从业者为1 473人，占全部从业者的 31.7%；35 岁以上 39 岁以下的从业者为1 103人，占全部从业者的 23.7%；40 岁以上的从业者为 532 人，占全部从业者的 11.5%。

表 4-6-54　**动漫行业各业种各年龄段的从业者现状(2011 年)**　(单位：名)

| 中分类 | 小分类 | 从业者数量 | | | | 合计 |
|---|---|---|---|---|---|---|
| | | 29 岁以下 | 30~34 岁 | 35~39 岁 | 40 岁以上 | |
| 动漫制作业 | 动漫创作制作业 | 812 | 872 | 589 | 312 | 2 585 |
| | 动漫转包制作业 | 566 | 577 | 453 | 191 | 1 787 |
| | 在线(网络、移动)动漫制业 | 18 | 15 | 10 | 3 | 46 |
| | 小计 | 1 396 | 1 464 | 1 052 | 506 | 4 418 |
| | 比重(%) | 31.6 | 33.1 | 23.8 | 11.5 | 100.0 |
| 动漫流通及发行业 | 动漫流通、发行及宣传业 | 46 | 35 | 28 | 18 | 127 |
| | 小计 | 46 | 35 | 28 | 18 | 127 |
| | 比重(%) | 36.2 | 27.6 | 22.0 | 14.2 | 100.0 |
| 在线动漫流通业 | 在线动漫服务业(网络、移动) | 31 | 39 | 23 | 8 | 101 |
| | 小计 | 31 | 39 | 23 | 8 | 101 |
| | 比重(%) | 30.7 | 38.6 | 22.8 | 7.9 | 100.0 |
| 合计 | | 1 473 | 1 538 | 1 103 | 532 | 4 646 |
| 比重(%) | | 31.7 | 33.1 | 23.7 | 11.5 | 100.0 |

从年度来看，2011 年，30 岁以上 34 岁以下的从业者比上年增加了 8.5%，从 2009 年至 2011 年，年平均增加了 5.1%。29 岁以下的从业者比上年增加了 6.7%，年平均增加了 1.4%；40 岁以上的从业者比上年增加了 6.6%，年平均增加了 13.9%；35 岁以上、39 岁以下的从业者比上年增加了 4.8%，年平均增加了 8.6%。

表 4-6-55　**动漫行业各年度各年龄段的从业者现状**　(单位：名)

| 年龄 / 年度 | 从业者数量 | | | | 合计 |
|---|---|---|---|---|---|
| | 29 岁以下 | 30~34 岁 | 35~39 岁 | 40 岁以上 | |
| 2009 年 | 1 432 | 1 393 | 935 | 410 | 4 170 |
| 2010 年 | 1 381 | 1 417 | 1 052 | 499 | 4 349 |
| 2011 年 | 1 473 | 1 538 | 1 103 | 532 | 4 646 |
| 同比增减率(%) | 6.7 | 8.5 | 4.8 | 6.6 | 6.8 |
| 年平均增减率(%) | 1.4 | 5.1 | 8.6 | 13.9 | 5.6 |

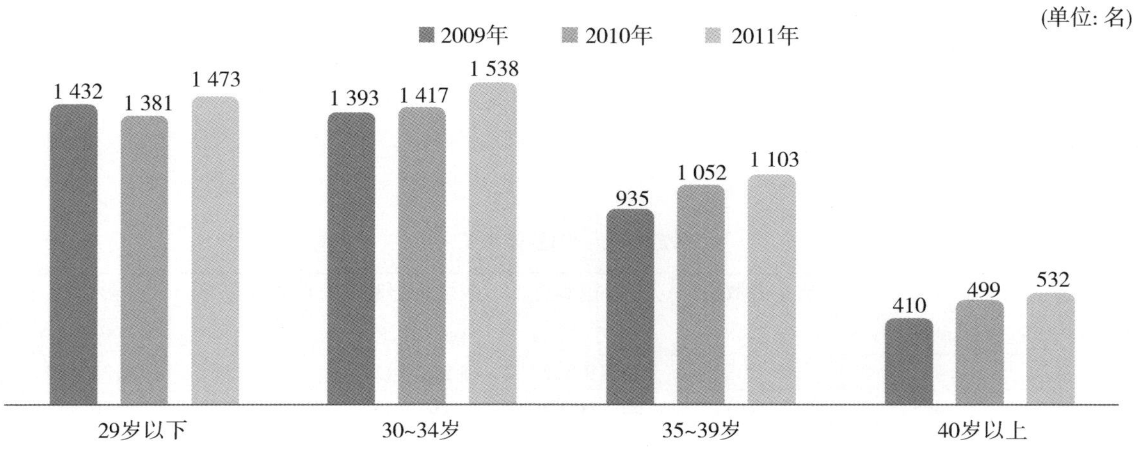


图 4-6-29　动漫行业各年度各年龄段的从业者现状

# 七、播 放 行 业

表 4-7-1

**播放行业的分类**

| 中分类 | 小分类 | 分类体系的定义 |
|---|---|---|
| 地面波播放 | 地面波播放业 | 管理、运营以播放为目的的地面广播站，并利用其进行播放的企业 |
| | 地面波移动媒体播放业 | 利用以移动传输为主要目的的多频道，进行复合传送播放的地面波播放企业 |
| 有线播放 | 综合有线播放业 | 为了进行多频道播放而管理、运营有线广播站设备，利用传送、线路设备进行播放的企业 |
| | 转播有线播放业 | 转播及发送地面波的播放企业 |
| 卫星播放 | 普通卫星播放业 | 拥有或租借人工卫星的无线设备，管理、运营广播站，并以此来进行播放的企业 |
| | 卫星移动媒体播放业 | 以在移动中接收信号为主要目的，利用多频道进行复合发射信号形式播放的企业 |
| 播放频道应用业 | 电视购物 PP 企业 | 地面波播放企业、综合有线播放企业或卫星播放企业与特定频道的全部或部分时间签订专用的使用合约，以使用其频道的企业 |
| | 普通 PP〔电视、广播、数字 PP(DP)〕企业 | |
| 网络影像作品提供业 | 网络协议电视(IPTV) | 利用超高速的网络，提供双向电视服务的企业(KT 的 olleh TV、SK 宽带的 B TV、LG 的 U+TV) |
| 播放影像作品制作业 | 播放影像独立制作公司 | 不依靠播放企业在财政上的援助或制作、设备上的支持，独自进行电视节目制作的企业 |

播放行业中播放影像独立制作公司的统计结果是实态调查结果，播放影像独立制作公司除外的其他部分统计引用了播放通信委员会的《播放行业实态调查报告书》。

## (一) 播放行业的整体概况

调查显示，2011 年播放行业的企业数量是1 074个，从业者为38 366人。销售额是 12 兆7 524亿韩元，附加价值额是 4 兆5 482亿韩元，附加价值率是 37. 49%。出口额是 2 亿2 237万美元，进口额较多，为 2 亿3 387万美元。

调查显示，播放行业的企业数量从 2006 年的 494 个增加到 2011 年的1 074个，从 2006 年至 2011 年，年平均增加了 16. 8%，销售额和从业者年平均增加了 5. 6%和 5. 5%。除进口额之外，出口额是增长幅度最大的部分，年平均增加了 10. 7%。2011 年的出口额是 2 亿2 237万美元，比上年增加了 20. 4%，进口额比上年增加了 111. 7%。

表 4-7-2　　**播放行业①的整体概况②**

| 分类 | 企业数量（个） | 从业者数量（名） | 销售额（百万韩元） | 附加价值额（百万韩元） | 附加价值率（%） | 出口额（千美元） | 进口额（千美元） |
|---|---|---|---|---|---|---|---|
| 2006 年 | 494 | 29 308 | 9 719 862 | 3 972 844 | 40. 87 | 133 917 | 72 563 |
| 2007 年 | 464 | 28 913 | 10 534 374 | 4 267 646 | 40. 51 | 150 953 | 64 939 |
| 2008 年 | 844 | 34 393 | 9 354 605 | 3 151 368 | 33. 73 | 171 348 | 149 396 |
| 2009 年 | 841 | 34 714 | 9 884 954 | 3 931 437 | 40. 73 | 184 577 | 183 011 |
| 2010 年 | 926 | 34 584 | 11 176 433 | 4 284 985 | 39. 81 | 184 700 | 110 495 |
| 2011 年 | 1 074 | 38 366 | 12 752 484 | 4 548 227 | 37. 49 | 222 372 | 233 872 |
| 同比增减率(%) | 16. 0 | 10. 9 | 14. 1 | 6. 1 | ▽2. 32p | 20. 4 | 111. 7 |
| 年平均增减率(%) | 16. 8 | 5. 5 | 5. 6 | 2. 7 | — | 10. 7 | 26. 4 |

2011 年，播放行业的人均销售额是 3 亿3 200万韩元，各企业的平均销售额是 118 亿7 400万韩元。从小分类来看，地面波播放企业的人均销售额是 2 亿8 600万韩元，综合有线播放企业的人均销售额是 4 亿3 700万韩元。电视购物 PP 企业的平均销售额最高，为4 291亿韩元；其次是普通卫星播放企业的平均销售额，为3 738亿韩元。转播有线播放企业的平均销售额最少，为5 500万韩元。调查显示，从整体上看，播放行业各企业平均销售额和人均销售额都高于其他行业。

表 4-7-3　　**播放行业各企业的平均销售额及人均销售额现状(2011 年)**

| 中分类 | 小分类 | 企业数量（个） | 从业者数量（名） | 销售额（百万韩元） | 各企业平均销售额（百万韩元） | 人均销售额（百万韩元） |
|---|---|---|---|---|---|---|
| 地面波播放 | 地面波播放企业 | 53 | 13 691 | 3 914 473 | 73 858 | 286 |
| | 地面波移动媒体播放企业 | 19(3) | 118 | 16 897 | 5 632 | 143 |
| 有线播放 | 综合有线播放企业 | 94 | 4 846 | 2 116 851 | 22 520 | 437 |
| | 转播有线播放企业 | 97 | 260 | 5 375 | 55 | 21 |
| 卫星播放 | 普通卫星播放企业 | 1 | 295 | 373 853 | 373 853 | 1 267 |
| | 卫星移动媒体播放企业 | 1 | 59 | 95 380 | 95 380 | 1 617 |
| 播放频道应用业 | 电视购物 PP 企业 | 6 | 3 950 | 2 574 848 | 429 141 | 652 |
| | 普通 PP〔TV、广播、数字 PP(DP)〕企业 | 172 | 8 704 | 2 142 842 | 12 458 | 246 |
| 网络影像作品提供业 | 网络协议电视(IPTV)企业 | 3 | 520 | 616 196 | 205 399 | 1 185 |
| 播放影像作品制作业 | 播放影像独立制作企业 | 628 | 5 923 | 895 769 | 1 426 | 151 |
| 全部 | | 1 074 | 38 366 | 12 752 484 | 11 874 | 332 |

※　地面波移动多媒体播放企业的销售额和从业人数，是除了地面波系列 DMB(地面波三大公司 KBS、MBC、SBS 和地区地面波 13 家公司)以外的 YTN、裕源、韩国 DMB 的销售额和从业人数，以此为准计算出各企业平均销售额(即168 972÷3=5 632，单位为百万韩元)。

① 从 2008 年起，包括播放影像品制作业的播放影像独立制作公司。

② 2008 年，转播有线播放企业的附加价值额除外(2008 年附加价值率为 33. 73%，即3 151 368÷9 342 885，单位为百万韩元)，2009—2011 年，转播有线播放与 IPTV 的附加价值额除外(播放通信委员会的播放产业实态调查报告书中没有相关资料)；计算附加价值率时，不包括转播有线和 IPTV 的销售额(2009 年的附加价值率为 40. 73%，即3 931 437÷9 652 448，单位为百万韩元)，2010 年的附加价值率为 39. 81%(即4 284 985÷10 762 846，单位为百万韩元)，2011 年的附加价值率为 37. 49%(即4 548 227÷12 130 913，单位为百万韩元)。

## (二)播放行业的企业数量现状

2011 年播放行业的企业数量为1 074个，比上年增加了 16.0%，从 2009 年至 2011 年，年平均增加了 13.0%。从小分类来看，2011 年播放影像独立制作企业的数量是 628 个(58.5%)，所占比例最大，比上年增加了 32.2%，从 2009 年至 2011 年，年平均增加了 26.4%。2011 年，播放频道应用业的企业数量是 178 个(16.6%)，比上年减少了 0.6%，年平均减少了 1.6%；转播有线播放企业为 97 个(9.0%)，比上年减少了 3.0%，年平均减少了 1.0%；综合有线播放企业为 94 个(8.8%)，与上年持平，年平均减少了 3.0%。

表 4-7-4　　播放行业各年度各业种企业的数量现状[①]　　(单位：个)

| 中分类 | 小分类 | 2009 年 | 2010 年 | 2011 年 | 比重(%) | 同比增减率(%) | 年平均增减率(%) |
|---|---|---|---|---|---|---|---|
| 地面波播放 | 地面波播放企业 | 54 | 54 | 53 | 4.9 | ▽1.9 | ▽0.9 |
| | 地面波移动媒体播放企业 | 6 | 19 | 19 | 1.8 | 0.0 | 78.0 |
| 有线播放 | 综合有线播放企业 | 100 | 94 | 94 | 8.8 | 0.0 | ▽3.0 |
| | 转播有线播放企业 | 99 | 100 | 97 | 9.0 | ▽3.0 | ▽1.0 |
| 卫星播放 | 普通卫星播放企业 | 1 | 1 | 1 | 0.1 | 0.0 | 0.0 |
| | 卫星移动媒体播放企业 | 1 | 1 | 1 | 0.1 | 0.0 | 0.0 |
| 播放频道应用业 | 播放频道应用企业 | 184 | 179 | 178 | 16.6 | ▽0.6 | ▽1.6 |
| 网络影像作品提供业 | 网络协议电视(IPTV)企业 | 3 | 3 | 3 | 0.3 | 0.0 | 0.0 |
| 播放影像作品制作业 | 播放影像独立制作企业 | 393 | 475 | 628 | 58.5 | 32.2 | 26.4 |
| 全部 | | 841 | 926 | 1 074 | 100.0 | 16.0 | 13.0 |

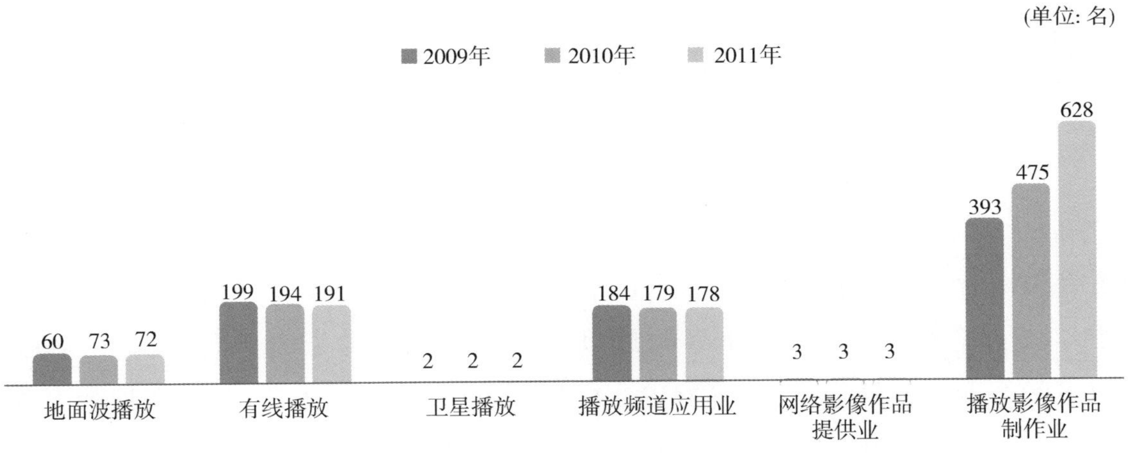


图 4-7-1　播放行业各年度各业种的企业数量现状

从销售额规模来看，2011 年，销售额规模为 100 亿韩元以上的企业数量是 167 个(37.9%)，所占比例最大，比上年增加了 3.7%，从 2009 年至 2011 年，年平均增加了 7.7%。其次是销售额规模为 1

① 3 家地面波广播公司被重复包括在地面波播放企业和地面波移动媒体播放企业中。

亿韩元以下的企业，数量为 116 个(26.3%)，比上年减少了 7.2%，年平均减少了 9.6%；销售额规模为 10 亿韩元以上 100 亿韩元以下的企业数量和上年一样，为 104 个(23.6%)，年平均减少了 2.3%。销售额规模为 1 亿韩元以上 10 亿韩元以下的企业数量为 54 个(12.2%)，所占比例最小，比上年减少了 1.8%，年平均减少了 0.9%。

表 4-7-5　**播放行业(播放影像独立制作公司除外)各年度各销售额规模的企业数量现状**①　(单位：个)

| 年度 / 销售额规模 | 2009 年 | 2010 年 | 2011 年 | 比重(%) | 同比增减率(%) | 年平均增减率(%) |
|---|---|---|---|---|---|---|
| 不足 1 亿韩元 | 142 | 125 | 116 | 26.3 | ▽7.2 | ▽9.6 |
| 1 亿~10 亿韩元 | 53 | 55 | 54 | 12.2 | ▽1.8 | 0.9 |
| 10 亿~100 亿韩元 | 109 | 104 | 104 | 23.6 | 0.0 | ▽2.3 |
| 100 亿韩元以上 | 144 | 161 | 167 | 37.9 | 3.7 | 7.7 |
| 合计 | 448 | 445 | 441 | 100.0 | ▽0.9 | ▽0.8 |

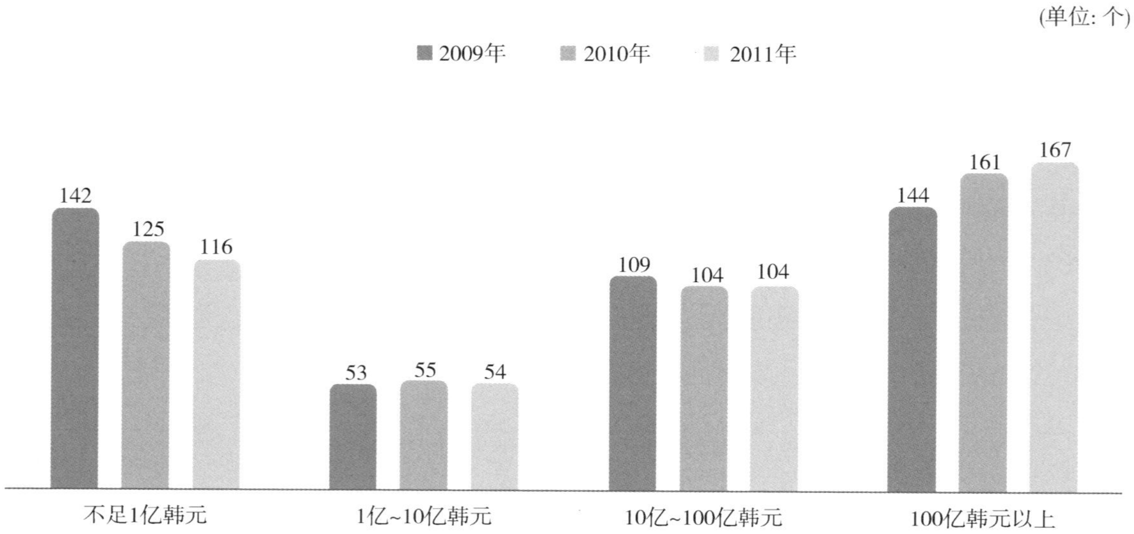


图 4-7-2　播放行业(播放影像独立制作公司除外)各年度各销售额规模的企业数量现状

从从业者规模来看，从业者规模在 10 人以上 49 人以下的企业数量为 150 个(34.7%)，所占比例最高，比上年减少了 3.2%，从 2009 年至 2011 年，年平均减少了 2.9%。其次是从业者规模在 1 人以上 4 人以下的企业，数量为 105 个(24.3%)，比上年增加了 9.4%，年平均增加了 3.0%；从业者规模在 100 人以上的企业数量为 73 个(16.9%)，比上年减少了 1.4%，年平均增加了 0.7%。从业者规模在 50 人以上 99 人以下的企业数量为 58 个(13.4%)，和上年相同，年平均增加了 11.1%；从业者规模为 5 人以上 9 人以下的企业数量为 46 个，占总数的 10.7%，比上年减少了 4.2%，年平均增加了 13.0%。

① KBS 地区的地面波移动媒体播放企业、未应答的转播有线播放企业及播放影像独立制作企业除外。

表 4-7-6　　**播放行业(播放影像独立制作公司除外)各年度各从业者规模的企业数量现状①**　　(单位：个)

| 从业者规模＼年度 | 2009 年 | 2010 年 | 2011 年 | 比重(%) | 同比增减率(%) | 年平均增减率(%) |
|---|---|---|---|---|---|---|
| 1~4 人 | 99 | 96 | 105 | 24. 3 | 9. 4 | 3. 0 |
| 5~9 人 | 36 | 48 | 46 | 10. 7 | ▽4. 2 | 13. 0 |
| 10~49 人 | 159 | 155 | 150 | 34. 7 | ▽3. 2 | ▽2. 9 |
| 50~99 人 | 47 | 58 | 58 | 13. 4 | 0. 0 | 11. 1 |
| 100 人以上 | 72 | 74 | 73 | 16. 9 | ▽1. 4 | 0. 7 |
| 合计 | 413 | 431 | 432 | 100. 0 | 0. 2 | 2. 3 |

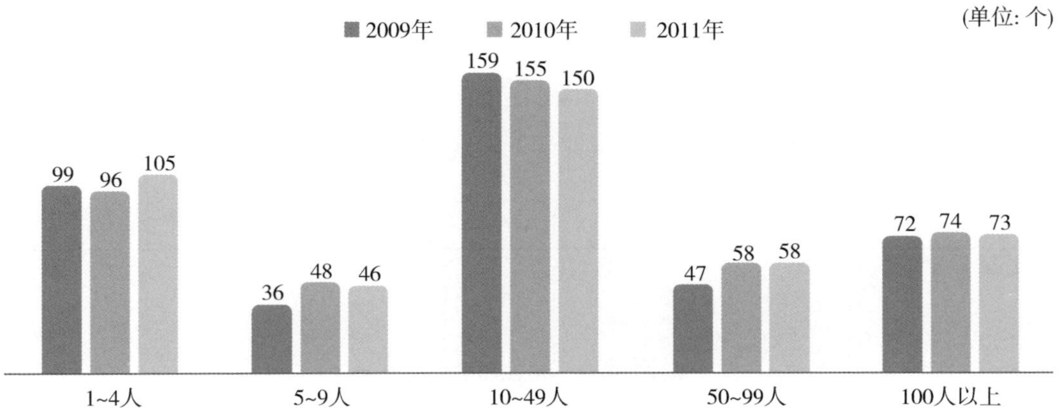


图 4-7-3　播放行业(播放影像独立制作公司除外)各年度各从业者规模的企业数量现状

从 2011 年播放行业各地区的企业数量来看，调查显示，首尔的企业数量是 216 个，占企业总数的 48. 5%，从 2009 年至 2011 年，年平均增加了 12. 4%。6 个广域市的企业数量是 72 个，占企业总数的 16. 2%，其中釜山的企业为 22 个(5. 0%)，与其他广域市相比占有更高的比例，与上年的数量相同，但年平均减少了 6. 2%。9 个道中庆尚南道的企业数量为 37 个，占企业总数的 8. 3%，是除首尔外占比最高的地区。庆尚南道的企业数量与上年相同，年平均减少了 14. 8%。全罗南道的企业数量是 33 个(7. 4%)，京畿道的企业数量是 30 个(6. 7%)，其他地区的企业数量都不足 20 个。

表 4-7-7　　**播放行业(播放影像独立制作公司除外)各地区各年度的企业数量现状②**　　(单位：个)

| 地区＼年度 | | 2009 年 | 2010 年 | 2011 年 | 比重(%) | 同比增减率(%) | 年平均增减率(%) |
|---|---|---|---|---|---|---|---|
| 首尔 | | 171 | 216 | 216 | 48. 5 | — | 12. 4 |
| 6 个广域市 | 釜山 | 25 | 22 | 22 | 5. 0 | — | ▽6. 2 |
| | 大邱 | 17 | 15 | 15 | 3. 4 | — | ▽6. 1 |
| | 仁川 | 13 | 11 | 13 | 2. 9 | 18. 2 | 0. 0 |
| | 光州 | 7 | 8 | 9 | 2. 0 | 12. 5 | 13. 4 |
| | 大田 | 8 | 8 | 9 | 2. 0 | 12. 5 | 6. 1 |
| | 蔚山 | 6 | 5 | 4 | 0. 9 | ▽20. 0 | ▽18. 4 |
| | 小计 | 76 | 69 | 72 | 16. 2 | 4. 3 | ▽2. 7 |

① KBS 地区的地面波移动媒体播放企业、播放影像独立制作企业、对于从业人员数未应答的转播有线播放企业及电视频道运营企业除外。

② KBS 地区的地面波移动媒体播放企业及播放影像独立制作企业除外。

续表

| 地区 \ 年度 | | 2009 年 | 2010 年 | 2011 年 | 比重（%） | 同比增减率（%） | 年平均增减率（%） |
|---|---|---|---|---|---|---|---|
| 9 个道 | 京畿道 | 38 | 28 | 30 | 6.7 | 7.1 | ▽11.1 |
| | 江原道 | 13 | 15 | 10 | 2.3 | ▽33.3 | ▽12.3 |
| | 忠清北道 | 21 | 14 | 11 | 2.5 | ▽21.4 | ▽27.6 |
| | 忠清南道 | 7 | 4 | 5 | 1.1 | 25.0 | ▽15.5 |
| | 全罗北道 | 13 | 10 | 11 | 2.5 | 10.0 | ▽8.0 |
| | 全罗南道 | 35 | 36 | 33 | 7.4 | ▽8.3 | ▽2.9 |
| | 庆尚北道 | 19 | 15 | 14 | 3.2 | ▽6.7 | ▽14.2 |
| | 庆尚南道 | 51 | 37 | 37 | 8.3 | — | ▽14.8 |
| | 济州道 | 4 | 7 | 6 | 1.3 | ▽14.3 | 22.5 |
| | 小计 | 201 | 166 | 157 | 35.3 | ▽5.4 | ▽11.6 |
| 合计 | | 448 | 451 | 445 | 100.0 | ▽1.3 | ▽0.3 |

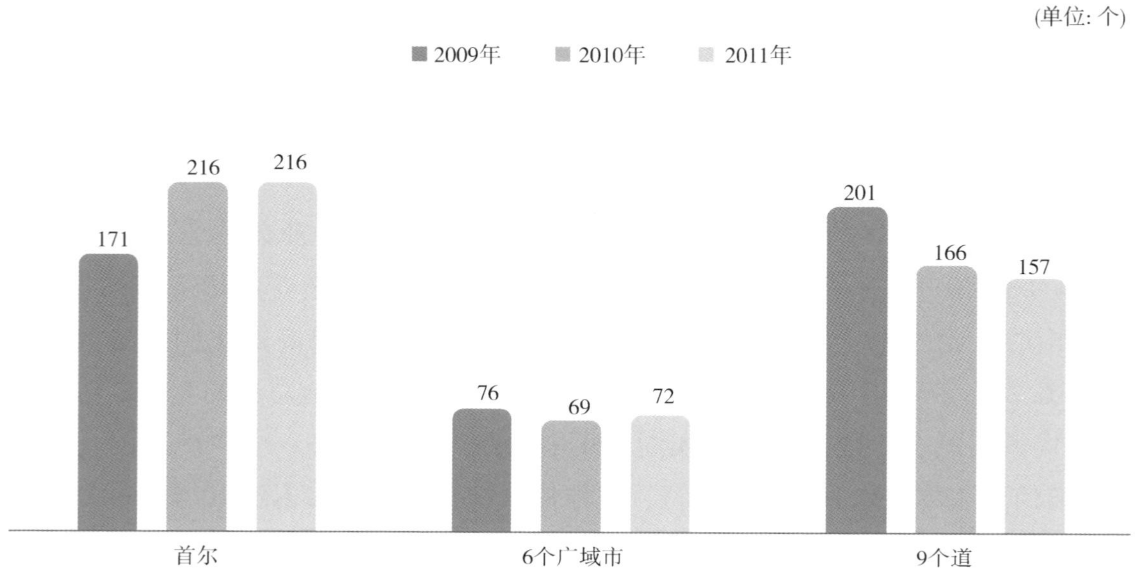


图 4-7-4　播放行业(播放影像独立制作公司除外)各年度各地区的企业数量现状

## (三)播放影像独立制作公司的数量现状

2011 年，播放影像独立制作公司数量是 628 个，比上年增加了 32.2%，从 2009 年至 2011 年，年平均增加了 147.4%。从销售额规模来看，2011 年销售额规模在 1 亿韩元以下的企业数量为 355 个(56.5%)，在企业总数中所占比例最大，比上年增加了 143.2%，年平均增加了 147.4%。其次是销售额规模在 1 亿韩元以上、10 亿韩元以下的企业，数量是 151 个，占企业总数的 24.1%，比上年减少了 37.6%，年平均减少了 22.3%；销售额规模在 10 亿韩元以上 100 亿韩元以下的企业数量是 101 个(16.1%)，比上年增加了 32.9%，年平均增加了 16.8%；销售额规模在 100 亿韩元以上的企业数量是 21 个(3.3%)，在企业总数中所占比例最小，比上年增加了 90.9%，年平均增加了 38.2%。

表 4-7-8　　播放影像独立制作公司各年度各销售额规模的企业数量现状　　（单位：个）

| 销售额规模 | 2009 年 | 2010 年 | 2011 年 | 比重（%） | 同比增减率（%） | 年平均增减率（%） |
|---|---|---|---|---|---|---|
| 不足 1 亿韩元 | 58 | 146 | 355 | 56. 5 | 143. 2 | 147. 4 |
| 1 亿～10 亿韩元 | 250 | 242 | 151 | 24. 1 | ▽37. 6 | ▽22. 3 |
| 10 亿～100 亿韩元 | 74 | 76 | 101 | 16. 1 | 32. 9 | 16. 8 |
| 100 亿韩元以上 | 11 | 11 | 21 | 3. 3 | 90. 9 | 38. 2 |
| 合计 | 393 | 475 | 628 | 100. 0 | 32. 2 | 26. 4 |

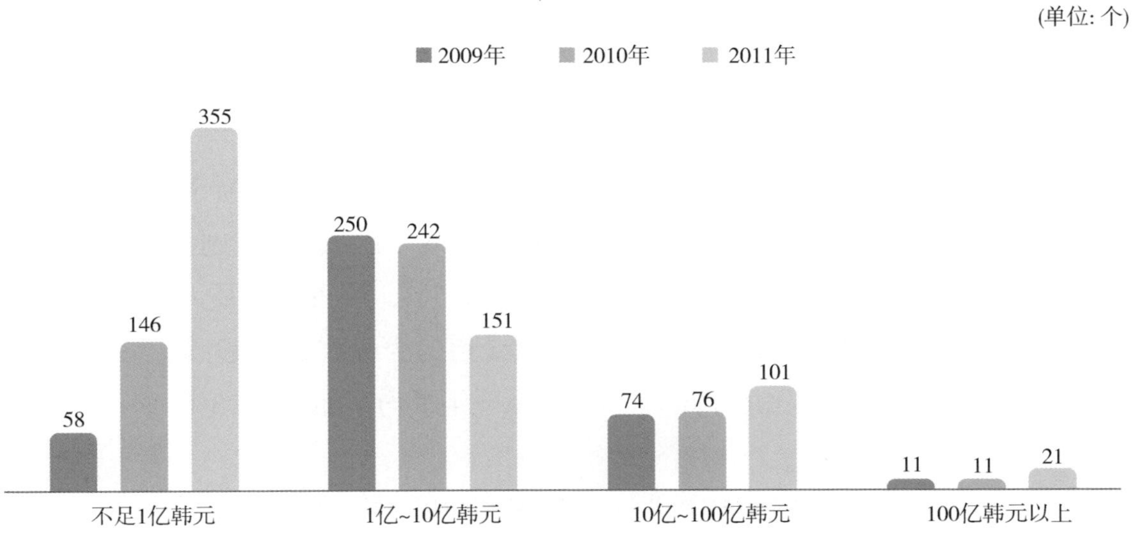


图 4-7-5　播放影像独立制作公司各年度各销售额规模的企业数量现状

从从业者规模来看，2011 年，从业者规模在 1 人以上 4 人以下的企业数量为 276 个(43. 9%)，在企业总数中所占比例最高，比上年增加了 15. 0%，从 2009 年至 2011 年，年平均增加了 33. 9%。其次是从业者规模在 5 人以上 9 人以下的企业，数量为 244 个(38. 9%)，比上年增加了 115. 9%，年平均增加了 45. 7%；从业者规模在 10 人以上 49 人以下的企业数量是 88 个(14. 0%)，比上年减少了 17. 8%，年平均减少了 9. 7%；从业者规模在 50 人以上 99 人以下的企业数量是 15 个，占企业总数的 2. 4%；从业者规模在 100 人以上的企业数量是 5 个，占企业总数的 0. 8%。

表 4-7-9　　播放影像独立制作公司各年度各从业者规模的企业的数量现状　　（单位：个）

| 从业者规模 | 2009 年 | 2010 年 | 2011 年 | 比重（%） | 同比增减率（%） | 年平均增减率（%） |
|---|---|---|---|---|---|---|
| 1～4 人 | 154 | 240 | 276 | 43. 9 | 15. 0 | 33. 9 |
| 5～9 人 | 115 | 113 | 244 | 38. 9 | 115. 9 | 45. 7 |
| 10～49 人 | 108 | 107 | 88 | 14. 0 | ▽17. 8 | ▽9. 7 |
| 50～99 人 | 14 | 13 | 15 | 2. 4 | 15. 4 | 3. 5 |
| 100 人以上 | 2 | 2 | 5 | 0. 8 | 150. 0 | 58. 1 |
| 合计 | 393 | 475 | 628 | 100. 0 | 32. 2 | 26. 4 |

(单位: 个)

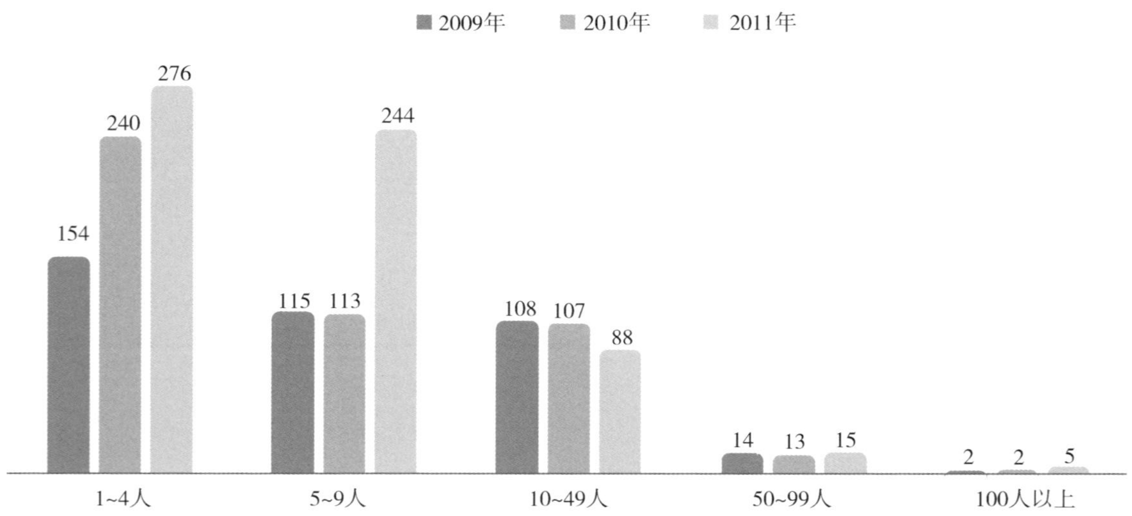


图 4-7-6　播放影像独立制作公司各年度各从业者规模的企业的数量现状

从2011年播放影像独立制作公司各地区的企业数量现状来看，首尔的企业数是479个，占企业总数的76.3%，从2009年至2011年，年平均增加了18.9%。6个广域市的企业数量是63个，占企业总数的10.2%，其中釜山的企业数是28个，占企业总数的4.5%，所占比例最大。釜山的企业数量比上年增加了460.0%，年平均增加了164.6%。9个道中京畿道的企业数量是39个，占企业总数的6.2%，是除首尔外所占比例最高的地区，比上年增加了77.3%，年平均增加了36.3%。

表 4-7-10　　**播放影像独立制作公司各年度各地区的企业数量现状**　　(单位：个)

| 地区 \ 年度 | | 2009年 | 2010年 | 2011年 | 比重(%) | 同比增减率(%) | 年平均增减率(%) |
|---|---|---|---|---|---|---|---|
| 首尔 | | 339 | 418 | 479 | 76.3 | 14.6 | 18.9 |
| 6个广域市 | 釜山 | 4 | 5 | 28 | 4.5 | 460.0 | 164.6 |
| | 大邱 | 2 | 2 | 13 | 2.1 | 550.0 | 155.0 |
| | 仁川 | 2 | 2 | 8 | 1.3 | 300.0 | 100.0 |
| | 光州 | 7 | 7 | 3 | 0.5 | ▽57.1 | ▽34.5 |
| | 大田 | 1 | 2 | 8 | 1.3 | 300.0 | 182.8 |
| | 蔚山 | 1 | 1 | 3 | 0.5 | 200.0 | 73.2 |
| | 小计 | 17 | 19 | 63 | 10.2 | 231.6 | 92.5 |
| 9个道 | 京畿道 | 21 | 22 | 39 | 6.2 | 77.3 | 36.3 |
| | 江原道 | 4 | 4 | 13 | 2.0 | 225.0 | 80.3 |
| | 忠清北道 | 1 | 1 | 4 | 0.6 | 300.0 | 100.0 |
| | 忠清南道 | 2 | 2 | 2 | 0.3 | — | 0.0 |
| | 全罗北道 | 3 | 3 | 14 | 2.2 | 366.7 | 116.0 |
| | 全罗南道 | 1 | 1 | — | 0.0 | ▽100.0 | — |
| | 庆尚北道 | 3 | 3 | 4 | 0.6 | 33.3 | 15.5 |
| | 庆尚南道 | 1 | 1 | 5 | 0.8 | 400.0 | 123.6 |
| | 济州道 | 1 | 1 | 5 | 0.8 | 400.0 | 123.6 |
| | 小计 | 37 | 38 | 86 | 13.5 | 126.3 | 52.5 |
| 合计 | | 393 | 475 | 628 | 100.0 | 32.2 | 26.4 |

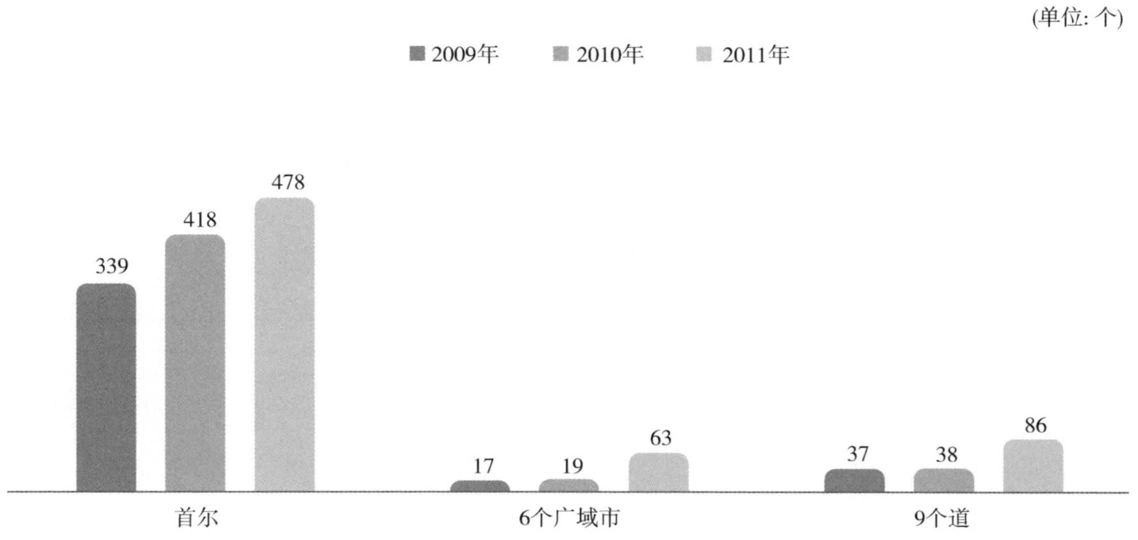


图 4-7-7　播放影像独立制作公司各年度各地区的企业数量现状

## (四)播放行业的销售额现状

2011 年播放行业的销售额是 12 兆7 524亿韩元，比上年增加了 14.1%，从 2009 年至 2011 年，年平均增加了 13.6%。

从中分类来看，地面波播放的销售额是 3 兆9 313亿韩元(30.8%)，比上年增加了 7.3%，年平均增加了 9.7%。有线播放的销售额是 2 兆1 222亿韩元(16.7%)，比上年增加了 9.5%，年平均增加了 8.1%。卫星播放的销售额是4 692亿韩元(3.7%)，比上年减少了 0.8%，年平均减少了 1.5%；播放频道应用业的销售额是 4 兆7 176亿韩元(37.0%)，比上年增加了 19.1%，年平均增加了 19.6%。从小分类来看，网络协议电视(IPTV)的销售额是6 161亿韩元(4.8%)，比上年增加了 52.4%，年平均增加了 67.2%。播放影像独立制作公司的销售额是8 957亿韩元(7.0%)，比上年增加了 21.5%，年平均增加了 6.1%。

表 4-7-11　**播放行业各年度各业种的销售额现状**　(单位：百万韩元)

| 中分类 | 小分类 | | 2009 年 | 2010 年 | 2011 年 | 比重(%) | 同比增减率(%) | 年平均增减率(%) |
|---|---|---|---|---|---|---|---|---|
| 地面波播放 | 地面波播放业 | 电视播放 | 2 959 557 | 3 308 143 | 3 560 069 | 27.9 | 7.6 | 9.7 |
| | | 广播播放 | 289 133 | 327 618 | 344 694 | 2.7 | 5.2 | 9.2 |
| | | 地面波系列 DMB | 7 709 | 13 922 | 9 710 | 0.1 | ▽30.3 | 12.2 |
| | 地面波移动媒体播放业 | | 11 020 | 14 516 | 16 897 | 0.1 | 16.4 | 23.8 |
| | 小计 | | 3 267 419 | 3 664 199 | 3 931 370 | 30.8 | 7.3 | 9.7 |
| 有线播放 | 综合有线播放业 | | 1 804 719 | 1 928 473 | 2 116 851 | 16.6 | 9.8 | 8.3 |
| | 转播有线播放业 | | 12 106 | 9 284 | 5 375 | 0.1 | ▽42.1 | ▽33.4 |
| | 小计 | | 1 816 825 | 1 937 757 | 2 122 226 | 16.7 | 9.5 | 8.1 |
| 卫星播放 | 普通卫星播放业 | | 350 332 | 351 540 | 373 853 | 2.9 | 6.3 | 3.3 |
| | 卫星移动媒体播放业 | | 133 434 | 121 372 | 95 380 | 0.8 | ▽21.4 | ▽15.5 |
| | 小计 | | 483 766 | 472 912 | 469 233 | 3.7 | ▽0.8 | ▽1.5 |

续表

| 中分类 | 小分类 | 2009 年 | 2010 年 | 2011 年 | 比重（%） | 同比增减率（%） | 年平均增减率（%） |
|---|---|---|---|---|---|---|---|
| 播放频道应用业 | 播放频道应用业 | 3 300 369 | 3 960 170 | 4 717 690 | 37.0 | 19.1 | 19.6 |
| 网络影像作品提供业 | 网络协议电视(IPTV) | 220 400 | 404 303 | 616 196 | 4.8 | 52.4 | 67.2 |
| 播放影像作品制作业 | 播放影像独立制作公司 | 796 175 | 737 092 | 895 769 | 7.0 | 21.5 | 6.1 |
| 合计 | | 9 884 954 | 11 176 433 | 12 752 484 | 100.0 | 14.1 | 13.6 |

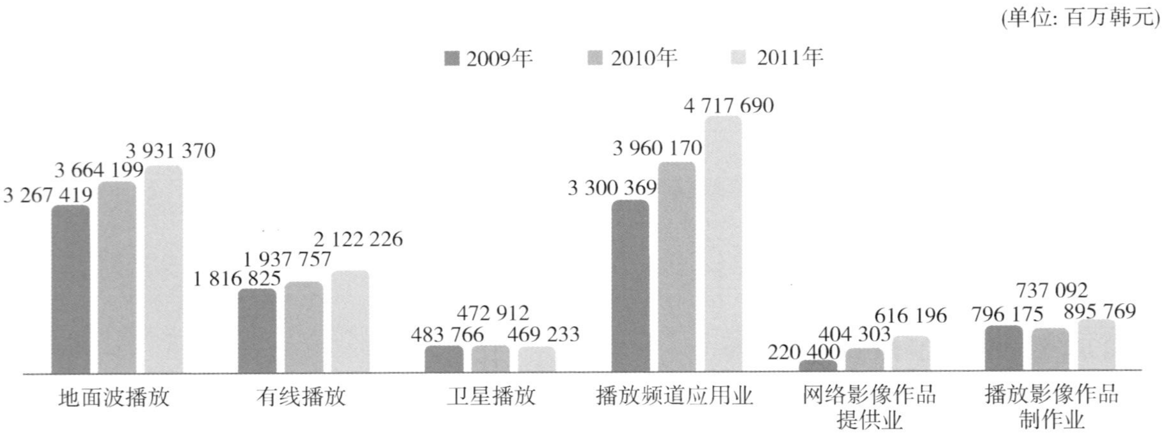


图 4-7-8　播放行业各年度各业种的销售额现状

### 1. 播放行业各销售额规模的企业的销售额现状

从 2011 年播放行业各销售额规模的企业的销售额现状来看，调查显示，销售额在 100 亿韩元以上的企业的销售额所占比例最大，为 11 兆8 383亿韩元，占全部销售额的 92.8%。其次是销售额规模在 10 亿韩元以上 100 亿韩元以下的企业，其销售额是8 059亿韩元，占全部销售额的 6.3%。销售额规模在 1 亿韩元以上 10 亿韩元以下的企业的销售额是 755 亿韩元(0.6%)。销售额规模在 1 亿韩元以下的企业的销售额在全部销售额中所占比例最小，为 325 亿韩元(0.3%)。

由于播放行业的特点，销售额规模在 100 亿韩元以上的企业的销售额在 2011 年仍占全部销售额的 92.8%，销售额集中于大型企业的状况依然在持续。为了行业的发展，要制定扶持政策，使小规模企业也能够同步增长。

表 4-7-12　**播放行业各业种各销售额规模的企业的销售额现状(2011 年)**　(单位：百万韩元)

| 业种 \ 销售额规模 | | 不足 1 亿韩元 | 1 亿~10 亿韩元 | 10 亿~100 亿韩元 | 100 亿韩元以上 | 合计 |
|---|---|---|---|---|---|---|
| 地面波播放 | 地面波播放业 | 226 | 523 | 50 629 | 3 863 094 | 3 914 472 |
| | 地面波移动媒体播放业 | — | — | 16 897 | — | 16 897 |
| 有线播放 | 综合有线播放业 | — | — | 128 600 | 1 988 251 | 2 116 851 |
| | 转播有线播放业 | 1 934 | 2 359 | 1 082 | — | 5 375 |
| 卫星播放 | 普通卫星播放业 | — | — | — | 373 853 | 373 853 |
| | 卫星移动媒体播放业 | — | — | — | 95 380 | 95 380 |

续表

| 业种 \ 销售额规模 | | 不足 1 亿韩元 | 1 亿~10 亿韩元 | 10 亿~100 亿韩元 | 100 亿韩元以上 | 合计 |
|---|---|---|---|---|---|---|
| 播放频道应用业 | 电视购物 PP | — | — | 4 128 | 2 570 720 | 2 574 848 |
| | 普通 PP(电视/广播 数据 PP) | 334 | 17 072 | 283 983 | 1 841 454 | 2 142 843 |
| 网络影像作品提供业 | 网络协议电视(IPTV) | — | — | — | 616 196 | 616 196 |
| 播放影像作品制作业 | 播放影像独立制作公司 | 30 105 | 55 565 | 320 663 | 489 436 | 895 769 |
| 合计 | | 32 599 | 75 519 | 805 982 | 11 838 384 | 12 752 484 |
| 比重(%) | | 0.3 | 0.6 | 6.3 | 92.8 | 100.0 |

## (五)播放行业销售额的构成明细现状

2011 年播放行业的销售额是 12 兆7 524亿韩元，其中广告收入是 3 兆7 342亿韩元，占整体销售额的 29.3%，占比最高。其次是收视费 2 兆6 576亿韩元，占整体销售额的 20.8%；电视购物播放的销售额为 2 兆5 619亿韩元，占整体销售额的 20.1%；节目销售收入的销售额为 1 兆4 355亿韩元，占整体销售额的 11.3%；其他播放事业的销售额为 1 兆 878 亿韩元，占整体销售额的 8.5%；电视购物输出手续费的收入为5 850亿韩元，占整体销售额的 4.6%；赞助收入为4 344亿韩元，占整体销售额的 3.4%，终端装置租借(销售)收入是2 121亿韩元，占整体销售额的 1.7%。

在收视费收入的 2 兆6 576亿韩元中，综合有线播放业收入所占比例最大，为 1 兆2 024亿韩元，占整体销售额的 45.2%。在广告收入的 3 兆7 342亿韩元中，地面波播放业的销售额为 2 兆3 753亿韩元，占整体销售额的 63.6%。在赞助收入的4 344亿韩元中，地面波播放业的销售额为3 411亿韩元，占整体销售额的 78.5%。

表 4-7-13 **播放行业各业种销售额的构成明细现状(2011 年)** (单位：百万韩元)

| 构成明细 \ 业种 | 地面波播放 | | 有线播放 | | 卫星播放 | | 播放频道应用业 | 网络影像作品提供业 | 播放影像作品制作业 | 合计 | 比重(%) |
|---|---|---|---|---|---|---|---|---|---|---|---|
| | 地面波播放业 | 地面波移动媒体播放业 | 综合有线播放业 | 转播有线播放业 | 普通卫星播放业 | 卫星移动媒体播放业 | | | | | |
| 收视费收入 | 597 488 | — | 1 202 466 | — | 321 667 | 89 031 | 446 974 | — | — | 2 657 626 | 20.8 |
| 广告收入 | 2 375 357 | 8 910 | 114 361 | — | 12 234 | 1 800 | 1 221 553 | — | — | 3 734 215 | 29.3 |
| 赞助收入 | 341 125 | 1 312 | 349 | — | — | — | 76 248 | — | 15 378 | 434 412 | 3.4 |
| 节目销售收入 | 438 921 | 616 | — | — | — | — | 156 860 | — | 839 186 | 1 435 583 | 11.3 |
| 电视购物输出手续费收入 | — | — | 555 004 | — | 30 060 | — | — | — | — | 585 064 | 4.6 |
| 设施设置收入 | — | — | 18 978 | — | 3 555 | — | — | — | — | 22 533 | 0.2 |
| 终端装置租借(销售)收入 | — | — | 207 346 | — | 4 743 | 11 | — | — | — | 212 100 | 1.7 |
| 转播有线播放的收视收入 | — | — | 6 205 | — | — | — | — | — | — | 6 205 | 0.0 |
| 播放设施租借收入 | — | — | — | — | — | — | 2 726 | — | — | 2 726 | 0.0 |
| 活动收入 | — | — | — | — | — | — | 12 297 | — | — | 12 297 | 0.1 |
| 电视购物销售收入 | — | — | — | — | — | — | 2 561 901 | — | — | 2 561 901 | 20.1 |
| 其他播放事业收入 | 161 582 | 6 059 | 12 142 | 5 375 | 1 594 | 4 538 | 239 131 | 616 196 | 41 205 | 1 087 822 | 8.5 |
| 合计 | 3 914 473 | 16 897 | 2 116 851 | 5 375 | 373 853 | 95 380 | 4 717 690 | 616 196 | 895 769 | 12 752 484 | 100.0 |

### 1. 播放行业中地面波播放业的销售额现状

2011 年播放行业中地面波播放业的销售额可以分为播放事业收入和其他事业收入，其中播放事业收入是 3 兆9 144亿韩元，比上年增加了 7. 3%，从2009年至2011年，年平均增加了 9. 6%。从年度来看，地面波播放业的销售额中，播放事业收入呈现出持续性增加的趋势，2009 年是 3 兆2 563亿韩元，2010 年是 3 兆6 496亿韩元，2011 年是 3 兆9 144亿韩元。地面波播放业销售额中的播放事业收入中，广告收入是 2 兆3 753亿韩元，比上年增加了 7. 2%，年平均增加了 11. 3%。地面波播放业销售额中的播放事业收入中，节目销售收入是4 389亿韩元，比上年增加了 30. 6%，年平均增加了 26. 4%。

2011 年，地面波移动媒体播放业的销售额是将播放事业收入和其他事业收入包括在一起计算的，共 212 亿韩元。其中播放事业收入是 168 亿韩元，比上年增加了 16. 4%，年平均增加了 23. 8%。地面波移动多媒体播放业的销售额中其他事业收入是5 764亿韩元，比上年增加了 37. 6%，年平均增加了 24. 6%。

表 4-7-14　**播放行业中地面波播放业及地面波移动媒体播放业各年度各业种销售额现状**　（单位：百万韩元）

| 分类 | | 2009 年 | 2010 年 | 2011 年 | 比重（%） | 同比增减率（%） | 年平均增减率（%） |
|---|---|---|---|---|---|---|---|
| 地面波播放业 | 收视费收入 | 574 540 | 586 647 | 597 488 | 13. 3 | 1. 8 | 2. 0 |
| | 广告收入 | 1 918 234 | 2 216 196 | 2 375 357 | 52. 9 | 7. 2 | 11. 3 |
| | 赞助收入 | 326 539 | 336 562 | 341 125 | 7. 6 | 1. 4 | 2. 2 |
| | 节目销售收入 | 274 889 | 336 192 | 438 921 | 9. 8 | 30. 6 | 26. 4 |
| | 其他播放事业收入 | 162 197 | 174 086 | 161 582 | 3. 6 | ▽7. 2 | ▽0. 2 |
| | 播放事业收入 | 3 256 399 | 3 649 683 | 3 914 473 | 87. 2 | 7. 3 | 9. 6 |
| | 其他事业收入 | 371 229 | 418 850 | 576 441 | 12. 8 | 37. 6 | 24. 6 |
| | 小计 | 3 627 628 | 4 068 533 | 4 490 914 | 100. 0 | 10. 4 | 11. 3 |
| 地面波移动媒体播放业 | 广告收入 | 5 082 | 7 737 | 8 910 | 42. 0 | 15. 2 | 32. 4 |
| | 赞助收入 | 3 078 | 296 | 1 312 | 6. 2 | 343. 2 | ▽34. 7 |
| | 节目销售收入 | 116 | 497 | 616 | 2. 9 | 23. 9 | 130. 4 |
| | 其他播放事业收入 | 2 745 | 5 986 | 6 059 | 28. 6 | 1. 2 | 48. 6 |
| | 播放事业收入 | 11 020 | 14 516 | 16 897 | 79. 7 | 16. 4 | 23. 8 |
| | 其他事业收入 | 2 046 | 3 156 | 4 305 | 20. 3 | 36. 4 | 45. 1 |
| | 小计 | 13 066 | 17 673 | 21 202 | 100. 0 | 20. 0 | 27. 4 |
| 播放事业收入合计 | | 3 267 419 | 3 664 199 | 3 931 370 | — | 7. 3 | 9. 7 |

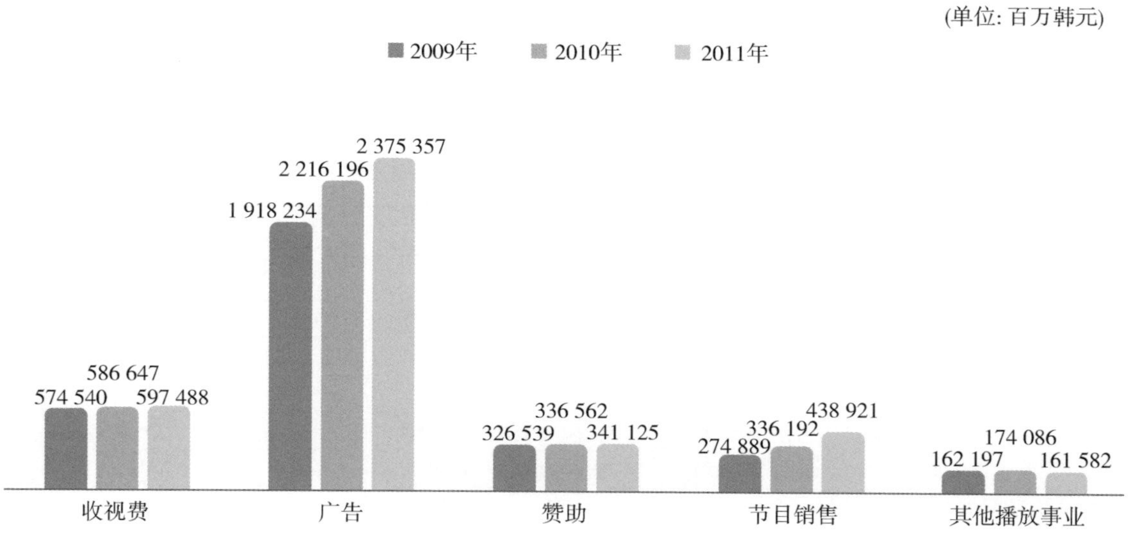


图 4-7-9　播放行业中地面波播放业各业种各年度销售额现状

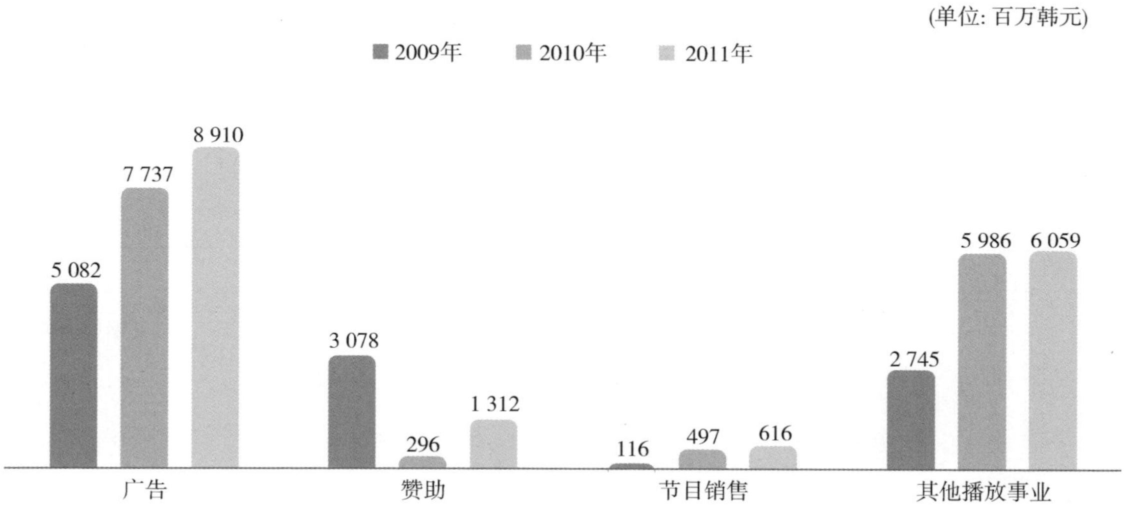


图 4-7-10　播放行业中地面波移动媒体播放业各业种各年度销售额现状

### 2. 播放行业中有线播放业的销售额现状

2011 年，播放行业中有线播放业的销售额可以分为播放事业收入和其他事业收入，其中播放事业收入合计是 2 兆1 222亿韩元，比上年增加了 9.5%，从 2009 年至 2011 年，年平均增加了 8.1%。从年度来看，有线播放业的销售额中播放事业收入呈现出持续性增加的趋势，2009 年是 1 兆8 168亿韩元，2010 年是 1 兆9 377亿韩元，2011 年是 2 兆1 222亿韩元。

有线播放业销售额中综合有线播放业的销售额是将播放事业收入和其他事业收入包括在一起的，共计为 2 兆8 138亿韩元，其中播放事业收入是 2 兆1 168亿韩元，比上年增加了 9.8%，年平均增加了 8.3%。综合有线播放业的销售额中其他事业收入是6 970亿韩元，比上年减少了 1.7%，年平均减少了 1.6%。综合有线播放业的播放事业收入中，终端装置租借(销售)收入每年都有大幅度的增加，2009 年是1 180亿韩元，2010 年是1 602亿韩元，2011 年是2 073亿韩元；电视购物输出手续费收入也有大幅度的增加，2010 年是4 374亿韩元，2011 年是5 550亿韩元，约增加了1 176亿韩元。综合有线播放业的销售额中收视费收入所占比例最大，但其占比却一直在减少，2009 年是 45.5%，2010 年是 44.5%，2011 年是 42.7%。

有线播放业销售额中转播有线播放业的销售额，包括播放事业收入的 53 亿韩元和其他事业收入的 67 亿韩元。

表 4-7-15　　**播放行业中综合有线播放业及转播有线播放业的各业种销售额现状**　　（单位：百万韩元）

| 分类 | | | 2009 年 | 2010 年 | 2011 年 | 比重（%） | 同比增减率（%） | 年平均增减率（%） |
|---|---|---|---|---|---|---|---|---|
| 综合有线播放业 | | 收视费收入 | 1 148 038 | 1 173 735 | 1 202 466 | 42. 7 | 2. 4 | 2. 3 |
| | | 广告收入 | 106 468 | 111 174 | 114 361 | 4. 1 | 2. 9 | 3. 6 |
| | | 赞助收入 | 30 | 59 | 349 | 0. 0 | 491. 5 | 241. 1 |
| | | 电视购物输出手续费收入 | 385 382 | 437 466 | 555 004 | 19. 7 | 26. 9 | 20. 0 |
| | | 设施设置收入 | 29 450 | 22 602 | 18 978 | 0. 7 | ▽16. 0 | ▽19. 7 |
| | | 终端装置租借(销售)收入 | 118 019 | 160 221 | 207 346 | 7. 4 | 29. 4 | 32. 5 |
| | | 转播有线播放收视费收入 | 5 432 | 8 405 | 6 205 | 0. 2 | ▽26. 2 | 6. 9 |
| | | 其他播放事业收入 | 11 900 | 14 811 | 12 142 | 0. 4 | ▽18. 0 | 1. 0 |
| | 播放事业收入 | | 1 804 719 | 1 928 473 | 2 116 851 | 75. 2 | 9. 8 | 8. 3 |
| | 其他事业收入 | | 720 507 | 708 951 | 697 022 | 24. 8 | ▽1. 7 | ▽1. 6 |
| | 小计 | | 2 525 226 | 2 637 424 | 2 813 873 | 100. 0 | 6. 7 | 5. 6 |
| 转播有线播放业 | 播放事业收入 | | 12 106 | 9 284 | 5 375 | 44. 3 | ▽42. 1 | ▽33. 4 |
| | 其他事业收入 | | 3 570 | 4 518 | 6 767 | 55. 7 | 49. 8 | 37. 7 |
| | 小计 | | 15 676 | 13 802 | 12 142 | 100. 0 | ▽12. 0 | ▽12. 0 |
| 播放事业收入合计 | | | 1 816 825 | 1 937 757 | 2 122 226 | — | 9. 5 | 8. 1 |

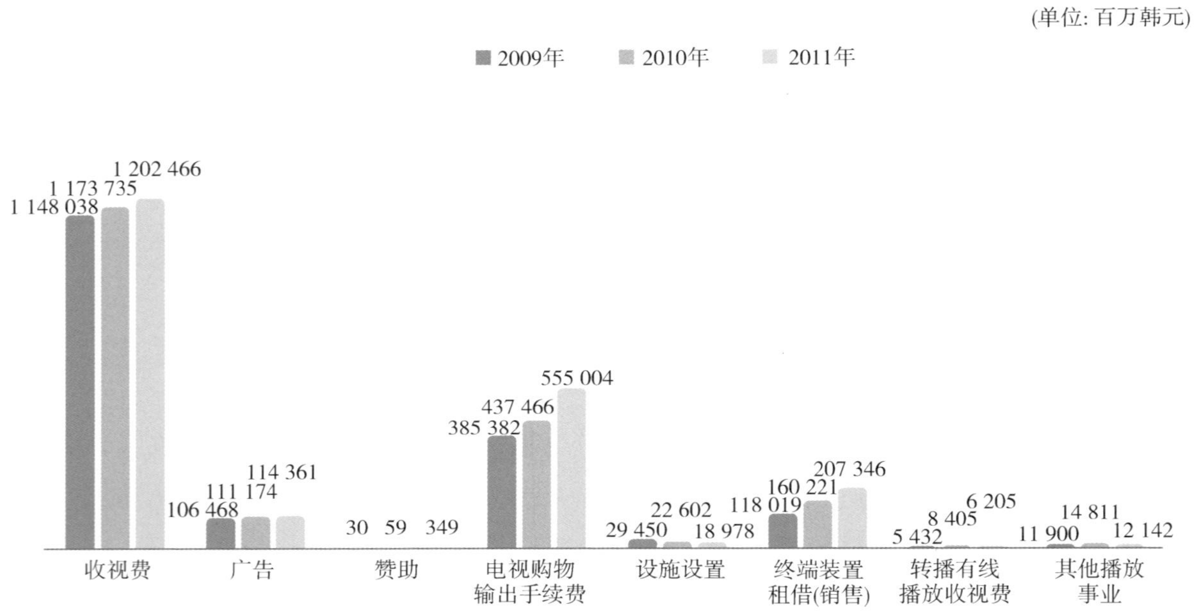


图 4-7-11　播放行业中综合有线播放业各业种的年度销售额现状

### 3. 播放行业中卫星播放业的销售额现状

2011 年播放行业中卫星播放业的销售额可以分为播放事业收入和其他事业收入，其中播放事业收入是4 692亿韩元，比上年减少了 0. 8%，从 2009 年至 2011 年，年平均减少了 1. 5%。从年度来看，卫星播放业的销售额中，播放事业收入呈现出持续性减少的趋势，2009 年是4 837亿韩元，2010 年是4 729亿韩元，2011 年是4 692亿韩元。

2011 年普通卫星播放业的销售额中，是将播放事业收入和其他事业收入包括在一起计算的，共计 4 576亿韩元，其中播放事业收入是3 738亿韩元，比上年增加了 6.3%，年平均增加了 3.3%。普通卫星播放业的销售额中其他事业收入是837 亿韩元，比上年增加了5.5%，年平均增加了33.3%。普通卫星播放业的销售额中电视购物输出手续费收入呈现出持续性增加的趋势，2009 年是 161 亿韩元，2010 年是 190 亿韩元，2011 年是 300 亿韩元。

卫星播放业的销售额中，卫星移动媒体播放业的销售额包括播放事业收入的 953 亿韩元和其他事业收入的3 210亿韩元，与播放事业收入相比其他事业收入更高。

表 4-7-16　**播放行业中普通卫星播放业及卫星移动媒体播放业各业种的年度销售额现状**　（单位：百万韩元）

| 分类 | | 2009 年 | 2010 年 | 2011 年 | 比重（%） | 同比增减率（%） | 年平均增减率（%） |
|---|---|---|---|---|---|---|---|
| 普通卫星播放业 | 播放收视费收入 | 294 980 | 297 740 | 321 667 | 70.3 | 8.0 | 4.4 |
| | 广告收入 | 11 348 | 15 605 | 12 234 | 2.7 | ▽21.6 | 3.8 |
| | 电视购物输出手续费收入 | 16 196 | 19 097 | 30 060 | 6.6 | 57.4 | 36.2 |
| | 设施设置 | 3 730 | 3 400 | 3 555 | 0.8 | 4.6 | ▽2.4 |
| | 终端装置租借(销售)收入 | 22 968 | 14 320 | 4 743 | 1.0 | ▽66.9 | ▽54.6 |
| | 其他播放事业收入 | 1 110 | 1 378 | 1 594 | 0.3 | 15.7 | 19.8 |
| | 播放事业收入 | 350 332 | 351 540 | 373 853 | 81.7 | 6.3 | 3.3 |
| | 其他事业收入 | 47 125 | 79 443 | 83 779 | 18.3 | 5.5 | 33.3 |
| | 小计 | 397 457 | 430 983 | 457 632 | 100.0 | 6.2 | 7.3 |
| 卫星移动媒体播放业 | 播放收视费收入 | 124 281 | 112 504 | 89 031 | 21.4 | ▽20.9 | ▽15.4 |
| | 广告收入 | 3 299 | 4 510 | 1 800 | 0.4 | ▽60.1 | ▽26.1 |
| | 终端装置租借(销售)收入 | 2 286 | 590 | 11 | 0.0 | ▽98.1 | ▽93.1 |
| | 其他播放事业收入 | 3 568 | 3 768 | 4 538 | 1.1 | 20.4 | 12.8 |
| | 播放事业收入 | 133 434 | 121 372 | 95 380 | 22.9 | ▽21.4 | ▽15.5 |
| | 其他事业收入 | — | 323 375 | 321 078 | 77.1 | ▽0.7 | — |
| | 小计 | 133 434 | 444 747 | 416 458 | 100.0 | ▽6.4 | 76.7 |
| 播放事业收入合计 | | 483 766 | 472 912 | 469 233 | — | ▽0.8 | ▽1.5 |

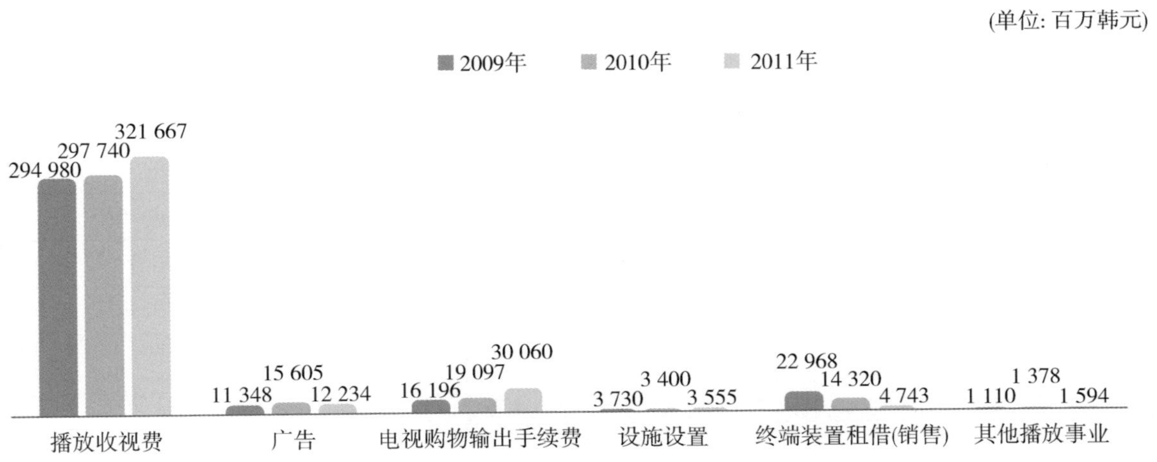


图 4-7-12　播放行业中普通卫星播放业的年度销售额现状

(单位: 百万韩元)

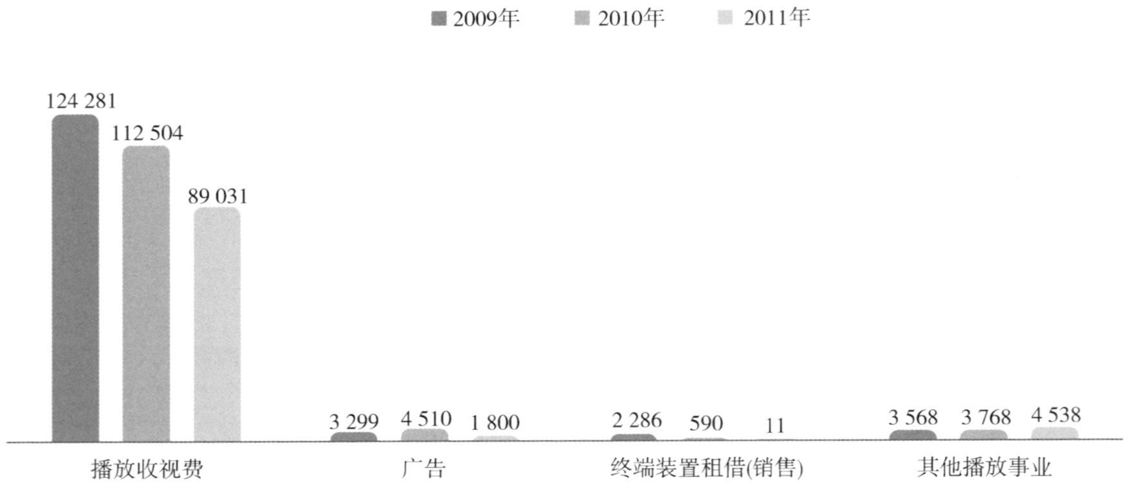


图 4-7-13　播放行业中卫星移动媒体播放业的年度销售额现状

### 4. 播放行业中播放频道应用业的销售额现状

2011 年，播放行业中播放频道应用业的销售额是将播放事业收入和其他事业收入包括在一起计算的，总计为 11 兆5 156亿韩元，其中播放事业收入是 4 兆7 176亿韩元，比上年增加了 19. 1%，从 2009 年至 2011 年，年平均增加了 19. 6%。播放频道应用业的销售额中其他事业收入是 6 兆7 979亿韩元，比上年增加了 21. 2%，年平均减少了 4. 2%。播放频道应用业的销售额中，电视购物销售收入呈现出持续性增加的趋势，2009 年是 1 兆9 031亿韩元，2010 年是 2 兆1 482亿韩元，2011 年是 2 兆5 619亿韩元；节目销售收入也呈现出持续性增加的趋势，2009 年是 839 亿韩元，2010 年是1 450亿韩元，2011 年是1 568亿韩元。

表 4-7-17　　**播放行业中播放频道应用业各业种的年度销售额现状**　　(单位：百万韩元)

| 分类 | | | 2009 年 | 2010 年 | 2011 年 | 比重（%） | 同比增减率（%） | 年平均增减率（%） |
|---|---|---|---|---|---|---|---|---|
| 播放频道应用业 | 播放事业收入 | 收视费收入 | 360 276 | 411 314 | 446 974 | 3. 9 | 8. 7 | 11. 4 |
| | | 广告收入 | 769 374 | 986 218 | 1 221 553 | 10. 6 | 23. 9 | 26. 0 |
| | | 赞助收入 | 61 166 | 78 525 | 76 248 | 0. 7 | ▽2. 9 | 11. 7 |
| | | 节目销售出入 | 83 966 | 145 044 | 156 860 | 1. 4 | 8. 1 | 36. 7 |
| | | 电视购物销售收入 | 1 903 149 | 2 148 265 | 2 561 901 | 22. 2 | 19. 3 | 16. 0 |
| | | 播放设施租借收入 | 6 406 | 5 297 | 2 726 | 0. 0 | ▽48. 5 | ▽34. 8 |
| | | 活动收入 | 7 559 | 8 999 | 12 297 | 0. 1 | 36. 6 | 27. 5 |
| | | 其他播放事业收入 | 108 473 | 176 508 | 239 131 | 2. 1 | 35. 5 | 48. 5 |
| | 播放事业收入 | | 3 300 369 | 3 960 170 | 4 717 690 | 41. 0 | 19. 1 | 19. 6 |
| | 其他事业收入 | | 7 402 146 | 5 609 635 | 6 797 941 | 59. 0 | 21. 2 | ▽4. 2 |
| 合计 | | | 10 702 515 | 9 569 806 | 11 515 631 | 100. 0 | 20. 3 | 3. 7 |

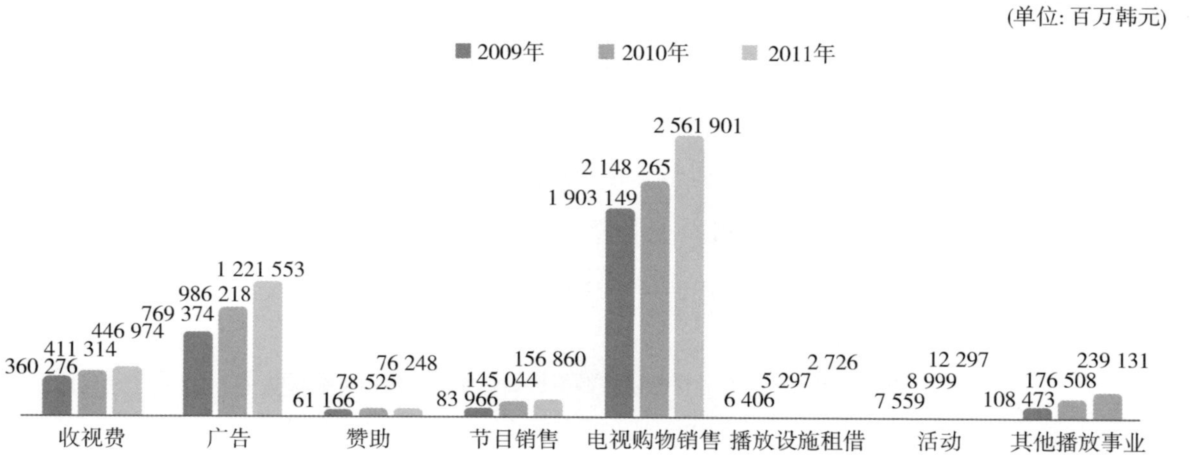


图 4-7-14　播放行业中播放频道应用业各业种的年度销售额现状

### 5. 播放影像独立制作公司各事业形态的销售额现状

2011 年，播放影像独立制作公司各事业形态的销售额中，创作及制作的销售额是7 004亿韩元，占全部销售额的 78. 2%。其他销售额是 776 亿韩元，占全部销售额的 8. 7%；制作支持的销售额是 631 亿韩元，占全部销售额的 7. 0%；流通/发行的销售额是 545 亿韩元，占全部销售额的 6. 1%。

表 4-7-18　　播放影像独立制作公司各事业形态的年度销售额现状　　(单位：百万韩元)

| 年度 \ 事业形态 | 创作及制作 | 制作支持 | 单纯复制 | 流通/发行 | 其他 | 合计 |
|---|---|---|---|---|---|---|
| 2009 年 | 746 184 | 15 135 | — | 23 462 | 11 394 | 796 175 |
| 2010 年 | 693 537 | 13 568 | — | 19 751 | 10 236 | 737 092 |
| 2011 年 | 700 434 | 63 109 | — | 54 584 | 77 642 | 895 769 |
| 比重(%) | 78. 2 | 7. 0 | — | 6. 1 | 8. 7 | 100. 0 |
| 同比增减率(%) | 1. 0 | 365. 1 | — | 176. 4 | 658. 5 | 21. 5 |
| 年平均增减率(%) | ▽3. 1 | 104. 2 | — | 52. 5 | 161. 0 | 6. 1 |

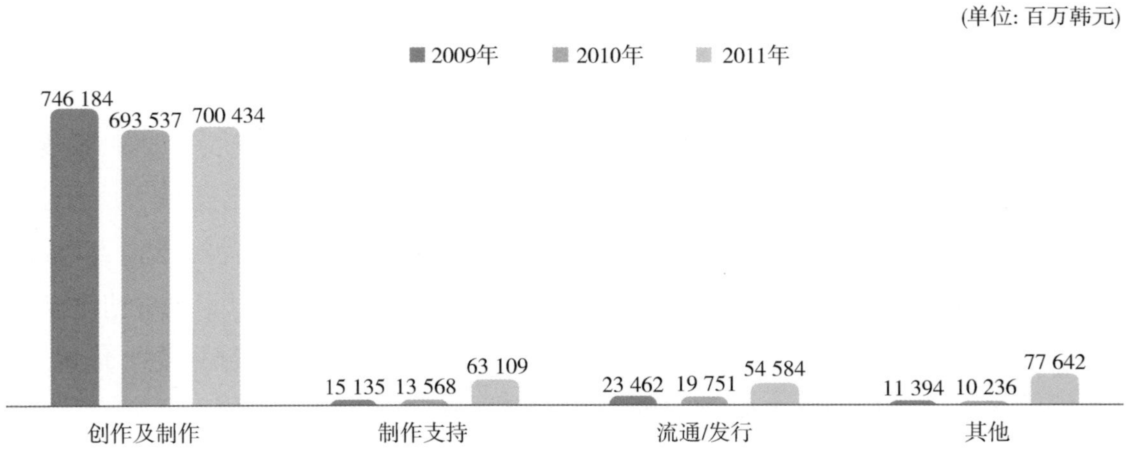


图 4-7-15　播放影像独立制作公司各年度各事业形态的销售额现状

### 6. 播放影像独立制作公司各销售额规模的企业的销售额现状

从 2011 年播放影像独立制作公司各销售额规模的企业的销售额现状来看，销售额规模在 100 亿韩元以上的企业的销售额为4 894亿韩元，占全部销售额的 54. 6%，所占比例最大。其次是销售额规模在 10 亿韩元以上 100 亿韩元以下的企业，销售额是3 206亿韩元，占全部销售额的 35. 8%。销售额规模在 1 亿韩元以上 10 亿韩元以下的企业的销售额是 555 亿韩元，占全部销售额的 6. 2%。销售额规模在 1 亿韩元以下的企业的销售额是 301 亿韩元，占全部销售额的 3. 4%。

表 4-7-19　**播放影像独立制作公司各销售额规模的企业的年度销售额现状**　（单位：百万韩元）

| 销售额规模<br>年度 | 不足 1 亿韩元 | 1 亿～10 亿韩元 | 10 亿～100 亿韩元 | 100 亿韩元以上 | 合计 |
|---|---|---|---|---|---|
| 2009 年 | 4 836 | 99 852 | 265 378 | 426 109 | 796 175 |
| 2010 年 | 8 113 | 99 915 | 232 529 | 396 535 | 737 092 |
| 2011 年 | 30 105 | 55 565 | 320 663 | 489 436 | 895 769 |
| 比重(%) | 3. 4 | 6. 2 | 35. 8 | 54. 6 | 100. 0 |
| 同比增减率(%) | 271. 1 | ▽44. 4 | 37. 9 | 23. 4 | 21. 5 |
| 年平均增减率(%) | 149. 5 | ▽25. 4 | 9. 9 | 7. 2 | 6. 1 |

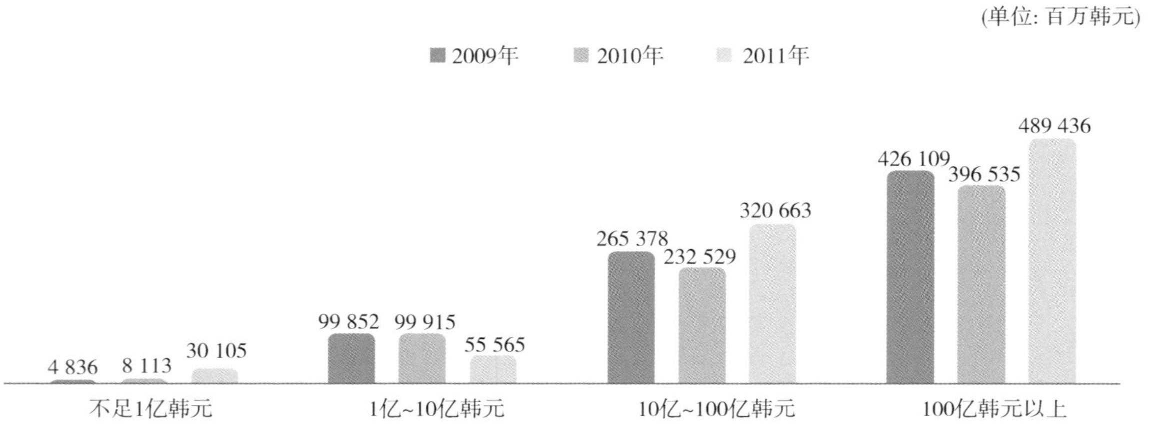


图 4-7-16　播放影像独立制作公司各销售额规模的企业的年度销售额现状

### 7. 播放影像独立制作公司各从业者规模的企业的销售额现状

从 2011 年播放影像独立制作公司各从业者规模的企业的销售额现状来看，从业者规模在 10 人以上 49 人以下的企业的销售额为3 719亿韩元，占销售总额的 41. 5%，所占比例最大。从业者规模在 50 人以上 99 人以下的企业的销售额为1 654亿韩元，占总额的 18. 5%。从业者规模在 5 人以上 9 人以下的企业的销售额为1 496亿韩元，占总额的 16. 7%。从业者规模在 100 人以上的企业的销售额为1 337 亿韩元，占总额的 14. 9%，从业者规模在 1 人以上 4 人以下的企业的销售额为 749 亿韩元，占总额的 8. 4%。从业者规模在 50 人以上 99 人以下的企业的销售额减少幅度最大，比上年减少了 49. 3%，其他企业的销售额，与上年相比都有很大幅度的增加。其中从业者规模在 5 人以上 9 人以下的企业的销售额呈现出最大的增长幅度，比上年增长了 144. 1%，从 2009 年至 2011 年，年平均增长了 57. 0%。

表 4-7-20　　**播放影像独立制作公司各从业者规模的企业的年度销售额现状**　　（单位：百万韩元）

| 年度＼从业者规模 | 1~4 人 | 5~9 人 | 10~49 人 | 50~99 人 | 100 人以上 | 合计 |
|---|---|---|---|---|---|---|
| 2009 年 | 39 612 | 60 768 | 265 331 | 352 127 | 78 337 | 796 175 |
| 2010 年 | 41 235 | 61 336 | 233 685 | 326 583 | 74 253 | 737 092 |
| 2011 年 | 74 918 | 149 696 | 371 943 | 165 439 | 133 773 | 895 769 |
| 比重(%) | 8. 4 | 16. 7 | 41. 5 | 18. 5 | 14. 9 | 100. 0 |
| 同比增减率(%) | 81. 7 | 144. 1 | 59. 2 | ▽49. 3 | 80. 2 | 21. 5 |
| 年平均增减率(%) | 37. 5 | 57. 0 | 18. 4 | ▽31. 5 | 30. 7 | 6. 1 |

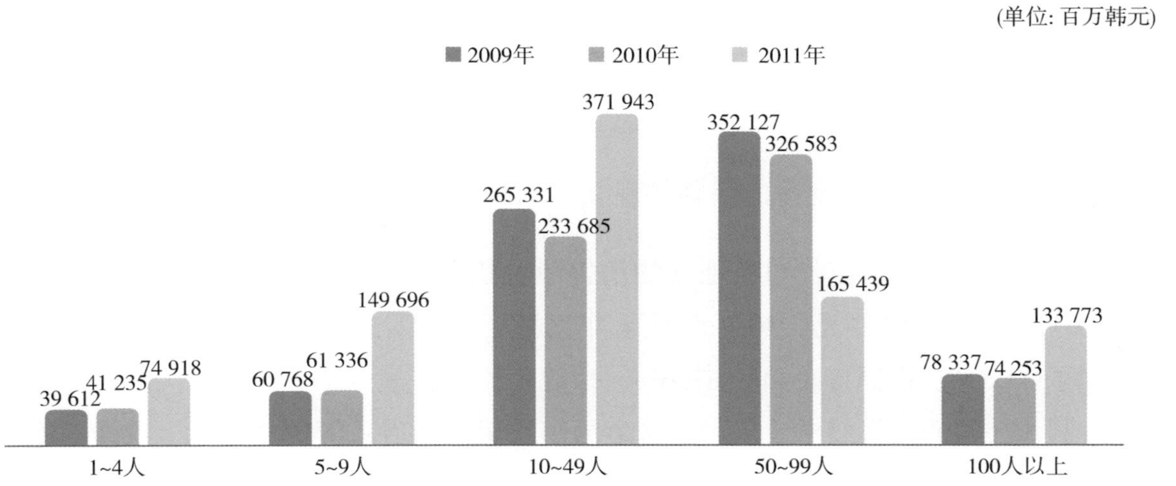


图 4-7-17　播放影像独立制作公司各从业者规模的企业的年度销售额现状

## 8. 播放影像独立制作公司的销售额构成明细现状

从 2011 年播放影像独立制作公司的销售额构成明细来看，播放公司的销售额为4 075亿韩元(45. 5%)，所占比例最大；其次是广告/宣传品制作的销售额为3 526亿韩元(39. 4%)；影像作品发行的销售额为 208 亿韩元(2. 3%)。即播放影像独立制作公司的销售额绝大多数来自于播放公司和广告/宣传品制作，此外，影像作品发行(2. 3%)、国内销售(2. 3%)、海外销售(1. 6%)等也产生了一部分的销售额。

2011 年，播放公司的销售额比上年减少了 10. 0%，影像作品发行的销售额也呈现出很大幅度的减少，比上年减少了 81. 3%。但是广告/宣传品制作的销售额比上年增加了 426. 9%。

表 4-7-21　　**播放影像独立制作公司的销售额构成明细现状**　　（单位：百万韩元）

| 年度＼构成明细 | 播放公司 | 广告/宣传品制作 | 影像作品发行 | 海外销售 | 国内销售 | 许可收入 | 在线收入 | 赞助 | 间接广告 | 其他 | 合计 |
|---|---|---|---|---|---|---|---|---|---|---|---|
| 2009 年 | 465 731 | — | 147 363 | — | — | — | — | 43 785 | — | 139 296 | 796 175 |
| 2010 年 | 452 593 | 66 932 | 111 357 | 4 609 | — | — | — | 38 329 | 402 | 62 870 | 737 092 |
| 2011 年 | 407 504 | 352 646 | 20 864 | 14 354 | 20 648 | 17 045 | 6 125 | 15 378 | — | 41 205 | 895 769 |
| 比重(%) | 45. 5 | 39. 4 | 2. 3 | 1. 6 | 2. 3 | 1. 9 | 0. 7 | 1. 7 | — | 4. 6 | 100. 0 |
| 同比增减率(%) | ▽10. 0 | 426. 9 | ▽81. 3 | 211. 4 | — | — | — | ▽59. 9 | — | ▽34. 5 | 21. 5 |
| 年平均增减率(%) | ▽6. 5 | — | ▽62. 4 | — | — | — | — | ▽40. 7 | — | ▽45. 6 | 6. 1 |

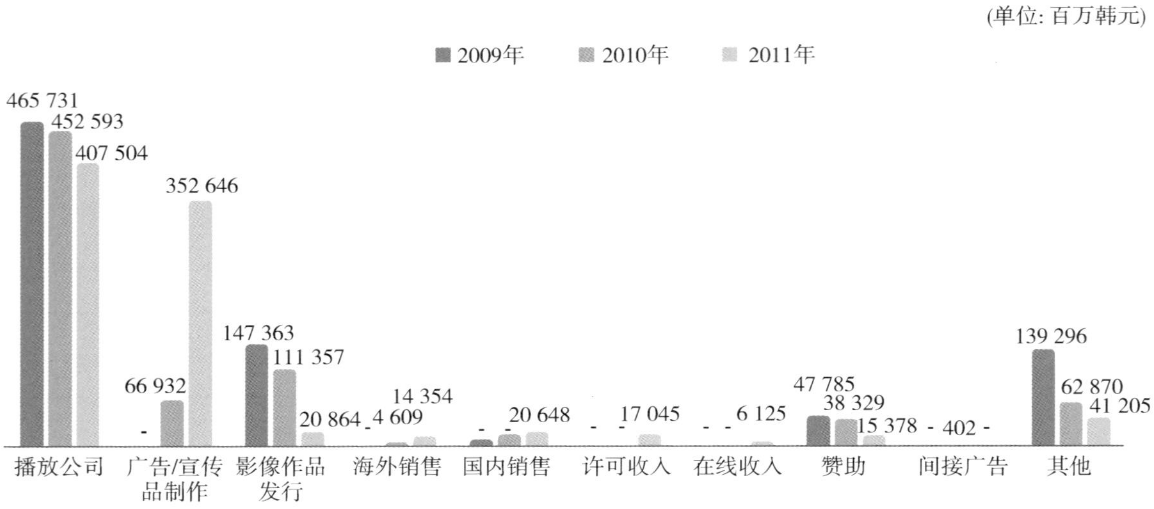


图 4-7-18　播放影像独立制作公司的销售额构成明细现状

## 9. 播放影像独立制作公司各地区的销售额现状

从 2011 年播放影像独立制作公司各地区的销售额现状来看，全罗北道的销售额从 2010 年的 1 亿韩元增加到了 2011 年的 27 亿韩元，2011 年比上年增加了将近1 516. 3%。首尔的销售额是7 846亿韩元，比上年增加了 22. 3%，占销售总额的 87. 6%；京畿道的销售额是 712 亿韩元，占销售总额的 8. 0%。即播放影像独立制作公司的销售额中首尔和京畿道的销售额占销售总额的 95. 6%，占据了绝大部分。这是因为，可以促进制作公司进行制作的招商引资及良好的制作环境都集中于首尔等首都圈地区。

表 4-7-22　**播放影像独立制作公司各地区的年度销售额现状**　(单位：百万韩元)

| 区域 \ 年度 | | 2009 年 | 2010 年 | 2011 年 | 比重（%） | 同比增减率（%） | 年平均增减率（%） |
|---|---|---|---|---|---|---|---|
| 首尔 | | 692 903 | 641 494 | 784 630 | 87. 6 | 22. 3 | 6. 4 |
| 6个广域市 | 釜山 | 5 796 | 5 322 | 12 105 | 1. 4 | 127. 5 | 44. 5 |
| | 大邱 | 3 729 | 3 340 | 7 594 | 0. 8 | 127. 4 | 42. 7 |
| | 仁川 | 2 887 | 2 662 | 1 429 | 0. 2 | ▽46. 3 | ▽29. 6 |
| | 光州 | 4 132 | 4 194 | 357 | 0. 0 | ▽91. 5 | ▽70. 6 |
| | 大田 | 1 096 | 1 050 | 3 174 | 0. 4 | 202. 3 | 70. 2 |
| | 蔚山 | 432 | 392 | 439 | 0. 0 | 12. 0 | 0. 8 |
| | 小计 | 18 072 | 16 960 | 25 098 | 2. 8 | 48. 0 | 17. 8 |
| 9个道 | 京畿道 | 79 869 | 73 870 | 71 231 | 8. 0 | ▽3. 6 | ▽5. 6 |
| | 江原道 | 1 835 | 1 594 | 6 901 | 0. 8 | 332. 9 | 93. 9 |
| | 忠清北道 | 998 | 925 | 354 | 0. 0 | ▽61. 7 | ▽40. 4 |
| | 忠清南道 | 683 | 606 | 339 | 0. 0 | ▽44. 1 | ▽29. 5 |
| | 全罗北道 | 172 | 172 | 2 780 | 0. 3 | 1 516. 3 | 302. 0 |
| | 全罗南道 | 365 | 318 | — | — | — | — |
| | 庆尚北道 | 597 | 531 | 1 459 | 0. 2 | 174. 8 | 56. 3 |
| | 庆尚南道 | 446 | 405 | 2 076 | 0. 2 | 412. 6 | 115. 7 |
| | 济州道 | 235 | 217 | 901 | 0. 1 | 315. 2 | 95. 8 |
| | 小计 | 85 200 | 78 638 | 86 041 | 9. 6 | 9. 4 | 0. 5 |
| 合计 | | 796 175 | 737 092 | 895 769 | 100. 0 | 21. 5 | 6. 1 |

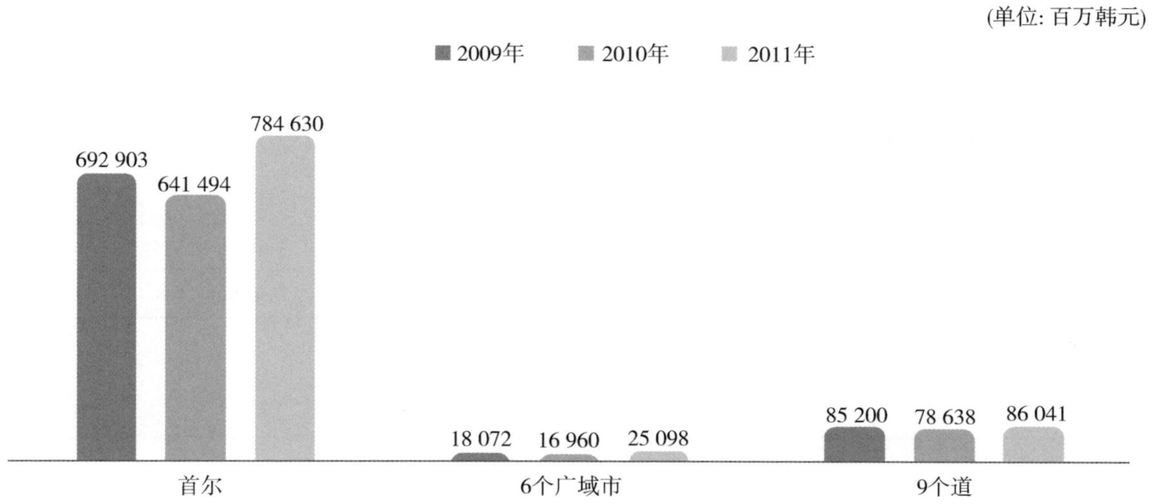


图 4-7-19　播放影像独立制作公司各地区的年度销售额现状

## (六)播放行业的附加价值额构成现状①

2011 年播放行业的附加价值额〔转播有线播放事业、网络协议电视(IPTV)除外〕是 4 兆5 482亿韩元，比上年增加了 6.1%，从 2009 年至 2011 年，年平均增加了 7.6%，附加价值率是 37.49%。

从附加价值额的构成现状来看，人工成本费为 2 兆 436 亿韩元(44.9%)，所占比例最大，比 2010 年的人工成本费 1 兆9 304亿韩元增加了 5.9%。经常性收益为 1 兆 444 亿韩元(23.0%)，比上年增加了 19.4%，从 2009 年到 2011 年，年平均增加了 25.7%。折旧费用为9 914亿韩元(21.8%)，比上年减少了 0.8%，年平均增加了 3.4%。税费是2 569亿韩元(5.7%)，比上年增加了 10.0%，年平均增加了 9.5%。此外，租借费用是1 657亿韩元(3.6%)，比上年增加了 7.5%，年平均变化不大。纯金融费用是 460 亿韩元(1.0%)，比上年减少了 50.4%，年平均减少了 37.0%。

表 4-7-23　　**播放行业各业种的附加价值额构成现状(2011 年)**　　(单位：百万韩元)

| 附加价值额 / 构成业种 | 销售额 | 附加价值额 | 附加价值率(%) | 附加价值额构成 | | | | | |
|---|---|---|---|---|---|---|---|---|---|
| | | | | 经常性收益 | 人工成本费 | 纯金融费用 | 折旧费用 | 租借费用 | 税费 |
| 地面波播放业 | 3 914 473 | 1 814 033 | 46.34 | 265 666 | 1 190 672 | ▽34 547 | 183 394 | 55 151 | 153 697 |
| 地面波移动媒体播放业 | 16 897 | 7 850 | 46.46 | ▽743 | 4 578 | ▽147 | 2 872 | 1 147 | 143 |
| 综合有线播放业 | 2 116 851 | 1 052 954 | 49.74 | 367 447 | 160 169 | 66 264 | 399 946 | 15 288 | 43 838 |
| 普通卫星播放业 | 373 853 | 108 497 | 29.02 | 31 627 | 23 203 | 1 568 | 38 961 | 9 781 | 3 359 |
| 卫星移动媒体播放业 | 95 380 | 35 032 | 36.73 | 10 759 | 5 545 | 1 013 | 9 440 | 8 097 | 179 |
| 播放频道应用业 | 4 717 690 | 1 203 144 | 25.50 | 350 951 | 436 857 | ▽10 261 | 330 820 | 49 689 | 45 089 |
| 播放影像独立制作公司 | 895 769 | 326 717 | 36.47 | 18 707 | 222 657 | 22 142 | 26 015 | 26 569 | 10 627 |

① 转播有线播放事业及网络协议电视(IPTV)的附加价值额除外(播放通信委员会的播放行业实态调查报告书中没有相关资料)。计算附加价值率时，不包括转播有线播放事业者及网络协议电视(IPTV)的销售额(2009 年的附加价值率为 40.73%)(3 931 437÷9 652 448，单位为百万韩元)。2010 年的附加价值率为 39.81%(4 284 985÷10 762 846，单位为百万韩元)，2011 年的附加价值率为 37.49%(4 548 227÷12 130 913，单位为百万韩元))。

续表

| 构成业种 \ 附加价值额 | 销售额 | 附加价值额 | 附加价值率（%） | 附加价值额构成 | | | | | |
|---|---|---|---|---|---|---|---|---|---|
| | | | | 经常性收益 | 人工成本费 | 纯金融费用 | 折旧费用 | 租借费用 | 税费 |
| 合计 | 12 130 913 | 4 548 227 | 37. 49 | 1 044 414 | 2 043 681 | 46 032 | 991 448 | 165 721 | 256 931 |
| 占附加价值额的比重(%) | | | | 23. 0 | 44. 9 | 1. 0 | 21. 8 | 3. 6 | 5. 7 |
| 占销售额的比重(%) | | | | 8. 6 | 16. 8 | 0. 4 | 8. 2 | 1. 4 | 2. 1 |

表 4-7-24　**播放行业各年度的附加价值额构成现状**　（单位：百万韩元）

| 年度 \ 附加价值额构成 | 附加价值额构成 | | | | | | 附加价值额合计 |
|---|---|---|---|---|---|---|---|
| | 经常性收益 | 人工成本费 | 纯金融费用 | 折旧费用 | 租借费用 | 税费 | |
| 2009 年 | 661 279 | 1 846 365 | 115 973 | 927 905 | 165 763 | 214 152 | 3 931 437 |
| 2010 年 | 875 044 | 1 930 464 | 92 766 | 999 065 | 154 133 | 233 513 | 4 284 985 |
| 2011 年 | 1 044 414 | 2 043 681 | 46 032 | 991 448 | 165 721 | 256 931 | 4 548 227 |
| 同比增减率(%) | 19. 4 | 5. 9 | ▽50. 4 | ▽0. 8 | 7. 5 | 10. 0 | 6. 1 |
| 年平均增减率(%) | 25. 7 | 5. 2 | ▽37. 0 | 3. 4 | ▽0. 01 | 9. 5 | 7. 6 |

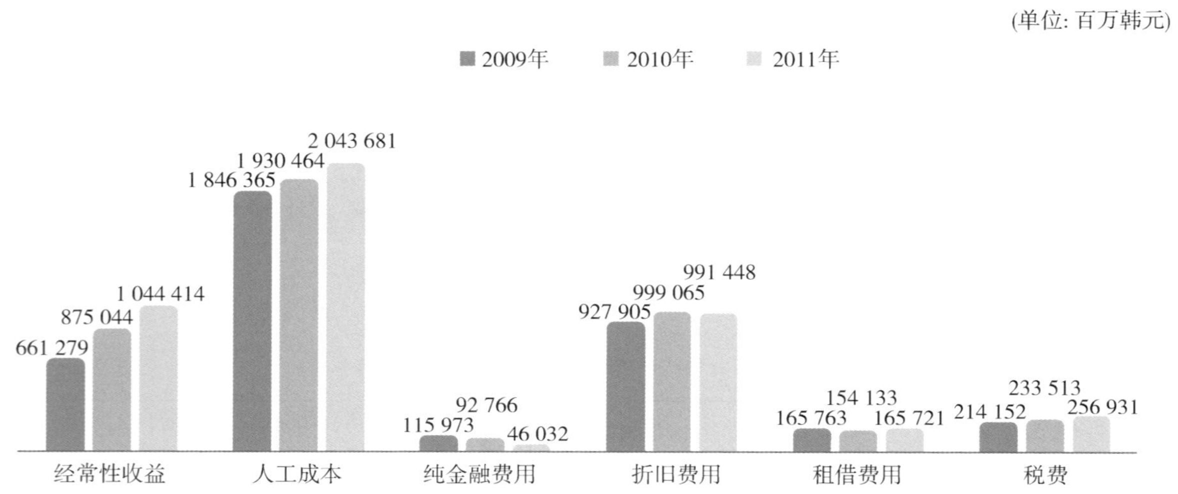


图 4-7-20　播放行业各年度的附加价值额构成现状

## (七)播放行业的进出口额现状①

2011 年播放行业的出口额是 2 亿2 237万美元，比上年增加了 20. 4%，从 2009 年至 2011 年，年平均增加了 9. 8%。从 2009 年的 1 亿8 457万美元，增加到 2010 年的 1 亿8 470万美元，2011 年的 2 亿2 237万美元。

① 更正了 2010 年海外侨胞播放支援金的错误，2010 年的出口额总额（播放影视独立制作公司除外）由2. 149 4亿美元修正为 1 亿7 101万美元(2012 播放行业实态调查报告书)。

2011 年播放行业的进口额是 2 亿3 387万美元，比上年增加了 111. 7%，年平均增加了 13. 0%。播放行业的进口额从 2009 年的 1 亿8 301万美元减少到 2010 年的 1 亿1 049万美元，2011 年又增加到2 亿3 387万美元，与上年相比有大幅增长。

表 4-7-25　**播放行业的出口及进口额现状**　（单位：千美元）

| 分类 | 2009 年 | 2010 年 | 2011 年 | 同比增减率(%) | 年平均增减率(%) |
|---|---|---|---|---|---|
| 出口额 | 184 577 | 184 700 | 222 372 | 20. 4 | 9. 8 |
| 进口额 | 183 011 | 110 495 | 233 872 | 111. 7 | 13. 0 |
| 进出口差额 | 1 566 | 74 205 | ▽11 500 | — | — |

## 1. 播放行业各媒体的进出口额现状

2011 年播放行业的出口额是 2 亿2 237万美元，比上年增加了 20. 4%，从 2009 年至 2011 年，年平均增加了 9. 8%。从年度来看，出口额在 2009 年是 1 亿8 457万美元，2010 年是 1 亿8 470万美元，2011 年是 2 亿2 237万美元。

从媒体类别来看，调查显示，SBS 的出口额在 2009 年是3 531万美元，2010 年是4 578万美元，2011 年是4 560万美元，2011 年比上年减少了 0. 4%，年平均增加了 13. 6%。KBS 的出口额在 2009 年是3 392万美元，2011 年是6 119万美元，年平均增加了 34. 3%。海外侨胞播放支援的出口额在 2009 年是2 451万美元，2011 年是 244 万美元，约减少了2 207万美元。

表 4-7-26　**播放行业各媒体的出口额现状**　（单位：千美元）

| 媒体＼年度 | | | 2009 年 | 2010 年 | 2011 年 | 比重（%） | 同比增减率（%） | 年平均增减率（%） |
|---|---|---|---|---|---|---|---|---|
| 地面波 | KBS | | 33 926 | 41 848 | 61 195 | 27. 5 | 46. 2 | 34. 3 |
| | MBC | | 31 298 | 33 522 | 50 072 | 22. 5 | 49. 4 | 26. 5 |
| | EBS | | 822 | 517 | 985 | 0. 4 | 90. 5 | 9. 5 |
| | 民间播放 | SBS | 35 310 | 45 784 | 45 607 | 20. 5 | ▽0. 4 | 13. 6 |
| | | 其他 | 23 | 98 | 211 | 0. 1 | 115. 3 | 202. 9 |
| 地面波小计 | | | 101 379 | 121 769 | 158 070 | 71. 0 | 29. 8 | 24. 9 |
| 播放频道应用业 | | | 2 867 | 5 306 | 10 871 | 4. 9 | 104. 9 | 94. 7 |
| 海外侨胞播放支援 | | | 24 513 | 1 820 | 2 444 | 1. 1 | 34. 3 | ▽68. 4 |
| 录像带/DVD 销售 | | | 20 900 | 20 825 | 13 178 | 5. 9 | ▽36. 7 | ▽20. 6 |
| 时间模块版权销售 | | | 20 569 | 21 289 | 18 791 | 8. 5 | ▽11. 7 | ▽4. 4 |
| 播放影像独立制作公司 | | | 14 349 | 13 691 | 19 018 | 8. 6 | 38. 9 | 15. 1 |
| 合计 | | | 184 577 | 184 700 | 222 372 | 100. 0 | 20. 4 | 9. 8 |

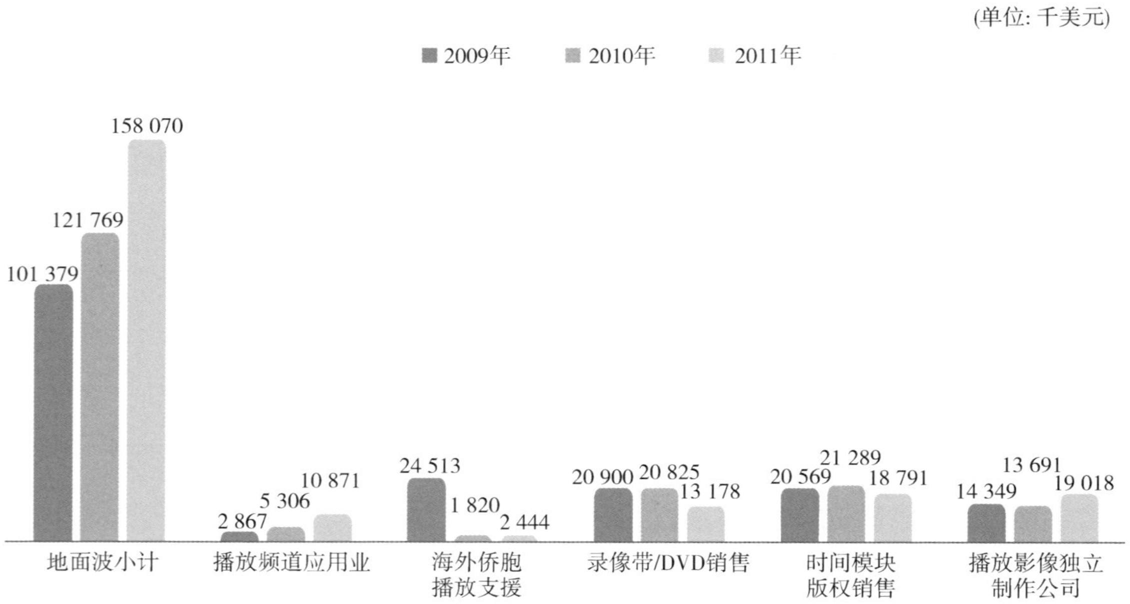


图 4-7-21　播放行业各媒体的出口额现状

2011 年播放行业的进口额是 2 亿3 387万美元，比上年增加了 111.7%，从 2009 年至 2011 年，年平均增加了 13.0%。从年度来看，进口额从 2009 年的 1 亿8 301万美元减少到 2010 年的 1 亿1 049万美元，又增加到 2011 年的 2 亿3 387万美元。

从媒体类别来看，播放频道应用业的进口额最多。播放频道应用业的进口额在 2009 年是 1 亿1 803万美元，2010 年是9 767万美元，2011 年是 1 亿2 366万美元，比上年增加了 26.6%，年平均增加了 2.4%，2011 年的增加幅度尤其大。

表 4-7-27　**播放行业各媒体的进口额现状**　（单位：千美元）

| 媒体 \ 年度 | | | 2009 年 | 2010 年 | 2011 年 | 比重（%） | 同比增减率（%） | 年平均增减率（%） |
|---|---|---|---|---|---|---|---|---|
| 地面波 | KBS | | 1 605 | 1 791 | 2 223 | 1.0 | 24.1 | 17.7 |
| | MBC | | 267 | 477 | 319 | 0.1 | ▽33.1 | 9.3 |
| | EBS | | 1 287 | 1 982 | 1 168 | 0.5 | ▽41.1 | ▽4.7 |
| | 民间播放 | SBS | 171 | — | — | — | — | — |
| | | 其他 | 282 | 109 | 539 | 0.2 | 394.5 | 38.3 |
| 地面波小计 | | | 3 612 | 4 359 | 4 249 | 1.8 | ▽2.5 | 8.5 |
| 播放频道应用业 | | | 118 039 | 97 677 | 123 667 | 52.9 | 26.6 | 2.4 |
| 时间模块版权销售 | | | 83 | 266 | 2 | 0.0 | ▽99.1 | ▽83.0 |
| 播放影像独立制作公司 | | | 61 277 | 8 193 | 105 953 | 45.3 | 1 193.2 | 31.5 |
| 合计 | | | 183 011 | 110 495 | 233 872 | 100.0 | 111.7 | 13.0 |

(单位: 千美元)

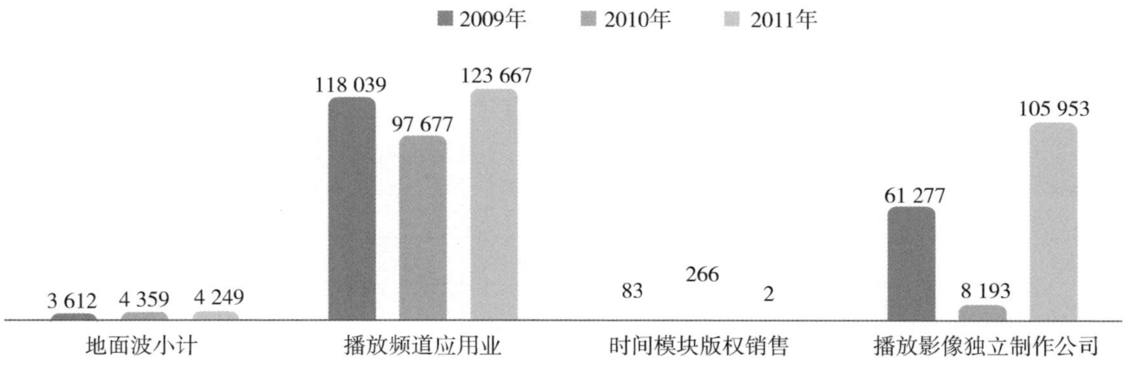


图 4-7-22 播放行业各媒体的进口额现状

### 2. 播放行业各地区的进出口额现状

从 2011 年播放行业各地区的出口额现状来看，对日本的出口额是 1 亿 205 万美元(60.4%)，所占比例最大，比上年增加了 105.3%，年平均增加了 25.0%。对中国台湾的出口额为2 105万美元(12.5%)，对中国大陆的出口额为1 724万美元(10.2%)，对中国香港的出口额为 402 万美元(2.4%)，对菲律宾的出口额为 354 万美元(2.1%)，对美国的出口额为 352 万美元(2.1%)，对越南的出口额为 279 万美元(1.7%)，对马来西亚的出口额为 181 万美元(1.1%)。可见，全部出口额的 96.4%集中在亚洲。

表 4-7-28 **播放行业各地区的出口额现状** (单位：千美元)

| 地区 \ 年度 | | 出口额 2009 年 | 出口额 2010 年 | 出口额 2011 年 | 比重 (%) | 同比增减率 (%) | 年平均增减率 (%) |
|---|---|---|---|---|---|---|---|
| 亚洲 | 日本 | 65 279.0 | 49 712.8 | 102 058.2 | 60.4 | 105.3 | 25.0 |
| | 中国大陆 | 6 339.0 | 15 568.3 | 17 241.3 | 10.2 | 10.7 | 64.9 |
| | 中国香港 | 4 483.0 | 5 386.5 | 4 027.5 | 2.4 | ▽ 25.2 | ▽ 5.2 |
| | 新加坡 | 2 548.0 | 2 001.2 | 3 259.7 | 1.9 | 62.9 | 13.1 |
| | 中国台湾 | 11 565.0 | 28 438.4 | 21 051.4 | 12.5 | ▽ 26.0 | 34.9 |
| | 越南 | 1 957.0 | 4 564.7 | 2 796.3 | 1.7 | ▽ 38.7 | 19.5 |
| | 马来西亚 | 842.0 | 5 688.4 | 1 814.7 | 1.1 | ▽ 68.1 | 46.8 |
| | 印度尼西亚 | 330.0 | 505.3 | 1 246.2 | 0.7 | 146.6 | 94.3 |
| | 泰国 | 3 456.0 | 2 690.1 | 2 785.3 | 1.6 | 3.5 | ▽ 10.2 |
| | 菲律宾 | 1 757.0 | 2 633.4 | 3 549.5 | 2.1 | 34.8 | 42.1 |
| | 缅甸 | 725.0 | 2 434.6 | 1 412.4 | 0.8 | ▽ 42.0 | 39.6 |
| | 柬埔寨 | 199.0 | 242.3 | 516.8 | 0.3 | 113.3 | 61.2 |
| | 哈萨克斯坦 | — | 343.6 | 389.5 | 0.2 | 13.4 | — |
| | 蒙古 | — | 12.8 | 58.5 | 0.0 | 357.0 | — |
| | 中东 | 484.0 | 786.1 | 569.4 | 0.3 | ▽ 27.6 | 8.5 |
| 美洲 | 美国 | 1 909.0 | 2 814.8 | 3 522.6 | 2.1 | 25.1 | 35.8 |
| | 加拿大 | — | — | 40.0 | 0.0 | — | — |
| | 美国/加拿大 | — | — | — | — | — | — |
| | 巴西 | — | 32.7 | — | — | — | — |

续表

| 地区 | | 出口额 2009 年 | 出口额 2010 年 | 出口额 2011 年 | 比重（%） | 同比增减率（%） | 年平均增减率（%） |
|---|---|---|---|---|---|---|---|
| 欧洲 | 法国 | 34.0 | 38.0 | 212.3 | 0.1 | 458.7 | 149.9 |
| | 英国 | 4.7 | — | — | — | — | — |
| | 德国 | 132.0 | — | — | — | — | — |
| | 意大利 | 51.0 | 56.5 | 215.0 | 0.1 | 280.5 | 105.3 |
| | 西班牙 | 19.0 | 66.8 | 25.2 | 0.0 | ▽ 62.3 | 15.2 |
| | 匈牙利 | 6.0 | 53.4 | 77.6 | 0.0 | 45.3 | 259.6 |
| | 俄罗斯 | 18.0 | 1 536.4 | 48.3 | 0.0 | ▽ 96.9 | 63.8 |
| | 荷兰 | 1.7 | — | 1.0 | 0.0 | — | ▽ 23.3 |
| | 罗马尼亚 | — | 459.0 | 504.8 | 0.3 | 10.0 | — |
| | 以色列 | — | — | — | — | — | — |
| 澳洲 | 澳大利亚 | 4.0 | 7.6 | 20.0 | 0.3 | 163.2 | 123.6 |
| | 新西兰 | | | | | | |
| 其他 | 亚洲其他地区 | 579.0 | 743.7 | 379.7 | 0.2 | ▽ 48.9 | ▽ 19.0 |
| | 中南美洲其他地区 | 33.0 | 52.2 | 126.5 | 0.1 | 142.3 | 95.8 |
| | 欧洲其他地区 | 938.7 | 107.5 | 395.5 | 0.2 | 267.9 | ▽ 35.1 |
| | 美洲其他地区 | 551.7 | 97.8 | 595.5 | 0.4 | 508.9 | 3.9 |
| | 其他 | | | | | | |
| 合计 | | 104 245.8 | 127 074.9 | 168 940.7 | 100.0 | 32.9 | 27.3 |

从 2011 年播放行业各地区的进口额现状来看，自美国的进口额是 1 亿1 226万美元(87.8%)，所占比例最多，比上年增加了 26.9%，从 2009 年到 2011 年，年平均增加了 1.8%。自日本的进口额是 697 万美元(5.5%)，自英国的进口额是 369 万美元(2.9%)。可见，约 89.3%的进口额都集中在美洲地区。

表 4-7-29　**播放行业各地区的进口额现状**　（单位：千美元）

| 地区 | | 出口额 2009 年 | 出口额 2010 年 | 出口额 2011 年 | 比重（%） | 同比增减率（%） | 年平均增减率（%） |
|---|---|---|---|---|---|---|---|
| 亚洲 | 日本 | 6 015.0 | 5 777.5 | 6 975.1 | 5.5 | 20.7 | 7.7 |
| | 中国大陆 | 1 050.6 | 387.0 | 375.8 | 0.3 | ▽ 2.9 | ▽ 40.2 |
| | 中国香港 | 52.0 | 649.5 | 676.6 | 0.5 | 4.2 | 260.7 |
| | 新加坡 | — | 111.0 | 48.9 | 0.0 | ▽ 55.9 | — |
| | 中国台湾 | 95.0 | — | — | — | — | — |
| | 马来西亚 | 16.0 | 17.6 | — | — | — | — |
| | 其他 | — | — | — | — | — | — |
| 美洲 | 美国 | 108 373.6 | 88 434.7 | 112 262.3 | 87.8 | 26.9 | 1.8 |
| | 加拿大 | 324.0 | 399.1 | 526.9 | 0.4 | 32.0 | 27.5 |
| | 巴西 | 449 | 380.0 | 1 361.2 | 1.1 | 258.2 | 74.1 |

续表

| 地区 | | 出口额 2009 年 | 出口额 2010 年 | 出口额 2011 年 | 比重（%） | 同比增减率（%） | 年平均增减率（%） |
|---|---|---|---|---|---|---|---|
| 欧洲 | 法国 | 292. 8 | 237. 9 | 544. 6 | 0. 4 | 128. 9 | 36. 4 |
| | 英国 | 3 060. 0 | 3 558. 3 | 3 690. 9 | 2. 9 | 3. 7 | 9. 8 |
| | 德国 | 293. 0 | 348. 8 | 88. 8 | 0. 1 | ▽ 74. 5 | ▽ 44. 9 |
| | 意大利 | 36. 0 | 97. 7 | 32. 7 | 0. 0 | ▽ 66. 5 | ▽ 4. 7 |
| | 西班牙 | 21. 0 | 524. 9 | 7. 0 | 0. 0 | ▽ 98. 7 | ▽ 42. 3 |
| | 匈牙利 | 32. 0 | 244. 0 | 132. 0 | 0. 1 | ▽ 45. 9 | 103. 1 |
| | 俄罗斯 | — | — | — | — | — | — |
| | 荷兰 | 485. 0 | 299. 0 | 196. 4 | 0. 2 | ▽ 34. 3 | ▽ 36. 4 |
| | 爱尔兰 | 44. 0 | — | — | — | — | — |
| 澳洲 | 澳大利亚<br>新西兰 | 31. 0 | 194. 9 | 247. 3 | 0. 2 | 26. 9 | 182. 4 |
| 其他 | 亚洲其他地区 | 759. 0 | — | 61. 0 | 0. 0 | — | ▽ 71. 7 |
| | 中南美洲其他地区 | 7. 0 | 35. 3 | 64. 0 | 0. 1 | 81. 3 | 202. 4 |
| | 欧洲其他地区 | 214. 0 | 285. 0 | 141. 0 | 0. 1 | ▽ 50. 5 | ▽ 18. 8 |
| | 美洲其他地区<br>其他 | — | 54. 0 | 484. 0 | 0. 4 | 796. 3 | — |
| 合计 | | 121 650. 0 | 102 036. 2 | 127 916. 5 | 100 | 25. 4 | 2. 5 |

### 3. 播放行业各体裁的进出口额①

从 2011 年播放行业各体裁的出口额现状来看，调查显示，电视剧的出口额最多，为 1 亿5 461万美元(91. 5%)；其次是综艺节目的出口额1 039万美元，占出口总额的 6. 2%。纪录片的出口额是 145 万美元，占出口总额的 0. 9%，其他体裁的出口额比例不到 1. 0%。从年度来看，电视剧的出口额比上年增加了3 727万美元，主导了播放行业的出口。同时，综艺节目的出口额比上年增加了 108. 2%，显示出新体裁的出口可能性。

表 4-7-30　**播放行业各体裁的出口额现状**　（单位：千美元）

| 体裁＼年度 | 2009 年 | 2010 年 | 2011 年 | 比重（%） | 同比增减率（%） | 年平均增减率（%） |
|---|---|---|---|---|---|---|
| 电视剧 | 96 484 | 117 344. 7 | 154 616. 0 | 91. 5 | 31. 8 | 26. 6 |
| 纪录片 | 1 026 | 3 200. 4 | 1 450. 3 | 0. 9 | ▽54. 7 | 18. 9 |
| 动漫 | 174 | 229. 0 | 117. 2 | 0. 1 | ▽48. 8 | ▽17. 9 |
| 音乐 | 6 | 268. 5 | 889. 6 | 0. 5 | 231. 3 | 1 117. 6 |
| 综艺 | 4 743 | 4 996. 3 | 10 399. 9 | 6. 2 | 108. 2 | 48. 1 |
| 教育 | — | 18. 0 | 10. 2 | 0. 0 | ▽43. 3 | — |
| 教养 | 712 | 271. 1 | 594. 2 | 0. 4 | 119. 2 | ▽8. 6 |
| 其他 | 1 101 | 746. 7 | 863. 3 | 0. 5 | 15. 6 | ▽11. 5 |
| 合计 | 104 246 | 127 074. 7 | 168 940. 7 | 100. 0 | 32. 9 | 27. 3 |

从 2011 年播放行业各体裁的进口额现状来看，电影的进口额最多，为8 574万美元(67. 0%)，比

① 出口额中，不包括海外侨胞播放支援及音像/DVD 销售、时间模块版权销售、播放影像独立制作公司的数据。进口额中，不包括时间模块格式销售、播放影像独立制作公司的数据。

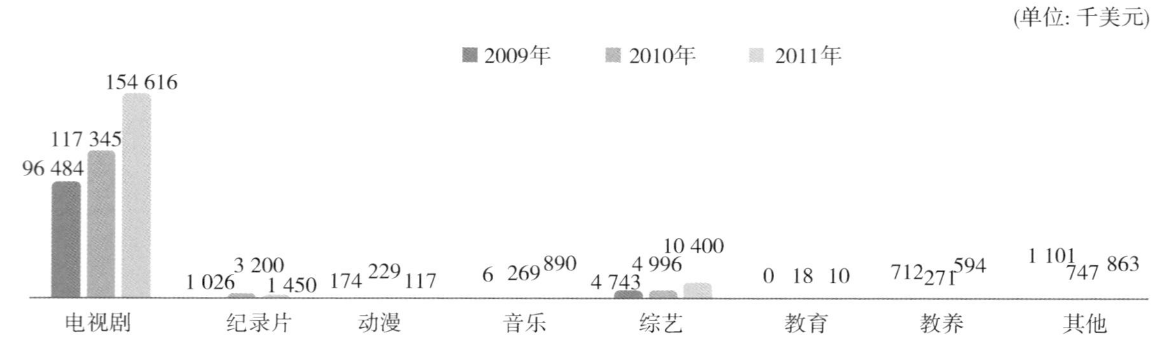


图 4-7-23 播放行业各体裁的出口额现状

上年增加了 101.8%，从 2009 年至 2011 年，年平均增加了 0.9%。其次是电视剧的进口额2 008万美元（15.7%），比上年减少了 29.0%，年平均增加了 51.6%。音乐节目的进口额虽然在 2009 年至 2010 年有大幅度的增加，但 2011 年却比上年减少了 98.4%，呈现出较大幅度的减少。

表 4-7-31 **播放行业各体裁的进口额现状** （单位：千美元）

| 年度 / 体裁 | 2009 年 | 2010 年 | 2011 年 | 比重（%） | 同比增减率（%） | 年平均增减率（%） |
|---|---|---|---|---|---|---|
| 电视剧 | 8 740 | 28 297.9 | 20 080.4 | 15.7 | ▽29.0 | 51.6 |
| 纪录片 | 5 598 | 6 826.9 | 7 804.6 | 6.1 | 14.3 | 18.1 |
| 动漫 | 5 282 | 8 288.9 | 6 995.2 | 5.5 | ▽15.6 | 15.1 |
| 电影 | 84 240 | 42 478.7 | 85 740.2 | 67.0 | 101.8 | 0.9 |
| 音乐 | 6 | 1 051.0 | 17.1 | 0.0 | ▽98.4 | 68.8 |
| 综艺 | 16 301 | 4 750.5 | 6 212.7 | 4.9 | 30.8 | ▽38.3 |
| 教育 | 205 | 274.6 | 258.5 | 0.2 | ▽5.9 | 12.3 |
| 教养 | 753 | 322.1 | 66.6 | 0.0 | ▽79.3 | ▽70.3 |
| 其他 | 525 | 9 745.8 | 741.2 | 0.6 | ▽92.4 | 18.8 |
| 合计 | 121 650 | 102 036.4 | 127 916.5 | 100.0 | 25.4 | 2.5 |

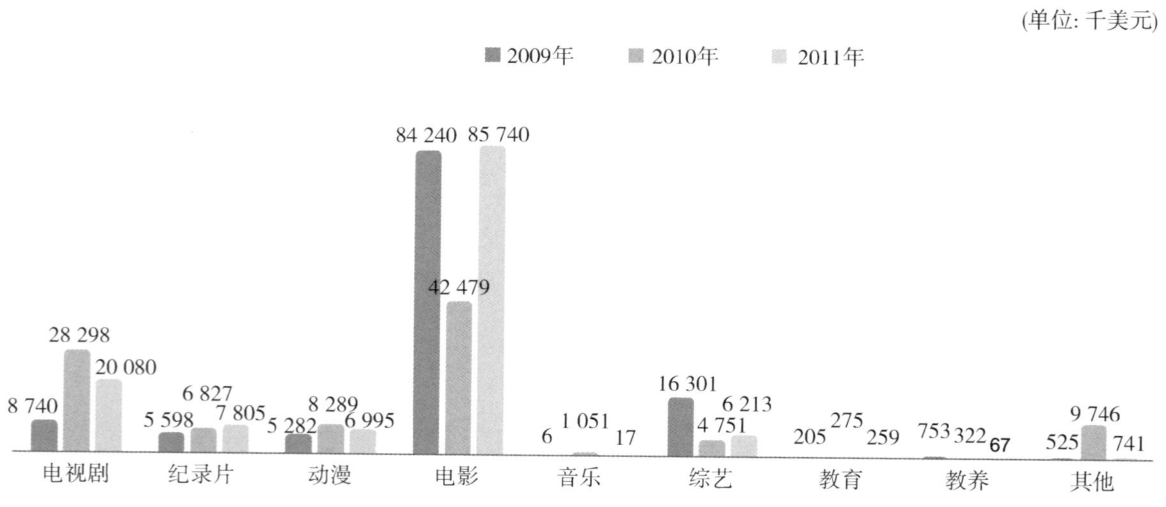


图 4-7-24 播放行业各体裁的进口额现状

### 4. 播放影像独立制作公司的海外出口方法

从 2011 年播放影像独立制作公司的海外出口方法来看，所占比例最大的是接触海外流通公司，为 25. 6%；其次是参与海外展示会及活动，占比为 23. 5%，利用国内代理人的比例是 23. 3%。最近 3 年间，参与海外展示会及活动、利用国内代理人等出口方法显示出增加的趋势。播放影像独立制作公司直接出口的比例是 65. 6%，间接出口的比例是 34. 4%，直接出口的比例要更高一些。

表 4-7-32　　**播放影像独立制作公司的海外出口方法**　　(单位:%)

| 海外出口方法 | | 2009 年 | 2010 年 | 2011 年 | 同比增减率(%) |
|---|---|---|---|---|---|
| 直接出口 | 参与海外展示会及活动 | 17. 2 | 15. 9 | 23. 5 | 7. 6 |
| | 接触海外流通公司 | 38. 3 | 38. 8 | 25. 6 | ▽13. 2 |
| | 在线海外销售 | — | — | 5. 0 | 5. 0 |
| | 利用海外法人 | 4. 2 | 3. 9 | 11. 5 | 7. 6 |
| 间接出口 | 利用国内代理人 | 5. 0 | 4. 6 | 23. 3 | 18. 7 |
| | 利用海外代理人 | 35. 3 | 36. 8 | 11. 1 | ▽25. 7 |
| 合计 | | 100. 0 | 100. 0 | 100 | — |

### 5. 播放影像独立制作公司的海外进军方式

2011 年，播放影像独立制作公司的海外进军方式中成品出口占 79. 5%，所占比例最高，比上年增加了 76. 4%。其次是许可出口占 10. 0%，技术服务占 5. 7%。最近 3 年间，播放影像独立制作公司的许可出口和技术服务都呈现出下降的趋势。即国内影像制品资讯的出口方式以成品为主，其他出口方式都呈现出减少的趋势。

表 4-7-33　　**播放影像独立制作公司的海外进军方式**　　(单位:%)

| 海外进军方式 | 2009 年 | 2010 年 | 2011 年 | 同比增减率(%) |
|---|---|---|---|---|
| 成品出口 | 4. 3 | 3. 1 | 79. 5 | 76. 4 |
| 许可出口 | 68. 2 | 71. 7 | 10. 0 | ▽61. 7 |
| OEM 出口 | 12. 6 | 11. 2 | — | — |
| 技术服务 | 12. 9 | 10. 8 | 5. 7 | ▽5. 1 |
| 其他 | 2. 0 | 3. 2 | 4. 8 | 1. 6 |
| 合计 | 100. 0 | 100. 0 | 100. 0 | — |

## (八)播放行业的从业者现状

2011 年播放行业的从业者为38 366人，比上年增加了 10.9%，从 2009 年至 2011 年，年平均增加了 5.1%。从年度来看，调查显示，2009 年从业者为34 714人，2010 年为34 584人，2011 年为38 366人。尤其是有线播放中综合有线播放业的从业者从 2009 年的5 332人到 2011 年的4 846人，减少了 486 人。

从小分类来看，地面波播放业的从业者为13 691人(35.7%)，所占比例最大。播放频道应用业的从业者为12 654人(33.0%)，播放影像独立制作公司的从业者为5 923人(15.4%)，综合有线播放业的从业者为4 846人(12.6%)，网络协议电视(IPTV)的从业者为 520 人(1.4%)，普通卫星播放业的从业者为 295 人(0.8%)。

在增减率方面，地面波播放业的从业者人数比上年增加了 2.1%，年平均增加了 0.2%。播放频道应用业的从业者比上年增加了 22.5%，年平均增加了 14.1%。2011 年播放频道应用业的从业者人数与 2009 年相比增加了2 936人，与其他媒体相比增长率最高。

表 4-7-34　　播放行业各年度各业种的从业者现状　　(单位：名)

| 中分类 | 小分类 | 2009 年 | 2010 年 | 2011 年 | 比重(%) | 同比增减率(%) | 年平均增减率(%) |
|---|---|---|---|---|---|---|---|
| 地面波播放 | 地面波播放业 | 13 646 | 13 403 | 13 691 | 35.7 | 2.1 | 0.2 |
| | 地面波移动媒体播放业 | 111 | 105 | 118 | 0.3 | 12.4 | 3.1 |
| 有线播放 | 综合有线播放业 | 5 332 | 4 899 | 4 846 | 12.6 | ▽1.1 | ▽4.7 |
| | 转播有线播放业 | 310 | 261 | 260 | 0.7 | ▽0.4 | ▽8.4 |
| 卫星播放 | 普通卫星播放业 | 284 | 290 | 295 | 0.8 | 1.7 | 1.9 |
| | 卫星移动媒体播放业 | 159 | 116 | 59 | 0.1 | ▽49.1 | ▽39.1 |
| 播放频道应用业 | 播放频道应用业 | 9 718 | 10 334 | 12 654 | 33.0 | 22.5 | 14.1 |
| 网络影像作品提供业 | 网络协议电视(IPTV) | 406 | 470 | 520 | 1.4 | 10.6 | 13.2 |
| 播放影像作品制作业 | 播放影像独立制作公司 | 4 748 | 4 706 | 5 923 | 15.4 | 25.9 | 11.7 |
| 全部 | | 34 714 | 34 584 | 38 366 | 100.0 | 10.9 | 5.1 |

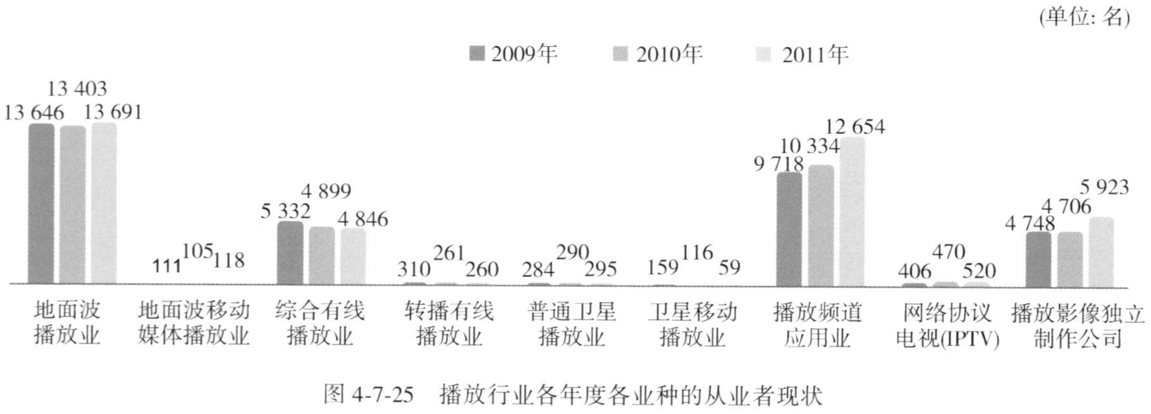


图 4-7-25　播放行业各年度各业种的从业者现状

### 1. 播放行业各地区的从业者现状

从 2011 年播放行业各地区的从业者现状来看，首尔的从业者为27 203人，占全部从业者的 70. 9%，比上年增加了 14. 4%，从 2009 年至 2011 年，年平均增加了 3. 9%。6 个广域市的从业者为 4 399人，占全部从业者的 11. 5%，9 个道的从业者为6 764人，占总人数的 17. 6%。9 个道中京畿道的从业者为1 903人，占全部从业者总数的 28. 1%，与其他道相比占比最高。6 个广域市中大邱的从业者为1 157人，占广域市全部从业者的 26. 3%，与其他市相比占比最高。

表 4-7-35 **播放行业各地区各业种的从业者现状(2011 年)** （单位：名）

| 地区 \ 业种 | | 地面波播放 | | 有线播放 | | 卫星播放 | | 播放频道应用业 | 网络影像作品提供业 | 播放影像作品制作业 | 合计 | 比重（%） |
|---|---|---|---|---|---|---|---|---|---|---|---|---|
| | | 地面波播放业 | 地面波移动媒体播放业 | 综合有线播放业 | 转播有线播放业 | 普通卫星播放业 | 卫星移动媒体播放业 | | | | | |
| 首尔 | | 7 818 | 118 | 1 873 | — | 295 | 59 | 11 819 | 520 | 4 701 | 27 203 | 70. 9 |
| 6个广域市 | 釜山 | 730 | — | 171 | 61 | — | — | 9 | — | 160 | 1 131 | 2. 9 |
| | 大邱 | 592 | — | 411 | — | — | — | — | — | 154 | 1 157 | 3. 0 |
| | 仁川 | 81 | — | 202 | 11 | — | — | — | — | 44 | 338 | 0. 9 |
| | 光州 | 471 | — | 109 | — | — | — | — | — | 25 | 605 | 1. 6 |
| | 大田 | 486 | — | 117 | — | — | — | 39 | — | 40 | 682 | 1. 8 |
| | 蔚山 | 305 | — | 171 | — | — | — | — | — | 10 | 486 | 1. 3 |
| | 小计 | 2 665 | — | 1 181 | 72 | — | — | 48 | — | 433 | 4 399 | 11. 5 |
| 9个道 | 京畿道 | 311 | — | 355 | 37 | — | — | 779 | — | 421 | 1 903 | 5. 0 |
| | 江原道 | 616 | — | 228 | 9 | — | — | — | — | 120 | 973 | 2. 5 |
| | 忠清北道 | 480 | — | 95 | 9 | — | — | — | — | 20 | 604 | 1. 6 |
| | 忠清南道 | 11 | — | 138 | 1 | — | — | — | — | 15 | 165 | 0. 4 |
| | 全罗北道 | 446 | — | 137 | 7 | — | — | — | — | 62 | 652 | 1. 7 |
| | 全罗南道 | 316 | — | 190 | 51 | — | — | — | — | — | 557 | 1. 5 |
| | 庆尚北道 | 277 | — | 183 | 6 | — | — | — | — | 13 | 479 | 1. 2 |
| | 庆尚南道 | 438 | — | 294 | 68 | — | — | — | — | 25 | 825 | 2. 1 |
| | 济州道 | 313 | — | 172 | — | — | — | 8 | — | 113 | 606 | 1. 6 |
| | 小计 | 3 208 | — | 1 792 | 188 | — | — | 787 | — | 789 | 6 764 | 17. 6 |
| 合计 | | 13 691 | 118 | 4 846 | 260 | 295 | 59 | 12 654 | 520 | 5 923 | 38 366 | 100. 0 |

2011 年播放行业从业者中的 70. 9%集中于首尔，显示出地区间的差别非常大。首尔的从业者与

2010 年相比增加了3 427人，6 个广域市的从业者增加了 122 人，9 个道的从业者增加了 233 人。

表 4-7-36　　**播放行业各年度各地区的从业者现状**　　（单位：名）

| 地区＼年度 | | 2009 年 | 2010 年 | 2011 年 | 比重（%） | 同比增减率（%） | 年平均增减率（%） |
|---|---|---|---|---|---|---|---|
| 首尔 | | 25 194 | 23 776 | 27 203 | 70. 9 | 14. 4 | 3. 9 |
| 6 个广域市 | 釜山 | 1 180 | 1 115 | 1 131 | 2. 9 | 1. 4 | ▽2. 1 |
| | 大邱 | 930 | 1 114 | 1 157 | 3. 0 | 3. 9 | 11. 5 |
| | 仁川 | 324 | 300 | 338 | 0. 9 | 12. 7 | 2. 1 |
| | 光州 | 423 | 617 | 605 | 1. 6 | ▽1. 9 | 19. 6 |
| | 大田 | 456 | 636 | 682 | 1. 8 | 7. 2 | 22. 3 |
| | 蔚山 | 414 | 495 | 486 | 1. 3 | ▽1. 8 | 8. 3 |
| | 小计 | 3 727 | 4 277 | 4 399 | 11. 5 | 2. 9 | 8. 6 |
| 9 个道 | 京畿道 | 2 356 | 1 989 | 1 903 | 5. 0 | ▽4. 3 | ▽10. 1 |
| | 江原道 | 546 | 850 | 973 | 2. 5 | 14. 5 | 33. 5 |
| | 忠清北道 | 445 | 585 | 604 | 1. 6 | 3. 2 | 16. 5 |
| | 忠清南道 | 183 | 176 | 165 | 0. 4 | ▽6. 3 | ▽5. 0 |
| | 全罗北道 | 506 | 707 | 652 | 1. 7 | ▽7. 8 | 13. 5 |
| | 全罗南道 | 380 | 459 | 557 | 1. 5 | 21. 4 | 21. 1 |
| | 庆尚北道 | 464 | 517 | 479 | 1. 2 | ▽7. 4 | 1. 6 |
| | 庆尚南道 | 524 | 744 | 825 | 2. 1 | 10. 9 | 25. 5 |
| | 济州道 | 389 | 504 | 606 | 1. 6 | 20. 2 | 24. 8 |
| | 小计 | 5 793 | 6 531 | 6 764 | 17. 6 | 3. 6 | 8. 1 |
| 合计 | | 34 714 | 34 584 | 38 366 | 100. 0 | 10. 9 | 5. 1 |

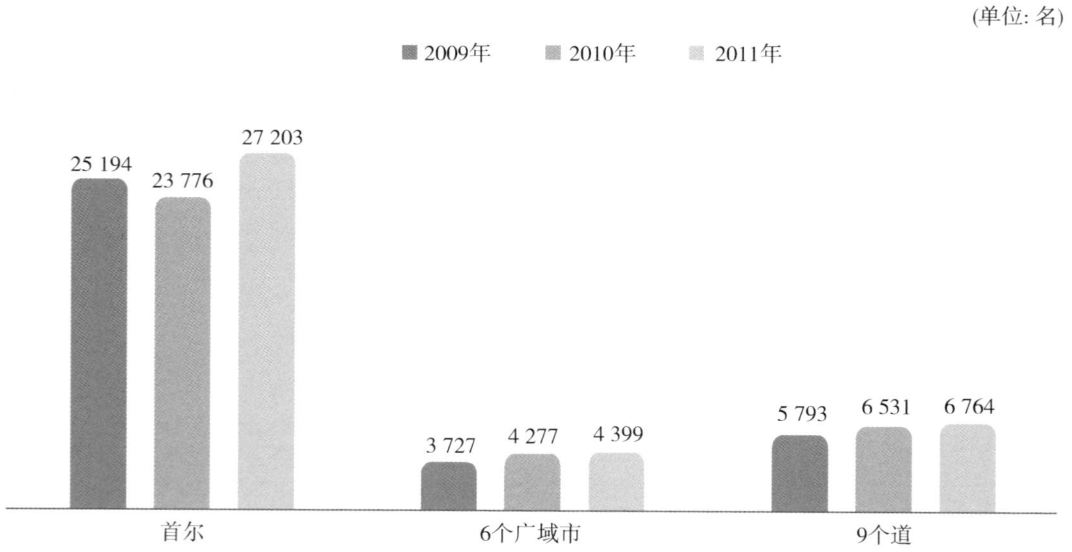


图 4-7-26　播放行业各年度各地区的从业者现状

### 2. 播放行业各雇佣形态的从业者现状

2011 年播放行业各雇佣形态的从业者中，拥有正式职位的从业者为30 846人(80.4%)，拥有非正式职位的从业者为7 520人(19.6%)。从小分类来看，地面波播放业拥有正式职位的从业者为12 297人，与其他业种相比拥有正式职位的从业者更多；播放影像独立制作公司拥有非正式职位的从业者为2 822人，其拥有的非正式职位的从业者比其他业种更多。

表 4-7-37 **播放行业各雇佣形态各业种的从业者现状(2011 年)** (单位：名)

| 业种 \ 雇佣形态 | | 正式职位 | | 非正式职位 | | 合计 |
|---|---|---|---|---|---|---|
| | | 从业者数量 | 比例(%) | 从业者数量 | 比例(%) | |
| 地面波播放 | 地面波播放业 | 12 297 | 89.8 | 1 394 | 10.2 | 13 691 |
| | 地面波移动媒体播放业 | 79 | 66.9 | 39 | 33.1 | 118 |
| 有线播放 | 综合有线播放业 | 4 415 | 91.1 | 431 | 8.9 | 4 846 |
| | 转播有线播放业 | 255 | 98.1 | 5 | 1.9 | 260 |
| 卫星播放 | 普通卫星播放业 | 289 | 98.0 | 6 | 2.0 | 295 |
| | 卫星移动媒体播放业 | 31 | 52.5 | 28 | 47.5 | 59 |
| 播放频道应用业 | 播放频道应用业 | 9 932 | 78.5 | 2 722 | 21.5 | 12 654 |
| 网络影像作品提供业 | 网络协议电视(IPTV) | 447 | 86.0 | 73 | 14.0 | 520 |
| 播放影像作品制作业 | 播放影像独立制作公司 | 3 101 | 52.4 | 2 822 | 47.6 | 5 923 |
| 合计 | | 30 846 | 80.4 | 7 520 | 19.6 | 38 366 |

2011 年，播放行业拥有正式职位的从业者比上年增加了 3.1%，从 2009 年至 2011 年，年平均增加了 1.9%。拥有非正式职位的从业者比上年增加了 60.9%，年平均增加了 22.5%。

播放行业拥有正式职位的从业者和拥有非正式职位的从业者都呈现出增加的趋势，2011 年拥有非正式职位的从业者比 2009 年增加了2 506人，2011 年拥有正式职位的从业者比 2009 年增加了1 146人。

表 4-7-38 **播放行业各年度各雇佣形态的从业者现状** (单位：名)

| 年度 \ 雇佣形态 | 从业者数量 | | 合计 |
|---|---|---|---|
| | 正式职位 | 非正式职位 | |
| 2009 年 | 29 700 | 5 014 | 34 714 |
| 2010 年 | 29 911 | 4 673 | 34 584 |
| 2011 年 | 30 846 | 7 520 | 38 366 |
| 同比增减率(%) | 3.1 | 60.9 | 10.9 |
| 年平均增减率(%) | 1.9 | 22.5 | 5.1 |

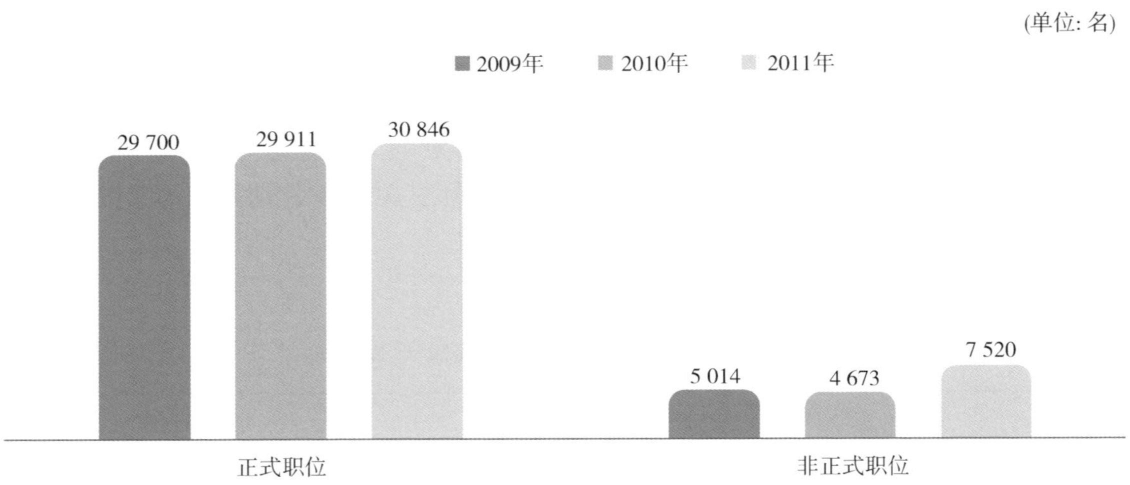


图 4-7-27　播放行业各年度各雇佣形态的从业者现状

### 3. 播放行业各雇佣形态的从业者的性别现状

从 2011 年播放行业各雇佣形态中不同性别的从业者现状来看，调查显示，拥有正式职位的男性从业者为23 439人，占全部从业者的 61.1%，拥有正式职位的女性从业者为7 408人，占全部从业者的 19.3%。拥有非正式职位的男性从业者为4 101人，占全部从业者的 10.7%，拥有非正式职位的女性从业者为3 418人，占全部从业者的 8.9%。

表 4-7-39　**播放行业各业种各雇佣形态的从业者的性别现状**　（单位：名）

| 业种 | 雇佣形态/性别 | 正式职位 | | | | 非正式职位 | | | | 合计 |
|---|---|---|---|---|---|---|---|---|---|---|
| | | 男性 | | 女性 | | 男性 | | 女性 | | |
| | | 从业者数量 | 比例（%） | 从业者数量 | 比例（%） | 从业者数量 | 比例（%） | 从业者数量 | 比例（%） | |
| 地面波播放 | 地面波播放业 | 10 244 | 74. 8 | 2 053 | 15. 0 | 699 | 5. 1 | 695 | 5. 1 | 13 691 |
| | 地面波移动媒体播放业 | 57 | 48. 3 | 22 | 18. 6 | 18 | 15. 3 | 21 | 17. 8 | 118 |
| 有线播放 | 综合有线播放业 | 3 526 | 72. 8 | 889 | 18. 3 | 102 | 2. 1 | 329 | 6. 8 | 4 846 |
| | 转播有线播放业 | 184 | 70. 8 | 71 | 27. 3 | 4 | 1. 5 | 1 | 0. 4 | 260 |
| 卫星播放 | 普通卫星播放业 | 247 | 83. 7 | 42 | 14. 3 | 3 | 1. 0 | 3 | 1. 0 | 295 |
| | 卫星移动媒体播放业 | 22 | 37. 3 | 9 | 15. 3 | 11 | 18. 6 | 17 | 28. 8 | 59 |
| 播放频道应用业 | 播放频道应用业 | 6 776 | 53. 6 | 3 156 | 24. 9 | 1 079 | 8. 5 | 1 643 | 13. 0 | 12 654 |
| 网络影像作品提供业 | 网络协议电视(IPTV) | 335 | 64. 4 | 112 | 21. 5 | 41 | 7. 9 | 32 | 6. 2 | 520 |
| 播放影像作品制作业 | 播放影像独立制作公司 | 2 048 | 34. 6 | 1 054 | 17. 8 | 2 144 | 36. 2 | 677 | 11. 4 | 5 923 |
| 合计 | | 23 439 | 61. 1 | 7 408 | 19. 3 | 4 101 | 10. 7 | 3 418 | 8. 9 | 38 366 |

从年度来看，2011 年，拥有正式职位的男性从业者为23 439人，比上年增加了 1. 8%，从 2009 年至 2011 年，年平均增加了 1. 0%。拥有正式职位的女性从业者为7 408人，比上年增加了 7. 7%，年平均增加了 4. 8%。拥有非正式职位的男性从业者为4 101人，比上年增加了 86. 2%，年平均减少了 32. 5%。拥有非正式职位的女性从业者为3 418人，比上年增加了 38. 4%，年平均增加了 13. 0%。2011

年拥有非正式职位的男性从业者增长幅度最大，比 2009 年增加了1 765人。

表 4-7-40　　**播放行业各年度各雇佣形态的从业者的性别现状**　　（单位：名）

| 年度 \ 雇佣形态/性别 | 从业者数量 | | | | 合计 |
|---|---|---|---|---|---|
| | 正式职位 | | 非正式职位 | | |
| | 男性 | 女性 | 男性 | 女性 | |
| 2009 年 | 22 955 | 6 745 | 2 336 | 2 678 | 34 714 |
| 2010 年 | 23 033 | 6 878 | 2 203 | 2 470 | 34 584 |
| 2011 年 | 23 439 | 7 408 | 4 101 | 3 418 | 38 366 |
| 同比增减率(%) | 1. 8 | 7. 7 | 86. 2 | 38. 4 | 10. 9 |
| 年平均增减率(%) | 1. 0 | 4. 8 | 32. 5 | 13. 0 | 5. 1 |

(单位: 名)

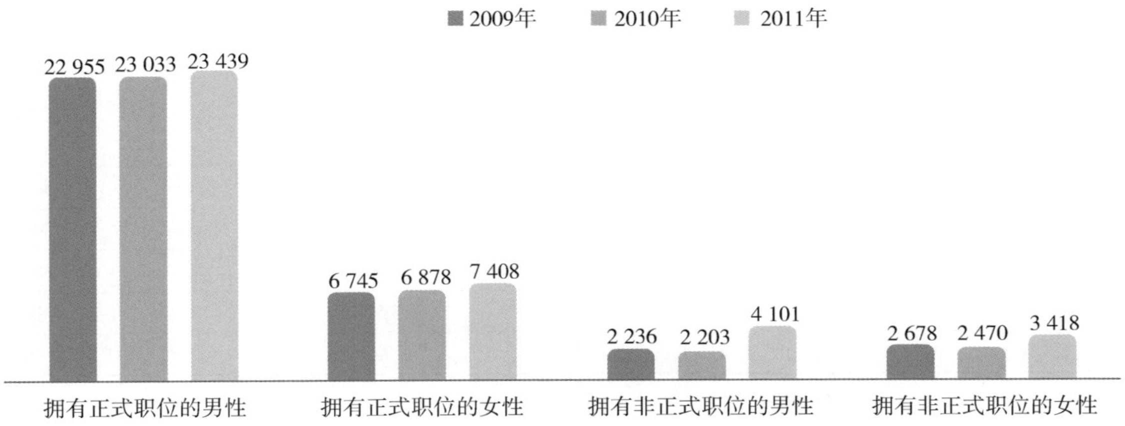


图 4-7-28　播放行业各年度各雇佣形态的从业者的性别现状

### 4. 播放行业不同性别的从业者现状

从 2011 年播放行业不同性别的从业者现状来看，男性从业者为27 540人，占全部从业者的 71. 8%，女性为1 826人，占 28. 2%。播放行业的从业者中，男性的占比大约比女性高 2. 5 倍，可见，播放行业中男性从业者更多。

从小分类来看，地面波播放业的男性从业者为10 943人，占 79. 9%，女性为2 748人，占 20. 1%，男性从业者的比重非常高。卫星移动多媒体播放业中女性从业者所占比例是 44. 1%，与其他业种相比，女性从业者的比例要相对高一些。

表 4-7-41　　**播放行业各业种不同性别的从业者现状(2011 年)**　　（单位：名）

| 业种 \ 性别 | | 男性 | | 女性 | | 合计 |
|---|---|---|---|---|---|---|
| | | 从业者数量 | 比重(%) | 从业者数量 | 比重(%) | |
| 地面波播放 | 地面波播放业 | 10 943 | 79. 9 | 2 748 | 20. 1 | 13 691 |
| | 地面波移动媒体播放业 | 75 | 63. 6 | 43 | 36. 4 | 118 |
| 有线播放 | 综合有线播放业 | 3 628 | 74. 9 | 1 218 | 25. 1 | 4 846 |
| | 转播有线播放业 | 188 | 72. 3 | 72 | 27. 7 | 260 |

续表

| 业种 | | 男性 从业者数量 | 男性 比重(%) | 女性 从业者数量 | 女性 比重(%) | 合计 |
|---|---|---|---|---|---|---|
| 卫星播放 | 普通卫星播放业 | 250 | 84.7 | 45 | 15.3 | 295 |
| | 卫星移动媒体播放业 | 33 | 55.9 | 26 | 44.1 | 59 |
| 播放频道应用业 | 播放频道应用业 | 7 855 | 62.1 | 4 799 | 37.9 | 12 654 |
| 网络影像作品提供业 | 网络协议电视(IPTV) | 376 | 72.3 | 144 | 27.7 | 520 |
| 播放影像作品制作业 | 播放影像独立制作公司 | 4 192 | 70.8 | 1 731 | 29.2 | 5 923 |
| 合计 | | 27 540 | 71.8 | 10 826 | 28.2 | 38 366 |

从年度来看，男性从业者在 2010 年为25 236人，2011 年为27 540人，比上年增加了 9.1%；女性从业者在 2010 年为9 348人，2011 年为1 826人，比上年增加了 15.8%。

表 4-7-42　**播放行业各年度不同性别的从业者现状**　（单位：名）

| 年度 | 从业者数量 男性 | 从业者数量 女性 | 合计 |
|---|---|---|---|
| 2009 年 | 25 291 | 9 423 | 34 714 |
| 2010 年 | 25 236 | 9 348 | 34 584 |
| 2011 年 | 27 540 | 10 826 | 38 366 |
| 同比增减率(%) | 9.1 | 15.8 | 10.9 |
| 年平均增减率(%) | 4.4 | 7.2 | 5.1 |

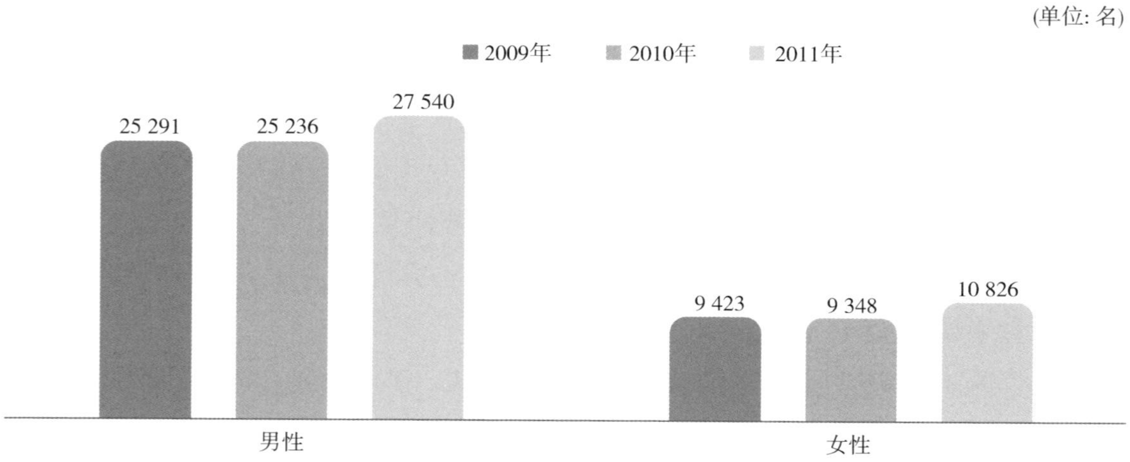


图 4-7-29　播放行业各年度不同性别的从业者现状

## 5. 播放行业各职位的从业者现状①

从 2011 年播放行业各职位的从业者现状来看，行政管理职位的从业者为5 562人(17.2%)，所占比例最大。接下来依次是：PD 职位的从业者为4 573人(14.1%)；技术职位的从业者为4 482人(13.8%)；营销/宣传职位的从业者为4 383人(13.5%)；制作相关职位的从业者为3 874人(12.0%)，

① 播放影像制作业的播放影像独立制作公司除外。

记者职位的从业者为3 660人(11.3%)，其他职位的从业者为1 561人(4.8%)，高级职员职位的从业者为 784 人(2.4%)。

表 4-7-43　　**播放行业各业种各职位的从业者现状(2011 年)**　　(单位：名)

| 业种＼职位 | | 高级职员 | 行政管理 | 播放职位 | | | | | 技术 | 研究 | 营销/宣传 | 其他 | 全部 |
|---|---|---|---|---|---|---|---|---|---|---|---|---|---|
| | | | | 记者 | PD | 主持人 | 制作相关 | 其他 | | | | | |
| 地面波播放 | 地面波播放业 | 131 | 1 831 | 2 298 | 2 388 | 525 | 1 660 | 507 | 2 315 | 138 | 558 | 1 340 | 13 691 |
| | 地面波移动媒体播放业 | 5 | 18 | 1 | 17 | 2 | 28 | 6 | 24 | 5 | 8 | 4 | 118 |
| 有线播放 | 综合有线播放业 | 171 | 1 070 | 283 | 182 | 52 | 187 | 132 | 1 092 | 13 | 1 410 | 254 | 4 846 |
| | 转播有线播放业 | 33 | 56 | — | 1 | 1 | 4 | 6 | 131 | — | 15 | 13 | 260 |
| 卫星播放 | 普通卫星播放业 | 9 | 196 | — | — | — | — | — | 43 | — | 45 | 2 | 295 |
| | 卫星移动媒体播放业 | 1 | — | — | — | — | — | — | 43 | 15 | — | — | 59 |
| 播放频道应用业 | 播放频道应用业 | 419 | 2 324 | 1 078 | 1 985 | 202 | 1 991 | 910 | 669 | 197 | 2 322 | 557 | 12 654 |
| 网络影像作品提供业 | 网络协议 TV(IPTV) | 15 | 67 | — | — | — | 4 | — | 165 | — | 25 | 244 | 520 |
| 合计 | | 784 | 5 562 | 3 660 | 4 573 | 782 | 3 874 | 1 561 | 4 482 | 368 | 4 383 | 2 414 | 32 443 |
| 比重(%) | | 2.4 | 17.2 | 11.3 | 14.1 | 2.4 | 12.0 | 4.8 | 13.8 | 1.1 | 13.5 | 7.4 | 100.0 |

从年度来看，技术职位的从业者人数呈现出持续性减少的趋势，2009 年为4 954人，2010 年为4 579人，2011 年为4 482人。相反，PD 职位的从业者呈现出持续性增加的趋势，2009 年为3 894人，2010 年为4 054人，2011 年为4 573人。记者职位的从业者也比 2009 年增加了 488 人。

表 4-7-44　　**播放行业各年度各职位的从业者现状**　　(单位：名)

| 业种＼职位 | 高级职员 | 行政管理 | 播放职位 | | | | | 技术 | 研究 | 营销/宣传 | 其他 | 全部 |
|---|---|---|---|---|---|---|---|---|---|---|---|---|
| | | | 记者 | PD | 主持人 | 制作相关 | 其他 | | | | | |
| 2009 年 | 948 | 4 805 | 3 172 | 3 894 | 750 | 3 421 | 1 080 | 4 954 | 198 | 4 123 | 2 621 | 29 966 |
| 2010 年 | 936 | 4 772 | 3 279 | 4 054 | 727 | 3 387 | 1 205 | 4 579 | 372 | 4 371 | 2 196 | 29 878 |
| 2011 年 | 784 | 5 562 | 3 660 | 4 573 | 782 | 3 874 | 1 561 | 4 482 | 368 | 4 383 | 2 414 | 32 443 |
| 同比增减率(%) | ▽16.2 | 16.6 | 11.6 | 12.8 | 7.6 | 14.4 | 29.5 | ▽2.1 | ▽1.1 | 0.3 | 9.9 | 8.6 |
| 年平均增减率(%) | ▽9.1 | 7.6 | 7.4 | 8.4 | 2.1 | 6.4 | 20.2 | ▽4.9 | 36.3 | 3.1 | ▽4.0 | 4.1 |

### 6. 播放影像独立制作公司各职位的从业者现状

从 2011 年播放影像独立制作公司各职位的从业者现状来看，PD 职位的从业者为2 138人(36.1%)，所占比例最大。接下来依次是：其他职位的从业者为1 565人，占总人数的 26.4%；包括高

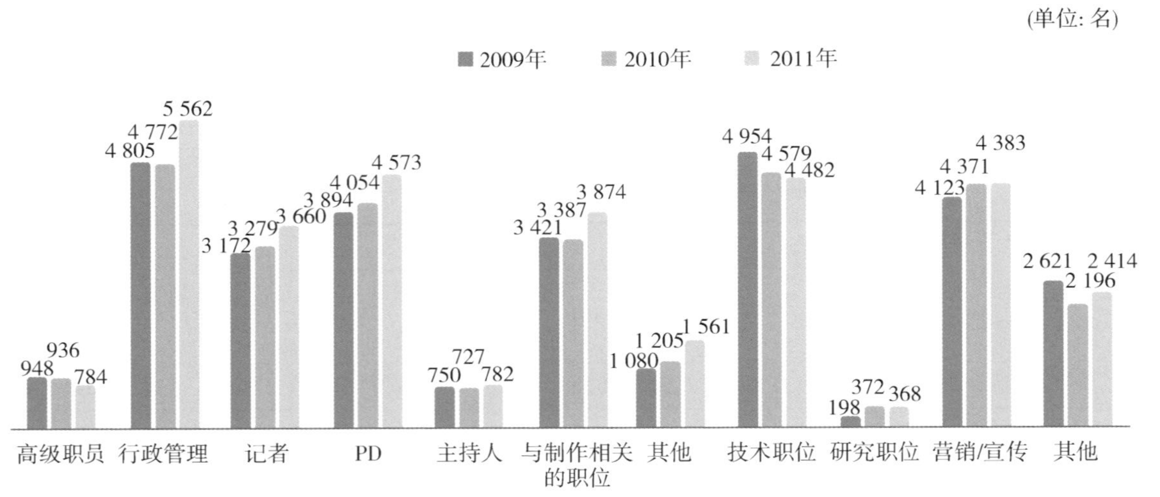


图 4-7-30　播放行业各年度各职位的从业者现状

级职员在内的管理/行政职位的从业者为1 107人，占总人数的 18.7%；技术职位的从业者为 859 人，占总人数的 14.5%；营销/宣传职位的从业者为 217 人，占总人数的 3.7%；主持人职位的从业者为 37 人，占总人数的 0.6%。

在增减率方面，PD 职位的从业者比上年增加了 61.2%，从 2009 年至 2011 年，年平均增加了 26.8%；其他职位的从业者比上年增加了 157.4%，年平均增加了 57.0%，有较大幅度的增长。

表 4-7-45　**播放影像独立制作公司各年度各职位的从业者现状**　（单位：名）

| 职位<br>年度 | 管理/行政（包括高级职员） | PD | 主持人 | 技术 | 营销/宣传 | 其他 | 全部 |
|---|---|---|---|---|---|---|---|
| 2009 年 | 1 029 | 1 329 | 53 | 1 363 | 339 | 635 | 4 748 |
| 2010 年 | 1 022 | 1 326 | 52 | 1 366 | 332 | 608 | 4 706 |
| 2011 年 | 1 107 | 2 138 | 37 | 859 | 217 | 1 565 | 5 923 |
| 比重(%) | 18.7 | 36.1 | 0.6 | 14.5 | 3.7 | 26.4 | 100.0 |
| 同比增减率(%) | 8.3 | 61.2 | ▽28.8 | ▽37.1 | ▽34.6 | 157.4 | 25.9 |
| 年平均增减率(%) | 3.7 | 26.8 | ▽16.4 | ▽20.6 | ▽20.0 | 57.0 | 11.7 |

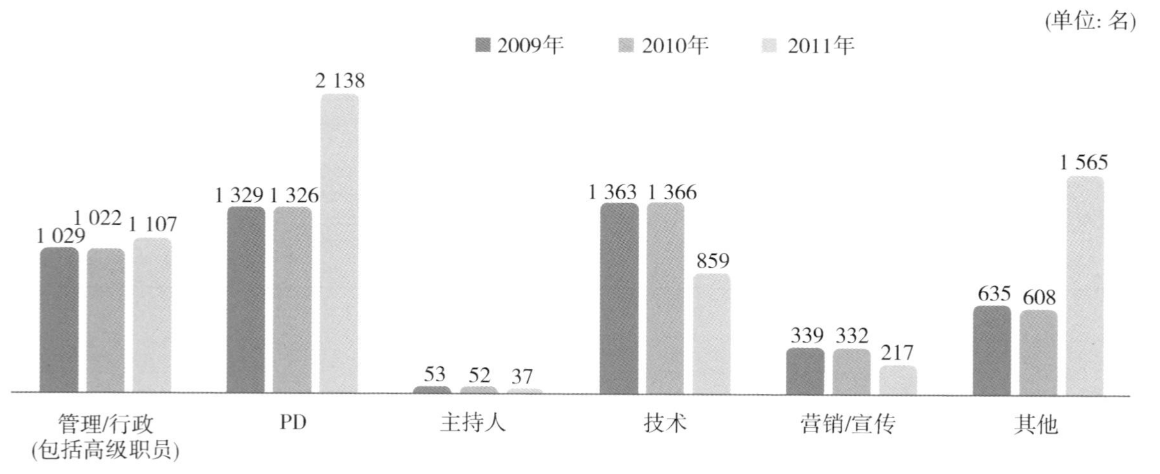


图 4-7-31　播放影像独立制作公司各年度各职位的从业者现状

### 7. 播放影像独立制作公司各销售额规模的企业的从业者现状

从 2011 年播放影像独立制作公司各销售额规模的企业的从业者现状来看，销售额规模在 10 亿韩元以上 100 亿韩元以下的企业的从业者为2 051人，占全部从业者的 34. 6%。销售额规模在 1 亿韩元以下的企业的从业者为1 726人，占全部从业者的 29. 1%。销售额规模在 100 亿韩元以上的企业的从业者为1 193人，占全部从业者的 20. 2%。销售额规模在 1 亿韩元以上 10 亿韩元以下的企业的从业者为 953 人，占全部从业者的 16. 1%。

在增减率方面，2011 年，销售额规模在 1 亿韩元以下的企业的从业者呈现出最大幅度的增加，比上年增加了 958. 9%，从 2009 年至 2011 年，年平均增加了 335. 5%。相反，销售额规模在 1 亿韩元以上 10 亿韩元以下的企业的从业者呈现出较大幅度的减少，比上年减少了 28. 1%，年平均减少了 15. 1%。

表 4-7-46 **播放影像独立制作公司各年度各销售额规模的企业的从业者现状** （单位：名）

| 销售额规模 / 年度 | 不足 1 亿韩元 | 1 亿～10 亿韩元 | 10 亿～100 亿韩元 | 100 亿韩元以上 | 合计 |
|---|---|---|---|---|---|
| 2009 年 | 91 | 1 321 | 2 287 | 1 049 | 4 748 |
| 2010 年 | 163 | 1 325 | 2 183 | 1 035 | 4 706 |
| 2011 年 | 1 726 | 953 | 2 051 | 1 193 | 5 923 |
| 比重(%) | 29. 1 | 16. 1 | 34. 6 | 20. 2 | 100. 0 |
| 同比增减率(%) | 958. 9 | ▽28. 1 | ▽6. 0 | 15. 3 | 25. 9 |
| 年平均增减率(%) | 335. 5 | ▽15. 1 | ▽5. 3 | 6. 6 | 11. 7 |

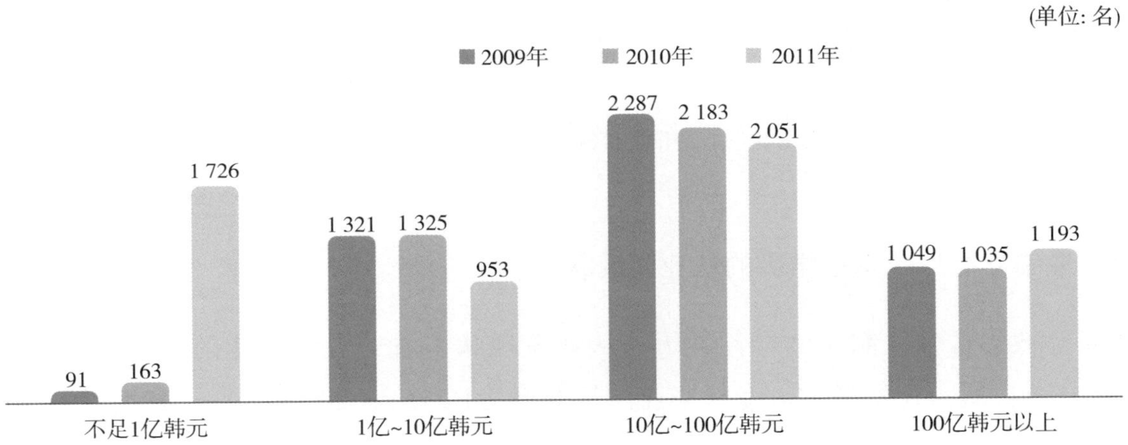


图 4-7-32 播放影像独立制作公司各年度各销售额规模的企业的从业者现状

### 8. 播放影像独立制作公司各从业者规模的企业的从业者现状

从 2011 年播放影像独立制作公司各从业者规模的企业的从业者现状来看，从业者规模在 5 人以上 9 人以下的企业的从业者为1 654人，占总人数的 27. 9%；从业者规模在 10 人以上 49 人以下的企业的从业者为1 596人，占总人数的 26. 9%；从业者规模在 50 人以上 99 人以下的企业的从业者为1 105人，占总人数的 18. 7%；从业者规模在 100 人以上的企业的从业者为 800 人，占总人数的 13. 5%；从业者规模在 1 人以上 4 人以下的企业的从业者为 768 人，占总人数的 13. 0%。

在增减率方面，调查显示，从业者规模在1人以上4人以下的企业的从业者比上年增加了68.1%；从业者规模在5人以上9人以下的企业的从业者比上年增加了106.2%，呈现出最大的增长率；从业者规模在10人以上49人以下的企业的从业者比上年减少了18.7%；从业者规模在50人以上99人以下的企业的从业者比上年增加了8.4%。从业者规模在100人以上的企业的从业者比上年增加了72.0%。

表4-7-47　　播放影像独立制作公司各年度各从业者规模的企业的从业者现状　　（单位：名）

| 年度＼从业者规模 | 1~4人 | 5~9人 | 10~49人 | 50~99人 | 100人以上 | 合计 |
|---|---|---|---|---|---|---|
| 2009年 | 399 | 793 | 2 011 | 1 052 | 493 | 4 748 |
| 2010年 | 457 | 802 | 1 963 | 1 019 | 465 | 4 706 |
| 2011年 | 768 | 1 654 | 1 596 | 1 105 | 800 | 5 923 |
| 比重(%) | 13.0 | 27.9 | 26.9 | 18.7 | 13.5 | 100.0 |
| 同比增减率(%) | 68.1 | 106.2 | ▽18.7 | 8.4 | 72.0 | 25.9 |
| 年平均增减率(%) | 38.7 | 44.4 | ▽10.9 | 2.5 | 27.4 | 11.7 |

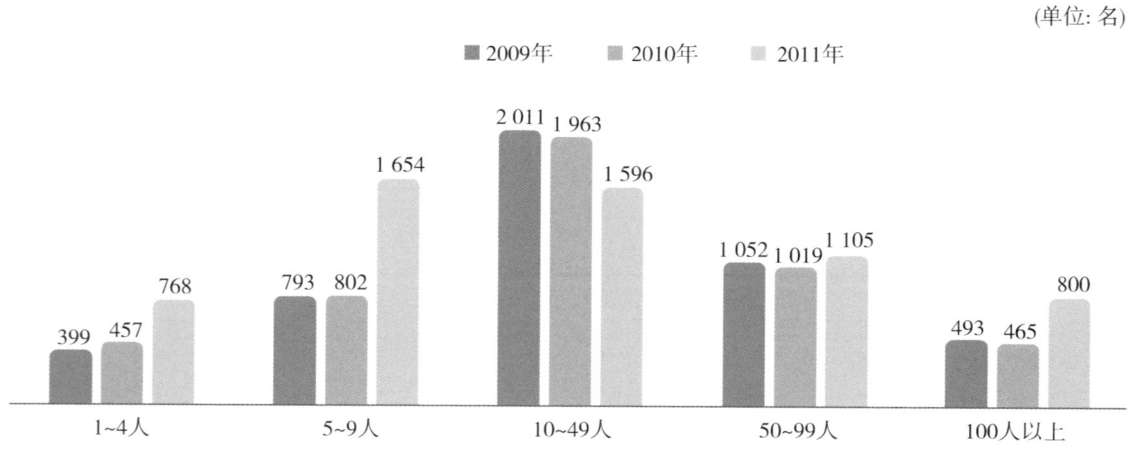


图4-7-33　播放影像独立制作公司各年度各从业者规模的企业的从业者现状

## 9. 播放影像独立制作公司各学历的从业者现状

从2011年播放影像独立制作公司各学历的从业者现状来看，大学毕业的从业者为4 137人，占从业者总数的69.8%，所占比例最大。专科毕业的从业者为1 215人(20.5%)，研究生以上学历的从业者为371人(6.3%)，高中以下学历的从业者为200人(3.4%)。即播放影像独立制作公司中76.1%的从业者具有大学以上学历，高学历从业者的比例较高。

表4-7-48　　播放影像独立制作公司各年度各学历的从业者现状　　（单位：名）

| 年度＼学历 | 高中以下 | 专科毕业 | 大学毕业 | 研究生以上 | 合计 |
|---|---|---|---|---|---|
| 2009年 | 297 | 380 | 3 906 | 165 | 4 748 |
| 2010年 | 267 | 368 | 3 905 | 166 | 4 706 |
| 2011年 | 200 | 1 215 | 4 137 | 371 | 5 923 |
| 比重(%) | 3.4 | 20.5 | 69.8 | 6.3 | 100.0 |

续表

| 年度 \ 学历 | 高中以下 | 专科毕业 | 大学毕业 | 研究生以上 | 合计 |
|---|---|---|---|---|---|
| 同比增减率(%) | ▽25.1 | 230.2 | 5.9 | 123.5 | 25.9 |
| 年平均增减率(%) | ▽17.9 | 78.8 | 2.9 | 49.9 | 11.7 |

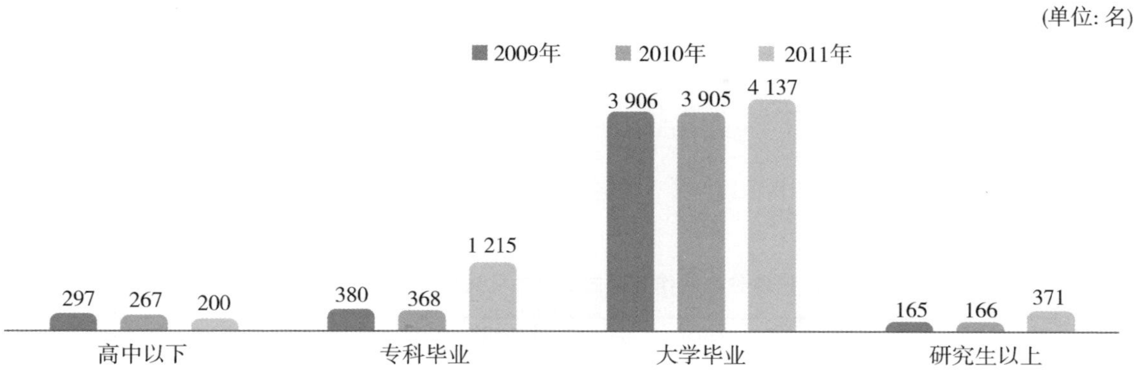


图 4-7-34　播放影像独立制作公司各年度各学历的从业者现状

### 10. 播放影像独立制作公司各年龄段的从业者现状

从 2011 年播放影像独立制作公司各年龄段的从业者现状来看，29 岁以下的从业者为1 858人，占总人数的 31.4%。30 岁以上 34 岁以下的从业者为1 706人，占总人数的 28.8%；40 岁以上的从业者为 1 248人，占总人数的 21.1%；35 岁以上 39 岁以下的从业者为1 111人，占总人数的 18.7%。被视为青年层的 35 岁以下的从业者所占比例为 60.2%，占了一半以上。

表 4-7-49　**播放影像独立制作公司各年度各年龄段的从业者现状**　(单位：名)

| 年度 \ 年龄 | 29 岁以下 | 30~34 岁 | 35~39 岁 | 40 岁以上 | 合计 |
|---|---|---|---|---|---|
| 2009 年 | 1 186 | 1 238 | 1 465 | 859 | 4 748 |
| 2010 年 | 1 183 | 1 212 | 1 457 | 854 | 4 706 |
| 2011 年 | 1 858 | 1 706 | 1 111 | 1 248 | 5 923 |
| 比重(%) | 31.4 | 28.8 | 18.7 | 21.1 | 100.0 |
| 同比增减率(%) | 57.1 | 40.8 | ▽23.7 | 46.1 | 25.9 |
| 年平均增减率(%) | 25.2 | 17.4 | ▽12.9 | 20.5 | 11.7 |

## (九)播放影像独立制作公司向高品质化转型的投资额现状

从 2011 年播放影像独立制作公司向高品质化转型的投资额现状来看，调查显示，HD 制作装备的投资额是 32 亿韩元，其转型率为 66.2%。3D 制作装备的投资额是 12 亿韩元，其转型率为 64.3%。HD 制作装备的投资额比上年增加了约 9 亿韩元，转型率约为 15.3%。3D 制作装备的投资额和转型率也都比上年有所增加。

(单位: 名)

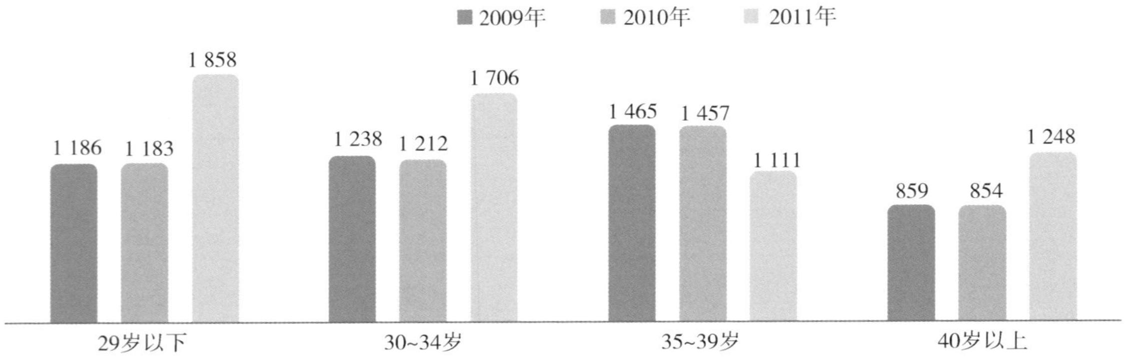


图 4-7-35　播放影像独立制作公司各年度各年龄段的从业者现状

表 4-7-50　**播放影像独立制作公司向高品质化转型的投资额现状**

| 分类 | 高品质化(HD)投资额及转型率 | | 3D 投资额及转型率 | |
|---|---|---|---|---|
| | HD 制作装备 | | 3D 制作装备 | |
| | 投资额 | 转型率(%) | 投资额 | 转型率(%) |
| 2010 年 | 2 361 | 50. 9 | 944 | 51. 1 |
| 2011 年 | 3 213 | 66. 2 | 1 203 | 64. 3 |
| 2012 年 | 2 664 | 76. 6 | 1 689 | 69. 1 |

(单位: 百万韩元)

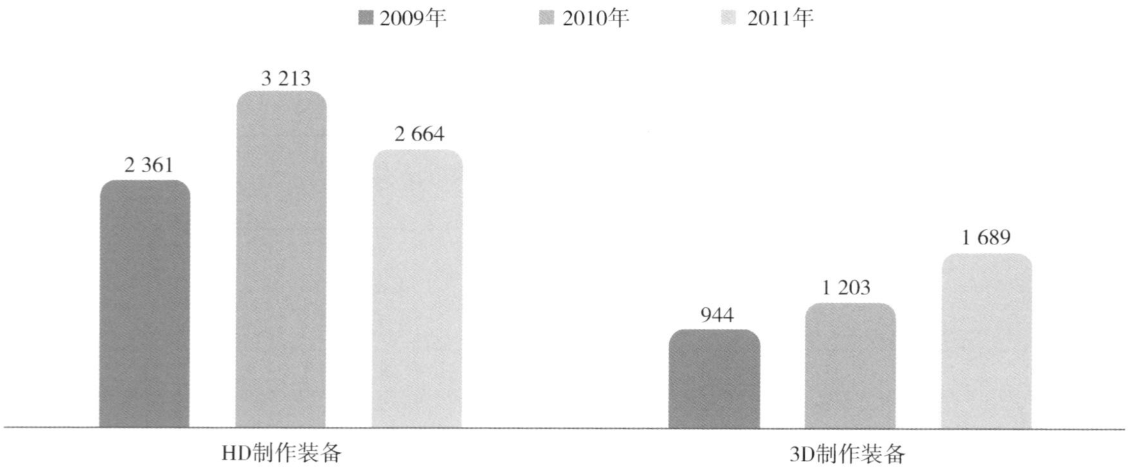


图 4-7-36　播放影像独立制作公司向高品质化转型的投资额现状

## (十)播放影像独立制作公司各体裁的节目制作现状比较

对 2011 年播放影像独立制作公司各体裁的节目制作现状进行比较，可以看出，纪录片的时长为 18 373小时(31. 4%)，所占比例最大。教养节目的时长占全部时长的 23. 9%，学习/教育类节目的时长占全部时长的 17. 0%，体育节目的时长占全部时长的 10. 6%，综艺节目的时长占全部时长的 5. 5%。

表 4-7-51　**播放影像独立制作公司各体裁的节目制作现状比较**　(单位：小时)

| 分类 | 电视剧 | 纪录片 | 漫画 | 电影 | 新闻 | 音乐 | 体育 | 教养 | 综艺 | 学习/教育 | 其他 | 总计 |
|---|---|---|---|---|---|---|---|---|---|---|---|---|
| 2009年 | 2 558 | 10 304 | 6 939 | — | 3 276 | 73 | 402 | 23 474 | 9 381 | 4 376 | 8 245 | 69 030 |
| 2010年 | 2 543 | 10 374 | 6 755 | — | 3 220 | 73 | 406 | 23 869 | 9 721 | 4 523 | 7 740 | 69 224 |
| 2011年 | 2 384 | 18 373 | 140 | 150 | 1 381 | 160 | 6 191 | 14 006 | 3 214 | 9 934 | 2 622 | 58 554 |
| 比重(%) | 4.1 | 31.4 | 0.2 | 0.3 | 2.4 | 0.3 | 10.6 | 23.9 | 5.5 | 17.0 | 4.5 | 100.0 |
| 同比增减率(%) | ▽6.2 | 77.1 | ▽97.9 | — | ▽57.1 | 120.6 | 1 426.5 | ▽41.3 | ▽66.9 | 119.6 | ▽66.1 | ▽15.4 |
| 年平均增减率(%) | ▽3.5 | 33.5 | ▽85.8 | — | ▽35.1 | 48.3 | 292.5 | ▽22.8 | ▽41.5 | 50.7 | ▽43.6 | ▽7.9 |

### 1. 播放影像独立制作公司各收购方项目的制作类型比较

从类型来考察2011年播放影像独立制作公司各收购方项目的制作现状，地面波播放的制作时间为36 356小时，占整体的62.1%，所占比例最大。其他类别为9 224小时，占整体的15.7%。卫星播放的制作时间为6 957小时，占整体的11.9%；有线播放的制作时间为3 084小时，占整体的5.3%，播放频道使用事业的制作时间为2 763小时，占整体的4.7%，播放影像作品制作业为171小时，占整体的0.3%。

表 4-7-52　**播放影像独立制作公司各收购方项目的制作类型比较**　(单位：小时)

| 分类 | 地面波播放 | 有线播放 | 卫星播放 | 播放频道应用业 | 播放影像作品制作业 | 其他 | 总制作时间 |
|---|---|---|---|---|---|---|---|
| 2009年 | 24 422 | 8 532 | 9 872 | 13 391 | 7 161 | 5 651 | 69 030 |
| 2010年 | 24 358 | 8 524 | 9 691 | 13 588 | 7 704 | 5 359 | 69 224 |
| 2011年 | 36 356 | 3 084 | 6 957 | 2 763 | 171 | 9 224 | 58 554 |
| 比重(%) | 62.1 | 5.3 | 11.9 | 4.7 | 0.3 | 15.7 | 100.0 |
| 同比增减率(%) | 49.2 | ▽63.8 | ▽28.2 | ▽79.7 | ▽97.8 | 72.1 | ▽15.4 |
| 年平均增减率(%) | 22.0 | ▽39.9 | ▽16.1 | ▽54.6 | ▽84.6 | 27.8 | ▽7.9 |

## 八、广告行业

表 4-8-1　**广告行业的分类**

| 中分类 | 小分类 | 分类体系的定义 |
|---|---|---|
| 广告(综合)代理业 | 广告代理、媒体代理 | 代替广告主进行广告产品的企划，并据此制作广告，通过制作完成的广告作品与媒体接触，并进行媒体代理的企业 |
| | 广告企划、战略代理 | 企划广告活动，或设定广告文案、媒体等综合性广告活动基本方向的企业 |
| 广告制作业 | CM、影像、广告文案、平面设计的制作 | 制作广告主题、广告、广告平面设计等的企业 |
| | 在线制作 | 制作Banner、节目单、网站等各种在线广告的企业 |
| | 广告照片拍摄 | 以广告为目的进行照片拍摄、报纸、杂志、海报摄影及样本拍摄的企业 |
| | CI(Commercial Identity)制作 | 制作企业象征、标记、字标、企业特色等的企业(制作广告文案CI) |

续表

| 中分类 | 小分类 | 分类体系的定义 |
| --- | --- | --- |
| 服务业 | 营销、调研 | 为了企划、修正、评价营销活动而进行内部及外部信息收集、分析的企业 |
| | PR(Public Relations) | 为了获取公众对于产品或服务的理解与好感，而专门进行各种业务(宣传、活动、活动企划、宣传品制作等)的企业(广告 PR) |
| | SP(Sales Promotion) | 代理不是在大众媒体上投放的广告，而是与销售直接联系的广告的企业(DM 广告、premium、样本分发、novelty、竞赛、消费者教育等)，大众媒体广告的代理除外 |
| | 活动 | 为促进销售而进行的活动提供企划、演出、制作、设计的企业 |
| | 空间设计 | 提供展示的企划及制作、展示中布置品的制作及管理、室内布景的设计及施工等服务的企业 |
| 印刷业 | 印刷 | 制作、编辑手册、产品样本、传单、原色印刷品、册子、包装品及公司报纸等产品的企业 |
| | 制板 | 提供制板、输出、照片制板、胶片输出/制作等与照片的印刷、制板相关服务的企业(广告制板业) |
| 在线业 | 广告代理 | 代替广告主企划在线广告，据此制作有效的广告产品，并为了传播所制作的广告而与媒体接触、进行推广的企业(在线广告代理及替代代理) |
| | 媒体代理 | 提供代替广告主或广告代理公司，购入在线广告版面业务的企业 |
| | 广告企划、战略的代理 | 企划在线广告活动或设定广告文案、媒体等综合性广告活动基本方向的企业 |
| | 广告制作 | 制作 Banner、节目单、网站等各种在线广告的企业 |
| 其他业种 | 广告产品企划、编辑 | 编辑影像或印刷广告的企业(广告企划及编辑) |
| | 其他(设备办理等) | 提供电子设备的维护及维修、编辑设备的处置、幻灯片的租借等设备销售业务的企业(与广告相关的计算机系统及各种设备的管理服务) |

广告行业主要由广告主、广告公司、媒体公司组成，广告公司受广告主的委托按照其要求制作广告并通过媒体传递给消费者。这一系列的过程经过企划、制作、流通这个价值链的各阶段，资讯产业统计为了掌握广告行业的规模，引用了韩国播放广告振兴公司《广告行业统计调查》的结果。《广告行业统计调查》以企划、制作阶段的广告公司和广告产品制作企业为调查对象。

## (一)广告行业的整体概况

调查显示，2011 年广告行业的企业数量是5 625个，从业者为34 647人。销售额是 12 兆1 726亿韩元，附加价值额是 3 兆9 889亿韩元，附加价值率是 32.77%。出口额是 1 亿 222 万美元，进口额相对较多，为 8 亿 412 万美元。

广告行业的企业数量从 2006 年的4 735个到 2011 年的5 625个，新增了 890 个，从 2006 年至 2011 年，年平均增加了 3.5%。销售额和从业者年平均各增加了 5.9%和 4.7%。与上年对比，增长最多的部分是出口额，比上年增加了 35.3%。

表 4-8-2　　**广告行业的整体概况**

| 分类 | 企业数量（个） | 从业者数量（名） | 销售额（百万韩元） | 附加价值额（百万韩元） | 附加价值率（%） | 出口额（千美元） | 进口额（千美元） |
|---|---|---|---|---|---|---|---|
| 2006 年 | 4 735 | 27 487 | 9 118 059 | 3 343 592 | 36. 67 | 75 981 | 2 415 540 |
| 2007 年 | 4 830 | 29 416 | 9 434 625 | 4 002 168 | 42. 42 | 93 859 | 2 225 807 |
| 2008 年 | 4 767 | 30 700 | 9 311 635 | 4 062 666 | 43. 63 | 14 212 | 780 696 |
| 2009 年 | 4 532 | 33 509 | 9 186 878 | 3 445 079 | 37. 50 | 93 152 | 610 277 |
| 2010 年 | 5 011 | 34 438 | 10 323 173 | 3 932 096 | 38. 09 | 75 554 | 737 167 |
| 2011 年 | 5 625 | 34 647 | 12 172 681 | 3 988 988 | 32. 77 | 102 224 | 804 124 |
| 同比增减率（%） | 12. 3 | 0. 6 | 17. 9 | 1. 4 | ▽5. 32p | 35. 3 | 9. 1 |
| 年平均增减率（%） | 3. 5 | 4. 7 | 5. 9 | 3. 6 | — | 6. 1 | ▽19. 7 |

## （二）广告行业的企业数量现状

2011 年广告行业的企业为5 625个，比上年增长了 12. 3%，从 2009 年至 2011 年，年平均增长了 11. 4%。广告行业各业种的企业数量现状，由于从事多个业种的企业数量被重复处理，各具体业种的合计及所占比例会出现比整体更多的情况。

从业种类别来看，2011 年，其他业种的企业数量为2 421个（43. 0%），所占比例最大，比上年增加了 12. 4%，年平均增加了 73. 4%；印刷业的企业数量为2 139个（38. 0%），比上年减少了 8. 6%，从 2009 年到 2011 年，年平均减少了 17. 4%；广告（综合）代理业的企业数量为1 464个（26. 0%），比上年减少了 4. 8%，年平均减少了 1. 2%；广告制作业的企业数量为1 074个（19. 1%），比上年减少了 4. 7%，年平均增加了 69. 0%。服务业的企业数量为 604 个（10. 7%），比上年增加了 28. 2%，年平均增加了 98. 0%；在线业的企业数量为 423 个（7. 5%），比上年增加了 17. 5%，年平均增加了 70. 8%。

表 4-8-3　　**广告行业各年度各业种的企业数量现状**①　　（单位：个）

| 年度 / 业种 | 2009 年 | 2010 年 | 2011 年 | 比重（%） | 同比增减率（%） | 年平均增减率（%） |
|---|---|---|---|---|---|---|
| 广告（综合）代理业 | 1 501 | 1 538 | 1 464 | 26. 0 | ▽4. 8 | ▽1. 2 |
| 广告制作业 | 376 | 1 127 | 1 074 | 19. 1 | ▽4. 7 | 69. 0 |
| 服务业 | 154 | 471 | 604 | 10. 7 | 28. 2 | 98. 0 |
| 印刷业 | 1 553 | 2 340 | 2 139 | 38. 0 | ▽8. 6 | 17. 4 |
| 在线业 | 145 | 360 | 423 | 7. 5 | 17. 5 | 70. 8 |
| 其他业种 | 805 | 2 153 | 2 421 | 43. 0 | 12. 4 | 73. 4 |
| 合计 | 4 532 | 5 011 | 5 625 | 100. 0 | 12. 3 | 11. 4 |

① 广告行业中，由于企业同时经营多个业种的情况会被重复处理，因此在企业数量和企业比重上，各小业种的合计大于整体的合计。

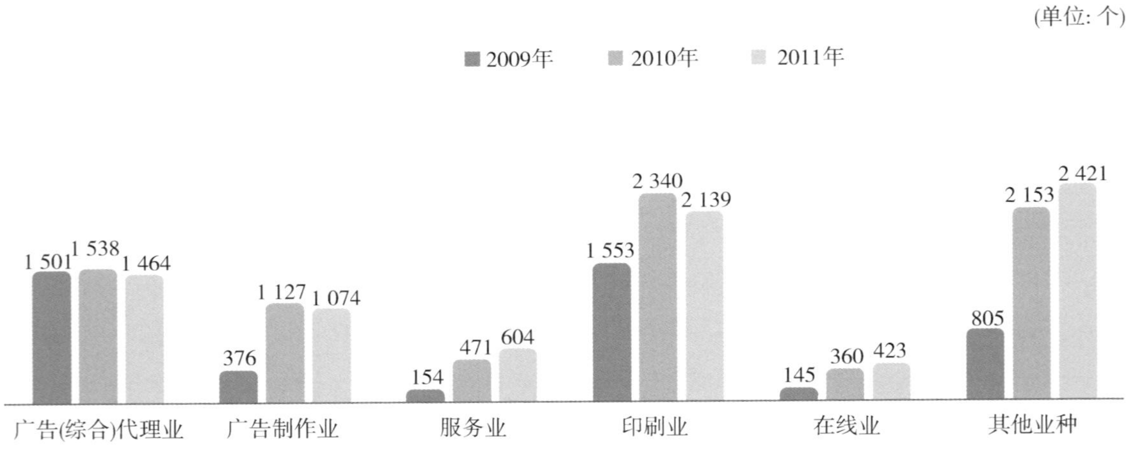


图 4-8-1　广告行业各年度各业种的企业数量现状

从销售额规模来看，2011 年，销售额规模在 1 亿韩元以上 10 亿韩元以下的企业数量为2 375个(42. 2%)，在全部企业中所占比例最大，比上年增加了 15. 6%，从 2009 年至 2011 年，年平均增加了 16. 9%。其次是销售额规模在 1 亿韩元以下的企业，数量为2 206个(39. 2%)，比上年增加了 7. 9%，年平均增加了 9. 2%。销售额规模在 10 亿韩元以上 100 亿韩元以下的企业数量为 907 个(16. 1%)，比上年增加了 18. 1%，年平均增加了 7. 0%；销售额规模在100 亿韩元以上的企业数量为 137 个(2. 5%)，所占比例最低，比上年减少了 4. 2%，年平均减少了 5. 7%。

表 4-8-4　　广告行业各年度各销售额规模的企业数量现状　　(单位：个)

| 年度 / 销售额规模 | 2009 年 | 2010 年 | 2011 年 | 比重 (%) | 同比增减率 (%) | 年平均增减率 (%) |
|---|---|---|---|---|---|---|
| 不足 1 亿韩元 | 1 849 | 2 045 | 2 206 | 39. 2 | 7. 9 | 9. 2 |
| 1 亿~10 亿韩元 | 1 737 | 2 055 | 2 375 | 42. 2 | 15. 6 | 16. 9 |
| 10 亿~100 亿韩元 | 792 | 768 | 907 | 16. 1 | 18. 1 | 7. 0 |
| 100 亿韩元以上 | 154 | 143 | 137 | 2. 5 | ▽4. 2 | ▽5. 7 |
| 合计 | 4 532 | 5 011 | 5 625 | 100. 0 | 12. 3 | 11. 4 |

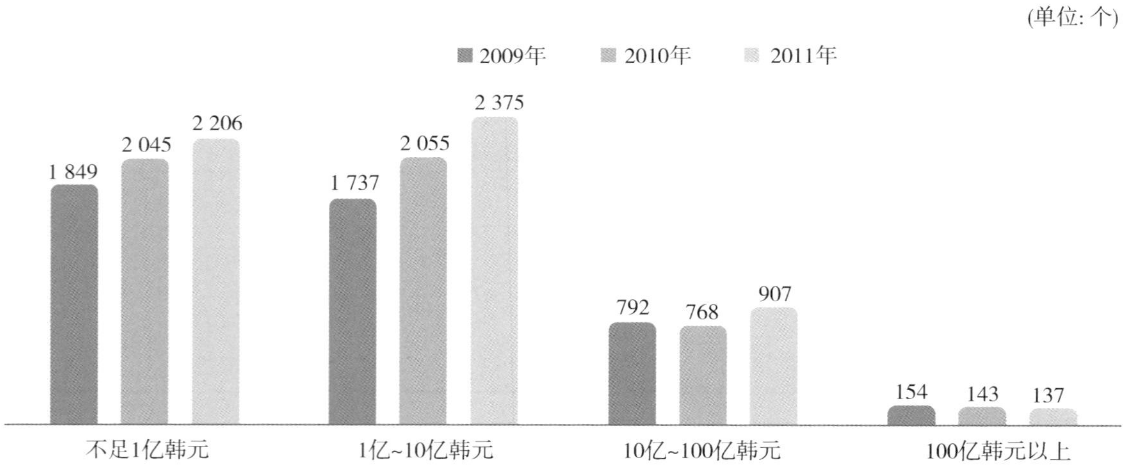


图 4-8-2　广告行业各年度各销售额规模的企业数量现状

从从业者规模来看，从业者规模在 1 人以上 4 人以下的企业数量为3 761个，占全部企业的66. 8%，占有最大的比重，比上年增加了 14. 5%，从 2009 年至 2011 年，年平均增加了 14. 6%。其次是从业者规模在 5 人以上 9 人以下的企业，数量为1 067个(19. 0%)，比上年增加了 8. 3%，年平均增加了 9. 9%。从业者规模在 10 人以上 49 人以下的企业数量为 737 个(13. 1%)，比上年增加了 11. 5%，年平均增加了 2. 6%；从业者规模为 50 人以上 99 人以下的企业数量为 43 个(0. 8%)。100 人以上的企业数量是 17 个，占全部企业的 0. 3%。

表 4-8-5　**广告行业各年度各从业者规模的企业数量现状**　(单位：个)

| 年度 / 从业者规模 | 2009 年 | 2010 年 | 2011 年 | 比重 (%) | 同比增减率 (%) | 年平均增减率 (%) |
|---|---|---|---|---|---|---|
| 1~4 人 | 2 864 | 3 286 | 3 761 | 66. 8 | 14. 5 | 14. 6 |
| 5~9 人 | 883 | 985 | 1 067 | 19. 0 | 8. 3 | 9. 9 |
| 10~49 人 | 700 | 661 | 737 | 13. 1 | 11. 5 | 2. 6 |
| 50~99 人 | 67 | 52 | 43 | 0. 8 | ▽17. 3 | ▽19. 9 |
| 100 人以上 | 18 | 27 | 17 | 0. 3 | ▽37. 0 | ▽2. 8 |
| 合计 | 4 532 | 5 011 | 5 625 | 100. 0 | 12. 3 | 11. 4 |

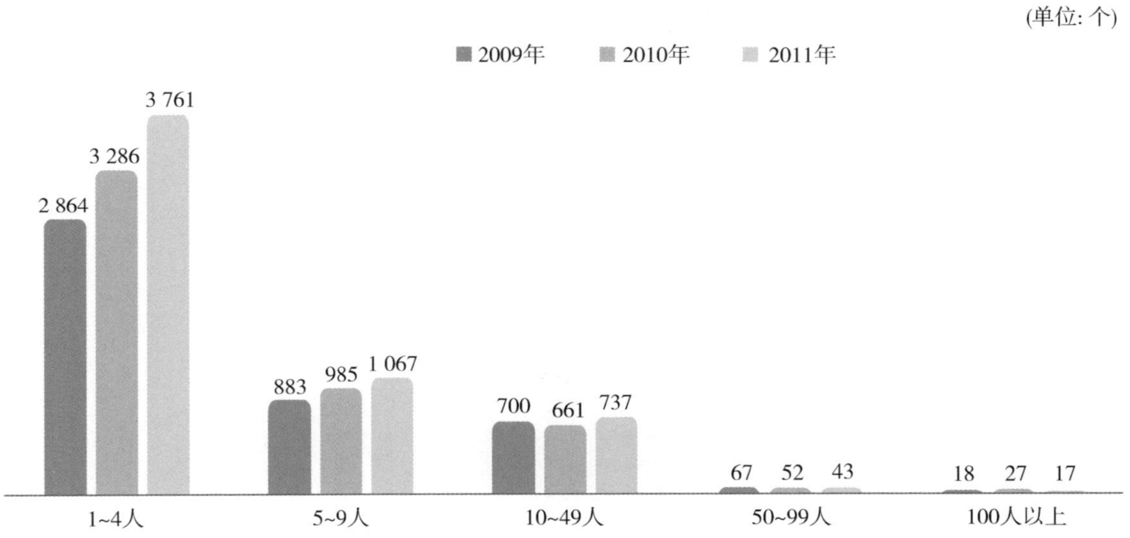


图 4-8-3　广告行业各年度各从业者规模的企业数量现状

从 2011 年广告行业各地区的企业数量现状来看，首尔的企业数是2 845个，占全部企业的 50. 6%，比上年增加了 12. 0%，从 2009 年至 2011 年，年平均增加了 18. 5%。6 个广域市的企业数量是1 642个，占全部企业的 29. 2%，仁川的企业数量是 478 个，占全部企业的 8. 5%，是除首尔之外企业数量最多的地区。9 个道中京畿道的企业数是 334 个，占全部企业的 5. 9%，在 9 个道中占有最多的比例。京畿道的企业数量比上年减少了 33. 2%，年平均减少了 3. 9%。

表 4-8-6　　广告行业各年度各地区的企业数量现状　　（单位：个）

| 地区＼年度 | | 2009 年 | 2010 年 | 2011 年 | 比重（%） | 同比增减率（%） | 年平均增减率（%） |
|---|---|---|---|---|---|---|---|
| 首尔 | | 2 025 | 2 541 | 2 845 | 50. 6 | 12. 0 | 18. 5 |
| 6 个广域市 | 釜山 | 286 | 205 | 259 | 4. 6 | 26. 3 | ▽4. 8 |
| | 大邱 | 451 | 317 | 369 | 6. 6 | 16. 4 | ▽9. 5 |
| | 仁川 | 398 | 104 | 478 | 8. 5 | 359. 6 | 9. 6 |
| | 光州 | 379 | 491 | 332 | 5. 9 | ▽32. 4 | ▽6. 4 |
| | 大田 | 65 | 311 | 163 | 2. 9 | ▽47. 6 | 58. 4 |
| | 蔚山 | 7 | 68 | 41 | 0. 7 | ▽39. 7 | 142. 0 |
| | 小计 | 1 586 | 1 496 | 1 642 | 29. 2 | 9. 8 | 1. 8 |
| 9 个道 | 京畿道 | 362 | 500 | 334 | 5. 9 | ▽33. 2 | ▽3. 9 |
| | 江原道 | 178 | 87 | 159 | 2. 8 | 82. 8 | ▽5. 5 |
| | 忠清北道 | 7 | 30 | 18 | 0. 3 | ▽40. 0 | 60. 4 |
| | 忠清南道 | 36 | 32 | 54 | 1. 0 | 68. 8 | 22. 5 |
| | 全罗北道 | 64 | 123 | 105 | 1. 9 | ▽14. 6 | 28. 1 |
| | 全罗南道 | 47 | 11 | 109 | 1. 9 | 890. 9 | 52. 3 |
| | 庆尚北道 | 128 | 45 | 113 | 2. 0 | 151. 1 | ▽6. 0 |
| | 庆尚南道 | 51 | 115 | 211 | 3. 8 | 83. 5 | 103. 4 |
| | 济州道 | 48 | 31 | 35 | 0. 6 | 12. 9 | ▽14. 6 |
| | 小计 | 921 | 974 | 1 138 | 20. 2 | 16. 8 | 11. 2 |
| 合计 | | 4 532 | 5 011 | 5 625 | 100. 0 | 12. 3 | 11. 4 |

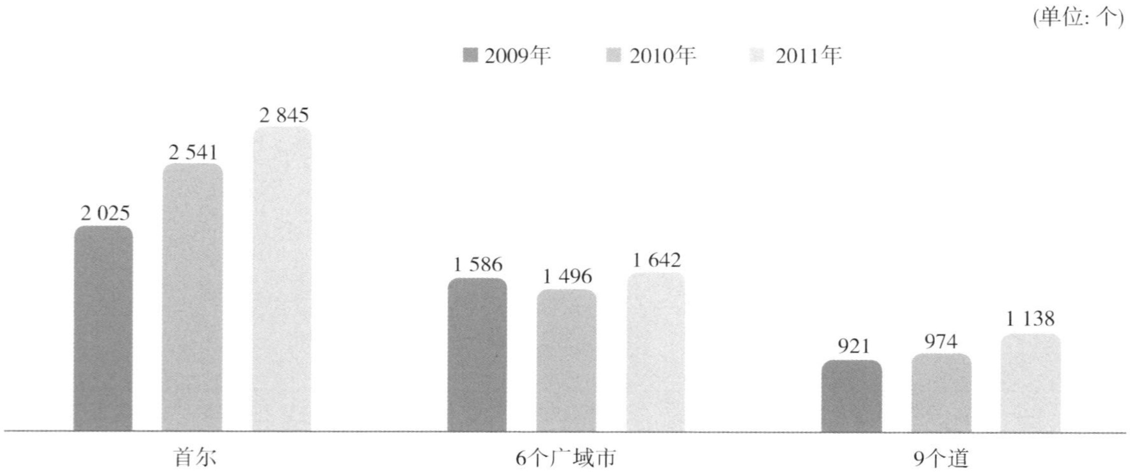


图 4-8-4　广告行业各年度各地区的企业数量现状

## (三)广告行业的销售额现状

2011 年广告行业的销售额是 12 兆1 726亿韩元，从小分类来看，广告代理、媒体代理的销售额最多，为 6 兆9 041亿韩元，SP(Sales Promotion)的销售额是 1 兆1 741亿韩元，CM、影像、广告文案、平面设计制作的销售额是9 732亿韩元。

从中分类来看，调查显示，广告(综合)代理业的销售额是 6 兆9 721亿韩元，占销售总额的57.3%，所占比例最大。服务业的销售额为 1 兆6 550亿韩元(13.6%)，在线业的销售额为 1 兆4 429亿韩元(13.6%)，广告制作业的销售额为 1 兆 155 亿韩元(13.6%)，印刷业的销售额为4 249亿韩元(3.5%)，其他业种的销售额为6 620亿韩元(5.4%)。

表 4-8-7　**广告行业各业种的销售额现状**　(单位：百万韩元)

| 中分类 | 小分类 | 2009 年 | 2010 年 | 2011 年 | 比重(%) | 同比增减率(%) | 年平均增减率(%) |
|---|---|---|---|---|---|---|---|
| 广告(综合)代理业 | 广告代理、媒体代理 | 5 409 389 | 6 132 713 | 6 904 120 | 56.7 | 12.6 | 13.0 |
| | 广告企划、战略代理 | 5 463 | 8 162 | 67 983 | 0.6 | 732.9 | 252.8 |
| | 小计 | 5 414 852 | 6 140 875 | 6 972 103 | 57.3 | 13.5 | 13.5 |
| 广告制作业 | CM、影像、广告文案、平面设计制作 | 560 316 | 901 744 | 973 236 | 8.0 | 7.9 | 31.8 |
| | 在线制作 | 75 093 | 15 964 | 14 660 | 0.1 | ▽8.2 | ▽55.8 |
| | 广告照片拍摄 | 7 122 | 5 168 | 5 896 | 0.0 | 14.1 | ▽9.0 |
| | CI(Commercial Identity)制作 | 107 364 | 22 486 | 21 745 | 0.2 | ▽3.3 | ▽55.0 |
| | 小计 | 749 895 | 945 362 | 1 015 537 | 8.3 | 7.4 | 16.4 |
| 服务业 | 营销、调研 | 80 854 | 51 738 | 73 603 | 0.6 | 42.3 | ▽4.6 |
| | PR(Public Relations) | 79 614 | 114 568 | 100 879 | 0.8 | ▽11.9 | 12.6 |
| | SP(Sales Promotion) | 666 356 | 883 871 | 1 174 115 | 9.7 | 32.8 | 32.7 |
| | 活动 | 336 504 | 274 923 | 267 025 | 2.2 | ▽2.9 | ▽10.9 |
| | 空间设计 | 44 746 | 11 963 | 39 475 | 0.3 | 230.0 | ▽6.1 |
| | 小计 | 1 208 074 | 1 337 063 | 1 655 097 | 13.6 | 23.8 | 17.0 |
| 印刷业 | 印刷 | 451 410 | 522 833 | 405 300 | 3.3 | ▽22.5 | ▽5.2 |
| | 制版 | 31 386 | 26 682 | 19 651 | 0.2 | ▽26.4 | ▽20.9 |
| | 小计 | 482 796 | 549 515 | 424 951 | 3.5 | ▽22.7 | ▽6.2 |
| 在线业 | 广告代理 | 673 778 | 721 825 | 881 417 | 7.3 | 22.1 | 14.4 |
| | 媒体代理 | 201 880 | 161 764 | 552 243 | 4.5 | 241.4 | 65.4 |
| | 广告企划、战略的代理 | 168 | 1 924 | 5 452 | 0.1 | 183.4 | 469.7 |
| | 广告制作 | 2 262 | 3 980 | 3 793 | 0.0 | ▽4.7 | 29.5 |
| | 小计 | 878 088 | 889 493 | 1 442 905 | 11.9 | 62.2 | 28.2 |
| 其他业种 | 广告的企划、编辑 | 419 709 | 424 251 | 592 998 | 4.8 | 39.8 | 18.9 |
| | 其他(设备办理等) | 33 464 | 36 613 | 69 090 | 0.6 | 88.7 | 43.7 |
| | 小计 | 453 173 | 460 864 | 662 088 | 5.4 | 43.7 | 20.9 |
| 合计 | | 9 186 878 | 10 323 172 | 12 172 681 | 100.0 | 17.9 | 15.1 |

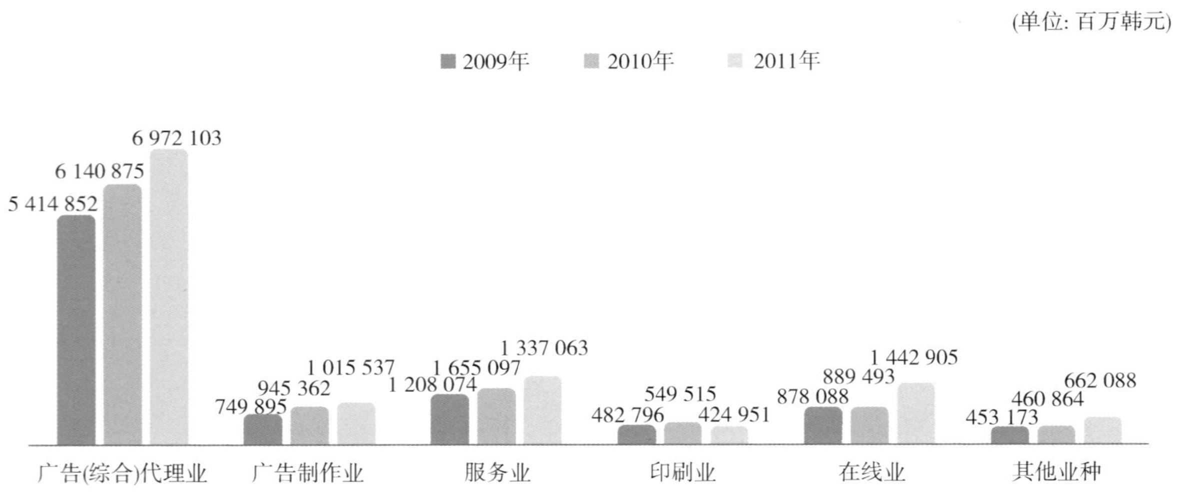


图 4-8-5　广告行业各年度各业种的销售额现状

## 1. 广告行业各媒体的销售额现状

2011 年，广告行业各媒体的销售额是 8 兆3 377亿韩元，占全部广告市场的 68. 5%。其中 4 大媒体(电视、广播、报纸、杂志)的销售额是 3 兆6 421亿韩元，占全部媒体销售额的 43. 7%；新媒体(有线、卫星、在线、移动、IPTV、DMB)的销售额是 2 兆8 794亿韩元，占全部媒体销售额的 34. 5%；户外广告的销售额是 1 兆3 042亿韩元(15. 6%)；其他销售额是5 119亿韩元(6. 1%)。

表 4-8-8　　**广告行业各年度各媒体的销售额现状**　　(单位：百万韩元)

| 媒体＼年度 | | 2009 年 | 2010 年 | 2011 年 | 比重(%) | 同比增减率(%) | 年平均增减率(%) |
|---|---|---|---|---|---|---|---|
| 4 大媒体 | 电视 | 1 650 342 | 2 004 138 | 2 148 146 | 25. 8 | 7. 19 | 14. 09 |
| | 广播 | 218 727 | 269 037 | 282 095 | 3. 4 | 4. 85 | 13. 57 |
| | 报纸 | 932 843 | 755 458 | 867 982 | 10. 4 | 14. 89 | ▽3. 54 |
| | 杂志 | 294 182 | 249 200 | 343 903 | 4. 1 | 38. 00 | 8. 12 |
| | 小计 | 3 096 094 | 3 277 833 | 3 642 126 | 43. 7 | 11. 11 | 8. 46 |
| 新媒体 | 有线 | 803 614 | 956 061 | 1 207 578 | 14. 5 | 26. 31 | 22. 58 |
| | 卫星 | 15 326 | 3 740 | 9 079 | 0. 1 | 142. 75 | ▽23. 03 |
| | 在线 | 875 658 | 883 589 | 1 433 660 | 17. 2 | 62. 25 | 27. 95 |
| | 移动 | 70 689 | 81 799 | 115 455 | 1. 4 | 41. 14 | 27. 80 |
| | IPTV | 861 | 24 050 | 30 811 | 0. 4 | 28. 11 | 498. 21 |
| | DMB | 28 849 | 44 389 | 82 844 | 1. 0 | 86. 63 | 69. 46 |
| | 小计 | 1 794 997 | 1 993 628 | 2 879 427 | 34. 5 | 44. 43 | 26. 65 |
| 户外广告 | | 1 051 666 | 1 350 052 | 1 304 281 | 15. 6 | ▽3. 39 | 11. 36 |
| 其他 | | 342 289 | 394 790 | 511 944 | 6. 1 | 29. 68 | 22. 30 |
| 合计 | | 6 285 046 | 7 016 303 | 8 337 778 | 100. 0 | 18. 83 | 15. 18 |

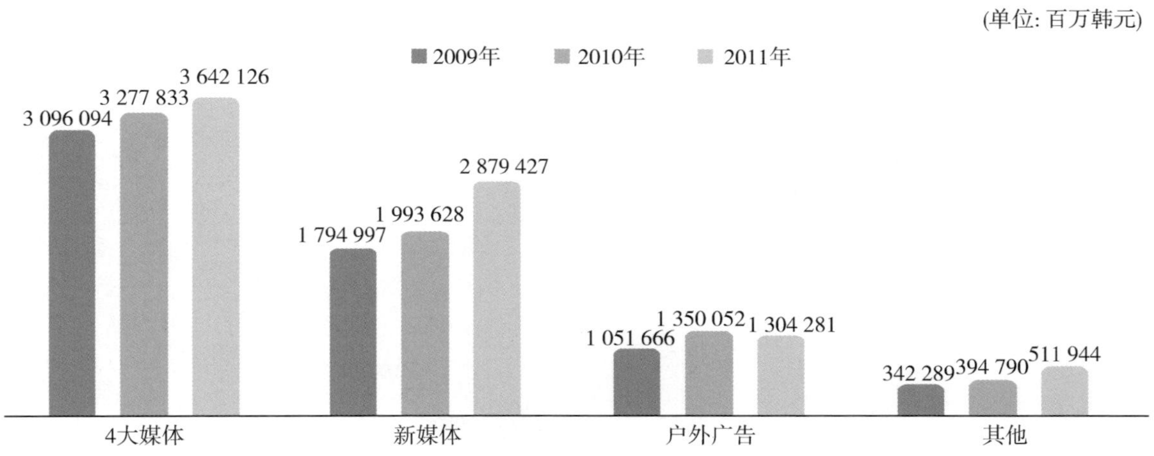


图 4-8-6　广告行业各年度各媒体的销售额现状

### 2. 广告行业各销售额规模的企业的销售额现状

从 2011 年广告行业各销售额规模的企业的销售额现状来看，销售额规模在 100 亿韩元以上的企业的销售额为 9 兆1 256亿韩元(75. 0%)，所占比例最大；销售额规模在 10 亿韩元以上 100 亿韩元以下的企业的销售额为 2 兆1 609亿韩元(17. 8%)；销售额规模在 1 亿韩元以上 10 亿韩元以下的企业的销售额是7 848亿韩元(6. 4%)；销售额规模在 1 亿韩元以下的企业的销售额是1 012亿韩元(0. 8%)。

在增减率方面，2011 年，销售额规模在 100 亿韩元以上的企业的销售额比上年增加了 19. 9%，从 2009 年至 2011 年，年平均增加了 17. 9%；销售额规模在 10 亿韩元以上 100 亿韩元以下的企业的销售额比上年增加了 11. 1%，年平均增加了 4. 7%；销售额规模在 1 亿韩元以上 10 亿韩元以下企业的销售额比上年增加了 16. 9%，年平均增加了 17. 5%；销售额规模在 1 亿韩元以下企业的销售额比上年增加了 7. 0%，年平均增加了 10. 9%。

表 4-8-9　　**广告行业各年度各销售额规模的企业的销售额现状**　　（单位：百万韩元）

| 销售额规模 / 年度 | 不足 1 亿韩元 | 1 亿~10 亿韩元 | 10 亿~100 亿韩元 | 100 亿韩元以上 | 合计 |
|---|---|---|---|---|---|
| 2009 年 | 82 234 | 568 343 | 1 970 603 | 6 565 698 | 9 186 878 |
| 2010 年 | 94 609 | 671 220 | 1 944 335 | 7 613 008 | 10 323 172 |
| 2011 年 | 101 203 | 784 829 | 2 160 996 | 9 125 653 | 12 172 681 |
| 比重(%) | 0. 8 | 6. 4 | 17. 8 | 75. 0 | 100. 0 |
| 同比增减率(%) | 7. 0 | 16. 9 | 11. 1 | 19. 9 | 17. 9 |
| 年平均增减率(%) | 10. 9 | 17. 5 | 4. 7 | 17. 9 | 15. 1 |

### 3. 广告行业各从业者规模的企业的销售额现状

从 2011 年广告行业各从业者规模的企业的销售额现状来看，从业者规模在 100 人以上的企业的销售额为 5 兆2 143亿韩元(42. 8%)，所占比例最大；其次是从业者规模在 10 人以上 49 人以下的企业的销售额，为 3 兆7 076亿韩元(30. 5%)。从业者规模在 50 人以上 99 人以下的企业的销售额为 1 兆3 031

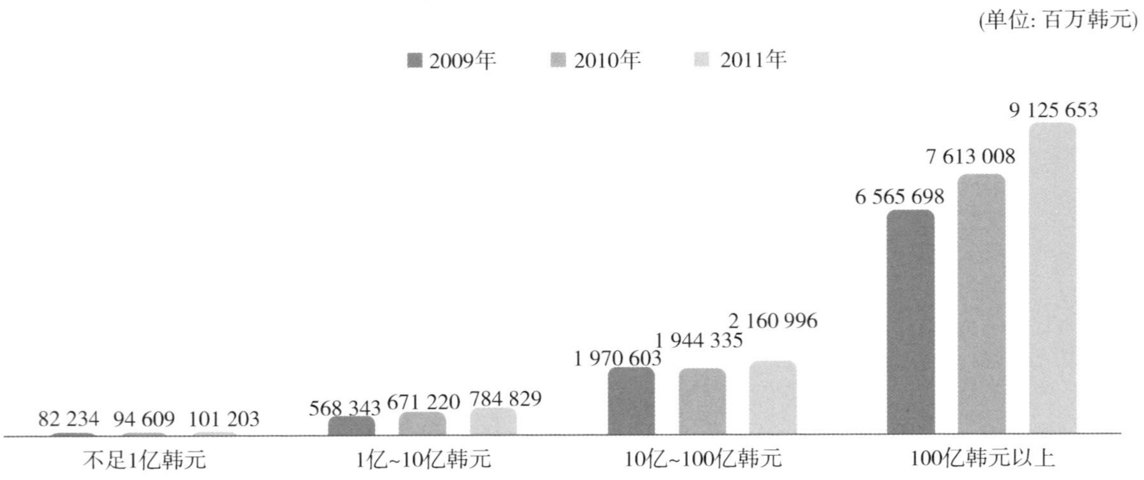


图 4-8-7 广告行业各年度各销售额规模的企业的销售额现状

亿韩元(10.7%)；从业者规模在 5 人以上 9 人以下的企业的销售额为 1 兆2 216亿韩元(10.0%)；从业者规模在 1 人以上 4 人以下的企业的销售额为7 258亿韩元(6.0%)。

从年度来看，2011 年，从业者规模在 100 人以上的企业的销售额比上年增加了 21.8%，从 2009 年至 2011 年，年平均增加了 25.9%；从业者规模在 50 人以上 99 人以下企业的销售额比上年减少了 20.2%，年平均减少了 13.2%；从业者规模在 10 人以上 49 人以下的企业的销售额比上年增加了 20.8%，年平均增加了 13.4%；从业者规模在 10 人以上 49 人以下的企业的销售额比上年增加了 56.4%，年平均增加了 22.5%；从业者规模在 1 人以上 4 人以下的企业的销售额比上年增加了 30.0%，年平均增加了 24.2%。

表 4-8-10 **广告行业各年度各从业者规模的企业的销售额现状** （单位：百万韩元）

| 年度＼从业者规模 | 1~4 人 | 5~9 人 | 10~49 人 | 50~99 人 | 100 人以上 | 合计 |
|---|---|---|---|---|---|---|
| 2009 年 | 470 307 | 813 769 | 2 884 262 | 1 729 465 | 3 289 075 | 9 186 878 |
| 2010 年 | 558 278 | 780 858 | 3 068 721 | 1 632 717 | 4 282 598 | 10 323 172 |
| 2011 年 | 725 846 | 1 221 619 | 3 707 652 | 1 303 176 | 5 214 388 | 12 172 681 |
| 比重(%) | 6.0 | 10.0 | 30.5 | 10.7 | 42.8 | 100.0 |
| 同比增减率(%) | 30.0 | 56.4 | 20.8 | ▽20.2 | 21.8 | 17.9 |
| 年平均增减率(%) | 24.2 | 22.5 | 13.4 | ▽13.2 | 25.9 | 15.1 |

### 4. 广告行业各地区的销售额现状

从 2011 年广告行业各地区的销售额现状来看，首尔的销售额为 11 兆3 429亿韩元，所占比例最大，比上年增加了 16.3%，从 2009 年至 2011 年，年平均增加了 14.8%。从年度来看，首尔的销售额从 2009 年的 8 兆6 138亿韩元增加到 2010 年的 9 兆7 493亿韩元，又增加到 2011 年的 11 兆3 429亿韩元，呈现出持续性增加的趋势。6 个广域市的销售额从 2009 年的3 426亿韩元减少到 2010 年的2 677亿韩元，又增加到 2011 年的3 246亿韩元，比上年增加了 21.2%，年平均减少了 2.7%。9 个道的销售额

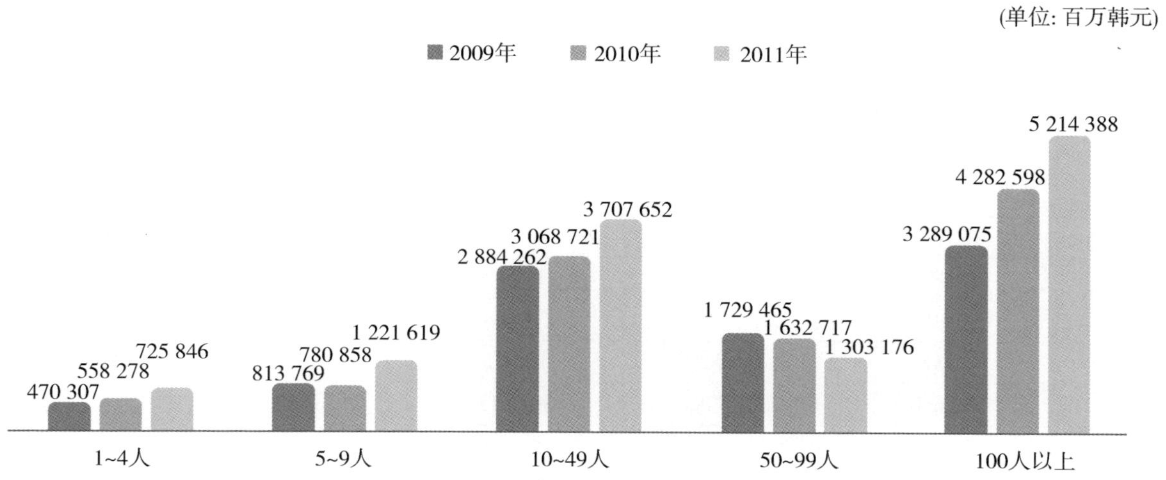


图 4-8-8　广告行业各年度各从业者规模的企业的销售额现状

从 2009 年的2 303亿韩元增加到 2010 年的3 061亿韩元，又增加到 2011 年的5 051亿韩元，比上年增加了 65. 0%。首尔的销售额占广告行业全部销售额的 93. 2%，比 6 个广域市的销售额(2. 7%)和 9 个道的销售额(4. 1%)之和还要多很多，可见销售额集中于首尔的现象非常严重。

表 4-8-11　　**广告行业各业种各地区的销售额现状(2011 年)**　　(单位：百万韩元)

| 区域 \ 业种 | | 广告(综合)代理 | 广告制作 | 服务 | 印刷 | 在线 | 其他 | 合计 | 比重(%) |
|---|---|---|---|---|---|---|---|---|---|
| 首尔 | | 6 517 996 | 983 113 | 1 624 207 | 286 269 | 1 417 378 | 513 943 | 11 342 906 | 93. 2 |
| 6个广域市 | 釜山 | 26 982 | 10 240 | 7 939 | 30 604 | 663 | 23 016 | 99 444 | 0. 8 |
| | 大邱 | 13 585 | 2 674 | 2 465 | 28 071 | 970 | 19 390 | 67 155 | 0. 6 |
| | 仁川 | 23 948 | 5 150 | 9 010 | 2 574 | 5 657 | 4 242 | 50 581 | 0. 4 |
| | 光州 | 5 077 | 1 838 | 762 | 19 485 | 15 | 12 440 | 39 617 | 0. 3 |
| | 大田 | 15 494 | 832 | 1 032 | 21 621 | 182 | 15 723 | 54 884 | 0. 5 |
| | 蔚山 | 5 036 | 1 647 | 209 | 2 149 | 65 | 3 826 | 12 932 | 0. 1 |
| | 小计 | 90 122 | 22 381 | 21 417 | 104 504 | 7 552 | 78 637 | 324 613 | 2. 7 |
| 9个道 | 京畿道 | 334 849 | 2 418 | 4 156 | 10 061 | 16 719 | 32 757 | 400 960 | 3. 3 |
| | 江原道 | 3 175 | 158 | 2 788 | 4 842 | 39 | 6 876 | 17 878 | 0. 1 |
| | 忠清北道 | 5 926 | 1 964 | 423 | 2 681 | 165 | 852 | 12 011 | 0. 1 |
| | 忠清南道 | 1 312 | 0 | 0 | 3 522 | 0 | 3 600 | 8 434 | 0. 1 |
| | 全罗北道 | 5 876 | 1 215 | 619 | 2 336 | 463 | 2 713 | 13 222 | 0. 1 |
| | 全罗南道 | 1 548 | 268 | 0 | 2 830 | 0 | 6 407 | 11 053 | 0. 1 |
| | 庆尚北道 | 1 552 | 198 | 205 | 805 | 164 | 7 297 | 10 221 | 0. 1 |
| | 庆尚南道 | 8 998 | 3 734 | 1 230 | 6 347 | 425 | 7 632 | 28 366 | 0. 2 |
| | 济州道 | 749 | 88 | 52 | 754 | 0 | 1 374 | 3 017 | 0. 0 |
| | 小计 | 363 985 | 10 043 | 9 473 | 34 178 | 17 975 | 69 508 | 505 162 | 4. 1 |
| 合计 | | 6 972 103 | 1 015 537 | 1 655 097 | 424 951 | 1 442 905 | 662 088 | 12 172 681 | 100. 0 |

表 4-8-12　　**广告行业各年度各地区的销售额现状**　　（单位：百万韩元）

| 地区＼年度 | | 2009 年 | 2010 年 | 2011 年 | 同比增减率（%） | 年平均增减率（%） |
|---|---|---|---|---|---|---|
| 首尔 | | 8 613 806 | 9 749 301 | 11 342 906 | 16. 3 | 14. 8 |
| 6个广域市 | 釜山 | 89 277 | 74 229 | 99 444 | 34. 0 | 5. 5 |
| | 大邱 | 161 322 | 64 611 | 67 155 | 3. 9 | ▽35. 5 |
| | 仁川 | 15 038 | 38 914 | 50 581 | 30. 0 | 83. 4 |
| | 光州 | 21 346 | 49 943 | 39 617 | ▽20. 7 | 36. 2 |
| | 大田 | 52 895 | 23 980 | 54 884 | 128. 9 | 1. 9 |
| | 蔚山 | 2 812 | 16 052 | 12 932 | ▽19. 4 | 114. 4 |
| | 小计 | 342 690 | 267 729 | 324 613 | 21. 2 | ▽2. 7 |
| 9个道 | 京畿道 | 144 667 | 226 899 | 400 960 | 76. 7 | 66. 5 |
| | 江原道 | 23 159 | 11 980 | 17 878 | 49. 2 | ▽12. 1 |
| | 忠清北道 | 4 964 | 1 317 | 12 011 | 812. 0 | 55. 6 |
| | 忠清南道 | 8 607 | 10 553 | 8 434 | ▽20. 1 | ▽1. 0 |
| | 全罗北道 | 16 231 | 31 629 | 13 222 | ▽58. 2 | ▽9. 7 |
| | 全罗南道 | 6 361 | 1 218 | 11 053 | 807. 5 | 31. 8 |
| | 庆尚北道 | 7 305 | 3 303 | 10 221 | 209. 4 | 18. 3 |
| | 庆尚南道 | 11 681 | 14 873 | 28 366 | 90. 7 | 55. 8 |
| | 济州道 | 7 407 | 4 370 | 3 017 | ▽31. 0 | ▽36. 2 |
| | 小计 | 230 382 | 306 142 | 505 162 | 65. 0 | 48. 1 |
| 合计 | | 9 186 878 | 10 323 172 | 12 172 681 | 17. 9 | 15. 1 |

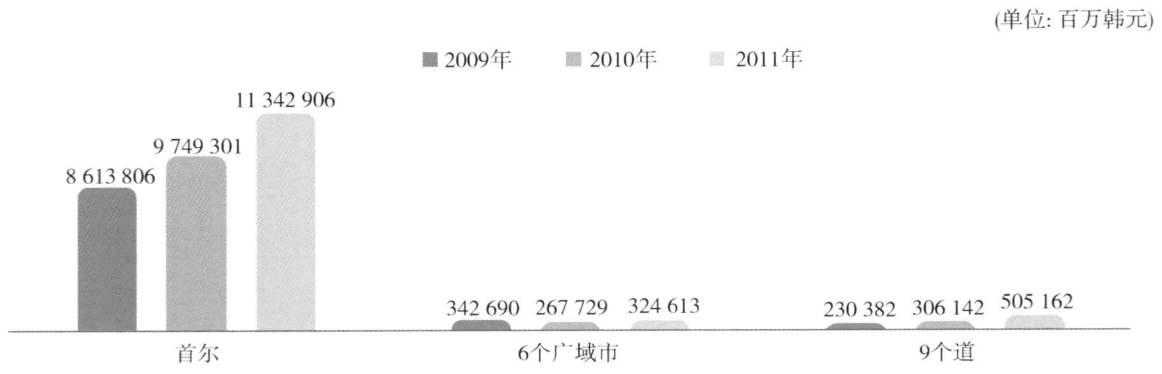


图 4-8-9　广告行业各年度各地区的销售额现状

## (四)广告行业的进出口额现状

广告行业的出口额和进口额可以分为两种，即以国境为标准进行的贸易和以广告公司的国籍为标准进行的贸易。

以国境为标准进行的出口及进口：忽略广告公司的国籍不计，只要是在韩国境内的广告公司对外国的广告主进行的广告出口就统计在出口额中，韩国的广告主从其他国家境内的广告公司进口广告的情况就计算在进口额中。2011 年，以国境为标准的广告行业出口额是 479 亿韩元，比上年减少了 38. 3%，从 2009 年至 2011 年，年平均减少了 23. 3%。进口额是 14 亿韩元，比上年增加了 11. 3%，从 2009 年至 2011 年，年平均减少了 3. 3%。

以国籍为标准进行的出口及进口：忽略广告公司的所在地不计，按广告公司的国籍是韩国还是外国来区分并进行统计。出口由直接出口和通过韩国国籍的子公司向海外销售这两类的累加构成；进口由直接进口和通过外国国籍的子公司向韩国国内销售这两类的累加构成。2011 年，以国籍为标准的广告行业出口额是1 132亿韩元，比上年增加了 29. 7%，从 2009 年至 2011 年，年平均增加了 2. 4%。进口额是8 910亿韩元，比上年增加了 4. 5%，年平均增加了 7. 0%。

表 4-8-13　**广告行业的进出口额现状**①　（单位：百万韩元）

| 分类 | | 2009 年 | 2010 年 | 2011 年 | 同比增减率（%） | 年平均增减率（%） |
|---|---|---|---|---|---|---|
| 进口额 | 以国境为标准的出口 | 118 862（93 152 千美元） | 87 360（75 554 千美元） | 113 275（102 224 千美元） | 29. 7 | ▽2. 4 |
| | 以国籍为标准的出口 | 81 587 | 77 669 | 47 942 | ▽38. 3 | ▽23. 3 |
| | 企业内的交易出口 | 2 723 616 | 3 715 817 | 5 685 590 | 53. 0 | 44. 5 |
| 出口额 | 以国境为标准的出口 | 778 713（610 277 千美元） | 852 357（737 167 千美元） | 891 058（804 124 千美元） | 4. 5 | 7. 0 |
| | 以国籍为标准的出口 | 1 500 | 1 262 | 1 404 | 11. 3 | ▽3. 3 |
| | 企业内的交易出口 | 883 769 | 1 010 826 | 1 153 409 | 14. 1 | 14. 2 |

表 4-8-14　**广告行业中以国籍为标准的进出口额现状（2011 年）**　（单位：百万韩元）

| 国内公司 | 海外广告进出口额 | | | 各交易顾客类别的进出口额 | | |
|---|---|---|---|---|---|---|
| 海外分公司 | 韩国广告主 | 2 949 458 | 出口——企业内交易 | 韩国广告主 | 173 990 | 国内交易 |
| | 外国广告主 | 100 326 | 出口——子公司进口 | 外国广告主 | — | 国内交易 |
| | 无应答 | 2 736 132 | 企业内交易 | 无应答 | 98 906 | 国内交易 |
| | 合计 | 5 785 916 | | 合计 | 272 896 | 国内交易 |
| 韩国国内公司 | 韩国广告主 | 3 108 | 国境出口 | 韩国广告主 | 2 509 226 | 国内交易 |
| | 外国广告主 | 12 949 | 国境 & 直接出口 | 外国广告主 | 8 187 | 国内交易 |
| | 无应答 | 0 | 国境出口 | 无应答 | 24 816 | 国内交易 |
| | 合计 | 16 057 | 国境出口 | 合计 | 2 542 229 | 国内交易 |
| 国外公司 | 海外广告进出口额 | | | 各交易顾客类别的进出口额 | | |
| 韩国分公司 | 韩国广告主 | 5 977 | 国境出口 | 韩国广告主 | 885 081 | 进口——子公司进口 |
| | 外国广告主 | 11 744 | 国境出口 | 外国广告主 | 1 153 370 | 企业内交易 |
| | 无应答 | 14 164 | 国境出口 | 无应答 | 39 | 企业内交易 |
| | 合计 | 31 885 | 国境出口 | 合计 | 2 038 490 | |

## （五）广告行业的从业者现状

广告行业的业种共有 48 个，由于其多样化且划分细致，所以为了掌握从业者现状，将其业种重新

① 计算出口额、进口额时使用年平均汇率。

划分为 4 大类来分析。

广告(综合)代理+其他：指的是只进行广告(综合)代理或同时进行广告(综合)代理和其他业种的情况。广告制作+其他：指的是只进行广告制作或同时进行广告制作和其他业种的情况。广告(综合)代理+广告制作：指的是只进行广告(综合)代理或广告制作的情况。其他：指的是不进行广告(综合)代理和广告制作的情况。

2011 年广告行业的从业者为34 647人，比上年增加了 0.6%，从 2009 年至 2011 年，年平均增加了 1.7%。从年度来看，从 2009 年的33 509人增加到 2010 年的34 438人，又增加到 2011 年的34 647人。

调查显示，广告(综合)代理+其他的从业者为8 175人(23.6%)，比上年增加了 5.9%，年平均减少了 9.4%；广告制作+其他的从业者为3 142人(9.1%)，比上年增加了 0.9%，年平均增加了 18.8%；广告(综合)代理+广告制作的从业者为7 195人(20.7%)，比上年减少了 15.3%，年平均减少了 0.9%；其他从业者为16 135人(46.6%)，比上年增加了 6.8%，年平均增加了 7.4%。

表 4-8-15　　**广告行业各年度各业种的从业者现状**　　(单位：名)

| 业种 \ 年度 | 2009 年 | 2010 年 | 2011 年 | 比重 (%) | 同比增减率 (%) | 年平均增减率 (%) |
|---|---|---|---|---|---|---|
| 广告(综合)代理+其他 | 9 963 | 7 721 | 8 175 | 23.6 | 5.9 | ▽9.4 |
| 广告制作+其他 | 2 225 | 3 114 | 3 142 | 9.1 | 0.9 | 18.8 |
| 广告(综合)代理+广告制作 | 7 323 | 8 496 | 7 195 | 20.7 | ▽15.3 | ▽0.9 |
| 其他 | 13 998 | 15 107 | 16 135 | 46.6 | 6.8 | 7.4 |
| 合计 | 33 509 | 34 438 | 34 647 | 100.0 | 0.6 | 1.7 |

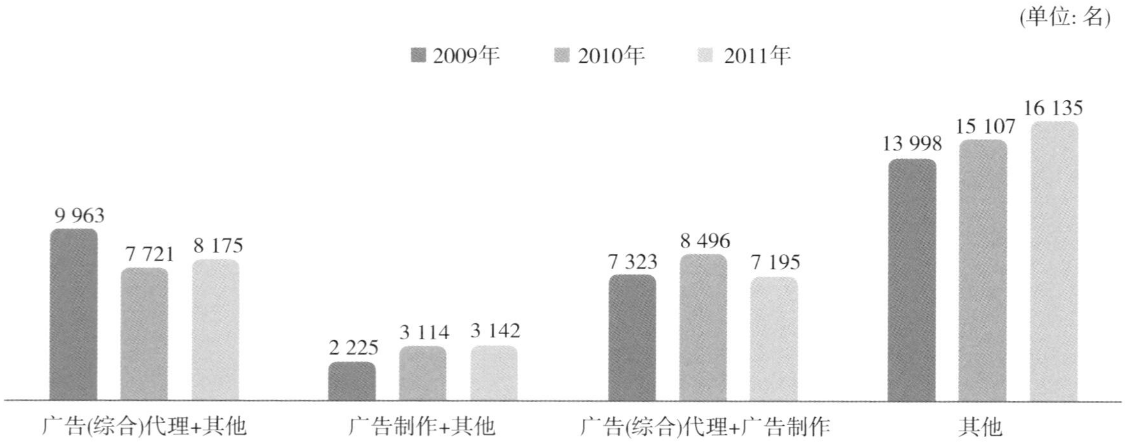

图 4-8-10　广告行业各年度各业种的从业者现状

### 1. 广告行业各销售额规模的企业的从业者现状

从 2011 年广告行业各销售额规模的企业的从业者现状来看，调查显示，销售额规模在 10 亿韩元以上 100 亿韩元以下的企业的从业者最多，为11 824人(34.1%)；销售额规模在 1 亿韩元以上 10 亿韩元以下的企业的从业者为10 314人(29.8%)；销售额规模在 100 亿韩元以上的企业的从业者为8 209人(23.7%)；销售额规模在 1 亿韩元以下的企业的从业者为4 300人(12.4%)。

在增减率方面，除销售额规模在 100 亿韩元以上的企业外，其他销售额规模的企业的从业者都在持续性增加。销售额规模在 10 亿韩元以上 100 亿韩元以下的企业的从业者，比上年增加了 0.7%，从

2009 年至 2011 年，年平均增加了 3.0%；销售额规模在 100 亿韩元以上的企业从业者，比上年减少了 9.5%，年平均减少了 8.3%；销售额规模在 1 亿韩元以上 10 亿韩元以下的企业的从业者，比上年增加了 10.3%，年平均增加了 9.1%；销售额规模在 1 亿韩元以下的企业的从业者，比上年增加了 0.6%，年平均也增加了 4.6%。

表 4-8-16　**广告行业各年度各销售额规模的企业的从业者现状**　（单位：名）

| 年度 \ 销售额规模 | 不足 1 亿韩元 | 1 亿～10 亿韩元 | 10 亿～100 亿韩元 | 100 亿韩元以上 | 合计 |
|---|---|---|---|---|---|
| 2009 年 | 3 930 | 8 658 | 11 156 | 9 765 | 33 509 |
| 2010 年 | 4 276 | 9 351 | 11 744 | 9 067 | 34 438 |
| 2011 年 | 4 300 | 10 314 | 11 824 | 8 209 | 34 647 |
| 比重(%) | 12.4 | 29.8 | 34.1 | 23.7 | 100.0 |
| 同比增减率(%) | 0.6 | 10.3 | 0.7 | ▽9.5 | 0.6 |
| 年平均增减率(%) | 4.6 | 9.1 | 3.0 | ▽8.3 | 1.7 |

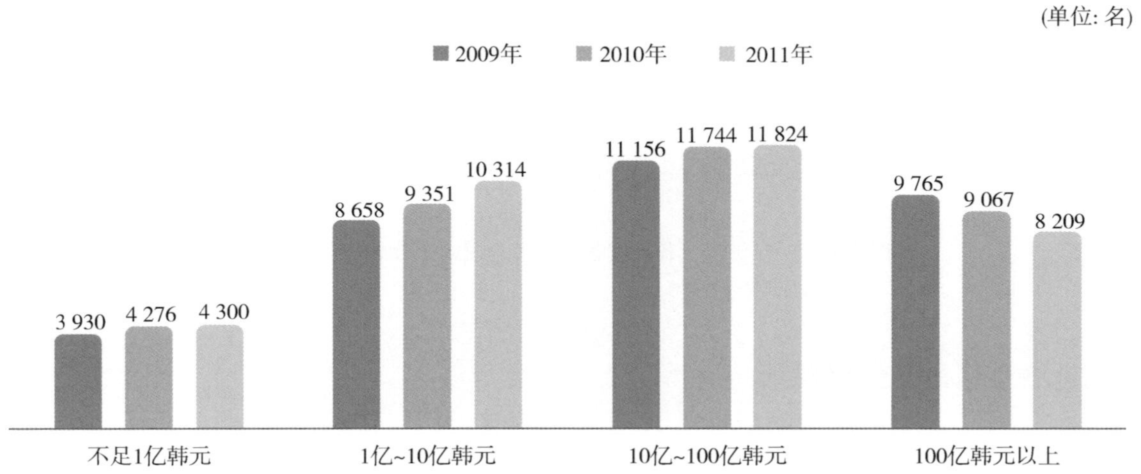


图 4-8-11　广告行业各年度各销售额规模的企业的从业者现状

2. 广告行业各从业者规模的企业的从业者现状

从 2011 年广告行业各从业者规模的企业的从业者现状来看，从业者规模在 10 人以上 49 人以下的企业的从业者为13 057人(37.7%)，所占比例最多。从业者规模在 1 人以上 4 人以下的企业的从业者为7 731人(22.3%)，从业者规模在 5 人以上 9 人以下的企业的从业者为6 842人(19.7%)；从业者规模在 50 人以上 99 人以下的企业的从业者为2 588人(7.5%)；从业者规模在 100 人以上的企业的从业者为4 427人(12.8%)。

在增减率方面，2011 年，从业者规模在 1 人以上 4 人以下的企业的从业者比上年增加了 12.4%，从 2009 年至 2011 年，年平均增加了 14.0%；从业者规模在 5 人以上 9 人以下的企业的从业者比上年增加了 6.2%，年平均减少了 10.9%；从业者规模在 10 人以上 49 人以下的企业的从业者比上年增加了 7.6%，年平均减少了 0.4%；从业者规模在 50 人以上 99 人以下的企业的从业者，比上年减少了 28.4%，年平均减少了 28.1%；从业者规模在 100 人以上的企业的从业者比上年减少了 17.5%，年平均增加了 7.3%。

表 4-8-17　**广告行业各年度各从业者规模的企业的从业者现状**　（单位：名）

| 年度 \ 从业者规模 | 1~4 人 | 5~9 人 | 10~49 人 | 50~99 人 | 100 人以上 | 合计 |
|---|---|---|---|---|---|---|
| 2009 年 | 5 947 | 5 563 | 13 155 | 5 001 | 3 843 | 33 509 |
| 2010 年 | 6 880 | 6 441 | 12 134 | 3 616 | 5 367 | 34 438 |
| 2011 年 | 7 731 | 6 842 | 13 059 | 2 588 | 4 427 | 34 647 |
| 比重(%) | 22. 3 | 19. 7 | 37. 7 | 7. 5 | 12. 8 | 100. 0 |
| 同比增减率(%) | 12. 4 | 6. 2 | 7. 6 | ▽28. 4 | ▽17. 5 | 0. 6 |
| 年平均增减率(%) | 14. 0 | 10. 9 | ▽0. 4 | ▽28. 1 | 7. 3 | 1. 7 |

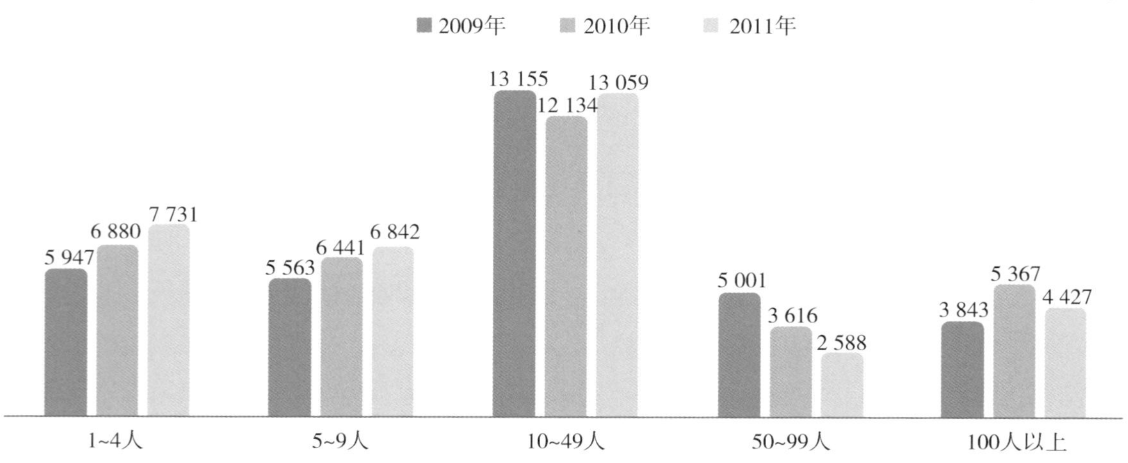


图 4-8-12　广告行业各年度各从业者规模的企业的从业者现状

### 3. 广告行业各地区的从业者现状

从 2011 年广告行业各地区的从业者现状来看，首尔的从业者最多，为26 975人(77. 8%)，比上年减少了 0. 7%，从 2009 年至 2011 年，年平均增加了 2. 0%。釜山的从业者为1 235人(3. 6%)，比上年增加了 30. 1%，年平均增加了 1. 2%。京畿道的从业者为1 150人(3. 3%)，比上年减少了 36. 3%，年平均减少了 12. 2%。光州的从业者为1 051人(3. 0%)，比上年减少了 5. 4%，年平均增加了 7. 8%。

表 4-8-18　**广告行业各年度各地区的从业者现状**　（单位：名）

| 地区 \ 年度 | | 2009 年 | 2010 年 | 2011 年 | 比重（%） | 同比增减率（%） | 年平均增减率（%） |
|---|---|---|---|---|---|---|---|
| 首尔 | | 25 916 | 27 162 | 26 975 | 77. 8 | ▽0. 7 | 2. 0 |
| 6 个广域市 | 釜山 | 1 207 | 949 | 1 235 | 3. 6 | 30. 1 | 1. 2 |
| | 大邱 | 1 337 | 892 | 740 | 2. 1 | ▽17. 0 | ▽25. 6 |
| | 仁川 | 236 | 279 | 616 | 1. 8 | 120. 8 | 61. 6 |
| | 光州 | 904 | 1 111 | 1 051 | 3. 0 | ▽5. 4 | 7. 8 |
| | 大田 | 977 | 770 | 800 | 2. 3 | 3. 9 | ▽9. 5 |
| | 蔚山 | 20 | 216 | 126 | 0. 4 | ▽41. 7 | 151. 0 |
| | 小计 | 4 681 | 4 217 | 4 568 | 13. 2 | 8. 3 | ▽1. 2 |

续表

| 地区 | | 2009 年 | 2010 年 | 2011 年 | 比重（%） | 同比增减率（%） | 年平均增减率（%） |
|---|---|---|---|---|---|---|---|
| 9 个道 | 京畿道 | 1 491 | 1 804 | 1 150 | 3. 3 | ▽36. 3 | ▽12. 2 |
| | 江原道 | 404 | 212 | 418 | 1. 2 | 97. 2 | 1. 7 |
| | 忠清北道 | 100 | 84 | 141 | 0. 4 | 67. 9 | 18. 7 |
| | 忠清南道 | 15 | 49 | 76 | 0. 2 | 55. 1 | 125. 1 |
| | 全罗北道 | 158 | 225 | 162 | 0. 5 | ▽28. 0 | 1. 3 |
| | 全罗南道 | 281 | 60 | 209 | 0. 6 | 248. 3 | ▽13. 8 |
| | 庆尚北道 | 120 | 26 | 137 | 0. 4 | 426. 9 | 6. 8 |
| | 庆尚南道 | 184 | 517 | 724 | 2. 1 | 40. 0 | 98. 4 |
| | 济州道 | 159 | 82 | 87 | 0. 3 | 6. 1 | ▽26. 0 |
| | 小计 | 2 912 | 3 059 | 3 104 | 9. 0 | 1. 5 | 3. 2 |
| 合计 | | 33 509 | 34 438 | 34 647 | 100. 0 | 0. 6 | 1. 7 |

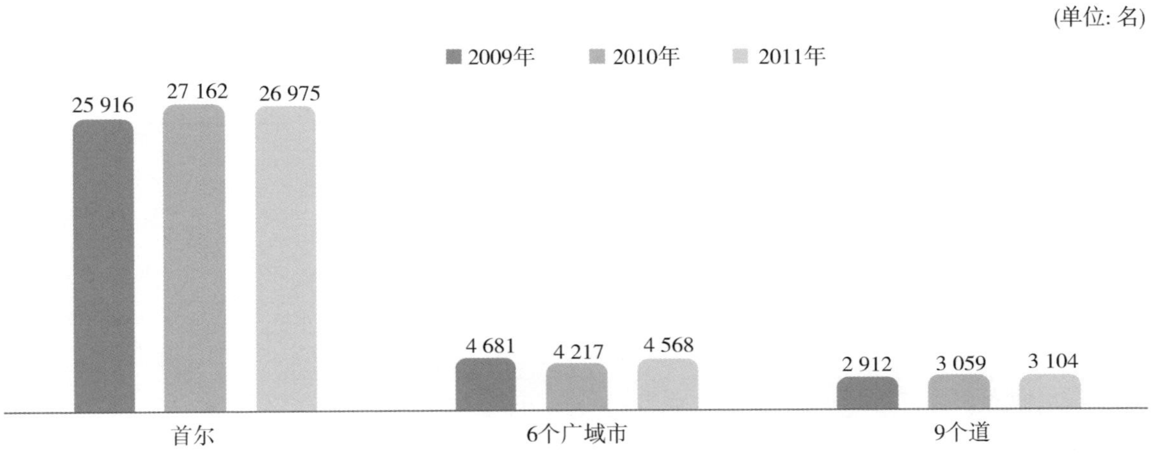


图 4-8-13　广告行业各年度各地区的从业者现状

### 4. 广告行业各雇佣形态的从业者现状

从 2011 年广告行业各雇佣形态的从业者现状来看，拥有正式职位的从业者为31 223人（90. 1%），拥有非正式职位的3 424人（9. 9%）。从年度来看，拥有正式职位的从业者从 2009 年的29 903人增加至2010 年的31 490人，但2011 年减少至31 223人，比上年减少了 0. 8%，从 2009 年至2011 年，年平均增加了 2. 2%。拥有非正式职位的从业者从 2009 年的3 606人减少到 2010 年的2 948人，2011 年又增加至3 424人，比上年增加了 16. 1%，年平均减少了 2. 6%。广告（综合）代理+其他业种中拥有正式职位的从业者比例为 88. 4%，是广告行业中拥有正式职位的从业者比例最低的部分。

表 4-8-19　**广告行业各雇佣形态各业种的从业者现状(2011 年)**　(单位：名)

| 业种＼雇佣形态 | 正式职位 | | 非正式职位 | | 合计 |
|---|---|---|---|---|---|
| | 从业者数量 | 比例(%) | 从业者数量 | 比例(%) | |
| 广告(综合)代理+其他 | 7 225 | 88.4 | 951 | 11.6 | 8 176 |
| 广告制作+其他 | 2 822 | 89.8 | 320 | 10.2 | 3 142 |
| 广告(综合)代理+广告制作 | 6 441 | 89.5 | 754 | 10.5 | 7 195 |
| 其他 | 14 735 | 91.3 | 1 399 | 8.7 | 16 134 |
| 合计 | 31 223 | 90.1 | 3 424 | 9.9 | 34 647 |

表 4-8-20　**广告行业各年度各雇佣形态的从业者现状**　(单位：名)

| 年度＼雇佣形态 | 从业者数量 | | 合计 |
|---|---|---|---|
| | 正式职位 | 非正式职位 | |
| 2009 年 | 29 903 | 3 606 | 33 509 |
| 2010 年 | 31 490 | 2 948 | 34 438 |
| 2011 年 | 31 223 | 3 424 | 34 647 |
| 同比增减率(%) | ▽0.8 | 16.1 | 0.6 |
| 年平均增减率(%) | 2.2 | ▽2.6 | 1.7 |

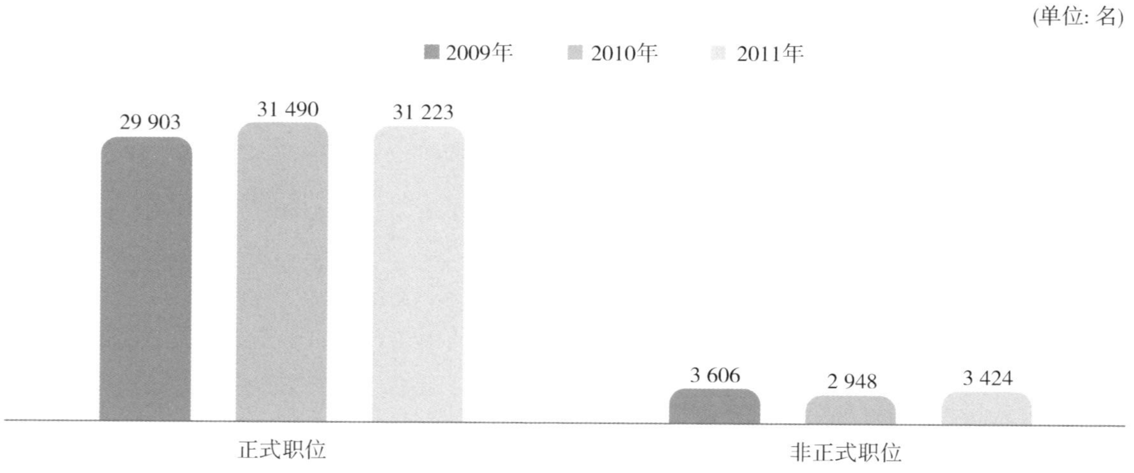


图 4-8-14　广告行业各年度各雇佣形态的从业者现状

## 5. 广告行业从业者的性别现状

从 2011 年广告行业从业者的性别现状来看，男性从业者为20 988人(60.6%)，女性13 659人(39.4%)。广告制作+其他业种的男性从业者占总人数的 64.0%，女性占 36.0%，其中男性从业者比例比广告行业中男性从业者的比例(60.2%)要高。相反，广告(综合)代理+其他业种的男性从业者占总人数的 59.0%，女性从业者占 41.0%，其中女性从业者比例比广告行业中女性从业者比例(39.4%)

要高。

表 4-8-21　　**广告行业各业种从业者的性别现状(2011 年)**　　(单位：名)

| 业种＼性别 | 男性 | | 女性 | | 合计 |
|---|---|---|---|---|---|
| | 从业者数量 | 比重(%) | 从业者数量 | 比重(%) | |
| 广告(综合)代理+其他 | 4 824 | 59.0 | 3 352 | 41.0 | 8 176 |
| 广告制作+其他 | 2 011 | 64.0 | 1 131 | 36.0 | 3 142 |
| 广告(综合)代理+广告制作 | 4 444 | 61.8 | 2 751 | 38.2 | 7 195 |
| 其他 | 9 709 | 60.2 | 6 425 | 39.8 | 16 134 |
| 合计 | 20 988 | 60.6 | 13 659 | 39.4 | 34 647 |

从年度来看，男性从业者从 2009 年的20 413人减少至 2010 年的20 395人，2011 年又增加至20 988人，比上年增加了 2.9%，从 2009 年至 2011 年，年平均增加了 1.4%的数值。女性从业者在 2009 年为13 096人，2010 年增至14 043人，2011 年减少至13 659人，比上年减少了 2.7%，年平均增加了 2.1%。

表 4-8-22　　**广告行业各年度从业者的性别现状**　　(单位：名)

| 年度＼性别 | 从业者数量 | | 合计 |
|---|---|---|---|
| | 男性 | 女性 | |
| 2009 年 | 20 413 | 13 096 | 33 509 |
| 2010 年 | 20 395 | 14 043 | 34 438 |
| 2011 年 | 20 988 | 13 659 | 34 647 |
| 同比增减率(%) | 2.9 | ▽2.7 | 0.6 |
| 年平均增减率(%) | 1.4 | 2.1 | 1.7 |

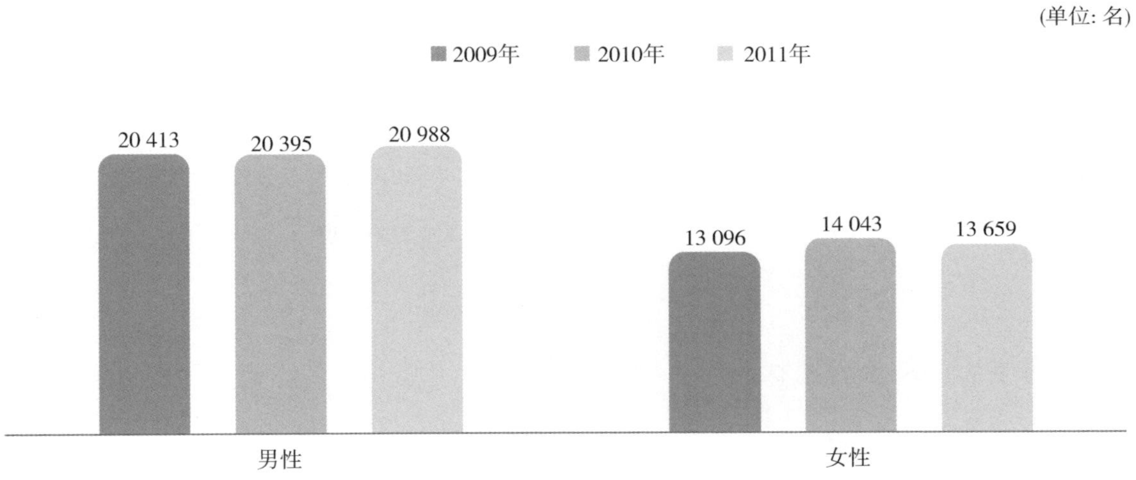


图 4-8-15　广告行业各年度从业者的性别现状

6. 广告行业各职位的从业者现状

从 2011 年广告行业各职位的从业者现状来看，管理职位的从业者为12 367人(35.7%)，所占比例最大，与上年类似，从 2009 年至 2011 年，年平均增加了 0.6%。AE 职位的从业者为7 504人(21.7%)，比上年增加了 17.9%，年平均增加了 25.1%。设计师职位的从业者为6 652人(19.2%)，比上年减少了 13.4%，年平均减少了 0.3%。PR 职位的从业者为1 716人(5.0%)，比上年增加了 1.8%，年平均减少了 14.0%。市场调查职位的从业者为1 439人(4.2%)，比上年增加了 0.8%，年平均增加了 6.2%。PD 职位的从业者为1 398人(4.0%)，比上年增加了 56.2%，年平均增加了 15.6%。

与上年对比，从业者增加最多的职位是经纪人职位，比上年增加了 225 人，呈现出 71.9%的增长率；减少最多的职位是电算职位，减少了 392 人，呈现出 66.1%的减少率。

表 4-8-23　**广告行业各年度各职位的从业者现状**　(单位：名)

| 职务 / 年度 | 从业者数量 | | | | | | | | | | | 合计 |
|---|---|---|---|---|---|---|---|---|---|---|---|---|
| | AE | 设计师 | CW | PD | 媒体 | SP | PR | 市场调查 | 经纪人 | 电算 | 管理 | |
| 2009 年 | 4 793 | 6 695 | 779 | 1 046 | 1 589 | 1 020 | 2 321 | 1 275 | 572 | 1 207 | 12 212 | 33 509 |
| 2010 年 | 6 364 | 7 684 | 750 | 895 | 1 436 | 929 | 1 685 | 1 427 | 313 | 593 | 12 362 | 34 438 |
| 2011 年 | 7 504 | 6 652 | 982 | 1 398 | 1 106 | 744 | 1 716 | 1 439 | 538 | 201 | 12 367 | 34 647 |
| 比重(%) | 21.7 | 19.2 | 2.8 | 4.0 | 3.2 | 2.0 | 5.0 | 4.2 | 1.6 | 0.6 | 35.7 | 100.0 |
| 同比增减率(%) | 17.9 | ▽13.4 | 30.9 | 56.2 | ▽23.0 | ▽19.9 | 1.8 | 0.8 | 71.9 | ▽66.1 | 0.0 | 0.6 |
| 年平均增减率(%) | 25.1 | ▽0.3 | 12.3 | 15.6 | ▽16.6 | ▽14.6 | ▽14.0 | 6.2 | ▽3.0 | ▽59.2 | 0.6 | 1.7 |

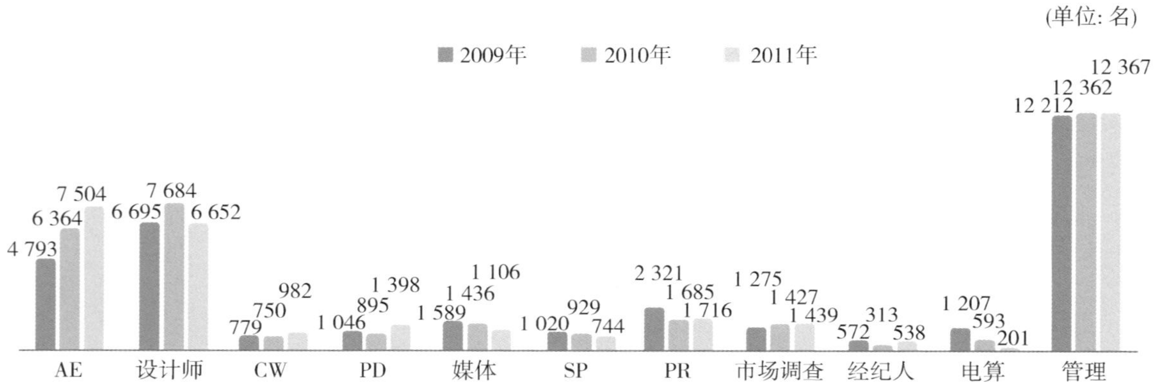


图 4-8-16　广告行业各年度各职位从业者的现状

### 7. 广告行业各学历的从业者现状

从 2011 年广告行业各学历的从业者现状来看，大学毕业的从业者为22 455人(64.8%)，专科毕业的从业者为5 186人(15.0%)，高中以下学历的从业者为4 860人(14.0%)，研究生以上学历的从业者为2 146人(6.2%)。

从各业种来看，从整体上看，大学毕业的从业者占有较高的比例，尤其是广告(综合)代理+广告制作类的大学学历的从业者比例达 69.2%，高于其他业种。专科毕业的从业者和高中以下学历的从业者所占比例较高的业种是其他类，其所占比例分别为 19.4%和 16.5%。

表 4-8-24 **广告行业各业种各学历的从业者现状(2011 年)** (单位：名)

| 业种＼学历 | 高中以下 | | 专科毕业 | | 大学毕业 | | 研究生以上 | | 合计 |
|---|---|---|---|---|---|---|---|---|---|
| | 从业者数量 | 比重(%) | 从业者数量 | 比重(%) | 从业者数量 | 比重(%) | 从业者数量 | 比重(%) | |
| 广告(综合)代理+其他 | 809 | 9.9 | 1 289 | 15.8 | 5 551 | 67.9 | 527 | 6.4 | 8 176 |
| 广告制作+其他 | 427 | 13.6 | 454 | 14.4 | 2 096 | 66.7 | 165 | 5.3 | 3 142 |
| 广告(综合)代理+广告制作 | 493 | 6.8 | 788 | 11.0 | 4 976 | 69.2 | 938 | 13.0 | 7 195 |
| 其他 | 3 131 | 19.4 | 2 655 | 16.5 | 9 832 | 60.9 | 516 | 3.2 | 16 134 |
| 合计 | 4 860 | 14.0 | 5 186 | 15.0 | 22 455 | 64.8 | 2 146 | 6.2 | 34 647 |

在增减率方面，高中以下学历的从业者比上年减少了 5.9%，从 2009 年至 2011 年，年平均增加了 1.1%。专科毕业的从业者比上年减少了 5.0%，年平均减少了 3.5%。大学毕业的从业者呈现出持续性增加的趋势，比上年增加了 2.1%，年平均增加了 1.7%。研究生以上学历的从业者比上年增加了 17.7%，年平均增加了 20.6%。

表 4-8-25 **广告行业各年度各学历从业者的现状** (单位：名)

| 年度＼学历 | 从业者数量 | | | | 合计 |
|---|---|---|---|---|---|
| | 高中以下 | 专科毕业 | 大学毕业 | 研究生以上 | |
| 2009 年 | 4 753 | 5 573 | 21 708 | 1 475 | 33 509 |
| 2010 年 | 5 167 | 5 460 | 21 987 | 1 824 | 34 438 |
| 2011 年 | 4 860 | 5 186 | 22 455 | 2 146 | 34 647 |
| 同比增减率(%) | ▽5.9 | ▽5.0 | 2.1 | 17.7 | 0.6 |
| 年平均增减率(%) | 1.1 | ▽3.5 | 1.7 | 20.6 | 1.7 |

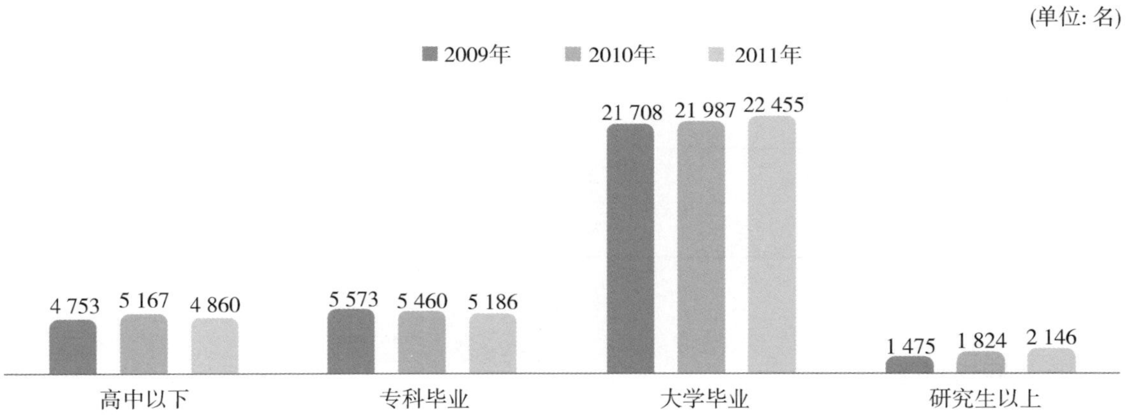


图 4-8-17 广告行业各年度各学历的从业者现状

## 8. 广告行业各年龄段的从业者现状

从 2011 年广告行业各年龄段的从业者现状来看，40 岁以上的从业者为11 428人(33.0%)，所占比例最大；29 岁以下的从业者为8 047人(23.2%)；30 岁以上 34 岁以下的从业者为7 939人(22.9%)，35 岁以上 39 岁以下的从业者为7 233人(20.9%)。

从各业种来看，40 岁以上的从业者中，其他类的从业者比例最高，为 36.0%。从业种类别来看，35 岁以上 39 岁以下的从业者中，广告制作+其他类的从业者比例最高，为 24.9%。从业种类别来看，30 岁以上 34 岁以下从业者中，广告(综合)代理+广告制作的从业者比例为 27.2%，高于其他业种。

表 4-8-26　**广告行业各年龄段各业种的从业者现状(2011 年)**　(单位：名)

| 业种＼年龄 | 29 岁以下 | | 30~34 岁 | | 35~39 岁 | | 40 岁以上 | | 合计 |
|---|---|---|---|---|---|---|---|---|---|
| | 从业者数量 | 比重(%) | 从业者数量 | 比重(%) | 从业者数量 | 比重(%) | 从业者数量 | 比重(%) | |
| 广告(综合)代理+其他 | 1 917 | 23.4 | 1 819 | 22.3 | 1 723 | 21.1 | 2 716 | 33.2 | 8 175 |
| 广告制作+其他 | 671 | 21.4 | 656 | 20.9 | 784 | 24.9 | 1 032 | 32.8 | 3 143 |
| 广告(综合)代理+广告制作 | 1 640 | 22.8 | 1 960 | 27.2 | 1 726 | 24.0 | 1 869 | 26.0 | 7 195 |
| 其他 | 3 819 | 23.7 | 3 504 | 21.7 | 3 000 | 18.6 | 5 811 | 36.0 | 16 134 |
| 合计 | 8 047 | 23.2 | 7 939 | 22.9 | 7 233 | 20.9 | 11 428 | 33.0 | 34 647 |

在增减率方面，29 岁以下的从业者比上年减少了 9.8%，从 2009 年至 2011 年，年平均减少了 1.0%。30 岁以上 34 岁以下的从业者比上年减少了 2.0%，年平均减少了 4.9%。35 岁以上 39 岁以下的从业者比上年增加了 2.5%，年平均增加了 2.0%；40 岁以上的从业者比上年增加了 10.3%，年平均增加了 9.4%。

表 4-8-27　**广告各年度各年龄段的从业者现状**　(单位：名)

| 年度＼年龄 | 从业者数量 | | | | 合计 |
|---|---|---|---|---|---|
| | 29 岁以下 | 30~34 岁 | 35~39 岁 | 40 岁以上 | |
| 2009 年 | 8 215 | 8 787 | 6 951 | 9 556 | 33 509 |
| 2010 年 | 8 925 | 8 099 | 7 055 | 10 359 | 34 438 |
| 2011 年 | 8 047 | 7 939 | 7 233 | 11 428 | 34 647 |
| 同比增减率(%) | ▽9.8 | ▽2.0 | 2.5 | 10.3 | 0.6 |
| 年平均增减率(%) | ▽1.0 | ▽4.9 | 2.0 | 9.4 | 1.7 |

### 9. 广告行业各职级的从业者现状

从 2011 年广告行业各职级的从业者现状来看，员工最多，为12 249人(35.3%)，次长/科长/代理为9 565人(27.6%)，高级管理人员为7 817人(22.6%)，局长/部长/室长为5 016人(14.5%)。

在增减率方面，2011 年，高级管理人员数量比上年增加了 14.1%，2009 年至 2011 年，年平均减少了 2.5%；局长/部长/室长数量比上年增加了 4.3%，年平均减少了 24.4%。次长/科长/代理数量比上年减少了 9.4%，年平均增加了 17.3%；员工数量比上年增加了 0.2%，年平均增加了 13.2%。

(单位: 名)

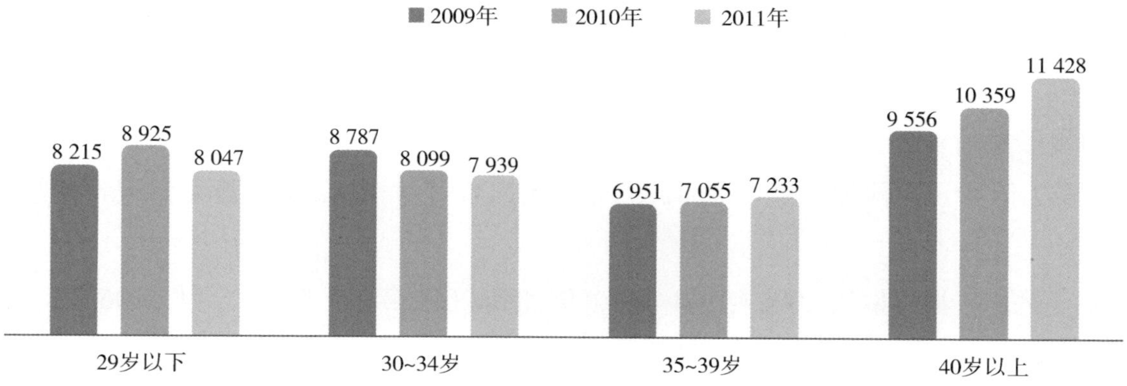


图 4-8-18　广告各年度各年龄段的从业者现状

表 4-8-28

**广告行业各年度各职级的从业者现状**

(单位：名)

| 职级 / 年度 | 从业者数量 | | | | 合计 |
|---|---|---|---|---|---|
| | 高级管理人员 | 局长/部长/室长 | 次长/科长/代理 | 员工 | |
| 2009 年 | 8 215 | 8 787 | 6 951 | 9 556 | 33 509 |
| 2010 年 | 6 851 | 4 810 | 10 558 | 12 219 | 34 438 |
| 2011 年 | 7 817 | 5 016 | 9 565 | 12 249 | 34 647 |
| 比重(%) | 22. 6 | 14. 5 | 27. 6 | 35. 3 | 100. 0 |
| 同比增减率(%) | 14. 1 | 4. 3 | ▽9. 4 | 0. 2 | 0. 6 |
| 年平均增减率(%) | ▽2. 5 | ▽24. 4 | 17. 3 | 13. 2 | 1. 7 |

(单位: 名)

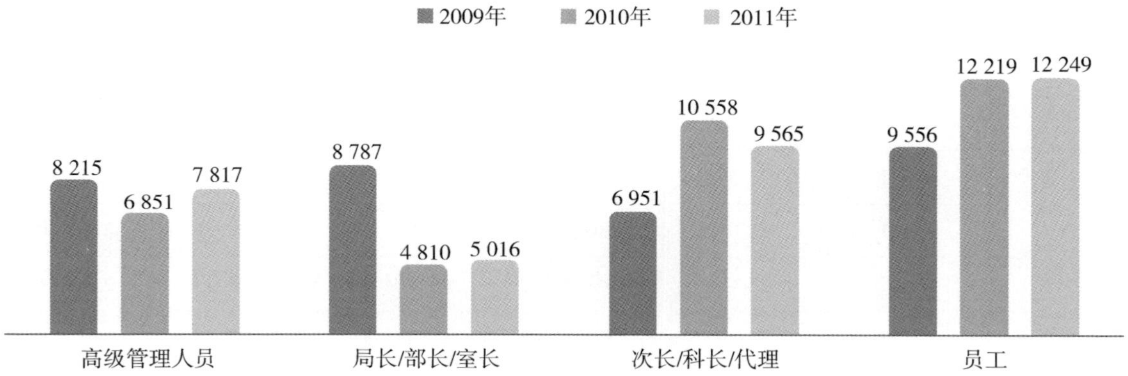


图 4-8-19　广告行业各年度各职级的从业者现状

# 九、动漫形象行业

表 4-9-1

**动漫形象行业的分类**

| 中分类 | 小分类 | 定　义 |
|---|---|---|
| 动漫形象制作业 | 动漫形象开发及许可业 | 设计在小说、漫画、动画、游戏中出现的具有特色的人物或动物形象，并取得许可的企业 |
| | 动漫形象商品制造业 | 支付动漫形象许可费用、制作动漫形象的企业 |
| 动漫形象商品流通业 | 动漫形象商品批发业 | 批发已支付动漫形象许可费用的动漫形象商品的企业 |
| | 动漫形象商品零售业 | 零售已支付动漫形象许可费用的动漫形象商品的企业 |

## (一)动漫形象行业的整体概况

2011 年动漫形象行业的企业数是1 711个，从业者为26 418人；销售额是 7 兆2 095亿韩元，附加价值额是 3 兆 652 亿韩元，附加价值率是 42.52%；出口额是 3 亿9 226万美元，进口额较多，为 1 亿8 255万美元。

动漫形象行业的企业数量从 2006 年的1 379个增加到 2011 年的1 711个，从 2006 年至 2011 年，年平均增加了 4.4%，销售额和从业者年平均增加了 9.6%和 5.8%。增长最多的部分是附加价值额，年平均增加了 19.9%。出口额在 2006 年以后持续增加，2011 年比上年增加了 42.0%。动漫形象行业的销售额、出口额和附加价值额都比上年增加了 20.0%以上，呈现出快速增长的趋势。

整体上看，国内的动漫形象行业利用在国内外具有竞争力的国产动漫形象，制作并销售缝制娃娃、机器人、玩具等符合儿童需求的多样化商品，从而使销售额不断增加。并且，以幼儿和儿童为其对象，积极推进应用动漫形象进行的教育事业。同时，动漫形象行业作为高附加价值产业，呈现出持续性增长的趋势，尤其是动漫形象开发及许可领域，从 2009 年至 2011 年，年平均增长了 24.0%。借助一些具有国际竞争力的国内动漫形象的宣传，2011 年韩国国内动漫形象的销售额(3 兆6 316亿韩元)超过了国外动漫形象的销售额(3 兆5 778亿韩元)，2011 年因此成为一个值得纪念的年份。此外，多个企业合作进行新角色开发的事例也持续增加，预计今后国内动漫形象行业将会持续发展。

表 4-9-2　动漫形象行业的整体概况

| 分类 | 企业数(个) | 从业者数(名) | 销售额(百万韩元) | 附加价值额(百万韩元) | 附加价值率(%) | 出口额(千美元) | 进口额(千美元) |
|---|---|---|---|---|---|---|---|
| 2006 年 | 1 379 | 19 889 | 4 550 932 | 1 238 309 | 27.21 | 189 451 | 211 909 |
| 2007 年 | 1 531 | 21 846 | 5 115 639 | 1 801 217 | 35.21 | 202 889 | 225 257 |
| 2008 年 | 1 521 | 21 092 | 5 098 713 | 1 956 376 | 38.37 | 228 250 | 198 679 |
| 2009 年 | 1 542 | 23 406 | 5 358 272 | 2 202 786 | 41.11 | 236 521 | 196 367 |
| 2010 年 | 1 593 | 25 102 | 5 896 897 | 2 475 517 | 41.98 | 276 328 | 190 456 |
| 2011 年 | 1 711 | 26 418 | 7 209 583 | 3 065 286 | 42.52 | 392 266 | 182 555 |
| 同比增减率(%) | 7.4 | 5.2 | 22.3 | 23.8 | 0.54p | 42.0 | ▽4.1 |
| 年平均增减率(%) | 4.4 | 5.8 | 9.6 | 19.9 | — | 15.7 | ▽2.9 |

2011 年动漫形象行业的人均销售额是 42 亿1 400万韩元，各企业的平均销售额是 2 亿7 300万韩元。从各业种类别来看，动漫形象制作业的企业平均销售额是 44 亿7 700万韩元，其中动漫形象开发及许可业的企业平均销售额是 15 亿8 200万韩元，动漫形象商品制作业的企业平均销售额是 67 亿3 200万韩元。动漫形象商品流通业的企业平均销售额是 39 亿8 400万韩元，其中动漫形象商品批发业的企业平均销售额是 56 亿1 000万韩元，动漫形象商品零售业的企业平均销售额是 34 亿5 000万韩元。从小分类来看，企业平均销售额最高的业种是动漫形象商品制作业。

动漫形象制作业的人均销售额是 2 亿6 200万韩元，其中动漫形象开发及许可业的人均销售额是

1 亿5 600万韩元，动漫形象商品制作业的人均销售额是 3 亿韩元。动漫形象商品流通业的人均销售额是 2 亿8 400万韩元，其中动漫形象商品批发业的人均销售额是 5 亿3 200万韩元，动漫形象商品零售业的人均销售额是 2 亿2 700韩元。从小分类来看，人均销售额最高的业种是动漫形象商品批发业。

表 4-9-3　　**动漫形象行业各企业的平均销售额及人均销售额现状(2011 年)**

| 中分类 | 小分类 | 企业数量（个） | 从业者数量（名） | 销售额（百万韩元） | 企业平均销售额（百万韩元） | 人均销售额（百万韩元） |
|---|---|---|---|---|---|---|
| 动漫形象制作业 | 动漫形象开发及许可业 | 349 | 3 536 | 552 216 | 1 582 | 156 |
| | 动漫形象商品制造业 | 448 | 10 057 | 3 015 724 | 6 732 | 300 |
| | 小计 | 797 | 13 593 | 3 567 940 | 4 477 | 262 |
| 动漫形象商品流通业 | 动漫形象商品批发业 | 226 | 2 382 | 1 267 809 | 5 610 | 532 |
| | 动漫形象商品零售业 | 688 | 10 443 | 2 373 834 | 3 450 | 227 |
| | 小计 | 914 | 12 825 | 3 641 643 | 3 984 | 284 |
| 合计 | | 1 711 | 26 418 | 7 209 583 | 4 214 | 273 |

## (二)动漫形象行业的企业数量现状

2011 年动漫形象行业的企业数量为1 711个，比上年增加了 7.4%，从 2009 年至 2011 年，年平均增加了 5.3%。从小分类来看，动漫形象商品批发零售业的企业数量是 914 个，占整体的 53.4%，比上年增加了 4.3%，年平均增加了 4.6%。2011 年动漫形象商品制作业的企业数量为 448 个(26.2%)，比上年增加了 8.0%，年平均增加了 4.3%；动漫形象开发及许可业的企业数量为 349 个(20.4%)，比上年增加了 15.6%，年平均增加了 8.8%。

表 4-9-4　　**动漫形象行业各年度各业种的企业数量现状**　　(单位：个)

| 中分类 | 小分类 | 2009 年 | 2010 年 | 2011 年 | 比重（%） | 同比增减率（%） | 年平均增减率（%） |
|---|---|---|---|---|---|---|---|
| 动漫形象制作业 | 动漫形象开发及许可业 | 295 | 302 | 349 | 20.4 | 15.6 | 8.8 |
| | 动漫形象商品制造业 | 412 | 415 | 448 | 26.2 | 8.0 | 4.3 |
| 动漫形象商品流通业 | 动漫形象商品批发零售业 | 835 | 876 | 914 | 53.4 | 4.3 | 4.6 |
| 合计 | | 1 542 | 1 593 | 1 711 | 100.0 | 7.4 | 5.3 |

从销售额规模类别来看，销售额规模在 1 亿韩元以上 10 亿韩元以下的企业数量为 715 个(41.8%)，所占比例最大，比上年增加了 8.2%，从 2009 年至 2011 年，年平均增加了 4.2%。销售额规模在 10 亿韩元以上 100 亿韩元以下的企业数量为 533 个(31.1%)，比上年增加了 4.1%，年平均增加了 2.2%。销售额规模在 1 亿韩元以下的企业数量为 342 个(20.0%)，比上年增加了 13.6%，年平均

(单位: 个)

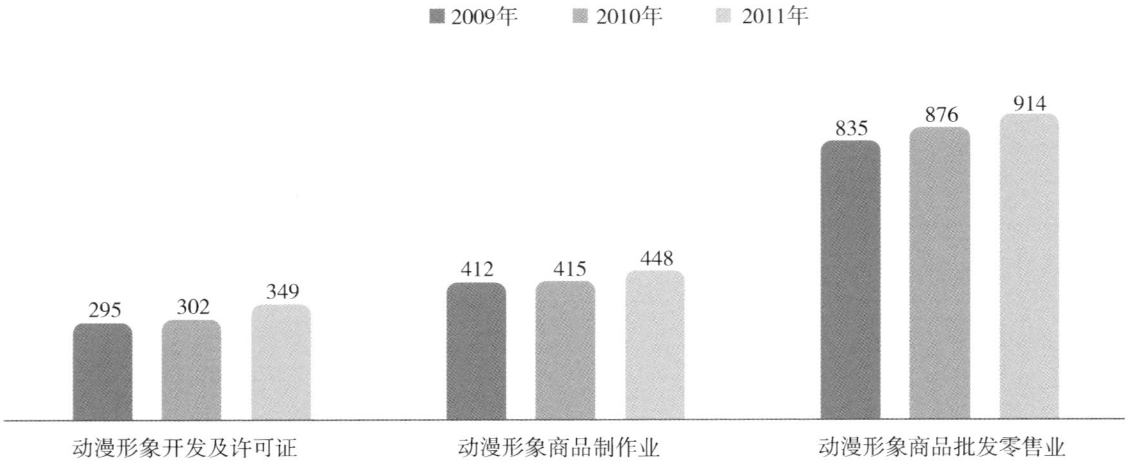


图 4-9-1　动漫形象行业各年度各业种的企业数量现状

增加了 15. 6%；销售额规模在 100 亿韩元以上的企业数量是 121 个(7. 1%)，比上年增加了 1. 7%，年平均增加了 1. 3%。

表 4-9-5　　**动漫形象行业各年度各销售额规模的企业数量现状**　　(单位：个)

| 年度<br>销售额规模 | 2009 年 | 2010 年 | 2011 年 | 比重(%) | 同比增减率(%) | 年平均增减率(%) |
|---|---|---|---|---|---|---|
| 不足 1 亿韩元 | 256 | 301 | 342 | 20. 0 | 13. 6 | 15. 6 |
| 1 亿~10 亿韩元 | 658 | 661 | 715 | 41. 8 | 8. 2 | 4. 2 |
| 10 亿~100 亿韩元 | 510 | 512 | 533 | 31. 1 | 4. 1 | 2. 2 |
| 100 亿韩元以上 | 118 | 119 | 121 | 7. 1 | 1. 7 | 1. 3 |
| 合计 | 1 542 | 1 593 | 1 711 | 100. 0 | 7. 4 | 5. 3 |

(单位: 个)

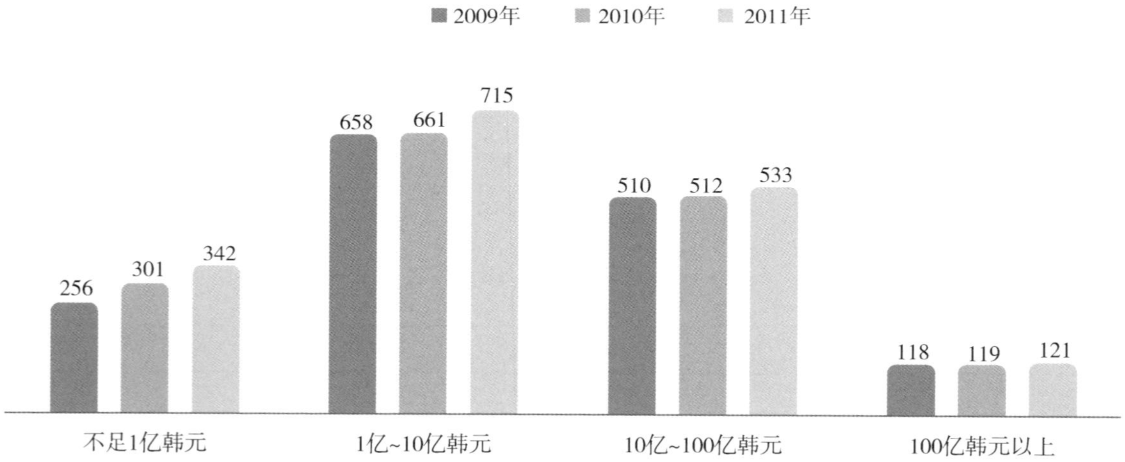


图 4-9-2　动漫形象行业各年度各销售额规模的企业数量现状

从从业者规模来看，2011 年，从业者规模在 1 人以上 4 人以下的企业数量为 886 个(51. 8%)，所占比重最多，比上年增加了 11.2%，2009 年到 2011 年，年平均增加了 8.5%。从业者规模在 10 人以上 49 人以下的企业数量为 401 个(23.4%)，比上年增加了 1.8%，年平均增加了 1.0%；从业者规模在 5 人以上 9 人以下的企业数量为 292 个(17.1%)，比上年减少了 6.2%，年平均增加了 3.8%。从业者规模在 50 人以上 99 人以下的企业数量为 79 个(4.6%)，比上年增加了 3.9%，年平均增加了 2.6%；从业者规模在 100 人以上的企业数量为 53 个(3.1%)，比上年增加了 3.9%，年平均增加了 3.0%。

表 4-9-6　**动漫形象行业各年度各从业者规模的企业数量现状**　(单位：个)

| 年度 / 从业者规模 | 2009 年 | 2010 年 | 2011 年 | 比重(%) | 同比增减率(%) | 年平均增减率(%) |
|---|---|---|---|---|---|---|
| 1~4 人 | 753 | 797 | 886 | 51.8 | 11.2 | 8.5 |
| 5~9 人 | 271 | 275 | 292 | 17.1 | 6.2 | 3.8 |
| 10~49 人 | 393 | 394 | 401 | 23.4 | 1.8 | 1.0 |
| 50~99 人 | 75 | 76 | 79 | 4.6 | 3.9 | 2.6 |
| 100 人以上 | 50 | 51 | 53 | 3.1 | 3.9 | 3.0 |
| 合计 | 1 542 | 1 593 | 1 711 | 100.0 | 7.4 | 5.3 |

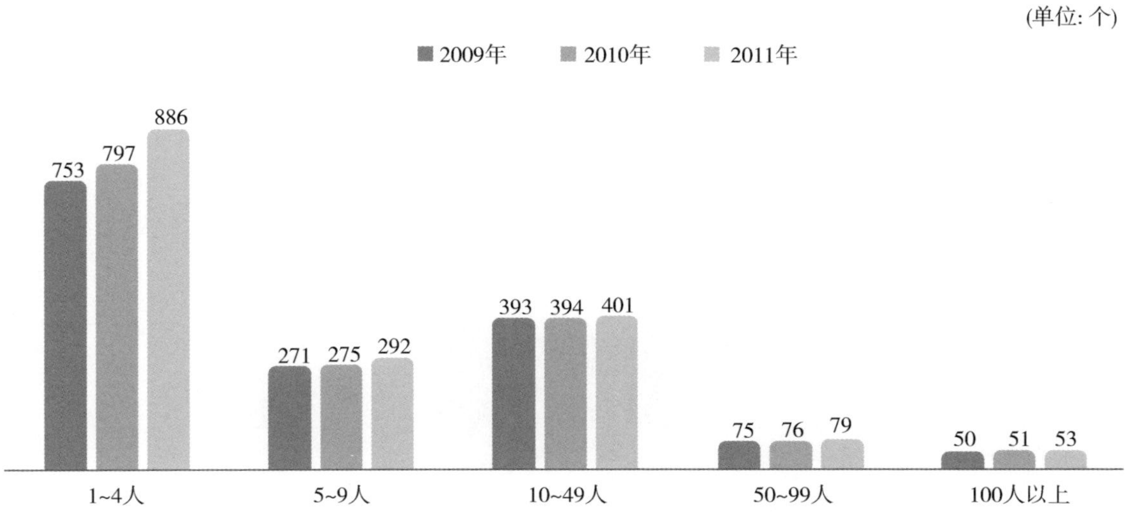


图 4-9-3　动漫形象行业各年度各从业者规模的企业数量现状

从 2011 年动漫形象行业各地区的企业数量现状来看，首尔的企业数量是 612 个，占整体的 35.8%，比上年增加了 8.9%，年平均增加了 7.7%。6 个广域市的企业数量是 409 个，占整体的 23.9%，其中釜山的企业数量为 148 个，占整体的 8.6%，在广域市中所占比例最大。6 个广域市的企业数量比上年增加了 6.0%，年平均增加了 3.5%；釜山的企业数量比上年增加了 8.0%，年平均增加了 4.7%。9 个道中京畿道的企业数量是 371 个，占整体的 21.7%，比上年增加了 8.5%，年平均增加了 5.9%。

表 4-9-7　　动漫形象行业各年度各地区的企业数量现状　　（单位：个）

| 地区 \ 年度 | | 2009 年 | 2010 年 | 2011 年 | 比重（%） | 同比增减率（%） | 年平均增减率（%） |
|---|---|---|---|---|---|---|---|
| 首尔 | | 528 | 562 | 612 | 35. 8 | 8. 9 | 7. 7 |
| 6 个广域市 | 釜山 | 135 | 137 | 148 | 8. 6 | 8. 0 | 4. 7 |
| | 大邱 | 78 | 79 | 82 | 4. 8 | 3. 8 | 2. 5 |
| | 仁川 | 59 | 59 | 61 | 3. 6 | 3. 4 | 1. 7 |
| | 光州 | 38 | 38 | 40 | 2. 3 | 5. 3 | 2. 6 |
| | 大田 | 45 | 46 | 48 | 2. 8 | 4. 3 | 3. 3 |
| | 蔚山 | 27 | 27 | 30 | 1. 8 | 11. 1 | 5. 4 |
| | 小计 | 382 | 386 | 409 | 23. 9 | 6. 0 | 3. 5 |
| 9 个道 | 京畿道 | 331 | 342 | 371 | 21. 7 | 8. 5 | 5. 9 |
| | 江原道 | 25 | 25 | 27 | 1. 6 | 8. 0 | 3. 9 |
| | 忠清北道 | 39 | 39 | 41 | 2. 4 | 5. 1 | 2. 5 |
| | 忠清南道 | 28 | 29 | 32 | 1. 9 | 10. 3 | 6. 9 |
| | 全罗北道 | 33 | 32 | 35 | 2. 0 | 9. 4 | 3. 0 |
| | 全罗南道 | 22 | 21 | 23 | 1. 3 | 9. 5 | 2. 2 |
| | 庆尚北道 | 38 | 39 | 41 | 2. 4 | 5. 1 | 3. 9 |
| | 庆尚南道 | 67 | 68 | 69 | 4. 0 | 1. 5 | 1. 5 |
| | 济州道 | 49 | 50 | 51 | 3. 0 | 2. 0 | 2. 0 |
| | 小计 | 632 | 645 | 690 | 40. 3 | 7. 0 | 4. 5 |
| 合计 | | 1 542 | 1 593 | 1 711 | 100. 0 | 7. 4 | 5. 3 |

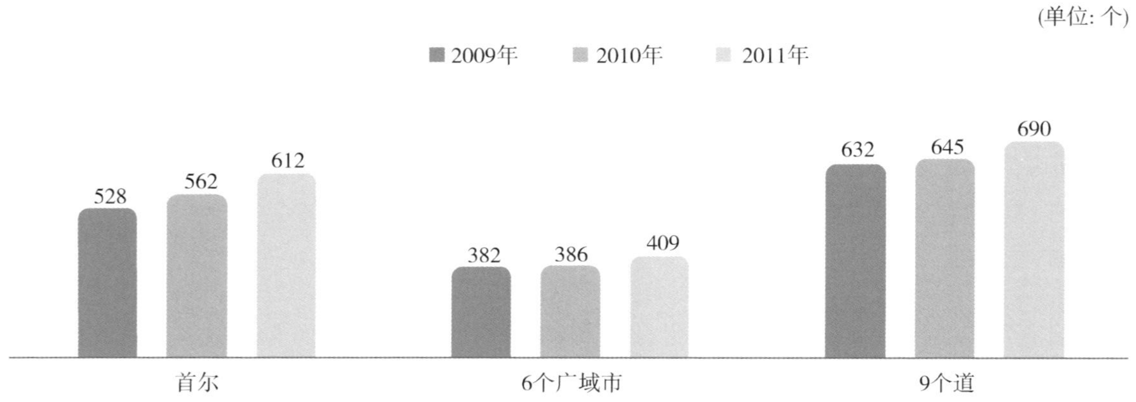


图 4-9-4　动漫形象行业各年度各地区的企业数量现状

## （三）动漫形象行业的销售额现状①

2011 年，动漫形象行业的销售额是 7 兆2 095亿韩元，比上年增加了 22. 3%，从 2009 年至 2011 年，年平均增加了 16. 0%。从年度来看，销售额呈现出持续性增加的态势，2009 年是 5 兆3 582亿韩元，2010 年是 5 兆8 968亿韩元，2011 年是 7 兆2 095亿韩元。尤其是动漫形象商品零售业的销售额比

① 动漫商品流通业的销售额中，不包括网上购物中心、电视购物、便利店、传统市场、网络/移动/游戏资讯（阿凡达等）、与非法复制相关的销售额。

上年增加了 27. 2%，年平均增加了 18. 1%，与其他业种相比增加幅度更大。

从小分类来看，动漫形象制作业的销售额是 3 兆 157 亿韩元，占全部销售额的 41. 8%，所占比例最大。其次是动漫形象商品零售业的销售额 2 兆3 738亿韩元，占全部销售额的 32. 9%。动漫形象商品批发业的销售额是 1 兆2 678亿韩元，占整体的 17. 6%。动漫形象开发及许可业的销售额为5 522亿韩元，占整体的 7. 7%，所占比例最小。

从年度来看，动漫形象制作业的销售额在 2009 年是 2 兆 7134 亿韩元，2010 年是 3 兆 318 亿韩元，2011 年是 3 兆5 679亿韩元，呈现出持续增加的态势，2011 年比上年增加了 17. 7%，从 2009 年到 2010 年，年平均增加了 14. 7%。动漫形象商品流通业的销售额在 2009 年是 2 兆6 448亿韩元，2010 年是 2 兆8 650亿韩元，2011 年是 3 兆6 416亿韩元，比上年增加了 27. 1%，年平均增加了 17. 3%。

表 4-9-8　**动漫形象行业各业种的年度销售额现状**　（单位：百万韩元）

| 中分类 | 小分类 | 2009 年 | 2010 年 | 2011 年 | 比重（%） | 同比增减率（%） | 年平均增减率（%） |
|---|---|---|---|---|---|---|---|
| 动漫形象制作业 | 动漫形象开发及许可业 | 358 862 | 463 221 | 552 216 | 7. 7 | 19. 2 | 24. 0 |
| | 动漫形象商品制造业 | 2 354 597 | 2 568 587 | 3 015 724 | 41. 8 | 17. 4 | 13. 2 |
| | 小计 | 2 713 459 | 3 031 808 | 3 567 940 | 49. 5 | 17. 7 | 14. 7 |
| 动漫形象商品流通业 | 动漫形象商品批发业 | 941 749 | 998 762 | 1 267 809 | 17. 6 | 26. 9 | 16. 0 |
| | 动漫形象商品零售业 | 1 703 064 | 1 866 327 | 2 373 834 | 32. 9 | 27. 2 | 18. 1 |
| | 小计 | 2 644 813 | 2 865 089 | 3 641 643 | 50. 5 | 27. 1 | 17. 3 |
| 合计 | | 5 358 272 | 5 896 897 | 7 209 583 | 100. 0 | 22. 3 | 16. 0 |

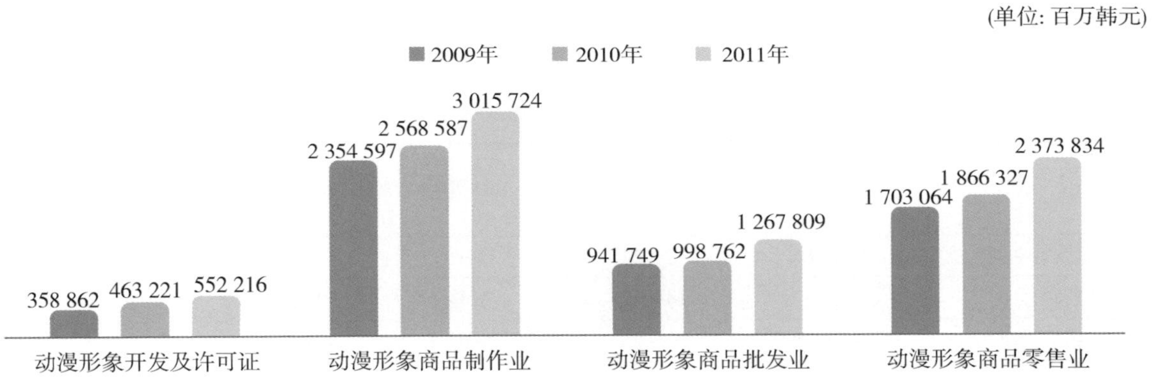


图 4-9-5　动漫形象行业各业种的年度销售额现状

比较国内动漫形象与国外动漫形象的销售额，2011 年，国内动漫形象的销售额是 3 兆6 316亿韩元，比上年增加了 31. 8%，年平均增加了 23. 9%；国外动漫形象的销售额是 3 兆5 778亿韩元，比上年增加了 13. 9%，年平均增加了 9. 4%。2011 年国内外动漫形象的销售额差额是 538 亿韩元。虽然在 2009 年和 2010 年海外动漫形象的销售额比国内动漫形象的销售额多，但在 2011 年，国内动漫形象的销售额高于国外的销售额。

表 4-9-9　　**动漫形象行业中国内外动漫形象与海外动漫形象各业种的年度销售额的比较**　　（单位：百万韩元）

| 分类 | | 动漫形象开发及许可业 | 动漫形象商品制作业 | 动漫形象商品批发零售业 | 合计 | 比重（%） |
|---|---|---|---|---|---|---|
| 2009 年 | 国内动漫形象 | 144 622 | 1 000 716 | 1 221 908 | 2 367 246 | 44. 2 |
| | 海外动漫形象 | 214 240 | 1 353 881 | 1 422 905 | 2 991 026 | 55. 8 |
| | 合计 | 358 862 | 2 354 597 | 2 644 813 | 5 358 272 | 100. 0 |
| 2010 年 | 国内动漫形象 | 206 329 | 1 163 275 | 1 385 698 | 2 755 302 | 46. 7 |
| | 海外动漫形象 | 256 892 | 1 405 312 | 1 479 391 | 3 141 595 | 53. 3 |
| | 合计 | 463 221 | 2 568 587 | 2 865 089 | 5 896 897 | 100. 0 |
| 2011 年 | 国内动漫形象 | 272 526 | 1 532 582 | 1 826 587 | 3 631 695 | 50. 4 |
| | 海外动漫形象 | 279 690 | 1 483 142 | 1 815 056 | 3 577 888 | 49. 6 |
| | 合计 | 552 216 | 3 015 724 | 3 641 643 | 7 209 583 | 100. 0 |
| 同比增减率（%） | 国内动漫形象 | 32. 1 | 31. 7 | 31. 8 | 31. 8 | — |
| | 海外动漫形象 | 8. 9 | 5. 5 | 22. 7 | 13. 9 | |
| | 合计 | 19. 2 | 17. 4 | 27. 1 | 22. 3 | |
| 年平均增减率（%） | 国内动漫形象 | 37. 3 | 23. 8 | 22. 3 | 23. 9 | |
| | 海外动漫形象 | 14. 3 | 4. 7 | 12. 9 | 9. 4 | |
| | 合计 | 24. 0 | 13. 2 | 17. 3 | 16. 0 | |

### 1. 动漫形象行业各事业形态的销售额现状

从 2011 年动漫形象行业各事业形态的销售额现状来看，流通/发行的销售额为 3 兆8 395亿韩元，占全部销售额的 53. 2%，所占比例最大。其次是创作及制作的销售额 2 兆8 738亿韩元，占全部销售额的 39. 9%。单纯复制的销售额是2 780亿韩元，占全部销售额的 3. 9%，制作服务的销售额是1 492亿韩元，占整体的 2. 1%，其他业的销售额为 688 亿韩元，占全部销售额的 1. 0%，所占比例最小。

表 4-9-10　　**动漫形象行业各事业形态各业种的销售额现状**　　（单位：百万韩元）

| 业种＼事业形态 | 创作及制作 | 制作服务 | 单纯复制 | 流通/发行 | 其他 | 合计 |
|---|---|---|---|---|---|---|
| 动漫形象开发及许可业 | 500 985 | 2 322 | — | 35 551 | 13 358 | 552 216 |
| 动漫形象商品制作业 | 2 335 871 | 146 925 | 278 043 | 232 527 | 22 358 | 3 015 724 |
| 动漫形象商品批发业 | 14 652 | — | — | 1 246 332 | 6 825 | 1 267 809 |
| 动漫形象商品零售业 | 22 346 | — | — | 2 325 130 | 26 358 | 2 373 834 |
| 合计 | 2 873 854 | 149 247 | 278 043 | 3 839 540 | 68 899 | 7 209 583 |
| 比重(%) | 39. 9 | 2. 1 | 3. 9 | 53. 2 | 1. 0 | 100. 0 |

从年度来看，创作及制作的销售额在 2009 年是 2 兆2 719亿韩元，2010 年是 2 兆5 144亿韩元，2011 年是 2 兆8 738亿韩元，2011 年比上年增加了 14. 3%，从 2009 年至 2011 年，年平均增加了 12. 5%。制作服务的销售额从 2010 年的1 312亿韩元增加至 2011 年的1 492亿韩元，比上年增加了 13. 7%。单纯复制的销售额呈现出最大幅度的增长，从 2010 年的1 732亿韩元增加至 2011 年的2 780亿韩元，比上年增加了 60. 5%。流通/发行的销售额在 2009 年是 2 兆7 624亿韩元，2010 年是 3 兆 120 亿

韩元，2011 年是 3 兆8 395亿韩元，比上年增加了 27. 5%，年平均增加了 17. 9%。其他业种的销售额从 2010 年的 658 亿韩元增加至 2011 年的 688 亿韩元，比上年增加了 4. 7%，年平均增加了 6. 9%。

表 4-9-11　　**动漫形象行业各事业形态的年度销售额现状**　　（单位：百万韩元）

| 年度 \ 事业形态 | 创作及制作 | 制作服务 | 单纯复制 | 流通/供应 | 其他 | 合计 |
|---|---|---|---|---|---|---|
| 2009 年 | 2 271 990 | 126 738 | 136 775 | 2 762 444 | 60 325 | 5 358 272 |
| 2010 年 | 2 514 491 | 131 266 | 173 275 | 3 012 031 | 65 834 | 5 896 897 |
| 2011 年 | 2 873 854 | 149 247 | 278 043 | 3 839 540 | 68 899 | 7 209 583 |
| 同比增减率(%) | 14. 3 | 13. 7 | 60. 5 | 27. 5 | 4. 7 | 22. 3 |
| 年平均增减率(%) | 12. 5 | 8. 5 | 42. 6 | 17. 9 | 6. 9 | 16. 0 |

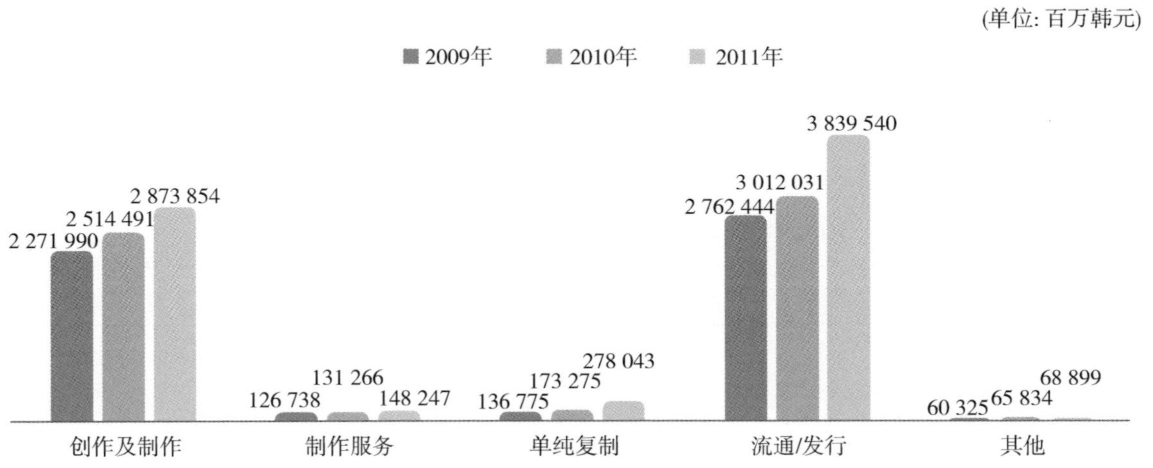


图 4-9-6　动漫形象行业各事业形态的年度销售额现状

## 2. 动漫形象行业各销售额规模的企业的销售额现状

从 2011 年动漫形象行业各销售额规模的企业的销售额现状来看，调查显示，销售额规模在 10 亿韩元以上 100 亿韩元以下的企业的销售额是 3 兆2 902亿韩元，占全部销售额的 45. 6%，所占比重最高。销售额规模在 100 亿韩元以上的企业的销售额是 3 兆2 180亿韩元，占全部销售额的 44. 6%。销售额规模在 1 亿韩元以上 10 亿韩元以下企业的销售额是6 759亿韩元，占全部销售额的 9. 4%，销售额规模在 1 亿韩元以下企业的销售额为 253 亿韩元，占全部销售额的 0. 4%，所占比例最小。

表 4-9-12　　**动漫形象行业各销售额规模的企业各业种的销售额现状(2011 年)**　　（单位：百万韩元）

| 业种 \ 销售额规模 | 不足 1 亿韩元 | 1 亿～10 亿韩元 | 10 亿～100 亿韩元 | 100 亿韩元以上 | 合计 |
|---|---|---|---|---|---|
| 动漫形象开发及许可业 | 6 967 | 103 259 | 258 398 | 183 592 | 552 216 |
| 动漫形象商品制作业 | 5 689 | 143 622 | 1 436 746 | 1 429 667 | 3 015 724 |
| 动漫形象商品批发业 | 2 968 | 102 856 | 632 526 | 529 459 | 1 267 809 |
| 动漫形象商品零售业 | 9 697 | 326 258 | 962 581 | 1 075 298 | 2 373 834 |
| 合计 | 25 321 | 675 995 | 3 290 251 | 3 218 016 | 7 209 583 |
| 比重(%) | 0. 4 | 9. 4 | 45. 6 | 44. 6 | 100. 0 |

从年度来看，2011 年，销售额规模在 1 亿韩元以上 10 亿韩元以下的企业的销售额比上年增加了 63. 3%，从 2009 年至 2011 年，年平均增加了 35. 3%，呈现出最大幅度的增长态势。销售额规模在 10 亿韩元以上 100 亿韩元以下的企业的销售额在 2009 年是 2 兆1 978亿韩元，2010 年是 2 兆4 885亿韩元，2011 年是 3 兆2 902亿韩元，呈现出持续增加的趋势。销售额规模在 1 亿韩元以下的企业的销售额在 2009 年是 142 亿韩元，2010 年是 157 亿韩元，2011 年是 253 亿韩元，比上年增加了 60. 6%，年平均增加了 33. 5%。销售额规模在 100 亿韩元以下的企业的销售额从 2009 年的 2 兆7 768亿韩元增加到 2011 年的 3 兆2 180亿韩元，年平均增加了 7. 7%。

表 4-9-13　　**动漫形象行业各销售额规模的企业的年度销售额现状**　　（单位：百万韩元）

| 年度＼销售额规模 | 不足 1 亿韩元 | 1 亿~10 亿韩元 | 10 亿~100 亿韩元 | 100 亿韩元以上 | 合计 |
|---|---|---|---|---|---|
| 2009 年 | 14 217 | 369 378 | 2 197 838 | 2 776 839 | 5 358 272 |
| 2010 年 | 15 770 | 413 893 | 2 488 594 | 2 978 640 | 5 896 897 |
| 2011 年 | 25 321 | 675 995 | 3 290 251 | 3 218 016 | 7 209 583 |
| 同比增减率(%) | 60. 6 | 63. 3 | 32. 2 | 8. 0 | 22. 3 |
| 年平均增减率(%) | 33. 5 | 35. 3 | 22. 4 | 7. 7 | 16. 0 |

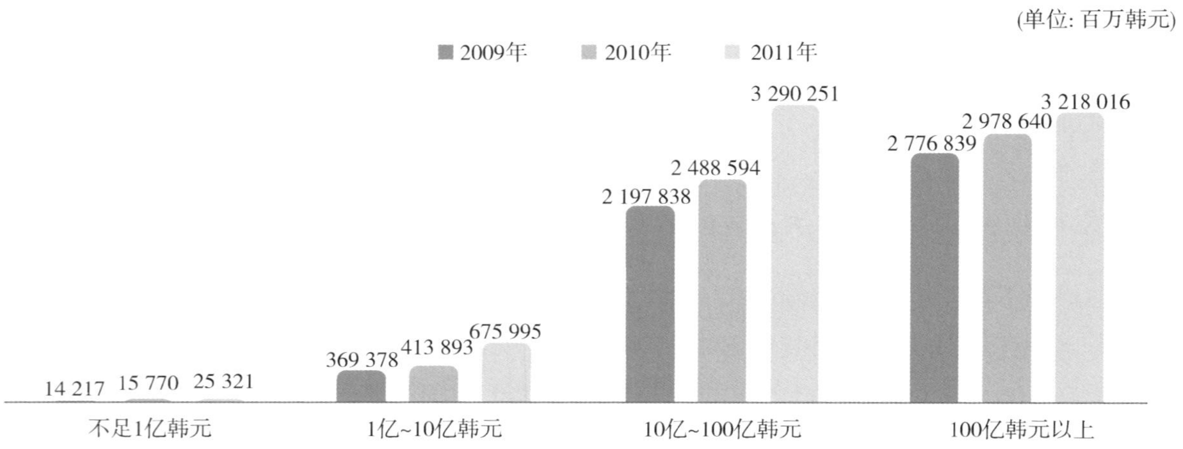


图 4-9-7　动漫形象行业各销售额规模的企业的年度销售额现状

### 3. 动漫形象行业各从业者规模的企业销售额现状

从 2011 年动漫形象行业各从业者规模的企业的销售额现状来看，从业者规模在 10 人以上 49 人以下的企业的销售额为 2 兆9 988亿韩元，占全部销售额的 41. 6%，所占比例最大。从业者规模在 50 人以上 99 人以下的企业的销售额是 2 兆7 324亿韩元，占全部销售额的 37. 8%，从业者规模在 100 人以上的企业的销售额是6 284亿韩元，占全部销售额的 8. 7%。从业者规模在 1 人以上 4 人以下的企业的销售额是4 625亿韩元，占全部销售额的 6. 4%，从业者规模为 5 人以上 9 人以下的企业的销售额是 3 963亿韩元，占全部销售额的 5. 5%。

表 4-9-14 **动漫形象行业各从业者规模的企业中各业种的销售额现状(2011 年)** (单位：百万韩元)

| 从业者规模<br>业种 | 1~4 人 | 5~9 人 | 10~49 人 | 50~99 人 | 100 人以上 | 合计 |
|---|---|---|---|---|---|---|
| 动漫形象开发及许可业 | 38 276 | 98 263 | 288 692 | 126 985 | — | 552 216 |
| 动漫形象商品制作业 | 61 882 | 74 258 | 925 226 | 1 325 926 | 628 432 | 3 015 724 |
| 动漫形象商品批发业 | 43 599 | 102 132 | 502 827 | 619 251 | — | 1 267 809 |
| 动漫形象商品零售业 | 318 765 | 121 697 | 1 282 116 | 651 256 | — | 2 373 834 |
| 合计 | 462 522 | 396 350 | 2 998 861 | 2 723 418 | 628 432 | 7 209 583 |
| 比重(%) | 6.4 | 5.5 | 41.6 | 37.8 | 8.7 | 100.0 |

从年度来看，从业者规模为 5 人以上 9 人以下的企业的销售额在 2009 年是2 364亿韩元，2010 年是2 607亿韩元，2011 年是3 963亿韩元，2011 年比上年增加了 52.0%，从 2009 年至 2011 年，年平均增加了 29.5%，呈现出最大幅度的增长。从业者规模为 50 人以上 99 人以下的企业的销售额比上年增加了 46.4%，年平均增加了 26.7%；从业者规模为 1 人以上 4 人以下的企业的销售额比上年增加了 40.3%，年平均增加了 25.8%。从业者规模为 10 人以上 49 人以下的企业的销售额在 2009 年是 1 兆 9 911亿韩元，2010 年是 2 兆2 157亿韩元，2011 年是 2 兆9 988亿韩元，比上年增加了 35.3%，年平均增加了 22.7%。从业者规模为 100 人以上的企业销售额在 2009 年是 1 兆1 416亿韩元，2010 年 1 兆 2 304亿韩元，都超过了 1 亿韩元，但在 2011 年却大幅减少至6 284亿韩元，比 2010 年减少了 48.9%，年平均减少了 25.8%。

表 4-9-15 **动漫形象行业各从业者规模的企业的年度销售额现状** (单位：百万韩元)

| 从业者规模<br>年度 | 1~4 人 | 5~9 人 | 10~49 人 | 50~99 人 | 100 人以上 | 合计 |
|---|---|---|---|---|---|---|
| 2009 年 | 292 064 | 236 468 | 1 991 184 | 1 696 905 | 1 141 651 | 5 358 272 |
| 2010 年 | 329 741 | 260 703 | 2 215 718 | 1 860 280 | 1 230 455 | 5 896 897 |
| 2011 年 | 462 522 | 396 350 | 2 998 861 | 2 723 418 | 628 432 | 7 209 583 |
| 同比增减率(%) | 40.3 | 52.0 | 35.3 | 46.4 | ▽48.9 | 22.3 |
| 年平均增减率(%) | 25.8 | 29.5 | 22.7 | 26.7 | ▽25.8 | 16.0 |

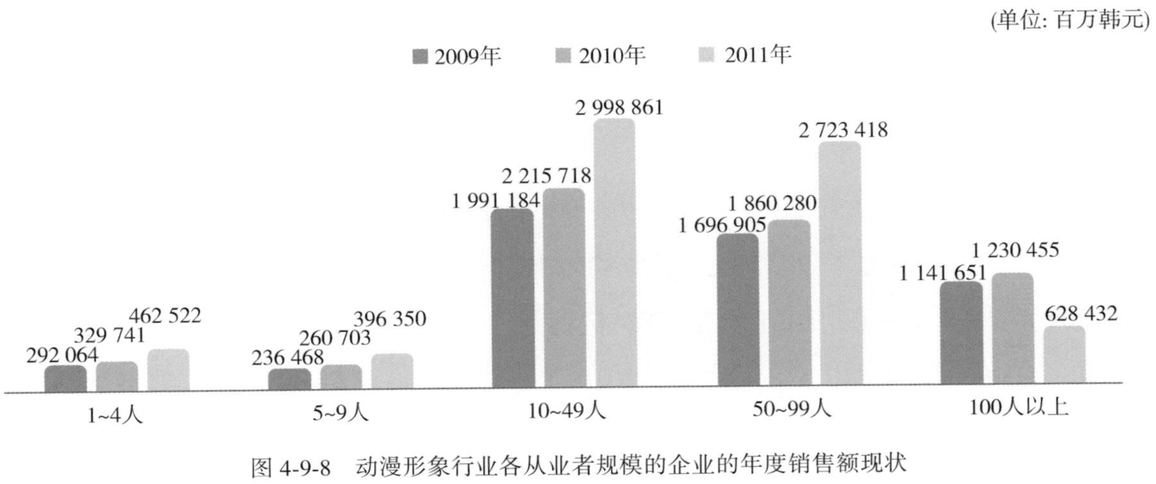


图 4-9-8 动漫形象行业各从业者规模的企业的年度销售额现状

### 4. 动漫形象行业各地区的销售额现状

从2011年动漫形象行业各地区的销售额现状来看，调查显示，占动漫形象行业整体销售额的53.3%的3兆8 444亿韩元集中在首尔地区。其次是京畿道的销售额1兆5 712亿韩元(21.8%)，釜山的销售额2 788亿韩元(3.9%)，济州岛的销售额2 124亿韩元(3.0%)，大邱的销售额2 015亿韩元(2.8%)，仁川的销售额1 879亿韩元(2.6%)。其他地区所占比重不到整体销售额的2.0%。包括首尔、仁川、京畿道在内的首都圈的销售额占整体销售额的77.7%，地区不均衡现象十分严重。

表4-9-16　**动漫形象行业各地区各业种的销售额现状(2011年)**　(单位：百万韩元)

| 地区＼业种 | | 动漫形象制作业 | 动漫形象商品流通业 | 合计 | 比重(%) |
|---|---|---|---|---|---|
| 首尔 | | 2 028 752 | 1 815 725 | 3 844 477 | 53.3 |
| 6个广域市 | 釜山 | 132 557 | 146 251 | 278 808 | 3.9 |
| | 大邱 | 116 253 | 85 325 | 201 578 | 2.8 |
| | 仁川 | 109 658 | 78 243 | 187 901 | 2.6 |
| | 光州 | 68 725 | 63 258 | 131 983 | 1.8 |
| | 大田 | 16 662 | 101 328 | 117 990 | 1.6 |
| | 蔚山 | 12 587 | 45 627 | 58 214 | 0.8 |
| | 小计 | 456 442 | 520 032 | 976 474 | 13.5 |
| 9个道 | 京畿道 | 705 362 | 865 935 | 1 571 297 | 21.8 |
| | 江原道 | 18 336 | 39 698 | 58 034 | 0.8 |
| | 忠清北道 | 71 559 | 53 684 | 125 243 | 1.7 |
| | 忠清南道 | 26 523 | 43 258 | 69 781 | 1.0 |
| | 全罗北道 | 18 965 | 60 253 | 79 218 | 1.1 |
| | 全罗南道 | 12 596 | 36 528 | 49 124 | 0.7 |
| | 庆尚北道 | 24 227 | 67 316 | 91 543 | 1.3 |
| | 庆尚南道 | 21 653 | 110 252 | 131 905 | 1.8 |
| | 济州道 | 183 525 | 28 962 | 212 487 | 3.0 |
| | 小计 | 1 082 746 | 1 305 886 | 2 388 632 | 33.2 |
| 合计 | | 3 567 940 | 3 641 643 | 7 209 583 | 100.0 |

从年度来看，首尔的销售额在2009年是2兆7 285亿韩元，2010年是3兆194亿韩元，2011年是3兆8 444亿韩元，比上年增加了27.3%，年平均增加了18.7%。6个广域市的销售额在2009年是8 077亿韩元，2010年是8 479元，2011年是9 764亿韩元，比上年增加了15.2%，年平均增加了9.9%。9个道的销售额在2009年是1兆8 218亿韩元，2010年是2兆294亿韩元，2011年是2兆3 886亿韩元，比上年增加了17.7%，年平均增加了14.5%。

表 4-9-17　**动漫形象行业各地区的年度销售额现状**　（单位：百万韩元）

| 区域＼年度 | | 2009 年 | 2010 年 | 2011 年 | 同比增减率（%） | 年平均增减率（%） |
|---|---|---|---|---|---|---|
| 首尔 | | 2 728 588 | 3 019 449 | 3 844 477 | 27.3 | 18.7 |
| 6个广域市 | 釜山 | 220 092 | 241 498 | 278 808 | 15.4 | 12.6 |
| | 大邱 | 175 544 | 180 879 | 201 578 | 11.4 | 7.2 |
| | 仁川 | 151 094 | 156 037 | 187 901 | 20.4 | 11.5 |
| | 光州 | 100 707 | 105 466 | 131 983 | 25.1 | 14.5 |
| | 大田 | 110 295 | 113 195 | 117 990 | 4.2 | 3.4 |
| | 蔚山 | 50 053 | 50 920 | 58 214 | 14.3 | 7.8 |
| | 小计 | 807 785 | 847 995 | 976 474 | 15.2 | 9.9 |
| 9个道 | 京畿道 | 1 130 149 | 1 288 874 | 1 571 297 | 21.9 | 17.9 |
| | 江原道 | 48 688 | 52 882 | 58 034 | 9.7 | 9.2 |
| | 忠清北道 | 98 796 | 104 090 | 125 243 | 20.3 | 12.6 |
| | 忠清南道 | 58 513 | 61 746 | 69 781 | 13.0 | 9.2 |
| | 全罗北道 | 71 629 | 73 615 | 79 218 | 7.6 | 5.2 |
| | 全罗南道 | 39 948 | 45 300 | 49 124 | 8.4 | 10.9 |
| | 庆尚北道 | 85 508 | 88 544 | 91 543 | 3.4 | 3.5 |
| | 庆尚南道 | 128 553 | 129 772 | 131 905 | 1.6 | 1.3 |
| | 济州道 | 160 115 | 184 630 | 212 487 | 15.1 | 15.2 |
| | 小计 | 1 821 899 | 2 029 453 | 2 388 632 | 17.7 | 14.5 |
| 合计 | | 5 358 272 | 5 896 897 | 7 209 583 | 22.3 | 16.0 |

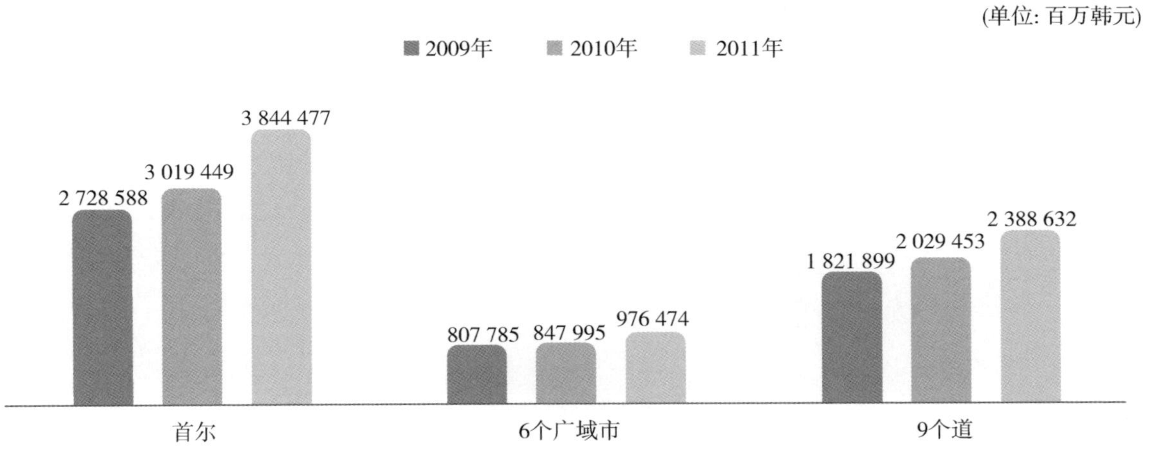


图 4-9-9　动漫形象行业各地区的年度销售额现状

## (四)动漫形象制作业中创作及制作业的销售额的主要来源

### 1. 动漫形象开发及许可业(创作及制作的销售额)

将 2011 年动漫形象行业中动漫形象开发及许可业的销售额按事业形态进行分类时，创作及制作相应的销售额是5 009亿韩元。从其主要来源来看，在5 009亿韩元中所占比例最大的领域是许可业，其销售额为2 918亿韩元(58. 3%)，比上年增加了 31. 2%，从 2009 年至 2011 年，年平均增加了 48. 6%。商品制作(包括转包制作)的销售额是1 425亿韩元(28. 5%)，比上年增加了 7. 9%，年平均增加了 6. 7%。代理商(许可人)的销售额是 512 亿韩元(10. 2%)，比上年增加了 6. 3%，年平均增加了 4. 1%；设计劳务是 152 亿韩元(3. 0%)，比上年增加了 11. 9%，年平均增加了 9. 7%。

表 4-9-18　**动漫形象开发及许可业中创作及制作的销售额的主要来源**　(单位：百万韩元)

| 分类 | | 许可 | 商品制作(包括转包制作) | 代理商(许可人) | 设计劳务 | 合计 |
|---|---|---|---|---|---|---|
| 2009 年 | 销售额 | 132 107 | 125 308 | 47 321 | 12 688 | 317 424 |
| | 比重(%) | 41. 6 | 39. 5 | 14. 9 | 4. 0 | 100. 0 |
| 2010 年 | 销售额 | 222 480 | 132 144 | 48 221 | 13 653 | 416 498 |
| | 比重(%) | 53. 4 | 31. 7 | 11. 6 | 3. 3 | 100. 0 |
| 2011 年 | 销售额 | 291 856 | 142 589 | 51 258 | 15 282 | 500 985 |
| | 比重(%) | 58. 3 | 28. 5 | 10. 2 | 3. 0 | 100. 0 |
| 同比增减率(%) | | 31. 2 | 7. 9 | 6. 3 | 11. 9 | 20. 3 |
| 年平均增减率(%) | | 48. 6 | 6. 7 | 4. 1 | 9. 7 | 25. 6 |

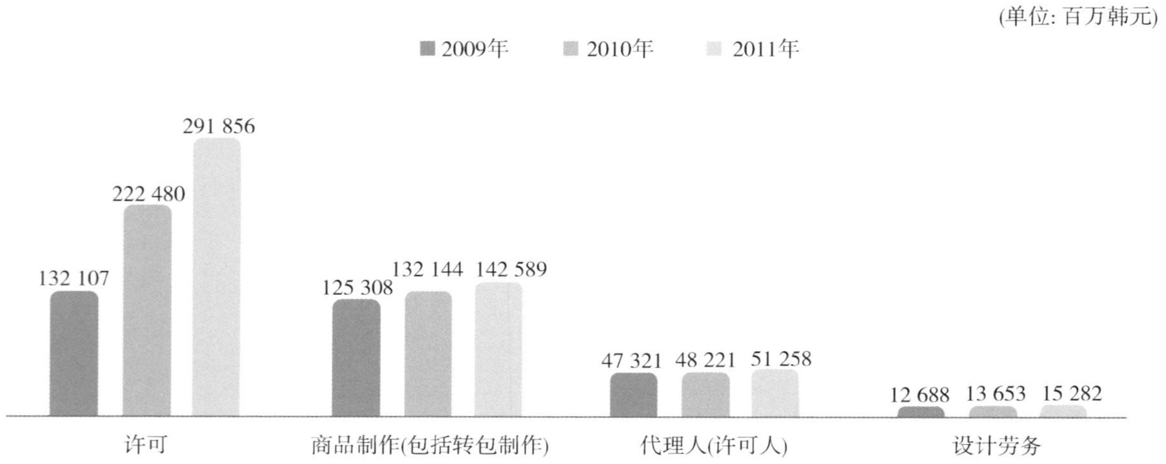


图 4-9-10　动漫形象开发及许可业中创作及制作的销售额的主要来源

2. 动漫形象商品制作业(创作及制作的销售额)

将 2011 年动漫形象商品制作业的销售额按事业形态进行分类时，创作及制作领域的销售额是 2 兆 3 358亿韩元。从主要来源看，在 2 兆3 358亿韩元中所占比例最大的领域是商品制作，其销售额为 2 兆 1 560亿韩元(92. 3%)，这比上年增加了 13. 3%，从2009年至2011年，年平均增加了 10. 9%的数值。许可业的销售额为1 668亿韩元(7. 2%)，设计劳务的销售额为 96 亿韩元(0. 4%)，代理人(许可人)的销售额为 33 亿韩元(0. 1%)。许可业的销售额比上年增加了 20. 7%，年平均增加了 12. 7%；代理人(许可人)的销售额比上年增加了 5. 3%，年平均增加了 3. 3%。设计劳务的销售额比上年减少了 3. 4%，年平均减少了 2. 7%。

表 4-9-19　　动漫形象商品制作业中创作及制作的销售额的主要来源　　（单位：百万韩元）

| 分类 | | 许可 | 商品制作（包括转包制作） | 代理商（许可人） | 设计劳务 | 合计 |
|---|---|---|---|---|---|---|
| 2009 年 | 销售额 | 131 229 | 1 751 766 | 3 117 | 10 224 | 1 896 336 |
| | 比重(%) | 6.9 | 92.4 | 0.2 | 0.5 | 100.0 |
| 2010 年 | 销售额 | 138 226 | 1 903 581 | 3 158 | 10 032 | 2 054 997 |
| | 比重(%) | 6.7 | 92.6 | 0.2 | 0.5 | 100.0 |
| 2011 年 | 销售额 | 166 825 | 2 156 033 | 3 326 | 9 687 | 2 335 871 |
| | 比重(%) | 7.2 | 92.3 | 0.1 | 0.4 | 100.0 |
| 同比增减率(%) | | 20.7 | 13.3 | 5.3 | ▽3.4 | 13.7 |
| 年平均增减率(%) | | 12.7 | 10.9 | 3.3 | ▽2.7 | 11.0 |

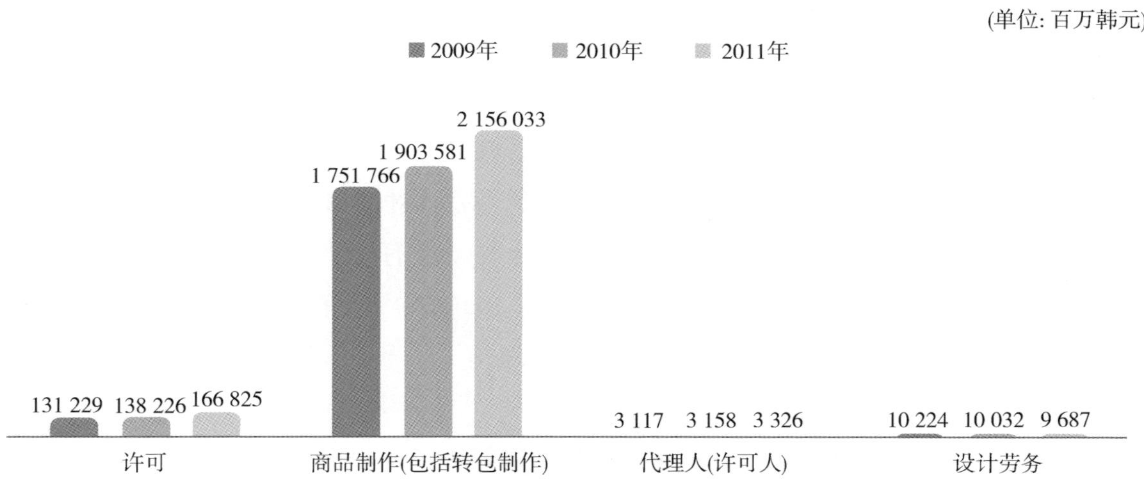


图 4-9-11　动漫形象商品制作业中创作及制作的销售额的主要来源

## （五）动漫形象行业中国产动漫形象许可的现状

### 1. 国产动漫形象许可的数量现状

从 2011 年动漫形象开发及许可企业所持有的国产动漫形象许可数量现状来看，持有 1~5 个国产动漫形象许可的企业占整体的 52.7%，所占比例最大。没有国产动漫形象许可的企业占整体的 18.6%；持有 6~10 个国产动漫形象许可的企业占整体的 10.9%；持有 11~20 个国产动漫形象许可的企业占整体的 7.4%；持有 21~50 个国产动漫形象许可的企业占整体的 7.7%；持有 51 个以上国产动漫形象许可的企业占 2.6%。

表 4-9-20　　动漫形象开发及许可企业保有国产动漫形象许可的现状　　（单位：%）

| 分类 | 0 个 | 1~5 个 | 6~10 个 | 11~20 个 | 21~50 个 | 51 个以上 |
|---|---|---|---|---|---|---|
| 2009 年 | 29.5 | 46.8 | 8.5 | 7.1 | 6.1 | 2.0 |
| 2010 年 | 27.5 | 46.4 | 8.6 | 7.6 | 7.6 | 2.3 |
| 2011 年 | 18.6 | 52.7 | 10.9 | 7.4 | 7.7 | 2.6 |

从 2011 年动漫形象商品制作企业持有国产动漫形象许可的现状来看，持有 1~5 个国产动漫形象许可的企业占整体的 52.7%，所占比例最大。没有国产动漫形象许可的企业占 28.1%；持有 6~10 个国产动漫形象许可的企业占整体的 7.1%；持有 11~20 个国产动漫形象许可的企业占整体的 4.7%；持有 21~50 个国产动漫形象许可的企业占整体的 3.8%；持有 51 个以上国产动漫形象许可的企业占 3.6%。

表 4-9-21 动漫形象商品制作企业持有国产动漫形象许可的现状 (单位:%)

| 分类 | 0 个 | 1~5 个 | 6~10 个 | 11~20 个 | 21~50 个 | 51 个以上 |
|---|---|---|---|---|---|---|
| 2009 年 | 38.8 | 44.7 | 6.8 | 3.6 | 3.2 | 2.9 |
| 2010 年 | 35.7 | 46.0 | 7.0 | 4.3 | 3.6 | 3.4 |
| 2011 年 | 28.1 | 52.7 | 7.1 | 4.7 | 3.8 | 3.6 |

2. 国产动漫形象商品品种的现状

从 2011 年动漫形象开发及许可企业的国产动漫形象商品品种的持有现状来看，持有 1~5 个国产动漫形象商品品种的企业占整体的 32.1%，所占比例最大。没有国产动漫形象品种的企业占 17.8%；持有 11~20 个的企业占 16.0%；持有 6~10 个的企业占 14.0%；持有 21~50 个的企业占 7.4%；持有 51~100 个的企业占 7.2%；持有 101 个以上的企业占 5.4%。

表 4-9-22 动漫形象开发及许可企业持有国产动漫形象商品品种的现状 (单位:%)

| 分类 | 0 个 | 1~5 个 | 6~10 个 | 11~20 个 | 21~50 个 | 51~100 个 | 101 个以上 |
|---|---|---|---|---|---|---|---|
| 2009 年 | 25.8 | 39.3 | 10.5 | 9.8 | 5.4 | 4.4 | 4.7 |
| 2010 年 | 24.2 | 34.4 | 12.6 | 10.6 | 6.3 | 6.9 | 5.0 |
| 2011 年 | 17.8 | 32.1 | 14.0 | 16.0 | 7.4 | 7.2 | 5.4 |

从 2011 年动漫形象商品制作企业的国产动漫形象商品品种持有现状来看，持有 1~5 个国产动漫形象商品品种的企业占整体的 33.9%，所占比例最大。没有国产动漫形象商品品种的企业占 17.6%；持有 11~20 个的企业占 12.5%；持有 101 个以上的企业占 11.4%；持有 6~10 个的企业占 10.3%；持有 50~100 个的企业占 7.4%；持有 21~50 个的企业占 6.9%。

表 4-9-23 动漫形象商品制作企业持有国产动漫形象商品品种的现状 (单位:%)

| 分类 | 0 个 | 1~5 个 | 6~10 个 | 11~20 个 | 21~50 个 | 51~100 个 | 101 个以上 |
|---|---|---|---|---|---|---|---|
| 2009 年 | 25.7 | 31.1 | 9.2 | 10.9 | 5.6 | 6.3 | 11.2 |
| 2010 年 | 24.8 | 31.8 | 9.4 | 11.1 | 5.5 | 6.3 | 11.1 |
| 2011 年 | 17.6 | 33.9 | 10.3 | 12.5 | 6.9 | 7.4 | 11.4 |

3. 国产动漫形象行业的平均最低保证金(guarantee)现状

(1)动漫形象行业的动漫形象开发及许可业

从2011年动漫形象开发及许可业中国产动漫形象的平均最低保证金现状来看，国产动漫形象的平均最低保证金是2307万韩元，比上年增加了5.4%，从2009年至2011年，年平均增加了4.0%。从销售额规模类别来看，销售额规模为1亿韩元以下的企业的国产动漫形象平均最低保证金为1 613万韩元，是所有业种中最少的。销售额规模为100亿韩元以上企业的国产动漫形象平均最低保证金为2 869万韩元，在所有业种中最多。

表4-9-24　**动漫形象开发及许可业各销售额规模的企业的国产动漫形象平均最低保证金现状**　(单位：万韩元)

| 分类 | 平均最低保证金 | 不足1亿韩元 | 1亿~10亿韩元 | 10亿~100亿韩元 | 100亿韩元以上 |
|---|---|---|---|---|---|
| 2009年 | 2 133 | 1 512 | 2 101 | 2 399 | 2 683 |
| 2010年 | 2 189 | 1 588 | 2 217 | 2 471 | 2 761 |
| 2011年 | 2 307 | 1 613 | 2 369 | 2 577 | 2 869 |
| 同比增减率(%) | 5.4 | 1.6 | 6.9 | 4.3 | 3.9 |
| 年平均增减率(%) | 4.0 | 3.3 | 6.2 | 3.6 | 3.4 |

从从业者规模来看2011年动漫形象开发及许可业的国产动漫形象的平均最低保证金现状，从业者规模为1人以上4人以下的企业的国产动漫形象平均最低保证金是1701万韩元，比上年增加了1.4%，年平均增加了2.5%，最低保证金是各类别中最低的。从业者规模为50人以上99人以下的企业的国产动漫形象的平均最低保证金是2 725万韩元，比上年增加了7.8%，年平均增加了5.0%，其平均最低保证金是各类别中最高的。

表4-9-25　**动漫形象开发及许可业各从业者规模的企业的国产动漫形象平均最低保证金现状**　(单位：万韩元)

| 分类 | 平均最低保证金 | 1~4人 | 5~9人 | 10~49人 | 50~99人 | 100人以上 |
|---|---|---|---|---|---|---|
| 2009年 | 2 133 | 1 618 | 1 998 | 2 136 | 2 471 | 2 762 |
| 2010年 | 2 189 | 1 677 | 2 108 | 2 218 | 2 527 | — |
| 2011年 | 2 307 | 1 701 | 2 423 | 2 520 | 2 725 | — |
| 同比增减率(%) | 5.4 | 1.4 | 14.9 | 13.6 | 7.8 | — |
| 年平均增减率(%) | 4.0 | 2.5 | 10.1 | 8.6 | 5.0 | — |

(2)动漫形象行业中的动漫形象商品制作业

从动漫形象商品制作业的国产动漫形象平均最低保证金现状来看，2009年是2 199万韩元，2010年是2 287万韩元，2011年是2 323万韩元，2011年比上年增加了1.6%，年平均增加了2.8%。从销售额规模类别来看，销售额规模为1亿韩元以下的企业的国产动漫形象平均最低保证金为1 592万韩元，是所有业种中最少的。销售额规模为100亿韩元以上的企业的国产动漫形象平均最低保证金为2 863万韩元，在所有业种中是最高的。

表 4-9-26　　动漫形象商品制作业各销售额规模的企业的国产动漫形象平均最低保证金现状　　（单位：万韩元）

| 分类 | 平均最低保证金 | 不足 1 亿韩元 | 1 亿~10 亿韩元 | 10 亿~100 亿韩元 | 100 亿韩元以上 |
|---|---|---|---|---|---|
| 2009 年 | 2 199 | 1 502 | 2 218 | 2 536 | 2 609 |
| 2010 年 | 2 287 | 1 579 | 2 322 | 2 641 | 2 699 |
| 2011 年 | 2 323 | 1 592 | 2 438 | 2 799 | 2 863 |
| 同比增减率(%) | 1. 6 | 0. 8 | 5. 0 | 6. 0 | 6. 1 |
| 年平均增减率(%) | 2. 8 | 3. 0 | 4. 8 | 5. 1 | 4. 8 |

从从业者规模来看 2011 年动漫形象商品制作业中国产动漫形象的平均最低保证金现状，从业者规模为 1 人以上 4 人以下的企业的国产动漫形象平均最低保证金是1 632万韩元，是各类别中最低的。从业者规模为 100 人以上的企业的国产动漫形象平均最低保证金是3 111万韩元，是各类别中最高的。

表 4-9-27　　动漫形象商品制作业各从业者规模的企业的国产动漫形象平均最低保证金现状　　（单位：万韩元）

| 分类 | 平均最低保证金 | 1~4 人 | 5~9 人 | 10~49 人 | 50~99 人 | 100 人以上 |
|---|---|---|---|---|---|---|
| 2009 年 | 2 199 | 1 508 | 2 077 | 2 208 | 2 398 | 2 837 |
| 2010 年 | 2 287 | 1 587 | 2 139 | 2 296 | 2 503 | 2 933 |
| 2011 年 | 2 323 | 1 632 | 2 325 | 2 352 | 2 693 | 3 111 |
| 同比增减率(%) | 1. 6 | 2. 8 | 8. 7 | 2. 4 | 7. 6 | 6. 1 |
| 年平均增减率(%) | 2. 8 | 4. 0 | 5. 8 | 3. 2 | 6. 0 | 4. 7 |

4. 国产动漫形象的平均版权税率现状

(1)动漫形象行业中的动漫形象开发及许可业

从动漫形象开发及许可业的国产动漫形象的平均版权税率现状来看，2009 年是 8. 3%，2010 年是 8. 5%，2011 年是 8. 9%，呈现持续性增长的态势。从销售额规模来看，调查显示，销售额规模为 1 亿韩元以上 10 亿韩元以下的企业的国产动漫形象的平均版权税率最低为 8. 2%，100 亿韩元以上企业的国产动漫形象平均版权税率最高，为 9. 2%。

表 4-9-28　　动漫形象开发及许可业各销售额规模的企业的国产动漫形象平均版权税率现状　　（单位:%）

| 分类 | 平均版权税率 | 不足 1 亿韩元 | 1 亿~10 亿韩元 | 10 亿~100 亿韩元 | 100 亿韩元以上 |
|---|---|---|---|---|---|
| 2009 年 | 8. 3 | 8. 4 | 7. 7 | 7. 8 | 8. 6 |
| 2010 年 | 8. 5 | 8. 5 | 7. 9 | 8. 0 | 8. 7 |
| 2011 年 | 8. 9 | 9. 0 | 8. 2 | 8. 3 | 9. 2 |

从从业者规模来看 2011 年动漫形象开发及许可业国产动漫形象的平均版权税率现状，调查显示，从业者规模为 1 人以上 4 人以下的企业和 50 人以上 99 人以下的企业的国产动漫形象的平均版权税率均为 8. 9%。

表 4-9-29　动漫形象开发及许可业各从业者规模的企业的国产动漫形象的平均版权税率现状　(单位:%)

| 分类 | 平均版权税 | 1~4 人 | 5~9 人 | 10~49 人 | 50~99 人 | 100 人以上 |
|---|---|---|---|---|---|---|
| 2009 年 | 8.3 | 8.7 | 7.7 | 7.8 | 8.4 | 8.8 |
| 2010 年 | 8.5 | 8.8 | 7.9 | 8.1 | 8.5 | — |
| 2011 年 | 8.9 | 8.9 | 8.4 | 8.5 | 8.9 | — |

(2)动漫形象商品制作业

2011 年动漫形象商品制作业的国产动漫形象平均版权税率是 10.1%，比上年增加了 0.3%。从年度来看，调查显示，2009 年是 9.5%，2010 年是 9.8%，2011 年是 10.1%，呈现出持续性增加的态势。从销售额规模来看，销售额规模为 100 亿韩元以上的企业的国产动漫形象平均版权税率最低，为 10.9%；销售额规模为 1 亿韩元以上 10 亿韩元以下的企业的国产动漫形象平均版权税率最高，为 9.2%。

表 4-9-30　动漫形象商品制作业各销售额规模的企业的国产动漫形象平均版权税率现状　(单位:%)

| 分类 | 平均版权税 | 不足 1 亿韩元 | 1 亿~10 亿韩元 | 10 亿~100 亿韩元 | 100 亿韩元以上 |
|---|---|---|---|---|---|
| 2009 年 | 9.5 | 9.2 | 8.3 | 8.8 | 10.3 |
| 2010 年 | 9.8 | 9.5 | 8.4 | 8.9 | 10.5 |
| 2011 年 | 10.1 | 9.9 | 9.2 | 9.5 | 10.9 |

从从业者规模来看 2011 年动漫形象商品制作业的国产动漫形象平均版权税率现状，从业者规模为 100 人以上的企业的国产动漫形象的平均版权税率最高，为 10.8%，从业者规模为 5 人以上 9 人以下的企业的国产动漫形象平均版权税率最低，为 9.0%。

表 4-9-31　动漫形象商品制作业各从业者规模的企业的国产动漫形象平均版权税率现状　(单位:%)

| 分类 | 平均版权税 | 1~4 人 | 5~9 人 | 10~49 人 | 50~99 人 | 100 人以上 |
|---|---|---|---|---|---|---|
| 2009 年 | 9.5 | 9.4 | 8.3 | 8.7 | 9.8 | 10.3 |
| 2010 年 | 9.8 | 9.5 | 8.4 | 8.8 | 9.9 | 10.4 |
| 2011 年 | 10.1 | 9.7 | 9.0 | 9.2 | 10.1 | 10.8 |

## (六)动漫形象行业外产动漫形象许可的现状

### 1. 外产动漫形象许可的数量现状

从 2011 年动漫形象开发及许可企业所持有的外产动漫形象许可数量现状来看，持有 1~5 个外产动漫形象许可的企业占整体的12.3%，没有外产动漫形象许可的企业占整体的81.9%，持有6~10个的企业占整体的2.6%，持有11~20个的企业占整体的2.0%，持有21~50个的企业占整体的1.1%。

表4-9-32　　动漫形象开发及许可企业持有外产动漫形象许可的现状　　(单位:%)

| 分类 | 0个 | 1~5个 | 6~10个 | 11~20个 | 21~50个 |
|---|---|---|---|---|---|
| 2009年 | 81.0 | 13.6 | 2.4 | 2.0 | 1.0 |
| 2010年 | 79.8 | 13.9 | 2.6 | 2.0 | 1.7 |
| 2011年 | 81.9 | 12.3 | 2.6 | 2.0 | 1.1 |

从2011年动漫形象商品制作企业持有外产动漫形象许可的现状来看，持有1~5个外产动漫形象许可的企业占整体的14.1%，没有外产动漫形象许可的企业占79.9%。持有6~10个的企业占整体的2.9%，持有11~20个的企业和持有21~50个的企业同占整体的1.6%。

表4-9-33　　动漫形象商品制作企业持有外产动漫形象许可的现状　　(单位:%)

| 分类 | 0个 | 1~5个 | 6~10个 | 11~20个 | 21~50个 |
|---|---|---|---|---|---|
| 2009年 | 79.6 | 14.8 | 2.9 | 1.5 | 1.2 |
| 2010年 | 78.6 | 14.9 | 3.1 | 1.7 | 1.7 |
| 2011年 | 79.9 | 14.1 | 2.9 | 1.6 | 1.6 |

### 2. 外产动漫形象商品品种的现状

从2011年动漫形象开发及许可企业的国产动漫形象商品品种的持有现状来看，没有外产动漫形象品种的企业占86.2%，持有1~5个的企业占5.2%，持有6~10个的企业占2.9%，持有21~50个的企业和持有51个以上的企业同占2.0%，持有11~20个的企业占1.7%。

表4-9-34　　动漫形象开发及许可企业持有外产动漫形象商品品种的现状　　(单位:%)

| 分类 | 0个 | 1~5个 | 6~10个 | 11~20个 | 21~50个 | 51个以上 |
|---|---|---|---|---|---|---|
| 2009年 | 87.1 | 5.4 | 2.7 | 1.4 | 1.7 | 1.7 |
| 2010年 | 83.8 | 6.0 | 3.3 | 2.0 | 2.3 | 2.6 |
| 2011年 | 86.2 | 5.2 | 2.9 | 1.7 | 2.0 | 2.0 |

从2011年动漫形象商品制作企业的外产动漫形象商品品种保有现状来看，调查显示，没有外产动漫形象商品品种的企业占70.8%，持有51个以上的企业占9.6%，持有1~5个的企业占5.8%，持有11~20个的企业占5.4%，持有6~10个的企业占5.1%，持有21~50个的企业占3.3%。

表 4-9-35　**动漫形象商品制作企业持有国产动漫形象商品品种的现状**　(单位:%)

| 分类 | 1 个 | 1~5 个 | 6~10 个 | 11~20 个 | 21~50 个 | 51~100 个 |
|---|---|---|---|---|---|---|
| 2009 年 | 70.9 | 5.6 | 5.1 | 5.3 | 3.2 | 10.0 |
| 2010 年 | 69.4 | 6.3 | 5.3 | 5.5 | 3.4 | 10.1 |
| 2011 年 | 70.8 | 5.8 | 5.1 | 5.4 | 3.3 | 9.6 |

### 3. 外产动漫形象的平均最低保证金现状

(1)动漫形象开发及许可业

2011 年动漫形象开发及许可业的外产动漫形象的平均最低保证金是3 483万韩元，比上年增加了 6.5%，从 2009 年至 2011 年，年平均增加了 4.0%。从年度来看，2009 年为3 125万韩元，2010 年为 3 269万韩元，2011 年为3 483万韩元。从销售额规模来看，销售额为 100 亿韩元以上的企业的外产动漫形象平均最低保证金为4 729万韩元，在所有业种中是最多的。1 亿韩元以下的企业的外产动漫形象平均最低保证金为3 125万韩元，是所有业种中最少的。

表 4-9-36　**动漫形象开发及许可业各销售额规模的企业的外产动漫形象平均最低保证金现状**　(单位：万韩元)

| 分类 | 平均最低保证金 | 不足 1 亿韩元 | 1 亿~10 亿韩元 | 10 亿~100 亿韩元 | 100 亿韩元以上 |
|---|---|---|---|---|---|
| 2009 年 | 3 125 | 2 851 | 2 969 | 4 121 | 4 408 |
| 2010 年 | 3 269 | 2 938 | 3 112 | 4 238 | 4 566 |
| 2011 年 | 3 483 | 3 125 | 3 322 | 4 358 | 4 729 |
| 同比增减率(%) | 6.5 | 6.4 | 6.7 | 2.8 | 3.6 |
| 年平均增减率(%) | 5.6 | 4.7 | 5.8 | 2.8 | 3.6 |

从从业者规模来看 2011 年动漫形象开发及许可业的外产动漫形象的平均最低保证金现状，从业者规模为 50 人以上 99 人以下的企业的外产动漫形象的平均最低保证金是 4587 万韩元，从业者规模为 10 人以上 49 人以下的企业的外产动漫形象平均最低保证金是4 121万韩元，从业者规模为 5 人以上 9 人以下的企业的外产动漫形象平均最低保证金是3 587万韩元，从业者规模为 1 人以上 4 人以下的企业的外产动漫形象平均最低保证金是2 968万韩元。从业者的规模越大，外产动漫形象平均最低保证金就越高。

表 4-9-37　**动漫形象开发及许可业各从业者规模的企业的外产动漫形象平均最低保证金现状**　(单位：万韩元)

| 分类 | 平均最低保证金 | 1~4 人 | 5~9 人 | 10~49 人 | 50~99 人 | 100 人以上 |
|---|---|---|---|---|---|---|
| 2009 年 | 3 125 | 2 618 | 3 112 | 3 782 | 4 239 | 4 628 |
| 2010 年 | 3 269 | 2 725 | 3 218 | 3 925 | 4 402 | — |
| 2011 年 | 3 483 | 2 968 | 3 587 | 4 121 | 4 587 | — |
| 同比增减率(%) | 6.5 | 8.9 | 11.5 | 5.0 | 4.2 | — |
| 年平均增减率(%) | 5.6 | 6.5 | 7.4 | 4.4 | 4.0 | — |

(2)动漫形象商品制作业

2011 年，动漫形象商品制作业的外产动漫形象平均最低保证金是3 628万韩元，比上年增加了 3.0%，年平均增加了 3.5%。从销售额规模来看，销售额规模是 100 亿韩元以上的企业的外产动漫形象平均最低保证金为4 957万韩元，在所有业种中是最多的，比上年增加了 2.4%，从 2009 年至 2011 年，年平均增加了 2.7%。销售额规模为 1 亿韩元以下的企业的外产动漫形象平均最低保证金为3 382万韩元，在所有业种中是最少的，比上年增加了 2.9%，年平均增加了 3.3%。

表 4-9-38　**动漫形象商品制作业各销售额规模的企业的外产动漫形象平均最低保证金现状**　(单位：万韩元)

| 分类 | 平均最低保证金 | 不足 1 亿韩元 | 1 亿~10 亿韩元 | 10 亿~100 亿韩元 | 100 亿韩元以上 |
|---|---|---|---|---|---|
| 2009 年 | 3 387 | 3 072 | 3 167 | 4 537 | 4 698 |
| 2010 年 | 3 522 | 3 238 | 3 287 | 4 689 | 4 839 |
| 2011 年 | 3 628 | 3 423 | 3 382 | 4 782 | 4 957 |
| 同比增减率(%) | 3.0 | 5.7 | 2.9 | 2.0 | 2.4 |
| 年平均增减率(%) | 3.5 | 5.6 | 3.3 | 2.7 | 2.7 |

从从业者规模类别来看 2011 年动漫形象商品制作业外产动漫形象的平均最低保证金现状，从业者规模是 100 人以上的企业的外产动漫形象平均最低保证金是5 133万韩元，最低保证金是各类别中最高的，比上年增加了 2.1%，从 2009 年至 2011 年，年平均增加了 4.4%。从业者规模是 1 人以上 4 人以下的企业的外产动漫形象平均最低保证金是3 107万韩元，在各类别中是最低的，比上年增加了 6.8%，年平均增加了 5.5%，增长率最高。

表 4-9-39　**动漫形象商品制作业各从业者规模的企业的外产动漫形象平均最低保证金现状**　(单位：万韩元)

| 分类 | 平均最低保证金 | 1~4 人 | 5~9 人 | 10~49 人 | 50~99 人 | 100 人以上 |
|---|---|---|---|---|---|---|
| 2009 年 | 3 387 | 2 792 | 3 313 | 4 492 | 4 537 | 4 713 |
| 2010 年 | 3 522 | 2 908 | 3 451 | 4 628 | 4 728 | 5 027 |
| 2011 年 | 3 628 | 3 107 | 3 552 | 4 729 | 4 822 | 5 133 |
| 同比增减率(%) | 3.0 | 6.8 | 29 | 22 | 20 | 21 |
| 年平均增减率(%) | 3.5 | 5.5 | 3.5 | 26 | 3.1 | 4.4 |

### 4. 外产动漫形象的平均版权税率现状

(1)动漫形象开发及许可业

2011 年动漫形象开发及许可业的外产动漫形象的平均版权税率是 10.1%，比上年增加了 0.1%。从年度来看，调查显示，2009 年和2010 年分别为9.9%和10.0%，2011 年是 10.1%。从销售额规模来看，销售额规模为 1 亿韩元以上 10 亿韩元以下的企业和 10 亿韩元以上 100 亿韩元以下的企业的外产动漫形象平均版权税率，从 2009 年到 2011 年每年增长了 0.1%，几乎没什么差别。

表 4-9-40　　动漫形象开发及许可业各销售额规模的企业的外产动漫形象平均版权税率现状　　（单位:%）

| 分类 | 平均版权税 | 不足 1 亿韩元 | 1 亿~10 亿韩元 | 10 亿~100 亿韩元 | 100 亿韩元以上 |
|---|---|---|---|---|---|
| 2009 年 | 9.9 | 9.9 | 9.7 | 9.7 | 10.4 |
| 2010 年 | 10.0 | 10.1 | 9.8 | 9.8 | 10.6 |
| 2011 年 | 10.1 | 10.1 | 9.9 | 9.9 | 10.6 |

从从业者规模来看 2011 年动漫形象开发及许可业外产动漫形象的平均版权税率现状，从业者规模是 1 人以上 4 人以下的企业的外产动漫形象平均版权税率在 2009 年为 9.9%，2010 年为 10.1%，2011 年为 10.1%。从业者规模为 5 人以上 9 人以下的企业的外产动漫形象平均版权税率在 2009 年和 2010 年为 9.8%，2011 年为 9.9%，增加了 0.1%。从业者规模为 10 人以上 49 人以下的企业的外产动漫形象平均版权税率在 2009 年为 9.7%，2010 年为 9.9%，2011 年为 10.0%。从业者规模为 50 人以上 99 人以下的企业的外产动漫形象平均版权税率在 2009 年为 9.9%，2010 年为 10.2%，2011 年为 10.2%。各从业者规模类别企业之间，外产动漫形象的平均版权税率差别不大。

表 4-9-41　　动漫形象开发及许可业各从业者规模的企业的外产动漫形象平均版权税率现状　　（单位:%）

| 分类 | 平均版权税 | 1~4 人 | 5~9 人 | 10~49 人 | 50~99 人 | 100 人以上 |
|---|---|---|---|---|---|---|
| 2009 年 | 9.9 | 9.9 | 9.8 | 9.7 | 9.9 | 10.4 |
| 2010 年 | 10.0 | 10.1 | 9.8 | 9.9 | 10.2 | — |
| 2011 年 | 10.1 | 10.1 | 9.9 | 10.0 | 10.2 | — |

（2）动漫形象商品制作业

2011 年动漫形象商品制作业的外产动漫形象平均版权税率是 11.4%，与 2010 年相同。而且从销售额规模来看，所有销售额规模的企业的外产动漫形象平均版权税率也都与 2010 年相同。销售额为 100 亿韩元以上的企业的外产动漫形象平均版权税率最高为 12.2%，10 亿韩元以上 100 亿韩元以下企业的外产动漫形象平均版权税率为 11.7%，居于第二位。1 亿韩元以上、10 亿韩元以下企业的外产动漫形象平均版权税率为 10.8%，1 亿韩元以下的企业的外产动漫形象平均版权税率最低，为 10.6%。

表 4-9-42　　动漫形象商品制作业各销售额规模的企业的外产动漫形象平均版权税率现状　　（单位:%）

| 分类 | 平均版权税 | 不足 1 亿韩元 | 1 亿~10 亿韩元 | 10 亿~100 亿韩元 | 100 亿韩元以上 |
|---|---|---|---|---|---|
| 2009 年 | 11.3 | 10.4 | 10.6 | 11.6 | 12.1 |
| 2010 年 | 11.4 | 10.6 | 10.8 | 11.7 | 12.2 |
| 2011 年 | 11.4 | 10.6 | 10.8 | 11.7 | 12.2 |

从从业者规模来看 2011 年动漫形象商品制作业的外产动漫形象平均版权税率现状，从业者规模为 1 人以上 4 人以下企业的外产动漫形象平均版权税率从 2010 年的 10.6%增加到 2011 年的 10.7%，增加了 0.1%。从业者规模为 50 人以上 99 人以下的企业的外产动漫形象平均版权税率也从 2010 年的

11.8%增加到2011年的11.9%，增加了0.1%。其他从业者规模的企业的外产动漫形象平均版权税率所占比重与2010年相同。从业者规模为100人以上的企业的外产动漫形象的平均版权税率最高为12.5%，从业者规模为1人以上4人以下企业的外产动漫形象平均版权税率最低为10.7%。调查显示，从业者规模越大的企业，其外产动漫形象平均版权税率就越高。

表 4-9-43　动漫形象商品制作业各从业者规模的企业的外产动漫形象平均版权税率现状　(单位:%)

| 分类 | 平均版权税 | 1~4人 | 5~9人 | 10~49人 | 50~99人 | 100人以上 |
|---|---|---|---|---|---|---|
| 2009年 | 11.3 | 10.5 | 10.6 | 11.2 | 11.7 | 12.4 |
| 2010年 | 11.4 | 10.6 | 10.7 | 11.4 | 11.8 | 12.5 |
| 2011年 | 11.4 | 10.7 | 10.7 | 11.4 | 11.9 | 12.5 |

## (七)动漫形象行业附加价值额的构成现状

调查显示，2011年动漫形象行业的附加价值额是3兆652亿韩元，比上年增加了23.8%，从2009年至2011年，年平均增加了18.0%，附加价值率是42.52%。

从附加价值额的构成现状来看，人工成本费所占比例最大，为1兆9 112亿韩元(62.4%)，这比2010年的人工成本费1兆5 132亿韩元增加了26.3%。经常性收益是4 700亿韩元(15.3%)，比上年增加了12.4%，年平均增加了23.8%。折旧费用是2 765亿韩元(9.0%)，比上年增加了26.7%，年平均增加了18.4%。纯金融费用是1 925亿韩元(6.3%)，比上年增加了25.3%，年平均增加了12.8%。租借费用是1 256亿韩元(4.1%)，比上年增加了24.8%，年平均增加了14.0%。税费是892亿韩元(2.9%)，比上年增加了25.2%，年平均增加了13.8%。

表 4-9-44　动漫形象行业附加价值额的构成现状(2011年)　(单位：百万韩元)

| 分类 | 销售额 | 附加价值额 | 附加价值率(%) | 附加价值额构成 | | | | | |
|---|---|---|---|---|---|---|---|---|---|
| | | | | 经常性收益 | 人工成本 | 纯金融费用 | 折旧费用 | 租借费用 | 税费 |
| 动漫形象行业 | 7 209 583 | 3 065 286 | 42.52 | 470 063 | 1 911 257 | 192 521 | 276 583 | 125 611 | 89 251 |
| 占附加价值额的比重(%) | | | | 15.3 | 62.4 | 6.3 | 9.0 | 4.1 | 2.9 |
| 占销售额的比重(%) | | | | 6.5 | 26.5 | 2.7 | 3.8 | 1.7 | 1.2 |

表 4-9-45　动漫形象行业各年度的附加价值额构成现状　(单位：百万韩元)

| 年度＼附加价值额构成 | 附加价值额构成 | | | | | | 附加价值额合计 |
|---|---|---|---|---|---|---|---|
| | 经常性收益 | 人工成本 | 纯金融费用 | 折旧费用 | 租借费用 | 税费 | |
| 2009年 | 306 540 | 1 381 930 | 151 384 | 197 370 | 96 615 | 68 947 | 2 202 786 |
| 2010年 | 418 221 | 1 513 289 | 153 669 | 218 371 | 100 665 | 71 302 | 2 475 517 |
| 2011年 | 470 063 | 1 911 257 | 192 521 | 276 583 | 125 611 | 89 251 | 3 065 286 |
| 同比增减率(%) | 12.4 | 26.3 | 25.3 | 26.7 | 24.8 | 25.2 | 23.8 |
| 年平均增减率(%) | 23.8 | 17.6 | 12.8 | 18.4 | 14.0 | 13.8 | 18.0 |

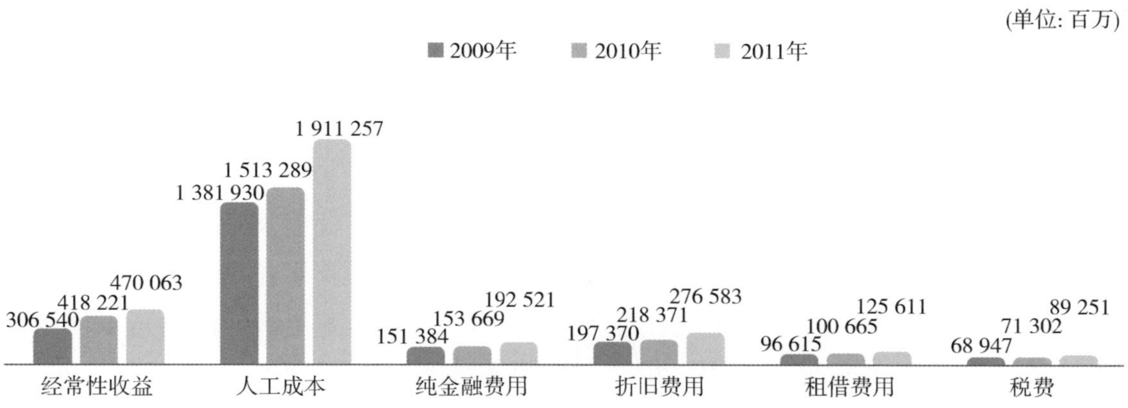


图 4-9-12　动漫形象行业各年度的附加价值额构成现状

## (八)动漫形象行业的进出口额现状

2011 年动漫形象行业的出口额是 3 亿9 226万美元，比上年增加了 42. 0%，从 2009 年至 2011 年，年平均增加了 28. 8%。进口额是 1 亿8 255万美元，比上年减少了 4. 1%，年平均减少了 3. 6%。从年度来看，出口额在 2009 年是 2 亿3 652万美元，2010 年是 2 亿7 632万美元，2011 年是 3 亿9 226万美元，呈现持续性增加的趋势。但是，进口额持续减少，2009 年是 1 亿9 636万美元，2010 年是 1 亿9 045万美元，2011 年是 1 亿8 255万美元。

表 4-9-46　　动漫形象行业的出口及进口额现状　　(单位：千美元)

| 分类 | 2009 年 | 2010 年 | 2011 年 | 同比增减率(%) | 年平均增减率(%) |
|---|---|---|---|---|---|
| 出口额 | 236 521 | 276 328 | 392 266 | 42. 0 | 28. 8 |
| 进口额 | 196 367 | 190 456 | 182 555 | ▽4. 1 | ▽3. 6 |
| 进出口差额 | 40 154 | 85 872 | 209 711 | — | — |

### 1. 动漫形象行业对各地区的进出口额现状

从 2011 年动漫形象行业各地区的出口额现状来看，出口额比例最大的地区是北美，出口额为 1 亿256 万美元，占出口总额的 26. 1%。其次是对中国的出口额8 925万美元，占出口总额的 22. 8%。对欧洲的出口额是8 235万美元，占出口总额的 21. 0%，对其他地区的出口额是5 257万美元，占出口总额的 13. 4%，对东南亚的出口额是4 525万美元，占出口总额的 2. 1%，对美国的出口额是 352 万美元，占出口总额的 2. 1%，对越南的出口额是 279 万美元，占出口总额的 11. 5%。对日本的出口额是2 025万美元，占出口总额的 5. 2%，占比最低。

从年度来看，对日本的出口额在 2009 年是1 463万美元，2010 年是1 645万美元，2011 年是2 025万美元，比上年增加了 23. 1%，年平均增加了 17. 7%。对中国的出口额呈现出较大的增长幅度，在 2009 年是4 359万美元，2010 年是4 936万美元，2011 年是8 925万美元，2011 年比上年增加了 80. 8%，年平均增加了 43. 1%。对东南亚的出口额在 2009 年是2 133万美元，2010 年是2 722万美元，2011 年是4 525万美元，比上年增加了 66. 2%，年平均增加了 45. 7%。对北美的出口额比上年增加了 20. 2%，年平均增加了 17.3%。对欧洲的出口额呈现出持续性增长的态势，2009 年是5 133万美元，2010 年是5 966万美元，2011 年是8 235万美元。对其他地区的出口额比上年增加了 37.3%，年平均增加了 30.0%。按年度来分析对其他地区的出口额，从 2009 年的3 111万美元增加至 2010 年的3 828万美元，又大幅增加至 2011 年的5 257万美元。

国内动漫形象商品的海外出口额正在大幅增加，这是因为随着拥有国际竞争力的国内动漫形象行业的大力宣传和国内游戏、动漫等海外出口的增加，接触国内动漫形象的机会越来越多。而且，随着国内著名动漫形象制作企业接管海外大型玩具企业，其国际信誉也正在增加；通过动漫形象开放市场，利用现有及新的动漫形象开发出新的 APP，扩宽了向世界宣传国内动漫形象的场所。如果韩国国内动漫形象企业能持续利用这种机会，今后韩国国内动漫形象行业的出口额将会持续增加。

表 4-9-47　　**动漫形象行业对各地区的出口额现状**　　（单位：千美元）

| 分类 | 出　口　额 | | | 比重 | 同比增减率 | 年平均增减率 |
|---|---|---|---|---|---|---|
| | 2009 年 | 2010 年 | 2011 年 | （%） | （%） | （%） |
| 中国 | 43 593 | 49 368 | 89 257 | 22.8 | 80.8 | 43.1 |
| 日本 | 14 631 | 16 457 | 20 256 | 5.2 | 23.1 | 17.7 |
| 东南亚 | 21 332 | 27 226 | 45 255 | 11.5 | 66.2 | 45.7 |
| 北美 | 74 513 | 85 327 | 102 565 | 26.1 | 20.2 | 17.3 |
| 欧洲 | 51 338 | 59 668 | 82 358 | 21.0 | 38.0 | 26.7 |
| 其他 | 31 114 | 38 282 | 52 575 | 13.4 | 37.3 | 30.0 |
| 合计 | 236 521 | 276 328 | 392 266 | 100.0 | 42.0 | 28.8 |

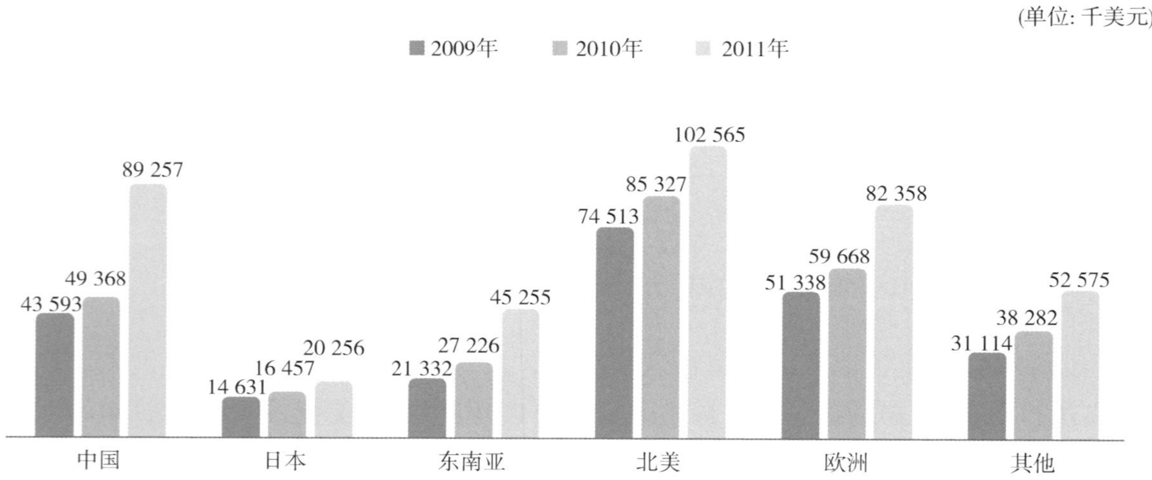


图 4-9-13　动漫形象行业对各地区的出口额现状

调查显示，2011 年动漫形象行业进口额最多的地区是中国，其进口额是8 625万美元，占进口总额的 47.2%。来自东南亚的进口额是3 669万美元，占 20.1%，来自北美的进口额是1 826万美元，占 10.0%。来自其他地区的进口额是2 097万美元(11.5%)，来自日本的进口额是1 643万美元(9.0%)，来自欧洲的进口额是 392 万美元(2.2%)。另外，来自北美的进口额比上年减少了 15.8%，从 2009 年至 2011 年，年平均减少了 15.2%，减少的幅度最大。

在增减率方面，2011 年同比增长率和年平均增长率最多的地区是欧洲，其比上年增加了 11.3%，年平均增加了 7. 3%。与上年相比减少率最多的地区是日本，比上年减少了 19. 2%；年平均减少率最多的地区是北美，减少了 15. 2%。

表 4-9-48　　**动漫形象行业对各地区的进口额现状**　　（单位：千美元）

| 分类 | 进口额 | | | 比重 | 同比增减率 | 年平均增减率 |
|---|---|---|---|---|---|---|
| | 2009 年 | 2010 年 | 2011 年 | (%) | (%) | (%) |
| 中国 | 81 368 | 81 569 | 86 257 | 47. 2 | 5. 7 | 3. 0 |
| 日本 | 19 662 | 20 342 | 16 436 | 9. 0 | ▽19. 2 | ▽8. 6 |
| 东南亚 | 41 338 | 40 337 | 36 693 | 20. 1 | ▽9. 0 | ▽5. 8 |
| 北美 | 25 396 | 21 692 | 18 265 | 10. 0 | ▽15. 8 | ▽15. 2 |
| 欧洲 | 3 412 | 3 528 | 3 926 | 2. 2 | 11. 3 | 7. 3 |
| 其他 | 25 191 | 22 988 | 20 978 | 11. 5 | ▽8. 7 | ▽8. 7 |
| 合计 | 196 367 | 190 456 | 182 555 | 100. 0 | ▽4. 1 | ▽3. 6 |

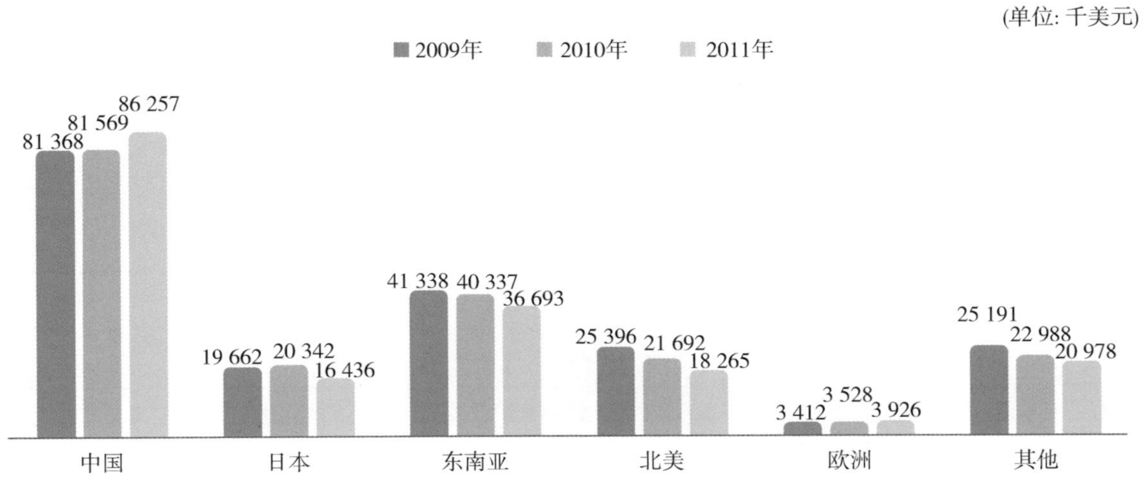


图 4-9-14　动漫形象行业对各地区的进口额现状

## 2. 动漫形象行业的海外出口方法

2011 年动漫形象行业的海外出口方法中，所占比例最大的是接触海外流通公司，占 32. 6%，这比 2010 年的 34. 1%减少了 1. 5%。参与海外展示会及活动的占比为 30. 3%，这比 2010 年的 26. 6%增加了 3. 7%。调查显示，利用国内经纪公司的占比是 18. 0%，利用海外法人的占比是 10. 1%。同时，利用海外经纪公司的占比是 5. 6%，在线海外销售的占比是 3. 4%。

表 4-9-49　　**动漫形象行业的海外出口方法**　　（单位：%）

| 海外出口方法 | | 2009 年 | 2010 年 | 2011 年 | 同比增减率(%) |
|---|---|---|---|---|---|
| 直接出口 | 参与海外展示会及活动 | 26. 3 | 26. 6 | 30. 3 | 3. 7 |
| | 接触海外流通公司 | 33. 2 | 34. 1 | 32. 6 | ▽1. 5 |
| | 在线海外销售 | 3. 8 | 3. 6 | 3. 4 | ▽0. 2 |
| | 利用海外法人 | 11. 5 | 11. 1 | 10. 1 | ▽1. 0 |

续表

| 海外出口方法 | | 2009 年 | 2010 年 | 2011 年 | 同比增减率(%) |
|---|---|---|---|---|---|
| 间接出口 | 利用国内代理人 | 19.8 | 19.3 | 18.0 | ▽1.3 |
| | 利用海外代理人 | 5.4 | 5.3 | 5.6 | 0.3 |
| 其他 | | — | — | — | — |
| 合计 | | 100.0 | 100.0 | 100.0 | — |

3. 动漫形象行业的海外进军方式

2011 年动漫形象行业的海外进军方式中，成品出口所占比例最高，为 44.9%；许可出口也占有很高的比例，为 36.0%。OEM 出口的占比为 19.1%。成品出口持续增加，在 2009 年的占比是 39.9%，2010 年是 41.3%，2011 年是 44.9%；许可出口也持续增加，在 2009 年是 32.1%，2010 年是 33.6%，2011 年是 36.0%。相反，OEM 出口持续减少，在 2009 年是 27.8%，2010 年是 25.1%，2011 年是 19.1%。

成品出口是指将国内制作的动漫形象商品销售至国外，许可出口是指获得国内动漫形象的许可后在国外进行制作。OEM 出口是指得到国外动漫形象商品的转包要求后进行制作并交付。

表 4-9-50 动漫形象行业的海外进军方式 (单位:%)

| 海外进军方式 | 2009 年 | 2010 年 | 2011 年 | 同比增减率(%) |
|---|---|---|---|---|
| 成品出口 | 39.9 | 41.3 | 44.9 | 3.6 |
| 许可出口 | 32.1 | 33.6 | 36.0 | 2.4 |
| OEM 出口 | 27.8 | 25.1 | 19.1 | ▽6.0 |
| 技术服务 | 0.2 | — | — | — |
| 其他 | — | — | — | — |
| 合计 | 100.0 | 100.0 | 100.0 | — |

## (九)动漫形象商品的流通渠道

对动漫形象商品的流通渠道进行调查的结果显示，大型折扣超市所占比例最大，为 46.1%。其次是专业卖场及代理店，占 16.1%。此外，网上商城的占比为 12.8%，向企业和政府机关供货的占比为 10.6%，网络/移动/游戏资讯的占比为 3.4%，百货店和包销的占比为 3.2%，文具店的占比为 2.5%，便利店的占比为 1.2%。

居于动漫形象商品流通渠道第 1、2、3 位的流通渠道是大型折扣超市、专业卖场及代理店、网上网城，共占据所有流通渠道的 75.0%，这 3 种渠道的占比从 2009 年至 2011 年都呈持续性增加的趋势。

表 4-9-51　　动漫形象商品的流通渠道　　（单位:%）

| 流通渠道／年度 | 专业卖场及代理店 | 百货店 | 大型折扣店 | 文具店 | 包销 | 网上商城 | 电视购物 | 便利店 | 交易市场 | 向企业和政府机关供货 | 网络/移动/游戏资讯 | 其他 | 合计 |
|---|---|---|---|---|---|---|---|---|---|---|---|---|---|
| 2009 年 | 15. 8 | 4. 5 | 44. 2 | 2. 8 | 3. 5 | 11. 8 | 0. 6 | 1. 2 | 0. 5 | 10. 1 | 3. 8 | 1. 2 | 100. 0 |
| 2010 年 | 15. 9 | 4. 3 | 45. 3 | 2. 5 | 3. 2 | 12. 1 | 0. 4 | 1. 1 | 0. 3 | 10. 2 | 3. 6 | 1. 1 | 100. 0 |
| 2011 年 | 16. 1 | 3. 2 | 46. 1 | 2. 5 | 3. 2 | 12. 8 | 0. 2 | 1. 2 | 0. 2 | 10. 6 | 3. 4 | 0. 5 | 100. 0 |

## （十）动漫形象行业的从业者现状①

调查显示，2011 年动漫形象行业的从业者为26 418人，比上年增加了 5. 2%，从 2009 年至 2011 年，年平均增加了 6. 2%。从业种来看，2011 年，动漫形象制作业的从业者为13 593人，占全部从业者的 51. 5%；动漫形象商品流通业的从业者为12 825人，占 48. 5%。动漫形象制作业中动漫形象开发及许可业的从业者为3 536人(13. 4%)，动漫形象商品制作业10 057人(38. 1%)。动漫形象商品流通业中动漫形象商品批发业的从业者为2 382人(9. 0%)，动漫形象商品零售业为10 443人(39. 5%)。

从年度来看，2011 年，动漫形象开发及许可业的从业者比上年增加了 8. 2%，增长率最高，从 2009 年到 2010 年，年平均增加了 9. 7%。动漫形象商品制作业的从业者比上年增加了 3. 5%，年平均增加了 5. 9%。包括动漫形象商品批发零售业在内的动漫形象商品流通业的从业者比上年增加了 5. 9%，年平均增加了 5. 6%。动漫形象商品批发业的从业者比上年增加了 2. 6%，年平均增加了 7. 8%。动漫形象商品零售业的从业者比上年增加了 6. 6%，年平均增加了 5. 1%。

国内动漫形象行业的从业者虽然没有像销售额和出口额那样呈现出大幅度的增加，却有持续性增加的趋势。其中，令人鼓舞的是动漫形象开发及许可业的从业者呈现出持续性增加的趋势，这将成为国内动漫形象行业发展的基石。但是为了在开发出新动漫形象后使其商品化并产生销售额，在保护正品的同时，必须彻底防范非法产品。

表 4-9-52　　动漫形象行业各年度各业种的从业者现状　　（单位：名）

| 中分类 | 小分类 | 从业者数量 | | | 比重 | 同比增减率 | 年平均增减率 |
|---|---|---|---|---|---|---|---|
| | | 2009 年 | 2010 年 | 2011 年 | (%) | (%) | (%) |
| 动漫形象制作业 | 动漫形象开发及许可业 | 2 938 | 3 267 | 3 536 | 13. 4 | 8. 2 | 9. 7 |
| | 动漫形象商品制作业 | 8 963 | 9 719 | 10 057 | 38. 1 | 3. 5 | 5. 9 |
| | 小计 | 11 901 | 12 986 | 13 593 | 51. 5 | 4. 7 | 6. 9 |
| 动漫形象商品流通业 | 动漫形象商品批发业 | 2 049 | 2 321 | 2 382 | 9. 0 | 2. 6 | 7. 8 |
| | 动漫形象商品零售业 | 9 456 | 9 795 | 10 443 | 39. 5 | 6. 6 | 5. 1 |
| | 小计 | 11 505 | 12 116 | 12 825 | 48. 5 | 5. 9 | 5. 6 |
| 全部 | | 23 406 | 25 102 | 26 418 | 100. 0 | 5. 2 | 6. 2 |

① 动漫商品流通业的销售额中，不包括网上商城、电视购物、便利店、传统市场、网络/移动/游戏资讯、与非法复制相关的销售额。

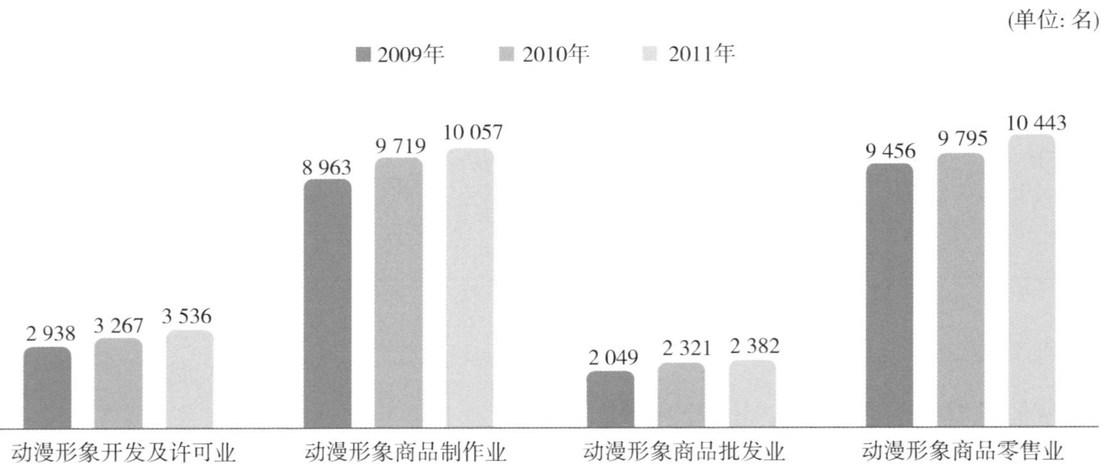

图 4-9-15　动漫形象行业各年度各业种的从业者现状

1. 动漫形象行业各销售额规模的企业的从业者现状

从 2011 年动漫形象行业各销售额规模的企业的从业者现状来看，销售额规模为 10 亿韩元以上 100 亿韩元以下的企业的从业者为13 099人，占全部从业者的 49. 6%。销售额规模为 100 亿韩元以上的企业的从业者为9 422人，占全部从业者的 35. 7%。销售额规模为 1 亿韩元以上 10 亿韩元以下的企业的从业者为2 891人(10. 9%)，销售额规模为 1 亿韩元以下的企业的从业者为1 006人(3. 8%)。

表 4-9-53　动漫形象行业各业种各销售额规模的企业的从业者现状　(单位：名)

| 业种＼销售额规模 | 不足 1 亿韩元 | 1 亿~10 亿韩元 | 10 亿~100 亿韩元 | 100 亿韩元以上 | 合计 |
|---|---|---|---|---|---|
| 动漫形象开发及许可业 | 312 | 792 | 1 486 | 946 | 3 536 |
| 动漫形象商品制作业 | 383 | 1 369 | 4 877 | 3 428 | 10 057 |
| 动漫形象商品批发业 | 43 | 192 | 1 496 | 651 | 2 382 |
| 动漫形象商品零售业 | 268 | 538 | 5 240 | 4 397 | 10 443 |
| 合计 | 1 006 | 2 891 | 13 099 | 9 422 | 26 418 |
| 比重(%) | 3. 8 | 10. 9 | 49. 6 | 35. 7 | 100. 0 |

从年度来看，2011 年，销售额规模为 1 亿韩元以下的企业的从业者呈现出最大幅度的增加，比上年增加了 23. 0%，从 2009 年至 2011 年，年平均增加了 16. 6%。销售额规模为 10 亿韩元以上 100 亿韩元以下的企业的从业者比上年增加了 7. 0%，年平均增加了 7. 6%。销售额规模为 1 亿韩元以上 10 亿韩元以下的企业的从业者比上年增加了 3. 2%，年平均增加了 5. 5%。销售额规模为 100 亿韩元以上的企业的从业者比上年增加了 2. 0%，年平均增加了 3. 7%。

表 4-9-54　　动漫形象行业各年度各销售额规模的企业的从业者现状　　（单位：名）

| 年度＼销售额规模 | 不足 1 亿韩元 | 1 亿~10 亿韩元 | 10 亿~100 亿韩元 | 100 亿韩元以上 | 合计 |
|---|---|---|---|---|---|
| 2009 年 | 740 | 2 595 | 11 309 | 8 762 | 23 406 |
| 2010 年 | 818 | 2 802 | 12 241 | 9 241 | 25 102 |
| 2011 年 | 1 006 | 2 891 | 13 099 | 9 422 | 26 418 |
| 同比增减率(%) | 23.0 | 3.2 | 7.0 | 2.0 | 5.2 |
| 年平均增减率(%) | 16.6 | 5.5 | 7.6 | 3.7 | 6.2 |

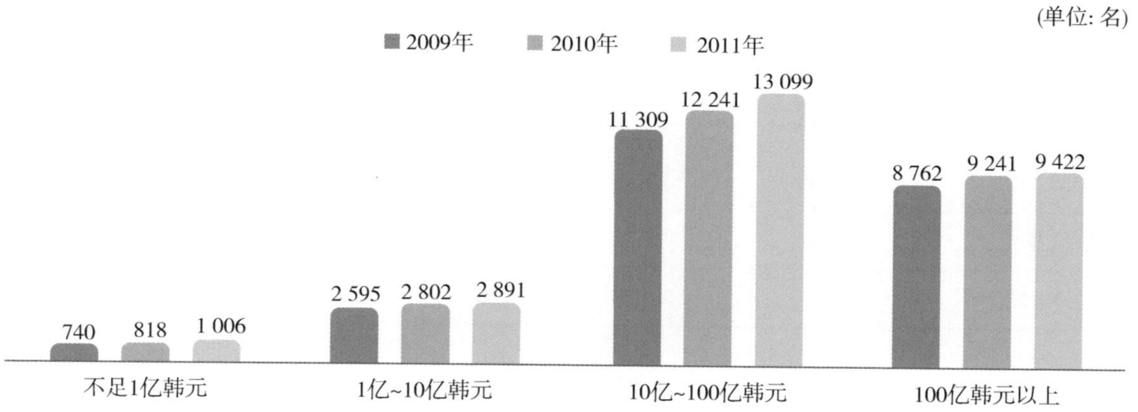


图 4-9-16　动漫形象行业各年度各销售额规模的企业的从业者现状

## 2. 动漫形象行业各从业者规模的企业的从业者现状

从 2011 年动漫形象行业各从业者规模的企业的从业者现状来看，从业者规模为 10 人以上 49 人以下的企业的从业者为16 141人，占全部从业者的 61.1%，所占比例最大。其次是从业者规模为 50 人以上 99 人以下的企业，其从业者为5 208人(19.7%)；从业者规模为 5 人以上 9 人以下的企业的从业者为1 814人(6.9%)；从业者规模为 100 人以上的企业的从业者为1 719人(6.5%)；从业者规模为 1 人以上 4 人以下的企业的从业者为1 536人(5.8%)。

表 4-9-55　　动漫形象行业各从业者规模的企业各业种的从业者现状(2011 年)　　（单位：名）

| 业种＼从业者规模 | 1~4 人 | 5~9 人 | 10~49 人 | 50~99 人 | 100 人以上 | 合计 |
|---|---|---|---|---|---|---|
| 动漫形象开发及许可业 | 389 | 422 | 2 299 | 426 | — | 3 536 |
| 动漫形象商品制作业 | 326 | 327 | 4 417 | 3 268 | 1 719 | 10 057 |
| 动漫形象商品批发业 | 125 | 153 | 1 462 | 642 | — | 2 382 |
| 动漫形象商品零售业 | 696 | 912 | 7 963 | 872 | — | 10 443 |
| 合计 | 1 536 | 1 814 | 16 141 | 5 208 | 1 719 | 26 418 |
| 比重(%) | 5.8 | 6.9 | 61.1 | 19.7 | 6.5 | 100.0 |

在增减率方面，2011年，从业者规模为1人以上4人以下的企业的从业者比上年增加了20.0%，呈现出最大的增长率。从业者规模为5人以上9人以下的企业的从业者呈现出最高的年平均增长率，年平均增加了16.3%，2011年比上年增加了19.7%。从业者规模为50人以上99人以下的企业的从业者比上年增加了9.5%，年平均增加了10.2%；从业者规模为10人以上49人以下的企业的从业者比上年增加了4.8%，年平均增加了5.4%。但从业者规模为100人以上的企业的从业者比上年减少了20.3%，年平均减少了7.7%。

表4-9-56　**动漫形象行业各年度各从业者规模的企业的从业者现状**　（单位：名）

| 年度＼从业者规模 | 1~4人 | 5~9人 | 10~49人 | 50~99人 | 100人以上 | 合计 |
| --- | --- | --- | --- | --- | --- | --- |
| 2009年 | 1 226 | 1 340 | 14 530 | 4 291 | 2 019 | 23 406 |
| 2010年 | 1 280 | 1 516 | 15 396 | 4 754 | 2 156 | 25 102 |
| 2011年 | 1 536 | 1 814 | 16 141 | 5 208 | 1 719 | 26 418 |
| 同比增减率(%) | 20.0 | 19.7 | 4.8 | 9.5 | ▽20.3 | 5.2 |
| 年平均增减率(%) | 11.9 | 16.3 | 5.4 | 10.2 | ▽7.7 | 6.2 |

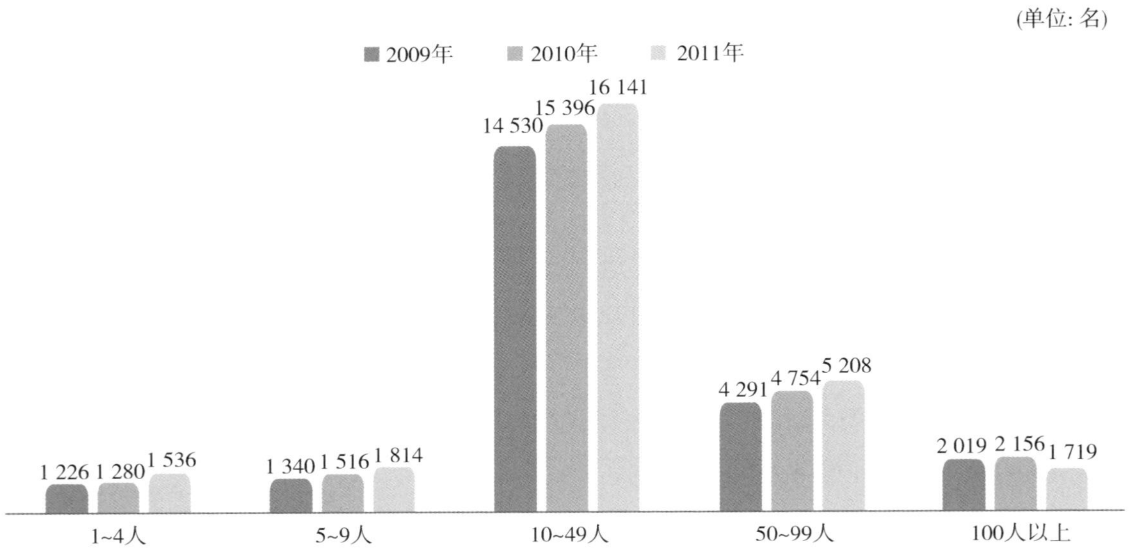


图4-9-17　动漫形象行业各年度各从业者规模的企业的从业者现状

### 3. 动漫形象行业各地区的从业者现状

从2011年动漫形象行业各地区的从业者现状来看，首尔的从业者为13 386人，占全部从业者的50.7%。6个广域市的从业者为4 254人，占全部从业者的16.1%，9个道的从业者为8 778人，占全部从业者的33.2%。9个道中京畿道的从业者为5 568人，占全部从业者的21.1%，与其他道相比所占比例更高。6个广域市中釜山的从业者为1 216人，占全部从业者的4.6%，其与其他广域市相比，在动漫形象行业拥有更多的从业者。

表 4-9-57　　**动漫形象行业各地区各业种的从业者现状**　　（单位：名）

| 地区 \ 业种 | | 动漫形象制作业 | 动漫形象商品流通业 | 合计 | 比重（%） |
|---|---|---|---|---|---|
| 首尔 | | 7 349 | 6 037 | 13 386 | 50. 7 |
| 6 个广域市 | 釜山 | 682 | 534 | 1 216 | 4. 6 |
| | 大邱 | 488 | 429 | 917 | 3. 5 |
| | 仁川 | 425 | 364 | 789 | 3. 0 |
| | 光州 | 267 | 283 | 550 | 2. 1 |
| | 大田 | 101 | 412 | 513 | 1. 9 |
| | 蔚山 | 66 | 203 | 269 | 1. 0 |
| | 小计 | 2 029 | 2 225 | 4 254 | 16. 1 |
| 9 个道 | 京畿道 | 2 855 | 2 713 | 5 568 | 21. 1 |
| | 江原道 | 141 | 167 | 308 | 1. 2 |
| | 忠清北道 | 302 | 171 | 473 | 1. 8 |
| | 忠清南道 | 103 | 182 | 285 | 1. 1 |
| | 全罗北道 | 121 | 256 | 377 | 1. 4 |
| | 全罗南道 | 79 | 182 | 261 | 1. 0 |
| | 庆尚北道 | 118 | 276 | 394 | 1. 5 |
| | 庆尚南道 | 115 | 483 | 598 | 2. 2 |
| | 济州道 | 381 | 133 | 514 | 1. 9 |
| | 小计 | 4 215 | 4 563 | 8 778 | 33. 2 |
| 合计 | | 13 593 | 12 825 | 26 418 | 100. 0 |

从年度来看，2011 年首尔的从业者为13 386人，比上年增加了 6. 6%，从 2009 年至 2011 年，年平均增加了 8. 7%。6 个广域市的从业者为4 254人，比上年增加了 3. 0%，年平均增加了 2. 9%；9 个道的从业者为8 778人，比上年增加了 4. 3%，年平均增加了 4. 4%。与上年相比，增长率最高的地区是全罗南道，其 2011 年比上年增加了 7. 9%；年平均增长率最高的地区是江原道，年平均增加了 9. 5%。

表 4-9-58　　**动漫形象行业各年度各地区的从业者现状**　　（单位：名）

| 地区 \ 年度 | | 2009 年 | 2010 年 | 2011 年 | 同比增减率（%） | 年平均增减率（%） |
|---|---|---|---|---|---|---|
| 首尔 | | 11 335 | 12 555 | 13 386 | 6. 6 | 8. 7 |
| 6 个广域市 | 釜山 | 1 168 | 1 183 | 1 216 | 2. 8 | 2. 0 |
| | 大邱 | 873 | 887 | 917 | 3. 4 | 2. 5 |
| | 仁川 | 754 | 770 | 789 | 2. 5 | 2. 3 |
| | 光州 | 488 | 523 | 550 | 5. 2 | 6. 2 |
| | 大田 | 493 | 504 | 513 | 1. 8 | 2. 0 |
| | 蔚山 | 240 | 262 | 269 | 2. 7 | 5. 9 |
| | 小计 | 4 016 | 4 129 | 4 254 | 3. 0 | 2. 9 |

续表

| 地区 \ 年度 | | 2009 年 | 2010 年 | 2011 年 | 同比增减率（%） | 年平均增减率（%） |
|---|---|---|---|---|---|---|
| 9 个道 | 京畿道 | 5 077 | 5 339 | 5 568 | 4.3 | 4.7 |
| | 江原道 | 257 | 290 | 308 | 6.2 | 9.5 |
| | 忠清北道 | 448 | 457 | 473 | 3.5 | 2.8 |
| | 忠清南道 | 251 | 273 | 285 | 4.4 | 6.6 |
| | 全罗北道 | 352 | 363 | 377 | 3.9 | 3.5 |
| | 全罗南道 | 237 | 242 | 261 | 7.9 | 4.9 |
| | 庆尚北道 | 377 | 386 | 394 | 2.1 | 2.2 |
| | 庆尚南道 | 579 | 585 | 598 | 2.2 | 1.6 |
| | 济州道 | 477 | 483 | 514 | 6.4 | 3.8 |
| | 小计 | 8 055 | 8 418 | 8 778 | 4.3 | 4.4 |
| 合计 | | 23 406 | 25 102 | 26 418 | 5.2 | 6.2 |

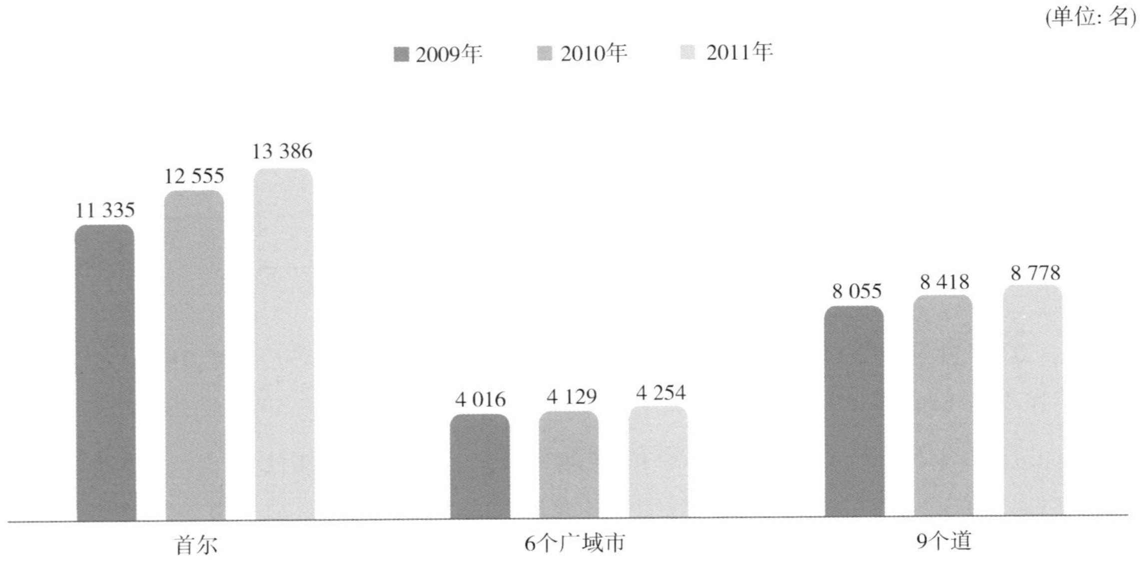


图 4-9-18　动漫形象行业各年度各地区的从业者现状

#### 4. 动漫形象行业各雇佣形态的从业者现状

从 2011 年动漫形象行业各雇佣形态的从业者现状来看，拥有正式职位的从业者为23 357人，占全部从业者的 88.4%；拥有非正式职位的从业者为3 061人，占 11.6%。

从小分类来看，调查显示，动漫形象开发及许可业拥有正式职位的从业者为3 245人(91.8%)，拥有非正式职位的从业者为 291 人(8.2%)；动漫形象商品制作业拥有正式职位的从业者为9 069人(90.2%)，拥有非正式职位的从业者为 988 人(9.8%)。动漫形象商品批发业拥有正式职位的从业者为1 935人(81.2%)，拥有非正式职位的从业者为 447 人(18.8%)；动漫形象商品零售业拥有正式职位的从业者为9 108人(87.2%)，拥有非正式职位的从业者为1 335人(12.8%)。

表 4-9-59　　**动漫形象行业各业种各雇佣形态类别的从业者现状(2011 年)**　　(单位：名)

| 中分类 | 雇佣形态 / 小分类 | 正式职位 | | 非正式职位 | | 合计 |
|---|---|---|---|---|---|---|
| | | 从业者数量 | 比例(%) | 从业者数量 | 比例(%) | |
| 动漫形象制作业 | 动漫形象开发及许可业 | 3 245 | 91.8 | 291 | 8.2 | 3 536 |
| | 动漫形象商品制作业 | 9 069 | 90.2 | 988 | 9.8 | 10 057 |
| | 小计 | 12 314 | 90.6 | 1 279 | 9.4 | 13 593 |
| 动漫形象商品流通业 | 动漫形象商品批发业 | 1 935 | 81.2 | 447 | 18.8 | 2 382 |
| | 动漫形象商品零售业 | 9 108 | 87.2 | 1 335 | 12.8 | 10 443 |
| | 小计 | 11 043 | 86.1 | 1 782 | 13.9 | 12 825 |
| 合计 | | 23 357 | 88.4 | 3 061 | 11.6 | 26 418 |

从年度来看，2011 年，拥有正式职位的从业者比上年增加了 5.1%，从 2009 年至 2011 年，年平均增加了 6.0%。拥有非正式职位的从业者比上年增加了 6.5%，年平均增加了 7.9%。

表 4-9-60　　**动漫形象行业各年度各雇佣形态的从业者现状**　　(单位：名)

| 雇佣形态 / 年度 | 从业者数量 | | 合计 |
|---|---|---|---|
| | 正式职位 | 非正式职位 | |
| 2009 年 | 20 775 | 2 631 | 23 406 |
| 2010 年 | 22 228 | 2 874 | 25 102 |
| 2011 年 | 23 357 | 3 061 | 26 418 |
| 同比增减率(%) | 5.1 | 6.5 | 5.2 |
| 年平均增减率(%) | 6.0 | 7.9 | 6.2 |

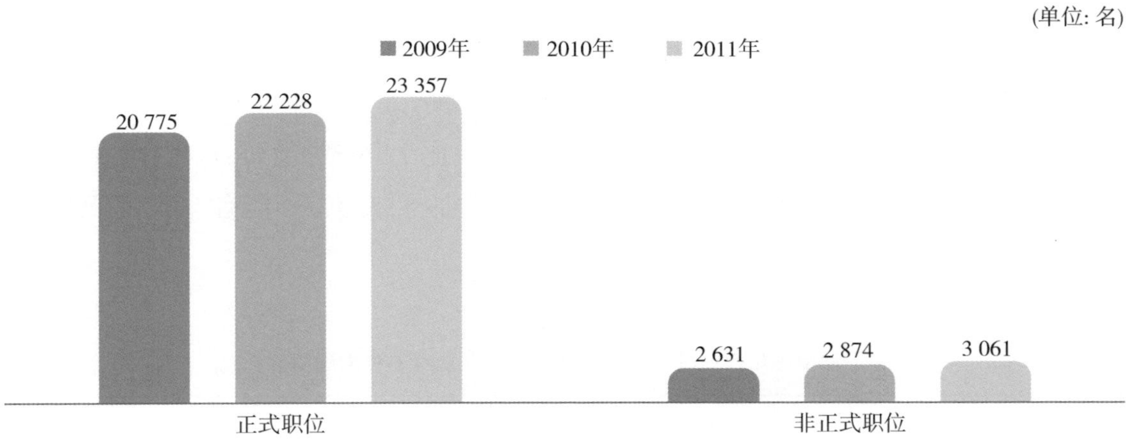


图 4-9-19　动漫形象行业各年度各雇佣形态的从业者现状

### 5. 动漫形象行业各雇佣形态的从业者的性别现状

从 2011 年动漫形象行业各雇佣形态的从业者的性别现状来看，拥有正式职位的男性从业者为 12 195人，占全部从业者的 46.2%，拥有正式职位的女性从业者为11 162人，占全部从业者的 42.3%。拥有非正式职位的男性从业者为1 476人，占全部从业者的 5.6%，拥有非正式职位的女性从业者为

1 585人，占全部从业者的6.0%。

从小分类来看，调查显示，动漫形象开发及许可业拥有正式职位的男性从业者为1 819人，拥有正式职位的女性从业者为1 426人，拥有非正式职位的男性从业者为153人，拥有非正式职位的女性从业者为138人。同时，动漫形象商品制作业拥有正式职位的男性从业者为4 792人，拥有正式职位的女性从业者为4 277人；拥有非正式职位的男性从业者为492人，拥有非正式职位的女性从业者为496人。动漫形象商品批发业拥有正式职位的男性从业者为1 108人，拥有正式职位的女性从业者为827人，拥有非正式职位的男性从业者为238人，拥有非正式职位的女性从业者人数为209人。动漫形象商品零售业拥有正式职位的男性从业者为4 476人，拥有正式职位的女性从业者为4 632人，拥有非正式职位的男性从业者为593人，拥有非正式职位的女性从业者为742人。

表4-9-61 **动漫形象行业各业种各雇佣形态的从业者的性别现状(2011年)** （单位：名）

| 中分类 | 雇佣形态/性别 小分类 | 正式职位 | | | | 非正式职位 | | | | 合计 |
|---|---|---|---|---|---|---|---|---|---|---|
| | | 男性 | | 女性 | | 男性 | | 女性 | | |
| | | 从业者数量 | 比例(%) | 从业者数量 | 比例(%) | 从业者数量 | 比例(%) | 从业者数量 | 比例(%) | |
| 动漫形象制作业 | 动漫形象开发及许可业 | 1 819 | 51.4 | 1 426 | 40.3 | 153 | 4.3 | 138 | 3.9 | 3 536 |
| | 动漫形象商品制作业 | 4 792 | 47.6 | 4 277 | 42.5 | 492 | 4.9 | 496 | 4.9 | 10 057 |
| | 小计 | 6 611 | 48.6 | 5 703 | 42.0 | 645 | 4.7 | 634 | 4.7 | 13 593 |
| 动漫形象商品流通业 | 动漫形象商品批发业 | 1 108 | 46.5 | 827 | 34.7 | 238 | 10.0 | 209 | 8.8 | 2 382 |
| | 动漫形象商品零售业 | 4 476 | 42.9 | 4 632 | 44.4 | 593 | 5.7 | 742 | 7.1 | 10 443 |
| | 小计 | 5 584 | 43.5 | 5 459 | 42.6 | 831 | 6.5 | 951 | 7.4 | 12 825 |
| 合计 | | 12 195 | 46.2 | 11 162 | 42.3 | 1 476 | 5.6 | 1 585 | 6.0 | 26 418 |

从年度来看，拥有非正式职位的女性从业者的增长幅度最大，比上年增加了7.3%，从2009年至2011年，年平均增加了8.9%。拥有正式职位的男性从业者比上年增加了5.6%，年平均增加了6.8%。拥有正式职位的女性从业者比上年增加了4.5%，年平均增加了5.3%。拥有非正式职位的男性从业者比上年增加了5.7%，年平均增加了6.8%。

表4-9-62 **动漫形象行业各年度各雇佣形态的从业者的性别现状** （单位：名）

| 雇佣形态/性别 年度 | 从业者数量 | | | | 合计 |
|---|---|---|---|---|---|
| | 正式职位 | | 非正式职位 | | |
| | 男性 | 女性 | 男性 | 女性 | |
| 2009年 | 10 700 | 10 075 | 1 295 | 1 336 | 23 406 |
| 2010年 | 11 545 | 10 683 | 1 397 | 1 477 | 25 102 |
| 2011年 | 12 195 | 11 162 | 1 476 | 1 585 | 26 418 |
| 同比增减率(%) | 5.6 | 4.5 | 5.7 | 7.3 | 5.2 |
| 年平均增减率(%) | 6.8 | 5.3 | 6.8 | 8.9 | 6.2 |

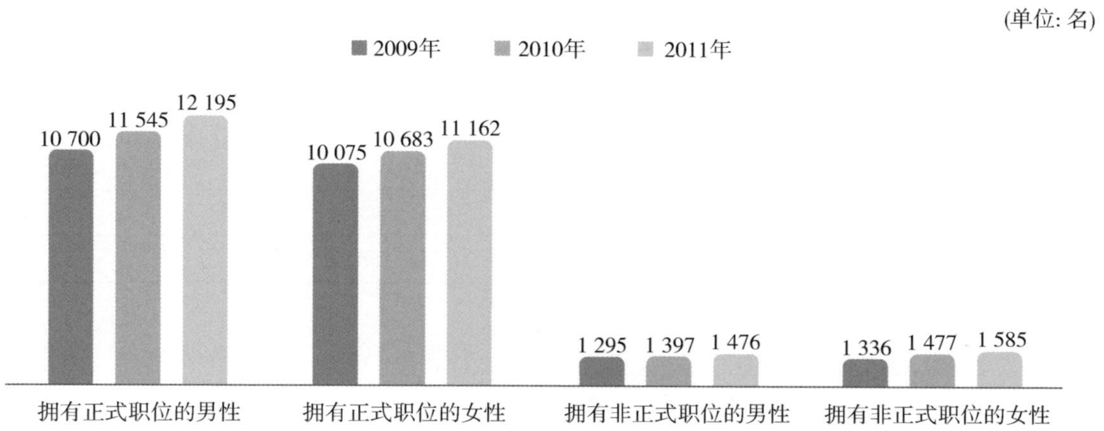


图 4-9-20　动漫形象行业各年度各雇佣形态的从业者的性别现状

6. 动漫形象行业的从业者的性别现状

从 2011 年动漫形象行业的从业者的性别现状来看，男性从业者为13 671人，占全部从业者的51.7%，女性从业者为12 747人，占全部从业者的 48.3%。从小分类来看，动漫形象开发及许可业的男性从业者为1 972人(55.8%)，女性从业者为1 564人(44.2%)；动漫形象商品制作业的男性从业者为5 284人(52.5%)，女性从业者为4 773人(47.5%)。动漫形象商品批发业的男性从业者为1 346人(56.5%)，女性从业者为1 036人(43.5%)；动漫形象商品零售业的男性从业者为5 069人(48.5%)，女性从业者为5 374人(51.5%)。

表 4-9-63　**动漫形象行业各业种的从业者的性别现状(2011 年)**　(单位：名)

| 中分类 | 性别 / 小分类 | 男性 | | 女性 | | 合计 |
|---|---|---|---|---|---|---|
| | | 从业者数量 | 比重(%) | 从业者数量 | 比重(%) | |
| 动漫形象制作业 | 动漫形象开发及许可业 | 1 972 | 55.8 | 1 564 | 44.2 | 3 536 |
| | 动漫形象商品制作业 | 5 284 | 52.5 | 4 773 | 47.5 | 10 057 |
| | 小计 | 7 256 | 53.4 | 6 337 | 46.6 | 13 593 |
| 动漫形象商品流通业 | 动漫形象商品批发业 | 1 346 | 56.5 | 1 036 | 43.5 | 2 382 |
| | 动漫形象商品零售业 | 5 069 | 48.5 | 5 374 | 51.5 | 10 443 |
| | 小计 | 6 415 | 50.0 | 6 410 | 50.0 | 12 825 |
| 合计 | | 13 671 | 51.7 | 12 747 | 48.3 | 26 418 |

从年度来看，男性从业者比上年增加了 5.6%，从 2009 年至 2011 年，年平均增加了 6.8%。女性从业者比上年增加了 4.8%，年平均增加了 5.7%。

表 4-9-64　**动漫形象行业各年度的从业者的性别现状**　(单位：名)

| 性别 / 年度 | 从业者数量 | | 合计 |
|---|---|---|---|
| | 男性 | 女性 | |
| 2009 年 | 11 995 | 11 411 | 23 406 |
| 2010 年 | 12 942 | 12 160 | 25 102 |

续表

| 年度＼性别 | 从业者数量 | | 合计 |
|---|---|---|---|
| | 男性 | 女性 | |
| 2011 年 | 13 671 | 12 747 | 26 418 |
| 同比增减率(%) | 5.6 | 4.8 | 5.2 |
| 年平均增减率(%) | 6.8 | 5.7 | 6.2 |

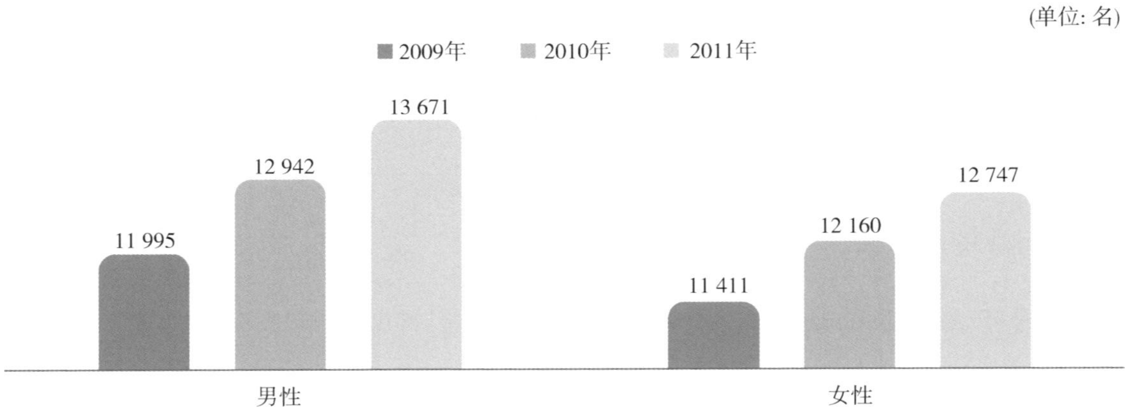


图 4-9-21　动漫形象行业各年度的从业者的性别现状

### 7. 动漫形象行业各职位的从业者现状

从 2011 年动漫形象行业各职位的从业者现状来看，制作职位的从业者为10 122人，占全部从业者的 38.3%，所占比例最大。其他(流通)职位的从业者为9 639人(36.5%)；管理职位的从业者为2 779人(10.5%)；事业企划职位的从业者为1 898人(7.2%)；营销/宣传职位的从业者为1 180人(4.5%)；研究开发职位的从业者为 800 人(3.0%)。

表 4-9-65　**动漫形象行业各职位各业种的从业者现状(2011 年)**　(单位：名)

| 中分类 | 小分类＼职位 | 从业者数量 | | | | | | 合计 |
|---|---|---|---|---|---|---|---|---|
| | | 事业企划 | 管理 | 制作 | 营销/宣传 | 研究开发 | 其他(流通) | |
| 动漫形象制作业 | 动漫形象开发及许可业 | 411 | 378 | 2 058 | 199 | 218 | 272 | 3 536 |
| | 动漫形象商品制作业 | 792 | 1 173 | 5 623 | 461 | 371 | 1 637 | 10 057 |
| | 小计 | 1 203 | 1 551 | 7 681 | 660 | 589 | 1 909 | 13 593 |
| 动漫形象商品流通业 | 动漫形象商品批发业 | 138 | 292 | 143 | 89 | 29 | 1 691 | 2 382 |
| | 动漫形象商品零售业 | 557 | 936 | 2 298 | 431 | 182 | 6 039 | 10 443 |
| | 小计 | 695 | 1 228 | 2 441 | 520 | 211 | 7 730 | 12 825 |
| 合计 | | 1 898 | 2 779 | 10 122 | 1 180 | 800 | 9 639 | 26 418 |
| 比重(%) | | 7.2 | 10.5 | 38.3 | 4.5 | 3.0 | 36.5 | 100.0 |

从年度来看，2011 年，事业企划职位的从业者比上年增加了 3.9%，从 2009 年至 2011 年，年平均增加了 9.5%；管理职位的从业者比上年增加了 2.1%，年平均增加了 2.5%。制作职位的从业者比上年增加了 4.6%，年平均增加了 6.7%；营销/宣传职位的从业者比上年增加了 3.1%，年平均增加了

2. 9%。研究开发职位的从业者比上年增加了 3. 4%，年平均增加了 3. 7%；其他(流通)职位的从业者比上年增加了 7. 5%，年平均增加了 6. 9%。

表 4-9-66　**动漫形象行业各年度各职位的从业者现状**　(单位：名)

| 年度＼职位 | 从业者数量 | | | | | | 合计 |
|---|---|---|---|---|---|---|---|
| | 事业企划 | 管理 | 制作 | 营销/宣传 | 研究开发 | 其他(流通) | |
| 2009 年 | 1 583 | 2 643 | 8 888 | 1 115 | 744 | 8 433 | 23 406 |
| 2010 年 | 1 826 | 2 721 | 9 673 | 1 144 | 774 | 8 964 | 25 102 |
| 2011 年 | 1 898 | 2 779 | 10 122 | 1 180 | 800 | 9 639 | 26 418 |
| 同比增减率(%) | 3. 9 | 2. 1 | 4. 6 | 3. 1 | 3. 4 | 7. 5 | 5. 2 |
| 年平均增减率(%) | 9. 5 | 2. 5 | 6. 7 | 2. 9 | 3. 7 | 6. 9 | 6. 2 |

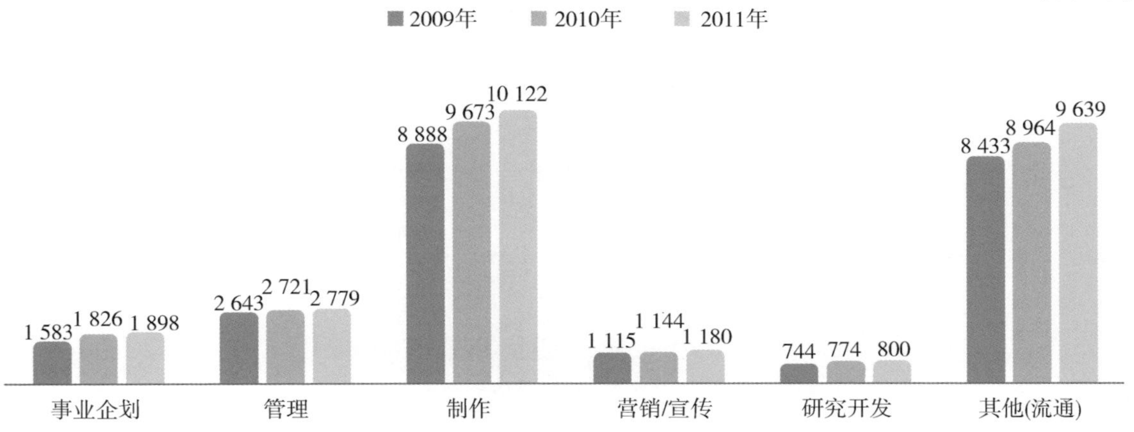


图 4-9-22　动漫形象行业各年度各职位的从业者现状

## 8. 动漫形象行业各学历的从业者现状

从 2011 年动漫形象行业各学历的从业者现状来看，大学学历的从业者人数为18 498人，占整体的 70. 0%，所占比例最多。专科学历的从业者为4 107人，占 15. 6%，高中以下学历的从业者为3 154人，占 11. 9%，研究生以上学历的从业者为 659 人，占 2. 5%，所占比例最少。

表 4-9-67　**动漫形象行业各学历各业种的从业者现状**　(单位：名)

| 中分类 | 小分类 | 从业者数量 | | | | 合计 |
|---|---|---|---|---|---|---|
| | | 高中以下 | 专科毕业 | 大学毕业 | 研究生以上 | |
| 动漫形象制作业 | 动漫形象开发及许可业 | 152 | 438 | 2 817 | 129 | 3 536 |
| | 动漫形象商品制作业 | 1 133 | 1 526 | 7 002 | 396 | 10 057 |
| | 小计 | 1 285 | 1 964 | 9 819 | 525 | 13 593 |
| 动漫形象商品流通业 | 动漫形象商品批发业 | 241 | 316 | 1 793 | 32 | 2 382 |
| | 动漫形象商品零售业 | 1 628 | 1 827 | 6 886 | 102 | 10 443 |
| | 小计 | 1 869 | 2 143 | 8 679 | 134 | 12 825 |
| 合计 | | 3 154 | 4 107 | 18 498 | 659 | 26 418 |
| 比重(%) | | 11. 9 | 15. 6 | 70. 0 | 2. 5 | 100. 0 |

从年度来看，2011 年，高中以下学历的从业者比上年增加了 5.3%，从 2009 年至 2011 年，年平均增加了 4.6%。专科学历的从业者比上年增加了 3.5%，年平均增加了 3.1%；大学学历的从业者比上年增加了 5.9%，年平均增加了 7.5%。研究生以上学历的从业者比上年减少了 1.2%，年平均增加了 0.5%。

表 4-9-68　　**动漫形象行业各年度各学历的从业者现状**　　（单位：名）

| 学历<br>年度 | 从业者数量 | | | | 合计 |
|---|---|---|---|---|---|
| | 高中以下 | 专科毕业 | 大学毕业 | 研究生以上 | |
| 2009 年 | 2 885 | 3 865 | 16 004 | 652 | 23 406 |
| 2010 年 | 2 995 | 3 970 | 17 470 | 667 | 25 102 |
| 2011 年 | 3 154 | 4 107 | 18 498 | 659 | 26 418 |
| 同比增减率（%） | 5.3 | 3.5 | 5.9 | ▽1.2 | 5.2 |
| 年平均增减率（%） | 4.6 | 3.1 | 7.5 | 0.5 | 6.2 |

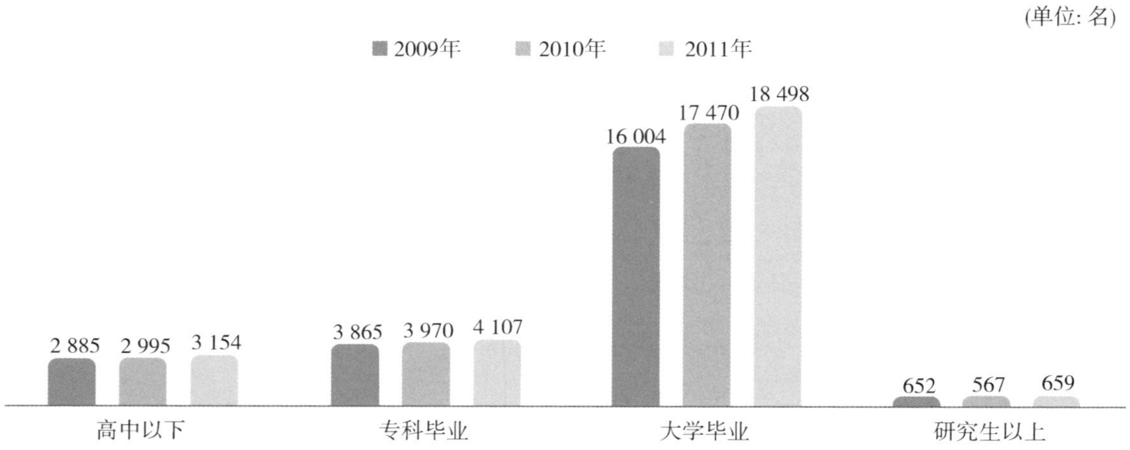


图 4-9-23　动漫形象行业各年度各学历的从业者现状

## 9. 动漫形象行业各年龄段的从业者现状

从 2011 年动漫形象行业各年龄段的从业者现状来看，29 岁以下的从业者为9 985人，占全部从业者的 37.8%。30 岁以上 34 岁以下的从业者为7 837人，占全部从业者的 29.7%。35 岁以上 39 岁以下的从业者为5 454人，占全部从业者的 20.6%。40 岁以上的从业者为3 142人，占全部从业者的 11.9%。

表 4-9-69　　**广告行业各年龄段各业种的从业者的现状（2011 年）**　　（单位：名）

| 中分类 | 小分类 | 从业者数量 | | | | 合计 |
|---|---|---|---|---|---|---|
| | | 29 岁以下 | 30~34 岁 | 35~39 岁 | 40 岁以上 | |
| 动漫形象制作业 | 动漫形象开发及许可业 | 1 163 | 1 028 | 932 | 413 | 3 536 |
| | 动漫形象商品制作业 | 3 975 | 2 898 | 2 086 | 1 098 | 10 057 |
| | 小计 | 5 138 | 3 926 | 3 018 | 1 511 | 13 593 |

续表

| 中分类 | 小分类 | 从业者数量 | | | | 合计 |
|---|---|---|---|---|---|---|
| | | 29 岁以下 | 30~34 岁 | 35~39 岁 | 40 岁以上 | |
| 动漫形象商品流通业 | 动漫形象商品批发业 | 756 | 728 | 665 | 233 | 2 382 |
| | 动漫形象商品零售业 | 4 091 | 3 183 | 1 771 | 1 398 | 10 443 |
| | 小计 | 4 847 | 3 911 | 2 436 | 1 631 | 12 825 |
| 合计 | | 9 985 | 7 837 | 5 454 | 3 142 | 26 418 |
| 比重(%) | | 37.8 | 29.7 | 20.6 | 11.9 | 100.0 |

从年度来看，2011 年，29 岁以下的从业者比上年减少了 1.7%，从 2009 年至 2011 年，年平均增加了 3.7%。30 岁以上 34 岁以下的从业者比上年增加了 2.3%，年平均增加了 4.0%。35 岁以上 39 岁以下的从业者比上年增加了 3.1%，年平均增加了 4.5%。40 岁以上的从业者比上年增加了 57.5%，年平均增加了 29.0%。

表 4-9-70　**动漫形象行业各年度各年龄段的从业者现状**　（单位：名）

| 年度＼年龄 | 从业者数量 | | | | 合计 |
|---|---|---|---|---|---|
| | 29 岁以下 | 30~34 岁 | 35~39 岁 | 40 岁以上 | |
| 2009 年 | 9 281 | 7 242 | 4 994 | 1 889 | 23 406 |
| 2010 年 | 10 159 | 7 658 | 5 290 | 1 995 | 25 102 |
| 2011 年 | 9 985 | 7 837 | 5 454 | 3 142 | 26 418 |
| 同比增减率(%) | ▽1.7 | 2.3 | 3.1 | 57.5 | 5.2 |
| 年平均增减率(%) | 3.7 | 4.0 | 4.5 | 29.0 | 6.2 |

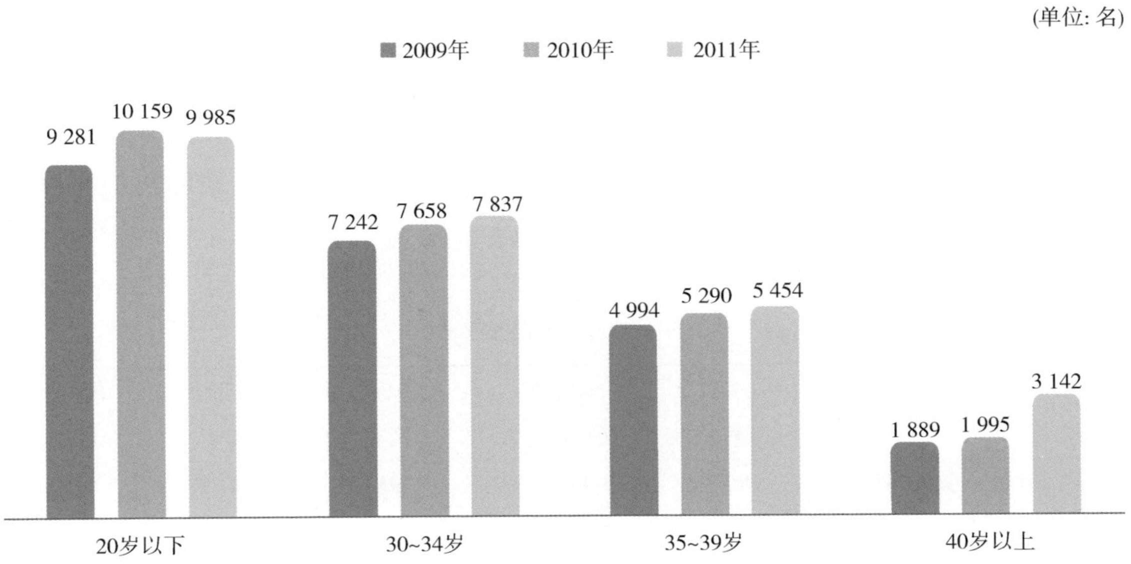


图 4-9-24　动漫形象行业各年度各年龄段的从业者现状

# 十、知识信息行业

表 4-10-1 **知识信息行业的分类**

| 中分类 | 小分类 | 分类体系的定义 |
|---|---|---|
| e-learning 业 | e-learning 企划业 | 企划针对幼儿、中小学生、成人等所有年龄段人群的在线/存储的贮存型学习项目的企业 |
| | e-learning 的网络/移动服务业 | 通过网络及移动设备提供在线/存储的贮存型学习项目服务的企业 |
| | 网络/移动 e-learning 制作及提供业(CP) | 制作在线贮存型学习项目并提供给服务性行业的企业(CP) |
| | 教育性娱乐企划及制作业 | 为了获取教育效果，制作所研发的学习用游戏、多媒体图谱、广播教材等资讯的企业 |
| 其他数据库及在线信息提供业 | 其他数据库及在线信息的提供业 | 收集及整理一手信息，根据一定的格式进行加工后收录到计算机中，以电子媒体的形式提供给需求者的企业(通过网络及移动设备进行的出版、漫画、音乐、游戏、电影、动漫、播放、广告、动漫形象、e-learning 服务除外) |
| 网站及其他网络信息媒介服务业 | 网站及其他网络信息媒介服务业 | 通过网络中的搜索、社区、电子信箱、微博等服务，对金融、生活信息、新闻等使用者制作的资讯及数字化的多种信息进行传播的企业 |
| 虚拟世界及虚拟现实业 | 屏幕高尔夫系统企划及制作业 | 企划及制作屏幕高尔夫系统的企业 |
| | 屏幕高尔夫场运营业 | 运营屏幕高尔夫场的企业 |
| | 其他虚拟世界及虚拟现实企划及制作业 | 通过三次元影像等，用数字制作出虚拟环境，使利用者在虚拟世界中感受到与现实世界相似的感受，企划并制作这种资讯的企业 |

## (一)知识信息行业的整体概况

调查显示，2011年知识信息行业的企业数量为9 507个，从业者为69 026人；销售额是 9 兆 457 亿韩元，附加价值额是 3 兆9 152亿韩元，附加价值率是 43. 28%；出口额是 4 亿3 225万美元，进口额为49 万美元。

知识信息行业的企业数量从 2010 年的6 950个持续增加到 2011 年的9 507个，比上年增加了36. 8%。2011 年销售额和从业者与上年相比分别增加了 24. 9%和 11. 7%。附加价值额与上年相比增加了 26. 9%，是增长最多的部分。知识信息行业从以 2009 年为基准的调查开始包括了虚拟世界及虚拟现实业，所以不能直接将其与 2009 年之前的资料做比较。

表 4-10-2 **知识信息行业的整体概况①**

| 分类 | 企业数量(个) | 从业者数量(名) | 销售额(百万韩元) | 附加价值额(百万韩元) | 附加价值率(%) | 出口额(千美元) | 进口额(千美元) |
|---|---|---|---|---|---|---|---|
| 2006 年 | 1 445 | 34 779 | 3 467 795 | 1 393 658 | 40. 19 | 5 016 | 316 |
| 2007 年 | 1 687 | 38 192 | 4 297 341 | 1 729 680 | 40. 25 | 275 111 | 398 |

① 从 2009 年开始，包括虚拟世界与虚拟现实业。

续表

| 分类 | 企业数量（个） | 从业者数量（名） | 销售额（百万韩元） | 附加价值额（百万韩元） | 附加价值率（%） | 出口额（千美元） | 进口额（千美元） |
|---|---|---|---|---|---|---|---|
| 2008 年 | 2 179 | 41 279 | 4 777 330 | 1 964 438 | 41. 12 | 339 949 | 415 |
| 2009 年 | 6 467 | 55 126 | 6 071 439 | 2 556 076 | 42. 10 | 348 906 | 454 |
| 2010 年 | 6 950 | 61 792 | 7 242 686 | 3 085 977 | 42. 61 | 368 174 | 470 |
| 2011 年 | 9 507 | 69 026 | 9 045 708 | 3 915 254 | 43. 28 | 432 256 | 496 |
| 同比增减率(%) | 36. 8 | 11. 7 | 24. 9 | 26. 9 | 0. 67p | 17. 4 | 5. 5 |
| 年平均增减率(%) | 45. 8 | 14. 7 | 21. 1 | 22. 9 | — | 143. 8 | 9. 4 |

2011 年知识信息行业的人均销售额是 1 亿3 100万韩元，各企业的平均销售额是 9 亿5 100万韩元。从各业种来看，e-learning 行业中 e-learning 企划业的人均销售额是 1 亿1 400万韩元，e-learning 网络/移动服务业的人均销售额是 1 亿 700 万韩元。e-learning 行业中企业平均销售额最高的业种是 e-learning 网络/移动服务业，为 22 亿5 900万韩元；其次是 e-learning 企划业，平均销售额为 12 亿2 200万韩元。调查显示，其他数据库和在线情报提供业的企业平均销售额为 11 亿4 000万韩元。网站及其他网络信息媒介服务业的企业平均销售额为 120 亿3 800万韩元，人均销售额是 3 亿2 400万韩元。虚拟世界及虚拟现实业的企业平均销售额为 2 亿1 200万韩元，人均销售额是8 000万韩元。

表 4-10-3　　**知识信息行业各企业的平均销售额及人均销售额现状(2011 年)**

| 中分类 | 小分类 | 企业数量（个） | 从业者数量（名） | 销售额（百万韩元） | 企业平均销售额（百万韩元） | 人均销售额（百万韩元） |
|---|---|---|---|---|---|---|
| e-learning 行业 | e-learning 企划业 | 382 | 4 107 | 466 965 | 1 222 | 114 |
| | e-learning 网络/移动服务业 | 691 | 14 636 | 1 560 753 | 2 259 | 107 |
| | 网络/移动 e-learning 制作及提供业(CP) | 225 | 4 282 | 266 163 | 1 183 | 62 |
| | 教育性娱乐企划及制作业 | 191 | 1 745 | 169 498 | 887 | 97 |
| | 小计 | 1 489 | 24 770 | 2 463 379 | 1 654 | 99 |
| 其他数据库及在线信息提供业 | 其他数据库及在线信息提供业 | 725 | 12 677 | 826 313 | 1 140 | 65 |
| | 小计 | 725 | 12 677 | 826 313 | 1 140 | 65 |
| 网站及其他网络信息媒介服务业 | 网站及其他网络信息媒介服务业 | 356 | 13 229 | 4 285 403 | 12 038 | 324 |
| | 小计 | 356 | 13 229 | 4 285 403 | 12 038 | 324 |
| 虚拟世界及虚拟现实业 | 屏幕高尔夫系统企划及制作业 | 16 | 911 | 260 126 | 16 258 | 286 |
| | 屏幕高尔夫场运营业 | 6 819 | 16 963 | 1 126 746 | 165 | 66 |
| | 其他虚拟世界及虚拟现实企划及制作业 | 102 | 476 | 83 741 | 821 | 176 |
| | 小计 | 6 937 | 18 350 | 1 470 613 | 212 | 80 |
| 整体 | | 9 507 | 69 026 | 9 045 708 | 951 | 131 |

## (二)知识信息行业的企业数量现状

2011 年知识信息行业的企业数量比上年增加了 36. 8%(9 507个)，2009 年至 2011 年，年平均增加了

21.2%。从小分类来看，2011 年，屏幕高尔夫球场运营业的企业数量为6 819个(71.7%)，所占比例最大，比上年增加了 55.5%，年平均增加了 29.9%。其他数据库及在线信息提供业的企业数量为 725 个(7.6%)，比上年增加了 6.3%，年平均增加了 11.2%；e-learning 网络/移动服务业的企业数量是 691 个(7.3%)，比上年增加了 5.5%，年平均增加了 3.1%。除此之外的业种占比不超过 5%，整体上企业数量正在增加。

表 4-10-4　知识信息行业各年度各业种的企业数量现状　(单位：个)

| 中分类 | 小分类 | 2009 年 | 2010 年 | 2011 年 | 比重(%) | 同比增减率(%) | 年平均增减率(%) |
|---|---|---|---|---|---|---|---|
| e-learning 行业 | e-learning 企划业 | 368 | 373 | 382 | 4.0 | 2.4 | 1.9 |
| | e-learning 网络/移动服务业 | 650 | 655 | 691 | 7.3 | 5.5 | 3.1 |
| | 网络/移动 e-learning 制作及提供业(CP) | 213 | 224 | 225 | 2.4 | 0.4 | 2.8 |
| | 教育性娱乐企划及制作业 | 182 | 186 | 191 | 2.0 | 2.7 | 2.4 |
| 其他数据库及在线信息提供业 | 其他数据库及在线信息提供业 | 586 | 682 | 725 | 7.6 | 6.3 | 11.2 |
| 网站及其他网络信息媒介服务业 | 网站及其他网络信息媒介服务业 | 331 | 339 | 356 | 3.7 | 5.0 | 3.7 |
| 虚拟世界及虚拟现实业 | 屏幕高尔夫系统企划及制作业 | 13 | 15 | 16 | 0.2 | 6.7 | 10.9 |
| | 屏幕高尔夫场运营业 | 4 043 | 4 386 | 6 819 | 71.7 | 55.5 | 29.9 |
| | 其他虚拟世界及虚拟现实的企划及制作业 | 81 | 90 | 102 | 1.1 | 13.3 | 12.2 |
| 合计 | | 6 467 | 6 950 | 9 507 | 100.0 | 36.8 | 21.2 |

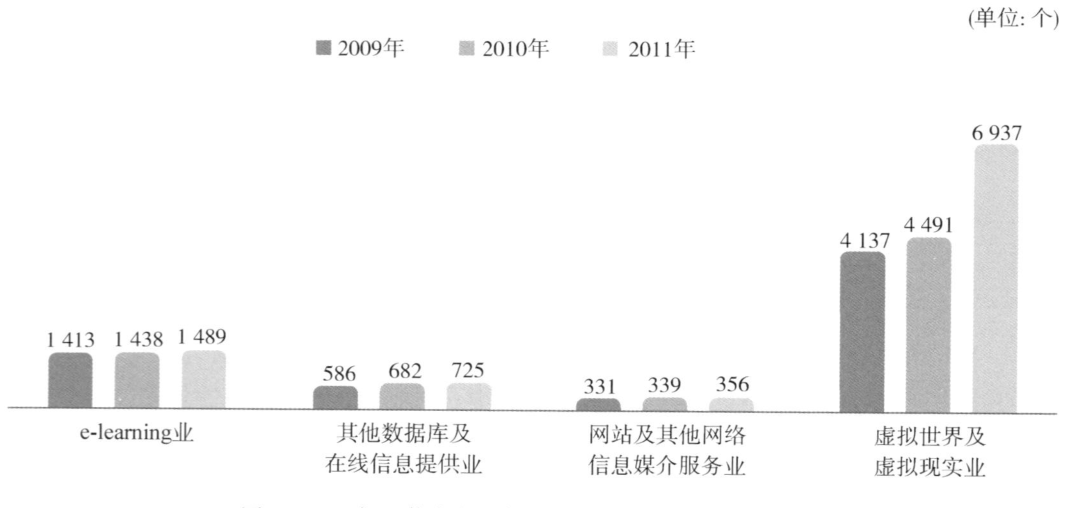


图 4-10-1　知识信息行业各年度各业种的企业数量现状

从销售额规模来看，2011 年，销售额规模为 1 亿韩元以上 10 亿韩元以下的企业数量为6 454个(67.9%)所占比例最大，比上年增加了 60.8%，从 2009 年至 2011 年，年平均增加了 29.4%。其次是销售额规模为 1 亿韩元以下的企业数量，为2 238个(23.5%)，比上年增加了 4.7%，年平均增加了 10.4%。销售额规模为 10 亿韩元以上 100 亿韩元以下的企业数量是 638 个(6.7%)，比上年增加了

2.4%，年平均增加了 2.9%。销售额规模为 100 亿韩元以上的企业数量为 177 个，占企业总数的 1.9%，所占比例最低，比上年增加了 0.6%，年平均增加了 0.3%。

表 4-10-5　**知识信息行业各年度各销售规模的企业的数量现状**　（单位：个）

| 年度<br>销售额规模 | 2009 年 | 2010 年 | 2011 年 | 比重（%） | 同比增减率（%） | 年平均增减率（%） |
|---|---|---|---|---|---|---|
| 不足 1 亿韩元 | 1 837 | 2 137 | 2 238 | 23.5 | 4.7 | 10.4 |
| 1 亿~10 亿韩元 | 3 852 | 4 014 | 6 454 | 67.9 | 60.8 | 29.4 |
| 10 亿~100 亿韩元 | 602 | 623 | 638 | 6.7 | 2.4 | 2.9 |
| 100 亿韩元以上 | 176 | 176 | 177 | 1.9 | 0.6 | 0.3 |
| 合计 | 6467 | 6950 | 9507 | 100 | 36.8 | 21.2 |

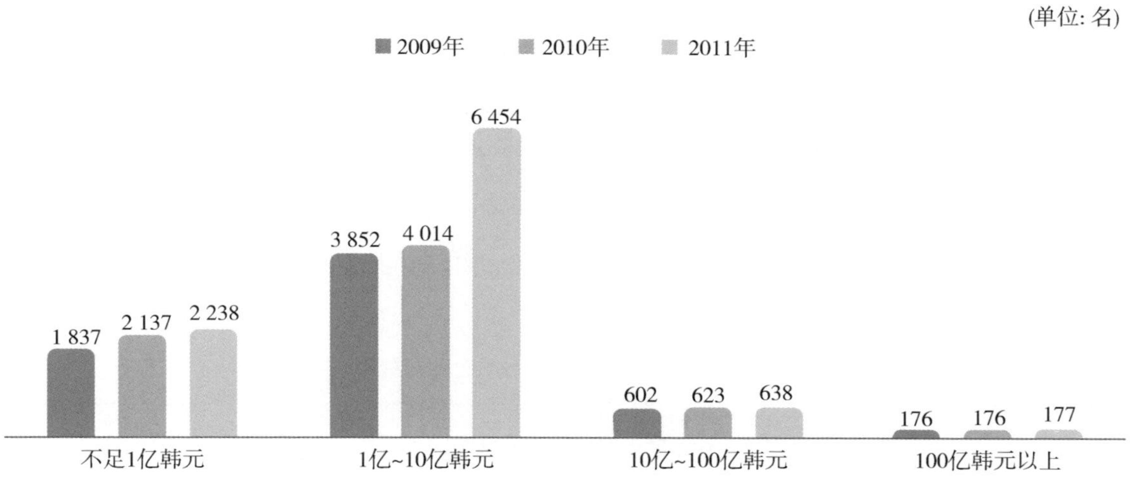


图 4-10-2　知识信息行业各年度各销售规模的企业数量现状

从从业者规模来看，2011 年，从业者规模为 1 人以上 4 人以下的企业数量为7 728个(81.3%%)，所占比重最高，比上年增加了 45.3%，年平均增加了 25.9%。从业者规模为 5 人以上 9 人以下的企业数量为1 022个(10.7%)，比上年增加了 14.7%，年平均增加了 8.4%。从业者规模为 10 人以上 49 人以下的企业数量为 478 个(5.0%)，比上年增加了 3.2%，年平均增加了 3.3%；从业者规模为 50 人以上 99 人以下的企业数量是 169 个(1.8%)，比上年增加了 1.2%，年平均增加了 2.1%；从业者规模为 100 人以上的企业数量是 110 个，占企业总数的 1.2%，从 2009 年开始数量没有变化。

表 4-10-6　**知识信息行业各年度各从业者规模的企业数量现状**　（单位：个）

| 年度<br>从业者规模 | 2009 年 | 2010 年 | 2011 年 | 比重（%） | 同比增减率（%） | 年平均增减率（%） |
|---|---|---|---|---|---|---|
| 1~4 人 | 4 878 | 5 319 | 7 728 | 81.3 | 45.3 | 25.9 |
| 5~9 人 | 869 | 891 | 1 022 | 10.7 | 14.7 | 8.4 |
| 10~49 人 | 448 | 463 | 478 | 5.0 | 3.2 | 3.3 |
| 50~99 人 | 162 | 167 | 169 | 1.8 | 1.2 | 2.1 |
| 100 人以上 | 110 | 110 | 110 | 1.2 | 0.0 | 0.0 |
| 合计 | 6 467 | 6 950 | 9 507 | 100.0 | 36.8 | 21.2 |

(单位: 个)

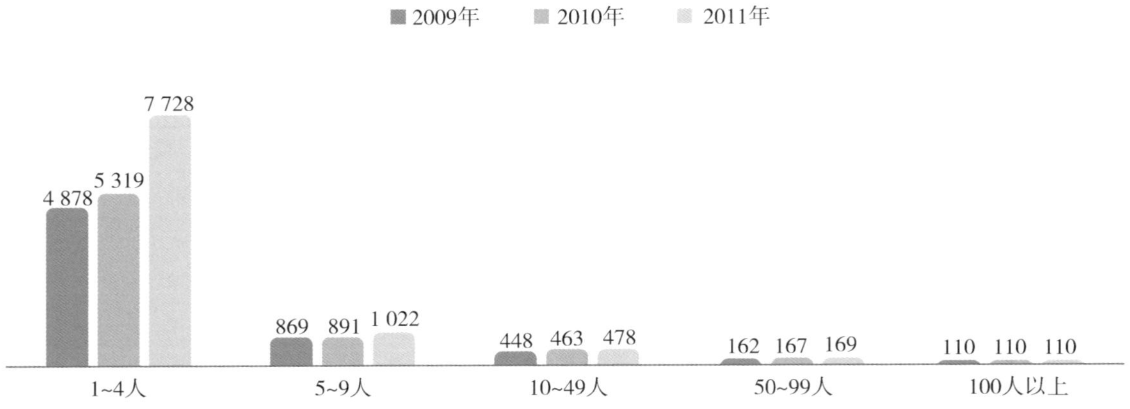


图 4-10-3 知识信息行业各年度各从业者规模的企业数量现状

从 2011 年知识信息行业各地区的企业数量现状来看，首尔的企业数量是3 133个，占企业总数的33. 0%，比上年增加了 8. 5%，从2009年至2011年，年平均增加了 6. 5%。6 个广域市的企业数量是1 922个，占企业总数的 20. 2%。6 个广域市中蔚山市的企业数量占整体的 3%，比上年增加了 86. 7%，年平均增加了 49. 4%，呈现出最大幅度的增长。9 个道中京畿道的企业数量为2 237个，占企业总数的23. 5%，是除首尔外的最高比例，比上年增加了 48. 0%，年平均增加了 30. 1%。

表 4-10-7 **知识信息行业各年度各地区的企业数量现状** （单位：个）

| 地区 \ 年度 | | 2009 年 | 2010 年 | 2011 年 | 比重 (%) | 同比增减率 (%) | 年平均增减率 (%) |
|---|---|---|---|---|---|---|---|
| 首尔 | | 2 760 | 2 888 | 3 133 | 33. 0 | 8. 5 | 6. 5 |
| 6 个广域市 | 釜山 | 271 | 277 | 352 | 3. 7 | 27. 1 | 14. 0 |
| | 大邱 | 255 | 263 | 328 | 3. 5 | 24. 7 | 13. 4 |
| | 仁川 | 218 | 228 | 301 | 3. 2 | 32. 0 | 17. 5 |
| | 光州 | 202 | 211 | 322 | 3. 4 | 52. 6 | 26. 3 |
| | 大田 | 211 | 243 | 311 | 3. 3 | 28. 0 | 21. 4 |
| | 蔚山 | 138 | 165 | 308 | 3. 2 | 86. 7 | 49. 4 |
| | 小计 | 1 295 | 1 387 | 1 922 | 20. 2 | 38. 6 | 21. 8 |
| 9 个道 | 京畿道 | 1 322 | 1 511 | 2 237 | 23. 5 | 48. 0 | 30. 1 |
| | 江原道 | 128 | 137 | 255 | 2. 7 | 86. 1 | 41. 1 |
| | 忠清北道 | 125 | 142 | 263 | 2. 8 | 85. 2 | 45. 1 |
| | 忠清南道 | 132 | 133 | 288 | 3. 0 | 116. 5 | 47. 7 |
| | 全罗北道 | 129 | 141 | 307 | 3. 2 | 117. 7 | 54. 3 |
| | 全罗南道 | 123 | 133 | 295 | 3. 1 | 121. 8 | 54. 9 |
| | 庆尚北道 | 132 | 139 | 311 | 3. 3 | 123. 7 | 53. 5 |
| | 庆尚南道 | 253 | 268 | 408 | 4. 3 | 52. 2 | 27. 0 |
| | 济州道 | 68 | 71 | 88 | 0. 9 | 23. 9 | 13. 8 |
| | 小计 | 2 412 | 2 675 | 4 452 | 46. 8 | 66. 4 | 35. 9 |
| 合计 | | 6 467 | 6 950 | 9 507 | 100. 0 | 36. 8 | 21. 2 |

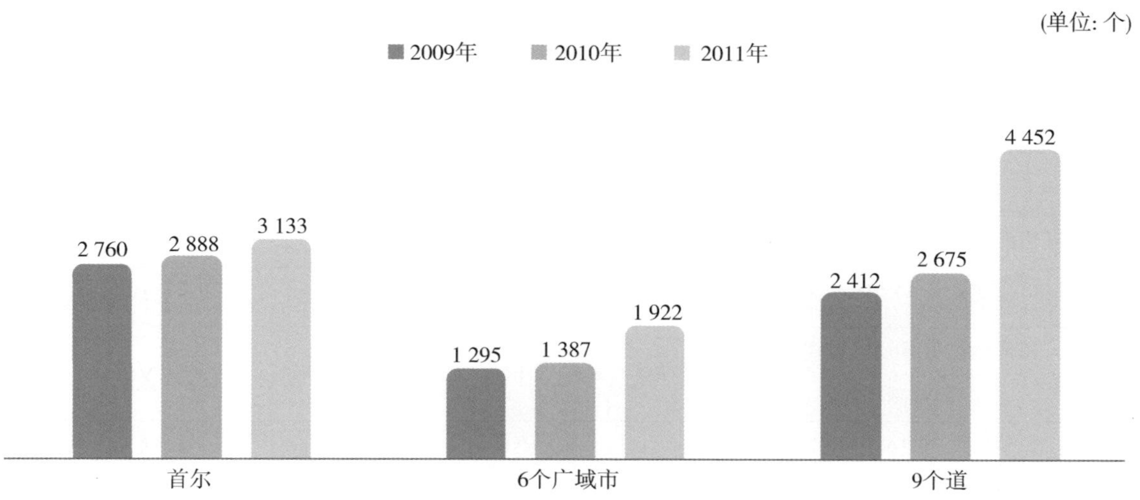


图 4-10-4　知识信息行业各年度各地区的企业数量现状

## (三)知识信息行业的销售额现状

2011 年知识信息行业的销售额是 9 兆 457 亿韩元，比上年增加了 24.9%，从 2009 年至 2011 年，年平均增加了 22.1%。

从中分类来看，e-learning 业的销售额为 2 兆4 633亿韩元，占全部销售额的 27.2%，其他数据库及在线信息提供业的销售额是8 263亿韩元，占全部销售额的 9.1%。网站及其他网络信息媒介服务业的销售额是 4 兆2 854亿韩元，占全部销售额的 47.4%。

在增减率方面，2011 年，e-learning 业的销售额比上年增加了 6.7%，年平均增加了 9.1%。其他数据库及在线信息提供业的销售额比上年增加了 8.3%，年平均增加了 6.8%。网站及其他网络信息媒介服务业的销售额比上年增加了 36.8%，年平均增加了 31.9%；虚拟世界及虚拟现实业的销售额比上年增加了 41.6%，年平均增加了 34.2%，呈现出非常大幅度的增长率。

表 4-10-8　**知识信息行业各年度各业种的销售额现状**　(单位：百万韩元)

| 中分类 | 小分类 | 2009 年 | 2010 年 | 2011 年 | 比重(%) | 同比增减率(%) | 年平均增减率(%) |
|---|---|---|---|---|---|---|---|
| e-learning 业 | e-learning 企划业 | 392 571 | 413 522 | 466 965 | 5.2 | 12.9 | 9.1 |
| | e-learning 网络/移动服务业 | 1 309 495 | 1 502 331 | 1 560 753 | 17.2 | 3.9 | 9.2 |
| | 网络/移动 e-learning 制作及提供业(CP) | 224 092 | 238 932 | 266 163 | 2.9 | 11.4 | 9.0 |
| | 教育性娱乐企划及制作业 | 142 862 | 153 258 | 169 498 | 1.9 | 10.6 | 8.9 |
| | 小计 | 2 069 020 | 2 308 043 | 2 463 379 | 27.2 | 6.7 | 9.1 |
| 其他数据库及在线信息提供业 | 其他数据库及在线信息提供业 | 723 826 | 763 255 | 826 313 | 9.1 | 8.3 | 6.8 |
| | 小计 | 723 826 | 763 255 | 826 313 | 9.1 | 8.3 | 6.8 |

续表

| 中分类 | 小分类 | 2009 年 | 2010 年 | 2011 年 | 比重（%） | 同比增减率（%） | 年平均增减率（%） |
|---|---|---|---|---|---|---|---|
| 网站及其他网络信息媒介服务业 | 网站及其他网络信息媒介服务业 | 2 462 339 | 3 132 829 | 4 285 403 | 47. 4 | 36. 8 | 31. 9 |
| | 小计 | 2 462 339 | 3 132 829 | 4 285 403 | 47. 4 | 36. 8 | 31. 9 |
| 虚拟世界及虚拟现实业 | 屏幕高尔夫系统企划及制作业 | 172 327 | 240 765 | 260 126 | 2. 9 | 8. 0 | 22. 9 |
| | 屏幕高尔夫场运营业 | 583 204 | 734 293 | 1 126 746 | 12. 5 | 53. 4 | 39. 0 |
| | 其他虚拟世界及虚拟现实企划及制作业 | 60 723 | 63 501 | 83 741 | 0. 9 | 31. 9 | 17. 4 |
| | 小计 | 816 254 | 1 038 559 | 1 470 613 | 16. 3 | 41. 6 | 34. 2 |
| 合计 | | 6 071 439 | 7 242 686 | 9 045 708 | 100. 0 | 24. 9 | 22. 1 |

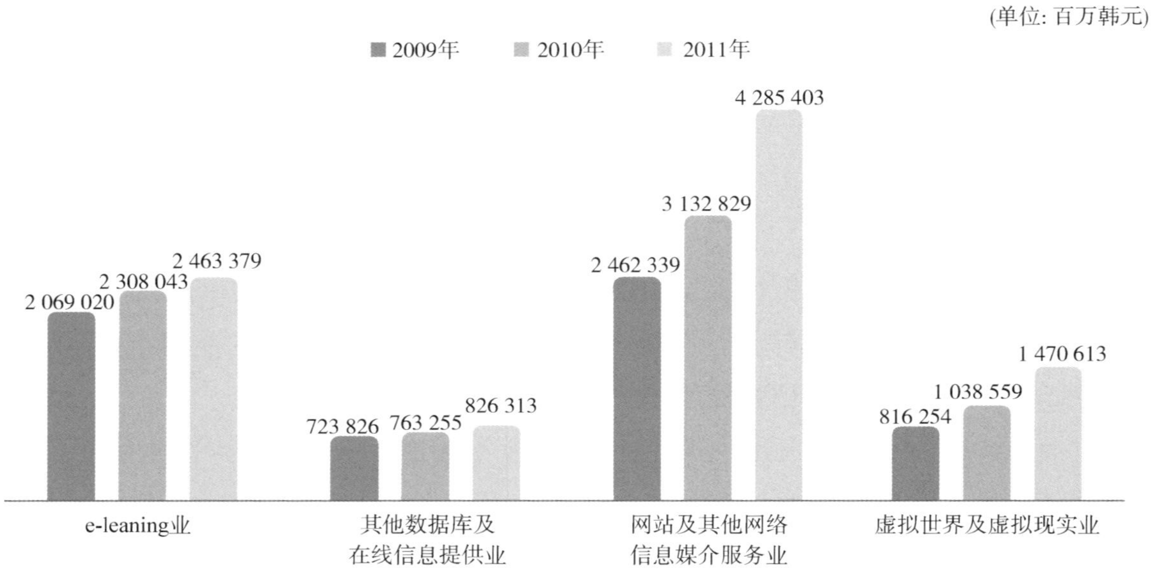


图 4-10-5　知识信息行业各年度各业种的销售额现状

### 1. 知识信息行业中 e-learning 业的销售额现状

2011 年知识信息行业中 e-learning 业的销售额是 2 兆4 633亿韩元，比上年增加了 6. 7%，从2009年至2011年，年平均增加了 9. 1%。

从小分类来看，e-learning 网络/移动服务业的销售额是 1 兆5 607亿韩元，在 e-learning 行业销售总额中的比例是 63. 3%，所占比例最高。e-learning 企划业的销售额是4 669亿韩元，占整体的 19. 0%，所占比重仅次于 e-learning 网络/移动服务业。网络/移动 e-learning 制作及提供业的销售额为2 661亿韩元，占比为 10. 8%，教育性娱乐企划及制作业的销售额为1 694亿韩元，占比为 6. 9%。

在增减率方面，e-learning 企划业的销售额比上年增加了 12. 9%，年平均增加了 9. 1%。e-learning 网络/移动服务业的销售额比上年增加了 3. 9%，年平均增加了 9. 2%。网络/移动 e-learning 制作及提供业(CP)的销售额比上年增加了 11. 4%，年平均增加了 9. 0%，呈现出较大的增长幅度。教育性娱乐企划及制作业比上年增加了 10. 6%，年平均增加了 8. 9%。

表4-10-9　**知识信息行业中e-learning业各年度各业种的销售额现状**　(单位：百万韩元)

| 中分类 | 小分类 | 销售额 | | | 比重 | 同比增减率 | 年平均增减率 |
|---|---|---|---|---|---|---|---|
| | | 2009年 | 2010年 | 2011年 | (%) | (%) | (%) |
| e-learning业 | e-learning企划业 | 392 571 | 413 522 | 466 965 | 19.0 | 12.9 | 9.1 |
| | e-learning网络/移动服务业 | 1 309 495 | 1 502 331 | 1 560 753 | 63.3 | 3.9 | 9.2 |
| | 网络/移动e-learning制作及提供业(CP) | 224 092 | 238 932 | 266 163 | 10.8 | 11.4 | 9.0 |
| | 教育性娱乐企划及制作业 | 142 862 | 153 258 | 169 498 | 6.9 | 10.6 | 8.9 |
| 合计 | | 2 069 020 | 2 308 043 | 2 463 379 | 100.0 | 6.7 | 9.1 |

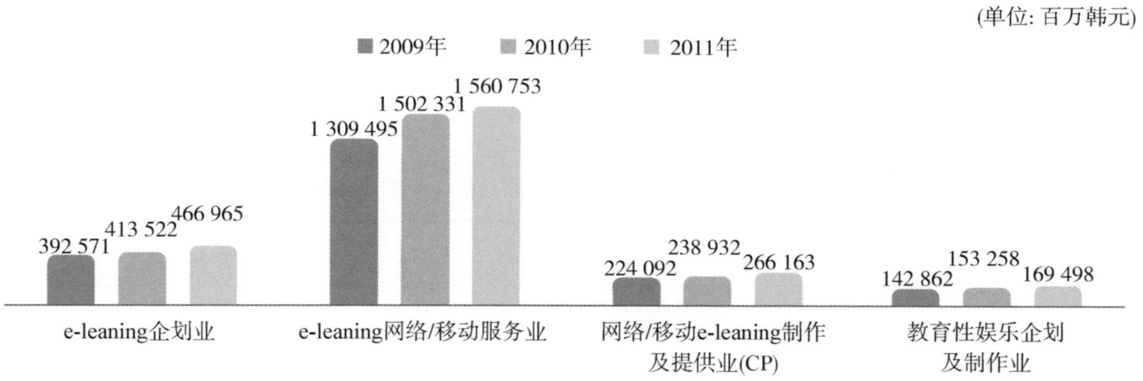


图4-10-6　知识信息行业中e-learning业各年度各业种的销售额现状

## 2. 知识信息行业中其他数据库及在线信息提供业的销售额现状

2011年知识信息行业其他数据库及在线信息提供业的销售额是8 263亿韩元，比上年增加了8.3%，从2009年至2011年，年平均增加了6.8%。

从年度来看，从2009年的7 238亿韩元小幅增加至2010年的7 632亿韩元，又在2011年持续增加至8 263亿韩元。

表4-10-10　**知识信息行业中其他数据库及在线信息提供业各年度各业种的销售额现状**　(单位：百万韩元)

| 中分类 | 小分类 | 销售额 | | | 比重 | 同比增减率 | 年平均增减率 |
|---|---|---|---|---|---|---|---|
| | | 2009年 | 2010年 | 2011年 | (%) | (%) | (%) |
| 其他数据库及在线信息提供业 | 其他数据库及在线信息提供业 | 723 826 | 763 255 | 826 313 | 100.0 | 8.3 | 6.8 |
| 合计 | | 723 826 | 763 255 | 826 313 | 100.0 | 8.3 | 6.8 |

## 3. 知识信息行业中网站及其他网络信息媒介服务业的销售额现状

2011年知识信息行业中网站及其他网络信息媒介服务业的销售额是4兆2 854亿韩元，比上年增加

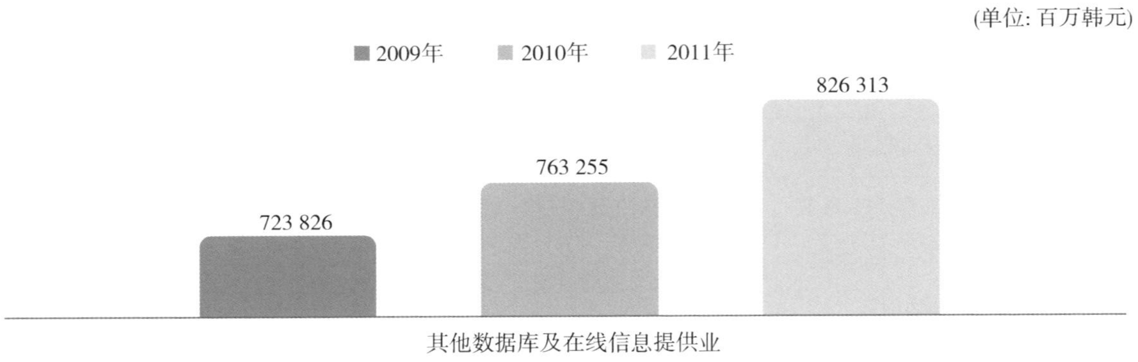


图 4-10-7　知识信息行业中其他数据库及在线信息提供业各年度各业种的销售额现状

了 36. 8%，从 2009 年至 2011 年，年平均增加了 31. 9%。

从年度来看，其销售额在 2009 年是 2 兆4 623亿韩元，2010 年是 3 兆1 328亿韩元，2011 年是 4 兆 2 854亿韩元，呈现出持续增长的趋势。

表 4-10-11　**知识信息行业中网站及其他网络信息媒介服务业各年度各业种的销售额现状**　（单位：百万韩元）

| 中分类 | 小分类 | 销售额 | | | 比重（%） | 同比增减率（%） | 年平均增减率（%） |
|---|---|---|---|---|---|---|---|
| | | 2009 年 | 2010 年 | 2011 年 | | | |
| 网站及其他网络信息媒介服务业 | 网站及其他网络信息媒介服务业 | 2 462 339 | 3 132 829 | 4 285 403 | 100. 0 | 36. 8 | 31. 9 |
| 合计 | | 2 462 339 | 3 132 829 | 4 285 403 | 100. 0 | 36. 8 | 31. 9 |

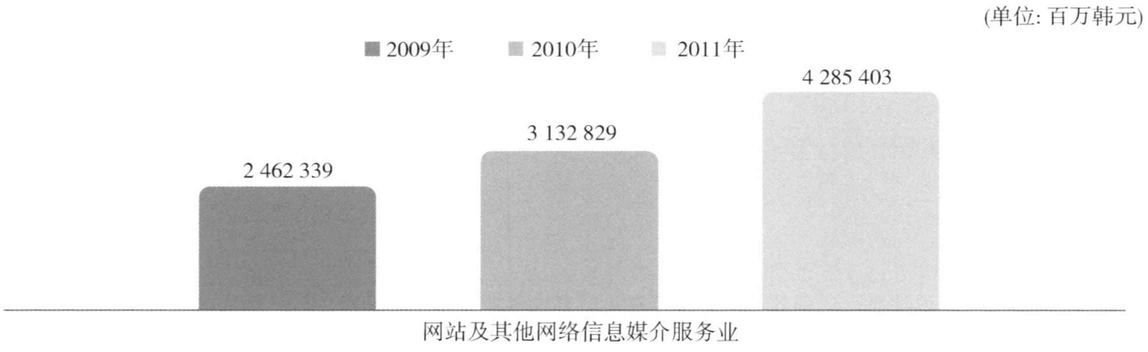


图 4-10-8　知识信息行业中网站及其他网络信息媒介服务业各年度各业种的销售额现状

4. 虚拟世界及虚拟现实业的销售额现状

2011 年知识信息行业中虚拟世界及虚拟现实业的销售额是 1 兆4 706亿韩元，比上年增加了 41. 6%，从 2009 年至 2011 年，年平均增加了 34. 2%。

从年度来看，销售额在 2009 年是8 162亿韩元，2010 年是 1 兆 385 亿韩元，2011 年是 1 兆4 706亿韩元，呈现出持续增长的趋势。

表 4-10-12　　**知识信息行业中虚拟世界及虚拟现实业各年度各业种的销售额现状**　　(单位：百万韩元)

| 中分类 | 小分类 | 销售额 | | | 比重 | 同比增减率 | 年平均增减率 |
|---|---|---|---|---|---|---|---|
| | | 2009 年 | 2010 年 | 2011 年 | (%) | (%) | (%) |
| 虚拟世界及虚拟现实行业 | 屏幕高尔夫系统企划及制作业 | 172 327 | 240 765 | 260 126 | 17.7 | 8.0 | 22.9 |
| | 屏幕高尔夫场运营业 | 583 204 | 734 293 | 1 126 746 | 76.6 | 53.4 | 39.0 |
| | 其他虚拟世界及虚拟现实企划及制作业 | 60 723 | 63 501 | 83 741 | 5.7 | 31.9 | 17.4 |
| 合计 | | 816 254 | 1 038 559 | 1 470 613 | 100.0 | 41.6 | 34.2 |

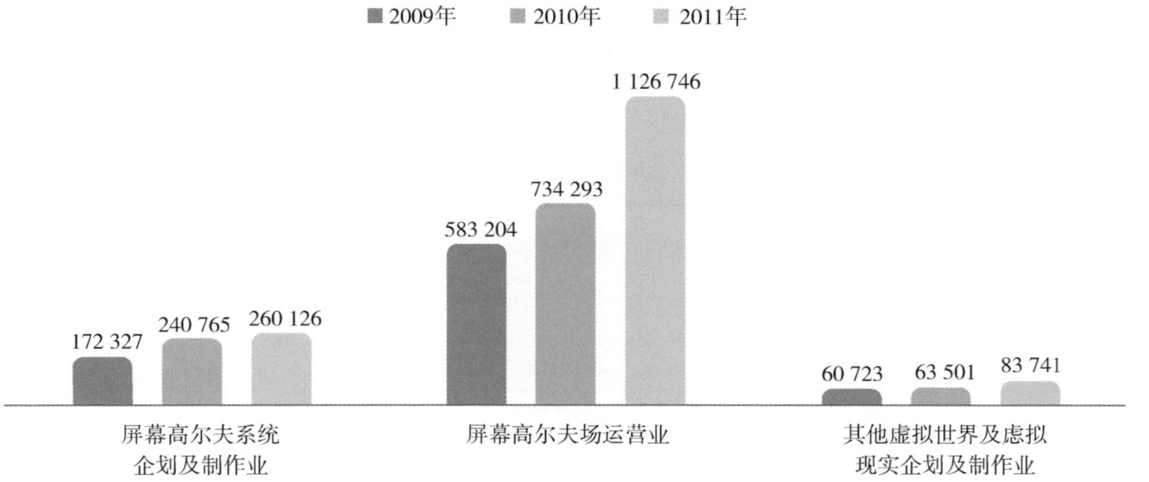


图 4-10-9　知识信息行业中虚拟世界及虚拟现实业各年度各业种的销售额现状

## 5. 知识信息行业各事业形态的销售额现状

从 2011 年知识信息行业各事业形态的销售额现状来看，流通/发行的销售额是 6 兆 7803 亿韩元，占全部销售额的 75.0%。创作及制作的销售额是 2 兆 996 亿韩元，占全部销售额的 23.2%，其他的销售额是 1526 亿韩元，占全部销售额的 1.7%。制作服务的销售额为 131 亿韩元，占全部销售额的 0.1%，所占比例最小。

表 4-10-13　　**知识信息行业各事业形态各业种的销售额现状**　　(单位：百万韩元)

| 业种 \ 事业形态 | 创作及制作 | 制作服务 | 单纯复制 | 流通/发行 | 其他 | 合计 |
|---|---|---|---|---|---|---|
| e-learning 企划业 | 443 787 | 3 968 | — | 8 113 | 11 097 | 466 965 |
| e-learning 网络/移动服务业 | 109 325 | — | — | 1 439 090 | 12 338 | 1 560 753 |
| 网络/移动 e-learning 制作及提供业(CP) | 240 586 | 4 186 | — | 14 258 | 7 133 | 266 163 |
| 教育性娱乐企划及制作业 | 150 561 | 3 759 | — | 6 453 | 8 725 | 169 498 |
| 其他数据库及在线信息提供业 | 621 564 | 1 225 | — | 188 855 | 14 669 | 826 313 |
| 网站及其他网络信息媒介服务业 | 242 974 | — | — | 4 000 843 | 41 586 | 4 285 403 |
| 屏幕高尔夫系统企划及制作业 | 211 341 | — | — | 16 357 | 32 428 | 260 126 |
| 屏幕高尔夫场运营业 | — | — | — | 1 103 108 | 23 638 | 1 126 746 |

续表

| 业种＼事业形态 | 创作及制作 | 制作服务 | 单纯复制 | 流通/发行 | 其他 | 合计 |
|---|---|---|---|---|---|---|
| 其他虚拟世界及虚拟现实企划及制作业 | 79 463 | — | — | 3 251 | 1 027 | 83 741 |
| 合计 | 2 099 601 | 13 138 | — | 6 780 328 | 152 641 | 9 045 708 |
| 比重(%) | 23. 2 | 0. 1 | — | 75. 0 | 1. 7 | 100. 0 |

在增减率方面，2011 年，流通/发行的销售额比上年增加了 31. 4%，从 2009 年至 2011 年，年平均增加了 28. 0%，呈现出最大的增长率。创作及制作的销售额比上年增加了 8. 6%，年平均增加了 8. 1%。制作服务的销售额比上年增加了 0. 7%，年平均增加了 2. 5%；其他类的销售额比上年增加了 13. 3%，年平均增加了 10. 5%

表 4-10-14　**知识信息行业各年度各事业形态的销售额现状**　（单位：百万韩元）

| 业种＼事业形态 | 创作及制作 | 制作服务 | 单纯复制 | 流通/发行 | 其他 | 合计 |
|---|---|---|---|---|---|---|
| 2009 年 | 1 796 179 | 12 498 | 1 268 | 4 136 411 | 125 083 | 6 071 439 |
| 2010 年 | 1 933 410 | 13 041 | — | 5 161 480 | 134 755 | 7 242 686 |
| 2011 年 | 2 099 601 | 13 138 | — | 6 780 328 | 152 641 | 9 045 708 |
| 同比增减率(%) | 8. 6 | 0. 7 | — | 31. 4 | 13. 3 | 24. 9 |
| 年平均增减率(%) | 8. 1 | 2. 5 | — | 28. 0 | 10. 5 | 22. 1 |

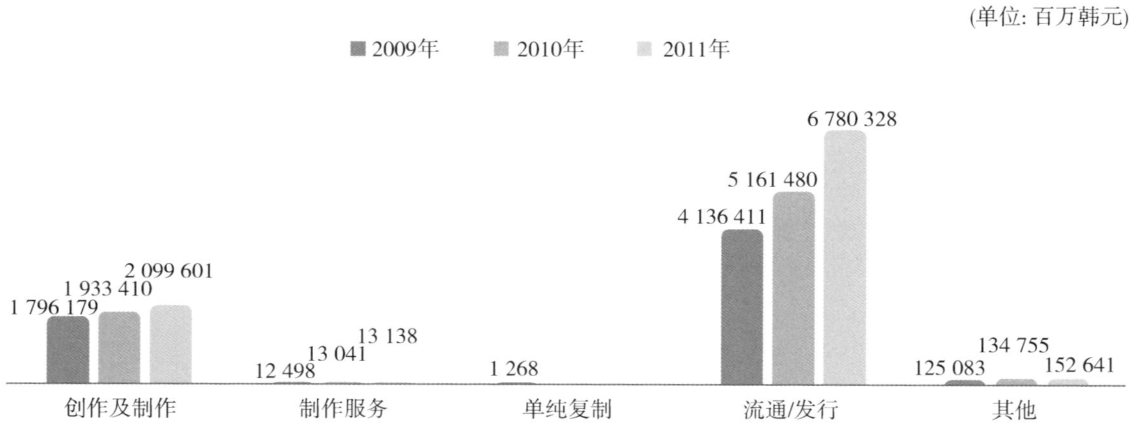


图 4-10-10　知识信息行业各年度各事业形态的销售额现状

## 6. 知识信息行业各销售额规模的企业的销售额现状

从 2011 年知识信息行业各销售额规模的企业的销售额现状来看，销售额规模为 100 亿韩元以上的企业的销售额是 5 兆2 494亿韩元，占销售总额的 58. 0%；销售额规模为 10 亿韩元以上 100 亿韩元以下的企业的销售额是 2 兆3 519亿韩元，占销售总额的 26. 0%；销售额规模为 1 亿韩元以上 10 亿韩元以下的企业的销售额是 1 兆3 986亿韩元，占销售总额的 15. 5%；销售额规模为 1 亿韩元以上的企业的销售额是 456 亿韩元，占销售总额的 0. 5%。

表 4-10-15　　**知识信息行业各销售额规模的企业中各业种的销售额现状(2011 年)**　　(单位：百万韩元)

| 销售额规模 / 业种 | 不足 1 亿韩元 | 1 亿~10 亿韩元 | 10 亿~100 亿韩元 | 100 亿韩元以上 | 合计 |
|---|---|---|---|---|---|
| e-learning 企划业 | 9 358 | 13 425 | 236 925 | 207 257 | 466 965 |
| e-learning 网络/移动服务业 | 11 227 | 91 386 | 742 529 | 715 611 | 1 560 753 |
| 网络/移动 e-learning 制作及提供业(CP) | 8 322 | 24 639 | 233 202 | — | 266 163 |
| 教育性娱乐企划及制作业 | 2 011 | 47 455 | 103 479 | 16 553 | 169 498 |
| 其他数据库及在线信息提供业 | 10 145 | 16 877 | 547 639 | 251 652 | 826 313 |
| 网站及其他网络信息媒介服务业 | 2 637 | 23 566 | 416 619 | 3 842 581 | 4 285 403 |
| 屏幕高尔夫系统企划及制作业 | — | 2 138 | 42 195 | 215 793 | 260 126 |
| 屏幕高尔夫场运营业 | 1 137 | 1 125 609 | — | — | 1 126 746 |
| 其他虚拟世界及虚拟现实企划及制作业 | 825 | 53 522 | 29 394 | — | 83 741 |
| 合计 | 45 662 | 1 398 617 | 2 351 982 | 5 249 447 | 9 045 708 |
| 比重(%) | 0. 5 | 15. 5 | 26. 0 | 58. 0 | 100. 0 |

在增减率方面，销售额规模为 1 亿韩元以上 10 亿韩元以下的企业的销售额比上年增加了 48. 0%，从 2009 年至 2011 年，年平均增加了 37. 4%。销售额规模为 100 亿韩元以上的企业的销售额比上年增加了 29. 6%，年平均增加了 27. 0%。销售额规模为 10 亿韩元以上 100 亿韩元以下的企业的销售额比上年增加了 7. 8%，年平均增加了 8. 1%。销售额规模为 1 亿韩元以下的企业的销售额比上年减少了 31. 0%，年平均减少了 14. 5%。

表 4-10-16　　**知识信息行业各年度各销售额规模的企业的销售额现状**　　(单位：百万韩元)

| 销售额规模 / 年度 | 不足 1 亿韩元 | 1 亿~10 亿韩元 | 10 亿~100 亿韩元 | 100 亿韩元以上 | 合计 |
|---|---|---|---|---|---|
| 2009 年 | 62 437 | 741 106 | 2 011 024 | 3 256 872 | 6 071 439 |
| 2010 年 | 66 182 | 945 311 | 2 181 714 | 4 049 479 | 7 242 686 |
| 2011 年 | 45 662 | 1 398 617 | 2 351 982 | 5 249 447 | 9 045 708 |
| 同比增减率(%) | ▽31. 0 | 48. 0 | 7. 8 | 29. 6 | 24. 9 |
| 年平均增减率(%) | ▽14. 5 | 37. 4 | 8. 1 | 27. 0 | 22. 1 |

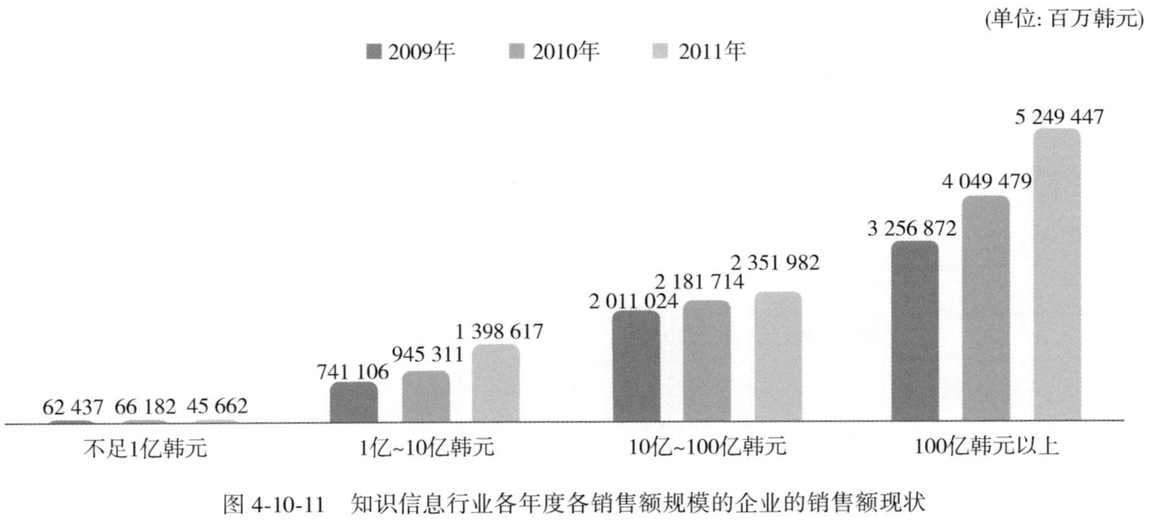


图 4-10-11　知识信息行业各年度各销售额规模的企业的销售额现状

### 7. 知识信息行业各从业者规模的企业的销售额现状

从 2011 年知识信息行业各从业者规模的企业的销售额现状来看，从业者规模是 100 人以上的企业的销售额为 4 兆5 301亿韩元，占整体的 49.8%，所占比例最大。从业者规模是 50 人以上 99 人以下企业的销售额是 1 兆6 252亿韩元，占 18.0%；从业者规模是 10 人以上 49 人以下的企业的销售额是 1 兆2 723亿韩元，占 14.1%；从业者规模是 1 人以上 4 人以下企业的销售额是 1 兆1 971亿韩元，占 13.2%；从业者规模是 5 人以上 9 人以下企业的销售额是4 478亿韩元，占 4.9%。

表 4-10-17　**知识信息行业各从业者规模的企业中各业种的销售额现状(2011 年)**　(单位：百万韩元)

| 业种＼从业者规模 | 1~4 人 | 5~9 人 | 10~49 人 | 50~99 人 | 100 人以上 | 合计 |
|---|---|---|---|---|---|---|
| e-learning 企划业 | 20 796 | 22 528 | 112 661 | 132 587 | 178 393 | 466 965 |
| e-learning 网络/移动服务业 | 30 592 | 196 257 | 273 629 | 388 936 | 671 339 | 1 560 753 |
| 网络/移动 e-learning 制作及提供业(CP) | 15 961 | 48 559 | 142 259 | 59 384 | — | 266 163 |
| 教育性娱乐企划及制作业 | 13 822 | 45 376 | 79 884 | 30 416 | — | 169 498 |
| 其他数据库及在线信息提供业 | 16 359 | 33 558 | 246 258 | 318 755 | 211 383 | 826 313 |
| 网站及其他网络信息媒介服务业 | 9 938 | 39 257 | 366 258 | 643 682 | 3 226 268 | 4 285 403 |
| 屏幕高尔夫系统企划及制作业 | — | — | 16 082 | 28 251 | 215 793 | 260 126 |
| 屏幕高尔夫场运营业 | 1 087 118 | 39 628 | — | — | — | 1 126 746 |
| 其他虚拟世界及虚拟现实企划及制作业 | 2 568 | 22 661 | 35 287 | 23 225 | — | 83 741 |
| 合计 | 1 197 154 | 447 824 | 1 272 318 | 1 625 236 | 4 503 176 | 9 045 708 |
| 比重(%) | 13.2 | 4.9 | 14.1 | 18.0 | 49.8 | 100.0 |

在增减率方面，2011 年，从业者规模是 1 人以上 4 人以下的企业的销售额比上年增加了 45.1%，从 2009 年至 2011 年，年平均增加了 38.3%。2011 年，从业者规模是 5 人以上 9 人以下的企业的销售额比上年增加了 17.9%，年平均增加了 14.5%；从业者规模是 10 人以上 49 人以下的企业的销售额比上年增加了 22.2%，年平均增加了 15.3%。从业者规模是 50 人以上 99 人以下的企业的销售额比上年增加了 36.6%，年平均增加了 22.2%。从业者规模是 100 人以上的企业的销售额比上年增加了 18.3%，年平均增加了 21.3%。

表 4-10-18　**知识信息行业各年度各从业者规模的企业的销售额现状**　(单位：百万韩元)

| 年度＼从业者规模 | 1~4 人 | 5~9 人 | 10~49 人 | 50~99 人 | 100 人以上 | 合计 |
|---|---|---|---|---|---|---|
| 2009 年 | 626 022 | 341 632 | 956 729 | 1 088 846 | 3 058 210 | 6 071 439 |
| 2010 年 | 825 078 | 379 866 | 1 041 534 | 1 190 061 | 3 806 147 | 7 242 686 |
| 2011 年 | 1 197 154 | 447 824 | 1 272 318 | 1 625 236 | 4 503 176 | 9 045 708 |
| 同比增减率(%) | 45.1 | 17.9 | 22.2 | 36.6 | 18.3 | 24.9 |
| 年平均增减率(%) | 38.3 | 14.5 | 15.3 | 22.2 | 21.3 | 22.1 |

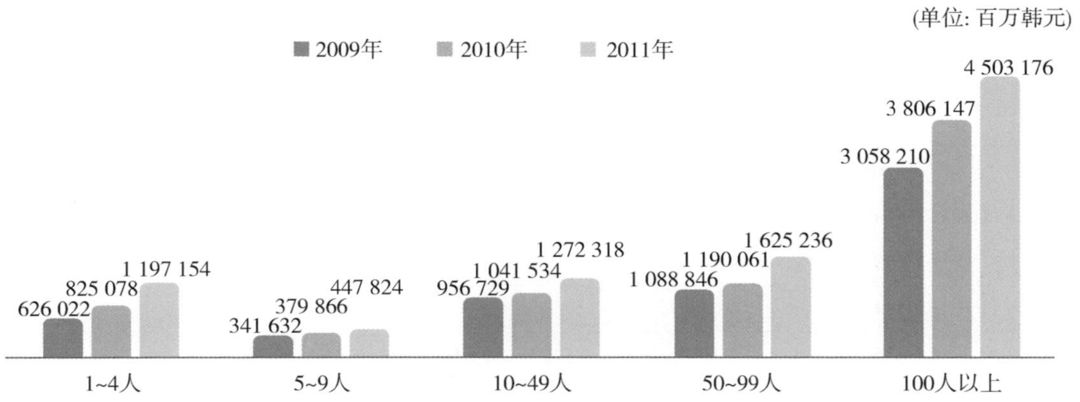


图 4-10-12　知识信息行业各年度各从业者规模的企业的销售额现状

## 8. 知识信息行业各地区的销售额现状

从 2011 年知识信息行业各地区的销售额现状来看，首尔的销售额是 5 兆5 684亿韩元，占全部销售额的 61. 6%，比上年增加了 9. 1%，从2009年至2011年，年平均增加了 10. 8%。京畿道的销售额是 2 兆3 810亿韩元，占全部销售额的 26. 3%，釜山的销售额是1 304亿韩元，占全部销售额的 1. 4%，所占比重非常低。

6 个广域市的销售额是6 849亿韩元，占全部销售额的 7. 5%，比上年增加了 17. 8%，年平均增加了 14. 5%。9 个道的销售额是 2 兆7 922亿韩元，占全部销售额的 30. 9%，比上年增加了 79. 5%，年平均增加了 65. 9%。

表 4-10-19　　**知识信息行业各地区各业种的销售额现状(2011 年)**　　(单位：百万韩元)

| 地区 \ 业种 | | e-learning 业 | 其他数据库及在线信息提供业 | 网站及其他网络信息媒介服务业 | 虚拟世界及虚拟现实业 | 合计 | 比重(%) |
|---|---|---|---|---|---|---|---|
| 首尔 | | 1 973 009 | 636 823 | 2 489 853 | 468 747 | 5 568 432 | 61. 6 |
| 6个广域市 | 釜山 | 23 452 | 9 115 | 22 588 | 75 258 | 130 413 | 1. 4 |
| | 大邱 | 18 222 | 7 859 | 17 255 | 45 226 | 88 562 | 1. 0 |
| | 仁川 | 16 625 | 7 113 | 17 733 | 41 137 | 82 608 | 0. 9 |
| | 光州 | 13 338 | 6 327 | 13 621 | 26 325 | 59 611 | 0. 7 |
| | 大田 | 19 467 | 6 182 | 15 252 | 234 122 | 275 023 | 3. 0 |
| | 蔚山 | 8 833 | 2 833 | 4 428 | 32 668 | 48 762 | 0. 5 |
| | 小计 | 99 937 | 39 429 | 90 877 | 454 736 | 684 979 | 7. 5 |
| 9个道 | 京畿道 | 292 589 | 113 258 | 1 652 583 | 322 581 | 2 381 011 | 26. 3 |
| | 江原道 | 9 625 | 4 225 | 6 112 | 30 119 | 50 081 | 0. 6 |
| | 忠清北道 | 17 638 | 5 071 | 9 128 | 18 325 | 50 162 | 0. 6 |
| | 忠清南道 | 14 452 | 4 968 | 9 326 | 23 351 | 52 097 | 0. 6 |
| | 全罗北道 | 11 362 | 4 132 | 5 837 | 18 692 | 40 023 | 0. 4 |
| | 全罗南道 | 8 991 | 4 225 | 5 125 | 23 257 | 41 598 | 0. 5 |
| | 庆尚北道 | 16 229 | 5 967 | 6 788 | 38 658 | 67 642 | 0. 7 |
| | 庆尚南道 | 16 121 | 6 883 | 8 221 | 69 325 | 100 550 | 1. 1 |
| | 济州道 | 3 426 | 1 332 | 1 553 | 2 822 | 9 133 | 0. 1 |
| | 小计 | 390 433 | 150 061 | 1 704 673 | 547 130 | 2 792 297 | 30. 9 |
| 合计 | | 2 463 379 | 826 313 | 4 285 403 | 1 470 613 | 9 045 708 | 100. 0 |

表 4-10-20　　知识信息行业各地区的年度销售额现状　　（单位：百万韩元）

| 地区＼年度 | | 2009 年 | 2010 年 | 2011 年 | 同比增减率（%） | 年平均增减率（%） |
|---|---|---|---|---|---|---|
| 首尔 | | 4 534 611 | 5 105 493 | 5 568 432 | 9. 1 | 10. 8 |
| 6个广域市 | 釜山 | 92 514 | 101 778 | 130 413 | 28. 1 | 18. 7 |
| | 大邱 | 67 649 | 74 985 | 88 562 | 18. 1 | 14. 4 |
| | 仁川 | 68 714 | 75 577 | 82 608 | 9. 3 | 9. 6 |
| | 光州 | 44 635 | 49 750 | 59 611 | 19. 8 | 15. 6 |
| | 大田 | 209 877 | 236 788 | 275 023 | 16. 1 | 14. 5 |
| | 蔚山 | 38 726 | 42 591 | 48 762 | 14. 5 | 12. 2 |
| | 小计 | 522 115 | 581 469 | 684 979 | 17. 8 | 14. 5 |
| 9个道 | 京畿道 | 685 693 | 1 189 123 | 2 381 011 | 100. 2 | 86. 3 |
| | 江原道 | 38 832 | 43 503 | 50 081 | 15. 1 | 13. 6 |
| | 忠清北道 | 39 235 | 45 797 | 50 162 | 9. 5 | 13. 1 |
| | 忠清南道 | 43 914 | 49 499 | 52 097 | 5. 2 | 8. 9 |
| | 全罗北道 | 33 816 | 37 204 | 40 023 | 7. 6 | 8. 8 |
| | 全罗南道 | 34 870 | 38 369 | 41 598 | 8. 4 | 9. 2 |
| | 庆尚北道 | 55 841 | 62 155 | 67 642 | 8. 8 | 10. 1 |
| | 庆尚南道 | 74 861 | 81 791 | 100 550 | 22. 9 | 15. 9 |
| | 济州道 | 7 651 | 8 283 | 9 133 | 10. 3 | 9. 3 |
| | 小计 | 1 014 713 | 1 555 724 | 2 792 297 | 79. 5 | 65. 9 |
| 合计 | | 6 071 439 | 7 242 686 | 9 045 708 | 24. 9 | 22. 1 |

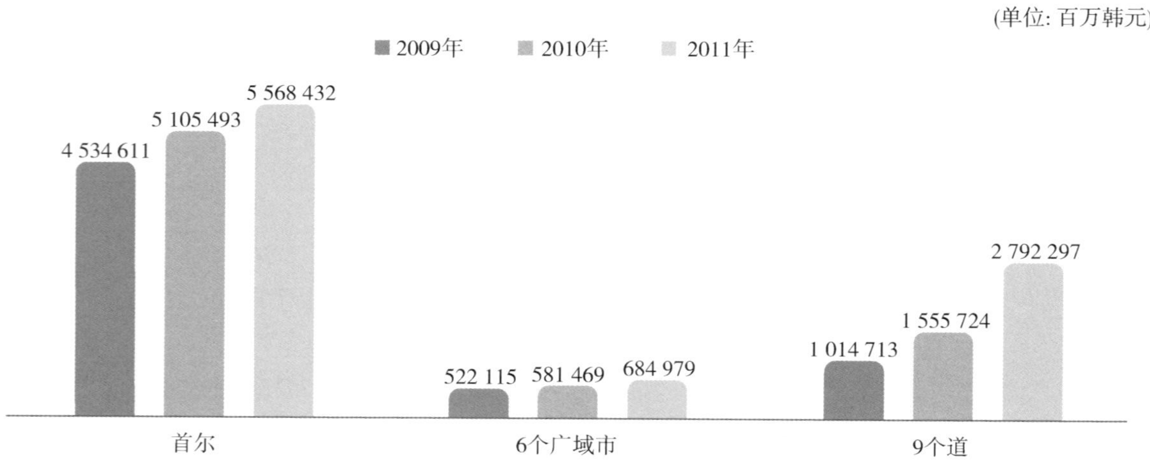


图 4-10-13　知识信息行业各地区的年度销售额现状

## (四)知识信息行业的附加价值额构成现状

2011 年知识信息行业的附加价值额是 3 兆9 152亿韩元，比上年增加了 26. 9%，从 2009 年至 2011 年，年平均增加了 23. 8%，附加价值率是 43. 28%。

从附加价值额的构成现状来看，2011 年，人工成本费为 2 兆6 658亿韩元(68. 1%)，所占比例最大，比上年增加了 33. 8%，年平均增加了 29. 3%。经常性收益是7 314亿韩元(18. 7%)，比上年增加了 5. 1%，年平均增加了 11. 6%。租借费用是2 412亿韩元(6. 2%)，比上年增加了 29. 3%，年平均增加了 16. 3%。折旧费用是1 729亿韩元(4. 4%)，比上年增加了 34. 3%，年平均增加了 21. 6%。税费是 685 亿韩元(1. 8%)，比上年增加了 28. 7%，年平均增加了 15. 7%。纯金融费用是 352 亿韩元(0. 9%)，比上年增加了 19. 9%，年平均增加了 12. 2%。

表 4-10-21　　知识信息行业附加价值额的构成现状(2011 年)　　(单位：百万韩元)

| 分类 | 销售额 | 附加价值额 | 附加价值率(%) | 附加价值额构成 | | | | | |
|---|---|---|---|---|---|---|---|---|---|
| | | | | 经常性收益 | 人工成本 | 纯金融费用 | 折旧费用 | 租借费用 | 税费 |
| 知识信息行业 | 9 045 708 | 3 915 254 | 43. 28 | 731 452 | 2 665 825 | 35 221 | 172 951 | 241 252 | 68 553 |
| 占附加价值额的比重(%) | | | | 18. 7 | 68. 1 | 0. 9 | 4. 4 | 6. 2 | 1. 8 |
| 占销售额的比重(%) | | | | 8. 1 | 29. 5 | 0. 4 | 1. 9 | 2. 7 | 0. 8 |

表 4-10-22　　知识信息行业各年度的附加价值额构成现状　　(单位：百万韩元)

| 分类 / 年度 | 附加价值额构成 | | | | | | 附加价值额合计 |
|---|---|---|---|---|---|---|---|
| | 经常性收益 | 人工成本 | 纯金融费用 | 折旧费用 | 租借费用 | 税费 | |
| 2009 年 | 587 078 | 1 594 360 | 27 979 | 117 014 | 178 441 | 51 204 | 2 556 076 |
| 2010 年 | 696 277 | 1 991 770 | 29 372 | 128 765 | 186 522 | 53 271 | 3 085 977 |
| 2011 年 | 731 452 | 2 665 825 | 35 221 | 172 951 | 241 252 | 68 553 | 3 915 254 |
| 同比增减率(%) | 5. 1 | 33. 8 | 19. 9 | 34. 3 | 29. 3 | 28. 7 | 26. 9 |
| 年平均增减率(%) | 11. 6 | 29. 3 | 12. 2 | 21. 6 | 16. 3 | 15. 7 | 23. 8 |

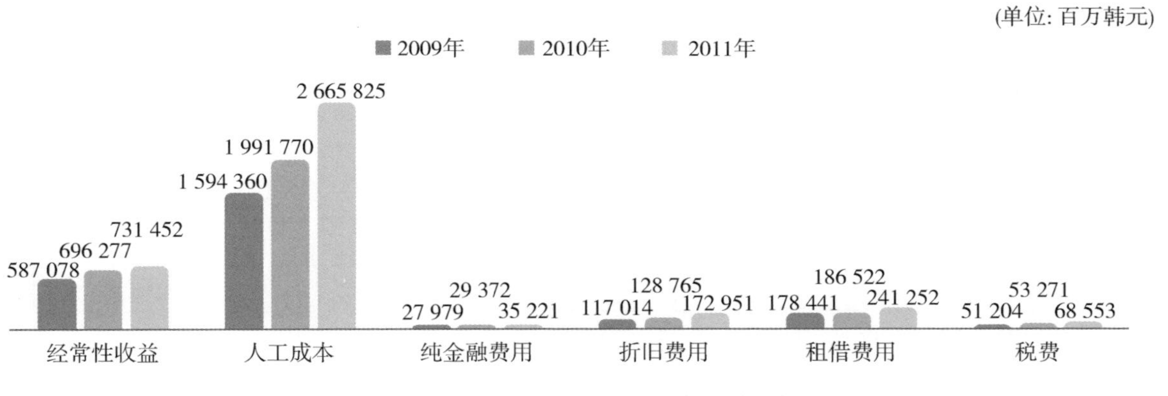


图 4-10-14　知识信息行业各年度的附加价值额构成现状

## (五)知识信息行业的进出口额现状

2011 年知识信息行业的出口额是 4 亿3 225万美元，比上年增加了 17. 4%，从2009年至2011年，年平均增加了 11. 2%。2011 年，进口额是 49 万美元，比上年增加了 5. 5%，年平均增加了 4. 6%。

从年度来看，出口额从 2009 年的 3 亿4 962美元小幅增加到 2010 年的 3 亿6 817万美元，又大幅增加至 2011 年的 4 亿3 225万美元。进口额在 2009 年是 45 万美元，2010 年是 47 万美元，2011 年是 49 万美元，也呈现出增长的趋势。

表 4-10-23　　知识信息行业的出口及进口额现状　　（单位：千美元）

| 分类 | 2009 年 | 2010 年 | 2011 年 | 同比增减率(%) | 年平均增减率(%) |
|---|---|---|---|---|---|
| 出口额 | 349 621 | 368 174 | 432 256 | 17.4 | 11.2 |
| 进口额 | 453 | 470 | 496 | 5.5 | 4.6 |
| 进出口差额 | 349 168 | 367 704 | 431 760 | — | — |

1. 知识信息行业对各地区的进出口额现状

从 2011 年知识信息行业对各地区的出口额现状来看，出口额最多的地区是东南亚，出口额为 1 亿9 837万美元，占出口总额的 45.9%。对日本的出口额是 1 亿7 692万美元，占出口总额的 40.9%，对中国的出口额是3 628万美元，占出口总额的 8.4%。此外，对北美出口额是 880 万美元(2.1%)，对欧洲的出口额是 352 万美元(0.8%)，对其他地区的出口额为 834 万美元(1.9%)。

从年度来看，对东南亚的出口额在 2009 年是 1 亿5 326万美元，2010 年是 1 亿6 817万美元，2011 年是 1 亿9 837万美元，2011 年比上年增加了 18.0%，从 2009 年至 2011 年，年平均增加了 13.8%。2011 年，对中国的出口额比上年增加了 3.8%，年平均增加了 3.0%；对日本的出口额比上年增加了 22.4%，年平均增加了 11.7%。对北美的出口额比上年增加了 1.2%，年平均增加了 0.7%；对欧洲的出口额比上年增加了 1.8%，年平均增加了 1.3%；对其他地区的出口额比上年增加了 0.7%，年平均增加了 1.2%。

表 4-10-24　　知识信息行业对各地区的出口额现状　　（单位：千美元）

| 区域 | 出口额 | | | 比重 | 同比增减率 | 年平均增减率 |
|---|---|---|---|---|---|---|
| | 2009 年 | 2010 年 | 2011 年 | (%) | (%) | (%) |
| 中国 | 34 224 | 34 943 | 36 287 | 8.4 | 3.8 | 3.0 |
| 日本 | 141 875 | 144 598 | 176 925 | 40.9 | 22.4 | 11.7 |
| 东南亚 | 153 261 | 168 179 | 198 372 | 45.9 | 18.0 | 13.8 |
| 北美 | 8 682 | 8 700 | 8 802 | 2.1 | 1.2 | 0.7 |
| 欧洲 | 3 435 | 3 466 | 3 528 | 0.8 | 1.8 | 1.3 |
| 其他 | 8 144 | 8 288 | 8 342 | 1.9 | 0.7 | 1.2 |
| 合计 | 349 621 | 368 174 | 432 256 | 100.0 | 17.4 | 11.2 |

从 2011 年知识信息行业各地区的进口额现状来看，进口额比重最大的地区是北美，进口额为 32 万美元，约占进口总额的64.7%。对日本的进口额是 2 万美元，占进口总额的5.9%；对欧洲的进口额是 5 万美元，占进口总额的 11.9%；对其他地区的进口额是 8 万美元。占进口总额的 17.5%。此外，在中国和东南亚地区没有与知识信息行业相关资讯的进口。

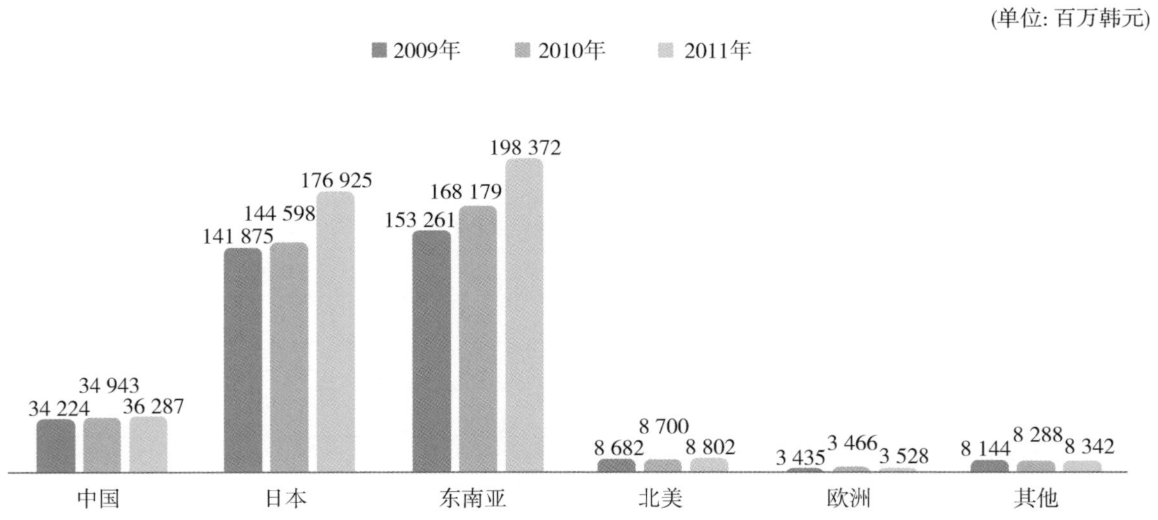


图 4-10-15　知识信息行业对各地区的出口额现状

表 4-10-25　**知识信息行业在各地区的进口额现状**　（单位：千美元）

| 年度 / 区域 | 进口额 | | | 比重 | 同比增减率 | 年平均增减率 |
|---|---|---|---|---|---|---|
| | 2009 年 | 2010 年 | 2011 年 | （%） | （%） | （%） |
| 中国 | — | — | — | — | — | — |
| 日本 | 21 | 28 | 29 | 5.9 | 3.6 | 17.5 |
| 东南亚 | — | — | — | — | — | — |
| 北美 | 292 | 301 | 321 | 64.7 | 6.6 | 4.8 |
| 欧洲 | 56 | 57 | 59 | 11.9 | 3.5 | 2.6 |
| 其他 | 84 | 84 | 87 | 17.5 | 3.6 | 1.8 |
| 合计 | 453 | 470 | 496 | 100.0 | 5.5 | 4.6 |

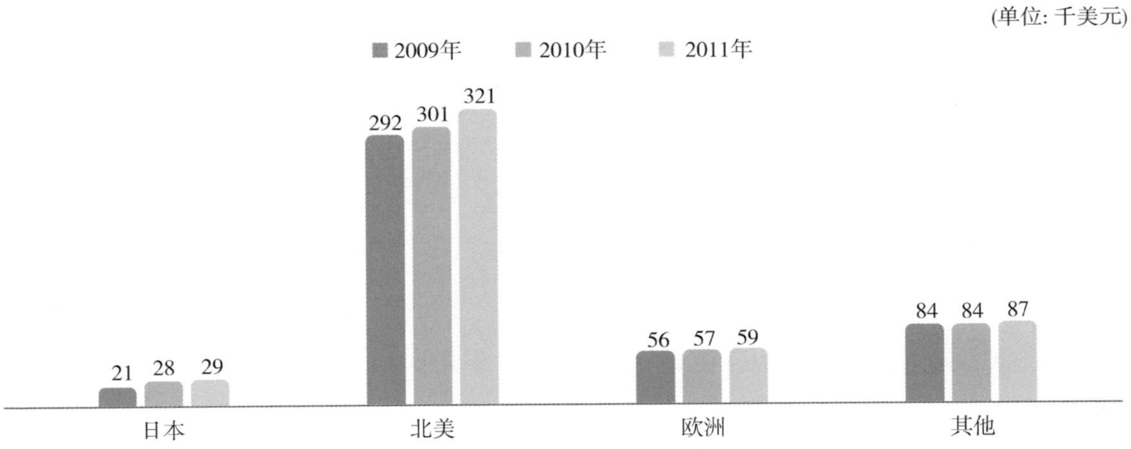


图 4-10-16　知识信息行业对各地区的进口额现状

## 2. 知识信息行业的海外出口方法

调查显示，2011 年知识信息行业的海外出口方法中，利用海外代理公司的应答最多，占 38.0%，该结果比 2010 年减少了 1.2%。参与海外展示会及活动的应答占 25.4%，是仅次于利用海外代理公司的方法。其次是接触海外流通公司，占 18.3%，利用国内代理人的应答占 11.3%，利用海外法人的应答占 4.2%，在线海外销售的应答占 2.8%，其他方法没有进行调查。

表 4-10-26　　知识信息行业的海外出口方法　　（单位:%）

| 海外出口方法 | | 2009 年 | 2010 年 | 2011 年 | 同比增减率(%) |
|---|---|---|---|---|---|
| 直接出口 | 参与海外展示会与活动 | 27.3 | 27.2 | 25.4 | ▽1.8 |
| | 接触海外流通公司 | 19.7 | 20.1 | 18.3 | ▽1.8 |
| | 在线海外销售 | 0.9 | 1.2 | 2.8 | 1.6 |
| | 利用海外法人 | 3.2 | 3.8 | 4.2 | 0.4 |
| 间接出口 | 利用国内代理人 | 8.6 | 8.2 | 11.3 | 3.1 |
| | 利用海外代理人 | 39.4 | 39.2 | 38.0 | ▽1.2 |
| 其他 | | 0.9 | 0.3 | — | — |
| 合计 | | 100.0 | 100.0 | 100.0 | — |

### 3. 知识信息行业的海外进军方式

在 2011 年知识信息行业的海外进军方式中，许可出口所占的比例最多，为 77.5%。其次是技术服务，占 9.9%，接下来是成品出口，占 8.4%；OEM 出口占 4.2%；对于其他方式则没有进行调查。

表 4-10-27　　知识信息行业的海外进出口形态　　（单位:%）

| 海外进军方式 | 2009 年 | 2010 年 | 2011 年 | 同比增减率(%) |
|---|---|---|---|---|
| 成品出口 | 9.2 | 9.6 | 8.4 | ▽1.2 |
| 许可出口 | 73.5 | 73.8 | 77.5 | 3.7 |
| OEM 出口 | 4.9 | 4.1 | 4.2 | 0.1 |
| 技术服务 | 10.6 | 10.8 | 9.9 | ▽0.9 |
| 其他 | 1.8 | 1.7 | — | — |
| 合计 | 100.0 | 100.0 | 100.0 | — |

## （六）知识信息行业的从业者现状

2011 年知识信息行业的从业者为69 026人，比上年增加了 11.7%，从 2009 年至 2011 年，年平均增加了 11.9%。

从小分类来看，e-learning 业的从业者为24 770人，占全部从业者的 35.8%。其他数据库及在线信息提供业的从业者为12 677人，占 18.4%，网站及其他网络信息媒介服务业的从业者为13 229人，占 19.2%。

在增减率方面，2011 年，e-learning 业的从业者比上年增加了 4.5%，年平均增加了 3.8%。其他数据库及在线信息提供业的从业者比上年增加了 6.6%，年平均增加了 9.8%。网站及其他网络信息媒介服务业的从业者比上年增加了 4.7%，年平均增加了 7.8%。虚拟世界及虚拟现实业的从业者比上年增加了 35. 3%，年平均增加了 33. 9%。

表 4-10-28　**知识信息行业各年度各业种的从业者现状**　（单位：名）

| 中分类 | 小分类 | 从业者数量 | | | 比重 | 同比增减率 | 年平均增减率 |
|---|---|---|---|---|---|---|---|
| | | 2009 年 | 2010 年 | 2011 年 | （%） | （%） | （%） |
| e-learning 业 | e-learning 企划业 | 3 625 | 3 812 | 4 107 | 5. 9 | 7. 7 | 6. 4 |
| | e-learning 网络/移动服务业 | 13 627 | 13 982 | 14 636 | 21. 2 | 4. 7 | 3. 6 |
| | 网络/移动 e-learning 制作及提供业（CP） | 4 123 | 4 209 | 4 282 | 6. 2 | 1. 7 | 1. 9 |
| | 教育性娱乐企划及制作业 | 1 631 | 1 699 | 1 745 | 2. 5 | 2. 7 | 3. 4 |
| | 小计 | 23 006 | 23 702 | 24 770 | 35. 8 | 4. 5 | 3. 8 |
| 其他数据库及在线信息提供业 | 其他数据库及在线信息提供业 | 10 516 | 11 887 | 12 677 | 18. 4 | 6. 6 | 9. 8 |
| | 小计 | 10 516 | 11 887 | 12 677 | 18. 4 | 6. 6 | 9. 8 |
| 网站及其他网络信息媒介服务业 | 网站及其他网络信息媒介服务业 | 11 375 | 12 637 | 13 229 | 19. 2 | 4. 7 | 7. 8 |
| | 小计 | 11 375 | 12 637 | 13 229 | 19. 2 | 4. 7 | 7. 8 |
| 虚拟世界及虚拟现实业 | 屏幕高尔夫系统企划及制作业 | 762 | 823 | 911 | 1. 3 | 10. 7 | 9. 3 |
| | 屏幕高尔夫场运营业 | 9 081 | 12 309 | 16 963 | 24. 6 | 37. 8 | 36. 7 |
| | 其他虚拟世界及虚拟现实企划及制作业 | 386 | 434 | 476 | 0. 7 | 9. 7 | 11. 0 |
| | 小计 | 10 229 | 13 566 | 18 350 | 26. 6 | 35. 3 | 33. 9 |
| 合计 | | 55 126 | 61 792 | 69 026 | 100. 0 | 11. 7 | 11. 9 |

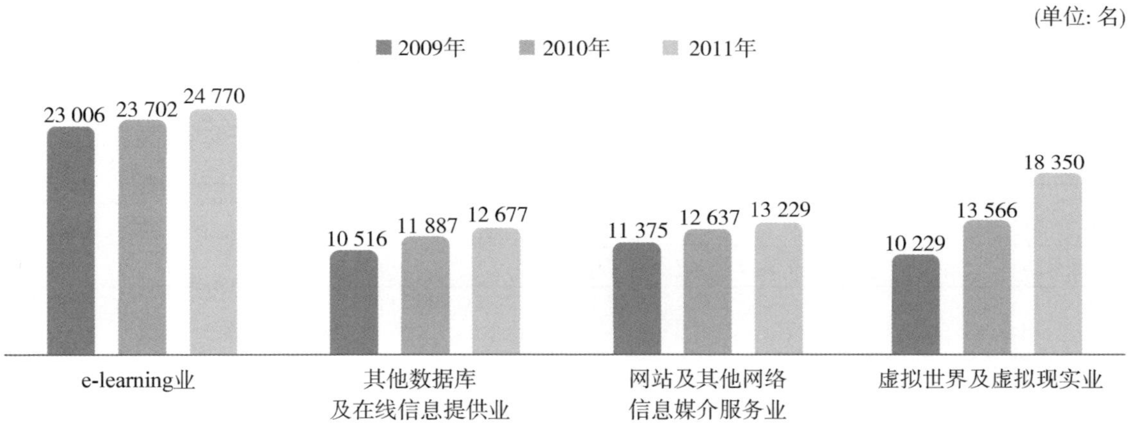


图 4-10-17　知识信息行业各年度各业种的从业者现状

### 1. 知识信息行业各销售额规模的企业的从业者现状

从 2011 年知识信息行业各销售额规模的企业的从业者现状来看，销售额规模为 10 亿韩元以上 100 亿韩元以下的企业的从业者最多，为29 524人，占全部从业者的 42. 8%。销售额规模为 1 亿韩元以上 10 亿韩元以下的企业的从业者为19 705人，占全部从业者的 28. 5%；销售额规模为 100 亿韩元以上的企业的从业者为18 709人，占全部从业者的 27. 1%，销售额规模为 1 亿韩元以下的企业的从业者为 1 088人，占全部从业者的 1. 6%。

表 4-10-29　**知识信息行业各销售额规模的企业各业种的从业者现状(2011 年)**　(单位：百万名)

| 业种 \ 销售额规模 | 不足 1 亿韩元 | 1 亿~10 亿韩元 | 10 亿~100 亿韩元 | 100 亿韩元以上 | 合计 |
|---|---|---|---|---|---|
| e-learning 企划业 | 113 | 167 | 2 894 | 933 | 4 107 |
| e-learning 网络/移动服务业 | 162 | 1 108 | 7 429 | 5 937 | 14 636 |
| 网络/移动 e-learning 制作及提供业(CP) | 125 | 371 | 3 786 | — | 4 282 |
| 教育性娱乐企划及制作业 | 66 | 743 | 808 | 128 | 1 745 |
| 其他数据库及在线信息提供业 | 135 | 296 | 8 337 | 3 909 | 12 677 |
| 网站及其他网络信息媒介服务业 | 48 | 247 | 5 572 | 7 362 | 13 229 |
| 屏幕高尔夫系统企划及制作业 | — | — | 471 | 440 | 911 |
| 屏幕高尔夫场运营业 | 432 | 16 531 | — | — | 16 963 |
| 其他虚拟世界及虚拟现实企划及制作业 | 7 | 242 | 227 | — | 476 |
| 合计 | 1 088 | 19 705 | 29 524 | 18 709 | 69 026 |
| 比重(%) | 1.6 | 28.5 | 42.8 | 27.1 | 100.0 |

在增减率方面，2011 年，销售额规模为 1 亿韩元以下的企业的从业者，比上年增加了 7.0%，从 2009 年至 2011 年，年平均增加了 8.0%。销售额规模为 1 亿韩元以上 10 亿韩元以下的企业的从业者比上年增加了 32.2%，年平均增加了 30.3%；销售额规模为 10 亿韩元以上 100 亿韩元以下的企业的从业者比上年增加了 6.8%，年平均增加了 6.2%。销售额规模为 100 亿韩元以上的企业的从业者比上年增加了 2.6%，年平均增加了 6.7%。

表 4-10-30　**知识信息行业各年度各销售额规模的企业的从业者现状**　(单位：名)

| 年度 \ 销售额规模 | 不足 1 亿韩元 | 1 亿~10 亿韩元 | 10 亿~100 亿韩元 | 100 亿韩元以上 | 合计 |
|---|---|---|---|---|---|
| 2009 年 | 933 | 11 607 | 26 163 | 16 423 | 55 126 |
| 2010 年 | 1 017 | 14 903 | 27 640 | 18 232 | 61 792 |
| 2011 年 | 1 088 | 19 705 | 29 524 | 18 709 | 69 026 |
| 同比增减率(%) | 7.0 | 32.2 | 6.8 | 2.6 | 11.7 |
| 年平均增减率(%) | 8.0 | 30.3 | 6.2 | 6.7 | 11.9 |

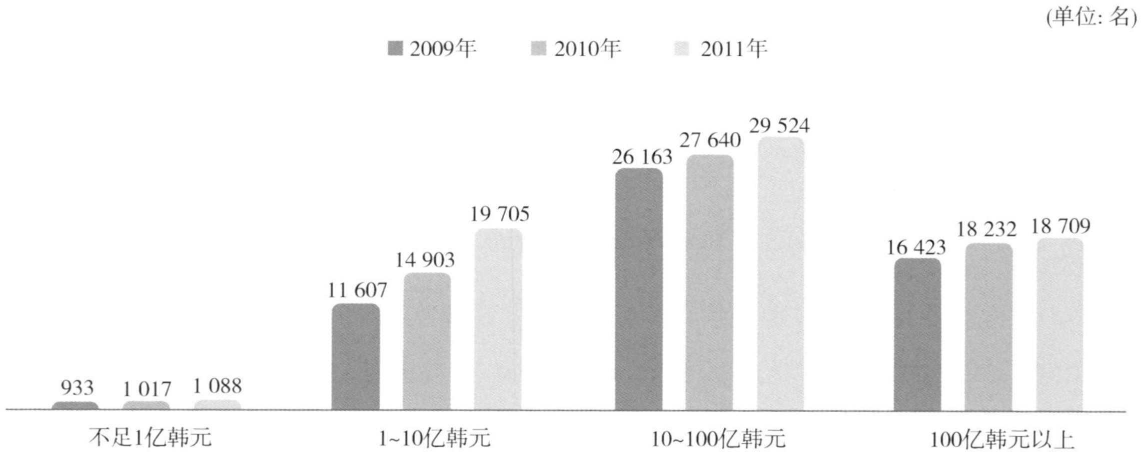


图 4-10-18　知识信息行业各年度各销售额规模的企业的从业者现状

### 2. 知识信息行业各从业者规模的企业的从业者现状

从 2011 年知识信息行业各从业者规模的企业的从业者现状来看，从业者规模为 1 人以上 4 人以下的企业的从业者为17 572人，占全体从业者的 25.5%，所占比例最大。从业者规模为 10 人以上 49 人以下的企业的从业者为15 749人，占全部从业者的 22.8%；从业者规模为 100 人以上的企业的从业者为14 870人，占全部从业者的 21.5%；从业者规模为 50 人以上 99 人以下的企业的从业者为14 401人，占全部从业者的 20.9%；从业者规模为 5 人以上 9 人以下的企业的从业者为6 434人，占全部从业者的 9.3%。

表 4-10-31　**知识信息行业各从业者规模的企业中各业种的从业者现状（2011 年）**　（单位：名）

| 业种＼从业者规模 | 1~4 人 | 5~9 人 | 10~49 人 | 50~99 人 | 100 人以上 | 合计 |
|---|---|---|---|---|---|---|
| e-learning 企划业 | 228 | 266 | 998 | 1 233 | 1 382 | 4 107 |
| e-learning 网络/移动服务业 | 362 | 2 231 | 3 228 | 4 398 | 4 417 | 14 636 |
| 网络/移动 e-learning 制作及提供业（CP） | 289 | 1 109 | 2 301 | 583 | — | 4 282 |
| 教育性娱乐企划及制作业 | 205 | 583 | 722 | 235 | — | 1 745 |
| 其他数据库及在线信息提供业 | 321 | 619 | 5 308 | 4 936 | 1 493 | 12 677 |
| 网站及其他网络信息媒介服务业 | 133 | 452 | 2 839 | 2 667 | 7 138 | 13 229 |
| 屏幕高尔夫系统企划及制作业 | — | — | 245 | 226 | 440 | 911 |
| 屏幕高尔夫场运营业 | 16 025 | 938 | — | — | — | 16 963 |
| 其他虚拟世界及虚拟现实企划及制作业 | 9 | 236 | 108 | 123 | — | 476 |
| 合计 | 17 572 | 6 434 | 15 749 | 14 401 | 14 870 | 69 026 |
| 比重（%） | 25.5 | 9.3 | 22.8 | 20.9 | 21.5 | 100.0 |

在增减率方面，2011 年，从业者规模为 1 人以上 4 人以下的企业的从业者比上年增加了 28.5%，从 2009 年至 2011 年，年平均增加了 29.9%。从业者规模为 5 人以上 9 人以下的企业的从业者比上年增加了 19.9%，年平均增加了 11.1%；从业者规模为 10 人以上 49 人以下的企业的从业者比上年增加了 6.5%，年平均增加了 6.4%；从业者规模为 50 人以上 99 人以下的企业的从业者比上年增加了 5.6%，年平均增加了 7.3%；从业者规模为 100 人以上的企业的从业者比上年增加了 3.8%，年平均增加了 6.6%。

表 4-10-32　**知识信息行业各年度各从业者规模的企业的从业者现状**　（单位：名）

| 年度＼从业者规模 | 1~4 人 | 5~9 人 | 10~49 人 | 50~99 人 | 100 人以上 | 合计 |
|---|---|---|---|---|---|---|
| 2009 年 | 10 408 | 5 216 | 13 899 | 12 513 | 13 090 | 55 126 |
| 2010 年 | 13 675 | 5 366 | 14 783 | 13 639 | 14 329 | 61 792 |
| 2011 年 | 17 572 | 6 434 | 15 749 | 14 401 | 14 870 | 69 026 |
| 同比增减率（%） | 28.5 | 19.9 | 6.5 | 5.6 | 3.8 | 11.7 |
| 年平均增减率（%） | 29.9 | 11.1 | 6.4 | 7.3 | 6.6 | 11.9 |

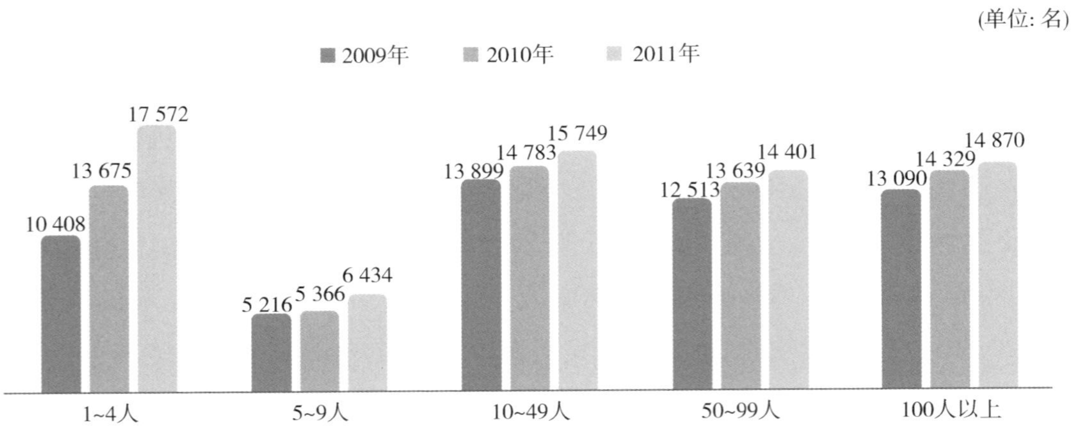


图 4-10-19　知识信息行业各年度各从业者规模的企业的从业者现状

### 3. 知识信息行业各地区的从业者现状

从 2011 年知识信息行业各地区的从业者现状来看，首尔的从业者为43 485人，占全部从业者的 63. 0%，比上年增加了 8. 0%，从 2009 年至 2011 年，年平均增加了 9. 2%。京畿道的从业者为12 306人，占全部从业者的 17. 8%，釜山的从业者为1 664人，占全部从业者的 2. 4%。6 个广域市的从业者为7 573人，占全部从业者的 11. 0%，比上年增加了 14. 8%，年平均增加了 12. 6%。9 个道的从业者为 17 968人，占全部从业者的 26. 0%，比上年增加了 20. 3%，年平均增加了 19. 1%。

表 4-10-33　　知识信息行业各地区各业种的从业者现状(2011 年)　　(单位：名)

| 区域 | | e-learning 业 | 其他数据库及在线信息提供业 | 网站及其他网络信息媒介服务业 | 虚拟世界及虚拟现实业 | 合计 | 比重(%) |
|---|---|---|---|---|---|---|---|
| 首尔 | | 19 271 | 10 221 | 7 078 | 6 915 | 43 485 | 63. 0 |
| 6个广域市 | 釜山 | 311 | 158 | 373 | 822 | 1 664 | 2. 4 |
| | 大邱 | 213 | 121 | 311 | 938 | 1 583 | 2. 3 |
| | 仁川 | 205 | 146 | 309 | 692 | 1 352 | 2. 0 |
| | 光州 | 166 | 117 | 183 | 355 | 821 | 1. 2 |
| | 大田 | 182 | 108 | 211 | 687 | 1 188 | 1. 7 |
| | 蔚山 | 117 | 42 | 75 | 731 | 965 | 1. 4 |
| | 小计 | 1 194 | 692 | 1 462 | 4 225 | 7 573 | 11. 0 |
| 9个道 | 京畿道 | 3 209 | 1 308 | 4 028 | 3 761 | 12 306 | 17. 8 |
| | 江原道 | 107 | 56 | 66 | 387 | 616 | 0. 9 |
| | 忠清北道 | 168 | 61 | 108 | 366 | 703 | 1. 0 |
| | 忠清南道 | 152 | 55 | 127 | 325 | 659 | 1. 0 |
| | 全罗北道 | 123 | 48 | 78 | 368 | 617 | 0. 9 |
| | 全罗南道 | 115 | 49 | 69 | 331 | 564 | 0. 8 |
| | 庆尚北道 | 186 | 73 | 83 | 692 | 1 034 | 1. 5 |
| | 庆尚南道 | 189 | 88 | 99 | 712 | 1 088 | 1. 6 |
| | 济州道 | 56 | 26 | 31 | 268 | 381 | 0. 6 |
| | 小计 | 4 305 | 1 764 | 4 689 | 7 210 | 17 968 | 26. 0 |
| 合计 | | 24 770 | 12 677 | 13 229 | 18 350 | 69 026 | 100. 0 |

表 4-10-34　**知识信息行业各年度各地区的从业者现状**　（单位：名）

| 区域 |  | 2009 年 | 2010 年 | 2011 年 | 同比增减率（%） | 年平均增减率（%） |
|---|---|---|---|---|---|---|
| 首尔 |  | 36 493 | 40 260 | 43 485 | 8.0 | 9.2 |
| 6个广域市 | 釜山 | 1 313 | 1 445 | 1 664 | 15.2 | 12.6 |
|  | 大邱 | 1 258 | 1 387 | 1 583 | 14.1 | 12.2 |
|  | 仁川 | 1 068 | 1 191 | 1 352 | 13.5 | 12.5 |
|  | 光州 | 608 | 670 | 821 | 22.5 | 16.2 |
|  | 大田 | 943 | 1 032 | 1 188 | 15.1 | 12.2 |
|  | 蔚山 | 785 | 870 | 965 | 10.9 | 10.9 |
|  | 小计 | 5 975 | 6 595 | 7 573 | 14.8 | 12.6 |
| 9个道 | 京畿道 | 7 964 | 9 753 | 12 306 | 26.2 | 24.3 |
|  | 江原道 | 494 | 545 | 616 | 13.0 | 11.7 |
|  | 忠清北道 | 569 | 638 | 703 | 10.2 | 11.2 |
|  | 忠清南道 | 535 | 594 | 659 | 10.9 | 11.0 |
|  | 全罗北道 | 510 | 562 | 617 | 9.8 | 10.0 |
|  | 全罗南道 | 455 | 502 | 564 | 12.4 | 11.3 |
|  | 庆尚北道 | 882 | 970 | 1 034 | 6.6 | 8.3 |
|  | 庆尚南道 | 948 | 1 039 | 1 088 | 4.7 | 7.1 |
|  | 济州道 | 301 | 334 | 381 | 14.1 | 12.5 |
|  | 小计 | 12 658 | 14 937 | 17 968 | 20.3 | 19.1 |
| 合计 |  | 55 126 | 61 792 | 69 026 | 11.7 | 11.9 |

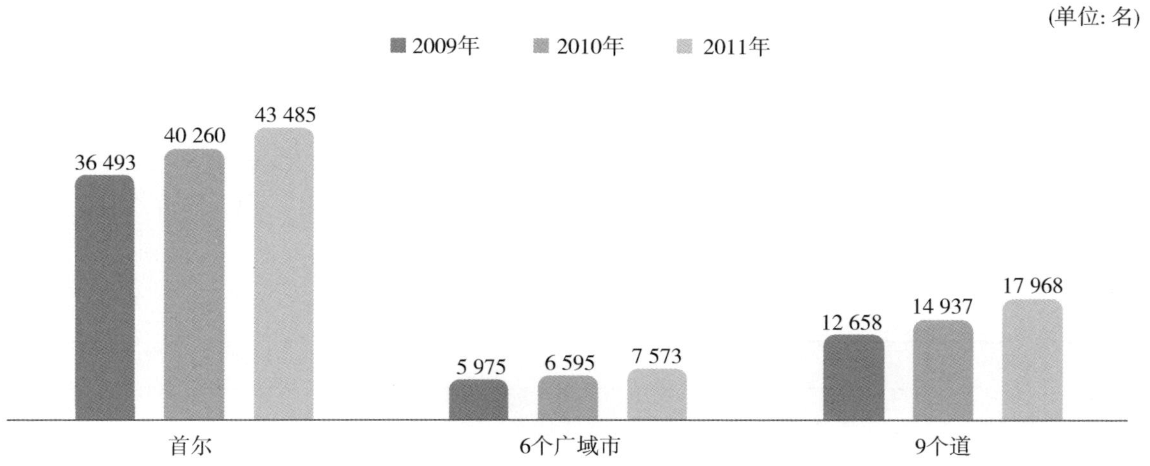


图 4-10-20　知识信息行业各年度各地区的从业者现状

## 4. 知识信息行业各雇佣形态的从业者现状

从 2011 年知识信息行业各雇佣形态的从业者现状来看，拥有正式职位的从业者为56 380人，约占全体从业者的 81.7%；拥有非正式职位的从业者为12 646人，占全体从业者的 18.3%。

从小分类来看，调查显示，e-learning业拥有正式职位的从业者为21 808人(88.0%)，拥有非正式职位的从业者为2 962人(12.0%)；其他数据库及在线信息提供业拥有正式职位的从业者为11 322人(89.3%)，拥有非正式职位的从业者为1 355人(10.7%)。此外，网站及其他网络信息媒介服务业拥有正式职位的从业者为11 194人(84.6%)，拥有非正式职位的从业者为2 035人(15.4%)。虚拟世界及虚拟现实业拥有正式职位的从业者为12 056人(65.7%)，拥有非正式职位的从业者为6 294人(34.3%)。

表4-10-35　**知识信息行业各雇佣形态各业种的从业者现状(2011年)**　(单位：名)

| 中分类 | 雇佣形态 / 小分类 | 正式职位 | | 非正式职位 | | 合计 |
|---|---|---|---|---|---|---|
| | | 从业者数量 | 比例(%) | 从业者数量 | 比例(%) | |
| e-learning业 | e-learning企划业 | 3 608 | 87.9 | 499 | 12.1 | 4 107 |
| | e-learning网络/移动服务业 | 12 919 | 88.3 | 1 717 | 11.7 | 14 636 |
| | 网络/移动e-learning制作及提供业(CP) | 3 737 | 87.3 | 545 | 12.7 | 4 282 |
| | 教育性娱乐企划及制作业 | 1 544 | 88.5 | 201 | 11.5 | 1 745 |
| | 小计 | 21 808 | 88.0 | 2 962 | 12.0 | 24 770 |
| 其他数据库及在线信息提供业 | 其他数据库及在线信息提供业 | 11 322 | 89.3 | 1 355 | 10.7 | 12 677 |
| | 小计 | 11 322 | 89.3 | 1 355 | 10.7 | 12 677 |
| 网站及其他网络信息媒介服务业 | 网站及其他网络信息媒介服务业 | 11 194 | 84.6 | 2 035 | 15.4 | 13 229 |
| | 小计 | 11 194 | 84.6 | 2 035 | 15.4 | 13 229 |
| 虚拟世界及虚拟现实业 | 屏幕高尔夫系统企划及制作业 | 835 | 91.7 | 76 | 8.3 | 911 |
| | 屏幕高尔夫场运营业 | 10 791 | 63.6 | 6 172 | 36.4 | 16 963 |
| | 其他虚拟世界及虚拟现实企划及制作业 | 430 | 90.3 | 46 | 9.7 | 476 |
| | 小计 | 12 056 | 65.7 | 6 294 | 34.3 | 18 350 |
| 合计 | | 56 380 | 81.7 | 12 646 | 18.3 | 69 026 |

在增减率方面，拥有正式职位的从业者比上年增加了12.5%，从2009年至2011年，年平均增加了11.6%。拥有非正式职位的从业者比上年增加了8.2%，年平均增加了13.5%。

表4-10-36　**知识信息行业各年度各雇佣形态的从业者现状**　(单位：名)

| 雇佣形态 / 年度 | 从业者数量 | | 合计 |
|---|---|---|---|
| | 正式职位 | 非正式职位 | |
| 2009年 | 45 308 | 9 818 | 55 126 |
| 2010年 | 50 105 | 11 687 | 61 792 |
| 2011年 | 56 380 | 12 646 | 69 026 |
| 同比增减率(%) | 12.5 | 8.2 | 11.7 |
| 年平均增减率(%) | 11.6 | 13.5 | 11.9 |

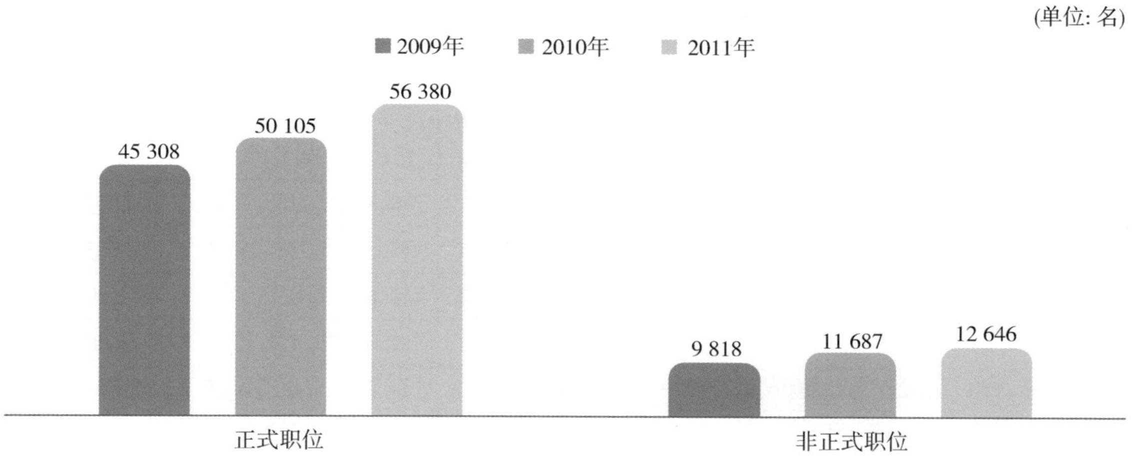


图 4-10-21　知识信息行业各年度各雇佣形态的从业者现状

### 5. 知识信息行业各雇佣形态的从业者的性别现状

从 2011 年知识信息行业各雇佣形态的从业者的性别现状来看，拥有正式职位的男性从业者为32 391人，占全部从业者的 46. 9%；拥有正式职位的女性从业者为23 989人，占全部从业者的 34. 8%。拥有非正式职位的男性从业者为6 757人，占全部从业者的 9. 8%，拥有非正式职位的女性从业者为5 889人，占全部从业者的 8. 5%。

从小分类来看，调查显示，2011 年 e-learning 业拥有正式职位的男性从业者为11 539人，拥有正式职位的女性从业者为10 269人；拥有非正式职位的男性从业者为1 552人，拥有非正式职位的女性从业者为1 410人。其他数据库及在线信息提供业拥有正式职位的男性从业者为6 189人，拥有正式职位的女性从业者为5 133人，拥有非正式职位的男性从业者为 718 人，拥有非正式职位的女性从业者为 637 人。网站及其他网络信息媒介服务业拥有正式职位的男性从业者为5 956人，拥有正式职位的女性从业者为5 238人，拥有非正式职位的男性从业者为1 028人，拥有非正式职位的女性从业者为1 007人。虚拟世界及虚拟现实业拥有正式职位的男性从业者为8 707人，拥有正式职位的女性从业者为3 349人，拥有非正式职位的男性从业者为3 459人，拥有非正式职位的女性从业者为2 835人。

表 4-10-37　　**知识信息行业各雇佣形态各业种的从业者的性别现状(2011 年)**　　(单位：名)

| 中分类 | 雇佣形态/性别 \ 小分类 | 正式职位 | | | | 非正式职位 | | | | 合计 |
|---|---|---|---|---|---|---|---|---|---|---|
| | | 男性 | | 女性 | | 男性 | | 女性 | | |
| | | 从业者数量 | 比例(%) | 从业者数量 | 比例(%) | 从业者数量 | 比例(%) | 从业者数量 | 比例(%) | |
| e-learning 业 | e-learning 企划业 | 1 936 | 47. 1 | 1 672 | 40. 7 | 283 | 6. 9 | 216 | 5. 3 | 4 107 |
| | e-learning 网络/移动服务业 | 6 598 | 45. 1 | 6 321 | 43. 2 | 906 | 6. 2 | 811 | 5. 5 | 14 636 |
| | 网络/移动 e-learning 制作及提供业(CP) | 2 088 | 48. 8 | 1 649 | 38. 5 | 328 | 7. 6 | 217 | 5. 1 | 4 282 |
| | 教育性娱乐企划及制作业 | 917 | 52. 6 | 627 | 35. 9 | 35 | 2. 0 | 166 | 9. 5 | 1 745 |
| | 小计 | 11 539 | 46. 6 | 10 269 | 41. 4 | 1 552 | 6. 3 | 1 410 | 5. 7 | 24 770 |

续表

| 中分类 | 雇佣形态/性别 小分类 | 正式职位 | | | | 非正式职位 | | | | 合计 |
|---|---|---|---|---|---|---|---|---|---|---|
| | | 男性 | | 女性 | | 男性 | | 女性 | | |
| | | 从业者数量 | 比例（%） | 从业者数量 | 比例（%） | 从业者数量 | 比例（%） | 从业者数量 | 比例（%） | |
| 其他数据库及在线信息提供业 | 其他数据库及在线信息提供业 | 6 189 | 48.8 | 5 133 | 40.5 | 718 | 5.7 | 637 | 5.0 | 12 677 |
| | 小计 | 6 189 | 48.8 | 5 133 | 40.5 | 718 | 5.7 | 637 | 5.0 | 12 677 |
| 网站及其他网络信息媒介服务业 | 网站及其他网络信息媒介服务业 | 5 956 | 45.0 | 5 238 | 39.6 | 1 028 | 7.8 | 1 007 | 7.6 | 13 229 |
| | 小计 | 5 956 | 45.0 | 5 238 | 39.6 | 1 028 | 7.8 | 1 007 | 7.6 | 13 229 |
| 虚拟世界及虚拟现实业 | 屏幕高尔夫系统企划及制作业 | 522 | 57.3 | 313 | 34.3 | 47 | 5.2 | 29 | 3.2 | 911 |
| | 屏幕高尔夫场运营业 | 7 953 | 46.9 | 2 838 | 16.7 | 3 387 | 20.0 | 2 785 | 16.4 | 16 963 |
| | 其他虚拟世界及虚拟现实企划及制作业 | 232 | 48.7 | 198 | 41.6 | 25 | 5.3 | 21 | 4.4 | 476 |
| | 小计 | 8 707 | 47.4 | 3 349 | 18.3 | 3 459 | 18.9 | 2 835 | 15.4 | 18 350 |
| 合计 | | 32 391 | 46.9 | 23 989 | 34.8 | 6 757 | 9.8 | 5 889 | 8.5 | 69 026 |

在增减率方面，2011 年，拥有正式职位的男性从业者比上年增加了 16.3%，从 2009 年至 2011 年，年平均增加了 12.5%。拥有正式职位的女性从业者比上年增加了 7.8%，年平均增加了 10.3%；拥有非正式职位的男性从业者比上年增加了 6.1%，年平均增加了 11.8%。拥有非正式职位的女性从业者人数比上年增加了 10.8%，年平均增加了 15.5%。

表 4-10-38 **知识信息行业各年度各雇佣形态各性别的从业者现状** （单位：名）

| 雇佣形态/性别 年度 | 从业者数量 | | | | 合计 |
|---|---|---|---|---|---|
| | 正式职位 | | 非正式职位 | | |
| | 男性 | 女性 | 男性 | 女性 | |
| 2009 年 | 25 601 | 19 707 | 5 407 | 4 411 | 55 126 |
| 2010 年 | 27 847 | 22 258 | 6 370 | 5 317 | 61 792 |
| 2011 年 | 32 391 | 23 989 | 6 757 | 5 889 | 69 026 |
| 同比增减率（%） | 16.3 | 7.8 | 6.1 | 10.8 | 11.7 |
| 年平均增减率（%） | 12.5 | 10.3 | 11.8 | 15.5 | 11.9 |

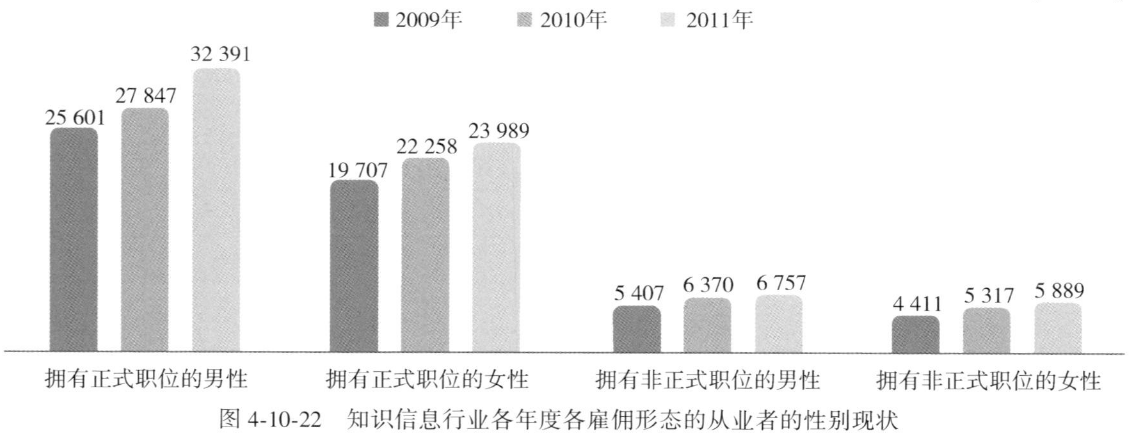

图 4-10-22 知识信息行业各年度各雇佣形态的从业者的性别现状

### 6. 知识信息行业从业者的性别现状

从2011年知识信息行业从业者的性别现状来看，男性从业者为39 148人，占全部从业者的56.7%，女性为29 878人，占全部从业者的43.3%。

从小分类来看，调查显示，e-learning业的男性从业者为13 091人(52.9%)，女性从业者为11 679人(47.1%)；其他数据库及在线信息提供业的男性从业者为6 907人(54.5%)，女性从业者为5 770人(45.5%)。网站及其他网络信息媒介服务业的男性从业者为6 984人(52.8%)，女性从业者为6 245人(47.2%)。虚拟世界及虚拟现实业的男性从业者为12 166人(66.3%)，女性从业者为6 184人(33.7%)。

表4-10-39　**知识信息行业各性别各业种的从业者现状(2011年)**　(单位：名)

| 中分类 | 小分类＼性别 | 男性 | | 女性 | | 合计 |
|---|---|---|---|---|---|---|
| | | 从业者数量 | 比重(%) | 从业者数量 | 比重(%) | |
| e-learning业 | e-learning企划业 | 2 219 | 54.0 | 1 888 | 46.0 | 4 107 |
| | e-learning网络/移动服务业 | 7 504 | 51.3 | 7 132 | 48.7 | 14 636 |
| | 网络/移动e-learning制作及提供业(CP) | 2 416 | 56.4 | 1 866 | 43.6 | 4 282 |
| | 教育性娱乐企划及制作业 | 952 | 54.6 | 793 | 45.4 | 1 745 |
| | 小计 | 13 091 | 52.9 | 11 679 | 47.1 | 24 770 |
| 其他数据库及在线信息提供业 | 其他数据库及在线信息提供业 | 6 907 | 54.5 | 5 770 | 45.5 | 12 677 |
| | 小计 | 6 907 | 54.5 | 5 770 | 45.5 | 12 677 |
| 网站及其他网络信息媒介服务业 | 网站及其他网络信息媒介服务业 | 6 984 | 52.8 | 6 245 | 47.2 | 13 229 |
| | 小计 | 6 984 | 52.8 | 6 245 | 47.2 | 13 229 |
| 虚拟世界及虚拟现实业 | 屏幕高尔夫系统企划及制作业 | 569 | 62.5 | 342 | 37.5 | 911 |
| | 屏幕高尔夫场运营业 | 11 340 | 66.9 | 5 623 | 33.1 | 16 963 |
| | 其他虚拟世界及虚拟现实企划及制作业 | 257 | 54.0 | 219 | 46.0 | 476 |
| | 小计 | 12 166 | 66.3 | 6 184 | 33.7 | 18 350 |
| 合计 | | 39 148 | 56.7 | 29 878 | 43.3 | 69 026 |

在增减率方面，2011年男性从业者比上年增加了14.4%，从2009年至2011年，年平均增加了12.4%。女性从业者比上年增加了8.4%，年平均增加了11.3%。

表4-10-40　**知识信息行业各年度的从业者的性别现状**　(单位：名)

| 年度＼性别 | 从业者数量 | | 合计 |
|---|---|---|---|
| | 男性 | 女性 | |
| 2009年 | 31 008 | 24 118 | 55 126 |
| 2010年 | 34 217 | 27 575 | 61 792 |
| 2011年 | 39 148 | 29 878 | 69 026 |
| 同比增减率(%) | 14.4 | 8.4 | 11.7 |
| 年平均增减率(%) | 12.4 | 11.3 | 11.9 |

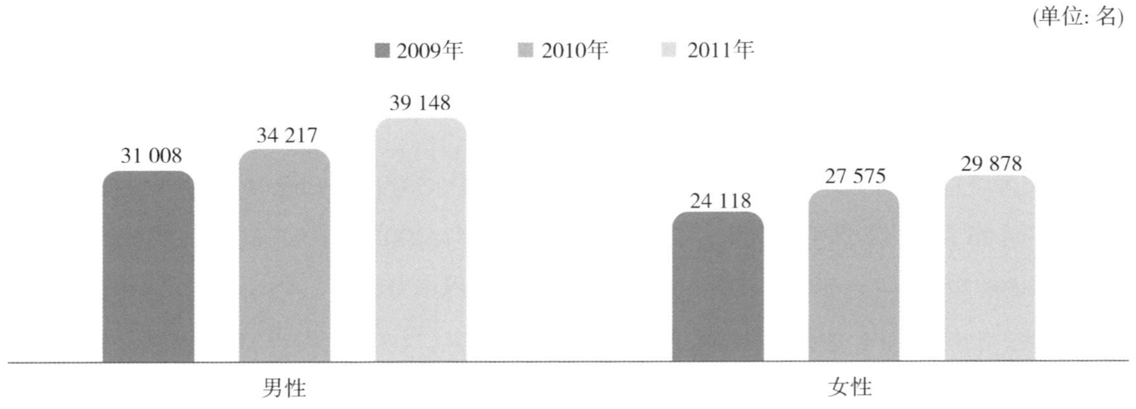


图 4-10-23　知识信息行业各年度从业者的性别现状

## 7. 知识信息行业各职位的从业者现状

从 2011 年知识信息行业各职位的从业者现状来看，调查显示，制作职位的从业者为24 364人，占全体从业者的 35.3%，所占比例最大。其他(流通)职位的从业者为22 744人(33.0%)；管理职位的从业者为14 662人(21.2%)；事业企划职位的从业者为4 859人(7.0%)；营销/宣传职位的从业者为1 792人(2.6%)；研究开发职位的从业者为 605 人(0.9%)。

表 4-10-41　**知识信息行业各职位各业种的从业者现状(2011 年)**　(单位：名)

| 中分类 | 职务 / 小分类 | 从业者数量 | | | | | | 合计 |
|---|---|---|---|---|---|---|---|---|
| | | 事业企划 | 管理 | 制作 | 营销/宣传 | 研究开发 | 其他(流通) | |
| e-learning 业 | e-learning 企划业 | 832 | 1 168 | 1 632 | 199 | 53 | 223 | 4 107 |
| | e-learning 网络/移动服务业 | 245 | 2 179 | 5 365 | 432 | 43 | 6 372 | 14 636 |
| | 网络/移动 e-learning 制作及提供业(CP) | 116 | 412 | 3 450 | 88 | 17 | 199 | 4 282 |
| | 教育性娱乐企划及制作业 | 202 | 231 | 752 | 133 | 142 | 285 | 1 745 |
| | 小计 | 1 395 | 3 990 | 11 199 | 852 | 255 | 7 079 | 24 770 |
| 其他数据库及在线信息提供业 | 其他数据库及在线信息提供业 | 1 556 | 1 788 | 8 422 | 402 | 101 | 408 | 12 677 |
| | 小计 | 1 556 | 1 788 | 8 422 | 402 | 101 | 408 | 12 677 |
| 网站及其他网络信息媒介服务业 | 网站及其他网络信息媒介服务业 | 1 729 | 2 688 | 3 907 | 472 | 202 | 4 231 | 13 229 |
| | 小计 | 1 729 | 2 688 | 3 907 | 472 | 202 | 4 231 | 13 229 |
| 虚拟世界及虚拟现实业 | 屏幕高尔夫系统企划及制作业 | 146 | 21 | 538 | 55 | 32 | 119 | 911 |
| | 屏幕高尔夫场运营业 | — | 6 127 | — | — | — | 10 836 | 16 963 |
| | 其他虚拟世界及虚拟现实企划及制作业 | 33 | 48 | 298 | 11 | 15 | 71 | 476 |
| | 小计 | 179 | 6 196 | 836 | 66 | 47 | 11 026 | 18 350 |
| 合计 | | 4 859 | 14 662 | 24 364 | 1 792 | 605 | 22 744 | 69 026 |
| 比重(%) | | 7.0 | 21.2 | 35.3 | 2.6 | 0.9 | 33.0 | 100.0 |

在增减率方面，2011 年，事业企划职位的从业者比上年增加了 9.4%，从 2009 年至 2011 年，年平均增加了 8.6%。管理职位的从业者比上年增加了 14.0%，年平均增加了 12.8%。制作职位的从业者比上年增加了 6.0%，年平均增加了 6.6%。营销/宣传职位的从业者比上年增加了 6.1%，年平均增加了 4.9%。研究开发职位的从业者比上年增加了 5.8%，年平均增加了 3.9%。其他(流通)职位的从业者人数比上年增加了 18.2%，年平均增加了 19.8%。

表 4-10-42　　知识信息行业各年度各职位的从业者现状　　(单位：名)

| 年度＼职务 | 从业者数量 | | | | | | 合计 |
|---|---|---|---|---|---|---|---|
| | 事业企划 | 管理 | 制作 | 营销/宣传 | 研究开发 | 其他(流通) | |
| 2009 年 | 4 118 | 11 523 | 21 459 | 1 629 | 560 | 15 837 | 55 126 |
| 2010 年 | 4 440 | 12 861 | 22 982 | 1 689 | 572 | 19 248 | 61 792 |
| 2011 年 | 4 859 | 14 662 | 24 364 | 1 792 | 605 | 22 744 | 69 026 |
| 同比增减率(%) | 9.4 | 14.0 | 6.0 | 6.1 | 5.8 | 18.2 | 11.7 |
| 年平均增减率(%) | 8.6 | 12.8 | 6.6 | 4.9 | 3.9 | 19.8 | 11.9 |

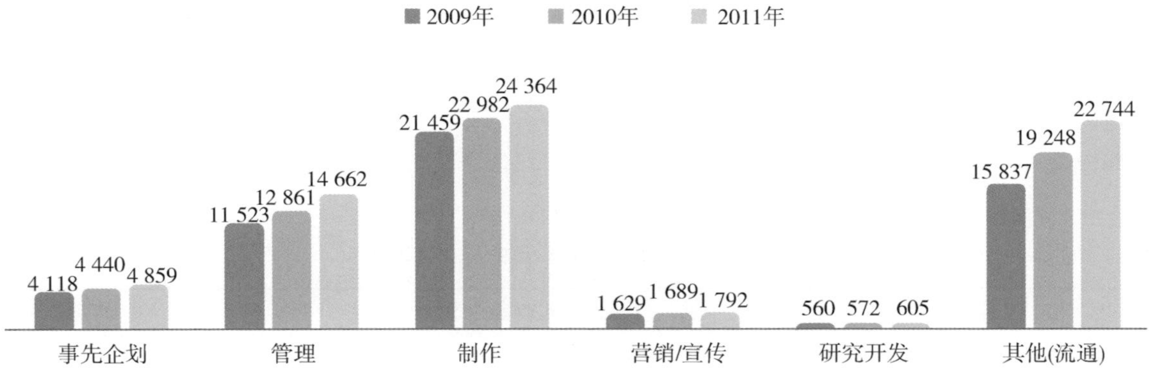


图 4-10-24　知识信息行业各年度各职位的从业者现状

## 8. 知识信息行业各学历的从业者现状

从 2011 年知识信息行业各学历的从业者现状来看，大学学历的从业者为59 023人，占 85.5%，所占比例最大。专科学历的从业者为4 585人，占 6.6%；高中以下学历的从业者为4 522人，占 6.6%；研究生以上学历的从业者为 896 人，占 1.3%，所占比例最小。

表 4-10-43　　知识信息行业各学历各业种的从业者现状　　(单位：名)

| 中分类 | 小分类 | 从业者数量 | | | | 合计 |
|---|---|---|---|---|---|---|
| | | 高中以下 | 专科毕业 | 大学毕业 | 研究生以上 | |
| e-learning 业 | e-learning 企划业 | 96 | 233 | 3 596 | 182 | 4 107 |
| | e-learning 网络/移动服务业 | 188 | 462 | 13 898 | 88 | 14 636 |
| | 网络/移动 e-learning 制作及提供业(CP) | 77 | 136 | 4 020 | 49 | 4 282 |
| | 教育性娱乐企划及制作业 | 58 | 131 | 1 401 | 155 | 1 745 |
| | 小计 | 419 | 962 | 22 915 | 474 | 24 770 |

续表

| 中分类 | 小分类 | 从业者数量 | | | | 合计 |
|---|---|---|---|---|---|---|
| | | 高中以下 | 专科毕业 | 大学毕业 | 研究生以上 | |
| 其他数据库及在线信息提供业 | 其他数据库及在线信息提供业 | 48 | 171 | 12 276 | 182 | 12 677 |
| | 小计 | 48 | 171 | 12 276 | 182 | 12 677 |
| 网站及其他网络信息媒介服务业 | 网站及其他网络信息媒介服务业 | 69 | 282 | 12 676 | 202 | 13 229 |
| | 小计 | 69 | 282 | 12 676 | 202 | 13 229 |
| 虚拟世界及虚拟现实业 | 屏幕高尔夫系统企划及制作业 | 13 | 78 | 799 | 21 | 911 |
| | 屏幕高尔夫场运营业 | 3 968 | 3 066 | 9 918 | 11 | 16 963 |
| | 其他虚拟世界及虚拟现实企划及制作业 | 5 | 26 | 439 | 6 | 476 |
| | 小计 | 3 986 | 3 170 | 11 156 | 38 | 18 350 |
| 合计 | | 4 522 | 4 585 | 59 023 | 896 | 69 026 |
| 比重(%) | | 6.6 | 6.6 | 85.5 | 1.3 | 100.0 |

从年度类别来看，2011 年，高中以下学历的从业者比上年增加了 38.8%，从 2009 年至 2011 年，年平均增加了 25.8%。专科学历的从业者比上年增加了 56.9%，年平均增加了 34.4%。大学学历的从业者比上年增加了 7.7%，年平均增加了 9.9%。研究生以上学历的从业者比上年增加了 7.6%，年平均增加了 4.4%。

表 4-10-44　**知识信息行业各年度各学历的从业者现状**　（单位：名）

| 年度＼学历 | 从业者数量 | | | | 合计 |
|---|---|---|---|---|---|
| | 高中以下 | 专科毕业 | 大学毕业 | 研究生以上 | |
| 2009 年 | 2 859 | 2 537 | 48 908 | 822 | 55 126 |
| 2010 年 | 3 258 | 2 922 | 54 779 | 833 | 61 792 |
| 2011 年 | 4 522 | 4 585 | 59 023 | 896 | 69 026 |
| 同比增减率(%) | 38.8 | 56.9 | 7.7 | 7.6 | 11.7 |
| 年平均增减率(%) | 25.8 | 34.4 | 9.9 | 4.4 | 11.9 |

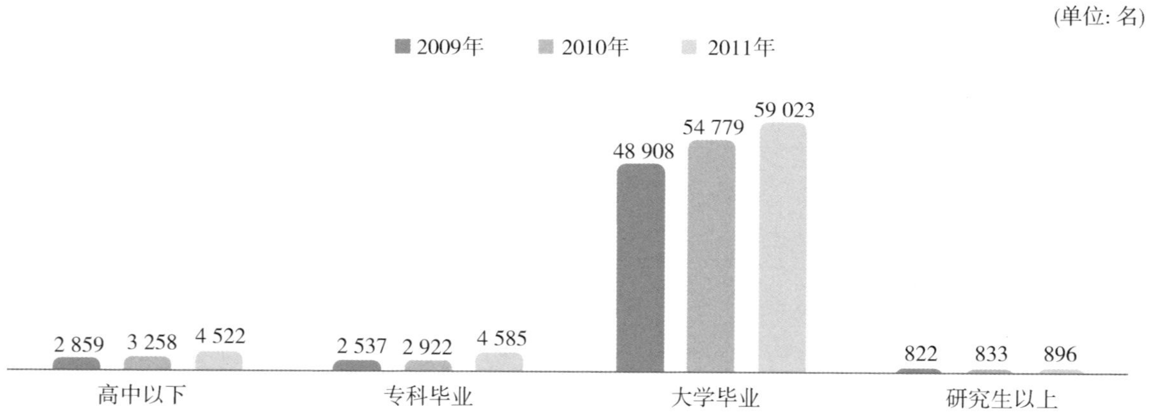


图 4-10-25　知识信息行业各年度各学历的从业者现状

### 9. 知识信息行业各年龄段的从业者现状

从 2011 年知识信息行业各年龄段的从业者现状来看，29 岁以下的从业者为21 494人，占全部从业者的 31. 1%。30 岁以上 34 岁以下的从业者为18 907人，占全部从业者的 27. 4%；35 岁以上 39 岁以下的从业者为16 057人，占全部从业者的 23. 3%；40 岁以上的从业者为12 568人，占全部从业者的 18. 2%。

表 4-10-45 **知识信息行业各业种不同年龄段的从业者现状(2011 年)** (单位：名)

| 中分类 | 小分类＼年龄 | 从业者数量 | | | | 合计 |
|---|---|---|---|---|---|---|
| | | 29 岁以下 | 30~34 岁 | 35~39 岁 | 40 岁以上 | |
| e-learning 业 | e-learning 企划业 | 1 138 | 1 249 | 987 | 733 | 4 107 |
| | e-learning 网络/移动服务业 | 4 327 | 4 258 | 3 621 | 2 430 | 14 636 |
| | 网络/移动 e-learning 制作及提供业(CP) | 1 376 | 1 529 | 1 011 | 366 | 4 282 |
| | 教育性娱乐企划及制作业 | 428 | 557 | 489 | 271 | 1 745 |
| | 小计 | 7 269 | 7 593 | 6 108 | 3 800 | 24 770 |
| 其他数据库及在线信息提供业 | 其他数据库及在线信息提供业 | 4 112 | 3 968 | 3 369 | 1 228 | 12 677 |
| | 小计 | 4 112 | 3 968 | 3 369 | 1 228 | 12 677 |
| 网站及其他网络信息媒介服务业 | 网站及其他网络信息媒介服务业 | 4 330 | 4 267 | 3 523 | 1 109 | 13 229 |
| | 小计 | 4 330 | 4 267 | 3 523 | 1 109 | 13 229 |
| 虚拟世界及虚拟现实业 | 屏幕高尔夫系统企划及制作业 | 297 | 305 | 238 | 71 | 911 |
| | 屏幕高尔夫场运营业 | 5 354 | 2 663 | 2 688 | 6 258 | 16 963 |
| | 其他虚拟世界及虚拟现实企划及制作业 | 132 | 111 | 131 | 102 | 476 |
| | 小计 | 5 783 | 3 079 | 3 057 | 6 431 | 18 350 |
| 合计 | | 21 494 | 18 907 | 16 057 | 12 568 | 69 026 |
| 比重(%) | | 31. 1 | 27. 4 | 23. 3 | 18. 2 | 100. 0 |

从年度来看，2011 年，29 岁以下的从业者比上年增加了 16. 0%，从 2009 年至 2011 年，年平均增加了 14. 2%。30 岁以上 34 岁以下的从业者比上年增加了 10. 6%，年平均增加了 11. 1%。35 岁以上 39 岁以下的从业者比上年增加了 10. 9%，年平均增加了 7. 9%。40 岁以上的从业者比上年增加了 7. 5%，年平均增加了 14. 6%。

表 4-10-46 **知识信息行业各年度各年龄段的从业者现状** (单位：名)

| 年度＼年龄 | 从业者数量 | | | | 合计 |
|---|---|---|---|---|---|
| | 29 岁以下 | 30~34 岁 | 35~39 岁 | 40 岁以上 | |
| 2009 年 | 16 478 | 15 306 | 13 780 | 9 562 | 55 126 |
| 2010 年 | 18 526 | 17 099 | 14 474 | 11 693 | 61 792 |
| 2011 年 | 21 494 | 18 907 | 16 057 | 12 568 | 69 026 |
| 同比增减率(%) | 16. 0 | 10. 6 | 10. 9 | 7. 5 | 11. 7 |
| 年平均增减率(%) | 14. 2 | 11. 1 | 7. 9 | 14. 6 | 11. 9 |

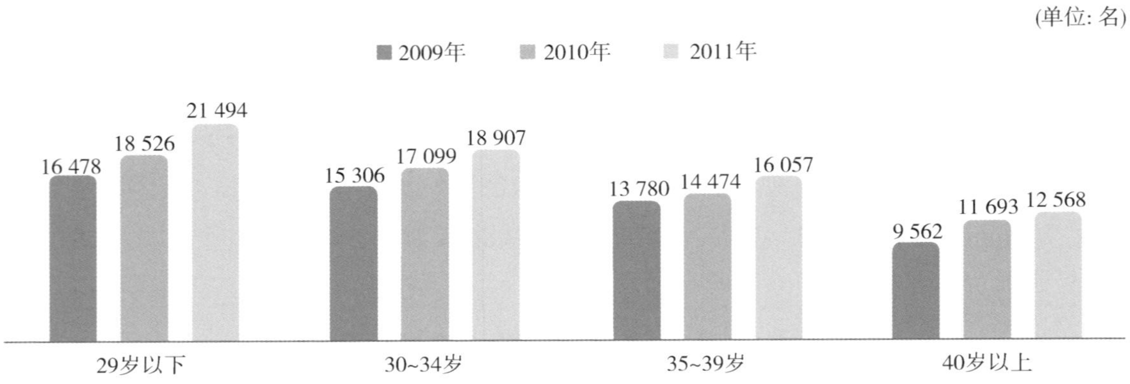


图 4-10-26 知识信息行业各年度各年龄段的从业者现状

# 十一、资讯解决行业

表 4-11-1 资讯解决行业的分类

| 中分类 | 小分类 | 分类体系的定义 |
|---|---|---|
| 资讯解决业 | 制作工具 | 为了制作及编辑数字资讯所利用的制作工具(影像、游戏、LMS, e-learning等)(CG除外) |
| | 资讯保护 | 为了阻止有线和无线网络中数字资讯被擅自使用, 跟踪流通过程中所发现的资讯非法使用等问题, 提供相关的解决方案(DRM等) |
| | 移动问题解答 | 为在移动网络中所提供的资讯服务所进行的所有服务及平台(MMS/SMS的文字服务, 与移动多媒体传送相关的服务及移动平台) |
| | 付费/结算 | 为了征收在网站或移动网络中资讯的使用费用, 而使用的所有解决方案(信用卡结算、手机小额结算等) |
| | 资讯管理系统(CMS) | 以在线的所有资讯为对象, 对其生产、流通、删除、更新等进行自动管理的解决方案 |
| | 资讯传送网络(CDN) | 在网络中设置多个缓存服务器(临时贮存装置), 把CP所提供的电影、音乐、游戏等资讯事先存储到这些缓存服务器中, 有需求的时候传递给使用者, 进而提高传送速度并阻止数据损失的解决方案 |
| | 其他 | 资讯储存及检索工具等为进行数字资讯的检索、数字传送所使用的所有方案及网络代理等劳务及服务 |
| 计算机绘图(CG)制作业 | 计算机绘图(CG)制作业 | 在电影、广告、游戏等影像的制作过程中, 使用计算机绘图技术来修补及创作影像的企业 |

## (一)资讯解决行业的整体概况

调查显示, 2011年资讯解决行业的企业数量是1 301个, 从业者为19 813人。销售额是2兆8 671亿韩元, 附加价值额是1兆1 659亿韩元, 附加价值率是40.67%。出口额是1亿4 628万美元, 进口额为43万美元。

调查显示，资讯解决行业的企业数量从 2010 年的1 261个增加到 2011 年的1 301个，比上年增加了 3.2%，销售额和从业者分别比上年增加了 21.5%和 1.4%。出口额从 2010 年的 1 亿1 851万美元增加到 2011 年的 1 亿4 628万美元，增加了 23.4%。进口额从 2010 年的 37 万美元增加到 2011 年的 43 万美元，增加了 16.7%。资讯解决行业从以 2009 年为标准的调查开始包括了计算机绘图(CG)制作业，所以不能将其与 2009 年之前的资料直接比较。

表 4-11-2　　资讯解决行业的整体概况①

| 分类 | 企业数量(个) | 从业者数量(名) | 销售额(百万韩元) | 附加价值额(百万韩元) | 附加价值率(%) | 出口额(千美元) | 进口额(千美元) |
|---|---|---|---|---|---|---|---|
| 2006 年 | 559 | 13 450 | 1 541 700 | 583 269 | 37.83 | — | — |
| 2007 年 | 572 | 13 414 | 1 679 800 | 642 524 | 38.25 | 112 678 | — |
| 2008 年 | 1 021 | 14 679 | 1 866 100 | 731 698 | 39.21 | 107 746 | — |
| 2009 年 | 1 226 | 17 089 | 2 182 148 | 875 816 | 40.14 | 114 675 | 405 |
| 2010 年 | 1 261 | 19 540 | 2 359 853 | 956 345 | 40.53 | 118 510 | 371 |
| 2011 年 | 1 301 | 19 813 | 2 867 171 | 1 165 985 | 40.67 | 146 281 | 433 |
| 同比增减率(%) | 3.2 | 1.4 | 21.5 | 21.9 | 0.14p | 23.4 | 16.7 |
| 年平均增减率(%) | 18.4 | 8.1 | 13.2 | 14.9 | — | — | — |

2011 年，资讯解决行业的人均销售额是 1 亿4 500万韩元，各企业平均销售额是 22 亿 400 万韩元。从小分类来看，付费/结算业的人均销售额是 2 亿5 300万韩元，各企业平均销售额是 58 亿5 300万韩元。资讯传送网络(CDN)的人均销售额是 2 亿2 300万韩元，企业平均销售额是 41 亿4 700万韩元。资讯管理系统(CMS)的人均销售额是9 200万韩元，企业平均销售额是 11 亿2 700万韩元。计算机绘图(CG)制作业的人均销售额 1 亿7 900万韩元，企业平均销售额是 15 亿4 500万韩元。其他类的人均销售额是 1 亿5 300万韩元，企业平均销售额是 12 亿2 900万韩元。

调查显示，在资讯解决行业中，企业平均销售额中人均销售额最高的业种是付费/结算业，其次是资讯传送网络(CN)。

表 4-11-3　　**资讯解决行业各企业的平均销售额及人均销售额现状(2011 年)**

| 中分类 | 小分类 | 企业数量(个) | 从业者数量(名) | 销售额(百万韩元) | 企业平均销售额(百万韩元) | 人均销售额(百万韩元) |
|---|---|---|---|---|---|---|
| 资讯解决业 | 制作工具 | 71 | 3 379 | 319 003 | 4 493 | 94 |
| | 资讯保护 | 64 | 1 830 | 157 889 | 2 467 | 86 |
| | 移动问题解答 | 218 | 5 098 | 803 566 | 3 686 | 158 |
| | 付费/结算 | 58 | 1 341 | 339 480 | 5 853 | 253 |
| | 资讯管理系统(CMS) | 117 | 1 430 | 131 883 | 1 127 | 92 |
| | 资讯传送网络(CDN) | 42 | 782 | 174 172 | 4 147 | 223 |
| | 其他 | 595 | 4 782 | 731 031 | 1 229 | 153 |
| 计算机绘图(CG)制作业 | 计算机绘图(CG)制作业 | 136 | 1 171 | 210 147 | 1 545 | 179 |
| 整体 | | 1 301 | 19 813 | 2 867 171 | 2 204 | 145 |

① 从 2009 年开始，包括计算机图形(CG)制作行业。

## (二)资讯解决行业的企业数量现状

2011年，资讯解决行业的企业数量为1 301个，比上年增加了3.2%，从2009年至2011年，年平均增加了3.0%。从小分类来看，其他业的企业数量为595个(45.7%)，所占比例最大，比上年增加了2.2%，年平均增加了1.7%。移动问题解答业的企业数量为218个(16.8%)，比上年增加了13.5%，年平均增加了8.6%。计算机绘图(CG)制作业的企业数量为136个(10.5%)，比上年增加了3.0%，年平均增加了5.6%。资讯管理系统(CMS)的企业数量为117个(9.0%)，比上年减少了0.8%，年平均增加了0.4%。制作工具业的企业数量为71个(5.5%)，比上年减少了1.4%，年平均增加了3.7%。此外的行业的企业数量占全部数量的比例不超过5%。

表4-11-4　资讯解决行业各年度各业种的企业数量现状　(单位：个)

| 中分类 | 小分类 | 2009年 | 2010年 | 2011年 | 比重(%) | 同比增减率(%) | 年平均增减率(%) |
|---|---|---|---|---|---|---|---|
| 资讯解决业 | 制作工具 | 66 | 72 | 71 | 5.5 | ▽1.4 | 3.7 |
| | 资讯保护 | 61 | 63 | 64 | 4.9 | 1.6 | 2.4 |
| | 移动问题解答 | 185 | 192 | 218 | 16.8 | 13.5 | 8.6 |
| | 付费/结算 | 59 | 59 | 58 | 4.5 | ▽1.7 | ▽0.9 |
| | 资讯管理系统(CMS) | 116 | 118 | 117 | 9.0 | ▽0.8 | 0.4 |
| | 资讯传送网络(CDN) | 42 | 43 | 42 | 3.2 | ▽2.3 | 0.0 |
| | 其他 | 575 | 582 | 595 | 45.7 | 2.2 | 1.7 |
| 计算机绘图(CG)制作业 | 计算机绘图(CG)制作业 | 122 | 132 | 136 | 10.5 | 3.0 | 5.6 |
| 合计 | | 1 226 | 1 261 | 1 301 | 100.0 | 3.2 | 3.0 |

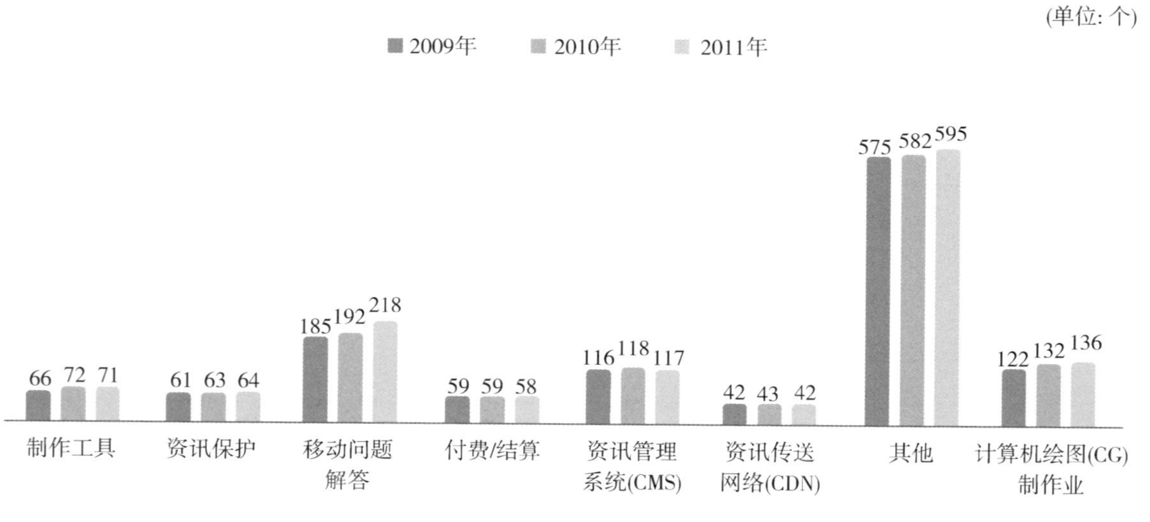


图4-11-1　资讯解决行业各年度各业种的企业数量现状

从销售额规模来看，2011年，销售额规模为1亿韩元以下的企业的数量为712个(54.7%)，所占比例最大，比上年增加了3.3%，从2009年至2011年，年平均增加了2.6%。其次是销售额规模为1亿韩元以上10亿韩元以下企业的数量为436个(33.5%)，比上年增加了2.6%，年平均增加了3.4%。

销售额规模为10亿韩元以上100亿韩元以下的企业的数量是115个(8.9%)，比上年增加了3.6%，年平均增加了3.7%；销售额规模为100亿韩元以上的企业的数量为38个(2.9%)，所占比例最低，比上年增加了5.6%，年平均增加了4.2%。

表4-11-5　　资讯解决行业各年度各销售额规模的企业数量现状　　(单位：个)

| 年度<br>销售额规模 | 2009年 | 2010年 | 2011年 | 比重(%) | 同比增减率(%) | 年平均增减率(%) |
|---|---|---|---|---|---|---|
| 不足1亿韩元 | 676 | 689 | 712 | 54.7 | 3.3 | 2.6 |
| 1亿~10亿韩元 | 408 | 425 | 436 | 33.5 | 2.6 | 3.4 |
| 10亿~100亿韩元 | 107 | 111 | 115 | 8.9 | 3.6 | 3.7 |
| 100亿韩元以上 | 35 | 36 | 38 | 2.9 | 5.6 | 4.2 |
| 合计 | 1，226 | 1，261 | 1，301 | 100.0 | 3.2 | 3.0 |

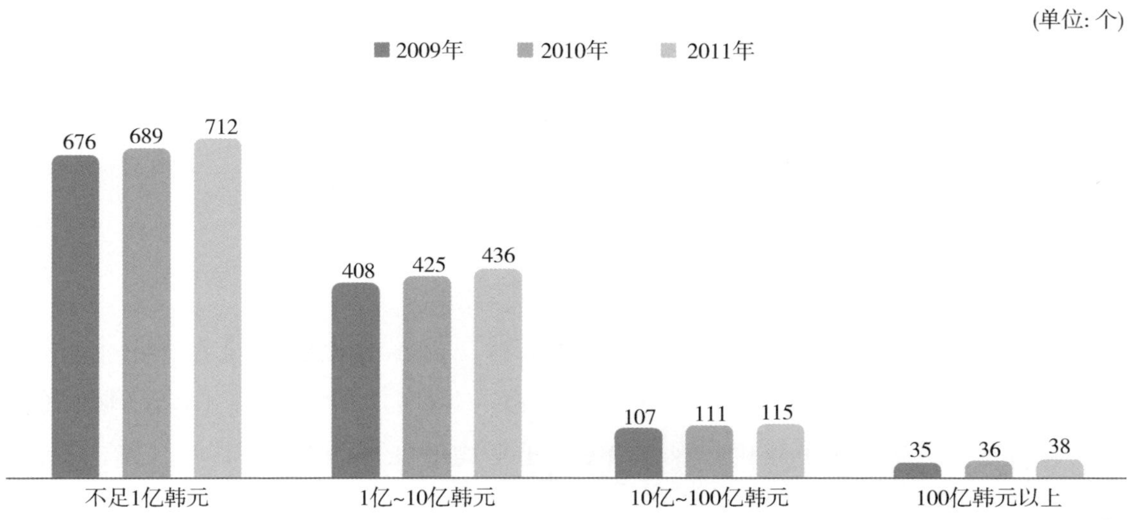


图4-11-2　资讯解决行业各年度各销售额规模的企业数量现状

从从业者规模来看，2011年，从业者规模是1人以上4人以下的企业数量为573个(44.0%)，所占比例最高，比上年增加了5.9%，年平均增加了5.2%。其次是从业者规模在5人以上9人以下的企业数量为373个(28.7%)，比上年增加了0.5%，年平均增加了0.8%。从业者规模在10人以上49人以下的企业数量为256个(19.7%)，比上年增加了0.8%，年平均增加了1.4%；从业者规模在50人以上99人以下的企业数量是62个(4.8%)，比上年增加了3.3%，年平均增加了2.5%；从业者规模在100人以上的企业数量是37个，占2.8%，比上年增加了5.7%，年平均增加了5.9%。

表4-11-6　　资讯解决行业各年度各从业者规模的企业数量现状　　(单位：个)

| 年度<br>从业者规模 | 2009年 | 2010年 | 2011年 | 比重(%) | 同比增减率(%) | 年平均增减率(%) |
|---|---|---|---|---|---|---|
| 1~4人 | 518 | 541 | 573 | 44.0 | 5.9 | 5.2 |
| 5~9人 | 367 | 371 | 373 | 28.7 | 0.5 | 0.8 |

续表

| 从业者规模＼年度 | 2009 年 | 2010 年 | 2011 年 | 比重（%） | 同比增减率（%） | 年平均增减率（%） |
|---|---|---|---|---|---|---|
| 10～49 人 | 249 | 254 | 256 | 19.7 | 0.8 | 1.4 |
| 50～99 人 | 59 | 60 | 62 | 4.8 | 3.3 | 2.5 |
| 100 人以上 | 33 | 35 | 37 | 2.8 | 5.7 | 5.9 |
| 合计 | 1，226 | 1，261 | 1，301 | 100.0 | 3.2 | 3.0 |

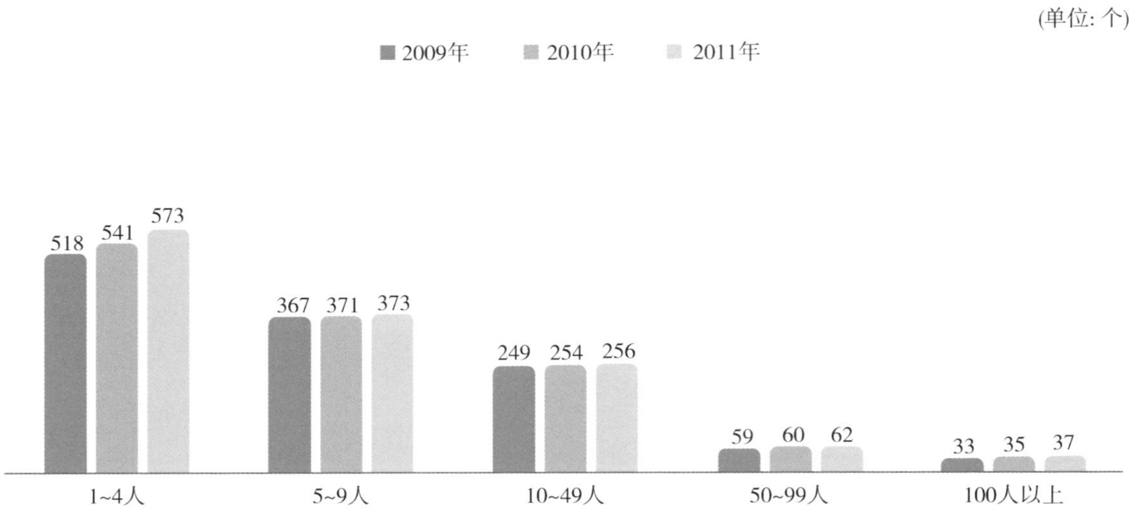


图 4-11-3　资讯解决行业各年度各从业者规模的企业数量现状

从 2011 年资讯解决行业各地区的企业数量现状来看，首尔的企业数量是 943 个，占企业总数的 72.5%，比上年增加了 2.3%，从 2009 年至 2011 年，年平均增加了 2.8%。6 个广域市的企业数量是 126 个，占企业总数的 9.7%，比上年增加了 5.0%，年平均增加了 3.3%。其中，釜山市的企业数量为 31 个(2.4%)，与其他城市相比占有更高的比重，比上年增加了 6.9%，年平均增加了 3.4%。9 个道中京畿道的企业数量为 142 个，占企业总数的 10.9%，占有除首尔外最高的比例，比上年增加了 6.8%，年平均增加了 4.1%。

表 4-11-7　　**资讯解决行业各年度各地区的企业数量现状**　　（单位：个）

| 地区＼年度 | | 2009 年 | 2010 年 | 2011 年 | 比重（%） | 同比增减率（%） | 年平均增减率（%） |
|---|---|---|---|---|---|---|---|
| 首尔 | | 893 | 922 | 943 | 72.5 | 2.3 | 2.8 |
| 6 个广域市 | 釜山 | 29 | 29 | 31 | 2.4 | 6.9 | 3.4 |
| | 大邱 | 24 | 25 | 26 | 2.0 | 4.0 | 4.1 |
| | 仁川 | 22 | 22 | 24 | 1.8 | 9.1 | 4.4 |
| | 光州 | 18 | 18 | 19 | 1.5 | 5.6 | 2.7 |
| | 大田 | 17 | 18 | 18 | 1.4 | — | 2.9 |
| | 蔚山 | 8 | 8 | 8 | 0.6 | — | 0.0 |
| | 小计 | 118 | 120 | 126 | 9.7 | 5.0 | 3.3 |

续表

| 地区 | 年度 | 2009 年 | 2010 年 | 2011 年 | 比重（%） | 同比增减率（%） | 年平均增减率（%） |
|---|---|---|---|---|---|---|---|
| 9 个道 | 京畿道 | 131 | 133 | 142 | 10.9 | 6.8 | 4.1 |
| | 江原道 | 10 | 11 | 13 | 1.0 | 18.2 | 14.0 |
| | 忠清北道 | 13 | 13 | 13 | 1.0 | — | 0.0 |
| | 忠清南道 | 12 | 12 | 13 | 1.0 | 8.3 | 4.1 |
| | 全罗北道 | 10 | 10 | 10 | 0.8 | — | 0.0 |
| | 全罗南道 | 9 | 10 | 10 | 0.8 | — | 5.4 |
| | 庆尚北道 | 11 | 11 | 11 | 0.8 | — | 0.0 |
| | 庆尚南道 | 14 | 14 | 15 | 1.1 | 7.1 | 3.5 |
| | 济州道 | 5 | 5 | 5 | 0.4 | — | 0.0 |
| | 小计 | 215 | 219 | 232 | 17.8 | 5.9 | 3.9 |
| 合计 | | 1 226 | 1 261 | 1 301 | 100.0 | 3.2 | 3.0 |

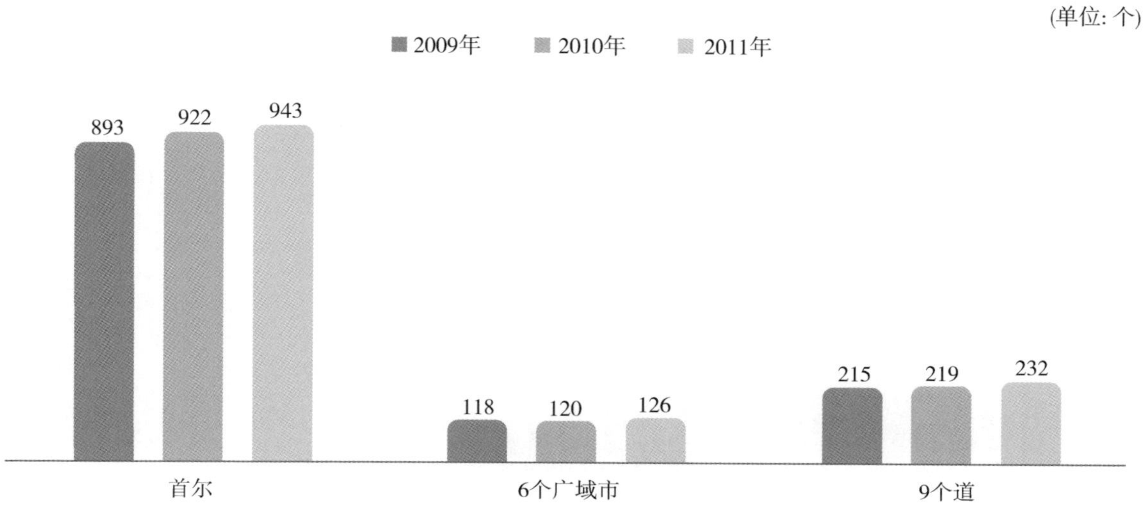


图 4-11-4　资讯解决行业各年度各地区的企业数量现状

## (三)资讯解决行业的销售额现状

2011 年资讯解决行业的销售额是 2 兆8 671亿韩元，比上年增加了 21.5%，从 2009 年至 2011 年，年平均增加了 14.6%。

从小分类来看，制作工具的销售额是3 190亿韩元，占销售总额的 11.1%。资讯保护的销售额是1 578亿韩元，占销售总额的 5.5%；移动问题解决的销售额是8 035亿韩元，占销售总额的 28.0%；付费/结算的销售额是3 394亿韩元，占销售总额的 11.9%；资讯管理系统的销售额是1 318亿韩元，占销售总额的 4.6%；资讯传送网络的销售额是1 741亿韩元，占销售总额的 6.1%；其他类的销售额是7 310亿韩元，占销售总额的 25.5%；计算机绘图(CG)制作业的销售额是2 101亿韩元，占销售总额的 7.3%。

在增减率方面，2011 年，移动问题解决的销售额比上年增加了 51.9%，从 2009 年至 2011 年，年平均增加了 28.4%。制作工具的销售额比上年增加了 7.6%，年平均增加了 10.1%。资讯保护的销售额比上年增加了 8.0%，年平均增加了 8.8%。付费/结算的销售额比上年增加了 12.2%，年平均增加了 6.5%。资讯传送网络的销售额比上年增加了 2.9%，年平均增加了 8.7%，呈现出最低的增长率。其他类的销售额比上年增加了 15.8%，年平均增加了 11.5%。

表 4-11-8　　资讯解决行业各年度各业种的销售额现状　　（单位：百万韩元）

| 中分类 | 小分类 | 销售额 | | | 比重 | 同比增减率 | 年平均增减率 |
|---|---|---|---|---|---|---|---|
| | | 2009 年 | 2010 年 | 2011 年 | （%） | （%） | （%） |
| 资讯解决业 | 制作工具 | 263 253 | 296 553 | 319 003 | 11.1 | 7.6 | 10.1 |
| | 资讯保护 | 133 417 | 146 218 | 157 889 | 5.5 | 8.0 | 8.8 |
| | 移动问题解答 | 487 779 | 528 911 | 803 566 | 28.0 | 51.9 | 28.4 |
| | 付费/结算 | 299 333 | 302 629 | 339 480 | 11.9 | 12.2 | 6.5 |
| | 资讯管理系统（CMS） | 116 739 | 121 374 | 131 883 | 4.6 | 8.7 | 6.3 |
| | 资讯传送网络（CDN） | 147 495 | 169 225 | 174 172 | 6.1 | 2.9 | 8.7 |
| | 其他 | 588 346 | 631 322 | 731 031 | 25.5 | 15.8 | 11.5 |
| 计算机绘图（CG）制作业 | 计算机绘图（CG）制作业 | 145 786 | 163 621 | 210 147 | 7.3 | 28.4 | 20.1 |
| 合计 | | 2 182 148 | 2 359 853 | 2 867 171 | 100.0 | 21.5 | 14.6 |

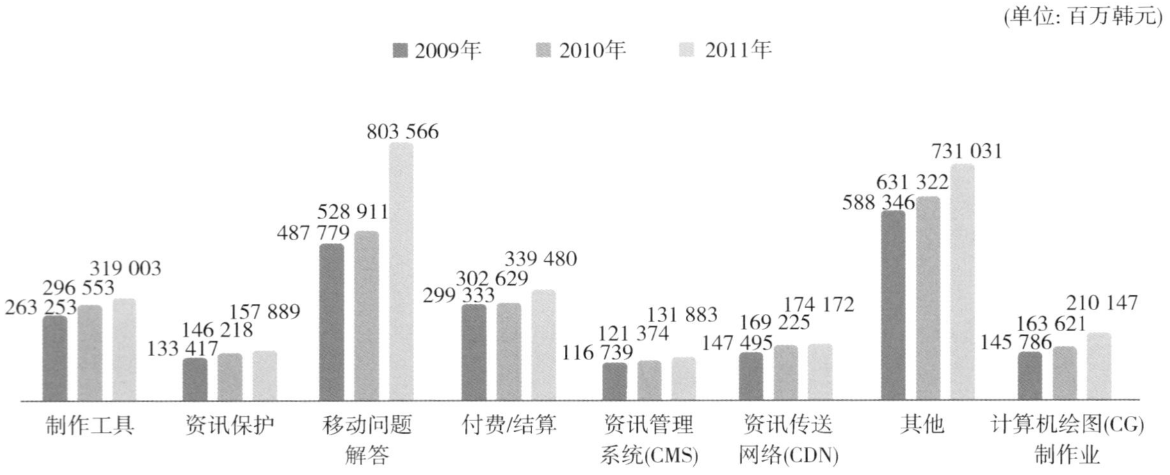


图 4-11-5　资讯解决行业各年度各业种的销售额现状

## 1. 资讯解决行业各事业形态的销售额现状

从 2011 年资讯解决行业各事业形态的销售额现状来看，创作及制作的销售额是 2 兆7 887亿韩元，占销售总额的 97.3%。其他类的销售额是 314 亿韩元，占销售总额的 1.1%，制作服务的销售额为 196 亿韩元，占 0.7%，流通/供应的销售额是 272 亿韩元，占销售总额的 0.9%。

表 4-11-9　　资讯解决行业各事业形态各业种的销售额现状　　（单位：百万韩元）

| 业种 \ 事业形态 | 创作及制作 | 制作服务 | 单纯复制 | 流通/发行 | 其他 | 合计 |
|---|---|---|---|---|---|---|
| 制作工具 | 313 324 | 1 267 | — | 1 158 | 3 254 | 319 003 |
| 资讯保护 | 152 007 | 968 | — | 987 | 3 927 | 157 889 |

续表

| 业种＼事业形态 | 创作及制作 | 制作服务 | 单纯复制 | 流通/发行 | 其他 | 合计 |
|---|---|---|---|---|---|---|
| 移动问题解答 | 783 301 | 3 069 | — | 11 325 | 5 871 | 803 566 |
| 付费/结算 | 327 488 | 8 622 | — | — | 3 370 | 339 480 |
| 资讯管理系统(CMS) | 130 104 | 811 | — | — | 968 | 131 883 |
| 资讯传送网络(CDN) | 164 283 | 211 | — | 8 667 | 1 011 | 174 172 |
| 其他 | 711 913 | 4 729 | — | 1 832 | 12 557 | 731 031 |
| 计算机绘图(CG)制作业 | 206 352 | — | — | 3 296 | 499 | 210 147 |
| 合计 | 2 788 772 | 19 677 | — | 27 265 | 31 457 | 2 867 171 |
| 比重(%) | 97.3 | 0.7 | — | 0.9 | 1.1 | 100.0 |

在增减率方面，2011 年，创作及制作的销售额比上年增加了 22.1%，从 2009 年至 2011 年，年平均增加了 15.0%。制作服务的销售额比上年减少了 7.0%，年平均减少了 2.6%。流通/发行销售额比上年增加了 12.7%，年平均增加了 11.5%；其他类的销售额比上年增加了 0.4%，年平均增加了 3.2%。

表 4-11-10　**资讯解决行业各年度各事业形态的销售额现状**　（单位：百万韩元）

| 分类 | 创作及制作 | 制作服务 | 单纯复制 | 流通/发行 | 其他 | 合计 |
|---|---|---|---|---|---|---|
| 2009 年 | 2 109 940 | 20 748 | — | 21 942 | 29 518 | 2 182 148 |
| 2010 年 | 2 283 170 | 21 164 | — | 24 193 | 31 326 | 2 359 853 |
| 2011 年 | 2 788 772 | 19 677 | — | 27 265 | 31 457 | 2 867 171 |
| 同比增减率(%) | 22.1 | ▽7.0 | — | 12.7 | 0.4 | 21.5 |
| 年平均增减率(%) | 15.0 | ▽2.6 | — | 11.5 | 3.2 | 14.6 |

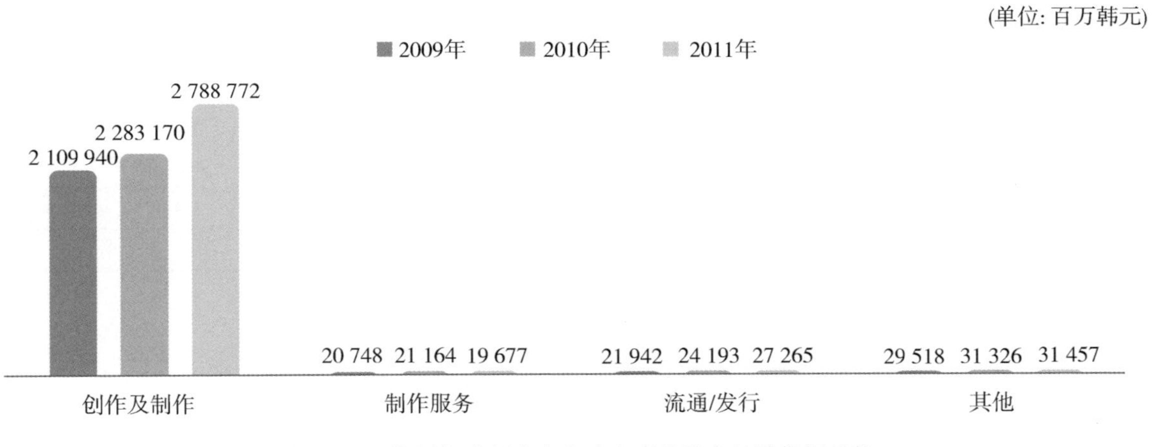


图 4-11-6　资讯解决行业各年度各事业形态的销售额现状

## 2. 资讯解决行业各销售额规模的企业的销售额现状

从 2011 年资讯解决行业各销售额规模的企业的销售额现状来看，销售额规模为 10 亿韩元以上 100 亿韩元以下的企业的销售额是 1 兆4 240亿韩元，占销售总额的 49.7%。销售额规模为 100 亿韩元以上的企业的销售额是 9913 亿韩元，占销售总额的 34.5%；销售额规模在 1 亿韩元以上 10 亿韩元以下的企业的销售额是3 919亿韩元，占销售总额的 13.7%；销售额规模在 1 亿韩元以下的企业的销售额是

598 亿韩元，占销售总额的 2.1%。

表 4-11-11　　资讯解决行业各销售额规模的企业中各业种的销售额现状(2011 年)　　(单位：百万韩元)

| 业种＼销售额规模 | 不足 1 亿韩元 | 1 亿~10 亿韩元 | 10 亿~100 亿韩元 | 100 亿韩元以上 | 合计 |
|---|---|---|---|---|---|
| 制作工具 | 8 469 | 72 258 | 238 276 | — | 319 003 |
| 资讯保护 | 6 937 | 23 976 | 85 651 | 41 325 | 157 889 |
| 移动问题解答 | 7 529 | 38 689 | 373 528 | 383 820 | 803 566 |
| 付费/结算 | — | 3 128 | 112 581 | 223 771 | 339 480 |
| 资讯管理系统(CMS) | 7 628 | 24 639 | 57 873 | 41 743 | 131 883 |
| 资讯传送网络(CDN) | 4 967 | 36 655 | 37 658 | 94 892 | 174 172 |
| 其他 | 23 582 | 89 257 | 412 358 | 205 834 | 731 031 |
| 计算机绘图(CG)制作业 | 696 | 103 328 | 106 123 | — | 210 147 |
| 合计 | 59 808 | 391 930 | 1 424 048 | 991 385 | 2 867 171 |
| 比重(%) | 2.1 | 13.7 | 49.7 | 34.5 | 100.0 |

在增减率方面，2011 年，销售额规模在 1 亿韩元以下的企业的销售额比上年增加了 9.9%，年平均增加了 9.0%。销售额规模在 1 亿韩元以上 10 亿韩元以下的企业的销售额比上年增加了 9.4%，从 2009 年至 2011 年，年平均增加了 8.2%。销售额规模在 10 亿韩元以上 100 亿韩元以下的企业的销售额比上年增加了 23.5%，年平均增加了 15.1%。销售额规模在 100 亿韩元以上的企业的销售额比上年增加了 24.8%，年平均增加了 17.2%。

表 4-11-12　　资讯解决行业各年度各销售额规模的企业的销售额现状　　(单位：百万韩元)

| 年度＼销售额规模 | 不足 1 亿韩元 | 1 亿~10 亿韩元 | 10 亿~100 亿韩元 | 100 亿韩元以上 | 合计 |
|---|---|---|---|---|---|
| 2009 年 | 50 326 | 334 867 | 1 075 509 | 721 446 | 2 182 148 |
| 2010 年 | 54 427 | 358 163 | 1 152 772 | 794 491 | 2 359 853 |
| 2011 年 | 59 808 | 391 930 | 1 424 048 | 991 385 | 2 867 171 |
| 同比增减率(%) | 9.9 | 9.4 | 23.5 | 24.8 | 21.5 |
| 年平均增减率(%) | 9.0 | 8.2 | 15.1 | 17.2 | 14.6 |

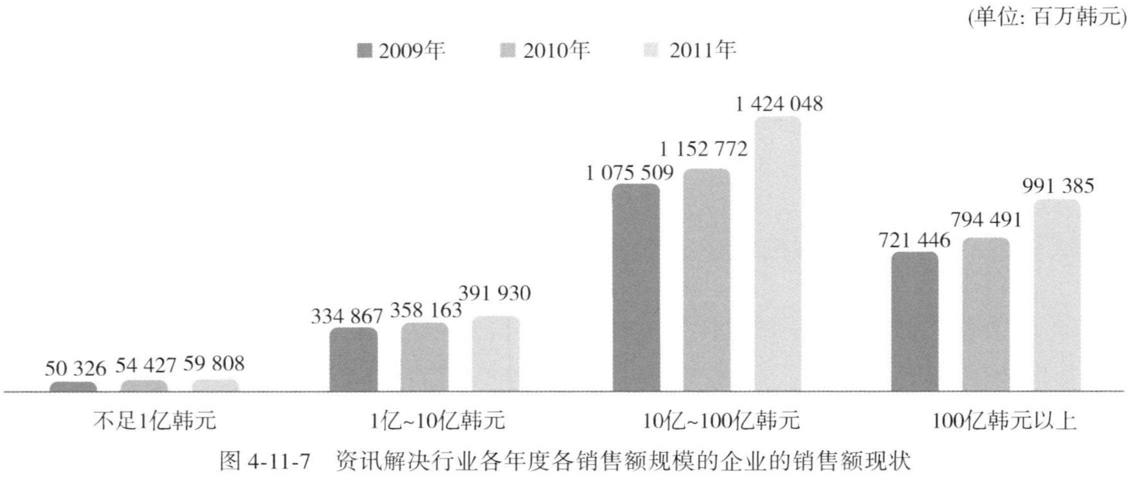


图 4-11-7　资讯解决行业各年度各销售额规模的企业的销售额现状

### 3. 资讯解决行业各从业者规模的企业的销售额现状

从 2011 年资讯解决行业各从业者规模的企业的销售额现状来看，从业者为 100 人以上的企业的销售额为8 732亿韩元，占销售总额的 30. 5%，所占比重最大。10 人以上 49 人以下企业的销售额是8 640亿韩元，占销售总额的 30. 1%，50 人以上 99 人以下的企业的销售额是6 536亿韩元，占销售总额的 22. 8%，5 人以上 9 人以下的企业的销售额是3 052亿韩元，占销售总额的 10. 6%，1 人以上 4 人以下的企业的销售额是1 710亿韩元，占销售总额的 6. 0%。

表 4-11-13　**资讯解决行业各从业者规模的企业中各业种的销售额现状(2011 年)**　(单位：百万韩元)

| 从业者规模<br>业种 | 1~4 人 | 5~9 人 | 10~49 人 | 50~99 人 | 100 人以上 | 合计 |
|---|---|---|---|---|---|---|
| 制作工具 | 33 527 | 67 872 | 125 369 | 92 235 | — | 319 003 |
| 资讯保护 | 21 581 | 17 663 | 58 792 | 33 528 | 26 325 | 157 889 |
| 移动问题解答 | 32 528 | 41 627 | 233 258 | 202 528 | 293 625 | 803 566 |
| 付费/结算 | — | 5 628 | 101 325 | — | 232 527 | 339 480 |
| 资讯管理系统(CMS) | 16 258 | 23 998 | 28 387 | 26 985 | 36 255 | 131 883 |
| 资讯传送网络(CDN) | 13 658 | — | 41 028 | 48 235 | 71 251 | 174 172 |
| 其他 | 48 325 | 76 867 | 196 258 | 196 325 | 213 256 | 731 031 |
| 计算机绘图(CG)制作业 | 5 126 | 71 568 | 79 628 | 53 825 | — | 210 147 |
| 合计 | 171 003 | 305 223 | 864 045 | 653 661 | 873 239 | 2 867 171 |
| 比重(%) | 6. 0 | 10. 6 | 30. 1 | 22. 8 | 30. 5 | 100. 0 |

在增减率方面，2011 年，从业者规模为 1 人以上 4 人以下的企业的销售额比上年增加了 16. 1%，从 2009 年至 2011 年，年平均增加了 13. 2%。从业者规模为 5 人以上 9 人以下的企业的销售额比上年增加了 7. 7%，年平均增加了 8. 2%。从业者规模为 10 人以上 49 人以下的企业的销售额比上年增加了 25. 0%，年平均增加了 16. 0%。从业者规模为 50 人以上 99 人以下的企业的销售额比上年增加了 29. 1%，年平均增加了 17. 4%。从业者规模为 100 人以上的企业的销售额比上年增加了 19. 4%，年平均增加了 14. 0%。

表 4-11-14　**资讯解决行业各年度各从业者规模的企业的销售额现状**　(单位：百万韩元)

| 从业者规模<br>年度 | 1~4 人 | 5~9 人 | 10~49 人 | 50~99 人 | 100 人以上 | 合计 |
|---|---|---|---|---|---|---|
| 2009 年 | 133 449 | 260 726 | 641 925 | 474 294 | 671 754 | 2 182 148 |
| 2010 年 | 147 301 | 283 284 | 691 206 | 506 477 | 731 585 | 2 359 853 |
| 2011 年 | 171 003 | 305 223 | 864 045 | 653 661 | 873 239 | 2 867 171 |
| 同比增减率(%) | 16. 1 | 7. 7 | 25. 0 | 29. 1 | 19. 4 | 21. 5 |
| 年平均增减率(%) | 13. 2 | 8. 2 | 16. 0 | 17. 4 | 14. 0 | 14. 6 |

(单位: 百万韩元)

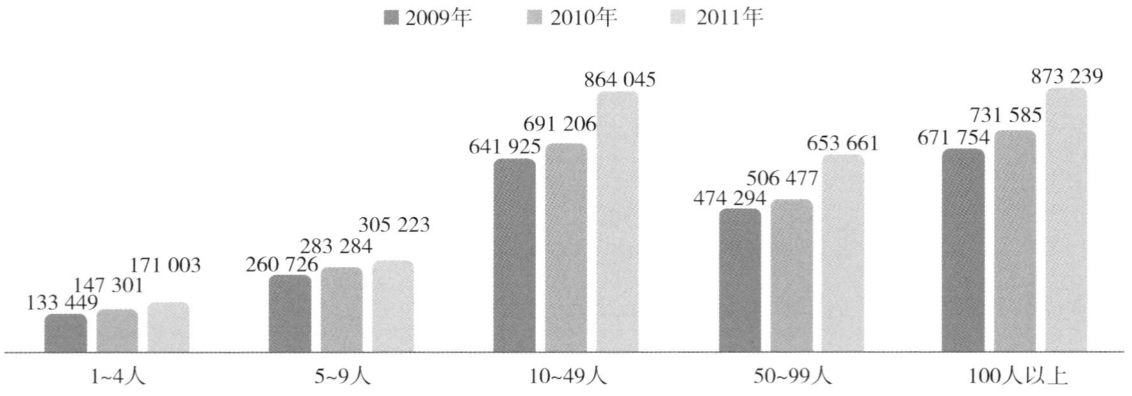


图 4-11-8　资讯解决行业各年度各从业者规模的企业的销售额现状

4. 资讯解决行业各地区的销售额现状

从2011年资讯解决行业各地区的销售额现状来看，首尔的销售额为2兆1 839亿韩元，占全部销售额的76.2%，比上年增加了22.3%，从2009年至2011年，年平均增加了15.3%。京畿道的销售额是3 189亿韩元，占全部销售额的11.1%；釜山市的销售额是482亿韩元，占全部销售额的1.7%。

2011年，6个广域市的销售额是2 050亿韩元，占全部销售额的7.2%，比上年增加了5.3%，年平均增加了6.4%。9个道的销售额是4 781亿韩元，占全部销售额的16.6%，比上年增加了26.0%，年平均增加了15.5%。

表 4-11-15　　资讯解决行业各年度各地区的销售额现状　　(单位：百万韩元)

| 区域 \ 年度 | | 2009年 | 2010年 | 2011年 | 比重(%) | 同比增减率(%) | 年平均增减率(%) |
|---|---|---|---|---|---|---|---|
| 首尔 | | 1 642 306 | 1 785 738 | 2 183 993 | 76.2 | 22.3 | 15.3 |
| 6个广域市 | 釜山 | 41 231 | 46 772 | 48 255 | 1.7 | 3.2 | 8.2 |
| | 大邱 | 36 285 | 38 251 | 39 663 | 1.4 | 3.7 | 4.6 |
| | 仁川 | 36 137 | 39 488 | 42 371 | 1.5 | 7.3 | 8.3 |
| | 光州 | 29 121 | 31 007 | 32 582 | 1.1 | 5.1 | 5.8 |
| | 大田 | 26 393 | 26 826 | 28 669 | 1.0 | 6.9 | 4.2 |
| | 蔚山 | 12 135 | 12 339 | 13 523 | 0.5 | 9.6 | 5.6 |
| | 小计 | 181 302 | 194 683 | 205 063 | 7.2 | 5.3 | 6.4 |
| 9个道 | 京畿道 | 213 655 | 227 648 | 318 962 | 11.1 | 40.1 | 22.2 |
| | 江原道 | 19 326 | 19 891 | 21 005 | 0.7 | 5.6 | 4.3 |
| | 忠清北道 | 21 335 | 23 426 | 24 552 | 0.9 | 4.8 | 7.3 |
| | 忠清南道 | 19 662 | 20 691 | 22 288 | 0.8 | 7.7 | 6.5 |
| | 全罗北道 | 18 335 | 19 477 | 20 337 | 0.7 | 4.4 | 5.3 |
| | 全罗南道 | 16 215 | 17 562 | 19 692 | 0.7 | 12.1 | 10.2 |
| | 庆尚北道 | 21 285 | 21 354 | 21 658 | 0.7 | 1.4 | 0.9 |
| | 庆尚南道 | 23 112 | 23 661 | 23 784 | 0.8 | 0.5 | 1.4 |
| | 济州道 | 5 615 | 5 722 | 5 837 | 0.2 | 2.0 | 2.0 |
| | 小计 | 358 540 | 379 432 | 478 115 | 16.6 | 26.0 | 15.5 |
| 合计 | | 2 182 148 | 2 359 853 | 2 867 171 | 100.0 | 21.5 | 14.6 |

(单位: 百万韩元)

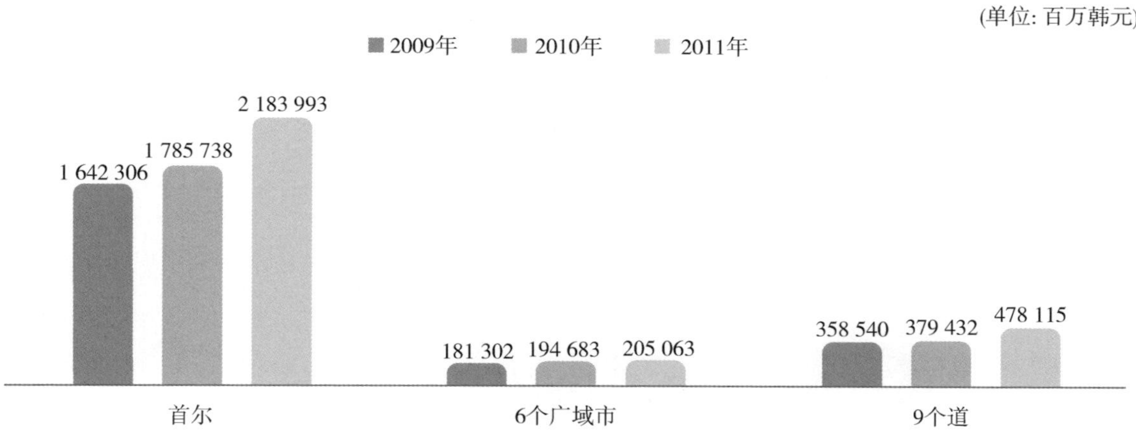


图 4-11-9　资讯解决行业各年度各地区的销售额现状

## (四)资讯解决行业的附加价值额构成现状

2011 年，资讯解决行业的附加价值额是 1 兆1 659亿韩元，比上年增加了 21.9%，从 2009 年至 2011 年，年平均增加了 15.4%，附加价值率是 40.67%。

从 2011 年附加价值额的构成现状来看，人工成本费为8 546亿韩元(73.3%)，所占比例最大。经常性收益是1 142亿韩元(9.8%)，比上年增加了 23.5%，年平均增加了 15.7%。折旧费用是 811 亿韩元(7.0%)，比上年增加了 23.4%，年平均增加了 17.3%。纯金融费用是 594 亿韩元(5.1%)，比上年增加了 25.8%，年平均增加了 14.2%。租借费用是 363 亿韩元(3.1%)，比上年增加了 11.7%，年平均增加了 9.5%。税费是 200 亿韩元(1.7%)，比上年增加了 9.8%，年平均增加了 9.4%。

表 4-11-16　**资讯解决行业附加价值额的构成现状(2011 年)**　(单位：百万韩元)

| 分类 | 销售额 | 附加价值额 | 附加价值率(%) | 附加价值额构成 | | | | | |
|---|---|---|---|---|---|---|---|---|---|
| | | | | 经常性收益 | 人工成本 | 纯金融费用 | 折旧费用 | 租借费用 | 税费 |
| 资讯解决行业 | 2 867 171 | 1 165 985 | 40.67 | 114 267 | 854 667 | 59 465 | 81 153 | 36 379 | 20 054 |
| 占附加价值额的比重(%) | | | | 9.8 | 73.3 | 5.1 | 7.0 | 3.1 | 1.7 |
| 占销售额的比重(%) | | | | 4.0 | 29.8 | 2.1 | 2.8 | 1.3 | 0.7 |

表 4-11-17　**资讯解决行业各年度的附加价值额构成现状**　(单位：百万韩元)

| 年度 \ 附加价值额构成 | 附加价值额构成 | | | | | | 附加价值额合计 |
|---|---|---|---|---|---|---|---|
| | 经常性收益 | 人工成本 | 纯金融费用 | 折旧费用 | 租借费用 | 税费 | |
| 2009 年 | 85 357 | 638 748 | 45 632 | 58 963 | 30 365 | 16 751 | 875 816 |
| 2010 年 | 92 548 | 699 954 | 47 252 | 65 771 | 32 563 | 18 257 | 956 345 |
| 2011 年 | 114 267 | 854 667 | 59 465 | 81 153 | 36 379 | 20 054 | 1 165 985 |
| 同比增减率(%) | 23.5 | 22.1 | 25.8 | 23.4 | 11.7 | 9.8 | 21.9 |
| 年平均增减率(%) | 15.7 | 15.7 | 14.2 | 17.3 | 9.5 | 9.4 | 15.4 |

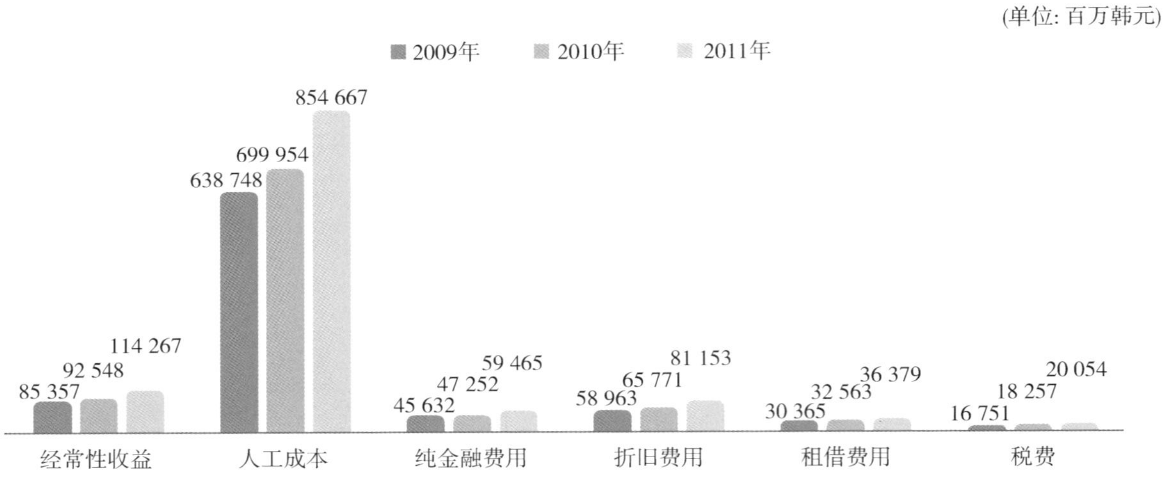


图 4-11-10　资讯解决行业各年度的附加价值额构成现状

## (五)资讯解决行业的进出口额现状

2011 年资讯解决行业的出口额是 1 亿4 628万美元，比上年增加了 23.4%，2009 年至 2011 年，年平均增加了 12.9%。2011 年资讯解决行业的进口额是 43 万美元，比上年增加了 16.7%。

从年度来看，出口额从 2009 年的 1 亿1 467美元增加到 2010 年的 1 亿1 851万美元，又增加至 2011 年的 1 亿4 628万美元。进口额也呈现出增加趋势，从 2010 年的 37 万美元增加至 2011 年的 43 万美元。

表 4-11-18　　资讯解决行业的出口及进口额现状　　(单位：千美元)

| 分类 | 2009 年 | 2010 年 | 2011 年 | 同比增减率(%) | 年平均增减率(%) |
|---|---|---|---|---|---|
| 出口额 | 114 675 | 118 510 | 146 281 | 23.4 | 12.9 |
| 进口额 | 405 | 371 | 433 | 16.7 | 3.4 |
| 进出口差额 | 114 270 | 118 139 | 145 848 | — | — |

### 1. 资讯解决行业各地区的进出口额现状

按地区类别来看 2011 年资讯解决行业的出口额，出口额最多的地区是日本，出口额为4 346万美元，占出口总额的 29.7%；对东南亚的出口额是2 532万美元，占出口总额的 17.3%；对欧洲的出口额是2 166万美元，占出口总额的 14.8%；对中国的出口额是2 032万美元，占出口总额的 13.9%；对北美的出口额是1 855万美元，占出口总额的 12.7%；对其他地区的出口额为1 694万美元，占出口总额的 11.6%。

从年度来看，对日本的出口在 2009 年是3 651万美元，2010 年是3 781万美元，2011 年是4 346万美元，2011 年比上年增加了 15.0%，年平均增加了 9.1%。2011 年对中国的出口额比上年增加了 13.7%，年平均增加了 11.8%；对东南亚的出口额比上年增加了 51.3%，年平均增加了 24.7%；对北美的出口额比上年增加了 15.2%，年平均增加了 8.1%；对欧洲的出口额比上年增加了 29.9%，年平均增加了 14.9%。对其他地区的出口额比上年增加了 27.4%，年平均增加了 12.7%。

表 4-11-19　　资讯解决行业对各地区的出口额现状　　（单位：千美元）

| 分类 | 出口额 | | | 比重 | 同比增减率 | 年平均增减率 |
|---|---|---|---|---|---|---|
| | 2009 年 | 2010 年 | 2011 年 | (%) | (%) | (%) |
| 中国 | 16 260 | 17 877 | 20 322 | 13.9 | 13.7 | 11.8 |
| 日本 | 36 515 | 37 810 | 43 469 | 29.7 | 15.0 | 9.1 |
| 东南亚 | 16 274 | 16 735 | 25 323 | 17.3 | 51.3 | 24.7 |
| 北美 | 15 870 | 16 104 | 18 553 | 12.7 | 15.2 | 8.1 |
| 欧洲 | 16 409 | 16 679 | 21 668 | 14.8 | 29.9 | 14.9 |
| 其他 | 13 347 | 13 305 | 16 946 | 11.6 | 27.4 | 12.7 |
| 合计 | 114 675 | 118 510 | 146 281 | 100.0 | 23.4 | 12.9 |

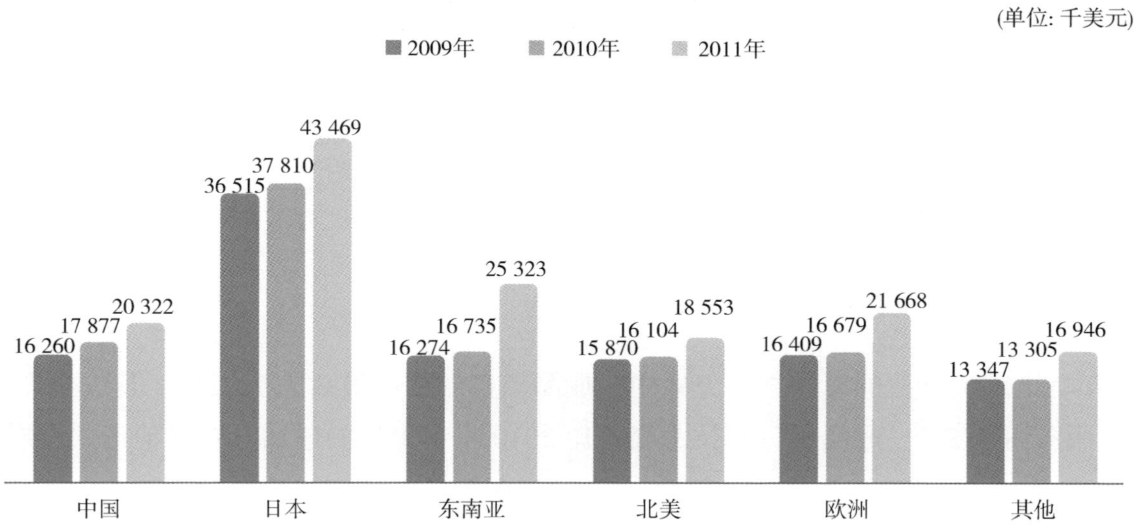


图 4-11-11　资讯解决行业对各地区的出口额现状

2011 年资讯解决行业对各地区的进口额，北美是韩国唯一进口资讯解决方案的地区。调查显示，2011 年对北美的进口额是 43 万美元，比 2010 年增加了约 6 万美元，比上年增加了 16.7%，年平均增加了 3.4%。

表 4-11-20　　资讯解决行业对各地区的进口额现状　　（单位：千美元）

| 分类 | 出口额 | | | 比重 | 同比增减率 | 年平均增减率 |
|---|---|---|---|---|---|---|
| | 2009 年 | 2010 年 | 2011 年 | (%) | (%) | (%) |
| 中国 | — | — | — | — | — | — |
| 日本 | — | — | — | — | — | — |
| 东南亚 | — | — | — | — | — | — |
| 北美 | 405 | 371 | 433 | 100.0 | 16.7 | 3.4 |
| 欧洲 | — | — | — | — | — | — |
| 其他 | — | — | — | — | — | — |
| 合计 | 405 | 371 | 433 | 100.0 | 16.7 | 3.4 |

### 2. 资讯解决行业的海外出口方法

2011 年，资讯解决行业的海外出口方法中，利用海外代理人的应答最多，占 38. 1%。其次是接触海外流通公司，占 35. 7%。参与海外展示会及活动的为 14. 3%，利用国内代理人的为 11. 9%。对利用海外法人、其他方法、在线海外销售等方法的情况没有进行调查。

表 4-11-21　资讯解决行业的海外出口方法　（单位:%）

| 海外出口方法 | | 2009 年 | 2010 年 | 2011 年 | 同比增减率(%) |
|---|---|---|---|---|---|
| 直接出口 | 参与海外展示会与活动 | 13. 2 | 13. 6 | 14. 3 | 0. 7 |
| | 接触海外流通公司 | 34. 1 | 34. 2 | 35. 7 | 1. 5 |
| | 在线海外销售 | 0. 5 | 0. 6 | — | — |
| | 利用海外法人 | 1 | 1. 2 | — | — |
| 间接出口 | 利用国内代理人 | 12. 2 | 12. 7 | 11. 9 | ▽0. 8 |
| | 利用海外代理人 | 37. 2 | 36. 3 | 38. 1 | 1. 8 |
| 其他 | | | 1. 8 | 1. 4 | — |
| 合计 | | | 100. 0 | 100. 0 | 100. 0 |

### 3. 资讯解决行业的海外进军方式

在 2011 年资讯解决行业的海外进军方式中，成品出口的比例最高为 76. 2%，其次是许可出口，占 19. 0%，技术服务占 4. 8%。成品出口和技术服务比 2010 年有少许的增加，对其他形式没有进行调查。

表 4-11-22　资讯解决行业的海外进军方式　（单位:%）

| 海外进军方式 | 2009 年 | 2010 年 | 2011 年 | 同比增减率(%) |
|---|---|---|---|---|
| 成品出口 | 73. 8 | 75. 1 | 76. 2 | 1. 1 |
| 许可出口 | 21. 3 | 20. 1 | 19. 0 | ▽1. 1 |
| OEM 出口 | — | — | — | — |
| 技术服务 | 3. 4 | 3. 8 | 4. 8 | 1. 0 |
| 其他 | 1. 5 | 1. 0 | — | — |
| 合计 | 100. 0 | 100. 0 | 100. 0 | — |

## （六）资讯解决行业的从业者现状

2011 年，资讯解决行业的从业者为19 813人，比上年增加了 1. 4%，从 2009 年至 2011 年，年平均增加了 7. 7%。

从小分类来看，移动问题解答的从业者为5 098人，占全部从业者的 25. 7%，占有最大的比重。其他类的从业者为4 782人，占全部从业者的 24. 1%；制作工具的从业者为3 379人，占全部从业者的 17. 1%；资讯保护的从业者为1 830人，占全部从业者的 9. 2%，资讯管理系统的从业者为1 430人，占全部从业者的 7.2%；付费/结算的从业者为1 341人，占全部从业者的 6.8%，资讯传送网络的从业者为 782 人，占全部从业者的 4.0%。

2011 年，在增减率方面，制作工具的从业者比上年增加了 0.9%，年平均增加了 7.2%。资讯保护的从业者比上年增加了 0.3%，年平均增加了 2.6%。移动问题解答的从业者比上年增加了 3.3%，年平均增加了 13.8%。付费/结算的从业者比上年增加了 0.2%，年平均增加了 7.0%。资讯管理系统的从业者比上年增加了 0.6%，年平均增加了 8.4%。资讯传送网络的从业者比上年增加了 0.5%，年平均增加了 3.8%。其他类的从业者比上年增加了 0.9%，年平均增加了 6.3%。计算机绘图制作业的从业者比上年增加了 1.3%，年平均增加了 2.2%。

表 4-11-23 **资讯解决行业各年度各业种的从业者现状** （单位：名）

| 中分类 | 小分类 | 从业者数量 | | | 比重 | 同比增减率 | 年平均增减率 |
|---|---|---|---|---|---|---|---|
| | | 2009 年 | 2010 年 | 2011 年 | （%） | （%） | （%） |
| 资讯解决业 | 制作工具 | 2 943 | 3 348 | 3 379 | 17.1 | 0.9 | 7.2 |
| | 资讯保护 | 1 738 | 1 825 | 1 830 | 9.2 | 0.3 | 2.6 |
| | 移动问题解答 | 3 937 | 4 937 | 5 098 | 25.7 | 3.3 | 13.8 |
| | 付费/结算 | 1 171 | 1 338 | 1 341 | 6.8 | 0.2 | 7.0 |
| | 资讯管理系统（CMS） | 1 217 | 1 421 | 1 430 | 7.2 | 0.6 | 8.4 |
| | 资讯传送网络（CDN） | 726 | 778 | 782 | 4.0 | 0.5 | 3.8 |
| | 其他 | 4 235 | 4 737 | 4 782 | 24.1 | 0.9 | 6.3 |
| 计算机绘图（CG）制作业 | 计算机绘图（CG）制作业 | 1 122 | 1 156 | 1 171 | 5.9 | 1.3 | 2.2 |
| 合计 | | 17 089 | 19 540 | 19 813 | 100.0 | 1.4 | 7.7 |

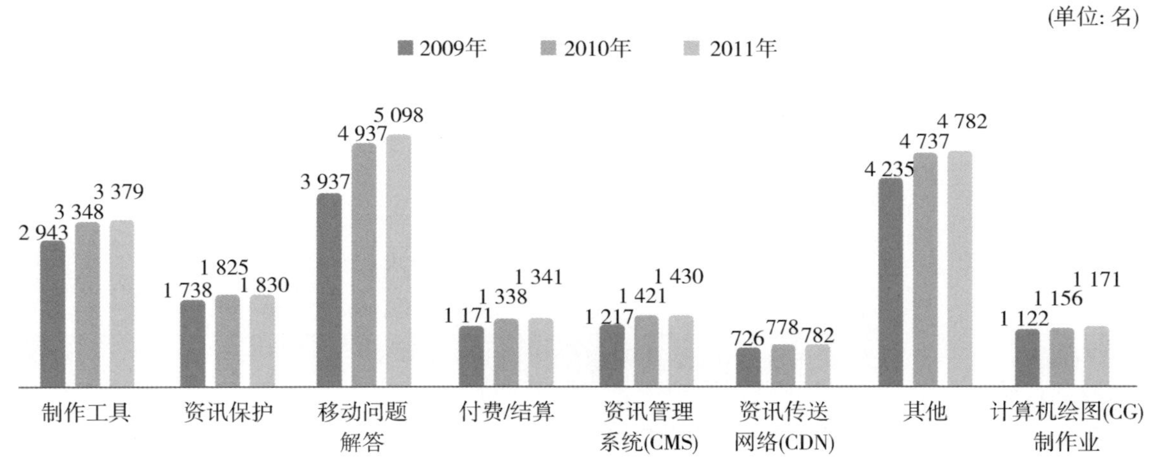


图 4-11-12 资讯解决行业各年度各业种的从业者现状

### 1. 资讯解决行业各销售额规模的企业的从业者现状

从 2011 年资讯解决行业各销售额规模的企业的从业者现状来看，销售额规模为 10 亿韩元以上 100 亿韩元以下的企业的从业者为9 919人，占全部从业者的 50.1%。其次是销售额规模为 100 亿韩元以上的企业，其从业者为5 578人，占全部从业者的 28.1%；销售额规模为 1 亿韩元以上 10 亿韩元以下企业的从业者为3 706人，占全部从业者的 18. 7%；销售额规模为 1 亿韩元以下的企业从业者为 610 人，占全部从业者的 3. 1%。

表 4-11-24　**资讯解决行业各销售额规模的企业中各业种的从业者现状(2011 年)**　(单位：名)

| 业种＼销售额规模 | 不足 1 亿韩元 | 1 亿~10 亿韩元 | 10 亿~100 亿韩元 | 100 亿韩元以上 | 合计 |
|---|---|---|---|---|---|
| 制作工具 | 113 | 788 | 2 478 | — | 3 379 |
| 资讯保护 | 95 | 184 | 1 289 | 262 | 1 830 |
| 移动问题解答 | 86 | 532 | 2 471 | 2 009 | 5 098 |
| 结算 | — | 271 | 288 | 782 | 1 341 |
| 资讯管理系统(CMS) | 81 | 242 | 432 | 675 | 1 430 |
| 资讯传送网络(CDN) | 68 | 227 | 232 | 255 | 782 |
| 其他 | 159 | 746 | 2 282 | 1 595 | 4 782 |
| 计算机绘图(CG)制作业 | 8 | 716 | 447 | — | 1 171 |
| 合计 | 610 | 3 706 | 9 919 | 5 578 | 19 813 |
| 比重(%) | 3. 1 | 18. 7 | 50. 1 | 28. 1 | 100. 0 |

2011 年，在增减率方面，销售额规模为 1 亿韩元以下的企业的从业者，比上年减少了 7. 6%，从 2009 年至 2011 年，年平均增加了 7. 1%。销售额规模为 1 亿韩元以上 10 亿韩元以下的企业的从业者，比上年减少了 0. 1%，年平均增加了 8. 8%；销售额规模为 10 亿韩元以上，100 亿韩元以下的企业的从业者，比上年增加了 0. 8%，年平均增加了 5. 0%；销售额规模为 100 亿韩元以上的企业的从业者，比上年增加了 4. 7%，年平均增加了 12. 2%。

表 4-11-25　**资讯解决行业各年度各销售额规模的企业从业者现状**　(单位：名)

| 年度＼销售额规模 | 不足 1 亿韩元 | 1 亿~10 亿韩元 | 10 亿~100 亿韩元 | 100 亿韩元以上 | 合计 |
|---|---|---|---|---|---|
| 2009 年 | 532 | 3 133 | 8 996 | 4 428 | 17 089 |
| 2010 年 | 660 | 3 708 | 9 844 | 5 328 | 19 540 |
| 2011 年 | 610 | 3 706 | 9 919 | 5 578 | 19 813 |
| 同比增减率(%) | ▽7. 6 | ▽0. 1 | 0. 8 | 4. 7 | 1. 4 |
| 年平均增减率(%) | 7. 1 | 8. 8 | 5. 0 | 12. 2 | 7. 7 |

### 2. 资讯解决行业各从业者规模的企业的从业者现状

从 2011 年资讯解决行业各从业者规模的企业的从业者现状来看，从业者规模为 10 人以上 49 人以下的企业的从业者为5 885人，占全部从业者的 29. 7%，所占比例最大。从业者规模为 100 人以上的企业的从业者为5 195人，占全部从业者的 26. 2%；从业者规模为 50 人以上 99 人以下的企业的从业者为 4 377人，占全部从业者的 22. 1%；从业者规模是 5 人以上 9 人以下的企业的从业者为3 193人，占全部从业者的 16. 1%；从业者规模是 1 人以上 4 人以下的企业的从业者为1 173人，占全部从业者的 5. 9%。

(单位: 名)

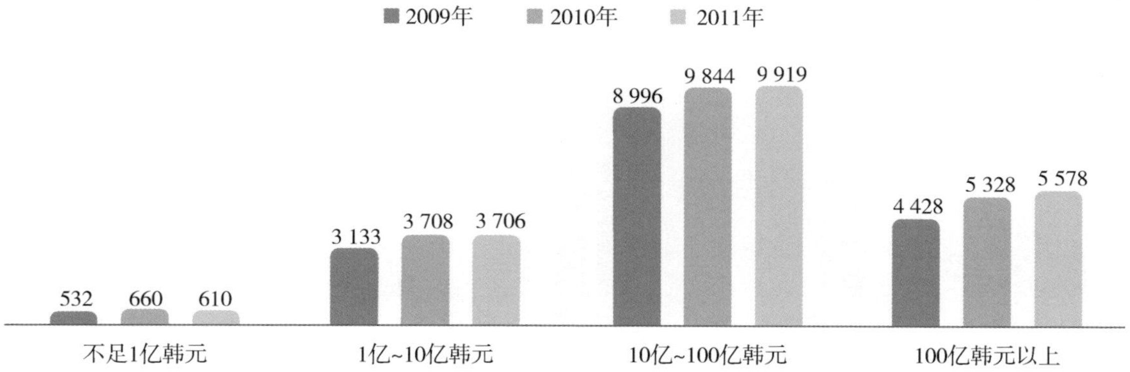


图 4-11-13　资讯解决行业各年度各销售额规模的企业的从业者现状

表 4-11-26　**资讯解决行业各从各业者规模的企业各业种的从业者现状(2011 年)**　(单位：名)

| 业种＼从业者规模 | 1~4 人 | 5~9 人 | 10~49 人 | 50~99 人 | 100 人以上 | 合计 |
|---|---|---|---|---|---|---|
| 制作工具 | 287 | 1 168 | 1 282 | 642 | — | 3 379 |
| 资讯保护 | 123 | 329 | 301 | 815 | 262 | 1 830 |
| 移动问题解答 | 292 | 305 | 1 319 | 883 | 2 299 | 5 098 |
| 付费/结算 | — | 42 | 717 | — | 582 | 1 341 |
| 资讯管理系统(CMS) | 132 | 265 | 208 | 196 | 629 | 1 430 |
| 资讯传送网络(CDN) | 118 | — | 241 | 168 | 255 | 782 |
| 其他 | 169 | 566 | 1 398 | 1 491 | 1 158 | 4 782 |
| 计算机绘图(CG)制作业 | 52 | 518 | 419 | 182 | — | 1 171 |
| 合计 | 1 173 | 3 193 | 5 885 | 4 377 | 5 185 | 19 813 |
| 比重(%) | 5.9 | 16.1 | 29.7 | 22.1 | 26.2 | 100.0 |

2011 年，在增减率方面，从业者规模为 1 人以上 4 人以下的企业的从业者比上年增加了 1.8%，从 2009 年至 2011 年，年平均增加了 7.6%。从业者规模为 5 人以上 9 人以下的企业的从业者比上年增加了 0.8%，年平均增加了 5.0%；从业者规模为 10 人以上 49 人以下的企业的从业者比上年增加了 0.7%，年平均增加了 10.6%；从业者规模为 50 人以上 99 人以下的企业的从业者比上年增加了 1.1%，年平均增加了 5.5%；从业者规模为 100 人以上的企业和从业者比上年增加了 2.7%，年平均增加了 8.1%。

表 4-11-27　**资讯解决行业各年度各从业者规模的企业的从业者现状**　(单位：名)

| 年度＼从业者规模 | 1~4 人 | 5~9 人 | 10~49 人 | 50~99 人 | 100 人以上 | 合计 |
|---|---|---|---|---|---|---|
| 2009 年 | 1 014 | 2 894 | 4 811 | 3 936 | 4 434 | 17 089 |
| 2010 年 | 1 152 | 3 167 | 5 843 | 4 329 | 5 049 | 19 540 |
| 2011 年 | 1 173 | 3 193 | 5 885 | 4 377 | 5 185 | 19 813 |
| 同比增减率(%) | 1.8 | 0.8 | 0.7 | 1.1 | 2.7 | 1.4 |
| 年平均增减率(%) | 7.6 | 5.0 | 10.6 | 5.5 | 8.1 | 7.7 |

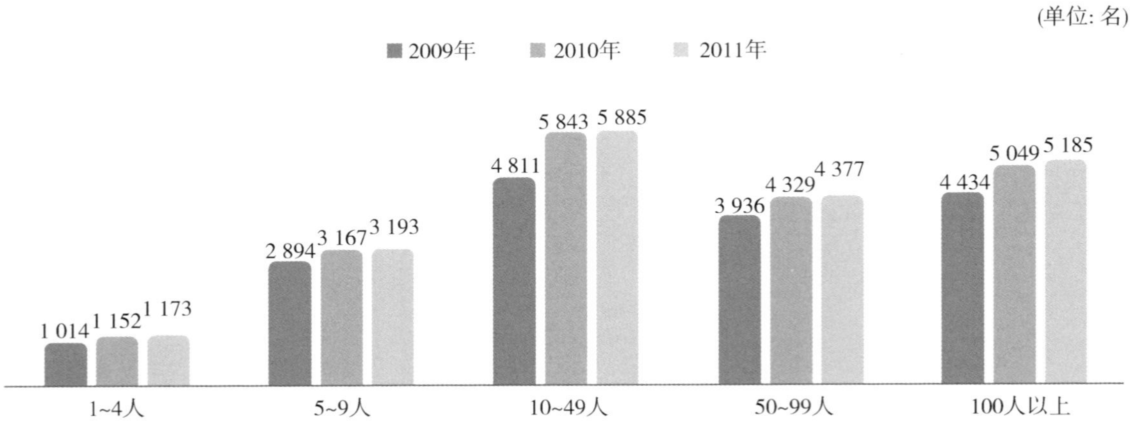


图 4-11-14 资讯解决行业各年度各从业者规模的企业的从业者现状

### 3. 资讯解决行业各地区的从业者现状

从 2011 年资讯解决行业各地区的从业者现状来看，首尔的从业者为14 660人，占全部从业者的 74.0%，比上年增加了 1.6%，从 2009 年至 2011 年，年平均增加了 8.5%。京畿道的从业者为 2216 人，占全部从业者的 11.2%，釜山的从业者为 397 人，占全部从业者的 2.0%。6 个广域市的从业者为 1 698人，占全部从业者的 8.5%，比上年增加了 0.6%，年平均增加了 3.0%。9 个道的从业者为3 455 人，占全部从业者的 17.5%，比上年增加了 0.9%，年平均增加了 6.6%。

表 4-11-28 资讯解决行业各年度各地区的从业者现状 （单位：名）

| 区域＼年度 | | 2009 年 | 2010 年 | 2011 年 | 比重（%） | 同比增减率（%） | 年平均增减率（%） |
|---|---|---|---|---|---|---|---|
| 首尔 | | 12 450 | 14 427 | 14 660 | 74.0 | 1.6 | 8.5 |
| 6个广域市 | 釜山 | 362 | 396 | 397 | 2.0 | 0.3 | 4.7 |
| | 大邱 | 355 | 362 | 363 | 1.8 | 0.3 | 1.1 |
| | 仁川 | 316 | 338 | 339 | 1.7 | 0.3 | 3.6 |
| | 光州 | 237 | 242 | 245 | 1.2 | 1.2 | 1.7 |
| | 大田 | 198 | 208 | 211 | 1.1 | 1.4 | 3.2 |
| | 蔚山 | 131 | 142 | 143 | 0.7 | 0.7 | 4.5 |
| | 小计 | 1 599 | 1 688 | 1 698 | 8.5 | 0.6 | 3.0 |
| 9个道 | 京畿道 | 1 863 | 2 197 | 2 216 | 11.2 | 0.9 | 9.1 |
| | 江原道 | 145 | 159 | 161 | 0.8 | 1.3 | 5.4 |
| | 忠清北道 | 161 | 172 | 173 | 0.9 | 0.6 | 3.7 |
| | 忠清南道 | 182 | 188 | 189 | 1.0 | 0.5 | 1.9 |
| | 全罗北道 | 175 | 183 | 184 | 0.9 | 0.5 | 2.5 |
| | 全罗南道 | 166 | 171 | 175 | 0.9 | 2.3 | 2.7 |
| | 庆尚北道 | 183 | 185 | 186 | 0.9 | 0.5 | 0.8 |
| | 庆尚南道 | 114 | 117 | 117 | 0.6 | 0.0 | 1.3 |
| | 济州道 | 51 | 53 | 54 | 0.3 | 1.9 | 2.9 |
| | 小计 | 3 040 | 3 425 | 3 455 | 17.5 | 0.9 | 6.6 |
| 合计 | | 17 089 | 19 540 | 19 813 | 100.0 | 1.4 | 7.7 |

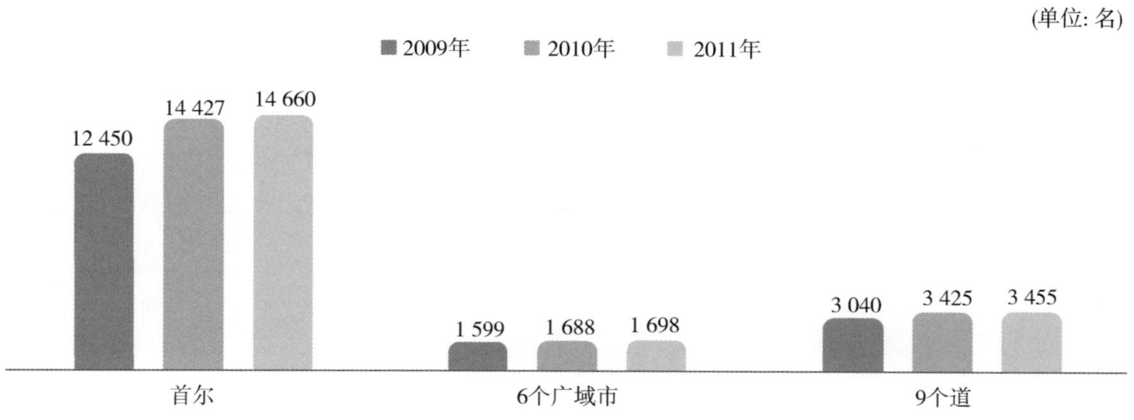


图 4-11-15　资讯解决行业各年度各地区的从业者现状

### 4. 资讯解决行业各雇佣形态的从业者现状

从 2011 年资讯解决行业各雇佣形态的从业者现状来看，拥有正式职位的从业者为18 087人，占全部从业者的 91. 3%，拥有非正式职位的从业者为1 726人，占 8. 7%。

从小分类来看，调查显示，制作工具业拥有正式职位的从业者为3 181人(94. 1%)，拥有非正式职位的从业者为 198 人(5. 9%)；资讯保护业拥有正式职位的从业者为1 564人(85. 5%)，拥有非正式职位的从业者为 266 人(14. 5%)。移动问题解答业拥有正式职位的从业者为4 610人(84. 6%)，拥有非正式职位的从业者为 488 人(9. 6%)。付费/结算业拥有正式职位的从业者为1 206人(89. 9%)，拥有非正式职位的从业者为 123 人(8. 6%)。资讯传送网络业拥有正式职位的从业者为 713 人(91. 2%)，拥有非正式职位的从业者为 69 人(8. 8%)。其他类拥有正式职位的从业者为4 438人(92. 8%)，拥有非正式职位的从业者为 344 人(7. 2%)。计算机绘图(CG)制作业拥有正式职位的从业者为1 068人(91. 2%)，拥有非正式职位的从业者为 103 人(8. 8%)。

表 4-11-29　**资讯解决行业各雇佣形态各业种的从业者现状(2011 年)**　(单位：名)

| 中分类 | 雇佣形态 / 小分类 | 正式职位 | | 非正式职位 | | 合计 |
|---|---|---|---|---|---|---|
| | | 从业者数量 | 比例(%) | 从业者数量 | 比例(%) | |
| 资讯解决业 | 制作工具 | 3 181 | 94. 1 | 198 | 5. 9 | 3 379 |
| | 资讯保护 | 1 564 | 85. 5 | 266 | 14. 5 | 1 830 |
| | 移动问题解答 | 4 610 | 90. 4 | 488 | 9. 6 | 5 098 |
| | 付费/结算 | 1 206 | 89. 9 | 135 | 10. 1 | 1 341 |
| | 资讯管理系统(CMS) | 1 307 | 91. 4 | 123 | 8. 6 | 1 430 |
| | 资讯传送网络(CDN) | 713 | 91. 2 | 69 | 8. 8 | 782 |
| | 其他 | 4 438 | 92. 8 | 344 | 7. 2 | 4 782 |
| 计算机绘图(CG)制作业 | 计算机绘图(CG)制作业 | 1 068 | 91. 2 | 103 | 8. 8 | 1 171 |
| 合计 | | 18 087 | 91. 3 | 1 726 | 8. 7 | 19 813 |

从年度来看，2011 年，拥有非正式职位的从业者比上年减少了 1.5%，从 2009 年至 2011 年，年平均增加了 9.8%。拥有正式职位的从业者比上年增加了 1.7%，年平均增加了 7.5%。

表 4-11-30　　资讯解决行业各年度各雇佣形态的从业者现状　　（单位：名）

| 年度 \ 雇佣形态 | 从业者数量 | | 合计 |
|---|---|---|---|
| | 正式职位 | 非正式职位 | |
| 2009 年 | 15 658 | 1 431 | 17 089 |
| 2010 年 | 17 788 | 1 752 | 19 540 |
| 2011 年 | 18 087 | 1 726 | 19 813 |
| 同比增减率(%) | 1.7 | ▽1.5 | 1.4 |
| 年平均增减率(%) | 7.5 | 9.8 | 7.7 |

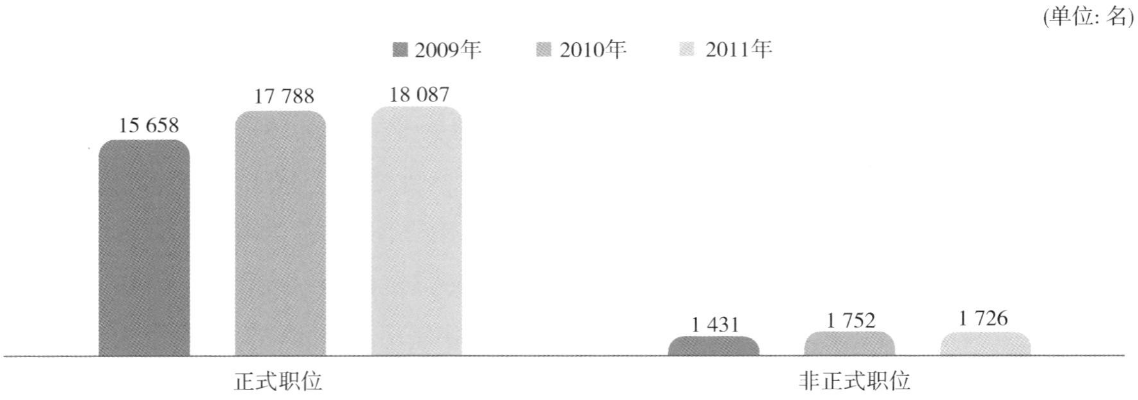


图 4-11-16　资讯解决行业各年度各雇佣形态的从业者现状

### 5. 资讯解决产行各雇佣形态的从业者的性别现状

从 2011 年资讯解决行业各雇佣形态类别各性别的从业者现状来看，拥有正式职位的男性从业者为 10 932人，占 55.2%；拥有正式职位的女性从业者为7 155人，占 36.1%。拥有非正式职位的男性从业者为 968 人，占 4.9%；拥有非正式职位的女性从业者为 758 人，占 3.8%。

从小分类来看，制作工具业拥有正式职位的男性从业者为1 938人，拥有正式职位的女性从业者为 1 243人；拥有非正式职位的男性从业者为 120 人，拥有非正式职位的女性从业者为 78 人。资讯保护业拥有正式职位的男性从业者为1 156人，拥有正式职位的女性从业者为 408 人；拥有非正式职位的男性从业者为 131 人，拥有非正式职位的女性从业者为 135 人。移动问题解答业拥有正式职位的男性从业者为2 521人，拥有正式职位的女性从业者为2 089人；拥有非正式职位的男性从业者为 287 人，拥有非正式职位的女性从业者为 201 人。付费/结算业拥有正式职位的男性从业者为 695 人，拥有正式职位的女性从业者为 511 人；拥有非正式职位的男性从业者为 70 人，拥有非正式职位的女性从业者为 65 人。资讯管理系统业拥有正式职位的男性从业者为 781 人，拥有正式职位的女性从业者为 526 人；拥有非正式职位的男性从业者为 71 人，拥有非正式职位的女性从业者为 52 人。资讯传送网络业拥有正式职位的男性从业者为 487 人，拥有正式职位的女性从业者为 226 人；拥有非正式职位的男性从业者为37人，拥有非正式职位的女性从业者为32人。其他类拥有正式职位的男性从业者为2 628人，拥有正式职位的女性从业者为1 810人；拥有非正式职位的男性从业者为183人，拥有非正式职位的女性从业者为161人。计算机绘图(CG)制作业拥有正式职位的男性从业者为726人，拥有正式职位的女性从业者为342人；拥有非正式职位的男性从业者为69人，拥有非正式职位的女性从业者为34人。

表4-11-31　**资讯解决行业各业种各雇佣形态的从业者的性别现状(2011年)**　(单位：名)

| 中分类 | 雇佣形态/性别 小分类 | 正式职位 | | | | 非正式职位 | | | | 合计 |
|---|---|---|---|---|---|---|---|---|---|---|
| | | 男性 | | 女性 | | 男性 | | 女性 | | |
| | | 从业者数量 | 比例(%) | 从业者数量 | 比例(%) | 从业者数量 | 比例(%) | 从业者数量 | 比例(%) | |
| 资讯解决业 | 制作工具 | 1 938 | 57.4 | 1 243 | 36.8 | 120 | 3.5 | 78 | 2.3 | 3 379 |
| | 资讯保护 | 1 156 | 63.2 | 408 | 22.3 | 131 | 7.1 | 135 | 7.4 | 1 830 |
| | 移动问题解答 | 2 521 | 49.5 | 2 089 | 41.0 | 287 | 5.6 | 201 | 3.9 | 5 098 |
| | 付费/结算 | 695 | 51.8 | 511 | 38.1 | 70 | 5.2 | 65 | 4.9 | 1 341 |
| | 资讯管理系统(CMS) | 781 | 54.6 | 526 | 36.8 | 71 | 5.0 | 52 | 3.6 | 1 430 |
| | 资讯传送网络(CDN) | 487 | 62.3 | 226 | 28.9 | 37 | 4.7 | 32 | 4.1 | 782 |
| | 其他 | 2 628 | 55.0 | 1 810 | 37.8 | 183 | 3.8 | 161 | 3.4 | 4 782 |
| 计算机绘图(CG)制作业 | 计算机绘图(CG)制作业 | 726 | 62.0 | 342 | 29.2 | 69 | 5.9 | 34 | 2.9 | 1 171 |
| 合计 | | 10 932 | 55.2 | 7 155 | 36.1 | 968 | 4.9 | 758 | 3.8 | 19 813 |

在增减率方面，2011年，拥有正式职位的男性从业者比上年增加了1.7%，从2009年至2011年，年平均增加了7.4%。2011年，拥有正式职位的女性从业者比上年增加了1.7%，年平均增加了7.6%。拥有非正式职位的男性从业者比上年减少了1.7%，年平均增加了9.5%。拥有非正式职位的女性从业者比上年减少了1.2%，年平均增加了10.3%。

表4-11-32　**资讯解决行业各年度各雇佣形态的从业者的性别现状**　(单位：名)

| 雇佣形态/性别 年度 | 从业者数量 | | | | 合计 |
|---|---|---|---|---|---|
| | 正式职位 | | 非正式职位 | | |
| | 男性 | 女性 | 男性 | 女性 | |
| 2009年 | 9 477 | 6 181 | 808 | 623 | 17 089 |
| 2010年 | 10 754 | 7 034 | 985 | 767 | 19 540 |
| 2011年 | 10 932 | 7 155 | 968 | 758 | 19 813 |
| 同比增减率(%) | 1.7 | 1.7 | ▽1.7 | ▽1.2 | 1.4 |
| 年平均增减率(%) | 7.4 | 7.6 | 9.5 | 10.3 | 7.7 |

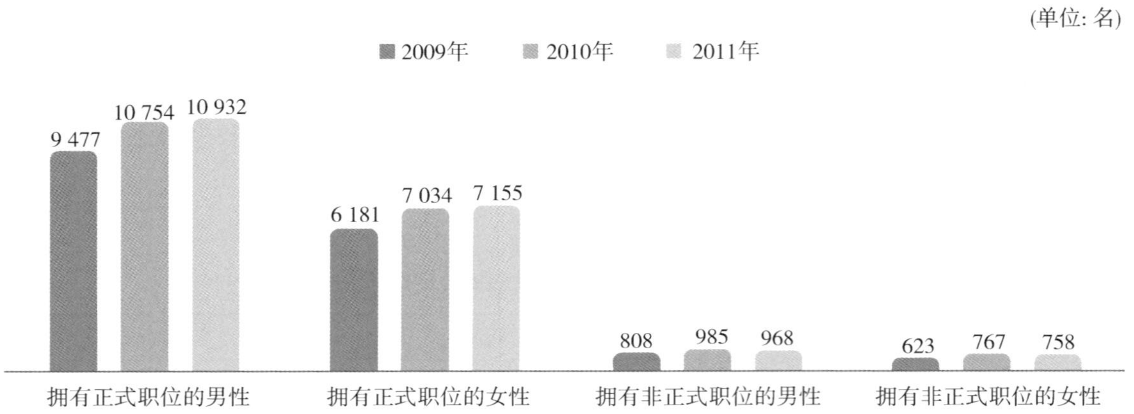


图 4-11-17　资讯解决行业各年度各雇佣形态的从业者的性别现状

## 6. 资讯解决行业各性别的从业者现状

从 2011 年资讯解决行业各性别的从业者现状来看，男性从业者为11 900人，占 60.1%，女性为 7 913人，占 39.9%。

从小分类来看，制作工具业的男性从业者为2 058人(60.9%)，女性为1 321人(39.1%)；资讯保护业的男性从业者为1 287人(70.3%)，女性为 543 人(29.7%)。移动问题解答的男性从业者为2 808人(55.1%)，女性为2 290人(44.9%)。付费/结算业的男性从业者为 765 人(57.0%)，女性为 576 人(43.0%)。资讯管理系统的男性从业者为 852 人(59.6%)，女性为 578 人(40.4%)。资讯传送网络的男性从业者为 524 人(67.0%)，女性为 258 人(33.0%)。其他类的男性从业者为2 811人(58.8%)，女性为1 971人(41.2%)；计算机绘图(CG)制作业的男性从业者为 795 人(67.9%)，女性为 376 人(32.1%)。

表 4-11-33　**资讯解决行业各业种的从业者的性别现状(2011 年)**　(单位：名)

| 中分类 | 性别 / 小分类 | 男性 | | 女性 | | 合计 |
|---|---|---|---|---|---|---|
| | | 从业者数量 | 比重(%) | 从业者数量 | 比重(%) | |
| 资讯解决业 | 制作工具 | 2 058 | 60.9 | 1 321 | 39.1 | 3 379 |
| | 资讯保护 | 1 287 | 70.3 | 543 | 29.7 | 1 830 |
| | 移动问题解答 | 2 808 | 55.1 | 2 290 | 44.9 | 5 098 |
| | 付费/结算 | 765 | 57.0 | 576 | 43.0 | 1 341 |
| | 资讯管理系统(CMS) | 852 | 59.6 | 578 | 40.4 | 1 430 |
| | 资讯传送网络(CDN) | 524 | 67.0 | 258 | 33.0 | 782 |
| | 其他 | 2 811 | 58.8 | 1 971 | 41.2 | 4 782 |
| 计算机绘图(CG)制作业 | 计算机绘图(CG)制作业 | 795 | 67.9 | 376 | 32.1 | 1 171 |
| 合计 | | 11 900 | 60.1 | 7 913 | 39.9 | 19 813 |

在增减率方面，2011 年男性从业者比上年增加了 1.4%，从 2009 年至 2011 年，年平均增加了 7.6%。女性从业者比上年增加了 1.4%，年平均增加了 7.8%。可见，2011 年，男性从业者和女性从业者在与上年的同比增减率和年平均增减率方面都处于同样的水平。

表 4-11-34　　**资讯解决行业各年度不同性别的从业者现状**　　（单位：名）

| 年度＼性别 | 从业者数量 | | 合计 |
|---|---|---|---|
| | 男性 | 女性 | |
| 2009 年 | 10 285 | 6 804 | 17 089 |
| 2010 年 | 11 739 | 7 801 | 19 540 |
| 2011 年 | 11 900 | 7 913 | 19 813 |
| 同比增减率(%) | 1.4 | 1.4 | 1.4 |
| 年平均增减率(%) | 7.6 | 7.8 | 7.7 |

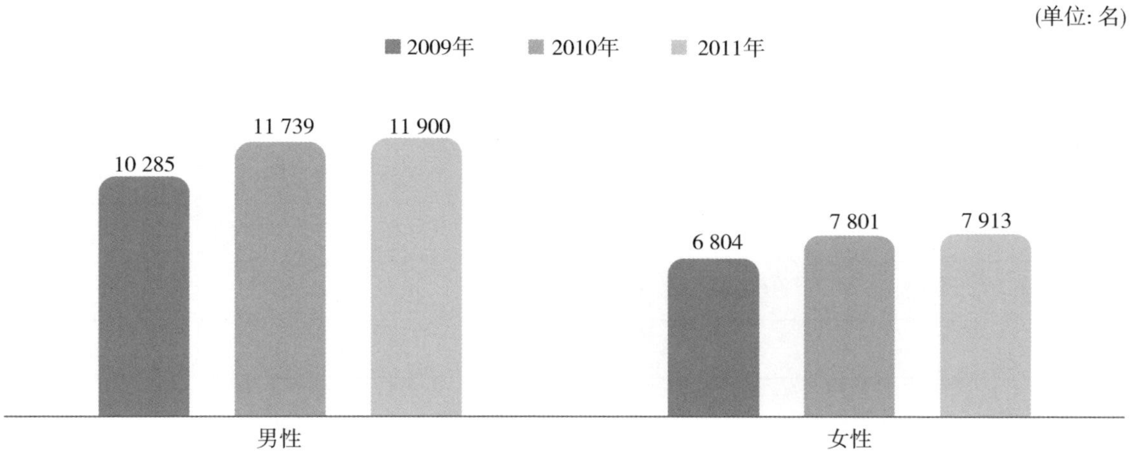


图 4-11-18　资讯解决行业各年度不同性别的从业者现状

## 7. 资讯解决行业各职位的从业者现状

从 2011 年资讯解决行业各职位的从业者现状来看，制作职位的从业者为14 059人，占全部从业者的 71.0%，所占比例最大。事业企划的从业者为2 267 人(11.4%)，管理职位的从业者为2 060 人(10.4%)。其他(流通)职位的从业者为 542 人(2.7%)，营销/宣传职位的从业者为 486 人(2.5%)，研究开发职位的从业者为 399 人(2.0%)。

表 4-11-35　　**资讯解决行业各职位各业种的从业者现状(2011 年)**　　（单位：名）

| 中分类 | 小分类＼职位 | 从业者数量 | | | | | | 合计 |
|---|---|---|---|---|---|---|---|---|
| | | 事业企划 | 管理 | 制作 | 营销/宣传 | 研究开发 | 其他(流通) | |
| 资讯解决业 | 制作工具 | 588 | 261 | 2 258 | 85 | 62 | 125 | 3 379 |
| | 资讯保护 | 221 | 127 | 1 379 | 35 | 15 | 53 | 1 830 |
| | 移动问题解答 | 622 | 413 | 3 846 | 126 | 43 | 48 | 5 098 |
| | 付费/结算 | 131 | 159 | 890 | 73 | 27 | 61 | 1 341 |
| | 资讯管理系统(CMS) | 158 | 160 | 961 | 22 | 68 | 61 | 1 430 |
| | 资讯传送网络(CDN) | 59 | 93 | 516 | 31 | 61 | 22 | 782 |
| | 其他 | 443 | 799 | 3 197 | 101 | 107 | 135 | 4 782 |
| 计算机绘图(CG)制作业 | 计算机绘图(CG)制作业 | 45 | 48 | 1 012 | 13 | 16 | 37 | 1 171 |
| 合计 | | 2 267 | 2 060 | 14 059 | 486 | 399 | 542 | 19 813 |
| 比重(%) | | 11.4 | 10.4 | 71.0 | 2.5 | 2.0 | 2.7 | 100.0 |

在增减率方面，2011 年，事业企划职位的从业者比上年增加了 3.1%，从 2009 年至 2011 年，年平均增加了 8.4%。管理职位的从业者比上年增加了 0.7%，年平均增加了 2.9%。制作职位的从业者比上年增加了 1.3%，年平均增加了 8.7%。营销/宣传职位的从业者比上年增加了 0.4%，年平均增加了 3.1%。研究开发职位的从业者比上年增加了 0.5%，年平均增加了 3.8%。其他(流通)类职位的从业者比上年增加了 0.2%，年平均增加了 4.5%。

表 4-11-36　**资讯解决行业各年度各职位的从业者现状**　(单位：名)

| 年度＼职位 | 从业者数量 | | | | | | 合计 |
|---|---|---|---|---|---|---|---|
| | 事业企划 | 管理 | 制作 | 营销/宣传 | 研究开发 | 其他(流通) | |
| 2009 年 | 1 928 | 1 944 | 11 894 | 457 | 370 | 496 | 17 089 |
| 2010 年 | 2 198 | 2 045 | 13 875 | 484 | 397 | 541 | 19 540 |
| 2011 年 | 2 267 | 2 060 | 14 059 | 486 | 399 | 542 | 19 813 |
| 同比增减率(%) | 3.1 | 0.7 | 1.3 | 0.4 | 0.5 | 0.2 | 1.4 |
| 年平均增减率(%) | 8.4 | 2.9 | 8.7 | 3.1 | 3.8 | 4.5 | 7.7 |

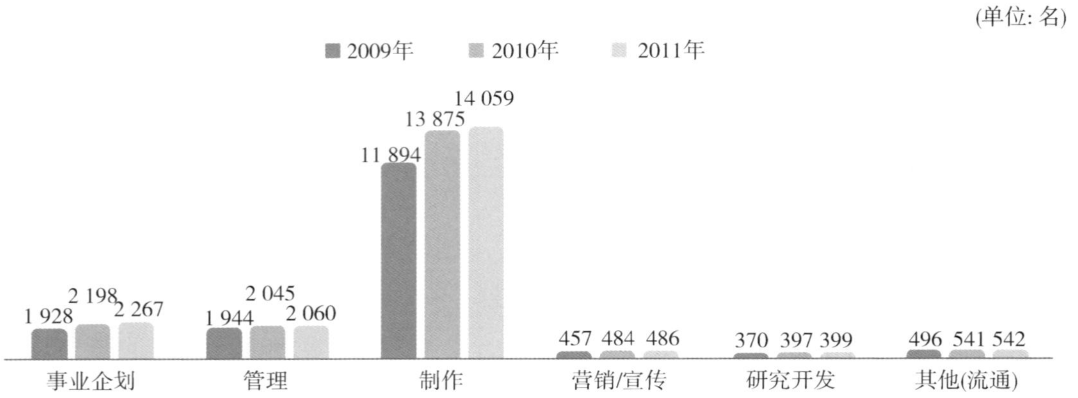


图 4-11-19　资讯解决行业各年度各职位的从业者现状

8. 资讯解决行业各学历的从业者现状

从 2011 年资讯解决行业各学历的从业者现状来看，大学学历的从业者为18 590人，占全部从业者的 93.8%，所占比重最大。专科学历的从业者为 871 人，占全部从业者的 4.4%，研究生以上学历的从业者为 203 人，占全部从业者的 1.0%，高中以下学历的从业者为 149 人，占全部从业者的 0.8%。

从年度来看，2011 年，高中以下学历的从业者比上年减少了 8.0%，从 2009 年至 2011 年，年平均增加了 1.7%。专科学历的从业者比上年增加了 1.4%，年平均增加了 3.2%。大学学历的从业者比上年增加了 1.5%，年平均增加了 8.0%。研究生以上学历的从业者比上年减少了 1.0%，年平均增加了 4.2%。

表 4-11-37　**资讯解决行业各业种各学历的从业者现状（2011 年）**　（单位：名）

| 中分类 | 小分类 | 从业者数量 | | | | 合计 |
|---|---|---|---|---|---|---|
| | | 高中以下 | 专科毕业 | 大学毕业 | 研究生以上 | |
| 资讯解决业 | 制作工具 | 17 | 227 | 3 076 | 59 | 3 379 |
| | 资讯保护 | 18 | 119 | 1 665 | 28 | 1 830 |
| | 移动问题解答 | 33 | 249 | 4 779 | 37 | 5 098 |
| | 付费/结算 | 8 | 29 | 1 299 | 5 | 1 341 |
| | 资讯管理系统(CMS) | 6 | 45 | 1 366 | 13 | 1 430 |
| | 资讯传送网络(CDN) | 7 | 41 | 702 | 32 | 782 |
| | 其他 | 58 | 159 | 4 542 | 23 | 4 782 |
| 计算机绘图(CG)制作业 | 计算机绘图(CG)制作业 | 2 | 2 | 1 161 | 6 | 1 171 |
| 合计 | | 149 | 871 | 18 590 | 203 | 19 813 |
| 比重(%) | | 0.8 | 4.4 | 93.8 | 1.0 | 100.0 |

表 4-11-38　**资讯解决行业各年度各学历的从业者现状**　（单位：名）

| 学历<br>年度 | 从业者数量 | | | | 合计 |
|---|---|---|---|---|---|
| | 高中以下 | 专科毕业 | 大学毕业 | 研究生以上 | |
| 2009 年 | 144 | 818 | 15 940 | 187 | 17 089 |
| 2010 年 | 162 | 859 | 18 314 | 205 | 19 540 |
| 2011 年 | 149 | 871 | 18 590 | 203 | 19 813 |
| 同比增减率(%) | ▽8.0 | 1.4 | 1.5 | ▽1.0 | 1.4 |
| 年平均增减率(%) | 1.7 | 3.2 | 8.0 | 4.2 | 7.7 |

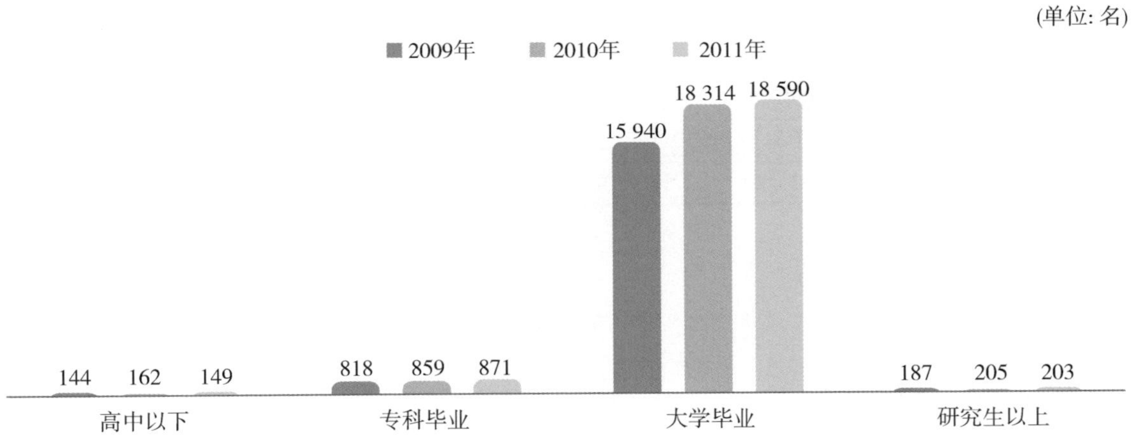


图 4-11-20　资讯解决行业各年度各学历的从业者现状

## 9. 资讯解决行业各年龄段的从业者现状

从 2011 年资讯解决行业各年龄段的从业者现状来看，29 岁以下的从业者为6 692人，占全部从业者的 33.8%。30 岁以上 34 岁以下的从业者为6 361人，占全部从业者的 32.1%；35 岁以上 39 岁以下的从业者为4 739人，占全部从业者的 23.9%；40 岁以上的从业者为2 021人，占全部从业者的 10.2%。

表 4-11-39　　**资讯解决行业各业种各年龄的从业者现状（2011年）**　　（单位：名）

| 中分类 | 小分类 \ 年龄 | 从业者数量 | | | | 合计 |
|---|---|---|---|---|---|---|
| | | 29岁以下 | 30~34岁 | 35~39岁 | 40岁以上 | |
| 资讯解决业 | 制作工具 | 1 131 | 1 233 | 586 | 429 | 3 379 |
| | 资讯保护 | 630 | 522 | 517 | 161 | 1 830 |
| | 移动问题解答 | 1 732 | 1 483 | 1 246 | 637 | 5 098 |
| | 付费/结算 | 437 | 449 | 372 | 83 | 1 341 |
| | 资讯管理系统（CMS） | 539 | 436 | 337 | 118 | 1 430 |
| | 资讯传送网络（CDN） | 246 | 257 | 233 | 46 | 782 |
| | 其他 | 1 542 | 1 675 | 1 149 | 416 | 4 782 |
| 计算机绘图（CG）制作业 | 计算机绘图（CG）制作业 | 435 | 306 | 299 | 131 | 1 171 |
| 合计 | | 6 692 | 6 361 | 4 739 | 2 021 | 19 813 |
| 比重（%） | | 33.8 | 32.1 | 23.9 | 10.2 | 100.0 |

从年度来看，2011年，29岁以下的从业者比上年增加了1.0%，从2009年至2011年，年平均增加了8.7%。30岁以上34岁以下的从业者比上年增加了1.0%，年平均增加了8.6%。35岁以上39岁以下的从业者比上年增加了0.4%，年平均增加了4.7%。40岁以上的从业者比上年增加了6.8%，年平均增加了8.5%。

表 4-11-40　　**资讯解决行业各年度各年龄段的从业者现状**　　（单位：名）

| 年度 \ 年龄 | 从业者数量 | | | | 合计 |
|---|---|---|---|---|---|
| | 29岁以下 | 30~34岁 | 35~39岁 | 40岁以上 | |
| 2009年 | 5 659 | 5 391 | 4 322 | 1 717 | 17 089 |
| 2010年 | 6 629 | 6 297 | 4 721 | 1 893 | 19 540 |
| 2011年 | 6 692 | 6 361 | 4 739 | 2 021 | 19 813 |
| 同比增减率（%） | 1.0 | 1.0 | 0.4 | 6.8 | 1.4 |
| 年平均增减率（%） | 8.7 | 8.6 | 4.7 | 8.5 | 7.7 |

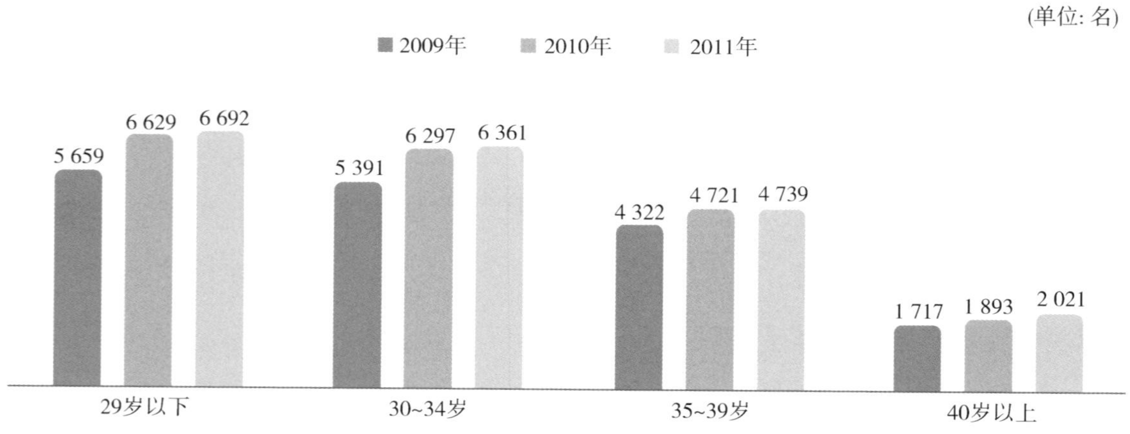


图 4-11-21　资讯解决行业各年度各年龄段的从业者的现状